Gerhard Besier
Der SED-Staat und die Kirche

Gerhard Besier
Der SED-Staat und die Kirche

GERHARD BESIER

DER SED-STAAT UND DIE KIRCHE 1983-1991

Höhenflug und Absturz

PROPYLÄEN

© 1995 by Verlag Ullstein GmbH, Berlin · Frankfurt am Main
Propyläen Verlag

Die Verwendung der Texte und Bilder, auch auszugsweise, ist ohne Zustimmung des Verlags urheberrechtswidrig und strafbar. Dies gilt auch für Vervielfältigungen, Übersetzungen, Mikroverfilmungen und für die Verarbeitung mit elektronischen Systemen.

Umschlaggestaltung: Hansbernd Lindemann
Satz: OLD-Satz digital, Neckarsteinach
Druck: Wiener Verlag, Himberg bei Wien
Printed in Austria

ISBN 3 549 05455 6

Gedruckt auf alterungsbeständigem Papier
mit chlorfrei gebleichtem Zellstoff.

Die Deutsche Bibliothek – CIP-Einheitsaufnahme

Besier, Gerhard:
Der SED-Staat und die Kirche 1983-1991:
Höhenflug und Absturz / Gerhard Besier. –
Berlin; Frankfurt am Main: Propyläen, 1995
ISBN 3-549-05455-6

Einleitung IX

Kapitel 1 · »Grundvertrauen« oder »Koalition der Vernunft als Koalition der Vernünftigen« – Die Deutschlandpolitik des BEK und die Staatsbürgerschaftsfrage (1982-1985)

Kommunistische Erziehung – Sozialistische Lebensweise 1
Die Entspannung des Staat-Kirche-Verhältnisses in der DDR durch Bundessynode und Landessynoden im Herbst 1982 und letzte Vorbereitungen auf das Lutherjahr 2
Die ruhige Friedensdekade 1982 und die Konflikte um die offene Jugendarbeit in Jena 7
Konflikte um Bausoldaten und das Verhältnis zum DDR-Friedensrat (1983) 18
Kontakte zwischen Staatssekretär Gysi und dem KKL-Vorstand (1982/83) 20
Staatsbürgerschafts- und Friedensfrage im deutsch-deutschen Kirchen-Dialog 23
Frühjahrssynoden und Berliner Friedenswerkstatt (1983) 28
Die ÖRK-Vollversammlung in Vancouver 34
Konflikte um die Friedensfrage im »heißen Herbst 1983« 37
Die Potsdamer Bundessynode vom September 1983 und ihre Folgen 40
Herbstsynoden, der Ausklang des Lutherjahres und die Kirchentage 1983 44
Kirchentage im Lutherjahr 1983 46
Konflikte um deutschlandpolitische Aktionen der »Grünen« und die Friedensdekade 1983 50
Gespräche zwischen Kirche und Staat gegen Jahresende 1983 sowie Verhandlungen um die Vereinigte Evangelische Kirche 1983/84 53
Staatsbürgerschafts- und Friedensfrage im innerdeutschen Kirchengespräch (Anfang 1984) 56
Die »Fälle« der Pfarrer Klaus-Reiner Latk und Jürgen Döbler .. 58
Versuch der innerkirchlichen Anbindung bzw. Disziplinierung von Friedens- und Ökologiegruppen (1984) 60

Abschließende Bilanz des Lutherjahres und weitere Vorhaben
zur »Kulturerbe-Rezeption« (1983/84) 64
Ausreisewelle und Verkauf von Hab und Gut (1984) 66
»Grundvertrauen«: Kirchliche Positionsbestimmungen gegen-
über dem Staat (Frühjahr 1984) 71
Das »Barmen«-Jubiläum 1984 79
Die zwanzigjährige Wiederkehr des Bausoldatengesetzes
(Spätsommer 1984)...................................... 84
Die Vollversammlung des Lutherischen Weltbundes (LWB) in
Budapest (Sommer 1984) 86
Erste Vorbereitungen für die 40jährige Wiederkehr der Kapitu-
lation 1985 und Politiker-Kontakte zu den Kirchen 89
Nochmals »Grundvertrauen«: Die Greifswalder Bundessynode
im September 1984 und ihre Rezeption in Kirche und Staat ... 94
Fortsetzung der Verhandlungen über das »Gemeinsame Wort« 102
Die Friedensdekade 1984 104
Weitere Verhandlungen über das »Gemeinsame Wort«, sein
Abschluß und erste Kritik (1984/85) 107
Die Wahl Jürgen Schmudes zum Präses der EKD 112
Interventionen und Reaktionen der DDR-Staatsführung im
Blick auf das gemeinsame Friedensengagement von BEK und
EKD (1984/85) 113
Das »Spitzentreffen« zwischen Honecker und Hempel am 11.
Februar 1985 116
Analysen des gemeinsamen »Wortes zum Frieden«, der 8. Mai
und die Folgediskussionen 125
Leben und Bleiben in der DDR (August 1985) 131
Hoffnungen auf das Spitzengespräch (August/September
1985) 132
Die Demokratie-Denkschrift der EKD, Spannungen zwischen
Kirchenbund und EKD und Bischofswahl in Görlitz.......... 138
Die Bundessynode in Dresden und die Neuwahl von Rat und
Ratsvorsitzendem auf der EKD-Synode in Trier (September/
November 1985) 144
Bilanzen des Jahres 1985 155

Kapitel 2 · »Antikoalition gegen das Böse« – Protestanten, Sozialdemokraten
und Kommunisten im Bündnis für eine »bessere« Welt (1986/87)

»Hoffnung auf Frieden« – ein gemeinsames »Osterwort« von
BEK und EKD (März 1986) 157
Neubesetzung der kirchlichen Leitungsgremien, Veränderun-
gen im Kirchenverständnis und die Versöhnung mit den Men-
schen in der Sowjetunion 162
Ökumene, Erfurter Bundessynode und BEK-Strategien (1986) 173

Kirchen- und Gesellschaftsverständnis, deutsche Zweistaatlichkeit und Versöhnung mit der Sowjetunion 187
Die kirchliche Haltung zur Gorbatschowschen Reformpolitik, innerkirchliche Selbstverständnisdebatten und das Gespräch zwischen Gysi und dem KKL-Vorstand 197
Die Vorbereitung und Durchführung des Ostberliner Kirchentages zum Berlin-Jubiläum (1985-Juni 1987) 203
Beginnende Reformen in der DDR: »Tauwetter« oder außenpolitisch bedingte Taktik? – Der Olof-Palme-Marsch (September 1987) 223
»Zumutung«, »Abgrenzung« und Bekennen in der Friedensfrage – die Görlitzer Bundessynode (September 1987) und ihre kirchenpolitischen Folgen 228
Auseinandersetzungen um Krawczyk und Klier während der Friedensdekade 1987 und die Konflikte um den »Grenzfall« (Herbst 1987) 242
Auf dem Weg zur Anerkennung einer vollen DDR-»Staatsbürgerschaft« (1987-1989) 255

Kapitel 3 · Abschied wider Willen – Der Kampf der Kirche um das »bessere« Deutschland (1988-1991)

Kirchenpolitische Pläne für das Jahr 1988 267
Die Januarereignisse in Berlin und das Abgrenzungsseminar in Oranienburg 268
Der 13. Februar, die erste Tagung der Ökumenischen Versammlung in Dresden und das Spitzengespräch zwischen Honecker und Leich 285
Diskussionen über Ausreisefragen und Staatsbürgerschaft (Frühjahr 1988) 299
Innerkirchliche Auseinandersetzungen um das Verhältnis zu den Gruppen, die Frühjahrssynoden 1988 und die Auflösung der VELK 308
Die vier regionalen Kirchentage im Juni 1988 318
Der Wechsel von Gysi zu Löffler und die Dessauer Bundessynode 322
Internationaler Währungsfonds und Verbot von Kirchenzeitungen: Ziviler Ungehorsam in Berlin (Ost) 334
Staatliche Verärgerung über die Ökumenische Versammlung in Magdeburg (Oktober 1988) 337
Beruhigung, aber noch nicht über den Berg – Die kirchenpolitische Situation im Spätherbst 1988 341
Die Verweise von der Carl-von-Ossietzky-Oberschule (Berlin) und kirchliche Reaktionen (Herbst 1988) 343
Kirchenpolitische Bilanzen zum Jahresende 1988 353

1989 – Sammlung der Getreuen in der Kirche zum letzten Gefecht 360
Stolpe und der Idealfall – Irritationen wegen der neuen Reiseverordnung 362
Freidenkerverband und Mobilisierung »progressiver Kräfte« – die Reaktion des SED-Staats auf die Verständigungsprobleme mit der Kirche 364
Auseinandersetzungen um den rechten kirchenpolitischen Kurs in Staat und Partei 366
Kontakte zwischen DDR-Staatssekretär und EKD-Synodalpräses 367
Unsicherheiten über den weiteren kirchlichen Kurs – Die Erosion der Formel »Kirche im Sozialismus« 369
Die Abhöraffäre Eppelmann 372
Debatten über Nation und Geschichte in der Konsultationsgruppe 1989 375
Die Dresdener Ökumenische Versammlung (April 1989) 378
Die Kommunalwahlen 1989 380
Der West-Berliner Kirchentag, die Domeinweihung in Greifswald und der Kirchentag in Leipzig (Juni/Juli 1989) 397
Versuche eines Krisenmanagements durch Manfred Stolpe.... 411
Die BEK-Synode in Eisenach (September 1989) 412
Die Ökumenische Bewegung und der Sozialismus – von »Genf« nach »Prag« 427
Letzte Anstrengungen zur Konservierung der »Kirche im Sozialismus« 431
Die ersten Monate der Modrow-Regierung, der Aufruf »Für unser Land« und der Beginn der Rundtisch-Gespräche (November/Dezember 1989) 457
Die Loccumer und die Berliner Erklärung (Januar/Februar 1990) 463
Von der Volkskammerwahl im März 1990 bis zur Währungsunion (Juli 1990) 470
Die letzten Monate vor der staatlichen Wiedervereinigung.... 475
Von der staatlichen Wiedervereinigung zu einer einheitlichen EKD (Oktober 1990-Juni 1991) 477

Anhang

Anmerkungen 482
Abkürzungen 909
Quellen und Literatur 916
Personenregister 962

Einleitung

> »... unser Herr, der uns Vertrauen lehrt,
> hat auch mit uns lange Geduld haben müssen,
> ehe es z. B. zum 6. März 1978 kommen mußte.«
> Volker Kreß, in einer Meditation zum 8. Mai 1985

Formell überlebte der DDR-Kirchenbund das SED-Regime nur um ein gutes Jahr. Im Blick auf die agierenden Funktionäre des Kirchenbund-Sekretariats, der Schaltstelle ostdeutscher Kirchenpolitik also, kann man das so nicht feststellen. In der ehemaligen Kirchenbund-Zentrale, der Ost-Berliner Auguststraße 80, sitzen die ehemaligen Kader des Kirchenbundes noch immer. Jetzt ist aus ihrer Behörde freilich die Außenstelle des Kirchenamtes der EKD in Berlin geworden – ein aufgeblähter Wasserkopf im Vergleich zu dem Ein-Mann-Unternehmen vor der »Wende«[1]. Unter harten Kämpfen bestanden die früheren Verwalter auf der Leitung des Hauses und darauf, in der neu-alten Hauptstadt – in dem ihnen vertrauten Milieu – verbleiben zu dürfen. Wer es nicht schon war, wurde unter massivem Druck auf die EKD noch eilends zum Oberkirchenrat befördert.

Einer unter ihnen hielt sich schon zu DDR-Zeiten etwas darauf zugute, als Katalysator von Konversionen gewirkt zu haben. Vom Marxismus-Leninismus zum Christentum, versteht sich. 1992 gab es besondere Umstände, in die Missionsstiefel zu steigen. Jetzt ging es um die Ehrenrettung der gemeinsamen Vergangenheit von SED-Staat und »Kirche im Sozialismus«. Die ehemaligen Partei- und Staatsfunktionäre kannten ihre kirchlichen Gegenüber seit langem. Man verstand sich sogleich. Die denkwürdige Begegnung im ehemaligen Gebäude des Kirchenbundes hatte etwas Apartes. Die Herren von einst pilgerten zu denen von heute. Im Büßergewand. Eindringlich wurde ihnen das »Helft uns, damit wir Euch helfen können« vor Augen gestellt. Die in Kritik und Selbstkritik bestens geschulten Genossen aus der Hermann-Matern-Straße, dem Sitz des DDR-Staatssekretärs für Kirchenfragen, und die aus der Akademie für Gesellschaftswissenschaften beim ZK der SED begriffen schnell, was die Stunde geschlagen hatte. Flugs drehten sie ihr Schema von den »realistischen« und den »negativen« Kräften zugunsten der neuen Machtverhältnisse um und bereiteten ihren klerikalen Verbündeten die Freude eines weiteren Missionserfolges. Beide Seiten waren im Zensurwesen wohl bewandert. Unter den nun umgekehrten Verhältnissen zeigten sich die Genossen so »einsichtig und dankbar« für alle »Hinweise« aus der Auguststraße zu ihrer historischen Darstellung, daß die Kirchenleute mit Recht davon ausgehen konnten, ihre Vermerke zu den »Einschätzungen und Wertungen« der

---

[1] Die hier ebenfalls untergebrachte Studien- und Begegnungsstätte soll nach einem Votum des Rates der EKD, das lt. Haushaltsausschuß der EKD am 14.3.1995 von den EKD-Finanzgremien erneut bestätigt und bekräftigt wurde, aufgegeben werden.

gewendeten SED-Historiker würden zu einem »guten Teil« berücksichtigt[2]. Sie sollten von den ersten Ergebnissen der Kooperation nicht enttäuscht werden[3]. Und sie können gewiß sein: Das neue »Institut für Vergleichende Staat-Kirche-Forschung« in der Berliner Planckstraße 20, »nur einen Steinwurf entfernt«[4] von der Humboldt-Universität, der Staatsbibliothek und dem Evangelischen Zentralarchiv, wird diese Arbeit in Gestalt einer groß angelegten »Rechtfertigungsideologie« fortsetzen[5]. Vorsitzender des Trägervereins dieses Instituts ist der 1992 vorzeitig in den Ruhestand getretene Generalsuperintendent der Evangelischen Kirche in Berlin Brandenburg, Günter Krusche, vom MfS als Inoffizieller Mitarbeiter (IMB) »Günther«[6] geführt und noch heute Ratsvorsitzender des Ökumenischen Rates Berlin.

Neben diesen Forschungsbemühungen, die nur durch personelle Überschneidungen eine Verbindung zur evangelischen Kirche verraten, hat die EKD bzw. ihre östlichen Gliedkirchen auch unmittelbare Initiativen zur Aufklärung der Vergangenheit ergriffen wie einer vervielfältigten Projektliste zu entnehmen ist[7]. In diesen Zyklus gehört die Veröffentlichung des emeritierten Kirchenhistorikers Rudolf Mau.

In seinem Buch »Eingebunden in den Realsozialismus? Die Evangelische Kirche als Problem der SED« sucht Mau anhand zahlreicher Einschätzungen

---

2 Schreiben S. Bräuer an Chr. Bartsch, Neukirchener Verlag, vom 4.8.1992. Der Verf. benutzte den offiziellen EKD-Kopfbogen, Kirchenamt, Außenstelle Berlin. In einem Schreiben von Dohle und Heise vom 7.9.1992 an Bartsch heißt es denn auch, man habe Bräuers »wertvolle[.] Hinweise […] bei der Überarbeitung berücksichtigt«. Bräuer berät auch den Hallenser Doktoranden Friedemann Stengel bei dessen Dissertation über die Theologischen Sektionen in der DDR und hat in ZdZ (Heft 6/1994, 222) ein gemeinsames Veröffentlichungsprojekt mit C. Vollnhals, Fachbereichsleiter in der Abteilung »Bildung und Forschung« der »Gauck«-Behörde, angekündigt. In seinem alten Verlag, der Evangelischen Verlagsanstalt, Leipzig, soll ein Dokumentenband mit Gutachten erscheinen, die die Hauptverwaltung Verlage und Buchhandel des DDR-Kulturministeriums im Zusammenhang mit Druckgenehmigungsverfahren anfertigen ließ.
3 Vgl. die soeben im Neukirchener Verlag erschienenen Dokumentenbände zu »SED und Kirche«, bearbeitet von Joachim Heise und Horst Dohle. Zu den vorausgegangenen Protesten gegen die Veröffentlichung in einem kirchlichen Verlag vgl. Helmut Matthies, Soll die Welt doch noch am Sozialismus genesen? In: idea 51/94 vom 5.5.1994, I-III und »DER SPIEGEL« vom 20.6.1994. Siehe jetzt auch B. Schäfer, In unguter Tradition. Alt-Funktionäre legen Dokumentation zu SED-Kirchenpolitik vor, in: KNA 37 vom 30.3.1995. Darin heißt es: »In unguter Tradition der bis zum Ende für die Stabilität der DDR engagierten SED-Funktionäre werden Schuldzuweisungen an die durch andere erledigte Führung von Politbüro und ZK erhoben und geringfügig flexiblere Politiker wie der von 1979 bis 1988 amtierende Staatssekretär für Kirchenfragen, Klaus Gysi, romantisiert. Der neuen Zeitrechnung seit 1990 entsprechend, richtet sich der anbiedernde Opportunismus nunmehr aber an die Kirchen.«
4 So die Mitteilungen Nr. 1 des Instituts für Vergleichende Staat-Kirche-Forschung vom 1.12.1994, 6.
5 Vgl. die Kritik an diesem Unternehmen bei E. Neubert, Meister der Legende, in: DA 27 (1993), 391 ff.
6 T. Krone/R. Schult (Hgg.), Seid untertan der Obrigkeit, 121 ff.
7 Die Aufstellung befindet sich im Besitz des Vfs.

der Behörde des Staatssekretärs für Kirchenfragen zu erweisen, daß die Kirche für die herrschende Partei und ihren Staat ein beständiges Unruhepotential gebildet habe[8]. Das ist gar nicht zu bestreiten. Denn trotz mancher sozialismusbejahender Zugeständnisse mußte die Kirche ein weltanschaulicher Fremdkörper in der realsozialistischen Gesellschaft bleiben. Eine ideologische Annäherung war den Kirchen nicht nur unmöglich, sondern wurde vom Staat auch stets zurückgewiesen – ebenso wie eine »ideologische Koexistenz«. Kirche sollte – im Sinne von Kultverein – bis zu ihrem endgültigen Absterben Kirche bleiben. Wegen des unaufhebbaren ideologischen Gegensatzes kam es nicht nur zu Konflikten mit Theologen, die einen »verbesserlichen« Sozialismus einklagten, sondern auch mit SED-nahen »progressiven Kräften«, wie Mau selbst vermerkt[9]. Andererseits zeigt der Sachverhalt, daß auf der »Kirchenlinie« des Ministeriums für Staatssicherheit (MfS) nur 0,2 Prozent aller MfS-Mitarbeiter tätig waren, daß die »›Bearbeitung‹ der Kirchen für die Staatssicherheit ein sicherliches wichtiges, insgesamt gesehen aber doch untergeordnetes Aufgabengebiet«[10] darstellte.

In der geschlossenen DDR-Gesellschaft bildete – trotz prinzipieller Anerkennung der marxistischen Führungsrolle – jeder von der offiziellen SED-Linie auch nur in Spuren abweichende ideologische Gedanke Grund für heftige Auseinandersetzungen. Selbst die gleichgeschaltete Ost-CDU wurde in einschlägigen SED-Einschätzungen als »labil und unzuverlässig beurteilt«[11]. Besonders die Differenzen zwischen Parteiführung und -basis sorgten für Konfliktstoff. Nach einer Phase relativer Ruhe entstanden dem Parteivorstand seit Sommer 1988 auf Ortsgruppenebene einige Schwierigkeiten[12]. Aber auch die SED-hörige Parteiführung der größten Blockpartei – selbstverständlich gilt das ebenso für die LDPD wie auch die NDPD – sah sich ständigen Angriffen und Versuchen der »führenden Partei« ausgesetzt, den Einflußbereich der »befreundeten Parteien« zu schmälern[13]. Von der Kreissekretärs-Ebene bis hin zu der für Kirchenangelegenheiten zuständigen Führung in Berlin hatte das MfS »Inoffizielle Mitarbeiter« plaziert, weil es den »Unionsfreunden« offenbar nicht traute. Die SED mißtraute sogar sich selbst und ihren Getreuesten. So wurden nicht nur langjährige SED-Funktionäre für das MfS geworben und unter anderen auch auf Genossen angesetzt. Sie selbst waren ebenfalls Objekt der Bespitzelung[14].

8 R. Mau, Eingebunden in den Realsozialismus?
9 A.a.O., 126 f.
10 So C. Vollnhals, Die Hauptabteilung XX/4 des Ministeriums für Staatssicherheit, 9 f.
11 Vgl. M. Rißmann, Zur Rolle der Ost-CDU, Zitat: 86.
12 Vgl. M. Agethen, Unruhepotentiale. Zu diesem Zeitpunkt gärte es freilich auch schon in der SED selbst; siehe dazu MfS-Information vom 25.8.1988, in: G.-R. Stephan (Hg.), »Vorwärts immer, rückwärts nimmer!«, 36-38, hier: 37. Zum Weg der Ost-CDU vgl. insgesamt die kritische Bilanz von Chr. v. Ditfurth, Blockflöten.
13 Vgl. dazu G. Besier, Auf der kirchenpolitischen Nebenbühne des SED-Staates: Evangelische Kirche und Ost-CDU, in: ders., Die evangelische Kirche in den Umbrüchen des 20. Jahrhunderts, Bd. 2, 190-270.
14 Vgl. zum Beispiel den Fall Hans-Joachim Seidowsky (BStU Berlin, AIM 3654/71, 17 Bde).

Der voraussehbaren Empörung, Kirche und Ost-CDU, wenn auch im Vergleich nicht gleichgesetzt, aber doch in einem Atemzug genannt zu haben, ist immerhin entgegenzuhalten, daß sich kirchenleitende Persönlichkeiten voller Hochschätzung über das Wirken der größten Blockpartei in der DDR-Gesellschaft und von CDU-Christen in der Kirche äußerten. Der Potsdamer Generalsuperintendent Günter Bransch veröffentlichte im Union Verlag der Ost-CDU 1987 eine Broschüre mit dem Titel »Kirche auf dem Wege. Perspektiven der evangelischen Kirche in der sozialistischen Gesellschaft. Versuch einer Einschätzung«[15]. Darin heißt es:

»Dankbar soll hier angemerkt werden, daß nicht wenige evangelische CDU-Mitglieder unter den aktiven Laien in den Kirchengemeinden, in den Kirchengemeinderäten und Kreiskirchenräten, den Synoden zu finden sind und sich als engagierte und überzeugende Mitarbeiter der Kirche erweisen. [...] Vertreter der Christlich-Demokratischen Union hatten die Sorge, bestimmte Positionen in den Kirchen könnten ein offenes und engagiertes Verhältnis christlicher Bürger zum Aufbau einer sozialistischen Gesellschaft verhindern, und umgekehrt hatten kirchliche Beobachter die Sorge, im politischen Engagement der CDU für die Aufgaben und Ziele sozialistischer Politik wären die Belange und Fragen christlicher Bürger nicht angemessen beachtet worden. Inzwischen sind Abklärungen und Präzisierungen erfolgt, die eine gute Voraussetzung für einen intensiveren Dialog zwischen beiden Institutionen ergeben können. Gefördert wird solcher Dialog dadurch, daß die unterschiedlichen Ausgangspositionen und Zielstellungen anerkannt und respektiert werden.«[16]

Bransch sagte aus gleichem Anlaß vor den Ost-CDU-Funktionären:

»Für manche ist vor allem die Grundsatzfrage von Gewicht: Wie wird in einer sozialistischen Gesellschaft, deren Sozialismus auf den Grundlagen des Marxismus-Leninismus beruht, künftig die Rolle von Kirche und Religion in einer entwickelten sozialistischen Gesellschaft sein? Wenn Fidel Castro in einem Zeitungsinterview im März 1986 ausführt: ›Es gibt Zehntausende mehr an Übereinstimmungen zwischen Christentum und Kommunismus, als es sie mit dem Kapitalismus geben könnte‹, ist dies eine Aussage, die nachdenkenswert ist.«[17]

Solche Formulierungen halten nur noch scheinbar etwas offen, geben nur noch vorurteilsfreie Nachdenklichkeit vor. Es wäre ehrlicher gewesen, Bransch hätte sich offen zur Sichtweise Fidel Castros bekannt. Sehr viel deutlicher wurde der Potsdamer Generalsuperintendent im Zusammenhang mit dem »Friedenskampf«:

»Der zweite Zusammenhang betrifft die mehr und mehr hervortretenden Gemeinsamkeiten zwischen Christen und Marxisten sowie zwischen der Friedenspolitik der DDR und dem Friedensengagement der Kirchen. Nach dem Treffen von Reykjavik ist zunehmend deutlich geworden, daß die USA das SDI-Projekt, die Militarisierung des Weltraums und damit die Entwicklung qualitativ neuer Waffensysteme nicht aufgeben wollen und selbst vergleichsweise bescheidene Abkommen wie SALT II nicht mehr ak-

---

15 Es handelte sich um einen Vortrag, den Bransch am 10.12.1986 auf einer Veranstaltung des Bezirksverbandes Potsdam der Ost-CDU gehalten hatte.
16 G. Bransch, Kirche auf dem Wege, 15; 31.
17 A.a.O., 21 f.

zeptieren. Demgegenüber hat die Bundessynode auf ihrer Tagung im September 1986 positiv festgestellt, daß sie ›in dem neuen Denken, das sich in den Reden Michail Gorbatschows und anderer führender Politiker, in den Abrüstungsvorschlägen und in dem einseitigen Schritt des Atomtestmoratoriums der Sowjetunion ausspricht, ein Zeichen der Hoffnung sieht.‹ Viele Anzeichen deuten darauf hin, daß in dem Bemühen, neue Möglichkeiten für den Weltfrieden zu finden, eine Gemeinsamkeit zwischen Marxisten und Christen wächst, die ein hohes Maß an Übereinstimmung erkennen läßt und eine tragfähige Basis für die künftige Weiterentwicklung der Beziehungen abgibt.«[18]

Verfolgt man den Weg der Kirche von Dibelius zu Schönherr, so läßt sich – bei aller Ambivalenz – sehr wohl eine Entwicklung nachzeichnen, die als wachsende Annäherung der DDR-Kirchen an den SED-Staat beschrieben werden kann. Dieser Weg wie einzelne seiner Stationen wurden nicht nur von einzelnen – genannt wird meist nur Reinhard Steinlein[19] –, sondern von einer beachtlichen Zahl kirchenleitender Persönlichkeiten, Pfarrern und Laien kritisiert. Einige dieser Kritiker gebrauchten für diesen Prozeß den Begriff »Anpassung«. Er muß in diesem Zusammenhang nicht als moralische Kategorie verstanden werden, wohl aber als Mahnung zur Beachtung der genuinen Grundlagen kirchlichen Handelns, als Mahnung zur Umkehr. Nicht Unangepaßtheit um jeden Preis empfahlen Lothar Kreyssig 1958, Johannes Hamel 1969, Siegfried Ringhandt 1971, Christoph Stier 1985 oder Thomas Küttler 1986, als sie ihrer Kirche zuriefen, sie möge Korrekturen an ihrem Weg vornehmen. Aber ihnen schien aus theologischen Gründen – auch die ersten drei der Genannten kamen aus der Bekennenden Kirche[20] – eine Alternative möglich und geboten. Diese Stimmen verdienen ebenso Beachtung wie das »siegreiche« Konzept. Auch Spannungen zwischen der Kirchenführung und der Kirchenbasis in Fragen des Staat-Kirche-Verhältnisses lassen sich nicht bestreiten.

Ein Grundproblem apologetischer Darstellungen besteht darin, daß man sofort mit Gegenbeispielen replizieren möchte, die verdeutlichen, daß zum selben Zeitpunkt eben auch ganz andere, in diesem Falle staatlich erwünschte Verhaltensweisen und Äußerungen kirchenleitender Persönlichkeiten, notiert wurden.

Zu untersuchen ist im Zusammenhang der seitens des Staatssekretariats für Kirchenfragen erfolgten Einschätzungen natürlich auch, wie andere Segmente des Herrschaftsapparates die Situation beurteilten. Zwischen der Arbeitsgruppe Kirchenfragen beim ZK der SED, dem Staatssekretär für Kirchenfragen und der HA XX/4 des MfS bestanden nicht selten Meinungsverschiedenheiten. Auf der anderen Seite gab es mindestens eine quer durch alle Parteien, staatlichen und kirchlichen Einrichtungen laufende Linie: die der MfS-Verpflichtung. Ein Vergleich der verschiedenen staatlichen Überlieferungen miteinander zeigt jedenfalls, daß es neben unterschiedlichen Positionen auch das

---

18 A.a.O., 25. Vgl. den zitierten Beschluß der Bundessynode 1986, in: epd-Dok 42/86, 56-58, Zitat 57.
19 Vgl. R. Steinlein, Die gottlosen Jahre.
20 Vgl. R. Mau, Eingebunden, 177 ff.

Phänomen der Übernahme von Erkenntnissen der »Nachbarinstitution« und manchmal auch Harmonisierungen zwischen den Einschätzungen gab. Schließlich folgten auf die Lageberichte des Staatssekretariats entsprechende »Gesprächs«-Interventionen bei den kirchenleitenden Persönlichkeiten. Soweit es sich nicht um inoffizielle Gespräche mit dem offiziellen Ansprechpartner Staatssekretariat handelte, wurden diese Unterredungen nicht nur durch den Staat, sondern meist auch von der Kirche protokolliert. Aus dem Gesprächsverlauf konnten die Kirchenleute die Beschwerden und Erwartungen des Staates entnehmen. Die kirchlichen Niederschriften bilden nicht selten einen Reflex auf diese Einwürfe und stellen die Grundlage für entsprechende Beratungen in der Konferenz der Kirchenleitungen dar. Aus den kirchlichen Unterlagen wird deutlich, daß staatliche Einlassungen zum Verhalten der Kirche nicht nur als »Zumutung« oder illegitime Einmischung, sondern auch als »Hilfe«, ja als »Bestätigung« eigener Positionen angesehen wurden.

Daß sich die Kirchen bei den Verhandlungen mit dem Staat nicht in der Situation eines gleichberechtigten »Partners« befanden, ist deutlich. Vor diesem Hintergrund den Vergleich der DDR-Situation mit dem einer kollektiven Geiselnahme zu wagen, birgt Untiefen[21]. Denn er impliziert auch das sozialwissenschaftlich bekannte Phänomen der allmählichen Identifizierung der Opfer mit den Tätern.

Auch ein Vergleich des Verhaltens der evangelischen Kirche in der DDR mit dem der protestantischen Denominationen in Ungarn darf die unterschiedliche Situation nicht außer acht lassen. Neben vielem anderen spielte die kirchliche Ausgangslage Ende der 40er Jahre, die Lage an der Nahtstelle zwischen Ost und West sowie die dauernde ideelle und materielle Unterstützung der DDR-Kirchen durch den Westen eine Rolle. Was die DDR mit ihren Kirchen anstellte, beobachtete eine Weltöffentlichkeit.

Aber auch dieser Sachverhalt hatte für das SED-Regime nicht nur negative, sondern auch positive Seiten. Das »Problem« Kirche konnte zum diplomatischen Trumpf werden, wenn die DDR-Kirchenvertreter in der freien Welt bezeugten, daß sie die Trennung von Staat und Kirche in der DDR grundsätzlich zustimmend bewerteten, die Kirche sich in der »sozialistischen Gesellschaft« durchaus frei bewegen und entfalten könne und der Kirchenbund bei internationalen Begegnungen die Innen- und Außenpolitik der Diktatur als sozial bzw. friedfertig rühmte.

Akte kirchlicher Angepaßtheit an das Regime bis hin zur Formel »Kirche im Sozialismus« als bloß politisch-taktische Verhaltensweisen zu deklarieren[22], Momente des Widerspruchs dagegen als genuin kirchliche Äußerungen einzustufen, dürfte einer Überprüfung anhand der Quellen nicht standhalten. So unwahrscheinlich es nach sechs Jahren Zusammenbruch der Diktatur auch klingen mag: Die meisten kirchlichen Vorstellungen einer Reform der DDR

---

21 Vgl. R. Mau, Eingebunden, 182.
22 Vgl. D. Pollacks Ausführungen zu verschiedenen »taktischen Manövern« der Kirche, die nicht als »ernstgemeinte Willensbekundungen« zu verstehen seien, in: ders., Kirche in der Organisationsgesellschaft, 34 passim.

bewegten sich auf dem Boden einer sozialistischen Staatsidee – und das nicht nur, weil unter den Bedingungen der sowjetischen Vorherrschaft eine andere Gesellschaftsordnung undenkbar erschien. Läßt man als Indikatoren für eine »Beheimatung« der Kirchen im »realexistierenden Sozialismus« seit Ende der 70er Jahre – besser sollte man wohl von DDR-Verbundenheit reden – Wendungen wie »unser Staat« oder Bekenntnisse wie das, man könne sich nicht vorstellen, in der Bundesrepublik zu leben, gelten, wird man überrascht feststellen, daß entsprechende Äußerungen aus der EKD über die Bundesrepublik kaum nachweisbar sind. Ein Bekenntnis zur »freiheitlich-demokratischen Grundordnung« des Weststaates war in Kirchenkreisen eher verpönt. Daß der SED viele Erklärungen kirchenleitender Persönlichkeiten im Blick auf das Verhältnis zu »ihrem Staat« nicht weit genug gingen, gehört in den Komplex der völlig überzogenen ideologischen Erwartung der »führenden Partei« nach bedingungsloser Akklamation.

Immerhin behauptete Stolpe Anfang Mai 1987 zwar keine »Beheimatung« der Kirche, aber doch die ihrer Menschen in der »sozialistischen« Gesellschaft.

»Für die DDR-Bürger ist die Staatsbürgerschaft in diesem Land Realität. Es gibt Solidarisierungseffekte und – was nicht zu unterschätzen ist – Heimatbewußtsein.«[23]

Bereits in der Einleitung des oben genannten Buches erinnert Mau daran, »daß das Zentrum des Lebens und Wirkens der Kirche an anderer Stelle liegt« als im Bereich politischer Aussagen. Was die Kirche »im Sinne ihres Evangeliumsauftrages [...] war und tat«, sei sowohl außerhalb der SED-Optik wie der mancher Historiker heute geblieben. Diese Erinnerung sollte vor allem der Kirche selbst gelten – und zwar in West und Ost. Für den Historiographen enthält Maus Erinnerung die Aufforderung, der Beobachter möge sich nicht von dem täuschen lassen, was er sieht, sondern nach dem fragen, was der eigentliche kirchliche Auftrag gewesen sei[24]. Natürlich haben Pfarrer von den Kanzeln gepredigt, Kasualien und Seelsorge ausgeführt. Über kirchliches Handeln vor Ort fehlen Untersuchungen noch. Der an sich ja richtige Hinweis auf die Vieldeutigkeit von Wirklichkeit[25] mündet – etwa bei Eberhard Jüngel – in der Aufforderung, »richtig zu fragen«, um »angemessen« zu verstehen[26]. Der Hinweis auf die Richtung der Fragestellung kann freilich nicht beliebig sein – es sei denn, man wollte nur eine apologetische Front aufrichten[27]. Im Interesse einer sachgemäßen Fragerichtung, die sich nicht von kirchenfernen Kriterien leiten lassen wollte, berief sich der Bericht der Enquete-Kommission des Deutschen Bundestages zu »Aufarbeitung von Ge-

---

23 Zit. nach M. Stolpe, Wir werden eine offene Kirche im Volke bleiben, in: ders., Den Menschen Hoffnung geben, 116-130, hier: 120.
24 R. Mau, Eingebunden, 130
25 Vgl. E. Jüngel, Menschwerdung des Menschen, in: Ev. Komm. 17 (1984), 446-448.
26 E. Jüngel, Wege und Aporien der evangelischen Kirchen in der DDR, 1.
27 Außerordentlich interessant an dem Jüngelschen Vortrag (a.a.O.) ist, daß er mit seinen Betrachtungen zum »Komplex der Geschichte« bzw. zu dem der »weichenstellenden Ereignisse« im wesentlichen 1978 endet, obwohl auch in den 80er Jahren durchaus »Weichenstellungen« vorgenommen wurden.

schichte und Folgen der SED-Diktatur in Deutschland« auf die Barmer Theologische Erklärung vom Mai 1934[28]. Dazu bemerkte Reinhard Henkys in einem Artikel der EKD-offiziösen »Evangelischen Kommentare«:

»Daß [...] die reale politische Situation eine größere Rolle gespielt haben könnte als die Theologie, hätte Politikern schon in den Sinn kommen können. Doch hier geht es offenbar um das prägende politisch-moralisch-theologische Urteil, und das soll lauten: Teile der evangelischen Kirchen sind von der Norm der Barmer Theologischen Erklärung abgewichen.«[29]

Die Kommission bemühte sich also darum, »richtig zu fragen«, indem sie theologische Kriterien zugrunde legte, auf die sich die Kirche von ihrem Auftrag her in einer vergleichbaren Schlüsselsituation selber berufen hatte. Darauf muß sie den Einwand hören, die politische Situation habe womöglich eine größere Rolle gespielt als die Theologie. Was denn nun?

Zu Henkys' Spezialitäten gehört es, in den von ihm nicht autorisierten Texten zur DDR-Kirchengeschichte massenhaft wirkliche oder vermeintliche Fehler nachzuweisen, um die Glaubwürdigkeit des Ganzen zu erschüttern. So auch im Bericht der Enquete-Kommission, an deren Arbeit er nicht beteiligt wurde. Unter anderem verweist er darauf, daß die Lutheraner die Barmer Theologische Erklärung seinerzeit nicht als Bekenntnisschrift akzeptiert hätten, wie der Enquete-Bericht irrtümlicherweise behauptet hatte. Darauf wäre nicht nur zu erwidern, daß die Arbeit an »Barmen« bis 1989 – also bis zum Zusammenbruch der zweiten Diktatur – weitergegangen ist[30] und die Lutheraner ihre Position zu »Barmen« in einer Art halben »Heimholung« vielfach modifiziert haben[31]. Wichtiger ist die Rückfrage, ob damit der von der Enquete-Kommission herangezogene theologische Maßstab außer Kraft gesetzt werden soll, ob der Autor auf konfessionsspezifische Differenzen beim Umgang mit dem SED-Regime verweisen will oder ob es ihm nur schlicht Vergnügen bereitet, die Fehler anderer aufzuspießen. Jedenfalls treibt derlei den Diskurs nicht weiter. Einer der Großen seiner Zunft, der Journalist Rudolf Augstein, bemerkte in seiner Besprechung von Klaus Hildebrands Buch über die deutsche Außenpolitik von 1871 bis 1945[32]: »Die Fehler eines Werkes herauszupicken ist leicht. Es geht aber darum, das Lesenswerte und Interessante vorzuführen.«[33]

Am 21. Januar 1995 sagte der Berliner Systematische Theologe Wolf Krötke während eines Vortrages in der »Gauck«-Behörde:

---

28 Drucksache 12/7820 vom 31.5.1994, 161.
29 R. Henkys, Kirchengeschichte im Bundeshaus. Anmerkungen zu einem Teilergebnis der Enquete-Kommission, in: Ev. Komm. 27 (1994), 450-453; Zitat: 453.
30 Vgl. die Arbeiten des Theologischen Ausschusses der EKU zu Barmen I-VI, erschienen im Gütersloher Verlagshaus.
31 Vgl. z. B. R. Rittner (Hg.), Barmen und das Luthertum; W.-D. Hauschildt/G. Kretschmar/C. Nicolaisen (Hgg.), Die lutherischen Kirchen und die Bekenntnissynode von Barmen.
32 K. Hildebrand, Das vergangene Reich.
33 R. Augstein, Wie fing alles an?, in: »DER SPIEGEL« Nr. 11 vom 13.3.1995, 71-76, Zitat: 71.

»Der Versuch der Einflußnahme des Ministeriums für Staatssicherheit (MfS) auf die Kirche war nichts Harmloses, bei dem es galt, ein bißchen mitzutricksen. Dieser Versuch war in allen seinen Varianten ein Angriff auf die Kirche als Ort und Instanz der Wahrheit.«[34]

Tags zuvor hatte Oberkonsistorialrat Ulrich Schröter, Berlin, am selben Ort seinen Vortrag mit dem Satz beendet:

»Der Schaden sitzt tief, denn viel Vertrauen ist mißbraucht worden. Eine Kirche aber lebt vom Vertrauen der Gläubigen.«[35]

Hierauf folgt regelmäßig das Echo, mit den Stasi-Verwicklungen sei Kirche nicht hinreichend beschrieben, was freilich keiner je behauptet hat, und Schröter wird sich sagen lassen müssen, die Kirche lebe nicht vom Vertrauen in ihre Amtsträger, sondern von ihrem Herrn. Von Krötkes und Schröters Einsichten völlig unberührt, erklären andere Kirchenleute, wie es »wirklich« war:

»So gab es in Sachsen die Regel: Kirche redet mit den staatlichen Organen nur, wenn es unbedingt nötig ist. Wenn Gespräche erfolgen müssen, geht keiner allein, und es werden die ›Ebenen‹ eingehalten: der Pfarrer verhandelt auf Ortsebene, der Superintendent auf Kreisebene, der Bischof auf Bezirksebene. Außerdem gilt: Gespräche werden nur mit den ›gewählten‹ Staatsorganen geführt, nicht mit den Parteien, nicht mit der Nationalen Front, nicht mit dem Ministerium für Staatssicherheit (MfS).«[36]

Gleich eingangs heißt es in der Zusammenfassung dieses Artikels: »Zwei biblische Motive prägten die Grundpositionen der evangelischen Kirche im SED-Staat: das Bild vom ›wandernden Gottesvolk‹ und vom ›Volk Gottes im Exil‹.« Wenn das so war, sind die Urteile von Krötke und Schröter völlig unverständlich.

SED- und Stasi-Strategen forderten gelegentlich ihre Getreuen im Apparat wie in der Kirche dazu auf, ein Problem zu »theologisieren«. Sie meinten damit, ein politisch erwünschtes Ziel müsse mit religiöser Ummantelung versehen und auf diese Weise auch zu einem kirchlich erwünschten Handlungsmotiv werden. Einen scheinbar einfachen Sachverhalt noch einmal theologisch zu wenden, ihn in biblische Bilder zu kleiden – diese Hermeneutik gibt es auch im Raum der Kirche. Und siehe da, was zunächst so einfach schien, ist es nun nicht mehr. Das kann an dem Sachverhalt selbst oder aber an seiner theologischen Vertiefung liegen.

Ehemalige DDR-Bürger verweisen immer wieder darauf, daß man in der Diktatur gelernt habe, zwischen den Zeilen zu formulieren und zu lesen[37].

---

34 Wolf Krötke während einer Tagung der Gauck-Behörde vom 19.-21. Januar 1995, zit. nach RhM Nr. 5 vom 3.2.1995, 28.
35 Zit. nach Der Tagesspiegel vom 22.1.1995, 4.
36 W. Schlemmer, Widerstand in der Anpassung. Der Weg des DDR-Protestantismus, RhM Nr. 7 vom 17.2.1995, 22.
37 U. Schröter (Unverzichtbar beim Nachdenken über die Vergangenheit: Der gelernte DDR-Bürger, in: ZwieGespräch 19 vom Februar 1994, 1-10) bezeichnet dieses Phänomen euphorisch als »eine ausgeprägte Hör- und Lesekompetenz« (a.a.O., 7).

Dieser Hinweis auf eine besondere sophistische Hermeneutik des Formulierens und Verstehens, die man sich zunächst aneignen müsse, um die Texte angemessen interpretieren zu können, führt freilich schnell in die kommunikative Sackgasse, wenn deutlich wird, daß diejenigen, für die seinerzeit formuliert wurde, das Beschriebene selbst mißverstanden. Eine Sprache, die mehr verhüllt als präzise abbildet, dient der Desinformation. Das galt nicht erst für die Formel »Kirche im Sozialismus«. Schon in dem sog. Brief der DDR-Bischofskonferenz aus Lehnin vom 15. Februar 1968 aus Anlaß der Diskussion um die neue DDR-Verfassung formulierten die Bischöfe doppeldeutig: »Als Staatsbürger eines sozialistischen Staates sehen wir uns vor die Aufgabe gestellt, den Sozialismus als eine Gestalt gerechteren Zusammenlebens zu verwirklichen«[38]. Dieser Satz war von vornherein in der Kirche höchst umstritten, weil er als Akklamation gegenüber der real existierenden Diktatur gelesen werden konnte und auch wurde[39]. Er zog bis heute einen Schwall von Interpretationen nach sich[40]. Merkwürdigerweise fragt niemand danach, warum den Gemeinden ein so mißverständlicher Satz überhaupt erst zugemutet wurde. Da man meinen sollte, daß Theologen mit der Sprache umzugehen verstehen, liegt die Vermutung nahe, daß nicht versehentlich, sondern gezielt mehrdeutig formuliert wurde. Wem nützte das?

Spätere verbale Mehrdeutigkeiten wurden zuweilen auf der Verhaltensebene zu größerer Eindeutigkeit hin interpretiert. War sich die Gemeinde noch im Zweifel gewesen, wie sie eine kirchliche Erklärung verstehen sollte, so sah sie schon sehr viel klarer, wenn der Bischof an einem Staatsakt auf der Ehrentribüne teilnahm.

Eine im doppelten Sinne apologetische Arbeit legte auch der Leipziger Religionssoziologe und Moritz-Schüler Detlef Pollack vor. In einer Art Rundumschlag sucht er nachzuweisen, von welchen – jeweils unterschiedlichen – Vorurteilen und interessengeleiteten Bestrebungen nahezu alle anderen auf dem Feld arbeitenden Theologen, Soziologen und Historiker ausgegangen seien und mit welchen unzulänglichen theoretischen Instrumentarien sie gearbeitet hätten, um dann mit dem Pathos des empirischen Wissenschaftlers eine ganz neue Forschungsepoche mit den geeigneten theoretischen wie empirischen Methoden einzuläuten[41]. Dabei verzichtete Pollack – abgesehen von kirchenstatistischen und kirchensoziologischen Daten, die er aus den landeskirchlichen Quellenbeständen erhob –, weitgehend auf archivalische Studien. Darum mußte er bei der historischen Einzeldarstellung auch auf solche Arbeiten zurückgreifen, die er zuvor heftig kritisiert hatte. Freilich fand die Rezeption da

---

38 KJ 1968, 181.
39 E. Jüngel meinte 1992, der Text müsse »als Privilegierung der sozialistischen Gesellschaft durch die evangelischen Bischöfe gelesen werden« (Kirche im Sozialismus – Kirche im Pluralismus. Theologische Rückblicke und Ausblicke, in: T. Rendtorff (Hg.), Protestantische Revolution?, 311-350; Zitat: 320).
40 Vgl. R. Mau, Eingebunden, 58 f.
41 Eine Ausnahme bildet die Dissertation B von Horst Dohle über die »Grundzüge der Kirchenpolitik der SED zwischen 1968 und 1978« (Berlin-Ost 1988), die Pollack zwar intensiv benutzt, in seinem Literaturüberblick aber nicht vorstellt.

ihre Grenzen, wo sie seiner Analyse von der institutionellen Sonderstellung der Kirchen zwischen taktischer Anpassung und theologisch legitimiertem Widerspruch eher hinderlich schien[42]. Denn diese Beschreibung bildet insofern eine Harmonisierung, als sie den binnenkirchlichen Dissens über bestimmte Entscheidungen nur ungenügend berücksichtigt. Was – wie im Falle der Kirchenbundgründung 1969 – den einen aus taktischen Erwägungen möglich schien und sich im nachhinein sogar als theologischer Neuanfang darstellen ließ[43], war den anderen »eine verhängnisvolle Fehlentscheidung, vergleichbar der Gründung der D[eutschen]E[vangelischen]K[irche] 1933«[44]. Obwohl Pollack – wie die Abgrenzung von Hans Moritz zeigt – sein Fach Religionssoziologie nicht als theologische Disziplin versteht[45], läßt er durchaus sein Urteil über theologische Schulen und deren Kirchenverständnis in den eigenen wissenschaftlichen Aussagezusammenhang einfließen. Von theologischen Überlegungen im Gefälle der Denkformen Karl Barths zum Beispiel hält er nicht viel[46]. Die von Pollack kritisierten Theologen hingegen beharren auf dem hohen Anspruch, daß der »Glaube an Christus, die Gemeinde Jesu Christi und ihre Theologie [...] immer für sehr viel mehr ein[stehen], als sie selbst zu realisieren und darzustellen vermögen.« Pollack diskreditiere diesen Anspruch, meint etwa Wolf Krötke, »indem er noch kurz vor dem Ende der DDR von den Kirchen«[47] »Anspruchsminderung«[48] gefordert habe, »um sie in ihrer religionssoziologischen Funktion der sozialistischen Gesellschaft zu empfehlen«[49]. Das unterschiedliche Kirchenverständnis wirkt sich auf die theologisch-ethische Urteilsbildung aus. Während Krötke die Zusammenarbeit von Kirchenleuten mit der Staatssicherheit unter allen Umständen strikt verurteilt[50], kann Pollack sagen: »Die Kontakte [Günter] Krusches zum Staatssicherheitsdienst entlarven unter diesem Gesichtspunkt [nämlich dem, Verbesserungen für die Kirche und die Menschen zu erreichen] sein Handeln nicht als unmoralisch, sondern sind im Gegenteil gerade Ausdruck eines sozialethischen Engage-

---

42 Vgl. D. Pollack, Kirche in der Organisationsgesellschaft, 371 ff.
43 Vgl. G. Besier, Der SED-Staat und die Kirche. Der Weg in die Anpassung, 718 ff.
44 So J. Hamel, zit. nach G. Besier, Der SED-Staat und die Kirche 1969-1990, 37.
45 Theologie kann die Wahrheitsfrage nicht suspendieren. D. Pollack (Kirche in der Organisationsgesellschaft, 29 f.) hingegen versteht Religion als »soziales Phänomen«, das sich wie andere soziale Phänomene untersuchen lasse. »Das ›Heilige‹ ist kein wissenschaftlich erfaßbarer Gegenstand. Wissenschaftlich bearbeitbar ist nur, was sich der intersubjektiven Kontrolle nicht entzieht. [...] Hier zeigt sich, daß Moritz die religionssoziologische Zurückhaltung gegenüber der Wahrheitsfrage der Religion nicht mitvollziehen kann. Er ist an einer Verbindung der religionssoziologischen Arbeit mit der Theologie interessiert und konzipiert deshalb die Religionssoziologie als eine theologische Disziplin.« Um »Religion im Vollsinn« handelt es sich nach Pollacks Definition, »wenn funktionales Bezugsproblem und sinnhafte Problemlösung gemeinsam auftreten.« A.a.O., 36 f.
46 Vgl. a.a.O., 20.
47 W. Krötke, Karl Barths und Dietrich Bonhoeffers Bedeutung für die Theologie in der DDR, 282.
48 D. Pollack, Religion und Sozialismus, in: ZdZ 43 (1989), 6-14.
49 W. Krötke, Karl Barths und Dietrich Bonhoeffers Bedeutung für die Theologie in der DDR, 282.
50 Vgl. W. Krötke, Die Kirche im Umbruch der Gesellschaft.

ments, das sich bereit findet, auch in schwierigen Zeiten Verantwortung zu übernehmen.«[51] Im Vergleich zu anderen gesellschaftspolitischen und wirtschaftlichen Faktoren schätzt Pollack den Beitrag der Kirchen und oppositionellen Gruppen am Umbruch in der DDR als eher gering ein[52].

Der hier vorgelegte dritte Band der Geschichte des Verhältnisses von »SED-Staat und Kirche« beschreibt in chronologischer Abfolge die Ereignisse vom Lutherjahr 1983 bis zur Reintegration der östlichen Gliedkirchen in die EKD 1991.

Mit dem Lutherjahr 1983 erlebten die Staat-Kirche-Beziehungen in der DDR ihren Höhepunkt. Der sächsische Landesbischof und Vorsitzende des DDR-Kirchenbundes, Johannes Hempel, dokumentierte in seiner Ansprache beim Luther-Festakt in Worms am Rhein in eigenartiger Betonung das vertrauensvolle Verhältnis zwischen SED-Regime und »Kirche im Sozialismus«. »*Wir* sprechen darüber mit unserer Regierung«, sagte er und erweckte damit bei den westlichen Zuhörern den Eindruck, er kritisiere das Staat-Kirche-Verhältnis in der Bundesrepublik, wo ein ähnlich offener Austausch nicht geführt werde[53]. Bundeskanzler Helmut Kohl reagierte gegenüber dem EKD-Ratsvorsitzenden, Landesbischof Eduard Lohse, mit Empörung[54]. Ein Jahr später prägte Hempel die Formel von dem herrschenden »Grundvertrauen« zwischen Staat und Kirche in der DDR. Diese Loyalitätsbekundungen gegenüber der Diktatur hinderten die EKD nicht daran, ihn 1991 zum stellvertretenden EKD-Ratsvorsitzenden zu wählen. In seinem Vortrag auf der sächsischen Herbstsynode 1993 beschrieb Hempel rückblickend den Weg seiner Kirche als »Gratwanderung« und führte Handlungseigentümlichkeiten seiner Kirche auf eine charakteristische DDR-Zeitgeistverhaftung zurück, die eben eine andere gewesen sei als die Teilhabe am Zeitgeist westlicher Demokratien[55]. Daß die Freiheit eines Christenmenschen gerade darin besteht, den zeitgeistgemäßen Deutungen und Mißdeutungen der Ermöglichung von Freiheit »mit geschärfter Unterscheidungskraft« zu begegnen, bleibt außer Betracht[56]. Auch in diesem Synodalvortrag geht es Hempel um die Verteidigung seines »Lebenswerkes« – ein menschlich verständliches Motiv, das er mit anderen kirchenleitenden Persönlichkeiten dieser doch letztlich auch »verlorenen Generation« teilt[57]. Darum zeigt der sächsische Bischof auch viel

---

51 Leserbrief Pollacks in der FAZ Nr. 50 vom 28.2.1992, 12.
52 Vgl. D. Pollack, Kirche in der Organisationsgesellschaft, 454.
53 Vgl. KJ 1983, 58-60.
54 Vgl. E. Lohse, Erneuern und Bewahren, 132 f.
55 J. Hempel, Was hat uns in der Kirchenleitung beschäftigt und was wird uns wohl auch weiterhin beschäftigen?, in: ders., Kirche wird auch in Zukunft sein, 253-260.
56 Vgl. dazu G. Ebeling, Heiliger Geist und Zeitgeist.
57 Vgl. A. Schönherr, ... aber die Zeit war nicht verloren und unten S. 437 (An die Freunde der Redaktion des Standpunkts). Vgl. zu dem Problemkomplex insgesamt G. Besier, Psychophysiologie und Oral History. Hempel nahm auch auf die Zukunft seiner Landeskirche Einfluß, indem er an der geheimen Wahl seines Nachfolgers teilnahm. Dem Protokoll der sächsischen Kirchenleitungssitzung vom 22.11.1993 zufolge, erklärten zudem sowohl Hempel als auch die beiden Kandidaten Thomas Küttler und Volker Kreß, sich

Verständnis für das menschliche Gefühl der »Rache«. Doch das alttestamentliche »Auge um Auge, Zahn um Zahn« wendet sich weniger gegen die Unterdrücker von einst als die Kritiker von heute. Vor allem den Verfasser dieses Buches – er wird, als einziger, namentlich genannt – sollte die große Abschiedsrede des scheidenden sächsischen Bischofs bleibend stigmatisieren[58]. Seine durch Stasi-Verwicklungen selbst schwer betroffene Landesfakultät, die ihn 1982 in enger Absprache mit dem MfS ehrenpromovierte[59], griff das Verdikt gegen den »Besserwisser« in ihrer Festschrift dankbar auf[60].

Mit der »Spitzenbegegnung« zwischen Hempel und Honecker Mitte Februar 1985 in Berlin, um die sich der Dresdener Bischof über Gebühr bemüht hatte, wurde neben dem 6. März 1978 ein weiteres Grunddatum der Beweihräucherung des Staat-Kirche-Verhältnisses in der DDR geschaffen. Ein letzter Versuch, solche Begegnungen als Gedenktage des gegenseitigen Einvernehmens zu zelebrieren, datiert auf den 11. Juni 1989 – der Domeinweihung in Greifswald. Honeckers programmatisches Erscheinen auf dem Kirchenfest und sein Gottesdienstbesuch wurden als Beleg für die Erfolgsträchtigkeit des »Greifswalder Weges« gefeiert. Der anschließende Briefwechsel zwischen Staatsratsvorsitzendem und Bischof dokumentiert die keineswegs singuläre Unkultur pfäffischer Unterwürfigkeit in Gestalt einer ebenso devoten wie schwülstigen Sprache.

Für den letzten Höhepunkt des Staat-Kirche-Verhältnisses in der DDR auf überregionaler Ebene sorgte das SPD/SED-Papier von 1987 – in seiner Wirkung noch verstärkt durch den Staatsbesuch Erich Honeckers im September des Jahres. In den Leitungsgremien der EKD wie in denen des DDR-Kirchenbundes wurde das sozialistische Parteipapier gleichsam als kirchliche Denkschrift behandelt und als wegweisende Leitlinie auch für die deutsch-deutsche Kirchenpolitik betrachtet. Doch diesem letzten Höhenflug folgte der jähe Absturz.

1988 dämmerte es einigen Kirchenleuten, daß sie die DDR nur »schöngeredet« hatten. Andere freilich blieben bis über das Ende der Honecker-Ära hinaus glühende Verfechter deutscher Zweistaatlichkeit und der Fortsetzung des sozialistischen Experiments im östlichen Staat und seiner Kirche. Sie

---

der Stimme enthalten zu wollen. Aufgrund dieser Vorabsprachen waren im 3. Wahlgang mindestens drei Enthaltungen zu erwarten. In diesem entscheidenden Wahlgang, den Kreß für sich entscheiden konnte, wurden aber nur zwei Enthaltungen gezählt. Der neue Bischof Kreß hatte – im Unterschied zu dem zweiten Kandidaten Thomas Küttler, der als konsequenter Gegner des Regimes galt und im OV »Turm« bearbeitet wurde – vom SED-Staat eine Verdienstmedaille erhalten, was der Synode wohl bekannt war.

58 Vgl. J. Hempel, Was hat uns in der Kirchenleitung beschäftigt …?, 259 und 260 f.
59 Vgl. G. Besier, Der SED-Staat und die Kirche 1969-1990, 555 f. Für diesen Akt war ein »Lernprozeß« Hempels erforderlich. Einen früheren Vorschlag, den sächsischen Bischof bereits 1979 in Leipzig zu ehrenpromovieren, lehnte Seigewasser mit Schreiben vom 10.8.1979 an den Stellvertretenden Minister für Hoch- und Fachschulwesen, Gerhard Engel, glatt ab. Vgl. BStU Berlin, AP 20438/92, 12.
60 U. Kühn (Hg.), Kirche als Kulturfaktor. Festgabe der Theologischen Fakultät der Universität Leipzig zum 65. Geburtstag von Landesbischof Dr. Dr. h. c. Johannes Hempel, D. D., Hannover 1994, 7.

konnten weder den staatlichen noch den kirchlichen »Beitritt« verhindern. Sang- und klanglos verschwand 1991 der in Genf hochgepriesene DDR-Kirchenbund von der ökumenischen Landkarte. Die im »Experiment ›Kirche im Sozialismus‹«[61] wirklich oder vermeintlich gewonnenen Einsichten ließen sich nicht in die EKD mit hinübernehmen. Wie die Debatte um die Militärseelsorge zeigte, löste der Wiedereingliederungsprozeß in die EKD bei den östlichen Gliedkirchen schmerzliche Erfahrungen aus.

Wohl ein letztes Mal sorgte die »Kirche im Sozialismus« für Schlagzeilen, als Mitte März 1995 der Vorermittlungsausschuß der EKD auf der Grundlage langjähriger Recherchen und einer Anhörung Manfred Stolpes ein Gutachten über dessen zum Teil konspirative Kontakte zum SED-Regime verfaßte, das an die Berlin-Brandenburgische Kirchenleitung weitergeleitet wurde. Gleichzeitig wurden eine Reihe weiterer prominenter Stasi-Fälle in der Kirche bekannt[62]. Der Schlußabsatz des EKD-Gutachtens zu Stolpe lautet:

»Das Wirken Dr. Stolpes hat in der DDR keine Parallelen. Es bleibt eine Ausnahmeerscheinung im Grenzbereich von kirchlichem Amt und Politik. In diesem Zusammenhang muß auch die Mitverantwortung berücksichtigt werden, die sich leitende Persönlichkeiten der Kirche zurechnen lassen müssen, weil sie im Laufe der Jahre niemals gefragt haben, auf welchem Wege Dr. Stolpe in schwierigen Fragen sein Ziel erreicht hat. Eine Trennung der Kirche von ihm als einem ihrer herausragenden Vertreter wäre bei der gebotenen Gesamtschau seines Wirkens nicht zu rechtfertigen; ein Disziplinarverfahren mit dem Ziel der Entfernung aus dem Dienst kommt nicht in Betracht. Es dürfte auch angesichts der Rechtsprechung des Disziplinarhofs der EKU kirchengerichtlich nicht zum Erfolg führen. Andere – mildere – Disziplinarmaßnahmen scheiden bei Dr. Stolpe, der seit seiner Wahl in den Landtag Brandenburg den Status eines Kirchenbeamten im Wartestand hat, schon aus rechtlichen Gründen aus.«[63]

Am 31. März 1995 erklärte die Berlin-Brandenburgische Kirchenleitung unter Vorsitz von Bischof Wolfgang Huber, sie habe sich dieses Gutachten in ihrem Beschluß zu eigen gemacht.

Die Journalisten reagierten auf die Mitteilungen Bischof Hubers über das Ergebnis zunächst mit Verwirrung. Wer war Manfred Stolpe wirklich und was tat er für wen? Darauf hatten sie sich eine Antwort erhofft. Das Juristengremium konnte sie offenbar nicht geben. So liegen Mißbilligung und Anerkennung des Wirkens dieses Mannes so eng beieinander, geht das Einerseits – Andererseits so ineinander über, daß sich zuerst Ratlosigkeit, dann Befriedigung oder Empörung breitmache je nachdem, wie man die Dinge schon zuvor eingeschätzt hatte[64]. Stolpe blieb nach den Einsichten der Richter ein

---

61 So z. B. W. Bindemann, Kirche im Sozialismus. Theologische Dimension einer Formel, in: Standpunkt 17 (1989), 320-325, Zitat: 321.
62 Vgl. die entsprechende Serie im idea-spektrum März/April 1995.
63 Zit. nach Der Tagesspiegel vom 2.4.1995. Bei den kirchenrechtlichen Einschränkungen bezieht sich der Vorprüfungsausschuß im Zusammenhang mit der EKU auf die Urteile vom 9.12.1993 und vom 10.2.1994 (DH 1/1993 und DH 3/1993), im Zusammenhang mit der EKD auf § 123, § 5 Abs. 2 und 4 des Disziplinargesetzes der EKD.
64 Vgl. idea Nr. 39/95 vom 3.4.1995; FOCUS Nr. 14/1995 vom 3.4.1995; »Die WELT« vom 4.4.1995; FR vom 3.4.1995; Der Tagesspiegel vom 2.4.1995.

Mann der Kirche und hat dennoch kirchliches Recht verletzt. Er tat dies ohne das Wissen seiner Vorgesetzten, deren Ahnungslosigkeit indes nicht ganz glaubwürdig erscheint.

Der zitierte Schlußabschnitt allerdings gibt zu denken: Hatte Stolpes Wirken tatsächlich keine Parallelen? Läßt sich wirklich nicht bezeichnen, wo er rangierte? Doch gewiß irgendwo zwischen dem MfS-Offizier Konsistorialpräsident Detlef Hammer (Magdeburg) und irgendeinem kleinen Pfarrer, der wegen einer Bagatelle zum IM-Dienst gepreßt wurde? Die Bandbreite der möglichen Lokalisierung ließe sich präzisieren. Die »Gauck«-Behörde versuchte dies 1992 ansatzweise, indem sie formulierte, bei dem IM »Sekretär« habe es sich um eine »wichtige Inoffizielle Kraft« der Staatssicherheit gehandelt[65].

»Mildere Disziplinarmaßnahmen«, die wenigstens zu bedenken der Vorprüfungsausschuß offenbar nicht für ganz abwegig hielt, schieden – wegen des Status Stolpes als dem eines Kirchenbeamten im Wartestand – aus.

Das Gutachten des Vorprüfungsausschusses der EKD und mehr noch der Beschluß der Evangelischen Kirche in Berlin-Brandenburg führten dazu, daß eine Minderheit den Ton der Rüge, die Mehrheit aber den Ton der Anerkennung hervorhob und sich so jeder zum Teil bestätigt und enttäuscht sah[66].

Der »abschließende« Bescheid der Kirche in Sachen Stolpe muß im Blick auf die Stasi-Tätigkeit von kirchlichen Mitarbeitern noch andere Konsequenzen haben: M. E. können nun aus dem Dienst Entlassene bzw. frühzeitig in den Ruhestand Getretene mit Recht ihre Rehabilitierung fordern. Es wäre ein schreiendes Unrecht, die konspirative Tätigkeit des einen durch seine Verdienste als abgegolten anzusehen, die der anderen hingegen isoliert zu betrachten. Das MfS bevorzugte natürlich die tüchtigsten Kirchenjuristen, Geistlichen und Laien. Wer in seiner Kirche aufgrund seiner Verdienste Ansehen genoß und auch künftig als wichtiger Mann der Kirche gelten konnte, stieß auf das besondere Interesse der Stasi. Schlechte Kirchenjuristen und Geistliche sowie laue Christen hatten eine relativ größere Chance, der Aufmerksamkeit des Geheimdienstes zu entgehen.

Auch im Blick auf zukünftige Verfahren muß der Fall Stolpe gerechterweise als Gradmesser dienen. Vor diesem Hintergrund erscheint es kaum denkbar, daß eine der östlichen Landeskirchen noch zu disziplinarischen Maßnahmen greifen kann – es sei denn, der Betreffende war offizieller Mitarbeiter der Stasi, also MfS-Offizier.

Schon einige Zeit vor dem EKD-Gutachten zu Stolpe hatte das Berliner »Haus der Kirche« für den 10. April 1995 eine Veranstaltung über den Theologen und Widerständler Dietrich Bonhoeffer angekündigt, den die Nationalsozialisten am 9. April 1945 im Konzentrationslager Flossenbürg hinrichteten. Der Titel der Tagung lautete: »Dietrich Bonhoeffer – Ein Heiliger. Er konspirierte.« Es war so als habe der Brandenburgische Ministerpräsident selbst die Anregung zu diesem makabren Stück gegeben. Schon 1992 formu-

---

65 Rechercheergebnisse zum IM »Sekretär«, Stand: 31.3.1992, Abschnitt 2 a.
66 Vgl. z. B. die einander widersprechenden FAZ-Kommentare von J.-P. Winters und H. Schmoll (FAZ vom 3.4. und 4.4.1995).

lierte er den Leitgedanken vor: »Man kann die evangelische Kirche in der DDR getrost an der Bekennenden Kirche messen.«[67]

Mit dem Ausgang der Stolpe-Affäre ist es gelungen, das Kapitel Kirche und SED-Staat für die breite Öffentlichkeit vorerst zu schließen. Nur ein paar Wissenschaftler werden sich noch eine Weile über Methoden und Beurteilungskriterien streiten. Ähnlich wie zwanzig Jahre nach dem Ende des NS-Staates wird es dann der nächsten Generation vorbehalten bleiben, bohrende Fragen an ihre in Ehren pensionierten Väter und Mütter zu richten. Wenn sie dann antworten werden, unter Beachtung rechtsstaatlicher Grundsätze hätte man eben so behutsam mit den Kooperateuren des Regimes verfahren müssen, wird man ihnen entgegenhalten, daß sie vor wie nach der »Wende« um so härter und unbarmherziger mit denen umgegangen sind, die ihnen und der Diktatur unbequem waren. Dafür sollen – für viele andere – die Namen Jürgen Döbler und Christoph Wonneberger stehen.

Bei den Quellenzitaten wurden Orthographie und Interpunktion den heute gültigen Regeln vorsichtig angeglichen und offensichtliche Fehler stillschweigend verbessert. In den Fällen, in denen die Abweichung von der richtigen Schreibweise besonders groß oder signifikant war, wird in eckigen Klammern darauf aufmerksam gemacht. Von dem Verfasser eingefügte Zusätze stehen ebenfalls in eckigen Klammern.

Bei den Arbeiten in den Archiven erhielten der Verfasser und seine Mitarbeiter wichtige Unterstützung. Zu nennen sind insbesondere Frau Fruth (Bundesarchiv, Abt. Potsdam), Frau Dr. Inge Pardon (ehem. Institut für die Geschichte der Arbeiterbewegung, Zentrales Parteiarchiv der SED), Frau Dr. Christa Stache (Evangelisches Zentralarchiv Berlin), Frau Karin Kopka und Herr Rüdiger Stang (Abt. Bildung und Forschung der Behörde des Bundesbeauftragten für die Unterlagen des Staatssicherheitsdienstes der ehemaligen DDR), die Mitarbeiterinnen im Sächsischen Hauptstaatsarchiv Dresden und in den ehemaligen PDS-Bezirksarchiven Leipzig und Dresden, Herr Dr. Manfred Agethen (Archiv für Christlich-Demokratische Politik der Konrad-Adenauer-Stiftung), Herr Dr. Joachim Fohrenkamm (Landesparteiarchiv Halle der PDS) und Herr Dr. Hans Otte (Landeskirchliches Archiv Hannover). Ihnen bin ich sehr zu Dank verpflichtet.

Dieses Buch hätte nicht ohne die Hilfe meiner Mitarbeiter geschrieben werden können. Neben eigenen Archiv-Recherchen brachten sie Berge von Material zusammen. In Archiven arbeiteten für mich neben Gerhard Lindemann auch Michael Glatter und Theo Spielmann. Christian Binder, Jessika Demolski, Anke Marholdt und Hans-Georg Ulrichs schafften Literatur heran, betreuten die Bibliographie, stellten das Personenregister zusammen, übten Kritik, wiesen auf Lücken hin und beteiligten sich schließlich am Korrekturlesen. Rosy

---

67 M. Stolpe, Schwieriger Aufbruch, 101.

Baier und Karin Kubessa-Nasri gaben Texte ein, vervollständigten das Literaturverzeichnis und gaben technische Unterstützung; Olaf Lange stellte wie immer zuverlässig und rasch die Druckvorlage her. Bernd Kolf vom Ullstein-Verlag begleitete den Entstehungsprozeß des Buches mit Geduld und freundlichem Verständnis. Ihnen allen schulde ich Dank. Ein ganz besonderer Dank aber gilt meinem Assistenten Gerhard Lindemann, der mir immer mit Sachkenntnis, Fleiß, konstruktiver Kritik und tatkräftiger Mitarbeit zur Seite stand.

Heidelberg, im April 1995   Gerhard Besier

KAPITEL 1 · »Grundvertrauen« oder
»Koalition der Vernunft als Koalition der Vernünftigen«

Die Deutschlandpolitik des BEK und die Staatsbürgerschaftsfrage (1982-1985)

Kommunistische Erziehung – Sozialistische Lebensweise

Während der Sitzung der Beratergruppe im Dezember 1982 forderte der Referent im BEK-Sekretariat, Eckart Schwerin, im Interesse der betroffenen Kinder und Jugendlichen müsse der BEK dringlichst bei den staatlichen Stellen ein Gespräch über das Konzept der Kommunistischen Erziehung einfordern[1]. Unter Verweis auf staatliche Verordnungen und Parteibeschlüsse sprach Schwerin von einer »zunehmende[n] Ideologisierung des Erziehungsprozesses und de[m] Versuch der praktischen Durchsetzung des Ausschließlichkeitsanspruches der k. E. [kommunistischen Erziehung].« Die Kirche müßte dem Staat gegenüber auf die »verfassungsmäßig garantierte[.] Glaubens- und Gewissensfreiheit«[2] sowie »die Grundnorm der Gleichberechtigung und Gleichachtung aller Bürger (6. März 1978)« energisch hinweisen. Für die christlich gebundenen Schüler ergebe sich eine unerträgliche Spannung zwischen den Forderungen der Schule und ihrer von der Kirche vermittelten christlichen Identitätswerdung. Zudem wies er auf die weitgehende Ausschaltung der Eltern und den Vorrang von sturem Pauken vor einer »Förderung von Kreativität« in den Schulen hin.

In der anschließenden Debatte, an der sich hauptsächlich Teilnehmer aus der DDR beteiligten und die als ein deutlicher Beleg für den sich verstärkenden Differenzierungsprozeß in den DDR-Kirchen angesehen werden kann, wurde Schwerin heftig widersprochen. Lingner notierte, die Diskussionsredner hätten mehrheitlich die Auffassung vertreten, »daß in der Praxis die theoretische Grundspannung (noch) nicht überall als besorgniserregend bewertet wird. Bei den Kindern/Jugendlichen zeigen sich Immunisierungstendenzen. Destruktions- und Degenerierungsphänomene sind nicht erkennbar. Ob im übrigen die theoretisch nicht zu bestreitende Grundspannung und die in der Schulpraxis immer wieder anzutreffende Intoleranz im Gesamtzusammenhang des gesellschaftlichen Lebens exemplarischen oder exzeptionellen Charakter hat, ist nicht eindeutig. Die Erfahrung zeigt, je pragmatischer die Politik gestaltet wird, desto ideologischer wird im Bereich der Erziehung und der Ausbildung auf Kinder/Jugendliche/Heranwachsende eingewirkt. Ein grundsätzliches und prinzipielles Staat/Kirche-Gespräch würde aller Wahrscheinlichkeit nach keine Klärung bringen«, schmetterte man Schwerins Vorstoß ab[3].

Am 9. Dezember kam es im Staatssekretariat für Kirchenfragen zu einem Gespräch über das Thema »Sozialistische Lebensweise«[4]. In diesem Zusammenhang brachten die Vertreter der Kirche auch wieder Fragen zur Volksbildung vor. Horst Dohle notierte:

»Die Diskussionsredner gingen von einem konstruktiven Standpunkt aus« und betonten den »nun einmal vorhandenen Widerspruch zwischen marxistisch-leninistischer Weltanschauung und christlichem Glauben. [...] Am gesamten Gesprächsverlauf wurde deutlich, daß die leitenden Kirchenvertreter, indem sie dazu sprachen, unter dem Druck innerkirchlicher Kräfte eine Pflichtübung vollführten, so daß sie in der Lage sind, auf ihre Kritiker mit dem Hinweis einwirken zu können, daß sie diese Dinge nun bei der staatlichen Seite vorgetragen haben.«

Die von Christina Schultheiß vorgebrachte Beschwerde, Honecker habe sein am 6. März gegebenes Versprechen nicht eingehalten, wonach Christen in Schule und Beruf gleichberechtigt und gleichgeachtet behandelt werden sollten, griff keiner der anderen kirchlichen Gesprächspartner auf[5]. Leich und Natho sollen sich sogar später bei Dohle und Wilke für den scharfen Diskussionsstil und kontroversen Verlauf des Gesprächs entschuldigt haben[6].

Die hartnäckige Thüringerin Schultheiß konnte freilich langfristig einen beachtlichen Erfolg für sich verbuchen. Wie sie Hans Wilke berichtete, durfte sie am 9. November 1983 als erste Repräsentantin der Kirche ein Gespräch mit Margot Honecker führen, das immerhin mit der Zusage endete, sie könne der Ministerin jederzeit konkrete Fälle von Benachteiligungen zur Kenntnis bringen[7].

In einem internen Auswertungsgespräch hielt die KKL am 8. Januar 1983 fest:

»Beschwerlich bleibt, daß glaubensmäßige Bindung, Erkenntnis und Motivation als Anzeichen eines Erkenntnisrückstandes gewertet werden; [...] daß offenbar für die Schulwirklichkeit hinreichend klare zentrale Orientierungen fehlen, die Politik des Staates in Kirchenfragen mitzuvollziehen. Erforderlich ist, daß mehr als bisher die innere Haltung christlicher Kinder, Jugendlicher und Erwachsener geachtet – nicht nur geduldet wird; daß bei der Vermittlung des Marxismus-Leninismus direkte und indirekte Gewissensbedrängungen unterbleiben«.

Bedauert wurde, daß sich wieder einmal die Volksbildung nicht an dem Gespräch beteiligt hatte[8].

Die Entspannung des Staat-Kirche-Verhältnisses in der DDR durch Bundessynode und Landessynoden im Herbst 1982 und letzte Vorbereitungen auf das Lutherjahr

Wahrmann[9] informierte während der Dezember-Tagung der Beratergruppe über die zurückliegende Tagung der BEK-Synode in Halle[10], die nach staatlicher Einschätzung zu einer weiteren Entspannung des Staat-Kirche-Verhältnisses beigetragen hatte. Gienke, Natho, Petzold[11], Lewek, Demke und zum Teil auch Werner Krusche bemühten sich mit Erfolg, im KKL-Bericht »realistische Positionen«[12] durchzusetzen. Die vom Staat als »negativ« eingestuften Synodenteilnehmer Domsch, Falcke, Forck und auch Kramer hielten sich während der Debatte weitgehend zurück. Eher staatskritisch traten die Synodalen Große[13], Stier[14], Schorlemmer[15], Superintendent Wetzel[16] und auch Joachim Garstecki[17] vom BEK-Sekretariat auf und wurden in dieser Haltung von den Jugenddelegierten, die ihre Basiserfahrungen einbrachten[18], unterstützt. Die Beobachter des Regimes hoben besonders die »realistische« Haltung zur Friedensbewegung hervor:

»Es sind insbesondere im Blick auf von der sozialistischen Gemeinschaft vorgeschlagene Friedensinitiativen bemerkenswerte Schritte in Richtung zu mehr Realismus und Konstruktivität gemacht worden. Erstmals wurden solche Positionen unverkürzt und ohne Vorbehalte übernommen[19]. In weiteren Fragen wurde im Gegensatz zum bisher vertretenen Absolutheitsanspruch kirchlicher Positionen die Möglichkeit und Richtigkeit der staatlichen Auffassungen konzediert.«[20] »Im Bericht der Bundessynode wurden teilweise politisch positive Aussagen mit einer Deutlichkeit getroffen, wie es bisher nicht der Fall war«, wertete die SED-Bezirksleitung Dresden[21].

Gleichwohl wurde weiterhin auch Kritik an Wehrerziehung, Wehrunterricht, Zivilverteidigungsübungen und Kriegsspielzeug[22] geübt. Der abschließende Synodenbeschluß erreichte aus staatlicher Perspektive nicht mehr das positive Niveau des KKL-Berichts[23].

Personalpolitisch schien sich für die Synode die Perspektive abzuzeichnen, daß Werner Krusche vielleicht doch noch etwas länger als KKL-Vorsitzender amtieren werde. Stolpe hatte diesen Wunsch der Synode vorgetragen und dafür den Beifall des Kirchenparlaments erhalten[24]. Kurz vor Beginn der Synode hatte der Berliner Konsistorialpräsident vor dem Rat des Bezirkes Cottbus darauf hingewiesen, »daß es Bestrebungen gebe, Bischof Krusche für eine weitere Kandidatur zu bewegen. Der Gesundheitszustand des Bischofs sei augenblicklich gut«, fügte er hinzu[25]. Werner Krusche teilte auf der ersten Sitzung der von der Synode neugewählten KKL mit, er wolle noch vor seinem 65. Geburtstag im November das Amt des Vorsitzenden niederlegen. Der Bischofskonvent bat ihn jedoch, noch bis zum 30. November 1982 im Amt zu bleiben. Außerdem richtete das Gremium an Hempel die Frage, ob er sich vorstellen könne, die Nachfolge Krusches anzutreten. Der sächsische Bischof stimmte zu. Auch Stolpe bejahte das an ihn gestellte Ansinnen, die Stellvertretung des Vorsitzenden zu übernehmen, wollte aber vor einer definitiven Zusage noch mit seiner Landeskirche Rücksprache nehmen[26].

Schließlich beschloß die KKL, daß dem im November 1983 ausscheidenden und dann in das provinzsächsische Bischofsamt wechselnden Demke[27] Martin Ziegler als Chef des BEK-Sekretariats nachfolgen sollte[28]. Ziegler, bis dahin Leiter des Diakonischen Werkes und der Inneren Mission in Berlin-Brandenburg, galt nach staatlicher Einschätzung als »loyal«.

Das Staatssekretariat für Kirchenfragen hielt im November 1982 fest:

»Im Berichtszeitraum setzte sich in den Landeskirchen das Bestreben fort, ein sachliches und konstruktives Verhältnis zwischen Staat und Kirche weiter zu festigen.«[29] Gleiches galt auch für die Herbstsynoden der Landeskirchen, wo »sich die realistischen und loyalen Kräfte [...] durchsetzen konnten, die auf einen weiteren Abbau vorhandener Spannungen im Verhältnis zwischen Staat und Kirche orientierten.«

Nur die Kirchenprovinz Sachsen fiel wieder etwas aus dem Rahmen[30]. Mit Ausnahme der zuletzt genannten Synode sei deutlich geworden, daß ein Interesse »an geordneten und sachlichen Beziehungen zum Staat auf der Grundlage der Konzeption des 06.III.1978« bestehe und eine Konfrontation nicht angestrebt sei.

»Sie anerkennen die Bemühungen der DDR um den Frieden und sind bereit, dieses Ringen um die Erhaltung des Lebens zu unterstützen. Das eigenständige Friedensengagement der Kirchen hat nichts mit einer ›unabhängigen Friedensbewegung‹ zu tun.« Wilkes Schlußfolgerung lautete: »Diese Erkenntnisse müssen so vertieft werden, daß besonders im Lutherjahr 1983 keine erneuten Störungen gegen unsere konstruktive Kirchenpolitik möglich sind.«[31]

Trotz des recht positiven Verlaufs der BEK-Synode unterbreitete Rudi Bellmann nach Rücksprache mit Paul Verner Hermann Axen am 2. November 1982 den Vorschlag, in dem für die 5. Tagung des ZK geplanten Politbüro-Bericht – mit Ausnahme der Vorbereitungen auf das bevorstehende Luther-Jahr[32] – nicht auf die Kirchenpolitik einzugehen.

Zeddies informierte Anfang Dezember 1982 die »Berater« über den Stand der Verhandlungen um die Bildung einer Vereinigten Evangelischen Kirche (VEK)[33]. Man sei sich zu Beginn des Jahres einig gewesen, den Weg zur VEK weiterzugehen. Allerdings hätten die Frühjahrssynoden gezeigt, wieviel Klärungsbedarf bei Einzelfragen noch bestehe. Am 12. März 1982 hätten die Kirchenleitungen von BEK, EKU und VELK[34] vereinbart, ihre Arbeit künftig besser untereinander abzustimmen[35].

Während der Konsultation im Dezember 1982 wurde mit den Gästen aus dem Westen die Teilnahme hoher DDR-Staatsvertreter an der bevorstehenden Lutherehrung sowie an Veranstaltungen des Lutherkomitees der Kirchen erörtert[36]. Ferner stellte man Überlegungen zu einer gemeinsamen Stellungnahme der beiden Kirchenbünde aus Anlaß des November 1983[37] an. Aus SED-Perspektive hatte die Kooperation zwischen dem staatlichen und dem kirchlichen Lutherkomitee »eine[.] stabilisierende[.] Wirkung« auf die Staat-Kirche-Beziehungen[38]. Das bevorstehende Jubiläum ließ auch im Westen politische Begehrlichkeiten wachsen. Von der CDU und der Bundesregierung wurde ernsthaft eine DDR-Reise des Bundespräsidenten Karl Carstens in Erwägung gezogen. Für diesen Fall hatte sich die EKD bereit erklärt, auf einen der für sie reservierten Plätze bei der Eröffnung des Gedenkjahres in der DDR zu verzichten[39].

Am 29. September 1982 bestätigte das Sekretariat des ZK der SED einen Personalvorschlag für eine beim ZK zu bildende »Lutherjahr«-Arbeitsgruppe. Dieser sollten unter Verners Leitung Manfred Feist, Wolfgang Herger, Walter Lorenz, Klaus Gysi, Rudi Mittig (MfS), Kurt Löffler sowie Rudi Bellmann angehören[40]. In einer dem Gremium vorgelegten Information wurde hervorgehoben:

»Die Zusammenarbeit beider Luther-Komitees hat sich in der zurückliegenden Zeit als ein stabilisierender Faktor für die kirchenpolitische Entwicklung in unserem Land erwiesen«, aber auch festgehalten: »Insgesamt zielen die kirchlichen Vorhaben im Lutherjahr darauf ab, das kirchliche Leben in der DDR zu aktivieren und über die Kirchengemeinden hinaus wirksam zu werden. [...] Zwischen den kirchlichen Vorbereitungskomitees in der DDR und der BRD bestehen enge Kontakte. [...] Es gibt Hinweise darauf, daß gegnerische Kräfte innerhalb und außerhalb der DDR Überlegungen anstellen und Vorbereitungen treffen, die kirchlichen Vorhaben zum Luther-Jubiläum, besonders die geplanten Massenveranstaltungen (Kirchentage u. ä.), zu benutzen, um feindliche Aktivitäten gegen die Politik von Partei und Regierung zu entwickeln. In den westlichen Massenmedien wird betont auf die *kirchlichen* Aktivitäten zum Lutherjubiläum orientiert, und zwar im Sinne des Ausbaus ›menschlicher Kontakte‹ entsprechend der politischen Konzeption der Bundesregierung. Gegnerische Kräfte suggerieren die Meinung, daß Staat und Partei in der DDR eine ungerechtfertigte, gegen die Kirchen und die Bürger gerichtete mißbräuchliche ›Vereinnahmung‹ Luthers betreiben, gegen die sich Kirchen und Christen zur Wehr setzen müßten. Damit soll dem bemerkenswerten positiven Echo unter kirchenleitenden Persönlichkeiten, Amtsträgern der Kirchen und kirchlich gebundenen Bürgern auf die von unserer Partei- und Staatsführung begründete Haltung zum Lutherjubiläum und zum marxistisch-leninistischen Lutherbild entgegengewirkt werden, sollen kirchliche Kreise verunsichert und in Oppositionshaltung zum Staat gedrängt werden. Falschmeldungen in den westlichen Massenmedien zielen darauf ab. Zugleich soll damit die gedeihliche Zusammenarbeit zwischen dem Lutherkomitee der DDR mit [sic!] dem kirchlichen Lutherkomitee, die sich nachhaltig und positiv auf die Entwicklung der Staat/Kirche-Beziehungen in der DDR auswirkte, diskriminiert werden.

Im Zusammenhang mit den Luther-Ehrungen soll ein ›gesamtdeutscher Charakter‹ der Beziehungen zwischen den Kirchen in beiden deutschen Staaten propagiert werden. BRD-Politiker und kirchenleitende Personen der BRD propagieren seit geraumer Zeit, daß das Lutherjubiläum zum Kontaktieren im Sinne der Bonner Politik und zur Intensivierung der ›Partnerschaftsbeziehungen‹ zwischen den Kirchen und einzelnen Kirchengemeinden der BRD und der DDR genutzt werden sollen. Solche Absichten bestehen auch in der DDR. Es ist weiter zu erwarten, daß namhafte internationale Gäste dazu bewegt werden, die Lutherehrungen zu einer Ermunterung und Unterstützung der Inspiratoren einer von der Friedenspolitik unseres Staates ›unabhängigen Friedensbewegung‹ zu mißbrauchen.«[41]

Zur weiteren organisatorischen Arbeit wurden Schlußfolgerungen bestätigt, die auch die gewissenhafte Prüfung und zügige Bearbeitung kirchlicher Pläne vorsahen. »Unrealistische und deshalb nicht akzeptierbare Wünsche der kirchlichen Veranstaltungen sind im Vorfeld der Vorbereitungen rechtzeitig und endgültig zu klären. Es ist darauf hinzuwirken, daß die kirchlichen Veranstalter die staatlichen Organe allseitig über ihre Pläne informieren.«[42]

Während der Thüringer Herbstsynode hatte Landesbischof Leich sich kritisch mit »eine[r] gewissen ›Lutherverdrossenheit‹ in den Gemeinden«[43] auseinandergesetzt und »sich andererseits gegen die Behauptung [ge]wandt[.], daß der Staat Luther vermarkte. Die staatlichen und gesellschaftlichen Vorbereitungen zum Lutherjubiläum seien anzuerkennen, und es sei ein ›aufregender Prozeß‹, wie hier ein weiteres Gebiet der Geschichte aus marxistischer Sicht aufgearbeitet werde.«[44] »Der Marxismus-Leninismus deutscher Prägung ist dabei, deutsche Geschichte aufzuarbeiten«, sagte der Bischof[45]. Ähnlich äußerte sich Sachsens Landesbischof Hempel gegenüber SED-Bezirkschef Modrow: »Die marxistische Geschichtsforschung wird hierzu noch erstaunliche Erkenntnisse bringen, auf die er persönlich gespannt sei«, sagte der Theologe im Bischofsamt[46].

Zugleich machte Hempel, was nun immer seltener vorkam, den Staatsfunktionär darauf aufmerksam, wo die DDR-Bewohner wirklich der Schuh drückte:

»Etwas müsse er noch loswerden, sagte er. Das sind die Schlangen in und vor den Geschäften. Das sei für alle ein unerträglicher Zustand. Es kann doch nicht sein, daß Werktätige, die diszipliniert arbeiten, Kinder und Haushalt haben, sich abends 1-2 Stunden dem Einkauf widmen müssen. Das stellt sich als Eingriff in die Freizeit und Erholung und als Belastung dar, zumal sie um 21.00 Uhr wieder ins Bett müssen, um früh ausgeruht zur Arbeit zu kommen. Ich glaube, das schadet Ihnen, schadet dem Sozialismus sehr[47].

Zur Preispolitik würde nicht nur in Kirchenkreisen die Auffassung vertreten, daß die Preise für die Grundnahrungsmittel, vor allem für Brot, nicht mehr zu halten wären. Eine Korrektur würde auch die Achtung vor dem Brot erhalten. Zum Schluß äußerte er sich zur Informationspraxis: ›[…] Informieren Sie ehrlich und offen, es geht um das Vertrauen der Bevölkerung.‹«[48]

Noch deutlicher wurde eine Arbeitsgruppe der Kreissynode Usedom in einem Brief an Gienke:

»Die erklärten Ziele unserer Gesellschaft bestimmen zu wenig den Alltag des gesellschaftlichen Lebens. […] Wir erfahren, daß unsere Bemühung um gesellschaftliche Mitverantwortung auf Mißtrauen oder gar Ablehnung stößt. Wir fühlen uns oft mehr als Gegner verstanden denn als Partner anerkannt. […] Wir wünschen uns ein vertrauensvolles Miteinander von Kirche und Staat, Christen und anderen gesellschaftlichen Kräften. Während es dafür auf höherer Ebene gute Beispiele zu geben scheint, erleben manche von uns vor Ort leider immer wieder Verdächtigungen, Druck und Benachteiligungen. […] Wir erfahren eine gewisse Zweigleisigkeit: Gesprächsergebnissen auf höherer Ebene wird auf unterer Ebene nicht entsprochen. Man kann den Eindruck haben, diese Diskrepanz wird geduldet oder gar gefördert. ([…] ›Wird es unten schlimmer gemacht als oben gewollt? Nein, die oben wissen es.‹) […] in unseren Betrieben […] begegnen uns in wachsendem Maße Gleichgültigkeit, Unoffenheit und Schönfärberei. (›Die Ehrlichkeit fehlt im gesamten Arbeitsleben. Wir fühlen uns wie in einer Zwangsjacke.‹)

Noch vorhandene Verantwortungsbereitschaft (›Wir wollen das doch nicht mitmachen: gutes Geld für wenig Arbeit.‹) erlahmt immer mehr, und unter dem Eindruck, doch nichts ausrichten zu können, sind wir selber müder geworden. […] Wir haben uns durch Zitate aus Luthers Schriften daran erinnern lassen, daß Christen zwar für sich selbst ihr Recht nicht suchen, daß sie aber für das Recht anderer eintreten und zu Schäden und Unrecht in der Gesellschaft nicht schweigen sollen. Es ist unserer Meinung nach nicht genug, daß die Kirche sich für einzelne Härtefälle einsetzt. Sie muß in ihren Gesprächen mit staatlichen Stellen grundsätzliche Sorgen so ansprechen, daß ihre Gesprächspartner sie nicht überhören können.«[49]

Das Votum des Landesbischofs, aber mehr noch die Äußerungen der vorpommerschen Christen zeigten, auf welch tönernen Füßen die DDR-Verbundenheit der Bevölkerung vor Beginn des Luther- und Karl-Marx-Jahres[50] 1983 stand und welche sozialethischen Aufgaben der Kirche zufielen, wollte sie ihren Auftrag – gerade im Sinne der politischen Ethik Martin Luthers – wirklich wahrnehmen.

Die ruhige Friedensdekade 1982 und die Konflikte um die offene Jugendarbeit in Jena

Am 4. Februar 1983 schrieb Demke an Oberkirchenrat Rüdiger Schloz vom Kirchenamt der EKD, die »Auswertung der Friedensdekade 1982«[51] habe »ziemlich einhellig erbracht [...], daß das Formular für den Bittgottesdienst für den Frieden nur wenig genutzt worden«[52] sei; darum halte er eine nochmalige Überarbeitung für 1983 nicht für sinnvoll. Schloz verstand. »Offenbar ist es nicht ratsam, ein weiteres Mal ein gemeinsames Formular für diesen Gottesdienst auszuarbeiten«, schrieb er Demke zurück und schlug stattdessen die Vereinbarung einer lockeren »Rahmenordnung« vor, die »von den Landeskirchen in Ost und West beliebig angereichert werden« könne[53].

Demke hatte während der Beratergruppensitzung am 2. Dezember 1982 erzählt, »nach staatlicher Einschätzung haben die Veranstaltungen der Friedensdekade ihren gesellschaftspolitisch brisanten Charakter eingebüßt. Sie seien ruhig verlaufen[54], und die Besucherzahlen seien im Vergleich zum Vorjahr zurückgegangen, die Beteiligung von kirchlich nicht gebundenen Bürgern sei geringer gewesen. Nach (erster) kirchlicher Einschätzung war die Beteiligung an den Veranstaltungen (allerdings nur in den Städten) größer als im Vorjahr. Zutreffend aber ist, daß die Friedensdekade stärker eine Sache der Gemeinde geworden ist und nicht mehr die (politische) Ausstrahlungskraft hatte, die der Staat wohl befürchtete«[55].

Entsprechend der Vorschläge Gysis an Honecker hatte der Staat den Druck von 100 000 Lesezeichen sowie 50 000 Faltblättern, die die Seligpreisungen der Bergpredigt enthielten, und auch von 20 000 Plakaten für die Gestaltung der kirchlichen Schaukästen genehmigt. Der Vorteil dieses Verfahrens bestand darin, daß durch dieses Material den Pfarrern nicht mehr völlig freie Hand bei der eigenständigen Aufmachung der Kästen gelassen wurde. Die Bundessynode hatte den KKL-Beschluß, auf Aufnäher oder Abzeichen zu verzichten, bei drei Enthaltungen bestätigt: »Wir verzichten [...] darauf um des Friedens willen«, hatte die Synode beschlossen.

Nach Schluß der Synode machten Gienke und Demke dem Staatssekretär für Kirchenfragen deutlich, daß es um diese Entscheidung scharfe Auseinandersetzungen in der KKL gegeben habe[56]. Anscheinend hatte man kirchlicherseits nur darum auf ein völliges Verbot des Symbols verzichtet, weil man für diesen Fall die Entstehung von Basisgruppen befürchten mußte, die sich der kirchlichen Kontrolle entzogen hätten[57].

Das gegenseitige Aufeinanderzugehen von Kirche und Staat mag auch durch eine von Staatssekretär Gysi als hilfreich bezeichnete[58] Aussage des SED-Chefideologen Kurt Hager bedingt gewesen sein. Hager hatte nämlich am 18. Juni 1982 vor dem X. Bundeskongreß des DDR-Kulturbundes in Dresden ausgeführt:

»In der Friedensbewegung vereinen sich Marxisten, Pazifisten und Christen. Dieses Bündnis hat bekanntlich tiefe historische Wurzeln. Wenn ich die Namen Ernst Thälmann, C. von Ossietzky und Pastor Bonhoeffer nenne, so spreche ich von dem gemeinsamen Kampf gegen Faschismus und Krieg und von den gemeinsamen Opfern, die in diesem Kampf gebracht wurden. Und heute vereint uns Marxisten mit Pazifisten und Christen das gemeinsame Streben nach Verhinderung einer nuklearen Katastrophe und nach wirksamen Schritten zur Abrüstung. Dieses gemeinsame Streben ist und wird stets stärker sein als alle Meinungsverschiedenheiten über Einzelfragen.«[59]

Diese Erklärung kam dem Wunsch Demkes nach einer staatlichen Bekräftigung des 6. März nahe, wobei allerdings »auf die eigenständige Friedensverantwortung der Kirchen« hingewiesen werden sollte. Dem staatlichen Protokoll zufolge soll sich Demke so geäußert haben:

»Es wäre auch möglich, die unterschiedliche christliche Motivation oder unterschiedliche Einzelauffassungen zur Friedensfrage dabei zu erwähnen, um dann deutlich zu machen, daß unter dieser vorhandenen Situation die Kooperation von Staat und Kirche im Friedenskampf nicht leidet, sondern unbedingt notwendig ist und das gemeinsame Engagement weiterträgt.«

Die Kirchen sollten aus diesem Anlaß »darauf hinweisen, daß sie das Sicherheitssystem der sozialistischen Staaten nicht nur bejahen, sondern auch öffentlich vertreten. [...] Dabei könnte auch deutlich gemacht werden, daß es darauf ankomme, sich so besonnen zu engagieren, wie es die gegenwärtige politische Situation erfordert. Das Symbol sollte man nicht erwähnen.«[60]

Zwei Tage vor den Ausführungen Hagers hatte das kirchliche Lutherkomitee gefordert, der öffentlichen Tagung des DDR-Komitees müsse »eine verbindliche Äußerung vorausgehen [...], die die Friedensverantwortung der Kirchen als integralen und nach wie vor gültigen Bestandteil des Kurses vom 6.3.1978 bestätigt.«[61]

Der BEK-Synodalbeschluß, auf die Aufnäher zu verzichten, wurde durch die Landessynoden bestätigt[62]. Die provinzsächsische Synode billigte zwar ebenfalls den Verzicht, verurteilte »gleichzeitig aber das Vorgehen der staatlichen Organe und deren Argumentation zu einem politischen Mißbrauch des Symbols [...] und [solidarisierte] sich ausdrücklich mit dessen Trägern«. Der Beschluß der KKL bedeute keine Distanzierung von ihnen. Jugendpfarrer forderten die Synode auf, in Anbetracht der vormilitärischen Ausbildung in Lehrverhältnissen »zu überdenken, ob unter diesem Aspekt, besonders mit dem Blick auf die Lutherehrungen, eine ›weitere Teilnahme‹ von Vertretern dieser Kirche an ›repräsentativen Veranstaltungen‹ staatlicher Organe und gesellschaftlicher Gremien möglich sei.«[63]

Am 30. September teilte der Staatssekretär für Kirchenfragen Gienke und Demke mit, er »sehe in der Stellungnahme der Konferenz, die nun durch die Synode bestätigt worden sei, in weiten Teilen eine Deckung mit staatlicher Auffassung, insofern daß die Kirchen deutlich erklären, daß sie keine unabhängige eigenorganisierte Bewegung schaffen wollen. Die Betonung unterschiedlicher Motive habe er gehört, könne er aber nicht als so gewichtig ansehen.« Er stellte in Aussicht, die kirchlichen Anliegen für die bevorstehende Friedensdekade »an allerhöchster Stelle« zu unterstützen[64].

Im Oktober 1982 berichtete Gysi auch dem Politbüro, man habe »eine wachsende Annäherung der Positionen des BEK an die von uns immer wieder hart gestellten politischen Grundforderungen erreicht. […] Insgesamt wächst in den Leitungsgremien des BEK auch die Bereitschaft, sich mit Personen und Gruppen innerhalb der evangelischen Kirche auseinanderzusetzen, die in politischer Opposition zum Staat stehen und durch ihre Haltung und ihre Handlungen eine konstruktive Entwicklung des Verhältnisses zwischen Staat und Kirchen belasten und blockieren wollen.«

Für die KKL-Beschlüsse der Deeskalierung warb Gysi mit der Argumentation, sie verhinderten eine Neuauflage der Spannungen zwischen Staat und Kirche, und empfahl die Genehmigung des Drucks der 100 000 Lesezeichen, 50 000 Faltblätter und 20 000 Plakate für die Schaukästen.

»Unser offensives Vorgehen hat dazu geführt, daß die Kirchen in der politisch wichtigsten Frage, der einer eigenen kirchlichen Friedensorganisation, einen prinzipiellen Verzicht ausgesprochen haben. […] Daß die Kirchen selbst den Verzicht auf das Abzeichen aussprechen, ist ein beachtlicher Erfolg für die Politik unserer Partei und bestätigt ihre Richtigkeit.« Es sei »gelungen, die Auseinandersetzung um diese Grundfragen in die Kirche hineinzudrücken und die Konfrontation zwischen Staat und Kirche weiter abzubauen.« Endlich sei klar geworden, »daß wir Wünsche loyaler oder realistischer Kräfte wohlwollend prüfen, aber Angriffsversuche negativer Kräfte energisch zurückweisen. Wir müssen die Position der loyalen Kräfte systematisch stärken.«

Außerdem enthielt Gysis Schreiben die Empfehlung, Personen, die den Aufnäher in der Öffentlichkeit trugen, namentlich an die Stellvertreter für Inneres zu melden. Diese sollten die jeweiligen Kirchenleitungen informieren[65]. Vor einer Fortsetzung des Wirkens der »negativen Kräfte« warnte Gysi ausdrücklich[66]. Das Politbüro bestätigte die Vorlage, woraufhin die Druckgenehmigung für das kirchliche Material erteilt werden konnte[67].

Die Evangelische Kirche in Berlin-Brandenburg plante nach Abstimmung mit der KKL, die Friedensdekade am 7. November 1982 nachmittags in der Potsdamer Erlöserkirche mit einer »Friedensstation« zu dem Thema »Nur gemeinsam sind wir sicher« zu eröffnen, die sich vor allem mit den auf der Moskauer Friedenskonferenz der Weltreligionen im Mai 1982 erzielten Resultaten[68] befassen sollte. Es gehe, so Stolpe am 26. Oktober 1982, um einen Abbau des »›Theorie-Defizit[s] bei der Behandlung der Friedensfrage‹ in der Kirche Berlin-Brandenburg. Es gäbe viele ›Krakeeler, wie die Leute um Eppelmann‹, die irgendwelche Aktionen starten ohne jede theologische Grundlage und Bezogenheit und ohne die Ursachen der Friedensgefährdung, die Möglichkeiten der Verhinderung eines Krieges und Funktion und Möglichkeiten der Kirche dabei zu kennen.« Der »›rechte Block in der Kirche [habe] theoretisch, also theologisch, nichts zu bieten‹«, so der Konsistorialpräsident. Als Gesprächsteilnehmer auf dem Podium seien Stolpe, Forck, Mitglieder der Moskauer BEK-Delegation, Gert Wendelborn, Theologieprofessor und Vizepräsident des Friedensrates, Otto-Hartmut Fuchs, Präsident der Berliner Konferenz Europäischer Katholiken, Erzbischof Melchisedek, Exarch der ROK für Mitteleuropa, zwei niederländische Pfarrer, der ehemalige niederländische Major Andries Andriese sowie der westdeutsche SPD-Politiker Erhard Eppler vorgesehen. Eine solche Zusammensetzung sei »innerhalb der Kirche neu. Es handelt sich insgesamt um progressiv engagierte Christen (zwei im Hauptvorstand der

CDU) und Geistliche. Das sei als bewußte Annäherung und Beitrag zu unserer Friedensbewegung anzusehen«, sagte Stolpe laut Bericht des Staatssekretärs. Zuhören sollten 400 zuvor eingeladene Gemeindeglieder, die vor Ort als Multiplikatoren wirken könnten. Journalisten seien unerwünscht. Deshalb solle die Veranstaltung auch in Potsdam stattfinden. Der Ort war im übrigen auch gewählt worden, um Störungen durch die Berliner Szene zu entgehen.

Gysi begrüßte eine solche Veranstaltung, kritisierte jedoch die Einladung internationaler Gäste. Im Blick auf die beantragte Einreisegenehmigung für Eppler bat Gysi den Staatsratsvorsitzenden, selbst die Entscheidung zu treffen:

»Er ist natürlich von der Kirche schon angefragt und hat sich grundsätzlich bereit erklärt. Er sei ›sehr kooperativ, und man könne sich mit ihm offen verständigen‹. Das weiß ich auch. Er wird auch keine politischen Schweinereien machen, aber abgesehen vom Hang zum deutsch-deutschen Gemauschel geht es um die Entscheidung, ob seine Teilnahme grundsätzlich in die Landschaft paßt. Um diese Entscheidung bitte ich Dich.«[69]

Eine wichtige Rolle im Kalkül der Kirchenleitungen dürfte auch das bevorstehende Lutherjahr gespielt haben. Im Staatssekretariat für Kirchenfragen sah man die Dinge so:

»Angesichts der großen Erwartungen und Vorhaben der evangelischen Kirche hinsichtlich des Lutherjahres überwiegt in den Kirchenleitungen das Interesse, sich nicht durch Konfrontationen im Vorfeld dieses Ereignisses von internationaler Bedeutung den Spielraum und die Wirkungsmöglichkeiten der Kirche einengen zu lassen.«[70]

Die SED-Bezirksleitung Dresden meinte, die Kirchen wüßten, »daß so etwas nicht ohne staatliche Unterstützung geht. Gewisse Anzeichen deuten weiter darauf hin, daß sich insbesondere die Bischöfe nach den genannten Vorgängen des I. Halbjahres distanzieren wollen. Sie spüren und wissen, daß ein Festhalten an diesen Positionen sie unweigerlich in das gesellschaftliche Abseits und in ein Zwielicht führt. All das diszipliniert sie in gewisser Weise und bleibt nicht ohne Wirkung an der Basis.«[71]

An der Basis, insbesondere in der kirchlichen Jugendarbeit – in Anhalt kam es als Folge der hohen Kirchenpolitik zu Konflikten mit dem Landeskirchenrat[72] –, wurde die Forderung nach einem Sozialen Friedensdienst allerdings weiter thematisiert[73]. So arbeiteten einige christliche Bausoldaten wie Soldaten nach Beendigung ihres Militärdienstes noch einen weiteren Monat für Unterkunft und Verpflegung im sozialen Bereich, um ein Zeichen zu setzen[74].

Wenige Tage vor Beginn der Friedensdekade sprachen Lewek und Demke im ZK mit Bellmann und Kraußer. Dabei hielt Bellmann den beiden Kirchenleuten vor, ihre Institution setze sich mit schwierigen Amtsträgern wie Eppelmann nicht entschieden genug auseinander. Diese zögerliche Haltung erschwere auch eine konstruktive Zusammenarbeit mit dem Friedensrat. Die Kirchenvertreter erklärten sich zwar zu einer engeren Kooperation mit dem Friedensrat bereit, »brachten aber zugleich zum Ausdruck, daß die Kirchen im Konkreten nicht alle Positionen des Friedensrates mittragen könnten. Es ergebe sich dadurch insbesondere die Frage der Eigenständigkeit der Friedensarbeit der Kirchen.« In diesem Zusammenhang kam es zwischen den beiden Kirchenvertretern zu Differenzen. Demke sprach »von eigenmotivierter Friedensarbeit«, Lewek hingegen redete von einem »›eigenständigen Friedensbeitrag der Kirchen‹«. Sie wies außerdem darauf hin, daß die Kritik der Basis an den Kirchenleitungen lauter werde, da letztere sich nicht genügend für die Friedensarbeit einsetzten. Allerdings sagte sie auch, man solle doch nicht Menschen wie Eppelmann »immer ›zur Kirche machen‹ und sie nicht stets präsentieren. Solche Leute seien nicht die Kirche«[75].

Die staatliche Einschätzung der Friedensdekade[76] entsprach ganz dem, was Demke in der Beratergruppe gesagt hatte:

»Der gesamte Verlauf der Dekade war vom Bemühen der realistischen Kräfte in den Kirchenleitungen und bei der Mehrzahl der Geistlichen davon gekennzeichnet, die durch den Staat getroffenen Festlegungen einzuhalten und damit sowohl die Ernsthaftigkeit und Loyalität kirchlichen Friedensengagements in einem sozialistischen Staat zu unterstreichen als auch ihr Interesse an sachlichen Beziehungen zum Staat deutlich zu machen. [...] In diesem Sinne verliefen die Veranstaltungen in dem genannten Zeitraum in der gesamten Republik im wesentlichen ruhig und ohne besondere Vorkommnisse. [...] Nur in einigen Fällen kam es zu offenen Angriffen gegen den Staat. So gab es an der kirchlichen Basis Gruppen, die unter Verwendung der bekannten Polemik gegen die Friedenspolitik der sozialistischen Staaten die Friedensdekade für politisch negative Zielstellungen zu nutzen versuchten und die bereit sind und dabei versuchen, die Kirchen auf einen Konfrontationskurs gegenüber dem Staat zu drängen. Es zeigte sich dabei eine deutliche Konzentration in den Bereichen der Berlin-Brandenburger Kirche und der Kirchenprovinz Sachsen [so dort ein Fürbittgottesdienst am Abschlußtag der Dekade im Magdeburger Dom, in dem es vor 550 Jugendlichen zu feindlichen Aussagen durch Jugendliche und den Diakon Buchenau kam].

Die Aufnäher spielten keine Rolle. [...] Die Öffentlichkeitswirksamkeit blieb in der überwiegenden Zahl der Veranstaltungen gering. Die Teilnehmerzahlen zu den Veranstaltungen entsprachen in der Regel denen normaler Gottesdienste oder waren nur geringfügig erhöht. [...] Abgesehen von der grundsätzlichen Abstimmung mit der EKD über die Durchführung von Friedensdekaden und dem damit verbundenen abgestimmten Gottesdienst zum Beginn der Dekade traten ›gesamtdeutsche‹ Tendenzen nicht in den Vordergrund. [...]

Aus dem Bereich der Volksbildung/Berufsbildung gab es im Republikmaßstab nur fünf Einzelinformationen über Versuche, die Friedensdekade in die Schulen zu tragen. Die Versuche der evangelischen Landeskirchen sind zu beachten, die ev.-meth. Kirche und lokal auch die röm.-kath. Kirche, wie in Erfurt (Veranstaltung mit Bischof Wanke), Gotha und Frankfurt/O., in ihre Friedensarbeit einzubeziehen.«

Während die Bischöfe Leich, Hempel, Gienke, Rathke und Natho aus staatlicher Perspektive »realistisch« auftraten, Wollstadt sich überhaupt nicht engagierte, Krusche »politisch negative Positionen« tolerierte bzw. diesen sogar Unterstützung zuteil werden ließ, teilweise aber auch positive Auffassungen vertrat, fiel »das negative Auftreten von *Bischof Forck* [auf], der entgegen den Bemühungen von Konsistorialpräsident Stolpe und seinen Generalsuperintendenten bei der Eröffnung der Friedensdekade in Potsdam kontroverse und politisch negative Akzente zu setzen suchte.«[77]

In Berlin (Ost) kam es zwar mit den Schwerpunkten Samaritergemeinde und Berlin-Pankow zu »politisch negative[n] Aktivitäten«, aber auch dort »verlief die Mehrzahl der Veranstaltungen in dem abgesteckten Rahmen.«

»Veranstaltungen solcher Organisatoren wie Eppelmann, Sengespeick und Passauer zogen die weitaus größte Zahl von zumeist politisch negativen Kräften unter den Jugendlichen an. Dabei handelte es sich im wesentlichen immer um den gleichen Kreis.«
Es ging hauptsächlich um Wehrdienstverweigerung und die Militarisierung der DDR-Gesellschaft[78].

Irritationen gab es nur in Dresden, weil der dortige Pfarrer Wonneberger Aufnäher mit dem Slogan »Hilfsbereit statt wehrbereit«[79] verteilte. Das Kollegium des Landeskirchenamtes distanzierte sich in einer internen Sitzung, nachdem Lewerenz am 6. November telefonisch über die neueste Aktion des renitenten Pfarrers – von dem angeblich nicht verständlichen Text und dem erneuten Einsatz eines Aufnähers – berichtet hatte. Im Gespräch mit dem Rat des Bezirkes sagte Domsch zwar zu, die jüngsten Aktivitäten Wonnebergers zu unterbinden, von weiteren disziplinarischen Maßnahmen aber wolle man absehen. Ein solcher Schritt »könnte dem Wonneberger eine ungewollte ›publicity‹ im ›Spiegel‹ oder ›Stern‹ verschaffen, die ohnehin nicht gut auf die sächsische Landeskirche zu sprechen seien«, betonte der Präsident. Er unterbreitete den Vorschlag, Wonneberger möge die Aufnäher persönlich im Sektor Kirchenfragen abgeben[80]. Da der Staat gewiß an einer innerkirchlichen Lösung der Angelegenheit interessiert war, willigte er ein. Wonneberger lieferte dem LKA fünfzig Aufnäher ab.

Anstoß erregte auch eine Unterschriftensammlung gegen den Verkauf von Kriegsspielzeug, die der Pfarrer in seiner Gemeinde am 11. November durchführte und auf Anhieb bei 300 Besuchern 200 Unterschriften erhielt[81]. Domsch konnte diese Aktion zwar nicht billigen, hielt sie aber für harmloser als das Verteilen der Aufnäher: »Wonneberger sei ein agiler Mensch, sein Herz brenne in der Friedensfrage, er wolle bei anderen mit seinen Aktivitäten ein Friedensbewußtsein wecken«, sagte er am 11. November im Rat des Bezirkes. Der ebenfalls anwesende Superintendent Christoph Wetzel hielt es allerdings für wichtig, sich vor Beginn einer Handlung über deren Folgen Klarheit zu verschaffen:

»Wonneberger sei ein Einzelgänger, der auch mit anderen Pfarrern Schwierigkeiten habe [...] Wonneberger gehe davon aus, daß Ideen nichts bewirken, wenn sie nicht sichtbar werden. Um ihn in gewisser Weise unter Kontrolle zu halten, habe man ihn in die Arbeitsgruppe Frieden integriert, die von den drei Superintendenten gemeinsam gebildet wurde und die dem Landeskirchenamt regelmäßig über ihre Arbeit berichtet. [...] Wonneberger [wolle] mit seinen Aktionen Menschen aufrütteln, aber nicht stören.«[82]

Am 6. Januar 1983 führte der Stellvertretende Vorsitzende für Inneres beim Rat des Bezirkes Dresden, Ullmann, ein Gespräch mit Wonneberger. Begleitet wurde der Pfarrer von Oberlandeskirchenrat Fritz[83], der sich dem Protokoll zufolge gleich zu Beginn des Gesprächs von dem Aufnäher und dessen Verteilung durch Wonneberger distanzierte und Ullmanns Ausführungen insgesamt ausdrücklich zustimmte. Dennoch blieb Wonneberger standhaft, legte recht unerschrocken seine Position dar, verteidigte den Aufnäher und forderte: »Überzeugungen dürften nicht kritisiert werden.«[84]

Einen Tag später bedankte sich LKA-Präsident Domsch bei Ullmann für das Gespräch mit Wonneberger und dem damit verbundenen Versuch, »ihn von unbedachten Handlungen abzuhalten.« Allerdings vertrat Domsch die Auffassung, »daß Wonneberger es nicht so meint, wie es bei den staatlichen Behörden ankommt«. Er teilte dem Staatsfunktionär mit, man habe im LKA personalpolitische Überlegungen angestellt und meine, es brauche »nicht für ewig die Weinbergskirche [zu] sein«[85].

Auch in der Berliner Samaritergemeinde wurde der Aufnäher »Hilfsbereit statt Wehrbereit« in Umlauf gebracht und ebenfalls eine Unterschriftenaktion gegen Kriegsspielzeug organisiert[86]. Diese Doppelung deutet auf Verbindungen zwischen Wonneberger und Eppelmann hin.

Durch zwei personelle Neubesetzungen in Berlin durfte der Staat Morgenluft wittern. Günter Krusche sollte dem schwer erkrankten Hartmut Grünbaum[87] als Generalsuperintendent nachfolgen[88], und der »den politisch loyalen Kräften« zuzurechnende Konrad Elmer war Ende 1982 in sein Amt als neuer Studentenpfarrer eingeführt worden[89].

Der KKL-Vorstand einigte sich im Dezember 1982 darauf, auch im Folgejahr wieder eine Friedensdekade abzuhalten[90].

Gegen Ende des Jahres 1982 beobachtete Hans Wilke – im Oktober 1982 mit dem Vaterländischen Verdienstorden in Silber geehrt[91] – »verstärkt die Bildung und die aktive Tätigkeit von ›Friedenskreisen‹ (Kirche Berlin-Brandenburg)[92] und anderer derartiger, kleinerer Gruppen (Landeskirche Anhalt, Kirchenprovinz Sachsen, Landeskirche Sachsen[93] und Mecklenburger Landeskirche) [...], die von den bekannten politisch negativ eingestellten Jugendmitarbeitern angeleitet werden. Inhaltlich geht teilweise der religiöse Bezug völlig verloren. In diesen Gruppierungen sammeln sich zu einem großen Teil nicht religiös gebundene, politisch negativ eingestellte Jugendliche (Berlin) bzw. sozial gefährdete (Schwerin). Bemerkenswert sind dabei die Versuche, diese Art von Jugendarbeit auch in den Nordbezirken fest zu verankern.«[94]

Aufmerksam registrierte man die lokale Einflußnahme auf Freikirchen (baptistischer Friedenskreis in Berlin) bzw. eine Kooperation mit ihnen[95] sowie die auch partiell beginnende Verständigung mit Katholiken (Karl-Marx-Stadt, Halle)[96].

Während der Beratergruppensitzung am 4. März 1983 klagte Leich über »politische Gruppen« in Jena, die im Rahmen der kirchlichen Jugendarbeit »offene Jugendarbeit«[97] betrieben, aber »nur eine geringe oder gar keine kirchliche Bindung« besäßen. Einige stellten Ausreiseanträge, sammelten sich in West-Berlin und erhöben von dort aus über die Presse schwere Vorwürfe gegen die thüringische Kirche. Er und seine Kirche seien »über die Art und Weise der Berichterstattung westlicher Medien erschrocken. Sie sehen hier Züge einer Kampagne.«[98] Die Vorwürfe der emigrierten »Jenaer«, so eine vertrauliche Dokumentation, gipfelten in der Behauptung, die Thüringer Kirche sei »ängstlich« und »unterwandert«[99]. Der »Stern« schrieb:

»Der Staatssicherheitsdienst hat seine Spitzel in der Friedensbewegung ebenso wie in der Kirche, in Schulen und Universitäten, in Betrieben und Behörden. So wird gesagt, in der Spitze der thüringischen Landeskirche dürfe man sich nur mit dem Bischof unterhalten. Sonst könne man sich gleich an den Stasi wenden.«[100]

Obwohl die westlichen Medien den Sachverhalt im großen und ganzen gar nicht so unrichtig darstellten, sah die Thüringer Amtskirche »Umrisse einer publizistischen Strategie«[101] und reagierte mit einer »Klarstellung« in Gestalt eines Briefes, der Ende Januar 1983 über die Pressestelle des Kirchenbundes verbreitet wurde. Die Argumentation erinnert gespenstisch an die Vorgänge zehn Jahre später[102].

»Wenn in Berichten die Stellung der Evangelisch-Lutherischen Kirche in Thüringen, ihrer Leitung und ihrer Mitarbeiter als ›zwielichtig‹ oder ähnlich charakterisiert wird, so sind diese Wertungen offensichtlich ohne ausreichende Tatsachenermittlung zustandegekommen. Weder dem Landeskirchenrat noch der Superintendentur Jena, noch einer anderen kompetenten kirchlichen Stelle ist im Zusammenhang mit derartigen Berichten Gelegenheit gegeben worden, sich zu äußern.«[103]

Die Attitüde der ungerechten Vorverurteilung verfehlte ihre Wirkung nicht. Am 3. Februar 1983 druckte die FAZ den Text im vollen Wortlaut ab.

Natürlich wurde auch die kirchliche Westpresse eingeschaltet, deren bemerkenswerte Rolle als apologetisches Instrument zur Verteidigung und Heroisierung der östlichen Landeskirchen sich kontinuierlich verfolgen läßt. Im Zuge dieser Maßnahmen gab Bischof Werner Leich dem epd ein vom Staat genehmigtes Interview[104], in dem er weniger zu den Vorwürfen selbst Stellung nahm, als die publizistische Quelle – den »Brief 18 junger Christen aus Saalfeld und Rudolstadt«[105] – als Fälschung zu erweisen suchte[106]. Leichs Stellungnahme wurde in der FAZ vom 21. Februar 1983 in vollem Wortlaut wiedergegeben. Zuvor hatte ADN bereits eine probate Interpretation gegeben:

»Zu den von westlichen Medien verbreiteten Meldungen über die Verhaftung junger Leute aus der DDR-Friedensbewegung wird von zuständiger Stelle mitgeteilt, daß diese Nachrichten von interessierter Seite aus Westberlin verbreitet werden, um am Vorabend der Bundestagswahlen am 6. März Unsicherheit von Professoren und Intellektuellen in der Bundesrepublik hervorzurufen, die der Friedensbewegung angehören.«[107]

Die Kirchen im Westen unternahmen nicht den geringsten Versuch, dem Vorwurf einer Kooperation von kirchenleitenden Persönlichkeiten und Stasi in Thüringen auf den Grund zu gehen, sondern nutzten ihre publizistischen Möglichkeiten, die »Jenaer« Proteste als politisch gesteuerte Propaganda der Ewiggestrigen abzutun.

Mitte September 1983 hieb der Landesbischof von Württemberg – der Partnerkirche Thüringens –, Hans von Keler, im Gespräch mit dem Staatsfunktionär Hans Wilke in die gleiche Kerbe. Nach dessen Aufzeichnungen soll der Bischof tatsächlich gesagt haben:

»In der DDR und in der BRD unterliegt die Friedensarbeit in den Kirchen auch der Gefahr, daß sie von politisch-chaotischen Kräften kriminalisiert wird und an Einfluß verliert. Hier muß die Kirche in der DDR sicher lernen, sich abzugrenzen. In der BRD haben sie auch noch kein Mittel zur Klärung gefunden.

Sie haben sich in der BRD überlegt, wie sie auf solche Vertreter der kirchlichen Friedensarbeit reagieren, die in die BRD übersiedeln. Diese Leute sind unglaubwürdig und werden von der offiziellen EKD nicht unterstützt. Darum hat man sich auch für die Jenaer Gruppe nicht engagiert. Er ist überhaupt der Meinung, daß Übersiedlungen in die BRD nur zu tiefen Enttäuschungen führen. Die Zeit des ›Wunders‹ ist längst vorbei. Das Gros derer, die kommen, hat keine Chance mehr«, meinte der Bischof[108].

Auf ihrer März-Sitzung brachte die KKL gegenüber den Thüringer Vertretern ihre Betroffenheit zum Ausdruck über »die Verleumdungen, die gegen die Thüringer Kirche und ihre Leitung erhoben worden sind.« Sie unterstrich »die Gemeinschaft in Zeugnis und Dienst, die nicht in Frage steh[e].«[109]

Nach diesen Wochen im Februar/März 1983 verwendete Bischof Leich erstmals die Formel, die Kirche sei offen »›für alle, aber nicht für alles‹«, und lehnte es damit ab, sich hinter die Jenaer Szene zu stellen[110]. Manfred Stolpe, wohl leicht darüber verwundert, daß außer ihm neuerdings auch andere durchaus griffige, vom Staat hernach gern benutzte Slogans prägten, suchte wenig später auf dem Dresdener Kirchentag mit der Wendung, »daß die Kirche nicht zu ›Auswanderungszentralen‹ und auch nicht zu ›Oppositionslokalen‹« verkommen dürfe, den Thüringischen Bischof noch zu überbieten[111].

Auf der Thüringer Frühjahrssynode sagte der Landesbischof, es sei »niemandem gestattet [...], im Namen der Kirche zu sprechen, wenn dies an den kirchlichen Verantwortlichen vorbei geschehe.«[112] Zuvor hatte man bereits – gewiß vom Regime mit Genugtuung registriert – die Gruppe um Pfarrer Walter Schilling durch die Kirchenleitung Thüringens diszipliniert, indem man die Benutzungsmöglichkeiten des Braunsdorfer Rüstzeitheims beschnitt[113].

Die Thüringer Kirche stellte fest:

»Nur wer als Christ in der DDR zu leben und hier den Glauben zu bezeugen bereit ist, hat die innere Voraussetzung für ein glaubwürdiges christliches Friedenszeugnis innerhalb der DDR. Glieder unserer Kirche, die von sich aus einen Antrag auf Entlassung aus der Staatsbürgerschaft der DDR gestellt haben, haben sich selbst von dem Zeugnis- und Dienstauftrag der Christen innerhalb unseres Staates getrennt. Sie sind nicht dazu berufen, nach ihren eigenen Vorstellungen das eigenständige Friedenszeugnis der Kirche innerhalb der DDR zu prägen.«[114]

Mit diesem Votum verband die Thüringer Kirchenleitung das Recht zum christlichen Friedenszeugnis im SED-Staat mit der Staatsbürgerschaftsfrage und dem Bleibenwollen in der DDR. Damit knüpfte sie ungewollt an Volkstums-Traditionen der DC-Kirchenführung im Eisenacher Landeskirchenamt während der NS-Zeit an.

Im Januar 1982 waren in Jena vier Jugendliche durch das MfS verhört worden, die den Plan verfolgten, einen Brief an Reagan und Breschnew zu richten. Die »Sicherheitsorgane« hatten die Entwürfe des Schreibens eingezogen und den Jugendlichen die Auflage erteilt, sich bis zum 25. Januar 1982 täglich beim Volkspolizeikreisamt zu melden. Damit sollte verhindert werden, daß auf einer Tagung in Hirschluch neue Anregungen zu einer weiteren DDR-weiten Initiative vorgebracht werden konnten. Daraufhin besuchten zwei der Betroffenen Demke im BEK-Sekretariat. Dieser erteilte ihnen den Rat, den Anordnungen Folge zu leisten und sich zu gedulden. Allerdings brachte Demke am 19. Januar 1982 im Staatssekretariat den Wunsch vor, daß einem der Jugendlichen doch die Gelegenheit gegeben werden möchte, seine anstehende mehrtägige Prüfung im Potsdamer Burckhardthaus ablegen zu dürfen. Da bereits ein Ermittlungsverfahren eingeleitet war, meinte der Staat jedoch, keine Ausnahme zulassen zu können, wie Wilke nach einer Rücksprache mit dem MdI oder dem MfS erfuhr[115].

Nachdem Oppositionelle für den 24. Dezember 1982 eine Schweigeminute auf einem zentralen Platz der Stadt Jena angekündigt und auch den Versuch zur Durchführung ihres Protests unternommen hatten[116], gab es etliche Verhaftungen.

Gemeinsam mit Gysi und Vertretern des MfS erarbeitete die Arbeitsgruppe Kirchenfragen eine Konzeption zum weiteren Umgang mit den neu entstandenen Friedensgruppen, die am 22. März 1983 Honecker vorgestellt wurde[117]. Darin hieß es unter anderem:

»Bekanntlich kam es im Frühjahr des vergangenen Jahres mit Gruppierungen, die unter dem Deckmantel des Eintretens für den Frieden, unter Mißbrauch der evangelischen Kirchen und vielfach im Zusammenwirken mit anderen feindlich-negativen Kräften bestrebt waren, mit einer sogenannten ›unabhängigen Friedensbewegung‹ oppositionelle Gruppierungen gegen die Arbeiter- und Bauernmacht zu organisieren, zu Auseinandersetzungen. Diese Gruppen wurden demagogisch als ›Friedenskreise‹ deklariert. Ihre Inspiratoren richteten ihre Tätigkeit darauf, diese Gruppierungen in den evangelischen Kirchen bzw. unter deren Schirmherrschaft zu institutionalisieren, sich im Zusammenspiel mit imperialistischen Medien eine ›Öffentlichkeit‹ zu schaffen und destabilisierend auf die innere Entwicklung der DDR einzuwirken. Wo diese Bestrebungen von den Kirchen zurückgewiesen werden, versuchen sie sich außerhalb und unterhalb kirchlicher Strukturen zu organisieren.

Da die Kirchenleitungen zunächst nicht oder nur sehr zögernd bereit waren, sich von diesen Kreisen und ihren Initiatoren zu distanzieren, traten zeitweilig auch gewisse Störungen im Verhältnis der evangelischen Kirchen zum Staat auf.

In Verwirklichung der Orientierung des Generalsekretärs des ZK, Genossen Erich Honecker, wurde erreicht, daß diese Auseinandersetzungen nicht mehr vorrangig zwischen Staat und Kirche, sondern in zunehmendem Maße als innerkirchliches Problem in den Kirchenleitungen ausgetragen werden. Nahezu alle Kirchenleitungen bekunden, daß sie einer ›unabhängigen‹ Friedensbewegung nicht das Wort reden und daß sie uneingeschränkt zu den Ergebnissen des Gespräches des Genossen Honecker mit dem Vorstand des Kirchenbundes am 6. März 1978 stehen. Sie wollen keine Konfrontation und Erreichtes nicht aufs Spiel setzen.

Dieser Sachverhalt ist von großer Bedeutung für die Gestaltung stabiler Beziehungen zwischen Staat und Kirche im Jahr der Luther-Ehrungen 1983. Die Wirksamkeit der im Fernschreiben des Genossen Honecker gegebenen Orientierung zeigte sich auch in der seitdem ständig wachsenden Polarisierung innerhalb kirchenleitender Kräfte.

Der vor einem Jahr noch einheitliche Standpunkt leitender Vertreter der evangelischen Kirchen in der DDR, man müsse sich, angeregt von der ›kirchlichen Basis‹, schützend vor diese Gruppierungen, ihre Anhänger und Initiatoren stellen, wurde in Gesprächen des Staatssekretärs für Kirchenfragen wirkungsvoll zurückgewiesen. Gegenwärtig zeigt sich eine äußerst differenzierte Haltung der Kirchenleitungen gegenüber diesen sogenannten ›Friedenskreisen‹. Sie reicht von der offenen Distanzierung, z. B. durch die Thüringische Kirchenleitung und ihren Bischof Werner Leich im Falle der Ereignisse in Jena, bis hin zur politisch-negativen Haltung der Mehrheit in der Leitung der evangelischen Landeskirche Berlin-Brandenburg mit Bischof Dr. Forck, die sich im Gegensatz zu anderen Landeskirchen zum Schirmherren der destruktiven Kräfte (z. B. Pfarrer Eppelmann) erklären und die Rolle eines Vorreiters spielen. [...] Verschärfung der innerkirchlichen Widersprüche.

[...] Daraus ergibt sich, *daß die politisch-ideologische Arbeit zur Zurückdrängung und Ausschaltung des Einflusses dieser Gruppierungen und ihrer Inspiratoren intensiver geführt, gezielter und differenzierter*[118] *gestaltet werden muß.* Besonders im Jahr der Luther-Ehrungen 1983 haben wir ungestörte, stabile Beziehungen zwischen Staat und Kirche zu gewährleisten. Alles, was diese Beziehungen stört und der Friedenspolitik der DDR schadet, ist zu überwinden. Dabei ist die ganze Kraft darauf zu richten, daß *repressive Mittel und Methoden gegen die Anhänger solcher kirchlichen Gruppierungen unterbleiben können.* Stets ist davon auszugehen, daß wir diese meist jugendlichen Bürger für die Friedenspolitik der DDR *gewinnen* müssen. Repressive Maßnahmen treiben erfahrungsgemäß die Betroffenen in die Arme gegnerischer Kräfte, verfestigen falsche Meinungen, behindern notwendiges Vertrauen in unsere Staatspolitik und fördern ein mißverstandenes Solidaritätsgefühl untereinander. [...] In einigen dieser Gruppierungen zeigt sich das Bestreben, Probleme der Ökologie und des Umweltschutzes in ihre feindlich-negativen Aktivitäten einzubeziehen. Schwerpunkte dieser Gruppenarbeit bilden die Hauptstadt Berlin, die Bezirke Magdeburg, Dresden, Halle/Saale, Leipzig, Gera und Rostock. Informationen zufolge setzen die Inspiratoren dieser Gruppierungen zunehmend den Versuch fort, bestimmte organisatorische Formen der Zusammenarbeit und der Beziehungen untereinander zu entwickeln. [...] Die Tätigkeit konzentriert sich auf junge Menschen. Sie soll künftig noch stärker so angelegt werden, daß ihr Wirkungsradius über den innerkirchlichen Raum hinaus auch kirchlich nicht gebundene Jugendliche erreichen soll.

Daß diese feindlich-negativen Aktivitäten der internationalen Strategie des Imperialismus entsprechen, geht aus der Tatsache hervor, daß als Zielgruppen des von der Reagan-Administration verkündeten ›Kreuzzuges‹ gegen den Sozialismus‹ ausdrücklich die Jugend und die Kirchen genannt werden. [...]

Ausgehend von der Tatsache, daß es auch im Interesse der Kirchen liegt, einen von Störungen freien Ablauf der Luther-Ehrungen zu gewährleisten, sind die Kirchenleitungen an ihre eigene Verantwortung dafür zu erinnern. Dazu gehört auch, jene Kräfte noch wirkungsvoller zu zügeln und zu disziplinieren, die – aus welchen Motiven auch immer – dem internationalen Ansehen der Deutschen Demokratischen Republik Schaden zufügen, die Beziehungen zwischen Staat und Kirche in der DDR zu stören versuchen und die Friedens- und Verteidigungspolitik der DDR zu ihrem ›Feindbild‹ gemacht haben. Im Gespräch [Gysi mit Vertretern des Bundes] soll erreicht werden, daß sich die anderen Kirchenleitungen von den gegenwärtigen, den eigenen Kirchenbereich überschreitenden Machenschaften der Leitung der evangelischen Kirche Berlin-Brandenburg distanzieren.«[119]

Vor dem Hintergrund dieses Textes gewinnen die geschilderten Ereignisse in Jena, aber auch die während der Friedensdekade 1982 an Bedeutung. Staat und Partei versuchten immer stärker die Kirchen für eine Bekämpfung der politischen Untergrundtätigkeit, wie das MfS die Protestaktionen etikettierte, zu gewinnen, was zumeist auch gelang. Eine gewisse Ausnahme bildete Berlin-Brandenburg[120].

Über eine Lösung der Jenaer Probleme hatte Leich während der Wiedereröffnung der Wartburg am 21. April 1983[121] mit Honecker gesprochen, woran der Staatsratsvorsitzende den Thüringer Bischof im März 1988 erinnerte. Leich soll die Frage aufgeworfen haben, ob der Staat ihm dabei behilflich sein könne, die Jenaer Sonntagsgottesdienste von Störungen durch Oppositionelle freizuhalten. Beide Männer stimmten darin überein, »den Bürger Jahn aus Jena zu entfernen. Damit habe man der Kirche die Möglichkeit geschaffen, ungestörte Gottesdienste abzuhalten und in Jena Ruhe und Ordnung einkehren zu lassen.«[122] Wenig später wurde das Mitglied der Jenaer Friedensgruppe, Roland Jahn, unter Anwendung physischer Gewalt, eingesperrt in einem Eisenbahnabteil, aus der DDR ausgewiesen[123].

Neben den Friedenskreisen beunruhigte den Staat auch die offene Jugendarbeit, da sie gesellschaftliche Randgruppen wie Punks[124] (Berlin, Naumburg) oder auch Suchtgefährdete mit einbezog (Schwerin, Rostock)[125].

In einer Studie des Staatssekretariats unterschied man zwischen einer vom BEK propagierten Jugendarbeit, die ebenfalls Formen der offenen Arbeit einschloß, und einer unabhängigen, offenen Gruppentätigkeit.

Erstere wolle »Jugendliche [...] zu positivem gesellschaftlichem Engagement« ermutigen, wobei allerdings die eigenständige christliche Motivation auch öffentlich deutlich zu machen sei. Kritik an gesellschaftlichen Mißständen werde auch hier laut und von den Jugendlichen erwartet; allerdings wachse sie sich nicht zu politischer Opposition aus.

Formen der offenen Arbeit waren in dieser Subkultur sozialdiakonisch[126] angelegt, bezweckten die gesellschaftliche Integration der Adressaten und achteten inhaltlich auf eine gewisse Gemeindebezogenheit der Tätigkeit[127]. Erst eine Herauslösung der Jugendarbeit aus dieser Einbettung wurde als politisch problematisch angesehen. Solche Phänomene ließen sich vor allem in Berlin, Magdeburg, Halle, Naumburg[128], Leipzig, Dresden, Königswalde, Schwerin, Rostock, Rudolstadt und Jena beobachten.

Die an diesen Orten praktizierte unabhängige offene Jugendarbeit, so die Studie, werde von »Gegner[n] des Sozialismus« betrieben, »um *feindliche Aktivitäten* als kirchliche Arbeit zu legalisieren und zu institutionalisieren.«[129] Ein Teil der inzwischen aktiven Friedensarbeitskreise sei aus diesen Gruppen hervorgegangen. Vermerkt wurde eine verstärkte Tätigkeit von Vertretern der offenen Arbeit auf einzelnen Synoden. Auch ein Teil der Studentengemeinden stellte Gruppen Räume und Arbeitsmittel zur Verfügung, obwohl die Gruppenmitglieder weder studierten noch Kirchenmitglieder seien[130]. Feststellbar war auch eine DDR-weit deutliche Zunahme der Kooperation zwischen evangelischer und katholischer Jugendarbeit[131].

Konflikte um Bausoldaten und das Verhältnis zum DDR-Friedensrat (1983)

Während der 1983er März-Sitzung der Beratergruppe wurde von Interessenten für den Bausoldatendienst berichtet, deren Wunsch abschlägig beschieden worden sei. Es habe sieben gerichtliche Verurteilungen gegeben. Noch vor den Berufungsverhandlungen hätten die Betroffenen allerdings ihren Bausoldatendienst antreten dürfen[132]. Eberhard Natho soll auf der Frühjahrssynode

Anhalt die Forderung erhoben haben, »sich nicht einseitig auf die Hilfe für Wehrdienstverweigerer[133] festzulegen, sondern vor allem diejenigen zu unterstützen, die den Wehrdienst mit der Waffe ableisten.«[134] Über die Frage der Bausoldaten, der Wehrerziehung an Schulen und Universitäten[135], Kriegsspielzeug und Wehrdienst für Frauen sprach der BEK am 10. Januar 1983 mit Staatssekretär Gysi[136]. Im Laufe dieser Unterredung kritisierte Stolpe, daß ein Militärgericht in Potsdam am 5. Januar 1983 zwei Bausoldaten zu einer Haftstrafe von einem Jahr und acht Monaten verurteilt habe: »Niemand versteht dies.« Gysi entgegnete:

»Die Frage nach Sondermaßnahmen ist an die allgemeine Atmosphäre geknüpft. Hier wirken sich die Jahre 1981/82 mit ihren Auseinandersetzungen aus. Die militärischen Organe sehen sich jetzt die einzelnen Personen genauer an. Die Prozesse, die jetzt begonnen haben, sind kein Anzeichen dafür, daß eine Gewissensprüfung eingeführt wird, aber die Person wird gründlicher bewertet; es spiele z. B. eine Rolle, ob jemand kriminelle Handlungen begangen habe oder arbeitsscheu sei.«

Auf diese Ausführungen erwiderte Hempel klipp und klar:

»Wenn Urteile gegenüber solchen, die sich für den Dienst in den Baueinheiten erklärt haben, bestehen bleiben und nicht wenigstens in der Berufungsinstanz gelöst werden, dann können die Kirchen das nicht mehr als ein Zeichen im Sinne des 6. März 1978 interpretieren.«

Außerdem beanstandeten die Kirchenvertreter ein neuerdings bestehendes Kontaktverbot zwischen Bausoldaten und normalen Wehrpflichtigen[137].
Der KKL-Vorsitzende Hempel stieß in der Angelegenheit der verurteilten Bausoldaten am 20. Januar mit einem Schreiben an Gysi nach[138]. Auf die verschiedenen Vorfälle hin beschloß der KKL-Vorstand, es müsse daran festgehalten werden, daß der Bausoldatendienst auch für Nichtchristen möglich bleiben könne[139]. Ein weiterer Auftrag an Hempel, nochmals tätig zu werden, da sich drei Bausoldatenbewerber noch immer in Haft befanden[140], erfolgte im März 1983[141]. Auch diese jungen Männer konnten zum 1. Juni 1983 ihren Bausoldatendienst antreten[142].
Im Verlauf eines Konfliktes um die Verpflichtung zum Sonntagsdienst in der Bausoldateneinheit Mukran (Rügen) wurden nach einer Arbeitsverweigerung am 9. Oktober 1983 sechs renitente Bausoldaten, darunter der Berater Eppelmanns, Ralf Hirsch, mit Arrest bestraft. Der Greifswalder Bischof Gienke[143] soll den sechs Soldaten in einem Gespräch deutlich gemacht haben, »die Armee sei kein Sanatorium, und man müsse die Frage stellen, ob die Wehrpflichtigen den christlichen Glauben in den Augen der NVA und der Kommunisten endgültig unglaubwürdig machen wollen.«[144] Mit weiteren vierzig Bausoldaten, die an den Staatsrat und das Verteidigungsministerium entsprechende Eingaben gerichtet hatten, wollte Gienke in diesem Sinne ebenfalls reden, was er auch dem Kommandeur der Einheit mitteilte. Die KKL distanzierte sich von dem Anliegen der Soldaten, indem sie feststellte, das Evangelium spreche kein prinzipielles Verbot für Sonntagsarbeit aus[145].
Horst Dohle notierte, daß nach seiner Beobachtung zumindest in den Süd-

bezirken der Republik die Kirchen ihre besondere Aufmerksamkeit den Bausoldaten[146] widmeten:

»Sie werden als deutlicheres Zeichen der Friedenssicherung hochstilisiert, es gibt Anzeichen dafür, für sie kirchliche Rechtsberatungsstellen einzurichten.« In diesem Zusammenhang nannte er die Namen der Pfarrer Albrecht, Döbler, Eggert, Gehrt und Wonneberger[147].

Außerdem wurde in der Beratergruppe darüber informiert, daß beim Gedenken an die Zerstörung Dresdens am 13. Februar 1983[148] auf einer Veranstaltung des Friedensrates erstmals seit dem 6. März 1978 Pfarrer geredet hätten – übrigens ohne sich zuvor eine kirchliche Genehmigung erteilen zu lassen –, wobei die Veranstalter ihr geistliches Amt hervorhoben. Ähnliche Vorkommnisse ereigneten sich auf einer Kundgebung des Zentralrats der FDJ[149] und einer Plenarsitzung des Friedensrates[150]. Für beide Veranstaltungen des Friedensrates hatten die eingeladenen Kirchen ihre Beteiligung förmlich abgesagt[151]. Daraufhin bat der Friedensrat Ilsegret Fink für Dresden und Pfarrer Orphal für die Plenartagung um Wortbeiträge[152]. Finks Berliner Dienstvorgesetzter Bickhardt stellte die Pfarrerin daraufhin scharf zur Rede: sie möge demnächst ihre kirchliche Dienststelle über solche Vorhaben informieren, und ohne vorherige Genehmigung dürfe sie nicht mehr auftreten[153]. Der BEK plante allerdings weitere Kontakte mit dem Friedensrat auf Sekretariatsebene[154]. Außerdem nahmen BEK-Vertreter an einem Friedenskongreß teil, der vom 21. bis zum 26. Juni 1983 in Prag stattfand[155]. Der von Drefahl und Manfred Feist geleiteten DDR-Delegation gehörten der Greifswalder Oberkonsistorialrat Plath und Superintendent Magirius (Leipzig) als vom KKL-Vorstand nominierte kirchliche Mitglieder an. Nach ihrem Bericht konnten sie frei reden – auch die Diskussion soll sehr offen gewesen sein[156].

Kontakte zwischen Staatssekretär Gysi und dem KKL-Vorstand (1982/83)

Um das neue Jahr nicht gleich mit unangenehmen Begegnungen zu beginnen, hatte Staatssekretär Gysi dem Gespräch am 10. Januar 1983 über Wehrdienstfragen[157] vier Tage zuvor eine weitere Begegnung mit dem KKL-Vorstand vorgeschaltet, die keiner speziellen Tagesordnung folgen sollte: »Der Staatssekretär wird den zurückliegenden Weg im Verhältnis zwischen Staat und Kirche beleuchten und einige Aussagen für die Zukunft machen«, erläuterte Hauptabteilungsleiter Peter Heinrich dem Sekretariatsleiter Demke in einer Vorbesprechung die Zielsetzung der geplanten Unterredung[158].

Gysi drückte gegenüber den Kirchenvertretern seine Hoffnung aus, daß die Ende 1982 gemachten guten Erfahrungen im Blick auf die Friedensdekade auch richtungsweisend für das Staat-Kirche-Verhältnis des Jahres 1983 sein könnten:

»Die Weiterentwicklung konstruktiver und positiver Beziehungen zwischen Kirche und Staat läge in beiderseitigem Interesse«, notierte Demke.

Neue Probleme könnten nach Gysis Auffassung »mögliche Entwicklungen, die durch Mitglieder der Bundesregierung unterstützt werden, die an einem ›Offenhalten‹ der deutschen Frage interessiert seien«, bereiten. In seiner Erwiderung »bezeichnet[e] [Hempel] die Tätigkeit des Staatssekretärs als die eines fairen Maklers«; er hoffe auf das Anhalten »eine[r] gewisse[n] Stabilität«. Im Anschluß an das Gespräch aßen die Beteiligten – von seiten des Staates waren noch Kalb, Heinrich und Wilke anwesend – im Palasthotel festlich zu Abend[159].

In einer weiteren Lagebesprechung mit dem vom KKL-Vorstand beauftragten Bischof Gienke sowie Demke vom BEK-Sekretariat bezeichnete der Staatssekretär die gegenwärtige Situation »sowohl [als] positiv als auch [als] kompliziert. […] Positiv bewerte er den Verlauf der Friedensdekade. Die Gesprächssituation mit dem Vorstand sei atmosphärisch konstruktiv und sympathisch. Es gäbe auch gute Möglichkeiten, dies weiter zu entwickeln«. Dennoch bereiteten Gysi einige »alarmierend[e]« Vorkommnisse arge Probleme:

Zum einen sprach er den in Berlin unternommenen Versuch an, einzelne Friedensgruppen miteinander zu vernetzen[160]. Mit Skepsis betrachtete der Staatssekretär auch kirchliche Pläne, sogenannte Rechtsberatungsstellen für Wehrdienstverweigerer einzurichten.

»Die Positionen, die der Bischof und Präses von Berlin-Brandenburg einnehmen, sehe man mit großer Sorge; in gewisser Weise stünden diese Positionen Eppelmann nahe. Eine Gefahr sehe man, wenn der Präses von Berlin-Brandenburg die Ansicht vertritt, daß Berlin-Brandenburg einen Vorsprung habe und somit die Führung gegenüber anderen Landeskirchen übernehme. Niemand bestreite, daß die Kirche Zuflucht für alle bieten müsse und nicht nur für ihre Mitglieder, aber der Versuch, alle Kräfte, die sich zu der Frage des Friedens äußern, hereinzuholen, würde so zu etwas wie einer politischen Opposition führen.«

Des weiteren bereite ihm die enge Zusammenarbeit mit der EKD, die sich vor allem in einer regen Reisetätigkeit äußere, große Sorgen. Hier »müßte eine Grenze gezogen werden, ›sonst rutscht uns mit den offiziellen Kirchen etwas weg‹.« Außerdem kritisierte Gysi, daß die staatliche Seite noch keine Kenntnis von den inhaltlichen Planungen für die bevorstehenden Kirchentage besitze.

»Gienke wertet[e] in seiner Erwiderung die Ausführungen des Staatssekretärs als ein Zeichen des gewachsenen Vertrauens insofern, als er Einblick in seine Situationsbeurteilung gäbe und vorblickend über seine Sorgen informiere.«[161]

Ein Jahr später berichtete Ziegler der Beratergruppe, daß der Staat nunmehr noch stärker darauf dränge, »daß die Kirchen von sich aus die Reisetätigkeit in einem vernünftigen, vertretbaren und normalen Maß belassen.«[162]

Am 16. Mai 1984 gab Demke gegenüber Staatsfunktionären dem Problem kirchlicher Dienstreisen in den Westen eine andere Wendung:

»Unter Nennung der Ablehnung der kirchlichen Dienstreisen von Superintendent Dr. Nierth – Weißenfels – und Dozent Schorlemmer – Wittenberg – sowie von Einreisen zu Propst Bronisch – Naumburg – stellte er als seinen Eindruck dar, daß Genehmigungen für kirchliche Dienstreisen Gratifikationen für Wohlverhalten gegenüber dem Staat sind bzw. werden könnten. Nach seiner Ansicht könne sich der Verdacht ergeben, daß ›nur

Angepaßte‹ in das NSW reisen könnten. Eine solche Tendenz würde in eine komplizierte Situation führen, die sie ›nur schwer unter der Decke halten‹ könnten – und ›es sei zum Glück auf der kommenden Synode kein Bericht der Kirchenleitung dran‹.«[163]

1982 verfolgte Gysi die Absicht, den neuen KKL-Vorsitzenden Hempel – um das gute persönliche Verhältnis zu unterstreichen, unter Einbeziehung der »Ehepartner« – in Dresden zu besuchen oder »zu einem persönlichen Essen« einzuladen. Außerdem war vorgesehen, daß der Lutherische Bischof Ungarns seinen sächsischen Kollegen zu einem Urlaubsaufenthalt im Sommer 1983 einladen sollte[164]. Der Bischofskonvent legte Hempel überdies nahe, den russischen Exarchen, Melchisedek, aufzusuchen, da die ROK auf Antrittsbesuche Wert lege[165].

Ein Gespräch, das Gysi am 8. Juni 1983 mit Hempel führte[166], verdeutlichte dem Staatsfunktionär »eine Zunahme realistischer Züge« seitens des Bischofs, »die sich zunehmend verfestigen. Das betrifft ebenso die wachsende Politisierung einschließlich des Vertretens solcher Positionen. Es ist zu erwarten, daß sich diese Haltungen auf Jahre hinaus auswirken können.«[167] Ähnliche Veränderungen meinte Hans Modrow nach dem Dresdener Kirchentag[168] feststellen zu können:

»In Vorbereitung und Durchführung des Kirchentages konnte Landesbischof Hempel [...] weiter an Profil gewinnen. Von ihm werden zunehmend sachlichere, vom Augenmaß für die Realitäten gekennzeichnete Positionen zum Staat-Kirche-Verhältnis, zur Friedensarbeit der Kirchen, zum Pazifismus öffentlich vertreten. Die starke Hinwendung und Aktivierung der lutherischen Zwei-Reiche-Lehre verdient besondere Bedeutung.«[169]

In Leipzig äußerten sich – nach der Wahrnehmung Horst Dohles – kirchenleitende Persönlichkeiten überaus positiv zum Staat-Kirche-Verhältnis und zur DDR-Friedenspolitik. Superintendent Magirius soll erklärt haben, die Kirche dürfe sich in ihrer politischen Ethik nicht vom Antikommunismus leiten lassen. Sein Kollege Richter brachte seine Befriedigung darüber zum Ausdruck, »daß Marxisten und Christen in der DDR auf gemeinsame Zukunft eingerichtet sind«. Unterstützung fand Richter durch den Vertreter der Sektion, Manfred Haustein[170], der hinzufügte, »daß christliche Mitarbeit[171] im Sozialismus keinen Identitätsverlust bedeutet, daß der Christ an unserer Gesellschaft voll teil hat und in sie eingebettet ist.« Der katholische Prälat Weisbender soll die friedenspolitischen Äußerungen von Staat und Partei begrüßt und hierbei auf den Hirtenbrief vom 2. Januar 1983[172] hingewiesen haben[173], der allerdings nach SED-Einschätzung auch höchst problematische Züge trug[174].

In Dresden formulierte die SED als kirchenpolitische Linie:

»Angesichts der verschärften Attacken der aggressivsten Kreise des Imperialismus gegen den Friedenswillen der Völker gewinnen die Kirchen als ein politischer Faktor in der Friedensbewegung zunehmend an Bedeutung. Es muß uns noch besser gelingen, daß die Kirchen der DDR die Friedenspolitik der sozialistischen Staatengemeinschaft unterstützen, so wie es die Bundessynode der Evangelischen Kirchen in der DDR im Herbst 1982 beschloß, einen eigenständigen[175] Beitrag in die einheitliche Friedensbewegung der DDR einzubringen.«[176]

Staatsbürgerschafts- und Friedensfrage im deutsch-deutschen Kirchen-Dialog

Am 25. Mai 1983 schrieb Lingner an die westlichen Mitglieder der Beratergruppe:

»Vor geraumer Zeit (Dezember-Sitzung 1980) war die Anregung gegeben worden, das Problem der deutschen Staatsangehörigkeit zu erörtern. Der Vorstand der Konferenz der Ev. Kirchenleitungen in der DDR hat sein Interesse an dieser Thematik erneut bekundet.«[177]

Es wurde beschlossen, das Thema auf die Tagesordnung der Zusammenkunft am 16. Juni 1983 zu setzen. Auf Vorschlag des Kirchenrechtlers Axel von Campenhausen sollte sein Göttinger Kollege Gottfried Zieger einen »Gesprächseinstieg« zur rechtlichen und politischen Problematik der deutschen Staatsangehörigkeit in den Beziehungen der beiden deutschen Staaten geben[178]. Zieger, der u. a. auch mit seinem Jenaer Kollegen Gerhard Riege einen wissenschaftlichen Austausch über das Thema »Staatsangehörigkeit« pflegte, sagte gerne zu, bestand aber auf einer offiziellen Benachrichtigung der DDR-Behörden, um nicht gegen die Veranstaltungsverordnung zu verstoßen[179].

Zur selben Zeit fertigte der juristische Oberkirchenrat im Büro des Bevollmächtigten der EKD, Joachim Gaertner, in Bonn für Bischof Binder eine Argumentationshilfe zur Frage »Deutsche Staatsangehörigkeit und DDR-Staatsbürgerschaft« an. Interessant ist vor allem die unter Hinweis auf die Vorschläge der BEK-Projektgruppe »Abrüstung« der Theologischen Studienabteilung[180] formulierte Ausgangsmotivation der Arbeit:

»Von seiten der Evangelischen Kirchen in der DDR wird gelegentlich die Frage aufgeworfen, ob die volle Normalisierung der Beziehungen zwischen den beiden deutschen Staaten nicht dadurch gefördert und erleichtert werden könnte, daß diejenigen Teile des Grundgesetzes geändert werden, in denen gesamtdeutsche Ansprüche oder Verpflichtungen der Bundesrepublik Deutschland festgeschrieben sind.«[181]

Im Protokoll der Beratergruppen-Sitzung vom 16. Juni 1983 heißt es dann lakonisch: »Professor Zieger hält das angekündigte Referat. Schriftlich liegt es (noch) nicht vor. Es schließt sich eine lebhafte Aussprache an.«[182] Diese für Lingner ungewöhnliche Kürze der Protokollierung wichtiger Diskussionen deutet auf so heftige Kontroversen, daß er es nicht für ratsam hielt, sie festzuhalten. Aus seinen handschriftlichen Stichworten geht hervor, daß Stolpe in der Diskussion das »Verhältnis von Kontinuität und Souveränität« als die »Schlüsselfrage« bezeichnete, unter Nennung des Artikel 6 der DDR-Verfassung auf Faktizitäten hinwies und die »Notwendigkeit des Koexistierens« durch »Vereinbarungen« betonte[183]. Hartmut Mitzenheim[184], Hempel und Zeddies unterschieden rechtliche und politische Aspekte, wobei alle mehr oder weniger deutlich auf ein »Agreement« (Zeddies) drängten, das den faktischen Verhältnissen Rechnung trug.

Darauf, daß auch unter den DDR-Kirchenvertretern über diese Frage keine Einigkeit bestand, weist ein Vermerk über ein Gespräch des Saalfelder Superintendenten Große mit Staatsvertretern am 12. Juli 1983 hin. In dieser Unterredung vertrat Große die Ansicht, »daß die Anerkennung der Staatsbürgerschaft der DDR durch die BRD eine rein innere Angelegenheit der BRD sei, in die sich die DDR nicht einzumischen habe.« Außerdem soll Große während des Gesprächs mehrfach geäußert haben, »daß es gegenwärtig ums Überleben gehe, auch um den Preis der Schaffung einer bürgerlichen DDR«[185].

Heftige Diskussionen löste in der Beratergruppe auch ein »Statement« für eine neue Sicherheitspolitik in Europa[186] aus, das unter anderem Heino Falcke, Günter Krusche[187], Albrecht Schönherr, Elisabeth Adler, Walter Romberg und Christof Ziemer[188] während einer Veranstaltung auf dem Kirchentag in Hannover[189] abgegeben hatten[190] und das von den nahezu 13 000 Anwesenden angenommen wurde. Obwohl zu den Erstunterzeichnern der Erklärung auch Günter Brakelmann, Volkmar Deile, Erhard Eppler, Brigitte und Helmut Gollwitzer, Wolfgang Huber und Helmut Simon gehörten, erfüllte der Vorgang nach Ansicht der westlichen Kirchenleute den Sachverhalt des »Hineinredens« in den anderen Bereich und erschwerte der EKD die Durchsetzung eines eher vermittelnden Kurses in der innerkirchlichen Friedensdiskussion wie in der Staatsangehörigkeitsfrage.

Unter anderem forderte das Papier

die »Einleitung eines Stufenprozesses der vollen Normalisierung der Beziehungen zwischen beiden deutschen Staaten von der schrittweisen Regelung einfacherer Fragen, z. B. Staatsangehörigkeitsfragen [sic!], bis zur Anerkennung der vollen beiderseitigen Souveränität im Sinne des Völkerrechts und der vollen Normalisierung der Kommunikationsbeziehung«[191].

In der Diskussion betonte Hempel,

»daß die politische Situation in der nächsten Zeit (für etwa sechs bis acht Monate) einen verstärkten kirchlichen Kontakt ›auf relativ hoher Ebene‹ erforderlich macht. Dies entspricht der besonderen Verantwortung, die den Kirchen auf politischem Bereich zugewachsen ist.«[192]

Die Erklärung »Für eine neue Sicherheitspolitik in Europa«[193] beschäftigte auch den Bischofskonvent[194] sowie den KKL-Vorstand. Im Protokoll heißt es sehr deutlich:

»Durch dieses Vorgehen ist es zu einer erheblichen Belastung im Verhältnis zur EKD gekommen. [...] Als besonders beschwerlich muß angesehen werden, daß der ökumenische Grundsatz, vor öffentlichen Äußerungen über Angelegenheiten, die andere Kirchen betreffen, mit diesen eine direkte Verständigung zu suchen, durchbrochen wurde. [...] Der Vorstand bittet den Vorsitzenden, in einem Schreiben an die Unterzeichner die Bedenken gegen die Form des Vorgehens verbunden mit dem Inhalt der Erklärung zum Ausdruck zu bringen.«[195]

Auch der Ausschuß Kirche und Gesellschaft behandelte das Problemfeld auf einer Klausurtagung am 27./28. August 1983 in Erfurt. »Der Ausschuß beanstandete die Form und bedauerte, nicht vorher informiert zu sein, hält aber den Inhalt der Sicherheitspartnerschaft für ein wichtiges Verhandlungsthema für die Beratergruppe oder die Konsultationsgruppe. Es wäre wünschenswert, gemeinsam mit der EKD in dieser Frage aktiv zu werden«, berichtete Forck der KKL[196].

Vorgänge der »Einmischung« des Kirchenbundes und einzelner DDR-Kirchen in die inneren Angelegenheiten der EKD sollten nun gehäuft auftreten. Neben dem »Friedensbrief« der Synode der Evangelischen Kirche in Berlin-Brandenburg (Ost) vom Frühjahr 1983[197] erhärtete die Studie der Theologischen Studienabteilung des BEK zur »Sicherheitspartnerschaft«[198] auf seiten der EKD diesen Eindruck noch. Der BEK-Ausschuß »Kirche und Gesellschaft« hatte die Studie, sobald sie vorlag, besprochen und vorgeschlagen, sie in die Konsultationen mit der EKD und in die gemeinsamen Sitzungen mit der Kammer für öffentliche Verantwortung einzubringen[199]. Der BEK stellte gegenüber der EKD klar, die Studie sei als Diskussionspapier und nicht als kirchenoffizielle Erklärung anzusehen[200]. Darüber hinaus kam es aber zu einer Kontroverse zwischen KKL-Vorstand und Studienausschuß. Die Vorständler erhoben den Vorwurf, »daß die Aussagen der Studie direkt in kirchenleitendes Handeln eingreifen«. Bei ähnlichen Ausarbeitungen solle die Studienabteilung in Zukunft das BEK-Sekretariat konsultieren, bevor eine innerkirchliche Verbreitung erfolge[201]. Vorträge Garsteckis zu diesem Thema in der Bundesrepublik befürwortete der KKL-Vorstand in der Folgezeit nicht[202].

Auf der 14. Konsultation in Herrenberg Ende Juni 1983[203] kritisierten die dort anwesenden EKD-Vertreter, daß durch diese und andere Vorgänge »der bisherige Konsultationsprozeß verändert« werde[204].

»Als das eigentlich Beschwerliche wird in der EKD die Tatsache angesehen, daß durch diese Vorgänge auf dem Umweg über die Öffentlichkeit ein Druck ausgeübt wird. Es besteht die Sorge, daß dadurch die Kirchen zu Instrumenten der Auseinandersetzung zwischen den politischen Blöcken werden [...] In diesem Zusammenhang findet ein Gedankenaustausch zur Verwendung politischer Begriffe und Kurzformeln in kirchlichen Äußerungen statt [...] Von den Vertretern der EKD wird bei der Aufnahme dieses Begriffes [scil. der Sicherheitspartnerschaft] eine Verharmlosung der zugrundeliegenden Antagonismen befürchtet.«[205]

Wie wenig solche Appelle fruchteten, sollte sich freilich bald darauf zeigen. Ohne zuvor mit dem Rat der EKD Fühlung aufgenommen zu haben, ergriff der Erfurter Propst Heino Falcke bei der großen Demonstration der westdeutschen Friedensbewegung am 22. Oktober 1983 in Bonn das Wort und warnte – unter Hinweis auf die entsprechende Erklärung der Bundessynode in Potsdam-Hermannswerder (16.-20. September 1983)[206] – mit aller Eindringlichkeit vor der Aufstellung neuer Raketen[207]. Allerdings hatte Bischof Demke schon vor der Veranstaltung klargestellt, daß Falcke keinen kirchlichen Auftrag habe und der Erfurter Propst seinen Beitrag persönlich verantworte[208]. Diese Einschränkung reichte Christa Lewek aber nicht aus. Auf der KKL-Vorstandssitzung im Oktober 1983 regte sie an, »daß bei derartigen Beteiligungen an nichtkirchlichen Veranstaltungen eine grundsätzliche Absprache [mit dem BEK] erfolgen müßte.«[209]

Gysi war von der Vorstellung, Falcke nach Bonn fahren zu lassen, zunächst gar nicht angetan gewesen. Vielmehr bat er Demke, er möge Falcke davon überzeugen, auf eine Teilnahme zu verzichten. Gegenüber seinem Bischof versicherte Falcke, er werde in Bonn die Ankündigung der Einlader – sie hatten ihn anstelle der ursprünglich vorgesehenen Jenaer Vertreter eingeladen, weil gegen diese eine Mehrheit der Initiatoren der Bonner Demonstration Vorbehalte äußerte – öffentlich zurückweisen, wonach er der »›unabhängigen‹ christlichen Friedensbewegung« in der DDR angehöre. Gysi hatte zwar weiterhin Bedenken, meinte jedoch, eine Verweigerung der Ausreise würde wohl schwerere Folgen für die DDR mit sich bringen als ein Auftritt des Erfurter Propstes in Bonn[210]. Für eine Teilnahme Falckes an der Bonner Veranstaltung machte sich auch Heinrich Albertz[211] bei Altbischof Schönherr stark.

»Niemand auf dem größten Massenmeeting der BRD werde verstehen, warum man Propst Falcke die Ausreise verweigert hätte, und die gesamte Stimmung werde sich gegen die DDR wenden.«[212]

Daraufhin rief Schönherr Staatssekretär Gysi an und bat ihn um eine Ausreisegenehmigung für Falcke. Er selbst wolle vorher noch einmal mit dem Propst reden und ihm einschärfen, sich in Bonn von jeglicher Form einer unabhängigen Friedensbewegung zu distanzieren[213]. Nach Rücksprache mit Herbert Häber sprach sich Gysi gegenüber Verner dafür aus, Falcke fahren zu lassen[214].

Für die Differenzen in der Friedensfrage zwischen den beiden deutschen Kirchenbünden gab es weitere Indizien – so zum Beispiel die Ablehnung des BEK, Anfang Juni 1983 an einer Deutsch-Amerikanischen Konsultation zu Friedensfragen in der Evangelischen Akademie Loccum teilzunehmen, da man aufgrund des vorliegenden Programms »keine Möglichkeit« sah, die Position der DDR-Kirchen »angemessen einzubringen«[215]. Hempel soll in einem vertraulichen Gespräch am 8. Juni 1983 mit Klaus Gysi – der Staatssekretär mußte laut Sekretariatsbeschluß des ZK dem Bischof die staatlichen Erwartungen bezüglich seines Auftretens in Hannover nahebringen[216] – diese Meinungsverschiedenheiten sogar offen angesprochen haben. Auf Vorhaltungen Gysis, weshalb der BEK sich nicht stärker und dezidierter zu Grundfragen der Politik äußere, soll der Bischof entgegnet haben, »daß sie sich bereits auf Grund von Erklärungen in Spannung mit der EKD befinden. Die BRD-Kirchen wären schon verunsichert (offizielle Kirche um Lohse), wenn unsere Kirchen sich zu Fragen der ›Nachrüstung‹ äußern würden. Er nannte ein weiteres Beispiel. Das Friedensseminar Königswalde habe ein Schreiben an den Kirchentag Hannover geschickt. In diesem Schreiben würde eine eindeutige Haltung gegen die Stationierung zum Ausdruck gebracht. ›Das habe die Leute der EKD in helle Wut versetzt‹«, so Hempel wörtlich. Er fügte hinzu, »bald reden wir deutlicher [...] wenn die Raketen stationiert sind, ist die Neutralitätsschwelle für die Kirchen der DDR überschritten.«[217]

In Hannover trafen Hempel und Stolpe völlig überraschend und unvorbereitet mit Bundeskanzler Kohl und Gemahlin zusammen. Die Begegnung fand im Hause des EKD-Kirchenamtspräsidenten Walter Hammer statt. Wie Staatssekretär Gysi gegenüber Honecker berichtete – die Quelle seiner Informationen geht aus Gysis Schreiben an den SED-Generalsekretär nicht hervor –, drückte der Kanzler seine Hoffnung auf ein baldiges Zusammentreffen mit Honecker und auch auf einen eigenen Besuch in der DDR aus. Dabei merkte er an, es gehe um die Aushandlung und den Abschluß einiger noch von dem Kabinett Schmidt vorbereiteter Verträge. Weiter heißt es in Gysis Vermerk:

»Breiten Raum nahm die vorgesehene Stationierung von Mittelstreckenraketen der NATO in Westeuropa im Herbst 1983 ein. Nachdem Landesbischof Hempel ausführlich zu diesem Thema gesprochen hatte und insbesondere auch auf die allgemeine Ablehnung des Stationierungsbeschlusses in der DDR und in den Kirchen in der DDR verwies, meinte Kohl, er gehe davon aus, daß die Stationierung auf jeden Fall begänne, dann aber nach Erreichung eines bestimmten Niveaus gestoppt werde und sich beide Vertragspartner in Genf auf ein entsprechendes Niveau einigen würden. Diese Frage werde sicher auch bei der Spitzenbegegnung zwischen Generalsekretär Andropow und Präsident Reagan, die für das Jahr 1984 erwartet werde, wesentlicher Gesprächsgegenstand sein.«[218]

Auch Stolpe klagte gegenüber dem Rat des Bezirkes Cottbus, die EKD-Spitze sei zu zögerlich und nehme zu sehr Rücksicht auf die Bundesregierung; zwischen BEK und EKD-Kirchenbasis in der Bundesrepublik gebe es hingegen eine erheblich größere Einmütigkeit[219].

In der Öffentlichkeit markierten die Kirchen allerdings Geschlossenheit. Die Frage des epd-Korrespondenten Röder nach Differenzen zwischen EKD und BEK in grundsätzlichen Fragen während einer Pressekonferenz beim Kirchentag in Dresden soll LKA-Präsident Domsch geschickt aufgefangen haben:

»Es finden regelmäßig Konsultationen statt. Wir haben gemeinsam gesagt, es gibt nichts, was wert ist, mit Atomwaffen verteidigt zu werden. Denn es ist dann nichts mehr da. Das ist eine gemeinsame Position.«[220]

Auf der 14. Konsultation in Herrenberg nahm Synodal-Präses Cornelius von Heyl zur Frage der Staatsangehörigkeit Stellung:

»Die DDR drängt faktisch auf die Einführung einer eigenen BRD-Staatsbürgerschaft. Die Erwartungen, die damit verbunden sind, sind kaum zu erfüllen, da eine solche Neuregelung der Staatsbürgerschaftsfrage ohne die Möglichkeit einer Option nicht denkbar ist. Grundlegend ist auch in dieser Frage für die Rechtsauffassung in der Bundesrepublik der Gesichtspunkt der Kontinuität.«[221]

In der Zusammenfassung der sich hieran anschließenden Aussprache heißt es:

»Der Wille zur Kontinuität scheint mit dem Willen zur Bewegung und Erneuerung schwer ausgleichbar zu sein. Das Selbstverständnis der Bundesrepublik als Provisorium setzt zwangsläufig die Auffassung aus sich heraus, daß auch die DDR und ihre Grenzen als Provisorium zu betrachten sind, auch wenn dies von der DDR nicht geteilt wird.«[222]

Eine Einschätzung des Staatssekretariats für Kirchenfragen vom Oktober 1984 macht unter dem Stichwort »›deutsch-deutsche‹ Illusionen« klar, daß Pfarrer und Gemeinden in der DDR für Stolpes Versuche nicht viel übrig hatten: »So gibt es auch an der kirchlichen Basis kaum Kritik an der juristischen Aggression der BRD gegenüber der DDR und ebensowenig eine Unterstützung der berechtigten Forderungen der DDR. Die revanchistischen Tendenzen in der BRD werden weitgehend verharmlost.«[223]

Frühjahrssynoden und Berliner Friedenswerkstatt (1983)

Gienke informierte während der Konsultation außerdem über den Luthertag auf der Wartburg (4. Mai 1983)[224], die Kirchentage, Linien der staatlichen Kirchenpolitik sowie über die innerkirchliche Friedensdiskussion im BEK-Bereich[225].

Am 15. April 1983 hatte Paul Verner im ZK der SED vor Staats- und Parteifunktionären aus der gesamten DDR, die mit Kirchenpolitik befaßt waren, ein Grundsatzreferat gehalten, um die Genossen auf die Lutherehrungen und Kirchentage einzustimmen. Grundsätzlich sei zu bedenken, daß Lutherjahr und vorgesehener Stationierungstermin der Pershing-Raketen zusammenfielen:

»Eines muß uns allen klar sein: Alle Veranstaltungen im Jahr der Luther-Ehrungen, und ich habe dabei besonders die kirchlichen im Blick, verlaufen dann sinnvoll, wenn sie einen wirkungsvollen Beitrag leisten zur weiteren Einbeziehung, Formierung und Aktivierung religiöser Kräfte für den Kampf gegen die Realisierung der Raketenbeschlüsse der NATO.«

Des weiteren gehe es darum, den ökumenischen Gästen zu vermitteln, daß die DDR »den Kirchen ein weites Feld ihrer Tätigkeit in der sozialistischen Gesellschaft eröffnet und die Freiheit der Religionsausübung [...] in vollem Maße gewährleistet. [...] Letztlich, Genossen, werden wir vor allem mit unserer massenpolitischen Arbeit im Jahr der Luther-Ehrungen helfen, den kirchlichen Lernprozeß über die neue Rolle der ›Kirchen im Sozialismus‹ weiter zu vertiefen. [...] Wir wissen, daß gegnerische Kräfte innerhalb und außerhalb der DDR darauf spekulieren, daß unsere Toleranz, die wir in den Fragen der kirchlichen Luther-Ehrung üben, sogenannte ›Freiräume‹ ergibt, die sie für antisozialistische Machenschaften und den Mißbrauch kirchlicher Veranstaltungen nutzen könnten. Sie setzen darauf, daß wir, zumal in Anbetracht der vielen internationalen Gäste, nicht dagegen vorgehen werden. Das ist natürlich spekulativ und illusionär.«

Dann ging Verner ausführlich auf die Friedensgruppen ein und forderte die innerkirchliche Auseinandersetzung mit ihnen, »wenn die Kirchen Kirchen bleiben wollen.«

»Durch intensive Gesprächskontakte auf allen Ebenen setzten sich letztlich die Kräfte der Vernunft und des Realismus in den Kirchen durch. Es gibt Anzeichen dafür, daß sich unsere Kirchen nicht ohne weiteres vor den imperialistischen Karren spannen lassen. Der thüringische Landesbischof Werner Leich zum Beispiel hat durch sein Verhalten im Zusammenhang mit den Ereignissen in Jena deutlich gemacht, daß eine Kirche in der DDR gegen Lug und Trug der Feinde unseres Staates und der Kirche auftritt, ihren legitimen Interessen nachkommt und gleichzeitig die Staatsinteressen berücksichtigt. Als weiteres wichtiges Ergebnis ist die Tatsache zu werten, daß der Polarisierungs- und Differenzierungsprozeß vorangetrieben und damit stärker die Bereitschaft entwickelt wurde, sich innerkirchlich mit solchen Kräften auseinanderzusetzen, die mit ihren feindlich-negativen Aktivitäten sowohl kirchliche als auch staatliche Aktivitäten mißachten. Natürlich ist das innerkirchliche Kräfteverhältnis noch nicht endgültig und stabil gefestigt. Der Wechsel an der Spitze des evangelischen Kirchenbundes von Bischof Schönherr zu Bischof Krusche und die damit einhergehende Entwicklung zeigten augenscheinlich, wie schnell erreichte positive Ergebnisse und Entwicklungen in Frage gestellt werden können. Mit Bischof Hempel sind die Positionen wieder eindeutiger auf sachliche, verfassungsgerechte Beziehungen ausgestellt.«[226]

Ende April 1983 machte Stolpe den KKL-Vorstand auf die Grundlinien der staatlichen Politik und die Möglichkeit eines besser koordinierten kirchlichen Reagierens aufmerksam. Das Protokoll vermerkt unter dem Stichwort »Differenzierungspolitik«:

»Stolpe weist darauf hin, daß verstärkt zu beobachten ist, wie staatlicherseits Differenzierungen zwischen den verschiedenen Gliedkirchen, aber auch gegenüber Personen in einzelnen Gliedkirchen vorgenommen werden. [...] Der Vorstand unterstreicht, daß zwischen den Gliedkirchen bestehende Auffassungsunterschiede zwar geklärt werden müssen, dabei aber eine Differenzierung vermieden werden soll. Die unabgestimmte Behandlung gleicher Sachfragen durch die verschiedenen Synoden sollte auch beim Präsidientreffen überdacht werden.«[227]

Die Frühjahrssynoden wurden von staatlicher Seite als ruhig eingeschätzt. »Realistischen und loyalen Kräften gelang es erstmalig, Konfrontationsversuche politisch negativer Kräfte durchgängig zurückzuweisen.« In der Friedensfrage würdigten die Synoden in Berlin-Brandenburg und Mecklenburg mit der Prager Deklaration[228] erstmals Vorschläge der Warschauer-Pakt-Staaten. In Berlin-Brandenburg hatten Günter Krusche und Stolpe auch den Kirchenleitungsbericht von allzu kritischen Positionen gegenüber der DDR bereits vor Beginn der Synode gesäubert. Eindeutig für die DDR-Friedenspolitik nahmen die Synodalen Fink[229], Günther, Heilmann und Grüber Stellung und wurden hierin durch Ziegler, Johannes Althausen, dem zukünftigen Leiter der Predigerschule Paulinum in Berlin (Ost)[230], und die Generalsuperintendenten Bransch und Richter unterstützt. Die Synode lehnte die Raketenstationierung in Westeuropa ab und unterstützte den von der DDR unterbreiteten Vorschlag zur Einrichtung einer atomwaffenfreien Zone[231]. Dabei spielte das »offen negativ[e]« Auftreten von Forck, Winter, Präses Becker und Passauer sowie mehreren Laien, darunter Fischbeck, keine Rolle[232].

Auf der EKU-Synode gelang es jedoch nicht, eine eindeutig zustimmende Stellungnahme zur Friedenspolitik der DDR durchzusetzen. Der von Hanfried Müller eingebrachte Antrag war bereits zuvor im Rat der EKU-Ost von Gienke, Moderator Grüber und Präses Karpinski favorisiert worden, dort aber auf den eindeutigen Widerstand von Forck und Werner Krusche gestoßen. Auch auf der Synodaltagung fand der Antrag trotz des positiven Votums Karpinskis[233] keine Unterstützung.

»Bei allen Tagungen wurde deutlich, daß die positiven Erfahrungen der realistischen Kräfte mit dem sozialistischen Staat ([...] Lutherjahr [...]) zu einem offensiveren Auftreten dieser Kräfte geführt hat. Damit konnte das Verhältnis Staat-Kirche im positiven Sinne weiter ausgeprägt werden.«

Allerdings gab man auch zu bedenken:

»Die in allen kirchlichen Materialien enthaltenen systemneutralen Friedenspositionen, deutliche Vorbehalte gegenüber unserer Verteidigungskonzeption und die Orientierung auf eine verstärkte Verweigerung des Wehrdienstes bieten den politisch negativen Kräften die Möglichkeit, ihre Konzeption wieder weiter auszubauen.«[234]

Das Staatssekretariat für Kirchenfragen stellte fest, daß derzeit auch unter der Mehrheit der Pfarrer kein Interesse an einer Belastung des Staat-Kirche-Verhältnisses bestand.

Diese betonten auch deutlicher als bislang, »daß die Hervorhebung des eigenen christlichen Friedensengagements nicht als Kontraposition zur Politik der DDR zu verstehen sei. Die politisch-negative Minderheit, die vor allem über die kirchliche Jugendarbeit mit den bekannten Argumenten [...] Druck auf die Kirchenleitungen auszuüben trachtet, ist gegenwärtig vorwiegend auf Aktivitäten im innerkirchlichen Raum beschränkt mit dem Ziel, die einzelnen kirchlichen Friedenskreise fester zu organisieren, was einzelne Provokationen nicht ausschließt. Die bekannten Personen in der Berlin-Brandenburger Kirche sind dabei bemüht, diese zu einer ›Heimstatt‹ der politisch negativen Kräfte, zu einem Zentrum einer ›eigenständigen kirchlichen Friedensbewegung‹ gegen den sozialistischen Staat zu profilieren (›Friedensseminar‹ am 5./6.3.1983[235], ›Friedenswochenende‹ am 26./27.3.1983 in der Samaritergemeinde).«

Bischof Forck forderte auf einer Jugendwoche in Frankfurt (Oder) sogar zu einer verstärkten Beschwerdetätigkeit in Sachen Wehrdienst und Wehrunterricht auf, um mehr Zündstoff gegenüber staatlichen Stellen zu besitzen[236]. Insbesondere hielt man der Landeskirche vor, Versuche von Eppelmann, Friedenskreise aus der DDR zu vernetzen, als kirchliches Anliegen gebilligt und gegenüber dem Staat unterstützt zu haben[237]. Bei einem Treffen von Friedenskreisen aus der DDR in Berlin (Ost) soll Präses Becker das Angebot seiner Landeskirche unterbreitet haben, »die Schirmherrschaft für eine Koordinierung der Friedenskreise zu übernehmen, wenn andere Landeskirchen von dieser Notwendigkeit nicht überzeugt wären.«[238]

Am 9. Juni 1983 führte Ostberlins Oberbürgermeister Krack mit Forck ein ernstes Gespräch. Darin brachte er die staatliche Sorge über den Mißbrauch zum Ausdruck, den sozialismuskritische Gruppen mit der Kirche trieben. Dabei verwies er auf eine DDR-weite Veranstaltung des Friedenskreises der ESG Berlin (Ost) am 16./17. April 1983, wo es darum ging, »eine ›Richtlinie für eine unabhängige Friedensbewegung‹ zu erarbeiten«. Die Kirchenleitung hatte zunächst zugesagt, die Veranstaltung zu untersagen, ließ sie dann aber doch in kleinerem Rahmen stattfinden. Außerdem hatte während der Blues-Messe am 29. April 1983 eine Unterschriftensammlung gegen den Autobahnbau Schwerin-Wismar stattgefunden.

Forck entgegnete, die ESG-Veranstaltung habe keinen überregionalen Charakter gehabt. Außerdem soll er gesagt haben:

»Die Evangelische Studentengemeinde mache auch der Kirchenleitung Sorgen. Es haben in letzter Zeit mehrere Gespräche mit der Studentengemeinde durch Vertreter der Kirchenleitung stattgefunden, in denen die Forderung gestellt wurde, daß sich die Studentengemeinde an die Verfassung halten soll. Die Kirchenleitung könne sich jedoch nicht dafür verbürgen, daß dort ›jemand privat handelt‹. Die Kirchenleitung weiß, daß auch die Leitung der Studentengemeinde die sich in letzter Zeit vollzogene Entwicklung nicht wolle und daß die Absicht besteht, von diesen negativen Kräften abzurücken. Die Kirchenleitung arbeitet zur Zeit an einer diesbezüglichen Lösung.«[239]

Bei der Blues-Messe am 24. Juni[240] und der Friedenswerkstatt am 3. Juli 1983[241] handelte es sich ebenfalls um kirchlich verantwortete Veranstaltungen in Berlin, die nach staatlicher Einschätzung ein »Sammelbecken für feindliche Kräfte« waren[242]. Die Friedenswerkstatt besuchten 2 500 Personen, davon ungefähr 100 Bundesbürger bzw. Westeuropäer – darunter auch zeitweise der Leiter der Ständigen Vertretung der Bundesrepublik, Bräutigam. Mehr als die Hälfte der Anwesenden waren zwischen 14 und 25 Jahre alt, ein nach staatlicher Einschätzung überwiegend intellektuelles und auch diszipliniertes Publikum. Während eines Podiumsgespräches äußerte Tschiche (Magdeburg), »daß der Unfriede, den der Staat nach innen schaffe, ihn auch unfähig mache, friedlich nach außen zu wirken. Die öffentliche Sprache in der DDR bezeichnete er ›teilweise als Mördersprache‹«. Er kritisierte die »weitgehende Korruption in der Gesellschaft«[243]. Diskussionsteilnehmer und Publikum führten scharfe Angriffe gegen den CFK-Funktionär Carl Ordnung. Die CFK solle sich nicht anmaßen, im Namen der Christen zu reden[244].

Bereits am 7. Juli 1983 führten Stadtrat Hoffmann und Sektorenleiter Mußler ein Gespräch mit Generalsuperintendent Krusche und Pfarrer Passauer im Berliner Roten Rathaus. Die Staatsfunktionäre charakterisierten die Friedenswerkstatt als »eine Tribüne für DDR-feindliche und konterrevolutionäre Äußerungen«. Der Oberbürgermeister sei enttäuscht wegen des kirchlichen Vertrauensmißbrauchs. Die Äußerungen Tschiches seien beispielsweise als staatsfeindliche Hetze zu bewerten. Dies könnte auch für diejenigen, die dem durch ihren Beifall beigepflichtet hätten, zu strafrechtlichen Konsequenzen führen. Krusche wies darauf hin, daß die Kirche im Vorfeld schon einige Verbote, wie z. B. das für einen Stand der Jenaer, ausgesprochen hätte. Zugleich kritisierte er die Berichte der Westmedien. Die Kirche könne bei einer Veranstaltung mit »Werkstattcharakter« allerdings nicht einfach Personen das Wort abschneiden oder sie vom Kirchengelände verweisen. Passauer fügte hinzu, der Staat solle bei seiner Beurteilung der Veranstaltung doch auch deren positive Seiten berücksichtigen, wie z. B. die Predigt Krusches oder die Abschlußmeditation Forcks. Hierauf entgegnete Hoffmann im Blick auf die Reaktionen der Zuhörer auf Tschiche und Carl Ordnung:

»Ausfälle werden applaudiert, und die Wahrheit wird niedergeschrieen. [...] Warum kommt Tschiche extra aus Magdeburg, um dies hier zu sagen? Doch offensichtlich, weil er dies nur in Berlin so sagen kann. [...] Weil wir wissen, wie Konterrevolutionen hervorgerufen werden, werden alle Anfänge genau analysiert.«[245]

Sogar das Politbüro erhielt als Beratungsgrundlage eine »Information« über die Friedenswerkstatt. Dort hieß es:

»Den Charakter dieser Veranstaltung prägten weithin – trotz gegenteiliger Zusicherungen, die kirchlicherseits gegenüber dem Staatssekretär für Kirchenfragen und dem Magistrat der Hauptstadt Berlin in vorherigen Gesprächen abgegeben worden waren – destruktive, pseudopazifistische und feindliche Kreise aus der Hauptstadt und aus anderen Bezirken der DDR.«

Den Organisatoren der Friedenswerkstatt sei es darum gegangen, »alle ihnen erreichbaren oppositionellen und feindlichen Gruppen innerhalb und außerhalb der Kirchen zu sammeln und zusammenzuführen«[246]. Sie rechneten fest damit, bei der Kirchenleitung Berlin-Brandenburg für dieses Bestreben Rückendeckung zu erhalten. Allerdings hätten sich die Mitglieder der Kirchenleitung, darunter auch Forck und Becker, während der Veranstaltung zumeist zurückgehalten. Außerdem kritisierte das Papier, daß ein Drittel der Redner aus dem Westen kam.

Das Politbüro beschloß, Gysi möge Forck und Stolpe eindringlich klar machen, daß sich solche Veranstaltungen nicht wiederholen dürften. Zu diesem Zweck müßten die staatsloyalen Vertreter der Kirchenleitung gestärkt werden. Außerdem sei durch ein Gespräch zwischen Gysi und Hempel auch der BEK einzuschalten[247].

Wie schon im Falle Eppelmann wurden nun auch wieder die Anwohner gegen diesen Veranstaltungs-Typus mobilisiert. Das mit etwas mehr als 90 Unterschriften versehene Protestschreiben führte Beschwerde über das Auftreten

»sehr zwielichtige[r] Gestalten, [...] Veranstaltungen [...], die unsere Ruhe und Sicherheit stören, wo z. B. immer wieder Jugendliche mit grünen Haaren und Jungen mit großem Schmuck in Ohren und Nase in Erscheinung treten. Mit besonderer Empörung haben wir von zufällig aus unserem Wohngebiet vorbeikommenden Bürgern gehört, daß dort Reden gehalten wurden gegen die uns beeindruckenden Aktivitäten der DDR und anderer sozialistischer Länder für den Frieden, gegen die Verteidigung und den Ehrendienst in den bewaffneten Organen. Wir protestieren dagegen! [...] Wir erwarten, daß keinem gestattet wird, das gute Klima zu verderben, die Ruhe zu stören und gegen uns heilige Prinzipien zu verstoßen!«[248]

Auf Anordnung des Politbüros führte Gysi am 12. Juli 1983 ein Gespräch mit Forck und Stolpe. Darin bezeichnete er die während der Friedenswerkstatt durchgeführten Aktionen als verfassungs- und gesetzwidrig und forderte von den beiden Kirchenmännern, die Institution dürfe unkontrollierbare Veranstaltungen, die im übrigen »einen krassen Kontrapunkt zum Lutherjahr« darstellten, nicht zustandekommen lassen. Forck entgegnete zwar, die Kirchenleitung werde über Konsequenzen nachdenken, »bäte aber auch, die positiven Akzente zu beachten, und betonte die guten Absichten, die sie gehabt hätten.«[249]

Nach dem Eindruck der Staatsfunktionäre machte sich insgesamt eine Zunahme »realistischer« Positionen unter den kirchenleitenden Persönlichkeiten im Brandenburger Bereich bemerkbar, während dies in Berlin (Ost) nur bei Generalsuperintendent Günter Krusche der Fall war[250]. Die drei Generalsuperintendenten Günter Bransch, Leopold Esselbach[251] und Reinhardt Richter zeigten kein Interesse an einer Ausweitung der Berliner Offenen Arbeit auf die Mark Brandenburg[252].

In Thüringen solidarisierte sich die Mehrzahl der kirchlichen Amtsträger mit dem Beschwichtigungskurs ihres Bischofs[253]. Von den Superintendenten schloß sich nur Große (Saalfeld) seinen Kollegen nicht an[254]. Durch die anschließenden Lutherehrungen und den Erfurter Kirchentag gelang Leich und dem von ihm eingeschlagenen Kurs aus staatlicher Perspektive eine weitere Profilierung[255]: »Alle Angriffe auf die Thüringer Landeskirche erreichten für die Gegner[256] ein ungewolltes Ergebnis.« Im übrigen beeindruckte die westlichen Besucher das auf der Wartburg demonstrativ vorgeführte »lockere, ungezwungene und zugleich herzliche« Verhältnis zwischen Staats- und Kirchenvertretern der DDR[257]. Anhalts Kirchenpräsident Natho soll gegenüber dem Rat des Bezirkes Halle geäußert haben, seine kirchliche Aufgabe bestehe »darin, diejenigen in ihrem Auftrag zu stärken, die die Macht haben. Negative Kräfte wie Rochau und Tschiche charakterisierte er als ›beschwerliche Leute‹, sprach sich aber für geeignetere Methoden im Umgang mit Andersdenkenden als Inhaftierungen aus.«[258]

Horst Dohle erklärte vor sächsischen Funktionären, der Kirche sei deutlich geworden, »daß gute Arbeitsmöglichkeiten nur mit und durch ein gutes Verhältnis zum sozialistischen Staat möglich sind.« Leich sei nach Schönherr der zweite protestantische Bischof, mit dem Honecker nun ein »Grundsatzgespräch geführt« habe[259].

Allerdings beunruhigte das Staatssekretariat, daß »illoyale Basiskräfte« dem »realsozialistischen« Staat nun auch noch eine Vernachlässigung des Umweltschutzes vorhielten. Die Orientierung und Organisation ging vom Kirchlichen Forschungsheim Wittenberg[260] aus[261]:

»Es zeigt sich, daß negative Kräfte Aktivitäten in diesem Bereich zunehmend als neue Form nutzen, um Basiskräfte mit gegen den sozialistischen Staat gerichteten Orientierungen zu mobilisieren und als ›grüne Bewegung‹ zu profilieren. Besonders in der Berlin-Brandenburger Kirche werden dabei bisher in der kirchlichen Friedensarbeit engagierte Kräfte aktiv, die über diesen Bereich ihre politisch negativen Positionen wirksam machen«, urteilte man zwei Monate später[262].

Gegen die Organisatoren einer Demonstration zu den Chemischen Werken in Buna am 5. Juni 1983 wurden sogar Ordnungsstrafen verhängt. Daraufhin unternahm man innerkirchlich den Versuch, für die Bestraften Gelder zu sammeln[263]. Auch unter katholischen Jugendlichen wuchs das Interesse an ökologischen Themen[264]. Rudi Bellmann stellte gegen Ende des Jahres eine – im übrigen durch den Papst offiziell nicht gerade gebilligte[265] – politische Annäherung zwischen Protestanten und Katholiken bei gleichzeitiger Abgrenzung in Glaubensfragen fest[266]. Einen für den 30. Oktober 1983 vorgesehenen ökumenischen Jugendtag in Rohr bei Suhl nahm der Staat zum Anlaß, im Vorfeld der Veranstaltungen mit den verantwortlichen Bischöfen Leich und Demke und dem katholischen Generalvikar Sterzinsky zu sprechen. Während die evangelischen Vertreter die vorgebrachten Vorbehalte und Ansinnen des Staates akzeptierten, zeigte sich Sterzinsky »uneinsichtig«[267].

Greifswalds Bischof Gienke urteilte gegenüber dem Rat des Bezirks Rostock, ein Teil der Jüngeren besitze kein Gespür für die aktuelle Lage und die politischen Rahmenbedingungen:

»Sie meinen, die Grenzen der ihnen gegebenen Freiheiten in der DDR überschreiten zu können. [...] Wir haben als Kirche diesen Kräften zuviel Spielraum gegeben und manchmal durch Inkonsequenz sogar ermutigt. Heute sehen wir immer mehr die darin liegende Gefahr, daß eine Opposition unter dem Deckmantel der Kirche organisiert werden soll. Nach Meinung des Bischofs seien solche Erscheinungen am stärksten in der Berlin-Brandenburgischen Kirche ausgeprägt.«

Er machte deutlich, daß in der KKL zu dieser Frage kontroverse Positionen bestünden[268].

Während der Beratergruppensitzung am 8. September 1983[269] stellte Bischof Hempel den westlichen Teilnehmern Martin Ziegler als Nachfolger Demkes im Leitungsamt des Kirchenbund-Sekretariats vor[270]. Für den neuen provinzsächsischen Bischof Demke hatte der Staat schon lange zuvor einen guten Start geplant, indem politisch problematische Fälle noch durch die alte Kirchenleitung mit Hilfe von disziplinarischen Mitteln bereinigt werden sollten[271]. Hans Wilke formulierte:

»Dem neugewählten Bischof ist in den Bezirken Magdeburg, Halle, Leipzig, Erfurt und Cottbus eine Atmosphäre vertrauensvoller Zusammenarbeit zu ermöglichen. Offenstehende negative Probleme, die das Verhältnis von Kirche und Staat belasten, sind noch mit Bischof Dr. Krusche[272] zu klären. Mögliche großzügige staatliche Entscheidungen sollten nach dem September 1983 realisiert werden.«[273]

Die ÖRK-Vollversammlung in Vancouver

Zu den Berichten Helds und Hempels sowie in den Aussprachen über die Vollversammlung des ÖRK in Vancouver[274], über die »Lima-Texte«[275], die in der DDR auf Gemeindeebene auf recht großes Interesse stießen[276], und über die Stellungnahme zum Afghanistan-Konflikt[277] gab es während der September-Sitzung der Beratergruppe – dem Protokoll Lingners zufolge – keine kontroversen Diskussionen. Allerdings fehlte den östlichen Gesprächsteilnehmern für ausführliche Debatten auch die Zeit, da sie nach KKL-Sitzung und Bischofskonferenz nach Hause drängten und ohne vorherige Rücksprache mit den westlichen Teilnehmern die Tagesordnung einfach zusammengestrichen hatten. Die Westler waren recht verärgert darüber, wegen nur drei Konferenz-Stunden oft ein Vielfaches an Reisezeit investiert zu haben[278]. Immerhin kam Lohse noch dazu, zu erläutern, »wie und warum es unter dem Eindruck der Verhandlungen in Vancouver dazu gekommen ist, den gemeinsamen Brief an die Regierungen zu schreiben.« Der Ratsvorsitzende ging »skizzenhaft auf die inhaltlichen Aussagen ein«[279]. Gegenüber DDR-Staatsvertretern äußerte Stolpe, Lohses deutliches Mitgehen zugunsten eines Stopps weiterer Aufrüstungs-Maßnahmen habe ihn sehr überrascht[280].

Nach Hause zurückgekehrt, schrieb Hans von Keler an Olaf Lingner:

»[...] die Tischgespräche zeigten mir, wie verschieden unser Informationsstand insgesamt ist (das Elbtal ist ein Tal der Ahnungslosigkeit) und wie sehr wir noch größerer Offenheit untereinander bedürfen: leider wurde nicht von den Reaktionen Potters auf die Wahlen im Zentralausschuß berichtet, das sind doch aber keine Randfragen. Nun, ich werde sowohl mit Herrn Held wie Herrn Hempel darüber zu sprechen versuchen und bin sehr erfreut, daß die Zusammenarbeit in Vancouver ohne besondere Abstimmung so ausgezeichnet funktioniert hat. Das gute Miteinander der Brüder Lohse/Hempel[281] ist gewiß ein großer Vorteil, und gerade darum spreche ich so offen von all den anderen Überlegungen. Als Umschlagplatz von Ost und West müssen Sie ja darüber Bescheid wissen, wenn Sie als guter Katalysator wirken wollen.«[282]

Lingner bestätigte in seinem Antwortbrief den Eindruck des württembergischen Bischofs:

»Mit Recht weisen Sie darauf hin, daß ›wir noch größerer Offenheit untereinander bedürfen‹. Dies fällt mir immer wieder auf. Die Brüder im Bereich der DDR, aber durchaus auch die Brüder im EKD-Bereich halten sich zuweilen recht bedeckt. Dies schadet einer Aussprache, weil die eigentlichen Punkte nur verschlüsselt erwähnt werden. Ihr Beispiel mit der Reaktion von Potter auf die Wahl von Held ist durchaus typisch. Überhaupt fiel mir bei dem Bericht von Held auf, daß er sich bemühte, Spannungen zu harmonisieren. Bischof Hempel hatte m. E. sehr viel offener auf die Probleme hingewiesen, vor denen besonders die Vertreter der deutschen Kirchen in ihren Kontakten zum Ökumenischen Rat stehen.«[283]

Über den Antrag der DDR-Delegierten für Vancouver hatte Demke bereits auf der Juni-Sitzung der Konsultation informiert[284].

Bereits Ende Januar 1983 hatte das Staatssekretariat für Kirchenfragen eine Konzeption für die Arbeit mit der ÖRK-Delegation des BEK entworfen: Ziel sei »deren loyale Positionsbestimmung auf der Vollversammlung des ÖRK gegenüber der Innen- und Außenpolitik der DDR. Dies gilt vor allem für die Problembereiche, deren Diskussion den Verlauf der Vollversammlung intensiv beeinflussen wird bzw. die die Interessen und damit das Auftreten der DDR-Delegierten prägen werden.« Es solle darauf geachtet werden, »bewußt als Delegation aus der DDR aufzutreten (das schließt eine Profilierung gegenüber der BRD-Delegation ein)[285], die antiimperialistischen Positionen des ÖRK zu erhalten und Aktivitäten zu ihrer Ausdehnung zu unterstützen« und unter dieser Perspektive auch Einfluß auf Personalentscheidungen auszuüben[286].

Die 24köpfige DDR-Delegation wurde von Landesbischof Hempel geleitet, der auf der Vollversammlung zu einem der sieben ÖRK-Präsidenten gewählt wurde.

Nach staatlicher Auffassung bestand ein »entscheidender Erfolg der Tagung [...] darin, daß es den Verfechtern einer Kursänderung nicht gelungen ist, den ÖRK wieder an Grundpositionen imperialistischer Politik heranzuführen oder ihn gar an die Reagan-Linie anzubinden. [...] Trotz des Druckes und der antikommunistischen Hysterie [...] gelang es nicht, eine antisowjetische Erklärung zu den Ereignissen in Afghanistan durchzupeitschen und wie auf den vorangegangenen Tagungen unter dem Deckmantel sogenannter Verletzung der Religionsfreiheit in den sozialistischen Staaten, vor allem der Sowjetunion[287], eine breite antisowjetische Debatte zu provozieren [...]

Erneut wurde deutlich, daß der ÖRK trotz der stärker gewordenen antiimperialistischen, vor allem antiamerikanischen Ausrichtung über keine echte praktikable Alternative zur imperialistischen Politik verfügt. Er ist deshalb zu Konzessionen und Kompromissen mit imperialistischen Kräften bereit [...] Die Positionen zum realen Sozialismus sind nicht eindeutig. Vertreten wird ein sogenannter pluralistischer Sozialismus. [...] Von den Delegierten aus den evangelischen Kirchen der DDR machten Bischof Hempel, Propst Falcke sowie Wolf-Dieter Graewe von sich reden. Bischof Hempel, der Leiter einer Arbeitsgruppe war, hat neben einer Reihe profilierter Beiträge zu theologischen und kirchlichen Fragen nach unseren Informationen für die von der russisch-orthodoxen Kirche abgelehnten Zusätze zur Afghanistan-Entschließung, also letztlich gegen deren Interessen gestimmt. Der provinzsächsische Erfurter Propst Falcke gab entgegen den Absprachen vorab ein Friedenspapier der evangelischen Kirchen der DDR bekannt und schlug die Einberufung eines weltweiten christlichen Friedenskonzils vor[288]. Der an der Berliner Humboldt-Universität lehrende Dozent Wolf-Dieter Graewe setzte im Weisungsausssschuß II durch, daß die Menschenrechte auf solche grundlegenden Rechte wie das Recht auf Nahrung, Bildung, Arbeit und Gemeinschaftsfürsorge erweitert wurden. Er half damit der Position weiter voran, daß die Menschenrechte nicht losgelöst von den realen sozialen und politischen Bedingungen gesehen werden dürfen. [...]

Mit der Wahl Bischof Hempels findet die aktive Rolle der evangelischen Kirchen aus der DDR im ÖRK Anerkennung. Gleichzeitig steckt die Absicht dahinter, die Positionen dieser Kirchen weiter zu stärken. So wird in einem Beitrag der ›Evangelischen Kommentare‹ aus der BRD festgestellt, daß diese Wahl wahrscheinlich eine ›starke psychologische und orientierende Rückwirkung auf die Gemeinden (hat) und auch ihre Stellung im Lande stärken (kann)‹[289]. Gleichzeitig wird die Erwartung ausgedrückt, daß ›... von dieser Doppelwahl (Hempel und Held, BRD, als Zentralausschuß-Vorsitzender) auch heilsame Wirkungen auf die ökumenischen Verbindungen der Schwesterkirchen im geteilten Deutschland ausgehen.‹ Damit soll der Handlungsspielraum unseres Staates gegenüber deutsch-deutschen Manipulationen in den Kirchen weiter eingegrenzt werden. Generell muß Bischof Hempels Wahl nicht folgerichtig die Verstärkung der Positionen der ›Kirchen im Sozialismus‹ im ÖRK mit sich bringen. Zu verschiedenen Gelegenheiten hat er entgegen deren Interessen gehandelt.

Die Ablehnung des ›Konzeptes der Abschreckung‹ sowie die Verurteilung der ›Herstellung, Stationierung von Kernwaffen als ein Verbrechen gegen die Menschheit‹, die bei entsprechender Einbindung und Interpretation eindeutig gegen die abenteuerliche und menschheitsgefährdende Raketenpolitik Reagans gerichtet sind, können unter veränderten politischen und militärischen Bedingungen (z. B. notwendiger Stationierung von atomaren Waffen auf dem Territorium der DDR), bei Einengung nur auf das angestrebte Ziel nicht auf dem Weg dahin von einer ganzen Reihe von Kirchenvertretern, insbesondere aber von den bekannten feindlichen und destruktiven Kräften und Gruppierungen, auch im Sinne feindlicher, gegen die Staatspolitik der DDR gerichteter Argumentation und Aktionen mißbraucht werden. Die Aufforderung an die Kirchen, sich in ihren Ländern für die Anerkennung des Rechtes auf Kriegsdienstverweigerung einzusetzen, sowie die Erklärung, daß Christen es ablehnen müßten, ›sich an einem Konflikt zu beteiligen, bei dem Massenvernichtungswaffen sowie andere Waffen, die wahllos alles zerstören, eingesetzt werden‹, bietet breite Interpretationsmöglichkeiten und großen Ermessensspielraum. Mit dem Verweis auf die Bausoldateneinheiten befinden wir uns gegenwärtig in einer ausgesprochen günstigen Position, die uns in die Lage versetzt, gemeinsam mit den realistischen und loyalen Kirchenvertretern weitergehende Forderungen vorerst abzublocken und sie auch innerkirchlich als Außenseiterposition erscheinen zu lassen. Es ist jedoch zu erwarten, daß auf der Grundlage der Aussagen von Vancouver verstärkt die Wehrdienstverweigerung propagiert wird.

In einem Papier mit dem Titel ›Glaubwürdige Kommunikation‹ werden die Kirchen angehalten, der Schaffung von Feindbildern entgegenzuwirken, sogenannten Minderheiten und Randgruppen Möglichkeiten der Darstellung ihrer Standpunkte zu eröffnen sowie ein ›medienkritisches Bewußtsein in Kirche und Gemeinde‹ zu schaffen. Damit werden in diesem Papier Empfehlungen gegeben, die feindliche Kirchenkreise, aber nicht nur sie, zur Diffamierung unserer Informationspolitik stimulieren können. Gleichzeitig kann das Eintreten für Randgruppen und Minderheiten bis zur Unterstützung der hinlänglich bekannten destruktiven ›Friedenskreise‹ ausgedehnt werden.«[290]

Konflikte um die Friedensfrage im »heißen Herbst 1983«

Auf der Beratergruppensitzung im September wurde auch über die bevorstehende Bundessynode berichtet[291]. Außerdem ging es um den Besuch des Altbundeskanzlers Helmut Schmidt in der DDR[292] (3. bis 6. September 1983)[293]. Während eines Empfangs für Schmidt am Abend des 3. September in Stolpes Potsdamer Wohnung[294] – der Konsistorialpräsident hatte für den Altkanzler ein privates Einreisevisum in die DDR besorgt[295] – war neben Schönherr, Forck, Lewek, Generalsuperintendent Bransch, Rechtsanwalt Wolfgang Vogel sowie Bölling und Bräutigam auch Staatssekretär Gysi zugegen. Nach Gysis Bericht äußerte sich der Elder-Statesman aus Hamburg sehr angetan vom Luthergedenken in der DDR. Kohl habe »seine [Schmidts] Politik voll übernommen und weitergeführt (›natürlich versteht Kohl nichts von Ökonomie. Das liegt völlig außerhalb seines Begriffsvermögens.‹)«, führte Schmidt weiter aus. »Im übrigen tituliert Schmidt Strauß als Ganoven, Strauß seinerseits Schmidt als Banditen im persönlichen Gespräch während einer Flasche Whisky. Laut Schmidt sei Strauß Kohl hoch überlegen, und wenn Strauß Außenminister würde, hätte Kohl nichts zu lachen.«

Zur Rüstungssituation sagte Schmidt, die Deutschen hätten die Aufgabe, auf ihre Supermächte besonders einzuwirken, um diese zu einer stärkeren Flexibilität zu bewegen.

»In diesem Zusammenhang äußerte er auch, daß die Sowjetunion zu 25 % sozialistisch und zu 75 % russisch sei. Dann erzählte er, er habe sich länger mit DDR-Kirchenvertretern unterhalten (in Schmidt-Diktion: ›mit Ihren Kirchen, Herr Gysi‹). Auf der Vollversammlung in Vancouver sei unmögliche Formulierung angenommen worden: Schon Lagerung und Besitz von Atomwaffen sei ein Verbrechen. Er habe gesagt, daß er Breschnew gut gekannt hätte und dieser bestimmt kein Verbrecher gewesen sei, obwohl die Sowjetunion Atomwaffen habe. Das sei Quatsch. Er habe den Kirchenleuten auch gesagt, daß er keineswegs ›für einseitigen Pazifismus‹ sei. ›Jeder Mensch werde seine Kinder schützen, wenn sie auf der Straße überfallen werden. Um wieviel größer sei die Verantwortung eines Staatsmannes für sein Volk.‹ Bischof Krusche u. a. hätte ihm gesagt: das sage Herr Gysi ihnen auch immer. Er habe geantwortet: ›Da hat er eben Recht.‹«

Gysi fügte hinzu:

»Von diesem Gespräch berichtete mir auch Konsistorialpräsident Stolpe. Stolpe sagte, daß viele Teilnehmer enttäuscht waren, keinerlei Unterstützung für ihre Illusionen und Thesen zu finden. Schmidt habe sehr realistisch gesprochen und damit in unserem Sinne gewirkt. Auch wenn das vielleicht nicht seine Absicht gewesen sei.«

In seinem abschließenden Kommentar formulierte Gysi bissig:

»Mein Eindruck: Schmidt will irgendwie im politischen Geschäft bleiben, seine Rolle weiterspielen und nimmt sicher jede Gelegenheit wahr, bei der er seine Eitelkeit befriedigen kann.«[296]

Angebote zu Gesprächen mit westdeutschen Spitzenpolitikern während der Lutherfeiern in Worms am Reformationstag schlug der BEK-Vorstand mit der Begründung erheblicher Zeitknappheit bereits im Vorfeld aus[297]. Dies lag wohl daran, daß Hauptabteilungsleiter Heinrich gegenüber Ziegler sein Befremden darüber zum Ausdruck gebracht hatte, »daß sich Vertreter des kirchlichen Lutherkomitees zwar genierten, mit unseren Staatsvertretern auf einer Bank zu sitzen [...], daß aber keiner die Frage stelle, wie es sich eigentlich vereinbaren lasse, daß Landesbischof Dr. Hempel beim Festakt in Worms mit Bundeskanzler Kohl und Bundespräsident Carstens auf einer Rednerliste erscheine.«[298] Auch ein Treffen zwischen Hempel und Bundesfinanzminister Gerhard Stoltenberg, der die DDR besuchen wollte, konnte nicht zustandekommen, da Hempel in Worms weilte. Allerdings hatten Stolpe und Rathke vor, an einem Essen für Stoltenberg in der Ständigen Vertretung der Bundesrepublik teilzunehmen[299].

Treffen mit Politikern in größerem Rahmen waren fast unmöglich. So scheiterte die Absicht der CDU-Fraktion im Niedersächsischen Landtag, während einer Busreise durch die DDR im September 1983 mit Vertretern der VELK in der DDR zusammenzutreffen, daran, daß der Postweg vom VELK-Synodalpräsidenten Günter Heinrich, der die Bitte weiterleitete, an das Lutherische Kirchenamt in Berlin (Ost) mehr als einen Monat in Anspruch nahm[300]. Zeddies schrieb: »Dies ist, wie ich vermute, kein Zufall und hängt gewiß auch nicht nur mit den langen Postwegen zusammen.«[301]

Württembergs Bischof Hans von Keler bestätigte gegenüber Hans Wilke, mit dem er während der Potsdamer BEK-Synode ein einstündiges Gespräch führte, die distanzierte Haltung westlicher Führungspersönlichkeiten im Blick auf die Stellung des BEK zur Friedensfrage:

»In der Friedensarbeit steht in der DDR bei den Kirchen das Gefühl im Vordergrund. In der BRD können sie jedenfalls den Pazifismus nicht so vertreten. Helmut Schmidt habe den Geistlichen hier in Potsdam seine Antwort gegeben. Solche Auftritte, wie sie Superintendent Große auf der Synode vollführt, nützen nichts. Wiederholt habe Keler Sup. Große bei Besuchen in der BRD zur Sachlichkeit ermahnt.«[302]

Mit solchen Bemerkungen ließ auch die westliche Seite gegenüber DDR-Staatsfunktionären die Differenzen zwischen EKD und BEK anklingen und signalisierte stilles Einverständnis mit realistisch-pragmatischen Positionen.

Daß alle Harmonisierungsbestrebungen zwischen BEK und EKD stets nicht lange anhielten, geht auch aus dem Protokoll der 15. Konsultation Anfang Dezember 1983 hervor. Bei diesem Treffen prallten die unterschiedlichen Meinungen zwischen Ost und West noch härter aufeinander als im Sommer zuvor. EKD-Präses Cornelius von Heyl berichtete zunächst positiv, daß der Brief von Hempel und Lohse an die beiden deutschen Regierungschefs[303] »in der EKD ein gutes Echo gefunden«[304] habe.

»Im Friedenswort des Rates zum Herbst 1983[305] hätten sich Ergebnisse der Konsultationen niedergeschlagen. Das Neue in diesem Friedenswort des Rates sei, daß konkret Stellung genommen würde und nicht nur mögliche Stellungnahmen dargestellt seien. In der Synode der EKD war dieses Wort des Rates der einigende Nenner, auf den sich die Synode verständigen konnte. Allerdings wurde nichts Konkretes zu den Raketenaufstellungen in der Bundesrepublik und in der DDR gesagt.«[306]

Binder ergänzte, in der politischen Öffentlichkeit sei das EKD-Wort »durchweg von der SPD begrüßt« worden, »auch von dem größten Teil der CDU. Es wurde milde kritisiert im Blick auf seine politischen Konkretionen, besonders der Gedanke der einseitigen Vorleistung. Stärkere Kritik hat das Dokument von Vancouver ›Frieden und Gerechtigkeit‹ hervorgerufen, vor allem wegen der Verurteilung der Nuklearwaffen als Verbrechen gegen die Menschheit.«[307] Und dann folgte der Satz, der die Kontroverse auslöste:

»Dr. Hempels Grußwort in Worms[308] habe kritisches Nachdenken ausgelöst. Kritisch wurde besonders angefragt, warum Dr. Hempel mit keinem Wort auf die Aufstellung von Raketen seit 1977 eingegangen sei.« Als Bischof Werner Krusche nachfragte, erklärte Hammer, »daß von Dr. Hempel eigentlich ein geistliches Schlußwort erwartet worden sei. Man müsse nicht an jeder Stelle von Raketen reden, auch wenn man stark von dieser Entwicklung betroffen sei. Von Heyl ergänzt, daß es weder um Einmischung noch um Verletzung des Gastrechtes gehe. Aber man hätte das Gefühl gehabt, daß Dr. Hempel die Bundesbürger in ihren Ängsten vor den sowjetischen Raketen überhaupt nicht verstanden hätte.« Superintendent Große stellte daraufhin in Frage, »ob die Konsultationen überhaupt etwas ausgetragen hätten, denn die EKD hätte sich so aus dem Feuer herausgehalten, daß die Kirchen in der DDR sich im Stich gelassen fühlen könnten. Mit dieser Haltung sei die bisherige Übereinstimmung verlassen, daß jeder weitere Schritt der Aufrüstung ein Schritt in die falsche Richtung sei.« Propst Falcke »weist darauf hin, daß die bundesdeutschen Politiker ständig durch das Fernsehen in die Situation der DDR hineinsprächen. Deshalb hätten es viele als befreiend empfunden, daß Dr. Hempel die Ängste beim Namen genannt hätte.«[309]

Nun war offensichtlich kein Halten mehr. Binder machte »darauf aufmerksam, daß auch in der Konsultationsgruppe von den theologischen Ansätzen her die einzelnen Positionen weit voneinander entfernt seien. Einseitige Äußerungen aus dem Bereich der Kirchen in der DDR könnten dazu führen, daß der Verdacht unter den Menschen in der Bundesrepublik nicht mehr abzuwehren sei, daß in der DDR eine gleichgeschaltete Kirche existiere.« Von Heyl suchte nun die Gemüter zu beruhigen, indem er den Gedanken verwart, »daß an dieser Frage die ganze Trennung zwischen EKD und Bund offenbar werde. Es gäbe in dieser Frage auch innerhalb der Bundesrepublik die unterschiedlichsten Meinungen.«

Bischof Krusche bedauerte, »daß in Worms überhaupt nicht auf das durchaus politische Handeln Luthers eingegangen worden sei und daß man im Wort der EKD[310] eine Stellungnahme gegen die Kreuzzugs-Ideologie gegen den Kommunismus vermisse.«

Von Heyl machte schließlich darauf aufmerksam, »daß es vernünftige Gründe für die Aufstellung der Pershing II gebe, nämlich die Abwehr des Einsatzes von SS-20-Raketen gegen die Bundesrepublik. Die Gefahr hätte nicht mit der Aufstellung der Pershing-II-Raketen, sondern mit der Aufstellung der SS-20-Raketen seit 1977 begonnen.« Er konstatierte »Differenzen in der Stellung zur Friedensfrage zwischen Bund und EKD, was auch auf die Verschiedenheit der gesellschaftlichen Verhältnisse zurückzuführen sei.«[311]

Direkt im Anschluß an die Konsultationsgruppe tagte die Beratergruppe[312]. Ziegler berichtete von den Schwierigkeiten zwischen Staat und Kirche wegen des kirchlichen Friedensengagements und der Aufstellung von Raketenwaffen in der DDR[313]. Dem Protokoll zufolge gab es keine Fortsetzung der Diskussion vom Vormittag, obwohl der Teilnehmerkreis beider Gruppen gewisse Überschneidungen aufwies. Offenbar wollte man nach den hitzigen Debatten keine weitere Vertiefung des Grabens mehr zulassen.

Vor Hempels Auftritt in Worms hatte Hauptabteilungsleiter Heinrich noch einmal eindringlich mit Ziegler gesprochen.

»Heinrich bemerkt, daß [...] alles darauf ankomme, was der Bischof sagen werde. Nach seiner Sicht käme nur eine Distanzierung oder eine rein theologische Aussage in Frage. Ziegler nimmt das zur Kenntnis, er betont, daß der Bischof wohl wissen werde, was er zu sagen habe.«

Schon zuvor hatte Hempel sich erfolgreich bei der EKD um eine Veränderung der Rednerliste hinsichtlich der Reihenfolge der Beiträge eingesetzt[314]. Der Dresdener Bischof hatte etwas gutzumachen.

Die Potsdamer Bundessynode vom September 1983 und ihre Folgen

Auf der Konsultation zwischen BEK und EKD im Dezember 1983 berichtete Große auch von der Potsdamer Bundessynode, dem sie beherrschenden Friedensthema und der anschließend vorgebrachten staatlichen Kritik[315]. Ziegler fügte in der anschließenden Beratergruppe hinzu, der Staat habe anfänglich »die Synode mit ihren Beschlüssen als Bruch der bisherigen guten Beziehungen zwischen Staat und Kirche gewertet.«[316]

Die Arbeitsgruppe Kirchenfragen schätzte den Verlauf der Synode, in der es um die Friedensfrage ging, mit Ausnahme des Auftretens von Sachsens Bischof Hempel insgesamt recht positiv ein:

»Kirchenleitende Kräfte und ein großer Teil der Synodalen waren vor und während der Tagung bemüht, einen politisch vernünftigen Verlauf zu gewährleisten. [...] Hervorzuheben ist dabei besonders das Auftreten des Vorsitzenden des kirchlichen Luther-Komitees, Bischof Dr. Leich, des neuen Magdeburger Bischofs Dr. Demke, aber auch weiterer Synodaler. Verlauf und Ergebnis der Synode wurden wesentlich geprägt durch Ausführungen des Vorsitzenden der Konferenz der evangelischen Kirchenleitungen, Bischof Dr. Hempel. Er folgte dem Einfluß einiger politisch negativer Kräfte und hat – im Gegensatz zu seinem Bemühen in den vergangenen Monaten um sachliche Beziehungen zum Staat – als Antwort auf den Beitrag eines Laiensynodalen, des Geophysikers Semper (Oranienburg), auf der Synode Ausführungen gemacht, mit denen er die gesellschaftlichen Verhältnisse in der DDR grob entstellte, von einer ›wachsenden Enttäuschung und Verbitterung vieler Bürger in unserem Lande‹ sprach, die Informationspolitik unserer Medien diffamierte[317] und die Jugendpolitik der DDR in Zweifel zog. Er griff massiv unsere bewährte Politik der Massenverbundenheit und des Vertrauens zwischen Partei und Volk an«[318].

[...] Auf der Synode zeigte sich, daß sich die Verfechter eines nuklearen Pazifismus letztlich nicht durchsetzen konnten[319]. [...]
Der Gesamtverlauf der Synode machte im allgemeinen – trotz der erwähnten negativen Ausführungen des Dr. Hempel – deutlich, daß der Kirchenbund einen politisch vernünftigen Abschluß der Luther-Ehrungen sichern und die günstigen Erfahrungen dieses Jahres im Verhältnis von Staat und Kirche als auch die gewachsenen Möglichkeiten öffentlichen kirchlichen Wirkens nicht in Frage stellen möchte.

Während der Synode war ein gewachsenes Selbstbewußtsein, ein angehobenes Selbstwertgefühl kirchlicher Kräfte als ein, wie sie meinen, nicht zu übersehender und übergehender gesellschaftlicher Faktor in ›Partnerschaft‹ zum Staat unverkennbar. Dies entspricht offensichtlich der während der Luther-Ehrungen (Kirchentage) deutlich gewordenen Massenwirksamkeit kirchlicher Aktivitäten und wohl auch der Wahl des Bischofs Dr. Hempel zu einem der Präsidenten des Weltkirchenrates. Es war darüber hinaus spürbar, daß die korrekte und verständnisvolle Politik der Staatsorgane im Blick auf die Durchführung der kirchlichen Luther-Ehrungen im Sinne der Bekräftigung der Politik des Gespräches des Genossen Erich Honecker mit den Vertretern des Kirchenbundes vom 6. März 1978 wirkt. In einer Erklärung der Synode zur Stationierung von atomaren Mittelstreckenwaffen in Europa erfolgte eine eindeutige Ablehnung der Stationierung neuer amerikanischer Mittelstreckenraketen.« Kritisch bewerteten die SED-Kirchenfunktionäre jedoch die kirchliche Forderung, die Sowjetunion solle bereits vor dem Dezember, dem anvisierten westlichen Stationierungssystem, SS-20-Raketen abbauen und verschrotten[320].

Weiter hieß es:»Die Diskussion auf der Synode war dadurch gekennzeichnet, daß politisch realistische und loyale Kräfte ihre Positionen zurückhaltend vortrugen. Es sei aber vermerkt, daß Landesbischof Dr. Leich sich in klarer Weise abgrenzte vom Mißbrauch der sogenannten offenen Jugendarbeit und von jenen Kräften, die ›die Kirche lediglich dazu benutzen wollen, einen institutionellen Freiraum zu haben, um eigene, mit dem Wesen der Kirche in keinem Zusammenhang stehende Gedanken und Ziele (Ausreiseantragsteller) durchzusetzen‹. Auch Bischof Dr. Demke (Magdeburg) gab in sachlicher Weise das Gespräch des Staatssekretärs für Kirchenfragen mit dem Vorstand der KKL zu Fragen des neuen Wehrdienstgesetzes wieder und fing damit Angriffe negativer Kräfte in der Synode ab.

Vertreter sogenannter kirchlicher ›Basisgruppen‹ forderten, daß die Kirche das Wirken dieser Gruppierungen koordiniert und dafür ›Beratungszentren‹ einrichtet (Pfarrer Schorlemmer, Wittenberg). Es gelang diesen negativen Kräften, diese Forderung in einem Beschluß zu verankern.«[321]

Das Staatssekretariat für Kirchenfragen gab eine differenziertere Wertung ab und gelangte zu der Auffassung, daß die in Potsdam gefaßten Beschlüsse zur Friedensfrage hinter denjenigen der Hallenser Synode zurückblieben.

Insbesondere Hempel »zeigt[e] in seiner massiven Kritik am sozialistischen Staat und den gesellschaftlichen Verhältnissen in der DDR, daß kirchliche Kräfte gegenwärtig von einem Selbstverständnis ausgehen, welches wachsendes Eigengewicht und gestiegene gesellschaftliche Bedeutung der Kirchen unterstellt und ein Wächteramt gegenüber dem Staat wieder stärker betont.«

Der sächsische Bischof habe sich angemaßt, als Sprecher für die Bevölkerungsmehrheit der DDR aufzutreten[322]. Im übrigen habe Hempel damit die positiven Resultate der Vancouver-Versammlung gehemmt, wertete Rudi Bellmann im November 1983[323].

Gysi vertrat vor Bezirkskirchenpolitikern die Auffassung, Bischöfe wie Leich[324], Gienke und Demke hätten weitere Fortschritte in ihrer Bewußtseinsbildung erkennen lassen. Besonders problematisch seien Laien aufgetreten. Der Staatssekretär meinte bei der Kirche »ein[en] gewisse[n] Größenwahn« in ihrem eigenen Selbstverständnis[325] zu erkennen. Neu sei auch ihr Anspruch, alle Bürger vertreten zu wollen, was vor allem in der Rede Hempels zum Ausdruck gekommen sei. Die Synode beziehe dabei immer stärker Position zu gesellschaftspolitischen Fragen: »Beide Dinge zusammen«, so Gysi, »stellen die Weichen für die Kirche als Opposition!« Eine Einmischung in die Angelegenheiten des Staates könne nicht geduldet werden[326].

Am 27. September sprach Hauptabteilungsleiter Heinrich mit Manfred Stolpe über die zurückliegende Synode und hielt seinem kirchlichen Gegenüber vor, durch einige Äußerungen auf der Bundessynode habe die Kirche »die Geschäftsgrundlage, die Basis sich kontinuierlich entwickelnder Beziehungen zwischen Staat und Kirche verlassen«[327]. Darauf entgegnete Stolpe nach Heinrichs Protokoll:

»Mit einigen Äußerungen auf der Bundessynode sei offensichtlich das Maß dessen überschritten, was dem Staat und der Gesellschaft in der DDR ›zugemutet werden kann‹. Er selbst sei sehr betroffen von dieser Entwicklung, es stehe viel auf dem Spiel. Nur durch eine stabile innenpolitische Lage könne außenpolitisch aktiv die Friedensfrage gelöst werden. Stolpe bedauerte, daß nicht alle kirchenleitenden Personen ihre öffentlichen Auftritte dem unterordnen. Bei der Bundessynode habe er überlegt, ob er die Ausführungen Hempels korrigieren solle. Da er aber Hempel kenne und wisse, daß dann die Atmosphäre nur weiter angeheizt worden wäre, habe er diese Korrektur unterlassen. Hempel habe sich offensichtlich durch seinen ›Vorredner‹ Semper provoziert gefühlt und deshalb diesen Unsinn erzählt. Möglicherweise werde Hempel noch nicht mit der Bürde seiner Ämter fertig. Ein Vorsitzender der Konferenz der Kirchenleitungen müsse verantwortlicher reden. Die Auswirkungen dieses Auftritts vor der Bundessynode haben sicher auch andere Leute erfaßt.

Nur so sei das zu erklären, was Bischof Forck auf dem Kirchentag in Wittenberg (Beantwortung von Fragen auf einem Forum) von sich gegeben hat. Bischof Hempel müsse seine außerordentliche Verantwortung deutlich gemacht werden. Dies könne wahrscheinlich nur der Staatssekretär für Kirchenfragen. Gut wäre ein Gespräch im kleinsten Kreis, auch unter vier Augen. Nur dann habe Hempel die Freiheit, auch selbstkritisch Stellung zu nehmen. Laut Stolpe könne ein ›Eklat‹ wie auf der Bundessynode aber auch positive Wirkungen haben. Der Druck auf rechte und schwankende Kräfte in der Kirche kann erhöht werden. Dies sei mit Blick auf Herbstsynoden und auf die ›Friedensdekade‹ nicht unwichtig.

Stolpe war sichtlich betroffen von den genannten Vorgängen und von der prinzipiellen Reaktion durch Heinrich. Er bat um ein weiteres Gespräch zur Fortführung von Überlegungen zur weiteren kontinuierlichen Gestaltung der Beziehungen zwischen Staat und Kirche. Das, was jetzt aus der Kirche auf ihn zukommt, meinte Stolpe, sei für ihn schockierend.«[328]

Daraufhin empfing Staatssekretär Gysi den KKL-Vorsitzenden am 10. Oktober 1983 im Gästehaus der Regierung zu einem Gespräch, an dem auch der Leiter des BEK-Sekretariats, Ziegler, und Hans Wilke teilnahmen[329]. Nach einem kleinen Abendimbiß kam Gysi zur Sache und wertete die BEK-Synode und den Wittenberger Kirchentag als »einen Bruch« der bisher guten Zusammenarbeit zwischen Staat und Kirche im Lutherjahr[330]. Der Staatssekretär richtete an Hempel die grundsätzliche Frage, wie dieser sich nach seinen Auslassungen in Potsdam die weitere Gestaltung des Staat-Kirche-Verhältnisses vorstelle. Hempel wies den Vorwurf, seine Rede habe potentiell staatsfeindliche Züge getragen, zurück und fügte dem erläuternd hinzu:

»Seit der Übernahme des Vorsitzes bekommt er laufend von Christen, Halbchristen und Nichtchristen Schicksalsdarstellungen mit der Bitte um Hilfe, weil die örtlichen staatlichen Organe nichts geklärt haben. Das belastet ihn stark.«[331] »Es sei [...] zu bedenken, daß die positiven und negativen Erfahrungen, die Christen machten, auch die Erfahrungen vieler anderer Bürger in der DDR seien. Dies könne man nicht einfach verschweigen.«[332] Er sei zwar dankbar für den guten Verlauf des Lutherjahres und ebenso für das Interview Honeckers in den Lutherischen Monatsheften[333]; er wisse jedoch nicht, »wie er mit den Belastungen aus den Briefen[334] an ihn fertig werden soll«. Hierauf habe er in seiner Rede, die Gysi vor diesem Hintergrund noch einmal lesen solle, Bezug genommen. »Es wäre als Frage zu stellen, ob solches Reden nicht die Republik stärken könnte, denn sie als Kirchenleitungen ›kriegen auch viel Prügel von den eigenen Leuten‹«. Damit unterstrich Hempel die integrierende und stabilisierende Intention seines Synodalbeitrages[335].

Andererseits wies der Bischof auf die Schwierigkeit, »den richtigen Weg zu finden [hin], aber die Kirche kann nicht schweigen; denn sie muß tatsächlichen Stimmen Rechnung tragen.«

Abschließend unterbreitete Hempel den Vorschlag, daß bei besonderen Ereignissen eine Zwischenebene zwischen Heinrich und Ziegler eingerichtet werden möge, um Mißverständnisse oder auch Spannungen schneller zu registrieren und zu klären[336].

Beide Gesprächspartner kamen überein, über die Frage nach der Rolle der Kirche in der DDR weiter im Gespräch zu bleiben. Außerdem machte Gysi den Bischof auf die Bedeutung seiner in Worms vorgesehenen Rede aufmerksam[337].

In einer Vorlage für das Politbüro gelangten die Genossen zu der Auffassung, ihre Strategie der Differenzierungspolitik habe sich weiterhin bewährt.

»Das gilt auch für die Orientierung aller staatlichen Organe darauf, die Verantwortung der Kirchenleitungen bzw. der jeweiligen kirchenleitenden Persönlichkeiten für die Verhinderung bzw. Korrektur negativer Erscheinungen voll in Anspruch zu nehmen. Diese Verlagerung notwendiger Auseinandersetzungen in die Kirchen hinein schreitet weiter fort und erweist sich als eine Entlastung für das Verhältnis Staat-Kirche.«[338]

In Auswertung der Bundessynode heißt es:

»Eine Kirche, die sich als Kirche im Sozialismus versteht, hat keinen Anlaß, in staatspolitischen Fragen gegen den Staat und seine gesellschaftliche Ordnung vorzugehen.« Im übrigen griff der Text die bereits von Gysi vor den Sektorenleitern vertretenen Positionen auf[339].

Am 13. Oktober 1983 hatte sich auch der KKL-Vorstand mit der neu entstandenen Lage befaßt und »bedauert, daß die positiven Ansätze in den Ausführungen von Dr. Hempel offenbar übersehen wurden. Es wird betont, daß wir eine klare Darlegung unserer Standpunkte auf der Synode auch künftig brauchen. Jedoch sei vor zu großer Offenheit gegenüber den Medien zu warnen[340]. Die Erklärung des Staatssekretärs wird als Warnung gewertet, aber nicht als Abbruch der Beziehungen. Die vom Staatssekretär gezogenen Folgerungen aus der Trennung von Kirche und Staat bedürfen noch einmal einer solennen Klärung.«[341]

Während der Lutherfeierlichkeiten am 10. November 1983 erfolgte von staatlicher Seite keine spezielle Begrüßung Hempels und auch keine Aufforderung zu einem Gespräch mit Honecker[342], was gewiß auf seine Äußerungen vor der Bundessynode zurückzuführen war.

Herbstsynoden, der Ausklang des Lutherjahres und die Kirchentage 1983

Demke berichtete während der Dezember-Konsultation von der provinzsächsischen Herbstsynode und ihren Positionsbildungen zu Fragen des Wehrdienstes und des Friedens. Domsch[343] informierte über die sächsische Herbstsynode[344] und über Verhaftungen von Jugendlichen in Leipzig und Karl-Marx-Stadt[345]. Die KKL hatte Honecker wegen einer neuerlichen staatlichen Unterschriftenaktion – diesmal war die Zustimmung zur Aufstellung weiterer Raketen in der DDR gefordert[346] – sowie wegen der Registrierung von Frauen für den Wehrdienst[347] einen vertraulichen, von Forck, Lewek und Mitzenheim entworfenen Brief geschrieben[348], auf den durch Gysi eine mündliche Antwort erfolgte[349]. Der Staatsratsvorsitzende ließ mitteilen, militärische Gegenmaßnahmen würden die Warschauer-Pakt-Staaten erst nach der Raketenaufstellung in der Bundesrepublik als die allerletzte Möglichkeit ansehen; an eine allgemeine Wehrpflicht für Frauen[350] sei in Friedenszeiten nicht gedacht[351]. Außerdem blieben die Schülerinnen und Schüler wie auch alle anderen DDR-Bürger von der Abgabe von Zustimmungserklärungen zur weiteren Raketenaufrüstung verschont[352].

Die Greifswalder Herbstsynode[353] hatte an die Staatsoberhäupter der Bundesrepublik wie der DDR vertraulich geschrieben[354]. In Mecklenburg hatte eine Bischofswahl angestanden. Das Rennen machte der staatlicherseits als »politisch-negativ[.]« eingeschätzte Rostocker Pastor Christoph Stier[355] gegen den als »loyal[.], z. T. auch realistisch[.]« geltenden Leipziger Dozenten Joachim Wiebering[356]. Auf staatliches Mißfallen stieß ein Beschluß, der die Raketenstationierung in der DDR ablehnte und sich auch für die Möglichkeit einer nachträglichen Waffendienstverweigerung für Reservisten[357] aussprach. Dabei bestätigte sich für Mecklenburg ebenfalls das bereits auf der Bundessynode festgestellte Phänomen, daß sich vor allem Laien kritisch engagierten[358], was auch für die anderen Landessynoden galt[359].

Nach staatlicher Einschätzung waren die Herbstsynoden größtenteils in ruhigen Bahnen verlaufen. Vor allem die Bischöfe zeigten sich an einer positiven Einflußnahme auf die Synodaltagungen interessiert. Das galt auch für Hempel, der den 6. März würdigte und auf die Notwendigkeit der Bewaffnung der DDR hinwies[360]. Demke schob die Verantwortung für die angespannte internationale Lage der NATO zu. In der Kirchenprovinz Sachsen griffen Synodale – allen voran Präses Höppner, die Pröpste Hinz, Falcke und Treu, OKR Schultze, Landesjugendpfarrer Stauss und die Pfarrer Hoffmann und Schorlemmer[361] – Demke und die Kirchenleitung in aller Offenheit scharf an[362]. Das staatliche Ziel nach der Synodaltagung bestand in der »Unterstützung des Differenzierungsprozesses zwischen Bischof Demke und dem Konsistorium der Provinzsächsischen Kirche«[363]. Positiv vermerkte das Staatssekretariat für Kirchenfragen, daß Demke als einziger Bischof gegenüber Staatsvertretern den Begriff »Kirche im Sozialismus« in den Mund nahm[364].

Greifswald, Mecklenburg, die Kirchenprovinz Sachsen und Thüringen lehnten die Stationierung weiterer Raketen durch den Warschauer Pakt ab[365]. Die Thüringer Synodalerklärung bekundete einleitend aber Verständnis für die Zwänge, unter denen die DDR-Regierung stehe und die ihr Handeln bestimme[366].

Außerdem behandelte die Dezember-Konsultation zwischen BEK und EKD den Ausklang des Lutherjahres in der DDR. Demke kritisierte die leidige Interpretation von Lutheräußerungen durch Götting während des Staatsaktes am 9. November 1983[367]. Die abwägende kirchliche Haltung wurde an der Basis nicht selten kritisiert[368].

Der kirchliche Abschluß des Lutherjahres am 10. November 1983, dem 500. Geburtstag des Reformators, fand im nachhinein deutliches staatliches Wohlwollen. In einer Einschätzung hieß es:

»Die Veranstaltungen nahmen insgesamt einen störungsfreien, von Provokationen freien Verlauf. Von einigen negativen Kräften beabsichtigte Provokationsversuche wurden nach entsprechender staatlicher Einflußnahme durch kirchliche Verantwortliche in der Entstehungsphase vereitelt. [...] Die Predigt des Magdeburger Bischofs, Dr. Demke, war im ganzen positiv angelegt. Es wurde die Tendenz deutlich, die Kirche auf ihre eigentliche Aufgabe, die seelsorgliche Arbeit, zurückzuführen. [...] Der Empfang des Lutherkomitees der ev. Kirchen in der DDR wurde durch eine programmatische Rede Landesbischof Leichs geprägt. In ihr wurde ein bemerkenswertes Bekenntnis zu unserem sozialistischen Staat formuliert. Die Ausführungen von Landesbischof Leich hatten insofern prinzipiellen Charakter und erhielten den starken Beifall der Empfangsteilnehmer. Auch die Eislebener Veranstaltungen bekräftigten auf eindrückliche Weise den Erfolg und die Richtigkeit der von Landesbischof Leich vertretenen Grundposition.«[369]

Einen Tag später versammelte Rudi Bellmann die für Kirchenfragen zuständigen Mitarbeiter der SED-Bezirksleitungen und wies Auffassungen, jetzt kehre wieder der Alltag ein, der den Sonderstatus der Kirchen beende, ebenso zurück wie Fragen nach einem neuen kirchenpolitischen Kurs, der eine Eiszeit einleiten könne[370]. Der ZK-Mann wertete als großen Erfolg des Lutherjahres, daß die ausländischen Gäste mit »realistischen« Vorstellungen vom kirchlichen Leben in der DDR in ihre Heimat hätten zurückkehren können[371]. Lobend erwähnte er, daß die Kirchen noch nie so eigenständig daran gegangen seien, selbst für Ruhe und Ordnung auf den von ihnen verantworteten Veranstaltungen zu sorgen[372].

Staatssekretär Gysi führte im Rahmen der Abschlußveranstaltungen Einzelgespräche mit Hempel, Potter[373] und dem nordrhein-westfälischen Ministerpräsidenten Johannes Rau[374].

Kirchentage im Lutherjahr 1983

Die Kirchentage im Lutherjahr standen unter dem Motto »Vertrauen wagen« und sollten thematisch die Bedeutung Luthers für das Leben der Christen in der DDR behandeln.

Bereits Ende 1981 war in einer Konzeption des Staatssekretariats für Kirchenfragen herausgearbeitet worden:

> Den »Kirchentagen als Ausdruck vielfältigen und regen religiösen Lebens in den evangelischen Kirchen in der DDR kommt im Lutherjahr 1983 erhöhte politische und außenpolitische Bedeutung zu. Der Verlauf der in den letzten Jahren durchgeführten Kirchentage läßt deutlich werden, daß die Kirchentagsarbeit in der DDR gegenwärtig in den Händen loyaler Kräfte liegt, die realistische Positionen zu Staat und Gesellschaft in der DDR beziehen und in den Veranstaltungen darum bemüht sind, positive Erfahrungen der Existenz von Christen in der sozialistischen Gesellschaft deutlich werden zu lassen und die Teilnehmer zu gesellschaftlichem Engagement aufzurufen.«[375]

Auch die Kirchentage sollten schon im Vorfeld zu staatlichen Differenzierungsversuchen zwischen den einzelnen Landeskirchen genutzt werden. Hinsichtlich der von den Kirchen beantragten Sonderzüge, um deren Aushandlung kirchlicherseits das Staatssekretariat für Kirchenfragen gebeten worden war, merkte Horst Dohle an, man solle hier zwar großzügig verfahren, aber nur 70 % der beantragten Züge auch genehmigen. Außerdem sollte man den Kirchen eine unterschiedliche Behandlung zukommen lassen, so z. B. sollte Greifswald stärker als die Kirchenprovinz Sachsen unterstützen. Gysi sagte zu dem kirchlichen Ansinnen »vorläufig nein«, da es zuviel Arbeit verursache[376]. Dies bedeutete jedoch nicht, daß die Sonderzüge verweigert wurden. Wie schon bei der Friedensdekade und Berliner Veranstaltungen wurde den kirchlichen Veranstaltern im Vorfeld deutlich gemacht, sie trügen für den ordnungsgemäßen Verlauf der jeweiligen Kirchentage, eingeschlossen die An- und Abreise, selbst die Verantwortung[377].

Den Kirchen war klar, daß, gäbe es nicht das Lutherjahr, die Kirchentage in dieser Form nicht stattfinden könnten[378].

Bereits der erste Kirchentag des Jahres, der vom 12. bis zum 15. Mai 1983 in Erfurt stattfand[379], wurde von staatlicher Seite als ein Erfolg bewertet, der positive Auswirkungen auf die weitere Gestaltung des Staat-Kirche-Verhältnisses haben werde. »Das Ziel der Vorbereitungen und unsere Erwartungen, daß dieser Kirchentag ohne Störungen und Provokationen verläuft, wurden erreicht. Es gab keine besonderen negativen Vorkommnisse.«[380] Etwas aus der Reihe fiel lediglich einer der Abschlußgottesdienste am Sonntagvormittag, den Mitglieder der Offenen Jugendarbeit in der Martinikirche gestalteten. Das Kirchentagsmotto »Vertrauen wagen« wurde hier in »Mißtrauen ist besser« umgedeutet[381]. Der Staat kritisierte am Kirchentag jedoch die zu hohe Zahl der Referenten aus der Bundesrepublik:

»Es wurde deutlich, daß Referenten des anderen Auslandes, z. B. die aus der Dritten Welt, entschieden parteilicher als die aus der BRD auftraten. In den Arbeitsgruppen wirkten sie oft besser als die Teilnehmer aus der DDR.«

Positiv fiel ins Gewicht, daß die bundesdeutschen Medien[382] zu geschlossenen Veranstaltungen keinen Zutritt erhielten[383] und Spontaninterviews mit Teilnehmern nicht geduldet wurden[384]. Landesbischof Leich soll empfohlen haben, Ausreiseanträge von Mitgliedern des Jenaer Kreises zügig zu bearbeiten, um auf diese Weise Provokationen von dieser Seite auszuschließen[385]. Die Kirchen empfanden das hohe Maß an staatlichen Sicherheitsvorkehrungen als belastend und gaben diese Einschätzung auch an das Staatssekretariat für Kirchenfragen weiter[386].

Nicht ganz so erfreulich verlief der Rostocker Kirchentag vom 10. bis zum 12. Juni 1983, der auch die Unterschiede zwischen den beiden norddeutschen Landeskirchen Mecklenburg und Greifswald[387] deutlich machte. In einer staatlichen Einschätzung heißt es:

»Im Vorfeld des Kirchentages war eine erhöhte Aktivität bekannter feindlich-destruktiver Kräfte (z. B. ›Kessiner Friedensseminar‹) zu verzeichnen, die dazu übergingen, für ihre feindlichen Initiativen stabile Organisationsstrukturen zu schaffen und mit anderen feindlichen Gruppierungen (z. B. Jena, Berlin, Magdeburg) feste Verbindungen herzustellen und geplante Aktionen zu koordinieren. Im Gegensatz zur Situation im Vorfeld des Erfurter Kirchentages, wo sich bekanntlich der Thüringische Landesbischof Werner Leich und seine Kirchenleitung eindeutig gegen solche feindlichen Kräfte (Jena) gestellt hatten, hat der Mecklenburgische Landesbischof Rathke[388] am sogenannten ›Kessiner Friedensseminar‹ teilgenommen. Er ist dort nicht gegen die vertretenen feindlichen Positionen und Aktivitäten aufgetreten, sondern hat durch seine ›stille Duldung‹ diese Kräfte letzten Endes noch ermuntert. Das hatte Auswirkungen auf das taktische Vorgehen dieser Kräfte in Vorbereitung und Durchführung des Kirchentages.

Die leitenden Vertreter der Greifswalder Kirche, die Mitveranstalter des Rostocker Kirchentages war und deren kirchenleitenden Kräfte über viele Jahre hin eine stabile, politisch vernünftige Haltung zum sozialistischen Staat praktizieren, brachten den staatlichen Vertretern gegenüber eine gewisse Distanz zum Gesamtvorhaben des Kirchentages zum Ausdruck, was sich auch in ihrem direkten Engagement für den Kirchentag ausdrückte. Diese Besonderheiten mußten im Prozeß der differenzierten politischen Einflußnahme auf die Vorbereitung und Durchführung des Kirchentages beachtet werden. [...] Generell nahmen pazifistische Positionen – vor allem unter den jugendlichen Teilnehmern – einen großen Raum ein. [...] Zum Verhältnis zum sozialistischen Staat und Kirche in der DDR gab es vorwiegend sachliche und positive Aussagen. Beide Bischöfe und andere leitende Kirchenvertreter hoben die günstige Entwicklung in dieser Beziehung hervor und ließen auch gegenüber den Vertretern der westlichen Medien keinen Zweifel daran, daß sie das diesbezüglich Erreichte in keiner Weise gefährden möchten und an der Fortführung der Politik des Gespräches vom 6.3.1978 interessiert sind. [...] Der Verlauf des Kirchentages zeigte, daß sich die politisch vernünftigen Kräfte mit ihrer Grundkonzeption im wesentlichen durchsetzen konnten. Sie hielten trotz der Störungsversuche bestimmter destruktiver Gruppen an der mit den staatlichen Organen vereinbarten Linie fest. [...]

In einer ganzen Reihe von Veranstaltungen wurde von jugendlichen Teilnehmern offene Kritik an der Haltung der Kirchenleitungen, vor allem bezüglich ihrer Haltung zu den sogenannten Friedensbemühungen bekannter destruktiver Kräfte, geübt. Nach diesen Auffassungen hätten sich die Kirchenleitungen mit dem sozialistischen Staat arrangiert und von den staatlichen Organen einkaufen lassen. Deshalb könne es gegenüber den Kirchenleitungen kein Vertrauen, sondern nur Mißtrauen geben.«[389]

In Frankfurt/Oder (17.-19. Juni 1983)[390] distanzierte sich Forck von der dort geäußerten scharfen Kritik an der DDR-Friedenspolitik und unterband – gemeinsam mit Generalsuperintendent Krusche – den Versuch einer Unterschriftensammlung des unabhängigen Friedenskreises Alt-Pankow[391] gegen die Androhung einer weiteren »Nachrüstung« durch die Warschauer-Pakt-Staaten[392]. Der zuständige Generalsuperintendent Erich Schuppan (Eberswalde) hielt während dieses Kirchentages mit den Staatsorganen ständig Kontakt und verhinderte auf dem »Markt der Möglichkeiten« persönlich einige Aktivitäten, die dem Staat hätten problematisch erscheinen können[393].

Bischof Krusche hingegen übte auf dem zeitlich parallel laufenden Kirchentag in Eisleben[394] Kritik an der DDR-Verteidigungspolitik, an den politischen Strukturen und der Umweltpolitik, was einer Ermutigung oppositioneller Gruppen und Einzelpersonen gleichkam[395]. Daraufhin sprach Gysi mit Krusche, um für den folgenden Magdeburger Kirchentag Ende Juni 1983 einen störungsfreien Verlauf zu gewährleisten. Dem staatlichen Protokoll zufolge äußerte sich Krusche in Magdeburg zur Friedensfrage denn auch »realistisch« und unterband »Aktivitäten politisch negativer Kräfte«[396].

Für den Dresdener Kirchentag gab es bei den Gemeinden schon im Vorfeld[397] nur gedämpfte Begeisterung[398]. Unter den Skeptikern waren auch friedensengagierte Jugendliche, die inzwischen an der Glaubwürdigkeit kirchlichen Handelns zweifelten. Nachdem die Kirchen jahrelang wegen der Friedensfrage Konflikte mit dem Staat auf sich genommen hatten, kooperierten sie im Zusammenhang mit dem Kirchentag plötzlich mit dem Regime[399]. Die Anmeldungszahlen blieben hinter den kirchlichen Erwartungen leicht zurück[400], was nach staatlicher Einschätzung für alle Kirchentage galt. Allerdings mußte der SED-Staat anerkennen, daß der Anteil jugendlicher Teilnehmer am Dresdener Kirchentag mit 50 bis 60 % überaus hoch lag[401], die Besucherzahlen wie überhaupt die Dimensionen des Kirchentages größer waren als auf den anderen DDR-Kirchentagen und die Veranstaltung sich damit westdeutschen Verhältnissen annäherte – die Abschlußveranstaltung im Dresdener Großen Garten besuchten nach staatlicher Schätzung 80 000 Personen[402]; die kirchlichen Schätzungen lagen sogar noch ein wenig höher[403]. Peter Krauße von der Arbeitsgruppe Kirchenfragen forderte während einer internen Beratung auf Parteiebene, an der auch Horst Dohle teilnahm, daß die Kirche vor dem Kirchentag eine Isolierung von Kritikern wie Pfarrer Wonneberger vornehmen müsse[404]. Hans Modrow wertete das Eingehen der Kirchenleitung auf diese Forderung als Erfolg der langfristig angelegten Parteistrategie:

»Erst nach einer intensiven kontinuierlichen Arbeit durch die Partei- und Staatsorgane gelang es, die leitenden Vertreter dieser Landeskirche von ihrer duldsamen, teilweise wohlwollenden Haltung gegenüber diesen feindlichen Aktivitäten abzubringen und sie davon zu überzeugen, daß sie damit letzten Endes den Interessen ihrer Kirche schaden.«[405]

Für einen reibungslosen Ablauf der Kirchentagsveranstaltung hatten auch Landesbischof Hempel[406], Kirchentagspräsident Cieslak und LKA-Präsident Domsch Vorsorge getroffen[407]. Loyale Diskussionsleiter beim Kirchentagskongreß[408], Referenten bzw. Podiumsteilnehmer wie Schönherr, Stolpe, Demke und Lewek trugen viel zu einer aus staatlicher Perspektive politisch positiven Atmosphäre bei[409]. Bereits bei den Vorverhandlungen hatte Domsch dem Staatsvertreter Ullmann, der die Forderung erhob, »jede Stimme des Protestes [gegen den Westen sei] gefragt«, deutlich gemacht, daß der Kirchentag keine Erklärung gegen die geplante Raketenstationierung in der Bundesrepublik abgeben werde. Er versprach jedoch eine »beachtenswerte[.]« Äußerung Hempels während der Abschlußveranstaltung[410].

Den Wittenberger Kirchentag (22.-25. September 1983) wertete Gysi als »Bruch der gegebenen Zusagen im Lutherjahr [...] [und] schlimmste[n] Kirchentag von allen«. Forck sei hier »wieder [einmal] sehr daneben aufgetreten.«[411] Im Gegensatz zu Forck äußerten sich Natho[412] und Demke[413] aus staatlicher Perspektive überaus konstruktiv[414]. Auf dem Wittenberger Kirchentag wurde das kirchliche Bemühen, Störungen oder übermäßige Kritik zu vermeiden bzw. zu unterbinden, unterlaufen, indem man bei einer größeren Anzahl von Jugendveranstaltungen sowie während des Bischofsforums am Abschlußsonntag heftige Attacken gegen die sozialistische Gesellschaft duldete – Angriffe, die nach staatlicher Einschätzung bei den anwesenden Jugendlichen aus der Berliner, Leipziger und Hallenser Gruppenszene sowie bei Punks und »Gammler[n]« auf große Resonanz stießen.

Auf staatliches Mißfallen traf auch das Auftreten des Regierenden Bürgermeisters von Berlin (West), Richard von Weizsäcker[415], sowie die – entgegen vorherigen Absprachen – hohe Beteiligung von Gästen aus der Bundesrepublik[416].

Eine Woche danach war Weizsäcker zu Gast bei Stolpe in Potsdam. IM »Sekretär« berichtete drei Tage später MfS-Oberst Wiegand über das Gespräch:

»Zwischen der BRD und der SU müßten langfristig stabile außenpolitische Beziehungen entwickelt werden. In diesem Zusammenhang nehme die Raketenfrage große Dimensionen ein und würde als ein Stück Disziplinierung der USA gegenüber der BRD anzusehen sein. Die USA hätten alles darauf fixiert, mit der Raketenfrage die BRD in Zugzwänge zu bringen und sich entwickelnde wirtschaftliche und andere Beziehungen zwischen der BRD und der SU damit zu belasten. Die USA würden nach der Raketenstationierung eine Eiszeit planen, die sich insbesondere gegen die SU richtet und auf die es sich bereits jetzt einzustellen gelte. Weizsäcker sei daran gelegen, daß die Eiszeit die mühsam aufgebauten Beziehungen zur DDR und auch zur SU nicht zerschneidet. Unter Berücksichtigung der Verpflichtungen innerhalb der Pakte müßten die BRD und die DDR das Beste für sich herausholen. [...] Die USA würden sich auf nichts einlassen, sie brauchten die Stationierung zur Durchsetzung ihrer politischen Interessen. Präsident Reagan benötige diese Raketenstationierung außenpolitisch zur Disziplinierung der europäischen Länder und innenpolitisch, um sich weiterhin als starker Mann darzustellen. Die Propaganda in den USA sei voll darauf eingeschossen. [...] Für Weizsäcker sei es tragisch, wenn die östliche Seite auf Grund der Raketenstationierung in den Sog und in Folgezugzwang gerät. Diese Situation berücksichtigend, sei W. gewillt, sich weiterhin für die beiden deutschen Staaten zu engagieren. Er sei in Sorge darüber, daß sich die DDR-Führung evtl. von Strauß täuschen lasse. Strauß sei ein gerissener und skrupelloser Mann, der alles das macht, was in seinen Kram passe und dem Bundeskanzler beweisen wolle, daß er doch der Bessere sei und eine bessere Politik zu machen imstande wäre. Strauß verfüge über einen sehr guten Draht zur Regierung der DDR und wüßte einiges eher als Kohl, was diesen wiederum sehr verdrieße. W. müßte öfter zwischen Kohl und Strauß schlichten. [...] Weizsäcker beurteilte das Verhältnis Staat – Kirche in der DDR von der Leistungsfähigkeit her gesehen als ausgeschöpft. Mehr als im ›Lutherjahr 1983‹ könne ein kommunistisch regierter Staat ideologisch nicht verkraften. Deshalb sollte die Kirche diesen Bogen nicht überspannen. Die Bischöfe der DDR müßten angehalten sein, sich besser auf die westlichen Medien einzustellen und redliche Antworten zu geben. Es sei zu unterscheiden, ob Antworten in einem Forum vor 1 500 Leuten oder über die Öffentlichkeit der Medien an Millionen Zuhörer gegeben werden. Hier sei ein weiterer Lernprozeß erforderlich, um Erreichtes nicht kaputt zu machen.«[417]

Konflikte um deutschlandpolitische Aktionen der »Grünen« und die Friedensdekade 1983

Einen besonderen Diskussionsschwerpunkt auf der Dezembersitzung der Konsultationsgruppe bildeten die deutschlandpolitischen Aktivitäten der bundesdeutschen Partei Die Grünen[418]. Nachdem am 31. Oktober und 1. November 1983 eine Grünen-Delegation – unter anderen Petra Kelly, Gert Bastian, Otto Schily und Lukas Beckmann – Honecker einen »persönlichen Friedensvertrag« und ein Foto des Denkmals »Schwerter zu Pflugscharen« überreicht hatte[419], sollte am 4. November – gemeinsam mit DDR-Friedensbewegten – den Botschaften der USA und der UdSSR in Berlin (Ost) »Friedenspetitionen« übergeben werden[420]. Dabei kam es zu vorübergehenden Verhaftungen und zur Auflösung einer Demonstration in der Ost-Berliner Innenstadt. Zwei Tage später übte Bischof Forck in seiner Predigt in der Berliner Marienkirche scharfe Kritik am staatlichen Vorgehen gegen die Demonstranten[421]. Am 4. November nachmittags hatte auch der Berliner Bischof den Botschaften eine Petition übergeben wollen. Davon riet ihm Gysi jedoch dringend ab. Die Polizei reagierte mit einer vorübergehenden Abriegelung der Neuen Grünstraße, dem Sitz des Konsistoriums[422]. Heinrich klagte später, Stolpe sei vor dem Aktionstag über alles informiert gewesen, habe aber seine dem Staat gegebenen Zusagen nicht eingehalten[423].

Die DDR-Vertreter in der Konsultationsgruppe warnten vor weiteren spektakulären Aktionen in der DDR und sagten, der westdeutschen Alternativ-Partei müsse deutlich gemacht werden, »daß die christliche Friedensarbeit in der DDR ihre Ermöglichung und ihre Grenzen findet an der Stellung der

Kirchenleitungen«, womit sie einer Übertragung des basisdemokratischen Prinzips dieser Partei auf den kirchlichen Raum eine klare Absage erteilten[424]. Am 11. November übergaben dann Forck, Stolpe und Passauer beiden Botschaften eine Erklärung, die der Staat als »insgesamt ausgewogen[.]« bezeichnete. Die Kirchenvertreter drückten ihre Sorge um die Erhaltung des Friedens aus und riefen zur Aufnahme konstruktiver Verhandlungen zwischen den Supermächten auf[425]. Mit diesem kirchenleitenden Akt wollte Stolpe den Vertretern der Friedensgruppen deutlich machen, daß es für ähnliche Aktivitäten nun keinen Anlaß mehr gebe. Briefe an Honecker oder andere hochrangige Politiker der DDR sollten sie nur noch schreiben, wenn diese frei von »antisowjetische[n] Tendenzen« und respektvoll gehalten seien und wenn von der NATO-Urheberschaft für die Neustationierung von Atomraketen in der DDR ausgegangen werde. Außerdem berichtete Stolpe den Staatsvertretern, die Forck eingeräumte Möglichkeit, in der sowjetischen und in der amerikanischen Botschaft die Sorgen der Christen vorzubringen, habe die Position der realistischen Kirchenleitungsmitglieder gestärkt[426].

Die Friedensdekade vom 6. bis zum 16. November 1983[427] war insgesamt überaus ruhig verlaufen[428]. Fastenaktionen lösten mancherorts öffentlichkeitswirksame Vorhaben ab[429]. Auch die Kirchenzeitungen Mecklenburgs, Thüringens und Sachsens[430] hatten in ihren Leitartikeln zum Unterlassen spektakulärer Aktivitäten aufgerufen und Friedensbitten in Form von Gottesdienst, Meditation und Gebet als den spezifisch christlichen Beitrag zum Frieden herausgestellt[431]. Ähnliche Empfehlungen hatte der Kirchenbund gegeben[432]. Lediglich an einigen Orten gab es schwierige Veranstaltungen: In Forst (Lausitz) propagierte Peter Müller, Landesjugendwart in Berlin-Brandenburg, am 7. November 1983 einen sozialen Friedensdienst und klagte über militaristische Tendenzen in der DDR (Neue Wache in Berlin). In Finsterwalde kursierte ein Brief an Honecker, der auf Widersprüche zwischen der DDR-Friedenspropaganda und der innenpolitischen Wirklichkeit hinwies und daraus den Schluß zog, der Staat spiele mit gezinkten Karten. Teilnehmer an Veranstaltungen in Potsdam und Berlin verabschiedeten auch Briefe an den Staatsratsvorsitzenden, in denen gegen eine Stationierung von Raketen in der DDR protestiert wurde[433]. Vielerorts wurden Christen aufgefordert, selbständig an Honecker entsprechende Eingaben zu richten[434]. Zu regelrechten Unterschriftensammlungen kam es in der Weinbergskirche Radebeul – das Papier forderte »gesamtdeutsche[.] Verständigung«, eine Partnerbeziehung zwischen den Städten Dresden und Stuttgart und lehnte eine Raketenstationierung auf dem Boden der DDR ab[435] – und – gegen die Rüstungspolitik – auch in Meiningen. In Dresden distanzierten sich der amtierende Superintendent und sein Stellvertreter im Gespräch mit Staatsfunktionären von dieser Demonstration und sagten ihr Einschreiten zu[436]. Bereits vor Beginn der Friedensdekade hatte die sächsische Kirchenleitung versprochen, Pfarrer Wonneberger zu kontrollieren[437].

Einige Pfarrer kritisierten von ihren Kanzeln die Nachrüstung in der DDR wie in der Bundesrepublik. In Potsdam sagte Heinrich Albertz vor 700 Zuhörern, die Einrichtungen Bundeswehr und Volksarmee seien austauschbar, und kritisierte das »Imponiergehabe des Sicherheitsdenkens«. Das mißfiel dem Staat[438].

Insgesamt lehnte die überwiegende Mehrheit der Pfarrer die »Nach-Nachrüstung« der Warschauer-Pakt-Staaten mehr oder weniger entschieden ab[439] und zeigte sich über diese Maßnahmen betroffen, besorgt und resigniert[440]. Sie fragten nach dem Sinn der Hochrüstung. Nur eine geringe Zahl kirchlicher Amtsträger war bereit, das Verhalten des Ostblocks offen zu unterstützen[441].

Die Kirchenleitungen begegneten teilweise aktiv Protestaktionen, denen an Publizität gelegen war: Am 16. November verhinderten Bischof Demke, Konsistorialpräsident Kramer und die Oberkonsistorialräte Hammer und Müller eine Demonstration kirchlich gebundener Jugendlicher vor dem Magdeburger Warenhaus Centrum. Dem Görlitzer Bischof Wollstadt gelang es, einen für den 13. November 1983 geplanten Schweigemarsch durch Görlitz abzuwenden[442]. Ähnlich verfuhr Berlins Generalsuperintendent Krusche[443] im Falle eines von der Samaritergemeinde geplanten Schweigemarsches von Oranienburg nach Sachsenhausen[444]. Beim Unterbinden dieses Protestes wie auch bei der Begrenzung der Botschaftsaktionen fand er anscheinend Unterstützung durch das Stadtjugendpfarramt[445]. Greifswalds Bischof Gienke lehnte gar ein Vorhaben in seiner Landeskirche ab, zu einem Friedensseminar die bundesdeutschen Politiker Eppler und Albrecht als Referenten einzuladen[446]. Auch die Leipziger Superintendenten gewannen nach einer Wertung Horst Dohles im November 1983 an »Profil«[447].

Nur Bischof Forck, nach den Worten Bellmanns »gegenwärtig der politisch uneinsichtigste Bischof in der DDR«[448], zeigte sich nach staatlicher Einschätzung nicht an einem störungsfreien Verlauf der Friedensdekade interessiert. So soll er am 6. November im Eröffnungsgottesdienst in der Ostberliner Marienkirche die Benachteiligung von Christen im Berufsalltag als Verfassungsbruch bezeichnet haben[449].

In Berlin zeichnete sich eine weitere Differenzierung der Friedensgruppen ab. Stolpe berichtete, er habe von Eppelmann erfahren, »daß einige Friedenskräfte nicht bereit sind, mit der Kirche zusammenzuarbeiten. Diese Kreise gehen davon aus, daß ›die Popen nur abwiegeln wollen‹.« Deshalb wollten sie bewußt unabhängig von der Kirche vorgehen[450].

Die Sektorenleiter der für Berlin-Brandenburg zuständigen Bezirke inklusive Berlins schätzten ein:

»Es wächst in der KL Berlin-Brandenburg eine gewisse Selbstzufriedenheit, weil man die Auffassung vertritt, es sei gelungen, die pol[itisch] negativen Kräfte zu disziplinieren bzw. ihre Handlungen zu kanalisieren. Lediglich die Spontaneität des Bischofs habe man noch nicht zurückdrängen können. Er ist ein starker Seelsorger und äußert dabei immer wieder pol[itisch] negative bis zu antikommunistische Ansichten, die er aus ›Fällen‹ von angeblicher Benachteiligung falsch verallgemeinert. Aber so ›böse‹, wie der Staat ihn einschätzt, so wird immer wieder auch von loyalen und progressiven Geistlichen behauptet, sei er nicht. Da er aber keine Linie für das Handeln der Kirchenleitung ausgibt, sondern ständig zu Einzelfällen spricht und häufig seine Haltungen durch Emotionen bestimmen läßt, sei es schwierig, Mehrheiten zu bestimmten inhaltlichen Problemen zu organisieren.

Die vier Generalsuperintendenten haben loyale bis positive pol[itisch] Positionen. Auch der im Bezirk Frankfurt/O. neu eingeführte Generalsuperintendent Esselbach (Schwiegersohn von Altbischof Dr. Schönherr) ist bemüht, sich in diese Überlegungen einzuordnen. Generalsuperintendent Bransch (Potsdam) tritt am pol. profiliertesten auf. Generalsuperintendent Dr. Krusche (Berlin) versucht, seine pol[itisch] real[istischen] Positionen langsam durchzusetzen.

Aber vor allem Bischof Forck orientiert darauf, daß der Generalsuperintendent alle pol[itisch] negativen Probleme in den Berliner Kirchen bearbeiten und lösen soll, viele Einzelfälle klären muß und so stets in Konflikte mit den unterschiedlichen Kräften geführt wird. [...] Als positiver Kern in der Kirchenleitung gilt Präsident Stolpe, die Generalsuperintendenten Bransch, Dr. Krusche, Richter, Moderator Grüber, Pf. Heilmann[451] und auch Pf. Günther. Als pol. ›Bremser‹ bei realistischen Entscheidungen wirken immer wieder die Laien in der Kirchenleitung. Die Kirchenleitung versucht daher nur sehr zögernd, aber mit gewissem Erfolg, auf die sogenannten Friedens- und Ökologiekreise Einfluß zu gewinnen und ihre Haltung zu steuern, feindliche Positionen abzubauen, ohne sich von ihnen zu distanzieren. Die Homosexuellenarbeit wird ausgebaut[452]. Von den Punkern hat man sich als Kirchenleitung distanziert[453]. [...] Auch unter den Superintendenten zeigte sich unter dem Eindruck des konstruktiven Verhältnisses von Staat und Kirche im Verlauf des Jahres 1983 eine Verstärkung loyaler und realistischer Positionen.«[454]

Gespräche zwischen Kirche und Staat gegen Jahresende 1983 sowie Verhandlungen um die Vereinigte Evangelische Kirche 1983/84

Im November und Dezember 1983 führte Klaus Gysi intensive Unterredungen mit leitenden Persönlichkeiten des Kirchenbundes; dabei ging es um das kirchliche Selbstverständnis und die Möglichkeit, oppositionelle Tendenzen zurückzudrängen. Mitte Dezember 1983 traf sich der Staatssekretär innerhalb von fünf Tagen zweimal mit Hempel, Gienke, Stolpe und Ziegler[455], davon einmal – wohl mit noch weiteren KKL- und Sekretariatsvertretern – zur »Hausmusik« in Hempels Dresdener Bischofssitz[456].

Beim ersten Gespräch in dem erlauchten Kreis am 12. Dezember 1983 beurteilte Gysi das Lutherjahr als überaus erfolgreich. Allerdings hätten die Herbstsynoden »oft kritisch, ja sogar feindselig« gegenüber der staatlichen Politik Stellung bezogen. Die militärische Lage bezeichnete der Staatssekretär als »Notwehrsituation«, die Gegenmaßnahmen erforderlich mache. Die DDR sei aber weiterhin an der Politik des Dialogs interessiert und wolle auch »den Schaden in den innerdeutschen Beziehungen so weit wie möglich begrenzen«. Hempel versicherte in seiner Antwort, »daß die Kirche keine alternative Gesellschaft anstrebe. Es sei aber die Frage, wo in unserer Gesellschaft die Bürger ihre Sorgen und Beschwernisse abladen könnten. Es müsse für die Bürger Möglichkeiten geben, Sorgen und Kritik auszusprechen.« Gysi »werte[te] die Ausführungen von Landesbischof Dr. Hempel als einen guten Ausgangspunkt für weitere Gespräche über die anstehenden Probleme. Er stell[t]e fest, daß das Gemeinsame gegenüber dem Kontroversen überwiege.«[457] Abschließend lud

Hempel zu einem Essen ins gastronomische Renommierobjekt der evangelischen Kirche, dem Christlichen Hospiz in der Berliner Albrechtstraße, ein[458]. Aufgrund des guten Gesprächsverlaufs nahm Gysi die Einladung, die Kalb und Heinrich mit einschloß, an[459]. Horst Dohle soll seinen sächsischen Genossen im Blick auf Hempel eingeschärft haben: »Er gehört als ökumenisch stärkster Mann zur progressiven Gruppe des Bundes, das ist bei Gesprächen mit ihm zu beachten!«[460]

Während der Beratergruppen-Sitzung im Dezember 1983 wurde nicht über diese Begegnung, wohl aber über den Stand in Sachen VEK informiert. Ein Entwurf über deren Grundartikel lag vor. Mit Spannung erwartete man den Ausgang der Synode Berlin-Brandenburg im April[461].

Im März 1983 hatte die KKL über den Fortgang der Bemühungen, eine verbindlichere Gemeinschaft zu erreichen, verhandelt. Dabei war sich das Gremium nicht ganz einig über die Frage geworden, ob man dieses Anliegen überhaupt noch weiter verfolgen solle[462]. Die EKU wollte sich zwar von der Gemeinsamen Erklärung nicht distanzieren, formulierte aber ein Papier »Zur künftigen Gestalt der EKU«, das eine Fortexistenz der EKU »in reduzierter Form« vorsah. Die Lutheraner zeigten sich von dieser Haltung sehr enttäuscht. »Es wird gefragt, ob es angesichts dringender missionarischer und seelsorgerlicher Aufgaben zu verantworten sei, die Selbstreflexion der Kirchen über einen längeren Zeitraum fortzusetzen und erhebliche Kräfte dadurch zu binden.«[463] Die VELK-Synode beschloß daraufhin, weitere Aufgaben an den Bund zu delegieren[464]. Auf seiner Novembersitzung hatte der KKL-Vorstand unter Beteiligung von Zeddies über das Vorgehen der Lutheraner kontrovers diskutiert:

»Dr. Gienke bringt seine Besorgnisse zum Ausdruck, daß die Vereinbarung zwischen VELK und Bund zu einer Zweiköpfigkeit in der Gemeinschaft führen würde, die die Gefahr starker Polarisierung in sich berge. Die kleineren Kirchen würden durch eine solche Vereinbarung viel stärker danach streben, in der Gemeinschaft der EKU Halt zu gewinnen, wenn es nicht zur Gemeinsamen Entschließung kommt. Außerdem würden die Leitungsgremien des Bundes überfordert. [...] Zusammenfassend erklärt Dr. Zeddies[465], daß die Vereinbarung [zwischen VELK und BEK] nur zustande kommen könne, wenn die EKU keine Bedenken erhebt. Außerdem sei die Vereinbarung keine Alternative zur gemeinsamen Entschließung, sondern vielmehr ein vorbereitender Schritt zu ihrer Realisierung. Die VELK habe sich in einem so großen Maße auf die Gemeinschaft eingestellt, daß sie auf dem gegenwärtigen Stande nicht weiter stehenbleiben könne.«

Bei immerhin einer Gegenstimme unterstrich der fünfköpfige Vorstand die Notwendigkeit der Weiterarbeit an der Vereinbarung mit der VELK[466]. Die VELK-Kirchenleitung beschloß daraufhin auf ihrer Januar-Sitzung 1984, der kommenden Generalsynode einen Entwurf für eine Vereinbarung und ein diesbezügliches Kirchengesetz vorzulegen. Mit der VELKD kam man überein, »die Beziehungen zueinander in Abhängigkeit von den anstehenden Sachfragen zu erhalten«. Anscheinend hatten die Ost-Lutheraner den Problemkomplex nach dieser Seite hin nicht hinreichend bedacht und mußten erst von ihren westlichen Brüdern darauf gestoßen werden. Im weiteren Verlauf des Sitzungsprotokolls heißt es nämlich: »Der Kirchenleitung [DDR] ist deutlich, daß im Vorfeld einer Vereinbarung mit dem Bund die künftigen Beziehungen zwischen VELK und VELKD Gegenstand eines erneuten Arbeitskontaktes werden könnten.«[467]

Auf Initiative von Lingner[468] skizzierte Bischof Karlheinz Stoll in der Beratergruppen-Sitzung am 7. März 1984 zunächst die Position der VELKD als Konfessionskirche in ihrem Verhältnis zu den anderen Kirchen und kirchlichen Zusammenschlüssen[469]. Die eminent kirchenpolitische Bedeutung dieser Einladung an den Leitenden Bischof der VELKD ergab sich daraus, daß zwar die EKU (Bereich DDR) Bedenken trug, sich in eine »Vereinigte Kirche der DDR« hinein aufzulösen, nicht aber die VELK DDR[470]. Gegen alle lutherischen Traditionen schien sie – nach 1968 nun schon zum zweiten Mal – bereit, den Schrittmacher für die eigentümliche Entwicklung der DDR-Kirche abzugeben. Die VELKD, ihre Schwesterkirche im Westen, bildete dagegen nach wie vor die konfessionsbestimmte Bremse bei Zusammenschlüssen mit anderskonfessionellen Kirchen.

In Anknüpfung an den Vortrag Stolls berichteten die BEK-Vertreter über die im April 1984 anstehende Entscheidung der Synode Berlin-Brandenburg zur VEK: »Über den Ausgang sind keine sicheren Prognosen möglich.«[471]

Mit Hauptabteilungsleiter Heinrich besprach Ziegler am 29. Dezember 1983 die weiteren Perspektiven für das kommende Jahr[472]. Heinrich leitete mit der Feststellung ein, die Kirche sei »keine Interessenvertretung«, weil es sich bei den »Christen [um] keine soziale Klasse« handle. In der Bemerkung von Heinrich, die Kirche »könne nicht für die Christen sprechen«, sah Ziegler eine Neuakzentuierung[473]. Der Hauptabteilungsleiter machte deutlich, nun stünde eine inhaltliche Füllung des Terminus »Kirche im Sozialismus« sowie die Definition »eine[r] eindeutigen Positionsbestimmung der Kirchen in der sozialistischen Gesellschaft« an. Hinsichtlich der weiteren Raketenaufrüstung der DDR sagte Heinrich, der Staat erwarte zwar nicht die Zustimmung der Kirchen, fordere aber deren »absolute Loyalität« – das hieß, sie durften nicht widersprechen.

Deutliches Interesse zeigte der Kirchenbund an einem neuen »Spitzengespräch« zwischen Honecker[474] und dem BEK-Vorsitzenden Hempel[475]. Diesen Wunsch hatte vor Ziegler bereits Stolpe signalisiert und hinzugefügt, hinsichtlich der Rentenregelung für Diakonissen[476] und der Möglichkeit zur Finanzierung von Erhaltungsmaßnahmen für kirchliche Gebäude unter Denkmalschutz bestehe Gesprächsbedarf[477]. Der KKL-Vorstand hatte im September 1983 erstmals über ein neues »Spitzengespräch«, an dem alle Vorstandsmitglieder teilnehmen sollten, diskutiert. Das BEK-Sekretariat wurde beauftragt, gemeinsam mit Stolpe und Demke eine Gesprächsthemenliste aufzustellen[478]. Im November faßte man dann nur noch ein Gespräch mit Gysi ins Auge, da mit einem Termin bei Honecker »offensichtlich nicht zu rechnen« sei. In dem Gespräch mit Gysi sollte es vor allem um Volksbildungs- und Wehrerziehungsfragen gehen; als Teilnehmer wurden Hempel, Gienke, Stolpe und Ziegler bestimmt[479]. Aber das Regime erfüllte den BEK-Vorständlern nicht einmal diesen bescheidenen Gesprächs-Wunsch. Gysi ließ sie nach einer entsprechenden Anfrage wissen, »dazu müsse eine bessere Zeit abgewartet werden«[480].

Staatsbürgerschafts- und Friedensfrage
im innerdeutschen Kirchengespräch (Anfang 1984)

1984 unternahm Stolpe eine ganze Serie von Versuchen, in die Staatsangehörigkeitsfrage wieder Bewegung zu bringen[481]. In einem Vortrag in der Ev. Akademie Tutzing am 24. März 1984 sagte er:

»In der Bundesrepublik wird heute von zunehmendem Nationalbewußtsein geredet. Man hört, die deutsche Einheit komme bestimmt, und über eine gesamtdeutsche Nation wird intensiv nachgedacht. Ich möchte warnen. Ich kann mir [...] überhaupt nicht vorstellen, wer etwas davon haben soll, wenn zum Beispiel darüber gestritten wird, ob die Deutschen in ihren beiden Staaten zu einer Nation gehören. Man wird bei uns in einem solchen Falle nur vermuten können, daß die offensive Rede von einer deutschen Nation aus dem größeren und deutschen Staat ein Nachguß der Alleinvertretung sein könnte [...] Begriffe wie Nation und Wiedervereinigung [...] stiften Unruhe und lösen Ängste aus [...] Nach allen heute erkennbaren und spekulierbaren Möglichkeiten gibt es keine realistische Konzeption, die eine Wiedervereinigung zuläßt.«[482]

Stolpes Beitrag stieß anscheinend auch in den DDR-Kirchen auf Kritik. Das KKL-Vorstandsprotokoll hielt jedenfalls unter dem Punkt »Bericht über die Tagung der Akademie Tutzing« fest: »In diesem Zusammenhang wird an die Verabredung erinnert, daß der Vorstand vorher in Kenntnis zu setzen ist, wenn außerhalb der DDR zu gesamtkirchlichen Fragen offiziell Stellung genommen wird.«[483]

Ebenfalls 1984 griff der SPD-Politiker Jürgen Schmude einen Gedanken auf, den Stolpe schon 1978 im Briefwechsel mit Binder lanciert hatte: die Abschaffung der »Erfassungsstelle für Gewalttaten« an der deutsch-deutschen Grenze in Salzgitter[484].

Schmude verfügte über langjährige, enge Kontakte zu kirchlichen Persönlichkeiten im östlichen Deutschland. Als er 1969 in den Bundestag gekommen sei, so berichtet beispielsweise Markus Meckel, habe sich seine Familie gefreut, da der SPD-Politiker »mit dem Vater [Oberkonsistorialrat Ernst-Eugen Meckel] seit langem verbunden war«[485]. Tatsächlich hatte Schmude unvorsichtigerweise seinem Freund Ernst-Eugen Meckel schon 1977 verraten, wie er sich die künftige Entwicklung der Beziehungen zwischen den beiden deutschen Staaten vorstellte. Offenbar hatte er sich auch nicht darüber gewundert, daß Meckel in der Lage war, von Genf aus »einen Abstecher nach Bonn« zu unternehmen, um ihn zu besuchen und »inkognito an der Eröffnung des 8. Bundestages« teilzunehmen. Da Schmude im Bundestagsausschuß für innerdeutsche Beziehungen mitarbeitete, stießen seine Bemerkungen auf großes Interesse – nicht nur bei Meckel. Der als IMF »Prinz« von der Stasi geführte Oberkonsistorialrat berichtete sofort seinem Führungsoffizier Roßberg über das Gespräch und stellte eine Intensivierung des Kontakts mit dem SPD-Politiker in Aussicht[486].

Die 16. Konsultation Ende Februar 1984 befaßte sich auf der Grundlage von Kurzreferaten einzelner Mitglieder mit dem Abschreckungssystem und seiner Überwindung (Referat C. von Heyl), den besonderen Friedensaufgaben der Deutschen (Referat Domsch) und der »Special relationship der beiden deutschen Staaten« (Referat Binder)[487]. In der sich hieran anschließenden Aussprache kamen folgende Gesichtspunkte zur Geltung:

»Gibt es eine konkrete Alternative zur freien Marktwirtschaft der Bundesrepublik? Die Infragestellung der Mächtigen ist nicht so gravierend, daß das System dadurch bedroht würde. Gerade Offenheit gegenüber möglichen Änderungen würde Stabilisierung bedeuten. Wie ist die These zu beurteilen, ›Wer für die Erhaltung des Friedens ist, muß die deutsche Wiedervereinigung ablehnen‹?«[488]

Anfang 1984 sollte nach dem Wunsch des BEK das Mandat der Konsultationsgruppe auch auf andere gesellschaftspolitisch relevante Felder erweitert werden. Allerdings wollte man die Friedensfrage weiterhin in den Mittelpunkt der Beratungen stellen[489]. Auch das Kollegium des Kirchenamtes der EKD hielt eine »Neukonstruktion der Konsultationsgruppe für empfehlenswert«[490]. Der KKL-Vorstand hatte festgehalten, der BEK verstehe die Konsultationsgruppe »als Arbeitsgruppe für Friedensfragen«, während die EKD »in ihr den geschäftsführenden Ausschuß der Beratergruppe sehen [möchte]«[491].

Gleichzeitig sollte wieder einmal eine Neuordnung der Beratergruppe vorgenommen werden. Hierüber hatte der DDR-Bischofskonvent bereits im Dezember 1982 beraten und festgestellt, daß die Konsultationsgruppe »die gemeinsame Friedensarbeit von EKiD und BEK sehr gefördert« habe. Die zahlenmäßige Begrenztheit des Kreises wirke sich positiv auf das gegenseitige Vertrauen aus. Man war übereingekommen, die Gruppe weiter existieren zu lassen und bei der Beratergruppe, die nicht nur Friedensfragen behandeln sollte, darauf zu drängen, daß von DDR-Seite nur noch die Vorstandsmitglieder und die leitenden Geistlichen teilnahmen[492].

Der KKL-Vorstand beschloß im November 1983, nicht ausschließlich Friedensfragen in den Konsultationen zu bereden, und verwies diesbezüglich auf das von Anfang an geäußerte Interesse der EKD an einer breiteren Aufgabenstellung. Er schlug der Konferenz als neue DDR-Mitglieder der Konsultationsgruppe Gienke, Leich, Wahrmann, Jaeger, Domsch und Ziegler vor[493]. Diese Zusammensetzung bestätigte die KKL auch, wobei sich allerdings bei 18 bis 20 abgegebenen Stimmen[494] im Falle von Gienke fünf und im Falle von Ziegler gar sechs Mitglieder der KKL der Stimme enthielten[495]. Eine Antwort der EKD auf die konzeptionellen Vorstellungen des BEK blieb aber zunächst aus[496]. Die Beratergruppe sollte auf Beschluß der KKL auf 24 Mitglieder reduziert werden, wobei die Konsultationsteilnehmer auch der Beratergruppe angehören sollten[497].

Im Juni 1985 legten die Teilnehmer an der Beratergruppe die weitere Marschroute für das Gremium fest: »Für die westlichen Teilnehmer stehen nicht so sehr die Informationen im Vordergrund – diese sind in der Regel mehr oder weniger bekannt –, wohl aber die Interpretation zu den Vorgängen. Für die Teilnehmer aus der DDR ist es wichtig, mit einer größeren Gruppe aus verschiedenen Landeskirchen und Bereichen der EKD Erfahrungen und Meinungen auszutauschen.«[498]

Die »Fälle« der Pfarrer Klaus-Reiner Latk und Jürgen Döbler

Für den SED-Staat waren die Kommunalwahlen[499] und der 35. Geburtstag der DDR die politischen Höhepunkte des Jahres 1984. Dies vorausgesetzt, galt im Blick auf die Kirchen das besondere staatliche Augenmerk der Greifswalder Bundessynode: »Hier ist durch die Dienststelle in Zusammenarbeit mit den Räten der Bezirke darauf hinzuwirken, daß ausgehend von 35 Jahre DDR, 15 Jahre BEK und mehr als fünf Jahre erfolgreiche Verwirklichung des Weges vom 6.3.1978 realistische Positionen zum Jahrestag bezogen werden«, formulierte das Staatssekretariat für Kirchenfragen[500].

Ende Februar 1984 schrieb der im Zusammenhang mit der Brüsewitz-Selbstverbrennung[501] ausgereiste Pfarrer Klaus-Reiner Latk, nunmehr beschäftigt bei dem Verein »Hilfsaktion Märtyrerkirche«, an Ziegler und bat unter Hinweis auf ihm vorliegende Materialien um eine Statistik über die »seit 1969 in dem Staatsgebiet der DDR durch eigene Hand aus dem Leben geschiedenen Pfarrer«[502]. Ziegler reagierte wie von der Tarantel gestochen. Er sandte Lingner eine Ablichtung des Latkschen Briefs und schrieb dazu:

»Wir führen hier keine Statistik über Selbstmorde von Pfarrern und kirchlichen Mitarbeitern. Außerdem gedenke ich nicht, mit dieser Institution in irgend einen Briefwechsel zu treten, insbesondere nicht mit Herrn Klaus-Reiner Latk. Ich wäre Ihnen sehr zu Dank verbunden, wenn Sie eine kurze Nachricht in diesem Sinne an diese Vereinigung übermitteln könnten.«[503]

Immerhin fällt auf, daß Ziegler auch Lingner gegenüber Latks Frage lediglich mit dem Hinweis auf die nicht vorhandene Statistik beantwortete[504].

Latk hatte auch nach seiner Emigration in die Bundesrepublik nicht aufgehört, die Kirchenleitungen in der DDR wegen ihrer Kooperationsbereitschaft mit dem SED-Staat zu kritisieren. Entsprechend der Vereinbarung zwischen EKD und Kirchenbund unterlag jeder Pfarrer, der ohne Genehmigung seiner Kirchenbehörde die DDR verließ, einer zweijährigen Sperrfrist. Aber auch danach war es notwendig, unter Angabe guter Gründe für die Übersiedelung in den Westen eine Freigabe zu erwirken; überdies holte die westliche Landeskirche Erkundigungen über den Geflüchteten ein[505]. Im Falle von Latk warf die provinzsächsische Kirche ihrem wohl schärfsten Kritiker vor, er habe sich aus der Kirchenkasse seiner Gemeinde bedient. Oberkonsistorialrat Detlef Hammer, von der Stasi als IME »Günther« geführt, berichtete seinem Führungsoffizier über die ständige Ausweitung der Vorwürfe gegen den unbequemen Pfarrer[506]. Damit war Latk zum »Fall« geworden, den Hammer nach der Ehrung von Probst i. R. Eberhard Schmidt, Stendal, in einem Verfahren »brilliant« zum Abschluß brachte[507]. Eine entsprechende Stellungnahme übergab Bischof Werner Krusche dem Kirchenjournalisten Reinhard Henkys zur Verbreitung und garantierte damit den gesellschaftlichen Tod des unbequemen Pfarrers in der Subkultur Kirche. Dieser ließ sich zwar auch durch die unbrüderliche Maßnahme nicht zum Schweigen bringen, verlor aber deutlich an Glaubwürdigkeit sowie alle Aussichten, jemals wieder in den

Pfarrdienst zurückkehren zu können[508]. Latk war nicht der einzige Fall. Er steht für viele.

Das kirchlicherseits so scharf kritisierte Brüsewitz-Zentrum genoß seit Anfang der 80er Jahre international hohe Anerkennung. So sorgte die Menschenrechtsorganisation »Amnesty International« dafür, daß eine Einladung zu einer von der »European Human Rights Foundation« organisierten Beratung mit 15 Delegierten von Menschenrechtsorganisationen an das Zentrum erging. Außerdem erhielt es nun auch von seiten der EG finanzielle Unterstützung[509].

Der sächsische Pfarrer Jürgen Döbler verließ am 29. November 1984 – durch Stasi-Verfolgungen, Strafmaßnahmen seiner Kirchenleitung und die drohende Verhaftung seiner Frau entnervt[510] – die DDR. Sein erst im September 1984 beim Rat des Kreises Dresden gestellter Übersiedlungsantrag wurde offenbar bevorzugt bearbeitet. Döbler geriet ins Visier des MfS, weil er maßgeblich in der Leitung des »Radebeuler Friedenskreises« mitgearbeitet hatte. Vor seiner Ausreise in die Bundesrepublik forderte das Dresdener Landeskirchenamt seine Ordinationsurkunde mit dem Hinweis zurück, er erspare sich damit Schwierigkeiten bei seiner Wiedereinstellung im Westen. Nach der üblichen Sperrfrist würden ihm seitens der Sächsischen Landeskirche keine Schwierigkeiten in den Weg gelegt, im Westen wieder als Geistlicher zu arbeiten. Doch als er bei der hannoverschen Landeskirche als der sächsischen Partnerkirche um Aufnahme bat, lehnte der dortige Personaldezernent das Ersuchen des ahnungslosen Pfarrers ab. Wie in solchen Fällen üblich, hatte Oberlandeskirchenrat Rauer (Hannover) das sächsische Landeskirchenamt um ein Votum gebeten, das so ausfiel, daß an eine Übernahme nicht zu denken war[511]. Es scheint von einer »psychiatrisch-neurologischen Begutachtung« durch OLKR Fritz die Rede gewesen zu sein.

In einem Bericht des MfS heißt es:

»Aufgrund der operativen Situation im OV ›Passion‹ bezüglich der erfolgten Verunsicherung und Zersetzung wurde der Pfarrer Döbler mit seiner Familie kurzfristig im November 1984 nach der BRD über[ge]siedelt. Durch die Realisierung dieser operativen Maßnahme wurde dem ›Friedensarbeitskreis‹ ein Hauptinspirator und Aktivposten entzogen und dessen Glaubwürdigkeit sowie Ansehen untergraben. Döbler trat offen und aktiv gegen die verfassungsmäßige Demokratie sowie die Jugend- und Verteidigungspolitik der DDR auf.«[512]

Wollte die Stasi Näheres über Döblers Konflikte mit dem Landeskirchenamt (LKA) wissen, schickte sie einfach den Chef der Hauptbibelgesellschaft, Helmut Löffler (IMB »Hans Gabel«)[513], in die Kirchenbehörde. In einem Tonbandbericht Löfflers vom 5. September 1984 heißt es:

»Im Zusammenhang mit dem Problem Döbler informierten mich Auerbach und Schlichter darüber, daß es in den letzten zwei Jahren ständig zu Auseinandersetzungen zwischen dem LKA in Dresden und dem Döbler gekommen ist. Dies begann mit der Tätigkeit des Döbler als Pfarrer an der Friedenskirche in Radebeul, setzte sich fort während seines Einsatzes als Pförtner im Diakonissenhaus in Dresden[514] und war auch während seiner Tätigkeit als Ephoralvikar von Dresden-Mitte zu verzeichnen. Ganz abgesehen davon, daß es bereits beim Antrittsbesuch des Döbler in Glauchau zu Komplikationen gekommen ist, welche im LKA gar nicht verbreitet wurden. Dabei muß man sehen, daß man Döbler loswerden wollte.«[515]

Da Döbler mit dem Radebeuler Helmut Hönisch Kontakt hielt, wurde er in der Bundesrepublik weiter beobachtet. Zehn Jahre später, am 30. August 1993, führte Döbler nach viermonatigen Terminkämpfen mit seinem ehemaligen Landesbischof Hempel ein Gespräch, las ihm aus den Stasi-Akten vor, die verdeutlichten, daß es wegen seiner Person staatliche Interventionen beim Landeskirchenamt gegeben hatte, bat um Aufklärung der damaligen Bedenken seiner Kirche gegen ihn und um seine »moralische und berufliche Rehabilitation«. Döblers Gedächtnisprotokoll zufolge konnte der Bischof keine zureichende Erklärung für die Maßnahmen des Dresdener Landeskirchenamtes geben, sondern soll ihm gesagt haben: »Sie können sich ja in Sachsen frei bewerben. Wir haben vakante Stellen. Natürlich nicht in Städten, sondern an den Orten, die schwer vermittelbar sind. Aber ich weiß, daß Sie eine Chance in Baden haben. Dort ist doch jetzt Ihr Bezugssystem. Dort sollten Sie sich bewerben.«[516] Trotz eindeutiger Aktenlage wies der Bischof Döblers Vorwurf, seine Entlassung aus dem Dienst der sächsischen Landeskirche sei ebenso gezielt betrieben worden, wie man seine Wiedereinstellung im Westen verhindert habe, als »ungeheuerliche Behauptung«[517] zurück.

Versuch der innerkirchlichen Anbindung bzw. Disziplinierung von Friedens- und Ökologiegruppen (1984)

Anfang März 1984 informierten die Kirchenbundvertreter die westlichen »Berater« über die Staat-Kirche-Gespräche über das Friedensengagement der Kirchen im Januar 1984[518] und über den Kirche-im-Sozialismus-Begriff[519]. Eine weitere Rolle spielten die Veranstaltung in der Dresdener Kreuzkirche aus Anlaß des 13. Februar 1945 (Zerstörung Dresdens) und das Seminar »Konkret für den Frieden II« in Eisenach. Was das Staatssekretariat für Kirchenfragen schon 1983 festgestellt hatte, brachte man in der Beratergruppe nun auch den Brüdern in der EKD nahe: Die ökologischen Problemstellungen gewannen für die Basisgruppen[520] immer mehr an Bedeutung. »Der Staat reagiert auf die neue Thematik empfindlich. Es werden Vorwürfe laut: Unter dem Deckmantel des Ökologie-Themas zeigen sich Einmischungen in die (rein) staatlichen Angelegenheiten, Diskriminierungen staatlicher Maßnahmen und Aktionen mit dem Ziel der Systemveränderung. Abschreckende Strafurteile unterstreichen die Besorgnisse des Staates.«[521] Auffallend war auch die gehäufte Publikation von Artikeln zu Umweltschutzfragen in den Kirchenzeitungen; aus staatlicher Perspektive war deren Inhalt politisch problematisch[522]. Ebenso wie im Bereich der Friedensarbeitskreise gab es Ansätze zur Vernetzung der vor Ort arbeitenden Gruppen[523].

Magdeburgs Oberkonsistorialrat Harald Schultze äußerte Interesse an einem Gespräch zwischen dem Rat des Bezirks Halle und der provinzsächsischen Kirchenleitung über Umweltschutzfragen. »Das in den Kirchen gegebene positive Potential sollte der Staat wahrnehmen und die Kirchenleitung bei ihrer Aufgabe unterstützen, durch den innerkirchlichen Einfluß dilettantische und naive Auffassungen abzubauen.«[524] Durch Informationsgespräche und die Durchführung praktischer Umweltschutzarbeiten wie z. B. Waldsäuberungen auch mit christlich gebundenen Jugendlichen versuchte der Staat eine entstehende Oppositionsbewegung zurückzudrängen und zugleich die »loyalen und realistischen Kräfte« zu stärken[525].

In Berlin (Ost) plante die Kirche, einzelne Friedens- und Ökologiearbeitskreise[526] in Kirchengemeinden einzubinden[527]. Diese Integration schloß auch eine Rechenschaftspflicht über alle Aktivitäten und über die inhaltliche Arbeit gegenüber der Gemeinde ein[528]. Für diese Maßnahme erhielt insbesondere Manfred Stolpe von seiten des Staatssekretariats für Kirchenfragen großes Lob:

»In einem Gespräch beim Sektor Kirchenfragen der Hauptstadt (2.8.1984) kam zum Ausdruck, daß Konsistorialpräsident Stolpe seine Bemühungen um konstruktive Staat-Kirche-Beziehungen konsequent und aktiv fortsetzt. Er betonte, daß sich auch in Berlin nunmehr ›klare Mehrheitsverhältnisse gegen eine Konfrontation mit dem Staat in der Friedens- oder Ökologiefrage herausgebildet haben‹. Die stärkere Anbindung von ›Basisgruppen‹ an die Gemeinden sei wirksam gewesen. Die kirchenleitenden Gremien müßten ihre Aufmerksamkeit vor allem auf die Versuche dieser Gruppen richten, auch unter Umgehung kirchlicher Strukturen Aktivitäten zu entwickeln. Insgesamt schätzt der Sektor Kirchenfragen der Hauptstadt ein, daß die Bemühungen kirchenleitender Vertreter der Berlin-Brandenburger Kirche in Berlin (besonders Krusche, Winter und Stolpe) zur Disziplinierung der politisch negativen Kräfte erfolgreich sind. Zunehmend mehr führen sie auch selbst die offene Auseinandersetzung mit diesem Personenkreis. [...] Das Erstarken der politisch loyalen und realistischen Kräfte in der Berlin-Brandenburger Kirchenleitung wirkte sich im Berichtszeitraum offenbar auch insofern auf das Auftreten von Bischof Forck aus, als daß er sich bei seinen relativ häufigen Besuchen in Kirchengemeinden im Bezirk Potsdam auf vorwiegend religiöse Äußerungen beschränkte und nicht, wie in den Vormonaten, Angriffe gegen den sozialistischen Staat vortrug.«[529]

Die Berliner ESG trennte sich von dem politisch oppositionellen »Friedens- und Ökologiearbeitskreis [...], in dem politisch negative Kräfte, die weder Studenten noch religiös gebunden waren, dominierten.«[530] Im Sommer 1984 beschloß der Gemeindekirchenrat der Erlöserkirche Berlin-Lichtenberg, dem Sitz von Generalsuperintendent Krusche, keine Blues-Messen mehr durchzuführen[531]. So konnte auch die für den 29. Juni 1984 geplante »Blues-Messe« nicht mehr stattfinden[532]. Allerdings sah die Landeskirche für das Frühjahr 1985 dann doch wieder eine – allerdings neu konzipierte – Blues-Messe vor[533]. Dem Staat fiel ebenfalls positiv auf, daß vor allem Krusche während der Friedenswerkstatt am 8. Juli 1984 »bis hin zur Konfrontation mit feindlich negativen Kräften ging«[534]. Der Generalsuperintendent beklagte später, »durch bestimmte Gruppen sei der Versuch der Kirchenleitung, auf die Veranstaltung Einfluß zu nehmen, damit quittiert worden, daß man die Kirchenleitung unqualifiziert angegriffen habe. Dies gelte es innerkirchlich konsequent aufzuklären und könne dazu führen, daß man auf eine Friedenswerkstatt in Zukunft vielleicht verzichten müsse.«[535]

61

Horst Dohle berichtete von einem Gespräch mit Generalsuperintendent Krusche – beide kannten sich seit ca. zwanzig Jahren, wie der Funktionär bemerkte – Folgendes:

»Krusche informierte ausgesprochen optimistisch über seine Disziplinierungsversuche gegenüber kirchlichen Randgruppen in Berlin (Kreis um Eppelmann[536], ESG-Friedenskreis). Sein Standpunkt stimme völlig mit dem des Genossen Hoffmann vom Magistrat überein.«[537]

Eine positive Bilanz soll auch Manfred Stolpe gezogen haben. Im staatlichen Protokoll heißt es:

»St. betonte, daß sich auch in Berlin (wie zuvor auch in anderen Sprengeln der Landeskirche) ›klare Mehrheitsverhältnisse gegen eine Konfrontation mit dem Staat in der Friedens- oder Ökologiefrage herausgebildet haben.‹ [...] Zwar gäbe es nach wie vor Gruppen, die nur ›schwer zu berechnen sind‹, insgesamt sei die stärkere Anbindung von ›Basisgruppen‹ an die Gemeinden aber wirksam gewesen. St. räumte dabei jedoch ein, daß die Situation jedoch nicht stabil sei und Veränderungen nicht auszuschließen sind. Aufmerksamkeit müsse die Kirche (kirchenleitende Gremien) vor allem darauf richten, daß diese Gruppierungen bemüht sind, auch unter Umgehung der kirchlichen Strukturen Aktivitäten zu entwickeln.«[538]

Thüringen war in dieser Frage im übrigen schon wieder einen Schritt weiter als Berlin-Brandenburg. Hier ging es nicht mehr um Einbindung, sondern um Hausverbote. Als der Staat sich bei Landesbischof Leich darüber beschwerte, daß eine Basisgruppe in Weimar namens »Montagskreis« »das sozialistische Kulturleben diffamiert« habe und den Ausschluß aus kirchlichen Räumlichkeiten verlangte, kam der Bischof den staatlichen Wünschen nach[539]. Es bleibt hinzuzufügen, daß die Mitglieder dieser Gruppe vor Gericht zu Haftstrafen von durchschnittlich zwei Jahren verurteilt wurden[540].

Im übrigen gab ein auf der BEK-Synode in Potsdam-Hermannswerder gefaßter Beschluß, wonach die Wahrung des kirchlichen Auftrags und der kirchlichen Lebensformen in der Jugendarbeit gefordert wurde, den einzelnen Gliedkirchen freie Hand[541].

Auch Prälat Binder, Bonn, äußerte gegenüber DDR-Politikern, er »sehe [...] ein Problem darin, daß sich um die Kirche Kräfte, oft junge Leute, sammeln, die mit kirchlichen Anliegen meist nichts zu tun haben. Das würde die Arbeit der Kirchenleitung in der DDR sehr komplizieren.«[542]

Für den 13. Februar – dem Tag der Zerstörung Dresdens – war es dem Staat auch 1984 »nicht gelungen, einen Geistlichen oder kirchlichen Amtsträger für ein öffentliches Auftreten auf der Großkundgebung [...] zu gewinnen. Es zeichnet sich die Tendenz ab, daß die sächsische Kirche eine eigenständige Tradition des Gedenkens an diesen Tag entwickelt«, lautete das resignierende Resümee[543]. In Sachsen gelangen dem Staat erstmals auch in dieser Hinsicht Differenzierungsmaßnahmen: Der Karl-Marx-Städter Superintendent Magirius gab die Zusage, auf einer entsprechenden Kundgebung das Wort zu ergreifen[544].

Eine aus staatlicher Perspektive nahezu ideale Beeinflussung durch die Kirchenleitungen erfuhr das Seminar »Konkret für den Frieden II«, das 170

Teilnehmer zählte. Der Altendorfer Friedenskreis hatte die Veranstaltung als Folgeseminar für das Berliner Märztreffen der Friedensgruppen vom Vorjahr[545] angeregt[546] und aus Berlin Eppelmann, Pahnke, Passauer und die Frauen Misselwitz, Sengespeick, Bohley und Poppe eingeladen. Landesbischof Leich übernahm die Schirmherrschaft über die Veranstaltung[547]. Bellmann konnte an Werner Jarowinsky, Nachfolger von Paul Verner[548] als zuständiger ZK-Sekretär für Kirchenfragen, berichten:

»Erstmalig war eine größere Anzahl von kirchenleitenden Personen, Pfarrern und Theologen dabei, die politisch vernünftige, realistische Positionen vertraten. (Bischof Leich und andere Personen der Thüringischen Kirchenleitung, Prof. theol. Hertzsch, Jena; Prof. theol. Fink, Humboldt-Universität). Personen aus dem nichtkirchlichen Bereich, deren Teilnahme ursprünglich betrieben worden ist (Schriftsteller Stefan Heym, Christa Wolf, Günther de Bruyn, Lutz Rathenow[549] u. a.), sind auf Veranlassung der Thüringischen Kirchenleitung nicht eingeladen worden und waren nicht anwesend. Die drei Grundsatzreferate von Landesbischof Leich, Kons.-Präsident Stolpe[550] und Garstecki (Kirchenbund) werden als sachlich, ausgewogen, im ganzen realistisch eingeschätzt. [...] Es sei eindeutig gegen Ausreiseanträge Stellung bezogen worden. Es sei darauf hingewiesen, daß Gruppen innerhalb der Kirche, die mit kirchlichen Anliegen nichts zu tun haben, nicht zugelassen wurden. Dies habe zur Folge gehabt, daß politisch negative Leute merklich enttäuscht nach Hause gefahren seien. Mit offen staatsfeindlichen Positionen sei der Magdeburger Pfarrer Tschiche aufgetreten. Er habe in seinen Ausführungen eine Änderung der gesellschaftlichen Verhältnisse in der DDR gefordert und sei für seine Tiraden von Bischof Leich öffentlich zurechtgewiesen worden.

Insgesamt wird eingeschätzt, daß sich die staatlicherseits getroffenen Maßnahmen spürbar auf den Verlauf ausgewirkt hätten.«[551]

Horst Dohle formulierte vor sächsischen Genossen, der Staat »brauche[.] auf der kirchlichen Seite Leute als Partner, die auch durchsetzen, was vereinbart wurde.«[552]

Insgesamt gab es nach staatlicher Einschätzung die Tendenz,

daß »sich realistische und loyale Positionen und Kräfte stärker durch[setzen], die keine gegen den Staat gerichtete ›Friedensbewegung‹ im kirchlichen Raum dulden, die die Bemühungen der DDR um die Wiederbelebung des Entspannungsprozesses anerkennen und die die Verteidigungspolitik und -maßnahmen der DDR tolerieren. Das geschieht trotz anhaltender Versuche politisch negativer Kräfte, die Friedensfrage gegen den sozialistischen Staat zu mißbrauchen, und ungeachtet der bekannten neutralistischen Vorbehalte.«[553]

Bei der Zurückdrängung der Friedensbewegung konnte der Staat auch auf die Mitarbeit der katholischen Kirche zählen. In Halle unterstützte Weihbischof Hubrich die Einschränkung der Aktivitäten zweier Basisgruppen, in denen auch katholische Christen mitarbeiteten[554]. Das Regime verhängte über Angehörige einer dieser Gruppen – »Frauen für den Frieden« – »wegen nicht genehmigter Bildung einer Vereinigung« Geldstrafen[555]. Oberkonsistorialrat Schultze (Magdeburg) fragte daraufhin in einem Gespräch mit dem RdB Halle an, »wieso Frauen, die in einer kirchlichen Gruppe arbeiten, so eingeschüchtert werden würden. [...] Da nach Prüfung von Sup. Hartmann die zur Debatte stehende Fastenveranstaltung der Gruppe einen eindeutigen religiö-

63

sen Charakter trug und in kirchlichen Räumen stattfand, wäre es ungerechtfertigt, der Arbeit dieser Gruppe einen illegalen Charakter zu unterstellen.« Daraufhin hielt man ihm die Äußerungen von Konsistorialpräsident Kramer (»die ev. Kirche gibt dem Arbeitskreis ein gewisses Heimatrecht, ohne ihm im kirchlichen Auftrag Handlungsfähigkeit zu erteilen«) und Weihbischof Hubrich (»Der Arbeitskreis ist weder von der kath. Kirche organisiert worden noch wird er von ihr geduldet«) entgegen[556].

Wegen Tschiche führte der Rat des Bezirkes Magdeburg mit Bischof Demke am 12. März 1984 ein Gespräch, in dem der staatliche Vertreter Lubas den Bischof zur Disziplinierung Tschiches bewegen wollte und andernfalls mit strafrechtlichen Konsequenzen für den Pfarrer drohte. Demke bestätigte, »daß er den Vorgang als *schwerwiegend* einschätze, seitens des Staates aber von ihm keine Sonderaktion erwartet werden möchte (Vermeidung des Eindrucks des ›verlängerten Armes‹)«[557].

Zwei Tage nach ihrer Rückkehr aus Schweden berichtete Christa Lewek dem Ost-CDU-Funktionär Carl Ordnung, sie sei auf einer Konsultation christlicher Friedensgruppen am 15./16. Januar 1984 in Stockholm[558] ganz schön ins Schwitzen gekommen: In der Arbeitsgruppe »Entspannung von unten« »sei es zu heftigen Auseinandersetzungen zwischen Vertretern des Weltfriedensrates und Faber[559] gekommen, der dort die These vertreten habe, nur die Friedensbewegung sei echt, die ihre Regierung kritisiert. Sie selbst – so sagte Frau Lewek – sei in eine komplizierte Situation gekommen. Sie habe klargestellt, daß es keine unabhängige Friedensbewegung in der DDR gebe. Daraufhin sei sie von einigen Tagungsteilnehmern als Sprachrohr des Staates verdächtigt worden, denn, so sagten jene Leute, sie hätten ja Kontakt zu Gruppen der ›unabhängigen Friedensbewegung‹. Eine große Rolle habe die Verhaftung der beiden Frauen in der DDR-Hauptstadt[560] gespielt. Frau Lewek entwickelte in diesem Zusammenhang die These, wir würden der westlichen Propaganda viel Wind aus den Segeln nehmen, wenn unsere Informationspolitik nicht so viele Dinge tabuisierte. Gerade weil manches von uns nicht in korrekter Weise gesagt wurde, errege die dann verzerrte Darstellung Aufsehen im Westen«, machte sie ihrem Herzen Luft[561].

Abschließende Bilanz des Lutherjahres und weitere Vorhaben zur »Kulturerbe-Rezeption« (1983/84)

Das Lutherjahr, so resümierten die Kirchenvertreter auf der Sitzung der Beratergruppe im März 1984, habe sich positiv auf das Staat-Kirche-Verhältnis ausgewirkt.

> »Der Dialog zwischen marxistischen Historikern und Theologen war für beide Seiten fruchtbar und soll weiter gesucht werden [...] Christen, Gemeinden und Kirchen in der DDR haben angesichts der Großveranstaltungen ein neues Selbstbewußtsein erlangt«[562].

Auf einer Klausurtagung der Evangelischen Akademie Arnoldshain im Juni 1983 über das Thema »Luthers aktuelles Erbe für die Verhältnisbestimmung von Arbeiterbewegung und Protestanten« sollten Klaus Gysi, der marxistische Historiker Adolf Laube, Landesbischof Leich und Christoph Demke gemeinsam auftreten. Das Unternehmen war diplomatisch gut vorbereitet worden. Zunächst hatte der SPD-Politiker Hans-Jochen Vogel das Politbüromitglied Joachim Herrmann über den Plan informiert und dabei wohl auch vorgefühlt, wie die SED zu der beabsichtigten Tagung stehe. Daraufhin hatte Martin Stöhr, Direktor der Akademie, am 27. Januar 1983 den DDR-Vertreter Moldt von dem Vorhaben in Kenntnis gesetzt, Vertreter von beiden Lutherkomitees der DDR, der EKD und der SPD zu einer solchen Tagung einzuladen. Als weitere Teilnehmer bzw. Interessenten aus der Bundesrepublik wurden Altbundeskanzler Helmut Schmidt, Hans-Jürgen Wischnewski, Hans Koschnick, Jürgen Schmude, Günter Gaus, die Bischöfe Eduard Lohse, Helmut Hild, der Theologe Trutz Rendtorff und der Historiker Rudolf von Thadden in Aussicht genommen. Gysi und Bellmann baten das Sekretariat des ZK der SED um einen offiziellen Auftrag für die staatlichen und die Erteilung der Reisegenehmigung für die kirchlichen Vertreter[563]. Der Termin wurde dann allerdings verschoben, woraufhin das staatliche Lutherkomitee durch Hauptabteilungsleiter Heinrich ein weiteres Interesse an einer solchen Veranstaltung nur noch für den Fall ankündigte, daß der Termin noch vor November zustande käme[564].

Der BEK-Ausschuß Kirche und Gesellschaft merkte im Ausklang des Lutherjahres kritisch an, die »Dimension der einheimischen Ökumene« sei »beim kirchlichen Lutherkomitee nicht in den Blick gekommen«[565].

Am 4. Dezember 1983 hatte sich Albrecht Schönherr bei Honecker für das Lutherjahr bedankt:

»Es war einfach schön, wie sich das Lutherkomitee der DDR und das Kirchliche Lutherkomitee ergänzt haben. Uns Christen hat es tief befriedigt, mit welcher Sorgfalt sich marxistische Wissenschaftler in das gewiß nicht leicht zu bewältigende Arbeitsfeld, das durch den Namen ›Martin Luther‹ gekennzeichnet ist, hineingearbeitet haben. [...] Zahlreiche in- und ausländische Besucher haben sich davon überzeugen können, daß unsere Gesellschaft die Pflege ihres geschichtlichen Erbes ernst nimmt. [...] Am Gelingen des Lutherjahres sehe ich mit Freuden, daß das Gespräch vom 6. März 1978, das für mich die Krönung meiner Tätigkeit auf dem Felde der Beziehungen zwischen Staat und Kirche war, noch immer unverändert wirksam ist. [...] Sie können sicher sein, daß wir christlichen Bürger Ihnen in Ihren Bemühungen um eine ›Koalition der Vernunft‹ dankbar folgen.«[566]

Wenige Monate später plante der BEK schon das nächste Jubiläum einer Gestalt aus der Reformationszeit: das Thomas-Müntzer-Jahr 1989. Der KKL-Vorstand schlug die Bildung einer entsprechenden Arbeitsgruppe vor und bat die Reformationshistoriker Joachim Rogge und Siegfried Bräuer um Namensvorschläge[567]. Außerdem sollte die aus Marxisten und Theologen bestehende »Expertengruppe Lutherjahr« nicht auseinandergehen, sondern zu »weitere[n] Fragen der Kulturerbe-Rezeption« die Arbeit fortsetzen[568].

Ausreisewelle und Verkauf von Hab und Gut (1984)

Hinsichtlich der Ausreiseproblematik[569] wies der BEK während der Märzsitzung der Beratergruppe darauf hin, daß aus den Kirchen und der Diakonie viele Mitarbeiter ausgereist seien[570]. Auch die KKL sprach auf ihrer Märztagung 1984 über diese Entwicklung[571].

Die großzügigere Genehmigung von Ausreiseanträgen führte nach staatlicher Einschätzung zu einem intensiveren Aufgreifen von »Fragen der inneren Entwicklung der sozialistischen Gesellschaft« in den Kirchen. »Dabei kommt auch seitens realistischer und loyaler Kräfte deutlich der Wunsch zum Ausdruck, in bezug auf gesamtgesellschaftliche Entwicklungsprozesse in einen ›Dialog‹ mit dem Staat zu treten«. Bischof Hempel soll am 16. März 1984 gegenüber dem Vorsitzenden des Rates des Bezirkes Leipzig beruhigend erklärt haben, »die Kirche [orientiere] auf das Bleiben in der DDR. Damit verbunden sprach er den Wunsch aus, der Staat möge ›das Maß der Ohnmachtserfahrung der Bürger‹ verringern.« Demke soll gegenüber der Vorsitzenden des RdB Cottbus, Uschkamp, geäußert haben, »er habe insgesamt kein Verständnis für die Gründe, die Personen vorbringen, nach denen sie nicht mehr in der DDR leben wollen. Er bedauert[e], daß es uns insgesamt nicht gelungen ist, diese Menschen in der DDR zu beheimaten und vor bestimmten Illusionen zu bewahren. Zur Zeit gäbe es zu dieser Problematik zu viele Gerüchte, die daher rührten, daß wir unsere Bevölkerung einseitig den Westmedien aussetzten und in unseren Medien darüber schweigen.«[572] Martin Ziegler, Leiter des BEK-Sekretariats, berichtete im Staatssekretariat für Kirchenfragen, die KKL habe die Ausreiseproblematik besprochen, jedoch keinen Beschluß gefaßt[573]. »Die Aussiedlungen sind nicht erfreulich. Man kann doch hier leben. Wo sind die Ursachen für die Wünsche zur Aussiedlung? In der Kirche sehe man sie sehr differenziert«, faßte Ziegler seine Sicht der Dinge zusammen[574]. Der KKL-Vorsitzende Hempel soll gegenüber Staatssekretär Gysi geäußert haben, »daß er bisher geschwiegen habe, aber daß er sich gegenüber den Gemeinden in Zugzwang gesetzt sehe, falls die Zahl der Ausreisenden nicht abnimmt. Dann sehe er sich gezwungen, den Christen zu sagen, daß es so nicht gehe.«[575] Bereits in einem Brief an Pfarrer und kirchliche Mitarbeiter soll Hempel darauf bestanden haben, daß Christen in der DDR zu bleiben hätten, da sich Probleme nicht durch das Überschreiten der Grenze lösen ließen. »Mit der Feststellung ›Nach meinen Beobachtungen gedeihen die Kirchen in Ländern mit einer westlichen Demokratie nicht besser als die Kirchen in unserer sozialistischen Gesellschaft‹ tritt der Bischof in diesem Schreiben auch einer anderen noch weitverbreiteten Illusion entgegen«, stellte die SED zufrieden fest[576].

Heino Falcke hingegen, der nach Auffassung des Staates einen »feindlichen Brief« zu dieser Problematik geschrieben hatte, soll beim RdB Erfurt am 27. März 1984 Verständnis für die Motive der Antragsteller gezeigt haben. Als solche führte er Probleme im Bildungsbereich, die fehlende Reisefreiheit[577] und »die ›anonyme Gesetzlichkeit‹ des Staates« an[578].

Wegen des Falcke-Rundschreibens führte in Magdeburg der Stellvertreter des Vorsitzenden für Inneres, Lubas, am 22. März 1984 mit Bischof Demke ein Vier-Augen-Gespräch. Lubas bezeichnete den Brief als »eine außerordentliche Belastung der Staat/Kirche-Beziehungen«, da er neben anderen kritikwürdigen Punkten auch »teilweise theologisch verbrämte[.] Forderungen nach Änderung der gesellschaftlichen Verhältnisse in der DDR« enthalte[579]. Er drückte die Erwartung aus, daß eine innerkirchliche Disziplinierung Falckes zu erfolgen habe. Demke ging jedoch auf diese Vorhaltungen nicht ein und erklärte, in dem Brief Falckes »spiegele [...] sich nur wider, was seit etwa einem Vierteljahr vorherrschendes Gesprächsthema zwischen Geistlichen bzw. kirchlichen Amtsträgern und ratsuchenden Bürgern sei; diese Gespräche seien seit dieser Zeit in einem solchen Maße von Bürgern aller Bevölkerungsschichten gesucht worden, daß seiner Einschätzung nach keine Frühjahrssynode an dieser Thematik vorübergehen wird [...] kein Pfarrkonvent und kein Bischofsgespräch der letzten Wochen sei frei von den Ausreiseproblemen und dazu ursächlichen Anlässen gewesen«.

Andererseits gab der Bischof unmißverständlich zu verstehen, »daß er die Veröffentlichung des Briefes von Falcke in westlichen Medien ebenfalls als *außerordentlich störend* und *als schlimme Sache* empfinden würde, worüber er sich mit Falcke auch ›einig‹ sei; unter Wiederholung der Vertraulichkeit des Gesprächs bekundete er seine Entschlossenheit, am Sonntag, den 25.3.1984, in Wiesbaden (Beisetzung von Pastor Niemöller) alle Möglichkeiten zu nutzen, um bei eventuellen Fragestellungen geistlicher Würdenträger des westlichen Auslandes diese eindringlich zu bitten, ›die Finger von dieser Sache wegzulassen‹; er wisse, daß die Westmedien ein böses Spiel betrieben und in ihrem demagogischen Wirken rücksichtslos vorgingen, was die Kirche überhaupt nicht akzeptieren könne«. Demke fügte hinzu, »die Kirche erkenne voll an, daß mit den verstärkten Ausreisen in einer ganzen Reihe von Fällen humanitäre Lösungen (Familienzusammenführungen, Krankheitsfälle u. a.) verbunden gewesen seien, sie aber auch viele unbedachte Entscheidungen von Bürgern zur Kenntnis nehmen mußten, die ohne ›zwingende Gründe‹ die Ausreise beantragt hätten; diesem Trend möchte die Kirche – nicht nur durch den Brief Falckes – entgegenwirken.«

Abschließend bat Demke um die großzügigere Genehmigung von Reisen in dringenden Familienangelegenheiten, um bessere Garantie beruflicher Entfaltungsmöglichkeiten und um ein stärkeres Honorieren von umweltpolitischem Engagement Jugendlicher.

Lubas wertete abschließend: »Trotz intensiver Gesprächsführung, die den vertraulichen Charakter allerdings in keiner Phase in Frage stellte, konnte eine verbale Distanzierung des Bischofs von den politisch negativen Akzenten des Briefes von Propst Falcke nicht erreicht werden.« Auch weigerte sich Demke, innerkirchlich oder in einem Gespräch mit dem Staat in dieser Angelegenheit gegen Falcke aufzutreten[580].

Bei der Beerdigung Niemöllers sprach Demke mit den Bischöfen Lohse und Jung sowie dem Intendanten des WDR, der mit dem verstorbenen Kirchenpräsidenten in einem Verwandtschaftsverhältnis gestanden haben soll. Demke berichtete in Magdeburg:

»Ihm sei jedoch sehr bewußt gemacht worden in den Gesprächen, daß es äußerst schwierig sei, Zurückhaltung von den dortigen Medien bewußt zu erwirken, da immer die Bundesrepublik dahinterstehe; speziell zur Ausreiseproblematik habe er erkennen können, daß die Bundesregierung auf diesem Gebiet deutlich bestrebt ist, ihre erfolgreiche ›Deutschlandpolitik‹ nachzuweisen; für die Medien selbst sei diese Thematik willkommene Abwechslung (Füllerproblematik) und dazu bestimmt gewesen, von der Arbeitslosigkeit wegzuorientieren.«[581]

Auf die gleichen Probleme wie Falcke verwies, ohne allerdings die Ausreisethematik angesprochen zu haben, in Halle Anhalts Oberkirchenrat Schulze. Auch Ludwig Große äußerte Verständnis für die »Ausreiser«[582]. Vor der Öffentlichkeit der Landessynoden im Frühjahr 1984 unternahmen auch Leich, Wollstadt[583], Rathke, Günter Krusche und Stolpe Versuche, die Motive der Ausreiser zumindest partiell zu verstehen[584].

Die Pfarrer vor Ort lehnten ebenso wie die Kirchenleitungen die Ausreise von Christen in die Bundesrepublik in ihrer überwiegenden Mehrheit ab[585]. 1985 setzten sich nach staatlicher Einschätzung die Kirchen dafür ein, rückkehrwilligen Ausgereisten die Wiederkehr in die DDR zu gestatten[586].

Daß die Kirchenleitungen in manchen Fällen jedoch den Willen des Betreffenden, der DDR den Rücken zu kehren, begrüßten, zeigt das Beispiel von Pfarrer Johannes Meinel aus Grünheide bei Berlin, der am 12. Januar 1984 für sich und seine Familie zwecks Familienzusammenführung einen Ausreiseantrag stellte, was Stolpe noch am gleichen Tag dem Staatssekretariat für Kirchenfragen mitteilte. Hauptabteilungsleiter Heinrich notierte:

»Stolpe zeigte sich befriedigt über diese Antragstellung durch Meinel, er erklärte, daß damit ein weiterer Unruhegeist aus der Berlin-Brandenburgischen Kirche ausscheidet. Diese Angelegenheit gebe realistischen Kräften in der Kirche die Möglichkeit, verstärkt die Frage zu stellen, ob ›Unruhestifter‹ nur deshalb Krawall machen, weil sie mit einer ›schnelleren Fahrkarte nach dem Westen‹[587] rechnen. Stolpe bat darum, daß dieser Antrag durch die zuständigen Organe sehr schnell bearbeitet und wenn möglich positiv entschieden werden soll«[588],

was letztlich auch dem Pfarrer zugute kam, aber aufgrund der Haupterwägungen des Konsistorialpräsidenten nicht gerade als humanitäre Aktion gelten kann. Im Gegenteil: Meinels Abgang war Teilergebnis einer mindestens fünfjährigen Bemühung des IMB »Sekretär«. Schon am 27. Juli 1979 heißt es in einem Treffbericht:

»Dem IM wurde ausdrücklich klar gemacht, daß das Verhalten von Pfr. Meinel im Zusammenhang mit dessen Engagement in bezug auf Havemann unvereinbar ist mit dem Status eines Gemeindepfarrers. Zur Untermauerung wurden entsprechende Fakten dargelegt. Der IM erklärte dazu, daß er natürlich erkennt, wie Meinel die kirchenpolitische Situation belastet. Eine Maßregelung bzw. Versetzung läßt sich mit den vorhandenen kirchenpolitischen Bestimmungen nicht bewerkstelligen. Es müßten für solche Schritte erhebliche Komplikationen im innerkirchlichen Bereich nachweisbar sein, z. B. Streit mit der Gemeinde, Vernachlässigung der Amtspflicht, moralische Gefährdung usw. Nach Meinung des IM ist der ratsamste Weg, die begonnenen Gespräche mit Generalsuperintendent Schuppan (Eberswalde), Propst Winter (Berlin) und Bischof Schönherr (Berlin) durch Vertreter des Staatsapparates in bezug auf die für einen Pfarrer unzulässigen Aktivitäten Meinels fortzusetzen. Die Gespräche würden bewirken, daß Meinel durch seine Vorgesetzten verwarnt würde und sein Verhalten mißbilligen müsse. Eine mehrmalige seelsorgerliche Mahnung schafft eine kirchenrechtlich relevante Situation. Ein anderer Weg wäre, und dies will der IM mit Bischof Schönherr besprechen, zu veranlassen, selbst eine Versetzung zu beantragen. Für alle Fälle wären nach Auffassung des IM ›energische‹ Gespräche durch den Staatsapparat mit den kompetenten leitenden kirchlichen Amtsträgern erforderlich.«[589]

Von Oppositionellen einmal abgesehen, zeigte auch Stolpe für die Motive der Ausreisenden wenig Verständnis und warnte Ende März 1984 im »Politischen Club« der Evangelischen Akademie Tutzing – gemeinsam mit Günter Gaus – davor, die steigende Zahl von Übersiedlern aus der DDR als Indiz für eine Destabilisierung des real existierenden Sozialismus zu sehen[590].

Die Ausreisewelle verleitete manche Kirchen bzw. kirchenleitende Persönlichkeiten dazu, hieraus gehörigen Profit zu schlagen[591].

Ende November 1993 ging der Historiker und Journalist Christian von Ditfurth im Sächsischen Hauptstaatsarchiv Dresden den Umständen des Hauskaufs für Hempel nach[592]. Kaum wieder zu Hause, erhielt er an seine Privatanschrift, die er vor seiner Benutzung der Archivleitung hatte bekanntgeben müssen, einen eingeschriebenen Brief des sächsischen Bischofs. Darin heißt es:

»Vertreter unserer Landeskirche haben immer wieder einmal Kontakt zum Sächsischen Staatsarchiv, u. a. um Briefe und Dokumente der ehemaligen SED über Kirche, Bürgerrechtler usw. kennenzulernen. Dabei nahmen wir neulich wahr, daß Sie auch recherchieren und sich besonders für das Haus, in dem ich wohne […], und für meine Person interessieren. Ich übergebe Ihnen hiermit die ärztliche Bescheinigung aus dem Jahr 1979, die die Grundlage meines Antrages beim damaligen Oberbürgermeister (es war noch ein Herr Schill) um Wohnraum ›auf der Höhe‹ um Dresden war. […] Danach geschah jahrelang gar nichts; wir haben auch bewußt nicht gedrängelt. Nach mehreren Jahren bekam die Landeskirche vom Oberbürgermeister der Stadt Dresden (damals Berghofer) gleich drei Häuser zur Auswahl und zum Kauf von einem davon angeboten. Wir haben die […] gewählt, weil dieses Haus hoch genug liegt.«

Dem Brief waren einige Unterlagen – unter anderem auch aus seiner im Februar 1980 angelegten und Anfang März 1985 schon wieder geschlossenen Stasi-Akte OV »Großer« – beigefügt, mit denen Hempel Ditfurths »Recherchen ergänzen« wollte[593]. Außerdem erklärte er sich zu einem Gespräch mit ihm bereit.

Auf einen Artikel Ditfurths im Nachrichtenmagazin »Focus«[594] hin reagierte die Pressestelle des Ev.-Luth. Landeskirchenamtes Sachsens mit einer Erklärung, die im üblichen Brustton der Entrüstung richtig stellte, daß Hempels Haus nicht 250 000 DDR-Mark, sondern nur 168 700 DDR-Mark gekostet habe. Und nicht das Landeskirchenamt, sondern Hempel sei »der Käufer und Eigentümer im juristischen Sinne«[595]. Die Richtigstellung könnte eine Diskussion über die Einkommensverhältnisse evangelischer Bischöfe zu DDR-Zeiten lostreten. Wahr ist, daß Hempel erst nach der Währungs- und Wirtschaftsunion mit der Bundesrepublik das Haus zu einem reduzierten DM-Preis von seiner Landeskirche erstand.

Den Akten des Rats des Bezirks zufolge hatte die Stadtverwaltung zu Schills Zeiten dem Bischof durchaus Objekte angeboten, die aber als ungeeignet zurückgewiesen wurden.

Am 7. Januar 1983 berichtete Sachsens LKA-Präsident Domsch beim Rat des Bezirkes Dresden, ihm sei zu Ohren gekommen, daß ein Ehepaar aus der Donndorf Straße einen Ausreiseantrag gestellt habe.

»Wenn es zur Genehmigung käme, wäre der Landesbischof Dr. Hempel am Kauf dieses Hauses interessiert. Bischof Dr. Hempel müsse aus gesundheitlichen Gründen aus den Elbniederungen heraus«, fügte Domsch erläuternd hinzu[596].

Doch auch aus diesem Objekt wurde nichts.

Bald wußte man auch in der Berliner SED-Zentrale von Hempels Wohn-Problemen. Der ZK-Funktionär Rudi Bellmann machte im Frühjahr seinen Dresdener Genossen Helmut Richter darauf aufmerksam, es bestehe die Möglichkeit, »daß Hempel sein Wohnungsproblem zur Debatte stellt. Seit ca. drei Jahren bemüht er sich aus gesundheitlichen Gründen um ein Haus auf den Elbhöhen. Dem Rat des Bezirkes, dem Rat der Stadt sind diese Probleme bekannt, sie wurden mehrfach erinnert.«[597] Hans Modrow versprach im Juli 1984, mit dem Dresdener Oberbürgermeister »über die Verbesserung der Wohnbedingungen des Landesbischofs« zu reden[598]. Dieses Gespräch zeigte offenbar Wirkung.

In der zweiten Hälfte der 80er – unter der Ägide Wolfgang Berghofers – konnte der Bischof unter drei geeigneten Immobilien-Angeboten wählen. Am besten gefiel ihm ein »großes Einfamilienhaus« im Stadtteil Rochwitz »mit 3 Etagen und 6 Zimmern. 700 m² Garten. Bau des Hauses wurde 1981 beendet, baulicher Zustand ist neuwertig. Schwerkraftheizung.«[599] Auch dieses Haus hatte einem Ehepaar gehört, das vor seiner Ausreise in den Westen das Anwesen »zugunsten des Volkseigentums«[600] an den Staat hatte verkaufen müssen. Mit einem Kaufpreis von 145 000 Mark überstieg die Villa jedoch Hempels finanzielle Möglichkeiten; diverse Versuche, unter Geltendmachung »offensichtlicher Baumängel«[601] den Preis des »attraktiven«[602] Hauses zu drücken, fruchteten nichts. Der Lösungsversuch des Landeskirchenamtes, den Besitz als kirchliches Eigentum zu kaufen und dem Bischof ein lebenslanges Wohnrecht einzuräumen[603], stieß auf rechtliche Schwierigkeiten, weil der »Verkauf volkseigener Eigenheime […] nur an Bürger der DDR – nicht aber an juristische Personen – vorgesehen«[604] war.

Am 5. Juli 1988 schien es endlich soweit[605]. Doch zur Überraschung der Staatsorgane ließ sich der Bischof auf einmal mit der Unterschrift unter den Kaufvertrag Zeit, weil er noch eine Reihe von Renovierungsarbeiten vornehmen lassen wollte. So sollte das Haus an die Erdgasleitung angeschlossen und über Genex ein moderner Gaskessel beschafft sowie ein Erdkabel für den Teleanschluß gelegt werden[606]. Aus einem Gespräch Oberkirchenrat Schlichters mit dem Rat des Bezirks Dresden vom 25. November 1988 geht schließlich hervor, daß drei Tage später die Unterzeichnung des Kaufvertrages beim Notar erfolgen sollte[607].

»Grundvertrauen«: Kirchliche Positionsbestimmungen gegenüber dem Staat (Frühjahr 1984)

Nach der Beratergruppensitzung im März 1984 schrieb der Vizepräsident des Landeskirchenamtes der Ev. Kirche von Westfalen, Helmut Begemann, an Lingner, Hammer habe auch von einer Konsultationsgruppe gesprochen, in der »wirklich offene Gespräche geführt werden könnten«[608]. Er hoffe, daß dies auch in der Beratergruppe möglich sei, für deren Weiterbestehen er plädiere. Hammer notierte handschriftlich auf den Brief als Hinweis zu seiner Beantwortung: »Nein – [Konsultationsgruppe ist] kleinere Gruppe, vertrautere persönliche Besprechungen (und ohne epd, was ich nicht sagen konnte!) ergeben natürlicherweise (!) auch vertrautere Gesprächsmöglichkeiten!«[609] Offenbar traute Hammer dem Kirchenjournalisten Henkys[610], der als ständiger Gast an der Beratergruppe, nicht aber an der Konsultationsgruppe teilnahm, doch nicht recht. Lingner nahm in seinem Antwortschreiben nur den Hinweis auf den Größenunterschied der Gruppen auf, versicherte Begemann, daß an eine Einstellung der Beratergruppe nicht gedacht sei, unterstrich aber den Mangel an Offenheit in diesem Gremium.

»Ich könnte Ihnen noch und noch Beispiele beibringen, die zeigen, daß es in der Beratergruppe immer wieder zu ›Abschottungen‹ gekommen ist. Es wurden Informationen vorenthalten, fertige Ausarbeitungen oder Stellungnahmen seitens des Bundes verschwiegen[611], Argumente hin und her nicht in Offenheit vorgetragen usw. Warum – wieso – weshalb – das sind Fragen, auf die ich selbst keine befriedigende Antwort habe.«[612]

Da Lingner an anderer Stelle des langen Briefes von den »unterschiedlichen Positionen zwischen den Kirchen in ihrer Spannung zueinander« sprach, gab er indirekt doch eine Erklärung für die fehlende Offenheit zwischen den Kirchenbünden.
 Bei der 17. Konsultation am 21. Mai 1984 berichteten die Kirchenvertreter aus der DDR über ihre Gespräche mit dem Staatssekretär am 30. März[613] und 9. April[614] 1984 und über ihre »gescheiterten Bemühungen um eine intensivere Gemeinschaft«[615]. Die Synode Berlin-Brandenburg hatte der Gemeinsamen Entschließung sowie dem Kirchengesetz zur Änderung der Bundesordnung erneut ihre Zustimmung versagt[616].
 Die KKL verabschiedete hierzu am 12. Mai 1984 eine Stellungnahme[617], von der Stolpe die Beratergruppe auf ihrer Juni-Sitzung in Kenntnis setzte[618]. Man verlegte sich nun stärker auf eine bessere Arbeitsteilung der gliedkirchlichen Zusammenschlüsse zur Konzentration der vorhandenen Kräfte[619]. Die VELK strebte nach Leichs Bericht vor der Beratergruppe im September 1984 weiterhin eine »verdichtete[.] Kirchengemeinschaft im Bund« an[620]. Das neue Stichwort lautete nun »Intensivere Gemeinschaft«[621].
 Welche Bedeutung die Kirche dem März-Gespräch[622] beimaß, zeigt die Tatsache, daß Hempel hierüber die Beratergruppe im Juni 1984 ausführlich informierte:

»Er selbst [Hempel] hat das Gespräch eingeleitet und ging dabei auf das kirchliche Selbstverständnis der Formel ›Kirche im Sozialismus‹ ein. Die Kirche soll für den Staat (DDR) durchschaubar, aber nicht berechenbar werden. Für die Kirche ist die Realität der Rechtsetzung in der DDR nicht immer frei von Belastung. Dies macht es ihr schwer, die Christen zum Gehorsam gegen die Gesetze aufzurufen. Für die ›Kirche im Sozialismus‹ bleibt es eine Aufgabe, stellvertretend für Gruppen das Wort zu nehmen. Die Beziehungen zur EKD sind ein Ausdruck bestehender kirchlicher Gemeinschaft, die aus geistlichen Gründen nicht aufgebbar ist. Für die Kirchen in der DDR bleibt die Friedensarbeit ein wichtiger Punkt. Die Friedensarbeit der Kirche kann nicht in die Friedensarbeit des Staates integriert werden; sie bleibt eigenständig und eigengeartet. [...] Das Gespräch mit Herrn Gysi und seinen Mitarbeitern verlief in einer guten Atmosphäre. Bezeichnend war allerdings, daß die Zusagen von Herrn Gysi in bestimmten Bereichen später von dem Hauptabteilungsleiter Heinrich relativiert bzw. zurückgenommen wurden.«[623]

Im Protokoll des Staatssekretariats für Kirchenfragen heißt es:

»Verlauf und Inhalt des Gesprächs wurden wesentlich durch das Bemühen der kirchenleitenden Persönlichkeiten bestimmt, tragfähige und konstruktive Aussagen für die weitere Ausgestaltung eines sachlichen und vertrauensvollen Verhältnisses zwischen Staat und Kirche im Sinne des 6.3.1978 zu treffen. Dabei wurde in hohem Maße guter Wille zur Verständigung mit dem Staat deutlich. Als programmatischer, positiver Schritt ist dabei zu werten, daß der Vorstand der KKL von sich aus die Formel einer ›Kirche im Sozialismus‹ von neuem aufgriff. Der Vorstand versuchte, diese Formel, die in den letzten Jahren in den Hintergrund zu geraten drohte, genauer zu bestimmen. In die gleiche Richtung deutete die sachliche Art und Weise, in der die kirchlichen Vertreter die Fragen und Probleme ansprachen, um die sich in der letzten Zeit im Verhältnis zwischen Staat und Kirche Spannungen ergaben (Aktivitäten sogen. ›kirchlicher Friedensgruppen‹, das ›Mandat der Kirche‹ in der sozialistischen Gesellschaft, Volksbildungsfragen[624] usw.). An Hand dieser Punkte konkretisierten sie ihre Auffassung über eine ›Kirche im Sozialismus‹.

Sowohl in den grundsätzlichen Aussagen zur ›Kirche im Sozialismus‹, vorgetragen von Landesbischof Dr. Hempel, als auch in den Beiträgen der anderen Vorstandsmitglieder wurde ein gewachsenes realistisches Verständnis für Aufgaben und Möglichkeiten der evangelischen Kirchen in der sozialistischen Gesellschaft der DDR deutlich, ohne weiterhin bestehende innerkirchliche Meinungsverschiedenheiten zu verwischen. Es dominierte die Bereitschaft, von sich aus einen Beitrag zu leisten, um im Interesse der gesellschaftlichen Entwicklung in der DDR das Verhältnis zwischen Staat und Kirche weiterhin konstruktiv auszugestalten. In diesem Sinne sind [...] richtungsweisende und zum Teil neue Aussagen von Dr. Hempel hervorzuheben.«

Die nun folgenden Äußerungen des KKL-Vorsitzenden galten geradezu als sensationell:

»– Für die Kirche sei die Machtfrage in der DDR ein für alle mal geklärt[625].
– Die Kirche wolle kein Wächteramt gegenüber dem Staat[626].
– Der Pazifismus könne nicht zur Doktrin der Kirche werden.
– Gegenüber dem Wirken negativ feindlicher sogen. ›Friedensgruppen‹ im kirchlichen Raum gelte die Orientierung des Thüringer Landesbischofs Dr. Leich, ›die Kirche sei für alle da, aber nicht für alles‹[627].
– Bischof Dr. Hempel stellte sich expressis verbis hinter Bischof Dr. Leich und seine so-

gen. Thüringer Linie[628]. Das hat die Landeskirche Sachsens bisher noch niemals getan.«

Die Bemerkungen Hempels lesen sich im staatlichen Gesprächsprotokoll etwas anders als in seinem den westlichen Brüdern gegebenen Bericht:

»Landesbischof Dr. Hempel leitete mit einem grundsätzlichen Vortrag über den Begriff ›Kirche im Sozialismus‹ ein. Er wolle sein Verständnis dieses Begriffes erläutern, um *Grundvertrauen*[629] zu erneuern[630] und zu befestigen. Die von ihm vorgetragene Auffassung sei zugleich die Position des Vorstandes und der Mehrheit der KKL.
[...] Er stehe hinter der Formel einer ›Kirche im Sozialismus‹. Man könne sie aber nicht mehr so unkommentiert lassen wie zu Zeiten Bischof Schönherrs – wo allein diese Formel schon ein Fortschritt gewesen sei –, sondern sie sei nun weiter zu präzisieren. In diesem Sinne verstehe er ›Kirche im Sozialismus‹ als einen Zustand mit einem gewissen Bewegungsspielraum[631]. ›Kirche im Sozialismus‹ dürfe dabei nicht als ein statischer Zustand mißverstanden werden, sondern es handle sich um einen dynamischen, in Entwicklung befindlichen Prozeß. Das bedeute aber keineswegs, daß ›Kirche im Sozialismus‹ etwas Vages oder Schillerndes sei. Sein Verständnis von einer ›Kirche im Sozialismus‹ erläuterte Dr. Hempel am folgenden Bild: Der Weg einer ›Kirche im Sozialismus‹ sei vergleichbar mit dem Gehen auf einer Schneise von einigen Metern Breite durch einen Wald hindurch. Man könne einmal etwas mehr links und einmal etwas mehr rechts gehen, aber die Richtung sei klar.«[632]

Damit präsentierte sich Hempel als ausgesprochener Dialektiker und Vertreter der kommunistischen Fortschrittsideologie, der er auch den Kirchenbegriff unterordnete.

Im weiteren Verlauf seiner Ausführungen erklärte der KKL-Vorsitzende, »die evangelischen Kirchen würden die Gemeinden zur Einhaltung der Gesetze anhalten«[633]. Sie werden das auch gegenüber Gruppen und Gruppierungen im kirchlichen Raum tun. Sie sind also bereit, auch dort die Machtfrage zu klären. ›Konterrevolution‹ sei für die Kirchen in der DDR eine fremde Vokabel und ebenso eine ihnen fremde Sache. [...] Zugleich versicherte Dr. Hempel von sich aus, daß sich so etwas wie seine Rede auf der Bundessynode im Herbst 1983 in Potsdam-Hermannswerder nicht wiederholen werde.«[634]

Zur Friedensfrage äußerte der sächsische Bischof, die Kirche »erkenne [...] völlig an, daß die führende Friedensarbeit vom Staat ausgehe. Es käme gelegentlich zu Spannungen. Um diese abzubauen, wollen die Kirchen gegenüber kirchlichen Friedensgruppen stärker wirksam werden.« Außerdem wies Hempel auf das große Ansehen der DDR-Kirchen in der Ökumene hin: »Damit werde auch etwas für das internationale Ansehen der DDR getan. Das Experiment einer ›Kirche im Sozialismus‹ werde mit Anerkennung beobachtet.«[635] Nach seinen eigenen Notizen sagte er außerdem zu diesem letzten Themenkomplex:

»Das Ansehen der Kirchen unseres Landes in der Ökumene ist ›ohne Verdienst und Würdigkeit‹ erstaunlich groß. Die Tagung des Zentralausschusses in Dresden war für Christen westlicher Länder wegen unserer christlichen Unbefangenheit und staatlicher Großzügigkeit ein positiver Schock. [...] Die ökumenischen Kontakte bewirken oft Ernüchterung bei den Delegierten unserer Kirchen. Sie lernen die Schattenseiten des

Reichtums, formaler bürgerlicher Freiheit und [...] die weltweite Realität krasser Armut kennen.«[636]

Gysi entgegnete:

»In der gegenwärtigen angespannten internationalen Situation liege eine größere Stabilität und Berechenbarkeit der Positionen der evangelischen Kirchen im beiderseitigen Interesse von Staat und Kirche. [...] Er unterstrich die Bereitschaft des sozialistischen Staates, ausgehend von den wertvollen gemeinsamen Erfahrungen des Jahres 1983, den Weg eines konstruktiven und vertrauensvollen Verhältnisses zwischen Staat und Kirche weiter zu gehen.«[637]

Im kirchlichen Protokoll heißt es außerdem:

»Gysi bringt seine außerordentliche Dankbarkeit für diese grundsätzlichen Ausführungen zum Verständnis der ›Kirche im Sozialismus‹ zum Ausdruck. [...] Insgesamt seien die Ausführungen von Dr. Hempel als eine tragfähige Grundlage anzusehen, um das Verhältnis von Kirche und Staat weiterzuführen. Die Ausführungen zeigten, daß Dr. Hempel ihn am 10.10.1983 voll verstanden habe. [...] Dr. Hempel dankt für die Möglichkeit dieses intensiven Gespräches und für die Gastfreundschaft. Gysi dankt für die Entschlossenheit zu konstruktiver Zusammenarbeit.«[638]

Der KKL-Vorstand stellte wenige Tage später fest: »Das Gespräch sei optimal verlaufen; Wille und Meinung der Kirche seien deutlich geworden.«[639]

Ein Hinweis darauf, daß der BEK das Ziel, zu einem möglichst guten Verhältnis mit dem Staat zu gelangen, durch nichts gefährden wollte, ist der Verzicht des KKL-Vorstandes, ein Papier mit Empfehlungen für Eltern von Lehrlingen hinsichtlich der vormilitärischen Ausbildung herauszugeben[640].

Auch die SED reflektierte über das gewandelte Bild der Kirche. Peter Kraußer äußerte:

»In der Kirche ist eine schrumpfende Quantität und eine wachsende Qualität zu verzeichnen. [...] Ausdruck der neuen Qualität ist: offene Gesprächsführung, freimütige Klärung, Bereitschaft zu konstruktiven Schritten. [...] Das zeigt sich nicht nur in der Loyalität[641], sondern auch in der Staatsraison.«

Außerdem wies er auf die stärker gewordene Position der sogenannten Laien hin[642].

Knapp zwei Monate nach den Kommunalwahlen vom 6. Mai 1984[643] fand ein Gespräch mit dem neuen ZK-Sekretär Werner Jarowinsky statt, das Stolpe in die Wege geleitet hatte. Außer dem Berliner Konsistorialpräsidenten nahmen von kirchlicher Seite noch Hempel und Gienke teil. Nach Einschätzung Bellmanns bestand das Interesse der BEK-Vorständler hauptsächlich darin, abzutasten, wie gut der Draht des neuen »Kirchen-Sekretärs« im ZK zur obersten SED-Spitze sei. Hempel machte die gleichen Ausführungen wie zuvor gegenüber Gysi. Jarowinsky hob das Interesse von Partei und Staat an einer kontinuierlichen Weiterführung der bislang verfolgten Kirchenpolitik hervor. Der personelle Wechsel besitze »keinerlei Signalwirkung«, versicherte er den Kirchenvertretern[644]. »Gegenwärtig käme es sehr auf die Schaffung eines DDR-Bewußtseins an. Hier gebe es auch bemerkenswerte positive Bemühungen kirchenleitender Persönlichkeiten«, bemerkte Jarowinsky weiter[645]. Im Blick auf Verbesserungen im Volksbildungsbereich[646], die Stolpe mehrfach als dringend erwünscht ansprach, und hinsichtlich des kirchlichen Wunsches nach einer Spitzenbegegnung mit Honecker[647] machte der SED-Funktionär keine Zusagen.

Im weiteren Gesprächsverlauf empfahl Jarowinsky bei der Erörterung von Begriffen wie »Sicherheitspartnerschaft« oder »Äquidistanz« die Lektüre eines Artikels des SPD-Politikers Egon Bahr in der kommunistischen Zeitschrift »Probleme des Friedens und des Sozialismus«, Nr. 7[648]. In diesem Zusammenhang berichtete Stolpe »von den Überlegungen in der ev. Kirche, die zu Schuld und Vergebung als Grund christlichen Friedenshandelns angestellt würden. Altbischof Krusche habe gerade vor wenigen Tagen in diesem Zusammenhang das Versäumnis der Kirche benannt, nie ein Bekenntnis der Schuld gegenüber dem Sowjetvolk gesprochen zu haben.«[649]

Für das Staat-Kirche-Verhältnis bot Jarowinsky eine »Koalition der Vernunft« als »Koalition der Vernünftigen«[650] an[651]:

»Das bedeute in der DDR, gemeinsam den Sozialismus besser zu machen. Die gemeinsame Verantwortung müsse bewußter gemacht und zum Gemeingut werden. [...] Die Hilfe der Kirchen werde gebraucht, unnötige Tests aber wären eine Belastung.«[652] »Dinge, die ausscheren, müssen gebändigt bzw. diszipliniert werden. Vorbeugend ist der Mißbrauch der Kirche zu verhindern[653]. Ansätze sind hierzu auch anzuerkennen, z. B. die Disziplinierung Wonnebergers«.

Hempel verwies auf das kirchliche Interesse an eigener Berechen- und Durchschaubarkeit[654].

Über Wonneberger, der seit Mitte 1984 ohne Pfarrstelle dastand, berichtete Präsident Domsch am 12. Oktober 1984, »daß das Landeskirchenamt Wonneberger auf dessen Antrag für ein halbes Jahr freigestellt hatte, damit er seinem Bruder, einem selbständigen Werbefotografen in Berlin, beim Bau des Eigenheimes hilft. Ob das alles so gelaufen sei, wußte der Präsident nicht, er betonte aber, daß Wonneberger in Berlin einen Mentor hatte, damit mit ihm nichts schief geht. Zur Zeit sucht Wonneberger eine neue Pfarrstelle, aber dazu gebe es noch nichts Konkretes.«[655]

Nach einer Einschätzung der SED stellte sich die kirchenpolitische Situation 1984 folgendermaßen dar:

»Die Situation in den evangelischen Landeskirchen ist gegenwärtig durch folgende Tendenzen gekennzeichnet:
1. Realistische Kräfte in den Kirchenleitungen sowie in der Konferenz der Evangelischen Kirchenleitungen (KKL) sind um eine weitere inhaltliche Ausgestaltung der Formel von einer ›Kirche im Sozialismus‹ bemüht. Sie orientieren die Geistlichen, kirchlichen Amtsträger und Gläubigen immer deutlicher auf die Überwindung abwartender und neutralistischer Haltungen, fordern eine loyale staatsbürgerliche Haltung und einen aktiven Beitrag zur gesellschaftlichen Entwicklung. Diese Positionen wurden vom Vorsitzenden der KKL, Landesbischof Dr. Hempel (Dresden), bei einem Gespräch des Staatssekretärs für Kirchenfragen, Genossen Gysi, mit dem Vorstand der KKL am 30. März 1984 bekräftigt und von weiteren Leitungsmitgliedern unterstützt. Sie wurden durch Bischöfe und andere kirchenleitende Kräfte wiederholt auch öffentlich vertreten, so u. a. bei den Ausführungen des Konsistorialpräsidenten der

Ev. Kirche in Berlin-Brandenburg, OKR Stolpe, vor der Evangelischen Akademie in Tutzing (BRD) im März dieses Jahres. Ausdrückliche Anerkennung wurde der Politik der ›Schadensbegrenzung‹ und dem Wirken der DDR für Entspannung und effektive Abrüstungsschritte gezollt. Große internationale Beachtung fand in diesem Zusammenhang die Unterstützung des Anliegens der Stockholmer Konferenz durch den BEK, der in einer Erklärung, die über die Regierung der DDR dem Gremium zugeleitet wurde, alle Teilnehmer dazu aufforderte, zum Gelingen der Verhandlungen beizutragen[656]. Kirchliche Tagungen konzentrierten sich im Ergebnis dieser Entwicklungen in den vergangenen Monaten deutlicher auf die Behandlung religiöser und kirchlicher Probleme. Vordergründig politische Diskussionen oder Stellungnahmen wurden weitgehend vermieden.

Unter den Geistlichen ist es gelungen, den politischen Einfluß zu verstärken, realistische Positionen auszubauen und progressive Erkenntnisse zu vertiefen. Bei Amtsträgern, die aus dem Berufsleben kommen und als Laien in den Kirchen wirken, ist das bisher kaum erreicht worden. Die übergroße Mehrzahl der Amtsträger billigen und unterstützen die Bemühungen um eine weitere Ausgestaltung der konstruktiven Beziehungen von Staat und Kirche [...] Das hat sich auch im Wahlverhalten zu den Kommunalwahlen am 6. Mai 1984 deutlich widerspiegelt. Die Mehrzahl der Bischöfe und Mitglieder von Kirchenleitungen haben von ihrem Wahlrecht Gebrauch gemacht. Die seit dem vergangenen Jahr weiter gewachsene Intensität der massenpolitischen Arbeit mit Geistlichen, kirchlichen Amtsträgern und Gläubigen hat dazu beigetragen, daß bei den protestantischen Geistlichen und Amtsträgern eine höhere Wahlbeteiligung als bei bisherigen Kommunalwahlen[657] erreicht wurde. Mit einer Teilnahme, die auch höher liegt als bei den Wahlen zur Volkskammer und zu den Bezirkstagen 1981, konnte die bisher höchste Wahlbeteiligung dieses Personenkreises erreicht werden[658].

Der Prozeß der politischen Polarisierung in den Kirchen hat sich beschleunigt. Dieser Prozeß hat einerseits dazu geführt, daß die negativen Kräfte in den Kirchen stärker isoliert werden, andererseits intensivieren sie ihre Tätigkeit weiter. Das Prinzip, Auseinandersetzungen mit politisch negativen Kräften durch die Kirchenleitungen selbst führen zu lassen, hat sich bewährt. In den Kirchen ist die Erkenntnis gewachsen, daß Versuche einer Konfrontation zwischen Staat und Kirche im wohlverstandenen Interesse der Kirche selbst unterbunden werden müssen. So richten feindliche Vertreter im kirchlichen Raum ihre Angriffe sowohl gegen den Staat als auch mit zum Teil größerer Intensität gegen realistische Mitglieder der Kirchenleitungen. Unter Mißbrauch religiöser Motive und Gefühle sowie mit pseudopazifistischen Argumenten werden gegenwärtig Angriffe und Verleumdungen, vor allem zur Friedenspolitik, zum Umweltschutz sowie zu Ausreisen aus der DDR vorgetragen. Dabei dominiert ein neutralistisches Herangehen an die Frage nach den Ursachen der zunehmenden militärischen Konfrontation, und es wird eine angeblich zunehmende Militarisierung des gesellschaftlichen Lebens in der DDR unterstellt. In Westeuropa [entwickelte] [...] progressive Losungen, wie ›Frieden schaffen ohne Waffen‹, oder die Bildung ›unabhängiger‹ Friedensbewegungen [werden] undifferenziert auf die Tätigkeit der Kirchen in der DDR übertragen und hier politisch gegen den Sozialismus mißbraucht. Politisch negative Kräfte setzen westliche Massenmedien auch gezielt als Sprachrohr ein und versuchen gleichzeitig, verstärkt ihre Aktivitäten republikweit zu organisieren und zu koordinieren. Die westlichen Medien nützen die Tätigkeit dieser Personen und Gruppen zu offener antisozialistischer Hetze.

Direkte Angriffe gegen die sozialistische Gesellschaft sowie gegen politisch vernünftige Vertreter der Kirchenleitungen wurden auch auf einigen Synodaltagungen geführt. Nachdem bereits auf der Tagung der Synode des BEK im September 1983 in

Potsdam in provokatorischer Weise das gesellschaftliche Leben in der DDR verleumdet wurde, gab man auf der Synode der EKU im Mai 1984 in Berlin wiederum Angriffen gegen die DDR Raum. Auch der Versuch des Berliner Bischofs Forck, seine auf Konfrontation mit dem Staat abzielenden Vorstellungen durch die Synode der EKU bestätigen zu lassen (nachdem sie von der KKL bereits zurückgewiesen wurden), gelang so nur teilweise. Erstmalig engagierten sich dabei nicht nur die bekannten progressiven Synodalen, sondern auch andere Mitglieder der KKL, insbesondere Kirchenpräsident Natho. Das zugunsten der realistischen Kräfte veränderte Kräfteverhältnis auf dieser Tagung konnte die Ausfälle einschränken, aber im Beschluß der Tagung erfolgte eine – wenn auch abgeschwächte – Bestätigung dieser Linie.

Die bestehende politische Labilität in der innerkirchlichen Entwicklung führt immer wieder dazu, daß bei den Auseinandersetzungen zwischen politisch realistischen und negativen Kräften Kompromisse zustande kommen. Es gelingt, weitgehend offen feindliche Positionen zurückzudrängen; dabei werden aber auch die progressiven und politisch loyalen Aussagen stark abgeschwächt. Ein Gebiet ständiger Auseinandersetzungen zwischen Staat und Kirche sind Fragen der Bildung und Erziehung, insbesondere Volks- und Berufsbildung. Dabei gelingt es negativen Kräften immer wieder, unter Ausnutzung der auch bei politisch loyalen Kräften bestehenden weltanschaulichen Vorbehalte gegen das Erziehungsziel der kommunistischen Erziehung Angriffe gegen den Staat vorzutragen. Es wird dabei Neutralität gegenüber religiösem Gedankengut in der Schule und ein Mitspracherecht der Kirche zu den Erziehungsinhalten gefordert.

2. Daraus ergibt sich: [...]
– Aus der Verantwortung, die beide deutsche Staaten für die Erhaltung und Sicherung des Friedens haben, dürfen keine gesamtdeutschen kirchlichen Konzeptionen entstehen. Politischer Neutralismus ist offensiv zu überwinden, damit die kirchlichen Vertreter erkennen: Wahrnehmung der Verantwortung für den Frieden kann nur von den Positionen der DDR aus erfolgen.«[659]

Im Juli 1984 fand auch wieder eine Begegnung zwischen Hempel und SED-Bezirkschef Hans Modrow statt, in der der Bischof »mit einer bemerkenswerten persönlichen Aufgeschlossenheit, aus der deutlich der Wunsch nach einer vertrauensvollen Darlegung seiner Haltung und Beweggründe deutlich wurde«[660], aufgetreten sein soll. Im Protokoll der Partei heißt es weiter: »Mit herzlichen Worten dankte Genosse Hans Modrow für die Selbstdarstellung, die zugleich staatsbürgerliches Bekenntnis ist.« Hempel entgegnete, er sei kein Mann der Opposition und wolle es auch nicht werden.

»Als Bürger des Sozialismus habe er jedoch gelernt, für Sachlichkeit, Ausprägung des Verantwortungsbewußtseins und vor allem für Gerechtigkeit zu wirken. Im übrigen sei er, was das Kennenlernen und Studieren der westlichen Länder angeht, schon lange über den Blick der vollen Schaufenster [hinaus] und [mit] der gewachsenen Kenntnis über soziale Probleme desillusioniert bzw. illusionslos.«

Kritik übten Hempel und Domsch am Umgang mit Andersdenkenden in der Volksbildung und an der Unfreundlichkeit der Polizei. »›Bürger fühlen sich als Bittsteller, als Untertan.‹«[661]

Auch im katholischen Bereich meinte der Staat Fortschritte feststellen zu können. So heißt es in einer Berliner Einschätzung zu Beginn des Jahres 1984:

»Im Unterschied zu den vergangenen Jahren kann dieses Jahr erstmals festgestellt werden, daß die Vertreter der Katholischen Kirche, einschließlich des Kardinals, über die allgemeinen Wünsche für Gesundheit und persönliches Wohlergehen hinausgingen und ihre Neujahrsschreiben zum Anlaß nahmen, auf die Sachlichkeit der Beziehungen hinzuweisen und ihre Hoffnungen für eine Zusammenarbeit auf bestimmten Gebieten (Baumaßnahmen) zum Ausdruck brachten.«[662]

Prälat Lange, Berlin, soll während eines Gespräches im Herbst 1984 »zu einigen politischen Fragen eine grundsätzliche Stellung bezog[en]« haben[663].

In der Konsultationsgruppe Ende Mai 1984 fragten die BEK-Vertreter nach dem Stand des Kulturabkommens zwischen den beiden deutschen Staaten und bekräftigten noch einmal, daß die Themen der Konsultationsgruppe nicht auf Friedensfragen begrenzt werden sollten. Superintendent Jaeger (Nordhausen) berichtete über den geplanten Boykott der Olympischen Spiele in Los Angeles.

Der thüringische Bischof Leich hielt ein Referat über »Das Mandat von Kirche und Staat«, wobei er besonders auf das Verhältnis beider Mandate zueinander abhob. Wenn die Kirche in den Raum des Politischen hinein Ratschläge erteile, wie z. B. mit der Empfehlung zur Wehrdienstverweigerung, dann müsse sie sich darüber im klaren sein, daß sie in das Mandat des Staates eingreife und Macht ausübe[664].

Schon am 23. Juli 1980 hatte Leich, nachdem ihm vorgehalten worden war, einige Jugendpfarrer sowie Jugenddiakone versuchten, Jugendliche von einer längeren zeitlichen Verpflichtung zum Dienst in der Volksarmee abzubringen, gegenüber Staatsvertretern erklärt, »daß sein eigener Sohn Reserveoffizier sei und es nicht Aufgabe der Kirche wäre, persönliche Entscheidungen der Bürger in diesem Sinne zu beeinflussen. Er selbst behält sich vor, mit den Jugenddiakonen über diese Problematik aus kirchlicher Sicht eine Beratung durchzuführen.«[665]

Im Protokoll der kirchlichen Konsultation heißt es weiter:

»In der Aussprache wird darauf hingewiesen, daß die Mandatsträger in Demokratien nicht nur die Regierenden, sondern die Staatsbürger sind. Jeder Staatsbürger sei heute ein Stück Untertan und Fürst zugleich. Kirche habe das Recht, diese anzureden und für ihre Überzeugungen um Mehrheit zu werben. Wenn man heute noch von Obrigkeit sprechen wolle, dann dürfe man darunter nicht nur die Regierenden verstehen, sondern müsse die Opposition mit einbeziehen [...] Der eschatologische Vorbehalt dürfe nicht dazu führen, die gegenwärtigen Bemühungen des Staates zu disqualifizieren.«[666]

Außerdem verabredete man, wieder ein gemeinsames Formular für den Bittgottesdienst für den Frieden im November 1984 zu entwerfen, wobei es sich allerdings nur um den Entwurf von Einzeltexten, nicht aber einer vollständigen Liturgie handeln sollte: »Die Texte sollten so formuliert sein, daß sie verbinden, die Kirchen in beiden deutschen Staaten und die über der Friedensfrage weithin zerstrittenen Gemeinden untereinander.«[667] Bereits im Juni lag das Papier vor. Thema der Friedensdekade sollte »Leben gegen den Tod« sein[668]. Das für die Friedensdekade vorgesehene Material stellte Ziegler im August 1984 der Konsultationsgruppe vor[669].

Bei der Zusammenkunft der Beratergruppe am 13. Juni 1984 trug Joachim Rogge ein Referat zum Standort der EKU innerhalb der EKD und des BEK vor, das vom Präsidenten der EKU-Kirchenkanzlei (West), Peter Kraske, ergänzt wurde. Der Tenor, die deutsch-deutsche Gemeinsamkeit erhalten zu wollen, war trotz der vorsichtigen Formulierung deutlich:

»Im Blick auf die Zukunft wird die EKU als Instrument für eine größere Gemeinschaft der Kirchen im Bund und der Kirchen in der EKD eine Aufgabe behalten. Praktisch wird es darauf ankommen, Aufgaben an die EKD bzw. an den Bund zu übertragen, ohne daß in absehbarer Zeit an eine Auflösung der EKU gedacht werden kann.«[670]

Cornelius von Heyl berichtete aus der EKD, daß Richard von Weizsäcker nach seiner Wahl zum Bundespräsidenten den Rat der EKD verlassen werde. Seine Wahl könne als Garantie dafür gelten, »daß die Politik der Bundesrepublik zu den östlichen Nachbarn von Kontinuität und belebenden Impulsen geprägt«[671] bleibe – eine merkwürdige Einlassung im Blick auf die klare Richtlinienkompetenz des Bundeskanzlers und die verfassungsrechtlich festgelegte Rolle des Bundespräsidenten in der Bundesrepublik Deutschland.

Am 4. Mai 1984 übermittelte Stolpe Staatssekretär Gysi, Weizsäcker werde sich Ende des Monats bei einem Treffen der Kirchentagspräsidien in Eisenach aufhalten.

»Er möchte gern die letzten Tage der Freiheit eines noch nicht im Amt befindlichen Präsidenten für eine sinnvolle Freizeitgestaltung, also z. B. für ein Gespräch mit einem verantwortlichen Politiker der DDR verbringen.‹ Ihm sei es möglich, und er sei bereit zu Begegnungen auf höherer oder höchster Ebene (das letzte Mal habe er z. B. Herrn Sindermann getroffen). Die Reaktion der Presse und der sonstigen Medien sei ihm gleichgültig. Er stehe zu diesem Angebot.«

Gysi informierte noch am gleichen Tag Partei- und Staatschef Honecker über diese Offerte des zukünftigen Bundespräsidenten[672].

Bald nach dessen Amtsantritt lud Stolpe den Regierenden Bürgermeister von Berlin (West), Eberhard Diepgen, nach Potsdam ein. Diepgen sagte zu. Als Termin vereinbarte man den 6. Juli 1984. An diesem Tag sollte nachmittags eine Gesprächsrunde mit Gästen in Stolpes Wohnung stattfinden[673].

Das »Barmen«-Jubiläum 1984

In der Diskussion der Beratergruppe Mitte Juni 1984 und bei der Ergänzung zum Lagebericht spielte wiederum die Frage des »Hineinredens« in die Angelegenheiten der Schwesterkirche eine wichtige Rolle:

»Aus dem Bereich der EKD wurde – zum Teil kritisch – auf die Berichte in den Medien über Äußerungen der Bischöfe auf öffentlichen Gemeindeveranstaltungen im Rahmen der Predigtreihe ›Bischöfe predigen‹ in Berlin-West hingewiesen. Ein Meinungsaustausch über die Frage, wie man sich als kirchlicher Vertreter öffentlich über eine andere Kirche, in deren Bereich man sich als Gast aufhält, äußern kann und darf, scheint wünschenswert.«[674]

Die Predigten standen im Zusammenhang mit der 50jährigen Wiederkehr der DEK-Synode zu Barmen 1934[675]. EKU-Kirchenkanzleipräsident Rogge hatte von diesen Plänen – sie beruhten auf einer Idee des Westberliner Bischofs Martin Kruse, der ebenfalls eine der Predigten übernehmen wollte – am 3. Januar Hauptabteilungsleiter Heinrich in Kenntnis gesetzt. »Rogge erklärte, daß kein demonstrativer Charakter beabsichtigt ist«, notierte der Mann vom Staatssekretariat und fügte hinzu: »Rogge gegenüber wurde erklärt, daß einer gesamtdeutschen Veranstaltung zu Barmen nicht zugestimmt wurde. Voraussetzung für diese und ähnliche Absichten von Bischöfen in der DDR sei die eindeutige Positionsbestimmung der Kirchen in unserem Staat«[676].

Diesen Hinweis beherzigten die DDR-Kirchen im Jahr 1984[677].

Heinrich erörterte in weiteren Unterredungen mit Rogge und dem EKU-Ratsvorsitzenden Wollstadt am 8. und 15. März 1984 die Generallinie für das Verhalten der Bischöfe in Berlin (West):

»Es wurde Übereinstimmung erzielt, daß es sich um eine rein innerkirchliche, theologische Angelegenheit handelt, die keine Medienwirksamkeit erlangen soll.«[678]

Dennoch machte die Presseberichterstattung über Nathos Auftreten in Berlin-Wilmersdorf[679] ein Gespräch Heinrichs mit dem Kirchenpräsidenten in Gegenwart Rogges am 31. Mai 1984 notwendig:

»Natho erklärte, daß er sich in der Berichterstattung[680] nicht wiedererkenne. Er sei zwar davon ausgegangen, daß eine Berichterstattung zu seinem Auftreten erfolgt, jedoch habe er erwartet, daß die Kritik von rechts kommt und er als ›roter‹ Bischof verteufelt werde. So habe er ausdrücklich darauf verwiesen, daß die Friedenspolitik der DDR eine ihn überzeugende Angelegenheit sei. Garantie sei für ihn die Erfahrung des Lebens von Herrn Honecker. Im Zusammenhang mit den Volkswahlen 1984 verwies Natho auf eigene 10jährige Abgeordnetentätigkeit. Im weiteren Gesprächsverlauf informierte Natho davon, daß am 6.6.1984 in der ZDF-Sendung ›Kennzeichen D‹ ebenfalls ein Beitrag über sein Auftreten in West-Berlin gesendet werden soll«, notierte Heinrich, der erwiderte, mit der Zulassung des ZDF habe die West-Berliner Kirchenleitung die zuvor getroffene Absprache mit den EKU-Vertretern verletzt. Der für den 3./4. Juni 1984 vorgesehene Besuch Demkes sei deutlich in Frage gestellt. Rogge drückte daraufhin »sein Bedauern über die Berichterstattung und das inkonsequente Verhalten der West-Berliner Kirchenleitung aus. Rogge sagte zu, daß er von sich aus bei der West-Berliner Kirchenleitung gegen eine Berichterstattung zu politischen Zwecken Einspruch erhebt und verlangt, daß die geplante Sendung in ›Kennzeichen D‹ abgesetzt wird.«

Wie er Heinrich einen Tag später berichtete, hatte Rogge – zumindest was seine Intervention beim Konsistorium in Berlin-Tiergarten betraf – dieses Versprechen auch einlösen können[681].

Das Staatssekretariat für Kirchenfragen resümierte gegen Ende des Jahres 1984:

»Da es sich 1934 um eine ›deutsche‹ Erklärung handelte, war deutlich das Bemühen in den Kirchen in der BRD und der DDR zu erkennen, gesamtdeutsche Aussagen zu formulieren und diese illusionäre Einheit zu bekräftigen. Dazu legte eine gemeinsame Barmenkommission der EKD und des Vorbereitungsausschusses des BEK ein Material vor. Dieses enthielt Orientierungen, die primär darauf abzielten, ›Barmen‹ zu nutzen, um vor allem theologisch begründete Differenzen zwischen reformiertem und lutherischem Bekenntnis zugunsten eines einheitlichen Standpunktes zurückzudrängen. Politisch blieben die entscheidenden Fragen offen. [...]⁶⁸²

Für die BRD sollte mit ›Barmen‹ im Sinne der Leitung der EKD vor allem der Nachweis geführt werden, daß der bestehende bürgerliche Staat keine Bekenntnissituation herausfordere, sondern im Gegenteil im Sinne der 5. ›Barmen‹-These Loyalität möglich sei. Die offiziellen ›Barmen‹-Ehrungen in der BRD richteten sich daher zum großen Teil gegen progressive kirchliche Kräfte, die vor allem zum NATO-Raketenbeschluß, aber auch zu weiteren innenpolitischen Problemen eine kritische Haltung bezogen.

Dagegen wirkten in regionalen Kreisen, progressiven Gruppierungen, Bruderschaften und einigen Ausbildungsstätten sowie in Publikationen, z. B. ›Neue Stimme‹, [Einzelpersonen] aktiv gegen den pol. konservativen Kurs der offiziellen Kirche in der BRD und versuchten antifaschistische, bürgerlich demokratische sowie auf friedliche Koexistenz und Abrüstung orientierte Aussagen zu verbreiten. Sie blieben dabei nicht beim ›Stuttgarter Schuldbekenntnis‹ stehen, sondern führten die politisch progressiven Gedanken des ›Darmstädter Bruderwortes‹ zu den genannten aktuellen Feststellungen weiter.«

Anders als in der Bundesrepublik sah es nach Auffassung der politischen Einschätzung aber in der DDR aus:

»Die politische und kirchenpolitische Entwicklung, besonders seit 1983, führte dazu, daß bei den ›Barmen‹-Feiern in der DDR aus theologischen Gedankenführungen heraus überwiegend politisch loyale und realistische Aussagen getroffen wurden [...] Feststellungen, die das Festhalten der Kirchen am Geist des 6.3.1978 bestätigten, auf konstruktive Beziehungen zum Staat orientierten und im Zusammenhang mit der Friedens- und Umweltpolitik weiterführende positive Gedanken enthielten. [...] Negative Kräfte konnten sich mit ihren Konzeptionen nicht durchsetzen und wurden nur vereinzelt aktiv.

Die mit ›Barmen‹ verbundenen gesamtdeutschen Absichten wurden nicht realisiert. Es zeigte sich, daß die jeweilige gesellschaftliche Situation keine Ansatzpunkte für gemeinsame Antworten bot. So blieb ein gemeinsames Wort des Vorsitzenden der KKL [...] und des Ratsvorsitzenden der EKD in der Gesamtaussage unverbindlich und konkretisierte ›deutsch-deutsche‹ Gemeinsamkeiten nicht. Man beschränkte sich schließlich auf das gemeinsame Gebet⁶⁸³. Deutsch-deutsche Gemeinsamkeiten wurden auch da nicht sichtbar, wo Vertreter des Bundes oder der EKD im jeweils anderen Staat auftraten. Es dominierten dann entweder theologische Aussagen, oder man zog unterschiedliche Konsequenzen für die Kirchen in beiden Ländern.«

Als positive Beispiele für eine gelungene Barmen-Interpretation durch DDR-Kirchenvertreter nannte die Studie die Ausführungen Albrecht Schönherrs⁶⁸⁴, »daß die 6. These der ›Barmer‹-Erklärung die Kirche davor bewahre, ›Staat im Staat‹ oder ›Antigesellschaft‹ sein zu wollen«, und Manfred Stolpes Hinweis, »daß Kirche in der DDR nicht als ›Ersatzstruktur für gesellschaftspolitische Bewegungen‹ dienen kann. [...] Während eines ›Theologischen Tages‹ im Sprachenkonvikt [Berlin/Ost] interpretierte Generalsuperintendent Bransch/Potsdam aus der 2. These, daß ›Kirche nicht politisch sein kann in dem Sinne, daß sie Macht in der Gesellschaft anstrebt oder an ihrer Verwaltung beteiligt sein will. [...] der Begriff ›Kirche im Sozialismus‹ sollte inhaltlich gefüllt werden, indem Kirche bewußt in dieser Gesellschaft lebt und dankbar und frei ihren Dienst ausübt‹.« Zur 5. These bemerkte Bransch, daß sich Christen dem Staat gegenüber loyal verhalten sollen – ›für eine sozialistische Demokratie sei darauf hinzuweisen, daß in ihr alle ›Regierende‹ und ›Regierte‹ zugleich sind und damit eine Mitverantwortung, Mitsprache und Mitarbeit aller für das Ganze gegeben sei‹[685].«

Hanfried Müller forderte auf der EKU-Synode zur Respektierung des staatlichen Gewaltmonopols auf.

»Auf der Anhaltinischen Synode stellte Kirchenpräsident Natho/Dessau im Zusammenhang mit Ausführungen zu ›Barmen‹ fest, daß die Formel von ›Kirche im Sozialismus‹ nach wie vor gültig ist, daß sich Amtsträger dem Staat gegenüber nicht doppelbödig verhalten dürfen, daß staatliche Gesetze auch für die Kirche gelten[686] und daß das ›gegenseitige Grundvertrauen‹ zwischen Staat und Kirche zu erneuern sei.«

»Tagungen progressiver Gruppierungen (Pfarrertag, Sächsische Bruderschaft[687] sowie ein Kolloquium der Sektion Theologie der Martin-Luther-Universität Halle), die sich mit Barmen beschäftigten, trafen ›positive‹ Aussagen. Das betrifft sowohl die prinzipiell richtige historische Einordnung ›Barmens‹ wie Ausführungen zum Verhältnis von Kirchen und Christen in der sozialistischen Gesellschaft. Veranstaltungen und Veröffentlichungen außerhalb kirchlicher Strukturen (CDU, ›Standpunkt‹) geben weiterführende Orientierungen, indem die Bedeutung ›Barmens‹ ›vor allem in der deutlichen Erkenntnis und Wahrnehmung der Mitverantwortung von Christen im Staat‹ gesehen wurde. Dabei wurden erste realistische Aussagen zur Aufarbeitung der Problematik der Befreiung anläßlich des 40. Jahrestages getroffen«. Mit dieser Bemerkung unterstrich der SED-Staat Erwartungen an die Kirche im Blick auf das ihm noch viel wichtigere Gedenkereignis.

Nur Forck[688] tanzte auf der Synode Berlin-Brandenburg wieder einmal aus der Reihe:

»Er nutzte einen eigenverantworteten Vortrag, um eine vorwiegend negative Konzeption aus ›Barmen‹ abzuleiten. Ausgehend von einem angeblich existierenden atheistischen Weltanschauungsstaat, konstruierte er einen notwendigen Widerspruch zwischen der sozialistischen Gesellschaft und der Kirche. Daraus leitete er für die Kirche eine kritische Funktion (Wächteramt) gegenüber der Gesellschaft ab.«

Zusammenfassend urteilte das Gutachten, mit dem Barmen-Gedenken sei »die Eigenständigkeit der beiden Kirchen in ihren gesellschaftlichen Systemen deutlicher geworden.« Gysis Schlußfolgerung für die weitere politische Arbeit lautete:

»Im Vorfeld des 40. Jahrestages ist auf die evangelischen Kirchen in der DDR einzuwirken, sich mit ihrer eigenen Geschichte in angemessener Weise zu beschäftigen. [...] Herauszuarbeiten ist die Erkenntnis, daß die Befreiung vom Faschismus für die Kirchen eine Chance bedeutete und bedeutet, in antifaschistischen, humanistischen gesellschaftlichen Verhältnissen ihr kirchliches Wirken in Freiheit, unter dem Schutz der Verfassung der Republik und in umfassender Möglichkeit zur Wahrnehmung der Verantwortung für Frieden, Gerechtigkeit, sozialen Wohlstand und Solidarität durchzuführen. [...]

Es ist in geeigneter Weise darauf Einfluß zu nehmen, daß die beabsichtigte gemeinsame Erklärung von BEK und EKD zum Jahrestag der Befreiung (als Wort zu Ostern) nicht zu einer Bestärkung [an der Basis immer noch vorhandener[689]] deutsch-deutscher Tendenzen führt, sondern daß realistische Aussagen aufgenommen werden und den Inhalt dieser Erklärung bestimmen. Die Bonhoeffer-Ehrung im Frühjahr 1985, anläßlich des 40. Jahrestages seiner Ermordung, ist ebenfalls dahingehend zu beeinflussen, daß eine positive Aufarbeitung kirchlicher Positionen zur Befreiung erreicht wird.«[690]

Eppelmann, Passauer und Ruth Misselwitz unterzeichneten einen Aufruf mit dem Titel »Die Mahnung von Barmen an uns«[691], der auch die Namen von Scharf, Gollwitzer, Schönherr und Jacob[692] trug und den der BEK nicht verantwortete[693].

Wahrmann informierte die »Berater« auf ihrer Junisitzung über die Vorbereitungen der bevorstehenden Bundessynode in Greifswald, die sich mit der christlichen Schöpfungsverantwortung befassen wollte[694], was bei staatlichen Stellen Besorgnis erregte[695]. Sie übten im Vorfeld der Synode[696] Kritik an den ökologischen Aktivitäten im kirchlichen Bereich und warnten vor einer Politisierung des Themas[697].

In dieser Frage erhielten die DDR-Politiker vom Bonner EKD-Bevollmächtigten, Prälat Binder, Rückendeckung, der – gerade von einer DDR-Reise zurückgekehrt[698] – der Ständigen Vertretung des SED-Staates in Bonn mitteilte:

»Ein wichtiges Thema seiner Gespräche sei der Umweltschutz gewesen. Auch für die DDR sei diese Frage in den industriellen Ballungsgebieten sicher sehr problematisch. Insgesamt habe er jedoch bei seiner Rundreise den Eindruck gewonnen, daß Informationen und Diskussionen in der BRD darüber sehr übertrieben seien. Des Umweltschutzes wegen könne die industrielle Entwicklung nicht aufgehalten werden. Auf diesem Gebiet sehe er für die Zusammenarbeit zwischen beiden deutschen Staaten große Perspektiven.«[699]

Über die 18. Konsultation Mitte August 1984 liegen – ein Novum – zwei Teilvermerke vor[700]. Das Protokoll Zieglers hält den Ärger der westlichen Teilnehmer über den Kieler Vortrag Werner Krusches[701] fest: »Von den Vertretern der EKD wird hervorgehoben, daß sie sich durch dieses Referat nicht verstanden fühlten. Deshalb bedürfe es dringend der Aufarbeitung.«[702] Man verabredete, die Aussprache über Krusches Vortrag auf die nächste Sitzung zu verschieben.

Im Blick auf die Staat-Kirche-Beziehungen vermerkte Hans von Keler überrascht, daß die befürchtete ›Eiszeit‹ nicht eingetreten sei, sondern der Gedanke der Schadensbegrenzung bestimmend war. Diese Erkenntnis ergab sich aus dem zuvor erfolgten Bericht Gienkes über die zuletzt mit Staat und Partei geführten Gespräche[703].

Selbst im Denken der Gemeindpfarrer stellte das Staatssekretariat für Kirchenfragen nun den seit langem erstrebten Wandel fest:

»In den Bezirksberichten wird einhellig darüber informiert, daß die aktive *Friedenspolitik* der DDR zur Wiederbelebung des Entspannungsprozesses in den letzten Monaten bei einer wachsenden Zahl auch bisher schwankender Geistlicher und Amtsträger zur Herausbildung realistischer und loyaler Haltungen in der Frage der Erhaltung und Sicherung des Friedens geführt hat. Besonders wurden dabei die aktive Politik der Schadensbegrenzung und der persönliche Einsatz des Staatsratsvorsitzenden Gen. Honecker gewürdigt. Fragen der Wehrerziehung, der Wehrbereitschaft und einseitiger Abrüstungsvorleistungen werden nur noch mit abnehmender Tendenz in die Gespräche eingebracht. Die Stationierung operativ-taktischer Raketen in der DDR wird von der Mehrzahl der Geistlichen und Amtsträger nicht mehr diskutiert.«[704]

Schon zu Beginn des Jahres soll Christa Lewek gegenüber dem CFK-Regionalsekretär Ordnung hinsichtlich einer für den 13. April 1984 geplanten Begegnung zwischen dem internationalen Arbeitsausschuß der CFK und dem Kirchenbundesvorstand[705] erklärt haben, »daß im Vergleich zur letzten derartigen Begegnung (1976), bei der es noch starke Auseinandersetzungen gegeben habe, eine viel größere Übereinstimmung der Bundesvertreter mit den Grundpositionen der CFK zu erwarten sei.«[706]

Die zwanzigjährige Wiederkehr des Bausoldatengesetzes (Spätsommer 1984)

Wahrmann ergänzte in der Augustkonsultation, es stehe sogar eine Unterredung über Umweltprobleme bevor[707]. Zur 20jährigen Wiederkehr des Bausoldatengesetzes vom 7. September 1964[708] werde es eine kirchliche Veranstaltung geben[709], berichtete Ziegler[710]. Die Beratergruppe erfuhr auf ihrer September-Sitzung von einem Seminar am 1. September und einem Gottesdienst am 2. September 1984, an den sich ein Podiumsgespräch anschloß[711].

In einer staatlichen Information heißt es dazu:

Es »wurde den kirchlichen Vertretern [Stolpe, Ziegler[712], Lewek, P.[eter] Müller und Günter Krusche[713]] nachdrücklich die staatliche Erwartung zum Ausdruck gebracht, daß kirchlicherseits alles getan wird, damit diese Veranstaltung nicht von politisch negativen Kräften in gegen den sozialistischen Staat gerichteter Weise mißbraucht werden kann. Im Ergebnis dieser Gespräche wurde von den kirchlich Verantwortlichen eine Arbeitsgruppe unter Mitwirkung von Konsistorialpräsident Stolpe[714] eingerichtet, die während der gesamten Veranstaltung tätig war. Man sorgte dafür, daß die Diskussionsrunden durch loyale Kräfte ›angereichert‹ wurden. Darüber hinaus wurden ständige Arbeitskontakte zu den staatlichen Organen während des Verlaufs der Veranstaltung sichergestellt.

Die gezielte staatliche Einflußnahme führte dazu, daß kirchenleitende Vertreter ihre Verantwortung wahrnahmen. Es gelang, einen politisch ruhigen Verlauf der Veranstaltung an beiden Tagen zu gewährleisten. Der Rahmen der Gesetzlichkeit wurde eingehalten. Es gab keine Versuche, öffentlichkeitswirksam zu werden. Alle kirchlicherseits gegebenen Zusagen wurden eingehalten, einschließlich der Auswahl geeigneter Gesprächspartner für die Diskussionsrunden.«

Vor allem erfreute den Staat, daß die Tagung nicht in der Forderung nach einem sozialen Friedensdienst mündete.

»Es gab keine Versuche, mittels Eingaben[715], Unterschriftensammlungen u. ä. an die Öffentlichkeit zu treten und Druck auf den Staat bzw. die Kirchenleitungen auszuüben.« Pfarrer Passauer bezeichnete die gegenwärtige Regelung als »gute[n] Kompromiß. [...] Bei der Behandlung dieser Problematik müsse man stets bedenken, daß man in einem sozialistischen Staat lebe«. Ähnlich soll sich auch Günter Krusche geäußert haben. Rechtsanwalt Schnur[716] soll betont haben: »Wer sich zur Wehrdienstverweigerung entschließt, müsse wissen, daß er gegen das Gesetz handelt und muß die Konsequenzen tragen.«[717]

In einem Interview mit der Wochenzeitung »Glaube und Heimat« informierte Landesbischof Leich breit über die kirchliche Konzeption eines Zivilen Ersatzdienstes und stieß auf keinerlei staatliche Beanstandung. Daraus zog man den Schluß, seine Vorstellungen seien für die einzelnen Christen zitierfähig geworden[718]. In Gesprächen mit der Kirche bekräftigte die staatliche Seite die Gleichberechtigung und Gleichstellung der Bausoldaten mit anderen Wehrpflichtigen[719]. Verteidigungsminister Hoffmann hatte zuvor in Mukran und Prora auf Rügen erstmals Bausoldaten besucht[720]. Hans Wilke stellte intern die Frage, ob nicht auch für Bausoldaten Beförderungen möglich seien oder ob sie nicht wenigstens auch ein Sportabzeichen erwerben könnten. Offen war für ihn auch der »Reservistendienst für Bausoldaten«[721].

Trotz dieser eher optimistischen Entwicklung sah sich der Bundessynodale Günter Pilz, Mittelherwigsdorf, veranlaßt, auf der Greifswalder Synodaltagung nochmals das Problem der eingeschränkten Glaubensfreiheit für Bausoldaten anzusprechen. Daraufhin stellte ihn Hans Wilke, der wie immer als Staatsvertreter Gast der Synode war, zur Rede und wies darauf hin, daß Pilz' Äußerungen ein gefundenes Fressen für die Westmedien[722] sein könnten. Außerdem versicherte Wilke dem Kirchenmann, »daß niemand die Bausoldaten hindern werde, in ihren Zimmern miteinander die Bibel zu lesen, zu singen und zu beten, soweit sich die Bewohner eines Zimmers darüber einigen können.«

Zur Untermauerung seiner Klagen schrieb Pilz wenige Wochen später an Hans Wilke und zitierte aus einem Brief seines Sohnes, der seit nahezu einem Jahr als Bausoldat in Prora auf Rügen stationiert war:

»›Aber nun zu Deinem Beitrag auf der Bundessynode. Es war vollkommen richtig, was Du gesagt hast. Uns ist es nach wie vor verboten, auf den Stuben gemeinsam zu beten, zu singen und [die] Bibel zu lesen[723]. Kein Bausoldat in Prora will mehr. Niemand will hier Großveranstaltungen abhalten im Sinne von Gottesdiensten. Ich glaube auch nicht, daß wir Forderungen stellen, die uns unglaubwürdig machen. Unsere Freiheiten, die wir wollen, messen wir nicht an denen der Bundeswehr. Uns geht es letztlich um Glaubensfreiheit im Sinne der Verfassung – das wird uns eben verboten. Vieles wurde erreicht (Ausgang, dienstfreier Sonnabend für Adventisten), aber an der Stelle geben unsere Vorgesetzten nicht nach.‹«

Pilz zog daraus die Konsequenz:

»Danach besteht eine Differenz zwischen dem, was Sie mir in Greifswald gesagt haben, und dem, was mein Sohn in Prora erlebt. Ich wäre Ihnen sehr dankbar, wenn Sie bewirken könnten, daß die Möglichkeiten der Glaubensfreiheit in Prora so gestaltet werden könnten, wie Sie es für selbstverständlich angesehen haben.«[724]

Nach der Bundessynode gingen jedoch die Beschwerden einzelner Bausoldaten spürbar zurück, was darauf hindeuten könnte, daß allmählich doch eine leichte Verbesserung der Lage eintrat[725]. Dies jedenfalls konstatierten die DDR-Vertreter Mitte Mai 1985 auf der Konsultation mit der EKD[726].

Die Vollversammlung des Lutherischen Weltbundes (LWB) in Budapest (Sommer 1984)

Die August-Konsultation debattierte eingehend über die LWB-Vollversammlung in Budapest einen Monat zuvor, wobei man – dem Protokoll Hammers zufolge – vor allem die Wahl des ungarischen Bischofs Kaldy zum Präsidenten der lutherischen Ökumene, aber auch den Verlauf der Vollversammlung insgesamt problematisierte[727]. Sehr kritisch beurteilten einzelne Teilnehmer der Konsultation auch den nach ihrer Auffassung zu plebiszitären Charakter der Jugend-Vorversammlung[728]. Hinsichtlich der Forderung der schwarzen lutherischen Kirchen im südlichen Afrika nach Suspendierung der Mitgliedschaft der weißen Kirchen im LWB sei ein Kompromiß nicht möglich gewesen[729]. Die intensive Aussprache über diese Tagung belegte noch einmal, wie sehr die Budapester Vorgänge die Gemüter erregt hatten.

Sowohl bei der Wahl Kaldys als auch in der Südafrikafrage hatte das Verhalten einiger westdeutscher Vertreter den DDR-Stellen besser gefallen als das Auftreten des größten Teils der über die Situation der Kirchen in Ungarn wohl viel besser informierten DDR-Delegation.

Günter Wirth notierte, Bayerns Landesbischof Hanselmann habe sich als »ein nachdrücklicher Befürworter der Kandidatur Kaldys« erwiesen; Ähnliches gelte wohl auch für den Präsidenten des Diakonischen Werkes, Karl Heinz Neukamm; »manche behaupten dies sogar im Blick auf Bischof von Keler«, fügte der Ost-CDU-Funktionär hinzu[730].

Demgegenüber heißt es in einer anderen Einschätzung zum Verhalten der DDR-Delegierten[731]:

»Auch in der Haltung zur Wahl des ungarischen Bischofs Kaldy gingen viele Delegierte aus der DDR eigene Wege. [...] Es ging offenbar weniger um die Person Kaldy als vielmehr um die wesentlich von ihm geprägte, stark beargwöhnte ›Theologie der Diakonie‹ und den Vorwurf, sie gipfele letztlich in der kritiklosen Anpassung der ungarischen lutherischen Kirche an den sozialistischen Staat. Von den DDR-Kirchenvertretern, die die zahlenmäßig größte lutherische Kirche in den sozialistischen Staaten repräsentierten, sind keine Initiativen bekannt, die etwa abgeleitet aus den positiven Erfahrungen einer ›Kirche im Sozialismus‹ während der Luther-Ehrungen des vergangenen Jahres konstruktive, den ungarischen Weg abstützende, Bischof Kaldy entlastende Positionen einer Kirche im realen Sozialismus in das Konferenzgeschehen eingebracht hätten. Für Bischof Kaldy öffentlich eingetreten ist nur Superintendent Blankenburg (Ohrdruf, Thüringer Kirche).«[732]

In einer weiteren »Information« heißt es:

»Da die Wahl geheim stattfand, ist eine Analyse jener Kräfte, die für oder gegen Kaldy stimmten, schwer vorzunehmen. Aufgrund zahlreicher Gespräche mit leitenden Mitarbeitern, vor allem der Delegationen aus der DDR und der BRD, kann man jedoch davon ausgehen, daß unter den Delegierten der beiden deutschen Staaten nur die Vertreter der thüringischen und bayrischen Landeskirche[733] für den ungarischen Bischof gestimmt haben. In einem Gespräch mit den Pressevertretern aus der DDR begründete Landesbischof Leich[734] seine Entscheidung allerdings nicht politisch (also aus einer Bejahung des Weges der ungarischen Kirchen oder der Haltung ihres leitenden Bischofs), sondern mit der Abneigung gegenüber einem weiblichen Laien an der Spitze des Lutherischen Weltbundes«[735].

In der Südafrikafrage spielte nach Einschätzung des SED-Staates eine größere Zahl von DDR-Delegierten ebenfalls »eine unrühmliche Rolle [...] Sie steuerten mit ihren Bemühungen auf eine Kompromißlösung zu, wollten eine direkte Verurteilung dieser beiden [weißen] Kirchen vermeiden und gaben damit der Evangelischen Kirche in Deutschland in der BRD Schützenhilfe. Hingegen legte der leitende lutherische Bischof in der BRD, Stoll, während der Vollversammlung ein ›Schuldbekenntnis‹ bezüglich der Haltung der Lutherischen Kirchen der BRD zur Apartheid ab und forderte in einem Interview die EKD in der BRD auf, ihre Verträge mit den beiden weißen südafrikanischen Kirchen (erhebliche materielle Unterstützung, erhebliche kadermäßige Unterstützung) zu überdenken und Konsequenzen abzuleiten.«[736] Weiter heißt es lobend über die westdeutschen Lutheraner:

»Ein differenziertes Bild legte die BRD-Delegation an den Tag. So wird berichtet, daß der bayrische lutherische Bischof Hanselmann (Vizepräsident des Lutherischen Weltbundes) [...] sowie Oberkirchenrat Heidingsfeld (Osteuropareferent des EKD-Außenamtes) um eine faire Versammlungsführung bemüht waren.«[737] »In der Geschichte des LWB stellt die Budapester Tagung einen Höhepunkt hinsichtlich der politischen Profilierung und der Herausbildung der Einmütigkeit im Handeln dar. Ehemals konservative Vertretungen aus den USA, der BRD und Norwegen zeigten sich differenziert und förderten teilweise nicht unwesentlich die für die Budapester Tagung charakteristische politische Profilierung des LWB.«[738]

Einen erheblichen Teil der in Budapest gefaßten Beschlüsse bzw. der erarbeiteten Positionen sah der SED-Staat im Blick auf seine eigene Innenpolitik freilich auch kritisch:

»Als sicher kann angenommen werden, daß es sich bei einer ganzen Reihe von der Konferenz ausgesprochener Empfehlungen für die Arbeit der Kirchen um von den Kirchen aus der DDR geradezu ›herbeigewünschte‹ Aussagen handelt. Sie können sich unter Umständen [un]günstig auswirken und von bestimmten kirchlichen Kräften und destruktiven Gruppierungen in den Kirchen als Deckmantel für gegen den sozialistischen Staat und seine Friedenspolitik gerichtete Aktionen mißbraucht werden. Einige solcher Aussagen sind:
– ›die Erziehung zum Haß aufgeben und die vormilitärische Ausbildung von der öffentlichen Erziehung zu trennen‹. Das ist ein völlig neuer, bisher noch nie so deutlich ausgesprochener Aspekt, den wir ganz sicher bald in den kirchlichen Meinungen wiederfinden werden;
– ›sich gegen die Diskriminierung von Waffendienstverweigerern aus Glaubens- und Gewissensgründen zu wenden und bei ihren Regierungen darauf zu drängen, daß eine solche Weigerung gesetzlich anerkannt und ein Zivildienst eingerichtet wird‹;
– die auf regionalen, nationalen und internationalen Verantwortungsebenen betriebenen Umweltaktivitäten zu unterstützen;
– in der Menschenrechtsfrage (u. a. Freizügigkeit, Reiseverkehr, Informationsfreiheit) bleibt es den einzelnen Kirchen überlassen, konkret zu werden und ihre Regierungen entsprechend anzusprechen.
Hier wird auch das Bemühen der Kirchenvertreter aus der DDR deutlich, in den ökumenischen Gremien solche Fragen ins Gespräch und zum Tragen zu bringen, die sie in-

nerhalb der DDR wegen des Erhalts gedeihlicher Staat-Kirche-Beziehungen für suspekt halten, aber durch die ›ökumenische Hintertür‹, als Empfehlung solcher Weltkirchenversammlungen ›legitimiert‹, in ihr Arbeitsprogramm aufnehmen können. [...] Es ist eine Tatsache, daß eine ganze Reihe von politisch guten und vernünftigen Aussagen der Vollversammlung zumindest ohne das Engagement der Delegierten aus der DDR zustande gekommen sind.«[739] »Eine Reihe von progressiven Äußerungen und Entscheidungen der Vollversammlung kamen gegen den erklärten Willen der Mehrheit der Delegierten aus der DDR bzw. ohne ihr Engagement zustande«, urteilte eine weitere Einschätzung[740].

Peter Kraußer bezeichnete vor Genossen die Budapester Versammlung als »ein[en] Schritt nach vorn«, wobei er vor allem die deutlichen Stellungnahmen gegen die Politik der USA hervorhob. Zur Wahl Kaldys sagte er: »Kaldy ist ein Vertreter der ungarischen Diakonie. Diese Richtung geht von einem kooperativen Zusammenwirken zwischen Staat und Kirche aus.«
Zum Verhalten der DDR-Delegation bemerkte der ZK-Mann kritisch:

»Die Vertreter der DDR-Kirchen (Domsch, Bretschneider u. a.) hätten helfen können, daß die Wahl noch überzeugender ausfällt. Sie haben für die Wahl von Kaldy keinen Finger gerührt. Kaldy haben ganz wenige aus der DDR gewählt. Leich ist als einziger exakt bekannt. Er wählte Kaldy nur, weil er nicht wollte, daß eine Frau an der Spitze des Weltbundes steht.«

Auch bei der Verurteilung des Rassismus in Südafrika hätten die Dresdener Vertreter »nicht eindeutig mitgezogen«. Dies sei vor allem Domsch zuzuschreiben gewesen[741].
Bischof Gienke betrachtete die Tagung allein schon deshalb als vollen Erfolg, weil sie in einem Land des Ostblocks stattgefunden hatte:

»Die Tatsache, daß der Lutherische Weltbund in der VR Ungarn und damit erstmals in einem sozialistischen Land tagte, trug von vornherein dazu bei, noch bestehende politische Vorbehalte bei einem Teil der Delegierten abzubauen. Wer noch an eine Unterdrückung des religiösen Lebens in sozialistischen Ländern glaubte, konnte sich vom Gegenteil überzeugen. Der Bischof meinte, diese Erkenntnis wird weit über die Vollversammlung hinaus ihre Wirkung haben.«[742]

Neben der Wahl Kaldys gab es 1984 in der Ökumene noch eine bedeutendere Personalveränderung, die der SED-Staat positiv aufnahm: Die Wahl Emilio Castros zum ÖRK-Generalsekretär. In einer ersten Wertung des Staatssekretariats für Kirchenfragen heißt es hierzu:

»Man kann davon ausgehen, daß mit der Wahl des nunmehr vierten Generalsekretärs des ÖRK, Dr. Emilio Castro, auch die Konturen der Arbeit des Weltkirchenrates in der zweiten Hälfte der 80er Jahre umrissen wurden. Mit Castro wurde der Mann zum Generalsekretär gewählt, der von der Mehrzahl des Weltkirchenrates als der geeignete Mann zur Durchsetzung der neuen Programme angesehen wird. Er gilt als kirchenpolitisch progressiv und als engagierter Vertreter der ›Dritten Welt‹. Bereits als Präsident der Evangelisch-methodistischen Kirche in Uruguay galt er als einer der profiliertesten protestantischen Kirchenführer in Südamerika. [...]
Nicht uninteressant ist der Umstand, daß Castro jetzt zum Nachfolger Potters[743] gewählt wurde, ebenso wie er 1972 dessen Nachfolger als Direktor für ›Mission und Evangelisation‹ wurde. Beide, Castro und Potter, sind Methodisten und ähneln sich in

ihrem theologischen und kirchenpolitischen Verständnis. Das könnte als Hinweis darauf verstanden werden, daß die Orientierung des Weltkirchenrates auch weiterhin in der ›Tradition Potters‹ verbleibt. [...] Mit der Wahl Castros zum Generalsekretär ist zweifellos eine Stärkung des Einflusses der Kirchen aus Südamerika, Asien und Afrika verbunden, eine Tendenz, die sich bereits auf der letzten ÖRK-Vollversammlung in Vancouver deutlich abzeichnete.«[744]

Dem kirchlichen Protokoll zufolge hatte Staatssekretär Gysi dem KKL-Vorstand im März 1984 folgende Einschätzung der ökumenischen Situation mit auf den Weg gegeben:

»Es sei zu erwarten, daß die Ökumene in den nächsten Jahren das Feld großer Auseinandersetzung sein würde. Die Autorität der DDR-Kirchen sollte voll in die Waagschale geworfen werden, um die Linie von Potter und Raiser fortzuführen.«[745]

Erste Vorbereitungen für die 40jährige Wiederkehr der Kapitulation 1985 und Politiker-Kontakte zu den Kirchen

Die August-Konsultation beriet über ein gemeinsames Wort von EKD und BEK aus Anlaß der 40. Wiederkehr der deutschen Kapitulation und der Stuttgarter Schulderklärung. Cornelius von Heyl und Kurt Domsch referierten eingangs über ihre Sicht der Ereignisse nach dem »Umbruch«[746]. In diesem Zusammenhang betonte der West-Präses, die Teilung Deutschlands sei nicht »ein unmittelbares Ergebnis des verlorenen Krieges, sondern des Kalten Krieges«[747]. In der weiteren Entwicklung des Weststaates bis in die Gegenwart diagnostizierte Heyl eine zunehmende Desorientierung. Dabei verwies er »auf das Fehlen mitreißender Zielkonzeptionen und das mangelnde ›Wir-Bewußtsein‹ im Westen. Was soll aus alledem werden? Wir stehen in einer Nation, die keine Forderungen an die Weltgeschichte richten kann, nicht die Selbstbestimmung einzuklagen vermag. Wir können nur hoffen und den Primat der Friedenssicherung[748] strikt beachten.«[749]

Zu solch auffälligen Thesen ließ sich Domsch nicht hinreißen. Er berichtete sehr nüchtern über den »Aufbau des Sozialismus in der DDR« und die »Stellung der Kirche in diesem Gefüge«. Es sei die »Aufgabe der ›Kirche im Sozialismus‹, ihre Aufgaben im eigenständigen Handeln und in selbständigen Einrichtungen wahrzunehmen«. In der Aussprache wurde auf die »passiven Faktoren bei der Staatsfindung nach 1945 in beiden Teilen Deutschlands« verwiesen. Ziegler gelangte zu der »Folgerung, daß Ereignisse der gemeinsamen Geschichte nicht mehr ohne weiteres auch Anlaß zu gemeinsamem Reden sein können, daß gemeinsame Beratung und gegenseitige Befragung mit der brüderlichen Freigabe des Redens im jeweils eigenen Bereich zu verbinden sind«.

Trotz dieser eher skeptischen Töne bejahte man schließlich »einmütig« die Formulierung eines Gemeinsamen Wortes, das seinen Ausgangspunkt bei der Stuttgarter Schulderklärung nehmen sollte. Es wurde vereinbart, bis zur Oktober-Sitzung Gedankensammlungen und Grobentwürfe anzufertigen[750]. Ein

Vorentwurf dazu sollte von einer gemeinsamen Arbeitsgruppe aus Ost und West – bestehend aus Leich, Domsch, Jaeger, Ziegler, Binder, Kraske und Hammer – vorgelegt werden. Die erste Fassung – eine Gedankensammlung – sollte auf der Konsultation am 29. Oktober 1984 beraten werden, der erste Entwurf zur Konsultation am 17. Januar 1985 fertiggestellt sein. Danach sollte der Entwurf in den Leitungsgremien erörtert werden. Als Zeitpunkt der Veröffentlichung war die Karwoche vorgesehen, »das heißt *vor* den staatlichen Erklärungen zum Kriegsende am 8. Mai, damit nicht der Eindruck eines pflichtschuldigen Nachklappens erweckt wird. Außerdem erscheint die Karwoche für dieses Thema angemessen.«[751]

Zu den begehrten Reisezielen von Politikern aus dem Westen gehörten leitende Kirchenmänner im Osten. Der DDR-Staatssekretär für Kirchenfragen, Klaus Gysi, bezeichnete diesen Drang nach Osten nicht ohne Witz als »Polit-Tourismus«[752]. Da das Kirchenbund-Sekretariat dem Andrang kaum mehr Herr wurde und sich mit allzu kurzfristigen Besuchswünschen – gar angemeldet über die Ständige Vertretung der Bundesrepublik in Ost-Berlin – konfrontiert sah, suchten Hammer und Lingner Ende August 1984 auf Wunsch des BEK-Sekretariats den Politbesucher-Strom zu kanalisieren, indem sie verabredeten, alle Reisewünsche über den EKD-Bevollmächtigten in Bonn abzuwickeln[753]. Doch diese Regelung funktionierte nicht. Immerhin zeigten die Kontaktbemühungen den kirchenleitenden Persönlichkeiten in der DDR, welchen deutschlandpolitischen Wert sie offenbar besaßen. Auch Binder schrieb:

»Polittourismus[754] in die DDR ist notwendig, damit unsere Politiker sich ein Bild von den dortigen Verhältnissen und den in der DDR vertretenen Auffassungen machen können. Wünschenswert erscheint mir dabei immer wieder auch ein Gespräch mit Kirchenvertretern. Für westliche Beobachter ist es oft doch besonders eindrucksvoll, wenn sie die sorgfältig differenzierenden Urteile unserer Freunde hören.«[755]

Ein Beispiel war der Besuch einer CDU-Delegation in Thüringen, über den Leich am 24. August 1984 den Stellvertreter des Vorsitzenden für Inneres im RdB Erfurt, Hartmann, informierte. Der Funktionär notierte:

»Ohne aufgefordert zu sein, informierte mich LB Dr. Leich über ein am 20. August 1984 im Amtssitz des LKR stattgefundenes Gespräch mit einer Gruppe westdeutscher CDU/CSU-Politiker und deren Ehefrauen, die sich auf einer Touristenreise durch die DDR in Eisenach für einen Tag aufhielt. Diese Gruppe wurde geleitet von Minister Windelen und setzte sich aus weiteren namhaften Politikern wie Ministerpräsident Vogel [...] zusammen.

Vom LKR waren an dem Gespräch beteiligt LB Dr. Leich, OKR Mitzenheim und Prof. Dr. Saft sowie KR Greim. Die [...] [im Vorfeld] geäußerten Bedenken, daß von seiten der westlichen Besuchergruppe herausfordernde bzw. diffizile Fragen aufgeworfen würden, bestätigten sich nicht. Die Mehrheit der ins Gespräch gebrachten Probleme gruppierten sich um Freiheit der Religionsausübung, Grundfragen sowie praktische Vollzüge im Staat-Kirche-Verhältnis, Chancengleichheit religiös gebundener Bürger und den Ertrag des Lutherjahres. Das Gespräch war durch eine sachliche Atmosphäre gekennzeichnet und machte deutlich, daß sich die Mehrheit der Beteiligten zum ersten Mal in der DDR aufhielten. Die westdeutschen Gäste nahmen auch Gelegenheit zu einer Besichtigung der Herderkirche in Weimar, die von Sup. Reder wahrgenommen wurde.«[756]

Natürlich gab es auch das umgekehrte Phänomen kirchlicher Selbstaufwertung östlicher Kirchenleiter mittels Kontaktgesprächen in Bonn. So nutzte Eberhard Natho Ende Juni 1984 eine Dienstreise in die Bundesrepublik, um den ansonsten wenig umworbenen Bundeskanzler zu besuchen. Das MfS informierte darüber:

»In Bonn führte Natho ein einstündiges Gespräch mit Bundeskanzler Helmut Kohl. Es handelte sich um die 4. Begegnung [...] Die Zusammenkunft erfolgte auf Vermittlung des Leiters der Ständigen Vertretung der BRD in der DDR, Dr. Bräutigam. Sie fand ohne vorherige Informierung des Staatssekretärs für Kirchenfragen der DDR und ohne Kenntnis der Mitglieder des Landeskirchenausschusses der Evangelischen Landeskirche Anhalts (ELKA) statt.«

Natho berichtete, »Kohl habe sich auch über das gute Verhältnis zu Erich Honecker geäußert, mit dem er aktive telefonische Kontakte bei auftretenden Problemen unterhalte«.

Zu Hause zeigten die Mitglieder seines Landeskirchenrates wenig Verständnis für Nathos diplomatische Eskapaden. Sie kritisierten ihn wegen seiner Begegnung mit Kohl, da sie nicht vorab informiert gewesen seien und Probleme mit dem SED-Staat befürchteten[757].

Auf der Sitzung der Beratergruppe am 6. September 1984 hielt Cornelius von Heyl ein deutliches Referat »Zur Problematik des Redens im jeweils anderen Bereich«, das er im April des darauffolgenden Jahres in kaum überarbeiteter Fassung auch drucken ließ[758]. Im Vorfeld der Sitzung war die kritische Frage gestellt worden, »ob der im Politischen geltende Grundsatz der ›Nichteinmischung in die Angelegenheiten anderer Staaten‹ in einer Entsprechung auch für das Verhältnis der Kirchen zueinander bei ihren ökumenischen Beziehungen gilt.«[759] In Heyls Referat heißt es:

»[...] grundsätzlich können, dürfen und sollen wir reden auch zu Angelegenheiten, die besonders die Kirchen im jeweils anderen Bereich angehen. Daß wir dabei beachten, ob wir damit vielleicht Schaden anrichten und ob solches Reden die Lebensbedingungen der Kirche im jeweils anderen Bereich vielleicht erschweren könnte, ist eine Selbstverständlichkeit, die allerdings – das muß man sehen – uns aus der Bundesrepublik mehr Zurückhaltung abverlangt als euch aus der DDR. Aber auch dieser letztgenannte Gesichtspunkt wird m. E. immer beachtet. Dennoch gibt es immer wieder Ärger. Und zwar in letzter Zeit wohl vor allem Ärger bei uns in der Bundesrepublik über euch in der DDR. Warum? [...] Da kommt jemand zu uns in der *Aura des Gerechten*, denn jeder Christ aus der DDR hat in der kirchlichen Diskussion in der Bundesrepublik so etwas wie diese Aura, und der sagt, wo es bei uns lang gehen solle. Irgendwie bekommt er, ob er will oder nicht, eine Art Schiedsrichterrolle. Er nimmt Partei – das darf er –, aber in falscher Rolle. Für diese Rolle kann er nichts, er hat sie sich nicht ausgesucht, wir schieben sie ihm zu. Indem er Partei nimmt, wirkt es oft so, als entscheide er, wer recht hat. Der Christ aus einer Kirche, die Verfolgungssituationen kennt und die auch nicht mit materiellen Reichtümern nicht gesegnet ist, hat nun einmal einen Glaubwürdigkeitsvorsprung, den unsereiner schwer aufholen kann.«[760]

Anstatt dieses falsche Rollenbild zu korrigieren, indem er zum Beispiel darauf verweise, daß es sich bei der vorgetragenen Meinung um seine eigene Position oder jedenfalls nur die eines Teils seiner Kirche handele, rede er mit der vorgeblichen Autorität seiner in dieser Frage ganz einigen Kirche. Als Beispiel führt C. von Heyl den Satz an:

»Wir aus der DDR können das offen sagen – wir sehen aber, daß die Kirchen in der BRD es nicht können, weil sie gezwungen sind, Rücksicht auf Politiker und Offiziere in ihren Reihen zu nehmen«.

Dabei mußte C. von Heyl durchaus nicht selbst thematisieren, daß sich das Friedens- und Abrüstungsengagement des BEK nur zu oft im harmonischen Gleichklang mit der offiziellen Linie der DDR-Regierung vollzog. Das wurde durch den Bericht aus dem Bereich des Kirchenbundes besorgt[761]. Am 31. August 1984 hatte nämlich der Friedensrat der DDR im Kongreßzentrum des Palasthotels eine Tagung durchgeführt, die unter dem Thema stand: »35 Jahre DDR – 35 Jahre Kampf für Abrüstung, Entspannung und friedliche Koexistenz, gegen nuklearen Völkermord«. Im Auftrag des Kirchenbundes nahmen Manfred Stolpe, Martin Kramer und Helmut Domke an der Veranstaltung teil, nachdem man der Kirche die Möglichkeit eines »eigenständige[n] Beitrag[s]« eingeräumt hatte[762]. Stolpes Rede[763], die den Teilnehmern der Beratergruppe sinngemäß wiedergegeben wurde[764], war ein Appell an die »Friedenszusammenarbeit« aller, wobei er die Eigenständigkeit der kirchlichen Friedensarbeit betonte und sich für mehr Reisefreiheit aussprach. Zweifel am durchgängigen Friedensengagement der DDR über die 35 Jahre ihres Bestehens hinweg enthielt die Rede allerdings nicht[765]. Außerdem soll der Konsistorialpräsident den Gedanken einer »Äquidistanz« zu beiden Supermächten abgelehnt haben[766]. Dem EKD-Bevollmächtigten in Bonn teilte Lingner mit, der Berliner »Senat sei irritiert und hätte den Eindruck, Stolpe schwenke völlig auf die Moskau-Linie ein«[767]. Er [Lingner] habe dagegen »deutlich gemacht, daß eine vorschnelle Einordnung von Stolpe oder gar von den Kirchen in der DDR in die Moskau-treue Linie kaum gerechtfertigt sei.« Doch auch interne DDR-Beobachter beurteilten Stolpes Verhalten im SED-Sinne ungeteilt positiv. So gelangte Gert Wendelborns Führungsoffizier aufgrund eines Tonbandberichtes des staatsergebenen Sektionstheologen zu folgender Einschätzung:

»Konstruktives und positives Auftreten des Konsistorialpräsidenten und amtierenden Vorsitzenden der Konferenz der Evangelischen Kirchenleitungen, Manfred Stolpe, auf der Tagung des Friedensrates am 31. August 1984 [...] Durch die Teilnahme von Stolpe an der Übergabe des Friedensbekenntnisses an Gen. Erich Honecker stellt sich der BEK offiziell hinter dieses Friedensbekenntnisses [...]«[768]

Kirchliche Kreise vermerkten positiv, daß Honecker in seinem Bericht vor der 9. Tagung des ZK der SED den »BEK gleichberechtigt mit den anderen Teilnehmern des Empfangs des Friedensrates beim Staatsratsvorsitzenden« nannte. Dies werteten sie »als Anerkennung des kirchlichen Friedensengagements«[769].

Propst Friedrich Winter, Berlin, schrieb freilich kritisch an Hempel:

»Die gesamte Presseberichterstattung wirkte für unsere Gemeinden und ihre Mitarbeiter irreführend, als sei der Bund der Evangelischen Kirchen Mitglied im Friedensrat der DDR. – Zugleich wurde der Begriff der Friedensbewegung in bestimmter Weise interpretiert, so daß der Eindruck entstehen konnte, daß der Bund der Evangelischen Kirchen nun ein Sonderzweig der DDR-Friedensbewegung sei. Es war auch schade, daß Bruder Stolpe zwischen dem Vertreter des FDGB und einer Eiskunstläuferin in der Zeitung mit seinem Beitrag zu lesen war. Damit hat sich der Bund m. E. im Ansehen der Öffentlichkeit etwas vergeben.

 War es nötig, daß der Vorstand seinen stellvertretenden Vorsitzenden, Bruder Stolpe, zu dieser Veranstaltung delegierte? Bruder Stolpe ist nun nicht irgendwer, und darum finde ich die Art dieser Auswahl nicht günstig. Hätte man nicht irgend jemand anderes aus der Konferenz der Kirchenleitungen bitten können, der weniger bekannt ist? Ich meine, daß das dadurch aufgebaute ›Image‹ weder für den Bund noch für die Evangelische Kirche in Berlin-Brandenburg günstig sein dürfte. So etwas hat dann plötzlich Rückwirkungen, manchmal bis zu Synodalentscheidungen. Es fühlen sich eben durch eine solche Berichterstattung Menschen alleingelassen, worüber man nicht mit dem in letzter Zeit geläufigen psychologischen Schlagwort ›Berührungsängste‹ hinwegkommt. Ich dachte, ich schreiben Ihnen dieses einmal. Bruder Stolpe weiß darum.«[770]

Ein halbes Jahr zuvor hatte es im BEK-Sekretariat harte Auseinandersetzungen gegeben, als Christa Lewek beabsichtigte, an einer erweiterten Präsidiumstagung des Solidaritätskomitees der DDR teilzunehmen[771]. Ziegler reagierte überaus kritisch: »Ich selbst frage: Ist unsere Beteiligung wirklich nötig? Darüber würde ich gern einmal ausführlicher mit Ihnen reden.« Daraufhin ließ Lewek aus Termingründen absagen[772].

Forck, der während der Septembersitzung der Beratergruppe den BEK-Part zu übernehmen hatte, stimmte im ganzen mit Heyls Referat überein.

»Er unterstreicht die Notwendigkeit, daß die Kirchen des Bundes und die der EKD wechselseitig die Entscheidungen des Partners mitbedenken und zu ihnen Stellung nehmen. Dabei geht es nicht darum, dem anderen die ›richtige‹ Entscheidung zu verkünden, sondern nur darum, dem anderen Fragen zu stellen und sich selbst in Frage stellen zu lassen.«

In der sich anschließenden, überaus intensiven Diskussion entgegnete man Forck, seine Ausführungen gälten für die »brüderliche Beratung«.

»Belastend kann sich dagegen eine öffentliche Stellungnahme auswirken. Dies gilt besonders, wenn sie publiziert wird. Insoweit ist Behutsamkeit geboten, die aber kein Schweigen gebietet, wo ein Reden um des rechten Zeugnisses und Dienstes gefordert ist.«[773]

Am 7./8. September 1984 beschloß die KKL, »dem Rat der EKD ein gemeinsames Wort aus Anlaß des 40. Jahrestages der Beendigung des Krieges[774] sowie des Stuttgarter Schuldbekenntnisses in der Karwoche 1985 zu empfehlen und, bei Zustimmung des Rates der EKD, die Konsultationsgruppe mit der Erarbeitung des gemeinsamen Wortes zu beauftragen.«

»Die Konferenz empfiehlt, folgende Gesichtspunkte bei der Erarbeitung eines gemeinsamen Wortes zu berücksichtigen: inhaltliche Konkretisierung des Stuttgarter Schuldbekenntnisses durch den Vortrag von Dr. Krusche in Kiel ›Schuld und Vergebung – der

Grund christlichen Friedenshandelns‹[775]; Gesichtspunkte des Ausschusses Kirche und Gesellschaft anläßlich des Begehens des 30. Jahrestages der DDR.«[776]

Vier Tage später wurde das Projekt auch im Rat der EKD erörtert.

»In der Aussprache wird auf kürzliche öffentliche Äußerungen aus dem Bereich des Kirchenbundes (Bischof D. Krusche in Kiel und Konsistorialpräsident Stolpe in Ost-Berlin) hingewiesen. Der Rat begrüßt, daß die Konsultationsgruppe ein gemeinsames Wort vorbereitet. Herr Binder wird um einen Entwurf gebeten.«[777]

Der KKL-Vorstand präzisierte einen Tag vor Beginn der BEK-Synode, das Wort solle »den Charakter einer Verlautbarung haben und für die Öffentlichkeit bestimmt sein.« Im Mittelpunkt des Textes sollten die 40jährige Bewahrung des Friedens, die Entstehung der beiden deutschen Staaten und die sich hieraus ergebenden Auswirkungen auf die Kirchengestalt sowie der Aspekt Neubeginn und Vergangenheitsbewältigung stehen. Bis Mitte Oktober sollten Domsch, Ziegler und Lewek einen Entwurf vorbereiten[778].

Auf der 4. Tagung der IV. Synode des Bundes der Evangelischen Kirchen in der DDR wurde erklärt:

»In Erinnerung an diesen Tag [scil. den 8. Mai 1945] empfinden wir es dankbar, daß wir in einem Staat leben, der mit erheblichen Anstrengungen dazu beigetragen hat, den Frieden in Europa zu bewahren. Wir unterstreichen, daß alle offenen Fragen hinter der Aufgabe zurücktreten, den Frieden zu erhalten.«[779]

Mitte September 1984 nutzte der Sowjet-Botschafter Wladimir Semjonow den Jahresempfang der EKD im Hause ihres Bevollmächtigten in Bonn, um mit dem Ratsvorsitzenden eine Begegnung zu vereinbaren. Diese fand dann am 29. November 1984 in der Residenz des Sowjet-Botschafters in Bonn-Bad Godesberg statt. Trotz erheblicher Bemühungen gelang es Semjonow jedoch nicht, die kleine kirchliche Delegation – Lohse, Binder und den hessen-nassauischen Kirchenpräsidenten Helmut Hild – für die sowjetische Friedenspolitik zu begeistern[780]. Damit blieb die kirchliche Auseinandersetzung zwischen Ost und West um ein angemessenes Friedensverständnis im wesentlichen auf die Konsultationsgruppe beschränkt.

Nochmals »Grundvertrauen«: Die Greifswalder Bundessynode im September 1984 und ihre Rezeption in Kirche und Staat

Die 19. Konsultation vom 29. Oktober 1984 stand ganz im Zeichen des projektierten »Wortes«. Zuvor berichtete Wahrmann über die Bundessynode in Greifswald.

Am 21. Juni 1984 hatte zwischen Gysi, Heinrich[781], Stolpe und Ziegler eine Unterredung stattgefunden, die auch der Vorarbeit für die Greifswalder Bundessynode dienen sollte. Die kirchlichen Vertreter berichteten, sie ständen von seiten ihrer Basis unter starkem Druck, da die Lage in der Volksbildung sowie der Berufsausbildung für Christen dort weiterhin als unbefriedigend empfunden werde. »Dabei sei eine Hauptfrage, ob es in der Schule nur eine formale Gleichheit vor den Gesetzen gäbe oder ob christliche Jugend eine wirkliche Chancengleichheit in unserem Lande hätte.« Stolpe und Ziegler bestanden nicht mehr auf einem Spitzengespräch mit der Volksbildung, schlugen aber eine Unterredung »in einem sehr kleinen Kreis« vor – mit dem Ziel, bestimmte verläßliche Grundsätze zu bestätigen und dann »nach unten« durchzugeben.

Gysi schrieb zu den kirchlichen Vorstellungen:

»Diese Ausführungen zeigen einerseits das Bemühen, an den bekannten Grundpositionen festzuhalten, andererseits aber das Bestreben, Konflikte auszuschalten bzw. zu entspannen. Neu ist dabei, daß sie sich nicht mehr unbedingt auf ein Gespräch mit der Volksbildung festlegen wollen. Ebenso neu ist eine gewisse Reduzierung ihrer Wünsche auf Bestätigung bestimmter genereller Eckpunkte. Dahinter steht auch deutlich die Absicht, zu klären, wie eine ›Kirche im Sozialismus‹ mit diesen sensibelsten Fragen der Staat-Kirche-Beziehungen klarkommen oder weiterkommen kann. Zugleich ist ebenso klar, daß sie die alten Wünsche nicht aufgegeben haben. Ihre Absicht ist offenbar, ohne Konfrontation auf einem längeren Umweg wieder auf diese Forderungen hinzuarbeiten. Anderseits steht vor uns die Frage, ob und wie wir diese Haltung für uns ausnutzen«, schloß der gewiefte Taktiker seine Beurteilung [782].

Die Arbeitsgruppe Kirchenfragen hatte sich vor Beginn der Greifswalder Bundessynode eher skeptisch geäußert:

»Mit dem Berlin-Brandenburgischen Bischof Forck und dem Magdeburger Konsistorialpräsidenten Kramer wurden als Autoren dieses Berichtes [KKL] denkbar ungünstige Kandidaten bestimmt.«[783]

Hieraus zogen die Genossen, verbunden mit klaren Erwartungen, die in jedem Fall durchsetzbar sein sollten, folgende Schlußfolgerung:

»Die weitere politische Einflußnahme auf die Vorbereitung der Synodentagung erfolgt mit dem Ziel [...], die Synode, insbesondere die Konferenz der evangelischen Kirchenleitungen und ihr Präsidium, im unmittelbaren Vorfeld des 35. Jahrestages der DDR zu einer grundsätzlichen, konstruktiven politischen Aussage zu unserem Staat und seiner Politik zu veranlassen[784]. Sollte wegen des innerkirchlichen Kräfteverhältnisses eine solche Position nicht allgemein durchgesetzt werden können, sind die Bischöfe Hempel, Vorsitzender der Konferenz, sowie Gienke als Bischof der gastgebenden Kirche[785] zu veranlassen, eigenverantwortlich solche Aussagen vor der Synode zu machen.«[786]

Die Befürchtungen der Parteifunktionäre erwiesen sich allerdings als vollkommen unbegründet. Staatssekretär Gysi hatte kirchlichen Gesprächspartnern, darunter Stolpe und Domsch, wenige Tage vor der Synode klargemacht:

»Gysi geht auf die politische Gesamtlage ein und erläutert, daß der Staatsratsvorsitzende eine Konzeption durchzuhalten suche, die innen wie außen nicht von allen akzeptiert würde. In dieser Situation brauchen wir nach innen wie außen eine Koalition der Vernunft. Von den Kirchen würde nicht Wohlverhalten erwartet. Aber sie sollten sich auf das Gemeinsame besinnen und das Gemeinsame anerkennen. Zu widerstehen sei der Profilierungssucht, die sich durch Kritik gegenüber dem Staat zu profilieren versuche. Die christliche Kirche müsse sich nicht durch Antipositionen profilieren. Wir hätten alle keinen Anlaß, Erreichtes zu gefährden.«

Die Kirchen »sollten [...] erkennen, welche konstruktive Rolle die DDR, zum Beispiel in der Sozialpolitik und der Friedenssicherung, betrieben habe und welche Anerkennung sie dafür gefunden habe.

Diese Politik hätte auch einige Worte der Anerkennung seitens der Kirche verdient. Die Kirche hätte ihr eigenes Profil in der DDR erst nach der Trennung von der Kirche in der BRD finden können. Die seitdem vergangenen 15 Jahre seien gute Jahre und erstaunliche Jahre gewesen. Wer diese Entwicklung weiterführen will, müsse alles tun, Erreichtes nicht zu gefährden. Darum sei die Frage zu stellen: Warum schweigen die Kirchen der DDR zu dieser Entwicklung? Diese Haltung entspreche nicht der internationalen Situation. Es gelte, die Positionen des Mißtrauens abzubauen, nicht zu kultivieren. Es sei eine Aufgabe für beide Seiten. Im Blick darauf habe die Bundessynode eine große Bedeutung. Sie wird für viele die Stunde der Wahrheit sein. Es sollte einmal in den Vordergrund gestellt werden, was uns gemeinsam verbindet, und nicht, was noch an Problemen zu lösen sei.

Stolpe erklärt, daß wir [die kirchlichen Gesprächspartner] keinen Anlaß hätten, dieser Einschätzung der Situation zu widersprechen. Es sollten aber manche Punkte noch durch baldige weitere Gespräche vertieft werden. Denn die Alltagsfragen schlügen voll auf das allgemeine Verhältnis von Staat und Kirche zurück.«[787]

Im KKL-Bericht der Greifswalder Synode stand tatsächlich der aufsehenerregende Satz: »So können wir heute wagen, von einem Grundvertrauen zwischen Staat und Kirche zu sprechen.«[788] Allerdings hatte es sich als notwendig erwiesen, den von Forck, Kramer, Kahl und Günther verantworteten Entwurf des KKL-Berichts, der auf Beschluß des KKL-Vorstandes »im Hinblick auf den unmittelbaren zeitlichen Zusammenhang zwischen Bundessynode und 35. Jahrestag der DDR [...] Ausführungen zur aktuellen Problematik ›Kirche im Sozialismus‹« enthalten sollte[789], einen Tag vor Beginn der Synode in einer Vorstandssitzung zu überarbeiten, bevor er zum Synodalvortrag werden konnte[790]. Laut einer staatlichen Einschätzung sprach der Leitgedanke des ursprünglichen Entwurfs ungefähr das Gegenteil der Endfassung aus. Dort hatte es nämlich ungefähr geheißen, »daß es kein Vertrauen zwischen Staat und Kirche geben könne und dürfe«[791].

Ludwig Große kritisierte anschließend scharf den nach seiner Auffassung nicht gerade demokratischen Prozeß des Zustandekommens des Berichts. Eigentlich hätte die gesamte KKL und nicht nur ihr Vorstand den Text verantworten müssen. Im übrigen könne er »sich dem Begriff ›Grundvertrauen‹ nicht anschließen, es gibt zu viel ›Grundmißtrauen‹«, führte der Saalfelder Superintendent aus[792].

Peter Kraußer wertete:

»Im Vorfeld und während der Synode selbst kam es zu harten innerkirchlichen Kontroversen um Grundpositionen. Der Bericht der Konferenz der evangelischen Kirchenleitungen mußte überarbeitet werden. Dieser Prozeß, verbunden mit der aktiven staatlichen Einflußnahme, hat dazu beigetragen, daß realistische und weiterführende Aussagen zur 15jährigen Bilanz des BEK in der DDR getroffen wurden. [...] Das Hauptergebnis der Synode war eine generell positive Würdigung des sozialistischen Staates[793] und die Bereitschaft zur weiteren Mitwirkung der evangelischen Kirchen in unserem Lande. Der auf Sachlichkeit und Konstruktivität gerichtete Kurs der Konferenz der Kirchenleitungen und die Bekräftigung der Linie und des Geistes des Gespräches vom 6. März 1978 fand seine Bestätigung. Es ist bemerkenswert, daß das in einer bislang nie so eindeutigen Weise geschah und von der Konferenz der Kirchenleitungen solche prinzipiellen Positionen in großer Geschlossenheit vertreten wurden und im Ganzen auch durchgesetzt wurden. Mit hohem Engagement und unter Einsatz ihrer ganzen persönlichen Autorität verteidigten vor allem der Vorsitzende der Konferenz der Kirchenleitungen, Landesbischof Hempel, seine beiden Stellvertreter, Bischof Gienke und Konsistorialpräsident Stolpe, der Direktor des Diakonischen Werkes, Oberkirchenrat Petzold, der provinzsächsische Bischof Demke[794], der Greifswalder Oberkonsistorialrat Plath sowie der Zittauer Superintendent Mendt die im Konferenzbericht eingenommenen realistischen Positionen. [...]

Die zu Tage getretene Polarisierung wird auch an dem Verhalten des Anhaltinischen Kirchenpräsidenten Natho sichtbar, der wegen der realistischen Grundaussagen im Konferenzbericht sowie des angeblich deutlich angezeigten Erwartungsdrucks staatlicher Vertreter auf die Synode die Tagung unter Protest vorübergehend verließ[795]. [...] Die Haltung der realistischen Kräfte rief den Widerspruch bekannter negativer Synodaler hervor, die in konzentrierter und abgestimmter Weise die im Konferenzbericht vertretene konstruktive Grundlinie in Frage zu stellen suchten, um eine Verschärfung herbeizuführen. Während in der öffentlichen Diskussion von diesen Kräften eine gewisse Mäßigung in Stil und Ton an den Tag gelegt wurde, gab es in einer geschlossenen Sitzung[796] harte Angriffe und provokatorische Ausfälle gegen die Linie der Kirchenleitung[797]. [...]

Die verschiedensten Ereignisse der vergangenen Jahre (ÖRK-Tagung 1981 in Dresden, die Luther-Ehrungen 1983) werden als ›Erneuerungssymbol für Absicht und Geist des 6. März 1978‹ angeführt. Ausführliche Passagen aus dem Interview des Vorsitzenden des Staatsrates und Generalsekretärs des ZK der SED, Genossen Erich Honecker, in den Lutherischen Monatsheften (im ND vom 6. Oktober 1983) werden zitiert und als ein ›Symbol der Kontinuität gewachsener realistischer Beziehungen zwischen Staat und Kirche‹ charakterisiert. Im Bericht heißt es: ›So können wir heute wagen, von einem Grundvertrauen zwischen Staat und Kirche zu sprechen.‹ [...]

Hempel[798] präzisierte anläßlich eines Empfangs des Staatssekretärs für Kirchenfragen für die Synode[799] seine Aussagen zur Kirche im Sozialismus in konstruktiver Weise und stellte Vertrauen, Dienst am Menschen und Verantwortung für den Frieden als sozialistischen Staat und Kirche verbindende Elemente heraus. Damit äußerte sich Hempel zu diesen prinzipiellen Fragen der Staat-Kirche-Beziehungen erstmals in aller Öffentlichkeit so eindeutig. [...]

Ein Schritt zu mehr Realismus in der Friedensfrage ist die Feststellung, daß die Kirchen trotz ihres Neins ›zu Geist und Logik und Praxis der Abschreckung nicht sofort aus der Abschreckungsstrategie aussteigen‹ können und bis zur Erreichung dieses Zieles ›politische Schritte in Richtung auf Vertrauensbildung, Entspannung und gemeinsame Sicherheit zwischen Ost und West‹ getan werden müssen. [...]

Die auf vergangenen Synodentagungen umstrittene Frage der Rolle und des Platzes des Pazifismus in der kirchlichen Friedensarbeit spielte keine nennenswerte Rolle. Spürbare Zurückhaltung wurde bei der sonst praktizierten demonstrativen Betonung deutsch-deutscher Ambitionen geübt[800].

Während der Konsultation zwischen EKD- und BEK-Vertretern in Berlin Ende Oktober 1984 stieß der Begriff »Grundvertrauen« bei den Westlern auf breites Unverständnis.

»In der Aussprache [der Konsultation zwischen EKD und BEK] wird gefragt, ob der Begriff ›Grundvertrauen‹ eine stärkere Nähe der Kirche zum Staat als vor zehn Jahren zum Ausdruck bringe. Dann sei es verwunderlich, daß von seiten der Kirchen in der DDR gleichzeitig Kritik daran laut werde, daß die EKD dem Staat zu nahe stehe. Ziegler wertet es als ein Zeichen der Normalisierung, daß die Kirchen in der DDR ihr Verhältnis zum Staat mit Ja und Nein charakterisierten und nicht mehr nur, wie anscheinend von ihnen manchmal erwartet, nur ein Nein zu sagen hätten.«[801]

Kritik gab es, wie schon von Kraußer berichtet, auch auf der geschlossenen Sitzung der Greifswalder Synode.

»Synodaler Passauer fragt die Eigenständigkeit der Kirche an. Auch scheint ihm die Trennung zwischen Staat und Kirche nicht mehr voll gewährleistet, sondern er hat den Eindruck ›Abhängigkeit‹. Synodalem Becker scheint, daß der Begriff ›Vertrauen‹ zuerst vom Staat benutzt wurde, die Kirche hat ihn dann aufgegriffen: ›Vertrauen wagen; Grundvertrauen‹. Kann man von Grundvertrauen zwischen KKL und Synode sprechen? Synodaler Mücksch schildert seine Eindrücke von Gesprächen mit Vertretern des Staates. KKL soll deutlich machen, daß sich Synode durch solche Vorgespräche nicht drängen lassen kann. Synodaler Semper berichtet über Nachgespräche zum Empfang. Es soll deutlich gesprochen werden, um Mißverständnisse auszuschließen. [...] Synodaler Küttler ist der Meinung, daß wir im Moment etwas zuviel des Guten in Richtung Staat tun (speziell bei der Mitarbeit und dem Auftreten im Friedensrat). Er kann sich dem Ausdruck ›Grundvertrauen‹ nicht anschließen. [...] Synodaler Baier möchte, daß die kritische Funktion der Kirche wieder mehr sichtbar wird. [...] Bischof Stier: Gemeindeglieder verlangen, daß Kirche so redet, daß es nicht als Akklamation mißverstanden werden kann. Beim Begriff ›Grundvertrauen‹ sind die Sprachebenen durcheinander gegangen. Berichtsausschuß sollte klar formulieren.«

Friedrich Schorlemmer hielt zwar »›Grundvertrauen‹ für nicht angebracht, hält aber die ›Koalition der Vernünftigen‹ für möglich. Beide Seiten haben keine einheitlich auftretenden Riegen mehr. Er hat Zwischentöne in der Gysi-Rede vernommen, die ihn beeindruckt haben.«

Hingegen äußerte Dietrich Mendt: »Wir sollten den Staatsvertretern die Angst nehmen, deshalb kann er sich dem Begriff ›Grundvertrauen‹ anschließen. [...] Synodaler Dr. Kiesow [...] Mißtrauen ist unchristlich [...] Präsident Domsch erläutert, daß mit ›Grundvertrauen‹ das pauschale Wort ›Vertrauen‹ spezifiziert werden sollte. ›Vertrauensvoll‹ sollte nicht verwandt werden.«

Hempel äußerte sich noch zu seiner Stegreifrede beim Gysi-Empfang am Freitag abend. Auf den Unmut einiger Synodaler eingehend, äußerte der KKL-Vorsitzende, er habe mit einer solch langen Rede des Staatssekretärs und auch mit einem so aktiven Auftreten des DDR-Fernsehens nicht gerechnet. Allerdings meinte der Bischof, der Begriff »›Grundvertrauen‹ soll beibehalten werden, weil e[r] die Sache trifft[802]. Unsere Kirchen stehen nicht schlecht da (Aktivität, Informiertheit). Sozialistische Umwelt war förderlich.«

Sein Kollege Forck warnte vor der Gefahr der Vereinnahmung. Insbesondere die Berichterstattung über das Auftreten bei der Friedensratstagung sei als solche zu charakterisieren.«[803]

Ein deutliches Wort der Basis sprach der Synodale Oswald Wutzke, dessen Aussagen hier nur so wiedergegeben werden können, wie sie auf der Synodaltagung gefallen sind:

»Warum diese Absprachen [wie der 6. März 1978] aber keine Wirklichkeitsnähe, keine Basisbezogenheit erfahren, kann ich nicht verstehen. Hier scheint die tiefe, tiefe Kluft zu sein, die nicht überwunden wird [...] Ich habe Worte gehört, das war wohl gestern, wir haben ein Haus gebaut, und in diesem Haus fühlen wir uns zu Hause. Gemeint ist der 35. Jahrestag der Republik, und wir fühlen uns zu Hause. Aber wir sind 35 Jahre alt, und wenn man sich zu Hause wohlfühlen soll, möchte man nicht das Gefühl haben, zu

Hause eingesperrt zu sein. Wer sich zu Hause wohlfühlt, der weiß auch sein Zuhause wirklich erst als Zuhause zu schätzen, wenn er auch mal etwas mehr als dieses Zuhause sehen kann. Was ich meine, verstehen Sie alle. Ist es denn nicht an der Zeit, nach 35 Jahren in den deutsch-deutschen Beziehungen uns bessere und mehr Möglichkeiten zu geben? Uns, damit meine ich eine Nation von mehr als 17 Millionen Menschen. Die Reisemöglichkeiten, bei allem Respekt und bei aller Dankbarkeit, die wir empfinden, sind doch hier und dort viel zu oft eingeschränkt und führen bei vielen Menschen, wo sie Ablehnung erfahren, und die Gründe erfahren die Beteiligten nicht, ob sie nun von der Bundesrepublik reinkommen wollen zu uns in unser Zuhause, oder ob wir die Menschen alle mal hinausfahren wollen, das schafft eine große, große Frustration, Enttäuschung und Bitterkeit, und das hat ein Staat, der so stabil ist und so souverän ist, doch einfach gar nicht nötig. Meine Bitte an die KKL auch an dieser Stelle, immer wieder dieses deutlich zu machen: Schafft und sorgt dafür, bittet die Regierung der DDR, in diesem Punkt viel mehr noch zu unternehmen, als getan worden ist. Dann fühlen wir uns in unserem Haus wieder noch besser zu Hause, und das wäre schön. Das wäre – weiß Gott – ein Geschenk zum 35. Jahrestag unserer Republik.«[804]

Hempels Rede vom »Grundvertrauen« kam nicht von ungefähr. Bereits am 16. März 1984 soll der sächsische Bischof gegenüber dem Vorsitzenden des RdB Leipzig erklärt haben, »daß es ihm im Verhältnis von Staat und Kirche um die Stärkung von Grundvertrauen gehe. Seine Kirche bejahe voll die Ausgestaltung einer ›Kirche im Sozialismus‹. Es lohne sich, beim ›Vertrauen wagen‹ zu bleiben und sich immer wieder zu verständigen.«[805] Auch auf der sächsischen Herbstsynode wiederholte der Bischof diese Formulierung und zeigte damit, daß es sich bei seinen Greifswalder Ausführungen um einen wohlüberlegten Schritt auf den Staat zu handelte[806].

Die Genossen resümierten nach Beendigung der BEK-Synodaltagung, auf der auch die Umweltbeiträge – entgegen vorherigen Befürchtungen – eher zahm ausgefallen waren[807]:

»Die Bundessynode ist mit ihrem Verlauf und ihrem Ergebnis ein sichtbarer Schritt nach vorn, ein gerade jetzt wichtiger kirchenpolitischer Erfolg. Der Gewinn der Tagung liegt vor allem in der beharrlichen Verteidigung der von der Konferenz der Kirchenleitungen im Bericht vertretenen Positionen. […] Die reaktionären Kräfte der Synode waren damit erstmals nicht in grundsätzlichen Fragen in der Offensive. […]

Die gewollte und beabsichtigte Zurückhaltung und Mäßigung in Stil und Form der Synode hat offenbar eine ganze Reihe von Ursachen. Es ist nicht exakt bestimmbar, welche Rangfolge sie einnehmen.
- die gewachsenen Einsichten bei einer ganzen Reihe von vor allem kirchenleitenden Vertretern, die sich zunehmend offener und konstruktiver den Fragen an eine ›Kirche im Sozialismus‹ stellen und sie zum Nutzen der Kirche lösen wollen, aber auch die Interessen des Staates dabei berücksichtigen;
- die staatliche und von gesellschaftlichen Kräften erfolgte Einflußnahme, die in bestimmtem Maße offenbar auch reaktionäre Kräfte zur Vorsicht gemahnt hat. Schon die Vorstellung, daß man von seinem Heimatbetrieb usw. oder den territorialen Staatsvertretern abgefragt, auf die Einheit von Wort und Tat angesprochen werden könnte, wirkt in dieser Richtung. Ein noch koordinierteres Vorgehen durch uns hätte hier wahrscheinlich große Wirkungen;
- taktische Erwägungen, die, ausgehend von der komplizierten internationalen Lage, eine durch die Synode hervorgerufene Belastung der Staat-Kirche-Beziehungen für

nicht angezeigt erscheinen lassen. Schließlich sind die Erfahrungen der Potsdamer Synode noch in frischer Erinnerung. Interessant ist in diesem Zusammenhang die Aussage Hempels: ›Und bei der ernsten Situation ist also manches nicht so möglich, wie es in ruhigen Zeiten wird.‹
Eine weitere Aussage Hempels kann nicht als Beweis gewonnener Einsichten, sondern muß als Hinweis auf entsprechende Rücksichtnahmen, als Vorsicht, gewertet werden. ›Das heißt, angesichts der für uns alle bekannten Weltprobleme und Weltbedrohungen wird die Frage nach Überprüfungsnotwendigkeit der staatlichen Kirchenpolitik selbstverständlich lebendiger als in ruhigeren Zeiten.‹ Auch der unmittelbar bevorstehende 35. Jahrestag[808] hat in diesem Sinne gewirkt.

Die Synode markiert trotz möglicher Einschränkungen eine neue Qualität in der Schärfe des innerkirchlichen Differenzierungsprozesses. Die Mehrzahl der kirchenleitenden Kräfte (ganz sicher außer Forck, Natho, Große) beginnt sich von einer provinziellen Haltung weg auf eine Politik der Taktik und des langen Atems umzustellen. Für sie liegen offenbar nicht mehr spektakuläre Aktionen und individueller Aktivismus im Vordergrund, sondern in sachlichen zähen Verhandlungen mit staatlichen Organen erreichbare Ergebnisse, Schritt für Schritt, die unumkehrbare Fakten in der Gesellschaft schaffen.

Das alles verträgt sich nicht mit einem marktschreierischen, auf öffentliches Ärgernis ausgerichteten Stil der Arbeit auf einer Synode. [...]

Trotz aller Zurückhaltung sind bei gründlicher Analyse in den Dokumenten und Materialien der Synode alle Fragen, in denen die evangelischen Kirchen eine von unserer Politik abweichende oder entgegengesetzte Position vertreten, nicht provozierend, aber deutlich ausgesprochen worden. [Bausoldaten, Reisefragen, Volksbildung]«[809].

Über die zuletzt genannten, zwischen Staat und Kirche noch kontroversen Punkte urteilte das Staatssekretariat für Kirchenfragen:

»Sie waren im Unterschied zu früheren Synoden sehr zurückgenommen, als Bitten und Fragen formuliert und der positiven Grundtendenz untergeordnet und angepaßt. Ihre Nennung bedeutet jedoch, daß sie als Optionen für künftige Forderungen aufrechterhalten und von den negativen Elementen mißbraucht werden können. Reaktionen der BRD-Presse[810] zeigten das bereits. Das zeigt, daß trotz positiver Fortschritte auch die Dokumente dieser Synode einen Kompromißcharakter haben.«[811]

Im übrigen mahnte das Staatssekretariat für Kirchenfragen freilich zur Vorsicht:

»Erfahrungsgemäß stellen sich negative und feindlich-reaktionäre Kräfte schneller, organisierter und konzeptioneller auf solche Veränderungen ein. Die Lage innerhalb der Kirchen bleibt deshalb bei allen Fortschritten instabil und weist eine Labilität auf, die immer umschlagen kann. Deshalb kommt der kirchenpolitischen Aktivität des Staates mit jedem positiven Schritt innerhalb der Kirchen wachsende Bedeutung zu. Das betrifft die Förderung der loyalen Kräfte wie die Isolierung und Zurückdrängung der negativen.«[812]

Peter Kraußer urteilte, die Kirchenleitungen schalteten »um von einem provinziellen Herangehen zu einer Politik des langen Atems und damit weg vom spontanen Handeln zur langfristigen Taktik«[813]. Recht genau skizzierte das Papier den aktuellen Stand des Verhältnisses zwischen BEK und EKD:

»Diese Beziehungen gestalten sich zunehmend widersprüchlich[814]. Einerseits legen die Kirchen der DDR Wert auf enge Beziehungen und ermuntern ständig auch die Gemeinden dazu. Andererseits kommen sie nicht umhin, je mehr sie eine loyale Position einnehmen, in Gegensatz zur Linie der Mehrheit des BRD-Klerus zu treten. Die erste Reaktion auf die Synode in der Westberliner Kirchenleitung war nach unseren Informationen heftige Empörung über die KKL. Im letzten Halbjahr gab es absolute Ablehnung in der EKD gegen die Rede von Bischof Hempel in Worms, gegen Konsistorialpräsident Stolpe in Tutzing und auf der Friedensratssitzung in Berlin, gegen die Rede von Altbischof Krusche in Kiel, gegen die loyale Ansprache von Bischof Gienke in Stralsund anläßlich Besuch von Olof Palme[815].

Diese Entwicklung erfährt durch die Bundessynode ohne Zweifel eine weitere Steigerung. Die weiteren Reaktionen in der BRD-Kirche und die Linie der Druckversuche gegen die DDR-Kirchen bleibt abzuwarten. Sicher ist, daß sie kommt. Zugleich wirken sich diese loyalen Positionen auch auf Amtsträger der BRD-Kirchen immer stärker aus.«[816]

Wenig später beurteilte Kraußer im Genossenkreis auch positiv, daß die Bundessynode »erstmals vom 40. Jahrestag der Befreiung gesprochen« habe[817].

Ende Oktober 1984 traf sich in der Wohnung von Anneliese Feurich (Dresden)[818] ein recht bunt zusammengesetzter Kreis aus Kirchenleuten und Staatsfunktionären. Zugegen war auch der West-Berliner Theologe Helmut Gollwitzer. Dem staatlichen Protokoll zufolge äußerte er sich »anerkennend über die sichtbare Verbesserung der Beziehungen zwischen Staat und Kirche in der DDR«. Allerdings habe man ihm in der Evangelischen Akademie Meißen Beschwerden über die Benachteiligung von Christen und die Oppression jeglicher Kritik und Kreativität im Volksbildungsbereich, die Staatsideologie und die administrative Unterdrückung von kirchlichen Friedensaktivitäten vorgetragen. »Nie hätte er gedacht, daß die Kirche noch so jammert, ja so reaktionär sei«, soll Gollwitzer bemerkt und gefragt haben, was denn eigentlich an diesen Vorwürfen dran sei. Hierauf geht das von dem SED-Funktionär Helmut Richter angefertigte Protokoll jedoch nicht ein. Stattdessen heißt es:

»Einen Problemkreis bildete weiterhin das Verhältnis zwischen den beiden deutschen Staaten. Alle DDR-Teilnehmer[819] erklärten eindeutig ihre Standpunkte zu den BRD-Bemühungen um das ›Offenhalten der deutschen Frage‹, der Wiedervereinigung und unterstützten vor allem die Forderungen des Generalsekretärs des ZK der SED in bezug auf die Respektierung der Grenzen, der Staatsbürgerschaft der DDR und der Auflösung der Erfassungsstelle Salzgitter (eindeutig Pfarrer Großmann, Dr. Nollau). Sie wandten sich entschieden gegen spekulative bzw. eventuelle Meinungen in der Art, wie sich DDR-Bürger, vor allem jedoch kirchliche Kräfte verhalten würden, wenn die BRD-Regierung die DDR-Staatsbürgerschaft respektieren würde und ob im Ergebnis dessen Enttäuschungen in der Richtung zu erwarten wären, daß damit der letzte Zipfel der Hoffnung nach Wiedervereinigung verschwinden würde.

Prof. Dr. Gollwitzer erklärte, daß sie [wahrscheinlich er und seine auch anwesende Ehefrau] sich verstärkt für die Forderungen der DDR in der Friedensbewegung einsetzen wollen. Vor allem wollen sie den in Aussicht stehenden Kirchentag in der BRD [Düsseldorf 1985][820] in bezug auf sachliche und realistische Aussagen zur Frage der Staatsbürgerschaft ›mobil‹ machen.«

Allerdings kritisierte Gollwitzer scharf die militärische Erziehung in Kindergärten und Schulen der DDR, worin er sich durch und durch als Pazifist erwies.

»Er verglich das mit der Entwicklung in Nicaragua. Dort würde ebenfalls die Bevölkerung, und vor allem die Jugend, militärisch beeinflußt, und es sei kein Wunder, daß der Herr Präsident Reagan sich darüber verärgert äußere. Persönlich vertrat er weiterhin die Meinung, daß wir es doch nicht nötig gehabt hätten, zum 35. Jahrestag der DDR eine Militärparade stattfinden zu lassen.«[821]

Außerordentlich kooperativ zeigte sich die kirchliche Seite – dieses Mal die Landeskirche Berlin-Brandenburg – hinsichtlich des staatlichen Vorhabens, zur Grenz-Bereinigung an der Berliner Mauer die auf dem Grenzstreifen gelegene Versöhnungskirche zu sprengen. Der Stellvertreter des Oberbürgermeisters für Inneres in Berlin (Ost), Hoffmann, ließ durch den Ostberliner Sektorenleiter Mußler Manfred Stolpe seinen Dank »für das konstruktive Mitwirken der Kirche beim Eigentumserwerb des Objektes Versöhnungskirche (liegt im Grenzgebiet) zugunsten Volkseigentums« ausrichten.

»In diesem Zusammenhang erklärte Stolpe«, so das staatliche Protokoll weiter, »daß nicht auszuschließen sei, daß beim geplanten Abriß des Objektes durch bestimmte Kreise in Westberlin Attacken geritten werden. Um die Sache nicht künstlich hochzuspielen, beabsichtige man kirchlicherseits zur Zeit diesbezüglich nicht in die Öffentlichkeit zu treten; man habe jedoch die Kirchengemeinde und kirchenleitende Gremien in Westberlin ›ermuntert, gegebenenfalls gegen solche Störversuche Stellung zu nehmen.‹ Auch er (Stolpe) sei bereit, wenn erforderlich, in diesem Sinne in der Öffentlichkeit aufzutreten. (Er sei zum Beispiel bereit, ein Interview in der ENA zu geben.)«[822]

Nach vollzogener Sprengung konnte das Regime befriedigt festhalten, kirchenpolitische Komplikationen seien in der Angelegenheit nicht eingetreten[823].

Fortsetzung der Verhandlungen über das »Gemeinsame Wort«

In der Oktoberkonsultation zwischen BEK und EKD wurde der Aussprache über das geplante »Gemeinsame Wort« zum Kriegsende im wesentlichen der Entwurf Binders zugrunde gelegt[824].

»Folgende Schwierigkeit ist zu bedenken: Wie können wir von der Schuld reden, ohne daß es gegenüber den Vätern pharisäisch klingt? Wie können wir von Schuldverhaftung reden im Blick auf die nachgewachsenen Generationen? Wie sollen wir reden zu zwei brisanten Punkten wie ›Vertreibung‹ und ›Frieden hat Priorität vor der Einheit‹? Ist 1945 zu sehen als ›Ende eines Irrwegs‹ oder als ›Befreiung‹? Können wir beide Begriffe gemeinsam zur Kennzeichnung der Situation von 1945 benutzen? Das Wort dürfe nicht allein im Schuldbekenntnis aufgehen, sondern müsse Öffnung für die Zukunft anstreben. Denn ein schlechtes Gewissen ist ein schlechter Berater für die Zukunft. Können wir die Entstehung zweier deutscher Staaten annehmen als Folge, als Gericht und Gnade? Zur Einheit angesichts der Trennung müßte das Wort etwas aussagen. Allerdings könnte das wohl nur geschehen unter dem Gesichtspunkt, daß wir in besonderer Weise verpflichtet sind, zur Erhaltung des Friedens beizutragen. Unter diesem Gesichtspunkt ist auch das Problem der Grenzen, die als Folge des 2. Weltkrieges entstanden sind, zu sehen.«[825]

Ein zweiter wichtiger Punkt betraf die das letzte Mal gewünschte Aussprache über Krusches Kieler Vortrag.

Von westlicher Seite wurde »angefragt, ob Krusche die Entwicklung der Kirchen richtig gezeigt habe. Es sei kein historisches Referat. Vielmehr sei das Referat gekennzeichnet durch Parteinahme für eine ganz bestimmte Richtung unter den Friedensgruppen. Beschwerlich sei, daß indirekt die Forderung ausgesprochen wurde, diese bestimmte Richtung zu bejahen. Gleichzeitig würden die unter Verdikt geraten, die eine andere Auffassung in der Friedensfrage vertreten. Unter der Hand würde hier eine politische Einschätzung zur nota ecclesiae gemacht. So sei es nicht verwunderlich, daß Krusche von der kirchlichen Opposition gefeiert würde. Dagegen sei daran zu erinnern, daß das Wort des Bruderrates von Darmstadt 1947 von der EKD offiziell nicht akzeptiert wurde. Außerdem müßte einmal nachgelesen werden, was in der gelobten Denkschrift von 1965 tatsächlich alles stünde.«

Neben dem ersten Entwurf Binders lagen dem Kreis ein von Ziegler gefertigtes »Raster«[826] für ein gemeinsames Wort sowie in Frageform gekleidete »Stichpunkte«[827] Hempels vor. Aus diesen Vorlagen und verschiedenen Anregungen von seiten der Konsultationsgruppe kompilierten die Verfasser einen weiteren Entwurf. Von diesem heißt es in einem Schreiben Binders vom 6. Dezember 1984 an den Ratsvorsitzenden der EKD, Lohse:

»Bruder Ziegler und ich waren uns darüber klar, daß der Text keineswegs allen denkbaren oder schon ausgesprochenen Einwänden in Ost und West gerecht wird. Die dem Vernehmen nach bestehenden Gegensätze in den Auffassungen erscheinen recht gewichtig. Wir waren darum der Meinung, daß wir den Kompromißcharakter des Papiers nicht leugnen sollten.«[828]

Dieser Entwurf wurde der am 12. Dezember 1984 tagenden Beratergruppe – wohl aus Geheimhaltungsgründen – nicht vorgelegt[829]. In seinem Bericht über eine gegenwärtig stattfindende Reflexion zur Standortbestimmung des DDR-Kirchenbundes gab Ziegler folgende Beschreibung:

»Die Trennung von Kirche und Staat – so hat es der Bericht der Konferenz der Kirchenleitungen vor der Synode festgestellt[830] – hat sich bewährt. Trennung heißt nicht Beziehungslosigkeit. So ist die Formel ›Kirche im Sozialismus‹ nicht lediglich als Ortsbestimmung zu verstehen; sie ist inhaltlich weiter zu fassen. Kirche und Staat befanden und befinden sich in einem Lernprozeß, der von grundsätzlichem Mißtrauen zu einer gegenseitigen Verständigungsbereitschaft führt. In diesem Sinne wurde der Begriff vom ›Grundvertrauen‹ gebraucht, und in diesem Sinne wurde eine ›Äquidistanz‹ (im Sinne einer völligen Neutralität nach allen Seiten hin) als für die Kirchen in der DDR nicht gegeben gedeutet. Erfahrungen in den Kirchen sind je nach Ort und Lage und je nach kirchlicher Ebene sehr unterschiedlich. Wichtig ist, daß man erkennt, daß der vielbeschworene Abstand zwischen Basis und Leitung in der Kirche eigentlich nicht so besteht, wie er dargestellt wird.«[831]

In der Diskussion wurde hervorgehoben, daß die Kirchen in der DDR – im Unterschied zu denen in der Bundesrepublik – »unter dem Druck eines Befragt-Werdens« stünden. »Die staatlichen Partner wollen bei Gesprächen immer wieder wissen: Wo steht die Kirche? Wen meint sie, wen spricht sie an, wenn sie z. B. zum Frieden aufruft und sich gegen Raketenaufstellungen wendet? Will die Kirche eine neutrale Position im Streit der Mächte einnehmen?«[832]

Bereits auf den 1984er Frühjahrssynoden der Landeskirchen hatte – zum Teil ausgehend von der Barmer Theologischen Erklärung 1934 – eine intensive Reflexion über den Kirche-im-Sozialismus-Begriff eingesetzt. Nach einer Analyse Peter Kraußers herrschte weitgehende Einigkeit über die Veränderungsmöglichkeiten, die in der Formel lagen, da auch der Sozialismus sich weiterentwickelt habe, und über die Eigenständigkeit der Kirche gegenüber der Gesellschaft. Die sächsische Synode bat die Theologische Studienabteilung des BEK um die Erarbeitung entsprechender Orientierungshilfen[833].

Die marode Verfassung vieler Kirchengebäude in der DDR wurde den Beratergruppenteilnehmern bei dem Bericht über den Einsturz des Kirchturms in Pasewalk[834] nur allzu deutlich. »In mehreren Landeskirchen [...] gibt es alte Kirchen, deren Beschädigung durch Einsturz oder Teileinsturz in absehbarer Zeit zu erwarten ist, wenn nicht energische Maßnahmen zur Erhaltung der Bausubstanz unternommen werden.«[835]

Die Friedensdekade 1984

Während der Dezember-Sitzung der Beratergruppe gab es einige Informationen über die nach staatlicher Einschätzung sehr positiv verlaufenen Herbstsynoden[836] in Thüringen[837], der Kirchenprovinz Sachsen[838] und Anhalt[839] – über Sachsen und den dort konzipierten Plan einer kirchlichen Umweltwoche[840] hatte Domsch bereits die Konsultationsgruppe in Kenntnis gesetzt[841] – und über die Friedensdekade in Berlin-Brandenburg[842].

Schon im Oktober hatte ein für Erhard Eppler eingereichter Einreiseantrag beider sächsischer Kirchen in Parteikreisen für einige Unruhe gesorgt.

Gunter Rettner, Abteilung für Internationale Politik und Wirtschaft beim ZK, wies im Gespräch mit Bellmann »darauf hin, daß es unüblich und in der Regel nicht zu befürworten ist, daß ein Mitglied des Parteivorstandes der SPD eine zwölftägige Vortragsreise durch die DDR unternimmt. Aber er könne die Konsequenzen einer Absage – auch unter kirchenpolitischen Aspekten – nicht absehen.« Bellmann seinerseits beanstandete, daß Eppler auch in »solche[n] Veranstaltungen, in denen destruktive Kräfte ihre Positionen zur Geltung bringen«, auftreten sollte. Es war vorgesehen, den Besuch Epplers mit einer Ansprache beim Eröffnungsgottesdienst der Friedensdekade im Magdeburger Dom abzuschließen. Bellmanns[843] Schreiben an Jarowinsky schloß:

»Wenn aus Gründen der Parteifunktion bzw. der gegenwärtigen Rolle Epplers in der Friedensbewegung der BRD seiner Einreise in die DDR im vorgesehenen Umfang stattgegeben werden soll, schlage ich vor, das vorgesehene Programm zu beeinspruchen. Ich bitte um Entscheidung.«[844]

Aus der Hermann-Matern-Straße erhielt Jarowinsky dann die folgende Mitteilung:

»Der Staatssekretär für Kirchenfragen versucht, ob es möglich ist, über Verbindungen eine Absage durch Eppler selbst zu erreichen.«[845]

Zunächst sprach Gysi mit Domsch und Demke über die Angelegenheit, die aber beide zu erkennen gaben, sie fühlten »sich Eppler gegenüber im Wort«. Daraufhin sprach der Staatssekretär am 22. Oktober 1984 nach einer vorherigen Beratung mit Jarowinsky mit Eppler selbst, der sich, wohl alarmiert durch die Informationen der östlichen Kirchenleute, aus eigener Initiative bei Gysi einfand[846].

Gysi erklärte dem SPD-Politiker, daß sein geplanter Besuch »gegenwärtig nicht opportun sei und zu politischen Spekulationen, unter Umständen sogar zu Provokationen führen könne. Hinzu kommt, daß sein Besuch auf Grund seiner Mitgliedschaft im Präsidium der SPD politischen Charakter trage. [...] Mißdeutungen im gesamtdeutschen Sinne seien im Grunde genommen Wasser auf die Mühle der Revanchisten.«

Laut Vermerk Gysis berichtete Eppler zunächst allgemein über das Verhältnis zwischen EKD und BEK:

»Im Rat der EKD herrsche große Unruhe über die Entwicklung des Bundes der Evangelischen Kirchen in der DDR und die Auswirkung auf die Beziehungen zwischen beiden Kirchen. Es gäbe u. a. eine Absicht in der EKD, Bischöfe der DDR in Kontakt mit hohen Regierungsmitgliedern zu bringen, damit diesen klar werde, wie die Politik der BRD-Regierung in der DDR beurteilt werde. Einer der DDR-Bischöfe, dessen Namen er nicht nennen wolle, habe im letzten Gespräch klar erklärt, daß sie mehr Vertrauen zur Regierung der DDR hätten als zu der der BRD[847]. Die gesamte Entwicklung habe sie darin ständig bestärkt.«

Zur Situation in der EKD führte er aus:

»Die Vorwürfe der EKD gegen die BRD-Regierung würden immer bitterer. Die Mehrheit in der EKD sehe immer stärker in der Politik der Reagan-Regierung die eigentliche Friedensbedrohung. Das gelte um so mehr, als der Druck der Reagan-Administration auf die BRD-Regierung offensichtlich keinen Widerstand finde. Das sei eine einmalige Chance nach dem 2. Weltkrieg.«

Nach diesen »vertrauensbildenden« Präliminarien kam Eppler zur Sache:

»Aus diesen Gründen sei er der Meinung, daß sein Besuch der Kirchen bei uns im Saldo für uns klar positiv ausgehen werde, eine Absage jedoch, deren Bekanntwerden nicht zu verhindern sei, per Saldo für uns negativ sein würde. Da er in allen seinen Reden eindeutig von der Existenz zweier deutscher souveräner Staaten ausgehe, sehe er nicht, wie das in einem gesamtdeutschen Sinne mißverstanden werden könne. Natürlich sei er Mitglied des Präsidiums der SPD, aber ›er sei eben beides zugleich‹, also Christ und SPD. So müsse auch das SPD-Präsidium ihn nehmen, auch wenn es den Genossen schwerfalle. Er habe sehr viel Verständnis für meine Einwände, aber eine Absage werde mit Sicherheit ein Politikum. Das werde von jenen Politikern ausgenutzt werden, die auf der ›Lebenslüge der BRD seit ihrer Gründung‹, also der Staatsbürgerschaftsfrage, dem Vertretungsanspruch, bestünden.«

Eppler sprach sich für die Kompromißlösung aus, alle öffentlichen Vorträge zu streichen und die Reise zeitlich zu verkürzen. Das tue auch seinem ohnehin schon überlasteten Terminkalender mehr als gut. Außerdem erklärte er sich bereit, zum Abschluß seines Aufenthaltes einer DDR-Zeitung ein Interview zu geben, »in dem er seine Haltung gegenüber der Politik der Reagan-

Administration, gegenüber der sogen. offenen deutschen Frage und anderen brennenden Problemen dieser Art darlege.«[848]

Von dem Kompromißangebot setzte Eppler im Anschluß an das mit Gysi geführte Gespräch Manfred Stolpe in Kenntnis und bat ihn um Weitergabe der Nachricht an die einladenden Kirchen[849].

Das Motto der Friedensdekade 1984 lautete »Leben gegen den Tod«. Das Vorbereitungsmaterial enthielt aus staatlicher Perspektive »insgesamt realistische Positionen.«[850] Dabei gab es auch Einzelaussagen mit ausgesprochenem Kompromißcharakter, damit »politisch negative Kräfte« sich ebenfalls mit den Unterlagen identifizieren konnten und nicht auf die Idee kamen, eigene Materialien zu verbreiten. Positiv fiel auch auf, daß die Taube Noahs vor dem Regenbogen das umstrittene Symbol »Schwerter zu Pflugscharen«[851] abgelöst hatte. Die KKL beschloß, zur Friedensdekade keine westlichen Beobachter einzuladen[852].

Auf Versuche Berlin-Brandenburgs, die bundesdeutschen Vertreter Heinrich Albertz[853] und Kurt Scharf zu Vorträgen bzw. Eröffnungsveranstaltungen einzuladen, ließ sich der SED-Staat zunächst nicht ein[854], genehmigte die Mitwirkung der beiden BRD-kritischen Galionsfiguren aber schließlich doch[855].

Der Verlauf der kirchlichen Friedenstage stimmte den SED-Staat noch zufriedener als im Vorjahr:

»Die fünfte Friedensdekade des Bundes der Evangelischen Kirchen in der DDR vom 11.-21. November 1984 [...] verlief im innerkirchlichen Rahmen, war weithin auf religiöse Aussagen orientiert, entsprach den von den staatlichen Organen ausgesprochenen Erwartungen, führte zu keinen Belastungen des Verhältnisses von Staat und Kirche und ordnete sich weiterhin in eine Vielzahl von Veranstaltungen in der DDR ein, die das Friedensanliegen der Bürger ausdrücken und die Friedenspolitik der sozialistischen Staaten unterstützen[856]. [...] So setzten sich die im Frühjahr 1984 begonnenen positiven Aussagen kirchenleitender Kräfte sowohl in der DDR wie beim Auftreten von Bischöfen und kirchenleitenden Persönlichkeiten im Ausland fort, nachdem sie auf der Synode des BEK im September 1984 in Greifswald bestätigt wurden und jetzt ihre Verbreitung und Unterstützung durch die Kirchgemeinden in der Friedensdekade fanden. Die überwiegende Zahl der Veranstaltungen zur Friedensdekade verlief loyal, trug religiösen Charakter und wurde in kirchlichen Räumen durchgeführt, ohne Öffentlichkeitswirksamkeit zu erreichen. Diese Veranstaltungen dienten dem ehrlichen Nachdenken über Inhalt und Formen eines christlichen Friedensengagements im Rahmen der einheitlichen Friedensbewegung in der DDR. [...] Die realistischen und loyalen kirchenleitenden Kräfte haben ihre Linie eines ruhigen, von Störungen freien Verlaufs der Friedensdekade durchgesetzt und wurden dabei von der überwiegenden Mehrheit der Pfarrer und erstmals auch der mittleren kirchlichen Leitungsebene unterstützt. [...] So konnte vielfach ein loyaler Verlauf von Veranstaltungen erreicht werden, in denen sich politisch negative Kräfte artikulieren wollten [...] Das ist vor allem dem aktiven Einsatz kirchenleitender Kräfte zu verdanken, die selbst an problematischen Veranstaltungen teilnahmen und dort mit realistischen Stellungnahmen zur Friedenspolitik der DDR auftraten (u. a. OKR Stolpe in Leipzig, Potsdam und Fürstenwalde[857]).

Positiven Einfluß auf die inhaltliche Gestaltung der Friedensdekade nahmen auch realistische Gruppierungen aus dem kirchlichen Raum (Gossner-Mission, Sächsische

Bruderschaft, Ökumenischer Jugenddienst) sowie CFK-Gruppen (u. a. Pirna, Königswartha), denen es gelang, in einer größeren Zahl von Veranstaltungen Solidaritätsbekundungen bzw. Spendenaktionen für das Volk von Nicaragua zu erwirken, die eine eindeutige Verurteilung der amerikanischen Droh- und Aggressionspolitik einschlossen. So wurde u. a. auf Veranstaltungen in Leipzig, Potsdam, Cottbus, Berlin, Frankfurt/O. und Jena die Solidarität mit Nicaragua zum Ausdruck gebracht. Im Abschlußgottesdienst zur Friedensdekade in der Berliner Marienkirche wurde die Aggressionspolitik der USA eindeutig verurteilt und vor ca. 250-300 Teilnehmern erklärt, das Volk von Nicaragua habe das Recht, seine Errungenschaften auch mit der Waffe in der Hand zu verteidigen.«[858]

Die Besucherzahlen der Veranstaltungen waren schwächer als im Vorjahr[859].

Aus dem Rahmen fielen vor allem Eppelmann, Pastorin Sengespeick (Berlin)[860], Tschiche und Superintendent Große[861] sowie ein Ökologie-Arbeitskreis in Erfurt mit einer Ausstellung und ein Frauenfriedenskreis in Schwerin[862].

Angesprochen auf Störungen Eppelmanns[863], versicherte Bischof Forck, der Sache nachgehen zu wollen und äußerte, eine »›Friedensdekade‹ dürfe nicht wie eine ›Unfriedensdekade‹ aussehen.« Weiter heißt es im staatlichen Vermerk: »Konsistorialpräsident Stolpe wirkte aktiv auf eine Beendigung des Mißbrauchs der Friedensdekade hin.«[864]

Weitere Verhandlungen über das »Gemeinsame Wort«, sein Abschluß und erste Kritik (1984/85)

Am 13. Dezember 1984 lag bereits ein dritter Entwurf für das Gemeinsame Wort zum 40. Jahrestag des Kriegsendes dem BEK-Vorstand und am 15. Dezember dem Rat der EKD vor[865]. Aufgrund von Anregungen seitens des BEK-Vorstandes fertigte Bischof Gienke einen weiteren Entwurf. Dieser bildete die Beratungsgrundlage der »Konsultationsgruppe«, die am 17. Januar 1985 in Berlin tagte[866]. Aus deren Verhandlungen ging ein fünfter Entwurf hervor, der dem Rat der EKD am 24./25. Januar und am 22./23. Februar 1985 vorlag[867]. Auf seiner Januar-Klausurtagung in Mühlheim hatte der Rat beschlossen, unter der Bedingung, daß von seiten des BEK keine weiteren Änderungsvorschläge kämen, dem fünften Entwurf zuzustimmen. Wenige Tage darauf entschied der KKL-Vorstand, »daß diesem echten Kompromißangebot gefolgt werden sollte: keine Textänderungen mehr!«[868]

Auf ihrer Klausurtagung am 8./10. März 1985 behandelte die KKL dann den Entwurf noch einmal[869]. Der Text sollte am 8. März verteilt werden. Zu einer Beschlußfassung wollte das Gremium einen Tag später gelangen[870]. Bei einer Enthaltung stimmte die KKL dem Text schließlich zu[871].

Walter Hammer schrieb unter dem 6. Februar 1985 an die westlichen Mitglieder der »Konsultationsgruppe«:

»Der Rat der EKD hat den am 17. Januar erarbeiteten Text grundsätzlich zustimmend zur Kenntnis genommen. Zwar bleiben eine Reihe von Wünschen offen, doch will man auf deren Erfüllung nicht bestehen, falls auch die Brüder in der DDR keine wesentlichen Änderungen mehr vornehmen. *Daß* es zu diesem gemeinsamen Wort kommt, wird höher veranschlagt als Textverbesserungen an dieser oder jener Stelle.«[872]

Ende Januar 1985 sandte der Berliner Kirchenjournalist Reinhard Henkys dem EKD-Bevollmächtigten in Bonn, Bischof Heinz-Georg Binder, einen Artikel aus der »Welt«. Darin hatte Gernot Facius unter dem Titel »›DDR‹-Kirchen bringen EKD in Bedrängnis« über die Schwierigkeiten berichtet, die bei der Formulierung einer »gemeinsamen Erklärung« zum 8. Mai 1985, dem 40. Jahrestag der Beendigung des Zweiten Weltkrieges, zwischen den beiden Kirchenbünden entstanden waren. Nach Facius hätten die DDR-Kirchen von der EKD u. a. gefordert, gemeinsam die »Unumstößlichkeit der bestehenden Grenzen« zu erklären. Gegen einen solchen politischen Akt leiste jedoch vor allem der EKD-Ratsvorsitzende, Eduard Lohse, »heftigen Widerstand«[873]. Binder bedankte sich am 28. Januar bei Henkys für dessen Zuarbeit und kommentierte den Bericht Facius':

»Dieser Artikel enthält mehrere massive Fehler. Nach meiner Einschätzung ist er mit der Absicht verfaßt worden, die EKD zu genaueren Aussagen zu veranlassen. Ich freue mich jedenfalls zunächst einmal darüber, daß es dem Autor offenkundig nicht gelungen ist, in EKD-Kreisen nähere Auskünfte zu erhalten.«[874]

Doch Facius lag nicht daneben.

Auch der Leiter des Sekretariats des Kirchenbundes, Martin Ziegler, machte in einem Gespräch mit Gerhard Wilkening von der Ost-CDU deutlich, »daß der Bund über den Kommentar in der ›Welt‹ vom 24.1. sehr verärgert sei, weil dieser interne Differenzen vergröbert in die Öffentlichkeit gezerrt habe – ausgerechnet und wohlüberlegt am Tag des entscheidenden Gesprächs zwischen den Vertretern der EKD und des BEK in Mühlheim[875] über ein gemeinsames Wort zum 8. Mai.«[876]

Die Befürchtungen des Kirchenmannes Ziegler gingen dahin, so Wilkening, daß nicht wenige Ratsmitglieder die von der »Welt« ausgesprochenen Verdächtigungen, der Bund nähere sich dem Staat und der Ost-CDU immer mehr, ernst nähmen und die Vertreter des Bundes dadurch unglaubwürdig würden. Ziegler »wäre dankbar zu erfahren, wenn in BRD-Medien eine direkte Bezugnahme auf das Gespräch Gaus-Lewek[877] auftauchen sollte.«[878]

Aber nicht nur zwischen EKD und BEK gab es in der Frage der Bewertung des 8. Mai unterschiedliche Auffassungen. Eine staatliche Stimmungsanalyse unter den Kirchenleuten in Berlin (Ost) kam zu dem Ergebnis:

»In Gesprächen mit kirchlichen Vertretern wurde deutlich, daß in Vorbereitung des 40. Jahrestages der Befreiung im kirchlichen Raum Auseinandersetzungen stattfinden, in welcher Form die Kirche sich äußern wolle. Auch hinsichtlich der Terminologie besteht offensichtlich keine Einigkeit (›Tag der deutschen Kapitulation‹, ›Zusammenbruch des Deutschen Reiches‹ u. a.). Der diesbezügliche Meinungsbildungsprozeß ist noch nicht abgeschlossen, es kann jedoch eingeschätzt werden, daß die kirchlichen Amtsträger in ihrer Mehrheit die Befreiungstat der Sowjetunion anerkennen.«[879]

In einer Einschätzung von Partei und Staat zur kirchenpolitischen Lage hieß es zur Arbeit am Gemeinsamen Wort:

»Bisher wurden die Entwürfe dazu verworfen, weil schon begrifflich keine Übereinstimmung erzielt werden konnte. [...] Die EKD-Vertreter forderten ihrer politischen Grundhaltung entsprechend, den Begriff Kapitulation in die Erklärung aufzunehmen.

Der BEK kann aber, wenn er politisch glaubwürdig bleiben will, nicht hinter schon erreichte realistische Positionen zum 8. Mai 1945 als dem Tag der Befreiung zurück.« Unter Verweis auf Stolpes Rede in Travemünde wertete das Papier, in den DDR-Kirchenleitungen sei die Erkenntnis gewachsen, »daß die sogenannte ›besondere Gemeinschaft‹ der Evangelischen Kirchen in beiden deutschen Staaten angesichts der gegensätzlichen gesellschaftlichen Entwicklung schon lange eine bloße Fiktion ist.«[880]

Am 13. März gab Binder schließlich dem Bundeskanzleramt das gemeinsame »Wort zum Frieden« vertraulich vorab zur Kenntnis[881]. Unter deutschland- und friedenspolitischen Gesichtspunkten waren folgende Passagen des »Wortes« von besonderer Bedeutung:

»Rückschauend erfahren wir das Kriegsende als Befreiung zu neuem Zeugnis von Gottes Gnade und zu neuem Dienst an Gottes Welt [...] Zwei mächtige Militärbündnisse mit unterschiedlichen Gesellschafts- und Wirtschaftsordnungen stehen sich hochgerüstet gegenüber. Auf deutschem Boden bestehen zwei deutsche Staaten, deren Grenze zugleich die Grenze zwischen Ost und West geworden ist. Sie sind fest innerhalb ihrer Bündnis- und Wirtschaftssysteme gebunden und gleichzeitig einbezogen in die Verantwortung für die Lösung der großen Weltprobleme: die Erhaltung des Friedens für alle Völker, das Ringen um Gerechtigkeit und die Beseitigung des Hungers.

Auch in den evangelischen Kirchen sind wir in den zurückliegenden vier Jahrzehnten Fehleinschätzungen erlegen. Wir haben nur schwer gelernt, zu erkennen, welcher Weg uns geboten war. Es wurde uns schwer, die Realität zweier deutscher Staaten anzunehmen[882]. Aber wir haben erkannt: Die Erhaltung des Friedens hat den Vorrang vor allem anderen.

Es wurde uns schwer, die organisatorische Einheit der deutschen evangelischen Kirche aufzugeben. Aber nur so war es möglich, unter den jeweiligen gesellschaftlichen Bedingungen Zeugnis und Dienst eigenständig auszurichten. Wir haben lange gebraucht, Vorurteile und feindliche Einstellungen gegenüber den Siegermächten von 1945 zu überwinden und an Wegen zu neuem Vertrauen mitzubauen. Wir haben lange gebraucht, bis wir die besondere Herausforderung und Chance erkannt haben, die im gemeinsamen Zeugnis unserer Kirchen für den Frieden liegt. Wir haben lange gebraucht, ehe in unseren Gemeinden die Einsicht wuchs, daß unser Streben nach Wohlstand seine Grenzen haben muß an der Not der Hungernden und Unterdrückten und an der Verantwortung, die wir für die Schöpfung tragen. Im Blick auf manche Entwicklungen in den letzten 40 Jahren werden wir wie die Väter in der Stuttgarter Erklärung zu sagen haben: ›Wir klagen uns an, daß wir nicht mutiger bekannt, nicht treuer gebetet, nicht fröhlicher geglaubt und nicht brennender geliebt haben.‹[883] [...] Als Kirchen in beiden deutschen Staaten treten wir gemeinsam dafür ein, daß von deutschem Boden nie wieder ein Krieg ausgeht. Gemeinsam fordern wir, daß der Rüstungswettlauf beendet wird. Gemeinsam sind wir überzeugt, daß das System der nuklearen Abschreckung kein dauerhafter Weg zur Friedenssicherung sein kann, sondern unbedingt überwunden werden muß. Gemeinsam treten wir für eine europäische Friedensordnung ein. Gemeinsam erinnern wir an die Verantwortung der Industrienationen für ein menschenwürdiges Leben in den Ländern der Dritten Welt [...]

Wir bitten die Regierungen der beiden deutschen Staaten: Stellen Sie sich unermüdlich Ihrer besonderen Verpflichtung für die Sicherung des Friedens. Wir danken Ihnen für alle nüchterne und behutsame Politik zwischen beiden deutschen Staaten. Helfen Sie durch Sorgfalt und Vertrauen zu weiteren Schritten bei der Verwirklichung der Ziele des Grundlagenvertrages. Wenn Sie über die politischen Ziele der beiden deutschen Staaten sprechen, so erwecken Sie keine unerfüllbaren Hoffnungen und fördern Sie kein Mißtrauen. Tun Sie weiterhin alles, bis heute bestehende Belastungen der Menschen zu mildern.

Wir bitten die Alliierten des Zweiten Weltkrieges: Finden Sie neu zusammen in der gemeinsamen Aufgabe für Frieden und Gerechtigkeit zu einer Politik der Verständigung. Bemühen Sie sich um weitere Schritte, die dazu helfen, endgültig auf alle Kernwaffen zu verzichten. Hören Sie auf, neue Waffensysteme aufzustellen. Bringen Sie neue Impulse in die Verhandlungen über die Begrenzungen der konventionellen Waffen und über vertrauensbildende Maßnahmen ein. Fördern Sie kulturelle, wirtschaftliche und wissenschaftliche Zusammenarbeit sowie die Begegnung von Menschen über die Grenzen hinweg. Folgen Sie der Einsicht, daß Sicherheit heute nur noch in gemeinsamer Sicherheit liegen kann.«[884]

Bundesaußenminister Genscher (FDP), der seine aus den Tagen der sozialliberalen Koalition stammende Entspannungspolitik nur mühsam mit der CDU/CSU weiterführen konnte, begrüßte das Wort als Ermutigung für seine Bemühungen um eine bessere Zusammenarbeit und als Ausdruck gemeinsamer deutscher Identität[885].

»Präsidiumsmitglieder der SPD, die sich am 18. März unter Führung von Willy Brandt und Hans Koschnik zu dem routinemäßigen Meinungsaustausch mit Vertretern des EKD-Rates[886] trafen, bezeichneten es als einen ›wichtigen Beitrag zur Versöhnung im Ringen um Sicherung des Friedens‹.«[887]

In Gesprächen mit dem Rat des Bezirkes Rostock werteten BEK-Präses Wahrmann und Greifswalds OKR Plath das gemeinsame Wort als »den maximal zu erreichenden Kompromiß mit der EKD«[888]. Sachsens LKA-Präsident Domsch äußerte in Dresden: »Nach seiner Auffassung sei es für beide Seiten tragbar.«[889]

Daß die kirchliche Erklärung auf »staatlicher Seite [...] in der DDR wie in der Bundesrepublik allgemein positiv beurteilt« wurde[890], notierten die Teilnehmer der 21. Konsultation Mitte Mai 1985 zwar, zogen dann aber eine im Ganzen doch ernüchternde Bilanz über die Wirkungen des »Wortes« im Blick auf die Gemeinden. Zur Verlesung in den Gemeindegottesdiensten sei es wegen der »Länge und des Stils [...] nicht gut geeignet«[891]. Überhaupt sei zu beobachten, »daß das Wort von der Versöhnung [...] schwer ankommt«[892]. Anläßlich der Fragestunde der sächsischen Frühjahrssynode 1985 »informierte ein junger Pfarrer, daß er z. Zt. in einem Spannungsfeld zwischen Synode und Gemeinde bei der Würdigung des 40. Jahrestages der Befreiung lebe. Die Auffassungen zwischen Synode und Gemeinde seien sehr unterschiedlich, in den Gemeinden gäbe es viele negative persönliche Erfahrungen zum 8.5.1945.«[893]

Der Gemeindekirchenrat Bad Wilsnack hielt auf seiner Sitzung am 20. März 1985 fest:

»Das ›Wort zum Frieden‹ wird von uns wie folgt verstanden:
Die Partei kämpft, die Kirche betet, inhaltlich ist es dasselbe. Eine weitere Behandlung des ›Wortes zum Frieden‹ in der Gemeinde wird für nicht nötig gehalten (einstimmig angenommen)«[894].

Die unmittelbar nach den Veranstaltungen um den 8. Mai herum tagende KKL stellte fest, »daß der Resonanzboden für dieses Wort stärker in der Bundesrepublik Deutschland lag als in der DDR, wo viele Aussagen als selbstverständlich hingenommen wurden. In der BRD hat das Wort zu einer stärkeren Polarisierung geführt.«[895]

Während der Beratergruppen-Sitzung am 19. Juni 1985 berichtete Hempel über die Aufnahme des Wortes in der DDR:

»Das ›Gemeinsame Wort‹ hat keine große Resonanz im Kirchenvolk ausgelöst (vielleicht ›Langzeitwirkung‹?). Über die lebhafte Reaktion in der Bundesrepublik über das ›Gemeinsame Wort‹ war man in der DDR fasziniert und gelegentlich auch konsterniert.«[896]

Nach einem kritischen Fragenkatalog, der auch die »stetige Wiederholung von Schulderklärungen« und das seelsorgerliche Reden »in die politische Öffentlichkeit« einschloß, gelangte die 22. Konsultation Ende Juli/Anfang August 1985 schließlich zu dem Ergebnis, es habe sich »als schwer erwiesen, den Erlebnishorizont der Menschen in der Reflexion und Aufarbeitung einzubeziehen«[897].

Axel Springer warf dem EKD-Ratsvorsitzenden, Landesbischof Lohse, in einem Offenen Brief vom 24. März 1985 vor, die evangelische Kirche habe das Wiedervereinigungsgebot des Grundgesetzes mißachtet und leugne »in politischer Kameraderie mit der DDR-Führung, den Grünen und Teilen der SPD das Offensein der deutschen Frage«[898]. Lohse verwahrte sich gegen diese Kritik in einem offenen Antwortschreiben[899].

Auf diese Kritik ging Prälat Binder in einem Gespräch mit der Ständigen DDR-Vertretung in Bonn Ende März 1985 ein.

Zunächst »bekräftigte B. die Notwendigkeit, heute stärker denn je zur Friedenssicherung beizutragen. Das sei auch Anliegen des kürzlichen ›Wortes zum Frieden‹ gewesen, das als gemeinsame Stellungnahme der EKD der BRD und des Bundes der Evangelischen Kirchen der DDR zum 40. Jahrestag des Endes des 2. Weltkrieges am 8. Mai verabschiedet wurde. Die Reaktion auf diese Stellungnahme in der BRD bewertete B. als überwiegend positiv. Die EKD habe mit diesem ›Wort‹ ihren Standort in der Friedensfrage und im Verhältnis der Kirchen beider deutscher Staaten dokumentieren wollen. Kritische Stimmen zu der Stellungnahme, die es sowohl in der BRD als auch in der DDR gebe, hätten nicht überrascht.

Rechte Kräfte in der BRD werfen der EKD vor, dem ›deutschen Volk‹ eine Kollektivschuld am Krieg zu unterstellen, auf das ›Wiedervereinigungsgebot‹ verzichtet zu haben und ›Rechtspositionen‹ der BRD nicht zu erwähnen. Die Zeitung ›Die Welt‹ habe das ›Wort zum Frieden‹ mit besonderem Nachdruck angegriffen. Die EKD bleibe jedoch in der Kontinuität ihres Bestrebens, für eine Fortsetzung der Außen- und Sicherheitspolitik der früheren sozialliberalen Regierungskoalition zu wirken. Sie wünsche eine Rückkehr zum Entspannungsprozeß. B. bemerkte, daß den Kritikern von der EKD auch bedeutet würde, daß es sich beim ›Wort zum Frieden‹ um eine Stellungnahme mit seelsorgerischem Charakter handele, die nicht die Aufgabe der Staaten übernehmen wolle. [...] Persönlich sei B. angenehm überrascht gewesen, daß entgegen seinen Erwartungen eine ziemlich schnelle Einigung der evangelischen Kirchen beider deutscher Staaten erzielt werden konnte.«[900]

Die Wahl Jürgen Schmudes zum Präses der EKD

Daß die EKD einen immer entschlosseneren Linkskurs steuerte, wurde im Frühjahr 1985 mit der Wahl des neuen EKD-Synodalpräses deutlich. Die SED-Arbeitsgruppe Kirchenfragen bewertete den Vorgang so:

»Das herausragende Ereignis [auf der im Mai 1985 tagenden EKD-Synode in Berlin-Spandau] war ohne Zweifel die Wahl des SPD-Politikers Dr. Jürgen Schmude zum Präses der Synode (für sechs Jahre). Hierin darf sicherlich ein Ausdruck gesehen werden für den derzeit feststellbaren allgemeinen Trend zur SPD in der BRD wie auch für das engere Zusammenwirken von SPD und EKD sowie des damit verbundenen deutlichen Rückganges des Einflusses von CDU-Politikern auf die Synode.«[901]

Auch seitens der Ost-CDU gab es eine Einschätzung der Wahl Schmudes zum Präses der EKD:

»Er gilt als Mann der Mitte und des Ausgleichs. Diese Wahl gilt in EKD-Kreisen als sensationell, signalisiert aber den sich seit längerer Zeit abzeichnenden Trend der EKD zu Positionen der SPD.«[902]

Jürgen Schmude war nicht einfach nur Sozialdemokrat. Er hatte vielmehr auffallend großes Verständnis für die deutschlandpolitischen Anliegen der DDR-Regierung[903] gezeigt und stand in engem Kontakt u. a. auch zu Manfred Stolpe. Sein Erfolg im obersten Kirchenparlament galt darum nicht nur als Sensation, sondern forderte auch zu ungewöhnlich lebhaftem Widerspruch heraus, der beinahe überall – auch in einer Beratergruppen-Aussprache – hörbar wurde. Als Bischof Martin Kruse in der ihm eigentümlichen Weise glättend über »die unterschiedlichen Reaktionen in Kirchen und Öffentlichkeit [...] auf die neue Zusammensetzung der Synode (›links‹-›rechts‹)«[904] berichtete, sah sich der bayerische Kreisdekan Theodor Heckel zu »kritischen Bemerkungen und Ergänzungen« genötigt.

»Den Wahlmodus für das Amt des Präses, der geborenes Ratsmitglied ist, hält Heckel eher für fraglich (alle Ratsmitglieder müssen mit Zwei-Drittel-Mehrheit gewählt werden – nur beim Präses genügt die einfache Mehrheit), das Wahlverfahren auf der Synodaltagung (nur ein Kandidat) hält er für nicht geglückt und bewertet einen möglichen Gegensatz der Gruppierungen (konservativ-liberal) etwas schärfer. Die unterschiedliche Bewertung der Synodaltagung löst eine lebhafte Aussprache aus.«[905]

Der SED-Staat schien diese Tendenzwende zu erkennen und für sich nutzen zu wollen. Vor sächsischen Genossen postulierte Peter Kraußer eine Fortsetzung des Differenzierungsprozesses, »d. h. die Förderung progressiver Leute, auch wenn diese in der BRD politisch beheimatet sind.«[906]

Allerdings äußerte sich Anfang Juli Hauptabteilungsleiter Heinrich überaus scharf über ein idea-Interview des neuen Präses, in dem dieser sich laut einer dpa-Meldung[907] »für eine grenzübergreifende Kirche ausgesprochen [haben soll]. Die Äußerungen fielen zurück in längst vergangene Zeiten«, schimpfte der Funktionär und drohte zugleich: »Man müsse sich nicht wundern, wenn es unter Umständen zu restriktiven Maßnahmen aufgrund solcher Tendenzen käme.«[908]

Schmude[909] nahm erstmals an der 22. Konsultation Ende Juli/Anfang August 1985 teil, berichtete über die konstituierende EKD-Synode vom vergangenen Mai und stellte den Entwurf der EKD-Denkschrift zu »Evangelische Kirche und freiheitliche Demokratie« vor[910].

Die KKL informierte über ihre Erklärung zur zehnjährigen Wiederkehr der Unterzeichnung der Helsinki-Schlußakte[911]. Darin erinnerte sie unter anderem an die von SPD und SED gemeinsam erarbeitete Initiative für eine chemiewaffenfreie Zone in Mitteleuropa. Nach staatlicher Einschätzung knüpfte die KKL-Stellungnahme »Zehn Jahre Schlußakte von Helsinki«[912] »an erreichte Einsichten zum 40. Jahrestag der Befreiung an[.] und [entwickelte] diese politisch positiv weiter«: »Damit setzt sich der Prozeß der weiteren realistischen Standortbestimmung der Kirchen des BEK als ›Kirche im Sozialismus‹ fort.«[913]

Schließlich berichtete die KKL noch über den Aufenthalt des Vorsitzenden des Komitees für religiöse Angelegenheiten der UdSSR in der DDR[914].

Interventionen und Reaktionen der DDR-Staatsführung im Blick auf das gemeinsame Friedensengagement von BEK und EKD (1984/85)

Auf seiten der DDR-Regierung widmete man dem Datum »8. Mai« und den kirchlichen Äußerungen dazu höchste Aufmerksamkeit und führte frühzeitig ausführliche Gespräche mit kirchenleitenden Persönlichkeiten und engagierten Geistlichen.

Am 2. Juli 1984 berichtete Horst Dohle, Leiter des Büros des Staatssekretärs für Kirchenfragen, über ein Gespräch mit Pfarrer Gottfried Zollmann, dem dienstältesten Mitglied des Leiterkreises von Aktion Sühnezeichen in der DDR[915], und einen sich hieran anschließenden Vorgang. Danach soll Zollmann am 28. März 1984 Dohle vorgetragen haben, der Leiterkreis habe – vor dem Hintergrund von Gesprächen zwischen Wilke und Pfarrer Werner Liedtke – beschlossen, Ende Dezember 1984 eine Aktionstagung durchzuführen.

»Hauptthema soll das Stuttgarter Schuldbekenntnis sein, es soll in drei Unterthemen aufgearbeitet werden: Wie kam es dazu? Wie ist in Kirche und Gesellschaft in der BRD und in der DDR Schuld aufgearbeitet worden? Wie schützt sich der Einzelne davor, gesellschaftlich schuldig zu sein? Zollmann legt dar, daß es um die Darstellung des antifaschistischen Vermächtnisses in der DDR gehe. Als er in der Leitung vorgeschlagen habe, dazu auch einmal einen marxistischen Historiker reden zu lassen, habe es eine heftige Diskussion gegeben. Nach ausführlicher Diskussion habe der Leiterkreis dann Zollmanns Vorschlag gebilligt, Gen. Dr. Dohle einzuladen. Zollmann sei beauftragt, mir diese Frage vorzulegen. Neben den maßgeblichen Leiterkreismitgliedern Dr. Münchow aus Lückendorf, Maria Lorenz aus Geyer, Stefan Schreiner aus Berlin sei dieser Vorschlag auch mit Zustimmung der Vertreter des BEK (Christa Lewek) und der Berliner Bischofskonferenz (Pfarrer Tautz) versehen.«[916]

Er, Dohle, habe die Anfrage zur Kenntnis genommen und für die nächste Zeit eine Antwort in Aussicht gestellt.

»Auf Rat von Jochen [scil. MfS-Oberst Joachim Wiegand] habe ich nach einigen Wochen Pfarrer Zollmann mitgeteilt, daß ich eine Mitwirkung eines Mitarbeiters unserer Dienststelle nicht für sinnvoll halte, stattdessen aber vorschlage, daß erfahrene Genossen aus dem Widerstand, die auch maßgeblich an der Entwicklung der DDR mitgewirkt haben, dafür in Frage kämen.«[917]

Zollmann, so Dohle, habe dem Leiterkreis berichtet und ihm am 29. Juni 1984 mitgeteilt, man sei dort »sehr dankbar für die Möglichkeit, mit marxistischen Vertretern des Widerstandes ins Gespräch zu kommen, das habe bisher gefehlt und würde die vernünftigen Kräfte bei Sühnezeichen stärken«[918].

Kurt Scharf, Vorsitzender von Aktion Sühnezeichen, bat im Frühjahr 1984 den Vorsitzenden des Regionalausschusses der CFK in der DDR und Ost-Berliner Theologieprofessor Karl-Heinz Bernhardt[919] um ein informelles Arbeitsgespräch mit der von ihm vertretenen Organisation zur Friedensthematik. Hauptabteilungsleiter Heinrich sah aufgrund solcher Kontakte den möglichen Vorteil, unabhängige Friedensgruppen[920] zurückdrängen zu können, denn ein Gespräch mit dem renommierten Vorsitzenden der »Aktion Sühnezeichen« bedeute eine Aufwertung und Anerkennung der CFK, die damit im übrigen Gelegenheit erhalte, größeren Einfluß auf die Friedensarbeit in der Bundesrepublik auszuüben[921].

Mitte Dezember 1984 führten Staatssekretär Gysi, Hauptabteilungsleiter Heinrich, Abteilungsleiter Wilke und der Persönliche Referent Dohle ein Gespräch mit dem KKL-Vorstand[922]. Zwei Monate zuvor hatte Hans Wilke Martin Ziegler darauf aufmerksam gemacht, er halte »ein Gespräch über das, was zum 40. Jahrestag des Kriegsendes geplant sei, sehr bald für nötig.«[923] Gysi hob eingangs den guten Eindruck der DDR-Regierung von der Greifswalder Bundessynode hervor[924], nachdem er zunächst »Dank und Anerkennung für die verantwortungsbewußte Haltung und Mitarbeit in der Entwicklung des Verhältnisses von Kirche und Staat aus[gesprochen hatte]; die Kirchen leisteten eine außerordentlich gute Arbeit im Interesse unseres Volkes. Äußerungen von Dr. Hempel, Konsistorialpräsident Stolpe, Bischof i. R. Dr. Krusche und Dr. Gienke würden sehr begrüßt. Ihr Eintreten für Positionen, die auch Positionen des Staates sind, würde mit innerer Zustimmung zur Kenntnis genommen.«[925]

Die Greifswalder Synodaltagung »werde von staatlicher Seite wegen ihres verantwortungsbewußten Ablaufs und ihrer wichtigen Aussagen für das Staat-Kirche-Verhältnis auf staatlicher Seite mit großer Genugtuung beurteilt. Auch die Friedensdekade sei im Unterschied zu früheren Dekaden geistlich-theologischer und ruhiger verlaufen[926]. Die kirchlichen Aussagen zur Friedenspolitik der DDR, zum persönlichen Engagement des Staatsratsvorsitzenden und zur DDR-Umweltpolitik[927] seien staatlicherseits mit großer Befriedigung aufgenommen worden. In den vergangenen Monaten und besonders seit der Greifswalder Synode habe der kirchliche Prozeß der Standortfindung ganz erhebliche Fortschritte gemacht. [...] Im Sinne des Treffens vom 6.3.1978 bestehe Klarheit, daß beide Seiten viel zu tun haben, um diese Generallinie auch an der Basis durchzusetzen. [...] Unter Hinweis auf Erfahrungen der deutschen Arbeiterbewegung wird bekräftigt, daß das Verhältnis von Staat und Kirche und von Kommunisten und Gläubigen zuerst ein bündnispolitischer Vorgang ist. Die Bedeutung dieses fairen Bündnisses ist während des sozialistischen Aufbaus ständig gewachsen. Es wird heute zusätzlich erforderlich durch die lebensgefährliche Politik der Reagan-Administration [...] Die gemeinsame Hauptaufgabe heute sei die Verhinderung eines Nuklearkrieges. Wir haben nun in Europa mehr Raketen, aber nicht mehr Sicherheit [...] Im Blick auf den 40. Jahrestag der Befreiung betont der Staatssekretär, daß in der DDR im Unterschied zu offiziellen Aussagen in der BRD, in denen von der Kapitulation und von einem schwarzen Tag in der Geschichte die Rede ist, die Chance des Neuanfangs konsequent genutzt wurde[928]. Auch für die Kirche stelle sich die Frage nach der Nutzung dieser Chance, in diesem Zusammenhang seien Gedanken von Altbischof Krusche in Kiel besonders hervorzuheben[929]. Anzustreben sei eine Form von Grundübereinstimmung zwischen Staat und Kirche in der DDR zu diesem Jahrestag.«[930]

Die Vertreter der Kirche brachten unter Berufung auf »die Bündnispolitik der DDR« zunächst eine ganze Reihe von Anliegen vor. Der umfangreiche Wunschkatalog umfaßte »Gleichachtung« im Bildungsbereich, Erweiterung der Bausoldaten-Regelung auf Tätigkeiten im zivilen, sozialen, ökologischen Bereich oder im Katastrophenschutz[931], Baumaßnahmen an Kirchen in Mark der DDR[932], Erweiterung von Reisemöglichkeiten[933], Altersversorgung für Diakonissen und Präsenz der Massenmedien[934] bei BEK-Synoden. Erst am Schluß des Gesprächs informierte der sächsische Landesbischof Hempel über das EKD-BEK-Projekt eines gemeinsamen Wortes »zum 40. Jahrestag der Befreiung [...] ein Schweigen dazu sei unmöglich. Sollten die Bemühungen um ein gemeinsames Wort fehlschlagen, wird jede der beiden Kirchen ein eigenes Wort sagen, aber dies sei die ›schlechtere Alternative‹. Im Zusammenhang damit werde am 9.4.1985 im Rahmen der Tagung des Internationalen Bonhoeffer-Komitees eine kirchliche Gedenkveranstaltung auf dem Dorotheenstädtischen Friedhof stattfinden.«[935]

»Gysi antwortet[e], daß die geschichtliche Aufarbeitung, die die Kirchen zu leisten hätten, ein wichtiger Beitrag zur Aufarbeitung der Vergangenheit sei.«[936]

Bereits vor dieser Begegnung hatte Horst Dohle lobend erwähnt, daß der BEK bezüglich des 8. Mai 1985 dem Staatssekretariat »erstmalig konzeptionelle Vorstellungen zu einem politischen Ereignis übermittelt« habe. Dies sei ein absolutes Novum. So war auch die zeitliche Planung für die einzelnen Veranstaltungen dem SED-Staat frühzeitig bekannt[937].

Nach dem staatlichen Protokoll über ein Gespräch zwischen dem Stellvertreter des Vorsitzenden des Rates des Bezirkes Rostock für Inneres, Haß, und dem Bischof der Greifswalder Landeskirche, Gienke, am 31. Januar 1985 gab es über »politische Grundfragen zum 40. Jahrestag des Sieges über den Hitlerfaschismus und der Befreiung[938] des deutschen Volkes« weithin Übereinstimmung. Die staatliche Zielsetzung bestand darin, Gienke zu bestärken, »daß die vorgesehene gemeinsame Erklärung des Bundes der Evangelischen Kirchen in der DDR und des Rates der EKD nicht hinter den getroffenen Aussagen der Bundessynode zu diesem historischen Ereignis zurückbleiben kann oder für eine andere politische Interpretation mißbraucht wird.« Gienke soll u. a. geäußert haben:

»Der [scil. im Westen] immer noch bestehende Revanchismus gegenüber den Völkern Osteuropas, besonders der Sowjetunion, VR Polen und ČSSR, unterstreicht, daß es immer noch herrschende Kreise gibt, die den 40. Jahrestag anders als wir sehen. Viele von denen reden vom 8. Mai 1945, ohne daß sie persönliche Beziehungen zu den damaligen Ereignissen hatten, deshalb können und wollen sie nicht die wirkliche Befreiungstat der SU erkennen. Auch den Kirchen in der DDR fiel es schwer, den Begriff ›Befreiung‹ im wahrsten Sinne des Wortes zu verstehen. Der sich in den vergangenen 40 Jahren vollzogene Wandlungsprozeß ist aber nicht mehr zu übersehen. Der Bischof erklärte weiter, daß die wichtigste Lehre des 40. Jahrestages des Sieges über den Hitlerfaschismus sei, daß der Frieden in der Gegenwart erhalten werden muß. Deshalb ist auch die vom Vorsitzenden des Staatsrates der DDR vertretene Politik, die auf die Sicherung und Erhaltung des Friedens ausgerichtet ist, nicht hoch genug zu würdigen[939]. Große Übereinstimmung zwischen den staatlichen Organen und den Kirchen in der DDR besteht gerade in der Frage Krieg und Frieden [...] Obwohl dieses Wort [scil. zwischen DDR-Kirchenbund und EKD] dem Frieden dienen soll, wäre die Aufgabe äußerst schwierig. Die gesellschaftlichen Bedingungen, der andere Sprachgebrauch würden eine Meinungsbildung zu einem völkerverbindenden [sic!] Wort zum Frieden noch weiter verkomplizieren. Nach seiner Auffassung könne man sich über sprachliche Ausdrucksformen einigen, aber Abstriche zur Sache könne es nicht geben. In dem vorgesehenen gemeinsamen Wort sollte auch eine Positionsbestimmung zum Antikommunismus und seinen Folgen enthalten sein. Andererseits müßte deutlich werden, daß es keine offenen Grenzfragen mehr gibt. Die Kirche in der DDR wüßte, daß sie den Kirchen des Westens viel zumuten würde, aber die Bewältigung der Vergangenheit muß eindeutig zum Ausdruck gebracht werden [...] Dr. Gienke reflektierte hierbei auf die verschiedenartigsten Widersprüche in den Kirchen der DDR und BRD, die es zu dem Begriff ›Befreiung‹ gab und in der BRD noch bestehen. [...] Als bedauerlich wurde die Entwicklung des Erkenntnisstandes in der BRD dazu bezeichnet. Dadurch sollte auch eine mögliche gemeinsame Erklärung mit den BRD-Kirchen einen bestimmten politischen Stellenwert erhalten.«[940]

Das »Spitzentreffen« zwischen Honecker und Hempel am 11. Februar 1985

Zwei Wochen später kam es zu einem »Spitzentreffen«, jedoch keinem »Spitzengespräch« zwischen Hempel und Honecker. Der KKL-Vorstand hatte eine solche Begegnung bereits im Oktober 1984 ins Auge gefaßt – allerdings ohne sie besonders voranzutreiben[941]. Mitte Dezember reagierte Gysi auch ganz aufgeschlossen: »Mit der letzten Bundessynode hätten die Kirchen den Schatten der Vergangenheit übersprungen. Man könnte jetzt nach einem angemessenen Anlaß für eine Begegnung suchen. Die Möglichkeiten müßten jedoch noch weiter sondiert werden.«[942] Ein Neujahrsbesuch Stolpes bei Bellmann[943] ergab gewisse Aussichten auf eine Spitzenbegegnung, so daß der KKL-Vorstand auf seiner Sitzung Anfang Januar 1985 den 13. Februar in Dresden als Gesprächstermin ins Auge fassen konnte. Das Gremium beschloß, bei Heinrich und auch Bellmann anzufragen, ob ein solches Treffen realisierbar sei. Die Kirche wolle Honecker in das Diakonissenmutterhaus Dresden einladen. Teilnehmen sollten von kirchlicher Seite Hempel, Ziegler und Domsch. Eine

Begegnung mit dem gesamten Vorstand für die zweite Jahreshälfte sollte mit Honecker fest verabredet werden[944].

Bereits vier Tage später kam der Vorstand im Rahmen der KKL-Sitzung zu einer eigens anberaumten Besprechung zusammen:

»Stolpe berichtet, daß nach seinen letzten Informationen auch von staatlicher Seite an ein Spitzengespräch zu einem möglichst baldigen Termin gedacht wird. Allerdings würde es wegen Terminschwierigkeiten des Staatsratsvorsitzenden kaum in Dresden möglich sein.«

Das Gremium beauftragte Ziegler mit der Erarbeitung eines dem Staatssekretariat für Kirchenfragen zu übergebenden Dossiers, das vom Gesprächsort Dresden weiterhin ausgehen, aber andere Möglichkeiten nicht von vornherein zurückweisen solle. Außerdem reduzierte man den kirchlichen Teilnehmerkreis auf Hempel und Ziegler[945].

Am 14. Januar 1985 reichte der BEK einen entsprechenden Vorschlag ein. Ziel sei, Hempel und Honecker erstmals persönlich zusammenzuführen[946]. Inhaltlich solle es um eine »Vergewisserung des zwischen Staat und Kirche gewachsenen Vertrauens und [die] Bekräftigung der mit dem 6. März 1978 für die Kirchenpolitik des Staates gesetzten Maßstäbe der Gleichberechtigung, Gleichachtung und Chancengleichheit aller Bürger in allen gesellschaftlichen Bereichen« gehen. Die gemeinsame Hauptaufgabe bestehe in der Förderung des Friedens und der Verhinderung eines nuklearen Infernos. Honecker sei »für seinen großen Einsatz in besonders gefährlicher Zeit« zu danken, »den Dialog zwischen den Politikern aus Staaten unterschiedlicher Gesellschaftsordnungen nicht abreißen zu lassen.« Zugleich möge der Staat die »Bemühungen der Kirchen um Sicherung des Friedens, um Solidarität mit den Entwicklungsländern und um Erfüllung humanitärer Aufgaben« würdigen. Außer der Frage einer Rentenregelung für Diakonissen, die in diesem inhaltlichen Kontext durchaus angemessen sei, wolle man keine weiteren Sachfragen ansprechen. Die Begegnung sollte nach kirchlicher Vorstellung der Vorbereitung eines gewünschten Spitzengespräches zwischen Honecker und dem KKL-Vorstand »zu einem späteren Zeitpunkt, etwa im Herbst 1985« dienen. Dann sollten weitere Probleme auf die Tagesordnung kommen. Hauptabteilungsleiter Heinrich, dem Ziegler den Vorschlag überreichte, sagte dessen »schnelle Überprüfung zu. Er weist darauf hin, daß die Begegnung in Dresden aus Terminschwierigkeiten des Staatsratsvorsitzenden sicher nicht stattfinden kann. Es soll aber kurzfristig eine andere Möglichkeit gesucht werden.«[947]

Die Begegnung könne zwischen dem 12. und dem 14. Februar 1985 im Diakonissenmutterhaus Dresden erfolgen, das 1945 schwer zerstört worden war, und solle eine gute Stunde dauern. Teilnehmer sollten dann neben Hempel noch Domsch und Ziegler sein[948].

Mitte Januar 1985 befragte Staatssekretär Gysi Stolpe nach dem eigentlichen Sinn des kirchlichen Anliegens. Der Konsistorialpräsident soll den kirchlichen Wunsch leicht abgeschwächt haben. Gysi protokollierte:

»›Er [Stolpe] könne verbindlich erklären, daß es sich bei diesem Entwurf um eine reine

Ideenskizze handele, auf die keinerlei Antwort erwartet werde. Sie stelle keinen verbindlichen Beschluß der KKL oder des Vorstandes der KKL dar. Sie sei lediglich zwischen Bischof Hempel und seinem Stellvertreter Gienke und Stolpe telefonisch abgestimmt. Sie hätten es verstanden als Arbeitspapier, das – wie er wiederholen möchte – keiner Beantwortung bedarf. Es solle nur den Wunsch von Bischof Hempel zum Ausdruck bringen, bei passender Gelegenheit eine Begegnung mit dem Vorsitzenden des Staatsrates zu haben.‹

Er möchte betonen, daß weder Bischof Hempel, Bischof Gienke noch Stolpe selbst daran interessiert seien, einen bedeutenden kirchenpolitischen Vorgang zu setzen. Der gegenwärtige Zeitpunkt sei für ein neues Treffen wie das des 6.3.1978 nicht geeignet. Ein schwacher Aufguß des 6.3.1978 sei so wenig beabsichtigt wie das Setzen eines Signals.«[949]

Das Gespräch fand schließlich am 11. Februar 1985 im Berliner Staatsratsgebäude statt. An einem Treffen auf kirchlichem Boden war der SED-Generalsekretär anscheinend nicht interessiert. Vierzehn Tage zuvor hatten sich Hauptabteilungsleiter Heinrich und Peter Krauße eigens nach Dresden begeben, um Hempel die gute Nachricht zu überbringen. Man vereinbarte, die Besprechung »ohne jede spektakulären Akzente« zu führen. Hempel sagte zu, insbesondere Honeckers Aktivitäten für den Frieden zu würdigen, das wachsende Interesse der Christen an einer Mitarbeit in der Gesellschaft zu betonen, den 6. März 1978 hervorzuheben und auch »zum 40. Jahrestag, Tag des Neubeginns und der Befreiung« Position zu beziehen.

»Bischof Hempel versicherte, daß keine den vorgesehenen Charakter der Begegnung belastenden Fragen (wie z. B. Wehrdienst- und Volksbildungsfragen) von ihm aufgeworfen werden. Der Landesbischof betonte in diesem Zusammenhang ausdrücklich den Vorrang einer Koalition der Vernunft nach außen und innen. Er hob hervor, daß er die Begegnung als eine Geste des Staatsratsvorsitzenden und einer Würdigung seiner Person betrachtet. Dabei verwendete er auch den von ihm auf der Bundessynode 1984 in Greifswald gebrauchten Begriff des Grundvertrauens. Ausdrücklich außerhalb des Gesprächsgegenstands äußerte Bischof Hempel, daß in der Konferenz der Kirchenleitungen der Wunsch nach einer Begegnung des Vorstandes mit dem Staatsratsvorsitzenden weiter bestehe.«[950]

Zwei Tage vor der Begegnung hatte Gysi noch einmal mit Hempel und Ziegler gesprochen.

Der Staatssekretär betonte »die Gewichtigkeit dieses Gespräches, auch wenn keine besonderen Sachprobleme dabei geklärt und erledigt würden. In der gegenwärtigen Situation komme dem Atmosphärischen ein besonderes Eigengewicht zu. Durch die Schaffung einer guten, vertrauensvollen Atmosphäre könnten Gleise gelegt werden. Es ginge um die Festigung persönlichen Vertrauens. Auf dieser Grundlage könne dann vieles leichter gelöst werden. Im übrigen sei die Lösung der anstehenden offenen Fragen ein langer Weg, und er müsse um Geduld bitten. Es sei nicht alles auf einmal zu lösen.« Hempel wies darauf hin, daß »in der Berichterstattung nicht alles darauf hinauslaufen [dürfe], daß nur die völlige Übereinstimmung in allen Punkten erklärt würde. Es müsse klar bleiben, daß es offene und ungelöste Fragen zwischen Staat und Kirche gebe. Wenn die staatliche Berichterstattung das verschweige, sei eine korrigierende Berichterstattung auf seiten der Kirche unumgänglich. Das aber wolle er gerade vermeiden.«[951]

Entgegen der ursprünglichen Planung – in Parteikreisen war von 30 Minuten die Rede gewesen – dauerte das Treffen zwischen KKL- und Staatsratsvorsitzendem[952] länger als eine Stunde[953]. In seiner Ansprache verwies Hempel auf die Greifswalder BEK-Synode:

»Die Bundessynode hat bei ihrer Tagung im September 1984 in Greifswald die Anstrengungen hervorgehoben, mit denen der Staat der DDR dazu beigetragen hat, den Frieden in Europa zu bewahren. Diese Bundessynode hat auch ihre Bereitschaft erklärt, zwischen Staat und Kirche offene Fragen hinter der Aufgabe, den Frieden zu erhalten, zurücktreten zu lassen. Und sie hat einen friedensfördernden Sinn darin gesehen, daß Staat und Kirche an der Bewahrung und Vertiefung gewachsenen Vertrauens trotz mancher Schwierigkeiten arbeiten wollen.«

Außerdem sagte der KKL-Vorsitzende unter Bezugnahme auf den 6. März:

»Seit dieser Begegnung haben sich zwischen Staat und Kirche in bemerkenswertem Maße Beziehungen entwickelt, die das verfassungsgemäße und bewährte Prinzip der Trennung von Staat und Kirche mit vernünftigen, konkreten Arbeitsbeziehungen auf der Grundlage wechselseitigen guten Willens und Respektes verbinden. [...] Hinsichtlich der Beziehungen zwischen Staat und Kirche können wir von einer sich entwickelnden Kontinuität sprechen. [...] Zweifellos steht Ihnen wie uns vor Augen, daß auch heute zwischen Staat und Kirche offene, ungelöste Fragen gibt. Manche Christen können zum Beispiel ihren anerkannten Ort in der sozialistischen Gesellschaft nicht deutlich genug erfahren. [...] Ungeachtet dessen möchte ich Ihnen versichern, daß wir die von Vernunft, von gutem Willen und von Kontinuität geprägte Kirchenpolitik der Regierung der Deutschen Demokratischen Republik wohl bemerkt und bewußt zur Kenntnis genommen haben. [...] Wir sind füreinander ›durchsichtiger‹ geworden und das heißt verläßlicher. [...] Vertrauen[954] zwischen Ihnen und uns wird in dem Maße wachsen, wie es für die Menschen an der Basis erfahrbar ist.
 Wir wünschen Ihnen, sehr verehrter Herr Staatsratsvorsitzender, für Ihr verantwortungsvolles Amt weiterhin Weisheit, Kraft und Geduld. In unseren Gottesdiensten beten wir oft für die Erhaltung des Friedens, aber auch für Sie.«[955]

Besonders positiv wertete die Partei das abschließende, von Hempel formulierte Pressekommuniqué[956], da es von einer »völlige[n] Übereinstimmung zu den Grundfragen unserer Zeit bestimmt« sei:

»Es wird die Friedenspolitik des sozialistischen Staates bejaht und eine Solidarität mit dieser Politik ausgesprochen. Ferner wurde die Bereitschaft erklärt, daß die Kirchen einen eigenständigen Beitrag zu dieser Politik leisten wollen. Die Erhaltung und Sicherung des Friedens erlangt aus der Sicht Dr. Hempels absolute Priorität, hinter der andere Fragen zurückstehen müssen[957]. [...] Der 8. Mai wurde als Tag der Befreiung aufgefaßt, der auch den Kirchen die Gnade des Neubeginns ermöglichte[958].«

Das Kommuniqué stelle »ein Fundament dar, auf das wir uns künftig stützen können.« Da die von Hempel vertretenen Positionen zuvor mit der KKL abgestimmt worden waren, erhielten sie als gewissermaßen offizielle Stellungnahme des höchsten Kirchengremiums in der DDR aus der Perspektive der Partei nochmals eine beträchtliche Wertsteigerung[959].

Das Treffen bedeutete aus SED-Perspektive eine Stärkung der »von Landesbischof Hempel auf der Synode in Greifswald 1984 bekräftigte[n] Linie konstruktiver Loyalität gegenüber dem sozialistischen Staat.«

119

»[…] der von ihm [Hempel] verteidigte Begriff des Grundvertrauens erhält eine glänzende Bestätigung. Damit wird ein weiteres Mal allen in der Kirche deutlich, daß die Linie des guten Einvernehmens mit dem Staat für die Kirchen letztlich immer von Nutzen ist. Das ist eine Niederlage für die Kräfte der Konfrontation und den Gegner, die sich ja insbesondere Anfang der 80er Jahre mit allen Kräften und nicht ohne jeden Erfolg bemüht hatten, die Konfrontation zum Staat herbeizuführen, eine sogenannte Opposition zu institutionalisieren. […] Und letztlich […] ist es, und das nicht nur als Randerscheinung, ein wichtiges Ergebnis des Gespräches, daß es eine überaus freundliche, ja herzliche Atmosphäre gab. Auch das ist politisch ein bedeutsamer Wert, der in der Zukunft beachtet werden muß. Landesbischof Hempel war verläßlich in der Frage der Zusicherungen, die er vorab gegeben hat. Er nutzte das Gespräch nicht, um belastende Fragen vorzubringen.«[960]

Während eines kirchlichen Forums lobte Hempel am 12. Februar die zwar verkürzte, aber sachlich »völlig korrekt[e]« Berichterstattung in den DDR-Medien[961]:

»Dabei ist wichtig zu sehen, daß dort auch Sätze stehen, die für den Staat nicht selbstverständlich sind. Er meine das, was über die Probleme an der Basis formuliert ist.«[962]

Noch am 11. Februar, dem Tag des Treffens, urteilte der KKL-Vorstand über die Spitzenbegegnung: »Hervorgehoben wird die gute, offene Atmosphäre und die Zusage Honeckers für ein Gespräch mit Sachfragen.«[963]

Hempels Ansehen beim Staat erhöhte sich zusätzlich noch dadurch, daß er gemeinsam mit Präsident Domsch und anderen kirchenleitenden Persönlichkeiten Dresdens – darunter im übrigen auch mit dem katholischen Bischof Schaffran[964] – am 13. Februar 1985 an der staatlichen Großkundgebung[965] auf der Ehrentribüne Platz nahm und der dort abgegebenen Willenserklärung Dresdener Bürger seine Zustimmung erteilte. Die SED wertete Hempels Beteiligung als »sichtbare[n] Ausdruck dafür, daß er sich zu seinen Erklärungen auch politisch in der Öffentlichkeit bekennt«[966].

Am 28. Januar hatten die Bezirksfunktionäre Fuchs und Lewerenz im Auftrag Modrows die Einladungen an Hempel und Domsch persönlich überreicht. Hempel »bedankte sich für die hohe Ehre, die die Einladung ohne Zweifel darstelle.« Allerdings fügte der Bischof hinzu:

»Die Worte, die er […] sage, seien sehr spontan, sie stellten noch keine Entscheidung dar. Diese würde erst nach brüderlicher Beratung im Kollegium noch im Laufe dieser Woche getroffen. Er fühle sich mit Dresden eng verbunden, von daher bereite ihm die Gedenkkundgebung keinerlei Probleme. Er könne sich aber vorstellen, daß er als Bürger unter Bürgern teilnehme und nicht auf der Tribüne. Am Staatsakt und der Vorstellung in der Semperoper könne er nicht teilnehmen, da er ja den Gottesdienst zu halten habe. Dafür möge man Verständnis haben. Der Gottesdienst beginne zwar erst 20.30 Uhr, aber er brauche vorher eine Phase der Konzentration, auch gehe es nicht an, daß er während der Veranstaltung die Oper verlasse.«

Außerdem hatte er die mögliche Reaktion seiner Gemeindeglieder im Auge: »Wenn er als Bischof an exponierter Stelle auf der Tribüne erscheine, würden sie das nicht verstehen.«[967] Präsident Domsch »verstärkte die Bedenken des Bischofs mit dem Hinweis auf das Prinzip der Trennung von Staat und Kirche.« Die Staatsvertreter machten deutlich, daß in Magdeburg sogar ein Superintendent mit einem Redebeitrag aufgetreten sei. Aus einer Ablehnung »könnten sich Konsequenzen ergeben, die jetzt noch nicht zu übersehen sind«, drohten sie[968]. Die Einladung kam für die kirchlichen Vertreter allerdings nicht allzu überraschend, denn die sächsischen KKL-Vertreter hatten zwei Wochen zuvor mitgeteilt, es gäbe bereits Vorüberlegungen zu »Art und Umfang kirchlicher Beteiligung an den staatlichen Veranstaltungen«[969].

Noch am Abend des 28. Januar teilte Lewerenz Domsch telefonisch mit, Bischof Schaffran habe beide Einladungen – Gedenkveranstaltung und Staatsakt[970] – angenommen. »Vielleicht sei das für die Entscheidungsfindung des Landesbischofs und des Präsidenten von Bedeutung.«[971] Das Bistum Dresden-Meißen hatte es demnach nicht für notwendig gehalten, sich in einer so wichtigen Angelegenheit zuvor mit der lutherischen Landeskirche abzusprechen[972].

Hempel entschied sich dann recht schnell zur Teilnahme – allerdings nur an der Großkundgebung[973].

Für das Staatssekretariat für Kirchenfragen war die Teilnahme Hempels und Domschs[974] Beleg für deren »Bereitschaft, die Beziehungen zwischen Staat und Kirche in aktiver Weise konstruktiv weiter auszubauen.«[975] Auf dem Weg zur Ehrentribüne soll sich Hempel gegenüber dem Staatsfunktionär Lewerenz »eindeutig persönlich beeindruckt und sehr positiv über Inhalt und Atmosphäre des Gespräches mit [...] Honecker« geäußert haben[976].

Im anschließenden Kreuzkirchengottesdienst soll Hempel vor ca. 3 500 Besuchern – anwesend war auch der Leiter der Ständigen Vertretung, Bräutigam[977] – in einer nach staatlicher Einschätzung »im wesentlichen progressiv[.]« gehaltenen Predigt[978] gefordert haben:

»Als Christ müsse man dem anderen in die Augen und nicht auf das Abzeichen sehen. Hier schloß Landesbischof Dr. Hempel auch wörtlich die ›Staatsvertreter, Staatsfunktionäre und Parteigenossen‹ ein, denen man so begegnen müsse.«[979]

Kurt Domsch soll über diesen Tag später gesagt haben: »›Ich habe den Eindruck, daß wir uns an diesem Tag sehr nahe waren‹.« Die übertriebene Beleuchtung und die Lautsprechermusik hielt er jedoch dem Ereignis für unangemessen, ja unwürdig[980].

In Magdeburg hatte am 16. Januar 1985 Superintendent Schierbaum bei der Kundgebung zum Gedenken an die 40jährige Wiederkehr der Zerstörung der Stadt geredet[981]. Auch Eberhard Natho zeigte am 7. März 1985 in Dessau während einer Friedensmanifestation aus gleichem Anlaß Flagge[982], ging nach staatlicher Einschätzung allerdings »über allgemeine Aussagen zur Friedenserhaltung nicht hinaus.«[983] In Nordhausen und Wismar nahmen ebenfalls kirchliche Vertreter an staatlichen Gedenkveranstaltungen teil[984]. Anläßlich des Berichtes über die Dessauer Veranstaltung – weitere sollten während der Sitzung folgen – heißt es im Sitzungsprotokoll der KKL:

»In diesem Zusammenhang wird durch verschiedene Voten auf die Schwierigkeit der Verkündigung der christlichen Botschaft bei derartigen Großveranstaltungen aufmerksam gemacht.«[985]

Gut zehn Tage nach der »Spitzenbegegnung« zwischen Honecker und Hempel gab Ziegler der Beratergruppe einen Bericht:

»Im Gespräch zeigte sich Honecker offen und gut orientiert; er nahm die Bitte/Anregung Hempels positiv auf, in einem neuen Spitzengespräch mit dem Vorstand der Konferenz offene bzw. bisher nicht gelöste Sachfragen zu erörtern und nach handhabbaren Regelungen zu suchen. Die diesbezüglichen Veröffentlichungen in der kirchlichen Presse (in der DDR)[986] können sich nachteilig auswirken. Honecker wird sich selbstverständlich nicht durch Presseveröffentlichungen unter Druck setzen lassen. [...] In der Diskussion wird seitens der Teilnehmer des Bundes das Gespräch zwischen Hempel und Honecker als eine vom Inhalt und von der ›Dramaturgie‹ her gelungene Veranstaltung gewertet.«[987]

Nach Auffassung von Staat und Partei zeitigte das Februartreffen[988]

»eine nachhaltige positive Wirkung. Auch international wird ihm eine beachtliche Aufmerksamkeit entgegengebracht. Mit diesem Gespräch wurde der Prozeß erfolgreich fortgeführt, die evangelischen Kirchen in der DDR in grundlegenden Fragen immer besser in unsere Politik einzubinden und sie zugleich mehr vom Einfluß der BRD-Kirchen zu lösen. [...] In ersten Äußerungen und Stellungnahmen aus dem kirchlichen Raum wird deutlich, daß die Begegnung vorwiegend die für uns günstigen innerkirchlichen Entwicklungen vorantreibt und überwiegend positive Aufnahme findet.
In den evangelischen Kirchen erhielt der Polarisierungsprozeß kräftige Impulse. Die innerkirchliche Differenzierung ist in eine neue Phase eingetreten. Die loyalen realistischen Kräfte wurden in ihrer konstruktiven Haltung bestätigt[989]. Ein wichtiges Ergebnis der Begegnung ist es, daß die Stellung Landesbischof Hempels innerhalb der kirchenleitenden Gremien weiter gefestigt wurde. Hempel wurde als Repräsentant einer innerkirchlich starken, politisch beweglichen Gruppe dazu veranlaßt, stärker als bislang Profil zu zeigen und sich zu bedeutsamen Grundfragen unserer Zeit in einer eindeutigen, politisch positiven Weise zu äußern. Er hat dabei eine beachtenswerte Übereinstimmung mit unseren Auffassungen deutlich gemacht. Die von ihm schon auf der Bundessynode in Greifswald 1984 vertretene Linie konstruktiver Loyalität gegenüber dem sozialistischen Staat erfuhr eine nachdrückliche Bekräftigung[990].
An der Reaktion der feindlichen, reaktionären Kräfte in den evangelischen Kirchen wird deren Betroffenheit und geschwächte Position augenscheinlich. Im Zusammenspiel mit westlichen Medien[991] greifen sie zur ganzen Skala der zur Verfügung stehenden Entstellungsmethoden, von primitivster Diffamierung bis zur objektivistischen tendenziellen Bewertung des Treffens reicht.
Gewisse reaktionäre Kräfte in den evangelischen Kirchen interpretieren den Sinn und das Ergebnis des Treffens tendenziös. Sie versuchen, das Ergebnis des Gespräches hinunterzuspielen und auf die politisch realistischen Vertreter in der Kirche einen verstärkten Erwartungsdruck auszuüben. Dabei soll vor allem der Bildungsbereich als das Kriterium für die Tragfähigkeit des Gespräches vom 6. März 1978 gelten[992]. Er wird als ständiges Konfliktfeld in den Staat-Kirche-Beziehungen dargestellt.«[993]

Die meisten kirchlichen Amtsträger stimmten Gesprächsführung und -ergebnissen allerdings zu[994]. »Beachtenswert ist, daß auch einige politisch vernünftige kirchenleitende Persönlichkeiten mit offensichtlich unterschiedlicher Motivation (z. B. die Bischöfe Leich und Gienke[995]) das Gespräch Hempels mit Genossen Honecker als ›Alleingang‹ ohne vorherige Abstimmung und mit wenig konkreten Ergebnissen bezeichnen.« Ein gewisses Konkurrenzdenken der Bischöfe untereinander gehörte gewiß mit zu den Beweggründen für die Kritik.

Das Gespräch habe die Kontinuität der staatlichen Kirchenpolitik unterstrichen, lautete die abschließende politische Wertung des Staates. Darüber hinaus habe sich Hempel zur Friedensthematik, zum 8. Mai[996] und zur Beurteilung des 6. März 1978 positiv und auch konstruktiv geäußert. Denjenigen, die die Auffassung verträten, das Staat-Kirche-Verhältnis habe sich seit dem Ende des Lutherjahres verschlechtert, sei »eine deutliche Abfuhr erteilt« worden. Das Papier schloß:

»Bekanntlich gibt es an Landesbischof Hempel wachsende Kritik aus den verschiedenen Richtungen und Motiven im kirchlichen Lager. [...] Hempels Stellung und seine politische Profilierung sind mit dem Blick auf das Differenzierungsprinzip weiter voranzutreiben.«[997]

Peter Krausßer urteilte freilich einschränkend:

»Es darf jedoch durch uns nicht unterschätzt werden, daß er [Hempel] nach wie vor widerspruchsvoll und sensibel ist. Es ist unbedingt weiter mit ihm zu arbeiten.«[998]

Hempel selbst beurteilte das »Spitzentreffen« in mehreren anschließenden Unterredungen[999] »als sehr gut und fruchtbar [...]. Ihn habe besonders die Offenheit der Gesprächsführung beeindruckt, aber auch das Interesse des Staatsratsvorsitzenden für die vom Landesbischof vorgetragenen Probleme.«[1000]

Mit großer Genugtuung nahm man in der Kirche die nunmehr positiv gelöste Rentenregelung für Diakonissen auf[1001].

Kritik an der Spitzenbegegnung übte allein die Landessynode Berlin-Brandenburg[1002] und unternahm nach Einschätzung der SED damit den Versuch einer Korrektur an der allgemeinen kirchlichen Linie zum 8. Mai[1003]. Der Kirchenleitungsbericht unterließ eine besondere Würdigung des Staat-Kirche-Verhältnisses und verwendete zu dessen Charakterisierung den Begriff »Arbeitsbeziehungen«. Bischof Forck sprach nicht von Befreiung, sondern lediglich vom »Kriegsende«. Ein in diesem Zusammenhang verabschiedeter »Brief an die Gemeinden« gebrauchte zwar die Wendung vom »Tag der Befreiung«, blieb aber nach staatlicher Einschätzung insgesamt hinter den Aussagen des »Gemeinsamen Wortes« zurück[1004]. Allerdings bewegten sich die Äußerungen des Berliner Bischofs am 8. Mai dann wieder auf BEK-Linie[1005].

Die Synode der Kirchenprovinz Sachsen behandelte das »Wort zum Frieden« überhaupt nicht[1006]. Ein Mitglied der Dresdener Kirchenleitung soll zu den Aktivitäten seines Bischofs geäußert haben: »Ich habe nichts davon gewußt, ich bin gegen die geäußerten Auffassungen Hempels zum 8. Mai.«[1007]

Bei der Vorbereitung des Seminars »Konkret für den Frieden« (1.-3. März 1985 in Schwerin)[1008] wurde der Plan bekannt, dort ein Protestschreiben an Hempel zu verabschieden, das den von ihm verfolgten kirchenpolitischen Kurs anprangern sollte. Dank des Einsatzes von Bischof Stier mißlang dieses Vorhaben jedoch[1009]. Heiko Lietz kritisierte während des Seminars:

»So positiv das neuerliche Gespräch zwischen Erich Honecker und Dr. Hempel gewesen sei, es reiche nicht aus. Die einzigen ›Dialogpartner‹ für Vertreter von Friedenskreisen seien oft nur die Organe des Ministeriums für Staatssicherheit. Er selber habe damit in den letzten Wochen ungute Erfahrungen gemacht.«[1010]

Die bedrückende Stasi-Problematik sprach Stier im November 1985 gegenüber dem Vorsitzenden des RdB Schwerin, Rudi Fleck, direkt an:

»Er sehe zum Teil einen Widerspruch darin, daß einerseits über vertrauensvolle Beziehungen auf hoher Ebene in offiziellen Verlautbarungen berichtet wird, andererseits aber Mißtrauen und Argwohn auf staatlicher Seite gegenüber dem kirchlichen Wirken dieses Vertrauen in Frage stellen können. So, wie er dies sage, empfänden viele, für die er sich einsetze. Er beobachte z. B. eine vermehrte Einflußnahme des Ministeriums für Staatssicherheit bzw. Beobachtungen bestimmter Leute in der Kirche durch das MfS[1011]. Dabei richteten sich solche Einflußnahmen auf besondere Gruppen, z. B. Friedens- und Umweltgruppen[1012], die beobachtet werden. Personen würden zum Teil gezielt angesprochen bezüglich Informationsweitergabe, zum Teil seien es junge Leute, die angesprochen werden. Es werde zum Teil auch für eine Mitarbeit geworben, teilweise auch mit druckerzeugenden Methoden. Er wisse das von vielen Mitarbeitern und Amtsträgern der Kirche. Er fürchte, daß dadurch die Kluft zwischen Staat und Kirche größer wird, da Mißtrauen wächst. [...]

Stier [...] sagte, wenn es auch ein Vertrauensverhältnis zwischen Staat und Kirche gebe, so gebe es doch auch Mißtrauen. Er sprach von einer ›Atmosphäre des Ungewissen, des Unerwünschten‹ und von ›Verdächtigungen‹ des Staates gegenüber der Kirche. Er nannte – ohne Namen – das Beispiel einer Frau, die in einem kirchlichen Gemeindechor tätig sei. Über ihre Verwandtschaft, die in einem ganz anderen Ort wohne, habe sie Hinweise erhalten, sie solle diese Tätigkeit im Kirchenchor aufgeben, um möglichen Nachteilen zu entgehen. Gegenüber diesen Verwandten seien so konkrete Angaben zur kirchlichen Tätigkeit dieser Frau gemacht worden, die nur auf die Arbeit der Sicherheitsorgane schließen ließen.«[1013]

Wie die Konsultationsgruppe Mitte Mai erfuhr, liefen in der Ost-Berliner Auguststraße die Vorarbeiten für das zu erwartende eigentliche »Spitzengespräch« auf Hochtouren[1014]. Peter Krauß hatte im März seinen sächsischen Genossen allerdings signalisiert, Honecker habe auf Hempels Anfrage nach einem neuen Spitzengespräch gar nicht reagiert[1015]. Als Begründung fügte der SED-Funktionär hinzu: »Für ein solches Gespräch gibt es keine inhaltliche Substanz. Selbst der Vorstand hält das nicht für erforderlich, zumal die Bundessynode noch aussteht. Aus unserer Sicht gibt es keinen Anlaß, vor dem XI. Parteitag einen neuen 6. März 1978 durchzuführen.«[1016]

Als Ziegler gegenüber Heinrich Ende April 1985 nochmals an das erhoffte »Spitzengespräch« erinnerte, erklärte der Hauptabteilungsleiter,

»es werde von staatlicher Seite diese Sache nicht billig gemacht werden. Der 6. März 1978 und der 11. Februar 1985 könnten nicht wiederholt werden. Wenn es zum Gespräch käme, müsse es einen neuen Inhalt haben. Die Hauptfrage sei: Was bringt es uns gemeinsam? Aufhänger für das Gespräch könnten auf keinen Fall Sachfragen sein, bei denen Forderungen von staatlicher Seite zu erfüllen wären. Das Gespräch könne nicht stattfinden unter der Pression, etwas zu erreichen. Solche Sachfragen könnten auf der Ebene des Staatssekretärs verhandelt werden. In solch einem angestrebten Gespräch müßten vielmehr Grundlinien neu gezeichnet werden. Er frage, ob denn die Kirche so weit sei, sich neu zu erklären. Was habe sie denn Neues im Blick auf das Verhältnis Staat-Kirche, im Blick auf den Sozialismus zu sagen?«[1017]

Analysen des gemeinsamen »Wortes zum Frieden«, der 8. Mai und die Folgediskussionen

In einer »Information« aus dem DDR-Staatssekretariat vom 29. März 1985 wurde das »Wort zum Frieden« außerordentlich positiv gewürdigt und als ein wichtiger Erfolg der DDR-Politik eingeschätzt. Die Erklärung sei »das Ergebnis einer mehr als einjährigen kontroversen Diskussion« zwischen dem BEK und der EKD.

»Im Prozeß der Auseinandersetzungen wurde deutlich, daß ein einheitliches Wort für beide Kirchen nur möglich ist, wenn die Vertreter der EKD bereit waren, entgegen der politischen Konzeption der Bundesregierung in der BRD den 8. Mai 1945 als Tag der Befreiung und Chance eines Neubeginns anzuerkennen. Nachdem anfänglich Vorschläge erarbeitet wurden, die hinter den politisch notwendigen Aussagen zurückblieben und der Grundentscheidung zwischen Befreiung[1018] und ›Katastrophe‹ auswichen, gelang es dem BEK, in den ersten Monaten des Jahres 1985 eine positive Veränderung der Verhandlungspositionen herbeizuführen. Dazu trug vor allem das Gespräch des Genossen Erich Honecker mit Bischof Dr. Hempel am 11.2.1985 bei, aber auch demgegenüber die revanchistische Welle in der BRD und die verstärkte Hochrüstung in Westeuropa. Nachdem die Gespräche im Vorjahr bereits abgebrochen waren, wurde später in diesem Jahr die vorliegende Fassung erreicht. Deutlich ist bei den politisch realistischen Positionen des ›gemeinsamen Wortes‹ die Handschrift von Bischof Dr. Hempel, Konsistorialpräsident Stolpe und OKR Frau Lewek zu erkennen. Erstmalig seit der Herausbildung eines eigenständigen Bundes der Evangelischen Kirchen in der DDR ist es ihren leitenden Vertretern gelungen, ihre politischen Einsichten und Erkenntnisse als Kirche im Sozialismus nachdrücklich gegenüber den Kirchen in der BRD deutlich zu machen und in eine gemeinsame Erklärung einzubringen. Wie hartnäckig die Auseinandersetzung geführt wurde, geht auch aus einem zweimaligen Abbruch der Gespräche hervor.«[1019]

Als deutschlandpolitisch besonders bedeutsam sieht das Papier die »Aufforderung, keine unerfüllbaren Hoffnungen zu erwecken (Wiedervereinigung)«, und die »Selbsteinschätzung beider Kirchen, daß sie in den zurückliegenden vier Jahrzehnten vielen Fehleinschätzungen unterlegen waren« und daß »notwendige Schritte (Einstellung auf den Dienst in der DDR, organisatorisch-juristische Trennung der Kirchen in der DDR und der BRD, Anerkennung der Realität zweier deutscher Staaten) sehr spät kamen.« Zur innerkirchlichen Bedeutung des »gemeinsamen Wortes« heißt es in der »Information«:

»Das Zustandekommen des ›Wortes zum Frieden‹ und die dabei erreichten Aussagen werden von den Geistlichen überwiegend realistisch bewertet. Es wird als Ergebnis einer echten Auseinandersetzung zwischen den Positionen von BEK und EKD zum 8. Mai 1945 gesehen, bei der sich der BEK im wesentlichen durchsetzen konnte. Wegen der unterschiedlichen Gesellschaftsordnungen, in denen sich die EKD und der BEK befinden, stelle das gemeinsame Wort zum Teil einen Kompromiß dar, der in mancher Hinsicht angreifbar sei, aber zugleich breite Zustimmung und die Mitarbeit großer Kreise bei der Friedenssicherung ermögliche [...] Progressive Kräfte weisen [...] darauf hin, daß das gemeinsame Wort der Aktion Sühnezeichen zum 8. Mai 1945[1020] politisch klarer sei[1021]. Die DDR-Kirchen seien in ihren Positionen weiter und hätten das ggf. auch in einem getrennten Wort zum Ausdruck bringen müssen. Es sei aber wichtig, in der Friedensfrage mit den westlichen Kirchen im Gespräch zu bleiben, um die DDR-Politik realistisch darzustellen und durch die Westmedien geförderte Vorbehalte abzubauen. Insgesamt sehen sich die realistischen und loyalen Kräfte in den Kirchen in ihren Positionen und Anliegen bestärkt. Ihr gewachsenes Selbstbewußtsein wirkt sich auch auf die Beziehungen zur EKD aus und gibt ihnen einen neuen Inhalt. Damit gehen ›deutsch-deutsche‹ Illusionen zurück und weichen realistischen Positionen.«[1022]

Im Blick auf die SED-Kirchenpolitik hebt das Papier hervor:

»Im gemeinsamen Wort wird für eine politisch realistische Konsequenz aus der Chance der Befreiung optiert und dabei die Basis zur Einbeziehung weiterer Kräfte in die Friedenspolitik und die Koalition der Vernunft erweitert. Die BRD-Kirchenführung hat diese Linienführung akzeptiert. Die im Gespräch durch den Generalsekretär Genossen Erich Honecker ausgedrückte Hochachtung für Bischof Dr. Hempel und den Weg des BEK als einer Kirche im Sozialismus unterstützt sowohl die politische Polarisierung unter den kirchenleitenden Kräften wie eine richtige Differenzierungspolitik. [...] Damit erfährt die langfristig orientierte Kirchenpolitik eine Bekräftigung und Weiterentwicklung. Dabei gilt es, die Politik der umfassenden Einbeziehung der Gläubigen sowie des breiten Bündnisses mit den Kirchen, ihren Geistlichen und Amtsträgern offensiv fortzusetzen. Die realistischen Positionen zum konstruktiven Verhältnis von Staat und Kirche sind weiter zu stabilisieren und auszubauen [...] Auch in der politischen Einflußnahme auf Kirchen in der BRD ist der erreichte Stand nicht mehr aufzugeben, sondern differenziert in Bereichen fortzuführen, in denen sie als ›gemeinsame Verantwortung‹ der Friedenspolitik des sozialistischen Lagers dient. Die Einsicht kirchenleitender Kräfte, daß sie ihre Basis verbreitern müssen, verdient die unbedingte Unterstützung der staatlichen Organe und der gesellschaftlichen Kräfte.«[1023]

Auch in einem Papier der Ost-CDU[1024] hieß es, das »Gemeinsame Wort« sei »erstaunlich gut, wenn man Differenzen beim Zustandekommen und Kompromißcharakter bedenkt; viele Aussagen richten sich indirekt aber deutlich gegen negative Positionen der BRD-Politik«[1025].

Nur Hauptabteilungsleiter Heinrich mäkelte, das Zustandekommen eines gemeinsamen Wortes streiche, besonders für das Ausland, die Gemeinsamkeit bzw. die gesamtdeutsche Verbundenheit zwischen BEK und EKD zu stark heraus: »Man müsse damit rechnen, daß weniger nach dem Inhalt als nach der Tatsache gemeinsamer Äußerungen gefragt werde.«[1026]

Als Indikator für den deutschlandpolitischen Höhenflug der DDR im Jahre 1985 können auch die wiederholten Grußadressen des Bundespräsidenten Richard von Weizsäcker gelten, die er via Stolpe der SED-Führung zukommen ließ. Die Briefe sagen auch einiges über das enge diplomatische Geflecht aus, das auf beiden Seiten zwischen Staat und Kirche bestand, wenn es um deutschlandpolitische Fragen ging. Insofern konnten nicht selten auch kirchenpolitische Erfolge wie das »Wort zum Frieden« als deutschlandpolitische gewertet werden und umgekehrt.

Nachdem Stolpe schon im Mai 1985 dem Staatssekretär für Kirchenfragen, Klaus Gysi, »herzliche persönliche Grüße« von dem Staatsoberhaupt der Bundesrepublik Deutschland überbrachte[1027], schrieb er am 21. Oktober 1985 dem Staatsratsvorsitzenden in einem handschriftlichen Brief:

»Bei Gelegenheit einer Dienstreise nach Bonn traf ich Präsident von Weizsäcker. Er bat mich, Sie bei erster Gelegenheit – und das tue ich hiermit – herzlich zu grüßen! Herr v.

W. hofft sehr, daß es bald zu einer Begegnung mit Ihnen kommt, Vorrang habe eine Reise von Ihnen in die BRD. Diese müsse störfrei und beiderseits erfolgreich sein. Damit es jetzt keine Verstimmung bei seinem katholischen Kanzler gibt, nimmt Herr v. W. unsere evangelische Einladung zur Feier des Ediktes von Potsdam am 26.10.[1028] nicht an, wird also jetzt nicht in die DDR kommen. Herr v. W. ist sicher, einen wirksamen positiven Einfluß zur Gestaltung Ihres eventuellen Besuches nehmen zu können. Möge es gelingen!«[1029]

Während der Juni-Sitzung der Beratergruppe sprach Landesbischof Hempel der am 8. Mai gehaltenen Weizsäcker-Rede sein höchstes Lob aus:

»Was der Bundespräsident von Weizsäcker gesagt hat, muß ›als das an diesem Tage beste in deutscher Sprache‹ gelten.«[1030]

Über die DDR-Veranstaltungen zum 8. Mai gab es in den Gemeinden hingegen scharfe Kontroversen, die nach Auffassung des Bischofs auf widersprüchliche emotionale Stimmungen zurückzuführen waren: »›Alle nur denkbaren Vorstellungen verbunden und vermischt mit eigenem Erleben kamen zum Tragen.«[1031]

Das Staatssekretariat für Kirchenfragen bezeichnete im Vorfeld der Feierlichkeiten die Behandlung des 8. Mai 1945 durch die DDR-Kirchen als eine »eigenständige[.], in Umfang, Breite und der Qualität der politischen Aussagen bisher nicht erreichte[.] Würdigung des 8.5.1945«[1032].

Noch treffender war in bezug auf die Eigenständigkeit eine Analyse des Bezirks Dresden: »Gleichzeitig [...] hat sich der Schwerpunkt kirchlicher Orientierungen von der ›Eigenständigkeit der Friedensbemühungen‹ der Kirchen mehr zur ›Eigenständigkeit der Motivation‹ hin verschoben. Damit wurde die Angst, ›Verstärker der Außenpolitik der DDR‹ zu sein, teilweise abgebaut.«[1033]

Bei dem am 7. Mai zelebrierten Staatsakt nahmen die Protestanten Hempel, Stolpe, Natho, Härtel, OKR Petzold, Professor Karl-Heinz Bernhardt und auch Altbischof Schönherr teil, von katholischer Seite Dissemond und Lange sowie Otto Hermann Fuchs[1034]. Eine Beteiligung an der vom Staatssekretär für Kirchenfragen und dem Nationalrat der Nationalen Front am 16. April 1985 inszenierten Gedenkfeier hatten die Kirchenleitungen allerdings abgelehnt[1035]. Ebenso lehnten die Kirchenvertreter beim Staatsakt eine Plazierung im Präsidium ab[1036].

Anstelle einer Beteiligung an staatlichen Symposien führte der BEK eigene Veranstaltungen unter seiner Regie durch[1037], wobei der Gottesdienst in der Berliner Marienkirche[1038], ein ökumenisches Seminar in Brandenburg[1039] sowie der Besuch der Gedenkstätten in Sachsenhausen und bei den Seelower Höhen und auch des Friedhofs in Halbe besonders herausragten. Nicht zu vergessen sind in diesem Zusammenhang die Gedenkveranstaltungen zu Ehren Dietrich Bonhoeffers[1040].

Die KKL stellte fest:

»Während die Beteiligung am Gottesdienst in der Marienkirche durch die Gemeinde sehr groß war, nahmen in Sachsenhausen, Halbe und Seelow nur einige Gemeindeglieder [...] an den Veranstaltungen teil.«[1041]

Im Herbst sollte Schönherr vor der Ost-CDU in einem Ostberliner Parteigebäude einen Vortrag über die kirchliche Entwicklung nach 1945 halten[1042]. Die CDU plante darüber hinaus, das Referat in der Reihe »Dokumente der CDU-Politik« zu publizieren. Schönherr bat daraufhin den KKL-Vorstand um ein Votum[1043]. Das Gremium beschloß:

»Der Vorstand stimmt dem Halten des Vortrages grundsätzlich zu, macht aber darauf aufmerksam, daß die Veröffentlichung in der vorgesehenen Schriftenreihe zu Mißverständnissen führen könnte. Deshalb sollte sie unterbleiben.«[1044]

Über die kirchlichen Bemühungen aus Anlaß des 8. Mai urteilte das Staatssekretariat für Kirchenfragen:

»Der Tag der Befreiung des deutschen Volkes vom Hitlerfaschismus findet in den Kirchen und Religionsgemeinschaften in der DDR anläßlich seiner 40. Wiederkehr eine so große Aufmerksamkeit wie nie zuvor. Die erarbeiteten Positionen zum 8. Mai 1945 und seiner aktuellen politischen Bedeutung sind in neuer Qualität von politischem Realismus und Verantwortungsbewußtsein gekennzeichnet. [...] Die zielgerichtete und kontinuierliche Durchsetzung der Generallinie von Partei und Regierung in Kirchenfragen hat in den Kirchen zu einer differenzierten Betrachtung der historischen Entwicklung und der Aufarbeitung der eigenen Schuld und Fehler beigetragen. [...] In diesem Prozeß erklärten sich die Kirchen nicht nur unmittelbar zum 8.5.1945, sondern würdigten auch in eigenen zentralen wie örtlichen Veranstaltungen christliche antifaschistische Widerstandskämpfer und gedachten aller [...] Opfer der faschistischen Barbarei. Hier wie bei staatlichen und gesellschaftlichen Veranstaltungen wurde von ihnen der Erkenntnis Ausdruck verliehen, daß, wenn die Kirchen das Stuttgarter Schuldbekenntnis und das Evangelium ernst nehmen wollen, sie das Darmstädter Wort des Bruderrates sowie die Positionen der Bekennenden Kirche konsequenter aufarbeiten müssen. Es sei an der Zeit, daß die Kirche, ihre Amtsträger und Gemeindeglieder sich verstärkt auf die Fortsetzung dieser progressiven Traditionen orientieren. Besondere Bedeutung kam in diesem Zusammenhang dem Symposium der Theologischen Sektionen zu. Auch die Sächsische Bruderschaft, der Weißenseer Arbeitskreis und der Evangelische Pfarrertag wirkten in diesem Sinne mit klaren Positionen zum Tag der Befreiung auf die Meinungsbildung in den Landeskirchen ein.

Die Bestimmung der Position der evangelischen Kirchen zum 40. Jahrestag der Befreiung steht so sichtbar in der Kontinuität der kirchlichen Standortfindung zum 50. Jahrestag der Barmer Theologischen Erklärung sowie zum 35. Jahrestag der DDR und den entsprechenden Aussagen der Synode des BEK in Greifswald vom September 1984. [...] Zusammenfassend kann festgestellt werden, daß die evangelischen Kirchen in der DDR die politische Herausforderung des 40. Jahrestages der Befreiung nicht nur in der historischen Betrachtung des 8.5.1945, sondern vor allem auch für ihre künftige Wegbestimmung ernst genommen haben. In Einzelaussagen kirchenleitender Kräfte und Erklärungen von Leitungsgremien sowie von Synoden wurde die Einsicht vertieft, daß in der DDR aus dem antifaschistischen Kampf die richtigen Konsequenzen gezogen wurden, die von den Kirchen erst heute umfassender verstanden und akzeptiert werden.«[1045]

Für Ende Mai lud Hauptabteilungsleiter Heinrich den Leiter des BEK-Sekretariats, Ziegler, ins Staatssekretariat für Kirchenfragen ein, um ihm eine Art mündlicher Zwischenbilanz zu geben:

Das Staat-Kirche-Verhältnis »sei insgesamt als gut zu bezeichnen. Es gebe fixierte Übereinkünfte zwischen Kirche und Staat. Die Veranstaltungen um den 40. Jahrestag des Kriegsendes hätten die Eigenständigkeit der Kirche innerhalb der sozialistischen Gesellschaft gezeigt. Es sei dabei eine neue Qualität des Selbstverständnisses der Kirche im Sozialismus zum Ausdruck gekommen. Die Begegnung am 11.2.1985 zwischen dem Staatsratsvorsitzenden und dem Vorsitzenden der Konferenz der Evangelischen Kirchenleitungen habe entgegen der ursprünglichen Absicht der staatlichen Seite einen eigenen Stellenwert bekommen. Sie sei zwar nicht der Begegnung am 6. März 1978 gleichzusetzen, habe aber doch eine sehr hohe Bedeutung. Es scheine so, als ob wir erneut an einer Wegscheide im Verhältnis von Staat und Kirche stünden. Die Stellung der Kirche im Sozialismus habe eine neue Qualität gewonnen. Es müsse daran gearbeitet werden, dies nun auch inhaltlich zu beschreiben.

Bei der Begegnung am 11.2.1985 sei die Bitte um ein Sachgespräch mit dem Staatsratsvorsitzenden ausdrücklich ausgesprochen worden. Diese Bitte sei vom Staatsratsvorsitzenden auch angenommen worden. Aber ob und wann es dazu komme, stehe ja noch nicht fest. Vor allen Dingen dürfe es im Vorfeld [eines] solchen möglichen Gespräches nicht zu neuen Belastungen kommen. [...] Vielmehr wartet der Staat jetzt auf ein Angebot der Kirche, wie sie ihr Verhältnis zur sozialistischen Gesellschaft inhaltlich neu beschreiben wolle.«[1046]

Mitte Juni 1985 besuchte der Vorsitzende des Rates für religiöse Angelegenheiten beim Ministerrat der UdSSR, Chartschew, die DDR und begegnete unter anderem auch Hempel, Demke, Stolpe und Schaffran[1047].

Über das Treffen mit Hempel berichtet das staatliche Protokoll:

»Die Begegnung zwischen Genossen Chartschew und Landesbischof Hempel fand in Hempels Privatresidenz statt. Sie fand von Beginn an in einer herzlichen und aufgeschlossenen Atmosphäre statt.

Hempel nahm als erster das Wort und begrüßte seinen Gast. Anschließend wiederholte er sein bekanntes und klares Bekenntnis zum 8. Mai als einem Tag der Befreiung und des Neubeginns und verband damit den herzlichen Dank an das sowjetische Volk, seine Regierung und seine Partei. Er dehnte den Dank aus auf alles das, was die ersten Kommandanten der SMAD auf dem Territorium der DDR für die Bevölkerung, aber auch ganz speziell die Kirchen und die Religionsausübung getan haben. Weiterhin hob er die Friedenspolitik der Sowjetunion hervor und bat Genossen Chartschew, auch dafür seinen Dank entgegenzunehmen und weiterzugeben. Er verband damit die Anerkennung der Friedenspolitik der DDR und die großen Aktivitäten des Vorsitzenden des Staatsrates. Hempel betonte, daß die Kirchen der DDR auch der Zusammenarbeit mit der ROK viele Erkenntnisse verdanken und daß für sie das Kennenlernen der ROK und der ständige Kontakt mit ihr von großer Bedeutung gewesen seien und sind.

Genosse Chartschew dankte – sichtlich beeindruckt – für die Ausführungen von Bischof Hempel. Er habe nicht erwartet, solche Worte von dem obersten Bischof der DDR zu hören. Um so größer sei seine Freude. Anschließend sprach er von einer Einladung Bischof Hempels in die Sowjetunion. Bischof Hempel wies in sehr zurückhaltender Form darauf hin, daß er eine Einladung nur annehmen könne, wenn sie durch die Kirchen ausgesprochen werde. Genosse Chartschew erklärte sofort, daß er dafür sorgen werde.

Im weiteren Verlauf des Zusammenseins erzählte Hempel noch seine erste Begegnung mit einem sowjetischen Soldaten kurz vor Kriegsende. Er werde nie vergessen, daß dieser junge Soldat ihm nichts tat, sondern sein Brot mit ihm teilte[1048] [...]

Auf der Rückfahrt zeigte sich Chartschew von dem Gespräch ebenso befriedigt wie beeindruckt. Was ihn bei dieser, aber auch bei anderen Begegnungen offensichtlich überrascht hat, war das intellektuelle Niveau, aber auch das gesamte Auftreten und die Haltung unserer Kirchenvertreter.«[1049]

Die abschließende staatliche Wertung zu den Begegnungen Chartschews lautete:

»In diesen Gesprächen stellten die Kirchenvertreter ihre Loyalität zu unserem Staat deutlich unter Beweis und bekundeten ihre Verbundenheit und freundschaftlichen Gefühle gegenüber den Völkern der Sowjetunion. Das Treffen mit Theologen der Leipziger Universität sowie Pfarrern aus Leipzig wurde zu einer echten Demonstration unserer Politik der Herstellung einer breiten Koalition der Vernunft und des Realismus über alles Trennende hinweg, des gemeinsamen Kampfes für Frieden und sozialen Fortschritt in aller Welt. Auch die Begegnung mit Bischof Schaffran wurde so zu einem echten und interessanten Erlebnis für die sowjetischen Genossen.«[1050]

Im Zusammenhang mit der Bugenhagen-Ehrung[1051] und des aus staatlicher Perspektive überaus positiv verlaufenen Kirchentages[1052] in Greifswald führte Gysi Gespräche mit kirchenleitenden Persönlichkeiten aus der Ökumene, die ihn in seiner positiven Einschätzung des »Gemeinsamen Wortes zum Frieden« nochmals bestätigten. In seiner »Information«, die er sogleich Jarowinsky zur Kenntnis übersandte, berichtet er, der scheidende Generalsekretär des Lutherischen Weltbundes, Carl Mau, habe seine Eindrücke über die DDR so summiert:

»›ist nie von der DDR enttäuscht worden‹, ständig neue Friedensinitiativen, persönliche Aktivitäten von Generalsekretär Erich Honecker. Zum 8.5.1985 DDR-Position klar. Von Kirchen in DDR nicht gerade überrascht, aber doch sehr erfreut, da zu klarer Position gelangt [...] Bezeichnet gemeinsames Wort EKD-BEK als großen Erfolg der DDR (nicht nur Erfolg der DDR-Kirchen!).«[1053]

Der Generalsekretär der KEK, Williams, habe geäußert:

»Stimmt in allen Punkten mit DDR-Politik überein. Hebt Aktivitäten von Generalsekretär Honecker hervor. Von DDR die meisten Friedensinitiativen in Mitteleuropa. Bugenhagen-Ehrung zeigt, daß Luther-Ehrung keine Schau war, sondern ehrliche, langfristige Politik.

Kirchen leben gut in der DDR. Klare Stellung zum 8.5.1985 für DDR-Kirchen sehr gut. Haben sie aber dem Beispiel Staat zu verdanken. Gemeinsames Wort BEK-EKD großer Erfolg für DDR.«[1054]

Zu einer ganz ähnlichen Einschätzung seien auch der schwedische Bischof Hallgren und der dänische Bischof Wiberg[1055] gelangt. Der Heidelberger Theologieprofessor und Kirchentagspräsident Wolfgang Huber habe im Gespräch mit ihm zum Ausdruck gebracht, die DDR-Kirchen hätten den »Kirchen in der BRD zu klarem Standpunkt in bezug auf Befreiung geholfen. Damit Ansehen DDR-Kirchen sehr gestiegen. Versteht Vorschlag chemiewaffenfreie Zone als Möglichkeit kleiner Schritte bei grundsätzlichen Verschiedenheiten in Gesellschaftsordnung, wenn beide Seiten guten Willen zeigen (trotz verschiedener Pakt-Zugehörigkeit).«[1056]

Im Februar 1985 hatte das Staatssekretariat für Kirchenfragen die ökumenische Tätigkeit des BEK analysiert und war zu folgenden Ergebnissen gelangt:

»Die evangelischen Landeskirchen haben ihre internationalen Beziehungen in den vergangenen Jahren erheblich ausgebaut. [...] Für die Kirchen aus dem nichtsozialistischen Ausland gewann der BEK deshalb an Attraktivität[1057], weil sich erstmals eine protestantische Mehrheitskirche mit einem sehr vielfältigen kirchlichen Leben als Kirche im Sozialismus zu profilieren versucht. Vor dem Hintergrund eines hohen internationalen Ansehens der DDR und ihrer aktiven Außenpolitik ist diese Entwicklung für das westliche Ausland besonders interessant[1058]. [...]

Die Trennung der evangelischen Landeskirchen in der DDR von der EKD machte es möglich, eigene ökumenische Beziehungen zu entwickeln. Der Ausbau der ökumenischen Arbeit erwächst als logische Konsequenz aus der staatlichen Erwartungshaltung, als Kirche in einem sozialistischen Land progressive Standpunkte zu wichtigen Fragen der internationalen Politik zu beziehen. Außer den legitimen zwischenkirchlichen Kontakten zur Beratung theologischer Probleme stellen politische Antworten eine wichtige Triebkraft zum Ausbau der ökumenischen Arbeit des BEK dar. [...]

Die Beziehungen zu den Kirchen sozialistischer Länder verdienen besondere Beachtung. Seitens des BEK werden sie in den letzten Jahren zunehmend intensiver betrieben. Dabei kommt ihnen keineswegs nur eine Alibifunktion zu, sondern es ist der Wunsch nach engerem, kontinuierlichem Kontakt zu den orthodoxen und protestantischen Kirchen in den sozialistischen Staaten unverkennbar[1059]. Dem wirkt jedoch die spürbare Zurückhaltung der meisten orthodoxen Kirchen entgegen. [...]

Die weitere Profilierung des BEK als Kirche im Sozialismus bedingt eine engere Abstimmung seiner ökumenischen Aktivitäten mit den Zielsetzungen der staatlichen Außenpolitik. [...] Unter diesem Gesichtspunkt ist eine punktuelle Erweiterung der internationalen Beziehungen des BEK notwendig und durch staatliche Stellen zu unterstützen. Langfristigkeit und konzeptionelle Absprachen sind erforderlich. [...] Die angestrebte Festigung der Positionen des BEK schließt die Übernahme von Funktionen in den Genfer Stäben in größerem Umfang als bisher ein. Gleichzeitig erhebt sich damit die Notwendigkeit einer engeren Abstimmung mit den Kirchen der anderen sozialistischen Länder.«[1060]

Als eine der wichtigsten Erkenntnisse seiner in Greifswald geführten Gespräche hielt Gysi in seinem optimistischen Bericht fest, »Position der Kirchen zum 8.5. überraschend allgemein bekannt«[1061], und die »meisten haben gefragt nach Bedeutung Vorschlag chemiewaffenfreie Zone SPD-SED. Besonders interessiert, warum SPD-SED[1062].«[1063]

Leben und Bleiben in der DDR (August 1985)

Keinen Beifall erhielt hingegen die kurz vor dem 13. August 1985 von der Theologischen Studienabteilung ohne Rücksprache mit dem KKL-Vorstand veröffentlichte Materialsammlung »Leben und Bleiben in der DDR«:

Sie »verunglimpft die politischen und gesellschaftlichen Verhältnisse in der DDR. Mit diesem Material sind politisch negative Stellungnahmen, wie z. B. der Brief Propst Falckes vom Februar 1984, einem größeren Personenkreis zugänglich gemacht worden.«[1064]

Nach eigenen Angaben stellte daraufhin Gysi Sekretariatsleiter Ziegler
»scharf zur Rede« und forderte ein Eingreifen der KKL[1065]. Besonders verärgert zeigte sich Gysi darüber, daß der epd[1066] die Arbeit der Studienabteilung
veröffentlichte. Der Text lege es auf eine öffentliche Debatte an und bleibe somit nicht im innerkirchlichen Rahmen. »Wie stehe eigentlich die Konferenz
der Kirchenleitungen dazu?«[1067] Auch gegenüber Stolpe erklärte der Staatssekretär die Studie »für eine DDR-feindliche Veröffentlichung«. Stolpe soll daraufhin erklärt haben:

»Seiner Meinung nach habe niemand von der KKL diese Information gekannt. Auf jeden Fall werde sie Gegenstand der nächsten Sitzung der KKL sein. Man müsse feststellen: Wer hat Garstecki beauftragt? Wem hat es vorgelegen? Was war der Anlaß?« Darüber hinaus gäbe es derzeitig gar »keinen Anlaß, die Frage [von Ausreisen][1068]
aufzuwerfen. [...] Seiner Meinung nach stünde dahinter ein außerordentliches Geltungsbedürfnis von Garstecki, wenn nicht noch anderes. Er ging dann noch etwas näher
auf die dubiose Karriere und den Werdegang von Garstecki ein. [...] Garstecki hat
schon eine Verwarnung bekommen, und es würde sicher eine zweite geben, wenn nicht
sogar eine Trennung von ihm. Er könne nur soviel dazu sagen, daß er, so wenig wie wir,
das ganze billige«, protokollierte Gysi[1069].

Der KKL-Vorstand monierte: »Durch das Vorwort von Dr. Punge, das zu einer
öffentlichen Diskussion der Frage aufruft, und die Aufnahme durch R. Henkys
in einem Kommentar zum 13. August ist erneut Verwirrung über den Status
von Papieren der ThSA und die Verantwortung für ihre Hauptaufgabe entstanden. Eine Abstimmung mit dem Sekretariat hat nicht stattgefunden.«[1070]

Superintendent Krellner, Großenhain, äußerte ein Jahr später am Beispiel
seines kurzzuvor ausgereisten Sohnes, Christen würden häufig gerade wegen
der Mißstände im Volksbildungsbereich ausreisen[1071]. »Er kritisierte weiterhin, daß die ganze Frage der Übersiedlungsersuchen noch zu wenig oder
überhaupt nicht öffentlich angesprochen wird. Wörtlich sagte er: ›Es ist an
der Zeit, mit der Tabuisierung aufzuhören.‹ Die Probleme sollten offen angesprochen bzw. ausgesprochen werden, denn oft sind es Kleinigkeiten, über die
dann hinweggegangen wurde, aus denen sich dann solche Konsequenzen wie
eben dann das Übersiedlungsersuchen erwachsen.«[1072]

Da es über den Text für den Friedensbittgottesdienst im November 1985 zu
Unstimmigkeiten gekommen war[1073], beschloß die Konsultationsgruppe, sich
zukünftig an der Ausarbeitung der Gottesdienstordnungen zu beteiligen[1074].

Hoffnungen auf das Spitzengespräch (August/September 1985)

In der Wahrnehmung des SED-Staates war das gemeinsame Friedens-Wort
der beiden Kirchenbünde ein großer politischer Erfolg. Freilich machte die
»führende Partei« diese für sie positive Bilanz durch ihr völlig unberechtigtes
Mißtrauen gegen die DDR-Kirchen und mit ihrem eifersüchtig gehüteten
Machtmonopol ihnen gegenüber teilweise wieder zunichte. Als in der Gesprächskonzeption des BEK für ein künftiges »Spitzengespräch« mit der

DDR-Regierung – der BEK faßte den Oktober/November 1985 ins Auge – unter Verweis auf einen »starken Erwartungsdruck der Gemeinden«[1075] auch allgemeine gesellschaftliche Fragen thematisiert wurden[1076], sah der stets mißtrauische Altkommunist Rudi Bellmann darin schon die Präsentation der Rechnung für die im Interesse der DDR geleistete Friedensarbeit[1077].

»Das große Friedensengagement unserer Staatsführung hat bewirkt, daß kirchenleitende Persönlichkeiten besonders im Zusammenhang mit dem 40. Jahrestag der Befreiung neue, weitergehende Positionen besonders in der Friedensfrage und in der Aufarbeitung der Nachkriegszeit bezogen. Die vorliegende Konzeption läßt den Schluß zu, daß die Absicht besteht, diese Positionen zu unterstreichen, für die Leitung des BEK allgemeingültig zu machen und dafür staatliche Gegenleistungen abzufordern. Es ist im Wesen das gleiche taktische Konzept, wie es von seiten der Kirchen in Vorbereitung des Gespräches vom 6.3.1978 verfolgt worden ist.«[1078]

Allerdings betrachtete Bellmann die Artikulation bestimmter Anliegen des BEK als eine bloß taktische Maßnahme gegenüber dem eigenen Kirchenvolk wie gegenüber der EKD.

»Der Abschnitt ›Waffendienstverweigerer aus Gewissensgründen‹[1079] enthält Fragen, die vom BEK bereits gestellt und eindeutig beantwortet sind[1080]. Die Wiederholung dieser Forderung ist offensichtlich eine Pflichtübung gegenüber jenen kirchlichen Kräften, die solche Fragen ständig wieder in die Diskussion über die Friedensproblematik einbringen [...] Die evangelischen Kirchen in der BRD sind in letzter Zeit zum Teil sehr heftig in Widerspruch zur Politik der Regierung in Bonn geraten. Damit werden die Kirchen in der DDR verdächtigt, sich gegenüber dem Staat in der DDR, seiner Politik und seiner Führung zu unkritisch zu verhalten. Der Forderungskatalog in der vorliegenden BEK-Konzeption ist so angelegt, daß [er] eine gewisse Alibifunktion gegen solche ›Verdächtigungen‹ erfüllt. Er entspricht auch der Linie des neuen EKD-Synodalpräses Schmude (SPD), die besagt, daß die Kirche ›kein bequemer Schweiger‹ sein dürfe – und er meint das für die Kirchen in beiden deutschen Staaten, denn er äußerte das im Zusammenhang mit der Aufgabe der Kirche, die Gemeinschaft der Christen in der DDR und der BRD zu pflegen. Nach vorliegenden Informationen liegen Erkenntnisse vor, wonach über den BEK-Vorschlag über die Gesprächsinhalte eine Abstimmung mit Vertretern aus der BRD stattgefunden hat, bevor er dem Staatssekretär für Kirchenfragen übergeben worden ist.«[1081]

Deutlicher wurde Bellmann wenige Tage später in einem Vermerk, den er nach einer Besprechung mit MfS-Oberst Joachim Wiegand am Vortag anfertigte:

»Die direkten Kontakte zwischen leitenden Vertretern des Kirchenbundes zu Vertretern der EKD wie auch zu führenden Politikern waren noch nie so umfassend und so intensiv wie gegenwärtig. Es bestehen z. B. unmittelbare Beziehungen und Verbindungen zwischen Landesbischof Leich (Eisenach) und Landesbischof von Keler (Stuttgart), dem Greifswalder Bischof Dr. Gienke zu Bundesminister Stoltenberg[1082], dem Konsistorialpräsidenten Stolpe zu Vogel (SPD), zu dem Prälaten Heinz Georg Binder[1083] [...], aber auch zum Westberliner Bürgermeister Diepgen. Die Beziehungen Stolpes zur SPD sind besonders ausgeprägt.
[...] So sind z. B. die Ideen, daß sich der Kirchenbund verstärkt im humanistischen Bereich, für menschliche Erleichterungen, für die Erweiterung der Besuchsreisen usw. einsetzen soll, besonders von den Vertretern der SPD initiiert. Vertreter der EKD und

andere Kirchenleute haben besonders darauf Einfluß genommen, daß der Kirchenbund nach außen hin deutlicher als eine Kirche sichtbar werden solle, die in ›kritischer Distanz‹ zum Staat in der DDR steht. Es hat dann Absprachen z. B. mit Wehner, von Weizsäcker, mit Prälat Binder und dem Kirchenbeauftragten im Parteivorstand der SPD gegeben.
Zusammenfassend kann festgestellt werden, daß die Einflußnahme und die Koordinierung vom Westen her gedeckter als zu vorangegangenen Anlässen geschehen ist.«[1084]

Auch der Atheismusforscher Olof Klohr ließ sich von dem nach außen hin guten Einvernehmen zwischen Staat und Kirche nicht beirren und legte im Juli 1985 eine neue Kirchenstudie vor, die sich mit den Religionsgemeinschaften als dem ideologischen Gegner auseinandersetzte. Darin heißt es u. a.:

»Die Mitgliederzahlen der evangelischen und katholischen Kirchen sind weiter gesunken. Neue Berechnungen ergeben eine viel geringere Anzahl von Mitgliedern, als zumeist angenommen wird: Evangelische Kirchen 3,7 Millionen (statt über 5 Mill.), Katholische Kirche 0,8 Millionen (statt über 1 Mill.). […] Der Anteil der Kirchenmitglieder in den Großstädten liegt bereits weit unter 20 %. [Fußnote: In den Großstädten Rostock, Erfurt, Magdeburg und Halle […] beträgt die Zahl der evangelischen Kirchenmitglieder ca. 11 %, in Berlin ca. 7 %[1085].] Insgesamt kann man damit rechnen, daß heute nur noch weniger als 30 % der Bevölkerung der DDR einer Religionsgemeinschaft angehören. Bis zum Jahr 2 000 werden es weniger als 20 % sein.
[…] werden nur noch 16-18 % der Neugeborenen evangelisch oder katholisch getauft. Wir machen aber darauf aufmerksam, daß die Zahl der Taufen seit 1976 etwa konstant geblieben und die Zahl der Erwachsenentaufen und -konfirmationen im Ansteigen begriffen ist. Das ist jedoch nach unserer Meinung eine vorübergehende Erscheinung, d. h. daß perspektivisch mit einem weiteren Rückgang zu rechnen ist. Aus der heutigen Zahl der Taufen (16-18 %) und dem wesentlich niedriger liegenden Anteil der zukünftig davon Konfirmierten (Gefirmten), etwa 8-10 %, ergibt sich die Größenordnung der Kirchen der Zukunft. Nach dem Jahr 2000 wird die Mitgliedschaft der Kirchen auf weniger als 10 % der Bevölkerung sinken.
Die nachweisbare allgemein rückläufige Tendenz bestimmter Lebensäußerungen scheint im Widerspruch zu stehen zu den seit Ende der 70er Jahre angewachsenen Aktivitäten der Kirchen und einer steigenden Wirksamkeit in der Öffentlichkeit. Beide Erscheinungen verlaufen parallel. Gestiegenes Selbstbewußtsein, erhöhte Aktivität, organisatorische Veränderungen usw. haben zu einer Intensivierung des kirchlichen Lebens geführt (weniger Mitglieder besuchen öfter kirchliche Veranstaltungen, weniger entrichten mehr finanzielle Beiträge, wachsende Zahl von Studienbewerbern und Anwärtern auf kirchliche Berufe, Zunahme der Zahl und Teilnehmer von Rüstzeiten und Wochenendveranstaltungen). Die Kirchen treten mehr an die Öffentlichkeit, ihre Arbeit strahlt dadurch auf breitere Kreise der Bevölkerung aus (Kirchentage mit größerer Öffentlichkeitswirksamkeit, größere Jugendveranstaltungen, z. B. Landesjugendsonntage und Jugendwallfahrten, rapide Zunahme von Musikveranstaltungen, wie Kirchenkonzerte, Rockgruppen etc., Ausstellungen in Kirchen mit großen Besucherzahlen). Es wird eine steigende Zahl von nichtreligiösen Menschen, insbesondere Jugendliche, in kirchliche Veranstaltungen und Aktivitäten einbezogen, darunter viele Neugierige, Informationssuchende, Diskussionsfreudige sowie ›Rand‹-gruppen (Homosexuelle, Alkoholgefährdete, Friedensgruppen, Öko-Gruppen usw.). Intensivierung und Öffentlichkeitswirksamkeit sind wahrscheinlich andauernde Tendenzen. Die Wirkung dieser Bestrebungen der Kirche auf nichtreligiöse Bevölkerungskreise bleibt in weltanschaulicher und politischer Hinsicht mit großer Wahrscheinlichkeit gering.

Dennoch sollte das wachsende Interesse und Informationsbedürfnis vieler Menschen an Fragen der Religion, der Kirchen, dem Verhältnis von Staat und Kirche, der Rolle der Religion in der Welt von unserer Seite propagandistisch besser befriedigt werden.
Nach wie vor ist die Frage, ob die Kirche einen größeren Einfluß unter der Jugend gewonnen hat, nicht abschließend zu beantworten. Jedenfalls ist die Zahl der religiösen Jugendlichen bis 1983 nicht gestiegen (ZIJ). Das deutet darauf hin, daß
1. es den Kirchen gelungen ist, die religiösen jungen Menschen in einer größeren Zahl für kirchliche Veranstaltungen und Aktivitäten zu mobilisieren;
2. es den Kirchen zwar gelang, bestimmte Teile der nichtreligiösen Jugendlichen für ihre Veranstaltungen zu interessieren, aber daß sie nicht in der Lage sind, sie weltanschaulich zu überzeugen und zu binden.
Der häufige Wechsel nichtreligiöser jugendlicher Teilnehmer an Veranstaltungen der Kirche sowie das Auf und Ab bestimmter Formen der Arbeit (Baumpflanzaktionen, Jugendevangelisationen, Friedensgottesdienste) stützen diese These.«[1086]

Das Staatssekretariat für Kirchenfragen beschrieb im August 1985 den Standort der Kirchen in der »realsozialistischen« Gesellschaft so:

»Da sich in der sozialistischen Gesellschaft erstmalig ein tiefgreifender historischer Prozeß der Wandlung politischer, sozialer, geistiger und kultureller Beziehungen vollzieht, haben auch die Kirchen und ihre Gläubigen daran Anteil. Werden bei der Ausgestaltung der menschlichen Beziehungen und gesellschaftlichen Prozesse überholte politische und weltanschauliche Positionen zurückgedrängt, marxistisch-leninistische Gedanken gut verbreitet und zunehmend mehr zur Richtlinie für das Handeln vieler gemacht, haben auch Christen als Bürger Anteil an diesen gesamtgesellschaftlichen Entwicklungen. So führt dieser Prozeß nicht nur im Bereich der materiellen Produktion, in den die Christen voll integriert sind, sondern auch durch das politische Engagement zu einer ständigen progressiven Anreicherung im Denken und Handeln von verantwortlichen Vertretern der Kirche. Die Gespräche beim Vorsitzenden des Staatsrates, Genossen Erich Honecker, am 6. März 1978 und am 11.2.1985 dokumentieren deutlich diesen Weg und zeigen seine neue Qualität.
Die kirchlichen Vertreter stehen vor der Frage, ob sie sich gesellschaftlich engagieren und damit den Erwartungen des sozialistischen Staates und der Mehrzahl ihrer Gläubigen nachkommen oder sich in die Isolierung begeben. [...] Religiöse Vorstellungen sind als humanistisches Gut in ihren unterschiedlichen Ausprägungen auch Bestandteil unseres Erbes, worin bei der Aufarbeitung unseres Geschichtsbildes, der Weiterentwicklung von Moral und Ethik, vor allem aber in der Friedensfrage, ihre Bedeutung für unsere Gesellschaft liegt. Da sich die DDR gegenwärtig in einem konkreten umfassenden Dialog mit ihrer Geschichte befindet, kann es nicht ausreichen, die historischen Lehren nur zu zitieren, sondern es müssen gesellschaftlich weiterführende Schlüsse gezogen werden, die es auch ermöglichen, die konstruktiven Staat-Kirche-Beziehungen für einen langen Zeitraum zu stabilisieren.
[...] Nach der Abgrenzung von den BRD-Kirchen konnte sie [die ev. Kirche in der DDR] einen eigenständigen Weg konzipieren und ihn beschreiten: D. h.: Sie anerkennt die sozialistische Gesellschaftsordnung als eine gerechte Ordnung, in der die politisch-moralische Einheit aller Werktätigen unabhängig von ihrer Weltanschauung oder religiösem Bekenntnis tagtäglich neu geformt wird. Der real existierende Sozialismus ist ihre Heimat[1087] und einzig möglicher politischer Bezugspunkt für gesellschaftliche Entscheidungen.«[1088]

Nicht nur bei Bellmann sorgte das kirchliche Verlangen nach einem »Spitzengespräch« für Aufsehen. Das Staatssekretariat für Kirchenfragen – wahrscheinlich Gysi selbst – plädierte dafür, das kirchliche Gesprächsangebot freundlich, doch definitiv abzulehnen:

»Die Erklärung von OKR Ziegler, daß das Treffen beiden Seiten nutzen wolle, ist für den Staat im überreichten Vorschlag leider nicht sichtbar. Es ist ein völlig einseitiger Vorschlag. Die Kirche kann nicht die Bestätigung von ihr wesenseigenen Verpflichtungen, wie den Frieden bewahren, den Menschen dienen usw., als Zugeständnisse an den Staat einbringen und dafür Konzessionen verlangen.«

Für einen späteren Termin ließe sich aber eine Begegnung durchaus vorbereiten, die jedoch keine »demonstrative Aufwertung« der Kirchen mit sich bringen dürfe. Den Kirchen gegenüber sollte der Staat ein Stattfinden eines solchen Gespräches von dem Verlauf der kommenden Bundessynode abhängig machen: »Damit kämen wir sofort in die Offensive und nehmen der Kirche die Möglichkeit, den Hinweis auf die Bundessynode als Druckmittel gegen uns zu verwenden.« Vor dem Herbst 1986 sollte ein erneutes »Spitzengespräch« jedoch nicht geführt werden[1089].

Am 20. August schrieb Jarowinsky Parteichef Honecker einen Brief, in dem er dem Staatsratsvorsitzenden den kirchlichen Vorschlag unterbreitete:

»Lieber Erich!
In letzter Zeit haben bestimmte Kräfte der Leitung der evangelischen Kirche der DDR wiederholt und immer nachdrücklicher Aktivitäten entwickelt, um die eigenständigen Positionen zu verstärken, gleichzeitig weitergehende Forderungen durchzusetzen und auf diese Weise in die Offensive zu kommen. Diese Gruppe in der Kirchenleitung und auch einige reaktionäre Kräfte an der Basis verfolgen dabei offensichtlich das Ziel, durch verstärkten Druck Zugeständnisse im politischen Bereich zu erlangen, verlorengegangenes Terrain wiederzugewinnen und innerkirchlich den stark gewachsenen Einfluß realistischer Kräfte zurückzudrängen.

Im Mittelpunkt stehen dabei massive Bestrebungen, diesem Ziel näherzukommen, vor allem durch
– ein kurzfristig anberaumtes Gespräch mit dem Vorsitzenden des Staatsrates und
– die beabsichtigte Durchführung eines ›großen Kirchentages‹ während der 750-Jahr-Feier Berlins in der Hauptstadt der DDR. Bemerkenswert ist, daß zu beiden Vorhaben offensichtlich vielfältige Querverbindungen zur BRD existieren und diese Konzeption vor allem von der Springer-Presse, der ›Frankfurter Allgemeinen Zeitung‹ und anderen Massenmedien kolportiert wird.
Lieber Erich, beigefügt übermittle ich Dir das Konzept der Kirchenleitung für ein Spitzengespräch, das von Oberkirchenrat Ziegler übergeben wurde. Unser Standpunkt dazu sowie Entscheidungsvorlage sind beigefügt.«[1090]

Die Kerngedanken der beigefügten Stellungnahme lauteten:

»Dem erfolgreichen Kurs der Einbeziehung christlicher Kreise und kirchlicher Kräfte, des Zusammenwirkens mit ihnen sowohl an der kirchlichen Basis als auch mit Kirchenleitungen soll eine verstärkte Herausarbeitung ›eigenständiger‹ Positionen und eine Abgrenzung gegenüber dem Staat entgegengesetzt werden. [...] Durch reaktionäre Kräfte in den Kirchen der DDR wie auch von außen erfolgt ein verstärkter Druck gegen Landesbischof Hempel, der infolgedessen von seiner Funktion als Vorsitzender des Kirchenbundes zurücktreten wollte und beabsichtigt, Anfang nächsten Jahres bei der Neuwahl nicht wieder zu kandidieren. Diese Kräfte wollen weg vom Konzept einer ›Kirche im Sozialismus‹ und hin zu mehr ›kritischer Distanz‹ gegenüber dem Staat. Sie

wollen anstelle des erhöhten Friedensengagements der Kirchen Konfrontation gegen den Staat, vor allem in Fragen der Bildungspolitik, der Wehr- und Verteidigungspolitik.
Mit der vorliegenden Gesprächskonzeption wollen uns die Initiatoren in Zugzwang bringen, ihren eigenen Terminkalender und ihren Themenplan durchsetzen. Das geschieht mit der Begründung, damit die bevorstehende Synode des Kirchenbundes (20.-24.9.1985) im positiven Sinne beeinflussen zu wollen und entsprechend auf die zu Beginn des nächsten Jahres stattfindende Neuwahl der Konferenz der evangelischen Kirchenleitungen in der DDR und ihres Vorstandes einwirken zu können. Es geht offensichtlich darum, dem Prozeß der Differenzierung zwischen und innerhalb der Kirchenleitungen entgegenzuwirken. Bemerkenswert ist in diesem Zusammenhang, daß bei der Beratung der Konferenz der Kirchenleitung über die Gesprächskonzeption die Bischöfe Gienke, Leich, Hempel und Demke nicht anwesend waren. Beachtenswert ist weiter die Tatsache, daß entgegen der Behauptung des Oberkirchenrates Ziegler im Gespräch mit Genossen Gysi, dieses Papier existiere nur in zwei Exemplaren, vorher eine direkte Abstimmung mit Kreisen der BRD stattgefunden hat. Dabei wurde das Material der Ständigen Vertretung der BRD in der DDR übermittelt. [...]
Nach unserer Meinung gibt es keine Veranlassung, vor dem XI. Parteitag ein erneutes Spitzengespräch in Aussicht zu stellen, zumal das Gespräch mit Hempel erst im Februar 1985 stattgefunden hat. [...] – Entscheidende Aufgabe ist jetzt, die am 20.9.1985 beginnende Bundessynode in unserem Sinne aktiv zu beeinflussen und auch die Vorbereitung auf die Wahl der Konferenz der Evangelischen Kirchenleitungen in der DDR Ende Januar 1986 zu organisieren und günstige Voraussetzungen für diese Wahl mit schaffen zu helfen.
Dazu sind Gespräche vor allem zu führen mit Hempel, der nicht mehr kandidieren will, Gienke, Stolpe, Leich, Demke mit dem Ziel, daß sich das Kräfteverhältnis in der Konferenz der Evangelischen Kirchenleitungen weiter verbessert.«[1091]

In seinem oben schon genannten Papier schlug Rudi Bellmann drei mögliche Handlungsvarianten vor. Entweder der Staat stimme dem kirchlichen Anliegen zu, ohne allerdings einen konkreten Termin zu benennen, oder der Staat gebe eine prinzipielle Gesprächszusage, weise aber gleichzeitig die Themenvorschläge des BEK mit dem Bemerken zurück, die Kirche könne lediglich ihre eigenen Interessen gegenüber dem Staat vertreten. Als dritte Möglichkeit biete sich eine intensive gemeinsame Gesprächsvorbereitung zwischen Staat und Kirche an, in deren Verlauf die DDR von der Kirche beispielsweise weitergehende Aussagen zur Staatspolitik der DDR und zum Sozialismus fordern solle.
Bellmann schloß: »Ein auch staatlicherseits intensiv und gewissenhaft vorbereitetes ›Spitzengespräch‹ kann sich u. E. wirkungsvoll in die Vorbereitung des XI. Parteitages einfügen. Beim gegenwärtigen Stand der Dinge löst eine generelle Absage des Gespräches keine Probleme, sondern schafft neue.«[1092] Mit diesem vermittelnden Vorschlag bezog der ZK-Mann eine andere Position als seine Genossen aus dem Staatsapparat und auch – was noch bemerkenswerter ist – als der zuständige Politbüro-Sekretär.
Ein weiteres Papier, das oberhalb der Überschrift den Vermerk »23.8. Jarow.« trug, wahrscheinlich jedoch aus dem Staatssekretariat stammte, da einige Passagen dem Gutachten vom 20. August entnommen waren[1093], gelangte zu dem Urteil:

137

»Der Vorschlag [des BEK] geht nicht von einer gemeinsamen Aufgabe im Wirken für das Wohl aller Bürger und daraus resultierender Zielsetzungen aus, sondern es werden lediglich allgemein bekannte Wünsche der Kirchen wiederum erhoben. Eine weitere Präzisierung in Richtung einer ›Kirche im Sozialismus‹ wird nicht sichtbar. Die Bemerkungen zum Frieden bleiben zu allgemein. [...]
Nach unserer Einschätzung ist es nicht die Basis, von der der ›Erwartungsdruck‹ ausgeht, sondern vielmehr einige negative kirchliche Leitungskräfte in der DDR sowie kirchliche Kreise in der EKD und in Führungskreisen der SPD und anderen BRD-Gruppierungen. [...] Hauptziel des Vorschlages ist ohne Zweifel, das Erreichte zu bewahren und den eigenen Wirkungsraum ständig auszubauen bzw. den politischen Spielraum zu vergrößern. [...] Es verstärkt sich die Tendenz, mit der Einnahme positiver Grundpositionen eine Verstärkung der ›Eigenständigkeit‹ bis zu erhöhter Abgrenzung zu verbinden. Ohne Zweifel wird eine solche Zielstellung von führenden Kreisen der EKD und der SPD unterstützt. Dabei ist nicht zu übersehen, daß die EKD damit bei einer Reihe ihrer politischen Positionen unter schwerem Beschuß der Rechten in der BRD ist.«

Hinsichtlich des kirchlichen Vorschlages hielt das Papier fest:

»Eine konfrontative Zielsetzung ist allerdings äußerst unwahrscheinlich. [...] Am zweckmäßigsten wäre es, Sondierungsgespräche zuzusagen bzw. aufzunehmen, ohne jegliche Festlegung in Terminfragen. Vielmehr müssen wir darauf hinweisen, daß erst Sondierungsgespräche ergeben können, ob sich Ergebnisse abzeichnen, die ein erneutes Treffen zweckmäßig und möglich machen. Die Lösung scheint deshalb die beste, weil sie die Möglichkeit gibt, mit diesen Gesprächen vor und nach der Bundessynode ständige Einflußnahme auf die Haltung der Kirchenleitungen und kirchlicher Kreise auszuüben.«[1094]

Mitte September 1985 berichtete Ziegler dem KKL-Vorstand, es läge noch immer keine offizielle staatliche Reaktion auf die kirchlichen Vorschläge vor[1095].

Peter Kraußer sagte Mitte Oktober 1985 anläßlich eines »Erfahrungsaustausches« mit sächsischen Genossen, vor dem XI. Parteitag der SED sei mit einem Spitzengespräch nicht zu rechnen[1096].

Die Demokratie-Denkschrift der EKD, Spannungen zwischen Kirchenbund und EKD und Bischofswahl in Görlitz

Bei der Zusammenkunft der Beratergruppe am 18. September 1985 führte der neue EKD-Präses Schmude in die Denkschrift »Evangelische Kirche und freiheitliche Demokratie«[1097] ein.

»Er hebt hervor, daß die Denkschrift nicht den Zustand (das ›Ist‹), sondern die Chancen und Möglichkeiten der demokratischen Ordnung der Bundesrepublik (das ›Soll‹) im Blick hat und positiv bewertet. Darum enthält sich die Denkschrift einer Bewertung des Status quo und der Verfassungswirklichkeit. Das ›Ja‹ zur demokratischen Ordnung der Bundesrepublik ist nicht als ein ›Ja‹ zur Regierung der Bundesrepublik zu verstehen. Man würde die Denkschrift auch falsch verstehen, wenn man ihr unterstellen würde, eine christliche Staatstheorie vorzustellen.«[1098]

Sei es, daß mißverständlich geredet oder protokolliert wurde – jedenfalls bewirkte die für einen Bundestagsabgeordneten eigentlich kaum glaubhafte Relativierung der existierenden, freiheitlich-bundesrepublikanischen Wirklichkeit und die erklärte Distanzierung von der derzeitigen, demokratisch gewählten, wenn auch konservativen Bundesregierung keine Beruhigung auf seiten des DDR-Kirchenbundes.

Im Auftrag der BEK-Leitungsorgane stellte Kurt Domsch Fragen an die EKD-Vertreter, deren Spitze in dem Vorwurf mündete, die Schwesterkirche habe eine bestimmte Staatsform mit religiöser Dignität versehen und damit auch den Kirchenbund in Zugzwang gebracht.

»Müssen nun auch sie [die Kirchen in der DDR] ihr Verhältnis zur sozialistischen Ordnung der DDR in einer Stellungnahme bestimmen? [...] Welche Meinung wird auf diese Weise als evangelische oder christliche Meinung herausgestellt? Wird wirklich die Meinung der Christen und Gemeinden deutlich oder lediglich die Meinung der Verfasser solcher Texte? [...] Das Hauptproblem der Denkschrift sieht er [Domsch] in dem ›Ja‹ zur Demokratie der Bundesrepublik als einer bestimmten Staatsform. Die theologische Begründung für eine solche grundsätzliche Identifikation mit einer bestimmten Staatsform scheint ihm nicht ausreichend zu sein. Es kann der Eindruck entstehen, daß die Denkschrift mehr das politisch Vernünftige als das vom Glauben her Gebotene formuliert hat.«[1099]

Ging Domsch bei seiner Kritik an der EKD-Denkschrift nicht ebenfalls von theologischen Denkformen aus, die seine prinzipielle Negation gegenüber bestehenden Gesellschaftssystemen erst verständlich machen? Sein Urteil, aus der hohen Perspektive der »Wort-Gottes-Theologie« in der Tradition Karl Barths, ließ alles »politisch Vernünftige« als auch theologisch-ethisch bedenkenswerte Kategorie nicht gelten. Von diesen Prämissen aus mußten dann weitgespannte utopische Entwürfe allemal attraktiver erscheinen als rechtsstaatlich verankerte, soziale Reformpläne, denen es »nur« um die Beseitigung konkreter Mißstände durch direkte Maßnahmen zu tun war[1100]. Im Blick auf eine visionäre Zukunft verschwammen die tiefgreifenden gesellschaftlichen Differenzen in der Gegenwart. Politisch rächte sich endgültig das die prinzipiellen Unterschiede zwischen Diktatur und Demokratie relativierende Reden seit 1969, das selbst bei Schmudes Einführung fehlende grundsätzliche »Ja« zur *bestehenden* freiheitlich-demokratischen Grundordnung der Bundesrepublik. Stattdessen hatte sich der SPD-Politiker auf eine Ebene begeben, die einer weiteren Nivellierung der Systeme Vorschub leistete: Er ging zwar von den guten Dispositionen des westlichen Verfassungsstaates aus, projizierte aber die Verwirklichung der demokratischen Grundordnung in die Zukunft. Nichts anderes behaupteten auch jene Kirchenleute in der DDR von ihrem Gesellschaftssystem, die an seine »Verbesserlichkeit« glaubten. So kritisierten sie denn auch, daß dem Anliegen einer grundsätzlichen Offenheit für beide Gesellschaftssysteme die Denkschrift selbst nicht Rechnung trage. Die »grundsätzlicheren Ausführungen im Text«, so monierten sie, ließen eine »Beschränkung« auf die Bundesrepublik und die dort lebenden Christen »nicht mehr eindeutig erkennen. Sie sprechen von der Demokratie ›als solcher‹ und der Kirche ›als solche‹.«

Die Verfasser der »Denkschrift« hatten die geschlossenen sozialistischen Gesellschaften nicht als »Demokratie« würdigen können und damit einen weiteren Konflikt mit der »Kirche im Sozialismus« provoziert. Auch in diesem Konflikt konnten die DDR-Kirchen wie immer »fortschrittliche« westliche Theologen und kirchenleitende Persönlichkeiten aus der EKD an ihrer Seite wissen.

Die auf einer am 17. Oktober zum 40. Jahrestag der Stuttgarter Schulderklärung vom Ratsvorsitzenden Lohse der Öffentlichkeit vorgestellte Denkschrift erfuhr auch eine entsprechende Einschätzung durch die Ständige Vertretung der DDR in Bonn. Darin heißt es unter anderem:

»Mit dieser Denkschrift gibt die EKD ihre eindeutige Zustimmung zur ›freiheitlichen Demokratie‹, bekennt sich nachdrücklich zum Grundgesetz der BRD und fordert alle evangelischen Christen auf, ihre dementsprechende politische Verantwortung wahrzunehmen. Einleitend wird in der Denkschrift darauf verwiesen, daß sich die EKD mit den evangelischen Christen in der DDR verbunden fühle, die Denkschrift sich aber auf die BRD beziehe. Die Christen der DDR leben in einem anderen gesellschaftlichen System und müßten ihren Weg in ihrem Staat selbst bestimmen.

Die Denkschrift orientiert zugleich auf eine ›kritische Solidarität‹ mit der Staatsform in der BRD [...] Es wird ein bedingungsloses Bekenntnis der EKD zur kapitalistischen Gesellschaftsordnung abgelegt, deren Funktionieren lediglich gelegentlicher Korrekturen bedürfe. [...] Zu wirklichem Widerstand gegen das Wettrüsten oder gar die amerikanischen Pläne zur Militarisierung des Weltraums wird von der EKD nicht aufgefordert.« Zweck der Denkschrift sei, »ein eindeutiges Bekenntnis zur Gesellschaftsordnung in der BRD abzulegen und die EKD deutlich als mittragende Kraft herauszustellen.«[1101]

Spannungen zwischen EKD und Kirchenbund thematisierte auch Ostberlins Generalsuperintendent Günter Krusche auf dem Messemännerabend Anfang September 1985 in Leipzig zum Thema »Die Friedensverantwortung der Kirchen zwischen Ost und West«. Gleich zu Beginn des Vortrages soll Krusche auf die Position der EKD verwiesen haben, »daß man die Fragen des politischen Lebens nicht mit Jesus Christus verbinden kann und die Friedensfrage nicht zur Bekenntnisfrage gemacht werden kann, da sonst eine Verwischung erfolgt.« In einem anderen Abschnitt des Referates führte Krusche aus, die EKD-Vertreter sagten häufig, »›ihr habt es gut, ihr lebt am Rande der Gesellschaft‹«. Weiter soll der Generalsuperintendent dargelegt haben:

»Die Kirche in der BRD ist relativ anerkannt, ist in das moralische System eingebunden. Die Bischöfe sind beim politischen Anhören dabei. Er habe einen General kennengelernt, der sogar in der Synode ist. Die Kirche ist immer im gesellschaftlichen Umfeld eingebunden. In Gegenüberstellung dazu schilderte Krusche die Situation der Kirche in der DDR als eine Chance und erwähnte die Ökumene als das grenzüberschreitende Element. Kirche kann nicht die marxistischen Klassenpositionen und auch nicht die kapitalistischen Theorien übernehmen, sondern die politischen Standpunkte relativieren, die ideologischen Vorhänge und Machtblöcke perforieren. Dieser ökumenische Charakter wird oft verkannt. Wir sind keine fünfte Kolonne, wir sind Mahner für den Frieden.«

Zugleich forderte Krusche von den Christen das Zugehen auf die Marxisten:

»Krusche rief auf, die Feindbilder abzubauen, hier und dort den Partner von morgen zu erkennen, sonst gibt es keine Zukunft. ›Selig sind die Sanftmütigen‹, wenn ich soweit bin, kann ich mit Marxisten reden[1102], mit Andersdenkenden handeln[1103]. Die Kirche existiert auf verschiedenen Ebenen, was der Einzelne nicht kann, kann manchmal die Kirchenleitung. [...] ›Wir müssen lernen, auszuhalten in der Andersartigkeit.‹«[1104]

Wahrmann berichtete auf der Septembersitzung der Beratergruppe von der kurz bevorstehenden BEK-Synode in Dresden. Eberhard Völz informierte über die Görlitzer Bischofswahl[1105].

Nach dem Rücktritt Wollstadts zum 1. Februar 1985[1106] gab es für Görlitz vier Varianten, über die die Märzsynode[1107] verhandeln sollte[1108]: entweder die Kirche um die sächsischen Kirchenbezirke Zittau und Löbau zu einer »Lausitzer Kirche« zu vergrößern, die Eigenständigkeit der Kirche aufzugeben und sie teils Berlin-Brandenburg und Sachsen oder nur Berlin-Brandenburg als eigenständiger Sprengel anzugliedern. Eine andere Möglichkeit bestand darin, die gegenwärtige Struktur beizubehalten und einen neuen Bischof zu wählen. Als eventuelle Kandidaten für die Nachfolge Wollstadts waren im Februar 1985 Joachim Rogge, OLKR Fritz (Dresden), Superintendent Mendt (Zittau) und auch der Erfurter Propst Falcke im Gespräch. Nicht nur die EKU zeigte sich an einem Fortbestehen der Görlitzer Kirche interessiert[1109]. Da vor allem auch die Gemeinden einen Fortbestand der kleinen Landeskirche wünschten[1110], schritt die Synode zur Vorbereitung einer Bischofsneuwahl[1111].

Anfang Juni 1984 sprach der Staat von Ihmels (Dresden), Falcke (Erfurt), Schultze (Magdeburg[1112]), Treu (Wittenberg) und Richter (Cottbus) als Bischofskandidaten[1113], mit denen sich das Bischofswahlkollegium in Görlitz befassen wolle[1114].

»Durch konspirative Arbeit« war es auch gelungen, in Erfahrung zu bringen, welche Kandidaten schließlich in die nähere Auswahl für die am 28./29. Juni vorgesehene Wahlsynode kamen: Propst Winter (Berlin), OKR Schultze (Magdeburg) und Propst Falcke (Erfurt)[1115]. Der staatliche Berichterstatter fügte seiner Information hinzu:

»Ich bitte jedoch, die Gesamtinformation über die Kandidaten streng vertraulich zu behandeln, da allen Mitgliedern des Bischofswahlkollegiums strengste Schweigepflicht auferlegt ist. Den staatlichen Organen könnte also vorher nichts bekannt werden.«[1116]

Berlin-Brandenburg zog Winter jedoch zurück[1117]. Für ihn sprang Joachim Rogge ein[1118].

Ende Juni tagte dann die Sondersynode. Nachdem Falcke seine Kandidatur »kurzfristig zurückgezogen«[1119] hatte, verblieben nur noch Joachim Rogge und Harald Schultze (Magdeburg). Da in den ersten drei Wahlgängen keiner der beiden Kandidaten die erforderliche Zwei-Drittel-Mehrheit erreichte – Rogge lag allerdings stets in Führung –, wurde ein vierter Wahlgang notwendig, den Rogge mit 38 gegenüber 31 Stimmen für Schultze zu seinen Gunsten entscheiden konnte.

»Die loyalen und realistischen Kräfte der Görlitzer Kirche nahmen dieses Ergebnis mit Genugtuung auf. Einige sprachen von ihrem Wunschkandidaten. Sie betrachten die 38 Stimmen als eine qualifizierte Mehrheit«, berichteten die Staatsfunktionäre[1120].

Die für Kirchenfragen zuständigen Genossen im Bezirk Dresden urteilten über die Wahl:

»Dr. Rogge gehört zu den profilierten kirchenleitenden Persönlichkeiten. Es ist zu erwarten, daß er den Kurs der Konstruktivität und Sachlichkeit fortsetzen wird.«[1121]

Der neue Görlitzer Bischof war beim MfS, HA XX/4, unter der Registriernummer XV/5251/77 als IMS »Ferdinand« registriert. Die Akten sind Ende 1989 vollkommen vernichtet worden; auch eine Teilablage wurde bisher nicht gefunden. Allerdings gab MfS-Oberstleutnant Naumann, Leiter der Kreisdienststelle Görlitz, folgende persönliche »Information« an Oberst Joachim (»Jochen«) Wiegand nach Berlin weiter:

»In einem 4-Augen-Gespräch zwischen dem IME ›Michael‹, Reg. Nr. 2137/85, meiner Diensteinheit und Bischof Rogge am 16.6.1989, in welchem eine Auswertung zu den Gesprächen zwischen Rogge und Gen. Modrow erfolgte, äußerte Rogge streng vertraulich, daß er gemeinsam mit dem IME aus Gläsern eines Kristallservice trinke, welches er als Geschenk des MdI für seine vertraulichen Dienste beim Luther-Jahr erhalten habe. Dabei betonte er seine guten Beziehungen zu ›Jochen‹ in Berlin, aber der IM sollte nicht darüber reden [...] Da es sich beim IME um eine überprüfte und zuverlässige Quelle handelt, ist trotz der Vermutung, daß dieser eine Beziehung zum MfS herstellt, keine Gefahr einer möglichen weiteren Dekonspiration gegeben. Der IME informierte lediglich seinen Führungsoffizier, Major Posselt, vom genannten Sachverhalt.«[1122]

Rogge sah seinen Amtsantritt für Anfang 1986[1123] vor[1124].

Am 26. September 1985 veröffentlichte der Journalist Karl-Heinz Baum in der »Frankfurter Rundschau« einen Artikel, in dem er – unter Berufung auf »DDR-Kirchenführer« – darüber berichtete, daß sich kirchenleitende Persönlichkeiten aus der EKD ständig über die »Einmischungen«[1125] von Repräsentanten des Kirchenbundes in die inneren Angelegenheiten der Bundesrepublik wie der EKD beschwerten[1126]. Als Beispiele wurden die Rede des sächsischen Landesbischofs Hempel zum 500. Geburtstag Martin Luthers in Worms 1983[1127], Bischof Krusches Vortrag in Kiel 1984[1128] und Stolpes Ausführungen vor der EKD-Synode in Travemünde im November 1984[1129] genannt. Baum, obwohl spürbar auf seiten des Kirchenbundes, erntete dort jedoch keinen Beifall für die begangene Indiskretion – im Gegenteil. Bischof Hempel schrieb am 9. Oktober einen gleichlautenden Brief an Lohse, Binder und Hammer:

»Ich bin vom Vorstand gebeten worden[1130], und es ist auch mein persönlicher Wunsch, Ihnen zu versichern, daß wir uns von dem Inhalt des Artikels distanzieren und außerdem seinen Stil bedauern. Wir vermuten, daß Herr Baum (den ich persönlich nicht kenne) mit diesem Artikel zu unseren Lasten der CDU-Regierung ›eins auswischen‹ wollte. Insofern sehen wir uns mißbraucht.«[1131]

Zuvor hatte Lingner schon Binder mitgeteilt, laut »Hempel und Stolpe hätte dieser [Artikel] praktische Konsequenzen«[1132]. Lohse schrieb an Hempel einen beruhigenden Brief, in dem er darum bat, »daß Sie uns weiterhin in aller Offenheit sagen, wie Sie zu einzelnen wichtigen Grundfragen, die uns miteinander beschäftigen, Ihrerseits denken«, und versicherte ihm, »daß unsere Verbundenheit in gar keiner Weise in Frage gestellt ist« und »daß wir durch den Artikel in der Frankfurter Rundschau nicht irritiert sind«[1133]. Auch Binder beeilte sich, Hempel zu versichern, »unser Gedankenaustausch ist ganz und gar vertrauensvoll und brüderlich«[1134]. Durch den epd ließ Lohse verbreiten, »Presseberichte über ernstliche Divergenzen zwischen den evangelischen Kirchen in beiden deutschen Staaten« gehörten »in den Bereich der ›Spekulationen und Gerüchte‹«[1135].

Vor diesem Eklat hatte es bereits Anfang des Jahres einen Zwischenfall gegeben: SPD-Politiker, zugleich Mitglied des Kirchentagspräsidiums, Erhard Eppler hatte in einem Interview mit den »Evangelischen Kommentaren«, auf Stolpes Bemerkung bei der EKD-Synode in Travemünde angesprochen, die DDR-Kirche sei ein verläßlicher Gesprächspartner »unserer Regierung« und es gebe Konflikte zwischen beiden Kirchen auszutragen, Folgendes gesagt:

»Stolpe hat sich wie immer zurückhaltend und klug geäußert. Ich habe durchgängig feststellen können, daß sich die Kirchen drüben mit einer beträchtlichen Geschwindigkeit von Westbindungen wegbewegen. Sie haben überhaupt kein Vertrauen in die Politik des amerikanischen Präsidenten, sie haben sehr wenig Vertrauen in die gegenwärtige Bundesregierung, und sie haben nur begrenztes Vertrauen in die Evangelische Kirche in Deutschland, also in Kirchenkanzlei, Rat und Synode.«[1136]

Darauf schrieb Landesbischof Hempel einen Brief an Lohse, in dem er sich empört über Epplers Ausführungen äußerte und die Gremien der EKD des Vertrauens der DDR-Kirchen versicherte. In der 59. Ratssitzung am 24./25. Januar 1985 in Mühlheim wurde der Vorgang erörtert und beschlossen, »daß seitens des Rates nichts weiter unternommen werden solle«[1137]. Allerdings sei nichts dagegen einzuwenden, wenn das Ratsmitglied Eleonore von Rotenhan, die zugleich dem Präsidium des Kirchentages angehörte, gelegentlich Eppler gegenüber »zum Zwecke der Klarstellung« rede.

Am 28. Januar 1985 schrieb Lohse dann an Hempel:

»Für Ihren brüderlichen Brief, den ich dem Rat der EKD auf seiner Sitzung in Mülheim/Ruhr am vergangenen Wochenende zur Kenntnis gebracht habe, möchte ich Ihnen herzlichen Dank sagen. Dieses Zeichen brüderlicher Verbundenheit hat uns besonders erfreut. Ich möchte freilich gern hinzusetzen, daß ich Bruder Eppler seit vielen Jahren persönlich gut kenne und schätze. Bei der Vorbereitung und Gestaltung des hannoverschen Kirchentages habe ich mit ihm als dem derzeitigen Präsidenten des Kirchentages gern zusammengearbeitet. Ich meine deshalb, wir sollten seine zugespitzten Äußerungen nicht zu hoch bewerten. Sie geben einen subjektiven Eindruck wieder, den Bruder Eppler besonders auf Grund seiner persönlichen Einstellung gewonnen hat, die ihn manchmal dazu verleitet, nur solche Töne wahrzunehmen, die in sein eigenes Konzept passen. Ich bin ganz fest davon überzeugt, daß unsere beiderseitige Zusammenarbeit von vollem gegenseitigen Vertrauen getragen ist. Gerade deshalb sind wir imstande, schwierige Fragen, die auf beiden Seiten unterschiedlich beurteilt werden, in aller Offenheit zu besprechen, aufeinander zu hören und voneinander zu lernen.«[1138]

An diesem Ton stets brüderlicher Verbundenheit hielt der hannoversche Altbischof in hanseatischer Noblesse, vielleicht unter dem Eindruck eines gewissen kirchenpolitischen Fraktionszwangs oder dem Wunsch, stets alles zum Besten wenden zu wollen, auch nach der »Wende« unverändert fest. Die Begriffe »Offenheit« und »Vertrauen« sowie deren Derivate dominieren bei der Darstellung des Verhältnisses zwischen den östlichen und den westlichen Kirchen und ihren Repräsentanten[1139]. Nur ganz am Rande, eher versteckt und nebenbei, finden sich in seinen Erinnerungen auch Sätze wie:

»Unter den rechtskundigen Mitgliedern der Beratergruppe waren einige wenige, die dazu neigten, sich mit dem Staat zu arrangieren – bis hin zu einem Mitglied der Volkskammer, das der Fraktion der Ost-CDU angehörte.«[1140]

Mit »zunehmendem Abstand von der eingetretenen Trennung« seien zwar »hier und da auch kleinere Schwierigkeiten spürbar« geworden, »ohne daß sie besonders thematisiert wurden«[1141].

Lohse konnte sich wohl auch nicht dem Einfluß der Persönlichkeit Klaus Gysis so weit entziehen, daß er auf ein Weiterweben der Gysi-Legende – vergleichbar mit der Wolfgang-Vogel-Legende, die von anderen gepflegt wird – in seiner Autobiographie verzichtet hätte.

»Zum Abend waren alle miteinander – die Bischöfe aus Ost und West zusammen mit dem Staatssekretär für Kirchenfragen – in der Residenz des Ständigen Vertreters der Bundesrepublik eingeladen und wurden von ihm [scil. Günter Gaus] auf das angenehmste bewirtet. Gysi genoß die gepflegte Atmosphäre mit sichtlichem Vergnügen [...] Bei vorzüglichem Wein konnten schließlich auch persönliche Fragen angesprochen werden, indem man sich nach dem Ergehen der Familien und Lebenswegen der Kinder erkundigte. Dabei wurde deutlich, wieviel Leiden ein gebildeter Kommunist, der seine Jugend im Berlin der ausgehenden zwanziger Jahre verbracht hatte, und dann lange Zeit in erzwungener Emigration hatte leben müssen, zu tragen hatte, bis er schließlich im ostdeutschen Staat wichtige Aufgaben hatte übernehmen können, ohne doch zu voller Entfaltung seiner vielseitigen Begabungen zu gelangen. Von der unbeugsamen Starrheit vieler Funktionäre unterschied sich Gysi in auffallender Weise – was freilich nicht hinderte, daß er unseren ostdeutschen Bischofsbrüdern manches Mal auch hart und abweisend begegnen konnte, wenn er Beschlüsse der Partei und des Staates einzuhalten genötigt war. Da er sich an diesem Abend jedoch frei bewegen konnte und keine erkennbaren Rücksichten zu nehmen hatte, verlief unsere Begegnung bis zum Ende in tiefer Nacht so, daß man sich nicht ohne Empfinden gegenseitiger Sympathie verabschiedete. Bei manchen Begegnungen, die sich später bei kirchlichen Anlässen in der DDR ergaben, schwang dieser Klang kultivierten Gesprächs, wie er bei unserer ersten Zusammenkunft angeschlagen worden war, spürbar nach.«[1142]

Die Bundessynode in Dresden und die Neuwahl von Rat und Ratsvorsitzendem auf der EKD-Synode in Trier (September/November 1985)

Auf der Beratergruppensitzung im Dezember 1985 berichteten Wahrmann und Schmude von der BEK- und der EKD-Synode[1143].

Die Dresdener Bundessynode faßte in staatlicher Optik auf der einen Seite positive Beschlüsse[1144]. So verurteilte sie deutlich die US-amerikanischen Pläne zur Rüstung im Weltraum, bekräftigte den von Hempel bereits im Februar hervorgehobenen Vorrang der Friedensfrage vor allen weiteren Problemen und bekannte sich ausdrücklich zum Gespräch vom 6. März 1978. Hempel betonte die Souveränität beider deutscher Staaten und erklärte ihre Grenzen für unantastbar[1145]. Die SED bewertete insbesondere den Wandel Hempels als großen Erfolg: Noch 1981 und auch später machte sich der sächsische Bischof »zum Fürsprecher der Kräfte, die die ›erheblichen Defizite‹ in den Menschenrechten zur Nagelprobe im Staat-Kirche-Verhältnis gestalten wollten. In vielfältigen Gesprächen und Auseinandersetzungen konnte bewirkt werden, daß er von diesen falschen Vorstellungen abrückte. Seine gewachsene Ausstrahlung wurde nicht zuletzt durch den Verlauf der Bundessynode 1985 in Dresden bewiesen.«[1146]

Hingegen traten die Synodalen Passauer, Semper, Pilz[1147], Wutzke, Bretschneider[1148], Schorlemmer und Kramer[1149] »provokatorisch[.] und diffamierend[.]« auf[1150]. Hempel, Stolpe und Ziegler sollen sich in den Verhandlungspausen gegenüber den anwesenden staatlichen Vertretern von diesen Äußerungen distanziert und zugesagt haben, für einen konstruktiven weiteren Verlauf der Synodaltagung zu sorgen[1151]. Der gastweise anwesende katholische Generalvikar Weisbender soll gegenüber Staatsvertretern »seine Verwunderung über den seiner Ansicht nach geringen theologischen und religiösen Gehalt der Bundessynode zum Ausdruck« gebracht haben.

»Das sei in der katholischen Kirche anders. Ebenso sei ihm das offenkundig auf Medienwirkung bedachte Auftreten einiger Synodaler unangenehm aufgefallen. Das halte er mit Blick auf das eigentliche religiöse Anliegen christlicher Kirchen für eine bedenkliche, weil hart an der Grenze zur Auszehrung stehende Entwicklung.«[1152]

Der staatliche Bericht über die Synodaltagung fiel entsprechend den unterschiedlichen Stimmen differenziert aus:

»Vom 20. bis 24. September 1985 fand in Dresden eine Tagung der Synode des BEK statt. [...] Die Synode nahm einen widersprüchlichen Verlauf, der offensichtlich Ausdruck der stärker gewordenen innerkirchlichen Differenzierung zwischen der Leitung der evangelischen Kirchen, der Mehrheit der loyalen und realistischen Kräfte an der kirchlichen Basis auf der einen Seite und einer kleinen Gruppe von politisch reaktionären Synodalen auf der anderen Seite ist. Stärker als bei ähnlichen Anlässen in der Vergangenheit erfolgte auf dieser Synode das organisierte Zusammenwirken mit den westlichen Medien[1153] und auch mit anwesenden Diplomaten westlicher Vertretungen.

Der Bericht der Konferenz der Kirchenleitungen[1154] enthält im wesentlichen eine akzeptable, dem Stand der Entwicklung in den evangelischen Kirchen entsprechende Linie und Wertung[1155] und tritt für eine kontinuierliche Fortführung konstruktiver Beziehungen von Staat und Kirche ein. Im schroffen Gegensatz dazu trat eine Reihe als reaktionär bekannter Synodaler massiv und offensichtlich mit einer abgestimmten Plattform auf, die auf Konfrontation, Zuspitzung und in einigen Fragen auf direkte Verleumdung unserer Politik hinausläuft.

Trotz dieses Verlaufs der Synode wurde immer wieder und nachdrücklich die grundsätzliche Bedeutung und die auch für die künftige Entwicklung tragfähige Basis der Staat-Kirche-Beziehungen, wie sie in den Gesprächen des Genossen Honecker vom 6. März 1978 und 11. Februar 1985 bekräftigt wurde, hervorgehoben. Breiten Raum nahm im Bericht die Würdigung kirchlicher Erkenntnisse und Aktivitäten im Zusammenhang mit dem 40. Jahrestag der Befreiung ein.

Nachdrückliche Wirkung auf die Behandlung der Friedensfrage haben die in den Gesprächen des Genossen Honecker mit Willy Brandt erzielten Ergebnisse. So wurden aus dem Pressekommuniqué dieser Begegnung eine Reihe Formulierungen wörtlich übernommen. [...] Durchgängige Unterstützung fand auch die mit dem Begriff der Koalition der Vernunft verbundene Linie unserer Politik.

Durch eine raffinierte Regie und das organisierte Zusammenwirken mit westlichen Massenmedien[1156] wurden die positiven und mit unserer Politik übereinstimmenden Grundaussagen sowohl des Berichtes als auch der Diskussion fast völlig ignoriert und nahezu ausschließlich negative Passagen einzelner Diskussionsredner kolportiert.

Das Hauptaugenmerk der kirchenleitenden Kräfte in Dresden war darauf gerichtet, Erreichtes nicht zu gefährden, zu bewahren und fortzuführen[1157] und gleichzeitig solchen Kräften, die bei Absicherung der erreichten kirchlichen Wirkungsmöglichkeiten verstärkten Druck auf den sozialistischen Staat und realistische Kirchenvertreter ausüben möchten, möglichst wenig Angriffsflächen zu bieten. Dieser Linie entsprach der vorgelegte Bericht der Kirchenleitungen, der im wesentlichen von Bischof Hempel und Konsistorialpräsident Stolpe geprägt wurde. Die mit dem Bericht verfolgte Taktik der Kirchenleitung ging offensichtlich nicht auf, gelang nur auf Teilgebieten. Sie wurde unterlaufen und zum Teil direkt verfälscht. Obwohl die Bischöfe Hempel und Leich sowie Konsistorialpräsident Stolpe durch ihr Auftreten versuchten, den vorgesehenen Kurs durchzusetzen, ist das nicht voll gelungen[1158]. Eine Reihe positiver und loyaler Kräfte schwieg dazu bzw. unterstützte diese Bemühungen nur unzureichend. Bemerkenswert war auch die auffällige ›Zurückhaltung‹ von Bischöfen und anderen bekannten kirchlichen Amtsträgern während der Beratungen der Synode. Gravierend war auch, daß der Greifswalder Bischof Gienke an dieser wichtigen Synode nicht teilnahm. Davor war er bereits der Vorbereitungssitzung der Kirchenleitung zu dieser Synode ferngeblieben, obwohl er stellvertretender Vorsitzender des Kirchenbundes ist[1159].

Im Grunde muß man einschätzen, daß der Verlauf der Synode einen Rückschlag für die Kirchenleitung, besonders für Bischof Hempel, darstellt. In erster Linie wird das deutlich in den Angriffen gegen unsere Bildungspolitik[1160], gegen Wehrdienst und Wehrerziehung und in der Darstellung der sogenannten individuellen Menschenrechte[1161]. Demagogische Forderungen wurden stärker als bisher zu Auslandsreisen sowie zum Umgang mit Bürgern bei Eingaben und Beschwerden erhoben. Gegen provozierende Diskussionen zur Ausrichtung der kirchlichen Jugendarbeit traten Bischof Hempel und Präses Wahrmann entschieden auf. Sie setzten die Korrektur des vorgelegten Papiers[1162] im Sinne der bisherigen kirchlichen Jugendarbeit durch und orientierten dabei stärker auf die religiösen Aspekte[1163]. [...]

Reaktionäre kirchliche Kräfte schmerzt besonders die große Wirkung und die internationale Resonanz, die unsere Friedenspolitik in christlichen Kreisen gefunden hat. Es widerstrebt ihnen, daß die Politik der DDR in solch hohem Maße bei Bürgern christlichen Glaubens und auch bei einer wachsenden Zahl von Repräsentanten der Kirchen Würdigung, Anerkennung und Unterstützung erhält.

Dem erfolgreichen Kurs der Einbeziehung christlicher Kreise und kirchlicher Kräfte, des Zusammenwirkens mit ihnen sowohl an der kirchlichen Basis als auch mit Kirchenleitungen soll eine verstärkte Herausarbeitung ›eigenständiger‹ Positionen und eine Abgrenzung gegenüber dem Staat entgegengesetzt werden.«[1164]

Die auf der Synode von Kirchenleuten vorgebrachte Kritik über Äußerungen und Verhalten kirchenleitender Persönlichkeiten war noch moderat gegenüber der Stimmung, die zwei an das BEK-Sekretariat gerichtete Briefe ausdrückten. Ein Schreiben bezog sich auf ein von Christa Lewek einem bundesdeutschen Fernsehsender gewährtes Interview zum Helsinki-Jubiläum. Die Verfasser schrieben:

»Die Ausführungen der Oberkirchenrätin haben uns sehr betroffen gemacht, und es würde uns interessieren, ob es sich dabei um die Privatmeinung der Frau Lewek handelt oder ob sie den Standpunkt der Evangelischen Kirchen in der DDR zum Ausdruck gebracht hat, wobei selbstverständlich ein Kirchenleitungsmitglied bei allen seinen Äußerungen in der Öffentlichkeit immer mit der Kirche identifiziert wird, für die es steht. [...] Abenteuerlich (von einer Oberkirchenrätin!) geradezu die Behauptung, daß das Drängen nichtsozialistischer Staaten auf Gewährung von Menschenrechten und Einhaltung der Internationalen Konvention über zivile und politische Rechte vom 14.1.1974 auch innerhalb des sozialistischen Staatenverbandes einen gewissen Stoß gegen den Sozialismus darstellen würde. Mit dieser Aussage stellt Frau Lewek als Vertreterin des Bundes der Evangelischen Kirchen in der DDR diese auch von unserer Regierung unterzeichnete Konvention zur Disposition.

Es ist doch ernstlich zu überprüfen, ob die Ursachen der gegenwärtigen Angst wirklich allein die Anhäufung von Waffen ist oder ob sie letztlich nicht aus der unerträglichen Situation der Vernichtung von Grundrechten und Grundfreiheiten der Menschen in der Welt resultiert. Sind die großen Flüchtlingsströme in so vielen Gebieten der Erde nicht ausreichender Beweis dafür?

Bei den Aussagen von Frau Lewek können wir uns des Eindrucks nicht erwehren, daß mit ihr eine bereits an ein Staatssystem total angepaßte Vertreterin der Ev. Kirchen in der DDR zu Wort gekommen ist, für die nicht die Kirche *im*, sondern die Kirche *des* Sozialismus Realität ist.

Wenn eine Kirche, gleichwo, ob in Südafrika, Sowjetunion, USA, DDR oder BRD, ›Salz der Erde‹, ›Licht der Welt‹, ›Sauerteig‹ ist, wird sie zwar nicht populär sein, setzt sich mit Sicherheit staatlicher Kritik aus und vielleicht auch zwischen alle Stühle, aber sie wäre Kirche nach dem Evangelium, und wenn sie schon in menschlicher Schwäche und Sorge dazu nicht den Mut des Glaubens aufbringt, stünde es ihr besser an, in manchen Situationen zu schweigen.«[1165]

Pfarrer Christoph Zeitz aus Dresden schrieb der Bundessynode Anfang September 1985:

»Schon seit langem bin ich traurig über Tendenzen in unseren evangelischen Kirchen. Ich meine hiermit übertriebene Reisesucht nach dem Westen, Kurpredigerstellen in Österreich, Mitnahme von Ehefrauen auf Dienstreisen ins westliche Ausland. Reisen in den Westen ist hierzulande das Privileg Nr. 1. Sollten daher die Kirchen nicht verzichten lernen? Es läßt sich leicht von den Leidenden reden, mit denen die Christenheit solidarisch zu sein hat – wenn man nicht verzichten kann. Es läßt sich leicht vom einfachen Leben reden – wenn die nächste Reise nach Österreich als Kurprediger gebont ist. Ich halte den Zeitpunkt für gekommen, daß die Bundessynode einmal *öffentlich* zu diesem Amtsmißbrauch Stellung nimmt. Denn die Glaubwürdigkeit der Kirche steht auf dem Spiel!!! Oder ist der Eindruck falsch, daß sich unsere Kirchen zu Bonzenkirchen entwickeln, wo die einen fahren dürfen und die anderen nicht? Wo es nur auf die entsprechenden Verbindungen ankommt? Oder wäre es besser, diejenigen in offenen Briefen o. ä. zu nennen, die machen, was sie wollen? Ob Diakonisches Werk, Gossner Mission, CFK und weiß der Teufel was für Vereine, jeder kann namens der Kirche reden, jeder kann in Holland oder Norwegen oder sonstwo seine Ansichten dem erstaunten Publikum darlegen – wer gibt das Mandat dafür? Bitte sagen Sie einmal etwas zu diesem Thema – ich kann jedenfalls nicht mehr länger schweigen und verliere langsam die Lust, in einer Kirche tätig zu sein, die überprivilegiert (durch Reisen) und damit hochmütig die Gemeinden verulkt.«[1166]

Unmittelbar vor der BEK-Synode hatte der SPD-Vorsitzende Willy Brandt die DDR besucht und sich auch mit kirchenleitenden Persönlichkeiten des BEK getroffen[1167]. Das Staatssekretariat für Kirchenfragen beurteilte die Begegnung Brandt-Honecker als friedenspolitischen Erfolg:

»Besondere Aufmerksamkeit fand im kirchlichen Raum die Begegnung zwischen Genossen Erich Honecker und dem SPD-Vorsitzenden W. Brandt. Sie wird wie andere Treffen mit BRD-Vertretern als friedenspolitische Aktivität beider Seiten gewürdigt. In den Mittelpunkt ihrer Bewertungen werden aber durchgängig die Hoffnung auf die Klärung humanitärer Fragen und im besonderen auf die Erweiterung der Reisemöglichkeiten gestellt.«[1168]

Am 26. September 1985 sprach Klaus Gysi mit Stolpe über die Synode. Wie Bellmann einen Tag später an Jarowinsky schrieb,

»übermittelte Genosse Gysi unsere kritische Wertung und das Unverständnis über den Verlauf der Synode. Nachdrücklich verwies er dabei auch auf das Unverständnis und die Empörung, die eine Reihe provozierender und feindlicher Äußerungen in unserer Öffentlichkeit gefunden haben, und daß es dazu viele Anfragen gebe. Wir wüßten ja, daß sich Stolpe immer für vernünftige und realistische Beziehungen zwischen Staat und Kirche eingesetzt habe und seien auch deshalb tief enttäuscht über diesen Rückschlag.

Stolpe hat nicht widersprochen und auch nicht unterbrochen, aber sehr viel mitgeschrieben. Er könne nicht widersprechen und verstehe, daß wir die Dinge so sehen müßten. Er hat voll zugestimmt und bemerkt, daß die Opfer dieser reaktionären Machenschaften die einfachen Gläubigen und die loyalen Pfarrer seien, nicht aber die ›Herren‹, die das provozieren.

Stolpe machte einen betroffenen Eindruck, der sich nicht nur bezog auf das, was Genosse Gysi ihm sagte, sondern auf den gesamten Synodenablauf selbst und über das nach seiner Meinung nun wohl überholte ›Spitzengespräch‹. Stolpe hat auch den Hinweis verstanden, daß künftige weitergeführte Konfrontationsversuche dieser Art nicht ohne Folgen bleiben könnten. Genosse Gysi ermahnte ausdrücklich, ernsthaft darüber nachzudenken und entsprechende Schlußfolgerungen zu ziehen.

Genosse Gysi machte deutlich, daß es doch zum Nachdenken Anlaß geben müsse, wenn einen Tag nach der erfolgreichen und weltweit beachteten Begegnung des Genossen Erich Honecker mit Willy Brandt das Ganze als Versuch angesehen werden müsse, die große Wirkung dieses bedeutsamen Ereignisses direkt zu unterlaufen. Das soll doch wohl auch der Sinn der Eppelmann-Veranstaltung am kommenden Wochenende sein.

Stolpe erklärte, er habe von der Absicht einer solchen Aktivität vor ein paar Monaten gehört, seinerzeit jedoch dieses Projekt nicht ernst genommen. Dann habe er seit Wochen nichts mehr gehört und sei nun völlig überrascht worden. Er sagte zu, Eppelmann sofort zu bestellen. Er will auch mit Generalsuperintendenten Dr. Krusche und anderen darüber sprechen, wie man die gefährlichen Konsequenzen dieser Absichten vermeiden kann. Er sehe ein, daß wir das Auftreten gegnerischer Kräfte auf der Bundessynode und das Eppelmann-Unternehmen als eine konzentrierte Aktion betrachten müßten. Er wird versuchen, seinen Einfluß maximal geltend zu machen und vernünftige Kräfte zu mobilisieren, damit eine öffentlichkeitswirksame Demonstration vermieden wird.

Stolpe fragte, ob bekannt sei, daß Pressevertreter teilnehmen werden. Genosse Gysi antwortete, daß dies mit absoluter Sicherheit anzunehmen sei. Stolpe versicherte, er versuche zu verhindern, was nur möglich sei. Genosse Gysi hat den Eindruck gewonnen, daß sich Stolpe dementsprechend bemühen wird.

Weiter äußerte Stolpe, er sei davon überzeugt, daß die Eingeladenen zum größten

Teil nicht kommen werden. Die Grünen aber seien unberechenbar. In bezug auf die Synode ist Genosse Gysi mit Stolpe so verblieben, daß er eine ausführliche Stellungnahme und Einschätzung erwartet.«[1169]

Wegen des geplanten Friedenswochenendes bestellte Heinrich Generalsuperintendent Günter Krusche zu sich. Das Gespräch fand zwei Tage vor dem Seminartermin statt. Krusche gab an, von diesem Vorhaben erstmals zu hören:

»Dr. Krusche bedankte sich für die Information und zeigte sich deutlich besorgt über diese neuerliche ›Provokation von Gruppen, die am Rande der Kirche stehen.‹ Er polemisierte scharf gegen Kreise um Eppelmann, Bohley, Poppe u. a., die mit ihren Aktivitäten das Bild der Kirche in der sozialistischen Gesellschaft ›immer wieder diskreditieren‹. Im weiteren Gespräch verwies Dr. Krusche auf die Führungsschwäche der Berlin-Brandenburgischen Kirchenleitung, die in Grundordnung und der Struktur dieser Kirche begründet liege. Die letzte Entscheidung über Veranstaltungen, die auf Gemeindeebene organisiert und durchgeführt werden, liege beim Gemeindekirchenrat. […] Er ›wolle und könne hier nicht einer neuen Grundordnung das Wort reden, aber es sei dringend erforderlich, darüber nachzudenken, ob diese Grundordnung nicht de facto einer Auflösung der Kirche als Struktur Vorschub leistet.‹ Dr. Krusche warf die Frage auf, ob staatliche Maßnahmen, wie etwa die Einleitung eines Ordnungsstrafverfahrens, die Auseinandersetzungen in der Kirchenleitung im positiven Sinne beeinflussen würden. Abschließend äußerte Dr. Krusche, daß er den Vorgang in der Kirchenleitungssitzung am 27.9.1985 zur Sprache bringen werde. Allerdings müsse das sehr differenziert geschehen. Sein ›Thron‹ habe aus ähnlichen Gründen schon mehrfach gewackelt.«[1170]

Nachdem Hans Wilke am folgenden Tag auch mit Synodalpräses Becker gesprochen hatte[1171], rief Krusche im Staatssekretariat an, um von den neuesten kircheninternen Entwicklungen zu berichten. Hauptabteilungsleiter Heinrich notierte:

»Am 27.9.1985 fand von seiten der Kirchenleitung Berlin-Brandenburg, vertreten durch Konsistorialpräsident Stolpe, Präses Becker, Propst Winter, G. Krusche und Superintendentin Laudien ein Gespräch mit Pfarrer R. Eppelmann statt. In diesem Gespräch sei festgestellt worden, daß ›ein Gemeindeseminar mit namhafter Beteiligung von der anderen Seite stattfinden soll. In der Hoffnung, daß es klappt, wurde von der Kirchenleitung verlangt, daß es sich wirklich um ein Gemeindeseminar handelt. Das heißt, es gibt keine Publikation. Höchstens direkt als kurze Meldung der Kirchenleitung an den BEK.‹ Es wurde im Gespräch mit Eppelmann festgelegt, daß keine Unterschriftensammlung, keine Petition ›und auf gar keinen Fall Verlautbarungen auf der anderen Seite kommen dürfen‹. Präses Becker ist beauftragt, mit den Ausländern noch vor Beginn darüber zu reden, daß auch im Westen nicht publiziert wird. ›Nach der gewissen Irritation, welche die Bundessynode gebracht hat, darf diese Aktion nicht noch weiteren Zündstoff für irgendwelche Spekulationen geben.‹ Im Gespräch habe die Rechtsrelevanz des Vorganges, betont durch Propst Winter, eine besondere Rolle gespielt. Es wurde mit G. Krusche ein Vieraugengespräch für den 2. oder 3.10.1985 vereinbart, um weiterführende Überlegungen zu Formen und Methoden kirchlicher Arbeit in Berlin zu beraten.«[1172]

Entgegen den staatlichen Befürchtungen verlief das Friedensseminar am 28./29. September 1985 ohne Komplikationen[1173]. Eine weitere Belastung des Staat-Kirche-Verhältnisses nach der Bundessynode hatte man also gemeinsam vermeiden können. Erleichtert konnte Rudi Bellmann an Jarowinsky berichten:

»Nach der bereits übermittelten Information über das am vergangenen Wochenende als ›Friedenswochenende‹ deklarierte Seminar wurden weitere Maßnahmen eingeleitet, um vorbeugend den politischen Mißbrauch dieser Veranstaltung zu verhindern und ihre Öffentlichkeitswirksamkeit einzuschränken. So wurde auf internem Wege mit Altbischof Dr. Schönherr gesprochen, der daraufhin erklärte, die an ihn ergangene Einladung nicht wahrzunehmen. Die Kirchenleitung Berlin-Brandenburg hat auf Grund unserer Intervention mehrfach getagt. Sie erklärte, energisch eingreifen zu wollen, jegliche Publikation zu verhindern und dafür zu sorgen, daß keine Provokationen stattfinden. Wie inzwischen bekannt wurde, haben – außer denen, die ohnehin keine Einreise bekommen haben – nahezu alle eingeladenen prominenten Gäste aus der BRD und Westberlin nicht teilgenommen bzw. haben der Einladung nicht Folge geleistet, darunter Petra Kelly, Dietrich Stobbe, Pfarrer Heinrich Albertz und Prof. Helmut Gollwitzer. Altbischof Dr. Kurt Scharf ist zwar eingereist, hat aber an einer normalen kirchlichen Veranstaltung in Eberswalde teilgenommen. Aus dem übrigen Ausland ist nur die Teilnahme des österreichischen Futurologen Prof. Dr. Robert Jungk bekannt geworden. Die Veranstaltung hat mit diesem stark eingeschränkten Kreis in der Samariterkirche, Berlin-Friedrichshain, stattgefunden. Der inhaltliche Verlauf wird gegenwärtig noch durch die Sicherheitsorgane ausgewertet.«[1174]

Einen Monat zuvor hatte Stolpe Ablösungserscheinungen verschiedener Gruppen von der Kirche gemeldet. Gysi berichtet:

»Er erklärte, daß es eine Tendenz bei einer Reihe Ökologie-Gruppen[1175], Friedensgruppen und ganz stark bei den Gruppen um Bohley, Eppelmann und andere gibt, sich von der Kirche zu lösen. Sie wollen nicht unter dem Dach oder Schirm der Kirche bleiben, weil sie der ständigen Einrede, der Disziplinierung, der Widersprüche müde seien. Tschiche[1176] [...] habe mit solchen Bemerkungen schon 1983 begonnen. Inzwischen sei der Gedanke der Trennung von der Kirche stark gewachsen. Nach seinem Wissen gehen die Ratschläge der Grünen in der BRD dahin, diese Trennung zu vollziehen. Sie wollten auf diese Weise endlich die ›unabhängige Friedensbewegung‹ erreichen, die durch die Kirchen nur behindert [...] wird.«[1177]

Hauptabteilungsleiter Heinrich machte den Bezirksfunktionären Anfang Oktober 1985 deutlich, daß sich die »negativen Ergebnisse der Bundessynode[1178]« auf den kommenden Landessynodaltagungen nicht wiederholen dürften:

»Es ist deutlich geworden, daß eine kleine Gruppe reaktionärer Leute massiv, geordnet und offensichtlich abgestimmt auftraten und ohne offene Reaktion der Synodenteilnehmer ihre Konzeption darlegen konnten«.

Sogar der Volkskammerabgeordnete Mitzenheim habe nicht das Wort ergriffen, worüber Gerald Götting mit ihm noch reden werde[1179]:

»Insgesamt wird die Lage als sehr ernst eingeschätzt, da sich die Bundessynode durch das Auftreten einer solchen Gruppe als Tribüne der Konfrontation gegenüber dem Sozialismus und dem Staat der DDR mißbrauchen ließ. [...] Genosse Heinrich machte darauf aufmerksam, daß trotz dieses Vorkommnisses unsere Achtung der Haltung der Bischöfe Hempel, Demke und Leich gehört, die in ihren Beiträgen und ihrer Einflußnahme auf Beschlußfassungen [...] doch wesentliche Angriffe zurückgewiesen haben. Dr. Hempel wäre immer wieder deutlich zu machen, daß er auf die Partei und den Staat als Bündnispartner immer rechnen kann.«

Dennoch stellte Heinrich argwöhnisch die Frage, ob Bretschneider am Ende nicht doch die wahre Linie der sächsischen Kirchenleitung vertrete. Es bestehe der Verdacht, daß Domsch den Landesjugendpfarrer fördere und auch zu kritischen Äußerungen ermuntere[1180]. Mit Domsch hatte Heinrich bereits eine deutlich gehaltene Unterredung geführt[1181].

»Gen. Horst Dohle[1182] machte ebenso wie Gen. Heinrich auf den sich vollziehenden Polarisierungsprozeß aufmerksam. Wir haben ihn gewollt, nun haben wir ihn und müssen etwas daraus machen. Den Versuchen reaktionärer Leute nach dem Motto, scharf nach rechts heranfahren, nach staatlichem Einfluß stecken wir etwas zurück und so wird wenigstens die Mitte erreicht, ist entschieden zu begegnen.«[1183]

Bei einem Gespräch in der Nähe von Leipzig, an dem sich auch eine repräsentative Auswahl von Leipziger Pfarrern beteiligte, mußte Dohle die Erfahrung machen, daß nicht nur eine kleine Zahl Synodaler Kritik an den Verhältnissen anzumelden hatte. Will man den Berichten der Pfarrer glauben, war aus staatlicher Perspektive die Stimmung in den Kirchengemeinden – und wohl nicht nur dort – absolut verheerend:

»Mehrere Geistliche berichten aus ihren Gemeindeerfahrungen, daß die Menschen, mit denen sie dort zu tun haben, geistig nur von den Unterhaltungssendungen des Westfernsehens leben, im übrigen nur [...] Konsum- und Besitzinteresse haben, unzufrieden sind und eigentlich nicht spüren, daß es mit dem Lebensstandard in der DDR vorwärts geht. Sie berichten von einem Übermaß an Schwierigkeiten, um mit den Notwendigkeiten des Alltags fertig zu werden, Interesse an großen geistigen oder politischen Fragen liege da nicht vor. Ihre bevorzugten Themen seien die Delikatläden[1184], die Intershopkaufhäuser und die Preissteigerungen bei Konsumgütern in der DDR. Für sie als Geistliche ergäbe sich nicht aus Schadenfreude, sondern aus Sorge die Frage, ob hier nicht ein Ausverkauf der Ideologie stattfinde, ob die sozialistische Ideologie die Alltagserfahrungen der Menschen überhaupt noch abdecke.«[1185]

Auch mit Ziegler führte Heinrich Mitte Oktober 1985 eine etwa zweistündige Unterredung über die vergangene Bundessynode, in der er den Sekretariatsleiter auf die Brisanz der kommenden Landessynoden hinwies. Im Protokoll Zieglers heißt es:

»Heinrich erklärt, es würde von staatlicher Seite sehr bedauert, daß die positiven Ansätze des Kirchenleitungsberichtes überdeckt wurden durch das, was dann in der Plenumsdebatte und im Beschluß herauskam. Nicht die Konferenz der Kirchenleitungen, sondern Bretschneider, Wutzke und andere hätten die Musik gemacht. Verschlimmert worden ist alles durch das Westfernsehen. Staatliche Stellen hätten noch nie so viele Anfragen aus der Öffentlichkeit bekommen wie dieses Mal. Diese Anfragen seien auf einen Nenner zu bringen: Ist die Kirche wirklich ›Kirche im Sozialismus‹ oder eine Oppositionsgruppe? Man habe den Eindruck, innerhalb der Synode habe sich eine Kooperation der Rechten gefunden. Man müsse vermuten, daß sogar die Gesprächsbeiträge dieser Vertreter mit dem westlichen Fernsehen abgesprochen seien, da die Kameras stets auf Stichwort eingeschaltet wurden. Man müsse fragen, ob angesichts des kommenden Parteitages, angesichts der weltpolitischen Lage die Kirche dulden wolle, daß auf Krawallkurs gegen die Gesellschaft gegangen würde. Die Westmedien hätten einen Spielraum gewonnen, der nicht länger zu vertreten sei. Man müsse sich doch auf kirchlicher Seite klarmachen, daß die Kirchenpolitik der DDR innerhalb der sozialistischen

Staatengemeinschaft gerechtfertigt werden müsse. Man dürfe den anderen sozialistischen Staaten nicht zu viel zumuten.

Der Staatsratsvorsitzende mache alles nur Menschenmögliche, um Entspannung zu erreichen. In diese Bemühungen hinein kämen nun die öffentlichen Anfragen der Kirchen nach mehr Reisemöglichkeiten, nach zivilem Ersatzdienst und dergleichen. Das alles seien Versuche, von der Hauptfrage der Entspannung und Erhaltung des Friedens abzulenken. Auch die Vertreter der Konferenz der Kirchenleitungen seien nicht auf die Ursachen der Reisebeschränkungen eingegangen. Warum erklärten sie nicht, daß es Zusammenhänge mit Salzgitter und mit der Nichtanerkennung der DDR-Staatsbürgerschaft [gebe]? Die DDR verteidige gegenüber den sozialistischen Staaten die Einrichtung der Bausoldaten. Doch würde diese durch die ständige Forderung nach zivilem Ersatzdienst in Frage gestellt. [...] Wer immer wieder das zur Zeit Unmögliche fordere, verspiele das Mögliche. [...]

Wenn die Landessynoden sich jetzt in derselben Richtung äußern sollten, würden die Positionen der Staat-Kirche-Beziehungen in Frage gestellt. [...] Die Kirchenleitungen sollten versuchen, das Heft der Entwicklung in der Hand zu halten, sonst könnte es nur zu Rückschlägen kommen.« Heinrich kritisierte außerdem, daß das Sekretariat des BEK noch immer nicht zur Publikation der Studienabteilung Stellung genommen habe.

Auf die Vorhaltungen hinsichtlich der BEK-Synode entgegnete Ziegler, man müsse unterscheiden »zwischen dem, was die Westpresse verlautbare, und dem, was die Synode wirklich gesagt habe. Im übrigen dürfe man aus einzelnen Äußerungen nicht eine Gesamtlinie der Kirchen des Bundes ableiten. Wir könnten uns aber auch von unserem Ansatz her nicht bereit finden, diese Auseinandersetzungen zu unterdrücken und nur hinter verschlossene Türen zu verbannen. Die Synoden seien nun einmal öffentlich. Es sei nicht zu erwarten, daß wir von uns aus die Presse ausschließen würden. Allerdings sei zuzugeben, daß sie auch uns oft große Schwierigkeiten bereite. Deshalb könne vielleicht erreicht werden, daß bei einem [staatlich verfügten] Ausschluß von Korrespondenten [bei den Herbstsynoden] die Kirchenleitungen wenigstens nicht in die Proteste mit einstimmen werden. Übrigens zeigten die Äußerungen der Synode, [...] daß es Fragen gebe, die die Gemeinden und darüber hinaus die Bevölkerung allgemein sehr bewege[n]. Diese Fragen könnten auf die Dauer nicht unterdrückt werden. Es komme aber darauf an, in welchem Sinne man sie behandele. Wie die Konferenz dieses zu tun gedenke, hätten die Antworten der Konferenzmitglieder an die Synode gezeigt. Das wird von Heinrich zugestanden.«[1186]

Die sächsische Synode entsprach den staatlichen Erwartungen[1187] und verlief ruhig[1188]. Hingegen erhob die provinzsächsische Herbstsynode – wie übrigens auch der Kirchenleitungsbericht[1189] – den Anspruch, für die Interessen der Bürger einzutreten[1190]. Insgesamt war das Staatssekretariat für Kirchenfragen über den Verlauf der Herbstsynoden aber beruhigt:

»Im Ergebnis dieser Maßnahmen, die progressive Synodale mobilisierten und Aktivitäten kirchenleitender Kräfte initiierten, kam es zu einem insgesamt politisch ruhigen und konstruktiven Verlauf der Herbstsynoden. [...] Die Synoden, bis auf die Kirchenprovinz Sachsen, verzichteten auf eine Aufnahme der negativen Feststellungen der BEK-Synode. [...] Alle Bischöfe[1191] unterstützten politisch realistische Positionen. Sowohl mit eigenen Voten[1192] wie in den Debatten orientierten sie auf das bestehende gute Staat-Kirche-Verhältnis und wiesen Versuche, dieses zu belasten, zurück. Diese Einflußnahme, aber auch das aktivere, politisch realistische und positive Auftreten weiterer Kirchenleitungsmitglieder führte zur Bestätigung konstruktiver Positionen und schränkte die Wirksamkeit negativer Kräfte ein, z. T. gelang es, diese zurückzudrängen. [...] Verlauf und Ergebnisse der Tagungen zeigen, daß die loyalen und realistischen Kräfte durch die intensive staatliche und gesellschaftliche Einflußnahme im Vorfeld der Landessynoden in erheblichem Maße gestärkt worden sind. Sie wurden befähigt, die innerkirchliche Auseinandersetzung so zu führen, daß überwiegend realistische Positionen dominierten und weitere Konfrontationen vermieden werden konnten. [...] Negative Synodale haben es, sicherlich auch unter dem Einfluß der Gespräche, bei diesen Tagungen vermieden, wie bei der BEK-Synode massiv aufzutreten[1193]. Dabei darf nicht übersehen werden, daß bei dem existierenden Kräfteverhältnis nach wie vor starke negative Positionen vorhanden sind, die vor allem in den Ausschüssen wirken. Dieses insgesamt labile Kräfteverhältnis in den Synoden führt auch zu einem kompromißlerischen Vorgehen kirchenleitender Kräfte und progressiver Synodaler. Sie versuchten, durch entsprechende zurückhaltende Formulierungen in Vorlagen und Berichten keine Angriffe der negativen Synodalen herbeizuführen und verzichteten deshalb auf weiterführende politisch positive Positionsbestimmungen.«[1194]

Ungeachtet solcher Zeichen kirchenpolitischer Entwarnung, blieb der BEK im Blick auf das gewünschte »Spitzengespräch« mit der Staatsführung noch immer ohne Nachricht[1195]. Hauptabteilungsleiter Heinrich bemerkte Mitte November immerhin, daß für eine solche Begegnung »vor Mai 1986 kaum Gelegenheit und Zeit sein werde. Ob es nach dem Mai 1986 möglich sei, werde sich erst zeigen. Mehr sei im Augenblick zu allem nicht zu sagen.«[1196] Im Dezember 1985 mußte Ziegler mitteilen, »der Staatssekretär für Kirchenfragen ha[be] zu verstehen gegeben, daß vor dem XI. Parteitag keine Aussicht einer Anberaumung mehr besteht.«[1197]

Auf der Trierer EKD-Synode wurde der West-Berliner Bischof Martin Kruse zum neuen EKD-Ratsvorsitzenden gewählt[1198]. Seine Äußerung vom Frühjahr 1985 – »'Der 8. Mai ist eine fundamentale Weichenstellung für die deutsche Geschichte gewesen, und dieses Schicksal haben wir gemeinsam zu verantworten, im Blick nicht nur auf die Geschichte, sondern auf die Zukunft'« – hatten die SED-Funktionäre aufmerksam und zustimmend registriert. »Auch hat er sich eindeutig zu den Grenzen in Europa bekannt«, hob Peter Krausser in seinem Bericht hervor[1199].

Nach der EKD-Synodaltagung[1200] urteilte das Staatssekretariat für Kirchenfragen:

»Bischof Kruse gilt in der EKD als ›Mann der Mitte und des Dialogs‹, der im innerkirchlichen Streit um Ausgleich und Schlichtung bemüht ist, ohne eigene Überzeugungen in den Vordergrund zu drängen. [...] Trotz starker Kritik aus seiner Kirche appellierte Bischof Kruse im Vorfeld des Besuchs Ronald Reagans im Juni 1982 in Westberlin in einem persönlichen Brief an den amerikanischen Präsidenten an die Fortsetzung der Entspannungspolitik gegenüber den sozialistischen Staaten. [...] Bereits 1982 sprach er sich im Zusammenhang mit diesem Brief für ein friedliches und freundschaftliches Zusammenleben mit den Völkern der Sowjetunion und der VR Polen aus, die die schwersten Opfer im 2. Weltkrieg zu beklagen hatten. [...] Mit der Aussage vor der Synode 1984 ›Der gegenwärtige Zustand ist ein Verbrechen gegen die Menschheit‹ (Tagesspiegel vom 18.11.1984) bekräftigte Kruse die Stellungnahme der ÖRK-Vollversammlung in Vancouver und stellt sich mit seiner Kirche hinter die Haltung des ÖRK! Wiederholt sprach sich Bischof Kruse gegen Arbeitslosigkeit aus [...]
In der Auseinandersetzung innerhalb der EKD um den 8. Mai 1945 gehörte Bischof Kruse zu den realistischen Kräften, die dieses Datum als Befreiung von Krieg und Aus-

sichtslosigkeit und als Chance des Neubeginns für die Kirchen ansah. Eindeutig äußerte er sich als erster Bischof der EKD in einem epd-Interview zu diesem Thema[1201]. In diesem Zusammenhang plädierte er für die Anerkennung der Leistungen der Sowjetunion und d[es] damit verbundene[n] Leid[s] der sowjetischen Völker im Kampf gegen den Faschismus. Als Mitglied der Kommission Frieden von BEK und EKD hat Kruse wesentlichen Anteil am Zustandekommen des ›Gemeinsamen Wortes‹ zum 40. Jahrestag der Befreiung. [...] Der Generalsekretär des ÖRK, Emilio Castro, wertete die Wahl Kruses gegenüber epd in Genf als eine ›phantastische Entscheidung‹.«[1202]

Zu den Beziehungen zwischen BEK und EKD legte das Staatssekretariat für Kirchenfragen Mitte Dezember 1985 eine Studie vor:

»Die innenpolitischen Auseinandersetzungen um die Möglichkeit der Sicherung des Friedens und die realen Ursachen seiner Gefährdung haben in der Vergangenheit die politische Differenzierung in der EKD vorangetrieben. [...] Vor allem seitens konservativer Kräfte in der CDU/CSU wurde diese Entwicklung mit zunehmender Besorgnis und Beunruhigung verfolgt und die Haltung der EKD zu ihrem Staat angefragt. In diesem Kontext veröffentlichte nun der Rat der EKD am 17.10.1985 die Denkschrift ›Evangelische Kirche und freiheitliche Demokratie‹, die eine eindeutige Zustimmung zur ›freiheitlich-demokratischen Grundordnung‹ und das nachdrückliche Bekenntnis zum Grundgesetz der BRD darstellt. Die auf eine breite Kooperation politisch heterogener Kräfte in den Kirchen ausgerichteten Positionen der Denkschrift – einschließlich des postulierten ›Rechts auf Widerstand‹ im Rahmen von notwendigen und nötigen Reformen – machen jedoch auch die geistige Nähe zwischen SPD und EKD und das Bestreben deutlich, für eine Fortsetzung der Außen- und Sicherheitspolitik der früheren sozial-liberalen Regierungskoalition zu wirken. Als die mit Abstand finanzkräftigste, institutionell und von ihren nationalen und internationalen Einflußmöglichkeiten her potenteste Kirche in Westeuropa ist die EKD darauf bedacht, in der Ökumene im Zuge der innerkirchlichen Auseinandersetzungen nicht in die Isolation gedrängt zu werden. [...]

Im gleichen Zeitraum vollzog sich bei den Kirchen in der DDR der Prozeß der Profilierung als ›Kirche im Sozialismus‹ im verstärkten Maße weiter, der v. a. getragen wurde von einer klaren Positionsbestimmung ihres eigenständigen Friedensbeitrages als integrierter Bestandteil des gesamtgesellschaftlichen Ringens um die Erhaltung des Friedens und der damit verbundenen Bejahung der Friedenspolitik der DDR, ihrer klaren Haltung zum 40. Jahrestag der Befreiung vom Faschismus und der zunehmenden Erkenntnis, daß die Mitwirkung der Christen in allen Bereichen des gesellschaftlichen Lebens notwendig und möglich ist. Damit baute der BEK seine Eigenständigkeit gegenüber den Kirchen in der BRD weiter aus. [...]

Hier erfolgt u. E. eine Abgrenzung, die die Beziehungen zwischen beiden Kirchen langfristig maßgeblich beeinflussen wird. Seitens der EKD macht dies die Tatsache deutlich, daß sie den gedanklichen Entwicklungsprozeß, der durch einen Großteil von Kirchen und Gläubigen in der DDR gegenwärtig vollzogen wird, nicht mitzugehen bereit und in der Lage ist sowie der Forderung unserer Kirchen nach mehr Eigenständigkeit nachgeben muß. Die ›Demokratie-Denkschrift‹ hat diese Haltung erneut unter Beweis gestellt. [...]

Ebenso häufen sich in letzter Zeit Äußerungen führender Vertreter der EKD, die im Prozeß der weiteren Profilierung des BEK und dem damit verbundenen Ausbau der Eigenständigkeit der DDR-Kirchen in der internationalen Ökumene Kritik an dessen Haltung zur EKD und an den Positionsbestimmungen zu aktuell-politischen Fragen (wachsende Bejahung der Friedenspolitik der DDR, klare Positionen zum 40. Jahrestag der Befreiung, Anerkennung der DDR-Staatsbürgerschaft, Rückkehr zur Politik der Entspannung zwischen beiden deutschen Staaten) anmelden.« Als Beispiel wurde Cornelius von Heyl angeführt[1203]. »Wenn dies auch nicht von der Leitung der EKD sowie den Bischöfen und Kirchenleitungen der Gliedkirchen mitgetragen wird«, fährt die Studie fort, »macht es doch auf gegenwärtige Probleme in den Beziehungen zwischen BEK und EKD aufmerksam. Landesbischof E. Lohse betonte auf der jüngsten EKD-Synode in Westberlin, daß es ein Irrtum sei, wenn angenommen werde, daß das beiderseitige Verhältnis belastet sei – das Vertrauen zur Konferenz der Kirchenleitungen in der DDR sei ungemindert vorhanden (dpa vom 12.5.1985). Diese Unsicherheiten sind nicht zuletzt Folge des andauernden Drucks aus konservativen, rechts orientierten und oftmals evangelikal geprägten Kreisen in der EKD, in den Beziehungen zu den DDR-Kirchen gezielter ideologisch Einfluß zu nehmen (v. a. hinsichtlich der Anerkennung der Staatsbürgerschaft der DDR und der historisch determinierten Existenz zweier deutscher Staaten). Dazu kommt, daß in der EKD, ungeachtet ihrer vermittelnden und ausgleichenden Rolle, hauptsächlich die Friedensfrage weiterhin kontrovers diskutiert wird. So hätte auch ein Verzicht auf das ›Gemeinsame Wort‹ seitens der EKD durch die innerkirchliche Differenzierung in dieser elementaren Lebensfrage die Einheit der Kirche bis hinein in die Leitungsgremien in Gefahr gebracht.

Die Leitung der EKD ist sich bewußt, daß sie zur Aufrechterhaltung ihrer Positionen sowohl innenpolitisch als auch in der Ökumene einer Anpassung bedarf, die das veränderte Kräfteverhältnis innerhalb der Kirche, die Haltung der DDR-Kirchen und die Erwartungen der Ökumene berücksichtigt. Dies verlangt in der Zukunft größere Flexibilität und Integrationsfähigkeit gegenüber rechten, aber auch gegenüber realistischen, in der Friedensdiskussion konstruktiven Forderungen. Inwieweit die neueste ›Demokratiedenkschrift‹ dieses Bemühen unterstützen kann, ist noch nicht erkennbar. [...] ist im bisherigen Rahmen der ›besonderen Gemeinschaft‹ der BEK de facto gezwungen, früher oder später diese Denkschrift zu bewerten und eigene Positionen zu bestimmen.

Bei Beachtung all dieser Probleme liegt der weitere inhaltliche konstruktive Ausbau der vielfältigen Beziehungen und Kontakte zwischen EKD und BEK bei Berücksichtigung der zunehmenden realistischen und loyalen Positionen der DDR-Kirchen im Interesse der Außenpolitik der DDR gegenüber der BRD.«[1204]

Bilanzen des Jahres 1985

In einem Gespräch auf Bezirksebene faßte der Greifswalder Bischof und Stellvertretende KKL-Vorsitzende, Horst Gienke, die Staat-Kirche-Entwicklung des Jahres 1985 so zusammen:

»Er kam zu der Feststellung, daß es ein erfolgreiches und beglückendes Jahr war. [...] Auch für den Bund der Evangelischen Kirchen in der DDR war das Jahr 1985 erfolgreich. Er denke dabei an die Begegnung des Staatsratsvorsitzenden Erich Honecker mit dem Landesbischof Hempel am 11.2.1985. Dieses Gespräch war nach Auffassung Dr. Gienkes die Bekräftigung des Weges vom 6.3.1978. ›Daß es bei diesem Kurs bleibt, das glauben und wissen wir‹, sagte der Bischof. Als größtes Ergebnis des Jahres bezeichnete Dr. Gienke, daß es den Evangelischen Kirchen in der DDR gelungen ist, eine große Nähe in der Friedensfrage zu den staatlichen Auffassungen gefunden zu haben. Dieser Prozeß sei Ausdruck des Vertrauens zur konstruktiven Friedenspolitik unseres Staates. Ohne direkt auf den Verlauf der Bundessynode in Dresden (Sept. 1985) näher einzugehen, sprach der Bischof von ›Mißtönen‹, die nicht in die Öffentlichkeit gehören.

Solche Irritationen sei die Konferenz der Kirchenleitungen nicht bereit mitzutragen. Deshalb sollten sie von den staatlichen Organen auch nicht überbewertet werden.«[1205]

Ganz anders beurteilten viele Laien und Pfarrer das Verhältnis ihrer Kirche zum Staat. Während der Fragestunde der sächsischen Herbstsynode äußerte ein Teilnehmer aus Radebeul:

»In der Nazizeit hätte die ›Bekennende Kirche‹ in Konfrontation zum Staat gestanden, während die ›Deutschen Christen‹ mit ihm kooperiert hätten. Er sehe heute eine ähnliche Situation: einerseits würden Bausoldaten schikaniert, andererseits nehmen Pfarrer staatliche Orden an, treten vor der Aktuellen Kamera auf und gehen als erste zur Wahl. Soviel Konfrontation zwischen Staat und Kirche bei gleichzeitiger Kooperation sei für ihn nicht erklärbar.

Landesbischof Dr. Hempel betonte, er sei dankbar, daß die braune Vergangenheit vorbei sei. Die heutigen Staat-Kirche-Beziehungen seien grundsätzlich anders als damals, sie seien nicht zu vergleichen. Er begrüße das Prinzip der Trennung von Staat und Kirche. Das schließe jedoch Arbeitsbeziehungen nicht aus, und beide Seiten tun ihr Bestes, um diese solide zu gestalten. Schikane von Bausoldaten sei nicht typisch. Das seien Ausnahmen, und auch darüber habe man Gespräche mit dem Staat. Einen Pfarrer vor der Aktuellen Kamera habe er persönlich noch nicht gesehen.

Präsident Dr. Domsch sagte, man könne es einem Pfarrer nicht verwehren, sich vor der Aktuellen Kamera zu äußern.«[1206]

Auf einer Sitzung im Dezember 1985 stellten die Vertreter der Jugendkommission des BEK (KKJ) Bretschneider, Buchenau, Dorgerloh, Lohmann und Rettig dem BEK-Vorstand harte Fragen:

Diese galten dem Begriff »›Kirche im Sozialismus‹ und in dieser Zuordnung wiederum ›Sozialismus in der DDR‹. In der Entwicklung seit 1978 sehen die Vertreter der KKJ eine auf Etablierung, nicht auf Gewinnung von Spielraum gerichtete Fehlentwicklung, mit der die Kirche an Glaubwürdigkeit bei den Jugendlichen verloren habe und weiter verliert. Es kommt bei dem Gespräch zu keinem gegenseitigen Verständigungsvorgang, die benutzten Termini differieren, die Einsicht in die jeweiligen Lebenswirklichkeiten und Entscheidungssituationen der Gesprächspartner ist begrenzt, die Frage, welche Jugendlichen die Mitarbeit kirchlicher Jugendarbeit repräsentieren, bleibt offen.«[1207]

KAPITEL 2 · »Antikoalition gegen das Böse«

Protestanten, Sozialdemokraten und Kommunisten im Bündnis für eine »bessere Welt« (1986/87)

»Hoffnung auf Frieden« – ein gemeinsames »Osterwort« von BEK und EKD (März 1986)

Auf der 23. Sitzung der Konsultationsgruppe am 4. Dezember 1985 wurde die Formulierung eines weiteren gemeinsamen »Friedens-Wortes«[1] in Aussicht genommen[2]. Einen Entwurf[3] dazu fertigten Schmude und Bayerns Landesbischof Hanselmann[4] an und ließen den im Westen noch nicht abgestimmten Text Mitte Januar 1986 nach Rücksprache mit Walter Hammer dem Sekretariat des Kirchenbundes zugehen, damit dort schon einmal ein Meinungsbildungsprozeß erfolgen könne[5]. Während der 24. Konsultation am 26. Februar 1986[6] legte Bischof Gienke seine schriftlichen Ergänzungsvorschläge vor. Darin hieß es im Mittelteil:

»Die Vorschläge der UdSSR vom Januar 1986[7] fordern eine ernsthafte Antwort und die gemeinsame Anstrengung aller Völker und Menschen guten Willens, die Vision einer von Atomwaffen freien Welt zur politischen und militärischen Realität werden zu lassen. Wichtige nächste Schritte dazu sollten ein für alle Atommächte gültiges Moratorium für Kernwaffentests, das Verbot und die Vernichtung aller chemischen Waffen und die Abrüstung auch im Bereich konventioneller Waffen sein. Die Christen warten mit allen Menschen guten Willens darauf, daß die weltweiten Hoffnungen auf Frieden in einseitigen Willenserklärungen der Staaten und in internationalen Verträgen ihren klaren und verbindlichen Niederschlag finden.«[8]

Nach einer allgemeinen Aussprache und weiteren Hinweisen für Änderungen wurden Hans von Keler und der gerade zum BEK-Vorsitzenden gewählte Werner Leich[9] gebeten, den Entwurf in einer verlängerten Mittagspause zu überarbeiten. Nach nochmaligen Beratungen formulierte der Kreis die Überschrift »Hoffnung auf Frieden«. Die beiden sicherheitspolitisch relevanten Passagen lauteten nun:

»Wir zweifeln daran, daß durch die Entwicklung weltraumgestützter Abwehrwaffen ein Mehr an Sicherheit erreicht wird. Wir fürchten, daß dadurch das Wettrüsten mit allen seinen Nachteilen und Gefahren fortgesetzt wird.
   Die wechselseitigen Vorschläge der Weltmächte vom Januar/Februar 1986 fordern eine ernsthafte Antwort und die gemeinsame Anstrengung aller Völker und Menschen guten Willens. Wichtige nächste Schritte dazu sollten sein: Ein umfassendes Moratorium für Kernwaffentests, das Verbot aller chemischen und biologischen, die Verminderung konventioneller Waffen.«[10]

Die Teilnehmer der Konsultation gaben der Konferenz der Kirchenleitungen in der DDR die Möglichkeit, für das schwächere »Wir zweifeln daran [...]« das stärkere »Wir können die Erwartung nicht teilen, durch die Entwicklung [...] werde ein Mehr« zu setzen[11]. Die Ablehnung der SDI-Pläne durch die Kirchen war in beiden Fällen eindeutig[12]. Dies führte bei Gemeindegliedern zu der Anfrage, »ob die Kirche nicht zu politisch rede[.]«[13].

Die Entscheidung darüber, ob dieses gemeinsame »Osterwort« überhaupt veröffentlicht werden konnte, fiel auf seiten des Kirchenbundes nach kontroverser Debatte in der KKL[14] erst in letzter Minute. Falls sie keine Nachricht mehr erreichte, sollten die leitenden Geistlichen und die Leiter der gliedkirchlichen Verwaltungsbehörden am 22. bzw. 23. März in der Auguststraße anrufen und sich von Büroleiter Christian Schmidt eine der beiden etwas verschlüsselten Nachrichten durchgeben lassen: »Wir haben Hoffnung. Es läuft!« Oder: »Die Sache fällt aus.«[15]

Die Sache lief, führte allerdings zu einer deutlichen Verstimmung auf seiten der Bundesregierung wie auch des SED-Regimes, das allerdings noch von einer wieder wachsenden Tendenz der DDR-Kirchen zu »progressiveren« Worten ausging.

Nach dem gemeinsamen Osterwort »Hoffnung auf Frieden« ging Bundesaußenminister Hans-Dietrich Genscher auf klare Distanz zu seiner Kirche. Er schrieb an den neuen EKD-Ratsvorsitzenden, Bischof Martin Kruse, sowie den KKL-Vorsitzenden, Thüringens Landesbischof Werner Leich:

»Den Respekt vor Ihrer Sorge und vor Ihrem Bemühen wird Ihnen auch derjenige nicht versagen, der, wie ich, Ihnen nicht in jeder Ihrer konkreten Auffassungen zur Sicherheitspolitik zustimmen kann. Sie können sicher sein, daß ich meine Meinung zu den Fragen der Sicherheitspolitik, die der Öffentlichkeit bekannt ist, auch in meiner Verantwortung als evangelischer Christ bilde.«[16]

Leich beklagte vor der KKL, der Brief des Bundesaußenministers sei an die Presse gegeben worden, ohne daß die Adressaten – jedenfalls in der DDR – vorher darüber informiert worden seien[17].

Auch der östliche deutsche Teilstaat war mit dem Text des »Osterwortes« nicht zufrieden. Anfang Mai 1986 besuchte der EKD-Ratsvorsitzende Martin Kruse[18] gemeinsam mit seinem BEK-Kollegen Werner Leich Staatssekretär Klaus Gysi. Nach dessen Protokoll dankte Kruse

»sehr für die Möglichkeit des Besuches und begann mit der Bemerkung, daß in der Bevölkerung Westberlins die Kluft gegenüber den USA ständig wachse. Er hielte das nicht für richtig. Er verstehe allerdings die Haltung der USA auch nicht und am wenigsten ihre Haltung gegenüber den europäischen Verbündeten.

[...] Ich [Gysi] sagte ihm, daß es ein harter Kampf werden würde, den Frieden zu bewahren, was alle vernünftigen Kräfte erfordere, nicht zuletzt die der Kirchen. Von allein werde sich nichts regeln.

Bischof Kruse sagte daraufhin, er möchte damit zu seiner Hauptfrage kommen: was könne die Kirche überhaupt tun? [...]

Ich habe ihm geantwortet, daß es mir als eine den Kirchen voll entsprechende Aufgabe erscheine, das Bewußtsein für die Hauptgefahr, die die Menschheit heute bedrohe, wachzuhalten und dazu beizutragen, daß diese Gefahr des Atomkrieges und der Hochrüstung weder bagatellisiert noch zerredet noch mit anderen Mitteln verdrängt werde.

Deshalb sollte es auch eine Aufgabe für die Kirche sein, daß die Hauptdiskussion nicht auf andere Fragen, auf Nebenkonfliktplätze abgedrängt und dazu die Frage der Menschenrechte mißbraucht werde. Schließlich liegt es im Interesse einer Politik des Dialogs und einer Koalition der Vernunft, im Interesse aller Beteiligten, sich nicht für die ständigen antikommunistischen Verleumdungen der Propaganda im Westen mißbrauchen zu lassen.

Ich erklärte Bischof Kruse, warum wir den letzten ›gemeinsamen Brief‹ unserer und seiner Kirchen nicht veröffentlicht hätten. Wir hätten kein Interesse daran gehabt, das gute Ansehen der Kirchen in den Augen unserer Bevölkerung durch ein Dokument herabzusetzen, in dem Diktion, Proportion, Dimension der Fragen und Aufgaben weit hinter dem Gewicht und der Aktualität der brennenden Hauptfrage zurückbleiben[19].

Bischof Kruse entgegnete, daß er Waschkörbe empörter Protestbriefe andersdenkender Bürger der BRD erhalten habe. Wenn er den Erfolg an dem Protest messe, dann habe sein Schreiben vielleicht doch etwas in der BRD bewirkt.

Danach informierte Bischof Kruse, daß der Westberliner Kirchentag 1987 von ihm nach Frankfurt/Main gelegt worden sei. Er wolle verhindern, daß die Mitglieder seiner Kirche der falschen Meinung seien, daß ihr Kirchentag 1987 bei uns [in der DDR] stattfindet.«[20]

Rudi Bellmann schätzte das Wort ebenfalls »als nicht gut ein[.]«, da es »klarer und eindeutiger« hätte formuliert sein müssen.

»Wenn die Kirchenleute drüben das nicht können, dann ist das ihre Sache, von unseren Kirchenleuten erwarten wir mehr. […] Aus dem Wort ist in keiner Weise eine Würdigung der UdSSR zu erkennen. Vielmehr ist hierbei die Rede von wechselseitigen Vorschlägen der Weltmächte[21] oder daß durch die Entwicklung weltraumgestützter Abwehrwaffen ein Mehr an Sicherheit erreicht wird. All das geschieht, ohne die Namen derer zu nennen, die hierfür die Verantwortung tragen. […] Es gibt keine Verurteilung der Politik der Reagan-Administration, keine Solidarisierung mit den kirchlichen Gruppierungen, die in den USA und in der BRD gegen diesen politischen Wahnsinn auftreten. Insgesamt haben die leitenden Geistlichen ihre anläßlich des 40. Jahrestages der Befreiung des deutschen Volkes vom Faschismus geäußerten Positionen nicht durchgehalten.«

Weiter berichtete Bellmann, intern sei bekannt geworden, daß Hempel gegen diesen Text votiert habe. Auch sonst habe der sächsische Bischof »in der letzten Zeit eine gute Figur gemacht und uns kirchenpolitisch geholfen«, ließ der Berliner Spitzenfunktionär in Dresden verlauten[22].

Hauptabteilungsleiter Heinrich, mit Ausnahme des Aufgabenfeldes »Katholische Kirche« unmittelbarer Stellvertreter von Staatssekretär Gysi[23], soll gegenüber Ziegler erklärt haben:

»Bei freundlichster Beurteilung könne man das Gemeinsame Wort als ein Kompromißpapier ansehen, das den beiden neuen Vorsitzenden möglichst bald nach ihrer Wahl die Möglichkeit gab, sich gemeinsam zu äußern. Sonst lasse es eine klare Sprache vermissen und bleibe weit hinter dem zurück, was die Kirchen des Bundes bereits erklärt hätten. Es entstehe der Eindruck, als würden sich die Kirchen des Bundes mit solchen Erklärungen immer mehr in die Denkweise der Bundesregierung hineinziehen lassen[24]. Die staatliche Seite wollte keine Konfrontation. Darum habe sie auf jegliche Veröffentlichung verzichtet, aber ebenso auf ein direktes Gespräch in dieser Sache mit dem Vorsitzenden. Alle Hinweise von Ziegler auf das Gewicht einer gemeinsamen Ablehnung von SDI wurden von Heinrich nicht akzeptiert.«[25]

Gegenüber Horst Dohle drückten mehrere führende Mitarbeiter des BEK ihr Unverständnis darüber aus, daß der SED-Staat diesem Text gar keine offizielle Beachtung schenke:

»Das deutsch-deutsche Osterwort sei zwar ein Kompromiß, bei ihm habe sich an einer Textstelle mindestens die kirchliche DDR-Seite ›über den Tisch ziehen lassen‹. Aber das Wort in der DDR-Presse überhaupt nicht zu erwähnen[26], habe zu einer starken Aufwertung des Textes von westlicher kirchlicher Seite [.]geführt mit der Begründung, wenn die SED den Text verschweigt, müssen wir ihn hochspielen. Die deutsch-deutschen kirchlichen Beziehungen seien gespannt und belastet, daß [sic!] jetzt neue Solidarisierungen entstehen, an denen die realistischen Kräfte kein Interesse haben. In den meisten Landeskirchen der DDR sei das Osterwort gar nicht verlesen worden, aber offensichtlich als Reaktion auf die nicht zur Kenntnisnahme [sic!] des Textes durch die DDR-Medien habe Landesbischof Leich den Text in seiner Landeskirche sehr hochgespielt.«[27]

Die Konsultationsgruppe sprach bei einer Auswertung des Wortes Ende Mai 1986 von »ernüchternden Reaktionen in den Leitungsgremien des Bundes und der EKD bei der Vorlage des Entwurfes [...] Auch die Verfahrensweise und die Veröffentlichungszeit müßte künftig sorgfältig bedacht werden. Das Echo scheint in der Bundesrepublik breiter gewesen zu sein als in der DDR. Tiefergehende Wirkungen scheint es, wenigstens in den Kirchen der DDR, nicht gehabt zu haben.«[28]

Pfarrer Röthig aus Kemnitz (Kreis Löbau) sagte zu einem Staatsfunktionär, der ihn auf die Abrüstungsvorschläge Gorbatschows angesprochen hatte, »daß weder die USA noch die UdSSR die Macht aufgeben möchten. Er winkte resignierend ab und sagte, daß es keinen Zweck hat, darüber zu diskutieren.«[29]

Der Landesbruderrat der Bekennenden Ev.-Luth. Kirche Sachsens verfaßte im Juli 1986 zu dem Thema »Politisierung unserer Verkündigung?« ein Thesenpapier, dem die Verfasser Römer 3,23 (»Denn es ist hier kein Unterschied: sie sind allzumal Sünder und mangeln des Ruhmes, den sie bei Gott haben sollten, und werden ohne Verdienst gerecht aus seiner Gnade durch die Erlösung, die durch Jesus Christus geschehen ist.«) zugrunde legten:

»Wir müssen aber heute feststellen:
1. Es werden wieder Unterschiede gemacht zwischen Gerechten und Ungerechten.
2. Man hält sich wieder für gerecht durch Verdienste, nämlich durch Verdienste im Kampf gegen das, was man für das Böse, für die Sünde hält.
3. Darum braucht man auch die Erlösung durch das Blut Christi nicht mehr. Sein Name wird nur noch benutzt als Einigungspanier beim Zusammenschluß beim Kampf gegen jene, die man für die Vertreter des Bösen hält.«

In der Thesenbegründung führten die Verfasser unter anderem aus:

»Die Reichen gelten als mächtig, aber ungerecht, die Armen als ohnmächtig, aber gerecht. Jene beuten aus, unterdrücken, diese sind ihre unschuldigen Opfer[30]. Daß Wohlstand auch Ergebnis ehrlicher, harter Arbeit sein kann – davon wird nicht mehr gesprochen. [...] Der Kampf für das Gute wird gleichgesetzt mit dem Kampf für den Frieden. [...] Auf diese Weise kommt es zu einem tiefgreifenden Wandel des Grundgegensatzes von Gut und Böse, von Gerechtigkeit und Sünde: *er besteht nicht mehr zwischen dem allein gerechten Herrn auf der einen und der sündigen Menschheit auf der anderen Seite,* sondern er verwandelt sich zu einem Gegensatz zwischen jener Gruppe von Menschen, die als Friedensfreunde glauben, der Gerechtigkeit zu dienen, und jenen, die angeblich das Gegenteil, den Krieg, wollen, fördern oder vorbereiten. [...]

In dieser neuen Antikoalition gegen das Böse kann unser Herr und Heiland Jesus Christus nur noch die untergeordnete Rolle eines Anwaltes der Armen und Entrechteten erhalten. So ist ER nun nicht mehr unser aller Herr und Versöhner, unser Richter und Retter. Auf diese Weise wird ER vielmehr eingereiht in die Gruppe jener großen Führer, die Menschen sammeln und anleiten im Kampf für eine angeblich gerechte Sache. Wer auf dieser Seite steht, der darf sich nun schon einschätzen als einer, der auf der Seite der Gerechtigkeit steht. Schon durch diese Parteinahme im Wollen und Tun ist er in allem gerechtfertigt. Selbst dann, wenn er Unrecht tut, gilt das nicht mehr als Unrecht. Denn er fördert ja die Sache der Gerechtigkeit. [...]

An die Stelle der *Verkündigung des Heiles durch Christus* tritt nunmehr der *Kampf um die Durchsetzung des Heiles.* [...] Auch im kirchlichen Raum wächst in erschreckendem Maße die Einseitigkeit gesellschaftspolitischer Urteile und Anklagen. Große Schwierigkeiten und Probleme werden bagatellisiert, übersehen oder verschwiegen, wenn sie eine grundsätzliche Kritik auslösen oder zu unbequemen Fragen führen könnten. [...]

Dabei ist unübersehbar, daß die marxistische Weltanschauung[31] sich im kirchlichen Denken und Handeln in großem Umfang ausprägt. Im Marxismus findet man ja die überhöhende Teilung der Welt in feindliche Klassen, und daraus folgt ja die Forderung der Eingliederung aller Gutgesinnten in die Kampffront gegen jene, die letztlich das Böse schlechthin vertreten. Auch Christen, dann ganze Kirchen sollen sich so eingliedern lassen. Dem aber müssen wir widerstehen. Wer eine Kampflinie schafft zwischen Gerechten und Ungerechten – dient der wirklich dem Frieden? Diese Front, *sie ist doch die eigentliche Ursache für die gegenwärtige Teilung der Welt.* Der gegenseitige Besitz der schrecklichen Waffen ist *Ausdruck* dieser Teilung, nicht ihre *Ursache.* Ursache und Wirkung dürfen also nicht verwechselt werden. *Darum müssen wir uns den Wurzeln der Spannungen in der Welt zuwenden.* Es darf nicht mehr länger nur an den Symptomen kuriert werden, an den Fragen nach dem jeweiligen Grad der Aufrüstung z. B. [...]

Erlöst uns Jesus Christus von unsern Sünden, weil wir das allein nicht tun können – oder vertreiben Menschen durch gemeinsame Anstrengungen das Böse aus der Welt? Diese Grundfrage aller Zeiten erweist sich auch als die aktuelle Grundfrage unserer Zeit.

In dieser Frage zu größerer und zu allgemeiner Klarheit zu kommen, das heißt letztlich, den Frieden wirklich fördern. Auch darum dürfen wir es nicht zulassen, daß das Evangelium angeblich besseren Ordnungsstrukturen unterworfen oder in sie eingefügt wird, die vorgeben, die Welt ›verändern‹ und erneuern zu können.

›Einen andern Grund kann niemand legen als den, der gelegt ist, welcher ist Jesus Christus‹. (1.Kor 3,11)

Haben wir diesen Grund nicht schon verlassen? Wir bitten alle, zu prüfen, wieweit wir als Kirche bereits wieder in die Irre gegangen sind.«[32]

1986 beschäftigten sich die innerdeutschen Kirchen-Dialoge auch mit Erwägungen zum geplanten Konzil des Friedens[33] bzw. mit der »Weltkonferenz für Gerechtigkeit, Frieden und Bewahrung der Schöpfung«, wie es nach der ÖRK-Zentralausschußsitzung[34] in Buenos Aires 1985 hieß[35]. Ende Mai 1986 hielt die Konsultation auf ihrer Sitzung in Friedewald fest, die vom Rat der EKD und von der KKL[36] gefaßten Beschlüsse zur Verfahrensweise seien nicht weit voneinander entfernt. Auf beiden Seiten fehle allerdings die inhaltliche Konzeption. »Als Gefahr muß gesehen werden, daß bei einem solchen ›Konzil‹ bestimmte Friedensauffassungen verbindlich gemacht werden und es dann zu Kirchenspaltungen führt. Bedenken werden geäußert gegen die dauernde Berufung auf Dietrich Bonhoeffer und seine zeitgebundenen Äußerungen. Das Vertrauen auf das Wort Gottes darf nicht abgelöst werden von einem Vertrauen auf das Wort der Kirche.« Überdies – so Hans von Keler[37] – sei die katholische Kirche noch äußerst zurückhaltend[38].

Neubesetzung der kirchlichen Leitungsgremien, Veränderungen im Kirchenverständnis und die Versöhnung mit den Menschen in der Sowjetunion

Im Frühjahr 1986 nahmen der Rat der EKD und die Konferenz der Kirchenleitungen[39] in der DDR Neuzusammensetzungen von Berater- und Konsultationsgruppe vor. Auch Olaf Lingner war nun nicht mehr dabei. Die Geschäftsführung ging auf seinen Nachfolger Uwe-Peter Heidingsfeld – zuvor Osteuropareferent im Kirchlichen Außenamt der EKD – über. Ihm lagen die knappen, oft nichtssagenden Protokolle im Stil der östlichen Brüder offenbar mehr als die informativen, zumeist hintergründigen Niederschriften seines Vorgängers. Der personelle Wechsel markierte eben auch eine sachliche Zäsur.

Anfang 1986 kam die Bundessynode zu Beginn ihrer 5. Legislaturperiode in neuer Zusammensetzung in Berlin-Weißensee zusammen, um die KKL neu zu wählen[40].

Dabei ging es auch um die Wahl eines neuen Vorsitzenden. Bischof Demke hielt Ende November 1985 den Rücktritt seines Dresdener Kollegen Johannes Hempel vom KKL-Vorsitz für ziemlich sicher[41]. Die Wahl des Nachfolgers, so der provinzsächsische Bischof gegenüber Heinrich, hänge wiederum davon ab, wer Synodalpräses werde[42]. Eine Gelegenheit zu näheren Erkundungen über das kirchliche Personalkarussell bot sich den Staats- und Parteifunktionären Jarowinsky[43], Gysi, Kalb, Heinrich[44] und Bellmann Mitte Dezember 1985 während des traditionellen Adventshausmusikabends in Hempels Bischofssitz:

»OKR Ziegler äußerte sich sehr freimütig zu Personalproblemen des Bundes der Evangelischen Kirchen. Seit etwa zwei Jahren sind durch einige Landeskirchen verstärkt Autonomiebestrebungen im Gange. Aus diesem Grund sei auch die Arbeit des Vorsitzenden der KKL nicht mehr so attraktiv[45]. Die Bischöfe müßten regelrecht überredet werden, um dieses Amt anzunehmen. Nun sei zwar laut Grundordnung des Bundes nicht erforderlich, einen Bischof zum Vorsitzenden zu wählen. Alternativen wären die Präsidenten Manfred Stolpe bzw. Kurt Domsch, aber in der Ökumene hätten Bischöfe nach wie vor den höchsten Stellenwert. Bischof Dr. Hempel habe entgegen der Empfehlung Zieglers schon zu oft und gegenüber zu vielen Leuten erklärt, daß er nicht wieder für den Vorsitz kandidieren werde. Dadurch habe er sich in gewisser Weise festgelegt.

Ziegler stimmte mit mir [Heinrich] darin völlig überein, daß im Interesse der weiteren positiven Gestaltung der Staat/Kirche-Beziehungen personelle Kontinuität einen hohen Stellenwert hat. Hempel sei zwar sehr sensibel, aber seine Berechenbarkeit und seine persönliche Lauterkeit prädestinieren ihn in besonderer Weise für dieses Amt. Ziegler würde es begrüßen, wenn Hempel noch eine Legislaturperiode im Amt bliebe und bis dahin Bischof Dr. Demke als neuer Vorsitzender der KKL ›aufgebaut‹ würde. Aber leider sei es ja nun wohl so, daß Landesbischof Dr. Leich als derzeit einzige Alternative zu Hempel stünde. Eine Möglichkeit, Bischof Hempel zum Verbleiben im Amt zu bewegen, bestünde darin, daß ›die Sächsische Landeskirche in der Person des Präsidenten Dr. Domsch ihren Landesbischof weiter für das Amt des Vorsitzenden der KKL zur Verfügung stellt‹ und auf dem Bischofskonvent im Januar 1986 ›die bischöflichen Brüder Dr. Hempel bitten, im Amt des Vorsitzenden der KKL zu verbleiben.‹ [...] Konsistorialpräsident Stolpe plädierte ebenfalls für Dr. Hempel. Stolpe stellt sich allerdings auch schon auf Dr. Leich ein. Er hob hervor, daß die Anwesenheit von Dr. Jarowinsky[46] mehr als eine Geste darstelle und durchaus für Dr. Hempel spricht. Hempel habe in letzter Zeit zunehmend Erfolge zu verzeichnen, dazu gehört nicht zuletzt ›die Entscheidung in Sachen Wehrdienstverweigerer.‹[47] In diesem Zusammenhang äußerte Stolpe den Wunsch nach Baubilanzen auf der ›Basis Mark der DDR‹[48] und nach Möglichkeit des Verkaufes von Kirchenzeitungen an Kiosken[49]. Positive Regelungen würden Hempel stimulieren.«[50]

Gegenüber Jarowinsky soll Hempel jedoch noch am selben Abend klipp und klar seinen Verzicht auf eine erneute Kandidatur zum Ausdruck gebracht haben, da »ihm die Arbeit über den Kopf wachse.« Dennoch sei er ja nicht aus der Welt, denn er bleibe weiterhin aktives Mitglied der KKL. Ergänzend fügte er hinzu, in Sachsen »habe er manche Querköpfe, mit denen viel Arbeit geleistet werden müsse.«[51]

Stolpe bedauerte diesen Entschluß des sächsischen Bischofs und sagte Jarowinsky zu, Hempel weiter bearbeiten zu wollen. Allerdings bemerkte er einschränkend, Leich habe »faktisch schon begonnen, sich auf diese Aufgabe des Vorsitzenden einzustellen. Er mache dabei einen sehr energischen Eindruck.«[52]

Kurz zuvor hatte auch Greifswalds Bischof Gienke erklärt, er werde nicht mehr für den stellvertretenden KKL-Vorsitz kandidieren, da er sich wieder stärker um seine eigene Landeskirche kümmern müsse[53].

Auch Mitte Januar 1986 war der Staat über die künftige Kirchenführung noch nicht ganz im Bilde. MfS-Oberst Wiegand berichtete Bellmann, nach seinen Erkenntnissen habe die KKL auf ihrer gerade zurückliegenden Sitzung nicht über Personalfragen beraten. Allerdings habe sich in den informellen Pausengesprächen das herauskristallisiert, was im großen und ganzen schon vorher bekannt gewesen sei: Sollte Hempel nicht mehr kandidieren – was demnach immer noch nicht ganz klar war –, werde Leich einspringen. In jedem Fall bleibe Stolpe aber Stellvertreter:

»Er ist für die Beteiligten ›eine Bank‹. Für den nicht mehr kandidierenden Gienke sei Rogge als Nachfolger im zweiten stellvertretenden KKL-Vorsitz im Gespräch«[54].

Im Vorfeld der Synodaltagung[55] hielt das Staatssekretariat für Kirchenfragen dann fest:

»Wer von den beiden Bischöfen Dr. Hempel oder Dr. Leich zum Vorsitzenden der KKL gewählt wird, ist für die weitere Entwicklung der Staat-Kirche-Beziehungen unerheblich. Es gibt die einheitliche Auffassung der übergroßen Mehrheit der Mitglieder dieses kirchlichen Leitungsgremiums, daß die bewährte Linie des 6. März 1978 und des 11. Februar 1985 fortgesetzt werden muß. Die entstandenen konstruktiven Beziehungen dürfen nicht nur nicht aufgegeben, sondern müssen stabilisiert und fortgesetzt werden.

Bischof Dr. Rogge/Görlitz bestätigte ihre Absicht, die konstruktiven Staat-Kirche-Beziehungen zu festigen. Beeindruckt von den Aussagen des Staatssekretärs, machte er deutlich, daß die mit ihm gemeinsam wirkenden Kräfte in der KKL die Initiative des Genossen Gorbatschow unterstützen werden[56]. Gemeinsam wolle man dafür sorgen, daß die westlichen Medien in ihrer Wirksamkeit begrenzt bleiben.

Bischof Dr. Hempel, bisheriger Vorsitzender der KKL, würdigte gegenüber dem Vorsitzenden des Rates des Bezirkes Dresden die sowjetische Friedensinitiative und sprach sich für ein konstruktives Zusammenwirken zwischen Staat und Kirche im Interesse der Bürger der DDR aus[57]. Bischof Dr. Leich/Eisenach hatte sich in gleicher Weise bereits gegenüber dem Stellv. Ratsvorsitzenden in Erfurt geäußert[58]. [...]

Bischof Dr. Demke/Magdeburg verwies besonders auf die positiven Erfahrungen anläßlich des 40. Jahrestages der Befreiung, wandte sich gegen westliche Lügen über eine angebliche Krise im DDR-Kirchenbund und sagte zu, sich für die Fortsetzung des guten Weges der Kirche in der sozialistischen Gesellschaft einzusetzen.

Mit dem Sekretär des BEK, OKR Martin Ziegler, und seiner Vertreterin, OKR Lewek/Berlin, wurden nicht nur die politischen Grundfragen und ihre Zustimmung zu unseren Vorstellungen erreicht, sondern auch konkret beraten, welche Möglichkeiten es [sic!] zur positiven Einflußnahme auf den Verlauf der Synode bestehen.« Der von Ziegler verfaßte Synodalbericht sei »insgesamt politisch loyal angelegt[.]«[59].

Obwohl zwei Drittel der Synodalen neu in die Synode gewählt waren, konnte das Regime aus seiner politischen Perspektive keine Kräfteverschiebungen ausmachen. Zwischen 50 und 60 % der Synodalen galten den Funktionären als »progressiv« bzw. »loyal«. Allerdings bestehe für Neulinge die Gefahr der Beeinflussung durch »negative« Synodale. Nach den Beobachtungen des Staates trafen sich die regimekritisch eingestellten Synodalen nun auch vermehrt zwischen den Synodaltagungen. Die Funktionäre hielten es auch für bedauerlich, daß es ihnen nicht gelungen war, die Synode zum Ausschluß der Öffentlichkeit – und damit der Journalisten – zu bewegen[60]. BEK-Sekretariatsleiter Ziegler hatte gegenüber Hans Wilke erklärt: »Wann die Synode unter Ausschluß der Öffentlichkeit tagt, wird sie selbst entscheiden.«[61]

Die auf der Synode neu gebildete KKL wählte Leich zu ihrem Vorsitzenden. Weiter gehörten dem Vorstand Stolpe[62] und Demke als Leichs Stellvertreter, Synodalpräses Gaebler[63] aus Sachsen sowie die Görlitzer Pastorin Renate Salinger an[64]. Der SED-Staat war mit diesem Ergebnis sehr zufrieden:

»Vom 31.1. bis 2.2.1986 fand in Berlin die konstituierende Tagung der Synode des BEK statt. [...] Durch die Wahlergebnisse wurden günstige Bedingungen dafür geschaffen, daß die auf der Grundlage der Gespräche vom 6. März 1978 und 11. Februar 1985 von der evangelischen Kirche verfolgte Linie des konstruktiven Verhaltens gegenüber dem sozialistischen Staat beibehalten und kontinuierlich fortgeführt wird. [...] Die Wahl des Chemikers Dr. Gaebler zum Präses der Synode, der weiteren Mitglieder des Präsidiums sowie der sieben synodalen Mitglieder der Konferenz der Evangelischen Kirchenleitungen (Zusammensetzung der Leitungsgremien siehe Anlage), die außer dem hinlänglich bekannten Saalfelder Superintendenten Große zu den vernünftigen Kräften gezählt werden können, unterstreichen diese positive Tendenz in der Gesamtentwicklung.

Landesbischof Dr. Leich gab nach seiner Wahl eine Erklärung ab. In ihr begründete er zunächst sein theologisches Verständnis von der missionarischen (›Kirche ist für alle da, aber nicht für alles‹) und ökumenischen Dimension evangelischer Kirchen[65]. [...] Die Diskussion zeichnete sich ganz im Gegensatz zur vorangegangenen Dresdener

Bundessynode, wo eine Reihe als reaktionär bekannter Synodaler massiv und mit einer abgestimmten Plattform gegen unsere Politik auftraten, durch Sachlichkeit und die deutliche Zurückhaltung vor allem negativer Kräfte aus.«[66]

Gysi wertete Ende Februar 1986 vor den Sektorenleitern der Räte der Bezirke: »Die neue Leitung des Kirchenbundes ist optimal. [...] Leich wird sehr theologisch sein, aber in den wenigen Forderungen, die er hat, auch sehr klar.«

Außerdem zog Gysi eine kirchenpolitische Bilanz:

»Die Autorität von Partei und Staat ist in kirchlichen Kreisen deutlich gewachsen. Unsere erfolgreiche Politik auf allen Gebieten, die auch auf die Gläubigen wirkt, stärkt auch die realistischen Positionen und Kräfte in den Kirchen[67]. Die negativen Kräfte konnten weiter zurückgedrängt und isoliert werden, auch innerhalb der Kirchen stoßen sie auf immer größere Ablehnung[68]; immer wieder gibt es Versuche, sie zu aktivieren, aber sie haben letztlich keinen Erfolg; [...] Seit dem 11.2.1985 beschreiten wir den am 6. März 1978 bekräftigten Kurs in neuer Qualität. [...] Die Integration kirchlicher Aktivitäten in die Gesellschaft nimmt weiter zu. Der älteste Bereich ist dabei die Diakonie, aber heute ist das auch auf dem Gebiet des Umweltschutzes gelungen[69], und es werden weitere Bereiche hinzukommen«[70].

Hingegen soll Wolfgang Heyl vom Hauptvorstand der Ost-CDU Ende des Jahres über den neuen KKL-Vorsitzenden geäußert haben:

»Beim Hauptvorstand der CDU [...] sei von CDU-Synodalen, die Leich seit Jahrzehnten gut kennen, geäußert worden, daß der Bischof ein Gegner unserer sozialistischen Entwicklung sei. Man solle froh sein, daß er seine Meinung theologisiert und nicht offen und politisch seine Positionen äußere. Außerdem müsse er auch auf seine ›gestandene thüringische Mannschaft‹, die sich unter seinen Vorgängern gebildet hat[71], Rücksicht nehmen.«[72]

Hauptabteilungsleiter Heinrich erklärte Ende Februar 1986 im Gespräch mit Ziegler, das Staat-Kirche-Verhältnis gestalte sich gegenwärtig relativ ruhig. »Es komme darauf an, jetzt die Kontinuität zu wahren und über künftige Zielsetzungen nachzudenken.«[73]

Der neue KKL-Vorsitzende, dem Erich Honecker zu seinem neuen Amt gratuliert hatte[74], ließ wenige Wochen nach seiner Wahl durch Ziegler im Staatssekretariat zwei Wünsche übermitteln: Zum einen bat er um eine kleine Wohnung möglichst im Stadtzentrum von Berlin. »Eine andere Bitte galt der Prüfung von Möglichkeiten, mit Sonderrechten bei der Benutzung seines Dienstwagens ausgestattet zu werden. Die lange Autobahnstrecke Eisenach-Berlin könnte bei zügiger Fahrweise in kürzerer Zeit als den üblicherweise 4 1/2 Stunden zurückgelegt werden.«[75] Bekanntlich galten auch für Staats- und Parteifunktionäre die rigiden Geschwindigkeitsbegrenzungen auf den DDR-Autobahnen nicht.

Eine Veränderung des deutsch-deutschen Kirchenverhältnisses deutete sich insofern an, als der neue KKL-Vorstand bereits auf seiner ersten Sitzung nach der Bundessynode einen Besuch Leichs und Zieglers beim Rat der EKD beschloß: »Dabei soll annonciert werden, daß bei der Behandlung die Kirchen der DDR interessierender Fragen im Rat grundsätzlich die Bereitschaft besteht, Vertreter des Bundes zu entsenden.«[76] Der Besuch fand auf der Ratssitzung am 23./24. Mai in Frankfurt (Main) statt, wo die BEK-Vertreter einen Situationsbericht gaben und den weiteren Ratsberatungen zuhörten[77]. Nach einem Besuch Kruses bei der KKL im September 1986 regte der KKL-Vorstand an: »Es ist zu erwägen, ob nicht öfters EKD-Ratsmitglieder eingeladen werden sollten.«[78]

Gemeinsam mit dem Präsidium der BEK-Synode stattete der neue KKL-Vorstand Gysi am 21. März 1986[79] einen Antrittsbesuch ab. Leich sprach die Frage nach einer Erhöhung der Mittel für kirchliche Gebäude, der Entsendung kirchlicher Fachkräfte in Entwicklungsländer und im Kontext der sowjetischen Abrüstungsvorschläge auch die Frage nach der »sichtbare[n] Bewahrung der Menschenrechte[80] in unserer Gesellschaft und [...] [der] Achtung der Schlußakte von Helsinki im ganzen[81] [an]. In diesem Zusammenhang seien Themen für Sachgespräche, zum Beispiel Wehrdienstfragen von Jugendlichen im Zusammenhang mit ihrer echten Friedensliebe, Chancengleichheit im Bildungs- und Ausbildungswesen[82] und schließlich die Frage, wie der Bürger erfahren könne, daß er ernst genommen wird, indem er Entscheidungen begründet bekommt, die sein eigenes Leben betreffen.«[83]

Der Besuch wurde mit einem Abendessen im Gästehaus des DDR-Ministerrats »Johannishof« (Salon Weimar) abgeschlossen[84]. Trotz mancher unbequemer Themen wertete Gysis Bürochef Horst Dohle die Begegnung »als ein sehr gutes Gespräch«[85].

Mitte Juni 1986 berichtete der Schweriner Oberkirchenratspräsident über ein Ereignis, das bereits eine einschneidende Veränderung der seit 1948 bestehenden Nachkriegsordnung der kirchlichen Zusammenschlüsse ankündigte: Die Generalsynode der VELK DDR[86] habe »in großer Einmütigkeit [...] einer >Tendenzaussage< zugestimmt [...], die davon ausgeht, >daß die Aufgaben der VELK künftig weitgehend im Bund [...] wahrgenommen werden<«. Allerdings habe die Synode mit Christoph Stier (Mecklenburg) nochmals einen Leitenden Bischof gewählt[87]. 1988 werde die Synode diese Fragen erneut beraten[88]. Ein Jahr zuvor, 1985, hatte Leich[89] in der Beratergruppe über den Verlauf der VELK-Synode informiert:

»Ihm ist wichtig, daß die Synode mit ganz überwiegender Mehrheit der Vereinbarung zur Zusammenarbeit bei der Wahrnehmung von Aufgaben und dem Entwurf eines dazu erforderlichen Gesetzes die Zustimmung gegeben hat. Seitens der VELK in der DDR steht einer Zusammenfassung der Kräfte im praktischen Vollzug nichts mehr im Wege. Es kommt nun darauf an, daß die Partner (Bund und EKU) das Angebot der VELK in der DDR annehmen.«[90]

Die sächsische Frühjahrssynode 1986 stimmte allerdings dieser gemäßigten Vereinbarung nicht zu, sondern drängte in einem Beschluß auf die völlige Aufgabe der VELK-Struktur[91], was die Kirchenleitung der VELK mit »Ratlosigkeit und Betroffenheit« aufnahm. Man betonte das unaufgebbare Kirchesein der VELK-Mecklenburg war 1948 nur aus diesem Grund in die VELKD eingetreten. Außerdem gab es die Anfrage nach der »theologische[n] Legitimation für die Auflösung der VELK [...] Abschließend wird darauf verwiesen, daß die Situation nach einer eventuellen Auflösung der VELK aus mehreren Gründen nicht einfacher wird. [...] Ein Ende der VELK bedeute keineswegs automatisch eine Stärkung des Bundes. Damit verstärke sich vielmehr die Gefahr eines Rückfalls in landeskirchlichen Partikularismus«. Auch die VELKD äußerte in einer internen Begegnung »Irritation und Unverständnis über die Entscheidung der sächsischen Synode«[92]. Ein gutes halbes Jahr später informierte Zeddies über eine am 6. Juni 1986 durchgeführte Sitzung der neu eingerichteten Gesprächsgruppe VELKD/VELK:

»Die VELKD toleriert die Entscheidungen der VELK in der DDR, trägt aber schwerer daran, als sie bislang zu erkennen gab. Dies wird unterschiedlich artikuliert. Manche empfinden die erklärte ›besondere Gemeinschaft‹ weithin als eine nur noch ›verbale Gemeinschaft‹, weil sich diese Gemeinschaft nicht in gemeinsamen Projekten etc. konkretisiert. In der VELKD zeigt sich darüber hinaus eine Betroffenheit hinsichtlich des künftigen Ansprechpartners. Wenn die VELK in der DDR keine Rechtsperson mehr sein wird, dann stellt sich für die VELKD auch erneut die Frage ihres Verhältnisses zur und innerhalb der EKD. Berichte der Gesprächspartner haben gezeigt, daß bei der Reaktion in der VELKD auf die Entwicklung der VELK theologische, aber auch nationale und emotionale Erfahrungen und Faktoren eine Rolle spielen. Es war bei dieser Zusammenkunft erfreulich, daß dennoch ein grundlegendes Gespräch möglich wurde.
Dr. Hempel hat dabei das Verhältnis VELK/VELKD mit dem Verhältnis ›Kind/Eltern‹ verglichen und im Sinne dieses Bildes ausgeführt, daß die VELK die VELKD braucht und umgekehrt, aber anders als vor 10 Jahren.«[93]

In der KKL berichtete Stier über den Verlauf der VELK-Generalsynode 1986,

sie »streb[e] an, daß Anliegen und Auftrag der [...] [VELK] in den DDR-Kirchenbund eingebracht werden, so daß die VELK verfassungsmäßig nicht mehr fortbestehen muß. Sie geht davon aus, daß dies in einer föderativ-verbindlichen Struktur des Bundes geschehen kann. Ergänzende Beschlüsse über Voraussetzungen und Einzelschritte im Sinne dieser Tendenzaussage sehen die Aufhebung der VELK-Verfassung und damit die Beendigung des eigenständigen Bestehens der VELK bis zum Jahre 1988 vor.«[94]

In die VELK-Generalsynode 1987 brachte eine Arbeitsgruppe eine Vorlage ein, wonach die VELK sich nicht auflösen, sondern in den BEK einbringen sollte. Ziel sei »ein Mehr an Gemeinsamkeit«. Über dieses Vorhaben sprachen auch die Teilnehmer der Mai-Konsultation 1987. Dabei gerieten vor allem die kirchlichen Strukturen in der Bundesrepublik sowie die sich aus den VELK-Veränderungen ergebenden Konsequenzen für die EKU (Bereich DDR) ins Blickfeld[95].
Stier berichtete wenige Wochen später, die Generalsynode habe wie vorgesehen entschieden und werde 1988 »entsprechende[.] Feststellungsbeschlüsse« fassen[96]. Nach Auskunft von Zeddies stellte sich die VELKD nunmehr auf die Entwicklung ein, ohne daß sie allerdings »damit alle Rückfragen und Bedenken [für] geklärt und ausgeräumt« hielt. Insbesondere befürchteten die westlichen Lutheraner, nach dem Einbringungs-Beschluß der VELK in den BEK gegenüber der EKD »in einen gewissen Zugzwang« zu geraten[97].
Im Herbst 1987 beschloß die mecklenburgische Landessynode als erste Gliedkirche die Auflösung der VELK[98].

In Hammers Stichwort-Bericht über die 25. Konsultation vom 28. bis 31. Mai

167

1986 in Friedewald[99] heißt es über die EKD unter anderem, die »Praxis der Demokratie in diesem Bereich« erweise sich »als mühsam und gefährdet«, in den Gemeinden gebe »es z. T. erhebliche Verärgerung über einen vermeintlichen ›Links-Ruck‹ in der Kirche, wozu das Erscheinungsbild mancher Pfarrer Anlaß« biete[100]. Absolut neu und bezeichnend für die Veränderungen war folgender Vorgang:

»Herr Schmude – gerade eingetroffen – berichtet über das heute geführte Gespräch zwischen dem Staatsratsvorsitzenden der DDR und dem Fraktionsführer der SPD im Deutschen Bundestag, dem er beigewohnt hat.«[101]

Auch in den folgenden Sitzungen gehörten nun zum Tagesordnungspunkt »Berichte zur Lage« neben Neuigkeiten über die Bundesregierung auch solche über die Opposition auf Länder- und Bundesebene[102]. Mitte 1987 heißt es:

»In Bevölkerungskreisen, für die ein eher konservatives Verhaltensmuster bestimmend ist, kommt die evang. Kirche schwer an und begegnet dort großer Vorbehalte. Dieser Umstand bewegt auch die Leitung der CDU. Andererseits empfindet die röm.-kath. Kirche die von der Unions-Mehrheit bestimmte Regierung als *ihre* Regierung.«[103]

Deutlicher konnte man in einem von amtskirchlichem Ton geprägten Protokoll eigentlich kaum mehr sagen, daß alle Beteiligten von einer engen Allianz zwischen EKD und SPD[104] ausgingen. Einen Tagesordnungspunkt weiter gab der Berichterstatter Auskunft über den »Besuch des Fraktionsvorsitzenden der SPD, Vogel, beim Staatsratsvorsitzenden der DDR«[105].

Kirchenpräsident Spengler (Hessen-Nassau) führte Anfang Juni 1986 ein Gespräch mit dem Stellvertreter des Vorsitzenden für Inneres beim RdB Magdeburg, Lubas. Der Staatsfunktionär protokollierte:

»Der erste größere Gesprächsteil verlief dahingehend, daß Präsident Spengler im wechselseitig angeregten Gespräch seine eigene politische Position kennzeichnete. Eindeutig bekannte er sich zum Vermächtnis Martin Niemöllers, dessen Zweitnachfolger er in Hessen-Nassau ist. In der BRD gelte er somit als ›Linker‹, und es käme nicht selten vor, daß er als ›Genosse Spengler‹ angeschrieben würde. Die Linksposition entspricht letztlich aber auch seiner Selbstbewertung. Trotz eines teilweise ›scharfen Windes von rechts‹ wies er hin auf gute persönliche Beziehungen zu den Ministerpräsidenten Börner und Dr. Vogel [gemeint ist Bernhard Vogel] [...] und auch zu Bundeskanzler Kohl.

Unverkennbar blieb dennoch die SPD-Orientierung Spenglers, insbesondere bezogen auf die Bewertung aktuell-politischer Problemfelder. So fiel mehrfach der Name Karsten Voigt, und Spengler erwähnte, daß selbiger kürzlich wieder mit leitenden Herren der Evangelischen Kirche Hessen-Nassau eigene Besuchserfahrungen im Pentagon ausgewertet habe. In diesem Zusammenhang distanzierte sich Spengler unmißverständlich von der Politik Reagans und Weinbergers und hob deutlich davon ab die konstruktiven Friedensvorschläge von M.S. Gorbatschow, dessen persönliche Ausstrahlung[106] in der westlichen Welt sehr beachtlich sei. [...]

Seine politische Position charakterisiert sich auch an solchen Darlegungen von Spengler, die ausgezeichnete Erlebnisse auf einer UdSSR-Reise – Einlader war die Russisch-Orthodoxe Kirche – zum Inhalt hatten. Besonders interessante Gespräche habe er dort mit Herrn *Falin* und Prof. *Arbatow* führen können. Als ständigen konstruktiven Gesprächspartner in der BRD schätze er auch sehr unseren Ständigen Vertreter, Herrn E. Moldt[107]. Spengler bekannte sich schließlich noch zu der Tatsache, daß er vor Jahren, als die Synode seiner Kirche gegen die Mitgliedschaft verschiedener Vikare in der DKP Stellung nahm, zu den variabler Denkenden gehörte.«

Weiter »äußerte sich Spengler [...] betont negativ zu einzelnen Massenmedien der BRD, die wesentlich dazu beitrügen, unter der dortigen Bevölkerung ›abgeschmackte Klischees‹ immer wieder neu zu beleben. Genannt wurden von ihm die ›Bildzeitung‹ und die Sendung ›ZDF-Magazin‹ des sogenannten Zweiten Deutschen Fernsehens[108]. Letztgenannte Sendung würde in seinem Familienkreis seit langem nicht mehr angesehen, weil darin das Feld der Wahrheit keinen Platz habe, der Antikommunismus aber immer mehr an Platz gewinne. Ihm liege viel daran, daß in seinem kirchlichen Verantwortungsbereich ein realistisches DDR-Bild dominiere, wozu, wie eingangs bereits erwähnt, immer wieder persönliche Begegnungen maßgeblich beitragen können. Er werde seinen Besuch jedenfalls mit seinen Gläubigen in dieser Richtung auswerten.

In sehr zurückhaltender Weise brachte Spengler dabei zum Ausdruck, daß er es sehr begrüßen würde, wenn die DDR-Seite mehr als bisher gegenseitige Besuchsmöglichkeiten einräumen würde.«[109]

Nur wenige Wochen später sprach der westfälische Präses Hans-Martin Linnemann mit Hans Wilke vom Staatssekretariat für Kirchenfragen. Wilke notierte:

»Präses Linnemann zeigte sich sehr gesprächsbereit und vertrat folgende Positionen:
In der BRD ist große Arbeitslosigkeit, und es gibt auch keine Chance für eine langdauernde Veränderung. Sie [die Kirchen] kümmern sich mit unterschiedlichen Projekten um sie, wie überhaupt um die ›Arbeitnehmer‹, und werden dabei häufig von den ›Arbeitgebern‹ attackiert. Ihre Sympathie für die SPD ist in vielen Reaktionen deutlich zu spüren; wenn sie auch mit Gläubigen aus anderen Parteien zusammenarbeiten, so stehen sie jedoch immer wieder unter der Kritik der CDU. Die versuchen aus gegenwärtig sinkenden Zahlen der Arbeitslosen politisches Kapital zu schlagen, aber ihre Kirchenleitung weiß, daß momentane progressive Entwicklungen nicht auf Grund der CDU-Politik entstanden sind. [...] Sie lernen viel von den politischen Einsichten der Kirchen in der DDR, und auch deswegen wurden sie von ›rechts‹ angegriffen.
[...] Er habe auch immer wieder auf die Gefährlichkeit des Antisowjetismus hingewiesen. Sie müssen in ihrer Kirche eine andere realistische Haltung zu den Kirchen der SU einnehmen.«[110]

Kirchenleitende Persönlichkeiten betrachteten ihre Institution zunehmend von politischen und soziologischen Kräftekonstellationen aus und orientierten sich – wie es scheint – in ihren Aussagen und »Koalitionen« auch an solchen Größen. Vor diesem Hintergrund nimmt es nicht wunder, daß aus der Themenvielfalt deutlich zwei Komplexe herausragen: gewisse Modifikationen beim Kirchenverständnis und das Verhältnis der Kirchen zur Sowjetunion.

Auf den gemeinsamen Konsultationen des Jahres 1986 gab es auch aus dem Bereich der DDR einiges an Neuem zu berichten: Im Mai wurde zunächst über den XI. Parteitag der SED informiert. Vor dem Parteitag hatte es Spekulationen gegeben, nunmehr werde eine kirchenpolitische Kursänderung eintreten[111]. Darüber hinausgehend wurden im kirchlichen Bereich aber auch Hoffnungen laut, der Parteitag möge genauso kritisch und offen verlaufen wie der XXVII. Parteitag der KPdSU[112]. Diese Hoffnungen erfüllten sich allerdings nicht. Das Staatssekretariat für Kirchenfragen notierte:

»Wiederholt wird die Frage aufgeworfen und diskutiert, daß dessen [des KPdSU-Parteitags] kritische Atmosphäre auch dem XI. Parteitag gut zu Gesicht gestanden hätte. In diesem Zusammenhang wird immer wieder Kritik an der Informationspolitik und an der Qualität der sozialistischen Massenmedien geäußert. Dabei wird von den meisten nachdrücklich unterstrichen, daß sie ihre diesbezüglichen Fragen von einer produktiven Position aus stellen, die darauf gerichtet ist, wie man effektiv immer mehr Bürger zu einem engagierten Verhalten und zur aktiven Mitarbeit in den Gemeinden, in Staat und Gesellschaft führen kann. [...] Einzelstimmen vermerken kritisch, daß der Parteitag keine Reiseerleichterungen beschlossen habe.«

Andererseits bildete der Parteitag in Kirchenkreisen ein Indiz für die Kontinuität der eingeschlagenen Kirchenpolitik, obwohl die Kirchen dieses Mal gar nicht erwähnt wurden. Auf Zustimmung stieß ebenfalls die völlige Übereinstimmung der SED mit der UdSSR in der Friedenspolitik:

»Das alles hat dazu geführt, daß bei den Vertretern an der kirchlichen Basis ein deutlicher Abbau neutralistischer Positionen zu verzeichnen ist, der sich weiter fortsetzt und vertieft. [...] In der Evangelischen Kirche der Kirchenprovinz Sachsen wurde unter Mitarbeit von Pfarrer Schorlemmer und Propst Dr. Falcke ein Brief an die Gemeinden der Kirchenprovinz verabschiedet, in dem man sich gegen eine friedenspolitische Resignation der Gemeindeglieder[113] wendet und auffordert, antikommunistische Vorbehalte abzubauen und gemeinsam mit Andersdenkenden aktiv die Friedenspolitik der UdSSR zu unterstützen.«[114]

Landesbischof Stier soll geäußert haben:

»Dem Verlauf des XI. Parteitages der SED und den dort getroffenen Wertungen der Grundfragen unserer Zeit könne man zustimmen. Obwohl er noch nicht alle Veröffentlichungen gelesen habe, wäre die Sachlichkeit und das konstruktive Herangehen an die gesellschaftlichen Fragen spürbar. Als bedeutungsvoll schätzte der Landesbischof das konsequente Festhalten an der Friedenspolitik der SED und des Staates ein.«

Dem staatlichen Protokoll zufolge lobte der mecklenburgische Bischof besonders die in Berlin unterbreiteten Abrüstungsvorschläge Gorbatschows.

»Bei dem ersten Vertrautmachen mit den Veröffentlichungen der Parteitagsmaterialien habe er jedoch keine Aussage zum Verhältnis Staat-Kirche, wie etwa in den Dokumenten des X. Parteitages, finden können«[115].

Nach dem Parteitag hatte Stolpe im KKL-Vorstand angefragt, ob Honecker und Jarowinsky zu ihrer erfolgten Wiederwahl in ihre Parteiämter offiziell gratuliert werden solle. Der Vorstand lehnte diesen Vorschlag des stellvertretenden KKL-Vorsitzenden allerdings ab[116].

Während der gemeinsamen Konsultation in Friedewald erfuhren die Westdeutschen, daß zur Friedensdekade, als deren Leitwort man »Friede sei mit euch« gewählt hatte[117], auch Einladungen an Gäste aus der EKD[118] vorgesehen seien[119]. Weiterhin wurde ihnen mitgeteilt, die Vorbereitungen für das »Thomas-Müntzer-Gedenken 1989« seien in vollem Gange[120]. Ein Jahr später klagte Zeddies, es gebe immer noch keinen staatlichen Ansprechpartner für die Jubiläumsfeierlichkeiten; die Kirche wolle nicht länger warten[121]. Zur gleichen Zeit informierte Dohle Sekretariatsleiter Ziegler, der Staat plane die Gründung eines Thomas-Müntzer-Komitees. Mit dem Argument, es bestehe keine Parallele zum Lutherjahr, lehnte der KKL-Vorstand eine institutionalisierte Mitarbeit ab und hielt höchstens Einzeleinladungen zu speziellen Terminen für möglich[122]. Darüber hinaus wurde im KKL-Vorstand die Vereinbarung getroffen, kirchlicherseits kein Komitee, sondern lediglich eine Arbeitsgruppe einzusetzen, um den Unterschied zum Lutherjahr 1983 deutlich zu markieren[123].

Der Staat zeigte sich mit dieser kleinen Lösung jedoch nicht einverstanden und machte deutlich, daß ihm »an einer möglichst hohen offiziellen Vertretung der evangelischen Kirche im staatlichen Müntzer-Komitee« gelegen sei[124]. Der Vorstand blieb jedoch bei einer punktuellen Beteiligung, die Siegfried Bräuer und Zeddies für die Arbeitsgruppenebene, Demke und Rogge für die KKL-Ebene wahrnehmen sollten[125].

Schließlich stand ein Bericht über die EKU-Synode 1986 auf der Mai-Konsultations-Tagesordnung[126].

Die Vertreter des Bundes äußerten gewisse Sorgen über das Staat-Kirche-Verhältnis in der DDR. Hier sei »eine Weiterentwicklung der Beziehungen z. Zt. nicht zu beobachten. Es ist zu hoffen, daß dieser Stillstand nicht Rückschritt bedeutet. Kirchliche Äußerungen zu politischen Fragen zeigen in der letzten Zeit eine zunehmende Tendenz zur ins einzelne gehenden Benennung bestimmter Vorgänge.«[127]

Ähnliches hörte auch Horst Dohle, der seinem Chef Gysi berichtete, im BEK sei man darüber irritiert, daß die DDR-Medien von dem Antrittsbesuch des KKL-Vorstands beim Staatssekretär für Kirchenfragen ebensowenig Notiz genommen hätten wie von Kruses »Antrittsbesuch« und vom gemeinsamen Friedens-Wort der beiden Kirchenbünde.

»Nunmehr würden sich Spekulationen häufen, wonach sich ein anderer Umgangston von Staat und Kirche in der DDR andeute. Der Vorstand der KKL hat einige Mühe gehabt, die gesamte KKL davon zu überzeugen, daß über den Antrittsbesuch von Landesbischof Leich beim Staatssekretär am 21.3. nichts berichtet wird[128]. Unverständlich sei auch, warum man den Besuch der Bischöfe Kruse und Leich nicht wenigstens mit einer Hofmeldung zur Kenntnis genommen habe.«[129]

Im Gegensatz zur kirchlichen Einschätzung betrachtete das Staatssekretariat für Kirchenfragen die Situation nicht als gespannt, was auch aus einem Gespräch mit einem sowjetischen Kirchenfunktionär hervorgeht:

»Eingehend auf die von den evangelischen Kirchen in der DDR geprägte Formel einer ›Kirche im Sozialismus‹, erläuterte Gen. Heinrich den damit verbundenen staatlichen Anspruch, daß dieser Begriff seitens der Kirchen inhaltlich gefüllt werden muß, man sich deutlicher noch als bisher mit der gesellschaftlichen Entwicklung in der DDR identifiziert. Ziel unserer Arbeit ist dabei ein eindeutiges Bekenntnis der Kirchen zur DDR. [...] Gen. Gysi [...] [:] Ausgehend von der Tatsache, daß die Kirchen einen Hang zum Neutralismus immer hatten und noch heute haben, sei die Begrüßung und Bejahung der Friedensvorschläge des Generalsekretärs der KPdSU, Gen. Gorbatschow, der bisher größte Erfolg gegen dieses neutralistische Denken. In der Friedensfrage kann man davon ausgehen, daß die Kirchen den Neutralismus aufgegeben haben. [...] Das gute Staat-Kirche-Verhältnis in der DDR sei ein Element der Stabilität unserer gesellschaftlichen Entwicklung.«[130]

Auch die Frühjahrssynoden der Landeskirchen erfuhren eine positive Einschätzung:

»Der zugespitzten internationalen Situation wurde Rechnung getragen. Die Friedenspolitik der sozialistischen Staaten, besonders der Sowjetunion, und die umfassenden Vorschläge des Genossen M. Gorbatschow wurden ausdrücklich gewürdigt und deren Unterstützung aus christlicher Motivation gefordert. Der Konfrontations- und Hochrüstungskurs der USA stieß auf Ablehnung, besonders in bezug auf SDI. Die Synoden gingen damit deutlich über das ›Gemeinsame Wort‹ von EKD und BEK ›Hoffnung auf Frieden‹ hinaus. Persönlich engagierten sich dabei besonders die Bischöfe Dr. Leich, Eisenach, Stier, Schwerin, Dr. Forck, Berlin (EKU-Tagung)[131], Dr. Rogge, Görlitz[132], und Kirchenpräsident Natho, Dessau.

So äußerte sich Landesbischof Dr. Leich vor seiner Synode in grundsätzlicher Weise und zustimmend zur Friedenspolitik der UdSSR und DDR und brachte seine Ablehnung des fortgesetzten Konfrontationskurses der USA zum Ausdruck. Damit reagierte der Vorsitzende der KKL in der DDR unmittelbar und politisch verantwortungsvoll auf die Ausführungen der Genossen Honecker und Gorbatschow auf dem Parteitag und beteiligte sich damit praktisch am Dialog in der entscheidensten Frage der Gegenwart. Darüber hinaus gelang es bei den Tagungen in den Landeskirchen Berlin-Brandenburg[133], Sachsen und Mecklenburg[134] sowie bei der Tagung der EKU den positiven Kräften, ihren Einfluß so zu verstärken, daß entsprechende politische Aussagen getroffen und beschlossen werden konnten.

In gegenseitiger Abstimmung legten Bischof Dr. Leich und Kirchenpräsident Natho für ihre Synoden fest, daß in Anbetracht der ernsten politischen Lage hinsichtlich der Friedenssicherung und aus Anlaß des Parteitages keine politisch belasteten Diskussionen zugelassen werden dürften. ›Wenn man das Primat der Friedensfrage betone, müsse man sich zu solch einem Zeitpunkt auch daran halten‹, erklärte der Kirchenpräsident.

Das verfassungsgerechte Staat-Kirche-Verhältnis wurde gewürdigt. Spürbar war das Bemühen, die bestehenden Beziehungen und Formen des Umgangs miteinander positiv zu charakterisieren, sie zu erhalten und auszubauen. [...]

Insgesamt hat der Einfluß realistischer und positiver Kräfte in den Synoden zugenommen. Der Kreis politisch realistisch wirkender Synodaler hat sich vergrößert. Es gelingt diesen Kräften jetzt besser als früher, geschlossener und koordinierter aufzutreten. [...]

Deutlich zeigte sich bei den Tagungen der Landeskirchen, daß realistische kirchenleitende Kräfte bemüht waren, das Wirken negativer Synodaler einzuschränken oder sogar zu unterbinden. Daher kam es bei den öffentlichen Tagungen kaum zu politisch belastenden Diskussionen oder Angriffen. [...]

Verlauf und Ergebnisse der Synoden haben die Richtigkeit der Politik von Partei und Regierung gegenüber den Kirchen bestätigt. Diese haben sich deutlich in das gesamtgesellschaftliche Friedensengagement eingefügt und ordnen dem alle Fragen weitgehend unter.«[135]

Bei den Volkskammerwahlen am 8. Juni 1986[136] war nach der Analyse Rudi Bellmanns ein deutlicher Anstieg der Wahlbeteiligung kirchlicher Amtsträger[137] zu verzeichnen:

»Das mit Abstand beste Ergebnis konnte die Thüringer Kirche aufweisen. Volkswahl 1981 95,6 %, jetzt 96,1 %. Absolut gesehen haben in dieser Kirche nur zwei Superintendenten (46 von 48) und 29 Pfarrer (692 von 621) nicht gewählt. Bei Greifswald zeichnet sich ein ähnlich gutes Ergebnis ab. [...] Das Schlußlicht bildet die Görlitzer

Kirche. Bei allen Landeskirchen gibt es eine deutliche Verbesserung der Ergebnisse in der Wahlbeteiligung. [...]
Von den acht evangelischen Bischöfen haben sechs gewählt. Nichtwähler waren der Magdeburger Bischof Demke sowie der Schweriner Bischof Stier. Beide Bischöfe stellen sich damit in die Tradition ihrer Vorgänger, die ebenfalls Nichtwähler waren. Bemerkenswert ist in diesem Zusammenhang die Wahlteilnahme des neuen Görlitzer Bischofs Rogge.«[138]

Nach der Wahl schickte Leich an Honecker und Stoph eine schriftliche Gratulation, was in den DDR-Medien auf große Resonanz stieß[139]. Daß der ausführliche Abendtreff des IMB »Sekretär« mit Wiegand und Roßberg am 4. Juni 1986 ebenfalls mit dem Beitrag der Kirchen zur DDR-Volkskammerwahl in Zusammenhang stand, läßt sich nur vermuten[140].

Trotz solcher Zeugnisse politischer Loyalität rückte das kirchlicherseits ersehnte Spitzengespräch mit Honecker nicht näher. Am 10. Juni 1986 erschien Ziegler bei Heinrich, um über ein Angebot der Ost-CDU zu berichten, der BEK möge zusammen mit anderen Religionsgemeinschaften und Kirchen an einem Empfang für den Staatsratsvorsitzenden teilnehmen. Ziegler äußerte empört:

»Das Spitzengespräch hängt seit Monaten, die Bischöfe befürchten einen Verlust des Vertrauens in den Gemeinden, wenn nun faktisch nur ein billiger Ersatz geschaffen werden soll. Sie sind deshalb nicht gewillt, auf diese Begegnung – durch Vermittlung der CDU – einzugehen.«[141]

Heinrich distanzierte sich vom Vorgehen der Blockpartei, indem er erklärte, »daß von der Dienststelle des Staatssekretärs keinerlei Aktivitäten in dieser Richtung ausgegangen seien. Er werde, soweit es in seinen Kräften steht, sich dafür einsetzen, daß es zu keinen Verwicklungen komme.«[142]

Ein halbes Jahr später sprach Gysi von »Vereinnahmungstendenzen [...], die sich bei der CDU[143] seit längerem gegenüber der Kirche bemerkbar machten. Die CDU sei nicht die Vermittlerin für die Kirchen. Die Kirchen könnten und sollten ihre Dinge selber nach dem Prinzip der Trennung von Kirche und Staat regeln. Dr. Leich unterstreicht das mit dem Hinweis darauf, daß es nach seiner Auffassung nicht gut sei, daß ordinierte Amtsträger in Parteien tätig würden und Funktionen übernehmen«[144].

Ökumene, Erfurter Bundessynode und BEK-Strategien (1986)

Während der Septembersitzung der Beratergruppe sprachen die Teilnehmer breit über die Vollversammlung der »Konferenz Europäischer Kirchen« (KEK) in Stirling[145]. Aufgefallen sei die aktive Beteiligung der Orthodoxie. In den öffentlichen Verhandlungen habe es deutlich weniger Spannungen als zuvor gegeben: »Die gemeinsame Vorbereitung zwischen Bund und EKD-Delegation habe sich ausgezahlt«, meinte OKR Siegfried Schulze. »Dankbar wird hervorgehoben, daß am dritten Ort eine stillschweigende Übereinstimmung zwischen Vertretern des Bundes und der EKD sichtbar geworden sei.«

Für ein Friedenskonzil[146] habe sich – außer den Deutschen[147] – niemand direkt stark gemacht[148].

Allerdings berichtete Leich der Beratergruppe von Vorüberlegungen für eine »ökumenische[.] Versammlung der Christen und Kirchen in der DDR«[149]. Da die katholische Kirche erst Ende des Jahres entscheiden wolle, ob sie sich beteilige[150], habe man mit konkreten Vorbereitungen aber noch nicht begonnen. Auf der wenige Wochen später tagenden Konsultation[151] zwischen BEK und EKD informierte Ziegler, die Katholiken hielten sich zur Zeit sehr zurück. Verärgerung löste deshalb beim KKL-Vorstand die Teilnahme Schönherrs an einer Veranstaltung des Kulturbundes am 19. Juni 1986 aus, die unter dem Thema »Was könnte ein Friedenskonzil der christlichen Kirchen bewirken?« stand und von den staatsergebenen Funktionären Günter Wirth (Ost-CDU) und Gerhard Bassarak (CFK) geleitet wurde. Mit von der Partie waren auch die sattsam bekannten Claqueure Otto Hartmut Fuchs und Heinrich Fink. Im Blick auf kommende Einladungen entschied der Vorstand: »Wir können uns nur an solchen Veranstaltungen beteiligen, die wir mit unseren möglichen Partnern im konziliaren Prozeß vorher abgestimmt haben. Dr. Leich und Stolpe werden in diesem Sinne mit D. Schönherr sprechen.«[152] Aufgrund eines weiteren Vorstandsbeschlusses schlug Stolpe auch die Einladung zu einer von der Studienabteilung der Prager CFK zur Menschenrechtsthematik in der Evangelischen Akademie Berlin (West) geplanten Veranstaltung aus[153].

In einem Gespräch mit Leich am 23. Juni 1986 hatte Kardinal Meisner zugesagt, die Berliner Bischofskonferenz werde auf ihrer Septembersitzung[154] die Frage einer ökumenischen Versammlung sorgfältig und wohlwollend prüfen[155]. Die Katholische Kirche werde sich aber nur beteiligen, wenn man auf eine Teilnahme von Ost-CDU und CFK[156] verzichte und wenn die Basisgruppen – der Hierarchie offenbar ebenso fragwürdig – nicht als Träger der Veranstaltung fungierten. Der KKL-Vorstand hob hervor, die Versammlung biete »die erstmalige Chance einer gemeinsamen Verlautbarung von Evangelischer und Katholischer Kirche zu Friedensfragen«[157].

In der Frage des Konzils zeigte sich die Konsultationsgruppe eher skeptisch. Stier gab zu bedenken: »Das Problem des Pazifismus oder mindestens des Nuklear-Pazifismus stehe vor den Kirchen und könnte dazu führen, daß die Kirchen auseinanderbrechen.« Mehrheitlich stellten die Teilnehmer fest: »Die Friedensfrage ist reif für ein Konzil, aber die Kirchen sind nicht konzilsfähig[158]. [...] Die Kernfrage sei, wie Frieden zwischen zwei konträren Gesellschaftssystemen möglich ist.«[159]

Im Dezember 1986 kündigte die Berliner Bischofskonferenz an, Ducke, Dieter Grande und Walter als Beobachter zu der für 1987 fest ins Auge gefaßten Ökumenischen Versammlung zu entsenden. Die Katholiken bestanden allerdings noch auf Vertraulichkeit.

Genfer Erwägungen, die geplante Weltkirchenkonferenz 1990 in der DDR auszurichten – nicht zuletzt, um die EKD finanziell stärker in die Pflicht zu nehmen –, stand der BEK-Vorstand reserviert gegenüber:

»Ein zu starkes In-den-Mittelpunkt-Rücken der deutschen Kirchen im konziliaren Prozeß ist nicht wünschenswert. Das Verfahren einer Kooperation mit der EKD nach dem Motto ›Wir den Ort und ihr das Geld‹ ist abzulehnen.«[160]

Der neue BEK-Präses Rainer Gaebler stellte Ende September 1986 den »Beratern« die Beschlüsse der gerade zu Ende gegangenen Erfurter BEK-Synode vor[161]. Dies geschah noch ausführlicher in der Konsultationsgruppe. Sehr kritisch, so berichtete er, habe sich die Synode mit der Teilnahme des BEK an einem Empfang der DDR-Friedensbewegung beim Staatsratsvorsitzenden Honecker am Weltfriedenstag, dem 1. September 1986, befaßt[162] und auf die Notwendigkeit hingewiesen, daß die Kirche eigenständig[163] bleibe[164]. Auf die Einladung des Präsidiums des DDR-Friedensrates hatte der KKL-Vorstand bereits einen entsprechenden Beschluß gefaßt. Zum einen sei die Delegation des BEK »nicht als Mitglied der Friedensbewegung« zu betrachten, zum anderen werde sie einen »eigenständige[n] nichtintegrierte[n] Beitrag« präsentieren. Die Rede sollte Präses Gaebler halten, den Lewek zu dieser Veranstaltung begleitete. Rolf-Dieter Günther, vom MfS als IMB »Wilhelm« geführt[165] und einer jener neun Mitstreiter, von denen Stolpe wußte, daß sie »im Umgang mit der Staatssicherheit die gleiche Strategie verfolgten«[166] wie er selbst, wurde vom Vorstand um die Anfertigung eines Entwurfes gebeten[167].

Der Honecker schriftlich zu übergebende »Friedensreport« sollte an die UNO weitergeleitet werden. Deshalb hielt es der BEK für sinnvoll, darin mit einem selbständigen Beitrag präsent zu sein[168], der den unverfänglichen Titel »Informationen zur Friedensarbeit des Bundes der Evangelischen Kirchen in der DDR« trug.

Wie Manfred Feist Mitte August 1986 mitteilte, war der Staat bzw. der »Friedensrat« von dem Verhalten des BEK gar nicht angetan:

»Am 1. September d. J. soll dem Vorsitzenden des Staatsrates von einer 50-60 Persönlichkeiten umfassenden Delegation (Politik, Wissenschaft, Kultur, Kirchen) ein ›Friedensreport‹ übergeben werden. In einem Gespräch (Bellmann-Stolpe) soll vom BEK erklärt worden sein, daß sie wohl bereit wären, an dieser Begegnung teilzunehmen, nicht aber zu einer schriftlichen Stellungnahme. Präses Gabler wurde beauftragt, die Stellungnahme des Bundes mündlich vorzutragen. Während der Begegnung mit dem Staatsratsvorsitzenden ist beabsichtigt, daß E. Honecker mit 5-6 Gesprächsgruppen einen Meinungsaustausch führt. Der Bund erwarte eine gesonderte Gesprächsmöglichkeit mit E. Honecker.
Die Haltung des Bundes ist nicht akzeptabel. Die evangelische Kirche sollte die Gelegenheit, ihre Friedensinitiativen öffentlich darzustellen, dankbar aufgreifen.«[169]

Die staatlichen Einmischungsversuche bei der Vorbereitung des BEK-Informationstextes zur kirchlichen Friedensarbeit[170] stießen im Kirchenbund auf Befremden. Diese Irritationen teilte Leich am 29. August 1986 Klaus Gysi schriftlich mit[171]. Der Staatssekretär für Kirchenfragen reagierte erst im Dezember auf die Beschwerde. Während einer Begegnung auf der Wartburg erklärte er gegenüber den Kirchenvertretern, er habe von Bellmann erfahren, daß die Kirchen ihren Beitrag zum Friedensreport telefonisch abgesagt hätten. Dies wiederum bestritten Leich und der ebenfalls anwesende Ziegler. »Es

habe zunächst lediglich Unklarheiten über Ziel und Art des Reports und der Veranstaltung am 1.9.1986 gegeben«, betonten die Kirchenmänner[172].
Die feste Haltung schien positive Ergebnisse zu zeitigen. Schon auf der nächsten KKL-Sitzung berichtete Präses Gaebler, man habe den kirchlichen Beitrag im Friedensreport räumlich und grafisch als eigenständige Arbeit kenntlich machen können[173]. Ebenso sei es den BEK-Vertretern möglich gewesen, beim Honecker-Empfang separat aufzutreten[174]; sie hätten sich gesondert mit dem Staatsratsvorsitzenden unterhalten können. Dieses Gespräch habe allerdings nur drei bis fünf[175] Minuten gedauert. In dieser kurzen Zeit mahnten die Kirchenvertreter ein neues Denken im Atomzeitalter an, wiesen auf den festen Zusammenhang zwischen innen- und außenpolitischen Fragestellungen hin und bedankten sich für den fairen Umgang des Staates mit den Wehrdienstverweigerungs-Fällen 1985. Gleichzeitig baten sie um ein weiteres Gespräch zu Fragen des Wehrdienstes. Honecker habe betont, jederzeit gesprächsbereit zu sein. Lediglich über die Medienberichterstattung in der DDR beklagte sich Gaebler gegenüber der KKL[176]. Die politische DDR-Presse habe seine Rede »verstümmelt und an einer Stelle sinnwidrig wiedergegeben[177]«, berichtete Gaebler zwei Wochen später dem KKL-Vorstand[178].

Nach den Ausführungen des Präses trug Domsch der KKL den am 3. September 1986 gefaßten Beschluß der Kirchenleitung Sachsens vor, der zwar Gaeblers Haltung würdigte und sich hinter ihn stellte, danach aber Klartext redete:

»2. Die Kirchenleitung hält aber aus grundsätzlichen Überlegungen eine Teilnahme der Kirche an Veranstaltungen dieser Art für nicht vertretbar.
3. Sie bittet die Konferenz, die starke Verärgerung über die verkürzende und damit auch verfälschende Presseberichterstattung (z. B. in Aufnahme der kirchlichen Vertreter in die Gesamtdelegation und den Satz über die Innen- und Außenpolitik) zum Ausdruck zu bringen.
4. Die integrative Form im gedruckten Friedensreport hält die Kirchenleitung für nicht verantwortbar.
5. Der Inhalt des kirchlichen Teiles des Reports bringt die theologischen Gründe sowie die kirchlichen Aussagen und Aktivitäten zur Sache zu wenig zum Ausdruck.«

Der weitere Verlauf der KKL-Sitzung wurde mehr von dieser sächsischen Erklärung als von den zuvor erfolgten positiven Ausführungen des Synodalpräses bestimmt. So hoben Sitzungsteilnehmer das Unverständnis der Gemeinden hervor und warnten vor einer leichtfertigen Gefährdung der evangelisch-katholischen Ökumene. Die Berichterstattung in den DDR-Medien solle zum Anlaß genommen werden, solche Veranstaltungen künftig zu meiden. Außerdem mußte sich der Vorstand den Vorwurf gefallen lassen, die KKL nicht hinreichend informiert zu haben. Zum Ende der Debatte soll Gaebler laut Sitzungsprotokoll erklärt haben: »Ich stehe so schnell für solche Dinge nicht mehr zur Verfügung.«[179]

Im September erhielten BEK-Synode bzw. das Präsidium empörte Briefe. Superintendent Thomas Küttler, Plauen, schrieb:

»Mit großem Befremden habe ich von dem Auftritt des Präses der Bundessynode Dr.

Gaebler und der Frau Oberkirchenrätin Lewek im Auftrage des Vorstandes der KKL am 1.9.1986 Kenntnis genommen. [...]

Dem Vorstand mußte bekannt sein, in welcher Weise über diesen Vorgang in den staatlichen Medien berichtet werden würde. Er hat es also offensichtlich bewußt in Kauf genommen, daß bei dieser Gelegenheit der Bund voll vereinnahmt wurde. Kirchliche Friedensaktivitäten sprechen entweder für sich selber, oder sie sind nicht der Rede wert. In einem dem Staatsoberhaupt überreichten Report haben sie jedenfalls nichts zu suchen. Eine Friedensbewegung, die unter der Führung von Prof. Dr. G. Drefahl alle Klassen und Schichten der DDR umfaßt und zu der der Bund der Evang. Kirchen in der DDR gehört, gibt es nicht.

Die Mitwirkung an diesem Report und die Teilnahme an dieser Delegation ist ein Akt der kirchlichen Selbstdarstellung von unerträglichem Opportunismus und beschämender Wichtigtuerei. Er macht eine fatale Tendenz deutlich, die für die Leitungsgremien des Bundes leider in zunehmendem Maße kennzeichnend geworden ist.

Ich bitte die Synode, durch entsprechende Beschlüsse dafür Sorge zu tragen, daß sich derartige Auftritte nicht wiederholen können.«[180]

Auch Christa Gruender aus Leipzig, Pfarrfrau und sächsische Landessynodale, ging in einem an das Synodalpräsidium gerichteten und an Gaebler adressierten Schreiben auf den Friedensreport ein:

»Mit Verwunderung las ich Ihre Unterschrift unter dem ›Friedensreport‹ der DDR-Friedensbewegung zum Internationalen Jahr des Friedens [...] Ich nehme an, daß Sie an der Ausarbeitung beteiligt waren. Der Inhalt dieses Reports ist für mein Verständnis nur eine Aneinanderreihung von Aussagen, die wir täglich in allen Publikationen unseres Landes lesen können.

Wenn Sie als offizieller Vertreter der Ev. Kirchen i. d. DDR dies unterschrieben haben, dann gestatten Sie mir, ein paar Fragen zu stellen:
1. Ist der Bund der Ev. Kirchen i. d. DDR neuerdings in der Friedensbewegung der DDR integriert?
2. Wo bleibt die Verurteilung jeglicher Art von Militarismus in diesem Report?
3. Ist sich der Bund der Ev. Kirchen i. d. DDR darüber klar, daß er mit solchen Aktionen Kinder, Jugendliche und Eltern brüskiert? Diese Mitchristen sind eine verschwindende Minderheit, wenn sie es wagen, militärische Ausbildungen (vom Kindergarten an) abzulehnen, da sie es nicht mit ihrem Glauben an Christus vereinbaren können.
[...]
6. Wie kann sichergestellt werden, daß die Trennung von Kirche und Staat für unsere Gemeinden glaubhaft Geltung behalten soll?
Ich möchte Ihnen meine tiefe Betroffenheit bekanntmachen. An vielen Beispielen erleben wir persönlich, als Gemeinde und Kirche immer wieder Zusammenstöße mit Volksbildung und Armee. Immer wieder erfahren wir eine Herabsetzung der Menschen, die keine Waffe – und sei es nur ein Plast-Gewehr – in die Hand nehmen wollen. Natürlich spielen sich diese Vorgänge auf der untersten Ebene in den einzelnen Kindergärten, Schulen, Kirchgemeinden, Elternhäusern ab. Das ist Ihnen, lieber Herr Doktor Gaebler, doch alles bestens bekannt. [...] Ich bitte Sie dringend, nicht die Menschen aus den Augen zu verlieren, die um ihres Glaubens und Gewissens willen standhaft bleiben wollen.«[181]

Der Pfarrkonvent des Kirchenkreises Sömmerda befürchtete mit der Integration des kirchlichen Beitrages in den Friedensreport des DDR-Friedensrates die Preisgabe der »immer wieder betonte[n] Eigenständigkeit der kirchlichen Friedensarbeit [...] Für uns ist dieses Handeln der Vertreter des Bundes nicht mehr durchsichtig.« Der Konvent bat die Synode, in öffentlicher Sitzung zu klären, ob der vom BEK eingereichte Text vor seiner Übergabe »mit staatlichen Stellen abgestimmt werden mußte[.]« und ob der Bund schon zu der einseitigen Medienberichterstattung über das Gespräch zwischen Gaebler und Honecker Stellung bezogen habe[182].

Im Zuge der Synodaltagung beschloß die KKL, in einem Brief an Gysi »ihre Betroffenheit über die Begleitumstände und die Berichterstattung beim Empfang« auszudrücken. Neben den bereits angesprochenen Punkten – der Anwesenheitsliste sowie der Berichterstattung über die Gaebler-Rede – wollte man zusätzlich dagegen protestieren, daß die vollständige Publikation der BEK-Pressemitteilung im ena aufgrund einer staatlichen Intervention nicht möglich gewesen sei. Allerdings scheiterte der von Roland Adolph eingebrachte Vorschlag, Christa Lewek aus der Vorbereitungsgruppe des Friedensrates für den internationalen Weltkongreß der Friedenskräfte in Kopenhagen (15.-19.10.1986)[183] zurückzuziehen – wenn auch äußerst knapp. Ungeachtet der gerade erst hinter ihr liegenden schlechten Erfahrungen beschloß die KKL, sich wiederum am Staatsempfang zum Gründungstag der DDR am 7. Oktober zu beteiligen[184].

Der BEK-Ausschuß »Kirche und Gesellschaft« mußte feststellen, daß in der Kirche keine Einigkeit über gesellschaftliche Fragen bestand. Aus dem Sitzungsprotokoll werden die Kontroversen zwischen der Basis und den auf Verständigung mit Staat und Partei bedachten Kirchenbundstrategen überdeutlich:

»Es ist bedauerlich, daß sich die Synode mit dieser Thematik beschäftigt hat. Aber so wird es auch bei Dienstbesprechungen und Pfarrertagen erlebt. Es melden sich [diejenigen] zu Wort, die so was ablehnen, viele schweigen, und einer ist zaghaft dagegen.
[...] Wir haben die Chance in unserem Land, daß man miteinander politisch umgehen kann. Für die Angst davor ist kein objektiver Grund sichtbar. Man sollte in der KKL die Beteiligung nicht so verbissen sehen und tun, was man für richtig hält. [...] Kirche im Sozialismus heißt doch, wir lassen uns ein auf das Leben im Staat. Das hat natürlich Gefahren. [...] Es besteht die Gefahr der prinzipiellen Opposition.«
Andererseits hieß es auch: »Der Vorgang auf der Bundessynode ist erfrischend. Er signalisiert das Unbehagen gegenüber eingefahrenen Gleisen beim Bund. Es [er] ist ein Indiz für die Angst, daß die Kirche gleichgeschaltet werden könnte.«[185]

Die durch die Arbeitsgruppe Kirchenfragen vorgenommene Einschätzung der Bundessynodaltagung[186] fiel nicht gerade wohlwollend-positiv aus:

»Es wurden erneut und zum Teil verstärkt auch Diskussionen zum Wehrdienst, zur Volksbildung sowie zu Reisefragen[187] geführt.
Charakteristisch für die Tagung war, daß der unter Leitung des neuen Vorsitzenden der Konferenz der evangelischen Kirchenleitungen, Landesbischof Werner Leich, ausgearbeitete, im großen und ganzen akzeptable, sachlich gehaltene Bericht der Konferenz der Kirchenleitungen[188] nicht den Verlauf der Synode bestimmte. Stattdessen wurde die Synodentagung zu einem massiven Angriff negativer Kräfte gegen diesen Bericht und gegen grundsätzliche Positionen der Kirchenleitung genutzt. Dabei kam es zu provokatorischen Aussagen gegen die seit langem praktizierte realistische Linie im Verhältnis zum sozialistischen Staat.

Im Grunde genommen wiederholte sich der Versuch der negativen Kräfte, die evangelische Kirche auf einen anderen Kurs zu bringen, wie das schon auf der letzten Synode in Dresden 1985 geschah. Wie schon in Dresden, so nahmen auch auf der Erfurter Tagung wichtige kirchenleitende Persönlichkeiten wie Bischof Gienke[189] und Kirchenpräsident Natho, nicht an den Beratungen teil. Landesbischof Hempel reiste verspätet in Erfurt an und trat nicht in Erscheinung[190]. Auch die übrigen politisch realistischen Vertreter unter den Synodalen hielten sich zurück oder traten gar nicht in Erscheinung, so daß das Feld den negativen Kräften überlassen wurde. [...]
[Die Diskussion] war ein offenbar sorgfältig vorbereiteter, mit westlichen Kreisen abgestimmter Versuch, durch eine Gegenoffensive die neue Kirchenleitung, insbesondere den neuen Vorsitzenden, den thüringischen Landesbischof Dr. Werner Leich[191], von der bisherigen realistischen Linie gegenüber dem sozialistischen Staat abzudrängen und eine Kursänderung einzuleiten. Der zentrale Angriffspunkt gegen die von der Mehrzahl der Kirchenleitung vertretene, im ganzen akzeptable Linie war der Vorwurf der ›Vereinnahmung‹ durch den sozialistischen Staat im Zusammenhang mit der Teilnahme evangelischer Kirchenvertreter an der Übergabe des Friedensreports an Genossen Erich Honecker am 1.9.1986. Die wegen ihrer realistischen und konstruktiven Haltung uns gegenüber bekannte Oberkirchenrätin *Lewek*[192] war Zielscheibe besonders harter Angriffe. Auch gegen den neugewählten Präses der Synode *Gaebler* gab es in diesem Zusammenhang Angriffe. [...] Obwohl Leich kirchliche Positionen prinzipieller und nachdrücklicher vertrat und vertritt[193] und sich in dieser Hinsicht von seinen Vorgängern Schönherr und Hempel abhebt, wurde selbst diese Position einer grundsätzlichen Kritik unterworfen.
Der Gesamtverlauf und das Ergebnis der Synode wurden durch solche Leute geprägt [Falcke, Große, Garstecki], die schon in der Vergangenheit immer wieder negativ in Erscheinung getreten sind. Sie wurden dabei von Superintendent Pilz, Mittelherwigsdorf, und den Jugenddelegierten[194] und zum Teil auch von Pfarrer Schorlemmer, Wittenberg-Lutherstadt und Pfarrer Adolph, Neustadt/Sachsen, unterstützt.
[...] Indem die negativen Kräfte mit dem ständigen Hinweis auf eine mögliche ›Vereinnahmung‹ der Kirche durch Staat und Gesellschaft operierten, wurde ein Klima geschaffen, in dem die realistischen Kräfte im wesentlichen neutralisiert und zur Hinnahme problematischer und unrealistischer Positionen gebracht werden konnten. So sprach sich der Rostocker Theologe Prof. Kiesow gegen Pläne für eine Seelsorge an Wehrpflichtigen in der Kaserne[195] aus. Daraufhin wurde er [...] [von] Stolpe zurechtgewiesen und in besserwisserischer Art reglementiert. Die Taktik Leichs, die im Konferenz-Bericht enthalten war, und der Versuch, durch das Ausweichen auf theologische Fragestellungen die realistischen Kräfte zu halten und die negativen Kräfte einzubinden, ging nicht auf. Es häuften sich Anfragen und Angriffe gegen die Kirchenleitung. In einer geschlossenen Sitzung wurde diesbezüglich von der Kirchenleitung Rechenschaft gefordert. Nach internen Informationen wurde ausdrücklich davor gewarnt, eine Neuauflage des Bündnisses von ›Thron und Altar‹ zuzulassen.«[196]

Das harsche Urteil der »führenden Partei« beruhte zum Teil – interessant auch als Beleg für die enge Kooperation – auf Erkenntnissen des MfS, das die Meldungen seiner »Inoffiziellen Mitarbeiter« zu folgender Information verarbeitet hatte:

»Charakteristisch für die Tagung war, daß der von Landesbischof Leich vertretene, im wesentlichen akzeptable und sachliche Bericht der Konferenz der Kirchenleitungen nicht den Verlauf der Synode bestimmte. Immer wieder wurden Versuche unternommen, direkt und indirekt die im Bericht enthaltene Linie zu unterlaufen. Ein Angriffspunkt gegen die von der Mehrzahl der Kirchenleitung vertretene Linie war der Vorwurf der ›Vereinnahmung‹ der Kirchenleitung durch die staatlichen Organe im Zusammenhang mit der Teilnahme evangelischer Kirchenvertreter an der Übergabe des Friedensreports am 1. September 1986. Zielscheibe besonders harter Angriffe war Oberkirchenrätin Lewek, die seit langem engagiert für eine konstruktive Zusammenarbeit eintritt. Auch gegen den neugewählten Präses der Synode, Gäbler [sic!], gab es in diesem Zusammenhang Vorwürfe. Die Anfragen und Angriffe gegen die Kirchenleitung wurden verstärkt. In einer geschlossenen Sitzung wurde von der Kirchenleitung ›Rechenschaft‹ gefordert und davor gewarnt, eine Neuauflage des Bündnisses von ›Thron und Altar‹ zuzulassen.«[197]

Als probates Mittel zur Beeinflussung der Synodalen empfahlen die Geheimdienstler den Aufbau bzw. die intensive Pflege »stabiler Gesprächskontakte« zur »vertrauensvollen Klärung gesellschaftlicher Fragen«.

Bei dem stellvertretenden BEK-Vorsitzenden Manfred Stolpe stellte Horst Dohle gewisse Veränderungen im Blick auf seine politischen Positionen fest. Man solle ihn fragen, was er sich davon verspreche. Er sei aufzufordern, wieder konstruktiv und berechenbar zu werden[198].

Auch zu Gienke hieß es Ende des Jahres kritisch:

»Seit einiger Zeit hat sich der Bischof aus der politischen Verantwortung zurückgezogen. Während er bei Gesprächen mit staatlichen Vertretern seine positiven politischen Positionen zu wichtigen Fragen der Gegenwart nach wie vor zum Ausdruck bringt, ist seine Einflußnahme in der Landeskirche in dieser Hinsicht kaum noch zu spüren. So beschränkte er sich bei Synoden auf rein theologische Äußerungen bzw. nahm gar nicht erst teil (betr. sowohl BEK- wie eigene Landessynoden).«[199]

Um »den Bischof [zu] ermutigen, sich erneut öffentlich zu aktuellen Fragen der Friedenserhaltung zu äußern«, führte Anfang Dezember 1986 der Ratsvorsitzende des Bezirks Rostock, Eberhard Kühl, mit Gienke ein Gespräch.

Hier »würdigte [der Bischof] die gedeihliche Entwicklung des Verhältnisses von Staat und Kirche in der DDR und erklärte, Bezug nehmend auf die Friedensbemühungen des sozialistischen Staates, daß die marxistischen Ziele bei dem Menschen enden und auf das Wohl der Menschen gerichtet sind. ›Das stärkt unser Vertrauen zum sozialistischen Staat‹ [...] Wir stehen hinter der Außenpolitik der DDR und betrachten sie als politische Position der Greifswalder Christen. Probleme innenpolitischer Art sind daher sekundär, aber man muß auch darüber sprechen«[200].

Der Stellvertreter für Inneres beim RdB Rostock, Haß, stellte Gienke in einem internen Gespräch die Frage, warum er sich in der letzten Zeit gesellschaftlich nuanciert zurückgehalten und sich auch in der KKL nicht mehr engagiert habe. Gienke entgegnete, er sei »bewußt auf Distanz zu den ›Chaoten im Kirchenbund Berlin‹ gegangen [...] Seine Zurückhaltung werde er künftig wieder aufgeben.«[201]

Ein Jahr später bemerkte Pfarrer Glöckner, Mitglied der Greifswalder Landeskirche, gegenüber einem Staatsfunktionär, daß zwar »ein Bischof, der staatlicherseits als ›Vorzeigebischof‹ fungiert, seine Vorzüge für die Landeskirche habe (wenn es um materielle Absicherungen geht). Das würde aber nicht bedeuten, daß es für die inneren Entwicklungen in der Landeskirche immer hilfreich sei. Bischof Gienke würde nach innen ziemlich konservativ und autoritär ›regieren‹.«[202]

Nach der Bundessynode schrieb Leich im Auftrag der KKL den beschlossenen Brief an Gysi; er brachte den kirchlichen Unmut über die Berichterstattung zum »Weltfriedenstag« am 1. September zum Ausdruck:

»Die Konferenz fühlt sich beschwert durch die Begleitumstände des Empfangs vom 1.9.1986, durch die die Eigenständigkeit unserer Friedensarbeit, deren Wahrung Voraussetzung unserer Mitbeteiligung war, in der Öffentlichkeit verwischt worden ist, so daß in unseren Gemeinden Zweifel daran entstanden sind, daß unserer Kirche ein eigenständiges Friedenszeugnis in unserer Gesellschaft möglich ist. Im einzelnen beanstanden wir, daß Herr Präses Dr. Gaebler und Frau Oberkirchenrätin Lewek in die Teilnehmerliste alphabetisch eingeordnet wurden, obwohl in den Vorgesprächen eindeutig erklärt worden war, daß das nicht geschehen solle, sondern wie im Lutherjahr 1983 verfahren würde. Verärgerung besteht über die verkürzende und sinnentstellende Wiedergabe der Aussage von Präses Dr. Gaebler über den Zusammenhang von Innen- und Außenpolitik. Herr Präses Dr. Gaebler hat darauf hingewiesen, daß die Friedensfrage mit anderen Fragen engstens verknüpft ist und hat das an dem unlöslichen Zusammenhang von Innen- und Außenpolitik beispielhaft verdeutlicht, um dann im unmittelbaren Anschluß daran auf die Fragen der Wehrpflichtigen einzugehen. In der Pressemitteilung ist die Intention seiner Aussage geradezu ins Gegenteil verkehrt worden.

Die Konferenz protestiert dagegen, daß die Pressemitteilung des Bundes im Evangelischen Nachrichtendienst und damit auch in den Kirchenzeitungen[203] nicht in vollem Wortlaut erscheinen konnte. Erfahrungen solcher Art belasten und beschweren die Zusammenarbeit, für die wir um der gemeinsamen Friedensverantwortung willen stets offen sind.«[204]

Auch ein im Staatssekretariat für Kirchenfragen kursierendes Papier bezeichnete das »Vereinnahmen kirchlicher Kräfte [...] als politisch unklug«. Stattdessen sei inhaltlicher Einfluß auf die kirchlichen Positionen auszuüben[205].

Hans Wilke hielt Synodalpräses Gaebler am 22. Oktober 1986 vor, die Synode habe die Ergebnisse des 6. März 1978 in Frage gestellt[206]. Hauptabteilungsleiter Heinrich äußerte sich gegenüber Ziegler schon etwas zurückhaltender:

Nach der BEK-Synode sei »der Eindruck entstanden [...], daß der neue Vorstand und der neue Vorsitzende scheinbar die Linie vom 6. März 1978, die Landesbischof Dr. Hempel weiterverfolgt habe, verlassen wolle. Auf Einspruch von Ziegler erklärt er, daß er selbst diese Meinung nicht teile. Es sei aber Irritation entstanden. Deshalb sei es dringend notwendig, daß der Vorsitzende der Konferenz regelmäßig das Gespräch mit dem Staatssekretär suche. [...] Es sollte überhaupt eine Kontinuität in die Gespräche zwischen Staatssekretär und Vorsitzendem kommen, damit nicht immer wieder Mißverständnisse sich einschlichen.«[207]

Während der Dezember-Sitzung der 1986er Beratergruppe erläuterte Leich – zu den Unmutsäußerungen des Regimes über die Bundessynode befragt –, es sei schwierig, den Staatsvertretern »zu vermitteln, daß Synoden auch immer ein Forum für die sind, die anderswo sich nicht artikulieren können.«[208]

Ein Ergebnis von Erfurt versuchte die BEK-Leitung allerdings im nachhinein zu korrigieren. Die Bundessynode hatte den Ausschuß »Bekennen in der Friedensfrage« mit Dehne, Frenzel, Höppner, Schorlemmer und

Semper personell völlig neu besetzt. Dieses offenbar unerwartete Revirement veranlaßte Ziegler, sich im Auftrag des KKL-Vorstands hilfesuchend an Hempel zu wenden:

»Das Vorgehen der Synode und die Benennung der aufgezählten Synodalen scheinen ein Programm zu bedeuten. Deshalb hält es der Vorstand für nötig, daß die Konferenz in diesem neuen Ausschuß gewichtig vertreten ist. Er bittet Sie herzlich, dort mitzuarbeiten.«

Am selben Tag erhielt Zeddies einen ähnlich gehaltenen Brief:

»Der Vorstand war sich bewußt, was er Ihnen zumutet, und daß er auch mit dieser Benennung Akzente setzt.«[209]

Hempel sagte zu, Zeddies lehnte das Ansinnen »aus inhaltlichen Gründen ab[.]«.
Seine Rolle des bremsenden Kirchenfunktionärs sollte dann Lewek wahrnehmen[210].

In der 26. gemeinsamen Konsultation Ende Oktober 1986 ging es wieder einmal um die Probleme des BEK mit westlichen Medien, zu deren Lösung die EKD zum wiederholten Male beitragen sollte:

»In der Aussprache wird die einseitige Berichterstattung der westlichen Presse wiederum beklagt. Bischof Binder berichtet, daß der Eindruck entstanden sei, daß die Kirchen in der DDR zunehmend im Einvernehmen mit dem Staat bestrebt seien, die Presse auszuschließen. Ziegler stellt richtig, daß von kirchlicher Seite niemals ein Ausschluß der Presse gefordert worden sei, obwohl ihre Berichterstattung oft beschwerlich wäre«[211].
Es wird darauf hingewiesen, daß bei den Vertretern der Presse zunehmend Unwissenheit über die Kirche festzustellen sei. Deshalb wird angeregt, daß der Präses der EKD-Synode die Journalisten darauf hinweisen solle, welche Folgen ihre Berichterstattung über kirchliche Ereignisse in der DDR habe. Die in der KKL und in der Bundessynode geäußerten Ängste vor Vereinnahmung der Kirche seien in der Westpresse überhaupt nicht zur Sprache gekommen.«[212]

Zum Thema Westmedien nahm Präses Gaebler auch gegenüber Hans Wilke vom Staatssekretariat für Kirchenfragen Stellung. Nach dessen Protokoll soll der Synodalpräses gesagt haben:

»In der Pause, vor der Diskussion zum Kirchenleitungsbericht, forderte dieser [nämlich der Journalist Peter Merseburger][213] ihn [Gaebler] auf, doch möglichst die Diskussion zum politischen Teil 3 des Kirchenleitungsberichts sofort nach dem Mittagessen durchführen zu lassen und den theologischen Punkt 2 später zu behandeln. Sie möchten gerne mit der entsprechenden Bilddokumentation noch abends auf den Sender gehen und könnten es sonst nicht gewährleisten. Gaebler hat empört das Ansinnen zurückgewiesen[214], aber hat bis jetzt noch keine weiteren Konsequenzen überlegt. Er schlug allerdings vor, daß man doch gemeinsam überlegen müßte, wie eine Bildberichterstattung und eine Berichterstattung mit lebendigem Ton in den DDR-Medien während der Synode möglich ist. Er teilt hier die Auffassung von Bischof Leich, daß man unter diesen Bedingungen auch einer selektiven Berichterstattung der DDR-Medien zustimmen müßte.«[215]

Auf der Oktoberkonsultation sprach man außerdem über die zwischen Reagan und Gorbatschow in Reykjavik geführten Verhandlungen und die sich hieraus ergebenden Konsequenzen[216]. Das Staatssekretariat für Kirchenfragen schätzte nach dem Gipfel ein:

»Insgesamt ist festzustellen, daß sich die Tendenz eines deutlicheren Parteiergreifens der Geistlichen und Amtsträger für die sozialistische Friedenspolitik weiter verstärkt hat. Die weitaus überwiegende Mehrheit der Geistlichen und Amtsträger unterstützen die von der UdSSR in Reykjavik eingebrachten Vorschläge für reale Abrüstungsschritte und die Sicherung des Weltfriedens. Im besonderen wird immer wieder das Vorgehen und Auftreten von Genossen Gorbatschow gewürdigt, der im kirchlichen Raum große Sympathien genießt. Man vertraut der Ehrlichkeit und Ernsthaftigkeit seiner Friedensbemühungen und sieht in ihm einen Politiker, der bereit und fähig ist, durch Ausdauer, Flexibilität und Konstruktivität reale Schritte in der Abrüstung zu erreichen. In diesem Zusammenhang verurteilen die kirchlichen Vertreter einhellig die Diffamierungen von Kohl gegenüber Genossen Gorbatschow. Zum Teil wurde in Gottesdiensten für einen positiven Ausgang des Reykjaviker Gipfeltreffens gebetet. [...] Hervorzuheben ist, daß nach Reykjavik auch eine Reihe kirchlicher Vertreter, die in den Territorien für ihre kritische bzw. politisch negative Haltung zum sozialistischen Staat bekannt sind, realistischere Einsichten gewonnen und, davon ausgehend, sich unterstützend zur Friedenspolitik der UdSSR und der DDR geäußert haben. Offenbar können sich diejenigen Geistlichen und kirchlichen Amtsträger, die bei allen Vorbehalten gegenüber dem Sozialismus und der DDR aber bereit sind, mitzudenken, der Überzeugungskraft und Vernunft der Vorschläge der UdSSR nicht entziehen.«[217]

Aus Betroffenheit über den Ausgang der Spitzenbegegnung zwischen Ronald Reagan und Michael Gorbatschow in Reykjavik[218] schrieb die sächsische Landessynode einen Brief an den Generalsekretär des Lutherischen Weltbundes, Gunnar Staalsett[219], in dem sie dessen Äußerungen vom Vorjahr unterstützte, daß »die konkreten Vorschläge zur Rüstungskontrolle und Abrüstung von Generalsekretär Gorbatschow ein angemessenerer Beitrag zum Friedensprozeß sind als Präsident Reagans Drohung mit dem Krieg der Sterne«. Auch die Görlitzer Synode faßte einen die Friedenspolitik Gorbatschows unterstützenden Beschluß, den Bischof Rogge eingebracht hatte[220].

Ende Oktober 1986 besuchte Altbundeskanzler Helmut Schmidt Potsdam und auch Leipzig. Stolpe hatte am 2. Oktober 1986 Gysi über das Vorhaben informiert, daß Schmidt zu Abrüstungsfragen »vor einem ausgesuchten Kreis mit Einlaßkarten und Einlaßkontrolle« sprechen werde. Schmidt sei zudem an einer Begegnung mit Politbüromitglied Egon Krenz[221] interessiert – Honecker war zu dem ins Auge gefaßten Termin abwesend. Gysi »wies Stolpe zunächst darauf hin, daß Helmut Schmidt meines Wissens weder Pfarrer noch Präses noch sonst Inhaber einer Kirchenfunktion sei«. Stolpe versicherte, Generalsuperintendent Bransch habe das Stattfinden der Veranstaltung vor Ort bereits beantragt. Auf persönlichen Rückruf des Staatssekretärs beim Stellvertreter des Vorsitzenden für Inneres beim RdB Potsdam, Selinger, erfuhr dieser, Bransch habe tatsächlich über die Veranstaltung informiert, jedoch zugleich bemerkt, alles sei bereits mit oben abgestimmt. Gysi vermerkte:

»Bei den erreichten Beziehungen zwischen SED und SPD scheint es mir allmählich an der Zeit, diese angemaßte Vermittlerrolle[222] zu beenden. Dabei dürfte aber kein Porzellan zerschlagen werden.«[223]

Eine gute Woche später teilte Stolpe Gysi handschriftlich mit, der SPD-Politiker Klaus Bölling werde Schmidt entgegen der eigentlichen Ankündigung nicht begleiten[224].

Die Reise des Altbundeskanzlers nach Leipzig und Potsdam wurde genehmigt[225]. Nach einer Begegnung mit Werner Jarowinsky in Leipzig[226] hielt Schmidt am 25. Oktober 1986, einem Sonnabend, in der vollbesetzten Potsdamer Nikolaikirche[227] seinen Vortrag »Dialog und Toleranz als Elemente der Friedenssicherung in Europa und der Welt«. Um den vor der Kirche wartenden Menschenmassen zu entgehen, war Schmidt gezwungen, einen Seiteneingang zu benutzen[228]. Neben den 650 geladenen Gästen durften auch noch 350 der draußen Wartenden das Gotteshaus betreten[229].

Ende November 1986 sprach Gysi mit Landesbischof Leich in Eisenach – mit dem Ziel, »sein Vertrauen in die Stetigkeit, Berechenbarkeit und Kontinuität unserer Politik gegenüber den Kirchen zu festigen; [...] ihn in der Richtigkeit seines Weges [...] zu bestätigen; [...] mit ihm zu erörtern, wie durch staatliche Entscheidungen seine Positionen und die der realistischen Kräfte kurz- und mittelfristig gestärkt werden können. [...] Dabei ist Landesbischof Leichs Erfahrung aus der Luther-Ehrung zu bekräftigen, wonach die Kirchen im vertrauensvollen Zusammenwirken mit dem Staat fast alles erreichen, ohne oder gegen ihn fast nichts.«[230]

Über die Erfurter BEK-Synode äußerte sich Gysi gegenüber Leich

»beunruhigt, da durch das Auftreten der sich negativ äußernden Synodalen der Anschein erweckt worden ist, als bahne sich eine neue Konzeption in der Politik der Kirche an. Die Äußerungen der von ihm benannten Redner hätten eine Wendung gegen die bisherige Kirchenpolitik enthalten. Es müsse gefragt werden, ob die von Bischof Dr. Hempel am 11.2.1985 geäußerten Grundsätze noch festgehalten würden. Er müsse fragen, ob die Friedensfrage für die Kirche tatsächlich noch erste Priorität sei. Von vertrauensvollen und konstruktiven Gesprächen sei nicht mehr die Rede. Dafür würde jetzt öffentliche Diskussion kritischer Fragen gefordert. Konflikte sollten nicht mehr gescheut werden. Es werde der Anschein erweckt, als hätte das Gespräch vom 6.3.1978 nichts erbracht. [...]

Es sei schwer zu verstehen, warum jetzt wieder die Berührungsängste wach würden in der Eigenständigkeitsdebatte[231] der Kirche. Die Berührungsängste seien nichts anderes als die Fortsetzung des alten Antikommunismus unter neuen Verhältnissen. Er müsse fragen, was der Sinn der Angriffe auf der Bundessynode gewesen sei. Er habe den Eindruck, Ziel sei nicht in erster Linie der Staat gewesen, sondern die Kirchenleitung. Es war ein Hauptangriff gegen die realistischen Kräfte in der Kirche. Die unruhestiftenden Kräfte in der Kirche glaubten zwar nicht, daß sie die DDR stürzen könnten, aber sie wollen provozieren. Ihr Ziel, das sie für erreichbar halten, ist die Verschlechterung der Beziehungen zwischen Staat und Kirche. Darum fordern sie die öffentliche Diskussion über völlige Reisefreiheit, Straffreiheit der Wehrdienstverweigerer[232], was Aufhebung der allgemeinen Wehrpflicht bedeuten würde, über die Stillegung der Kernkraftwerke und ähnliches. [...]

Dr. Leich erwidert: Die Säkularisierung[233] müsse differenziert verstanden werden. Auf keinen Fall sei sie Motiv und Antrieb für die Kirche zu Opposition und Unzufriedenheit. Wir erlebten neben der Säkularisierung so etwas wie eine Art Neoreligiosität.«

Der KKL-Vorsitzende empfahl dem Staatssekretär für Kirchenfragen, die

Synodaltagung nicht nur aus der Außenperspektive und durch die Brille der Westpresse zu betrachten. Viele neue Synodale müßten erst Erfahrungen in der Synodenarbeit gewinnen. Von einer Gruppenbildung oder gar einer neuen Konzeption unter den Kritikern könne keine Rede sein. Der Bischof fuhr fort:

»Unsere innere Situation sei durch drei Kennzeichen bestimmt:
a) Es gäbe Identitätsängste in der Kirche, die die Befürchtung weckten, die Kirche könne sich vereinnahmen lassen. Die Sorge um ihre Identität wird die Kirche ständig begleiten, weil sie stets von der Frage beunruhigt sein werde, ob sie dem Willen Christi mit ihrem Handeln entspreche.
b) Negativ wirkten sich die Erfahrungen im täglichen Leben aus. Bürger fühlen sich als Menschen nicht ernst genommen und unwürdig behandelt. Das sei eine weit verbreitete Stimmung unter den Bürgern. Sie kommt dann bei den Synoden auch zum Ausdruck. Es sei ein gesellschaftliches Problem, ein Fremdproblem, das wir in der Kirche mit auszubaden hätten[234].
c) Es herrsche Enttäuschung, weil wir in letzter Zeit keinerlei Fortschritte in wirklich brennenden Fragen hätten beobachten können (Volksbildung[235], Wehrdienst, Baufragen usw.). Eine verfallene Kirche sei eben auch Symbol für Verfall. Die gegenwärtige verständnisvolle Behandlung der Wehrdienstverweigerer sei eben kein Ersatz für eine Grundsatzlösung.«

Als Konsequenz aus den aufgezählten Problemen forderte der Bischof ein Gespräch mit dem KKL-Vorstand über Sachfragen. Gleichzeitig erinnerte er Gysi daran, daß die gescholtene Synode immerhin die Friedenspolitik Gorbatschows und Honeckers sowie die Reisepolitik der DDR gewürdigt habe. Der beanstandeten Berichterstattung des Westfernsehens solle das DDR-Fernsehen am besten eine sachliche Information entgegensetzen. Ziegler führte über die zentrale Verbreitung der staatlichen Kritik Beschwerde; der Staat habe sein Unbehagen an der BEK-Synode von oben bis auf die Kreisebene hinab lanciert, ohne vorher mit den BEK-Vertretern das Gespräch gesucht zu haben. Dem Vorschlag Gysis, einmal im Monat zu einem Gespräch zusammenzukommen, stimmte der Thüringer Bischof unter der Voraussetzung zu, daß zunächst eine Sachunterredung des Staatssekretärs mit dem gesamten KKL-Vorstand stattfinden möge[236].

Sachsens[237] LKA-Präsident Domsch bat die Staatsfunktionäre, kirchliche Äußerungen zum Wehrdienst, zum innergesellschaftlichen Frieden oder auch zum Umweltschutz nicht als Gegnerschaft oder Feindseligkeit zu interpretieren[238].

Den von Leich angesprochenen Unmut der Bürger über Bevormundung und Nichternstnahme[239] durch staatliche Stellen hatte Bischof Hempel schon Anfang des Jahres präzisiert:

»Er sprach dann davon, daß er bei DDR-Bürgern eine ›nicht mehr voll durchleuchtbare Verdrossenheit an Institutionen‹ feststelle, das betreffe z. B. Staat, Polizei, Gesellschaft, aber genauso auch die Kirche. Analoge Erscheinungen gebe es auch in der BRD. Bei mittleren Leitungskadern in Betrieben und Einrichtungen gebe es ein ›Seufzen über autoritäres Behandeltwerden‹. Vorschläge zur Verbesserung der Arbeit würden häufig ignoriert, kritische Hinweise als Meckerei abgetan. Das führe zu Resignation und Ablehnung gesellschaftlicher Verantwortung. [...] Es seien ›Dinge des Umgangs miteinander im Alltag‹. An einem Beispiel, das ihm in besonders frischer Erinnerung sei, wolle er das deutlich machen. Seine Ehefrau sei unlängst in der Nacht vom Sonnabend zum Sonntag von einer BRD-Reise zurückgekommen und mußte sich sonntags bis 11.00 Uhr bei der VP-Meldestelle zurückmelden. Da Hempels Besuch im Hause hatten, verpaßte sie diesen Termin. Kurz nach 11.00 Uhr wurde sie von zwei Polizisten höflich aufgefordert, mit zur Meldestelle zu kommen. Dort wurde Frau Hempel von einer Mitarbeiterin zwar höflich, aber in oberlehrerhafter Manier angesprochen. ›Nun, Frau Hempel, was haben Sie mir zu sagen‹. Und: ›Jetzt lächeln Sie, Frau Hempel, wenn Sie wieder einen Antrag stellen, lächeln wir‹.«[240]

Auch die Superintendenten des Bezirkes Dresden sowie einige Kirchenräte berichteten im März 1986 von einer resignativen Stimmung unter den Bürgern, vor allem den Jugendlichen[241]:

»Für sie wäre nicht immer die Möglichkeit gegeben, sich offen zu interessierenden Fragen zu äußern. Viele würden sich lieber anpassen, um nicht anzuecken. Diese Mutlosigkeit sei eventuell auf eine zu große Behütung zurückzuführen. Es gäbe für Jugendliche zu wenig Möglichkeiten, einmal verschiedene Wege zu einem Ziel auszuprobieren, auch einmal einen Irrtum zu begehen, um daraus zu lernen. Es sei zu vieles vorgegeben (Scheibner/Ziemer/Fritz/Heitmann).

[...] Kinder würden sich bis zum 5./6. Schuljahr sehr offen über die Probleme, die sie bewegen, äußern. Später käme es zu negativen Erfahrungen, die dazu führen, daß sie den Lehrern nur das sagen, was erwartet wird, offen seien sie nur außerhalb der Schule. Mitdenken sei zu wenig erwünscht, dafür werde zu oft ein Nachbeten erwartet. [...] (Scheibner/Fritz/Schlage/Ziemer[242]).

[...] Die Medienpolitik sei eine Zumutung, es werde so getan, als ob wir in einer heilen Welt leben. So sei es nicht verwunderlich, daß die Bürger, die in der Praxis etwas anderes erleben, beginnen zu resignieren. Denn die in den Medien dargestellte Wirklichkeit sei nicht die erfahrene Wirklichkeit. Der einzelne Bürger fühlt sich dadurch nicht ernst genommen.«[243]

Zum letzten Punkt – der DDR-Medienpolitik – übte Kirchenamtsrat Steffen Heitmann, Dresden, im Herbst 1986 gegenüber einem Staatsfunktionär herbe Kritik. Dieser berichtete daraufhin:

»Völlig unvermittelt fragte mich Heitmann nach dem Abendprogramm im Fernsehen gestern abend. Die Länge und den Umfang der Berichterstattung über den Besuch Erich Honeckers in der KVDR bezeichnete er als eine Zumutung. Er würde sich wundern, wie Erich Honecker den Personenkult, der um Kim Il Sung gemacht wird, erträgt. Das würde ja an Stalins Zeiten erinnern. Auch das Stadion trägt schon seinen Namen. Heitmann findet es schlimm, daß die DDR-Bevölkerung durch die Länge der Beiträge in der Aktuellen Kamera und anschließende Sonderprogramme dermaßen ›strapaziert‹ wird. Meinen Hinweis, daß er sich ja die andere Sendung im 2. FS-Programm ansehen kann, beantwortete er dahingehend, daß das schon stimme, es würde aber auch noch andere wichtige Ereignisse in der Welt geben, die nach seiner Meinung in die Aktuelle Kamera gehören.«[244]

Kirchen- und Gesellschaftsverständnis, deutsche Zweistaatlichkeit und Versöhnung mit der Sowjetunion

Am 4. Dezember 1986 führte Rüdiger Schloz die gemeinsame Konsultation in den vom Kirchenamt der EKD im Auftrag des Rates herausgegebenen Text »Christsein gestalten. Eine Studie zum Weg der Kirche«[245] vom Juli 1986 ein. Unter Verweis auf die Repräsentativerhebung »Was wird aus der Kirche?« (1984) und die Studie »Strukturbedingungen der Kirche auf längere Sicht« (1985) sprach er von einem »einschneidenden Traditionsabbruch«[246]. Zur Bewältigung dieser Situation wolle die 1986er Studie »Hilfe und Anregung für die kirchliche Arbeit bieten«. An dem Inhalt und Aufbau der Studie entlanggehend, folgte auf die religionssoziologische Beschreibung des Ist-Zustandes und der Perspektiven der Institution Kirche eine theologische Deutung, die eindeutig den Denkformen der Münchner Kulturtheologie verpflichtet war, obwohl unter deren Fragestellung schematisierend auch andere »kirchenbildbestimmte Ansätze« genannt wurden. Die Abschnitte »Christsein als Gestaltungsaufgabe« und exemplarische »Gestaltungsschwerpunkte« sollten den Weg in eine liberale, tolerante und unbeschwerte »Beteiligungskirche« weisen, die von ihrem volkskirchlichen Ansatz her auf eher bedrängende konfessorische Fragen besser verzichtet.

»Die Studie ›Christsein gestalten‹ bemüht sich, Ansatzpunkte einer Vermittlung der modernen Lebenswelt mit dem Zuspruch, Anspruch und Einspruch des Evangeliums aufzuzeigen. Sowohl Lern- und Dienstbereitschaft als auch missionarischer Freimut der bewußten Christen gegenüber denen, die der Kirche und der Glaubensüberlieferung (mit Gründen) mit Reserve begegnen, werden in Zukunft nötig sein, um die christliche Botschaft einladend zu vermitteln. Dabei wird sich auch die Gestalt der Kirche verändern. Sie wird kleiner werden, deshalb aber nicht weniger vielfältig. Die innerkirchliche Verständigung unterschiedlicher Positionen wird eine dauernde Aufgabe sein. Der Weg der bergenden Einheit ist uns verschlossen, wir sind als konziliare Gemeinschaft miteinander unterwegs. Die volkskirchliche Vielfalt darf deshalb nicht nur als Last, sondern muß auch als Reichtum verstanden und gestaltet werden.«[247]

Der Ost-Berliner Generalsuperintendent Günter Krusche wiederholte als Koreferent einen Vortrag vor dem Ostberliner Generalkonvent, den er Ende Mai gehalten hatte. Ungeachtet der anderen theologischen Tradition, aus der er ursprünglich kam, war seine Rede ein Plädoyer zugunsten eines Lernprozesses in Richtung auf eine »urbane Ekklesiologie«. Damit meinte er den Abschied von einer kirchlichen Gesinnung, die er »sektiererisch« nannte, und sprach sich – Ernst Troeltsch zitierend – zugunsten einer toleranten, pluralismusbejahenden »Lern- und Dienstgemeinschaft« aus.

»Von Gemeinde zu Gemeinde, von Pfarrbezirk zu Pfarrbezirk wechselt oft die Szene; denn hier hütet jeder seine Parzelle. Konfessionelle Unterschiede wirken sich trotz der Union bis in die Gemeindearbeit hinein aus. Konservativ-konventionell arbeitet der eine, ganz unkonventionell hält der andere dagegen. Sakral ist hier Trumpf, säkular dort, hochkirchlich geht es hier zu, pietistisch da. Selbst innerhalb einer Gemeinde existieren rivalisierende Konzeptionen, unterschiedliche theologische Entwürfe, ja sogar in den Kreisen und Gruppen der Gemeinde wechselt das Bild je nach dem, der gerade die

Leitung hat [...] Unterschiedliche Lebensstile prägen heute den Alltag der Menschen [...] Die Kirche hat die Wahl: Entweder sie erhebt einen bestimmten Stil, eine bestimmte Praxis zur Norm, dann verstärkt sie ihre Entfremdung von der sie umgebenden Gesellschaft; oder sie gibt eine bestimmte Prägung auf und folgt so den Menschen. Ist das Anpassung oder missionarische Existenz?«[248]

Der an sich überraschende Gleichklang zwischen Schloz und Krusche umfaßte für letzteren auch einen Aspekt, der für Schloz' bundesrepublikanischen Hintergrund viel weniger entscheidend war: Der staatsfreundliche Generalsuperintendent konnte mit seiner Pluralismusthese auch die »Zusammenarbeit von Kommunisten und Gläubigen«[249], den »Lernprozeß der Kirche in der sozialistischen Gesellschaft«[250], die »Rücksichtnahme auf das große Sicherheitsbedürfnis unserer Regierung in Berlin«[251] und den Dialog mit allen als »Grundbedingung einer urbanen Ekklesiologie«[252] begründen.

Auf die zum Teil auch kritischen Fragen der Teilnehmer konnten Schloz und Krusche gemeinsam antworten. Sie unterstrichen die »Notwendigkeit, von einer nur ›postulatorischen Theologie‹ abzurücken und diese auch wieder für Symbolik und Rituale zu öffnen. Ebenso müßte man sich einmal dranmachen, das Phänomen des Pluralismus in Verbindung mit der Säkularisation zu bearbeiten. Und schließlich wäre eine vergleichende Ekklesiologie-Studie BEKDDR/EKD eine lohnende Sache.«[253]

Im gleichen Monat befaßte sich der KKL-Vorstand unter der Fragestellung, ob eine Neuformulierung notwendig sei, mit dem Begriff »Kirche im Sozialismus«. »Jeder Vorstand, jeder Vorsitzende muß sich jeweils neu mit der Sache auseinandersetzen, die hier gemeint ist«, vermerkt das Protokoll. Weiter hieß es: »Die Auslegung der Formel ›Kirche im Sozialismus‹ bewegt sich zwischen den Extremen: – reine Ortsbeschreibung – Kirche für den Sozialismus.« Unter Verweis auf die Anrede der Adressaten in den Paulusbriefen – Gemeinden in Korinth etc.[254] – stellten die Vorständler die These auf, der Apostel »leg[e] den Christen die Verantwortung für den Bereich auf, in dem sie leben.« Der Schluß bzw. das Ergebnis der Diskussion lautete: »Kirche *im* Sozialismus heißt nicht Orts-, sondern Situationsbestimmung.«[255]

Forck informierte die Dezemberzusammenkunft der Beratergruppe noch über das gegen den Ostberliner Vikar Lampe durchgeführte Verfahren[256]. Darüber hatte Stolpe den KKL-Vorstand auf dessen Augustsitzung bereits in Kenntnis gesetzt. Der Konsistorialpräsident hatte ausgeführt, daß Lampe – im August noch Kandidat des Predigtamtes – sich am 13. August 1986 »in einer leerstehenden Wohnung in der Oderberger Straße (Grenze) in demonstrativer Absicht an das Fensterkreuz gekettet habe. Aufschrift eines Schildes: ›Die Mauer tönt im Kopf‹. Westliche Journalisten wurden von ihm vorher verständigt. Reinhard Lampe wurde verhaftet und befindet sich zur Zeit in Untersuchungshaft. Das Konsistorium Berlin-Brandenburg ist in den Fall eingeschaltet.«[257] Friedrich Winter ergänzte wenig später, Berlin-Brandenburg habe Lampes rechtliche Vertretung übernommen«[258]. Lampe wurde zu einer Haftstrafe auf Bewährung verurteilt. In innerkirchlichen Flugblättern klagte der Vikar die fehlende Reisefreiheit ein[259].

Aus dem Bereich der Evangelischen Kirche Berlin-Brandenburg war der

Vorschlag unterbreitet worden, anläßlich der 25jährigen Wiederkehr des Mauerbaus einen Bußtag zu begehen – eine Anregung, mit der sich dann auch die Berlin-Brandenburger Kirchenleitung befaßte[260]. Man beschloß, des Ereignisses »im Rahmen der üblichen Gottesdienste« zu gedenken[261].

Auch Hauptabteilungsleiter Heinrich hatte gegenüber Ziegler frühzeitig diese Thematik angesprochen, indem er darauf hinwies,

»es seien Absichten bekannt geworden, an diesem Tag etwas ›aufzuziehen‹. Er fragt, ob auch kirchliche Gruppen derartiges vorhätten. Alle solchen Aktionen, von denen er bisher gehört habe, würden nur als Provokationen gewertet werden können. Von staatlicher Seite würde man Wert darauf legen, daß die Situation von 1961 sachgemäß reflektiert werde. Ziegler erklärt, daß lediglich Anregungen bekannt geworden seien, den 13. August mit einer Art Bußgottesdienst zu begehen. Jedoch gäbe es bisher keinerlei Entscheidungen, auf solche Anregungen einzugehen.«[262]

Über die kirchliche Stimmung in Berlin (Ost) im August 1986 berichtete der dortige Magistrat:

»Im Zusammenhang mit dem 25. Jahrestag der Befestigung der Staatsgrenze zu Westberlin wurde in Gesprächen seitens kirchlicher Vertreter weitgehend realistisch zu den Gründen Stellung genommen, die damals zu diesem Schritt führten. Auf der anderen Seite wird oftmals das ›große menschliche Leid‹ beklagt, das mit dieser staatlichen Maßnahme verbunden war. In der heutigen Zeit gelte es, so wird oftmals argumentiert, die ›menschlichen Probleme‹ abzubauen – durch einen weiteren Ausbau der Reisemöglichkeiten in das NSW – dies wäre zugleich ein Element, internationales Vertrauen zu stärken und den Frieden sicherer zu machen.«[263]

Die Bischöfe Forck und Kruse tauschten anläßlich des 13. August Briefe aus, die auch den Gemeinden bekanntgemacht wurden[264]. Darin heißt es nicht nur, eine Wiedervereinigung liege zur Zeit »außerhalb realisierbarer Möglichkeiten«, sondern auch, daß der Mauerbau nach einer Phase der verschärften Trennung zu einer allmählichen Normalisierung des Verhältnisses beider deutscher Staaten zueinander geführt habe. Außerdem enthielt der Brief Forcks die Forderung nach Reiseerleichterungen und nach einer stärkeren Teilhabe von Christen an der Gestaltung der DDR-Gesellschaft. Das Anliegen der beiden Bischöfe wurde nicht von allen Gläubigen verstanden. Forck erhielt erboste Zuschriften, die den Briefwechsel als staatliche Auftragsarbeit bezeichneten und dem Berliner Bischof Opportunismus vorwarfen. Allerdings habe es auch positive Reaktionen gegeben, berichtete Forck der KKL[265].

Während der Fragestunde der sächsischen Frühjahrssynode war Landesbischof Hempel auch auf die deutsche Frage eingegangen:

»Es dürfe nicht übersehen werden, daß die Einbindung beider deutscher Staaten in die jeweiligen Bündnisse zwar eine leidvolle, aber dem Frieden letztlich dienliche Form sei. Wenn es anders wäre, wären manche Nachbarvölker sicher beunruhigt, weil sie nicht wüßten, was dann geschehen könne. Durch die Zugehörigkeit zu den beiden Bündnissen hätten die deutschen Staaten kaum eigene Handlungsmöglichkeiten.«[266]

Während der Zusammenkunft der Beratergruppe am 18. Juni 1986 berichtete Hammer über »die westfälische[267] und rheinische Synoden-Entschließung[268] zur ›Aufgabe einer Versöhnung mit den Völkern der Sowjetunion‹. Lohse erwähnt ergänzend die positive Reaktion von kirchenleitenden Personen aus der Sowjetunion auf die an sie vom Rat der EKD gesandten Telegramme anläßlich des Reaktorunfalls in Tschernobyl.«[269] In der sich anschließenden Aussprache wurde nach der Möglichkeit gefragt, daß »EKD und BEKDDR gemeinsam etwas zur Aussöhnung mit den Völkern der Sowjetunion sagen. Das wird nach der letzten Zusammenkunft der Konsultationsgruppe nicht für ausgeschlossen gehalten.«[270]

Während der gemeinsamen Konsultation in Friedewald Ende Mai 1986 hatte zunächst eine abschließende Auswertung der Veranstaltungen zum 8. Mai stattgefunden: »Dr. Domke und Dr. Gaebler erläutern den Beschluß der Konferenz zur Nacharbeit vom 9./10.5.1986. Dabei wird besonders die weitergehende Aufgabe hervorgehoben, das Verhältnis zur Sowjetunion zu klären und unter Anerkennung der deutschen Schuld gegenüber den Völkern der Sowjetunion Aussöhnung zu suchen.« In der Diskussion kamen der Hinweis, die Sowjetunion habe Weizsäckers Rede zum 8. Mai positiv aufgenommen, und die Frage, ob man wirklich über das Gesagte hinausgehen solle.

»Weitergehende Schritte und Erklärungen in Richtung Sowjetunion würden jedoch auf Widerstand stoßen, weil sofort die Frage nach dem Unrecht, das nach 1945 geschehen ist, aufbrechen würde. Außerdem bestehe nur geringe Neigung, das Gedenken an den 8.5.1945 auf Dauer fortzusetzen, die Stuttgarter Schulderklärung in die Gegenwart zu verlängern.

Zur Versöhnung gehöre auch immer Wahrhaftigkeit. Darum müsse alles ausgesprochen werden können, was von jeder Seite erlitten wurde. Es ist auch zu fragen, ob Schulderklärungen nationale Feindschaften aufheben können oder ob sie vielleicht nur Anstoß zu Forderungen geben.

Die Diskussion um ein Versöhnungswort in Richtung Sowjetunion wird jedoch weitergehen. Anlaß für ein solches Wort könnte das Jahr 1988 sein. Zu überlegen wäre, wer dann der Ansprechpartner ist. Es könnte die Russische Orthodoxe Kirche sein. Wenn es zu einem solchen Versöhnungswort käme, sollte es unbedingt gemeinsam gesprochen werden. Denn hier wäre ein Ausdruck der besonderen Friedensverantwortung der Kirchen in beiden Staaten und eine Füllung des Artikels 4 (4) der Bundesordnung. Es wird vereinbart, bei der nächsten Konsultation dieses Thema weiterzuführen.«[271]

Auf ihrer Frühjahrs-Synode befaßte sich die Berlin-Brandenburgische Kirche (Region Ost) auch mit dem Reaktorunglück von Tschernobyl. Der Synodaltagung lag ein ausführliches und grundsätzliches Votum[272] vor, dessen Kerngedanken Forck auch in seinen Bischofsbericht[273] aufnahm. Ein Brief an den Exarchen der russisch-orthodoxen Kirche drückte Anteilnahme und Betroffenheit aus[274]. Die Görlitzer Frühjahrssynode (23.-25. Mai 1986) beschloß:

»Sie [die Synode] teilt die Feststellung des Ratsvorsitzenden, daß wir unsere biblisch begründete Verantwortung nicht auf Regierungen delegieren können. Die Katastrophe im Kernkraftwerk Tschernobyl und die damit verbundenen Umstände sind auch der Synode ein ›Alarmsignal‹ und ein bedrängender Anlaß, darauf hinzuweisen, ›daß die nukleare Epoche ein neues politisches Denken und eine neue Politik erfordert‹ (Erklärung des Generalsekretärs Gorbatschow vom 14. Mai 1986).«[275]

Christa Lewek berichtete während der Juni-Beratergruppensitzung, »daß in der DDR die Beunruhigung über das Unglück und seine Folgen nicht so groß war wie in der Bundesrepublik. Die Bevölkerung war allerdings verbittert über die Informationspolitik der Regierung (keine Partizipation)[276]. Die Hauptkonsequenz ist wohl eine ›Schockwirkung‹: Die DDR ist einerseits auf Energie aus Kernkraftwerken angewiesen, und andererseits kann diese nicht die der Zukunft sein.«[277]

Ende August 1986 wertete das Staatssekretariat für Kirchenfragen:

»Die Position von Vertretern der evangelischen Kirchen in der DDR zur Reaktorhavarie im KKW von Tschernobyl war im Zeitraum vom Bekanntwerden des tragischen Ereignisses bis zum Beginn des Monats Juli 1986 einer deutlichen Veränderung unterworfen. Das Unglück hatte unter Amtsträgern und Leitungskräften der evangelischen Kirchen in der DDR zunächst insgesamt realistische Reaktionen ausgelöst. [...] Demgegenüber verzichtet das Antwortschreiben der KKL des Bundes der Evangelischen Kirchen in der DDR auf Anfragen und Eingaben aus den Gemeinden zur Havarie im KKW von Tschernobyl vom 5.7.1986[278] auf jegliche Erklärung zur Unterstützung der sowjetischen Initiativen zur Abwendung der Gefahr eines Kernwaffenkrieges. Die KKL folgt darüber hinaus auch noch der von BRD-Medien massiv propagierten Behauptung von einer nur ›schwer einschätzbaren zusätzlichen Gefährdung‹ durch die zeitweilig erhöhte Strahlenbelastung. [...] Sie praktiziert damit eine Form des Umgangs mit dieser ernsten und komplizierten Problematik, die sich sogar negativ von der Herangehensweise des Ratsvorsitzenden der EKD, Bischof Kruse, abhebt, die dieser in einer Erklärung vom 12.5.1986 abgegeben hat und in der er nachdrücklich eine an Sachfragen orientierte und mit Nüchternheit geführte Form der Beschäftigung mit den aus Tschernobyl resultierenden Fragen fordert.«[279]

Über die verantwortliche Nutzung der Kernenergie[280] kam es am 5. September 1986 auf Beschluß der KKL[281] zu einem Sachgespräch mit Professor Klaus Fuchs, Gysi, Heinrich, Wilke, Dohle und Krauße[282].

Auf der Greifswalder Herbstsynode wiesen einige Synodale kritisch auf das Kernkraftwerk Lubmin[283] hin. Das Staatssekretariat für Kirchenfragen wertete dieses Vorgehen als ein Ablenken von der Friedensfrage[284].

Ende Oktober 1986 trugen Helmut Domke und Schmude vor der 26. Konsultation ihre Vorstellungen über ein gemeinsames Wort zur »Versöhnung mit den Völkern (Domke: ›Menschen‹) der Sowjetunion« vor.

Domke knüpfte bei dem Arbeitsbericht der Konsultation vom Sommer 1982 an[285], in dem beide Kirchenbünde bekräftigt hatten, »sich nicht in den Antagonismus der Systeme vereinnahmen zu lassen, weil sie von ihrem Auftrag her den Brückendienst der Versöhnung zu tun haben«[286]. Vor diesem Hintergrund plädierte Domke für das Aussprechen »einfacher Wahrheiten«: die zwanzig Millionen Todesopfer seitens der UdSSR, den Eroberungs- und Vernichtungskrieg, die verdrängte und auf andere abgeschobene Schuld, die Aufrechterhaltung des »antikommunistischen Feindbildes«. Nicht als Anklage, sondern um des Leides der Menschen willen sollten auch die »an deutschen Menschen begangenen Gewalttaten [...] benannt werden«. Die Verkündigung des Evangeliums von der Rechtfertigung des Gottlosen befreie zur Schuldübernahme und ermögliche einen Neuanfang »aus geschenkter Zukunft« gerade im Blick auf die junge Generation. Dreimal hebt Domke in seinem Text hervor, wie nötig eine Überwindung der emotionalen Vorurteilsbildung gegen die UdSSR sei, wobei er stets den »stark irrational geprägten Antikommunismus« an erster Stelle nannte, vor den Gefahren der Arroganz und des kulturellen Überlegenheitsgefühls warnte und sich gegen eine Reihe dezidierter politischer Dikta wandte, die er für »Vorurteile« hielt:

»Abrüstungsverhandlungen mit der UdSSR sind zwecklos [...] Mit der Sowjetunion kann man nur aus einer Position der Stärke heraus verhandeln [...] Entspannungsangebote der UdSSR sind nur Trick und Täuschungsmanöver [...] Gegenüber der Sowjetunion ist jedes Mittel der Abschreckung recht [...] Gemeinsame Sicherheit mit der UdSSR kann es niemals geben, sondern lediglich mit den Bündnispartnern, mit denen man die gleichen Werte teilt.«[287]

Dagegen forderte er, »den Friedenswillen der Menschen in der Sowjetunion und ihre tiefe Friedenssehnsucht ernstzunehmen« und durch konkrete Schritte Versöhnung zu leben.

Schmude artikulierte gleich eingangs, es bestünden »in mehrfacher Hinsicht [...] Zweifel« an einem solchen Projekt, »die ausgeräumt oder beantwortet werden müßten«. Mit seinen Überlegungen wollte er offenbar einen Beitrag dazu leisten. Er benannte im wesentlichen die von Domke ebenfalls erwähnten Sachverhalte, enthielt sich dabei freilich – sieht man vom Gebrauch des Schuldbegriffs ab – jeder theologischen Argumentation und sprach sich für eine Stellungnahme im Zusammenhang der Tausendjahrfeier der Kirche Rußlands im Jahr 1988[288] aus. Zu den Fakten zählte er offenbar auch, was Domke nicht erwähnt hatte:

»Die positiven Erfahrungen der Nachkriegszeit mit der Sowjetunion und ihren Menschen sollten ebenfalls nicht verschwiegen werden. Hier wäre dankbar zu würdigen, was es an Verständigung und Freundschaft und an Zeichen der Versöhnung gegeben hat.«[289]

Beispiele für diese These brachte Schmude nicht.

In der Aussprache wurden seitens anderer Teilnehmer der Konsultation auch kritische Aspekte gegen ein »Versöhnungswort« ins Feld geführt:

»In einer Verlautbarung könnte nicht umgangen werden, die andauernde Kolonisierung anzusprechen. Es erscheine aber kaum möglich, sich hier verständlich zu machen. Es ist zu bedenken, daß alle Äußerungen in den im Gang befindlichen Propagandakrieg einbezogen würden. Es könne nicht einfach übersehen werden, daß es Grundlinien gäbe im Nationalsozialismus und Stalinismus [...] Es sei äußerst schwierig, unter diesen Umständen unmißverständlich und wahrhaftig zu reden.«[290]

Eine endgültige Entscheidung, wie verfahren werden sollte, wurde auf Mai 1987 verschoben.

Als Domsch in der Konsultations-Sitzung Ende Januar 1987 nachfragte, »ob eine neue ›Ostdenkschrift‹ vorgesehen sei, wird erklärt, daß große Zurückhaltung in dieser Sache bestehe, daß es wahrscheinlich zu einem Brief im Zusammenhang mit dem ›Jubiläum der Taufe Rußlands‹[291] kommen werde. Im übrigen wird darauf verwiesen, daß über ein mögliches gemeinsames Versöhnungswort noch nicht entschieden ist«[292]. Die Angelegenheit wurde erneut auf den Mai-Termin vertagt. Immerhin enthielt der 1986 gegebene

Ratsbericht auf der Novembersynode der EKD schon eine Aussage zur Versöhnung mit den Völkern der Sowjetunion[293], was Domsch zu der Frage veranlaßt haben mochte. Auf der 28. Konsultation wurde dann für die schon sechs Wochen später anberaumte Klausurtagung der Konsultation das Thema »Versöhnung mit der Sowjetunion (Schmude/Domke)«[294] angekündigt.

Unmittelbar zuvor war in demselben Verlag und in ganz ähnlicher Aufmachung, in der die EKD ihre Denkschriften zu präsentieren pflegt, eine Thesenreihe über »Versöhnung und Frieden mit den Völkern der Sowjetunion« erschienen. Die Herausgeber waren linkskirchliche Bruderschaften, die unter Berufung auf das sog. »Darmstädter Wort«, das sie nochmals abdruckten, die Meinung vertraten, der 40 Jahre zuvor erhobene »Ruf zur Umkehr« sei »nicht wirklich gehört worden«[295]. Die in den Thesen vertretenen Positionen wie die Bemerkung, eine EKD-»Verlautbarung zur 1000-Jahr-Feier der Taufe Rußlands 1988« könne »nur ein Anfang«[296] sein, schienen freilich darauf hinzuweisen, daß man über den Stand der Beratungen in der gemeinsamen Konsultation recht gut informiert war.

Die Thesen wiesen auf die Gefahr eines 3. Weltkrieges und die schon darum gegebene lebensnotwendige Verständigung hin, erinnerten positiv an die Ostdenkschrift und Werner Krusches[297] Kieler Vortrag, negativ an den deutschen Vernichtungskrieg und den »Antikommunismus in Kirche und Gesellschaft«. Er sei »eine Wurzel der Unversöhnlichkeit und ein Haupthindernis für Frieden und Verständigung mit der Sowjetunion«[298]. Die Menschenrechte seien »zu einer Waffe im kalten Krieg gemacht worden« und anerkennen nicht »die unterschiedlichen Ursprünge und Ausprägungen der Menschenrechtstradition in Ost und West«[299].

In ähnlicher Weise hatte sich auch die stellvertretende BEK-Sekretariatsleiterin Christa Lewek während eines Gesprächs mit Hauptabteilungsleiter Heinrich vom Staatssekretariat für Kirchenfragen nach einem ökumenischen Menschenrechtsseminar in Chorin[300], bei dem auch OKR Heidingsfeld[301] zugegen war, am 16. März 1984[302] geäußert. Heinrich notierte:

»Mit Bezugnahme auf den Begriff der ›Verantwortungspartnerschaft‹ verwahrte sie sich gegen den Mißbrauch der Menschenrechte als Waffe des kalten Krieges. Staat und Kirche tragen dabei eine große Verantwortung, um den Aufbau des Sozialismus als Chance des gerechteren Zusammenlebens nicht stören und destabilisieren zu lassen.«

Der ÖRK-Vertreter Weingärtner stellte befriedigt fest, die »Positionen des ÖRK und der DDR zu den Menschenrechtsfragen [seien] ›nicht sehr unterschiedlich‹ [...] Ausgehend von den weltoffenen Bedingungen, unter denen in der DDR Politik zu verwirklichen ist (jeder könne sich von außen einmischen, Dinge zu Problemen machen, die keine sind), würdigte er die Arbeit der staatlichen Organe für die Ausgestaltung konstruktiver und sachlicher Beziehungen zwischen Staat und Kirche. Gerade hier sei ein Dialog wichtig, gerade hier ist es gut, daß alle Probleme offen angesprochen werden können.«

Heidingsfeld fügte hinzu: »Es habe immer wieder Versuche gegeben, die Menschenrechte als Konfrontationsthema zu behandeln. Daß sich der ÖRK nicht hat auf diese Linie drängen lassen, ist auch ein Verdienst des BEK. Ihn habe die Offenheit, mit der die Menschenrechtsfragen in Chorin auch mit DDR-Experten diskutiert wurden, sehr beeindruckt. Er bedauerte, daß dieses Thema in der EKD nicht oder nur einseitig – vor allem aber nur sporadisch – behandelt wird.«[303]

Vor diesem Hintergrund ist zu verstehen, daß Schmude, als er die Thesen vor der »Konsultation« erläuterte, kritisch bemerkte, sie »ließen die sachliche Analyse weithin fehlen« und würden »schwierige Fragen ausklammern«, bildeten aber einen »wichtigen Anstoß«.

»Die Kirchen sollten versuchen, ein eigenständiges kirchliches Wort zu verfassen. Dabei könne an das Stuttgarter Schuldbekenntnis angeknüpft und auf die Ostdenkschrift zurückgegriffen werden. Ebenso aber auch auf die gemeinsamen Worte von Bund und EKD. Inhaltlich werde es darum gehen, das anderen zugefügte Leid und an ihnen verübte Verbrechen deutlich zu benennen, Schuld auszusprechen und Versäumnisse zu nennen. Auch die von der Sowjetunion begangene Schuld müsse kurz und klar ausgesprochen werden. Aber sie dürfe keine Bedeutung für den Umgang mit unserer Schuld haben. Ein gegenseitiges Aufrechnen sei völlig unangebracht. Es wäre eine große Chance, dies Wort gemeinsam von EKD und Bund zu sagen. Das Wort wäre keine geeignete Festgabe zum Millenium. Es sollte vor dem Millenium, etwa Anfang 1988, veröffentlicht werden. Adressaten müßten unsere Gemeinden sein. Es müsse sichtbar werden, daß es uns um die Christen in der Sowjetunion gehe, nicht allein um die Russische Orthodoxe Kirche.«[304]

Domke unterstützte mit seinem Votum voll die Argumentation Schmudes, unterstrich die Verletzlichkeit der Sowjetunion in dieser Frage und betonte, daß ein solches Wort nur ein Anfang sein könne, der von trilateralen Gesprächen zwischen Vertretern der EKD, des Bundes und der russischen Christen zum Thema »Frieden und Gerechtigkeit als Aufgabe der Christen auf dem Hintergrund der Geschichte ihrer Völker« begleitet sein müsse.

Trotz der günstigen Ausgangslage, die das Vorpreschen der Bruderschaften mit den acht Thesen geschaffen hatte, waren in der Konsultation noch nicht alle Bedenken verstummt. Es wurde der Einwand erhoben, »ob nicht ein gemeinsamer Gottesdienst besser sei als eine schriftliche Verlautbarung [...] Es gäbe Schuld und Versagen auf beiden Seiten [...] warum Schuldbekenntnisse ständig wiederholt werden müßten und ob sie zur Voraussetzung der Versöhnung gemacht werden dürften.«[305] Schließlich schwiegen die Kritiker, und die Aussprache endete nach dem Protokoll mit den Sätzen: »Es müsse jetzt etwas gewagt werden. Man solle nicht bis 1989 warten. Dann könne man kein Wort zur Versöhnung mit der Sowjetunion sagen, ohne ausführlich auf den Hitler-Stalin-Pakt einzugehen.«[306]

Domke, Schmude, Stier und Ziegler wurden um einen Textentwurf gebeten, der bis zum 24. September 1987 vorliegen sollte.

Ein sechsseitiger Entwurf Schmudes vom 17. Juli 1987 nahm alle von ihm und Domke genannten Punkte auf, sprach von »deutscher Überheblichkeit, deutschem Rassenwahn und deutscher Verachtung für die Menschen der Sowjetunion« sowie der davon »geprägten Absicht der vollständigen Ausrottung« ganzer Bevölkerungsgruppen[307]. »Kirchenleitende Gremien und Theologen« hätten die »Angreifer in einer Sprache des maßlos eifernden Antibolschewismus« ermuntert, und nach dem Krieg habe das »Leid der Besiegten [...] sich mit der emotionellen anti-sowjetischen Haltung, die zuvor die Billigung des Überfalls auf die Sowjetunion getragen hatte«[308], verbunden. Schließlich erhoffte sich Schmude eine Förderung der Versöhnungsbemühungen »durch die neu in Gang gekommenen Abrüstungsverhandlungen zwischen den Großmächten und durch die politischen Reformbemühungen des Generalsekretärs Gorbatschow«[309].

Ein Entwurf Zieglers vom 26. Oktober umfaßte nur eineinhalb Seiten und enthielt weit weniger Spitzenaussagen. Ein gemeinsamer Entwurf vom 4. November wurde schließlich am 10. Dezember 1987 der Konsultationsgruppe vorgelegt, beraten und abermals korrigiert[310].

Anfang November 1987 hatte auch die KKL diesen Entwurf diskutiert. Stier stellte den Text vor und wies darauf hin, daß auch das Leiden Deutscher angesprochen werden solle. In der Aussprache gab es neben einigen befürwortenden Voten eine Menge kritischer Anfragen: »Der Unterschied der Situation und Entwicklung in DDR und Bundesrepublik läßt ein gemeinsames Sprechen in dieser Sache nicht mehr zu. Die Situation der Gemeinden in der DDR und ihre Erfahrungen sind nicht präzise und verständlich genug angesprochen.« Nach dem gemeinsamen Wort zum 8. Mai 1985 bestehe für die DDR-Kirchen »im Grunde kein Handlungsbedarf« mehr. Das Leiden Deutscher müsse dezenter zur Sprache kommen.

Stolpe stellte den Antrag, von einem Gemeinsamen Wort abzusehen und sich auf eine gemeinsame Grußadresse zu beschränken. Dieser Vorstoß stieß auf knappe Ablehnung. Die KKL beschloß mehrheitlich, gemeinsam mit der EKD[311] »ein Wort an die Gemeinden zum Thema Verständigung mit der Sowjetunion« zu verabschieden, und stimmte der Grundtendenz des mit der EKD vorberatenen Entwurfes zu[312].

Die neue Textfassung ging an die Konferenz der Kirchenleitungen und den Rat der EKD zur endgültigen Beschlußfassung.

»Wenn der Text in diesen Sitzungen keine Mehrheit findet, muß der Versuch eines gemeinsamen Wortes mit Bedauern als gescheitert angesehen werden. Der Rat der EKD hat sich für diesen Fall vorbehalten, dann unter Umständen ein eigenes Wort an die Gemeinden der Kirchen in der Bundesrepublik zu richten.«[313]

Der DDR-Bischofskonvent wies darauf hin, daß eine Vermischung des Millenniums mit dem Inhalt des Wortes unzulässig sei. »Die Leidenserfahrung der Deutschen darf auch nicht dem Anschein nach als Verrechnungsinhalt erscheinen.«[314]

Die von Hammer und Ziegler gemeinsam hergestellte Endfassung sagte nichts mehr zum »Antisowjetismus« nach dem Krieg, sondern bezog die Ablehnung des »Systems der Sowjetunion« auf das »Dritte Reich« und nannte den Stalinismus als Motiv, warum die Kirchen das »deutsche Vorgehen gegen die Sowjetunion gebilligt« hätten[315].

Auf ihrer Januarsitzung 1988 stimmte die KKL bei einer Gegenstimme dem Entwurf zu, mahnte jedoch zwei Veränderungen an. Gleichzeitig gab man freilich zu Protokoll:

»Es besteht der Eindruck, daß die Konsultationsgruppe mit diesem Text hinter bereits einmal erreichte Positionen zurückgegangen ist (Arbeitsbericht!). Es sollte in der Konsultationsgruppe darüber gesprochen werden, wie es zu verhindern ist, daß über einmal erreichte und festgeschriebene Positionen zurückgegangen wird.«[316]

Ende Januar fand dann der durch den Rat der EKD mit einer geringfügigen Textänderung versehene Entwurf das Plazet des KKL-Vorstandes. Die russische-orthodoxe Kirche sollte den Wortlaut des Textes gemeinsam mit einem Begleitbrief des BEK-Sekretariats noch vor dessen für den 28. Januar 1988 vorgesehener Publikation erhalten[317].

Am 2. März 1988 mußte Binder einräumen, das »Echo in der Bundesrepublik« sei nicht »übermäßig stark« gewesen. »Das Wort kam in die allgemeine ›Nachrichtenaufgeregtheit‹, verursacht durch die Ereignisse in der DDR.«[318] Für den Bereich der DDR stimmte dem Gienke im wesentlichen zu. Doch man tröstete sich: »Es besteht Übereinstimmung darin, daß dieser Text ganz gewiß eine Weiterwirkung entfalten wird.«[319] Anfang Juni 1988 hatte sich noch immer nichts Wesentliches hinsichtlich der Öffentlichkeitswirksamkeit geändert, wohl aber war »von einigen Seiten« Kritik laut geworden.

»Bemängelt wurde von einigen Seiten, daß die Verbrechen der Stalinzeit und Eingriffe der Sowjetunion bis hin zu Afghanistan nicht erwähnt worden seien. Auch wurde vermutet, daß durch die Erwähnung der Haftung durch die Hintertür wieder die Kollektivschuld der Deutschen eingeführt werden sollte. Kritisiert wurde weiterhin, daß Nationalsozialismus und Deutsche gleichgesetzt worden seien.«

»Dennoch fand das Wort einen verhältnismäßig hohen Grad an Zustimmung«, vermerkten die westlichen Teilnehmer[320].

Immerhin gab es nun auch in der russisch-orthodoxen Kirche kritische Stimmen zur sowjetischen Kirchenpolitik. Der SED-Staat berichtete nach der Görlitzer Bundessynode Ende September 1987:

»In seinem Grußwort ging Erzbischof German auf die Vorbereitung der 1000-Jahrfeier der Christianisierung Rußlands ein. Er unterstellte der Sowjetregierung Einmischungen in kirchliche Belange, behauptete, der Druck von Bibeln würde verboten, und forderte, der Kirche in der UdSSR endlich ihre legitimen Rechte zuzugestehen.«[321]

Den »fortschrittlichen« Friedenskreisen in der Bundesrepublik genügte das »Versöhnungs«-Wort nicht[322]. Anläßlich der 50. Wiederkehr des deutschen Überfalls auf die Sowjetunion verabschiedeten EKD und BEK am 17. Juni 1991 ein weiteres Wort[323].

Mit der Realisierung beider Initiativen – den ekklesiologischen Äußerungen und dem Versöhnungswort – hatte die »Volkskirche« dem Anliegen der beiden dominanten theologisch-ethischen Richtungen Genüge getan: dem religionssoziologisch-kulturtheologischen, wie es etwa in München und Leipzig gepflegt wurde, und dem offenbarungstheologisch-sozialistisch-pazifistischen, vertreten etwa durch Heidelberger und zum Teil auch Berliner Theologen. Domke nannte denn auch neben Demke und Hempel die Heidelberger Theologen Tödt und Huber als Kronzeugen für sein Votum. Die aus kirchenpolitischer Perspektive augenfälligen Überschneidungsflächen beider theologisch divergenter Ansätze wäre bis weit in die 60er Jahre hinein undenkbar gewesen und scheint auf eine je eigentümliche Gewichtsverschiebung zugunsten einer Bestandserhaltung der Institution hinzuweisen.

Ganz im Schatten des Wortes der »Versöhnung und Verständigung« an die Sowjetunion, mit dem es stimmig gestaltet wurde, verfaßte die Konsultationsgruppe auch ein »Wort zum 9. November 1988«[324], das am 26. Mai 1988 veröffentlicht wurde[325]. Im Zusammenhang hiermit regte Schmude an, die seit 1979 gemeinsam verantworteten Texte doch demnächst einmal gesammelt zu publizieren, was auf grundsätzliche Zustimmung stieß. Hammer und Ziegler erhielten den Auftrag, das Material zu sichten und zu prüfen, was davon aufzunehmen sei[326]. Zwei Monate später peilte die Konsultation für die Veröffentlichung der Textsammlung den Beginn des Jahres 1989 an[327]. Es wurde dann der Juli 1989[328].

Beide Worte des Jahres 1988 sollten im übrigen den Anstoß geben, wieder offensiver von der »Besonderen Gemeinschaft« zu reden. Ein solches Bekenntnis schien um so nötiger, als – wie Hans von Keler in der Konsultationsgruppe verlauten ließ – der Ärger in der EKD über eine »verschämte Zurückhaltung [der DDR-Kirchen] auch bei Grundsteinlegungen von der BRD finanzierter Gebäude und dergleichen schon lange groß« geworden war. »Die EKD wäre an einer breiteren Berichterstattung interessiert, habe sich mit Rücksicht auf die Kirchen in der DDR immer zurückgehalten.«[329]

Die kirchliche Haltung zur Gorbatschowschen Reformpolitik, innerkirchliche Selbstverständnisdebatten und das Gespräch zwischen Gysi und dem KKL-Vorstand

Gorbatschows »Neues Denken« beschäftigte um die Jahreswende 1986/87 auch den BEK. Man überlegte, welche Konsequenzen sich aus dieser Formel für die Innenpolitik ergäben, berichtete Ziegler der Januar-Konsultation[330]. Mitte des Jahres thematisierte erstmals auch das Staatssekretariat für Kirchenfragen die Aufnahme dieser, von der DDR nicht gerade wohlwollend betrachteten Seite der Gorbatschowschen Politik[331]:

»Die vorliegenden Informationen machen erneut deutlich, daß in allen Bezirken durch die Geistlichen und kirchlichen Amtsträger die Problematik des ›neuen Denkens‹ immer wieder in den Gesprächen mit den staatlichen Vertretern thematisiert wird. Dabei zeigen sich die kirchlichen Vertreter stark an davon abgeleiteten innenpolitischen Fragestellungen interessiert. In diesem Rahmen werden Fragen der Informationspolitik, der Öffentlichkeitsarbeit insgesamt, der demokratischen Mitwirkung und Einbeziehung aller Bürger[332], Reisefragen sowie des Verhältnisses von Staat und Bürger[333] mit den bereits bekannten und in kirchlichen Beschlüssen und Verlautbarungen fixierten Argumenten diskutiert.«

Die Mehrzahl der kirchlichen Gesprächspartner fühle sich der DDR jedoch vom Ansatz her verbunden und verstehe die unterbreiteten Vorschläge nur als konstruktive Verbesserungsmöglichkeiten des sozialistischen Gesellschaftssystems. Vor allem zeige man sich zufrieden, daß kirchliche Positionen zur Friedensfrage nun Aufnahme in die reale Politik fänden[334].

Über den Begriff des »Neuen Denkens« kam es Ende April 1987 zu einer kleinen Kontroverse zwischen Hauptabteilungsleiter Heinrich und Oberkirchenrat Ziegler:

»Herr Heinrich erläutert zum wiederholten Male, daß es unangemessen sei, mit dem Stichwort ›Neues Denken‹ Forderungen in der DDR zu erheben. Zwar sei es immer notwendig, die Verhältnisse zu beobachten und neu zu bedenken, aber man dürfe die Verhältnisse in der UdSSR nicht mit denen in der DDR gleichsetzen. Ziegler erwidert, daß dieses Problem differenziert angegangen werden müsse. Neues Denken sei auch in der DDR notwendig, nur träfe es auf andere Problemstellungen als in der UdSSR. Die Reden Gorbatschows wenigstens zeigten eindeutig, daß das ›Neue Denken‹ innen- und außenpolitische Bezüge habe.«[335]

Im September vermerkten Staatsfunktionäre lobend zu Stolpe und Generalsuperintendent Bransch: »Sie vermieden es auch, unter dem Begriff ›Neues Denken‹ Angriffs- und Einmischungsversuche in Bereiche der staatlichen Politik vorzutragen.«[336]

Ziegler informierte während der gemeinsamen Januar-Konsultation auch über Vorbereitungen eines Gesprächs zwischen KKL-Vorstand und Gysi[337].

Wie die EKD während der April-Konsultation erfuhr, führte die KKL auf ihrer Buckower Klausurtagung im März ein Grundsatzgespräch[338]. Dabei ging es vornehmlich um die Frage des gesellschaftspolitischen Mandats des DDR-Protestantismus[339].

Anlaß der Tagung waren die Querelen um die Beteiligung des BEK am Empfang zum »Weltfriedenstag« am 1. September 1986. Leich forderte einleitend »Berechenbarkeit für die Gemeinden«. In der Diskussion wurde angemerkt, diese Forderung könne, wenn sie von staatlicher Seite erfolge, allerdings nicht akzeptiert werden:

»Diese Art von Berechenbarkeit als Vermeidung von Unruhe kann wohl nicht gemeint sein. Gelegentlich ist Unruhe vom Evangelium her nötig.«

Als Maßgabe für eine zukünftige Beteiligung an Veranstaltungen wie dem »Weltfriedenstag« wünschten die Tagungsteilnehmer, der BEK möge sich zunächst mit den Synodalen und den Gemeinden verständigen, um dann zu entscheiden:

»Kriterium für die Teilnahme ist der Auftrag vom Evangelium her, nicht Anpassung an Wünsche der Veranstalter, auch nicht an Gemeindewünsche.«

Damit war die deutliche Mahnung verbunden, das kirchliche Handeln stärker am Evangelium zu orientieren. Eine Verschleierung von Spannungen zwischen Staat und Kirche dürfe es zukünftig nicht mehr geben.

Forck bemerkte, einerseits gebe »es wieder eine Tendenz zur Ehe von Thron und Altar«, andererseits habe sich im Bildungsbereich überhaupt nichts verbessert. Weiter wurde bemerkt, »daß das Phänomen des qualifizierten öffentlichen Einspruches der Kirche fehlt.«

Leich faßte die Debatte dahingehend zusammen, daß der BEK zwar die Teilnahme an Veranstaltungen im gesellschaftlichen Bereich und die Gesprächsbereitschaft gegenüber dem Staat nicht allzu stark eingrenzen, aber zugleich auch Mut zum Widerspruch haben solle. Öffentliche Äußerungen der Kirche sollten einen stärkeren biblischen Bezug haben, damit sie für Gemeindeglieder auch als kirchliche Worte erkennbar blieben[340].

Die Kernaussagen des abschließend gefaßten Beschlusses zeigten freilich, daß zu diesem Themenkomplex keine einheitliche Auffassung bestand:

»1. Das im Evangelium begründete Handeln der Kirche betrifft auch politische Sachverhalte. Deshalb bleibt das Gespräch unter uns über die gesellschaftliche Mitverantwortung notwendig. Die Kurzformel ›Kirche im Sozialismus‹ bedarf wie bisher der situationsbezogenen Auslegung. Während kommender Konferenztagungen soll dieser Thematik immer wieder genügend Raum gegeben werden.
2. Die Konferenz sieht in dem Gespräch des Vorstands mit dem Vorsitzenden des Staatsrates am 6. März 1978 weiterhin eine gute Grundlage für die Gestaltung des Verhältnisses von Staat und Kirche. Dieses Gespräch bedarf der Fortführung und ständigen Aktualisierung.
3. In kirchlichen Äußerungen zu gesellschaftlichen und politischen Fragen muß darauf geachtet werden, daß die Bindung an das Evangelium deutlich erkennbar wird. Zwischen den Leitungsorganen und den Gemeinden soll der Gesprächsprozeß, der sich gegenseitig auch Kritik zumutet, intensiviert werden.

Für die Behandlung von Sachfragen und Konflikten zwischen den Leitungsorganen der Kirche und des Staates ist die bewährte Form von Gesprächen festzuhalten. Die Erfahrungsbereiche in unseren Gemeinden sind dabei sorgfältig zu berücksichtigen. In Fällen besonderer Beschwernisse kann das öffentliche Aussprechen nicht ausgeschlossen werden. Die Konferenz betont die Notwendigkeit, die Beteiligung an staatlichen oder gesellschaftlichen Veranstaltungen daraufhin zu prüfen, ob deren öffentliche Wirkung der eigentlichen Absicht einer kirchlichen Beteiligung entspricht.«

Man vereinbarte, den Beschluß nicht als KKL-Erklärung zu veröffentlichen; er dürfe allerdings »in der mündlichen und schriftlichen Berichterstattung zitiert werden.«[341]

Der KKL-Vorstand bemerkte anschließend kritisch, es sei unbefriedigend, »daß es in der Konferenz offensichtlich Unterschiede in der Auffassung zur Frage ›Kirche im Sozialismus‹ gibt, es aber nicht möglich gewesen sei, sich gegenseitig zu verdeutlichen, worin diese Unterschiede eigentlich liegen.« Auf der anderen Seite wollte man die aufgetretenen Meinungsverschiedenheiten auch nicht dramatisieren, da nach der Neubildung der Leitungsgremien des BEK ein Verständigungsprozeß als unumgänglich galt. Im Unterschied zu vorangegangenen Perioden gebe es einen deutlichen Trend hin zum »Föderalismus«[342].

Im September 1987 beschloß der KKL-Vorstand, staatliche Einladungen zum Gründungstag der DDR am 7. Oktober wie stets anzunehmen und den Termin auch wahrzunehmen[343].

In der Anfang April tagenden Beratergruppe informierte Gienke – nach einem Bericht über die Arbeit des Diakonischen Werkes in der DDR sowie einer Aussprache über Tauffragen[344] – über seine und Leweks Teilnahme am »Internationalen Forum« in Moskau im Februar 1987[345]. Zwar habe sich die Gesprächsatmosphäre überaus offen gestaltet, aber die Teilnehmer hätten von dem Redner Gorbatschow, der die Kirchen und Religionsgemeinschaften keines Wortes würdigte und zudem das von der Sowjetunion ausgesprochene Rüstungsmoratorium nicht verlängerte, mehr erwartet[346]. Hier warf Cornelius von Heyl ein, es habe sich insgesamt doch um eine bedeutende Rede gehandelt: »›Hier sind Ansatzpunkte, die wirklich hoffen lassen.‹« In der folgenden Aussprache kam auch die Frage auf, »wie man eigentlich als Theologe und Christ mit einem Politiker von der Art Gorbatschows umgeht.‹«

Weiter heißt es im Protokoll:

»Die Entwicklungen in der UdSSR werden in der Bundesrepublik und von der Bundesregierung mit großer Aufmerksamkeit verfolgt. Es gibt auch Skepsis gegenüber Gorbatschow: Wird sich sein Reformkurs gegen die Widerstände im Apparat durchsetzen lassen? Ist die Stabilisierung dort, wenn sie gelingt, für den Westen überhaupt wünschenswert? In dem Zusammenhang wird daran erinnert, daß Rußland bzw. die Sowjetunion immer dann in besonderer Weise expansiv war, wenn sie stabil gewesen ist (Peter der Große, Katharina die Große und Chruschtschow!).«[347]

Auf den Frühjahrssynoden der DDR-Landeskirchen hatten mehrere Bischöfe, so Leich[348] und Rogge, die Friedenspolitik Gorbatschows in den höchsten Tönen gewürdigt und die Gemeindeglieder aufgefordert, den neuen Kurs des Kreml-Herren zu unterstützen[349]. Gegenüber Hans Modrow soll Sachsens Bischof Hempel geäußert haben, er betrachte den KPdSU-Generalsekretär »als Mensch und Politiker an der Spitze der UdSSR‹ als ›Glücksfall‹«[350]. Gleichzeitig scheiterte der Versuch einiger Synodaler nahezu vollkommen, unter Berufung auf Gorbatschow Veränderungen in der Innenpolitik zu fordern[351].

Die DDR-Kirchen warteten auf das vorgesehene Grundsatzgespräch mit Gysi[352], das wegen Erkrankung des Staatssekretärs[353] bislang nicht hatte stattfinden können. Man ging davon aus, daß es »Folgen haben« werde[354].

Während der Mai-Konsultation in Fischbach am Bodensee[355] konnten die BEK-Vertreter dann über den Vollzug des Gespräches berichten[356].

Kurz vor der Unterredung zwischen Vorstand und Staatssekretär eröffnete Wilke dem Leiter des Kirchenbund-Sekretariats, Ziegler, der dem Funktionär schon einen vorbereiteten Entwurf für die Pressemeldung vorlegen wollte, der Staat sei gegen eine Information der Öffentlichkeit[357]. Darauf reagierte Ziegler nach Wilkes Urteil »konstruktiv«. Es bestehe tatsächlich die Gefahr von »Fehlinterpretationen und Verfälschungen durch politisch negative Kräfte in den Kirchen, aber auch in der Westpresse«.

Nachdem er in der Veröffentlichungsfrage eingelenkt hatte, teilte der Leiter des Sekretariats allerdings mit, Leich erwarte von dem Gespräch verbindliche Aussagen sowie erste greifbare Ergebnisse in den Fragen Wehrdienst, Volksbildung und der Behandlung der Bürger: »Die ›Basis‹ sei nicht mehr zu vertrösten.« Er, Ziegler, habe den Auftrag zu sondieren, ob ein solches Gesprächsresultat zu erwarten sei. Andernfalls solle der Staatssekretär notfalls auch eine Gesprächsabsage durch den BEK ins Auge fassen[358].

Die Begegnung zwischen Gysi und dem KKL-Vorstand – mit Ausnahme von Salinger – fand am 21. Mai 1987[359] im Gästehaus Johannishof statt. Auf staatlicher Seite waren noch Kalb, Heinrich und Handel zugegen, vom Sekretariat des Kirchenbundes nahmen Ziegler, Lewek und Kupas teil.

Leich äußerte zunächst den Wunsch nach einer Begegnung mit Honecker[360] und sprach sich dann lobend über Gorbatschows Abrüstungsvorschläge aus. Von dieser Ausgangsposition herkommend, formulierte der KKL-Vorsitzende:

»Da zwischen Außen- und Innenpolitik ein unlösbarer Zusammenhang bestehe, könne das neue Denken nicht nur auf bestimmte Bereiche begrenzt werden. Das neue Denken müsse Eingang finden auch in den Schulbereich und in die Möglichkeiten des Verhaltens der Bürger zum Wehrdienst.«

Er forderte, jeden DDR-Bürger »in der Mündigkeit seiner Existenz ernst« zu nehmen und ihn in seiner von Gott ihm verliehenen individuellen Menschenwürde zu respektieren.

Ablehnungen von Reiseanträgen[361] seien zu begründen, die Medien sollten offener auch über Probleme berichten, Strafprozesse sollten für die Öffentlichkeit transparenter werden, Westreisen müßten auch ohne Verwandtschaftsverhältnisse möglich sein, forderte der KKL-Vorsitzende. Zugleich kritisierte er das überaus harte Strafmaß bei politischen Prozessen, die Praxis im Strafvollzug, überzogene polizeiliche Maßnahmen gegen Bürger wie den Entzug des Personalausweises, das Eingabenwesen und auch den fehlenden Dialog zwischen Christen und Marxisten.

Demke benannte offen die Mißstände im Volksbildungsbereich[362] und bat um ein Gespräch mit den dort Verantwortlichen. Gaebler forderte unter anderem die Einrichtung eines zivilen Ersatzdienstes und die Möglichkeit einer seelsorgerlichen Betreuung der Wehrpflichtigen auch in den Kasernen. Im Anschluß brachte Stolpe einige Einzelforderungen vor[363].

Gysi zeigte sich nicht gerade gesprächsbereit. Er verwies auf die nach seiner Auffassung brisante politische Großwetterlage und forderte den BEK auf, sich zu den Abrüstungsvorschlägen der Warschauer-Pakt-Staaten deutlich zu äußern[364]. Die Kirche sei nicht berechtigt, alle Bürger zu vertreten. Unglückliche Einzelfälle dürfe man nicht verallgemeinern. Des weiteren kritisierte er, daß die Kirche vom Staat ständig mehr fordere. Stattdessen sollten die KKL-Vertreter stärker gegen »einen politischen Mißbrauch der Kirchen« eintreten. Über Sachfragen könne man jedoch in kleineren Expertengruppen durchaus reden, lenkte der Staatssekretär schließlich ein[365]. Die Begegnung wurde mit einem gemeinsamen Mittagessen abgeschlossen[366].

Nach diesem Treffen, das ihn »in besorgte Nachdenklichkeit versetzt hat[te]«, bat Leich, Gysi möge beim Ministerium des Innern anregen, »die Frage der besonderen Bedingungen für Bewohner der Sperrzone aufgrund der gegenwärtigen Entwicklungen zu überprüfen.« Der Bischof stellte fest, daß Verwandte aus der Bundesrepublik Bewohner dieses Gebietes nicht besuchen dürften: »Ich kenne diese Klage aus vielen Gesprächen.« Aus dem gleichen Grund wollten auch nur wenig Pfarrer in dort gelegenen Gemeinden Dienst tun[367].

Der KKL-Vorstand gelangte zu einem ernüchternden Resümee. Man beklagte »die mangelnde Ergebnisorientierung« – ob hiermit das gesamte Gespräch oder stärker das Agieren der kirchenleitenden Persönlichkeiten gemeint war, läßt das Protokoll offen. Des weiteren stellten die Vorstandsmitglieder »die Frage, ob in Zukunft auf ein Essen nach Gesprächen dieser Art von vornherein verzichtet werden sollte.« Hingegen kamen aus den Gemeinden positive Reaktionen auf die sofort nach der Unterredung mit Gysi versandte Schnellinformation des Sekretariats, weil der Vorstand alle beschwerlichen Fragen gegenüber dem Staatssekretär auch angesprochen habe[368]. Auch die KKL billigte auf ihrer Juli-Sitzung »die Verhandlungsführung des Vorstandes« und bedauerte, »daß das Gespräch keine unmittelbar greifbaren Ergebnisse erbrachte.«[369]

Auf der Görlitzer Frühjahrssynode wärmte Bischof Rogge den Begriff »Grundvertrauen« wieder auf und konstatierte eine gute Zusammenarbeit zwischen Staat und Kirche auf allen Ebenen[370]. Den öffentlichen Synodalvortrag des Bischofs schätzten die vom Regime beauftragten Beobachter überaus positiv ein:

»Bischof Dr. Rogge geht von einer realistischen Zustandsbeschreibung der Situation seiner Kirche aus und fordert energisch einen Zuwachs an Profil und Format in den geistlichen Dimensionen. [...] Seine Darstellungen sind ausgewogen, konstruktiv und tragen auch bei der Aufzählung innerkirchlicher Schwierigkeiten und Unzulänglichkeiten einen optimistischen Grundzug. Rogge läßt an keiner Stelle Resignation aufkommen und vertraut auf einen Entwicklungsprozeß, in dem letztlich alle Schwierigkeiten überwunden werden können.

Er geht in seinem Bericht auch in vielfältiger Weise auf gesellschaftlich relevante Fragestellungen ein [...] Auch hier macht er sich das Prinzip zu eigen, von einer positiven Bewertung auszugehen und Relativierungen immer im Zusammenhang mit einer möglichen Weiterentwicklung darzustellen.«[371]

Nach der sich anschließenden Aussprache soll Rogge erklärt haben, daß zwischen Staat und Kirche »alle auftretenden Probleme in einer ruhigen und sachlichen Atmosphäre geklärt werden müssen. Nicht alles könne dazu in der Zeitung stehen, da es sonst leicht von den Feinden der DDR ausgenutzt werden könnte. Auch verwahrte sich der Bischof mehrfach dagegen, Probleme über die Westmedien zu klären. Zu Recht wären in solchen Fällen die Staatsvertreter unzufrieden. Bischof Rogge appellierte an die Synodalen, das erforderliche Vertrauen gegenüber den Staatsvertretern aufzubringen. Seine Gespräche mit Staatsvertretern auf allen Ebenen zeigen Entgegenkommen und Konstruktivität. Die Positionen auf beiden Seiten hätten sich positiv verändert, wie das noch vor Jahren undenkbar gewesen sei. Wichtig sei bei allen auftretenden Problemen eine differenzierte Betrachtungsweise. [Die Formulierung, er ...] bejahe die Situation in der DDR, bedeute für ihn nicht Anbetung des Status quo, sondern das gegenseitige Ansprechen der Probleme.«

Nun sparte der Bischof nicht mit Kritik. Pfarrer Havenstein, der sich beklagt hatte, man bemängele seine Offenheit gegenüber den Funktionären, »habe wohl nicht in jedem Fall in seiner Kritik gegenüber Staat und dem Konsistorium den richtigen Ton und die richtige Art des Aussprechens gewählt.

Im Zusammenhang mit der Problematik der Antragsteller und ihrer Beschäftigung in kirchlichen Einrichtungen[372] vertrat der Bischof den Standpunkt, die Kirche könne nicht der Hort der Unzufriedenen sein, und forderte zur klugen Behandlung dieser Frage auf. Nicht jedem, dem die Kirche hilft, leiste sie Barmherzigkeit. Viele Probleme dieser Menschen seien keine Ost-West-Probleme, sondern persönliche Probleme, vor denen sie davonlaufen. In dem Maße, wie sich die Politik des Staates öffne, komme die Kirche immer weniger in Versuchung, Hort der Unzufriedenen zu sein.

Als schlimm empfindet es der Bischof, daß Antragsteller mit dem Wunsch nach Taufe an die Kirche herantreten, weil es im Westen zum guten Ton gehört, der Kirche anzugehören, während es in der DDR üblich sei, kein Christ zu sein.«[373]

Kurze Zeit nach der Synode traf auch Rogge erstmals in seiner Funktion als Bischof mit dem Dresdener Bezirkschef Hans Modrow zusammen, mit dem ihn nach eigenen Worten »gute Erfahrungen des gemeinsamen Wirkens in Berlin« verbanden. Dabei sprach der neue Görlitzer Bischof Probleme im Wohnungsbau, der eingeschränkten Reisemöglichkeiten in den Westen[374] und Fragen der Volksbildung sowie nach der Chancengleichheit für Christen an[375].

An diese Informationen über die kirchenpolitische Entwicklung schloß sich auf der Mai-Konsultation ein Gespräch über den bevorstehenden Ostberliner Kirchentag an; insbesondere sprach man über Teilnahmemöglichkeiten für Bundesbürger sowie Fragen der Presseberichterstattung[376]. Den Protokollen von Berater- und Konsultationsgruppe zufolge wurde hier erstmals ausführlich über dieses erste kirchenpolitische Großereignis des Jahres 1987 auch auf deutsch-deutscher Ebene gesprochen.

Die Vorbereitung und Durchführung des Ostberliner Kirchentages zum Berlin-Jubiläum (1985-Juni 1987)

Schon zu Jahresbeginn 1985 hatte sich das staatliche Komitee zum 750jährigen Bestehen Berlins gebildet. Stolpe, Günter Krusche und Pfarrer Orphal nahmen gastweise an den Sitzungen teil[377]. Das katholische Bistum Berlin entsandte hingegen auf Weisung von Kardinal Meisner keinen Vertreter in das Komitee. Zur Begründung verwiesen die Katholiken auf den Grundsatz der Trennung von Staat und Kirche[378].

Auf protestantischer Seite sind gewisse Analogien zum Lutherjahr unverkennbar. So bildete Berlin-Brandenburg einen eigenen kirchlichen Ausschuß zur Vorbereitung des Berlin-Jubiläums. Außerdem plante die Kirche, einen Kirchentag zu veranstalten, Ausstellungen zu organisieren sowie Publikationen herauszugeben[379].

Bereits im Juli 1985 stimmte Stolpe im Gespräch mit Hauptabteilungsleiter Heinrich und Stadtrat Hoffmann – zugegen war auch Günter Krusche – der Auffassung der staatlichen Vertreter zu, »daß die beabsichtigten Veranstaltungen der Kirche 1987 [...] nur realisiert werden können, wenn die hier besprochenen Fragen« – es ging um die Friedenswerkstatt 1985 und die Aufforderung des Staates, die Kirche möge ihren Laden besser in Ordnung halten – »bis dahin einer Klärung zugeführt werden können.«[380]

Werner Jarowinsky informierte Honecker am 20. August 1985 ausführlich über das kirchliche Vorhaben, zum Berlin-Jubiläum 1987 einen »großen Kirchentag« in Berlin durchzuführen[381]. In der Einschätzung heißt es:

»Die Leitung der Evangelischen Kirche Berlin-Brandenburg hat umfangreiche Aktivitäten zur Vorbereitung eines Kirchentages eingeleitet, der vom 24. bis 28.6.1987 in der Hauptstadt stattfinden soll. Diese Pläne sehen unter anderem eine Abschlußveranstaltung mit mindestens 50 000 Teilnehmern und die Inanspruchnahme von öffentlichen Plätzen oder von Sportstätten vor. Es sollen Teilnehmer aus allen Landeskirchen der DDR beteiligt und dafür Sonderzüge beantragt werden. Auch die Teilnahme internationaler Gäste ist vorgesehen, besonders aus der BRD und Westberlin. Dazu soll ein umfangreiches Programm von Druckerzeugnissen vorgesehen werden.

Die Absichten für diese kirchlichen Vorhaben wurden wiederholt von der Springer-Presse und anderen BRD-Medien gemeldet und kommentiert. Der westdeutsche ›Evangelische Pressedienst‹ schreibt in diesem Zusammenhang von der ›ersten großen Begegnung der Protestanten auf Ostberliner Boden seit dem Mauerbau von 1961‹. Zu den aktiven Befürwortern dieses Kirchentages gehören der Berliner Bischof Dr. Forck, Konsistorialpräsident Stolpe und der Berliner Generalsuperintendent Dr. Krusche.

Von unserer Seite wurden die Pläne für den vorgesehenen Kirchentag in Berlin bisher nicht offiziell zur Kenntnis genommen. Genosse Klaus Gysi hat in einem internen Gespräch mit Konsistorialpräsident Stolpe eine klare inhaltliche Konzeption abgefordert und nachdrücklich darauf hingewiesen, daß ohne Vorliegen einer solchen Konzeption kein Gespräch über dieses Vorhaben stattfinden kann. Genosse Gysi und andere staatliche Gesprächspartner haben die Vertreter der Kirche nachdrücklich auch darauf hingewiesen, daß für derartige Großveranstaltungen in der Hauptstadt keinerlei Gewähr für die Einhaltung von Sicherheit und Ordnung übernommen werden kann und solche Vorhaben in Verbindung mit dem 750. Jahrestag der Stadt Berlin weder möglich noch notwendig sind. Einige provozierende Vorkommnisse der letzten Zeit haben bewiesen, daß die Kirchenleitung Berlin-Brandenburg keine Gewähr für einen politisch störungsfreien Verlauf derartiger Veranstaltungen – selbst im kleineren Rahmen – bieten kann. So wurden z. B. die Zusagen der Kirchenleitung an staatliche Organe für einen ordnungsgemäßen Verlauf von ›Friedenswerkstätten‹, ›Blues-Messen‹ u. a. nicht eingehalten, sondern antisozialistische und antisowjetische Provokationen zugelassen.

Wie könnte weiter verfahren werden? Wir sollten bei der Position bleiben, daß solche Großveranstaltungen zum geplanten Zeitpunkt in der Hauptstadt nicht stattfinden können. Die Argumentation zur Begründung unseres Standpunktes ist auszubauen. Gespräche zur Erläuterung der staatlichen Haltung gegenüber diesen kirchlichen Plänen sind mit Konsistorialpräsident Stolpe, aber auch mit anderen dafür zuständigen Kirchenvertretern zu führen.

Falls es sich für die Weiterführung unseres kirchenpolitischen Kurses als notwendig erweisen sollte, könnte unter Umständen der Durchführung eines Kirchentages der Evangelischen Kirche Berlin-Brandenburg zu einem noch zu vereinbarenden Zeitpunkt evtl. in Brandenburg oder einer anderen Stadt außerhalb der Hauptstadt stattgegeben werden. Der letzte Kirchentag der Evangelischen Kirche Berlin-Brandenburg fand im Zusammenhang mit den Luther-Ehrungen vom 17. bis 19.6.1983 in Frankfurt/Oder statt.«[382]

Ende August 1985 erklärte Stolpe gegenüber Gysi, der zuvor dem Konsistorialpräsidenten sowie dem Berliner Generalsuperintendenten die staatlichen Bedenken unterbreitet hatte, man habe sich die Sache noch einmal überlegt. Die Kirche sei bereit, das Vorhaben »weit besser sicherheitspolitisch [zu] durchdenken«. Größere Veranstaltungen sollten ausschließlich im Stadtrandbereich stattfinden: »Dort besteht die bessere Übersicht.«[383]

Im Frühjahr 1986 begannen auch die Gemeinden, sich für den bevorstehenden Kirchentag[384] zu interessieren. Sie reagierten mit Unverständnis auf die

Weigerung des Staates, der Kirche öffentliche Räume und Einrichtungen für ihre Veranstaltungen zu überlassen. Es gab noch weitere Beanstandungen. »Einige Gesprächspartner vermissen in den Thesen zum 750jährigen Jubiläum von Berlin[385] jeglichen Bezug zur Kirche. Das sei völlig ausgeklammert. Hier gebe es Unterschiede im Vergleich zur Aufarbeitung des 500. Geburtstages Luthers«, notierten Staatsfunktionäre nach Gesprächen mit Kirchenleuten[386].

Im Staatssekretariat für Kirchenfragen fand am 2. April 1986 ein Gespräch mit Stolpe, Günter Krusche und dem Leiter des Landeskirchentagsausschusses, Diakon Peter, statt. Die kirchlichen Vertreter machten deutlich, man hoffe auf staatliche Unterstützung. Sollte dies nicht möglich sein, werde man den Kirchentag – nach Maßgabe der Veranstaltungsverordnung – in kirchlichen Gebäuden durchführen. Gleichzeitig versicherten die kirchlichen Unterhändler, weder einen Markt der Möglichkeiten noch eine Friedenswerkstatt in das offizielle Programm aufzunehmen. Hauptabteilungsleiter Heinrich stellte klar, große staatliche Stätten wie die Werner-Seelenbinder-Halle oder gar ein Sportstadion könnten nicht zur Verfügung stehen, da diese im Jubiläumsjahr 1987 bereits anderweitig genutzt würden.

Die Gesprächspartner einigten sich darauf, daß die Kirche Anfragen bezüglich des Kirchentages, die vor allem auf der bevorstehenden Landessynode zu erwarten waren, künftig folgendermaßen beantworten sollte:

»›Offizielle Gespräche zum geplanten Kirchentag zwischen Staat und Kirche haben begonnen. Man kann davon ausgehen, daß der Kirchentag stattfindet.‹«[387]

Allerdings eröffnete Gysi dem Konsistorialpräsidenten Anfang Mai 1986, der Kirchentag könne »keineswegs als beschlossene Sache gelten«. Die Synode Berlin-Brandenburg habe wieder einmal deutlich gemacht, daß die Landeskirche »nicht in der Lage sei, ihre negativen Kräfte entsprechend zu disziplinieren«[388]. Hinzu komme, daß Bischof Forck »eine so labile Position einnehme.«[389]

Ende Juni befaßte sich auch das Politbüro mit dem geplanten Kirchentag und faßte den folgenden Beschluß:

»Das Politbüro nimmt zur Kenntnis, daß – falls keine andere Entscheidung erreichbar ist – die evangelische Kirche Berlin-Brandenburg zum vorgesehenen Zeitpunkt einen Kirchentag in der Hauptstadt der DDR durchführt. Großveranstaltungen zur Eröffnung bzw. zum Abschluß des Kirchentages in Sportstätten oder auf öffentlichen Plätzen sind auszuschließen. Alle Veranstaltungen finden nur in kirchlichen Objekten statt.«[390]

Vier Tage vorher hatten Peter Heinrich und Hans Wilke vom Staatssekretariat für Kirchenfragen nochmals eingehend mit Krusche, Giering und Diakon Peter gesprochen. Während der Unterredung erklärten die Kirchenleute den Staatsvertretern, der Kirchentag verfolge inhaltlich das Ziel, »in historisch-kritischer Sicht die Rolle und den Weg der evangelischen Kirche in der Geschichte Berlins bis in die Gegenwart einer ›Kirche im Sozialismus‹ bewußt«[391] zu machen. Weiterhin baten sie den Staat, er möge der Kirche Räumlichkeiten für die Eröffnungs- und Abschlußversammlung zur Verfügung stellen. Nach dem Wunsch der Veranstalter sollte der Kirchentag außerdem »DDR-offen« sein[392].

Eine Nagelprobe auf den zukünftigen Kirchentag sollte die Friedenswerkstatt Ende Juni 1986 sein. Um die Brisanz dieser Veranstaltung aus staatlicher Perspektive zu erläutern, lud Stadtrat Hoffmann Bischof Forck zu einem Gespräch in den Magistrat ein. Doch der Bischof sagte ab. Gegenüber Sektorenleiter Mußler erklärte Forck am 20. Juni 1986, »er habe sich mit seinen Bischofskollegen beraten und sei ›vergattert‹ worden, solchen Einladungen nicht mehr Folge zu leisten. Sein Gesprächspartner sei der Oberbürgermeister. Dessen Einladungen zu Gesprächen würde er annehmen. ›Wenn Herr Hoffmann etwas von mir will, so möge er bitte selber kommen‹«, äußerte der Bischof[393]. Daraufhin sprach Hoffmann mit Günter Krusche und Oberkonsistorialrat Giering. Zu Forcks Verhalten bemerkte der Staatsfunktionär: »Dies sei nicht nur ein unfreundlicher Akt, dies ist auch dem Verhältnis von Staat und Kirche in der Hauptstadt nicht förderlich.« Insgesamt ging es um die Verhinderung eines »politischen Mißbrauch[s]« der bevorstehenden Veranstaltung[394].

Nach der Friedenswerkstatt[395] beklagte Hoffmann gegenüber Günter Krusche,

»daß die Kirchenleitung erneut mehr versprochen hatte, als sie in der Lage war, durchzusetzen.« Er müsse »die Frage stellen […], wie unter diesen Umständen kirchlicherseits ein ›Kirchentag‹ durchgeführt und verantwortet werden soll. […]

Dr. Krusche erklärte, daß sie ›tatsächlich unterlaufen wurden‹. […] Es sei richtig, betonte Krusche, daß die Gruppe Frieden und Menschenrechte ohne Genehmigung aufgetreten sei. Er selbst sei gezwungen gewesen, Teile der Ausstellung zu entfernen; dabei sei er auch fotografiert worden. […] Dr. Krusche entschuldigte sich, daß während der Friedenswerkstatt keine telefonische Erreichbarkeit gegeben war, damit beauftragte kirchliche Mitarbeiter hatten ihn ›versetzt‹. Tatsächlich sei der Einfluß auf den Verlauf einer solchen Veranstaltung gering. Praktisch müssen sie sich aufs Bitten verlegen.

Aus dem Verlauf der Friedenswerkstatt, so erklärte Krusche, müsse man den Schluß ziehen, daß solche Veranstaltungen nicht mehr durchgeführt werden. In der Vorbereitungsgruppe von ›Bluesmesse‹ und ›Friedenswerkstatt‹ gäbe es die Position, ›für Krusches Kirchentag sind wir nicht bereit, unsere Arbeit zu opfern‹ – er glaube jedoch, daß manche Befürworter der Friedenswerkstatt (z. B. Präses Becker) zu überlegen anfangen. Wenn es 1987 erneut Mehrheiten für ›Bluesmesse‹ oder ›Friedenswerkstatt‹ in der Kirchenleitung gibt, ›kann die Kirchenleitung den ›Kirchentag‹ ohne mich durchführen‹, erklärte Krusche.

[…] Hoffmann betonte, daß er schärfsten Protest gegen die Veranstaltung erhebe. Er bat Krusche, dies der Kirchenleitung und insbesondere auch dem Bischof auszurichten. Dr. Krusche erklärte, ›den Protest übermittle ich gern, er decke sich mit meinen Empfindungen‹.«[396]

Im Juli 1986[397] sprach Gysi mit Forck, Krusche, Giering und Oberkonsistorialrat Ingemar Pettelkau. Jetzt forderte der Staatssekretär für Kirchenfragen eine klare Positionsbildung zur Entwicklung von Berlin (Ost) im Sozialismus und wandte sich gegen gemeinsame Berliner kirchliche Jubiläumsfeiern. Wer von »Berlin als ›geteilte[r] Stadt‹« rede, handele »politisch unverantwortlich«. Im Unterschied zu sonstigen kirchlichen Veranstaltungen in Berlin (Ost) trage beim Kirchentag die Kirchenleitung die alleinige Verantwortung. Im Zusammenhang mit dieser Veranstaltung sei es nicht möglich, sich herauszureden.

Dies verband der Staatssekretär mit der Aufforderung, »endlich wirksame Maßnahmen zur Disziplinierung politisch negativer Kräfte in der Kirche zu ergreifen.«

Forck entgegnete, er wolle auf die Ausführungen Gysis nicht direkt antworten. Die Kirchenleitung werde sich jedoch in ihrer folgenden Sitzung mit den staatlichen Erwartungen zum Kirchentag befassen und auch die Friedenswerkstatt auswerten. Generalsuperintendent Krusche äußerte darüber hinausgehend, der Kirchentag könne nach seiner Auffassung nur in Berlin (Ost)[398] stattfinden[399].

Am gleichen Tag beschloß die Kirchenleitung:

»›Die Kirchenleitung hält nach dem Verlauf der Friedenswerkstatt in diesem Jahr eine Denkpause für notwendig und beabsichtigt daher, im Jahr 1987 keine Friedenswerkstatt durchzuführen. Sie empfiehlt den Friedensgruppen, sich im Rahmen ihrer Gemeinden für den Kirchentag zu engagieren‹ (eine Gegenstimme, eine Enthaltung).«[400]

Krusche und weitere »realistische Kräfte« erreichten in der Kirchenleitung auch den Austausch der »Bezeichnung ›Kirchentag Berlin‹ durch ›Kirchentag in Berlin, Hauptstadt der DDR‹«. Allerdings gelang es Krusche nicht, Kirchenleitung und Synode von ihrem Plan abzubringen, den Kirchentag mit einer großen öffentlichen Abschlußveranstaltung abzuschließen[401]. Der um das gute Staat-Kirche-Verhältnis besorgte Generalsuperintendent hatte für kleinere Veranstaltungen in kirchlichen Räumlichkeiten plädiert[402]. In diesem Zusammenhang bemerkten die Funktionäre schon zum zweiten Mal, daß Stolpe »sich in dieser Situation aus seiner Verantwortung zurückz[og]«[403].

Ende September erläuterte Bischof Forck dem Staatssekretär für Kirchenfragen, die Kirchenleitung halte daran fest, den Kirchentag nicht auf Berlin-Brandenburg zu begrenzen. Die Abschlußveranstaltung sei für den 28. Juni 1987, 14.00 Uhr, geplant und solle unter freiem Himmel stattfinden. Das staatliche Protokoll notierte: »Im Verlauf der Diskussion setzte sich Stolpe am hartnäckigsten für die Abschlußveranstaltung im Freien ein, er blieb aber dabei unter seinem Niveau.« Günter Krusche meinte dagegen, er könne sich weiterhin auch eine Schlußveranstaltung in anderer Form vorstellen – insbesondere, da in Berlin (Ost) nur noch sieben Prozent Kirchenmitglieder lebten: »Aber im Bewußtsein der normalen Christen sei tief verwurzelt, daß ein Kirchentag mit einer großen Abschlußveranstaltung endet.« Weiter gab der Generalsuperintendent zu bedenken: »Die Kirchentagsbewegung sei eine Bewegung von unten, in der man wenig Verständnis dafür habe, daß die Kirchenleitung aus Gründen der Ordnung und Sicherheit jeden einzelnen Schritt mit dem Staat bespricht und durch Beschlüsse absichert.«

Forck und Stolpe unterbreiteten dann den Kompromißvorschlag, die Schlußkundgebung auf dem Friedhof Ahrensfelde am Rande Berlins durchzuführen. Aber auch darauf reagierte die staatliche Seite ablehnend und empfahl stattdessen, in jedem Stadtbezirk zeitgleich eine kirchliche Veranstaltung mit identischem Programm abzuhalten. Hierauf gingen die kirchlichen Unterhändler ein und sagten zu, für den staatlichen Vorschlag in der Vorbereitungsgruppe wie in der Kirchenleitung nach Mehrheiten suchen zu wollen[404].

Am 29. September 1986 schrieb Günter Krusche den Friedensgruppen und -kreisen in Berlin (Ost) einen Offenen Brief[405]. Darin begründete er die verordnete »Denkpause« für die Friedenswerkstatt einmal mit Niveauverlust und schwindender Qualität der letzten Veranstaltungen. Zum anderen machte er aber auch auf die Frage der ungeklärten Verantwortung für die Friedenswerkstatt und die sich daraus ergebenden Konsequenzen im Verhältnis zum Staat aufmerksam; schließlich verwies er auf das gestörte Verhältnis zwischen Kirchenleitung und Friedensgruppen.

Krusches Haltung gegenüber den Gruppen führte zu offener Kritik, deren publizistischer Niederschlag bis in die Westmedien reichte. Eine Rücktrittsdrohung des Generalsuperintendenten führte dazu, daß sich auch Forck erstmals dagegen aussprach, kirchliche Veranstaltungen für politische Zwecke zu mißbrauchen[406].

Im Herbst 1986 drückten einige Kirchenvertreter ihre Enttäuschung über die fehlende staatliche Unterstützung bei den Kirchentagsvorbereitungen aus, was auch bei den an der Vorbereitung Beteiligten zu Resignation und Desinteresse an der Veranstaltung führte[407].

Frühzeitig plante auch die Ost-CDU[408] einen Einsatz ihrer Kader beim Kirchentag, wie ihr stellvertretender Vorsitzender, Wolfgang Heyl, dem SED-Kirchenfunktionär Rudi Bellmann mitteilte[409].

Anfang November zeigte sich jedoch in einem Gespräch Gysis mit Forck, Stolpe, Krusche und Peter, daß die Kirche weiterhin an einer zentralen Abschlußveranstaltung, jetzt allerdings mit eindeutigem Gottesdienstcharakter, interessiert war – man hatte sich demnach in der Kirchenleitung wohl nicht durchsetzen können. Forck führte aus: »Nach Meinung der Kirchenleitung gehört zu einem evangelischen Kirchentag eine Abschlußveranstaltung.«[410] Gedacht sei an die Beteiligung von Emilio Castro oder Philip Potter. Darüber hinaus solle Altbischof Schönherr diese Veranstaltung mit vorbereiten, damit ihr Ablauf – einen vorläufigen Plan hatten die kirchlichen Unterhändler gleich mitgebracht – für den Staat berechenbar bleibe. Die Planung sei so dicht, daß kritische Basisgruppen gar nicht zum Zuge kommen könnten. Außerdem werde man vorher Eintrittskarten ausgeben. Staatssekretär Gysi sagte zu, diese Vorschläge überdenken zu wollen[411]. Das Staatssekretariat für Kirchenfragen wertete es immerhin als Erfolg, daß die Schlußveranstaltung nicht mehr »im Freien«, sondern »in einem umfriedeten Gelände« stattfinden sollte[412].

Rudi Bellmann hingegen reagierte eher skeptisch, indem er den neuen Plan der Kirchenleitung als eine »lediglich abgewandelte Variante[.]« charakterisierte. Er hielt Gysi vor, sich nicht genügend um die korrekte Durchsetzung des Politbürobeschlusses vom Juni 1986 bemüht zu haben. So habe das Staatssekretariat auch keinen Einspruch dagegen erhoben, daß an einer DDR-offenen Konzeption des Kirchentages festgehalten werde. Das Aussetzen der Friedenswerkstatt sei ebenfalls nur ein halbherziger Schritt, da dies keineswegs mit einer Disziplinierung der diese Veranstaltung tragenden Gruppen verbunden sei, sondern mit deren aktiver Einbindung in das Kirchentagsgeschehen, was einen hohen Risikofaktor darstelle[413].

Wenige Tage später ging Forck gegenüber Hauptabteilungsleiter Heinrich offensiv auf Äußerungen Eppelmanns zu Beginn der Friedensdekade[414] ein, die westliche Medien aufgegriffen hatten. Ohne die Eppelmannschen Einlassungen zu kennen, wie er eingestand, urteilte der Berliner Bischof: »Er schätzte Eppelmanns[415] Wirken als leichtfertig, unbesonnen und gegen die Kirchenleitung gerichtet ein. ›Aber wir sind keine Regierungsstelle, die fordert und diszipliniert. Uns steht nur das Argument zur Verfügung.‹« Allerdings dürfe »nicht der Eindruck entsteh[en], die Kirchenleitung stehe zu den Aussagen von Pfarrer Eppelmann.«

Krusche erklärte, die Kirchenleitung könne nicht in die Offensive gehen, da die Kirchentagsverhandlungen mit dem Staat sich seit dem Sommer nicht mehr bewegten:

»Die Kirchenleitung sei den Angriffen voll ausgesetzt, und je länger sich die Entscheidung hinauszögert, um so mehr verstärkt sich bei vielen der Eindruck der ›Kompensationsgeschäfte‹ zwischen Staat und Kirchenleitung. Am Beispiel des Vorgehens zur Friedenswerkstatt stellt Krusche den Versuch der Kirchenleitung dar, die Lage in der Kirche Berlin-Brandenburg zu konsolidieren. Man habe an einer Stelle agiert, ›nun steht die ganze Kirchenleitung am Pranger.‹«

Forck gab zu bedenken, daß eine endgültige staatliche Absage der Abschlußveranstaltung zur Bestärkung der Kirchenleitungs-Kritiker beitrage[416].

Ende 1986 schrieb Heidingsfeld an Oberkirchenrat Rolf Koppe, Pressesprecher im Kirchenamt der EKD, er möge den Medien deutlich machen, nicht zu spekulativ – insbesondere, was eine mögliche westdeutsche Beteiligung angeht – über den bevorstehenden Ostberliner Kirchentag zu berichten:

»Natürlich wird jener Kirchentag im nächsten Jahr Besucher aus dem Westen anziehen. Darüber zur Zeit und öffentlich bei uns zu schreiben, hilft unseren kirchlichen Freunden in der DDR nicht, sondern schadet ihnen.«[417]

Klaus Gysi lobte gegenüber Bischof Leich das Verständnis, das Bischof Forck den staatlichen Anliegen entgegengebracht habe. »Er hoffe deshalb, daß es für den Berliner Kirchentag zu akzeptablen Regelungen kommen könne.«[418] Andererseits kritisierten die Staatsfunktionäre, daß die Kirchenleitung bislang Behauptungen der Westmedien, der SED-Staat wolle den Kirchentag unterbinden, nicht öffentlich korrigiert habe[419].

Nach dem nervenaufreibenden Hin und Her durfte schließlich eine gottesdienstlich ausgerichtete Abschlußveranstaltung im Freien[420] – dem Köpenicker Fußballstadion[421] – stattfinden, was seitens der Kirchen eine dankbare Anerkennung fand[422]. Die Entscheidung zugunsten der Abschlußversammlung war auf höchster Ebene gefallen: Anfang Januar 1987 dankte Honecker Bischof Forck für dessen gute Neujahrswünsche und die Würdigung des Eröffnungskonzertes zum Jubiläumsjahr. Zugleich schrieb der Staatsratsvorsitzende:

»Ihrer Bitte, das erforderliche Ja zu der Ihrem Schreiben beigefügten Konzeption für das kirchliche Vorhaben ›750 Jahre Kirche in Berlin‹ recht bald zu erhalten, habe ich entsprochen und die zuständigen Organe gebeten, Ihnen die Entscheidung mitzuteilen.«[423]

Die Formulierung des Staatsratsvorsitzenden schloß auch die Zusage zu einer

Abschlußveranstaltung im größeren Rahmen ein. Der Staat verband mit seiner Genehmigung die Hoffnung, daß sich sein »Entgegenkommen« auf einen ruhigen Gesamtverlauf positiv auswirken werde[424]. Dies drückte Gysi wenige Tage später auch gegenüber Stolpe, Günter Krusche[425] und Diakon Peter aus, indem er erklärte, der Staat erwarte nun auch, daß der Kirchentag »politisch-konstruktiv« verlaufe. Gleichzeitig teilte er den Kirchenvertretern mit, daß sich bei Stadtrat Hoffmann eine »Arbeitsgruppe zur Absicherung des Kirchentages« gebildet habe. Krusche sagte zu, für diesen Kreis kirchliche Kontaktpersonen zu benennen. Stolpe bekräftigte: »Die kirchliche Seite hält daran fest, daß alle auftretenden Fragen langfristig und vertrauensvoll besprochen werden.«[426]

Die Beratungen dieser Gruppe, an der kirchlicherseits unter anderem Günter Krusche, Hans-Detlef Peter und Ulrich Schröter teilnahmen, tagte zunächst monatlich und besprach vor allem organisatorische Fragen wie Verpflegung, Verkehrsfragen und ärztliche Versorgung[427].

Wenige Tage später fand bei Hauptabteilungsleiter Heinrich eine Beratung statt, an der Wilke, Will, Handel sowie Roßberg (MfS) teilnahmen. Man behandelte Punkte, die in den Gesprächen mit den Kirchenvertretern zu klären waren: Hinsichtlich der ökumenischen Gäste aus dem EKD-Bereich wollte das Regime die kirchlichen Wünsche drosseln. Aus Berlin (West) sollten nur 130 Teilnehmer den Kirchentag besuchen dürfen. Durch die strikte Ausgabe von Einlaßkarten an diesen Personenkreis sei zu gewährleisten, daß nicht noch mehr aus der anderen Stadthälfte hinzukämen. Auch die Referenten sollten vornehmlich in Berlin (Ost) bzw. in der DDR beheimatet sein. Das Vorhaben, in jeder der Arbeitsgruppen auch Redner aus Westdeutschland zu Wort kommen zu lassen, könne der Staat nicht hinnehmen. Von Einladungen an Gemeindegruppen aus Ostblockstaaten sei abzusehen. Weiterhin habe man darauf zu achten, daß sich der Kirchentag zu keiner DDR-weiten Veranstaltung auswachse[428].

Währenddessen gingen die innerkirchlichen Konflikte wegen der abgesetzten Friedenswerkstatt weiter[429]. Für März 1987 sollte nochmals ein Gespräch zwischen der Kirchenleitung und den Basisgruppen stattfinden, deren Anliegen teilweise von den Westmedien unterstützt wurden[430]. Mit ihrer Hilfe versuchten die Gruppen, auf die Kirchenleitung Druck auszuüben, damit die Friedenswerkstatt doch noch stattfinden könne. Dabei warfen ihre Sprecher der Kirchenleitung einen »›Kniefall vor dem Staat‹« vor und sprachen von einem Opfer der Friedenswerkstatt zugunsten des Kirchentages. Insbesondere Generalsuperintendent Krusche war harten Attacken ausgesetzt[431]. Auf der Berlin-Brandenburger Frühjahrssynode stellte sich mittels eines Flugblattes erstmals ein »Kirchentag von unten« der kirchlichen Öffentlichkeit vor[432]. Dieses Flugblatt enthielt Angriffe auf die Kirchenleitung und das Staat-Kirche-Verhältnis[433].

Während einer Zusammenkunft der AG Kirchentag beim Staatssekretär Mitte März – hier waren die Kirchen nicht beteiligt, wohl aber der SED-Funktionär Peter Kraußer und der MfS-Offizier Joachim Wiegand[434] –, wurde nochmals klargestellt: »Die Kirchenleitung sichert zu, daß 1987 in der Hauptstadt keine ›Friedenswerkstatt‹ durchgeführt wird und sie den politischen Mißbrauch von Kirchentagsveranstaltungen verhindern wird.« Diese Erinnerung an die vereinbarten Spielregeln war eine unmittelbare Reaktion auf die Proklamation des »Kirchentages von unten«. Besorgt vermerkten die AG-Teilnehmer, sie wüßten bislang noch nicht, was die Kirche an den Abenden sowie am Wochenende programmatisch vorhätte[435]. Mit Befremden reagierte der Staat auf die Ankündigung, Eppelmann[436] mit der Leitung einer Untergruppe zu betrauen[437], und auf einen geplanten Auftritt Krawczyks und Kliers[438] in der Samariterkirche. Ohne vorherige Rücksprache mit dem Staat kursierten in der Kirchenpresse die Namen westdeutscher Referenten wie Heinrich Albertz, Kurt Scharf, Erhard Eppler, Jörg Zink oder Elisabeth Moltmann-Wendel[439].

Ende März forderte Hauptabteilungsleiter Heinrich Bischof Forck, Stolpe, Krusche und Diakon Peter nochmals auf, »ihrer politischen Verantwortung für einen loyalen Verlauf des Kirchentags gerecht zu werden und entsprechend aktiv auf die Vorbereitung der Veranstaltungen Einfluß zu nehmen.« Günter Krusche soll daraufhin eingeräumt haben: »Problematisch sei, daß die Kirchenleitung nicht in jedem Fall erfährt, was einzelne Gemeindegruppen zum Kirchentag planen. Daher sei jetzt festgelegt worden, daß während des Kirchentags in jedem Veranstaltungszentrum ein Mitglied der Kirchenleitung anwesend ist.«

Diakon Peter erläuterte, zur Abschlußveranstaltung sollten nur diejenigen Zutritt erhalten, die zuvor ein entsprechendes Halstuch erworben hätten. Die kirchlichen Ordner sollten »Leute[n], die kein direktes Interesse am Besuch einer *kirchlichen* Veranstaltung haben«, den Einlaß verweigern[440].

Hans Wilke mahnte: »Mit großer Sorge beobachten wir eine schnelle und offensive Organisation politisch problematischer Kräfte, welche sich anschicken, einen ›Kirchentag von unten‹ zu organisieren. Die Kirchenleitung, die dabei bewußt hintergangen wird, muß offensiver gegen Versuche eines politischen Mißbrauchs von Kirchentagsveranstaltungen vorgehen.« Aber Stolpe bekräftigte nochmals: »Die Kirchenleitung wird ihre politische Verantwortung wahrnehmen und rechtzeitige konstruktive Absprachen mit den staatlichen Organen treffen.« Überdies sagte der Konsistorialpräsident zu, innerhalb von einer Woche das vorläufige Programm den staatlichen Stellen zu präsentieren[441].

Der Gesprächsverlauf stieß im ZK auf scharfe Ablehnung. Man habe »viel zu ›leise‹« gesprochen. Heinrich habe einen Monolog gehalten, kritisierten die dort für Kirchenfragen zuständigen Genossen ihren treuen Parteisoldaten. Daß sich auch einzelne Christen aus anderen Gliedkirchen des BEK anmelden könnten, hätte Heinrich nicht zugestehen dürfen. Ebenso sei Eppelmann als Leiter einer Arbeitsgruppe nicht tragbar[442].

Dennoch konnte wenige Tage nach dem Gespräch eine Arbeitsberatung bei Hauptabteilungsleiter Heinrich, an der auch Oberst Wiegand teilnahm, zufrieden feststellen, daß die Kirchenleitung »die Einwände der Dienststelle des Staatssekretärs für Kirchenfragen zur Kenntnis genommen und akzeptiert hat.« Gleichzeitig beschloß man, »progressive Christen« zu aktivieren und bei den Veranstaltungen gezielt als Diskussionsteilnehmer zum Einsatz kommen zu lassen. Gedacht war in diesem Zusammenhang vor allem an ca. 1 000 Mitglieder der Ost-CDU[443]. Der CDU gelang es sogar, 1 400 Unionsfreunde für die Teilnahme zu mobilisieren. Nahezu ein Drittel dieser staatsergebenen Christen-Garde hatte zur Vorbereitung für ihren Einsatz in den Kirchentags-Gruppen eigens an internen Schulungsmaßnahmen teilgenommen[444].

Die »Zentrale Arbeitsgruppe Kirchentag«, in der auch MfS-Oberst Wiegand saß[445], legte fest, »durch eine intensive Gesprächsführung den Druck auf die Kirchenleitung zu erhöhen, um sie zu zwingen, ihre Zusagen für einen politisch loyalen Verlauf der Veranstaltungen einzuhalten.« Mindestens zweimal wöchentlich sollten nunmehr Staat-Kirche-Gespräche zum Kirchentag stattfinden. Als Ziel dieser Interventionen wurde formuliert, die Kirchenleitung frühzeitig zu Disziplinierungsmaßnahmen von Kritikern zu veranlassen[446].

Das Veranstaltungsprogramm lag dem Staat Mitte April vor und wurde akzeptiert. Kritisch hielt man jedoch fest, daß weiterhin zu viele Teilnehmer aus der Bundesrepublik bzw. Berlin (West) kämen. Ein Problem waren die innerkirchlichen Kritiker, die nunmehr mit selbstgefertigten Flug- bzw. Kleinschriften ihre Position zum Kirchentag kundtaten[447]. In einem anschließenden Gespräch mit Bischof Forck und Stolpe forderte Heinrich, die Herkunft dieser Publikationen zu klären[448].

Die Situation verschärfte sich noch mit dem ersten öffentlichen Auftreten der Basisinitiativen auf der Synode Berlin-Brandenburg, zu dem es in den Akten des Zentralen Parteiarchivs heißt:

»Massiv versuchten auch bekannte negative Friedens-, Frauen-, Öko- und 2/3 Welt-Gruppen auf die Synode Einfluß zu nehmen. Sie verteilten ein Flugblatt ›Kirchentag von unten‹. Dieses Papier richtet sich vor allem gegen die angebliche Vereinnahmung der Kirchenleitung durch den sozialistischen Staat und stellt einen offenen Angriff gegen die Kirchenleitung und das bestehende konstruktive Staat/Kirche-Verhältnis in der DDR dar.

Offensichtlich soll nun auf diese Weise – nachdem die staatlichen Organe das bisher konsequent zurückgewiesen haben – das Kirchentagsmodell aus der BRD hoffähig gemacht werden. Die kirchenleitenden Kräfte übten in der Mehrzahl Zurückhaltung, versuchten zwischen den Fronten zu lavieren und gleichzeitig Zuspitzungen sowie das Verhältnis zum sozialistischen Staat belastende Aussagen zu vermeiden. Lediglich Konsistorialpräsident Stolpe, der nach internen Informationen im zuständigen Ausschuß engagiert für ein positives Friedensvotum eintrat, sowie der Berliner Generalsuperintendent Krusche, der einigen negativen Anträgen und Diskussionen theologisch fundiert entgegentrat, wirkten in positiver Weise. Krusche betonte, es komme nicht darauf an, zu klagen angesichts kleiner werdender Gemeinden. Heute komme es darauf an, sich zu besinnen, daß Kirche das bleiben müsse, was sie gewesen sei und was ihre eigentliche Aufgabe sei. [...] Kirche sei kein Transmissionsriemen für die Beschwerden der Bevölkerung. [...]

Erstmals überhaupt in einem Kirchenleitungsbericht wird das Auftreten von ›nichtchristlichen Künstlern‹ und Kulturschaffenden angesprochen und ähnlich der Grundposition des Konferenzvorsitzenden Landesbischof Leich ›einer vorbehaltlosen Bereitstellung kirchlicher Räume als Ersatz für verhinderte außerkirchliche Auftrittsmöglichkeiten nicht‹ zugestimmt. Obwohl diese Position im nachfolgenden Text revidiert wird[449], ist das ein beachtlicher Fortschritt.«[450]

Stolpe berichtete nach der Synode, die Kirchenleitung habe an einigen Orten, so z. B. in der Zionsgemeinde, Nachforschungen angestellt, ob dort die beanstandeten Papiere hergestellt worden seien. Der Verdacht habe sich jedoch nicht bestätigt. Der Konsistorialpräsident soll außerdem gesagt haben: »Man habe Hinweise erhalten, daß die Vervielfältigung der betreffenden Materialien im Bereich der Diakonie erfolgt sei. Dazu habe es namentliche Hinweise gegeben, und die Kirchenleitung prüfe gemeinsam mit der Leitung des Diakonischen Werkes, wie Ordnung geschaffen werden kann.«[451]

Wenige Tage später führte Gysi ein Gespräch mit Forck, an dem von kirchlicher Seite auch Günter Krusche, Stolpe und Diakon Peter teilnahmen. Der Bischof berichtete, das Zentrum der Initiative »Kirchentag von unten« befinde sich in der Zionsgemeinde[452]. Man werde den Betreffenden deutlich machen, daß sie ihre Kritik innerkirchlich vorbringen und nicht damit an die Öffentlichkeit gehen sollten, womit insbesondere die Westmedien gemeint waren. Doch nicht nur der »Kirchentag von unten«, sondern auch der von kirchlichen Mitarbeitern neugegründete »Arbeitskreis Solidarische Kirche«[453] bereitete dem Staat Sorgen. Forck erläuterte, deren Vertreter seien der Auffassung, gerade im Jubiläumsjahr bestünden günstige Möglichkeiten für die Verbreitung abweichender Positionen im Raum der Kirche. Stolpe suchte durch die Bemerkung abzuwiegeln, diesen Leuten sei nur an einem kritischen Nachdenken über die Kirche gelegen. 90 Prozent der Mitglieder seien »gutwillige kirchliche Mitarbeiter«. Beim Rest handele es sich allerdings um namentlich bekannte »Störer mit politischen Motiven«, die die Kirchenleitung zu isolieren beabsichtige. Heinrich widersprach den beiden Kirchenleuten: Dieser Kreis verfolge »ein klares Programm zur Veränderung der Gesellschaft«, hinter dem Menschen wie der Bürgerrechtler Ralf Hirsch ständen[454].

Mittlerweile waren die ersten kirchlichen Festveranstaltungen zum Berlin-Jubiläum im Ostteil der Stadt angelaufen, an denen sich zeitweise auch der Regierende Bürgermeister Diepgen – so an der kirchlichen Eröffnungsveranstaltung Mitte Februar 1987 in der Gethsemanekirche[455] – beteiligte. Daraufhin schrieb Außenminister Oskar Fischer an Staatssekretär Gysi einen Brief, in dem er deutlich machte, Diepgen dürfe nur noch »nach ordnungsgemäßer Beantragung und bei Vorliegen offizieller Einladungen der DDR« nach Berlin (Ost) einreisen: »Entsprechend der getroffenen Entscheidung sind die kirchlichen Stellen in der DDR zu bitten, bei Einladungen von Diepgen zu kirchlichen Veranstaltungen dieses Vorgehen zu berücksichtigen.«[456] Die SED wollte wie beim Kirchentag alles vermeiden, was nach Gesamtberliner Feierlichkeiten aussah. Dennoch fand während der kirchlichen Abschlußveranstaltung zum Berlin-Jubiläum im Herbst 1987 erstmals ein Zusammentreffen zwischen den Bürgermeistern der beiden getrennten Stadthälften, Diepgen und Krack, statt[457].

Darauf hatte der Regierende Bürgermeister seit langem gehofft. Aus seiner Umgebung berichtete am 5. Januar 1987 ein Zuträger dem MfS über folgende »interne Äußerungen« Diepgens:

»Die Einladung des Festkomitees der DDR [zum Berlin-Jubiläum] habe ihn sehr bewegt. Er habe sofort mit Sondierungsgesprächen begonnen. Dabei habe er die für ihn bittere Erfahrung machen müssen, daß seine Handlungsfreiheit weit mehr eingeschränkt ist, als ihm bisher bewußt war. Seitens der USA, Großbritanniens und Frankreichs sei er in sehr unfeiner Art zurückgewiesen und in die Ecke gestellt worden. Er sei dadurch in bezug auf eine offizielle Reaktion auf die Einladung handlungsunfähig. Er wolle persönlich die DDR nicht vor den Kopf stoßen. Deshalb plane er, zunächst an einigen Veranstaltungen teilzunehmen. Er hofft, dabei mit dem Oberbürgermeister Krack und anderen DDR-Politikern in Verbindung zu kommen. Unter diesem Gesichtspunkt sei auch schon am ersten Weihnachtsfeiertag seine Teilnahme am Gottesdienst in der Marienkirche erfolgt. Er habe insgeheim gehofft, mit Staatssekretär Gysi zusammenzutreffen. Im Falle einer solchen Begegnung hätte er sich zu einem gemeinsamen Mittagessen bereit gefunden. Mit solchen Aktivitäten wolle er die westlichen ›Schutzmächte‹ an evtl. Ostkontakte seinerseits gewöhnen.«[458]

Auch der West-Berliner SPD-Landesvorsitzende Walter Momper drängte zur öffentlichkeitswirksamen Teilnahme an den Ost-Berliner Feierlichkeiten. Nach streng geheimen Informationen des MfS erkundigte er sich Ende Mai bei einem Mitarbeiter der Politischen Abteilung der Ständigen Vertretung der Bundesrepublik nach der Möglichkeit, am Evangelischen Kirchentag teilzunehmen[459]. Er wolle vor allem an den Vortrags-Veranstaltungen mit Günter Gaus und Carl-Friedrich von Weizsäcker teilnehmen.

»Mompers Darstellung zufolge hält er seine Präsenz in diesem Rahmen von der politischen Optik her für sehr wichtig. Diese Auffassung habe Gaus ebenfalls vertreten, als er Momper zu dieser Veranstaltung einlud. Sorge bereitete Momper jedoch, daß er einen zur gleichen Zeit in Westberlin stattfindenden Termin bei den ›Linken‹ absagen müsse, wenn er den Gaus-Termin wahrnehme. [Jürgen] Egert [West-Berliner SPD-MdB] zerstreute Mompers Bedenken, daß ihm die ›Linken‹ seine Nichtteilnahme an ihrer Veranstaltung verübeln könnten. Egert hielt Mompers Präsenz in der Karlshorster Kirche aufgrund der politischen Bedeutsamkeit dieser Veranstaltung für unbedingt erforderlich. Deshalb werde er auch in diesem Sinne Mompers Fehlen bei den ›Linken‹ begründen. Momper und Egert waren sich in der Auffassung einig, daß die Veranstaltungen mit Gaus und von Weizsäcker die absoluten Höhepunkte des evangelischen Kirchentages in der Hauptstadt der DDR darstellten. Mit seiner Präsenz beim Vortrag von Gaus will Momper sowohl für die Regierung als auch für die Kirche in der DDR ein sichtbares Zeichen setzen, für welche Art von Politik sich die Westberliner SPD-Führung entschieden hat. Seine Anwesenheit dokumentiere die Entscheidung für die politische Linie der SPD-Politiker Brandt, Bahr und Gaus. In diesem Zusammenhang kam Momper auch auf das derzeitige Verhältnis der Westberliner SPD zur Staats- und Parteiführung der DDR zu sprechen. Er schätze die Beziehungen als relativ gut ein. Seiner Ansicht nach haben seine Gespräche mit führenden SED-Politikern in der DDR dazu einen wesentlichen Beitrag geleistet.«[460]

Auch die Grünen meldeten sich. Karitas Hensel, MdB, schrieb am 12. Mai 1987 an den Präses der Berlin-Brandenburgischen Synode, Manfred Becker, und bat in »Fortsetzung der früheren Kontakte« um eine Einladung.

»Wir haben großes Interesse, anläßlich des Evangelischen Kirchentages mit Ihnen und Herrn Bischof Forck in Berlin zusammenzutreffen, um uns bekanntzumachen und um Fragen beiderseitigen Interesses zu erörtern. Wir treten deshalb mit der Bitte an Sie heran, die Möglichkeit zu prüfen, ob eine kleine Delegation unserer Fraktion an Veranstaltungen des Evangelischen Kirchentages 1987 teilnehmen kann und ob dabei die Gelegenheit zur Führung eines Gespräches mit Ihnen gegeben ist.«[461]

Westliche Politiker standen also Schlange, um an dem Ostberliner Kirchentag teilnehmen zu können. Über ihre Motive geben die Berichte oft Auskunft. Was die Veranstalter veranlaßt haben mag, Günter Gaus einzuladen, dürfte ebenfalls nicht im dunkeln liegen.

Ende Mai hatte sich aus staatlicher Perspektive die Situation weiter verschärft. Gysi hielt Forck, Krusche, Stolpe und Peter vor, der »Kirchentag von unten« plane, im Rahmen einer offiziellen Arbeitsgruppe eine eigene Veranstaltung durchzuführen. Dazu lade er mit einem Flugblatt ein. Den Kirchentag belaste zudem das fortgesetzte Auftreten des Liedermachers Krawczyk und die allen Absprachen zwischen Staat und Kirche widersprechende Ankündigung einer Friedenswerkstatt für 1987. Der Staatssekretär kündigte an, daß Bischof Kruse in Anbetracht der gespannten innerdeutschen Beziehungen keine Einreisegenehmigung erhalten könne.

Forck bestätigte, die Kirchenleitung habe beschlossen, während der Friedensdekade auch eine Friedenswerkstatt durchzuführen. Im Vergleich zu den Veranstaltungen der Vorjahre werde sie – auch bedingt durch die im November vorherrschende Witterung, die eine Ausweitung in das Freigelände nicht zulasse – jedoch in einem kleinen Rahmen stattfinden. Einerseits erfordere der konziliare Prozeß die Integration möglichst vieler Friedensinitiativen, zum anderen hoffe die Kirchenleitung, daß die Kirchentagskritiker nunmehr doch noch ein positives Verhältnis zu dieser Großveranstaltung fänden.

Krusche betonte, das Programm des Kirchentages sei so attraktiv, daß es deutlich mache, welche Gestaltungsmöglichkeiten die Kirche in der DDR habe. So verfüge man über ein gutes Instrument, um einen kirchlichen Klärungsprozeß herbeifführen und sich mit Kritikern auseinandersetzen zu können. Sollte der »Kirchentag von unten« tatsächlich ein Tagungszentrum besetzen, werde die Kirchenleitung darauf verzichten, die Polizei zu rufen. Stolpe führte an, man solle »überlegen, wie die Gruppen, die ihr Spektakel haben wollen, von den anderen getrennt werden können.«[462] Die Vorstellungen des Konsistorialpräsidenten zielten darauf, mit einer räumlich gesonderten Unterbringung der Basisgruppen deren Einfluß auf das übrige Kirchentagsgeschehen zu minimieren.

Zugleich beruhigte er Gysi, indem er berichtete, »der ganze Apparat des Konsistorium sei [...] in die Absicherung des Kirchentages einbezogen.« Er schlug wöchentliche Begegnungen mit dem Staatssekretariat vor, worauf Gysi auch einging. Man vereinbarte, sich regelmäßig dienstags um 8.30 Uhr zu treffen[463].

Auf dem ersten Treffen Ende Mai – von kirchlicher Seite nahmen Krusche und Peter teil – erfuhren die Kirchenvertreter gleich zu Beginn, daß Bischof Kruse doch einreisen, aber nicht aktiv werden dürfe. Wohl im Gegenzug vereinbarte man, Krawczyk und Klier aus dem Kirchentagsprogramm herauszunehmen. Außerdem verabredeten die Gesprächspartner, während des Kirchentages »eine direkte operative Verbindung zwischen Staat und kirchlicher Leitung« herzustellen[464].

Eine Woche später baten die Kirchenvertreter darum, Kruse zu gestatten, während des Kirchentages am Sonntagvormittag einen Gottesdienst in einer Ost-Berliner Kirche zu halten. Heinrich schärfte den Kirchenvertretern ein, auf kirchlichen Vervielfältigungsgeräten hergestellte Druckerzeugnisse im Vorfeld und während des Kirchentages zu kontrollieren[465]. Zwei Wochen später teilte die Kirchenleitung mit, Kruse werde in der Gethsemanekirche predigen. Gleichzeitig forderte der Staat die Kirche nochmals auf, ein Auftreten von Krawczyk und Klier während des Kirchentages zu verhindern. Stolpe entgegnete, aus bestimmten Programmeinheiten könne man die beiden Künstler nicht mehr herausnehmen, da die Kirche unnötige Unruhe vermeiden wolle. Die kirchlichen Veranstalter sollten sich das von den Liedermachern angebotene Programm vorher ansehen und Stellen mit politisch problematischem Inhalt streichen.

Stolpe stellte außerdem das kirchliche Sicherheitsprogramm vor: Für den gesamten Verlauf des Kirchentages sollte eine aus 20 Personen bestehende zentrale Koordinierungsgruppe unter Leitung von Günter Krusche im Konsistorium von morgens bis abends tätig und unter drei Telefonnummern ständig erreichbar sein. Während der Abschlußveranstaltung sei sogar dafür gesorgt, daß bei eventuellem Mißbrauch die Mikrofone sofort abgeschaltet würden[466]. Insgesamt gelte: »Störfälle wie Hetze, Verleumdung, Behinderung und Störung der Veranstaltungen (Gottesdienste) und der Arbeit der Arbeitsgruppen werden nicht toleriert.« Allerdings werde man vor einem Einsatz von »mobilen Ordnungsgruppen« zunächst versuchen, durch ein Gespräch solche Situationen zu entschärfen[467].

Die drohende Besetzung eines Gemeindehauses durch die »Kirche von unten« werde der Staat keineswegs als eine innerkirchliche Angelegenheit bewerten.

Trotz dieses guten Gesprächsverlaufs fiel die Einschätzung von Staat und Partei eher gemischt aus:

»Während bei Generalsuperintendent Krusche und zum Teil auch bei Stolpe das Bemühen einer korrekten Einhaltung dieser abgestimmten Grundsätze [religiöser Charakter der Veranstaltungen; landeskirchlicher Charakter; Kirche sorgt für Ordnung und Sicherheit; Arbeitsgruppen nicht öffentlich] erkennbar ist, wird zunehmend spürbar, daß andere leitende Kirchenvertreter von diesen Grundsätzen abrücken, immer neue Tatsachen schaffen, die ›Geschäftsgrundlage‹ aushöhlen und ihre eigenen Zusicherungen unterlaufen. Das trifft z. B. auf die Nichteinhaltung des religiösen Charakters einer Vielzahl von Veranstaltungen (Überfrachtung mit Kulturveranstaltungen), die starke Beteiligung und aktive Mitwirkung von Gästen aus der BRD und der Ökumene, die Nichteinhaltung der entsprechenden gesetzlichen Regelungen (Druck- und Vervielfältigungserzeugnisse, Plaketten) zu. [...] Durch die teilweise Mißachtung der gegebenen Zusicherungen gibt es gegenwärtig im Zusammenhang mit dem Kirchentag folgende Belastungen:
1. Die inkonsequente Haltung und das versöhnlerische Verhalten der kirchenleitenden Vertreter gegenüber den bekannten politisch negativen Kreisen, die sich im wesentlichen um die Organisatoren der ›Friedenswerkstatt‹, den ›Arbeitskreis Solidarische Kirche‹ sowie die Initiative ›Kirchentag von unten‹ gruppieren.

Die zugesagten disziplinierenden Maßnahmen werden nicht durchgesetzt; ein entsprechender Kirchenleitungsbeschluß gegen die ›Friedenswerkstatt‹ im laufenden Jahr wurde zurückgenommen. An die genannten Gruppierungen werden Zugeständnisse gemacht, die diese Kreise ermuntern müssen.
2. Trotz wiederholter Aufforderungen staatlicherseits, auf das Auftreten hinlänglich bekannter Liedermacher (Krawczyk, Klier, Bomberg[468]) zu verzichten, sind deren Namen im ausgedruckten Kirchentagsprogramm weggelassen, ihr Auftreten wird jedoch weiter vorbereitet.«[469]

In einem Konzeptionspapier, das als Vorbereitung für eine Unterredung mit Forck und der Vorbereitungsgruppe entwickelt worden war, kritisiert der Verfasser, die Kirche halte sich nicht mehr genau an die mit dem Staat vereinbarte Geschäftsgrundlage, alle anstehenden Fragen gemeinsam und vertrauensvoll zu regeln. So habe man den Staat bei der Auswahl von Referenten und Predigern häufig »vor vollendete Tatsachen gestellt«. Gleiches gelte für die in Schweden hergestellten 10 000 Kirchentagsplaketten[470].

In dem Gespräch am 19. Juni verwies Gysi darauf, daß, wie den Kirchen bekannt sei, Honecker dem Kirchentagsprojekt persönlich zugestimmt habe: »Diese Entscheidung war Ausdruck eines besonderen Entgegenkommens, einschließlich der getroffenen Regelung für die Abschlußveranstaltung, und zugleich Beweis unseres Vertrauens gegenüber der Kirchenleitung.«[471] Der Staatssekretär stellte einen Rückgang des ursprünglich geplanten, eindeutig religiösen Charakters des Kirchentages fest. Forck erwiderte, für die Kirchenleitung gehe es eindeutig um Schadensbegrenzung. Der »Kirchentag von unten« lasse sich nicht mehr verhindern. Man wolle durch die Aufnahme des – auch öffentlichen – Gesprächs mit der »Kirche von unten« zu einer Stärkung der vernünftigen Personen beitragen, so daß »diese die Aktivitäten der negativen verhindern bzw. eindämmen.« Der Bischof wandte sich eindeutig gegen einen Einsatz der Polizei im Falle einer Kirchenbesetzung oder anderer Vorkommnisse.

Stolpe bemerkte gleich im Anschluß, zu solchen Äußerungen habe sich der Bischof bislang noch nie durchringen können.

»Die Kirche wisse, daß es um wenige Rädelsführer gehe, sie wisse aber auch um die Verführbarkeit. In dieser Situation läge bei der Kirchenleitung eine wesentlich höhere Verantwortung als früher. Die Kirche müsse darauf achten, daß der Kirchentag allen zeigt, daß unser Berlin ein anderes Berlin als Berlin (West) ist. Konsistorialpräsident Stolpe äußerte Verständnis dafür, daß der Staat konkrete Maßnahmen erfahren möchte und sich nicht mit Beteuerungen zufriedengeben kann.«

Gleichzeitig erklärte Stolpe, daß der Differenzierungsprozeß in den Gemeinden vorangeschritten sei. Dies bezog sich wahrscheinlich auf die Schwierigkeiten der »Kirche von unten«, für ihr alternatives Kirchentagsprojekt ein Gemeindehaus zu finden. Krusche fügte hinzu, der Kirchentag werde einer Besetzung, auch wenn sie friedlich erfolge, widerstehen. Die Kirchenleitung arbeite aber daran, der »Kirche von unten« abseits vom Kirchentagsgeschehen einen Raum zu verschaffen, um sie von der Straße zu bringen. Mit dem ZDF habe es bereits eine feste Absprache gegeben, daß der Fernsehsender den »Kirchentag von unten« ignorieren werde.

Abschließend brachte Stolpe noch eine spezielle Bitte vor:

Er »schätz[e] die Krawallmacher und Störtrupps aus der DDR als überschaubar ein. Man kenne sie zum großen Teil und könne entsprechend handeln. Dagegen seien bezahlte, von West-Berlin einreisende Provokateure und ›Punks‹ eine echte Gefahr. Er bat darum, daß [man] staatlicherseits an der Berliner Grenze und beim Anmarsch aus der Republik bei diesen Typen Hilfe leiste.«[472]

Tatsächlich wurden dann Basisgruppen und Einzelpersonen aus der DDR, die unter ständiger MfS-Überwachung standen, daran gehindert, nach Ost-Berlin zu reisen[473].

Eine staatliche Lageeinschätzung registrierte die zwischen Krusche und Stolpe einerseits sowie ihrem Bischof andererseits entstandene Differenzierung:

»Während vor allem Generalsuperintendent Krusche, aber auch Konsistorialpräsident Stolpe sich offensichtlich über den Ernst der aufgeworfenen Fragen im klaren sind und die Bereitschaft zu konstruktiven Lösungen zeigen, reagierte Bischof Forck mit allgemeinen Erklärungen, nahm keines der aufgezeigten Probleme konkret auf und verließ das Gespräch (wegen eines Termins beim USA-Botschafter) vorzeitig.

Sowohl Krusche als auch Stolpe ließen durchblicken, daß man die Dinge nicht so ernst genommen habe. Man werde die von Staatssekretär Gysi vorgebrachten Sorgen und Bedenken und auch die Fakten und Hinweise der Kirchenleitung, die noch am Nachmittag (19.6.1987) tagen wird, übermitteln und versuchen, noch einige Sicherungen einzubauen. So werde man Vorschläge unterbreiten, um die mit hochrangigen ökumenischen Gästen geplanten Foren und Diskussionen vor Provokationen zu schützen. Den nochmaligen nachdrücklichen Einspruch gegen Auftritte des Liedermachers Krawczyk werde man übermitteln.

Was den ›Kirchentag von unten‹ angehe, so sei man jetzt im Gespräch und werde sicher eine für beide Seiten akzeptable Lösung finden. Die Kirchenleitung gehe dabei davon aus, daß die Integration dieser Kräfte dringend nötig sei und deshalb Übernachtungs- und Gesprächsmöglichkeiten geboten werden.

In dieser Angelegenheit habe Konsistorialpräsident Stolpe mit den Leitern der Landeskirchenämter anderer Landeskirchen gesprochen, sie um Einflußnahme auf die bei ihnen bekannten Gruppen und Kräfte gebeten, um sie, wenn irgend möglich, in der Zeit des Kirchentages ganz von Berlin fernzuhalten. Vor allem werde man noch einmal die Verantwortlichen der einzelnen Kirchentagszentren, die Pfarrer und die Kirchgemeinderäte mit all diesen Dingen vertraut machen, damit sie ihrer Verantwortung gerecht werden können. [...]

Abzustimmen und endgültig zu entscheiden ist unser Vorgehen bezüglich von Krawczyk, da ja schon jetzt deutlich wird, daß die Kirchenleitung unserem wiederholten energischen Einspruch nicht nachgeben wird.«[474]

Kurz vor Kirchentagsbeginn informierte die Kirchenleitung darüber, daß sich der Einsatz von Krawczyk und Klier auf einen langfristig vorbereiteten und deshalb schwerlich abzusagenden Auftritt in der Samariterkirche reduzieren werde[475].

Während der kurz vor dem Kirchentag tagenden Beratergruppensitzung sprach Forck von sich schwierig gestaltenden Vorbereitungen und berichtete, daß der »Kirchentag von unten« noch ohne Räume dastehe[476].

Inoffiziell kündigte sich auch West-Prominenz[477] zum Kirchentag an.

EKD-Synodalpräses Schmude wollte sich privat nach Berlin (Ost) begeben und sich an einigen Veranstaltungen des Kirchentages als Gast beteiligen, ohne allerdings mit offiziellen Redebeiträgen aufzuwarten[478].

Auf Einladung von Stolpe nahm auch der West-Berliner Senator für Kulturelle Angelegenheiten, Volker Hassemer, an der Abschlußveranstaltung im Fußballstadion teil[479]. Ihn begleitete unter anderem Winfried Staar, Leiter der Abteilung »750-Jahr-Feier Berlin«, beim Kultursenator. Betreut wurden die Gäste aus dem anderen Teil der Stadt von Joachim Nischwitz, Oberkirchenrat beim BEK.

Während der Beratergruppensitzung Ende Juni 1987 stellte der Kirchensoziologe Ehrhart Neubert die von ihm erarbeitete Studie »Reproduktion von Religion in der DDR-Gesellschaft«[480] vor, die sich erstmals auch mit den Basisgruppen befaßte. Nach seiner Auffassung versuchten sie, Defizite in der persönlichen Sozialisation der Teilnehmer durch Rückgriff auf religiöse Deutungsmuster zu ersetzen. In der anschließenden Diskussion wurde Neubert unter anderem auch eine zu positive Schilderung des »Gruppen-Phänomen[s]«[481] vorgeworfen[482].

Das Staatssekretariat für Kirchenfragen legte Ende Mai 1987 eine Studie über kirchliche Randgruppenarbeit vor. Auch in der DDR gab es nunmehr westliche Jugendgruppenbildungen wie Punks, Skinheads, Heavys, New Romantics und Popper:

»Sie sind ein spezifischer Ausdruck der Perspektivlosigkeit der Mehrheit der Jugend im Kapitalismus, stellen dabei eine Form des Protestes gegen die Verhältnisse in dieser Gesellschaft dar. [...] Die Übernahme von Formen des Verhaltens und des äußeren Erscheinungsbildes, die für die genannten Gruppen charakteristisch sind, durch Jugendliche im Sozialismus hat seine Ursachen nicht in grundsätzlichen, aus dem Wesen der Gesellschaft resultierenden Gegensätzen. Dieser Vorgang deutet jedoch auf Mängel in der Gestaltung eines solchen Jugendlebens hin, das gesamtgesellschaftliche Interessen mit dem generationsspezifisch geprägten Selbstverständnis der Jugendlichen in ansprechender Weise verbindet.«[483]

Über das Verhältnis der Kirche zu den Basisgruppen hatte auch die sächsische Frühjahrssynode[484] verhandelt. Dabei vertraten Synodale um Präses Böttcher[485] die Position, die Kirche sei vor allem ein Zusammenschluß von Kirchengemeinden und könne sich deshalb nicht das Anliegen einer kleinen Minderheit zu eigen machen oder dieser gar die Vertretung der Kirche nach außen überlassen[486]. Auch Eberhard Natho hatte sich auf der Synode seiner Landessynode kritisch zu den Gruppen geäußert[487].

Mit Ausnahme der Predigt Forcks hinterließen die sechs Eröffnungsgottesdienste in Berliner Kirchen bei Staat und Partei einen positiven Eindruck und verdrängten die pessimistischen Befürchtungen[488]. Auch der folgende Tag verlief mit einem die Friedensvorschläge des Warschauer Pakts unterstützenden Vortrag Epplers in der Marienkirche, der Verhinderung eines Auftritts Krawczyks in der Immanuelkirche[489] und der Unterbringung des »Kirchentags von unten« – nach Auffassung Heinrich Finks »die Gruppe, die von den

Westmedien gesponsert wird«[490] – in der Pfingstkirche ohne Kirchenbesetzung aus staatlicher Perspektive überaus erfreulich[491].

Einen Tag später kam die Kirche dem Staat in einigen anderen Punkten weit entgegen. So hatten Staat und Partei an einer Fotoausstellung in der Lichtenberger Erlöserkirche auszusetzen, daß sie antisowjetische Bilder zeige. Krusche sagte zu, diese Fotos sofort zu entfernen, und wollte sich darüber hinaus auf einer Kirchenleitungssitzung für die sofortige Schließung der Ausstellung einsetzen. Stolpe und Präses Becker kamen auch dem staatlichen Wunsch nach, die Westmedien nicht über den »Kirchentag von unten« berichten zu lassen. Sie machten sich in das Tagungszentrum der Alternativen auf und richteten an die Pressevertreter die eindringliche Forderung, »sich zu entfernen und die innerkirchliche Situation nicht zu stören.«[492]

Nach Beendigung des Kirchentages bezeichnete Stolpe die Abschlußveranstaltung als »stärkste Ermutigung«[493] – was gewiß nicht gerade auf die dort laut gewordenen Basis-Proteste, sondern eher auf die Möglichkeit gemünzt war, doch noch eine kirchliche Großveranstaltung durchführen zu können. Der Großteil der kirchlichen Amtsträger in Berlin (Ost) wertete nach staatlicher Einschätzung »den Verlauf des Kirchentages als ermutigende[n] Erfolg«[494].

Das Staatssekretariat stellte die Bedeutung des Kirchentages für die gesamte Kirchenpolitik deutlich heraus:

»Insbesondere der Verlauf des Kirchentages der Evangelischen Kirche in Berlin-Brandenburg bietet einen günstigen Ausgangspunkt, um deutlich zu machen, daß kirchliches Wirken in unserer gesellschaftlichen Wirklichkeit große Möglichkeiten besitzt und gerade in seiner religiös-kirchlichen Spezifik und Eigenständigkeit als Teil dieser Realität respektiert und anerkannt wird.«[495]

Weiter hieß es, der »Kirchentag von unten« hätte sich durch die Mißachtung religiöser Anliegen einer Mehrheit der Kirchentagsbesucher isoliert sowie die religiösen Gefühle einer großen Zahl von Gemeindegliedern verletzt[496]. Eine staatliche Lageeinschätzung schrieb über die Stimmung in Berlin (Ost):

»Die Mehrzahl der kirchlichen Gesprächspartner wertet die Aktivitäten des ›Kirchentags von unten‹ als Versuch der Störung des Kirchentages (z. B. Pfarrer Koppehl; Präses Becker; Pfarrer Kirsten). Die Unterstützung des ›Kirchentages von unten‹ durch die Westmedien wird in diesem Zusammenhang abgelehnt.«[497]

Die Arbeitsgruppe Kirchenfragen wertete:

»Mit der Vorbereitung und Durchführung des Kirchentages wurden insgesamt günstige Bedingungen und eine gute Atmosphäre für die Weiterführung unserer Politik gegenüber den Kirchen und Religionsgemeinschaften in Berlin wie auch insgesamt geschaffen.

Unser Entgegenkommen und Verständnis für die kirchlichen Belange und religiösen Anliegen ist auf allen Ebenen und gegenüber allen Landeskirchen als Beweis unserer Bereitschaft zum offenen, freimütigen Dialog herauszustellen.

Die Durchführung des Kirchentages in der Hauptstadt in dieser komplizierten Zeit und Situation und im Blick auf die erheblichen Mehrbelastungen, die er unmittelbar vor dem großen historischen Festumzug mit sich gebracht hat, zeigte, wozu der sozialistische Staat bereit ist; welche Wagnisse und Risiken er eingeht, wenn auf der anderen

Seite die Bereitschaft zu konstruktiven Lösungen, Augenmaß für das Mögliche und Verständnis für die staatlichen Interessen vorhanden ist.«

Als unbefriedigend bezeichnete man jedoch das Verhalten Bischof Forcks. Er sei von vereinbarten Positionen abgewichen, habe zwiespältige Interviews und Erklärungen abgegeben und sich gegenüber dem Kirchentag von unten zu positiv verhalten. Diese Punkte solle Gysi gegenüber Forck auch deutlich benennen.

Darüber hinaus sollte die staatliche Politik darauf hinarbeiten, daß sich der »Kirchentag von unten« weder institutionalisiere noch über Berlin hinaus ausweite[498]. Im weiteren Verlauf des Jahres forderte die »Kirche von unten« von der Berliner Kirchenleitung, ihr auf Dauer Räume zur Verfügung zu stellen, damit sie unabhängig von den Gemeindekirchenräten arbeiten könne[499]. Der »Arbeitskreis Solidarische Kirche« plante, im Oktober eine weitere Vollversammlung in Leipzig durchzuführen[500], wo bereits feste Strukturen entstehen konnten[501].

Christa Lewek bedankte sich bei Botschafter Ernst Krabatsch für seine Beteiligung am KSZE-Forum am Kirchentagssonntag, »auch wenn der Gesprächsverlauf teilweise kompliziert gewesen sei.« Gleiches ließ Günter Krusche verlauten, der das Forum als teilweise unbefriedigend bezeichnete. Krabatsch »macht[e] deutlich, daß er einen anderen Verlauf des KSZE-Forums während des Kirchentages erwartet hatte. Es muß genauer überlegt werden, in welcher Art dieser sensible Bereich behandelt wird«, monierte der Diplomat[502].

Hinsichtlich des verstärkten Einsatzes von Staatsvertretern und Wissenschaftlern auf Kirchentagsveranstaltungen hatte sich Peter Kraußer skeptisch geäußert. Er schrieb an Jarowinsky[503]:

»Da wir selbst es als einen wichtigen Grundsatz vertreten, daß kirchliche Großveranstaltungen religiösen Charakter tragen und er auch gewahrt wird, wir also einer vordergründigen Politisierung entgegenwirken, sollten wir, was die Teilnahme von Gesprächsteilnehmern aus dem gesellschaftlichen Bereich an Rahmenveranstaltungen des Kirchentages angeht, nur mit sparsamer Hand vorgehen. Eine andere Herangehensweise würde den ja ständig vorhandenen Versuchen Vorschub leisten, das Kirchentagsmodell der BRD zu kopieren.

Zu vermeiden ist und bleibt der Eindruck einer ›Dialog-Veranstaltung‹. Der Kirchentag ist grundsätzlich ein kircheninternes, religiöses Ereignis, wo Kirche sich über sich selbst klar wird und natürlich auch über ihre Aufgaben in die Gesellschaft hinein. Alles, was die Kirche mit dem Staat bereden muß, geht grundsätzlich über den Tisch des Staatssekretärs für Kirchenfragen. Das ist seine Aufgabe. [...]

Dem Gesagten würde aber nicht widersprochen, wenn wir in bestimmte politisch brisante Veranstaltungen solche Genossen als Diskussionsteilnehmer schicken würden, die fachlich kompetent sind, Autorität haben und die mit der kirchlichen Landschaft und dem dortigen Klima vertraut sind; die also schon solche Veranstaltungen bestritten haben.«[504]

Entsprechend war dann auch die Teilnahme von Krabatsch zustandegekommen, nämlich durch eine staatliche Initiative[505].

Wenige Tage vor dem Ostberliner Kirchentag hatte bereits der Deutsche

Evangelische Kirchentag in Frankfurt am Main stattgefunden[506]. Während der Juni-Sitzung der Beratergruppe gab Hans von Keler eine »tendenziell positive« Wertung über das Kirchentagsgeschehen ab, nannte jedoch die Überfülle und das Veranstaltungsangebot »erdrückend«. Die Teilnehmerinnen und Teilnehmer seien »›fromm und politisch zugleich‹, [jedoch] nicht alternativ« und auch repräsentativ für das kirchliche Leben vor Ort gewesen. »Der Kirchentag hat durchaus einen Beitrag zur gesellschaftlichen Kultur geleistet«, bemerkte der württembergische Landesbischof abschließend[507].

Das Staatssekretariat für Kirchenfragen gab die folgende Einschätzung:

»Die Kirchentagsleitung war bereits im Vorfeld bestrebt, religiöses und politisches Engagement angesichts aktueller innen- und außenpolitischer Fragen in Übereinstimmung zu bringen, eine erkennbare Wechselwirkung auszuprägen und dabei dem Pluralismus politischer Auffassungen breiten Raum zu geben. [...] Frau Rotenhan [die Kirchentagspräsidentin] gab zu, daß heute der Glaube nicht mehr bestimmend und ein Verlust an Transzendenz eingetreten sei. Dies fordere dem Menschen eine ›ungeheure ethische Anstrengung‹ ab[508]. [...]

Der Verlauf des Kirchentages zeigt, daß er denn auch in derselben Identität ein theologischer wie ein politischer Kirchentag war. Zuletzt kann eingeschätzt werden, daß er sich als ein Forum des gesellschafts- und kirchenkritischen Basispotentials des BRD-Protestantismus darstellte. Die Reflexion der gesellschaftlichen Situation in der BRD zeichnete sich deutlich als Hauptendenz ab. [...]

Der Kirchentag dokumentierte mit seinen Inhalten erneut, daß sich vor allem an der Basis der 17 Gliedkirchen bis hin in die Führungsgremien der EKD das parteipolitische Kräfteverhältnis zugunsten einer größeren Nähe zur SPD-Politik ausdrückt.

Die Regierungsparteien, vor allem CDU/CSU und SPD, waren mit großem Aufgebot von führenden Politikern der Bundes- und Landesebene beim Frankfurter Kirchentag vertreten. Die Sympathie der 123 000 Kirchentagsteilnehmer [...] gehörte eindeutig der SPD. [...]

Erstmals nahm mit dem Mitglied des ZK der SED und Rektor der Akademie für Gesellschaftswissenschaften beim ZK der SED, Prof. Otto Reinhold, ein führender Politiker unseres Landes am Kirchentag teil[509]. Diese Tatsache wurde von offiziellen Vertretern der EKD, des DEKT und den Kirchentagsteilnehmern als ein Ergebnis des Dialogs SPD-SED gewertet. Seine Ausführungen wurden außerordentlich stark begrüßt. Ermutigt durch diese Tatsache, wurde auf dem Kirchentag die Idee geäußert, auf dem 23. DEKT 1989 in Berlin-West erstmalig ein Treffen von hochrangigen Politikern beider deutscher Staaten zu organisieren (es soll sogar an eine Teilnahme von Genossen Erich Honecker gedacht worden sein). Dies bezeugt eine völlige Überbewertung und Überschätzung der realen Möglichkeiten der Kirche in ihrer selbstformulierten ›Brückenfunktion zwischen Ost und West‹.

Die Mehrzahl der Vertreter der DDR-Kirchen sind auf dem Kirchentag weitgehend ›DDR-loyal‹ und sehr versachlichend und ausgewogen aufgetreten. Besonders hervorzuheben sind Altbischof Albrecht Schönherr [...] sowie Propst Heino Falcke [...] Bemerkenswert ist, daß die BRD-Medien kaum über das Auftreten der DDR-Delegierten aktuell berichteten. Die Rede von Propst Falcke wurde nicht in den Medien publiziert. Ebenso erschien sie nicht als Presseinformation des DEKT (nach Aussage [sic!] paßte ihnen die konsequent vertretene Gorbatschow-Linie nicht).

Mehr Interesse wurde seitens der Medien dem Auftreten von Studienreferent Joachim Garstecki gewidmet, dessen Forderungen nach ›Entideologisierung‹ und ›Entfeindung‹ in der Frage Frieden und Abrüstung sowie die von ihm unterstützte Ablehnung

des Systems der Abgrenzung in der DDR sofort als ›Heißmeldungen‹ verbreitet wurden. Der gleichen Intention folgte der Präsidiumsvorsitzende der Kirchentagsarbeit in der DDR, W. Opitz, der unter anderem ›Brücken über Gräben der Ideologie‹ forderte.«
Das Papier stellte fest, daß die Friedensfrage nicht mehr im Vordergrund der Arbeit dieses Kirchentages gestanden habe. Eine Friedensdemonstration fand nicht statt, Resolutionen zu Abrüstungsfragen wurden nicht verabschiedet. In Fragen des konziliaren Prozesses sei ein neuer »Aufschwung und Optimismus deutlich« geworden.
»C.F. von Weizsäcker wird nach diesem Kirchentag erneut eine nicht unwesentliche Rolle spielen, nachdem er vor zwei Jahren auf dem 21. DEKT den Konzilgedanken in die Diskussion brachte. Er gilt heute mehr denn je als Integrationsfigur für die politische Mitte und weiter rechts von der Mitte. (Besonders seine Bibelarbeit am 1. Arbeitstag des Kirchentages war mit ca. 10 000 Teilnehmern die bestbesuchteste.)
Sein Gegenpart in der BRD ist momentan der ehemalige Kirchentagspräsident, Prof. W. Huber, der große Sympathien genießt und in seinen Aussagen politisch weitgehend links-konsequent einzuordnen ist. Seine Befürworter gehören zur kirchenpolitischen Linken. (Dem ›Standpunkt‹ gelang es trotz großer Mühen, mit ihm auf dem Kirchentag ein Interview zu führen.)[510] [...]
In der Nähe des Standes der DDR-Kirchen [auf dem Markt der Möglichkeiten], den Augenzeugen als wenig attraktiv und aussagefähig bezeichneten, befand sich der Stand der EKD/Ostmission, der religiös gebundene Bürger sozialistischer Länder als Verfolgte, Entmündigte und Gedemütigte darstellte. OKR Ziegler und andere Vertreter der DDR-Kirchen haben dies offensiv beeinsprucht.«[511]

Beginnende Reformen in der DDR: »Tauwetter« oder außenpolitisch bedingte Taktik? – Der Olof-Palme-Marsch (September 1987)

Im Kontext des Honecker-Besuches in Bonn fand der Olof-Palme-Friedensmarsch statt, an dem sich kirchliche Gruppen mit eigenen Losungen beteiligten. In der KKL hatte eine Mehrheit der Anwesenden die kirchliche Teilnahme als denkbar bezeichnet[512]. So schrieb Werner Leich dem Generalsekretär des DDR-Friedensrates, Vizepräsident Werner Rümpel[513]:

»Wir sind zu einer Zusammenarbeit im Rahmen eines zeitweiligen Nationalen Komitees zur Organisation und Koordinierung der mit dem Friedensmarsch verbundenen Aktivitäten bereit unter der Voraussetzung, daß dem Bund der Evangelischen Kirchen eigenständige Möglichkeiten der Beteiligung an einzelnen Stationen dieser Veranstaltung eröffnet werden und eine Mitgliedschaft sich nicht auf repräsentative Funktionen beschränkt.«

Als Vertreter im Vorbereitungskomitee benannte der BEK Christa Lewek und Pfarrer Martin-Michael Passauer[514].
Zwei Wochen zuvor hatte der KKL-Vorstand beschlossen, sich auch mit der EKD über die mit dem Friedensmarsch verbundenen inhaltlichen Fragen zu verständigen. Sollte es von dieser Seite starken Widerspruch geben, müsse man neu überlegen[515].
Auf einer Sitzung des Nationalen Vorbereitungskomitees Mitte August 1987 ging Passauer von der Losung »Schwerter zu Pflugscharen« aus. Er

kündigte an, die Kirchen würden sich durch Friedensgebete[516] und einen Pilgerweg vom ehemaligen Konzentrationslager Ravensbrück nach Sachsenhausen eigenständig an dem Geschehen beteiligen. Für den 17. September war ein Gesprächsforum in der Dresdener Kreuzkirche geplant[517]. Außerdem gab Passauer zu bedenken:

»Zum Schluß sei noch gesagt, daß ein atomwaffenfreier Korridor als ein Schritt zum Frieden uns als Christen das viel umfassendere Friedensverständnis und Friedenszeugnis nicht vergessen lassen darf.«[518]

Auf der KKL-Sitzung im Juli 1987 hatten einige Teilnehmer ihren Unmut über die zu intensive Beteiligung von Christen und Gemeinden an dem Marsch geäußert. Zudem gab es auch Bedauern, daß der BEK die sächsische Kirchenleitung wegen des in der Kreuzkirche geplanten Forums bislang überhaupt nicht konsultiert habe[519]. Darüber hinaus verband die sächsische Kirchenleitung ihre Zustimmung zur Durchführung des Forums mit dem Anspruch auf Einräumung eines Vetorechtes[520].

Im Blick auf weitere für 1987 geplante Veranstaltungen des Friedensrates zeigte sich der BEK allerdings eher zurückhaltend. Für eine Friedensratstagung am 31. August gab der KKL-Vorstand keine definitive Zusage; auf jeden Fall wollten die Kirchen nicht mit einem Redebeitrag hervortreten. An öffentlichen Kundgebungen zum Hiroshimatag Anfang August nahm der BEK gar nicht teil[521]. Ende August 1987 beschloß der Vorstand bei einer Gegenstimme und einer Enthaltung – es waren überhaupt nur vier Vorstandsmitglieder anwesend, da Demke entschuldigt fehlte –, Liedtke und Passauer als BEK-Delegierte zu der Tagung des Friedensrates zu delegieren. Liedtke sollte einen Wortbeitrag geben[522].

Da das Staatssekretariat erfahren hatte, daß die Berliner Szene den Friedensmarsch zu eigenen Aktionen nutzen wolle, sprach Gysi Anfang September mit Lewek über das Problem. Mit Genugtuung stellte der Staatssekretär fest, daß den Kirchenvertretern dieses Vorhaben bereits bekannt war und sie schon Pläne zur Einbindung der Berliner Gruppen entwickelt hatten: Am 6. September sollte abends ein Pilgermarsch zwischen vier Kirchen stattfinden. Gysi machte deutlich, »daß gerade in dieser für die Kirche günstigen Situation und bei einem Versuch kooperativen Zusammenwirkens im Rahmen gesellschaftlicher Kräfte der DDR solche Störversuche um so gefährlicher sind.«[523]

Wenige Tage nach dem gesonderten Pilgerzug zwischen den Kirchen am Prenzlauer Berg in Berlin (Ost) bestellte der Staatssekretär für Kirchenfragen Lewek zu sich. Gysi erklärte aufgebracht, »daß eine solche demonstrative Veranstaltung weder mit dem Olof-Palme-Marsch noch mit dem religiösen Anliegen der Kirche, ihrer sonst so betonten religiösen Eigenständigkeit etwas zu schaffen habe. Das einzige denkbare Ziel einer solchen Aktion sei doch offenbar die Störung des konstruktiven Verhältnisses zwischen Staat und Kirche und entspräche in keiner Weise der Funktion der Kirche in unserer sozialistischen Gesellschaft.«

Auch Lewek bezeichnete diese Aktion als »eine bewußte und deutliche Demonstration gegen die Leitung des BEK [...], insbesondere gegen Landesbischof Leich, gegen sie und viele andere.« Deutlich sei, daß die innerkirchliche Polarisierung wachse. Sie erhob gegen Passauer den Vorwurf, die »Kirche von unten« und weitere Gruppen nicht richtig eingebunden zu haben. Wenige Tage später machte Gysi deutlich, durch eine gute Rede Passauers zum Abschluß des Marsches[524] könne der BEK diesen Eklat de facto ungeschehen machen. Es wäre der erfolgreiche Abschluß der »erstmalige[n] Beteiligung des BEK an einer großen offiziellen gesellschaftlichen Veranstaltung«[525].

Der Ost-Berliner Stadtrat Hoffmann stellte hinsichtlich des Berliner Pilgermarsches gegenüber Passauer und Stadtjugendpfarrer Hülsemann fest:

»Wieder einmal haben sich staatliche Befürchtungen bewahrheitet, und kirchliche Zusicherungen haben sich als nicht zutreffend erwiesen. [...] Er stellte die Frage, welcher Zusammenhang z. B. zwischen der Forderung nach einem ›zivilen Ersatzdienst‹ oder nach einer ›Erweiterung des Reiseverkehrs in die BRD‹ (mitgeführte Losungen während des Pilgerweges)[526] und dem Anliegen eines atomwaffenfreien Korridors bestehen soll. [...] Hier fand nicht zuletzt die stark vertretene Westpresse ein starkes Feld der Auswertung.«[527]

Die kirchliche Wertung des Marsches fiel sehr positiv aus. Es handele sich um »einen gelungenen ersten Versuch einer gemeinsamen Friedensaktivität von Staat und Kirche«, hörte man fast überall[528]. Bereits bei der Eröffnungskundgebung in Stralsund waren nach einem Bericht des Greifswalder Konsistorialpräsidenten Harder »Plakate und Transparente zu sehen [...], die mit diesem Inhalt in der DDR nicht zugelassen waren.«[529] Während des Pilgerweges zwischen Ravensbrück und Sachsenhausen wurde der Zug in jedem Ort, den er durchquerte, gemeinsam von Pfarrer und Bürgermeister begrüßt[530]. Im Bezirk Halle und Dresden klagte man allerdings darüber, daß andere Demonstrationsteilnehmer das offene Zeigen kirchlicher Losungen massiv verhindert hätten. Überall hin war der »neue Kurs« demnach noch nicht vorgedrungen[531]. Pfarrer Christian Führer aus Leipzig berichtete vom Marsch von Torgau nach Riesa:

»Kurz vor dem Platz am Denkmal wurden unsere Transparente durch Trageelemente staatlicher Teilnehmer bewußt verdeckt. Unsere Losungsträger wichen aus, ein stilles ›Ringen‹ um Sichtbarkeit erfolgte, gewaltlos. [...] Die staatliche ›Regie‹ reagierte auf die alte Weise, jedoch neu, insofern keine Gewalt angewendet wurde.«[532]

Friedrich Schorlemmer demonstrierte mit Hilfe eines Fotos, daß andere Teilnehmer an den Aktionen z. B. die Losung »Für einen sozialen Friedensdienst« mit staatstreuen Transparenten verdeckten. Wichtiger als diese Klagen sei jedoch der mit dem Marsch »erbrachte Beweis für die Möglichkeit gemeinsamer Auftritte«, betonte der Pfarrer[533].

Der KKL berichtete Passauer, beim Marsch hätten Christen und Marxisten »in fairer, offener Form« gemeinsam gehandelt, allerdings habe es auch noch Hinweise auf »altes Denken« gegeben. Bei zwei Gegenstimmen und fünf Enthaltungen bezeichnete die KKL die Veranstaltung »als eine[n] gelungene[n] Versuch[.] neuen Handelns in gemeinsamer Friedensverantwortung bei Wahrung kirchlicher Eigenständigkeit«[534].

Nach Beendigung des Marsches fragte Kirchenamtspräsident Hammer kritisch nach, »warum es keine Absprache über die Entsendung von Bundesvertretern in die Delegationen des Friedensrates gegeben habe. Das hätte der Vorstand mit der EKD absprechen müssen. Eine Mitteilung allein hätte in diesem Fall nicht genügt.«[535] Auch die Basisgruppen waren »sauer«, so Superintendent Ziemer (Dresden), daß der BEK das Programm für den Marsch ohne vorherige Abstimmung mit der kirchlichen Basis vereinbart habe: »Sie hätten viel zu wenig Gelegenheit gehabt, ihre Gedanken und Vorstellungen einzubringen.« Gleiches galt für das Friedensforum in der Kreuzkirche, wo sie sich nicht genügend hätten beteiligen können[536]. Stolpe mußte wenige Wochen später zugeben, daß der Marsch nur wegen der »außenpolitische[n]« Konstellation des Honecker-Besuches in Bonn in der erlebten Form hatte stattfinden können[537].

Daß der Marsch gut in die politische Konzeption des SED-Staates hineinpaßte, demonstriert dessen positive Wertung durch das Staatssekretariat für Kirchenfragen schon im Vorfeld dieser Großaktion Ende Juli 1987:

»Der Olof-Palme-Marsch bietet als international und national bedeutsames Ereignis im Vorfeld der Herbstsynoden einen geeigneten konkreten Anlaß, anhand dessen die vielfältigen Möglichkeiten eigenständigen Friedensengagements von Christen und Kirchen in unserer Gesellschaft verdeutlicht werden können. In diesem Sinne sollte er in der vorbereitenden Gesprächsführung mit Synodalen genutzt und realistische Kräfte gewonnen werden, diesen Gedanken in Form von Eingaben in die Synoden einzubringen.«[538]

Allerdings sah man nach Beendigung des Friedensmarsches auch die Gefahr, daß Teile der Kirche, nachdem sie sogar auf den mitgeführten Transparenten ihre Eigenständigkeit in der Friedensarbeit hatten demonstrieren können, künftig auf ihre Anerkennung durch den Staat hinweisen würden. In einem solchen Falle würden die Unterschiede zwischen Staat und Kirche stärker herausgestellt als die Gemeinsamkeiten[539].

Zur ersten Sitzung der »Ökumenischen Versammlung für Frieden, Gerechtigkeit und Bewahrung der Schöpfung«[540] fanden intensive Vorbereitungen statt. Eingeladen hatte die Arbeitsgemeinschaft Christlicher Kirchen (AGCK); die Delegierung der ca. 200 Teilnehmer überließ man den einzelnen Kirchen[541]. Die katholische Kirche erklärte sich bereit, drei Beobachter in die Vorbereitungsgruppe zu entsenden – allerdings machte sie von ihrer Abneigung gegen die feste Beteiligung der Basisgruppen an der geplanten Versammlung keinen großen Hehl[542].

Das zunächst mit Rücksichtnahme auf die katholischen Brüder zurückhaltend behandelte Thema »Christliche Friedenskonferenz« (CFK) kam Ende März 1987 im KKL-Vorstand wieder auf den Tisch. Man beschloß:

»Unbeschadet der noch ausstehenden Klärung von Grundsatzfragen des Verhältnisses zur CFK hält der Vorstand Mitwirkung bei der ›Ökumenischen Versammlung‹ für möglich.«[543] Für die Vorbereitungsgruppe der AGCK beschloß der BEK, »Dr. Heiner Fink, Berlin«, als einen der Kirchenbundvertreter zu entsenden[544]. Hiergegen erhob Landesbischof Hempel scharfen Protest: »Für die CFK Herrn Prof. Fink einzusetzen, ist zu hoch angebunden. [...] Ich bin also *für* einen CFK-Vertreter, aber niedriger angebunden.«[545]

Fink war gerade wieder mit einem Telegramm an den amerikanischen Präsidenten Ronald Reagan aufgefallen, das ganz dazu angetan war, sich bei dem SED-Regime anzubiedern. Unterzeichnet hatte er mit »Direktor der Sektion Theologie der Humboldt-Universität zu Berlin« und »Vorsitzender des Regionalausschusses der CFK der DDR«. Das Telegramm hatte folgenden Wortlaut:

»Der jüngste Atomtest der USA hat bei den Teilnehmern aus Kirchen und Theologischen Fakultäten des VI. Ökumenischen Symposiums zu Friedensfragen Bestürzung und Empörung ausgelöst. Diese maßlose Provokation für alle friedliebenden Menschen ist dazu geeignet, die Friedenshoffnungen zu zerschlagen, die wir Christen unterschiedlichster Konfessionen mit den meisten Menschen dieser Erde teilen. Stoppen Sie endlich Ihr Hochrüstungsprogramm und schließen Sie sich der Teststoppolitik der UdSSR an. Kehren Sie um zu einem neuen Denken, das den Frieden, die Gerechtigkeit und die Bewahrung unserer Erde als gemeinsame Aufgabe aller Völker und Staaten erkennt.«[546]

Hempel wollte nicht nur diesen staatsergebenen Theologen nicht. Er kritisierte insgesamt den geringen Anteil von Laien in dem Gremium[547]. Auch Dresdens Superintendent Christof Ziemer schrieb: »Die Vertretung der CFK durch den Vorsitzenden des Regionalausschusses erscheint mir nicht angemessen«. Er plädierte für die Berufung eines CFK-Vertreters aus einer Gemeindegruppe. Wie Hempel kritisierte auch Ziemer die geringe Berücksichtigung von Laien und darüber hinaus von Vertretern der »engagierten Gruppen«[548].

Durch die geplante Berufung von Fink in seine Delegation gefährdete der BEK die Teilnahme der katholischen Kirche.

In einer weiteren Sitzung hielt die Vorbereitungsgruppe fest, eine Vertretung von Institutionen könne es nicht geben: »Die Arbeit der CFK sollte aber durch einen Vertreter in der Gruppe eingebracht werden können.« Außerdem sollten möglichst die Hälfte der acht Plätze mit Basisgruppenvertretern besetzt werden.

Man einigte sich schließlich auf Elisabeth Adler, die CFK-Mitglied war, aber zugleich in einer Gerechtigkeitsbasisgruppe mitarbeitete[549].

Auf der konstituierenden Sitzung der AGCK-Vorbereitungsgruppe waren sich alle Beteiligten darüber einig, »daß es in allen drei Bereichen [Frieden, Gerechtigkeit, Ökologie] um ein Zeugnis gehen muß, das Veränderung bewirkt.« Klar war weiterhin, daß die Aussagen der Ökumenischen Versammlung an die Kirchen und Christen in der DDR gerichtet sein müßten. Zwar könnten die Versammelten nicht für ihre Kirchen sprechen, wohl aber Positionen und Konzeptionen erarbeiten, die in den Rezeptionsprozeß der Kirchen eingehen sollten. Abschließend wurde ein Geschäftsführender Ausschuß gewählt, der sich aus Ziemer (Vorsitz), Erika Drees, Falcke und Lewek als Verbindungsperson zum BEK-Sekretariat zusammensetzte[550].

Gegen Jahresende konnte hinsichtlich der katholischen Kirche ein Durchbruch erzielt werden: Die Schwesterkirche sagte ihre volle Mitarbeit zu[551], wenn der Staat und gesellschaftliche Organisationen die Versammlung nicht beeinflußten. Nach dem Proporz sollte sie ein Viertel der nunmehr auf hundert reduzierten Delegierten stellen[552].

Die Basisgruppen, die sich beteiligen wollten, begriffen, daß dies nur durch die zumindest formale Anerkennung und das Ausnutzen kirchlicher Strukturen effizient möglich war. Das barg nach staatlicher Auffassung »die Gefahr in sich, daß extreme Positionen stärker in kirchenoffizielle Haltungen Eingang finden können, es erhöht sich aber auch die Möglichkeit der versachlichenden Einflußnahme kirchenleitender Organe auf die Gruppen.«[553]

Ende November war bekannt, daß die Versammlung erstmals Mitte Februar 1988 in der Christuskirche, Dresden-Strehlen, zusammentreten werde[554].

Bereits 1987 gingen im BEK-Sekretariat inhaltliche Stellungnahmen zu den Aspekten Frieden, Gerechtigkeit und Ökologie ein. Annemarie Müller, Dresden, zum Beispiel klagte über »die nicht vorhandenen Reisefreiheiten, de[n] inhumane[n] Strafvollzug, die ungleichen Chancen in Bildung und Beruf, die bestehende Abgrenzungspolitik nach allen Seiten, [...] das nicht vorhandene Recht auf Wehrdienstverweigerung und auf sozialen Friedensdienst, die Verknüpfung von militärischen und paramilitärischen Übungen in der Volksbildung [...], die Umweltverschmutzung [...], das Waldsterben«: »Ich wünsche, daß unsere Kirchen zu den oben genannten Problemen Stellung beziehen und sich verbindlich dazu äußern.«[555]

»Zumutung«, »Abgrenzung« und Bekennen in der Friedensfrage – die Görlitzer Bundessynode (September 1987) und ihre kirchenpolitischen Folgen

Mit dem aus der Ost-Berliner Bartholomäus-Gemeinde stammenden unbequemen Antrag »Absage an Praxis und Prinzip der Abgrenzung« erreichte der Aufbruch der kirchlichen Basis auch die Bundessynode. Der Aufruf ging von der Diagnose einer schweren bis tödlichen Erkrankung des gesellschaftlichen Lebens in der DDR aus und machte hierfür die mit der Entspannungspolitik immer deutlicher einhergehenden Abgrenzungsbemühungen des SED-Staates verantwortlich. Die internationale Isolation der DDR-Bevölkerung sei die Ursache für Feind- und Zerrbilder. Ziel müsse der »freie und mündige Bürger« sein. An die Adresse des Kirchenbundes richteten die Verfasser die folgende Forderung: »[...] wer das Abschreckungsprinzip ablehnt, muß auch dazu aufrufen, die den Dialog behindernden Abgrenzungen zu beseitigen. Nur so wird Friedenspolitik wirklich glaubwürdig und unumkehrbar.« Mit dieser Analyse machten sie deutlich, daß der Friedensbegriff, isoliert auf Fragen der formalen Sicherheitspolitik, zu einer leeren Worthülse verkam.

Vornean im Katalog der gesellschaftlichen Veränderungen stand die Forderung nach einer möglichst weitgehenden Reisefreiheit, gefolgt von mehr wirtschaftspolitischer Transparenz und einem öffentlichen Gespräch über Veränderungen im gesellschaftspolitischen Bereich. Zudem möge die Kirche sensibler in der Frage der ökumenischen Reisen werden, die vorrangig Gemeindegliedern vorbehalten sein sollten[556].

Das Präsidium der Synode rechnete schon im Juli 1987 mit zahlreichen Eingaben, die sich den Antrag zu eigen machten. Einer der Initiatoren des neuerlichen Vorstoßes, Vikar Reinhard Lampe – er hatte ja bereits im Vorjahr demonstrativ gegen die Abgrenzungspolitik protestiert[557] –, richtete an Präses Gaebler einen erläuternden Brief, den er im Sekretariat persönlich abgab[558]. Zur Unterstützung der Initiative erreichten das Synodalpräsidium im Vorfeld der Synode 194 Eingaben, die von 428 Gemeindegliedern unterzeichnet waren[559]. Auch einige ablehnende Stimmen von staatstreuen Theologen und Gemeindegliedern wie Björn Rugenstein[560], Gert Wendelborn[561], Hanfried Müller[562], Peter und Sigrid Franz[563], Constanze und Dieter Kraft[564], Rosemarie Müller-Streisand[565], Hans-Hinrich Jenssen[566] und dem Kirchenvorstand der Gnadengemeinde Leipzig-Wahren[567] gingen im BEK-Sekretariat ein.

Der Antrag, im Frühjahr 1987 bereits in Berlin-Brandenburg[568] behandelt – Hanfried Müller hatte sich dort zu der Äußerung verstiegen, die »Forderungen nach Reisen erinnern ihn an die verstärkten Reisen während der Zeit des Faschismus (›Kraft durch Freude‹)«[569] – und auf dem Ostberliner Kirchentag durch Flugblätter in Umlauf gebracht, schlug schon im Vorfeld der Synodaltagung derartig ein, daß Heidingsfeld sich bemüßigt sah, Schmude und die hannoverschen Oberkirchenräte im Kirchenamt der EKD, Hans-Joachim Höner und Warner Conring, zu informieren:

»Nach mir zugänglichen Informationen ist offenbar eine erhebliche Zahl von Eingaben an den BEK gegangen, so daß man dort mit ›gemischten Gefühlen‹ in Richtung Görlitz blickt.« Eine Würdigung der Basisinitiative enthielt Heidingsfelds Schreiben nicht[570]. Wie stark der Abgrenzungsgedanke auch in kirchlichen Köpfen verwurzelt war, demonstrierte ein Brief des ehemaligen mecklenburgischen Landesbischofs Heinrich Rathke an Bundeskanzler Kohl[571], in dem er an den westdeutschen Regierungschef die Frage gestellt haben soll, »woher er das Recht nehme, die Bürger der DDR als ›seine‹ Landsleute‹ zu bezeichnen. Das stehe ihm niemals zu.«[572]

Ende Mai war Prälat Binder von seiten der Ständigen DDR-Vertretung in Bonn auf Versuche der CDU angesprochen worden, weitere Abrüstungsschritte mit einer möglichen deutschen Wiedervereinigung zu koppeln. Der Bevollmächtigte soll daraufhin geäußert haben:

»Was ›das Gerede‹ um die ›Wiedervereinigung‹ betreffe, so sei die Führung der EKD realistisch genug. B. erklärte, daß diese Frage völlig unaktuell sei und die Lösung beide Staaten interessierender Fragen nur erschweren könne. Eine solche Diskussion würde nur zu Mißtrauen führen. B. fügte hinzu, daß die Chancen der Abrüstung im Interesse der bilateralen Beziehungen ergriffen und Störendes unterlassen werden sollte. Er wolle in diesem Sinne seine Gesprächsmöglichkeiten mit Vertretern der Bundesregierung und der Parteien nutzen.«[573]

Der SED-Staat hatte bereits Ende Juli 1987 für die bevorstehenden Herbstsynoden formuliert, die Kirchenparlamente sollten den Vorrang der Friedensfrage vor allen weiteren politischen Problemen deutlich herausarbeiten[574]. Bei den Vorbereitungsgesprächen der SED-Funktionäre mit den Bundessynodalen – so »orientierte« Jarowinsky – sollte auf den guten Stand der Staat-Kirche-Beziehungen sowie auf »die konstruktive Rolle, die Schönherr, Hempel[575] und Leich bei der kirchlichen Standortfindung gespielt haben«, hingewiesen werden: »Durch die Entwicklung bestätigt fühlen sich die Bürger christlichen

Glaubens und die Mehrzahl der kirchlichen Amtsträger – nicht die wenigen Ausnahmen, die stören wollen und denen die ganze Richtung nicht paßt.«[576] Knappe vierzehn Tage zuvor hatte sich Jarowinsky selbst beraten lassen – von der Kirchenabteilung des MfS. In diesem Gespräch wurde ihm gesagt, die »›Kirche von unten‹ einerseits und die ›Solidarische Kirche‹ andererseits« seien »ernst zu nehmen.«[577] Die Konzeption für die Görlitzer Bundessynode arbeiteten die Arbeitsgruppe Kirchenfragen im ZK der SED, der Staatssekretär für Kirchenfragen und das MfS gemeinsam aus.

Propst Falcke aus Erfurt erklärte sich bereit, den Abgrenzungsantrag einzubringen und vor der Synode zu vertreten[578]. Das Antragsverfahren war für die Initiatoren dadurch erschwert worden, daß der Gemeindekirchenrat der Berliner Bartholomäusgemeinde es abgelehnt hatte, bei der Bundessynode einen Vorstoß zu wagen. Daraufhin warben Fischbeck, Vikar Lampe und der kirchliche Mitarbeiter Bickhardt in weiteren Ostberliner Gemeinden um Unterstützung[579]. Auch Altbischof Krusche unterstützte das Vorhaben:

»Ich halte die in diesem Antrag angeschnittenen Fragen für so wichtig, daß sie auf der nächsten Tagung der Bundessynode angesprochen werden sollten. Ohne daß ich mich mit jeder einzelnen Aussage identifizieren möchte, bin ich doch der Meinung, daß diese Fragen jetzt unumgänglich geworden sind.«[580]

Da Falckes Antrag fristgerecht eingegangen war, stand seiner Behandlung vor der Synode nichts mehr im Wege. Das Synodalpräsidium lehnte jedoch die Bitte des Initiatorenkreises auf Entsendung eines mitarbeitenden Gastes ab[581]. Die KKL stimmte der Behandlung des Themas auf der Synode zu[582].

Erst sehr spät hatte der SED-Staat von der Initiative erfahren. Am Tag des Synodenbeginns hieß es in einer Einschätzung der Arbeitsgruppe Kirchenfragen:

»Uns wurde bekannt, daß reaktionäre Kräfte, die seit langem als gewählte Mitglieder der Synode angehören, von außen offensichtlich systematisch beeinflußt, die heute beginnende Tagung in ihrem Sinne, ähnlich wie schon in der Vergangenheit, negativ beeinflussen wollen. Unter Federführung des Erfurter Propstes Falcke ist ein Leitantrag organisiert, in dem unter dem Vorwand der Überwindung des Geistes, der Logik und der Praxis der Abschreckung offensichtlich völlig unrealistische und lebensfremde Forderungen, die sich gegen unsere Grenze richten, enthalten sind. Eine Reihe ähnlicher unterstützender Anträge in dieser Richtung ist ebenfalls vorbereitet. Der konkrete Inhalt ist uns noch nicht bekannt.«[583]

Am 10. September hatte Ziegler[584] Hans Wilke von der Initiative unterrichtet. Die KKL könne dieser Konzeption zwar nicht folgen, jedoch müsse die Synode die Eingabe behandeln. »Reisefreiheit für alle Bürger und Reisen nach Polen[585] sind die dominierenden Punkte«, charakterisierte der Sekretariatsleiter die Initiative. Die KKL habe bereits festgelegt, daß einzelne Synodale sowie KKL-Mitglieder sich im Plenum mit solchen Positionen aktiv auseinandersetzen würden[586].

Der Staat führte daraufhin mit zuverlässigen Synodalen und kirchenleitenden Persönlichkeiten im unmittelbaren Vorfeld der Synode Gespräche, um diese über die Brisanz des Antrages zu informieren. Parallel wies man die

Ost-CDU an, mit weiteren Synodalen im gleichen Sinne zu reden, was in 53 Fällen – bei 60 Synodalen – auch geschah. Zu ihrem Schrecken erfuhren die Parteifunktionäre, daß weder die Bischöfe Gienke und Hempel[587] noch Stolpe in Görlitz anwesend sein würden. Erstere befanden sich auf Auslandsreisen, letzterer im Urlaub. Alarmiert durch diese Nachricht, erteilten die Genossen vom Politbüro Gysi einen Tag vor Synodenbeginn den Auftrag, zumindest dafür zu sorgen, daß Stolpe seinen Urlaub unterbrach. Der Konsistorialpräsident reiste daraufhin umgehend nach Görlitz[588]. Gleiches galt nach Auffassung der Partei anscheinend auch für Forck[589].

Außerdem führte der Staatssekretär für Kirchenfragen am Vorabend der Synode noch ein Gespräch mit den Bischöfen Leich und Forck:

»Leich ist sich seiner Verantwortung bewußt und bedankte sich ausdrücklich für das Gespräch. Er wolle alles in seinen Kräften Stehende versuchen, um im positiven Sinne seinen Einfluß geltend zu machen und mit verschiedenen Synodalen ernsthafte Gespräche führen.«

Außerdem sicherte der KKL-Vorsitzende zu, er sei auch während der Synodaltagung zu regelmäßigen Gesprächen mit Staatsvertretern[590] bereit[591].

Gleich nachdem Kirchenpräsident Natho zu Synodenbeginn[592] den KKL-Bericht[593] verlesen hatte, erteilte Präses Gaebler Falcke bei vollzähliger Anwesenheit der Westmedien das Wort[594]. In der von ihm vorgetragenen Begründung des Antrags »Absage an Prinzip und Praxis der Abgrenzung«[595] »verstieg« sich Falcke nach staatlicher Auffassung »zu der Erklärung, die DDR-Gesellschaft sei krank.« Falcke wollte der begonnenen Dialogpolitik erst dann Glaubwürdigkeit bescheinigen, wenn völlige Reisefreiheit herrsche. Nach staatlicher Interpretation sprach er sich in diesem Zusammenhang für den Wegfall der Mauer aus. »Falcke forderte, der Öffnung nach außen müsse die Öffnung nach innen folgen, unterstellte einen latenten Rassismus gegenüber Ausländern in der DDR und diffamierte den bewaffneten Wehrdienst.«[596]

Einzelne Synodale wie die Katechetin Margot Dehne (Magdeburg) begrüßten den Antrag; er komme im richtigen Moment. Da mittlerweile die Politik in Bewegung geraten sei, habe die Synode weitergehende Forderungen zu stellen. Die Abgrenzung rufe Angst hervor. Die Reisefreiheit sei oberstes Gebot. »Weitere zehn Jahre dürfe man nicht warten.«[597]

Doch wie das MfS befriedigt feststellte, trat die »große Mehrheit der Synodalen [...] gegen die Absichten und Ziele Falckes auf und lehnte den Antrag [...] ab.«[598] Friedrich Schorlemmer führte das SED/SPD-Papier als hoffnungsvolles Beispiel des Gemeinsamen an. Vor der Absage stehe der Dialog, behauptete der Pfarrer[599]. Nach Einschätzung Jarowinskys verwies Stolpe zwar auch auf die positive politische Entwicklung, ging zu dem Papier jedoch auch nicht eindeutig auf Distanz und unternahm Vermittlungsversuche[600]. Gemeinsam mit Forck verließ er die Synodaltagung zwischenzeitig, da beide an einer Beerdigung teilnehmen mußten[601].

Eindeutig kritisierten Hertzsch, Jena[602], Superintendent Große[603], Dipl.-Ing. Dr. König[604], Ernst Petzold, Semper und Bischof Demke den Antrag und erhielten hierfür von der Synode starken Beifall[605]. In diesem Zusammenhang kam es sogar zu einem klaren Bekenntnis der Synodalen Lättig zum SED-Staat; in ihm fühle sie sich wohl. Unterstützung für ihre vaterländischen Gefühle erhielt sie von den Synodalen Böhling[606] und Welz. Als »sachlich« stufte der Staat die Wortbeiträge von Salinger, Scheidig, Krause, Domke, Adolph, Dörp, Passauer und Direktor Berger ein[607]. Unter Verweis auf den während des Olof-Palme-Friedensmarsches begonnenen Dialog prägte Bischof Leich die Formel von der »Zumutbarkeit« »im Umgang mit den Andersdenkenden[608] [...] Ich glaube nicht, daß wir uns den vorliegenden Antrag auch nur nach Intention und Inhalt zu eigen machen können.«[609]

Diese einseitige Rücksichtnahme auf die Genossen kritisierte die Berliner Konsistorialrätin Cynkiewicz am folgenden Tag vor dem Synodalplenum: »Zumutbarkeit müsse nach beiden Seiten gelten. Die Kirche solle prüfen, was sie sich weiter zumuten läßt.« Ihre Kritik an dem Regime illustrierte die Synodale am Beispiel der staatlichen Umbenennung der »Sachgespräche« in »Informationsgespräche«, was nicht gerade nach Dialogbereitschaft des Staates klinge[610]. Einen Vorgeschmack von dem Charakter dieser neuen Gesprächsform hatten Cynkiewitz und andere kirchliche Vertreter aus KKL, AGCK und BEK-Sekretariat bereits Anfang September erhalten, als der Präsident des Amtes für Atomsicherheit und Strahlenschutz, Prof. Sitzlack, sie »informierte«[611]. Dabei hielt der Experte ein zweistündiges Referat, in dem er eine Menge Fakten vermittelte; anschließend ließ er aber nur kurze Rückfragen zu, was die KKL als absolut unbefriedigend bezeichnete[612].

Die Konsistorialrätin erinnerte mit ihrem Votum auch an ein Ergebnis des Mai-Gespräches mit Gysi, der mehrere »Sachgespräche« zu brennenden Themenbereichen in Aussicht gestellt hatte[613]. Ziegler hatte wenige Tage vor der Synodaltagung mit Hans Wilke über Unterredungen zur Militärdoktrin (November 1987), zum Eingabenwesen (Dezember) und zur Pädagogik (Januar 1988) gesprochen[614], nachdem Staatssekretär Gysi Anfang September dem KKL-Vorsitzenden Leich das Gesprächsangebot – jetzt allerdings als »Informationsgespräche« und nicht mehr wie bisher als »Sachgespräche« etikettiert – unterbreitet hatte[615].

Trotz seines massiven Einsatzes gegen den »Abgrenzungsantrag« äußerte sich Leich während der Synodaltagung gegenüber den Staatsvertretern Wilke und Lewerenz skeptisch. Die Synode werde zustimmen, allerdings sei eine Überarbeitung des Papiers möglich[616]. Demke erklärte sich gegenüber den gleichen Gesprächspartnern bereit, im Berichtsausschuß der Synode auf eine Ablehnung hinzuwirken. Ziegler würdigte die Debatte, die noch nie zuvor so offensiv gewesen sei. Lothar de Maizière lehnte ein persönliches Engagement für die Vorlage ab[617].

Der Journalist Gerhard Rein kommentierte am 24. September 1987 im Rundfunk:

»Die Rücksichtnahme auf den Staat schien hier größer als die sonst so oft betonte kritische Solidarität mit der DDR. Was den ausgegrenzten, benachteiligten Menschen nach wie vor in der DDR zugemutet wird, muß den Kirchen doch wichtiger sein als die vom staatlichen Gegenüber signalisierte Grenze des Zumutbaren.«[618]

Noch schärfer urteilte Eckart Bethke in seinem SFB-Frühkommentar vom 22. September 1987:

»Was nun das Prinzip der Abgrenzung angeht [...], so wird in diesem Antrag zutreffend analysiert, daß in der DDR Entspannungspolitik nach außen stets mit vermehrter Abgrenzung nach innen einhergegangen ist. [...] Zwar wird ihnen [den Antragstellern] von der Kirchenbasis der Rücken gestärkt [...], doch viele der Kirchenoberen haben Bedenken und wiegeln ab. Beispielsweise der Landesbischof von Thüringen, Werner Leich, der ja zugleich Vorsitzender des Kirchenbundes ist. Staat und Gesellschaft in der DDR, so hat er gewarnt, dürften zum gegenwärtigen Zeitpunkt [nicht] mit noch nicht zumutbaren Forderungen und Formulierungen überfordert werden. So und nicht anders hat Leich auch in der Vergangenheit argumentiert, was ihm schon den bösen Beinamen Reichsbischof[619] eingetragen hat.
   Zu jenen, die die Konflikte in der DDR lieber verkleistern als offenlegen, gehört auch der Konsistorialpräsident der Berlin-Brandenburgischen Kirche Stolpe, der – diplomatisch ausgefuchst – stets haarscharf an den eigentlichen Problemen für die Christen in der DDR vorbeizudiskutieren pflegt. [...]
   Dagegen stehen aufrechte Streiter wie der Erfurter Propst Heino Falcke in aller Regel auf verlorenem Posten. Auf dem wird eines Tages auch die gesamte evangelische Kirche in der DDR stehen. Vor zwanzig Jahren zählte sie noch neun Millionen Mitglieder, jetzt sechseinhalb und in weiteren zwanzig Jahren vielleicht nur noch drei. Doch wer sich mehr um die Nöte der Partei sorgt als um die Nöte in den Gemeinden, wird diesen Schrumpfungsprozeß am Ende noch als Erfolg anpreisen.«[620]

Auf den Vergleich Leichs »mit dem berüchtigten ›Reichsbischof‹ in der Zeit des Nationalsozialismus« reagierte BEK-Pressereferent Günther in einem Brief an SFB-Intendant Herrmann wie von der Tarantel gestochen. Der Kommentator wolle mit seinem Beitrag den Hörer zu folgender Assoziation bewegen:

»Kirchenleitende Persönlichkeiten in der DDR verhalten sich genauso wie Kirchenleitungen zur Zeit des Nationalsozialismus. Uns ist in den Gemeinden und bei den Kirchen in der DDR und auch in der Evangelischen Kirche in Deutschland dieser böse Beiname noch nie zu Ohren gekommen. [...] Hoffentlich gibt es auch in Ihrem Hause über diese journalistische Entgleisung eine Diskussion.«[621]

Wolfgang Seifert vom SFB stellte sich hinter Bethke und verwies darauf, daß vornehmlich Gemeindekreise in der DDR »in der Tat manchen Auftritt und manche Rede von Herrn Bischof Leich als ›obrigkeitshörig‹ einstuf[t]en«:

»Ein Kommentar ist die persönliche Meinung des Autors, die zu äußern auch in zugespitzter, pointierter Form zulässig ist. Insofern muß ich Ihre Einstufung dieses Beitrags als ›journalistische Entgleisung‹ zurückweisen, um so mehr, als nicht Herr Bethke diesen ›bösen Beinamen‹ erfunden, sondern vielmehr ausgeführt hat, daß dieser Beiname in bestimmten kirchlichen Kreisen in der DDR kursiert, woran sich nicht zweifeln läßt, auch wenn Ihnen dies bisher entgangen sein sollte.«

Bethke habe nicht an eine Gleichsetzung der Systeme oder der Personen gedacht, sondern auf eine »allzu positive Haltung zur Obrigkeit hinweisen« wollen[622].

Die erste Wertung des SED-Staates zu diesem Tagesordnungspunkt der Synode fiel positiv aus:

»Breite Diskussionen löste ein Material des Erfurter Propstes Falcke aus, das darauf gerichtet ist, unsere Politik des Dialogs und der Verständigung zu stören, die Ergebnisse der Reise des Genossen Honecker in die BRD herabzumindern, zu verfälschen und falsche Schlüsse zu ziehen.
Die Mehrheit der Synodalen, darunter namhafte Mitglieder der Synode, aber auch Landesbischof Dr. Leich[623] und Bischof Dr. Demke, wandte sich deutlich und mit unterschiedlichen Positionen gegen dieses Material und rückte in ihren Ausführungen die im Zuge der Politik der DDR erreichten positiven Ergebnisse in den Mittelpunkt.«[624]

Zum »provozierende[n] Auftreten« Falckes hieß es in einer weiteren Wertung:

»Falcke tritt nun schon zum wiederholten Male gegen den Kurs der Kirchenleitung, gegen die bewährten und praktizierten Grundsätze, Formen und Methoden der Kirchenpolitik in der DDR auf. Offenbar verfolgt er die Absicht, die Synode auf eine grundsätzliche Abkehr von ihrer Linie der Verständigung festzulegen mit dem Ziel verstärkter Auseinandersetzungen zu Grundfragen der Politik bis hin zur direkten Konfrontation.
Diese Konzeption ist direkt gegen die Linie der Kirchenleitung gerichtet und darauf aus, die mit dem Begriff ›Kirche im Sozialismus‹ verbundene Grundposition zu unterlaufen und zu Fall zu bringen. Im Gegensatz zur widerspruchslosen Hinnahme solcher provokatorischen Ausfälle Falckes auf früheren Synoden entwickelte sich in Görlitz eine engagierte und prinzipielle Auseinandersetzung mit ihm.«[625]

Das Urteil zum Synodalentscheid lautete: »Die Synode wandte sich gegen eine prinzipielle Veränderung der Linie der Kirchenleitung, der Rolle der Kirche in der Gesellschaft und hielt am Konzept einer ›Kirche im Sozialismus‹ fest.«[626]

Wieder einmal zeigte sich der Staat mit diesem Ergebnis nicht völlig zufrieden. Um die Opposition zufriedenzustellen, hatte sich die Synode darauf geeinigt, den Petenten einen Brief zu schreiben, der die im Antrag vorgebrachte Kritik aufnahm. Zugleich faßte man eine Sondertagung zur Abgrenzungsfrage ins Auge[627].

Staatlicherseits führte man das Zustandekommen der Ablehnung auf die überaus intensive Gesprächsführung sowohl im Vorfeld der Synode als auch in Görlitz selbst zurück. Während der Tagung standen vor allem Leich und Stolpe als Gesprächspartner zur Verfügung[628].

Enttäuscht reagierte der wenige Wochen später in Leipzig-Grünau tagende Arbeitskreis »Solidarische Kirche«:

»Die Argumente, die die Bundessynode nach ihrer Beratung dieses Antrages in ihrem Brief an alle Einbringer aufführt, überzeugen uns nicht. Der Dringlichkeit, die in Intention und Inhalt in dem Antrag zum Ausdruck kommt, wird nicht in genügendem Maße Rechnung getragen. Das Argument, die Absage sei nicht an der Zeit, können wir nicht gelten lassen, weil es sich eben den Spielregeln unterwirft, die durch eine Absage an Praxis und Prinzip der Abgrenzung überwunden werden sollen. [...]
Aus dem Brief der Bundessynode an die Eingeber und aus dem Beschluß der Synode ›Bekennen in der Friedensfrage‹ haben wir ein deutliches Gesprächsangebot ent-

nommen. Wir haben die Erwartung, daß dieses Gespräch zur ›Absage an Praxis und Prinzip der Abgrenzung‹ so ernstgenommen und konstruktiv geführt wird, daß sie von der nächsten Bundessynode nachvollzogen werden kann.«[629]

Die Angelegenheit war damit aber noch längst nicht vom Tisch.

Gleichzeitig gab es nämlich auf der Görlitzer Synodaltagung Kritik am Konzept der »Kirche im Sozialismus«. Vor laufenden West-Fernsehkameras[630] äußerte Pfarrer Schorlemmer:

Ich sehe uns in unserer Gesellschaft einerseits *vor den Trümmern zerbrochener Träume* stehen, und das möchte ich hier gern benennen. […] Ich sehe uns zuerst vor den Trümmern des Konzepts der ›Kirche im Sozialismus‹, die es nicht vermocht hat, Tausenden Mitchristen Mut zu machen, hier in diesem Lande zu leben, und denen, die in diesem Lande bleiben, Mut zu machen, *aktiv* in dieser Gesellschaft mitzuwirken.«[631]

Der »demagogische« Pfarrer wurde von den staatlichen Beobachtern gut verstanden, sein Beitrag im wesentlichen richtig wiedergegeben:

»Schorlemmer griff die Linie der Kirchenleitung an und forderte, daß dem Staat auch ›Unverdauliches‹ vorgetragen werden müsse, sonst sei alles nur Taktik und diene nicht dem Menschen.«[632]

Insgesamt habe man die Formel »Kirche im Sozialismus« auf dieser Tagung nicht weiterentwickelt; obwohl der 10. Jahrestag des 6. März bevorstehe, urteilten die Staatsfunktionäre enttäuscht[633].

Keine gute Resonanz fand beim Staat auch das zweite auf der Synode behandelte Papier »Bekennen in der Friedensfrage«[634], das zwar auch kontrovers diskutiert wurde, aber schließlich die mehrheitliche Zustimmung der Synodalen fand. Staat und Partei kritisierten, daß diese Stellungnahme »alle Aktivitäten der Sowjetunion und der sozialistischen Bruderländer, das große friedenspolitische Engagement der DDR und ihrer Partei- und Staatsführung außer Betracht« lasse[635]. Die staatlichen Bedenken gegen das Papier teilte auch Oberkirchenrätin Lewek[636]. Kritisch wurde dieser Beschluß auch in Sachsen aufgenommen; es gab sogar Widerspruch[637].

Erstmals auf einer BEK-Synode engagierten sich im Zusammenhang mit diesem Friedenspapier mehrere Synodale für den regulären Wehrdienst[638], so daß der SED-Staat stolz von einem »Bekenntnis zahlreicher Synodaler und kirchenleitender Persönlichkeiten zur NVA« berichten konnte[639].

Bereits am Schlußtag der Synode befaßte sich das Politbüro mit dem bisherigen Verlauf, erstattete Honecker persönlich Bericht und beauftragte Jarowinsky, Vorschläge auszuarbeiten, welchen kirchenpolitischen Kurs die SED zukünftig verfolgen solle[640]. Gleichzeitig wurde er beauftragt, eine Information auszuarbeiten, die allen Parteistellen zugehen sollte. Auf Bezirksebene wollte man mit Bischöfen und anderen Kirchenvertretern »Gespräche« führen. Außerdem erhielt der Vorsitzende des RdB Erfurt den Auftrag, mit Falcke über sein Verhalten in Görlitz »eine prinzipielle Aussprache zu führen«[641]. Ferner bekräftigte das Politbüro, daß den Kirchen weiterhin keine Arbeitsmöglichkeiten in der NVA sowie »den anderen bewaffneten Organen« eingeräumt werden könnten[642].

Insgesamt lautete die vorläufige staatliche Wertung der Synode:

»Der bisherige Verlauf der Bundessynode zeigt ein kontroverses Bild. Es ist gekennzeichnet durch wenig Konstruktivität im Nachdenken über die Grundfragen und um die Weiterentwicklung der Beziehungen von Staat und Kirche. Neben einigen politischen Aussagen zum Christsein in der sozialistischen Gesellschaft gab es vor allem kritische Anfragen an die Kirchenleitung, ob sie sich nicht doch vom Staat vereinnahmen lasse. [...] Der ungewöhnlich kurze Kirchenleitungsbericht trägt Kompromißcharakter. Obwohl in ihm Zuspitzungen und Verschärfungen vermieden werden, sind die vom Kirchenbund genannten ›Problemfelder‹ (Volksbildung, Wehrdienstfragen, Informationspolitik, ›mündige Bürger‹) aufgelistet. Im Bericht finden die Vorschläge des Genossen Gorbatschow lediglich Erwähnung. [...] Insgesamt bleibt die Kirchenleitung mit diesem Bericht weit hinter ihren Möglichkeiten und Chancen für eine konstruktive, nach vorn gerichtete Orientierung der Synodendiskussion zurück[643].

Der bisherige Verlauf der Synode läßt den Schluß zu, daß die politisch negativen Kräfte, nachdem ihnen mehr und mehr die Basis entzogen wurde, ihr Einfluß sichtbar zurückgegangen ist, nun aggressiver werden und undifferenzierter reagieren. Schon jetzt wird deutlich, daß die Ergebnisse der Reise des Genossen Honecker in die BRD für politisch destruktive Kräfte in der DDR eine empfindliche Niederlage bedeuten. Deshalb versuchen sie der offensiven Politik des Friedens und des Dialogs ihre unrealistischen Positionen entgegenzusetzen, die an die Zeit des kalten Krieges erinnern.«[644] In einer später verfaßten Einschätzung heißt es zum zuletzt genannten Punkt: »Bemerkenswert ist, daß die bekannten negativen Kräfte in der Synode trotz ›Schützenhilfe‹ von außen an Einfluß verlieren. Zugleich treten diese Leute aggressiver und provokatorischer auf. Sie empfinden unsere Erfolge im Innern und international als Niederlage und Herausforderung. Diesen Leuten paßte der Verlauf des Berliner Kirchentages und des Dresdner Katholikentreffens mit ihren positiven internationalen Wirkungen nicht ins Konzept, zumal ihre Versuche, diesen Veranstaltungen mit gezielten Störaktionen einen anderen Charakter zu geben, mißlungen sind.«[645]

Werner Jarowinsky urteilte:

»Falckes Auftreten trug offen provokatorischen Charakter, war gegen die Politik des Dialogs und der Verständigung, war auf Konfrontation gerichtet, diffamierte und entstellte das gesellschaftliche Leben der DDR. Dabei wurden die großen Fortschritte im Kampf um den Frieden, die vielgestaltigen positiven Veränderungen sowohl in der internationalen Arena als auch in der DDR, der außerordentlich große Beitrag der DDR zur Gesundung der internationalen Lage völlig ignoriert. Die Kirchenleitung wird angegriffen, sie lasse sich von den Regierenden vereinnahmen, sie vertrete berechtigte Forderungen nicht nachdrücklich genug und kümmere sich zu wenig um die Gemeinden.

Dies wurde von einigen als reaktionär bekannten Synodalen wie Schorlemmer, Frenzel, Oberkirchenrätin Cynkiewicz mit weiteren Ausfällen unterstützt.«[646]

In einem weiteren Papier kritisierte man die von der Synode aufgestellten

»umfassende[n] Forderungskataloge an Staat und Gesellschaft. Aus ihnen spricht deutlich die Intention, daß die Kirchen gleichberechtigte Partner des sozialistischen Staates seien, die Ideologie des ›Wächteramtes der Kirche‹ wird erneut kultiviert. [...] Das ganze Verhalten und die Diktion des Auftretens auch einiger kirchenleitender Personen und einflußreicher Amtsträger war von einem übertriebenen Selbstbewußtsein, ohne Augenmaß für die Realitäten und den kirchlichen Auftrag geprägt. Die Tendenz, über alle gesellschaftlichen Themen und für alle Bürger reden zu wollen, erhielt deutlichen Auftrieb.«

Weiter stellte das Papier fest: »Kirchenleitende Vertreter gingen insgesamt mit viel taktischem Kalkül und großer Zurückhaltung vor und ließen [es] spürbar an weiterführenden konstruktiven Standpunkten fehlen.«[647] In einer weiteren Einschätzung hieß es: »Auch für diese Synode war typisch, daß eine Reihe kirchenleitender Persönlichkeiten zwar auf der Synode auftrat und auch die Linie des Berichts der Kirchenleitung unterstützte, ohne jedoch eindeutig, wie die Mehrzahl der Redner, gegen provokatorische Ausfälle Stellung zu nehmen.«[648]

Insgesamt wurde die Synode eher positiv beurteilt:

»Trotz der Widersprüchlichkeit, die auch den Verlauf dieser Synode kennzeichnete, wurde deutlich, daß die positive Gesamtentwicklung in der DDR, die weiter gewachsene internationale Autorität unseres Staates und seine aktive Rolle im Kampf um die Sicherung des Friedens, der große persönliche Beitrag, den der Generalsekretär des ZK der SED und Vorsitzende des Staatsrates der DDR, Genosse Erich Honecker, dazu leistet, nachhaltig in die evangelischen Kirchen und selbst in solche Gremien wie die Synoden hineinwirken.«[649]

Ganz in diesem Sinne hatte Jarowinsky auch an Honecker geschrieben:

»Die dem Politbüro übermittelte Information unserer Arbeitsgruppe über die Bundessynode [...] in Görlitz bezog sich auf ihren Anlauf. [...] Die gründliche Analyse und auch interne Informationen vermitteln ein differenzierteres Bild«[650].

Mitte Oktober 1987 befaßte sich dann auch das Sekretariat des ZK der SED mit der Synodaltagung, beschloß, die bislang verfolgte Kirchenpolitik fortzusetzen und wies kirchliche Einmischungsversuche in staatliche Angelegenheiten zurück.

»Klar war, ist und muß auch bleiben: Fragen des Wehrdienstes oder der Volksbildung gehören in die alleinige Zuständigkeit des sozialistischen Staates und seiner Organe.« Und: »Für staatsfeindliche Losungen oder Aktionen, in welchem Gewande auch immer, gibt es bei uns keinen Raum.«[651]

Über die Resultate der Bundessynode informierte Präses Gaebler[652] auch auf der September-Sitzung der Beratergruppe. Laut Protokoll behandelte er vor allem den Beschluß »Bekennen in der Friedensfrage«[653]. Der Abgrenzungsantrag fand in diesem Gremium anscheinend keine nähere Würdigung[654]. Im KKL-Vorstand hatte der BEK-Präses unter Bezug auf die Görlitzer Erfahrungen von »eine[r] neue[n] Polarisierung zwischen verfaßter Kirche und Gruppen«[655] gesprochen. »Dies werde Auswirkungen haben, und man müsse über künftige Verhaltensweisen nachdenken.« Das Gremium plante, über das Verhältnis zwischen Kirche und Gruppen auf der kommenden KKL-Klausur im März 1988 nachzudenken[656]. Entsprechend beschloß die KKL bei vier Enthaltungen auf ihrer November-Sitzung[657]. Auch das für Ende Januar vorgesehene Treffen zwischen den Präsidien von EKD- und Bundessynode sollte nach Rücksprache mit Schmude das Thema »Was ist unter dem Dach der Kirche möglich – Umgang der verfaßten Kirche mit Gruppen« behandeln[658].

Kurz nach der Bundessynode befaßte sich das Staatssekretariat mit einer ausgiebigen Haus-Analyse über die Stärken und Schwächen der »Weißenseer Blätter«, um die dort geleistete Arbeit zu verbessern. Man kritisierte an dem Organ, daß der zum Teil »sektiererische[.] und persönlich verletzende[.] Stil[.]« der meisten dort publizierten Beiträge sich hemmend auf Verbreitung und vor allem Wirkung der Publikation auswirke.«Indem sie in der Konfrontation das alleinige Mittel zur Veränderung sehen, manövrieren sie sich oftmals in eine Position, die in der Kirche den Eindruck hervorruft, als wäre der ›Weißenseer Arbeitskreis‹ keine innerkirchliche, sondern eine von außen her bewertende Gruppierung.« Außerdem sei eine Versachlichung der theologischen Auseinandersetzungen unbedingt geboten, um eine politische Einheit theologisch unterschiedlich geprägter loyaler Kirchenglieder zu erreichen. »Die vorrangige Orientierung« an Barth, Niemöller, Bonhoeffer und Schleiermacher führe »dazu, daß nur ein Teil der politisch progressiven kirchlichen Kräfte angesprochen wird und insbesondere progressive Vertreter lutherischen Bekenntnisses nicht erreicht werden können.«[659]

Laut Sekretariatsbeschluß des ZK vom 13. Oktober 1987 sollten zwischen den Vorsitzenden der Räte der Bezirke und den Bischöfen Synodalauswertungsgespräche stattfinden[660]. An der breiten kirchlichen Basis – so die staatliche Einschätzung – gebe es kaum Resonanz auf die Synodaltagung[661]; häufig distanzierten sich die Pfarrer von der dort vorgebrachten Kritik, die sie ohnehin nur aus zweiter Hand kennenlernen konnten. Der begonnene Dialog dürfe nicht gestört werden[662]. Deutlich sei geworden, daß Fundamentalkritik am politischen System und seinen Grundlagen wenig Anklang finde. Die weithin verbreitete Kritik an Fragen der Volksbildung[663], des Wehrdienstes und der Behandlung der Bürger durch staatliche Stellen ziele auf keine grundsätzliche Infragestellung der DDR-Gesellschaft bzw. des SED-Staates[664].

Gegen die auf der BEK-Synode hervorgetretenen Positionen nahmen vor allem der KKL-Vorsitzende Leich auf dem Jenaer Kolloquium zum 40. Jahrestag des Darmstädter Wortes[665] und Landesbischof Hempel vor der sächsischen Landessynode Anfang Oktober 1987[666] offensiv Stellung und vollzogen nach staatlicher Einschätzung eine »weitere konstruktive und realistische Positionsbestimmung der evangelischen Kirchen in der DDR«. Beide Bischöfe betonten des geistliche Proprium der Kirche und wandten sich gegen »eine[.] vordergründige[.] Politisierung«: »In ihren Ausführungen weisen sie die theologische Unhaltbarkeit des Versuchs politisch negativer Kräfte nach, die Kirche für ihre politischen Ziele in Anspruch nehmen zu wollen. Damit schaffen sie zugleich eine breite konsensfähige, weit theologisch fundierte Basis zur Klärung und Zurückweisung dieser Versuche durch die Mehrheit der Geistlichen und kirchlichen Amtsträger.«[667]

Hempel prägte hierbei wieder einmal eine neue Formel – anscheinend hatte insbesondere der sächsische Bischof begriffen, daß der Staat diese Kreativität hoch einschätzte: Er sprach von einem »begrenzten politischen Mandat« der Kirche[668] – nach Einschätzung Gysis »ein[.] wichtige[r] Beitrag zur Positionsbestimmung der evangelischen Kirche gegenüber Staat und Gesellschaft [...], dessen Bedeutung weit über die sächsische Landeskirche hinausgeht«[669].

Am 3. Oktober 1987 soll Leich anläßlich des bevorstehenden DDR-Jahrestages beim RdB Erfurt wörtlich geäußert haben,

»daß wir in einer langen Tradition des offenen Gespräches und bei der Achtung des Standpunktes des anderen in der Lage sind, das zwischen uns gewachsene Vertrauen, die Einsicht in die Tatsache, daß jeder das meint, was er sagt und verläßlich ist als Gesprächspartner, daß wir diesen Weg in einer guten Weise miteinander weitergehen können‹.«[670]

Ähnliche Positionen sollen auch die Bischöfe Forck und Stier, die sächsischen Oberlandeskirchenräte Schlichter und Fritz sowie OKR Müller, Schwerin, vertreten haben[671].

Ebenso distanzierten sich Bischof Demke während eines Gespräches beim RdB Magdeburg Ende September 1987[672] sowie Eberhard Natho vor der anhaltischen Synode von den auf der BEK-Synode vertretenen kritischen Positionen. Der Kirchenpräsident äußerte sich vor allem zu Fragen des Wehrdienstes und der Abgrenzung[673].

Auch Propst Falcke soll während eines kircheninternen Vortrages in Straußfurt bei Erfurt von seinen während der BEK-Synode vertretenen Positionen abgerückt sein. Das am 2. Oktober im Rat des Bezirkes Erfurt geführte Gespräch[674] habe ihn zu neuen Erkenntnissen geführt, begründete Falcke seinen Sinneswandel[675]. Auch während der Friedensdekade soll der Erfurter Propst sich aus staatlicher Perspektive realistisch und konstruktiv zur aktuellen politischen Situation geäußert und auch die im SED/SPD-Papier vertretenen Positionen zur Friedenspolitik gewürdigt haben[676]. Allerdings forderte er unter Verweis auf Gorbatschow mehr Offenheit in der Gesellschaft[677]. In einem weiteren Gespräch mit dem Vorsitzenden des RdB Erfurt soll Falcke erklärt haben, »daß er für die sozialistische Gesellschaft der DDR eintrete, weil sie gegenüber dem Kapitalismus die bessere wäre.«[678]

Friedrich Schorlemmer rückte seine Position zwar nicht in der Öffentlichkeit, wohl aber gegenüber Staatsvertretern zurecht[679]. Er habe seinen kritischen Beitrag »als prophetische Rede angelegt« und zum Widerspruch anregen wollen. Darüber hinaus seien Mißverständnisse schon deshalb nicht auszuschließen gewesen, da es sich um eine äußerst kurze Stegreifrede gehandelt habe. Den Abgrenzungsantrag soll er im Gespräch mit den Funktionären gar als »kontraproduktiv« bezeichnet haben. Der Begriff der Eigenständigkeit habe mit Abgrenzung nichts zu tun. Darüber hinaus dürfe man nicht nur einer Seite die Schuld an der Teilung zuweisen. »Warum Propst Falcke sich dieser Sache angenommen habe, verstünde er auch nicht«, fügte er hinzu. Weiterhin äußerte er Verständnis für das restriktive Vorgehen des Staates gegenüber Ausreiseantragstellern. Die von ihm vertretene Auffassung, »Kirche im Sozialismus« habe zwischen Staat und Bürgern zu vermitteln, wiesen die staatlichen Gesprächspartner zurück. Außerdem sagte Schorlemmer, es müsse darum gehen, die existierenden Probleme zu behandeln und die Kirchenglieder zu aktiver Partizipation in der Gesellschaft zu befähigen. Diese Probleme habe der KKL-Bericht eben nicht ausreichend benannt, was ihn zu seinem Wortbeitrag veranlaßt habe[680].

Staatssekretär Gysi führte ein Gespräch mit Bischof Leich, in dem er dem KKL-Vorsitzenden die staatliche Auffassung zu den in Görlitz geschehenen »Provokationen« verdeutlichte. Zugleich betonte Gysi aber auch, der Staat habe »zur Kenntnis genommen [...], daß der Bischof in positiver Weise versucht hat, auf die Synode einzuwirken.«[681] Gleiches gelte für das Verhalten der Mehrheit der Synodalen. Dennoch seien die politischen Irritationen auf staatlicher Seite erheblich[682].

Aufgrund der gesellschaftskritischen Aussagen während der Synodaltagung hätten die für die geplanten »Informationsgespräche«[683] vorgesehenen staatlichen Gesprächspartner abgesagt. Über Fragen von Militär und Bildung könne man nicht verhandeln; möglich sei nur ein Dialog. Das müsse sich die Kirche klarmachen. Ein Wächteramt könne sie nicht wahrnehmen, bekräftigte der Staatssekretär. Stattdessen schlug er vor, die Kirche möge überlegen, wie der Jahrestag des 6. März gestaltet werden könne[684]. Leich berichtete der KKL, der Staatssekretär habe die BEK-Synode trotz der Irritationen, die sie auch verursacht habe, positiv bewertet[685].

Die von Gysi angekündigte Verschiebung der »Informationsgespräche« bezeichnete Leich gegenüber Gysi als schwer verständlich[686]. Mit dem Abgrenzungsantrag habe sich die Synode schon aufgrund ihrer Geschäftsordnung befassen müssen: »Die Aussprache zur Absage sei inhaltlich so deutlich und differenziert geführt worden, daß es keinen Anlaß zu einer negativen Bewertung gebe.«[687] Nun könne aber in kirchlichen Kreisen der Eindruck entstehen, die vor der Synodaltagung gegebenen Gesprächs-Zusagen seien lediglich aus taktischen Gründen erfolgt, um die Synode zu beruhigen: »Mit dieser Entscheidung werde viel Porzellan zerschlagen, das nicht mehr zu kitten sei.« Leich versprach sogar, zu einem Gespräch über die Militärdoktrin nur wenige, ausgesuchte Vertreter zu entsenden, die die Armee als wichtigstes Verteidigungsinstrument betrachteten. Dies könne auch öffentlich unterstrichen werden. Zugleich erklärte der Bischof, er wisse nicht, wie die KKL eine solche Entscheidung aufnehmen werde[688]. Hinzu komme, daß die Absage der Informationsgespräche, sollte es dabei bleiben, eine positive kirchliche Wertung der kirchenpolitischen Bedeutung des 6. März 1978 nicht gerade beförderte[689].

Staatsloyale kirchliche Amtsträger erklärten, der Staat habe mit dieser Verschiebung den Kirchenleitungen keinen guten Dienst erwiesen. Immerhin sei es doch gelungen, die Abgrenzungsinitiative zurückzuweisen. Nun werde sich der kritische Druck auf die kirchliche Leitungsebene verstärken[690].

In der sich an das Gespräch anschließenden KKL-Sitzung wurde in der Aussprache gefordert, nun deutlich Farbe zu bekennen. Sollte es 1987 kein einziges »Informationsgespräch« mehr geben, werde sich der BEK 1988 auch nicht zum 6. März äußern[691]. Ein Mitglied forderte gar eine Kanzelabkündigung am Heiligen Abend. In einem von Stolpe überarbeiteten Beschluß wies die KKL »ausdrücklich die Differenzierungsversuche zwischen Synode, Präsidium, Konferenz oder Bischöfen zurück« und zeigte sich betroffen über die Verschiebung der »Informationsgespräche«, worüber auch die Gemeinden zu informieren seien. Dies stehe im »Widerspruch zu der in den letzten Jahren praktizierten Kirchenpolitik.«[692]

Leich kritisierte im Gespräch mit Gysi außerdem, daß das anwesende DDR-Fernsehen[693] die zahlreichen guten Wortbeiträge nicht zur Kenntnis genommen habe[694].

»Man hätte so das falsche Bild der Westmedien korrigieren können. Dabei wäre dann auch deutlich geworden, wie viele Synodale politisch positiv diskutiert haben und besonders jüngere Synodale sich offen und engagiert zu ihrer Heimat und ihrem Staat bekannten. Für ihn sei es unverständlich, warum der Staat sich immer wieder von den Westmedien so stark beeinflussen lasse[695]. Diese versuchten, nicht nur die Kirchenleitung von ihrer Basis zu spalten, sondern auch das Verhältnis zwischen Kirche und Staat zu stören. So sei es bisher immer gewesen. Solange der Staat die Westmedien zuläßt, könne die Kirche diese Situation kaum ändern.«[696]

Erstmals sprach sich damit ein KKL-Vorsitzender direkt für das Aussperren westlicher Medien von den Synodaltagungen aus.

Auch Friedrich Schorlemmer soll die Berichterstattung der Westmedien über die Synode, insbesondere die der Korrespondenten Bethke und Rein, kritisiert haben. Diese Berichte würden das Bild der DDR-Bürger von der Kirche und ihren Gremien bestimmen[697].

Im Frühjahr 1987 hatte Wolfgang Meyer, Leiter der HA Presse beim Ministerrat, darüber Klage geführt, daß der BEK bei Einladungen zu kirchlichen Veranstaltungen immer noch nicht auf die Genehmigungspflicht der journalistischen Berichterstattung durch das Außenministerium hinweise. Ziegler erklärte, der BEK sei nur bedingt zuständig, da landeskirchliche Veranstaltungen Restriktionen von seiten des BEK ausschlössen[698]. Gleichzeitig äußerte der Leiter des Sekretariats jedoch, »daß die westlichen Medien mit ihrer tendenziösen Berichterstattung, die auch in die DDR einstrahle, wesentlich schneller seien als die kircheneigenen Medien, die erst drei Wochen später kämen. Dadurch werde ein verzerrtes Bild vorgezeichnet, das dann schwer zu korrigieren sei. Lobend erwähnte er hier Beispiele, wo nicht nur ena und Neue Zeit, sondern auch ADN, ND und Junge Welt sowie Rundfunk und Fernsehen über kirchliche Ereignisse berichtet hätten.«[699]

Günther vom BEK-Sekretariat suchte Interviews von Bischöfen mit westdeutschen Medien zu verhindern. Ein an das Außenministerium Anfang Februar 1987 gerichteter Antrag des »SPIEGEL«, mit Forck ein Interview zum kirchlichen Berlin-Jubiläum sowie zur Position der Kirche im DDR-Sozialismus führen zu dürfen, erhielt den Randvermerk: »Pfr. Günther, BEK, nicht dafür.« Dennoch konnte das Interview stattfinden[700].

Daß Leich verstärkt auf kirchenpolitische Kontinuität setzte, zeigt die von ihm ausgesprochene Einladung zum traditionellen Adventsmusikabend Mitte Dezember 1987[701].

Eine Woche nach der Begegnung zwischen Gysi und Leich trafen Wilke und Ziegler zusammen. Der Vertreter des Staatssekretariats bezeichnete dabei Leichs Vorschlag eines begrenzten Gesprächs zur Militärdoktrin als akzeptabel und stellte eine »Vorrunde« zwischen Gienke, Ziegler bzw. Kupas und Wilke in Aussicht[702]. Außerdem habe Leich somit auf der gerade stattfindenden Thüringer Landessynode einen kleinen Trumpf in der Hand. Ziegler entgegnete, er müsse für einen solchen Schritt erst die Zustimmung des KKL-Vorstandes einholen. Darüber hinaus sei ein solches Gespräch eigentlich nur dann sinnvoll, wenn auch Vertreter des Verteidigungsministeriums daran teilnähmen[703].

Nach staatlicher Einschätzung verliefen die Herbstsynoden der Landeskirchen weitgehend ruhig, da die Kirchenleitungen weitere Belastungen des Staat-Kirche-Verhältnisses vermeiden wollten[704].

Für Sachsen hatte dies bereits OLKR Fritz angekündigt, der die von Lewerenz vorgetragene Einschätzung zur BEK-Synode, sie sei politisch geprägt gewesen, die KKL habe orientierungslos reagiert und es bestehe eine Kluft zwischen der Synode und der KKL, nur bestätigen konnte: »Die Tagung der sächsischen Synode werde aber nicht so verlaufen. Der Bund habe die Funktion, die Kirche nach außen zu vertreten, deshalb rede er ›politischer‹.«[705]

Der BEK-Ausschuß Kirche und Gesellschaft machte sich auf seiner konstituierenden Sitzung im November 1987 auch über die Formel »Kirche im Sozialismus« Gedanken und plante eine Untersuchung zu dem Thema »Kirche im Sozialismus – 1988«:

»Es herrscht Übereinstimmung, daß die Formel zur Leerformel zu erstarren droht und ein gewisses Auseinanderdriften der Gliedkirchen zu beobachten ist. Wie wirken Kirchen und Christen in die Gesellschaft, wie wirken sie in der Gesellschaft? Die Situation im Bildungswesen wäre in einer Untersuchung einzubeziehen.«[706]

Auseinandersetzungen um Krawczyk und Klier während der Friedensdekade 1987 und die Konflikte um den »Grenzfall« (Herbst 1987)

Die Friedensdekade im November 1987 stand unter dem Leitwort »Miteinander leben«[707] und verlief insgesamt ruhig. Ausnahmen waren Auftritte des Liedermachers Stephan Krawczyk[708] im Stendaler Dom[709], in der Berliner Samariterkirche – aufgezeichnet durch die ARD –[710], in Prenzlau vor geladenen Gästen, im brandenburgischen Hornow (Bez. Cottbus) – hier beschloß der Gemeindekirchenrat trotz einer Intervention von Generalsuperintendent Richter, das Konzert des Liedermachers könne stattfinden –[711] und im sächsischen Frauenstein als Ersatzveranstaltung für einen durch den zuständigen Superintendenten abgesagten Auftritt in Dresden[712]. Auch in den Bezirken Potsdam, Cottbus und Halle[713] konnte bzw. sollte Krawczyk nach Intervention der Generalsuperintendenten Bransch und Richter[714] sowie der für Naumburg zuständigen kirchlichen Verantwortlichen nicht auftreten[715]. Bereits im Vorfeld des Olof-Palme-Friedensmarsches hatte sich Martin Ziegler nach einem Gespräch mit Hans Wilke vom Staatssekretariat für Kirchenfragen bei Sachsens LKA-Präsident Domsch dafür stark gemacht, daß Krawczyk nicht in Riesa (Bez. Dresden) auftreten könne[716]. Der thüringische Landeskirchenrat hatte schon im Frühsommer ein generelles Auftrittsverbot für den Künstler im Bereich der gesamten Landeskirche ausgesprochen[717].

Zwei Wochen vor Beginn der Friedensdekade hatte Hauptabteilungsleiter Heinrich in der Auguststraße Martin Ziegler aufgesucht, um ihm die Brisanz der Lage vor Augen zu stellen. Krawczyk verunglimpfe mit seinen Liedern den Staat und auch einzelne Funktionäre. Sollte es zu einem strafrechtlichen

Vorgehen gegen den Liedermacher kommen, seien hiervon auch die Kirchengemeinden mitbetroffen, die ihm die Auftritte ermöglicht hätten: »Er frage, warum man von den Ansätzen her, die sich etwa bei den Reden von Dr. Leich in Jena und Dr. Hempel vor der sächsischen Synode zeigten, nicht klare Lösungen – auch des Problems Krawczyk – finden könne.« Man solle gemeinsam nachdenken, »wie die Sache aus der Welt geschafft werden könnte.«

Ziegler machte deutlich, daß der Staat die Auftritte Krawczyks bislang nie inhaltlich angegangen sei, sondern stets mit der Veranstaltungsverordnung operiert habe. Auf diesem Felde könne die Kirche aber an Präzedenzfällen nicht interessiert sein. Er schlug vor, den Kirchenleitungen Krawczyks Texte gesammelt zur Verfügung zu stellen[718].

Während der Friedensdekade konnte der Liedermacher nicht in Berlin-Friedrichsfelde und Wismar singen[719]. Eine Sonderinformation vermerkte: »Es verstärkt sich das Tempo der Polarisierung der realistischen Kräfte während der Friedensdekade. Die Auseinandersetzung um Krawczyk spitzt sich zu. [...] Pfarrer Eppelmann hat sich gegen Krawczyk ausgesprochen.«[720] Bischof Forck sprach sich in einem Rundschreiben gegen ein Auftrittsverbot aus, forderte aber auch zum kritischen Zuhören und zur Auseinandersetzung mit Krawczyks Texten auf[721]. Gegenüber der Vorsitzenden des RdB Cottbus, Irma Uschkamp, soll der Bischof erklärt haben:

»Krawczyk sei auch für die Kirche kein einfaches Thema. Er habe versucht, den Gemeinden in seinem Brief dazu eine Orientierung zu geben. Da Krawczyk durch den Staat nicht mit Auftrittsverbot belegt wurde und weiterhin seine Lizenz besitzt, sei der Kirche gewissermaßen der Schwarze Peter zugespielt worden, indem sie ablehnen soll. Der Bischof hält Krawczyk für dialog- und lernfähig.«[722]

Staatssekretär Gysi hatte Forck und Stolpe erklärt, nach seiner Ansicht sei Krawczyk »in keiner Weise mit der Kirche oder dem Christentum verbunden«[723].

Gegenüber Hans Wilke soll OKR Ziegler »die Haltung und Aussagen von Krawczyk und Klier empört zurück[gewiesen haben]. Nachdem er die Texte im Zusammenhang habe lesen können, sei er bereit, auch in der KKL dagegen aufzutreten.« Dazu benötigte der Sekretariatsleiter jedoch das Material, das ihm Wilke oder ein anderer Staatsfunktionär zur Einsichtnahme kurzzeitig übergeben hatte[724].

Zu einem Eklat kam es in Friedrichsfelde. Hans Wilke berichtet:

»Wie bekannt, hatte der Gemeindekirchenrat Friedrichsfelde den Auftritt Krawczyk am 16.11. abgesagt. Zum ursprünglichen Termin fanden sich Krawczyk und Klier vor der Kirche ein, wo sich auch ca. 150 Personen versammelten. Die dabei zahlreich anwesenden gesellschaftlichen Kräfte trugen dazu bei, daß sich die Ansammlung nach 40 Minuten ohne Probleme auflöste. Laut Krawczyk hat sich der zuständige Pfarrer in einem Vorgespräch auf keine Diskussion über die Entscheidung des Gemeindekirchenrates eingelassen. Anwesende Vertreter westlicher Massenmedien beobachteten die Entwicklung vor der Kirche und mischten sich unverhohlen in die Gespräche ein.«[725]

Die Kirche blieb verschlossen; die protestierende Menschenmenge sah sich ungeschützt der Polizeigewalt ausgesetzt.

An vielen Stellen fehlte die Solidarisierung mit den beiden Oppositionellen, obwohl in kirchlichen Kreisen bekannt war, daß Klier und Krawczyk jederzeit mit ihrer Verhaftung rechnen mußten[726].

Die Arbeitsgruppe Kirchenfragen beim ZK der SED meldete erfreut, es sei durch intensive Gespräche mit den kirchlichen Verantwortlichen erstmals gelungen, »in breiterem Maße geplante Auftritte Krawczyks zu verhindern. Fünf der elf vorgesehenen Auftritte Krawczyks wurden durch die kirchlichen Verantwortlichen abgesetzt.« Somit erwies sich ein direktes staatliches Einschreiten als nicht notwendig[727].

Scharfe Angriffe gegen die Behandlung der Abgrenzungsfrage in den Synoden von Berlin-Brandenburg und der Bundessynode gab es in der Ostberliner Bartholomäusgemeinde, von der die Initiative ausgegangen war. Zugleich äußerten sich die Gemeindeglieder hinsichtlich einer Weiterarbeit zu dieser Frage eher resigniert[728]. Die kritischen Veranstaltungen in Berlin wurden insgesamt deutlich stärker von der sich dort herausgebildeten »Szene« als von Gemeindegliedern getragen[729].

Die Ost-CDU stellte fest,

»in relativ zahlreichen Veranstaltungen [hätten] Fragen der zwischenmenschlichen Beziehungen und insbesondere des Verhältnisses zwischen Bürger und Staat (Menschenrechte, Friedfertigkeit, Mündigkeit, Freiheit) eine größere Rolle [gespielt], als es dem Anliegen der Friedensdekade sonst entspricht. [...] Es fiel dabei auf, daß entgegen der Intention des vom Bund der Evangelischen Kirchen herausgegebenen Materials, das politisch äußerst verantwortungsbewußt angelegt ist und unter Mitarbeit mehrerer Unionsfreunde entstand, das Thema Gerechtigkeit weniger in der internationalen, sozialen Dimension, sondern häufiger unter den oben genannten Menschenrechtsaspekten in innenpolitischer Beschränkung Aufnahme fand.«[730]

Die Arbeitsgruppe Kirchenfragen beim ZK der SED gelangte zu einem gemischten Gesamturteil und ordnete die Friedensdekade in die kirchenpolitische Gesamtlage ein:

»Die diesjährige Friedensdekade [...] nahm einen widersprüchlichen Verlauf. Die überwiegende Mehrzahl der Veranstaltungen verlief störungsfrei und ohne Provokationen. In ihnen überwogen positive und realistische, die Friedenspolitik der DDR unterstützende Aussagen. Andererseits gab es in der Hauptstadt eine ganze Reihe und in weiteren Orten einzelne Veranstaltungen, die von offenen Angriffen und Provokationen gegen unseren Staat und seine Politik geprägt waren.

Es bestätigte sich, daß die im Gefolge der politischen Gesamtentwicklung innerkirchlich verstärkt auftretenden Differenzierungsprozesse an Intensität zunahmen und die nach der Bundessynode in Görlitz von uns eingeleiteten Maßnahmen deutlich Wirkung zeigen. Loyale, progressive Kräfte verstanden es besser, ihre Positionen zu vertreten und realistische Orientierungen für den weiteren Weg in der sozialistischen Gesellschaft zu geben. Sie verteidigten die auf Ausgleich und Verständigung gerichtete Linie der Kirchenleitung und traten für die Beibehaltung des Konzeptes einer ›Kirche im Sozialismus‹ ein. In der Mehrzahl dieser Veranstaltungen wurde der Friedensbeitrag der Kirchen und Christen in das Ringen um eine weltweite Koalition der Vernunft und des Realismus eingeordnet und auf konstruktive Beiträge zur Lösung globaler Fragen orientiert.

Insgesamt blieben die Veranstaltungen der Friedensdekade ohne nennenswerte Ausstrahlung in die Öffentlichkeit und hatten auch innerkirchlich eine nur geringe Resonanz. [...] Gegen abweichende Positionen traten vor allem Bischof Rogge (Görlitz), Konsistorialpräsident Stolpe (Berlin) und die Generalsuperintendenten der Berlin-Brandenburgischen Kirche Dr. Krusche (Berlin)[731], Richter (Cottbus), Bransch (Potsdam) und Esselbach (Fürstenwalde) [richtig: Eberswalde] auf. [...] Besser organisiert, gründlicher vorbereitet und ausgezeichnet bewährt hat sich der verstärkte Einsatz von verbündeten Kräften, vor allem aus der CDU, aus anderen befreundeten Parteien sowie das offensive Auftreten weiterer gesellschaftlicher Vertreter.«[732]

Ein am 5. November 1987 in der Hoffnungskirche (Berlin-Pankow) durchgeführtes Gespräch zwischen Kirchenleitung und »Kirche von unten«, das 800 Menschen besuchten, war nach Darstellung von Passauer von »Verunsicherung und Polarisierung« geprägt. Die Anwesenden stellten kritische Fragen zu dem kirchlichen Finanzgebaren sowie dem Staat-Kirche-Verhältnis. Sie wollten von den Kirchenleuten auch wissen, wie sie sich eigentlich die Kirche der Zukunft vorstellten[733].

Vor allem in der Berliner Zionskirche[734] sowie in der Sophiengemeinde[735] hatte das Staatssekretariat schon Ende Oktober 1987 eine Konzentration »politisch negative[r] Aktivitäten« festgestellt[736].

Mitte November 1987 beklagte sich Hauptabteilungsleiter Heinrich bei Ziegler, am Vortag sei bereits die zehnte Ausgabe des nichtlizenzierten und mehrfach durch staatliche Stellen beanstandeten Blattes »Grenzfall« in den Räumen der in der Zionskirche beheimateten »Umweltbibliothek« hergestellt worden:

»Es sei jetzt der Punkt erreicht, an dem die Staatsorgane nicht länger zusehen könnten. Damit aber das Verhältnis von Staat und Kirche durch das Eingreifen der Staatsmacht nicht allgemein belastet wird, fordere er die kirchlichen Organe noch einmal auf, disziplinierend einzuwirken und die gesetzwidrigen Zustände im Gemeindehaus der Zionskirchengemeinde zu beseitigen. Der Staat lasse nicht weiter mit sich spielen.«

Die Kirchenleitung solle die Vervielfältigungsgeräte schleunigst einziehen, forderte Heinrich. Er führte weiter aus, dies sei nicht nur eine Angelegenheit der Ev. Kirche in Berlin-Brandenburg, sondern betreffe und erschwere »das Verhältnis von Staat und Kirche in der DDR überhaupt«. Deshalb habe er das Gespräch mit Ziegler gesucht[737].

Gegen Ende des Monats schlug dann der SED-Staat durch das MfS zu. Eine nächtliche Durchsuchungsaktion in der im September 1986 eingerichteten Umwelt-Bibliothek – genannt »Aktion Falle«[738] – richtete sich vor allem gegen das Magazin »Grenzfall« der Initiative Frieden und Menschenrechte. Das MfS hegte den Verdacht, das Blatt werde regelmäßig mit Hilfe der sich im Keller der Zionsgemeinde befindenden Geräte vervielfältigt. Obwohl sich der Verdacht nicht bestätigte[739], endete die Aktion mit der Beschlagnahme der Geräte[740] sowie der neuesten Ausgabe der »Umweltblätter« und weiterer Materialien. Außerdem wurden sieben Mitarbeiter und Sympathisanten der »Umwelt-Bibliothek« verhaftet. Ähnliche Aktionen gegen Mitglieder von Basisgruppen wurden auch in anderen DDR-Städten durchgeführt[741].

Die Basisgruppen reagierten mit Mahnwachen vor der Zionskirche – einer neuen Protestform. Besonders eindrücklich war dabei die Verwendung brennender Kerzen, das Symbol der späteren friedlichen Revolution. Täglich fanden Informationsveranstaltungen statt, an denen sich Hunderte von Menschen beteiligten[742].

In ersten Reaktionen hielten sich EKD-Präses Jürgen Schmude und Manfred Stolpe bedeckt. Schmude verweigerte zunächst jeden Kommentar zu der Gewaltaktion mit der Begründung, dies sei die Aufgabe der DDR-Kirchen[743]. Stolpe sprach sich für ein differenziertes Urteil aus[744].

Während der Aktion hielt sich Staatssekretär Gysi in Genf zu einem Besuch der Ökumenischen Zusammenschlüsse[745] sowie des Jüdischen Weltkongresses auf. Deshalb empfing Gysis Stellvertreter Hermann Kalb im Beisein von Heinrich gleich am Vormittag nach den nächtlichen Übergriffen Günter Krusche, Oberkonsistorialrat Pettelkau und Oberkirchenrat Kupas vom BEK-Sekretariat – Ziegler war ebenfalls in Genf[746] – zu einem Gespräch. Kalb stellte zunächst seine Sicht der Dinge dar: Man habe die Personen bei der Herstellung des »Grenzfall« »auf frischer Tat« ertappt, zugeführt sowie die »Tatwerkzeuge und -mittel beschlagnahmt.« Kalb forderte eine deutliche Distanzierung der Kirchenleitung von dem Mißbrauch kirchlicher Räume »durch Gesetzesverletzer«. Die Kirche möge sich nicht in die laufenden Ermittlungen einmischen, sondern zu einer sachlichen Aufklärung der Umstände beitragen »und einer tendenziösen Berichterstattung« durch die Westmedien entgegentreten. Das gute Staat-Kirche-Verhältnis dürfe keinerlei Belastung erfahren, schloß der stellvertretende Staatssekretär. Insgesamt verhielt er sich so, als sei das nicht angekündigte Eindringen in kirchliche Räume durch die Staatsanwaltschaft eine alltägliche Angelegenheit, die das Verhältnis zwischen Kirche und Staat nicht beschwere.

Die kirchlichen Vertreter nutzten die Gelegenheit zum Protest nicht. Krusche dankte für den Bericht und hob hervor, das Problem sei der Kirchenleitung bereits bekannt gewesen. Sie habe deshalb wiederholt den für die Zionskirche zuständigen Superintendenten Görig beauftragt, mit Pfarrer Simon wegen der »Herstellung illegaler Druckerzeugnisse« in seinen Gemeinderäumen zu sprechen und zu überlegen, wie man dies unterbinden könne. Pettelkau bestritt lediglich, daß die Herstellung des »Grenzfall« auf kircheneigenen Geräten erfolgt sei. Kupas sagte auf Kalbs Bitte hin zu, dem KKL-Vorsitzenden Leich über den Inhalt des soeben geführten Gesprächs Bericht zu erstatten[747].

Einen Tag später trafen sich die gleichen Gesprächspartner wieder[748]. Neu stieß Bischof Forck hinzu, der sofort – ohne eine einleitende Äußerung Kalbs abzuwarten – dagegen protestierte, daß die Situation am Vorabend weiter eskaliert war: Die Volkspolizei hatte Stadtjugendpfarrer Hülsemann und andere Personen vor der Zionskirche festgenommen, ohne die Betreffenden zuvor zum Verlassen des Platzes aufgefordert zu haben[749]. Der Staat habe die Gesetze einzuhalten, forderte der Bischof erregt: »Er sehe in diesem Vorgang einen Mißbrauch staatlicher Machtausübung und einen Willkürakt gegenüber Andersdenkenden, in diesem Falle gegenüber christlichen Bürgern, die nicht in jeder Frage mit der offiziellen Staatsauffassung konform gehen.«[750]

Kalb legte zunächst dar, daß Feinde der Entspannungspolitik die Zionsereignisse für ihre Zwecke ausnutzten. Der Staat müsse von den Kirchen erwarten können, »daß sie gleichermaßen ihre Autorität und ihre disziplinarischen Möglichkeiten einsetzen, um staatliches Recht zu wahren.« Da die Kirchenleitung und auch Bischof Forck sich nicht zu einer Disziplinierung des Pfarrers Simon habe durchringen können, hätte der Staat eingreifen müssen[751]. Allerdings würdigte Kalb auch das »sehr behutsam[e] und einfühlsam[e]« Vorgehen der Kirchenvertreter gegenüber der Westpresse, wobei er besonders Generalsuperintendent Krusches Verhalten positiv hervorhob[752].

Günter Krusche bekräftigte die von Kalb vertretene Position: »Die heute auf die Tagesordnung gesetzten Probleme betrachte er als ernstzunehmende Fragen an die Kirche, denen sie sich zu stellen hätten. [...] Er gehe von dem gemeinsamen Interesse von Staat und Kirche aus, daß Kirche Kirche bleibt.«[753] Kalb erklärte sich mit dieser Position einverstanden und wies darauf hin, jeder Bürger sei mitverantwortlich für die Einhaltung der Gesetze der DDR. Abschließend bat Kalb den Bischof, nachmittags zur Zionskirche zu fahren und dafür Sorge zu tragen, daß das Vorhaben, ein DDR-feindliches Transparent an der Kirche anzubringen, unterbliebe. Dies sicherte Forck ihm zu[754].

Am Nachmittag war weder ein Plakat an der Kirche zu sehen noch erschien Forck, um nach dem Rechten zu sehen[755]. Dennoch hatte der Bischof nach eigener Auskunft gegen eine Transparentaktion interveniert[756].

Der staatliche Beobachter, der sich vor der Kirche aufhielt, berichtete außerdem:

»Am Seiteneingang der Zionskirche hatten sich ca. 15 vorwiegend junge Menschen versammelt, Kerzen brannten auf den Stufen des Kircheneinganges sowie auf der Oberkante der beiden geöffneten Türflügel. Wieviel Menschen sich in der Kirche befanden, konnte von mir nicht ermittelt werden, da es ein ständiges Kommen und Gehen gab. [...]
Die gesamten Ereignisse wurden von vorübergehenden Passanten beobachtet, mehrere von ihnen gingen auch zum Eingang der Zionskirche. Von vorübergehenden Personen hörte ich hin und wieder Wortfetzen wie: ›Müssen die aber eine Angst haben‹, ›Gut, daß mal welche den Mut zur Kritik haben‹, ›Wegen so wenigen ein so riesiger Sicherheitsapparat‹.
Das gesamte Areal des Zionskirchplatzes wurde von Schutz- und Sicherheitsorganen beobachtet. Drei Mannschaftswagen der Schutzpolizei standen in Nebenstraßen. Vier bis fünf Toniwagen hatten sich jeweils an den Straßenkreuzungen postiert. Platz und Nebenstraßen wurden von Mitarbeitern der Sicherheitsorgane (ca. 30-40 Personen) beobachtet. Ein PKW der Sicherheitsorgane (im ständigen Wechsel) war direkt vor dem Eingang der Kirche postiert. Drei Sicherheitskräfte hatten Posten in unmittelbarer Nähe der Mahnwache vor dem Eingang der Kirche bezogen.«[757]

In Genf[758] fragten die Generalsekretäre des ÖRK, LWB und RWB den DDR-Staatssekretär für Kirchenfragen, ob Meldungen über staatliche Gesprächsabsagen – die Westpresse hatte darüber bereits kurz nach dem November-Gespräch zwischen Gysi und Leich berichtet[759] – gegenüber dem BEK der Wahrheit entsprächen. Gysi berichtete, es handele sich lediglich um Verschiebungen. Als Grund hierfür führte der Staatssekretär »Irritationen [an], die bestimmte Diskussionen auf der zurückliegenden Synode des BEK hervorgerufen hätten«. Diese müßten vor einer Aufnahme neuer Gespräche allerdings beseitigt sein.

Während der Abschlußpressekonferenz sprachen die Journalisten Gysi auf die nächtlichen Ereignisse in der Zionskirche an. Der Staatssekretär hob die Gültigkeit der Gesetze für alle DDR-Bürger hervor:

»Bei schwerwiegenden Verletzungen dieser Gesetze seien entsprechende Reaktionen der zuständigen staatlichen Stellen erforderlich. Diese Reaktionen seien gegen Vergehen einzelner Personen und nicht gegen die Kirchen gerichtet.«

Gysi versicherte, man werde den im SED/SPD-Papier propagierten Dialog nicht abbrechen, sondern fortsetzen. Anschließend bat ÖRK-Generalsekretär Emilio Castro den Staatsfunktionär, er möge ihn bald nach seiner Ankunft in Berlin über die Zionsereignisse informieren. Er sei daran interessiert, die erhitzten Gemüter in Genf zu beruhigen[760].

Am 27. November fand ein weiteres Gespräch mit Forck im Staatssekretariat statt, an dem auch der mit der Angelegenheit betraute Staatsanwalt Gläsner teilnahm. Der Bischof forderte die Entlassung der beiden letzten Inhaftierten Schlegel und Rüddenklau, »weil die Kirche sonst nichts mehr zur Beruhigung der Situation beitragen könne«, und bat um die Einräumung der Möglichkeit, den beiden jungen Männern einen seelsorgerlichen Besuch abstatten zu dürfen. Die staatlichen Vertreter erläuterten, daß sich das derzeitige staatliche Vorgehen »nicht gegen die Kirche, sondern gegen straffällig gewordene Personen« richte[761].

Die Festgenommenen, Bert Schlegel und Wolfgang Rüddenklau, ließ der SED-Staat schließlich am 28. November 1987 wieder frei, leitete jedoch ein Ermittlungsverfahren gegen sie ein.

Die Kirchenleitung Berlin-Brandenburg reagierte einen Tag nach der Haftentlassung der Oppositionellen mit einer Kanzelabkündigung, die aber wahrscheinlich schon zwei Tage vorher abgefaßt worden war. Hier informierte man, daß die Kirchenleitung gegenüber staatlichen Stellen »die unverzügliche Freilassung aller Inhaftierten« sowie rückhaltlose Aufklärung über die Aktion und ihren angeblichen Anlaß gefordert hatte. »Die Kirchenleitung geht davon aus, daß die Tätigkeit der evangelischen Gemeinden und ihrer Gruppen nicht beeinträchtigt werden darf«, heißt es abschließend[762].

Am gleichen Tag begegnete Abteilungsleiter Hans Wilke bei einem Geburtstagsempfang für Heinz Galinski in Berlin (West) auch Bischof Kruse und dem Regierenden Bürgermeister Diepgen:

»Der Bischof [...] erkundigte sich sehr freundlich nach den möglichen ersten Erkenntnissen der Genf-Reise des Staatssekretärs, berichtete von den Adventsaktivitäten in seinen Gemeinden und erwähnte mit keinem Wort die Zionskirche.

Im Gegensatz dazu stellte mir Bürgermeister Diepgen sofort bei der Begrüßung die Frage, wie denn das in der Zionskirche weitergehen solle. Die Idee mit der baupolizeilichen Sperrung sei ja wohl ›eine Meisterleistung‹. Dann winkte er aber sofort ab, ließ mich erst gar nicht zu Wort kommen und sagte im Weitergehen, daß man ›lieber hier nicht weitersprechen sollte‹. Ich bin nicht darauf eingegangen. Bei seiner Verabschiedung von mir ging er dann später in keiner Weise auf diese Frage ein.«[763]

Am Sonntagabend versammelten sich fünfhundert Mitglieder von Friedens-, Menschenrechts- und Umweltgruppen in der Ostberliner Eliaskirche und beschlossen auf Anraten von Bischof Forck, die Mahnwache vor der Zionskirche vorerst auszusetzen, um dem Staat ein Einlenken zu ermöglichen. Dreihundert der Veranstaltungsteilnehmer marschierten anschließend mit brennenden Kerzen zur Zionskirche, ohne daß der Staat eingriff[764]. In einem Schreiben an Jarowinsky teilten die Gruppen dem Regime mit, sie würden die Mahnwache am Wochenende wieder aufnehmen, falls der Staat nicht die Ermittlungsverfahren einstelle, die beschlagnahmten Vervielfältigungsgeräte zurückgebe und die Umweltbibliothek in ihrer Arbeitsfähigkeit weiterhin beeinträchtige[765].

Einen Tag später fand in Magdeburg ein Empfang zu Werner Krusches 70. Geburtstag[766] statt. Die Gelegenheit, hier auf alle versammelten Bischöfe zu treffen, ließ sich Gysi nicht entgehen. Anstelle seines ursprünglich als Gratulant vorgesehenen Stellvertreters Kalb fuhr er selbst nach Magdeburg. Die von Gysi verlesene Glückwunschadresse nahmen die anwesenden Geistlichen mit Beifall auf – eine für solche Anlässe im kirchlichen Bereich ungewöhnliche Reaktion. Gysi hatte auf den 6. März rekurriert und »»Vertrauen, Verständigungsbereitschaft und Verläßlichkeit«« als Merkmale der künftig zu verfolgenden Kirchenpolitik ausgegeben. Wie schon in Genf erklärte Gysi den besorgten Bischöfen, die Nachtaktionen richteten sich »ausschließlich gegen das gesetzwidrige Verhalten einzelner Personen«. Christliches Umweltengagement[767] werde der Staat auch weiterhin respektieren. Die Umweltbibliothek könne ebenfalls weiter bestehen und auch tätig sein. »Es sei jetzt auch Sache der Kirchenleitung, daß eine Beruhigung eintritt und gemeinsam alles unternommen wird, um jenen, die die Konfrontation unbedingt wollen, wirksam entgegenzutreten«, schloß der Staatssekretär[768].

Ziel der staatlichen Politik war es, die Lage zu stabilisieren und innerkirchliche Kritiker zu isolieren. Deshalb plante man, daß Gysi bei Stolpe darauf hinwirken sollte, in der Kirchenleitung Berlin-Brandenburg einen Klärungsprozeß gegenüber den Basisgruppen herbeizuführen[769]. Diesem Zweck diente auch eine im Staatssekretariat für Kirchenfragen vorgenommene Prüfung der Ordnungen der einzelnen Landeskirchen auf Notstandsregelungen bzw. Artikel, die ein innerkirchliches disziplinarisches Vorgehen gegen Basisgruppen oder andere Abweichler ermöglichten. Die Studie gelangte zu dem Ergebnis, daß es sich bei der von seiten der Kirchenleitungen zumeist vertretenen Auffassung, »daß sie keine oder nur geringe Möglichkeiten haben, gegen die ihnen unterstellten geistlichen Amts- und Würdenträger und kirchlichen Verwaltungsdienststellen wegen solcher Handlungen vorzugehen«, um unzutreffende Schutzbehauptungen handle. Die Kirchen könnten gegen staatsfeindliche Aktivitäten durchaus disziplinarisch vorgehen oder sogar mit Hilfe von Notverordnungen reagieren. Schrift- und bekenntniswidrige oder das kirchliche Leben gefährdende Beschlüsse der Gemeindeleitungen wären ohne Probleme außer Kraft zu setzen. Notfalls sei auch die Auflösung solcher Gremien möglich:

»Von der Abteilung V wird angestrebt, in vertrauensvollen, inoffiziellen Sondierungs- und Informationsgesprächen mit kompetenten, leitenden Kirchenjuristen deren Standpunkt zur Anwendung des innerkirchlichen Rechts, insbesondere der Notstandsregelungen, in Erfahrung zu bringen.«[770]

In einem Gespräch mit der Kirchenleitung Berlin-Brandenburg versuchte Gysi am 2. Dezember 1987 klarzumachen, daß nicht der Staat, sondern diejenigen, die mit kirchlichen Räumen politischen Mißbrauch trieben, die Wirkungsmöglichkeiten der Kirche einschränkten. Stolpe bestätigte, daß Staat und Kirche gemeinsam Lösungsmöglichkeiten finden müßten. Der Staatssekretär warf den Kirchenvertretern vor, sie hätten den Behauptungen westlicher Medien, der Staat habe etwas gegen die Umweltbibliothek und deren Aktivitäten, nicht widersprochen. Diesen falschen Eindruck müsse die Kirche korrigieren. Außerdem dürfe sie eine für das Wochenende geplante Fortsetzung der Mahnwachen nicht einfach hinnehmen.

Darauf erwiderte der amtierende Propst Giering, die Kirchenleitung müsse »die Dinge fester in den Griff nehmen«. Stolpe versicherte, daß die Kirchenleitung sich für eine Beruhigung der Situation einsetzen werde. Das Mitglied des Gemeindekirchenrates Kalbrock, der sich an den Mahnwachen beteiligt hatte, verteidigte deren Intention: »Die Mahnwachen seien [...] Zeichen für die Notwendigkeit eines breiten Dialogs; wenn auf Repressalien gegen Friedensgruppen verzichtet werde und eine öffentliche Diskussion zu den erforderten Themen erfolge, dann seien Mahnwachen nicht mehr erforderlich.« Es liege also ganz an der Politik des Staates, ob Bürgerproteste weiterhin notwendig seien oder nicht.

Gysi entgegnete: »Die im gemeinsamen Dokument von SED und SPD beschriebene Kultur der politischen Diskussion ist nicht mit der Herstellung illegaler Druckerzeugnisse in kirchlichen Räumen zu vereinbaren, in denen der Staat verunglimpft wird.« Mahnwachen und sonstige Demonstrationen hätten zu unterbleiben, da sie eskalieren könnten. Unter Berufung auf Bischof Leich sagte der Staatssekretär, die Kirchenleitungen sollten »immer wieder neu überlegen, was ›evangelisch‹, das heißt, was legitim kirchlich ist.«[771]

Einen Tag später kamen die Bischöfe und die Leiter der kirchlichen Verwaltungsbehörden zu einer Beratung in Berlin zusammen. Stolpe gab eine Lagebeschreibung, bewertete die Vorgänge und erwog Handlungsperspektiven:

»Offenkundig sollen die staatlichen Maßnahmen nicht das Verhältnis von Staat und Kirche belasten. Problematisch ist die personelle und inhaltliche Verflechtung kirchlicher und unabhängiger Gruppen. Der Verantwortungsbereich der Evangelischen Kirche muß deutlich erkennbar bleiben. Die Vorgänge um Zion sind zugleich ein Indiz für wachsende Sensibilitäten im Veränderungsprozeß der DDR-Gesellschaft. Die Kirche muß bemüht sein, mit Offenheit und Wahrheit, aber zugleich behutsam und geduldig diese Vorgänge hilfreich zu begleiten.«

Nach einer recht kontroversen Aussprache mit zum Teil völlig konträren Einschätzungen erhielt Ziegler den Auftrag, eine Schnellinformation zu verfassen[772].

Ein deutliches Wort des BEK-Synodalpräsidiums hatten die Vikarinnen und Vikare aus Wittenberg gefordert:

»Wir, die wir einmal das Wort Gottes auszurichten haben werden, müssen die Wirklichkeit dieser Welt wahrnehmen. Dazu brauchen wir in der Kirche auch die Arbeit solcher Gruppen, die auf drängende Probleme unserer Zeit aufmerksam machen. Bitte protestieren Sie öffentlich gegen das Vorgehen der Sicherheitsorgane, durch das diese Arbeit kriminalisiert wird.«[773]

Am 4. Dezember beriet die Kirchenleitung das Vorgehen für die am Abend um 20.00 Uhr in der Zionskirche angesetzte Versammlung der Basisgruppen, die über eine eventuelle Wiederaufnahme der Mahnwachen entscheiden wollte[774].

Staatssekretär Gysi sicherte Stolpe und Rechtsanwalt Schnur[775] vor Beginn der Veranstaltung zu, er werde sich für eine Einstellung der laufenden Ermittlungsverfahren stark machen, wenn kein weiterer »Grenzfall« mehr erscheine und die Mahnwachen keine Fortsetzung fänden[776].

Die SED rechnete für die Veranstaltung mit mehreren hundert Besuchern. Der Bezirksvorstand Berlin der Ost-CDU hatte an die dreißig Mitglieder in die Kirche geschickt, deren Aufgabe darin bestand, »positive Positionen zu unterstützen, Anfragen zu stellen bzw. ihr Mißfallen zu äußern. Für besondere Fälle sind durch die Kreisleitung der SED 100 Genossen als Reserve gedeckt vorbereitet«, erfuhr Jarowinsky. Weiter hatte man vereinbart, daß Vertreter der Kirchenleitung sich an der Versammlung beteiligen sollten, um bei eventuellen Zuspitzungen mäßigend eingreifen zu können[777].

Dem Ziel, die Gemüter zu beruhigen, dienten am Abend in der Zionskirche auch die einleitenden Voten von Pfarrer Simon – die Kirche müsse gegenüber dem Staat Geduld zeigen –, Bischof Forck und Rechtsanwalt Schnur, der von einem deutlichen Entgegenkommen des Staates sprach. Die Beendigung der Ermittlungsverfahren liege im Bereich des Möglichen: »Darum müssen alle Aktivitäten der nächsten Woche besonders bedacht werden. Es gehe hier um Besonnenheit, Sachlichkeit und Zurückhaltung.« Ohne einen Beschluß zu fassen, wurde die Veranstaltung geschlossen[778].

Viele Gemeindepfarrer befürchteten, daß es mit der kirchlichen Friedens- und Umweltarbeit nun vorbei sei[779]. Auch gab es verbreitet bereits Unsicherheiten über die weitere Entwicklung des Staat-Kirche-Verhältnisses[780].

Die Kirchenleitungen vor Ort versuchten zumeist zu bagatellisieren bzw. gingen auf Distanz: In Sachsen fand eine Beratung kirchlicher Friedensgruppen statt, bei der Dresdens Superintendent Ziemer vehement gegen die Einrichtung einer zusätzlichen Mahnwache in Dresden votiert haben soll[781]. Bischof Rogge erklärte anläßlich seines Geburtstagsempfangs am 3. Dezember 1987, er lehne die »die Kirche und den Staat unterwandernden Gruppen« ab. Die Greifswalder Oberkirchenräte hielten die Angelegenheit für unproblematisch, da sie ihre Kirche nicht tangiere. Das Ost-CDU-Mitglied Gottfried Müller bezeichnete das staatliche Vorgehen als taktisch unklug, da es die zum Teil zerstrittenen Gruppen wieder zusammengeschweißt habe[782].

Michael Herold, Kirchenvorsteher aus der sächsischen Stadt Riesa und Mitglied der dortigen Friedensgruppe, der in einer Eingabe an die BEK-Synode auch den Abgrenzungsantrag unterstützt hatte, gab dem BEK zu bedenken:

»Gemeindeglieder überall in der DDR fühlen sich von ihrer Kirchenleitung unverstanden und verlassen. [...] nach all den Jahren der anhaltenden Welle der Ausreiseantragsteller (darunter eine erschreckend große Zahl engagierter Christen) ist es an der Zeit, offen für die Grundrechte der Menschen in der DDR einzutreten [...] ich frage mich, für wen und wofür eine Kirchenleitung eigentlich verantwortlich ist. Zur Zeit sieht es so aus, als ob sie vorrangig die Beziehungen zur weltlichen Obrigkeit sucht, wo sie doch mehr auf die Sorgen und Probleme ihrer Gemeindeglieder eingehen sollte. [...] Jetzt frage ich mich erneut, warum die Kirchenleitungen das wahre Gesicht dieses Staates nicht sehen und sich täuschen lassen. Die daraus entstehenden Konsequenzen haben schon immer die Menschen an der Basis tragen müssen. Es darf nicht sein, daß wir uns zu einer Art Staatskirche entwickeln, die das Evangelium wohlgefällig im Sinne des Staates auslegt bzw. so predigt und lebt, daß nur darauf geachtet wird, einen Frieden zu bewahren, der kein Frieden ist.«[783]

Nach den Ereignissen um die Zionskirche behandelte auch die Beratergruppe[784] die Vorfälle. Stolpe erklärte es als oberstes Ziel für die Kirchenleitung, »ein Klima zu schaffen und zu halten, in dem Gespräche [mit dem Staat] (noch) möglich sind[785]«. Die DDR befände sich in einem kontrollierten Veränderungsprozeß, in einer »Spannung zwischen Ungeduld und Beharren«. In diesem Kontext seien die Übergriffe in der Umweltbibliothek zu sehen. Über die Gruppen urteilte der Konsistorialpräsident scharf, es gäbe hier »auch solche, die nicht hörbereit sind und sein wollen, die vielmehr Verletzungen (in einem durchaus wörtlichen Sinne) und Inhaftierungen bewußt in Kauf nehmen.« Hempel berichtete, man sei sich in den DDR-Kirchen nicht einig, »welche Gruppen noch unter das Dach der Kirche gehören und welche nicht.«[786] Daraufhin wurde Stolpe noch deutlicher: »Die Gruppen überspannen den Bogen und sind drauf und dran, ›den Rückschlag zu organisieren‹.« Ihnen fehle nun einmal die Erfahrung. Andererseits könne der Staat »›die Rezeptur der 50er Jahre‹ nicht ständig weiter anwenden«. Dem Westen und wohl vor allem der EKD fielen zwei wichtige Aufgaben zu, so der Berliner Konsistorialpräsident: »Zur Differenzierung beitragen und die ›Heldenprädikate etwas gerechter verteilen‹.«[787]

Infolge der Zionskirchenaffäre sagte Gysi bereits geplante »Informationsgespräche« ab – nach Zieglers Auffassung unter Vorgabe fadenscheiniger Gründe[788].

Laut staatlicher Einschätzung hatte sich der »Polarisierungsprozeß« in Berlin-Brandenburg verstärkt. Am realistischsten trete Günter Krusche auf, der kein Interesse an einer weiteren Zuspitzung der Lage zeige. Am intensivsten unterstützten ihn hierbei der amtierende Propst Giering sowie bedingt OKR Pettelkau. Ganz auf der Gegenseite stehe Bischof Forck, der keine Bereitschaft zeige, »eigene Verantwortung zu erkennen und wahrzunehmen«. Der Bischof weise die Schuld an der prekären Lage einseitig dem Staat zu[789].

Eine Beruhigung der Lage in Berlin wünschte sowohl der Staat als auch die Kirche. Doch die größeren Versammlungen in den Kirchengebäuden hörten nicht mehr auf. Am 8. Dezember beteiligten sich ca. 450 Menschen an einem von Stadtjugendpfarramt und Studentengemeinde verantworteten Gottesdienst anläßlich der Unterzeichnung des Abrüstungsvertrages zwischen den USA und der UdSSR in der Französischen Friedrichstadtkirche. Nicht nur, daß einige Teilnehmer wieder mit brennenden Kerzen erschienen; sie äußerten im Gottesdienst auch Angst vor neuerlichen Haussuchungen bei Friedensgruppen und erhoben die Forderung nach Glasnost und Perestroika in der DDR. Solche öffentlich artikulierten Wünsche und Forderungen beunruhigten die staatlichen Beobachter. Wegen der komplizierten Lage in Berlin forderte Pfarrer Hülsemann die Teilnehmer auf, beim Nachhauseweg die Kerzen nicht wieder anzuzünden[790].

Ein weiteres kritisches Datum war der Tag der Menschenrechte am 10. Dezember. Gysi erhielt einen Tag zuvor die schriftliche Mitteilung, daß einzelne Basisgruppen zu diesem Anlaß neue Aktionen geplant hätten:

»Im Gegensatz zu den fortgesetzten Bemühungen des Staates und verantwortungsbewußter kirchlicher Amtsträger, die entstandene Lage weiter zu beruhigen, beabsichtigen jedoch Personen, die außerhalb der Kirche stehen, in der Vergangenheit aber bereits kirchliche Einrichtungen für kirchenfremde und staatsfeindliche Handlungen mißbraucht haben und denen dabei durch die Kirche zunehmend Schutz gewährt wird, aber auch einige kirchliche Mitarbeiter selbst, erneut Handlungen zu begehen, die gegen die Rechtsordnung der DDR gerichtet sind. So liegen den zuständigen Organen der DDR Erkenntnisse darüber vor, daß derartige Personen am 10. Dezember vor dem Sitz der Liga für Völkerfreundschaft in Berlin, Otto-Grotewohl-Straße, eine nicht genehmigte Veranstaltung durchzuführen beabsichtigen. Weiteren Erkenntnissen zufolge sollen dabei Losungen gezeigt und Erklärungen abgegeben werden, deren Inhalte sich gegen die sozialistische Staats- und Gesellschaftsordnung in der DDR richten.

Darüber hinaus soll am Abend des gleichen Tages eine kirchliche Veranstaltung in der Gethsemanekirche[791] durch diesen Personenkreis dazu mißbraucht werden, weitere Angriffe gegen den Staat zu unternehmen und andere Personen zu gesetzwidrigen Handlungen aufzufordern.

Derartige, mit dem Artikel 39 der Verfassung der DDR, anderen Gesetzen und Rechtsvorschriften nicht übereinstimmende Handlungen dieses auch der Kirchenleitung hinlänglich bekannten Personenkreises erfordern mit gebotener Konsequenz eine wirksamere Einflußnahme zur Unterbindung entsprechender Aktivitäten durch die kirchenleitenden Amtsträger. Seitens des Staates wird erwartet, daß seine von großem Verständnis für die kirchliche Tätigkeit geprägte Entscheidungspraxis nicht bewußt dazu mißbraucht wird, Handlungen zu dulden, die Gesetze und andere Rechtsvorschriften verletzen und die Beziehungen Staat-Kirche erheblich belasten. Das schließt auch ein, den Mißbrauch kirchlicher Einrichtungen zu verhindern und konsequent auf die Einhaltung der Gesetzlichkeit Einfluß zu nehmen.

Soweit es sich um kirchliche Mitarbeiter handelt, geht der Staat davon aus, daß die kirchlichen Dienststellen alle geeigneten Maßnahmen treffen, deren Teilnahme an der nicht genehmigten Veranstaltung zu unterbinden. Gleichermaßen erwartet der Staat, daß die Kirchenleitung und der Gemeindekirchenrat der Gethsemanekirche alles Erforderliche unternehmen, um den religiösen Charakter der kirchlichen Veranstaltung zu wahren und jeglichen politischen Mißbrauch auszuschließen.«[792]

Stolpe hatte bereits Stadtrat Hoffmann verraten,

»daß er davon ausgehen müsse, daß die Veranstaltung in der Gethsemanekirche nicht die einzige ›Aktivität‹ bestimmter ›Gruppen‹ an diesem Tag sein werde. ›Genaues wisse er nicht, konkreter könne er nicht werden.‹ Man könnte sich jedoch vorstellen, daß ›eine Handvoll junger Menschen auch an anderen Orten der Stadt ihre Vorstellungen kundtun wollen‹. Er (Stolpe) bitte darum, dieses nicht überzubewerten. ›Ein zu forsches Eingreifen staatlicher Organe könne Aufregungen schaffen, die sich dann auch in der Gethsemanekirche auswirken würden. Einigen wäre dieses nur zu recht. Es gibt Personen, die mit der Lösung der Problematik um Zion nicht einverstanden sind und auf Zuspitzung setzen.«[793]

Die geplante Demonstration bereitete dem Staat derartige Sorgen, daß Klaus Gysi sich veranlaßt sah bzw. genötigt wurde, Stolpe und Ziegler noch für 22.00 Uhr zu einer Unterredung im Staatssekretariat zu empfangen. Gysi führte aus, daß eine solche Aktion schon wegen des in Berlin (Ost) stattfindenden Gipfels der Warschauer-Pakt-Staaten unpassend sei. Die kirchlichen Gesprächspartner stimmten in der Analyse mit ihm überein, daß sich die Initiative »Frieden und Menschenrechte« dem kirchlichen Einfluß völlig entziehe, da sie keinerlei kirchliche oder religiöse Bindungen aufweise. Der harte Kern der Gruppe verfüge über Westverbindungen und lasse sich von dort auch lenken.

Differenzen gab es aber in der Frage des Umgangs mit dieser Problematik. Ziegler betonte, solche Aktionen belasteten die Kirchen sehr, und äußerte den Wunsch, die Kirche möge ihre Haltung zu den Gruppen alsbald klären. Gysi bemerkte: »Es wurde deutlich sichtbar, daß die Haltung Zieglers wie z. B. auch die Haltung des Generalsuperintendenten Krusche in Richtung einer Trennung der Kirchen von diesen Gruppen ging.« Gleichzeitig fiel Gysi auf, daß Stolpe sich zu dieser Frage nicht äußerte, demnach also wohl von Krusches und Zieglers Position abwich.

Pragmatisch schlug der Konsistorialpräsident vor, die ungefähr 20 Menschen doch einfach in das Gebäude des Komitees für Menschenrechte hineinzulassen, um dort das Gespräch mit ihnen zu führen. Gysi meinte, dies werde sich nicht realisieren lassen. Darauf bat Stolpe um eine nur kurzzeitige Zuführung, um eine erhitzte und aufgewühlte Stimmung bei der Abendveranstaltung in der Gethsemanekirche und sich eventuell anschließende Mahnwachen zu verhindern. Diesem Vorgehen stimmte Ziegler zu[794].

In seiner abschließenden Wertung und nach einem Gespräch mit Hülsemann, Pettelkau und OKR Giering stellte Gysi fest, daß der Wunsch nach Trennung von der Gruppe »Frieden und Menschenrechte« in der Kirchenleitung wachse:

»Während Stolpe offensichtlich in der Möglichkeit des Lavierens und der Existenz einer provokatorischen Politik dieser Gruppe auf eine verstärkte Notwendigkeit für seine Vermittlungstätigkeit und auch eine entsprechende Position der Kirche setzt, sehen die anderen den Schaden, den die Aktion dieser Gruppe für die Kirche bedeutet, als entscheidend.«

Für das staatliche Umgehen mit den Demonstranten schlug der Staatssekretär nach Beendigung der Unterredung vor, die Personalien aufzunehmen und die Transparente zu beschlagnahmen, »damit die Herren rechtzeitig in der Gethsemane-Kirche wieder erscheinen können, um ›die Luft rauszulassen‹ (Stolpe).«[795] Auch Pettelkau schlug vor, die Demonstranten bis zum Abend wieder freizulassen[796].

Die Aktion fand statt und führte zu zehn Festnahmen. Die Inhaftierten ließ man erst einen Tag später, nach Beendigung des Warschauer-Pakt-Gipfels, wieder frei[797].

Kurz vor Weihnachten kritisierte Landesbischof Leich in einem ena-Interview die staatlichen Aktionen in der Umweltbibliothek sowie die andauernde Verweigerung von Gesprächen. Dieses Verhalten ließe sich nicht mit den Grundsätzen des SED/SPD-Papiers vereinbaren und würde nicht gerade zu einem vertrauensvollen Verhältnis von Staat und Kirche beitragen[798].

Bischof Demke forderte beim Bezirk Erfurt eine »Ausweitung des Dialogs, auch im gesellschaftlichen Bereich der DDR« unter Einschluß einer »objektive[n], allseitige[n] und mutige[n] Informationspolitik«. Die Verantwortungsbereitschaft der Bürger sei zu fördern, die Bevölkerung stärker in politische Entscheidungsprozesse einzubeziehen, und in den Schulen müsse stärker auf eigene Urteilsbildung der Schüler geachtet werden. Entscheidungen staatlicher Stellen, insbesondere in Reisefragen, sollten transparenter gestaltet werden[799].

Die Mehrzahl der kirchlichen Amtsträger bewegte jedoch – vor allem im Kontext des Washingtoner Dezember-Gipfels zwischen Reagan und Gorbatschow – die friedenspolitische Entwicklung[800].

Auf dem Weg zur Anerkennung einer vollen DDR-»Staatsbürgerschaft« (1987-1989)

Während der Beratergruppen-Sitzung am 24. September 1987 erwähnte Binder im »Bericht zur Lage« unmittelbar nach dem Honecker-Besuch in der Bundesrepublik »das Referat von Stolpe in Tübingen mit der Anfrage, ob es zur deutschen Frage nicht eine neue Denkschrift geben sollte. Es wird zurückgefragt, was Stolpe damit meine.«[801] Der anwesende Konsistorialpräsident gab entweder keine Antwort, oder diese wurde nicht protokolliert.

Tatsächlich war es wiederum Stolpe, der im Mai 1987 einen Vortrag im Rahmen einer Tübinger Ringvorlesung nutzte, um in beiden Kirchen einen Arbeitsauftrag anzuregen.

»Unklar ist die oft unbewußte Frage nach der nationalen Identität. Natürlich sind sie alle DDR-Bürger, und sicher machen sie keinen Hehl daraus. Sie halten die sozialistischen Eigentumsverhältnisse sowie das soziale Netz unserer Länder für richtig und haben vielleicht doch in einem Winkel des Herzens den verborgenen Traum, daß noch etwas besser werden könnte mit Deutschland, aber was? Dann kommen die Sonntagsreden über die Wiedervereinigung und verwirren Menschen. Ich denke, daß Kirche, die in Jesu Nachfolge für das Leben der Menschen und den Frieden Mitverantwortung trägt, bald einmal über deutsche Träume reden muß. Wie kann von deutschem Boden zuverlässig Frieden gesichert werden? Wie kann die Mauer überflüssig werden? Was ist der Deutschen Vaterland? Kann verantwortlich von Wiedervereinigung gesprochen werden? Vielleicht können die Evangelische Kirche in Deutschland und der Bund der Evangelischen Kirchen in der DDR hierzu eine Denkschrift erarbeiten?«[802]

Noch deutlicher hatte sich Stolpe am 3. Mai 1987 in einem Interview mit dem Deutschen Allgemeinen Sonntagsblatt geäußert:

»Ich habe Erich Honeckers Forderungen von Gera [...] immer als beispielhafte Punkte verstanden, an denen man die Hauptfrage festmachen kann, ob und wie man den anderen deutschen Staat als gleichberechtigt ansieht, ob und wie man bewußt auch darauf verzichtet, in ihm ein lästiges Provisorium zu sehen. Nach meiner Überzeugung folgert daraus, daß man die Staatsbürgerschaft des anderen respektieren muß. Die Modalitäten werden nicht leicht zu regeln und auch nicht mit der Staatsbürgerfrage zwischen anderen Staaten voll vergleichbar sein. Schließlich ist auch zu überlegen, inwieweit es zu einer Entkrampfung beitragen könnte, wenn die Bundesrepublik die Erfassungsstelle in Salzgitter aufheben würde. Bei uns hier herrscht nun einmal der Eindruck vor, daß in Salzgitter Vorgänge aufgehoben werden für den gewünschten Tag, an dem die DDR zusammenbricht, und dann kommt die Nacht der langen Messer [...]«[803]

Die Kammer für öffentliche Verantwortung der EKD hatte sich mit dem Themenfeld »Das Verhältnis der beiden deutschen Staaten« eingehend befaßt, ohne sich zu einer öffentlichen Äußerung veranlaßt zu sehen. Wollte Stolpe den Problemkomplex in den gemeinsamen Beratungsgremien von EKD und DDR-Kirchenbund nach den gewichtigen personellen Veränderungen im EKD-Bereich erneut zur Sprache bringen? Mit Schmude hatte er den richtigen Partner.

Der SPD-Politiker hatte schon im März 1977 einem Freund aus der DDR anvertraut:

»die Dtschl.-Pol. muß neu konzipiert werden, aber es herrscht Ratlosigkeit über das, was angesichts der Belastungen durch Grundgesetz, Urteile des Bundesverfassungsgerichts u. Festgefahrenheit in dem Verständnis der Nation [sic!].«[804]

Da der Freund, Oberkonsistorialrat Ernst-Eugen Meckel, auch für die Stasi arbeitete, gelangte der Gesprächsfetzen sofort an die »Firma«.

1985, im Jahr seiner Wahl zum EKD-Präses, hatte Jürgen Schmude im Blick auf das Wiedervereinigungsgebot dann öffentlich gefragt:

Soll »[...] das der letztlich einzige Weg der Deutschland-Politik sein, zu dem es verfassungsrechtlich zulässige Alternativen nicht gibt? Sollen die in dieser Weise interpretierten Vorstellungen des Verfassungsgesetzgebers, der ja nicht die Erfahrungen und Einsichten der 40 Jahre seit 1945 berücksichtigen konnte, uns auf unbegrenzte Zeit binden?«[805]

Mit dieser Ansicht stand Schmude in der SPD, für die Kiesinger das boshafte Stichwort von der »Anerkennungspartei«[806] in Umlauf gebracht hatte, durchaus nicht allein. Zwischen 1982 und 1989 kam es zu weit mehr als hundert Begegnungen zwischen SPD-Vertretern und SED-Spitzenfunktionären[807]. Es trifft wohl zu, daß in diesem Zeitraum auch Unionspolitiker wie Wolfgang Schäuble, Kurt Biedenkopf oder Rita Süssmuth Gesprächskontakte zu SED-Funktionären unterhielten[808]. Allerdings waren diese Begegnungen von Vertretern der Regierungspartei mit den Regierenden der DDR eindeutig Ausdruck eines fragwürdigen politischen Pragmatismus und beinhalteten nicht den Versuch einer ideologischen Verständigung. Wohl setzte die Regierung Kohl 1982 beinahe bruchlos den deutschlandpolitischen Kurs der SPD fort.

Bis hin zu den Gesten der Verbundenheit wie den Telefongesprächen zwischen Honecker einerseits und den Bundeskanzlern Schmidt und Kohl andererseits[809] lassen sich unschwer Parallelen feststellen. Die entscheidende Differenz lag freilich unterhalb dieser äußeren Kontinuität. Während die CDU/CSU aus politischem Pragmatismus und eingebunden in den deutschlandpolitischen Kurs ihrer westlichen Verbündeten handelte, verbanden die SPD und die SED – in scharfen Auseinandersetzungen wie in Phasen der Kooperation – das gemeinsame »humanistische Erbe«[810] und sozialistische Ideale. Das gab ihrer Verständigung eine andere, eine höhere Qualität, die zwischen CDU/CSU und SED kaum je erreichbar gewesen wäre.

Im Zusammenhang mit Egon Bahrs Bitte an Honecker vom 6. September 1986, der DDR-Staatsratsvorsitzende möge dem sozialdemokratischen Kanzlerkandidaten Johannes Rau Wahlkampfhilfe[811] leisten, indem er ihm *vor* der Bundesregierung mitteilen lasse, die DDR werde den Zustrom von Asylbewerbern – vor allem Tamilen – über den Ost-Berliner Flughafen Schönefeld in den Westteil der Stadt unterbinden[812], soll der SPD-Emissär nach einem SED-Dokument gesagt haben:

> »Im Auftrag von W. Brandt möchte ich mitteilen: Wir wollen in aller Form erklären, daß bei der Regierungsübernahme durch die SPD die Regierung der BRD voll die Staatsbürgerschaft der DDR respektieren wird und damit dieses Thema beerdigt wird. Dies soll Teil einer offiziellen Regierungserklärung sein und würde von unserem Kanzlerkandidaten J. Rau zuvor (etwa Ende Oktober) bei der Bekanntgabe seines Regierungsprogramms eindeutig gesagt werden.«[813]

Der nordrhein-westfälische Ministerpräsident reiste im Oktober 1987 auf privater Basis in die DDR, worüber das MfS bestens informiert war. So beteiligte sich der SPD-Politiker in Güstrow an einem Pfarrkonvent, wollte sich dort aber nicht auf eine Diskussion zu Fragen der Wehrdienstverweigerung einlassen. Weiterhin traf er sich mit Rechtsanwalt Wolfgang Vogel. Den Versuch eines Passanten, Rau einen Briefumschlag zuzustecken, wies der Ministerpräsident mit der Bemerkung zurück, er halte sich privat in der DDR auf[814].

Im April 1987 beklagte sich Bahr bei seinem Gesprächspartner Axen über das tiefe Zerwürfnis zwischen Willy Brandt und Helmut Schmidt und berichtete über seine Sorgen im Blick auf die bevorstehenden Bürgerschaftswahlen in Hamburg, da SPD-Bürgermeister Klaus von Dohnanyi »ausgebrannt« sei[815].

Nach einem parteiamtlichen Protokoll des ZK der SED soll sich auch Rudolf Scharping am 27. Oktober 1987 im Gespräch mit Hermann Axen für »die Realisierung der Geraer Forderungen« ausgesprochen haben und »für sofortige offizielle Kontakte zwischen der Volkskammer der DDR und dem Bundestag der BRD« eingetreten sein[816]. Vier Tage zuvor, am 23. Oktober 1987, hatte sich Oskar Lafontaine gegenüber Erich Honecker ähnlich geäußert. Der Saarländer befürworte, vermerkt das Protokoll, eine »absolute Anerkennung« deutscher Zweistaatlichkeit. »In der BRD sei es inzwischen allgemeiner Konsens, daß die Zweistaatlichkeit eine Realität ist, an der niemand vorbei kann [...] Aus seiner Sicht wäre es gut, wenn man in naher Zukunft gemeinsame Vorstellungen entwickeln könnte, welche Vereinbarungen eine von der SPD geführte Regierung mit der DDR anstreben sollte.« Schon am 6. April 1987 soll – einem ZK-Protokoll zufolge – auch Björn Engholm gegenüber Hermann Axen gesagt haben: »Es gelte für die SPD, mit allem Nachdruck für die Respektierung der Staatsbürgerschaft der DDR, für die Elbgrenze Strom-Mitte[817] und die Abschaffung der sogenannten Erfassungsstelle Salzgitter einzutreten. Beide deutsche Staaten hätten aus der Geschichte heraus eine unteilbare Verantwortung für den Frieden. Man könne größere Projekte jedoch nur lösen, wenn man endlich die existierenden Hemmnisse in diesen Fragen überwinde.« Wiederum vorbereitet durch ein Gespräch zwischen Bahr und Axen, suchte Erich Honecker auch die Wahlchancen Engholms bei den Landtagswahlen in Schleswig-Holstein im September 1987 zu verbessern. Engholm erhielt einen eigenen Fototermin anläßlich des Honecker-Besuches in Bonn und bat um die Freigabe eines Badesees an der deutsch-deutschen Grenze. Auch über diesen See hatte Bahr zuvor mit Axen verhandelt[818].

Nach Egon Bahr pflegte wohl am intensivsten der SPD-Außenpolitiker Carsten Voigt seine Kontakte zum ZK der SED. Dabei sparte er, den Protokollen zufolge, nicht mit Lob. Er »äußerte sich wiederholt positiv zur Politik der SED. Ihr großer Vorzug bestehe in der programmatischen Klarheit, im Wissen um die Probleme, in der Stärke der politischen Organisation und in der Geschlossenheit [...] Überall in der DDR spüre man, daß es vorwärts gehe und die SED dabei die treibende Kraft sei.«[819] Nach diesen Aufzeichnungen soll Voigt für das Jahr 1988 sogar die Aufnahme offizieller Parteibeziehungen zwischen SED und SPD angeregt und den ZK-Mitarbeitern Manfred Uschner und Karl-Heinz Wagner »vertrauliche Informationen« über Dissidenten gegeben haben.

Auch zwischen den Gewerkschaftschefs Ernst Breit und Harry Tisch bestand ein gutes Verhältnis, was Hans Wilke vom Staatssekretariat für Kirchenfragen vom DGB-Vorsitzenden selbst erfuhr[820].

Nach der Wende mit den Protokollen über ihre Gespräche mit SED-Genossen konfrontiert, behaupteten die SPD-Politiker beinahe geschlossen, diese Niederschriften entsprächen nicht entfernt dem, was sie gesagt hätten, seien barer Unsinn, »absolut dummes Zeug« aus »dubiosen Quellen«[821], und beruhten meist auf freier Erfindung[822].

Auch Schmude reagierte so, beauftragte aber am 27. Mai 1992 den der SPD nahestehenden Kirchenjournalisten Reinhard Henkys mit einer Recherche in den in Frage kommenden Archiven[823]. Zur Unterstützung des Journalisten Henkys, der unter anderem auch als Ghostwriter des Stolpe-Buches »Schwieriger Aufbruch« gilt, schrieb Schmude nach vorbereitenden Telefonaten mit Inge Pardon (SED-Archiv Berlin) und Frau Fruth (Bundesarchiv Potsdam) auf einem mit dem Bundesadler geschmückten MdB-Kopfbogen an die beiden Archive:

»Herr Henkys ist bevollmächtigt, alle Unterlagen mit Angaben über mich einzusehen. Insbesondere aber geht es mir um Vermerke aus dem Staatssekretariat für Kirchenfragen über drei Gespräche, die ich am 28.8.1985 mit Staatssekretär Gysi und am 14.12.1988 sowie am 8.3.1989 mit Staatssekretär Löffler geführt habe. Dabei erstrecken sich mein Interesse und die Vollmacht selbstverständlich auch auf in diesem Zusammenhang angefallene Briefe oder Vermerke über kurze Gespräche am Rande von Empfängen usw., soweit sie denn verfügbar sind. Die Akteneinsicht einschließlich der Fertigung von Notizen und Kopien durch Herrn Henkys soll meiner Information und der nachfolgenden Unterrichtung des Kirchenamtes der Evangelischen Kirche in Deutschland dienen.«[824]

Henkys wurde nicht fündig, wohl aber Journalisten des »SPIEGEL« und der »WELT«[825]. Ähnlich wie bei der oben erwähnten Briefkopfwahl verhält es sich auch mit den SED-Vermerken: Es bleibt unklar, in wessen Auftrag und in welcher Funktion der Partei- und Kirchenpolitiker Schmude[826] – stets auf eigenen Wunsch – die »inoffiziellen Begegnungen«[827] mit dem DDR-Staatssekretär für Kirchenfragen pflegte. Kirchen- und Parteiangelegenheiten gehen in den Gesprächen ständig durcheinander[828]. Nach einem Gespräch zwischen Schmude und Kirchenstaatssekretär Löffler Ende 1988 schrieb dieser unter anderem nieder:

»Er [Schmude] sei der Meinung [...], daß unbedachte und unvernünftige Aktionen gegen die DDR der weiteren notwendigen Normalisierung der Beziehungen zwischen den beiden deutschen Staaten Schaden zufügen würden. Deshalb habe die EKD trotz zunehmendem Drängen auch aus den Reihen der SPD keine offiziellen Verlautbarungen zum Verhältnis zwischen Staat und Kirchen in der DDR abgegeben. Ausdrücklich stellte er fest, daß zu dieser Haltung der EKD die vielfältigen Mahnungen und Bitten leitender kirchlicher Amtsträger des BEK der DDR zu Zurückhaltung beigetragen hätten. Er ließ wissen, daß bei den vielseitigen Kontakten zwischen EKD und BEK stets die Vertreter der evangelischen Kirchen der DDR um strikte Nichteinmischung bitten. In Übereinstimmung mit dem Parteivorstand der SPD würde er in der EKD dieser Linie folgen, da ihm und seinen Freunden an einer ›stabilen DDR‹ gelegen sei, die für das Fortschreiten des Abrüstungsprozesses in Europa eine zentrale Rolle auszufüllen habe. Trotz oftmaliger anderer öffentlicher Verlautbarungen und geäußerter Kritik an der DDR in Menschenrechts-, Sicherheits- und anderen Fragen gäbe es auch mit bestimmten Kräften in der CDU – bis hin zu Bundeskanzler Kohl – in dieser Frage einen übereinstimmenden Grundkonsens.
Unter Bezugnahme auf die positiven Ergebnisse der Tätigkeit der Arbeitsgruppe SED/SPD zum Friedens- und Abrüstungsprozeß bestätigte Schmude die Übereinstimmung mit den von der DDR und dem Warschauer Vertrag unterbreiteten Vorschlägen und erklärte, daß er sich für die Fortsetzung des politischen Dialogs und der Politik der friedlichen Koexistenz einsetzen werde, wie es die Friedenspflicht in Mitteleuropa erfordert [...] Schmude stellte [...] fest, daß die evangelische Kirche der BRD ihre Verantwortung zur Unterstützung des Friedensprozesses mit aller Konsequenz fortsetzen wird und er ganz in diesem Sinne tätig sei [...] Weiterhin wies Schmude darauf hin, daß er das umfangreiche Bemühen der leitenden kirchlichen Amtsträger der DDR kennengelernt habe, die in den kirchlichen Raum hineindrängenden Gruppen zur Vernunft zu mahnen, wobei sie ›wegen fehlender disziplinarischer Befugnisse auch gegenüber Pfarrern sich nicht immer durchsetzen könnten‹. Schmude stellte dar, daß die ›Struktur der evangelischen Kirche‹ im Unterschied zu einem Staat, einer Partei oder der katholischen Kirche das Durchsetzen von Maßnahmen von oben nicht ermögliche. In diesem Zusammenhang versuchte er um Verständnis zu werben, daß politische Ansprüche und Kritik aus der Kirche heraus ein normaler Vorgang sind und nicht als Ablehnung des Sozialismus in der DDR aufzufassen seien, sie als ›nicht so ernst genommen werden dürfen, auch wenn sie in BRD-Medien umfangreich propagiert würden‹ [...] Bei voller Wahrung der Vertraulichkeit der Begegnung gegenüber

der Öffentlichkeit werde er den Vorsitzenden seiner Partei in Kenntnis setzen, damit in geeigneter Weise das auf Realismus und Vernunft orientierte Wirken der SPD in diesem Zusammenhang [Maßnahmen im Reiseverkehr und der weiteren Gestaltung der Rechtsordnung] fortgesetzt würde. Abschließend fragte Schmude an, ob ich die Möglichkeit sehen würde, in kleineren Kreisen der EKD und seiner Partei zu Gesprächen zur Verfügung zu stehen. Dazu habe ich [Löffler] auf die dafür zuständige Ebene der Führungen unserer Partei und der SPD verwiesen.«[829]

In einem Interview, das Schmude dem gep-BuchMagazin am 10. September 1987 gab, sagte er, um Gemeinsamkeiten und Unterschiede zwischen ihm und dem damaligen Ost-Berliner Konsistorialpräsidenten und stellvertretenden Vorsitzenden des DDR-Kirchenbundes, Manfred Stolpe, zu verdeutlichen:

»Er ist hauptamtlicher Kirchenmann, und ich bin ein ehrenamtlicher Kirchenmann, der seinen Hauptberuf in der Politik hat.«[830]

Stolpe und Günter Bransch hatten Honeckers persönlichen Einsatz für den Frieden vor dessen Bonn-Besuch[831] gegenüber Staatsvertretern in höchsten Tönen gewürdigt. Im staatlichen Protokoll heißt es weiter:

»Vor allem Präsident Stolpe [...] brachte seine große Hochachtung gegenüber dem Vorsitzenden des Staatsrates der DDR zum Ausdruck. Beide kirchliche Amtsträger vertraten die Meinung, daß der BRD-Besuch des Genossen Honecker zur Überwindung einiger noch bestehender Probleme in den Beziehungen zwischen den beiden deutschen Staaten, z. B. zum Verlauf der Staatsgrenze im Elbabschnitt und zur sogenannten Erfassungsstelle Salzgitter, beitragen werde. Auch die Staatsbürgerschaft der DDR werde Gegenstand der Gespräche sein, und es müsse nach Auffassung Stolpes auch hierzu eine Lösung gefunden werden, die sicher nur schrittweise in Form von Kompromissen erreicht werden kann. Vor allem aber werde der Besuch Erich Honeckers in der BRD dem Frieden dienen.«[832]

Mitte September 1987 erklärte Schmudes Stellvertreter, der stellvertretende Präses der EKD-Synode, Werner Radatz, in einem Grußwort vor der Synode der Evangelischen Kirchen in der DDR in Görlitz:

»Erich Honecker war [in der Bundesrepublik] willkommen[833]. Gern würden wir ihm bei einer – hoffentlich nicht zu fernen – nächsten Gelegenheit auch zeigen, wie die Kirche in der Bundesrepublik an diesem oder jenem Ort ihre Aufgabe wahrnimmt. Denen in Ost und West, die diesen Besuch ermöglicht haben, gebührt Dank und Anerkennung. Dank und Anerkennung [...] gehört meines Erachtens auch einem ersten Versuch zwischen der Sozialistischen Einheitspartei Deutschlands und der Sozialdemokratischen Partei Deutschlands – um des Friedens willen – Positionen zu klären und erste Schritte zu tun in Richtung auf ›Neues Denken‹ und ›Neues Handeln‹ im Bereich des politischen Streites und der gemeinsamen Friedenssicherung. Vertraute Töne sind für unsereins dort zu hören. Für mein Empfinden haben die Bemühungen des Kirchenbundes um die Absage an Geist, Logik und Praxis der Abschreckung dieses Papier nicht unberührt gelassen. Diese Veröffentlichung unter dem Titel ›Der Streit der Ideologien und die gemeinsame Sicherheit‹ sollte nun auch fleißig gelesen werden. Die Kritiker in der Bundesrepublik haben das anscheinend längst getan. Diese Veröffentlichung ist kein ›Manifest der Verbrüderung‹, so charakterisiert Erhard Eppler, sondern ein ›Versuch systemöffnenden Dialogs‹[834], den wir wohl bitter nötig haben. Welche Rolle wir dabei haben als Kirche, darf nicht unüberlegt bleiben. Wir haben auch den Bruder Stolpe gehört und gelesen. Es wurde eine Absichtserklärung gegeben, wie der Vorsitzende der Konferenz der Evangelischen Kirchenleitungen in der DDR, Herr Landesbischof Leich, treffend, und ich denke, auch ein wenig erwartungsvoll, formuliert hat.«[835]

Der SED-Staat bezeichnete diesen Beitrag als ein Wort von »politische[m] Gewicht.«[836]

Bereits im Januar 1987 soll der KKL-Vorsitzende Leich Honecker »›als eine der größten Persönlichkeiten der Nachkriegszeit‹ bezeichnet« haben[837].

Der Leipziger Kirchenhistoriker Kurt Nowak berichtete von Gesprächen anläßlich eines Forschungsaufenthaltes im Evangelischen Zentralarchiv am Berliner Bahnhof Zoo:

»Die Studienreise fand wenige Tage nach dem erfolgreichen Besuch des Generalsekretärs der SED und Vorsitzenden des Staatsrates der DDR, Erich Honecker, in der BRD statt. Sowohl die Mitarbeiter des Zentralarchivs wie auch Dr. Aly, ein progressiver und auch politisch engagierter Historiker und Zeitgeschichtler, sprachen den Berichterstatter auf diese Reise an. Sie äußerten sich zufrieden und optimistisch über die durch die Reise sich eröffnenden Möglichkeiten zur weiteren Wahrnehmung der besonderen Friedensverantwortung der beiden deutschen Staaten gemäß dem Leitsatz, daß von deutschem Boden nie wieder Krieg ausgehen dürfe, sondern nur noch Frieden. Besonders unterstrichen wurde auch das starke persönliche Sympathiemoment für Erich Honecker als bedeutender Staatsmann, dem die Sicherung des Friedens ein für jedermann erkennbares Herzensanliegen sei.«[838]

Bischof Demke hielt sich während des Bonn-Besuchs des Staatsratsvorsitzenden in Schweden auf und berichtete von einer »außerordentlich[.] positive[n] Resonanz bei seinen Gesprächspartnern und in den schwedischen Medien«[839].

Nach einer Einschätzung des Staatssekretärs für Kirchenfragen nahm die kirchliche Basis[840] zum Honecker-Besuch in Bonn folgende Haltung ein:

»Realistische und aktuell politisch bedeutsame Erkenntnisse und Positionen bezüglich des souveränen Status, des Verhältnisses und des Umgangs der beiden deutschen Staaten miteinander wurden vertieft und verbreitert. Das zeigt sich in einer zunehmenden Zahl von Aussagen, in denen Stolz auf die DDR zum Ausdruck kommt, Freude über die ›faktische vollständige‹ Anerkennung der DDR durch die BRD geäußert wird, in denen ›Geraer Forderungen‹ unterstützt und belastende, konfrontativ angelegte Aussagen von Kohl und anderen zur ›Wiedervereinigung‹ und Staatsgrenze zurückgewiesen werden.«

Einschränkend hieß es jedoch sogleich:

»Diese Positionen werden insgesamt aber nur von einer Minderheit kirchlicher Vertreter auch so klar reflektiert bzw. formuliert (unter ihnen Konsistorialpräsident Stolpe[841] und Kirchenpräsident Natho). Die Mehrheit akzeptiert die objektiven Realitäten, nimmt sie als gegeben hin.«

Die Mehrzahl der Geistlichen unterstütze den mit der Bundesrepublik gepflegten Dialog und die dabei vertretene Priorität der Friedensfrage vor allen weiteren Problemen. Dennoch gebe es auch Hoffnungen auf weitere Reiseerleichterungen[842], die vor allem in der stetigen Erweiterung der Städtepartnerschaften[843] sowie den privaten Besuchsreisen in Ost-West-Richtung gründeten.

Weiter heißt es jedoch:

»Diejenigen Kräfte, die wie Bischof Dr. Forck gegenüber idea[844] die Erweiterungen der Reisemöglichkeiten in den Mittelpunkt ihrer Aussagen zum Besuch Erich Honeckers stellen oder die diese Frage mit der Menschenrechtsproblematik verbinden, stellen nach den Einschätzungen und Angaben der Bezirke eine Minderheit dar. Sie rekrutieren sich aus den bekannten politisch negativen Kreisen.«[845]

Für Berlin (Ost) beschrieb eine Einschätzung die Reaktion dortiger Geistlicher:

»Mit großer Aufmerksamkeit und Anteilnahme seitens kirchlicher Amtsträger wurde der Besuch von Genossen Honecker in der BRD verfolgt. Kirchliche Vertreter äußerten, daß es sie ›mit Stolz erfüllt habe‹, daß der Staatsratsvorsitzende der DDR mit unserer Nationalhymne empfangen worden sei. Der Auftritt des Staatsratsvorsitzenden in der BRD sei eben nicht der ›eines armen Neffen aus dem Osten‹ gewesen, sondern souverän und gleichberechtigt (z. B. Pfarrer Hülsemann, Stadtjugendwart Birthler, Superintendent Krätschell). Das Auftreten von BRD-Bundeskanzler Kohl wird stattdessen weitgehend als ›wenig verbindlich‹ und ›eher konfrontativ‹ kritisiert[846].

Verbunden mit dem Besuch von Genossen Honecker in der BRD waren und sind ›Erwartungen‹ hinsichtlich konkreter Ereignisse in bezug auf die Lösung ›humanitärer Fragen‹ und insbesondere auf die Erweiterung der Reisemöglichkeiten in die BRD. (Ein Berliner Pfarrer schätzte beispielsweise ein, daß diese Frage ›im Mittelpunkt des Denkens der meisten (seiner) Kollegen steht‹ und daß in dieser Richtung so große Erwartungen mit dem Besuch verknüpft sind, daß diese ›eigentlich nur enttäuscht‹ werden können.) In diesem Zusammenhang wird auch Bezug genommen auf die Äußerung von Genossen Honecker, daß der Tag kommen kann, an dem die Grenze zwischen der BRD und der DDR ›uns nicht mehr trennt, sondern vereint.‹«[847]

Zu den Verhandlungen über das SED/SPD-Papier[848] auf der BEK-Synode urteilte der SED-Staat: »Unter Bezugnahme auf das gemeinsame Dokument von SED und SPD war auf der Synode die Absicht erkennbar, dieses Dokument einseitig und entstellend zu interpretieren und mit Spekulationen über Veränderungen der gesellschaftlichen Verhältnisse in der DDR zu verbinden.«[849] In einer Einschätzung über die gesamtkirchliche Reaktion wird die »breite Zustimmung« zu dem Papier hervorgehoben: »Zugleich wird immer wieder die Genugtuung darüber zum Ausdruck gebracht, daß die hier aufgezeigten Positionen sich weitgehend mit kirchlichen decken und z. T. identisch sind.«[850]

Dies alles bot für den SED-Staat eine ausgezeichnete Basis zur kirchenpolitischen Weiterarbeit, wie man Ende Oktober 1987 feststellte:

»Der BRD-Besuch von Genossen Erich Honecker, das ›Gemeinsame Dokument‹ sowie weitere Aktivitäten unserer Republik sowie der sozialistischen Staaten insgesamt bieten ausgezeichnete Möglichkeiten für die kirchenpolitische Arbeit. Sie gilt es voll zur Entfaltung zu bringen, auch um Mißverständnissen und von negativen Kräften betriebenen Uminterpretationen offensiv entgegenzuwirken.«[851]

Andererseits machte man im Zuge der fortschreitenden Verbreitung des Parteienpapiers auch die Erfahrung, daß die Mehrheit der kirchlichen Amtsträger unter Berufung auf diesen Text Verbesserungen des Staat-Kirche-Verhältnisses einzuklagen suchte[852].

Auf der Zusammenkunft der »Beratergruppe« am 10. Dezember 1987 war dem SED/SPD-Papier gar ein eigener Tagesordnungspunkt gewidmet.

Schmude »führt ein. Er macht aufmerksam darauf, daß es in der Bundesrepublik kirchliche Stellungnahmen zu dem SED/SPD-Papier (noch?) nicht gibt, also das von ihm Vorgetragene aus der Sicht eines SPD-Mitgliedes formuliert ist. Der Text, so Herr Schmude, hat in der Bundesrepublik auch vehemente Kritik erfahren. Sie mache sich weniger an Einzelaussagen fest, vielmehr an der Tatsache, daß SPD und SED auf *eine* Ebene gestellt werden. Auch die Pressekommentare waren zunächst skeptisch bis abwartend. Inzwischen hat es für das Papier einige ›Bewährungsproben‹ gegeben: – Die Äußerungen von Kurt Hager und Otto Reinhold (ND vom 28.10. bzw. 11.11.1987). – Die Vorgänge um die Zionskirchen-Gemeinde, von denen die SPD meint, daß sie mit den im gemeinsamen Papier getroffenen Aussagen nicht in Einklang stehen. – Einreiseverweigerung für Bundestagsabgeordnete. Trotzdem will die SPD mit dem Text geduldig weiterarbeiten, und sie geht davon aus, daß auf DDR-Seite kein Abrücken von dem Text erfolgt oder beabsichtigt ist.«[853]

Manfred Stolpe kommentierte, das Papier sei »deswegen hilfreich, [...] weil es an die Fragen, um die es geht, nicht praktisch/pragmatisch herangeht, sondern grundsätzlich«[854].

Er »vertritt die Meinung, daß man an dem Text eine ›Ethik des Miteinanderlebens‹« festmachen könne und benennt einige mit dem/durch das Papier gegebene Probleme:

»Die SED könnte sich übernehmen, da die ›Beharrungsängste des Apparats‹ groß sind. – die SPD könnte Schaden nehmen (z. B. beim Wähler) an der ›Knochenarbeit‹, die sie sich damit aufgeladen hat. – Die Durchführung von Meinungsstreit und die Zubilligung von gegenseitiger Kritik wird sich immer (mal) wieder reiben an dem Prinzip der Nichteinmischung; – daß die Kirchen unerwähnt bleiben, ist schade. Die Herausforderung, die in dem Text liegt, muß an- und aufgenommen werden. Von Hager[855] und anderen Erklärungen darf man sich nicht er- und abschrecken lassen: ›Der Druck auf Veränderungen ist weiterhin objektiv erkennbar‹; die deswegen vorhandene ›Nervosität im Apparat‹ ist es gleichfalls. Hier besteht für die Kirchen in der Bundesrepublik (das Dokument vor dem Vergessen und vor einer allzu billigen Abheftung bewahren) wie in der DDR (Ermutigung und Bestärkung derer, die auf Veränderung setzen, und Mithilfe dabei, daß die Geduld auch und gerade bei den – ganz – Ungeduldigen erhalten bleibt) eine Aufgabe.«

In der weiteren »ausführlichen und intensiven Aussprache« über das Papier wurde der Wunsch geäußert, es werde »hoffentlich zu einem vertieften Gedankenaustausch darüber zwischen BEK und EKD führen, wie das im entsprechenden Beschluß der diesjährigen Bundessynode in Görlitz[856] erbeten worden ist [...] Herr Stolpe unterstreicht, daß eine gemeinsame Beschäftigung von EKD und BEK mit dem Dokument (z. B. auf dem Boden einer der evangelischen Akademien)[857] eine lohnende Angelegenheit wäre.«[858]

Dieses Protokoll einer kirchlichen Konferenz – es liest sich auf weiten Strecken wie das einer Parteiversammlung überzeugter SPD-Mitglieder des linken Flügels – beleuchtet schlaglichtartig die tiefe Problematik der personellen Verflechtung zwischen Parteien und Kirchen auf höchster Leitungsebene. Sie illustriert auch, auf welchem Boden namhafte Repräsentanten aus EKD und BEK deutsch-deutsche wie binnenkirchliche Verständigungsprozesse wachsen sahen. Und auch das wird deutlich: Eine von der Basis weithin abgelöste Minderheit in den Kirchen wie übrigens auch in der SPD – Altbundeskanzler Helmut Schmidt z. B. lehnte das »gemeinsame Dokument« strikt ab[859] – unternahm überaus riskante deutschlandpolitische Manöver und brachte damit auch diejenigen in Zugzwang, an denen vorbei die Initiative gestartet worden war.

Vierzehn Tage vor der Zusammenkunft der kirchlichen »Beratergruppe« veröffentlichte die »Zeit« einen Artikel Jürgen Schmudes über »Die Einheit in der Teilung«, in dem der SPD-Politiker u. a. den Erfolg der nach 1969 durch die sozialliberale Koalition eingeleiteten Deutschlandpolitik hervorhob und über die Irritationen in der CDU/CSU-Bundestagsfraktion nach dem Honecker-Besuch berichtete. In weiten Teilen der CDU wolle man zwar verbesserte Beziehungen und menschliche Erleichterungen, »aber keinen Umgang mit der DDR und ihrer Regierung, wie er unter gleichberechtigten Staaten üblich ist«. An einer späteren Stelle schreibt Schmude:

»[...] die Vorstellung muß schon heute erlaubt sein, daß auch im Nebeneinander von zwei freiheitlichen und demokratischen deutschen Staaten mit freiem Zugang füreinander die deutsche Frage ihre endgültige Antwort finden kann [...] Manches spricht dafür, daß freiheitliche Staaten innerhalb einer deutschen Nation leichter zu erreichen sein werden als die staatliche Einheit ganz Deutschlands. Auch das würde als Erfüllung des Auftrags der Präambel des Grundgesetzes gelten können. Natürlich: Das Bundesverfassungsgericht hat dies im Urteil vom 31. Juli 1973 über den Grundlagenvertrag anders gesehen. Es hat sich – und alle staatlichen Verantwortungsträger – bedingungslos auf das Ziel der staatlichen Einheit, ausdrücklich ›Wiedervereinigung‹ genannt, festlegen wollen. Das ist nicht die einzige Aussage des Urteils, zu der es von Anfang an Zweifel gegeben hat. Und die Erwartung scheint begründet, daß das Gericht heute anders entscheiden würde.«[860]

Im Zusammenhang mit dem Deutschen Evangelischen Kirchentag vom Juni 1989 berichtete Oberkirchenrat Heidingsfeld über eine geplante Gesprächsveranstaltung mit Altbischof Werner Krusche (Magdeburg) und Schmude. Krusche hatte ihm bereits einen Text mit dem Titel »Die Zukunft der Kirche in der Mitte Europas« vorgelegt, in dem der Berliner EKD-Vertreter »besonders Problematisches« markierte und das Schriftstück dann an Bischof Heinz-Georg Binder und an den Präsidenten des Kirchenamtes der EKD, Walter Hammer, versandte. In dem Begleitschreiben dazu heißt es: »Lassen Sie mich mit einem Stoßseufzer schließen: Es wäre schön, wenn Emeriti, zumindest gelegentlich, Eremiten würden [...]«[861]

Die inkriminierten Sätze Krusches – wohlgemerkt im Juni 1989! – lauteten:

»Ich empfinde es ein bißchen beschämend, wieviel mehr Courage da die Verfasser des SPD/SED-Dokumentes aufgebracht haben, deren Gesprächssituation ja doch mit der zwischen unseren Kirchen an Schwierigkeit gar nicht zu vergleichen ist. Kurz nach der Veröffentlichung dieses gemeinsamen Papiers erschien in der evangelischen Wochenschrift ›Die Kirche‹ in der DDR ein Artikel, in dem es heißt: ›Das Parteiendokument sollte die Kirchen beider deutscher Staaten fragen, ob sie denn intensiv genug um gemeinsame Positionen zu den brennenden Fragen an der Nahtstelle der beiden Machtblöcke bemüht waren.‹ [...] Müßten die Kirchen nicht erklären, daß es verlogen ist, von Wiedervereinigung zu sprechen, solange die beiden Militärbündnisse bestehen und die

Regierungen in beiden deutschen Staaten nachdrücklich die Bündnistreue zur NATO und zum Warschauer Pakt beteuern? Natürlich ist die deutsche Frage ›offen‹ in dem Sinn, wie alle Geschichte offen ist [...] Müßten die Kirchen nicht erklären, daß ›Wieder-Vereinigung‹ (re-unification) nicht heißen kann: Wiederherstellung eines deutschen Nationalstaates durch Eingliederung der DDR in die BRD, daß es vielmehr darauf ankommt, über Modelle einer künftigen politischen Gestaltung in der Mitte Europas nachzudenken. Das Bild vom ›gemeinsamen europäischen Haus‹ ist inspirierend. Man wird sich freilich klar darüber sein müssen, daß es kein Neubau sein wird; der Grundriß steht fest, und die Einteilung der Räume wird im wesentlichen bleiben [...] Die EKD hat sich das ›Nein ohne jedes Ja‹ des Reformierten Bundes nicht zu eigen gemacht. Die Kirchen in der DDR haben indessen dem Geist, der Logik und der Praxis des Abschreckungssystems abgesagt, für ein Konzept politischer – anstelle militärischer – Friedenssicherung votiert und in der Verweigerung des Wehr- und Waffendienstes eine Gestalt der Nachfolge gesehen, die in ihrer Deutlichkeit von keiner anderen Entscheidung übertroffen wird. Die EKD wird sich die Frage gefallen lassen müssen, ob sie dies aus theologischen Einsichten oder aus politischen Rücksichten so nicht mitsagen kann [...] In der Denkschrift der EKD ›Evangelische Kirche und freiheitliche Demokratie‹ steht der Satz: Die positive Beziehung von Christen zum demokratischen Staat des Grundgesetzes ist mehr als äußerlicher Natur: sie hat zu tun mit den theologischen und ethischen Überzeugungen des christlichen Glaubens.‹ Was würde man in den Kirchen der BRD wohl sagen, wenn wir erklärten: ›Die positive Beziehung von Christen zum sozialistischen Staat der DDR ist mehr als äußerlicher Natur; sie hat zu tun mit den theologischen und ethischen Überzeugungen des christlichen Glaubens‹. Gäbe es ein Kopfschütteln und den Verdacht der Anpassung, der ja immer nur uns gegenüber besteht? Nun: einen solchen Satz würde bei uns wohl die CDU sagen, nicht aber die Kirche [...] Wir sehen, daß die Marktwirtschaft effektiver ist als die bürokratisch gelenkte Planwirtschaft; aber wir sehen auch, auf wessen Kosten dieses Wirtschaftssystem so funktioniert und wer dabei hoffnungslos auf der Strecke bleibt – die Schwachen aller Schattierungen (auch wenn sie in der BRD und einigen Ländern im NW Europas nur eine leicht als quantité négligeable zu übersehende Minderheit sind) und die Menschen in der Zweidrittelwelt [...] Wir werden uns in unserem Staat weiter für uns bislang vorenthaltene individuelle Freiheitsrechte und politische Mitbestimmungsrechte einsetzen, aber wir wissen auch, was es bedeutet, daß die elementaren Menschenrechte – das Recht auf Leben, auf Arbeit, auf Wohnung – und ein hohes Maß an sozialen Schutzrechten gewährleistet sind.«[862]

Im Bedenken dieser Entwicklung scheint nur der innere Auflösungsprozeß des Ostblocks es verhindert zu haben, daß bestimmte Kreise in SPD, SED und evangelischer Kirche mit langem Atem das durchgesetzt hätten, woran der DDR am meisten lag: an der Aufgabe des Alleinvertretungsanspruchs und an dem Verzicht auf die deutsche Staatsangehörigkeit durch die Bundesregierung – in der allerdings dann die SPD die politischen Richtlinienkompetenzen hätte haben müssen. Jens Hacker schrieb 1992 im Blick auf einen »Zeit«-Artikel Schmudes vom 9. März 1990:

»Jetzt wäre es doch angebracht gewesen, einmal die vielen Fehler und Irrtümer, die er seit 1969 begangen hat, einzugestehen.«[863]

Durch derlei Zwischenrufe ließen sich freilich weder Schmude noch die EKD irritieren. Auch nicht durch ein Flugblatt der »Kirche von unten – Arbeitsgruppe ehemaliger politischer DDR-Häftlinge« zur EKD-Synode in Halle im

November 1994. Darin forderten die Leidtragenden des SED-Regimes unter anderem die »Trennung von Partei-Amt und Präses-Amt« sowie »den sofortigen Rücktritt von Präses Dr. Jürgen Schmude wegen seiner engsten Verbindungen zu Wolfgang Vogel und seiner Unterstützung der DDR-Unrechtspolitik«[864]. Außerdem regten die Verfasser des Flugblattes die »Erarbeitung einer Schulderklärung der Kirchen« an – wegen ihrer »Verstrickungen in das Unterdrückungssystem der DDR«[865].

KAPITEL 3 · Abschied wider Willen

Der Kampf der Kirche um das »bessere« Deutschland (1988-1991)

Kirchenpolitische Pläne für das Jahr 1988

Das Jahr 1988 stand trotz aller Konflikte und Irritationen kirchenpolitisch unter einem guten Stern, jährte sich doch das Spitzengespräch vom 6. März 1978 zum zehnten Mal. Albrecht Schönherr, aus diesem Anlaß – »das Datum besitzt inzwischen Symbolgehalt« – von der Zeitschrift »Kirche im Sozialismus« um einen Beitrag gebeten, schrieb in der Februar-Nummer 1988:

»So bedeutet ›Kirche im Sozialismus‹ – so mit besonderer Betonung bei der Bundessynode Eisenach 1971 – Absage an eine Ghetto- und Nischenexistenz, an innere und äußere Auswanderung; das schließt kritische Begleitung nicht aus, sondern ein. Es heißt ›im Sozialismus‹, nicht nur ›in der DDR‹. Es geht um qualifizierte Anwesenheit in der so gearteten Gesellschaft. Diese Gesellschaft wird von einer Partei geleitet, die sich dem dialektischen Materialismus verschrieben hat. Es geht um Anwesenheit in einem Staat, in dem die Machtfrage nicht von Wahl zu Wahl neu gestellt wird, sondern entschieden ist. Damit ist eine absolut neue Situation für den christlichen Bürger gegeben [sic!]. Er ist gezwungen, neues Gelände zu erkunden, auf dem ihm neue Ermutigung, aber auch neue Versuchungen begegnen. ›Kirche im Sozialismus‹ heißt, so sagt es die Bundessynode in Güstrow 1981, an den Problemen und Errungenschaften der Gesellschaft, in der wir leben, mittragend teilzunehmen, konkret unterscheidend mitzuarbeiten und dabei eigenständig und eigenprofiliert zu bleiben. Die Kirche darf sich nicht einigeln, aber auch nicht als Sammelbecken der Opposition verstehen. Ausgeschlossen sind totale Anpassung und totale Verweigerung«[1].

Das Staatssekretariat für Kirchenfragen schlug vor, Honecker möge aus dem gegebenen Anlaß durch ein Gespräch mit dem KKL-Vorsitzenden Leich gleich zu Beginn des Jahres einen Höhepunkt setzen. Zudem möge der Generalsekretär in seiner Rede vor den 1. Kreissekretären der Partei auf den konstruktiven Kurs der Kirchenpolitik hinweisen. Im März 1988 sollte dann ein Gespräch zwischen Gysi und dem KKL-Vorstand stattfinden. Außerdem sollten die Kirchen zu einer weiteren Konkretion der Formel »Kirche im Sozialismus« gebracht werden. Vorgeschlagen wurden zudem »Informationsgespräche« zur Militärdoktrin und zur »sozialistischen Demokratie in der DDR«[2].

Die Kirchen waren gezwungen, neue Finanzierungsstrategien zu überlegen, da nach Hochrechnungen, die Domsch vortrug, bis zum Jahr 2010 mit einer Reduzierung der Mitgliederzahl auf ein Drittel des Bestandes von 1987 gerechnet wurde. Deshalb müsse man auf eine Steigerung der Einnahmen hinarbeiten: »Dabei muß redlich und klar gesagt werden, daß auf absehbare Zeit die Hilfen aus der EKD unverzichtbar sind[3]«, betonte Dresdens LKA-Präsident[4].

Zunächst war eine Begegnung zwischen Gysi und Leich geplant. In einer Vorkonzeption wies Hans Wilke darauf hin, daß Leich trotz aller Betonung der kirchlichen Eigenständigkeit starkes Interesse »am Ausbau der individuellen Gespräche mit dem Staatssekretär« zeige und darüber hinaus eine Begegnung mit Honecker anstrebe. Gysi solle dem Bischof deutlich machen, daß er in der Ämtersukzession sowohl den Weg der »Kirche im Sozialismus« als auch den »Thüringer Weg« repräsentiere. Am Anfang dieses Weges habe die kritische Distanz gestanden. Im Laufe der Jahre sei man zu der Einsicht gelangt, daß die Kirche verantwortlich in der Gesellschaft mitzuarbeiten habe, ohne sich in staatliche Angelegenheiten einzumischen. Leich solle an seine Äußerung »›Die Kirche ist für alle da, aber nicht für alles‹« erinnert werden[5].

Außerdem bekräftigte Wilke, die bislang praktizierte Kirchenpolitik werde fortgesetzt, und forderte von der Kirche eine Weiterentwicklung des »Kirche im Sozialismus«-Begriffs: »Die Kirche muß keine Angst haben, daß der Staat sie vereinnahmen will. Eine ›gleichgeschaltete‹ Kirche nützt weder den Gläubigen noch der Gesellschaft.«[6]

Die Januarereignisse in Berlin und das Abgrenzungsseminar in Oranienburg

Ende Dezember 1987 wuchs wieder die Bereitschaft der Bürgerrechtler zu Mahnwachen, da die Ermittlungsverfahren, die in Sachen Zionskirche anhängig waren, trotz anders lautender Zusagen immer noch nicht eingestellt worden waren. Pfarrer Simon wies in einem Gespräch mit Hauptabteilungsleiter Heinrich erbost darauf hin, der »Grenzfall« sei zwar gedruckt worden, aber nicht in den Räumen seiner Gemeinde. Wo das Blatt hergestellt worden sei, müsse der Staat, nicht aber die Kirche klären. Heinrich hielt der Kirche vor, daß sie sich immer noch nicht von denjenigen, die für Herstellung und Verbreitung des »Grenzfall« verantwortlich seien, distanziert habe[7]. Im übrigen sei die Ausgabe Nr. 11 des Blattes nun doch erschienen.

Stadtjugendpfarrer Hülsemann beschwerte sich darüber, daß die Ermittlungen nicht nur gegen Einzelpersonen, sondern auch gegen die Zionskirchgemeinde und die Umweltbibliothek geführt würden, obwohl der »Grenzfall« dort offensichtlich nicht gedruckt worden sei. Er stellte auch die naheliegende Frage, warum der Staat immer nur mit der Kirche, nie aber mit den Herausgebern dieses Magazins selbst spreche. Immerhin handele es sich bei ihnen um nichtkirchliche Personen. Hier widersprach der auch anwesende Generalsuperintendent Günter Krusche: »Rüddenklau ist kirchlicher Mitarbeiter, und für das, was er tut, ist die Kirche mitverantwortlich.« Er rief zu »gemeinsamem Krisenmanagement« zwischen Staat und Kirche »in beiderseitigem Interesse« auf. Mahnwachen für den »Grenzfall« dürften in der Zionskirche nicht stattfinden. Daraufhin erklärte Pfarrer Simon, der Betreffende sei nur hin und wieder als Heizer aktiv und deshalb nicht als kirchlicher Mitarbeiter zu betrachten. Des weiteren bemerkte der Pfarrer: »Wenn schon von einer notwendigen Einhaltung gesetzlicher Bestimmungen gesprochen werde, dann müsse auch über Unkorrektheiten auf staatlicher Seite geredet werden. Die ADN-Meldung über die Verhaftungen in den Kellerräumen der Zionsgemeinde sei durch ihre Überschrift (›Auf frischer Tat ertappt‹) ein Vorgriff auf staatsanwaltliche Ermittlungen gewesen und habe große Verunsicherung hervorgerufen.« Der Pfarrer forderte einen gesamtgesellschaftlichen Dialog mit den Gruppen[8].

In den ersten Tagen des neuen Jahres teilte Peter Heinrich dann den Kirchenvertretern Krusche, Ziegler und Görig mit, die Staatsanwaltschaft habe die Ermittlungsverfahren eingestellt. Man erwarte aber nun von der Landeskirche, »daß sie in voller eigener Verantwortung dafür sorgen müsse, weitere Konfrontationen durch negative Kräfte auszuschließen und mit Sachlichkeit und konstruktivem Denken weiteren realistischen Kräften die Einflußmöglichkeiten zu vergrößern.«

Günter Krusche kündigte an, es werde bezüglich des Verhältnisses zu den Gruppen einen innerkirchlichen, theologisch fundierten Klärungsprozeß geben. Bei der Kirche handele es sich um keine Oppositionspartei. Er wies darauf hin, daß es der Kirchenleitung häufig nicht möglich sei, sich durchzusetzen.

Superintendent Görig wies darauf hin, daß die Kirche zu einer Vorfeldarbeit gezwungen sei, die sie überfordere. Er stellte dem Funktionär die Frage, ob nicht ein Ausbau der Dialogbereitschaft von Staat und Gesellschaft gegenüber den Gruppen möglich sei.

Krusche hob als ein positives Zeichen hervor, daß sich nun die Gemeinden regten, da die Kirche nach ihrer Ansicht den Gruppen zu viel Aufmerksamkeit schenke[9]: »Die Gemeinden üben Druck auf ihre Pfarrer aus.«[10] Ende Januar wurde Krusche dann deutlicher: Es habe sich gezeigt, »daß die pietistischen Kräfte in der Kirche, z. B. Stadtmission und sehr fromme Gemeindegruppen, gegen die Aktivitäten der Provokateure sind.« Allerdings seien sie noch nicht bereit, in diesem Sinne auch aktiv zu werden[11].

Ziegler kündigte gegenüber Heinrich an, die KKL werde sich am 8. Januar mit dem Verhältnis der Kirche zu den Gruppen befassen. Zugleich gab er dem ebenfalls anwesenden Wilke zu verstehen, er könne einen positiven Sitzungsverlauf nur garantieren, wenn der Staat alsbald eine endgültige Zusage zum vorgesehenen Gespräch über die Militärdoktrin abgebe: »Er müsse darauf hinweisen, daß sonst für die KKL die Feststellung, daß der konstruktive Weg weiter geht, nicht deutlich wird.«[12]

Heinrich notierte abschließend:

»Das einstündige Gespräch verlief in einer offenen Atmosphäre und war deutlich davon gekennzeichnet, daß die kirchlichen Vertreter dankbar die Entscheidung hinsichtlich der Ermittlungsverfahren zur Kenntnis nahmen, ihre konstruktive Mitarbeit bei der Klärung offener Fragen anboten und gleichzeitig verstanden, daß es zum Weg des 6. März 1978 keine Alternative gibt.«[13]

Das Erscheinen der neuen Ausgabe des »Grenzfall« betrachtete der Hauptabteilungsleiter als Bruch der kirchlichen Zusagen. Ziegler entgegnete, die Kirche habe auf das Blatt und seine Herausgeber keinen Einfluß[14].

Während der KKL-Sitzung im Januar informierte Stolpe über die zurückliegenden Ereignisse[15]. Dabei soll der Konsistorialpräsident erklärt haben, die zwischenzeitlich Verhafteten »unterhielten aktive und enge Beziehungen zu westlichen Journalisten und würden z. T. auch von dort gesteuert.«[16] Demke stellte einen Katalog von politisch-gesellschaftlichen Themen vor, die ihm für die zukünftige Arbeit relevant erschienen[17].

Mitte Januar 1988 fand in Oranienburg bei Berlin das Seminar zur Abgrenzungsfrage statt[18], an dem 200[19] bis 240[20] Menschen, darunter auch 22 speziell geschulte Ost-CDU-Mitglieder[21], teilnahmen. Es handelte sich um jene Veranstaltung, die das BEK-Synodalpräsidium den Antragstellern der »Absage an Praxis und Prinzip der Abgrenzung« auf der Görlitzer Bundessynode zugestanden hatte. Im Seminar-Plenum begründete Pfarrer Axel Noack zunächst den Synodalbeschluß. Man sei gegen »eine Inflation von Absagen« und habe den Begriff für problematisch gehalten. Er stellte nochmals die Frage nach dem rechten Zeitpunkt und auch der Zumutbarkeit des Antrages, hielt aber dennoch den weiteren Diskussionsprozeß um diese Fragestellung für unterstützenswert[22]. Ludwig Mehlhorn als Vertreter der Initiativgruppe wies darauf hin, daß bereits die Alte Kirche im Römischen Reich den Begriff »Absage« verwendet habe[23]. Er hielt der Synode wegen ihrer Bedenken im Hinblick auf eine mögliche staatliche Reaktion Opportunismus vor und verwies auf den erfreulichen Verlauf des Schriftstellerkongresses[24]. Heinrich Fink vertrat sowohl den CFK-Regionalausschuß als auch die ablehnenden Eingaben an das Präsidium. Der Berliner Theologe – er trug nahezu ausschließlich eine von Carl Ordnung verfaßte CFK-Erklärung vor – betonte den »Vorrang der globalen vor [den] partikularen Problemen«. Als letzter Redner sprach Freitag für die Befürworter des Antrages und wies auf die Betroffenheit hin, die der Aufruf beim Leser auslöse – »er formuliert, was viele denken«.

In der anschließenden Diskussion wurde auf die eingrenzende Funktion der Mauer, die Diskrepanz zwischen den Scheinwahlen zur Volkskammer und der Abstimmung der Wähler mit den Füßen verwiesen. Der Staat wisse eigentlich nicht, was die Bürger wollten, und sei auch nicht daran interessiert, es zu erfahren.

Auf das Plenum folgten Arbeitsgruppen, die der BEK ausgewogen zusammengesetzt hatte. Dabei formulierte eine der Gruppen in deutlicher Verärgerung über das taktierende Verhalten der Kirchenleitungen: »Wir wollen nicht in einen unkritischen Gehorsam gegenüber dem Staat verfallen. Es geht nicht darum, was wir dem Staat zumuten können, sondern darum, was uns der Staat zumutet.« Sie forderten, der Antrag solle mitsamt Antwort der Synode an alle Gemeinden gehen. Eine andere Gruppe erwartete von der BEK-Synode eine weitere Beschäftigung mit der Angelegenheit. In der Schlußdiskussion wurde unter anderem die Einschätzung laut, für kirchliche Äußerungen und kirchliches Handeln sei eher das Opportunitätsprinzip als die innere oder äußere Notwendigkeit maßgebend[25]. Auch nach Einschätzung eines Ost-CDU-Beobachters waren die kritischen Stimmen in der Mehrheit, die sich für mehr Freizügigkeit, Pressefreiheit und gegen die verfehlte Wirtschaftspolitik aussprachen. Doch durch die geschickte Tagungsregie des CDU-Mitgliedes

Lothar de Maizière sei es gelungen, die Verabschiedung von Resolutionen oder auch Appellen zu verhindern, was insbesondere bei jüngeren Teilnehmern zu Unmutsäußerungen geführt habe[26].

Am gleichen Wochenende kam es im Vorfeld und am Rande der von der SED veranstalteten Gedenkdemonstration für die 1919 ermordeten Spartakisten Rosa Luxemburg und Karl Liebknecht zu Festnahmen von mehr als hundert Menschen. Dabei handelte es sich zum einen um Ausreisewillige, zum anderen um Mitglieder von Friedens- und Menschenrechtsgruppen, die ihren Wunsch nach Veränderungen in der DDR öffentlich kundtun wollten. Unter den Demonstranten waren auch drei Mitarbeiter der Umweltbibliothek sowie Vera Wollenberger und Stephan Krawczyk[27].

Anfang Dezember hatte die Abteilung Unterhaltungskunst beim DDR-Kulturministerium eine Einschätzung des Liedermachers ausgearbeitet und war zu dem Ergebnis gelangt, Krawczyks Texte seien auf Konfrontation ausgerichtet und griffen »wesentliche Grundlagen der Staats- und Rechtsordnung der DDR an[.]«[28].

Einen Tag später, am 18. Januar 1988, empfing der stellvertretende Staatssekretär für Kirchenfragen, Kalb – Gysi war erkrankt[29] –, Stolpe, Ziegler, Furian, Hülsemann und Görig zu einer Unterredung. Die Aktionen der Oppositionellen wertete der Staatsfunktionär als »Provokation negativer und feindlicher Kräfte[30]«. Er bat die Kirchenmänner, einer neuerlichen Eskalation der Ereignisse vorzubeugen. Diese »bedauerten [sämtlich] und mißbilligten z. T., daß es bei dieser Demonstration zu derartigen Vorkommnissen gekommen sei.«[31]

So soll Stolpe bedauert haben, »daß dieses Vorkommnis gerade bei einer so wichtigen, von Staat und Gesellschaft hoch bewerteten Demonstration gestört habe. Es sei gut, daß die Geschehnisse nicht als ›kirchliche‹ bewertet würden.« Aus dem Bereich der Kirche hätten sich nur Einzelne beteiligt: »Die Hauptakteure seien jedoch Antragsteller auf Ausreise, ca. 120 Personen.« Diese Menschen seien – auch aufgrund einzelner vorzeigbarer Erfahrungen – der Auffassung, besonders radikales Verhalten zahle sich aus. Aufforderungen durch die Kirche, doch die Ruhe zu bewahren, werteten sie als Betrug. Sollte der Staat diesen Teil der Demonstranten nun ausreisen lassen, würde es weitere Nachahmer geben. Der Konsistorialpräsident riet also von der Fortsetzung einer relativ großzügigen Ausreisepraxis ab, weil er richtig erkannt hatte, daß die »Überdruck«-Theorie falsch war[32]. Vielmehr weckte der Weggang von Freunden und Bekannten bei einem immer weiteren Personenkreis Begehrlichkeiten, den ungeliebten »Arbeiter- und Bauernstaat« zu verlassen.

Stadtjugendpfarrer Hülsemann kritisierte die von Kalb ausgesprochene Formulierung, »es gelte, Anfänge ›im Keim zu ersticken‹. Damit könnten doch nicht Andersdenkende gemeint sein.« Zu Stolpe gewandt, sagte er, die beteiligten Gruppenmitglieder hätten nicht provozieren wollen:

»Sie wollten sich mit ihrer Meinung äußern, unabhängig von den Westmedien und ohne Fremdsteuerung. Seiner Meinung nach handele es sich nicht nur um Antragsteller«.

Furian entgegnete, für die Behauptung, die Aktion sei in der Umweltbibliothek vorbereitet worden, fehlten wohl die Beweise. Schuld an der steigenden

Zahl der Ausreiseantragsteller sei »die ›Ideologisierung der Strukturen‹«[33]. Materielle Gründe seien sekundär: »Man müßte sich über das Verhältnis von ›führender Rolle‹ und die Mitarbeit Andersdenkender unterhalten.«[34]

Die Kirchenleute beließen es nicht bei Kritik oder Mißbilligung, sondern erklärten – nach Kalbs Einschätzung erstmals –, der Staat und die gesellschaftliche Situation seien verantwortlich für solche Vorfälle[35]. Sie kritisierten insbesondere den staatlichen Umgang mit Ausreisewilligen und Andersdenkenden[36].

Eine Verständigung zwischen Staat und Kirche über die Probleme der Ausreisewilligen bezeichnete Stolpe als eine folgerichtige »Konkretisierung des 6.3.1978«. Zugleich gelte, daß Staat und Gesellschaft mit abweichenden Meinungen leben müßten. Hierzu gäbe es keine Alternative:

»Administrieren und Gewaltanwendung sind für die Kirche auf die Dauer nicht durchhaltbar. Auf Dauer wird auch die Gesellschaft nicht mit administrativen Maßnahmen den Meinungsstreit führen können.«[37]

Stolpe warnte vor einem strafrechtlichen Vorgehen. Diese Maßnahmen verursachten nur Solidarisierungen und schränkten die Möglichkeiten der Kirchenleitung ein, positiven und mäßigenden Einfluß auszuüben[38]. Es gäbe ja auch die Möglichkeit von Ordnungsstrafmaßnahmen[39]. Alle anwesenden Kirchenmänner zeigten sich an einer »Weiterführung guter Staat-Kirche-Beziehungen« interessiert. Ziegler verwies wieder einmal auf die Notwendigkeit der »Informationsgespräche«. Nur solche Erfolge könnten die Autorität der Kirchenleitungen stärken[40].

Nach dem Gespräch informierte Stolpe die Öffentlichkeit darüber, daß der Staat den Versuch einer eigenständigen Demonstration am Rande der Luxemburg-Kundgebung für geschmacklos halte[41] und darin eine Herabwürdigung seiner Reputation sehe[42].

Am 20. Januar 1988[43] führte Hauptabteilungsleiter Heinrich ein Gespräch mit Stolpe, um den Konsistorialpräsidenten auf seine Verantwortung hinzuweisen. Anlaß für das Gespräch war die anhaltende »Hetzkampagne westlicher Medien« und das aus staatlicher Perspektive unkorrekte Verhalten von Mitgliedern der Kirchenleitung. Stolpe sollte erkennen, daß es hier nicht um kirchliche Fragen gehe, und daraus die Folgerung ziehen, sich herauszuhalten und entsprechend auch weitere kirchenleitende Vertreter instruieren:

»Es sei doch nicht im kirchlichen Interesse, wenn eine Serie von Großveranstaltungen, die von außen gesteuert werden, zu einer offiziellen Einrichtung der evangelischen Kirche, wenn Kirchen zu ständigen Versammlungslokalen von Leuten gemacht werden, die mit der Kirche absolut nichts zu tun haben. […] Mit Anheizen und Verschärfen sei kein Blumentopf zu gewinnen, werde am Ende nur Porzellan zerschlagen, und am Ende müsse dann die Kirche doch draufzahlen. Es sei an der Zeit zu respektieren – Kirche ist Kirche und Staat ist Staat. Entscheidend sei jetzt Schadensbegrenzung, Augenmaß zu halten, die Leute vor Ort stärker ins Spiel zu bringen und selbst im Hintergrund zu bleiben«,

hieß es in der Heinrich vorliegenden Gesprächskonzeption[44]. Nach dem staatlichen Protokoll nahm das Gespräch in seinen Grundzügen folgenden Verlauf:

»Wie festgelegt, hatte Genosse Heinrich vom Amt für Kirchenfragen eine weitere prinzipielle Aussprache mit Stolpe. [...] Dabei betonte Genosse Heinrich, daß es, wie die entsprechenden Reaktionen zeigen, nicht gut sei, wenn er, Stolpe, sich in dieser Form weiter exponiere und damit eine Situation entstehen könne, wo er und auch die Kirchenleitungen, die er ja vertritt, durch die westliche Hetzkampagne mißbraucht wird. Was schon einmal eindeutig gescheitert sei und sich letztlich als Belastung erwiesen habe, könne doch nicht fortgesetzt oder erneut belebt werden. Deshalb sei es notwendig, das übermittelte Genosse Heinrich mit der gebührenden Vertraulichkeit, daß er, Stolpe, sich doch mit Äußerungen gegenüber westlichen Medien zurückhalten solle und gleichzeitig im Inneren der Kirche mithelfen müsse, daß die notwendige Ordnung hergestellt wird. Stolpe wisse doch genau, wer diese Aktiven von außen her steuere. Es könne nicht angehen, daß bestimmte Kirchen zu Versammlungslokalen von Leuten gemacht werden, die mit der Kirche und der freien Religionsausübung absolut nichts zu tun haben.

Genosse Heinrich erklärte, daß ihm bekannt geworden sei, daß es zu dieser Frage auch entsprechende Auseinandersetzungen in der kürzlich stattgefundenen Sitzung der Konferenz der Evangelischen Kirchenleitungen gegeben habe, dazu der gleiche Standpunkt zum Ausdruck gebracht und entsprechende Forderungen erhoben wurden.

Daran müsse man doch nun endlich anknüpfen und die notwendigen Maßnahmen festlegen, die religiösen Aufgaben herausstellen, so wie das in Tausenden von Kirchen üblich und tägliche Praxis sei. [...]

Kirchenleitende Persönlichkeiten, Vertreter von Gemeindekirchenräten und viele Gläubige hätten mit wachsendem Unwillen und Besorgnis diese Entwicklung kritisiert und nachdrücklich gefordert, daß es an der Zeit sei zu respektieren, daß Kirche Kirche bleibe und sich nicht mißbrauchen lasse. In diesem Zusammenhang wurde auch darauf hingewiesen, daß es an der Zeit sei, die vernünftigen Kräfte in der Berliner Kirchenleitung besser zu unterstützen, wie zum Beispiel den Berliner Generalsuperintendenten Krusche[45], der in allen diesen Fragen eindeutig richtige Positionen bezogen hat und dazu auch konkrete Vorschläge unterbreitete. Entscheidend sei jetzt, Schadensbegrenzung, Augenmaß zu halten, die Leute vor Ort stärker ins Spiel zu bringen und dafür zu sorgen, daß sie voll ihre Verantwortung wahrnehmen. Dazu könne Stolpe wesentlich beitragen.

Stolpe reagierte betont sachlich und äußerte sein grundsätzliches Verständnis für den vom Genossen Heinrich dargelegten Standpunkt.

Er teile die Besorgnis über die Vorgänge und lege persönlich großen Wert auf einen ständigen vertraulichen Gesprächskontakt[46].

Er sei jederzeit gesprächsbereit. Sein ganzes Bemühen sei darauf gerichtet, für Beruhigung zu sorgen und ganz im Sinne der Linie vom 6. März 1978, an der er unbedingt festhalten wolle, weder weitere Störungen noch Belastungen zuzulassen. Das mache teilweise ungewohnte Maßnahmen gegenüber den Gruppen notwendig, die mancherorts Initiativen hervorrufen könnten. Er bitte um Verständnis unsererseits, wenn jetzt mit ungewohnter Rede auf diese Gruppen eingewirkt wird. Nicht alles lasse sich hier mit rationalen Mitteln erklären und klären. Krawczyk z. B. sei völlig außer Kontrolle geraten und wolle unbedingt Märtyrer werden[47]. Diese Meinung hätte jetzt auch sogar dessen Frau Freya Klier geäußert. Für ihn seien die Westmedien das größte Problem. Es sei sein Wunsch, daß wir ihm wenigstens die elektronischen Medien vom Halse halten, die Presse sei ja sowieso überall drin. Um sie draußen zu halten, müßte man Ausweiskontrollen einführen. Er verstehe die Aufforderung des Genossen Heinrich zur Zurückhaltung und wolle nichts tun, was neue Irritationen hervorrufen könne. Deshalb werde er das heute an ihn herangetragene Ersuchen von ARD und ZDF zu einem Fernsehinterview jetzt ablehnen. Nach seiner Meinung sei das Brisanteste das Westfernsehen, vor allem die solle man ihm vom Halse halten. Hier gäbe es doch ein bestimmtes Genehmigungsverfahren.

[…] Damit nichts im Raum stehen bleibe, erklärte Stolpe, er habe in den Morgenstunden dem Deutschlandfunk ein kurzes Interview gewährt. Das sei aber so gehalten, daß es unbedingt zur Beruhigung beitragen könne. Stolpe betonte, man möge ihn nicht mißverstehen; er überlege schon jetzt, ob man nicht angesichts einer möglichen weiteren Aufheizung der Situation Vorsorge treffen und Ventile schaffen müsse. Unter den Inhaftierten seien ja auch zwei kirchliche Mitarbeiter, für die sich, wie er gehört habe, Bischof Forck verwenden wolle. Nach Stolpes Meinung ist es offensichtlich, daß die abgelaufenen Aktionen generalstabsmäßig geplant, von außen gesteuert und mit logistischen Mitteln geführt wurden. Bei einer Reihe der beteiligten Jugendlichen sei aber auch viel Naivität mit im Spiel.

Stolpes Auftreten sei darauf gerichtet zu beruhigen und dafür zu sorgen, die Kirche nicht als Ganzes in die Dinge hineinziehen zu lassen[48]. Mahnwachen wolle er auf jeden Fall unterbinden. Öfter werde jetzt von Fasten geredet. Gemeinsam mit Stadtjugendpfarrer Hülsemann, mit dem er gut kooperiere, wolle er auch solche Aktionen verhindern. Abschließend stellte Stolpe noch einmal fest, daß er weder im Auftrage des Vorsitzenden der Konferenz der Evangelischen Kirchenleitungen handele noch ein Mandat der Evangelischen Kirchenleitungen habe. Der ganze Gesprächsverlauf und Stolpes Reaktionen zeigten, daß das Gespräch nützlich war, er unser Anliegen verstanden hat und bei ihm die Bereitschaft vorhanden ist, sich daran zu halten.

Beiläufig wies nach Abschluß des Gespräches Stolpe darauf hin, daß morgen die Bundesministerin Wilms einreisen werde und Gespräche mit ihm und Forck vorgesehen seien[49]. Angesichts ihrer Stellungnahme zu den Provokationen am Rande der Demonstration vom Sonntag habe er sich gefragt, ob solche Gespräche jetzt opportun seien. Da die Vorbereitungen über Herrn Bräutigam gelaufen seien, habe man zugesagt.

Genosse Heinrich erwiderte, daß niemand Stolpe zu einem solchen Gespräch veranlassen könne. (Ihm war zu diesem Zeitpunkt der Umstand des Besuches nicht bekannt.)«[50]

Am Nachmittag betonte Ziegler gegenüber Heinrich, es handele sich bei diesen Vorgängen »ausschließlich um eine Berliner Angelegenheit«. Der BEK sei keineswegs daran interessiert, daß sich die Konflikte über Berlin hinaus ausbreiteten: »Bis auf zwei Personen hätten alle anderen ja nichts mit der Kirche zu tun, und es bestehe somit keine Notwendigkeit, kirchlicherseits zu reagieren.« Er kündigte an, daß sich der KKL-Vorstand auf seiner kommenden Sitzung ein Bild von der Lage machen werde[51].

Wie von Heinrich schon angesprochen, fanden wieder regelmäßige Versammlungen in den Kirchen statt. Auf eine Zusammenkunft in der Zionskirche am Abend des 19. Januar folgte am 20. Januar eine von etwa 400 Menschen besuchte Veranstaltung im Gemeindesaal der Eliaskirche. Von der Kirchenleitung waren anwesend Stolpe, Furian und Becker. Außerdem nahmen auch Lothar de Maizière und Hülsemann sowie von der Opposition u. a. Eppelmann, Bärbel Bohley und Freya Klier teil. Stolpe berichtete, das Büro Wolfgang Vogel sei zur Vertretung der Verhafteten eingeschaltet und teilte mit, die Kirchenleitung fordere die »unverzügliche[.] Freiheit aller Inhaftierten«: »Die Kirche trete für die Einheit aller Menschenrechte und ihre Gültigkeit für jeden Bürger ein.« Er fügte allerdings hinzu, es sei eine deutliche Unterscheidung zwischen denjenigen zu ziehen, die in der DDR bleiben wollten, und den anderen, die es nur auf eine unverzügliche Ausreise anlegten.

Die Versammelten schlossen sich der von Stolpe vertretenen Position mehrheitlich nicht an – »jede Differenzierung führe zur Zersplitterung, die sich der Staat zunutze mache.« Auch konnte sich Stolpe mit seiner Warnung vor demonstrativen oder gar provokativen Aktionen nicht durchsetzen. Zugleich berichteten Teilnehmer von Solidarisierungen Dresdener[52] und Leipziger[53] Gruppen.

Pfarrer Simon bezeichnete nach Abschluß der Veranstaltung in einem Einzelgespräch die Teilnehmer als »Revoluzzer[.] und Chaoten«, mit denen er nichts zu tun haben wolle[54].

Am Tag nach der Versammlung in der Eliaskirche verlas Forck – nach vorzeitig abgebrochenem Urlaub wieder in Berlin[55] – eine kirchenoffizielle Erklärung, in der die Freilassung der Inhaftierten gefordert wurde. Man habe Rechtsanwalt Wolfgang Vogel den Auftrag erteilt, für die Ausreiseantragsteller unter den Inhaftierten tätig zu werden – mit dem Ziel der »Entlassung aus der Staatsbürgerschaft der DDR«. Für diejenigen, die die DDR nicht verlassen wollten, seien die Anwälte Schnur und de Maizière zuständig. An den vom Stadtjugendpfarramt durchgeführten Fürbittandachten werde sich auch die Kirchenleitung beteiligen und die Anwälte als Gesprächspartner einladen. Rückfragen und auch Diskussionen seien möglich. Ab dem folgenden Tag werde es auch ein Kontakttelefon geben[56]. Diesem Wunsch war Stolpe am Vorabend noch mit einer ironischen Bemerkung begegnet[57].

Einen Tag später wurde Hauptabteilungsleiter Heinrich – wahrscheinlich von Jarowinsky[58] – beauftragt, unmittelbar vor der KKL-Vorstandssitzung noch schnell mit Bischof Leich in der Berliner Auguststraße zu sprechen, da man nach der »provokatorischen Erklärung« Berlin-Brandenburgs befürchtete, daß Stolpe im KKL-Vorstand ähnliches anstrebte[59]. Zu Beginn des Gespräches vereinbarten die Anwesenden – außer Leich nahmen noch Ziegler, Kupas und Wilke an der Unterredung teil – absolute Vertraulichkeit[60]. Heinrich machte Leich klar, daß es sich um eine reine Berliner Angelegenheit handele, womit sich der BEK nicht zu befassen brauche. Ziegler vertrete die gleiche Auffassung, fügte der Staatsfunktionär gleichsam zu seiner Unterstützung hinzu.

»Landesbischof Leich erwiderte, daß die Entwicklung in Berlin für den Kirchenbund gegenwärtig kein Problem darstelle. Er bitte deshalb darum, daß durch entsprechende staatliche Maßnahmen mit dazu beigetragen wird, daß der Kirchenbund bei seiner Haltung bleiben kann und keine Solidarisierungseffekte hervorgerufen werden[61]. [...] Leich unterstrich, daß ihm der Charakter dieser Aktionen und ihre Außensteuerung[62] deutlich sei. Er selbst habe ja seinerzeit im Zusammenhang mit den Jenaer Ereignissen ähnliche Erfahrungen machen müssen. Er sei damals zufrieden darüber gewesen, daß ihm niemand hineingeredet oder ›geholfen‹ habe. Leich, der auf die Haltung Stolpes nicht einging, betonte noch einmal nachdrücklich, daß für den Kirchenbund er als Vorsitzender spreche.«

Jedoch unterstützte der KKL-Vorsitzende seinen Kollegen Forck in der Bitte, doch endlich Gespräche zu wichtigen Sachfragen zu führen: »Die Kirchenleitung komme in eine immer schwierigere Lage, wenn die angesagten Gespräche nun doch nicht geführt werden.«[63]

Während der Vorstandssitzung verteidigte Stolpe das Vorgehen Berlin-

Brandenburgs. Man habe zwar das Vorgehen des Staates nicht grundsätzlich in Frage gestellt; es sei jedoch erforderlich gewesen, an den Grundsatz der »Verhältnismäßigkeit der Mittel« zu erinnern. Leich wiederholte seine Auffassung, es handle sich um eine rein Berlin-Brandenburger Angelegenheit. Erst wenn es auch im Bereich anderer Gliedkirchen zu Verhaftungen kommen sollte oder diese Erklärungen zu den Berliner Vorgängen abgeben wollten, »könne es zu einer Bundesangelegenheit werden.«[64]

Wenige Tage später führte Heinrich ein Gespräch mit Stolpe – inzwischen waren auch Freya Klier, Wolfgang Templin und Bärbel Bohley verhaftet worden[65] – und verwies genüßlich auf Leichs Position, es handle sich lediglich um lokale Ereignisse, die sich nicht ausweiten dürften. Der BEK wolle sich jedenfalls nicht engagieren. Zugleich kritisierte er Forcks offensives Verhalten gegenüber den Westmedien:

»Das stünde im völligen Gegensatz zu dem, was er, Heinrich, mit ihm, Stolpe, abgesprochen habe und wozu es Übereinstimmung gegeben habe. Stolpe zeigte sich außerordentlich betroffen und kleinlaut über die inzwischen entstandene Lage sowie die aktuellen Entscheidungen des heutigen Tages. Er zeigte sich voll informiert über die Inhaftierungen und betonte, daß damit eine neue Qualität entstanden sei. Unter Bezug auf die ADN-Meldung betonte er, daß bei dieser Begründung auch er Einsicht in die Notwendigkeit solcher Maßnahmen zeigen müsse.

Was die beabsichtigten Störungen zur Liebknecht-Luxemburg-Demonstration angehe, habe er Verständnis dafür, daß sich ein Staat so etwas nicht bieten lassen könne. Wer so etwas durchlasse, würde seine Autorität verspielen. Stolpe wiederholte die Erklärung aus seinem letzten Gespräch, daß er seinen ganzen Einfluß geltend machen wolle, um eine Eskalation zu verhindern und das Ganze im begrenzten Rahmen zu halten. Anschließend äußerte Stolpe ›unverbindliche‹ persönliche Gedanken, ob es denn nicht nützlich sein könnte, wenn die Vertreter der Kirche mit jenen Inhaftierten sprechen könnten, die eng mit der Kirche verbunden sind, ob man nicht mit dem Staatsanwalt sprechen könne usw.

Genosse Heinrich machte klar, daß diese Angelegenheit doch eindeutig nichts mit der Kirche zu tun habe und er das so auch nicht entgegennehmen könne. Hier handele es sich um Fragen, die in der Zuständigkeit der Staatsanwaltschaft liegen und nach den Gesetzen der DDR behandelt werden.«

Außerdem gab der Konsistorialpräsident Heinrich einen Brief zur Kenntnis, den er am gleichen Tag an Rechtsanwalt Schnur gerichtet hatte[66]:

»Sehr geehrter Herr Rechtsanwalt!
Hiermit möchte ich Sie über ein Angebot westdeutscher Kirchen zur Situation von Stephan Krawczyk und Freya Klier informieren.

Am 23.1. hat mir ein leitender Mann der evangelischen Kirchen aus der Bundesrepublik folgendes erklärt: Man habe den Eindruck, daß für diese beiden Künstler gegenwärtig in der DDR keine Wirkungsmöglichkeiten bestehen. Für ihre persönliche Entwicklung wäre sicher eine Schaffens- und Studienphase im westlichen Ausland hilfreich.

Sofern die DDR bereit sei, den beiden Künstlern eine befristete Ausreiseerlaubnis aus der DDR für die Dauer von zwei Jahren zu erteilen und die Wiedereinreisemöglichkeit zusichere, könnte in diesem Zeitraum beiden Künstlern ein Stipendium zur Verfügung gestellt werden. Damit hätten sie die Möglichkeit, ohne materielle Probleme ihre künstlerischen Gaben zu entwickeln und neue Erfahrungen zu sammeln.

Dieses Angebot ist verbindlich.

Sie sollten davon wissen und sind ermächtigt, im Interesse der Mandanten davon Gebrauch zu machen.«[67]

Etwas deutlicher als Stolpe äußerte sich Stadtjugendpfarrer Hülsemann. In einem Berliner SED-Protokoll heißt es:

»Zurückweisen möchte er energisch, betonte Hülsemann, den Vorwurf, die Kirche eskaliere die Spannungen. Das Gegenteil sei der Fall. Man sei kirchlicherseits differenziert mit der ›Wut‹, der ›Empörung‹ und der ›Enttäuschung‹ umgegangen. Der ›Protest‹ wäre auch da, wenn die Kirchentore geschlossen blieben. Er würde sich dann nur anderweitig artikulieren. Dies wäre für den Staat keinesfalls unproblematischer.

In allen bisherigen Veranstaltungen, erklärte Hülsemann, habe man sich bemüht, ›unüberlegte Aktionen‹, wie z. B. Mahnwachen u. ä., zu verhindern. Dies werde man beibehalten. Was gemacht werde, sei im wahrsten Sinne ›gesellschaftliche Diakonie‹.

Hülsemann räumte ein, daß auch er Sorgen in bezug auf die Wahrung von Ordnung und Sicherheit habe. Die ›Punkszene‹ sei tatsächlich schwerlich kalkulierbar. Man werde sich, so gut es geht, auf diese Situation einstellen, z. B. dadurch, daß diverse kirchliche Mitarbeiter als ›Ordnungsgruppe‹ fungieren. [...]

Abschließend erklärte Hülsemann, daß der Staat ›wieder einmal undifferenziert reagiert habe‹. Statt Dialog habe er auf Administration gesetzt. [...] Jetzt gehe es um ›Schadensbegrenzung‹. Er akzeptiert, daß der Staat sein ›Gesicht wahren müsse‹. Ein Ausweg könnten ›Niedrigstrafen‹ und Bewährungsverurteilungen sein. Kirchlicherseits sei man, und nicht zuletzt auch er (Hülsemann), bemüht, ›behutsam‹ Spannungen abzubauen.«[68]

Einen Tag später sollte jedoch das Ost-Berliner Stadtbezirksgericht Lichtenberg die Bürgerrechtlerin Vera Wollenberger wegen des Versuchs der »Zusammenrottung« zu einer Gefängnisstrafe von sechs Monaten verurteilen[69].

Während einer Veranstaltung in der Galiläakirche am 27. Januar sprach Rechtsanwalt Schnur von einem korrekten Verlauf der Gerichtsverhandlung. Wollenberger habe Gelegenheit gehabt, »alle sie entlastenden Fakten ungehindert vorzubringen.« Präses Becker soll die Haltung der Kirchenleitung verdeutlicht haben: »Man zeige Anteilnahme für Leute, die in Bedrängnis sind, aber sie identifiziert sich nicht mit ihrem Handeln.« Auch in Jena und Leipzig fanden an diesem Abend Gottesdienste statt.

Am gleichen Tag wollten die Politiker der Grünen, Petra Kelly und Gert Bastian, dem Staatsratsvorsitzenden eine Petition überreichen. Dazu kam es jedoch erst gar nicht, da man ihnen am Grenzübergang Friedrichstraße die Einreise verweigerte[70].

Am 30. Januar 1988 verabschiedete die Kirchenleitung Berlin-Brandenburg eine Erklärung, in der sie die Freilassung der Verhafteten forderte, andererseits aber auch deutlich machte, sie könne »die Aktivitäten am Rande der Demonstration zu Ehren von Karl Liebknecht und Rosa Luxemburg nicht gutheißen.« Gleichzeitig forderte sie zur Einübung von Meinungsstreit und Toleranz auf sowie zur Überwindung von Beharrungstendenzen, aber auch Ungeduld. Abschließend heißt es:

»Bund der Evangelischen Kirchen und Regierung der DDR werden dringend gebeten, die anstehenden Sachfragen anzugehen und zu konstruktiven Lösungen zu führen.«[71]

Damit setzte sich die Landeskirche für eine Fortsetzung der »Informationsgespräche« ein. Zugleich machte sie dem BEK aber auch deutlich – und dies in aller Öffentlichkeit –, daß es sich bei den Januarereignissen in Berlin keineswegs um bloß regionale Probleme handelte, sondern daß deren Ursachen – staatliches Verhalten gegenüber Ausreiseantragstellern und Andersdenkenden – von gesamtgesellschaftlicher Bedeutung waren und darum alle betrafen – auch den BEK.

Zwei Tage später übermittelte Forck dem Staatsratsvorsitzenden diese Erklärung. In dem bischöflichen Begleitschreiben heißt es:

»Bitte erlauben Sie dieses vertrauliche Schreiben, von dem es keinen Durchschlag gibt. Doch mir liegt sehr daran, daß das bewährte Verhältnis von Staat und Kirche in unserem Lande fortgesetzt wird.

Die Aktion einiger Menschen am Rande der Liebknecht-Luxemburg-Ehrung können wir nicht gutheißen. Aber die Inhaftierungen machen viel Unruhe, und mir wäre es im Interesse der Menschen und des Ansehens unseres Staates wichtig, wenn es bald zu einem gerechten und humanen Abschluß des Verfahrens käme.

Herzlich bitte ich deshalb, darauf einzuwirken, daß es nach den anstehenden Verurteilungen zu Strafaussetzungen auf Bewährung kommt. Ich bin aus Kenntnis aller betroffenen Personen sicher, daß sie keine Gefahr darstellen und für die Gesellschaft integrierbar sind. Den Rechtspflegeorganen werde ich dann meine Angebote übergeben, wie die Inhaftierten nach einer Entlassung auch von der Kirche begleitet werden könnten.

Bitte helfen Sie, daß durch eine zügige und milde Rechtsentscheidung Vertrauen und Mitwirkungsbereitschaft wachsen können.

Anmerken darf ich bitte noch, daß es nach meiner Überzeugung gut wäre, wenn der Vorsitzende des Kirchenbundes, Landesbischof Dr. Werner Leich, bald seinen Antrittsbesuch bei Ihnen vornehmen könnte, damit Kontinuität gesichert und für anstehende Fragen Lösungen gesucht werden können.

In Dankbarkeit grüßt mit vorzüglicher Hochachtung, Gottfried Forck«[72].

Kurz zuvor hatte Günter Krusche Hans Wilke vom Staatssekretariat für Kirchenfragen angerufen und den Funktionär über seine Sorgen in Kenntnis gesetzt. Wilke notierte:

»Laut Dr. Krusche spitzt sich die Lage in der Kirchenleitung Berlin-Brandenburg weiter zu.

Unterschiedliche Haltungen der einzelnen Mitglieder zu den Gruppen[73] verringern die Möglichkeiten der Durchsetzung von Kirchenleitungsbeschlüssen erheblich. Die Substrukturen in der Kirche funktionieren bereits, damit erhalten Beschlüsse und Erklärungen der Kirchenleitung immer mehr eine bloße Alibifunktion.

Nach Dr. Krusche hat nun auch Stadtjugendpfarrer Hülsemann die Verantwortung für die ›Fürbittgottesdienste‹ abgelehnt mit der Begründung, bei den Gruppen ist keine Steuerung mehr möglich.

Präses Becker bemüht sich, ›die Zügel in die Hand zu bekommen‹. Stolpe diskutiert zuviel und kann sich auch nicht mehr durchsetzen. Er wird bereits von den Gruppen erpreßt. Bischof Dr. Forck und Propst Furian heizen die Situation weiter an[74]. Während der Abendvorstellung [?] am 29.1.1988 hat Dr. Forck Vera Wollenberger gelobt, ihre Standhaftigkeit und ihre Menschlichkeit u. a. Das hat zu Beifallsbekundungen geführt. [...]

Am 29.1.1988 hat Dr. Krusche als Beobachter am Prozeß teilgenommen, die Verhandlung wird sehr korrekt geführt. Nach Auffassung von Dr. Krusche würde eine Verurteilung mit Bewährung sich beruhigend auf die Gruppen auswirken.

Als Resümee der bisherigen Entwicklung stellte Dr. Krusche fest, ›uns muß der BEK helfen, allein schaffen wir es nicht mehr.‹«[75]

Ende Januar 1988 befaßte sich auch das SED-Politbüro auf der Grundlage einer von Mielke erarbeiteten »Information über landesverräterische Beziehungen mehrerer Personen und eingeleitete Maßnahmen« mit der Situation[76].

Der SED-Staat kritisierte Anfang Februar 1988 die Haltung Berlin-Brandenburgs:

»Es hat den Anschein, als ob derzeit maßgebliche Kräfte in der Kirchenleitung der Evangelischen Kirche in Berlin-Brandenburg der Versuchung erlegen sind, sich vordergründig auf politischem Feld, unter dem Beifall der Westmedien, gegen die sozialistische Gesellschaft profilieren zu wollen. Offenbar ist ihnen der Maßstab dafür verlorengegangen, welchen Auftrag die Kirche in der sozialistischen Gesellschaft hat. Steht sie noch zur Forderung von Bischof Schönherr, daß eine [...] ›Kirche im Sozialismus‹ ihren christlichen Gliedern helfen (soll), ihren Weg in dieser Gesellschaft zu finden? [...] Kirche im Sozialismus bedeutet Absage an Aussteigertum aller Art.‹«

Das Papier wies darauf hin, daß nicht die Gruppen die wirkliche kirchliche Basis bildeten, sondern die Kirchengemeinden. Den Gemeindegliedern habe die Kirchenleitung im Sinne Schönherrs zu helfen, indem sie »endlich ein ›freimütiges Nein‹ zu den Aktivitäten der ›Aussteiger aus der DDR‹« sagte. Kronzeuge für diese Forderung war Pfarrer Cyrill Pech aus Berlin-Marzahn: »Wir erwarten konstruktive, praktische Schritte, die wirkungsvoll den Mißbrauch der Kirche zurückdrängen und den Weg öffnen, an das gemeinsam Erreichte wieder anzuknüpfen.«[77]

Altbischof Schönherr zeigte sich über die für ihn unverständlichen Ereignisse der vergangenen Wochen sichtbar erregt:

»Das Verhalten kirchlicher Kreise, aber auch staatliche Reaktionen würden den 6. März ›kaputt machen‹. Er verstehe nicht, daß von keiner Seite ein Weg gefunden werde, zu den so mühsam aufgebauten Positionen des 6. März zurückzufinden. Mit dieser Entwicklung, deren Ende ja nicht absehbar sei, sehe er einen entscheidenden Teil seines Lebenswerkes (6. März) zerstört.

Schönherr verurteilte zwar mit deutlichen Worten die Aktivitäten ›kirchenfremder Gruppen‹ unter dem Dach und mit Duldung der Kirche, gleichzeitig vertrat er den Standpunkt, daß sich die Partei- und Staatsführung zu unangemessenen Überreaktionen habe hinreißen lassen, die der nunmehr eingetretenen Eskalierung Vorschub leisten.«

Gleichzeitig kritisierte er die in der »Frankfurter Rundschau« erschienene Dokumentation zur Zionskirchenaffäre – das Blatt hatte auch Interna aus den Staat-Kirche-Gesprächen verbreitet[78] – als »›beschämendes Zeugnis eines Vertrauensbruchs‹«[79].

Währenddessen kritisierte die »Kirche von unten« auf einer DDR-weiten Zusammenkunft die Zaghaftigkeit des kirchlichen Vorgehens:

»14 Tage lang haben die Christen unseres Landes Besonnenheit bewahrt und alles verhindert, was zur weiteren Erhöhung der Spannung beiträgt. Unsere Freunde sind weiterhin in Haft. [...] Es ist an der Zeit, deutlichere Zeichen der Solidarität zu setzen. Wir fragen hiermit an, ob das Versprechen seitens Vertretern der Kirchenleitung, sich an Mahnwachen zu beteiligen, nicht jetzt eingelöst werden muß.«[80]

Am 2. Februar erfolgte die Haftentlassung von Klier und Krawczyk. Beiden, wie wohl auch dem Mitarbeiter der Umweltbibliothek, Schlegel, blieb nach eigener Auskunft nichts anderes übrig, als sich auf die Ausreise in die Bundesrepublik einzulassen, da ihnen für den Fall ihrer Weigerung hohe Haftstrafen angedroht wurden[81].

Hingegen behauptete Rechtsanwalt Wolfgang Schnur am Abend auf einer von 400 Oppositionellen besuchten und von Pfarrer Gartenschläger (IM »Barth«)[82] geleiteten Versammlung in der Ev. Kirche Friedrichsfelde,

»daß die Ausreise der Freya Klier aus rein persönlichen Gründen erfolgte. Krawczyk hätte sich diesen Gründen angeschlossen. Ein evtl. Strafmaß hätte bei beiden keine Auswirkung auf ihre Entscheidung gehabt, die Entscheidung beider erfolgte ohne staatlichen Zwang.«

Auch Schlegel, der schon einige Zeit zuvor einen Ausreiseantrag gestellt habe, »sei auf Bitten seiner Familie, insbesondere seiner Verlobten, ausgereist.« Eine Frau soll nach der Veranstaltung geäußert haben: »›Die Kirche hat uns verarscht, wir müssen jetzt selbst etwas unternehmen‹.« Eine andere Frau soll erklärt haben, »daß sie als überzeugte Christin bisher an mehreren solcher Fürbittgottesdienste teilgenommen habe. Bisher sei sie immer mit gewissen Hoffnungen hinausgegangen, jetzt sei sie das erste Mal enttäuscht.«[83]

Mit seiner wahrheitswidrigen Äußerung wollte Schnur eine Distanzierung der Opposition von Klier und Krawczyk[84] erreichen.

Einen Tag später empfing der wieder genesene Gysi auf Anweisung des Politbüros Stolpe zu einem Gespräch:

»Genosse Gysi erklärte Stolpe eindringlich, daß nun nach dem großzügigen Entgegenkommen und den Vorleistungen des Staates er, Stolpe, seinen Beitrag leisten müsse, damit die Berliner Kirchenleitung ihrerseits ihre Verpflichtungen erfüllt, die wiederholt gegebenen Zusagen endlich einhält. Es sei doch zu erwarten, daß alles getan werde und wieder zur normalen kirchlichen Tätigkeit zurückgekehrt wird. Entscheidend ist jetzt, unbedingt und mit aller Konsequenz für Ruhe zu sorgen und sie zu garantieren. Es müsse endlich Schluß gemacht werden mit dieser Anarchie, die in Veranstaltungen unter dem Dach einiger Berliner Kirchen herrsche, mit dem Zustand, daß die Kirche zu einer Art Tribunal und Oppositionslokal gemacht wird. Die sogenannten Kontaktbüros müssen geschlossen werden. Jetzt darf es kein weiteres Anheizen der Atmosphäre, keine sogenannten Solidaritätsveranstaltungen mehr geben. Vor allem die für morgen und übermorgen angekündigten Provokationen der auch der Kirchenleitung bekannten Kräfte müßten verhindert und unterbunden werden.

Genosse Gysi wies auf die gemeinsamen positiven Erfahrungen hin, die beim Kirchentag gesammelt wurden, und schlug vor, in diesem Sinne jetzt das Zusammenwirken zu organisieren. Er ersuchte Stolpe, entsprechende Maßnahmen einzuleiten bzw. festzulegen.

Stolpe erklärte sich bereit, eine entsprechende ständige Verbindung zum Amt für Kirchenfragen bzw. zum Magistrat herzustellen, um die Lage in Berlin unter Kontrolle zu halten.

Er informierte, daß ab sofort unter Leitung von Generalsuperintendent Krusche ein Sonderstab Berlin mit 12 Pfarrern gebildet werden soll.

Eindringlich wies Genosse Gysi auf die große gemeinsame politische Verantwortung hin, die in diesen Stunden wahrgenommen werden müsse. Davon gehe er aus. [...] Genosse Gysi erklärte, ihn treibe die Sorge um das von bestimmtem Kräften systematisch belastete Verhältnis der Kirche zum Staat zu diesem Gespräch. Die Kirche müsse jetzt unverzüglich zurückfinden auf den Weg, wie das von der Mehrheit der Christen in unserem Lande unterstützt wird, daß die Kirche wieder Kirche werden müsse.

Wie schon beim vorangegangenen Gespräch stimmte Stolpe Gysi zu, zeigte sich zugleich aber auch ernüchterter und skeptischer und ließ erkennen, daß sie gegenwärtig die Dinge nicht mehr voll in der Hand hätten. Auch seiner Meinung nach sei jetzt das Entscheidende, alles auf die Beruhigung und Stabilisierung der Lage zu konzentrieren. Auch für die Kirche hätten gerade die letzten Abende gezeigt, daß alles schwieriger werde und mehr Spontaneität und sogar Hysterie ins Spiel komme. Man wisse nicht so recht, wie man mit solchen Erscheinungen umgehen müsse, wie man das beherrschen und auch flexibel reagieren könne. Ihm sei immer klarer: Die Kirchen werden als Ersatzfeld genommen. Sie fungieren zwar als Fliegenfänger, hätten jedoch die Fliegen nicht erfunden.

Die Lage sei dadurch komplizierter geworden, daß die Mehrzahl der Leute nicht von der Kirche komme, eigentlich mit ihr auch gar nichts zu tun habe, sondern von außen in sie hineindränge oder hineingedrängt werde. Das seien zuerst jene, die ganz bewußt junge Leute verführten und für die der 17.1. zum Symbol gemacht werden sollte. Die andere Gruppe, das seien jene, die Ausreiseanträge gestellt hätten und die davon ausgehen, wenn sie in der Kirche ›Krawall‹ machen, bekämen sie auf schnellstem Wege die Ausreise.

Diesen Leuten geht es offensichtlich nur darum. Sie hätten zumeist schon seit drei bis vier Jahren ihre Anträge gestellt und immer wieder erneuert. Sie haben keine Beziehungen mehr zur DDR, hingen in der Luft und hätten alle Brücken abgebrochen. Das seien jene Leute, die unter bestimmten Umständen mehr und mehr hysterisch reagierten. Sie wollen nur eines: ›Power machen‹ bis zum ›Rausschmiß‹. Er, Stolpe, müsse aber auch sagen, daß mit dieser nicht kleinen Gruppe niemand mehr arbeite und mehr spreche. Trotz mancher Mißverständnisse habe er es als seine Pflicht angesehen, mit diesen meist jungen Menschen zu sprechen, sie zu einer Veränderung ihrer Haltung zu bewegen.

Das habe jedoch in den meisten Fällen bei den vorhandenen aggressiven Positionen keinen Erfolg gehabt. Er habe manche Nacht mit ihnen diskutiert und ›Karo‹ geraucht, ohne eine wesentliche Veränderung zu bewirken. Nach seiner Meinung bestünde der besonders verhärtete Kern in dem der Kirche bekannten Umfeld aus etwa 200 zum Teil namentlich bekannten Personen. Bei diesen wäre die unverzügliche Ausreise in Anbetracht der Umstände sicher das Vernünftigste. Stolpe betonte, daß gerade die jüngsten Ereignisse, die das Bemühen des Staates um Lösungen anschaulich gezeigt hätten, von den Westmedien mit einer breiten, massiven Kampagne gegen die DDR begleitet wurden. Die Grünen und die Leute ganz rechts hätten sich in diesem Spiel besonders hervorgetan. Das alles bestätige: Die erfolgreiche Reise des Staatsratsvorsitzenden in die BRD, der gute Ruf und das gewachsene internationale Ansehen der DDR passen manchen nicht in den Kram. Offenbar wolle man aber nicht nur die DDR ins Zwielicht rücken, sondern das günstige internationale Klima, die Politik Gorbatschows stören. Stolpe informierte, daß er die Kampagne der Westmedien zum Anlaß genommen habe, intensive Gespräche und Auseinandersetzungen mit westlichen Korrespondenten zu führen. Man habe ihm immer wieder geantwortet:

›Es hat keinen Sinn. Unsere Redaktionen wollen es so, und wenn nötig, machen sie es selber so.‹ Stolpe betonte, daß die vergangenen Entwicklungen sowohl die Kirche als auch den Staat betreffen, und es sei durchaus auch in ihrem Interesse, die Reputation des Staates stärken zu helfen. Deshalb sei man, wie bekannt, in den vergangenen Wo-

chen auch gegen solche in den Westmedien kolportierten Begriffe wie ›Eiszeit‹, ›Weg vom 6. März 1978‹ nachdrücklich aufgetreten.
   Die an den Ereignissen vom 17.1. Beteiligten wollten von vornherein Gewalt provozieren. Die ganze Aktion sei von den bekannten Kräften so angelegt gewesen, daß es zu unvermeidlichen Reaktionen des Staates kommen sollte. ›Hirsch und Templin wußten, daß sich die DDR das nicht gefallen lassen kann.‹ Die Aktion vom 17.1. sei von Krawczyk ›erfunden‹ worden. Er habe das schon im letzten Herbst ins Auge gefaßt. Am Rande erwähnte Stolpe, daß er mit Rechtsanwalt Vogel gesprochen habe. Er sei überrascht von dessen Meinung, daß die Inhaftierten jetzt entlassen würden und entweder in die BRD gehen oder auch in der DDR bleiben könnten. Stolpe sei der Meinung, daß man bei jenen Personen, die hier bleiben wollen, im Rahmen der Rechtsordnung unseres Landes rechtskräftige Urteile aussprechen und dann Strafaussetzung gewähren könnte.«

Die gerade entstandene Harmonie wurde jedoch durch Forcks Erscheinen urplötzlich wieder gestört:

»Gegen Ende des Gesprächs mit Stolpe tauchte unangemeldet Bischof Forck auf, der wiederum sehr erregt war und konfuse Auffassungen über die Freilassung der noch in Haft befindlichen Personen äußerte. Er habe mit diesen Leuten ja aufgrund seines Ersuchens in der Haftanstalt sprechen können. Diese Personen hätten sich auch für den Verbleib in der DDR ausgesprochen. Recht verworren äußerte sich Forck auch über ein Gespräch, das er mit Rechtsanwalt Vogel gehabt habe.
   Genosse Gysi wies darauf hin, daß Forck ja bekannt sei, daß all dies Fragen der Justizorgane seien, für die er nicht zuständig ist. Im übrigen sei Forck ja hinreichend bekannt, daß eindeutige Straftatbestände vorliegen. Genosse Gysi machte gegenüber Forck noch einmal deutlich, daß die Kirche sich nun um ihre eigenen Angelegenheiten kümmern müsse. Kirche müsse wieder Kirche werden, Kirche müsse Kirche bleiben. Alles andere sei wirklich nicht Sache der Kirche. [...]
   Unter Hinweis auf die unverzüglich einzuleitenden Maßnahmen für heute und die nächsten Tage wurde das Gespräch beendet.«[85]

Zwei Tage später erfolgte die Haftentlassung von Ralf Hirsch, Wolfgang und Regina Templin[86], Bärbel Bohley und Werner Fischer. Auch sie reisten in die Bundesrepublik aus. Bohley[87] und Fischer wurde versichert, sie dürften nach sechs Monaten in die DDR zurückkehren. Für die Templins galt eine DDR-Sperre von zwei Jahren. Till Böttcher und Andreas Kalk – Umweltbibliothek – konnten jedoch in der DDR bleiben. Die am 1. Februar über sie ausgesprochenen Freiheitsstrafen wurden zur Bewährung ausgesetzt[88]. Auch Vera Wollenberger verließ am 9. Februar 1988 zwischenzeitig die DDR mit Ziel Großbritannien.[89]
   Am 10. Februar unterbreitete Stolpe[90], geplagt von »Erlebnisse[n] mit hysterischen Ausbürgerungsantragsstellern« mit der »Parole ›Ungeduld wird belohnt‹«, Gysi als Lösungsvorschlag eine Doppelstrategie: Das »Haupt-Unruhe-Potential«, etwa 200 bis 300 Personen, solle die DDR schnellstmöglich aus der Staatsbürgerschaft entlassen. Um der Gefahr der Nachahmung vorzubeugen, seien überschaubare Regelungen für die behördliche Behandlung von Ausreiseanträgen verbindlich festzulegen. Stolpe schlug vor, ein Jahr für die Prüfung der Anträge auf deren Ernsthaftigkeit vorzusehen. Für die anschließende Bearbeitung dieser Anträge sollten zwei weitere Jahre als Maximum gelten, so daß innerhalb von drei Jahren die Angelegenheit für die Betroffenen erledigt sei.

»Diese oder eine ähnliche Grundsatzposition sollte bald mündlich verbreitet werden. Sie wird innen- und außenpolitisch Ruhe bringen, ist zumutbar und wird nötigenfalls öffentlich von der Kirche unterstützt.«[91]

Wenige Tage später gab Stolpe vor dem KKL-Vorstand eine Analyse der Lage ab. In dem kirchlichen Protokoll heißt es:

»Er [Stolpe] konstatiert als zwei bestimmende Faktoren auf seiten des Staates: weite außenpolitische Öffnung bei sehr behutsamem Vorgehen im innenpolitischen Bereich unter Beibehaltung alter Mechanismen der Machtausübung und Informationsgebung. Dazu komme die unheilvolle Rolle westlicher Medien, die Berichterstattung aus der DDR wie über ein ›Bundesland hinter Bayern‹ betreiben. Ferner: Unsicherheit im Verhalten des Staates, Schwanken zwischen demonstrativer Abschreckung und vernünftigem Zufassen. Innerkirchlich sei jetzt eine massive Abgrenzung der Gruppen von den Ausreisern und Antragstellern zu beobachten.«[92]

Einen Monat später resümierte Wolfgang Schnur, Rechtsbeistand einiger der Oppositionellen,

»daß durch Ruhe und Besonnenheit beider Seiten größere politisch negative Auswirkungen für die DDR verhindert werden konnten. Die besondere Aktivität der BRD-Medien sowie die destruktive Haltung einiger Vertreter der Kirchen haben seiner Meinung nach die entstandene Situation verkompliziert. Bei einem gelasseneren und beruhigenderen Reagieren kirchlicher Vertreter hätte viel Aufsehen vermieden werden können. Spektakuläre Aktivitäten, wie die Fürbitten, Mahnwachen und Kontaktbüros, seien keine geeigneten Maßnahmen der Besonnenheit gewesen. Es wäre allerdings auch zu überlegen, ob alle Reaktionen des Staates immer angemessen waren, ohne daß die Rechtslage anzuzweifeln sei.

Nach Aussagen von Schnur habe er den zuständigen Vertretern der Kirche seine Auffassung dazu mitgeteilt. Wünschenswert sei nach seiner Meinung auch ein lockeres und offeneres Reagieren der DDR-Medien, damit nicht der BRD-Presse das Feld überlassen wird. Er habe sich gegenüber BRD-Medienvertretern sowie in kirchlichen Veranstaltungen große Zurückhaltung auferlegt mit dem Ziel, zur Besonnenheit beizutragen.

Die Position zu Übersiedlungsersuchen von Bürgern der DDR in die BRD legt Rechtsanwalt Schnur in der Weise dar, daß es jedem Bürger der DDR möglich ist, am ›Bau des gemeinsamen Hauses DDR‹ mitzuhelfen. Es bestünden keine objektiven oder subjektiven Gründe, dieses Haus zu verlassen. Er bedaure als Staatsbürger, Christ und als Rechtsanwalt, daß diese Problematik in der letzten Zeit ein derartiges Ausmaß annahm. Er finde dazu keine einleuchtende Erklärung, da soziale Sicherheit für jeden Bürger gegeben sei. Besonderes Unverständnis brachte Schnur zum Übersiedlungsersuchen der Ärzte und anderer wissenschaftlich ausgebildeter Bürger zum Ausdruck. Eine Wertung der Personen, die zu den Berliner Ereignissen gehörten, nahm Schnur nicht vor. Er sagte lediglich, daß seine Tochter Krawczyk als Ar... bezeichnete, er habe ihr nicht widersprochen, sich aber über ihr Urteilsvermögen gefreut. Ein verständnisvoller Umgang durch die staatlichen Organe bzw. Betriebe mit den Bürgern könnte nach Auffassung Schnurs dazu beitragen, daß ein Mehr an Vertrauen zum Staat bei den Bürgern wächst.«[93]

Nicht nur das Umfeld des Weißenseer Arbeitskreises[94], sondern auch Linke aus dem Westen kritisierten das Verhalten der DDR-Kirchen. Der Publizist Siegfried Klückmann aus Lensahn schrieb dem BEK in einem Offenen Brief:

»Mit zunehmender Besorgnis ist zu beobachten, daß sich Vertreter der Evangelischen

Amtskirche in der DDR zu Schützlingen von Personen machen, die durch das in den Medien der BRD bekannt gewordene Auftreten eine zunehmend aggressive Haltung gegen die Staatsordnung der DDR zeigen. [...] In der DDR wirkt bekanntlich eine Anzahl von politischen Parteien und gesellschaftlichen Organisationen an der politischen Willensbildung des Volkes mit. [...] Im Gegensatz zur BRD, wo die sogenannte Friedensbewegung von Staats wegen teilweise herabgesetzt oder sogar behindert wird, wird die durch den ›Friedensrat der DDR‹ verkörperte Organisation vom Staate getragen, weil die Staatspolitik der DDR eine Friedenspolitik und damit zugleich eine wahrhaft humanistische Politik ist! [...] So gesehen bleibt also für sogenannte ›Autonome Friedensgruppen‹ oder sonstige ›Oppositionelle‹ eigentlich kein ursächlich begründetes Betätigungsfeld. [...] Auch die Kirchen in der DDR beschreiten einen verhängnisvollen Weg, wenn sie die angebliche Schutzbedürftigkeit von wenigen Personen mit offensichtlich egoistischen Motiven über das Wohl der breiten Volksmassen stellen, die weitaus mehr Anspruch auf Zuspruch haben, weil sie und andere Generationen nach 1945 ihren Staat aus Schutt und Asche hingebungsvoll aufgebaut und ihm dadurch auch Weltgeltung verschafft haben.«[95]

Als Hans Wilke vom Staatssekretariat für Kirchenfragen auf Einladung der westdeutschen Superintendenten Blank und Brandt in Duisburg an einem Gespräch mit Pfarrern teilnahm, sprach einer der Geistlichen die Ereignisse vom 17. Januar, Ausreisefragen und die Benachteiligung von Christen in der DDR an. Daraufhin sollen die Superintendenten das Gespräch unterbrochen haben, wie Wilke berichtete:

»Diese Dinge gehören nicht in die Kirche, sie seien auch nicht Gesprächsthema für heute und hätten auch in der Kirche von Duisburg nichts zu suchen. Sie könnten sich ja privat informieren, aber das sei kein Gegenstand für ein Gespräch mit Gästen aus der DDR.«[96]

Durch eine intensive Gesprächspolitik wollte der Staat sein Verhalten im Januar verschiedenen Kirchenvertretern erläutern. Vorgesehen waren Gespräche Gysis mit Leich, Hempel, Natho und den Altbischöfen Schönherr und Krusche. Auf Bezirksebene sollte unter anderem mit Furian, Günter Krusche, Becker, den Generalsuperintendenten Bransch, Richter und Esselbach, Bischof Demke, Höppner, Stier, Gienke, Wahrmann, Cieslak, Rogge, Gaebler[97], Schultheiß und Braecklein gesprochen werden. Kalb erhielt den Auftrag, die Direktoren der Theologischen Sektionen zu empfangen. Sie sollten zu folgenden Fragen öffentlich Stellung beziehen:

»– Was ist legitimes Anliegen und Auftrag der Kirche?
– Wie kann eine Kirche im Sozialismus für die Gläubigen und Kirchgemeinden religiös motivierte Orientierungen für die aktive Mitgestaltung der Gesellschaft geben?
– Besteht die ›Basis‹ der Kirche aus sogenannten ›Basisgruppen‹ oder nicht vielmehr aus Gemeinden gläubiger Christen?«

Außerdem wollte man mit der Kirchlichen Bruderschaft Sachsens, der Leitung des Weißenseer Arbeitskreises und dem Hauptvorstand der Ost-CDU reden. Die Unionsfreunde sollten staatstreue Stellungnahmen von Pfarrern und Laien in Auftrag geben und in ihrer Presse abdrucken[98].

Der 13. Februar, die erste Tagung der Ökumenischen Versammlung in Dresden und das Spitzengespräch zwischen Honecker und Leich

Der Gedenktag an die Zerstörung Dresdens sollte nach kirchlicher Vorstellung ein neues Profil erhalten. Der Dresdener Superintendent Jürgen Bergmann hatte im Dezember 1987 angekündigt, die Kirche werde dem staatlichen Wunsch nachkommen und während der Kundgebung das Wort ergreifen. Dieser Schritt hätte allerdings zur Konsequenz, daß auch Christen mit selbstgefertigten Spruchbändern auftreten würden: »Das würde sicher nicht mit roten Fahnen usw. zusammenpassen.«[99]

Zur gleichen Zeit fand in Dresden die erste Ökumenische Versammlung statt[100]. Mitte Januar 1988 wies der Vorsitzende des RdB Dresden, Günter Witteck, Bischof Hempel darauf hin, der Staat werde die Möglichkeit der Kirche, eigenständig zu reden und zu handeln, nicht in Frage stellen: »Zu bedenken wäre aber die gegenseitige Zumutbarkeit und der Rahmen des politischen Anstandes.« Hempel entgegnete, unter den Delegierten befänden sich besonnene Leute wie die Präsidenten Domsch, Kramer[101] und Müller (Schwerin). Allerdings könne niemand eine Garantie für den Inhalt der Einzelbeiträge abgeben.

»Da nicht auszuschließen sei, daß auch Leute nach Dresden anreisen, die nicht delegiert sind, werde eine Möglichkeit geschaffen, sie abzufangen. Man wolle die Leute von der Straße wegholen. Dazu bereite man ein Programm in der Versöhnungskirche vor.«

Außerdem machte der Landesbischof auf

»eine spannungsgeladene Atmosphäre aufmerksam [...], die er besonders bei jungen Menschen beobachte. Es gebe angestaute Aggressionen, denen man ein Ventil öffnen müsse. Seine Erfahrung sei, daß man sich viel Zeit nehmen müsse, um mit den jungen Leuten zu sprechen, man müsse ihnen geduldig zuhören, und dann könne man feststellen, daß man sachlich und vernünftig miteinander umgehen kann. Er sage das nicht aus politischer Opposition, sondern aus der gemeinsamen Sorge um unsere Zukunft.«[102]

Präsident Domsch sagte kurze Zeit später,

»daß nach seinem Eindruck [die] Resignation unter der Bevölkerung zunehme. Er bitte die Vertreter des Staates, diese Beobachtung sehr ernst zu nehmen. Da sich aus diesem Grund zunehmend auch Bürger an die Kirche wenden, die keine kirchliche Bindung haben, sei das eine Sache, die Kirche und Staat gleichermaßen betrifft. OKR Rau ergänzte, daß die Kirche oftmals auch ein Ventil sei, ›wo Dampf abgelassen wird‹. Die Gelegenheit, Beschwernisse auszusprechen und Unmut abzureagieren, werde von Staat und Gesellschaft, wenn überhaupt, zu wenig geboten.«[103]

Peter Krauẞer schrieb Anfang Februar einen besorgten Brief an Werner Jarowinsky, insbesondere weil durch die sehr stark basisbestimmte Zusammensetzung des Teilnehmerkreises der Ökumenischen Versammlung die staatliche Einflußnahme so gering wie noch nie bei kirchlichen Veranstaltungen war. Vor allem beunruhigte,

»daß es offensichtlich Kräfte gibt, die diese Veranstaltung nutzen möchten, um die bekannten Gruppen und Kreise zu aktivieren und verstärkt ins Spiel zu bringen, von der

akzeptablen Orientierung der ökumenischen Gremien abzurücken und die ganze Diskussion auf die Veränderung der innenpolitischen Verhältnisse in der DDR zu konzentrieren. Der in der Vorbereitungsgruppe eine maßgebliche Rolle spielende Dresdener Superintendent Christof Ziemer erklärte gegenüber einem Vertreter des Staatssekretariats, daß
1. die Friedensfrage nicht die Priorität haben könne, weil es vorrangig um das Thema Gerechtigkeit gehe,
2. die weltweiten Probleme auf der Versammlung in Dresden im Horizont der Situation der DDR-Kirchen behandelt werden. Dabei gehe es auch um die Fragen der Informationsfreiheit und Partizipationschancen des Einzelnen. Es sei notwendig, die Erwartungen in diesen Fragen wahrzunehmen. Diese Erwartungen bezeichnete er als ›Signale eines in der DDR verbreiteten Drängens nach Veränderungen‹, das in politischen Fragen sehr konkret sein könne. [...]

Da die Teilnahme an der Ökumenischen Versammlung nur nach Delegierung (150 Delegierte, 25 Berater, 15 Gäste) durch die veranstaltenden Kirchen erfolgt, bestanden schon im Vorfeld nur wenig Möglichkeiten einer direkten Einflußnahme. So ist es den Freunden der CDU nicht gelungen, Parteimitglieder ihrer Partei unter die Delegierten zu bringen. [...]

Nach dem gestern bekannt gewordenen Schreiben Meisners[104] kommt hinzu, daß es durchaus ernstzunehmende Kräfte auch in der katholischen Kirche gibt, die den ›Öffnungsprozeß‹ unter Ignorierung aller katholischen Grundsätze in Richtung der Annäherung an Positionen der evangelischen Kirchen praktizieren möchten.«[105]

Der Staat regte nun Eingaben »progressiver« Gemeindeglieder und Pfarrer[106] an die Versammlung an. Zugleich sollten SED-Religionspolitiker Gespräche mit den Teilnehmern Präses Becker, dem Dessauer OKR Schulze[107], Annemarie Schönherr, OKR Plath, Bischof Minor, Dresden, und Superintendent Ziemer[108] führen.

Auch Präsident Domsch soll geäußert haben:

»Ihm mache allerdings Sorgen, daß ca. die Hälfte der Delegierten aus Gruppen käme. Die Delegierten aus Sachsen setzten sich allerdings anders zusammen. Man habe dafür gesorgt, daß Landesbischof Dr. Hempel, Präsident Dr. Domsch und Synodalpräsident Böttcher Delegierte sind.«[109]

Unsicherheit erregte ein in der Versöhnungskirche eingerichtetes Begegnungszentrum für Nichtdelegierte[110] und der Sternmarsch von Dresdner Kirchen zur Kreuzkirche am Abend des 13. Februar. Ebenso wurde im Vorfeld darauf hingewiesen, daß es den Christen nicht gestattet sei, an der staatlichen Kundgebung zum Gedenken an die Zerstörung Dresdens mit eigenen Transparenten teilzunehmen[111]. Im Blick darauf bezeichnete es Hempel als günstig, daß der Sternmarsch am Abend stattfände, da in der Dunkelheit Transparente oder Spruchbänder ohne Wirkung blieben[112] – in der DDR war die Straßenbeleuchtung eher spärlich. Kurt Domsch äußerte die Befürchtung, daß Ausreiseantragsteller am 13. Februar aktiv würden, um schneller in den Westen zu gelangen. Gemeinsam mit dem Bischof bat er den Staat bei unliebsamen Zwischenfällen um eine tolerante und konfliktvermeidende Haltung[113].

Der sächsische Landesbischof beruhigte den Staatssekretär für Kirchenfragen: Er brauche sich nicht zu sorgen; die Kirche habe die Versammlung »›inhaltlich im Griff‹«[114].

Außerdem soll sich Hempel klar zum »Weg des 6. März« bekannt haben: Es handle sich bei diesem kirchenpolitischen Kurs der vergangenen zehn Jahre um

»einen erfolgreichen Versuch zur Gestaltung dieser Beziehungen. Er habe damals folgendes an eigener Erkenntnis fixiert. Der 6. März 1978 ist eine Absage der Kirche an die Macht, vor allen Dingen an ausländische Macht [hiermit meinte der Bischof wohl die EKD] gewesen, und zweitens sei klar geworden, daß Probleme im Verhältnis von Staat und Kirche im Gespräch geklärt werden. Genau dieser Punkt bringe allerdings gegenwärtig die Kirchenleitung immer wieder in Schwierigkeiten. Junge Leute in den Kirchen machen den Leitungen nun zum Vorwurf, daß sie einerseits keine Macht wollten und sie damit auch nicht mehr haben und andererseits die Probleme der Kirchen in den Gesprächen nicht geklärt werden.

Er, Hempel, teile diese Auffassungen nicht. Er geht davon aus, daß es zum vernünftigen Gespräch und zum Weg des 6. März 1978 überhaupt keine vernünftige Alternative gibt[115]. Selbst wenn jetzt eine der beiden Seiten oder beide auf Konfrontationskurs setzen, müßte man früher oder später zu vernünftigen Überlegungen zurückkehren. In der Zwischenzeit habe man allerdings Zeit und Terrain verloren«, mahnte der Bischof[116].

Auch SED-Bezirkschef Modrow war wenige Tage vor der Ökumenischen Versammlung mit Hempel und Domsch zusammengetroffen. Dem Spitzenfunktionär gegenüber bezeichnete der Bischof die häufig der jüngeren Generation angehörenden Verfasser der Eingaben, die der Tagung vorlagen[117], als »verwöhnt, [sie] betrachten das Erreichte als selbstverständlich, sehen vor allem, was es an Mängeln gibt, wollen vieles anders und selbst verändern.« Gleichzeitig wies Hempel auf die Auffassung nicht weniger Menschen über den autoritären Charakter der DDR hin – »es müsse mehr Demokratie, Mündigkeit der Bürger, Reise- und Redefreiheit geben. Die Medien zeigten zu einseitig Erfolge und zu wenig die Probleme, die gelöst werden müßten.«[118]

Insgesamt maß die Partei dem »Gespräch für die weitere Entwicklung der Staat-Kirche-Beziehungen« eine hohe Bedeutung bei. »Unverkennbar ist dabei die Kontinuität der Aussagen und der Haltung des Landesbischofs Dr. Hempel, die er auch bei erheblichen Belastungen durch den Druck des Gegners unter Beweis stellt. Er zeigt sich als berechenbarer und zuverlässiger Gesprächspartner.«[119]

Gysi wies unmittelbar vor Beginn der Versammlung Oberkirchenrätin Christa Lewek mit aller Vehemenz auf das gute Beispiel der EKD-Kirchen hin, die

»äußerst sorgsam an diese sensible Angelegenheit heran[gingen]. Sie vermeiden alle Öffentlichkeit. Sie ziehen sich in ein abgelegenes, stilles Taunusdorf, fernab aller Öffentlichkeit zurück, um das mögliche Näherkommen der Konfessionen zu bedenken[120]. – Was aber macht ›unsere Kirche‹? Sie geht in die aufgeregte Situation Dresdens am 13. Februar, in eine Großstadt, mitten ins Getümmel. Die Kirche in der DDR stellt von vornherein die Weiche falsch. Wo ist ihre Konzeption? Wo ist ihre Position? Was die Kirche macht, ist der helle Wahnsinn!«

Lewek entgegnete, ihr erscheine der Staat konzeptions- und positionslos. Wie ließe sich sonst der Umgang mit den Inhaftierten vom 17. Januar erklären?[121]

Letztendlich bestätigten sich die schlimmsten Befürchtungen der Staatsfunktionäre nicht; es ergab sich zunächst in einer ersten Einschätzung ein zwar konfrontativer, aber insgesamt nicht staatsgefährdender Verlauf der Versammlung:

»Bereits im Vorfeld der Konferenz zeigte sich, daß es bestimmte Kräfte darauf angelegt hatten, von der akzeptablen Orientierung der ökumenischen Weltgremien abzurücken, die bekannten negativen Gruppen und Kreise zu aktivieren und die ganze Diskussion einseitig auf die Forderung nach Veränderung der innenpolitischen Verhältnisse in der DDR auszurichten.

Die Veranstaltung nahm einen insgesamt widersprüchlichen, z. T. auch kontroversen Verlauf und spiegelte die unterschiedlichen Grundauffassungen zur Rolle der Kirchen im Sozialismus wider. Während die realistischen, auf Ausgleich bedachten, die Konzeption einer Kirche im Sozialismus tragenden Kräfte sich auf die Grundfragen der Friedenssicherung, des Abrüstungsprozesses und des Schutzes der Umwelt zu konzentrieren versuchten und positive Positionen vertraten, hatten es bestimmte negative Kräfte darauf angelegt, eine destruktive, feindliche Plattform zu konstruieren und damit für die Weiterführung der innerkirchlichen Diskussion sowie die folgenden Sitzungsperioden die Weichen zu stellen.

Das besonnene, geduldige, flexible Vorgehen der zuständigen territorialen Organe im Zusammenhang mit der Provokation nichtkirchlicher und nicht mit der Ökumenischen Versammlung im Zusammenhang stehender Kräfte in der Nacht vom 13. zum 14. Februar und die umgehend geführten Gespräche mit leitenden Kirchenvertretern[122] verhinderten, daß die kirchliche Veranstaltung auf Konfrontationskurs zum sozialistischen Staat gebracht und mögliche Solidarisierungseffekte ausgelöst werden konnten.

Es gelang so, die als Fortführung der Hetzkampagne im Zusammenhang mit den Ereignissen in Berlin nun auch in Dresden geplanten Aktionen zurückzuweisen. Obwohl die verantwortlichen Kirchenvertreter nicht konsequent genug auf Distanz gingen, konnte die offensichtlich angestrebte Störung und Umfunktionierung der Ökumenischen Versammlung auch mit ihrer Hilfe zurückgewiesen werden.

Was den Verlauf der ökumenischen Versammlung selbst angeht, ergibt sich nach bisher vorliegenden Materialien ein differenziertes Bild. Die trotz des nachdrücklichen staatlichen Einspruchs auch für die Westmedien zugängliche Durchführung politisch brisanter Tagesordnungspunkte (›Zeugnisse aus Betroffenheit‹ und ›Analyse der Gesamtsituation‹) lieferten Munition für eine gegen die DDR gerichtete Hetzkampagne. Hier wurde dem als negativ bekannten Dr. Fischbeck von der Berliner Bartholomäus-Kirchgemeinde erneut Gelegenheit gegeben, das auf der Görlitzer Bundessynode nicht beschlossene feindliche Papier ›Absage an Prinzip und Praxis der Abgrenzung‹ zu propagieren und die Versammlung einseitig auf angebliche ungerechte Strukturen und Menschenrechtsfragen in der DDR zu drängen[123], was von weiteren Rednern (Stephan Schack, Jena; Monika Wolf, Christine Frommhold, Dresden; Michael Beleites, Gera; Dorothea Kutter, Satzung) z. T. unterstützt wurde. Der die öffentliche Sitzung moderierende Erfurter Propst Falcke erklärte, daß das ›Symbol der Aussprache nicht der erhobene Zeigefinger‹ sei. Es gehe nicht um ›Kritik am Sozialismus, sondern um Kritik an den Verhältnissen an unserem Ort. Wir sind Mittäter in diesen Problemen.‹

Andererseits traten zahlreiche Redner in den vorwiegend internen Sitzungen gegen eine solche Linie auf (Dr. Romberg, Dr. Huth, Carl Ordnung, Berlin; Dr. Gnaewe, Zepernick) und vertraten realistische, sich an den Grundfragen des Friedens und der Abrüstung orientierende Positionen, die die Friedenspolitik der DDR und der ganzen sozialistischen Gemeinschaft begrüßten und unterstützten. [...]

Auffallend war, daß zahlreiche kirchenleitende Personen in Dresden nicht anwesend waren. So hielt sich weder ein Mitglied des Vorstandes der Konferenz der evangelischen

Kirchenleitungen noch der die Ökumenische Versammlung ausrichtende Vorsitzende der Arbeitsgemeinschaft Christlicher Kirchen, der Dessauer Kirchenpräsident Natho[124], in Dresden auf. Von den evangelischen Bischöfen waren nur der Gastgeber, Landesbischof Dr. Hempel, sowie der berlin-brandenburgische Bischof, Dr. Forck, präsent.

Die Leitung der sächsischen Landeskirche, allen voran Landesbischof Dr. Hempel und der Präsident des Landeskirchenamtes, Dr. Domsch, waren jedoch bemüht, die den staatlichen Organen gegenüber getroffenen Zusagen einzuhalten und einen störungsfreien Verlauf der Ökumenischen Versammlung zu sichern[125].

Der Tagungsleitung lagen insgesamt etwa 10 000 Eingaben von Kirchengemeinden, Gruppen und Einzelpersonen vor. Von den Leitungsgremien wurde eingeschätzt, daß die kirchlich-theologischen Fragestellungen eine nur untergeordnete Rolle spielen. Ebenso seien die globalen Dimensionen der Friedensfrage, der Gerechtigkeit und des Umweltschutzes deutlich unterrepräsentiert. Nach den kirchlichen Verlautbarungen ist die überwiegende Mehrzahl der Zuschriften auf direkte Veränderungen in Staat, Gesellschaft und Wirtschaft gerichtet. [...] Schon jetzt wird jedoch die Tendenz erkennbar, daß den seit Jahren von den Kirchen erhobenen Forderungen und ›Wünschen‹ nach Gesprächen
- zu Wehrdienstfragen, zur Bausoldatenpraxis,
- zu Bildungsfragen,
- zur Veränderung der Informationspolitik,
- zu Fragen der Rechtssicherheit und des ›mündigen Bürgers‹ u. a. noch mehr Nachdruck verliehen werden soll. [...]

In Anbetracht der an der ökumenischen Versammlung beteiligten Kirchen und Religionsgemeinschaften und des Verlaufs der 1. Session wird schon jetzt deutlich, daß die Erarbeitung gemeinsamer Positionen einen außerordentlichen und komplizierten Prozeß darstellt. Es muß sowohl ein Konsens zwischen den einzelnen beteiligten Kirchen und Religionsgemeinschaften als auch zwischen den innerkirchlichen Kräften gefunden werden. [...]

Die immer noch vorhandenen Widersprüche zwischen den Kirchen wurden in einer Meinungsäußerung des führenden katholischen Repräsentanten auf der Konferenz Msgr. Grande in einem Pressegespräch deutlich. Auf die Frage eines BRD-Journalisten, ob die katholische Kirche mit ihrer Teilnahme an der ökumenischen Versammlung aus ihrer Zurückhaltung in gesellschaftlichen Fragen heraustreten würde, stellte Grande fest, ›diese Schlußfolgerung sei nicht zu ziehen, die aktive Mitarbeit an der Versammlung setzt das kirchenpolitische Grundkonzept der katholischen Kirche nicht außer Kraft.‹«[126]

Abschließend werteten Staat und Partei:

»Insgesamt kann eingeschätzt werden, daß der offensichtlich langfristig vorbereitete Versuch, die ›Ökumenische Versammlung‹ mit Hilfe der Provokation in der Nacht vom 13. zum 14. Februar zu stören, ihr einen anderen Verlauf zu geben und die Kirchenleitung auf eine Konfrontationslinie zum sozialistischen Staat zu bringen, gescheitert ist. Die Veranstaltung selbst lief ohne Störungen und offene Provokationen ab.«[127]

Wenige Tage nach der Versammlung schickte Honecker ein Schreiben an die regionalen und örtlichen SED-Funktionäre, in dem er seine Besorgnis über den gegenwärtigen Zustand der evangelischen Kirche ausdrückte und ein klärendes Gespräch mit der KKL in Aussicht stellte:

»Werte Genossen!
In der letzten Zeit wurde in einigen Bezirken und Kreisen verstärkt versucht, unter

dem Dach der Kirche konterrevolutionäre Aktionen gegen Staat und Gesellschaft zu provozieren. Die Hintermänner dieser Aktion haben zum Teil in Berlin-West ihren Sitz. Sie stützen sich aber auch, wie aus dem Kommentar des ›Neuen Deutschland‹ zu entnehmen war, auf Bürger der Deutschen Demokratischen Republik, die glauben, daß die Gesetze der DDR für sie nicht zutreffen. In jedem Fall steht vor uns die Aufgabe, die feindliche Tätigkeit gegen die DDR zu unterbinden. Aus diesem Grunde findet in den nächsten Tagen eine Aussprache mit der Leitung der Evangelischen Kirche statt, in der klargestellt wird, daß die Evangelische Kirche sich selbst einen schlechten Dienst erweist, wenn sie denen entgegenkommt, die die Kirche für ihre staatsfeindliche Tätigkeit mißbrauchen wollen. Es ist also Ziel dieses Gesprächs, dem Abgleiten von Teilen der Evangelischen Kirche von den Vereinbarungen des Treffens vom 6. März 1978 entgegenzuwirken. Bei der Behandlung dieser Frage wurde festgelegt, daß entsprechend dieser Konzeption auch Gespräche der zuständigen staatlichen Stellen mit den Bischöfen bzw. Amtsträgern unter Berücksichtigung der Situation des jeweiligen Bezirkes bzw. Kreises stattfinden. Dabei darf kein Zweifel darüber zugelassen werden, daß der Staat schon von der Verfassung her die Kirche schützt, daß aber in keinem Augenblick zugelassen wird, unter dem Schirm der Kirche staatsfeindliche Tätigkeiten durchzuführen. Dies geschieht unter dem verfassungsrechtlichen Grundsatz, daß vor dem Gesetz alle Bürger gleich sind.

Wir bitten Dich um Information über die Ergebnisse des Gesprächs mit den zuständigen kirchlichen Amtsträgern sowie über eingeleitete Maßnahmen, um in Zukunft rechtswidriges Handeln zu unterbinden.«[128]

Am gleichen Tag fand bei Jarowinsky eine Konferenz leitender Funktionäre – darunter auch Gysi – statt. Diese planten eine zentrale Beratung mit den Vorsitzenden der Räte der Bezirke, um sie für die Gespräche mit den Bischöfen vorzubereiten. Zugleich legte man fest, zu den kommenden Frühjahrssynoden keine Pressevertreter aus der Bundesrepublik mehr zuzulassen[129].

Einen Tag später führte Jarowinsky ein zuvor mit Honecker abgestimmtes[130] Gespräch mit Leich, dem auch Gysi und Ziegler beiwohnten[131]. Gysi hatte zuvor den BEK-Sekretariatsleiter darauf vorbereitet,

»daß es im Staatsratsgebäude kein wirkliches Gespräch geben werde, daß dieser vielmehr eine offizielle Erklärung abzugeben habe. Es werde dem Vorsitzenden der KKL nicht zugemutet, darauf sofort zu antworten. Vielmehr komme es darauf an, den Inhalt der Erklärung genau zu übermitteln. [...] Außerdem stehe er für den Vorsitzenden der Konferenz am Nachmittag zur Verfügung.«[132]

Zu Beginn las das Politbüromitglied eine scharfe Erklärung[133] vor, in der die Besorgnis über den gegenwärtigen Zustand der Kirche ausgedrückt wurde. Es müsse »endlich Schluß damit sein [...], Kirchen zu Oppositionslokalen gegen den Staat zu machen. Die Grenze des Zumutbaren wurde überschritten, der Bogen überspannt.« Kirche müsse wieder Kirche werden, forderte das Papier[134].

Leich entgegnete, er müsse die dargelegten Fakten zunächst überprüfen, deshalb könne er auf die Erklärung auch nicht umgehend reagieren.

Dann brachte er den Wunsch nach Fortsetzung der »Informationsgespräche« zum Ausdruck und beklagte, der Staat dränge im Falle der Ausreisewilligen die Kirche in eine Stellvertreterrolle, da sonst niemand mit dieser Gruppe rede. Die Kirche sei nun einmal »für den Menschen mit allen seinen Bedrängnissen da«.

Abgesehen davon bemerkten die staatlichen Vertreter voller Genugtuung, daß Leich mit der von Jarowinsky vorgetragenen Kritik an der Dresdener Ökumenischen Versammlung im wesentlichen übereinstimmte. Außerdem brachte der KKL-Vorsitzende sein Interesse an einer Begegnung mit Honekker zum Ausdruck.

Abschließend erinnerte Jarowinsky

»daran, daß nach 1978 solche Persönlichkeiten der Kirche, wie die Bischöfe Schönherr, Krusche, Hempel und dann auch Bischof Leich, mannhaft und klar aufgetreten seien, auch international. Gerade dies habe man in den letzten Monaten vermißt. Das müsse an dieser Stelle ganz offen festgestellt werden. [...]
Genosse Jarowinsky schloß das Gespräch ab mit der Bemerkung, daß wir den Weg des 6.3.1978 – so weit es an uns liegt – fortsetzen wollen, daß wir dazu aber jetzt eine klare und unmißverständliche Abgrenzung von seiten der Kirchen zu den staatsfeindlichen Erscheinungen der letzten Wochen erwarten.«[135]

Am Nachmittag kam es zu der vom Staatssekretär in Aussicht gestellten Begegnung mit Leich, der sich von Stolpe und Ziegler begleiten ließ. Der KKL-Vorsitzende erklärte erbost, die Kirche müsse sich zur Zeit mit Dingen befassen, die eigentlich staatliche oder gesellschaftliche Institutionen aufzufangen hätten: »Gerade in der Berliner Situation trete die Kirche in eine Bresche.« Im übrigen müsse der Staat akzeptieren, daß der Kirche der ganze Mensch anvertraut sei. Stolpe empfand es als »bedrückend [...], daß in einer so komplizierten Situation wie der jetzigen die Instrumente des Klassenkampfes wieder hervorgezogen werden.«

Gysi entgegnete, der Staat habe Sorge, »daß sich die Kirche auf etwas einlasse, was sie mit ihren Mitteln nicht mehr bewältigen könne.« Leich betonte, die Begegnung mit Jarowinsky habe mit einem partnerschaftlichen Verhältnis zwischen Staat und Kirche nichts mehr zu tun gehabt:

»Wenn das an die Öffentlichkeit dringe, würde genau das Gegenteil von dem erreicht werden, was beabsichtigt war. Das Problem für viele Bürger sei die Erfahrung mit der Machtausübung durch staatliche Verwaltungsstellen. Das belaste die Stimmung in der Bevölkerung. Der Umgang mit der Macht müsse im 40. Jahr der DDR kultiviert werden.«

Gysi informierte noch darüber, daß man vorhabe, den von Jarowinsky vorgetragenen Text unter Wahrung der Vertraulichkeit an die Bezirks- und Kreisleitungen der SED weiterzuleiten. Es solle den Betreffenden helfen, »weiterhin einen konstruktiven kirchenpolitischen Kurs in ihrem Verantwortungsbereich« zu verfolgen[136].

Ein staatliches Papier wies darauf hin, die Jarowinsky-Erklärung solle auf den unteren Ebenen nicht buchstabengetreu verlesen werden. Es komme vielmehr darauf an, von ihr ausgehend – unter Berücksichtigung der jeweiligen regionalen oder lokalen Situation – den kirchlichen Vertretern staatliche Erwartungshaltungen zu übermitteln:

»Dadurch sollen Einflußmöglichkeiten und Aktivitäten von Leuten, die als Wortführer antistaatlicher Haltungen oder als Provokateure auftreten, beseitigt bzw. eingedämmt werden.«

Man müsse berücksichtigen, daß die Berliner und auch Dresdener Ereignisse nicht repräsentativ für die kirchliche Gesamtwirklichkeit seien; allerdings dürfe der Funken nicht überspringen.

»Es geht nicht um Konfrontation, sondern darum, ›daß sich die realistischen, mit der DDR verbundenen Kräfte in den Kirchenleitungen und an der kirchlichen Basis nicht vom 6. März 1978 abbringen lassen.‹«

Die Kirchen seien anzufragen, wie sie den Kurs des 6. März weiter verfolgen und wie sie künftig einen Mißbrauch durch Oppositionelle verhindern wollten:

»Wer den Staat angreift, wer Kampagnen gegen den Staat duldet, steht nicht auf der Basis des 6. März 1978. [...] Bei den Gesprächen geht es um die Gewinnung kirchlicher Vertreter für den Kampf mit uns, gegen Provokateure.«[137]

Tatsächlich setzte gleich eine fast hektische Gesprächsaktivität ein[138]. Bereits am 29. Februar, also zehn Tage nach Honeckers Fernschreiben an die Ersten Sekretäre der Bezirks- und Kreisleitungen, lag dem ZK eine Information über den Verlauf der bis dahin geführten Gespräche »mit Amtsträgern der Evangelischen Kirchen in der DDR« vor. In der Zusammenfassung heißt es:

»Insgesamt brachten viele kirchenleitende Amtsträger und Geistliche ihre Wertschätzung darüber zum Ausdruck, daß sie die Möglichkeit erhielten, trotz unterschiedlicher Auffassungen zu bestimmten Fragen einen für beide Seiten fruchtbringenden Dialog zu führen. Sie hoben hervor, daß diese Gespräche zum richtigen Zeitpunkt stattfänden und äußerten den Wunsch, den Meinungsaustausch mit Vertretern des Staates kontinuierlich weiterzuführen.«[139]

Das Politbüro stimmte Ende Februar 1988 der von Jarowinsky vorgetragenen Erklärung zu und beschloß, Honecker möge am 3. März 1988 den KKL-Vorsitzenden zu einem Gespräch empfangen[140].

Bischof Forck erklärte, der Verlauf der Ökumenischen Versammlung »sei bei weitem nicht so einseitig gewesen, wie jetzt dargestellt.« Zudem habe sie bis auf einen Tagesordnungspunkt unter Ausschluß der Öffentlichkeit getagt. Die öffentlich ausgebreiteten Probleme – ziviler Ersatzdienst, Friedenserziehung, Schwangerschaftsunterbrechung[141] und Umweltschäden – halte er für diskussionswürdig und klärungsbedürftig[142]. Hingegen soll Stolpe zu der ersten Forderung gesagt haben:

»Ihm sei bekannt, daß in den Gliedkirchen des Bundes etwa 50 Namen von jungen Männern bekannt sind, die aus ›Glaubensgründen‹ den Wehrdienst, einschließlich Bausoldaten, ablehnen. Konsistorialpräsident M. Stolpe betonte, daß ›Leute, die sich aus anderen Gemeinden zur Unterstützung ihrer Verweigerung an die Kirche wenden‹, von dieser nicht unterstützt werden.

Nach seiner Auffassung ist die Diskussion um einen Zivildienst im sozialen Bereich statt Wehrdienst ein Irrweg. Es wäre besser gewesen, den Dienst in den Baueinheiten auszuloten. Hier wäre der Einsatz an zivilen Objekten eine gewisse Optimierung. ›Das heißt‹, so Stolpe, ›daß wir dann Verweigerung des Dienstes auch in Baueinheiten nicht mehr mittragen, dann ist Schluß für uns.‹«[143]

Die Jarowinsky-Erklärung wurde durch Walter Fuchs, den Stellvertreter für Inneres beim RdB Dresden, auch LKA-Präsident Kurt Domsch und Oberkirchenrat Rau vorgetragen. Zugleich verwies der Staatsfunktionär unter anderem auf ein Rundschreiben des Meißener Superintendenten Eduard Berger, das eine Solidarisierung mit Krawczyk enthielt. Die Kirchenleitung möge mit ihm eine prinzipielle Auseinandersetzung führen und ihn auch stärker als bislang unter ihre Aufsicht nehmen.

Der Präsident entgegnete, er wisse über die Begegnung zwischen Jarowinsky und Leich bestens Bescheid. Am 3. März 1988 werde die KKL zu einer Sondersitzung zusammenkommen[144]. Seit dem Brüsewitz-Selbstmord sei ein solcher Schritt nicht mehr notwendig gewesen. Die Kirche müsse zu »den Lebensfragen der Menschen« Stellung nehmen dürfen, bekräftigte Domsch. Außerdem teilte er mit, Hempel und das LKA hätten Berger bereits veranlaßt, sein Rundschreiben zurückzuziehen[145].

Am 24. Februar, also wenige Tage nach dem Jarowinsky-Gespräch, suchte Leich Staatssekretär Gysi auf. Nach dem Eindruck des Staatsfunktionärs war der KKL-Vorsitzende »in durchaus gelockerter, keineswegs in gespannter oder erregter Stimmung.« Hierzu trug gewiß auch ein Anruf bei, den Leich in den Räumen des Staatssekretariats für Kirchenfragen entgegennahm. An der Leitung war Honeckers Staatssekretär Frank-Joachim Herrmann, der dem KKL-Vorsitzenden die Gesprächseinladung zum Staatsratsvorsitzenden übermittelte[146].

Am Nachmittag traf sich der KKL-Vorstand. Eine öffentliche Äußerung Schönherrs, er hielte »eine Wiederholung des Gesprächs von 1978 auf höchster Ebene zum gegenwärtigen Zeitpunkt nicht für angeraten«[147], war beim KKL-Vorstand auf Befremden gestoßen. Man bat den Altbischof in dieser Frage um mehr Zurückhaltung[148].

Gegenüber Gysi hatte Leich außerdem über die weite Verbreitung des unerfreulichen Gesprächs mit den Spitzenfunktionären geklagt:

»1. Es habe ihn sehr überrascht, daß die Information über das Gespräch mit Genossen Jarowinsky und Gysi sofort auf dem Parteiwege auch an die mittlere Ebene der Parteiorganisationen der ganzen Republik gegangen sei. Er habe das nicht mit dem Begriff der Vertraulichkeit – die vereinbart worden sei – verbinden können. Es sei den Superintendenten, die der Einladung folgten, zum Teil wörtlich das gleiche Dokument verlesen worden, das ihm bereits bekannt war.«[149]

Außerdem wies Leich darauf hin, daß Ausreiseantragsteller sich zu organisieren begännen, wofür sie bereits bestehende kirchliche Veranstaltungen nutzten, und darüber hinaus für ihren eigenen Gesprächsprozeß um kirchliche Räume bäten[150].

»Er, Leich, habe alle Pfarrer angewiesen, keinerlei Räume zur Verfügung zu stellen und sich den Gottesdienst nicht aus der Hand nehmen zu lassen. Gleichzeitig habe er ihnen gesagt, daß die Seelsorge für Ausreisewillige auf den einzelnen beschränkt werden muß

293

(keine Seelsorge für Gruppen oder ähnl.). Sie sähen sich einem go-in der Antragsteller gegenüber.
In Berlin gäbe es Gruppen, die jeden Sonntag unangemeldet in eine andere Kirche zum Gottesdienst gehen wollen. Mal gelänge es dem Pfarrer, den Gottesdienst durchzuführen und dann zu schließen, in anderen Fällen, wenn sie in der Überzahl sind, nehmen sie die Kirche als Versammlungsraum. Nach ihren Beobachtungen ist der aktive Kern der Antragsteller derjenige, der seit drei bis vier Jahren auf die Ausreise wartet.«

Über das Nichterscheinen einiger Kirchenzeitungen[151] wegen geplanter Berichte über die Ökumenische Versammlung regte sich Leich nicht übermäßig auf[152].

Gysi machte dem KKL-Vorsitzenden im Gespräch am 24. Februar deutlich, daß die Kirchen endlich die Kritiker disziplinieren und sich von ihnen in der Öffentlichkeit distanzieren müßten. Andernfalls, so drohte er, werde der Staat – zum Schaden des Staat-Kirche-Verhältnisses – noch ganz andere Saiten aufziehen müssen[153].

Wenige Tage nach dem Gespräch schrieb Gysi an Honecker:

»Die Atmosphäre war sehr gut. Sie war besser als in allen letzten Gesprächen. Leich trug seine Beschwerden und Fragen äußerst zurückgenommen vor und bagatellisierte vieles von sich aus.«

Das bevorstehende Gespräch mit Honecker stärke die innerkirchliche Position des KKL-Vorsitzenden, bemerkte der Staatssekretär. Er fügte hinzu, in einem Interview mit der Tageszeitung »Die Welt«[154] habe der Bischof gesagt, mit der DDR-Spitze müßte die Kirche unbedingt über die Sorgen und Probleme reden, die die Menschen bewegten:

»›Die Welt‹ kommentiert dann frei in ihrem Sinne. Das dürfte weitgehend auch Leichs Intentionen entsprechen. Aber er hat eine Formulierung gewählt, die viele Interpretationen offenläßt und ihn wenig festlegt.«

Gysi bat, unmittelbar vor der bevorstehenden Spitzenbegegnung mit Leich noch mit dem SED-Generalsekretär sprechen zu dürfen[155].

Ähnlich wie wenige Jahre zuvor Hempel hatte Leich sich das Treffen mit dem Staatsratsvorsitzenden mit Wohlverhalten in der Öffentlichkeit erkauft. Beide waren jeweils ein halbes Jahr zuvor auf den Bundessynoden – hier »Grundvertrauen«, dort »Zumutbarkeit« – aus staatlicher Perspektive überaus positiv aufgetreten und hatten damit ihr Eintrittsbillett für das ZK- bzw. Staatsratsgebäude gelöst.

Am 3. März war es dann soweit: Der thüringer Bischof durfte vor Honecker erscheinen, der gleich mit einem innen- und vor allem außenpolitischen Lagebericht begann:

»E. Honecker äußerte Genugtuung, daß die gemeinsamen Positionen des Staates und der Kirche in der alles entscheidenden Frage der Gegenwart, der Friedenssicherung, gewachsen sind. [...] Hinsichtlich der inneren Fragen bestehe in vieler Hinsicht Übereinstimmung, doch gebe es auch Meinungsunterschiede, allein schon wegen der unterschiedlichen Aufgaben von Staat und Kirche. Er sehe keine Frage, über die man sich nicht verständigen könne. [...] E. Honecker begrüßte auch den von W. Leich geäußer-

18. Februar 1983: Geburtshaus Martin Luthers in Eisleben, Schlüsselübergabe Landesbischof Werner Leich; Gerald Götting. *(Foto: Bernd Blohm)*

21. April 1983:
Begegnung Leich – Honecker anläßlich der Wiedereröffnung der Wartburg in Eisenach.
(Foto: Bernd Blohm)

4. Mai 1983:
Festveranstaltung im Palas der Wartburg. Landesbischof Werner Leich im Gespräch mit Volkskammerpräsident Horst Sindermann.
(Foto: Bernd Blohm)

10. Juli 1983: Auf einer kirchlichen »Friedenswerkstatt« in Berlin (Ost) protestierten Pazifisten gegen die Politik der Abschreckung durch Waffen. Mehr als tausend meist junge Menschen hatten sich zu dieser Veranstaltung eingefunden: Anti-Kriegs-Ausstellungen und zahlreiche Informationsstände widmeten sich Fragen des Umweltschutzes und Problemen, die sonst in der DDR-Öffentlichkeit kaum erörtert wurden. *(Foto: dpa)*

4. September 1983: Besuch von Helmut Schmidt (l.) in Wittenberg; r. Manfred Stolpe. *(Foto: Bernd Blohm)*

10. September 1983: Einführung von Bischof Christoph Demke in Magdeburg. Hier im Gespräch mit seinem Amtsvorgänger Werner Krusche, im Hintergrund Kirchenpräsident Helmut Hild (Hessen-Nassau). *(Foto: Bernd Blohm)*

1983: **Zum Luther-Jubiläum, Fahnen in Wittenberg.** *(Foto: Bernd Blohm)*

1983: Luther-Plakat im »Konsum«. *(Foto: Bernd Blohm)*

1983: Überall im Stadtbild Erfurts wurde während des Thüringer Kirchentages auf Martin Luther hingewiesen. Das Bild zeigt die Hauptpost, am Anger. *(Foto: epd)*

26./27. Mai 1984: Treffen der Kirchentagspräsidien BEK/EKD in Eisenach (l.: Staatssekretär für Kirchenfragen Klaus Gysi, r.: Richard von Weizsäcker). *(Foto: epd)*

11. Februar 1985: »Spitzengespräch« im Staatsrat, Berlin (Ost). Der Generalsekretär des ZK der SED und Vorsitzende des Staatsrates der DDR, Erich Honecker, empfing Landesbischof Dr. Johannes Hempel (2. v. r.) zu einem Gespräch. An der Begegnung nahmen der Staatssekretär für Kirchenfragen beim Ministerrat, Klaus Gysi (2. v. l.), Heinz Eichler (M.), Sekretär des Staatsrates, und Oberkirchenrat Martin Ziegler (1. v. r.), Leiter des Sekretariats des Bundes der Evangelischen Kirchen in der DDR, teil. *(Foto: dpa)*

21.-23. Juni 1985: Kirchentag in Greifswald. Podiumsgespräch in der Marienkirche »Durch den Glauben reich sein – Hunger nach Recht und Frieden«. Auf dem Podium (v. l.): Reinhard Glöckner, Wolfgang Huber, Fred Mahlburg, Jörg Zink, Manfred Stolpe. *(Foto: Bernd Blohm)*

20. September 1985: Der SPD-Vorsitzende Willy Brandt, der sich zu einem dreitägigen Besuch in der DDR aufhielt, beendete seine DDR-Visite mit einem Besuch in der Stadt Weimar. Das Bild zeigt (v. l.) den sächsischen Landesbischof Johannes Hempel, SPD-Chef Willy Brandt, den ehemaligen Leiter der Ständigen Vertretung in Berlin (Ost), Günter Gaus, und den Ost-Berliner Konsistorialpräsidenten Manfred Stolpe. *(Foto: dpa)*

24. Oktober 1985: Verleihung der Ehrendoktorwürde an Ernesto Cardenal im Wappensaal des Berliner Roten Rathauses durch die Dekanin der Gesellschaftswissenschaftlichen Fakultät der Humboldt-Universität, Prof. Dr. Waltraud Falk. *(Foto: Bernd Blohm)*

31. Januar-2. Februar 1986: Tagung der 5. Synode des DDR-Kirchenbundes 1986 in der Stephanus-Stiftung in Berlin-Weißensee. Das Bild zeigt den alten und den neuen Vorsitzenden der Konferenz der Evangelischen Kirchenleitungen in der DDR. Bischof Werner Leich (r.) wurde zum Nachfolger von Bischof Johannes Hempel gewählt. *(Foto: epd)*

1986: Berlin-Weißensee, Grußwort Bischof Martin Kruse. *(Foto: Bernd Blohm)*

1986: Berlin-Weißensee, Der neue Vorstand: v. l. n. r.: Martin Ziegler, Christoph Demke, Werner Leich, Renate Salinger, Rainer Gaebler und Manfred Stolpe. *(Foto: Bernd Blohm)*

19. April 1986: Dr. Dr. habil. Joachim Rogge wurde in Görlitz in das Amt als Bischof der Görlitzer Landeskirche eingeführt. Das Bild zeigt die Bischöfe (v..l.): Christoph Demke, Joachim Rogge, Johannes Hempel, Gottfried Forck und Hans-Joachim Wollstadt. *(Foto: epd)*

13. Mai 1986: Im Amtssitz auf dem Eisenacher Pflugensberg führte der Vorsitzende der Konferenz der Evangelischen Kirchenleitungen in der DDR, Landesbischof Dr. Werner Leich (r.), ein Gespräch mit dem Ministerpräsidenten des Landes Baden-Württemberg, Dr. Lothar Späth (l.). 2. v. l. Staatssekretär und Sprecher der Landesregierung Mathias Kleinert und 2. v. r.: Oberkirchenrat Hartmut Mitzenheim. *(Foto: epd)*

16. Juni 1986: Auf dem Gelände des einzigen Evangelischen Krankenhauses in Ost-Berlin, des »Evangelischen Diakoniewerkes Königin Elisabeth«, wurde der Grundstein für eine umfassende Modernisierung gelegt. Bis 1991 sollte für die hier bestehende Innere und Chirurgische Klinik sowie für die angeschlossene Krankenpflegeschule ein moderner Krankenhauskomplex entstehen. Das Bild zeigt den Direktor des Diakonischen Werkes, Innere Mission und Hilfswerk, der Evangelischen Kirchen in der DDR, Oberkirchenrat Dr. Ernst Petzold. *(Foto: Bernd Blohm)*

Anfang 1986: Marienkirche in Pasewalk. *(Foto: Bernd Blohm)*

13.-20. Juli 1986: Tagung des Ökumenischen Rates der Kirchen in Potsdam-Hermannswerder. Staatssekretär Klaus Gysi im Gespräch mit Emilio Castro während der Programmeinheit I: Glaube und Zeugnis. *(Foto: Bernd Blohm)*

25. Oktober 1986: Der frühere Bundeskanzler Helmut Schmidt appellierte in einem Vortrag in der evangelischen Nikolaikirche in Potsdam an die beiden Großmächte, den Dialog fortzusetzen und mehr Verständnis für die Positionen der anderen Seite zu entwickeln. Schmidt sprach während einer Veranstaltung zum Gedenken an das Toleranz-Edikt von Potsdam, das 301 Jahre zuvor den in Frankreich verfolgten Hugenotten Zuflucht in Preußen ermöglichte. (Foto: epd)

3. November 1986: Bundespräsident Richard von Weizsäcker (M.) richtete ein Grußwort an die in Bad Salzuflen tagende Synode der Evangelischen Kirche in Deutschland (EKD), zu der er von Präses Jürgen Schmude (l.) und dem EKD-Ratsvorsitzenden Bischof Martin Kruse (r.) begrüßt wurde. *(Foto: dpa)*

22. Februar 1987: Mit einem festlichen Konzert wurde in der Gethsemanekirche im Ost-Berliner Stadtbezirk Prenzlauer Berg die Veranstaltungsreihe »750 Jahre Kirche in Berlin« eröffnet. Zu diesem Ereignis trafen auch der Regierende Bürgermeister von Berlin (West), Eberhard Diepgen (2. v. r.), und seine Gattin ein (v. l. Staatssekretär Löffler, der Ost-Berliner Bürgermeister Krack, Bischof Kruse und r. Konsistorialpräsident Stolpe. *(Foto: Bernd Blohm)*

22. Februar 1987: Zu den Teilnehmern an dem festlichen Konzert zur Eröffnung der Veranstaltungsreihe »750 Jahre Kirche in Berlin« in der Gethsemanekirche im Ost-Berliner Stadtbezirk Prenzlauer Berg gehörten die Stellvertreter des Vorsitzenden des Komitees der DDR zum 750jährigen Bestehen von Berlin, Oberbürgermeister Erhard Krack (2. v. l.) und Staatssekretär Kurt Löffler, Sekretär des Komitees. Sie werden hier von Dr. Gottfried Forck, Bischof der Evangelischen Kirche in Berlin-Brandenburg, begrüßt. *(Foto: dpa)*

8. April 1987: Mit einem akademischen Festakt würdigte die Ost-Berliner Humboldt-Universität den langjährigen Dekan der theologischen Fakultät, Heinrich Vogel (am Rednerpult). Vogel, der zusammen mit Familienangehörigen an dem Festakt in den Räumen der Friedrichstadtkirche im Zentrum Ost-Berlins teilnahm, vollendete am 9. April 1987 sein 85. Lebensjahr. *(Foto: epd)*

25. April 1987: Kardinal Joachim Meisner (r.), der in Berlin (Ost) residierende katholische Bischof von ganz Berlin, der evangelische West-Berliner Bischof Martin Kruse (l.) und sein Ost-Berliner Amtsbruder Gottfried Forck (M.) nach dem ökumenischen Gottesdienst in der Kaiser-Wilhelm-Gedächtniskirche. Aus Anlaß der 750-Jahr-Feier Berlins hatte der ökumenische Rat zu dem Gottesdienst geladen, bei dem Kardinal Meisner zum erstenmal in der im Westteil der Stadt gelegenen Kirche predigte. *(Foto: epd)*

28. Juni 1987: Mehr als 20 000 Menschen nahmen am Sonntag am Abschluß-Gottesdienst des fünftägigen evangelischen Kirchentages (24.-28.6.) in einem Fußballstadion im Stadtbezirk Köpenick in Berlin (Ost) teil. Parallel zum offiziellen Kirchentag hatte es einen von Basis-Gruppen organisierten »Kirchentag von unten« mit zeitweise mehr als 1 000 vorwiegend sehr jungen Teilnehmern gegeben. *(Foto: dpa)*

ten Standpunkt, daß sich die Kirche nicht für Dinge mißbrauchen lassen dürfe, die mit den Aufgaben der Kirche nichts zu tun haben.«

Leich dankte für diese erläuternden Ausführungen: »Es komme nicht oft vor, von Staatsmännern, die in weltpolitische Entscheidungen eingreifen und bestimmenden Einfluß auf die Innenpolitik ausüben, in dieser Weise Darlegungen und Erfahrungen vermittelt zu erhalten.«

Anschließend verlas der KKL-Vorsitzende eine vorbereitete Erklärung[156], in der er Honecker zunächst für seinen Einsatz für den Frieden dankte und die Übereinstimmung zwischen Staat und Kirche in der Friedenspolitik hervorhob. Er betonte, daß sich seit dem 6. März 1978 vieles getan habe und bekannte sich zu diesem Weg:

»Wir wollen Gottes Willen annehmen, in einer sozialistischen Gesellschaft mit einem sozialistischen Staat als Kirche Gott zu dienen. Wir wollen dies tun als ein an den Willen Gottes gebundener, konstruktiv mitarbeitender Partner, der das Wohl des Gemeinwesens und die Möglichkeit des Sozialismus als einer Form des gerechteren Miteinanders von Menschen bejaht. Wir sehen unsere Aufgabe nicht darin, eine Oppositionspartei zu sein oder Akklamationen abzugeben. Vielmehr gilt: Wo wir sagen können ›Gott sei Dank!‹, werden wir zur Mitarbeit bereit sein. Wo wir dies nicht vermögen, werden wir uns zu Wort melden und freimütig sprechen.«

Leich fuhr fort, die Kirche sei in letzter Zeit gezwungen gewesen, stellvertretend für Staat und Gesellschaft Aufgaben wahrzunehmen. Er beklagte den fehlenden differenzierten Dialog, das Unmündighalten der Menschen, voreilige Administration, Bewertung von konstruktiver Kritik als Ausdruck von Staatsfeindlichkeit und die Verklärung des Alltags in den DDR-Medien. In diesem Zusammenhang erinnerte er daran, daß die vereinbarten »Sachgespräche« über diese und andere Probleme noch immer nicht stattgefunden hätten. Abschließend bat er um ein transparentes Verfahren bei der Genehmigung von Westreisen, einen fairen Umgang mit Ausreiseantragstellern, die Einführung eines zivilen Wehrersatzdienstes[157], Chancengleichheit im Volksbildungswesen, stärkere Kooperation mit ökologisch bewegten Bürgern und den Verkauf »einiger als seriös geltender Zeitungen westlicher Herkunft« an den Kiosken. Dies seien »Handlungen mit Signalwirkung für die Zukunftserwartung«. Den Sozialismus als Gesellschaftsordnung wollte der Bischof allerdings nicht zur Disposition stellen –

»der Sinn des Lebens – dieses Wissen ist bewährten Kommunisten und Christen gemeinsam – erfüllt sich nicht durch die ökonomische Steigerung des Lebensniveaus, sondern durch menschliche Werte. Sie sind in unserer Gesellschaft vorhanden und können aufgerufen werden. Dazu brauchen wir die lebensnotwendige Zukunftserwartung: Es geht voran in der Sicherung des Friedens, der Bewahrung der Lebensbedingungen, in der Pflege menschlichen Umgangs und menschlicher Beziehungen.«

Honecker zeigte sich über den Konsens in der Friedensfrage sichtlich erfreut: »Gelinge es nicht, den Frieden zu bewahren, sei die Menschheit zum Untergang verurteilt.«

Dann ging der SED-Generalsekretär auf einige der vom KKL-Vorsitzenden vorgebrachten Wünsche und Anregungen ein.

Die »Behauptung, die DDR sei nicht bereit, mit Bürgern über ihre Probleme zu sprechen, [entbehre] jeder Grundlage. Das Gegenteil sei, wie W. Leich selber wisse, der Fall, ohne zu leugnen, daß es nicht immer in erschöpfendem Maße geschehe. W. Leich wisse ja auch aus eigener Erfahrung, daß es Menschen gibt, die nicht bereit sind, wohlgesinnte Ratschläge anzunehmen.«

Der von Honecker getroffenen Feststellung, der Mauerbau habe sich auf die Lage in Europa stabilisierend ausgewirkt, soll Leich zugestimmt haben. Der Staatsratsvorsitzende wies darauf hin, daß 1987 mehr als fünf Millionen DDR-Bürger in den Westen gereist seien – mehr als aus jedem anderen sozialistischen Land; freilich ließ er unerwähnt, daß dort auch nicht so viele verwandtschaftliche Bindungen in westeuropäische Staaten bestanden.

Im Blick auf die »Ausreiser« warf Honecker der Kirche »eine destruktive Haltung« vor. »Klar sei doch, was dem Staat obliege und was der Kirche; deren Sache es nicht sei, sich damit in Form von Bittgottesdiensten zu befassen. Dem Staat, was des Staates, der Kirche, was der Kirche ist.«

Auf die Zeitungseinfuhr könne er sich einlassen, wenn Leich ihm eine Zeitung nennen könne, deren DDR-Berichterstattung korrekt sei. Die gebe es aber nicht. Auch in diesem Punkt pflichtete der Bischof dem SED-Generalsekretär bei. Auf Erörterungen über den Zivildienst, das Volksbildungswesen und den Umweltschutz wollte sich Honecker nicht einlassen[158].

An der Unterredung nahmen Staatssekretär Gysi und Politbüromitglied Jarowinsky nicht teil, was der Staatsratsvorsitzende damit begründet haben soll, es stünden keine kirchlichen Probleme, sondern gesamtpolitische Fragen zur Debatte[159].

Über seine vorgebrachten Anliegen informierte der KKL-Vorsitzende die Westmedien[160], was Honecker als Vertrauensbruch wertete[161]. Das Politbüro beauftragte Gysi, »Vorschläge auszuarbeiten, um die Anmaßung der Kirchenleitungen, staatliche Funktionen auszuüben, zurückzuweisen.«[162]

Unmittelbar nach dem Gespräch erstattete der KKL-Vorsitzende der Bischofskonferenz Bericht und bewertete das Gespräch als von der Atmosphäre her sachlich und inhaltlich überaus konstruktiv: »Er habe alle anstehenden Fragen ansprechen können und sei froh darüber, daß der Staatsratsvorsitzende« den Kurs des 6. März abermals bestätigt habe. Er sei zuversichtlich, daß einer Aufnahme der Informations- und Sachgespräche nun nichts mehr im Wege stehen werde, kommentierte der Eisenacher Bischof. Natho soll jedoch skeptisch geäußert haben: »›Was nutzen die großen Gespräche, wenn die staatlichen Organe im Territorium anders handeln?‹«[163]

Noch am Nachmittag des 3. März 1988 traf sich die KKL zu ihrer Sondersitzung, wo Leich den Anwesenden den Text seiner am Vormittag gehaltenen Ausführungen übergab – er kündigte an, die geplante Schnellinformation des Sekretariats werde diese Passagen vollständig verbreiten. Der KKL-Vorsitzende berichtete über den Gesprächsverlauf und fügte hinzu, die von ADN verantwortete Presseinformation beruhe nicht auf einer gemeinsamen Vereinbarung der Gesprächspartner; allerdings hätten er und Ziegler sie bereits einsehen können[164]. Auf das von ihm vorgetragene Papier habe Honecker nicht präzise geantwortet, was zeigte, daß die staatliche Seite an einer Klärung von Detailfragen nicht interessiert oder aber hierzu nicht fähig war, führte Leich weiter aus[165]. Die Sitzungsteilnehmer fragten interessiert, in welcher Relation das Jarowinsky- und das Honecker-Gespräch zueinander ständen[166]. Leich erklärte, »ob mit dieser ›Schnelleinladung‹ durch [...] Honecker unter die bisherigen Ereignisse ein Schlußstrich gezogen werden sollte oder ein Doppelpunkt gesetzt würde, könne man erst nach 14 Tagen oder vier Wochen sagen. Von seiten der Kirche seien Fragen angesprochen worden, auf die man nicht vorbereitet gewesen sei.«[167]

Hempels kritische Anfrage, ob Leichs Wendung vom Sozialismus als der »›gerechtere[n] Form des Miteinanders‹« die Position aller Gliedkirchen wiedergebe[168], wurde auf der Klausurtagung der KKL in Buckow knapp zehn Tage später wieder aufgenommen. Dabei stellten einige Teilnehmer – insbesondere Kurt Domsch und Pfarrer Adolph, Neustadt[169] – die Frage, ob der Staat den Komparativ als solchen wirklich zur Kenntnis nehme. Werde er nicht eher »gehört als Bestätigung des eigenen Weges, als Bejahung der gegenwärtigen Gesellschaftswirklichkeit, vielleicht gar als politische Bekenntnisaussage«? In den Gemeinden werde eine solche Formulierung hingegen häufig »als völlige Fehleinschätzung der realen Situation abgelehnt und vertief[e] das Mißtrauen gegen ›Spitzengespräche‹.« Andere hingegen fühlten sich hierdurch ermutigt, »bei der Vision zu bleiben und für konkrete Schritte einzutreten«.[170] Leich soll geäußert haben, »nicht die zur Zeit bestehende Realität sei gemeint, sondern das, was nach ›Abhilfe‹ an einigen ›gravierenden Punkten‹ der Sozialismus als real existierender in der DDR sein könnte.«[171] Zusammenfassend vermerkt das kirchliche Protokoll: »In der Mehrheit der Gesprächsbeiträge wird zu einem zurückhaltenderen Gebrauch der Formel von der ›gerechteren Form‹ geraten. Sie bedarf jeweils der Auslegung und der Erklärungen.«[172]

In Gesprächen mit Staatsvertretern bedauerten Leich, Natho und Forck bis Ende März, die Spitzenbegegnung sei für die Kirche ohne erkennbare Ergebnisse geblieben. Dabei forderten Leich und Forck auch eindeutige Veränderungen im staatlichen Bereich. Hingegen hielt Natho – ebenso wie Günter Krusche – eine klare Position als »Kirche im Sozialismus« für notwendig und forderte eine öffentliche Abgrenzung der Kirche von staatskritischen Gruppen. Weder Opposition noch Gleichgültigkeit gegenüber der gesellschaftlichen Entwicklung stünden der Kirche gut an: »Ihm [Natho] seien die Berliner Ereignisse unverständlich. Man sei in der Berliner Kirche zu liberal. Forck habe keine klare Haltung zur ›KiS‹, und Stolpe wirke auch oft für seine Freunde etwas undurchsichtig.«[173]

Wie sehr sich die DDR-Kirchen im vorausgegangenen Vierteljahrhundert gewandelt hatten, zeigt die Behandlung einer dem KKL-Vorstand gegebenen Anregung, die Leitung des BEK möge während ihrer Märztagung in Buckow der 25jährigen Wiederkehr der Abfassung der »Zehn Artikel über Freiheit und Dienst der Kirche«[174] gedenken. Im Sitzungsprotokoll heißt es hierzu verhalten:

»Vorstand dankt für die Vorlage. Er hält jedoch eine isolierte Würdigung dieses Dokuments, das nur Eingeweihten bekannt sein dürfte, nicht für sinnvoll. Dagegen könnte erwogen werden, weitere Wegmarken der evangelischen Kirche aus jener Zeit, wie z. B. die ›Sieben Sätze‹ des Weißenseer Arbeitskreises[175], aber auch das ›Wort von Lehnin‹ (Brief der Bischöfe zur neuen Verfassung der DDR 1968)[176] im Zusammenhang des Weges unserer Kirchen etwa in einem Seminar zu bedenken.«[177]

Bereits Mitte April konnten die Funktionäre nach Berlin melden, man habe »nahezu alle Vertreter der oberen und mittleren Leitungsebene sowie rund 2/3 der Geistlichen und Amtsträger an der kirchlichen Basis«[178] mit »Gesprächen« überzogen[179]. Dabei habe sich vor allem das Treffen zwischen Honecker und Leich insofern als hilfreich erwiesen, als den kirchlichen Gesprächspartnern daran anschaulich demonstriert werden konnte, daß der 6. März für den Staat weiterhin Gültigkeit besitze[180]. Sie beanstandeten allerdings, daß die von Leich vorgebrachte Kritik in der offiziellen ADN-Meldung unberücksichtigt blieb. Die Gesprächspolitik zeigte Wirkung. Ein immer größerer Teil der Angesprochenen distanzierte sich von den Aktionen während der Liebknecht-Luxemburg-Demonstration. So akzeptierte Bischof Gienke sogar das staatliche Vorgehen gegenüber den Demonstrierenden[181].

Auf Empfehlung Honeckers nahm sich der Erfurter SED-Bezirksfunktionär Gerhard Müller Mitte April den Thüringer Bischof zur Brust, um ihn vor der Eisenacher Landessynode richtig einzustimmen. Danach schrieb Müller an den SED-Generalsekretär:

»Einleitend habe ich ihm Deine Grüße übermittelt und zugleich Deine Verwunderung darüber zum Ausdruck gebracht, daß er zum Gespräch am 3. März 1988 mit einer ausgearbeiteten Rede erschienen ist und diese Rede unmittelbar nach dem Gespräch an westliche Medien weitergegeben hat.«

In seiner Antwort verwies Leich auf die Bedeutung der Begegnung und auf Werner Krusche, der 1978 ebenfalls mit einem Manuskript vor den Staatsratsvorsitzenden getreten sei. Weitergegeben habe er den Text der Rede lediglich an ADN. Müller forderte Leich auf, im Interesse der Wahrung des guten Staat-Kirche-Verhältnisses nicht weiter die Forderung nach einem Zivildienst und Gesprächen mit dem Volksbildungsministerium zu erheben. Honecker habe diese Fragen klar beantwortet. Darauf erhielt Müller vom Bischof keine eindeutige Antwort.

Leich versicherte aber, die Thüringer Kirche werde Staatskritikern nicht ihre Türen öffnen. Müller forderte, so klar müsse er auch als KKL-Vorsitzender reden; das habe man bislang vermißt.

Abschließend urteilte der Funktionär:

»Allerdings hatte ich im Verlauf des ganzen Gesprächs den Eindruck, daß Bischof Leich unter starken Zwängen der reaktionären Kräfte in der Evangelischen Kirche steht und nicht bzw. noch nicht den Mut aufbringt, diesen Kräften offen entgegenzutreten. Ich habe ihm unmißverständlich gesagt, daß wir das für erforderlich halten im Interesse der Zusammenarbeit von Staat und Kirche, aber auch im Interesse seiner eigenen Person und des guten Rufs der Evangelischen Kirche Thüringens.

Da Bischof Leich offensichtlich keine Kämpfernatur ist und immer wieder den Vergleich sucht, halte ich es für erforderlich, daß wir die Zusammenarbeit mit ihm intensivieren.«

An einer gewissen Regelmäßigkeit der Treffen mit der Bezirksleitung zeigte sich Leich sehr interessiert[182].

Diskussionen über Ausreisefragen und Staatsbürgerschaft (Frühjahr 1988)

Über die wichtigsten Vorgänge in den ersten Monaten des Jahres setzten die BEK-Vertreter ihre westlichen Brüder während der März-Sitzung der Beratergruppe in Kenntnis. Forck berichtete von den jüngst zurückliegenden Berliner Ereignissen, Domsch informierte über die Ökumenische Versammlung:

»Die staatliche Seite hat ziemlich harsch auf das Unternehmen reagiert: Dort sei nur ›Nabelschau‹ betrieben worden; die großen Weltprobleme wären an den Rand gedrängt und stattdessen seien spezifische DDR-Fragen ins Zentrum gerückt worden. Diesen Eindruck kann die Kirche nicht teilen. [...] In Dresden selber hat es Kritik aus den Gruppen an der Versammlung gegeben: zu wenig Frauen, zu hierarchisch strukturiert und zu geringe Identifikation mit einzelnen Gruppenanliegen.«[183]

Gegenüber Hermann Kalb soll LWB-Generalsekretär Gunnar Staalsett[184] geäußert haben,

»daß der Lutherische Weltbund in Abstimmung mit den Mitgliedskirchen in der DDR nicht an einer Einmischung in die Gestaltung der Staat-Kirche-Beziehungen interessiert sei. Er hob hervor, daß sein Genfer Stab trotz vieler Anfragen die Auffassung der Konferenz der Kirchenleitungen in der DDR teile, aufgetretene Probleme nicht in die internationale Ökumene zu tragen. [...] Die Positionen der Regierung der DDR und der Kirchen in diesem Lande zu Grundfragen der Menschheit seien für den Lutherischen Weltbund von solch hoher Wichtigkeit, daß die Beziehungen nicht durch aufgetretene Probleme zwischen Staat und Kirche in der DDR belastet werden dürfen.«[185]

Ähnliches soll auch sein Stellvertreter Paul Wee von sich gegeben haben:

»Der LWB habe über hundert Anfragen erhalten, in denen er teilweise gedrängt worden sei, öffentlich gegen staatliche Maßnahmen der DDR Stellung zu beziehen. In Konsultation mit den Mitgliedskirchen in der DDR und unter Berücksichtigung der Gespräche, die mit Genossen Gysi geführt worden seien, habe man sich jedoch gegen einen solchen Schritt entschieden. Die Zurückhaltung sei sicherlich richtig gewesen.«[186]

Aus dem direkten Gesprächsprotokoll werden jedoch auch kritischere Töne Staalsetts deutlich. So meinte er einleitend, die westliche Medienberichterstattung müsse doch einen wahren Kern haben. Der LWB könne ein gegenüber den Kirchen ausgesprochenes Verbot, sich mit gesellschaftlichen Fragen zu befassen, keineswegs hinnehmen:

»Die Vertreter der DDR-Kirchen im LWB-Stab und seinen Kommissionen würden stets als bewußte DDR-Bürger auftreten und im Ausland die Positionen der Regierung vertreten. Daher könne er sich die Situation nicht erklären. [...] Nach seiner persönlichen Auffassung und der im Genfer Stab sei die Zeit reif für Gespräche zwischen Staat und Kirchen in der DDR über mehr Beteiligung von Christen bei der Lösung gesellschaftlicher Aufgaben.«[187]

Seit Beginn des Jahres 1988 war dem Staat die zum Teil intensive Arbeit der Kirche mit Ausreiseantragstellern ein Dorn im Auge. In einem Gespräch im »Roten Rathaus« forderte Bischof Forck,

»die Rechtssicherheit auf dem Gebiet der ›Ausbürgerung‹ zu erhöhen. Auch dürfe es nicht sein, daß Menschen, die einen Ausreiseantrag gestellt hätten, wie Personen 2. Klasse behandelt würden[188]. Vielfach stehen auch gesellschaftliche Defizite für einen solchen Antrag im Hintergrund. Der Staat müsse sich auch die Frage stellen, warum sich viele Bürger in der DDR nicht zu Hause fühlen. [...]
Er wisse, betonte Forck, daß er als ›Scharfmacher‹ gelte. Dies sei aber gar nicht so. ›Ich habe die DDR lieb, nur viele merken es nicht.‹ Diesem Anliegen waren alle seine Predigten der letzten Zeit gewidmet. [...] Kritisches Reden bedeute nicht Feindschaft, oftmals bedeute es Freundschaft.«

Superintendentin Laudien unterstützte ihren Bischof: »Sie habe [...] feststellen müssen, daß die Qual eines nicht absehbaren Wartens für die Betreffenden unerträglich ist.«[189]

Berlin-Brandenburg hatte eine Beratungsstelle für Übersiedlungsersuchende errichtet – eine Maßnahme, die Forck vor der KKL im März verteidigen mußte[190].

Die staatlichen Gewaltmaßnahmen vor der Ostberliner Sophienkirche gegen Ausreiseantragsteller und Gottesdienstbesucher genau am 6. März 1988 bewegten viele Menschen in der DDR[191]. Auch Passauers gleich zu Beginn der KKL-Klausurtagung in Buckow erstatteter Bericht über die Vorgänge beeinflußte nachhaltig den Verlauf der gesamten Sitzung[192]. Nicht nur in Berlin, auch in Schwerin war der Staat am gleichen Tag gegen 30 Menschen aus dem besagten Personenkreis ähnlich hart vorgegangen. Die Ausreisewilligen hatten ihr Anliegen im Zusammenhang mit einem Gottesdienstbesuch im Schweriner Dom vorgebracht. Bischof Stier protestierte heftig gegen die Polizeimaßnahmen nach dem Gottesdienst[193].

Zwei Tage nach den Berliner Übergriffen sprach Günter Hoffmann, Stellvertreter des Ostberliner Oberbürgermeisters für Inneres, mit Stolpe. Hoffmann hielt Stolpe vor:

»Es ist festzustellen, daß in der letzten Zeit zunehmend Bürger mit einem Ersuchen auf Übersiedlung unter dem Dach der Kirche aktiv werden. Dies ist ein besonders gravierender Fakt. Genosse Hoffmann betonte, daß diese Bürger die Kirche als ein ›Vehikel‹ betrachten, ihren Ausreiseantrag zu beschleunigen. [...] Unverständlich ist, daß die Kirchenleitung ein Kontaktbüro für Übersiedlungsersuchende eingerichtet und bis heute nicht geschlossen hat. [...]
Hoffmann äußerte sein Unverständnis über die Haltung des Pfarrers der Sophienkirche, M.-M. Passauer. Es war bekannt, daß Übersiedlungsersucher die Absicht hatten, am 6.3.1988 die Sophienkirche zu ›besetzen‹. Staatliche Kontrollmaßnahmen im Umfeld der Kirche dienten dazu, einen solchen rechtswidrigen Akt zu verhindern. Dies habe auch im Interesse der Kirche gelegen. Warum [...] gab es Proteste von Passauer? Kein Gottesdienstbesucher wurde gehindert, an der religiösen Veranstaltung teilzunehmen. Die Folgen einer ›Besetzung‹ der Kirche durch die genannten Kräfte wären stattdessen unkalkulierbar gewesen.«

Der Konsistorialpräsident »bedankte sich für die ›Klarheit der Sprache‹« und erklärte:

»Er stimme mit der Grundeinschätzung überein. Die Kirche [...] dürfe nicht als ›Ausbürgerungszentrale‹ fungieren, sie dürfe noch nicht einmal so erscheinen. Dies werde auch von der großen Mehrheit der Amtsträger so gesehen. Es besteht weitgehend kein Interesse an ›Turbulenzen‹. Das Thema ›Ausbürgerungen‹ sei für die Kirche offensichtlich bereits im ›Abflauen‹. Die gestrige Veranstaltung in der Gethsemane-Kirche sei deshalb auch bewußt als ein ›Schlußpunkt‹ für eine Beschäftigung mit dieser Problematik zu sehen. Insbesondere Bischof Dr. Forck habe in seiner Predigt versucht, dies deutlich zu machen.

Stolpe erklärte, daß er ein ›hartes‹ staatliches Reagieren für richtig und gerechtfertigt halte. ›Nach Dresden mußte allen gezeigt werden, daß Erpressungen nicht möglich sind, demonstratives Vordrängeln nicht wirksam ist.‹ Er hoffe, daß dies zunehmend ›auch die Dümmsten kapiert haben‹.

Stolpe charakterisierte den o. g. Personenkreis als ›am Rande des Terrorismus stehend‹. Aus diesem Grunde sei auch das staatliche Tätigwerden im Vorfeld der Sophien-Kirche am 6.3.1988 verständlich und zu akzeptieren. Er bat, die ›Aufregung‹ von Pfarrer Passauer zu entschuldigen. ›Es bleibt die Feststellung, daß die Sophien-Kirche ein mögliches Nest für Störungen war – und Sie, Herr Stadtrat, sind nun mal für Ordnung und Sicherheit in dieser Stadt verantwortlich.‹

Für die weitere Zeit wird es keine Fürbittgottesdienste mehr geben. Man wird alles tun, erklärte Stolpe, Gruppenbildungen im Rahmen bzw. unter dem Dach der Kirche zu verhindern. Dort, wo Seelsorge mit Übersiedlungsersuchern notwendig sei, dürfen ›keine falschen Hoffnungen‹ geweckt werden. Er räumte ein, daß die Kirche sich diesbezüglich in der Vergangenheit ›nicht immer glücklich‹ verhalten habe. Stolpe erklärte, daß eine staatliche ›Abschreckungsmethode‹ gegenüber Übersiedlungsersuchern mit gesetzwidrigen Ambitionen notwendig sei. ›Jeder muß erfahren, daß es keine Ausnahmen gäbe.‹ Er bitte jedoch auch zu überlegen, ob nicht für die ›langjährig Wartenden‹ Entscheidungen getroffen werden können. Diese Bitte resultiere aus seinen persönlichen Beobachtungen.

Auf die nochmalige Frage erklärte Stolpe, daß mit der Schließung des ›Seelsorgerischen Beratungszentrums‹ in der Nöldnerstraße (Kontaktbüro für Übersiedlungswillige) noch vor Ostern endgültig zu rechnen sei. Herr Stolpe erkannte, daß in diesem ›Büro‹ in der Vergangenheit tatsächlich ›Vernetzungsversuche‹ von Übersiedlungsersuchenden gegeben waren. Seit dem 25.2.1988 sei dies jedoch nicht mehr der Fall. Vorsprechende werden nun im Regelfall an ihren Ortspfarrer zur weiteren ›seelsorgerischen Begleitung‹ verwiesen.

Bezugnehmend auf den ›Offenen Brief an Bischof Forck‹ [des Weißenseer Arbeitskreises][194] erklärte Stolpe, daß vieles, vom Schreibtisch aus gesehen, richtig sei. ›Vor Ort sieht die Sache allerdings oftmals etwas anders aus.‹ Er würde, erklärte Stolpe, Professor Müller (Vorsitzender des ›Weißenseer Arbeitskreises‹) gerne einmal einladen, ›vor mehreren hundert Verrücktgewordenen seine Thesen zu vertreten.‹ Zur Zeit gehe es darum, betonte Stolpe, die Situation zu entspannen, ›abzuwiegeln‹. Hier sei ›Schulterschluß‹ von Staat und Kirche wünschenswert. Es gelte einen ›Mechanismus für die nächsten Sonntage‹ zu finden. Er bat in diesen Fragen, mit dem Stellvertreter des Oberbürgermeisters für Inneres in einem ständigen Kontakt zu bleiben. (Das wurde ihm zugesagt)«[195].

Zwei Tage später erklärte Hoffmann in Anwesenheit von Stolpe den Pfarrern der Sophiengemeinde, Passauer und Hildebrandt: »›Wir werden ein Zusammenfinden von Übersiedlungsersuchenden und deren organisiertes Tätigwerden unter dem Dach der Kirche nicht zulassen; hier sind keine Kompromisse möglich.‹«

Passauer blieb bei seinem Standpunkt:

»Ein Gottesdienst sei massiv behindert worden. Gewalt sei gegenüber Gemeindegliedern angewendet worden. Dies widerspreche nicht nur der Trennung von Staat und Kirche, die Art und Weise des staatlichen Vorgehens wecke Assoziationen mit dem ›Nationalsozialismus‹. [...] Das Verhalten der Polizei- und Sicherheitskräfte ist nicht zu rechtfertigen, eine öffentliche Klarstellung sei dringend notwendig. [...] Keine Rechtfertigung gäbe es für die Schläge und die Behinderung von Gemeindegliedern bei ihrer Gottesdienstteilnahme.«

Stolpe hob die Sachlichkeit der Ausführungen Passauers hervor. Es gebe auch erheblich emotionalere Stimmen. Wortwörtlich sagte der Konsistorialpräsident, hier anders auftretend als zwei Tage zuvor:

»›Die Behinderung eines Gottesdienstes ist eine prinzipielle Frage. Diese tangiert elementar das Verhältnis von Staat und Kirche. Der Gottesdienst muß *öffentlich* bleiben, es muß beim Angebot der Seelsorge bleiben, es muß die Möglichkeit eines Predigtnachgespräches geben.‹ [...] Anfragen erreichen uns diesbezüglich auch aus Genf. Er (Stolpe) habe immer beschwichtigt. Dennoch ›sind wir berührt, weil es auch den Ruf unseres Landes angeht‹.

Wir sammeln keine ›Antragsteller‹ und teilen verschiedene staatliche Besorgnisse. Dennoch werden wir uns darauf einzustellen haben, daß solche Leute in die Kirche kommen.«

Notwendig seien gemeinsame Überlegungen zwischen Kirche und Staat, wie man mit dem Problem umzugehen habe. Daß die Kirchenleitung sich hinsichtlich dieser Gewaltübergriffe bislang zurückgehalten habe, sei ein Zeichen ihrer Solidarität mit Staat und Gesellschaft[196].

Unter dem 10. März notierten die MfS-Offiziere Roßberg und Wiegand in einem Treffbericht mit IMB »Sekretär« noch einmal andere Aspekte des Vorgangs:

»Die Vorkommnisse vom 6.3.1988 im Umfeld der Sophienkirche haben nach Meinung kirchlicher Amtsträger der DDR international sehr geschadet. Die Kirchenpolitik sei dadurch in eine schlechte Optik geraten. [...] Pfr. Passauer stehe jetzt unter zunehmendem Druck seitens der Gemeinde, die von ihm für kommenden Sonntag eine Protesterklärung erwartet. Bei diesem Gottesdienst ist die Kirchenleitung präsent, mit kirchlichen Ordnungskräften soll für Ruhe und Disziplin gesorgt werden. [...] Die Kirche sondiert jetzt verstärkt zwischen langjährigen Übersiedlungsersuchenden und jenen, die jetzt erst Anträge gestellt haben. Die Seelsorge soll sich auf erstere Gruppe vor allem konzentrieren [...] In Kreisen leitender kirchlicher Amtsträger, besonders von leitenden Kirchenjuristen, wird zunehmend die Meinung vertreten, daß Erfordernis und Möglichkeit eines Staatsvertrages mit der Kirche immer dringlicher werden. Solche vertraglichen Regelungen würden die Staat-Kirche-Beziehungen überschau- und berechenbarer gestalten lassen.«[197]

Ende März 1988 schrieb Forck an Hoffmann einen scharfen Brief, dessen Kernaussagen lauteten:

»Die Evangelische Kirche hat weder die Polizei noch den Staat um Hilfe gebeten gegen eine Besetzung der Sophienkirche. Deshalb hätte das freie Recht zum Besuch des Gottesdienstes ohne Ausweiskontrollen gewährleistet sein müssen. [...]
Wenn es wieder zu einer gedeihlichen Zusammenarbeit zwischen Staat und Kirche kommen soll, dann ist eine der Voraussetzungen dafür, daß auch staatliche Stellen Fehlverhalten zugeben. Es ist auf die Dauer unzumutbar, alle Fehlentwicklungen in unserer Gesellschaft der Kirche anzulasten.
Diesen Brief schreibe ich vertraulich und darum in solcher Deutlichkeit.«[198]

Auf der Klausurtagung der KKL sprach man über die neue Form der Fürbittgottesdienste und kritisierte die Ausreisewilligen aus dem Bereich des Gesundheits- und Sozialwesens. Zugleich beauftragte die KKL ihren Sekretariatsleiter Ziegler,

»dem Staatssekretär für Kirchenfragen gegenüber zum Ausdruck zu bringen, daß sich die Konferenz sehr ernst mit den Vorgängen an der Sophienkirche Berlin befaßt hat, daß sie sich äußerste Zurückhaltung in der Pressemitteilung auferlegt hat, aber davon ausgeht, daß es keinen Wiederholungsfall geben wird.«[199]

Mitte April konnte der Staat befriedigt feststellen, daß sich nur noch in Leipzig, Halle, Bitterfeld, Quedlinburg und Naumburg Interessengruppen Ausreisewilliger in kirchlichen Räumen versammeln durften. Aber auch hier setzten sich Hempel, Demke, Domsch[200] sowie die zuständigen Pröpste und Superintendenten für ein Eingrenzen und Ausklingenlassen dieser Aktivitäten ein[201].

Am 14. März 1988 hatten achthundert Menschen, zumeist Ausreiseantragsteller, am Friedensgebet in der Leipziger Nikolaikirche teilgenommen. Da gleichzeitig die Frühjahrsmesse stattfand, hatten staatliche Stellen eindringlich mit Präsident Domsch und Oberkirchenrat Auerbach gesprochen, was zu dem Teilerfolg führte, daß nicht so viele Personen, wie zunächst befürchtet, das Gotteshaus aufsuchten. Auch ein zunächst geplanter Marsch mit Kerzen unterblieb. Immerhin hundertzwanzig Menschen gingen in Kleingruppen, sich einander an den Händen fassend, anschließend zur fünfhundert Meter entfernten Thomaskirche[202].

Anfang Mai 1988 bemerkte der amtierende Dresdener LKA-Präsident Schlichter gegenüber Staatsfunktionären, die Antragsteller erwarteten von der Kirche Hilfe. In Gesprächen mit diesem Personenkreis habe er

»den Eindruck gewonnen, daß sie sich in der Gesellschaft nicht angenommen, sondern ausgegrenzt fühlen. Viele klagen über bürokratische Behandlung durch Behörden, über Schwierigkeiten in den Betrieben und erfahrene Mißachtung im gesellschaftlichen Umfeld.«[203]

Nahezu jeden Montag fahre OKR Auerbach nach Leipzig, fuhr Schlichter fort. Am Betreten einer Kirche könne man niemanden hindern. Zudem seien »Fürbitten ein legitimes Anliegen der Kirche«, das allerdings nicht mißbraucht werden dürfe[204].

Einen Monat später – pikanterweise im Zusammenhang mit dem Kauf seines Eigenheimes – versprach Hempel, sich für eine Beruhigung der Situation einzusetzen. Er sei nicht daran interessiert, »die Übersiedlungsersuchenden zu ermuntern, den ›Schutz‹ der Kirche zu suchen.«[205] Gewaltmaßnahmen jedoch seien nicht angebracht. Er halte auch den Vorschlag für nicht akzeptabel, die betreffenden Kirchen einfach zu verschließen. Im Blick auf das staatliche Vorgehen sagte er, nur das vertrauensvolle Gespräch der Staatsbediensteten mit den Ausreisewilligen könne Konfliktsituationen abbauen[206].

Auch der Ostberliner Stadtrat Hoffmann merkte Ende Mai 1988 gegenüber Generalsuperintendent Krusche kritisch an: »Es sei nach wie vor zu verzeichnen, daß Personen, die einen Übersiedlungsantrag gestellt haben, sich unter dem Dach der Kirche organisieren wollen, um auf diese Art Druck auf den Staat auszuüben.« Hierbei verwies Hoffmann besonders auf die Paul-Gerhardt-Kirche (Prenzlauer Berg), die Sophien-, die Samariter- und die Bekenntniskirche (Treptow)[207].

Krusche ergänzte, in der Paul-Gerhardt-Kirche habe Pfarrer Mangliers gegen den Willen des Gemeindekirchenrates mit Blick auf diese Zielgruppe einen »thematischen Gottesdienst« abgehalten. Der Pfarrer soll von Stolpe mit dem Argument »›Wenn Ihr nun schon eingeladen habt, müßt Ihr die Veranstaltung auch durchführen‹« ermutigt worden sein.

Krusche erklärte resigniert, sein kritischer Synodalbeitrag[208] habe nichts gefruchtet. Um etwas zu bewegen, hätten sich einige Synodale, darunter auch Heinrich Fink, vor kurzem in der Wohnung des Generalsuperintendenten getroffen. Stolpe, den er früher für einen Mann mit einem großen Maß an Problembewußtsein gehalten habe, treibe Spiele mit bisweilen unklaren Zielen[209].

Hingegen soll Generalsuperintendent Richter (Cottbus) geäußert haben, er verfolge das Ziel, daß alle Ausreisewilligen letztendlich in der DDR blieben. Allerdings sei er hiermit in der praktischen Einzelseelsorge nicht gerade sehr erfolgreich. Hilfreicher wäre es für ihn, wenn der Staat die gegen diese Menschen verhängten Strafmaßnahmen bei einem Rückzug der Anträge sofort annulliere. Der Generalsuperintendent »betonte [...] nochmals, wie diese Menschen sich in einer für ihn unverständlichen Weise von unserer Gesellschaftsverordnung gelöst hätten«, notierte sein staatlicher Gesprächspartner. Abschließend soll sich Richter sogar zu der Äußerung verstiegen haben: »Zu bedenken wäre auch, daß diese Menschen neben ihrer Heimat auch ihre christliche Gemeinde im Stich lassen. Gedanken, sie deswegen aus der Kirche auszuschließen, seien eigentlich gar nicht so verkehrt.«[210] Daß schon der reformatorische Kirchenbegriff einen solchen Schritt verbot, hatte der Brandenburger Theologe anscheinend nicht mehr im Blick.

Um so härter traf es Richter, als im Sommer 1988 seine eigene Tochter Friederieke, Studentin der Medizin, von einer Reise in die Bundesrepublik nicht mehr zurückkehrte:

»Ihr Vorhaben teilte sie ihrem Vater und der Schwester, die ebenfalls in der BRD weilten, schon während der Reise mit.
Noch vor Ablauf der Reisezeit informierte Generalsuperintendent Richter vertraulich den Stellvertreter der Vorsitzenden des Rates des Bezirkes Cottbus für Inneres und teilte mit, daß bisher alle von ihm unternommenen Anstrengungen, die Tochter umzustimmen, ergebnislos waren. Trotzdem wolle er alles Nötige dazu weiterhin unternehmen, um die Tochter umzustimmen. Daraufhin wurden entsprechende Maßnahmen eingeleitet und auch Richter die gewünschte Unterstützung gegeben.

Inzwischen ist die nochmals verlängerte Reisezeit am 25. August 1988 abgelaufen, so daß der Tatbestand des ungesetzlichen Grenzübertritts gemäß § 213 (2) StGB gegeben ist. Am 26. August 1988 informierte Generalsuperintendent Richter, daß er keinen direkten Kontakt zur Tochter herstellen konnte. Nach wie vor wisse er nicht, bei wem und wo sie sich aufhalte. Lediglich auf einer Postkarte habe sie den Eltern von einer Urlaubsreise nach Frankreich nochmals ohne Begründung mitgeteilt, daß sie nicht in die DDR zurückkehrt und bereits das Lager Gießen nach vier Tagen verlassen hat.

Generalsuperintendent Richter hat einen weiteren Versuch unternommen, von der Tochter eine Erklärung zu bekommen, indem er seiner in der BRD lebenden Schwester bei einem kürzlichen Aufenthalt in der DDR einen Brief mitgab. Richter brachte zum Ausdruck, daß er diesen ungesetzlichen Schritt nicht verstehen kann, in keiner Weise billigt und verurteilen muß. Dieser Vorfall belastet ihn menschlich außerordentlich. Als Generalsuperintendent und Kirchenleitungsmitglied sieht er sich bloßgestellt und befürchtet, er werde gerade bei den Leuten, die ihn wegen seiner konsequenten Haltung gegenüber Übersiedlungsersuchenden stets kritisieren, völlig unglaubhaft.

In der für Generalsuperintendent Richter augenblicklich komplizierten Situation sind ständige Kontakte gewährleistet. Ein nächster Anlaß dazu ist sein 60. Geburtstag am 10.9.1988.«[211]

Ende Juni 1988 nahm das Staatssekretariat für Kirchenfragen eine weitere Auswertung der mit kirchlichen Amtsträgern geführten Gespräche zu Ausreisefragen vor:

»Eine konstruktive Grundtendenz zeichnet sich ebenfalls in der mehrheitlich geäußerten Position zur Übersiedlungsproblematik ab. Die Motivation der Antragsteller wird nicht nur nicht gebilligt, sondern teilweise scharf kritisiert, indem sie als Ausdruck einer egoistischen Einstellung und die Erwartung von Antragstellern im Blick auf das Leben in der BRD als illusionär gekennzeichnet werden. Zunehmende Verbreitung findet außerdem die realistische Einsicht, daß die Kirche kein Mandat hat, als Vermittler zwischen Staat und Antragstellern zu fungieren. Generelle Zustimmung und Unterstützung findet ebenfalls die Orientierung realistischer kirchenleitender Kräfte, die kirchliche Arbeit mit Antragstellern auf individuelle Seelsorge zu begrenzen, wobei das vorrangige Ziel darin gesehen wird, diese zum Bleiben in der DDR zu bewegen.«[212]

Im Zusammenhang mit der neuerlichen Ausreisewelle im Frühjahr 1988 wurde in der Konsultationsgruppe wieder einmal die »Staatsbürgerschaftsfrage« thematisiert. Unter der Überschrift »Verantwortung füreinander wahrnehmen« spielten zunächst Forcks Äußerungen eine Rolle, die Bundesrepublik trage an der Ausbürgerungsproblematik eine »indirekte Mitverantwortung«[213].

»Die öffentlichen Äußerungen[214] werden bedauert und als sehr beschwerlich empfunden. Vor allem sollte die Diskussion über die sogenannte ›Quoten-Regelung‹ schnellstens durch Stillschweigen beendet werden.«[215]

Dabei hatte Forck diese Behauptung durchaus nicht frei aus der Luft gegriffen. Vielmehr scheint dergleichen in Politikergesprächen zwischen Bonn und Ost-Berlin eine Rolle gespielt zu haben[216]. Auch Stolpe hatte in einer DDR-internen Kirchenbesprechung gefordert, daß die Kirchen – neben einem Vorstoß bei der DDR-Regierung für mehr Transparenz bei der Bearbeitung von Ausreiseanträgen – sich bei der Bundesregierung »für einen Abbau der Förderung von DDR-Zuwanderern einsetzen« sollten[217]. Nach einer Information des MfS soll Bundesverkehrsminister Warnke gegenüber Forck eingeräumt haben, die Bundesregierung trage an der Ausreisewelle Mitverantwortung, was Forck sogleich der KKL weitergab[218].

Die Synode Berlin-Brandenburg (Ost) hatte Forcks Behauptung unterstützt, indem sie feststellte, daß die in der Bundesrepublik vorhandenen »›staatsrechtlichen und ökonomischen Erleichterungen für DDR-Bürger [...] als Abwerbemechanismus‹« wirken und »›verbunden mit der organisierten Erstarbeitsplatzbeschaffung immer wieder DDR-Bürger in Versuchung‹«[219] führen.

Der SED-Staat urteilte:

»Dies und die Feststellung Forcks, daß es von seiten der BRD eine gewisse Limitierung für Übersiedlungen gäbe, hat zu Stellungnahmen der Bundesministerin Wilms[220] wie auch Vertretern der SPD geführt. Der deutschlandpolitische Sprecher der SPD-Fraktion Büchler forderte, daß man jetzt mit dem evangelischen Kirchenbund in der DDR diese Dinge im direkten Gespräch aufklären müsse. Es deutet manches darauf hin, daß nach dem Scheitern der Linie der vergangenen Monate, die sich zudem im Kirchenbund nicht als mehrheitsfähig erwiesen hat, nun der evangelische Kirchenbund auf diesem Wege in eine ›Anwalts‹- und ›Makler‹-Rolle gebracht werden soll.«[221]

Nach der Entschuldigung über Forcks Äußerungen brachten die östlichen Kirchenleute gegenüber den EKD-Vertretern ihr altes Anliegen sogleich wieder vor:

»Es wird angefragt, ob in der Frage der Staatsbürgerschaft nicht doch Regelungen möglich sind, die eine Ausreise aus der DDR weniger verlockend erscheinen lassen. Dagegen wird eingewandt, daß die Bestimmungen des Grundgesetzes nicht angetastet werden können. Außerdem hänge die Frage der Staatsbürgerschaft zusammen mit der EG-Frage, aus der die DDR Vorteile ziehe. Es müsse darum gefragt werden, ob die DDR wirklich auf diese Vorteile verzichten wolle. Auch unterhalb der Ebene des Grundgesetzes seien einschränkende Maßnahmen und Absprachen nicht möglich. Jeder Amtsrichter könnte solche Maßnahmen sofort aufheben. Im übrigen würde eine Änderung in der Staatsbürgerschaftsfrage für die Ausreiseproblematik nicht viel ändern. Die getrennte Staatsbürgerschaft wäre für die Bundesrepublik die große Abschreibung der Deutschen in der DDR. Dies könne kein Politiker in der Bundesrepublik vertreten. Im übrigen würde dann sofort ein Einbürgerungsverfahren in Gang gesetzt werden, das für die Deutschen aus der DDR so leicht wäre wie etwa für Österreicher. Der Effekt für die Lösung der Ausreiseproblematik wäre gleich Null. Es bestehe auch kaum Aussicht, das wirtschaftliche Attraktivitätsgefälle zwischen Bundesrepublik und DDR in absehbarer Zeit zu ändern. Dieses Attraktivitätsgefälle bestehe besonders für spezielle Berufe wie etwa Ärzte.«[222]

So deutlich hatten bis dahin die westlichen Kirchenvertreter dem Anliegen ihrer Kollegen aus dem Osten noch nie widersprochen. Sie hatten wohl erkannt, daß es um den Ost-Staat wirklich schlecht stand. In den beruhigenden, mit unverbindlichen Ratschlägen und Hilfsversprechen gespickten Passagen heißt es gar unverblümt, »es sei einsichtig, daß es um die Überlebensfähigkeit der DDR gehe. Die DDR müsse an Attraktivität gewinnen, damit der Druck der Ausreisewilligen abgebaut wird. In der Bundesrepublik muß das Bewußtsein wachsen, daß der Schade des anderen immer auch der eigene Schade sei. Es könne der Bundesrepublik nicht an einer Destabilisierung der DDR liegen.«[223] Auch auf seiten der DDR-Kirchenleute war ein Abrücken vom eigenen Staat spürbar[224]. Sie suchten ihre Westkollegen von einem ökumenischen Gottesdienst aus Anlaß der Staatsgründung der Bundesrepublik mit dem Hinweis darauf abzubringen, »welche Folgen das unter Umständen für die Kirchen in der DDR haben könne, für die ein Gottesdienst zum 40. Jahrestag der Gründung der DDR kaum denkbar sei.«[225]

Am 6. Juni 1988 stieß Manfred Stolpe in der Beratergruppe nochmals nach, indem er – unter Hinweis auf den Beschluß der Berlin-Brandenburgischen Synode[226] – die Hintergründe und die Entwicklung der Ausreisewelle ausführlich erläuterte[227]. Unmißverständlich heißt es:

»In der Aussprache wird nachdrücklich darauf hingewiesen, daß an der Staatsbürgerschaftsfrage vom Grundgesetz her im Augenblick auf seiten der Bundesregierung nichts zu ändern ist.«[228] Daran schloß sich freilich wieder die Zusage einer »indirekten Mitverantwortung und Mitbetroffenheit« der Westkirche an. In der Aussprache wurde auch deutlich, »daß innerhalb der Kirchen des Bundes unterschiedliche Beurteilungen bestehen«[229]. Da die BEK-Vertreter auch nach dieser Sitzung noch weiter bohrten, wurde ihnen während der Juni-Konsultation klipp und klar gesagt:

»Es wird davor gewarnt, daß überhaupt das Stichwort Staatsbürgerschaft in der Bitte der KKL an den Rat verwendet wird. Die Behandlung des Themas Staatsbürgerschaft ist aussichtslos.«[230]

Auch Stier stellte fest, »die Hauptveränderungen zur Lösung der Probleme müßten von der DDR selbst geschaffen werden. [...] Die Kirche könne Hilfe nur aus Glauben geben. Darauf müsse sie sich konzentrieren.«[231]

Ende September 1988 trug Bischof Stier vor der Konsultationsgruppe – man sammelte Themenaspekte für einen neuen Arbeitsbericht des Gremiums[232] – Gesichtspunkte zum Thema »Die Identität der Deutschen in Ost und West. Nation und Staatsbürgerschaft« vor. Daß ausgerechnet Stier mit dieser Aufgabe betraut worden war[233], zeigte an, welche Veränderungen stattfanden: »Das entscheidende Moment bleibt das Bewußtsein der Zusammengehörigkeit«, führte der Bischof denn auch aus. Mit dem Nationenbegriff lasse sich theologisch verantwortlich mit Hilfe der drei Stichworte »Haftungsgemeinschaft – Verantwortungsgemeinschaft – Solidargemeinschaft« operieren. Klar war für Stier: »Wir können von der deutschen Nation nur noch reden innerhalb des europäischen Hauses.«

Binder stellte seinen Textentwurf zum Thema »Vierzig Jahre Kirche in der Bundesrepublik« vor.

»Er hebt hervor, daß die Kirchen in der Bundesrepublik als sinnstiftende Institution vom Staat angesehen würden. Sie hätten deshalb einen Status erhalten, der über den Status, den sie in der Weimarer Republik hatten, hinausgeht [...] Die Zustimmung zur Ostpolitik ist breit. Eine öffentliche Stellungnahme der Ev. Kirchen zum Staat Bundesrepublik ist in der Denkschrift ›Freiheitliche Demokratie‹ zu sehen.«[234]

Ähnlich wie schon im Zusammenhang mit der Nationen-Frage wurde auch in der Aussprache über Binders Text »angefragt, ob man dieses Thema wirklich gemeinsam bearbeiten könne«. Sehr viel vorsichtiger und nur noch leise fordernd fragten die Teilnehmer aus der DDR auch an, was die Kirchen tun könnten, um das »einlinige Soggefälle« in Richtung Bundesrepublik zu verringern. »Die Forderung nach Menschenrechten sollte in der Ausreiseproblematik nicht als Waffe benutzt werden. Es sei nötig, daß auch in der Bundesrepublik selbstkritisch mit der Frage der Menschenrechte umgegangen werde. Vorgeschlagen wird, in Bonn ein Hintergrundgespräch mit Journalisten zu dieser Problematik zu ermöglichen.«[235]

Es handelte sich im übrigen um die erste Klausurtagung der Konsultationsgruppe in der DDR. Ziegler hatte Hans Wilke gegenüber ein Jahr zuvor geklagt, die Konsultationsgruppe – von Wilke im Protokoll fälschlich »Beratergruppe« genannt – hätte bislang nur in der Bundesrepublik bzw. Berlin tagen können. Die Möglichkeit einer Sitzung in der DDR hatte er zuvor schon mit Heinrich vorbesprochen. Im weiteren Gesprächsverlauf bat Ziegler um die Genehmigung der Meißener Tagung[236].

Innerkirchliche Auseinandersetzungen um das Verhältnis zu den Gruppen, die Frühjahrssynoden 1988 und die Auflösung der VELK

Wie bescheiden der Staat auf Bezirksebene zum Teil schon geworden war bzw. wieviel Angst die gespannte Situation den dort tätigen Funktionären einjagte, zeigt die Einschätzung der bereits zur Institution gewordenen Basisgruppenveranstaltung »Frieden konkret«, die sich Ende Februar 1988 mit 212 Teilnehmern in Cottbus traf. Die von Staat und Partei eingeleiteten Maßnahmen hätten sich bewährt, heißt es gleich zu Beginn:

»Es wurde erreicht, daß im Zusammenhang mit der Durchführung der kirchlichen Veranstaltung ›Frieden konkret VI‹ in der Stadt Cottbus Störungen der öffentlichen Ordnung und Sicherheit verhindert wurden.«

Ein bescheidenes Votum, insbesondere wenn man berücksichtigt, daß die benannten Gefahren bislang selten von kirchlichen Veranstaltungen ausgegangen waren. Weiter hieß es, die als »politisch negativ« einzuschätzenden Anwesenden seien kaum religiös motiviert gewesen. Ein Zeichen für die Unsicherheit und das Unterlegenheits- bzw. Angstgefühl der Machthaber war auch die Aussage:

»Nach Einschätzung uns bekannter Teilnehmer […] begnügt sich die Mehrheit der Teilnehmer trotz vorhandener großer Zerstrittenheit gegenwärtig damit, den Sozialismus in der DDR auf der Grundlage der bestehenden Machtverhältnisse im Sinne einer größeren Öffnung und Offenheit ändern zu wollen.«

»Neben diesem gemäßigten Lager«, so heißt es weiter, »gibt es bekannte politisch negative Kräfte wie Tschiche, Wonneberger u. a., die unsere Machtstrukturen friedlich bis relativ gewaltsam ändern wollen.« Wegen dem hier zutage getretenen Gegensatz mißlang eine für diese Tagung geplante Vernetzung der Gruppen[237]. Wer de facto die Gorbatschowsche Reformpolitik vertrat, ohne das System als solches in Frage zu stellen, galt auf einmal als gemäßigt, war also noch tolerierbar.

Scharfe Kritik erfuhr Bischof Forck, der über das Gespräch bei Jarowinsky berichtete und hervorhob, Leich habe die Unterredung als belehrend empfunden. »Forck kritisierte, daß der Staat gesellschaftliche Probleme nur der Kirche anlaste, die sie nicht verursacht habe.« Dadurch, daß er die Schuld an der kirchenpolitischen Situation einseitig dem Staat zuwies, habe er »die negativen Kräfte« ermuntert[238].

Vor der Klausurtagung der KKL befaßte sich der KKL-Vorstand mit der Frage nach dem Verhältnis der Kirche zu den Gruppen, wahrscheinlich um zu einer einheitlichen Vorklärung zu gelangen. Der Sitzung lag eine Vorlage der BEK-Arbeitsgruppe Menschenrechte vor, die – wie bei solchen Papieren meist üblich – zu einer Kompromißlösung tendierte: »Die [innerkirchliche] Diskussionslage ist von starken Gegensätzen bestimmt: auf der einen Seite rigorose Ablehnung der Gruppen, auf der anderen Seite unkritisches Eingehen auf die an die Kirche herangetragenen Forderungen.« Das Papier sprach die Empfehlung aus, die Kirche möge unterscheiden

»zwischen berechtigter Kritik, die auf die Verbesserung der gesellschaftlichen Situation im Lande zielt[239], und aggressiven politischen Akten, mit denen sie sich nicht solidarisieren kann. [...] Die kritische Unterscheidung vom Evangelium her ist gegenüber allen politischen Kräften geboten. Der diakonische Auftrag der Kirche beinhaltet das Eintreten für die Rechte politisch Andersdenkender oder gar Verfolgter wie den Einsatz für die umfassende Verwirklichung der Menschenrechte und die Achtung der Meinungsvielfalt. Der diakonische Auftrag der Kirche deckt aber nicht das unkritische Eintreten für beliebige Äußerungen zu politischen Fragen ab. Die Gewährung von Asyl in kirchlichen Räumen schließt nicht das Recht zu Aktivitäten ein, die den Eindruck erwecken, als habe die Kirche politische Opposition zu treiben.«

Unter Verarbeitung von »Barmen«, Gorbatschow und dem SED/SPD-Papier heißt es resümierend:

»Von ihrer Bindung an das Bekenntnis her weiß sich die Kirche zu allen Menschen gesandt. Deshalb tritt sie für den Dialog mit Andersdenkenden ein. Sie sieht darin auch ein geeignetes Mittel politischer Auseinandersetzung. Die Kirche ist bemüht, den Dialog zwischen Regierenden und Regierten zu fördern. Sie dient auf ihre Weise dem grenzüberschreitenden Dialog zwischen den rivalisierenden Ideologien und Weltsystemen. Als Botschafterin der Versöhnung möchte sie dem ›neuen Denken‹ Vorschub leisten und zu einer ›Kultur des politischen Streits‹ beitragen.

Wenn jedoch politische Aktivitäten auf politische Konfrontation angelegt sind, kann die Kirche nicht zustimmen, weil dies weder dem Geist des Evangeliums noch der politischen Vernunft entspricht.

Grundsätzlich geht die Kirche davon aus, daß alle von ihr zu verantwortenden Aktivitäten auf dem Boden der Verfassung der DDR und im Rahmen der für alle geltenden Gesetze geschehen. Auch der zu leistende Rechtsbeistand für Bedrängte nimmt die gesetzlichen Bestimmungen in Anspruch. Die Kirche kann für sich nicht einen rechtsfreien Raum beanspruchen. Aufkündigung der Loyalität gegenüber dem Staat und Widerstand gegen staatliche Maßnahmen sind nur dann erlaubt, wenn der Glaubensgehorsam es gebietet: ›Man muß Gott mehr gehorchen als den Menschen‹ (Apg. 5,29)«[240].

Die Klausurtagung der KKL in Buckow befaßte sich mit den Gruppen am Beispiel der »Solidarischen Kirche« und der »Kirche von unten«:

»Das Bild ähnelt sich überall. Die Frage nach Durchschaubarkeit ist berechtigt, kritisch ist anzufragen, wenn nur persönliche Rechte gefordert werden, wenn jede Form von Leitung abgelehnt wird. ›Basisdemokratie‹ ist ein ›Importphänomen‹; da alles noch in der Entwicklung scheint, kommt es zu unterschiedlichen Verhaltensformen. [...] [Kirche von unten:] Es sind wenig kirchliche Mitarbeiter vertreten, es besteht Neigung zu Aktionen und Symbolen.«[241]

Nach der Sitzung berichtete Ziegler Hauptabteilungsleiter Heinrich, man habe bewußt auf die Erarbeitung einer Stellungnahme des Leitungsgremiums verzichtet und sich mit einer Presseerklärung[242] begnügt. Das Gruppenthema sei noch nicht zu Ende diskutiert[243]. Entgegen der staatlichen Erwartung habe die Friedensfrage auf der Sitzung nicht im Vordergrund gestanden, da die Ereignisse vor der Sophienkirche die Gemüter zu sehr bewegt hätten.

Intensiv wie nie zuvor habe die KKL über die Position Berlin-Brandenburgs gegenüber Ausreiseantragstellern und Gruppen diskutiert und deren Haltung in großer Einmütigkeit abgelehnt[244].

Kirchenpräsident Natho bedauerte hingegen, daß die KKL »keine gemeinsamen Grundsätze zur deutlichen öffentlichen Abgrenzung gegenüber antisozialistischen Kräften und zur klaren innerkirchlichen Trennung von diesen Gruppen« formuliert habe[245]. Auch Generalsuperintendent Krusche kritisierte die unentschlossene Haltung der KKL und den fehlenden Konsens in dem Leitungsgremium des BEK[246].

Ende März 1988 führte der Magdeburger Bischof Demke mit Gysi ein Gespräch. Demke klagte, auf Einwohnerversammlungen im Raum Erfurt werde vor feindlichen Gruppierungen gewarnt, deren Führer Propst Falcke[247] und Pfarrer Wild seien. Die Kirche plane eine Übernahme der politischen Macht, werde behauptet[248]. Der Staatssekretär ging auf vergangene Synoden und auch Kirchentage ein und stellte fest, bei diesen Veranstaltungen werde der politische Charakter immer stärker, der geistlich-kirchliche Gehalt hingegen trete immer weiter zurück. Gysi führte gegenüber dem Magdeburger Bischof weiter aus:

»Leider habe Bischof Leich diese Fragen, die ihm vor dem Treffen mit Genossen Erich Honecker vorgelegt wurden, nicht beantwortet. Er habe sich ebensowenig die konstruktive, perspektivische und großzügige Art und Weise der Ausführungen des Genossen Erich Honecker für das weitere Zusammengehen von Staat und Kirche zu eigen gemacht, sondern statt dessen eine Fülle einzelner Punkte vorgetragen, die in den letzten Jahren immer wieder auf den Synoden genannt wurden und zum Teil einen völlig illusorischen Charakter tragen.

Ich [Gysi] persönlich fände auch die Art und Weise bedauerlich, in der diese Punkte von Bischof Leich sofort nach dem Gespräch an die Westmedien herangetragen und von ihnen aufgegriffen worden seien.

[...] In diesem Zusammenhang machte ich auf die gemeinsame Basis in der Friedensfrage aufmerksam, die kaum noch Erwähnung finde.

[...] Auch mit der weitesten Auffassung könne man nicht behaupten, daß die Ereignisse in den sattsam bekannten Berliner Kirchen noch irgend etwas mit Gottesdienst und Religion zu schaffen hätten. [...] Ich hätte allerdings den Eindruck, daß die Bischöfe der anderen Kirchen die sogen. Berliner Linie ablehnten, die ja offensichtlich von ihnen weder als mehrheitsfähig noch als machbar noch als wünschenswert anerkannt werde. [...]

Bischof Demke bestätigte voll das, was ich zu den Berliner Ereignissen oder der Berliner Linie gesagt hatte, und bestätigte auch ausdrücklich vieles von dem, was ich vorher erklärt hatte.

Dann erklärte er, daß aber einige Entscheidungen mit gewisser Signalwirkung die Lage sehr beruhigen könnten. In dem Zusammenhang nannte er nur zwei Dinge: staatliche Regelung für Besuchsreisen und Ausreisen.

Zur Einschätzung ist zu sagen, daß Bischof Demke außerordentlich ruhig und besonnen, sehr offen auftrat. Nichts von dem, was er sagte, hatte irgendeinen ultimativen Charakter. Im Gegenteil erklärte er, daß Besonnenheit gerade jetzt das Entscheidendste sei, und monierte keine konkreten Punkte bis auf die zwei genannten Reisefragen. [...]

Nach meinem Eindruck wäre es möglich, daß ihn seine Mit-Bischöfe gebeten hätten, ein Gespräch mit mir zu führen, um sich bestätigen zu lassen, daß unsere Kirchenpolitik nach wie vor darauf gerichtet ist, Konfrontationen zu vermeiden, und auf eine ausgewogene Weise auch bestimmte Kompromisse möglich sind.

Was ich über das völlige Verschwinden der Friedenspolitik aus den verbalen und praktischen Aktivitäten der Kirche gesagt hatte, fand seine Zustimmung.«[249]

Auf der Frühjahrssynode in Berlin-Brandenburg (8.-12. April 1988) kam es zu einer scharfen Reaktion Günter Krusches auf den von Bischof Forck gehaltenen Vortrag. Daraufhin war Forck gezwungen, zuzugestehen, daß »die Kirche keine Opposition bilde«[250].

Krusche hatte bereits vor der Synodaltagung geklagt, gegen seinen Willen habe er – auf Veranlassung der Kirchenleitung – die Kontaktstelle für Ausreiser einrichten müssen. Die Festlegungen dieses Gremiums und auch des Bischofs hätten ihn, Krusche, schon »in so manche komplizierte Situation« gebracht. Die Kirchenleitung ließe sich auseinanderdividieren. Nachdem er den an ihn herangetragenen Wunsch nach Durchführung einer Friedenswerkstatt im Juni 1988 abgelehnt habe, seien die gleichen Leute einfach zu Stolpe und Präses Becker weitergegangen. Soviel er wisse, hätten diese Kirchenvertreter die Veranstaltung genehmigt.

Andererseits kritisierte er auch, daß nicht selten Staatsfunktionäre die Öffnung von Kirchen für Unzufriedene veranlaßt hätten:

»Dies sei sicher nicht richtig gewesen, da hier die Kirche einer Belastung unterzogen wurde, die sie auf Dauer nicht aushalten könne. Die Mahnwachen und die meisten der sogenannten Fürbittgottesdienste hätten nichts mit der Verkündigung des Evangeliums gemein[251].«

Außerdem gäben die staatlichen Stellen keineswegs einheitliche Empfehlungen aus.

Er versprach, sich auf der Frühjahrssynode »zu Möglichkeit und Grenzen der Kirchenarbeit« zu äußern[252].

Nach einer Einschätzung von Hans Wilke ließen auch Friedrich Winter,

Präsident der EKU-Kirchenkanzlei (Ost), und EKU-Synodalpräses Karpinski eine deutliche Distanz zu den von Forck vertretenen Positionen erkennen[253].

Winter hatte Mitte März die Sorge geäußert,

»wie die Kirche dem Herrn dienen solle, bei dem, was sich nun in ihren Räumen abspielt. Auch wenn er es so sehe, daß viele Probleme aus der Gesellschaft in der Kirche zu bedenken sind und Seelsorge zu betreiben ist, könne man nicht als Rechtswalter von Menschen auftreten, die gegen die DDR seien.

Zum Gespräch von Bischof Leich mit Genossen Honecker ist er der Meinung, daß der Bischof hier manche Chance nicht genutzt hätte.

›Die innere Logik‹ der drei Teile seiner Ausführungen stimme nicht überein. Die Hauptfragen, um die es der Kirche gehen müßte, seien weit zurückgetreten.«

Auch in der KKL habe es zu dem Vorgehen des Bischofs, eine große Zahl von Problemen zu benennen, nicht nur Zustimmung gegeben.

»Die Gruppen mit ihren politischen Aktivitäten – führte er [Winter] weiter aus – widersprechen den Aktivitäten der Kirchen, wenn sie nicht bereit sind, sich unter das Evangelium zu stellen. Bei einer kritischen Durchsicht der Aktivitäten müsse er, der doch eng mit der EKU in der BRD zusammenarbeitet, feststellen, daß dort solche Zusammenarbeit von Kirche und bestimmten Gruppen nicht möglich wäre. [...] Dabei sehen sie auch, daß die meisten Leute in der Kirche, die seit 1945 und vorher aktiv sind, richtig einschätzen können, was sich Positives in der DDR entwickelt hat und wie konstruktiv das Verhältnis Staat-Kirche seit dem März 1978 wurde. Sie sehen den guten Weg aus der Vergangenheit. Die jungen Leute wollen häufig davon nichts wissen, orientieren sich nur ›auf heute‹, wollen die Menschenrechte nach einem westlichen Modell durchsetzen und vergessen, daß man nur das gegenwärtig Mögliche realisieren kann. So sind viele Fehlschlüsse möglich, die man aber nur vorsichtig korrigieren könne.

Aus diesem Grunde bleibt auch die EKU-Synode dabei, sich primär zu innerkirchlichen Fragen zu äußern. Wenn sie diesen Weg verläßt, dann nur zu weltpolitischen Grundsatzfragen z. B. Abrüstung, Frieden. Andererseits sieht er auch, daß einige Vertreter – z. B. um Propst Dr. Falcke – versuchen, die Linie der Versammlung aus Dresden zum konziliaren Prozeß in die Synodaltagung im Mai hineinzutragen. Man müsse sehen, daß hier keine Kontroversen hochkommen.«

Abschließend versprach Winter, sich für einen »realistischen« Kurs der Kirche stark zu machen[254].

Bischof Gienke warnte in seinem Ratsbericht vor der EKU-Synode vor einer »Zerfaserung der Gemeinde«. »Fruchtbar für die gesamte Kirche wird in der Regel und nach allen Erfahrungen nur das, was auch im Leben der Ortsgemeinde Wurzeln schlägt und Früchte bringen kann. Vor diesen Erkenntnissen dürfen wir auch in der gegenwärtigen Situation nicht die Augen verschließen.«[255] Über Gienkes Ausführungen berichtete Wilke dem Sinn nach zutreffend, für den Greifswalder Bischof hießen die Gruppen ›Kreise‹ und fänden auch nur in der Form von Gemeindekreisen bei ihm Anerkennung, »d. h. wenn sie sich zum Evangelium bekennen. Andere Formen will er nicht akzeptieren.«[256]

Im Vorfeld der Landessynoden befaßte sich der BEK-Vorstand mit dem staatlicherseits verfügten[257] und am 17. März 1988 durch Heinrich bekanntgegebenen[258] Ausschluß der Westpresse. Dabei wollte sich die Kirche nicht den Schwarzen Peter zuschieben lassen, die Journalisten auszuladen, obwohl der Staat dieses Ansinnen an den BEK herangetragen hatte[259]. Ziegler ließ einen Tag später dem Staatssekretariat ausrichten, die Landeskirchen würden keine Westjournalisten von sich aus einladen, allerdings könnten sie sich anmelden und hätten ihre Teilnahme beim Außenministerium zu beantragen:

> »Wir wünschen nicht, daß wir durch Hinweis auf ›Hausrecht‹ die Verantwortung zugeschoben bekommen. Wir werden niemanden aus öffentlichen Veranstaltungen unserer Kirchen hinausweisen, solange er sie nicht stört.«[260]

Synodalpräses Becker – Berlin-Brandenburg – erklärte gegenüber dem Berliner Magistrat, er halte eine solche Entscheidung für kontraproduktiv, da sie »›die Situation anheize[.]‹«[261].

Kurz vor Beginn einer Besprechung bei Gysi zur Synodaltagung Berlin-Brandenburg soll Stolpe gegenüber Hauptabteilungsleiter Heinrich geäußert haben: »›Mir tut weh, was wir Ihrem Haus in den letzten Monaten beschert haben.‹« Heinrich berichtete weiter:

> »Anschließend wurde Konsistorialpräsident M. Stolpe auf die bevorstehende Synode der Kirche Berlin-Brandenburg angesprochen. Das Gespräch zu diesem Thema wurde dann auch beim Genossen Gysi weitergeführt.
>
> Konsistorialpräsident M. Stolpe unterstrich ausdrücklich, daß er die Einschätzung der Lage teile. Er sehe den Stellenwert der bevorstehenden Synode so, daß ›unsere Kirchenpolitik gerettet werden muß, um sie dann weiterführen zu können.‹ Der angekündigte Vortrag des Bischof Forck soll sich laut Kirchenleitung auf ein ›geistliches Wort‹ beschränken. Er ist als Gemeindevortrag angelegt und entspricht damit oft geäußerten Wünschen aus Gemeinden und auch wiederholt in gleicher Form gehaltenen Vorträgen der Bischöfe anderer Landeskirchen. Der Bischof wird bei der Vorbereitung seines Vortrages von zwei Mitgliedern der Kirchenleitung unterstützt (laut KP M. Stolpe, vernünftige, realistische Leute).
>
> Die vier Generalsuperintendenten habe er, was die Beurteilung der Lage angeht und die daraus zu ziehenden Schlußfolgerungen, alle auf seiner Seite. Sie müssen allerdings aktiv werden und sich nicht wie bei vorherigen Synoden ›in den Schmollwinkel‹ zurückziehen.
>
> Zur Arbeit der Medien vertritt die Kirchenleitung folgenden Standpunkt:
> – Zur Berichterstattung von den Synoden werden keine Vertreter westlicher Massenmedien eingeladen.
> – Da die Synode öffentlich tagt, ist mit der Anwesenheit westlicher Korrespondenten zu rechnen.
> – Funk- und fernsehtechnische Aufnahmen, Beleuchtung und anderes werden nicht zugelassen. Der Gemeindevortrag des Bischofs in der Friedrichstadtkirche ist Bestandteil der Synode (also keine Fernsehaufnahmen). Dieser Standpunkt der Kirchenleitung ist durch KP M. Stolpe gegenüber dem Präsidium der Synode durchzusetzen.
>
> Konsistorialpräsident M. Stolpe gab sich im ganzen optimistisch mit Blick auf den Synodenverlauf. Offensichtlich geht es ihm auch darum, seinen Stellenwert bei staatlichen Gesprächspartnern wieder zu erhöhen. Er sieht in einem möglichst störungsfreien Verlauf der Synode, der dann auch ihm zu danken wäre, eine gute Möglichkeit.«[262]

Die Arbeitsgruppe Kirchenfragen beim ZK der SED traute dem Braten aber noch nicht. Daß Forck seinen Vortrag letztendlich alleine verantworten wollte[263], sahen die Genossen als problematisch an. Mit gewissen Mühen[264] gelang es dem Staat, vorsorglich staatsloyale Eingaben der Gemeindekirchenräte Bergholz-Rehbrücke und Wittstock, der Kirchengemeinde Marzahn, der Gossner Mission und der Pfarrer Branig, Bertheau und Pech zu organisieren. Außerdem versprachen Pfarrer Heilmann (Caputh), der Berliner Theologieprofessor Heinrich Fink und Generalsuperintendent Krusche, öffentlich gegen Forcks Linie aufzutreten und sich für eine Konzentration auf die spezifisch kirchlichen Anliegen einzusetzen[265]. Man schlug vor, Gysi möge nochmals ein vertrauliches Gespräch mit Krusche und Stolpe führen »und ihnen klarmachen, was auf dem Spiel steht, welches Porzellan zerschlagen werden kann, wenn sich nicht Vernunft und Realismus durchsetzen, wenn auf dieser Synode nicht erkennbar der Weg zu Besonnenheit und Augenmaß eingeschlagen wird«[266].

Gysi zeigte sich erregt über einen Artikel in der »WELT«[267], in dem bereits über die wichtigsten Punkte in Forcks Bericht informiert bzw. spekuliert wurde. Der Staatssekretär sprach gegenüber Stolpe von einem »unerhörten Vorgang« bzw. »eine[r] unerträgliche[n] Zumutung«[268].

Außerdem führte Heinrich ein Gespräch mit Günter Krusche, der klagte, er sei unzureichend und einseitig über den Verlauf der Spitzengespräche auf KKL-Ebene informiert worden:

»Kritisch äußerte er sich über Stolpe, der eine doppeldeutige Rolle beim ›Krisenmanagement‹ in der Kirche spiele. Manches rede er erst herbei und stünde dann an der Spitze, um angeblich die Lösung zu finden. Er täusche auch immer wieder vor, daß er mit entsprechender Rückendeckung einen ›sanktionierten‹ Standpunkt vertreten würde.«[269]

Aus der Perspektive von Partei und Staat stellte der Generalsuperintendent im Anschluß an Forcks Bischofsvortrag[270], kämpferisch auftretend, fest,

»daß ›in den Turbulenzen der vergangenen Monate unsere Kirche nicht immer klares Profil gezeigt‹ habe. Es dürfe der Kirche nicht gleichgültig sein, ›welche Gegenwirkungen auf der anderen Seite (gemeint ist der sozialistische Staat) unsere Aktivitäten und Aussagen hervorrufen‹. Kirche dürfe nicht nur ›negative Kataloge publizieren‹, sondern müsse ›Modelle für Kooperation[en]‹ anbieten, in denen Kirche und Christen als ›konstruktive Partner im Interesse [aller Bürger] dieses Landes erkennbar werden‹. Krusche stellte fest: ›Das undifferenzierte Eintreten für jeden und für alles hat unsere Kirche [in Zugzwang gebracht, ja] erpreßbar gemacht. [...] Um unserer Identität willen müssen wir unser Profil gegenüber den Gruppen bestimmen, und das wird ohne Abgrenzungen[271] nicht abgehen.‹«[272]

Gegen Günter Krusche wandte der Synodale Fischbeck ein: »Er teile nicht die Auffassung, daß Kirche für uns da sein muß: Kirche muß für andere da sein, dies sei die Identität der Kirche.«[273] Kirche in der Nachfolge Jesu müsse Recht und Unrecht benennen dürfen. Pfarrer Hülsemann äußerte, geschlossene Türen widersprächen dem einladenden Geist des Evangeliums[274]. Heinrich Fink hingegen soll geäußert haben: »Weltweit treten wir für Gerechtigkeit und Frieden ein. Im Lande jedoch sind wir oftmals in bürgerlich-individualistische Rechtsauffassungen verfangen. Solche gottlosen Bindungen müssen wir überwinden.«[275]

In einem Grußwort wandte sich der Präsident der Kirchenkanzlei der EKU-West, Werner Radatz, gegen ein öffentliches Wort des von ihm vertretenen Bereichs dieser Kirche zur Lage in der DDR: »Er sehe dazu keine Notwendigkeit, da der bisherige Verlauf der Synode ihm zeige, daß dies nicht nötig, sondern sogar schädlich sei. Jeder könne nachlesen, was Kirchen in der DDR zu sagen haben.«[276]

Superintendent Kuhn (Fürstenwalde) kritisierte die von der Kirchenleitung gerade in letzter Zeit verstärkt praktizierte Geheimdiplomatie mit dem Staat: »Darüber war die kirchliche Basis zu wenig informiert. Wir fordern von der Gesellschaft mehr Informationen, wir fordern es auch von der Kirche.« Weiter kritisierte der Superintendent in diesem Zusammenhang: »Der Bischof habe auf Seite 9 deutlich gemacht, daß die Kirchenleitung Einspruch gegen staatliches Tätigwerden im Umfeld der Sophienkirche am 6.3.1988 erhoben habe. Ihm sei dieser Einspruch nicht bekannt. Er bittet darum, künftig schneller und klarer zu informieren.«[277]

Trotz mancher prononciert vorgebrachter Kritik an dem von Forck verfolgten Kurs mochte der Staat noch nicht von einer kirchenpolitischen Wende in Berlin-Brandenburg hin zur Linie des BEK[278] sprechen, da die meisten Synodalen ihren Bischof unterstützten. Dennoch habe Forck »die Dinge nicht weiter zuspitzen« können:

»Er mußte einige Zugeständnisse bzw. Scheinzugeständnisse in seinen Aussagen machen, z. B. daß man den Staat nicht erpressen könne. In Worten distanzierte er sich von der Rolle der Kirche als politische Opposition. Zugleich wiederholte er aber seine bekannten Aussagen zu den sogenannten Berliner Ereignissen und verstieg sich dabei zu einer Diffamierung unserer Justiz. Zu Recht wird darauf hingewiesen, daß es sich bei dem Verhalten Forcks nicht um veränderte Positionen handelt, sondern lediglich um taktische Überlegungen.«

Weiter hieß es in der Wertung:

»Im Gegensatz zu früheren Berliner Synoden ist vor allem eine Polarisierung in der anschließenden Diskussion festzustellen, die in dieser Weise erstmalig deutlich wurde. Angesehene und einflußreiche Vertreter der Kirchenleitung wie Generalsuperintendent Krusche, die Pfarrer Frielinghaus und Heilmann traten direkt gegen die Grundposition Forcks auf. Sie riefen die Kirche auf, sich auf ihr eigentliches Anliegen zu besinnen, und verlangten eine klare Abgrenzung und Distanzierung von den sogenannten Gruppen. Eindeutig und standhaft wandte sich Krusche gegen solche kirchlichen Aktionen wie Fürbitten und ähnliche demonstrative Handlungen. Seine Aussagen wie die einer Reihe anderer Redner orientierten auf theologische Anliegen, innerkirchliche Fragen und traditionelle Aufgabenbereiche kirchlichen Handelns. Die staatliche Position, so äußerte Krusche, dürfe den Kirchen nicht gleichgültig sein. Diese Bedenken müßten beachtet werden. Die positiven Erfahrungen des Zusammenwirkens des Staates mit den Kirchen seien im Bericht der Kirchenleitung unterschlagen worden.

Nach dem vernünftigen und realistischen Auftreten einer Reihe von Diskussionsrednern wurden offensichtlich einige Synodale zur Unterstützung Forcks vorgeschickt. Aggressiv gegen die Positionen Krusches traten wiederum Propst Furian, Stadtjugendpfarrer Hülsemann und der Synodale Fischbeck auf. Widersprüchlich, aber mit deutlich negativer Tendenz äußerten sich Präses Becker und einige andere. Doppeldeutig, wenn auch im Ton maßvoll, trat erneut Stolpe[279] auf. Unbefriedigend waren auch die Ausführungen des Potsdamer [General]Superintendenten Bransch[280], die deutlich von seinen beim Potsdamer Gespräch gemachten Aussagen abwichen.«[281]

Kritisch wertete der SED-Staat auch, daß trotz gegenteiliger staatlicher Weisung eine große Zahl westlicher Journalisten an der Synodaltagung teilnahm[282].
Die ersten Landessynoden verliefen insgesamt für die staatliche Seite überaus beruhigend. Peter Heinrich berichtete:

»Die Tagungen der Synoden zeigten, daß die Mehrzahl der Synodalen an einem politisch ruhigen Verlauf interessiert war und sich für eine stärkere Behandlung rein innerkirchlicher Probleme einsetzte[283]. Bei der Behandlung gesellschaftspolitischer Probleme zeigte sich – mit Ausnahme von Landesbischof Stier[284] – ein deutlich gewachsenes Bestreben realistischer kirchenleitender Kräfte zur Versachlichung der Diskussion der sogenannten problematischen Einzelfragen[285].
[...] Der Synodale Rechtsanwalt Schnur (Rostock) forderte von der Kirche mehr Aufmerksamkeit für die Friedensfrage[286]. Dabei kritisierte er das Fehlen konkreter Aussagen in den Berichten und Beschlüssen zum vorzeitigen Raketenabzug aus der DDR[287]. Insgesamt kann festgestellt werden, daß es trotz erkennbarer Versuche offensichtlich nicht gelungen ist, an die negative Atmosphäre und die Zuspitzung auf der Dresdner Veranstaltung zum konziliaren Prozeß im Februar anzuknüpfen. [...]
Sehr positiv und in konstruktiver Weise nahm Bischof Dr. Rogge auf der Synode seiner Landeskirche in Görlitz Stellung[288]. Engagiert im Sinne der Fortsetzung unserer bewährten Politik äußerten sich auch Landesbischof Dr. Hempel, Präsident Domsch[289] sowie der Stellvertreter Leichs in der KKL, Bischof Dr. Demke[290]. [...]
Bischof Rogge, der im Bereich seiner Kirche keinerlei politischen Mißbrauch geduldet und auch die Bildung von Kontaktbüros strikt unterbunden hatte[291], erklärte: ›Bleiben in der DDR ist Ausdruck des Glaubensgehorsams.‹[292]
Im Gegensatz dazu versuchte Landesbischof Stier die Mecklenburger Synode in negativer Weise zu beeinflussen. Er unterstützte die Positionen der Berliner Kirchenleitung.«[293]

In einer weiteren Einschätzung hieß es:

»Mit Ausnahme von Bischof Dr. Forck und Landesbischof Stier[294] nahm eine Mehrheit der Landesbischöfe (insbesondere Natho[295] und Leich[296]) im Zusammenwirken mit realistischen Vertretern ihrer Kirchenleitungen und den Präsidien der Synoden in dieser Richtung [der Linie des 6. März] offensiven Einfluß auf den Verlauf der Tagungen. Der politische Mißbrauch kirchlichen Raumes wurde nachdrücklich zurückgewiesen. Der unaufgebbare religiöse Charakter von Gottesdiensten und Fürbitten wurde klargestellt und ihre Umwandlung in politische Versammlungen für negative Kräfte kritisiert. Nachdrücklich betont wurde die Notwendigkeit, die ›Beratung‹ von Antragstellern auf individuelle Seelsorge zu begrenzen[297].
Der offensiven Einflußnahme einzelner realistischer Kräfte gelang es, die Unterstützung eines politischen Mißbrauchs der Kirche durch einzelne kirchenleitende Vertreter (Forck, Stier) zurückzuweisen bzw. diese zur Relativierung problematischer Orientierungen zu veranlassen.«[298]

Dennoch mußte das Staatssekretariat für Kirchenfragen festhalten, daß die Kritiker während der Synodaltagungen ihren Spielraum erweitern konnten, indem sie Themen zur Sprache brachten, »die über die Kirche hinaus Kreise der Bevölkerung bewegen[,] und diese Themen für Angriffe gegen die Politik von Staat und Partei nutzten.«

Erstmals gestand das Staatssekretariat für Kirchenfragen mit dieser Beschreibung ein, daß es sich bei den »negativen Kräften« nicht um isolierte Gruppierungen handelte. Vielmehr repräsentierten diese eine breite Stimmung im Volk. Das Papier benennt die staatskritischen Positionen nicht im einzelnen, sondern bezeichnet sie summarisch als »Fragen der aktuellen politischen Entwicklung«.

Eine eingehendere Analyse nahm das Staatssekretariat Ende Juni 1988 vor: Flächendeckend in der gesamten DDR sei eine deutliche Verstärkung von Bestrebungen zu beobachten,

»auf innenpolitischem Gebiet kritische Einschätzungen der Situation in der DDR zu treffen und Erwartungen hinsichtlich von Veränderungen zu formulieren. Diese Bestrebungen sind nicht auf negative und schwankende Kräfte beschränkt, sondern gewinnen zunehmend auch unter ansonsten realistischen und loyalen Geistlichen und Amtsträgern an Einfluß.

Es zeigt sich in allen Bezirken ein deutliches Interesse kirchlicher Vertreter unterschiedlicher politischer Ausrichtung, tatsächliche und vermeintliche Probleme im Staat-Kirche-Verhältnis sowie in der allgemeinen gesellschaftlichen Entwicklung der DDR öffentlich zu diskutieren. Dieses Interesse knüpft durchgängig an die Linie an, die von Landesbischof Dr. Leich am 3.3.1988 dem Staatsratsvorsitzenden gegenüber vertreten wurde.

Zum Teil werden kritische Anfragen und Erwartungen jedoch auch weiterhin [...] mit der Ansicht verbunden, daß die Umgestaltung in der Sowjetunion[299] schematisch auf die DDR übertragbar ist. Eine Entwicklung zu einer differenzierteren Sicht der Problematik zeichnet sich nach den vorliegenden Informationen lediglich im Bezirk Potsdam ab. Jedoch gibt es auch hier wie insgesamt die Auffassung, daß grundlegende Veränderungen im Sinne einer ›innenpolitischen Öffnung‹ notwendig seien.

Erwartungen und Forderungen werden vor allem in folgenden Fragen geäußert:
– Grundsatzgespräche zwischen Staat und Kirche zu Volksbildungs- und Wehrdienstfragen;
– Einführung eines ›Sozialen Friedensdienstes‹ [...];
– grundsätzliche Verbesserung der Informations- und Medienpolitik;
– Durchsetzung individueller Menschenrechte (›mündiger Bürger‹, ›Rechtssicherheit‹, besonders in Reisefragen);
– Lösung der Ausreiseproblematik durch die ›Schaffung eines gesellschaftlichen Klimas, das deren Wurzeln beseitigt‹[300]. [...]
Der wachsende Konsens von Geistlichen und Amtsträgern über die Notwendigkeit kritischer Anfragen und Forderungen an Staat und Gesellschaft zur innenpolitischen Entwicklung in der DDR bietet negativen Kräften Anknüpfungspunkte für ihre Aktivitäten, die darauf abzielen, Anfragen und Forderungen mit illusorischen Vorstellungen über den Charakter und die realen Möglichkeiten der gesellschaftlichen Entwicklung in der DDR zu verbinden. Als mißbrauchbar erweist sich dabei vor allem das an bürgerlich-pluralistischen Vorstellungen orientierte große Interesse eines Teils der kirchlichen Amtsträger an den gegenwärtigen Reformprozessen in der UdSSR.«[301]

Bischof Stier berichtete der Beratergruppe im Juni 1988 von der auf der Generalsynode in Dresden beschlossenen Auflösung der VELK[302]. Das Staatssekretariat für Kirchenfragen bewertete die Entscheidung nicht gerade überschwenglich, aber insgesamt doch positiv:

»Die westdeutsche lutherische Kirchenleitung (VELKD) akzeptierte diesen Schritt, der erstmalig in der Geschichte kirchlicher Entwicklungen nach 1945 dazu geführt hat, daß ein kirchlicher Zusammenschluß in der BRD keinen gleichartigen Partner mehr in der DDR hat. Im Gegensatz zu diesem Entschluß haben die fünf in der EKU zusammengeschlossenen unierten Kirchen im Mai 1988 beschlossen, ihren Zusammenschluß nicht aufzugeben. Für das Verhältnis von Staat und Kirche und [die] damit zusammenhängenden politischen Probleme[.] ergeben sich aus diesen Entscheidungen keine neuen Fragestellungen und Notwendigkeiten für die Arbeit.«[303]

Die VELK hatte freilich – in Abstimmung mit der VELKD – die künftige Form der Beziehungen der lutherischen DDR-Landeskirchen mit der VELKD in Form einer »Vereinbarung« schriftlich fixiert[304]. Allerdings beschloß die Kirchenleitung der VELK DDR auch, auf eine Veröffentlichung dieses Textes in den Amtsblättern zu verzichten[305]. Zum Sekretär der neuen Koordinierungsgruppe zwischen den lutherischen Kirchen in der DDR wurde Zeddies gewählt[306].

Die EKU wollte jedoch weiter bestehen bleiben, obwohl sie nach der Selbstauflösung des lutherischen Pendants in erhebliche kirchenpolitische Nöte geriet[307].

Die vier regionalen Kirchentage im Juni 1988

Die Kirchentage in Erfurt, Halle[308], Rostock und Görlitz galten für den Staat als die »erste Bewährungsprobe nach Dresden«. Weiterhin gelte das Prinzip, daß die Kirche für das, was während der Veranstaltungen geschehe, die volle Verantwortung zu tragen habe. Allerdings sollten keine öffentlichen Gespräche zwischen West- und Ostdeutschen stattfinden. Außerdem wünschte der Staat einen Verzicht auf Transparente[309].

Peter Kraußer sah in den Kirchentagen einen Prüfstein für das Verhältnis der Kirchenleitungen zu den Grundsätzen des 6. März. Die populären Versammlungen evangelischer Christen sollten religiöse Veranstaltungen kirchlichen Charakters, aber keine Polittreffen oder deutsch-deutsche Begegnungen sein. Diese Einschränkung galt besonders im Blick auf das kirchliche Vorhaben, während der Kirchentage oder in deren Umfeld die kritische »Gesprächs-Kultur« zwischen SED und SPD zu pflegen[310]. So lagen für die SPD-Politiker Egon Bahr und Erhard Eppler[311] Einladungen zum Erfurter Kirchentag vor; Altbundeskanzler Helmut Schmidt wollte man nach Rostock einladen. Krauẞer betonte, die Kirche sei nicht für die Außenpolitik der DDR zuständig. Dennoch könne sich der Staat, wie auch bei anderen Veranstaltungen, auf Kompromisse einlassen, ohne allerdings den Kampf gegen die Politisierung der Kirche aufzugeben. Indem er ein Hintertürchen für außerordentliche Arrangements offenhielt, zeigte sich Krauẞer ein wenig flexibler als das Politbüromitglied Jarowinsky[312].

Die zuständigen Bischöfe Demke, Rogge, Gienke und Leich garantierten einen ruhigen Verlauf der Großveranstaltungen und sicherten zu, gegen Provokationen und Störungen, falls notwendig, sofort einzuschreiten und auch auf die Programme Einfluß zu nehmen. Einzig zu Stier hieß es: »Bischof Dr. Stier[313] unterschätzt offensichtlich die Möglichkeiten, die negative Kräfte während des Rostocker Kirchentages mißbrauchen könnten.«[314]
Zu einem Auftritt Schmidts in Rostock schien es jedoch nicht zu kommen:

»Inzwischen wurde bekannt, daß es dazu von der Kirchenleitung bisher keine Einladung gegeben habe. Bischof Gienke erklärte, daß er eine solche auch nicht aussprechen werde[315]. Der ebenfalls für den Rostocker Kirchentag verantwortliche Bischof Stier habe zwar früher persönlich eine Teilnahme Schmidts für möglich gehalten und unterstützt, ist aber inzwischen auch in Übereinstimmung mit der Kirchenleitung nicht für eine Einladung Schmidts zum Kirchentag.«[316]

Ende Mai informierte jedoch Stolpe das Staatssekretariat darüber, daß Schmidt an einem Tag für einige Stunden dem Kirchentag beiwohnen und zwei Vorträge halten werde, die allerdings nur mit speziellen Eintrittskarten zugänglich seien. Ständiger Begleiter des Altbundeskanzlers werde der Greifswalder Oberkonsistorialrat Plath sein[317].

Weiter berichtete Stolpe, er werde in den nächsten Tagen auf Vermittlung Binders mit EG-Parlamentariern zusammentreffen und zum Thema »Kirche im Sozialismus« reden; außerdem habe er eine Begegnung mit Außenminister Genscher[318] in Potsdam. An dieser nähmen wahrscheinlich auch Demke und Bransch teil[319].

Ein besonderes Lob von staatlicher Seite erhielt Bischof Rogge (Görlitz)[320], der sich als besonders kooperationsbereit erwiesen haben soll: »Auf seine [Rogges] Veranlassung wurden inzwischen zusätzliche Sicherungsmaßnahmen festgelegt. Dazu gehören auch die Vorbereitung und der Einsatz kirchlicher Ordner, die in ihre speziellen Aufgaben eingewiesen werden.«[321] Außerdem verzichtete Görlitz auf die Einladung politischer Prominenz aus dem Westen[322].

Wiederum verhielten sich die staatlichen Stellen im Umgang mit kirchlichen Vorhaben höchst unterschiedlich. Die SED-Bezirksleitung in Erfurt und der Rat des Bezirkes gestatteten der Kirche, in der Stadt Kirchentagsplakate an öffentlichen Klebeflächen durch die staatliche Werbeagentur DEWAG anbringen zu lassen[323]. Ebenso genehmigten sie auch politisch problematische Veranstaltungen wie einen Redebeitrag des Pfarrers Tschiche. Das Staatssekretariat für Kirchenfragen bemerkte kritisch, dadurch hätten die regionalen Behörden »einem politischen Mißbrauch des Kirchentages durch negative Kräfte nicht konsequent genug entgegengewirkt.«[324]

Noch im April war Leich mitgeteilt worden, der Staat könne das von Falcke konzipierte Kirchentagsprogramm nicht bestätigen, »da es eine Vielzahl von Veranstaltungen enthält, die den Rahmen eines Kirchentages sprengen und in staatliche Angelegenheiten eingreifen.«

Mit Vorträgen oder Redebeiträgen führender sozialdemokratischer Politiker wie Bahr und Eppler sei man nicht einverstanden. Wohl daraufhin legte die Kirche ein modifiziertes Programm vor, das die staatliche Zustimmung fand. Die Änderungen führte man auf eine Intervention Leichs zurück[325].

Anfang Juni 1988 informierte OKR Eberhard Völz die Beratergruppe über den Görlitzer Kirchentag[326]. Kurz darauf berichtete der Görlitzer Oberkonsistorialrat auch der KKL:

»Schwierig gestaltete sich für die Kongreßarbeit die Anreise von Gruppen Ausbürgerungswilliger, vor allem aus Berlin, die sich auf alle Arbeitsgruppen des Kongresses verteilten und versuchten, mit ihren Anliegen die thematische Arbeit zu bestimmen.«[327]

Der Staat wertete den Kirchentag als

»ein anschauliches Beispiel für den in den letzten Wochen vor sich gehenden Prozeß der Beruhigung, Normalisierung und der Orientierung an den Realitäten. [...] Vor allem Bischof Dr. Rogge und Oberkonsistorialrat Völz waren sehr darum bemüht, den religiösen Charakter und die geistliche Dimension des Treffens herauszustellen und deutlich konstruktive Bezüge zu Staat und Gesellschaft vorzunehmen.«[328]

»Die am Kirchentag teilnehmenden ökumenischen Gäste aus zehn Ländern und aus Westberlin spielten eine positive Rolle. Das kam auch im Auftreten des Präsidenten des evangelischen Kirchentages in der BRD, Dr. Simon (ehemaliger Bundesverfassungsrichter), zum Ausdruck, der betonte, daß bei aller Gemeinsamkeit zwischen den Kirchen der beiden deutschen Staaten die jeweils konkrete Verantwortung im eigenen Land stehe. Simon nannte die Teilung Folge ›schwerer deutscher Schuld‹ und wandte sich in diesem Zusammenhang gegen Illusionen und Spekulationen über eine Wiedervereinigung.

Pfarrer Jäggi, reformierter Kirchenratspräsident aus der Schweiz, stellte fest, er habe in diesen Tagen so viele positive Dinge gesehen und müsse sich nun fragen, warum in der Kirche so wenig darüber geredet wird.

[...] Rogge stellte fest, daß solche Kirchentage eine Gelegenheit seien, die Normalität des Verhältnisses von Staat und Kirche unter Beweis zu stellen.«[329]

In Rostock beschäftigten sich die SED-Beobachter vor allem mit Altbundeskanzler Schmidt und Landesbischof Stier:

»Nicht übersehen werden kann, daß das Auftreten Helmut Schmidts darauf gerichtet war, bei den Teilnehmern gesamtdeutsche Träumereien zu entfachen. Jedoch vermied er es, sich offen in die inneren Angelegenheiten der DDR einzumischen. [...]

Oberkonsistorialrat Dr. Plath hat sich im Auftrage der Greifswalder Landeskirche in mehreren Veranstaltungen zur Fortsetzung des Weges des Dialogs vom 6.3.1978 bekannt.

Dagegen äußerte sich Bischof Stier während des gesamten Kirchentages (Eröffnung, Podiumsgespräch, Abschlußgottesdienst) weder zum Friedensengagement der Christen noch zur Fortführung des Weges vom 6.3.1978[330]. Seine wahre Haltung brachte er u. a. beim Essen mit Helmut Schmidt zum Ausdruck. Er griff die Äußerungen Schmidts zur Wiedervereinigung beider deutscher Staaten (nach kapitalistischer Prägung) auf und bekannte sich dazu.«[331]

Die letzte Information dürfte vermutlich von Oberkonsistorialrat Plath stammen, der Schmidts ständiger Begleiter während des Kirchentages war[332].

In Erfurt[333] verliefen aus staatlicher Perspektive die

»öffentlichen Podiumsgespräche [...] ruhig und ohne Störungen[334]. Dazu haben auch die von Erhard Eppler, Egon Bahr und Carl-Friedrich von Weizsäcker vertretenen besonnenen und ausgewogenen Positionen zu Frieden und Abrüstung und zur Umweltproblematik beigetragen. Egon Bahr würdigte die Tatsache, daß die Anliegen der Palme-Kommission in der DDR zur Staatspolitik erhoben seien, und begrüßte das von Erich Honecker initiierte Treffen für kernwaffenfreie Zonen als einen konkreten Beitrag zur Mobilisierung der Staaten und Völker zur rechten Zeit. Bahr wandte sich entschieden gegen gesamtdeutsche Illusionen. ›Er habe die bittere Lehre‹ ziehen müssen, daß die Wiedervereinigung ›kein praktisches Ziel der Politik in überschaubarer Zeit‹ ist[335]. Carl-Friedrich von Weizsäcker stellte in einem Podiumsgespräch die Kernenergie als die auf absehbare Zeit optimalste Form der Energiegewinnung heraus, obwohl sie immer mit Risiken verbunden sei.

Auch Erhard Eppler, der vor allem zum vieldiskutierten Umweltthema auftrat, wirkte mit seinen realistischen Positionen auf die teilweise vorhandene resignative und pessimistische Diskussion zu dieser Frage versachlichend und ernüchternd ein.

Die Gäste aus der BRD ließen sich auch nicht durch provozierende Fragestellungen auf Interpretationen des Verhältnisses von Staat und Kirche in der DDR ein, übten in allen Fragen unserer inneren Entwicklung deutliche Zurückhaltung.

Vor allem der juristische Stellvertreter Bischof Leichs, der Thüringer Oberkirchenrat Kirchner, und der Magdeburger Bischof Demke waren ständig darum bemüht, mögliche Störungen und Provokationen zu verhindern und die Wirkungsmöglichkeiten negativer Personen und Gruppen, die zum Kirchentag angereist waren, einzugrenzen.«[336]

Auf dem Hallenser Kirchentag – hier traf sich auch wieder der »Kirchentag von unten« – stellte Pfarrer Friedrich Schorlemmer 20 Thesen aus Wittenberg vor, die eine Demokratisierung der Gesellschaft[337] verlangten. Das öffentlichkeitswirksam präsentierte Papier bildete natürlich einen Stein des Anstoßes:

»Der Kirchentag in Halle nahm einen widersprüchlichen Verlauf. [...] Entgegen den ursprünglichen Befürchtungen, daß der Hauptangriff vom ›Kirchentag von unten‹ kommen würde, erfolgte die entscheidende Provokation, der zentrale Angriff im Rahmen des offiziellen Kirchentagsprogramms. Die Kirchenleitung hielt sich in dieser Frage nicht an die von Anfang an gegebene Zusage. So wurde bereits in der zweiten Pressekonferenz am Freitag durch die Presseverantwortliche, Pastorin Meckel, nach Anfrage festgestellt, daß schreibende Journalisten an der Arbeit der Arbeitsgruppen teilnehmen könnten. Das war ein deutlicher Bruch der Vereinbarung, die Arbeitsgruppen als interne, unter Ausschluß der Medien stattfindende innerkirchliche Verständigung zu behandeln, wie das auf den vorangegangenen Kirchentagen auch gehandhabt wurde.

Während in der Mehrzahl der insgesamt acht tagenden Arbeitsgruppen die Diskussion ruhig und ohne Provokationen verlief, trat in der Arbeitsgruppe 4 der Wittenberger Pfarrer Schorlemmer auf, legte dem Forum ein mehrseitiges Thesenpapier vor, das eine feindliche, gegen die Grundlagen unserer Gesellschaft gerichtete Plattform darstellt[338] und fortan den Hauptteil der Berichterstattung der Westmedien ausmachte. Schorlemmer wurde zudem noch Gelegenheit gegeben, dieses Pamphlet in einer Pressekonferenz zu interpretieren und zu verteilen und den Eindruck zu schaffen, als handele es sich um ein offizielles Material des Kirchentages, obwohl es sich in der Arbeitsgruppe nicht als mehrheitsfähig erwiesen hatte. Das alles geschah unter den Augen, im Beisein der Kirchenleitung und blieb unwidersprochen. An der Diskussion in dieser Arbeitsgruppe nahmen Erhard Eppler und Paul Oestreicher teil.

Insgesamt gab es viele Beispiele, Aussagen und Fakten, die belegen, daß auf diesem Kirchentag offenbar der Eindruck geschaffen werden sollte, als seien die Kirchen die Vorkämpfer von ›Glasnost und Perestroika‹ in der DDR, machten sie sich zum ›Sprecher‹ einer angeblich breit vorhandenen Bewegung für umfassende Reformen in der

DDR. Insbesondere Stolpe, aber auch Demke traten hier entsprechend in Erscheinung. (Stolpe: ›Ohne ›Perestroika‹ geht es auch in der DDR nicht.‹ Es gehe um tiefergreifende Reformen, um einen qualitativen Sprung in diesem Geschehen.)
   Was das Auftreten von Demke angeht, so muß festgestellt werden, daß es widersprüchlich gewesen ist. Während es im Verlaufe des Kirchentages viele gute Aussagen und Positionen gab, das Berliner Treffen gewürdigt und die Haltung des Kirchenbundes dazu von ihm verteidigt wurde, vertrat Demke in einer abschließenden Pressekonferenz Positionen, die überraschten. Er würdigte dabei vor allem die Tätigkeit der Arbeitsgruppe 4 (Schorlemmer) als Demonstration zunehmender Mündigkeit und wünschte, daß gerade von dieser Arbeitsgruppe große Impulse für die gesamte Kirche ausgehen. Beeindruckt zeigte er sich von der Christusgemeinde (›Kirchentag von unten‹). Das sei ein Beispiel der zunehmenden Mündigkeit. Im Gegensatz zu Erfurt übte Erhard Eppler keine so demonstrative Zurückhaltung in Fragen, die die innere Entwicklung in der DDR betreffen. Das trifft sowohl auf Aussagen in seinem Vortrag (zum Dialog im Inneren) als auch auf jene zu unserer Medienpolitik zu. Es ist auch zu fragen, aus welchen Gründen Eppler bei Pressekonferenzen des regionalen Kirchentages Halle im Präsidium teilnimmt, sozusagen wie selbstverständlich zum ›Bestand‹ der Verantwortlichen des Kirchentages gehört.«[339]

Klaus Gysi zog nach Beendigung der Kirchentage[340] eine Halbjahresbilanz. Obwohl der Staatsratsvorsitzende Landesbischof Leich die ausgestreckte Hand gereicht habe, sei kein Wandel im Staat-Kirche-Verhältnis eingetreten. Das habe schon mit den vom KKL-Vorsitzenden am 3. März vorgetragenen Forderungen begonnen. Auf den Synoden und auch während der Kirchentage habe es unverkennbar negative Tendenzen gegeben. Ihr Verhältnis zu den Gruppen habe die Kirche immer noch nicht klären können[341].

Der Wechsel von Gysi zu Löffler und die Dessauer Bundessynode

Die gemeinsame Konsultation Ende September in Meißen beschäftigte sich neben dem Hauptthema »Nation« – wie zwei Wochen später die Beratergruppe – mit der Dessauer Bundessynode, der Vorbereitung zur II. Ökumenischen Versammlung, den Zensurmaßnahmen und Verbotsaussprüchen gegenüber den Kirchenzeitungen[342] und ersten Erfahrungen mit dem neuen Staatssekretär Löffler[343].
   Große Besorgnis hatten beim Staat die Verhältnisse in Anhalt ausgelöst, wo nach einer Klausurtagung der Landessynode Ende Mai 1988 die Gefahr bestand, daß Natho dieses Mal die im Oktober anstehende Wiederwahl zum Kirchenpräsidenten verlieren würde. Vor allem »bei einer möglichen Wahl von Ernst Franke zum Kirchenpräsidenten muß aber damit gerechnet werden, daß sich die politische Situation in der anhaltischen Landeskirche nicht mehr einheitlich konstruktiv gestalten wie bisher.« Des weiteren bedachte man die gesamtkirchenpolitischen Auswirkungen: »Über die Landeskirche hinaus hätte eine solche Entwicklung zur Folge, daß Nathos Möglichkeiten auf realistische Einflußnahme auf landeskirchenübergreifende kirchenleitende Gremien (KKL, AGCK) ganz verloren gingen bzw. wesentlich eingeschränkt würden.«[344]

Natho wurde dann doch wieder gewählt; erleichtert konnte das Staatssekretariat für Kirchenfragen im Januar 1989 feststellen:

»In der Landeskirche Anhalt beziehen der Kirchenpräsident, seine Kirchenleitung und die Synode realistische Standpunkte und haben bei den letzten Leitungswahlen ihre Positionen festigen können. Bisher ist es negativen Gruppierungen nicht gelungen, deutlichen Einfluß in dieser Kirche zu erlangen.«[345]

Ein anderes Papier suchte das Verhalten Nathos im Zusammenhang mit der Wiederwahl zu erklären:

»Die aus der Vergangenheit bekannte Unberechenbarkeit, Doppelzüngigkeit und der autoritäre Leitungsstil von Kirchenpräsident Natho standen 1988 unter dem besonderen Zeichen seines Strebens nach Wiederwahl als Kirchenpräsident. So war sein bewußtes Taktieren in der gezielten Enthaltung eindeutiger politisch positiver Aussagen erkennbar, womit er sich schwankendes Wählerpotential zu erhalten hoffte.«[346]

Ende Juni 1988 schrieb der Berliner Bischof Forck einen Brief an Honecker, in dem er den Staatsratsvorsitzenden an das Ablaufen des Ausreisevisums für die Berliner Oppositionellen Bohley und Fischer – sie befanden sich seit Januar in England[347] – aufmerksam machte[348]. Egon Krenz, der das Schreiben des Bischofs bearbeitete, setzte sich aus taktischen Erwägungen für eine Wiedereinreise der Betroffenen ein. Der ausgebildete Lehrer schrieb im klassischen Stil der Erörterung:

»Da die genannten Personen mit DDR-Paß ausreisten und für einen bestimmten Zeitraum ein Visum besitzen, würde eine Verweigerung ihrer Wiedereinreise durch westliche Medien als ›Ausbürgerung‹ aus der DDR hochgespielt werden. Es kann davon ausgegangen werden, daß sie dies zu einer groß angelegten Propagandakampagne nutzen, um die DDR der ›Verletzung der Menschenrechte‹ anzuklagen. Mit Sicherheit würde dies benutzt werden, um einen Widerspruch zwischen dem guten Geist, der während des ›Internationalen Treffens für kernwaffenfreie Zonen‹[349] herrschte, und der Alltagspolitik der DDR zu konstruieren. Es ist auch nicht auszuschließen, daß entspannungsfeindliche [sic!] Kräfte die Einreiseverweigerung auf der Wiener Konferenz zur Sprache bringen. Langfristig würde die Einreiseverweigerung auf internationaler Ebene als Verletzung der Schlußakte von Helsinki ausgelegt. Ein offensives Reagieren unsererseits würde diese Pläne des Gegners zum Scheitern bringen.

Andererseits würden bestimmte oppositionelle Kräfte innerhalb der DDR die Rückkehr der genannten Personen als ›ihren Sieg‹ betrachten. Dies könnte ihnen neue Impulse für ihr Handeln gegen die DDR geben. Auch das würde in den westlichen Medien vermerkt werden. Bei Bekanntwerden der Wiedereinreise würden unter Bürgern der DDR auch Fragen entstehen, warum wir diese Personen nicht nach den gesetzlichen Grundlagen aburteilen, da ja alle Bürger vor dem Gesetz gleich sind. In unserer Parteiinformation vom Januar an die Grundorganisationen waren wir davon ausgegangen, daß es sich um Personen handelt, die wegen Landesverrat angeklagt werden. Es würde erneut die Frage entstehen, warum diese Ankündigung nicht realisiert wird.

Nach Abwägung all dieser Faktoren schlage ich vor, dem Vorschlag von Bischof Forck zu folgen. Dabei gehe ich davon aus, daß sie seinerzeit den DDR-Paß behalten konnten, folglich Bürger der DDR sind und deshalb eine Nichteinreise die Aberkennung der Staatsbürgerschaft der DDR voraussetzt. Ein solcher Schritt würde nicht nur die Verleumdung durch unsere Feinde, sondern auch Kritik durch unsere Verbündeten in Westeuropa hervorrufen.

Mit Forck oder Stolpe müßte seitens des Staatssekretärs für Kirchenfragen gesprochen werden, daß die Wiedereinreise der genannten Personen mit der Erwartung an die Kirche verbunden ist, auf sie so einzuwirken, daß sie sich loyal als Bürger der DDR verhalten. Ihnen müßte die Auflage erteilt werden, die Gesetze der DDR einzuhalten. Falls dies nicht geschehe, würden sie entsprechend den gesetzlichen Bestimmungen zur Rechenschaft gezogen.«

Der Vorschlag seines »Kronprinzen« fand umgehend Honeckers Zustimmung[350].

Wenige Tage später empfing Hauptabteilungsleiter Heinrich Stolpe im Staatssekretariat für Kirchenfragen und übermittelte dem Konsistorialpräsidenten die zustimmende Entscheidung des Staates:

»Entsprechend der abgestimmten Gesprächskonzeption wurde Stolpe davon in Kenntnis gesetzt, daß aufgrund des Briefes von Bischof Forck an den Vorsitzenden des Staatsrates einer Wiedereinreise von Bohley und Fischer zugestimmt werde. Es wurde Stolpe klargemacht, daß mit dieser Entscheidung selbstverständlich von unserer Seite die eindeutige Erwartung verbunden wird, daß sich die genannten Personen künftig strikt an die Gesetze der DDR halten. Stolpe wurde aufgefordert, dafür zu sorgen, daß es weder zu einem ›Medienspektakel‹ noch zu ›Siegesfeiern‹ kommt. Die Kirchen, insbesondere Stolpe persönlich, trügen eine hohe Verantwortung dafür, daß es keine Spekulationen im Vorfeld und nach der Wiedereinreise gibt, daß sich Bohley und Fischer jeglicher staatsfeindlicher Betätigung enthalten und nicht in ihr früheres Umfeld zurückkehren. Es wurde klargestellt, daß sonst strafrechtliche Sanktionen folgen könnten.

Stolpe zeigte sich befriedigt über diese Information, dankte für die Entscheidung und erklärte, daß er sich persönlich für eine ruhige und diskrete Behandlung der Wiedereinreise einsetzen und in diesem Sinne sowohl auf Bischof Forck als auch auf Bohley und Fischer entsprechend Einfluß nehmen werde. Auch weitere Mitglieder der Kirchenleitung seien keineswegs an einem ›Echo‹ in der Öffentlichkeit und noch weniger der Westmedien interessiert. Er wolle sich dafür einsetzen, daß jegliche Spekulationen oder Siegesfeiern unterbleiben.

Nach Einschätzung Stolpes, der auf erfolgte kirchliche Kontakte zu Bohley und Fischer Bezug nahm, werden sie sich nach ihrer Wiedereinreise loyal verhalten und Medienkampagnen keinen Vorschub leisten. Nach Stolpes Meinung wäre es das beste, wenn man einen Weg finden könnte, um Frau Bohley, die ja Malerin sei, mit entsprechenden Arbeitsaufträgen ›auszulasten‹. Analog sollte man auch bei Fischer, der einmal an der Volksbühne beschäftigt war, verfahren. Stolpe erklärte eindeutig, daß eine Beschäftigung beider in der Berlin-Brandenburgischen Kirche ausgeschlossen ist.

Stolpe informierte, daß sie die Absicht hätten, um auf beide Personen entsprechend einzuwirken, diese nach ihrem Flug von London nach Prag bereits in Prag mit dem PKW abzuholen und nach einem kurzen Zwischenaufenthalt in Berlin, wo sie ihren Wohnsitz haben, für die Weiterreise nach Mecklenburg für einen längeren Urlaub zu sorgen.

Er erklärte, daß ein solches Vorgehen diskreter Behandlung auch in kirchlichem Interesse liege. Er würde im Sinne dieses Gesprächs auch mit Bischof Forck sprechen und Heinrich darüber informieren.«[351]

Am 13. Juli 1988 löste Kurt Löffler Klaus Gysi in der Leitung des Staatssekretariats für Kirchenfragen ab[352]. Löffler, bislang Staatssekretär im Kulturministerium, war den Kirchen kein Unbekannter, hatten sie doch mit ihm als Sekretär des staatlichen Lutherkomitees und als Sekretär des Komitees zum Berlin-

Jubiläum bereits zu tun gehabt. Gleichzeitig wechselte auch der mit dem Titel »Leiter des Büros« bezeichnete Persönliche Referent des Staatssekretärs: Für Horst Dohle, der nun mit der Stelle des Leiters der Wissenschaftlichen Arbeitsgruppe vorlieb nehmen mußte[353], kam Bertram Handel, bislang in der Abteilung Evangelische Kirche tätig[354]. Der KKL-Vorstand bat seinen Vorsitzenden Leich, sowohl an Gysi[355] als auch an Löffler[356] Briefe zu richten[357].

Kupas schrieb an die Bischöfe, die leitenden Kirchenjuristen, die Herrnhuter Brüderunität sowie Petzold, Zeddies und Winter:

»Herr Dr. Klaus Gysi ist am 13.7.1988 aus seinem Dienst ausgeschieden und vom Vorsitzenden des Ministerrates, Herrn Ministerpräsident Willi Stoph, persönlich in der Dienststelle des Staatssekretärs offiziell verabschiedet worden. Seitens der Dienststelle des Staatssekretärs ist eine weitere Verabschiedung von Mitarbeitern des Hauses sowie eventuellen Gästen nicht vorgesehen.«

Abschiedsschreiben könnten schriftlich erfolgen, wofür das Staatssekretariat für Kirchenfragen seine Vermittlung zusagte. »Herr Kalb gab seinem Bedauern Ausdruck, daß der Bund nicht zeitiger über diesen Wechsel hätte informiert werden können. Die Gründe hätten nicht in der Person von Herrn Gysi gelegen, sondern wären sachlicher und terminlicher Natur gewesen.«

Gysis Nachfolger Löffler werde nach Beendigung einer Kur am 1. August 1988 seinen Dienst antreten[358].

Das erste wichtige kirchenpolitische Ereignis nach Löfflers Dienstantritt war die für Mitte September geplante Bundessynodaltagung in Dessau. Drei Wochen zuvor betonte der neue Staatssekretär: »Die Tagung in Dessau ist ein Prüfstein für die Ernsthaftigkeit, mit der Kirchenleitungen, Amtsträger und Gläubige für die Vertiefung offener, vertrauensvoller und unserer Verfassung entsprechender Beziehungen von Staat und Kirche einzutreten gewillt und in der Lage sind.« Mit den Synodalen[359] führten die Bezirke Vorgespräche, nicht zuletzt auch, um sie auf »ihre Verantwortung für einen konstruktiven Verlauf der Synodalberatungen« hinzuweisen[360].

Noch schärfer als sein Vorgänger urteilte Löffler über die Görlitzer Bundessynode:

»In einem Beschluß zur Tätigkeit der Konferenz der Evangelischen Kirchenleitungen wurde unter dem Druck einer auf Konfrontation mit dem Staat orientierten zeitweiligen Mehrheit der Synode de facto ein Programm einer Oppositionspartei mit massiven Einmischungen in die Verantwortung des sozialistischen Staates beschlossen[361]. [...] Gegen diesen Beschluß waren anwesende Vertreter von Kirchenleitungen, unter ihnen auch Landesbischof W. Leich, aufgetreten, hatten unter den Synodalen jedoch keine Mehrheit erreicht.«[362]

Positiven Eindruck machte auf Löffler im Vorfeld der Synode ein Interview mit Leich in den »Lutherischen Monatsheften«[363]. In dem westlichen Organ forderte der KKL-Vorsitzende, die Kirche dürfe nicht zu einer verdeckten Opposition werden. Das habe mit freier Religionsausübung nichts mehr zu tun, fügte Leich hinzu[364].

Positiv vermerkte Löffler auch, daß nach Einsprüchen des Presseamtes die Kirchen Korrekturen in ihren Publikationen vornähmen; außerdem hätten sie eine Aktion von drei Ausreiseantragstellern in kircheneigenen Räumen in Weimar verhindert[365] und die Einrichtung eines von Basisgruppen geplanten »Kontakttelefons« in Berlin abgelehnt[366]. Löffler bemerkte ebenfalls befriedigt, daß Leich in letzter Zeit auch gegenüber der Westpresse Zurückhaltung übe, was er auf zwei Begegnungen mit dem KKL-Vorsitzenden im August zurückführte[367].

Der Eisenacher Bischof hatte sich am 10. August in der Berliner Hermann-Matern-Straße eingefunden, um dem neuen Staatssekretär im Namen des BEK zu seinem neuen Amt zu gratulieren. Löffler schrieb:

»Das mehr als einstündige Gespräch verlief in einer sachlichen und offenen Atmosphäre, die auch von der langjährigen Zusammenarbeit und dem während der Lutherehrung in unserer Republik entstandenen Vertrauen geprägt war.«

Unter Bezugnahme auf seine Begegnung mit Honecker hob Leich hervor, wie wichtig es sei, über Anliegen der Kirchen mit Staatsvertretern vertrauliche Gespräche führen zu können. Er unterbreitete den Vorschlag, daß sich sowohl er als auch Löffler »für die schnelle Klärung der in den zurückliegenden Monaten aufgetretenen Differenzen zwischen Staat und Kirche einsetzen« sollten. Der Dialog zwischen Staat und Kirche zu gesellschaftlichen und außenpolitischen Fragestellungen müsse sich wieder intensivieren. Leich distanzierte sich auch von der zunehmenden Einmischung westlicher Medien in das Staat-Kirche-Verhältnis der DDR – »das sei von ihm und seinen Freunden weder veranlaßt noch finde es ihre Billigung«[368].

An Krenz schrieb Löffler, das Treffen mit Leich sei »in einer aufgeschlossenen Atmosphäre« verlaufen. Leich sei deutlich »an einer weiteren Ausgestaltung des konstruktiven Verhältnisses von Staat und Kirche interessiert« und werde »sich persönlich für die Linie eines vertrauensvollen Miteinanders bei strikter Beachtung des Grundsatzes der Trennung von Staat und Kirche einsetzen«[369]. Der KKL berichtete ihr Vorsitzender: »Bei der Begegnung wurde von seiten des Staatssekretärs auf einen Neubeginn des Verhältnisses zwischen Staat und Kirche hingewiesen und die Bereitschaft zu schnellen Kontakten betont.«[370] Der KKL-Vorstand strebte daraufhin für die zweite Oktoberhälfte ein erstes Arbeitsgespräch mit dem neuen Staatssekretär an[371].

Am gleichen Tag fand zwischen Leich, dem Leiter des Sekretariats des Ministerrats, Staatssekretär Kleinert, und Löffler ein Gespräch zur kirchlichen Pressearbeit statt. Man vereinbarte ein Aufeinanderzugehen, ohne weiter in der Vergangenheit zu wühlen[372].

Der Westpresse erklärte der Bischof, Kirche und Staat seien in Fragen der kirchlichen Presse an einem gedeihlichen Miteinander interessiert. So erklärte sich Leich auch bereit, die geplante Veröffentlichung seines Synodalvortrages im Amtsblatt Thüringens um die Passagen, mit denen sich der Staat nicht einverstanden zeigte, zu reduzieren[373]. Im Gegenzug bat Ziegler um eine Freigabe einiger in den vergangenen Monaten durch den Staat eingezogener Amtsblätter von Landeskirchen[374] und auch des BEK[375]:

»Die Kirchenleitung müsse darauf bestehen, daß im Amtsverkehr offizielle Dokumente der Kirchenleitungen bzw. der Synoden (Berichte, Beschlüsse, Orientierungen und andere) *uneingeschränkt* über die dafür vorgesehenen Amts- bzw. Mitteilungsblätter verbreitet werden können. Eine andere Auffassung würde auf keinen Fall von einer Mehrheit auf der bevorstehenden Synode des Bundes der Evangelischen Kirchen in der DDR (16.-20.9.1988 in Dessau) gebilligt werden, und die vernünftigen Kräfte würden nicht ›durchkommen‹. OKR Ziegler befürchtet eine neuerliche Zuspitzung der Situation, wenn es in dieser Frage zu keiner Lösung käme. Damit würde das Streben beider Seiten nach einem vertrauensvollen Miteinander schwer belastet, wenn nicht gefährdet«,

mahnte der BEK-Sekretariatsleiter[376].

Hauptabteilungsleiter Heinrich entgegnete, das in einer Auflage von 3 000 Exemplaren erscheinende Mitteilungsblatt des BEK habe man wegen des Abdrucks der in Görlitz 1987 gefaßten Beschlüsse nicht ausgeliefert[377].

Gegenüber der Anfang September 1988 tagenden KKL stellte Leich klar:

»1. Die Verkündigung muß entsprechenden Vorrang behalten. Die Kirche darf nicht die Funktion einer politischen Partei übernehmen. Das erste Anliegen muß der Ruf zum Glauben bleiben.
2. Stellvertretendes Handeln hat Grenzen. Es ist nicht Auftrag der Kirche, ganze Programme für gesellschaftliche Veränderungen zu entwickeln (z. B. sei es nicht Sache der Kirche, die Umgestaltung eines Kraftwerkes zu betreiben).«

Die Anwesenden kritisierten, daß sie erst zu diesem späten Zeitpunkt über das Gespräch vom 10. August informiert wurden[378].

Aufgrund des veränderten Verhaltens des KKL-Vorsitzenden gegenüber der Westpresse – Leich hatte den Inhalt der Gespräche vertraulich behandelt[379] – und auch, um für die Synodaltagung die Kräfte um Leich zu stärken, meinte Löffler, ob nicht zu erwägen sei, den Druck des 1987 verbotenen Mitteilungsblattes Nr. 4/6 des BEK auf Bitte des KKL-Vorsitzenden doch noch nachträglich zu genehmigen[380]. Mit Schreiben vom 5. September bat Jarowinsky dann Honecker um eine Entscheidung, die der Staatsratsvorsitzende zwei Tage später im Sinne des Löfflerschen Vorschlages traf[381].

Allerdings schlug Löffler wenig später vor, zur Synode mit Ausnahme des epd keine weiteren Westjournalisten zuzulassen[382]. Dennoch nahmen immerhin 14 akkreditierte Korrespondenten an der Synode teil[383], was zeigt, daß sich Löffler in dieser Frage nicht durchsetzen konnte. Nach dem durch das Außenministerium ausgesprochenen Verbot hatte der KKL-Vorstand geraten, das Synodalpräsidium möge durch »den Pressereferenten gegenüber dem Außenministerium und dem Staatssekretariat ausdrücken, daß die getroffene Entscheidung als unangemessen angesehen wird. Zugleich soll versucht werden, auf eine Änderung zu drängen.« So wollte das Präsidium auch verfahren[384].

Unabhängig davon beschränkte der KKL-Vorstand Anfang September die Bildberichterstattung des Fernsehens auf die Synodeneröffnung, die Verlesung des KKL-Berichts und den Abschlußtag der Synodaltagung[385]. Drehaufnahmen des Fernsehens während der übrigen Plenarsitzungen gestattete der Staat auch nach der Lockerung seines ursprünglich verhängten Medien-Verbots nicht, was unter den Synodalen zu Spannungen führte[386], von der KKL aber eher positiv aufgenommen wurde: »Die Entscheidung, die Plenaraussprache ohne Fernsehen durchzuführen, hat sich als günstig erwiesen.«[387]

327

Den positiven Bescheid bezüglich des BEK-Mitteilungsblattes gab Löffler kurz darauf an Ziegler weiter; allerdings genehmigte der Staat letztlich nur eine beschränkte Auflage zu Dokumentationszwecken. Ziegler versprach, die Exemplare kirchenintern zu verteilen. In Fragen der Westpresse wies Ziegler darauf hin, die Kirche sei nicht gewillt, von sich aus den Journalisten den Zutritt zu verweigern; dies müsse schon das Außenministerium tun. Andererseits habe der BEK an einer selektiven Vermarktung der Synode durch Westmedien kein Interesse[388].

Nach Leich stattete auch der Leiter der Bonner Ständigen Vertretung in der DDR, Hans-Otto Bräutigam, dem neuen Staatssekretär für Kirchenfragen einen Besuch ab. Der westdeutsche Politiker betonte:

»Das Leben der Kirchen in die DDR habe Wirkung nach außen, vor allem in die BRD, aber auch weit darüber hinaus. Die seit 1978 exemplarische Kirchenpolitik der DDR stehe in einer Parallele zu den Beziehungen zwischen der DDR und der BRD. Sie habe stets eine Unterstützung für die zwischenstaatliche Entwicklung in der Kirchenpolitik gesehen und dies nie als Zufall empfunden.

Wertvoll könnten Kontakte des Staatssekretärs für Kirchenfragen in die BRD sein. Diese sollten über kirchliche Partner hinausreichen. Bräutigam wolle darüber nachdenken.«[389]

Unmittelbar vor Synodenbeginn wurden mit allen Bischöfen Gespräche geführt. Dabei ließen Leich, Demke, Hempel, Gienke, Rogge und Natho den Staatssekretär spüren, »daß sie sich verpflichtet fühlten, im Sinne einer Verbesserung der Beziehungen verstärkt wirksam zu werden.« Gienke[390], Hempel und Natho, die auf den vergangenen BEK-Synoden ganz oder teilweise gefehlt hatten, versprachen, in Dessau präsent zu sein, was Löffler besonders wichtig war. Als positiv bemerkte der Staat, daß Falcke wegen einer Dienstreise in die Sowjetunion[391] nicht an der Synode teilnehmen werde.

Zugleich soll Leich den Vorschlag unterbreitet haben, das DDR-Fernsehen möge den Synodenverlauf vollständig aufzeichnen: »Er ließ dabei erkennen, daß dies für manche Synodale disziplinierend bei ihrem Auftreten wirken könne.«

Außerdem übergab der BEK – erstmals in der DDR-Kirchengeschichte ganz offiziell – den KKL-Bericht vorab dem Staatssekretariat für Kirchenfragen[392].

Aus den Kontaktgesprächen mit »ihren« Synodalen erfuhren die Funktionäre, daß das Abgrenzungspapier noch immer nicht vom Tisch war. Über Reise- und Ausreisefragen[393] werde in Dessau sicher auch debattiert. Vor allem de Maizière, Domke, Huhn, König, Krause, Gabriele Lättig, Pfuhl und Semper sollen zugesagt haben, sie wollten gegen solche Tendenzen alles tun, was in ihren Kräften stehe. Wieder einmal war auch die Ost-CDU aktiv. 1 600 Unionsfreunde richteten an die Synode, die unter dem Thema »Als Gemeinde leben«[394] stand, Briefe, in denen sie ihre Position und ihr Wirken zwischen Christen- und Bürgergemeinde beschrieben. An den Begegnungen zwischen Synode und Dessauer Kirchengemeinden sollten sich Dessauer CDU-Mitglieder ebenfalls beteiligen, um im staatlichen Sinne Einfluß auszuüben[395].

Der zweite Verhandlungstag war dem Leitthema der Synode gewidmet[396].

Nach staatlicher Einschätzung gelang es jedoch nicht, die Formel »Kirche im Sozialismus« auszufüllen: »Dominierend waren Ratlosigkeit und Resignation zur Arbeit der Kirchengemeinden im sozialistischen Umfeld.«[397] Die Synode war ruhig angelaufen: »Der Bericht der Konferenz der Kirchenleitungen hält sich im wesentlichen im Rahmen der bekannten, üblichen kirchlichen Argumentationen und Positionen. Zuspitzungen und Verschärfungen werden vermieden«[398], konnten die Beobachter des Staates feststellen. Als positiv schätzten sie auch ein, daß Bischof Leich eine Diskussion über die Situation in Rumänien unterband[399].

Doch am folgenden Tag spitzten sich die Verhandlungen zu. Zum einen gab Hempel – sehr erregt über ein erneutes Verbot der sächsischen Kirchenzeitung »Der Sonntag« – jede Zurückhaltung auf. Zornig meinte er, mit diesem Schritt seien »nunmehr die ›Grenzen des Einfühlungsvermögens‹ überschritten«[400]. Zum anderen trat auch noch das ein, was der Staat befürchtet hatte: Der Jugenddelegierte Udo Hanke, Berlin, beantragte[401], einen neuen Synodalausschuß zu Fragen »›des innergesellschaftlichen Dialogs bzw. der innergesellschaftlichen Abgrenzung‹« zu bilden, womit das Görlitzer Thema wieder auf dem Tisch war[402]. In der anschließenden Diskussion wurde »ein ›Dialogdefizit‹ in der DDR« beklagt – eine Beschreibung, mit der sowohl Bischof Forck als auch Stolpe übereinstimmten. Der staatliche Beobachter wertete:

»Charakteristisch für den Verlauf der Aussprache war eine unzulässige, verzerrte negative Verallgemeinerung der von einzelnen Synodalen vor Ort erlebten oder erfahrenen Einzelbeispiele. Insgesamt wurde damit ein Bild der Hoffnungslosigkeit und des Pessimismus in unserer Gesellschaft gezeichnet. Für den in die DDR einreisenden Bürger, vor allem nach dem Besuch der BRD, so Pfarrer Schorlemmer, bietet sich ein graues Bild, das durchaus Farbe vertragen könnte. [...] Die gesamte Aussprache durchzog eine Gesellschaftskritik aus der abseitsstehenden Betrachterposition, die ein konstruktives Mittragen der Verantwortung für die gesellschaftlichen Prozesse im Lande vermissen läßt. Zum Abschluß der Beratung des Berichts der Konferenz der Kirchenleitungen gaben Landesbischof Leich und nachfolgend die anwesenden Bischöfe allen Diskussionsrednern vorbehaltlos und ohne Einschränkung ihre Zustimmung. Diese Position gipfelte in der Erklärung, daß die Konferenz der Kirchenleitungen nicht mehr bereit sei, das, was sich in der DDR entwickelt hat, weiter mitzutragen und grundsätzliche Veränderungen in der Gesellschaft der DDR erwartet werden[403].
[...] Zum Schluß des 3. Beratungstages wurden die staatlichen Vertreter durch die kirchenleitenden Kräfte offen geschnitten.«[404]

Eine erste staatliche Einschätzung des Synodengesamtverlaufs kam wieder einmal zu dem Ergebnis, es habe sich um eine »widersprüchliche« Synodaltagung gehandelt:

»Verlauf und Ergebnisse der Synodaltagung sind differenziert zu bewerten und widersprüchlich. Während die Konferenz der Kirchenleitungen einen alles in allem sachlichen Bericht vorlegte, wurden die öffentlichen Diskussionen vor allem von solchen Kräften bestimmt, die die Kirchen in eine sogenannte Stellvertreterrolle für mehr Offenheit und Öffnung in der Gesellschaft drängen möchten[405].
Der Vorsitzende der Konferenz, Landesbischof Leich, trägt diesen Anspruch mit. Er sieht es für die Kirche in der DDR als eine wesentliche Aufgabe, eine Erneuerung der ›Gesellschaft, die ein menschliches Angesicht hat‹, zu unterstützen. Gleichzeitig trat

Leich in der Abschlußsitzung Behauptungen entgegen, daß es im Verhältnis zwischen Staat und Kirche eine Vertrauenskrise gäbe. [...] Die Kirche sehe im Dialog mit dem Staat eine wichtige Möglichkeit, gemeinsame Lösungen zu finden. [...] Mit den zum Abschluß der Synode gefaßten Beschlüssen wurden die im Verlaufe der Diskussion auf Zuspitzung und Verschärfung gerichteten Positionen abgeschwächt und teilweise korrigiert. [...]

Im Gegensatz zur Bundessynode in Görlitz 1987, bei der positive, realistische Synodale konzentriert und von Anfang an in die Diskussion eingegriffen hatten, prägten in Dessau solche negativen Kirchenvertreter wie Pfarrer Schorlemmer (Wittenberg), Bischof Forck (Berlin), Superintendent Pilz (Freiberg), Pastorin Albani[406], Pfarrer Noack, der Jugenddelegierte Hanke sowie die Laiensynodalen Höppner und Springborn weiterhin das Bild und lieferten den zahlreich anwesenden westlichen Medienvertretern Munition für ihre Hetze gegen die DDR.

Gleichzeitig gab es vor allem im Auftreten Pfarrer Schorlemmers eine ganze Reihe politisch realistischer Aussagen und Anregungen, die z. B. im Beschluß der Synode zum Abrüstungsprozeß ihren Niederschlag fanden. Auch andere Synodale fanden sich darüber hinaus in der Diskussion auf der Tagung bereit, positive Akzente bei der Bewertung der grundsätzlichen gesellschaftlichen Entwicklungen in der DDR zu setzen. Bei einigen wurde dabei deutlich, daß sie mit dieser Haltung Anerkennung beim Staat als Gesprächspartner finden möchten und sich so Möglichkeiten schaffen wollen, um ihr Hauptanliegen voranzubringen, gesellschaftliche Veränderungen und innenpolitische Öffnung zu erreichen.

Die Bischöfe Dr. Leich und Dr. Demke sowie Präsident Stolpe[407] und Oberkirchenrat Ziegler traten mit realistischen Aussagen in der Synode auf, während alle anderen leitenden Kirchenvertreter die dem Staat gemachten Zusagen, positiv auf die Synode Einfluß zu nehmen, nicht einhielten. [...]

Vor diesem Hintergrund wurde ein breiter Konsens innerhalb der Synode bei einer Reihe negativer Positionen deutlich, der den Diskussionsverlauf bestimmte.

Im Vordergrund standen folgende inhaltliche Probleme:
– Das Staat-Kirche-Verhältnis hat sich für beide Seiten vorteilhaft entwickelt, muß aber vor der Gefahr von ›Dialogeinbrüchen‹ bewahrt werden. Es wird erneut die Durchführung von Informations- bzw. Sachgesprächen gefordert und eine offene Diskussion mit dem Staat über die ›öffentliche – nicht nur die veröffentlichte Meinung‹ – angestrebt (Höppner).
– Im Zusammenhang mit der Forderung eines innergesellschaftlichen Dialogs wird die Notwendigkeit der Absage an Praxis und Prinzip der Abgrenzung in seiner innenpolitischen Dimension verstärkt reflektiert (Vorlage 20, Jugenddelegierter Hanke). Der Staat erziehe zu Untertanengeist und Anpassung (Kaettniß, Dr. Forck). In der Volksbildung wachse keine Dialogfähigkeit (Pahnke). Dialogdefizite gebe es vor allem an der Basis (Stolpe, Albani), jeder Christ muß entsprechende Dialogebenen mit aufbauen helfen (Große).
– Es wird eine offene und kritische Information und Diskussion in den Medien und in der Gesellschaft, eine Neuorientierung der gesamten Medienpolitik gefordert. Dabei wird unterstellt, daß der Überblick über die gesellschaftliche Situation in der DDR kompetenten Stellen verlorengegangen ist, da Medien nur Illusionen vermitteln. Gesellschaftliche Probleme sollten an die Öffentlichkeit getragen werden, weil zu ihrer Lösung alle Menschen gebraucht werden (Schorlemmer).
– Die drastische Schilderung der Umweltsituation am Beispiel Espenhain (Vorlage Sup. Pilz) wurde verbunden mit der Diskussion um Möglichkeiten der Kirche, aktive Anstöße für eine Verbesserung zu geben.
– Die Prozesse der militärischen Abrüstung wurden mit der Forderung nach verstärk-

ter ›ideologischer Abrüstung‹ verbunden. Daran knüpfen sich Vorstellungen über innenpolitischen Abrüstungsdialog, Toleranz, Volksdiplomatie und Feindbildabbau (z. B. in Schulbüchern[408]).
- Fragen des Umgangs der politischen Machtorgane mit dem Bürger und Durchsichtigkeit seiner Rechte, besonders hinsichtlich Reisefragen, müssen beharrlich durchgesetzt werden.
- Es wird die Forderung nach Einrichtung eines zivilen Wehrersatzdienstes verbunden mit der kritischen Hinterfragung der Ausbildung in der Zivilverteidigung (Treu, Dehne, Böhling, Linke) sowie der vormilitärischen und militärischen Ausbildung überhaupt.
- Es wird Anspruch auf Verantwortung der Kirche bei Übersiedlungsersuchen erhoben.

Das Dilemma der Kirche bestehe darin, einerseits für alle offen zu sein, aber andererseits der Gefahr politischen Mißbrauchs ausgesetzt zu sein.
Es müsse nach wie vor nach Ursachen gefragt werden. Eine der Ursachen sei fehlende Wärme und Menschlichkeit in der DDR (Springborn).
Für die Kirche reicht es nicht, nur zum Bleiben aufzufordern, sondern sie muß auch begründen lernen, warum sie dazu auffordert (Semper).
Insgesamt konzentrierte sich die Diskussion tendenziell darauf, eine emotionale, einseitige und verzerrte Darstellung der Wirklichkeit in der DDR zu geben, wobei viele Einzelbeispiele als symptomatisch eingeordnet wurden. [...] Im Beschluß ›Stellungnahme der Synode zu Fragen des innergesellschaftlichen Dialogs‹ wird das gesamte Spektrum der diskutierten Anfragen an Staat und Gesellschaft vorgetragen. Das geschieht jedoch ohne weitere Zuspitzung. In gleicher Weise erfolgt die Darstellung der bisherigen Realisierung und die weitere Orientierung des konziliaren Prozesses unter Verzicht auf die Wiedergabe der inhaltlichen negativen Linienführung der Dresdner Versammlung. [...]
Erneut waren auf der Synode Mitarbeiter der Botschaften der USA und Großbritanniens anwesend. Von der Ständigen Vertretung der BRD in der DDR nahm außer der zuständigen Mitarbeiterin auch der Leiter der politischen Abteilung, von Studnitz, teil. Sie führten umfangreiche Gespräche mit Synodalen. Das trifft genauso auf die 14 akkreditierten Korrespondenten westlicher Medien zu.«[409]

Mit Enttäuschung registrierte der Staat, daß sich die intensiven Gespräche im Vorfeld der Synodaltagung nicht ausgezahlt hatten:

»Verlauf und Ergebnis der Synode entsprechen nicht den von den leitenden Kirchenvertretern vor der Synode zugesagten Positionen.
Während offensichtlich als Ergebnis sehr umfassender intensiver Aussprachen mit kirchenleitenden Persönlichkeiten im Vorfeld der Synode der vorgelegte Bericht der Kirchenleitung insgesamt eine realistischere, ausgewogenere Position erkennen läßt, Zuspitzungen und Verschärfungen vermeidet, die sozialistische Friedenspolitik der DDR würdigt, auf konstruktive Lösungen orientiert und feststellt, daß es zur Politik des 6. März 1978 keine verantwortbare Alternative gibt, nahm die Diskussion einen anderen Verlauf. Offensichtlich organisiert und sowohl in der Konzentration als auch im Ablauf abgestimmt, traten Synodale mit starker Betonung kritischer Akzente auf, deren Kerngedanke war, daß es ›die Aufgabe der Kirche‹ sei, für gesellschaftliche Veränderungen, für ›eine Gesellschaft, die ein menschliches Angesicht hat‹, im Sinne von mehr Offenheit, einer grundsätzlichen Veränderung der Informationspolitik, für mehr Rechtssicherheit und Toleranz einzutreten. Bestimmend war das Bestreben, die Kirche als gesellschaftsverändernde Kraft zu profilieren, angebliche gesellschaftliche Defizite aufzulisten und deren Beseitigung vom Staat zu fordern. Damit soll die angemaßte Stellvertreterrolle der

Kirche zur geforderten Öffnung in der Gesellschaft begründet werden. Diesen Anspruch unterstützte Landesbischof Leich als Vorsitzender der KKL. Zugleich forderte er vor westlichen Kameras ›uneingeschränkte Reisemöglichkeiten für alle Bürger der DDR und Durchführung einer gesellschaftlichen Reformpolitik in der DDR‹.
Diese negativen Positionen wurden mit dem Hinweis auf Entwicklungen in der Sowjetunion verstärkt. Vor allem im Auftreten von Pfarrer Schorlemmer, Bischof Forck, Superintendent Pilz, Pastorin Albani, Pfarrer Noack, des Jugenddelegierten Hanke und der Laiensynodalen Höppner und Springborn wurden sie unterstützt.
Das Hauptthema der Tagung ›Als Gemeinde leben‹ spielte daher eine nur untergeordnete Rolle[410], ein praktikables tragfähiges Konzept für den Auftrag der Kirchengemeinde in einer sozialistischen Umwelt konnte nicht vorgelegt werden. [...]
Zu den konstruktiven Kräften zählten u. a. Bischof Dr. Demke, Konsistorialpräsident Stolpe und Oberkirchenrat Ziegler, die mit realistischen Aussagen in der Synode auftraten. Die anderen leitenden Kirchenvertreter hielten die Zusagen, positiv auf die Synode Einfluß zu nehmen, nicht ein. [...]
Mit den zum Abschluß der Synode gefaßten Beschlüssen wurden die im Verlauf der Diskussion auf Zuspitzung und Verschärfung gerichteten Positionen abgeschwächt und teilweise korrigiert.«[411]

Ähnlich lautete auch eine von Jarowinsky an Honecker weitergeleitete vorläufige Synodeneinschätzung, die außerdem Leichs Positionen zu gesellschaftlichen Reformen aufs Korn nahm:

»Nach dem bisherigen Verlauf der Diskussion auf der Synode wird deutlich – das zeigt sich im Auftreten von Bischof Leich persönlich –, daß die von ihm, Leich, im März der Westpresse übermittelten Punkte in mehr oder weniger deutlicher Form den Inhalt der Diskussionen bestimmen. Leich erklärte: ›Das heißt, was wir hier in unserer eigenen Gesellschaft als Erneuerung der Gesellschaft in der Wahrheit zu befördern wünschen, ist nicht die Alternative zu einer sozialistischen Gesellschaft, sondern es ist der Versuch der Erneuerung dieser Gesellschaft unter den Bedingungen der Gegenwart.‹«

Auch über das Auftreten der anderen Bischöfe erhielt der Parteichef detaillierte Informationen:

»Trotz zahlreicher positiver Anträge an die Synode traten die realistischen, positiven Kräfte bisher wenig in Erscheinung und ließen sich zurückdrängen. Betont sachlich und im Bemühen, Mißverständnisse zu vermeiden, trat Oberkirchenrat Ziegler auf. Stolpe laviert zwischen den Fronten, hat aber auch beschwichtigend gewirkt. Überraschend war das Auftreten von Landesbischof Hempel, der sich offensichtlich von der Entscheidung der Nichtauslieferung seiner Kirchenzeitung persönlich getroffen fühlte und spontan und emotional reagierte. Nachdem er während der Synode von diesem Vorgang erfahren hatte, erklärte er gegenüber den Synodalen seines Kirchenbereiches, jetzt könne er nicht mehr schweigen. [...]
Die Genossen der in Dessau tätigen Arbeitsgruppe wurden beauftragt, in Verbindung mit anderen Partnern zu versuchen, daß die als positiv bekannten Synodalen jetzt auftreten. Vor allem gilt das für die Bischöfe Rogge, Gienke und Natho, die bisher gar nicht aufgetreten sind, obwohl sie im Vorfeld ihre Bereitschaft erklärt hatten, im positiven Sinne auf die Synode Einfluß zu nehmen.«[412]

Abschließend hielt der Staat fest, daß immerhin die Schlußerklärung der Synodaltagung neben den problematischen Positionen auch »ein eindeutiges, klares Bekenntnis zur Politik des 6. März 1978 enthalte«, was in Görlitz so nicht vorgekommen sei: »Es zeigt sich, daß hier ein Konsens gesucht und nicht auf Konfrontation gesetzt wird.« Insgesamt sah der Staat bei der Synodaltagung eine starke Affinität zu sozialdemokratischen Strategien und Positionen:

»Nimmt man den Synodenverlauf, den Hauptinhalt und die wiederum deutliche Außensteuerung, so drängt sich der Schluß auf, daß es sich bei dieser Synode um den Übergang auf Positionen handelt, die von den SPD-Vertretern bezüglich der Umsetzung des Papiers ›Der Streit der Ideologien…‹ in der DDR vertreten werden. In Inhalt, Ton und der Methodik des Vorgehens gibt es eine nahezu völlige Übereinstimmung. Die Synode wurde offenbar als ein Experimentierfeld für ein solches Verhalten angesehen.

Im Vergleich mit der Görlitzer Synode 1987, wo aggressive und herausfordernde Töne dominierten und eine Linie offener Provokation mit dem Ziel der Konfrontation zum sozialistischen Staat vorherrschend war, hat sich ein gewisser Übergang zu subtileren, verdeckten Formen der Auseinandersetzung vollzogen.

So ist offenbar auch Bischof Leichs Äußerung nach Abschluß der Synode gegenüber der ARD zu sehen: ›Ich bin der Überzeugung, daß diese Öffnung unaufschiebbar ist; wir stehen in einer europäischen Entwicklung, aus der sich die DDR nicht ausschließen kann.‹«[413]

Präses Gaebler berichtete der Beratergruppe über die BEK-Synode: »Im Vorfeld hat es ›große Ängste‹ gegeben, auf staatlicher wie auf kirchlicher Seite[414]; es wurde dann allerdings nicht so schlimm wie befürchtet[415]: ›Insgesamt war es ein Verlauf der Synode, mit dem man zufrieden sein konnte‹.«[416] Einen Monat später mußte der Präses vor der KKL seine Einschätzung korrigieren: »Die Regierung scheint im Blick auf die Ergebnisse der Synode sehr betroffen gewesen zu sein. Die Absicht, Wege zu einem besseren Miteinander zu bauen, ist nicht wirkungsvoll geworden.«[417]

Daß man im Staatssekretariat für Kirchenfragen manche Dinge ganz anders sah als anderswo, zeigt die Reaktion Löfflers auf eine Gastvorlesung Stolpes an der Universität Greifswald zum Thema »Christen und Marxisten im Dialog mit der Gesellschaft zu Fragen der Zeit«[418] Ende September 1988. Der Greifswalder Prorektor für Gesellschaftswissenschaften hatte das Referat überaus positiv beurteilt: Stolpe sei »›ganz im Sinne der Zusammenarbeit von Staat und Kirche und des konstruktiven Dialogs aufgetreten‹«[419]. Dem widersprach Löffler ganz entschieden. Zweifellos enthalte der Vortrag positive und auch konstruktive Passagen:

»Eindeutig ist jedoch, daß der Grundtenor dieses Vortrages in eine andere Richtung zielt. Die zentralen Aussagen betreffen den Aufruf zu einer Veränderung der gesellschaftlichen Verhältnisse der DDR, das Eintreten der Kirche in die politische Mitwirkung zur Durchsetzung einer ›Reformpolitik‹ und die Forderung nach der Beseitigung der Machtausübung unter Führung unserer Partei.

Es wird versucht, diese Aussagen teilweise theologisch zu begründen und damit den Eindruck der ›Rechtmäßigkeit‹ aus der Glaubensverantwortung heraus zu unterstützen. Dieser Vortrag ordnet sich nach meiner Meinung folgerichtig in die seit einiger Zeit stattfindenden Versuche bestimmter kirchlicher Kräfte ein, ein Mitspracherecht in der gesellschaftlichen Entwicklung zu erreichen und in ein Wächteramt über den Staat einzutreten.«[420]

Die unterschiedliche Einschätzung der Stolpeschen Ausführungen zeigt einmal mehr wachsende Uneinigkeit und wohl auch Unsicherheit über die (kirchen)politische Linie im Staatsapparat. Während der Greifswalder Wissenschaftler Stolpe zustimmen konnte, obwohl dieser Reformen innerhalb der bestehenden politischen Ordnung eingeklagt hatte, lehnte der Staatssekretär für Kirchenfragen die Option des Konsistorialpräsidenten zugunsten milder Reformen als bereits zu weitgehend ab. Eine Ablösung der Führungsrolle der Partei hatte Stolpe nicht gefordert, sondern lediglich Korrekturen im Blick auf Verkrustungen im Apparat und vor allem im ökonomischen Bereich angemahnt. In dem Vortrag hieß es:

»Die führende Rolle der Partei kann in der geistigen Führung der Entwicklung, in der überzeugenden Darstellung von Zielen und Wegen besser verwirklicht werden als durch Administration und die überproportionale Besetzung von Leitungsfunktionen.«[421]

Weiterhin ging Stolpe von der Grundposition aus: »Christen in der DDR sehen im real existierenden Sozialismus das Bewährungsfeld ihres Glaubens.«[422] Auch die Formel »Kirche im Sozialismus« ließ er nicht fallen[423].

In einer an Jarowinsky, Bellmann[424] und Wiegand gerichteten Information wurde Löffler noch schärfer. Er kritisierte die laxe Haltung der Universität, die es zum einen unterlassen habe, den Text oder zumindest die Thesen Stolpes vor dem Vortragstermin anzufordern; zum anderen habe sie es auch versäumt, sich vorher mit dem Staatssekretariat für Kirchenfragen abzustimmen: »Durch die Einladung wurde Manfred Stolpe eine Plattform für eine öffentliche Darlegung seiner das Verhältnis zwischen Staat und Kirche belastenden politischen Position gegeben.«[425]

Ein unmittelbar nach der BEK-Synode in Eisenach geplantes Gespräch mit Leich sagte der Staatssekretär wegen Terminschwierigkeiten ab[426].

Internationaler Währungsfonds und Verbot von Kirchenzeitungen: Ziviler Ungehorsam in Berlin (Ost)

Ende September 1988 drohten sich die Fronten zwischen SED-Staat und Basisgruppen wieder zu verhärten. Allerdings hatte sich die Problematik eigenartig verkehrt: Während der Tagung des Internationalen Währungsfonds (IWF) in West-Berlin bot die DDR Tagungsteilnehmern, die in den ausgebuchten West-Berliner Hotels kein Bett mehr finden konnten, Platz in Ost-Berliner Nobelherbergen. Daraufhin plante die DDR-Opposition Mahnwachen vor Botschaften, Hotels und weiteren Gebäuden sowie andere Aktionen. Heinrich informierte Ende August Ziegler darüber,

»daß staatlicherseits alles zum Schutz der einreisenden Gäste unternommen wird und konsequent geplante Störungen und Provokationen unterbunden werden. Von der Kirche erwarten wir, daß sie diesbezüglich gegenüber kirchlichen Gruppen und Mitarbeitern ihre Aufsichtspflicht wahrnimmt, disziplinierenden Einfluß ausübt und bekanntwerdende Störungen und Provokationen im kirchlichen Raum nicht zuläßt. Ziegler hat zugesagt, daß kirchlicherseits die dafür erforderlichen Maßnahmen veranlaßt werden«,

schloß das staatliche Gesprächsprotokoll[427].

Die SED-Bezirksleitung Berlin instruierte sämtliche Kreisleitungen Ostberlins, dafür Sorge zu tragen, daß es zu keinerlei öffentlichen Aktionen komme – »durch wen auch immer«. Nach mehreren staatlichen Interventionen[428] sorgte die Kirchenleitung für die Absage eines geplanten »Pilgermarsches« gegen die IWF-Politik[429] und bemühte sich um eine Abschwächung der Kritik an der unterstützenden Haltung der DDR gegenüber dieser Tagung[430].

Mitte Oktober 1988 stand das Verhältnis des BEK zur römisch-katholischen Kirche in der DDR auf der Tagesordnung der Beratergruppe. Im Blick auf die Haltung der katholischen Kirche zum Staat heißt es:

»Trotz des Hirtenbriefs von 1986 denkt die katholische Kirche in der DDR bezüglich gesellschaftspolitischer Fragen immer noch stark vom ›Inselbild‹ her; sie versteht sich (noch?) nicht als ›Kirche im Sozialismus‹; allerdings sind Akzentverschiebungen auszumachen (Generationenwechsel!).«[431]

Zur Beschreibung des Verhältnisses der katholischen Schwesterkirche zum Staat griff der BEK also auf die schon wankenden Formeln zurück – wohl, um seine eigene Haltung in der Vergangenheit verständlich erscheinen zu lassen.

Stolpes zurückhaltende Schilderung der Berliner Vorgänge vom 10. Oktober 1988 im Zusammenhang mit einem Schweigemarsch kirchlicher Mitarbeiter vom Konsistorium in der Neuen Grünstraße zum Presseamt der DDR provozierte in der Beratergruppe Rückfragen.

»Dieses insgesamt eher moderate Verhalten der DDR-Sicherheitsorgane ist in den Medien der Bundesrepublik Deutschland, vor allem im Fernsehen, nicht rübergekommen: Die Bilder von Prügelnden und Geprügelten werden haftenbleiben und Wirkung entfalten [...] Ist den zur Demonstration Entschlossenen wirklich in aller Eindeutigkeit gesagt worden: Laßt es bleiben? [...] Bei härterem politischen Zupacken braucht Honecker keine außenpolitischen Rückschläge zu befürchten. – Stimmt das wirklich?«[432]

Anlaß für die Demonstration, die sich gegen die Behinderungen der Kirchenpresse[433] richtete, war nach den Ausführungen des Berliner Konsistorialpräsidenten ein staatlicherseits ausgesprochenes Druckverbot für einen Gebetstext zur Ökumenischen Versammlung in Magdeburg gewesen. Dabei war die Gebetsaussage »Hilf, daß durch die Beratungen der Prozeß der Umkehr und Erneuerung in unserem Lande gefördert wird« beanstandet worden. Stolpe erläuterte, die Demonstranten hätten ihrem Ärger Luft machen wollen[434], da sie »nicht mehr daran glaub[t]en, daß Gespräche, Abwarten, Beschwichtigungen, auch ›Vertuschen‹ noch etwas bringen«. Die anscheinend von Stolpe persönlich vorgebrachte Beurteilung der Vorgänge lautete, die Aktion nütze nur der »Sensationspresse in der Bundesrepublik« und den »Hardliner[n] in der DDR«. Stolpe wertete vor der Beratergruppe: »Für die Kirche und für die Kirchenleitung [...] ist es eine neue Situation, daß ihre eigenen Leute nicht länger bereit sind, auf sie zu hören, den Ratschlägen sich vielmehr verschließen.«[435]

Am 12. Oktober rief Stolpe morgens im Staatssekretariat für Kirchenfragen an und dankte für das überaus zurückhaltende Vorgehen der Staatsorgane: »Die Hektik ist durch die Medien entstanden.«[436]

Wenige Tage später führten Löffler und der Leiter des Presseamtes, Kurt Blecha, mit Leich ein Gespräch[437], in dem Löffler die kurz zurückliegenden

Aktionen als Störversuch des konstruktiven Miteinanders von Staat und Kirche bezeichnete. Nochmals bekräftigte der Staatssekretär, daß der Staat an dem guten Verhältnis festhalten wolle. Löffler appellierte an den KKL-Vorsitzenden, »sich für eine gerechte Haltung zu unserem Land und dem in ihm Erreichten einzusetzen.« Er bezeichnete es als unverständlich, »wenn über unsere Republik Urteile oder Stellungnahmen abgegeben werden, in denen unterstellt wird, daß es keine Gerechtigkeit oder keine Gleichberechtigung und Chancengleichheit der gläubigen Bürger gäbe.« Im Gegenteil: Christen hätten in der gesamten deutschen Geschichte niemals größere Wirkungsmöglichkeiten gehabt als in der DDR. Der Staatssekretär forderte Leich auf, »seinen Einfluß geltend zu machen, damit wieder Vernunft, Augenmaß, Anstand und Realitätssinn einziehen.«

Dies gelte insbesondere für die Kirchenpresse, die zum Teil nicht mehr auf der Grundlage der immer noch gültigen Lizenz arbeite[438]. Blecha drohte gar mit Entzug einzelner Lizenzen, sollte keine Verbesserung eintreten.

Leich soll den staatlichen Appellen verständnisvoll begegnet sein und ausdrücklich akzeptiert haben,

»daß die Rechtslage zugunsten des Staates spreche. Das Verhalten des Presseamtes sei korrekt, denn tatsächlich legten die Lizenzurkunden fest, daß sich kirchliche Zeitungen zu Fragen des religiösen und kirchlichen Lebens, nicht aber zu Problemen der gesellschaftlichen Entwicklung oder der Veränderung der gesellschaftlichen Verhältnisse äußern sollten.«

Allerdings habe sich seit der Erteilung der Lizenzen auch einiges verändert, so daß eine andere Interpretation der Urkundentexte möglich sei.

Kaum hatte Blecha den Raum verlassen, forderte Löffler den Bischof unter vier Augen auf, gegenüber den Feinden der DDR keine Toleranz mehr zu üben. Man sei gemeinsam für die weitere sozialistische Entwicklung der Republik verantwortlich. Er malte dem KKL-Vorsitzenden in den schwärzesten Farben aus, daß diese »Kräfte in der Endkonsequenz auch das normale, durch die Verfassung der DDR garantierte Leben der Kirchen zerstören und Anarchie und Gesetzlosigkeit heraufbeschwören wollen.« Im Nebenraum präsentierte man derweil Ziegler die beanstandeten Kirchenzeitungsartikel, über deren Inhalt sich der BEK-Sekretariatsleiter betroffen zeigte und versprach, Einfluß zum Besseren ausüben zu wollen[439].

Die Schnellinformation des BEK-Sekretariats über das Gespräch hielt fest: »Erneut wurde auch deutlich, daß das Prinzip der Trennung von Staat und Kirche von beiden Seiten unterschiedlich interpretiert wird und unterschiedliche Folgerungen daraus gezogen werden.« Weiter heißt es hier allerdings: »Übereinstimmung wurde darüber erzielt, daß in weiteren Gesprächen über konkrete Einzelfragen der kirchlichen Pressearbeit Wege gefunden werden müssen, auf denen die notwendige Information der Gemeinden gewährleistet werden kann.«[440]

Das Politbüro wies das Presseamt der DDR an, bei Verstößen gegen diese Hinweise der betreffenden Kirchenzeitung die Lizenz zu entziehen[441].

Am 19. Oktober trafen sich in Berlin die Chefredakteure und Herausgeber der evangelischen Kirchenzeitungen zu einer Besprechung, über die anschließend Stolpe im Staatssekretariat für Kirchenfragen Bericht erstattete. Löffler notierte anschließend:

»Mit allem Ernst sei auf die von den Vertretern des Staates geforderte Einhaltung der Lizenzordnung hingewiesen worden. Im Ergebnis der Aussprache habe man vereinbart:
– beim Aufgreifen und bei der Behandlung gesellschaftlicher Themen künftig zurückhaltender zu sein und
– sich künftig in ›solchen Fragen‹ untereinander Rat zu holen und sich gegenseitig abzustimmen.

In diesem Zusammenhang übergab er [Stolpe] den gemeinsam vereinbarten Artikel zur Ökumenischen Versammlung in Magdeburg, der am 23.10. zeitgleich in allen evangelischen Wochenzeitungen erscheinen soll [...]

Zugleich informierte Stolpe über eine Bekundung des Chefredakteurs der Mecklenburgischen Kirchenzeitung, Beste, zu seiner Absicht, den Abbruch [Abdruck] des Interviews des Ministers für Nationale Verteidigung vom 10.10.1988 mit einer redaktionellen Bemerkung zu ergänzen (in dieser redaktionellen Bemerkung wird das Verbot dargestellt, das gegenüber der Redaktion vor einiger Zeit ausgesprochen wurde, weil sie über die Veränderung des Wehrpflichtgesetzes in der VR Polen informieren wollte. Die Formulierungen sind eindeutig provokativ angelegt).

M. Stolpe legte dar, daß Beste ›in diesem Kreis auf Verwunderung und Unverständnis gestoßen ist.‹ Er versprach, sofort mit Landesbischof Stier bzw. dem Herausgeber zu reden, um eine Herausnahme der sog. redaktionellen Bemerkungen zu erreichen; entweder durch eigenverantwortliches Zurückziehen durch Beste oder ein Zurückziehen ohne Widerspruch nach Aufforderung durch den Rat des Bezirkes.

Ich hatte den Eindruck, daß M. Stolpe den Ernst der Mahnung zum verantwortungsbewußten Handeln verstanden hat.«[442]

Am gleichen Tag machte der Staatssekretär Stolpe klar, daß eine für den 24. Oktober geplante Aktion[443], die wiederum vom Konsistorium ausgehen solle, besser zu unterbleiben hätte.

»Mit Nachdruck habe ich ihm mitgeteilt, daß öffentliche Bekundungen auf der Straße nicht zugelassen werden und in jedem Fall durch die zuständigen staatlichen Organe unterbunden werden. Evtl. könne erforderlich werden, daß die Maßnahmen des 10.10.1988, die er – Stolpe – ausdrücklich gewürdigt habe, dann nicht mehr ausreichend sein können. Ich habe ihn aufgefordert, alles zu tun, einschließlich der Anwendung disziplinarischer Schritte, die ihm als Konsistorialpräsident zustehen, daß die geplante Provokation unterbunden wird.

M. Stolpe nahm mit Betroffenheit die harte und prinzipielle Darlegung zur Kenntnis, erklärte, daß es ›manchmal nötig ist, ein so klares Wort zu hören‹, und versprach, mit Propst Furian, Pfarrer Hülsemann und weiteren Amtsträgern die erforderlichen Maßnahmen einzuleiten.«[444]

Staatliche Verärgerung über die Ökumenische Versammlung in Magdeburg (Oktober 1988)

Forck[445] berichtete der Beratergruppe im Oktober über die Magdeburger Ökumenische Versammlung, die diszipliniert verlaufen sei. Man werde nun die dort verabschiedeten Papiere in den Gemeinden diskutieren. Drei Texte zu den Themenaspekten Gerechtigkeit in der DDR, Wehrdienst und Bewahrung des Lebens seien nicht verabschiedet worden und müßten überarbeitet werden[446]. Das Gerechtigkeitspapier sei in der Diktion zu scharf, bei der Frage des Waffendienstes hätten die Katholiken Einspruch erhoben[447]; ebenso hätten sie bei dem Text »Bewahrung des Lebens« darauf bestanden, festzustellen, daß Abtreibung als Mord zu bezeichnen sei, fügte Forck zwei Monate später erläuternd hinzu. Der Staat sehe die Dinge allerdings sehr kritisch bzw. sei äußerst irritiert[448].

Im Vorfeld der Versammlung hatte sich der Staat das Ziel gesetzt, auf der Ebene des Staatssekretariats oder der Bezirke mit allen Delegierten und auch Beratern der Versammlung Gespräche zu führen[449]. Diese Gesprächspolitik war nach Auffassung des neuen Staatssekretärs Löffler wohl nicht konsequent genug durchgeführt worden. Für Ende August 1988 trommelte er die Stellvertreter für Inneres zu einer Sondersitzung zusammen, wobei er bemerkte, sie sollten dann endlich darüber informieren, wozu »sie schon seit mehreren Monaten verpflichtet sind«[450].

Ende September 1988 hielt eine bei Jarowinsky durchgeführte Beratung – Teilnehmer waren Löffler, Wilke, Bellmann, Baron, Kraußer – fest, die Kirchenvertreter seien eindringlich darauf hinzuweisen, daß »eine weitere Eskalierung auf der Magdeburger Ökumenischen Versammlung zu einer ernsthaften Störung und Belastung« des Staat-Kirche-Verhältnisses führen werde[451].

Auch in Magdeburg blieben die staatlichen Bemühungen letztlich erfolglos, wie die folgenden Auszüge aus einer Bewertung zeigen:

»Trotz vieler Gespräche mit den Delegierten und den Verantwortlichen der beteiligten Kirchen und Religionsgemeinschaften, in denen die während der Dresdener Versammlung im Februar dieses Jahres vorhandene, dem ursprünglichen Anliegen entgegengesetzte Orientierung auf innergesellschaftliche Fragen kritisiert wurde und die Mehrzahl der Delegierten Zusagen zur Veränderung dieses Zustandes machte, wurde in Magdeburg diese Seite weiter ausgebaut, spielten die globalen Fragen so gut wie keine Rolle. Insgesamt wurden der Ablauf und das Ergebnis auch der 2. Ökumenischen Versammlung im wesentlichen von jenen Kräften bestimmt, die eine negative Plattform gegen den Sozialismus vertreten und den konziliaren Prozeß zur Formierung einer innergesellschaftlichen Opposition mißbrauchen wollen (Propst Falcke, die Pfarrer Schorlemmer, Pahnke, Meckel, Pastorin Misselwitz und Heiko Lietz). Es wurden weitere Schritte getan, um die Breitenwirkung dieses Konzeptes zu verstärken, die Gruppen und Kreise endgültig zu integrieren, den konziliaren Prozeß immer besser als basisorientierte Bewegung zu profilieren.

Inhaltlich stellen die wesentlich vom Erfurter Propst Falcke vorgelegten Positionen eine Mischung aus den verschiedensten entgegengesetzten gesellschaftspolitischen Vorstellungen dar. Bis in die verwendeten Schlüsselbegriffe hinein wird deutlich, daß sowohl aus der Politik der Umgestaltung in der Sowjetunion als auch aus dem gemeinsamen Papier ›Der Streit der Ideologien und die gemeinsame Sicherheit‹ Positionen ›entlehnt‹ und in mißbräuchlicher Weise genutzt werden.

Die vom Erfurter Propst Falcke in der Arbeitsgruppe 1 vorgelegte ›Theologische Grundlegung‹ gipfelt in der Forderung, daß der in ›der DDR real existierende Sozialismus einer Umgestaltung‹ bedarf. Es gelte, die herrschenden Wertorientierungen der marxistisch-leninistischen Partei und ihrer Ideologie zu überprüfen, ›neue Prioritäten zu erkennen und zu verinnerlichen und Elemente einer neuen Lebensweise einzuüben‹. Die besonders in den letzten Monaten von evangelischen Kirchenvertretern propagierte ›Stellvertreterrolle‹ der Kirche wird erneut und nachdrücklich praktiziert. Perestroika wird ›als Suchbewegung nach der Gestaltung des Sozialismus in unserem Land‹, als ›weltlich-politische Entsprechung‹ der theologischen Position der Umkehr ›glorifiziert‹[452].

In weiteren Vorlagen der Arbeitsgruppen wurden die gesellschaftlichen Verhältnisse in der DDR und die Entwicklung der sozialistischen Demokratie verfälscht dargestellt und diffamiert und im einzelnen die bekannten Forderungen bezüglich des Wehrdienstes, der Situation im Bildungsbereich, der Informationspolitik, der Umweltpolitik usw. aufgelistet[453].

Die negativen Kräfte hatten, bis in die Einzelheiten abgestimmt, den Gesamtablauf, die Verfahrensweise, die Abstimmungsmodalitäten der Konferenz fest im Griff, wodurch den realistischen Vertretern nur wenig Spielraum blieb.

Von den Bischöfen waren nur der Magdeburger Bischof Demke (der konstruktiv auftrat) und der Berlin-Brandenburgische Bischof Forck sowie der Methodistenbischof Minor als Delegierte vor Ort. Selbst Kirchenpräsident Natho, der als Vorsitzender der Arbeitsgemeinschaft Christlicher Kirchen die Hauptverantwortung trägt, war zu keiner Zeit in Magdeburg anwesend[454].

Obwohl die Konferenz eindeutig von den negativen Kirchenvertretern geprägt wurde, kam es in ihrem Verlauf auch zu kontroversen Diskussionen. Eine Reihe von Delegierten (Oberkirchenrat Kupas vom Sekretariat des Kirchenbundes, der Magdeburger Konsistorialpräsident Kramer, der Dessauer Oberkirchenrat Schulze, Dr. Romberg, Frau Adler aus Berlin, der katholische Vertreter Monsignore Grande u. a.) versuchte, durch eine stärkere Betonung theologischer Fragen und den Hinweis auf das Amt und den Auftrag der Kirchen die Diskussionen zu versachlichen. Der Pressereferent des evangelischen Kirchenbundes, Pfarrer Rolf-Dieter Günther, sorgte dafür, daß die Presseinformationen versachlicht wurden und so nicht der ganze Umfang und die Schärfe der negativen Positionen offiziell an die Pressevertreter übermittelt wurden.

Es gelang jedoch nicht, das im Auftrag des Ökumenischen Rates der Kirchen erarbeitete Dokument zur Baseler Konferenz 1989, das die globalen Vorhaben vertritt und ausgesprochen theologisch gehalten ist, in den Mittelpunkt der Tagung zu rücken.

Trotz der nachdrücklichen staatlichen Hinweise, daß es sich bei der Ökumenischen Versammlung um ein inner- und zwischenkirchliches Gesprächsforum handelt, es also in der Tagung um interne innerkirchliche Verständigungsfragen gehe und daß ja auch nach der Magdeburger Versammlung noch weiter diskutiert werden solle und aus allen diesen Gründen die Öffentlichkeit nicht zugelassen werden sollte, hat sich das Präsidium der Ökumenischen Versammlung über all diese Bedenken hinweggesetzt und entscheidende Teile der Gesamtveranstaltung für die zahlreich anwesenden, vor allem BRD-Medienvertreter, geöffnet. [...]

Bemerkenswert ist auch, daß es den Regisseuren der Tagung gelungen ist, von den anwesenden ökumenischen Gästen Zustimmung zu ihrem Konzept zu erreichen. Frau Käßmann, Mitglied des Zentralausschusses des ÖRK, R. Williams von der Konferenz Europäischer Kirchen sowie Bischof Mueller vom Katholischen Rat der Europäischen Bischofskonferenzen charakterisierten diese nach innen gerichtete Linie als wichtige Ergänzung zu den weltpolitischen Fragen. Der Unterschied zu den ursprünglichen Vorhaben des ÖRK wurde zwar festgestellt, jedoch nicht mehr kritisch oder negativ bewertet.

Obwohl die Politisierung der Ökumenischen Versammlung weiter vorangetrieben und von einzelnen katholischen Delegierten (Monsignore Grande, Lipp u. a.) an diesem Zustand offene Kritik geübt wurde, erfolgte der durch die katholische Kirchenleitung angekündigte Schritt, die Ökumenische Versammlung unter solchen Umständen zu verlassen, bisher nicht.

Bemerkenswert ist auch, daß die Delegierten der kleinen Kirchen und Religionsgemeinschaften gegen die im ganzen negative Entwicklung in der Ökumenischen Versammlung keinen Einspruch erhoben. Wie schon in Dresden, war von der gastgebenden Kirchenleitung auch in Magdeburg außerhalb der Ökumenischen Versammlung ein Begegnungszentrum eingerichtet worden, um solche Kräfte, die unangemeldet und ohne Mandat anreisten, in diesem Zentrum zu binden und Provokationen und Störungen zu verhindern.

Die im Begegnungszentrum langfristig geplanten politisch negativen Aktionen wurden im Zusammenwirken der staatlichen Organe mit den Vertretern der Kirche unter Verantwortung von Bischof Dr. Demke und Konsistorialpräsident Kramer bereits im Vorfeld der Tagung und in ihrem Verlauf unterbrochen.

Es traten gegen dort negativ diskutierende Personen auch Freunde aus der CDU offensiv auf.«[455]

Andererseits vermerkte der Staat auch, daß Falcke Bereitschaft zeigte, »die schärfsten Angriffe gegen die DDR zurückzunehmen«. Auch Forck kritisierte an einem Arbeitsgruppenpapier[456], es sei zu scharf formuliert: »Die Ökumenische Versammlung habe nicht die Absicht, eine Konfrontation mit dem Staat herbeizuführen. Es sei wichtig, daß der Staat erkennt, daß die Ökumenische Versammlung hilfreich für ihn sei. Deutlich gemacht werden soll, daß die Kirche gesellschaftliche Kraft ist, die Mitverantwortung trägt.«[457]

Unmittelbar nach der Ökumenischen Versammlung fanden sich Löffler, Bellmann, Baron und Kraußer bei Jarowinsky zu einer Beratung ein. Es wurde festgestellt, daß die Kirche an einer Zuspitzung und Verschärfung der Lage nicht interessiert sei. Auf Nebenschauplätze wolle sie sich offenbar nicht mehr einlassen, da nunmehr nach den Tagungen in Dessau und Magdeburg »ein komplettes Programm der Installierung einer Art Oppositionsbewegung vorlieg[e]«[458].

Zu diesen Schwierigkeiten kam Mitte Oktober 1988 ein Hirtenbrief der katholischen Bischöfe[459]. Allerdings nahm der Staat diese Äußerung nicht sehr übel, da man den Katholiken zugute hielt, auch »auf Druck bestimmter Kreise der evangelischen Kirche und westlicher Kräfte« gehandelt zu haben. Überdies kämpfe Meisner um das Kölner Erzbischofsamt[460].

Ein willkommener Anlaß, endlich einmal Stärke zu zeigen, bot sich dem Staat im Zusammenhang mit der für November 1988 in der DDR geplanten Konferenz des Christlichen Studentenweltbundes. Während einer Beratung bei Jarowinsky bemängelten die Staatsfunktionäre, daß die Tagung mit den ökumenischen Partnern vereinbart worden sei, ohne daß man zuvor den Staat konsultiert habe. Eine Häufung von Veranstaltungen solchen Charakters[461] werde man nun nicht mehr hinnehmen. Außerdem könne die DDR gar nicht Gastgeber sein, da dort gar keine offizielle christliche Studentenorganisation existiere[462].

Ende Oktober teilte das Staatssekretariat Oberkirchenrat Ziegler und seiner Kollegin Koenig mit, das Seminar könne nicht stattfinden, da die ESG in der DDR dem WSCF gar nicht angehöre und die Tagung das Staat-Kirche-Verhältnis zu belasten drohe. Die Kirchenvertreter versicherten zwar, die Kirche werde auf die Absage hin keine Kampagne inszenieren; allerdings wollten sie auch keine Verantwortung für eventuelle Reaktionen der Westmedien übernehmen[463].

Beruhigung, aber noch nicht über den Berg – Die kirchenpolitische Situation im Spätherbst 1988

Deutlich verärgert zeigte sich Löffler, als er hörte, daß die »Potsdamer Kirche« den von ihm ohnehin nicht geschätzten Greifswalder Vortrag Stolpes abdrukken wollte. Sofort nahm er sich vor, mit Ziegler bei einer ohnehin geplanten Unterredung über dieses Problem zu sprechen. Außerdem konfrontierte er den Oberkirchenrat, der zunächst eine Fortsetzung der »Informationsgespräche«[464] anmahnte, mit einem weiteren Ärgernis, das mit Stolpes Aktivitäten eng zusammenhing:

»Was hat es mit Vertrauen, Offenheit und Berechenbarkeit zu tun, wenn die Frankfurter Rundschau dieses Referat heute im Wortlaut abdruckt?[465] Ein vertrauliches Gespräch ist doch überhaupt nicht mehr möglich, wenn eine Seite ihre zu diskutierende Position über Westmedien in die Öffentlichkeit trägt! Soll der Staat, sollen Parteien und gesellschaftliche Organisationen und Bürger unseres Landes öffentlich zu Stolpes Forderung nach Abschaffung der führenden Rolle der Partei Stellung nehmen? Hat sich der Vorstand der KKL schon einmal damit beschäftigt, was es für das Ansehen der evangelischen Kirchen in unserem Volk bedeuten würde, wenn wir Kräfte in den Kirchen öffentlich als Urheber von Forderungen bloßstellen müßten, die auf eine Aushöhlung der sozialistischen Ordnung abzielen? Ist man sich darüber klar, daß hier Gesetze unseres Landes verletzt werden?

Ziegler erklärte, der Vorstand sei von Stolpes Rede ebenso wie von ihrer Veröffentlichung überrascht worden. Man habe vorher nichts davon gewußt. Stolpe habe die Rede in Greifswald in einigen Exemplaren verteilt, und so sei sie in die Öffentlichkeit und bis zu Korrespondenten westlicher Medien gelangt. Eine Aussprache mit Stolpe sei anberaumt.

Berechenbarkeit, Vertrauen oder auch nur menschlicher Anstand in den gegenseitigen Beziehungen werden natürlich immer wieder in Frage gestellt, so habe ich Ziegler eindringlich erörtert, wenn an allen kritischen Punkten und bei offenkundigen Konfrontationsversuchen von den kirchlichen Verantwortlichen erklärt wird, daß sie nicht informiert oder nicht kompetent seien. Wieso weiß die KKL nicht, daß ihr stellvertretender Vorsitzender öffentlich ein Referat von großer politischer Bedeutung hält? Auf dieser Grundlage ist doch eine seriöse Zusammenarbeit nicht möglich. Die Leitung des BEK kann doch nicht nur ein Aushängeschild sein, hinter dem jeder im kirchlichen Raum tun und lassen kann, was er will. Sie muß eine disziplinarische Funktion haben und auch wahrnehmen. Warum wird zugelassen, daß in der gegenwärtigen Situation immer wieder von bestimmten Kräften Zuspitzungen vorgenommen und neuer Zündstoff zum Schaden gedeihlicher Staat-Kirche-Beziehungen angehäuft wird. Eine kontinuierliche Gestaltung der Staat-Kirche-Beziehungen ist nicht mehr möglich, wenn ständig vollendete Tatsachen geschaffen und immer wieder neue Konflikte herbeigeführt werden, kaum daß ein Problem geklärt wurde. Diese Situation muß aufhören, das erwartet nicht nur der Staat, das erwarten in erster Linie auch die Christen in den Kirchgemeinden im Interesse ihrer Kirche [...]

Trotz der deutlich geäußerten politischen Positionen und Erwartungen verlief das Gespräch mit Ziegler in einer vertrauensvollen Atmosphäre. Er ließ erkennen, daß er die staatliche Position in den entscheidenden Punkten teilt und sich auch weiter mit seiner Person für Berechenbarkeit, Realismus und die Beachtung des Grundsatzes der Trennung von Staat und Kirche einsetzen wird.«[466]

Tatsächlich hatte Bellmann mit seiner Prognose, die evangelische Kirche sei an weiteren Konflikten mit dem Staat nicht interessiert, durchaus recht: Die Herbstsynoden[467] und auch die Friedensdekade[468] verliefen verhältnismäßig ruhig[469]. Peter Krauß er, der Rudi Bellmann[470] als Leiter der AG Kirchenfragen beim ZK der SED abgelöst hatte[471], bilanzierte Mitte Dezember: »Die Kräfte der Vernunft und des Realismus in der evangelischen Kirche haben das Heft nicht voll in der Hand[472], wir sind noch nicht über den Berg.« Entscheidende innerkirchliche Kontroversen – hiermit war gewiß das Verhältnis zu den Gruppen oder der »Kirche im Sozialismus«-Begriff gemeint – blieben weiterhin ungeklärt. Allerdings stellte der ZK-Funktionär fest, alle Bischöfe stimmten in den Fragen des politischen Mandats des Protestantismus, nach gesellschaftlichen Veränderungen und im Drang nach Grundsatzgesprächen zwischen Staat und Kirche überein. Weiterhin sei festzustellen, daß sie in Gesprächen auf Bezirksebene die Linie des 6. März zwar bekräftigten[473], in der KKL aber scharfe Forderungen erhöben. Krauß er machte den Bezirksfunktionären prinzipiell klar: »Die Kirchen stellen eine Speerspitze in den Ländern des Sozialismus dar und sollen als solche genutzt werden.«[474]

Eine Einschätzung des Bezirkes Dresden vermerkte, vor allem gesamtkirchliche Veranstaltungen auf BEK-Ebene und die Situation in Berlin-Brandenburg belasteten das Staat-Kirche-Verhältnis. Hingegen sei die sächsische Landeskirche daran interessiert, Konflikte mit dem Staat zu vermeiden. Allerdings hätten sich durch diese Haltung der sächsischen Kirchenleitung »die Differenzen zu den bestehenden Basisgruppen und deren Zielstellungen weiter vertieft [...], so daß die genannten kirchlichen Amtsträger [Hempel und sein engster Mitarbeiterkreis] massiven Angriffen ausgesetzt sind«[475].

Deutlicher als Krauß er arbeitete das Staatssekretariat für Kirchenfragen Mitte Dezember 1988 Differenzen zwischen den einzelnen Landeskirchen heraus. Ruhig und stabil sei die Lage in Anhalt und Görlitz[476], wo Natho und Rogge ihr Interesse an Sachlichkeit und Berechenbarkeit der Kirchen bis an die Basis durchsetzen könnten. Bischof Gienke und seine Kirchenleitung arbeiteten sogar daran, »den Staat-Kirche-Beziehungen über ihren eigenen Bereich hinaus positive Impulse zu geben«[477]. Der Greifswalder Bischof habe die Ergebnisse der Dessauer Bundessynode kritisiert und zugleich versprochen, sich auch vor der KKL entsprechend zu äußern. Gleichzeitig signalisierte OKR Plath das Interesse, Honecker bei der für den Sommer 1989 bevorstehenden Einweihung des Greifswalder Doms als Gast begrüßen zu dürfen: »Die Evangelische Landeskirche Greifswald sei sich bewußt, daß dafür entsprechende Bedingungen im Staat-Kirche-Verhältnis zu schaffen sind, damit eine Einladung annehmbar ist.«[478]

In Thüringen zeichnete sich eine Stabilisierung ab, obwohl der Landeskirchenrat seine Teilnahme an »einem festlichen Beisammensein« beim Rat des

Bezirkes Erfurt zum Jahrestag der DDR um den 7. Oktober 1988 herum abgesagt hatte[479]. In internen Gesprächen kritisierten einige kirchliche Amtsträger, wie z. B. die Oberkirchenräte Höser, Saft und Weber und auch Kirchenrat Gottfried Müller, diesen Entschluß. Der Landeskirchenrat wünschte nun ein »Jahresendgespräch« in Erfurt[480].

Neben Berlin gab es nun auch verstärkt Aktionen »politisch negative[r] Kräfte« in Sachsen[481] und der Kirchenprovinz Sachsen[482]. Die Schwerpunkte lagen in Leipzig, wo in der Nikolaikirche die Friedensgebete weiterhin stattfanden[483], Zwickau[484], Dresden, Halle und Quedlinburg. Hier spielten Fragen wie der soziale Friedensdienst, die Pressefreiheit und die Menschenrechte nach wie vor eine große Rolle.

»Kennzeichnend für die Kompliziertheit der innerkirchlichen Auseinandersetzungen ist, daß die zuständigen mittleren Leitungskräfte die Gefährlichkeit derartiger Aktivitäten nicht erkennen und verharmlosen bzw. ausdrücklich unterstützen und in Schutz nehmen.«[485]

Ein Bericht aus dem sächsischen Bezirk Karl-Marx-Stadt formulierte:

»Ohne sich direkt auf die Beschlüsse der letzten Bundessynode oder die Materialien des konziliaren Prozesses zu beziehen, wenden sich viele Amtsträger vordergründig und z. T. mit aggressiveren Äußerungen der innenpolitischen Entwicklung unseres Landes zu, wobei zunehmende Angriffe gegen angebliche Defizite unserer Gesellschaft zu spüren sind.

Von einer Vielzahl der Amtsträger wird behauptet, daß in der DDR die Meinungsfreiheit und die ›Mündigkeit der Bürger‹ eingeschränkt sei[en]. Besonders stark werden in diesem Zusammenhang die Reisemöglichkeiten von DDR-Bürgern kritisiert, wobei fast von allen Gesprächspartnern erwartet und z. T. entschieden gefordert wird, das Genehmigungsverfahren für die Bürger ›durchsichtiger‹ zu machen. Solche Äußerungen gehen bis zu direkt feindlichen Positionen wie bei Vikar Mendt, Lutherkirche Glauchau, die DDR sei ›ein Gefängnis im Vergleich zur BRD‹.«[486]

Die Verweise von der Carl-von-Ossietzky-Oberschule (Berlin) und kirchliche Reaktionen (Herbst 1988)

Nach einer staatlichen Gesamteinschätzung tolerierten Stolpe, Forck und Propst Furian derartige Protestaktionen auch in Berlin (Ost) bzw. unterstützten sie sogar offen. »Generalsuperintendent Dr. Krusche, der sich auch öffentlich gegen diese Linie wendet, ist massiven Angriffen ausgesetzt.«[487]

In Berlin fand mit den Auseinandersetzungen um die Relegierungen von vier Schülern an der Carl-von-Ossietzky-Oberschule[488] wegen öffentlich geübter Kritik an Militärparaden auch der einzig größere Konflikt des Herbstes 1988 statt.

Als erstes griffen die »Umweltblätter«[489] die Maßnahmen auf, weshalb Mußler, Leiter des Sektors Kirchenfragen beim Ostberliner Magistrat, Pfarrer Simon zu sich bestellte. Dieser bezeichnete die Vorgänge an der Schule als überaus diskussionswürdig und stellte sich hinter die Ausgabe des Alternativ-

blattes. Zugleich kritisierte er die im Volksbildungsbereich vorherrschende
»›autoritäre Pädagogik‹«[490].

Der anschließend einbestellte Günter Krusche konnte Mußler wenig Hoffnung machen: »Forck beispielsweise sehe nicht im Erscheinen der ›Umweltblätter‹ das Problem, sondern in der Haltung des Staates. Er (Forck) vertrete die Position, der Staat müsse zuerst die Relegierungsverfahren gegen die Schüler einstellen.«[491]

Stolpe ließ einen Bericht herausgehen, dessen Adressaten vermutlich die Berlin-Brandenburger Superintendenten waren:

»In Abstimmung mit Bruder Dr. Krusche möchte ich Ihnen folgende Information geben:

Die EOS Carl von Ossietzky in Pankow hat gegen vier Schüler disziplinarische Maßnahmen vorgenommen, die offenbar als Abschreckung gedacht sind, aber allgemein als außerordentlich hart empfunden werden. Es handelt sich um die Schüler Benjamin Lindner, Shenja Paul-Wiens, Alexander Krohn und Philipp Lengsfeld (Sohn von Vera Wollenberger). Verschiedene intensive Bemühungen laufen, die Disziplinarmaßnahmen (Relegierung und Versetzungen) rückgängig zu machen. Es hat sich zum Beispiel Stephan Hermlin eingesetzt. Auch unser Bischof hat intensive Bemühungen eingeleitet und [eine] angemessene Entscheidung der Staatsorgane dringend erbeten. Dabei hat er darauf hingewiesen, daß ihn dreierlei in dieser Sache besonders bewegt:

›Einmal ist ein Anlaß der schulischen Disziplinarmaßnahmen die Verwendung von selbstgefertigten antifaschistischen Plakaten am Kampftag gegen den Faschismus. Ich denke, daß man Eigeninitiative gegen den Faschismus und Rassismus dulden sollte, auch wenn staatlicherseits hier bereits sehr viel geschieht.

Zum zweiten habe ich den Eindruck, daß die offenbar beabsichtigte Abschreckwirkung mehr Schaden anrichtet als Hilfe bringt, den vier gutartigen jungen Menschen [die] Perspektive nimmt und auch andere entmutigt. Drittens sieht die Relegierung von Philipp Lengsfeld mehr wie eine nachgeholte Abrechnung mit seiner Mutter Vera Wollenberger aus, die im Januar dieses Jahres hier auffiel, zur Zeit in Großbritannien studiert und dort guten Eindruck für die DDR macht.‹

Die DDR-Staatsorgane lassen sich gegenwärtig bei ihren Entscheidungen offenbar sehr stark von der Überlegung leiten, daß Anfängen von Unruhe und Spontaneität massiv gewehrt werden muß. Dementsprechend ist die Neigung unverkennbar, auf öffentliche Proteste negativ zu reagieren. Dagegen haben vertrauliche Bemühungen durchaus Aussicht auf Erfolg, wie das Erscheinen der Kirchenzeitungen mit den Magdeburg-Berichten und auch die vergleichsweise milde Reaktion zum 10. Oktober 1988 zeigen.

Wir gehen davon aus, daß die Maßnahmen gegen die EOS-Schüler viel Verärgerung ausgelöst haben und die Neigung zu Protesten wachsen wird. Hierbei muß auch berücksichtigt werden, wie die Eltern und die Betroffenen selbst denken, mit denen der Bischof und ich in Verbindung stehen. Abgesprochene Fürbitten in den Sonntagsgottesdiensten halten wir für denkbar. Sofern Gemeinden darüber hinaus Veranstaltungen oder Aktionen planen, sollte mit Bruder Forck, Bruder Krusche oder mir Verbindung gesucht werden.

Wir wären Ihnen dankbar, wenn Sie die in Frage kommenden geschäftsführenden Pfarrer in geeigneter Weise unterrichten würden.«[492]

Ende Oktober sprach Löffler mit Krusche, um den Generalsuperintendenten zu bewegen, sich im Interesse der Vermeidung einer weiteren Eskalation zu engagieren:

»Ich habe Dr. Krusche erklärt, daß Berechenbarkeit und Offenheit unabdingbare Voraussetzungen für die weitere Gestaltung konstruktiver Staat-Kirche-Beziehungen auf dem Boden unserer Verfassung und der sozialistischen Gesetzlichkeit sind. Der Sozialismus auf dem Boden unserer Republik ist eine unumstößliche Realität – er kann durch eine kleine Minderheit von Radaumachern und offenen Feinden nicht gefährdet werden. Aber es wirkt unweigerlich auf die Staat-Kirche-Beziehungen zurück, wenn solche negativen Kräfte den kirchlichen Raum für antisozialistische Provokationen mißbrauchen. Wer die Machtfrage stellt, muß damit rechnen, daß wir mit aller Konsequenz und Unnachgiebigkeit unsere Arbeiter- und Bauern-Macht schützen.

Die Ausnutzung der Vorgänge an der Ossietzky-Schule durch den Pfarrer der Zionskirchgemeinde, Simon, seinen ›Berater‹ Rüddenklau und weitere Personen, um getroffene staatliche Entscheidungen öffentlich anzugreifen und sich grob und ohne Kenntnis der tatsächlichen Fakten und Zusammenhänge in Angelegenheiten der Volksbildung einzumischen, stellt eine ernste Belastung der Beziehungen der Evangelischen Kirche in Berlin-Brandenburg zu unserem Staat dar«.

Der Staatssekretär bat Krusche, mit Simon ein Gespräch zu führen und ihn zur Einstellung seiner Aktivitäten nachdrücklich aufzufordern. Sollte dies erfolglos bleiben, empfahl Löffler der Kirchenleitung, eine Versetzung des renitenten Pfarrers zu erwägen. Andernfalls könnten auch strafrechtliche Maßnahmen drohen.

»Dr. Krusche zeigte sich von der prinzipiellen und rückhaltlos offenen Darstellung der Situation und der staatlichen Erwartungen betroffen. Er habe das ganze Ausmaß der Aktivitäten Simons nicht gewußt, habe Rüddenklau für den eigentlichen Drahtzieher gehalten und sei erschrocken, wie tief beide in die Sache verwickelt seien. Krusche sicherte zu, ein persönliches Gespräch mit Simon mit dem Ziel zu führen, diesen mit allem Nachdruck zur Einstellung seiner Aktivitäten aufzufordern und ihm die nötigen Konsequenzen zu erläutern.

Während des Ephorenkonvents in Buckow sei beschlossen worden, die für Freitag, den 28.10.1988, in der Zionskirche geplante Veranstaltung abzusetzen. Der zuständige Superintendent sei beauftragt, den Kirchenraum zu verschließen und sein Hausherrenrecht zur Unterbindung eines Mißbrauchs der Räume wahrzunehmen. Man könne allerdings kaum auf Aktivitäten im öffentlichen Raum vor der Kirche Einfluß nehmen.

Im Gemeindekirchenrat nehme eine sich gegen die Aktivitäten Pfarrer Simons zur Wehr setzende Gruppe an Stärke zu. Sie sei aber noch nicht so stark, daß eine Abberufung des Pfarrers aus dieser Gemeinde möglich wäre. Der Kirchenleitung stünden nach der Grundordnung der Berlin-Brandenburger Kirche kaum Mittel zu Gebote, um einen Pfarrer abzuberufen, wenn er durch einen Gemeindekirchenrat gewählt und gestützt wird. Deshalb sei eine schnelle personelle Lösung des Problems durch Versetzung Simons nicht zu erwarten.

Der noch tagende Ephorenkonvent in Buckow habe aber deutlich gemacht, daß die Mehrzahl der Pfarrer, insbesondere die aus den Landgemeinden, nicht länger bereit sind, den politischen Kurs der Kirchenleitung zu akzeptieren. Die Forderung nach einer Rückbesinnung auf die religiöse Mitte der Kirche nehme zu und sei eine Unterstützung für das Wirken politisch besonnener und loyaler Kräfte in dieser Kirche.«[493]

Dennoch fand die eigentlich abgesetzte Veranstaltung in der Zionskirche zum angekündigten Termin statt. Stadtrat Hoffmann wertete sie im Gespräch mit Propst Furian als »eine grobe Einmischung in staatliche Angelegenheiten«. Die Kirche habe ihre Zusagen nicht eingehalten, was nicht gerade für Bere-

345

chenbarkeit und Verläßlichkeit spreche. Furian entgegnete: »Für ihn sei die Barmer Theologische Erklärung wichtig, und die spreche schließlich von der ›Weltverantwortung‹ der Kirche und der Christen.«[494]

Löffler nahm sich am gleichen Tag Bischof Forck vor. Der Staatssekretär drohte an, daß bei Fortsetzung des kirchlichen Kurses der Staat die »großzügige Zulassung von Pfarrerskindern zur EOS«, das Neubauprogramm, die ökumenischen Kontakte und die gewährten sozialen Leistungen für kirchliche Mitarbeiter einschränken könne. Er forderte die umgehende Disziplinierung Simons durch die Kirchenleitung und die Absetzung einer weiteren für den 4. November geplanten Veranstaltung.

Doch der Bischof ließ sich durch die Drohungen nicht sonderlich beeindrucken und

»erklärte, die Vorgänge an der Ossietzky-Schule hätten bei vielen Beteiligten und Beobachtern Betroffenheit und die Befürchtung ausgelöst, daß sich die Zustände, wie sie 1951 bis 1953 geherrscht haben, wiederholen könnten. Das staatliche Vorgehen werde als zu hart empfunden. [...] Sicher sei ausgeschlossen, daß die Maßnahmen zurückgenommen würden, aber eine klare Äußerung zur Perspektive der Jugendlichen in dem Sinne, daß sie nach einer angemessenen Frist weiterlernen dürfen, würde die Lage entspannen. Die Kirche müsse sich vom Evangelium her, das in alle Lebensbereiche hineinreiche, für jeden einsetzen, der von harten, als ungerecht empfundenen staatlichen Maßnahmen betroffen sei.«

Löffler entgegnete, die »Zulassung zur EOS« sei »kein einklagbares Recht, sondern eine Auszeichnung.« Forck versprach, die Schüler und ihre Eltern um Mäßigung und Vernunft zu bitten. Er wolle mit allen Kräften helfen, daß sich die Situation beruhige: »Er habe den Ernst der Lage verstanden«[495].

Krusche beklagte einen Tag später gegenüber Hoffmann, die Entscheidung zur Durchführung der Veranstaltung in der Zionskirche sei hinter seinem Rücken gefallen. Er habe das Gefühl, einige in der Kirche wollten eine Kraftprobe mit dem Staat. Dafür stehe auch die Entscheidung des Vorjahres, Forcks Amtszeit zu verlängern[496].

Schließlich empfing Löffler auch den Konsistorialpräsidenten Manfred Stolpe. Man zog eine grundsätzliche Bilanz der kirchenpolitischen Entwicklung in der Amtszeit des neuen Staatssekretärs unter besonderer Berücksichtigung der Vorgänge an der Ossietzky-Schule. Der persönliche Referent des Staatssekretärs, Bertram Handel, berichtete:

»Das anderthalbstündige Gespräch in der Dienststelle, an dem auch Gen. D. Handel teilnahm, kam auf Wunsch Stolpes zustande.

Einleitend erklärte der Konsistorialpräsident, daß er den Ablauf der ersten einhundert Tage der Amtszeit Gen. Löfflers als Staatssekretär für Kirchenfragen zum Anlaß nehmen wolle, um zu versichern, daß kirchlicherseits am Weg des 6. März 1978 festgehalten werde.

Der Staatssekretär solle wissen, daß trotz unterschiedlicher Standpunkte zu Einzelfragen und harten Auseinandersetzungen in den Kirchen sowie zwischen Staat und Kirche viele kirchenleitende Kräfte konstruktive Beziehungen zum Staat wollten. Erstes Gebot des Handelns sei es daher für sie, eine Rückkehr zu Besonnenheit und Stabilität zu erreichen.

Gen. Löffler sagte, daß er diese Versicherung Stolpes *heute noch* entgegennehmen könne. Die Situation sei in den zurückliegenden Wochen derart zugespitzt worden, daß es nicht unwesentlich vom Verhalten der Kirchenleitung der Evangelischen Kirche in Berlin-Brandenburg in den nächsten Stunden abhänge, ob es möglich sein wird, künftig weiter in einer konstruktiven und vertrauensvollen Weise miteinander umzugehen.

Bei Übernahme seiner neuen Funktion habe er erwartet, daß an die offenen und guten Beziehungen angeknüpft werden kann, die sich im Jahr der Lutherehrungen 1983 zwischen Staat und Kirche, vor allem aber zwischen kirchlichen Amtsträgern und Vertretern des Staates, auf der Grundlage persönlichen Vertrauens entwickelt hatten. Diese Erwartung hat sich nicht erfüllt. Statt dessen wurde der Staatssekretär in den ersten einhundert Tagen seiner Amtszeit mit massiven Versuchen konfrontiert, alle Werte zu zerstören, die ein gedeihliches Staat-Kirche-Verhältnis begründen, wie es am 6.3.1978 gemeinsam bestätigt und am 3.3.1988 erneut bekräftigt wurde.

In Synoden erfolgten wiederholt Angriffe auf die sozialistische Gesellschaft in unserer Republik, wurde versucht, den wahren Humanismus unserer Ordnung in Frage zu stellen. In Unkenntnis oder bewußter Verdrehung der Entwicklung in anderen sozialistischen Ländern werden Forderungen nach Veränderungen in der DDR erhoben, die sich gegen die führende Rolle der Partei richten und die gesellschaftlichen Grundlagen in der DDR untergraben wollen. Wenn es stimmt, was die westlichen Medien über Äußerungen Bischof Demkes während der Synodaltagung der Evangelischen Kirche der Kirchenprovinz Sachsen in Halle zum Referat des Genossen Prof. Kurt Hager vor den Kreisschulräten berichten, dann ist dies ungeheuerlich. Wir können einfach nicht glauben, daß ein leitender Geistlicher in der DDR sich in der Öffentlichkeit und vor anwesenden West-Journalisten zu einem derart verantwortungslosen Fehlurteil versteigen kann.

Das geplante Gespräch des Rates des Bezirkes mit Dr. Demke wird hier Klarheit bringen. Wenn aber tatsächlich bei manchen maßgeblichen Kräften in der Kirche die Auffassung herrscht, daß das Herangehen der Partei an die weitere gesellschaftliche Entwicklung in der DDR ›unverantwortlich‹ sei, dann sollte nicht vergessen werden, daß viele der umfangreichen Unterstützungen des Staates gegenüber den evangelischen Kirchen in der DDR geprüft werden könnten, ob sie mit ›Unverantwortlichkeit‹ gleichzusetzen sind. Wer den Vorwurf der Selbstgerechtigkeit einer Partei gegenüber erhebt, die mit der Kraft, dem Ideenreichtum und vollem persönlichen Einsatz ihrer Mitglieder seit mehr als 40 Jahren bei der Errichtung einer Gesellschaft der sozialen Geborgenheit, der Menschenwürde und des persönlichen Glücks jedes Bürgers vorangeht, der kann sich nicht mit Unbedachtheit herausreden.

Immer, wenn der Staatssekretär in den zurückliegenden Wochen Gespräche mit Mitgliedern der Konferenz der Kirchenleitungen oder landeskirchlicher Leitungsgremien führte und sie mit politisch unverantwortlichen, die Gesetze der DDR und das Prinzip der Trennung von Staat und Kirche verletzenden Aktivitäten konfrontierte, wurde erklärt, diese seien dem unbesonnenen Handeln einzelner zuzuschreiben, oder behauptet, man wisse von diesen Vorgängen nichts und trage dafür auch keine Verantwortung. Diese Erklärungen wurden wohlgemerkt nicht von unbedarften Gemeindepfarrern abgegeben, sondern allen Ernstes von Vertretern der kirchlichen Leitungsgremien geäußert.

Auch in der Kirche muß aber noch gelten, daß derjenige, der eine Funktion hat, danach strebt, diese auch mit ganzer Konsequenz auszufüllen. Wer den Versuchen nicht entgegentritt, die kirchlichen Strukturen aufzulösen, der läßt zu, daß die geistlich-theologischen Grundlagen der Kirche untergraben werden und stellt letztlich die Existenz der Kirche in Frage.

Im Gespräch mit Generalsuperintendent Dr. Krusche wurde dem Staatssekretär zugesichert, daß die für den 27.10.1988⁴⁹⁷ in der Zionskirche geplante Veranstaltung, die absehbar auf eine Einmischung in Belange des Staates hinauslaufen sollte, abgesetzt wird.

Dem lag, wie Dr. Krusche informierte, eine Entscheidung des Konvents zugrunde. Später wurde diese Entscheidung aufgehoben und die Veranstaltung durchgeführt. Den Staatssekretär aber, dem gegenüber der Generalsuperintendent sein Wort gegeben hatte, informierte man darüber nicht. Dies ist auch moralisch nicht zu akzeptieren. Wie soll auf der Basis des Vertrauens- und Wortbruches ernsthaft miteinander umgegangen werden? Wer bestimmt eigentlich, was in der Kirche passiert? Welchen Grad von Verbindlichkeit können Absprachen überhaupt noch haben?

Die letzte Nummer der Umweltblätter, die in der Kirche und auf kircheneigenen Abzugsgeräten hergestellt wurden, verwenden eine offene faschistische Terminologie, wenn gefordert wird, Lehrer sollten ›Jugendführer‹ sein. Die Bildungspolitik unseres Staates und die Lehrer in diesem Land werden in einer Weise diffamiert, daß strafrechtliche Konsequenzen eigentlich unausweichlich sind. Daß dies mit Duldung maßgeblicher Vertreter der Kirchenleitung geschieht und ihrem Denken entspricht, zeigt ein Rundschreiben Propst Furians an die Mitarbeiter der Evangelischen Kirche in Berlin-Brandenburg, in dem die Formel von einer Kirche im Sozialismus aus politischen Gründen abgelehnt und erklärt wird, sie erinnere an Aussagen Reichsbischof Müllers während des Faschismus. Der Staat erwartet dringend, daß die Kirchenleitung nicht länger zuläßt, daß kirchliche Strukturen demontiert werden.

Es kann doch nicht sein, daß kirchliche Laien oder Gemeindemitarbeiter in Synoden und bei anderen kirchlichen Veranstaltungen den sozialistischen Staat öffentlich herabwürdigen und sich vor westlichen Reportern spreizen und die Kirchenleitungen, welche vor den Gläubigen die geistliche und politische Verantwortung für das Schicksal der Kirche tragen, schweigen dazu!

Dies gilt auch für die Arbeit der kirchlichen Presse. Die Uneinsichtigkeit mancher Chefredakteure läßt das Schlimmste befürchten. Gen. Löffler argumentierte dann, wie schon im Gespräch mit Bischof Dr. Forck, ausführlich zu den Vorgängen um die Ossietzky-Schule und warnte eindringlich vor einer weiteren Zuspitzung der kirchlichen Einmischungsversuche in Belange der Volksbildung. Was für die vier Schüler gilt, die zur Umkehr und Selbstbesinnung finden müssen, das ist in viel größerem Maße für die Kirche notwendig. Die Existenz der Kirche, welche die religiösen Bedürfnisse der ehrlichen Gläubigen befriedigen sollte, steht auf dem Spiel. Es ist doch eine Illusion zu meinen, daß mit wenigen Krawallmachern vom Schlage eines Simon, Mißlitz oder Rüddenklau die gesellschaftlichen Verhältnisse in der DDR verändert werden könnten. Eine Kirche aber, die zum Freiraum für Störenfriede wird, hat keine Existenzberechtigung mehr.

Gen. Löffler formulierte den energischen Protest der Regierung der DDR gegen die geplante Veranstaltung in der Gethsemanekirche am 4.11.1988 und bekräftigte die Erwartung, daß die Kirche selbst diese politisch unverantwortliche Aktion absetzt.

Pfarrer Simon und Rüddenklau müssen endlich diszipliniert werden. Ist etwa zu bestreiten, daß ihre Aktivitäten die Kirche in Not bringen? Warum wird dann die Kirchenordnung nicht angewandt?

Konsistorialpräsident Stolpe erklärte, er teile die Sorge um die Entwicklung der Staat-Kirche-Beziehungen. In Berlin gebe es 30 bis 35 Hauptakteure, die versuchten, durch politisch problematische Veranstaltungen die gesellschaftliche Ordnung in Frage zu stellen.

Um diese sei ein Kern von weiteren ca. 300 Personen gruppiert, der bei jeder Veranstaltung durch eine unbestimmte Zahl von Übersiedlungsersuchenden vergrößert werde.

Die Kirche könne in keiner Weise eine Veränderung der staatlichen Ordnung wollen. Der Kurs der Partei, zuerst die Produktivkräfte zu entwickeln und dann in den gesellschaftlichen Verhältnissen angemessene Veränderungen herbeizuführen, sei der einzig mögliche Weg. Wandlungen könnten nicht überstürzt herbeigeführt werden. Die Kirche habe die Aufgabe, zur Geduld zu mahnen. Viele, die in kirchliche Räume kommen, seien allerdings rationalen Argumenten kaum mehr zugänglich und beharrten auf völlig irrealen Forderungen.

Im BEK werde jetzt ernsthaft darüber nachgedacht, wie das ›synodaldemokratische System‹ unter Kontrolle gebracht werden könne, das es immer wieder zulasse, daß Verantwortung abgeschoben wird. Ein klares Wort der Bischöfe könnte tatsächlich vieles klären. Die innerkirchliche Struktur sei verwahrlost, dies müsse schnell geändert werden.

In Berlin prüfe die Kirchenleitung jetzt, welche Vorbeugungsmaßnahmen gegen einen politischen Mißbrauch der Veranstaltung in der Gethsemanekirche getroffen werden könnten, zu der auch durch westliche Medien eingeladen werde. Dr. Krusche werde dazu ein Gespräch mit den Geistlichen der Kirche führen. Stadtjugendpfarrer Hülsemann werde am Nachmittag eine Informationsveranstaltung im Stadtjugendpfarramt durchführen und dort zu Ruhe und Besonnenheit aufrufen und fordern, der Abendveranstaltung in der Gethsemanekirche fernzubleiben. Bischof Dr. Forck habe am Donnerstag den Schülern und ihren Eltern nahegelegt, der Veranstaltung fernzubleiben und auch ihren Freundeskreis aufzufordern, sich ruhig zu verhalten.

Die Vorgänge an der Ossietzky-Schule hätten viele Emotionen geweckt. Ein Gnadenakt des Staates, der ein Weiterlernen der Schüler nach einer angemessenen Frist und in einem der möglichen Ausbildungswege zum Abitur zusichere, könnte hier eine schnelle Beruhigung der Lage bewirken. Es gehe nicht darum, die staatlichen Maßnahmen zurückzunehmen, die in voller Übereinstimmung mit den gesetzlichen Bestimmungen stehen.

Staatssekretär Löffler wies die Forderung nach einem ›Gnadenakt des Staates‹ entschieden zurück. Die Schüler selbst haben Tatsachen geschaffen, und jene Kräfte in der Kirche, die sie im Protest bestärkt haben, statt sie zur Umkehr und Besinnung zu mahnen, tragen eine große Verantwortung für die entstandene Lage. Es kann auch perspektivisch nur dann Lösungen im Interesse der Schüler geben, wenn der politische Mißbrauch der Vorgänge in der Schule aufhört und die Schüler ein vernünftiges staatsbürgerliches Verhalten zeigen. Jetzt geht es darum, einen weiteren politischen Mißbrauch der Kirche zu verhindern.

Die Kirchenleitung muß endlich ihre Verantwortung wahrnehmen, negative Kräfte disziplinieren und dafür sorgen, daß der in der Verfassung festgelegte Rahmen für das kirchliche Wirken eingehalten wird.«[498]

Mitte November schrieb Wolf Ihle, Vater der relegierten Schülerin Katja Ihle, an Forck, weder seine Frau noch er hätten den Bischof um die Vertretung der Interessen ihrer Tochter gebeten:

»Ich verwahre mich [...] entschieden dagegen, daß diese Vorgänge genutzt werden, um unter den Dächern von Kirchen und mit der Billigung von kirchlichen Verantwortlichen politische Intrigen von dem Sozialismus feindlich gegenüberstehenden Kräften in Szene zu setzen. Ein solches Vorgehen hilft in keinem Falle den betroffenen Jugendlichen und ihren Eltern in dem Bemühen, in der für sie entstandenen schwierigen Lage möglichst rasch zu einer realistischen und konstruktiven Haltung zu finden. Ich erwarte deshalb von Ihnen, daß sie sich in Zukunft jeglicher Schritte, die meine Tochter betreffen, enthalten.«[499]

Ähnlich war die Diktion eines einen Tag später abgefaßten Briefes von Professor Albert Wollenberger, dem Stiefgroßvater von Philipp Lengsfeld, an Löffler[500].

Einen Tag später ließ Wollenbergers Stiefenkel, der sich bei seiner Mutter in England aufhielt, über seinen Anwalt Gregor Gysi mitteilen, er sei nicht daran interessiert, daß sich die Kirche weiter in seiner Angelegenheit engagiere. Er habe vor, in die DDR zurückkehren zu können[501].

Dennoch fand wenige Tage später eine von 900 Menschen besuchte Veranstaltung in der Erlöserkirche Berlin-Lichtenberg statt. Nach einem staatlichen Bericht folgte nun erstmals auch Krusche der beweglichen Doppelstrategie seines Konsistorialpräsidenten, indem er wie dieser an dem staatlichen Vorgehen auch Kritik übte:

»Ausgehend von einem Bibelwort, betonte er, daß Gleichgültigkeit und Unentschlossenheit dem christlichen Glauben widersprechen. Für den Christen dürfe es keine Halbheiten geben, seinem Glauben entsprechend müsse er sich bekennen.

Aus diesem Grunde, so betonte Dr. Krusche, müssen wir auch zu einem Ereignis an einer Schule in Pankow, die bislang als sehr fortschrittlich galt, Stellung nehmen. Dort haben Schüler frei ihre Meinung gesagt. In sektiererischer Weise seien gegen sie Schulstrafen verhängt worden. Acht Schüler seien betroffen, gegen vier wurden Relegierungen ausgesprochen.

[…] Das kirchliche Engagement […] sei ein Einstehen für solche, die in Not geraten sind, denen Unrecht widerfahren ist. Dies zu tun, entspreche dem christlichen Selbstverständnis.

Krusche betonte, daß auch über Fragen des Bildungswesens ein gesamtgesellschaftlicher Dialog in Gang kommen müsse. Das gehe über die ›Vier von Pankow‹ hinaus. In einer Situation, in der auf außenpolitischem Gebiet der Dialog gesucht und geführt wird, könne es im Inneren nicht so sein, daß man ›wie Eisblöcke aufeinanderprallt‹.

[…] Die Schulstrafen, so betonte Stolpe, haben bei vielen große Betroffenheit ausgelöst: nicht nur bei den Schülern und ihren Verwandten, nicht nur bei den ›Gruppen‹, sondern auch bei vielen Gemeinden, bis hinein in ›pietistische Kreise‹, Kreise also, die sich ansonsten wenig um gesellschaftliche Fragen kümmern. Die Betroffenheit sei deshalb so groß, weil man längst überwunden Geglaubtes wieder feststellen muß. Die verhängten Strafen erinnern sehr an die Zeit vor 30 Jahren. […]

Stolpe führte aus, daß er ›im Umgang mit staatlichen Organen eine Menge Erfahrungen habe‹. Eine so komplizierte Situation habe er jedoch in den letzten zehn Jahren nicht erlebt. Bei einem vergleichsweise harmlosen Problem, wie dem der relegierten Schüler, habe es eine Verhärtung im Umgang zwischen Staat und Kirche gegeben, die ihn überrasche. Er müsse feststellen, daß bis ›zur heutigen Stunde‹ keine zufriedenstellende Entscheidung gefunden wurde. […]

Stolpe betonte, daß ein ›leitender staatlicher Vertreter‹ ihm gegenüber erklärt habe, daß westliche Kreise in Verbindung mit bestimmten ›Gruppen‹ und gemeinsam mit der Evangelischen Kirche, ohne daß dieser das bewußt ist, an einer Destabilisierung unserer Gesellschaft arbeiten. Auch dies erkläre die ›Härte‹ der staatlichen Position. […] Jetzt sei ihm jedoch deutlich gemacht worden, daß kirchliche Proteste das Finden einer Lösung nur erschweren würden.

Stolpe erklärte, daß der Hinweis gegeben wurde, im Mai neue Anträge für die Zulassung der EOS zu stellen. Er halte dies jedoch für unakzeptabel, da eine solche Lösung die Verlängerung einer unbefriedigenden Situation darstelle. Gruppenaktionen, so führte Stolpe aus, seien aus seiner Sicht in der gegenwärtigen Situation nicht hilfreich.

Wichtig halte er jedoch, eine Vielzahl von Einzelaktionen zu beginnen. Jeder müsse an seiner Stelle das Gespräch zu den angesprochenen Fragen suchen, seine Meinung deutlich machen, ob im Betrieb oder gegenüber staatlichen Organen. Es gehe um die vier Pankower Schüler, es gehe aber auch um mehr – um alle christlichen Schüler, ja überhaupt um alle Schüler.«

Zum Abschluß der Veranstaltung rief eine Frau dazu auf, am 27. November 1988 einen DDR-weiten Aktionstag zu Volksbildungsfragen durchzuführen[502].

Nach diesem Ereignis schlug das Staatssekretariat für Kirchenfragen vor, die Bischöfe der Landeskirchen umgehend über die Situation aufzuklären. Auch mit Stolpe und den Berlin-Brandenburger Generalsuperintendenten wollte man noch einmal reden. Außerdem hieß es in der Vorschlagsauflistung:

»Mit den Rädelsführern der gegen den Staat gerichteten Aktion im Zusammenhang mit der ›Carl von Ossietzky-EOS‹ sollten durch die zuständigen Staatsanwälte in Abstimmung mit dem Ministerium für Staatssicherheit Gespräche über die strafrechtlichen Einschätzungen und Konsequenzen begonnen werden.«[503]

Drei Tage später stellte Stadtrat Hoffmann Günter Krusche zur Rede. Der Generalsuperintendent räumte zunächst ein, er habe sich in der Erlöserkirche »auch nicht wohl gefühlt. Aber er war in Berlin und konnte sich nur schwer weigern, in der Veranstaltung aufzutreten.« Das Kräfteverhältnis in der Berliner Kirchenleitung sei weiterhin ungünstig. Häufig stehe er isoliert da.

Dann führte er allerdings nochmals aus, daß die staatlichen Maßnahmen viele in der Kirche »an ihre eigene Schulzeit erinnert« hätten. Die Kirche habe auch Nichtchristen in ihr Gebet aufzunehmen. Krusche verwies auf die erste DDR-Verfassung aus dem Jahre 1949. Dort habe man der Kirche eingeräumt, zu den Lebensfragen der Gesellschaft das Wort zu ergreifen. Allerdings versprach er, die Superintendenten darauf hinzuweisen, daß die Kirchenleitung den Vorschlag eines DDR-weiten Aktionstages nicht unterstütze[504].

Der Staatssekretär und wohl auch die Staats- und Parteispitze schienen den ganzen Ernst der Lage noch nicht zu begreifen. Sie bauten auf die Wiederherstellung der trügerischen Ruhe mit den Mitteln von Versprechungen und Drohungen. In alter Routine führte Löffler dem Berliner Konsistorialpräsidenten nochmals die angespannte Situation vor Augen und malte ihm – bei einer Fortsetzung der Renitenz – die schweren Folgen für das weitere Staat-Kirche-Verhältnis aus. Der Staatssekretär berichtete:

»Das festgelegte Gespräch mit Konsistorialpräsident M. Stolpe fand am 25.11.1988 in der Zeit von 12.00 bis 13.15 Uhr in der Dienststelle statt. Gemäß des vorgegebenen Auftrages wurde festgestellt, daß die Fortsetzung der politischen Aktionen gegen die staatliche Ordnung und die Eskalation der Angriffe gegen die Volksbildung und das Bildungswesen der DDR durch die von der Kirchenleitung Berlin-Brandenburg tolerierten bzw. direkt unterstützten Gruppen mit den bekannten Personen, einschließlich kirchlichen Amtsträgern, auf das Schärfste zurückgewiesen werden. Es wurde die eindeutige Forderung gestellt, die in der Veranstaltung in der Erlöserkirche vom 20.11.1988 initiierte ›DDR-weite Aktion‹ am 27.11.1988 unter Einsatz aller Mittel und Möglichkeiten durch die kirchenleitenden Organe zu unterbinden. Das gelte ebenso für

die Absicht von Pfarrer Hilse, die Bekenntniskirche weiterhin für politische Aktionen gegen die Staats- und Gesellschaftsordnung der DDR zu mißbrauchen.
Der offensichtlich auf kirchliche Quellen zurückgehende Artikel in ›Die Welt‹ vom 24.11.1988 wurde von mir als der bisherige Höhepunkt der Hetze gegen die DDR in nunmehr praktizierter ›Stürmer-Manier‹ und faschistischer Methode der Diffamierung von Kindern und deren Eltern dargestellt, der zugleich jedoch die folgerichtige Konsequenz des von der Kirchenleitung Berlin-Brandenburg geduldeten Mißbrauchs des kirchlichen Raumes ist. Der in der Erlöserkirche verbreitete Aufruf zur Fortführung der Aktion wurde mit seiner Forderung nach einer generellen Veränderung des Erziehungs- und Bildungskonzepts des sozialistischen Staates, nach Herabsetzung des Stellenwertes der marxistisch-leninistischen Weltanschauung in der Schule, nach Einführung bürgerlicher-pluralistischer Bildungskonzepte bis hin zur Wählbarkeit von Lehrern und Schulleitern (aufgegriffen durch die Westmedien) in ebenso eindeutiger Weise als die *von vornherein* beabsichtigte Zielsetzung der Aktion um die Ossietzky-EOS bezeichnet und als Bestätigung der seit Monaten der Leitung des Konsistoriums gegenüber abgegebenen Erklärungen über die Strategie der auf politische Konfrontation gegen die DDR hinarbeitenden Kräfte festgestellt.

Abschließend wurde mitgeteilt, daß es nunmehr endgültig erforderlich ist, nicht nur die außerhalb der unmittelbaren Struktur der Kirche tätigen Kräfte, sondern ebenso kategorisch die kirchlichen Amtsträger und Mitarbeiter zur Einhaltung ihrer Verantwortung gegenüber den Gesetzen der DDR zu zwingen. Da Erkenntnisse vorliegen, die belegen, daß kirchliche Angestellte mit gegnerischen Geheimdiensten zusammenarbeiten, wurde entschieden gefordert, daß die Kirchenleitung nunmehr umgehend wirksame Maßnahmen zur Disziplinierung dieser Kräfte durchsetzt. Vom Verhalten der Kirchenleitung und ihrer Einflußnahme zur Unterbindung provokatorischer Aktivitäten, insbesondere am 27.11.1988, wird es abhängen, welche Maßnahmen die zuständigen Organe gegen diese kirchlichen Angestellten ergreifen werden. Für alle daraus entstehenden Folgen, die für das Verhältnis des Staates zur evangelischen Kirche Berlin-Brandenburg weittragend sein können, habe dann die Leitung des Konsistoriums und insbesondere der Bischof die alleinige Verantwortung zu tragen. Es wurde die Erwartung ausgesprochen, daß unmittelbar nach dem Gespräch der Konsistorialpräsident alle erforderlichen Schritte einleitet.«

Sicher auch zu Löfflers Überraschung zeigte sich der Konsistorialpräsident überaus kooperationsbereit und bat in Einzelfällen um ein scharfes staatliches Durchgreifen.

»M. Stolpe erklärte seine *völlige Übereinstimmung* mit der Einschätzung, ja hob hervor, daß die ›Lage noch weitaus komplizierter ist, denn die bekannten Kräfte legen es tatsächlich auf die politische Konfrontation an, wollen Verhaftungen erzwingen und rechnen sogar mit Toten, dann müsse sich die Kirchenleitung, die Staatsarschkriecher, offenbaren, auf welcher Seite sie stehen.‹ Er teilte mit, seit der Veranstaltung in der Erlöserkirche, in der er sich gemeinsam mit Dr. Krusche um ›Abwiegeln und Vernunft‹ bemüht habe, würde die Leitung mit kirchlichen Amtsträgern über Maßnahmen zur Verhinderung der Aktivitäten am 27.11.1988 beraten. Er übergab den Brief von Dr. Krusche [...] Trotz aller ihrer Absichten könne jedoch keine Garantie übernommen werden, daß der Aufruf nicht befolgt werde. Nach dem Gespräch, für dessen Offenheit er sich bedankte, werde er mit allem Ernst nochmals unter Hinweis auf alle möglichen Konsequenzen die Superintendenten und Pfarrer auf ihre Verantwortung hinweisen.

Nach seiner Einschätzung kann's jedoch trotzdem nötig werden, uneinsichtige und mit westlichen Geheimdiensten Zusammenarbeitende zuzuführen und die Maßnahmen öffentlich kundzutun. ›Das wäre für uns (die Leitung des Konsistoriums) eine Hilfe‹. Außerdem, so sagte er, ›bestehe nunmehr die Gefahr, daß Dr. Krusche die Fenster eingeworfen werden. Der Generalsuperintendent ist gefährdet, und wir werden bald Polizeischutz beantragen müssen.‹ Diese Auffassung ist das Eingeständnis, daß durch die politisch negative Haltung und die faktische Unterstützung der politisch-aggressiven Kräfte durch Bischof Forck die realistisch eingestellten Teile der Leitung des Konsistoriums die Lage nicht mehr beherrschen.

Das Gespräch hat gezeigt, daß Stolpe den vollen Ernst der Lage endgültig erkannt hat. Erstmals unternahm er keinerlei Beschwichtigungs- und Rechtfertigungsversuche mehr, auch voreilige Versprechungen unterblieben. Auch um einsichtige Kräfte in der Leitung der Evangelischen Kirche in Berlin-Brandenburg und realistische Vertreter anderer Landeskirchen zu unterstützen, sollten die festgelegten Maßnahmen im Umfeld der für den 27.11.1988 beabsichtigten Veranstaltungen, die am 23.11.1988 mit den Stellvertretern der Ratsvorsitzenden für Inneres besprochen wurden, mit aller Konsequenz durchgesetzt werden.«[505]

Einen Tag später forderte Löffler die Kirchenleitung ultimativ auf, einen für den kommenden Tag geplanten Marsch mit Kerzen von der Zions- zur Gethsemanekirche zu unterbinden. Andernfalls drohten staatliche Maßnahmen[506]. Dennoch fanden am 27. November in der Zions-, der Gethsemane- und der Bekenntniskirche Abendveranstaltungen zu der Schulthematik statt. Der Treptower Pfarrer Hilse erklärte vor ca. 250 Besuchern, er könne die von Krusche angeführten Gründe nicht akzeptieren[507].

Da in Dresden ein von der Gruppe »Wolfspelz« angeregter Informations- und Fürbittgottesdienst am 27. November in der Christuskirche geplant war, sprach der Stellvertreter für Inneres beim Rat des Bezirkes, Fuchs, mit dem amtierenden LKA-Präsidenten Schlichter – der schwer erkrankte Domsch hatte sich bereits einer dritten Operation unterziehen müssen[508]. Der Staatsfunktionär forderte den Kirchenmann auf, die Veranstaltung zu untersagen. Schlichter erklärte, er kenne den in der Gethsemanekirche verlesenen Aufruf nicht: »›Berlin geht uns nichts an.‹«[509]

Dennoch fand die Andacht statt und wurde auch von 350 Menschen besucht[510]. Dies hatten auch ein weiteres Telefonat des Staatsfunktionärs Lewerenz mit Schlichter und der Einsatz von Frau Feurich (Kirchliche Bruderschaft Sachsens) nicht verhindern können. Sie hatte Superintendent Ziemer kurz vor der Veranstaltung über die ablehnenden Briefe von einigen Verwandten der Schüler aufklären wollen, um deren Absetzung zu erreichen. Ziemer entgegnete: »›Man weiß ja, wie so etwas (Brief des Vaters) gemacht wird.‹«[511]

Kirchenpolitische Bilanzen zum Jahresende 1988

Einige Tage später fand im Rat des Bezirkes Dresden ein Gespräch mit Hempel statt, in der der Stellvertreter für Inneres, Fuchs, an Hempel die Frage richtete, ob die Landeskirche weiterhin am 6. März festhalte. Darauf soll der Bischof wörtlich entgegnet haben:

»›Ich stehe zu diesem Kurs und werde daran festhalten bis zur letzten Konsequenz. Ich verstehe mich nicht als politischer Mensch, aber wenn ich als Bischof eine politische

Aufgabe gesehen habe, dann war es der Ausbau des Verhältnisses unserer Kirche zu den staatlichen Organen im Geiste des 6. März. Darin steht ein Teil meines Lebenswerkes. Ich fürchte allerdings, daß sich dieser Kurs nicht mehr lange fortsetzen läßt‹. [...]
Dr. Hempel sagte weiter, daß die Kirchenleitung und er als Bischof einem mehrfachen Druck ausgesetzt seien: von den ›normalen‹ Kirchengemeinden wegen der Gruppen, von den Gruppen wegen der Haltung zu Staat und Gesellschaft und vom Staat wegen gewisser Aktivitäten im kirchlichen Raum. Er meinte, die staatlichen Organe müßten eigentlich froh sein, daß die Gruppen in der Kirche ein Dach fänden. ›Wenn wir die Kirchentüren schließen, sind die Gruppen draußen. Dann haben Sie sie auf dem Hals‹. [...] Das Anliegen der Gruppen könne er oft teilen, die Methoden aber nicht. [...]
Er habe an den Kommunisten immer den nüchternen Sinn für die Realitäten geschätzt. [...] In jüngster Zeit vermisse er bei einer Reihe zentraler Entscheidungen jedoch diesen Realitätssinn; z. B. Eingriffe in die Kirchenpresse, Sputnik. Er verehre den Vorsitzenden des Staatsrates, aber dessen Aussagen über den höheren Lebensstandard in der DDR gegenüber der BRD in seiner Rede auf dem 7. Plenum könne er nicht verstehen.«[512]

Stolpe hatte Mitte November vor der KKL über seine in letzter Zeit mit Staatsvertretern geführten Gespräche resümiert:

»1. In Grundsatzfragen hat es noch nie eine solche Offenheit gegeben wie zum gegenwärtigen Zeitpunkt. 2. In praktischen Fragen ist die Lage so kompliziert wie etwa 1968. 3. Auf den Kreis- und Bezirksebenen gibt es jedoch konstruktive Gespräche. [...] Es gibt vielfach Signale, Gespräche über Grundsatzfragen zu führen. In der praktischen Politik ist gegenüber den Kirchen ein Mißtrauen entstanden[513]. In dieser destabilisierten Lage ist beim staatlichen Partner eine verminderte Hörfähigkeit zu beobachten. Eine Vielzahl von Gesprächen ist gefordert. Dazu gibt es keine Alternative.«

Demke kündigte an, »daß Perestroika auch ein harter Gang für die Kirchen werden würde.«[514]

Ein Zeichen für die weitere Verschärfung des Staat-Kirche-Verhältnisses war auch Löfflers Reaktion auf eine Einladung Stolpes an den Staatssekretär und seine Frau, am 4. Advent ein Weihnachtssingen Potsdamer Kirchenchöre in der Potsdamer Nikolaikirche zu besuchen und anschließend an einem Empfang in Stolpes Potsdamer Wohnung teilzunehmen. Löffler bemerkte handschriftlich: »durch hohe Belastung keine Möglichkeit«[515].

Ende November 1988 trafen Leich und Löffler in Eisenach zusammen – nach Einschätzung des KKL-Vorsitzenden eine offene Unterredung, die jedoch keine greifbaren Resultate brachte[516]. Löffler äußerte sich persönlich sehr betroffen über den gegenwärtigen Stand der Staat-Kirche-Beziehungen und bezeichnete die gewünschten »Informationsgespräche« als undurchführbar. Man benötige dringend eine Denkpause mit dem Ziel einer allgemeinen Beruhigung. Gleichzeitig kündigte er an, der politische Kurs der DDR werde sich nicht ändern, da andernfalls ökonomische Instabilität drohe[517].

Eine Woche zuvor war es zu einer Begegnung zwischen Natho und Löffler gekommen, die zum Anlaß für eine scharfe Kontroverse in der Runde der Bischöfe und leitenden Kirchenjuristen wurde. Natho hob »hervor, daß der Staatssekretär alles sehr persönlich nehme, zwischen den unterschiedlichen Gesprächspartnern sehr differenziere und wiederum jedwede Gesprächsmöglichkeit angeboten habe. Aufgrund dessen müsse er fragen, was der Vorstand eigentlich wolle.«

Diese optimistische Lagebeschreibung stieß bei anderen Anwesenden auf entschiedenen Widerspruch; trotz mehrfacher Anmahnung bewege sich beispielsweise hinsichtlich der lang erwarteten »Sachgespräche« immer noch nichts. Außerdem wurde dem Dessauer Kirchenpräsidenten vorgeworfen, daß das BEK-Sekretariat über seinen Alleingang vorher nicht in Kenntnis gesetzt worden sei: »Der Gedankenaustausch zeigt, daß in der Beurteilung der gegenwärtigen Lage erhebliche Unterschiede bestehen«, hielt das Protokoll fest. Die Teilnehmer waren sich jedoch darin einig, »Reden zur Unzeit« zu vermeiden:

»Der Gefahr ist zu begegnen, daß wir eine wechselseitige Eskalation der Ungeschicklichkeiten sowohl auf kirchlicher wie auch auf staatlicher Seite herbeiführen. [...] Bedauerlich sei, daß jede kritische Äußerung von der Staatsspitze gegenwärtig als feindliche Aktion angesehen werde. Manche Maßnahmen des Staates legten die Vermutung nahe, daß die Kirche in ihrer gesellschaftlichen Wirksamkeit zurückgedrängt werden solle, etwa auf die Zeit vor 1965. Die staatliche Politik setze augenblicklich ganz und gar auf innere Stabilität unter allen Umständen. Offensichtlich wolle man höchstens langsam, ohne spektakuläre Vorkommnisse leichte Veränderungen zulassen.«[518]

Demke äußerte während der Dezembertagung der KKL: »Allgemein kann festgestellt werden, daß die führenden Kader der DDR scheinbar wieder Tritt gefaßt haben und um das Image im In- und Ausland keine Sorge tragen. Das Krisenmanagement vom Beginn des Jahres 1988 ist nicht mehr erforderlich.«[519]

Wegen weiterer Aktivitäten des Treptower Pfarrers Hilse – unter anderem plante er in seiner Kirche für den 10. Dezember die Vorstellung der Gruppe »Grünes Netzwerk Arche«[520] und einen Abendgottesdienst mit Ausreiseantragstellern – sprach Stadtrat Hoffmann im Dezember mit Stolpe:

»Genosse Hoffmann erläuterte, daß nach staatlicher Einschätzung der ständige Mißbrauch der Bekenntniskirche zu derartigen Veranstaltungen mit Duldung und Förderung durch Pfarrer Hilse ein Stadium erreicht habe, dem es gelte, Einhalt zu gebieten. Unter dem Dach der Kirche treffen sich politisch negative, DDR-feindliche Kräfte und planen Aktionen gegen unsere gesellschaftlichen Verhältnisse.
Herr Stolpe erhielt die Möglichkeit der Einsichtnahme in ein Befragungsprotokoll des Untersuchungsorgans und stellte selbst fest, daß mit solchen Handlungsweisen das geltende Strafrecht tangiert wird.
Genosse Hoffmann wies Herrn Stolpe darauf hin, daß es nicht gut wäre, wenn die Kirchenleitung trotz staatlicherseits gegebener Hinweise und Mahnungen durch Untätigkeit in den Verdacht der Solidarisierung mit politisch negativen Aktivitäten käme.
Konsistorialpräsident Stolpe erklärte, daß sich die Kirchenleitung am vergangenen Freitag mit dem Problem ›Bekenntnis‹ befaßt habe, um eine Ausweitung des Ganzen zu verhindern. Heute und morgen soll es weitere Gespräche mit Pfarrer Hilse und Mitgliedern des Gemeindekirchenrates seitens der Kirchenleitung geben. In diesen Gesprächen soll nach Angaben von Stolpe die Sorge um die Tatsache zum Ausdruck gebracht werden, daß die Gemeinde das kirchlich Verantwortbare überschreitet. Dabei gelte es noch zu entscheiden, ob man für ein Unterlassen der Veranstaltung oder für ein Durchführen mit besonderen Auflagen plädiere.
Zur Verdeutlichung der Rolle des Pfarrer Hilse äußerte sich Stolpe in folgender

Weise: ›In der letzten Kirchenleitungssitzung wurde u. a. die Frage aufgeworfen, ob der (Hilse) denn auch raus wolle‹.
Stolpe bot an, über das Ergebnis der mit Hilse heute und morgen geführten Gespräche Genossen Hoffmann zu informieren.

Abschließend fragte Konsistorialpräsident Stolpe Genossen Hoffmann, ob staatlicherseits Interesse bestünde, die Überlegungen der Kirchenleitung zur Darlegung einer Strategie zur Beruhigung der Lage (Stolpe wörtlich: ›Befriedungsstrategie‹) kennenzulernen. Nachdem Genosse Hoffmann sein Interesse bekundete, bot Stolpe die Möglichkeit eines gemeinsamen Treffens (noch vor Weihnachten) an; er müsse, um Terminvorschläge machen zu können, aber erst noch mit Generalsuperintendent Dr. Krusche zu diesem Problem sprechen.«[521]

Zehn Tage später kamen Stolpe und Krusche gemeinsam zu Hoffmann. Stolpe erklärte, in Berlin gebe es nur bei einer Handvoll von Kirchengemeinden wirkliche Probleme, die man aber sehr ernst nehme. Da mit Administration und Disziplinierung letztlich nicht viel zu erreichen sei, habe die Kirchenleitung die Strategie der Integration entwickelt, womit auch Einflußnahme auf die Kritiker möglich sei. Man plane, der Zionskirche mit Martin Hohmann, Magdeburg, gleichzeitig Referent für Kirche und Gesellschaft des BEK, noch einen zweiten Pfarrer zuzuordnen. Der als besonnen geltende Theologe solle auch im Gemeindehaus wohnen. Bei Gruppen wie der »Arche« müsse es stärkere Anbindungen an Gemeindekirchenräte mit bändigender Wirkung geben.

Mit Ausreisewilligen müsse man allerdings im Gespräch bleiben. Immerhin habe es in Berlin noch keine Kirchenbesetzungen gegeben, hob der Konsistorialpräsident hervor:

»Dennoch beunruhige die Kirchenleitung einiges, was in Treptow passiert. ›Die Grenze dessen, was die Kirche verantworten kann – sehr vorsichtig ausgedrückt –, ist zumindest in Sicht.‹ In diesem Zusammenhang müsse die Weiterführung der thematischen Gottesdienste in der Bekenntniskirche Treptow neu überdacht werden. In der nächsten Sitzung des Gemeindekirchenrates (im Januar) werden der Generalsuperintendent[522], der zuständige Superintendent und Vertreter des Konsistoriums darüber ›nachdenken‹.

Stolpe erklärte, daß Aktivitäten unter dem Dach der Kirche, die ›spektakulär‹ gegen den Staat gerichtet sind, ›auch uns (die Kirche) treffen‹. Es gäbe neue Herausforderungen, denen man sich stellen wolle. Ziel der Kirchenleitung sei jedoch nicht die Konfrontation, sondern die Kooperation mit der Staatsmacht.

Dr. Krusche stimmte den Ausführungen von Stolpe zu. Es gehe darum, deutlich zu machen, daß der ›6.3.1978‹ nach wie vor ›unsere Linie sei‹. [...] Auch er, erklärte Dr. Krusche, plädiere nicht für eine ›vollkommen unpolitische Kirche‹. Auch politische Stellungnahmen gehören zum Selbstverständnis einer reformatorischen Kirche. Wichtig sei jedoch, daß deutlich wird, daß es sich um *kirchliche* Stellungnahmen handelt. [...]

Stolpe betonte, daß vieles in der ›Gesamtsituation‹ nicht so günstig sei wie in der Vergangenheit. Manches habe sich auch ›ohne eigenes Verschulden‹ dahin entwickelt. Ökonomische Entwicklungen haben Probleme geschaffen. Erwartungshaltungen wurden geweckt, auch über Staatsgrenzen hinaus. ›Prophetien von Gorbatschow haben einige Weltverbesserer auf den Plan gerufen, die sich durchaus am Rande der ideologischen Diversion bewegen‹. Kirchlicherseits dürfte es jedoch nicht um Besserwisserei gehen, sondern um Solidarität. Auch unter erschwerten Bedingungen gehe es darum, das Partnerschaftliche des Verhältnisses zu betonen[523]. [...]

Im letzten Jahr habe die Kirchenleitung eine Menge Kraft investiert, um auf die

›Gruppen‹ einzuwirken. ›Wir haben manches Schlimme machen müssen, um Schlimmeres zu verhindern.‹ [...] Dies gelte auch für die ›Beschäftigung‹ mit Übersiedlungsersuchenden. ›Alles, was diesen Menschen hilft, daß sie sich wieder normal bewegen können, müsse unternommen werden, auch von kirchlichen Kreisen.‹ Stolpe begrüßt in diesem Zusammenhang auch die neuen Rechtsvorschriften. Diese seien eine Hilfe, ›auch für mich persönlich‹.

Generalsuperintendent Dr. Krusche betonte, daß die angesprochenen Probleme nicht nur für Berlin gelten. In Berlin zeigen sie sich jedoch deutlicher. Die Menschen erleben in ihrem Alltag auch eine Reihe von Unzulänglichkeiten, es können auch Frustrationen entstehen. Allen Verantwortlichen müsse es darum gehen, solche abzubauen. Solche Veränderungen seien jedoch nicht durch Destabilisierung zu erreichen. Destabilisierung schaffe Verängstigung, Verängstigung führe zu Verhärtungen. Notwendige Veränderungen sind also nur bei Entspannung und Dialog möglich. Dies gelte sowohl für die Außen- als auch für die Innenpolitik. Konfrontation würde das Zusammenleben aller nur schwieriger gestalten.

In der Kirche, führte Krusche aus, sei darüber hinaus eine falsche ›Bekenntnishaltung‹ anzutreffen. Weil die Evangelische Kirche 1933 ›an der falschen Stelle geschwiegen, ja sogar mit dem Staat kollaboriert habe‹, werde jetzt teilweise Distanz vom Staat verlangt. Antifaschismus werde als ›Antitotalitarismus‹ verstanden und gegen den sozialistischen Staat interpretiert. Auch er (Krusche) habe dies schon ganz persönlich erfahren müssen. Die Reaktionen auf seine Stellungnahme gegen die ›Friedenswerkstatt‹ 1987 sowie auf seinen Brief zu den Ereignissen an der ›Carl-von-Ossietzky‹-Schule machen dies besonders deutlich.

In bezug auf die ›Gruppen‹, erklärte Krusche, mache die Kirche oft genug ›nur gute Miene zum bösen Spiel‹. Sie sei in der Situation, auf den ›fahrenden Zug aufzuspringen‹ und es nie ›bis in die Lokomotive zu schaffen‹. Hier müsse auch die Kirchenleitung einfach mehr Profil zeigen.«[524]

Zum Jahresende schrieb Bischof Forck an Löffler:

»Für Ihren freundlichen Gruß und die guten Wünsche für das Weihnachtsfest und das neue Jahr danke ich Ihnen herzlich.

Auch ich wünsche Ihnen ein gutes neues Jahr in Gesundheit und Schaffenskraft. Es tut mir leid, daß das erste halbe Jahr Ihrer Wirksamkeit als Staatssekretär von manchem überschattet war, was Ihren Dienst erschwert hat. Und ich hoffe darauf, daß wir 1989 wieder zu normaleren Beziehungen zwischen Staat und Kirche kommen im Sinne des Gespräches vom 6. März 1978.«[525]

Wohl für die gesamte DDR galt das staatliche Urteil: »Es muß insgesamt eingeschätzt werden, daß die realistische Mehrheit der Geistlichen und Amtsträger große Schwierigkeiten hat, offensiv aufzutreten, die Aktivitäten negativer Kräfte wirksam zurückzuweisen und die gefährliche Zielrichtung der oft demagogisch verbrämten Linie dieser Kräfte zu durchschauen.«[526]

Eine Anfang 1989 angefertigte staatliche Einschätzung der Entwicklung des Vorjahres gelangte zu der Wertung:

»Die Entwicklung im Bund der Evangelischen Kirchen in der DDR (BEK) und den Landeskirchen war im Jahre 1988 insgesamt vor allem durch eine fortschreitende Politisierung der ev. Kirchen in ihrer öffentlichen Wirksamkeit geprägt. Zugleich war ein weiterer Rückgang religiösen Lebens zu verzeichnen. Die Teilnehmerzahlen an Gottesdiensten, kirchlichen Amtshandlungen, Veranstaltungen der Männer-, Frauen-, Jugend- und Kinderarbeit gingen weiter zurück. [...] Die evangelischen Kirchen waren insgesamt nicht bereit, ausgehend von der 1988 erneut bekräftigten Übereinstimmung von Staat und Kirchen in der *Friedensfrage* als bestimmender Ausgangspunkt konstruktiver Staat-Kirche-Beziehungen, Zuspitzungen und Verschärfungen aus dem Wege zu gehen. [...] Im Gefolge dieser Entwicklung traten politisch realistische Aussagen zur Friedens- und Abrüstungspolitik immer stärker zurück. [...] Zugleich trat mit der Behauptung einer angeblichen Nichtübereinstimmung von Innen- und Außenpolitik in der DDR und der *Forderung nach gesellschaftlichen und politischen Reformen in der DDR* nach dem Vorbild gesellschaftlicher Entwicklungen in anderen Ländern der sozialistischen Gemeinschaft der Versuch in den Vordergrund, sich in besonderer Weise als für Fragen gesellschaftlicher Entwicklungsprozesse kompetent zu erklären und demgemäß zu profilieren. [...]

Auf Grund der politischen Widersprüche in der KKL und in Landeskirchenleitungen, durch die Tolerierung und z. T. Unterstützung politisch negativer Aktivitäten durch Leitungskräfte, durch ihre straffe innere Vernetzung ist es den *politisch negativen und feindlichen Kräften* im abgestimmten Handeln mit Kräften aus der BRD und den westlichen Medien im vergangenen Jahr gelungen, ihre Positionen zu festigen und ihren Einfluß namentlich auf Kirchenleitungen und Synoden auszubauen. Durch ihr aggressives und diffamierendes Auftreten, das sie im besonderen auch innerhalb der Kirche gegen progressive und realistische Kräfte und Positionen an den Tag legen, haben sie ihren Druck erhöht. Sie konnten sich auf diesem Weg ihre Positionen von der BEK-Synode und den Landessynoden der Ev. Kirche in Berlin-Brandenburg und der Ev. Kirche der Kirchenprovinz Sachsen bestätigen lassen. Mit der Diskussion zu den Papieren der Ökumenischen Versammlung versuchen sie, in die Breite der Gemeinden zu gelangen.«[527]

»Es besteht eine ernsthafte Belastung der Beziehungen. Eine Überwindung dieser Situation ist unbedingt erforderlich, da die Gefahr der Zerstörung erreichter Ergebnisse und der Entstehung einer Situation der Konfrontation besteht. Inhalt des Problems ist die Frage, was Kirche in der sozialistischen Gesellschaft der DDR sein kann. [...] Die Kirche beansprucht in allen Bereichen des gesellschaftlichen Lebens ein Mitspracherecht, das sie ausschließlich nach ihrem Gutdünken wahrnimmt, da sie für den ganzen Menschen da ist. Sie könne sich nicht auf einzelne Bereiche menschlicher Tätigkeit oder gar nur auf die Befriedigung religiöser Bedürfnisse beschränken. [...] Kirche und Staat müssen in ihren Aussagen und Handlungen konstruktiv und durchschaubar sein. Der BEK ist es gegenwärtig nicht. [...] Zusagen sind einzuhalten«,

formulierte ein weiteres Papier[528].

Erheblich besser schnitt die katholische Kirche in der staatlichen Beurteilung ab:

»Als ein positiver Faktor für die Gestaltung ausgewogener Staat-Kirche-Beziehungen hat sich in Anwendung der Erfahrungen des Katholikentreffens weiterhin bewährt, daß die Berliner Bischofskonferenz an dem Grundsatz ›Kirche muß Kirche bleiben‹ festhielt und ihn auch an der Basis der Kirche durchsetzte. Dadurch wurde Konfliktstoff von vornherein ausgegrenzt. Aufkommende Diskussionen zu Friedens-, Ökologie- und Volksbildungsproblemen konnten innerhalb der kirchlichen Strukturen unter Kontrolle gehalten werden. Die katholischen Amtsträger waren nicht bereit, sich von politisch negativen Kräften mißbrauchen zu lassen. In Gesprächen wurde zum Ausdruck gebracht, daß unter dem Dach der katholischen Kirche keine politischen Aktionen gegen den Staat geduldet werden. Gegenüber den Westmedien wurde weitgehende Zurückhaltung gesucht. [...] Aufgrund der Erfahrungen mit der bisherigen Medienarbeit konnte einer Veränderung der Erscheinungsweise der Kirchenzeitung ›Tag des Herrn‹ (statt 14tägig wöchentlich) mit Wirkung vom 1.1.1989 zugestimmt werden.«

Im Unterschied zum Protestantismus fanden Oppositionsgruppen in der katholischen Kirche keine Heimat. Mit der Kirchenpresse gab es hier keine Probleme. Allerdings bemängelte das Papier, daß sich die Katholiken in weltanschaulichen Fragen wie Jugendweihe, FDJ-Mitgliedschaft und Zugehörigkeit zu Parteien und Massenorganisationen um so kritischer verhielten. Außerdem hätten sich durch die Beteiligung an den Ökumenischen Versammlungen »die Kontakte zu den protestantischen Kirchen an der Basis, zu Friedens- und Ökologiegruppen und damit auch zu politisch oppositionellen Kräften dieser Szene verstärkt«[529].

Demke berichtete der Beratergruppe im Dezember 1988, der Staat werfe der Kirche vor, »sie ignorier[e] das verfassungsmäßige Gebot der Nichteinmischung«. Weiter informierte der Magdeburger Bischof über den Antrittsbesuch Löfflers bei Leich. Für die Wiederaufnahme der 1987 verschobenen »Sachgespräche« zwischen Staat und Kirche fehle noch immer jede Aussicht[530]. Der Stillstand auf der Spitzenebene gelte jedoch nicht für das Staat-Kirche-Verhältnis der Landeskirchen vor Ort. Dort gebe »es durchaus (noch) Bewegung«[531]. Hier waren Kirche und Partei in der Einschätzung gar nicht so weit voneinander entfernt. Beide stellten fest, daß das Staat-Kirche-Verhältnis auf der regionalen Ebene erheblich besser war als in der Zentrale bzw. in Berlin (Ost)[532]. Ein Zeichen hierfür war gewiß auch die in Erfurt während des Kirchentages gezeigte stärkere Flexibilität der Bezirksstellen.

Mit überraschender Offenheit bezeichnete Demke die wirtschaftliche Situation der DDR als sehr schlecht. Natho pflichtete seinen Ausführungen bei. Landesbischof Hempel, der noch wenige Jahre zuvor von »Grundvertrauen« zwischen Staat und Kirche gesprochen hatte, sagte nun: »Es gibt wirklich viel Unrecht bei uns; es ist nicht nur eine Erfindung; es existiert ›eine Spirale nach unten‹«[533].

Weiter werde in den Kirchen über das Verhältnis zu den Gruppen diskutiert, hier bestehe kein Konsens, berichtete Demke[534].

Auch auf westdeutscher Seite versuchte man eine Zwischenbilanz: In dem »Versuch einer Einschätzung der derzeitigen Situation in der DDR« vom 30. November 1988 gibt der Verfasser[535] sehr deutlich die angespannte Situation wieder und nennt dafür drei Ursachen: den latenten bis offenen Gegensatz zwischen der DDR und ihrer Vormacht, die durch »Perestroika« und »Glasnost« verursachte Aufbruchstimmung in der DDR-Bevölkerung und im Blick auf die Kirche deren Funktion als »Sammelbecken der Oppositionellen und Ausreiseentschlossenen«. Das Unruhepotential sah der Oberkirchenrat allerdings nicht als repräsentativ für die kirchliche Basis an und unterbreitete den Vorschlag: »Die Kirche wird in Zukunft präziser überlegen müssen, wie sie mit den ›Trittbrettfahrern‹ umgeht, also mit jenen, die lediglich das Dach der Kirche suchen, ansonsten aber ihre Interessen verfolgen, und welche Inhalte sie tatsächlich aufgreifen und sich zu eigen machen können.« Bei der politischen Führung rechnete er mit einem Generationswechsel für das Jahr 1990.

Einerseits arbeiteten Berater- und Konsultationsgruppe in der Folgezeit weiter wie bisher, andererseits überprägte der innere Verfall des östlichen

Staates nahezu alle Gesprächsthemen. Das betraf den »Konziliaren Prozeß für Gerechtigkeit, Frieden und Bewahrung der Schöpfung«[536] ebenso wie den Themenkomplex »Theologieverdrossenheit«[537] oder den der »Nation«[538]. Neu war die Offenheit, mit der die Kirchenleute aus der DDR plötzlich wieder über ihre Probleme sprachen und das offene Ausbrechen von Gegensätzen unter ihnen in den Versammlungen.

Anfang Dezember hatte das Staatssekretariat für Kirchenfragen, vertreten durch Bertram Handel und Gerd Will, PR-Arbeit beim ÖRK, LWB und der KEK zu machen versucht[539] – mit Erfolg: »Das Anliegen der Gespräche, dem von interessierten Kreisen westlicher Staaten und Kirchen angestrebten Mißbrauch internationaler kirchlicher Organisationen gegen die Kirchenpolitik der DDR entgegenzuwirken, wurde erreicht.«[540]

Als der BEK von diesen Plänen erfuhr, zeigte man sich alarmiert. Der KKL-Vorstand befürchtete, den Staatsvertretern ginge es darum, den gegenwärtigen Stand des Staat-Kirche-Verhältnisses aus ihrer Sicht zu interpretieren: »Der Vorstand geht davon aus, daß OKR Linn und Dr. Planer-Friedrich bei diesen Gesprächen anwesend sein werden. Dr. Leich wird Generalsekretär Staalsett in Riga entsprechend informieren. Das Sekretariat wird gebeten, alle Informationsmöglichkeiten zu nutzen, um in Genf für entsprechende Aufklärung zu sorgen«, hielt das Vorstandsprotokoll fest[541].

Dennoch erwiesen sich die Gespräche der Staatsvertreter beim LWB, der nach ihrer Einschätzung unter starkem Druck westdeutscher Lutheraner und Politiker stand, als besonders erfolgreich:

»Bestrebungen, den LWB zu öffentlichen Erklärungen zum Staat-Kirche-Verhältnis in der DDR zu veranlassen, die eine Einmischung in die inneren Angelegenheiten unserer Republik bedeuten würden, wurde von vornherein durch realistische Kräfte Widerstand entgegengesetzt.« Nun stünden »diesen Repräsentanten des Lutherischen Weltbundes (ebenso wie den Stäben des ÖRK und der KEK) eine Vielzahl von Argumenten und Fakten zur Politik von Partei und Regierung in der DDR gegenüber Kirchen und Religionsgemeinschaften und zur tatsächlichen Entwicklung der Staat-Kirche-Beziehungen zur Verfügung, so daß Versuche eines politischen Mißbrauchs dieser internationalen Kirchenorganisationen gegen die Interessen der DDR nunmehr keinerlei Aussicht auf Erfolg haben.«

Der Stellvertreter des ÖRK-Generalsekretärs Emilio Castro, der Bulgare Todor Sabev, bedauerte, daß die DDR-Kirchen bislang nicht von sich aus den Versuch unternommen hätten, »den ÖRK zu informieren und der einseitigen Art der westlichen Berichterstattung entgegenzutreten.« Für das vierte Quartal 1989 visierte man einen Besuch Löfflers in Genf an[542].

1989 – Sammlung der Getreuen in der Kirche zum letzten Gefecht

Das Jahr 1989 stand im Zeichen der Kommunalwahlen im Mai und der Staatsgründungsfeierlichkeiten im Oktober.

Eine zu Anfang des Jahres angefertigte staatliche Konzeption zum Um-

gang mit dem Protestantismus ging von der Prämisse aus, die Verfassung der DDR garantiere im Artikel 39 die freie Religionsausübung: »Die Kirche verfügt über keinerlei politisches Mandat. Sie ist nicht Bestandteil des Systems der politischen Organisation des Sozialismus.«
Die im Papier festgestellte Festigung der Staat-Kirche-Beziehungen an der Basis werde allerdings

»beeinträchtigt durch das nicht ausreichende Verstehen objektiver Entwicklungsprozesse und von Widersprüchen in der sozialistischen Gesellschaft der DDR, traditionelle antikommunistische Vorbehalte sowie bestehende und ständig in neuen Formen entwickelte ideologische und finanzielle Bindungen an die Kirchen in der BRD.

Infragestellung historischer Gesetzmäßigkeiten, nicht überwundene politische Distanzhaltungen zum realen Sozialismus in den Staaten der sozialistischen Gemeinschaft und seiner praktischen Gestaltung in der DDR, aber auch falsche Schlußfolgerungen aus dem Prozeß des anhaltenden Rückgangs der Gemeindeglieder tragen dazu bei, daß einige kirchliche Vertreter bzw. im kirchlichen Raum wirkende Kräfte unter dem Deckmantel einer ›kirchlichen Eigenständigkeit‹ ein politisches Mandat beanspruchen, um die Kirchen in Gegensatz zum Sozialismus in der DDR zu bringen.«

Weiter stellte die Analyse fest, die Formel »Kirche im Sozialismus« stehe in Gefahr, durch den »Wächteramts-«[543] und »Stellvertretungs«-Begriff ersetzt zu werden. Zudem hätten sozialismuskritische bzw. -feindliche Gruppen und Personen stärkeren Einfluß auf kirchliche Leitungsgremien nehmen können, wie sich 1988 am Verlauf von Synoden und den Ökumenischen Versammlungen deutlich gezeigt habe[544].

Zugleich unterbreitete das Staatssekretariat den Vorschlag, im Jubiläumsjahr der Republik gezielt das Gespräch mit solchen Personen zu suchen, die sich um den Weg der »Kirche im Sozialismus« verdient gemacht hatten. Dabei sollten die kirchlichen Gesprächspartner die Priorität der Friedensfrage vor der Lösung aller weiteren politischen Probleme betonen, ein politisches Mandat der Kirche oder ihren Anspruch auf Eigenständigkeit in der politischen Arbeit unter dem Verweis auf die Trennung zwischen Kirche und Staat zurückweisen und sich für eine progressive, transparente und verläßliche Gestaltung des Staat-Kirche-Verhältnisses stark machen. Löffler sollte Schönherr, Werner Krusche, Stolpe, Wahrmann und Christina Schultheiß in Erinnerung an den 6. März zu einem Gespräch einladen – Domsch fehlte in dieser Aufzählung, da er schwer erkrankt war[545]. Vom 1958er Gespräch war kein kirchlicher Vertreter mehr am Leben, so daß sie nicht hinzugezogen werden konnten. Löffler und Kalb sollten zwei Begegnungen in Leipzig und Berlin für progressive Geistliche der mittleren Ebene durchführen. Auf Bezirksebene sollten Gespräche »mit Aktivisten der ersten Jahre« geführt werden[546].

Ein weiterer Vorschlag bezog sich auf ein von den Theologischen Sektionen mit Professoren und Dozenten durchzuführendes Kolloquium, »die den Weg der ev. Kirche aktiv und konstruktiv begleitet haben«. Gedacht war hier an Bassarak, Hanfried Müller, Müller-Streisand, Kehnscherper, Kurt Meier, Moritz, Saft und Klaus-Peter Hertzsch: »Sie sollten eine eindeutige Position erarbeiten, wie sich eine evangelische Kirche in der sozialistischen Gesellschaft in der DDR artikulieren kann. Ein Dokument an die KKL als Diskussionsangebot wäre möglich.«[547]

Zur Verbesserung der eigenen Arbeit richtete das Staatssekretariat für Kirchenfragen ein Operativ- und Lagezentrum beim Hauptabteilungsleiter ein, dessen Aufgabe in der »Führung und Koordinierung der operativ-politischen Prozesse bei der einheitlichen Durchsetzung der Staatspolitik in Kirchenfragen durch die Räte der Bezirke« bestehen sollte. Das Zentrum hatte Lageberichte zu erstellen sowie Informations- und Übersichtsmaterialien zu erarbeiten. Die bislang von den einzelnen Abteilungen vorgenommene Berichts- und Studienpraxis sollte hier koordiniert und zusammengefaßt werden[548], was de facto zu einer weiteren innerbehördlichen Stärkung des Hauptabteilungsleiters Heinrich, der zugleich beim MfS als OibE verpflichtet war, führen mußte.

Stolpe und der Idealfall – Irritationen wegen der neuen Reiseverordnung

Für Wirbel sorgte eine am 30. November 1988 erlassene und am 1. Januar 1989 in Kraft getretene[549] Reiseverordnung, die zwar eine gewisse Rechtssicherheit schuf, andererseits nach Auskunft Zieglers vor der Februarsitzung der Beratergruppe aber auch für eine Welle der Enttäuschung sorgte[550], da es nun keine Grauzonen mehr gab[551]. Stolpe war hierauf in einem Interview mit der »Welt«[552] eingegangen, worauf das »ND« bzw. ADN überaus scharf reagierten[553]. Wieder einmal war man kirchlicherseits auch deshalb irritiert, weil Staatssekretär Löffler[554] sich über das Interview lobend geäußert haben soll; immerhin hatte sich Stolpe im Blick auf den nach seiner Ansicht politisch und historisch falschen Wiedervereinigungsgedanken für eine Neuinterpretation der Präambel im Bonner Grundgesetz stark gemacht[555].

Während des Leipziger Kirchentages sprach ein Besucher den Konsistorialpräsidenten erbost an: »Wann und wo habe es in der DDR Befragungen gegeben, bei denen die Mehrheit keinen Anschluß an die BRD wolle, sondern die Gestaltung eines besseren Sozialismus?« Stolpe erwiderte, »daß es eine solche Befragung nicht gäbe, diese Meinung aber seine feste Überzeugung sei, die sich aus vielen von ihm geführten Gesprächen ergebe.«[556]

Nach der Publikation des offiziösen ND-Urteils lehnte der seiner Partei ergebene Staatssekretär zwei von Stolpe gewünschte Gesprächstermine ab. Am 13. Januar fing der Konsistorialpräsident Löffler während einer Jubiläumsveranstaltung der kirchlichen Zeitschrift »Frohe Botschaft für Jedermann« ab. Der SED-Mann berichtete:

»M. Stolpe äußerte seine tiefe Betroffenheit zu dieser ihn betreffenden ADN-Meldung, vor allem über die Tonart und diese nach seiner Meinung enthaltene Unterstellung, er wolle, daß ›etwas Schlechtes an der DDR hängen bleibt‹. Er habe in der besten Absicht gehandelt, um einen Beitrag zur Versachlichung der Beziehungen zwischen beiden

deutschen Staaten zu leisten. Er habe aber aus dieser Meldung folgende Schlußfolgerungen gezogen:
1. Trotz seiner Betroffenheit werde er sich niemandem gegenüber öffentlich dazu äußern, obwohl bei ihm ununterbrochen das Telefon klingele.
2. Er werde mit öffentlichen Äußerungen zurückhaltend sein, könne es jedoch manchmal nicht vermeiden, daß die Kirche in ihrer Verantwortung auch gesellschaftliche Bereiche begleiten muß.
3. Den Hinweis, sich um seine kirchlichen Angelegenheiten zu kümmern, nehme er selbstverständlich ernst, obwohl es überraschend ist, auf eine solche Art und Weise aufmerksam gemacht zu werden.
4. Die Verfahrensweise mit ihm durch ›Die Welt‹ habe ihm erneut gezeigt, daß diese Journalisten auch ihn unredlich behandeln. Sein Interview habe er am 23.12.1988 gegeben. Die späte Drucklegung habe offensichtlich Gründe, ihn politisch zu mißbrauchen. Er werde daraus Schlußfolgerungen ziehen.«[557]

Der Kommentar des SED-Zentralorgans sorgte in den Kirchen für eine allgemeine Verunsicherung[558] und führte zu der Schlußfolgerung, das Staat-Kirche-Verhältnis befände sich in einer ernsten Krise – ja, einige Amtsträger befürchteten gar, der Staat habe hiermit einen schärferen kirchenpolitischen Kurs eingeleitet[559]. Diese einhellig vertretene Position führte zum Rückschlag für die staatlicherseits wieder aufgenommene Differenzierungspolitik. Das »ND« und auch staatliche Stellen erhielten Protestbriefe[560]. Die KKL erhob bei einer Enthaltung schriftlich Einspruch bei ADN[561], verzichtete jedoch auf eine öffentliche Bekanntgabe dieses Schritts[562]. Der Staat wertete lapidar, Anliegen und Ziel der Presseäußerung seien eben nicht verstanden worden[563].

BEK-Sekretariatsleiter Ziegler erklärte gegenüber dem Staatsfunktionär Hans Wilke, der ND-Artikel habe die Kirchen so verunsichert, daß sie fragten, was sie denn überhaupt noch sagen dürften: »Sie hätten als KKL so manche Kritik an der Haltung, den Aussagen und den vielen Interviews von Manfred Stolpe gehabt. Aber jetzt ist jede Kritik unmöglich. Er ist der Held, der über jede Kritik erhaben ist und auch so auftritt.«

Nunmehr habe die KKL entschieden, Kirchenvertreter sollten sich bis zur März-Sitzung überhaupt nicht mehr in der Öffentlichkeit zu politischen Grundfragen äußern. Nur auf diese Weise ließen sich staatliche Differenzierungsversuche umgehen[564].

Natho fragte die Brüder aus der EKD, warum der Westen zu dieser Verordnung schweige; immerhin sei vorher ja mehr möglich gewesen. Hierauf erhielt der Kirchenpräsident anscheinend keine Antwort[565]. Hingegen soll der Görlitzer Bischof Joachim Rogge die neue Reiseverordnung gegenüber Vertretern des Kreises Görlitz sehr begrüßt haben[566]. Stolpe berichtete im März 1989, die neue Verordnung habe eine Abnahme des »›Zulauf[s] von Ausreiseantragstellern zur Kirche‹« mit sich gebracht[567].

Freidenkerverband und Mobilisierung »progressiver Kräfte« – die Reaktion des SED-Staats auf die Verständigungsprobleme mit der Kirche

Ungefähr zur gleichen Zeit kündigte der Staat die Gründung eines Freidenkerverbandes[568] an, was die Beratergruppe aufmerksam registrierte[569]. Die neue Organisation war aufgrund eines Politbürobeschlusses entstanden, den Joachim Herrmann eingebracht hatte. Schon Dreizehnjährige konnten Mitglieder werden, an personeller und ökonomischer Unterstützung sollte es dem Verband nicht mangeln[570].

Ende Januar 1989 sprach Martin Ziegler bei Abteilungsleiter Wilke vor und äußerte die naheliegende Befürchtung des BEK, der Verband werde in seiner praktischen Arbeit antikirchlich vorgehen:

»Was ist, wenn am Abschluß der 10. Klasse die Schüler in die Freidenker ›eintreten sollen‹, wenn in den Jugendstunden die Aufnahmeanträge den Eltern für ihre Kinder ›mit Nachdruck‹ vorgelegt werden?

Hier sehen sie ein neues Konfliktpotential, denn die SED habe ja bewußt auf eine organisierte atheistische Propaganda verzichtet und beginne sie nun wieder – wie in alten Zeiten der KPD – in einer Phase, in der es ein gestörtes Staat-Kirche-Verhältnis gebe.«[571]

In einer Löffler vorgelegten und in Kooperation mit »Standpunkt«-Chefredakteur Karl Hennig ausgearbeiteten Analyse[572] wies Günter Wirth, Herausgeber des »fortschrittlichen« Monatsmagazins, unter Verweis auf fast vier Jahrzehnte kirchenpolitischer Erfahrung die Schuld an der gegenwärtigen kirchenpolitischen Misere der »zunehmende[n] Vernachlässigung der massenpolitischen Arbeit unter den Christen« hin. Spätestens seit dem Lutherjahr 1983 habe sich »das Koordinatensystem des Zusammenlebens von Kirche und Staat« verändert:

»Wurde früher in der Gesamtöffentlichkeit kirchliches und progressiv christliches in einer gewissen Ausgewogenheit präsentiert mit einer Neigung zum letzteren, so haben in den letzten Jahren – jedenfalls bis 1988 – die offiziellen kirchlichen Selbstdarstellungen überwogen, so sehr, daß sich diese Öffentlichkeit daran gewöhnt hat, sozusagen täglich im ND ihre episkopale Meldung mitgeteilt zu erhalten.«

Letzteres wolle er nicht negativ bewerten, es sei allerdings »auf Kosten der Linken« geschehen. Das durch die Strategie entstandene Vakuum neben den Kirchenleitungen, die, nach links gedrängt, nunmehr »zitierfähig« waren, hätten diejenigen ausgefüllt, die schon immer an einer Etablierung der Kirche als gesellschaftlicher Kraft Interesse zeigten. Auf der Grundlage der Konzeption »Kirche im Sozialismus«, die eine gewisse kirchliche Eigenständigkeit mit einschließe, sei »ein Freiraum für dissidentisches Potential […], für Dissidenten selbst und für deren Konzeptionen« entstanden. Dieses Potential stelle das in Frage, »was den Freiraum erst schaffen konnte, nämlich die Akzeptanz des realen Sozialismus durch die Evangelische Kirche als Kirchenbund, als

Zeugnis- und Dienstgemeinschaft der Kirchen in der DDR, als Kirche im Sozialismus.«

Diese Entwicklung sei auch die Ursache für die spürbare Erosion der in den 70er Jahren durchgesetzten Formel. Zwar hätten sich Schönherr und Rogge 1988 öffentlich gegen solche Auflösungserscheinungen gewehrt – aber außerhalb des kirchlichen Raumes[573]. Jetzt sei die Kirche bestrebt, partnerschaftlich als eigenständige Kraft das gesellschaftliche Leben zu beeinflussen – Wirth sprach gar von »dem gesellschaftlichen Alternativfaktor Kirche«. Gefangener dieser Konzeption sei auch der KKL-Vorsitzende Leich, obwohl sie seinem lutherischen Verständnis zuwiderlaufe. Die kirchlichen Medien verbreiteten von der Kirche entwickelte, alternative gesellschaftspolitische Positionen in der Öffentlichkeit. Unter Verweis auf Stolpes Greifswalder Vortrag prägte Wirth polemisch die Formel der »Kirche im *veränderten* Sozialismus«. Die Entwicklung führe »in die Nähe dessen [...], was in einigen unserer Nachbarländer als politischer Pluralismus formuliert bzw. praktiziert wird.«

Da der Aufbau »eine[r] polemische[n] Front« gegen die Kirche unter der Berücksichtigung der internationalen Situation und auch der sich in den meisten Ländern des Ostblocks vollziehenden Entwicklung unmöglich sei, schlug Wirth vor, wieder unter den christlichen Bürgerinnen und Bürgern massenpolitisch tätig zu werden[574]. Er empfahl, mehrere hundert Linke sollten vor dem 40. Jahrestag zusammenkommen, vor denen zum Beispiel Schönherr, Werner Krusche, Braecklein, Präses Affeld, die Musiker Peter Schreier und Rotzsch als Redner auftreten sollten. Eine solche Aktion könne unter anderem progressiven Gruppierungen wie CFK[575], Goßner Mission, Kirchliche Bruderschaft Sachsens, Weißenseer Arbeitskreis, Weimarer Arbeitskreis und den Theologischen Sektionen zu einem Neuansatz verhelfen, damit sie wieder Spielraum für Aktivitäten gewännen. Auch eine Unterschriftensammlung zum 40. Jahrestag erwog der Funktionär[576].

Im Frühjahr 1989 gelang es nach staatlicher Einschätzung wieder, »realistische[.] und progressive[.] Kräfte« sichtbar zu aktivieren[577]. Ende Februar 1989 traten die progressiven Kräfte – CFK, Gossner Mission[578], Kirchliche Bruderschaft Sachsens und Aktion Sühnezeichen – während des Greifswalder Basisgruppenseminars »Frieden konkret« mit einem deutlichen Offensivgeist und erstmals koordiniert auf. Sie brachten eine Erklärung ein, die die Abrüstungspolitik des Ostblocks positiv würdigte. Der Text wurde dann auch verabschiedet:

»Die progressiven Bestrebungen wurden unterstützt durch die Leitung der Greifswalder Kirche, die sich bemühte, den staatlichen Erwartungshaltungen zu entsprechen. Bischof Dr. Gienke, Oberkonsistorialrat Dr. Plath und Konsistorialrat Dr. Ehricht wirkten inhaltlich konstruktiv ein und [sic!] Rechtsanwalt Schnur, als juristischer Berater des Fortsetzungsausschusses, hielten sich an ihre Zusagen gegenüber dem Staat, Provokationsversuche zurückzuweisen und politisch progressive Einsichten und Aussagen zu fördern.«[579]

Allerdings konnte dieses letzte Aufgebot »den negativen Charakter der Veranstaltung [nicht] grundsätzlich [...] ändern«[580]. Der Staat beklagte, genuin kirchliche Anliegen seien hier vernachlässigt worden: »Weder Gebete noch religiöse Aussagen begleiteten die Veranstaltung. Delegierte nahmen lediglich am Sonntagsgottesdienst teil. Bischof Dr. Gienke äußerte sein Unverständnis über eine derartige Praxis, die er in seiner Kirche nicht zulassen würde. Er sei zutiefst enttäuscht.«

Der Magdeburger Theologe Tschiche brachte den Antrag ein, die Basisgruppen sollten sich DDR-weit zu einer staatskritischen Gruppierung zusammenschließen und den Raum der Kirche verlassen. Dieser Vorstoß fand allerdings nicht die Zustimmung der Delegierten[581].

Auseinandersetzungen um den rechten kirchenpolitischen Kurs in Staat und Partei

Ende Februar 1989 fand eine Beratung der kirchenpolitisch Verantwortlichen auf Bezirksebene mit Peter Krauß er statt, wobei der Leiter der Arbeitsgruppe Kirchenfragen von einer äußerst komplizierten und auch widersprüchlichen kirchenpolitischen Situation sprach. Zwar gestalte sich die Lage in den Gemeinden ziemlich ruhig und stabil, aber auf der anderen Seite sei eine verstärkte Aktivität derjenigen zu verzeichnen, die in Opposition zum Staat gehen wollten: »Am Beispiel der Leipziger Ereignisse vom 15. Januar 1989 wurde dargestellt, daß Kirchenleitungen gegenwärtig nicht fähig sind, diesen Kräften Einhalt zu gebieten.«[582] Eine Fortführung des innerkirchlichen Differenzierungsprozesses sei dem Staat bislang nicht gelungen. Ja, die Kirchen seien bestrebt, sich nicht auseinanderdividieren zu lassen, was Leich in der KKL auch mit harter Hand durchsetze. Auch in Thüringen würden realistische Kräfte aus kirchenleitenden Ämtern entfernt und durch gegen den 6. März und den Thüringer Weg eingestellte Vertreter ersetzt[583].

»Generell wird eingeschätzt, daß gegenwärtig nicht die realistischen, auf Ausgleich gerichteten Kräfte das Bild bestimmen, sondern jene, die die Kirche zum politischen Machtfaktor in der Gesellschaft und gegen sie machen wollen.

Viele kirchenleitende Kräfte halten sich zurück und überlassen damit den wenigen, aber sehr aktiven negativen Kräften das Aktionsfeld und die politische Ausstrahlung. Es ist eine Situation, in der zu viele Kräfte im innerkirchlichen Raum schweigen.

Gegenwärtig ist vor allem die Erscheinung zu verzeichnen, daß sich der Prozeß der Polarisierung des Wirkens der Kirche energisch fortsetzt und konzeptionelle Überlegungen zu den Problemkreisen ›politisches Mandat‹, ›Verhältnis zu den Gruppen‹, ›Stellvertreterrolle für Benachteiligte‹ ausgebaut werden. [...]

Die ganze Entwicklung läuft darauf hinaus, die Kirche wie in einigen anderen sozialistischen Ländern zum Experimentierfeld und zur Speerspitze für eine gesellschaftliche Destabilisierung zu machen.«[584]

Deshalb verfolge der Staat auch zur Zeit den Gesprächsprozeß mit den Kirchenleitungen nicht weiter. Die Kirche verfüge über kein politisches Mandat, da sie »nicht zur politischen Organisation der Gesellschaft gehör[e]«: »Die Kirchen sind keine für die Existenz und Fortentwicklung des entwickelten Sozialismus lebensnotwendige Einrichtung.«[585] Ideologisch hatte sich im Verhältnis zur Religion in der Arbeitsgruppe Kirchenfragen noch nicht viel verändert. Der Staat hielt den Kirchenvertretern vor, sie schöben die Verantwortung für das schlechte Staat-Kirche-Verhältnis einseitig dem Staat zu, ohne die Ursachen bei sich selbst zu suchen[586].

Gegenüber Staatssekretär Löffler redeten Ende Januar 1989 einige in den Bezirken tätige Kirchenpolitiker Klartext. Günter Hoffmann (Berlin)

»ging davon aus, daß sie gegenwärtig nur von Tagesereignissen gejagt würden und dabei nicht wir, sondern der Gegner den Inhalt unserer Arbeit bestimmt. Er kritisierte, daß er bzw. seine Genossen zu wenig Informationen vom Staatssekretär erhalten, und es könne doch nicht so sein, daß ihre Informationsquelle die Westmedien sind. Gegenwärtig gäbe es nach seiner Auffassung kein klares Konzept auf kirchenpolitischem Gebiet. Er könne das Wort ›politische Entscheidung‹ nicht mehr hören. Überzogene Toleranz ist schon immer kein geeignetes Mittel und kein Rezept. Wir lassen z. Zt. mit unserer politischen Macht spielen.«

Ähnlich äußerten sich Hartmann, Erfurt, und Haß, Rostock[587].

Die KKL stellte im März 1989 fest, Löffler habe die Gesprächsebene seiner Dienststelle von der Kirchenleitungsebene weg auf einzelne Kirchengemeinden und kirchliche Einrichtungen verlagert[588].

OKR Martin Kirchner berichtete im Juni 1989, der Landeskirchenrat Thüringens sei

»zu der Meinung gelangt, ›offenbar soll doch etwas im Staatsapparat nicht laufen‹. [...] Wir haben zur Zeit einen Zustand, wo wir mit den Bezirken noch stabile Beziehungen besitzen und zum Teil nach stabilen Beziehungen suchen[589]. Das Verhältnis zur Zentrale hat eine Art angenommen, die unerträglich ist. In der Führung herrscht Konzeptionslosigkeit.‹

Er selbst habe das Gefühl, daß sich seit einem Dreivierteljahr im Staat-Kirche-Verhältnis nichts mehr bewegt hat. ›Vielleicht liegt es am Staatssekretär, sicher aber nicht nur‹. Im Grunde tue ihm der Staatssekretär leid. Er sei angetreten mit einem positiven subjektiven Wollen. Wie die Lage aber jetzt aussieht, habe er Sorge, wie Staatssekretär Löffler sein Amt weiterführen wolle.«[590]

Kontakte zwischen DDR-Staatssekretär und EKD-Synodalpräses

Zwar gab es zwischen dem Staatssekretariat und der KKL eine Gesprächspause[591] – mit einzelnen Bischöfen wurde auf Bezirksebene weiterhin gesprochen, wenn diese den Dialog wünschten[592] –, dafür lief aber der Kontakt mit dem EKD-Präses Schmude um so besser, obwohl dieser neben positiven Aussagen im Dezember 1988 gegenüber Löffler die Relegierung der Ossietzky-Schüler und die staatlichen Eingriffe in die Kirchenpresse als unverständlich bezeichnet hatte[593].

Der SPD-Politiker und Synodalpräses zeigte sich brennend an den Staat-Kirche-Verhältnissen in der DDR interessiert, besonders auch an den personalpolitischen Entwicklungen auf Partei- und Staatsebene. Im »T[reff]B[ericht] ›Sekretär‹ Gen. Roßberg/2.2.1988«[594] heißt es:

»Schmude hielt sich Ende Januar 1988 zu Sondierungsgesprächen in der Hauptstadt der DDR auf. Er hat mehrere Stunden mit *OKR Ziegler* u. ca. 20 Minuten mit Stolpe vertrauliche Gespräche geführt. Hauptgegenstand der Gespräche war eine sehr detaillierte Einschätzung des Kirche-Staat-Verhältnisses. Schmude habe sich für evtl. Nachfolgekader in der staatl. Kirchenpolitik [für] z. B. Bellmann usw. interessiert. Stolpe habe dabei auf den Mitarbeiter der BL Potsdam, Klapproth, hingewiesen. Schmude vermisse weiter die notwendigen Abstimmungen zwischen dem Ressort Kirchenpolitik, Ideologie/Agitation u. innere Sicherheit.«

Anfang März 1989 schrieb Löffler dem stellvertretenden DDR-Außenminister, Kurt Nier, Schmude habe angeboten, während eines Berlin-Aufenthaltes am 8. März in der Hermann-Matern-Straße vorbeizuschauen, und bat Nier um seine Stellungnahme[595]. Dieser entgegnete, das Außenministerium könne diese Frage nicht beurteilen, und bat Löffler, wegen des kirchenpolitischen Kontextes der Angelegenheit die Parteiführung um ihre Zustimmung zu bitten[596].

Schmude präsentierte dem Staatssekretär einen von ihm selbst angefertigten Entwurf für ein Besuchsprogramm Löfflers Anfang Juni oder September 1989 bei der SPD in Bonn und Nordrhein-Westfalen:

»Der Besuch dient der nichtöffentlichen Information durch Begegnungen, Gespräche und Besichtigungen. Öffentliche oder quasiöffentliche Diskussionsveranstaltungen sind nicht vorgesehen. Pressearbeit, wenn überhaupt, nur in Abstimmung zwischen Gast und Gastgeberin.

Gastgeberin ist die SPD, Einladende die Stellvertretende Vorsitzende und Kirchenbeauftragte der SPD und der SPD-Bundestagsfraktion, Frau Dr. Herta Däubler-Gmelin, MdB.«[597]

Im weiteren Verlauf der »inoffizielle[n] Begegnung« – so das von Löffler angefertigte offizielle Protokoll – lobte der SPD-Politiker die Einführung des Kommunalwahlrechts für Ausländer in der DDR. Dies sei für die SPD eine große Hilfe. Weiter äußerte Schmude, er werde Abwerbungsstrategien von DDR-Bürgern durch die Bundesrepublik bekämpfen[598].

Anfang Juli 1989 hielt Löffler dann das offizielle Einladungsschreiben der Kirchenbeauftragten »zu einem Informationsbesuch mit Meinungsaustausch nach Bonn« in Händen. Verantwortlich für den Ablauf des Besuches sollte Jürgen Schmude sein[599], der den Brief auch persönlich überbrachte und um eine schnelle Reaktion bat, da man auch ein Treffen des Staatssekretärs mit dem Parteivorsitzenden Hans-Jochen Vogel[600] plante.

Löffler fertigte daraufhin eine Information an, die er Egon Krenz mit Bitte um Entscheidung zukommen ließ, da eine Abstimmung mit Jarowinsky nicht möglich war[601]:

»Der von der SPD vorgeschlagene Termin (4.-6.9.1989) liegt zwei Wochen vor der Bundessynode des BEK in Eisenach. Ein vorheriger Meinungsaustausch in Bonn könnte bei entsprechender Gestaltung einen Einfluß auf das Verhalten der Vertreter der SPD in Eisenach ausüben, die wie üblich unter Nutzung ihrer Funktionen in der EKD wieder anwesend sein werden.

In der Vorbereitung des Kirchentages in Leipzig und während seines Verlaufs haben die dort anwesenden SPD-Vertreter die gegebenen Hinweise und geäußerten Erwartungen in den öffentlichen Veranstaltungen respektiert.«[602]

Krenz entgegnete, in einer so wichtigen Frage müsse Honecker entscheiden, was erst nach dem 13. August möglich sei[603]. Bereits am 9. August 1989 schrieb der Staatssekretär an Honecker, wobei er wie schon gegenüber Krenz auf die Nützlichkeit des Besuches im Hinblick auf die Eisenacher Bundessynode hinwies. Den nicht mit der Post zugeschickten Brief mußte das Staatssekretariat für Kirchenfragen einen Tag später wieder zurückholen[604]. Am folgenden Tag schrieb Löffler an Jarowinsky, Schmude halte den für September vorgesehenen Termin für nicht mehr realisierbar, falls die SED nicht alsbald grünes Licht erteile. Löffler fügte jedoch hinzu: »In Anbetracht der neuen Aktionen gegen die DDR ist überhaupt fraglich, ob zum gegenwärtigen Zeitpunkt eine Entscheidung über die Einladung möglich ist.«[605]

Unsicherheiten über den weiteren kirchlichen Kurs – Die Erosion der Formel »Kirche im Sozialismus«

Unzufriedenheit und neues Nachdenken über den vom BEK eingeschlagenen Kurs löste die auf der März-Sitzung der KKL »erfolgte äußerst beiläufige Würdigung der einseitigen Abrüstungsinitiative der DDR«[606] im Staatssekretariat für Kirchenfragen aus. In der KKL verfügten derzeit die Verfechter eines kirchlichen Wächteramtes oder politischen Mandats mit dem Interesse, sich für die humanitären Belange der Bürger einzusetzen, über eine feste Stellung. Versuche einzelner KKL-Mitglieder, zu »realistischen« Aussagen zu gelangen bzw. diese zu vertreten, würden mit dem Hinweis auf die Notwendigkeit eines einheitlichen kirchlichen Vorgehens gegenüber dem SED-Staat unterbunden. Unter Hinweis auf die Ereignisse um die Kirchenbesetzung in Weimar an einem Adventssonntag 1988 beklagte die staatliche Analyse die Distanzierung der Thüringer Kirchenleitung von Superintendent Reder, der den Staatsorganen gestattet hatte, die protestierenden Ausreiser in der Kirche zu verhaften[607]. Reder trat daraufhin in den Ruhestand[608].

Zugleich kritisierte das staatliche Papier Leichs Anfang März in Jena[609] unterbreiteten Vorschlag, die an Abnutzung leidende Formel »Kirche im Sozialismus« zu ändern. Andererseits stellte man auch fest:

»Es wird im weiteren zu prüfen sein, ob der Vorschlag von Landesbischof Dr. Leich für eine Formulierung ›Evangelische Kirche in der DDR‹[610] produktive Ansätze beinhaltet, die den evangelischen Kirchen in der DDR günstigere theologische und ideologische Voraussetzungen bieten, um ihren Standort in dem historisch-konkreten Umfeld der sozialistischen Gesellschaft der DDR konstruktiv zu bestimmen.«[611]

Zwei Monate später bescheinigte das Staatssekretariat dem KKL-Vorsitzenden, er habe mit seinem Jenaer Vortrag »differenzierte Akzente [...] gesetzt«: »Er ist bestrebt, der Standortbestimmung ein deutlicheres kirchliches und theologisches Profil zu verleihen. Gleichzeitig macht er deutlich, daß ›in der DDR‹

einschließe, daß es sich um einen ›sozialistischen Staat mit einer sozialistischen Gesellschaft‹ handele.« Allerdings habe er diesen Bezug bei weiteren Auftritten nicht mehr erwähnt, so daß sein Vorschlag eher als Kompromiß zwischen Befürwortern und Gegnern der »Kirche im Sozialismus«-Formel verstanden werde, wobei er der letzteren Gruppe nähergekommen sei. Propst Furian (Berlin) soll sich sogar dezidiert für eine Abschaffung des Sozialismus überhaupt ausgesprochen haben[612]. Demgegenüber hielten z. B. Stolpe und Rogge in der Öffentlichkeit weiterhin an der alten Formel fest[613].

Vor Leich waren schon Richard Schröder, Götz Planer-Friedrich und die Theologische Studienabteilung mit Äußerungen zu der problematischen »Standortbestimmung« hervorgetreten[614].

Der BEK-Ausschuß »Kirche und Gesellschaft« hatte zur Bearbeitung des »Kirche im Sozialismus«-Begriffs einen Unterausschuß gebildet, der sich Ende August 1988 erstmals traf. Nach der Sitzung der Arbeitsgruppe stellte das Gesamtgremium fest: »Die Formel erscheint zu kurz und vieldeutig [...], neuere Entwicklungen machen die Formel unsicher:
– Perestroika fragt an, was Sozialismus ist.
– Die Gruppen fragen an, was Kirche ist.«

Hingewiesen wurde darauf, daß sogar SED-Leute im Bildungswesen oder der Volkswirtschaft das Scheitern des sozialistischen Weges festgestellt hätten: »Wie kämen wir mit einer solchen Feststellung klar? Was sind wir in einer solchen Dialogsituation für Partner?«[615]

Die Amerikaner Gratia und Steven Johns-Boehme, die für längere Zeit in der DDR weilten, berichteten zum »Stichwort ›Kirche im Sozialismus‹; bei Gesprächen in den Gemeinden seien immer sie es gewesen, die die Formel erwähnten und nach der Bedeutung für die jeweilige Gemeinde fragten. Da seien dann nur wenige gewesen, die etwas mit dem Konzept ›Kirche im Sozialismus‹ anfangen und das mit Leben erfüllen konnten.«[616]

Während der Märztagung der KKL 1989 fragte Kramer selbstkritisch:

»Haben wir uns die DDR ›schön‹ geguckt? [...] Die Gesellschaft in der DDR braucht Erneuerung. Sie muß diese aber aus der Partei erwarten. Wir können nicht meinen, durch Drängen von außen könnten die erneuerungswilligen Kräfte in der Partei gestärkt werden. Sie werden durch Druck vermutlich eher schwächer. Das Problem aller Erneuerung ist die Notwendigkeit, daß der Wandel in Stabilität kommen muß. Das Randfeld des sozialistischen Lagers kann – gerade auch im Interesse der innersowjetischen Entwicklung – keine dramatischen Zustände gebrauchen. Im Vergleich mit der DDR von 1949 oder 1969 sind viele Anzeichen von neuen Wegen vorhanden, aber sie reichen noch nicht aus. Jede Erneuerung muß erst einmal die Macht der führenden Partei anerkennen. Wer dagegen die Frage nach Veränderung der Machtverhältnisse stellen will, muß das offen sagen. Das ist denkbar, aber es darf nicht verdeckt geschehen, damit das latente Mißtrauen der Mächtigen nicht ausdrücklich bestätigt wird.«[617]

Natho mahnte im Mai eine verläßliche Absprache über den weiteren Umgang mit der Kirche-im-Sozialismus-Formel an. Er selbst plädierte für eine Beendigung der Diskussion. Dagegen erklärte die KKL, sie könne keinesfalls einen Abbruch der Debatte verordnen:

»Stolpe betont, daß eine Aufgabe der Formel zum gegenwärtigen Zeitpunkt als eine förmliche ›Kriegserklärung‹ und Kündigung des bisherigen Verhältnisses von Staat und Kirche aufgefaßt werden würde. Der Begriff sollte deshalb jetzt nicht aufgegeben werden, inhaltliche Interpretationen sind möglich, sollten aber nicht forciert werden.«[618] Ende Juni 1989 stellte Kramer der KKL Zwischenergebnisse der Beratungen des Ausschusses »Kirche und Gesellschaft« vor. Unstrittig bleibe die Trennung von Kirche und Staat. Dennoch dürfe der Kirche und den Christen eine Mitverantwortung für den gesellschaftlichen Bereich und das Recht zur Erwägung von Veränderungen nicht abgesprochen werden. Die Formel »Kirche im Sozialismus« sei beizubehalten: »Sie muß aber angesichts der innergesellschaftlichen und weltweiten Herausforderungen genauer interpretiert werden.«[619] Erst im Herbst 1989 wurde »die Formel kalt [...] begraben«[620].

In Gesprächen mit Staatsvertretern nannten kirchliche Amtsträger nun häufiger als zuvor direkte Beschwernisse, vor allem im Bereich der Ökonomie. Sozialpolitische Erfolge oder »Errungenschaften« fanden nur noch in seltenen Fällen Erwähnung[621]. Seitens des Staates wurde ein wachsendes Desinteresse der Bürger an gesamtgesellschaftlichen Fragen beklagt, verbunden mit einem Rückgang des »Verantwortungsbewußtseins« und einem Anstieg von Rowdytum und Alkoholismus[622].

»Insgesamt machen die Informationen aus den Räten der Bezirke deutlich, daß illusionäre und einseitige Vorstellungen über den Inhalt gesellschaftlicher Mitverantwortung der Kirchen großen Einfluß haben. So verschiebt sich der Schwerpunkt in der Argumentation vieler kirchlicher Vertreter trotz gegenteiliger Beteuerungen objektiv weiter auf das Auflisten und die Kritik tatsächlicher und angeblicher Problemsituationen und Defizite und auf die Haltung, die Kirche de facto als ›Wächter‹ für mehr Demokratie, ›Offenheit‹ und innenpolitische Veränderungen zu sehen.«[623]

Der Staat beklagte, in den vergangenen zwei Jahren hätten sich kirchliche Gremien und Persönlichkeiten »in einem seit dem 6. März 1978 nicht gekannten Maße« zu gesellschaftspolitischen Fragen geäußert, und dies in einem überwiegend kritischen Tenor[624].

Dies machte Löffler Ende März auch der KKL und der Berlin-Brandenburger Kirchenleitung deutlich – beteiligt waren Stolpe, Ziegler und Günter Krusche:

»Auf das Gespräch mit Bischof Stier am 28.3.1989[625] eingehend, erläuterte Genosse Löffler, daß während der Frühjahrstagung der Synode der Evangelisch-Lutherischen Landeskirche Mecklenburgs die Möglichkeit klarer kirchlicher Stellungnahmen zu den entscheidenden Fragen der Gegenwart nicht genutzt wurde. Es ist verwunderlich, daß die Kirchenleitungen der evangelischen Landeskirchen in der DDR, die sich mit Vehemenz gegen die damals als Antwort auf die Stationierung amerikanischer Mittelstreckenwaffen in Westeuropa notwendige Stationierung neuer Mittelstreckenraketen in der DDR gewandt haben, sich kaum geäußert haben, als diese Waffen im Ergebnis des IMF-Vertrages abgezogen werden konnten. Bis heute gibt es aus dem Raum der Kirchen des BEK keine Stellungnahme zur eingeleiteten einseitigen Abrüstung der NVA um 10 000 Mann, um sechs Panzerregimenter und Flugzeuge sowie zur Kürzung der Militärausgaben um zehn Prozent. Kein Wort der Bischöfe wendet sich gegen Hochrüstungspläne der BRD und massive Versuche, das erste realisierte Abrüstungsabkommen zwischen der

UdSSR und den USA zu unterlaufen, indem ›Lücken‹ durch KOLAS-Raketen und ›Abstandswaffen‹ kompensiert werden sollen.

Es kann doch nicht sein, daß besonnene und realistische Kräfte in den Kirchenleitungen nicht mehr zur gemeinsamen Verantwortung von Staat und Kirche in unserer Republik stehen, alles für die Sicherung des Friedens zu tun. Wir erwarten zu dieser Frage, die höchste Priorität hat, deutliche Worte auf den kommenden Synoden.

Es darf nicht zugelassen werden, daß immer nur neue Forderungen an den Staat gestellt werden oder kirchliche Erklärungen in anmaßender Weise zu staatlichen Entscheidungen Stellung nehmen. Was Bischof Stier beispielsweise auf seiner Synode zur Reiseverordnung in unqualifizierter Weise und mit der Anmaßung, stellvertretend für Teile der Bevölkerung zu sprechen, geäußert hat, belastet das Verhältnis von Staat und Kirche und ist auch nicht geeignet, den tatsächlichen Interessen der Gläubigen dieser Landeskirche zu entsprechen. [...]

Ausführlich auf die Weimarer Ereignisse eingehend, legte der Staatssekretär dar, daß es als klare politische Positionsbestimmung der Thüringer Kirchenleitung betrachtet werden muß, wenn sie nicht nur zuläßt, daß Superintendent Reder abgelöst und faktisch in den Westen gezwungen wird, sondern auch dann noch schweigt, wenn gegen ihn in Salzgitter ›Strafantrag‹ gestellt wird.«[626]

Abschließend gab der Staatssekretär ergänzende Erleichterungen zur neuen Reiseverordnung bekannt, die nur zum innerkirchlichen Gebrauch bestimmt seien und die »realistischen« Positionen auf den noch ausstehenden Frühjahrssynoden unterstützen sollten. Stolpe wertete diese Information als staatlichen Vertrauensbeweis und sagte zu, der Text werde nicht an die Öffentlichkeit gelangen. Er sei »hilfreich für eine Versachlichung der Diskussion und zeige die Rechtssicherheit im Lande«[627].

Löffler äußerte die

»Erwartung, daß die bevorstehenden Synodaltagungen klare konstruktive Voten abgeben zur Abrüstung, zur Fortsetzung der Entspannung und dem Anteil der Friedensinitiativen der UdSSR, der DDR und der anderen Staaten der sozialistischen Gemeinschaft an der Gesundung der internationalen Frage.

Es wäre unverständlich und unverantwortlich, wenn in einem wichtigen historischen Moment dazu geschwiegen oder Stellungnahmen auf später vertagt würden. Eine Diskussion um staatliche Maßnahmen, Gesetze und Verordnungen ist nicht Sache der Synoden, verletzt die Trennung von Staat und Kirche und lenkt von entscheidenden Menschheitsfragen ab. Aber zur Sicherung der Existenz der Menschheit, die immer noch bedroht wird, können und dürfen die Tagungen nicht schweigen.«[628]

Die Abhöraffäre Eppelmann

In Berlin, Leipzig, Halle, Karl-Marx-Stadt und Cottbus fanden in unterschiedlicher Intensität Fürbittandachten für Ausreisewillige und mit dem Staat in Konflikt geratene politische Dissidenten statt – für die Herausgabe von Untergrundblättern wurden z. B. bisweilen Ordnungsstrafen erhoben. Der Staat kritisierte, daß die zuständigen kirchlichen Verantwortlichen die publizistischen Aktivitäten unterstützten oder zumindest tolerierten[629].

Die in Berlin (Ost) begonnene Befriedungsstrategie gegenüber den Gruppen scheiterte an der Tatsache, daß Pfarrer Eppelmann im Dezember 1988 in seiner Wohnung eine durch das MfS installierte Abhörwanze gefunden hatte[630]. In Absprache mit dem Pfarrer erstattete die Kirchenleitung Berlin-Brandenburg am 20. Dezember 1988 Anzeige gegen Unbekannt.

Anfang Februar sprach Stolpe mit dem stellvertretenden Staatssekretär Kalb über die leidige Angelegenheit:

»Im Auftrag des Bischofs und der Kirchenleitung der Evangelischen Kirche in Berlin-Brandenburg wolle er, so der Konsistorialpräsident, auf einen Vorgang aufmerksam machen, der unter der Pfarrerschaft große Besorgnis und ›psychische Belastungen‹ hervorrufe.

Bei Pfarrer Eppelmann sei im Arbeitszimmer in seiner Wohnung im Dezember 1988 ›eine Einrichtung gefunden worden, die den Anschein erweckte, daß es sich um eine Abhöranlage handele‹. Die Kirchenleitung habe daraufhin bei der Staatsanwaltschaft in Berlin Anzeige erstattet. Mittlerweile beschäftige sich die Generalstaatsanwaltschaft mit diesem Vorgang. Der mit den Ermittlungen beauftragte Staatsanwalt, Dr. Gläsner, habe bestätigt, daß es sich bei dem gefundenen Gerät um einen ›funktionstüchtigen Sender älterer Bauart‹ handele. Es gebe noch keinen Hinweis auf die Urheber der Aktion. Es handele sich aber keineswegs um eine Bastelei Unkundiger. In einer Stadt wie Berlin, die ein ›Eldorado der Geheimdienste‹ sei, kämen wenigstens zwei bis drei Interessenten in Frage.

Die Kirchenleitung, insbesondere Bischof Dr. Forck und Generalsuperintendent Dr. Krusche, wollte verhindern, daß dieser Vorgang die Staat-Kirche-Beziehungen belastet und Kampagnen gegen den Staat inszeniert werden. Die Kirche sei an solchen Kampagnen nicht interessiert, weil Angriffe auf den Staat auch der Kirche schaden. Bisher sei es gelungen, eine Medienkampagne zu diesem Thema zu verhindern. Da ›ohne Wissen der Kirchenleitung mehr als 50 Fotos von dem gefundenen Sender gemacht wurden‹, seien einige davon in zwei Artikeln, insbesondere in einer großaufgemachten Meldung des »SPIEGEL«[631], verwandt worden. Aber zwei Artikel seien noch keine Kampagne.

Die Situation habe aber am vergangenen Wochenende eine Zuspitzung erfahren. In Eppelmanns Wohnung seien zwei weitere Abhöranlagen entdeckt worden. Stolpe legte zwei Fotos ›mit den in einer Lampe und einem Radio entdeckten Minisendern‹ vor und verwies auf eine von Pfarrer Eppelmann gefertigte Skizze seiner Wohnung, die beweisen soll, daß mit den drei gefundenen Sendern ›faktisch die ganze Wohnung überwacht werden konnte‹.

Diese Materialien seien der Generalstaatsanwaltschaft übergeben worden und sind Gegenstand der Ermittlungen.

Der Bischof und Konsistorialpräsident Stolpe hätten im Gespräch mit Eppelmann darauf hingewirkt, daß dieser Vorfall noch ›bedeckt gehalten‹ werde. Sie rechneten es sich als Verdienst an, daß der Besuch des Ministerpräsidenten von Schleswig-Holstein, Björn Engholm, in der DDR nicht durch eine Kampagne der BRD-Medien zu den bei Pfarrer Eppelmann entdeckten Abhöranlagen belastet oder überdeckt werde. Es sei aber unsicher, wie lange noch Schweigen gewahrt werden könne.

Einige Pfarrer in Berlin hätten Kenntnis von dem Vorfall und seien in Hysterie verfallen. Sie suchten in ihren Wohnungen nach Minisendern und forderten, einen Sonderkonvent der Pfarrer in der Hauptstadt einzuberufen[632].

Die Angelegenheit habe durch die Unterzeichnung des Wiener Dokuments eine zusätzliche Brisanz erhalten, in dem der Schutz der Persönlichkeit und die Unverletzlichkeit ihrer Privatsphäre gefordert werde. In gleiche Richtung ziele auch das Strafrechtsänderungsgesetz (das Gesetzblatt Teil I, 29, 1988 hatte Stolpe demonstrativ vor sich ausgebreitet).

Die Kirchenleitung sei deshalb der Auffassung, daß neben den Ermittlungen der Staatsanwaltschaft, die länger andauern und auf kurze Sicht sicher keine Ergebnisse bringen würden, von staatlicher Seite ein Signal gesetzt werden sollte.

Sie bitte darum, vom Staatssekretär oder einem Beauftragten in der Dienststelle des Staatssekretärs für Kirchenfragen empfangen zu werden und die Möglichkeit zu erhalten, den Sachverhalt und die kirchlichen Befürchtungen um seine Ausweitung vorzutragen.

An dem Gespräch sollten auch Pfarrer Eppelmann und die zuständige Superintendentin, Frau Laudien, teilnehmen können. Man gehe davon aus, daß staatlicherseits erklärt werde, daß alles zur Aufklärung getan werde und die Vorfälle gegen Geist und Buchstaben der geltenden Gesetze und der Politik der DDR verstoßen. Über das Gespräch wolle die Kirchenleitung die Gemeinden schriftlich informieren, um ›zur Beruhigung der Lage‹ beizutragen.

Das Ansinnen, ein solches Gespräch in der Dienststelle zu führen, damit den Staat zu einer Ehrenerklärung und einer indirekten Übernahme der Verantwortung für die Vorgänge um Eppelmann zu zwingen, wurde durch den Stellvertreter des Staatssekretärs konsequent zurückgewiesen. Hermann Kalb verwies darauf, daß die Staatsanwaltschaft ermittelt, niemand das Recht hat, in ein laufendes Verfahren einzugreifen, und beim derzeitigen Stand der Ermittlungen nicht festgestellt werden kann, wer die Anlagen installiert hat. Warum schließt die Kirchenleitung von vornherein aus, daß Pfarrer Eppelmann selbst die Sender eingebaut hat, um in den Schlagzeilen westlicher Medien zu bleiben?

Die staatlichen Organe sind an einer schnellen Klärung des Vorgangs interessiert und tun alles in ihren Kräften Stehende zur Aufdeckung der Schuldigen. Der Vorgang ist aber keine Frage, welche die Staat-Kirche-Beziehungen berührt. Bei dem Bürger Eppelmann ist eine Abhöranlage entdeckt worden, und die zuständigen staatlichen Organe ermitteln in dieser Sache.

Die Kirchenleitung ist gut beraten, eine Kampagne in den Westmedien und auch Unruhe unter den Pfarrern zu verhindern.

Die Bitte der Kirchenleitung wird dem Staatssekretär nach seiner Rückkehr aus Israel vorgetragen und am Montag eine endgültige Antwort erteilt.

Sichtlich unbefriedigt verabschiedete sich Stolpe mit der Bemerkung, daß er die Kirchenleitung, die von ihm umgehend einen Bericht über das Gespräch erwarte, in diesem Sinne informieren werde.

Diese Reaktion ist befremdlich, da Stolpe selbst im Gespräch mehrfach zugestanden hatte, daß er eine sofortige Antwort auf seine Bitte weder erwarten könne noch erwartet habe. Es sei ihm vor allem darum gegangen, auf das Problem in einem persönlichen Gespräch aufmerksam zu machen.«[633]

Die Kirchenleitung setzte auf Beschwichtigung. In einer Mitteilung hieß es, man habe »verschiedene Verabredungen zum Schutz der Persönlichkeit von Pfarrer Eppelmann und der damit im Zusammenhang stehenden grundsätzlichen Fragen getroffen.« Das Konsistorium sollte eine Information an Gemeindekirchenräte und kirchliche Mitarbeiter herausgehen lassen. »Von weiteren öffentlichen Äußerungen sieht die Kirchenleitung ab, weil sie nicht an Spekulationen und Verunsicherungen interessiert ist.«[634]

Am 14. Februar teilte Staatsanwalt Gläßner mit, er wolle von der Einleitung eines Ermittlungsverfahrens absehen[635], woraufhin der Konsistorialpräsident sichtlich gelassen reagierte und die Darlegungen der Staatsanwaltschaft als überzeugend bezeichnete: »Ihn persönlich habe die Sache auch nicht allzusehr berührt; er mußte sich jedoch damit beschäftigen, weil er dies in Anbetracht seiner Stellung aufgrund von Anfragen aus Kirchenkreisen schuldig sei.« Allerdings schlug Stolpe vor, das Strafgesetzbuch zu verbessern, so daß in solchen Fällen zukünftig die Bürger stärkere Rechte hätten[636].

Tatsächlich startete das Konsistorium eine Gesetzesinitiative, daß das Abhören von Wohnungen Aufnahme in das Strafgesetzbuch finden solle. Die Landessynode Berlin-Brandenburg unterstützte ohne Gegenstimme bei drei Enthaltungen diesen Versuch. Der Staat beurteilte die Initiative darum als besonders negativ, weil die Kirche damit an dem Vorwurf festhalte, »staatliche Organe der DDR würden Bürger ›abhören‹«[637].

Sachsens Landesbischof Hempel beklagte gegenüber Dresdens SED-Bezirkschef Hans Modrow, Staat und Partei zeichneten sich ein Feindbild von der Kirche. Es fielen Begriffe wie der »›klassische[.] Gegner des Proletariats‹«. Kirchliche Amtsträger würden als intelligente Konterrevolutionäre beschimpft. Die Kirche müsse als Sündenbock für die verfahrene innergesellschaftliche Situation herhalten, denn niemandem bliebe gegenwärtig die »Unruhe, Aggressivität und Resignation im Verhalten der Menschen« verborgen. In dieser Situation falle es nun einmal auch der Kirche »›schwerer, die Partei zu verteidigen‹«. Der Bischof versicherte, die Kirche denke nicht daran, sich angesichts der gesellschaftlichen Mißstände die Hände zu reiben. Allerdings reiche die Formel »Kirche im Sozialismus« nicht mehr aus, ihre Rolle in der DDR adäquat zu beschreiben.

Notwendig sei eine stärkere innergesellschaftliche Demokratie. Unter Verweis auf die Wahlerfolge der »Republikaner« im Westen[638] meinte der Bischof allerdings auch, »daß es nicht zu viel Demokratie geben darf«[639].

Debatten über Nation und Geschichte in der Konsultationsgruppe 1989

Während der Klausurtagung der Konsultationsgruppe vom 9. bis 12. April 1989 auf der Nordseeinsel Borkum[640] vereinbarten die Vertreter aus EKD und BEK, zum Gedenken an den 50. Jahrestag des Kriegsausbruchs einen gemeinsamen Brief an die Gemeinden zu verfassen und darin inhaltliche Empfehlungen für die Gestaltung eines Gottesdienstes zu formulieren[641]. Anfang Februar 1989 hatte die katholische Kirche im Bereich der Bundesrepublik – ein Novum – die Anregung zu einem interkonfessionellen, deutsch-deutschen Wort aus Anlaß des Kriegsausbruchs gegeben[642]. Daraufhin beschloß der KKL-Vorstand, nur bei Beteiligung der katholischen Kirche ein gemeinsames Wort zu verfassen[643]. Allerdings gab es dann während der Konsultation zwischen EKD und BEK auf Borkum widersprüchliche Informationen, ob die Berliner Bischofskonferenz dem Vorhaben zugestimmt habe oder nicht[644]. Letztlich blieb es bei einem rein protestantischen Wort[645].

Anschließend trug Hans von Keler Überlegungen zum Thema »Seelsorge tut not – Seelsorge an der Nation« vor. Er, der am längsten und intensivsten in den beiden gesamtkirchlichen Gremien mitgearbeitet hatte[646], sagte unter anderem:

»Es gibt keinen anderen ›Sozialismus‹ als den ›realexistierenden‹. Es gibt auch kein anderes Christentum als das ›realexistierende‹. Auch die Kirche wird zwar bis zum jüngsten Tag verbesserungsfähig bleiben, aber sie ist eben schon jetzt Kirche, also Angeld des Ewigen. Dagegen ist das schon hier realisierte ›Paradies‹ eher mehr ein Vorspiel des Untergangs, Mut zur Wirklichkeit, Ende einer Illusion.«[647]

In der anschließenden Aussprache wurde deutlich, wie unterschiedlich die Vorstellungen über die künftige Gestaltung Deutschlands waren. Die einen fragten unter Hinweis auf den europäischen Einigungsprozeß: »Tendiert die Einheit der Nation, die trotz der Teilung existiert, gegenwärtig tatsächlich auf einen einheitlichen Staat?«[648] Die anderen meinten, »es sei gefährlich, die Zweistaatlichkeit grundsätzlich anzuerkennen«, weil damit die Deutschen in der DDR abgeschrieben würden.

Bei einer Klausurtagung auf Hiddensee Ende September 1989 wollte man das Thema unter der Fragestellung »Ist die besondere Gemeinschaft der Deutschen eine Aufgabe der Kirche?« wieder aufnehmen.

Bedacht wurde auch die Begehung der verschiedenen Jahrestage. Im Juni 1989 jährte sich die Gründung des BEK zum 20. Male. Dieses Ereignisses wollten die DDR-Kirchen besonders gedenken[649]. Auf den 40. Jahrestag der DDR im Oktober 1989 wollte Leich während der BEK-Synode im September eingehen.

Weiter berichteten die DDR-Teilnehmer: »Das Thomas-Müntzer-Gedenken hat nicht das erwartete Interesse gefunden[650]. Die mit der Deutung Müntzers verbundenen Schwierigkeiten sind inzwischen auch auf staatlicher Seite erkannt worden.«[651] Die Arbeitsgruppe Kirchenfragen hatte sich Anfang April 1989 in einem Schreiben an Jarowinsky enttäuscht über das nach ihrer Auffassung zu schwache Engagement der Kirchen in Sachen Müntzer-Ehrung geäußert:

»Was die Einladung Landesbischofs Leich zur Teilnahme von Vertretern des Thomas-Müntzer-Komitees der DDR am kirchlichen Müntzer-Kongreß in Mühlhausen[652] angeht, ist zunächst festzustellen, daß der evangelische Kirchenbund trotz mehrmaliger Aufforderung auf die Mitarbeit im Thomas-Müntzer-Komitee der DDR verzichtet hat. [...] Außerdem werden die kirchlichen Gedenkfeiern wegen der innerkirchlich stark umstrittenen Persönlichkeit Müntzers als ein Ereignis geringerer Bedeutung behandelt. Diese Distanz und die Vorbehalte maßgeblicher kirchlicher Kreise zu Müntzer und unserem Vorgehen in dieser Frage wurden auch mit der Zusammensetzung der Delegation des evangelischen Kirchenbundes, die als Gast an der zweiten Sitzung des Thomas-Müntzer-Komitees in der DDR teilnahm, deutlich demonstriert. Ihr gehörte weder ein Bischof noch ein anderer hochrangiger kirchlicher Amtsträger an.«[653]

Am kirchlichen Müntzer-Kongreß beteiligte sich auch der marxistische Historiker Gerhard Brendler[654].

Zum Thema »40 Jahre DDR – 40 Jahre Kirchen in der DDR« hatte Mitte März 1989 das 19. Berliner Symposium mit kirchlichen Amtsträgern und Theologen stattgefunden. Horst Dohle bekräftigte in einem Grundsatzreferat die Konstruktivität des Staat-Kirche-Verhältnisses in der DDR und rekurrierte vor allem auf das zwischen beiden Institutionen immer stärker gewachsene Vertrauen:

»Heute […] gehe es darum, kirchliche Kräfte im Friedenskampf zu aktivieren. Darüber hinaus erwarten wir, daß die Kirchen ihre Gemeindeglieder ermutigen, mit Hand und Herz ihren Beitrag für unsere sozialistische Gesellschaft zu leisten.«

Pfarrer Schottstädt (Berlin-Marzahn) kritisierte, daß die Ökumenische Versammlung in ihren Texten das Wort »Sozialismus« nicht mehr in den Mund nehme.

In seiner Antwort auf Dohle unterstrich Günter Krusche noch einmal, daß nicht jede vorgebrachte Kritik Feindschaft zur sozialistischen Gesellschaft und ihrem Staat ausdrücken müsse, sondern im Gegenteil Solidarität meinen könne.

»Viele seiner staatlichen Gesprächspartner anerkennen in persönlichen Gesprächen die Existenz ›gesellschaftlicher Defizite‹. Direkt oder indirekt werde ihm jedoch immer deutlich gemacht, daß es nicht Mandat der Kirche sein dürfe, diese zu artikulieren. Dies halte er für problematisch.

Die Kirche müsse Kirche bleiben, im Mittelpunkt müsse also das Evangelium stehen. Dies könne jedoch nicht heißen, die Menschen und ihre Probleme zu übersehen. Es sei auch gesellschaftliche Solidarität, wenn sie in gerechter Weise zu den Problemen der Menschen Stellung nehme. Krusche forderte auf, stärker darüber nachzudenken, wie die Kirche dies tun solle.«

Manfred Punge[655] von der Theologischen Studienabteilung verstärkte die Äußerung des Generalsuperintendenten, indem er betonte, »eine[.] Abkehr von der Gesellschaft« widerspreche dem Auftrag der Kirche und sei deshalb nicht möglich. Auch in der DDR bestehe »eine Spannung zwischen Ideal und Wirklichkeit. Diese deutlich zu machen, müsse ausgehalten werden.« Akademieleiter Walter Bindemann stieß ins gleiche Horn. Die Kirche müsse das tun, wozu die Gesellschaft nicht imstande sei, formulierte er den gängigen Vorwurf des BEK und beklagte neben der schlechten staatlichen Öffentlichkeitsarbeit das Fehlen von echten Dialogmöglichkeiten[656]. Hingegen forderte Heinrich Fink ein positives gesellschaftliches Engagement der Kirchen[657].

Leich ging in seinem Bischofsbericht vor der Thüringer Frühjahrssynode in einer Weise auf das Staatsjubiläum ein, daß die staatlichen Beobachter von »grundsätzlich realistische[n] und konstruktive[n] Orientierungen« sprachen. Der Bischof sagte unter anderem:

»Die DDR ist in ihrer 40jährigen Geschichte konsequent für die Erhaltung des Friedens in Europa und in der Welt eingetreten. Sie hat auch konsequent die menschenfeindliche nationalsozialistische Weltanschauung bekämpft und alles unternommen, um der Versuchung dieser Weltanschauung unter ihren Bürgern, besonders unter den Kindern und der Jugend, durch klare Information und Stellungnahme zu widerstehen. Das ist ein großer Beitrag in der Geschichte unseres Volkes.«[658]

Der Bischof hob den – angeblichen – Platz der DDR unter den führenden Industrienationen und die Garantie sozialer Sicherheiten für ihre Bürger hervor: »Das ist eine große Leistung in jenen vierzig Jahren, die es anzuerkennen gilt und an der wir alle unseren Anteil haben.«[659]

Aus Thüringen erfuhr der Staat auf internem Wege von Absichten der KKL, zum 40. Jahrestag in einer Erklärung die Geschichte des Protestantismus in der DDR zu reflektieren, was auf konstruktive Weise geschehen sollte[660].

Die Dresdener Ökumenische Versammlung (April 1989)

Ende April tagte in Dresden[661] noch einmal die Ökumenische Versammlung[662]. Das Regime urteilte sehr kritisch über die Veranstaltung:

»Vom 26.-30.4.1989 fand in der Christuskirche in Dresden-Strehlen die 3. Session der Ökumenischen Versammlung statt.

Entgegen der früher gegebenen Zusicherung kirchenleitender Vertreter, auf dieser Veranstaltung das kirchliche Anliegen, den ökumenischen Kontext und die globale Dimension des Themas stärker zum Tragen zu bringen, standen wiederum Fragen der gesellschaftlichen Entwicklung in der DDR im Mittelpunkt.

Obwohl die Tagung insgesamt widersprüchlich verlief und die für ihre loyalen und realistischen Positionen bekannten Kräfte in den internen Sitzungen des Plenums und der Arbeitsgruppen entschiedener für Veränderungen in positiver Weise auftraten, konnten sie sich nicht durchsetzen und keine wesentlichen positiven Veränderungen in den vorliegenden Materialien erreichen. Auch auf dieser Veranstaltung blieb die offen gegen die DDR gerichtete antisozialistische Gesamtaussage erhalten. Mit Hilfe einer gekonnten Regie und in einer gespannten Atmosphäre gelang es den weithin als negativ bekannten Personen wie Superintendent Ziemer (Dresden)[663], Propst Falcke (Erfurt), Pfarrer Schorlemmer (Lutherstadt Wittenberg), Bischof Forck (Berlin), auch die entscheidenden, gegen unsere Politik gerichteten Dokumente ›Mehr Gerechtigkeit in der DDR – unsere Aufgabe, unsere Erwartung‹[664] und ›Umkehr zu Gerechtigkeit, Frieden und Bewahrung der Schöpfung, theologische Grundlegung‹ [...] trotz einer beachtlichen Zahl von Nein-Stimmen in veränderter Fassung durchzubringen und damit eine Plattform für eine politische Opposition mit dem Hinweis zur Schaffung neuer Strukturen in der DDR zu schaffen. Das war auch deshalb möglich, weil von den leitenden Kirchenvertretern des evangelischen Kirchenbundes, die sich in internen Sitzungen und Gesprächen mit Staatsvertretern deutlich von diesen Materialien distanziert hatten, nur der Bischof Hempel (Dresden) anwesend war.

Der Dessauer Kirchenpräsident Natho, der als Vorsitzender der Arbeitsgemeinschaft Christlicher Kirchen in der DDR faktisch als Träger der Veranstaltung fungierte, erschien erst am Abschlußtag. Vom Vorstand der Konferenz der Ev. Kirchenleitungen war in Dresden niemand erschienen.

Trotz intensiver, langfristiger Gesprächsführung auf allen Ebenen gelang es auch nicht, die aus dem gesellschaftlichen Bereich (darunter 13 Diplom-Ingenieure, 10 Ärzte, 2 Tierärzte, 13 promovierte bzw. diplomierte Chemiker, Physiker und Biologen; nur 61 Delegierte der insgesamt 146 Delegierten in Dresden waren hauptamtliche kirchliche Mitarbeiter) [stammenden Delegierten] entsprechend zu aktivieren und mehrheitlich für eine Veränderung der Positionen zu gewinnen.

Im Mittelpunkt der Tagung standen oft mit Bezug auf Entwicklungen in anderen sozialistischen Staaten, insbesondere in der Sowjetunion, die Forderungen nach einer grundlegenden Reform und einer Umgestaltung der gesellschaftlichen Verhältnisse in der DDR. In den zu Beginn der Tagung vorgelegten 12 Papieren wird die DDR diffamiert und die gesellschaftliche Wirklichkeit verzerrt dargestellt.

Nach wie vor wird der Anspruch auf ein sogenanntes kirchliches ›Wächteramt‹ gegenüber Staat und Gesellschaft sowie einer ›Stellvertreterkontrolle‹ für die Belange der Bürger erhoben.

Die Hauptangriffsrichtung der Einmischungsversuche zielen auf die Organisierung einer öffentlichen Diskussion in der DDR, vor allem zu folgenden Themen:
– sozialistische Demokratie und Rechtssicherheit
– Menschenrechte
– Verteidigungspolitik
– Bildungs- und Erziehungsfragen
– Wirtschafts- und Umweltpolitik.

Dabei wird stets gefordert, die führende Rolle der SED, die zentrale Bedeutung der marxistisch-leninistischen Lehre in der DDR-Gesellschaftskonzeption und die einheitliche staatliche Leitung einzuschränken und schließlich durch eine ›neue Prioritätensetzung‹ zu überwinden. Vorgenommene textliche Korrekturen versachlichen zwar in einigen Positionen die Aussagen, sind zu einem großen Teil aber stilistischer Art, knüpfen stärker an konkreten Erfahrungen von Delegierten an. Forderungen an Staat und Gesellschaft sind zum Teil in ›Bitten‹ und ›Erwartungen‹ umgewandelt. Es werden stärker auch kritische Fragen von Christen an Christen gestellt. Es wird versucht, Angriffe gegen den Staat durch Einordnungen in theologische Aussagen und biblische Besinnungen zu begründen und zu rechtfertigen.

Deutlich zeichnet sich ab, daß das Kräfteverhältnis auf dieser Ökumenischen Versammlung lediglich optische Veränderungen zuließ und die antisozialistische Gesamtaussage erhalten wurde. Die Differenziertheit der Positionen, die innere Auseinandersetzung wird daran deutlich, daß die Delegierten der katholischen Kirche geschlossen gegen das Papier 6 stimmten, das sich mit den Fragen des Wehrdienstes[665] beschäftigt[666]. Der Delegierte der Mennonitenkirche in der DDR, Knuth Hansen (Pastor), hat die Ablehnung der Gesamtkonzeption für seine Kirche vor dem Plenum öffentlich erklärt und hat aus Protest an der Abschlußsitzung nicht teilgenommen.

[...] Gleichzeitig wurden in diesen Begegnungszentren [im Umfeld der Versammlung] nach dem bekannten Muster eines ›Marktes der Möglichkeiten‹ die vielfältigsten Initiativen durchgeführt, die mit einer ganzen Reihe auch provokatorischer Aussagen (Nichtteilnahme an den Kommunalwahlen, Protest zum Bau des Reinstsiliziumwerkes, erstmaliger Aufruf zur Bildung einer Oppositionspartei) verbunden waren.«[667]

Peter Krauß er[668] kritisierte das oberflächliche und naive Herangehen von Partei und Staat an diese Versammlung: »Unsere Hoffnung auf ein klares Bekenntnis zur Friedens- und Abrüstungspolitik ging nicht auf.«[669]

In einer Hinsicht sollte der konziliare Prozeß beendet sein: Die KKL beschloß, nach der Dresdener Versammlung die Ergebnisse den Kirchen zur weiteren Bearbeitung zu übergeben[670]. Weitere Veranstaltungen dieses Charakters werde es in der DDR in nächster Zeit nicht mehr geben[671] – allerdings war für 1994 eine bilanzierende Tagung geplant[672]. Abschließend wurde kirchlicherseits »die große Bereitschaft zum Gespräch über die Konfessionsgrenzen hinweg« positiv gewürdigt[673]. Für die Europäische Ökumenische Versammlung in Basel sei vorgesehen[674], keine innenpolitischen Probleme der DDR vorzubringen bzw. auszubreiten[675]. Darum konnte Krauß er nach Basel feststellen, eine Fortsetzung der von den DDR-Versammlungen verfolgten Linie habe nicht stattgefunden[676]. Für dieses Ergebnis wurden auch die vor Basel mit den DDR-Delegierten[677] geführten Gespräche verantwortlich gemacht. An der Erarbeitung eines nach staatlicher Einschätzung »konsensfähige[n] und inhaltlich konkretisierte[n]« Abschlußdokumentes trug der aus der DDR stammende Universitätstheologe Hermann Goltz erheblichen Anteil[678].

Allerdings fand in Basel ein Sondertreffen der Delegierten aus den RGW-Staaten statt, auf dem sich vor allem Ziemer und Misselwitz[679] für eine verbesserte Kooperation und Vernetzung der Basisgruppen aus den sozialistischen Ländern einsetzten. Auf einem ebenfalls in Basel durchgeführten IKV-Treffen[680] soll ein Geistlicher aus Polen geäußert haben, »daß der Fall der Honecker-Diktatur eine wahrhafte Befreiung wäre.«[681]

Die Kommunalwahlen 1989

Bereits Ende 1988 hatten kirchliche Vertreter in Gesprächen mit Staatsfunktionären recht deutlich auf Probleme im Wahlsystem der DDR hingewiesen[682]. Gewiß auch dadurch sensibilisiert, bat das Staatssekretariat für Kirchenfragen Anfang 1989 die Bezirke um intensive Berichterstattung über alles, was sich im Umfeld der Wahlvorbereitungen ereignete[683].

Ende März 1989 berichteten die Beobachter des Regimes, kirchliche Amtsträger zeigten im Vergleich zu den Vorjahren ein deutlich gewachsenes Interesse an den Kommunalwahlen. Insbesondere beschäftigten sie »Fragen der sozialistischen Demokratie und der Wahlpraxis in der DDR«. Während die einen sich an den Wahlen bewußt staatspositiv beteiligen wollten, gab es andere, die dieses Mal die Möglichkeiten, die ihnen das Wahlgesetz einräumte, aktiv zu nutzen bereit waren. Auch diese Position galt für das Staatssekretariat für Kirchenfragen als konstruktiv. Demgegenüber versuchten »politisch negative Kräfte [...], solche konstruktiven Positionen zu den Kommunalwahlen in ihr Gegenteil umzukehren. Dabei knüpfen sie an bürgerlich geprägte Demokratievorstellungen und damit verbundene Illusionen bei Geistlichen und kirchlichen Amtsträgern an.« Eine breite Kritik traf die in der DDR übliche Wahlpraxis – so beispielsweise das an die Bürger gestellte Ansinnen, möglichst frühzeitig zum Wahlakt zu erscheinen, die als undurchschaubar bezeichnete Auswahl der Kandidaten oder die in der Regel offene Abgabe der Stimmen ohne Kabinenbenutzung. In den wahlkritischen Gruppen befand sich »ein[.] erhebliche[.]r Teil der Geistlichen und kirchlichen Amtsträger«.

Der Staat interpretierte das Engagement der Pfarrer in diesem Bereich als willkommenes Praxisfeld zur Bewährung der These vom politischen Mandat der Kirche in ihrer Rolle als Anwältin der Demokratie. Dennoch tat man die Ankündigung eines Zwickauer Bürgers, die kirchlichen Vertreter würden am Wahltag den Ablauf des Wahlganges und die Stimmenauszählung überwachen, als unglaubwürdige Behauptung ab[684].

Mitte Februar 1989 schrieben vierzehn Dresdener Pfarrer an den Leiter der Wahlkommission, Egon Krenz:

»Im Zusammenhang mit der letzten Wahl kam es zu einer Reihe von Ereignissen, die uns berichtet wurden bzw. die wir selbst erlebten, die uns manches problematisch erscheinen ließen. Die Anfragen und Vorbehalte wurden auch bei einem Gespräch mit Vertretern des Stadtbezirks nicht ausgeräumt und lassen uns fragen, ob der Anspruch einer freien und geheimen Wahl mit der Wirklichkeit übereinstimmt. Aus Gesprächen mit Gemeindegliedern wissen wir, daß manche entgegen ihrer Überzeugung zur Wahl gehen und offen ihren Wahlschein in die Urne stecken, weil sie Sorge haben, diskriminiert zu werden. Darum wäre es dringend notwendig, gemäß Wahlgesetz vom 24. Juni 1975 den Wählern in geeigneter Weise offiziell bekanntzugeben,
- daß es ein Wahlrecht, aber keine Wahlpflicht gibt;
- daß in jedem Wahllokal eine Wahlkabine vorhanden ist und genutzt werden muß;
- wann eine Stimme eine gültige Ja- oder Nein-Stimme bzw. wann sie ungültig ist. [...]
Weiterhin erwarten wir in Zukunft, daß die gegenwärtig praktizierte Abstimmung zu einer Kandidatenliste umgewandelt wird in eine echte Wahl zwischen verschiedenen Kandidaten und daß auch Parteilose kandidieren können, ohne nominell einer Partei oder Massenorganisation zugeordnet zu werden. Wir schreiben diesen Brief, weil uns daran liegt, daß die Wahrhaftigkeit in unserem Land gefördert wird.«[685]

Im weiteren Verlauf der Zeit erreichten das Staatssekretariat für Kirchenfragen Berichte aus den Bezirken, die von verstärkten Aktivitäten einzelner kirchlicher Gruppen berichteten. Diese planten, an den ab Ende März stattfindenden Wahlveranstaltungen teilzunehmen und an die Kandidatinnen und Kandidaten Fragen zu konkreten Mißständen oder lokalen Planungen wie auch zu ihren persönlichen politischen Vorstellungen zu richten und vor allem in den Großstädten am Wahltag in den Wahllokalen flächendeckend eine Kontrolle der abschließenden Zählung vorzunehmen. Zum Beispiel fragten Mitglieder einer Initiativgruppe »Christen im sozialistischen Alltag« der ESG Rostock auf Wahlversammlungen nach Konzepten zur Lösung der Wohnungsmisere oder der ökologischen Probleme in der Bezirksstadt.

Die Studierenden klagten, man habe sie dort als »Störenfriede« behandelt[686]. Der »Arbeitskreis Solidarische Kirche, Regionalgruppe Rostock« verteilte gar ein Flugblatt, das über die Rechtslage aufklärte, vor allem welche Stimmzettel als Ja- und welche als Nein-Stimmen gewertet wurden. Im letzteren Fall müßten alle auf dem Stimmzettel befindlichen Namen »einzeln, sauber und waagerecht« gestrichen werden. Weiter hieß es: »Wähle richtig! Streiche nur mit Kugelschreiber oder dokumentensicher.«[687]

Auch die Landessynoden Mecklenburgs, Berlin-Brandenburgs[688] und Sachsens äußerten sich kritisch zu den Kommunalwahlen. Sachsen forderte deutliche Veränderungen im Wahlmodus[689] und zweifelte die korrekte Durchführung sowie den demokratischen Charakter der Wahlen an. Auch das Aufsuchen der Kabine oder eine Nichtteilnahme an der Wahl könne von einem Christen verantwortet werden, riet die Synode[690]. Das Staatssekretariat für Kirchenfragen sah in diesen Beschlüssen eine »indirekte[.] Aufforderung zu einem Boykott der Kommunalwahlen«[691].

Insgesamt bereitete die Entwicklung in Sachsen dem Staat große Sorge, was eine vom Rat des Bezirkes Dresden vorgenommene Einschätzung belegt:

»Mitglieder der Kirchenleitung und des Landeskirchenamtes sind einem zunehmenden

Druck der kirchlichen Basis (Pfarrer und z. T. Superintendenten) sowie der Gruppen ausgesetzt. Das Fehlen des Präsidenten des Landeskirchenamtes, Herrn Dr. Domsch, macht sich immer deutlicher bemerkbar. OLKR Schlichter als amtierender Präsident trifft keine Grundsatzentscheidungen und ist auch kaum in der Lage, innerkirchlich ordnend einzugreifen.

In Gesprächen mit OKR Rau und Zuber werden unüberhörbar Forderungen an Staat und Gesellschaft aufgemacht, mehr Offenheit, Demokratie und Meinungsverschiedenheit zu entwickeln. Sie stellen sich in vielen Fragen vor die Auffassungen der Gruppen, wobei sie die Gruppen selbst als Ausdruck des gewachsenen Unmuts über innenpolitische Stagnation bezeichnen und im Grunde froh sind, daß dadurch resolut Probleme zur Sprache gebracht werden. Sie u. a. Leitungsvertreter wie OLKR Zweynert, Ihmels u. a. gehen davon aus, daß auch die kirchenleitenden Funktionäre lernen mußten, mehr Transparenz bei Entscheidungsfragen und mehr Toleranz gegenüber unterschiedlichen Meinungen zu entwickeln.

Auf die staatliche Argumentation, daß wir nicht an den Problemen und Schwierigkeiten vorbei Politik machen, sondern es auf die Art und Weise des Umganges mit den Problemen ankommt, argumentieren sie, daß diese Art des Umganges nicht mehr zeitgemäß ist. Zeitgemäß sei vielmehr die öffentliche Benennung von Problemen, die multilaterale Diskussion in den Medien und die Festlegung von Lösungswegen, mit denen Mehrheiten einverstanden sein können.

[...] Besonders aggressiv vertritt Superintendent Ziemer diese Auffassungen, zumal er gleichzeitig mehr oder weniger intensiv in die kirchlichen Substrukturen (Ökokreise u. a.) integriert ist. [...]

Die Gesprächsbereitschaft ist durchgehend vorhanden, wobei die Pfarrer in zunehmender Offenheit auch Probleme kritisch ansprechen. So wird durch alle Räte der Kreise festgestellt, daß in den Gesprächen zum Jahreswechsel und in den ersten beiden neuen Monaten des neuen Jahres immer mehr kritische Töne, Sorgen, Unverständnis und teilweise massive Ablehnung zu innenpolitischen Fragen laut wurden. [...] Realistisch denkende und loyal eingestellte Pfarrer [...] stellen eine gewachsene Uninteressiertheit unter der Bevölkerung fest, ebenso Abnahme des Verantwortungsgefühls, Ablehnung von Leitungsfunktionen, Emigration ins Private, Zunahme des Alkoholkonsums, Zunahme aggressiven Verhaltens (z. B. im Straßenverkehr, im Umgang miteinander, beim ›Schlangestehen‹, auf Sportplätzen).«[692]

In einer Beratung der Staatsfunktionäre Sachsens mit Dohle war vor einer Unterschätzung der Synode deutlich gewarnt worden: »Es besteht die Gefahr, daß die ELLKS die Linie solider theologischer Arbeit verläßt, von der andere schon lange abgerückt sind (Berlin).« Bei der Behandlung eines den Kommunalwahlen gewidmeten Tagesordnungspunktes sieht man, wie schlecht die Genossen mittlerweile orientiert waren: »Gegenwärtig ist in der sächsischen Landeskirche keine deutliche Tendenz in der Stellung zu den Kommunalwahlen erkennbar. [...] In einzelnen Fällen treten Pfarrer negativ auf«[693].

Wenige Tage nach der Synode sprach Staatssekretär Löffler mit dem Dresdener Bischof, um, wie der SED-Mann notierte,

»auf die in einem Beschluß der Synode der Evangelisch-Lutherischen Landeskirche Sachsens enthaltenen Angriffe auf den demokratischen Charakter der Volkswahlen unverzüglich und mit der notwendigen Deutlichkeit zu reagieren. Obwohl das Gespräch in Fortsetzung der vertrauensvollen Begegnungen des Staatssekretärs mit Dr. Hempel unter vier Augen geführt werden sollte, war der Landesbischof nicht bereit, ein vertrauliches Gespräch zu akzeptieren. Er zog den Stellvertreter des Präsidenten der Landessynode, Sup. Thomas Küttler (Plauen), zum Gespräch hinzu (Präsident Rolf Böttcher war verhindert). Daraufhin nahm auch der Leiter des Büros des Staatssekretärs, Genosse Dr. Bertram Handel, am Gespräch teil.

Die 75minütige Begegnung im Landeskirchenamt in Dresden verlief in sachlicher Atmosphäre und ließ unterschiedliche politische Positionen deutlich werden. Die vom Staatssekretär eindringlich begründete politische Brisanz und sachliche Unkorrektheit des Synodenbeschlusses und seiner für die Festigung konstruktiver Staat-Kirche-Beziehungen wenig förderlichen Wirkung führte dazu, daß Landesbischof Dr. Hempel, dessen politischer Spielraum in der Landeskirche offensichtlich weiter eingeschränkt wurde, zugestand, den Beschluß und seine möglichen Folgen überdenken zu müssen. Dagegen verteidigte Vizepräses Küttler die Position der Synode und war nicht bereit, darüber auch nur nachzudenken.

[...] [Löffler fragte]: Warum wird die offene Stimmabgabe für die demokratisch ausgewählten Kandidaten problematisiert? Wieso wird die Wahlverweigerung eindeutig in den Vordergrund gestellt? [...] Jeder Wähler kann bekanntlich in eigener Verantwortung entscheiden, wie er seine Stimme abgibt. [...] Nicht zuletzt kann nicht hingenommen werden, daß die staatlichen Organe nicht durch die Kirche, sondern durch westliche Massenmedien von einem derartigen Beschluß Kenntnis erhalten. An den Landesbischof, den wir nicht mit der Synode und ihren Beschlüssen gleichsetzen, erging die dringende Bitte, nicht zuzulassen, daß im Ergebnis des Beschlusses die weitere Vorbereitung und die Durchführung der Wahlen belastet wird.

Landesbischof Dr. Hempel betonte, daß er eine eigene Sicht zum Problem habe, die, wie dies von der Kirchenverfassung seiner Landeskirche zugestanden werde, nicht mit dem Beschluß der Synode identisch sei. Er begrüße das Gespräch mit dem Staatssekretär, weil es normal sei, im Konfliktfall miteinander zu reden.

Er habe nach dem Beschluß lange nachgedacht, wie der Staat reagieren werde. Im Ergebnis seiner Überlegungen habe er den Staatssekretär nicht erwartet, denn er sei der Auffassung, daß der Beschluß so schlimm nicht sei. In Dresden würden westliche Massenmedien, die den Beschluß verfälscht und hochgespielt haben, nicht empfangen. Westliche Korrespondenten seien zur Synode nicht eingeladen worden und hätten nicht teilgenommen. Der Beschluß sei keine Aufforderung zum Wahlboykott, und daß so ein Verdacht überhaupt aufkommen könne, zeige, daß das Vertrauensverhältnis zwischen Staat und Kirche belastet sei.

Der Beschluß beruhe auf Erfahrungen in der Wahlvorbereitung. So habe er, Hempel, den Eindruck, daß in Dresden-Blasewitz tatsächlich in der Vergangenheit Unkorrektheiten bei der Stimmauszählung vorgekommen seien. Geistliche und Gemeindeglieder hätten sich darüber beklagt, daß es in den Wählerforen nicht möglich gewesen sei zu erfahren, wie man mit ›Nein‹ stimme. Die Mitarbeiter und Kirchenglieder der sächsischen Landeskirche hätten sich in einem weit höheren Maße, als das vom Staat vermutet werde, um Klärung ihrer Fragen im Zusammenhang mit der Wahl bemüht. Viele Geistliche seien aber in den Versammlungen wie dumme Jungen abgekanzelt oder nicht reingelassen worden.

Der Geist, der hinter dem Beschluß stehe, sei frei von Aggressivität oder Haß. Es sei kein wahlfeindlicher Geist. Viele Bürger seien gegenüber den Wahlen abgestumpft, ›schrubben sie ab‹. Andere erwarten den Wahltag ängstlich, weil nun wieder Bekenntnisse verlangt würden. Dies seien keine Feinde der DDR, sondern dringend benötigte sensible Bürger, die sich fragen, wie sie wirklichen Einfluß auf das Wahlergebnis nehmen können.

Die Synode habe einen Aufruf zum Wahlboykott weder beabsichtigt noch beschlossen, sie habe lediglich auf Fragen aufmerksam machen wollen. Diese Fragen erhielten neue Impulse durch gesellschaftliche Veränderungen in anderen sozialistischen Ländern. So habe der Generalsekretär des ZK der KPdSU, Gorbatschow, in der Kabine gewählt. Die Ausführungen des Staatssekretärs zeigten, daß die Bevölkerung und auch die in der Wahlvorbereitung eingesetzten Kader offensichtlich nicht ausreichend über den festgelegten Wahlmodus informiert seien. Es gäbe an zentraler Stelle wohl auch eine sehr unterschiedliche Kenntnis über die tatsächliche Wahlvorbereitung vor Ort.

Die staatliche Position zum Beschluß werde zur Kenntnis genommen und ernsthaft überdacht. Er könne es einfach nicht fassen, daß ein Synodenpapier ›so falsch ankommt‹, aber dies sei Ausdruck der schwierigen Situation im Verhältnis von Staat und Kirche, wo vieles, was die Kirche sage, falsch verstanden werde.

Er sei bereit, über wichtige Synodenbeschlüsse künftig sofort den Staatssekretär zu informieren, um ›Umwege‹ über die Westmedien auszuschließen. [...]

Vizepräses Küttler: Die Synode habe sich das Thema Wahlen nicht ausgesucht. Es sei durch Anfragen von Gemeindegliedern an die Tagung notwendig gewesen, sich dazu zu äußern. Aus vielen Gemeinden seien Signale dafür gekommen, daß die Kandidatenvorstellungen in Dresden nicht demokratisch durchgeführt wurden. Plätze seien reserviert worden, nicht jeder, der teilnehmen wollte, wurde in eine Wahlversammlung hineingelassen. Wiederholt seien Fragen öffentlich abgewiesen worden. So die Frage, wie man mit ›Nein‹ stimme. [...] In der BRD, das wisse er aus eigenem Erleben, denn er habe bis 1965 dort als Bürger gelebt, bestehe bei Wahlen Kabinenzwang. Völlig abwegig sei die Frage im Synodenbeschluß also nicht. [...]

[...] Löffler [...]: Der Beschluß ist unangemessen. Es kann nicht akzeptiert werden, daß sich die Synode in staatliche Angelegenheiten einmischt.«[694]

»Obwohl der Landesbischof sichtlich erregt war, hielt er seine Emotionen unter Kontrolle. [...]

Dr. Hempel ließ deutlich werden, daß er die im Synodenbeschluß vertretenen Positionen nur bedingt teilt. Es entstand der Eindruck, daß der Landesbischof unter starkem Druck rechter Kräfte steht, die seinen Spielraum in der Landeskirche immer mehr einengen. Dr. Hempel erklärte, daß er von der Absicht, einen Beschluß zu den Wahlen zu verabschieden, erst während der Synodaltagung Kenntnis erhalten habe. In der Synode selbst, der er nach der Kirchenverfassung keine Vorschriften machen könne, habe er wenig Möglichkeiten zur Einflußnahme. Er habe den Beschluß als einen unter vielen betrachtet, der ›so schlimm nicht sei‹. Erst der staatliche Einspruch habe ihm den problematischen Inhalt des Papiers deutlich werden lassen.«[695]

Der ZK-Mitarbeiter Kraußer sprach von einer »weitere[n] zielbewußte[n] Ausdehnung und Eskalierung der ›Wächteramtspraxis‹« durch die Synoden in Sachsen und Berlin-Brandenburg[696].

Anders sah es in Anhalt, Greifswald und auch Görlitz[697] aus. Kirchenpräsident Natho und die Landessynode seiner Kirche setzten »klare realistische und konstruktive Orientierungen«[698]:

»Die kirchenleitenden Kräfte um Kirchenpräsident Dr. Natho [...] fanden sich bereit, bisher nur intern geäußerte realistische Positionen offensiv in der Synode vorzutragen. So setzte sich Kirchenpräsident Dr. Natho entschieden und theologisch fundiert mit Versuchen auseinander, die Kirche in eine politische Organisation umzuwandeln. [...] Kirche sei ›eine bittende Kirche, eine Kirche ohne politische Macht, ... eine *nicht-Regierungs-Organisation*‹«[699].

Der Greifswalder Präses Affeld und Kirchenrat Ehricht beteiligten sich demonstrativ an einer Veranstaltung des Bezirksverbandes Rostock der Ost-CDU. Bischof Gienke äußerte die Absicht, in einem innerkirchlichen Rundschreiben die Superintendenten und Pfarrer »auf ihre staatsbürgerliche Verantwortung im Zusammenhang mit den Wahlen hinzuweisen.«[700] Dieses Zeugnis staatstreuer Gesinnung legte er dann allerdings lediglich in einem Gespräch mit den Superintendenten ab[701].

Thüringens Landesbischof Leich gab nach staatlicher Einschätzung in seinem Bischofsbericht sachliche Informationen über die Wahlen, womit er zu dem sächsischen Vorgehen auf deutliche Distanz ging[702]. Insbesondere erklärte er, die Kirche habe ihren Gemeindegliedern keine Ratschläge bezüglich ihres Wahlverhaltens zu erteilen[703].

Der Staat berichtete über die weitere Entwicklung unmittelbar vor der Wahl:

»Die Störversuche politisch negativer kirchlicher und nichtkirchlicher Kräfte, die mit kirchlicher Unterstützung bzw. im kirchlichen Raum wirkten, erreichten bereits vor dem 7.5.1989 eine im Vergleich zu den Vorjahren deutlich gewachsene Intensität. Diese Kräfte waren bestrebt, mit einer Vielzahl von illegal hergestellten Flugblättern, öffentlichen Erklärungen und Unterschriftensammlungen und Eingaben an die staatlichen Organe den Wahlverlauf zu stören.«[704]

Kurz vor der Wahl lenkte Stolpe ein und unterbreitete dem Staatssekretär Friedensangebote. Sichtlich angetan, berichtete Löffler:

»Auf den dringenden Wunsch von Manfred Stolpe hatte ich am 27.4.1989 mit ihm in der Dienststelle ein Gespräch unter vier Augen.

Manfred Stolpe begründete seinen Wunsch mit der ›notwendigen Mitteilung, daß die Mehrheit der Kirchenleitung von Berlin-Brandenburg und der Konferenz der Kirchenleitungen ernsten Kummer hat, weil wildgewordene Abenteurer und verschiedene Gruppierungen in unzulässiger Weise den kirchlichen Raum für politische Aktionen verwenden‹. Er teilte mit, daß ›die Mehrheit der Kirchenleitungen nicht mehr bereit ist, solche Aktivitäten unwidersprochen zu dulden, sondern sich damit auseinandersetzen wird‹.

Als Termine für diese Auseinandersetzungen nannte Stolpe die Sitzungen am 27. und am 28.4.1989 in Berlin. Zu den ›nicht tragbaren Erscheinungen im kirchlichen Raum‹ zählen nach Mitteilung von Stolpe
1. die ›mit der Wahl verbundenen Angriffe‹, denn ›es ist nicht Sache der Kirche, öffentlich Wahlempfehlungen zu geben‹,
2. das ›Auftreten von Pfarrern im Westfernsehen‹ (Kontraste-Sendung vom 25.4.1989), denn ›das widerspricht ihrem Dienstauftrag in der Kirche‹,
3. ›das ständige und offensichtlich abgesprochene Mitwirken von Vertretern der Botschaften der USA, Großbritanniens, Frankreichs, der BRD u. a. sowie von westlichen Fernsehteams und Journalisten an politischen Veranstaltungen in Kirchen und Gemeinderäumen, das nicht die Billigung der Mehrheit der Leitung findet.‹
Zum Stand der vorbereiteten Dokumente der 3. Ökumenischen Session in Dresden, ›die nicht die Meinung der Mehrheit der Kirchenleitung wiedergeben‹, sagte er an, daß ›die Leitung noch am überlegen ist, ob und in welcher Form eine Entgegennahme durch sie möglich ist.‹

Er stellte abschließend fest, daß ›der Staat bitte zur Kenntnis nimmt und wissen soll, daß die Mehrheit der Kirchenleitung um den Ernst der Lage weiß; sie dabei ist, die Auseinandersetzung mit den unverantwortlichen Leuten zu beginnen; und kein zu schnelles Reagieren durch den Staat auf solche Entscheidungen im kirchlichen Raum erfolgen sollte‹. Er bat um die Möglichkeit, nach der Wahl ›in Ruhe und Verständnis über die weitere Arbeit sprechen zu können.‹

Vom Inhalt des Auftretens von Stolpe und vom Termin der erbetenen Aussprache – unmittelbar nach Beginn der 3. Ökumenischen Session in Dresden – her hatte ich den Eindruck, daß damit der Versuch unternommen werden sollte,
- von seiner Seite zu signalisieren, daß die Kirchenleitung einerseits eine weitere Konfrontation in ihrem Raum tätigen bzw. von ihr tolerierten negativen und auch feindlichen Kräften und Gruppen zum sozialistischen Staat und seiner Politik erwartet und
- andererseits sie nun bereit ist, die seit Monaten angemahnte Verantwortung zu überdenken.

Insgesamt ist es nach meiner Meinung das Eingeständnis, die politische Lage und das Gesetz des Handelns in ihrem Bereich in Berlin-Brandenburg und gegenüber den inzwischen DDR-weit ›vernetzten‹ Gruppen nicht mehr in der Hand zu haben. Zugleich sollte von ihm offensichtlich erfragt werden, ob der Staat bereit ist, eine weitere Belastung des politischen Klimas durch diese bekannten konfrontativen Kräfte hinzunehmen.

In meiner Erwiderung habe ich unter Hinweis auf den vertraulichen Charakter des Gesprächs bestätigt, daß die direkten und politisch provokativen Eingriffe von hinlänglich bekannten Personen, kirchlichen Amtsträgern und unter dem Dach der evangelischen Kirche tätigen Gruppierungen in die Staatspolitik, die Wahlvorbereitung, die Wirtschafts- und Umweltpolitik u. a. unerträglich und unter Verantwortung der Kirchenleitungen zu beenden ist, wenn nicht unübersehbarer Schaden für die weitere Tätigkeit der evangelischen Kirche entstehen soll.

Auf der Grundlage der vorgegebenen Konzeption und Argumentation habe ich mit Nachdruck und mit gebotenem Ernst auf die Erfahrungen im vertrauensvollen Umgang miteinander und die Notwendigkeit des nunmehr erwarteten Handelns der Kirchenleitung zur wirksamen Distanzierung von unverantwortlichen Abenteurern, politisch provokativen Kräften und Demagogen aufmerksam gemacht.

An konkreten Beispielen, u. a. dem sog. Solidaritätskonzert für die RAF-Terroristen, den illegalen Plakataktionen in Magdeburg und Stendal unter Beteiligung von Delegierten zur 3. Ökumenischen Session, die ungesetzlichen Aufrufe zum Wahlboykott und zur Wahlkontrolle habe ich nachgewiesen, daß die Initiatoren dieser Aktionen – die in Dresden bzw. zu dem Kreis der Delegierten gehören – außerhalb der Verfassung stehen und ihrem Tun durch den Einsatz der auf Vernunft, Realismus und vertrauensvolle Zusammenarbeit mit dem Staat orientierenden Mitglieder der KKL ein schnelles Ende zu bereiten ist. Ich habe in diesem Zusammenhang ausgesprochen, daß für den weiteren Weg der sozialistischen Entwicklung unseres Landes, die Wahrung der sozialen Sicherheit für alle, die zu sichernde Dynamik der Wirtschaft usw., also die weitere Gestaltung der auf deutschem Boden noch nie erreichten Menschlichkeit des Zusammenlebens des ganzen Volkes, die Kirche von ihrer Identität aus sowohl hohe Verantwortung zu erfüllen als auch unmißverständlich ihr Vertrauen in die politische und staatliche Führung zu zeigen hat. Der Bericht von Landesbischof Leich an die Thüringer Frühjahrssynode kann dabei als ein Ausdruck verantwortungsbewußter Aufnahme dieser Pflicht gelten.

Stolpe war über den prinzipiellen Charakter der Erwiderung, die Einordnung der vom kirchlichen Raum ausgehenden politischen Provokationen und Angriffe gegen die gesellschaftliche Ordnung der DDR in den Zusammenhang der geschichtlichen Entwicklung der DDR und der internationalen Situation, die Direktheit der Erwartungen gegenüber der Haltung der KKL zu diesen Ereignissen im kirchlichen Raum und zur 3. Ökumenischen Session überrascht; hat sich jedoch sofort darauf eingestellt, dafür bedankt und mit der Feststellung verabschiedet, daß ›er nun alles tun werde, damit die Stabilität meiner Heimat nicht angetastet wird‹.«[705]

Die Wahlen ergaben einen Rückgang der Beteiligung von 9 % bei Pfarrern und Amtsträgern der evangelischen Kirchen[706]. Auch bei der katholischen Kirche (von 57,5 auf 44,5 %[707]) sowie den Freikirchen und Sekten war eine signifikant geringere Wahlbeteiligung als noch vier Jahre zuvor zu verzeichnen. Am deutlichsten gingen im protestantischen Bereich die Zahlen in Sachsen und Thüringen[708] zurück, in Görlitz fiel die immer schon niedrigere Beteiligung unter die Fünfzigprozentmarke. Nur in Anhalt stiegen die Zahlen an[709].

Auch bei den Bischöfen war ein Erfolg zu verzeichnen: Erstmals nahmen sieben der acht an der Spitze der Landeskirchen stehenden Theologen – 1984 waren es nur fünf gewesen – an der Wahl teil. Nur der mecklenburgische Landesbischof Christoph Stier tanzte aus der Reihe[710]. Von den Präsidenten der obersten kirchlichen Verwaltungsämter blieb nur der Kirchenkanzleichef der EKU (Bereich DDR), Friedrich Winter, der Wahl fern. Die Rückgänge waren vor allem auf der unteren und mittleren kirchlichen Ebene zu verzeichnen[711].

Das Staatssekretariat führte sie auf Vorbehalte gegen den Modus und die Praxis der Wahlen – nun nicht nur im Vergleich zum Westen, sondern auch gegenüber der UdSSR – zurück. Zudem hänge die Nichtteilnahme mit der offiziellen DDR-Politik in den Bereichen Medien, Wehrersatzdienst, Ökologie und Volksbildung zusammen, mit der man unzufrieden sei. Viele Pfarrer hätten mit einer deutlich geringeren Beteiligung der Bevölkerung gerechnet und aus diesem Grund nicht an der Wahl teilgenommen[712]. Die Gründung des Freidenkerverbandes[713] mag das ihrige zum Wahlverhalten beigetragen haben[714]. Nach den Wahlen sorgten klärende Stellungnahmen der Atheismusforscher Lutter und Klein für einen gewissen Abbau von Vorbehalten gegen den Freidenkerverband[715].

Kirchliche Gruppen gelangten sehr schnell zu dem Ergebnis, daß die geschönten offiziellen Wahlresultate nicht der Realität entsprechen konnten, und erhoben entschiedenen Protest, was sich aus staatlicher Perspektive so darstellte[716]:

»Bereits als sich am Wahltag eine hohe Wahlbeteiligung abzeichnete und die politisch negativen Kräfte erkennen mußten, daß ihre Rechnung nicht aufgeht, setzten sie darauf, das Wahlergebnis zu diffamieren. Ihr Verhalten wurde angesichts ihrer Niederlage aggressiver. Sie gingen zu demonstrativen Aktionen über und stellten das Wahlergebnis in Frage.

In Berlin, Leipzig und einigen anderen Orten beteiligten sie sich an den öffentlichen Auszählungen, um im nachhinein Unkorrektheiten behaupten zu können. Auf einer ›Wahlparty‹ in der Elisabeth-Gemeinde in Berlin am Abend des 7.5.1989 wurde im Grunde das weitere Vorgehen zur Diffamierung der Kommunalwahlen abgestimmt. Neben den negativen kirchlichen Kräften wurden zunehmend außerhalb der Kirche stehende Kräfte sowie Antragsteller aktiv. Besonders aggressiv verhielten sich diese Kräfte in Leipzig, die ihre Provokationen vom Wahltag am 8.5.1989 im Anschluß an das sogenannte ›Friedensgebet‹ in der Leipziger Nikolaikirche fortsetzten.

Bei den Provokationen feindlicher und negativer Kräfte von innerhalb und außerhalb der Kirche wurde die direkte Unterstützung durch die westlichen Medien spürbar. Sie kolportierten in massiver Weise die Lüge von Wahlfälschungen und Unkorrektheiten bei der Wahl.«[717]

Peter Kraußer schärfte den kirchenpolitisch tätigen Genossen ein, sich keinesfalls auf ein Abgleichen von Zahlen mit renitenten Kirchenvertretern einzulassen, womit er die Schwäche des SED-Staates, der mit einer solch konzertierten Aktion der Opposition wohl nicht gerechnet hatte, offen eingestand. Man solle darauf hinweisen, daß die Mehrheit der DDR-Bürger und Christen an einer Überprüfung der Wahl nicht interessiert sei. Er verstieg sich sogar zu der Äußerung: »Wem nützt es, wenn nachträglich mit zweifelhaften Methoden die Zustimmung zur Politik der DDR verdächtigt und ein Gespinst von Zweifeln zurechtgezimmert wird, wenn falsches Zeugnis dem Nächsten gegenüber[718] [sic!] geredet wird?« Kraußer fuhr fort:

»Wem dient eine Atmosphäre des Mißtrauens? Was hat es mit religiösem Auftrag zu tun, wenn faktisch in konstruktiver Weise alles, was Parteien, Wahlkommissionen und gesellschaftliche Organisationen tun, überprüft wird, wenn sich zweifelhafte Gruppen als über allen stehende Kontrollinstanz benehmen? Sozialistischer Staat und Gesellschaft brauchen keine Ratschläge einer Kirche, die sich in vielem selbst undemokratisch verhält.«[719]

Immer stärker machte sich die Illusion breit, kirchliche Kritik sei nicht repräsentativ für das Denken und Wollen der Bevölkerung. Noch im August 1989 schrieb das Staatssekretariat für Kirchenfragen:

»Es zeigt sich mit zunehmender Deutlichkeit, daß die auf den Synoden bestimmenden Kräfte nicht die Erfahrungen und die Grundpositionen der Mehrheit der Gemeindeglieder und Amtsträger vertreten und umsetzen, die loyal und verantwortungsbewußt am Aufbau des Sozialismus und der konkreten Lösung gesellschaftlicher Probleme mitwirken. In den Synoden dominieren immer offenkundiger die Auffassungen und Haltungen von solchen Kräften, die dem Sozialismus kritisch gegenüberstehen und die deshalb vorwiegend daran interessiert sind, die Diskussion von Problemen und Entwicklungsschwierigkeiten in den Mittelpunkt zu rücken und einzelne negative Erfahrungen von Gemeindegliedern zu Grundsatzfragen zu machen.«[720]

Das Staatssekretariat für Kirchenfragen hob nach den Wahlen hervor, die DDR habe sich ihren Nachbarländern nicht anzupassen, wie das in kirchlichen Kreisen gefordert werde:

»In den Ländern der sozialistischen Staatengemeinschaft vollzieht sich gegenwärtig in differenzierter und unterschiedlicher Weise ein Prozeß der gesellschaftlichen Neuorientierung und dynamischen Anpassung an die sich verändernden nationalen und internationalen Existenzbedingungen. Dieser Prozeß ist in einigen sozialistischen Ländern mit qualitativen Brüchen gegenüber vorher beschrittenen Wegen des sozialistischen Aufbaus verbunden und geht teilweise mit Konflikten und Erschütterungen einher.
In der DDR vollzieht sich die weitere Gestaltung der entwickelten sozialistischen Gesellschaft auf der stabilen Grundlage der Einheit von Wirtschafts- und Sozialpolitik. Diese dynamische gesellschaftliche Entwicklung erfolgt in der Einheit von Kontinuität und Erneuerung, in deren Verlauf ständig neue Fragen entstehen, auf die adäquate Antworten gefunden werden müssen.
Diese Politik sieht sich gegenwärtig massiven Verleumdungen und Angriffen imperialistischer Kräfte gegenüber, die versuchen, einen Keil zwischen die einzelnen sozialistischen Staaten zu treiben und die DDR auf den Weg politischen Abenteurertums zu

drängen. Diese Demagogie bleibt nicht ohne Wirkung auf Kräfte innerhalb und außerhalb der DDR, die den Sozialismus von illusionären und unrealistischen Positionen aus beurteilen.«[721]

Immer noch sah der Staat keinerlei Anlaß, die von seiten der Kirchen angemahnten »Informationsgespräche« durchzuführen[722]. Auf der anderen Seite fanden jedoch Gespräche zwischen christlichen Mitgliedern der Ost-CDU und Volksbildungsministerin Margot Honecker[723] sowie Verteidigungsminister Heinz Keßler statt[724]. Dies dürfte ein Zeichen dafür sein, daß man – jedenfalls auf Ministerialebene – wieder zu dem alten Konzept zurückzukehren suchte, CDU-Mitglieder stellvertretend für die Christen auftreten zu lassen. Offensichtlich wollte der Staat den Kirchen damit auch zeigen, was bei stärkerer Loyalität möglich wäre.

Wenige Tage nach der Wahl drückte Hempel in einem Schreiben an Modrow seine Beunruhigung »über die aus unserer Sicht beschwerlichen Vorgänge« aus. Dresdens Superintendent Ziemer[725] richtete nach Rücksprache mit seinem Bischof eine Eingabe an Oberbürgermeister Berghofer[726].

Mitte Mai berichtete Generalsuperintendent Günter Krusche dem Ost-Berliner Stadtrat Hoffmann, die Kirchenleitung Berlin-Brandenburg habe sich mit von einigen Gruppen an die Durchführung der Wahlen gerichteten Anfragen befassen[727] müssen. Das Gremium bitte um ein klärendes Gespräch, an dem sich auch Stolpe beteiligen wolle.

»Genosse Hoffmann betonte, daß er ein solches Gespräch ablehne. Die angesprochenen Punkte können nicht Gegenstand eines Gespräches zwischen Vertretern des Staates und der Kirche sein. Die Wahlen zu den örtlichen Volksvertretungen haben weder etwas mit kirchlicher Tätigkeit zu tun, noch haben sie den geringsten religiösen Bezug. Im übrigen, betonte Genosse Hoffmann, sind die Wahlergebnisse durch die laut Wahlgesetz gebildeten Wahlkommissionen bereits gründlich geprüft und bestätigt worden.«

Der Stadtrat fügte hinzu, die Kirchenleitung befinde sich in einer offensichtlichen Nähe »zu Aktivitäten, die auf eine Diskreditierung der Volkswahl und damit unserer sozialistischen Demokratie hinauslaufen.« Damit gebe sie einer Kampagne Unterstützung, »die, nicht zuletzt von westlichen Massenmedien angeheizt, durch Kräfte getragen wird, die für ihre Ablehnung der sozialistischen Staats- und Gesellschaftsordnung bekannt sind.« Das kirchliche Ansinnen, sich in dieser Frage zur Sprecherin der Gesamtbevölkerung zu machen, wies er als Anmaßung zurück. In der DDR seien Staat und Kirche getrennt, die Mehrheit der Bevölkerung gehöre der Kirche gar nicht an: »Die Kirchenleitung möge bitte überlegen, vor wessen Karren sie sich spannen läßt. Ihr scheint alles gut zu sein, wenn es nur gegen den sozialistischen Staat geht.«

Unter Verweis auf die zurückliegende Frühjahrssynode führte der Staatsfunktionär weiter aus, hier

»werde offensichtlich, daß ein nicht unbeträchtlicher Teil der Synodalen aufgehört hat, der sozialistischen Gesellschaft ›in Dienst und Zeugnis‹ ihre Unterstützung zu geben, wie dies vor ein paar Jahren noch so formuliert wurde. Den betreffenden Synodalen geht es dabei nicht um die Beseitigung von wirklichen oder vermeintlichen Defiziten in unserer Gesellschaft, sondern darum, ›Negatives‹ hochzuspielen und für (längst nicht mehr kirchliche) politische Zwecke auszunutzen. Bestimmten Kräften geht es nur noch um Destruktion und Destabilisierung. Man möge sich bitte überlegen, in wessen Nähe man sich mit solchen Haltungen begibt.«

Im übrigen wies er darauf hin, daß die Aufgabe der Formel »Kirche im Sozialismus« auch ein Abrücken von den Vereinbarungen des 6. März 1978 bedeute. Dies habe auch die Zeitschrift »Kirche im Sozialismus«[728] festgestellt: »Bedeutet dies unter den gegenwärtigen Bedingungen den Weg zurück in die Zeit der Konfrontation?« Ihm scheine, »daß einige kirchliche Vertreter dabei sind, die Weichen in diese Richtung zu stellen.« Unter Verweis auf die Nichtveröffentlichung der wohl äußerst geringen Wahlbeteiligung an den letzten Gemeindekirchenratswahlen und die Delegierung von Fischbeck, Misselwitz und Schult zur Ökumenischen Versammlung – unter Umgehung der gewählten kirchlichen Gremien – erklärte Hoffmann:

»Von einer Institution, die offensichtlich selber Probleme mit der Demokratie hat, [...] nehme er keine Proteste, Ratschläge oder ähnliches zu Fragen der sozialistischen Demokratie entgegen. [...] Diese Art des Umgangs der Kirchenleitung der Evangelischen Kirche Berlin-Brandenburg mit dem Staat kann man aber nicht anders als politisch instinktlos, arrogant, bar jeder politischen Vernunft und staatsbürgerlichen Loyalität bezeichnen. Ich bitte, [...] diesen Standpunkt der Kirchenleitung mitzuteilen. [...] Es gibt Grenzen, die die Evangelische Kirche nicht überschreiten sollte.«[729]

Nach einer von über 300 Menschen besuchten Veranstaltung in der Cottbusser Schloßkirche wurde Generalsuperintendent Richter zum Rat des Bezirkes zitiert. Der Staat lasse sich nicht der Lüge bezichtigen, wurde erklärt. Richter entgegnete, es gebe für ihn keinen Anlaß, der die Wahl beobachtenden und kritisierenden »Projektgruppe Gerechtigkeit« keinen Glauben zu schenken. Allerdings gehe es ihm darum, daß die Debatte um die Wahlvorgänge sich auf den innerkirchlichen Raum beschränke. Er versprach abschließend, eine solche Veranstaltung werde sich »nicht so bald wiederholen«[730].

Der KKL-Vorstand erklärte Ende Mai 1989, er sehe »z. Zt. noch keinen Handlungsbedarf, weil auf die bisherigen Schreiben [von einzelnen Kirchenvertretern] noch keine [staatlichen] Reaktionen vorliegen, mit denen eine Auseinandersetzung geführt werden könnte«, versicherte jedoch gleichzeitig:

»Der Vorstand hält es für angemessen, daß die Kirche sich hinter die stellt, die berechtigte Kritik am Fehlverhalten im Rahmen der Durchführung der Wahl geübt haben. [...] Der Vorstand stellt fest, daß in allen sich bietenden Möglichkeiten von Gesprächen mit staatlichen Partnern auf das große Problem der Wahrhaftigkeit der Wahl aufmerksam gemacht werden soll und anderslautende und anders geübte Praktiken nur geeignet sind, das Vertrauensverhältnis zwischen Bürger und Staat zu zerstören.«[731]

Anfang Juni 1989 veröffentlichte die KKL eine Erklärung[732], in der sie zwar die Wahlmanipulation kritisierte und für eine Erweiterung des Wahlrechts eintrat, andererseits aber auch betonte: »Übertriebene Aktionen und Demonstrationen sind kein Mittel der Kirche«[733]. Gerade die zuletzt zitierte Passage kritisierte der Erfurter Propst Falcke überaus scharf, da der Staat kurze Zeit nach der KKL-Erklärung gegen Demonstrationen in Berlin gewaltsam vorging oder sie rechtzeitig verhinderte. In einer Situation, in der »aufgestaute

Widersprüche und latente Konflikte auf Veränderung drängen«, komme es nicht auf Konfliktmilderung oder -vermeidung, sondern auf Konfliktinszenierung an[734].

Das Staatssekretariat für Kirchenfragen beurteilte das Verhalten der Kirche als offene Einmischung in staatliche Angelegenheiten:

»Mit ihrer ›Meinungsbildung‹ vom 6.6.1989 zu den Kommunalwahlen hat die KKL diesen Aktivitäten den Anschein der Berechtigung und der Legitimität gegeben und sich offen in staatliche Belange eingemischt. Die Bezirke Magdeburg und Cottbus verweisen ausdrücklich darauf, daß diese Haltung der KKL spürbar dazu beigetragen hat, daß diffamierende Positionen zur Durchführung der Kommunalwahlen weit über Gruppierungen hinaus in der Pfarrerschaft Anklang gefunden haben.«[735]

Da die gespannte Lage anhielt, bat Stadtrat Hoffmann Stolpe und Günter Krusche zu einem Gespräch in das »Rote Rathaus«. Unter Verweis auf zahlreiche Aktionen in Berliner Kirchen hielt Hoffmann Stolpe vor, das Versprechen, eine Befriedungsstrategie zu verfolgen, nicht eingehalten zu haben. Der Konsistorialpräsident verwies auf eine weitere Verschärfung der innenpolitischen Situation:

»Auch in unserem Land sind gesellschaftliche Veränderungen angesagt. Dies führe dazu, daß ›Fragestellungen auffälliger sind‹ und daß ›Unduldsamkeit sowie Beunruhigungen‹ gewachsen sind. Die Handlungsmöglichkeiten für die Kirchenleitung haben sich damit weiter verkleinert.«

Da die »Sachgespräche«, insbesondere das schon 1980 ins Auge gefaßte Gespräch zum Thema Volksbildung[736], immer noch nicht zustandegekommen seien, stehe die Kirche in den Augen zahlreicher Gemeindeglieder »als eine Institution da, die immer nur ›beschwichtigt‹ und ›verharmlost‹. Auch werde ihr der Vorwurf gemacht, daß ihre Verhandlungen mit dem Staat keine Ergebnisse bringen.«

Die Form der offiziellen Wahlauswertung sei nicht überzeugend gewesen. Für den 7. Juni 1989 – die Kommunalwahlen lagen genau einen Monat zurück – planten Berliner Gruppen einen »Schweigemarsch« gegen den Wahlbetrug, berichtete der Konsistorialpräsident. Dieser »unüberlegte[.] Aktivismus‹« sei allerdings »nicht hilfreich‹«, fügte er sogleich hinzu. Er bezweifle jedoch, ob es der Kirchenleitung gelänge, die Demonstration zu verhindern. Der Staat möge öffentlich Vorschläge zu Verbesserungen »in ›Sachen Demokratie‹« unterbreiten. Nur solche Maßnahmen könnten die Lage entschärfen und die DDR stabilisieren.

Krusche forderte in diesem Zusammenhang eine intensivere öffentliche Debatte zu gesamtgesellschaftlichen Problemen, die Presse eingeschlossen. Die Menschen müßten das Gefühl vermittelt bekommen, daß ihre Sorgen an höchster Stelle gehört werden: »Solange jedoch Defizite da sind, die scheinbar ›ignoriert werden‹, wird es immer Kräfte geben, die sich auch ›in unguter Absicht daraufstürzen‹.«

Hoffmann erklärte klipp und klar:

»Es gibt kein Mittelding zwischen sozialistischer und bürgerlicher Demokratie und auch kein Mittelding zwischen der politischen Macht der Arbeiter und Bauern und der der Großbourgeoisie. Der Versuch, eine politische Opposition in unserem Lande aufzubauen, kann nur bedeuten, sich auf die Seite der Kräfte zu stellen, die ein Zurück zum Kapitalismus wollen.«[737]

In einem weiteren Gespräch unmittelbar zwei Tage vor der Aktion forderte Hoffmann von Stolpe und Krusche, die Kirchenleitung möge sich von der Demonstration distanzieren und zu ihrer Verhinderung beitragen, indem sie keine kirchlichen Räume zur Verfügung stelle und kirchliche Mitarbeiter eindringlich vor einer Beteiligung warne. Dies betreffe vor allem die Theologiestudierenden am Sprachenkonvikt, die Auszubildenden im diakonischen Bereich und die Mitarbeiter der Kirchengemeinde Treptow. Außerdem sollten sich am 7. Juni kirchenleitende Persönlichkeiten vor neuralgischen Punkten wie dem Konsistorium, der Umweltbibliothek, der Elisabethkirche und vor dem Treptower Gemeindehaus aufhalten, um auf Aktivisten einzuwirken.

Stolpe entgegnete im Sinne der KKL-Erklärung, aktionistische Demonstrationen seien zu verhindern – andererseits gebe es nun einmal »Fragen und Besorgnisse im Zusammenhang mit der Wahl«. Jedoch habe auch die Kirchenleitung Berlin-Brandenburg davon abgeraten, an dieser nichtkirchlichen Veranstaltung teilzunehmen. Stolpe, Hülsemann und Rißmann habe sie beauftragt, persönlich vor Ort auf Demonstrationswillige einzuwirken.

Krusche wies darauf hin, »»daß einige Leute eisern daran festhalten, am Schweigemarsch teilzunehmen««. Stolpe bat den Staat um flexible und zurückhaltende Reaktionen im Falle des Stattfindens der geplanten Demonstration[738].

Am gleichen Tag bestellte auch Staatssekretär Löffler den Konsistorialpräsidenten zu einer vertraulichen Unterredung in die Hermann-Matern-Straße. Er wies darauf hin, daß am 7. Juni auch der Westberliner Kirchentag eröffnet werde. Darüber hinaus forderte er, für den Fall des Nichzustandekommens der Demonstration, die gleichzeitig vom Konsistorium und vom Sitz des Bischofs Forck ausgehen sollte, den Beteiligten keine Räume in den entsprechenden Kirchengebäuden zur Verfügung zu stellen. Außerdem sollte sich Stolpe dafür einsetzen, daß eine Veröffentlichung der KKL-Erklärung unterbliebe.

Stolpe berichtete, Kirchentagspräsident Helmut Simon und Bischof Martin Kruse hätten ihn am Nachmittag über einen Kurier dringend aufgefordert, »»alles für die Verhinderung der Demonstration zu tun, da sie den Kirchentag ernsthaft stören würde««. Er versprach, keine Räume im Konsistorium zur Verfügung zu stellen und mit potentiellen Teilnehmern an der Demonstration im Vorfeld ernsthaft zu reden: »Wenn es trotz allem zu Auseinandersetzungen kommen sollte, werde er aber dann Räume für den Rückstau öffnen müssen.« Löffler forderte jedoch, das Konsistorium möge stattdessen die Volkspolizei zu Hilfe rufen. Damit zeige die Kirchenbehörde, daß sie sich von der Aktion auch wirklich distanziere[739].

Am Morgen des 7. Juni telefonierte Löffler mit dem Konsistorialpräsidenten und erfuhr folgendes:

»1. Ab 14.00 Uhr stehen 20 Mitarbeiter des Konsistoriums im Objekt bereit, um im Falle des Eintreffens entsprechender Personen diese zum Verlassen des Vorfeldes des

Konsistoriums zu veranlassen und damit die demonstrative Aktion aufzulösen. Er habe allerdings den Eindruck, daß nur wenige bis zum Konsistorium durchkommen werden.
  Erst nach 14.00 Uhr soll durch die Kirchenleitung in Abhängigkeit von der konkreten Lage über Räume und Gesprächsmöglichkeiten im Konsistorium entschieden werden. (Die Kirche handelt damit entgegen der Empfehlung des Staatssekretärs, der verlangt hat, daß keine Räume und Gesprächsmöglichkeiten zum Inhalt der geplanten Provokation für die beteiligten Personen zur Verfügung gestellt werden).
  Auch an anderen kirchlichen Objekten im Berliner Stadtzentrum, die als Anlaufstellen und Sammelpunkte für entsprechende Kräfte bekannt sind, werden ähnliche Maßnahmen von seiten der Kirche eingeleitet. Klar sei, daß die Fragen, die von der KKL im Zusammenhang mit der Kommunalwahl benannt wurden, ›nicht auf der Straße gelöst werden können‹.
  2. Erneut sei ›von anderer Seite‹ die dringende Forderung erhoben worden, die geplante Aktion nicht zuzulassen, weil diese den ordnungsgemäßen Verlauf des Kirchentages der EKD in Berlin (West) stört und belastet. [...]
  4. In Abhängigkeit von der Menge auf der Straße und einem evtl. Stau überlege die Kirchenleitung, ob sie die Leute nicht auf die Veranstaltung am 8.6.1989 in der Gethsemanekirche orientieren soll.
  Von diesem Vorhaben hat Genosse Löffler dringend abgeraten. Das Thema Kommunalwahlen ist ein abgeschlossener Vorgang. Die genannten Aktionen können nur zu einer erneuten Belastung des Staat-Kirche-Verhältnisses führen.«[740]

Wegen des starken Einsatzes von Sicherheitskräften gelang es nur insgesamt fünfzig Menschen, bis zum Konsistorium in der Neuen Grünstraße vorzudringen. Von ihrem Vorhaben, zum Staatsratsgebäude zu marschieren, um dort eine Eingabe wegen der Wahlfälschung zu überreichen, brachten sie Mitarbeiter des Konsistoriums ab. Man stellte ihnen eine Abendveranstaltung in der Sophienkirche in Aussicht. Ein Versuch, abends von der Sophienkirche aus doch noch einen Demonstrationszug in Gang zu setzen, endete mit der sofortigen, nicht selten gewaltsamen Verhaftung von 120 Personen, die nach einer Intervention durch die Kirchenleitung am nächsten Morgen alle wieder auf freien Fuß gesetzt wurden[741].

Hoffmann erklärte Ende Juni, man habe allerdings Ordnungsstrafverfahren eingeleitet. Gleichzeitig forderte er Stolpe auf, eine für den 7. Juli geplante weitere Demonstration – vorgesehen war nun der Alexanderplatz – zu verhindern. Der Konsistorialpräsident entgegnete:

»Seit ca. 2¹/₂ Jahren erlebe er einen ›spannenden Prozeß‹. Bürger verändern sich in ihrem Verhalten als Staatsbürger. Dieser Vorgang hat nicht nur subjektive, sondern vor allem objektive Ursachen. Diese wurzeln in den großen Veränderungsprozessen unserer Zeit. Ein großer ›Erwartungsdruck‹ entstehe, der sich an den ›Erneuerungsmöglichkeiten‹ in unserem Lande reibt. Ein Umstand, der sich im übrigen nicht nur auf ›Kirchenmenschen‹ beziehe, sondern weit darüber hinaus. Der Kreis umfasse auch deutlich mehr als diejenigen, die angesprochen sind bzw. auffallen.
  Auch er sei, erklärte Stolpe, für Stabilität in unserem Land, deshalb plädiere er auch für Behutsamkeit. Gerade junge Leute können dies jedoch nicht nachvollziehen. Viele junge Leute sind nicht bereit, ›drei bis fünf Jahre zu warten‹, sie sind ungeduldig und fordern heute eine stärkere gesellschaftliche ›Teilhabe‹. Den ›6.3.1978‹ haben viele als

Kinder erlebt und haben deshalb auch unrealistische Vorstellungen in bezug auf das Staat-Kirche-Verhältnis.«

Die bislang praktizierte Form der Wahlaussprachen über die Kandidatenaufstellungen im Vorfeld der Wahl werde auf Dauer nicht ausreichend sein. »Im Interesse größerer gesellschaftlicher Stabilität solle man darüber nachdenken, wie man ›Teilhabe in breiterer Weise bewerkstelligen könne‹.«

Im Falle des renitenten Diakons Schatta kündigte Stolpe allerdings an, die Kirchenleitung werde überprüfen, »inwieweit sein Verhalten mit seinen Dienstpflichten in Übereinstimmung stehe.« Hinsichtlich der erneut geplanten Demonstration sollten kirchliche Dienstvorgesetzte mit »Vorbelasteten« eindringliche Gespräche führen. Weitere Maßnahmen seien allerdings nicht notwendig.

Abschließend stellte Hoffmann fest,

»daß wir die Gefahr sehen, daß eine Generation kirchlicher Mitarbeiter heranwächst, denen es weniger um den kirchlichen Auftrag und ein vernünftiges Verhältnis zum Staat gehe, sondern mehr darum, politische Provokationen zu organisieren. Er stellte die Frage, wie sich unter diesen Umständen zukünftig das Staat-Kirche-Verhältnis entwickeln soll.«[742]

Anfang Juli 1989 forderte Löffler den Berliner Bischof Forck auf, eine nunmehr geplante Sitz-Demonstration auf dem Berliner Alexanderplatz durch Androhung disziplinarischer Konsequenzen gegenüber potentiell beteiligten kirchlichen Mitarbeitern zu verhindern. Zum Erstaunen des ihn begleitenden Oberkonsistorialrats Pettelkau erklärte der Bischof, ihm sei das geplante Demonstrationsvorhaben gar nicht bekannt; er teile jedoch die staatlichen Bedenken: »Der Alexanderplatz sei nach seiner Meinung tatsächlich für ›so etwas‹ ungeeignet, und er werde versuchen, eine kirchliche Beteiligung auszuschließen, soweit er das bei seiner Abwesenheit aus Berlin[743] könne.«[744]

Zwei Tage später berichtete Stolpe, Pettelkau, Furian und er selbst hätten in Gesprächen mit den Initiatoren erreicht, daß die Aktion unterbleibe. Es gebe allerdings Unsicherheiten, da in Umlauf gebrachte Handzettel bereits für die Demonstration geworben hätten, so daß trotzdem einige Menschen kommen könnten[745].

Über den Ausgang der Kommunalwahlen informierte Demke auch die Beratergruppe auf ihrer Juni-Sitzung:

»Beobachtungen bei der Auszählung haben zu Unstimmigkeiten und – als Folge – zu Eingaben geführt, die von staatlicher Seite teils dilatorisch, teils einschüchternd behandelt worden sind.«

Der Magdeburger Bischof erwähnte, daß sich die Synode seiner Landeskirche dezidierter als die KKL zu den Wahlfälschungen geäußert habe. Außerdem sei sie auch kritisch auf die Berichterstattung der DDR-Medien zum Massaker in Peking eingegangen[746]. Wegen der Ereignisse in China kam es ebenfalls zu starken Aktivitäten einiger Bürgerrechtsgruppen, die in den offiziellen und offiziösen Äußerungen von Einzelpersonen sowie Fernsehen, Rundfunk und Presse versteckte Drohungen im Blick auf die DDR-Verhältnisse sahen. Eine

Lagebeschreibung des Staatssekretariats für Kirchenfragen zeigte offene Sympathie der Behörde mit den Verantwortlichen für das Pekinger Blutbad:

»Eine starke und überwiegend emotionale Wertung erfolgte bei den Geistlichen und kirchlichen Amtsträgern hinsichtlich der Niederschlagung des konterrevolutionären Aufruhrs[747] in der VR China. Insgesamt werden die Vorgänge und Hintergründe nicht verstanden. Es wird vielfach argumentiert, daß dieses Problem rechtzeitig ohne Gewalt hätte gelöst werden müssen, denn es sei immer wieder betont worden, daß eine ›extreme Minderheit‹ die Situation eskaliert habe. In erheblichem Maße folgte man den verleumderischen Darstellungen der Westmedien.

Politisch negative Kräfte in den Kirchen haben diese Situation sofort benutzt, um sich erneut als ›alternative Stimme‹ im Gegensatz zu den Veröffentlichungen in den sozialistischen Medien zu profilieren. In diesem Zusammenhang gab es Klagegottesdienste[748], Kanzelabkündigungen, ›Klagetrommeln‹, Briefe an die Botschaft der VR China (u. a. in Berlin[749], Rostock[750], Halle, Merseburg, Sangerhausen, Potsdam).«[751]

Eine Lageeinschätzung für Berlin (Ost) konstatierte eine deutlichere kirchliche »Polarisierung« in den Monaten Mai und Juni 1989. Kirchliche Vertreter traten stärker als je zuvor »mit einem politischen Anspruch« auf.

»Politische Aktivitäten unter dem Dach der Kirche werden oftmals damit begründet, daß anderweitig keine Möglichkeit bestehe, zu Fragen unserer Gesellschaft Stellung zu nehmen. Dies bringe die Kirche ›ungewollt‹ in die Situation, einen ›gesellschaftlichen Dialog‹ führen zu müssen, der eigentlich anderen zukomme. Das Wirken verschiedenartiger negativer Gruppierungen unter dem Dach der Kirche wird stärker unterstützt. Es erfolgt eine ›Solidarisierung‹ mit dem Anliegen. [...] Die Versuche negativer Gruppierungen, in demonstrativer Weise öffentlich in Erscheinung zu treten (d. h. außerhalb kirchlicher Räumlichkeiten), fanden teilweise die indirekte Unterstützung kirchlicher Vertreter, einschließlich von Vertretern der Kirchenleitung.«[752]

In der Ökologiefrage griffen nach staatlicher Einschätzung kirchliche Gruppen immer stärker lokale Probleme auf und versuchten, sich als Interessenvertreter der Bevölkerung auszuweisen. Ein prägnantes Beispiel hierfür war der Streit um den Bau des Reinstsiliziumwerkes in Dresden-Gittersee[753] – hier machte sich auch der katholische Bischof Reinelt zum Anwalt der besorgten Einwohner[754].

Eine Analyse des Staates über Oppositionsgruppen in der Kirche führte zu folgender Sachverlaufsschilderung:

»Nichtkirchliche, an religiösen Inhalten uninteressierte, politische Gruppierungen und Personen drangen mit der zunehmenden ideologischen Auseinandersetzung zu Beginn der 80er Jahre verstärkt in den kirchlichen Raum ein. Sie fanden sich aus Angst oder Betroffenheit vor einem nuklearen Inferno, der ökologischen Krise u. a. Menschheitsbedrohungen zusammen. Die gesellschaftlichen Möglichkeiten suchten sie nicht, nahmen gebotene nicht an oder fanden keine, die ihren spezifischen Interessenlagen oder Ausdrucksformen entsprochen hätten.

Die Kirche bot sich als Freiraum an, in dem diese Fragen in anderer Weise als in der Gesellschaft diskutiert und beantwortet wurden. Es entstanden ›Friedens-, Umwelt- und 3. Weltgruppen‹ im kirchlichen Raum mit daraus differenziertem religiös motivierten und politischen Profil.

Die evangelischen Kirchen schlugen diesen Weg ein, in der Hoffnung, den Säkularisierungsprozeß aufzuhalten oder zumindest verlangsamen zu können. [...]

Mit der weiteren Zuspitzung der ideologischen Auseinandersetzung gelang es politisch negativen Aktivisten, die z. T. auch neu in den kirchlichen Raum kamen, das Profil einer Reihe von Gruppierungen negativ zu verändern. ›Friedens- und Umweltgruppen‹ thematisierten zunehmend innenpolitische Fragestellungen. Es entstanden sogenannte ›Menschenrechtsgruppen‹. Hier sammelten sich im kirchlichen Raum oppositionelle, sozialismuskritische und feindliche Kräfte, die auch nach eigenen Erklärungen nichts mit Religion und Kirche im Sinn haben. Sie sehen ihre Vorbilder in ›autonomen‹, ›grünen‹ oder ›alternativen‹ Gruppierungen in der BRD und Westberlin, zu denen Kontakte bestehen.

Damit in Zusammenhang wurde vor allem von Berliner Gruppierungen aus die Koordinierung und Vernetzung der Gruppen vorangetrieben [...] Die Radikalisierung in den politisch negativen und feindlichen Positionen sowie die Bereitschaft zu demonstrativen, öffentlichkeitswirksamen Aktionen wuchs in diesen Gruppierungen an. [...]

Im Ergebnis dessen sehen sich Gemeindeglieder und Kirchenleitungen mit Erscheinungen in den Kultstätten konfrontiert, die weder mit Religion noch Kirche irgendetwas zu tun haben und die das Ansehen der Kirche massiv schädigen. [...] Schwerpunkte der sogenannten politisch negativen Aktivitäten und Erscheinungsformen bilden gegenwärtig Leipzig, Berlin und Halle [...]

Als eine Gegenreaktion von Geistlichen auf diese Entwicklung ist in jüngster Zeit eine Bewegung der ›Gemeindeerneuerung‹ belebt worden, die auf eine wieder stärkeren Hinwendung zu den Grundfragen des Glaubens orientiert. Damit werden von anderer Seite Fragen der Einheit der evangelischen Kirchen angesprochen.

Nach jüngsten Informationen hat die Konferenz der Evangelischen Kirchenleitungen sich unter dem Einfluß realistischer Leitungskräfte wie Bischof Dr. Gienke darauf geeinigt, im Umgang mit den Gruppen die von Landesbischof Dr. Leich geprägte Formulierung wieder stärker in den Vordergrund zu rücken, daß die Kirche zwar für alle da sei, aber nicht für alles. Auch in der Arbeit der Gruppen und mit ihnen müsse das Evangelium stärker in den Mittelpunkt gerückt werden.«

Strategisch solle der Staat stärker auf Personen wie Heino Falcke[755] oder Friedrich Schorlemmer achten, »die für eine Reform des Sozialismus in der DDR eintreten, die eng an sozialdemokratische und z. T. grüne Positionen angelehnt ist. Sie enthalten sich radikaler oder demonstrativer Aktionen, sondern nutzen kirchliche Gremien, Arbeitsformen und Publikationen als für sie geeignete Tribüne. [...] Es muß in der Zukunft besser gelingen, diese Vertreter, die politisches Handeln philosophisch-theologisch begründen, in einer ihnen angemessenen und sie überzeugenden Weise in die politisch-ideologische Arbeit einzubinden, die ihnen den Weg zu einem besseren Verständnis der gesellschaftlichen Entwicklung in der DDR eröffnet.«[756]

Ende Juni 1989 führte Hauptabteilungsleiter Heinrich ein ernstes Gespräch mit dem Direktor des Diakonischen Werkes in der DDR, Oberkirchenrat Petzold, und Pfarrer Braune, dem Direktor der Stephanusstiftung in Berlin-Weißensee.

Zunächst konstatierte der Staatsvertreter, daß die Beziehungen zwischen dem SED-Staat und dem Diakonischen Werk sich ausgezeichnet gestalteten, aber

»durch bestimmte Ereignisse auf eine harte Probe gestellt werden. Eine Anzahl von Mitarbeitern, die in diakonischen Einrichtungen tätig sind bzw. die Ausbildung durchlaufen haben und gegenwärtig als Diakon arbeiten, stören insbesondere seit Oktober 1988 in zunehmendem Maße und massiver Weise mit politisch-negativen Aktivitäten das Staat-Kirche-Verhältnis. Diese Personen, die durch einen Teil der kirchlichen Amts-

träger der Evangelischen Kirche in Berlin-Brandenburg bei ihrem Tun ideelle und organisatorische Unterstützung erhalten, fügen dem guten Ruf des Diakonischen Werkes und seiner Einrichtungen großen Schaden zu.
Genosse Heinrich forderte beide Vertreter des Diakonischen Werkes eindringlich auf, der Politisierung der Kirche und des Diakonischen Werkes Einhalt zu gebieten. Die eingetretene Situation macht es notwendig, daß leitende Amtsträger des Diakonischen Werkes Maßnahmen der Disziplinierung erwägen, damit die durch die genannten Kräfte beabsichtigten Provokationen bereits im Vorfeld unterbunden werden.«

Beide Gesprächspartner sagten ihre Kooperationsbereitschaft zu. Braune wolle künftig bei Einstellungsgesprächen »unmißverständlich die Frage stellen, ›ob der Mitarbeiter entsprechend des diakonischen Auftrages tätig werden oder sich in die Berliner Szene einbringen will‹.« Allerdings gebe es für ihn auch Grenzen, da die Letztverantwortung für die Ausbildungseinrichtung bei der Landeskirche liege. Dennoch ließ er Heinrich wissen: »›Herr Heinrich, Sie können sicher sein, daß wir alles unternehmen werden, um dieses Problem zu klären‹.« Petzold hingegen war etwas vorsichtiger und meinte, es sei notwendig, daß der Staat mit diesen Menschen spreche, was Heinrich und der auch anwesende Stephan jedoch ablehnten[757].

Der West-Berliner Kirchentag, die Domeinweihung in Greifswald und der Kirchentag in Leipzig (Juni/Juli 1989)

Ende Mai 1989 fand eine Beratung der Kirchenbeauftragten der SED-Bezirksleitungen aus Thüringen, Sachsen und Sachsen-Anhalt mit Peter Kraußer statt. Der Leiter der AG Kirchenfragen hielt wie üblich ein Grundsatzreferat, in dem er die gegenwärtige Lage analysierte. Er registrierte ein verstärktes Auftreten realistischer Personen wie Gienke, Rogge[758], Kramer, Müller und Demke. Stolpe, Rogge[759] und Gienke wollten »am Inhalt der bewährten Formel von der ›Kirche im Sozialismus‹ festhalten«[760]. Es gelinge ihnen jedoch nicht, sich gänzlich durchzusetzen[761]. In der KKL und unter den Bischöfen bestehe Einverständnis darüber, daß die DDR grundlegende gesellschaftliche Umgestaltungen nach dem Muster der anderen Ostblockstaaten dringend nötig habe[762]. Kirchenpolitisches Ziel sei die Demonstration von Stabilität. Deshalb dürften die Kirchenzeitungen auch sämtliche während der Ökumenischen Versammlung in Dresden verabschiedeten Texte publizieren. Zugleich gelte es, die ›realistischen‹ kirchlichen Vertreter zu stärken. Diesem Ziel diene die geplante Teilnahme Honeckers an der Wiedereröffnung des Doms zu Greifswald[763].

Anfang April 1989 hatte Staatssekretär Löffler Gienke, der die Teilnahme hochrangiger Personen »vor allem aus dem nordeuropäischen kirchlichen Raum und aus der Wirtschaft der BRD, die wesentliche Finanzierungshilfe gegeben habe«, in Aussicht stellte[764], noch hingehalten:

»In einem vertraulichen, kameradschaftlichen und offenen Unter-Vier-Augen-Gespräch während eines Spaziergangs habe ich den Eingang der persönlichen Einladung an den Vorsitzenden des Staatsrates der DDR, Genossen Erich Honecker, bestätigt und mitgeteilt, daß eine definitive Entscheidung zu diesem Zeitpunkt noch nicht möglich ist. In Abhängigkeit von der weiteren internationalen politischen Entwicklung und daraus für Genossen Erich Honecker erwachsenden Verpflichtungen, der Situation im Verhalten der Kirchen zum Staat bei den bevorstehenden weittragenden gesellschaftlichen Ereignissen, z. B. bei der Wahl am 7. Mai 1989, den Frühjahrssynoden u. a. sowie bei absoluter Vertraulichkeit werde eine Beantwortung der Einladung erfolgen; wobei von besonderer Bedeutung sei, daß die Entscheidung über die Rekonstruktion des Greifswalder Doms durch die persönliche Unterstützung von Genossen Erich Honecker erfolgt ist.«[765]

Über den für 1989 bevorstehenden Kirchentag in Berlin (West), hinter dessen Stattfinden Bellmann im Juli 1988 eine »ungute[.] politische[.] Absicht« wähnte[766], war der SED-Staat bereits durch das Westberliner Kirchenleitungsmitglied Horsta Krum, zugleich IM »Helena« und Mitglied der SEW, bestens informiert. So berichtete sie, im übrigen wie ihr Mann auch eng befreundet mit Horst Dohle[767], bereits Mitte Februar 1988 im Gästehaus des ZK:

»Schon in der Vorbereitungsphase würden sich negative Kräfte regen, die sich um die CDU und den Senat gruppieren. Sie versuchten, die besondere Lage Westberlins zu nutzen und dem Kirchentag einen gesamtdeutschen bzw. gesamtberliner Charakter zu geben. Darüber hinaus soll negativer Einfluß auf die Kirchen in der DDR ausgeübt werden. Frau Krum meinte, daß der Kirchentag in Westberlin als eine große Showveranstaltung im Sinne der Deutschlandpolitik der Bundesregierung beabsichtigt wird.«[768]

Für die zweite Hälfte des Januar 1989 baten Kirchentags-Generalsekretär Christian Krause und die Referentin des DEKT für Ökumene und Öffentlichkeitsarbeit, Carola Wolf, bei Staatssekretär Löffler um einen Gesprächstermin. Begleiten wolle sie noch Kirchentagspräsident Helmut Simon[769]. Diesbezüglich hatte schon Annemarie Schönherr im Dezember 1988 vorgefühlt und zugleich über die geplante Stärke der DDR-Delegation informiert[770].

Das Staatssekretariat gelangte in einer Einschätzung zu einer recht positiven Wertung des Kirchentages:

»Seit Anfang der siebziger Jahre, mit der Einrichtung neuer Strukturen und Satzung, ist der DEKT repräsentativ für den gegenwärtig [...] zunehmend politisch-realistisch engagierten Teil der Geistlichen, Amtsträger und Gläubigen in der EKD, der v. a. geprägt ist von der Forderung nach Beendigung des Wettrüstens, dem Stop von SDI, der Rückkehr zur Entspannungspolitik, der Fortführung der Politik der friedlichen Koexistenz und innenpolitisch von einer kritischen Solidarität einer Kirche als Anwalt der Schwachen‹.«[771]

Mitte April kam es dann zu der Begegnung, während der Löffler die Erwartung ausdrückte, der Kirchentag möge sich besonders auf die Friedensfrage und die »Auseinandersetzung mit dem Neo-Faschismus in der BRD und Westberlin«[772] konzentrieren. Simon hob hervor, »daß der Kirchentag in Westberlin für die BRD und Westberlin stattfinden werde. Es sei kein gesamtdeutscher Kirchentag, der gleichzeitig in Westberlin und in der Hauptstadt der DDR stattfinde.« Er hoffe auf noch intensivere Dialoge mit Vertretern aus Staat und Gesellschaft der DDR während der Kirchentage als bisher. Löffler zeigte abschließend Verständnis für die Erwartung, daß die DDR einer größeren Zahl von Christen die Teilnahme am Kirchentag ermöglichen solle[773].

Über diese Frage hatte Mitte März bereits der Berliner Bischof Martin Kruse[774] mit Löffler gesprochen. Der Staatssekretär stimmte einer von Kruse erbetenen Erweiterung der DDR-Delegation von 60[775] auf ungefähr 120 Teilnehmer zu und räumte dem Bischof die Möglichkeit ein, weitere Christen aus der DDR persönlich einzuladen[776]. Eine entsprechende Liste von 24 Personen ließ Kruse Staatssekretär Löffler Anfang April 1989 zukommen[777]. Insgesamt konnten dann ca. 550 Christen aus der DDR mit einem offiziellen Dienstvisum am Kirchentag teilnehmen. Honecker hatte auf Bitten Schönherrs die Ausreise von zusätzlich ca. 370 Besuchern für einen Tag genehmigt[778]. Hinzu kamen noch 3 000 weitere privat angereiste DDR-Bürger[779].

Bischof Kruse bezeichnete die Möglichkeit der Teilnahme einer zahlenmäßig so großen Delegation aus der DDR als »ein erstaunliches und erfreuliches Phänomen«[780]. Nach Beendigung des Kirchentages bedankte sich Generalsekretär Christian Krause bei Staatssekretär Löffler herzlich für die geleistete, außerordentlich hilfreiche Unterstützung:

»Das, was Sie auf unsere Bitte hin im technischen Bereich – zum Beispiel zur Bewältigung der Verkehrsfragen – an Mithilfe und hinsichtlich der Kirchentagsbeteiligung von Bürgerinnen und Bürgern aus der DDR an Fürsprache zugesagt haben, ist später im praktischen Vollzug auch in Erfüllung gegangen.«

Krause bedauerte, daß dem Staatssekretär eine persönliche Teilnahme am Kirchentagsgeschehen nicht möglich war. Der aufgenommene Gesprächskontakt sei fortzusetzen, schloß der DEKT-Generalsekretär[781]. Löffler schlug Jarowinsky vor, auf das von Krause unterbreitete Gesprächsangebot positiv einzugehen[782].

Das Staatssekretariat für Kirchenfragen stellte fest, der Kirchentag nehme

»bewußt Abstand [...] von seinem friedenspolitischen Engagement in der ersten Hälfte der 80er Jahre. Zum zentralen Thema anvisierte das Verhältnis DDR-BRD, eingebunden in die Vorstellung vom Bau eines gemeinsamen europäischen Hauses. [...] Die politisch-realistischen Kräfte v. a. von der kirchlichen Basis, aber auch aus den Leitungsstrukturen der EKD, die sich auf den vorherigen Kirchentagen sowohl Gehör verschafft als auch Verlauf und Ergebnis positiv beeinflußt hatten, verloren deutlich an Gewicht. [...] Die kirchlichen Referenten aus der DDR waren bemüht, realistische Positionen zur Friedenssicherung, zum DDR-BRD-Verhältnis, zur Kirche in der DDR und zum Problem der Antragsteller auf Ausreise aus der DDR zu vermitteln.«[783]

Während der Beratergruppen-Zusammenkunft Ende Juni 1989 mußte Bischof Horst Gienke vor versammelter Mannschaft schwere Kritik einstecken, weil auf sein diskretes Betreiben hin Honecker an der Wiedereinweihungsfeier des Greifswalder Doms teilgenommen hatte[784] – im übrigen der erste und wohl auch letzte Gottesdienstbesuch des Staatsratsvorsitzenden während seiner Amtszeit. Unter anderem kam zur Sprache, daß der Greifswalder Bischof die Ausladung seines Kollegen Forck beim Empfang des Greifswalder Oberbürgermeisters einfach hingenommen habe[785]. Der Berlin-Brandenburgische Bischof führte den unfreundlichen Akt des Staates auf Ärger über seine kritischen Bemerkungen während des Berliner Kirchentages[786] zurück. Die Landeskirchen dürften sich nicht auseinanderdividieren lassen, mahnte Forck.

399

Gienke wies darauf hin, daß die Greifswalder Kirche »das Ganze positiv gemeint (Fortsetzung des mit dem 6. März 1978 Begonnenen)« habe. Immerhin habe Honecker ja dann auch diesen Kurs bekräftigt und die Suche nach neuen Pfaden in Aussicht gestellt. Der Staatsratsvorsitzende habe einen Schritt in Richtung Kirchen getan. Bischof Stier »bedauert den Vorgang und spricht von einer ›tiefen Krise‹; immer wieder erbetene Gespräche hat es nicht gegeben, statt dessen hat eine – regionale – Gesprächsbereitschaft stattgefunden.«[787] Ziegler gebrauchte gar den Begriff »Greifswalder Weg« und warnte davor, zuzulassen, daß die Kirche auseinandergetrieben werde[788].

Forck irrte sich im übrigen, als er annahm, die Gründe für seine Nichteinladung durch den Staat hingen mit seinen Äußerungen auf dem West-Berliner Kirchentag zusammen. Bei einer Beratung hatten Löffler, Kraußer und Jarowinsky[789] festgelegt, Forck und Ziegler nicht zu berücksichtigen, da man befürchtete, die beiden Kirchenvertreter würden dem Staatsratsvorsitzenden Protesterklärungen wegen der Kommunalwahlen übergeben[790]. Dennoch blieb letztendlich nur Forck von der Begegnung mit Honecker ausgesperrt, während Ziegler teilnahm, dessen Entscheidung die KKL »respektiert[e]«[791]. Der Sekretariatsleiter war nur knapp einer Rüge durch seinen kirchlichen Auftraggeber entgangen.

Tatsächlich übermittelte Forck zwei Tage nach der Domeinweihung Honecker einen an den Staatsrat gerichteten Brief, der im Kopf mit dem Absender »Mündige Bürger der DDR« versehen war. Das Schreiben trug 964 Unterschriften und datierte vom 7. Juni 1989, also einen Tag vor der Besprechung bei Jarowinsky. Entstanden war das Schreiben während einer Versammlung bzw. »gottesdienstlichen Veranstaltung«[792] auf dem Grundstück der Berliner Petri-Gemeinde. Der Text enthielt die Erklärung der KKL zu den Kommunalwahlen, allerdings ohne den Satz »Übertriebene Aktionen oder Demonstrationen sind kein Mittel der Kirche«[793]. Forck schrieb an Honecker:

»Es war für mich eine Freude, daß Sie am vergangenen Sonntag Ihre Anwesenheit bei der Wiedereinweihung des Domes in Greifswald als Zeichen des guten Verhältnisses von Staat und Kirche gewertet haben.
Auch meinerseits liegt mir daran, dieses Verhältnis zu vertiefen. Dazu gehört auch, daß alle Momente ausgeräumt werden, die das gegenseitige Vertrauen gefährden. Aus diesem Grunde bitte ich Sie, sehr verehrter Herr Staatsratsvorsitzender, sich mit der beiliegenden Stellungnahme von christlichen Bürgern zu befassen [...] Bitte glauben Sie mir, daß die Bürger, die diese Erklärung unterschrieben haben, nicht aus Kritiksucht gehandelt haben, sondern aus der Mitverantwortung für unseren Staat. [...]
Es wäre ein Beitrag zur Stärkung des Vertrauens aller Bürger zu den Leitungsorganen unseres Staates, wenn Sie, sehr verehrter Herr Vorsitzender, eine Überprüfung der Differenzen in der Addition der Wahlergebnisse und eine entsprechende Auskunft an die Bürger veranlassen würden, die wegen der Kommunalwahl Eingaben an die zuständigen staatlichen Stellen gesandt haben. Wenn das nicht mehr möglich sein sollte, so bitte ich herzlich und dringend, bei künftigen Wahlen die Unterscheidung von Ja, Einzelstreichung und Nein genauer festzulegen und die gesamte Auszählung durchschaubarer zu machen.
In der Hoffnung, daß Sie meiner Bitte entsprechen werden, und in Erwartung Ihrer Antwort«

schloß der Bischof diesen Brief. Honecker, der das Schreiben persönlich sah, leitete es am 18. Juni 1989 an Löffler weiter[794]. Eine Antwort des Staatsratsvorsitzenden ist in der entsprechenden Akte nicht enthalten[795].

Bereits Ende Mai hatten Gienkes Kollegen im Bischofsamt sowie die leitenden Kirchenjuristen »Betroffenheit darüber geäußert«, daß sie nicht schon eher über den bevorstehenden Besuch des Staatsratsvorsitzenden in Kenntnis gesetzt worden waren: »Es wird die Gefahr angesprochen, daß durch solche Vorgänge der Zusammenhalt des Bundes gefährdet sei. Deshalb müsse zum Ausdruck kommen, daß das regionale Ereignis der Domeinweihung in Greifswald im Rahmen des Bundes der Ev. Kirchen in der DDR liege.« Darum schlug man vor, Leich möge nach Greifswald fahren, was dieser jedoch ablehnte. Daraufhin wurde an Forck in seiner Funktion als Bischof einer benachbarten Gliedkirche des BEK gedacht. Der Berlin-Brandenburger Bischof erklärte denn auch seine Bereitschaft, allerdings unter der Voraussetzung, »daß ihm dann aber die Möglichkeit gegeben werden müsse, etwas zu sagen, wenn sich das als notwendig erweist.«

Weiter heißt es im Protokollvermerk:

»Nachdrücklich wird auf die Gefahr hingewiesen, daß in Greifswald eine heile Welt vorgegaukelt werde, die nicht vorhanden ist, daß aber alle kritischen Anfragen verschwiegen würden. Es käme sehr darauf an, was Dr. Gienke bei dieser Begegnung sagen werde.

Es wird Verwunderung darüber zum Ausdruck gebracht, daß anscheinend die Beteiligung des Bundes nur durch Bischöfe zum Ausdruck gebracht werden könne. Wer aus der KKL dabei sein kann, sollte nach Greifswald fahren, damit die Greifswalder Kirche nicht in eine ähnliche Situation gebracht wird wie [die] Thüringer Kirche vor 25 Jahren.«

Die Befürworter der Honecker-Visite hofften auf eine Signalwirkung für einen Neubeginn des Dialogs zwischen Staat und Kirche[796].

Leich hatte von Gienke am 25. Mai 1989 in Berlin in einem persönlichen Gespräch erfahren, daß eine Teilnahme Honeckers an den Einweihungsfeierlichkeiten wahrscheinlich sei. Der KKL-Vorsitzende machte seinen Greifswalder Kollegen auf die Schwierigkeiten aufmerksam,

»die durch den Eindruck entstehen können, daß sich der Staat eine andere Strecke als die des Bundes der Evangelischen Kirchen in der DDR suche, um die Kirchenpolitik zu bestimmen und zu definieren. Ich weise auf die schwierige Situation in der Konferenz der Kirchenleitungen hin. Erst auf Rückfrage durch Bischof Dr. Forck ist die Möglichkeit des Besuches des Staatsratsvorsitzenden in Greifswald in der Konferenz angesprochen worden[797]. Ich teile mit, daß sowohl im Bischofskonvent als auch in der Konferenz die Meinung besteht, Bischof Dr. Forck und Bischof Stier sollten als Nachbarbischöfe an dem Ereignis mit teilnehmen und dadurch die Einbindung in die Gemeinschaft des Bundes betonen. Auf Rückfrage sage ich aus, daß ich aus objektiven Gründen nicht nach Greifswald kommen kann, daß ich aber auch nicht gewillt sei, dies zu tun. Ich möchte den Eindruck vermeiden, daß der Bund der Evangelischen Kirchen ohne eine vorherige Verabredung zu Terminen erscheint, die einseitig vom Staat angesetzt worden sind.

Ich weise auf die schwierige Situation hin, die es angesichts der belasteten Erfahrungen mit den Kommunalwahlen gibt, die öffentliche Berichterstattung über den Besuch des Staatsratsvorsitzenden in Greifswald wird Harmonie vermitteln und bei vielen unserer Gemeindeglieder auf Unverständnis stoßen. Auch wird die Taktik des Staatssekre-

tärs für Kirchenfragen bestätigt, vornehmlich mit einzelnen, aber nicht mit zuständigen Vertretern des Bundes der Evangelischen Kirchen in der DDR zu sprechen.
  In dem Gespräch zeigt sich, daß Bischof Dr. Gienke eine andere Konzeption des Verhältnisses unter der Überschrift ›Realitätssinn‹ und Unverständnis für manche Wünsche aus den Reihen der Bevölkerung und der Gemeindeglieder hat. Dies wird ganz offen und ohne persönliche Schärfe besprochen. [...] Nach einem einstündigen Gespräch betone ich, daß wir alles unternehmen müssen, um eine Spaltung des Bundes auch bei unterschiedlicher Beurteilung der Lage zu vermeiden. Darin besteht Übereinstimmung«,

protokollierte der Thüringer Bischof[798].

Der KKL berichtete Gienke – nicht ganz wahrheitsgemäß –, das Staatssekretariat für Kirchenfragen habe von sich aus Honeckers Interesse an einer Teilnahme signalisiert. Am anschließenden Empfang werde der Staatsratsvorsitzende nicht teilnehmen, allerdings sei eine separate Begegnung vorgesehen. »Eine Reihe protokollarischer Fragen sei noch zu klären«, fügte der Bischof hinzu. Er rief die Teilnehmer dazu auf, die in der Veranstaltung liegende Chance zu nutzen.

Auch in bezug auf die Einladungen kritisierten die Anwesenden »die ungenügende Kommunikation mit den anderen Gliedkirchen, der KKL und dem Vorstand« recht heftig:

»Die Konferenzmitglieder seien nicht eingeladen worden; es habe weder rechtzeitige Informationen noch eine Bitte um Beratung gegeben. Das Ereignis könne wie eine Desavouierung des Bundes wirken, dem Gespräche nicht ermöglicht werden, dem eine Fernsehübertragung vom Kirchentag in Leipzig abgelehnt wurde. Zugleich zeigt es jedoch die Ambivalenz des Verhältnisses von Staat und Kirche.«[799]

Einen Tag nach der Domeinweihung fanden sich Kraußer, Löffler und Baron bei Jarowinsky ein. Gienke sollte unverzüglich in einem Vier-Augen-Gespräch die Anerkennung und der Dank des Staatsratsvorsitzenden übermittelt werden. Vor allem habe dem SED-Generalsekretär der würdige Ablauf der Feierlichkeiten imponiert. Gleichzeitig solle man dem Greifswalder Bischof nahelegen, sich schriftlich bei Honecker zu bedanken. Der Tagesordnungspunkt endete mit der Frage: »Was muß jetzt getan werden, um Gienke weitere Hilfestellung zu geben?«[800]

Günter Wirth stellte den 11. Juni 1989 auf eine Ebene mit dem 6. März 1978[801].

Tatsächlich dankte Gienke Anfang Juli dem SED-Generalsekretär für seine Teilnahme an dem Gottesdienst. Der Greifswalder Bischof hob in dem devot gehaltenen Schreiben auch die »außerordentlich korrekt, sachgemäß und breit erfolgte« Berichterstattung in den DDR-Medien über die Domeinweihung hervor – »im Unterschied zu manchen Zeitungen, vor allem Kirchenzeitungen, in beiden deutschen Staaten.« Weiter schrieb er, es gebe zwar Kritiker, dennoch sei festzuhalten: »Die Breite unserer Gemeinden und unserer Bevölkerung ist ohnehin voller Freude[802] und fühlt sich auf dem Weg des täglichen Miteinanders ermutigt.«[803] Daraufhin wurde der Entwurf für ein Antwortschreiben des Staatsratsvorsitzenden im Staatssekretariat für Kirchenfragen eingehend überarbeitet[804], allerdings in dieser Form – trotz Zustimmung von Peter

Kraußer – nicht übernommen. Für die Korrekturen wird wahrscheinlich Egon Krenz verantwortlich gezeichnet haben[805]. Sowohl Gienkes Brief als auch Honeckers Reaktion erschienen am 19. Juli 1989 im SED-Zentralorgan »Neues Deutschland«[806]. Diese Publikation kam für beide Seiten nicht überraschend. Gienke hatte hierüber bereits Leich und Stolpe eine Mitteilung zukommen lassen, nachdem Löffler dem Bischof am 13. Juli 1989 diesen Vorschlag unterbreitet hatte[807]. Leich berichtete jedoch, er sei erst am Tag vor Veröffentlichung des Briefes – am Abend wurden die Texte bereits in Rundfunk und Fernsehen verlesen – durch seinen Greifswalder Kollegen telefonisch informiert worden. Der KKL-Vorsitzende erklärte sich zutiefst verwundert darüber, »daß dieser Vorgang des Briefwechsels an der KKL vorübergehe.«[808] Da bereits einen Tag nach der Publikation im »ND« die Ost-CDU-Presse zustimmende Briefe abdruckte, was sich tagelang fortsetzte[809], handelte es sich auch auf staatlicher Seite um eine wohlvorbereitete Aktion[810].

Das Staatssekretariat für Kirchenfragen faßte als Quintessenz zusammen:

»Bei klarer verfassungsmäßiger Trennung von Staat und Kirche ist eine Verantwortungsgemeinschaft von Marxisten und Christen ein Gebot der Stunde. Es geht angesichts der Bedrohungen der Menschheit und des Friedens um die gemeinsame Welt, um das gemeinsame Europa und um das gemeinsame sozialistische Heimatland.« Den Kurs des 6. März habe der Staatsratsvorsitzende persönlich bestätigt[811].

Auch der BEK wünschte eine deutliche Normalisierung des Staat-Kirche-Verhältnisses. Ende Juni schrieb Löffler an Willi Stoph, der BEK und auch der Verband Jüdischer Gemeinden in der DDR wollten dem Ministerpräsidenten zu seinem 75. Geburtstag einen Besuch abstatten und hätten den Staatssekretär für Kirchenfragen um Vermittlung gebeten:

»Ihr Ehrentag [...] sei [...] ein willkommener Anlaß, dem sozialistischen Staat für die vielfältige Unterstützung zu danken, die er dem kirchlichen und religiösen Leben gewährt, und öffentlich zu bekunden, daß die besonnene und weitsichtige Politik der Partei- und Staatsführung gegenüber Kirchen und Religionsgemeinschaften hohe Anerkennung erfährt und unter Gläubigen und Kirchenleitungen die Bereitschaft, selbst aktiv für konstruktive Staat-Kirche-Beziehungen einzutreten, zunimmt.«[812]

Der KKL-Vorsitzende Leich gratulierte dem DDR-Ministerpräsidenten schriftlich:

»Als Christen bitten wir Gott, Ihr Wirken möge dazu beitragen, daß alle Bürger unseres Landes die Deutsche Demokratische Republik als ihre Heimat ansehen können, in der sie gern ihre Kräfte zum Wohl ihrer Mitmenschen einsetzen. An Ihrem Ringen um das immer neu zu findende Miteinander von Kontinuität und Erneuerung nehmen wir Anteil. Als lebenswichtiges Ziel für uns alle sehen wir es an, daß die noch immer bestehende Hochrüstung abgebaut wird, und sind dankbar, daß die DDR sich dieser Aufgabe verpflichtet weiß.
Dankbar sind wir auch für die Impulse, die Sie in den letzten Monaten für Rechtsstaatlichkeit und Rechtssicherheit in unserem Lande gegeben haben.
Als wichtige Hilfe für die Teilhabe unserer Bürger haben wir die von Ihnen, sehr verehrter Herr Ministerpräsident, ermöglichte breite Beteiligung christlicher Bürger in Umweltfragen erfahren. Mit unseren ökumenischen Bemühungen um Frieden, Ge-

rechtigkeit und Bewahrung der Schöpfung wollen wir aus Glaubensverantwortung einen Beitrag zum Wohle der Menschen bringen.«[813]

Sachsens Landesbischof Hempel beklagte vor der Beratergruppe die geringe Anmeldungszahl zum Leipziger Kirchentag[814] und machte dann die Brisanz der Veranstaltung deutlich: »Leipzig ist eine Stadt besonders gesellschaftskritischer Gruppen und ihrer Aktivitäten, weshalb« der Staat »mit erhöhter Aufmerksamkeit dem Leipziger Kirchentag entgegens[ehe].«[815] Der Staat hatte zum Kirchentagsvorhaben seine Zustimmung erteilt, »obwohl in der Messestadt durch die staatsfeindlichen Aktivitäten der letzten Monate eine komplizierte Situation entstanden ist«[816], so das Staatssekretariat für Kirchenfragen Ende März 1989[817]. Zunächst hatten Staat und Partei Hempel noch bewegen wollen, die geplante Großveranstaltung in die sächsische Mittelstadt Riesa zu verlegen[818]. Ende Januar 1989 teilte der Landesbischof mit, ein solcher Schritt sei nicht mehr möglich, da die Vorbereitungen schon zu weit vorangeschritten seien. Er sicherte aber zu, den Kirchentag auf die Landeskirche zu begrenzen und der Veranstaltung einen religiösen Charakter zu geben[819].

Ende Mai 1989 stellte der Bezirk Dresden fest, seitdem LKA-Präsident Domsch erkrankt sei – es war auch klar, daß er zum 1. Juli 1989 den Ruhestand antreten würde[820] –, taktierten die Oberlandeskirchenräte zunehmend:

»Als verläßlich und gradlinig sind außer Landesbischof Dr. Hempel, der dem Vernehmen nach das Amt 1990 niederlegen will, im wesentlichen OLKR Fritz, OLKR Ihmels und OKR Auerbach einzuschätzen. [...] Bei Bischof Dr. Hempel machen sich seit längerem Erscheinungen der Resignation und Mutlosigkeit breit. Die spannungsreiche Situation in seiner Landeskirche und die aus seiner Sicht ungelösten Probleme im Verhältnis zum Staat und in der Gesellschaft überhaupt belasten ihn außerordentlich und lassen ihn daran zweifeln, daß er sein Amt als Bischof ausfüllen kann.«[821]

Seit dem 1. Mai 1989 spitzte sich die Lage an der Nikolaikirche weiter zu, da während der montäglichen Friedensgebete massive Polizeikräfte die Kirche umlagerten. In Anbetracht dieser Situation sah Bischof Hempel es als unmöglich an, die Andachten zu verlegen oder gar abzusetzen. Andererseits wies er die in Leipzig verantwortlichen Superintendenten und Pfarrer darauf hin, im Zentrum der Veranstaltungen möge der biblische Text und der konziliare Prozeß stehen[822].

Der SED-Staat stellte Mitte Juni 1989 fest:

»Im Ergebnis dieser differenzierten, auf alle Ebenen ausgedehnten Einflußnahme wurde erreicht, daß bei den sogenannten Montagsgebeten in der Leipziger Nikolaikirche der theologisch-kirchliche Charakter besser zum Ausdruck gebracht wird und die Veranstalter von sich aus die Dinge nicht weiter aufheizen, beruhigend auf die Teilnehmer einwirken und von demonstrativen Handlungen abraten. Diese von Landesbischof Hempel gegebene Zusage wurde in den vergangenen Wochen korrekt eingehalten. Demgegenüber wurden die kirchenleitenden Vertreter bei der Organisierung des sogenannten Straßenfestes am 11.6. nicht entsprechend wirksam. Landesbischof Hempel hat sich zwar davon distanziert, aber letztlich zu wenig getan, um diese neuerliche Provokation zu verhindern. Von den an diesem Tage durch die Volkspolizei zugeführten Personen waren zehn Mitarbeiter kirchlicher Stellen aus der ganzen Republik. Gegenwärtig ist also die Lage so, daß die kirchenleitenden Kräfte in den Kirchen selbst für Ordnung sorgen, aber oft im Gefolge und im Umfeld solcher Veranstaltungen demonstrative Aktionen durchgeführt werden und die Kirchenvertreter sich raus halten. Damit überlassen sie den Provokateuren, die sich aus der gesamten Republik in Leipzig zusammenfinden, das Feld und bieten ihnen Spielraum für ihre feindlichen Aktivitäten.«[823]

Mitte Juni versicherte Löffler dem sächsischen Landesbischof, der Kirchentag werde, was die staatliche Seite angehe, reibungslos verlaufen. Weder auf dem Messegelände noch bei der Abschlußveranstaltung werde Polizei sichtbar sein. Den Kirchentag von unten in der Lukaskirche tolerierte der Staat, solange die dort Engagierten in den Kirchenräumen blieben. Im übrigen richteten sich die montäglichen Polizeieinsätze vor der Nikolaikirche nicht gegen die Kirche, »sondern gegen Ausreise-Provokateure«. Hempel entgegnete, der Staat müsse öffentliche Ursachenforschung betreiben. Ein Abbruch der Montagsgebete sei für die Landeskirche nicht möglich, allerdings müsse der gottesdienstliche Charakter der Veranstaltungen ausgeprägter zum Vorschein kommen[824]. Der KKL erklärte der sächsische Bischof:

»Aus seiner Sicht wird Leipzig immer mehr zum Zentrum kirchenleitenden Handelns der sächsischen Kirche. Die irreale Massierung der Polizeieinsätze vor der Nikolaikirche will eine Eskalation verhindern und provoziert sie gleichzeitig.«[825]

Kurz vor Beginn des Kirchentages gelangten Löffler, Krau ßer, Baron und Jarowinsky zu dem Ergebnis, ein die Demonstration im Leipziger Stadtzentrum behandelnder Artikel in der »Leipziger Volkszeitung«[826] sei »taktisch unklug und eine ausgesprochene Dummheit«. Hinsichtlich des Kirchentages solle der Versuch unternommen werden, eine Teilnahme des SPD-Politikers Erhard Eppler[827] zu verhindern[828].

Kirchentagspräsident Johannes Cieslak vertrat für die Veranstaltung die Konzeption, in Leipzig gegen die Berliner Vorgänge »ein konstruktives Zeichen zu setzen«. Hier biete sich die gute Gelegenheit, Stabilität zwischen Staat und Kirche zu demonstrieren und die mannigfaltigen Möglichkeiten kirchlicher Tätigkeit in der DDR einer breiteren Öffentlichkeit vor Augen zu führen[829].

Den Leipziger Kirchentag werteten Staat und Partei insgesamt sehr positiv:

»Der sächsische Landesbischof Hempel und Kirchentagspräsident Cieslak als Veranstalter waren stärker darum bemüht, auf die Vorschläge, Erwartungen und Forderungen der staatlichen Organe einzugehen. Das hatte [...] eine positive Wirkung auf den Gesamtverlauf des Kirchentages. Deutlich wurde auch, daß weitere führende Amtsträger sich bemühten, auf diesem Kirchentag stärker als bisher die kirchlichen und theologischen Anliegen zu betonen.
Als sehr wichtig hat sich erwiesen, daß es gelungen war, mit Hempel zu vereinbaren, die Anzahl der von den Veranstaltern eingesetzten Ordner noch einmal zu erhöhen. Tausend kirchliche Ordner sorgten in eigener Verantwortung bei den jeweiligen Veranstaltungen für einen weitgehend störungsfreien Ablauf. Es gab eine ständige Verbindung der Verantwortlichen der Kirche zu den Organen der VP.
In einer ganzen Reihe von Fällen griffen die kirchlichen Ordner ein[830]. So drängten sie zum Beispiel bei der Abschlußveranstaltung kleinere Gruppen ab und verhinderten das Zeigen von Transparenten.

Wichtig war in diesem Zusammenhang auch, daß im öffentlichen Leben der Messestadt der Kirchentag kaum sichtbar in Erscheinung trat und die Veranstaltungen sich auf die vorgesehenen Kirchen bzw. zugewiesenen Bereiche beschränkten. [...] Bischof Hempel und auch Präsident Cieslak distanzierten sich von der sogenannten Kirche von unten, die außerhalb des offiziellen Kirchentages offen provozieren wollte. Mit Unterstützung der Kirchenleitung wurde diese Gruppe weitab vom Geschehen des Kirchentages in der Lukaskirche in Leipzig-Volkmarsdorf zusammengefaßt. [...]
  Bischof Hempel distanzierte sich ebenso wie Kirchentagspräsident Cieslak schon beim Auftakt von denjenigen, die, ohne religiös gebunden zu sein, als ›Trittbrettfahrer‹ die Veranstaltungen des Kirchentages und die Kirche für ihre Zwecke mißbrauchen wollten. In dieser Hinsicht gab es auch – und das ist neu – eine deutlichere Abgrenzung der sächsischen Kirchenleitung von den sogenannten Gruppen.
  Im Gegensatz zum Bestreben der Kirchenleitung traten in den Diskussionen, was von den Westmedien einseitig stark herausgestellt wurde, einige Kirchenvertreter negativ bzw. provozierend in Erscheinung, so der Dresdener Superintendent Ziemer, der Leipziger Theologiedozent Blaschke. Unter Bezugnahme auf sogenannte demokratische Entwicklungen in anderen sozialistischen Ländern und auf die jüngste Rede in Straßburg traten mit Forderungen nach gesellschaftlichen Veränderungen vor allem der Erfurter Propst Falcke und der Rektor der Evangelischen Akademie Magdeburg, Tschiche, auf und wiederholten dort ihre bekannten Standpunkte zu den Fragen der Demokratie, zur Information, zur Bildung, zur Umwelt u. a.
  Verbindlicher und immer verknüpft mit entsprechenden Aussagen zum Sozialismus und zur DDR traten Stolpe und auch Forck mit Vorschlägen zu gesellschaftlichen Veränderungen auf. Positiv und insgesamt im Sinne der mit dem 6.3.1978 verbundenen langfristigen Politik äußerten sich wiederholt die Altbischöfe Schönherr und Krusche, der Berliner Generalsuperintendent Krusche und Annemarie Schönherr. [...]
  Die eingeladenen Gäste aus der BRD hielten sich im Auftreten zurück. Günter Gaus trat ungeachtet einiger für ihn typischer Bemerkungen insgesamt positiv in Erscheinung. Auch Eppler hielt sich nach entsprechender Einwirkung durch Genossen Kurt Löffler zurück und trat nicht, wie das ursprünglich vorgesehen war, als Referent in einer Großveranstaltung auf.«[831]

Unter den 5 500 Teilnehmern des in Arbeitsgruppen tagenden Kirchentagskongresses befanden sich 700 Mitglieder der Ost-CDU[832]. Wieder einmal hatte sich die Blockpartei zur »inhaltlichen Absicherung« einer kirchlichen Großveranstaltung mobilisieren lassen. Horst Dohle[833] berichtete, die »Unionsfreunde« hätten den Diskussionsverlauf in den Gesprächskreisen positiv beeinflußt[834].
  Auch in einer weiteren Information hieß es, der Kirchentag sei

»insgesamt ruhig und ohne nennenswerte Störungen [verlaufen].
  Bereits in der Eröffnungsveranstaltung stellte Landesbischof Hempel klar, daß es beim Kirchentag um ein Fest des Glaubens, um die Behandlung religiöser Themen gehe, und grenzte sich von solchen Gruppen ab, denen es ausschließlich auf gesellschaftskritische oder sozialismusfeindliche Aktionen ankomme. [...]
  Besser als zu den vorangegangenen Kirchentagen wurde auf das Evangelium, die spezifisch religiöse Motivation, den eigentlichen kirchlichen Auftrag orientiert. Das hat auch dazu beigetragen, daß die von bestimmten Kräften in der Kirche und von Gruppen seit Monaten im Zusammenspiel mit westlichen Medien geführte Kampagne gegen unsere Kommunalwahlen, unsere Haltung zu den konterrevolutionären Ereignissen in China und zu Umweltfragen keine solche dominante Rolle gespielt hat. [...]

Die Mehrzahl der BRD-Kirchenvertreter trat auf dem Kirchentag nicht öffentlich in Erscheinung. Der nordelbische Bischof Stoll wandte sich dagegen, die BRD-Vertreter als ökumenische Gäste zu bezeichnen. Bemerkenswert nüchtern, realistisch und sachlich trat Günter Gaus auf.

Als sich am Sonnabend nachmittag die Atmosphäre in der Lukas-Kirche besonders aufgeheizt hatte, wurde der anwesende BRD-Vertreter Eppler von der sächsischen Kirchenleitung gebeten, dort aufzutreten und die vorwiegend negativ eingestellten Personen in der Kirche zu binden.«[835]

Gleichzeitig verstärkte sich durch die Greifswalder Ereignisse nach staatlicher Einschätzung der innerkirchliche Differenzierungsprozeß. Gienke und die Mitglieder der Kirchenleitung Plath, Harder und Affeld hätten dem »politischen Mißbrauch der Kirche [...] eine klare Absage erteilt«:

»Es zeigt sich, daß realistische Kräfte in einigen Kirchenleitungen nicht mehr bereit sind, zu negativen Aktivitäten, die das Ansehen der Kirche schädigen und die sie mit dem biblischen Auftrag für unvereinbar halten, länger zu schweigen. Sie gehen nunmehr mit ihren konstruktiven Grundpositionen in die Offensive und z. T. in die Öffentlichkeit.«

Auch die von Hempel bestimmte und verwirklichte Konzeption des Leipziger Kirchentages wertete der Staat als eine Bekräftigung der Linie des 6. März und als Zustimmung zur Begegnung in Greifswald. Man hob hervor, daß Hempel und Cieslak geäußert hätten, die Kirche habe sich von Trittbrettfahrern, die nicht nach dem Evangelium leben wollten, abzugrenzen. Auch Rogge soll sich gegenüber Staatsvertretern für einen positiven kirchlichen Kurs stark gemacht haben[836], was auch die Teilnahme des Greifswalder Oberkonsistorialrates Völz an der Greifswalder Domeinweihung unterstrich[837].

Horst Dohle warnte vor allzu großen Illusionen:

»Der erfolgreiche Verlauf des Kirchentages darf nicht darüber hinwegtäuschen, daß die seit längerer Zeit im kirchlichen Raum diskutierten gesellschaftlichen Fragen, z. B. zur Demokratieentwicklung, zum innergesellschaftlichen Dialog, zur Informations- und Umweltpolitik nunmehr aufgehoben wären. Die Auseinandersetzung darum wird weitergehen.«[838]

Ende Juni 1989 hatte Stolpe der KKL unter der Überschrift »Wachsende verwirrende Vielfalt« eine detaillierte Lageeinschätzung gegeben:

»Die innerkirchliche Situation ist gekennzeichnet durch zunehmend wachsende Kontroversen. Sowohl Aktivitäten im evangelikalen Bereich wie auch bei den sozial-ethischen Gruppierungen nehmen zu. Auffällig ist dabei ein gewachsenes Engagement von jungen Leuten. Ebenso nimmt die Bereitschaft zu Aktionen, Demonstrationen und symbolischen Handlungen zu. [...] Die Konkurrenz zwischen den einzelnen Aktivitäten der sozial-ethischen Gruppen kulminiert in immer neuen Aktionen. Dabei eskalieren diese Aktivitäten in der Methodik und nähern sich zunehmend der Bereitschaft zur Gewalt. Aus seiner [Stolpes] Sicht ist die Frage der Gewaltlosigkeit keine theoretische Frage mehr. Eine der Ursachen in dieser Eskalation ist in den widersprüchlichen Erfahrungen in Kirche und Gesellschaft zu sehen[839], aber auch darin, daß auf staatlicher Seite keine Gesprächsbereitschaft signalisiert wird in der immer noch aktuellen Frage der Kommunalwahl. Die Ereignisse in China sind ein neuer dramatischer Akzent mit viel Beunruhigungen bei diesen Gruppierungen. Wie weit diese Ereignisse die Gemeinden bewegen, ist eine offene Frage. Im 8. Plenum des ZK der SED und im 9. Pädagogischen Kongreß ist die Haltung des Staates erneut festgeschrieben in der Dialektik von Kontinuität und Erneuerung.

In juristischen Publikationen beobachtet er eine zunehmende Bereitschaft, die Hinweise zu Rechtssicherheit und Rechtsstaatlichkeit aufzuarbeiten. Die vorhandenen vorsichtigen Erneuerungssignale stehen in deutlicher Spannung zu der Sorge, durch diese Signale keinen Erwartungsdruck im Blick auf weitergehende Erneuerung im ökonomischen und partizipatorischen Bereich zu provozieren. Die Kirche lebt mitten in diesen Spannungen in ihrer unvermeidbaren und unvertretbaren Vermittlerrolle. Zu fragen bleibt dabei, ob sie in dieser Rolle und mit der Methode der Vermittlung die zukünftigen Aufgaben bewältigen kann. Drängend wird die Erwartung von sozialethischen Gruppen, daß die Evangelische Kirche in der DDR eine führende Rolle im Blick auf die Gestaltung und Veränderung in der Gesellschaft einnimmt. [...]

Welche Vorstellungen und Erwartungen haben wir im Blick auf die Veränderungen in der Gesellschaft?«, fragte der Konsistorialpräsident die Anwesenden. »Aufgrund der Gesamtsituation kann die Frage des Verhältnisses der Evangelischen Kirchen zum Sozialismus nicht ausgeklammert werden.«

Gerade auch im Blick auf Greifswald forderte Stolpe intensive innerkirchliche Gespräche, um beieinander bleiben zu können, ohne daß es notwendig sei, immer wieder erneut einen Minimalkonsens zu formulieren[840].

In Greifswald schritt die Polarisierung voran. Der Greifswalder Studentenpfarrer Arndt Noack und weitere Geistliche kritisierten die Kirchenleitung und planten, der Herbstsynode einen gegen Gienke gerichteten Mißtrauensantrag zur Beschlußfassung vorzulegen[841]. Dieses Vorhaben setzte der Pfarrkonvent Greifswald dann auch in die Tat um[842].

Da der Greifswalder Bischof dem Staatsratsvorsitzenden geschrieben hatte, ohne zuvor das Konsistorium oder die Kirchenleitung informiert zu haben – gleiches gilt für die Veröffentlichung des Textes im »ND« –, kam es in der Kirchenleitung zu scharfen Auseinandersetzungen, deren Gienke allerdings noch einmal Herr werden konnte[843].

Auch in Mecklenburg gab es Proteste, wobei sich vor allem die »Mecklenburger Kirchenzeitung« unter Chefredakteur Beste hervortat[844]. Landessuperintendent Wiebering behauptete, Bischof Stier habe keine Einladung zu den Greifswalder Feierlichkeiten erhalten. Hingegen wurde staatlicherseits positiv vermerkt, daß Forck seine Nichtberücksichtigung beim Rathausempfang nicht hochgespielt und insgesamt eine positive Haltung zur Domeinweihung eingenommen habe. Überraschenderweise äußerte sich der ansonsten so staatspositiv aufgetretene Thüringer Oberkirchenrat Martin Kirchner[845] überaus kritisch zur Greifswalder Begegnung, »weil sie seiner Meinung nach Fragen und Probleme auf zentraler Ebene nur kaschiere«. Die zwischen Kirche und Staat geplanten Sachgespräche stünden weiterhin aus, betonte das Ost-CDU-Mitglied.

Als ein weiteres Beispiel für die entstandene Polarisierung wertete der SED-Staat die Ende Juni stattgefundene KKL-Sitzung – noch vor dem Brief Gienkes an Honecker –, in der nach Darstellung der Greifswalder Kirche gegenüber dem Staat auf einen Greifswalder Antrag hin[846] auf die Domeinweihung Bezug genommen wurde. Man warf Gienkes Redebeiträgen staatsfreundliche Formulierungen vor, ohne die vorhandenen Probleme deutlich beim Namen benannt zu haben. Die Einladung des Oberbürgermeisters zum Empfang hätte der Bischof aus Solidarität gegenüber seinem Kollegen Forck ablehnen müssen. Außerdem habe er die KKL erst kurz vor dem 11. Juni über die Teilnahme Honeckers informiert. Wieder tauchte der Begriff des »Greifswalder Weges« auf – gleichzeitig sprachen Teilnehmer »von der ›Viererbande‹ Gienke, Plath, Harder und Affeld[847]« –, der auf eine Spaltung des BEK hinarbeite[848]. Der Alleingang einzelner Gliedkirchen gefährde die Gemeinschaft im Bund, wurde nochmals bekräftigt: »Berichtet wird, daß die Feierlichkeiten anläßlich der Domeinweihung und die Berichterstattung darüber für viele Christen im Land nur schwer nachzuvollziehen waren, weil Erfahrungen der Menschen auf örtlicher Ebene dadurch verdeckt erschienen.«[849]

Die Greifswalder Teilnehmer entgegneten, sie seien an einem konstruktiven Verhältnis zwischen Staat und Kirche interessiert. Einzig und allein diesem Ziel habe die an den Staatsratsvorsitzenden gerichtete Einladung gedient[850]. Die Nichteinladung Forcks zur Begegnung mit Honecker habe auch die Greifswalder Kirchenleitung als belastend empfunden, beteuerte Harder[851].

Mit seinem Schreiben an Honecker sei der Greifswalder Bischof einen Schritt weitergegangen, wertete der Staat. Er habe öffentlich gezeigt, daß er die von der KKL vorgebrachte Kritik nicht teile, und deutlich gemacht, daß auf ihn ausgeübte Pressionen ihre Wirkung verfehlten[852].

Mit dem Briefwechsel befaßte sich Ende Juli 1989 auch der KKL-Vorstand. Leich und Demke beklagten, Gienke hätte sie erst am Tag der Veröffentlichung des Briefes über diesen folgenreichen Schritt informiert[853]. Das BEK-Sekretariat hatte der Greifswalder Bischof erst gar nicht über sein Tun in Kenntnis gesetzt. Leich schrieb daraufhin Gienke und dem Greifswalder Konsistorium entsprechende Briefe. Der KKL-Vorstand betrachte als besonders beschwerlich:

»– de[n] Umgang mit den Kritikern der Ereignisse im Zusammenhang der Domeinweihung;
– die Äußerungen zur Berichterstattung der kirchlichen Presse;
– die allgemein positive Deutung der gegenwärtigen Lage in der Gesellschaft.
Unverständlich bleibt, daß der Brief offenbar ohne jede Rücksprache mit einem Mitglied aus der Leitung des Bundes geschrieben wurde.«[854]

Gienke wurde dringend gebeten, für die September-Sitzung der KKL seinen Urlaub zu unterbrechen und sich dem Gespräch zu stellen[855].

Mittlerweile hatten den Greifswalder Bischof auch viele Protestbriefe von Gemeindegliedern erreicht. Olav Metz aus Leipzig schrieb in einem Offenen Brief:

»Wer das gegenwärtig laufende Gespräch […] als vertrauensvolles Miteinander bezeichnet, der anerkennt die Basis von Unwahrhaftigkeit, Mißtrauen und autoritärem Zentralismus, die dieser Art von Gespräch zugrundeliegt. […] Ich selbst kann ein solches Miteinander nur als unsachgemäße Kumpanei (miß)verstehen, die sich an dem eigentlichen leidvollen *Gegen*einander vorbeidrücken will.«[856]

Martin Kramer schrieb: »Ich bin traurig, daß Sie […] den Kritikern des Vorgangs die Verbundenheit mit den Gemeinden bestreiten«[857]. Vier Christen aus Mecklenburg, darunter auch der spätere Ministerpräsident Berndt Seite, stellten fest:

»Die Wiedereinweihung des Greifswalder Domes haben wir schweigend ertragen. Nach dem Briefwechsel [...] halten wir das Schweigen nicht mehr aus. [...] Wir hatten das Gefühl, hier findet ein Staatsakt im Raum der Kirche statt. [...] Sind Sie als Bischof nicht auch dazu berufen, Religionsfreiheit, Glaubens- und Gewissensfreiheit für alle Menschen im Staate einzuklagen? Der Inhalt des Briefes, den Sie am 3. Juli 1989 an Erich Honecker geschrieben haben, hat uns schockiert. Am meisten macht uns betroffen, daß Sie sich erlauben, Kirchenzeitungen durch das Organ des Zentralkomitees der SED ›Neues Deutschland‹ zu kritisieren und zu rügen. Das ist ein einmaliger, uns unverständlicher Vorgang in der Geschichte der evangelischen Landeskirchen in der DDR. [...] Wir appellieren an Sie, in Zukunft die Theologie des Kreuzes in Gedanken, Worten und Werken sichtbarer werden zu lassen.«[858]

Michael Jubelt aus dem sächsischen Werdau brachte gegenüber Ziegler die Sache auf den Punkt:

»Ich denke, Herr Bischof Dr. Gienke lebt und wohnt überhaupt nicht in der DDR, sondern in ›Fantasia‹, so weltfremd jedenfalls äußert er sich über das Verhältnis zwischen Kirche und Staat in unserem Land. Er sollte seinen Talar mit dem Schlosseranzug eines Arbeiters tauschen, das schärft den Blick für die Probleme der Basis.«[859]

Für Gienke ergriff der Theologe Dieter Frielinghaus Partei: Es sei »nun genug [...] mit den Angriffen auf Bischof Gienke. Es scheint mir ohne Beispiel, daß eine Kirchenzeitung einen Bischof fortgesetzt hernimmt und beutelt. [...] Was hat Bischof Gienke verbrochen? [...] Soll er geächtet werden für den 11. Juni?«, schrieb er an Oberkonsistorialrat Wolfgang Nixdorf[860].

Löffler schrieb Anfang August 1989 an Politbüromitglied Krenz, Gienke habe seine Kritiker nicht um Entschuldigung gebeten, »sondern öffentlich eine klare politische Stellungnahme für die Fortführung gedeihlicher Beziehungen zwischen Staat und Kirche abgegeben«. Durch seinen »pionierhaften persönlich verantworteten Schritt« habe der Bischof wie vor ihm auch Emil Fuchs, Bischof Mitzenheim und 1978 der KKL-Vorstand unter Schönherr »zu einer konstruktiven Entwicklung bei[.]tragen« wollen. In solchen Fällen habe es immer Kritik von seiten der kirchlichen Basis gegeben, was jedoch in keinem Fall zur Resignation der Angegriffenen geführt habe. Im Gegenteil: In der Kirche habe man mit einem gewissen Zeitverzug den Wert dieser Begegnungen verstanden und auch gewürdigt. Nicht anders werde es sich mit der Greifswalder Begegnung und dem Briefwechsel verhalten.

Da sich die »üblen Auslassungen westlicher Soldschreiber, vor allem aus der BRD« fortsetzten, sollten die DDR-Medien gewichtige Einzelstimmen für eine Intensivierung des am 6. März eingeschlagenen Kurses veröffentlichen. Die Positionen sollten verdeutlichen, »daß Christen in unserem Land ihre geographische und politische Heimat haben und den Sozialismus in den Farben der DDR seit 40 Jahren aktiv mitgestalten.«[861]

Ende September 1989 verstieg sich der Staatssekretär sogar zu der Bemerkung, gegen den Greifswalder Bischof betrieben die Gegner »ein Kesseltreiben und eine Pogromhetze«[862]. Jedenfalls waren die dem Staat besonders Verbundenen gewarnt. Am 4. August 1989 äußerte Helmut Fritzsche (IMS »Helmut«) gegenüber seinem Führungsoffizier:

»Die Veröffentlichung dieser Briefe in der Presse, verbunden mit den Zustimmungserklärungen, macht das Ganze zu einer Kampagne und erregt die Gemüter. Fritzsche bezeichnete diese Veröffentlichungen des Briefes als sozialpsychologischen Fehler. In dieser Situation sei es klar, daß unmerkliche Spannungen offen ausbrechen.«[863]

Versuche eines Krisenmanagements durch Manfred Stolpe

In der Zwischenzeit hatte Stolpe während eines Bonn-Besuches durch Vermittlung von Bischof Binder auch Bundespräsident von Weizsäcker getroffen, der bedauerte, daß es ihm nicht möglich gewesen sei, am Leipziger Kirchentag teilzunehmen. Der Konsistorialpräsident berichtete Staatssekretär Löffler, der Bundespräsident

»habe großes Interesse, das ›Wirken der Kirche in der DDR persönlich zu erleben‹.
In diesem Zusammenhang habe von Weizsäcker wissen lassen, daß er ›bei einer geeigneten Gelegenheit auf privater Basis gern in die DDR kommen und auch an einem kirchlichen Ereignis teilnehmen möchte und dabei auch mit dem Vorsitzenden des Staatsrates der DDR in dem wunderschönen Schlößchen Hubertusstock zusammentreffen könnte‹. Stolpe führte weiter aus, daß man ihm bedeutet habe, daß an die Hauptstadt Berlin nicht gedacht sei, da auch in dieser Hinsicht der Besuch von Kohl noch nicht stattgefunden habe. Zur Zeit sei das Verhältnis von Kohl zu R. v. Weizsäcker wegen der Äußerungen von Waigel zur Grenze von Polen[864] sehr gespannt.
Abschließend erklärte Stolpe, daß er diese interne Information über den Wunsch von R. v. Weizsäcker im kirchlichen Raum nicht mitteilen werde – auch nicht Landesbischof Leich und Bischof Forck –. Er bat mich [Löffler] um einen Rat, was nun zu tun sei, denn er habe eine Antwort von seiner Stelle gegenüber Bischof Binder für September in Aussicht gestellt.
Ich habe die Mitteilung lediglich zur Kenntnis genommen. Es war offensichtlich, daß Stolpe damit rechnet, eine Antwort zu erhalten.«[865]

Die von ihm erarbeitete Information leitete Löffler umgehend an Politbüromitglied Krenz weiter[866].

Nun, wo die Gespräche zwischen beiden deutschen Staaten ins Stocken gerieten, war Stolpe wieder zur Stelle, um Diplomat und Vermittler zwischen Ost und West zu spielen.

Einen Monat später telefonierte der Konsistorialpräsident frühmorgens mit Hauptabteilungsleiter Heinrich, der über das Ferngespräch eine Information anfertigte:

»Am 15.8.1989, 7.30 Uhr, rief mich Konsistorialpräsident Manfred Stolpe an. Er legte großen Wert darauf, daß angesichts ›hysterischer Panikmache in den Westmedien‹ seine Haltung zur Ausreiseproblematik klar bleibt. Meldungen, nach denen er ein Gespräch zwischen dem Staatsratsvorsitzenden Erich Honecker und Bundeskanzler Kohl zur Ausreise von DDR-Bürgern vorschlägt, sind falsch.
Er habe in einem Hintergrundgespräch mit BRD-Journalisten gesagt, ›es steht ja

noch ein Besuch des Bundeskanzlers beim Staatsratsvorsitzenden aus, und wenn man will, können ja bei dieser Gelegenheit entsprechende Fragen besprochen werden.‹

Ich habe Stolpe auf die mir gestern, 13.15 Uhr, im Auftrag des Vorsitzenden der Konferenz der Kirchenleitungen, Landesbischof Leich, durch Oberkirchenrat Ziegler übermittelte Entscheidung verwiesen, wonach es heißt:

In letzter Zeit haben den Bund der Evangelischen Kirchen Journalisten angerufen mit dem Wunsch, kirchliche Gesprächspartner zum Thema ›Ausreise‹ interviewen zu können. Es ist entschieden, daß sich die Kirche nicht zu dieser Thematik äußert.

Stolpe kennt diese Festlegung, durchbricht sie jedoch mit ›Hintergrundgesprächen‹.«[867]

Anscheinend wurde Heinrich zurückgepfiffen. Jarowinsky beauftragte den Hauptabteilungsleiter, Stolpe die Anerkennung der DDR »für seine Haltung in der Angelegenheit Übersiedler und Besetzung der Ständigen Vertretung« auszusprechen[868]. Diesem Auftrag kam Heinrich denn auch umgehend nach[869].

Die BEK-Synode in Eisenach (September 1989)

Alle Aufmerksamkeit der staatlichen Kirchenpolitik des Sommers galt der bevorstehenden Eisenacher Bundessynode. Die für die evangelische Kirche zuständige Abteilung II im Staatssekretariat für Kirchenfragen unterbreitete Ende Juli 1989 den Vorschlag, noch vor Synodenbeginn der KKL ein »Informationsgespräch« mit Vertretern des Außenministeriums zum Bukarester Treffen der Warschauer Paktstaaten Anfang Juli 1989 sowie zum Wiener Abschlußdokument[870] anzubieten[871]. Hierbei könne man an die von seiten der KKL am 11. Mai 1989 geäußerten »politisch-realistischen Positionen« zu dieser Frage anknüpfen. Außerdem gehe es um eine Darstellung der »Realisierung der kollektiven und individuellen Menschenrechte in der DDR«: »In diesem Zusammenhang sind die einseitigen, gegen den Sozialismus gerichteten Menschenrechtskampagnen[872] negativer Kräfte in den Kirchen und aus den Randgruppen, ihr verleumderischer Charakter und die gegen die Entspannung und Vertrauensbildung gerichteten Zielvorstellungen zurückzuweisen.«[873]

Löffler unterstützte den Vorschlag und führte ihn gegenüber Jarowinsky auf eine Anregung Gienkes sowie auf eine Bitte der KKL zurück. Die Konferenz der Kirchenleitungen sei auch an einem Gespräch über den IX. Pädagogischen Kongreß[874] interessiert:

»In der Vorbereitung der Synode des Bundes vom 15.9. bis 19.9.1989 in Eisenach wäre – auch was die Position von Bischof Dr. Gienke nach dem veröffentlichten Briefwechsel anbetrifft – ein solches Gespräch sicher sehr von Nutzen und ein erneuter Beweis der Ernsthaftigkeit unserer Bemühungen um ein sachliches und offenes Verhältnis zu den progressiven Kräften in der KKL.«

Generalsekretär Honecker gab dem Gespräch über Bukarest und Wien seine Zustimmung, lehnte aber eine Unterredung mit den Kirchen über den 9. Pädagogischen Kongreß ab[875]. Die Begegnung mit den KKL-Vertretern wurde auf Mitte September festgelegt: »Damit würde den progressiven Kräften um die

Greifswalder Kirche und anderen im Vorfeld der Bundessynode ein weiteres Argument in die Hand gegeben«, schrieb Löffler[876].

Auch Ziegler bat, der Staat möge

»jenen Kräften in den Leitungsgremien der Kirche [...] Aufmerksamkeit [...] widmen und Unterstützung [...] gewähren, die für ein konstruktives Miteinander von Staat und Kirche zum Wohle unserer Gesellschaft eintreten. Diese Kräfte brauchen gegenwärtig ›etwas zum Vorzeigen‹, um auch damit die Richtigkeit ihrer Entscheidung und ihrer Handlungen gegenüber ihren Kritikern dokumentieren zu können.«[877]

Der Staatssekretär erklärte später, der Staat habe das Gespräch schon zu einem früheren Zeitpunkt im August oder Anfang September führen wollen. Dieser Termin habe aber den Kirchen nicht gepaßt. Diese hatten offenbar die Absicht, vor dem Gespräch eine grundsätzliche Abstimmung untereinander vorzunehmen[878].

Zur BEK-Synode entwickelte der Staat klare Zielvorgaben:

»Da die Tagung unmittelbar vor dem 40. Jahrestag der DDR stattfindet, muß es gelingen, hier konstruktivere Aussagen zum Weg und Geist der Treffen des Vorsitzenden des Staatsrates, Genossen Erich Honecker, am 6.3.1978 in Berlin und am 11. Juni 1989 in Greifswald zu erreichen. 20 Jahre BEK, d. h. 20 Jahre kirchliche Existenz in der sozialistischen Gesellschaft und positive Erfahrungen bei der Ausgestaltung der Beziehungen zwischen Staat und Kirche.

Die politisch tragfähigen Aussagen Bischof Gienkes in Greifswald und in seinem Brief an den Staatsratsvorsitzenden müssen ebenso Unterstützung finden wie die politisch offensive Abgrenzung Bischof Hempels von politisch-negativen und feindlichen Personen und Gruppen in Zusammenhang mit dem Leipziger Kirchentag.«[879]

Der Stärkung progressiver Kräfte diente auch die Zustimmung des SED-Staates zur Erhöhung der Einfuhr des in Bremen erscheinenden linkskirchlichen Magazins »Junge Kirche« auf 500 Exemplare. Pastor Klaus Geyer (Kirchenkreis Wolfsburg), einer der Schriftleiter, hatte darauf hingewiesen, das von ihm mitverantwortete Blatt sei nach dem Ende der »Neuen Stimme«

»als einzige kirchliche Monatszeitschrift der BRD ›übriggeblieben‹, die einigermaßen konsequent den Friedens- und Entspannungsprozeß in Europa fördert, eine wichtige Plattform für Gruppen in unserer Gesellschaft ist, die auf der gleichen Linie arbeiten – und darüber hinaus im Grundsatz solidarisch gegenüber der DDR hier bei uns im Westen ›gegen den Stachel löckt‹.«

Außerdem wollte die Zeitschrift zukünftig auch drei DDR-Theologen, nämlich die CFKler Bassarak, Brigitte Kahl und den Rostocker Pfarrer Fred Mahlburg, als ständige Mitarbeiter führen, kündigte Geyer an[880]. Der Stellvertretende Staatssekretär für Kirchenfragen, Hermann Kalb, entgegnete, seine Dienststelle befürworte die beantragte Einfuhrerhöhung: »Ich wünsche Ihnen und Ihren Mitarbeitern weiterhin Erfolg, Kraft und Beharrlichkeit bei der Arbeit an Ihrer streitbaren Zeitschrift«, schloß der Staatsfunktionär[881].

Währenddessen stieg die Ausreisewelle, insbesondere über das beliebte Ferienland Ungarn, immens an. In einem Interview mit dem Deutschlandfunk gestand der Berliner Generalsuperintendent Krusche zwar zu, daß neben dem Streben nach größerem Wohlstand die Fluchtbewegung auch politische Ursachen habe, die in der fehlenden Reformbereitschaft der DDR lägen. Andererseits sprach der Theologe auch von den Illusionen dieser Menschen, die freilich auf eine fehlende Perspektive, insbesondere für die Jugend, im SED-Staat zurückzuführen seien. Was sich in der Ausreiseszene abspiele, bedeute für die DDR einen Riesenverlust, da es sich bei den Emigranten um qualifizierte Kräfte und ein wichtiges gesellschaftliches Kritikpotential handle. Die Kirche rufe zum Bleiben auf. Das Leben sei »nicht dazu da, daß wir es uns so angenehm wie möglich machen, sondern daß wir für andere eintreten. Und da, finden wir, ist es eigentlich eine Glaubensfrage, daß man bleibt, einfach weil es hier eine Menge zu tun gibt.«[882]

Der Bezirk Dresden berichtete Mitte September 1989:

»Während die Diskussion um die Kommunalwahlen langsam nachläßt, nehmen besorgte und äußerst kritische Aussagen zur Ausreiseproblematik unter allen Amtsträgern zu. Es wird große Betroffenheit über die große Zahl, vor allem junger Menschen, geäußert, die unser Land verlassen. Immer wieder wird die Frage nach den Ursachen gestellt und auf die Überwindung gesellschaftlicher Defizite, mehr Reisefreiheit und wirtschaftliche Probleme verwiesen.

Während einige Amtsträger (Sup. Kreß, Bautzen[883], Pfarrer Pietsch, Göda, Pfarrer Näke, Bischofswerda, Pfarrer Prater, Heidenau) erklärten, daß sie eine solche Entwicklung wie z. B. in Polen und Ungarn nicht wünschen und selbst bereit sind, im Rahmen kirchlicher Möglichkeiten mitzuhelfen, positive Veränderungen herbeizuführen, gibt es andererseits Amtsträger, die genau das Gegenteil fordern. Dazu zählen u. a. Sup. Ziemer, Dresden, Sup. Berger, Meißen, Sup. Günther, Pirna, Pfarrer Schmidt, Coswig, Pfarrer Gühne, Pirna, Pfarrer Alisch, Zittau. Sie fordern Reformen wie in Ungarn, mehr Reisemöglichkeiten und die Lösung wirtschaftlicher Probleme«[884].

Der Staat wertete Ende August 1989 für die gesamte DDR:

»Bezüglich der Kampagne gegen die DDR haben sich kirchliche Amtsträger bisher weitgehend zurückgehalten.

Mit im wesentlichen vernünftigen Positionen traten bisher Konsistorialpräsident Stolpe und Generalsuperintendent Krusche auf[885]. In einem kürzlich stattgefundenen Gespräch mit Stolpe unterstützte er unseren Standpunkt, daß es keinerlei Zugeständnisse an die in der Ständigen Vertretung der BRD befindlichen DDR-Bürger geben kann. Die Rechtsgrundlage dafür sei eindeutig. Ihm gegenüber ist die Erwartung bekräftigt worden, daß sich die Kirchen und ihre Repräsentanten in dieser Frage der gegenwärtigen Lage angemessen, realistisch und sachlich verhalten.«[886]

Dieses Ansinnen wollte der Staat in sämtlichen mit kirchenleitenden Persönlichkeiten zu führenden Gesprächen erheben. Außerdem sollte es darum gehen, eine breite Unterstützung des von Gienke eingeschlagenen Weges zu erreichen[887].

Zugleich wuchs die Angst des Staates vor weiteren Demonstrationen und Massenaufläufen, gleich welcher Art. Ende August 1989 bestellte Heinrich Martin Ziegler zu sich und machte ihm deutlich, daß es am 1. September 1989, dem Tag der 50jährigen Wiederkehr des deutschen Angriffes auf Polen, zu keinen »demonstrative[n] öffentlichkeitswirksame[n] Handlungen« kommen dürfe. Andernfalls müsse die Kirche mit dem Eingreifen der Staatsorgane rechnen[888].

Gar nicht sicher war plötzlich, ob das von Honecker bereits bewilligte Gespräch zum Fortgang des KSZE-Prozesses noch vor der BEK-Synode stattfinden könne. Die Kirchenvertreter gaben zu bedenken, daß die Einhaltung des frühen Termins sich auf die Synodaltagung, die gewiß äußerst problematisch verlaufen werde, positiv auswirken könne. Leich und Gienke wiesen darauf hin, daß die Kirchen während des Informationsgespräches auch Wehrdienst-, Rechts- und Volksbildungsfragen vorbringen wollten[889].

Horst Dohle berichtete am 5. September, man habe das »Informationsgespräch« abgesetzt[890], woraufhin Leich sofort durchsetzte, daß in Thüringen alle eingeladenen kirchlichen Amtsträger ihre Teilnahme an Empfängen zum 40. Jahrestag der Republik absagten[891]. Die gleiche Weisung wurde Ende September 1989 auch in Sachsen an alle Superintendenten weitergegeben[892], die ihre Pfarrer entsprechend informierten[893]. Synodalpräses Gaebler bat Staatssekretär Löffler, von einer Teilnahme an der Eisenacher Bundessynode abzusehen[894] – der Staatssekretär hatte angeboten, während eines von ihm ausgerichteten Empfangs mit den Synodalen das Gespräch aufzunehmen[895].

In der SED-ZK-Abteilung Kirchenfragen gab man zu bedenken, daß die Kirchenleitungen eine Verschiebung des Termins als eine nochmalige Absage interpretieren würden. Sollte das Gespräch zustandekommen, könnten die Kirchen ihre Anliegen ruhig vortragen. Löffler brauche darauf ja gar nicht sofort zu reagieren. Außerdem könne der Staat mit der Gesprächszusage den Versuch unternehmen, die für den darauffolgenden Sonntag geplante Kanzelabkündigung zur Situation in der DDR noch zu verhindern[896].

Am 1. September 1989 fanden intensive staatliche Gespräche mit den kirchenleitenden Personen Gaebler, Gienke und Leich statt. Die beiden letztgenannten Gespräche hatten auch die staatliche Gesprächsabsage zum Gegenstand. Löffler schrieb an Jarowinsky:

»Entsprechend der Festlegung hatte ich am 1.9.1989 Aussprachen mit dem Präses des Bundes der Evangelischen Kirchen in der DDR, Dr. R. Gaebler, dem Vorsitzenden der KKL, Landesbischof Dr. W. Leich, und dem Greifswalder Bischof, Dr. H. Gienke.

In allen Gesprächen kam die Übereinstimmung zum Ausdruck, das wieder gewachsene offene und sachliche Verhältnis miteinander zu festigen und im Sinne der Greifswalder Begegnung vernünftig und mit gegenseitigem Verständnis zu wirken. In diesem Sinne wollten die kirchlichen Vertreter ihre Haltung in der letzten Zeit verstanden wissen und sich auch bemühen, daß die Bundessynode in Eisenach ein Votum abgibt. Andererseits ist es nicht gelungen, Verständnis oder Zustimmung zur Entscheidung zum 12.9.1989 zu finden, sondern hier gab es eine sehr scharfe Entgegnung, daß damit Hoffnungen auf ein weiteres verständnisvolles Wirken zerstört werden und die KKL sowie die Bundessynode darauf reagieren werden. Besonders betroffen äußerte sich Bischof Dr. Gienke.«[897]

Gegenüber Gaebler verwies der Staatssekretär auf die gegenwärtig komplizierte außenpolitische Lage und erwartete von den Kirchen diesbezüglich konstruktive Äußerungen, wobei er auch auf die letzten Verlautbarungen der KKL[898] hinwies.

»Präses Dr. Gaebler erklärte, daß er alles tun werde, um die Gläubigen, wie es die Leitung beschlossen habe, darin zu bestärken, daß ihre Heimat in der DDR ist. Aber die

Kirche habe kein Patentrezept. Bei allem Reden der Kirche weiß sie, daß sie sowohl die Gläubigen wie auch die staatlichen Partner im Blick haben müsse. Kirchen müssen auch manches sagen, was unbequem ist. ›Das ist aber keine politische Opposition‹. Manches, was in den Kirchenzeitungen steht, gefällt den Kirchenleitungen nicht.

Bei der staatlichen Begleitung der Synode bat der Präses darum, die bisherige Form zu belassen, d. h., daß mein Abteilungsleiter, Genosse Dr. Hans Wilke, und der Sektorenleiter Staatspolitik in Kirchenfragen des Rates des Bezirkes Erfurt, Genosse Hans Jordan, die ausgesprochene Einladung wahrnehmen. Von einer Begegnung des Staatssekretärs mit den Synodalen bitte er abzusehen[899]. Er könne aber nicht sagen, wie die Synode politisch reagieren werde. Die Schwierigkeiten und Probleme in der Gesellschaft finden sich immer in den Synodenbeschlüssen wieder. Er führte dann aus, daß die Kirchenleitung die bereits vor drei Jahren zugesagten Gespräche zu den Komplexen Menschenrechte, Wehrdienst, Bildung/Erziehung und Mündigkeit des Bürgers dringend erwarte.

Da der Vorsitzende des Staatsrates, Genosse Erich Honecker, ihm am 1. September 1986 bei der Übergabe des Berichtes des BEK über das kirchliche Friedensengagement zugesagt habe, daß Gespräche zum Wehrdienst möglich seien, verstand er die ablehnende staatliche Haltung nicht. Er gehe davon aus, daß nun die Informationsgespräche zu KSZE und zu Umweltfragen anlaufen, und hoffe auf gute Ergebnisse, trotz der komplizierter gewordenen politischen Situation.

Sollten die Gespräche nicht erfolgen, werden nach seiner Meinung politisch konstruktive Entwicklungen wieder zum Problem und in ihr Gegenteil umgewandelt.

OKR Ziegler unterstützte diese Aussagen und bat dringend darum, das zugesagte KSZE-Gespräch am 12.9.1989 durchzuführen.

Er wies darauf hin, daß sie sich als Kirche in manchen Fragen als ›Unperson‹ verstehen, denn auf Eingaben von Präsident Stolpe an den Rechtsausschuß der Volkskammer und an die Leitung der Akademie für Pädagogische Wissenschaften hätten sie nicht einmal eine Eingangsbestätigung erhalten.

Der Oberkirchenrat bat zu klären, daß die DDR-Fernsehmedien über die Synode des BEK informieren, damit die westlichen Sender nicht alleine bleiben und die Synode politisch falsch interpretieren[900].

Der Präses unterstützte ihn mit dem Gedanken: ›Es paßt uns nicht, daß die Westmedien so selektiv berichten.‹

Er verwies noch einmal darauf, daß, wenn die Gespräche nicht wieder geführt werden, negative Auswirkungen auf der Synode zu erwarten sind.

Ich [Löffler] habe noch einmal, zum Teil deutlich emotional verstärkt, auf die Verantwortung der Kirchen und der Synode hingewiesen und die Versicherung erhalten, daß man mit großem Verständnis für die entstandene außenpolitische Lage versuche zu reagieren, jedoch die Voraussetzungen dazu unter der gegebenen konkreten Situation nicht günstig sind.«[901]

Ziegler wohnte auch dem Gespräch Löfflers mit dem KKL-Vorsitzenden Leich bei. Der Staatssekretär dankte zu Beginn der Unterredung »für das besonnene und zu Vernunft mahnende Verhalten der KKL, des Konsistorialpräsidenten M. Stolpe und des Generalsuperintendenten Dr. Krusche mit ihren Interviews« und ließ Leich von Jarowinsky herzliche Grüße ausrichten. Die Haltung Krusches, Stolpes und der KKL sei die »richtige Konsequenz aus der Greifswalder Begegnung und dem Leipziger Kirchentag«, fuhr der Staatssekretär fort: »Es komme nunmehr darauf an, das im letzten Jahr wieder aufgebaute Vertrauensverhältnis und das im gemeinsamen Bemühen Erreichte zu bewahren und weiterzuführen«.

Er wandte sich hingegen kritisch gegen das »Pfarrerkomitee«, das zur Gründung einer SPD in der DDR aufgerufen habe, kritische Kirchenzeitungsartikel und »unverantwortliche Äußerungen zu politischen und gesellschaftlichen Fragen gegenüber Westmedien.«
Weiter teilte er Leich mit, der Staat wolle das geplante »Informationsgespräch« vorerst nicht führen. Grund seien die erneuten

»Attacken auch aus kirchlichem Raum und vor allem d[ie] durch das verantwortungslose und jeder Menschlichkeit Hohn sprechende Tun der gegen die DDR und die Menschenwürde wütenden Kräfte aus der BRD entstandene[.] Lage um die illegal ihre Ausreise betreibenden Bürger der DDR [...] In der jetzigen Situation könne eine solche Begegnung die Lösung des heraufbeschworenen Konflikts im Sinne der Menschen erschweren und auch viele der in den letzten Monaten erreichten positiven Ergebnisse zwischen Staat und Kirche erneut in Frage stellen. Der nach der Begegnung im März '88 erfolgte, nicht im Interesse aller Beteiligten gelegene Vertrauensbruch sei noch in Erinnerung,«

betonte Löffler. Der Staatssekretär berichtete weiter:

»Es sei deshalb gerade jetzt Verständnis, Vertrauen in den gegebenen Ratschlag und Augenmaß im Blick auf die künftige Weiterführung unseres Weges nötig, auch wenn es schwerfalle und im einzelnen auch nicht einfach sei, die mit dem vorgesehenen Gespräch verbundene Hoffnung nicht erfüllt zu sehen. Ich habe betont, daß es auch für mich als dem Vermittler beider Entscheidungen nicht einfach ist, angesichts der veränderten und so nicht vorhersehbaren Entwicklung der feindlichen Attacken zu dieser neuen notwendigen Entscheidung zu kommen, sie sei aber im Interesse des künftigen und des ungestörten Zusammenwirkens erforderlich.
Obwohl bei Landesbischof Leich das Ringen um Verständnis – auch für die Problematik meiner Situation – zu spüren war, erklärte er, daß er zwar dankbar die übermittelte Wertschätzung der besonnenen Haltung der KKL und vieler leitender Kräfte der Kirche gegenüber der Ausreisebewegung zur Kenntnis nehme, aber keinerlei Verständnis für die Absage des angekündigten Informationsgespräches am 12.9.1989 aufbringen könne. [...] ›Wenn nunmehr das Gespräch nicht stattfindet, dann müssen diejenigen, die die neue Entscheidung getroffen haben, wissen, daß sie für die in der KKL und auf der Bundessynode entstehenden Folgen verantwortlich sind.‹
Diese Konsequenz forderte er zu übermitteln, denn in der Vergangenheit habe es eine solche Haltung gegenüber der KKL schon oft gegeben und habe Hoffnungen der zu Sachlichkeit und Offenheit gegenüber dem Staat mahnenden Kräfte enttäuscht. Wenn das wieder erfolge, könne er die Folgen nicht abwenden. Er bat dringend um Überprüfung.
Ich habe in der Beantwortung nochmals und eindringlich auf die Kompliziertheit der Lage, das notwendige kluge und verantwortungsbewußte Handeln zur Abwehr der gezielten Provokation gegen die DDR und des Geschäfts mit dem Schicksal von Menschen hingewiesen und die Notwendigkeit der Vermeidung jeglicher unvorhergesehener Belastungen bzw. von öffentlicher Auseinandersetzung unterstrichen, die von Landesbischof Dr. Leich mit dem Bemerken kommentiert wurde, daß die DDR solche Attacken doch nicht zum ersten Mal erlebe, wie der Juni 1953 und der August 1961 doch bewiesen hätten. Eine Überwindung sei nach seiner Meinung nur durch Gemeinsamkeit, durch Gespräche miteinander und Vertrauen zueinander möglich.
Er erkannte das Bemühen des letzten Jahres, insbesondere auch das persönliche Eintreten des Vorsitzenden des Staatsrates der DDR, Erich Honecker, an, das der Beginn

einer ›neuen Hoffnung‹ war, zeigte jedoch keinerlei Bereitschaft, sich der neuen Entscheidung zu stellen.
Besonders nachdrücklich sprach er die Wünsche für baldige und volle Genesung für Genossen Erich Honecker aus, ›wofür in allen Gemeinden wahrhaft gebetet wird, weil wir wissen, daß er mit seiner Person für das Wohl aller Menschen einsteht.‹
Da es keine Möglichkeit zur Veränderung des Standpunktes von Landesbischof Dr. Leich gab, habe ich ihn abschließend gebeten, alles zu tun, um den Schaden zu begrenzen, die unrealistisch auftretenden Kräfte in der KKL zu Vernunft und Augenmaß zu mahnen, da mehr auf dem Spiel stehe als nur eine Begegnung. Das wurde von ihm zugesichert.«[902]

Besonders enttäuscht zeigte sich Gienke, der auf Wunsch Jarowinskys eigens nach Berlin angereist war, um sich an der bevorstehenden KKL-Sitzung offensiv zu beteiligen[903]. Seinen Greifswalder Alleingang hätte Gienke im nachhinein einigermaßen rechtfertigen können, wenn dem Dom-Besuch Honeckers eine spürbare Verbesserung des Staat-Kirche-Verhältnisse gefolgt wäre. Löffler berichtete:

»Während Dr. Gienke außerordentlich aufgeschlossen seine Zustimmung zur Würdigung seiner stabilen Haltung im Zusammenhang mit der Greifswalder Begegnung äußerte, reagierte er völlig ablehnend, erregt und emotional geprägt auf die Mitteilung der Absage für den 12.9.1989. Im Inhalt nahezu übereinstimmend wie Landesbischof Dr. Leich, in der Form jedoch wesentlich zugespitzter erklärte er, daß er ›nunmehr desavouiert ist, die auf der anderen Seite stehenden Kräfte triumphieren werden und sich kaum mehr vernünftige Partner für ein vertrauensvolles Verhältnis zum Staat finden werden. Eine vom Generalsekretär gegebene Zusage zurückzuziehen, wird seinem Ansehen Schaden zufügen und auch die Vertrauenswürdigkeit staatlicher Haltung und ihrer Vertreter in Frage stellen. Diese Mitteilung kann nicht das letzte Wort sein.‹ Um die Erregung des Bischofs zu mindern, habe ich dann nochmals das Erreichte im Miteinander und die in den nächsten Tagen und Wochen vorgesehenen weiteren Schritte – Begegnung in Dresden, Unterstützung der Posaunentage u. a. – dargestellt und auf die notwendige Weitsicht und das Verständnis für die entstandene Lage auch für die staatlichen Organe hingewiesen. Dr. Gienke zeigte jedoch wenig Bereitschaft, die Abhängigkeit der Entscheidung von der illegalen Ausreisepsychose zu akzeptieren, da wir unser Verhältnis nicht von Aktionen des Feindes bestimmen lassen dürfen. Auf vertraulicher Basis könnte nach seiner Meinung absoluter Ausschluß der Öffentlichkeit vereinbart werden. Er wisse jedoch nicht, wie nunmehr die Mehrheit der Bundessynode reagieren werde und was seine Freunde tun sollten.
Er kündigte an, daß er nicht bereit ist, eine solche Mitteilung nur von mir entgegenzunehmen, da er nicht vollständig – trotz des bestehenden Vertrauens – sicher sein kann, ob ich den Ernst dieser Entscheidung für ihn ermessen kann und der Parteiführung auch so übermittele. Wenn auch darin hochgradige Erregung zum Ausdruck kommt, kann ich nicht ausschließen, daß Bischof Dr. Gienke sich selbst an die Parteiführung wendet.
Am 4.9.1989 teilte Bischof Dr. Gienke mit, daß er nach reiflicher Überlegung von persönlichen Schritten gegenüber der Parteiführung in bezug auf das Gespräch vom 12.9. Abstand nimmt, da er der Überzeugung ist, daß der Staatssekretär den von ihm vorgetragenen Ernst der Situation korrekt übermittelt.«[904]

Auch in Sachsen wirkte sich die staatliche Entscheidung, das Informationsgespräch abzusagen, kontraproduktiv aus. Hempels Stellung wurde weiter geschwächt, während Kritiker wie Ziemer allmählich Oberwasser gewannen[905].

Anfang September tagte die KKL, der Leich berichtete, das Regime befürchte vor allem eine negative Wirkung der Sachgespräche in der Öffentlichkeit, woraufhin er, Leich, auf den internen Charakter dieser Unterredungen verwiesen habe. Überdies stehe vom Außenministerium derzeitig niemand für das Gespräch zur Verfügung. Nach Leichs Bericht soll der Staatssekretär geäußert haben, »durch die Krankheit des Staatsratsvorsitzenden [sei] niemand ansprechbar und entscheidungsfähig«: »Dr. Leich führte aus, daß die Situation der DDR von Löffler als sehr ernst bezeichnet wurde.« Der KKL-Vorsitzende habe daraufhin gesagt, in der DDR »müsse jetzt Entscheidendes geschehen«. Die Presse sei nicht mehr in der Lage, auf die entstandene Situation angemessen zu reagieren[906].

Zur Ausreisefrage verabschiedete die KKL einen Brief an Honecker[907], der am 10. September in den Gemeindegottesdiensten zu verlesen war[908], »allerdings ohne Anrede und Grußformel.«[909]

Horst Dohle zeigte sich nach der KKL-Sitzung noch einigermaßen beruhigt, da man dort versucht habe, »die Nerven zu behalten.«[910] Die SED wertete, das Schreiben mache deutlich,

»daß von kirchlicher Seite faktisch eine grundsätzliche Änderung unserer Politik nach den von der Kirchenleitung geforderten Grundsätzen gefordert und erwartet wird. Im Grunde handelt es sich um die Wiederholung einiger Grundgedanken, die Bischof Leich im vorjährigen Gespräch mit dem Staatsratsvorsitzenden vorgetragen hatte und die, obwohl eine entsprechende Vertraulichkeit vereinbart war, damals den Westmedien zugespielt worden waren.
Die Kirchenleitung geht jetzt wesentlich über die damaligen Forderungen hinaus und übernimmt fast vollständig die Konzeption bestimmter Kreise in der BRD, vor allem auch der SPD. In diesem Zusammenhang wird noch klarer, warum das Gespräch mit Genossen Löffler so nachdrücklich gefordert wird und welche Absichten damit von der Kirchenleitung verfolgt werden. Damit abgestimmt sind weitere Versuche, Druck auf die DDR auszuüben. Dies wird auch bei dem Auftreten Stolpes in Baden-Württemberg deutlich, wo er bereits am Dienstag, dem 5.9., zum Schreiben der KKL Stellung nimmt [...]
Ganz abgesehen davon, daß die beabsichtigte Verlesung dieses Schreibens an den Vorsitzenden des Staatsrates eine Zumutung darstellt, sollte Genosse Löffler Bischof Leich nochmals vertraulich auf die Folgen eines solchen Vorgehens aufmerksam machen.«[911]

Löffler beklagte, bereits am 6. September 1989 habe der BEK den auf den 4. September datierten Brief den westlichen Medien übergeben[912].

Im Blick auf das »Informationsgespräch« lautete der Parteivorschlag jetzt, es den Kirchen – unter der Bedingung einer guten Vorbereitung – für die nächste Zeit in Aussicht zu stellen[913].

Wenige Tage nach der KKL-Sitzung traf sich die katholische Berliner Bischofskonferenz zu ihrer Herbstvollversammlung, nach deren Verlauf erstmals öffentlich die Absicht bekundet wurde, gegenüber dem Staat die Ausreisewelle und deren Ursachen anzusprechen[914].

Anfang September war dem SED-Staat bereits die Absicht von fünf Pfarrern bekannt, in der DDR eine Sozialdemokratische Partei zu gründen[915], was Horst Dohle im Blick auf die Kirchenpolitik als belastend einstufte[916]. Der Funktionär hoffte jedoch, daß sich ein bevorstehendes Gespräch mit Sachsens Landesbischof Hempel beruhigend auf die kirchenpolitische Lage auswirken werde[917].

Allerdings soll auch der sächsische Bischof Anfang September 1989 während der Verabschiedung von OKR Rau die anwesenden »Staatsvertreter darauf hingewiesen [haben], daß der massenhafte Weggang von DDR-Bürgern ihn mit Bitternis erfülle. Mit großer innerer Erregung habe er darum gebeten, daß man darüber mit der Regierung reden müsse.« In der Leipziger Nikolaikirche soll Hempel am 11. September 1989 geäußert haben, »die Kirche findet zwar beim Staat offene Ohren für die Veränderung bestimmter Probleme, aber es verändere sich nichts. Die Kirche sei verbittert, zornig und ratlos.«[918]

Ein positives Signal hingegen war für Staat und Partei, daß die KKL die Debatte um Gienke als abgeschlossen betrachtete: »Seine Position, nicht von seiner Haltung abzurücken und dem Druck seiner Gegner zu widerstehen, wurde mehrheitlich gebilligt«, urteilte Horst Dohle.[919] Das KKL-Sitzungsprotokoll vermittelt jedoch einen etwas anderen Eindruck. Leich benannte deutlich die sich für ihn aus der Aktion Gienkes ergebenden Beschwernisse und fügte dem hinzu, der BEK wirke nach außen uneinig; die Sitzung des LWB-Exekutivkomitees in Genf habe ihn in diesem Eindruck bestärkt. Der KKL-Vorsitzende lenkte abschließend jedoch ein: »Es ist jetzt also eine Hauptaufgabe, wie mit den aufgetretenen Differenzen so weitergehandelt werden kann, daß die Gemeinden nicht Schaden nehmen.« Unstrittig sei,

»daß Gienke versucht habe, etwas Gutes für alle zu tun. Dabei ist jedoch die Frage, ob diejenigen, für die er handeln wollte, es auch so abnehmen können, ohne daß sie vorher die eigene Meinung haben sagen können. [...] Führen freundliche Eröffnungsverhandlungen wirklich zu einer Auflockerung des Staat-Kirche-Verhältnisses, ohne daß man die Belastungen benennt und ohne daß Sachanliegen geklärt werden? Bei diesem Punkt mag es sich um strategische Unterschiede handeln, aber es handelt sich um Unterschiede, die ernst genommen werden müssen.«

Problematisch an der Antwort Honeckers sei die darin enthaltene »Vorstellung eines Vormundschaftsstaates«. Andererseits müsse man feststellen, »daß dieser Antwortbrief die Tendenz einer gewissen Öffnung enthalte für alle Bürger. Da sei von Toleranz und Verständnis die Rede.«

Gienke entgegnete kleinlaut, die Publikation der Briefe sei Honeckers Anliegen gewesen. Dem Inhalt des Honecker-Briefes habe er zugestimmt, da es dort »um die Gleichachtung der Bürger [...], die Weiterführung der Sachgespräche, die Weiterführung des 6.3.1978« gehe. Abschließend bedankte sich der Greifswalder Bischof bei seinem Kollegen Leich, »daß er herausgestellt habe, daß Gienke es subjektiv gut gemeint habe. Er stellt fest, daß er die Akzeptanzbereitschaft der anderen überschätzt hat.«[920]

Der Sitzungsverlauf zeigt, daß der Funktionär Dohle sich bei seiner Einschätzung der Lage in hohen Luftschlössern bewegte und den Grad der Ablösung vom 6. März gar nicht mehr wahrnehmen wollte. Der von ihm noch als

wacker und standhaft geschilderte Bischof hatte in den ersten Septembertagen eine überaus klägliche, ja jämmerliche Figur gemacht. Auch die anderen KKL-Mitglieder ließen in der Aussprache kein gutes Haar an dem Greifswalder Bischof[921].
Wenige Tage nach der KKL-Sitzung schaute Eberhard Natho bei Hans Wilke herein. Der Dessauer Kirchenpräsident berichtete, den Brief an Honekker habe die KKL nur mit knapper Mehrheit verabschiedet[922]. Er selbst »habe dagegen gesprochen, weil er mein[e], daß solche Briefe, die Ratlosigkeit signalisieren, nicht vorwärts helfen.«
Ebenso habe es Diskussionen um die Entscheidung des Synodalpräsidiums gegeben, auf ein Angebot Löfflers zu einer Begegnung mit den Bundessynodalen nicht einzugehen. Auch hier votierte Natho gegen die Mehrheit. Er informierte darüber, daß der KKL-Vorstand für eine Begegnung in Eisenach sei, aber das Synodalpräsidium auf einer Nichtzusage bestehe. Außerdem habe die KKL Leichs Synodalbericht diskutiert:

»Ihm [Leich] wurde empfohlen, seine bereits ausgesprochenen, positiven Voten für die 40jährige Geschichte der DDR in seinen Bericht aufzunehmen. Da Dr. Leich beabsichtigte, an Stelle der Formel ›Kirche im Sozialismus‹ den Begriff ›Evangelische Kirche in der DDR‹ in die kirchliche Konzeption einzuführen, wurde ihm von den progressiven Kräften in der KKL deutlich gemacht, daß das eine Zurücknahme erreichter politischer Erkenntnisse sei. Der Begriff ›Evangelische Kirche in der DDR‹ müßte positiv inhaltlich gefüllt werden, was aber so kurzfristig nicht möglich ist. Man verständigte sich darauf, daß Bischof Leich beide Formulierungen zu einer Einheit zusammenzieht und sie so verwendet[923].

Zur Situation auf der Bundessynode sieht Kirchenpräsident Natho nach der Absetzung des Informationsgespräches die Gefahr, daß die negativen Kräfte, von der These ausgehend ›Jetzt hat man uns den Stuhl vor die Tür gesetzt‹, jedes Augenmaß gegenüber dem sozialistischen Staat ablehnen werden. Sie wollen auf dieser Synode eine gegen die sozialistische Politik gerichtete Linie bestätigen lassen.

Der Kirchenpräsident sicherte zu, daß er und andere realistische Kräfte zu der Auffassung gelangt seien, man muß auf der kommenden Synode offensiv politisch-realistische Positionen aussprechen, in den internen Arbeitsgruppen diskutieren, um damit die Voraussetzungen zu schaffen, daß eine konstruktive und durchschaubare Entwicklung im Verhältnis von Staat und Kirche weitergeführt werden kann.«[924]

Auch Stolpe informierte den Staatssekretär über die Mehrheitsverhältnisse in der KKL und führte die Verabschiedung des Briefes an Honecker auch auf die staatliche Absage des Informationsgespräches zurück. Der Konsistorialpräsident hielt den Brief und auch die geplante Kanzelabkündigung »für nicht hilfreich und für geeignet, das bestehende Verhältnis zu stören«. Zugleich unterbreitete er Löffler noch einen Vorschlag, der einen Modus vivendi ermöglichen könne:

»Stolpe bat um Überlegung, ob es im Interesse einer gezielten Gegenaktion möglich ist, am Freitag dieser Woche eine kurze Begegnung zwischen einem Stellvertretenden Vorsitzenden des Staatsrates und Landesbischof Dr. Werner Leich zu arrangieren, in dem mitgeteilt werden könnte, daß der Brief an den Vorsitzenden des Staatsrates eingegangen sei und nunmehr in Wahrnehmung der Verantwortung der Kirchenleitungen über die weitere Verfahrensweise im vertraulichen Rahmen gesprochen würde.

Damit könnten die Kräfte, die eine Kanzelabkündigung durchgesetzt haben, unter Umständen noch zur Zurückhaltung ermahnt werden. Er unterbreitete diesen Vorschlag im Interesse der Notwendigkeit eines Zeitgewinns im Zusammenhang mit der Bundessynode in Eisenach.

Ich [Löffler] habe zum Vorschlag keine Stellungnahme abgegeben, sondern deutlich und unmißverständlich mein Erstaunen und mein Unverständnis gegenüber dem Beschluß der KKL ausgedrückt, einen solchen Brief in der gegenwärtigen Situation ohne vorherige Möglichkeit einer Antwort durch den Adressaten der Öffentlichkeit zur Kenntnis zu geben.

Ein solches aus der Situation heraus entstandenes Reagieren der KKL habe ich gemäß der festgelegten Konzeption als außerordentlich belastend und mit nicht voraussehbaren Folgen für die kommende Arbeit bezeichnet.

Ich hatte den Eindruck, daß Stolpe selbst durch bestimmte reaktionäre Kräfte der Kirchenleitung unter Druck gesetzt ist«,

bemerkte der Staatssekretär[925].

Zwei Tage zuvor hatte sich Stolpe wieder als deutschlandpolitischer Vermittler betätigt. Hauptabteilungsleiter Heinrich berichtete:

»Am 6.9.1989 erschien Konsistorialpräsident Manfred Stolpe zum Gespräch bei mir. Unter Bezug auf seine Unterredung mit mir am 23.8.1989 informierte er über das Ergebnis seines Aufenthaltes am 4./5.9.1989 in der BRD. Er habe dort bei Gelegenheit einer Begegnung mit der württembergischen Kirchenleitung mit dem Beauftragten der EKD bei der Bundesregierung, Binder, gesprochen.

Binder hat ihm unter ausdrücklichem Bezug auf Unterredungen im Bundeskanzleramt, im Bundespräsidialamt und im Bundesinnenministerium folgende Überlegungen zum Problemkreis ›Übersiedlung und Besetzung der Ständigen Vertretung der BRD in der DDR durch Antragsteller‹ genannt.

1. Die Bundesregierung ist nicht glücklich über den Stand in der Ständigen Vertretung der Bundesrepublik Deutschland. Es bestehe keine Sympathie für jene DDR-Bürger, die sich in der Ständigen Vertretung aufhalten. Mit diesen Leuten habe man viel Ärger und befürchte noch mehr Ärger. Aber der Druck der öffentlichen Meinung und die daraus resultierende Angst vor einer weiteren Eskalation der öffentlichen Meinung läßt eine Ausweisung dieser Leute aus der Ständigen Vertretung nicht zu. Die Bundesregierung wird sich auch weiterhin vor diese Leute stellen müssen. Insbesondere die Bilder aus der Ungarischen Volksrepublik heizen die Stimmung weiter an. Gegenwärtig gehen die Medien auf Mitleidtour.

2. Die Bundesregierung hofft auf eine weitere flexible Haltung der DDR zur Lösung dieses Problems. Diese Hoffnung wird durch die Sprechererklärung der DDR zur genannten Frage verstärkt. Die Bundesregierung rechnet mit Wochen, wenn nicht mit Monaten bis zur Klärung dieser Frage. Es wird erwartet, daß die ›Besetzer‹ mit ihren Forderungen zurückgehen, einlenken werden.

Allerdings wird ein gewisser harter Kern, stimuliert durch die Lage in Ungarn, weiter versuchen in die Nähe der früheren Praxis bei der Lösung ähnlicher Probleme zu kommen (direkte Ausreise aus der Ständigen Vertretung in die BRD).

Eine solche Lösung ist nicht erstrebenswert und wird von den meisten in der Bundesrepublik für falsch gehalten. Es wird befürchtet, daß eine entsprechende Entwicklung des Problems zu einer weiteren Eskalation bei der Belastung von Auslandsvertretungen der BRD führt.

Die Erwartung der Bundesregierung richtet sich darauf, daß den Besetzern eine Lösung ihres Problems signalisiert wird. Denkbar wäre eine Information, wonach die Einzelfälle geprüft seien, keine absoluten Versagensgründe bestehen und mit einer

Ausreise innerhalb der nächsten sechs Monate gerechnet werden kann. Diese Information ist an die Festlegung zu binden, daß die Haltung der DDR-Regierung nur für den Fall gilt, daß die Ständige Vertretung verlassen wird!
3. Bundeskanzler Kohl ist zu einem Staatsbesuch in der DDR bereit (dies erklärte Stolpe unter Bezug auf Schäuble).

In das Gesprächspaket ist das Einbringen folgender Punkte durch die Bundesregierung möglich:
– Verhandlungen über die sogenannte konsularische Betreuung von DDR-Bürgern in Drittländern. Hier ist eine definitive Erklärung von BRD-Seite möglich.
– Verabredung regelmäßiger Kontakte auf höchster Ebene. Insbesondere von Bundespräsident von Weizsäcker[926] wird das Fehlen solcher Kontakte beklagt. Unter Hinweis auf die Praxis von Helmut Schmidt, der solche Kontakte gehabt habe, wird moniert, daß alle gegenwärtigen Kontakte praktisch wieder beim Stande null begonnen werden müssen. Auch menschlich würde man sich so kaum näher kommen.
– DDR-Bürger, die die Absicht haben, in die Bundesrepublik überzusiedeln, werden durch die Bundesregierung eindeutig auf die geltende Rechtsordnung der DDR verwiesen. Eine Erklärung, wonach sich die Bundesregierung durch Demonstrativhandlungen (Botschaftsbesetzungen u. ä.) nicht erpressen läßt, ist möglich.
Eine solche Position könne wesentlich zur Entspannung des Verhältnisses BRD-DDR beitragen und innenpolitischen Druck abbauen.

Die Bundesregierung erwartet von der DDR die Aufnahme folgender Punkte:
– Die besuchsweise Einreise ehemaliger DDR-Bürger sollte prinzipiell ermöglicht werden. Bisher bekannte Fristen (4-5 Jahre) oder das Versagen der Einreise zum besuchsweisen Aufenthalt führen in der BRD zu starken Unmutsäußerungen bei potentiellen CDU-Wählern. Diese Frage bewege insbesondere Bundeskanzler Kohl sehr stark.
– Die Möglichkeit der Rückkehr von DDR-Bürgern in ihr Land sollte geschaffen werden. Es zeigt sich bereits jetzt, insbesondere auch im Ergebnis der Bewegung über Ungarn in die BRD, daß viele DDR-Bürger keine klaren Vorstellungen von dem haben, was sie in der BRD erwartet.
Stolpe wörtlich: ›In Baden-Württemberg haben Pfarrer verstärkt mit Personen zu tun, die erwartet haben, in der BRD an jeder Straßenecke einen Dukatenesel zu finden, die erwartet haben, daß Milch und Honig fließen. Nun stehen sie heulend vor der Realität‹.

Gerade diese ›Verführten und ins Ungewisse Gegangenen‹ sollten eine Möglichkeit der Rückkehr erhalten. An diesem Punkt ist Bundesinnenminister Schäuble besonders interessiert.
– Das Verfahren für die Antragstellung in die Bundesrepublik sollte durchschaubarer und damit für die Antragsteller nachvollziehbar gemacht werden. Diese Leute haben zur Zeit kein Empfinden für den Stand der Bearbeitung ihres Antrages. Die ›gerichtliche Nachprüfbarkeit‹ darf nicht den Eindruck einer bloßen Alibi-Handlung erwecken. Unsicherheiten zu den im § 10, Abs. 3 genannten ›anderen humanitären Gründen‹ sollten beseitigt werden. Damit kann erreicht werden, daß die Antragsteller Vertrauen in das Verfahren gewinnen und beharrlich eine Wartezeit in Kauf nehmen in der Erwartung, daß ihrem Antrag entsprochen wird.
– Unter Berufung auf Äußerungen des Staatsratsvorsitzenden, Genossen Erich Honecker, beim Staatsbesuch im September 1987 zum Thema Reiseerleichterungen wird von der BRD-Seite eine entsprechende Haltung der DDR gewünscht. Dabei könne ähnlich wie in der ČSSR verfahren werden. Dort ist für eine Privatreise in ein westliches Land eine Einladung vorzuweisen, die die Kostenübernahme durch

den Einlader ausweist, und die entsprechende Zustimmung der Betriebe ist einzuholen.
4. Als mögliche Schritte der unter 3. genannten Überlegungen sollte ein verbindliches Signal an das Kanzleramt gegeben werden. Denkbar ist die Realisierung der Einladung in die DDR durch Bundeskanzler Kohl persönlich oder durch Minister Seiters. Wenn die BRD die Einladung auf Ministerebene wahrnimmt, kann auch durch einen Stellvertretenden Staatsratsvorsitzenden, wie Genossen Egon Krenz, empfangen werden.

Als Überbringer eines entsprechenden Signals an den Bundeskanzler könnte Bernhard Vogel wirken, der von Genossen Erich Honecker die entsprechende Orientierung erhält. Überlegungen im Bundeskanzleramt, wonach Graf Lambsdorff oder andere Politiker aus der Koalition dies tun könnten, wurden aus parteipolitischen Überlegungen zurückgenommen. Ausdrücklich verwies Stolpe auch auf Rivalitäten zwischen dem Bundeskanzleramt und dem sogenannten Innerdeutschen Ministerium. Eine Hereinnahme des Innerdeutschen Ministeriums in oben genannte Überlegungen wird im Bundeskanzleramt abgelehnt.

Stolpe erklärte ausdrücklich, daß er seine Aktivitäten privat betreibe. Er erachte eine Beteiligung der Kirchen in beiden deutschen Staaten an diesem Vorgang als wenig sinnvoll und nicht hilfreich. Aus diesem Grunde gehe er von einer vertraulichen Behandlung des Gespräches aus. Stolpe betonte, daß er persönlich weiterhin zur Verfügung stehe.«[927]

Vor der Synodaltagung fehlten die sonst üblichen Erfolgsmeldungen. Zwar hatte der Staat mit 26 der Synodalen vorbereitende Gespräche geführt, doch konnten, wie Peter Heinrich auf einer Dienstberatung im Staatssekretariat für Kirchenfragen wenige Tage vor Synodenbeginn berichtete,

»Positionen politisch negativer Kräfte [...] nicht verändert werden [...] Es war unverändert schwierig, realistische und loyale Synodale zu offensivem Auftreten gegen Angriffe auf die DDR oder zur wirksamen Wiedergabe eigener positiver Erfahrungen mit unserer sozialistischen Gesellschaft zu motivieren und sie mit Argumenten zu unterstützen.«

Auch realistisch eingestellten Synodalen gelänge es kaum, ergänzte Hans Wilke,

»die gezielte Abwerbungs-, Hetz- und Verleumdungskampagne der BRD gegen die DDR richtig einzuschätzen. Oft wird eine Schuldzuweisung an Staat und Gesellschaft vorgenommen, werden ›Veränderungen‹ und ›Reformen‹ in der DDR gefordert.«

Der KKL attestierte man Unfähigkeit, den Kirchenbund einheitlich zu leiten[928].
Am Eröffnungsabend der Synode trug Werner Leich den von ihm ausgearbeiteten[929] KKL-Bericht vor. Über dieses Papier und die sich anschließende Diskussion zog drei Tage später der Staat eine Zwischenbilanz:

»Nach dem bisher bekannt gewordenen Ablauf der Synode [...] wurden alle Forderungen früherer Synoden wiederholt, zusammengefaßt und [in] ihren Aussagen verstärkt. [...] Gestützt auf die Aussagen von Leich, wird ein ganzer Katalog mittel- und langfristiger politischer Reformen vorgeschlagen, so zum Wahlgesetz und zur Wahlordnung, zur ›Demonstrationsfreiheit‹ und Mündigkeit des Bürgers, zur umfassenden Veränderung der Medienpolitik. Wiederholt wurden zugleich die Forderungen zum

Wehrdienst, zur Volksbildung und zur Reisetätigkeit erhoben. Gleichzeitig wird von Leich ein Programm wirtschaftlicher Reformen vorgeschlagen.«

Außerdem stellte der Text fest:

»Wie schon zu den letzten Synoden nahm wiederum eine repräsentative Delegation der EKD der BRD, unter Leitung ihres Präses Jürgen Schmude, teil. Mit einem sogenannten Grußwort, das in seinem Inhalt weit über diesen Anspruch hinausgeht, trat Schmude vor der Synode auf und bekräftigte im wesentlichen Leichs Positionen [...] Inzwischen wurde bekannt, daß unmittelbar nach dem Gespräch des Genossen Löffler mit Leich und unmittelbar vor Stattfinden der Synode sich Leich mehrere Tage in Hannover beim Rat der EKD in der BRD aufgehalten hat.«[930]

Lothar de Maizière, wenige Wochen später Vorsitzender der Ost-CDU und bald darauf erster frei gewählter Ministerpräsident der DDR, soll zur Ausreisefrage geäußert haben, die meisten Emigranten hätten wirtschaftliche Motive, die politischen Gründe seien lediglich vorgeschoben: »In der Mehrheit sind es nicht edle und hehre Gründe.«[931]

Scharfe Kritik soll der Jugenddelegierte Pahnke aus Torgelow geäußert haben: »Als kirchlicher Mitarbeiter befinde er sich an der Grenze der Einsichten und der Geduld, wenn er sieht, was in seiner Kirche möglich ist und angerichtet wurde. Wir sind als Kirche unglaubwürdig geworden wegen Machtmißbrauch, Entmündigung, Nichtzugeben eigener Verfehlungen.«[932]

Zu wirklichen Kontroversen kam es am letzten Sitzungstag, als der Eisenacher Oberkirchenrat Ludwig Große beantragte, »den Gliedkirchen [zu] empfehlen, zum 40. Jahrestag der DDR staatliche Einladungen nur anzunehmen, wenn ein partnerschaftlicher Dialog über gemeinsam bewegende Fragen möglich ist.«[933]

Mit klaren Worten begründete der Jugenddelegierte Udo Hanke den Antrag:

»Jugenddelegierter Hanke möchte zum 40. Jahrestag nirgendwo Bilder sehen, wo staatliche Vertreter neben kirchlichen abgebildet sind. Die Öffentlichkeit muß erfahren, daß zum Jahrestag Sachgespräche stattgefunden haben und nicht Alibigespräche geführt werden. Jetzt sei die letzte Gelegenheit der Synode, zur Nichtteilnahme kirchlicher Amtsträger zu Jahrestagsveranstaltungen zu reden. Er war in der Zusammenarbeit mit Marxisten nur einmal zufrieden, beim Olof-Palme-Marsch. Die SED habe hinterher intern erklärt, so etwas gäbe es nur einmal[934]. [...] Wenn man sich der Tortur des Ansehens der DDR-Medien unterzieht, findet man keine kritische Darstellung der 40 Jahre Geschichte oder von Fehlern, weder bei den Wahlen, dem Pädagogischen Kongreß noch der Absage der Gespräche. So wenig Hörfähigkeit und Akzeptanz liegen vor, daß man das nicht mehr akzeptieren kann. Wenn der Staat tatsächlich mit Gewalt gegen Bürger vorgeht, die ›der Stadt Bestes wollen‹, dann kann man nicht mehr zum Staat gehen«,

schrieb er den kirchenleitenden Synodalen ins Stammbuch.

Demke, Fritz, Köckert und Kramer meinten, so wichtige Fragen könne man nicht ad hoc entscheiden. »Es sei unverantwortlich, die Tür leichtfertig zuzuschlagen.« Diese Worte reichten aus, um die Synode wieder zur Tagesordnung übergehen zu lassen. Der Antrag wurde nicht weiter verfolgt[935]. Besonders dem Magdeburger Bischof rechnete der SED-Staat diesen Einsatz hoch an[936].

Staat und Partei bescheinigten in einer Abschlußeinschätzung erschrocken der Synodaltagung einen gesellschaftsverändernden Impetus, das Verlassen der Linie des 6. März sowie eine Kooperation mit der westdeutschen SPD:

»Wie zu keiner Synode zuvor wurde [...] ein geschlossenes Konzept, ja, man kann sagen, ein umfassendes Aktionsprogramm grundlegender gesellschaftlicher Veränderungen bis hin zur Legalisierung oppositioneller Gruppen und schließlich zur Bildung oppositioneller Parteien unterbreitet; ein Programm, das ausschließlich politischen Charakter hat, im krassen Widerspruch zur Verfassung der DDR, zur ganzen bisherigen Entwicklung, der Trennung von Staat und Kirche und in eindeutigem Gegensatz zum kirchlichen Auftrag steht.

Von der Umgestaltung des Gesellschaftssystems, der Veränderung der Wirtschaft in Richtung eines marktwirtschaftlichen Systems bis hin zur Konvertierbarkeit der Währung, der grundsätzlichen Änderung unseres Wahlgesetzes, der faktisch unbegrenzten Demonstrationsfreiheit werden nunmehr alle Forderungen der Gegner der DDR als das eigene Konzept vorgestellt und als gewissermaßen verbindliche Grundlage verbreitet. Damit wird mit Klarheit offenbar, was der im März 1988 von Bischof Leich geforderte ›Sozialismus mit menschlichem Angesicht‹ sein soll. [...]

In diesem Zusammenhang entwickelte der seit langem mit der SPD liierte Erfurter Propst Falcke ein eigenes, auf lange Sicht ausgerichtetes politisches Konzept. [...]

Es ist festzustellen: Die seit langem bewährte Linie, die im Gespräch vom 6.3.1978 geschaffene Grundlage der Verständigung, des Dialogs und der gemeinsamen Verantwortung, die im Antwortschreiben des Vorsitzenden des Staatsrates an Bischof Ginke erneut bekräftigt worden ist, wird faktisch beiseite geschoben und verlassen. Eine kleine Gruppe von 58 Synodalen maßt sich das Recht eines selbsternannten Anklägers, Anwalts und zugleich Richters gegen unsere sozialistische Gesellschaft, ihren Staat und die Parteien an. [...]

Erstmalig wurde eindeutig und massiv die Unterstützung sogenannter oppositioneller Gruppen, ihre Rechtfertigung, Ermutigung und Bestärkung sowie aller ihrer faktisch subversiven Aktivitäten offen demonstriert. Leich begrüßte ausdrücklich die Formierung oppositioneller Kräfte außerhalb der Kirche, die doch lediglich ihre staatsbürgerlichen Rechte und Pflichten in Anspruch nähmen. Diesen Gruppen läge daran, von der Kirche unabhängig zu bleiben, genauso wie die Kirche von diesen Gruppen unabhängig bleiben wolle. Der Beschluß der Synode mit einem alle Seiten umfassenden Forderungsprogramm für grundsätzlich umwälzende Veränderungen in der DDR[937] erfolgte zeitgleich mit der Erklärung des Parteivorstandes der SPD, daß nunmehr die Kirchen in der DDR und nicht mehr die führende Partei, die SED, und die Vertreter der Regierung Hauptpartner künftiger Gespräche sein sollten. [...]

Die Materialien machen zugleich deutlich, daß die Linie der Synode außerordentlich raffiniert, mit viel Demagogie ›verpackt‹ wurde. Im Gegensatz zu oppositionellen Kräften in anderen sozialistischen Ländern erklären die Wortführer, daß sie für den Sozialismus in der DDR seien; die Richtung könne zwar bleiben, aber das Profil müsse sich ändern, dazu gehöre ›eine Öffnung der bisherigen politischen Strukturen‹.

Selbst auf der Synode konnten die Errungenschaften unserer Entwicklung nicht einfach negiert werden, waren ›anerkennende‹ Floskeln zur 40jährigen Entwicklung der DDR zu hören. Als offensichtliches Alibi gab es auch Worte gegen die Obhutspflicht der BRD, gegen ›Wiedervereinigungsgerede‹, gegen einseitige Schuldzuweisungen.

[...] In seiner Erwiderung [auf Kritik] hat Gienke zwar die Vorgeschichte und den Ablauf dieses Ereignisses [der Domeinweihung] dargestellt und sich zu rechtfertigen versucht. Er hat aber nicht die Vorwürfe entschieden zurückgewiesen. Dennoch hat sich Gienke auf der Synode klar für die Fortsetzung des Weges vom 6. März 1978 ausge-

sprochen. Zu den brisanten Fragen der Synode nahm Gienke nicht Stellung, ebenso wie die Bischöfe Demke, Rogge und Natho. [...]
Zusammengefaßt ist festzustellen:
Die Synode stellt eine weitere Eskalation politisch negativer Aktivitäten, ein engeres Zusammenspiel mit Kreisen der BRD – vor allem der SPD –, ein offeneres und direkteres Zusammenwirken mit sogenannten oppositionellen Gruppen und eine stärkere Formierung sowie das einheitliche Auftreten mit einer abgestimmten Plattform dar. Erstmalig in dieser Form wird auf einer evangelischen Synode unverhüllt und demonstrativ ein gegen den Sozialismus, gegen die bestehende Ordnung in der DDR gerichtetes politisches Aktionsprogramm verkündet, das faktisch konterrevolutionäre Zielsetzungen enthält. Es schließt anstelle des bisherigen Weges des Dialogs und der sachlichen Zusammenarbeit zwischen Kirche und Staat offene Konfrontation nicht mehr aus.«[938]

Das SED-Politbüro beauftragte Egon Krenz, dafür Sorge zu tragen, daß die »Junge Welt« in mehreren aufeinanderfolgenden Beiträgen die Synodaltagung kritisierte[939]. Das »Neue Deutschland« brachte am 21. September 1989 einen gehässigen Artikel »Großdeutsche Ladenhüter auf der Kirchenversammlung«[940].

Gaebler wertete vor der KKL:

»Die Synode hat dem Öffentlichkeitsdruck standgehalten und in großer Verantwortung zu den Gemeinden und der Gesellschaft (dem Staat) geredet. [...] Die schwierige innenpolitische Situation unseres Staates hat die synodale Arbeit nicht gelähmt. [...] Offizielle staatliche Reaktionen sind z. Zt. noch nicht bekannt. Von der staatlichen Presse (ND, JW) hat es üble Artikel gegeben, deren Vokabular an Zeiten des Kalten Krieges erinnert.«

Die KKL-Mitglieder ergänzten:

»Erste staatliche Reaktionen – Dienststelle des Staatssekretärs für Kirchenfragen und Räte der Bezirke – sind negativ und erregt. ›Kirche gegen den Sozialismus‹. Dagegen fällt allgemein auf, daß die untere und mittlere Ebene im staatlichen Bereich eher positiv reagiert.«

»Wir haben mehr Unruhe produziert als Hoffnung weitergegeben«, meinte ein anderer. Eine weitere Stimme vermerkte:

»Es ist auffällig, daß es unter den jüngeren Synodalen eine Entwicklung gegeben hat. Früher war man darauf bedacht, dem Staat nicht wehe zu tun, diese Bereitschaft ist heute nicht mehr so vorhanden. Es ist schwer zu hören, wenn offene Worte wohl zu leichtfertig ausgesprochen werden. [...]
Votum Große war beschwerlich und hat unter Druck gesetzt. [...] Die Redeethik ist angefragt. Politiker zu diffamieren gehört nicht in die Synode«,

hieß es außerdem[941].

Die Ökumenische Bewegung und der Sozialismus – von »Genf« nach »Prag«

Im Gegensatz zur BEK-Synode funktionierte auf höherer Ebene die Unterstützung des realen Sozialismus durch DDR-Kirchenvertreter noch: Von Mitte bis Ende Juli 1989 hatte in Moskau der Zentralausschuß des ÖRK getagt[942]. Delegierte aus den USA, der EKD und Ungarn beantragten, das ökumenische Spitzengremium möge ein kritisches Wort zu den Verhältnissen im Rumänien Ceaușescus[943] sagen. Da sie nicht selber aktiv werden wollten, baten die rumänischen Delegierten – nach einer Information des Staatssekretariats für Kirchenfragen – den Leiter der DDR-Delegation, Bischof Hempel, »koordinierend und organisierend im Sinne Rumäniens tätig« zu werden. So geschah es denn auch: Dem Einsatz der BEK-Vertreter war es zu verdanken, daß mit Hilfe der sogenannten Entwicklungsländer der Antrag abgeschmettert wurde[944]. Gleichzeitig gab Generalsekretär Castro ein Bekenntnis zum Sozialismus ab[945].

Gewissermaßen handelte es sich um das Schlußkapitel einer Entwicklung, die von Moskau aus seit den vierziger Jahren sorgfältig betrieben worden war.

Noch während des Zweiten Weltkrieges hatte Stalin damit begonnen, eine Weltorthodoxie mit dem Zentrum Moskau zu formieren[946]. Dazu führten russisch-orthodoxe Geistliche zwischen 1943 und 1947 auf Geheiß von Oberst Karpow und Spezialisten der Lubjanka Gespräche mit den orthodoxen Bischöfen, Erzbischöfen bzw. Patriarchen von Prag, Böhmen, Serbien, Rumänien, Syrien, Palästina, Alexandria und Konstantinopel, unterstützten die orthodoxen Schwesterkirchen mit hohen Devisenbeträgen und überbrachten wertvolle Geschenke aus dem Staatlichen Museum in Sagorsk. Sie alle zeigten sich schließlich bereit, Moskau als »orthodoxen Vatikan« anzuerkennen.

In einem zweiten Schritt befahl Stalin die Vernichtung der orthodox-katholisch unierten Kirchen im Machtbereich Moskaus und die Bildung einer Allianz aller nichtrömischen christlichen Kirchen unter Führung der russisch-orthodoxen Kirche (ROK). Als Ziel dieser »internationalen Bewegung« nannten die Geheimdienst-Pläne den »Kampf gegen den Vatikan«[947]. Bis 1949 gelang es Karpow und seinen Helfern, die unierten Kirchen zu zerstören; die meisten ihrer Priester traten zur ROK über.

Dagegen schlug der dritte Plan fehl, die Church of England für eine Anti-Rom-Allianz zu gewinnen und den orthodoxen Kirchen in der Genfer Ökumenischen Bewegung mehr Einfluß zu gewähren. Zwar gaben die Vertreter der anglikanischen Kirche bei dem Besuch des Metropoliten Nikolaj 1945 in London klar zu verstehen, daß auch sie dem Vatikan außerordentlich reserviert gegenüberstünden, aber mehr als eine passiv-ablehnende Haltung gegenüber Rom war von ihnen nicht zu erwarten[948]. Auch konnte die Kirche von England Moskau weder zusagen, in der Ökumene auf politische Stellungnahmen zu verzichten, noch wollte sie der ROK in den Leitungsgremien des ÖRK eine höhere Repräsentanz einräumen. Für diesen Fall war vorgesehen, daß die ROK gegenüber dem 1948 gegründeten ÖRK nur einen Beobachterstatus einnahm[949]. Nach diesen Fehlschlägen ließ Stalin von seinen Plänen ab, zumal sich die Allorthodoxe Allianz als brüchiges Gebilde herausgestellt hatte und ihre finanzielle Unterstützung in keinem Verhältnis zum Nutzen stand.

Der zweite Versuch Moskaus, auf ökumenischer Ebene Fuß zu fassen, ging mit der Gründung der Prager Christlichen Friedenskonferenz im Jahre 1958 einher. Diese östliche »Gegen-Ökumene« stand von vornherein in finanzieller und ideologischer Abhängigkeit zu den Staatsämtern für Kirchenfragen der Ostblock-Staaten[950]. Parallel dazu suchten die orthodoxen Kirchen seit ihrem Beitritt zur Genfer Ökumenischen Bewegung 1961 in der »West-Ökumene« permanent an Einfluß zu gewinnen[951]. Damit hatten sie – nicht zuletzt aufgrund der weltpolitischen Situation nach 1968 – beachtlichen Erfolg.

Im Gefolge der neuen Ideologien des »Wandels durch Annäherung« und der sog. »Entspannungspolitik« setzte sich in Genf zunehmend eine sozialismusaffine »Friedenspolitik« durch[952], die von den Kirchen aus dem Bereich der Zweiten und Dritten Welt lebhaft befördert wurde und die »reichen« Kirchen des »imperialistischen« Westens immer mehr in die politische Defensive drängte. Fortan sorgten die staatstreuen orthodoxen Kirchen aus dem Ostblock – sie verfügten über ein Viertel der Stimmen – dafür, daß auch im Falle von Menschenrechtsverletzungen eine Verurteilung der Politik ihrer Länder durch die Genfer Zentrale unterblieb. Diese Strategie läßt sich bis in die jüngste Vergangenheit verfolgen. Weil die Russisch-Orthodoxen 1983 bei der Vollversammlung in Vancouver mit ihrem Austritt drohten, wurde der sowjetische Einmarsch in Afghanistan nicht verurteilt[953]. Beim Zentralausschuß in Moskau sechs Jahre später verhinderten die rumänisch-orthodoxen Delegierten eine Verurteilung des Diktators Ceauşescu – darin unterstützt vom Generalsekretär des Weltkirchenrates und CFK-Mitglied, Emilio Castro[954]. Die Nachrichtenagentur TASS meldete 1992, daß die Moskauer Metropoliten Pitrim und Juwenali als KGB-Agenten »Abbat« und »Adarmat« u. a. auch in der Ökumene tätig waren; Juwenali gehörte lange Jahre dem Zentralausschuß an[955].

Als sich im Dezember 1993 die FAZ-Journalistin Heike Schmoll vor der Enquete-Kommission des Deutschen Bundestages zu »Aufarbeitung von Geschichte und Folgen der SED-Diktatur in Deutschland« recht kritisch zur Rolle des DDR-Kirchenbundes in der Genfer Ökumene äußerte[956], griff der 1992 zum Nachfolger Castros gewählte ÖRK-Generalsekretär Konrad Raiser ein. Unter Hinweis auf die Anhörung der Enquete-Kommission, aber ohne Namen zu nennen, gab Raiser am 21. Dezember 1993 dem epd ein Interview, über das die offiziöse Nachrichtenagentur der EKD berichtete:

»Im Zusammenhang mit der Anhörung der Enquete-Kommission des Bundestages zur Rolle der Kirchen in der DDR hatte es Berichte gegeben, daß Kirchenvertreter den Weltkirchenrat als Plattform für die Verbreitung der sozialistischen Regierungspolitik benutzt hätten. ›Es besteht für uns überhaupt kein Verdacht, die ökumenischen Freunde aus der früheren DDR hätten in diesen Zusammenhängen jemals etwas anderes kundgetan, als entweder ihre persönliche Überzeugung oder die der Organe des DDR-Kirchenbundes‹, betonte der deutsche Theologe. Er räumte gleichzeitig ein, daß an manchen Punkten die offizielle Position der Kirchen in der DDR mit der der Regierung übereingestimmt habe. Raiser schloß auch aus, daß der Weltkirchenrat einen ›nennenswerten Anteil‹ bei der internationalen Anerkennung der DDR gehabt habe. Die Kirchen in der DDR hätten aber sicher auch versucht, Regierungspositionen zu verdeutlichen. Dies sei aber ein normaler Vorgang, und die Delegierten der EKD hätten dies auch mit der Außenpolitik der Bundesrepublik getan. Dies sei ›vollkommen offen geschehen‹, es habe seines Wissens ›keinerlei nicht-öffentliche oder gar geheime Kontakte‹ gegeben. Raiser warnte vor zu schnellen Vorwürfen gegenüber Kirchenvertretern aus Osteuropa. Zudem kündigte er an, daß der Weltkirchenrat sich mit seinen Akten aus jener Zeit befasse. Eine umfassende Aufklärung werde aber noch dauern, zumal auch das Interesse an der Aufklärung der Vergangenheit in den Kirchen in Osteuropa abgenommen habe. ›Wir werden geduldig versuchen müssen, die Steine des Puzzles zusammenzusetzen.‹ Für ausgeschlossen hält Raiser auch eine Unterwanderung des Genfer Weltkirchenrates durch Agenten oder Inoffizielle Mitarbeiter der östlichen Geheimdienste. Pläne dazu waren bereits 1991 in einem Geheimvertrag zwischen Stasi und KGB bekannt geworden. Der Dachverband von 323 Kirchen sei ein viel zu offenes Gebilde und ›kein ideales Feld für Agenten‹. Die Kritik, der Ökumenische Rat habe auf Druck von Mitgliedskirchen zu Menschenrechtsverletzungen in Rumänien und der damaligen Sowjetunion geschwiegen, wies Raiser als unbegründet zurück. Der Rat habe alle Erklärungen offengelegt und sich nicht im wesentlichen auf stille Diplomatie verlegt. Auch gebe es ›keinerlei Selbstbindung‹ des Weltkirchenrates an das Urteil einer Kirche. Im Falle von Rumänien habe es eine Fehleinschätzung gegeben, die der Zentralausschuß später bedauert habe. Aufgrund unzureichender Information könne es auch ein Urteil geben, ›was sich hinterher als nicht tragfähig, vielleicht sogar als verhängnisvoll erweist‹. Raiser wies auch Vorwürfe zurück, der Weltkirchenrat habe aufgrund des Einwirkens östlicher Delegierter sein Menschenrechtsverständnis geändert und das sozialistische Verständnis von den Kollektivrechten zu lasten des westlichen Verständnisses der Individualrechte in den Vordergrund gestellt. Ein christliches Menschenrechtsverständnis gebe es nicht. Allerdings sei ein auf soziale Grundrechte ausgerichtetes Menschenrechtsverständnis dem biblischen Denken viel näher als das an individuellen Freiheitsrechten ausgerichtete. Der Weltkirchenrat habe seine Position vor allem unter Einfluß der Kirchen der Dritten Welt verändert, und die sozialen, wirtschaftlichen und kulturellen Rechte, die ›Garantien der Basisbedürfnisse‹, verstärkt in den Vordergrund gerückt. Das heiße aber nicht, daß etwa die Religionsfreiheit als unwichtig gelte, betonte der frühere Bochumer Theologieprofessor.«[957]

Sehr viel kritischer sieht Gerhard Grohs das »Engagement des [...] ÖRK und der [...] EKD für die Dritte Welt«. In seinem gleichnamigen, 1992 erschienen Aufsatz heißt es:

»Auch wir in der EKD hatten eine Lektion zu lernen, als Pfarrer Groth, der seit vielen Jahren die Kirchen in Namibia in ihrem Kampf gegen Apartheid unterstützte, aufdeckte, daß auch in SWAPO-Lagern in Angola Menschenrechte verletzt wurden. Viele der Apartheidsgegner wollten eine Veröffentlichung dieser Vorwürfe aus Angst verhindern, daß man damit der südafrikanischen Regierung in die Hände spiele. Auch hier siegte letzten Endes die Wahrheit, aber wir müssen uns in den Kirchen fragen, ob wir nicht zu oft der Diplomatie einen höheren Stellenwert gegeben haben als dem Mut zur Wahrheit. Das vom südafrikanischen Kirchenrat 1985 veröffentlichte ›KAIROS-Dokument‹, das im Ökumenischen Rat und auch in unserer Kirche eine große Wirkung ausübte, hat drei Arten von Theologien unterschieden: Die Staatstheologie, die Kirchentheologie und die prophetische Theologie.«[958]

Vom 20. bis 28. Januar 1994 tagte der Zentralausschuß des ÖRK im südafrikanischen Johannesburg[959]. Unter anderem wurde dort als Konferenzort für die 8. Vollversammlung des ÖRK 1998 – dann wird die Genfer Bewegung fünfzig Jahre alt – Harare, die Hauptstadt Simbabwes, festgelegt. In diesem Land ist die Homosexualität verboten. Der Präsident des Kirchenrates von Simbabwe, Jonathan Siyachitem, hält die Haltung seiner Regierung in dieser Frage für richtig. Darin findet er Unterstützung durch die orthodoxen Kirchen, die etwa ein Drittel der 158 Zentralausschuß-Delegierten stellen. Als auf der Sitzung in Johannesburg unter dem Thema »Gewalt gegen Frauen« in einem Halbsatz auch die lesbischen Frauen erwähnt wurden, reagierte der Präsident des Außenamtes der russisch-orthodoxen Kirche, Metropolit Kyrill von Smolensk, entsprechend heftig.

Wie seinerzeit im Blick auf Rumänien, reagierte der Weltkirchenrat auch, als in Johannesburg über Ex-Jugoslawien debattiert wurde. Der Patriarch der nationalistischen serbisch-orthodoxen Kirche, Pavle, hatte sich in einem Brief an die Teilnehmer des Zentralausschusses darüber beschwert, daß »den Serben alles Übel, das geschieht, angelastet wird«[960], und damit offenbar eine Verurteilung der Serben verhindert[961]. Bereits am 26. Oktober 1993 hatte Raiser zusammen mit seinem Kollegen Jean Fischer von der Konferenz Europäischer Kirchen an UN-Generalsekretär Butros-Ghali geschrieben und um »ernsthafte Überprüfung« der UN-Sanktionen gegen Serbien und Montenegro gebeten[962].

Letzte Anstrengungen zur Konservierung der »Kirche im Sozialismus«

Das Staatssekretariat für Kirchenfragen gab Ende September 1989 die folgende Gesamteinschätzung der kirchenpolitischen Situation ab – im übrigen die letzte »Leitungsinformation« in der Geschichte dieser Behörde:

»Die Verschärfung der politisch-ideologischen Auseinandersetzung und im besonderen die im Vorfeld des 40. Jahrestages der DDR inszenierte massive Kampagne aller Bundestagsparteien und der BRD-Medien gegen eine stabile Entwicklung der sozialistischen Gesellschaft in der Dialektik von Kontinuität und Erneuerung ist vor allem an den evangelischen Kirchen in der DDR nicht spurlos vorbeigegangen. Auf Grund des labilen politischen Kräfteverhältnisses in den evangelischen Kirchen ergaben sich innerkirchliche Auseinandersetzungen, die politisch negative Kräfte innerhalb der Kirchen und von außerhalb dazu nutzen wollten, um der positiven Wirkung des Besuchs des Staatsratsvorsitzenden in Greifswald am 11.6.1989 und seines Antwortbriefes an Bischof Dr. Gienke vom 18.7.1989 zu begegnen. [...] Bei den Geistlichen und Amtsträgern an der kirchlichen Basis [...] wird trotz der von der Greifswalder Begegnung und dem Briefwechsel ausgehenden positiven Signale eine verbreitete Stimmungslage [...] sichtbar, die von Unzufriedenheit, Unverständnis und z. T. Vorwürfen gegenüber dem Staat gekennzeichnet ist. [...] Es setzt sich die Tendenz fort, daß in den Gesprächen die Friedens- und Abrüstungsproblematik nur eine untergeordnete Rolle spielt. [...]

Nach wie vor konzentriert sich das Interesse der kirchlichen Vertreter auf die innere Entwicklung in der DDR sowie auf die weitere Perspektive des sozialistischen Weltsystems. [...] Zugleich ist festzustellen, daß die Propagandakampagne der Westmedien im Zusammenhang mit der Ausreiseproblematik Wirkung zeigt. [...] Unter dem Druck der Hetzkampagne seitens der BRD ist bei der Mehrzahl der Geistlichen und Amtsträger eine deutliche Zunahme pessimistischer und grundsätzlich kritischer Bewertungen der gesellschaftlichen Entwicklung in der DDR zu verzeichnen. Im Unterschied zur Vergangenheit tritt die Würdigung der sozialen und ökonomischen Errungenschaften der DDR in den Hintergrund. Diese werden weitgehend als selbstverständlich angesehen und nicht als Errungenschaften betrachtet, die es zu verteidigen und zu bewahren

gilt. Stattdessen hat sich die negative und kritische Bewertung der ökonomischen Situation in der DDR auffällig verstärkt.
[...] An die Stelle realistischer Relativierungen illusorischer Erwartungen hinsichtlich der Umgestaltung bzw. von Reformen treten in stärkerem Maße als bisher skeptische Einschätzungen der weiteren Perspektive des Sozialismus überhaupt. So wird die Frage aufgeworfen, ob man gegenwärtig überhaupt noch von einem sozialistischen Weltsystem sprechen kann.«[963]

Während der BEK-Synode konstituierte sich in Erfurt ein neues Projekt staatsloyaler Kirchenglieder – der 14 Personen umfassende »Martin-Niemöller-Arbeitskreis in der DDR«. Dem Kreis, der sich aus Mitgliedern der Kirchlichen Bruderschaft Sachsens und der CFK[964] zusammensetzte und sich als Gegengewicht gegen die Basisgruppen verstand, saß Annemarie Feurich, Dresden, vor. Geplant war eine Kooperation mit der Niemöller-Stiftung[965] in der Bundesrepublik. Zu Niemöllers Sohn Jan, Mitglied des Rats der EKD, bestanden bereits Verbindungen. Für Mitte März 1990 plante der Kreis eine erste Tagung in Jena, zu der als Referenten der Historiker Kurt Pätzold, der Kirchenhistoriker Hartmut Ludwig bzw. als Ersatz Günter Wirth und Carl Ordnung eingeladen waren. Die Bibelarbeit oder Predigt sollten nach Vorstellung der Organisatoren Christoph Demke bzw. Werner Krusche halten. Horst Dohle hielt dieses Unternehmen für förderungswürdig und empfahl die »verdeckte[.] Unterstützung und Begleitung durch die Räte der Bezirke Erfurt, Suhl und Gera.«[966]

Zum 40. Jahrestag ihres Bestehens verabschiedete die Gemeindeleitung der Niederländischen Ökumenischen Gemeinde in der DDR eine staatsloyale Erklärung, deren Spitzenaussage lautete:

»Wir wollen deshalb in aller Deutlichkeit erklären: Gerade jetzt, da der Sozialismus (über die Grenzen der DDR hinaus) unter gewaltigem Druck steht, Widersprüche, Probleme und Spannungen groß sind und weiter wachsen und der Kapitalismus sich stark macht wie lange nicht mehr, ist es an der Zeit, offen auszusprechen, was wir denken: der Sozialismus ist die Hoffnung der Armen, deshalb bleibt er unsere Aufgabe. In diesem Sinne verstehen wir uns als ökumenische Gemeinde zugleich als Gemeinde im Sozialismus.«[967]

Dennoch war das Wirkungsvermögen der sogenannten progressiven Kräfte an einem absoluten Tiefpunkt angelangt: Sie beklagten, »daß es ihnen bei der gegenwärtigen Stimmung in den Kirchen zur Zeit schwer bzw. kaum gelingt, ihre Position wirksam in den innerkirchlichen Meinungsprozeß einzubringen, da sie nicht mehr gehört werden.«[968]

Auf Hiddensee bestimmte Ende September die sich täglich zuspitzende innenpolitische Situation in der DDR auch die Gespräche der Konsultationsgruppe zwischen EKD und BEK. Zur Sprache kamen, gleich zu Beginn die Bundessynode, die Ausreiseproblematik, nochmals die Kommunalwahlen, die leidigen Vorgänge in Greifswald und natürlich auch die Absage des fest vereinbarten Gesprächs mit der DDR-Regierung über die KSZE-Nachfolgekonferenzen.

Angesichts dieser niederschmetternden Berichte fragte Schmude die Konsultationspartner, »ob die Kirchen in der DDR wirklich an der grundsätzlichen Option für den Sozialismus festhalten wollten. Mehrere Vertreter des Bundes weisen darauf hin, daß die Diskussion um die Formel ›Kirche im Sozialismus‹ nicht bis zur endgültigen Klärung geführt wurde.«[969] Auf die Frage, »warum bilaterale Gespräche zur nationalen Frage gewünscht werden«, antworteten Stier und Domke mit dem Hinweis, »daß der Wunsch zum guten Teil aus einer Abwehrhaltung gegenüber dem Gerede von der Wiedervereinigung[970] erwachse«. Binder bestätigte: »Die Ausreisewelle führt zum Wiedererstarken der Wiedervereinigungsdiskussion« in der Bundesrepublik. Im gleichen Moment stellte er mit Bedauern fest: »Die Politik der kleinen Schritte wird blockiert.« Anschließend hieß es von EKD-Seite beschwichtigend, »daß die Wiedervereinigungsdebatte mehr auf Stimmungen als auf realen Interessen und politischen Konzepten beruhe.«

Schmude berichtete: »Nach dem Beginn der Flüchtlingswelle über Ungarn habe sich die Deutschlandpolitik der SPD geändert. In der Dialogpolitik der SPD zeichnet sich eine neue Reihenfolge ab: Gespräche mit Kirchen, mit Gruppen[971] und auch mit der SED[972]. Auf Rückfrage erklären mehrere Vertreter des Bundes, daß sie diese Reihenfolge für sehr gefährlich und unangemessen halten.«[973] Die Frage, warum es die Aufgabe der Kirche sei, den Zusammenhalt der Deutschen zu fördern, beantwortete Schmude mit dem Hinweis darauf, daß die Trennung und die gesellschaftliche Entwicklung die Menschen in Deutschland belaste. Die Kirche sei darum »verpflichtet, gesellschaftliche Verantwortung um der Menschen willen zu übernehmen.« In der Zusammenfassung der »Diskussionspunkte[.] von Dr. Schmude«[974] taucht – unter Hinweis auf die Ost-Denkschrift von 1965 – als weiteres Argument die »Überforderung der Politiker mit scheinbar unlösbaren Problemen« auf. Durch »Wellen von Emotionalität« würde ihnen »das klare Wort zur Wegweisung unmöglich« gemacht. Darum müßten die Kirchen ein solches Wort finden.

Nur Blindheit gegenüber dem eigenen Weg konnte einen Kirchenvertreter so reden lassen. Überdies gab es bald darauf in den beiden großen Volksparteien sehr wohl Persönlichkeiten, die angesichts der politischen Ereignisse an die Einlösung des Verfassungsauftrages dachten. Es begann jene Zeit, in der sich Willy Brandt und Helmut Kohl näher kamen[975].

Mitte September erklärte Generalsuperintendent Bransch (Potsdam) in einem Gespräch beim Rat des Bezirkes, die Ausreisewelle stoße bei ihm auf Unverständnis[976]. Er forderte vom Staat jedoch eine genaue Analyse der Ursachen. Die Stimmung unter der Bevölkerung sei kritischer geworden. »Unter den Pfarrern sei sie emotional angereichert, und die Pfarrer sind zum Teil richtig ›aufgeladen‹[977]. Deshalb seien die Gespräche mit den Pfarrern auch schwieriger geworden.« Auch in der Kirchenleitung Berlin-Brandenburg sei die Stimmung kritischer geworden. Die Mehrheit ihrer Mitglieder sei auf Konfrontation aus.

Der Kirchenmann kritisierte die schlechte Versorgungslage[978] in vielen Gebieten der DDR: »Die Bürger erwarten mehr sichtbare Erfolge, und die Bedürfnisse steigen immer mehr.« Ein Meinungsstreit in der Gesellschaft sei notwendig. Der XII. Parteitag der SED müsse ein deutliches Zeichen setzen. Andernfalls werde »›die schweigende Mehrheit nicht mehr zu halten sein.‹«

Am Sozialismus und der deutschen Zweistaatlichkeit hielt der Generalsuperintendent ausdrücklich fest: »›Die Partei muß sich an die Spitze der Problematik stellen und geschickt propagieren.‹«[979]

Drei Tage vor dem vierzigsten Geburtstag des SED-Staates traf sich die Beratergruppe. Von dem Bericht über die letzte Bundessynodaltagung leitete Demke zu einer Analyse der schweren Krise des Regimes über. Der Magdeburger Bischof sprach die im Land vorherrschende Hoffnungslosigkeit an. Er träfe zunehmend Pfarrer, die nicht mehr wüßten, »was sie angesichts der Situation im Lande noch predigen können.« Die Lage schätzte Demke als »psychotisch« und ständig eskalierend ein. Er verwies dabei auf die Situation in der vergangenen Nacht auf dem Dresdener Hauptbahnhof[980]. Die Partei sei mit ihrer bislang verfolgten Politik der Schadensbegrenzung am Ende: »Der Vertrauensverlust ist enorm.« Auch für von oben verkündete Änderungen gelte: »Die Bürger glauben denen nicht, die sie verkünden, und sie glauben schon gar nicht an die Bestandskraft.« Allerdings kritisierte der Magdeburger Bischof im gleichen Zug die Rolle der Westmedien und ihre Einflußnahme auf die DDR[981] – Heidingsfeld hatte wenige Wochen zuvor dem BEK angeboten, »im Rahmen eines Kurzlehrgangs Fragen des Umgangs mit Medien zu ›trainieren‹«[982].

Gleichzeitig könne man »aber auch Aufbrüche aus der Resignation« registrieren, wobei Demke vor allem auf die neu ins Leben gerufenen politischen Initiativen wie Demokratischer Aufbruch oder Neues Forum verwies. Der Bischof forderte, daß die Kirche – solange der Staat sich ablehnend verhalte – diesen Gruppen Räume zur Verfügung stellen solle[983].

Kirchenpräsident Eberhard Natho gehörte auf einmal zu den kritischsten DDR-Bürgern unter der hohen Geistlichkeit. Bereits im Dezember 1988 hatte er offen über die schlechten Staat-Kirche-Beziehungen und die angespannte wirtschaftliche Lage gesprochen[984]. Nun interpretierte er die anhaltende Fluchtbewegung, die Menschen kehrten dem »ungeliebten Sozialismus, den man nicht gewollt hat und von dem man nicht annahm, daß er lebenslang dauern würde[985], den Rücken«. Unter Bezugnahme auf das Votum Demkes bestritt der Kirchenpräsident die Auffassung, die Auswanderer hätten psychotische Motive[986]. Gegenüber Staatsvertretern tat der Kirchenpräsident die Anhänger des »Neuen Forum« allerdings noch Mitte Oktober als realitätsblinde Spinner ab[987].

Es gab aber auch – und mit zunehmender Tendenz – das umgekehrte Phänomen, daß Kirchenmänner, die mit dem real-existierenden Sozialismus und den SED-Machthabern manchen Konflikt ausgetragen hatten, nun unbedingt an der DDR und dem »besseren« Sozialismus festhalten wollten. Forck »weist darauf hin, daß die ›Option für den Sozialismus‹ in der DDR noch immer breite Zustimmung findet.« Auch Kramer meinte noch Anfang Oktober 1989, die Menschen in der DDR wollten »nicht einfach umsteigen auf das Modell Bundesrepublik. Außerdem hat Deutschland andere Sozialismus-Traditionen und -Erfahrungen als Polen und Ungarn, woraus sich erklärt, daß von vielen immer noch an besagter Option für den Sozialismus festgehalten wird.«[988]

Beide Seiten beklagten die nach außen zutage tretende deutschlandpolitische Konzeptionslosigkeit Bonns und Ostberlins. Diese Schlußfolgerungen zogen sowohl Neukamm als auch der in Binders Bonner Dienststelle tätige Oberkirchenrat Joachim Gaertner in einem Referat[989]. Letzterer, mit sicherem Überblick über die Bonner Verhältnisse, betonte:

»Zwischen allen Parteien besteht allerdings weitgehend Konsens darüber, daß bei den Beziehungen von Staat zu Staat, von Regierung zu Regierung die bisherige Linie des Pragmatismus beibehalten werden soll. Man will unter keinen Umständen eine ›neue Eiszeit‹ in die Beziehungen zwischen den beiden deutschen Staaten eintreten lassen und versichert, daß niemand in der Bundesrepublik ein Interesse an einer Destabilisierung habe.«[990]

Die auf der BEK-Synode deutlich gewordene Tendenz, die Basisgruppen aus dem Schutzraum der Kirche zu entlassen, gleichzeitig aber mehr Rechte der Bürger auf gesellschaftliche Partizipation einzufordern, wirkte sich auch auf die unteren Ebenen aus: So hatte die Ostberliner Elisabeth-Gemeinde beschlossen, der »Kirche von unten« keine Räume mehr zur Verfügung zu stellen; die Entscheidung ist im übrigen auch auf den Einfluß im Gemeindebereich tätiger gesellschaftlicher Organisationen zurückzuführen. Besonderen Anstoß hatten Solidaritätsbekundungen der Gruppe mit der chinesischen Demokratiebewegung erregt[991]. Hier stimmten staatliche und kirchliche Interessen überein. Der Rausschmiß bzw. die Trennung erfolgte noch vor der eigentlichen »Wende«.

Bereits Ende September 1989 hatte das Staatssekretariat für Kirchenfragen von der Bildung einer organisierten Opposition reden können:

»Die politisch-negativen Kräfte sind gegenwärtig verstärkt bestrebt, ihre Aktivitäten überregional zu koordinieren, zu vernetzen und langfristige Konzeptionen für ihr weiteres Vorgehen zu entwickeln. Es zeichnet sich gegenwärtig ab, daß negative Kräfte in bestimmten von ihnen geschaffenen Schwerpunkten (Leipzig, Berlin, Dresden) ausloten, wie weit sie mit ihren Provokationen gehen können. Ihre Aktionen vollziehen sich teilweise mit direkter Unterstützung kirchenleitender Kräfte (Sup. Magirius, Leipzig, Bischof Dr. Forck, Berlin). Unterstützt durch die Kampagne der BRD gegen die bestehende gesellschaftliche Ordnung in der DDR und ermutigt durch das für sie günstige innerkirchliche Kräfteverhältnis und die verbreitete kritische innerkirchliche Atmosphäre gegenüber der gesellschaftlichen Wirklichkeit, fühlen sich diese Kräfte so stark unterstützt, daß sie den Schritt aus der Kirche hinaus wagen und ihre oppositionelle Tätigkeit in den gesellschaftlichen Raum zu verlagern trachten. So nahmen im Berichtszeitraum die Versuche zu, eine politische Opposition organisatorisch zu installieren, woran sich einige Geistliche, kirchliche Amtsträger und Gemeindeglieder direkt beteiligten. Disziplinierungsmaßnahmen oder Einwände kirchlicher Gremien gegen derartige Vorhaben sind nicht bekannt.«[992]

Wenige Tage später fand eine Beratung der für Kirchenfragen zuständigen staatlichen Bezirksfunktionäre bei Löffler statt, an der auch der Leiter der Hauptabteilung für Innere Angelegenheiten beim Innenministerium, Hubrich, teilnahm.

Der Staatssekretär gab zunächst eine Einschätzung der Eisenacher Synode, die ein seit langem vorbereitetes »konterrevolutionäres«, auf die Beseitigung von Grundlagen des Sozialismus zielendes »Aktionsprogramm« mit politischem Charakter beschlossen und intensiver als je zuvor mit dem Gegner kooperiert hätte. Zwar habe die Synode die Basisgruppen aus dem kirchlichen Raum herausgedrängt, dies jedoch nur, »um ihnen eine größere Breite zu ermöglichen.« Darüber hinaus arbeite die Kirche mit ihnen politisch zusammen. Auch die Kirche lehne nunmehr die Autorität des Staates ab und rufe zum offenen Widerstand auf, richte offene Briefe an Politiker, mische sich unverhohlen offen in staatliche Angelegenheiten ein und arbeite an der Aufhebung der rechtlichen Ordnung der DDR, indem sie Wahlen und Demonstrationsfreiheit fordere: »Anstelle des Dialogs wird die offene Konfrontation gesucht.« Auf diesen Weg dürfe sich die staatliche Kirchenpolitik aber nicht einlassen – es gehe weiterhin um sachliche Beziehungen zur Kirche, die vor allem durch die Kooperation »mit realistisch denkenden Christen« zu gewährleisten seien[993]. Auch hier waren die Vorstellungen bescheidener geworden: Aus Kirchenvertretern oder Amtsträgern wurden nun Christen, was zeigt, daß man von einer immer kleiner werdenden Zahl »realistischer Kräfte« ausging.

Abschließend wies der Staatssekretär auf die oppositionellen Gruppen hin, wie sie sich Ende September 1989 darstellten: »Neues Forum, Initiativprogramm zur Gründung einer SPD, Gruppe zum demokratischen Aufbruch (Eppelmann), Demokratie jetzt (Fischbeck), Brief aus Weimar (CDU)[994], Vereinigte Linke (Böhlener Öko-Gruppe, 1, – M für Espenhain).«

Nun ergriff Generalmajor Hubrich das Wort und forderte zur Standhaftigkeit der Kader auf. Zugleich gelte es jedoch, die »Kader auf die neue Lage politisch ein[zu]stellen, manches ist schwer zu verstehen«. Hier sei »politisch kluges, flexibles Verhalten« angebracht. Eventuelle Eingaben seien sofort an das MfS sowie an die Behörden für Inneres weiterzuleiten. Außerdem stellte er die Programme der Gruppen Neues Forum, Demokratischer Aufbruch und Demokratie jetzt vor. Die DDR-Sozialdemokratie sei ökologisch orientiert.

Gegenüber Ausreiseantragstellern müßten Staatsvertreter Vorbehalte abbauen, »flexibel und locker, aber mit klarem Standpunkt« auftreten. Die in die DDR zurückgekehrten Botschaftsbesetzer könnten zwar nicht innerhalb von sechs Wochen ausreisen, dennoch sollte die Genehmigung so schnell wie möglich erteilt werden, ohne allerdings »den Anschein des ›Rausschmiß‹ zu erwecken.«[995]

Peter Kraußer betrachtete die BEK-Synode als »eine ernsthafte Herausforderung für den sozialistischen Staat [...] Erstmalig wurde die Forderung nach gesellschaftlicher Umwälzung mit der Frage nach der Macht« gestellt. Es gehe der Kirche jetzt nicht mehr um die Frage, ob gesellschaftliche Veränderungen notwendig seien, sondern nur noch um den Weg bzw. die Art und Weise ihrer Herbeiführung – »legal oder mit Gewalt«.

Der Funktionär wies darauf hin, daß zeitgleich zur Synode der SPD-Parteivorstand eine Erklärung abgab[996] und Oppositionsgruppen ihre Zulassung beantragten, die »entscheidende[.] Umwälzungen, grundlegende[.] Veränderungen der Gesellschaft« forderten.

Allerdings attestierte er der Kirche – und vor allem Bischof Leich – auch, das vorgetragene Konzept berücksichtige die Zweistaatlichkeit und stelle sie nicht in Frage:

»Auf Grund der vorhandenen Stabilität der DDR tritt Leich nicht antisozialistisch auf, sieht er den Sozialismus als wichtige Perspektive der Menschheit[997]. [...] Die Synode enthielt *auch* würdigende Aussagen zum 40. Jahrestag der DDR, sprach sich gegen eine einseitige Darstellung in den Westmedien aus.«[998]

Ende September 1989 sprach Löffler mit Forck, da in kirchlichen Räumen unter Führung von Edelbert Richter, Markus Meckel und Friedrich Schorlemmer die Gründung einer Dachorganisation der Oppositionsgruppen geplant war. Forck forderte eine sofortige Erklärung der Regierung zum Wahlbetrug, ansonsten werde sie am Jahrestag keine Ruhe haben – jeweils am 7. eines jeden Monats fanden in Erinnerung an die Kommunalwahlen demonstrative Aktionen in Berlin statt; im Oktober fiel dieser Termin ausgerechnet auf den Staatsgründungstag[999].

In einem Schreiben an den Rat des Bezirkes Schwerin solidarisierte sich Altbischof Rathke mit dem Neuen Forum. Die Nichtzulassung dieser Gruppe stoße bei ihm auf Unverständnis. Er kündigte den Besuch von Veranstaltungen oder auch Treffen der Alternativgruppe an und wolle selber »weitere öffentliche Versammlungen anregen, damit die Ziele dieses ›Neuen Forums‹ mit Bürgern diskutiert werden. Außerdem strebe er mit anderen Bürgern eine eigene Vereinigung zur Durchsetzung der Forderungen der KSZE-Dokumente in der DDR an.«

Der Rat des Bezirkes plante, am 3. Oktober 1989 eine Aussprache mit dem ehemaligen Bischof zu führen und ihm ein entsprechendes Tätigwerden unter Berufung auf Artikel 39 der DDR-Verfassung zu untersagen[1000].

In dem Gespräch sprach Rathke im Zusammenhang mit den Ausreisenden von Menschenhandel – hiermit spielte er auf die deutsch-deutschen Geschäfte an – und meinte, daran erinnern zu müssen,

»einige sitzen bei uns im Gefängnis, weil sie wegwollten, für andere stellt man Sonderzüge zur Verfügung. Für ihn sei das ein Rechtsbruch.

Er fragte, wie wir jungen Leuten eine Perspektive geben wollen, auch über die vierzig Jahre DDR hinaus, wenn wir nicht offen auf die vielen anstehenden Fragen antworten. Die Darstellungen in den Medien unterhöhlen seiner Meinung nach die letzte Autorität.

Rathke bat mich, weiterzugeben, daß er es als sehr bedrückend empfindet, wenn Bürger kriminalisiert werden, weil sie mit dem, was sie bei uns erleben und erfahren, nicht einverstanden sind. [...]

Angesichts der von ihm geschilderten Lage war Rathke der Meinung, man solle keine Feste feiern.«[1001]

Forcks Amtsvorgänger Schönherr hingegen schrieb Anfang Oktober 1989 den »Freunde[n] von der Redaktion des Standpunkt«:

»Wir erleben ja jetzt schwierige Zeiten, wie sie lange nicht gewesen sind. Die Fluchtbewegung hat Ausmaße angenommen, die man kaum noch rational nachvollziehen kann. Und die Leute, die nur an sich denken, machen so viel kaputt, was auf gutem Wege war. Es wäre ganz schlimm, wenn die zarten Ansätze zu einem marxistisch-christlichen Dialog daraufhin auf der Strecke bleiben würden. Ich glaube, jetzt muß jeder das, was er als richtig erkannt hat, geduldig durchhalten. Irgendwann ist dann einmal wieder die Stunde gekommen, in der solche Haltung gebraucht wird.«[1002]

Günter Wirth ließ den Brief vertraulich Kurt Löffler zukommen: »Was ist das für eine Position und Haltung!«, kommentierte der Ost-CDU-Funktionär anerkennend[1003].

Hinsichtlich der Feierlichkeiten zum 40. Jahrestag wollte der Staat die Beteiligung kirchlicher Vertreter erreichen. Andererseits wies Löffler darauf hin, daß man während dieser Veranstaltungen besonders auf Ordnung und Sicherheit zu achten habe, da politische Provokationen von seiten der Kirchenleute nicht auszuschließen seien[1004].

Da am 6. und 7. Oktober auch die KKL tagen sollte[1005], besaßen die Kirchenvertreter eine gute Begründung für Absagen. Auch Albrecht Schönherr kündigte an, er werde am Festakt nicht teilnehmen. Gleiches erklärten die katholischen Bischöfe, die nach Einschätzung Kraußers unter dem Druck der Protestanten standen[1006].

An dem Festakt in Rostock auf zentraler Ebene und in den Bezirken nahmen Affeld, Plath und Harder aus Greifswald sowie BEK-Altpräses Wahrmann teil. An weiteren Veranstaltungen auf Bezirksebene wollten Konsistorialpräsident Martin Kramer, Magdeburg[1007], OKR Hoffmann, der spätere Thüringer Landesbischof[1008], sowie Generalsuperintendent Bransch teilnehmen. Bischof Demke hatte seine Beteiligung an der Festveranstaltung in Berlin angekündigt.

Martin Kirchner teilte mit, er werde nur nach Erfurt kommen, wenn er auch mit einem eigenen kritischen Redebeitrag auftreten dürfe: »Daraufhin wurde ihm zu verstehen gegeben, daß er keine Einladung erhält.«[1009] Fern blieben Bischof Gienke, Mecklenburgs Bischof Stier, der dortige Synodalpräses Bartsch, die Pröpste der Kirchenprovinz Sachsen – mit der Begründung, ein Anlaß zum Feiern bestehe nicht – und die Vertreter der Görlitzer Kirche.

Allerdings sprach der Staat in manchen Kreisen gar keine Einladungen aus bzw. sah nur Kirchenvertreter vor, die als absolut zuverlässig galten[1010] – und davon gab es immer weniger.

Auch Bischof Hempel schrieb an Günther Witteck, den Vorsitzenden des RdB Dresden:

»Auf Grund der derzeitigen Schwierigkeiten in unserer Gesellschaft, die auch das Verhältnis von Staat und Kirche berühren müssen, sehe ich mich außerstande, Ihrer Einladung zu der Festversammlung am 5. Oktober 1989 zu folgen. Ich bitte, diese Absage nicht persönlich mißzuverstehen.«[1011]

Bischof Rogge formulierte seine Absage etwas moderater:
»Seit schon sehr langer Zeit liegt auf dem angegebenen Termin ein Empfang der Kirchenleitung, deren Vorsitzender ich bin, für unsere hochbetagten Jubilare dieses Jahres. Darunter befindet sich auch Bischof D. Fränkel«. Der Bischof fügte allerdings noch hinzu:

»Nun gibt es in diesen für unser Land schwierigen Wochen, in denen auf die Dauer viele Bürger die Republik verlassen, auch für unsere Gemeinden viele Fragen, die, wie lange schon erbeten, auf oberster Ebene in einem vertrauensvollen Dialog angesprochen werden müssen, auch und gerade dann, wenn Fragende und Antwortende die Situation unterschiedlich beurteilen sollten. Der Herr Staatsratsvorsitzende hat zu meiner Freude und Genugtuung des öfteren zum dialogischen Umgehen miteinander aufgerufen. Auch deshalb bedauern viele Gemeindeglieder und Amtsträger unserer Kirchen, daß die Informations- und Sachgespräche mit der Konferenz der Kirchenleitungen über Gebühr lange ausbleiben. Nächste Begegnungen auf oberster Ebene müßten möglichst rasch dem sachbezogenen dialogischen Austausch und dem Vorankommen auf diesem Wege gewidmet sein.

Das oben Angeführte, verehrter Herr Vorsitzender, kann in keiner Weise den Dank schmälern, den wir auch in diesen Wochen bekunden wollen für vertrauensvolle und mit konstruktiven Ergebnissen verlaufende Gespräche mit Ihnen und Ihren Mitarbeitern auf Bezirksebene, auf Kreisebene und der Ebene der Gemeinden. [...] Wir sind gern und offenherzig zu weiteren konstruktiven Gesprächen über gemeinsam Wichtiges bereit.«[1012]

Am 6. Oktober kam dennoch der KKL-Vorstand zu einer Sondersitzung zusammen, um das Verhalten hinsichtlich des einen Tag später bevorstehenden Empfangs zu klären. Leich erklärte, er sehe »sich zur Teilnahme nicht in der Lage«.

»Von anderen Vorstandsmitgliedern wird die Ansicht vertreten, daß von Gemeinden und Mitarbeitern angesichts der gegenwärtigen Situation erwartet wird, von der Teilnahme generell abzusehen. Einvernehmen besteht darin, daß eine jede Entscheidung nach jeder Seite mißverständlich ist. Um der staatlichen Seite ein Signal für die nach wie vor gegebene Gesprächsbereitschaft zu geben, sieht Vorstand vor, daß Dr. Demke den für Leich vorgesehenen Platz einnimmt, während die anderen Einladungen in der vorgesehenen Weise wahrgenommen werden können.«[1013]

Der KKL erläuterte Demke, die »Teilnahme des Vorstands am Staatsakt ist nicht vorgesehen, wohl am« Staatsempfang, der im Palast der Republik stattfinden sollte. Leich lehne jede Beteiligung ab. Die Entscheidung wurde auch damit begründet, bundesdeutsche Politiker würden eine totale Ablehnung kaum verstehen[1014]. Trotzdem entschied die KKL zunächst, überhaupt nicht am Empfang teilzunehmen, aber um ein Gespräch zu bitten. Einen Tag später revidierte die KKL auf Bitten des Vorstandes – Leich äußerte: »So etwas ist noch nie vorgekommen und bereitet große Sorgen«[1015] – den Beschluß. Jetzt sollten Stolpe und Ziegler den BEK beim Staatsempfang vertreten[1016]. Dennoch blieben die Meinungen zur Frage der Teilnahme auch zehn Tage später noch geteilt. Stolpe und Ziegler betonten freilich, ihre Anwesenheit sei sinnvoll gewesen, da es zu wichtigen Einzelgesprächen gekommen sei[1017].

Seit Mitte September war es im Zusammenhang mit den montäglich stattfindenden Friedensgebeten – sie waren nach einer zeitweiligen Unterbrechung im Sommer am 4. September wiederaufgenommen worden[1018] – in der Leipziger Nikolaikirche zu Zusammenstößen und auch Verhaftungen gekommen[1019]. Am 2. Oktober wurde eine Demonstration, an der sich mehr als 10 000 Menschen beteiligten, in der Messestadt aufgelöst[1020] – mit 2 500 Besuchern platzte die Nikolaikirche restlos aus den Nähten, mehr als 6 000 Menschen mußten vor der Kirche bleiben[1021]. Am gleichen Tag begann in der Ostberliner Gethsemanekirche wegen der Inhaftierungen in Leipzig, Berlin und Potsdam eine unbefristete Mahnwache. Jeden Abend sollte in dem am Prenzlauer Berg gelegenen Gotteshaus eine Fürbittandacht stattfinden[1022].

Gleich am ersten Abend rief das in der Nähe der Kirche wohnende SED-Mitglied Manfred Hoffmann von seiner Wohnung aus im ZK-Gebäude an und brachte seine Empörung darüber zum Ausdruck, daß Staat und Partei der Protestversammlung tatenlos zusähen[1023]. Am folgenden Abend wiederholte er die Beschwerde und forderte, doch ernsthaft gegen diese Aktionen vorzugehen[1024]. Am nächsten Abend äußerte er sich noch schärfer:

»Obwohl er schon zweimal den DH [Diensthabenden] des ZK informiert hat, tut sich nichts. Das ruft bei ihm Unverständnis hervor. Die alten Genossen warten darauf, daß gegen die Protestversammlung umgehend etwas getan wird. Genosse Hoffmann brachte zum Ausdruck, daß er sich solange an das ZK wendet, bis etwas unternommen werde.«[1025]

Auch in Magdeburg, Schwerin, Dresden, Weimar und anderen Städten kam es schon zu größeren Versammlungen in den Kirchen[1026].

Am 6. Oktober 1989 fand in der Ostberliner Erlöserkirche eine von über 2 000 Menschen besuchte Zukunftswerkstatt zum Thema »Wie nun weiter DDR?« statt. Gesprochen wurde über die Ausreisewelle, die Wahlfälschung – eine »Ohnmachtserklärung des Staates« – und das Fehlen einer unabhängigen Judikative.

Eine von Werner Fischer verlesene Resolution der Oppositionsgruppen Demokratie Jetzt, Initiative Frieden und Menschenrechte, Neues Forum, Demokratischer Aufbruch und Initiativgruppe SDP[1027] forderte unter anderem die Freilassung der politischen Häftlinge und freie Wahlen unter Aufsicht der Vereinten Nationen. Es schloß sich eine Talk-Show mit Vertretern der Oppositionsgruppen an – unter anderem Rainer Eppelmann, Ralf Henrich, Marianne Birthler und Gerd Poppe. Spätere Differenzen zwischen Oppositionsbewegung und der nicht der SED zuzurechnenden Bevölkerungsmehrheit signalisierte der Vorwurf eines 22jährigen Kesselbauers, bislang seien in den Diskussionen Arbeiter überhaupt nicht zu Wort gekommen. Deren Interessen würden hier nicht vertreten[1028].

Vor der KKL stellte Demke fest:

»Unsere gegenwärtige Situation trägt ausgesprochene psychopathische Züge, weil sie Hoffnung nicht realisieren konnte:
– Enttäuschte Erwartungen in bezug [auf] Gorbatschow,
– erschöpfte Kräfte der Geduld, weil sich nichts bewegt,
– Ängstigung durch Unberechenbarkeit und Ungewißheit der Zukunft,
– Gefühl der Weglosigkeit,
– Sprachunfähigkeit der führenden Politiker (aber neue Übungsprogramme der Kampfgruppen, Androhung der Chinamethoden),
– dazu die gezielten Nachrichten der Westmedien.
Diese Stimmung muß zur Gewalt führen.
Daneben ist an vielen Stellen eine Aufbruchstimmung zu beobachten. Die Initiativen zu Neuem nehmen zu. Die ›postmurale‹ Generation redet offen und ohne Angst über die vorfindliche Situation. Unser Problem ist: wie gehen wir damit um?«

Notwendig sei die Möglichkeit einer freien Diskussion in der Gesellschaft. Es müsse ein Ende haben mit der Nischenhaltung. Allerdings sah Demke nur die

Möglichkeit für graduelle Veränderungen, die in den kommenden fünf bis zehn Jahren »nur mit den etablierten Parteien und Organisationen in ihren Strukturen« zu erreichen seien:

»Scheitert das, ist ein Weg in das polnische Desaster unumgänglich. Gesprächspartner der Kirche bleiben die Vertreter der SED und des Staatsapparates. Mit ihnen zu reden ist deshalb so schwer, weil sie nur aus ihren Denkkategorien heraus zu reden in der Lage sind. Anders ist das bei Künstlern und Mitarbeitern des Staatssicherheitsdienstes. Sie sind untauglich, wenn sie sich nicht in andere versetzen können.«[1029]

Aus dieser Bemerkung Demkes wird deutlich, was zur Wertschätzung des MfS in den Kirchenleitungen beitrug. Im Unterschied zur Partei ließen sich die Geheimdienstler – scheinbar oder wirklich – auf die Denkstrukturen der Kirchenleute ein.

Die Staatsfeierlichkeiten begleiteten vor allem in Berlin, Dresden und Leipzig Demonstrationen von jeweils rund 10 000 Menschen, die die Sicherheitskräfte äußerst brutal niederschlugen[1030]. Die Gewaltmaßnahmen der Polizei betrafen auch Personen bzw. Institutionen, die bislang der DDR loyal gegenübergestanden hatten. Am Abend des 7. Oktober wurde Pfarrer Wolfgang Wilhelm, Leitender Mitarbeiter des Ökumenisch-Missionarischen Zentrums Berlin, bei einer Inspektion der Schaufenster der hauseigenen Buchhandlung sowie des Grundstücks auf dem Bürgersteig gemeinsam mit Ehefrau und Sohn festgenommen, »zugeführt« und erst am Abend des nächsten Tages entlassen. Außerdem hagelten drei Ordnungsstrafbescheide wegen vorsätzlichem Stören der öffentlichen Ordnung über jeweils 500 Mark ins Haus.

Der Direktor des Zentrums, Christfried Berger, schrieb an Löffler:

»Sie werden verstehen, hochverehrter Herr Staatssekretär, daß wir diese völlig aus der Luft gegriffene Anschuldigung und das Verhalten der Sicherheitsorgane vom Beginn bis zum Ende der Zuführung nicht widerspruchslos hinnehmen können. Unsere gesamte Mitarbeiterschaft hat in einer heutigen Belegschaftsversammlung in einem Brief an den Minister des Inneren gegen diese und ähnliche Maßnahmen protestiert. [...]
Ich wäre Ihnen sehr dankbar, wenn Sie eine Untersuchung dieser Vorgänge veranlassen könnten mit dem Ziel, daß sich die Zuständigen bei Herrn Pfarrer Wilhelm und seiner Familie und uns als der zuständigen Dienststelle entschuldigen. Durch diesen Vorgang ist unser Missionshaus 24 Stunden ohne verantwortlichen Bereitschaftsdienst gewesen.
Dieser Vorgang ist für uns um so bedauerlicher, da wir als eine internationale Dienststelle bei zahlreichen ökumenischen Partnern bekannt sind und nach entsprechenden Vorgängen befragt werden. Unsere primäre Aufgabe ist es eigentlich, auf Menschenrechtsverletzungen in der 3. Welt, besonders in Südafrika, aufmerksam zu machen. Solche Vorgänge sind angetan, die solidarische Zusammenarbeit zu erschüttern.«[1031]

Löffler leitete das Schreiben an Generalmajor Dieter Winderlich, Stellvertreter des Innenministers, mit der Bitte um unverzügliche Erledigung der Angelegenheit weiter: »Das Ökumenisch-Missionarische Zentrum gehört zu den progressiven Partnern und leistet eine dem Ansehen der DDR dienende umfangreiche internationale Arbeit. Ich bitte Sie herzlich, den Vorgang aus der Welt zu schaffen.«[1032]

Am 9. Oktober, einem Montag, setzten intensive Gespräche zwischen Staat und Kirche ein. Am Vortag hatte sich in Dresden bereits ein Lichtblick ergeben. Die Partei berichtete:

»Am 8.10. um 20.45 Uhr bat Superintendent Ziemer um ein dringendes Gespräch beim Oberbürgermeister Dresdens. Er wolle eine Bitte im Zusammenhang mit den Ereignissen auf der Prager Straße vortragen.
Zur gleichen Zeit informierte Oberst Schlaak (BdVP), daß die 800 Personen bereit seien, die Demonstration aufzulösen, wenn der Oberbürgermeister am 9.10. eine Abordnung von 20 Personen zum Gespräch empfangen würde.
Nach Konsultation mit Genossen Modrow und Moke wurde das Gespräch gewährt. Er [Ziemer] erschien 21.00 Uhr mit Landesbischof Hempel und Oberlandeskirchenrat Fritz. Wortführer der Kirchenleute war Ziemer. Er sprach die Bitte aus, zu den Demonstranten sprechen zu dürfen. Die Lage sei unerträglich. Er wolle die Menschen auffordern, friedlich nach Hause zu gehen, um weitere Gewalttätigkeiten auszuschließen. Der Bitte wurde Rechnung getragen. Zum Inhalt der Rede Ziemers wurde Übereinstimmung erzielt.
Auf der Prager Straße erklärte dann Ziemer sinngemäß, daß der Oberbürgermeister am nächsten Tag mit den Bürgern sprechen wird, daß die VP den Weg freigibt, wenn die Demonstranten friedlich nach Hause gehen und daß über das Ergebnis der Gespräche am 9.10. abends in der Kirche informiert wird. Daraufhin löste sich die Demonstration auf.«[1033]

Das war die Geburtsstunde der »Gruppe der Zwanzig«. Das am folgenden Tag geführte Gespräch gestaltete sich aus staatlicher Perspektive sehr kompliziert[1034]. Auch Hempel bezeichnete das Gespräch als nicht sehr erfolgreich[1035]. Peter Krauß er vom ZK begrüßte die in Dresden gefundene Lösung. Man solle alles tun, was einer Beruhigung der Lage diene[1036]. Der amtierende LKA-Präsident Schlichter berichtete, Ziemers Vorsprache bei Berghofer sei ohne Wissen des LKA erfolgt[1037]. An den Informationsveranstaltungen in den Dresdener Kirchen beteiligten sich am Abend über 20 000 Personen. Demonstrationen fanden nicht mehr statt, so daß Staatssekretär Löffler beruhigt feststellte, die Kirche habe ihr Versprechen, mäßigend auf die Menschen einzuwirken, gehalten[1038]. Die Partei informierte über den Tag in Dresden:

»Aus dem gegenwärtigen Handeln des Landeskirchenamtes ist ersichtlich, daß kirchlicherseits ein gewaltsamer Ausweg aus den Demonstrativhandlungen in Dresden gesucht wird. Zugleich wird deutlich, daß mit den Wortführern und Organisatoren solcher Handlungen kein Konsens gefunden werden kann. Das mehrstündige Gespräch des Oberbürgermeisters der Stadt Dresden am 9.10.1989 [...] widerspiegelte diesen Zustand. Die Gesprächsgestaltung war sehr kompliziert.«[1039]

In Berlin sprachen Stolpe und Günter Krusche bei Stadtrat Hoffmann vor. Im staatlichen Gesprächsprotokoll heißt es:

»Gen. Hoffmann stellte eingangs des Gespräches fest, daß an den vergangenen Tagen eine Gruppe von Provokateuren bemüht war, die öffentliche Ordnung und Sicherheit in der Stadt zu stören. Die Versuche waren offensichtlich gut mit Vertretern westlicher Massenmedien abgestimmt und stellten einen weiteren Mosaikstein in der Kampagne westlicher Kreise gegen unsere sozialistische Staats- und Gesellschaftsordnung dar. Leider war erneut festzustellen, daß kirchliche Einrichtungen Ausgangspunkt bzw. Anziehungspunkt für solche Kräfte waren. Gen. Hoffmann stellte die Frage, wie die Leitung der evangelischen Kirche sich zu dieser Situation stellt und was sie zur Veränderung zu tun gedenke.

Generalsuperintendent Dr. Krusche betonte, daß es unter den Menschen z. Zt. eine ›große Erregung‹ gebe. Es haben sich eine Vielzahl von unbeantworteten gesellschaftlichen Fragen angestaut, die die Menschen bewegen. Die Ausreiseproblematik sei ein Ausdruck der Situation. Die Veranstaltungen in der Gethsemanekirche sind der Versuch, ›ein wenig von diesem Druck wegzunehmen‹.

Heute abend, so informierte Dr. Krusche, werde der Gemeindekirchenrat der Gethsemanekirche über eine Weiterführung oder Beendigung der Fürbitten/Mahnwache befinden. Die ›Tendenz‹ gehe dahin, die Aktivitäten fortzusetzen. Darüber hinaus sei ins Auge gefaßt, weitere Kirchen einzubeziehen, um einerseits die Gethsemanekirche zu ›entlasten‹, andererseits auch einer weiteren ›Konzentrierung‹ vorzubeugen.

Beim Versuch zu ›deeskalieren‹ haben es kirchliche Vertreter, betonte Dr. Krusche, ›nicht immer leicht‹. Zu starke Präsenz von Sicherheitsorganen schaffe Nervosität, Angst, aber auch Aggressivität. Nicht zuletzt gestern (8.10.1989) habe er dies ›hautnah‹ gespürt.

Auch führen Meldungen bzw. Gerüchte über ›Verhaftungen bzw. Verletzungen‹ dazu, daß seine Bemühungen um Besonnenheit als ›Beschwichtigungen‹ abgelehnt werden.

Wichtig wären jetzt ›Zeichen der Regierung‹, daß die ›Sorgen und Nöte‹ der Menschen auch gesehen werden. [Das] Eingestehen von Fehlern statt ›Ergebenheitsadressen‹ in der Zeitung könnte die Situation entspannen. Anzustreben sei eine ›verantwortliche Meinungsvielfalt‹.

Herr Stolpe betonte, daß es notwendig sei zu signalisieren, daß die Notwendigkeit von Veränderungen auch in der Regierung gesehen werde. Gesellschaftliche Veränderungen bedürfen jedoch der ›Ruhe und Besonnenheit‹. Aus diesem Grunde wolle man sich bemühen, mit der ›Unruhe‹ unter den Menschen richtig umzugehen. Man will deutlich machen, daß diese Veränderungen nicht durch ›Krach auf der Straße‹ zu erreichen sind. Es werde sicher immer eine Reihe von ›Krakeelern‹ geben, bei der Masse glaube er jedoch an die Vernunft und Einsicht.

Heute abend werde der Bischof in diesem Sinne in der Gethsemanekirche auftreten und eine gemeinsame Erklärung verlesen. Er stimme Dr. Krusche zu, daß es überlegenswert wäre, weitere Kirchen in diesem Sinne einzubeziehen.

Gen. Hoffmann erklärte abschließend, daß der Versuch, durch demonstrative Aktivitäten den Staat unter Druck zu setzen, zum Scheitern verurteilt ist. Wir werden uns nicht erpressen lassen. In bezug auf die öffentliche Ordnung, Sicherheit und Ruhe der Bürger sind keine Kompromisse möglich. Versuchte ›Erpressung‹ schließe auch Dialog aus, dies sollte man allen Verantwortlichen deutlich machen. Es werden kirchlicherseits oft genug ›Zeichen‹ des Staats verlangt; ein ›Zeichen‹, ein erster Schritt kirchlicherseits wäre es z. B., die ›Mahnwache‹ von der Straße wegzunehmen und in den Kirchenraum zu verlagern. Wir erwarten, betonte Gen. Hoffmann, daß die Kirchenleitung geeignete Schritte unternimmt, damit es zu keiner weiteren Zuspitzung kommt und die fortgesetzten Provokationen gegenüber der sozialistischen Staatsmacht unter Einbeziehung kirchlicher Objekte konsequent unterbunden werden.«[1040]

Das von Stolpe angesprochene und mit »Vier dringende Bitten« überschriebene Papier trug 18 Unterschriften, darunter die von Forck, Stolpe, Günter Krusche, Furian und Hülsemann:

»1. Alle Bürgerinnen und Bürger bitten wir dringend, ab sofort angstfrei Meinungsfreiheit auszuüben, damit das Gespräch über unsere Zukunft in Gang kommt.

2. Die Staatsführung der DDR bitten wir dringend, umgehend deutliche und glaubhafte Schritte einzuleiten, damit eine breite Übereinstimmung für eine demokratische, rechtsstaatliche sozialistische Perspektive der DDR gefunden wird.
3. Die Ordnungs- und Sicherheitskräfte bitten wir dringend, der Ungeduld kritischer Bürger, die sich auf den Straßen zeigt, mit größtmöglicher Zurückhaltung zu begegnen, damit nicht wiedergutzumachender Schaden vermieden wird.
4. Die beunruhigten Menschen unseres Landes bitten wir dringend, jetzt von allen nicht genehmigten Demonstrationen auf den Straßen abzusehen, damit die politisch Verantwortlichen nicht sagen können, sie ließen sich im Blick auf anstehende Veränderungen nicht unter Druck setzen.«[1041]

Gefordert wurde von der Führung ein demokratischer Sozialismus, von den Bürgern Verzicht auf Demonstrationen, um Entscheidungen der Spitze nicht zu behindern. Während der kommenden Wochen sollte sich zeigen, daß nur der Druck der Straße der Parteispitze schrittweise Zugeständnisse an das Volk abnötigen konnte. Mit einem Denken in scheinbar erneuerten Kategorien, hinter denen sich der alte Wille zur totalen Machtausübung aber nur mühsam verbarg, war die DDR nicht mehr zu retten.

Alle Augen konzentrierten sich auf den Spätnachmittag und Abend des 9. Oktober in Leipzig. Dort stand wieder das Friedensgebet bevor, an das sich eine Demonstration anschließen würde.

Vier Tage zuvor hatte Rolf Opitz, Vorsitzender des RdB Leipzig, Hempel noch deutlich gemacht, die Kirche sei für Gottesdienste, aber nicht für politische Kundgebungen zuständig. Hempel wies in seiner Entgegnung darauf hin, bei der Kirche handele es sich »aufs Ganze gesehen [um] ein[en] stabilisierende[n] Faktor mit großen positiven Wirkungen«. Auch wenn es die Friedensgottesdienste nicht gäbe, würde das Volk demonstrieren, behauptete der Bischof. Der ebenfalls anwesende Superintendent Magirius warf ein, »daß seine Bemühungen zur Beruhigung der Lage von staatlichen Vertretern völlig mißverstanden und als etwas Finsteres dargestellt werden.« Superintendent Richter forderte:

»›Endlich müssen Sie den Leuten etwas sagen. Wir brauchen authentische Aussagen des Staates, damit die Bürger merken, es tut sich endlich etwas. Die Wahrheitsfrage in der Berichterstattung der Medien ist der Angelpunkt. Ein Beispiel ist die Beschwörung der traditionellen Freundschaft DDR-China, obwohl hier 30 Jahre Funkstille geherrscht hat. Das nimmt Ihnen niemand mehr ab. Und geht es dann um bestimmte Daten zur DDR, glaubt […] der Bürger dieses erst recht nicht.‹«

Hempel ergänzte, die DDR-Bevölkerung warte »auf einen ›kleinen Gorbatschow‹«. Das Ansinnen des Staates, in der Nikolaikirche sei kein Platz für Polittreffen, habe er zur Kenntnis genommen[1042].

Am 9. Oktober erklärte Hempel gegenüber dem Rat des Bezirkes, er werde beim Friedensgebet persönlich anwesend sein und ein Wort an die Besucher der Andacht richten. »Er wolle dort folgendes sagen:

1. daß nach seiner Überzeugung zwischen dem Staat und den Jungerwachsenen, die auf die Straße gehen, Gespräche notwendig sind, in denen sie über ihre Wünsche und ihre Verbitterung sprechen können, daß eine Schematisierung, wie sie zur Zeit im Fernsehen und in der Presse sichtbar wird, nichts bringt (alles unter Rowdytum ein-

ordnend), und daß er für die Freilassung der Inhaftierten, wenn sie keine Körperverletzung begangen haben, plädiert;
2. daß nach der Überzeugung seines Glaubens er deutlich machen möchte, daß Besonnenheit und absolute Gewaltlosigkeit in der gegenwärtig brisanten Lage maßgebend sein müssen. Im Konfliktfall solle man lieber Gewalt in Kauf nehmen als Gegengewalt ausüben.«

Er wolle die Anwesenden auffordern, nach Beendigung des Gottesdienstes in Ruhe den Nachhauseweg anzutreten. Dem Staatsfunktionär Reitmann sagte er, es gäbe nur noch die Alternative zwischen Gespräch und Gewalt. Dieser machte deutlich, die Sicherheitsorgane blieben ruhig, solange niemand demonstriere oder andere Gesetzesverstöße beginge. Notfalls möge der Bischof doch vor der Kirche per Megaphon die Menschen nochmals zum Verlassen des Platzes auffordern. Abschließend machte Reitmann »nochmals sehr eindringlich auf den Ernst der Situation aufmerksam und appellierte an die Wahrnehmung der Verantwortung des Bischofs.«[1043]

Am Abend formierte sich auf dem Leipziger Ring eine Demonstration, die so groß war, wie man es seit 1953 nicht mehr erlebt hatte. Nahezu 70 000 Menschen marschierten mit und wurden durch die Sicherheitskräfte nicht behindert[1044].

Kurt Löffler vermerkte:

»Nach gegebener Zustimmung hat Hempel in den fünf[1045] Kirchen persönlich das von ihm zugesagte Angebot realisiert[1046]. [...] Im Anschluß an die Friedensgebete hat sich eine Demonstration formiert, die bis auf ca. 50 000 Teilnehmer angewachsen war und durch die Innenstadt von Leipzig marschiert. In Übereinstimmung mit Genossen Egon Krenz greifen die Ordnungskräfte nicht ein, solange keine gewaltsamen Aktionen aus der Demonstration heraus stattfinden.«[1047]

Einen Tag später sprach Günter Krusche von einer positiven Wendung der Situation[1048]. Er berichtete dem Magistrat über eine am Vormittag durchgeführte Beratung der Berliner Superintendenten. Demnach stelle sich die Lage wie folgt dar: In Gethsemane werde man die Fürbittandachten noch bis Freitag fortsetzen. Auch in der Adventskirche, der Pankower Hoffnungskirche und der Treptower Bekenntniskirche seien ähnliche Veranstaltungen geplant. Er unterbreitete den Vorschlag, das Dresdener Gesprächsmodell auch auf Berlin zu übertragen:»›Dies würde viel Dampf ablassen und zur Beruhigung beitragen.‹«[1049]

Am Abend predigte Forck in der Gethsemanekirche zur Geschichte Israels. Der Bischof rief nach staatlicher Einschätzung »mehrfach zur Ruhe und Besonnenheit auf und appellierte, nicht demonstrativ auf die Straße zu gehen.«[1050]

Auch in einem Gespräch bei Oberbürgermeister Krack sprachen sich Stolpe, Forck und Krusche dafür aus, »alles zu tun, damit die Straße frei bleibt und jeder in seiner Verantwortung entsprechend wirksam wird.« Allerdings erklärte Krack, angesprochen auf die Übergriffe der Volkspolizei, nicht die Sicherheitskräfte, sondern die Kirche habe die Demonstrationen um die Gethsemanekirche ins Rollen gebracht. Die kirchlichen Gesprächspartner sollten dafür sorgen, daß die Lage sich beruhige »und in keiner Kirche ähnliche Veranstaltungen mehr stattfinden.«

Außerdem zeigte der OB Bereitschaft, sich – analog zu Dresden – mit Bürgern zu einem Dialoggespräch zu treffen. Eine Beteiligung der Oppositionsgruppen lehnte er allerdings ab.

Abschließend schrieb Krack an das Politbüromitglied Günter Schabowski: »Unsere Entscheidung, das Gespräch mit Forck, Stolpe und Krusche zu führen, war richtig. Es verlief in einer offenen Atmosphäre. Es gab keine Zuspitzungen, keine Schuldzuweisung. Man war dankbar, daß das Gespräch stattgefunden hat. Die Fragen, die sie aufgeworfen haben, waren Fragen, die nicht neuer Art sind.«[1051]

Über das geplante Bürgergespräch[1052] nahm Krusche mit Stadtrat Hoffmann Verhandlungen auf. Interessiert an einer Teilnahme seien unter anderem er selbst, Stolpe, Neubert, Fischbeck, ein noch nicht benannter Vertreter des »Neuen Forum« und voraussichtlich auch Eppelmann von der Samariterkirche. Gesprochen werden solle über die Partizipation der Bürger an gesellschaftlichen Entscheidungsprozessen, die Medienpolitik, die wirtschaftliche Krise, Fragen der Ökologie, Reisefragen und die Transparenz staatlicher Entscheidungen. Hoffmann entgegnete, man könne über alles sprechen, »was der weiteren Entwicklung des Sozialismus in der DDR dienlich ist.« Krusche soll wortwörtlich dem Staatsfunktionär beigepflichtet haben: »›Wir reden nicht über den Strick, mit dem wir uns erwürgen!‹«[1053]

Allerdings konnte Krusche sein Versprechen nicht einlösen, einen Tag später dem Stadtrat bereits eine Liste mit den potentiellen Teilnehmern zu übergeben. Diese forderten nach einem Vorbereitungsgespräch mit dem Generalsuperintendenten, der Staat möge alle noch inhaftierten Demonstranten freilassen, die staatlichen Gewaltaktionen während der Demonstrationen untersuchen[1054] und die dafür Verantwortlichen bestrafen. Nur dann könne man sich dem Gespräch mit dem Oberbürgermeister auch stellen. Außerdem wollten sie nicht als Einzelpersonen auftreten, sondern als Sprecher der von ihnen vertretenen Gruppen anerkannt werden[1055].

Eine Woche nach dem Staatsjubiläum bekannte sich Günter Krusche in der Französischen Friedrichstadtkirche Berlin zu der Fortführung des Konzeptes »Kirche im Sozialismus«, allerdings in modifizierter Form: Die Kirche habe ein Recht auf kritische Analysen der politischen Lage und auf Einbeziehung in einen offenen Dialog mit dem Staat. Gleichzeitig mahnte er tiefgreifende Reformen an, ohne allerdings die führende Rolle der SED zur Disposition zu stellen.

Nach der staatlichen Information erklärte der Generalsuperintendent, der christliche Glaube weise zu den Grundideen des Sozialismus eine größere Affinität als zum Kapitalismus auf. Er betonte mehrfach,

»daß der Sozialismus als Konzeption einer humaneren Gesellschaftsgestaltung nicht zur Disposition stehe. Daraus ergibt sich für ihn eine Solidarisierung mit sozialistischer Gesellschaftsgestaltung auch in Krisenzeiten. Dr. Krusche machte deutlich, daß ein Scheitern des historischen und gesellschaftlichen Sozialismus eine gefährliche Bedrohung für die Menschheitsgeschichte darstellen würde.«[1056]

Am 18. Oktober 1989 löste Egon Krenz Erich Honecker in der Funktion des SED-Generalsekretärs ab[1057]. Gleich einen Tag später führte das zukünftige Staatsoberhaupt ein Gespräch mit Werner Leich im Schloß Hubertusstock, an dem auch Stolpe, Demke und Jarowinsky [u. a.] teilnahmen. Der Gesprächstermin war ursprünglich bereits mit Honecker vereinbart worden[1058].

Völlig ungewohnt für die Kirchenmänner war, daß Krenz sofort dem KKL-Vorsitzenden das Wort erteilte. Der gratulierte zunächst artig, bezeichnete dann aber die Unterredung als einen Einstieg in einen seit langem angestrebten Dialog. Dann kam der Bischof zur Sache:

»Wie sich die kirchliche Seite verstehe, wolle er mit einem Spruch Salomons verdeutlichen: Wer dem Nächsten schmeichele, spinne ihm ein Netz über den Weg. So komme man auf seiner Seite weder als Schmeichler noch als Besserwisser. Sehr aufmerksam habe er die Fernsehrede von E. Krenz verfolgt und darin ›manches entdeckt, was sich mit dem berührt, was wir sagen wollten‹. Gemeinsam sei man besorgt über den inneren Frieden im Gemeinwesen. Wichtig sei, Vertrauen und Hoffnung wiederzugewinnen, und dies sei nur aufgrund der offen ausgesprochenen Wahrheit möglich. Das Vertrauen sei seit Monaten gestört, zuletzt durch die Anwendung von Gewalt und die Zuführungen bei den Demonstrationen am 9. Oktober. Jetzt sei zu hoffen, daß sich die eingeleitete Wende weiter vollziehe und es eine Absage an Gewalt gebe, die bereits deutlich signalisiert worden sei. Was bei den Zuführungen geschehen sei, müsse deutlich geklärt und verfolgt werden.

Es gelte, das Gespräch mit der Bevölkerung aufzunehmen, auch öffentlich, auch mit Gruppierungen [...] Es sollte mit den Leuten geredet und es sollten ihnen Räume gegeben werden.

Das schmerzlichste Anzeichen für den Vertrauensschwund sei die schnelle Bereitschaft junger Menschen zur Abwanderung aus dem Staat. Dem habe die kirchliche Seite immer widersprochen und sich ihm entgegengestellt. Gut wäre, unkomplizierte Rückkehrmöglichkeiten zu schaffen, sie über einen gewissen Zeitraum offenzuhalten für den Fall des Willens wiederzukommen. Nach einer ersten Bekanntschaft mit der BRD würden einige wünschen zurückzukehren, und wir sollten sie aufnehmen.

W. Leich regte in nächster Zeit einige schnelle Entscheidungen oder die Ankündigung solcher Entscheidungen an. Eingeleitet sei ein langer Prozeß, der nicht in wenigen Wochen realisierbar sei, aber es könnten Zeichen gesetzt werden wie hinsichtlich der Reisepässe, des Wahlverfahrens, der Eigenständigkeit und Verantwortlichkeit der Regierung sowie der Parteien, der Rechtsstaatlichkeit und deren Ausführung durch die Rechtsorgane, des Bildungswesens, des Wehrersatzdienstes. Große Aufgaben stellten sich in bezug auf wirtschaftliche Reformen und die Berücksichtigung ökologischer Notwendigkeiten. Das klinge wie ein Katalog der Besserwisserei, die kirchliche Seite wolle aber ein offener, aufrichtiger Gesprächspartner sein.

Man wisse, daß jeder, der ein Amt antritt, auch die Chance haben müsse, sich zu bewähren, und man hoffe, daß Vertrauen entgegengebracht wird. Es sei nichts Formales, wenn in den Kirchen Sonntag für Sonntag für diejenigen gebetet werde, die im Staat in Verantwortung stehen. ›Sie werden in deutlicher Erinnerungsanwesenheit sein, und wir hoffen, daß unsere Gebete in Erfüllung gehen werden.‹«

Krenz dankte für die Ausführungen des KKL-Vorsitzenden und richtete herzliche Grüße Honeckers aus: »›Wir waren Freunde in der gemeinsamen Arbeit und haben uns als Freunde verabschiedet.‹« Gleichzeitig erinnerte der neue

Generalsekretär an das Gespräch vom 6. März 1978, das Grundsteine gelegt habe. Inzwischen seien allerdings »neue Entwicklungen eingetreten.«
    Jedoch hielt er an der führenden Rolle der Partei fest. Der bevorstehende XII. Parteitag solle durch eine öffentliche Erörterung der Probleme vorbereitet werden. Zugleich fragte er die Kirchenvertreter, »ob man sich nicht darauf einigen könne, die Kirche solle Kirche sein. Es gehe um Konstruktivität.« Außerdem stellte er die Frage, »wann Schluß mit diesen Demonstrationen[1059] sei, denn man könne ja nicht jeden Tag auf die Straße gehen. Der Dialog sei wichtig, aber es müsse gearbeitet werden. [...] Über denjenigen, die in der DDR auf die Straße gingen, dürfe man nicht vergessen, daß die Mehrheit der Bevölkerung treue DDR-Bürger sind«, behauptete der Parteichef: »Werde dies beachtet, so könne man mit uns über alles reden.«
    Die Kirche möge sich dafür einsetzen, daß politische Fragen auch eine politische Lösung fänden.

»Das Wohl der Menschen sei gewiß der gemeinsame Nenner, auf den man sich verständigen könne. Die DDR sei die Heimat aller Bürger, daher sei auch die Mitarbeit der religiös gebundenen Bürger gefragt. [...] Es sollte gelingen, in diesem Sinne zusammenzuarbeiten. ›Uns eint mehr als uns trennt‹, unterstrich E. Krenz. Äußerungen von W. Leich und anderen Kirchenvertretern, daß sie nie in Zweifel gezogen hätten, Bürger der DDR zu sein, seien erfreulich. [...] Das heutige Gespräch zeige schon mehr Gemeinsamkeiten als früher.«

So strebe auch die Partei die Mündigkeit des Bürgers an. Weiter versprach er ein neues Reisegesetz. Außerdem wolle man die im Zuge der Oktoberereignisse ausgesprochenen Einschränkungen von Reisen in die sozialistischen Nachbarländer zurücknehmen. Gleichzeitig bedankte er sich bei Leich für dessen nochmaligen Appell an die Bürger, in der DDR zu bleiben. Man suche auch nach Möglichkeiten für Ausgereiste, wieder in die DDR zurückzukehren. In diesem Zusammenhang distanzierte er sich von der Wendung eines ND-Kommentars, den Flüchtlingen keine Träne nachweinen zu wollen. Die Volkskammer solle zukünftig in ihrer Rolle gestärkt werden. Einen Betrug bei der Kommunalwahl stritt er allerdings weiterhin ab: »Alle Wahlergebnisse seien von Computern übermittelt worden, und Computer seien unbestechlich. [...] Er schlage einen Neuanfang vor, indem man sich verständige, wie künftig Wahlen vorzubereiten sind. Vergangenheit solle W. Leich Vergangenheit sein lassen.« Nur eine stabile DDR gewährleiste auch ein stabiles Europa. Gleiches gelte auch für die Situation in China. Zwar seien die Juni-Ereignisse zu bedauern, »aber es stehe fest, wenn in diesem Land mit 1,2 Mrd. Menschen Chaos eintrete, dann gebe es Chaos in der Welt, bürgerkriegsähnliche Zustände in China wären eine Gefahr für den Frieden. Wer das nicht erkenne, begehe einen großen Fehler.« Krenz' Kritik an der unerträglichen »Kriegsberichterstattung« der bundesdeutschen Medien pflichtete Leich bei: »Es sind mit die schlimmsten der Welt.«
    Auch Demke räumte ein, die Kirchen »freu[ten] sich über alles, was nicht auf der Straße stattfinde«. In Reaktion auf Krenz' Zugeständnis, Diskussionen in der Kirche dürften stattfinden, ansonsten müsse erst einmal Zeit zum

Nachdenken gegeben sein, forderte der Magdeburger Bischof sogleich, der Staat möge für den Dialog Räume zur Verfügung stellen. Man solle doch den »Schwarzen Kanal« im Fernsehen einstellen und stattdessen Diskussionssendungen ausstrahlen.

Stolpe führte aus:

»Beim Reiseverkehr sei die ökonomische Seite nicht zu unterschätzen, vielleicht kämen Ausgleichskassen zwischen beiden deutschen Staaten in Frage, bei deren Zustandekommen die Kirche diskrete Unterstützung leisten könne. [...] M. Stolpe sah in der BRD-Haltung zur DDR-Staatsbürgerschaft einen rechtlichen Einstieg in die ›Obhut‹ mit Sogwirkung auf schlichte Gemüter. Von Verantwortlichen in der BRD werde das Prinzip der einen deutschen Staatsbürgerschaft als Bestimmung bezeichnet, an der nicht zu rütteln sei. Hinsichtlich einer Respektierung der DDR-Staatsbürgerschaft glaube er an Möglichkeiten.«

Zu den Kommunalwahlen soll der Konsistorialpräsident geäußert haben, »es nutze niemandem, in der Vergangenheit herumzukramen.« Eine Änderung des Wahlgesetzes hielt er für nicht erforderlich. Den Bürgern sollte der Staat mehr Entscheidungsmöglichkeiten im Vorfeld der Wahlen einräumen. Zugleich müsse auf dem Stimmzettel »die Möglichkeit einer wirklichen Auswahl bestehen.«

Krenz fügte hinzu, er halte es für keine Tragödie, wenn man die 1991 bevorstehenden Volkskammerwahlen lediglich mit 80 % gewänne. Allerdings sei die Situation in der DDR anders als in der Sowjetunion, auf deren Verhältnisse der Konsistorialpräsident angespielt hatte. Dort gäbe es keine einflußreichen westlichen Medien: »Wir könnten uns keine Experimente erlauben.« Auch Leich hielt eine Vergangenheitsaufarbeitung bezüglich der Wahlen für unangebracht. Allerdings forderte er eine Erklärung, daß für eine kommende Wahl Neuerungen geplant seien. Zunächst werde man Krenz allerdings Zeit lassen, wofür sich die Kirchen auch einsetzen wollten.

Eine Forderung Jarowinskys, Pfarrer, die neue Parteien gründeten, mit Hilfe des kirchlichen Dienstrechtes disziplinarisch zu belangen, wies Leich zurück. Geistlichen sei eine politische Betätigung nicht verboten. Allerdings könne die Kirche auf die »Angemessenheit dieser Betätigung zur eigentlichen Tätigkeit [...] verweisen«[1060].

Nach dem Gespräch mit Krenz verschickte das BEK-Sekretariat eine Schnellinformation, die allerdings nur die Redebeiträge der kirchlichen Vertreter präsentierte[1061].

Gegenüber Stolpe drückte sich der Berliner SED-Bezirksleitungschef Günter Schabowski – anwesend waren auch Staatssekretär Löffler und Stadtrat Hoffmann – enttäuscht über die Fortsetzung der ungenehmigten Demonstrationen aus: »Es ginge nicht an, vollmundig Versprechungen zu machen und später über ›zu kurze Arme‹ zu klagen.« Stolpe erklärte, die kirchlichen Bitten zur Mäßigung hätten bis zum Wochenende Erfolg gehabt, aber durch erneute Demonstrationen in Leipzig und Dresden »sei die Stimmung wieder angeheizt worden. [...] Er [Stolpe] verstehe, daß unsere Geduld am Ende ist«, berichtete das Politbüromitglied[1062].

Schabowski bat den Konsistorialpräsidenten, Mitglieder der Kirchenleitung mögen sich an dem auf das Gespräch folgenden Abend während einer Demonstration von der Gethsemanekirche zur Marienkirche »unter die Demonstranten begeben, um beruhigenden Einfluß auszuüben.« Forck möge in seiner Predigt in der Marienkirche doch die Gottesdienstbesucher auffordern, ruhig und geordnet den Nachhauseweg anzutreten, damit es zu keinen Folgedemonstrationen käme. Unter diesen Bedingungen war der Staat zu einer Tolerierung des Marsches bereit[1063].

Die von oben eingeschlagene Wende fand unter den kirchlichen Amtsträgern in Berlin (Ost) ein gespaltenes Echo. Die einen sahen darin erste hoffnungsvolle Zeichen, die Veränderungen im Bildungswesen und in der Armee sowie Reisefreiheit erwarten ließen. Man würdigte den neuen Ton in den Medien und hoffte auf die Errichtung eines »Sozialismus mit ›menschlichem Antlitz‹«. Andere wiederum zweifelten an »Aufrichtigkeit und Tiefe« des neuen politischen Kurses:

»Es wird teilweise argumentiert, daß die angesprochenen gesellschaftlichen Veränderungen ›erst auf Druck‹ [...] in ihrer Notwendigkeit verbal akzeptiert werden und daß es aus diesem Grunde Mißtrauen geben muß. ›Zur Zeit werde zwar viel geredet. Es gebe eine Reihe positiver Ansätze, auf der anderen Seite könne dies auch eine taktische Variante sein, um Dampf abzulassen‹. Es gelte nun, verbindliche Regelungen zu einigen besonders drängenden Fragen zu schaffen. In diesem Zusammenhang wird häufig die Forderung nach Aufgabe des ›Machtmonopols‹ der SED und ›freien Wahlen‹ gestellt. Notwendig sei ein politischer Pluralismus, der die Wahl zwischen verschiedenen Programmen ermögliche. Als Voraussetzung müsse, so wird argumentiert, die Zulassung neuer politischer Vereinigungen und Parteien gestattet werden.
Ebenfalls wird in Gesprächen oder kirchlichen Veranstaltungen der ehrlichen Sorge Ausdruck gegeben, daß die angestauten Probleme ohne größere gesellschaftliche Konflikte nicht lösbar seien. Die Ausreisewelle, die Situation in Bereichen der Volkswirtschaft bzw. im Gesundheitswesen, so wird teilweise festgestellt, könne die Verantwortlichen ›vor unlösbare Probleme stellen‹. Jahrelang habe man Probleme vernachlässigt, Konflikte haben sich angestaut. Diese können sich ›eruptiv‹ äußern. [...]
Starke Vorbehalte und Unterstellungen werden verstärkt gegen das Wirken des MfS geäußert. Es wird teilweise argumentiert, ›daß dieses Organ notwendig war, um den gesellschaftlichen Dialog unmöglich zu machen und Andersdenkende zu diskriminieren‹. Die Umverteilung von Arbeitskräften in Bereiche der Volkswirtschaft wird gefordert.«[1064]

Auf der sächsischen Herbstsynode lehnten zahlreiche Synodale die führende Rolle der SED ab. Auch Hempel stand ihr – im übrigen genauso wie der begonnenen Dialogpolitik – skeptisch gegenüber. Der Synodale Bernt Satlow behauptete, die Führungsrolle der SED sei notwendig, da nur sie die sozialistischen Werte wirksam schützen könne: »Tendenzen eines klerikalen Faschismus wie in Polen und Ungarn machten deutlich, wohin die Aufgabe der Schutzfunktion führt.«[1065]

Eine Ende Oktober fertiggestellte staatliche Konzeption attestierte den Kirchen, »eine politische Kraft in der Gesellschaft der DDR« zu sein. Gleichzeitig erkannte der Staat nun plötzlich die Eigenständigkeit des kirchlichen Wirkens an:

»Gemäß den Grundsätzen des 6. März 1978 ist es Ziel des sozialistischen Staates gegenüber den evangelischen Kirchen, diese, anknüpfend an die humanistischen Ideale des Christentums, durch Mitarbeit auf verschiedenen gesellschaftlichen Gebieten einzubeziehen und sie zu unterstützen, auf der Grundlage der Verfassung einen eigenen Beitrag zur weiteren Ausprägung des zutiefst menschlichen Antlitzes unserer Gesellschaft sowie zur Lösung der globalen Menschheitsprobleme zu leisten.

Künftig gilt es, den Grundsatz, daß sozialistischen Staat und Kirche mehr verbindet als trennt, deutlicher auszusprechen und wirksam zu machen. Davon ausgehend, ist es Ziel der Politik des Staates gegenüber den Kirchen, daß die Inhalte und die spezifischen Formen kirchlicher Arbeit bewußt die Realisierung der gesamtgesellschaftlichen Aufgaben in Innen- und Außenpolitik unterstützen.«

Allerdings besaß der Grundsatz weiterhin Gültigkeit, daß kirchliche Aktivitäten die »sozialistische[.] Staats- und Friedenspolitik« nicht stören dürften. Wirklich neu war der Wunsch nach konstruktiver Kritik – freilich in engen Grenzen. So sollten auch künftig kirchliche Räumlichkeiten vor politischem Mißbrauch geschützt werden.

Die bisherige SED-Kirchenpolitik bezeichnete das Papier in ihren Grundzügen als richtig. Ihre wesentlichsten Erfolge seien die Gründung des BEK und »die bewußte Annahme des kirchlichen Auftrags in der sozialistischen Gesellschaftsordnung der DDR im Rahmen der Standortbestimmung einer ›Kirche im Sozialismus‹« gewesen. Vor allem seit Ende 1987 habe der Staat allerdings zu wenig für eine Weiterentwicklung des Staat-Kirche-Verhältnisses getan:

»In der kirchenpolitischen Praxis dieses Zeitraumes zeigten sich immer deutlicher Tendenzen der Stagnation und Defensive, die in der Konsequenz zu einer Verschärfung dieser Probleme und zu einem teilweisen Verlust bereits erreichter positiver Resultate der Verwirklichung des 6.3.1978 führten.

Diese Entwicklung hat zunächst und in erster Linie gesamtgesellschaftliche Ursachen. Von zentraler Bedeutung ist dabei die vom 9. Plenum des ZK der SED selbstkritisch eingeschätzte, völlig unzureichende Analyse der herangereiften gesellschaftlichen Widersprüche, Entwicklungsprobleme und anstehenden Aufgaben sowie das damit zunehmende Fehlen offensiven und vorausschauenden Agierens. Das hatte außerordentlich negative Auswirkungen auf die praktische Gestaltung der Staatspolitik in Kirchenfragen, da dieser Bereich wegen seiner hohen ideologischen Sensibilität und außenpolitischen Bedeutung in besonderer Weise Realitätsnähe, Flexibilität und offensives Herangehen erfordert.«

Vor allem sei in den letzten Jahren zu wenig versucht worden, »das gesellschaftspolitische Potential der Kirchen für den Sozialismus fruchtbar zu machen.« Die gesellschaftlichen Widersprüche habe man zu wenig beachtet und statt dessen die kirchliche Kritik als Ergebnis persönlichen Ehrgeizes bzw. Eitelkeiten oder westlicher Steuerung angesehen. Durch Verbote der Kirchenzeitungen, polemische Presseartikel, das ständige Verschieben der Informationsgespräche und ein unterschiedliches kirchenpolitisches Vorgehen in den Bezirken habe man die »realistisch« eingestellten kirchlichen Persönlichkeiten verschreckt und verwirrt und auf die Seite der Fundamentalkritiker gebracht. Der Autoritätsverlust von Staat und Partei gegenüber der Bevölkerung stärkte den politischen Einfluß des Protestantismus, der mittlerweile häufig die Funktion eines Vermittlers bzw. Verhandlungspartners einnahm[1066].

Peter Kraußer gestand zwar auch Fehler zu, hob aber stärker hervor, daß von den Kirchen keine Opposition ausgehen dürfe und daß einzelne ihrer Vertreter mit dem Westen kooperiert hätten:

»Auch Kirchen und kirchenleitende Gremien waren in der zurückliegenden Zeit darum bemüht, auf offengebliebene, nicht die Kirche betreffende Fragen hinzuweisen und dringend gebotene Veränderungen in der Gesellschaft anzumahnen.

Diese Fragen wurden vielfach zwar besprochen, jedoch nicht grundsätzlich geklärt.

Unser undifferenziertes Herangehen sowie die Tatsache, daß sich einzelne Kirchen und deren Amtsträger für Aktivitäten, die gegen die DDR und ihre staatliche Ordnung gerichtet sind, oft auch im Zusammenspiel mit westlichen Kreisen einsetzen und mißbrauchen ließen, versperrte uns den Blick für ernstgemeinte Ratschläge, für die Realitäten. Das hat schließlich auch dazu geführt, daß sich die ursprünglich kleinen Gruppen zu einer einflußreichen Kraft unter dem Dach der Kirche entwickeln konnten.

Das Gespräch, das Egon Krenz mit Landesbischof Werner Leich und weiteren Vertretern des evangelischen Kirchenbundes führte, war als ein gutes Zeichen des Anfangs darauf gerichtet, dem Gesprächsprozeß einen Impuls zu geben, die aufgetretenen Fragen zu klären und ein neues Kapitel in den Beziehungen von Staat und Kirche aufzuschlagen. Es war von der Überzeugung getragen, daß im Gegeneinander keine Lösungen möglich sind, und verlief im Geiste des Miteinanders und der Suche nach konstruktiven Lösungen für aktuelle und künftige Aufgaben. Was an uns liegt, so sind wir aufrichtig darum bemüht, alles, was an Konstruktivem von den Kirchen in die Debatte eingebracht wird, zu unterstützen und zu befördern.

Übereinstimmung wurde im Gespräch auch dahingehend erzielt, daß die Straße letzten Endes nicht der Ort eines fruchtbringenden Dialogs sein kann und darum alles unternommen werden müsse, daß Kirchen nicht zu Ausgangspunkten solcher Aktionen werden, die die Stimmungen aufheizen und unter Umständen zu unberechenbaren Reaktionen führen könnten, die dann niemand mehr rückgängig machen kann.

Nachdem in der ganzen Gesellschaft, den staatlichen Organen, den Parteien und Organisationen und in neuen Formen das konstruktive Gespräch über alle Themen geführt wird, Kirchen und Gläubige darin in aller Breite einbezogen sind, stellt sich auch in neuer Dimension die Frage, was Kirche in diesem Lande sein kann, was ihr Auftrag ist, was die religiöse Dimension kirchlichen Wirkens, also das Spezifische, das Unverwechselbare der Kirche in der sozialistischen Gesellschaft ist. Tatsache ist, daß auch nach dem Gespräch mit Landesbischof Leich zahlreiche Kirchen zum Ausgangspunkt für Demonstrationen wurden und einige kirchliche Amtsträger Kirchen als rein politische Versammlungslokale zur Verfügung stellen.

Deshalb sollten wir alles daran setzen, daß Geist und Buchstaben der Begegnung in Hubertusstock überall durchgesetzt werden und Besonnenheit, Augenmaß und Geduld die Oberhand gewinnen.«[1067]

Das Synodalpräsidium Thüringens betrachtete in einem Gespräch mit Staatsvertretern die Situation recht skeptisch:

»Von den Gesprächsteilnehmern wird konstatiert, daß trotz des Gesprächs in Hubertusstock sich nicht überall solche Haltungen und Auffassungen durchsetzen, die durch die eingeleitete Wende auf die gesellschaftliche Tagesordnung gesetzt worden sind. Das zeigt sich, so die Vertreter der Kirche, auf dem Gebiet der Beziehungen zwischen Staat und Kirche u. a. darin, daß in dem kürzlich erfolgten Gespräch zwischen dem Sekretär des ZK der SED, Werner Jarowinsky, dem Staatssekretär für Kirchenfragen, Kurt Löffler, und

Landesbischof Leich seitens der Vertreter von SED und Staat weiterhin alte kirchenpolitische Denkschablonen vorherrschen würden. Als ein weiteres Beispiel führte OKR Kirchner das seiner Ansicht nach unkorrekte Herangehen seitens des Staates an die terminliche und personelle Fixierung der angekündigten Sachgespräche [an]. So würde man nicht verstehen, warum das Gespräch zu Sachverhalten in der Volksbildung mit einem Vertreter der Akademie der pädagogischen Wissenschaften geführt werden soll.

Für die Durchsetzung des Geistes der Wende und eines neuen Kapitels zwischen Staat und Kirche seien nach Ansicht der kirchlichen Vertreter personelle Veränderungen seitens des Staates unabdingbar. [...] Angesichts der derzeitig verlaufenden z. T. sehr emotional und kontrovers geprägten Entwicklungen drückten die anwesenden kirchlichen Vertreter ihre Bereitschaft aus, versachlichend und beruhigend auf entsprechende Aktivitäten im kirchlichen Raum einzuwirken. Übereinstimmend wurde von ihnen zum Ausdruck gebracht, daß durch den Sozialismus für den Menschen Geschaffenes erhalten werden muß (Kirchner). [...]

Die Auffassung von den staatlichen Organen als einem ›verlängerten Arm der Tätigkeit der SED‹ wird nachdrücklich zurückgewiesen. Das wird nachdrücklich auch auf die Dienststelle des Staatssekretärs für Kirchenfragen bezogen.«[1068]

Auch Bischof Stier mahnte gegenüber dem Vorsitzenden des RdB Rostock, Eberhard Kühl, konsequentere Reformen an: »Die in der Verfassung zugesicherten Grundrechte werden weithin durch verfassungswidrige Gesetze den Bürgern vorenthalten.« Er forderte eine Kontrolle des MfS durch parlamentarische Gremien, die Trennung von SED und Regierung, verbunden mit der Streichung der führenden Rolle der SED aus der DDR-Verfassung, und die Durchführung freier Wahlen[1069].

Anfang November 1989 plante Löffler eine Aussprache mit dem Bischofskonvent und Vertretern der KKL:

»In offenem und freimütigem Meinungsaustausch sollte neben der Darstellung unseres Angebots für den Vollzug der Wende erreicht werden, daß von seiten der kirchlichen Teilnehmer eigene konstruktive Vorschläge zur Übernahme von Verantwortung und der aktiven Mitwirkung in diesem Prozeß unterbreitet werden. Darin einbezogen sollte die Aussage sein, daß bei zunehmender konstruktiver Zusammenarbeit, der wachsenden Einbeziehung aller gesellschaftlichen Kräfte bei der Ausgestaltung der sozialistischen Demokratie, der aufrichtigen Einbeziehung der aus dem kirchlichen Raum heraus gemachten Vorschläge für die gesamtgesellschaftliche Entwicklung eine schrittweise Zurückdrängung und Distanzierung von solchen Kräften erfolgt, die eine potentielle Gefahr für den politischen Mißbrauch der Kirchen darstellen.«

Zugleich plante der Staatssekretär auch ein Treffen mit Kirchenleuten, »die den Weg der Kirchen in unserer sozialistischen Gesellschaft maßgeblich mitgeprägt haben«, darunter Bischof i. R. Albrecht Schönherr, Werner Krusche, Ingo Braecklein, Christa Lewek[1070], Kurt Domsch und Klaus-Peter Hertzsch. Außerdem sollten die immer wieder verschobenen Sach- und Informationsgespräche, darunter zum Pädagogischen Kongreß, endlich beginnen[1071].

Eine Folge der sich abzeichnenden »Wende« war auch ein Schreiben Zieglers an Löffler, in dem es um eine Mitte September durch Hauptabteilungsleiter Heinrich vorgebrachte Kritik an einem Interview des BEK-Theologen Garstecki mit dem bundesdeutschen Fernsehen ging. Ziegler entgegnete, Garstecki sei zwar ermahnt worden, andererseits drückte er die Hoffnung aus,

»daß die kürzlich eingetretene Wende in der Medienpolitik unseres Staates sich auch dahin auswirkt, daß derartige Vermahnungen von kirchlichen Dienstreisenden künftig überflüssig werden, weil es zur Normalität gehört, daß auch kirchliche Dienstreisende ebenso wie z. B. sowjetische Professoren und Künstler sich öffentlich zu Vorgängen in ihrem Lande äußern können. Ich gehe dabei davon aus, daß Mitarbeiter, die der Bund für Auslandsreisen delegiert, dies mit Verantwortung tun werden. Daß auch Herr Garstecki dies offensichtlich getan hat, schließe ich daraus, daß Herr von Schnitzler ihn in seinem Kommentar im Schwarzen Kanal zugunsten der DDR zitieren konnte.«[1072]

Uneinigkeit im SED-Parteiapparat gab es auch über den Umgang mit Äußerungen von Kirchenvertretern. Wenige Stunden vor der Maueröffnung gab Stolpe dem ND ein Interview, das nach Einschätzung Kraußers »eine Reihe sehr konstruktiver Positionen« enthielt, »die uns jetzt sehr entgegenkommen.« Das ND zögerte jedoch mit einer Veröffentlichung, was Kraußer für falsch hielt[1073]. Letztlich publizierte das Zentralorgan das Interview doch[1074].

Anfang November drängte die KKL weiterhin zur Mäßigung und mahnte meist nur administrativ zu bewerkstelligende Reformen an:

»Es ist zur Nüchternheit zu mahnen, daran zu erinnern, daß die wirtschaftliche Situation nicht einfach ist und Opfer von allen gebracht werden müssen, sowie daran, daß es vordringliche Aufgabe der Kirche ist, Frieden zu stiften. Das neue Wahlgesetz muß dem Bürger zum Bewußtsein bringen, daß er es ist, der regiert. Die Konferenz nimmt zur Kenntnis, daß Kirchen Ausgangspunkte von Demonstrationen waren, zu denen niemand aus der Kirche aufrief und zu denen jetzt auch niemand aus der Kirche aufrufen soll, da die Veranstaltung der Demonstrationen in der Verantwortung des Staates liegt. Der Staat soll aufgefordert werden, die Demonstrationen zu genehmigen. Die Vorkommnisse anläßlich des 7. und 8.10.1989 müssen aufgearbeitet werden (jede Wiederholung ist zu verhindern, die Untersuchungsergebnisse sind zu veröffentlichen, aber auch kein dauernder Anklagepunkt). In den Mittelpunkt ist jetzt die sachliche Arbeit zu stellen (Friedfertigkeit, Rechtsstaatlichkeit, Rechte der Minderheit, Offenheit in der Ökonomie, Aufarbeitung der Vergangenheit usw.).«[1075]

Gleichzeitig sprach sich die KKL für eine Zulassung aller neugebildeten politischen Vereinigungen ein – ohne die alten zu vergessen. Ziegler, Demke und Leich hielten Kontakt zu den einzelnen Blockparteien. Die KKL stellte allerdings fest, »daß die Stellvertreterfunktion der Kirche unter den gegebenen Bedingungen nicht mehr so gegeben ist wie bisher.«[1076]

Unmittelbar nach der Maueröffnung am 9. November 1989 traf sich die KKL; Heidingsfeld stellte den Beschluß der EKD-Synode zur Situation in der DDR[1077] vor. Der Oberkirchenrat erläuterte:

»Aus dem aktuellen Anlaß der Öffnung der Grenzen der DDR und sich andeutender schneller Veränderungen in der DDR wurde die DDR-Situation Schwerpunkt der Erörterungen der EKD-Synode in Bad Krozingen[1078]. Es geht nicht um Ratschläge der EKD an Kirchen und Regierung der DDR. Die Gefahr einer Kippsituation in der Stimmungslage der BRD-Bevölkerung gegenüber den DDR-Flüchtlingen wird akut. Die EKD-Synode ruft die eigenen Gemeinden auf, alle Möglichkeiten der Aufnahme von DDR-Bürgern auszuschöpfen.«[1079]

Die KKL dankte für das EKD-Wort und beschloß mit recht knapper Mehrheit, sich ebenfalls öffentlich zur Lage zu äußern: »Es sollte ein Wort der Er-

mutigung für DDR-Bürger sein, im Lande zu bleiben und Probleme anzugehen. Der Aspekt der Gewaltlosigkeit in allen anstehenden Konflikten soll betont werden. Ebenso die Friedens- und Fürbittgebete.«[1080]
Im anschließenden Lagebericht konstatierte Leich eine neue Situation, bedingt durch die Maueröffnung. Die SED und auch die Blockparteien genössen nicht das Vertrauen des Volkes – »eine neue Identität aus erlebter Volksbewegung heraus zeichnet sich ab«. Zugleich zeigten die Friedensgebete »eine befriedende Ausstrahlungskraft«. Klar sei, daß Entscheidungen der Regierung »ohne Rückkopplung zum Volk« künftig nicht mehr möglich seien. Die Stellvertreter- und Vermittlerrolle der Kirche könne nur noch so lange bestehenbleiben, bis andere politische Kräfte da sind, die sie ausfüllen könnten.

Stolpe forderte »Hilfe von außen«: »Die SED reagiert noch immer zu spät und zu wenig auf die sich rapide verändernde Situation.« Immer noch sei die Befürchtung, daß die SED auch mit Hilfe von Gewalt ihren Machterhalt sichern könne, nicht aus der Welt. Er forderte die Bekanntgabe eines festen Wahltermins, wo auch über das Fortbestehen des Führungsanspruches der marxistisch-leninistischen Partei zu entscheiden wäre. Außerdem stellte er fest, in der Bevölkerung wachse Aggression und Zorn. Ein neues Moment sei die sich neu meldende »Frage nach der eigenen, auch nationalen Identität«.

Weiter fragte Stolpe, welche Intentionen bei den Machthabern mit der Grenzöffnung verbunden seien:

»Ist die Reiseregelung ein Ablenkungsmanöver, um innenpolitischen Zündstoff auf anderen Gebieten zu entschärfen? Soll die BRD zum Handeln gezwungen werden? Führt diese Regelung weiter zum ökonomischen Kollaps? Wie weit schlägt das Reiseprovisorium um in eine Unkontrollierbarkeit, die dann ›Notmaßnahmen‹ erfordert? Das Ausreisevisum ist noch immer Charakteristikum für einen ›Genehmigungsstaat‹[1081].«

Die Aufgabe der Kirche bestehe darin, »etwas zum Sinn des Lebens« zu sagen, »das über materielle Bedürfniserfüllungen hinaus geht und Mut macht, ›Fülle des Lebens‹ auch am schweren Ort zu finden.« Um der auf beiden Seiten bestehenden Dialogunfähigkeit zu begegnen, möge die Kirche ein »›Rundtischgespräch‹« initiieren. Stolpe fragte abschließend: »Stellen wir uns neben eine marode SED zur Situationsbewältigung? In einer Notsituation muß wohl Imagepflege hinter dem Einsatz zur Rettung von Menschen zurücktreten.«

Wieder berichteten die Gliedkirchen von Andachten, Gottesdiensten und Demonstrationen, die nun auch ländliche Gegenden erreichten – auch von einer erfreulichen Kooperation mit der katholischen Kirche. Außerdem wurde festgestellt: »Die Rolle der NVA in der gegenwärtigen Situation ist unklar. Es gibt Berichte über Stimmungsmache gegen die evangelische Kirche in Kasernen.«[1082]

Bischof Gienke, der sich eigentlich erst mit Vollendung des 65. Lebensjahres hatte zur Ruhe setzen wollen[1083], wurde nun ein »Opfer« der DDR-Revolution: Nach der Herbstsynode in Greifswald mußte der Honecker-Freund seinen Hut nehmen – ein mit knapper einfacher Mehrheit gefaßter Beschluß[1084]. Hingegen sprach die Synodaltagung Plath und Harder das Vertrauen aus[1085]. Von der »Viererbande« war nun nicht mehr die Rede. Im Bericht der Kirchenleitung hieß es noch:

»Die Wiedereinweihung des Greifswalder Domes war durch die Anwesenheit hochgestellter Gäste zugleich zu einem Staatsereignis geworden. Daß der damalige Staatsratsvorsitzende, Erich Honecker, selbst am Gottesdienst teilgenommen hat, ist auch weiterhin kirchen- und gesellschaftspolitisch hoch einzuschätzen und von Bedeutung für die Arbeit der Kirchen als auch für das Leben der Christen der DDR. Der Brief des Staatsratsvorsitzenden vom 18. Juli mit vorwärtsweisenden Aussagen ist allgemein begrüßt worden. Dies und auch das Rathausgespräch am 11. Juni war die Frucht eines sorgfältig aufgebauten und gepflegten Klimas in unserer Region. Der Fernsehreport sprach sogar von einem besonders guten Verhältnis zur Greifswalder Landeskirche. Dies sowohl auf repräsentativer Ebene als auch in finanziell-baulicher Hinsicht besonders gute Verhältnis ist kirchlicherseits vom Bischof und den beiden leitenden Mitgliedern des Konsistoriums in vielen Jahren aufgebaut und durchgetragen worden, wobei die Kirchenleitung als solche in der Berichtszeit nur spät und wenig informiert wurde, aus der Verantwortung ausgeschlossen war und nur in bezug auf die Teilnahme einiger Mitglieder der Kirchenleitung am Rathausgespräch zu beschließen hatte.

So zeigte sich im Ergebnis, daß einerseits der Staatsführung gegenüber viel Vertrauen gewonnen worden war, während im gleichen Zeitraum (vor September 1989) das Vertrauen in der Kirchenleitung dahinschwand, nicht zuletzt, weil in der Kirchenleitung Aspekte staatlichen Handelns anders eingeschätzt worden waren, wie es denn im Beschluß des Ausschusses ›Kirche und Gesellschaft‹ der KKL vom 9.-11.6. als ›Eindruck eines Neben- oder gar Gegeneinanders bei Gemeindemitgliedern und Öffentlichkeit‹ befürchtet wurde.

Den Höhepunkt dieser Entwicklung bildete der Briefwechsel mit dem Staatsratsvorsitzenden, welcher durch Bischof Dr. Gienke in persönlicher Verantwortung am 3.7. eingeleitet worden war und durch die Fernsehsendung und Pressemitteilung am 18.7. veröffentlicht wurde. Die Kirchenleitung erfuhr erst zugleich mit der Öffentlichkeit von diesem Briefwechsel. In seinem Brief sagte der Staatsratsvorsitzende Erich Honecker zu, daß Gespräche auf allen Sachgebieten zur Klärung anstehender Fragen der Kirchen dienen sollten. Dies nahm die Kirchenleitung mit Achtung zur Kenntnis. Sie sah jedoch keine Veranlassung, sich den Brief ihres Vorsitzenden, Bischof Dr. Gienke, zu eigen zu machen. Einer Pressekampagne zustimmender Leserbriefe wurde entgegengetreten.

Eine bittere Enttäuschung bedeutet – vor allem für unseren Bischof –, daß die zugesagten und von der KKL für September vorbereiteten Gespräche auf Staatsebene damals nicht zustande gekommen waren. Da im Neuen Deutschland vom 21.9.1989 dennoch die Greifswalder Landeskirche der Bundessynode als beispielhaft gegenübergestellt wurde, verwahrte sich OKR Harder brieflich gegen solche Auswertung. […]

Die auf den letzten Synoden deutlich gewordenen Spannungen zu den leitenden OKR und dem Bischof haben sich […] zu einem bedenklichen Vertrauensschwund gewandelt. Gespräche in der Kirchenleitung waren von gegenseitigem Unverständnis geprägt und führten deshalb zu keinem gemeinschaftlichen Bemühen um den Abbau des Mißtrauens, so daß in der Folge des Briefwechsels Bischof Gienkes mit dem Staatsratsvorsitzenden und dem Brief des Bischofs an die Kritiker Pfarr- und Mitarbeiterkonvente, eine Kreissynode und Einzelpersonen der Kirchenleitung mitteilten, daß sie sich durch ihren Bischof nicht mehr vertreten fühlen bzw. er ihr Vertrauen nicht mehr genießen würde. Sie wollten nicht mehr Toleranz üben gegenüber Entscheidungen und Handlungsweisen, die sie nicht mehr mittragen könnten und wollten.«[1086]

Die Kirchenleitung hatte zuvor – noch vor der »Wende« – mit Gienke ein Gespräch geführt, in dem der Bischof versprach, seinen Leitungsstil zu verändern. So hieß es denn auch, den besagten § 13 des Bischofswahlgesetzes brauche man nun nicht mehr anzuwenden[1087]. Der abgewählte Bischof wurde durch seine Landeskirche nicht offiziell verabschiedet[1088]. Hier zeigt sich eine Parallele zum Vorgehen in der SED – der Hauptbuhmann wurde fallengelassen, während die Paladine Harder und Plath, beide jahrelang als IM dem MfS verpflichtet, die Geschicke der Landeskirche weiter gestalten durften[1089].

Die ersten Monate der Modrow-Regierung, der Aufruf »Für unser Land« und der Beginn der Rundtisch-Gespräche (November/Dezember 1989)

Gleich einen Tag nach der Wahl Hans Modrows zum Ministerpräsidenten wandte sich Leich mit einer grundsätzlichen Anregung an den neuen Hoffnungsträger der SED. Die Kirchen wollten sich künftig in wichtigen Sachfragen direkt an die jeweiligen staatlichen Stellen wenden. Damit waren die Tage des Staatssekretariats für Kirchenfragen gezählt, denn Leich bat um die Errichtung einer Verbindungsstelle zu den Kirchen beim Vorsitzenden des Ministerrates. Diese Behörde »könnte fakultativ sowohl von den Kirchen als auch von Regierungsstellen zur Vermittlung in Sachfragen eingeschaltet werden. Wir wären Ihnen dankbar, wenn Sie im Interesse eines sachlichen Verhältnisses von Staat und Kirche unser Anliegen aufnehmen würden«, schloß der KKL-Vorsitzende[1090].

Bereits einen Tag später steckte auch Hauptabteilungsleiter Heinrich zurück. Künftig hätten die Bereiche Kirchenfragen auf allen staatlichen Ebenen nur noch auf kirchlichen Wunsch hin vermittelnde Aufgaben zu übernehmen. Staatliche Stellen hätten sie hingegen bei kirchlichen Anfragen zu beraten. Die Erläuterung oder auch Vermittlung der politischen Linie der SED entfalle zukünftig[1091].

Nach der Regierungserklärung Modrows[1092] legten Staat und Partei weitere kirchenpolitische Schritte fest. Der Noch-Staatsratsvorsitzende Krenz sollte um die Wende vom November zum Dezember Bischof Sterzinsky zu einem Antrittsbesuch empfangen und dabei die sozialistische Erneuerung der DDR erläutern.

Auf allen Ebenen sollte das Gespräch mit Kirchenvertretern gesucht werden: »Ziel der Gesprächsführung müßte sein, daß die kirchenleitenden Vertreter ihre Zustimmung zum Erneuerungsprozeß ausdrücken, zu Besonnenheit, Augenmaß, gegen jeglichen Maximalismus auftreten und betonen, daß die positiven Errungenschaften unserer Gesellschaft bewahrt werden müssen.« Zugleich seien die Kirchen verstärkt in den innergesellschaftlichen Dialog einzubeziehen.

Unter Einbeziehung der Kirchen solle ein neues »Religionsgesetz« erarbeitet werden, das in Ergänzung zur DDR-Verfassung die Rechte der Kirche definieren sollte. Außerdem stand ein Gesetz zur Einrichtung eines zivilen Wehrersatzdienstes in Aussicht; auch die Diskriminierung von Christen in der Armee sollte aufhören.

Bei der Erarbeitung eines neuen Wahlgesetzes sollten Kirchenmänner wie Schönherr, Krusche oder Stolpe als Einzelpersonen, nicht aber als kirchliche Vertreter mitarbeiten.

Weiter hielt man jedoch daran fest, »progressive« Kräfte in der Kirche wie den Weißenseer Arbeitskreis[1093] oder die Kirchliche Bruderschaft Sachsens zu aktivieren: »Mit ihnen ist durch den Staatssekretär für Kirchenfragen ein entsprechender Gesprächsprozeß einzuleiten, damit ihr Wort in der innerkirchlichen Auseinandersetzung wieder an Gewicht und Autorität gewinnt. Zu aktivieren ist die Tätigkeit der Theologischen Sektionen, damit ihre Lehrmeinungen und Positionen in die Kirche eingebracht werden.«

Die Medien sollten vor allem »konstruktive[.] kirchliche[.] Stellungnahmen und Positionen«, die »auf Besonnenheit, Sachlichkeit und Gewaltlosigkeit« hinzielten, ausstrahlen bzw. publik machen[1094].

Entsprechend drückte auch Noch-Staatssekretär Löffler in seinem Glückwunschschreiben an Stolpe anläßlich dessen Greifswalder Ehrenpromotion »die Hoffnung auf viele weitere und gute Erfolge im Sinne des friedlichen Lebens unseres Volkes und des wieder konstruktiven Miteinanders von Kirche und sozialistischem Staat« aus. Außerdem dankte er Stolpe »persönlich sowohl für manches Verständnis als aber auch in erster Linie für die Konsequenz und Stärke bei der Mahnung nach Vernunft und Besonnenheit, nach gewaltfreiem und verantwortungsbewußtem Tun.«[1095]

Einen Tag später dachte der KKL-Vorstand bereits darüber nach, wie das Staat-Kirche-Verhältnis strukturell neu zu ordnen sei – »für den Fall, daß das Staatssekretariat für Kirchenfragen seine Arbeit beendet.« Über diese Fragen hatte sich Stolpe bereits mit der Römisch-Katholischen Kirche verständigt.

In der gleichen Sitzung besprach der KKL-Vorstand mit dem EKD-Ratsvorsitzenden Martin Kruse die allgemeinpolitische Lage:

»Wie ist die Funktion der Kirche im gegenwärtigen politischen Geschehen der DDR zu beschreiben, welche Rolle spielen Gedanken zur Frage der Wiedervereinigung? Ist es an der Zeit, die Regierungen beider deutscher Staaten an ihren Auftrag zu erinnern, für Frieden und Gerechtigkeit zu sorgen?

Dr. Kruse mahnt zu differenziertem Reden über die Bundesrepublik. Es besteht der Eindruck, daß sich EKD und Bund über entsprechende Grundsatzfragen verständigen sollten. Daher wird verabredet, die Sitzung der Konsultationsgruppe am 7.12.1989 für ein Grundsatzgespräch zu nutzen.«[1096]

Dem neuen Kirchenminister Lothar de Maizière übermittelte Martin Ziegler die kirchliche Hoffnung auf gute Kooperation. Nur an einem Punkt wurde der BEK-Sekretariatsleiter überdeutlich:

»Ich wäre Ihnen zu Dank verpflichtet, wenn Sie die Mitarbeiter Ihrer Dienststelle darüber informieren würden, daß alle Nachrichten für den Bund der Evangelischen Kirchen in der DDR an das Sekretariat des Bundes zu leiten sind. Ich möchte ein für alle Mal eindeutig erklären, daß ich künftig alle mir über Dritte vermittelten Nachrichten für den Bund der Evangelischen Kirchen als nicht erfolgt ansehen werde. [...] Verzeihen Sie bitte, Herr Minister, daß ich in dieser Deutlichkeit schreibe. Ich hoffe jedoch, daß dies eine zügige und fruchtbare Zusammenarbeit fördern wird.«[1097]

Der KKL berichtete Ziegler, die Regierung wisse selbst, daß sie nur eine Übergangsregierung sei[1098]. De Maizière arbeite an einer Umbildung des Amtes für Kirchenfragen, wobei Einzelheiten noch nicht klar seien. Deutlich sei jedoch die zukünftige »Relaisfunktion«[1099] der Behörde. Sie werde nur noch eine Vermittlerfunktion übernehmen, »wenn die direkten Wege zu den entsprechenden Ministerien nicht zum Ziel führen.« Gleichzeitig hielt Ziegler fest, die CDU könne die Kirchen nicht vertreten. Als Vorsitzender dieser Partei[1100] müsse de Maizière »die CDU umstrukturieren[1101], er ist mit dem Doppelamt überfordert und bedarf unserer Fürbitte.«[1102]

Sehr viel häufiger als je zuvor traf der Kirchenbund-Sekretär mit Peter Kraußer zusammen, was wohl auch mit den Vorbereitungen des »Runden Tisches« zusammenhing. In diesem Zusammenhang sagte Ziegler, es bestehe durchaus kirchliches Interesse an »einer Spitzenbegegnung« nach dem außerordentlichen SED-Parteitag[1103]. Es gab in diesen Monaten – bis in die Begrifflichkeit hinein – viel zu lernen.

Ende November 1989 unterzeichneten Bischof Christoph Demke, Generalsuperintendent Günter Krusche und Pfarrer Friedrich Schorlemmer den Aufruf »Für unser Land«, in dem sie davor warnten, daß »ein Ausverkauf unserer materiellen und moralischen Werte beginnt und über kurz oder lang die Deutsche Demokratische Republik durch die Bundesrepublik vereinnahmt wird«[1104]. Sie appellierten an die Bevölkerung: »Noch können wir uns besinnen auf die antifaschistischen und humanistischen Ideale, von denen wir einst ausgegangen sind.«[1105] Der BEK-Ausschuß »Kirche und Gesellschaft« kritisierte: »Holzschnittartige Alternativen vereinseitigen oft ein Wahrheitsmoment und hindern das Verständnis für die entwickelten Zusammenhänge. Es darf nicht zu einem Konformitätsdruck kommen, wie es z. B. bei dem Aufruf ›Für unser Land‹ mancherorts der Fall ist.« An anderer Stelle hieß es in dem Papier jedoch:

»Der elementare Aufbruch gemeinsamer Erfahrungen an und nach dem 9. November zeigt, daß die im Ergebnis des letzten Weltkrieges erfolgte deutsche Teilung höchstens rational bewältigt wurde. Ein Nachdenken über die fortschreitende Kooperation zwischen der DDR und der BRD ist zwingend notwendig. Das darf jetzt nicht dazu führen, vorschnelle Pläne und Ziele für eine staatliche Einheit der Deutschen zu formulieren.«[1106]

Auch Manfred Stolpe[1107] sprach sich während der Zusammenkunft der Beratergruppe am 7. Dezember 1989 unverhohlen für die deutsche Zweistaatlichkeit aus:

»Diese deutsche Revolution, die stattgefunden hat und noch weiter stattfindet, hat eine soziale und eine politische Komponente. Erstere drückt auf die staatliche und nationale Frage (Wiedervereinigungsparolen, die auch im Kontext der Leipziger Montags-Demonstrationen zunehmen) und wird verstärkt zu individuellen Lösungen führen (Weggang aus der DDR). Die politische Komponente ist hoffnungsvoller anzusehen: Die am Rundtisch-Gespräch Beteiligten möchten die DDR erhalten und Elemente sozialer Gerechtigkeit, wie sie hier empfunden werden, bewahren. Sofortige Neuwahlen werden eigentlich von niemandem gewünscht; vielleicht finden sie im Mai nächsten Jahres statt. – Die zwei wichtigsten Fragen derzeit sind: Wie soll die künftige Sozial- und Wirtschaftsordnung der DDR aussehen? Wie ist zwischen heute und dem Wahltermin ›der Laden‹ einigermaßen aufrechtzuerhalten? Es kommt jetzt stark darauf an, an der Gewaltlosigkeit festzuhalten und Exzesse zu vermeiden[1108]. Die Lage ist kompliziert und angespannt[1109]; ein Indiz dafür ist, daß sich die sowjetischen Truppen in der DDR in Alarmbereitschaft befinden.«

Diese merkwürdige Mischung aus DDR-Patriotismus, verbunden mit dem Hinweis, eine Alternative werde die Besatzungsmacht ohnedies nicht zulassen, sollte die Argumentation nicht weniger ostdeutscher Kirchenmänner in den folgenden Monaten kennzeichnen.

Bischof Binder pflichtete Stolpe indirekt bei, indem er meinte, es gelte, »die ›Wiedervereinigungseuphorie‹ abzukühlen; dazu müßte die Kirche eine Aussage machen, nicht hingegen zur Staatsbürgerschaftsfrage (täte sie letzteres, käme sie in eine schwer auszuhaltende Zerreißprobe hinein)«.

Domsch[1110] und Leich erteilten dagegen dem Sozialismus eine entschiedene Absage. Ersterer sagte:

»Es ist dem Sozialismus nicht gelungen, die Verhältnisse so zu gestalten, daß man sich wohlfühlen kann. Daran hat nicht der Stalinismus schuld, sondern das ist eine systemimmanente Unmöglichkeit.«[1111]

Und Leich:

»Im Volk hat der Sozialismus-Begriff abgewirtschaftet: ›Ich kann nur warnen, noch irgendwelche Pfunde‹ auf ihn zu setzen.«

Heidingsfeld fragte kritisch nach, ob die Sozialismus-Debatte in der DDR »nicht künstliche Trennwände zur Bundesrepublik Deutschland hin« aufrichte? Kruse gab zu bedenken: »In der DDR bestehen Karikaturen und Zerrbilder von der bundesrepublikanischen Gesellschaft. Das ist kein guter Weg fürs Miteinander.«

Demke, der sich seit Sommer 1989 unausgesetzt für »unsere Republik« und ihre humanistischen Errungenschaften stark gemacht hatte[1112], hielt dagegen:

»Es gibt in der DDR nicht nur Intellektuelle, die am Sozialismus festhalten wollen, sondern auch Arbeiter, die nicht einfach vier Lebens- und Arbeitsjahrzehnte durchgestrichen sehen möchten. Dabei handelt es sich freilich um eine Minderheit in der Bevölkerung.«[1113]

Die DDR-Vertreter berichteten, ein Gespräch mit dem Verteidigungsministerium über die Einführung eines zivilen Ersatzdienstes stehe unmittelbar bevor. Bereits stattgefunden hätten Sachgespräche zu Volksbildungs- und zu Umweltfragen[1114].

Am Tag der Beratergruppensitzung fand das erste Gespräch am Runden Tisch statt[1115], um dessen Organisation die Kirchen von der Gruppe »Demokratie jetzt« gebeten worden waren[1116]. Schmude unterstrich nach einer Schilderung Gaeblers über die Erstürmung von Gebäuden des MfS durch die aufgebrachte Volksmenge, die Kirche müsse in öffentlichen Erklärungen, notfalls auch über die westlichen Medien – rechnete er mit einer Besetzung der DDR-Medien durch das Volk? –, »Rachegelüsten entgegentreten, handstreichartigen Maßnahmen zu wehren versuchen.«[1117] Die Revolution in der DDR wurde auch den Verwaltern der Macht im Westen unheimlich und unberechenbar.

Während der Sitzung der Konsultationsgruppe vom 7. Dezember 1989, die vor allem der Vorbereitung der Loccumer Klausurtagung »Die ›besondere Gemeinschaft‹ und ihre Aufgaben«[1118] diente, vollzog auch Schmude endgültig den Schwenk. Er meinte,»wenn die Kirche schon reden müsse, sollte sie sagen: Wir haben stets an der Gemeinschaft festgehalten, und nun könne sie ausgefüllt werden. Es ginge auch um die Zusammengehörigkeit der Deutschen.«[1119]

Bischof Stier (Mecklenburg), nicht befangen durch frühere Festlegungen und daher unverbraucht, konnte ganz einfach sagen, »daß es um das deutschdeutsche Verhältnis ginge und die Kirche sich nicht gegen die Nation wenden könne, aber daran erinnern müsse, daß hier wichtige Schritte gegangen werden müßten.«[1120]

In einer Lagebeurteilung hoben die DDR-Vertreter die bisherige weitgehende Gewaltlosigkeit der Umwälzungen in der DDR hervor, gaben aber zu bedenken:

»Es zeigen sich aber inzwischen Neigungen zur Gewaltsamkeit und zur Selbstjustiz. Besorgnis erregt, daß alle Maßnahmen zu spät kommen und die intakten staatlichen Organe sich aufzulösen beginnen, wodurch das Land unregierbar wird. Die Emotionalität nimmt zu. Das zeigt sich bei den Demonstrationen in Leipzig und anderswo. Die Emotionen werden angeheizt durch immer neue Enthüllungen über die Tätigkeit des ehemaligen Staatssicherheitsdienstes. [...] Die SED befindet sich in einer tiefen Krise. Die Regierung Modrow genießt noch eine gewisse Autorität. Es fehlen Maßnahmen, die Mut und Vertrauen machen. Darum ist mit weiterer Abwanderung von Bürgern zu rechnen. Breite Kreise steuern auf eine ›Schlüsselabgabe‹ an die Bundesrepublik zu.«

Den Menschen müsse dieses Ziel klar benannt werden, auch wenn der Weg dorthin lang sein werde.

Unter Verweis auf Schalck-Golodkowski fiel der Hinweis, das Volk suche Sündenböcke. Die Kirchen sahen in diesem Zusammenhang mit Recht die Gefahr, »in die Untersuchungen mit einbezogen zu werden«[1121].

Eine außerordentliche KKL-Sitzung sollte die Rolle der Kirche beim Runden Tisch genau definieren: »Bleibt es bei der Vermittler- und Einladerrolle oder soll darüber hinausgegangen werden?«[1122] Wieder einmal verabschiedete das Gremium gleich zu Sitzungsbeginn eine Erklärung zur gegenwärtigen politischen Situation[1123]. Zugleich sprach sie sich gegen eine drohende Diskriminierung polnischer Staatsangehöriger in der DDR aus[1124].

Leich berichtete über die allgemeine Lage:

»Die Stimmungslage der Bevölkerung verlangt nach einer klaren Zielstellung über den weiteren Weg der DDR,
– als weiterhin selbständiger Staat mit sozialistischer Zielstellung,

461

– als neue Einheit der beiden deutschen Staaten.
Die Optionen für eine neue Einheit nehmen zu. Ein längerer Weg zu einer Vertragsgemeinschaft der beiden deutschen Staaten unter Einbeziehung der Signatarstaaten der KSZE-Akte sowie unter Berücksichtigung der Interessen der USA und der SU zeichnet sich ab.
Die Bereitschaft zur Gewaltlosigkeit kippt zunehmend in eine Rache- und Vergeltungsstimmung um. Die SED will noch immer durch Personenaustausch ihre Machtposition halten. SED und Staatssicherheitsbeamte sowie deren Familien erleben zunehmende Anfeindungen. Die Kirche muß sich gegen diese Haß- und Vergeltungstendenzen zu Wort melden.«

Zur gegenwärtigen Rolle der Kirche legte die KKL fest:

»Auch in der veränderten Situation gilt es, an der Trennung von Staat und Kirche festzuhalten, wenn sich das Verhältnis weniger polar und mehr kooperativ gestalten sollte. [...] Die Kirche wird überlegen müssen, welche Positionen sie in einer sich verändernden, pluraler werdenden Gesellschaft der DDR einnehmen will. Dies beginnt schon damit, daß die Kirchen vom Staat angefragt werden, wie weit sie Personen aus den eigenen Reihen für leitende Tätigkeiten in den Bezirken vorschlagen und einsetzen wollen.«[1125]

Am 13. Dezember 1989 kam es zu einer Begegnung zwischen Modrow, de Maizière[1126], Leich[1127] und Sterzinsky, dem Vorsitzenden der Berliner Bischofskonferenz. Die Initiative für das Treffen war vom Ministerpräsidenten ausgegangen. Modrow wies einleitend auf die hohe Wertschätzung hin, die die Kirchen bei der Koalitionsregierung besäßen. Die Lage im Land schätzte der SED-Mann als sehr ernst ein:

»Es habe Eskalationen, Gewaltanwendungen und auch rassistische Züge gegeben. Das kirchliche Bemühen werde dankbar anerkannt, sich für Besonnenheit und Gewaltlosigkeit einzusetzen. Es sei die dringende Bitte ausgesprochen worden, das auch weiterhin zu tun, insbesondere in der Vorbereitung der Zeit des Weihnachtsfestes. [...] man müßte damit rechnen, daß nach dem 1. Januar eine Reisewelle in umgekehrter Richtung in die DDR einsetzen werde, auf die man nur unzureichend bzw. gar nicht eingerichtet sei.«

Außerdem machten die Regierungsvertreter deutlich, »daß man sich um die Benennung eines Endzieles« – sprich Wiedervereinigung – »nicht werde drücken können. In diesem Fall müßte ein etappenweises Vorgehen bei der Bevölkerung erwirkt werden.«

Der KKL-Vorstand beschloß, auch angesichts von immer deutlicher ausgesprochenen Wiedervereinigungsforderungen bei Leipziger Montagsdemonstrationen, Leich zu ermuntern, »in der Öffentlichkeit noch offensiver für Besonnenheit und Gewaltlosigkeit bei der weiteren Umgestaltung in der DDR einzutreten.«[1128]

Stolpe war unterdessen nacheinander mit US-Außenminister Baker und einem Vertreter der UdSSR-Botschaft Unter den Linden zusammengekommen[1129]. Der Konsistorialpräsident hatte mit seinen diplomatischen Nebengeschäften nunmehr auch die beiden Supermächte erreicht. Darüber hinaus sollte Demke an einem Empfang des Staatsrates für François Mitterand, dem Staatspräsidenten Frankreichs, am 20. Dezember 1989 teilnehmen[1130].

Sehr bald wurde den Kirchen klar, daß die politischen Veränderungen ökonomische Folgen mit sich bringen würden, die unmittelbare Auswirkungen auch auf die innerkirchlichen Haushalts- und Finanzstrukturen haben mußten: Die leitenden Geistlichen stellten gemeinsam mit den Chefjuristen fest, durch den zu erwartenden Wegfall der staatlichen Subventionen werde das Geld knapper, was einen Rückgang der Kollekten und bestenfalls keine Verluste bei Kirchensteuereinnahmen zur Folge haben werde. Unter Umständen müsse man auf das alte System der Zwangseintreibung zurückgreifen. Bei einer eventuellen Währungsreform sei mit finanziellen Einbußen auch für die Kirchen zu rechnen: »Müssen wir auch damit rechnen, von der EKD ›aufgekauft‹ zu werden?«, lautete die besorgte Frage der Anwesenden[1131].

Die Loccumer und die Berliner Erklärung (Januar/Februar 1990)

In den ersten Januartagen 1990 berichtete Demke der KKL:

»Die Ängste in der Bevölkerung sind undurchschaubarer geworden, und in deren Folge ist auch das Mißtrauen gewachsen. Zum Abbau dieser Ängste und dieses Mißtrauens sind sorgfältiger Umgang mit Informationen und die Klärung der rechtlichen Qualität der Nachfolgeinstitution des Ministeriums für Staatssicherheit erforderlich. Unkorrektheiten, Verzögerungen sowie Unterschlagungen bei der Aufdeckung von Straftatbeständen erhärten dies.«

Auch die KKL-Mitglieder äußerten sich ernüchtert über die eingeleiteten Reformen. So seien bislang kaum Veränderungen im Volksbildungsbereich eingetreten, weil die dort Verantwortlichen zumeist die gleichen wie vor der »Wende« geblieben seien. Eine klare Trennung von der FDJ bzw. den Jungen Pionieren habe man dort noch nicht vollzogen. Ebenso sei die Jugendweihe noch mit der Schule verbunden[1132]. Gefordert wurde eine gesetzlich verankerte Entideologisierung der Schule[1133].

An öffentliche Äußerungen der Kirche richteten die Anwesenden die Forderung, diese dürften weder systemstützend noch -stabilisierend ausfallen: »Die fortwährende Fluchtbewegung geht auch uns an«, wurde vermerkt.

Aus Berlin-Brandenburg wurde berichtet, die Kirchenleitung habe mitzubedenken gehabt, wo man Erich Honecker unterbringen könne[1134]. In Greifswald war geplant, die Kirche auf der kommenden Frühjahrssynode wieder in »Pommersche Ev. Kirche« umzubenennen[1135].

In einem Ausblick auf die bevorstehende Loccumer Tagung hielt die KKL fest, dort müsse über die Intensivierung der besonderen Gemeinschaft zwischen BEK und EKD nachgedacht werden. Während der KKL-Sitzung wurden zu Tempo und Intensität dieses Prozesses unterschiedliche Positionen deutlich. Wohl nicht zuletzt aus diesem Grund wollten die Delegierten ohne zuvor gemeinsam festgelegte Positionen die Reise zu dem altehrwürdigen Zisterzienserkloster antreten[1136].

Vom 15. bis 17. Januar 1990 fand unter Leitung der beiden Vorsitzenden des Rates der EKD und der Konferenz der Kirchenleitungen in der DDR die »Vertrauliche Veranstaltung«[1137] in Loccum statt. Die gemeinsame Tagung von Bischöfen und Beauftragten des BEK und der EKD erklärte nach langen und kontroversen Debatten schließlich den kirchlichen Willen, »daß die beiden deutschen Staaten zusammenwachsen«. Außerdem solle – unabhängig von der künftigen politischen Entwicklung – der »besonderen Gemeinschaft der ganzen evangelischen Christenheit in Deutschland auch organisatorisch angemessene Gestalt in einer Kirche« gegeben werden[1138].

Eine Schlüsselposition nahm in Loccum das Referat von Reinhard Henkys ein, den Schmude darum gebeten hatte[1139]. »Uns liegt an Ihrer Bewertung, an Ihrer Kritik und an Ihren Vorschlägen für die Zukunft, weil wir solche Betrachtungen und Anregungen von jemandem einholen möchten, der die Entwicklung bestens kennt, sie aber nicht in kirchenleitender Verantwortung gestaltet hat oder noch gestaltet.«[1140] Diese Beschreibung entsprach freilich nicht ganz der Rolle, die Henkys gespielt hatte. Durch seine Berichterstattung über die kirchliche Wirklichkeit der DDR – insbesondere durch »sein« Organ »Kirche im Sozialismus« – hatte er das Bild dieser Kirche und ihres Verhältnisses zum SED-Staat für Beobachter aus dem Westen maßgeblich mitgeprägt. Es ist sogar zu fragen, inwieweit er – im ständigen Austausch mit Persönlichkeiten aus dem Kirchenbund – das Selbstbild des BEK und seine Standortbeschreibungen mit beeinflußte.

Allerdings hatte es 1987 wieder einmal Auseinandersetzungen um eine Urlaubsvertretung des in der DDR akkreditierten epd-Korrespondenten Röder durch Henkys gegeben. Der Leiter der Hauptabteilung Presse im DDR-Außenministerium, Wolfgang Meyer, schrieb an Peter Heinrich vom Staatssekretariat für Kirchenfragen, daß gegen Henkys »generelle Einwände bestehen. [...] Wir sollten gegenüber den Kirchenvertretern argumentieren, daß sie sich keinen guten Dienst erweisen, indem sie sich für diesen Mann einsetzen.« Falls Heinrich diese Auffassung teile, solle er seine Vorbehalte gegen Henkys durch eine Analyse des Organs »Kirche im Sozialismus« erhärten, das nach Meyers Ansicht die Strategie der Einflußnahme auf den BEK verfolge. Heinrich gab wenige Tage später diesen Arbeitsauftrag an Malina, Leiter der Abteilung Information im Staatssekretariat für Kirchenfragen, weiter[1141]. Anfang März 1987 lag die Kurzanalyse vor, deren Hauptaussagen ein überaus kritisches Bild von der Zeitschrift zeichneten:

»Wenngleich ein generell stabiles und sich entwickelndes Staat-Kirche-Verhältnis eingestanden werden muß, dominieren ausgeprägte Darstellungen zu vorhandenen, vermeintlichen bzw. prophezeiten Konfliktpunkten. Spezielle thematische Ausrichtung erfahren hier z. B. Fragen des Wehrdienstes (und seines Ersatzes), der ›Menschenrechte‹ und des Volksbildungswesens. Die Möglichkeiten und die Wirklichkeit umfangreichen, verfassungsmäßig gesicherten und anerkannten Wirkens von Kirchen/Religionsgemeinschaften und Gläubigen finden nicht ihre Widerspiegelung, sondern erscheinen als Zerrbild.

Zwar werden in der Berichterstattung von ›KiS‹ Abhebungen von den Praktiken der Springer-Presse vorgenommen und das eigene Bemühen um Sachlichkeit zu vermitteln gesucht; dennoch wird in Diktion und Wortwahl insgesamt breiter Raum antisozialistischen und der gesellschaftlichen Entwicklung in der DDR entgegenwirkenden Verlautbarungen gegeben.«[1142]

Im Frühjahr 1989 stellte das Staatssekretariat für Kirchenfragen zum Periodikum »Kirche im Sozialismus« fest: »Dieses Presseerzeugnis trägt eindeutig antikommunistischen Charakter und sollte grundsätzlich *nicht* zur Einfuhr zugelassen werden.« Das »Deutsche Allgemeine Sonntagsblatt« hielt man hingegen der Einfuhr für würdig[1143].

Henkys gab in Loccum einen sehr persönlich gefärbten Bericht.

Die Formulierung der »Besonderen Gemeinschaft« in Artikel 4 (4) der BEK-Verfassung von 1969 und das Festhalten der Verfassungsväter an diesem Artikel gegen alle Angriffe aus Thüringen führte er »auf das schlechte Gewissen« im Zusammenhang mit der »Fürstenwalder Erklärung« von 1967 zurück.

Die EKD und später der Kirchenbund mit ihr zusammen hätten sich von der Stuttgarter Schulderklärung 1945 bis in die Gegenwart immer zur besonderen Gemeinschaft der beiden Teilstaaten bekannt und »in den gemeinsamen Worten seit 1979 versucht, nationales Bewußtsein zu konstituieren und an es zu appellieren, ohne daraus eine Heiligung der Nation zu machen«. Während beide Kirchen keine Probleme mit ihrer Zugehörigkeit zu einer deutschen Nation gehabt hätten, gäbe es eine »Fehlanzeige [...] in Sachen deutscher Einheit, nationale Perspektive«. Mit guten Gründen sei auf die Ost-Denkschrift von 1965 keine Deutschlanddenkschrift gefolgt[1144]. Zur Erläuterung zitierte er unter anderem aus Stolpes Tutzinger Vortrag: »Begriffe wie Nation und Wiedervereinigung [...] stiften Unruhe und lösen Ängste aus.« Die Chance, darüber nachzudenken, habe man versäumt und sei darum »unvorbereitet in die gegenwärtige Umwälzung der deutschen Dinge geraten«. Unter welchen Prämissen Henkys sich eine Vereinigung nur vorstellen konnte, verdeutlichen seine letzten Sätze:

»So steht man da in der Bundesrepublik mit dem Grundgesetz und der angeblichen [sic!] Verfassungspflicht zur Wiedervereinigung und hat noch nicht einmal diskutiert, ob das tatsächlich den eigenen Interessen entspricht und vor allem, ob man bereit ist, sich im Interesse der staatlichen Einheit zu ändern. So ist es dabei geblieben, daß der Begriff Wiedervereinigung ein Synonym für Anschluß ist.«[1145]

Der SPD-nahe Kirchenjournalist plädierte kaum verhohlen für einen »Dritten Weg« irgendwo zwischen den beiden deutschen Gesellschaftssystemen. Damit hatte er die alsbald laut werdende Kritik an der »Loccumer Erklärung« schon vorweggenommen.

Auf der KKL-Vorstandssitzung wenige Tage später hielt Gaebler fest, der in Loccum verabschiedete Text sei erst »nach kontroverser Debatte und nicht einstimmig« zustandegekommen. Salinger monierte, »daß die Erklärung den bisherigen Äußerungen der Konferenz nicht entspricht, und fragt[e], ob die Kirchen keine andere Priorität als ihre Vereinigung hätten.«[1146]

Am 9. Februar 1990 veröffentlichte ein Ökumenischer Initiativkreis die »Berliner Erklärung von Christen aus beiden Staaten«. Als Verantwortliche zeichneten u. a. Propst Heino Falcke (Erfurt), Pfarrer Ulrich Duchrow (Heidelberg), Joachim Garstecki (Ost-Berlin) und Konrad Raiser (Bochum)[1147]. Die Erklärung wandte sich gegen das »falsche Signal« von Loccum und meinte sowohl die Bemühungen zur Wiederherstellung der deutschen Einheit wie zur Restitution der einen EKD. Man müsse der »irreführenden Alternative von Kapitalismus und Sozialismus widerstehen«, da der konziliare Prozeß gezeigt habe, »daß beide Systeme nicht in der Lage waren, die Frage des Überlebens der Menschheit und der Erde zu beantworten«. Insbesondere dürfe in dieser Situation »die Lernerfahrung der ›Kirche in der sozialistischen Gesellschaft‹ nicht verleugne[t werden], um zur vermeintlichen ›Normalität‹ zurückzukehren.«[1148]

Währenddessen war die Revolution in der DDR weiter vorangeschritten. Stolpe brachte den Sturm auf die Stasi-Zentrale in der Berliner Normannenstraße während der Januarsitzung des KKL-Vorstands zur Sprache. Man erörterte besorgt die Drohung der Ost-CDU, die Regierungskoalition Modrow vorzeitig verlassen zu wollen. Der Vorstand riet Leich, sich im DDR-Fernsehen »zur gegenwärtigen Situation zu äußern mit dem Ziel, zu vernünftigem und besonnenem Handeln aufzurufen und damit zur Stabilisierung der Verhältnisse beizutragen und eine demokratische Wahl am 6. Mai zu ermöglichen.«[1149]

Stolpe berichtete ergänzend, er habe ein Gespräch mit Gregor Gysi, dem Vorsitzenden der SED-PDS, geführt.

Außerdem beschäftigten den Vorstand intensive Aktivitäten des erst 1989 ins Leben gerufenen DDR-Freidenkerverbandes in Schulen, Krankenhäusern und Polikliniken. Auch für den Totensonntag plante die Organisation eigene Gestaltungsformen. Zeddies schlug vor, in dieser Frage das Amt für Kirchenfragen[1150] einzuschalten, was Ziegler als nicht so geschickt ansah. Man einigte sich schließlich darauf, auf inoffiziellem Weg an die staatliche Behörde heranzutreten[1151].

Die DDR-Kirchenpresse, insbesondere die Wochenzeitung »Die Kirche«, begleitete den Protest gegen die kirchliche und staatliche Wiedervereinigung mit Warnungen vor einer »Wiedervereinigungstrunkenheit« und behauptete, die östlichen Gliedkirchen würden »in hohem Maße unter Druck gesetzt«[1152].

Für erhebliche Verärgerung auf seiten der EKD sorgte ein Interview Günter Krusches mit den Evangelischen Kommentaren, in dem der Berliner Generalsuperintendent – wohl wider besseres Wissen – behauptete, den DDR-Kirchen sei es ohne größere Probleme möglich, sich von den westlichen Finanzhilfen völlig unabhängig zu machen. Außerdem habe Krusche »das Diakonische Werk der EKD durch mißverständliche Äußerungen in einen negativen Zusammenhang mit der Tätigkeit des Bereichs kommerzielle Koordinierung des Ministeriums für Außenhandel der DDR gebracht«, monierten die westlichen Brüder[1153].

Der Riß, der quer durch beide Kirchenbünde ging, wurde auch bei der 42. Sitzung der Konsultationsgruppe am 14. Februar 1990 deutlich, in der es auch um die Loccumer Erklärung ging.

»Ziegler berichtet über Stimmen, die schriftlich an das Sekretariat und an den Vorsitzenden gelangt sind. Sie sind durchweg kritisch. Angegriffen wird das formale Verfahren. Im übrigen artikulieren sich Ängste, Erfahrungen und Früchte der vergangenen Jahre zu verlieren.«[1154]

Rainer Gaebler erwähnte dagegen auch positive Stellungnahmen. Zudem wiesen andere Sitzungsteilnehmer auf die kritischen Stimmen auch aus dem Bereich der Bundesrepublik hin. Bei den Kritikern der Loccumer Erklärung handele es sich um solche, die eine Restauration befürchteten.

Man war sich darüber einig, daß die laut gewordenen Befürchtungen nur durch klare Zeitvorgaben über die nächsten Schritte zerstreut werden könnten und durch ebenso eindeutige Voten der DDR-Kirchen, was sie zu erhalten und einzubringen wünschten. Sodann beschloß die »Konsultationsgruppe« ihre Selbstauflösung und das Eingehen in eine »Gemeinsame Kommission«, die Ende Mai 1990 in Iserlohn ihre erste Klausurtagung abhalten solle[1155].

Auch in der »Beratergruppe«, die am Nachmittag des 14. Februar tagte, berichtete Ziegler noch einmal von den zahlreichen Protesten gegen die Loccumer Erklärung, die im Sekretariat des Kirchenbundes und bei Bischof Leich einträfen. Die meisten beklagten sich darüber, »daß sie nicht gefragt worden sind«[1156]. Keiner traue sich freilich, offen gegen die Vereinigung der beiden Staaten und der beiden Kirchen Stellung zu nehmen. Eine Sorge sei, »daß doch alles auf einen ›Anschluß‹ hinausläuft, d. h. daß die Erfahrungen von 40 Jahren nicht berücksichtigt werden.« Um dem vorzubeugen, hatte das Sekretariat des Kirchenbundes schon ein Papier angefertigt, das darüber Auskunft geben sollte, welche »unverzichtbaren Erfahrungswerte in eine größere kirchliche Gemeinschaft« seitens des Kirchenbundes eingebracht werden müßten. Ziegler räumte ein, normalerweise würden diejenigen, die mit kirchlichen Verlautbarungen einverstanden seien, sich nicht zu Wort melden. Ähnlich äußerte sich Natho.

Bischof Kruse gestand zwar zu, das Zustandekommen des Loccumer Textes gehe »gegen alles synodale Empfinden«, meinte jedoch, der SED-Staat habe Bankrott gemacht, nicht der Kirchenbund. »Die Bundessynode muß jetzt so etwas wie eine kritische Selbstklärung betreiben. ›Ich persönlich habe bei der Loccumer Erklärung kein schlechtes Gewissen‹.«[1157] Der hannoversche Landesbischof Hirschler vertrat den Standpunkt, »äußere Zwanggründe für die kirchliche Trennung« existierten nicht mehr. »Die Kritiker muß man fragen: Was wollt ihr denn anders? Keine Einheit? Warum sind wir eigentlich all die Jahre in die DDR gefahren? – Nun muß man über die Sache reden (›Wir gehen fair und vernünftig aufeinander zu‹) und weniger über die Erklärung und ihr Zustandekommen.«[1158] Der Berliner Konsistorialpräsident Horstdieter Wildner, ein Konservativer, äußerte: »Das Verdikt über die nationalen Gefühle ist ärgerlich: Damit wird ein ganzes Stück ehrlicher Gefühle beiseite gelassen. Es ist nicht alles Nationale ein Irrtum.«

Stolpe fragte nach »den mittelfristigen Zielvorstellungen der Politik Kohls. Er betreibt die Einheit, obgleich er doch wissen muß, daß sich denn die Waagschale zugunsten der Sozialdemokratie verschieben könnte«. Der pfälzische Kirchenpräsident Werner Schramm, Sympathisant der SPD, »mutmaßt, daß Herr Kohl als Kanzler aller Deutschen in die Geschichte eingehen möchte.« Cornelius von Heyl wies darauf hin, daß gegenüber der geschichtlichen Aufgabe parteipolitische Aspekte in den Hintergrund zu treten hätten.

Während der Zusammenkunft ließ sich der Kreis auch von einem Referenten (Dr. Schnurr) aus dem Bundeswirtschaftsministerium und einem vom Institut für Internationale Politik und Wirtschaft (DDR) (Dr. Lang) über die Konsequenzen einer Wirtschafts-, Währungs- und Sozialunion mit der Bundesrepublik informieren: »eine weitgehende Rechtsangleichung der DDR an die Bundesrepublik«[1159].

Der wenige Tage später tagende KKL-Vorstand befaßte sich nochmals mit der Loccumer Erklärung und der daran geübten Kritik, die formal das gewählte Verfahren und die fehlende Legitimierung der Beteiligten nannte. Inhaltlich wurden »die mangelnde Klarheit der Einbettung in den europäischen Prozeß, die Betonung des nationalen Denkens, Unklarheiten zur Frage der einen Kirche« kritisiert. Der Vorstand betonte, die EKD-Vertreter hätten angeregt, einen solchen Text zu verfassen und auch zu publizieren[1160]. Man wich also vor den Kritikern zurück.

Vor der neugebildeten BEK-Synode[1161] Ende Februar 1990 in Berlin-Weißensee stellte sich Leich in dem von ihm vorgetragenen Bericht jedoch hinter die Loccumer Erklärung. Die objektiven Gründe für die Kirchentrennung bestünden nicht mehr, führte der KKL-Vorsitzende aus. Die überwiegende Mehrheit der Christen in der DDR sei für ein Zusammenwachsen der beiden deutschen Staaten[1162]. Rudi Pahnke sagte: »Denn die Einigung der Kirchen und der beiden deutschen Staaten wird kommen«[1163].

Keiner der Synodalen – auch nicht Heino Falcke[1164] – wollte die Loccumer Erklärung im Plenum zum Kippen bringen[1165]. Stolpe »bejaht[e] das Zusammenwachsen, in das die DDR manch Wesentliches einzubringen« habe[1166]. Andererseits berichtet Heidingsfeld, es sei ihm nicht gelungen, die Synode per Beschluß zur Annahme der Loccumer Erklärung zu veranlassen[1167]. Den Anwesenden ging Leichs Bejahung der »›bewährten sozialen Marktwirtschaft‹« sowie des freiheitlichen Rechtsstaats Bundesrepublik doch ein wenig zu weit[1168]. Was man an der DDR allerdings genau bewahren wollte, wußte niemand so recht zu benennen. Andere stellten unangenehme Fragen: »Wie mutig waren die Kirchen in der DDR in all den Jahren wirklich? Wozu alles wurde (und warum) von wem geschwiegen?«[1169] Axel Noack etwa fragte kritisch: »Wann haben wir denn je die Machtfrage gestellt? Wann haben wir denn je die Wahlen Scheinwahlen genannt?«[1170] Hempel bekannte: »Ich habe nie geglaubt, daß die DDR zu meinen Lebzeiten verschwinden würde. Daraufhin haben wir im Gehorsam gelebt.« Außerdem »habe ich nicht wahrgenommen, wieviele Menschen diese DDR satt hatten. Das sind zwei Fehler.«[1171] Der sächsische Synodale Karl-Hermann Kandler monierte, Leichs Bericht erscheine ihm »zu glatt und zu wenig selbstkritisch. – Ist der Kern der biblischen Botschaft wirklich im Sozialismus enthalten? – Von den Kirchen sind die Ausreiser sehr oft kritisch angegangen worden. Ist der Druck, der von ihnen ausgegangen ist, nicht auch positiv zu bewerten?«[1172]

Schließlich stand außer Frage, daß die Synode bereit war, bei der kirchlichen Vereinigung mitzutun und ihre Kontrollfunktion wahrzunehmen[1173].

Sie wählte den Magdeburger Bischof Demke zum KKL-Vorsitzenden[1174], obwohl Leich auf der konstituierenden Sitzung der neuen KKL empfohlen wurde, »ernsthaft zu prüfen«, ob er nicht erneut kandidieren wolle[1175]. Über die Rücktrittsabsichten Leichs wußte der SED-Staat dank einer Information durch den Thüringer Oberkirchenrat Martin Kirchner bereits im Juni 1989 Bescheid. Auch über den Magdeburger Bischof als wahrscheinlichen Nachfolger hatte Kirchner den Staat in Kenntnis gesetzt[1176]. Die schnelle Information des Staates über kirchliche Personalveränderungen funktionierte also bis zuletzt, die Kaderplanungen überlebten meist unverändert den Zusammenbruch des Regimes. Weitere Vorstandsmitglieder waren Präses Cynkiewicz[1177], Hempel, Harder und Barbara Klingbeil aus Bad Berka (Thüringen)[1178].

Heidingsfeld notierte über die konstituierende Synodaltagung des BEK, vieles sei gegenüber der Vorwendezeit anders gewesen. So durfte das Fernsehen ohne Einschränkung filmen. Auffällig war auch das deutlich geringere Medien-Interesse im Vergleich zu den Synoden vor der »Wende«. Und: »Herr Dr. Wilke von der einstigen Dienststelle des Staatssekretärs für Kirchenfragen, neben dem ich die beiden letzten Male während der Bundessynode gesessen habe, ist nicht mehr mit von der Partie. Er schrieb stets alles mit, verließ seinen Platz nur während der Pausen und erbat von allen Synodenmaterialien immer zwei Exemplare.«[1179] Vor dem 9. November hatte er solche Beobachtungen meist für sich behalten.

Karl-Heinz Neukamm, Präsident des Diakonischen Werkes in Stuttgart, soll die Tatsache als beschwerlich und enttäuschend bezeichnet haben, daß durch die Synode »der Dank für die große Hilfe nicht deutlicher formuliert wurde.«[1180] Auch zeigte sich die EKD enttäuscht über den Beschluß der BEK-Synode zur Loccumer Erklärung[1181].

Bundespräsident von Weizsäcker lud den neuen Vorstand und Vertreter des Rates der EKD für den 31. März zu einer Begegnung ein[1182]. Eine Einladung des Evangelischen Arbeitskreises der CDU/CSU zu einer Tagung nach Wuppertal zum Thema »Freiheit und Einheit – Zukunft für Deutschland« schlug der KKL-Vorstand allerdings aus[1183].

Auch anläßlich einer Einladung des KKL-Vorstandes zur Teilnahme an einem Empfang anläßlich des 60. Geburtstages von Bundeskanzler Kohl reagierte man reserviert: »Der Vorstand sieht keine Veranlassung zur Teilnahme von Vertretern des Bundes. Er spricht sich für eine schriftliche Gratulation durch den Vorsitzenden der Konferenz aus.«[1184]

Demke schrieb an den Bundeskanzler:

»In der kommenden Woche vollenden Sie Ihr 60. Lebensjahr. Ich sende Ihnen zu diesem Tag meine herzlichen Grüße und Segenswünsche. Diese Gratulation übermittle ich Ihnen zugleich im Namen der evangelischen Gliedkirchen in der Deutschen Demokratischen Republik.

In diesem Jahr liegt auf Ihrem Leitungsamt eine besondere Verantwortung für das Zusammenwachsen der beiden deutschen Staaten in eine neue Einheit. Keiner hat es in diesem Zeitmaß vorausgesehen. Gott schenke Ihnen Weisheit und Entschiedenheit, in diesen so hoffnungsvoll überraschenden Entwicklungen mit Nüchternheit so durch die Turbulenzen zu steuern, daß der Weg der beiden deutschen Staaten zueinander dem Frieden und der Verbundenheit mit den Nachbarvölkern in West und Ost dient und der Sorge für Gerechtigkeit zwischen Nord und Süd verpflichtet bleibt. Auch der innere Friede in dem Gebiet der DDR wird angesichts der zu erwartenden sozialen Veränderungen und der Lebensumbrüche, die viele Menschen zu bewältigen haben, großer Sorgfalt bedürfen. Die Kirchen nehmen aus ihrem Auftrag heraus und in ihrem seelsorgerlichen Dienst daran teil.

Ich wünsche Ihnen für diese großen Herausforderungen gute Kräfte des Leibes und der Seele, die rechten Entschlüsse und rechten Worte zur rechten Zeit, von denen die Sprüche Salomos sagen, sie seien ›wie goldene Äpfel auf silbernen Schalen‹ (Sprüche 25, Vers 11).«[1185]

Aus dem Protokoll der 133. Tagung der Konferenz der Kirchenleitungen in der DDR Anfang April 1990 geht hervor, wie zerstritten der Kirchenbund hinsichtlich der organisatorischen Zusammenführung von EKD und Kirchenbund war. Müller[1186] und Stier aus Mecklenburg, gefolgt von Harder aus Greifswald[1187], sahen im Prinzip kaum Probleme, während Detlef Hammer[1188] und Demke aus der provinzsächsischen Kirche kräftige Bremsversuche unternahmen. Zeddies wies die Vorstellung einer Wiedereingliederung der östlichen Landeskirchen in die EKD »als einen ›Schritt zurück‹ [...], den er nicht mitmachen« wolle[1189], weit von sich und wies darauf hin, daß die in den Kirchenbund integrierten lutherischen Kirchen »davon besonders betroffen wären«. Leich äußerte, im Bewußtsein der Gemeindeglieder gebe es nun mal eine Evangelische Kirche in Deutschland: »Die Differenzierungen können unsere Gemeindeglieder weder verstehen noch nachvollziehen. [...] Kanzel- und Abendmahlsgemeinschaft ist hier wie dort vorhanden.« Rogge unterstützte seinen Eisenacher Kollegen[1190].

Die Voten zeigen, wie sehr die alten Schlachtordnungen durcheinandergeraten waren. Unabhängig von den früheren Verpflichtungsverhältnissen gruppierten sich die Kräfte für den Übergang in die neue Zeit um.

In Berlin-Brandenburg fand Mitte März 1990 bereits eine gemeinsame Synodaltagung statt: »Eine volle Vereinigung kann nur behutsam geschehen: ›langsam und mit sehr viel Überlegung‹«, berichtete Forck der KKL[1191].

Von der Volkskammerwahl im März 1990 bis zur Währungsunion (Juli 1990)

Eine gute Woche nach der Volkskammerwahl – der KKL-Vorstand hatte Forck, Stolpe, Ziegler und Kupas gebeten, den BEK auf der zentralen Wahlparty im Palast der Republik zu vertreten[1192] – sprach der KKL-Vorsitzende Demke mit dem Wahlverlierer Hans Modrow. Der noch amtierende Ministerpräsident klagte, wie der Magdeburger Bischof hinterher aufschrieb,

»daß der Umgang mit den Akten des Staatssicherheitsdienstes, die Veröffentlichung von Verdächtigungen oder anonymen Berichten von ehemaligen Mitarbeitern des Staatssicherheitsdienstes in Medien der Bundesrepublik zu einer dauernden Verunsicherung und Lähmung des politischen Lebens führt. Durch seine Ausführungen klingt hindurch, daß er den Eindruck z. T. einer gesteuerten Kampagne hat. Er legt diese seine Sorge dar mit der Bitte, daß auch kirchlicherseits man sich dieser Sorge annimmt. Er äußert aber keine direkte Erwartung, auch auf Rückfrage nicht. Ich versichere, daß wir seine Bitte teilen und mit den uns zu Gebote stehenden Mitteln in Predigten, Dienstbesprechungen und öffentlichen Verlautbarungen darauf hinwirken, daß die Atmosphäre der Angst und des Mißtrauens überwunden wird.

Ich erkläre, daß ich aber ratlos sei, ob eine besondere Aktion kirchlicherseits im gegenwärtigen Augenblick angebracht ist. Ich spreche mich dafür aus, daß der Zugang zu den Akten des Staatssicherheitsdienstes möglichst bald geschlossen wird. Ich rege an, daß die neue Regierung einen Termin festsetzen sollte, bis zu dem Geschädigte Ansprüche gegen den Staatssicherheitsdienst anmelden können (z. B. Personen, die trotz mehrmaliger Werbung des Staatssicherheitsdienstes sich einer Zusammenarbeit verweigert haben und dafür berufliche Zurücksetzung in Kauf nehmen mußten). Eine Anzeige von Personen wegen mutmaßlicher Mitarbeit beim Staatssicherheitsdienst sollte nach meiner Auffassung nicht zugelassen werden.

Ich danke Herrn Modrow für seinen Einsatz in der zurückliegenden Zeit und auch in dieser Frage. Ich versichere ihn meiner Unterstützung.«

Anschließend sprach Demke mit Forck, der sich auch für Versöhnung ausgesprochen haben soll:»Er berichtet, daß das Fehlen der Akten einiger bekannter Personen auffällig ist. Ich [Demke] ergänze, daß ich am 26.3.1990 von einem Journalisten erfahren habe, daß manche Personen keinen Hehl daraus machen, sie hätten noch rechtzeitig dafür sorgen können, daß die betreffenden Akten vernichtet worden sind.«[1193]

Auch Schalck-Golodkowski bestärkte seine neuen Herren in der Überzeugung, rasch zu amnestieren. Am 25. April 1990 meldete der BND an das Kanzleramt:

»Der Vorschlag von Bundeskanzler Kohl und Bundesminister Schäuble zu einer Amnestie für die Mehrzahl der MfS-Mitarbeiter, sofern diese keine Verbrechen begangen haben, wurde von Schalck begrüßt: Wenn dieser Personenkreis nicht mehr ausgegrenzt werde, könne dies sehr positive Auswirkungen auf die innere Situation der DDR haben. Schalck geht jedoch davon aus, daß die basisdemokratischen Gruppen (Bündnis 90) diesen Vorschlag ablehnen werden.«[1194]

Und um den Konservativen in der Bundesrepublik den neuen gemeinsamen Gegner vor Augen zu führen, ergänzte der MfS-Offizier und DDR-Devisenbeschaffer noch am gleichen Tag:

»Die Bürgerbewegungen streben eine Nivellierung der Gesellschaft an. Sie verfolgen den ›dritten Weg‹, den demokratischen Sozialismus, wie ihn etwa Bahro vorgezeichnet hat. Sie stehen einem Neubeginn im Wege. Zentrale Frage wird sein: Kann die Arbeit der Bürgerkomitees unterbunden werden.«

Am Tag seiner Wahl zum Ministerpräsidenten durch die Volkskammer gratulierte der KKL-Vorsitzende Demke Lothar de Maizière schriftlich. Es werde

»nötig sein, das Zusammengehörigkeitsgefühl der Deutschen, das in den letzten Monaten so vehement zum Durchbruch gekommen ist, mit dem nüchternen Blick für den Unterschied der geschichtlichen Entwicklung, und das heißt ja immer auch der Lebensgeschichten der Bürger, und mit dem Bemühen um einen gerechten Interessenausgleich zu verbinden. [...] Sie wissen, sehr geehrter Herr Ministerpräsident, daß die Fürbitte für die Regierenden in unseren Gottesdiensten einen festen Platz hat. Möge dieses Wissen Sie stärken und ermutigen.«[1195]

Ziegler teilte dem neuen Ministerpräsidenten mit, der BEK sehe für ein Fortbestehen des staatlichen Amtes für Kirchenfragen keine Notwendigkeit mehr. Daraufhin versprach de Maizière, die Auflösung dieser Behörde in Angriff zu nehmen[1196].

Währenddessen hatte die Kirchenkonferenz der EKD Ende März 1990 beschlossen, den Gliedkirchen des BEK hinsichtlich der nun immer wahrscheinlicher werdenden Währungsunion »eine ›gewisse[.] stille[.] Unterstützung‹« zukommen zu lassen[1197], wofür Demke herzlich dankte[1198]. Im Mai 1990 beschloß der KKL-Vorstand, dem DDR-Finanzminister Walter Romberg wegen der »mit der Abwertung der kirchlichen Konten verbundenen Probleme« einen Brief zu schreiben[1199]. Der Finanzminister hatte ein für den 10. Mai verbindlich vorgesehenes Gespräch abgesagt. Kupas machte ihn daraufhin auf den für die Kirchen ungünstigen Umtauschkurs von 2:1 aufmerksam:

»In vielen Gemeinden wurden in den zurückliegenden Jahren Gelder angespart, um bestimmte Reparatur- und Bauleistungsvorhaben zu verwirklichen, die aber durch die Politik der Regierung in der Nichtzuweisung von Baubilanzen verzögert oder gar nicht genehmigt wurden. Schließlich würden die Kirchen mit einem Umtauschsatz von 2:1 auch dort bestraft, wo es um finanzielle Zuschüsse der westlichen Partnerkirchen gehe, da diese bereits beim 1:1-Transfer von West nach Ost abgewertet worden seien.«[1200]

Die EKD stellte zusätzliche Unterstützungsbeiträge in Aussicht[1201], um die Gehälter bezahlen zu können[1202]. Auch ein Mitte Juni im Finanzministerium geführtes Gespräch konnte am Umtauschkurs nichts mehr ändern, doch stellten die staatlichen Gesprächspartner »die Möglichkeit in Aussicht [...], Zuschüsse aus dem Staatshaushalt zu gewähren.«[1203]

Während der Apriltagung der KKL berichtete Demke über zunehmende Unsicherheit auch bei kirchlichen Mitarbeitern: »Dazu trägt bei das Problem der Vergangenheitsbewältigung. Ängste und Mißtrauen – die Herrschaftsinstrumente des vergehenden Systems – setzen ihre Wirkung fort (Stasi).« Außerdem beunruhigten die Eigentums-[1204] und Währungsfragen[1205].

Ein bedrängendes Thema war der Umgang mit dem Erbe des MfS: Magdeburgs Konsistorialpräsident Hammer fragte

»nach einer angeblichen Verordnung, durch die die Fortsetzung der Tätigkeit des Staatssicherheitsdienstes unter Strafe gestellt werden soll. Die Rückfrage ergibt Fehlanzeige. Stier wünscht ein Gespräch über Stasi und Vergangenheitsbewältigung, insonderheit Abt. 20.4 (Kirchen)[1206]. Dr. Forck berichtet, daß vorgeschlagen wurde, alle Abgeordneten und die für die Kommunalwahl nominierten Kandidaten zu überprüfen. Ferner sollten diejenigen, die vom Stasi Unrecht erlitten haben, Anzeige erstatten. Dr. Langer berichtet vom Rostocker Ausschuß, der sich bemüht, die Strukturen durchsichtig zu machen, und dazu eine Veröffentlichung vorbereitet. Welz bittet darum, daß mit dem Wort ›Vergebung‹ (besonders in Kirchenzeitungen) etwas vorsichtiger umgegangen werden möge.«[1207]

Von dem Angebot, in die geplante Regierungskommission zur Auflösung des Amtes für Nationale Sicherheit einen Vertreter zu entsenden, beschloß der KKL-Vorstand im Mai 1990 »keinen Gebrauch zu machen.«[1208]

Der KKL berichtete der Vorstand: »Zusammenfassend läßt sich nach der Bildung der Regierung und den ersten Arbeitswochen sagen, daß in der Gestaltung einer neuen Politik überall Hilfe und Unterstützung von den Kirchen erwartet und erbeten wird. Wenn keine Hilfe kommt, befürchtet man das Fortbestehen alter, überlebter Strukturen.«[1209]

Hempel informierte über die Wertung der Ereignisse in der DDR auf der ÖRK-Zentralausschußsitzung im März 1990 in Genf:

»Die deutsche Einigungsbewegung wird mit ›kühlem Wohlwollen‹ betrachtet. Das Ringen um eine neue Weltwirtschaftsordnung hatte in den Kirchen in der DDR ein schicksalbedingtes Experimentiergebiet, das dem Süden Hoffnung vermittelte. Das ist nun zu Ende. Deshalb war bei etlichen ›konstruktive Trauer‹ zu beobachten.«[1210]

Aus den Empfehlungen der Gemeinsamen Kommission Bund/EKD vom Mai 1990 geht dann eindeutig hervor, daß sich die Befürworter einer möglichst raschen Integration der östlichen Gliedkirchen in die EKD hatten durchsetzen können. Allerdings meinte man noch als Frist für die Zusammenführung der Kirchen Ende Januar 1993 ansetzen zu müssen.

»Die gesetzte Frist ist nicht als absolutes Datum zu verstehen und sollte deshalb in der Öffentlichkeit nicht besonders hervorgehoben werden. Eine Verkürzung der Frist ist nicht ausgeschlossen, eine Überschreitung sollte vermieden werden.«[1211]

Die Repräsentanten des Kirchenbundes – sie hatten zuvor Hempel zu ihrem Sprecher ernannt[1212] – erreichten in den Verhandlungen, daß die BEK-Mitarbeiter in den »Stabsbereich der zusammengeführten Kirchen übernommen werden«[1213] – möglichst unter Beibehaltung des Ortes Berlin. Ferner vereinbarte man mögliche Sonderwege der östlichen Gliedkirchen hinsichtlich der Einführung des staatlichen Kirchensteuereinzugs, des Religionsunterrichts an den Schulen[1214] und des Militärseelsorgevertrags[1215]. Im Blick auf die Problematik des Paragraphen 218 StGB beauftragte man Brunhilde Fabricius (Frauenwerk der EKD) mit der Zusammenstellung von Konsenstexten[1216]. Eine zweite Klausurtagung der Gemeinsamen Kommission von BEK und EKD fand vom 9. bis 12. September 1990 in Dresden statt.

Auf deren Ergebnisse warteten die Kirchenjuristen nicht mehr. Jetzt hatte ihre Stunde geschlagen. Kirchenverfassungsrechtliche Probleme ließen es ihnen unmöglich erscheinen, den Kirchenbund in die EKD einzugliedern, sondern nur die östlichen Gliedkirchen. Kirchenamtspräsident Otto von Campenhausen versicherte auf der Sitzung der leitenden Kirchenjuristen am 6. Juni 1990 in Hannover zwar, man nehme »die Bedenken der DDR-Kirchen gegenüber einer Vereinigung auf der Grundlage der Verfassungsordnung der EKD sehr ernst«, doch ging keiner auf die Überlegungen von Justitiar Malte Kupas aus dem DDR-Kirchenbund ein, die EKD müsse »bereit sein, ihre Grundordnung in Frage zu stellen.«[1217] Man nahm die »Verständigungsprobleme« zwischen den Kirchen als »Folge der getrennten Kirchenentwicklung seit 1969« zur Kenntnis, konzentrierte sich aber vor allem auf die »Wahrnehmung kirchlicher Interessen im deutsch-deutschen Einigungsprozeß« und empfahl, den östlichen Kollegen Grundkurse über das bundesrepublikanische Staatskirchenrecht angedeihen zu lassen[1218].

Hempel hatte während der KKL-Vorstandssitzung über die Iserlohner Tagung geurteilt: »Die getroffenen Absprachen seien in ihren Ergebnissen aushaltbar. [...] Die innere Situation der Beratungen kennzeichnet er als Mischung von echter Zugewandtheit zu den Vertretern der DDR-Kirchen und dem Spürbarwerden von Grenzen des Verstehens.«[1219] Heidingsfeld äußerte sich während der Juni-Tagung der KKL zuversichtlich, »daß auch substantielle Änderungen der Grundordnung der EKD möglich« seien[1220]. Im Juli bestand plötzlich in der EKD die Sorge, der BEK »könnte sich vorzeitig auflösen«[1221].

Doch der BEK wurde von seiten der DDR noch gebraucht: In einem Arbeitsgespräch mit Demke und Zeddies erklärte de Maizière am 16. Juni 1990, er »würde es begrüßen, wenn die Kirchen in der Stasiproblematik beruhigend tätig werden könnten.« Der KKL-Vorsitzende bemerkte jedoch gegenüber dem KKL-Vorstand: »Weitere Sondierungen haben aber ergeben, daß eine herausgehobene Aktion der Kirchen in dieser Angelegenheit die Situation eher verschärfen als beruhigen würde.«[1222] Der als IM »Dr. Wintzer« geführte Greifswalder Konsistorialpräsident Harder sah »sachlich eher die Notwendigkeit, zu dem gegenwärtig laufenden Postenbeschaffungsprogramm ehemaliger leitender Genossen und auch Stasimitarbeiter eine kritische Stellungnahme abzugeben.«[1223] Auch Innenminister Peter-Michael Diestel (DSU) bat gegenüber Zeddies und den Kirchenjuristen Hofmann und Pettelkau um ein Eintreten der Kirchen gegen eine Diskriminierung ehemaliger MfS-Mitarbeiter durch die Bevölkerung. Die Angesprochenen wiesen im Gegenzug »auf den Vorrang einer angemessenen Aufarbeitung der Vergangenheit und auf den erforderlichen Maßstab der Gerechtigkeit hin.«[1224]

Einen Monat später fragte Stier kritisch, »warum der Vorstand nichts zur Situation der Stasiakten gesagt habe. Es müsse auch später möglich sein, mit diesem Aktenmaterial Verdächtigungen zurückzuweisen. Deshalb müßten die Akten zugänglich sein. Auch für Rehabilitierungsverfahren seien sie nötig.«[1225]

Aus Thüringen berichtete Leich, der Landeskirchenrat habe sich mit einem Bericht der Illustrierten »Stern« über eine IM-Tätigkeit des ehemaligen Oberkirchenrats Kirchner[1226] – nunmehr Generalsekretär der Ost-CDU – befaßt und erklärt:

»1. Der LKR hält es grundsätzlich nicht für richtig, daß die ehemalige Staatssicherheit auf diesem Wege heute eine solche Macht erhält.
2. Solange der Betroffene eine solche Tätigkeit nicht zugegeben hat oder sie nachgewiesen worden ist, gibt es keinen Anlaß, solche Verdächtigungen zu akzeptieren.
3. Innerhalb des Dienstes von Kirchner im LKR hat es keine Anhaltspunkte gegeben, die solche Verdächtigungen erhärten würden, insbesondere in seinem Aufgabengebiet. Bei Verhandlungen mit staatlichen Stellen war er äußerst klar.«[1227]

Auch der DDR-Bischofskonvent sprach über den Umgang mit den Aktennachlässen des MfS und gelangte lediglich zu einem Minimalkonsens: Der Görlitzer Bischof Joachim Rogge – vom MfS als IM »Ferdinand« geführt – protokollierte: »Der Verhandlungsgegenstand wird als äußerst kompliziert bezeichnet. Beschlüsse werden nicht gefaßt. Es wird lediglich für angemessen gehalten, daß Stasi-Akten im Rahmen einer objektiven Prozeßführung gesichert und zur Verfügung stehen sollten.«[1228]

Die letzten Monate vor der staatlichen Wiedervereinigung

Ende Juli 1990 teilte Stolpe den Mitgliedern der KKL und den Superintendenten in Berlin-Brandenburg mit, er habe nun doch vor, in die Politik überzuwechseln:

»In den letzten Monaten bin ich mehrfach wegen der Übernahme politischer Ämter gefragt worden. Ich habe mich dem entzogen, weil ich nicht erkennen konnte, daß eine wirkliche Nothilfe anstand. Schließlich gibt es auch in unserer Kirche dringliche Aufgaben.

Jetzt bin ich von der SPD, zu der ich gehöre, einstimmig gebeten worden, für das Amt des Ministerpräsidenten im Lande Brandenburg zu kandidieren. Ich habe nach Beratung mit der Kirchenleitung zugesagt, weil es offenbar nicht möglich war, sich auf einen anderen Kandidaten aus diesem[1229] Lande zu verständigen und weil brennende soziale Nöte in der Mark Brandenburg auf uns zukommen, die jeden fordern, das ihm Mögliche zu tun.

Noch ist nicht entschieden, wie es praktisch weitergehen wird. Das Konsistorium und die Kirchenleitung müssen darüber befinden. Auch die Region West muß im Blick auf unsere künftige Einheit einbezogen werden. Jedenfalls sind nach meiner Überzeugung Wahlkampf und Amtsausübung unvereinbar, so daß voraussichtlich ab Mitte August die Brüder Pettelkau und Krone als meine Vertreter wirken werden.

Sie sollten heute ein erstes Signal möglicher Veränderung von mir hören. Verbunden bleiben wir in dem Auftrag, mit dem unser Herr uns an die Menschen weist.«[1230]

Ende August sollte die KKL die Voten der einzelnen Gliedkirchen über Art und Zeitablauf der Kirchenvereinigung beraten. Der Vorstand hatte zwei Wochen zuvor die bereits vorliegenden Stellungnahmen der EKU-Kirchen ausgewertet. Mit unterschiedlichen Zeitvorgaben sprachen sie sich allesamt für eine baldige Vereinigung aus und sahen vor, das Sekretariat des BEK in eine Abteilung des EKD-Kirchenamtes umzuwandeln. Darüber hinaus sollten sich die acht östlichen Gliedkirchen für einen gewissen zeitlichen Übergang weiterhin gegenseitig austauschen und gegebenenfalls ihr Handeln untereinander abstimmen dürfen, berichtete Ziegler. »Der Vorstand ist sich einig, daß die Kirchen ohne eigene Entscheidungsgremien innerhalb der EKD an Gewicht und Entscheidungskompetenz verlieren werden.«[1231]

Für einen möglichst zügigen Zusammenschluß sprachen sich Berlin-Brandenburg, Görlitz, Mecklenburg und Thüringen aus, während Greifswald noch für ein dreijähriges Weiterbestehen des BEK votierte. Anhalt plädierte zwar für ein Zusammengehen mit der EKD, wünschte aber dringlich »die verbindlich-gesonderte Zusammenarbeit der acht Gliedkirchen des Bundes« mit einem Weiterbestehen des Sekretariats ohne eigene Leitungsorgane. Während der KKL-Sitzung wurde deutlich, daß die Gliedkirchen die Neuordnung eher als Einzelbeitritte in die EKD – zumeist als »Wiederherstellung der Mitgliedschaft« – ansahen, während die Gemeinsame Kommission BEK-EKD von einem »Zusammenwachsen« der beiden kirchlichen Zusammenschlüsse ausgegangen war. Die KKL empfahl bei einer Nein-Stimme und fünf Enthaltungen »eine zügige Herstellung der Mitgliedschaft der Gliedkirchen des Bundes in der EKD.«[1232]

Zur rechtlichen Absicherung seines Vorgehens beauftragte das Kirchenamt der EKD den Tübinger Kirchenrechtler Martin Heckel mit einem Rechtsgutachten zum längst eingeleiteten Prozeß der Zusammenführung der evangelischen Kirchen, das dieser am 31. August 1990 dem Kirchenamt überreichte. Mitte September 1990 machte sich der Rechtsausschuß der EKD-Synode Heckels Rechtsgutachten zu eigen[1233]. »Das Gutachten wird einhellig positiv aufgenommen, insbesondere auch als Beitrag zur Versachlichung der Diskussion.«[1234] Die Synode des Kirchenbundes folgte Ende September nach, indem sie die einzelnen Schritte ihrer Selbstauflösung und die Mitgliedschaft ihrer Gliedkirchen in der EKD festlegte.

Immer wieder geäußerte Befürchtungen, es könne »ein Verfahren zum Tragen kommen [...], das in Analogie zum Beitritt nach Art. 23 Grundgesetz zu sehen«[1235] sei, ließen sich durch den gewählten – naheliegenden und verfassungsrechtlich unproblematischen – Weg allerdings nicht auffangen.

In der gemeinsamen Sitzung des Präsidiums der Synode der EKD und des BEK Anfang September stimmte man Gottesdiensten aus Anlaß der Wiedervereinigung zu. Sie könnten zwar »Dank für die Einheit, aber auch Buße, Besinnung und Fürbitte beinhalten; ausgesprochene ›Jubelgottesdienste‹ sollte es nicht geben.« Glockengeläut sei ohne Gottesdienst unmöglich[1236]. Binder erwähnte später, die – theologisch wohlbegründeten – Auseinandersetzungen um das Glockenläuten hätte die Bevölkerung im Westen nicht verstanden[1237].

Für die gemeinsame synodale Arbeit in der Übergangszeit entschied man sich zugunsten eines »Additionsmodells«, bestehend aus 120 EKD- und 60 BEK-Synodalen[1238].

Kurz vor der Vereinigung beider deutscher Staaten – der KKL-Vorstand hatte bereits den Vorschlag unterbreitet, der BEK möge sich ab dem 3. Oktober nur noch als »Bund der Evangelischen Kirchen« bezeichnen[1239], was die KKL auch übernahm[1240] – meldete sich Ende September 1990 nochmals das Amt für Kirchenfragen beim DDR-Ministerrat zu Wort und unterbreitete dem Bonner Innenministerium den Vorschlag, übergangsweise ein Büro für religiöse Angelegenheiten als Außenstelle des Bundesinnenministeriums in Berlin einzurichten. Es sollte zum einen als »Auskunftsinstanz über zurückliegende kirchenpolitische Entscheidungen zur Verfügung stehen« und außerdem »Vorschläge für die Überführung dieser Entscheidungen in die vorgegebenen Kompetenzen [...] unterbreiten.«

Weiter hieß es:

»Es erledigt Abwicklungsaufgaben mit dem Ziel, den Prozeß der staatlichen und kirchlichen Strukturanpassung und Rechtsangleichung an das Grundgesetz zu fördern. Die Existenz des Büros wird den Kirchen und Religionsgemeinschaften in den fünf Ländern der ehemaligen DDR bekanntgemacht. Das Büro ist Kontakt-, Beratungs- und Ansprechpartner mit Dienstleistungs- und Vermittlungscharakter für die christlichen Kirchen und Religionsgemeinschaften, für die Jüdischen Gemeinden und für Gemeinden weiterer Weltreligionen in den fünf Ländern. Das Büro berät in Einvernahme mit den kirchlichen Verantwortungsträgern die sich bildenden Landesregierungen bei der Übernahme der bisher zentralen Kompetenzen. [...]

Das Büro steht sowohl den Bundesministerien wie den Kirchen und Religionsgemeinschaften als Auskunftsinstanz für die Genesis bisheriger kirchenpolitischer Entscheidungen in den fünf Ländern zur Verfügung und unterbreitet mit dieser Kenntnis Vorschläge für die Überführung dieser Entscheidungen in die vorgegebene Kompetenz der jeweiligen Bundesministerien bzw. für die Aufhebung oder Korrektur dieser Entscheidungen mit dem Ziel rechtsstaatlicher Verhältnisse.«[1241]

Der Vorschlag wird in Bonn in der Schublade gelandet sein. In einer Demokratie ohne Staatskirche sind spezielle Behörden für Kirchenfragen nicht von Belang[1242].

Von der staatlichen Wiedervereinigung zu einer einheitlichen EKD (Oktober 1990-Juni 1991)

Zwei Tage nach der Vereinigung der beiden deutschen Staaten tagten KKL und Rat der EKD gemeinsam in Berlin-Weißensee. Nach einer eingehenden Debatte über den Militärseelsorgevertrag[1243] beschlossen die KKL-Vertreter, den Kontrakt für die neuen Bundesländer gegenwärtig »nicht in Anspruch zu nehmen«. Binder wurde gebeten, auch den BEK bei der Bundesregierung zu vertreten, hierbei jedoch jeweils Ziegler zu konsultieren oder ihn auch zu Verhandlungen mit heranzuziehen.

Rogge berichtete, die Görlitzer Kirche erwäge eine Umbenennung in »Evangelische Kirche der schlesischen Oberlausitz«. »Stier weist auf die Ambivalenz der gegenwärtigen Situation in Mecklenburg hin, die durch Dankbarkeit und Freude und zugleich Sorge und Betroffenheit gekennzeichnet seien.« Auf Bemerkungen einiger BEK-Vertreter, das neue Kirchensteuereinzugsverfahren führe teilweise zu Unmut im Kirchenvolk, entgegnete Binder, »daß die Alternative eine freikirchliche Struktur gewesen wäre.«[1244]

Die Novembertagung 1990 der KKL machte deutlich, daß die MfS-Debatte auch die Kirche selbst immer stärker mit einbezog:

»Fragen, die mit der Vergangenheitsbewältigung zusammenhängen und die Staatssicherheitsproblematik [...] betreffen, werden angesichts des Handlungsdrucks durch Verlautbarungen in Zeitungen und anderen Medien immer drängender. Hier wird auch gefragt, warum die Kirche nicht Amts- und Mandatsträger überprüft. Durch unterschiedliche Veröffentlichungen wird die Glaubwürdigkeit der Kirche in Zweifel gezogen, und kollektive Entschlüsse zur z. B. geschlossenen Pfarrkonventsüberprüfung greifen um sich.

Deutlich muß aber sein, daß Vertrauen nicht auf der Grundlage der Auswertung von Akten sich herstellen läßt. Der Ordinationsvorhalt kann hier u. U. zur Entlastung helfen.«

Siegfried Plath, vom MfS als IMS »Hiller« geführt, berichtete, das Greifswalder Konsistorium habe »ein Angebot zur Akteneinsicht in die Hinterlassenschaft der Staatssicherheit [...] abgelehnt.« Thüringen war wiederum besonders betroffen, da sich das Fernsehmagazin »Panorama« am 6. November 1990 der Sache angenommen hatte. OKR Höser konnte jedoch berichten, die Stimmung auf dem Eisenacher Pflugensberg sei unverändert, »da die Beschuldigten dem Landeskirchenrat deutlich gemacht haben, daß es sich um unbegründete Anschuldigungen handelt.«[1245] Sein Kollege Kreß berichtete, besonders gut sei das MfS in Leipzig organisiert gewesen. Alle sächsischen Synodalen sollten sich nun von einem Ausschuß überprüfen lassen.

Das Protokoll hielt als Ergebnis der weiteren, intensiv geführten Aussprache fest:

»Zur Vergangenheitsbewältigung gehört die Hinterlassenschaft des Ministeriums für Staatssicherheit nur als ein Teilaspekt. Man muß sich der Frage stellen, inwieweit das System, das hinter den Menschen liegt, ihr Verhalten und ihre Denkweise geprägt hat und was daran Deformation war. Jeder Kirchenleitung war bewußt, daß die Kirche von der Gemeindeebene, über die Hochschulen und Universitäten bis zur Leitung hin von Erkundungen und von Beeinflussung durch die Staatssicherheit umgeben war. Die Kirche bildet hier keine Ausnahme, sondern ist ein Spiegelbild der Verhältnisse, die in diesem Land geherrscht haben.

Es ist jetzt an uns, Wege zu suchen, wie Menschen ihre Ängste überwinden können, damit sie ihre Lebensgeschichte aussprechen, Entlastung finden und aufarbeiten können. Das betrifft nicht nur Menschen, die eine Unterschrift zur Mitarbeit geleistet oder mehr oder weniger gezwungen mitgearbeitet haben, sondern auch alle, die sich mit Leib und Leben als Opfer erfahren haben.

Deutlich muß gemacht werden, daß nur, wenn eine Atmosphäre entsteht, in der wirklich Menschen ihre Ängste abbauen können und nicht Ängste und Mißtrauen als Herrschaftsinstrumente des zerbrochenen Systems erneut in Wirkung gesetzt werden, die Gesellschaft erneuert werden kann. Ziel muß sein, Schaden, den die Menschen angerichtet haben oder erleiden mußten, nicht zu neuem Schaden werden zu lassen. Aus diesem Grunde muß davor gewarnt werden, Erpreßte und Verstrickte in die Öffentlichkeit zu bringen und [daß] Erpresser und Menschen, die andere in diese Schwierigkeiten gebracht haben, im Verborgenen bleiben. Denen, die in großer Verantwortung in Komitees oder durch besondere Beauftragung mit der Aufarbeitung der Akten der Staatssicherheit beschäftigt sind, gilt Anerkennung für ihre schwere Aufgabe und Dank für ihren Mut. Durch die Arbeit an den Akten darf Mißtrauen nicht geschürt, aber Unrecht nicht generell entschuldigt werden, denn Verbrechen sind Verbrechen.

Gestellte Rehabilitationsanträge sollten zügig bearbeitet und dabei darauf geachtet werden, daß Menschen, die durch den Staatssicherheitsdienst Schaden erlitten haben, Anzeige erstatten können, ohne Angst vor anonymen Drohungen haben zu müssen. Presse und Medien werden dringend gebeten, von leichtfertigen Namensnennungen Abstand zu nehmen.«[1246]

Demke informierte wenige Monate später: »Gegenüber der Kirche gibt es aus der Sympathisantenszene Unmut. Sie sei die einzige stabile Organisation, die aus der Wende unbeschädigt hervorgegangen sei.«[1247]

Unter bislang noch ungeklärten Umständen verstarb der Magdeburger Konsistorialpräsident Hammer – wenige Monate später als OibE des MfS enttarnt – einen Tag nach seinem 41. Geburtstag am 3. April 1991. Die KKL gedachte gleich zu Beginn ihrer Mai-Tagung »des Heimgangs«[1248].

Mecklenburg plante, im Juni 1991 eine geschlossene Synodaltagung zur MfS-Problematik abzuhalten[1249].

Zugleich wurde auf der Novembertagung der KKL von der Erwartung der EKD berichtet, möglichst zügig die Vereinigung der Kirchen herbeizuführen, da die Legislaturperiode der alten EKD-Synode ausgelaufen und die Einberufung einer neuen Synode für nur eine Tagung zu aufwendig sei. Die KKL wies darauf hin, daß noch die Zustimmung der Synoden der BEK-Gliedkirchen erforderlich sei, so daß die neue, gemeinsame EKD-Synode nicht vor Ende Juni 1991 ihre Arbeit aufnehmen könne. Zugleich hob die KKL die bleibende Bedeutung der »Gemeinsamen Erklärung« aus dem Jahre 1986[1250] hervor: »Vertiefung der Gemeinschaft innerhalb der EKD im Sinne der Bundessynode bleibt Ziel. [...] Auswirkungen für eine künftige Grundordnung der EKD sind zu bedenken«, ergab die Aussprache. Besonders wichtig waren den KKL-Mitgliedern auch in der Gemeinsamen Erklärung vorkommende Begriffe wie »Abwehr von Irrlehre« oder »aktuelles Bekennen«.

Außerdem nahm die Zukunft der Auguststraße Konturen an. Das BEK-Sekretariat und die Berliner Stelle der EKD in der Jebensstraße sollten miteinander verzahnt und in die EKD-Strukturen integriert werden. Aufgabe war die Wahrnehmung der »regionale[n] Anliegen der acht östlichen Gliedkirchen« mit den Referentenaufgaben Öffentlichkeitsarbeit, Rechtsangleichungen, Bildungsfragen sowie Land- und Forstwirtschaft. Ziegler stellte fest, diese Konzeption entspräche nicht den Vorstellungen der Leipziger BEK-Synode[1251].

Am 12. Dezember 1990 schrieb BEK-Präses Rosemarie Cynkiewicz ihrem Kollegen Schmude einen Dankesbrief für alle Unterstützung, die in den vergangenen zwanzig Jahren dem Kirchenbund seitens der EKD zuteil geworden sei. Über den Zerreißproben des Einigungsprozesses dürfe dies nicht vergessen werden[1252]. Es gab freilich auch andere Stimmen. Am 8. Februar 1991 schrieb Hansjürgen Gehlsen aus Frankfurt/Oder an die Synode der EKD und bekräftigte noch einmal, was den irritierten Westdeutschen spätestens im Zusammenhang mit dem Festhaltenwollen vieler Ostdeutscher an »ihrer DDR« und »ihrem Bund« klar geworden sein mußte: »Die Einheit der damaligen EKD zerbrach doch nicht erst 1969 unter dem Druck der damaligen deutschen Zweistaatlichkeit [...], sondern schon 1957 unter dem Druck des Militärseelsorgevertrages und über den tiefen Dissens in der Atomwaffenfrage.«[1253] Da hatte er nicht so ganz unrecht und erklärte, warum nicht wenige evangelische Christen in der Bundesrepublik ihre eigentliche Heimstatt in der »Kirche im Sozialismus« sahen. Auch nach der kirchlichen Wiedervereinigung geht darum ein Riß durch die protestantische Kirche, der nur zum geringsten Teil in der zwanzigjährigen Spaltung der EKD seinen Grund hat.

Im Januar 1991 stand fest, daß die erste gemeinsame Synode vom 28. Juni bis zum 30. Juni 1991 in Coburg stattfinden sollte[1254]. Ziegler kündigte an, Mitte April 1991 das Sekretariat zu verlassen, worauf der KKL-Vorstand Zeddies als seinen Nachfolger vorschlug. Die KKL fragte, ob es nicht ausreiche, einen amtierenden Leiter einzusetzen. Man hatte zu Recht den Verdacht, hier solle zugleich »eine Entscheidung über die künftige Besetzung der Berliner Außenstelle des EKD-Kirchenamtes« getroffen werden. Demke entgegnete, der Vorstand wolle mit dieser Entscheidung demonstrieren, daß an eine vorzeitige Auflösung des Sekretariats keineswegs gedacht sei: »Er erläutert, daß über den Vorschlag für die Besetzung der Leiterstelle in der Außenstelle des EKD-Kirchenamtes gesondert entschieden werden müsse. Allerdings würde die Berufung von Dr. Zeddies zum Leiter des Sekretariats nicht ohne Auswirkung auf diesen Vorschlag sein.« Mit elf Ja-Stimmen bei drei Gegenstimmen und vier Enthaltungen wählte die KKL in geheimer Abstimmung Zeddies zum Nachfolger Zieglers[1255].

Tatsächlich erfuhr die KKL bereits zwei Wochen später vom Vorschlag des KKL-Vorstandes, Zeddies[1256] mit der Leitung der künftigen Außenstelle Berlin des EKD-Kirchenamtes zu betrauen. Die Tätigkeit dieser Stelle war auf zunächst drei Jahre befristet worden. Inhaltlich sollte sich die Augustraße vor allem mit der »Entwicklung der Kirchenmitgliedschaft und des Kirchensteueraufkommens in den östlichen Gliedkirchen« und der »Vergangenheitsbewältigung speziell im Blick auf Verstrickungen in die Tätigkeit des ehemaligen Ministeriums für Staatssicherheit« sowie der »Tätigkeit der Sekten in den neuen Bundesländern« befassen[1257].

Anfang Juni 1991 traf sich die KKL – im Beisein von Hans von Keler sowie Otto von Campenhausen – zum letzten Mal. Man verabschiedete ein »Wort der Konferenz zur Beendigung der Arbeit des Bundes«[1258]. Datum der Kirchenvereinigung sollte der 27. Juni 1991 sein[1259].

Wenige Tage zuvor – am Abend des 4. Juni 1991 – war es noch zu einer über vier Stunden dauernden »Spitzenbegegnung« mit Bundeskanzler Helmut Kohl und zehn Bundesministern in Bonn gekommen, worüber Hempel die KKL informierte. Den KKL-Vorstand vertraten Hempel, Harder und Cynkiewicz, Teilnehmer von seiten des Rats der EKD waren Kruse, Jung, von Keler, Hofmann, von Campenhausen und Binder:

»Dr. Hempel gibt Eindrücke wieder von dem lebendigen Gespräch mit dem Bundeskanzler und den Bundesministern [...] Unter anderem wurde besonders auf die Situation der über 50jährigen Arbeitslosen in den neuen Bundesländern eingegangen und die Probleme von Vorruheständlern erörtert, die nicht nur mit ökonomischen Mitteln zu lösen sind.
Ein weiteres Thema war die Frage der Anpassung. Es sei zu beobachten, daß die bisher Angepaßten sich schnell in der neuen Situation zurechtfinden, während die Aufrechten wieder zurückgesetzt werden. Zum Verhältnis von Staat und Kirche begründeten die Vertreter des Bundes ihre bisherige Erfahrung einer Kirche, die Distanz zur Macht übt. Von seiten der Regierung wurde Verständnis dafür geäußert, daß erst neue Erfahrungen mit dem anderen Staat zu einer veränderten Einstellung führen können und daß dies Zeit braucht. Man erwarte von der Kirche auch nicht kritiklose Zustimmung, hoffe aber auf Überwindung der Distanz.
Von Keler ergänzt durch eigene Eindrücke bei dieser Begegnung, auch in Markierung der Unterschiede zu vorangegangenen Gesprächen der EKD mit der Bundesregierung. Aus seiner Sicht sollten auch durch den Rahmen dieser Begegnung Berührungsängste abgebaut und Vertrauen zwischen evangelischer Kirche und Bundesregierung geschaffen werden.«[1260]

Zum Abschluß der letzten KKL-Sitzung dankte Hans von Keler

»in einem persönlichen Wort den Gliedkirchen des Bundes der Evangelischen Kirchen für die festgehaltene Gemeinschaft bei äußerlicher Trennung zu den Gliedkirchen der

EKD. Für ihn waren die Berater-[1261] und Konsultationsgruppe eine bewährte und lebendige Gestalt der besonderen Gemeinschaft zwischen EKD und Bund und des vertrauensvollen Miteinanders.

Bei aller erzwungenen Trennung in den vergangenen Jahren geht sein Dank an Gott im Rückblick auf die vielfältigen, lebendigen Begegnungen mit Vertreter/innen aus den Kirchen des Bundes der Evangelischen Kirchen. Er bittet die Kirchen des Bundes, die EKD an den Auftrag der Kirche, die Botschaft der Freude weiterzusagen, zu erinnern.«[1262]

Ende Juni 1991 schrieb der BEK an Emilio Castro, um die Beendigung der Tätigkeit des BEK anzukündigen und auf die Errichtung einer Außenstelle des Kirchenamtes in Berlin hinzuweisen. »In dankbarem Rückblick auf die gemeinsame Arbeit in den vergangenen Jahrzehnten grüßen wir Sie herzlich mit dem Synodalvortrag von Bischof i. R. Dr. Werner Krusche: ›Denkt daran, daß im Herrn eure Mühe nicht vergeblich ist‹.«[1263]

Anhang

ANMERKUNGEN ZU KAPITEL 1: »Grundvertrauen« oder
»Koalition der Vernunft als Koalition der Vernünftigen«

1 Dies hatten ausdrücklich zuletzt Lewek und Demke am 28.5.1982 gegenüber Hans Wilke getan und die Frage gestellt, ob bei Durchführung dieses Konzepts »die Gleichberechtigung und Gleichachtung junger Christen noch gegeben« sei. »In der Gesellschaft sind die antagonistischen Klassengegensätze überwunden. Die Marxisten sprechen aber weiter von der Notwendigkeit des Klassenkampfes. Wann ist dieser Prozeß zu Ende und was für eine Persönlichkeit wird in diesem Prozeß erzogen. Steht die Vermittlung ethischer Werte des Christentums im Gegensatz zum Klassenstandpunkt, der ja von allen Lehrern und auch von den Eltern bei der Erziehung der Kinder gefordert wird?« Der Staat möge doch »einmal deutlich sagen, daß christliche Erziehung humanistisch ist und wertvoll für die Entwicklung der Gesellschaft. Man sollte einmal nennen, was Marxisten und Christen in dieser Hinsicht für gemeinsame Ziele haben.« Abteilung II, Information Wilke über ein Gespräch mit OKR Dr. Demke und OKR Lewek, BA, Abt. Potsdam, O-4, 427; auch SAPMO-BA ZPA IV B2/14/42.

2 Auch Eberhard Natho hatte auf der Herbstsynode Anhalt geäußert: »Unsere Gesellschaft und die sie führenden Staatsorgane haben große Schwierigkeiten, Gewissensentscheidungen zu akzeptieren, ohne sie gleichzeitig zu diffamieren.« Es dürfe »in unserer Gesellschaft nicht der Versuch unternommen werden, das Gewissen als Störung gesellschaftlichen Gleichklangs letztlich abzuschaffen.« Zit. nach Information Pöhner an den Rat des Bezirkes, LPA Halle, IV E-2/14/578. Aufgrund einer von Bellmann durchgegebenen Konzeption (vgl. SED-BL Halle, Hausmitteilung Mitarbeiter für Kirchenfragen Gerngroß an Gen. Achim Böhme vom 11.11.1982, a.a.O.) führte Pöhner am 15.11.1982 mit Natho im Rat des Bezirks ein Gespräch. Dort gab »Natho zu verstehen, daß er mit solchen Feststellungen dem Druck negativer Kräfte begegnen und ihn auffangen« müsse; »er sei von den Gemeinden gezwungen, anzuzeigen, daß er um diese ›Wirklichkeit‹ weiß, da es auch gegen ihn in seiner Kirche erhebliche Vorurteile wegen ›rosaroter Reden‹ gibt«. Allerdings äußerte er den Wunsch, »daß der Grundsatz der Glaubens- und Gewissensfreiheit klar definiert wird und daß es dazu staatliche Verfahrensregelungen gibt«. RdB Halle, Stellvertreter des Vorsitzenden für Inneres, Information Pöhner vom 15.11.1982 zum Gespräch des Stellvertreters des Vorsitzendes für Inneres des Rates des Bezirkes Halle, Gen. Pöhner, mit dem Kirchenpräsidenten der Evangelischen Landeskirche Anhalts, Natho, am 15.11.1982 beim Rat des Bezirkes, a.a.O.

3 Vermerk Lingner über die Zusammenkunft der Beratergruppe am 2.12.1982, EZA Berlin, 4/92/14.

4 Das Gespräch war mehrfach verschoben worden. Vgl. z. B. Protokoll Krusche-Demke vom 2.8.1982 über die 142. Sitzung des Vorstandes am 30.7.1982 in Dresden, a.a.O.; Protokoll Gienke-Demke vom 15.9.1982 über die 144. Sitzung des Vorstandes am 9.9.1982 in Berlin, EZA Berlin, 101/121. Vgl. auch Information »Sekretär« an Wiegand vom 10.1.1983, abgedruckt in den Anlagen Teil B zum Bericht des Brandenburgischen Untersuchungsausschusses 1/3 vom 29.4.1994, 19.42.

5 Leiter des Büros, Vermerk Dohle vom 17.12.1982, BA, Abt. Potsdam, O-4, 427. Auch in

dem Protokoll Demke-Lewek-Schwerin über das Sachgespräch zur sozialistischen Lebensweise am 9.12.1982 zwischen dem Staatssekretär für Kirchenfragen und der Konferenz der Evangelischen Kirchenleitungen ist dieser Kritikpunkt in der Wiedergabe der Äußerung der Thüringerin nicht enthalten. EZA Berlin, 101/351. Gegenüber Hans Modrow hatte Hempel kritisiert, daß aktive Gemeindeglieder nahezu gar nicht zum Lehrerstudium zugelassen würden. »Er verstehe nicht, warum Frau Honecker als Minister der Volksbildung sich dem so absolut verschließt. Sie habe offensichtlich ein ›Gelübde‹ abgelegt, niemals mit einem Christen zu sprechen.« Niederschrift über ein Gespräch des 1. Sekretärs der Bezirksleitung Dresden der SED, Genossen Hans Modrow, mit dem Landesbischof der Evangelischen Kirche Sachsens, Dr. Johannes Hempel, vom 11.1.1982, PDS-Archiv Dresden, IV E-2.14-671; auch a.a.O., IV E-2.14-673.

6 Vgl. SED-BL Dresden, Abteilung Staat und Recht, Abteilungsleiter Göpfert, an Modrow vom 24.2.1983, PDS-Archiv Dresden, IV E-2.14-671.

7 Vgl. Abt. II, Vermerk Wilke vom 12.12.1983 für den Staatssekretär, BA, Abt. Potsdam, O-4, 1437.

8 Nicht zur Veröffentlichung! Nur für den innerkirchlichen Dienstgebrauch! Auswertung des Sachgespräches über »Sozialistische Lebensweise« vom 9.12.1982, EZA Berlin, 101/93/3. Den KKL-Beschluß vom 8.1.1983 über die Auswertung des Sachgesprächs vom 9.12.1982 gab »Sekretär« an Wiegand weiter (abgedruckt in den Anlagen Teil B zum Bericht des Brandenburgischen Untersuchungsausschusses 1/3 vom 29.4.1994, Anlage zu 19.42).

9 Siegfried Wahrmann (geb. am 2.8.1918), Inhaber eines florierenden Konfektionsgeschäftes mit Schneiderei in Wismar, das er von seinem Vater geerbt hatte, war kein politischer Mensch. Wie die Bilanzen zeigen, ging es ihm im SED-Staat wirtschaftlich ausgesprochen gut. Er hatte keinen Grund zu klagen. Den gesellschaftlichen Verhältnissen in der DDR stand er denn auch »loyal« gegenüber. Als Kaufmann vom Scheitel bis zur Sohle verhielt er sich gewinnend und stets freundlich, seine Geschäftsgebaren waren naturgemäß von Gewinnstreben geleitet. Er führte ein glückliches Familienleben und hielt sich mit seiner Frau und den zwei Kindern zur Kirche. Alle Familienmitglieder verstanden sich als praktizierende Christen. Nach beinahe zehnjähriger »Aufklärung« – erste Kontakte reichen bis April 1958 zurück (BStU ASt. Rostock, AIM 272/91, I,1, Bl. 67.) – warb ihn das Ministerium für Staatssicherheit (MfS) am 24.11.1967 als »Inoffiziellen Mitarbeiter« (IM). Zu diesem Zeitpunkt war Wahrmann bereits Vizepräsident der Synode seiner Evangelischen Landeskirche Mecklenburg und EKD-Synodaler. Er war allseits beliebt und bekannt, genoß das Vertrauen seines Landesbischofs Niklot Beste ebenso wie das der Synodalpräsidentin und wurde »zu internen Beratungen der Synode hinzugezogen« (BStU ASt. Rostock, AIM 272/91, I,1, Bl. 92.). Natürlich verkehrte er mit zahlreichen Geistlichen, darunter seinem Gemeindepfarrer, und Laien seiner Kirche. Andere IM im Kirchenbereich, unter anderen ein IM »Patriot«, hatten Wahrmann während der »gemeinsame[n] langjährige[n] Angehörigkeit zur Landessynode Mecklenburg« (BStU ASt. Rostock, AIM 272/91, I,1, Bl., 50.) ausführlich studieren können und entsprechende Rapports gegeben. Im Bericht über die durchgeführte Werbung heißt es:
»Der Kandidat versprach, sich konkret an unsere Abmachungen zu halten [Treffs alle vier bis sechs Wochen]. Er gab mir [dem Führungsoffizier] das Versprechen, über seine Verbindung zu unserem Organ nicht zu sprechen. Wahrmann wird jede Gelegenheit benutzen, wenn er in Rostock ist, um bei mir anzurufen. [...] Am Telefon wird zwischen uns der Name ›Lorenz‹ gebraucht.« (BStU ASt. Rostock, AIM 272/91, I,1, Bl. 31. Wahrmann wurde unter der Reg.-Nr. I/2013/67 geführt.) Im Werbevorschlag heißt es: »Auf Grund der Wichtigkeit seiner Funktionen in der Ev. Landeskirche Mecklenburgs sowie durch seine Perspektive in der EKD wird von einer schriftlichen Verpflichtung Abstand genommen. Der Kandidat wird durch Handschlag zum Schweigen für eine Zusammenarbeit gewonnen. In der Wahl des Decknamens wird so vorgegangen, daß dem Kandidaten ein Name genannt wird, unter dem ich [der Führungsoffizier] mich bei ihm melde, den er auch benutzen soll, wenn er bei mir anrufen sollte. [...] Die Verpflichtung wird auf dieser Basis

durchgeführt.« Fragt man danach, was Wahrmann bewogen haben könnte, auf das Werben des MfS einzugehen, lassen sich einige Gründe benennen. Zum einen gab es die verborgene, aber immer gegenwärtige Sorge um das Geschäft. Schließlich mußte er befürchten, daß die nächste Enteignungswelle auch ihn treffen könnte. Umgekehrt – und scheinbar im Widerspruch dazu – rührte seine »Loyalität« von durchgehend guten Erfahrungen mit dem Regime. Im Jahr seiner Werbung für das MfS beispielsweise sollte der Sohn zur Nationalen Volksarmee eingezogen werden. Da der Filius gerade vor dem Abschluß des Abendabiturs stand, bat der Vater die SED-Kreisleitung um eine Zurückstellung für ein halbes Jahr. Umgehend wurde ihm dieser Wunsch erfüllt. Der MfS-Offizier fragte beinahe düpiert, warum er sich mit seinem Anliegen nicht direkt an ihn gewandt habe. Endlich betrachtete der unpolitische Kaufmann das Staat-Kirche-Verhältnis in der DDR als das zweier Geschäftspartner und sich selbst als den redlichen Vermittler: Keiner sollte bei dem Handel übers Ohr gehauen werden und alle letztlich zufrieden sein. Zu diesem Selbstverständnis gehörte eine gewisse Unauffälligkeit und freundlich-schwebende Neutralität. In einer MfS-Bestandsaufnahme vom 9.11.1976 heißt es: »Der IME hat es nicht gern, wenn er in der Öffentlichkeit als progressiver Christ und Kirchenlaie auftreten soll. Er möchte lieber in der Konspiration diese Aufgaben als progressiver Christ durchführen.« (BStU ASt. Rostock, AIM 272/91, I,1, Bl. 223.) Schon bei der Werbung spielte eine Rolle, daß Wahrmann als Mann mit Zukunft galt. Das MfS sollte sich in dieser Einschätzung nicht getäuscht haben. Laien mit Zeit und Sinn für das synodale Geschäft waren in der DDR äußerst rar. Am 15. April 1970 berichtete IMS »Patriot« über den Nominierungsausschuß zur Wahl des mecklenburgischen Synodalpräsidenten und über das Wahlergebnis: Nach dem dritten Wahlgang machte der knapp unterlegene Wahrmann das Rennen, weil sein siegreicher Konkurrent wegen der hauchdünnen Mehrheit die Wahl nicht annahm. (BStU ASt. Rostock, AIM 272/91, I,1, Bl. 143 f.) Am 15.3.1971 formulierte der Genosse Thode von der MfS-Abteilung XX der BV Rostock – bezogen auf seine Arbeit mit Wahrmann – folgende »Zielstellung und Perspektive«:
»– Festigung seiner Position als Präses der Synode in der Landeskirche Mecklenburg;
– Ausbau seiner Funktion in der Synode des Bundes.« (BStU ASt. Rostock, AIM 272/91, I,1, Bl. 164.)
Ein Jahr später schlug sein Führungsoffizier die Umregistrierung vom IMS [Inoffizieller Mitarbeiter zur politisch-operativen Durchdringung und Sicherung des Verantwortungsbereichs] zum IME [Inoffizieller Mitarbeiter für einen besonderen Einsatz] vor. Darin heißt es: »In der Zusammenarbeit mit dem Kandidaten wurde erreicht, daß er bereit ist, auch an den jeweiligen Tagungsorten der Synode des Bundes mit dem operativen Mitarbeiter zur Berichterstattung zusammenzutreffen. Durch diese Arbeit und Bereitschaft des Kandidaten konnten gute Informationen, die letztlich zur Verselbständigung der Evangelischen Kirchen in der DDR beigetragen haben, erarbeitet werden.« (BStU ASt. Rostock, AIM 272/91, I,1, Bl. 171.) In einem »Auskunftsbericht« vom Oktober 1987 schreibt der Führungsoffizier nicht ohne Stolz: »Durch die Zusammenarbeit mit dem IME konnte erreicht werden, daß er wichtige Leitungsfunktionen im Raum der Kirche übernahm. So entwickelte sich der IME zum Präsidenten der Landessynode der evangelischen Landeskirche Mecklenburg. Auch, als in der DDR die Bildung des Bundes der evangelischen Kirchen vollzogen wurde, war es möglich, durch gute Zusammenarbeit den IME in das Präsidium dieser Synode zu bekommen. Jetzt ist der IME Vizepräsident der höchsten kirchlichen Einrichtung in der DDR. Als solcher wurde er beauftragt, als erster Synodaler dieser Einrichtung an einer Tagung der Synode der EKD in Kassel (BRD) teilzunehmen. Bei allen Tagungen der Synoden ist der IME bereit, über alle Fragen ausführlich zu berichten und wichtiges Material zu übergeben. Als Teilnehmer an der EKiD-Synode in Kassel war es uns möglich, von ihm das gesamte interne Synodenmaterial zur Auswertung zu bekommen. [...] Der IM ist bereit, seinen Einfluß geltend zu machen, um negative Kräfte in die Schranken zu weisen. In diesem Sinne hat er maßgeblichen Anteil an der guten Entwicklung des Staat-Kirche-Verhältnisses in den letzten Jahren im Verantwortungsbereich. Zu Personen und Sachverhalten berichtet der IM nur auf Befragen, wobei er

dann recht ausführlich informiert.« (BStU ASt. Rostock, AIM 272/91, I,1, Bl. 22.) Obwohl also nicht der geringste Anlaß bestand, Wahrmann zu mißtrauen, ließ das MfS auch ihn beobachten. In den Beobachtungsberichten erhielt er den Decknamen »Apostel«. (Vgl. BStU ASt. Rostock, AIM 272/91, I,1, Bl, 173 f.) Beteiligt an diesen Observationen waren ein IME »Murner«, ein IMV »Bäcker«, ein IMV »Klaus« und später eine IMB »Magda« (Vgl. BStU ASt. Rostock, AIM 272/91, I,2, Bl. 17.) und ein IME »Peter Schneider«. Erwartungsgemäß ließ sich nichts Negatives feststellen. Allerdings gerieten alle Besucher, die bei Wahrmanns ein- und ausgingen, ins Visier der Stasi. Als beispielsweise Dieter Haack, MdB (SPD) und Synodaler der Bayerischen Partnerkirche, mit Frau bei einer Rundreise Mitte August 1983 bei Wahrmanns vorbeischaute, wurde er »aufgeklärt« und alle seine weiteren Aktivitäten im Arbeiter- und Bauernstaat sorgfältig überwacht. (Vgl. BStU ASt. Rostock, AIM 272/91, I,2, Bl. 12.) 1977 wurde Wahrmann auch Präses der Bundessynode. Er hatte das nach dem BEK-Vorsitzenden zweithöchste Amt des Kirchenbundes bis 1986 inne. Als Präses war er auch an der Vorbereitung und Durchführung des Spitzentreffens zwischen dem Vorstand des DDR-Kirchenbundes und Erich Honecker am 6. März 1978 beteiligt. Neben dem IMB »Sekretär« spielte dabei IME »Lorenz« eine bedeutende Rolle. Folgerichtig wurden beide wegen ihrer Verdienste im Zusammenhang mit diesem Ereignis mit der Verdienstmedaille der DDR ausgezeichnet. Wegen der Kontroversen um die Verleihung der Medaille an Stolpe ist es nicht uninteressant, den Parallelfall im Detail zu schildern: Am 28. April 1978 schlug Wahrmanns Führungsoffizier – nach Abprache mit MfS-Oberst Joachim Wiegand – vor, IME »Lorenz« mit der »Verdienstmedaille der DDR« auszuzeichnen. (BStU ASt. Rostock, AIM 272/91, I,1, Bl., 216 f.) Auch der Leiter der MfS-Abteilung XX, Generalleutnant Paul Kienberg, stimmte zu. In der Begründung heißt es: »Besondere Verdienste erwarb sich der IME im Zusammenhang mit der Vorbereitung des Spitzengespräches zwischen dem Generalsekretär [...] Honecker[.], und den Mitgliedern des Vorstandes des Bundes der Evangelischen Kirchen in der DDR am 6. März 1978. Die Auszeichnung wird durch den Leiter der BV Rostock, Genossen Oberst Mittag, anläßlich des Tages der Befreiung vom Hitlerfaschismus vorgenommen. Scherwinski, Oberstltn.« (BStU ASt. Rostock, AIM 272/91, I,1, Bl. 217.) In einem von Mielke unterzeichneten Befehl Nr. K 2221/78 wurde das Ganze schließlich veranlaßt. (BStU ASt. Rostock, AIM 272/91, I,1, Bl. 218.) Als Synodalpräses hatte Wahrmann öfter einmal den Kirchenbund oder seine Landeskirche im »nichtsozialistischen Währungsgebiet« zu vertreten. Doch er verweigerte nicht nur den Einsatz im »Operationsgebiet«, wie sein Führungsoffizier bedauernd festhielt. (Vgl. BStU ASt. Rostock, AIM 272/91, I,2, Bl. 31.) Es wirkte sich auch aus, daß er dem unpolitischen Kaufmann an sozialistischer Tugendhaftigkeit gebrach. Jedenfalls hielt er den Versuchlichkeiten westlicher Dekadenz nicht immer stand. Als das Gepäck des aus der Bundesrepublik kommenden kirchlichen Reisekaders am 20.6.1980 an der Grenzübergangsstelle Selmsdorf untersucht wurde, fanden die Zöllner nicht nur fromme Werke, sondern auch »4x pornographische Romane ›Die Memoiren der Fanny Hill‹, ›Nea‹, ›Körpersprache‹ und ›Typisch Frau! Typisch Mann!‹« (BStU ASt. Rostock, AIM 272/91, I,1, Bl. 255), wie die prüden Grenzer im Protokoll penibel festhielten. »Diese Bücher waren wie die übrigen Bücher in weißem Geschenkpapier eingewickelt. Bei der Feststellung der Bücher sagte der Reisende, daß es sich bei diesen Büchern auch um Kirchenliteratur handelt.« Zwar standen »Vopos« und »Grenzorgane« der DDR in dem Ruf, nicht die Hellsten zu sein. Aber Erbauliches wußten sie schon von Erotischem zu unterscheiden. Wohl um keine persönliche Neigung erkennen zu lassen, trafen die Grenzer in der Behandlung der zersetzenden Druckerzeunisse aus dem Westen keine Unterscheidung und behielten kurzerhand alles ein. Wahrmann durchlebte auch hier einen »Lernprozeß unter realsozialistischen Bedingungen«. Die nächsten Male führte er wirklich nur noch Kirchenliteratur mit sich. Theologie war Wahrmanns Sache nicht. Dennoch nahm er Einfluß auf die Geschicke seiner Kirche. Auf Vorschlag des SED-Staates lud er beispielsweise 1985 für die Tagung der Landessynode zur Ökologieproblematik den »Gen. Kirsch von den VEB Grünanlagen Schwerin« (Vgl. BStU ASt. Rostock, AIM 272/91, I,2, Bl. 41 f.) ein anstatt den unbequemen Ökopaxler aus der unabhängigen Bürgerbewegung. Als weitere

wesentliche Ergebnisse seiner Arbeit allein aus der ersten Hälfte des Jahres 1985 hielt sein Führungsoffizier fest:
»– Ständige Berichterstattung über die Erarbeitung des ›Wortes zum Frieden‹ des BEK und der EKD aus Anlaß des 40. Jahrestages der Beendigung des 2. Weltkrieges und positive Einflußnahme auf die inhaltliche Gestaltung;
– Einflußnahme in der Kirchenleitung auf die Wahrnehmung der Verantwortung bei der Vorbereitung und Durchführung des Friedensseminars ›Konkret für den Frieden III‹ vom 1. bis 3. Mai 1985 in Schwerin;
– Verhinderung der negativen Beeinflussung der Frühjahrssynode der Landeskirche Mecklenburgs durch Eingaben feindlicher und negativer Kräfte. Der positive Einfluß des IM auf den Synodenverlauf ist auch durch inoffizielle Einschätzungen der BV Schwerin, Abteilung XX, bestätigt.« (Vgl. BStU ASt. Rostock, AIM 272/91, I,2, Bl. 47.)
Bis zuletzt nahm Wahrmann die Interessen des Staates wahr, die er offenbar auch für die seiner Kirche hielt. So suchte er Anfang 1989 die Tätigkeit einer Gruppe von Übersiedlungsersuchenden innerhalb der Kirche einzuschränken, indem er eine Kirchengemeinde dazu brachte, die bereits gegebene Zusage für die Bereitstellung eines Raumes wieder zurückzuziehen. Zunehmend beklagte er sich Ende der 80er Jahre bei Staatsfunktionären über seinen Bischof Christoph Stier, der sich nicht von ihm beraten lasse, seit er ausgeschieden sei. »Er [Wahrmann] versteht seine Kirche nicht, daß sie das gute Verhältnis zum Staat und ihr Wirken in der Gesellschaft aufs Spiel setzt und sich dafür mit politisch negativen Gruppen einläßt.« (BStU ASt. Rostock, AIM 272/91, I,2, Bl. 169.) Das waren in den Augen des erfahrenen Kaufmannes keine seriösen Geschäftspartner! »Kleine Geschenke erhalten die kleine Freundschaft, große die große.« So lautete das Motto des Leiters der MfS-Hauptabteilung XX/4, Oberst Joachim Wiegand. Seine Offiziere hielten sich an die Lebensregel ihres Vormannes. Nun war Wahrmann – jedenfalls für DDR-Verhältnisse – ein wohlhabender Mann. Genaugenommen gehörte er zu jener Sorte bürgerlicher Existenzen, die es in einer entwickelten sozialistischen Gesellschaft eigentlich gar nicht mehr geben durfte. Das Erfolgsgeheimnis der Wiegandschen Stasi-Psychologie bestand unter anderem aber darin, daß sie auf das Menschliche zielte und das Ideologische ganz beiseite ließ. Wie jedermann, freute sich auch der Wismarer Kaufmann über Aufmerksamkeiten, Präsente und Prämien. (Vgl. BStU ASt. Rostock, AIM 272/91, I,3. Es handelt sich dabei um einen mit Quittungen gefüllten, 63 Blatt umfassenden, Ordner.) Unter dem 3.10.1983 etwa stellte MfS-Hauptmann Fiedler eine Quittung aus. Deren Text lautete:
»Der IME ›Lorenz‹ erhielt für den aktiven Beitrag zur positiven Beeinflussung des Verlaufs der Synode des Bundes und für seine Aktivitäten zur Zurückdrängung destruktiver Kräfte eine Zuwendung in Höhe von 250,– M (zweihundertfünfzig).« (Vgl. BStU ASt. Rostock, AIM 272/91, I,3, Bl. 44.) Aus Anlaß seines 70. Geburtstages 1988 erhielt er gar ein Geschenk im Wert von über 400,– M. Ein Jahr darauf, im finalen DDR-Sommer, als die Flüchtlingsströme über Ungarn in den Westen flohen, brachte ihm sein Führungsoffizier auch den letzten Geburtstagsstrauß – »für die hohe Einsatzbereitschaft bei der Realisierung pol. op. Aufgabenstellungen« (BStU ASt. Rostock, AIM 272/91, I,3, Bl. 53.).

10 Vgl. Vermerk Lingner über die Zusammenkunft der Beratergruppe am 2.12.1982, EZA Berlin, 4/92/14.
11 Ernst Petzold wurde vom MfS als IMB bzw. IMS »Direktor« geführt (Reg.-Nr. XV 4086/79; BStU Leipzig, AOP 293/61). Der von ihm in Halle 1982 vorgetragene Bericht des Diakonischen Werkes wurde staatlicherseits als progressiv eingeschätzt. Vgl. Halle, 26.9.1982, 3. Information zur 2. Tagung der 4. Synode, SAPMO-BA ZPA IV B2/14/90.
12 Der KKL-Bericht ist abgedruckt in: epd-Dok 47/82, 3 ff. Zum KKL-Bericht vgl. Erste Einschätzung des Berichtes der Konferenz der Evangelischen Kirchenleitungen: »Der Bericht trägt betont politischen Charakter und ist ausschließlich der Friedensproblematik gewidmet. [...] Die Friedensdekade 1981 sowie die Aufnäherproblematik werden ohne Verschärfung dargestellt. Die staatlichen Einwände gegen das Tragen des Aufnähers werden im wesentlichen akzeptiert, ›um des Friedens willen‹ wird auf ihn verzichtet. Es wird das Bestreben sichtbar, ohne auf das öffentliche Friedenszeugnis zu verzichten, das Ver-

hältnis zum Staat zu entspannen. [...] Der Moskauer Weltkonferenz wird ein breiter Raum eingeräumt, deren Ergebnisse als wertvolle Impulse für die weitere Friedensarbeit innerhalb des BEK gewertet werden. [...] Die Tatsache, daß sich die KKL in ihrem Bericht erstmalig ausschließlich einem politischen Thema, der Hauptfrage unserer Zeit, dem Frieden, zuwendet, widerspiegelt die Breite und Bedeutung der politischen Diskussionen an der kirchlichen Basis zu diesem Thema. Der Bericht ist sowohl ein Versuch, auf die vielfältigsten Anfragen und Anforderungen der Basis zu reagieren, als auch ein Versuch, sich an die realen gesellschaftlichen Verhältnisse anzupassen.« LPA Halle, IV E-2/14/578.

13 »Wir werten ökumenische Dokumente gut aus. Aber wir halten sie in der DDR nicht durch. Warum haben wir uns nicht dem Aufruf der Niederländer angeschlossen, sich nicht durch Atomwaffen verteidigen zu lassen? Warum sprechen wir nicht aus, daß bei uns die Konfrontation zwischen Staat und Kirche noch nicht überwunden ist? In Moskau wurde ein Moratorium gegen feindselige Rhetorik gefordert. Warum wenden wir uns nicht jeden Montag gegen den Schwarzen Kanal? [...] In offiziellen Erklärungen des Staates wird die Glaubens- und Gewissensfreiheit garantiert. An der Basis sieht es ganz anders aus. Wir dürfen uns nicht damit zufrieden geben, daß im gesamten Bildungsbereich im Gegensatz zu Erich Honecker, zu den Sachgesprächen und zu ND-Artikeln Glaubens- und Gewissensfreiheit nicht gegeben wird.« Halle, den 25.9.1982, 2. Information zur 2. Tagung der 4. Synode, a.a.O.

14 In seiner Andacht zur Eröffnung der Synodaltagung hatte Stier die Situation in Kirche und Gesellschaft als ausweglos bezeichnet und von einer zunehmenden Resignation gesprochen. Vgl. 1. Information über die 2. Tagung der 4. Synode des BEK, a.a.O.

15 Schorlemmers Redebeitrag nahm das anwesende ARD-Team vollständig auf, obwohl auch er westliche Erstleistungen zur Abrüstung forderte. Er kritisierte aber, daß der KKL-Bericht das Phänomen »Sozialer Friedensdienst« lediglich umschrieb, aber nicht beim Namen nannte. Halle, den 25.9.1982, 2. Information zur 2. Tagung der 4. Synode, a.a.O.

16 Wetzel kritisierte die komplizierte Sprache des KKL-Berichts, die nicht gemeindegemäß sei. Vgl. ebd.

17 Garstecki forderte deutlichere Stellungnahmen zur Frage des Wehrdienstes. Vgl. ebd.

18 Frenzel, Dresden, kritisierte die Militarisierung: »Hier gibt es Widersprüche zwischen staatlichen Aussagen und der Realität. [...] Die Kirche soll mit Vertrauen auf Gott nicht taktieren. Sie darf nicht mehr auf die Sorgen des Staates achten als auf die Fragen der Jugend zum Frieden. Warum wird der Jugend sowenig zugetraut?« Vgl. auch die Aussage Opitz (Görlitz) über Schwierigkeiten von Soldaten in den Kasernen beim Lesen der Bibel oder beim Gebet. Ebd.

19 Der Vorstand der KKL hatte Ende Juli die Evangelische Akademie Arnoldshain, die in einem Schreiben an Werner Krusche die Kirchen aufgefordert hatte, den von Breschnew angekündigten sowjetischen Verzicht auf den Ersteinsatz von Atomwaffen zu begrüßen, auf die Beratungen der BEK-Synode verwiesen. Vgl. Protokoll Krusche-Demke vom 2.8.1982 über die 142. Sitzung des Vorstandes am 30.7.1982 in Dresden, EZA Berlin, 101/121.

20 Auch der katholische Gast trat »erstmals auf einer Bundessynode [mit] positive[n] politische[n] Aussagen« auf. Information über die 2. Tagung der IV. Synode des BEK vom 24.9. bis 28.9.1982 in Halle, SAPMO-BA ZPA IV B2/14/90. Vgl. auch die Kritik des Synodalen Teichmann (Karl-Marx-Stadt), der anfragte, »ob wir genügend getan haben, um jungen Menschen im wehrpflichtigen Alter Hilfen zu geben. Der Konferenzbericht tut das nicht. Dort heißt es, daß Christen trotz erhöhten Risikos ihren Dienst in der NVA leisten können. [...] Wir müssen ihnen zeigen, wie es möglich ist, in der Diensteinheit andere Christen zu entdecken; wie es möglich ist, Kontakt zur Ortsgemeinde zu finden; wie einem Offizier klar zu machen ist, daß es Grenzen beim Waffeneinsatz gibt; welche Konsequenzen bei Bausoldaten eintreten, wenn sie einen Befehl verweigern. Solche konkreten Hilfen sind wesentlich.« Der Synodale Dr. Nollau (Dresden) merkte an: »Bei der

existentiellen Betroffenheit der Jugendlichen ist der im Bericht gefundene Ausdruck zu schwach.« Halle, den 25.9.1982, 2. Information zur 2. Tagung der 4. Synode, a.a.O.

21 Abteilung Staat und Recht, Bericht Göpfert vom 4.11.1982 über Auffassungen und Probleme, die aus den gegenwärtigen Beziehungen zum Landesbischof Dr. Hempel und dem Präsidenten Domsch bekannt sind, PDS-Archiv Dresden, IV E-2.14-666; auch a.a.O., IV E-2.14-671.

22 Auf der Sitzung des Ausschusses Kirche und Gesellschaft am 23.10.1982 in Berlin merkte Kramer zur Synode jedoch an, »die Pazifismusfrage [...] [sei] nur wenig diskutiert worden.« Protokoll Lewek, EZA Berlin, 101/93/52.

23 Vgl. Information über die 2. Tagung der IV. Synode des BEK vom 24.9. bis 28.9.1982 in Halle, SAPMO-BA ZPA IV B2/14/90.

24 Vgl. ebd. Vgl. auch Halle, den 25.9.1982, 2. Information zur 2. Tagung der 4. Synode, a.a.O. Seinen Rücktritt vom KKL-Vorsitz im September hatte Krusche nochmals im Juni 1982 angekündigt. Vgl. RdB Magdeburg, Stellvertreter des Vorsitzenden für Inneres, Aktennotiz Steinbach vom 2.6.1982 über ein Gespräch mit Bischof Dr. Dr. Krusche am 1.6.1982, BA, Abt. Potsdam, O-4, 793.

25 RdB Cottbus, Stellv. d. Vors. f. Inneres, Information Deysing vom 21.9.1982 über ein Gespräch mit Konsistorialpräsident Stolpe und Generalsuperintendent Richter am 16.9.1982, SAPMO-BA ZPA IV B2/14/69.

26 Vgl. Schreiben Krusche an Stolpe vom 20.10.1982. Krusche machte Stolpe deutlich, die KKL sei weiterhin an seiner Kandidatur nachdrücklich interessiert. EZA Berlin, 101/121.

27 Vgl. Abt. II, Vorlage vom 3.11.1982 an die Dienstbesprechung am 8.11.1982, BA, Abt. Potsdam, O-4, 410. Demkes Einführung in das Amt war für den 10.9.1983 vorgesehen. Vgl. Protokoll Krusche-Demke-Lewek vom 27.5.1982 der 139. Sitzung des Vorstandes am 18.5.1982 in Leipzig, EZA Berlin, 101/121; vgl. auch Abt. II, Sofort-Information Handel vom 24.10.1983, BA, Abt. Potsdam, O-4, 411.

28 Den Beschluß faßte die KKL auf einer Sondersitzung während der BEK-Synode in Halle. Vgl. Information über die 2. Tagung der IV. Synode des BEK vom 24.9. bis 28.9.1982 in Halle, SAPMO-BA ZPA IV B2/14/90. Vgl. bereits Protokoll Krusche-Demke-Lewek vom 27.5.1982 der 139. Sitzung des Vorstandes am 18.5.1982 in Leipzig, EZA Berlin, 101/121. Über die bevorstehende Personalveränderung informierten Gienke und Demke Staatssekretär Gysi. Vgl. Vermerk Demke über ein Gespräch mit dem Staatssekretär für Kirchenfragen zur Erläuterung der Konferenzbeschlüsse über die Friedensdekade 1982 am 30.9.1982, EZA Berlin, 101/351.

29 Abt. II, Vorlage vom 3.11.1982 an die Dienstbesprechung am 8.11.1982, BA, Abt. Potsdam, O-4, 410.

30 »Auf der Magdeburger Synode richteten politisch negative Kräfte Angriffe gegen die realistischen Aussagen im Kirchenleitungsbericht. Massive Angriffe wurden vor allem in der Frage der ›Aufnäher‹ und der ZV gegen den Staat gerichtet. Da diese mit den politischen Interessen von Bischof Krusche übereinstimmten, gelang es, diese Positionen im Beschluß der Synode zu verankern. [...] Unserer Republik wird unterstellt, daß sie faktisch eine unehrliche Friedenspolitik betreibe, weil sie zwar ›nach außen‹ für den Frieden eintrete, im inneren aber eine ›gezielte Kriegsvorbereitung‹ betreibe. Dem Staat wird vorgeworfen, die Bevölkerung psychologisch auf einen begrenzten Kernwaffenkrieg vorzubereiten und die Folgen eines Atomkrieges zu verharmlosen (›sie [gemeint sind ZV-Übungen] erscheinen als Gewöhnung an den Gedanken eines begrenzten Atomkrieges, als Verharmlosung der Wirkungen einer Atomexplosion und ihrer Folgen, Illusionen über tatsächliche Schutzmöglichkeiten‹)«. Abteilung II, Einschätzung Wilke vom 16.12.1982 der politisch-ideologischen Schwerpunkte der Herbstsynoden 1982 der evangelischen Landeskirchen in der DDR, a.a.O. Vgl. die Beschlüsse der Synode in epd-Dok 53/82, 47-51. Vgl. auch das Schreiben der Evangelischen Kirchenleitung der Kirchenprovinz Sachsen, Harald Schultze, vom 16.10.1982 an die Kreiskirchenräte, Propsteikatecheten, Ausbildungsstätten, die Jugendkammer und das Diakonische Amt in unserer Kirchenprovinz, betr.: Fragen der Zivilverteidigung, EZA Berlin, 101/93/107. Mit den

gleichen Argumenten verweigerten im sächsischen Raum (Radebeul-West, Elstra) Pfarrer ihre Beteiligung an Zivilverteidigungsübungen und machten ihre Position auch publik. Vgl. Abt. II, Sofort-Information Handel vom 18.8.1983, BA, Abt. Potsdam, O-4, 411.
31 Abteilung II, Einschätzung Wilke vom 16.12.1982 der politisch-ideologischen Schwerpunkte der Herbstsynoden 1982 der evangelischen Landeskirchen in der DDR, BA, Abt. Potsdam, O-4, 410. Vgl. die Beschlüsse der Herbstsynoden in epd-Dok 53/82.
32 Vgl. betr. Zuarbeit zum Bericht an das 5. Plenum des ZK, SAPMO-BA ZPA IV B2/14/10.
33 Vgl. Vermerk Lingner über die Zusammenkunft der Beratergruppe am 2.12.1982, EZA Berlin, 4/92/14. Vgl. hierzu und zur weiteren Entwicklung des VEK-Vorhabens W. Hüffmeier, Grabinschrift oder Fanal? Die »Gemeinsame Erklärung« der evangelischen Kirchen in der DDR, in: KiS 1/87, 9-15.
34 Vgl. auch Niederschrift zur Klausurtagung der Kirchenleitung vom 31.3. bis 2.4.1982 in Damm, LKA Hannover, D 15 XII, K 36/224/X.
35 Vgl. Abt. II, Wilke, 3.6.1982, Einschätzung der politisch-ideologischen Schwerpunkte der Frühjahrssynoden, BA, Abt. Potsdam, O-4, 410.
36 Über weitere Planungen der EKD hatte Helmut Hild den ständigen Vertreter der DDR, Moldt, informiert: »Ziel sei es, möglichst viele und prominente Gäste zum Luther-Jahr in die BRD zu holen. [...] Auf jeden Fall werde es keine Überschneidungen mit Veranstaltungen der DDR geben.« AV Bonn, Abt. IAP, Vermerk Botschaftsrat Klötzer vom 21.5.1982 über den Besuch von Genossen Botschafter Moldt beim stellv. Vorsitzenden des Rates der EKD, Kirchenpräsident der Evangelischen Kirche in Hessen und Nassau, D. Helmut Hild, am 19.5.1982 in Darmstadt, BA, Abt. Potsdam, O-4, 4877.
37 Vgl. Vermerk Demke über die 13. Konsultation zwischen dem Bund der Evangelischen Kirchen in der DDR und der Evangelischen Kirche in Deutschland am 1./2.12.1982 in Berlin/DDR, EZA Berlin, 101/93/259. Vgl. auch Niederschrift Zollmann über die 14. Sitzung des Lutherkomitees der Evangelischen Kirchen in der DDR am 9.11.1982 in Eisleben, EZA Berlin, 4/92/699. An dem Plan einer gemeinsamen Äußerung hielt man auch im März 1983 noch fest. Vgl. Vermerk Lingner über die Zusammenkunft der Beratergruppe am 4.3.1983, EZA Berlin, 4/92/14.
38 Leiter des Büros, Vorlage Dohle vom 4.5.1982 an die Dienstbesprechung vom 17.5.1982, Leitungsinformation 2/82, BA, Abt. Potsdam, O-4, 410. Vgl. auch Niederschrift Zollmann über die 14. Sitzung des Lutherkomitees der Evangelischen Kirchen in der DDR am 9.11.1982 in Eisleben, wo hervorgehoben wurde, daß die Kirchen auf der vergangenen Sitzung des Martin-Luther-Komitees einen »deutlich abgesetzt[en]« und eigenständigen Beitrag vorbringen konnten. Außerdem heißt es dort: »Das Schlußwort von Erich Honecker sollte in den Kirchen und Gemeinden besonders bedacht werden. Die Betonung, daß die Zusammenarbeit im Lutherjahr eine Fortentwicklung des im Gespräch vom 6. März 1978 Gesagten darstellt und Modellcharakter hat, ist unerhört wichtig.« EZA Berlin, 4/92/699.
39 Vgl. Abt. IAP, Vermerk Klötzer vom 22.12.1982 über ein Gespräch des Genossen Klötzer mit dem Bevollmächtigten des Rates der EKD am Sitz der BRD, Prälat Binder, am 22.12.1982, BA, Abt. Potsdam, O-4, 4871. Die westlichen Besucher zum Lutherjahr betreffend, sagte Eberhard Natho, »daß er nicht bereit ist, Einreisen bestimmter Gäste mitzutragen, sondern daß das offen über die Regierung der DDR erfolgen muß.« RdB Halle, Stellv. des Vorsitzenden für Inneres, Information Pöhner zum Gespräch des Vorsitzenden des Rates des Bezirkes Halle, Gen. Klapproth, mit dem Landeskirchenrat und dem Präses der Synode der Ev. Landeskirche Anhalts am 21.12.1982 im Gästehaus des Rates des Bezirkes, LPA Halle, IV E-2/14/578.
40 Vgl. Beschluß vom 29.9.1982, TOP 7, Anlage 6, SAPMO-BA ZPA J IV 2/3/3427.
41 Information über den Stand der Vorbereitung der Martin-Luther-Ehrungen 1983 und über kirchliche Aktivitäten, Anlage Nr. 7 zum Protokoll der Sitzung des Sekretariats des ZK der SED vom 29.9.1982, a.a.O.
42 Schlußfolgerungen, Anlage Nr. 8 zum Protokoll der Sitzung des Sekretariats des ZK der SED vom 29.9.1982, a.a.O.

43 Vgl. auch Niederschrift Zollmann über die 14. Sitzung des Lutherkomitees der Evangelischen Kirchen in der DDR am 9.11.1982 in Eisleben: »Viele lesen die Einzelbeiträge nicht gründlich und haben nur eine allgemein kritische Sicht gegenüber solchen Begegnungen auf oberster Ebene, während unten die Schwierigkeiten zunehmen.« EZA Berlin, 4/92/699.
44 Abteilung II, Einschätzung Wilke vom 16.12.1982 der politisch-ideologischen Schwerpunkte der Herbstsynoden 1982 der evangelischen Landeskirchen in der DDR, BA, Abt. Potsdam, O-4, 410. Vgl. auch Niederschrift Zollmann über die 10. Sitzung des Lutherkomitees der Ev. Kirchen in der DDR am 14./15.1.1982 in Berlin, wo Rogge über Expertengespräche zur Lutherdeutung berichtete: »Es besteht eine Offenheit, auf kontroverse Fragestellungen einzugehen. Ein Bericht vor der Öffentlichkeit würde den Gesprächen im Augenblick nicht dienlich sein. Thematisch wird im Augenblick u. a. die Frage von Theologie und Ideologie in der Wirkungsgeschichte Luthers bearbeitet.« EZA Berlin, 4/91/698. Der Ostberliner Kirchenhistoriker Rudolf Mau stellte am 19.1.1982 eine Ausarbeitung zu dem Thema »Thesen über Martin Luther. Zur Würdigung Luthers aus marxistischer Sicht« fertig, über das in der Aprilsitzung des kirchlichen Lutherkomitees gesprochen werden sollte. Vgl. Begleitschreiben des Sekretariats, Zollmann, vom 27.1.1982 an die Mitglieder des Lutherkomitees, a.a.O. Auf der 73. gemeinsamen Beratung der Bereichsräte der EKU am 3.3.1982 in Berlin wies Rogge auf die marxistische »Öffnung [...] für die theologisch-kirchliche Lebensleistung des Reformators hin«. Sitzungsprotokoll in LKA Hannover, D 15 XII, K 73/412/IV.
45 Synodalbericht, LKA Hannover, D 15 XII, K 67/343/VIII.
46 SED-BL Dresden, Abteilung Staat und Recht, Niederschrift vom 8.11.1982 über ein Gespräch des 1. Sekretärs der Bezirksleitung Dresden der SED, Genossen Hans Modrow, mit dem Landesbischof der Evangelischen Kirche Sachsens, Dr. Johannes Hempel, am 5.11.1982, PDS-Archiv Dresden, IV E-2.14-673.
47 Im Gegensatz hierzu soll Greifswalds Bischof Gienke geäußert haben, »man könne nur mit großer Bewunderung darüber sprechen, wie es unser Staat trotz der weltwirtschaftlichen Zwänge versteht, derartige volkswirtschaftliche Ergebnisse zu erreichen.« Information Haß über die am 10.8.1983 stattgefundene Begegnung zwischen dem Stellvertreter des Vorsitzenden für Inneres des Rates des Bezirkes, Gen. Haß, und Bischof Dr. Gienke, BA, Abt. Potsdam, O-4, 789.
48 SED-BL Dresden, Abteilung Staat und Recht, Niederschrift vom 8.11.1982 über ein Gespräch des 1. Sekretärs der Bezirksleitung Dresden der SED, Genossen Hans Modrow, mit dem Landesbischof der Evangelischen Kirche Sachsens, Dr. Johannes Hempel, am 5.11.1982, PDS-Archiv Dresden, IV E-2.14-673.
49 Kreissynodale Arbeitsgruppe Usedom, Heringsdorf, den 21.12.1982, an die Kirchenleitung der Evangelischen Landeskirche Greifswald, zu Händen Herrn Bischof Gienke, EZA Berlin, 101/93/42. Der BEK-Ausschuß »Kirche und Gesellschaft« beschloß, das Papier in den KKL-Bericht für die Bundessynode einfließen zu lassen. Vgl. Protokoll Lewek der Sitzung des Ausschusses »Kirche und Gesellschaft« am 28.5.1983 in Berlin, EZA Berlin, 101/93/52. Das Greifswalder Konsistorium hatte das Papier am 10.3.1983 dem BEK-Sekretariat weitergeleitet, das es am 18.5. dem Ausschuß zukommen ließ. Vgl. EZA Berlin, 101/93/42.
50 Die nachträgliche Proklamierung des Karl-Marx-Jahres beunruhigte die Kirchen. Staatssekretär Gysi erklärte jedoch, »daß dies kein Zeichen einer erneuten Umbesinnung sei, wie manche meinen; schon die Würdigung von Martin Luther sei nicht das Ergebnis einer Umbesinnung, sondern stünde in einer festen Tradition; es gehe darum, die Identität der deutschen Geschichte komplex auszuloten. Im übrigen sei zu vermerken, daß das Karl-Marx-Jahr viel zurückgenommener und kleiner angegangen werde als die Lutherveranstaltungen.« Vermerk Demke vom 8.1.1983 über das Gespräch des Staatssekretärs für Kirchenfragen und des Vorstandes der Konferenz am 6.1.1983, EZA Berlin, 101/93/3.
51 Vgl. hierzu zusammenfassend H. Zander, Die Christen und die Friedensbewegungen in beiden deutschen Staaten, 280 f.

52 Demke an Schloz vom 4.2.1983, EZA Berlin, 101/93/1203.
53 Schloz an Demke vom 28.2.1983, a.a.O. Vgl. auch Protokoll Hempel-Demke vom 27.4.1983 über die 151. Sitzung des Vorstandes am 26.4.1983 in Berlin: »Dr. Demke berichtet von dem mit der Kanzlei der EKD abgesprochenen Vorschlag, in diesem Jahr für den Bittgottesdienst für den Frieden kein vollständiges Gottesdienstformular zu erarbeiten, aber Vorschläge für die Eingangsliturgie und das Fürbittgebet sowie für die Schriftlesungen und den Predigttext (nach Möglichkeit mit einer gemeinsam erarbeiteten Predigtmeditation) zur Verfügung zu stellen.« EZA Berlin, 101/93/243. EKD und BEK-Sekretariat erarbeiteten daraufhin ein »liturgische[s] Formular für einen Bittgottesdienst für den Frieden«, das Demke dem KKL-Vorstand vorstellte. Der Vorstand beschloß: »Der Vorstand hält es für denkbar, daß angesichts der Entwicklung im Herbst 1983 ein besonderer Aufruf für diesen Bittgottesdienst gemeinsam mit der EKD sinnvoll und notwendig wird.« Protokoll Gienke-Demke vom 21.6.1983 über die 153. Sitzung des Vorstandes am 20.6.1983 in Berlin, a.a.O.
54 Dies hatte Stolpe auch in einem Gespräch beim RdB Cottbus in Aussicht gestellt. Die Kirche sei an Konflikten mit dem Staat nicht interessiert. Vgl. RdB Cottbus, Stellv. d. Vors. f. Inneres, Information Deysing vom 21.9.1982 über ein Gespräch mit Konsistorialpräsident Stolpe und Generalsuperintendent Richter am 16.9.1982, SAPMO-BA ZPA IV B2/14/69.
55 Vermerk Lingner über die Zusammenkunft der Beratergruppe am 2.12.1982, EZA Berlin, 4/92/14.
56 Information zur Friedensdekade 1982 der evangelischen Kirchen und zum Beschluß der Konferenz der Evangelischen Kirchenleitungen über das Abzeichen »Schwerter zu Pflugscharen«, PDS-Archiv Dresden, IV E-2.14-666.
57 Vgl. SED-BL Dresden, Abteilung Staat und Recht, Informationen und Argumentationshinweise zu aktuellen kirchenpolitischen Problemen, a.a.O.
58 Vgl. Information vom 9.7.1982, BA, Abt. Potsdam, O-4, 1482.
59 Zit. nach SED-BL Dresden, Abteilung Staat und Recht, Informationen und Argumentationshinweise zu aktuellen kirchenpolitischen Problemen, PDS-Archiv Dresden, IV E-2.14-666. Diese Äußerung wurde von Gysi am 28.6.1982 gegenüber einer Delegation der lutherischen Kirche der USA sinngemäß wiedergeben. Gysi fügte hinzu: »Auch die Beziehung zwischen Staat und Kirche in der DDR sei ein den Frieden stabilisierendes Element. [...] Im Unterschied zu einer reinen Kultkirche werfe der dem Protestantismus eigene soziale Impetus besondere Probleme für die Trennung von Staat und Kirche auf. Er sei eine besondere Chance. Er könne aber auch zu besonderen Schwierigkeiten führen, wie dies gegenwärtig zu bemerken sei. [...] Völlige Interessengleichheit sei nicht zu erwarten, wohl aber seien in der Verantwortung gegenüber dem Volk ständig die besten Möglichkeiten für einen Konsensus zu finden.« Vermerk Zeddies vom 29.6.1982 über Ausführungen des Staatssekretärs für Kirchenfragen am 28.6.1982, LKA Hannover, D 15 XII, K 102/5910/II.
60 Abt. Ev. Kirchen, Information Wilke vom 17.5.1982 über ein Gespräch Abteilungsleiter Dr. Wilke mit dem Leiter des Sekretariats des BEK, Herrn Dr. Demke, am 13.5.1982, BA, Abt. Potsdam, O-4, 427; auch a.a.O., O-4, 1437.
61 Niederschrift über die 12. Sitzung des Lutherkomitees der Evangelischen Kirchen in der DDR am 16.6.1982 in Berlin, EZA Berlin, 4/92/699.
62 Vgl. Abteilung II, Einschätzung Wilke vom 16.12.1982 der politisch-ideologischen Schwerpunkte der Herbstsynoden 1982 der evangelischen Landeskirchen in der DDR, BA, Abt. Potsdam, O-4, 410. Vgl. auch z. B. zu Anhalt SED-BL Halle, Hausmitteilung Mitarbeiter für Kirchenfragen, Gerngroß, an Achim Böhme vom 8.11.1982, LPA Halle, IV E-2/14/578.
63 Abteilung II, Einschätzung Wilke vom 16.12.1982 der politisch-ideologischen Schwerpunkte der Herbstsynoden 1982 der evangelischen Landeskirchen in der DDR, BA, Abt. Potsdam, O-4, 410. Vgl. den Beschluß der Synode der Kirchenprovinz Sachsen, in: epd-Dok 53/82, 47 f.

64 Vermerk Demke über ein Gespräch mit dem Staatssekretär für Kirchenfragen zur Erläuterung der Konferenzbeschlüsse über die Friedensdekade am 30.9.1982, EZA Berlin, 101/351.
65 Vgl. auch Information zur Friedensdekade 1982 der evangelischen Kirchen und zum Beschluß der Konferenz der Evangelischen Kirchenleitungen über das Abzeichen »Schwerter zu Pflugscharen«, PDS-Archiv Dresden, IV E-2.14-666. Dazu hieß es an anderer Stelle sehr deutlich: »Es ist unbedingt zu beachten, daß bei aller Auseinandersetzung kein Feindbild ›Kirche‹ geschaffen wird. Der Feind ist der Imperialismus mit all seinen politischen und sozialen Zielsetzungen. Die evangelischen Bischöfe selbst wollen heraus aus der Diskussion um die Aufnäher. Sie wollen heraus aus der Diskussion um die ›unabhängige Friedensbewegung‹.« SED-BL Dresden, Abteilung Staat und Recht, Informationen und Argumentationshinweise zu aktuellen kirchenpolitischen Problemen, a.a.O. Stolpe und Generalsuperintendent Richter (Cottbus) baten im Spätsommer 1983, doch endlich »Altträger« zu tolerieren, nachdem sie von einem Übergriff der Transportpolizei auf eine Jugendliche auf dem Bahnhof Doberlug-Kirchhain gehört hatten. Vgl. RdB Cottbus, Stellv. der Vorsitzenden für Inneres, Information Deysing vom 6.9.1983 über ein Gespräch mit Konsistorialpräsident Stolpe und Generalsuperintendent Richter am 30.8.1983, BA, Abt. Potsdam, O-4, 792. In Sachsen verbot ein Schuldirektor sogar das Tragen des Zeichens »Jesus lebt« in der Schule. Vgl. Schreiben des LKA Sachsens, Dresden, Michael Karstädt, vom 16.2.1983 an das Sekretariat des BEK, EZA Berlin, 101/93/85.
66 Information zur Friedensdekade 1982 der evangelischen Kirchen und zum Beschluß der Konferenz der Evangelischen Kirchenleitungen über das Abzeichen »Schwerter zu Pflugscharen«, Anlage Nr. 3 zum Protokoll der Sitzung des Politbüros des ZK der SED vom 12.10.1982, SAPMO-BA ZPA J IV 2/2/1971.
67 Vgl. Protokoll der Sitzung des Politbüros des ZK der SED vom 12.10.1982, TOP 4, a.a.O.
68 Vgl. auch KiS 2/1982, 39-43.
69 Schreiben Gysi an Honecker vom 27.10.1982. Mit Paraphe EH in BA, Abt. Potsdam, O-4, 427; auch SAPMO-BA ZPA IV B2/14/82.
70 Abt. II, Vorlage vom 3.11.1982 an die Dienstbesprechung am 8.11.1982, BA, Abt. Potsdam, O-4, 410.
71 SED-BL Dresden, Abteilung Staat und Recht, Dresden, den 12.10.1982, Probleme, die in den gegenwärtigen Beziehungen zwischen den Staatsorganen des Bezirkes und dem Landeskirchenamt eine Rolle spielen, PDS-Archiv Dresden, IV E-2.14-666.
72 So forderte zum Beispiel während der Fragestunde der Herbstsynode die Kirchenleitung anwesende Jugendliche auf, die von ihnen getragenen Aufnäher abzulegen. Vgl. Abteilung II, Einschätzung Wilke vom 16.12.1982 der politisch-ideologischen Schwerpunkte der Herbstsynoden 1982 der evangelischen Landeskirchen in der DDR, BA, Abt. Potsdam, O-4, 410.
73 Vgl. Abt. II, Vorlage vom 3.11.1982 an die Dienstbesprechung am 8.11.1982, a.a.O. Vgl. auch Abt. II, Wilke, 22.12.1982, Leitungsinformation 6/82, a.a.O.
74 Vgl. Protokoll Forck über den Konvent der Bischöfe am 6.12.1982 in der Auguststraße 80, EZA Berlin, 101/1190, Bd. II.
75 Arbeitsgruppe Kirchenfragen, Notiz vom 5.11.1982 über ein Gespräch mit Oberkirchenrat Demke und Oberkirchenrätin Christa Lewek am 3.11.1982, SAPMO-BA ZPA IV B2/14/82.
76 Abteilung II, Abschließende Information Wilke vom 6.12.1982 über den Verlauf und die Ergebnisse der Friedensdekade 1982 der evangelischen Kirchen in der DDR, BA, Abt. Potsdam, O-4, 427. Vgl. auch Abt. II, Wilke, 22.12.1982, Leitungsinformation 6/82: »Es wurde das Anhalten der Bemühungen in den Landeskirchen deutlich, das mit der Durchsetzung der staatlichen Konzeption der Friedensdekade unter Beweis gestellte und bewährte sachliche und konstruktive Verhältnis zwischen Staat und Kirche weiter zu stabilisieren.« BA, Abt. Potsdam, O-4, 410. Vgl. auch RdB Cottbus, Stellv. d. Vors. f. Inneres, Information Deysing vom 8.11.1982 über den Beginn der kirchlichen Friedensdekade am

7.11.1982: »Es kann eingeschätzt werden [...], daß der Beginn der Friedensdekade ohne besondere Vorkommnisse verlief«, SAPMO-BA ZPA IV B2/14/69 sowie RdB Cottbus, Stellv. d. Vors. f. Inneres, Information Deysing vom 15.11.1982 über den Verlauf der kirchlichen Friedensdekade am 14.11.1982, wo die zuvor gegebene Einschätzung bestätigt wurde. A.a.O. Abschließend hieß es in RdB Cottbus, Sektor Kirchenfragen, Abschließende Information Erbe vom 22.11.1982 zu den im Rahmen der kirchlichen Friedensdekade vom 7.-17.11.1982 im Bezirk Cottbus aufgetretenen Aktivitäten: »Es kann insgesamt eingeschätzt werden, daß sich die Aktivitäten der Kirche zur Friedensdekade 1982 im Rahmen der vom Sekretariat des Bundes herausgegebenen Orientierung bewegten.« Dennoch hieß es auch: »Wie schon 1981 waren auch die Veranstaltungen zur Friedensdekade 1982 insgesamt kein konstruktiver Beitrag im Sinne unserer Friedenspolitik.« A.a.O. Vgl. auch SED-BL Dresden, Abteilung Parteiorgane, Sektor Parteiinformation, Fernschreiben Stammnitz, 2. Sekretär, vom 17.11.1982 an das Zentralkomitee der SED, Abteilung Parteiorgane, Sektor Parteiinformation, Information über den Verlauf der von den evangelischen Kirchen durchgeführten »Friedensdekade 82«: »Der Verlauf der Friedensdekade in den Kirchgemeinden unseres Bezirkes verlief bisher im wesentlichen entsprechend den Zusicherungen in den Beschlüssen der evangelischen Kirchenleitungen. Die kirchlichen Aktivitäten anläßlich der Friedensdekade [...] gingen meist nicht über die normalen kirchlichen Gottesdienste hinaus. [...] Dabei waren die Besucher der Gottesdienste und Gemeindeabende im Zeitraum der Friedensdekade meist ständige Kirchgänger.« PDS-Archiv Dresden, IV E-2.14-666. Vgl. auch Synodalbericht Leich, LKA Hannover, D 15 XII, K 67/343/VIII.

77 Forck hatte als einziger Bischof den Aufnäher »Schwerter zu Pflugscharen« selbst getragen. Vgl. Schreiben Gysi an Honecker vom 26.10.1982, BA, Abt. Potsdam, O-4, 427; auch SAPMO-BA ZPA IV B2/14/82.

78 Abteilung II, Abschließende Information Wilke vom 6.12.1982 über den Verlauf und die Ergebnisse der Friedensdekade 1982 der evangelischen Kirchen in der DDR, BA, Abt. Potsdam, O-4, 427. In Görlitz weigerte sich Superintendent Maiwald, Pfarrer Havenstein sowie auch Pfarrer Müller zum Ablegen des Aufnähers zu veranlassen. Vgl. Abteilung II, Abschließende Information Wilke vom 6.12.1982 über den Verlauf und die Ergebnisse der Friedensdekade 1982 der evangelischen Kirchen in der DDR, BA, Abt. Potsdam, O-4, 427; vgl. auch RdB Cottbus, Sektor Kirchenfragen, Abschließende Information Erbe vom 22.11.1982 zu den im Rahmen der kirchlichen Friedensdekade vom 7.-17.11.1982 im Bezirk Cottbus aufgetretenen Aktivitäten, SAPMO-BA ZPA IV B2/14/69. Auf der Görlitzer Herbstsynode kritisierten Maiwald und Havenstein den KKL-Beschluß zu den Aufnähern. Vgl. Abteilung II, Einschätzung Wilke vom 16.12.1982 der politisch-ideologischen Schwerpunkte der Herbstsynoden 1982 der evangelischen Landeskirchen in der DDR, BA, Abt. Potsdam, O-4, 410. In Großkoschen untersagte Generalsuperintendent Richter dem Pfarrer Schötzig, Sedlitz, am 7.11.1982 das Tragen des Aufnähers an seiner Kleidung. Vgl. RdB Cottbus, Stellv. d. Vors. f. Inneres, Information Deysing vom 8.11.1982 über den Beginn der kirchlichen Friedensdekade am 7.11.1982, SAPMO-BA ZPA IV B2/14/96. Dennoch präsentierte Schötzig, auch Kreisjugendpfarrer in Senftenberg, weiterhin des Symbol in der Öffentlichkeit. Vgl. RdB Cottbus, Sektor Kirchenfragen, Abschließende Information Erbe vom 22.11.1982 zu den im Rahmen der kirchlichen Friedensdekade vom 7.-17.11.1982 im Bezirk Cottbus aufgetretenen Aktivitäten, SAPMO-BA ZPA IV B2/14/69.

79 Auf der Dessauer Herbstsynode 1982 wurde ein Plakat mit der Losung »Schuster bleib bei deinen Leisten: Fachkenntnis statt Waffenkenntnis« präsentiert, was von der Mehrheit der anwesenden Synodalen jedoch als unpassend empfunden wurde. SED-BL Halle, Hausmitteilung Mitarbeiter für Kirchenfragen, Gerngroß, an Achim Böhme vom 8.11.1982, LPA Halle, IV E-2/14/578.

80 RdB Dresden, Sektor Staatspolitik in Kirchenfragen, Vermerk Lewerenz vom 10.11.1982 über Gespräch mit Präsident Domsch und OLKR Schlichter am 10.11.1982 wegen des Aufnähers »Hilfsbereit statt wehrbereit«, PDS-Archiv Dresden, IV E-2.14-671.

81 Vgl. SED-BL Dresden, Abteilung Parteiorgane, Sektor Parteiinformation, Fernschreiben Stammnitz, 2. Sekretär, vom 17.11.1982 an das Zentralkomitee der SED, Abteilung Parteiorgane, Sektor Parteiinformation, Information über den Verlauf der von den evangelischen Kirchen durchgeführten »Friedensdekade 82«, PDS-Archiv Dresden, IV E-2.14-666.
82 RdB Dresden, Sektor Staatspolitik in Kirchenfragen, Vermerk Lewerenz vom 4.1.1983 über Gespräch mit Präsident Domsch, OLKR Rau und Sup. Dr. Wetzel wegen der Unterschriftensammlung durch Pfarrer Wonneberger am 11.11.1982, PDS-Archiv Dresden, IV E-2.14-671.
83 Fritz gehörte neben Ihmels, Schlichter, OKR Dieter Kahle (stellvertretender Vorsitzender des BEK-Ausschusses Kirche und Gesellschaft), Schwintek und Pilz nach staatlicher Einschätzung zu den realistischeren Mitgliedern der sächsischen Kirchenleitung. Vgl. Dresden, den 20.10.1983, Konzeption für die Weiterführung der Kirchenpolitik von Partei und Regierung gegenüber den Kirchen und Religionsgemeinschaften im Bezirk Dresden, PDS-Archiv Dresden, IV E-2.14-666.
84 RdB Dresden, Sektor Staatspolitik in Kirchenfragen, Vermerk Lewerenz vom 11.1.1983 über Gespräch mit Pfarrer Wonneberger und OLKR Fritz am 6.1.1983, PDS-Archiv Dresden, IV E-2.14-671.
85 RdB Dresden, Stellvertreter des Vorsitzenden für Inneres, Aktennotiz Ullmann vom 13.1.1983 über ein Gespräch mit dem Präsidenten des Landeskirchenamtes Sachsen, Domsch, am 7.1.1983, a.a.O.
86 Vgl. Abteilung II, Abschließende Information Wilke vom 6.12.1982 über den Verlauf und die Ergebnisse der Friedensdekade 1982 der evangelischen Kirchen in der DDR, BA, Abt. Potsdam, O-4, 427.
87 Grünbaum hatte den Stellvertreter des Oberbürgermeisters für Inneres in Berlin (Ost), Hoffmann, am 8.4.1982 von seinem Ruhestandsgesuch an Forck in Kenntnis gesetzt. Vgl. Information über ein Gespräch mit dem Konsistorialpräsidenten der Evangelischen Kirche Berlin-Brandenburg, Manfred Stolpe, und dem Generalsuperintendenten des Sprengels Berlin, Hartmut Grünbaum, BA, Abt. Potsdam, O-4, 791. Am 14.11.1982 wurde Grünbaum kirchlicherseits offiziell verabschiedet. Vgl. Magistrat der Stadt Berlin, Notiz über ein Gespräch mit dem Präsidenten des Konsistoriums der Evangelischen Kirche Berlin-Brandenburg, Manfred Stolpe, am 1.11.1982, BA, Abt. Potsdam, O-4, 791.
88 »Mit dem neuen Generalsuperintendenten Krusche hoffen wir, einen positiven Mann zu bekommen.« Magistrat Berlin, Berlin, den 13.9.1982, Zur aktuellen politischen Situation in den Kirchen der Hauptstadt (insbesondere Evangelische Kirche), BA, Abt. Potsdam, O-4, 1129. Krusche sollte sein Amt zum 1.3.1982 antreten. Vgl. Magistrat der Stadt Berlin, Notiz über ein Gespräch mit dem Präsidenten des Konsistoriums der Evangelischen Kirche Berlin-Brandenburg, Manfred Stolpe, am 1.11.1982, BA, Abt. Potsdam, O-4, 791. Forck berichtete der KKL über Krusches Amtseinführung. Vgl. Protokoll Stolpe/Gienke-Demke-Doyé/Kupas über die 85. Tagung der Konferenz der Evangelischen Kirchenleitungen in der DDR am 11.-13.3.1983 (Klausurtagung) in Bad Saarow, EZA Berlin, 101/93/233.
89 Abt. II, Wilke, 22.12.1982, Leitungsinformation 6/82, BA, Abt. Potsdam, O-4, 410.
90 Vgl. Protokoll Hempel-Demke-Lewek vom 29.12.1982 der 147. Sitzung des Vorstandes am 8.12.1982 in Berlin, EZA Berlin, 101/121.
91 Vgl. das Gratulationsschreiben Demke-Rogge-Zeddies vom 21.10.1982, die dafür dankten, daß Wilke »sich – im Rahmen der Ihnen übertragenen Funktion – um die Vertiefung sachlicher und verständnisvoller Beziehungen zwischen Kirche und Staat bemühe[.]. Wir hoffen, daß Ihr Dienst auch in Zukunft zu konkreten Ergebnissen in diesem Bereich helfen wird – zum Besten der uns anvertrauten Menschen, für die wir gemeinsam Verantwortung tragen.« LKA Hannover, D 15 XII, K 102/5910/II.
92 Allein in Berlin (Ost) wurden Anfang September 1982 zehn – allerdings unkoordiniert nebeneinander arbeitende – Friedenskreise mit besonderen Schwerpunkten in Alt-Pan-

kow, der Samariterkirche und der ESG gezählt. Vgl. Magistrat Berlin, Berlin, den 13.9.1982, Zur aktuellen politischen Situation in den Kirchen der Hauptstadt (insbesondere Evangelische Kirche), BA, Abt. Potsdam, O-4, 1129.

93 Sächsische Friedenskreise bestanden im Bezirk Dresden in Dresden (Sup. Wetzel), Arbeitskreis Friedensgebet Dreikönigskirche (Pfr. Wonneberger), ESG Dresden (Pfr. Günther), Großenhain (Bezirksjugendwart Uhlig), Bischofswerda (Bezirkskatechet Vetter), Riesa, Friedensseminar Meißen (Pfr. Albrecht, Philipp), Radebeul (Gehrt), Katharinenhof Großhennersdorf (Kreis Löbau). Vor allem Wetzel, Wonneberger, Günther, Uhlig, Philipp und Albrecht waren als Anhänger der SoFd-Initiative bekannt bzw. pflegten Kontakte zu Eppelmann. Vgl. Dresden, den 1.8.1983, Einschätzung des Kongresses und Kirchentages in Dresden vom 7.-10.7.1983, PDS-Archiv Dresden, IV E-2.14-674.

94 Abt. II, Wilke, 22.12.1982, Leitungsinformation 6/82, BA, Abt. Potsdam, O-4, 410. Der Magistrat Ostberlins vermerkte, die Friedenskreise zeichneten sich dadurch aus, daß sie »eine gegen den Staat gerichtete ›Friedensbewegung‹ weiterhin ins Leben zu rufen versuchen. Diese Gruppierungen – deren Mitglieder zum größten Teil nicht religiös gebunden sind – stellen zwar zahlenmäßig nur eine kleine Gruppe von Personen dar, sind jedoch ›bemüht‹, massenwirksamer zu werden.« Bericht zur kirchenpolitischen Situation in Berlin, Hauptstadt der DDR (entsprechend Rahmenplan der Dienststelle des Staatssekretärs für Kirchenfragen), Oktober/November 1982, BA, Abt. Potsdam, O-4, 1129.

95 So fand in Weißwasser (Görlitzer Kirchengebiet) am 14.11.1982 ein gemeinsamer Gottesdienst mit den Baptisten zum Thema »Gerechtigkeit, Glauben, Frieden« statt. RdB Cottbus, Stellv. d. Vors. f. Inneres, Information Deysing vom 15.11.1982 über den Verlauf der kirchlichen Friedensdekade am 14.11.1982, SAPMO-BA ZPA IV B2/14/69.

96 Vgl. Abt. II, Wilke, 22.12.1982, Leitungsinformation 6/82, BA, Abt. Potsdam, O-4, 410.

97 Vgl. auch die 1983 verfaßte Studie in der SED-BL Dresden »Einige Überlegungen zu Positionen und neueren Aktivitäten der Arbeit der Kirchen unter Jugendlichen«: »Die Kirchen sind immer stärker dazu übergegangen, in ihrer Arbeit mit der Jugend die religiösen Inhalte zurückzustellen und an den Grundinteressen der jungen Generation anzuknüpfen. Die Entwicklung kirchlicher Jugendarbeit ist zugleich ein Abbild gesamtkirchlicher Prozesse. Zunehmend gelangt dieser Bereich kirchlicher Tätigkeit in den Blickpunkt solcher Kräfte in den Kirchen, die in der Gestaltung der Staat-Kirche-Beziehungen eine Änderung wünschen. So wird die kirchliche Jugendarbeit zu einem Gebiet harter innerkirchlicher Kontroversen. [...] Ein erhebliches Maß hat der Einfluß aus der BRD insgesamt erreicht. Viele Gruppen haben enge Verbindungen (Partnerschaftsbeziehungen) zu Gruppen und Kirchgemeinden in der BRD. Das Bundesministerium für innerdeutsche Beziehungen unterstützt diese Entwicklung mit umfangreichen Mitteln und gewährt jede mögliche Hilfe. [...] Ein Vorgehen auf dem Wege der Administration ist [...] ein untaugliches Konzept. [...] Kampagnehafte Maßnahmen wären das beste Mittel, den innerkirchlichen Differenzierungsprozeß und unsere Differenzierungspolitik zu stören und die verschiedenen Kräftegruppen in der Kirche in dieser Frage zu vereinen. Deshalb sollten wir in stärkerem Maße die innerkirchliche Auseinandersetzung entwickeln und die Position der positiven Kräfte stärken.« Es gelte, »die unter einem Teil der kirchlichen Amtsträger vorhandene Zurückhaltung und Beargwöhnung neuerer Praktiken und Methoden in der kirchlichen Arbeit mit Kindern und Jugendlichen verfestigen [zu] helfen (ein Konservatismus, der uns nützt). Unbedingt sind Tendenzen unter ihnen zu unterstützen, die zu einer stärkeren Theologisierung bei gleichzeitiger Zurückdrängung der Politisierung der kirchlichen Arbeit mit Kindern und Jugendlichen führen. Wie am Beispiel von ›June 79‹ und der Blues-Messen in Berlin praktiziert, müssen sich innerhalb der kirchlichen Amtsträger (Leitungen) Zweifel an der Lauterkeit, den Erfolgen und der Zweckmäßigkeit solcher Veranstaltungen herausbilden.« PDS-Archiv Dresden, IV E-2.14-669. Vgl. auch RdB Dresden, Sektor Staatspolitik in Kirchenfragen, 29.6.1984, Offene Jugendarbeit der evangelischen Kirchen. A.a.O.

98 Vermerk Lingner über die Zusammenkunft der Beratergruppe am 4.3.1983, EZA Berlin, 4/92/14. Demkes Vermerk vom 8.3.1983 über die Beratergruppensitzung am 4.3.1983 ist

wie stets knapper und trotz der Kürze parteiischer gehalten als Lingners Vermerk (EZA Berlin, 101/93/258).
99 Jena im Spiegel der Publizistik. Eine Übersicht über Veröffentlichungen im Zeitraum 22.12.1982 bis 1.3.1983. (Vermerk: Nicht zur Veröffentlichung, nur zum innerkirchlichen Gebrauch), EZA Berlin, 4/92/14. Referiert wurde ein Artikel der Süddeutschen Zeitung vom 22.12.1982; taz vom 3.1.1983.
100 »Stern« vom 27.1.1983.
101 Vgl. auch Information über Gespräch mit OKR von Frommannshausen am 19.4.1983 in Meiningen, der während seiner Teilnahme an der Württemberger Landessynode in seinem Hotelzimmer einen ARD-Fernsehbericht über Jena gesehen hatte: »Ich hätte den Kasten zerschlagen können, so aufgebracht war ich.‹ Er stimmte zu, daß Verleumdungen, Lügen und Halbwahrheiten massiv gegen unseren Staat verbreitet werden und daß ein Angriff auf die Thüringer Landeskirche auch ein Angriff auf die DDR sei. [...] Aber es gäbe auch Ausnahmen. Als Beweis erwähnte er einen Artikel von Pfarrer Albertz in der FAZ.« BA, Abt. Potsdam, O-4, 797.
102 Vgl. z. B. die Reaktion der thüringischen Landeskirche zu einer kritischen ZDF-Sendung in idea-dok 2/92, 21 sowie idea-Meldung 10/29/6 vom 30.1.1992.
103 Schreiben von Gottfried Müller (Weimar) an die in der DDR akkreditierten Korrespondenten und ihre Redaktionen vom 21.1.1983. Dort heißt es weiter: »Es ist bedauerlich, daß offenbar Polemik eine objektive Berichterstattung stellenweise verhindert hat. Nach unserem Eindruck dürfte es ratsam sein, Informationen und Wertungen, die von sogenannten ›informierten Kreisen‹ in Westberlin gegeben werden, sorgfältiger zu prüfen, als es weithin geschehen ist.« BA, Abt. Potsdam, O-4, 1192. Auch in FAZ vom 3.2.1983.
104 Zur Funktion des epd als Feuerwehr für DDR-Kirchen vgl. auch den Brief Hempels an Hauptabteilungsleiter Heinrich vom Juni 1984, in dem es um einen Umweltgottesdienst in Mölbis bei Borna (Bezirk Leipzig) ging: »Herr Röder und ich haben [...] vereinbart, wenn in Mölbis kein weiterer ausländischer Journalist auftaucht, bringt er keine Meldung im epd. Sollten aber andere zugegen sein, bringt er eine Meldung, um einen seriösen Wortlaut zu gewährleisten.« Hempel fügte weiterhin hinzu: »Ich bleibe bei meiner Meinung, daß wir bei kirchlichen Veranstaltungen wie der in Mölbis lieber unter uns sind. Ich sehe mich aber außerstande, staatlich akkreditierten Journalisten in der DDR, die ich größtenteils nicht kenne, im Menschengewühl zu suchen, und ich sehe vor allem keine Möglichkeit, in der DDR akkreditierten Journalisten ihre Tätigkeit grundsätzlich zu verbieten.« BA, Abt. Potsdam, O-4, 1215. Hauptabteilungsleiter Heinrich machte dem epd-Korrespondenten im Herbst 1984 klar, »daß er nicht dazu gebraucht werde, das Verhältnis von Staat und Kirche in der DDR zu belasten, indem er immer wieder nur auf die Konfliktpunkte in seiner Berichterstattung aufmerksam mache. epd sei nicht zugelassen worden, um das Verhältnis von Kirche und Staat zusätzlich zu belasten und zu komplizieren, sondern um die Berichterstattung über die evangelische Kirche, die ein wichtiger gesellschaftlicher Faktor sei, angemessener zu gestalten.« Ziegler, dem Heinrich dies berichtete, »entgegnet[e], daß über diese Fragen das Gespräch zwischen Vertretern des Bundes und des epd direkt geführt werde.« Vermerk Ziegler vom 29.11.1984 über Gespräch im Staatssekretariat für Kirchenfragen am 28.11.1984, 8.00 bis 10.15 Uhr, EZA Berlin, 101/93/4.
105 Text: FAZ vom 17.2.1983. An der Abfassung des Briefes war der Altendorfer Friedenskreis offenbar zumindest mitbeteiligt. Vgl. RdB Leipzig, Sektor Kirchenfragen, Information Jakel vom 20.2.1984 über das Gespräch mit Oberkirchenrat Thurm und Kreiskirchenrat Kirchner, Landeskirche Thüringen, am 16.2.1984. BA, Abt. Potsdam, O-4, 797.
106 Vgl. KiS 1-2/1983, 74.
107 ADN-Meldung vom 14.2.1983.
108 Information Wilke vom 18.9.1983 über ein Gespräch mit Landesbischof D. Hans von Keler, Stuttgart, am 17.9.1983. Keler machte deutlich, daß er an weiteren solcher Ge-

sprächskontakte anläßlich von DDR-Besuchen interessiert sei. BA, Abt. Potsdam, O-4, 998.
109 Protokoll Stolpe/Gienke-Demke-Doyé/Kupas über die 85. Tagung der Konferenz der Evangelischen Kirchenleitungen in der DDR am 11.-13.3.1983 (Klausurtagung) in Bad Saarow, EZA Berlin, 101/93/233.
110 So Leich auf dem Erfurter Kirchentag während des Abschlußgottesdienstes. Vgl. Abt. II, Vorlage Handel vom 24.10.1983 an die Dienstbesprechung am 31.10.1983, Abschließende Information über den Verlauf und inhaltliche Schwerpunkte der Kirchentage 1983, BA, Abt. Potsdam, O-4, 411; Abt. II, Vorlage Handel-Braemer vom 22.6.1983 an die Dienstbesprechung am 27.6.1983, Information über die Frühjahrstagungen von Synoden der Ev. Landeskirchen der DDR, von der außerordentlichen Synoden der EKU-Bereich DDR und der Generalsynode der VELK in der DDR, a.a.O. Vgl. auch Abt. II, Vorlage Handel vom 25.5.1983 an die Dienstbesprechung am 30.5.1983, Information zu politischen Tendenzen in der kirchlichen Jugendarbeit und Einschätzung der Rüstzeiten 1982, a.a.O. Gegenüber dem Rat des Bezirkes Gera soll Leich betont haben, »daß die Kirche im Grunde mit diesen Leuten nichts zu tun habe.« Abt. II, Sofort-Information Handel vom 18.8.1983, a.a.O. Sogar Bischof Forck betonte, es sei »ihm kein Fall bekannt [...], wo jemand gezwungen wurde, einen Ausreiseantrag zu stellen. [...] Diese Fragen [...] seien vom Westfernsehen hochgespielt und tendenziell bearbeitet worden. Die Kirche bemühe sich um die Familien der ›betroffenen‹ Mitglieder des Jenenser Friedenskreises und suche diesbezüglich den Dialog mit dem Staat.« Information über die »Friedenswerkstatt« am 3.7.1983 in der Berliner Erlöserkirche, Nöldnerstr. 23, 10.00 bis ca. 19.30 Uhr, BA, Abt. Potsdam, O-4, 587. Altbischof Schönherr soll während des Dresdener Kirchentages behauptet haben, »daß nur einer der Betroffenen Christ sei. Die Kirche habe sich von der mißbräuchlichen Inanspruchnahme durch die Übrigen deutlich distanziert«, fuhr der ehemalige KKL-Vorsitzende fort. SED-BL Dresden, Abteilung Parteiorgane, Sektor Parteiinformation, Information Stammnitz, 2. Sekretär, vom 9.7.1983 zum Verlauf des Kongresses und Kirchentages der evangelischen Landeskirche Sachsen am 8.7.1983, PDS-Archiv Dresden, IV E-2.14-676; vgl. auch Christlich-Demokratische Union Deutschlands, SHV und BV Dresden, Abschließende Einschätzung vom 10.7.1983 des Gesamtverlaufs und der politisch-ideologischen Aussagen des Kongresses und Kirchentages Dresden, 7.-10.7.1983, a.a.O.
111 Information über ein Gespräch des Stellvertreters des Oberbürgermeisters für Inneres, Genossen Hoffmann, mit Generalsuperintendent Krusche am 14.7.1983, BA, Abt. Potsdam, O-4, 587; SAPMO-BA ZPA IV B2/14/96.
112 Abt. II, Vorlage Handel-Braemer vom 22.6.1983 an die Dienstbesprechung am 27.6.1983, Information über die Frühjahrstagungen von Synode der Ev. Landeskirchen der DDR, von der außerordentlichen Synode der EKU-Bereich DDR und der Generalsynode der VELK in der DDR, BA, Abt. Potsdam, O-4, 411. Vgl. auch Grundsätze für unser Verhalten. Verteilt auf einem Sonderkonvent der Superintendenten Thüringens am 22.2.1983: »Eine [...] nachträgliche Legitimation zu Aktionen für den Frieden, die nicht von unserer Kirche selbst geplant und durchgeführt sind, kann die Kirche nicht geben.« BA, Abt. Potsdam, O-4, 1192.
113 Vgl. Abt. II, Vorlage Handel vom 25.5.1983 an die Dienstbesprechung am 30.5.1983, Information zu politischen Tendenzen in der kirchlichen Jugendarbeit und Einschätzung der Rüstzeiten 1982, BA, Abt. Potsdam, O-4, 411. Vgl. auch Abt. II, Aktennotiz Handel vom 7.4.1983 über ein Gespräch mit dem Sekretär der Kommission für kirchliche Jugendarbeit beim BEK, Pf. Dorgerloh, am 30.3.1983 in der Dienststelle, BA, Abt. Potsdam, O-4, 427.
114 Grundsätze für unser Verhalten. Verteilt auf einem Sonderkonvent der Superintendenten Thüringens am 22.2.1983, BA, Abt. Potsdam, O-4, 1192. Während der Konventssitzung machte sich Leich die Ausführungen der Kirchenleitung ausdrücklich zu eigen. Vgl. RdB Erfurt, Stellvertreter des Vorsitzenden für Inneres, Hartmann, an Gysi vom 9.3.1983, a.a.O.

115 Vgl. Information Wilke vom 19.1.1982 mit handschriftlichem Zusatzvermerk Wilke vom 19.1.1982, BA, Abt. Potsdam, O-4, 427.
116 Vgl. Vermerk Lingner über die Zusammenkunft der Beratergruppe am 4.3.1983, EZA Berlin, 4/92/14.
117 Vgl. SED-Hausmitteilung, Arbeitsgruppe Kirchenfragen, Bellmann, an Gen. Erich Honecker, Generalsekretär, vom 22.3.1983, SAPMO-BA ZPA IV B2/14/14.
118 So durfte der Offene Friedenskreis Großhennersdorf an einer Friedensmanifestation am 19.5.1983 in Zittau mit eigenen Plakaten teilnehmen. Vgl. hierzu Niederschrift über eine Aussprache mit der Leitung des Katharinenhofes Großhennersdorf am 10.6.1983. Abschrift in PDS-Archiv Dresden, IV E-2.14-671. Hingegen war Mitgliedern der ESG Halle eine Teilnahme an der Pfingstdemonstration der FDJ mit eigenen Plakaten nicht möglich. »Wir kommen auch nicht auf eure Kirchentage, was wollt ihr bei uns?«, fragten die FDJ-Funktionäre. Ein Plakat eines Physikstudenten mit der Losung »Gegen Aufrüstung, für Abrüstung in Ost und West« wurde sogar brutal zerstört. Protokoll Lewek der Sitzung des Ausschusses »Kirche und Gesellschaft« am 28.5.1983 in Berlin, EZA Berlin, 101/93/52. Vgl. auch Niederschrift Demke-Küntscher über die Chefbesprechung am 22.6.1983 in Berlin, EZA Berlin, 101/93/250. Vgl. hierzu auch das wütende Schreiben Werner Krusches an Gysi vom 14.7.1983. Der Bischof schloß: »Dies ist ein sehr langes Schreiben geworden. Aber es ist ganz sicher eines meiner letzten.« EZA Berlin, 101/93/243. Gysi und Heinrich hatten im Vorfeld gegenüber Gienke und Demke geäußert, »daß eine breite Beteiligung erwünscht ist mit dem ›Recht zur Selbstdarstellung‹, z. B. durch das Zeichen des Kreuzes oder die Bezeichnung als Christen, nicht aber durch die Bezeichnung als ›Junge Gemeinde‹. Es könnten auch Losungen, die nicht im FDJ-Vorschlag enthalten sind, mitgeführt werden, z. B. eine Unterstützung des schwedischen Vorschlages für eine kernwaffenfreie Zone in Europa u. ä. Es werde eine Vielzahl unterschiedlicher Symbole bei diesem Pfingsttreffen geben.« Vermerk Demke über ein Gespräch mit dem Staatssekretär für Kirchenfragen am 20.4.1983, EZA Berlin, 101/93/3.
119 Konzeption zur Weiterführung der politisch-ideologischen Arbeit zur Entwicklung des Friedensengagements der Kirchen und zur Verhinderung bzw. Zurückdrängung des feindlich-negativen Wirksamwerdens sogenannter »Friedenskreise« in den evangelischen Kirchen in der DDR, SAPMO-BA ZPA IV B2/14/14.
120 Vgl. Abt. II, Gräfe, Leitungsinformation 2/83 vom 21.4.1983, BA, Abt. Potsdam, O-4, 411.
121 Vgl. KiS 3/83, 74.
122 Weiter heißt es im staatlichen Protokoll: »Diese Bemerkung wurde von W. Leich zustimmend bestätigt.« Niederschrift über das Gespräch des Generalsekretärs des Zentralkomitees der SED und Vorsitzenden des Staatsrates der DDR, Erich Honecker, mit dem Vorsitzenden der Konferenz der Ev. Kirchenleitungen in der DDR, Landesbischof Dr. Werner Leich, am 3.3.1988, BA, Abt. Potsdam, O-4, 1206. Zur Haltung Leichs im Wartburggespräch in dieser Frage vgl. auch H. Potthoff, Die »Koalition der Vernunft«, 166.
123 Vgl. »DER SPIEGEL« 25/1983, 78-84; 26/1983, 68-77.
124 Werner Krusche hielt dem Staat vor, er befasse sich nicht mit den Punks, so daß die Kirche hier stellvertretend handeln müsse. Es gebe nun mal »Leute, die sich hier nicht wohlfühlen«, sagte der Bischof. Die Kirche sehe »die Not dieser jungen Menschen«, während der Staat nur mit »Verhaftung, Niederknüppeln und Jugendwerkhof« reagiere. RdB Halle, Sektor Kirchenfragen, Information Voigt vom 2.5.1983 zum Gespräch des Stellvertreters des Vorsitzenden für Inneres, Gen. Pöhner, mit dem Bischof der Ev. Kirche der Kirchenprovinz Sachsen, Dr. Krusche, am 2.5.1983 beim Rat des Bezirkes Halle, LPA Halle, IV E-2/14/579.
125 Vgl. Abt. II, Gräfe, Leitungsinformation 2/83 vom 21.4.1983, BA, Abt. Potsdam, O-4, 411.
126 Mecklenburgs Bischof Stier sagte diesbezüglich am 1.11.1985 dem Vorsitzenden des RdB Schwerin, Rudi Fleck: »Es sei Fakt, daß die Kirche ihre Verantwortung für Randgruppen der Gesellschaft stärker wahrnimmt, d. h. gegenüber Alkoholikern, Gefährde-

ten u. a. Es sei aber vielfach unbekannt, auch den staatlichen Organen, warum junge Menschen zum Alkohol greifen, warum es so viele Ehescheidungen, so viele Unzufriedene usw. gibt.« RdB Schwerin, Kirchenfragen, Information Franze, Leitender Mitarbeiter, vom 18.11.1985 über Gespräch am 1.11.1985, BA, Abt. Potsdam, O-4, 790. Stier berichtete von diesem Gespräch der KKL. Vgl. Protokoll Gienke/Stolpe-Ziegler-Kürschner über die 101. Tagung der Konferenz der Evangelischen Kirchenleitungen in der DDR am 8./9.11.1985 in Berlin, EZA Berlin, 101/93/238.

127 Vgl. auch Abt. II, Aktennotiz Handel vom 7.4.1983 über ein Gespräch mit dem Sekretär der Kommission für kirchliche Jugendarbeit beim BEK, Pf. Dorgerloh, am 30.3.1983 in der Dienststelle. Als Vertreter dieser Richtung nannte Dorgerloh die Pfarrer Passauer in Berlin und Pagel in Brandenburg. BA, Abt. Potsdam, O-4, 427. Für diese Arbeitsform trat auch Bischof Demke ein, der sich gleichzeitig über den nach seiner Auffassung geschichtlich einmaligen Vorgang der polizeilichen Behinderung Jugendlicher an der Teilnahme an einer solchen Veranstaltung in Halle beklagte. Die Staatsvertreter wiesen den Bischof darauf hin, nach ihrer Auffassung ließe sich die Hallenser Arbeit nicht so positiv charakterisieren. Vgl. RdB Halle, Stellv. des Vorsitzenden für Inneres, Information Pöhner vom 24.10.1983 zum Gespräch des Vorsitzenden des Rates des Bezirkes Halle, Gen. Klapproth, mit dem Bischof der Ev. Kirche der Kirchenprovinz Sachsen, Dr. Demke, am 24.10.1983 im Gästehaus des Rates des Bezirkes, BA, Abt. Potsdam, O-4, 793.

128 Ein Friedenskreis aus Naumburg propagierte die Idee des Abschlusses persönlicher Friedensverträge zwischen DDR-Bürgern und Bundesdeutschen sowie Westeuropäern, in denen sich die Beteiligten zur Wehrdienstverweigerung im Kriegsfall verpflichteten. Vgl. RdB Leipzig, Stellv. des Vorsitzenden des Rates für Inneres, Reitmann, Informationsbericht Staatspolitik in Kirchenfragen vom 10.10.1983, BA, Abt. Potsdam, O-4, 1116.

129 Vgl. hierzu auch das Schreiben Hans Modrows, 1. Sekretär der SED-BL Dresden, an die Parteifunktionäre im Bezirk vom 10.2.1983: »Stärker ist zu beachten, daß der ideologische Bereich Kirche zunehmend in das Zentrum des Interesses unserer Gegner rückt, denen die sachlichen, konstruktiven und verfassungsgerechten Beziehungen zwischen Staat und Kirche ein Dorn im Auge sind. Aus diesem Grund fördern sie antisozialistische Gruppierungen und Aktionen in den Kirchen mit dem Ziel, christlich gebundene Bürger in einen Gegensatz zum Staat zu bringen. Es muß uns gelingen, daß immer mehr kirchliche Amtsträger Verständnis für unsere Politik gewinnen, und [wir] dürfen nicht zulassen, daß sie zu einer Reserve des Klassengegners werden.« PDS-Archiv Dresden, IV E-2.14-674.

130 Abt. II, Vorlage Handel vom 25.5.1983 an die Dienstbesprechung am 30.5.1983, Information zu politischen Tendenzen in der kirchlichen Jugendarbeit und Einschätzung der Rüstzeiten 1982, BA, Abt. Potsdam, O-4, 411.

131 Vgl. Abt. II, Sofort-Information Handel vom 24.10.1983, a.a.O.

132 Vgl. Vermerk Lingner über die Zusammenkunft der Beratergruppe am 4.3.1983, EZA Berlin, 4/92/14.

133 Bischof Forck hatte sich am 25.1.1983 in einer Predigt in Lübben vor 500 Zuhörern mit inhaftierten Wehrdienstverweigerern solidarisiert und diese namentlich benannt. Nach staatlicher Einschätzung zeigte sich die Mehrzahl der Gottesdienstbesucher mit dem Inhalt dieser Predigt nicht einverstanden. Vgl. RdB Cottbus, Stellv. d. Vors. f. Inneres, Information Deysing vom 8.2.1983 zur kirchenpolitischen Arbeit in den Monaten Dezember 1982/Januar 1983, SAPMO-BA ZPA IV B2/14/69.

134 Abt. II, Vorlage Handel-Braemer vom 22.6.1983 an die Dienstbesprechung am 27.6.1983, Information über die Frühjahrstagungen von Synode der Ev. Landeskirchen der DDR, von der außerordentlichen Synode der EKU-Bereich DDR und der Generalsynode der VELK in der DDR, BA, Abt. Potsdam, O-4, 411. Albrecht Schönherr soll in Cottbus erklärt haben: »In unserer waffenstationierenden Zeit wäre der einseitige Verzicht auf Waffen, also Pazifismus, eher Verführung als Liebe.« Abt. II, Sofort-Information Handel vom 18.8.1983, BA, Abt. Potsdam, O-4, 411.

135 In Greifswald konnte die Befreiung aller ehemaligen und potentiellen Bausoldaten sowie Frauen und Mädchen »von wehrpolitischen Übungen mit militärischem Charakter« erreicht werden. Niederschrift Küntscher vom 14.4.1983 über die Chefbesprechung am 14.4.1983 in Berlin, EZA Berlin, 101/93/250.
136 Vgl. Protokoll Hempel-Demke vom 7.1.1983 über die 148. Sitzung des Vorstandes am 6.1.1983 in Berlin, EZA Berlin, 101/93/243. Die Grundstruktur des Gespräches hatte Demke mit Heinrich vorbesprochen, wobei der Staatsvertreter der Hoffnung auf eine gute Atmosphäre Ausdruck verlieh. Vgl. Vermerk Demke vom 6.1.1983 über Gespräch mit Hauptabteilungsleiter Heinrich am 5.1.1983, EZA Berlin, 101/93/3.
137 Ausführlicher Vermerk Demke vom 11.1.1983 über das Gespräch des Vorstandes der Konferenz mit dem Staatssekretär für Kirchenfragen über Fragen des Wehrdienstes am 10.1.1983, EZA Berlin, 101/93/3. Vgl. auch das Schreiben von Oberkonsistorialrat Harder (Greifswald) an den RdB Neubrandenburg, z. Hd. des Stellvertreters des Vorsitzenden für Inneres, Herrn Dr. Geisler, vom 15.7.1983 betr.: Bausoldaten Torgelow – Drögeheide. Hier ging es um Probleme bezüglich des Gottesdienstbesuches an Sonntagen und den Einsatz »an ausgesprochen militärischen Objekten«. EZA Berlin, 101/93/96.
138 Hempel wies dort insbesondere auf die sich durch das staatliche Verfahren ergebende Rechtsunsicherheit hin. Vgl. EZA Berlin, 101/93/3. Vgl. auch das Schreiben des Bischofs der Evangelisch-Methodistischen Kirche in der DDR, Armin Härtel, an Gysi vom 27.1.1983, a.a.O. Stolpe richtete am 9.2.1983 für zwei Berliner Fälle, davon einer Hausmeister in der Elisabeth-Kirchengemeinde, ein Schreiben an Oberst Dr. Melzer, Sekretariat des Ministers für Nationale Verteidigung: »In beiden Fällen konnten uns die zuständigen Pfarrer eindeutig religiöse Gründe bezeugen«. Abschrift a.a.O.
139 Vgl. Protokoll Hempel-Demke-Lewek vom 8.2.1983 über die 149. Sitzung des Vorstandes am 1.2.1983 in Berlin, EZA Berlin, 101/93/243.
140 Vgl. auch Vermerk Stolpe vom 17.2.1983, den Heinrich über diese Entwicklung unterrichtet hatte. Stolpe entgegnete nach seinen Aufzeichnungen: »Unbeschadet einer Antwort des Vorsitzenden sprach ich meine Meinung dahingehend aus, daß ich diese Entscheidung bedauern würde, denn die Chance einer Bereinigung der Situation sei damit vergeben worden. Außerdem sprach ich die Erwartung aus, daß zumindest künftig bei Einberufungen von Wehrpflichtigen, die sich für eine Baueinheit gemeldet hätten, deren erklärter Wunsch berücksichtigt werde.« EZA Berlin, 101/93/3.
141 Vgl. Protokoll Stolpe-Demke-Lewek vom 24.3.1983 über die 150. Sitzung des Vorstandes am 16.3.1983 in Berlin, EZA Berlin, 101/93/243. Demke kündigte den bevorstehenden Brief gegenüber Hans Wilke an. Dieser erwiderte: »Es werde auch in Zukunft keine Prüfungsverfahren für die Zulassung zu den Baueinheiten geben. Klar sei aber auch, daß die Armee zu entscheiden habe, ob bei bestimmten Delikten eine Einberufung erfolgen soll bzw. zu welchen Einheiten sie erfolgen könne. Die Armee habe in den drei Fällen [Namen vom Archiv geschwärzt] erklärt, daß es sich hier um strafbare Handlungen handele, die im Zusammenhang mit den Einberufungsvorgängen stünden. [...] z. B. sei nicht zur Einberufungsüberprüfung erschienen, vielmehr sei er durch die Volkspolizei vorgeführt worden; er habe auf die Frage, warum er der Einberufungsüberprüfung nicht gefolgt sei, erklärt, daß er schon wegen dieser Form der Vorführung militärische Disziplin nicht einhalten werde; dazu hätten ihn auch seine Erfahrungen im Strafvollzug gebracht. Dr. Wilke deutete dann an, daß in den [beiden anderen] Fällen [...] bei einer entsprechenden Bewährung eine frühzeitige Beendigung des Strafvollzuges denkbar sei.« Vermerk Demke vom 21.3.1983 über Gespräch im Staatssekretariat für Kirchenfragen Dr. Wilke/Dr. Demke am 16.3.1983 über Strafverfahren gegenüber Wehrpflichtigen, die sich für die Baueinheiten erklärt haben, EZA Berlin, 101/93/3. Der Brief Hempels erging am 21.3.1983. Vgl. a.a.O. Die darin enthaltene Forderung wiederholte Gienke am 20.4.1983 mündlich. Vgl. Vermerk Demke über ein Gespräch mit dem Staatssekretär für Kirchenfragen am 20.4.1983, a.a.O.
142 Vgl. Protokoll Hempel-Demke vom 2.6.1983 über die 152. Sitzung des Vorstandes am 26.5.1983 in Dresden, EZA Berlin, 101/93/243.

143 Vgl. auch Niederschrift Stolpe-Küntscher über die Chefbesprechung am 18.2.1983 in Berlin: »Falls Bausoldaten Schwierigkeiten hinsichtlich des Gottesdienstbesuchs haben, soll von der örtlich zuständigen Kirche verhandelt werden.« EZA Berlin, 101/93/250.
144 Ähnlich auch der Bericht Plaths. Vgl. Niederschrift Mitzenheim-Küntscher über die Chefbesprechung am 26.10.1983 in Berlin, a.a.O. Vgl. auch Vermerk Ziegler vom 16.11.1983 über Gespräch mit Dr. Wilke in der Dienststelle des Staatssekretärs für Kirchenfragen am 15.11.1983, 11.30-12.15 Uhr, EZA Berlin, 101/93/96.
145 Vgl. Abt. II, Information Wilke vom 18.11.1983 über ein Gespräch mit OKR Ziegler am 15.11.1983, BA, Abt. Potsdam, O-4, 1232. Das entsprechende Protokoll Hempel-Ziegler-Doyé über die 89. Tagung der Konferenz der Evangelischen Kirchenleitungen am 28./29.10.1983 in Berlin, auf der Plath über die Probleme in Prora berichtete, sagt allerdings nichts über eine Distanzierung aus. EZA Berlin, 101/93/234. Vgl. auch die Äußerungen Gienkes gegenüber dem RdB Rostock: »Der Bischof vermerkte aber, daß besonders in der letzten Zeit Bausoldaten, die im Bezirk Rostock stationiert sind – dabei wurden die Standorte Prora und Saßnitz genannt – verstärkt Beschwerdebriefe wegen mangelnder seelsorgerischer Möglichkeiten an ihre Bischöfe schreiben würden. Dadurch hätte er als Bischof der Greifswalder Landeskirche einen schweren Stand bei den übrigen Bischöfen, da diese von ihm fordern, Maßnahmen einzuleiten. Diesbezüglich stellte Bischof Dr. Gienke fest, daß er wisse, daß eine Reihe von Bausoldaten sicherlich nicht die diszipliniertesten und vorbildlichsten Bausoldaten wären. Daher distanziere er sich auch gegen jede geäußerte Unterstellung, daß Bausoldaten von ihren Vorgesetzten schikaniert werden, bittet aber die staatlichen Organe, daß entsprechend den Möglichkeiten Ausgang zum Besuch des Gottesdienstes gewährt und ein Minimum an Religionsausübungen, wie z. B. das gemeinsame Singen eines Liedes, das Lesen der Bibel oder das Hören des Gottesdienstes im Rundfunk zugestanden wird. Einen Gottesdienstbesuch in Form einer Belobigung hält Dr. Gienke für bedenklich. Er räumte ein, daß ein Großteil der Bausoldaten sicherlich nicht belobigungswürdig ihren Dienst versehen würde.« RdB Rostock, Stellvertreter des Vorsitzenden für Inneres, Information Haß vom 3.1.1984 über die am 29.12.1983 stattgefundene Begegnung des Stellvertreters des Vorsitzenden des Rates des Bezirkes für Inneres, Gen. Haß, mit dem Bischof der Greifswalder Landeskirche, Dr. Gienke, BA, Abt. Potsdam, O-4, 789. Über dieses Gespräch informierte Plath die KKL bei ihrer Januartagung: »Konferenz dankt vor allem der Greifswalder Kirche für ihr Eintreten«, heißt es im Protokoll Hempel-Ziegler-Grengel über die 90. Tagung der Konferenz der Evangelischen Kirchenleitungen am 6./7.1.1984 in Berlin, EZA Berlin, 101/93/234. Zur Problematik vgl. auch Protokoll Hempel-Ziegler-Lewek vom 14.12.1983 über die 158. Sitzung des Vorstandes am 9.12.1983 in Berlin, EZA Berlin, 101/93/243.
146 Vgl. aber auch Friedensdienst-Arbeitskreis beim Evangelischen Jungmännerwerk an kirchliche Mitarbeiter in Orten mit NVA-Kasernen, Hinweise zur pastoralen Betreuung von Wehrdienstleistenden, EZA Berlin, 101/93/96.
147 Leiter des Büros, Dienstreisebericht Dohle vom 29.3.1983. Zusätzlich informierte er darüber, daß Landesjugendpfarrer Brettschneider im »Sonntag« mehrmals berichtete, daß die Anzahl der Bausoldaten zunehme. BA, Abt. Potsdam, O-4, 416.
148 Für den Tag war wieder ein größerer kirchlicher Abschlußgottesdienst um 22.00 Uhr in der katholischen Hofkirche geplant. Vgl. RdB Dresden, Stellvertreter des Vorsitzenden für Inneres, Aktennotiz Ullmann vom 13.1.1983 über ein Gespräch mit den Präsidenten des Landeskirchenamtes Sachsen, Domsch, am 7.1.1983, PDS-Archiv Dresden, IV E-2.14-671. Auch in der Kreuzkirche sollte einige Zeit vorher ein Gottesdienst stattfinden. Vgl. RdB Dresden, Stellvertreter des Vorsitzenden für Inneres, Vermerk Ullmann vom 10.2.1983 über Gespräch mit Präsident Domsch und OLKR Fritz am 10.2.1983, PDS-Archiv Dresden, IV E-2.14-666; auch a.a.O., IV E-2.14-671.
149 Vgl. hierzu auch Aktenvermerk Dölling vom 3.3.1983 über ein Gespräch mit Generalsuperintendent Richter am 3.3.1983, wo die kirchliche Maßregelung des CDU-Mitglieds Dünnebier (Lübbenau) problematisiert wurde. SAPMO-BA ZPA IV B2/14/69.

ANMERKUNGEN ZU DER SEITE 20

150 Vgl. Vermerk Lingner über die Zusammenkunft der Beratergruppe am 4.3.1983, EZA Berlin, 4/92/14.
151 Vgl. Mitteilung Abteilung Auslandsinformation, Feist, an Verner vom 3.3.1983, Abschrift an Bellmann, SAPMO-BA ZPA IV B2/14/77. Zu Dresden – hier sprach der Oberbürgermeister die Einladung aus – vgl. RdB Dresden, Stellvertreter des Vorsitzenden für Inneres, Vermerk Ullmann vom 10.2.1983 über Gespräch mit Präsident Domsch und OLKR Fritz am 10.2.1983: »Vor allem sei man der Meinung, daß ein Pfarrer in der Kürze der Redezeit sein Anliegen nicht hätte deutlich machen können. Das bedeute aber nicht eine endgültige Absage für alle Zeiten. Man sei da weiterhin offen.« Gleichzeitig betonten sie, es handele sich bei den kirchlichen Veranstaltungen um kein Konkurrenzunternehmen zu dem staatlichen Forum. Es gehe ihnen darum, »den 13.2. eigenständig zu begehen und auch die Besinnung darin einzubeziehen.« Das kirchliche Anliegen eines Schweigemarsches von der Kreuzkirche zur Hofkirchenkathedrale, an dessen Spitze ein Kreuz getragen werden sollte, akzeptierten die Kirchen. PDS-Archiv Dresden, IV E-2.14-666; auch a.a.O., IV E-2.14-671. Zum letzten Punkt vgl. auch das verschlüsselte Schreiben des 1. Sekretärs der SED-BL Dresden, Modrow, an das Politbüromitglied und ZK-Sekretär Horst Dohlus vom 10.2.1983: »Es ist einzuschätzen, daß es durch das Landeskirchenamt Bemühungen gibt, auf keinen Fall zuzulassen, das Verhältnis Staat und Kirche zu belasten. Die Kirche wünscht, daß der 13. Februar ein Tag der Besinnung für alle Bürger wird.« PDS-Archiv Dresden, IV E-2.14-666. Im Unterschied zum Vorjahr verzichtete die Landeskirche auf die Durchführung eines zentralen »Friedensforums« in der Kreuzkirche. Stattdessen fanden kleinere thematische Veranstaltungen in mehreren Dresdener Kirchen statt. Das »ökumenische Friedensgebet« um 22.00 Uhr in der Hofkirche war mit 2 500 Teilnehmern nach staatlicher Einschätzung die am stärksten besuchte Veranstaltung des Tages. »In der weiteren politischen Arbeit, vor allem mit kirchenleitenden Vertretern der Landeskirche Sachsens, sollten die im Zusammenhang mit dem 13.2.1983 erreichten Ergebnisse genutzt werden, um die Kirchenleitung zu bewegen, auch offiziell die Friedenspolitik der DDR und der sozialistischen Staatengemeinschaft zu unterstützen.« RdB Dresden, Stellvertreter des Vorsitzenden für Inneres, Dresden, den 14.2.1983, Wertung der kirchlichen Aktivitäten am 13.2.1983, a.a.O. Domsch berichtete der KKL über den Verlauf des Tages. Vgl. Protokoll Stolpe/Gienke-Demke-Doyé/Kupas über die 85. Tagung der Konferenz der Evangelischen Kirchenleitungen in der DDR am 11.-13.3.1983 (Klausurtagung) in Bad Saarow, EZA Berlin, 101/93/233.
152 Vgl. Mitteilung Abteilung Auslandsinformation, Feist, an Verner vom 3.3.1983, Abschrift an Bellmann. Feist notierte weiter: »Gleichzeitig möchte ich Dich darüber informieren, daß Pastoren, die im Rahmen des Friedensrates öffentlich auftreten, bestimmten Schwierigkeiten seitens der Kirchen ausgesetzt sind.« SAPMO-BA ZPA IV B2/14/77.
153 Vgl. Friedensrat der DDR, Information vom 7.3.1983 über Schwierigkeiten, denen Pastoren ausgesetzt sind, die im Rahmen des Friedensrates der DDR wirksam sind und öffentlich auftreten. Dort hieß es außerdem: »In dem Maße, wie sich Pfarrer verstärkt im Friedensrat der DDR engagieren, nimmt ihnen gegenüber auch der Druck kirchenleitender Gremien zu. [...] Pfarrer Bruno Schottstädt, Mitglied des Friedensrates, bekam nach einem in Abstimmung mit der Kirche durchgeführten Auslandsaufenthalt nahezu ein Jahr lang nach seiner Rückkehr keine Pfarrstelle, war also faktisch arbeitslos. Sowohl Gemeindekirchenräte als auch das Konsistorium lehnten ihn in mehreren Fällen als Gemeindepfarrer ab. Begründet wurden die Ablehnungen zum Teil ganz offen mit seiner politischen Haltung. Pastoren, die als Mitglied von Delegationen des Friedensrates ins Ausland reisen, müssen dafür ihren Urlaub bzw. unbezahlten Urlaub nehmen. [...] In zahlreichen Gesprächen teilten Pastoren mit, daß für progressiv eingestellte Kräfte innerhalb der Kirche spürbar ist, daß es Versuche gibt, sie zu isolieren und man ihnen mit Vorbehalten begegnet.« A.a.O.
154 Vgl. Protokoll Hempel-Demke vom 27.4.1983 über die 151. Sitzung des Vorstandes am 26.4.1983 in Berlin, EZA Berlin, 101/93/243.

155 Hauptabteilungsleiter Heinrich vom Staatssekretariat hatte angekündigt, der BEK könne mit einer Einladung rechnen. Der Staat würde die Entsendung »eine[r] protokollarisch hochstehende[n] Vertretung« begrüßen. Vermerk Demke vom 18.3.1983 über Gespräch mit Hauptabteilungsleiter Heinrich am 17.3.1983 im Staatssekretariat für Kirchenfragen, EZA Berlin, 101/93/3.
156 Vgl. Bericht Plath-Magirius über Weltversammlung für Frieden und Leben, gegen Atomkrieg, 21.-26.6.1983 in Prag, EZA Berlin, 101/93/63; auch a.a.O., 101/93/85
157 Vgl. oben, 20 f.
158 Vermerk Demke vom 6.1.1983 über Gespräch mit Hauptabteilungsleiter Heinrich am 5.1.1983, EZA Berlin, 101/93/3.
159 Vermerk Demke vom 8.1.1983 über das Gespräch des Staatssekretärs für Kirchenfragen und des Vorstandes der Konferenz am 6.1.1983, a.a.O.
160 Vgl. hierzu MfS-Information über die Durchführung des sogenannten Friedensseminars von »Friedenskreisen« der evangelischen Kirchen in der DDR am 5./6.3.1983, abgedruckt in den Anlagen Teil B zum Bericht des Brandenburgischen Untersuchungsausschusses 1/3 vom 29.4.1994, 19.45. Vgl. auch unten, Anm. 235.
161 Vermerk Demke über ein Gespräch mit dem Staatssekretär für Kirchenfragen am 20.4.1983, EZA Berlin, 101/93/3.
162 Vermerk Lingner über die Sitzung der Beratergruppe am 13.6.1984, EZA Berlin, 4/92/15.
163 RdB Halle, Sektor Kirchenfragen, Information Voigt vom 17.5.1984 zum Gespräch des Stellvertreters für Inneres des Rates des Bezirkes Halle, Gen. Pöhner, mit dem Bischof der Ev. Kirche der Kirchenprovinz Sachsen, Dr. Demke, und Oberkonsistorialrat Dr. Schultze am 16.5.1984 in Halle, BA, Abt. Potsdam, O-4, 793. Hauptabteilungsleiter Heinrich mahnte im Juni 1984 nochmals die unbedingte Notwendigkeit an, die Dienstreiseanträge zu reduzieren. Vgl. Vermerk Ziegler vom 4.6.1984 über Gespräch im Staatssekretariat für Kirchenfragen am 1.6.1984, 11.10 bis 13.30 Uhr, EZA Berlin, 101/93/4. Vgl. auch Vermerk Ziegler vom 29.11.1984 über Gespräch im Staatssekretariat für Kirchenfragen am 28.11.1984, 8.00 bis 10.15 Uhr: »Im Blick auf die Reisefragen äußert Heinrich, daß nach ihren Beobachtungen die Reiseanlässe immer weniger kirchliche und religiöse Thematik zeigten. Die Kirche dürfe nicht zum Reisebüro werden. Die allgemeinen Reisemöglichkeiten könnten in dem Maße weiter eröffnet werden, wie völkerrechtliche Regelungen auch im Verhältnis von DDR und Bundesrepublik selbstverständlich würden. Die Kirche könne hier durch klare Akzentsetzungen helfen.« A.a.O.
164 Abteilung II, Wilke, 21.12.1982, Maßnahmen zu einer differenzierten Einflußnahme auf kirchenleitende Kräfte nach der Neuwahl des Vorstandes der KKL des BEK, des Bischofs der Kirchenprovinz Sachsen und des Anhaltinischen Kirchenpräsidenten, BA, Abt. Potsdam, O-4, 410.
165 Vgl. Protokoll Forck über den Konvent der Bischöfe am 6.12.1982 in der Augustraße 80, EZA Berlin, 101/1190, Bd. II. Vgl. auch Schreiben Ziegler an Hempel vom 6.12.1982, Protokollarische Aufgaben des Vorsitzenden der Konferenz der Kirchenleitungen, EZA Berlin, 101/113.
166 Es handelte sich offenbar um das »Vier-Augen-Gespräch«, zu dem Gysi Hempel eingeladen und über das der Bischof zuvor den KKL-Vorstand unterrichtet hatte. Vgl. Protokoll Hempel-Demke vom 6.6.1983 über die 152. Sitzung des Vorstandes am 26.5.1983 in Dresden, EZA Berlin, 101/93/243.
167 So Horst Dohle. SED-BL Dresden, Abteilung Staat und Recht, Niederschrift vom 20.6.1983 über den am 16.6.1983 mit Genossen aus den Bezirken Leipzig, Karl-Marx-Stadt und Cottbus geführten Erfahrungsaustausch zur Vorbereitung des Kongresses und Kirchentages vom 7.-10.7.1983, PDS-Archiv Dresden, IV E-2.14-674.
168 Vgl. unten, 48 ff.
169 Information Hans Modrow, 1. Sekretär, über den Verlauf des Kirchenkongresses und -tages der Evangelisch-Lutherischen Landeskirche Sachsens vom 7. bis 10.7.1983 in Dresden, PDS-Archiv Dresden, IV E-2.14-676.

170 Vgl. zu Haustein, der vom MfS als GI »Cornelius« geführt wurde, G. Besier, Der SED-Staat und die Kirche 1969-1990. Die Vision vom »Dritten Weg«, bes. 557-559.

171 Altbischof Schönherr stieß, als er während des Dresdener Kirchentages zu differenzierter Mitarbeit in den staatlichen Institutionen aufforderte, auf scharfe Kritik von seiten einiger Zuhörer, die auf schlechte Erfahrungen vor Ort hinwiesen. Öffentliche Kritik sei ihnen vielfach verwehrt. Vgl. SED-BL Dresden, Abteilung Parteiorgane, Sektor Parteiinformation, Information Stammnitz, 2. Sekretär, vom 9.7.1983 zum Verlauf des Kongresses und Kirchentages der evangelischen Landeskirche Sachsen am 8.7.1983, PDS-Archiv Dresden, IV E-2.14-676. Der Ost-CDU wurde vorgehalten, sie »orientiere sich stärker nach der Partei der Arbeiterklasse als an den Interessen der Christen.« Das Engagement in dieser Partei »führe zu einseitiger Bindung«. Christlich-Demokratische Union Deutschlands, SHV und BV Dresden, Abschließende Einschätzung vom 10.7.1983 des Gesamtverlaufs und der politisch-ideologischen Aussagen des Kongresses und Kirchentages Dresden, 7.-10.7.1983, a.a.O.

172 Der Hirtenbrief ist u. a. abgedruckt in der FAZ vom 4.1.1983.

173 Leiter des Büros, Dienstreisebericht Dohle vom 4.2.1983, BA, Abt. Potsdam, O-4, 416. In Ch. Kaufmann u. a. (Hgg.), Sorget nicht, was ihr reden werdet, fehlt ein Protokoll dieses Gesprächs. Auf eine ganz andere Stimmung unter den Leipziger Pfarrern weist eine staatliche Analyse vom Oktober 1983 hin: »Die völlige Ablehnung der sozialistischen Gesellschaft, der Betonung, keine Notwendigkeit des Dialogs mit ihr zu sehen, [ist] unter evangelischen Geistlichen weit vorhanden [...] ›Das Böse in der Welt ist die Gottlosigkeit und muß bekämpft werden‹ (Pf. Scholz) – ›Am Bestehenbleiben der kommunistischen Welt ist zu zweifeln, daß der Kommunismus nicht von den Herzen der Menschen kommt‹ (Pf. Fichtner, Pf. Schormann). Eine weitere Gruppe seien die Geistlichen, die Bestrebungen initiieren zur Auflockerung und zum Aufweichen des Sozialismus, wobei ernsthafte und staatsablehnende Tendenzen besonders bei Kreisen kirchlicher Mitarbeiter, die für Jugendarbeit verantwortlich sind, festgestellt werden müssen. Die positive Einstellung zu einer ›Kirche im Sozialismus‹ als einer Zeugnis- und Dienstgemeinschaft, die Verbindung eines echten christlichen Engagements und einer positiv aktiven Haltung zur sozialistischen Gesellschaft und den damit verbundenen Rechten und Pflichten als Staatsbürger der DDR ist bei weitem in der Minderzahl.« RdB Leipzig, Stellv. des Vorsitzenden des Rates für Inneres, Reitmann, Informationsbericht Staatspolitik in Kirchenfragen vom 10.10.1983, BA, Abt. Potsdam, O-4, 1116.

174 Die Bischöfe stellten erstmals den Bausoldatendienst als »das deutlichere Zeichen der Friedensgesinnung« heraus und votierten für die Ermöglichung anderer Formen des waffenlosen Dienstes. »Diese eindeutig politischen Aussagen stehen im Widerspruch zu dem von den katholischen Bischöfen in der DDR formulierten Selbstverständnis von Kirche als einer unpolitischen Größe.« Dresden, den 20.10.1983, Konzeption für die Weiterführung der Kirchenpolitik von Partei und Regierung gegenüber den Kirchen und Religionsgemeinschaften im Bezirk Dresden, PDS-Archiv Dresden, IV E-2.14-666.

175 Bischof Hempel sagte hierzu interpretierend: »›Wir verstehen, wenn Sie die Friedensbewegung unseres Landes nicht gespalten haben wollen, wir wollen das auch nicht. Wir verwenden den Begriff Eigenständigkeit hinsichtlich unserer Motive‹. Das sei mit Staatssekretär Gysi so abgestimmt worden.« RdB Dresden, Sektor Staatspolitik in Kirchenfragen, Vermerk Lewerenz vom 16.11.1983 über Gespräch des Vorsitzenden des Rates des Bezirkes, Genossen Witteck, mit Landesbischof Dr. Dr. h. c. Hempel am 14.11.1983, 10.00-13.30 Uhr, PDS-Archiv Dresden, IV E-2.14-671; auch a.a.O., IV E-2.14-673.

176 Dresden, den 25.3.1983, Argumentation über das Ziel, den Inhalt und den Verlauf des Kirchentagskongresses und den Kirchentag der Evangelisch-Lutherischen Landeskirche Sachsens in der Zeit vom 7. bis 10.7.1983 in der Stadt Dresden, PDS-Archiv Dresden, IV E-2.14-679.

177 Lingner an die Mitglieder der Beratergruppe vom 25.5.1983, EZA Berlin, 4/92/15. In den Protokollen des KKL-Vorstandes findet sich in dieser Hinsicht kein Hinweis. Die KKL hatte auf ihrer 86. Tagung am 29./30.4.1983 in Berlin den folgenden Beschluß ge-

faßt: »Der Vorsitzende der Konferenz wird beauftragt, mit dem Vorsitzenden des Rates der EKD die Fortsetzung der Beratung von Fragen der Friedensverantwortung zwischen EKD und Bund zu erörtern.« Protokoll TOP 4.2.4, EZA Berlin, 101/93/233.
178 Vgl. dazu Schreiben Lingner an Zieger vom 25.5.1983 sowie die Schreiben Lingners an Demke und von Keler vom selben Tag, EZA Berlin, 4/92/15.
179 Zieger an Lingner vom 27.5.1983, a.a.O.
180 Vgl. DAS vom 24.4.1983.
181 Gärtner an Binder vom 5.5.1983, Betr. »Deutsche Staatsangehörigkeit und DDR-Staatsbürgerschaft«, ABB Bonn, Akte Konsultationsgruppe.
182 Vermerk Lingner über die Zusammenkunft der Beratergruppe am 16.6.1983, EZA Berlin, 4/92/15.
183 EZA Berlin, 101/93/258.
184 Hartmut Mitzenheim wurde vom MfS als »Hans Klinger« geführt. Vgl. BStU Berlin, AIM 12940/89.
185 Abt. II, Sofort-Information Handel vom 18.8.1983, BA, Abt. Potsdam, O-4, 411.
186 Es handelte sich um die Kurzfassung der wichtigsten Thesen einer Studie, die von der Theologischen Studienabteilung beim BEK erarbeitet worden war (Sicherheitspartnerschaft und Frieden in Europa – Aufgabe der deutschen Staaten, Verantwortung der deutschen Kirchen, epd-Dok 19/83 vom 29.4.1983). Text der Thesen: Deutscher Evangelischer Kirchentag Hannover 1983, 596 f.
187 Über Günter Krusche hatte Staatssekretär Gysi am 26.6.1980 geurteilt – der Staatssekretär setzte sich für den Anschluß eines Telefons in der Privatwohnung des Berliner Dozenten bei der Post ein: »Herr Dozent Krusche übt weltkirchliche Führungsfunktionen aus, die für die DDR durchaus von außenpolitischem Interesse sind. Es ist im Grunde schon seit Jahren unverständlich, wie er diese wichtigen Verpflichtungen, die im Einvernehmen mit meiner Dienststelle geschehen, ohne Telefon bewältigen konnte.« Schreiben an Deutsche Post, Fernsprechamt Berlin, Leiter Genossen Kaminski, BA, Abt. Potsdam, O-4, 484.
188 Die staatliche Einschätzung Ziemers fiel recht negativ aus: »Er versucht, sich in staatliche Belange einzumischen, und stellt sich bewußt an die Spitze, wenn Aktionen politisch in die Öffentlichkeit wirken sollen«. Dresden, den 20.10.1983, Konzeption für die Weiterführung der Kirchenpolitik von Partei und Regierung gegenüber den Kirchen und Religionsgemeinschaften im Bezirk Dresden, PDS-Archiv Dresden, IV E-2.14-666.
189 Vgl. Vermerk Lingner über die Zusammenkunft der Beratergruppe am 16.6.1983, EZA Berlin, 4/92/15. Die DDR-Delegation hielt der SED-Staat für übermäßig groß. Das Staatssekretariat für Kirchenfragen beschnitt von sich aus deren Größe jedoch nicht. Unsicher war allerdings bis zur letzten Minute die Genehmigung aller Reiseanträge durch Stellen vor Ort. Vgl. Vermerk Demke vom 8.6.1983 über Gespräch mit Hauptabteilungsleiter Heinrich am 25.5.1983, EZA Berlin, 101/93/3.
190 Vgl. auch die Auslassungen Schönherrs über den Hamburger Kirchentag 1981 gegenüber Gysi. Vgl. Information Gysi vom 22.5.1981, BA, Abt. Potsdam, O-4, 427; auch SAPMO-BA ZPA IV B2/14/42.
191 Deutscher Evangelischer Kirchentag Hannover 1983, 596 f.
192 Vermerk Lingner über die Zusammenkunft der Beratergruppe am 16.6.1983, EZA Berlin, 4/92/15.
193 Deutscher Evangelischer Kirchentag Hannover 1983, 596 f.
194 Dies geht aus Protokoll Gienke-Demke vom 21.6.1983 über die 153. Sitzung des Vorstandes am 20.6.1983 in Berlin, EZA Berlin, 101/93/243, hervor. Der Vorstand erhielt von Gienke einen Bericht über den Verlauf der Sitzung. Vgl. ebd.
195 Protokoll Gienke-Demke vom 21.6.1983 über die 153. Sitzung des Vorstandes am 20.6.1983 in Berlin, EZA Berlin, 101/93/243.
196 Protokoll Gienke-Ziegler-Günther über die 88. Tagung der Konferenz der Evangelischen Kirchenleitungen in der DDR am 2./3.9.1983 in Berlin, EZA Berlin, 101/93/234.
197 Vgl. KiS 4/83, 67. Nach einer MfS-Information sollte der Brief u. a. die EKD veranlas-

sen, bei der Bundesregierung zu intervenieren, daß sie der Stationierung neuer NATO-Mittelstreckenraketen widerspreche (abgedruckt in den Anlagen Teil B zum Bericht des Brandenburgischen Untersuchungsausschusses 1/3 vom 29.4.1994, 19.45).

198 Sicherheitspartnerschaft und Frieden in Europa – Aufgabe der deutschen Staaten, Verantwortung der deutschen Kirchen, epd-Dok 19/83 vom 29.4.1983.
199 Vgl. Protokoll Lewek der Sitzung des Ausschusses »Kirche und Gesellschaft« am 25./26.2.1983 in Berlin, EZA Berlin, 101/93/52.
200 So Demke auf der 151. Sitzung des KKL-Vorstandes am 26.4.1983 in Berlin. Vgl. Protokoll Hempel-Demke vom 27.4.1983, EZA Berlin, 101/93/243.
201 Protokoll Gienke-Demke vom 21.6.1983 über die 153. Sitzung des Vorstandes am 20.6.1983 in Berlin, a.a.O.
202 So für einen Kirchentag in Worms im September 1983 – vgl. Protokoll Gienke-Demke vom 21.6.1983 über die 153. Sitzung des Vorstandes am 20.6.1983 in Berlin, a.a.O. – sowie für eine Tagung in der Akademie Berlin (West), vgl. Protokoll Hempel-Ziegler-Lewek vom 25.10.1983 über die 156. Sitzung des Vorstandes am 13.10.1983 in Berlin, a.a.O.
203 Am 25.5.1983 hatte das Staatssekretariat für Kirchenfragen grünes Licht für das Einreichen der Reiseanträge erteilt. Vermerk Demke vom 8.6.1983 über Gespräch mit Hauptabteilungsleiter Heinrich am 25.5.1983, EZA Berlin, 101/93/3.
204 Vermerk Demke über die 14. Konsultation zwischen BEK und EKD am 22. bis 24.6.1983 in Herrenberg, EZA Berlin, 101/93/259.
205 Ebd.
206 Vgl. Synode des Kirchenbundes: Erklärung zur Stationierung von atomaren Mittelstreckenwaffen in Europa, in: epd-Dok 43/1983, 66. Als Ort der Synode war anfänglich Cottbus erwogen worden, was aber nach Bedenken von bezirklicher Seite aufgegeben wurde. Vgl. RdB Cottbus, Sektor Kirchenfragen, Information Erbe vom 11.10.1982 über ein Gespräch mit Generalsuperintendent Richter am 6.10.1982, SAPMO-BA ZPA IV B2/14/69; vgl. Aktenvermerk Dölling (CDU-Bezirksvorsitzender Cottbus) vom 11.10.1982 über das Gespräch des Generalsuperintendenten Richter am 11.10.1982, a.a.O.
207 Vgl. KJ 1983, 320 f.
208 Vgl. Schreiben Gysi an Verner vom 21.10.1983, SAPMO-BA ZPA IV B2/14/99.
209 Protokoll Hempel-Ziegler-Lewek vom 25.10.1983 über die 156. Sitzung des Vorstandes am 13.10.1983 in Berlin, EZA Berlin, 101/93/243. Auch Staatssekretär Gysi machte deutlich, er wolle mit Falcke noch einmal über seine Bonner Äußerungen reden. Vgl. Vermerk Ziegler vom 22.12.1983 über Gespräch im Staatssekretariat für Kirchenfragen am 20.12.1983, 10.00 bis 11.00 Uhr, EZA Berlin, 101/93/3.
210 Schreiben Gysi an Verner vom 21.10.1983, SAPMO-BA ZPA IV B2/14/99.
211 Zu Heinrich Albertz vgl. ders., Blumen für Stukenbrock. Biographisches, Stuttgart 1981.
212 So die Wiedergabe durch Gysi. Vgl. Zum Schreiben an Paul Verner betr. Reise Propst Falcke, Klaus Gysi, SAPMO-BA ZPA IV B2/14/99.
213 Dies geschah auch in einem Gespräch zwischen Lewek, Plath und den ZK-Funktionären Manfred Feist, Harald Uhlig und Helmut Schiffner. Ein »»eigenständiger Beitrag in der Friedensarbeit«« bedeute nicht den Aufbau autonomer Strukturen oder Organisationsformen, betonten die Kirchenvertreter. Es gehe um ein kirchliches Mittragen der staatlichen Friedenspolitik, deren »Sprachrohr« die Kirche allerdings nicht sein wolle. Wo Glaubensfragen berührt seien, gebe es auch abweichende Positionen, wie in der Frage des Wehrunterrichtes oder des Wehrsports. Aus Rücksicht auf die Mitglieder sei die Toleranzbreite auch größer als im staatlichen Bereich, was nicht von allen staatlichen Organen hinreichend verstanden werde. Bei weniger Engherzigkeit und besserer Differenzierung von deren Seite wären gewisse Spannungen durchaus vermeidbar. Vgl. Abt. Auslandsinformation, Vermerk vom 27.10.1983 über ein Gespräch mit Vertretern des Bundes Evangelischer Kirchen am 19.10.1983, SAPMO-BA ZPA IV B2/14/83.

214 Klaus Gysi, Zum Schreiben an Paul Verner betr. Reise Propst Falcke, SAPMO-BA ZPA IV B2/14/99.
215 Protokoll Stolpe-Demke-Lewek vom 24.3.1983 über die 150. Sitzung des Vorstandes am 16.3.1983 in Berlin, EZA Berlin, 101/93/243. Vgl. aber Bericht Garstecki vom folgenden Jahr (31.5.1984) über die Klausur-Tagung der Evangelischen Akademie Loccum »Frieden als Aufgabe der Kirchen«, 7.-10.5.1984. An der Tagung nahmen außerdem noch Rathke, Günter Krusche und Wiebering teil. EZA Berlin, 101/93/64. Zu Fortsetzungsplänen vgl. Ergebnisprotokoll Pastor Hans May, Akademiedirektor, vom 1.4.1985 der Gespräche in Moskau vom 25.-29.3.1985, EZA Berlin, 101/93/65. Zur Frage einer möglichen Fortsetzung des Kolloquiums »Frieden als Aufgabe der Kirchen« beschloß der KKL-Vorstand ein Jahr später: »Der Vorstand sieht gegenwärtig keine Veranlassung, sich mit dieser Frage weiter zu befassen.« Protokoll Hempel-Ziegler-Ziegler/Kupas vom 29.4.1985 der 173. Sitzung des Vorstandes am 25.4.1985 in Berlin, EZA Berlin, 101/93/245. Vgl. jedoch das wiedererweckte Interesse 1987: Protokoll Leich-Ziegler-Lewek vom 6.4.1987 der 196. Sitzung des Vorstands am 26.3.1987 in Berlin, EZA Berlin, 101/93/248.
216 Vgl. Schreiben Gysi an Honecker vom 14.6.1983 (mit Paraphe EH 16.6.83), BA, Abt. Potsdam, O-4, 998.
217 So nach einer Wiedergabe Dohles. SED-BL Dresden, Abteilung Staat und Recht, Niederschrift vom 20.6.1983 über den am 16.6.1983 mit Genossen aus den Bezirken Leipzig, Karl-Marx-Stadt und Cottbus geführten Erfahrungsaustausch zur Vorbereitung des Kongresses und Kirchentages vom 7.-10.7.1983, PDS-Archiv Dresden, IV E-2.14-674. Hempel berichtete anschließend dem Vorstand der KKL auf dessen folgender Sitzung. Über inhaltliche Schwerpunkte macht das Protokoll keine Angaben. Vgl. Protokoll Gienke-Demke vom 21.6.1983 über die 153. Sitzung des Vorstandes am 20.6.1983 in Berlin, EZA Berlin, 101/93/243.
218 Schreiben Gysi an Honecker vom 14.6.1983 (mit Paraphe EH, 16.6.83), BA, Abt. Potsdam, O-4, 998.
219 Vgl. RdB Cottbus, Stellv. der Vorsitzenden für Inneres, Information Deysing vom 6.9.1983 über ein Gespräch mit Konsistorialpräsident Stolpe und Generalsuperintendent Richter am 30.8.1983, BA, Abt. Potsdam, O-4, 792.
220 SED-BL Dresden, Abteilung Parteiorgane, Sektor Parteiinformation, Information Stammnitz, 2. Sekretär, vom 9.7.1983 zum Verlauf des Kongresses und Kirchentages der evangelischen Landeskirche Sachsens am 8.7.1983, PDS-Archiv Dresden, IV E-2.14-676.
221 Vermerk Demke über die 14. Konsultation zwischen BEK und EKD am 22. bis 24. Juni 1983 in Herrenberg, EZA Berlin, 101/93/259.
222 Ebd. Das Thema »Staatsbürgerschaft« blieb auf der Tagesordnung. Im Vermerk über die 35. Sitzung der Konsultationsgruppe am 9.6.1988 in Berlin heißt es in der Aussprache: »Es wird ausdrücklich davor gewarnt, daß überhaupt das Stichwort Staatsbürgerschaft in der Bitte der KKL an den Rat verwendet wird. Die Behandlung des Thema[s] Staatsbürgerschaft ist aussichtslos.« ABB Bonn, Akte Konsultationsgruppe.
223 Vgl. Abt. II, Vorlage Gräfe vom 23.10.1984 an die Dienstbesprechung am 29.10.1984, Thema: Information über die politisch-ideologische Entwicklung in den Kirchen und Religionsgemeinschaften und die weitere Gestaltung des Staat-Kirche-Verhältnisses zum 35. Jahrestag der DDR, Leitungsinformation 5/84, BA, Abt. Potsdam, O-4, 949.
224 Der Tag mit seinen einzelnen Etappen war Anfang April 1983 minutiös vorbereitet worden. 11.00 Uhr kirchliche Festveranstaltung im Palas der Wartburg – sie war nach Beendigung von Rekonstruktionsarbeiten am 21.4.1983 durch Honecker wiedereröffnet worden (vgl. den Beschluß des Politbüros des ZK vom 8.3.1983, TOP 11, SAPMO-BA ZPA J IV 2/2/1991; vgl. auch Erste Meinungen kirchlicher Amtsträger zur Wiedereröffnung der Wartburg am 21.4.1983, BA, Abt. Potsdam, O-4, 797) – mit 400 geladenen Gästen – Begrüßung Leich (den Text sollte der Bischof mit dem kirchlichen Lutherkomitee abstimmen; vgl. Niederschrift über die 15. Sitzung des Lutherkomitees

der Evangelischen Kirchen in der DDR am 13./14.1.1983 in Berlin, EZA Berlin, 4/92/699); Festvortrag Rogge; 12.00 Uhr Mittagessen im Wartburg-Hotel (Toast durch Sindermann) bzw. Haus Hainstein (Toast durch Gysi); Gelegenheit zu Führungen durch die Burg; 17.30-19.00 Uhr live im Fernsehen der DDR und der Bundesrepublik ausgestrahlter (erstmaliges Ereignis) Abendmahlsgottesdienst in den Höfen der Wartburg mit 1 500 ausgewählten Teilnehmern – Predigt Carl Mau (Genf); 20.00 Uhr Abendessen (Stehempfang) auf Einladung Leichs (Pflugensperg). Dazu hieß es: »Wenn die DDR-Führung informelle Begegnungen für politisch sinnvoll hält, würde Leich auch Richard von Weizsäcker, West-Berlin, und den rheinland-pfälzischen Landtagspräsidenten Albrecht Martin einladen. Beide sind Mitglieder der EKD-Delegationen.« Hempel, Zeddies und Hartmut Mitzenheim waren ganztägig als »Ehrenbegleiter« für die Staatsvertreter vorgesehen. Gleichzeitig hieß es: »Während des Gottesdienstes übersieht [Landesjugendpfarrer] Spengler von erhöhtem Platz aus die Besuchergruppen. Bei Anzeichen provokatorischen Verhaltens schickt er jugenderfahrene kirchliche Mitarbeiter in die betreffenden Besuchergruppen, um Ruhe und Sicherheit zu gewährleisten.« Als Gefahr wurde gesehen, daß an die Gottesdienstbesucher keine offiziellen Einladungskarten ausgegeben wurden, so daß »die Gefahr des Einsickerns von provokatorischen Kräften« bestand. Vgl. Dohle, 4. Mai 1983, Eisenach, BA, Abt. Potsdam, O-4, 457; vgl. auch Leiter des Büros, Vermerk Dohle für den Staatssekretär vom 14.4.1983, a.a.O.; vgl. auch RdB Erfurt, Stellvertreter des Vorsitzenden für Inneres, Hartmann, Information vom 27.4.1983 über Gespräch mit Leich am 26.4.1983, BA, Abt. Potsdam, O-4, 1192. Den von Zeddies unterbreiteten Vorschlag, am Tag nach dem Ereignis vormittags mit ausgewählten ökumenischen Vertretern, darunter der österreichische Bischof Dieter Knall, Hans von Keler, das EKD-Ratsmitglied Eleonore von Rotenhan, nochmals gesondert im Wartburg-Hotel zusammenzutreffen, lehnte Gysi ab. Vgl. Randvermerk Gysi auf Gästeliste, BA, Abt. Potsdam, O-4, 457. Vgl. auch die Gesamtliste der ökumenischen Gäste für den Luthertag, a.a.O. Der Begegnung zwischen Leich und Honecker auf der Wartburg am 21.4.1983 wurde staatlicherseits große Bedeutung beigemessen. Vgl. Dresden, den 25.5.1983, Einige erste Erfahrungen aus den Veranstaltungen in Eisenach, auf der Wartburg und des Kirchentages in Erfurt, PDS-Archiv Dresden, IV E-2.14-675; vgl. auch Begegnung Honeckers mit Landesbischof Leich, in: ND vom 22.4.1983. Die KKL kritisierte, »daß die publizistische Behandlung dieses vertraulichen Gespräches dem Ziel des Gespräches nicht förderlich war.« Protokoll Hempel-Demke-Küntscher über die 86. Tagung der Konferenz der Evangelischen Kirchenleitungen in der DDR am 29./30.4.1983 in Berlin, EZA Berlin, 101/93/233. Vom 1. bis zum 7.3.1983 hatte eine Beratung der Leiter der Staatsämter für Kirchenfragen der Ostblockstaaten in Berlin (Ost) stattgefunden, auf der die Konzeption des Lutherjahres dargelegt wurde. Die Gruppe wurde auch von Politbüromitglied Paul Verner empfangen. Vgl. Beschluß des Sekretariats des ZK vom 16.2.1983, TOP 12, SAPMO-BA ZPA J IV 2/3/3482. Vgl. die Wortbeiträge zur Festveranstaltung auf der Wartburg in epd-Dok 22/83.

225 Vgl. Vermerk Demke über die 14. Konsultation zwischen BEK und EKD am 22. bis 24. Juni 1983 in Herrenberg, EZA Berlin, 101/93/259.

226 Rede Paul Verners vor den für die Kirchenpolitik Verantwortlichen aus den Bezirksleitungen der SED und der Räten der Bezirke am 15.4.1983 zu aktuellen Fragen der Kirchenpolitik in Verbindung mit den Martin-Luther-Ehrungen und den bevorstehenden Kirchentagen, SAPMO-BA ZPA NL 281/117. Vgl. auch Niederschrift über eine Beratung im Zentralkomitee zu kirchenpolitischen Problemen am 15.4.1983, PDS-Archiv Dresden, IV E-2.14-675.

227 Protokoll Hempel-Demke vom 27.4.1983 über die 151. Sitzung des Vorstandes am 26.4.1983 in Berlin, EZA Berlin, 101/93/243.

228 Auch Landesbischof Leich begrüßte dieses Papier. Vgl. Abt. II, Sofort-Information Handel vom 18.8.1983, BA, Abt. Potsdam, O-4, 411. Sachsens LKA-Präsident Domsch gab zu verstehen, die sächsische Kirchenleitung hoffe, daß dieses Papier im Westen gebührende Beachtung erfahren werde. »Die Kirche halte aber daran fest, mit öffentlichen

und offiziellen Äußerungen sehr zurückhaltend zu sein, denn auf dem politischen Parkett gebe es Angebote von beiden Seiten, und es sei schwer, das politische Pokerspiel zu durchschauen. Man hoffe aber sehr, daß die amerikanische Administration hörfähig bleibe. Der Präsident fügte hinzu, daß die Vertreter der Kirche in Gesprächen im kirchlichen Raum, aber auch im Ausland immer wieder hervorheben würden, die SU habe allen Grund, sehr vorsichtig zu sein. Sie habe jahrzehntelang negative Erfahrungen machen müssen. Auch sei ihnen klar, daß die Verwirklichung des NATO-Beschlusses das Ende der Entspannung bedeuten würde.« RdB Dresden, Stellvertreter des Vorsitzenden für Inneres, Vermerk Ullmann vom 10.2.1983 über Gespräch mit Präsident Domsch und OLKR Fritz am 10.2.1983, PDS-Archiv Dresden, IV E-2.14-666; auch a.a.O., IV E-2.14-671. Vgl. den Beschluß der mecklenburgischen Synode zum Frieden, in: epd-Dok 14/83, 27.

229 Fink reichte die Stellungnahme der Synode weiterhin nicht aus. Vgl. Information über Verlauf und Ergebnis der 5. Tagung der 8. Synode der Evangelischen Kirche Berlin-Brandenburg, SAPMO-BA ZPA IV B2/14/123.

230 Diese Funktion nahm Althausen vom 1.9.1983 an wahr. Vgl. Abt. II, Vorlage Gräfe vom 20.12.1983 an die Dienstbesprechung am 22.12.1983, Leitungsinformation 6/83, BA, Abt. Potsdam, O-4, 411.

231 Im März 1983 hatte der CDU-Bezirksvorsitzende Dölling (Cottbus) Generalsuperintendent Richter gebeten, die Kirchenleitung möge sich hier engagieren, und hielt ihm aus staatlicher Perspektive positive Äußerungen vieler Kirchen Westeuropas vor. In der DDR sei aber noch nichts erfolgt. Richter versprach, in diesem Sinne tätig zu werden. Dölling schätzte ein: »Es war hierbei aber auch zu spüren, daß er mit seinen Auffassungen – auch in anderen Fragen – bei der Kirchenleitung Probleme hat. Hier ist genau unser Vorhaben richtig, Richter von der Basis her durch entsprechende Forderungen zu unterstützen.« Letzteres lief auch noch auf anderem Wege. Zu Beginn des Gesprächsvermerks heißt es: »Richter bedankte sich für die Unterstützung bei der Lösung seiner Heizungsprobleme durch eine Zusatzlieferung von Koks.« Aktenvermerk Dölling vom 3.3.1983 über ein Gespräch mit Generalsuperintendent Richter am 3.3.1983, SAPMO-BA ZPA IV B2/14/69. In dem folgenden Gespräch mit dem Mann vom Rat des Bezirks, Deysing, äußerte sich Richter etwas verhaltener: »R. brachte zum Ausdruck, daß es für die Kirche nicht einfach sei, da sie vieles bedenken müsse. Eine Parteinahme für staatliche Vorschläge in Form von öffentlichen Zustimmungen bringe die Kirche in die Lage, daß sie zum Sprachrohr des Staates werde. Außerdem müsse man bestimmte Rücksichten auf die Kirchen in der BRD nehmen. Ohne konkrete Einzelheiten zu nennen, sprach Gen. Sup. Richter davon, daß von den Kirchen der DDR in nächster Zeit eine konkrete Stellungnahme zu Friedensfragen zu erwarten sei. [...] Er werde überdenken, wie die gemeinsamen Bemühungen von Staat und Kirche zur Vermeidung einer nuklearen Katastrophe noch konkreter zum Ausdruck gebracht werden können.« RdB Cottbus, Stellv. d. Vors. f. Inneres, Information Deysing vom 9.3.1983 zum Gespräch mit Generalsuperintendent Richter am 3.3.1983 beim Stellvertreter d. Vorsitzenden f. Inneres, a.a.O.

232 Abt. II, Vorlage Handel-Braemer vom 22.6.1983 an die Dienstbesprechung am 27.6.1983, Information über die Frühjahrstagungen von Synoden der Ev. Landeskirchen der DDR, von der außerordentlichen Synode der EKU-Bereich DDR und der Generalsynode der VELK in der DDR, BA, Abt. Potsdam, O-4, 411; Information über Verlauf und Ergebnis der 5. Tagung der 8. Synode der Evangelischen Kirche Berlin-Brandenburg, SAPMO-BA ZPA IV B2/14/123. Der Friedenskreis der Samaritergemeinde Berlin, Arbeitskreis »Wehrfragen«, Jürgen Mueller-Schlomka, setzte sich unter der Überschrift »Vertrauen wagen« in einer der KKL übersandten Unterschriftenliste vom 23.2.1984 hingegen für eine atomwaffenfreie DDR ein. Vgl. EZA Berlin, 101/93/77.

233 Karpinski wechselte zum 1.1.1985 als Oberkonsistorialrat in die Kirchenkanzlei der EKU, Bereich DDR. Vgl. Abt. II, Vorlage Gräfe vom 23.10.1984 an die Dienstbesprechung am 29.10.1984, Thema: Information über die politisch-ideologische Entwicklung in den Kirchen und Religionsgemeinschaften und die weitere Gestaltung des Staat-Kir-

che-Verhältnisses zum 35. Jahrestag der DDR, Leitungsinformation 5/84, BA, Abt. Potsdam, O-4, 949.
234 Abt. II, Vorlage Handel-Braemer vom 22.6.1983 an die Dienstbesprechung am 27.6.1983, Information über die Frühjahrstagungen von Synoden der Ev. Landeskirchen der DDR, von der außerordentlichen Synode der EKU-Bereich DDR und der Generalsynode der VELK in der DDR, BA, Abt. Potsdam, O-4, 411.
235 Das Seminar fand in Berlin-Oberschöneweide statt. Vgl. Protokoll Stolpe/Gienke-Demke-Doyé/Kupas über die 85. Tagung der Konferenz der Evangelischen Kirchenleitungen in der DDR am 11.-13.3.1983 (Klausurtagung) in Bad Saarow, EZA Berlin, 101/93/233. Die Kirchenleitung Berlin-Brandenburg, die erst im Januar 1983 von dieser Veranstaltung erfahren hatte, soll nach Information von Generalsuperintendent Richter (Cottbus) Eppelmann und Passauer auferlegt haben, das Seminar im nichtöffentlichen Rahmen auf der Grundlage von schriftlich ergangenen Einladungen durchzuführen, im Anschluß an die Veranstaltung keine öffentlichen Erklärungen abzugeben, die Westpresse nicht zu informieren und Mitglieder des Synodalausschusses Friedensfragen einzuladen. Richter betonte, »die Kirchenleitung habe die Angelegenheit im Griff.« RdB Cottbus, Stellv. d. Vors. f. Inneres, Information Deysing vom 4.3.1983 aus dem Gespräch mit Generalsuperintendent Richter am 3.3.1983, SAPMO-BA ZPA IV B2/14/69. Trotz staatlicher Einsprüche unterstützten Propst Winter und Präses Becker das Seminar: »Somit geben Teile der Kirche Berlin-Brandenburg ihre Unterstützung bei der Bildung eines Sammelbeckens negativer und feindlicher Kräfte im Umkreis von Pfr. Eppelmann. Stellvertretend für andere Landeskirchen, die diese Tätigkeit bewußt ablehnen, wurde hier eine Plattform dieser Gruppierung geschaffen.« Auch Forck blieb nach einem Gespräch mit Gysi, der nachdrücklich gefordert hatte, das Seminar abzusetzen, beim Beschluß der Kirchenleitung. Information über Verlauf und Ergebnis der 5. Tagung der 8. Synode der Evangelischen Kirche Berlin-Brandenburg, SAPMO-BA ZPA IV B2/14/123. Nach einer Information von Udo Semper hatten sich für das Seminar etwa 120 Teilnehmer, darunter auch Basisgruppenvertreter aus anderen Landeskirchen der DDR, angemeldet. »Inhalt und Zielstellung: Gegenseitiges Kennenlernen, Erfahrungsaustausch.« Protokoll Lewek der Sitzung des Ausschusses »Kirche und Gesellschaft« am 25./26.2.1983 in Berlin, EZA Berlin, 101/93/52.
236 Abt. II, Gräfe, Leitungsinformation 2/83 vom 21.4.1983, BA, Abt. Potsdam, O-4, 411. Dort auch das vorangehende Zitat.
237 Vgl. Abt. II, Vorlage Handel vom 25.5.1983 an die Dienstbesprechung am 30.5.1983, Information zu politischen Tendenzen in der kirchlichen Jugendarbeit und Einschätzung der Rüstzeiten 1982, BA, Abt. Potsdam, O-4, 411. Vgl. Information über die Durchführung des sogenannten Friedensseminars von »Friedensarbeitskreisen« der evangelischen Kirchen in der DDR am 5./6. März 1983, abgedruckt in den Anlagen Teil B zum Bericht des Brandenburgischen Untersuchungsausschusses 1/3 vom 29.4.1994, 19.45.
238 Information über Verlauf und Ergebnis der 5. Tagung der 8. Synode der Evangelischen Kirche Berlin-Brandenburg, SAPMO-BA ZPA IV B2/14/123. Dieses Interesse bestand bei einzelnen kirchenleitenden Persönlichkeiten Berlin-Brandenburgs auch 1984 fort. Vgl. Bericht zur kirchenpolitischen Situation in Berlin, Hauptstadt der DDR (entsprechend Rahmenplan der Dienststelle des Staatssekretärs für Kirchenfragen), Dezember 1983/Januar 1984, BA, Abt. Potsdam, O-4, 1129.
239 Information über ein Gespräch des Oberbürgermeisters von Berlin, Genossen Erhard Krack, mit dem Bischof der Evangelischen Kirche Berlin-Brandenburg, Dr. Gottfried Forck, am 9.6.1983, BA, Abt. Potsdam, O-4, 1192; SAPMO-BA ZPA IV B2/14/122. Vgl. auch Information über ein Gespräch des Stellvertreters des Oberbürgermeisters für Inneres, Genossen Hoffmann, mit dem Präses der Synode der Ev. Kirche Berlin-Brandenburg, Manfred Becker, am 10.6.1983, BA, Abt. Potsdam, O-4, 1418.
240 An der Blues-Messe nahmen ca. 2 350 überwiegend jugendliche Personen teil. »Ein Teil des Publikums war dekadent gekleidet; hier fielen insbesondere ca. 30 ›Punker‹ auf. Es wurde durch einen Teil des Publikums mitgebrachter Alkohol konsumiert. Das Bild der

Veranstaltung (vor allem der Außenveranstaltung) wurde im Laufe der Zeit zunehmend durch Alkoholisierte bestimmt.« Inhaltlich ging es hauptsächlich um den Protestbegriff. Es wurde auch die These präsentiert: »›Protestieren wir für die DDR – sie ist noch nicht fertig.‹« In der staatlichen Wertung hieß es: »Das Thema ›Protestanten‹ wurde nicht theologisch, sondern ausschließlich gesellschaftspolitisch interpretiert. Dies kulminierte in der relativ offen dargelegten Aufforderung, bestehende moralische, rechtliche bzw. gesellschaftliche Normen nicht zu akzeptieren, dagegen zu ›protestieren‹.« Dies werde im Unterschied zu früheren Blues-Messen »mit der Aufforderung zum aktiven Handeln verknüpft.« Vgl. Information über eine »Blues-Messe« am 24.6.1983 in der Berliner Erlöserkirche Nöldnerstraße 23; Thema »Protestanten«. BA, Abt. Potsdam, O-4, 587. Generalsuperintendent Krusche berichtete, besonders das Konsistorium unterstütze die Blues-Messen. Vgl. Information über ein Gespräch des Stellvertreters des Oberbürgermeisters für Inneres, Genossen Hoffmann, mit Generalsuperintendent Krusche am 14.7.1983, BA, Abt. Potsdam, O-4, 587; SAPMO-BA ZPA IV B2/14/96. Vgl. auch Information über eine »Blues-Messe« am 30.9.1983 in der Berliner Erlöserkirche, Nöldnerstraße 23; Thema: »Wagnis um des Lebens willen«. Diesmal nahmen nach staatlicher Schätzung 2 850 Personen teil. Pfarrer Passauer verhinderte nach einer Beschwerde des Sektorenleiters beim Magistrat Fernsehaufnahmen durch die ARD. Die Einschätzung lautete: »Es erfolgt erneut die indirekte Aufforderung, gesellschaftliche Normen zu ignorieren und sich der Parteinahme für unsere Politik zu enthalten.« BA, Abt. Potsdam, O-4, 587. Stolpe berichtete dem KKL-Vorstand »über die Verhaftung von vier [Forck nannte die Zahl von drei; Protokoll Gienke-Ziegler-Günther über die 88. Tagung der Konferenz der Evangelischen Kirchenleitungen in der DDR am 2./3.9.1983 in Berlin, EZA Berlin, 101/93/234] Punks in Berlin, die zu einer Band gehören, die bei einer der Blues-Messen mitgewirkt haben. Ein direktes Eingreifen der Berlin-Brandenburger Kirche erscheint in diesem Fall nicht möglich«, vermerkt das Sitzungsprotokoll. Protokoll Gienke-Lewek-Ziegler vom 29.8.1983 über die 155. Sitzung des Vorstandes am 22.8.1983 in Potsdam, EZA Berlin, 101/93/243.

241 Auf ihrer Sitzung am 29.4.1983 hatte die Kirchenleitung Berlin-Brandenburg dem Vorhaben mehrerer Basisgruppen zugestimmt, am 3.7.1983 eine Friedenswerkstatt durchzuführen. Vgl. Protokoll Hempel-Demke-Küntscher über die 86. Tagung der Konferenz der Evangelischen Kirchenleitungen in der DDR am 29./30.4.1983 in Berlin, EZA Berlin, 101/93/233. Diese Veranstaltung kündigte Forck Oberbürgermeister Krack am 9.6.1983 an. Generalsuperintendent Krusche werde den Magistrat über weitere Einzelheiten unterrichten. Vgl. Information über ein Gespräch des Oberbürgermeisters von Berlin, Genossen Erhard Krack, mit dem Bischof der Evangelischen Kirche Berlin-Brandenburg, Dr. Gottfried Forck, am 9.6.1983, BA, Abt. Potsdam, O-4, 1192; SAPMO-BA ZPA IV B2/14/122. Stolpe hatte den KKL-Vorstand ebenfalls über diese Veranstaltung in Kenntnis gesetzt. Im Sitzungsprotokoll heißt es hierzu: »Insgesamt hält der Vorstand eine Karenz bei öffentlichen Veranstaltungen, die übergreifenden Charakter bekommen können, für sinnvoll.« Protokoll Hempel-Demke vom 27.4.1983 über die 151. Sitzung des Vorstandes am 26.4.1983 in Berlin, EZA Berlin, 101/93/243.

242 Abt. II, Sofort-Information Handel vom 18.8.1983, BA, Abt. Potsdam, O-4, 411.

243 Als Konsequenz aus diesen Äußerungen verweigerte das Staatssekretariat Tschiche die Genehmigung für eine kirchliche Dienstreise in den Westen. Vgl. Vermerk Demke vom 26.7.1983 über das Gespräch mit Hauptabteilungsleiter Heinrich am 20.7.1983, EZA Berlin, 101/93/3.

244 Vgl. Information über eine »Friedenswerkstatt« am 3.7.1983 in der Berliner Erlöserkirche, Nöldnerstr. 23, 10.00 bis ca. 19.30 Uhr, BA, Abt. Potsdam, O-4, 587. In Leipzig genehmigte man den Theologiestudenten nur das Plakat »Ehrfurcht vor dem Leben«. Niederschrift über eine Aussprache mit der Leitung des Katharinenhofes Großhennersdorf am 10.6.1983. Abschrift in PDS-Archiv Dresden, IV E-2.14-671.

245 Protokoll Passauer über ein Gespräch im Roten Rathaus am 7.7.1983, Abschrift in EZA Berlin, 101/93/63.

246 Vgl. auch Bericht zur kirchenpolitischen Situation in Berlin, Hauptstadt der DDR, Juni/Juli 1983 (entsprechend Rahmenplan der Dienststelle des Staatssekretärs für Kirchenfragen): »Man sucht den ›kirchlichen Freiraum‹ zur Schaffung einer organisatorischen und ideologischen Plattform des Kampfes gegen den Sozialismus zu nutzen. [...] [Es werde] der Versuch unternommen [...], eine politische Opposition und organisierte Untergrundbewegung zu installieren«. BA, Abt. Potsdam, O-4, 1129.
247 Beschluß des Politbüros des ZK der SED vom 12.7.1983 über den Verlauf der »Friedenswerkstatt« am 3.7.1983 in der Erlöserkirche Berlin-Lichtenberg, TOP 4, SAPMO-BA ZPA J IV 2/2/2011 sowie Einschätzung vom 7.7.1983 des Verlaufes der »Friedenswerkstatt« am 3.7.1983 in der Erlöserkirche in Berlin-Lichtenberg, Anlage Nr. 3, SAPMO-BA ZPA J IV 2/2A/2581.
248 Berlin, den 5.7.1983, Protest!, BA, Abt. Potsdam, O-4, 434. Von dieser Eingabe setzte Stadtrat Hoffmann Generalsuperintendent Krusche in Kenntnis, der versprach, die Kirchenleitung zu informieren. »Gen. Hoffmann machte darauf aufmerksam, daß das Wirken von negativen Gruppierungen im kirchlichen Raum teilweise auf das Tätigwerden imperialistischer Geheimdienste zurückzuführen ist. Die ›ideologische Unbedarftheit‹ mancher kirchlicher Vertreter käme diesen Kräften dabei [zur] [...] Hilfe. Es müsse die Kirche doch auch nachdenklich stimmen, daß Botschafter westlicher Staaten und westliche Massenmedien ein genaues Auge auf alle diese Aktivitäten haben. Die Kirche dürfe nicht in eine Situation gebracht werden, wo es aus ihr heraus zu konterrevolutionären Maßnahmen kommt.« Information über ein Gespräch des Stellvertreters des Oberbürgermeisters für Inneres, Genossen Hoffmann, mit Generalsuperintendent Krusche am 14.7.1983, BA, Abt. Potsdam, O-4, 587; SAPMO-BA ZPA IV B2/14/96.
249 Information Gysi vom 12.7.1983 über ein Gespräch Staatssekretär Gysi mit Bischof Forck und Konsistorialpräsident Stolpe am 12.7.1983 in der Dienststelle des Staatssekretärs, BA, Abt. Potsdam, O-4, 434; auch SAPMO-BA ZPA IV B2/14/96.
250 Vgl. Abt. II, Sofort-Information Handel vom 24.10.1983, BA, Abt. Potsdam, O-4, 411.
251 Esselbach war am 6.11.1983 als Nachfolger von Schuppan in Eberswalde eingeführt worden. Vgl. Abt. II, Vorlage Gräfe vom 20.12.1983 an die Dienstbesprechung am 22.12.1983, Leitungsinformation 6/83, BA, Abt. Potsdam, O-4, 411. Zu seinem gemeinsam mit Forck und Stolpe erfolgten Antrittsbesuch beim RdB Frankfurt/Oder vgl. Evangelisches Konsistorium Berlin-Brandenburg, Vermerk Stolpe vom 21.11.1983 über Besuch beim Vorsitzenden des RdB Frankfurt/Oder am 17.11.1983, Abschrift in EZA Berlin, 101/93/903.
252 Vgl. Abt. II, Vorlage Gräfe vom 20.12.1983 an die Dienstbesprechung am 22.12.1983, Leitungsinformation 6/83, BA, Abt. Potsdam, O-4, 411.
253 Vgl. Abt. II, Gräfe, Leitungsinformation 2/83 vom 21.4.1983, a.a.O.
254 Vgl. Dresden, den 25.5.1983, Einige erste Erfahrungen aus den Veranstaltungen in Eisenach, auf der Wartburg und des Kirchentages in Erfurt, PDS-Archiv Dresden, IV E-2.14-675. Vgl. auch Abt. II, Vorlage Handel-Braemer vom 22.6.1983 an die Dienstbesprechung am 27.6.1983, Information über die Frühjahrstagungen von Synoden der Ev. Landeskirchen der DDR, von der außerordentlichen Synode der EKU-Bereich DDR und der Generalsynode der VELK in der DDR, BA, Abt. Potsdam, O-4, 411. So auch der Altendorfer Kreis/Rudolstadt auf der Thüringer Frühjahrssynode, ebd. In diesem Kreis, der sich vor allem mit der Bausoldatenpraxis befaßte, war der mit Eppelmann gut bekannte Pfarrer Jahr einer der Aktivisten. Vgl. Abt. II, Sofort-Information Handel vom 18.8.1983, a.a.O.
255 Dresden, den 25.5.1983, Einige erste Erfahrungen aus den Veranstaltungen in Eisenach, auf der Wartburg und des Kirchentages in Erfurt, PDS-Archiv Dresden, IV E-2.14-675. Vgl. auch die Einschätzung Horst Dohles. SED-BL Dresden, Abteilung Staat und Recht, Niederschrift vom 20.6.1983 über den am 16.6.1983 mit Genossen aus den Bezirken Leipzig, Karl-Marx-Stadt und Cottbus geführten Erfahrungsaustausch zur Vorbereitung des Kongresses und Kirchentages vom 7.-10.7.1983, PDS-Archiv Dresden, IV E-2.14-674.

ANMERKUNGEN ZU DER SEITE 33

256 Vgl. auch Information vom 11.6.1983 über die 5. Tagung der III. Generalsynode der Vereinigten Evangelisch-Lutherischen Kirche in der DDR vom 8.-11.6.1983 in Güstrow, wo es allgemein heißt: »Angriffe negativer Kräfte aus den Kirchen in der DDR und aus der BRD wurden sowohl gegen Bischof Leich wie auch gegen Bischof Dr. Hempel als Vorsitzenden der Konferenz der Evangelischen Kirchenleitungen geführt, weil sie auf kirchenpolitisch realistische Positionen orientieren, die guten Ergebnisse des Zusammenwirkens mit dem Staat im Verlauf der Lutherjubiläen nicht aufs Spiel setzen wollen und jede Konfrontation zu vermeiden suchen.« SAPMO-BA ZPA IV B2/14/151.

257 Dresden, den 25.5.1983, Einige erste Erfahrungen aus den Veranstaltungen in Eisenach, auf der Wartburg und des Kirchentages in Erfurt, PDS-Archiv Dresden, IV E-2.14-675.

258 Abt. II, Sofort-Information Handel vom 18.8.1983, BA, Abt. Potsdam, O-4, 411.

259 SED-BL Dresden, Abteilung Staat und Recht, Niederschrift vom 20.6.1983 über den am 16.6.1983 mit Genossen aus den Bezirken Leipzig, Karl-Marx-Stadt und Cottbus geführten Erfahrungsaustausch zur Vorbereitung des Kongresses und Kirchentages vom 7.-10.7.1983, PDS-Archiv Dresden, IV E-2.14-674.

260 Vgl. hierzu Abt. II, Information vom 19.11.1984 zur Tätigkeit des kirchlichen Forschungsheimes Wittenberg (KFH) und Schlußfolgerungen für die staatlichen Reaktionen gegenüber dem Forschungsheim: »Mit dem Eintritt von Dr. Gensichen in die Arbeiten des KFH begann sich das Aufgabenfeld der [1927 gegründeten] Einrichtung zu wandeln. Neben der Fortführung der traditionellen Thematik (Evolution und Schöpfungsglaube) rückten immer stärker Fragen der Ökologie und des Umweltschutzes in den Vordergrund. [...] Neben organisatorischen und anderen Leitungsaufgaben beschäftigt er [Gensichen] sich in starkem Maße mit der Aufarbeitung der Umweltproblematik aus schöpfungstheologischer Sicht. [...] Im weiteren gibt es Kontakte zu mit der Umweltproblematik befaßten kirchlichen Kräften in der BRD sowie zu den ›Grünen‹ [...] wird die Tätigkeit des Kirchlichen Forschungsheimes zugleich offen und interessant für die bekannten politisch negativen Kräfte innerhalb und außerhalb der Kirche, die sich nach dem Scheitern des Versuchs, das Friedensengagement von Christen und Kirchen politisch zu mißbrauchen, besonders seit 1982 zunehmend im Bereich der Ökologieproblematik neue Einfluß- und Wirkungsmöglichkeiten zu erschließen suchen. [...] Den Absichten der politisch negativen Kräfte kommt dabei die Tatsache zustatten, daß das KFH nicht nur eine stark handlungsorientierte konzeptionelle Arbeit leistet, sondern daß es für seine Tätigkeit [...] geradezu charakteristisch ist, erarbeitete Materialien systematisch zu verbreiten und aktiv die Bildung von Ökologiegruppen im kirchlichen Raum zu stimulieren sowie deren Tätigkeit zu koordinieren.« BA, Abt. Potsdam, O-4, 949.

261 Erwähnt wurde noch ein Umweltseminar des Pfarrers Steinbach in Rötha (Bez. Leipzig). Vgl. Abt. II, Gräfe, Leitungsinformation 2/83 vom 21.4.1983, BA, Abt. Potsdam, O-4, 411. Auch im gesamten sächsischen Raum konnte diesbezüglich eine verstärkte kirchliche Aktionstätigkeit festgestellt werden. Vgl. SED-BL Dresden, Abteilung Staat und Recht, Niederschrift vom 20.6.1983 über den am 16.6.1983 mit Genossen aus den Bezirken Leipzig, Karl-Marx-Stadt und Cottbus geführten Erfahrungsaustausch zur Vorbereitung des Kongresses und Kirchentages vom 7.-10.7.1983, PDS-Archiv Dresden, IV E-2.14-674. Der sächsische landeskirchliche Beauftragte für Glauben und Naturwissenschaft – eine solche Planstelle gab es seit 1982 (vgl. Dresden, den 1.8.1983, Einschätzung des Kongresses und Kirchentages in Dresden vom 7.-10.7.1983, a.a.O.) –, Dipl.-Ing. Joachim Krause aus Schöberg bei Glauchau, regte eine verstärkte Eingabetätigkeit zu ökologischen Problemen an. Vgl. Abt. II, Sofort-Information Handel vom 18.8.1983, BA, Abt. Potsdam, O-4, 411. Zu Krauses Aktivitäten im Jahre 1983 bezüglich der Greifswalder Bundessynode vgl. Abt. II, Vorlage Gräfe vom 20.8.1984 an die Dienstbesprechung am 27.8.1984, Leitungsinformation 4/84, Sofort-Information an den Staatssekretär 31.8.1984, BA, Abt. Potsdam, O-4, 949.

262 Abt. II, Vorlage Gräfe vom 24.6.1983 an die Dienstbesprechung am 27.6.1983, Leitungsinformation 3/83, BA, Abt. Potsdam, O-4, 411.

263 Vgl. Abt. II, Sofort-Information Handel vom 18.8.1983, BA, Abt. Potsdam, O-4, 411.
264 Vgl. ebd.
265 Vgl. jedoch RdB Dresden, Stellvertreter des Vorsitzenden für Inneres, Dresden, den 14.2.1983, Wertung der kirchlichen Aktivitäten am 13.2.1983: »Es ist aber weiter zu verfolgen, ob die ökumenischen Kontakte der katholischen Kirche zur evangelischen Kirche künftig intensiviert und verstärkt werden, nachdem den katholischen Bischöfen der DDR vom Papst im Oktober 1982 die Orientierung gegeben wurde, stärker die Verbindung zu evangelischen Gemeinschaften in der Friedensfrage zu suchen.« PDS-Archiv Dresden, IV E-2.14-666. Vgl. auch Dresden, den 20.10.1983, Konzeption für die Weiterführung der Kirchenpolitik von Partei und Regierung gegenüber den Kirchen und Religionsgemeinschaften im Bezirk Dresden, a.a.O.
266 Dresden, den 21.11.1983, Kurzfassung einer Beratung, die Genosse R. Bellmann am 11. November mit den Mitarbeitern der Bezirksleitung für Kirchenfragen durchführte, PDS-Archiv Dresden, IV E-2.14-833. Allerdings stellte die SED auch fest: »Aus dem Raum der katholischen Kirche sind keine Aktionen zu erwarten, die denen der ›Friedenskreise‹ in den evangelischen Kirchen ähneln. Hauptform des Friedensengagements der Katholiken wird auch weiterhin das Gebet sein.« Dresden, den 20.10.1983, Konzeption für die Weiterführung der Kirchenpolitik von Partei und Regierung gegenüber den Kirchen und Religionsgemeinschaften im Bezirk Dresden, PDS-Archiv Dresden, IV E-2.14-666.
267 Vgl. Abt. II, Vorlage Gräfe vom 20.12.1983 an die Dienstbesprechung am 22.12.1983, Leitungsinformation 6/83, BA, Abt. Potsdam, O-4, 411. Das Problem wurde allgemein auch auf der Chefbesprechung am 26.10.1983 in Berlin behandelt. Vgl. Niederschrift Mitzenheim-Küntscher, EZA Berlin, 101/93/250.
268 Information Haß über die am 10.8.1983 stattgefundene Begegnung zwischen dem Stellvertreter des Vorsitzenden für Inneres des Rates des Bezirkes, Gen. Haß, und Bischof Dr. Gienke, BA, Abt. Potsdam, O-4, 789.
269 Zur Vorbereitung auf BEK-Seite vgl. Protokoll Gienke-Lewek-Ziegler vom 29.8.1983 über die 155. Sitzung des Vorstandes am 22.8.1983 in Potsdam, EZA Berlin, 101/93/243.
270 Vgl. Vermerk Lingner über die Zusammenkunft der Beratergruppe am 8.9.1983, EZA Berlin, 4/92/15.
271 Vgl. Abteilung II, Einschätzung Wilke vom 16.12.1982 der politisch-ideologischen Schwerpunkte der Herbstsynoden 1982 der evangelischen Landeskirchen in der DDR, BA, Abt. Potsdam, O-4, 410.
272 Zum Eintritt in den Ruhestand erhielt Krusche auch einen Brief vom SPD-Parteivorsitzenden Willy Brandt: »Sehr geehrter Herr Bischof, lieber Herr Krusche, anläßlich Ihres Ausscheidens aus dem Bischofsamt möchte ich Ihnen für die vielfältigen Anregungen danken, die von den evangelischen Kirchen in der DDR ausgegangen sind, den Gedanken der Partnerschaft zu vertiefen. Ein Beispiel dafür ist die Ausarbeitung der Theologischen Studienabteilung des Kirchenbundes zur Friedenssicherung in den beiden deutschen Staaten. Viele haben verstanden, daß nichts, was uns in den Teilen Deutschlands voneinander trennt, stärker sein dürfte, als das gemeinsame Interesse, den Frieden erhalten und sichern zu helfen. Meine besten Wünsche begleiten Sie in den Ruhestand. Ihr Willy Brandt.« EZA Berlin, 101/93/943. Dort auch der Abschiedsbrief Krusches an seine Amtsbrüder und -schwestern vom 1.8.1983.
273 Abteilung II, Wilke, 21.12.1982, Maßnahmen zu einer differenzierten Einflußnahme auf kirchenleitende Kräfte nach der Neuwahl des Vorstandes der KKL des BEK, des Bischofs der Kirchenprovinz Sachsen und des Anhaltinischen Kirchenpräsidenten, BA, Abt. Potsdam, O-4, 410.
274 Vgl. Berichte und Dokumente von der 6. Vollversammlung in Vancouver, in: ZdZ 1983 und 1984; K. Raiser, Ökumenische Impressionen; T.F. Best (Hg.), Von Vancouver nach Canberra 1983-1990.
275 Vgl. Taufe, Eucharistie und Amt. Hierzu war für die Zeit vom 25.-28.6.1985 in der

DDR eine KEK-Konsultation geplant. Vgl. Gesprächsvermerk Hildigard Quabs, politischer Mitarbeiter, über Gespräch zwischen Heinrich, Natho, Martin Lange und Ziegler vom 23.5.1984, BA, Abt. Potsdam, O-4, 1220.
276 Vgl. Vermerk Lingner über die Sitzung der Beratergruppe am 2.12.1983, EZA Berlin, 4/92/15.
277 epd-Dok 37/1983, 31.
278 Vgl. H. von Keler an Lingner vom 12.9.1983, EZA Berlin, 4/92/15.
279 Vermerk Lingner über die Zusammenkunft der Beratergruppe am 8.9.1983, a.a.O. Vgl. Lohses kritische Darstellung von »Vancouver« in ders., Erneuern und Bewahren, 202-206. Der von Hempel und Lohse unterzeichnete gemeinsame Brief an Honecker und Kohl vom 10.8.1983 appelliert an beide Regierungschefs, sich für eine Verringerung der beiderseitigen Waffensysteme einzusetzen und die dadurch freigewordenen Mittel zur Bekämpfung des Hungers in der Dritten Welt einzusetzen. Text des Briefes: In besonderer Gemeinschaft, 12. Vgl. auch Vermerk Demke über die 14. Konsultation zwischen BEK und EKD am 22. bis 24. Juni 1983 in Herrenberg, wo ein solcher Brief bereits ins Auge gefaßt worden war. EZA Berlin, 101/93/259. Die KKL »beauftragt[e] den Vorsitzenden, im Benehmen mit dem Ratsvorsitzenden der EKD in Schreiben an die Regierungen der DDR und der Bundesrepublik Deutschland die Sorgen um die Fortsetzung des Rüstungswettlaufes zum Ausdruck zu bringen (unter Aufnahme der vielfältigen Willenskundgebungen von einzelnen und Gruppen) und auf die möglichen Folgen eines Scheiterns der Genfer Verhandlungen über Mittelstreckenraketen hinzuweisen.« Protokoll Lewek-Demke-Radke über die 87. Tagung der Konferenz der Evangelischen Kirchenleitungen in der DDR am 1./2.7.1983 in Berlin, EZA Berlin, 101/93/233. Daß die Bischöfe den Brief dann bereits in Vancouver verfaßten, kam für den KKL-Vorstand überraschend. Man beschloß, die für den 1.9.1983 vereinbarte Konsultation abzusagen, da der Arbeitsauftrag, über einen solchen Brief zu beraten, gegenstandslos geworden sei. Vgl. Protokoll Gienke-Lewek-Ziegler vom 29.8.1983 über die 155. Sitzung des Vorstandes am 22.8.1983 in Potsdam, EZA Berlin, 101/93/243. Die Entscheidung der Sitzungsabsage kritisierte Superintendent Große in der folgenden KKL-Sitzung und forderte die Behandlung der vorgesehenen Tagesordnungspunkte in der Beratergruppensitzung. Vgl. Protokoll Gienke-Ziegler-Günther über die 88. Tagung der Konferenz der Evangelischen Kirchenleitungen in der DDR am 2./3.9.1983 in Berlin, EZA Berlin, 101/93/234.
280 Vgl. RdB Cottbus, Stellv. der Vorsitzenden für Inneres, Information Deysing vom 6.9.1983 über ein Gespräch mit Konsistorialpräsident Stolpe und Generalsuperintendent Richter am 30.8.1983, BA, Abt. Potsdam, O-4, 792. Vgl. Lohses Bericht vor der Landessynode der Ev.-luth. Landeskirche Hannovers, in: KJ 1983, 330-333; die Erklärungen der Bischöfe Kruse und H. von Keler a.a.O., 328-330; siehe auch E. Lohse, Erneuern und Bewahren, 202-206.
281 Die lutherischen Landeskirchen Hannover und Sachsen sind Partnerkirchen.
282 H. von Keler an Lingner vom 12.9.1983, EZA Berlin, 4/92/15. Zum Verhältnis Lohse – Hempel vgl. Lohse, Erneuern und Bewahren, 48; vgl. auch 38 f.
283 Lingner an Keler vom 13.9.1983, EZA Berlin, 4/92/15. Vgl auch Lingners Brief an Ziegler vom 23.9.1983, in dem er dem Kollegen nochmals den strukturellen Ablauf der Beratergruppen-Sitzungen erläuterte und sonstige Hinweise gab. A.a.O.
284 Vgl. Vermerk Demke über die 14. Konsultation zwischen BEK und EKD am 22. bis 24. Juni 1983 in Herrenberg, EZA Berlin, 101/93/259.
285 Der BEK lehnte jedoch ein Ansinnen des CFK-Regionalsekretärs Ordnung ab, ein Schreiben von CFK-Mitarbeitern und deren Positionen nahestehenden Gemeindegliedern in Vancouver zu überbringen. Vgl. Schreiben Demke an Ordnung vom 4.5.1983, EZA Berlin, 101/93/78.
286 Abt. IV, Maßnahmeplan vom 31.1.1982 zur politisch-ideologischen Einflußnahme auf die DDR-Delegation zur ÖRK-Vollversammlung, 24.7.-10.8.1983 in Vancouver/Kanada, BA, Abt. Potsdam, O-4, 411. Allerdings war die Vollversammlung dem SED-Staat zumindest auf offiziellem Wege über den BEK nicht sehr viel Geld wert. Hauptabtei-

lungsleiter Heinrich teilte mit, der BEK könne »nur eine symbolische Summe« von 5 000 bis 10 000 DDR-Mark zu diesem Zweck in Devisen umtauschen. Vermerk Demke vom 8.6.1983 über Gespräch mit Hauptabteilungsleiter Heinrich am 25.5.1983, EZA Berlin, 101/93/3. Selbst dieser bescheidene Betrag war jedoch nicht gesichert. Vgl. Vermerk Demke vom 26.7.1983 über das Gespräch mit Hauptabteilungsleiter Heinrich am 20.7.1983, a.a.O. Im Gegensatz hierzu zeigte sich die DDR bei den Allchristlichen Friedensversammlungen der CFK erheblich großzügiger. Vgl. Arbeitsgruppe Kirchenfragen, Vermerk Rudi Bellmann vom 18.9.1984, betr.: Internationale Beratung, 8.-12.10.1984 in Prag, SAPMO-BA ZPA IV B2/14/28.

287 Wegen der Aufnahme des in Genf verfaßten ökumenischen Fürbittkalenders, der die fehlende Religionsfreiheit in der Sowjetunion anprangerte (»Wir bitten Gott [...] für alle, die um ihres Glaubens willen mit den Gesetzen in Konflikt kommen«), mußte die Nr. 5/1983 des Amtsblattes der Kirchenprovinz Sachsen auf Veranlassung des Presseamtes beim Ministerrat der DDR eingestampft werden. Einen Neudruck der Ausgabe ohne die inkriminierten Passagen gestattete der Staat dann doch. Vgl. Vermerk Provinzialpfarrer Kapiske-Harald Schultze vom 8.6.1983 über ein Gespräch beim Presseamt des Vorsitzenden des Ministerrates der DDR am 8.6.1983 in Berlin, EZA Berlin, 101/93/121.

288 Zum Falcke-Vorschlag vgl. den instruktiven Bericht Helmut Lücks: »Zunächst einmal möchte ich die Vorgänge um den DDR-Antrag wiedergeben, wie sie sich mir in Vancouver darstellten. Der Text des Antrages soll, das hat die EKD-Delegierte Helga Gilbert, wie ich später hörte, die mit Prof. Duchrow befreundet ist, geäußert, von Falcke und Duchrow entworfen sein. Der Antrag, der sich auf Amsterdam (›Wir glauben, daß für die Kirchen die Zeit gekommen ist, klar und eindeutig zu erklären, daß sowohl die Herstellung und Stationierung als auch der Einsatz von Atomwaffen ein Verbrechen gegen die Menschheit darstellen und daß ein solches Verbrechen aus ethischer und theologischer Sicht verurteilt werden muß.‹) und den Aufruf der 5. Vollversammlung (die Kirchen sollten ihre Bereitschaft betonen, ›ohne den Schutz von Waffen zu leben‹) bezieht, enthält folgende Kernaussage: ›Daher bitten wir die Christen, christlichen Gruppen und Kirchen in den beiden mächtigen Militärblöcken der Welt zu erklären, daß sie an einem Krieg, bei dem Waffen mit Massenvernichtungscharakter eingesetzt werden, nicht mitwirken werden, und zu prüfen, was daraus in ihrer konkreten Situation für ihr gegenwärtiges Handeln folgt.‹ Der Gruppenbericht 5 und die Friedenserklärung aus dem Weisungsausschuß 2 zeigen, daß und inwiefern der DDR-Antrag schließlich Eingang in die Erklärungen der Vollversammlungen gefunden hat.
Zunächst wurde die Existenz und vor allem der Inhalt des DDR-Antrages geheim gehalten. Auf dem Treffen der DDR-Delegation am 25.7. wurde förmlich der Beschluß gefaßt, daß der Antrag, bis er eingebracht ist, vertraulich bleiben soll. Falcke war zwar nicht dabei, aber er hat davon erfahren. [...] Nach allem, was ich von verschiedenen Seiten hörte, kannte zwar Lohse den Antrag, [er] war jedoch vielen in der BRD-Delegation unbekannt. [...] Jedenfalls kam es dann am 26.7. dazu, daß Falcke auf einer Veranstaltung im ›Pflugschar-Cafe‹ die Absicht des Antrags und seine Schwerpunkte ankündigte. (Der Eindruck, daß sich dabei das Interesse, die Sache vorzubringen, mit dem der persönlichen Profilierung verband, ist naheliegend.) Aus der schnellen und konzentrierten epd-Berichterstattung möchte ich schließen, daß man vermutlich darauf vorbereitet war. Jedenfalls legte Falcke später mir gegenüber Wert auf die Erklärung, daß er vom epd falsch interpretiert worden sei. Er habe dagegen Protest eingelegt. Falsch sei: 1. Einstimmigkeit der DDR-Delegation (die es wirklich nicht gab, z. B. war Natho kritisch. Und die Konferenz der Kirchenleitungen hatte sich den Antrag auch nicht zu eigen gemacht, es war Delegationspapier), 2. Aufforderung zum Widerstand. Das habe ich nicht gesagt. Am darauffolgenden Montag (1.8.), wo der Antrag in Untergruppe 5 eingebracht wurde, nahm Frau Herrbruck, die Sekretär der Delegation war, Kontakt mit mir auf und übergab mir das Dokument [...] und gab mir eine Art Erklärung: Der Beschluß, den Exekutivausschuß über die Verfahrensweise entscheiden zu lassen und bis

Anmerkung zu der Seite 36

dahin Stillschweigen zu bewahren, sei schon am 2. Juni gefaßt worden. Der Exekutivausschuß habe das Papier an den Geschäftsausschuß der Vollversammlung weitergegeben, der nun entschieden habe, daß er in Gruppe 5 eingebracht werden soll. Sie bedauerte ausdrücklich die Ereignisse vom ›letzten Dienstag‹ (Falcke-Ankündigung). Am Mittwoch (28.7.) hatte Bischof Hempel zu mir gesagt: ›Falcke ist reingefallen, er fand sich gedruckt vor. Aber was soll er den Leuten im Cafe anderes erzählen? Sachen von vor zwei Jahren?‹ Er selber habe einen ›Anfall‹ bekommen (Dem Vernehmen nach soll er recht heftig geworden sein). Natürlich sei das eine ›blöde Situation‹ für sie. [...] Es war am 2.8., wo mir Natho erzählte, daß mittags ein Telegramm vom Bund (Lewek) an Hempel gekommen sei: keine öffentlichen Erklärungen mehr, bis alle in Berlin sind. (Zu dem Zeitpunkt war ich eigentlich mit Natho verabredet, daß er eine kurze Presseerklärung abgibt, die korrigierend wirkt.) Am Vormittag hatte Kirchenpräsident Natho unter Protest die Arbeitsgruppensitzung 5 verlassen. Sein Ärger machte sich an der nicht vorhandenen deutschen Übersetzung fest [...] Es sei ein Fehler, daß die DDR-Delegation versäumt habe, in die Redaktionskommission zu kommen, meinte Natho. Wenn ich ihn recht verstanden habe, so stünden hinter dem Antrag vor allem Falcke, Magerstädt und Jaeger. Ein bißchen zu laut, daß ich es hören kann, sagte Natho zu Linn und Falcke: ›Schade, daß diesmal kein Spitzel da ist! Das glaubt uns doch zu Hause niemand, wie wir hier verschaukelt werden! Auf die Gefahr hin (große Geste), daß ich manchen Globetrottern die Spielwiese verderbe, aber so kann man doch nicht vorgehen! Das habe ich auch den Bischöfen aus den anderen sozialistischen Ländern gesagt, aber sie sagen, der ÖRK sei ohnehin schon angefochten genug, warum sollten wir uns auch noch beschweren.‹ Natho dann weiter: Im Vorbereitungsheft heißt es, Friede sei wichtig – aber hier ist alles nur nett, jeder kann seine Papiere verteilen und richtet nichts an. Und wer nicht Englisch kann, ist ohnehin draußen. ›Mein Bedarf an solchen Tagungen ist jedenfalls gedeckt!‹ Helmut Lück, 17.8.1983, VI. Vollversammlung des Ökumenischen Rates der Kirchen (ÖRK) Vancouver, Internbericht, SAPMO-BA ZPA IV B2/14/198. Bereits auf der Sitzung des BEK-Ausschusses »Kirche und Gesellschaft« am 25./26.2.1983 in Berlin hatte Falcke angekündigt, die BEK-Delegation werde in Vancouver in der Friedensfrage eine besondere Initiative starten. Den Text wolle er gemeinsam mit Hans-Jürgen Magerstädt, Dresden (Magerstädt soll 1985 geäußert haben, er sei »für den Sozialismus, weil er meiner christlichen Auffassung viel näher steht als der Kapitalismus«, übte andererseits aber auch Kritik an Einzelerscheinungen; Rat der Stadt Dresden, Stellvertreter des Oberbürgermeisters für Inneres, Aktenvermerk Jörke vom 23.8.1985 über Gespräch am 22.8.1985 mit dem Bundessynodalen Hans-Jürgen Magerstädt, SHStA Dresden, BT/RdB Dresden [Zwibo], 4593), und Jaeger der Delegation auf ihrer Sitzung Mitte März vorlegen. Falcke führte aus: »Es ist nach wie vor davon auszugehen, daß in Vancouver die Armen aus der Dritten Welt und aus den USA die Meinung vertreten werden: Das Hochspielen der Abrüstungsfrage ist ein Ausweichen der Mittelklasse vor der Frage der Gerechtigkeit. Demgegenüber muß die geplante Initiative die Verklammerung von Ökologie, Frieden und Gerechtigkeit ins Blickfeld rücken: ›Umkehr zur Schaffung eines gerechten Friedens‹. Die Verflechtung des Ost-West- mit dem Nord-Süd-Konflikt muß genau untersucht werden.« Protokoll Lewek, EZA Berlin, 101/93/52. Die Vancouver-Delegierten fertigten daraufhin einen Antragsentwurf an, den sie dem KKL-Vorstand vorlegten. Vgl. Protokoll Hempel-Demke vom 27.4.1983 über die 151. Sitzung des Vorstandes am 26.4.1983 in Berlin, EZA Berlin, 101/93/243. Der Grundgedanke des Papiers lautete: »Jesus Christus – das *Leben* der Welt. Umkehr aus der Gefangenschaft des Todes zu den Mächten des Lebens.« Protokoll Lewek der Sitzung des Ausschusses »Kirche und Gesellschaft« am 28.5.1983 in Berlin, EZA Berlin, 101/93/52. Die KKL beschloß: »Sie begrüßt das Anliegen und stellt fest, daß der Inhalt und die Verwendung dieses Beitrages nicht von den entsendenden Kirchen, sondern von den Delegierten verantwortet werden, die ihn beschlossen haben.« Protokoll Lewek-Demke-Radke über die 87. Tagung der Konferenz der Evangelischen Kirchenleitungen in der DDR am 1./2.7.1983 in Berlin, EZA Berlin, 101/93/233.

289 Hans Norbert Janowski, Einladung zum Brückenbau, in: Ev. Komm. 16 (1983), 470.
290 Information über Verlauf und Ergebnisse der VI. Vollversammlung des Ökumenischen Rates der Kirchen (ÖRK) in Vancouver/Kanada, SAPMO-BA ZPA IV B2/14/198.
291 Vgl. Vermerk Lingner über die Zusammenkunft der Beratergruppe am 8.9.1983, EZA Berlin, 4/92/15.
292 Vgl. ebd.
293 Vgl. Protokoll Gienke-Lewek-Ziegler vom 29.8.1983 über die 155. Sitzung des Vorstandes am 22.8.1983 in Potsdam, EZA Berlin, 101/93/243.
294 Am Abend des 2. September traf sich IMB »Sekretär« mit MfS-Oberst Wiegand (BStU Berlin, Recherche-Ergebnisse zum IM »Sekretär«, Stand 12.4.1994, 184).
295 Vgl. Protokoll Gienke-Ziegler-Günther über die 88. Tagung der Konferenz der Evangelischen Kirchenleitungen in der DDR am 2./3.9.1983 in Berlin, EZA Berlin, 101/93/234. Vgl. auch MfS-Information vom 25.8.1983 über Schmidts Aufenthalt. Als Quelle wird IMB »Sekretär« angegeben (Anlagen zum Bericht des Brandenburgischen Untersuchungsausschusses 1/3 vom 29.4.1994, Teil A, Anlage 121).
296 Information Gysi vom 5.9.1983 mit Begleitschreiben an Honecker vom gleichen Tag. BA, Abt. Potsdam, O-4, 998. Am 4.9.1983 während eines nachmittäglichen Gespräches mit Kirchenvertretern soll Schmidt auf die Frage nach Empfehlungen für das Verhalten von Christen in der DDR entgegnet haben, »niemand könne von ihm erwarten, daß er in einem Lande, wo er Gast ist, sich etwas anmaße, was ihm nicht zustehe. Er war schon immer dafür, daß man auch seine Gesprächspartner verstehen müsse. Einer müsse den anderen achten, anhören und immer wieder versuchen, das Beste daraus zu machen.« RdB Frankfurt (Oder), Sektor Kirchenfragen, Sofortinformation Naundorf vom 8.9.1983 an Staatssekretariat für Kirchenfragen über Gespräch des Stellvertretenden für Inneres im Rat der Stadt Frankfurt (Oder) mit Superintendent Hanschel am 8.9.1983, BA, Abt. Potsdam, O-4, 1192.
297 Vgl. Protokoll Hempel-Ziegler-Lewek vom 25.10.1983 über die 156. Sitzung des Vorstandes am 13.10.1983 in Berlin, EZA Berlin, 101/93/243.
298 Vermerk Ziegler vom 23.9.1983 über Gespräch mit Hauptabteilungsleiter Heinrich am 22.9.1983 (15.15-17.45 Uhr), EZA Berlin, 101/93/3.
299 Vgl. Protokoll Hempel-Ziegler-Lewek vom 25.10.1983 über die 156. Sitzung des Vorstandes am 13.10.1983 in Berlin, EZA Berlin, 101/93/243. Vgl. auch KiS 5/83, 61.
300 Vgl. das Schreiben des Fraktionsgeschäftsführers Werner Kunze an Heinrich vom 12.8.1983, LKA Hannover, D 15 XII, C 5030.
301 Schreiben Zeddies an Heinrich vom 28.9.1983, LKA Hannover, D 15 XII, C 5030. Eine Begegnung zwischen Zeddies und einer Delegation der Arbeitsgruppe Deutschlandpolitik und Berlinfragen der CDU/CSU-Bundestagsfraktion kam allerdings zustande. Vgl. das Schreiben ihres Vorsitzenden Eduard Lintner an Zeddies vom 3.11.1983, in dem er die Übersendung eines Kreuzes als nachträgliches Geschenk ankündigte. LKA Hannover, D 15 XII, K 82/485/IV.
302 Information Wilke vom 18.9.1983 über ein Gespräch mit Landesbischof D. Hans von Keler, Stuttgart, am 17.9.1983, BA, Abt. Potsdam, O-4, 998.
303 Der aus Vancouver am 10.8.1983 geschriebene Brief ist abgedruckt in KJ 1983, 57 f. Bundeskanzler Kohl antwortete am 19.9.1983, vgl. a.a.O., 58-60; auch mit Unterschrift Kohls in BA, Abt. Potsdam, O-4, 427; Erich Honecker verzichtete auf eine schriftliche Antwort, ließ Lohse jedoch ausrichten, er wolle mit den Kirchen weiter im Gespräch bleiben. Vgl. KJ 1983, 60. Auf dem Dresdener Kirchentag im Juli 1983 war in einer Arbeitsgruppe ein Brief an Kohl und Honecker formuliert worden, der »neutralistische« Positionen enthielt und nach SED-staatlicher Einschätzung die Politik der Bundesregierung nicht genügend kritisierte. Aufgrund der Intervention »realistische[r] Kirchenvertreter« gelang eine Verabschiedung des Papiers nicht. Information Hans Modrow, 1. Sekretär, über den Verlauf des Kirchenkongresses und -tages der Evangelisch-Lutherischen Landeskirche Sachsens vom 7. bis 10.7.1983 in Dresden, PDS-Archiv Dresden, IV E-2.14-676.

304 Vermerk Domsch-Ziegler über die 15. Konsultation zwischen BEK und EKD am 1./2.12.1983 in Berlin, EZA Berlin/93/259.
305 Vgl. Wort des Rates der Evangelischen Kirche in Deutschland zur Friedensdiskussion im Herbst 1983 vom 20.9.1983, in: KJ 1983, 259-263.
306 Vermerk über die 15. Konsultation zwischen BEK und EKD am 1./2.12.1983, EZA Berlin, 101/93/259.
307 Ebd.
308 Vgl. Landesbischof Dr. Johannes Hempel: Ansprache beim Luther-Festakt (30.10.1983), in: KJ 1983, 58-60; auch in ders., Kirche wird auch in Zukunft sein, 141-143. In dem einleitenden Kommentar dazu (KJ 1983, 58) heißt es: »Als einziger Redner lenkte er [scil. Hempel] das Augenmerk auf die politische Situation, den Zusammenhang von Luthergedächtnis und Friedensfrage. Nicht zuletzt die bedächtige, einzelne Passagen stark hervorhebende Vortragsweise (›Wir sprechen darüber mit unserer Regierung‹) ließ bei vielen den Eindruck entstehen, Hempel habe bewußt die Haltung der EKD kritisieren wollen. Zwischen den Zeilen kann man noch im nachhinein manches lesen; viele Aussagen dieser überaus interessanten Rede bieten Ansätze zu einer unterschiedlichen Interpretation und gewinnen erst im Kontext anderweitiger Äußerungen ihre Eindeutigkeit. Nicht zufällig erschienen in der Presse Schlagzeilen wie diese: ›DDR-Bischof Hempel fordert Abrüstungsschritte‹; und ein Kenner der Szenerie überschrieb seinen Kommentar – wohl unter Anspielung auf die Empörung etlicher EKD-Vertreter über die bisherige Praxis widersprechende Einmischung Hempels in Probleme der EKD – mit der Schlagzeile ›Ein sächsischer Bischof erschüttert die Lutherfeier‹.« Vgl. zu dem Vorgang auch E. Lohse, Erneuern und Bewahren, 132 f. Klaus Gysi übermittelte den Wortlaut der Rede Hempels am 1.11.1983 an Honecker. Vgl. SAPMO-BA ZPA I IV J/99. Hempel erklärte kurz darauf beim Rat des Bezirkes Dresden,»daß Kirche als Institution sich nur schwer zu eindeutiger Parteinahme entschließen können. Einzelne, auch Herausgehobene, hingegen könnten schon einiges riskieren. Er verwies [...] auf seine Wormser Rede«. RdB Dresden, Sektor Staatspolitik in Kirchenfragen, Vermerk Lewerenz vom 16.11.1983 über Gespräch des Vorsitzenden des Rates des Bezirkes, Genossen Witteck, mit Landesbischof Dr. Dr. h. c. Hempel am 14.11.1983, 10.00-13.30 Uhr, PDS-Archiv Dresden, IV E-2.14-671, auch a.a.O., IV E-2.14-673.
309 Vgl. im übrigen auch den Beitrag des Synodalen Wutzke auf der BEK-Synode 1984 in Greifswald: »Ich bedaure ganz sehr und deutlich – Sie hoffentlich auch –, daß es intensive Gespräche mit den Synodalen der westdeutschen Kirche in der Weise nicht gegeben hat vor einer Entscheidung der Synode in Worms. Die Entscheidung in Worms, die sich dahingehend ausgesprochen hat für eine Stationierung, ist meines Erachtens eine furchtbare Belastung, nicht nur für die Kirche in der Bundesrepublik Deutschland, auch für uns hier in der DDR, und ich meine, wir müßten auch den Mut haben, einmal dem anderen etwas zu sagen, wenn wir der Meinung sind, daß wir es sagen müssen und daß es rechtens ist. Bescheidenheit ist eine Zier, aber ich weiß nicht, ob sie dem Evangelium immer so entspricht. Hier sehe ich ein großes Versagen eben auch unsererseits. Warum haben wir nicht auf der Bundessynode in Hermannswerder in Potsdam oder auch schon auf anderen Synoden dahingehend versucht, etwas zu sagen, daß geschlossene Delegationen zu der Kirche in der Bundesrepublik fahren, um mit ihnen zu reden. Um so dankbarer müssen wir natürlich unserem Bischof und Vorsitzenden Dr. Hempel sein, daß er, wenn auch fünf Minuten vor zwölf, in Worms diese entscheidenden Worte, die er dort gesprochen hat, eben gesagt hat.« Tonbandnachschrift, EZA Berlin, 101/93/843.
310 Das Wort des Rates der EKD zur Friedensdiskussion im Herbst 1983 vom 20.9.1983 ist abgedruckt in KJ 1983, 45-49.
311 Vermerk Domsch-Ziegler vom 19.1.1984 über die 15. Konsultation zwischen BEK und EKD am 1./2.12.1983, EZA Berlin, 101/93/259.
312 Vgl. Vermerk Lingner über die Sitzung der Beratergruppe am 2.12.1983, EZA Berlin, 4/92/15. Vgl. auch zur Vorbereitung auf BEK-Seite Protokoll Hempel-Ziegler vom

17.11.1983 über die 157. Sitzung des Vorstandes am 16.11.1983 in Berlin, EZA Berlin, 101/93/243.
313 Vgl. hierzu Vermerk Wilke vom 13.10.1983 über ein Gespräch des Staatssekretärs mit Bischof Dr. Hempel am 10.10.1983, BA, Abt. Potsdam, O-4, 1437 sowie Abt. Auslandsinformation, Vermerk vom 27.10.1983 über ein Gespräch mit Vertretern des Bundes der Evangelischen Kirchen am 19.10.1983, SAPMO-BA ZPA IV B2/14/83.
314 Vgl. Vermerk Ziegler vom 13.10.1983 über Gespräch mit Hauptabteilungsleiter Heinrich am 12.10.1983 (13.30-15.05 Uhr), EZA Berlin, 101/93/3.
315 Vgl. Vermerk Domsch-Ziegler vom 19.1.1984 über die 15. Konsultation zwischen BEK und EKD am 1./2.12.1983, EZA Berlin, 101/93/259. Vgl. auch epd-Dok 43/83 vom 10.10.1983 und KiS 4/83, 6 f.
316 Vermerk Lingner über die Sitzung der Beratergruppe am 2.12.1983, EZA Berlin, 4/92/15.
317 Hingegen bezeichnete Kirchenpräsident Natho auf dem Magdeburger Kirchentag Ende Juni 1983 das Ost-CDU-Organ »Neue Zeit« als »die beste Zeitung [...] Während seines Studiums hätte sie gegen die Kirche geschrieben. Heute informiert sie für und über die Kirche.« Erste Information über den Verlauf des evangelischen Kirchentages in Magdeburg vom 23. bis 26.6.1983, SAPMO-BA ZPA IV B2/14/18.
318 Vgl. J. Hempel, Antwort auf Anfragen zum Bericht der Konferenz der Kirchenleitungen auf der Synode des Bundes der Evangelischen Kirchen vom 16.-20.9.1983 in Potsdam, in: ders., Kirche wird auch in Zukunft sein, 128-131.
319 Greifswalds Bischof Gienke berichtete im Dezember 1983, eine »kleine Mehrheit« versuche »nach wie vor [...], den Bund der Evangelischen Kirchen zum Pazifismus theologisch festzulegen. Bischof Dr. Gienke betonte aber, daß es genügend Kräfte im Bund gibt, die sich einer derartigen theologischen Begründung widersetzen würden.« RdB Rostock, Stellvertreter des Vorsitzenden für Inneres, Information Haß vom 3.1.1984 über die am 29.12.1983 stattgefundene Begegnung des Stellvertreters des Vorsitzenden des Rates des Bezirkes für Inneres, Gen. Haß, mit dem Bischof der Greifswalder Landeskirche, Dr. Gienke, BA, Abt. Potsdam, O-4, 789.
320 Die Mecklenburgische Kirchenzeitung durfte die entsprechenden Passagen aus dem Synodalbeschluß nicht abdrucken. Vgl. Aktennotiz über Vorgänge im Zusammenhang mit der Berichterstattung über die Bundessynode; Schreiben Oberkirchenrat Siegert an den Leiter des Presseamtes beim Vorsitzenden des Ministerrates der DDR, Blecha, vom 3.10.1983; Beschwerdeschreiben Ziegler an Staatssekretär für Kirchenfragen vom 24.10.1983, EZA Berlin, 101/93/121. Vgl. den Raketenbeschluß der Bundessynode in epd-Dok 43/83, 66.
321 Arbeitsgruppe Kirchenfragen, September 1983, Information über die 3. Tagung der IV. Synode des Bundes der Evangelischen Kirchen in der DDR (BEK) vom 16.-20.9.1983 in Potsdam-Hermannswerder, SAPMO-BA ZPA IV B2/14/91. Vgl. die Äußerungen Leichs und Demkes auf der Bundessynode in epd-Dok 43/83, 56-59. Vgl. außerdem den Beschluß der Synode zur Einrichtung von Beratungsstellen, a.a.O., 63-65, insbes. 65.
322 Information über die 3. Tagung der IV. Synode des BEK 16.-20.9.1983, Potsdam-Hermannswerder, BA, Abt. Potsdam, O-4, 786.
323 Vgl. Dresden, den 21.11.1983, Kurzfassung einer Beratung, die Genosse R. Bellmann am 11. November mit den Mitarbeitern der Bezirksleitung für Kirchenfragen durchführte, PDS-Archiv Dresden, IV E-2.14-833.
324 Aus dem Bezirk Gera verlautete, Leich würde an der kirchlichen Basis vermehrt als »zu staatsloyal, zu ›links‹« angesehen. Vgl. Abt. II, Sofort-Information Gräfe vom 20.2.1984, BA, Abt. Potsdam, O-4, 948.
325 Zu einer Stärkung des kirchlichen Selbstbewußtseins mag auch der kontinuierliche Rückgang der Kirchenaustritts- und die damit verbundene Stabilisierung der Mitgliederzahlen zumindest im Bezirk Dresden beigetragen haben. Vgl. Information über Kirchenaustritte 1976-1982 im Bezirk Dresden (14.1.1983) mit dem Urteil: »Die Landeskirche Sachsen hat sich in gewisser Weise stabilisiert.« PDS-Archiv Dresden, IV

E-2.14-666. Zu einer ähnlichen Wertung gelangte Hans Modrow auch nach dem Dresdener Kirchentag: »Es deutet sich damit die Tendenz an, daß die sächsische Landeskirche weiter mit einer fest geschlossenen Anhängerschaft rechnen kann.« Information Hans Modrow, 1. Sekretär, über den Verlauf des Kirchenkongresses und -tages der Evangelisch-Lutherischen Landeskirche Sachsens vom 7. bis 10.7.1983 in Dresden, PDS-Archiv Dresden, IV E-2.14-676. Innerkirchlich stellte man einen Anstieg der Kirchensteuereinnahmen fest. Vgl. Niederschrift Günther vom 3.7.1983 über das Treffen der Präsidien am 28./29.5.1983 in Templin (Waldhof), EZA Berlin, 101/93/308.

326 Arbeitsberatung bei Staatssekretär Gen. Gysi am 29.9.1983, PDS-Archiv Dresden, IV E-2.14-666.

327 Vgl. auch Vermerk Ziegler vom 23.9.1983 über Gespräch mit Hauptabteilungsleiter Heinrich am 22.9.1983 (15.15-17.45 Uhr). Dort hatte Heinrich geäußert: »Sie seien, ›um es gelinde zu sagen‹, sehr betroffen. Warum habe sich der Bischof auf diese Weise herausfordern lassen? Wie könne der Bischof in diesen Verallgemeinerungen reden ›die Bürger, die Jugend‹? Wolle er sich zum Sprecher für die Gesamtgesellschaft machen? Der kirchliche Zusammenhang seiner Ausführungen sei in weiten Passagen nicht mehr zu erkennen. Ziegler erläutert anhand konkreter, in den letzten Wochen im Sekretariat eingegangener Berichte, daß die Ausführungen des Bischofs sehr reale belegbare Erfahrungshintergründe haben. Heinrich erwidert, daß die Kirche gewisse Zeichen der Unreife der Gesellschaft, die auch dem Staat durchaus bewußt seien, nicht dazu benutzen dürfe, um politische Opposition zu machen.« EZA Berlin, 101/93/3.

328 Aktenvermerk Heinrich vom 28.9.1983, BA, Abt. Potsdam, O-4, 1220.

329 Abt. II, Vermerk Wilke vom 13.10.1983 über ein Gespräch des Staatssekretärs mit Bischof Dr. Hempel am 10.10.1983, BA, Abt. Potsdam, O-4, 1437; Vermerk Ziegler vom 12.10.1983 über Gespräch mit dem Staatssekretär für Kirchenfragen am 10.10.1983, 19.00 bis 21.00 Uhr, Gästehaus der Regierung, Johannisstraße, EZA Berlin, 101/93/3.

330 Vermerk Ziegler vom 12.10.1983 über Gespräch mit dem Staatssekretär für Kirchenfragen am 10.10.1983, 19.00 bis 21.00 Uhr, Gästehaus der Regierung, Johannisstraße, EZA Berlin, 101/93/3. Kirchenleute hatten den Eindruck, »daß nach der Potsdamer Synode die Stellung von Gysi sehr wacklig geworden wäre«. Schreiben Bezirksverwaltung für Staatssicherheit Dresden, Kreisdienststelle Görlitz, Naumann, an Generalmajor Böhme, Dresden, vom 31.8.1984, Information über die Sitzung des Präsidiums der Synode des Bundes der Evangelischen Kirchen in der DDR am 17.8.1984 in der Zeit von 15.00 bis 19.30 Uhr in Berlin, BStU, ASt. Dresden, AIM 6830/90, I/2.

331 Abt. II, Vermerk Wilke vom 13.10.1983 über ein Gespräch des Staatssekretärs mit Bischof Dr. Hempel am 10.10.1983, BA, Abt. Potsdam, O-4, 1437.

332 Vermerk Ziegler vom 12.10.1983 über Gespräch mit dem Staatssekretär für Kirchenfragen am 10.10.1983, 19.00 bis 21.00 Uhr, Gästehaus der Regierung, Johannisstraße, EZA Berlin, 101/93/3.

333 Vgl. LM 22 (1983), 452-455. Das ND druckte den Wortlaut des Interviews noch einmal ab.

334 Vgl. hingegen, mit Bezugnahme auf den KKL-Bericht in Potsdam, in den EZA-Beständen den Brief von Johannes R. Maywald, Berlin, an Hempel vom 1.6.1984: »Ich leide unter den Verdächtigungen, denen ich wegen meines aktiven gesellschaftlichen Engagements (besonders im Wohngebiet) immer wieder ausgesetzt bin.« EZA Berlin, 101/93/759.

335 Diese Passage fehlt im Vermerk Ziegler vom 12.10.1983 über Gespräch mit dem Staatssekretär für Kirchenfragen am 10.10.1983, 19.00 bis 21.00 Uhr, Gästehaus der Regierung, Johannisstraße, EZA Berlin, 101/93/3.

336 Abt. II, Vermerk Wilke vom 13.10.1983 über ein Gespräch des Staatssekretärs mit Bischof Dr. Hempel am 10.10.1983, BA, Abt. Potsdam, O-4, 1437. Gegenüber dem Rat des Bezirkes Dresden soll Hempel erklärt haben, »sein ›Standbein‹ sei Kirche in der sozialistischen Gesellschaft. Er stehe hier und wolle nirgendwo anders stehen. Das ›Spielbein‹ bedeute, daß er, ausgehend von seinem Standort in der sozialistischen Gesellschaft,

auch Kritisches sagen müsse.« RdB Dresden, Sektor Staatspolitik in Kirchenfragen, Vermerk Lewerenz vom 16.11.1983 über Gespräch des Vorsitzenden des Rates des Bezirkes, Genossen Witteck, mit Landesbischof Dr. Dr. h. c. Hempel am 14.11.1983, 10.00-13.30 Uhr, PDS-Archiv Dresden, IV E-2.14-671, auch a.a.O., IV E-2.14-673.

337 Vgl. Vermerk Ziegler vom 12.10.1983 über Gespräch mit dem Staatssekretär für Kirchenfragen am 10.10.1983, 19.00 bis 21.00 Uhr, Gästehaus der Regierung, Johannisstraße, EZA Berlin, 101/93/3.

338 So auch Rudi Bellmann im November 1983. Vgl. Dresden, den 21.11.1983, Kurzfassung einer Beratung, die Genosse R. Bellmann am 11. November mit den Mitarbeitern der Bezirksleitung für Kirchenfragen durchführte, PDS-Archiv Dresden, IV E-2.14-833.

339 Prinzipien und Maßnahmen für die weitere Durchsetzung der Staatspolitik in Kirchenfragen. Schlußfolgerungen aus der Tagung der 4. Synode des Bundes der Evangelischen Kirchen in der DDR, Beschluß PB 26.10.1983, SAPMO-BA ZPA IV B2/14/91. Vgl. auch das Protokoll der Politbürositzung vom 26.10.1983, TOP 21 und Anlage 24, SAPMO-BA ZPA J IV 2/2/2026.

340 Das Synodenpräsidium führte daraufhin auf seiner Sitzung am 24.10.1983 in Berlin erste Überlegungen, »wie sich die Tätigkeit der Medien während der Synodaltagung gestalten soll. Was entspricht der Sacharbeit der Synode und was nicht. Dies sollte mit den Pressemitarbeitern geklärt werden.« Protokoll Radke vom 12.1.1984, EZA Berlin, 101/93/206. Claus-Jürgen Roepke, Direktor der Evangelischen Akademie Tutzing, schrieb Christa Lewek am 5.12.1983: »Sie dürfen mir glauben, daß ich die Probleme, die die Kirchen in der DDR an dieser Stelle haben, aus meiner Zeit in der EKD und in der gesamtkirchlichen Publizistik sehr genau kenne. Dennoch vermag ich die pauschale Medienkritik seitens kirchenleitender Stellen nicht zu teilen – weder bei uns noch bei Ihnen. Aus meiner recht guten Kenntnis der gesamtkirchlichen, publizistischen und auch politischen Szenerie kann ich nur vehement davor warnen, das Problem rigide mit Hausverbot lösen zu wollen. Es gibt andere Möglichkeiten, um die Fernsehberichterstattung etwa bei Synoden in ihre Schranken zu weisen und ihr Hilfen für eine richtige Gewichtung zu geben. Darüber könnte und sollte man einmal nachdenken. Mit dem stichwortartigen Hinweis auf die ›ekklesiologischen Aspekte‹ einer Ausschließung von Presse, Funk und Fernsehen wollte ich nur andeuten, daß in dieser Frage nicht nur taktische und politische Überlegungen eine Rolle spielen können, sondern daß ein solches Verhalten zu Rückschlüssen darüber zwingt, wie das Verhältnis von Kirche und Gesellschaft/Kirche und Öffentlichkeit bestimmt wird.« EZA Berlin, 101/93/42.

341 Protokoll Hempel-Ziegler-Lewek vom 25.10.1983 über die 156. Sitzung des Vorstandes am 13.10.1983 in Berlin, EZA Berlin, 101/93/243.

342 Vgl. Schreiben AG Kirchenfragen, Bellmann, an Verner vom 10.11.1983, SAPMO-BA ZPA IV B2/14/116.

343 Zu Domschs Position in der sächsischen Landeskirche liegt vom Herbst 1983 eine Einschätzung der Dresdener Genossen vor: »Durch die umfangreichen Verpflichtungen des Landesbischofs Dr. Hempel konnte der Präsident des Landeskirchenamtes Domsch seinen Einfluß in der Landeskirche ausbauen. Er schätzt das Verhältnis Staat-Kirche pragmatisch und nüchtern ein und ist bestrebt, durch ein elastisches Reagieren in Einzelfragen die kirchlichen Einflußmöglichkeiten zu erhalten bzw. zu erweitern.« Dresden, den 20.10.1983, Konzeption für die Weiterführung der Kirchenpolitik von Partei und Regierung gegenüber den Kirchen und Religionsgemeinschaften im Bezirk Dresden, PDS-Archiv Dresden, IV E-2.14-666.

344 Vgl. auch Abt. II, Vorlage Braemer vom 16.12.1983 an die Dienstbesprechung am 22.12.1983, Information über Verlauf und Ergebnisse der Herbstsynoden der Evangelischen Landeskirchen in der DDR, BA, Abt. Potsdam, O-4, 411. Vgl. auch Dresden, den 20.10.1983, Konzeption für die Weiterführung der Kirchenpolitik von Partei und Regierung gegenüber den Kirchen und Religionsgemeinschaften im Bezirk Dresden, PDS-Archiv Dresden, IV E-2.14-666. Vgl. auch RdB Dresden, Sektor Kirchenfragen, 20.10.1983, Herbsttagung der 21. Landessynode der Ev.-Luth. Landeskirche Sachsens

vom 15.10.-19.10.1983, SHSta Dresden, BT/RdB Dresden (Zwibo), 44880. Vgl. die Beschlüsse der sächsischen Herbstsynode in epd-Dok 53/83, 1-21.
345 Vgl. Vermerk Domsch-Ziegler vom 19.1.1984 über die 15. Konsultation zwischen BEK und EKD am 1./2.12.1983, EZA Berlin, 101/93/259. Die Verhaftungen hingen mit kirchlicher Friedensarbeit zusammen. Auch in Weimar war es zu Verhaftungen gekommen, wie Bischof Leich berichtete. Vgl. Protokoll Hempel-Ziegler-Grengel über die 90. Tagung der Konferenz der Evangelischen Kirchenleitungen am 6./7.1.1984 in Berlin, EZA Berlin, 101/93/234; vgl. auch Protokoll Hempel-Ziegler-Herrbruck/von Rabenau über die 91. Tagung der Konferenz der Evangelischen Kirchenleitungen vom 9. bis 11.3.1984 in Bad Saarow, EZA Berlin, 101/93/235.
346 Auf die in Schulen und Betrieben durchgeführte Sammlung von Zustimmungserklärungen hatten Große und Demke während der Oktober-Sitzung der KKL aufmerksam gemacht. Vgl. Protokoll Hempel-Ziegler-Doyé über die 89. Tagung der Konferenz der Evangelischen Kirchenleitungen am 28./29.10.1983 in Berlin, EZA Berlin, 101/93/234.
347 In Greifswald und Magdeburg hatten Frauen bereits offizielle Aufforderungen zur Musterung erhalten. Vgl. Schreiben des Evangelischen Konsistoriums der Kirchenprovinz Sachsen an das Sekretariat des BEK vom 11.10.1983, EZA Berlin, 101/93/96; Protokoll Hempel-Ziegler-Lewek vom 25.10.1983 über die 156. Sitzung des Vorstandes am 13.10.1983 in Berlin, EZA Berlin, 101/93/243. Andernorts luden Wehrkreiskommandos Frauen zu Gesprächen zwecks Einberufungs- und Diensttauglichkeitsüberprüfung vor (vgl. hierzu auch Vermerk Ziegler vom 13.10.1983 über Gespräch mit Hauptabteilungsleiter Heinrich am 12.10.1983 [13.30-15.05 Uhr]: »Ziegler [...] weist darauf hin, daß sich hier unter Umständen schwerwiegende Konflikte anbahnen könnten.« EZA Berlin, 101/93/3). Das Staatssekretariat gab Ziegler zu verstehen, man habe in diesen Fällen lediglich nach der freiwilligen Wehrbereitschaft fragen wollen. Vgl. Niederschrift Mitzenheim-Küntscher über die Chefbesprechung am 26.10.1983 in Berlin, EZA Berlin, 101/93/250; Protokoll Hempel-Ziegler-Doyé über die 89. Tagung der Konferenz der Evangelischen Kirchenleitungen am 28./29.10.1983 in Berlin, EZA Berlin, 101/93/234. Die 20jährige Rostocker Studentin Christiane Beyer schrieb der Mecklenburgischen Landessynode am 31.10.1983: »Ich frage mich, wie lange es wohl noch dauern wird, daß die Musterungsaufforderung an mich herankommt. Und soll ich überhaupt erst so lange warten? Muß ich nicht eigentlich sofort handeln? Aber ich habe noch Angst vor dem Schritt, dem Wehrkreiskommando meine Wehrdienstverweigerung mitzuteilen. Obwohl diese Entscheidung für mich feststeht, scheue ich die Konsequenzen, die ja noch so im unklaren liegen. Deshalb suche ich das Gespräch mit anderen Mädchen und Frauen, in der ESG, in der Seminargruppe, im Freundeskreis. Dabei entdecke ich, daß viele so bestürzt und ratlos sind wie ich. Ich möchte Sie bitten, auf der Herbstsynode diese Problematik einzubringen und die beängstigenden Auswirkungen dieser neuesten Maßnahmen der Armee zu bedenken.« Abschrift in EZA Berlin, 101/93/96. Vgl. auch das Antwortschreiben des mecklenburgischen Oberkirchenratspräsidenten Müller vom 2.11.1983 mit einer ausführlichen Erläuterung der Rechtslage, a.a.O. Ein ähnliches Schreiben richtete der Oberkirchenrat Schwerin durch Müller am 4.11.1983 auch an die Landessuperintendenten Mecklenburgs, Abschrift a.a.O. Vgl. auch Aktennotiz über ein Gespräch mit Frau Bohley, Bärbel, durch Sektorenleiter Mußler, Berlin (Ost), am 15.9.1983. Es ging um die Gründung einer Initiative »Frauen für den Frieden«. Mußler wies dabei auf mögliche strafrechtliche Konsequenzen bei Fortsetzung der Aktivitäten hin: »In ihrer Erwiderung erklärte Frau Bohley, daß sie dieses Gespräch als eine an sie gerichtete Drohung betrachtet. So etwas hätte sie auch in der Vergangenheit schon erlebt. [...] Sie halte es für merkwürdig, fuhr Frau Bohley fort, daß ihr einerseits ein Zusammenwirken mit feindlichen Kräften vorgeworfen werde, andererseits jedoch ihre Teilnahme an einer Demonstration vor der amerikanischen Botschaft attackiert wird. [...] Statt ihr zu drohen, so wiederholte Frau Bohley, sollte man sich mit ihr unterhalten. Genosse Mußler erklärte abschließend, daß es in dem Gespräch nicht darum gehen kann, unterschiedliche Positionen auszudiskutieren, sondern ihr die staatliche Posi-

tion darzulegen.« BA, Abt. Potsdam, O-4, 587; SAPMO-BA ZPA IV B2/14/69. Die Kirchenleitung Berlin-Brandenburg plante Ende 1983, diesen Kreis an die Kirchengemeinde Alt-Pankow anzubinden. Vgl. Bericht zur kirchenpolitischen Situation in Berlin, Hauptstadt der DDR (entsprechend Rahmenplan der Dienststelle des Staatssekretärs für Kirchenfragen), Dezember 1983/Januar 1984, BA, Abt. Potsdam, O-4, 1129. Zu der Problematik Frauen und Friedensarbeit vgl. auch Teilbericht über die Konferenz christlicher Frauen aus Kirchen in sozialistischen Ländern vom 20.-25.4.1983 in Kiew, EZA Berlin, 101/93/85.

348 Vgl. Schreiben des Amtierenden KKL-Vorsitzenden Gienke an Honecker vom 29.10.1983. Honecker gab das Schreiben am 2.11.1983 in den Politbüroumlauf. SAPMO-BA ZPA J IV J/99; Schreiben auch in LKA Hannover, D 15 XII, Hauptgruppe 5, C 5001-2. Vgl. auch Protokoll Hempel-Ziegler-Doyé über die 89. Tagung der Konferenz der Evangelischen Kirchenleitungen am 28./29.10.1983 in Berlin, EZA Berlin, 101/93/234.

349 Vgl. Vermerk Domsch-Ziegler vom 19.1.1984 über die 15. Konsultation zwischen BEK und EKD am 1./2.12.1983, EZA Berlin, 101/93/259.; Vermerk Lingner über die Sitzung der Beratergruppe am 2.12.1983, EZA Berlin, 4/92/15.

350 Gysi hatte zuvor bestätigt, Wehrdienst für Frauen gebe es nur auf freiwilliger Basis. Hierauf könnten sich die betroffenen Frauen berufen. Vgl. Protokoll Hempel-Ziegler-Lewek vom 25.10.1983 über die 156. Sitzung des Vorstandes am 13.10.1983 in Berlin, EZA Berlin, 101/93/243. Vgl. auch bereits Ausführlicher Vermerk Demke vom 11.1.1983 über das Gespräch des Vorstandes der Konferenz mit dem Staatssekretär für Kirchenfragen über Fragen des Wehrdienstes am 10.1.1983, EZA Berlin, 101/93/3.

351 1984 konnte auf BEK-Seite festgestellt werden: »Inzwischen sei klargestellt, daß es sich nur um die Werbung von Freiwilligen gehandelt habe. Neue Fälle seien nicht bekannt geworden.« Vermerk Kupas über die Informationsbesprechung zu Wehrdienstfragen am 22.3.1984, EZA Berlin, 101/93/96. 1985 gab es im Cottbusser Raum in den Schulen Unterschriftensammlungen »zur Werbung für den freiwilligen Wehrdienst von Frauen.« Niederschrift Kupas-Sell vom 27.8.1985 über die Beratung Wehrdienstfragen am 12.6.1985 in Berlin, a.a.O.

352 Vgl. Schreiben BEK-Sekretariat, Ziegler, an die Mitglieder der KKL und an die leitenden Verwaltungsbehörden der Gliedkirchen vom 15.11.1983, LKA Hannover, D 15 XII, Hauptgruppe 5, C 5001-2. Vgl. auch RdB Dresden, Sektor Staatspolitik in Kirchenfragen, Vermerk Lewerenz vom 16.11.1983 über Gespräch des Vorsitzenden des Rates des Bezirkes, Genossen Witteck, mit Landesbischof Dr. Dr. h. c. Hempel am 14.11.1983, 10.00-13.30 Uhr, PDS-Archiv Dresden, IV E-2.14-671, auch a.a.O., IV E-2.14-673.

353 Bischof Gienke machte ein halbes Jahr später gegenüber Klaus Gysi Angaben über Kirchenstrukturen allgemein und in seiner Landeskirche: »Die Strukturen der protestantischen Kirche in Deutschland sind nach Meinung des Bischofs unglücklich verlaufen, da sie mehr oder weniger nur mit dem Korsett des Staatskirchentums behaftet waren. Die Ansätze der Herausbildung von Rangordnungen sind nach Meinung von Bischof Gienke bei der formalen Trennung von Staat und Kirche in der Zeit der Weimarer Republik im Spiel mit der Demokratie untergegangen. Die Strukturen in der protestantischen Kirche wurden nicht geschaffen, sondern aus dem Staatskirchentum hinübergerettet. Aus verständlichen Gründen könne die Kirche aber vom synodalen Prinzip nicht zurückweichen. Diese Probleme entstehen dann, wenn sich Synoden in politische Fragen einmischen, wo sie kein Mandat haben oder ihnen die Sachkenntnis fehlt. Deutlich wird dies immer, wenn es um die Staat-Kirche-Beziehungen oder um ausschließlich[e] Kompetenzfragen des Staates geht. Bestimmte Synodale wollen sich artikulieren. Sogenannte Wahrheits- oder Prinzipienfragen werden ›ausgereizt‹, so daß es dann mit der Lauterkeit und Ehrlichkeit einer Synode auch für manche Kirchenleitung kompliziert wird. Dabei kommen politische Akzentverschiebungen zustande, die keiner will und bei den staatlichen Organen berechtigte Zweifel an der Glaubwürdigkeit der Kirche entstehen lassen. Deshalb ist es auch von Bedeutung, daß realistisch denkende kirchenleitende Personen offen mit den Synodalen sprechen. Die staatlichen Organe sollen sich aber von solchen

Erscheinungen nicht irritieren lassen. Auch die Kirche leidet unter derartigen synodalen Entscheidungen, weil durch verantwortungsloses Umgehen mit der Synode die Vertrauenswürdigkeit der Kirche oder ihrer leitenden Vertreter verspielt wird. Der Bischof gab zu verstehen, daß in der Greifswalder Kirche geklärt ist, wer die politische Linie bestimmt. Die Kirchenleitung würde auch weiterhin bemüht sein, Tendenzen, die das Staat-Kirche-Verhältnis belasten, zurückzudrängen und den innerkirchlichen Polarisierungsprozeß weiter zu fördern.« RdB Rostock, Stellvertreter des Vorsitzenden für Inneres, Aktenvermerk Haß vom 8.3.1984 über ein Gespräch, das am 28.2.1984 der Staatssekretär für Kirchenfragen, Gen. Gysi, und der Stellvertreter des Vorsitzenden des Rates des Bezirkes Rostock für Inneres, Gen. Haß, mit Bischof Dr. Gienke führten, BA, Abt. Potsdam, O-4, 789; auch SAPMO-BA ZPA IV B2/14/131.

354 Vgl. Vermerk Domsch-Ziegler vom 19.1.1984 über die 15. Konsultation zwischen BEK und EKD am 1./2.12.1983, EZA Berlin, 101/93/259. Vgl. aber Abt. II, Vorlage Braemer vom 16.12.1983 an die Dienstbesprechung am 22.12.1983, Information über Verlauf und Ergebnisse der Herbstsynoden der Evangelischen Landeskirchen in der DDR, wo nur von einem Brief an Honecker die Rede ist, in dem zum Verzicht auf eine weitere Aufrüstung, auch wenn die Genfer Verhandlungen scheitern sollten, aufgefordert wurde. BA, Abt. Potsdam, O-4, 411. Der vom 6.11.1983 datierte Honeckerbrief trug die Unterschrift des Synodalpräses Affeld. Vgl. SAPMO-BA ZPA J IV J/99. Die neu zusammengesetzte Greifswalder Synode schätzte Präses Affeld als selbstbewußter als ihre Vorgänger ein. Vgl. Niederschrift Günther vom 3.7.1983 über das Treffen der Präsidien am 28./29.5.1983 in Templin (Waldhof), EZA Berlin, 101/93/308.

355 Stiers Amtsantritt war für den 1.7.1984 vorgesehen. Vgl. Abteilung Parteiorgane des ZK, Information vom 13.11.1983 über Aktivitäten während der »Friedensdekade 1983« der evangelischen Kirchen in der DDR und über besondere Vorkommnisse, SAPMO-BA ZPA IV B2/14/96. Die Einführung fand dann am 30.6.1984 in Schwerin statt. Vgl. Abt. II, Vorlage Gräfe vom 20.8.1984 an die Dienstbesprechung am 27.8.1984, Leitungsinformation 4/84, Sofort-Information an den Staatssekretär 31.8.1984, BA, Abt. Potsdam, O-4, 949. Das Staatssekretariat urteilte: »Stier gehört zu den Geistlichen, die in allgemeinen Fragen des Verhältnisses von Staat und Kirche loyal auftreten, aber auch immer wieder politische Vorbehalte äußern. [...] Stier ist seit 1977 Bundessynodaler und tritt dort die negativen Kräfte unterstützend auf. Er neigt zu – durch emotionale Einflüsse bedingt – spontanen Reaktionen.« Abt. II, Vorlage Braemer vom 16.12.1983 an die Dienstbesprechung am 22.12.1983, Information über Verlauf und Ergebnisse der Herbstsynoden der Evangelischen Landeskirchen in der DDR, BA, Abt. Potsdam, O-4, 411. Vgl. auch »Information über Pastor Christoph Stier. Er wurde am 12.11.1983 zum Landesbischof der Evangelisch-Lutherischen Landeskirche Mecklenburgs gewählt«, BA, Abt. Potsdam, O-4, 790. Stier nahm im Laufe des Jahres 1984 nach staatlicher Einschätzung jedoch eine »sichtbar [...] loyale Entwicklung«. Abt. II, Vorlage Braemer vom 11.12.1984 an die Dienstbesprechung am 17.12.1984, Information zu den Herbstsynoden 1984, BA, Abt. Potsdam, O-4, 949. Vgl. auch RdB Schwerin, Stellv. d. Vors. für Inneres, Schwoerke, Information vom 21.9.1984 über erstes Gespräch mit Landesbischof Stier am 20.9.1984. Stier soll gesagt haben, er müsse »erst lernen, die neue Ebene seines Wirkens und auch der Gesprächsführung zu erkennen. Sein Wunsch sei es, daß vor allem direkt zwischen den Verantwortlichen gesprochen wird. [...] Zugleich erklärte er, daß ihm daran gelegen sei, über Dinge jeweils sehr konkret zu sprechen. Das sei möglich, wenn das Grundvertrauen da ist. [...] Ihm gehe es darum, das Gute in Staat, Gesellschaft und Politik auch als gut zu benennen, aber auch auf das aufmerksam zu machen, was noch besser gemacht werden könnte. [...] Insgesamt war der Landesbischof ein aufgeschlossener und kontaktfreudiger Gesprächspartner. Als der Landesbischof das Gebäude des Rates des Bezirkes betrat, wirkte er zunächst etwas zurückhaltend und unsicher. Offensichtlich hatte er keine Vorstellung von solchem Gespräch. Die recht persönlich gehaltene Begrüßung durch Genossen Schwoerke wirkte beruhigend auf ihn. Er zeigte sich dankbar für das Verständnis, das ihm auf dieser für ihn neuen Gesprächsebene entgegengebracht wurde. So konn-

te sich eine freimütige Gesprächsatmosphäre entwickeln. Landesbischof Stier vertrat zu den angesprochenen politischen Fragen einen insgesamt positiven Standpunkt. Er beurteilte die internationale Lage realistisch, gab allerdings zu bedenken, daß er kein Politiker sei und ihm manches in der Beurteilung schwerfalle. Zur DDR und zu ihrer 35-jährigen Entwicklung äußerte er ebenso positive Meinungen wie z. B. zu den intensiven Friedensbemühungen unserer Regierung und vor allem des Staatsratsvorsitzenden, Genossen Erich Honecker. [...] Im Ergebnis des ersten Gespräches mit Landesbischof Stier ist einzuschätzen, daß er eine politisch ausgewogene Haltung zeigte, jegliche Konfrontation vermied und immer wieder zu erkennen gab, seine Verantwortung umfassend und konkret wahrzunehmen. [...] Ihm sagte die lockere Art der Gesprächsführung sowie die beiderseitige Offenheit bei der Diskussion der aufgeworfenen Fragen sichtlich zu. Die von Landesbischof Stier gezeigte politische Haltung bietet Ansatzpunkte für die weitere politische Gesprächsführung.« BA, Abt. Potsdam, O-4, 790. Vgl. auch RdB Rostock, Stellvertreter des Vorsitzenden für Inneres, Information Haß vom 2.11.1984 über das am 30.10.1984 mit Landesbischof Stier geführte Gespräch:»Als eine wesentliche Prämisse eines geordneten, im beiderseitigen Interesse liegenden Staat-Kirche-Verhältnisses bezeichnete Stier, daß Kirche Kirche bleiben muß. [...] Ausdrücklich bekräftigte Landesbischof Stier, daß er interessiert sei, die guten Erfahrungen bei der Vervollkommnung des Staat-Kirche-Verhältnisses, wie sie sich in den letzten Jahren entwickelten, weiter auszubauen. Die angebotene Möglichkeit einer kontinuierlichen Gesprächsführung wurde als Ausdruck weitestgehender Übereinstimmung begrüßt. [...] Der Verlauf der ersten Begegnung mit Landesbischof Stier ließ erkennen, daß die Bereitschaft vorhanden ist, den Weg des 6.3. mitzuvollziehen. Offensichtlich ist er daran interessiert, keine Spannungen zu den staatlichen Organen zuzulassen. [...] Bestimmte Unsicherheiten bei seiner eigenen Profilierung als Bischof waren nicht zu übersehen. Persönliche Sorgen wie sein Wohnungsproblem [...] wurden zwar nicht vordergründig genannt, sind aber als ›Familienprobleme‹ vorhanden und sollten in der weiteren politischen Arbeit berücksichtigt werden. [...] Das Gespräch verlief in einer angenehmen und aufgeschlossenen Atmosphäre und war von optimistischen Aussagen gekennzeichnet.« A.a.O. Über beide Gespräche informierte der Bischof die KKL. Vgl. Protokoll Hempel-Ziegler-Doyé über die 95. Tagung der Konferenz der Evangelischen Kirchenleitungen in der DDR am 9./10.11.1984 in Berlin, EZA Berlin, 101/93/236.

356 Abt. II, Sofort-Information Handel vom 24.10.1983, BA, Abt. Potsdam, O-4, 411.
357 Wie Rechtsanwalt Schnur berichtete, stieg die Zahl dieser nachträglichen Verweigerer an. Die Gruppe setzte sich vor allem aus Facharbeitern, aber auch Mitarbeitern im Diakoniebereich und Fach- bzw. Hochschulabsolventen zusammen. Vgl. Niederschrift Küntscher vom 26.5.1983 über die Beratung Wehrdienstfragen am 26.5.1983 in Berlin, EZA Berlin, 101/93/96. Vgl. auch Niederschrift Kupas-Sell vom 27.8.1985 über die Beratung Wehrdienstfragen am 12.6.1985 in Berlin: »In evtl. stattfindenden Verhandlungen mit staatlichen Vertretern sollte die Unzufriedenheit der Kirche mit dieser rechtlich nicht gelösten Situation zum Ausdruck gebracht werden.« A.a.O.
358 Vgl. Abteilung Parteiorgane des ZK, Information vom 13.11.1983 über Aktivitäten während der »Friedensdekade 1983« der evangelischen Kirchen in der DDR und über besondere Vorkommnisse, SAPMO-BA ZPA IV B2/14/36.
359 Staatssekretär für Kirchenfragen, Abteilung II, Information Wilke vom 14.12.1983 über Verlauf und Ergebnisse der Herbstsynoden und der Friedensdekade der Evangelischen Landeskirchen in der DDR 1983, BA, Abt. Potsdam, O-4, 427.
360 Vgl. Staatssekretär für Kirchenfragen, Abteilung II, Information Wilke vom 14.12.1983 über Verlauf und Ergebnisse der Herbstsynoden und der Friedensdekade der Evangelischen Landeskirchen in der DDR 1983, BA, Abt. Potsdam, O-4, 427; Abt. II, Vorlage Braemer vom 16.12.1983 an die Dienstbesprechung am 22.12.1983, Information über Verlauf und Ergebnisse der Herbstsynoden der Evangelischen Landeskirchen in der DDR, BA, Abt. Potsdam, O-4, 411. Die Dresdener Genossen werteten: »Ob seine Zurückhaltung während der Herbsttagung der Synode der Landeskirche Sachsens schon

eine Antwort auf das staatliche Reagieren darstellt, kann noch nicht eingeschätzt werden.« Dresden, den 20.10.1983, Konzeption für die Weiterführung der Kirchenpolitik von Partei und Regierung gegenüber den Kirchen und Religionsgemeinschaften im Bezirk Dresden, PDS-Archiv Dresden, IV E-2.14-666. Vgl. auch RdB Dresden, Sektor Kirchenfragen, 20.10.1983, Herbsttagung der 21. Landessynode der Ev.-Luth. Landeskirche Sachsens vom 15.10.-19.10.1983, SHSta Dresden, BT/RdB Dresden (Zwibo), 44880. Vgl. die Beschlüsse der sächsischen Herbstsynode in epd-Dok 53/83, 1-21.

361 Von Schorlemmers kritischem Auftreten als Kurprediger im Greifswalder Kirchengebiet soll Bischof Horst Gienke sich ausdrücklich distanziert haben, was er auch Schorlemmer in einem persönlichen Gespräch verdeutlicht haben will. Vgl. Information Haß über die am 10.8.1983 stattgefundene Begegnung zwischen dem Stellvertreter des Vorsitzenden für Inneres des Rates des Bezirkes, Gen. Haß, und Bischof Dr. Gienke, BA, Abt. Potsdam, O-4, 789. In einem Gespräch mit einem Staatsfunktionär – der Name wurde durch das Archiv geschwärzt – soll Schorlemmer während der provinzsächsischen Synode in Halle geäußert haben, »daß der Antikommunismus ein entscheidender Punkt ist, der abgebaut werden muß, um die Friedensverständigung fortsetzen zu können. Er regte sich wieder auf über Äußerungen, die seitens der CDU/CSU-Koalition während der Bundestagsdebatte gemacht worden sind, und stellte dem gegenüber die ›tolle Rede von Brandt‹. Für ihn wäre das Schlimme, daß die USA-Politik darauf hinausläuft, Europa durch einen Ersteinsatz von Nuklearwaffen – und dazu dienen die Pershing II-Waffen eindeutig – auslöschen zu wollen, um die alleinige Weltmacht zu bleiben. Er formulierte seine grundsätzliche Zustimmung zum Schlußwort der 7. Tagung wie auch zur Andropow-Rede, die im ersten Teil zwar schlimm sei – aber jeder müßte wissen, daß die Ankündigungen nicht ohne Reaktion bleiben, bei der Veränderung der Lage –, deren zweiter Teil aber ebenfalls gesehen werden muß.« Pausengespräch des Genossen [Name geschwärzt] mit Bischof Dr. Demke während der 8. Tagung der IX. Synode der KPS in Halle, LPA Halle, IV E-2/14/579.

362 Vgl. Staatssekretär für Kirchenfragen, Abteilung II, Information Wilke vom 14.12.1983 über Verlauf und Ergebnisse der Herbstsynoden und der Friedensdekade der Evangelischen Landeskirchen in der DDR 1983, BA, Abt. Potsdam, O-4, 427; Abt. II, Vorlage Braemer vom 16.12.1983 an die Dienstbesprechung am 22.12.1983, Information über Verlauf und Ergebnisse der Herbstsynoden der Evangelischen Landeskirchen in der DDR, BA, Abt. Potsdam, O-4, 411. Diese Spannungen zeigten sich auch in einem Gespräch beim RdB Halle, was die abschließende staatliche Wertung deutlich macht: »Im gesamten Gesprächsverlauf wurde deutlich, daß Bischof Dr. Demke um eine durch Offenheit, Sachlichkeit und Verständnis geprägte Position bemüht war, ein Abgleiten auf Randprobleme im wesentlichen unterließ und konstruktives Verhalten zu den aufgeworfenen Fragen einnahm. Im Gegensatz dazu versuchte OKR Dr. Schultze im Sinne früher erlebten Verhaltens von Bischof Krusche Randprobleme in belastender Weise zu Grundsatzfragen zu erheben und Bischof Dr. Demke in diese Richtung zu drängen.« Vgl. RdB Halle, Stellv. des Vorsitzenden für Inneres, Information Pöhner vom 24.10.1983 zum Gespräch des Vorsitzenden des Rates des Bezirkes Halle, Gen. Klapproth, mit dem Bischof der Ev. Kirche der Kirchenprovinz Sachsen, Dr. Demke, am 24.10.1983 im Gästehaus des Rates des Bezirkes, BA, Abt. Potsdam, O-4, 793. Zur Herbstsynode der Kirchenprovinz Sachsen vgl. die Beschlüsse in epd-Dok 53/83, 1-22.

363 RdB Leipzig, Stellvertreter des Vorsitzenden für Inneres, Information Reitmann vom 12.12.1983 über Gespräch des Vorsitzenden des Rates, Gen. Rolf Opitz, mit dem Bischof der Provinzsächsischen Kirche, Dr. Demke, und Oberkonsistorialrat Dr. Schultze sowie dem Stellvertreter des Vorsitzenden für Inneres, Gen. Dr. Reitmann, BA, Abt. Potsdam, O-4, 793. Auch 1984 war Demke nach staatlicher Einschätzung »weiterhin starkem Druck seitens politisch negativer Kräfte, im besonderen aus seinem unmittelbaren Umfeld, ausgesetzt [...]. Die Versuche halten an, den Bischof immer wieder in Zuspitzungen zwischen den örtlichen Staatsorganen und negativen Kräften hineinzuziehen. Diese Kräfte versuchen verstärkt, Dr. Demke zu manipulieren und zu kontrollieren.« Abt.

II, Vorlage Gräfe vom 20.8.1984 an die Dienstbesprechung am 27.8.1984, Leitungsinformation 4/84-Sofort-Information an den Staatssekretär 31.8.1984, BA, Abt. Potsdam, O-4, 949.
364 Vgl. Abt. II, Sofort-Information Gräfe vom 20.2.1984, BA, Abt. Potsdam, O-4, 948.
365 Vgl. Staatssekretär für Kirchenfragen, Abteilung II, Information Wilke vom 14.12.1983 über Verlauf und Ergebnisse der Herbstsynoden und der Friedensdekade der Evangelischen Landeskirchen in der DDR 1983, BA, Abt. Potsdam, O-4, 427. Vgl. den Beschluß der Greifswalder Synode, in epd-Dok 53/83, 30 f. und den Beschluß der Mecklenburger Synode, a.a.O., 27 f.
366 Vgl. Abt. II, Vorlage Braemer vom 16.12.1983 an die Dienstbesprechung am 22.12.1983, Information über Verlauf und Ergebnisse der Herbstsynoden der Evangelischen Landeskirchen in der DDR, BA, Abt. Potsdam, O-4, 411. Vgl. auch RdB Erfurt, Stellvertreter des Vorsitzenden für Inneres, Information vom 16.12.1983 zum Gespräch des Vorsitzenden des Rates des Bezirkes Erfurt, Genossen Richard Gothe, mit dem Landesbischof der Evangelisch-Lutherischen Kirche in Thüringen, Dr. Werner Leich, am 13.12.1983 im Rat des Bezirkes Erfurt. Leich soll geäußert haben:»Mit diesem Brief wollen wir versuchen, [...] der Resignation zu begegnen und auch die Regierung zu ermutigen, den Weg konstruktiver Verhandlungen weiter zu beschreiten.« SAPMO-BA ZPA IV B2/14/69. Vgl. auch Abt. II, Sofort-Information Gräfe vom 20.2.1984, BA, Abt. Potsdam, O-4, 948. Dennoch habe der Rat des Bezirkes die Synodalerklärung »als Verbreiten von Fatalismus durch Einbindung in religiöse Hoffnungsvorstellungen zurückgewiesen«, so Leich vor der KKL. Vgl. Protokoll Hempel-Ziegler-Grengel über die 90. Tagung der Konferenz der Evangelischen Kirchenleitungen am 6./7.1.1984 in Berlin, EZA Berlin, 101/93/234.
367 Vgl. auch, Götting positiv würdigend, Dresden, den 21.11.1983, Kurzfassung einer Beratung, die Genosse R. Bellmann am 11. November mit den Mitarbeitern der Bezirksleitung für Kirchenfragen durchführte, PDS-Archiv Dresden, IV E-2.14-833. Sachsens LKA-Präsident Domsch soll gegenüber Ullmann, Stellvertreter des Vorsitzenden für Inneres beim RdB Dresden, geäußert haben, »daß die Veranstaltungen bei den Vertretern der Kirchen guten Anklang gefunden haben und das staatliche Bemühen um die Lutherehrung sehr gewürdigt und anerkannt werde«. Schreiben Arbeitsgruppe Kirchenfragen, Bellmann, an Verner vom 10.11.1983, SAPMO-BA ZPA IV B2/14/116. Zur Vorbereitung des Abschlusses in Leipzig vgl. RdB Leipzig, Stellv. des Vorsitzenden des Rates für Inneres, Reitmann, Informationsbericht Staatspolitik in Kirchenfragen vom 10.10.1983, BA, Abt. Potsdam, O-4, 1116. Vgl. die Rede Göttings zum Festakt in der Ost-Berliner Staatsoper am 9.11.1983, in epd-Dok 53a/83, 1-6.
368 Vgl. Vermerk Domsch-Ziegler vom 19.1.1984 über die 15. Konsultation zwischen BEK und EKD am 1./2.12.1983, EZA Berlin, 101/93/259.
369 Information über Inhalt und Verlauf der Veranstaltungen der ev. Kirchen in der DDR anläßlich des 500. Geburtstages Martin Luthers am 10.11.1983 in Eisleben, SAPMO-BA ZPA IV B2/14/62. Die Predigt Demkes vom 10.11.1983 in Eisleben ist abgedruckt in epd-Dok 53a/83, 9-11.
370 In den Kirchen schien es diesbezügliche Befürchtungen gegeben zu haben. So soll Landesbischof Leich mehrfach entsprechende Anfragen gestellt haben. Auch im Bezirk Karl-Marx-Stadt gab es ähnliche Äußerungen. Vgl. Abt. II, Sofort-Information Gräfe vom 20.2.1984, BA, Abt. Potsdam, O-4, 948.
371 Vgl. Abt. II, Bericht Handel vom 28.12.1983 über die Dienstreise am 7.12.1983 nach Erfurt: »Der politische Nutzen in bezug auf das DDR-Bild der ökumenischen Gäste und ausländischer Touristen zu den Lutherehrungen kann gar nicht hoch genug eingeschätzt werden.« BA, Abt. Potsdam, O-4, 414.
372 Dresden, den 21.11.1983, Kurzfassung einer Beratung, die Genosse R. Bellmann am 11. November mit den Mitarbeitern der Bezirksleitung für Kirchenfragen durchführte, PDS-Archiv Dresden, IV E-2.14-833.
373 Der Staatsratsvorsitzende Honecker überreichte dem ÖRK-Generalsekretär eine Lutherbüste, deren Ausfuhr nach Genf allerdings problematisch wurde. Vgl. Vermerk

Ziegler vom 4.6.1984 über Gespräch im Staatssekretariat für Kirchenfragen am 1.6.1984, 11.10 bis 13.30 Uhr, EZA Berlin, 101/93/4.
374 Vgl. Leiter des Büros, Vorlage Dohle vom 19.12.1983 an die Dienstbesprechung am 2.12.1983, Leitungsinformation 6/83, BA, Abt. Potsdam, O-4, 411. Zur kirchlichen Würdigung des Lutherjahres in der DDR H. Zeddies in KJ 1983, 194-214; S. Bräuer in KiS 5/83, 32-35; vgl. auch J. Rogge in KiS 1-2/1983, 25-31.
375 Abteilung I, Konzeption Handel vom 27.10.1981 zur staatlichen Einflußnahme auf die Kirchentage 1983, BA, Abt. Potsdam, O-4, 410.
376 Leiter des Büros, Vermerk Dohle für den Staatssekretär vom 18.6.1982, BA, Abt. Potsdam, O-4, 454.
377 Vgl. Berlin, den 22.11.1982, Staatliche Positionen und Erwartungen zu den Kirchentagen 1983 (zur Erläuterung vor kirchlichen Verantwortungsträgern), a.a.O.
378 Vgl. Niederschrift Zollmann über die 12. Sitzung des Lutherkomitees der Evangelischen Kirchen in der DDR am 16.6.1982 in Berlin, EZA Berlin, 4/92/699.
379 Vgl. KiS 4/83, 68.
380 Dresden, den 25.5.1983, Einige erste Erfahrungen aus den Veranstaltungen in Eisenach, auf der Wartburg und des Kirchentages in Erfurt, PDS-Archiv Dresden, IV E-2.14-675.
381 Abt. II, Vorlage Handel vom 25.5.1983 an die Dienstbesprechung am 30.5.1983, Information zu politischen Tendenzen in der kirchlichen Jugendarbeit und Einschätzung der Rüstzeiten 1982, BA, Abt. Potsdam, O-4, 411.
382 Der Leiter des BEK-Sekretariats, Ziegler, berichtete Hauptabteilungsleiter Heinrich am 29.12.1983, offensichtlich übergebe die BEK-Sekretariatsmitarbeiterin Marina Krause wichtige vertrauliche Materialien an Westmedien. »Ziegler bat [Heinrich], ihm bei Bereitstellung von Beweisen behilflich zu sein, um endgültig dienstrechtlich gegen [...] Krause vorgehen zu können.« Aktenvermerk Heinrich vom 4.1.1984, BA, Abt. Potsdam, O-4, 1220. Im eigenen Aktenvermerk schrieb der BEK-Sekretariatsleiter: »Ziegler erklärt, daß dies eine unbewiesene Behauptung sei, durch die der Mitarbeiterin Unrecht getan werde, solange keine Beweise vorgelegt werden könnten. Heinrich nimmt das zur Kenntnis und meint, daß er dann wohl nächstens Beweise vorlegen müsse.« Vermerk Ziegler vom 30.12.1983 über Gespräch im Staatssekretariat für Kirchenfragen am 29.12.1983, 11.00-14.00 Uhr, EZA Berlin, 101/93/3. Greifswalds Bischof Gienke bezeichnete es als erschwerend, »daß Journalisten der BRD häufig politisch-negative Äußerungen, die am Rande der Synode gestanden haben, in ihren Veröffentlichungen in den Mittelpunkt stellen und dabei einer falschen Interpretation unterziehen.« RdB Rostock, Stellvertreter des Vorsitzenden für Inneres, Information Haß vom 3.1.1984 über die am 29.12.1983 stattgefundene Begegnung des Stellvertreters des Vorsitzenden des Rates des Bezirkes für Inneres, Gen. Haß, mit dem Bischof der Greifswalder Landeskirche, Dr. Gienke, BA, Abt. Potsdam, O-4, 789.
383 Hinsichtlich der Lutherehrungen hatte sich Leich auf der KKL-Sitzung im März erkundigt, wie man von seiten der Kirchen auf die Berichterstattung der Westmedien Einfluß nehmen könne. Vgl. Protokoll Stolpe/Gienke-Demke-Doyé/Kupas über die 85. Tagung der Konferenz der Evangelischen Kirchenleitungen in der DDR am 11.-13.3.1983 (Klausurtagung) in Bad Saarow, EZA Berlin, 101/93/233.
384 Dresden, den 25.5.1983, Einige erste Erfahrungen aus den Veranstaltungen in Eisenach, auf der Wartburg und des Kirchentages in Erfurt, PDS-Archiv Dresden, IV E-2.14-675.
385 Vgl. RdB Erfurt, Stellvertreter des Vorsitzenden für Inneres, Hartmann, Information vom 27.4.1983 über Gespräch mit Leich am 26.4.1983, BA, Abt. Potsdam, O-4, 1192.
386 Vgl. Vermerk Demke vom 8.6.1983 über Gespräch mit Hauptabteilungsleiter Heinrich am 25.5.1983: »Dr. Demke macht darauf aufmerksam, daß der Einsatz von Kräften der Staatssicherheit beim Kirchentag in Erfurt das Maß des Einsehbaren z. T. weit überschritten hat.« EZA Berlin, 101/93/3. Vgl. auch Protokoll Hempel-Demke vom 2.6.1983 über die 152. Sitzung des Vorstandes am 26.5.1983 in Dresden, EZA Berlin, 101/93/243.
387 Vgl. auch RdB Rostock, Stellvertreter des Vorsitzenden für Inneres, Information Haß

vom 4.1.1983 über das am 30.12.1982 geführte Gespräch mit Vertretern der Kirchenleitung der Greifswalder Landeskirche, BA, Abt. Potsdam, O-4, 789.

388 Rathkes für 1984 geplanter Rücktritt vom Bischofsamt war im Frühjahr 1983 auch dem Staatssekretariat für Kirchenfragen bekannt geworden. Vgl. Abt. II, Leitungsinformation 2/83 vom 21.4.1983, BA, Abt. Potsdam, O-4, 411. 1984 übernahm Rathke eine Pfarrstelle in Crivitz bei Schwerin. Vgl. Abt. II, Vorlage Gräfe vom 20.8.1984 an die Dienstbesprechung am 27.8.1984, Leitungsinformation 4/84, Sofort-Information an den Staatssekretär 31.8.1984, BA, Abt. Potsdam, O-4, 949.

389 Information über den Verlauf des Kirchentages der Evangelisch-Lutherischen Landeskirche Mecklenburg und der Greifswalder Kirche vom 10.-12. Juni 1983 in Rostock, SAPMO-BA ZPA IV B2/14/62. Vgl. auch SED-BL Dresden, Abteilung Staat und Recht, Niederschrift vom 20.6.1983 über den am 16.6.1983 mit Genossen aus den Bezirken Leipzig, Karl-Marx-Stadt und Cottbus geführten Erfahrungsaustausch zur Vorbereitung des Kongresses und Kirchentages vom 7.-10.7.1983 (Einschätzung Kraußer), PDS-Archiv Dresden, IV E-2.14-674.

390 Vgl. KiS 4/83, 70. Im Vorfeld des Kirchentages hatte sich Gysi vehement dagegen gewandt, daß Bischof Martin Kruse als Hauptreferent vorgesehen war. »Es würde eine falsche Optik geben, wenn er als Hauptreferent neben Forck auftritt.« Vermerk Demke über ein Gespräch mit dem Staatssekretär für Kirchenfragen am 20.4.1983, EZA Berlin, 101/93/3.

391 Zum Umgang mit diesem Friedenskreis vgl. Information über ein Gespräch des Stellvertreters des Oberbürgermeisters für Inneres, Genossen Hoffmann, mit Generalsuperintendent Krusche am 14.7.1983. Krusche schwächte die staatliche Kritik an den Aktivitäten des Friedenskreises zwar leicht ab, äußerte aber: »Kirchliches Friedenszeugnis muß immer politikfähig sein. D.h. auch, daß es immer die Interessen der anderen (in diesem Fall des Staates) bedenken muß. [...] Sein Ziel sei es, betonte Krusche, langfristig die ›stabilisierenden Elemente‹ zu unterstützen. Er habe die Sache ›jedoch noch nicht so im Griff‹. Krusche betonte, ›was nicht im Guten geht, geht überhaupt nicht‹.« Aus diesen Äußerungen ergibt sich, daß Kirchenmänner nunmehr die staatliche Differenzierungspolitik als Modell für ihr Umgehen mit den Basisgruppen benutzten. BA, Abt. Potsdam, O-4, 587; SAPMO-BA ZPA IV B2/14/96.

392 Vgl. Bericht zur kirchenpolitischen Situation in Berlin, Hauptstadt der DDR; Juni/Juli 1983 (entsprechend Rahmenplan der Dienststelle des Staatssekretärs für Kirchenfragen), BA, Abt. Potsdam, O-4, 1129; vgl. auch Information über ein Gespräch des Oberbürgermeisters von Berlin, Genossen Erhard Krack, mit dem Bischof der Evangelischen Kirche Berlin-Brandenburg, Dr. Gottfried Forck, am 9.6.1983, BA, Abt. Potsdam, O-4, 1192; SAPMO-BA ZPA IV B2/14/122.

393 Vgl. Abt. II, Vorlage Handel vom 24.10.1983 an die Dienstbesprechung am 31.10.1983, Abschließende Information über den Verlauf und inhaltliche Schwerpunkte der Kirchentage 1983, BA, Abt. Potsdam, O-4, 411; SED-BL Frankfurt (Oder), den 19.6.1983, Erste politische Wertung der Vorbereitung und des Verlaufs des Evangelischen Kirchentages der Landeskirche in Berlin-Brandenburg vom 17. bis 19.6.1983 in Frankfurt (Oder), SAPMO-BA ZPA IV B2/14/62.

394 In einem Vorgespräch beim Rat des Bezirkes Halle hatte Krusche zwar zugesagt, bei eventuellem Mißbrauch der Kirchentagsveranstaltungen werde die Kirchenleitung einschreiten, und gebeten, staatliche Sicherheitsorgane um Zurückhaltung, da die Teilnehmer sich ohne Angst frei bewegen wollten. Vgl. RdB Halle, Sektor Kirchenfragen, Information Voigt vom 2.5.1983 zum Gespräch des Stellvertreters des Vorsitzenden für Inneres, Gen. Pöhner, mit dem Bischof der Ev. Kirche der Kirchenprovinz Sachsen, Dr. Krusche, am 2.5.1983 beim Rat des Bezirkes Halle, LPA Halle, IV E-2/14/579.

395 Vgl. auch Information über den Verlauf des Evangelischen Kirchentages in der Lutherstadt Eisleben vom 17. bis 19.6.1983: »Vereinzelte Konfrontationsversuche wurden durch die kirchlichen Vertreter selbst zurückgewiesen. Zugleich kann jedoch nicht übersehen werden, daß politisch-negative Kräfte aufgrund der toleranten Haltung be-

stimmter kirchenleitender Personen in der Provinzsächsischen Kirche einen größeren Spielraum als auf vorangegangenen Kirchentagen bzw. dem gleichzeitig stattfindenden Kirchentag in Frankfurt/Oder hatten.« SAPMO-BA ZPA IV B2/14/62.

396 Abt. II, Vorlage Handel vom 24.10.1983 an die Dienstbesprechung am 31.10.1983, Abschließende Information über den Verlauf und inhaltliche Schwerpunkte der Kirchentage 1983, BA, Abt. Potsdam, O-4, 411. Vgl. auch Erste Information über den Verlauf des evangelischen Kirchentages in Magdeburg vom 23. bis 26.6.1983: Es »organisierten mehrere Personen eine Unterschriftensammlung mit Forderungen nach umfassender Information über Umweltschäden in der DDR. Die Fortsetzung dieser Unterschriftensammlung im ›Offenen Dom‹ wurde durch Bischof Dr. Krusche untersagt und die Vernichtung bereits vorliegender Listen angeordnet.« SAPMO-BA ZPA IV B2/14/18. Vgl. auch KiS 4/83, 71.

397 Vgl. auch die Frage nach der Benutzung des Dynamostadions. RdB Dresden, Stellvertreter des Vorsitzenden für Inneres, Aktennotiz Ullmann vom 13.1.1983 über ein Gespräch mit dem Präsidenten des Landeskirchenamtes Sachsen, Domsch, am 7.1.1983, PDS-Archiv Dresden, IV E-2.14-671. Zur Vorbereitung aus SED-Perspektive vgl. auch Dresden, den 25.3.1983, Argumentation über das Ziel, den Inhalt und den Verlauf des Kirchentagskongresses und den Kirchentag der Evangelisch-Lutherischen Landeskirche Sachsens in der Zeit vom 7. bis 10.7.1983 in der Stadt Dresden, PDS-Archiv Dresden, IV E-2.14-679. Vgl. auch Christlich-Demokratische Union, Bezirksverband Dresden, Informationen vom 5.5.1983 zur Vorbereitung des Kirchenkongresses und Kirchentages, PDS-Archiv Dresden, IV E-2.14-676.

398 Vgl. SED-BL Dresden, Abteilung Staat und Recht, Niederschrift vom 20.6.1983 über den am 16.6.1983 mit Genossen aus den Bezirken Leipzig, Karl-Marx-Stadt und Cottbus geführten Erfahrungsaustausch zur Vorbereitung des Kongresses und Kirchentages vom 7.-10.7.1983, PDS-Archiv Dresden, IV E-2.14-674. Vgl. auch Christlich-Demokratische Union, Bezirksverband Dresden, Informationen Krätzig vom 5.5.1983 zur Vorbereitung des Kirchenkongresses und Kirchentages:»Neben den Befürwortungen der Kongreßbewegung gibt es eine ebenso große Zahl von Ablehnungen, die ›Kirchentagseuphorie und -rummel‹ als dem Auftrag der Kirche nicht entsprechend ansehen. Es wird gefragt, wieso die Kirche einen derart unvertretbar hohen Aufwand an Geld, Material, Zeit und Arbeitskraft für ein paar Tage treibt.« PDS-Archiv Dresden, IV E-2.14-676.

399 Vgl. Christlich-Demokratische Union, Bezirksverband Dresden, Informationen Krätzig vom 5.5.1983 zur Vorbereitung des Kirchenkongresses und Kirchentages, a.a.O.

400 Vgl. SED-BL Dresden, Abteilung Staat und Recht, Niederschrift vom 20.6.1983 über den am 16.6.1983 mit Genossen aus den Bezirken Leipzig, Karl-Marx-Stadt und Cottbus geführten Erfahrungsaustausch zur Vorbereitung des Kongresses und Kirchentages vom 7.-10.7.1983, PDS-Archiv Dresden, IV E-2.14-674.

401 Vgl. Abt. II, Vorlage Handel vom 24.10.1983 an die Dienstbesprechung am 31.10.1983, Abschließende Information über den Verlauf und inhaltliche Schwerpunkte der Kirchentage 1983, BA, Abt. Potsdam, O-4, 411.

402 Vgl. Dresden, den 1.8.1983, Einschätzung des Kongresses und Kirchentages in Dresden vom 7.-10.7.1983, PDS-Archiv Dresden, IV E-2.14-674.

403 KiS 4/83, 72, nennt 100 000 Besucher. Vgl. auch RdB Dresden, Org.-Büro Kirchentag, Vermerk Lewerenz vom 10.7.1983 über Abschlußveranstaltung zum Kirchentag 10.7.1983, 14.00-15.45, PDS-Archiv Dresden, IV E-2.14-676.

404 Vgl. SED-BL Dresden, Abteilung Staat und Recht, Niederschrift vom 20.6.1983 über den am 16.6.1983 mit Genossen aus den Bezirken Leipzig, Karl-Marx-Stadt und Cottbus geführten Erfahrungsaustausch zur Vorbereitung des Kongresses und Kirchentages vom 7.-10.7.1983, PDS-Archiv Dresden, IV E-2.14-674. Laut einer Information des MfS schickte das LKA Dresden Pfarrer, die als »Unsicherheitsfaktoren« galten, darunter auch Jürgen Döbler, im Juli 1983 zu einem Studienkurs in das Pastoralkolleg Krummhennersdorf. Somit war den Betreffenden eine Teilnahme am Kirchentag nicht möglich.

Anmerkungen zu der Seite 49

Vgl. KD-Dresden-Land, Tonbandbericht »Hans Gabel«, Betr.: Pfarrer Döbler, Jürgen, aus Radebeul vom 5.7.1983, BStU Dresden, OV »Camping«, Reg.-Nr. XII 3029/81.

405 Information Hans Modrow, 1. Sekretär, über den Verlauf des Kirchenkongresses und -tages der Evangelisch-Lutherischen Landeskirche Sachsens vom 7. bis 10.7.1983 in Dresden, PDS-Archiv Dresden, IV E-2.14-676.

406 Hempel wurde in Sachsen immer stärker als ›basisfremd‹ hingestellt. Vgl. Abt. II, Sofort-Information Gräfe vom 20.2.1984, BA, Abt. Potsdam, O-4, 948.

407 Vgl. Abt. II, Vorlage Handel vom 24.10.1983 an die Dienstbesprechung am 31.10.1983, Abschließende Information über den Verlauf und inhaltliche Schwerpunkte der Kirchentage 1983, BA, Abt. Potsdam, O-4, 411. Vgl. auch RdB Dresden, Org.-Büro Kirchentag, Vermerk Lewerenz vom 10.7.1983 über Kontakte mit Kirchenleitung und Kirchenausschuß während Kongreß und Kirchentag: »Während des gesamten Verlaufes war eine ständige Verbindung zwischen dem Rat des Bezirkes und verantwortlichen Vertretern der Kirche gewährleistet. Hinweise der staatlichen Organe wurden vorbehaltlos akzeptiert, und bei Notwendigkeit wurde unverzüglich reagiert. [...] Im Zusammenhang mit der vorläufigen Festnahme des Burkhardt wurden alle entstehenden Fragen ebenfalls mit Präsident Domsch sowie mit OKR Schlichter beraten und geklärt. Beide Herren waren zu jeder Tages- und Nachtzeit bereit, persönlichen Kontakt mit den staatlichen Organen aufzunehmen. [...] Hinweise an Präsident Cieslak, daß der ›Markt der Möglichkeiten‹ durch den ›Arbeitskreis Umweltschutz‹ mißbraucht wurde, um Bürger zu Eingaben an staatlichen Stellen über Umweltprobleme zu veranlassen, führten zur unverzüglichen Unterbindung dieser Aktivitäten. [...] Ebenfalls auf staatliche Hinweise begab sich Präsident Cieslak am 9.7.1983 zum ›Abend der Begegnung‹ und setzte sowohl die Entfernung eines Transparentes durch, auf dem das Vertrauen zum Staat verneint wurde, und unterband die Verteilung von Handzetteln durch einen Arbeitskreis aus Naumburg.« PDS-Archiv Dresden, IV E-2.14-676; undatiert und ohne Verfasserangabe auch a.a.O., IV E-2.14-674; auch Information Hans Modrow, 1. Sekretär, über den Verlauf des Kirchenkongresses und -tages der Evangelisch-Lutherischen Landeskirche Sachsens vom 7. bis 10.7.1983 in Dresden, PDS-Archiv Dresden, IV E-2.14-676. Feministischen und homosexuellen (deren Betätigung auf den Kirchentagen sahen die LKA- bzw. Konsistorialpräsidenten in der DDR als besonderes Problem an; Niederschrift Küntscher vom 14.4.1983 über die Chefbesprechung am 14.4.1983 in Berlin, EZA Berlin, 101/93/250) Arbeitskreisen sowie Wehrdienstverweigerern, kritischen Friedens- und Ökogruppen verwehrte die Kirchenleitung das Mitgestaltungsrecht auf dem Markt der Möglichkeiten. Teilnehmer kritisierten deshalb diese Veranstaltung häufig als steril. Auch die Ost-CDU wertete, die ansonsten »beobachtete Ausstrahlung und Lebendigkeit des ›Marktes der Möglichkeiten‹ erfuhr durch strikte Auflagen der kirchlichen Veranstalter erhebliche Einbuße[n].« Christlich-Demokratische Union Deutschlands, SHV und BV Dresden, Abschließende Einschätzung vom 10.7.1983 des Gesamtverlaufs und der politisch-ideologischen Aussagen des Kongresses und Kirchentages Dresden, 7.-10.7.1983, PDS-Archiv Dresden, IV E-2.14-676. Hans Modrow wertete: »Durch diese prinzipielle Position vor allem der kirchenleitenden Personen gelang es den feindlichen Kräften nicht, ihre negativen Absichten zu verwirklichen und den Kirchentag zur Plattform oder zum Ausgangspunkt neuer gegen die DDR gerichteter Aktionen [...] zu machen.« Information Hans Modrow, 1. Sekretär, über den Verlauf des Kirchenkongresses und -tages der Evangelisch-Lutherischen Landeskirche Sachsens vom 7.-10.7.1983 in Dresden, a.a.O.

408 Für diese Aufgabe stellten sich auch Mitglieder der Ost-CDU zur Verfügung. Ihre Teilnahme am Kongreß hatten nach dem Stand vom Mai 1983 58 »Unionsfreunde« aus dem Bezirk Dresden angekündigt. »Das Ziel besteht darin, die Gespräche mit zu prägen und Realismus in die Gesprächsführung zu bringen. [...] Unser Ziel ist es, in möglichst vielen Gesprächsgruppen mitzuarbeiten, um aussagekräftig zu sein. Die Informationen werden jeweils an einen besonders parteiverbundenen Freund – einen ›Gruppenleiter‹ – übermittelt werden, der dann zentral berichtet.« Vgl. Christlich-Demokratische Union, Bezirksverband Dresden, Informationen Krätzig vom 5.5.1983 zur Vorbereitung des

Kirchenkongresses und Kirchentages, a.a.O. Ost-CDU-Funktionären gelang es, eine Unterschriftensammlung gegen den Wehrunterricht zu verhindern. Vgl. Christlich-Demokratische Union Deutschlands, SHV und BV Dresden, Abschließende Einschätzung vom 10.7.1983 des Gesamtverlaufs und der politisch-ideologischen Aussagen des Kongresses und Kirchentages Dresden, 7.-10.7.1983, a.a.O.

409 Vgl. Abt. II, Vorlage Handel vom 24.10.1983 an die Dienstbesprechung am 31.10.1983, Abschließende Information über den Verlauf und inhaltliche Schwerpunkte der Kirchentage 1983, BA, Abt. Potsdam, O-4, 411. Vgl. auch Information Hans Modrow, 1. Sekretär, über den Verlauf des Kirchenkongresses und -tages der Evangelisch-Lutherischen Landeskirche Sachsens vom 7.-10.7.1983 in Dresden, PDS-Archiv Dresden, IV E-2.14-676; Information über den Verlauf des Kirchenkongresses und -tages der Evangelisch-Lutherischen Landeskirche Sachsens vom 7.-10.7.1983 in Dresden, PDS-Archiv Dresden, IV E-2.14-674; Dresden, den 1.8.1983, Einschätzung des Kongresses und Kirchentages in Dresden vom 7.-10.7.1983, a.a.O.; Christlich-Demokratische Union Deutschlands, SHV und BV Dresden, Abschließende Einschätzung vom 10.7.1983 des Gesamtverlaufs und der politisch-ideologischen Aussagen des Kongresses und Kirchentages Dresden, 7.-10.7.1983, PDS-Archiv Dresden, IV E-2.14-676; SED-BL Dresden, Abteilung Parteiorgane, Sektor Parteiinformation, Information Stammnitz, 2. Sekretär, vom 8.7.1983 zum Verlauf des Kongresses und Kirchentages der evangelischen Landeskirche Sachsen am 7.7.1983, a.a.O.; ähnlich, jedoch im Text leicht differierend: Sektor Parteiinformation, Information Stammnitz, 2. Sekretär, vom 8.7.1983 zum Verlauf des Kongresses und Kirchentages der evangelischen Landeskirche Sachsen am 7.7.1983, PDS-Archiv Dresden, IV E-2.14-674; SED-BL Dresden, Abteilung Parteiorgane, Sektor Parteiinformation, Information Stammnitz, 2. Sekretär, vom 9.7.1983 zum Verlauf des Kongresses und Kirchentages der evangelischen Landeskirche Sachsen am 8.7.1983, PDS-Archiv Dresden, IV E-2.14-676; SED-BL Dresden, Abteilung Parteiorgane, Sektor Parteiinformation, Information Stammnitz, 2. Sekretär, vom 9.7.1983 zum Verlauf des Kongresses und Kirchentages der evangelischen Landeskirche Sachsen am 9.7.1983, PDS-Archiv Dresden, IV E-2.14-676, auch a.a.O., IV E-2.14-674; RdB Dresden, Org.-Büro Kirchentag, Vermerk Lewerenz vom 10.7.1983 über Abschlußveranstaltung zum Kirchentag 10.7.1983, 14.00-15.45, PDS-Archiv Dresden, IV E-2.14-676; RdB Dresden, Org.-Büro, Meldung Lewerenz vom 7.7.1983 über ein besonderes Vorkommnis, a.a.O. Zu Schlußfolgerungen vgl. Nationale Front der DDR, Bezirksausschuß Dresden, Sekretariat, Dresden, den 21.7.1983, Probleme und Aufgaben in der differenzierten politischen Arbeit mit kirchlichen Amtsträgern, PDS-Archiv Dresden, IV E-2.14-676.

410 RdB Dresden, Sektor Staatspolitik in Kirchenfragen, Notiz Lewerenz vom 5.7.1983 über das Gespräch zur Vorbereitung von Kongreß und Kirchentag am 4.7.1983, PDS-Archiv Dresden, IV E-2.14-671. Zu Hempels Predigt auf der Abschlußversammlung notierte Lewerenz jedoch, es hätte sich um »überwiegend theologisch angelegte[.] Ausführungen« gehandelt, »die kaum gesellschaftspolitische Aussagen enthielten.« RdB Dresden, Org.-Büro Kirchentag, Vermerk Lewerenz vom 10.7.1983 über Abschlußveranstaltung zum Kirchentag 10.7.1983, 14.00-15.45, PDS-Archiv Dresden, IV E-2.14-676.

411 Arbeitsberatung bei Staatssekretär Gen. Gysi am 29.9.1983, PDS-Archiv Dresden, IV E-2.14-666. Kritisch zur DDR-Friedenspolitik hatte sich Forck auch am 1.9.1983 in Potsdam-Babelsberg geäußert. Vgl. Abt. II, Sofort-Information Handel vom 24.10.1983, BA, Abt. Potsdam, O-4, 411.

412 Natho sagte auch gegenüber Staatsvertretern zu, die Dessauer Kirchenleitung werde auch in ihrem Bereich »Konfrontationsversuche […] nicht dulden«. Ebd.

413 Demkes positive Äußerungen zum Wehrdienst fanden die Würdigung des SED-Staats. Vgl. RdB Halle, Stellv. des Vorsitzenden für Inneres, Information Pöhner vom 24.10.1983 zum Gespräch des Vorsitzenden des Rates des Bezirkes Halle, Gen. Klapproth, mit dem Bischof der Ev. Kirche der Kirchenprovinz Sachsen, Dr. Demke, am 24.10.1983 im Gästehaus des Rates des Bezirkes, BA, Abt. Potsdam, O-4, 793.

414 Vgl. Abt. II, Sofort-Information Handel vom 24.10.1983, BA, Abt. Potsdam, O-4, 411.

415 Hier hatte es bereits im Vorfeld staatliche Beanstandungen wegen eines mit Weizsäcker und dem Heidelberger Theologen Duchrow geplanten Forums zum Thema »Christsein im Lutherjahr 1983« gegeben, das sich nach staatlichen Vorstellungen nur aus DDR-Vertretern zusammensetzen sollte. »Eine Beteiligung von Dr. Raiser aus Genf könne dagegen als sachgemäß angesehen werden.« Vermerk Demke vom 1.8.1983 über Gespräch Staatssekretär Kalb [Stellvertreter des bis 15.8.1983 abwesenden Gysi] – Dr. Demke über Wittenberger Kirchentag am 28.7.1983, EZA Berlin, 101/93/3. Raiser plante während seines DDR-Aufenthaltes auch einen Besuch bei Staatssekretär Gysi. Vgl. Vermerk Ziegler vom 23.9.1983 über Gespräch mit Hauptabteilungsleiter Heinrich am 22.9.1983 (15.15-17.45 Uhr), a.a.O. Vgl. auch die Berichterstattung in Süddeutsche Zeitung vom 26.9.1983 und in »Die WELT« vom 24.-28.9.1983.

416 Abt. II, Vorlage Handel vom 24.10.1983 an die Dienstbesprechung am 31.10.1983, Abschließende Information über den Verlauf und inhaltliche Schwerpunkte der Kirchentage 1983, BA, Abt. Potsdam, O-4, 411. Vgl. auch Wittenberg, den 25.9.1983, Zum Verlauf und Inhalt des Kirchentages in der Lutherstadt Wittenberg vom 22.-25.9.1983: »Die Mehrheit der kirchenleitenden Kräfte, die Organisatoren und die überwiegende Mehrzahl der Kirchentagsteilnehmer waren um einen politisch vernünftigen, von Störungen freien Verlauf des Kirchentages bemüht.
Insbesondere der Bischof der Provinzsächsischen Kirche, Dr. Christoph Demke, trat besonnen, sachlich und korrekt auf und wirkte auch in komplizierten Situationen beruhigend, teilweise disziplinierend auf das Kirchentagsgeschehen ein. [...] Einen Höhepunkt solcher Aktionen [Provokationsversuche] stellte das am Sonntag in der Stadtkirche durchgeführte Bischofsforum dar, auf dem dem Bischof der Berlin-Brandenburgischen Kirche, Forck, eine Plattform für verleumderische und scharfmacherische Angriffe gegen den sozialistischen Staat und seine Politik geboten wurde. Forck behauptete wider besseres Wissen, daß die Schule in der DDR eine marxistisch-leninistische Bekenntnisschule sei, die für Christen keinen Entfaltungsraum lasse. [...] Auch zu anderen Fragestellungen, so zur Glaubwürdigkeit der Friedenspolitik der DDR und zur Informationspolitik, machte Forck die Wahrheit entstellende Aussagen, was ihm den teilweise frenetischen Beifall der Masse der Forumteilnehmer einbrachte. [...] Es zeigte sich, daß gerade im Bereich dieser Landeskirche, insbesondere durch Altbischof Krusche, über viele Jahre hin ein gewisses Wohlverhalten gegenüber solchen Kräften und Initiativen praktiziert wurde, für die Kritik am Staat und an der gesellschaftlichen Entwicklung als legitim betrachtet wird. [...] Im Forum ›Vancouver – Ertrag und Impulse‹ wurde eine erste Auswertung durch Teilnehmer der Weltkonferenz des ÖRK öffentlich vorgenommen. Neben einer Wertung der theologischen Aussagen wurden auf Anfragen Probleme behandelt: Kann ein Christ nach Vancouver noch zur NVA gehen? Durch den Kirchenpräsidenten Natho wurde die Verfassungspflicht zum Wehrdienst hervorgehoben und die NVA als eine Verteidigungsarmee charakterisiert. Zugleich wies er die Auffassung zurück, daß Kirchen nicht den Auftrag haben, Regierungen die Verantwortung um den Frieden abzunehmen. Durch Trautmann (BRD) wurde auf die Frage nach einer eigenständigen Friedensbewegung der Kirche richtigstellend das eigenständige Friedenszeugnis der Kirche hervorgehoben. [...] Politisch problematisch sind die Äußerungen von Kirchenpräsident Hild während des Bischofsforums am Kirchentagssonntag. Während z. B. Dr. Raiser in seinen Antworten während dieser Veranstaltung realistische Positionen u. a. zur Frage des Wehrdienstes bezog, vertrat Hild das Konzept einer Partnerschaft von Staat und Kirche und nahm faktisch die Haltung der BRD-Regierung zur Staatsbürgerschaftsfrage ein. [...] wandte sich ein Teil der Vertreter aus der BRD [...] offensiv gegen Bestrebungen von kirchlichen Kräften aus der DDR, die versuchten, einen generellen Pazifismus theologisch zu motivieren.« Die Einschätzung wurde auch Honecker vorgelegt. SAPMO-BA ZPA IV B2/14/62.

417 Bericht IM »Sekretär« an Wiegand vom 4.10.1983, Anlagen Teil A zum Bericht des Brandenburgischen Untersuchungsausschusses 1/3 vom 29.4.1994, Anlage 120.

418 Vor einem offiziellen Besuch von drei Abgeordneten der Alternativpartei in der DDR

Anmerkungen zu der Seite 50

bat Hauptabteilungsleiter Heinrich Sekretariatsleiter Ziegler um kirchliche Mithilfe, weil diese eigenständig einen Besuch des kirchlichen Forschungsheims Wittenberg organisiert hätten.»Der SPIEGEL habe gerade über kirchliche Umweltschützer einen Bericht gegeben. Das errege Besorgnis.« Er fragte an, ob die Kirche nicht für eine Begleitung in der Lutherstadt sorgen könne.»Denn es sei weder im Interesse des Staates noch der Kirche, wenn es im Augenblick zu spektakulären Auftritten der Grünen aus der Bundesrepublik und der kirchlichen Umweltschützer käme. Ziegler sagt zu, die Angelegenheit zu prüfen und mit den Vertretern der Magdeburger Kirchenleitung in dieser Frage Verbindung aufzunehmen.« Vermerk Ziegler vom 13.10.1983 über Gespräch mit Hauptabteilungsleiter Heinrich am 12.10.1983 (13.30-15.05 Uhr), EZA Berlin, 101/93/3. Die Berliner Humboldt-Universität exmatrikulierte im Mai 1984 einen Studenten an der Sektion Nahrungsgüterwirtschaft/Lebensmitteltechnologie, zugleich tätig in der ESG Berlin (Ost), weil er in seinem Wohnheimzimmer über dem Schreibtisch einen mit der Parole der bundesdeutschen Grünen »Wir haben die Welt nur von unseren Kindern geborgt« beschrifteten Zettel hängen hatte. Man warf »Schumann Verbreitung bürgerlicher Ideologie (das sei eine Losung der Grünen in der BRD), Verunglimpfung der sozialistischen Wirtschaftspolitik der DDR sowie Beschädigung von Volkseigentum vor[.]«. Abt. II, Information Handel vom 6.6.1984 über ein Gespräch mit dem Leiter der Geschäftsstelle der Evangelischen Studentengemeinden (ESG) in der DDR, Pfarrer Ziebarth, am 4.6.1984 in der Dienststelle. Ziebarth bat um Überprüfung der Angelegenheit. BA, Abt. Potsdam, O-4, 1078.
419 KiS 5/83, 62.
420 Vgl. Abt. II, Vorlage Handel vom 23.11.1983 an die Dienstbesprechung am 28.11.1983, Information zum Verlauf der Friedensdekade der evangelischen Landeskirchen in der DDR vom 6.-16.11.1983, BA, Abt. Potsdam, O-4, 411. Bereits am 1.9.1983 war es zum Versuch gekommen, zwischen den Botschaften der beiden Supermächte eine Menschenkette zu bilden. Als Organisatoren hatte der Staat die Pfarrer Eppelmann und Dietmar Linke (Neuenhagen) [zu einer weiteren Aktion Linkes vgl. Information über ein Gespräch des Stellvertreters des Oberbürgermeisters für Inneres, Genossen Hoffmann, mit Generalsuperintendent Krusche am 23.8.1983, BA, Abt. Potsdam, O-4, 587; auch Information über ein Gespräch des Stellvertreters des Oberbürgermeisters, Genossen Hoffmann, mit dem Generalsuperintendenten Krusche am 29.8.1983 mit Begleitschreiben Magistrat von Berlin, Hauptstadt der DDR, Stellvertreter des Oberbürgermeisters für Inneres, an Gysi vom 30.8.1983, BA, Abt. Potsdam, O-4, 791; auch SAPMO-BA ZPA IV B2/14/69; vgl. auch Protokoll Gienke-Lewek-Ziegler vom 29.8.1983 über die 155. Sitzung des Vorstandes am 22.8.1983 in Potsdam, EZA Berlin, 101/93/243; Protokoll Gienke-Ziegler-Günther über die 88. Tagung der Konferenz der Evangelischen Kirchenleitungen in der DDR am 2./3.9.1983 in Berlin, EZA Berlin, 101/93/234] im Auge. Daraufhin verwarnte die Generalstaatsanwaltschaft der DDR im Beisein des Sektorenleiters Kirchenfragen in Berlin (Ost), Mußler, Eppelmann »letztmalig[.]«. Eppelmann bestritt, die Veranstaltung organisiert zu haben. Zwei Tage zuvor sei er durch eine Postkarte über das Stattfinden der Aktion in Kenntnis gesetzt worden. Im übrigen habe er auch die Westmedien nicht informiert, da ihnen eine objektive Berichterstattung sowieso nicht gelänge.»Das Gespräch verlief in einer sachlichen Atmosphäre. Das Auftreten von Eppelmann war höflich und korrekt.« Information über ein Gespräch mit Pfarrer Eppelmann, BA, Abt. Potsdam, O-4, 587. Gegenüber Stolpe und Krusche betonte Hoffmann,»daß Eppelmann bei einer erneuten Verletzung der sozialistischen Staats- und Rechtsordnung mit strafrechtlichen und gegebenenfalls mit weitergehenden persönlichen Konsequenzen zu rechnen habe.« Information über ein Gespräch des Stellvertreters des Oberbürgermeisters für Inneres, Genossen Hoffmann, mit Konsistorialpräsident Stolpe und Generalsuperintendent Krusche am 12.9.1983, a.a.O.; auch SAPMO-BA ZPA IV B2/14/69.
421 Vgl. Abt. II, Vorlage Handel vom 23.11.1983 an die Dienstbesprechung am 28.11.1983, Information zum Verlauf der Friedensdekade der evangelischen Landeskirchen in der DDR vom 6.-16.11.1983, BA, Abt. Potsdam, O-4, 411.

422 Vgl. Schnellinformation Evangelisches Konsistorium Berlin-Brandenburg, Winter, vom 8.11.1983 an alle Superintendenten und Vorsitzenden der bruderschaftlichen Leitungen der Evangelischen Kirche in Berlin-Brandenburg, EZA Berlin, 101/93/904. Rudi Bellmann berichtete den Dresdener Genossen, Forck soll ursprünglich vorgehabt haben, sich an den Aktivitäten zu beteiligen. Vgl. Dresden, den 21.11.1983, Kurzfassung einer Beratung, die Genosse R. Bellmann am 11. November mit den Mitarbeitern der Bezirksleitung für Kirchenfragen durchführte, PDS-Archiv Dresden, IV E-2.14-833. Die Kirchenleitung Berlin-Brandenburg beauftragte Stolpe, wegen der Straßensperrung beim Staatssekretariat für Kirchenfragen vorstellig zu werden. Dem kam der Konsistorialpräsident allerdings nicht sofort nach. Vgl. Vermerk Heinrich vom 12.1.1984 über ein Gespräch zwischen Hauptabteilungsleiter Heinrich und Herrn Stolpe, BA, Abt. Potsdam, O-4, 1220.
423 Vgl. Vermerk Ziegler vom 30.12.1983 über Gespräch im Staatssekretariat für Kirchenfragen am 29.12.1983, 11.00-14.00 Uhr, EZA Berlin, 101/93/3.
424 Vermerk Domsch-Ziegler vom 19.1.1984 über die 15. Konsultation zwischen BEK und EKD am 1./2.12.1983, EZA Berlin, 101/93/259. Am 12.5.1983 beendete die Volkspolizei eine Aktion einiger grüner Politiker auf dem Alexanderplatz, woraufhin Gert Bastian, Lukas Beckmann, Milan Horacek, Petra K. Kelly, Gaby Potthast und Roland Vogt am 19.5.1983 an Honecker ein Schreiben richteten, um auf »einige [...] widersprüchliche Elemente der DDR-Friedens-, Abrüstungs-, Sicherheits- und Menschenrechtspolitik« hinzuweisen. Der Brief formulierte weiter: »Da die Staaten über Jahre und Jahrzehnte Abrüstung nicht zustande gebracht haben, kommt es nun darauf an, eine *Abrüstung von unten* in Gang zu setzen. [...] Auch in der DDR haben sich Kräfte geregt, die den Abrüstungsprozeß von unten in Gang setzen wollen. Unsere Aktion auf dem Alexanderplatz war ein Akt der Solidarität mit diesen Menschen. Wir verkennen nicht, daß Frieden und Abrüstung in der DDR offizielle Staatsdoktrin sind. Dadurch ist aber nicht gewährleistet, daß in der DDR ein Instrumentarium gefunden wird, das zu tatsächlicher Abrüstung hinführt. Das Volk muß das Recht haben, sich in den Abrüstungsprozeß schöpferisch einzuschalten, um tatsächliche Abrüstung durchzusetzen. Da die Auslöschung jederzeit geschehen kann, ist auch nur zu verständlichen, daß sich überall, auch in der DDR, Ungeduld ausbreitet. Wir begrüßen deshalb die Impulse, die aus Jena für Militarisierung und für Abrüstung kamen; wir sind solidarisch mit den Menschen der DDR, die wie wir den Militärdienst von Frauen ablehnen, wir sind solidarisch mit allen Kriegsdienstverweigerern aus Gewissensgründen und wir sind solidarisch mit ›Schwertern zu Pflugscharen‹ [...] Menschen, die sich aus ethischer Motivation und politischer Vernunft auf beiden Seiten der Grenze zwischen unseren Ländern für die Abwendung der Auslöschungsgefahr einsetzen, handeln verantwortungsbewußt und dürfen nirgendwo unterdrückt oder gar zu Staatsfeinden gestempelt werden.« Der Brief endet mit dem Appell an Honecker, die Sowjets zu einseitigen nuklearen Abrüstungsmaßnahmen aufzufordern. Bastian überreichte am 27.5.1983 in Budapest Christa Lewek eine Kopie des Briefes mit den Unterschriften der Verfasser. EZA Berlin, 101/93/63.
425 Vgl. Abt. II, Vorlage Handel vom 23.11.1983 an die Dienstbesprechung am 28.11.1983, Information zum Verlauf der Friedensdekade der evangelischen Landeskirchen in der DDR vom 6.-16.11.1983, BA, Abt. Potsdam, O-4, 411.
426 Vgl. Aktenvermerk Hauptabteilungsleiter Heinrich vom 23.11.1983 über Gespräch mit Stolpe, BA, Abt. Potsdam, O-4, 1220.
427 Den Termin hatte der KKL-Vorstand auf seiner 148. Sitzung am 6.1.1983 in Berlin festgelegt und auch bestimmt, das Symbol »Schwerter zu Pflugscharen« weiter zu verwenden. Vgl. Protokoll Hempel-Demke vom 7.1.1983, EZA Berlin, 101/93/243. Zur weiteren Vorbereitung vgl. Protokoll Hempel-Demke-Lewek vom 8.2.1983 über die 149. Sitzung des Vorstandes am 1.2.1983 in Berlin, a.a.O. Vgl. auch Protokoll Stolpe/Gienke-Demke-Doyé/Kupas über die 85. Tagung der Konferenz der Evangelischen Kirchenleitungen in der DDR am 11.-13.3.1983 (Klausurtagung) in Bad Saarow, EZA Berlin,

ANMERKUNGEN ZU DER SEITE 51

101/93/233. Vgl. auch Vermerk Demke vom 26.7.1983 über das Gespräch mit Hauptabteilungsleiter Heinrich am 20.7.1983, EZA Berlin, 101/93/3. Siehe auch KiS 6/83, 62.

428 Vgl. Abt. II, Vorlage Handel vom 23.11.1983 an die Dienstbesprechung am 28.11.1983, Information zum Verlauf der Friedensdekade der evangelischen Landeskirchen in der DDR vom 6.-16.11.1983, BA, Abt. Potsdam, O-4, 411; Abteilung Parteiorgane des ZK, Information vom 13.11.1983 über Aktivitäten während der »Friedensdekade 1983« der evangelischen Kirchen in der DDR und über besondere Vorkommnisse, SAPMO-BA ZPA IV B2/14/96; Staatssekretär für Kirchenfragen, Abteilung II, Information Wilke vom 14.12.1983 über Verlauf und Ergebnisse der Herbstsynoden und der Friedensdekade der Evangelischen Landeskirchen in der DDR 1983, BA, Abt. Potsdam, O-4, 427. Zur Vorbereitung in Leipzig vgl. RdB Leipzig, Stellv. des Vorsitzenden des Rates für Inneres, Reitmann, Informationsbericht Staatspolitik in Kirchenfragen vom 10.10.1983, BA, Abt. Potsdam, O-4, 1116.

429 Vgl. Abteilung Parteiorgane des ZK, Information vom 13.11.1983 über Aktivitäten während der »Friedensdekade 1983« der evangelischen Kirchen in der DDR und über besondere Vorkommnisse, SAPMO-BA ZPA IV B2/14/96. Eine Fastenaktion vom Anfang August 1983 (»Fasten für das Leben«) in der Ostberliner Erlöserkirche hatte hingegen staatlichen Argwohn erregt. Vgl. den u. a. von Bärbel Bohley, Hans-Jochen Tschiche, Katja Havemann, Dietmar Linke und Gerd Poppe unterzeichneten Offenen Brief an Honecker vom 11.8.1983, Ablichtung in EZA Berlin, 101/93/63. Der offene Brief ist abgedruckt in FAZ vom 15.8.1983. Vgl. auch das Schreiben der Aktionsgruppe »Fasten für das Leben«, Erlöserkirche Berlin-Lichtenberg, an die Konferenz der ev. Kirchenleitungen vom 11.8.1983, EZA Berlin, 101/93/85. Zu dieser Aktion faßte die Kirchenleitung Berlin-Brandenburg den folgenden Beschluß: »Kirchenleitung sieht im Fasten einen legitimen Ausdruck christlichen Glaubens, der jedoch nach biblischem Verständnis, wie das Gebet, nicht als ein Akt öffentlicher Demonstration mißbraucht werden darf (Matth. 6). Kirchenleitung erinnert daran, daß sie übereinstimmend mit den anderen Evangelischen Kirchen in der DDR den Standpunkt vertritt, daß Anliegen kirchlicher Gruppen von diesen nicht in Form offener Briefe an außerkirchliche Stellen gerichtet werden sollten. Kirchenleitung sieht daher den offenen Brief vom 11.8.1983 an den Staatsratsvorsitzenden nicht für geeignet, ein christliches Anliegen vertretbar zu machen.« Schreiben Stolpe an BEK, z. Hd. Frau Lewek vom 15.8.1983, EZA Berlin, 101/93/63. Lewek gab den Wortlaut des Beschlusses den leitenden Verwaltungsbehörden der Gliedkirchen mit Schreiben vom 16.8.1983 zur Kenntnis. Vgl. a.a.O.

430 Zur Situation in Sachsen vor der Friedensdekade 1983 vgl. auch RdB Dresden, Sektor Staatspolitik in Kirchenfragen, Vermerk Lewerenz vom 4.11.1983 über Gespräch mit Präsident Domsch und Oberkirchenrat Rau am 31.10.1983, 15.30 bis 16.30 Uhr, PDS-Archiv Dresden, IV E-2.14-671.

431 Vgl. Mecklenburger Kirchenzeitung, Glaube und Heimat und Sonntag Nr. 45, 1983.

432 Vgl. Abt. II, Vorlage Handel vom 23.11.1983 an die Dienstbesprechung am 28.11.1983, Information zum Verlauf der Friedensdekade der evangelischen Landeskirchen in der DDR vom 6.-16.11.1983, BA, Abt. Potsdam, O-4, 411. Zur Erarbeitung vgl. Protokoll Gienke-Demke-Ziegler vom 28.7.1983 über die 154. Sitzung des Vorstandes am 27.7.1983 in Wismar, EZA Berlin, 101/93/243.

433 Vgl. Abteilung Parteiorgane des ZK, Information vom 13.11.1983 über Aktivitäten während der »Friedensdekade 1983« der evangelischen Kirchen in der DDR und über besondere Vorkommnisse, SAPMO-BA ZPA IV B2/14/96. Auch ansonsten loyal eingestellte Pfarrer verantworteten solche Briefe mit, wie das Beispiel eines Schreibens der ESG Karl-Marx-Stadt zeigt, deren Pfarrer Hans-Jochen Vogel Mitglied der Kirchlichen Bruderschaft Sachsen war. Vgl. Abt. II, Vorlage Gräfe vom 20.12.1983 an die Dienstbesprechung am 22.12.1983, Leitungsinformation 6/83, BA, Abt. Potsdam, O-4, 411. Vgl. auch Abt. II, Information vom 20.11.1984 über die Tätigkeit der Friedensausschüsse, der Ev. Studentengemeinden, Ökologiegruppen sowie weitere kirchliche Arbeitsformen mit Jugendlichen und jungen Erwachsenen in den evangelischen Landeskirchen: »Zuge-

ANMERKUNG ZU DER SEITE 51

nommen haben Versuche negativer Kräfte, Studentengemeinden zu Angriffen vor allem gegen die Friedenspolitik sowie den Natur- und Umweltschutz der DDR zu mißbrauchen. Auf der Basis des Friedenskreises der ESG Naumburg wurde im Januar und Februar 1984 mit eindeutig negativer Zielstellung versucht, Friedenskreise von Studentengemeinden auf DDR-Ebene zusammenzuführen und ihre Aktivitäten zu koordinieren [vgl. hierzu RdB Halle, Stellvertreter des Vorsitzenden für Inneres, Information Pöhner vom 10.2.1984 zum Gespräch mit dem Bischof der Evangelischen Kirche der Kirchenprovinz Sachsen, Dr. Demke, am 10.2.1984 in Magdeburg. Ziel war die ›Zurückdrängung der feindlich-negativen Aktivitäten des sogenannten Friedenskreises der ESG Naumburg‹. Das Fazit lautete: Demkes ›Äußerung, die Vorhaltungen in ihrer Ernsthaftigkeit erkannt zu haben und die Situation vor Ort entsprechend zu prüfen, wurde als ehrliche Meinungsäußerung empfunden.‹ LPA Halle, IV E-2/14/580; auch BA, Abt. Potsdam, O-4, 793. In einem weiteren Gespräch stellte Pöhner fest, ›daß das erreichte Ergebnis nicht befriedigen kann.‹ OKR Schultze entgegnete, ›daß er die Zusammenkünfte als ›engagierte, auf dem Glauben gegründete Friedensarbeit‹ beurteilte.‹ RdB Halle, Sektor Kirchenfragen, Information Voigt vom 21.2.1984 zum Gespräch des Stellv. des Vorsitzenden für Inneres, Gen. Pöhner, mit Oberkonsistorialrat Dr. Schultze – Magdeburg – am 21.2.1984 beim Rat des Bezirkes Halle, LPA Halle, IV E-2/14/580; vgl. auch Protokoll Hempel-Ziegler-Herrbruck/von Rabenau über die 91. Tagung der Konferenz der Evangelischen Kirchenleitungen vom 9. bis 11.3.1984 in Bad Saarow: ›Die Studentengemeinde hat Friedenswochen durchgeführt, vor denen staatliche Stellen gewarnt haben.‹ EZA Berlin, 101/93/235]. Im Juni 1984 versuchte die ESG Karl-Marx-Stadt Friedenskreise von ESGen zu politisch negativen Aktivitäten zusammenzuführen. Auf der Grundlage eines neutralistischen Positionspapiers gab es bereits im Vorfeld des Treffens Bemühungen zur Kontaktaufnahme mit studentischen und anderen Friedensgruppen in Westeuropa, die durch den entschiedenen Einspruch der staatlichen Organe zum gegenwärtigen Zeitpunkt unterbunden werden konnten. Durch eine gezielte politische Einflußnahme der staatlichen Organe auf realistische kirchenleitende Kräfte konnte erreicht werden, daß die Auseinandersetzungen zur Verhinderung eines politischen Mißbrauchs der ESG in der Kirche selbst zugenommen haben. […] Auf dem Gebiet der Studentenarbeit der ev. Kirchen in der DDR zeichnet sich offensichtlich der Versuch ab, zukünftige Leitungskader der sozialistischen Gesellschaft politisch negativ zu beeinflussen. Studenten und Dozenten der Theologischen Sektionen beteiligen sich fast gar nicht an der Tätigkeit der ESG.« BA, Abt. Potsdam, O-4, 949. Vgl. auch die fast identische Information vom 15.1.1985 über die Tätigkeit der Friedensausschüsse, der Evangelischen Studentengemeinden, von Ökologiegruppen sowie über weitere Arbeitsformen mit Jugendlichen und jungen Erwachsenen in den evangelischen Landeskirchen, BA, Abt. Potsdam, O-4, 1192. Die Abt. II des Staatssekretariats legte der Dienstbesprechung am 28.1.1985 am 22.1.1985 von Handel erarbeitete Thesen zu aktuellen Entwicklungen in den Evangelischen Studentengemeinden in der DDR sowie zur weiteren Arbeit gegenüber den ESG vor: »Die Aktivitäten der Geschäftsstelle hängen so wie die Aktivitäten der einzelnen ESG in hohem Maße vom politischen und religiösen Profil des Leiters ab. Der gegenwärtige Leiter der Geschäftsstelle in Berlin, Pfarrer Ziebarth, toleriert politisch problematische Aktivitäten in einzelnen ESG und ermuntert dadurch politisch negative Kräfte, deren Aktivitäten er gegenüber staatlichen Organen zu bagatellisieren versucht. In der Mehrzahl der ESG in der DDR verlaufen die von ihnen durchgeführten Veranstaltungen zu religiösen Themen und auch Diskussionen zu politisch und gesellschaftlich relevanten Fragen ruhig und ohne Konfrontationen zum Staat. Die Mehrheit der Teilnehmer an ESG-Veranstaltungen treten im Studienbetrieb an staatlichen Hoch- oder Fachschulen nicht negativ in Erscheinung, vertreten politisch loyale bzw. realistische Positionen. Problematische Aktivitäten von ESG werden in der Regel durch die verantwortlichen Studentenpfarrer bzw. durch Kräfte von außerhalb der Kirche initiiert. Einer gesonderten Analyse muß die politische Ausrichtung der Lernenden an kirchlichen Ausbildungsstätten unterzogen werden [...] An diesen Einrichtungen ist der Prozentsatz Lernender, die politisch problematische bzw. negative Positionen vertreten, relativ hoch, was sich auch in der Arbeit von ESG widerspiegelt. Es muß eingeschätzt werden, daß der Prozeß der Formierung realistischer Kräfte und politisch konstruktiver Positionen in Studentengemeinden im vergangenen Jahr nicht weiter vorangekommen ist. Zugenommen haben dagegen Versuche negativer Kräfte, einzelne ESG zu Angriffen vor allem gegen die Friedenspolitik der DDR sowie den Natur- und Umweltschutz in der Republik zu mißbrauchen. Derartig thematisierte Veranstaltungen werden in Ablauf und politischem Klima nicht selten von Kräften bestimmt, die weder Christen noch Studenten sind und im kirchlichen Raum ›Freiräume‹ für die Propagierung politisch negativer oder sogar offen feindlicher Positionen zu Staat und Gesellschaft in der DDR suchen. [...] Die Naumburger ESG trat im vergangenen Jahr mehrfach durch politisch negative Aktivitäten hervor, zuletzt durch den Brief an die Bundestagsfraktion der Grünen in der BRD im Dezember 1984, in dem die Friedenspolitik der DDR verleumdet wird.« BA, Abt. Potsdam, O-4, 950. Vgl. auch Abt. II, Information Handel vom 6.6.1984 über ein Gespräch mit dem Leiter der Geschäftsstelle der Evangelischen Studentengemeinden (ESG) in der DDR, Pfarrer Ziebarth, am 4.6.1984 in der Dienststelle. Bezüglich des Treffens am 2./3.6.1984 in Karl-Marx-Stadt soll Ziebarth geäußert haben: »Es sei ohne politische Zuspitzungen oder Konfrontationsversuche zu den vorgesehenen Themen diskutiert worden.« Dabei berichtete er auch von der Stimmung unter den Teilnehmern wegen der staatlicherseits erhobenen Einsprüche: »Teilweise sei offenes Mißtrauen sowohl dem Staat gegenüber (Zweifel an der Ehrlichkeit des breiten Bündnisangebotes in der Friedensfrage) als auch gegenüber den kirchlichen Veranstaltern (Fragen, ob die staatlichen Bedenken nicht [sic!] berechtigt gewesen und ursprünglich ein anderer Verlauf der Veranstaltung oder die Verabschiedung einer Abschlußerklärung vorgesehen wären. Angst, festgelegt oder bevormundet zu werden) geäußert worden. Durch die Veranstalter sei demgegenüber betont worden, daß Friedensengagement damit beginnen müssen, daß die eigenen Ängste zurückgestellt und Befürchtungen anderer ernst genommen würden.« Handel machte »deutlich [...], daß Versuche zur Schaffung einer ›unabhängigen Friedensbewegung‹ in der DDR im wohlverstandenen Interesse der ESG von diesen selbst zurückgewiesen werden müssen. Pf. Ziebarth ging auf diese Ausführungen inhaltlich nicht ein«. BA, Abt. Potsdam, O-4, 1078.

434 Vgl. Abt. II, Vorlage Handel vom 23.11.1983 an die Dienstbesprechung am 28.11.1983, Information zum Verlauf der Friedensdekade der evangelischen Landeskirchen in der DDR vom 6.-16.11.1983, BA, Abt. Potsdam, O-4, 411. Vgl. auch den von Konstanze Freywald, Markkleeberg, und Frank Borsdorf, Dresden, unterzeichneten Appell des Friedenskreises der Sozialdiakonischen Arbeit der Inneren Mission des Kirchenbezirkes K.-M.-Stadt an den leitenden Bischof und die Synode des Bundes der evangelischen Kirchen in der DDR vom 13.11.1983: »Wir fordern deshalb von Ihnen ein eindeutiges NEIN zu allen Massenvernichtungsmitteln auf der Erde! Wir fordern von Ihnen deshalb ein eindeutiges NEIN zur geplanten Aufstellung von atomaren Mittelstrecken- und Kurzstreckenraketen in der DDR!!!« Diesen Appell leitete die Kanzlei der Landessynode der Ev.-Luth. Landeskirche Sachsens am 19.12.1983 an das BEK-Sekretariat weiter. EZA Berlin, 101/93/43. Anhalts Kirchenpräsident Natho lehnte solche Aktionen ab. Gleichzeitig »bemüht[e] er sich um die Schaffung innerkirchlicher Normen, die den Mißbrauch der Kirche für politisch negative Zwecke verhindern helfen sollen (Einführung einer kirchlichen Fahnenordnung, Erarbeitung von Kriterien für Ausstellungen in kirchlichen Räumen, größere Rechte für sein persönliches Eingreifen besonders gegenüber politisch problematischen Jugendmitarbeitern und -gruppen (Halle). Dabei wird er durch OKR Schulze und Präses Kootz in seinen loyalen und realistischen Positionen bestärkt«, heißt es in einer Einschätzung des Staatssekretariats für Kirchenfragen. Vgl. Abt. II, Sofort-Information Gräfe vom 20.2.1984, BA, Abt. Potsdam, O-4, 948.

435 Abteilung Parteiorgane des ZK, Information vom 13.11.1983 über Aktivitäten während der »Friedensdekade 1983« der evangelischen Kirchen in der DDR und über besondere

Vorkommnisse, SAPMO-BA ZPA IV B2/14/96. Vgl. auch Rat der Stadt Dresden, Mitarbeiter für Staatspolitik in Kirchenfragen, Aktenvermerk Schulze vom 10.11.1983 über ein Gespräch des Stellvertreters des Oberbürgermeisters für Inneres, Genossen Jörke, am 10.11.1983 mit dem amt. Superintendenten des Kirchenbezirkes Dresden-Nord, Pfarrer Bickhardt, und dessen Stellv. Pfarrer Eichhorn von der Luther-Kirche Radebeul, PDS-Archiv Dresden, IV E-2.14-671.

436 Vgl. Abteilung Parteiorgane des ZK, Information vom 13.11.1983 über Aktivitäten während der »Friedensdekade 1983« der evangelischen Kirchen in der DDR und über besondere Vorkommnisse, SAPMO-BA ZPA IV B2/14/96.

437 Vgl. Abt. II, Vorlage Handel vom 23.11.1983 an die Dienstbesprechung am 28.11.1983, Information zum Verlauf der Friedensdekade der evangelischen Landeskirchen in der DDR vom 6.-16.11.1983, BA, Abt. Potsdam, O-4, 411.

438 Abteilung Parteiorgane des ZK, Information vom 13.11.1983 über Aktivitäten während der »Friedensdekade 1983« der evangelischen Kirchen in der DDR und über besondere Vorkommnisse, SAPMO-BA ZPA IV B2/14/96.

439 Vgl. auch SED-BL Erfurt, Dr. Dorothea Reschwamm, Mitarbeiter für befreundete Parteien und Kirchenfragen, an ZK der SED, AG Kirchenfragen, Genossen Rudi Bellmann, vom 22.12.1983, SAPMO-BA ZPA IV B2/14/69.

440 Vgl. auch das Schreiben von Bischof Dr. Demke an den Vorsitzenden des RdB Halle, Klapproth: »Mit Betroffenheit habe ich von der Entscheidung über die Vorbereitung der Stationierung neuer Raketenkomplexe auf dem Territorium unseres Landes und auf dem Territorium der ČSSR gelesen. Wir hatten in unserem Gespräch davon gesprochen, daß in der gegebenen Situation in Europa mehr Waffen nicht mehr Sicherheit bringen. Ich habe zum Ausdruck gebracht, daß wir unsere Regierung darin bestärken, daß diese Erkenntnis konsequent in reale Politik umgesetzt wird. In dem jetzigen angekündigten Schritt kann ich eine solche Konsequenz nicht erblicken, und ich kann unsere Regierung wirklich nicht darin bestärken, in dieser Richtung weiterzugehen. Was immer das Ziel dieser vorgesehenen neuen Stationierung von Raketenkomplexen auf unserem Territorium sein soll – darüber ist in den Presseverlautbarungen nichts Konkretes zu erkennen –: Sie erhöhen das auf die Staaten Westeuropas gerichtete Abschreckungspotential, das zu verringern die SU gerade angeboten hatte. Ich kann darin nur eine Fortsetzung des Abschreckungsdenkens sehen, das uns in immer neue Rüstungsunternehmungen führt. Ein Schritt zur Umkehrung der Rüstungsspirale wird dies nicht werden. Das macht mich betroffen, unruhig und sehr besorgt. [...] Die jetzt bekanntgegebene Entscheidung kann ich nur als ein Zeichen der Hoffnungslosigkeit verstehen. Wir werden Opfer einer Logik, die niemand in unserem Lande – davon bin ich überzeugt – will.« Auszugsweise Abschrift in BA, Abt. Potsdam, O-4, 793. Vgl. auch RdB Leipzig, Stellvertreter des Vorsitzenden für Inneres, Information Reitmann vom 12.12.1983 über Gespräch des Vorsitzenden des Rates, Gen. Rolf Opitz, mit dem Bischof der Provinzsächsischen Kirche, Dr. Demke, und Oberkonsistorialrat Dr. Schultze sowie dem Stellvertreter des Vorsitzenden für Inneres, Gen. Dr. Reitmann, a.a.O.

441 Vgl. Abt. II, Vorlage Gräfe vom 20.12.1983 an die Dienstbesprechung am 22.12.1983, Leitungsinformation 6/83, BA, Abt. Potsdam, O-4, 411; so auch noch Abt. II, Sofort-Information Gräfe vom 20.2.1984, BA, Abt. Potsdam, O-4, 948.

442 Vgl. hierzu auch RdB Dresden, Sektor Staatspolitik in Kirchenfragen, Vermerk Lewerenz vom 14.11.1983 über Gespräch des Vorsitzenden des Rates, Genossen Witteck, mit Bischof Dr. Wollstadt am 7.11.1983. Der Schweigemarsch richtete sich gegen die geplante Stationierung von Raketen in der DDR. Wollstadt führte aus: »Durch die angekündigten Maßnahmen seien Ängste unter der Bevölkerung aufgebrochen, gerade auch bei jungen Leuten, so daß spontane Reaktionen möglich seien. Gerade die jungen Leute wollen etwas tun, nicht nur reden. Man müsse da sehr differenziert urteilen.« PDS-Archiv Dresden, IV E-2.14-671.

443 Der Druck von seiten der Basis gegen Krusche verstärkte sich seit Ende 1983. Vgl. Abt. II, Sofort-Information Gräfe vom 20.2.1984, BA, Abt. Potsdam, O-4, 948.

444 Vgl. Abt. II, Vorlage Handel vom 23.11.1983 an die Dienstbesprechung am 28.11.1983, Information zum Verlauf der Friedensdekade der evangelischen Landeskirchen in der DDR vom 6.-16.11.1983, BA, Abt. Potsdam, O-4, 411.
445 Vgl. Abt. II, Vorlage Gräfe vom 20.12.1983 an die Dienstbesprechung am 22.12.1983, Leitungsinformation 6/83, a.a.O.
446 Vgl. Information Haß über die am 10.8.1983 stattgefundene Begegnung zwischen dem Stellvertreter des Vorsitzenden für Inneres des Rates des Bezirkes, Gen. Haß, und Bischof Dr. Gienke, BA, Abt. Potsdam, O-4, 789.
447 Vgl. SED-BL Dresden, Abteilung Staat und Recht, Niederschrift Richter über den am 9.3.1984 durchgeführten Erfahrungsaustausch von Genossen der Bezirksleitungen Karl-Marx-Stadt und Dresden in Kändler, Bezirk Karl-Marx-Stadt, PDS-Archiv Dresden, IV E-2.14-833.
448 Dresden, den 21.11.1983, Kurzfassung einer Beratung, die Genosse R. Bellmann am 11. November mit den Mitarbeitern der Bezirksleitung für Kirchenfragen durchführte, a.a.O.
449 Vgl. Abt. II, Vorlage Handel vom 23.11.1983 an die Dienstbesprechung am 28.11.1983, Information zum Verlauf der Friedensdekade der evangelischen Landeskirchen in der DDR vom 6.-16.11.1983, BA, Abt. Potsdam, O-4, 411.
450 Aktenvermerk Hauptabteilungsleiter Heinrich vom 23.11.1983 über Gespräch mit Stolpe, BA, Abt. Potsdam, O-4, 1220.
451 Heilmann wurde im Frühjahr 1985 nicht wieder in die Kirchenleitung gewählt. Vgl. SED-BL Potsdam, Abt. Staats- und Rechtsfragen, Information vom 19.4.1985 zum Verlauf der Frühjahrssynode der Evangelischen Kirche Berlin/Brandenburg vom 12.-16.4.1985, PDS-Archiv Dresden, IV E-2.14-680.
452 So in der Bekenntniskirche Berlin-Treptow, in der Philippus-Kapelle Weißensee und in der ESG Berlin. Vgl. Bericht zur kirchenpolitischen Situation in Berlin, Hauptstadt der DDR (entsprechend Rahmenplan der Dienststelle des Staatssekretärs für Kirchenfragen), Dezember 1983/Januar 1984, BA, Abt. Potsdam, O-4, 1129.
453 Keine Kirchengemeinde zeigt sich bereit, hier Räumlichkeiten zur Verfügung zu stellen. Am Heiligen Abend 1983 kam es in der Eliaskirche und Umgebung anläßlich »der Mitternachtsmesse [zu] starken[n] rowdyhafte[n] Ausschreitungen von ›Punkern‹«. Ebd. Ähnliche Szenen gab es auch am 16.6.1984 in der Taborkirche/Berlin-Wilhelmshagen. Vgl. Bericht zur kirchenpolitischen Situation in Berlin, Hauptstadt der DDR (entsprechend Rahmenplan der Dienststelle des Staatssekretärs für Kirchenfragen), Juni/Juli 1984, a.a.O.
454 Abt. II, Bericht Wilke vom 16.1.1984 über die Beratung der Bezirke Berlin-Brandenburg am 12.1.1984 in Berlin, a.a.O.
455 Über die von der Kirche gewünschten Gesprächspunkte informierte Ziegler Heinrich am 2.12.1983. »OKR Ziegler bat zu prüfen, ob der Staatssekretär die Gespräche mit dem genannten Personenkreis im Rahmen eines Arbeitsessens (Gastgeber ist dabei der Bund Evangelischer Kirchen) durchführen würde. Wenn dies nicht gewünscht wird, dann möchte der Vorsitzende der Konferenz gern im Anschluß an das Gespräch beim Staatssekretär zu einem Mittagessen einladen.« Aktenvermerk Heinrich vom 5.12.1983, BA, Abt. Potsdam, O-4, 1220. Vgl. auch Protokoll Hempel-Ziegler vom 17.11.1983 über die 157. Sitzung des Vorstandes am 16.11.1983 in Berlin, EZA Berlin, 101/93/243.
456 Die einzelnen Gesprächstermine lagen am 7.11. (Lewek, Ziegler), 17.11. (Domsch), 10.12. (Schönherr), 12.12. (Hempel, Stolpe, Gienke, Ziegler) [vgl. hierzu die Vorbesprechung des KKL-Vorstandes, Protokoll Hempel-Ziegler-Lewek vom 14.12.1983 über die 158. Sitzung des Vorstandes am 9.12.1983 in Berlin, EZA Berlin, 101/93/243] und 16.12. (Hempel, KKL-Vertreter). Vgl. Leiter des Büros, Vorlage Dohle vom 19.12.1983 an die Dienstbesprechung am 22.12.1983, Leitungsinformation 6/83, BA, Abt. Potsdam, O-4, 411. Vgl. auch undatiertes Schreiben Lewek an Ziegler, EZA Berlin, 101/93/64.
457 Vertrauliche Information Ziegler vom 2.1.1984 für die Mitglieder der Konferenz der

Evangelischen Kirchenleitungen über ein Gespräch mit dem Staatssekretär für Kirchenfragen am 12.12.1983, EZA Berlin, 101/93/3; ausführlicher: Vermerk Ziegler vom 13.12.1983 über ein Gespräch mit dem Staatssekretär für Kirchenfragen am 12.12.1983, 11.00-15.10 Uhr, a.a.O.

458 Vgl. dazu KiS 1/87, 16-18.
459 Vgl. Vermerk Ziegler vom 13.12.1983 über ein Gespräch mit dem Staatssekretär für Kirchenfragen am 12.12.1983, 11.00-15.10 Uhr, EZA Berlin, 101/93/3. Ziegler berichtete der KKL von dem Gespräch und informierte auch über die von der Kirche vorgebrachten Sachfragen (Volksbildung, Bausoldatendienst, Diakonissenversorgung, zusätzliche Bauten für DDR-Geld): »Konkrete Zusagen wurden nicht gemacht.« Protokoll Hempel-Ziegler-Grengel über die 90. Tagung der Konferenz der Evangelischen Kirchenleitungen am 6./7.1.1984 in Berlin, EZA Berlin, 101/93/234.
460 SED-BL Dresden, Abteilung Staat und Recht, Niederschrift Richter über den am 9.3.1984 durchgeführten Erfahrungsaustausch von Genossen der Bezirksleitungen Karl-Marx-Stadt und Dresden in Kändler, Bezirk Karl-Marx-Stadt, PDS-Archiv Dresden, IV E-2.14-833.
461 Vgl. Vermerk Lingner über die Sitzung der Beratergruppe am 2.12.1983, EZA Berlin, 4/92/15. Die Synode im Frühjahr 1983 hatte einer Vorlage zur VEK wiederum nicht zugestimmt. Vgl. Information über Verlauf und Ergebnis der 5. Tagung der 8. Synode der Evangelischen Kirche Berlin-Brandenburg, SAPMO-BA ZPA IV B2/14/123. Auch die Synode im Frühjahr 1984 verweigerte ihre Zustimmung. Vgl. die Beschlüsse vom 10.4.1984 in epd-Dok 21/84, 54 ff.
462 Vgl. Protokoll Stolpe/Gienke-Demke-Doyé/Kupas über die 85. Tagung der Konferenz der Evangelischen Kirchenleitungen in der DDR am 11.-13.3.1983 (Klausurtagung) in Bad Saarow. Dort heißt es: »Es überwiegt die Auffassung, daß die Bemühungen um eine verbindlichere Gemeinschaft fortgesetzt werden sollen.« EZA Berlin, 101/93/233.
463 Niederschrift über die Sitzung der Kirchenleitung der VELK i. d. DDR am 11.3.1983 in Berlin, LKA Hannover, D 15 XII, Hauptgruppe 1, K 2/C 1211-1/I. Vgl. auch Niederschrift über die Sitzung der Kirchenleitung der VELK i. d. DDR am Freitag, dem 29.4.1983 in Berlin, a.a.O.
464 Dieser Beschluß war auf der Sitzung der Kirchenleitung der VELK i. d. DDR am 29.4.1983 in Berlin vorbereitet worden. Sitzungsniederschrift a.a.O. Vgl. auch Protokoll Gienke-Lewek-Ziegler vom 29.8.1983 über die 155. Sitzung des Vorstandes am 22.8.1983 in Potsdam, EZA Berlin, 101/93/243.
465 Zeddies wurde 1984 auf Beschluß der KKL neben zwei weiteren Personen für das Amt des KEK-Generalsekretärs nominiert. Vgl. Protokoll Zeddies über die geschlossene Sitzung der Kirchenleitung der VELK am 9.11.1984, LKA Hannover, D 15 XII, Hauptgruppe 1, K 2/C 1211-1/I. Das KEK-Präsidium lud Zeddies daraufhin für den April 1985 nach Sofia zu einer Vorstellung ein. Vgl. Vermerk Ziegler vom 25.4.1985 über ein Gespräch im Staatssekretariat für Kirchenfragen am 23.4.1985, 14.00-16.30 Uhr, EZA Berlin, 101/93/4.
466 Protokoll Hempel-Ziegler vom 17.11.1983 über die 157. Sitzung des Vorstandes am 16.11.1983 in Berlin, EZA Berlin, 101/93/243.
467 Niederschrift über die Sitzung der Kirchenleitung der VELK in der DDR am Freitag, dem 6.1.1984, in Berlin, Auguststr. 80, LKA Hannover, D 15 XII, Hauptgruppe 1, K 2/C 1211-1/I.
468 Vgl. Lingner an Stoll vom 29.11.1983, EZA Berlin, 4/92/15.
469 Vgl. Vermerk Lingner über die Sitzung der Beratergruppe am 7.3.1984, a.a.O.
470 Vgl. dazu Lingners Brief an Hammer und H. v. Keler vom 29.11.1982, a.a.O.
471 Vermerk Lingner über die Sitzung der Beratergruppe am 7.3.1984, a.a.O.
472 Vgl. Aktenvermerk Heinrich vom 4.1.1984, BA, Abt. Potsdam, O-4, 1220; Vermerk Ziegler vom 30.12.1983 über Gespräch im Staatssekretariat für Kirchenfragen am 29.12.1983, 11.00-14.00 Uhr, EZA Berlin, 101/93/3.
473 Ebd.

474 Auch Greifswalds Bischof Horst Gienke zeigte sich an einer Begegnung mit dem Staatsratsvorsitzenden interessiert, dessen »persönlichen Anteil [...] im Ringen zur Erhaltung des Friedens und [an] einer konstruktiven Kirchenpolitik [die Kirche] hoch zu schätzen« wisse. Information Haß über die am 10.8.1983 stattgefundene Begegnung zwischen dem Stellvertreter des Vorsitzenden für Inneres des Rates des Bezirkes, Gen. Haß, und Bischof Dr. Gienke, BA, Abt. Potsdam, O-4, 789.
475 Aktenvermerk Heinrich vom 4.1.1984, BA, Abt. Potsdam, O-4, 1220.
476 Vgl. auch Vermerk Ziegler vom 30.12.1983 über Gespräch im Staatssekretariat für Kirchenfragen am 29.12.1983, 11.00-14.00 Uhr, EZA Berlin, 101/93/3. Im Diakoniebereich herrschte laut Petzold »große Enttäuschung über die Stagnation in dieser Frage.« Protokoll Hempel-Ziegler-Grengel über die 90. Tagung der Konferenz der Evangelischen Kirchenleitungen am 6./7.1.1984 in Berlin, EZA Berlin, 101/93/234. Gegenüber Heinrich trug Ziegler Anfang Februar 1984 »die Beschwerde des Vorstandes über die dauernde Hinauszögerung einer Entscheidung über die Altersversorgung der Diakonissen vor. Er betont[e], daß sich der Vorstand und das Diakonische Werk nicht länger mit hinhaltenden allgemeinen Auskünften zufriedengeben können.« Vermerk Ziegler vom 8.2.1984 über ein Gespräch im Staatssekretariat für Kirchenfragen am 8.2.1984, 8.00 bis 9.25 Uhr, EZA Berlin, 101/93/4.
477 Vgl. Aktenvermerk Hauptabteilungsleiter Heinrich vom 23.11.1983 über Gespräch mit Stolpe, BA, Abt. Potsdam, O-4, 1220.
478 Vgl. Protokoll Hempel-Ziegler-Lewek vom 21.9.1983 über die außerordentliche Sitzung des Vorstandes am 17./18.9.1983 in Potsdam-Hermannswerder, EZA Berlin, 101/93/243. Auf seiner folgenden Sitzung beauftragte der Vorstand das Sekretariat mit der Führung von Sondierungsgesprächen. Vgl. Protokoll Hempel-Ziegler-Lewek vom 25.10.1983 über die 156. Sitzung des Vorstandes am 13.10.1983 in Berlin, a.a.O.
479 Vgl. Protokoll Hempel-Ziegler vom 17.11.1983 über die 157. Sitzung des Vorstandes am 16.11.1983 in Berlin, a.a.O.
480 Vermerk Ziegler vom 13.12.1983 über ein Gespräch mit dem Staatssekretär für Kirchenfragen am 12.12.1983, 11.00-15.10 Uhr, EZA Berlin, 101/93/3; Vertrauliche Information Ziegler vom 2.1.1984 für die Mitglieder der Konferenz der Evangelischen Kirchenleitungen über ein Gespräch mit dem Staatssekretär für Kirchenfragen am 12.12.1983, a.a.O. Zu Beginn des neuen Jahres berichtete Ziegler im Gespräch mit Heinrich, »daß die Konferenz der Ev. Kirchenleitungen und die Gliedkirchen sich nicht auf längere Zeit damit zufrieden geben könnten, daß über Gespräche in der Dienststelle des Staatssekretärs berichtet würde, aber keine konkreten Ergebnisse zu verzeichnen seien. [...] Heinrich wies darauf hin, daß die staatliche Seite in derselben Lage sei. Der Staatssekretär könne zwar über Gespräche mit Vertretern der Kirche berichten, hätte aber auch keine überzeugenden Ergebnisse auf seiten der Kirche zu vermelden.« Vermerk Ziegler vom 8.2.1984 über ein Gespräch im Staatssekretariat für Kirchenfragen am 8.2.1984, 8.00 bis 9.25 Uhr, EZA Berlin, 101/93/4.
481 Vgl. »Die WELT« Nr. 40 vom 17.2.1987.
482 Zit. nach M. Stolpe, Den Menschen Hoffnung geben, 75-90, hier: 88 f. Vgl. auch das Interview des NDR mit Stolpe vom 27.3.1984 (DDR-Report), wiederholt im SFB am 28.3.1984.
483 Protokoll Hempel-Ziegler-Kupas vom 16.4.1984 über die 162. Sitzung des Vorstandes am 2.4.1984 in Berlin, EZA Berlin, 101/93/244.
484 Vgl. Besier/Wolf, Pfarrer, 53 f., Anm. 255. Siehe auch Ch. Hoffmann, Aufklärung und Ahndung totalitären Unrechts.
485 M. Meckel, Geborgenheit und Wahrheit, in: Ch. Kleßmann (Hg.), Kinder der Opposition, 95-108, hier: 102.
486 Treffbericht Roßberg vom 3.3.1977, BStU Berlin, AIM 3165/79, II/1, 44 f. Vgl. auch T. Krone/R. Schult (Hgg.), Seid untertan der Obrigkeit, 165-178.
487 Vermerk Ziegler über die 16. Konsultation zwischen dem BEK und der EKD am

28.2.1984 in Berlin, EZA Berlin, 101/93/259; Vermerk über die 17. Konsultation zwischen dem BEK und der EKD am 21.5.1984 in Berlin, a.a.O.
488 Vermerk Ziegler über die 16. Konsultation zwischen dem BEK und der EKD am 28.2.1984 in Berlin, a.a.O.
489 Hier verwies man auf das Protokoll der 1. Sitzung der Konsultationsgruppe vom 13.3.1980. Vgl. Protokoll Hempel-Ziegler-Grengel über die 90. Tagung der Konferenz der Evangelischen Kirchenleitungen am 6./7.1.1984 in Berlin, EZA Berlin, 101/93/234.
490 Niederschrift über die 2/84 Sitzung des Kollegiums des Kirchenamts der EKD am 6.2.1984 in Hannover, ABB Bonn, Akte Konsultationsgruppe.
491 Protokoll Hempel-Ziegler-Lewek vom 25.10.1983 über die 156. Sitzung des Vorstandes am 13.10.1983 in Berlin, EZA Berlin, 101/93/243.
492 Vgl. Protokoll Forck über den Konvent der Bischöfe am 6.12.1982 in der Auguststraße 80, EZA Berlin, 101/1190, Bd. II. Vgl. auch Protokoll Hempel-Demke-Lewek vom 29.12.1982 der 147. Sitzung des Vorstandes am 8.12.1982 in Berlin, EZA Berlin, 101/121.
493 Vgl. Protokoll Hempel-Ziegler vom 17.11.1983 über die 157. Sitzung des Vorstandes am 16.11.1983 in Berlin, EZA Berlin, 101/93/243. Vgl. auch Protokoll Hempel-Ziegler vom 10.1.1984 über die außerordentliche Sitzung des Vorstandes am 6.1.1984, 21.30 Uhr, in Berlin, EZA Berlin, 101/93/244.
494 Diese Zahl ergibt sich aus den weiteren unter dem Tagesordnungspunkt »Neubildung der Konsultationsgruppe Bund-EKD« vermerkten Abstimmungsergebnissen. Vgl. Protokoll Hempel-Ziegler-Grengel über die 90. Tagung der Konferenz der Evangelischen Kirchenleitungen am 6./7.1.1984 in Berlin, EZA Berlin, 101/93/234.
495 Vgl. ebd.
496 Vgl. Protokoll Hempel/Gienke/Stolpe-Ziegler-Dorgerloh/Radke über die 92. Tagung der Konferenz der Evangelischen Kirchenleitungen am 11./12.5.1984 in Eisenach (Bundesbesuchstage), EZA Berlin, 101/93/235.
497 Bei zwei Gegenstimmen und fünf Enthaltungen angenommen. Vgl. Protokoll Stolpe-Ziegler-Radke über die 93. Tagung der Konferenz der Evangelischen Kirchenleitungen am 6./7.7.1984 in Berlin, a.a.O. Ziegler unterbreitete auf der Vorstandssitzung im August 1984 diesbezüglich erste Vorschläge. Vgl. Protokoll Hempel-Ziegler-Kupas vom 29.8.1984 über die 165. Sitzung des Vorstandes am 17.8.1984 in Berlin, EZA Berlin, 101/93/244. Diese Vorschläge wies die KKL an den Vorstand zur Überarbeitung zurück, da u. a. alle Gliedkirchen vertreten sein sollten. Vgl. Protokoll Hempel-Ziegler-Doyé über die 95. Tagung der Konferenz der Evangelischen Kirchenleitungen in der DDR am 9./10.11.1984 in Berlin, EZA Berlin, 101/93/236. Die Bedenken der KKL berücksichtigte ein weiterer Vorschlag, den der Vorstand auf seiner Dezembersitzung erarbeitete. Vgl. Protokoll Hempel-Ziegler-Lewek vom 18.12.1984 über die 169. Sitzung des Vorstandes am 13.12.1984 in Berlin, EZA Berlin, 101/93/244. Die KKL entschied im Januar 1985, die DDR-Teilnehmerzahl auf 13 Personen zu erhöhen. Von 21 Anwesenden stimmten nur zwölf Konferenzmitglieder dem Beschluß zu. Vgl. Protokoll Hempel-Ziegler-R. Schulze über die 96. Tagung der Konferenz der Evangelischen Kirchenleitungen in der DDR am 11./12.1.1985 in Berlin, EZA Berlin, 101/93/236. Vgl. auch Schreiben Walter Hammer an die Vertreter der Evangelischen Kirche in Deutschland in der Konsultation zwischen EKD und BEK vom 6.2.1985: »Hier hat sich [...] ein merkwürdiger Vorgang in der DDR abgespielt: Nachdem in den vergangenen Jahren die Wut zur Teilnahme unterschiedlich ausgeprägt war, hat sich nun, da alles etwas geordnet werden sollte, ein hitziger Kampf um die Plätze abgespielt: Jeder wollte dort ›vertreten‹ sein. (Ob dabei das sachliche Interesse oder auch Status-Fragen eine überwiegende Rolle gespielt haben, mag unerörtert bleiben).« Nachdem der Osten mit 13 Personen an der Beratergruppe teilnehmen wolle, müsse die EKD aus Paritätsgründen nachziehen, so Hammer. Vgl. auch Schreiben Hammer an Lingner vom 25.2.1985, EZA Berlin, 4/92/16. Im Protokoll Hempel-Ziegler-Kupas vom 25.3.1985 über die 172. Sitzung des Vorstandes am 20.3.1985 in Berlin heißt es: »Ziegler informiert über die Mitteilung der

EKD über die personelle ›Beschickung‹ der Beratergruppe als Reaktion auf die Entscheidung der Konferenz. Der Vorstand nimmt die Erläuterungen zur Kenntnis. Er sieht zur Zeit keine Veranlassung, auf der Bundesseite eine Änderung herbeizuführen.« EZA Berlin, 101/93/245.

498 Vermerk Lingner über die Zusammenkunft der Beratergruppe am 19.6.1985, EZA Berlin, 4/92/16.

499 Zur Vorbereitung vgl. Abt. II, Vorlage Gräfe vom 25.4.1984 an die Dienstbesprechung am 30.4.1984, Leitungsinformation 2/84, BA, Abt. Potsdam, O-4, 948.

500 Abt. II, Wilke, 20.2.1984, Maßnahmeplan der Dienststelle des Staatssekretärs für Kirchenfragen zu den Kommunalwahlen am 6.5.1984 und dem 35. Jahrestag der DDR, a.a.O. Zum 35. Jahrestag vgl. auch SED-BL Dresden, Abteilung Staat und Recht, Niederschrift Richter über den am 9.3.1984 durchgeführten Erfahrungsaustausch von Genossen der Bezirksleitungen Karl-Marx-Stadt und Dresden in Kändler, Bezirk Karl-Marx-Stadt, PDS-Archiv Dresden, IV E-2.14-833.

501 Ein von Altbischof Werner Krusche zum 10. Todestag von Brüsewitz verfaßter Artikel durfte in der Kirchenzeitung »Die Kirche« sowie im Nachrichtendienst ena nicht erscheinen. Vgl. Protokoll Leich-Ziegler-Lewek/Kupas vom 3.9.1986 über die 188. Sitzung des Vorstandes am 28.8.1986 in Eisenach, Beginn 15.00 Uhr, Ende ca. 21.30 Uhr, EZA Berlin, 101/93/247. Demke berichtete in der gleichen Sitzung, »daß am 16.8., 11.30 Uhr, sich ein Mann auf dem Marktplatz in Schleusingen mit Benzin übergossen und verbrannt hat. Er ist am 19.8. gestorben und wurde am 22.8. beerdigt. Erkennbar politische Motive liegen nicht vor, eher familiäre Schwierigkeiten. Seine Absicht hat er vorher beim Superintendent von Suhl, R. Leue, angekündigt, der den Selbstmord nicht mehr verhindern konnte. Epd hat eine Meldung gebracht.« Ebd. Zum Verbot des Krusche-Artikels vgl. auch Protokoll Leich-Ziegler-Ritter über die 107. Tagung der Konferenz der Evangelischen Kirchenleitungen in der DDR am 5./6.9.1986 in Berlin, EZA Berlin, 101/93/240. Propst Bäumer hielt zum 10. Todestag von Brüsewitz einen Gottesdienst in Rippicha. Vgl. ebd.

502 Latk an Ziegler vom 28.2.1984, EZA Berlin, 101/93/833.

503 Ziegler an Lingner vom 8.3.1984, a.a.O. Im November 1985 sah es Demke immerhin als notwendig an, die KKL über den Selbstmord eines Stendaler Pfarrer zu berichten. Der Bischof betonte, dieser sei »aus persönlichen Gründen« aus dem Leben geschieden. Vgl. Protokoll Gienke/Stolpe-Ziegler-Kürschner über die 101. Tagung der Konferenz der Evangelischen Kirchenleitungen in der DDR am 8./9.11.1985 in Berlin, EZA Berlin, 101/93/238.

504 Vgl. im übrigen Zieglers Brief an Propst Friedrich-Wilhelm Bäumer, Magdeburg, anläßlich dessen Pensionierung vom 11.1.1984: »Niemand konnte damals [bei Übernahme des Propstamtes] ahnen, daß durch den selbstgewählten Tod von Bruder Brüsewitz eine besondere Verantwortung auf Sie zukommen würde. Ihr Dienst an seinem Grabe war nicht nur den Hinterbliebenen, sondern uns und vielen anderen Mitchristen eine besondere Stärkung. Auch dafür sei Ihnen im Rückblick heute besonderer Dank gesagt.« EZA Berlin, 101/93/943.

505 Vgl. die Dokumentation in: K.-R. Latk, Stasi-Kirche, 11-117.

506 Vgl. dazu die Tonbandberichte Hammers an das MfS vom 23.12.1976 (BStU AS Magdeburg MfS AIM 1143/78, II/4, 145) und Entwurf einer Ergänzung der Einleitungsverfügung eines Disziplinarverfahrens gegen Latk (Konsistorialpräsident Krause), o. D., a.a.O., 156.

507 Zit. nach H. Schultze/W. Zachhuber (Hgg.), Spionage gegen eine Kirchenleitung, 53.

508 Vgl. die Niederschrift über die 42. gemeinsame Beratung der Bereichsräte der EKU am 8.2.1978 in Berlin: »Pfarrer Latk ist disziplinarisch mit Entfernung aus dem Dienst bestraft worden.« LKA Hannover, D 15 XII, K 73/412/II. In dem Vermerk Demke vom 23.3.1978 über die Zusammenkunft der Beratergruppe am 14.3.1978 heißt es: »Fall Latk: Dr. Krause informiert. Als ungewöhnlich wird die Veröffentlichung des Urteils angesehen.« EZA Berlin, 101/360.

509 Vgl. Wiss. Mitarbeiter, Februar 1981, Zu einigen Problemen der gegenwärtigen Auseinandersetzung um die Menschenrechte unter besonderer Berücksichtigung der Haltung der Kirchen, BA, Abt. Potsdam, O-4, 495. Siehe auch Brüsewitz-Zentrum (Hg.), Dokumentation: Kirche in der Verantwortung. Fachtagung über die Hilfeleistungen der Kirchen in der DDR und in der Bundesrepublik Deutschland für Übersiedler aus der DDR, 2. Aufl. o. O. 1986. Vgl. dazu R. Henkys' mit »Gutwillig – aber kenntnislos« überschriebene Rezension (KiS 1/87, 26 f.).

510 Zu den ihn verfolgenden IM gehörte der Maler Karsten Kollmorgen (IM »Michael Lober«, Reg.-Nr. XII 1264/83); vgl. »DER SPIEGEL« 12/93, 242.

511 Vgl. Schriftwechsel Döblers mit OLKR Fritz (Dresden), OLKR Rauer (Hannover), Landesbischof Lohse (Hannover), Landessuperintendent Badenhop (Hannover), OKR Schäfer (Karlsruhe), Landesbischof Hempel (Dresden), alle Akte Döbler, Kopie im Besitz des Verf.

512 OV »Passion«, Reg.-Nr. XII 577/87, BStU Dresden 3721/89, Bd. 3.

513 Vgl. dazu FOCUS vom 18.4.1994. Lt. Schreiben Rau vom 5.7.1993 an Hönisch (Tgb.-Nr. 1669/90Z) konnte die Person mit dem Decknamen »Hans Gabel« eindeutig als Helmut Löffler ermittelt werden, Kopie des Schreibens in Akte Döbler.

514 Dorthin war Döbler wegen einer Ehescheidung strafversetzt worden.

515 OV »Camping«, XII 3025/81 KD Dresden Land, BStU Dresden.

516 Gedächtnisprotokoll Döbler vom 30.8.1994, im Besitz des Verf.

517 Schreiben Hempel an Döbler vom 2.7.1993, Akte Döbler.

518 Das Sachgespräch war als Beratung mit den Friedensausschüssen der Synoden geplant gewesen und fand am 27.1.1984 statt. Die Kirchen zogen noch KKL-Mitglieder hinzu. Vgl. Abt. II, Vermerk Wilke vom 12.1.1984 an den Staatssekretär über Gespräch mit Ziegler am 11.1.1984, BA, Abt. Potsdam, O-4, 1437. Vgl. auch Protokoll Hempel-Ziegler vom 10.1.1984 über die außerordentliche Sitzung des Vorstandes am 6.1.1984, 21.30 Uhr, in Berlin, EZA Berlin, 101/93/244. Zwei Stunden vor Beginn der Unterredung war eine Vorbesprechung in der Augustraße geplant. Vgl. Protokoll Hempel-Ziegler vom 16.1.1984 über die 159. Sitzung des Vorstandes am 10.1.1984 im Landeskirchenamt Dresden, a.a.O. Zum Gespräch selbst vgl. Vermerk Große vom 30.1.1984 zum »Informationsgespräch über Friedensfragen« vom 27.1.1984 (Hotel »Johannishof«, Berlin, 13.00 bis 16.00 Uhr), EZA Berlin, 101/93/64. Beteiligt war als Referent auch Botschaftsrat Ernst vom DDR-Außenministerium. Auf zahlreiche kritische Anfragen der kirchlichen Vertreter ging Ernst nur teilweise ein. Gysi begründete: »Die Begrenzung des Themas habe nicht zugelassen, alle kirchlichen Probleme und Anfragen zu behandeln. Ein Gespräch über innenpolitische Fragen stehe noch aus.« Dies lag gewiß auch daran, daß ein solches Vorhaben mit weniger kirchlichen Gesprächspartnern für den Staat kalkulierbarer war. Gysi führte weiterhin aus: »Weil die Reagan-Regierung auf Vernichtung des Kommunismus aus sei, die Raketenstationierung einen ersten Schritt auf diesem Weg darstellte, sei eine akute Notwehrsituation entstanden. Darin könne es keine organisierte ›unabhängige‹ Friedensbewegung geben, weil diese die Kraft des Staates spalte. Die Gewissensentscheidung des einzelnen werde respektiert; wenn sie durch die Synoden respektiert wird, wird ein politische Frage daraus und der Wehrdienst in Frage gestellt. Die Kirche bietet Unterschlupf für politische Opposition. Sie glaubt, neue Gläubige zu gewinnen, gewinnt aber nur neue Schwierigkeiten. Die Kirche dürfe im übrigen den Druck der Verantwortung nicht unterschätzen, der auf den Politikern liege. Das gelte vor allem für den Vorsitzenden des Staatsrates.« Ebd. Zur Auswertung vgl. Protokoll Lewek der Sitzung des Ausschusses Kirche und Gesellschaft am 27./28.1.1984 in Berlin: »Das Gespräch war staatlicherseits ursprünglich für einen Termin vor den Herbstsynoden vorgesehen und litt dadurch an einem Funktionsverlust«. EZA Berlin, 101/93/52.

519 Vermerk Lingner über die Sitzung der Beratergruppe am 7.3.1984, EZA Berlin, 4/92/15.

520 So fand vom 24.-26.2.1984 in Rostock auch ein überregionales Treffen einzelner Öko-

logiegruppen statt. Vgl. Abt. II, Vorlage Gräfe vom 25.4.1984 an die Dienstbesprechung am 30.4.1984, Leitungsinformation 2/84, BA, Abt. Potsdam, O-4, 948. Zu einzelnen Aktionen vgl. z. B. SED-BL Halle, Hausmitteilung Abt. Parteiorgane/Information an Gen. Böhme, Gen. Kitzing vom 14.5.1984, Mitteilung der Kreisleitung Bitterfeld über ein Gespräch des Stellvertretenden Vorsitzenden für Inneres des Rates des Kreises, Genossen Günter Leonhardt, mit den Pfarrern Kohtz und Neugebauer zu vorgesehenen Aktivitäten der Kirche vom 18.5. bis 20.5.1984 im Kirchenkreis Bitterfeld: »Es werden ca. 250-300 Teilnehmer aus den Bezirken Halle, Magdeburg, Potsdam, Leipzig, Gera, Karl-Marx-Stadt und Erfurt erwartet.« LPA Halle, IV E-2/14/580. Vgl. auch RdB Halle, Sektor Kirchenfragen, Information Voigt vom 17.5.1984 zum Gespräch des Stellvertreters für Inneres des Rates des Bezirkes Halle, Gen. Pöhner, mit dem Bischof der Ev. Kirche der Kirchenprovinz Sachsen, Dr. Demke, und Oberkonsistorialrat Dr. Schultze am 16.5.1984 in Halle. Hier ging es auch um eine für den 3.6.1984 geplante »öffentliche Begehung (u. a. als Radtour)« von Halle nach Neunkirchen, Kr. Merseburg, und die Aktivitäten von Kreisjugendpfarrer Neher (Halle). BA, Abt. Potsdam, O-4, 793. Vgl. auch Protokoll Hempel/Gienke/Stolpe-Ziegler-Dorgerloh/Radke über die 92. Tagung der Konferenz der Evangelischen Kirchenleitungen am 11./12.5.1984 in Eisenach (Bundesbesuchstage), EZA Berlin, 101/93/235; Protokoll Hempel-Ziegler-Küntscher über die 94. Tagung der Konferenz der Evangelischen Kirchenleitungen in der DDR am 7./8.9.1984 in Berlin, EZA Berlin, 101/93/236. Zu einer für Potsdam geplanten Radsternfahrt vgl. Schreiben Ziegler an Generalsuperintendent Bransch vom 7.6.1984, EZA Berlin, 101/93/110. Demke berichtete gegen Herbstbeginn Hauptabteilungsleiter Heinrich: »Innerhalb der Kirchenprovinz Sachsen spitzt sich die Situation in Halle zwischen staatlichen Organen und Vertretern der Kirche zu. Er als Bischof ist hier ratlos und zum Teil entnervt. [...] Bischof Demke räumt ein, daß [...] die weitgesteckte Erwartungshaltung der staatlichen Organe sicher nicht im vollen Umfang berücksichtigt werden konnte. Er geht aber dennoch davon aus, daß Propst Abel und Superintendent Hartmann die Probleme in Grenzen halten. ›Der Bischof kann sich auf sie verlassen‹. Seine Sorge ist nun der derzeitige Stand der Beziehungen zwischen Staat und Kirche in Halle. Eine Konfrontation ist nicht mehr auszuschließen, er als Bischof kann sie kirchlicherseits nicht mehr verhindern.« Vermerk Heinrich vom 18.9.1984, BA, Abt. Potsdam, O-4, 1220.

521 Vermerk Lingner über die Sitzung der Beratergruppe am 7.3.1984, EZA Berlin, 4/92/15. Hans Wilke äußerte, er bedaure, »daß im Bezirk Halle augenblicklich eine schwierige Verhandlungssituation bestünde. Das sei offensichtlich auf örtliche Probleme zurückzuführen, auf die das Staatssekretariat keinen Einfluß habe.« Vermerk Ziegler vom 28.11.1984 über Gespräch im Staatssekretariat für Kirchenfragen am 31.10.1984, 13.00 bis ca. 14.45 Uhr, EZA Berlin, 101/93/4.

522 Vgl. Abt. II, Sofort-Information Gräfe vom 20.2.1984, BA, Abt. Potsdam, O-4, 948. Vgl. z. B. den Artikel »Sanft in den Methoden, fest in der Sache« zu einer Akademietagung über christliche Umweltverantwortung, in: Die Kirche (Magdeburger Ausgabe) vom 26.2.1984.

523 1983 fand ein Treffen christlicher Umweltgruppen in Wittenberg statt, im Juni 1984 trafen sich 90 Umweltbewegte in Hirschluch. Vgl. Abt. II, Information vom 19.11.1984 zur Tätigkeit des kirchlichen Forschungsheimes Wittenberg (KFH) und Schlußfolgerungen für die staatlichen Reaktionen gegenüber dem Forschungsheim, BA, Abt. Potsdam, O-4, 949.

524 RdB Halle, Sektor Kirchenfragen, Information Voigt vom 21.2.1984 zum Gespräch des Stellv. des Vorsitzenden für Inneres, Gen. Pöhner, mit Oberkonsistorialrat Dr. Schultze – Magdeburg – am 21.2.1984 beim Rat des Bezirkes Halle, LPA Halle, IV E-2/14/580; sprachlich etwas anders wiedergegeben in Abt. II, Vorlage Gräfe vom 25.4.1984 an die Dienstbesprechung am 30.4.1984, Leitungsinformation 2/84, BA, Abt. Potsdam, O-4, 948. Vgl. auch Abt. II, Information vom 19.11.1984 zur Tätigkeit des kirchlichen Forschungsheimes Wittenberg (KFH) und Schlußfolgerungen für die

staatlichen Reaktionen gegenüber dem Forschungsheim: »Realistische und loyale Kräfte in den Kirchenleitungen sind aber nicht bereit, die Kirchen in der Umweltschutzfrage in gegen den Staat gerichteter Weise mißbrauchen zu lassen.« BA, Abt. Potsdam, O-4, 949.
525 Abt. II, Vorlage Gräfe vom 20.8.1984 an die Dienstbesprechung am 27.8.1984, Leitungsinformation 4/84, Sofort-Information an den Staatssekretär 31.8.1984, a.a.O.
526 Am 10.2.1984 gab die Kirchenleitung ein während einer Klausurtagung am 3./4.2.1984 erarbeitetes Positionspapier zu den Gruppen mit dem Titel »Orientierung für die Arbeit mit Gruppen, die die Kirche durch ihre besondere Thematik herausfordern« heraus. Das Papier empfahl den Gemeindeleitungen, »sich über alles, was in den Gruppen in der Gemeinde geschieht, sorgfältig zu informieren, direkten Kontakt mit den Gruppen zu halten, eine Kontaktperson [...] mit klarer Zuständigkeit und Befugnis gemeinsam mit der Gruppe zu benennen. Die Gemeindeleitungen haben die Entscheidung darüber zu treffen, ob eine Gruppe mit ihren Zielsetzungen in Zeugnis und Dienst der Gemeinde eingeordnet werden kann, unter welchen Bedingungen sie zusammenkommen kann, wie gesichert bleibt, daß bei öffentlichkeitswirksamen Aktionen einer Gruppe, die das Verhältnis der Gemeinde zur Gesamtkirche, zur Öffentlichkeit oder zum Staat berühren, ihr rechtzeitig vorher die Möglichkeit zur Zustimmung, Ablehnung oder einer Stellungnahme gegeben ist. Manchmal kann es zu Konfliktsituationen zwischen einer Gruppe und der Gesamtgemeinde bzw. ihrer Leitung kommen. Eine ernste Konfliktsituation ist gegeben, wenn [...] ein großes Ärgernis in der Gesamtgemeinde aufbricht, eine fortgesetzte wesentliche Verletzung grundlegender Ordnungsprinzipien stattfindet, eine wesentliche Konfrontation mit Staat und Gesellschaft entsteht.« Hier kann nach Prüfung der Situation, insbesondere der Fragen, »ob der Konflikt aus dem Zeugnis und Dienst der Kirche unvermeidlich ist oder nicht notwendig, ob die Gemeinde oder die Öffentlichkeit für einen längeren Zeitraum mit dem Konflikt belastbar ist, ihnen Toleranz zugemutet werden kann oder nicht«, zur äußersten Möglichkeit der »Trennung von einer Gruppe bzw. deren Auflösung geschritten werden.« Mit Begleitschreiben Bischof Forcks an alle Kreiskirchenräte in der Evangelischen Kirche in Berlin-Brandenburg, betr.: Gruppen, die die Kirche durch ihre besondere Thematik herausfordern, vom 10.2.1984, EZA Berlin, 101/93/86. Vgl. auch Protokoll Hempel-Ziegler-Herrbruck/von Rabenau über die 91. Tagung der Konferenz der Evangelischen Kirchenleitungen vom 9. bis 11.3.1984 in Bad Saarow, EZA Berlin, 101/93/235. Von seiten der landeskirchlichen Jugendarbeit kam es zu Kritik an dem Papier. Vgl. Protokoll Semper vom 18.10.1984 der Sitzung des Ausschusses Kirche und Gesellschaft am 22./23.6.1984 in Berlin, EZA Berlin, 101/93/52. Vgl. auch Protokoll Stolpe-Ziegler-Radke über die 93. Tagung der Konferenz der Evangelischen Kirchenleitungen am 6./7.7.1984 in Berlin: »Gespräche zwischen Kirchenleitung und verschiedenen Gruppen gestalten sich unterschiedlich kompliziert. Die dazu von der Kirchenleitung herausgegebene Orientierung an die Gemeinden erweist sich im ganzen als hilfreich.« EZA Berlin, 101/93/235. Mit dem Verhältnis der Kirche zu den Gruppen befaßte sich auch die Klausurtagung des BEK-Ausschusses Kirche und Gesellschaft vom 23.-25.3.1984 in Bärenfels/Erzgebirge. Vgl. Protokoll Lewek, EZA Berlin, 101/93/52. Vgl. auch Schreiben Nettelbeck an Garstecki mit Bitte um sein Votum vom 19.3.1984. Dem Schreiben lag das interne Arbeitsmaterial für den Ausschuß »Die Kirche und die Friedensgruppen. Wie gehören Sie zusammen?« bei, das wahrscheinlich Heino Falcke erarbeitet hatte. EZA Berlin, 101/93/43. Zur schleppenden Behandlung des Papiers in der KKL vgl. Schreiben Propst Falcke an Lewek (BEK-Sekretariat) vom 12.11.1984, EZA Berlin, 101/93/44. Vgl. auch Schreiben Lewek an die Mitglieder der Konferenz der Evangelischen Kirchenleitungen vom 12.2.1985 und die beiliegende Anlage zu Vorlage Nr. 11 der 93. Tagung der Konferenz der Evangelischen Kirchenleitungen. Begleitpapier Dorgerloh-Radke-Schulze, EZA Berlin, 101/93/65. Das nicht zur Veröffentlichung bestimmte Papier mit unterstützendem KKL-Beschluß vom 9.3.1985 in a.a.O.
527 Vgl. Abt. II, Sofort-Information Gräfe vom 20.2.1984, BA, Abt. Potsdam, O-4, 948. Vgl.

ANMERKUNGEN ZU DER SEITE 61

auch Abt. II, Vorlage Gräfe vom 25.4.1984 an die Dienstbesprechung am 30.4.1984, Leitungsinformation 2/84, a.a.O. Die Integration der Basisgruppen in kirchliche Strukturen forderte und akzeptierte Staatssekretär Gysi. Vgl. Vermerk Ziegler vom 2.4.1984 über Gespräch mit dem Staatssekretär für Kirchenfragen am 30.3.1984, 10.30 bis 14.00 Uhr, EZA Berlin, 101/93/4.

528 Vgl. Bericht zur kirchenpolitischen Situation in Berlin, Hauptstadt der DDR (entsprechend Rahmenplan der Dienststelle des Staatssekretärs für Kirchenfragen), Dezember 1983/Januar 1984, BA, Abt. Potsdam, O-4, 1129.

529 Abt. II, Vorlage Gräfe vom 20.8.1984 an die Dienstbesprechung am 27.8.1984, Leitungsinformation 4/84, Sofort-Information an den Staatssekretär 31.8.1984, BA, Abt. Potsdam, O-4, 949.

530 Abt. II, Information vom 20.11.1984 über die Tätigkeit der Friedensausschüsse, der Ev. Studentengemeinden, Ökologiegruppen sowie weitere kirchliche Arbeitsformen mit Jugendlichen und jungen Erwachsenen in den evangelischen Landeskirchen, a.a.O. Vgl. auch Bericht zur kirchenpolitischen Situation in Berlin, Hauptstadt der DDR (entsprechend Rahmenplan der Dienststelle des Staatssekretärs für Kirchenfragen), Dezember 1983/Januar 1984: »So wurde beispielsweise der bisherige ›Friedens-Ökologiekreis‹ von der ESG getrennt«. BA, Abt. Potsdam, O-4, 1129. Aus der Perspektive der Gruppen W. Rüddenklau, Störenfried, 40 ff.

531 Abt. II, Vorlage Gräfe vom 20.8.1984 an die Dienstbesprechung am 27.8.1984, Leitungsinformation 4/84, Sofort-Information an den Staatssekretär 31.8.1984, BA, Abt. Potsdam, O-4, 949. Diese Erwägungen waren staatlichen Stellen schon bekannt, bevor die Frage auf die Tagesordnung des Gemeindekirchenrates kam. Vgl. Bericht zur kirchenpolitischen Situation in Berlin, Hauptstadt der DDR (entsprechend Rahmenplan der Dienststelle des Staatssekretärs für Kirchenfragen), Dezember 1983/Januar 1984, BA, Abt. Potsdam, O-4, 1129.

532 Vgl. Bericht zur kirchenpolitischen Situation in Berlin, Hauptstadt der DDR (entsprechend Rahmenplan der Dienststelle des Staatssekretärs für Kirchenfragen), Juni/Juli 1984, a.a.O.

533 Vgl. Abt. II, Vorlage Gräfe vom 23.10.1984 an die Dienstbesprechung am 29.10.1984, Thema: Information über die politisch-ideologische Entwicklung in den Kirchen und Religionsgemeinschaften und die weitere Gestaltung des Staat-Kirche-Verhältnisses zum 35. Jahrestag der DDR, Leitungsinformation 5/84, BA, Abt. Potsdam, O-4, 949. Die Blues-Messe fand am 16.6.1985 in der Erlöserkirche statt und verlief bei deutlich geringerer Teilnehmerzahl als in den Vorjahren »im wesentlichen ohne Angriffe auf den sozialistischen Staat und seine Politik« und ohne »Störungen von Ordnung und Sicherheit«. Abt. II, Sofort-Information vom 20.6.1985 (nach den Informationsberichten der Räte der Bezirke 3/85, Einzelinformationen sowie Dienstreiseberichten der Operativkader), BA, Abt. Potsdam, O-4, 950. Vgl. auch Schreiben Gysi an Jarowinsky vom 23.5.1985: »Das Gespräch mit Konsistorialpräsident Stolpe am 20.5.1985 verlief aus Zeitgründen sehr zügig und dauerte ca. 30 Minuten. Ich habe gemäß unserem Gespräch die Hauptbedenken und Forderungen der staatlichen Seite vorgetragen, wobei ich den Ausdruck ›Verbot‹ nicht verwendet habe. Ich habe zweimal gesagt, daß ich mir nicht vorstellen kann, daß die Veranstaltung in der geplanten Form stattfindet. Die Rolle der Grünen, die Rolle der Westmedien, der Gesamtaspekt auch im Zusammenhang mit dem Appell an den nordamerikanischen Kongreß waren in die Ausführungen eingeordnet. Besonderes Gewicht habe ich auf die Festlegungen des 11.2. und die Erfahrungen des 40. Jahrestages gelegt und habe ihm auch eine ganze Reihe von kommenden 40-Jahres-Terminen zur Beachtung durch die Kirche empfohlen (1. Atombombe). Ich bin von der sehr positiven Entwicklung der letzten Monate ausgegangen und habe die Notwendigkeit der Weiterführung hervorgehoben. In bezug auf den negativen und staatsfeindlichen Charakter der Blues-Messe habe ich mir keine Zurückhaltung auferlegt, ebensowenig bei der Einschätzung des Appells an den nordamerikanischen Kongreß.
Stolpe reagierte sichtlich verlegen. Er betonte, daß er alle meine Bedenken verstände,

aber er sagte zugleich, daß sie als Berlin-Brandenburgische Kirchenleitung hier in einer sehr schwierigen Situation gegenüber den betreffenden Gemeinden seien. Er sehe nicht, auf welche Weise sie die Sache wieder vom Tisch kriegen könnten. Ich habe ihm geantwortet, daß das natürlich sein Problem sei, aber im übrigen der Berliner Magistrat sicher noch mit dem Generalsuperintendenten Dr. Krusche darüber sprechen wird. Auf diese Unterstützung legt Stolpe großen Wert. Weiter führte er aus, daß für den Ablauf der Blues-Messe Propst Dr. Winter verantwortlich sei, der, was Sketche und Texte beträfe, jedes Wort genau festlege und während der Messe genau kontrolliere. Er meinte, daß wir in dieser Beziehung keine Sorge zu haben brauchen.
Ich habe ihm dann nochmals kurz und hart abschließend geantwortet. Die Westberliner Medien warten auf diese Messe und gehören zu den Initiatoren im Hintergrund, um endlich vom 11.2. und dem gemeinsamen Wort sowie den kirchlichen Feiern zum 8.5. wegzukommen. Ich habe ihn darauf aufmerksam gemacht, daß unsere Berichterstattung zum 40. Jahrestag über die kirchlichen Feiern in der Presse wie im Fernsehen einen größeren Umfang und eine größere Bedeutung hatten als bisher üblich. Deshalb erwarten wir, daß die Kirchenleitung und die Kirchen überhaupt in ihrem ureigensten Interesse, das sich hier mit den Interessen des Staates deckt, diese Störunternehmungen nicht nur unter Kontrolle nehmen, sondern abdrehen. Stolpe betonte seine volle Zustimmung zu meinen Argumenten. Er erklärte aber trotzdem, daß ihm noch nicht klar sei, wie sie die Blues-Messe als Ganze verhindern und nicht nur entschärfen bzw. neutralisieren könnten. Ich bin während des Gespräches bei unserer Grundthese geblieben, daß wir nicht gegen Blues-Messen an sich sind, sondern gegen deren politischen Mißbrauch.« BA, Abt. Potsdam, O-4, 995. Auf staatlichen Einspruch hin – der Hauptabteilungsleiter Heinrich hatte auf die »vielen ökumenischen und internationalen Gäste« hingewiesen, die wenige Tage vor dem 8. Mai bereits in Berlin seien (vgl. Vermerk Ziegler vom 25.4.1985 über ein Gespräch im Staatssekretariat für Kirchenfragen am 23.4.1985, 14.00-16.30 Uhr, EZA Berlin, 101/93/4) – hatte die Kirchenleitung für eine Verschiebung der Veranstaltung von dem ursprünglich vorgesehenen Termin 5.5.1985 wegen dessen Nähe zum »Tag der Befreiung« gesorgt. Daraufhin gab es scharfe Kritik von seiten des Vorbereitungskreises an der Kirchenleitung bzw. denjenigen Mitgliedern des Gremiums, die sich für eine Terminverlegung stark gemacht hatten. Vgl. Bericht zur kirchenpolitischen Situation in Berlin, Hauptstadt der DDR, April/Mai 1985, BA, Abt. Potsdam, O-4, 1129. Von der Verlegung berichtete Stolpe auch der KKL. Vgl. Protokoll Hempel-Ziegler-von Rabenau/Günther über die 98. Tagung der Konferenz der Evangelischen Kirchenleitungen in der DDR am 10./11.5.1985 in Berlin, EZA Berlin, 101/93/237.

534 Bericht zur kirchenpolitischen Situation in Berlin, Hauptstadt der DDR (entsprechend Rahmenplan der Dienststelle des Staatssekretärs für Kirchenfragen), Juni/Juli 1984, BA, Abt. Potsdam, O-4, 1129. Vgl. auch Information über eine »Friedenswerkstatt« am 8.7.1984 in der Berliner Erlöserkirche (Lichtenberg, Nöldnerstraße), 10.00-18.00 Uhr: »Auch in diesem Jahr wurde die Bühne der Friedenswerkstatt genutzt, pazifistische Vorstellungen in der Friedensfrage zu propagieren, die Friedenspolitik der DDR zu kritisieren und der DDR zu unterstellen, sie tue zu wenig für den Umweltschutz. Auf der anderen Seite kann festgestellt werden, daß diese Aussagen (vor allem, wenn man die Veranstaltung mit ihren Vorgängerinnen vergleicht) nicht so vordergründig gegen die Politik des Staates gerichtet sind, wie das in der Vergangenheit zu verzeichnen war. Hier zeigt sich offensichtlich das Wirken kirchenleitender Vertreter (nicht zuletzt auch noch während der Veranstaltung), die bemüht waren, zu einer ›Entschärfung‹ zu kommen; die nicht daran interessiert sind, mit der Veranstaltung eine Konfrontation mit dem Staat zu bewirken. [...] Der Versuch kirchenleitender Vertreter, disziplinierend auf die verschiedenen Akteure der Veranstaltung einzuwirken, führte auch dazu, daß verschiedentlich auch Kritik an der ›Zensur‹ durch die Kirche, den ›autoritären kirchlichen Strukturen‹ geübt wurde bzw. daß unterstellt wurde, die Kirche würde eine ›freie Friedensdiskussion‹ unterbinden.« SAPMO-BA ZPA IV B2/14/96. Vgl. auch KiS 4/84, 41.

535 Notiz über ein Gespräch des Leiters des Sektors Kirchenfragen des Magistrats, Gen.

Mußler, mit Generalsuperintendent Krusche am 16.8.1984, BA, Abt. Potsdam, O-4, 1232.
536 Das staatliche Ersuchen, Eppelmann möge binnen einer Woche einen Ausreiseantrag stellen, ansonsten sei mit seiner Verhaftung und der Einleitung eines Ermittlungsverfahrens zu rechnen, wies die Kirchenleitung Berlin-Brandenburg auf ihrer Sondersitzung am 19.1.1984 zurück. Vgl. Schreiben Forck an Gysi vom 20.1.1984, BA, Abt. Potsdam, O-4, Altreg., PV Nr. 322/1984. Im August 1984 äußerte sich Krusche lobend über Eppelmann: »In den letzten Monaten habe er feststellen können, daß Eppelmann sich an seine Zusicherungen gehalten habe und ›politisches Auftreten‹ vorher abgestimmt hat.« Notiz über ein Gespräch des Leiters des Sektors Kirchenfragen des Magistrats, Gen. Mußler, mit Generalsuperintendent Krusche am 16.8.1984, BA, Abt. Potsdam, O-4, 1232. Vgl. auch die Aussage Stolpes ein gutes halbes Jahr später: »Positiv für das Verhältnis von Staat und Kirche sei gewesen, daß insgesamt eine ›Beruhigung‹ der ›Friedensszene‹ zu verzeichnen war. Er (Stolpe) habe feststellen können, daß mehr Vernunft bei kirchlichen Mitarbeitern anzutreffen war, als er erwartet habe. Stolpe betonte, daß sich dies auch auf die Einschätzung der Person Eppelmann beziehe.« Information über ein Gespräch des Stellvertreters des Oberbürgermeisters für Inneres, Gen. Hoffmann, mit Konsistorialpräsident Stolpe am 9.1.1985, BA, Abt. Potsdam, O-4, 1192. Synodalpräses Becker betonte in einem Gemeindevortrag Mitte Juni 1985 die Wichtigkeit der Blues-Messen: »Jugendliche brauchen Zuwendung und die Möglichkeit, Fragen loszuwerden, deshalb haben die Veranstalter eine besondere Verantwortung.« Vermerk Igner (Kreissekretärin) über Gesprächsabend mit Präses Becker am 18.6.1985 anläßlich der Festwoche in der Galiläa-Gemeinde, Thema: Kirche in der sozialistischen Großstadt, SAPMO-BA ZPA IV B2/14/96.
537 Aktennotiz Dohle über persönliches Gespräch mit Generalsup. Günter Krusche am 17.4.1984, BA, Abt. Potsdam, O-4, 995.
538 Notiz über ein Gespräch mit Konsistorialpräsident Stolpe am 2.8.1984 im Sektor Kirchenfragen, BA, Abt. Potsdam, O-4, 1129.
539 Vgl. Abt. II, Vorlage Gräfe vom 23.10.1984 an die Dienstbesprechung am 29.10.1984, Thema: Information über die politisch-ideologische Entwicklung in den Kirchen und Religionsgemeinschaften und die weitere Gestaltung des Staat-Kirche-Verhältnisses zum 35. Jahrestag der DDR, Leitungsinformation 5/84, BA, Abt. Potsdam, O-4, 949. Auf dem Seminar »Konkret für den Frieden« vom 1.-3.3.1985 übten die Thüringer Vertreter scharfe Kritik an Bischof Leich und dem Weimarer Superintendenten Reder. Vgl. Bericht Ordnung vom 4.3.1985, SAPMO-BA ZPA IV B2/14/96.
540 Vgl. Protokoll Hempel-Ziegler-Küntscher über die 94. Tagung der Konferenz der Evangelischen Kirchenleitungen in der DDR am 7./8.9.1984 in Berlin, EZA Berlin, 101/93/236.
541 Vgl. Abt. II, Information vom 20.11.1984 über die Tätigkeit der Friedensausschüsse, der Ev. Studentengemeinden, Ökologiegruppen sowie weitere kirchliche Arbeitsformen mit Jugendlichen und jungen Erwachsenen in den evangelischen Landeskirchen, BA, Abt. Potsdam, O-4, 949. Vgl. den Beschluß der Bundessynode in Potsdam-Hermannswerder in epd-Dok 43/83, 61-65.
542 StV Bonn, Abt. IAP, Vermerk Botschaftsrat Klein vom 31.7.1984 über ein Gespräch mit dem Bevollmächtigten der EKD bei der Regierung der BRD, Prälat H.C. Binder, am 30.7.1984, BA, Abt. Potsdam, O-4, 1011. Erstmals verwendete die Ständige Vertretung der DDR in Bonn in einem Schreiben an das Staatssekretariat für Kirchenfragen ihre korrekte Bezeichnung.
543 Abt. II, Sofort-Information Gräfe vom 20.2.1984, BA, Abt. Potsdam, O-4, 948. Gegenüber Kurt Domsch beklagten die Bezirksvertreter Ullmann und Lewerenz, »daß die Bevölkerung Dresdens nicht verstehen könne, daß die Kirche ihre Beteiligung an dem offiziellen Gedenken an die Zerstörung Dresdens zwar ablehne, in Teilen ihrer eigenen oder von ihr tolerierten Veranstaltungen Kräften Raum gebe, deren Auftreten das Verhältnis von Staat und Kirche zumindest belaste.« Gemeint war hiermit Superintendent

Große aus Saalfeld, den die Landeskirche als Referenten eingeladen hatte. RdB Dresden, Der Sekretär, Vermerk Ullmann vom 23.1.1984 über Gespräch mit Präsident Domsch und Oberlandeskirchenrat Schlichter am 20.1.1984 von 15.00 Uhr bis 16.30 Uhr, PDS-Archiv Dresden, IV E-2.14-672. Zum 13.2.1984 vgl. auch RdB Dresden, Stellvertreter des Vorsitzenden für Inneres, Vermerk Fuchs vom 3.2.1984 über Gespräch des Stellvertreters des Vorsitzenden für Inneres des Rates des Bezirkes, Genossen Fuchs, mit Präsident Domsch und OKR Rau am 3.2.1984: »Einleitend sprach Gen. Fuchs gemäß abgestimmter Konzeption fünf Probleme an: 1. Verhinderung der Zusammenrottung oppositioneller Jugendlicher am 13.2.1984 in der Kreuzkirche. [...] 2. Verhinderung eines Sternmarsches von Mitgliedern Junger Gemeinden zu 1945 in Dresden zerstörten Kirchen.« A.a.O. Vgl. auch RdB Dresden, Sektor Staatspolitik in Kirchenfragen, Vermerk Lewerenz vom 16.2.1984 über Gespräch mit Präsident Domsch und Oberkirchenrat Rau am 16.2.1984: »Abschließend [...] hob Gen. Fuchs noch einmal hervor, daß es wegen der traditionellen kirchlichen Veranstaltungen am 13. Februar staatlicherseits keine Bedenken gebe, daß es aber notwendig sei, die zusätzlichen Aktivitäten, die 1982 mit dem ›Forum der Jugend‹ in der Kreuzkirche begannen, künftig einzustellen bzw. normale Gottesdienste durchzuführen. [...] Gen. Fuchs wies darauf hin, daß der 13. Februar ein Gedenktag der Dresdner Bevölkerung sei und daß nicht die Absicht bestehe, daraus eine DDR-offene Sache zu machen. Es bestehe deshalb auch überhaupt keine Veranlassung, Jugendliche aus dem ganzen Bezirk oder sogar aus anderen Bezirken nach Dresden zu holen.« A.a.O. Im KKL-Protokoll heißt es: »Wegen eines schriftlichen Aufrufes zu einer Friedensveranstaltung am 13. Februar 1984 sind Verhaftungen vorgenommen worden. An diesem Tag wurde ein Forum in der Annenkirche veranstaltet. Ein Lichterzug der Kreuzkirche zur zerstörten Frauenkirche ist ungestört geblieben.« Protokoll Hempel-Ziegler-Herrbruck/von Rabenau über die 91. Tagung der Konferenz der Evangelischen Kirchenleitungen vom 9. bis 11.3.1984 in Bad Saarow, EZA Berlin, 101/93/235.

544 Vgl. SED-BL Dresden, Abteilung Staat und Recht, Niederschrift Richter über den am 9.3.1984 durchgeführten Erfahrungsaustausch von Genossen der Bezirksleitungen Karl-Marx-Stadt und Dresden in Kändler, Bezirk Karl-Marx-Stadt, PDS-Archiv Dresden, IV E-2.14-833.

545 Vgl. oben, 30.

546 Vgl. Protokoll Hempel-Ziegler-Herrbruck/von Rabenau über die 91. Tagung der Konferenz der Evangelischen Kirchenleitungen vom 9. bis 11.3.1984 in Bad Saarow, EZA Berlin, 101/93/235. Vgl. hierzu auch RdB Leipzig, Sektor Kirchenfragen, Information Jakel vom 20.2.1984 über das Gespräch mit Oberkirchenrat Thurm und Kreiskirchenrat Kirchner, Landeskirche Thüringen, am 16.2.1984: »Oberkirchenrat Thurm informierte über das geplante Friedenstreffen am 3./4. März in Eisenach, das auf Initiative des Altendorfer Friedenskreises stattfindet. Wir wissen, daß Altendorf auch mit dem ominösen Jenaer Brief zusammenhängt, Verbindungen nach Jena in dieser oder jener Weise existent sind. Dieser Altendorfer Friedenskreis ist an den Landeskirchenrat herangetreten, ein solches Friedenstreffen durchzuführen. Wir wissen, daß dieses Friedenstreffen als eine Fortsetzung des Berliner Treffens gesehen werden muß. Der Landeskirchenrat nimmt die Verantwortung wahr. Er hat Forderungen gestellt, wie numerierte Gästeliste, 15 Plätze für den Landeskirchenrat, exaktes Einhalten der Personenzahl u. a. Das ursprüngliche Thema wurde verändert und heißt jetzt ›Konkret für den Frieden II‹ [...] Bischof Leich wird sprechen, neben Garstecki und Stolpe. [...] Man muß [damit] rechnen, daß Bömbchen gelegt werden. Diese Leute gehen sehr eigenwillige Wege, die ursprüngliche Absicht war es, den Landeskirchenrat als Dach zu benutzen. Die Geschichte fällt uns auf die Füße, es ist eine hitzige Sache, aber nur so kann es gemacht werden. Wir wissen nicht, aus welchen Regionen man kommen wird, es wird auf [eine] entsprechende Einlaßkontrolle ankommen, daß niemand hineinrutscht.« »Das Gespräch war von großer Aufgeschlossenheit und Verbindlichkeit gezeichnet«, heißt es in der abschließenden Wertung des staatlichen Protokolls. BA, Abt. Potsdam, O-4, 797.

547 Vgl. Information über ein Gespräch des Stellvertreters des Oberbürgermeisters für Inneres, Genossen Hoffmann, mit Konsistorialpräsident M. Stolpe und Generalsuperintendent G. Krusche am 29.2.1984, BA, Abt. Potsdam, O-4, 587.

548 Der KKL-Vorstand hatte beschlossen, anläßlich seines Ausscheidens aus dem SED-Politbüro Verner einen Brief zu schreiben. Zur Abfassung des Entwurfes erklärte sich Stolpe bereit. Vgl. Protokoll Hempel-Ziegler-Kupas vom 19.6.1984 über die 163. Sitzung des Vorstandes am 4.6.1984 in Berlin, EZA Berlin, 101/93/244. Der Brief wies darauf hin, Verner habe mit seinen »Ausführungen vom Februar 1972 Signale eines gewachsenen Verständnisses für die Haltung der Kirchen und Christen gegeben, die nach beiderseitigen sachlichen und konstruktiven Bemühungen zu dem bedeutsamen Gespräch des Vorsitzenden des Staatsrates mit dem Vorstand der Konferenz der Evangelischen Kirchenleitungen am 6. März 1978 führte. Wenn es in der Folgezeit darum ging, diese grundlegende Position des Miteinanders von Staat und Kirche, Marxisten und Christen durchzuführen, so haben Sie mit Tatkraft und Umsicht wesentlich dazu beigetragen. Im Namen des Bundes der Evangelischen Kirchen in der Deutschen Demokratischen Republik danke ich Ihnen für den wichtigen Dienst, den Sie im Interesse unseres Landes für die Gleichberechtigung und Gleichachtung aller Bürger geleistet haben. Wir wünschen Ihnen einen erfüllten Ruhestand, in dem es Ihnen gegeben sein möge, in guter Gesundheit die Freude an den Ergebnissen Ihrer Bemühungen zu erfahren.« Schreiben des KKL-Vorsitzenden Hempel an Verner vom 4.6.1984, EZA Berlin, 101/93/14. Während des mit Hempel, Stolpe und Gienke am 28.6.1984 geführten Gesprächs richtete Jarowinsky herzliche Grüße Verners aus. Der kranke Ex-Funktionär »habe sich über das Schreiben Dr. Hempels gefreut«. Vertraulicher Vermerk Stolpe, a.a.O. Bei der Lektüre des »ND« entdeckte Walter Pabst am 15.9.1984 eine mit einem Photo des Jubilars versehene Grußadresse des ZK der SED an den Altkommunisten Willi Barth zu dessen 85. Geburtstag. Eine kurze Notiz erschien am gleichen Tag auch in der »Neuen Zeit«. Pabst vermerkte sogleich an Ziegler: »Falls Sie ihn nicht kennen sollten: Ein menschlich sympathischer, ehrlicher Urkommunist schlichtester Prägung – langjähriger Leiter der Arbeitsgruppe Kirchenfragen beim ZK der SED (schon bald nach 1945), über Jahrzehnte hinweg eine Schlüsselfigur des Staat-Kirche-Verhältnisses in der DDR. Auch ich hatte öfters mit ihm zu tun. Daß er ganz ohne Falschheit oder gar Hinterlist war, machten die harten und klaren Gespräche mit ihm hilfreich. Bruder Stolpe kennt den Jubilar sehr genau.« So erhielt Barth noch ein auf den 15.9.1984 datiertes Glückwunschschreiben Hempels, das am 18.9.1984 abgesandt wurde: »Ihr Geburtstag ist mir Veranlassung, Ihnen für Ihren hohen Anteil an der Gestaltung sachlicher und konstruktiver Beziehungen zwischen Staat und Kirche zu danken. Als Kommunist, der seine Überzeugungstreue im Widerstandskampf bewiesen hat, waren Sie in den Jahren der gemeinsamen Wegsuche den Vertretern der Kirche ein offener und redlicher Gesprächspartner. Es war Ihre Gabe, in den Verhandlungen Konflikte auszutragen und Gemeinsames zu erarbeiten. Das daraus wachsende Vertrauen wurde Grundlage der Gestaltung des Verhältnisses von Staat und Kirche, wie es dann schließlich am 6. März 1978 seinen sichtbaren Ausdruck fand.« A.a.O. Vgl. auch Protokoll Leich-Ziegler-Kupas vom 5.5.1986 der 184. Sitzung des Vorstandes am 23.4.1986 in Berlin, 10.00-16.30 Uhr: »Stolpe macht auf den 75. Geburtstag [von Paul Verner] am 25.4.1986 aufmerksam. Der Vorstand sieht vor, ein Gratulationsschreiben des Vorsitzenden und für den Fall, daß eine Gratulationscour stattfindet, die persönliche Überbringung des Grußschreibens durch Stolpe und Ziegler.« EZA Berlin, 101/93/246. Die Glückwünsche übermittelten Stolpe und Ziegler persönlich. Vgl. Protokoll Leich-Ziegler-von Rabenau über die 105. Tagung der Konferenz der Evangelischen Kirchenleitungen in der DDR am 9./10.5.1986 im Rüstzeitenheim Schönburg b. Naumburg (Saale), Bundesbesuchstage, EZA Berlin, 101/93/239. Zum Tode Verners schrieb Stolpe am 15.12.1986 an dessen Witwe Irma Verner: »Zum Ableben Ihres Gatten spreche ich Ihnen und Ihren Angehörigen meine aufrichtige Teilnahme aus. [...] Durch zwei Jahrzehnte durfte ich Paul Verner in unmittelbaren Begegnungen erleben und indirekt

durch seine Arbeit von ihm erfahren. Mich beeindruckten seine vielseitigen Kenntnisse und seine umsichtigen Entscheidungen, aber auch seine humorvolle und auf großer Lebenserfahrung gegründete Menschlichkeit. Paul Verner hat neben vielen anderen Verdiensten, die ich nicht einschätzen kann, entscheidendes für das Verhältnis von Staat und Kirche in der Deutschen Demokratischen Republik getan. Wenn wir heute ganz überwiegend zwischen den Amtsträgern der evangelischen Kirchen und den Staatsorganen ein sachliches, offenes und konstruktives Verhältnis haben, so ist das weithin Paul Verner zu danken. Wir werden sein Andenken ehren, indem wir dieses Verhältnis im Interesse der Menschen und des Friedens weiter festigen.« EZA Berlin, 101/93/14. Der BEK-Vorsitzende Leich schrieb einen Tag später an Honecker: »Der Tod von Herrn Paul Verner [...] brachte der Sozialistischen Einheitspartei Deutschlands und der Regierung der Deutschen Demokratischen Republik einen großen Verlust. [...] In diesem Dienst hat er wesentlich den gegenseitigen Lernprozeß gefördert, der zum verständnisvollen Miteinander von Marxisten und Christen in unserem Staat führte.« A.a.O.

549 Nach einem Auftritt Rathenows in der Dresdener Heilig-Geist-Kirche am 22.9.1984 distanzierten sich Domsch wie auch die Dresdener Superintendenten von den dort vorgetragenen Inhalten. Vgl. SED-BL Dresden, Abteilung Staat und Recht, Information Göpfert an Modrow vom 7.12.1984, PDS-Archiv Dresden, IV E-2.14-833. Das Protokoll über das mit den Superintendenten geführte Gespräch ist etwas differenzierter. »Bei den drei Superintendenten war Betroffenheit über das Gesagte unverkennbar. Superintendent Ziemer [...] versuchte [...] die Ausführungen von Rathenow zu bagatellisieren. Superintendent Scheibner meinte, daß er von diesem Mann überhaupt nichts halte.« Rat der Stadt Dresden, Stellv. des Oberbürgermeisters für Inneres, Aktenvermerk Jörke vom 30.10.1984 über das Gespräch mit den Superintendenten Bergmann, Scheibner und Ziemer am 29.10.1984, PDS-Archiv Dresden, IV E-2.14-672.

550 Vgl. Information über ein Gespräch des Stellvertreters des Oberbürgermeisters für Inneres, Genossen Hoffmann, mit Konsistorialpräsident M. Stolpe und Generalsuperintendent G. Krusche am 29.2.1984: »Gen. Hoffmann [...] forderte die kirchlichen Vertreter auf, im Vorfeld der Veranstaltung aktiv zu werden sowie auch während der Veranstaltung, um zu verhindern, daß von Berliner Teilnehmern während der Veranstaltung Angriffe auf die Politik des sozialistischen Staates ausgingen. Er betonte seine Verwunderung, daß zu einem Friedensseminar der Kirche Personen eingeladen werden, die augenscheinlich nichts mit der Kirche zu tun haben, wie Frau Bohley, Frau Poppe u. a. Er forderte die kirchlichen Vertreter auf, sich mit den Veranstaltern in Verbindung zu setzen, um eine Teilnahme nichtkirchlicher Personen zu unterbinden. [...] Frau Bohley und Frau Poppe, so betonte Krusche, sehe er mit kirchlicher Arbeit verbunden; beispielsweise sei der Sohn von Frau Bohley konfirmiert worden. Es sei bei beiden Frauen zunehmend eine ›Verkirchlichung‹ festzustellen. Krusche betonte, daß er ›nichts gegen die beiden Damen einzuwenden hätte‹. Er sei sicher, daß sie nicht ›zu extremen Ansichten neigen‹. Konsistorialpräsident Stolpe betonte, daß er die Einschätzung von Krusche teile. Es habe eine große Sorgfalt in der Vorbereitung der Veranstaltung gegeben. Er, Bischof Leich und Oberkirchenrat Mitzenheim (Thüringen) hätten aus diesem Grunde dreimal zusammen gesessen. [...] In diesem Zusammenhang wies Stolpe darauf hin, daß einigen Personen, wie z. B. B. Winzer, L. Rathenow und St. Heym, eine Teilnahme an der Veranstaltung untersagt wurde. (NB: Staatlichersets ist bekannt, daß St. Heym selbst von einer Teilnahme zurückgetreten ist.) Auch während der Veranstaltung, so erklärte Stolpe, werde man Einfluß ausüben. Zu diesem Zwecke werde er und Pfr. Heilmann auch teilnehmen. Er sei zuversichtlich und glaube, daß man eine Auseinandersetzung nicht zu scheuen brauche. Trotzdem werde er noch einmal mit Frau Poppe sprechen. Man werde verhindern, erklärte Stolpe, daß die Veranstaltung dazu mißbraucht werde, eine ›grüne Friedenspartei‹ zu gründen. Ebenso werde man verhindern, daß das Plenum der Veranstaltung dazu mißbraucht wird, ›abwegige Meinungen durchzusetzen‹. Die Veranstaltung dürfe auch nicht zum Ausgangspunkt von Aktivitäten werden, die ›nicht im Interesse der Kirchenleitung sind‹.« BA, Abt. Potsdam, O-4, 587.

551 Arbeitsgruppe Kirchenfragen, Kurzinformation Bellmann vom 7.3.1984 für Genossen Jarowinsky, betr. Verlauf des sogenannten »Friedensseminars« von »Friedensarbeitskreisen« der evangelischen Kirchen in der DDR am 3./4.3.1984 in Eisenach, SAPMO-BA ZPA IV B2/14/20.

552 SED-BL Dresden, Abteilung Staat und Recht, Niederschrift Richter über den am 9.3.1984 durchgeführten Erfahrungsaustausch von Genossen der Bezirksleitungen Karl-Marx-Stadt und Dresden in Kändler, Bezirk Karl-Marx-Stadt, PDS-Archiv Dresden, IV E-2.14-833. Vgl. hierzu auch Vermerk Heinrich vom 21.5.1984 über Gespräch mit Oberkirchenrätin Lewek vom 18.5.1984: »Anlaß war das ›Kessiner Friedensseminar 1984‹. OKR Lewek wurde mit der staatlichen Erwartungshaltung für die Gewährleistung eines störungsfreien Verlaufes dieser Veranstaltung vertraut gemacht. Frau Lewek teilte unsere Besorgnis und unterstrich, daß derartige Veranstaltungen den Prozeß der Konsolidierung des Verhältnisses zwischen Staat und Kirche belasten. [...] Frau Lewek wurde aufgefordert, sich nochmals über den Stand der Vorbereitung der Veranstaltung zu informieren und gegebenenfalls selbst am ›Kessiner Friedensseminar‹ teilzunehmen, um positiv auf den Verlauf der Veranstaltung Einfluß nehmen zu können.« BA, Abt. Potsdam, O-4, 1220. Vgl. auch Arbeitsgruppe Kirchenfragen, Rudi Bellmann, an Genossen Jarowinsky, Mitglied des Politbüros, Vermerk über weitere Maßnahmen zur Verhinderung des politischen Mißbrauchs des »Kessiner Friedensseminars« vom 25.5.1984: »[Rathke] hat nunmehr die Organisatoren des ›Friedensseminars‹ schriftlich beauftragt, dafür zu sorgen, daß der Inhalt des Seminars religiös gehalten wird, daß theologische Probleme im Vordergrund stehen und Angriffe auf die Staatspolitik unterbunden werden sollen. Die Inspiratoren des ›Seminars‹ sollen sich über diese schriftliche Anweisung des Bischofs enttäuscht gezeigt haben. [...] Landessuperintendent Ohse (Rostock-Land) [...] versicherte, daß die Leitung der Landeskirche alle ihre Veranstaltungen mit leitenden Kirchenvertretern besetzen und dafür sorgen will, daß alles in dem vom Bischof geäußerten Sinne abläuft.« SAPMO-BA ZPA IV B2/14/20. Ziegler teilte Anfang Juni Heinrich mit, Rathke, Lewek und Oberkirchenratspräsident Müller (Schwerin) würden an dem Seminar teilnehmen. Vgl. Vermerk Ziegler vom 4.6.1984 über Gespräch im Staatssekretariat für Kirchenfragen am 1.6.1984, 11.10 bis 13.30 Uhr, EZA Berlin, 101/93/4.

553 Abt. II, Vorlage Gräfe vom 25.4.1984 an die Dienstbesprechung am 30.4.1984, Leitungsinformation 2/84, BA, Abt. Potsdam, O-4, 948. »Der neugewählte sächsische Synodenpräsident Böttcher erklärte gegenüber dem RdB Karl-Marx-Stadt »seine Bereitschaft, auftretende Probleme im vorhinein in vertrauensvollen Gesprächen zu klären.« Abt. II, Vorlage Gräfe vom 20.8.1984 an die Dienstbesprechung am 27.8.1984, Leitungsinformation 4/84, Sofort-Information an den Staatssekretär 31.8.1984, BA, Abt. Potsdam, O-4, 949.

554 Es handelte sich um den »Arbeitskreis Frauen Halle« [richtig: »Frauen für den Frieden«] und den »Arbeitskreis Christlicher Mediziner in sozialer Verantwortung«. Abt. II, Vorlage Gräfe vom 25.4.1984 an die Dienstbesprechung am 30.4.1984, Leitungsinformation 2/84, BA, Abt. Potsdam, O-4, 948. Vier Monate später schrieb Gräfe: »Auf Grund der vorrangig im Raum Halle auftretenden Probleme in der Jugendarbeit der Kirchenprovinz Sachsen gibt es im Bereich des Bischöflichen Amtes Magdeburg Überlegungen, sich in diesen Fragen von der evangelischen Kirche abzugrenzen.« Abt. II, Vorlage Gräfe vom 20.8.1984 an die Dienstbesprechung am 27.8.1984, Leitungsinformation 4/84, Sofort-Information an den Staatssekretär 31.8.1984, BA, Abt. Potsdam, O-4, 949. Auch 1985 soll Hubrich mit dem RdB Halle vereinbart haben, »weiterhin auftretende Fragen im Zusammenhang mit den Aktivitäten des ›Arbeitskreises Halle‹ gemeinsam zu erörtern.« Abteilung II, Vorlage Gräfe vom 22.10.1985 an die Dienstbesprechung am 28.10.1985, Leitungsinformation 5/85, BA, Abt. Potsdam, O-4, 951.

555 Protokoll Hempel-Ziegler-Herrbruck/von Rabenau über die 91. Tagung der Konferenz der Evangelischen Kirchenleitungen vom 9. bis 11.3.1984 in Bad Saarow, EZA Berlin, 101/93/235.

556 RdB Halle, Sektor Kirchenfragen, Information Voigt vom 21.2.1984 zum Gespräch des Stellv. des Vorsitzenden für Inneres, Gen. Pöhner, mit Oberkonsistorialrat Dr. Schultze – Magdeburg – am 21.2.1984 beim Rat des Bezirkes Halle, LPA Halle, IV E-2/14/580.

557 RdB Magdeburg, Stellvertreter des Vorsitzenden für Inneres, Information Lubas über das Gespräch mit Bischof Dr. Demke (Evangelische Kirche der Kirchenprovinz Sachsen) am 12.3.1984, BA, Abt. Potsdam, O-4, 793.

558 Vgl. hierzu Protokoll Hempel-Ziegler vom 10.1.1984 über die außerordentliche Sitzung des Vorstandes am 6.1.1984, 21.30 Uhr, in Berlin: »Der Vorstand hält es für notwendig, zunächst beim Erzbischof Werkström oder seinem persönlichen Referenten Svennungson nachzufragen, wer Veranstalter und Schirmherr dieses Hearings ist. Wenn der Erzbischof eine Teilnahme für wünschenswert halte, sollte Frau Lewek nach Möglichkeit fahren.« EZA Berlin, 101/93/244. Lewek machte nach Beendigung der Tagung auf »die Problematik im Verhältnis zwischen [sic!] westlichen Friedensbewegungen zur eigenständigen Friedensarbeit der Kirchen in der DDR« aufmerksam. Protokoll Lewek der Sitzung des Ausschusses Kirche und Gesellschaft am 27./28.1.1984 in Berlin, EZA Berlin, 101/93/52.

559 Gemeint ist Mient Jan Faber vom holländischen »Interkirchlichen Friedensrat« (IKV).

560 Es handelte sich um Bärbel Bohley und Ulrike Poppe. Mit der Seelsorge an beiden Frauen betraute die Kirchenleitung Berlin-Brandenburg Generalsuperintendent Günter Krusche. Für vier weitere verhaftete Personen sollten Generalsuperintendent Bransch und Pastor Braune von der Stephanus-Stiftung in diesem Sinne tätig werden. Poppe und Bohley wurden von Berlin (West) aus durch die Gruppe ehemaliger Jenaer Dissidenten unterstützt. Vgl. Vermerk Heinrich vom 12.1.1984 über ein Gespräch zwischen Hauptabteilungsleiter Heinrich und Herrn Stolpe, BA, Abt. Potsdam, O-4, 1220. In Berlin (Ost) wurde »die zwischenzeitliche Inhaftierung von Frau Bohley und Poppe [...] kirchlicherseits mit Zurückhaltung kommentiert. Zwar wurden die Namen in einigen Fällen in die Fürbitte aufgenommen, insgesamt herrschte aber der Tenor, daß dies mit der Kirche nichts zu tun habe (sie seien nicht Vertreter einer kirchlichen Gruppe).« Bericht zur kirchenpolitischen Situation in Berlin, Hauptstadt der DDR (entsprechend Rahmenplan der Dienststelle des Staatssekretärs für Kirchenfragen), Dezember 1983/Januar 1984, BA, Abt. Potsdam, O-4, 1129. Jedoch informierte Bischof Forck die KKL über die Berliner und Potsdamer Verhaftungen und berichtete, es bestehe »ein Zusammenhang mit kirchlicher Friedensarbeit«. Protokoll Hempel-Ziegler-Grengel über die 90. Tagung der Konferenz der Evangelischen Kirchenleitungen am 6./7.1.1984 in Berlin, EZA Berlin, 101/93/234.

561 Bericht Ordnung vom 25.1.1984 über Gespräch mit Lewek am 18.1.1984, SAPMO-BA ZPA IV B2/14/42.

562 Vermerk Lingner über die Sitzung der Beratergruppe am 7.3.1984, EZA Berlin, 4/92/15. Vgl. auch Protokoll Hempel-Ziegler-Grengel über die 90. Tagung der Konferenz der Evangelischen Kirchenleitungen am 6./7.1.1984 in Berlin, EZA Berlin, 101/93/234.

563 Vgl. Staatssekretär für Kirchenfragen, Arbeitsgruppe Kirchenfragen, undatierte Vorlage an das Sekretariat des Zentralkomitees der SED, Betr.: Teilnahme von DDR-Vertretern an einer Klausurtagung der Evangelischen Akademie Arnoldshain/BRD vom 30.5. bis 2.6.1983 zum Thema: »Luthers aktuelles Erbe für die Verhältnisbestimmung von Arbeiterbewegung und Protestantismus«, BA, Abt. Potsdam, O-4, 1188.

564 Vgl. Vermerk Demke vom 8.6.1983 über Gespräch mit Hauptabteilungsleiter Heinrich am 25.5.1983, EZA Berlin, 101/93/3. Als neuen Termin legte die Akademie den 14.9.1983 fest. Heinrich kündigte an, die Staatsvertreter würden kommen, wenn es bei Demke und Leich als Kirchenvertreter von DDR-Seite bleibe. »Dr. Demke weist auf die strukturellen und technischen Schwierigkeiten hin.« Vermerk Demke vom 26.7.1983 über das Gespräch mit Hauptabteilungsleiter Heinrich am 20.7.1983, EZA Berlin, 101/93/3.

565 Protokoll Lewek der Sitzung des Ausschusses »Kirche und Gesellschaft« am 18./19.11.1983 in Berlin, EZA Berlin, 101/93/52.
566 Abschrift des Schreibens an Generalsekretär Honecker in BA, Abt. Potsdam, O-4, 988.
567 Vgl. Protokoll Hempel-Ziegler-Kupas vom 19.6.1984 über die 163. Sitzung des Vorstandes am 4.6.1984 in Berlin, EZA Berlin, 101/93/244. Die KKL stimmte dem Vorhaben einstimmig zu. Vgl. Protokoll Stolpe-Ziegler-Radke über die 93. Tagung der Konferenz der Evangelischen Kirchenleitungen am 6./7.7.1984 in Berlin, EZA Berlin, 101/93/235. Mitglieder der Vorbereitungsgruppe wurden: Bräuer, Junghans, Günter Krusche, Rogge, Oberkirchenrat Hans Schäfer, Oberkonsistorialrat Dr. Schultze und Ullmann. Vgl. Protokoll Hempel-Ziegler-Küntscher über die 94. Tagung der Konferenz der Evangelischen Kirchenleitungen in der DDR am 7./8.9.1984 in Berlin, EZA Berlin, 101/93/236.
568 Dies hatte der Rat der EKU angeregt. Vgl. Protokoll Hempel-Ziegler-Doyé über die 95. Tagung der Konferenz der Evangelischen Kirchenleitungen in der DDR am 9./10.11.1984 in Berlin, a.a.O. Vgl. auch Niederschrift zur Sitzung der Kirchenleitung der VELK in der DDR am 11.1.1985 in Berlin: »Dr. Zeddies informiert darüber, daß der Kreis der theologischen und marxistischen Lutherforscher bereit ist, das Gespräch weiterzuführen. Die Leiter der drei gesamtkirchlichen Dienststellen haben empfohlen, dieses künftig dem Theologischen Arbeitskreis für Reformationsgeschichte zuzuordnen«. LKA Hannover, D 15 XII, Hauptgruppe 1, K 2/C 1211-1/I. Über die Weiterarbeit der Gruppe berichtete Anfang Januar 1986 Joachim Rogge der KKL. Vgl. Protokoll Hempel-Ziegler-Doyé über die 102. Sitzung der Konferenz der Evangelischen Kirchenleitungen in der DDR am 10./11.1.1986 in Berlin, EZA Berlin, 101/93/238.
569 Bereits im Dezember 1983 war von DDR-Seite auf eine äußerst zügige Bearbeitung von Ausreiseanträgen kirchlicher Mitarbeiter sowie weiterer »Problemfälle[.]« hingewiesen worden. Vermerk Lingner über die Sitzung der Beratergruppe am 2.12.1983, EZA Berlin, 4/92/15. Vgl. dazu auch Bericht zur kirchenpolitischen Situation in Berlin, Hauptstadt der DDR (entsprechend Rahmenplan der Dienststelle des Staatssekretärs für Kirchenfragen), Februar/März 1984: »Kirchliche Vertreter äußerten [...] ihre Besorgnis, daß eine verstärkte Ausreise von Personen aus der DDR zu Arbeitskräfteproblemen in kirchlichen Einrichtungen führt (beispielsweise Pastor Braune/Stephanus-Stiftung und Direktor Blauert/Ökumenisch-Missionarisches Zentrum), BA, Abt. Potsdam, O-4, 1129. Vgl. auch RdB Dresden, Bereich Inneres, Sektor Staatspolitik in Kirchenfragen, Vermerk Lewerenz vom 9.4.1986 über ein Gespräch mit dem Präsidenten des Landeskirchenamtes der Evangelisch-Lutherischen Landeskirche Sachsens, Dr. Kurt Domsch, am 8.4.1986 im Gästehaus des RdB Dresden. Hier bekam Domsch eine Namensliste von 73 Antragstellern überreicht, die im Bereich der Kirche arbeiteten. Domsch wies darauf hin, »eine Änderung der Entscheidung [sei nur] sehr schwer zu erreichen, da diese zum größten Teil bereits vor der Arbeitsaufnahme im kirchlichen Raum getroffen wurde.« SAPMO-BA ZPA IV B2/14/69; PDS-Archiv Dresden, IV E-2.14-672. Einige Monate später sagte Domsch, in keinem dieser Fälle habe man eine Rücknahme der Antragstellung erreichen können: »Wenn sich Leute entschließen, gute Berufe aufzugeben, um in der Kirche eine minder qualifizierte Tätigkeit aufzunehmen, dann seien die Positionen in der Regel schon so verhärtet, daß mit Gesprächen nichts mehr erreicht werde. OKR Rau ergänzte, daß er in Gesprächen mit ÜE erfahren habe, daß manche auch Angst vor Diskriminierungen hätten, wenn sie ihren Antrag zurückziehen, sie seien nun einmal gebrandmarkt. Dr. Domsch unterstrich, daß die offizielle Haltung der Kirche sich in dieser Frage nicht geändert habe. Es sei aber ein großes Problem für sie, weil nach wie vor viele Gründe für Antragstellungen nicht ausgeräumt seien. Er selbst stelle im LKA keine ÜE ein, das stoße bei manchen seiner Mitarbeiter auf Unverständnis.« RdB Dresden, Sektor Staatspolitik in Kirchenfragen, Vermerk Lewerenz vom 28.8.1986 über Gespräch des Stellvertreters des Vorsitzenden für Inneres, Gen. Fuchs, mit Präsident Dr. Domsch und OKR Rau am 27.8.1986, a.a.O.
570 Vgl. Vermerk Lingner über die Sitzung der Beratergruppe am 7.3.1984, EZA Berlin,

4/92/15. Auch auf der 17. Konsultation zwischen BEK und EKD am 21.5.1984 wurde die Ausreisewelle thematisiert. Vgl. Vermerk Ziegler, EZA Berlin, 101/93/259.

571 Vgl. Protokoll Hempel-Ziegler-Herrbruck/von Rabenau über die 91. Tagung der Konferenz der Evangelischen Kirchenleitungen vom 9. bis 11.3.1984 in Bad Saarow: »Von verschiedenen Seiten wird über die gegenwärtigen Ausreisemöglichkeiten berichtet. Die damit zusammenhängenden Probleme für die Gesellschaft werden benannt. Kirchliche Äußerungen, die schon gemacht worden sind oder gemacht werden sollen, wurden erwähnt. Es wird beschlossen: Vorstand und Bischofskonvent werden gebeten, die Probleme weiter zu behandeln und geeignete Schritte zu unternehmen.« EZA Berlin, 101/93/235. Vgl. auch die Notiz in KiS 2/84, 47. Ferner: G. Rein, Zum Bleiben ermuntert, in: KiS 4/84, 9-14.

572 RdB Cottbus, Sektor Kirchenfragen, Aktennotiz Sektorenleiter Erbe vom 30.3.1984 zum Gespräch der Vorsitzenden des Rates des Bezirkes, Genn. Uschkamp, mit dem Bischof der Evangelischen Kirchenprovinz Sachsen, Dr. Demke, am 27.3.1984, BA, Abt. Potsdam, O-4, 793; auch SAPMO-BA ZPA IV B2/14/69; vgl. auch Abt. II, Vorlage Gräfe vom 25.4.1984 an die Dienstbesprechung am 30.4.1984, Leitungsinformation 2/84, BA, Abt. Potsdam, O-4, 948.

573 Gysi notierte hierzu am Rand: »Warum muß die KKL einen Beschluß fassen?«

574 Abt. II, Vermerk Wilke vom 26.3.1984 für den Staatssekretär über ein Gespräch mit OKR Ziegler in Vorbereitung auf das Gespräch am 30.3.1984, BA, Abt. Potsdam, O-4, 968; auch a.a.O., O-4, 1437.

575 Information vom 2.4.1984 über das Gespräch des Staatssekretärs für Kirchenfragen, Genossen Gysi, mit dem Vorstand der Konferenz der Evangelischen Kirchenleitungen (KKL) des Bundes der Evangelischen Kirchen in der DDR (BEK) am 30.3.1984, BA, Abt. Potsdam, O-4, 968; SAPMO-BA ZPA IV B2/14/42. Vgl. auch Gesprächsprotokoll (Teilprotokoll) Hempel vom 2.4.1984: »Wenn die ›Ausbürgerungswelle‹ so weitergeht, werden wir (Hempel redet zunächst hier als Sachse) öffentlich dagegen Stellung nehmen müssen, besonders im Blick auf die Christen. Abgesehen von humanitären Begründungen halten wir es nicht für verantwortbar, daß so viele christliche Bürger unser Land verlassen. Überdies habe das unerwartete [...] Maß der plötzlichen Ausbürgerung die Gefahr eines neuen Soges in sich.« EZA Berlin, 101/93/4.

576 Information über die kirchenpolitische Situation in den evangelischen Kirchen im Bezirk Dresden, PDS-Archiv Dresden, IV E-2.14-667.

577 Vgl. hier z. B. das Schreiben des Dresdener Bezirkssynodalen Siegfried Koge an die Arbeitsgruppe Menschenrechte beim BEK, Ziegler, vom 3.1.1984, dem die Volkspolizei bislang viermal eine Reisegenehmigung in dringenden Familienangelegenheiten (Herzinfarkt, Geburtstage, Silberhochzeit) verweigert hatte. Domsch sagte am 6.1.1984 zu, das LKA werde sich diesbezüglich einsetzen. Koge möge sich an Rau wenden (Randvermerk Ziegler), EZA Berlin, 101/93/86. Vgl. auch Schreiben Ziegler an Koge vom 9.1.1984. Hier hieß es, Koge möge sich an Domsch wenden. Sollte das LKA erfolglos sein und den BEK um Mithilfe bitten, werde das Sekretariat dem nachkommen: »Unabhängig davon gebe ich Ihr Schreiben an die Arbeitsgruppe Menschenrechte weiter«, teilte der Leiter des Sekretariats mit. A.a.O.

578 Abt. II, Vorlage Gräfe vom 25.4.1984 an die Dienstbesprechung am 30.4.1984, Leitungsinformation 2/84, BA, Abt. Potsdam, O-4, 948. Der Brief Falckes vom Februar 1984 ist abgedruckt in epd-Dok 21/84, 1-4.

579 Staatssekretär Gysi bezeichnete den Falcke-Brief »als eindeutig demagogisch und staatsfeindlich«. Information vom 2.4.1984 über das Gespräch des Staatssekretärs für Kirchenfragen, Genossen Gysi, mit dem Vorstand der Konferenz der Evangelischen Kirchenleitungen (KKL) des Bundes der Evangelischen Kirchen in der DDR (BEK) am 30.3.1984, BA, Abt. Potsdam, O-4, 968; SAPMO-BA ZPA IV B2/14/42. Nach kirchlichem Vermerk sagte Gysi: »Mit den augenblicklichen Ausbürgerungsverfahren käme der Staat doch dem entgegen, was die Kirche immer gewollt habe. Erstaunlich sei nur, daß jetzt gegenüber dem Staat Forderungen erhoben würden, die über das bisherige

weit hinausgingen. Beispiel dafür sei der Brief von Propst Dr. Heino Falcke mit seiner Behauptung, daß es das Normalste auf der Welt sei, daß man reisen und umziehen könne, wohin man wolle. Man müsse doch sehen, daß die DDR ihren Spielraum innerhalb ihrer Blockverpflichtungen bis zum äußersten nutze. Angesichts dieser Tatsache sei es unverständlich, daß Propst Dr. Falcke davon rede, daß ›die politischen Verhältnisse kein sinnvolles Leben zu erlauben scheinen‹.« Vermerk Ziegler vom 2.4.1984 über Gespräch mit dem Staatssekretär für Kirchenfragen am 30.3.1984, 10.30 bis 14.00 Uhr, EZA Berlin, 101/93/4.

580 RdB Magdeburg, Stellv. d. Vors. für Inneres, Information Dr. Lubas vom 22.3.1984 über das Gespräch mit Bischof Dr. Demke (Evangelische Kirche der Kirchenprovinz Sachsen) am 22.3.1984, BA, Abt. Potsdam, O-4, 793; auch SAPMO-BA ZPA IV B2/14/116 (mit Stempel: Büro Jarowinsky 26.3.1984). Dennoch trat Gysi »trotz großer Bedenken« dafür ein, Falcke zu Ostern 1984 eine Dienstreise nach Stuttgart zu genehmigen; »der Vertrauensbonus des Staatssekretärs gelte nur Bischof Dr. Demke. Die beabsichtigte Reise von Falcke sei einer der letzten Tests des Staatssekretärs in dessen Person und Wirken.« RdB Magdeburg, Stellv. d. Vorsitzenden f. Inneres, Information Dr. Lubas vom 10.4.1984 über das Gespräch mit Bischof Dr. Demke (Evangelische Kirche der Kirchenprovinz Sachsen) am 9.4.1984, BA, Abt. Potsdam, O-4, 793. Am 9.4.1984 hatte der Stellvertreter des Vorsitzenden für Inneres beim RdB Magdeburg, Lubas, mit Bischof Demke im Auftrag Gysis gesprochen. Falcke sollte in Stuttgart während einer meditativen Stunde zum Karfreitag unter Beteiligung des SDR-Journalisten Gerhard Rein auftreten. Es handelte sich nach den Worten Demkes um »rein theologische Aufgaben […]« Der Bischof wollte aber dennoch unmittelbar vor dem Reiseantritt eine persönliche Gesprächsmöglichkeit mit Falcke nutzen, um diesem den ›ernsten Hintergrund‹ (Hinweise des Staatssekretärs übermittelt durch Dr. Lubas) seiner Reise zu verdeutlichen.« RdB Magdeburg, Stellv. d. Vorsitzenden f. Inneres, Aktenvermerk Lubas vom 10.4.1984 über den telefonischen Rückruf von Bischof Dr. Demke auf das Gespräch mit Genossen Dr. Lubas vom 9.4.1984, a.a.O.

581 Im übrigen berichtete Demke, »der rheinland-pfälzische Ministerpräsident Dr. Vogel […] hätte mit seiner zeitlich wesentlich überzogenen Rede, in der er sich mit dem gespannten Klima zwischen Niemöller und der CDU auseinandersetzte, eisiges Klima erzeugt und Peinlichkeiten hervorgerufen.« RdB Magdeburg, Stellv. d. Vorsitzenden f. Inneres, Information Dr. Lubas vom 10.4.1984 über das Gespräch mit Bischof Dr. Demke (Evangelische Kirche der Kirchenprovinz Sachsen) am 9.4.1984, a.a.O.

582 Abt. II, Vorlage Gräfe vom 25.4.1984 an die Dienstbesprechung am 30.4.1984, Leitungsinformation 2/84, BA, Abt. Potsdam, O-4, 948.

583 Wollstadt, der schon seit geraumer Zeit herzkrank war, kündigte im Herbst 1984 seinen vorzeitigen Rücktritt vom Bischofsamt zum Beginn des kommenden Jahres an. Vgl. Abt. II, Vorlage Gräfe vom 19.12.1984 an die Dienstbesprechung am 14.12.1984 (entsprechend der Festlegung im Umlaufverfahren nachgereicht), Leitungsinformation 6/84, BA, Abt. Potsdam, O-4, 949.

584 Vgl. SED-BL Dresden, Abteilung Staat und Recht, Bemerkungen vom 16.7.1984 zu gegenwärtigen kirchenpolitischen Problemen und einigen Ergebnissen der Frühjahrssynoden der Evangelischen Kirchen in der DDR (bezugnehmend auf ein Gespräch am 10.7. mit Genossen Kraußer, Arbeitsgruppe Kirchenfragen beim ZK der SED), PDS-Archiv Dresden, IV E-2.14-833. Vgl. die Synodalbeiträge in epd-Dok 21/84.

585 Abt. II, Vorlage Gräfe vom 25.4.1984 an die Dienstbesprechung am 30.4.1984, Leitungsinformation 2/84, BA, Abt. Potsdam, O-4, 948. Vgl. auch Bericht zur kirchenpolitischen Situation in Berlin, Hauptstadt der DDR (entsprechend Rahmenplan der Dienststelle des Staatssekretärs für Kirchenfragen), Februar/März 1984, »In diesem Zusammenhang wurde auf Arbeitslosigkeit und soziale Unsicherheit in der BRD verwiesen. Für Kirche und Christen, so wurde oftmals betont, sei der Auftrag in dieser Gesellschaft gegeben (›man sei von Gott in diese Gesellschaft gesetzt‹).« BA, Abt. Potsdam, O-4, 1129.

586 Vgl. Sofort-Information (Nach den Informationsberichten der Räte der Bezirke 2/85, Einzelinformationen sowie Dienstreiseberichten der Operativkader), BA, Abt. Potsdam, O-4, 950. Vgl. aber RdB Dresden, Sektor Staatspolitik in Kirchenfragen, Information Lewerenz vom 21.3.1985 über Meinungen kirchlicher Amtsträger zu aktuell-politischen Ereignissen: »Die gleichen Vertreter [u. a. Domsch und OKR Rau] äußerten sich zur Antragstellung auf Rückkehr in die DDR. Sie vertreten den Standpunkt, mit den Leuten sind viele offene und kritische Gespräche über die tatsächliche Situation in der BRD geführt worden, ihnen wurde geduldig die Gefahr aufgezeigt, ihre soziale Sicherheit in der DDR gegen soziale Unsicherheit in der BRD zu tauschen. Sie hatten viel Zeit, diesen Schritt gründlich zu durchdenken. Jeder Fall der Antragsteller sollte sorgfältig geprüft werden, Zustimmung zur Rückkehr dürfte nur erfolgen, wenn humanitäre Gründe dafür bestehen. Gleichzeitig wird der Gedanke bzw. die Bitte geäußert, Erleichterungen im Reiseverkehr zu schaffen. Das eigene Erleben schaffe Einsichten und Überzeugungen über die wirkliche Lage in der BRD«. SHStA Dresden, BT/RdB Dresden (Zwibo), 45071. Vgl. auch Niederschrift Mitzenheim-Küntscher über die 14. Sitzung des 3. Rechtsausschusses der Konferenz der Evangelischen Kirchenleitungen in der DDR am 11.12.1985 in Berlin: »Hinsichtlich der Einreisemöglichkeiten für ehemalige DDR-Bürger wird die Praxis einer generellen kirchlichen Befürwortung nicht für angebracht gehalten.« EZA Berlin, 101/93/205.
587 Dies verunsicherte auch Basisgruppenvertreter. Vgl. Bericht zur kirchenpolitischen Situation in Berlin, Hauptstadt der DDR (entsprechend Rahmenplan der Dienststelle des Staatssekretärs für Kirchenfragen), Februar/März 1984: »Es kann eingeschätzt werden, daß eine gewisse Verunsicherung bei diesen Gruppierungen bzw. deren Initiatoren auf Ausreise zu verzeichnen war, nicht zuletzt bedingt durch die Ausreise eines Teils der Anhängerschaft. Dies ist auch eine Erklärung für die Zurückhaltung von Berliner Vertretern (Vertretern Berliner Friedenskreise) auf dem Friedensseminar in Eisenach (3.-4.3.1984).« BA, Abt. Potsdam, O-4, 1129.
588 Vermerk Heinrich vom 12.1.1984 über ein Gespräch zwischen Hauptabteilungsleiter Heinrich und Herrn Stolpe, BA, Abt. Potsdam, O-4, 1220.
589 Zit. nach dem Bericht des Brandenburgischen Untersuchungsausschusses 1/3 vom 29.4.1994, Anlagen Teil B, 64; vgl. insgesamt E. Neuberts Darstellung des »Falles« Meinel, a.a.O., 64-66.
590 Vgl. M. Stolpe, Modell für deutsch-deutschen Dialog. Anmerkungen zur besonderen Gemeinschaft, in: KiS 2/84, 15-24.
591 Auch Detlef Hammer erstand vom Staat das Haus einer Familie, die ausgereist war. Durch seine »Rechtsberatung« Ausreisewilliger verfügte der Kirchenmann über beste Verbindungen zu diesem Bereich. Vgl. dazu H. Schultze/W. Zachhuber (Hgg.), Spionage gegen die Kirchenleitung, 37 ff.
592 Vgl. Chr. von Ditfurth, »Schlichtweg verrückt«. Sachsens Ex-Bischof Hempel war nicht so staatsfern wie behauptet – er genoß Privilegien, in: FOCUS 16/1994, 56, und ders., »Wir sagen nur das Positive«. Die evangelische Landeskirche Sachsens und die SED, in: idea Dokumentation 25/94, 14-20.
593 Die Beendigung des OV ergibt sich schlüssig aus Hempels weiterer Entwicklung. Vgl. dazu das folgende Kapitel.
594 Chr. von Ditfurth, »Schlichtweg verrückt«.
595 Abgedruckt in idea Dokumentation Nr.25/94, 12; vgl. auch die idea-Meldung vom 20.4.1994, a.a.O., 13.
596 RdB Dresden, Stellvertreter des Vorsitzenden für Inneres, Aktennotiz Ullmann vom 13.1.1983 über ein Gespräch mit dem Präsidenten des Landeskirchenamtes Sachsen, Domsch, am 7.1.1983, PDS-Archiv Dresden, IV E-2.14-671.
597 SED-BL Dresden, Abteilung Staat und Recht, Vermerk Richter über Information des Genossen Rudi Bellmann zum Gespräch des Genossen Werner Jarowinsky mit den Mitgliedern des Vorstandes der Konferenz der Evangelischen Kirchenleitungen in der DDR, PDS-Archiv Dresden, IV E-2.14-833.

598 Niederschrift vom 19.7.1984 über ein Gespräch des 1. Sekretärs der Bezirksleitung Dresden der SED, Genossen Hans Modrow, mit dem Landesbischof der Evangelisch-Lutherischen Landeskirche Sachsens, Dr. Johannes Hempel, und dem Präsidenten des Landeskirchenamtes, Kurt Domsch, am 18.7.1984, PDS-Archiv Dresden, IV E-2.14-673.
599 So die offiziellen staatlichen Angaben, SHStA Dresden, BT/RdB Dresden (Zwibo), 46614.
600 Rat der Stadt Dresden, Stadtrat für Finanzen und Preise, Rademacher, an den Stellv. des OBM für Inneres, Jörke, vom 7.11.1988, a.a.O.; vgl. Hacker an Witteck vom 6.7.1988, a.a.O.
601 Vgl. Bericht Burger, Ev.-Luth. Landeskirchenamt Sachsens, vom 30.5.1988, a.a.O.
602 Rat der Stadt Dresden, Stadtrat für Finanzen und Preise, Rademacher, an den Stellv. des OBM für Inneres, Jörke, vom 7.11.1988, a.a.O.
603 Rat des Bezirks Dresden, 27.8.1986, Gespräch Fuchs, Domsch, Rau, SHStA Dresden, BT/RdB Dresden (Zwibo) 45932.
604 Vgl. Hacker an Witteck vom 6.7.1988, SHStA Dresden, BT/RdB Dresden (Zwibo) 46614.
605 Mitteilung Berghofer an Hempel vom 5.7.1988, a.a.O. Vgl. Rat des Bezirkes Dresden, Stellvertreter des Vorsitzenden für Inneres, Dresden, 10.6.88, Gespräch zwischen Walter Fuchs, Hempel und Schlichter, a.a.O.
606 Rat des Bezirks Dresden, 25.1.89, Notiz zu einem Gespräch am 20.1. mit OKR Rau, SHStA Dresden, BT/RdB Dresden (Zwibo) 45940; Lewerenz an Rädisch (Bezirksdirektion Deutsche Post) vom 28.9.1988, SHStA Dresden, BT/RdB Dresden (Zwibo) 46614 und Rädisch an Lewerenz vom 31.10.1988, a.a.O.; Vermerk Lewerenz über Gespräch mit Hempel am 29.8.1988, a.a.O.
607 Vgl. RdB Dresden, Sektor für Staatspolitik in Kirchenfragen, Vermerk Lewerenz vom 25.11.1988 über das Gespräch des Stellvertreters des Vorsitzenden des Rates für Inneres, Gen. Walter Fuchs, mit dem amtierenden Präsidenten des Landeskirchenamtes, OLKR Schlichter, am 25.11.1988, PDS-Archiv Dresden, AR 14089.
608 Begemann an Lingner vom 9.3.1984, EZA Berlin, 4/92/15.
609 Ebd.
610 Den Antrag des epd, Henkys die Urlaubsvertretung des akkreditierten epd-Korrespondenten Röder zu genehmigen, lehnte das Staatssekretariat für Kirchenfragen 1984 ab. Vgl. Protokoll Hempel-Ziegler-Kupas vom 29.8.1984 über die 165. Sitzung des Vorstandes am 17.8.1984 in Berlin, EZA Berlin, 101/93/244. 1985 setzte sich Ziegler beim Leiter der Hauptabteilung Presse, Wolfgang Meyer, für Henkys ein: »Henkys sei diese Vertretung bereits zweimal verwehrt worden. Sie [die Kirchen] schätzten Henkys als loyalen Partner, der mit seiner Berichterstattung die DDR-Kirchen immer gut behandelt habe. Er gehöre zu jenen im Westen, die dazu beitrügen, unsachliche Dinge zurechtzurücken und versachlichend zu wirken. Henkys habe sich über diese Behandlung intern beklagt. Sie seien sehr daran interessiert, hier vermittelnd einzugreifen und mit Henkys zu reden, da ihnen das staatliche Argument – Henkys arbeite offensichtlich regelmäßig für den RIAS, der RIAS sei keine geeignete Urlaubsvertretung für den epd – bekannt sei.« Das staatliche Protokoll legte fest: »Angesichts der sichtbar gewordenen Bereitschaft der Vertreter des Bundes, sich dafür einzusetzen, daß Henkys die Berichterstattung für den RIAS unterläßt, sollte die Zulassung von Henkys als Urlaubsvertretung für epd geprüft werden. Im Falle der Zustimmung sollte bei der Übergabe der Pressekarte Henkys ausdrücklich darauf hingewiesen werden, daß er als Urlaubsvertretung für den epd akkreditiert ist und nicht für den RIAS, der keinen Korrespondenten in der DDR hat.« BA, Abt. Potsdam, O-4, 1175. Mit Schreiben vom 24.1.1985 machte die Zollverwaltung der DDR, Hauptverwaltung, Abteilung Zollrecht, Abteilungsleiter Inspekteur Niehoff, das Staatssekretariat für Kirchenfragen darauf aufmerksam, daß Reinhard Henkys an seinen Bruder Jürgen das Buch R. Henkys (Hg.), Und niemandem untertan, geschickt hatte: »Das Buch enthält in einzelnen Beiträgen Hetze gegen die DDR und ist nicht einfuhrfähig.« Am 19.2.1985 schrieb Abteilungsleiter Behncke,

ANMERKUNGEN ZU DER SEITE 71

Staatssekretariat für Kirchenfragen, an Weidensdörfer, Zollverwaltung der DDR, Hauptverwaltung, Abteilung Zollrecht: »Die inhaltliche Prüfung des Buches [...] ergab, daß zwar einige Passagen politisch nicht unseren Auffassungen entsprechen, es aber in seiner Gesamtheit kaum zu beanstanden ist. Vor allem die Beiträge des Altbischofs D. Albrecht Schönherr und M. Stolpes liegen in unserer kirchenpolitischen Konzeption. In Einzelexemplaren ist das Buch u. E. einfuhrfähig. [...] Der Absender [...] ist Journalist und schreibt interessante kirchenpolitische Beiträge. Als Einzelentscheidung empfehlen wir, das Buch Dr. J. Henkys auszuhändigen.« Beide Schreiben in BA, Abt. Potsdam, O-4, 899. 1986 wandte sich der SED-Staat jedoch gegen die erneute Erteilung einer Vertretungsgenehmigung für den Kirchenjournalisten: »Veröffentlichungen Henkys' belegen, daß er diese Zeit zum Sammeln von Informationen und Material nutzte, die nicht im Zusammenhang mit der Urlaubsvertretung standen. Eine erneute Arbeitsgenehmigung wird nicht befürwortet.« Vermerk H. Quabs vom 17.11.1986 über ein Gespräch mit Genossen Dr. Claus, Abt. Journalistische Beziehungen, Ministerium für Auswärtige Angelegenheiten, BA, Abt. Potsdam, O-4, 1175.

611 Auch die Informationspolitik des BEK-Sekretariats gegenüber der eigenen Basis in der DDR ließ wohl zu wünschen übrig. Der Pressebeirat der Mecklenburgischen Landeskirche ließ den BEK-Pressereferenten Günther am 29.11.1983 in einem Gespräch wissen: »In den Gemeinden, insbesondere unter den Mitarbeitern, besteht der Wunsch nach schnellen und genauen Informationen über gesamtkirchliche und kirchenpolitisch wichtige Vorgänge. Die von der Bundessynode in Züssow 1976 gegebene Zusage, Leitungsentscheidungen durch bessere Information durchschaubarer zu machen, ist nur zum Teil erfüllt worden. [...] Das Mittel der Schnellinformationen sollte effektiver als bisher genutzt werden, um über Vorgänge und Sachgegenstände von Belang bis in die mittlere Ebene der Gliedkirchen zu informieren, insbesondere dann, wenn dies durch die kirchliche Presse nicht möglich ist. In der Vergangenheit hat es Schnellinformationen über relativ belanglose Dinge (z. B. Vorgänge zum Lutherjubiläum) gegeben. Gleichzeitig wurden über wesentliche kirchenpolitische Vorgänge (z. B. Staat-Kirche-Gespräche auf hoher Ebene) Schnellinformationen vermißt. Um die Arbeit der Kommissionen, Ausschüsse und Facharbeitskreise für die kirchliche Arbeit in den Gemeinden verwendbarer und durchschaubarer zu machen, ist es nötig, immer wieder über den Stand der Arbeit an einzelnen Projekten Zwischenberichte für die Öffentlichkeit zu geben. Dabei sollte auch über Rohmaterial, über kontroverse Standpunkte und offene Fragen informiert werden, um Partizipation zu ermöglichen. Dem Vertrauen der Gemeinden in die Arbeit der verschiedenen Gremien des Bundes dient es, wenn durch Hintergrundinformationen und offene Berichterstattung die Arbeit verständlich und durchschaubar wird.« Votum des Pressebeirates der Ev.-Luth. Landeskirche Mecklenburgs, gez. Pastor Axel Walter, Vorsitzender des Pressebeirates, EZA Berlin, 101/93/229.
612 Lingner an Begemann vom 19.3.1984, EZA Berlin, 4/92/15.
613 Vgl. die Information vom 2.4.1984 über das Gespräch des Staatssekretärs für Kirchenfragen, Genossen Gysi, mit dem Vorstand der Konferenz der Evangelischen Kirchenleitungen (KKL) des Bundes der Evangelischen Kirchen in der DDR (BEK) am 30.3.1984, BA, Abt. Potsdam, O-4, 968; auch SAPMO-BA ZPA IV B2/14/42; Vermerk Ziegler vom 2.4.1984 über Gespräch mit dem Staatssekretär für Kirchenfragen am 30.3.1984, 10.30 bis 14.00 Uhr, sowie Gesprächsprotokoll (Teilprotokoll) Hempel vom 2.4.1984, EZA Berlin, 101/93/4.
614 Es handelte sich um eine sogenannte »Expertenklausur«, wozu die KKL einen Monat später beschloß: »Sie [die KKL] begrüßt die qualitativ neue Form der gemeinsamen Beratung zu Lebensfragen des Volkes auf der Grundlage ökumenischer Dokumente und bittet, diesen Gesprächsprozeß fortzusetzen.« Protokoll Hempel/Gienke/Stolpe-Ziegler-Dorgerloh/Radke über die 92. Tagung der Konferenz der Evangelischen Kirchenleitungen am 11./12.5.1984 in Eisenach (Bundesbesuchstage), EZA Berlin, 101/93/235.
615 Vermerk Ziegler über die 17. Konsultation zwischen BEK und EKD am 21.5.1984 in Berlin, EZA Berlin, 101/93/259.

562

616 Vgl. Verbindliche föderative Gemeinschaft, Dokumentation zum Tätigkeitsbericht (Zi. I.2.), Januar 1979-April 1984, VELK-Synode 1984, BA, Abt. Potsdam, O-4, 1460. Zuvor hatte die KKL das Inkrafttreten eines gemeinsamen Pfarrerdienstgesetzes für alle Gliedkirchen beschlossen. Gienke wertete dieses Ergebnis als »ein[en] wirkliche[n] Schritt auf eine engere Gemeinschaft hin«. Protokoll Hempel-Ziegler-Grengel über die 90. Tagung der Konferenz der Evangelischen Kirchenleitungen am 6./7.1.1984 in Berlin, EZA Berlin, 101/93/234.Vgl. den Beschluß der Brandenburgischen Synode zur VEK vom 10.4.1984 in epd-Dok 21/84, 54 f.

617 Der von Böttcher, Demke, Dorgerloh und Große erarbeitete Text wurde bei zwei Enthaltungen und einer Gegenstimme angenommen. Vgl. Protokoll Hempel/Gienke/Stolpe-Ziegler-Dorgerloh/Radke über die 92. Tagung der Konferenz der Evangelischen Kirchenleitungen am 11./12.5.1984 in Eisenach (Bundesbesuchstage), EZA Berlin, 101/93/235. Der Text ist abgedruckt in epd-Dok 31/84, 2 f.

618 Vgl. Vermerk Lingner über die Sitzung der Beratergruppe am 13.6.1984, EZA Berlin, 4/92/15.

619 Vgl. Protokoll Hempel-Ziegler-Kupas vom 1.10.1984 über die 166. Sitzung des Vorstandes am 20.9.1984, 14.00 Uhr, in Greifswald, EZA Berlin, 101/93/244.

620 Vermerk Lingner über die Sitzung der Beratergruppe am 6.9.1984, EZA Berlin, 4/92/15.

621 Protokoll Hempel-Ziegler-Kupas vom 29.8.1984 über die 165. Sitzung des Vorstandes am 17.8.1984 in Berlin, EZA Berlin, 101/93/244.

622 Hans Wilke hatte mit Ziegler das eigentlich für den 5.3.1984 geplante, aber dann wegen Krankheit Gysis verschobene (vgl. Vermerk Ziegler vom 8.2.1984 über ein Gespräch im Staatssekretariat für Kirchenfragen am 8.2.1984, 8.00 bis 9.25 Uhr, EZA Berlin, 101/93/4) Gespräch am 26.3.1984 in seinen Grundzügen vorstrukturiert. Es wurde festgelegt, Bischof Hempel 30 Minuten Zeit für Darlegungen zum Kirche-im-Sozialismus-Begriff einzuräumen, woran sich eine Aussprache anschließen sollte. Außerdem werde der BEK noch Volksbildungsprobleme (Gienke), Wehrdienstfragen (Stolpe), Baubilanzen und Diakonissen-Altersversorgung (Schultheiß) sowie Ausreisefragen (Wahrmann) ansprechen. Wilke notierte weiter: »Seitens des BEK wollen alle Vorstandsmitglieder und der Sekretär kommen.« Abt. II, Vermerk Wilke vom 26.3.1984 für den Staatssekretär über ein Gespräch mit OKR Ziegler in Vorbereitung auf das Gespräch am 30.3.1984, BA, Abt. Potsdam, O-4, 968; auch a.a.O., O-4, 1437. Zuvor hatte der Vorstand der KKL auf seiner 161. Sitzung am 21.3. in Berlin beschlossen: »Vorbereitendes Gespräch mit einem leitenden Vertreter der Dienststelle des Staatssekretärs für Kirchenfragen ist Bedingung für Vorstandsgespräch«, nachdem Ziegler berichtet hatte, es sei ihm bislang nicht gelungen, mit Heinrich diesbezüglich zusammenzutreffen. Weiterhin wurde festgelegt, mit Ausführungen »zum Mandat der Kirche« in die Unterredung einzusteigen. Eine Stunde vor Beginn des Gesprächs sollte im BEK-Sekretariat eine Vorbesprechung stattfinden. Vgl. Protokoll Hempel-Ziegler-Lewek vom 27.3.1984, EZA Berlin, 101/93/244.

623 Vermerk Lingner über die Sitzung der Beratergruppe am 13.6.1984, EZA Berlin, 4/92/15.

624 Gysi entgegnete hier laut kirchlichem Protokoll: »Auf dem Gebiet der Volksbildung sei die Trennung von Kirche und Staat am striktesten durchgeführt. Die Volksbildung sei eine rein staatliche Angelegenheit. [...] Die Schule erziehe die Kinder für die Zukunft, zum Kommunismus. Das allerdings bedeute nicht, daß die verschiedenen Weltanschauungen im Unterricht der Schule notwendigerweise in Konflikt geraten müßten. Es gäbe kein Bekenntnis zum Atheismus. [...] Im übrigen sei zu wiederholen, daß die Probleme eher durch fehlende pädagogische Befähigung entstünden als durch die Probleme der Weltanschauung. [...] Dr. Hempel betont noch einmal, daß die Kirchenleitungen in ihrer Überzeugungskraft geschwächt würden, wenn es keine Erfolge auf dem Gebiet der Volksbildung gebe. Man könne die Trennung von Kirche und Staat auch anders praktizieren. Und es erhebe sich die Frage, ob es einen Widerspruch gebe zwischen dem,

was der Staatsratsvorsitzende sagt, und dem, was der Minister für Volksbildung sagt. Gysi wehrt die Personalisierung des Problems auf den Volksbildungsminister ab. Stolpe macht darauf aufmerksam, daß es immer schwerer werde, den Gemeinden zu erklären, warum es so lange dauere, bis die Grundsätze des 6. März 1978 zu ›schulpraktischen‹ Regelungen führen. Es wäre gut, wenn wir wenigstens zum 35. Jahrestag der DDR konkrete Lösungen vorweisen könnten. Gysi erwidert, daß kurzfristige Lösungen bei diesen komplizierten Fragen nicht zu erwarten seien. Jede Gesellschaftsordnung habe ihre Vorteile und ihre Schattenseiten. Man könne sich nicht nur die besten jeder Gesellschaftsordnung heraussuchen und sie zum Maßstab machen.« Vermerk Ziegler vom 2.4.1984 über Gespräch mit dem Staatssekretär für Kirchenfragen am 30.3.1984, 10.30 bis 14.00 Uhr, EZA Berlin, 101/93/4.

625 So unter Bezugnahme auf Schönherr auch Eberhard Natho. Vgl. RdB Halle, Stellvertreter des Vorsitzenden für Inneres, Information Pöhner vom 30.4.1984 zum Gespräch des Vorsitzenden des Rates des Bezirkes Halle, Gen. Kolodniak, mit Kirchenpräsident D. Natho und weiteren leitenden Amtsträgern der Ev. Landeskirche Anhalts am 27.4.1984 im Gästehaus des Rates des Bezirkes, LPA Halle, IV E-2/14/580. Hierüber berichtete Siegfried Schulze der KKL. Vgl. Protokoll Hempel/Gienke/Stolpe-Ziegler-Dorgerloh/Radke über die 92. Tagung der Konferenz der Evangelischen Kirchenleitungen am 11./12.5.1984 in Eisenach (Bundesbesuchstage), EZA Berlin, 101/93/235.

626 Eberhard Natho äußerte, daß »die ›Kirche nicht Gouvernante der Gesellschaft ist oder sein dürfe‹«. Ebd.

627 Auch Eberhard Natho betonte im Frühjahr 1984, daß die Kirche »offen sei für alle Menschen, die Fragen haben, ›das Dach der Kirche aber nicht für alles da sei‹«. RdB Halle, Stellvertreter des Vorsitzenden für Inneres, Information Pöhner vom 30.4.1984 zum Gespräch des Vorsitzenden des Rates des Bezirkes Halle, Gen. Kolodniak, mit Kirchenpräsident D. Natho und weiteren leitenden Amtsträgern der Ev. Landeskirche Anhalts am 27.4.1984 im Gästehaus des Rates des Bezirkes, LPA Halle, IV E-2/14/580.

628 Hempel selbst notierte: »Den Satz von Landesbischof Leich ›Kirche ist für alle da, aber nicht für alles‹ halten wir für vernünftig.« Gesprächsprotokoll (Teilprotokoll) Hempel vom 2.4.1984, EZA Berlin, 101/93/4.

629 Hervorhebung durch den Vf. Vgl. auch den Kommentar R. Henkys, »Grundvertrauen«, in: KiS 5/84, 7 f.

630 »Grundvertrauen zu erneuern« heißt es auch im Gesprächsprotokoll (Teilprotokoll) Hempel vom 2.4.1984, EZA Berlin, 101/93/4.

631 Vgl. ebd.: »›K.i.S.‹ ist ein *Zustand mit Bewegungsspielraum*. Das heißt, die Kirchen leben in dieser Gesellschaft, aber sie haben und nutzen in ihr Bewegungsspielraum. [...] ›K.i.S.‹ ist die Beschreibung einer Situation, in welcher *Konflikte* zwischen Staat und Kirche prinzipiell möglich sind; in welcher aber auch vernünftige *Lösungen* prinzipiell möglich sind. ›K.i.S.‹ beschreibt eine Beziehung zwischen Staat und Kirche, in der die Kirchen für den Staat zwar nie genau berechenbar, aber jedenfalls deutlich erkennbar sind. – Beides ist klar: Die Kirche wird nicht dem Staat konform sein; die Machtfrage ist entschieden; Konterrevolution ist kein Wort unserer Sprache.«

632 Vgl. ebd.: »›K.i.S.‹ ist ein *Weg*, mit Kurven und Tälern, Geradeaus-Strecken und Höhen. Anders gesagt: ›K.i.S.‹ ist vergleichbar mit einer mehrere Meter breiten *Schneise* durch einen Wald. Die große Richtung ist klar (wir wandern in dieser Gesellschaft). Aber es gibt Wurzeln zum Stolpern, wir können mal mehr links, mal mehr rechts gehen.«

633 Nach eigenen Aufzeichnungen sagte Hempel: »›K.i.S.‹ meint Kirchen und Gemeinden, die die Gesetze unseres Staates so lange wie möglich einhalten. Wir leiten unsere Gemeinden mit den uns gegebenen Möglichkeiten dazu an.« Zugleich wies der Bischof auf die durch die Interpretationsfähigkeit der Gesetze bestehende Rechtsunsicherheit hin. Ebd. Vgl. auch das Schreiben des Evangelischen Konsistoriums Berlin-Brandenburg, Pettelkau, an das BEK-Sekretariat vom 16.3.1984, in dem berichtet wird, daß sechs Jugendliche, die führend an einer Bemalung eines Fußgängerüberganges in Berlin

(Ost) beteiligt waren, zu Haftstrafen von sieben Monaten ohne Bewährung verurteilt wurden, obwohl sie noch nicht einmal vorbestraft waren. EZA Berlin, 101/93/95.

634 Gegenüber Hans Modrow erläuterte Hempel: »Es wären ihm so viele Stimmen zugegangen, daß er in 5-7 Minuten seine Vorbereitungen getroffen hätte, ohne zu bedenken, was die Westpresse daraus macht. Keinesfalls wäre das als ein Signal für eine neue Linie aufzufassen. [...] Sein Auftreten in Worms sei doch eindeutiger Beweis für sein Verhalten als Bürger dieses Landes.« Niederschrift vom 19.7.1984 über ein Gespräch des 1. Sekretärs der Bezirksleitung Dresden der SED, Genossen Hans Modrow, mit dem Landesbischof der Evangelisch-Lutherischen Landeskirche Sachsens, Dr. Johannes Hempel, und dem Präsidenten des Landeskirchenamtes, Kurt Domsch, am 18.7.1984, PDS-Archiv Dresden, IV E-2.14-673. Nach eigenen Aufzeichnungen sagte der Bischof, »daß er ein Votum wie das vor der Bundessynode in Potsdam-Hermannswerder nicht wieder plant, daß andererseits aber nicht garantierbar ist, daß wir wieder so sprechen.« Gesprächsprotokoll (Teilprotokoll) Hempel vom 2.4.1984, EZA Berlin, 101/93/4.

635 Information vom 2.4.1984 über das Gespräch des Staatssekretärs für Kirchenfragen, Genossen Gysi, mit dem Vorstand der Konferenz der Evangelischen Kirchenleitungen (KKL) des Bundes der Evangelischen Kirchen in der DDR (BEK) am 30.3.1984, BA, Abt. Potsdam, O-4, 968; SAPMO-BA ZPA IV B2/14/42. Vgl. auch Hempels Aussage gegenüber Hans Modrow über »die zunehmende Achtung und Anerkennung« der DDR-Kirchenvertreter in der Ökumene: »›Das gilt ja zugleich diesem, unserem Lande!‹« Niederschrift vom 19.7.1984 über ein Gespräch des 1. Sekretärs der Bezirksleitung Dresden der SED, Genossen Hans Modrow, mit dem Landesbischof der Evangelisch-Lutherischen Landeskirche Sachsens, Dr. Johannes Hempel, und dem Präsidenten des Landeskirchenamtes, Kurt Domsch, am 18.7.1984, PDS-Archiv Dresden, IV E-2.14-673.

636 Außerdem sprach sich Hempel für die weitere Einbeziehung von Laien in kirchliche Dienstreisen aus. Gesprächsprotokoll (Teilprotokoll) Hempel vom 2.4.1984, EZA Berlin, 101/93/4.

637 Information vom 2.4.1984 über das Gespräch des Staatssekretärs für Kirchenfragen, Genossen Gysi, mit dem Vorstand der Konferenz der Evangelischen Kirchenleitungen (KKL) des Bundes der Evangelischen Kirchen in der DDR (BEK) am 30.3.1984, BA, Abt. Potsdam, O-4, 968; SAPMO-BA ZPA IV B2/14/42.

638 Vermerk Ziegler vom 2.4.1984 über Gespräch mit dem Staatssekretär für Kirchenfragen am 30.3.1984, 10.30 bis 14.00 Uhr, EZA Berlin, 101/93/4.

639 Protokoll Hempel-Ziegler-Kupas vom 16.4.1982 über die 162. Sitzung des Vorstandes am 2.4.1984 in Berlin, EZA Berlin, 101/93/244.

640 Vgl. Bericht des Vorstandes über die 159. Sitzung am 10.1.1984. Protokoll Hempel-Ziegler-Herrbruck/von Rabenau über die 91. Tagung der Konferenz der Evangelischen Kirchenleitungen vom 9. bis 11.3.1984 in Bad Saarow, EZA Berlin, 101/93/235.

641 Bischof Gienke soll geäußert haben: »Die Konferenz der Kirchenleitung[en] wolle mehr als eine loyale Haltung zum Staat. Die Kirche müßte vor der Geschichte als auch vor Gott bestehen.« RdB Rostock, Stellvertreter des Vorsitzenden für Inneres, Aktenvermerk Haß vom 8.3.1984 über ein Gespräch, das am 28.2.1984 der Staatssekretär für Kirchenfragen, Gen. Gysi, und der Stellvertreter des Vorsitzenden des Rates des Bezirkes Rostock für Inneres, Gen. Haß, mit Bischof Dr. Gienke führten, BA, Abt. Potsdam, O-4, 789, auch SAPMO-BA ZPA IV B2/14/131.

642 SED-BL Dresden, Abteilung Staat und Recht, Niederschrift Richter über den am 9.3.1984 durchgeführten Erfahrungsaustausch von Genossen der Bezirksleitungen Karl-Marx-Stadt und Dresden in Kändler, Bezirk Karl-Marx-Stadt. Dort heißt es abschließend: »Insgesamt wird eingeschätzt, daß, von Beispielen abgesehen, die vordergründigen Angriffe auf die Politik der Partei und des Staates geringer geworden sind«. PDS-Archiv Dresden, IV E-2.14-833.

643 Vgl. Einschätzung der kirchenpolitischen Situation in Vorbereitung der Kommunalwahlen und Beteiligung kirchlicher Amtsträger am 6.5.1984. Das zehnseitige Papier

enthält allerdings nur statistische Angaben über die Wahlbeteiligung im Bezirk Halle. SAPMO-BA ZPA IV B2/14/70.
644 SED-BL Dresden, Abteilung Staat und Recht, Vermerk Richter über Information des Genossen Rudi Bellmann zum Gespräch des Genossen Werner Jarowinsky mit den Mitgliedern des Vorstandes der Konferenz der Evangelischen Kirchenleitungen in der DDR, PDS-Archiv Dresden, IV E-2.14-833. Das Gespräch fand am 28.6.1984 statt.
645 Vertraulicher Vermerk Stolpe, EZA Berlin, 101/93/14.
646 Solche Forderungen wurden auch auf den Frühjahrssynoden 1984 verstärkt vorgebracht. Vgl. SED-BL Dresden, Abteilung Staat und Recht, Bemerkungen vom 16.7.1984 zu gegenwärtigen kirchenpolitischen Problemen und einigen Ergebnissen der Frühjahrssynoden der Evangelischen Kirchen in der DDR (bezugnehmend auf ein Gespräch am 10.7. mit Genossen Kraußer, Arbeitsgruppe Kirchenfragen beim ZK der SED), PDS-Archiv Dresden, IV E-2.14-833. Auf ihrer Juli-Sitzung 1984 stimmte die KKL dem Papier »Christliche Familie und sozialistisches Bildungswesen (Eine Arbeitshilfe für kirchliche Mitarbeiter)« (EZA Berlin, 101/93/201) zu und sprach sich für deren Weitergabe an kirchliche »Mitarbeiter auf Konventsebene«, aber gegen »beliebige[.] Vervielfältigungen« aus. Protokoll Stolpe-Ziegler-Radke über die 93. Tagung der Konferenz der Evangelischen Kirchenleitungen am 6./7.7.1984 in Berlin, EZA Berlin, 101/93/235. Gegen Form und Inhalt der Ausarbeitung hatte Hartmut Mitzenheim Bedenken ausgesprochen. Vgl. Schreiben Oberkirchenrat Mitzenheim an Ziegler vom 1.3.1984, EZA Berlin, 101/93/201. Vgl. auch Schreiben Demke an Ziegler vom 12.3.1984: »Der Aufbau [des Entwurfes] erweckt nämlich den Gesamteindruck, daß im Bereich der Volksbildung ein unlösbarer Grundkonflikt besteht, der geradezu notwendigerweise zu einer Fülle von Einzelkonflikten führen muß. Benutzer mit einer resignativen Grundeinstellung werden durch diese Darstellungsform ihr Urteil bestätigt finden, daß es für Kinder christlicher Eltern in dem sozialistischen Bildungswesen eigentlich keinen Platz gibt. Diese Wirkung halte ich für so bedenklich, daß ich der Arbeitshilfe in ihrer gegenwärtigen Gestalt nicht zustimmen würde.« Außerdem sprach der Magdeburger Bischof sich »für einen engeren Verteilungsschlüssel aus[.]«. A.a.O. Vgl. die Voten der einzelnen Landeskirchen: LKA Sachsen (Zweynert) an Sekretariat vom 6.4.1984 (»Ich bin der Auffassung, daß das Papier in der vorliegenden Fassung dem erteilten Auftrag in guter Weise gerecht wird«); Evangelisches Konsistorium der Kirchenprovinz Sachsen (Konsistorialpräsident Kramer) an Sekretariat vom 17.4.1984 (kritisiert, daß nur von Konflikten die Rede ist); Landesbischof Leich an BEK vom 18.4.1984 (»teile mit, daß ich die Arbeitshilfe sehr begrüße«) mit Stellungnahme Mitzenheim vom 17.4.1984 (»entsteht zwangsläufig der Eindruck, daß der Konflikt das Normale [...] ist. [...] Die meisten Konflikte zwischen Eltern und Lehrern haben ihren Ursprung nicht in weltanschaulichen Fragen, sondern in solchen der täglichen pädagogischen Praxis«); Landeskirchenrat Anhalt (Oberkirchenrat Beel) an BEK vom 19.4.1984 (»Die Auswahl der Problemfelder ist meines Erachtens gelungen«); Landeskirchenrat Anhalt (Schulze) an BEK-Sekretariat vom 24.4.1984 (»Ich kann mich dem Eindruck nicht entziehen, daß die Arbeitshilfe zu sehr unter dem Stichwort ›Konflikt‹ zusammengestellt worden ist«); Schwerin (»Grundsätzlich wird es sehr begrüßt, daß endlich der Entwurf zu einer Arbeitshilfe vorgelegt wird. Problematisch ist die bevorzugte Blickrichtung, nämlich des ›Wehrhaftigkeit‹ gegenüber ›Konflikten‹ im Bildungsbereich. [...] Der Begriff des ›Konfliktes‹ sollte vermieden und mit dem der ›Spannung‹ ausgetauscht werden«); a.a.O.
647 Anläßlich des Besuchs des schwedischen Ministerpräsidenten Olof Palme in der DDR gab es eine Begegnung zwischen Honecker, Palme und Greifswalds Bischof Gienke. Vgl. dazu Abt. II, Vorlage Gräfe vom 20.8.1984 an die Dienstbesprechung am 27.8.1984, Leitungsinformation 4/84, Sofort-Information an den Staatssekretär 31.8.1984, BA, Abt. Potsdam, O-4, 949.
648 Egon Bahr, Partnerschaft statt Konfrontation, in: Probleme des Friedens und des Sozialismus 27 (1984), 979-983. SED-BL Dresden, Abteilung Staat und Recht, Vermerk Richter über Information des Genossen Rudi Bellmann zum Gespräch des Genossen Werner Ja-

rowinsky mit den Mitgliedern des Vorstandes der Konferenz der Evangelischen Kirchenleitungen in der DDR, PDS-Archiv Dresden, IV E-2.14-833. Zu Bahrs SED- und KGB-Kontakten vgl. FOCUS Nr. 7 vom 13.2.1995 und »DER SPIEGEL« Nr. 7 vom 13.2.1995.

649 Vertraulicher Vermerk Stolpe, EZA Berlin, 101/93/14. Vgl. auch den Kieler Vortrag von Altbischof Krusche, in: epd-Dok 30a/1984, 1-32. Dazu gab R. Henkys in KiS einen Kommentar: Dialog-Gemeinschaft (KiS 5/84, 11-20).

650 Dieser Begriff auch in Vertraulicher Vermerk Stolpe, EZA Berlin, 101/93/14. Erstmals geprägt durch SED-Generalsekretär Honecker und Bundeskanzler Kohl im Herbst 1983. Vgl. H. Potthoff, Die »Koalition der Vernunft«, 24.

651 SED-BL Dresden, Abteilung Staat und Recht, Vermerk Richter über Information des Genossen Rudi Bellmann zum Gespräch des Genossen Werner Jarowinsky mit den Mitgliedern des Vorstandes der Konferenz der Evangelischen Kirchenleitungen in der DDR, PDS-Archiv Dresden, IV E-2.14-833.

652 Vertraulicher Vermerk Stolpe, EZA Berlin, 101/93/14.

653 Vgl. auch die Mitteilung Arbeitsgruppe Kirchenfragen, Bellmann, an Jarowinsky, betr.: Beabsichtigte kirchenpolitische Provokationen in Meiningen (Bezirk Suhl). Hier soll Bischof Leich bezüglich eines von Diakon Töpfer, Meiningen, für den 29.9.1984 geplanten Friedensgottesdienstes versprochen haben, »darauf Einfluß zu nehmen, daß der Gottesdienst nicht für solche Provokationen mißbraucht wird«. Der Bischof »wolle den Erwartungen der Staatsorgane nachkommen.« SAPMO-BA ZPA IV B2/14/20.

654 SED-BL Dresden, Abt. Staat und Recht, Vermerk Richter über Information des Genossen Rudi Bellmann zum Gespräch des Genossen Werner Jarowinsky mit den Mitgliedern des Vorstandes der Konferenz der Evangelischen Kirchenleitungen in der DDR, PDS-Archiv Dresden, IV E-2.14-833. Stolpe informierte die KKL auf ihrer Juli-Sitzung über die Begegnung, die »dem gegenseitigen Kennenlernen dienen sollte.« Protokoll Stolpe-Ziegler-Radke über die 93. Tagung der Konferenz der Evangelischen Kirchenleitungen am 6./7.7.1984 in Berlin, EZA Berlin, 101/93/235. Vgl. auch Protokoll Stolpe-Lewek-Kupas vom 23.7.1984 über die 164. Sitzung des Vorstandes am 20.7.1984 in Dresden: »Lewek und Kupas äußern die Bitte, das Sekretariat künftig an der Vorbereitung und Durchführung derartiger Begegnungen aktiver zu beteiligen.« EZA Berlin, 101/93/244.

655 RdB Dresden, Sektor Staatspolitik in Kirchenfragen, Vermerk Lewerenz über Gespräch mit dem Präsidenten des Landeskirchenamtes der Ev.-Luth. Landeskirche Sachsens, Herrn Domsch, und OKR Rau am 12.10.1984 im Rat des Bezirkes, PDS-Archiv Dresden, IV E-2.14-672.

656 Vgl. Bitte des Bundes der Evangelischen Kirchen und der Arbeitsgemeinschaft christlicher Kirchen in der Deutschen Demokratischen Republik an die Teilnehmerstaaten der Konferenz über vertrauens- und sicherheitsbildende Maßnahmen und Abrüstung in Stockholm, überreicht an die Regierung der Deutschen Demokratischen Republik vom 7.1.1984, unterzeichnet von Hempel und Armin Härtel, EZA Berlin, 101/93/78. Abgedruckt in epd-Dok 16/84, 4. Vgl. auch Schreiben Hempel an alle Pfarrämter in den Gliedkirchen des Bundes der Evangelischen Kirchen in der DDR vom 10.1.1984 mit der Bitte um Fürbitte in den Gemeinden am 2. Sonntag nach Epiphanias, dem 17.1.1984: »Die Mitglieder der [KKL] [...] wären dankbar zu erfahren, wie der Aufruf zur Fürbitte für die Stockholmer Konferenz und die Bitte an die Regierungen in den Gemeinden aufgenommen worden ist. Wir bitten, einzelnen Konferenzmitgliedern darüber zu berichten.« EZA Berlin, 101/93/78. Vgl. auch Protokoll Hempel-Ziegler vom 10.1.1984 über die außerordentliche Sitzung des Vorstandes am 6.1.1984, 21.30 Uhr, in Berlin: »Stolpe legt einen Entwurf einer Bitte des Bundes der Evangelischen Kirchen in der DDR an die Teilnehmerstaaten der Konferenz über vertrauens- und sicherheitsbildende Maßnahmen und Abrüstung in Stockholm vor. Diese Bitte soll der Regierung der DDR überreicht werden. [...] Der Vorstand begrüßt den Vorschlag. Lewek und Stolpe werden gebeten, den Text zu überarbeiten. Dr. Hempel soll ihn in die Konferenz einbringen.« EZA Berlin, 101/93/244. Ziel des Wortes war »ein moralischer Impuls an die Kirchen«. Bei 15 Ja-Stimmen und sechs Gegenstimmen hielt die KKL die Abfassung eines solchen Wortes

für berechtigt, beauftragte aber Domsch, Leich und Stier sowie Günther vom Sekretariat mit der Überarbeitung des Textes. Vgl. Protokoll Hempel-Ziegler-Grengel über die 90. Tagung der Konferenz der Evangelischen Kirchenleitungen am 6./7.1.1984 in Berlin, EZA Berlin, 101/93/234. Der KKL-Vorstand beschloß, die Erklärung am 11.1.1984 – auch im Namen der AGCK – dem Staatssekretariat für Kirchenfragen zu übergeben. »Ziegler wird beauftragt, die EKD zu informieren.« Protokoll Hempel-Ziegler vom 16.1.1984 über die 159. Sitzung des Vorstandes am 10.1.1984 im Landeskirchenamt Dresden, EZA Berlin, 101/93/244. Von der Gemeindebasis gab es ablehnende, aber auch zustimmende Stellungnahmen zu dem Text. Vgl. Protokoll Semper vom 18.10.1984 der Sitzung des Ausschusses Kirche und Gesellschaft am 22./23.6.1984 in Berlin, EZA Berlin, 101/93/52; Analyse Siebert, Jena, vom 27.8.1984 der Antworten aus Gemeinden zur Bitte des Bundes der Evangelischen Kirchen in der DDR an die Teilnehmerstaaten der Konferenz für vertrauensbildende Maßnahmen und Abrüstung in Stockholm vom 7.1.1984: »Nur zwei Einsendungen [von insgesamt elf; davon zwei von CCIA und KEK] (von Pfarrern) zeigen eine durchweg negative Reaktion, alle anderen sind mit großer Zustimmung geschrieben (3) oder mit Zustimmung und kritischen Anmerkungen.« EZA Berlin, 101/93/44. Ohne den Namen des Verfassers zu nennen, ging Siebert auf ein Schreiben des Pfarrers Friedrich-Wilhelm Merkel an die KKL vom 15.1.1984 ein. Der Pfarrer hatte geklagt: »Es ist befremdend, in welcher Art und Weise die Konferenz der Kirchenleitungen zur Zeit die Gemeinden zum Gebet aufruft. So entspricht es nicht der Bibel und auch nicht einer treuen Kirchengeschichte. [...] Der Ruf dorthin [zur Verantwortung vor Gott] kann nur der Gegenstand des Wortes der Kirche in Aufruf und Gebet sein! Stattdessen sehen die Leiter der Kirchen ihre Marktlücke in den weltlichen Friedens- und Abrüstungsverlautbarungen, die doch nur zu offensichtlich ihre eigenen Vorteile suchen. Die Kirche ist abgekommen von der Urkraft des Wortes Gottes und verdreht und mißbraucht das Wort als Vorspann zur Politik, die Gott nicht will. In der vorgelegten Art und Weise des Aufrufes kann Gott nicht mehr der Gott der Gebote des Mose, der Propheten, nicht mehr der Gott der Offenbarung Jesu Christi und der Apostel sein. Friede, Friede und ist doch kein Friede. Vertrauen, Vertrauen und ist doch kein Vertrauen und kann keins aufkommen, ohne es in Gott zu setzen!« Es folgte ein eigener Gebetsvorschlag. EZA Berlin, 101/93/77. Hansmartin Ehrler aus Rammenau (Sachsen) schrieb Hanna Kahl, er fände den Brief gut. Allerdings hielt er den »Aufruf zur Fürbitte [...] [für] nicht recht überlegt. [...] Das Fürbitt-Gebet [...] redet in allgemeinen Wendungen aus der Politik, die unterschiedliche Verwirklichungen von rechts und links zulassen. Ich frage mich, ob sie nicht unsere Vorstellungen einengen gegenüber den viel weiteren Möglichkeiten Gottes. Und Gott soll doch nicht vor unseren Karren gespannt werden, auch wenn dieser der weltgefährdende Ost-West-Konflikt ist. Auch scheint mir unser eigenes Verhalten bei dem Gebet zu kurz zu kommen. Bei den Gebeten der ›Väter‹ (auch in der Agende) erschrecke ich immer wieder und schaue verschämt drüber weg, wenn von ›wohlverdienter Strafe und gerechtem Zorn‹ die Rede ist. [...] Gott über alles fürchten! Da ist Buße eine Änderung, die nicht ausgerichtet ist am Nutzen, am Erfolg. Und Buße ist nicht erledigt mit der Vergebung, Buße ist Änderung, gewiß unvollkommen, aber gesucht, versucht.« EZA Berlin, 101/93/66. Werner Meyer aus Erfurt schrieb der KKL am 5.3.1984: »Sehr wichtig ist mir, daß wir unsere Schuld am Zustand unserer Welt, namentlich am Wettrüsten, bekennen und erläutern, uns in einer Schuldgemeinschaft mit allen sehen, von der wir uns, indem wir nun endlich aufbrechen, nicht distanzieren wollen und können. [...] Wenn wir Christen in diesem Sinne das Unsrige tun, könnte uns das Wort und die Glaubwürdigkeit gegeben werden, Politiker zum wirklich Neuen, völlig Anderen, zur Umkehr zu ermahnen und zu ermutigen, statt sie nur zu bitten, das bisher Übliche etwas besser zu tun! Gott möge Sie in Ihren Beratungen begleiten! Schalom!« EZA Berlin, 101/93/78. Vgl. auch die insgesamt positive Reaktion der Evangelischen Kirchengemeinde Martin Luther, Berlin-Pankow, vom 2.3.1984, a.a.O. Vgl. auch den Tagesordnungspunkt »Analyse der Antworten auf Stockholm-Aufruf« in der 157. Sitzung des KKL-Vorstands am 18.10.1984 in Berlin. Protokoll Hempel-Ziegler-Lewek vom 31.10.1984, EZA Berlin, 101/93/244.

657 Nur Anhalt – allerdings schon seit längerer Zeit in dieser Hinsicht auf überdurchschnittlichem Niveau – fiel hier aus dem Rahmen. Vgl. Abt. II, Vorlage Braemer vom 11.12.1984 an die Dienstbesprechung am 17.12.1984, Information zu den Herbstsynoden 1984, BA, Abt. Potsdam, O-4, 949.

658 Klaus Gysi hatte gegenüber dem KKL-Vorstand unter Bezugnahme »auf die bevorstehenden Kommunalwahlen erklärt[.] [...], daß die Kirchen immer darauf hingewiesen hätten, daß sich das Verhältnis von Staat und Kirche vor Ort entscheide. Daran sollten nun auch die Kirchen selbst aktiv mitwirken.« Information vom 2.4.1984 über das Gespräch des Staatssekretärs für Kirchenfragen, Genossen Gysi, mit dem Vorstand der Konferenz der Evangelischen Kirchenleitungen (KKL) des Bundes der Evangelischen Kirchen in der DDR (BEK) am 30.3.1984, BA, Abt. Potsdam, O-4, 968; SAPMO-BA ZPA IV B2/14/42.

659 Information zur Situation in den evangelischen Kirchen in der DDR, SAPMO-BA ZPA IV B2/14/83.

660 Vgl. auch Niederschrift über ein Gespräch des 1. Sekretärs der Bezirksleitung Dresden der SED, Genossen Hans Modrow, mit dem Landesbischof der Evangelisch-Lutherischen Landeskirche Sachsens, Dr. Johannes Hempel, und dem Präsidenten des Landeskirchenamtes, Dr. Kurt Domsch: »Der Landesbischof betonte, daß er keine speziellen Probleme oder Einzelfragen habe, die Veranlassung für ein Zusammentreffen sind. Es ginge vielmehr um eine vertrauensvolle Begegnung, damit man sich über Fragen der Innen- und Außenpolitik austauschen könne.« PDS-Archiv Dresden, IV E-2.14-673.

661 Niederschrift vom 19.7.1984 über ein Gespräch des 1. Sekretärs der Bezirksleitung Dresden der SED, Genossen Hans Modrow, mit dem Landesbischof der Evangelisch-Lutherischen Landeskirche Sachsens, Dr. Johannes Hempel, und dem Präsidenten des Landeskirchenamtes, Kurt Domsch, am 18.7.1984. Dort heißt es abschließend: »Insgesamt schätzen wir diese Begegnung aus kirchenpolitischer Sicht als bisher intensivste und erfolgreichste ein. Bei beiden Amtsträgern ist eine Profilierung in ihrer Funktion und in ihrem Verhalten zur Politik der Partei und des Staates unverkennbar. Es bestätigt sich der Grundsatz, daß persönliches Vertrauen politisches Vertrauen schafft. Ihr staatsbürgerliches Bekenntnis ist offensichtlich gewachsen. Obwohl der Landesbischof im November 1982 (vor seiner Wahl als Vorsitzender der Konferenz der evangelischen Kirchenleitungen) erklärte, daß solche Treffen nicht zum Stil der Arbeit gehören, und wir ihn daraufhin nicht mehr angesprochen haben, ist er zwischenzeitlich zu anderen Auffassungen gekommen und bat um ein solches Gespräch. Auf bereits geringste Andeutungen, daß gewisse Praktiken und Haltungen der Kirche das Verhältnis Staat-Kirche belasten können, reagieren sie in sensibler Weise. Die Staatsbürgerschaft der DDR bedeutet ihnen viel, und sie wollen als Bürger der DDR geachtet sein. Mehrfach unterstrichen sie dabei ihre Verantwortung als Kirche im Sozialismus. Der Landesbischof ist in seinen Funktionen und bedingt durch viele ausländische Kontakte politisch klüger geworden. [...] Seine Achtung vor den Leistungen der Partei ist als ehrlich einzuschätzen. Er mißt jedoch vor allem an den positiven Erfahrungen, die er mit solchen Persönlichkeiten gemacht hat und zu denen er Vertrauen hat (z. B. Genosse E. Honecker, P. Verner, R. Bellmann, K. Gysi, H. Modrow). Der Präsident K. Domsch ist ebenfalls sicherer in seinem Urteilsvermögen geworden. Hierbei hilft ihm offenbar der Umgang mit den Staatsorganen. Er erkennt, was von ihm gefordert wird, nutzt jedoch alle sich ihm bietenden Lücken für seine Funktion. Im Gegensatz zu den beiden bisherigen Gesprächen stellte er die Fragen nicht doppelbödig oder unterschwellig, sondern klar und offen. Der Verlauf dieser von gegenseitiger Achtung zu charakterisierenden Begegnung läßt die Schlußfolgerung zu, daß sich das Staat-Kirche-Verhältnis im Bezirk weiter in Richtung sachlicher, konstruktiver und verfassungsgerechter Beziehungen stabilisieren wird.« A.a.O. Vgl. auch Niederschrift über ein Gespräch des 1. Sekretärs der Bezirksleitung Dresden der SED, Genossen Hans Modrow, mit dem Landesbischof der Evange-

lisch-Lutherischen Landeskirche Sachsens, Dr. Johannes Hempel, und dem Präsidenten des Landeskirchenamtes, Dr. Kurt Domsch, a.a.O.

662 Bericht zur kirchenpolitischen Situation in Berlin, Hauptstadt der DDR (entsprechend Rahmenplan der Dienststelle des Staatssekretärs für Kirchenfragen), Dezember 1983/Januar 1984, BA, Abt. Potsdam, O-4, 1129.

663 Bericht zur kirchenpolitischen Situation in Berlin, Hauptstadt der DDR (entsprechend Rahmenplan der Dienststelle des Staatssekretärs für Kirchenfragen), Oktober/November 1984, a.a.O. Vgl. auch Stellvertreter, Vermerk Kalb vom 24.9.1984 über Gespräche mit Prälat Lange am 24.9.1984, BA, Abt. Potsdam, O-4, 1032.

664 Vermerk Ziegler über die 17. Konsultation zwischen BEK und EKD am 21.5.1984 in Berlin, EZA Berlin, 101/93/259.

665 RdB Erfurt, Stellvertreter des Vorsitzenden für Inneres, Hartmann, Information vom 23.7.1980, BA, Abt. Potsdam, O-4, 797.

666 Vermerk Ziegler über die 17. Konsultation zwischen BEK und EKD am 21.5.1984 in Berlin, EZA Berlin, 101/93/259.

667 Ebd. Die KKL hatte einstimmig beschlossen:»Am drittletzten Sonntag im Kirchenjahr 1984 wird wie in den Vorjahren ein Bittgottesdienst für den Frieden nach einer gemeinsam mit der EKD erarbeiteten Ordnung gehalten.« Protokoll Hempel-Ziegler-Herrbruck/von Rabenau über die 91. Tagung der Konferenz der Evangelischen Kirchenleitungen vom 9. bis 11.3.1984 in Bad Saarow, EZA Berlin, 101/93/235. Der gemeinsam erarbeiteten »Vorlage zur liturgischen Ausgestaltung des Gottesdienstes sowie Gesichtspunkte[n] für die Predigt« stimmte der KKL-Vorstand einstimmig zu. Vgl. Protokoll Stolpe-Lewek-Kupas vom 23.7.1984 über die 164. Sitzung des Vorstandes am 20.7.1984 in Dresden, EZA Berlin, 101/93/244.

668 Vermerk Lingner über die Sitzung der Beratergruppe am 13.6.1984, EZA Berlin, 4/92/15. Vgl. auch Protokoll Hempel-Ziegler-Herrbruck/von Rabenau über die 91. Tagung der Konferenz der Evangelischen Kirchenleitungen vom 9. bis 11.3.1984 in Bad Saarow, EZA Berlin, 101/93/235. Im KKL-Vorstand gab es bezüglich des Themas Anfragen. Vgl. Protokoll Hempel-Ziegler-Kupas vom 16.4.1982 über die 162. Sitzung des Vorstandes am 2.4.1984 in Berlin, EZA Berlin, 101/93/244.

669 Vgl. Niederschrift Ziegler über die 18. Konsultation vom 14. bis 17.8.1984, EZA Berlin, 101/93/259. Den Konsultationstermin hatte Ziegler Heinrich zuvor bekanntgegeben, der vor der Herausgabe einer pressewirksamen Verlautbarung warnte. Vgl. Vermerk Ziegler vom 4.6.1984 über Gespräch im Staatssekretariat für Kirchenfragen am 1.6.1984, 11.10 bis 13.30 Uhr, EZA Berlin, 101/93/4. Das Material hatten Kramer, Lewek und Planer-Friedrich gemeinsam mit der Vorbereitungsgruppe nach Vorlage an die KKL nochmals beraten. Vgl. Protokoll Hempel-Ziegler-Herrbruck/von Rabenau über die 91. Tagung der Konferenz der Evangelischen Kirchenleitungen vom 9. bis 11.3.1984 in Bad Saarow, EZA Berlin, 101/93/235.

670 Vermerk Lingner über die Sitzung der Beratergruppe am 13.6.1984, EZA Berlin, 4/92/15.

671 Ebd.

672 Schreiben Gysi an Honecker vom 4.5.1984, BA, Abt. Potsdam, O-4, 998. Ende Mai fand ein Treffen zwischen Roßberg und IM »Sekretär« statt, bei dem dem IM ein Geburtstagsgeschenk im Wert von 79,– Mark überreicht wurde. Vgl. Operativgeldabrechnung Nr. 951/84, Rachercheergebnisse zum IM »Sekretär«, Stand 12.4.1994, 262. Lt. einer »Information über die Begegnung von Vertretern der Präsidien der Evangelischen Kirchentage der DDR und der BRD vom 26.-28.5.1984 in Eisenach« (BStU ZA MfS HA XX – ZMA Nr. 2198, 163-169) äußerten sich die westlichen Teilnehmer erstaunlich sozialismusaffin und USA-kritisch. Zur Reaktion auf die Absage des ins Auge gefaßten Honecker-Besuches in Bonn im Herbst 1984 an der kirchlichen Basis vgl. Abt. II, Vorlage Gräfe vom 23.10.1984 an die Dienstbesprechung am 29.10.1984, Thema: Information über die politisch-ideologische Entwicklung in den Kirchen und Religionsgemeinschaften und die weitere Gestaltung des Staat-Kirche-Verhältnisses zum 35. Jahrestag der DDR, Lei-

tungsinformation 5/84, BA, Abt. Potsdam, O-4, 949. Prälat Binder soll bemerkt haben, »daß es in der Führung der EKD Besorgnis gäbe über die Auseinandersetzungen [in] der BRD zum eventuellen Besuch des Vorsitzenden des Staatsrates der DDR, Gen. Honecker. Die EKD würde sich vorbehaltlos für die Durchführung des Besuches einsetzen und dies auch die BRD-Regierung bei jeder Gelegenheit wissen lassen. Die EKD lasse sich davon leiten, daß der Grundlagenvertrag weiterhin eine gute Basis für die Entwicklung der Beziehungen zwischen beiden deutschen Staaten bilde und voll ausgeschöpft werden sollte. Man befürchte jedoch, daß jederzeit ein ›Vorkommnis‹ so hochgespielt werden könne, daß der Besuch in Frage gestellt würde. [...] Der Einschätzung des Revanchismus in der BRD wollte er [Binder] jedoch nicht zustimmen.« StV Bonn, Abt. IAP, Vermerk Botschaftsrat Klein vom 31.7.1984 über ein Gespräch mit dem Bevollmächtigten der EKD bei der Regierung der BRD, Prälat H.G. Binder, am 30.7.1984, BA, Abt. Potsdam, O-4, 1011. Wie Eberhard Natho der Synode Anhalts in geschlossener Sitzung berichtet hatte, hatte er im Juni 1984 eine persönliche Begegnung mit dem Bundeskanzler, für deren Zustandekommen Staatssekretär Waffenschmied gesorgt hatte, dazu genutzt, »um die Positionen von Kohl zum damals noch vorgesehenen Besuch des Staatsratsvorsitzenden kennenzulernen.« Information zum Inhalt und Ablauf der 6. Tagung der 18. Legislaturperiode der evangelischen Landeskirche Anhalts vom 15.11.1984-17.11.1984, Dessau, LPA Halle, IV E-2/14/580. Vgl. auch KiS 3/84, 58.

673   Vgl. RdB Potsdam, Stellvertreter des Vorsitzenden für Inneres, Schreiben Selinger an Gysi vom 21.6.1984, BA, Abt. Potsdam, O-4, 1192.
674   Vermerk über die Sitzung der Beratergruppe am 13.6.1984, EZA Berlin, 4/92/15.
675   Im Rahmen des Gedenkens an die fünfzigste Wiederkehr der Barmer Theologischen Erklärung hatten in Berlin (West) die unierten Bischöfe Gienke (29.4.1984), Forck (6./7.5.1984), Wollstadt (14.5.1984), Natho (27./28.5.1984) und Demke (3./4.6.1984) gepredigt und auch Vorträge im Rahmen von Gemeindeabenden gehalten. Vgl. KiS 2/84, 50 f. und KiS 3/84, 56-60. Zum Vortrag Nathos vgl. »Auf Benachteiligung der Christen in der DDR hingewiesen. Dessauer Kirchenpräsident Natho besuchte West-Berliner Gemeinde«, in: Der Tagesspiegel vom 30.5.1984, zum Besuch Demkes vgl. »Magdeburger Bischof berichtet über Interesse der Jugend an der Kirche. Demke führte Gespräch mit Kirchengemeinde in West-Berlin«, in: Der Tagesspiegel vom 6.6.1984. Darauf, daß das Barmen-Jubiläum für die EKD im Mittelpunkt des Jahres 1984 stehen werde, hatte schon 1982 Hessen-Nassaus Kirchenpräsident Hild hingewiesen. Vgl. AV Bonn, Vermerk Botschaftsrat Klötzers vom 21.5.1982 über den Besuch von Genossen Botschafter Moldt beim stellv. Vorsitzenden des Rates der EKD, Kirchenpräsident der Evangelischen Kirche in Hessen und Nassau, D. Helmut Hild, am 19.5.1982 in Darmstadt, BA, Abt. Potsdam, O-4, 4877. Zur gemeinsamen Vorbereitung durch BEK und EKD vgl. auch Protokoll Hempel-Demke-Lewek vom 8.2.1983 über die 149. Sitzung des Vorstandes am 1.2.1983 in Berlin, EZA Berlin, 101/93/243; Protokoll Stolpe/Gienke-Demke-Doyé/Kupas über die 85. Tagung der Konferenz der Evangelischen Kirchenleitungen in der DDR am 11.-13.3.1983 (Klausurtagung) in Bad Saarow, EZA Berlin, 101/93/233. Hinsichtlich des Vorhabens einer gemeinsamen Synodalveranstaltung zu Barmen zwischen BEK, EKU und VELK äußerten die Lutheraner Skepsis: »Es ist in der jetzigen Situation anzufragen, da ›Gemeinsamkeit‹ gerade bei ›Barmen‹ demonstriert werden soll, ob die Bemühungen um ›VEK‹ durch die Entscheidungen von Berlin-Brandenburg empfindlich beeinträchtigt werden und im Lutherjahr etwas Gemeinsames auf synodaler Ebene nicht erfolgt ist. [...] Die Kirchenleitung spricht sich im Ergebnis der Aussprache dafür aus, daß eine zusätzliche Veranstaltung nicht abgehalten werden soll.« Niederschrift über die Sitzung der Kirchenleitung der VELK i. d. DDR am Freitag, dem 29.4.1983 in Berlin, LKA Hannover, D 15 XII, Hauptgruppe 1, K 2/C 1211-1/I. Der KKL-Vorstand beschloß daraufhin die Organisation einer Studientagung für Synodale. Vgl. Protokoll Gienke-Demke vom 21.6.1983 über die 153. Sitzung des Vorstandes am 20.6.1983 in Berlin, EZA Berlin, 101/93/243. Die KKL legte als Termin den 28./29.4.1984 fest. Tagungsort sollte möglichst die Französische Friedrichstadt-Kirche in Berlin sein. Das Thema stand unter dem

vorläufigen Arbeitstitel »Die Bedeutung von Barmen für Einheit und Identität der Kirchen«. Protokoll Lewek-Demke-Radke über die 87. Tagung der Konferenz der Evangelischen Kirchenleitungen in der DDR am 1./2.7.1983 in Berlin, EZA Berlin, 101/93/233.
676 Aktenvermerk Heinrich vom 4.1.1984, BA, Abt. Potsdam, O-4, 1220.
677 Vgl. dazu das vorangegangene Kapitel.
678 Vermerk Heinrich vom 6.6.1984 über Gespräch mit Natho und Rogge am 31.5.1984 in Dessau, BA, Abt. Potsdam, O-4, 1220.
679 Vgl. dazu KiS 3/84, 58.
680 Zur westlichen Berichterstattung über das Auftreten von BEK-Vertretern in der Bundesrepublik vgl. auch Information Klaus Gysi vom 25.6.1984 über ein Gespräch von Staatssekretär Gysi mit Landesbischof Dr. Rathke am 20.6.1984 in der Dienststelle des Staatssekretärs. Hier ging es um einen dpa-Bericht des Inhalts, daß Rathke auf einer Pfingstveranstaltung in Bayern die anwesenden 20 000 Teilnehmer »auch im Namen der eine Million lutherischen Christen der Sowjetunion begrüßte«. Gysi kommentierte: »Eine solche Einmischung in innere Angelegenheiten der Sowjetunion stelle auch eine Diffamierung dar, indem sie darauf hindeute, daß diese sowjetischen Bürger nicht für sich selbst sprechen könnten.« Rathke erwiderte, er habe die Grüße aller Christen aus der UdSSR überbracht, aber über die Lutheraner keine Zahlenangaben gemacht. Er verwies weiter auf seine während einer Gemeindeveranstaltung getätigten Aussagen, »daß er keinen Lutheraner getroffen habe, der den Wunsch gehabt hätte, die Sowjetunion zu verlassen. Sie seien mit ihrem Leben durchaus zufrieden. Ebensowenig sei es angängig, Sammlungen zu veranstalten, um Bibeln in die Sowjetunion einzuschmuggeln.« Gysi kommentierte: »Erfahrungsgemäß kann man Landesbischof Rathke keineswegs alles glauben, was er sagt, und er ist auch Meister im Herunterspielen der Dinge. Aber er machte einen relativ offenen und ruhigen Eindruck. Mit Sicherheit hat die Presse das Gesagte zumindest entstellt.« BA, Abt. Potsdam, O-4, 1437.
681 Vermerk Heinrich vom 6.6.1984 über Gespräch mit Natho und Rogge am 31.5.1984 in Dessau, BA, Abt. Potsdam, O-4, 1220.
682 Barmen 1934-1984. Gemeinsame Textfassung der Vorbereitungsgruppe »Barmen-Gedenken« des Bundes Evangelischer Kirchen in der DDR und der Barmen-Kommission der EKD, in: KJ 1984, 261-267. Das gemeinsame Wort beider Kirchenbünde an die Gemeinden vom 3.5.1984 a.a.O., 267 f. Vgl. auch W. Hauschild u. a. (Hgg.), Die lutherischen Kirchen und die Bekenntnissynode von Barmen.
683 Randbemerkung, wahrscheinlich von Gysi: »Das ist gut!« Das mit EKD-Vertretern »abgestimmt[e]« gemeinsame Wort zum Barmengedenken verabschiedete die KKL mit einer Gegenstimme und zwei Enthaltungen auf ihrer März-Sitzung 1984. Vgl. Protokoll Hempel-Ziegler-Herrbruck/von Rabenau über die 91. Tagung der Konferenz der Evangelischen Kirchenleitungen vom 9. bis 11.3.1984 in Bad Saarow, EZA Berlin, 101/93/235.
684 Vgl. zu Schönherrs Haltung seinen Aufsatz: Das Selbstverständnis der Kirchen in der DDR auf dem Hintergrund von Barmen.
685 Vgl. auch G. Bransch, Kirche auf dem Wege. Auch Eberhard Natho soll in bezug auf die 5. These geäußert haben, daß sie »»zwar das Grundverhältnis von Staat und Kirche auch für heute gültig beschreibe, aber nicht alles sage, was heute dazu gesagt werden müsse«. RdB Halle, Stellvertreter des Vorsitzenden für Inneres, Information Pöhner vom 30.4.1984 zum Gespräch des Vorsitzenden des Rates des Bezirkes Halle, Gen. Kolodniak, mit Kirchenpräsident D. Natho und weiteren leitenden Amtsträgern der Ev. Landeskirche Anhalts am 27.4.1984 im Gästehaus des Rates des Bezirkes, LPA Halle, IV E-2/14/580.
686 Ende 1985 würdigte das Staatssekretariat für Kirchenfragen, Natho habe während einer Kirchenleitungssitzung »zur strikteren Einhaltung der Veranstaltungsverordnung [VAVO] bezüglich der Teilnahme ausländischer Gäste ermahnt. Als erhebliche Verstöße gegen die VAVO qualifizierte er das Auftreten privat eingereister BRD-Bürger in kirchlichen Veranstaltungen sowie gemeinsame Beratungen von Gemeindekirchenräten mit Vertretern entsprechender Gremien aus der BRD. Gegenüber kirchlichen Stel-

len in der BRD hat er eine Stellungnahme zu einem ehemaligen DDR-Pfarrer, der nach zwei Jahren dort wieder in den Pfarrdienst treten will, mit der Feststellung abgelehnt, daß dieser Pfarrer Bürger eines anderen Staates sei.« Abteilung II, Vorlage Gräfe vom 22.10.1985 an die Dienstbesprechung am 28.10.1985, Leitungsinformation 5/85, BA, Abt. Potsdam, O-4, 951.
687 Siehe Tagungsbericht der Kirchlichen Bruderschaft Sachsens mit dem Titel:»Die Barmer Theologische Erklärung von 1934 und unser Christusbekenntnis von 1984« (Dresden 1984). Hartmut Ludwig, Assistent an der Theologischen Sektion der Humboldt-Universität hielt einen Vortrag über »Die Barmer Theologische Erklärung 1934-1984. Vorgeschichte – Entstehung – Rezeption«, Wolfgang Caffier eine Morgenandacht über Hes 3,22-23 und Jens Langer, Landespastor in Güstrow, einen Vortrag über »Die Barmer Theologische Erklärung von 1934 und unser Christus-Bekenntnis von 1984«. Am Ende seines Beitrages gelangte Langer zu der Überlegung: »Es scheint mir immer aber noch sinnvoll, daß Christen und Kirchen über kritische Anmerkungen zu einem bürgerlichen Christentum hinaus ihre Affinität zu sozialistischen Überzeugungen prüfen und entdekken. Von einer solchen Position aus kann das Gespräch über Gerechtigkeit und Emanzipation in unserer Gesellschaft nur intensiviert werden« (a.a.O., 55). Vgl. auch H. Ludwig, Die Barmer Theologische Erklärung 1934-1984, in: Standpunkt 12 (1984), 136-140 sowie die nachfolgenden Beiträge, a.a.O., 141-143. Vgl. auch das Synodalreferat von Hanfreid Müller, Barmen – Selbstrechtfertigung der Kirche?, in: a.a.O., 183 f.
688 Zu Forcks Beitrag in der West-Berliner Barmen-Reihe »Bischöfe predigen« vgl. KiS 3/84, 56.
689 Vgl. hierzu Abt. II, Vorlage Gräfe vom 19.12.1984 an die Dienstbesprechung am 14.12.1984 (entsprechend der Festlegung im Umlaufverfahren nachgereicht), Leitungsinformation 6/84: »Neutralistische und systemindifferente Grundhaltungen wirken in stärkerem Maße bei der Beurteilung der Ursachen für die weitere Verschärfung der internationalen Lage [...] Im besonderen zeigt sich das in bezug auf die BRD. Revanchistische Tendenzen und die destruktive Haltung der Kohl-Regierung in der Friedensfrage werden verharmlost und z. T. deutsch-deutschen Illusionen untergeordnet.« BA, Abt. Potsdam, O-4, 949.
690 Abt. II, Vorlage Braemer vom 10.12.1984 an die Dienstbesprechung am 17.12.1984, Thema: Information über die Auswertung des Barmen-Gedenkens der evangelischen Kirchen in der DDR, a.a.O.
691 Aufruf vom 31.7.1984 abgedruckt in epd-Dok 43/84, 75 f. Vgl. auch Notiz über ein Gespräch des Leiters des Sektors Kirchenfragen des Magistrats, Gen. Mußler, mit Generalsuperintendent Krusche am 16.8.1984, BA, Abt. Potsdam, O-4, 1232.
692 Günter Jacob schrieb am 21.9.1985 Stolpe einen Brief, er möge zu seinen Gunsten beim Staatssekretär für Kirchenfragen sowie beim Bezirk Frankfurt/Oder tätig werden: »Der Vorgang mit dem Barmen-Buch ist der Tropfen, der bei mir das Faß zum Überlaufen gebracht hat. Seit Jahren habe ich diese chronischen Störungen meines Postverkehrs schweigend hingenommen. Jetzt auf meine alten Tage muß ich angesichts der Art, wie man nicht nur in diesem Fall mich behandelt, und im Blick auf die Sache, um die es dabei geht, den Bund und damit auch Sie bitten, den entsprechenden Instanzen einmal unter Darlegung meines Berichts klarzumachen, daß ich nachgerade von einer tiefen Bitterkeit gegenüber den zuständigen politischen Instanzen erfüllt bin.« Der in der Anlage beiliegende Bericht befindet sich in den Akten des Konsistoriums Berlin-Brandenburg. Vgl. handschriftlicher Randvermerk Stolpe vom 1.10.1985, EZA Berlin, 101/93/245. Zu Jacobs 80. Geburtstag plante Berlin-Brandenburgs Kirchenleitung für den 8.2.1986 eine Festveranstaltung in Hirschluch/Storkow, zu der Stolpe auch um die Einreisegenehmigung für Altbischof Scharf bat. Dem Schreiben an Gysi vom 27.1.1986 fügte der Konsistorialpräsident handschriftlich hinzu: »Wäre sehr dankbar!« BA, Abt. Potsdam, O-4, 1200.
693 Vgl. Protokoll Hempel-Ziegler-Kupas vom 29.8.1984 über die 165. Sitzung des Vorstandes am 17.8.1984 in Berlin, EZA Berlin, 101/93/244. Der Marburger Theologieprofes-

ANMERKUNG ZU DER SEITE 83

sor Wolfgang Huber, zugleich Kirchentagspräsident, war für den Generalkonvent in Berlin (Ost) am 10.5.1984 als Referent über das Thema »Kirche im Horizont der Ökumene – Kritische Anmerkungen zur dritten Barmer These« vorgesehen. Vgl. Schreiben Generalsuperintendent Günter Krusche an alle Mitarbeiter im Verkündigungsdienst des Sprengels Berlin vom 20.3.1984, EZA Berlin, 101/93/903.

694 Vgl. Vermerk Lingner über die Sitzung der Beratergruppe am 13.6.1984, EZA Berlin, 4/92/15. Der BEK-Ausschuß Kirche und Gesellschaft stellte auf seiner Juni-Sitzung seine Nichtbeteiligung an der Tagungsvorbereitung fest. Vgl. Protokoll Semper vom 18.10.1984 der Sitzung des Ausschusses Kirche und Gesellschaft am 22./23.6.1984 in Berlin, EZA Berlin, 101/93/52.

695 Vgl. hierzu Abt. II, Vorlage Gräfe vom 20.8.1984 an die Dienstbesprechung am 27.8.1984, Leitungsinformation 4/84, Sofort-Information an den Staatssekretär 31.8.1984: »Gleichzeitig ist eine zunehmende Verschärfung dieser innerkirchlichen Auseinandersetzung im Vorfeld der Bundessynode, besonders in der Friedens- und Ökologiefrage und zum Teil damit im Zusammenhang der innenpolitischen Situation und Entwicklung zu verzeichnen. Die Versuche, an kirchlichen Strukturen vorbei die politisch negativen Kräfte zu formieren und Druck sowohl auf den Staat als auch auf Kirchenleitungen auszuüben, halten an.« BA, Abt. Potsdam, O-4, 949. Auch Anhalts Kirchenpräsident Natho soll gemeinsam mit dem Dessauer OKR Schulze sowie dem Bundessynodalen Hanff die vorgesehene Bearbeitung von ökologischen Fragestellungen auf der BEK-Synode abgelehnt haben: »Die Synode sei keine Fachkonferenz und die Kirche kein Ratgeber des Staates. Natho stellte fest, daß die Propagierung von Bedürfnislosigkeit unsinnig sei, da das keiner wolle.« Ebd. Weiter hieß es dort: »Aus dem Bericht des Bezirkes Gera geht hervor, daß die Präsidentin der Thüringer Landessynode, Frau Schultheiß, [...] damit rechnet, daß sich Superintendent Große auf der Bundessynode in negativer Weise zur Umweltschutzproblematik äußern wird. In diesem Fall würde sie gegen ihn auftreten.« BA, Abt. Potsdam, O-4, 949. Der Hauptabteilungsleiter Heinrich soll gegenüber Ziegler erklärt haben: »Es entstehe der Eindruck, daß die Kirche in der Umweltfrage daran ist, den Bogen zu überspannen.« Vermerk Ziegler vom 4.6.1984 über Gespräch im Staatssekretariat für Kirchenfragen am 1.6.1984, 11.10 bis 13.30 Uhr, EZA Berlin, 101/93/4. Nochmals betonte Heinrich gegen Ende der Unterredung, »daß auf dem Gebiet der Ökologie die Kirche drauf und dran sei, ein neues Konfliktfeld zu schaffen, indem sie den Bogen überspanne. Es sei nichts gegen den Einsatz und das Engagement für die Umwelt zu sagen. Aber es gäbe ungute Entwicklungen, wo diese Fragen zur politischen Opposition gegen Staat und Gesellschaft genutzt würden. Deshalb sei besonders auf diesem Gebiet sorgsame Lenkung und Leitung nötig. Kirchenleitungen sollten sich hier engagieren und erläutern, in welchem Sinne die Kirche zu den Umweltfragen Stellung nehme und wie sie tätig werden solle.« Ebd.

696 Vgl. Arbeitsgruppe Kirchenfragen, Konzeption vom 27.8.1984 zur weiteren politischen Einflußnahme auf die Tagung der IV. Synode des Bundes der Evangelischen Kirchen in der DDR: »In der Zeit vom 21. bis 25. September 1984 findet in Greifswald die diesjährige Tagung der Synode des Bundes der Evangelischen Kirchen in der DDR statt. [...] Die verschiedenen Meinungsäußerungen der letzten Zeit, insbesondere im Zusammenhang mit der Würdigung der Barmer Theologischen Erklärung (1934), und andere Tatsachen signalisieren, daß sich innerkirchlich verstärkt jene Kräfte zu Wort gemeldet haben, die vor einer weiteren Anpassung an den sozialistischen Staat warnen und noch deutlicher auf die Eigenständigkeit und Unabhängigkeit der evangelischen Kirchen in der DDR pochen wollen. Unter den Mitgliedern der Konferenz der evangelischen Kirchenleitungen sowie dem Präsidium der Synode gibt es Einmütigkeit darin, daß ein politisch vernünftiger Ablauf der Synode anzustreben ist. Zugleich gibt es eine Reihe von Faktoren, die Skepsis hervorrufen und die Ausschöpfung aller unserer Möglichkeiten der politischen Einflußnahme erfordern.« SAPMO-BA ZPA IV B2/14/91.

697 Vgl. Vermerk Lingner über die Sitzung der Beratergruppe am 6.9.1984, EZA Berlin, 4/92/15. Horst Gienke äußerte: »Der Wille des Vorstandes und des Präsidiums der Syn-

ode bestünde darin, daß die Umweltfrage nicht als gesellschaftliches Phänomen betrachtet wird. Naive Umweltdiskussionen oder gar radikale Vorstellungen gewisser Kräfte der Synode helfen der Kirche nicht, sondern provozieren negative Auswirkungen. [...] Durch den Bischof wurde die Bitte geäußert, ob noch vor dem Stattfinden der Bundessynode durch die staatlichen Organe des Bezirkes Rostock die Möglichkeit bestünde, mit Bundessynodalen, die im Bezirk wohnen, ein Informationsgespräch über spezifische Umweltprobleme des Territoriums durchzuführen. Diesem Anliegen wurde zugestimmt.« RdB Rostock, Stellvertreter des Vorsitzenden für Inneres, Information Haß vom 14.8.1984 über das am 10.8.1984 geführte Gespräch des Stellvertreters des Vorsitzenden des Rates des Bezirkes für Inneres, Gen. Haß, mit Bischof Dr. Gienke in Stralsund-Achtmannskammer, BA, Abt. Potsdam, O-4, 789. Christoph Demke sagte voraus, »daß in Fragen des Umweltschutzes vermutlich einige Synodale mit empfundenen Beschwernissen auftreten werden.« RdB Magdeburg, Stellv. d. Vorsitzenden f. Inneres, Information Lubas vom 19.9.1984 über das Gespräch mit Bischof Dr. Demke (Ev. Kirche der Kirchenprovinz Sachsen) am 18.9.1984 im Konsistorium, BA, Abt. Potsdam, O-4, 793.

698 1984 zeigten sich Binder, Hammer, Lohse und v. Keler an der Erteilung von Mehrfacheinreisevisa in die DDR interessiert. Vgl. Protokoll Hempel-Ziegler-Kupas vom 16.4.1982 über die 162. Sitzung des Vorstandes am 2.4.1984 in Berlin, EZA Berlin, 101/93/244.

699 StV Bonn, Abt. IAP, Vermerk Botschaftsrat Klein vom 31.7.1984 über ein Gespräch mit dem Bevollmächtigten der EKD bei der Regierung der BRD, Prälat H.G. Binder, am 30.7.1984, BA, Abt. Potsdam, O-4, 1011.

700 Vgl. Niederschrift Ziegler über die 18. Konsultation vom 14. bis 17.8.1984, EZA Berlin, 101/93/259 (TOP 1) sowie Vermerk Hammer (ergänzende Teil-Niederschrift) über die 18. Konsultation zwischen BEK und EKD vom 14. bis 17.8.1984 in Schwäbisch-Hall, a.a.O. (TOP 2-4).

701 W. Krusche, Schuld und Vergebung – der Grund christlichen Friedenshandelns, in: M. Greschat (Hg.), Im Zeichen der Schuld, 87-114. Es handelte sich um eine ökumenische Veranstaltung, ausgerichtet von der EKD und der Nordelbischen Kirche, vom 17.-19.6.1984 in Kiel zum Thema »Gottes Friede den Völkern«. Nach dem Bericht des Mitgliedes des BEK-Ausschusses Kirche und Gesellschaft, Seite, »handelte [es] sich um einen wissenschaftlichen Kongreß, was der Veranstaltung einen gewissen elitären Charakter gab. U.a. sprach Prof. Rendtorff über gerechte Kriege aus theologischer Sicht. Besondere Aufmerksamkeit erregte der Vortrag von Altbischof Dr. Krusche«. Protokoll Semper vom 18.10.1984 der Sitzung des Ausschusses Kirche und Gesellschaft am 22./23.6.1984 in Berlin, EZA Berlin, 101/93/52. Staat und Partei werteten: »Altbischof Dr. Krusche (Magdeburg) erklärte im Juni 1984 in Kiel, daß die BRD-Kirchen die unselige Tradition des Bündnisses von Thron und Altar nach Kriegsende ungebrochen fortgesetzt haben. Eine Abrechnung mit der faschistischen Ideologie und der Mitschuld maßgeblicher kirchlicher Kreise am Faschismus sei in diesen Kirchen nie konsequent geführt, sondern immer wieder verdrängt worden. Unkritisch hätten sich die BRD-Kirchen auf einen militanten Antikommunismus festlegen lassen, der in gerader Linie zu Reagans Kriegskurs vom ›Kampf des Lichtes gegen die Finsternis‹ führe, mit dem pseudoreligiös verbrämt die Sowjetunion zum ›Zentrum des Bösen‹ gestempelt werde.« Zur Bilanz des Weges vom 6. März 1978 vom 31.1.1985 (SAPMO-BA ZPA IV B2/14/42) und auch vom 8.2.1985 (BA, Abt. Potsdam, O-4, 1437).

702 Niederschrift Ziegler über die 18. Konsultation vom 14. bis 17.8.1984, EZA Berlin, 101/93/259.

703 Vgl. ebd.

704 In der wohl von Gysi angefertigten Randbemerkung heißt es einschränkend: »Keine Euphorie!« Abt. II, Vorlage Gräfe vom 25.4.1984 an die Dienstbesprechung am 30.4.1984, Leitungsinformation 2/84, BA, Abt. Potsdam, O-4, 948.

705 Vgl. Protokoll Hempel-Ziegler-Lewek vom 14.12.1983 über die 158. Sitzung des Vorstandes am 9.12.1983 in Berlin, EZA Berlin, 101/93/243. Vgl. auch Protokoll Hempel-Ziegler-Grengel über die 90. Tagung der Konferenz der Evangelischen Kirchenleitungen

am 6./7.1.1984 in Berlin, EZA Berlin, 101/93/234. Vgl. auch Protokoll Hempel-Ziegler-Kupas vom 16.4.1982 über die 162. Sitzung des Vorstandes am 2.4.1984 in Berlin. Laut diesem Protokoll waren auch die KKL-Mitglieder Forck und Demke vorgesehen. Von seiten des Vorstandes war nur noch der Name Stolpe aufgeführt. Das Sekretariat sollten Ziegler, Lewek und Günther vertreten. EZA Berlin, 101/93/244.

706 Bericht Ordnung vom 25.1.1984 über Gespräch mit Lewek am 18.1.1984, SAPMO-BA ZPA IV B2/14/42.

707 Diese fand mit Gysi und dem Stellvertreter des Ministers für Umweltschutz und Wasserwirtschaft, Thoms, am 20.8.1984 statt. Als hilfreich erwies sich für dieses Gespräch ein Treffen zwischen Honecker und dem bundesdeutschen Politiker Jo Leinen. Vgl. hierzu Staatliche Aktivitäten in Vorbereitung auf die Bundessynode, BA, Abt. Potsdam, O-4, 949. In dem Gespräch mit Gysi machte die staatliche Seite deutlich, »daß Christen und Kirchen breite Möglichkeiten für eine sachliche und sachbezogene Zusammenarbeit bei der Lösung der in unserer Republik anstehenden Umweltaufgaben haben, sofern ihr Engagement für den Schutz und die Erhaltung von Natur und Umwelt ehrlich gemeint ist und weder eine neue ideologische Front noch eine demonstrative Eigendarstellung oder besondere eigene Organisationsformen gemeint seien. Dieses Gespräch hat [...] die Linie der realistischen und loyalen Kräfte in den Leitungen und an der kirchlichen Basis gestärkt, auch bei und mit der Behandlung der Umweltproblematik die Staat-Kirche-Beziehungen in konstruktiver Weise weiter zu festigen und auszubauen.« Abt. II, Information vom 19.11.1984 zur Tätigkeit des kirchlichen Forschungsheimes Wittenberg (KFH) und Schlußfolgerungen für die staatlichen Reaktionen gegenüber dem Forschungsheim, a.a.O. Vgl. auch Vermerk Radke vom 6.9.1984 über ein Sachgespräch zu Umweltfragen am 20.8.1984, EZA Berlin, 101/93/110; auch a.a.O., 101/93/4. Das Urteil Kramers vor der KKL fiel allerdings eher bescheiden aus: »Konkrete Vorschläge für praktische Mitwirkungsmöglichkeiten christlicher Gruppen beim Umweltschutz sind – entgegen den Erwartungen – staatlicherseits nicht gemacht worden.« Kramer fügte hinzu: »Die Aufgabe für die Kirche und deren Gesprächsbereitschaft bleiben weiter bestehen. Dabei ist zu verdeutlichen, daß das praktische Handeln christlicher Gruppen keine Konfrontation mit dem Staat beinhaltet.« Protokoll Hempel-Ziegler-Küntscher über die 94. Tagung der Konferenz der Evangelischen Kirchenleitungen in der DDR am 7./8.9.1984 in Berlin, EZA Berlin, 101/93/236. Der KKL-Vorstand rief daraufhin zur »Beteiligung an Aktionen und Aktivitäten im gesellschaftlichen Bereich auf örtlicher Ebene«. Protokoll Hempel-Ziegler-Kupas vom 1.10.1984 über die 166. Sitzung des Vorstandes am 20.9.1984, 14.00 Uhr, in Greifswald, EZA Berlin, 101/93/244. Gysi erklärte diesbezüglich, die fehlenden konkreten Angebote für die Mitwirkung von Christen erklärten sich daraus, »daß die Grundsatzfrage der gesellschaftlichen Mitwirkung auf dem Gebiet des Umweltschutzes noch nicht geklärt sei«. Vermerk Ziegler vom 19.9.1984 über ein Gespräch in der Dienststelle des Staatssekretärs für Kirchenfragen am 17.9.1984, 14.00-16.00 Uhr, EZA Berlin, 101/93/4. Zur ersten Vorbereitung von seiten des KKL-Vorstandes nach dem durch Heinrich unterbreiteten Angebot für ein solches Gespräch – es »könne dazu dienen, daß staatliche Positionen in der Frage des Umweltschutzes zur Kenntnis gebracht würden« (Vermerk Ziegler vom 4.6.1984 über Gespräch im Staatssekretariat für Kirchenfragen am 1.6.1984, 11.10 bis 13.30 Uhr, a.a.O.) – vgl. Protokoll Hempel-Ziegler-Kupas vom 19.6.1984 über die 163. Sitzung des Vorstandes am 4.6.1984 in Berlin, EZA Berlin, 101/93/244. Vgl. weiter Protokoll Stolpe-Lewek-Kupas vom 23.7.1984 über die 164. Sitzung des Vorstandes am 20.7.1984 in Dresden, a.a.O. Auch in Sachsen fand eine Unterredung zwischen Domsch und Fritz sowie dem Rat des Bezirkes Dresden über ökologische Probleme statt. Vgl. Protokoll Hempel-Ziegler-Küntscher über die 94. Tagung der Konferenz der Evangelischen Kirchenleitungen in der DDR am 7./8.9.1984 in Berlin, EZA Berlin, 101/93/236.

708 Vgl. dazu B. Eisenfeld, Spaten-Soldaten. 20 Jahre Bausoldaten in der DDR, in: KiS 4/84, 20-29.

709 Eigentlich hatte der KKL-Vorstand – wohl auch mit Blick auf das Staat-Kirche-Verhält-

nis – auf seiner 159. Sitzung am 10.1.1984 beschlossen, er »hielte Aktionen, Förderung oder besondere Würdigung nicht für angebracht.« Protokoll Hempel-Ziegler-Herrbruck/von Rabenau über die 91. Tagung der Konferenz der Evangelischen Kirchenleitungen vom 9. bis 11.3.1984 in Bad Saarow, EZA Berlin, 101/93/235. Organisator dieser Tagung war das Evangelische Jungmännerwerk. Vgl. hierzu auch Vermerk Kupas über die Informationsbesprechung zu Wehrdienstfragen am 22.3.1984: »Seitens des Jungmännerwerkes wird angefragt, ob zentrale Veranstaltungen des Bundes aus Anlaß des 20-jährigen Bestehens des Gesetzes über die Einrichtung von Baueinheiten geplant sind. [...] Da vom Jungmännerwerk am 1./2.9.1984 eine Veranstaltung unter Einbeziehung ehemaliger Bausoldaten geplant ist, wird das Sekretariat nochmals gebeten zu überprüfen, inwieweit ein Interesse an der Beteiligung bzw. der Übernahme der Verantwortung hierfür besteht und die Problematik an den Vorstand heranzutragen. Dabei wird davon ausgegangen, daß es sich um keine Jubiläumsveranstaltung handeln soll, sondern um eine Begegnung, mit der Zeichen des Friedens gesetzt werden sollen (Reflexion u. a.).« EZA Berlin, 101/93/96. Daraufhin beschloß der KKL-Vorstand, »vom Jungmännerwerk genauere Informationen über Inhalt und Beteiligung einzuholen. Auf der Juni-Sitzung soll abschließend entschieden werden.« Protokoll Hempel-Ziegler-Kupas vom 16.4.1982 über die 162. Sitzung des Vorstandes am 2.4.1984 in Berlin, EZA Berlin, 101/93/244. Auf der Juni-Sitzung berichtete Kupas, »daß es bisher nicht gelungen sei, die vom Jungmännerwerk geplanten Aktivitäten aus Anlaß des 20jährigen Bestehens des Gesetzes über die Einrichtung von Baueinheiten in Erfahrung zu bringen. Das Sekretariat wird gebeten, weiter zu recherchieren, um anläßlich der Konferenz-Tagung am 6./7.7. über eine mögliche Beteiligung des Bundes abschließend entscheiden zu können. Der Vorstand votiert außerdem [...], die Tatsache des 20jährigen Bestehens des o. a. Gesetzes im Konferenzbericht zur Synode zu würdigen. Stolpe wird um einen Formulierungsvorschlag gebeten.« Protokoll Hempel-Ziegler-Kupas vom 19.6.1984 über die 163. Sitzung des Vorstandes am 4.6.1984 in Berlin, a.a.O. Die KKL entschied nach Einladung durch das Jungmännerwerk, Stolpe, Kupas und Gienke zur Tagung zu entsenden. Außerdem hatten die Veranstalter Altbischof Rathke um seine Teilnahme gebeten. Vgl. Protokoll Stolpe-Ziegler-Radke über die 93. Tagung der Konferenz der Evangelischen Kirchenleitungen am 6./7.7.1984 in Berlin, EZA Berlin, 101/93/235.

710 Vgl. Niederschrift Ziegler über die 18. Konsultation vom 14. bis 17.8.1984, EZA Berlin, 101/93/259.
711 Vgl. Vermerk Lingner über die Sitzung der Beratergruppe am 6.9.1984, EZA Berlin, 4/92/15.
712 Vgl. Information Dr. Wilke vom 28.8.1984 über ein Gespräch mit dem Stellv. Vorsitzenden der Konferenz der Ev. Kirchenleitungen in der DDR, Präsident Stolpe, und dem Leiter des Sekretariats des BEK, OKR Ziegler, am 28.8.1984: »Gen. Heinrich charakterisierte dieses Treffen als neue Qualität kirchlicher Einmischung in staatliche Belange. [...] Es kann in der DDR keine Militärseelsorge geben, auch nicht für Bausoldaten.« Stolpe erwiderte u. a.: »Die verantwortlichen kirchlichen Kräfte [...] möchten auch ihre Freude über die Existenz der Bausoldaten ausdrücken«, hielt jedoch »das kritische Herangehen des Staates an diese Frage [für] [...] voll berechtigt. Er bot ständigen Arbeitskontakt mit ihm während der Veranstaltung an und sein Mitwirken daran, ›Überreaktionen‹ abzubauen und zu verhindern.« Ziegler ergänzte, es sei nicht beabsichtigt, reguläre Wehrpflichtige zu diffamieren: »Die Synode von Berlin-Brandenburg spricht seit 1966 von dem waffenlosen Dienst als ›dem deutlichsten Zeichen‹, aber die Synode des BEK habe auf diese problematische Formulierung bewußt verzichtet. Ein Christ kann auch Waffen tragen. Auch erklärte er seine Bereitschaft, dazu beizutragen, daß Konfrontationen mit dem Staat und politische Provokationen verhindert werden. Es wurde vereinbart, daß über die Form der Arbeitskontakte während der Veranstaltungen am 1. und 2. September 1984 und über neue Entwicklungen im Vorfeld dieser Treffen gegenseitige Verbindungsinformationen ausgetauscht werden. Die Gen. Heinrich und

Dr. Wilke werden gemeinsam mit den Genossen des Sektors Kirchenfragen beim Magistrat an den Veranstaltungstagen die staatliche Arbeit durchführen.« BA, Abt. Potsdam, O-4, 1232.
713 Vgl. Notiz über ein Gespräch des Leiters des Sektors Kirchenfragen des Magistrats, Gen. Mußler, mit Generalsuperintendent Krusche am 16.8.1984: »Krusche erklärte, daß er nicht davon ausgehe, daß die Veranstaltung dazu dienen werde, Organisationsformen für Bausoldaten zu schaffen. Für wichtiger halte er, daß man Wege finden muß, ›Rundumschläge gegen Kirche, Staat oder Wehrdienst‹ zu verhindern.« A.a.O.
714 Gegenüber Staatssekretär Gysi soll Stolpe erklärt haben, »daß es heute noch der bewußten Entscheidung für den Waffendienst bedarf, um den Frieden zu sichern«. Information vom 2.4.1984 über das Gespräch des Staatssekretärs für Kirchenfragen, Genossen Gysi, mit dem Vorstand der Konferenz der Evangelischen Kirchenleitungen (KKL) des Bundes der Evangelischen Kirchen in der DDR (BEK) am 30.3.1984, BA, Abt. Potsdam, O-4, 968; SAPMO-BA ZPA IV B2/14/42.
715 Zur Frage des kirchlichen Umgangs mit Eingaben zur Friedensthematik vgl. auch Vermerk Ziegler vom 8.2.1984 über Gespräch zur Behandlung von Eingaben zur Friedensfrage am 27.1.1984, 8.00 Uhr. Eingangs heißt es dort: »Die Eingaben sind trotz ihrer unterschiedlichen Form und Qualität als Zeichen des Vertrauens und der Erwartung gegenüber der Kirche zu werten.« EZA Berlin, 101/93/64.
716 Schnur wurde als IM »Torsten« geführt. BStU Berlin, AIM 3275/90, Bd. I-XII.
717 Abt. II, Information Gräfe vom 3.9.1984 zum Verlauf der Veranstaltung »20 Jahre Baueinheiten – christliches Friedenszeugnis in der Bewährung« am 1. und 2.9.1984 in Berlin (Sophiengemeinde), BA, Abt. Potsdam, O-4, 968. Die Praxis war schon flexibler, als Schnur den Sachverhalt schilderte. Hans Wilke formulierte gegenüber Gysi: »Auch 1985 sollte weiter differenziert in solchen Fällen verfahren werden, wo totale Verweigerung des Wehrdienstes vorliegt. Vor Einleitung einer Strafmaßnahme ist die Abstimmung mit den Stellv. für Inneres, dem Ministerium für Nationale Verteidigung und unserer Dienststelle notwendig.« Abt. II, 3.9.1984, Für den Gen. Staatssekretär, Probleme NVA, BA, Abt. Potsdam, O-4, 1232. Darauf, daß nicht alle in der KKL Schnur über den Weg trauten, weist folgender Protokollauszug hin: »Rechtsanwalt Schnur gibt einen Bericht über Erfahrungen aus seiner Tätigkeit. In der Aussprache wird die Bedeutung seiner Tätigkeit unterstrichen. Zugleich wird auf die Notwendigkeit gegenseitiger Information und auf eine verstärkte Beachtung der unterschiedlichen Probleme, besonders der Rechtsvorschriften, verwiesen. Die Konferenz dankt Rechtsanwalt Schnur für seine Arbeit und für seinen ausführlichen Bericht.« Protokoll Hempel-Ziegler-Doyé über die 95. Tagung der Konferenz der Evangelischen Kirchenleitungen in der DDR am 9./10.11.1984 in Berlin, EZA Berlin, 101/93/236. Der KKL-Vorstand weigerte sich Ende 1985, Schnur auf die Liste der zu berufenden Mitglieder der BEK-Synode zu setzen. Vgl. Protokoll Gienke-Ziegler-Kupas/Lewek vom 21.11.1985 der Sondersitzung des Vorstandes am 8.11.1985, 14.00 Uhr, in Berlin, EZA Berlin, 101/93/245. Daraufhin schrieb Schnur am 19.12.1985 an Stolpe: »Sie werden verstehen, daß die Nichtberufung in die Bundessynode mich persönlich schwer getroffen hat. Es stimmt mich persönlich schmerzlich, daß ich zur Kenntnis nehmen muß, daß auch der Vorstand sich zu einer Nominierung für mich nicht entschieden hat, zumal ich gebeten durch Herrn Bischof Demke gebeten worden bin, mit Ihnen persönlich die Mandatsfrage für die kommende Bundessynode zu besprechen. Jeder erwartet immer von mir eine aufrichtige Grundhaltung; für mich stellt sich die Frage, wie ehrlich werde ich wirklich durch meine eigene Kirche und deren Repräsentanten behandelt?! In diesen Tagen habe ich viele Zeichen von Menschen übermittelt bekommen, die ich gar nicht kenne, aber die an meinem Dienst in besonderer Weise teilnehmen. Die Kopie des beigefügten Briefes von Bausoldaten soll nur unterstreichen, daß ich mir nichts aus den Fingern ziehe, sondern daß für mich uneingeschränkt der von Gott mir aufgetragene Dienst für betroffene Menschen gilt.« EZA Berlin, 101/93/232. Zu Schnur vgl. jedoch RdB Schwerin, Kirchenfragen, Information Franze, Leitender Mitarbeiter, vom 27.11.1985 über den Ver-

lauf der Friedensdekade 1985 der evangelischen Kirchen im Bezirk Schwerin: »Obgleich Schnur – er ist ein erfahrener Jurist und spezialisiert auf solche Fragen – in seinen Ausführungen objektiv zu erscheinen trachtete, entstand der Eindruck, daß er indirekt den waffenlosen Dienst in den Baueinheiten zu propagieren versuchte.« SAPMO-BA ZPA IV B2/14/96.

718 Vgl. Vermerk Lingner über die Sitzung der Beratergruppe am 6.9.1984, EZA Berlin, 4/92/15. Vgl. das Interview Leichs in Glaube und Heimat vom 2.9.1984.

719 Vgl. Vermerk Ziegler über die 19. Konsultation zwischen dem BEK und der EKD am 29.10.1984 in Berlin, EZA Berlin, 101/93/259.

720 Allerdings hatte Bischof Gienke auf der KKL-Vorstandssitzung im August 1984 geklagt, der Besuch Hoffmanns habe »keine meßbaren Ergebnisse« gezeitigt. »Er [Gienke] beabsichtigt, in einem Brief an Minister Hoffmann dies zum Ausdruck zu bringen und an die gegebenen Zusagen für Gespräche und Prüfung der Anliegen zu erinnern.« Protokoll Hempel-Ziegler-Kupas vom 29.8.1984 über die 165. Sitzung des Vorstandes am 17.8.1984 in Berlin, EZA Berlin, 101/93/244. Insbesondere hatte sich hinsichtlich der Gottesdienstbesuchsmöglichkeiten und der von den Soldaten gewünschten Zusammenkünfte um Bibel und Gesangbuch in den Stuben immer noch nichts Wesentliches getan. Von dem Brief, auf den er bis Anfang September noch keine Antwort erhalten hatte, berichtete der Bischof dann der KKL. Vgl. Protokoll Hempel-Ziegler-Küntscher über die 94. Tagung der Konferenz der Evangelischen Kirchenleitungen in der DDR am 7./8.9.1984 in Berlin, EZA Berlin, 101/93/236. Gysi ging in einem Mitte September 1984 mit Stolpe, Domsch, Mitzenheim, Peter Müller, Plath, Völz und Ziegler geführten Gesprächs auch auf Gienkes an Hoffmann gerichteten Brief ein: »Das Gespräch in Mukran habe bei den Generalen einen guten Eindruck hinterlassen. [...] Die restlose Gleichstellung der Bausoldaten mit anderen Einheiten in der NVA wurde festgestellt. Volle Gleichberechtigung bedeute jedoch nicht Privilegierung. Deshalb könne nicht damit gerechnet werden, daß die Ausgangsquote für Gottesdienstbesuche erhöht würde. Wegen der Trennung von Kirche und Staat könne es auch keine Gottesdienste im Objekt geben. Gegen das gemeinsame Bibellesen von zwei bis drei Leuten im Zimmer sei nichts zu sagen. Das in acht Punkten festgehaltene Ergebnis des Besuches wurde an alle Kommandeure durchgegeben.« Gysi fügte hinzu: »Wenn die Kirche [allerdings] anfängt, für Bausoldaten zu werben, würde das bedenklich und eine Diffamierung der Waffentragenden.« Vermerk Ziegler vom 19.9.1984 über ein Gespräch in der Dienststelle des Staatssekretärs für Kirchenfragen am 17.9.1984, 14.00-16.00 Uhr, EZA Berlin, 101/93/4.

721 Abt. II, 3.9.1984, Für den Gen. Staatssekretär, Probleme NVA, BA, Abt. Potsdam, O-4, 1232. In dieser Frage war es zum Teil schon zu positiven Lösungen gekommen. Vgl. Protokoll Hempel-Ziegler-Grengel über die 90. Tagung der Konferenz der Evangelischen Kirchenleitungen am 6./7.1.1984 in Berlin, EZA Berlin, 101/93/234.

722 Zum Umgang des BEK mit den Westmedien 1984 vgl. HA Presse Vermerk Carl und Wolfgang Meyer vom 24.11.1984 über ein Gespräch des Leiters der HA Presse, Genossen Wolfgang Meyer, mit Pfarrer Rolf-Dieter Günther, Pressestelle beim Bund der Evangelischen Kirchen in der DDR, am 23.11.1984. Günther betonte, die Pressestelle des BEK könne einzelnen Berliner Kirchengemeinden und den Landeskirchen bezüglich ihres Umgangs mit westlichen Medien keine Vorschriften machen. Hinsichtlich nicht akkreditierter Journalisten äußerte er: »Reisekorrespondenten berichteten mitunter sachlicher als akkreditierte. Als Beispiel nannte er Karl Alfred Odin von der FAZ im Unterschied zu Dr. Winters, der wesentlich schärfere Akzente setzte. Interesse hätten sie weiterhin an Rein, Süddeutscher Rundfunk, und an KNA. An Berichterstattern von idea, deren Grundhaltung zutiefst antikommunistisch sei, hätten sie kein Interesse.« Den Rundfunkjournalisten Gerhard Rein sah der Staat allerdings nicht gern in der DDR, was Meyer in der Schlußbemerkung deutlich machte. BA, Abt. Potsdam, O-4, 1175. Gegenüber Gysi schlug Synodalpräses Wahrmann vor, »ob nicht auch die Aktuelle Kamera« von der Bundessynode berichten könne. Somit wäre »eine einseitige Be-

richterstattung des westdeutschen Fernsehens zu vermeiden«. Vermerk Ziegler vom 27.12.1984 über Gespräch mit dem Staatssekretär für Kirchenfragen am 18.12.1984, 10.00 bis 14.00 Uhr, EZA Berlin, 101/93/4. Nach der BEK-Synode 1985 schrieb KNA-Redakteur Martin Höllen an Rolf-Diether Günther im BEK: »Leider hat sich unser von Ihnen unterstütztes Vorhaben, durch eigene Präsenz am Ort die 5. und wohl letzte Tagung der IV. Synode des Bundes der Evangelischen Kirchen in der DDR in Dresden zu beobachten und davon bei KNA zu berichten, nicht verwirklichen lassen. Ich bedaure dies um so mehr, als wir Gleiches ja bereits im vergangenen Jahr versucht hatten.« Zu Höllens Erstaunen sagte der zuständige Referent im DDR-Außenministerium Noelte, die ablehnende Entscheidung »sei mit dem Bund der Evangelischen Kirchen abgestimmt. Da ich von einer solchen Abstimmung bis dahin nichts wußte, wäre ich Ihnen für eine entsprechende Aufklärung dieser Frage dankbar.« Schreiben vom 23.9.1985, EZA Berlin, 101/93/215.

723 Vgl. zu diesem Komplex auch das Schreiben Ziegler an Gysi vom 18.11.1985, in dem sich der Sekretariatsleiter darüber beklagte, daß seinem Sohn, der normalen Wehrdienst ableistete, kurz nach der Einberufung infolge einer Schrankkontrolle seine Taschenbibel beanstandet worden sei. Der Kompaniechef wies ihn an, das Buch seinen Angehörigen mitzugeben. Ziegler stellte an Gysi die Anfrage: »Sollte ich Sie bisher falsch verstanden haben, sollte also ein Offizier der Nationalen Volksarmee das Recht haben, Anweisungen der geschilderten Art zu geben, bitte ich Sie, mich das wissen zu lassen.« EZA Berlin, 101/93/5.

724 Schreiben Günter Pilz an Dr. Wilke vom 15.10.1984, BA, Abt. Potsdam, O-4, 1232. Vgl. zur Problematik insgesamt auch Vermerk Kupas über die Informationsbesprechung zu Wehrdienstfragen am 22.3.1984, EZA Berlin, 101/93/96.

725 Vgl. Vermerk Kupas vom 12.12.1984 über die Beratung der Wehrdienstbeauftragten der Gliedkirchen am 22.11.1984 in Berlin, a.a.O.; Protokoll Hempel-Ziegler-Doyé über die 95. Tagung der Konferenz der Evangelischen Kirchenleitungen in der DDR am 9./10.11.1984 in Berlin, EZA Berlin, 101/93/236. Vgl. auch Protokoll Hempel-Ziegler-R. Schulze über die 96. Tagung der Konferenz der Evangelischen Kirchenleitungen in der DDR am 11./12.1.1985 in Berlin: »Am 3. Advent fand im Pfarrhaus von Binz ein Gespräch des Bischofs mit Bausoldaten statt (ca. 40 Mann); es sind Verbesserungen festzustellen, die jedoch keine Idealzustände herbeigeführt haben«. A.a.O.

726 »Berichtet wird über [die] positiven Entwicklungen auf dem Gebiet der Bausoldaten.« Vermerk Ziegler vom 3.6.1985 über die 21. Konsultation zwischen dem Bund der Evangelischen Kirchen in der DDR und der Evangelischen Kirche in Deutschland am 13.5.1985, 10.00 bis 14.30 Uhr, in Berlin, EZA Berlin, 101/93/259.

727 Vgl. insgesamt: Budapest 1984; Dokumente Budapest 1984, in: ZdZ 38 (1984), 3-7; 344 f. Die Beschlüsse der LWB-Vollversammlung sind auch im KJ 1984, 137 ff., abgedruckt.

728 Vgl. Berlin, den 7.8.1984, Bericht über die VII. Vollversammlung des Lutherischen Weltbundes in Budapest: »Versuche reaktionärer Kräfte in den Kirchen der BRD und der DDR, eine vor der Vollversammlung durchgeführte Jugendversammlung als Plattform zu antisozialistischen Positionsbestimmungen zu mißbrauchen, wurden durch das besonnene Reagieren leitender Mitarbeiter des Genfer Stabes und durch eigenständige Forderungen von Jugenddelegierten vor allem aus Lateinamerika in ihrer Wirksamkeit weitgehend zurückgedrängt. [...] Vor der Weltversammlung des LWB fand eine sogenannte Vorversammlung von Jugenddelegierten der Mitgliedskirchen des LWB vom 12.-20.7.1984 in den Räumen der Technischen Hochschule in Budapest statt. Die Hälfte der 300 Jugenddelegierten aus 49 Ländern kam aus sozialistischen Staaten, darunter 50 % aus der DDR. Landesjugendpfarrer Bretschneider, Dresden, gab mit einem Referat die Grundlage für eine massive Aktion der Delegierten aus der BRD und der DDR, Probleme kirchlicher Jugendarbeit in der DDR zu einem bestimmten Thema der Vollversammlung zu machen. Er wandte sich gegen die Diskriminierung von Wehrdienstverweigerern, behauptete, die Schuld am Wettrüsten läge bei den Supermächten und ihrem man-

geltenden Abrüstungswillen und forderte die Trennung von Wehrerziehung und Volksbildung. Delegierte aus Entwicklungsländern, vor allem aus Lateinamerika und Indien, traten dieser einseitigen Aktion kritisch entgegen, waren jedoch zahlenmäßig unterlegen. Der Versuch, die provokatorischen Aussagen des Referats von Bretschneider in eine Resolution einzubringen, die die Vorversammlung an die Vollversammlung des LWB richtete, wurde durch das besonnene Vorgehen des Europasekretärs des LWB, Sam Dahlgren, und weiterer Stabsmitglieder weitgehend zurückgedrängt. Jene Kreise, die versucht hatten, das DDR/BRD-Papier durchzusetzen, entfachten zu Beginn der Vollversammlung eine Diffamierungskampagne gegen das Vorgehen des Stabes mit Hilfe der Presseinformationen der Vollversammlung. Unter der Verantwortlichkeit von Friedrich König verfaßten Gerhard Thomas (Mecklenburgische Kirchenzeitung), Roger Thomas (Sohn des Chefredakteurs, Theologiestudent), Christine Lessig (Glaube und Heimat) und Irmela Körner (eine freischaffende Journalistin aus der BRD) Angriffe gegen Sam Dahlgren, die frei erfundene Äußerungen und Anschuldigungen enthielten und zugleich die provokatorischen, in der Jugendversammlung zurückgewiesenen Passagen veröffentlichten. Sam Dahlgren wurde vorgeworfen, mit seinen Manipulierungen die angeblich politisch klaren Aussagen verwässert zu haben.« SAPMO-BA ZPA IV B2/14/198. Auf die Rede Bretschneiders sprach der Rat des Bezirks Dresden Präsident Domsch kritisch an. Domsch erwiderte: »Man solle aber nicht übersehen, daß der Ansatz bei Bretschneider nicht politisch gemeint sei, sondern vom Glauben her geprägt ist. Wichtig sei ihm, Domsch, die positive Grundaussage Bretschneiders zur Friedenspolitik der DDR und des Staatsratsvorsitzenden. Bretschneider wisse, was politisch positiv bei uns geschieht.« RdB Dresden, Sektor Staatspolitik in Kirchenfragen, Vermerk Lewerenz über Gespräch mit dem Präsidenten des Landeskirchenamtes der Ev.-Luth. Landeskirche Sachsens, Herrn Domsch, und OKR Rau am 12.10.1984 im Rat des Bezirkes, PDS-Archiv Dresden, IV E-2.14-672. Auch zum Jahreswechsel stellten sich die LKA-Vertreter hinter Bretschneider. OKR Rau sagte aber auch: »Nicht immer seien seine Formulierungen glücklich gewählt gewesen und nicht alles Gesagte sei auf eigene Erfahrungen zurückzuführen, manches hätte er nur verallgemeinert, z. B. sei das, was er über Verfolgung, Folter usw. gesagt habe, allgemein gemeint, keinesfalls aber eigenes Erleben.« Domsch sagte wörtlich: »Wir haben uns mit den Ausführungen Bretschneiders nicht identifiziert. Natürlich ist es sehr schwer, über dieses Thema zu reden, aber man muß sich genau überlegen, was man international sagt. Bretschneider war Bausoldat, und bestimmte militärische Aspekte, die er im täglichen Leben sieht, bedrücken ihn sehr. In seinen Ausführungen in Budapest wollte er jedoch keine Schuld verteilen.«« RdB Dresden, Stellvertreter des Vorsitzenden für Inneres, Protokoll Fuchs vom 29.12.1984 über ein Gespräch mit dem Präsidenten des Landeskirchenamtes der Evangelischen Landeskirche Sachsens, Herrn Domsch, am 28.12.1984, a.a.O.

729 Vgl. Vermerk Hammer über die 18. Konsultation zwischen BEK und EKD vom 14. bis 17.8.1984 in Schwäbisch-Hall, EZA Berlin, 101/93/259.
730 Aktenvermerk Wirth vom 9.8.1984, SAPMO-BA ZPA IV B2/14/198.
731 Greifswalds Bischof Gienke berichtete, es »habe bereits vor der Wahl des Präsidenten des Lutherischen Weltbundes in der DDR-Delegation eine Absprache bestanden, den Vorschlag der Wahl Kaldys zu unterstützen. Dennoch bezeichnete der Bischof den Verlauf der Wahl als eine ›Kampfabstimmung.‹« RdB Rostock, Stellvertreter des Vorsitzenden für Inneres, Information Haß vom 14.8.1984 über das am 10.8.1984 geführte Gespräch des Stellvertreters des Vorsitzenden des Rates des Bezirkes für Inneres, Gen. Haß, mit Bischof Dr. Gienke in Stralsund-Achtmannskammer, BA, Abt. Potsdam, O-4, 789.
732 Zur Tagung der VII. Vollversammlung des Lutherischen Weltbundes in Budapest 1984, SAPMO-BA ZPA IV B2/14/198.
733 Günter Krusche hatte gegenüber Horst Dohle prognostiziert, »daß Kaldy in Budapest mit knapper Mehrheit gewählt wird (die afrikanischen Vertreter werden ihn wählen, darüber hinaus weitere Vertreter der 3. Welt, ebenso die Vertreter der bayerischen Kir-

che). Die Gegenstimmen werden von den starken Delegationen Nordeuropas kommen [...] Aus der DDR sind im Vorfeld besonders Rathke angefragt worden, ferner Hempel und Krusche selbst.« Aktennotiz Dohle über persönliches Gespräch mit Generalsup. Günter Krusche am 17.4.1984, BA, Abt. Potsdam, O-4, 995.
734 Wie Bischof Gienke wurde auch Leich in das Exekutivkomitee des LWB gewählt. Vgl. Abt. II, Vorlage Gräfe vom 20.8.1984 an die Dienstbesprechung am 27.8.1984, Leitungsinformation 4/84, Sofort-Information an den Staatssekretär 31.8.1984, BA, Abt. Potsdam, O-4, 949. Innerhalb der DDR-Delegation gab es aber auch Stimmen, die für die Kandidatur Gienkes oder Leichs auf der einen Seite und eines Jugenddelegierten auf der anderen Seite plädierten. Daraufhin gab es hierüber eine »Auseinandersetzung«. RdB Rostock, Stellvertreter des Vorsitzenden für Inneres, Information Haß vom 14.8.1984 über das am 10.8.1984 geführte Gespräch des Stellvertreters des Vorsitzenden des Rates des Bezirkes für Inneres, Gen. Haß, mit Bischof Dr. Gienke in Stralsund-Achtmannskammer, BA, Abt. Potsdam, O-4, 789.
735 Berlin, den 7.8.1984, Bericht über die VII. Vollversammlung des Lutherischen Weltbundes in Budapest. Dort heißt es außerdem:»Hauptfeld der politischen Auseinandersetzung war die Wahl des neuen Präsidenten des LWB. [...] Den Höhepunkt der Diffamierungskampagne bildete ein aus der BRD abgesandter Brief eines ungarischen Pfarrers, Zoltan Doka, der auf 10 Seiten eine Diffamierung des leitenden Bischofs der ungarischen Lutheraner in Ungarn enthält: Die ›Theologie der Diakonie‹ sei eine Irrlehre, die Kaldy nur entwickelt hätte, um theologisch besser befähigte kirchliche Mitarbeiter aus dem Dialog ausschalten zu können, die Gemeinden und ihre Pfarrer würden den autoritären Leitungsstil des Bischofs ablehnen, und Zoltan Kaldy könne seine Autorität nur dadurch wahren, daß er die Staatsorgane mit Hilfe von falschen politischen Anschuldigungen gegen ihm unangenehme Pfarrer aufhetze. [...] Bischof Zoltan Kaldy sah sich zu einer schriftlichen Stellungnahme genötigt. Europasekretär Sam Dahlgren half Kaldy bei der Formulierung. Generalsekretär Carl Mau machte die Stellungnahme Kaldys allen Delegierten zugänglich, während er eine offizielle Weitergabe des Doka-Briefes verhinderte. [...] Carl Mau und seine Mitarbeiter haben alles in ihren Kräften Stehende getan, um die Wahl Zoltan Kaldys zu unterstützen.« SAPMO-BA ZPA IV B2/14/198.
736 Zur Tagung der VII. Vollversammlung des Lutherischen Weltbundes in Budapest 1984, a.a.O.
737 Ebd.
738 Berlin, den 7.8.1984, Bericht über die VII. Vollversammlung des Lutherischen Weltbundes in Budapest, a.a.O.
739 Zur Tagung der VII. Vollversammlung des Lutherischen Weltbundes in Budapest 1984, a.a.O.
740 Berlin, den 7.8.1984, Bericht über die VII. Vollversammlung des Lutherischen Weltbundes in Budapest, a.a.O.
741 SED-BL Dresden, Abteilung Staat und Recht, Vermerk vom 22.10.1984 über das am 16.10.1984 geführte Gespräch mit Genossen Peter Krußer, Mitarbeiter in der Arbeitsgruppe Kirchenfragen des ZK der SED, PDS-Archiv Dresden, IV E-2.14-667.
742 RdB Rostock, Stellvertreter des Vorsitzenden für Inneres, Information Haß vom 14.8.1984 über das am 10.8.1984 geführte Gespräch des Stellvertreters des Vorsitzenden des Rates des Bezirkes für Inneres, Gen. Haß, mit Bischof Dr. Gienke in Stralsund-Achtmannskammer, BA, Abt. Potsdam, O-4, 789.
743 Günter Krusche berichtete:»Potter sei resigniert, seit man ihm seinen besten Freund und Ratgeber Konrad Raiser ›demontiert‹ habe. Potter steht unter Druck sowohl des Genfer Stabes wie auch der DDR-Kirchen, er habe keinen Spielraum mehr.« Aktennotiz Dohle über persönliches Gespräch mit Generalsup. Günter Krusche am 17.4.1984, BA, Abt. Potsdam, O-4, 995.
744 Abt. IV, Dr. Heyne, Berlin, den 13.7.1984, Zu einer ersten Einschätzung der Wahl Emilio Castros zum ÖRK-Generalsekretär, BA, Abt. Potsdam, O-4, 4729.

745 Vermerk Ziegler vom 2.4.1984 über Gespräch mit dem Staatssekretär für Kirchenfragen am 30.3.1984, 10.30 bis 14.00 Uhr, EZA Berlin, 101/93/4.
746 Vermerk Hammer über die 18. Konsultation zwischen BEK und EKD vom 14. bis 17.8.1984 in Schwäbisch-Hall, EZA Berlin, 101/93/259. Zum Gesprächsverlauf vgl. auch die stenografischen Aufzeichnungen Zieglers, a.a.O.
747 Vermerk Hammer über die 18. Konsultation zwischen BEK und EKD vom 14. bis 17.8.1984 in Schwäbisch-Hall, a.a.O.
748 Bischof Demke hatte im April 1984 seine Besorgnis darüber zum Ausdruck gebracht, »daß in den Kirchen der BRD das Friedensthema stark zurückgehe, mehr und mehr stünde in der innerkirchlichen Tätigkeit die Arbeitslosigkeit im Mittelpunkt, wozu Lohse und Jung ihm die Gewißheit vermittelten, das Problem der Arbeitslosigkeit sei in den nächsten zwei Jahren das Thema Nr. 1; sehr in Sorge befände sich Bischof Jung über die Lage der nordhessischen Bauern, da durch die aktuellen EWG-Kompromisse der Bundesregierung viele von ihnen ruiniert würden und Chancen zum Überleben nur die über 60 ha-Betriebe hätten.« RdB Magdeburg, Stellv. d. Vorsitzenden f. Inneres, Information Dr. Lubas vom 10.4.1984 über das Gespräch mit Bischof Dr. Demke (Evangelische Kirche der Kirchenprovinz Sachsen) am 9.4.1984, BA, Abt. Potsdam, O-4, 793.
749 Vermerk Hammer über die 18. Konsultation zwischen BEK und EKD vom 14. bis 17.8.1984 in Schwäbisch-Hall, a.a.O.
750 Ebd.; vgl. auch Hammers Vermerk vom 20.8.1984, ABB Bonn, Akte Konsultationsgruppe.
751 Vermerk Hammer vom 20.8.1984, a.a.O.
752 Vgl. zu diesem Phänomen im allgemeinen die MfS-Studie P. Bergmann, Subversive Bestrebungen im kirchlichen Gruppentourismus aus nichtsoz. Staaten und WB und Methoden ihrer Aufdeckung, Potsdam 19.10.1984.
753 Vgl. Schreiben Hammer an Binder und Lingner vom 21.8.1984; Schreiben Lingner an Hammer vom 28.8.1984; Schreiben Binder an Hammer vom 7.9.1984, EZA Berlin, 4/92/15.
754 Vgl. auch Material zur Entwicklung der Aktivitäten kirchlicher Kreise und Einrichtungen der BRD während ihres Aufenthaltes in der DDR mit Begleitschreiben ZK-Abteilung für Internationale Politik und Wirtschaft, Gunter Rettner, an Staatssekretär Gysi vom 23.2.1987, BA, Abt. Potsdam, O-4, 1188.
755 Schreiben Binder an Hammer vom 7.9.1984, EZA Berlin, 4/92/15.
756 Information Hartmann vom 24.8.1984, Abschrift in SAPMO-BA ZPA IV B2/14/99.
757 Bericht der BV Halle vom 29.8.1984 an das MfS/Böhme, BStU Berlin, AP 20457/92.
758 C. v. Heyl, Einmischung in innere Angelegenheiten?, in: KiS 2/85, 48-50.
759 Schreiben Lingner an verschiedene Empfänger vom 30.7.1984, EZA Berlin, 4/92/15.
760 Referat C. von Heyl vor der Beratergruppe am 6.9.1984. Überarbeitete Fassung, EZA Berlin, 4/92/16.
761 Vermerk Lingner über die Sitzung der Beratergruppe am 6.9.1984, EZA Berlin, 4/92/15. Vgl. auch die stenografischen Aufzeichnungen Ziegler, EZA Berlin, 101/93/258.
762 Protokoll Hempel-Ziegler-Kupas vom 29.8.1984 über die 165. Sitzung des Vorstandes am 17.8.1984 in Berlin, EZA Berlin, 101/93/244. Als Ersatzkandidaten waren Plath und Friedrich Magirius vorgesehen. Vgl. ebd.
763 Abgedruckt in epd-Dok 43/1984, 72-74. Vgl. auch Neues Deutschland vom 1./2.9.1984.
764 Auch die KKL informierte Stolpe über seinen Redebeitrag. Vgl. Protokoll Hempel-Ziegler-Küntscher über die 94. Tagung der Konferenz der Evangelischen Kirchenleitungen in der DDR am 7./8.9.1984 in Berlin, EZA Berlin, 101/93/236.
765 Zusatzvermerk Lingner vom 17.9.1984. Vgl. auch den Vermerk über die Sitzung der Beratergruppe am 12.12.1984. Im Rahmen seines Berichtes fand Landesbischof Lohse deutliche Worte zur Friedensdiskussion: »Es gibt besondere ›Reizworte‹, die zum Widerspruch herausfordern und wenig geeignet sind, die Diskussion auf einer angemessen sachlichen Ebene zu führen. Dazu gehören Begriffe wie ›deutlicheres Zeichen‹ (dieser Begriff bezog sich auf die Kriegsdienstverweigerung und wurde in dem Bericht der KKL

[1982] verwendet; zitiert nach: H. Zander, Die Christen und die Friedensbewegungen in beiden deutschen Staaten, 268), ›Absage an Geist und Logik der Abschreckung‹ [Beschluß der Synode des Bundes der Evangelischen Kirchen in der DDR vom 28.9.1982, auszugsweise abgedruckt in: Gemeinsam unterwegs, 248-250, hier: 248] u. a.«

766 Vgl. auch Abt. II, Vorlage Gräfe vom 23.10.1984 an die Dienstbesprechung am 29.10.1984, Thema: Information über die politisch-ideologische Entwicklung in den Kirchen und Religionsgemeinschaften und die weitere Gestaltung des Staat-Kirche-Verhältnisses zum 35. Jahrestag der DDR, Leitungsinformation 5/84. Aus dem Dokument geht auch hervor, daß die Leipziger Superintendenten Magirius und Richter sich zu diesem Gedanken zustimmend geäußert haben sollen. BA, Abt. Potsdam, O-4, 949. Als Vorlage diente RdB Leipzig, Stellvertreter des Vorsitzenden des Rates für Inneres, Informationsbericht Reitmann vom 10.10.1984 zur Staatspolitik in Kirchenfragen: »So brachte Superintendent Magirius, Leipzig-West, u. a. zum Ausdruck, daß er voll hinter den Aussagen Stolpes auf der Friedensratstagung stehe. Hier werde für alle sichtbar, daß Gemeinsamkeit zwischen Staat und Kirche in der Beurteilung der internationalem Lage und in der Übereinstimmung zu den Grundzügen der Außenpolitik vorhanden sind.« Er wies eine Unabhängigkeit von dem »gesamtgesellschaftlichen Friedensengagement« zurück. »Diese Position wurde von Superintendent Magirius und Superintendent Richter bei dem festlichen Empfang anläßlich des 7. Oktober 1984, wo beide Superintendenten ihre Zustimmung zur Politik der DDR zum Ausdruck brachten, betont.« BA, Abt. Potsdam, O-4, 1116. Der Vermerk Richter Betr.: Gespräche mit staatlichen Stellen in Leipzig, o. D., notiert lediglich die Äußerungen der Staatsvertreter. Abgedruckt in: Ch. Kaufmann u. a. (Hgg.), Sorget nicht, was ihr reden werdet, 215-217.

767 Schreiben Lingner an Binder vom 17.9.1984, EZA Berlin, 4/92/15.
768 BStU Berlin, MfS AIM 0240/91, II,2, 169.
769 Dies ergaben jedenfalls Gespräche im Bezirk Rostock. Abt. II, Vorlage Gräfe vom 19.12.1984 an die Dienstbesprechung am 14.12.1984 (entsprechend der Festlegung im Umlaufverfahren nachgereicht), Leitungsinformation 6/84, BA, Abt. Potsdam, O-4, 949. Anscheinend gab es auch im DDR-Bereich scharfe Kritik, da der KKL-Vorstand sich genötigt sah, im Protokoll nochmals zu vermerken, das Gremium habe Domke, Kramer und Stolpe die Teilnahme empfohlen.»Auch künftig werde man in vergleichbaren Fällen eine Teilnahme von der konkreten Situation und der Möglichkeit einer eigenständigen Akzentuierung der Kirche abhängig machen.« Protokoll Hempel-Ziegler-Kupas vom 1.10.1984 über die 166. Sitzung des Vorstandes am 20.9.1984, 14.00 Uhr, in Greifswald, EZA Berlin, 101/93/244. Für weitere Beteiligungen an Veranstaltungen des Friedensrates bekräftigte der KKL-Vorstand die Bedingungen »1. Gewährleistung der Eigenständigkeit im Rahmen der Gesamtdelegation; 2. kein Fraktionszwang; 3. keine vorherige Vorlage der Diskussionsbeiträge; 4. volle Partizipation an allen Informationsvorgängen innerhalb der Gruppe (Delegation); 5. keine Mitgliedschaft im Friedensrat.« Protokoll Hempel-Ziegler-Doyé über die 95. Tagung der Konferenz der Evangelischen Kirchenleitungen in der DDR am 9./10.11.1984 in Berlin, EZA Berlin, 101/93/236.
770 Winter an Hempel persönlich vom 24.9.1984, EZA Berlin, 101/93/245.
771 Vgl. das Einladungsschreiben vom 16.1.1984 und das Schreiben Leweks an Ziegler vom 25.1.1984 auf der Rückseite des Schreibens. EZA Berlin, 101/93/20.
772 Vermerk Ziegler vom 9.2.1984; Vermerk Lewek vom 25.2.1984, a.a.O.
773 Vermerk Lingner über die Sitzung der Beratergruppe am 6.9.1984, EZA Berlin, 4/92/15.
774 Zum 35. Jahrestag des Kriegsendes 1980 hatte die Ev. Kirche in Berlin-Brandenburg Generalsuperintendent Lahr zur Veranstaltung des Nationalrates entsandt. Werner Krusche hatte es abgelehnt, aus der Kirchenleitung seiner Landeskirche einen Vertreter zu der Veranstaltung zu entsenden. Daraufhin hatte der BEK den Stendaler Superintendenten Karstens mit der Vertretung des Kirchenbundes beauftragt. Vgl. Entwurf, Information Gysi vom 9.4.1980 über ein Gespräch mit Bischof Schönherr am gleichen Tag, BA, Abt. Potsdam, O-4, 1437; vgl. auch Vermerk Stolpe vom 22.4.1980 über ein

Gespräch des Vorsitzenden der Konferenz mit dem Staatssekretär am 9.4.1980. Demnach hatte Schönherr geäußert, die Situation wäre leichter, wenn Gysi selbst ein Einladungsschreiben hätte herausgehen lassen. EZA Berlin, 101/349.
775 Vgl. auch oben, 83.
776 Protokoll der Konferenz der Evangelischen Kirchenleitungen in der DDR vom 7./8. September 1984, EZA Berlin, 101/93/236. Vgl. auch den vorangegangenen Beschluß des KKL-Vorstandes. Protokoll Hempel-Ziegler-Kupas vom 29.8.1984 über die 165. Sitzung des Vorstandes am 17.8.1984 in Berlin, EZA Berlin, 101/93/244.
777 Niederschrift über die 56. Sitzung des Rates der EKD am 14./15. 9.1984 in Bonn, ABB Bonn, Akte Ratssitzungen.
778 Vgl. Protokoll Hempel-Ziegler-Kupas vom 1.10.1984 über die 166. Sitzung des Vorstandes am 20.9.1984, 14.00 Uhr, in Greifswald, EZA Berlin, 101/93/244.
779 Synode des Bundes der Evang. Kirchen in der DDR: Beschluß zum Bericht der Konferenz der Kirchenleitungen, Greifswald, 21.-25.9.1984, abgedruckt in: epd-Dok 43/1984, 33-35.
780 Vgl. E. Lohse, Erneuern und Bewahren, 125-127.
781 Mit Schreiben vom 26.4.1984 hatten die Leiter der Dienststellen der drei gliedkirchlichen Zusammenschlüsse BEK, EKU und VELK, Ziegler, Rogge und Zeddies, Heinrich zur Verleihung des Vaterländischen Verdienstordens gratuliert: »Ihr Bemühen um ein sachliches, vertrauensvolles und für beide Seiten förderliches Verhältnis von Staat und Kirche hat mit dieser Auszeichnung eine gebührende Anerkennung gefunden. Wir nehmen die Gelegenheit gern zum Anlaß, Ihnen für gute Zusammenarbeit zu danken. Wir schätzen Ihre Fähigkeit und Bereitschaft, auftauchende Probleme verständnisvoll, wirksam und unbürokratisch zu lösen. Wir wünschen Ihnen für Ihre verantwortungsvolle Tätigkeit weiterhin Gesundheit, Befriedigung und Erfolg«. LKA Hannover, D 15 XII, K 1/C 5002.
782 Außerdem brachten die Kirchenmänner noch die Frage von Bauleistungen für DDR-Mark und die Verbesserung der Altersversorgung für Diakonissen vor. Gysi wertete abschließend: »Die Atmosphäre der Aussprache war angenehm. Das Bemühen um die Fortsetzung und Verstärkung positiver Staat-Kirche-Beziehungen war deutlich festzustellen.« Information Klaus Gysi vom 25.6.1984 über ein Gespräch von Staatssekretär Gysi mit Konsistorialpräsident Stolpe und dem Leiter des Sekretariats des BEK, Oberkirchenrat Ziegler, am 21.6.1984 in der Dienststelle des Staatssekretärs, BA, Abt. Potsdam, O-4, 968; auch SAPMO-BA ZPA IV B2/14/42; Vermerk Ziegler vom 22.6.1984 über Gespräch mit Staatssekretär Gysi am 21.6.1984, 14.05 bis 15.45 Uhr, EZA Berlin, 101/93/4. Stolpe erstattete dem KKL-Vorstand Bericht. »Der Vorstand nimmt den Bericht zur Kenntnis und beauftragt Stolpe, zur Frage der Altersversorgung der Diakonissen einen Brief an das Ministerium für Außenhandel zu schreiben, aus dem klar ersichtlich ist, daß zur Regelung dieser Frage keine VM zur Verfügung stehen.« Protokoll Stolpe-Lewek-Kupas vom 23.7.1984 über die 164. Sitzung des Vorstandes am 20.7.1984 in Dresden, EZA Berlin, 101/93/244.
783 Die KKL hatte neben diesen beiden Vertretern auch noch Kahl und einen Vertreter des Sekretariats (Günther; vgl. Protokoll Stolpe-Ziegler-Radke über die 93. Tagung der Konferenz der Evangelischen Kirchenleitungen am 6./7.7.1984 in Berlin, EZA Berlin, 101/93/235) mit der Erarbeitung des Entwurfs beauftragt. Vgl. Protokoll Hempel-Ziegler-Herrbruck/von Rabenau über die 91. Tagung der Konferenz der Evangelischen Kirchenleitungen vom 9. bis 11.3.1984 in Bad Saarow, a.a.O.
784 Anfang Juni hatte Hauptabteilungsleiter Heinrich angefragt, »ob der zeitliche Zusammenhang der Bundessynode und des 35. Jahrestages der DDR bedacht würde. Es ist zu fragen, was die Synode zu diesem Anlaß sagen würde. Ob es vielleicht gerade im Blick auf diesen 35. Jahrestag besonders provozierende Äußerungen geben würde? Zur Zeit gehe man davon aus, daß sich Potsdam-Hermannswerder nicht wiederholen werde, wie es Dr. Hempel auch dem Staatssekretär zum Ausdruck gebracht habe.« Vermerk Ziegler

585

vom 4.6.1984 über Gespräch im Staatssekretariat für Kirchenfragen am 1.6.1984, 11.10 bis 13.30 Uhr, EZA Berlin, 101/93/4.
785 Vgl. RdB Rostock, Stellvertreter des Vorsitzenden für Inneres, Information Haß vom 14.8.1984 über das am 10.8.1984 geführte Gespräch des Stellvertreters des Vorsitzenden des Rates des Bezirkes für Inneres, Gen. Haß, mit Bischof Dr. Gienke in Stralsund-Achtmannskammer: »Weiterhin sollten geäußerte staatliche Erwartungen dem Bischof verdeutlichen, daß er als Stellvertreter des Vorsitzenden des Vorstandes des Bundes der Evangelischen Kirchen in der DDR seinen Einfluß geltend macht, damit im Verlauf der unmittelbar vor dem 35. Jahrestag der Gründung der DDR stattfindenden Bundessynode eine entsprechende Würdigung der auf das Wohl des Volkes und die Sicherung des Friedens gerichteten Politik vorgenommen wird.« Gienke »vertrat [...] den Standpunkt, daß die Synode zu diesem Zeitpunkt den 35. Jahrestag der Gründung der DDR nicht ignorieren kann. Wenn sich die Synode weiterhin an die Formel ›Kirche im Sozialismus‹ gebunden fühlt, müsse sie zu konstruktiven politischen Aussagen kommen. In dieser Frage bestünde zwischen Dr. Gienke und Bischof Hempel Einmütigkeit. Beide Bischöfe würden die Auffassung vertreten, daß die staatlichen Organe berechtigte Erwartungen an die Synode stellen. Sie gehen davon aus, daß neben den erreichten konstruktiven Staat-Kirche-Beziehungen auch grundsätzliche Aussagen zur Politik der DDR im 35. Jahr ihres Bestehens getroffen werden müssen. Die Äußerungen der Synode können nicht anonym sein, sondern müßten konkrete politische Positionen benennen. Dr. Gienke machte aber auch darauf aufmerksam, daß dieses Erfordernis noch in der Konferenz der Kirchenleitungen durchgesetzt werden muß. Sollte keine Übereinstimmung in der Konferenz der Kirchenleitungen erreichbar sein, beabsichtigt Bischof Hempel, eigenständig mit vorstehenden Gedanken in der Synode aufzutreten.« BA, Abt. Potsdam, O-4, 789.
786 Arbeitsgruppe Kirchenfragen, Konzeption vom 27.8.1984 zur weiteren politischen Einflußnahme auf die Tagung der IV. Synode des Bundes der Evangelischen Kirchen in der DDR, SAPMO-BA ZPA IV B2/14/91.
787 Vermerk Ziegler vom 19.9.1984 über ein Gespräch in der Dienststelle des Staatssekretärs für Kirchenfragen am 17.9.1984, 14.00-16.00 Uhr, EZA Berlin, 101/93/4.
788 Abgedruckt in epd-Dok 43/1984, 1-27, hier: 24. Vgl. zum Begriff »Grundvertrauen« auch die Äußerungen a.a.O., 32. Vgl. auch KiS 5/84, 41-43.
789 Protokoll Hempel-Ziegler-Kupas vom 19.6.1984 über die 163. Sitzung des Vorstandes am 4.6.1984 in Berlin, EZA Berlin, 101/93/244. Der BEK-Ausschuß Kirche und Gesellschaft hatte im Juni 1984 beschlossen, »es soll[e] nicht zu einer Äußerung ermutigt werden, aber Gesichtspunkte sollen genannt werden, falls eine Äußerung herausgefordert ist.« Protokoll Semper vom 18.10.1984 der Sitzung des Ausschusses Kirche und Gesellschaft am 22./23.6.1984 in Berlin, EZA Berlin, 101/93/52. Bei der Vorlage eines ersten Entwurfs diskutierte die KKL intensiv die Frage, »ob der Bericht zur Formel ›Kirche im Sozialismus‹ eine zusammenhängende Passage bringen soll oder ob die im Entwurfstext vorgeschlagenen Ausführungen an verschiedenen Teilen des Berichts untergebracht werden, wo sie sachlich ebenfalls am Platz sind. Eine Entscheidung wird vorerst nicht gefällt. Die Gruppe wird gebeten, den Berichtsentwurf am 7.9. vorzulegen. Dr. Hempel sollte nach Möglichkeit rechtzeitig einbezogen werden.« Vgl. Protokoll Stolpe-Ziegler-Radke über die 93. Tagung der Konferenz der Evangelischen Kirchenleitungen am 6./7.7.1984 in Berlin, EZA Berlin, 101/93/235. Der KKL-Vorstand empfahl auf seiner Juli-Sitzung, »Aussagen über das politische Mandat der Kirche (Kirche im Sozialismus) [...] in einem besonderen Abschnitt aufzunehmen. Dr. Hempel bittet um Kontaktaufnahme der Gruppe vor der September-KKL mit ihm, um inhaltliche Fragen absprechen zu können.« Protokoll Stolpe-Lewek-Kupas vom 23.7.1984 über die 164. Sitzung des Vorstandes am 20.7.1984 in Dresden, EZA Berlin, 101/93/244. Vgl. auch Protokoll Hempel-Ziegler-Küntscher über die 94. Tagung der Konferenz der Evangelischen Kirchenleitungen in der DDR am 7./8.9.1984 in Berlin, EZA Berlin, 101/93/236.
790 Vgl. Information vom 4.10.1984 über Verlauf und Ergebnisse der 4. Tagung der IV. Synode des Bundes der Evangelischen Kirchen in der DDR (BEK) vom 21.9. bis

25.9.1984 in Greifswald, BA, Abt. Potsdam, O-4, 949; auch a.a.O., O-4, 786. Vgl. auch Protokoll Hempel-Ziegler-Kupas vom 1.10.1984 über die 166. Sitzung des Vorstandes am 20.9.1984, 14.00 Uhr, in Greifswald: »Der Berichtsentwurf wird zunächst studiert und ab 16.30 Uhr bis 21.15 Uhr mit den Vertretern der Redaktionsgruppen ausführlich beraten. Die Endfassung wird im Einvernehmen mit der Arbeitsgruppe festgestellt.« EZA Berlin, 101/93/244. Vgl. auch Information Kraußer vom 25.9.1984 über die 4. Tagung der IV. Synode des Bundes der evangelischen Kirchen in der DDR (BEK) vom 21.-25.9.1984 in Greifswald, SAPMO-BA ZPA IV B2/14/91; auch a.a.O., IV B2/14/96.

791 So die Information vom 4.10.1984 über Verlauf und Ergebnisse der 4. Tagung der IV. Synode des Bundes der Evangelischen Kirchen in der DDR (BEK) vom 21.9. bis 25.9.1984 in Greifswald, BA, Abt. Potsdam, O-4, 949; auch a.a.O., O-4, 786.

792 4. Tagung der 4. Synode des Bundes der Ev. Kirchen in der DDR, 21.-26.9.1984, Greifswald, Präsidiumsprotokoll, Niederschrift Wahrmann-Hildebrandt-Walter über das Gespräch zwischen Synode und KKL am 24.9.1984. Forck entgegnete, es könne »keine Bericht geben, der von *allen* KKL-Mitgliedern in allen Punkten gebilligt wird.« OKR Mitzenheim berichtete bei Übereinstimmung mit dem Bericht, er habe den Text als KKL-Mitglied erst während der Synode erstmals zu Gesicht bekommen. EZA Berlin, 101/93/843. Allerdings hatte die KKL auf ihrer 94. Tagung am 7./8.9.1984 in Berlin bei 10 Ja-Stimmen, zwei Gegenstimmen und drei Enthaltungen den »Vorstand [...] beauftragt, im Benehmen mit der Redaktionsgruppe den endgültigen Text des Berichts festzustellen.« Protokoll Hempel-Ziegler-Küntscher, EZA Berlin, 101/93/236.

793 Vgl. auch das Papier »35 Jahre DDR« einer vom BEK-Ausschuß Kirche und Gesellschaft eingesetzten kleinen Arbeitsgruppe vom 10.8.1984: Nachdem sie den restaurativen Kurs der ev. Kirchen in den ersten Nachkriegsjahren beklagt hatten, postulierten die Verfasser Christoph Ehricht (Greifswald), Manfred Punge, Wolfgang Seite und Udo Semper: »Glaubwürdigkeit und Ehrlichkeit sollten dazu führen, offen und vorbehaltlos die Chancen zu erkennen und anzuerkennen, die in unserer Umwelt gegeben sind: die Bemühungen um mehr Gerechtigkeit, soziale Sicherheit und Solidarität, indem zur Regulierung der gesellschaftlichen Beziehungen nicht immer Geld und Profitstreben, ›Aufstieg‹ und Wohlstand zur Geltung gebracht werden, sondern Verantwortung, Bewußtheit und Gemeinschaftssinn; die Vorschläge und Beiträge für Entspannung und Sicherheit in Europa, für die Herstellung kooperativer Beziehungen zwischen Staaten unterschiedlicher Gesellschaftsordnung; die prinzipielle Verurteilung von faschistischer und rassistischer, von revanchistischer und Kriegspropaganda. All das kann in unserer Verkündigung als Zeichen der Hoffnung aufgenommen und im Licht der Reich-Gottes-Predigt unterstützt werden. [...] Es gibt jedoch auch Punkte, an denen eben aus christlicher Verantwortung – nicht aus mangelnder Staatstreue oder antisozialistischen Ressentiments – Fragen zu stellen, Bedenken anzumelden, Einwände zu erheben sind«. Hier ging es um Fragen der Rüstungspolitik, der Ökologie, der Lebensweise. »Einlinige, beschönigende oder verschweigende Information und Agitation, die in offensichtlichem Widerspruch zu Alltagserfahrungen steht, untergräbt das Vertrauen der Bürger [...] Bürokratischer Formalismus und hierarchische Strukturen lassen Unterwürfigkeit, Ohnmachtsgefühle und Gleichgültigkeit oder aber Heuchelei und Korruption aufkommen. Erfahrungen von neuen Entfremdungen und Sinnlosigkeiten nehmen zu und führen zu bedenklichen Verhaltensweisen, wenn vermeintlich objektive Sachzwänge regieren und – spontanes wie durchdachtes – Partizipationsstreben unterdrückt wird. Menschen fühlen sich dadurch nicht ernstgenommen, werden nicht zufriedener und freundlicher, nicht freier und menschlicher. Deutliche Signale dafür sind die ›Aussteiger‹ unter den Jugendlichen und die hohe Zahl von Ausreiseanträgen.« Lewek leitete das Papier am 12.9.1984 an die KKL-Mitglieder weiter. EZA Berlin, 101/93/44.

794 Der Rat des Bezirkes Magdeburg wertete nach einem mit Demke geführten Gespräch: »Im Ergebnis [...] ist einzuschätzen, daß sich Bischof Dr. Demke voll inhaltlich bekennt zum Zusammenhang von Frieden, Sicherheit, Umweltschutz und internationaler Zusammenarbeit, wie ihn unsere Partei- und Staatsführung vor der Weltöffentlichkeit ver-

tritt, und er demgegenüber wiederholt seine ablehnende Distanz zur aggressiven Politik der Reagan-Administration deutlich machte.« RdB Magdeburg, Stellv. d. Vorsitzenden f. Inneres, Information Lubas vom 19.9.1984 über das Gespräch mit Bischof Dr. Demke (Ev. Kirche der Kirchenprovinz Sachsen) am 18.9.1984 im Konsistorium, BA, Abt. Potsdam, O-4, 793.

795 Auslöser für die Abreise des Kirchenpräsidenten waren die während des Empfanges bei Gysi getätigten Äußerungen – wohl hauptsächlich von seiten Hempels. Vgl. 4. Tagung der 4. Synode des Bundes der Ev. Kirchen in der DDR, 21.-26.9.1984, Greifswald, Präsidiumsprotokoll, Niederschrift Wahrmann-Hildebrandt-Walter über das Gespräch zwischen Synode und KKL am 24.9.1984, EZA Berlin, 101/93/843. Vor der Herbstsynode Anhalts machte Natho deutlich, er habe gegen den Begriff »Grundvertrauen«, bezogen auf das Verhältnis von Staat und Kirche, theologische Bedenken, gegen den Begriff »Vertrauen« habe er hingegen nichts einzuwenden. Vgl. Abt. II, Vorlage Braemer vom 11.12.1984 an die Dienstbesprechung am 17.12.1984, Information zu den Herbstsynoden 1984, BA, Abt. Potsdam, O-4, 949. Vgl. auch Information zum Inhalt und Ablauf der 6. Tagung der 18. Legislaturperiode der evangelischen Landeskirche Anhalts vom 15.11.1984-17.11.1984, Dessau: »Durch Natho wurde in seinem Berichtsteil in einer kurzen Bemerkung festgestellt, daß die Formel der Zeugnis- und Dienstgemeinschaft als ›Kirche im Sozialismus‹ auch weiterhin die tragende Aussage sei. Die Markierungen des 6.3.1978 wären eine verläßliche und brauchbare Basis für das notwendige Miteinander; neue Formulierungen für das Verhältnis Staat-Kirche seien nicht nötig.« In geschlossener Sitzung sagte der Kirchenpräsident, sein Verlassen der Greifswalder Synodaltagung habe nicht mit seinem im Juni 1984 erfolgten Besuch bei Kohl zusammengehangen. Vielmehr »hätte [er] sich den Aussagen im Konferenzbericht zur Bundessynode hinsichtlich der Formulierung zu den Staat-Kirche-Beziehungen nicht anschließen können, da sie vorher nicht abgestimmt worden seien, und unterstrich gleichzeitig seine Vorbehalte zum Begriff ›Grundvertrauen‹ mit den bekannten Darstellungen. Weiter führte er dazu aus, daß er diese Formulierung bei einer Interpretation in Form von ›Mindestvertrauen‹ akzeptieren würde und auf der Bundessynode auch noch nicht die ganze Tragweite seines Verhaltens habe abschätzen können.« Auch Kreisoberpfarrer Franke schloß sich in seinem Bericht über die BEK-Synode Nathos Interpretation weitestgehend an: »Die Aussage eines ›Grundvertrauens‹ wird als ›nicht sachgerecht beschreibende Vokabel‹ bewertet. Das durch den Berichtsausschuß formulierte ›gewachsene Vertrauen‹ sei dagegen ein von allen akzeptierter Terminus.« LPA Halle, IV E-2/14/580. Vgl. auch H. Hartwig, Bericht vom 22.1.1985 zur Dienstreise am 17.1.1985 nach Dessau, BA, Abt. Potsdam, O-4, 1220. Das Präsidium der BEK-Synode bat auf seiner Dezembersitzung Synodalpräses Wahrmann um ein Gespräch mit Natho. An anderer Stelle heißt es im Sitzungsvermerk, das Präsidium habe die Abreise des Dessauer Kirchenpräsidenten »mit Befremden zur Kenntnis« genommen. Protokoll Radke vom 18.3.1985 der Präsidiumssitzung am 12.12.1984 in Berlin, EZA Berlin, 101/93/206. Auch die KKL sprach mit Natho über die Gründe »für seine plötzliche vorzeitige Abreise«. Protokoll Hempel-Ziegler-Kupas/Dorgerloh über die 97. Tagung der Konferenz der Evangelischen Kirchenleitungen in der DDR vom 8. bis 10.3.1985 in Buckow, EZA Berlin, 101/93/237.

796 Der KKL-Vorstand hatte bereits im August 1984 festgelegt: »Die Aussprache zum Konferenzbericht und eventuell den Ökologiereferaten sollte in geschlossener Sitzung erfolgen.« Protokoll Hempel-Ziegler-Kupas vom 29.8.1984 über die 165. Sitzung des Vorstandes am 17.8.1984 in Berlin, EZA Berlin, 101/93/244. Über die Frage der Nichtöffentlichkeit dieser Debatte kam es unter den Synodalen zu einer längeren Auseinandersetzung. Hempel vertrat die Auffassung, »daß in der nichtöffentlichen Sitzung ein Gespräch zwischen Leitung und Synode besser möglich ist. [...] Syn. Mendt findet den Preis für nichtöffentliche Sitzungen zu hoch. Wir müssen an die Gemeinden denken.« Auch die Synodalen Pilz, Nollau, Gürtler, Peker, Dorsch und eingeschränkt auch Semper votierten für Zulassung der Öffentlichkeit. Adolph wies auf den ansonsten entstehenden

großen Schaden hin. »Syn. Schorlemmer sagte, daß wir uns nicht unserer inneren Freiheit berauben lassen sollen. Wir wollen durchschaubarer sein. [...] Syn. Becker sagt, daß nichtöffentliche Sitzung keinen Schutz leistet. Wichtiger ist, daß wir gegen einen eingefahrenen Weg in unserer Gesellschaft, wichtige Dinge nichtöffentlich zu behandeln, offen unsere Aussprache führen.« Man entschied dann mit 42 Jastimmen, neun Gegenstimmen und fünf Enthaltungen, die Debatte um den KKL-Bericht öffentlich zu führen. Allerdings sollte ein Gespräch zwischen BEK-Synode und der KKL, in dem es dann um die brisanten Punkte ging, nichtöffentlich stattfinden (drei Gegenstimmen, fünf Enthaltungen). Bezüglich der Referate Peter Gensichens und Götz Planer-Friedrichs zur Ökologieproblematik beschloß die Synode bei 10 Stimmenthaltungen, die Aussprache öffentlich zu führen. 4. Tagung der 4. Synode des Bundes der Evang. Kirchen in der DDR vom 21.-25.9.1984 in Greifswald, Niederschrift Wahrmann-Hildebrandt-Walter über die Plenarsitzung am 22.9.1984, EZA Berlin, 101/93/843.

797 Vgl. auch Information vom 4.10.1984 über Verlauf und Ergebnisse der 4. Tagung der IV. Synode des Bundes der Evangelischen Kirchen in der DDR (BEK) vom 21.9. bis 25.9.1984 in Greifswald: »Sie [die negativen Kräfte] forderten die leitenden Geistlichen auf, keiner Einladung zu den staatlichen Feiern zum 35. Jahrestag der DDR Folge zu leisten, und wandten sich besonders gegen das konstruktive Auftreten von Konsistorialpräsident Stolpe auf der letzten Tagung des Friedensrates der DDR. Erstmalig und entgegen den bisherigen Erfahrungen traten die realistischen Kräfte in der Leitung offensiv gegen die Linie auf und wiesen die Angriffe zurück.« BA, Abt. Potsdam, O-4, 949; auch a.a.O., O-4, 786.

798 Im Herbst 1984 reiste Hempel nach England, um in Canterbury die Ehrendoktorwürde entgegenzunehmen. Nach staatlicher Einschätzung trat er während des Besuches »sachlich und korrekt« auf. SED-BL Dresden, Abteilung Staat und Recht, Information Göpfert an Modrow vom 7.12.1984, PDS-Archiv Dresden, IV E-2.14-833.

799 Das BEK-Synodalpräsidium hatte klar festgelegt: »wenn Empfang, dann für die ganze Synode«. Protokoll Radke vom 6.9.1984 der Präsidiumssitzung vom 17.8.1984 in Berlin, EZA Berlin, 101/93/206. Nach Informationen des MfS war es während dieser Sitzung zu Uneinigkeiten gekommen. So hatte sich Cynkiewicz unter dem Hinweis, »man sollte die Synodalen arbeiten lassen, man sollte sich vom Staat nicht andauernd dirigieren lassen«, vehement gegen den Empfang ausgesprochen. Hasso Schirmacher (Sachsen) unterbreitete den Vorschlag, die gesamte Synode möge an dem Empfang teilnehmen. Eine Auswahl von einigen Synodalen dürfe man nicht hinnehmen. Vgl. Schreiben Bezirksverwaltung für Staatssicherheit Dresden, Kreisdienststelle Görlitz, Naumann, an Generalmajor Böhme, Dresden, vom 31.8.1984, Information über die Sitzung des Präsidiums der Synode des Bundes der Evangelischen Kirchen in der DDR am 17.8.1984 in der Zeit von 15.00 bis 19.30 Uhr in Berlin, BStU, ASt. Dresden, AIM 6830/90, I/2. Zu Differenzen zwischen KKL und Synodalpräsidium vgl. auch Information Major Naumann, Leiter KD Görlitz, vom 4.8.1985 über die Sitzung des Präsidiums des Bundes der Evangelischen Kirchen in der DDR am 20.6.1985, a.a.O. Dort bezeichnete Hempel abschließend den Synodenempfang Gysis in Greifswald als »Panne«. Ebd.

800 Information Kraußer vom 25.9.1984 über die 4. Tagung der IV. Synode des Bundes der evangelischen Kirchen in der DDR (BEK) vom 21.-25.9.1984 in Greifswald, SAPMO-BA ZPA IV B2/14/91; auch a.a.O., IV B2/14/96. Vgl. auch Einzelaussagen während der 4. Tagung der IV. Synode des BEK vom 21.-25.9.1984 in Greifswald, BA, Abt. Potsdam, O-4, 949.

801 Vermerk Ziegler über die 19. Konsultation zwischen dem BEK und der EKD am 29.10.1984 in Berlin, EZA Berlin, 101/93/259.

802 Vgl. auch Gesprächsbeitrag Dr. Hempel: »Ich glaube, daß die Regierung der DDR in bezug auf die christlichen Kirchen in diesem Lande gelernt hat, daß die Christen und die Kirche nicht die Feinde des Sozialismus sind und daß sie bereit sind, alle Konflikte unter dieser Überschrift anzugehen. Für uns Christen bedeutet das Wort ›Grundvertrauen‹, daß der sozialistische Staat uns nicht im Prinzip aus der Gesellschaft verdrängen oder

Sterbehilfe leisten will. Solche Einstellung ist entstanden gerade durch freimütige Gespräche und hätte ohne beiderseitigen Freimut nicht erreicht werden können. [...] Grundvertrauen zwischen Kirchen dieses Landes und Regierung dieses Landes heißt: Beide Seiten bejahen, daß Gespräche das Mittel ohne vernünftige Alternative sind, um in Konflikten kleiner und großer Art voranzukommen. Diese Gespräche müssen freimütig geführt werden, und sie müssen uns nach der Klarheit unserer Haltung immer wieder fragen. Diese Gespräche können aber nur geführt werden, wenn zwischen Staat und Kirche ein Mindestvertrauen erhalten bleibt. Also heißt ›Grundvertrauen‹, es lohnt sich, die ruhmlose Arbeit geduldiger Gespräche über kleinere und große Fragen zu führen. Diese Arbeit hat friedensfördernden Sinn, auch wenn sie nicht immer zu 100%igen Lösungen oder auch nur zur Erfüllung aller unserer Wünsche führt.« EZA Berlin, 101/93/843.
803 4. Tagung der 4. Synode des Bundes der Ev. Kirchen in der DDR, 21.-26.9.1984, Greifswald, Präsidiumsprotokoll, Niederschrift Wahrmann-Hildebrandt-Walter über das Gespräch zwischen Synode und KKL am 24.9.1984, a.a.O.
804 Beitrag Wutzke (Tonbandnachschrift), a.a.O.
805 Abt. II, Vorlage Gräfe vom 25.4.1984 an die Dienstbesprechung am 30.4.1984, Leitungsinformation 2/84, BA, Abt. Potsdam, O-4, 948.
806 Vgl. RdB Dresden, Sektor Staatspolitik in Kirchenfragen, Dresden, den 15.10.1984, Herbstsynode der Ev.-Luth. Landeskirche Sachsens in Dresden vom 13.-17.10.1984, 1. Verhandlungstag (13.10.1984): »In Greifswald auf der Bundessynode habe er [Hempel] den Begriff ›Grundvertrauen‹ gewagt. Er habe damit eine wechselseitige Zuversicht gemeint, daß der eine dem jeweils anderen nicht schaden will.« SHStA Dresden, BT/RdB Dresden (Zwibo), 44879. Vgl. auch Abt. II, Vorlage Braemer vom 11.12.1984 an die Dienstbesprechung am 17.12.1984, Information zu den Herbstsynoden 1984, BA, Abt. Potsdam, O-4, 949. Thüringens Landesbischof Leich soll vor der Thüringer Herbstsynode (28.11.-1.12.1985) geäußert haben: »›Wir können den in Regierungsverantwortung genommenen Männern und Frauen zwar vieles kritisch vorhalten, aber solange wir für sie beten, können wir ihnen kein grundsätzliches Mißtrauen entgegenbringen.‹« RdB Erfurt, Stellvertreter des Vorsitzenden für Inneres, Information Hartmann vom 2.12.1985, SAPMO-BA ZPA IV B2/14/99.
807 Die Referate waren »wegen der Brisanz der Thematik« vier Wochen vor der Synodaltagung dem Sekretariat und auch Hempels Kanzlei vorzulegen. Der Vorstand wollte auch über die Texte beraten. Vgl. Protokoll Stolpe-Lewek-Kupas vom 23.7.1984 über die 164. Sitzung des Vorstandes am 20.7.1984 in Dresden, EZA Berlin, 101/93/244. Der Vorstand unterhielt sich auf seiner August-Sitzung über die vorliegenden Referate und bat Wahrmann und Ziegler, »inhaltliche Einzelprobleme mit den Referenten zu besprechen.« Protokoll Hempel-Ziegler-Kupas vom 29.8.1984 über die 165. Sitzung des Vorstandes am 17.8.1984 in Berlin, a.a.O. Vgl. auch Information vom 4.10.1984 über Verlauf und Ergebnisse der 4. Tagung der IV. Synode des Bundes der Evangelischen Kirchen in der DDR (BEK) vom 21.9. bis 25.9.1984 in Greifswald: »Die staatlichen Gesetze und Maßnahmen auf diesem Gebiet wurden ausdrücklich gewürdigt. Es wurde aufgefordert, in gesellschaftlichen Einrichtungen des Umweltschutzes konstruktiv mitzuarbeiten und damit im kirchlichen Bereich zu beginnen. Gute Absichten und reale Fortschritte in der staatlichen Umweltpolitik seien zu würdigen. [...] Damit wurde die Umweltproblematik als Konfliktbereich auf der Synode weitgehend zurückgedrängt.« BA, Abt. Potsdam, O-4, 949; auch a.a.O., O-4, 786. Zum Referat Gensichens vgl. mit gleicher Tendenz Abt. II, Information vom 19.11.1984 zur Tätigkeit des kirchlichen Forschungsheimes Wittenberg (KFH) und Schlußfolgerungen für die staatlichen Reaktionen gegenüber dem Forschungsheim, BA, Abt. Potsdam, O-4, 949. Vgl. die Referate: Hans-Peter Gensichen, Sorge für die Schöpfung und Götz Planer-Friedrich, Der Anstoß des Umweltproblems für eine ethische Besinnung des Menschen, in epd-Dok 43/84, 36-56. Ähnliches galt auch für die Herbstsynoden 1984: »Die Einsicht, daß es keine eigenständige christliche oder kirchliche Ökologiekonzeption geben kann, führte zu der Aufforderung, daß christliches Umweltengagement sich in staatliche und gesellschaftliche Aktivitäten einordnen solle. [...]

Landesbischof Dr. Hempel forderte dazu auf, christliche Umweltarbeit zuerst vom Glauben her zu motivieren, und verwies würdigend auf bestehende staatliche Leistungen. Der provinzsächsische Kirchenleitungsbericht formulierte, daß die sozialistische Ökonomie ökologisches Denken ermögliche und besserwisserische Alternativen nicht helfen würden. Mit der Formulierung, daß die Einheit von Wirtschafts- und Sozialpolitik durch Umweltpolitik ergänzt werden solle, akzeptiert erstmals ein solches kirchliches Gremium wesentliche Seiten der Hauptaufgabe und setzt das auch gegen den Widerstand negativer Kräfte durch.« Abt. II, Vorlage Braemer vom 11.12.1984 an die Dienstbesprechung am 17.12.1984, Information zu den Herbstsynoden 1984, a.a.O. Das Synodalpräsidium bedauerte im nachhinein, mit den vielen angereisten jungen Menschen kein besonderes Gespräch geführt zu haben. Vgl. Protokoll Radke vom 18.3.1985 der Präsidiumssitzung am 12.12.1984 in Berlin, EZA Berlin, 101/93/206.

808 Vgl. auch Abt. II, Vorlage Gräfe vom 23.10.1984 an die Dienstbesprechung am 29.10.1984, Thema: Information über die politisch-ideologische Entwicklung in den Kirchen und Religionsgemeinschaften und die weitere Gestaltung des Staat-Kirche-Verhältnisses zum 35. Jahrestag der DDR, Leitungsinformation 5/84. Bei Gesprächen mit dem Staat zu diesem Anlaß vermied nur Superintendent Große, »auf die dargestellte gute Bilanz des Kreises und den 35. Jahrestag überhaupt einzugehen. Für die Kirche gebe es 1984 kein Jubiläum. Wenn man schon von einem Jubiläum sprechen wolle, so könne das für die Kirchen nur das 50jährige der Barmer Erklärung sein.« Im Unterschied zum Protestantismus nahmen an den Festveranstaltungen auf Bezirksebene keine kirchenleitenden Persönlichkeiten der katholischen Kirche teil. BA, Abt. Potsdam, O-4, 949. Vgl. aber auch RdB Magdeburg, Stellv. d. Vorsitzenden f. Inneres, Information Lubas vom 19.9.1984 über das Gespräch mit Bischof Dr. Demke (Ev. Kirche der Kirchenprovinz Sachsen) am 18.9.1984 im Konsistorium, BA, Abt. Potsdam, O-4, 793. Auch Forck hatte auf der Bundessynode in Greifswald geäußert, es sei »unannehmbar, daß kirchliche Vertreter im Präsidium sitzen.« 4. Tagung der 4. Synode des Bundes der Ev. Kirchen in der DDR, 21.-26.9.1984, Greifswald, Präsidiumsprotokoll, Niederschrift Wahrmann-Hildebrandt-Walter über das Gespräch zwischen Synode und KKL am 24.9.1984, EZA Berlin, 101/93/843. Die Kirchenprovinz Sachsen hielt im Frühjahr 1985 eine Sondersynode zum Umweltthema ab. Kramer berichtete der Beratergruppe: »Die staatliche Seite hat den Verdacht, die Kirche biete das Forum für eine ›grüne Bewegung in der DDR‹, was sicher falsch ist. Besonders die Basisgruppen, die sich zu diesem Thema bilden, geraten leicht unter den Verdacht, sie arbeiteten als ›konterrevolutionäre Zellen‹. Die Kirchen müssen sich vom Auftrag her dem Thema Umwelt stellen; sie tun das mit der erfordernden Gelassenheit und dem gebotenen Maß an Sachlichkeit.« Vermerk Lingner über die Zusammenkunft der Beratergruppe am 19.6.1985, EZA Berlin, 4/92/16.

809 Weitere Bemerkungen zur Weiterarbeit nach der Bundessynode in Greifswald, SAPMO-BA ZPA IV B2/14/91; vgl. auch den in manchen Formulierungen leicht abweichenden Text: »Weitere Bemerkungen zur Weiterarbeit nach der Bundessynode«, SAPMO-BA ZPA IV B2/14/90. Vgl. auch Prinzipien und Maßnahmen für die weitere Durchsetzung der Staatspolitik in Kirchenfragen. Schlußfolgerungen aus der Tagung der 4. Synode des Bundes der Evangelischen Kirchen in der DDR, PDS-Archiv Dresden, IV E-2.14-666. Auch der KKL-Vorstand »führt[e] einen umfassenden Gedankenaustausch, bei dem u. a. das allgemeine Klima, das Verhältnis von Redenden und Schweigenden in der Synode, die geschlossenen bzw. geheimen Sitzungen, die staatlichen Vorkontakte mit Synodalen, Zeitpunkt und Verlauf des Staatsempfanges sowie das Echo und Verhalten der Medien angesprochen« wurde. Protokoll Hempel-Ziegler-Lewek vom 31.10.1984 über die 157. Sitzung des Vorstandes am 18.10.1984, 10.00 bis 17.00 Uhr, in Berlin, EZA Berlin, 101/93/244.

810 Der Umgang mit den Medien auf der Synodaltagung war vom KKL-Vorstand langfristig geplant worden. Vgl. Protokoll Stolpe-Lewek-Kupas vom 23.7.1984 über die 164. Sitzung des Vorstandes am 20.7.1984 in Dresden, a.a.O. Vgl. auch Protokoll Radke vom 6.9.1984 der Präsidiumssitzung vom 17.8.1984 in Berlin, EZA Berlin, 101/93/206.

811 Information vom 4.10.1984 über Verlauf und Ergebnisse der 4. Tagung der IV. Synode des Bundes der Evangelischen Kirchen in der DDR (BEK) vom 21.9. bis 25.9.1984 in Greifswald, BA, Abt. Potsdam, O-4, 949; auch a.a.O., O-4, 786.
812 Ebd.
813 SED-BL Dresden, Abteilung Staat und Recht, Vermerk vom 22.10.1984 über das am 16.10.1984 geführte Gespräch mit Genossen Peter Kraußer, Mitarbeiter in der Arbeitsgruppe Kirchenfragen des ZK der SED, PDS-Archiv Dresden, IV E-2.14-667.
814 Immerhin soll Stolpe, der sich auch gegen leichtfertiges Reden über eine mögliche Wiedervereinigung aussprach, während der Synodaltagung geäußert haben: »Die EKD ist besser als ihr Ruf. (EKD trete für Kompromisse ein und versuche, Einfluß auf Politiker in der BRD und der NATO zu nehmen, um die Stationierung zu stoppen).« Einzelaussagen während der 4. Tagung der IV. Synode des BEK vom 21.-25.9.1984 in Greifswald, BA, Abt. Potsdam, O-4, 949.
815 Vgl. auch Protokoll Stolpe-Ziegler-Radke über die 93. Tagung der Konferenz der Evangelischen Kirchenleitungen am 6./7.7.1984 in Berlin, EZA Berlin, 101/93/235. Der KKL-Vorstand dankte dem nicht anwesenden Gienke zwar herzlich »für seine Initiative und die Art und Weise der Gestaltung der Begegnung«, fügte dem jedoch hinzu: »Es wird die Bitte ausgesprochen, im Bischofskonvent im Blick auf künftige vergleichbare Fälle Verfahren für vorherige Rückkopplung zu überlegen.« Protokoll Stolpe-Lewek-Kupas vom 23.7.1984 über die 164. Sitzung des Vorstandes am 20.7.1984 in Dresden, EZA Berlin, 101/93/244. Die Rede Gienkes ist abgedruckt in epd-Dok 31/84, 68 f. Vgl. zu Gienkes Auftreten in der Marienkirche Stralsund auch Abt. II, Vorlage Braemer vom 11.12.1984 an die Dienstbesprechung am 17.12.1984, Information zu den Herbstsynoden 1984, BA, Abt. Potsdam, O-4, 949. Hans Modrow hob gegenüber Hempel hervor: »Die Rede des Bischofs Gienke fand in der Bevölkerung und in unserer Partei hohe Anerkennung und Achtung, wobei sich der Bischof in eindeutiger Weise als Staatsbürger der DDR bekannte.« Der KKL-Vorsitzende soll erwidert haben: »Ich scheue keinen Symbolkontakt und hätte in gleicher Weise wie Bischof Gienke gesprochen. Nie würde ich den Vorsitzenden des Staatsrates politisch in Schwierigkeiten bringen. In diesem Zusammenhang erklärte Dr. Hempel: Angenommen, der Staatsratsvorsitzende käme am 13. Februar 1985 zu einem Kurzbesuch in die Kreuzkirche, dann wäre das für ihn [Hempel] eine große Freude und Selbstverständlichkeit, ihn ebenso herzlich zu begrüßen.« Niederschrift vom 19.7.1984 über ein Gespräch des 1. Sekretärs der Bezirksleitung Dresden der SED, Genossen Hans Modrow, mit dem Landesbischof der Evangelisch-Lutherischen Landeskirche Sachsens, Dr. Johannes Hempel, und dem Präsidenten des Landeskirchenamtes, Kurt Domsch, am 18.7.1984, PDS-Archiv Dresden, IV E-2.14-673. Am 10.7.1984 überreichte der Bezirk Rostock Gienke in Zusammenhang mit der Gratulation zu seiner Wahl in das Exekutivkomitee des LWB auch »das Ehrengeschenk des Generalsekretärs des ZK der SED und Vorsitzenden des Staatsrates der DDR […] Diese Ehrung betrachtete Dr. Gienke als Ausdruck und [sic!] Wertschätzung seiner Person, aber auch seines Wirkens als Staatsbürger der DDR und als Bischof, der für ein konstruktives Staat-Kirche-Verhältnis eintritt. Dr. Gienke erklärte, daß er sich für das erreichte Ehrengeschenk beim Vorsitzenden des Staatsrates schriftlich bedanken wird. Eingehend auf die politische Bedeutung des Staatsbesuches in Stralsund […] hob Dr. Gienke die große Autorität der DDR im weltweiten Ringen um die Erhaltung und Sicherung des Friedens hervor. Für diese umsichtige, kluge und auf Kompromißbereitschaft aufgebaute Politik muß man dem Staatsratsvorsitzenden Dank sagen«, äußerte der Greifswalder Bischof. RdB Rostock, Stellvertreter des Vorsitzenden für Inneres, Information Haß vom 14.8.1984 über das am 10.8.1984 geführte Gespräch des Stellvertreters des Vorsitzenden des Rates des Bezirkes für Inneres, Gen. Haß, mit Bischof Dr. Gienke in Stralsund-Achtmannskammer, BA, Abt. Potsdam, O-4, 789. Zum Tod Olof Palmes 1986 richtete Gienke an den schwedischen Erzbischof Werkström ein persönliches Schreiben. Vgl. Protokoll Leich-Ziegler-Herrbruck/Dorgerloh über die 104. Sitzung der Konferenz der Evangelischen Kirchenleitungen in der DDR vom 7. bis 9.3.1986 in Bad Saarow (Klausurtagung), EZA Berlin,

101/93/238. Vor den Mitgliedern des BEK-Präsidiums sowie Gästen aus der Ökumene soll Gienke in seiner Wohnung am 23.9.1984 geäußert haben, »daß er selten einen Menschen getroffen habe, der so gesprächsfähig, warmherzig und klug ist, der so gut zuhören kann wie Erich Honecker. Er habe überraschenderweise einen Gesprächspartner gefunden, wie man sich ihn nur wünschen kann. Honecker sei ein geplagter und gehetzter Mann, er halte ihn für einen der besten Politiker, den es zur Zeit gibt.« Information Major Naumann, Leiter der Kreisdienststelle Görlitz, vom 25.10.1984 zur 4. Tagung der 4. Synode des Bundes der Evangelischen Kirchen in der DDR vom 21.-25.9.1984 in Greifswald, BStU, ASt. Dresden, AIM 6830/90, I/2.

816 Information vom 4.10.1984 über Verlauf und Ergebnisse der 4. Tagung der IV. Synode des Bundes der Evangelischen Kirchen in der DDR (BEK) vom 21.9. bis 25.9.1984 in Greifswald, BA, Abt. Potsdam, O-4, 949; auch a.a.O., O-4, 786.

817 SED-BL Dresden, Abteilung Staat und Recht, Vermerk vom 22.10.1984 über das am 16.10.1984 geführte Gespräch mit Genossen Peter Kraußer, Mitarbeiter in der Arbeitsgruppe Kirchenfragen des ZK der SED, PDS-Archiv Dresden, IV E-2.14-667.

818 Intensive Unterstützung in ihrer kirchenpolitischen Arbeit erfuhr Frau Feurich durch Dohle und Lewerenz. Vgl. SED-BL Dresden, Abteilung Staat und Recht, Information Graff vom 6.11.1986 an Genossen Hans Modrow, Betr.: Beratung zur Weiterführung der kirchenpolitischen Arbeit im Jahre 1987, PDS-Archiv Dresden, IV E-2.14-667.

819 Es handelte sich u. a. um den sächsischen Landessynodalen Dr. Nollau, Dozent für Mathematik an der TU Dresden, den Verwaltungsleiter der Kirchenmusikschule in Dresden, Lindner, Pfarrer Großmann (Riesa), Sektorenleiter Lewerenz sowie Helmut Richter von der SED-Bezirksleitung. SED-BL Dresden, Abteilung Staat und Recht, Niederschrift Richter vom 30.10.1984 über eine Aussprache mit Prof. Dr. Gollwitzer und dessen Ehefrau in der Wohnung von Frau Feurich am 22.10.1984 von 17.45-20.30 Uhr, PDS-Archiv Dresden, IV E-2.14-672.

820 Auch für diesen Kirchentag war wieder die Entsendung einer BEK-Delegation geplant. Vgl. Protokoll Hempel-Ziegler-Kupas vom 1.10.1984 über die 166. Sitzung des Vorstandes am 20.9.1984, 14.00 Uhr, in Greifswald, EZA Berlin, 101/93/244. Das Sekretariat des ZK der SED stimmte auf seiner Sitzung am 6.5.1985 der Reise der BEK-Delegation nach Düsseldorf zu. Vgl. das Sitzungsprotokoll in SAPMO-BA ZPA J IV 2/3-3816. Vgl. auch die Liste der Delegierten aus Berlin-Brandenburg, BA, Abt. Potsdam, O-4, 1200. Allerdings machte der Staat Schwierigkeiten wegen der mit 47 Personen zu hoch empfundenen Teilnehmerzahl. Vgl. Protokoll Hempel-Ziegler-Kupas vom 25.3.1985 über die 172. Sitzung des Vorstandes am 20.3.1985 in Berlin, EZA Berlin, 101/93/245. Zur Behandlung von für Laien gestellten Anträgen vgl. Vermerk Ziegler vom 25.4.1985 über ein Gespräch im Staatssekretariat für Kirchenfragen am 23.4.1985, 14.00-16.30 Uhr, EZA Berlin, 101/93/4. Vgl. insgesamt auch Protokoll Hempel-Ziegler-Kupas vom 14.1.1985 über die 170. Sitzung des Vorstandes am 7.1.1985 in Berlin: »Stolpe informiert über eine Anfrage des Deutschen Evangelischen Kirchentages, anläßlich des Düsseldorfer Kirchentages für ein Podiumsgespräch zu Friedensfragen zur Verfügung zu stehen. Der Vorstand votiert mit unterschiedlichen Gesichtspunkten, die Stolpe bei seiner Entscheidung berücksichtigen will.« EZA Berlin, 101/93/245.

821 Die abschließende Wertung Richters lautete: »Zusammenfassend ist einzuschätzen, daß dieses Gespräch für beide Seiten doch sehr nützlich war. Es trug dazu bei, Gedanken und Standpunkte auszutauschen und vermittelte einen Einblick in die Vielschichtigkeit der Friedensbewegung in der BRD und die politischen Strömungen in den BRD-Kirchen. Das Ehepaar Gollwitzer äußerte sich zufrieden über die Staat-Kirche-Beziehungen und den sich deutlich vollzogenen Vertrauenszuwachs vieler Christen zum sozialistischen Staat (bei Einschränkung der Erfahrungen in der Evangelischen Akademie Meißen). Besonders hervorzuheben ist das gewachsene politische Profil des Dr. Nollau, dessen engagierte und politisch durchdachte Beiträge Ausdruck des Bekenntnisses als sozialistischer Staatsbürger waren. In ähnlicher Weise betrifft das Pfarrer Großmann und Herrn Lindner.« SED-BL Dresden, Abteilung Staat und Recht, Niederschrift Rich-

ter vom 30.10.1984 über eine Aussprache mit Prof. Dr. Gollwitzer und dessen Ehefrau in der Wohnung von Frau Feurich am 22.10.1984 von 17.45-20.30 Uhr, PDS-Archiv Dresden, IV E-2.14-672.

822 Notiz über ein Gespräch mit Konsistorialpräsident Stolpe am 2.8.1984 im Sektor Kirchenfragen, BA, Abt. Potsdam, O-4, 1129.

823 Vgl. Bericht zur kirchenpolitischen Situation in Berlin, Hauptstadt der DDR (entsprechend Rahmenplan der Dienststelle des Staatssekretärs für Kirchenfragen), Dezember 1984/Januar 1985, a.a.O. Die Versöhnungskirche wurde in zwei Abschnitten am 22. und 28.1.1985 gesprengt. Vgl. KiS 1/85, 39. Vgl. auch die Berichterstattung der Berliner Morgenpost vom 23.1.1985.

824 Binder, Materialsammlung für den ersten Entwurf eines Wortes der evangelischen Kirchen zum 40. Jahrestag des Kriegsendes, EZA Berlin, 101/93/259.

825 Vermerk Ziegler über die 19. Konsultation zwischen dem BEK und der EKD am 29.10.1984 in Berlin, a.a.O.

826 A.a.O.

827 A.a.O. Am 1.11.1984 wurde IM »Sekretär« ein Operativgeld in Höhe von 234,– M ausgezahlt. Vgl. Operativgeldabrechnung 1913/84, Rechercheergebnisse zum IM »Sekretär«, Stand 12.4.1994, 263. Die »Stichpunkte« hatte Hempel zuvor dem KKL-Vorstand vorgelegt, der darum bat, »diese Punkte in das Konsultationsgespräch mit der EKD einfließen zu lassen.« Protokoll Hempel-Ziegler-Lewek vom 31.10.1984 über die 157. Sitzung des Vorstandes am 18.10.1984, 10.00 bis 17.00 Uhr, in Berlin, EZA Berlin, 101/93/244.

828 Protokolle und Schriftwechsel der »Konsultationsgruppe«, ABB Bonn.

829 Vermerk Lingner über die Sitzung der Beratergruppe am 12.12.1984, EZA Berlin, 4/92/15.

830 Abgedruckt in epd-Dok 43/84, 1-27, hier: 24.

831 Vermerk Lingner über die Sitzung der Beratergruppe am 12.12.1984, EZA Berlin, 4/92/15.

832 Ebd.

833 Vgl. SED-BL Dresden, Abteilung Staat und Recht, Bemerkungen vom 16.7.1984 zu gegenwärtigen kirchenpolitischen Problemen und einigen Ergebnissen der Frühjahrssynoden der Evangelischen Kirchen in der DDR (bezugnehmend auf ein Gespräch am 10.7. mit Genossen Krauße, Arbeitsgruppe Kirchenfragen beim ZK der SED), PDS-Archiv Dresden, IV E-2.14-833.

834 Vgl. auch Protokoll Hempel-Ziegler-R. Schulze über die 96. Tagung der Konferenz der Evangelischen Kirchenleitungen in der DDR am 11./12.1.1985 in Berlin: »Seit einem Jahr laufen Bemühungen, besonders gefährdete Gebäude in die Liste für Baubilanzen in Mark der DDR zu bringen; für den Pasewalker Kirchturm wurden Sicherungsmaßnahmen geplant und angemeldet, sie wurden aber nicht eingeleitet. Am 3.12.1984 kam es zum Einsturz; bei der Sprengung des Turmes traten anschließend unvorhergesehene Folgen ein, die Westwand des Kirchenschiffes stürzte unter dem Druck der Schuttmassen langsam ein. Der Bauminister der DDR ist mit Sofortmaßnahmen beauftragt worden. Zur Zeit besteht weitere Einsturzgefahr.« Weiter hieß es im gleichen Protokoll: »Als Katastrophenfall kündigt sich auch der Zustand der Thomaskirche in Leipzig an.« EZA Berlin, 101/93/236. In einem Gespräch, das wenige Tage später stattfand, soll Hauptabteilungsleiter Heinrich sogar geäußert haben, »das Ministerium für Bauwesen [sei] beauflagt […], den Wiederaufbau zu betreiben.« Vermerk Ziegler vom 17.1.1985 über ein Gespräch in der Dienststelle des Staatssekretärs für Kirchenfragen am 14.1.1985, 11.00 Uhr-12.15 Uhr, EZA Berlin, 101/93/4. 1987 sagte die DDR-Regierung finanzielle Unterstützung für den Wiederaufbau der Kirche in Pasewalk zu. Vgl. Protokoll Leich-Ziegler-von Rabenau über die 111. Tagung der Konferenz der Evangelischen Kirchenleitungen in der DDR am 8./9.5.1987 in Dessau, EZA Berlin, 101/93/242. Zum Einsturz der Pasewalker Kirche vgl. auch KiS 6/84, 48 sowie KiS 1/85, 37.

835 Vgl. auch Vermerk Ziegler vom 19.9.1984 über ein Gespräch in der Dienststelle des

Staatssekretärs für Kirchenfragen am 17.9.1984, 14.00-16.00 Uhr: »Domsch stellt die Dringlichkeit der Erhaltung unserer Kirchen dar. Wir dürften unser Land nicht ärmer an Kulturgütern machen. [...] Stolpe kündigt an, daß wir ein bis zwei zentrale Objekte nennen würden, die am Zerfallen sind. Für die Gemeinden sei die Frage der Kirchenerhaltung ein Zeichen für das Verhältnis von Staat und Kirche.« EZA Berlin, 101/93/4. Vgl. auch Vermerk Ziegler vom 27.12.1984 über Gespräch mit dem Staatssekretär für Kirchenfragen am 18.12.1984, 10.00 bis 14.00 Uhr, a.a.O. Vgl. auch Rat der Stadt Dresden, Bereich Inneres, Kirchenfragen, Aktenvermerk Schulze vom 15.8.1986 über Gespräch am 14.8.1986 mit Kirchenamtsrat Heitmann, SHStA Dresden, BT/RdB Dresden (Zwibo), 44870; Rat der Stadt Dresden, Bereich Inneres, Kirchenfragen, Aktenvermerk Schulze vom 21.10.1986 über heutiges Gespräch mit Kirchenamtsrat Heitmann, a.a.O.; Rat der Stadt Dresden, Bereich Inneres, Staatspolitik in Kirchenfragen, Aktenvermerk vom 1.12.1987 über Gespräch am 26.11.1987 mit Kirchenamtsrat Heitmann: »Abschließend äußerte Herr Heitmann wiederum seine große Sorge und Betroffenheit über den baulichen Zustand verschiedener kirchlicher Objekte, d. h. fehlende Baukapazitäten.« A.a.O.

836 Zu den Herbstsynoden insgesamt vgl. Abt. II, Vorlage Braemer vom 11.12.1984 an die Dienstbesprechung am 17.12.1984, Information zu den Herbstsynoden 1984: »Im Verlauf und an den Ergebnissen der Herbstsynoden 1984 zeigte sich, daß der Kurs der loyalen und positiven Kräfte, der bereits bei den Frühjahrssynoden zu einem insgesamt ruhigen und sachlichen Verlauf geführt hatte, fortgesetzt und z. T. eine weitere Ausprägung realistischer Positionen erreicht werden konnte. [...] Dabei wurde die Einsicht vertieft, daß aus theologischen und innerkirchlichen Orientierungen eine praktische Tätigkeit in der Gesellschaft erwachsen kann und sollte. Das führte dazu, daß viele auf den Synoden geäußerte politische Auffassungen realistische und loyale Aussagen enthielten. [...] Neben solchen Einsichten gab es aber auch bekannte illusionäre Forderungen, die sich vor allem auf den Bereich der Verteidigungspolitik und Wehrbereitschaft bezogen. Diese wurden jedoch ohne Verschärfung oder zu Konfrontationen führend vorgetragen. Durchgängig enthielten politisch relevante Vorlagen der Kirchenleitungen und Ausschüsse loyale und realistische Aussagen und wurden so auch bestätigt. Dadurch kam es im Ergebnis der Synode an keiner Stelle zu Konfrontationen mit dem Staat. Dazu trugen die Bischöfe bei, indem sie positive und progressive Aussagen z. T. deutlich bekräftigten. [...] Das darf nicht darüber hinwegtäuschen, daß die negativen Kräfte nach wie vor wirken, sich organisiert haben und über einflußreiche Positionen in Ausschüssen verfügen.« Zur Friedensfrage hieß es in dem Text: »Deutlich setzte sich hier die bereits im Frühjahr begonnene Linie fort, die Friedensaktivitäten der DDR anzuerkennen und auf Angriffe gegen die Verteidigungspolitik des sozialistischen Staates zu verzichten. Da in den Formulierungen zu dieser Problematik neutralistische und systemindifferente Grundauffassungen zurückgenommen wurden – obwohl sie nicht als überwunden angesehen werden können –, zeigt sich verstärkt die Möglichkeit, christliche Friedensarbeit in das gesamtgesellschaftliche Friedensengagement einzuordnen.« Der Text resümierte: »Bei der Herausbildung einer ›Kirche im Sozialismus‹ und im Differenzierungs- und Polarisierungsprozeß unter kirchenleitenden Kräften erlangen die landeskirchlichen und zentralen Synoden zunehmend mehr Bedeutung. Bis vor wenigen Jahren waren sie noch die Sammelpunkte der negativen Geistlichen und Laien, die hier gegen progressive Entwicklungen in den Kirchenleitungen auftraten und sich ihre Linie durch dieses Wahlgremium bestätigen ließen. Seit dem Jahr 1983 gelang es, besonders durch die Auseinandersetzungen vor und nach der Bundessynode, das konstruktive Verhältnis von Staat und Kirche zu dokumentieren, die Friedenspolitik der DDR besser zu unterstützen und auf Konfrontation gerichtete Positionen zurückzudrängen.« BA, Abt. Potsdam, O-4, 949. Vgl. auch die Texte zu den Herbstsynoden 1984 in epd-Dok 52/84.

837 In Thüringen handelte es sich um eine konstituierende Synodaltagung. Die Synodalpräsidentin Christina Schultheiß wurde in ihrem Amt bestätigt. Statt ihres bislang progressiven Stellvertreters Senff wählte die Synode den Laiensynodalen Jagusch (Jena), einen Vertrauten Ludwig Großes. Vgl. ebd. Vgl. insgesamt auch Abt. II, Information vom

18.3.1985 über das Kräfteverhältnis unter den neu gewählten Synodalen, BA, Abt. Potsdam, O-4, 950. Vgl. auch Protokoll Hempel-Ziegler-R. Schulze über die 96. Tagung der Konferenz der Evangelischen Kirchenleitungen in der DDR am 11./12.1.1985 in Berlin, EZA Berlin, 101/93/236.

838 Vgl. Abt. II, Information vom 18.3.1985 über das Kräfteverhältnis unter den neu gewählten Synodalen: »Insgesamt hat sich in der provinzsächsischen Synode das Kräfteverhältnis zugunsten loyaler und realistischer Synodaler verschoben. Deren gewachsenes Gewicht trug auch dazu bei, daß die Herbsttagung 1984 einen konfrontationsfreien und sachlichen Verlauf nahm und ermöglichte es den realistischen Kräften um Bischof Dr. Demke, sich politisch positive Aussagen von der Synode bestätigen zu lassen.« BA, Abt. Potsdam, O-4, 950. Ärger bereitete hier lediglich die Bestätigung eines in Magdeburg herausgegebenen Materialdienstes Frieden durch die Synode. Das Blatt diskreditiere den Staat, sagte der Stellvertreter des Vorsitzenden für Inneres beim RdB Magdeburg, Dr. Lubas, zu Konsistorialpräsident Kramer und stellte zugleich eine Parallele zwischen diesem Blatt und den innerkirchlichen Publikationsorganen »Schalom« (Samariterkirche Berlin) her [Generalsuperintendent Krusche setzte im Frühjahr 1985 nach eindringlichen Hinweisen des Staates ein vorläufiges Einstellen des Erscheinens dieses Blattes durch. Vgl. Bericht zur kirchenpolitischen Situation in Berlin, Hauptstadt der DDR, Februar/März 1985, BA, Abt. Potsdam, O-4, 1129; auch Sofort-Information vom 19.4.1985 (Nach den Informationsberichten der Räte der Bezirke 2/85, Einzelinformationen sowie Dienstreiseberichten der Operativkader], BA, Abt. Potsdam, O-4, 950. Zuvor hatte Stolpe berichtet, »daß Eppelmann sich freiwillig einer kirchlichen ›Zensur‹ unterworfen habe (indem das Material mit dem Gerät der Generalsuperintendentur vervielfältigt werde). Gen. Hoffmann erklärte hierzu, daß der Staat sich mit dieser kirchlichen Position nicht einverstanden erklären könne. ›Schalom‹ trage den Charakter einer Zeitung, die Vervielfältigung des Materials sei ein Verstoß gegen gesetzliche Bestimmungen, den wir nicht hinzunehmen bereit seien.« Information über ein Gespräch des Stellvertreters des Oberbürgermeisters für Inneres, Gen. Hoffmann, mit Konsistorialpräsident Stolpe am 9.1.1985, BA, Abt. Potsdam, O-4, 1192; vgl. auch Bericht zur kirchenpolitischen Situation in Berlin, Hauptstadt der DDR (entsprechend Rahmenplan der Dienststelle des Staatssekretärs für Kirchenfragen), Dezember 84/Januar 85, der das Erscheinen von zwei weiteren Ausgaben des Blattes notierte. Demnach soll Günter Krusche am 11.12.1984 hervorgehoben haben, man könne nun kontrollieren, »was Pfarrer Eppelmann zu sagen beabsichtige««. BA, Abt. Potsdam, O-4, 1129.] und »Kontakt« (ESG-Geschäftsstelle). Kramer wies geschickt darauf hin, ihm sei der Inhalt dieses Materialdienstes, von dem noch keine Ausgabe erschienen sei, nicht bekannt. Er könne daher »nicht verstehen, wieso so gezielte Aussagen über den Inhalt gemacht würden.« Vermerk Kramer betr.: Materialdienst Frieden, Gespräch mit Herrn Dr. Lubas am 9.11.1984 im Dienstzimmer von Hauptabteilungsleiter Heinrich, Dauer von 15.00 bis 15.40 Uhr, EZA Berlin, 101/93/64. Vgl. auch Vermerk Kramer über Gespräch mit Lubas am 20.11.1984 im Konsistorium, wo der Bezirksfunktionär mitteilte, Gysi teile seine Auffassungen zum geplanten Blatt: »Ich habe noch einmal wiederholt, [...] daß es mir unverständlich sei, wie über den Inhalt gesprochen werden könne, wenn von einem Inhalt noch gar nichts Detailliertes bekannt sei.« A.a.O. Mit Schreiben vom 16.11.1984 (Evangelisches Konsistorium der Kirchenprovinz Sachsen an BEK-Sekretariat) bat Kramer den KKL-Vorstand, sich der Angelegenheit anzunehmen. Vgl. a.a.O. Der KKL-Vorstand behandelte diese Problematik jedoch nicht, sondern nahm den Sachverhalt lediglich zur Kenntnis. Vgl. Protokoll Hempel-Ziegler-Kupas vom 14.1.1985 über die 170. Sitzung des Vorstandes am 7.1.1985 in Berlin, EZA Berlin, 101/93/245; vgl. auch RdB Magdeburg, Stellv. d. Vorsitzenden f. Inneres, Information Lubas vom 10.4.1985 über ein Gespräch mit dem Konsistorialpräsidenten der Kirchenprovinz Sachsen, Kramer, am 10.4.1985 im Rat des Bezirkes, BA, Abt. Potsdam, O-4, 793; a.a.O., O-4, 1192. Daraufhin entschied die Provinzsächsische Kirchenleitung auf Nichtherausgabe des Materialdienstes. Kramer erläuterte diesen Beschluß: »Vor allem [...] sei erkannt worden, daß ein solcher periodischer Dienst einen

ständig höheren Grad an Organisiertheit der sogen. Basisgruppen (Frieden, Ökologie) ausgelöst hätte, was auch für die Kirche nicht wünschenswert sei.« Stattdessen erschienen Informationen in einem Blatt »Fingerzeig« (vgl. Sofort-Information vom 19.4.1985 [Nach den Informationsberichten der Räte der Bezirke 2/85, Einzelinformationen sowie Dienstreiseberichten der Operativkader], BA, Abt. Potsdam, O-4, 950), das das Konsistorium in einer Auflage von 400 Exemplaren verbreitete, schon um eine Verselbständigung der Basisgruppen zu verhindern. RdB Magdeburg, Stellv. d. Vorsitzenden f. Inneres, Information Lubas vom 10.4.1985 über ein Gespräch mit dem Konsistorialpräsidenten der Kirchenprovinz Sachsen, Kramer, am 10.4.1985 im Rat des Bezirkes, BA, Abt. Potsdam, O-4, 793; a.a.O., O-4, 1192. Nach Rücksprache mit Gysi sprach Lubas einen Monat später mit Demke, um »dem Bischof nunmehr endgültig zu erklären, daß die kirchliche Seite [...] den bisher eingeräumten Toleranzraum beim Druck und der Vervielfältigung von Presseerzeugnissen nicht überschreiten darf; für die sogenannten Basisgruppen gilt dieser Toleranzraum nicht. Dabei wurde zum wiederholten Mal eindeutig aufgezeigt, daß mit diesem grundsätzlichen Standpunkt des Staates keinerlei Einschränkung der kirchlichen Glaubensfreiheit bezweckt ist, aber andererseits alles darangesetzt wird, um vor allem die staatliche Friedenspolitik gegen politische Wirrköpfe u. a., die sich des Deckmantels der Kirche bedienen, zu sichern.« RdB Magdeburg, Stellv. d. Vorsitzenden für Inneres, Information Lubas vom 15.5.1985 über ein Gespräch mit Bischof Dr. Demke am 13.5.1985 im Konsistorium, BA, Abt. Potsdam, O-4, 1192; auch SAPMO-BA ZPA IV B2/14/69.

839 Vgl. hierzu auch Information zum Inhalt und Ablauf der 6. Tagung der 18. Legislaturperiode der evangelischen Landeskirche Anhalts vom 15.11.1984-17.11.1984, Dessau: »Die Tagung der Synode war dadurch gekennzeichnet, daß sie sich überwiegend mit der Behandlung innerkirchlicher Probleme beschäftigte. [...] Es bleibt die Tendenz bestehen, daß fundierte synodale Aussagen zu gesellschaftspolitisch relevanten Themen trotz der Wahrnehmung des möglichen staatlichen Einflusses nicht zustande kommen. Als Ursache dafür wird angesehen, daß die positiven und loyalen Kräfte nach wie vor zersplittert sind und keine Person vorhanden ist, die zur Zeit die Fähigkeit besitzt, diese Kräfte zu sammeln.« LPA Halle, IV E-2/14/580. Horst Hartwig urteilte: »Im Zusammenhang mit dem 35. Jahrestag gelang es den progressiven Kräften nicht, eine den Traditionen der Anhaltischen Kirche entsprechende und aktualisierte Positionsbestimmung zu unserem Staat vorzubereiten und in der Synode durchzusetzen. [...] Zwar gab es auf der Synode keine Aktivitäten negativer Kräfte. Aber es zeichnet sich die Gefahr ab, daß bei dieser Art Führungstätigkeit des Kirchenpräsidenten und der mangelnden Aktivität der progressiven Kräfte eine gewisse Stagnation eintritt.« Bericht H. Hartwig vom 22.1.1985 zur Dienstreise am 17.1.1985 nach Dessau, BA, Abt. Potsdam, O-4, 1220.

840 Sie fand tatsächlich vom 2. bis 9.6.1985 in Sachsen statt, verlief aus staatlicher Perspektive aber ruhig mit realistischen Akzenten. Vgl. Abt. II, Sofort-Information vom 26.8.1985 (Nach den Informationsberichten der Räte der Bezirke 4/85, Einzelinformationen und Dienstreiseberichten der Operativkader), BA, Abt. Potsdam, O-4, 951. Vgl. auch Protokoll Hempel-Ziegler-Lewek vom 25.2.1985 der 171. Sitzung des Vorstandes am 11.2.1985 in Berlin, EZA Berlin, 101/93/246.

841 Vgl. Vermerk Ziegler über die 19. Konsultation zwischen dem BEK und der EKD am 29.10.1984 in Berlin, EZA Berlin 101/93/259. Vgl. auch RdB Dresden, Sektor Staatspolitik in Kirchenfragen, Einschätzung Lewerenz vom 19.10.1984 der 2. Tagung der 22. Landessynode der Ev.-Luth. Landeskirche Sachsens vom 13.-17.10.1984: Der Bericht des LKA orientiere »in der Umweltfrage eindeutig auf Aktion [...], die nicht neben oder gar gegen staatliche Interessen, sondern in Übereinstimmung mit ihnen durchgeführt werden sollen. [...] Bericht des Landesbischofs: [...] Ausgehend von fundiert theologischen Überlegungen entwickelt Dr. Hempel politische Einsichten, die realistische Positionen zum historischen Verhältnis von Kirche und Gesellschaft sowie zur Friedens- und Umweltproblematik enthalten. [...] Dr. Hempel richtete [in der Fragestunde] auch deutliche Worte der Kritik an die anwesenden Vertreter westlicher Me-

597

dien über deren Art der Berichterstattung. [...] Die Haltung des Landesbischof, wie sie besonders in seiner Darstellung des ›Grundvertrauens‹ zum Ausdruck kommt, wurde von den Mitgliedern der Kirchenleitung mitgetragen und unterstützt.« SHStA Dresden, BT/RdB Dresden (Zwibo), 44879. Vgl. auch J. Hempel, Einige Folgerungen aus der Dreieinigkeit Gottes. Vortrag auf der Herbstsynode am 13.10.1984, in: ders., Kirche wird auch in Zukunft sein, 146-152.

842 Vgl. Vermerk Lingner über die Sitzung der Beratergruppe am 12.12.1984, EZA Berlin, 4/92/15. Zur Friedensdekade in Berlin-Brandenburg vgl. Bericht zur kirchenpolitischen Situation in Berlin, Hauptstadt der DDR (entsprechend Rahmenplan der Dienststelle des Staatssekretärs für Kirchenfragen), Oktober/November 1984, BA, Abt. Potsdam, O-4, 1129.

843 Zu Bellmanns 65. Geburtstag am 6.11.1984 plädierte der KKL-Vorstand für ein Gratulationsschreiben durch Hempel. Gleiches galt für den 60. Geburtstag Hermann Kalbs am 20.10.1984. Vgl. Protokoll Hempel-Ziegler-Kupas vom 1.10.1984 über die 166. Sitzung des Vorstandes am 20.9.1984, 14.00 Uhr, in Greifswald, EZA Berlin, 101/93/244.

844 Arbeitsgruppe Kirchenfragen, Schreiben Rudi Bellmann an Genossen Jarowinsky, Mitglied des Politbüros, vom 2.10.1984, SAPMO-BA ZPA IV B2/14/96.

845 Information vom 8.10.1984 über die geplante Einreise von Dr. Erhard Eppler (BRD) in die DDR, BA, Abt. Potsdam, O-4, 968.

846 Darauf deutet Gysis Bemerkung hin: »Ich dankte ihm für sein sofortiges Kommen, das ich weder angeregt noch erwartet hatte. [...] Allerdings habe er es für selbstverständlich gehalten, daß die ganze Reise vorher mit mir abgestimmt worden sei. Das sei auch ein Grund für ihn gewesen, sofort zu kommen, nachdem ihn die Nachricht von meiner ablehnenden Haltung erreicht habe.« Information vom 23.10.1984 über das Gespräch von Staatssekretär Gysi mit Erhard Eppler, Mitglied des SPD-Präsidiums, Mitglied der Synode der EKD, Mitglied des Präsidiums des Deutschen Ev. Kirchentages, am 22.10.1984 in der Dienststelle des Staatssekretärs, a.a.O.

847 Horst Gienke soll geäußert haben: »Verfolgt man die Politik der DDR, die besonders von ihrem Staatsratsvorsitzenden geprägt wird, macht es Freude, DDR-Bürger zu sein. [...] Wir als leitende Kirchenvertreter erkennen immer besser, welche Bemühungen unser Staat für die Friedenssicherung unternimmt. Es sind Positionen, denen wir als Kirche sehr nahe stehen. Die Reden von Marxisten und Christen zur Friedensfrage sind in der DDR nicht spektakulär und keine billige Propaganda der Kommunisten, sondern entsprechen dem Wesen des Sozialismus und sind ein Stück erfahrener Wirklichkeit.« RdB Rostock, Stellvertreter des Vorsitzenden für Inneres, Information Haß vom 14.8.1984 über das am 10.8.1984 geführte Gespräch des Stellvertreters des Vorsitzenden des Rates des Bezirkes für Inneres, Gen. Haß, mit Bischof Dr. Gienke in Stralsund-Achtmannskammer, BA, Abt. Potsdam, O-4, 789. Auch Sup. Kreß, Bautzen, gab zu erkennen, daß er »sich nicht mit der Politik Kohl/Genscher identifiziert.« Rat des Kreises Bautzen an RdB Dresden, Fuchs, vom 25.1.1985, Kirchenpolitische Information Lawrenz, Stellv. d. Vors. f. Inneres, SHStA Dresden, BT/RdB Dresden (Zwibo), 44869.

848 Vgl. auch Epplers Interview in: Ev. Komm. 18 (1985), 29-32, bes. 29 f.

849 Information vom 23.10.1984 über das Gespräch von Staatssekretär Gysi mit Erhard Eppler, Mitglied des SPD-Präsidiums, Mitglied der Synode der EKD, Mitglied des Präsidiums des Deutschen Ev. Kirchentages, am 22.10.1984 in der Dienststelle des Staatssekretärs, BA, Abt. Potsdam, O-4, 968.

850 Abt. II, Information vom 19.10.1984 zur Friedensdekade 1984, SAPMO-BA ZPA IV B2/14/96. Der BEK-Ausschuß Kirche und Gesellschaft merkte im nachhinein »eine zu starke Intellektualität des Materials (z. B. für Landgemeinden)« an. Protokoll Lewek der Sitzung des Ausschusses Kirche und Gesellschaft am 30.11./1.12.1984 in Berlin, EZA Berlin, 101/93/52.

851 Anfang Juni 1984 erklärte Heinrich gegenüber Ziegler, »einziges Problem [hinsichtlich der bevorstehenden Friedensdekade] sei der Anhänger. Dieser würde gewiß wieder zu Auseinandersetzungen in Schule und im Ausbildungsbereich führen. Es gehe nicht um

das Symbol ›Schwerter zu Pflugscharen‹. Das Problem sei der Anhänger an sich.« Vermerk Ziegler vom 4.6.1984 über Gespräch im Staatssekretariat für Kirchenfragen am 1.6.1984, 11.10 bis 13.30 Uhr, EZA Berlin, 101/93/4.
852 Auf ihrer Sitzung im Mai 1984 befaßte sich die KKL mit der Friedensdekade. Vgl. Protokoll Hempel/Gienke/Stolpe-Ziegler-Dorgerloh/Radke über die 92. Tagung der Konferenz der Evangelischen Kirchenleitungen am 11./12.5.1984 in Eisenach (Bundesbesuchstage), EZA Berlin, 101/93/235. Auf starkes Interesse der Westpresse hatte bereits Hans Wilke hingewiesen. Vgl. Vermerk Ziegler vom 28.11.1984 über Gespräch im Staatssekretariat für Kirchenfragen am 31.10.1984, 13.00 bis ca. 14.45 Uhr, EZA Berlin, 101/93/4.
853 Am 13.12.1984 verwehrten die DDR-Behörden Heinrich Albertz die Einreise nach Berlin (Ost). Daraufhin teilte Stolpe Staatssekretär Gysi mit Schreiben vom 21.12.1984 diesen Sachverhalt mit und fügte selbstbewußt hinzu:»Die Ursache lasse ich noch gesondert untersuchen.« Stolpe betonte:»Das Ergebnis ist schmerzlich, denn es trifft einen hilfreichen Freund unserer Kirchen und unseres Landes.« Außerdem präsentierte der Konsistorialpräsident auch einen Lösungsvorschlag:»Zweierlei möchte ich gerne tun, um hieraus keine Dauerbelastung werden zu lassen: 1. Ich habe Pastor Albertz gebeten, vorerst Einreisevorhaben über mich zu koordinieren, 2. möchte ich aus Anlaß seines 70. Geburtstages Pastor Albertz zu einem Essen in die Hauptstadt einladen. Das möchte er gern in einem Kreis von 25 Personen, die ich mit aussuchen soll, wahrnehmen. Und er möchte gerne SIE dabei haben! Nun habe ich zwei herzliche Bitten an Sie: Könnten Sie bitte die Einreise für Pastor Albertz absichern helfen? Könnten Sie an einer solchen Begegnung teilnehmen? [...] Im Falle Ihrer Zusage würde ich Ablauf und Teilnehmer noch mit Ihnen abstimmen.« BA, Abt. Potsdam, O-4, 968. Grund für die Einreiseverweigerung waren Aussagen, die Albertz in der Kirchengemeinde Alt-Pankow gemacht haben soll. Nach Information des Berliner Magistrats»verglich Pfarrer Albertz (Westberlin) die ›unabhängige Friedensbewegung‹ in der DDR mit oppositionellen Gruppen im ›Dritten Reich‹. Er forderte auf, Kontakte auf privater Ebene zwischen Bürgern der DDR und dem nichtsozialistischen Ausland zu knüpfen und bot sich selbst als Vermittler an.« Bericht zur kirchenpolitischen Situation in Berlin, Hauptstadt der DDR (entsprechend Rahmenplan der Dienststelle des Staatssekretärs für Kirchenfragen), Oktober/November 1984, BA, Abt. Potsdam, O-4, 1129. Vgl. auch Information über ein Gespräch des Stellvertreters des Oberbürgermeisters für Inneres, Gen. Hoffmann, mit Konsistorialpräsident Stolpe am 9.1.1985:»Stolpe betonte, daß er Albertz seit langem kenne, ihn hoch schätze und einschätzen könne, daß Albertz der DDR nicht feindlich gegenüberstehe. Albertz begrüße in vielen Fragen die Entwicklung der DDR, er stehe auf dem Standpunkt, daß in der DDR die Lehren aus der Zeit des Faschismus gezogen seien.« BA, Abt. Potsdam, O-4, 1192. Ebenso kritisierte Stadtjugendpfarrer Wolfram Hülsemann die staatliche Haltung. Vgl. Bericht zur kirchenpolitischen Situation in Berlin, Hauptstadt der DDR (entsprechend Rahmenplan der Dienststelle des Staatssekretärs für Kirchenfragen), Dezember 84/Januar 85, BA, Abt. Potsdam, O-4, 1129. Die Geburtstagsfeier konnte im übrigen stattfinden. Vgl. Protokoll Hempel-Ziegler-Kupas/Dorgerloh über die 97. Tagung der Konferenz der Evangelischen Kirchenleitungen in der DDR vom 8. bis 10.3.1985 in Bukkow, EZA Berlin, 101/93/237. Auch 1985 gab es bei einer geplanten Reise des Pfarrers nach Mecklenburg Komplikationen, so daß Landesbischof Stier gegenüber dem RdB Schwerin »sein Unverständnis darüber aus[sprach], daß bis zum 10. April noch offen gewesen sei, ob Albertz einreisen darf oder nicht. Dieses Offenhalten sei über das vertretbare Maß hinaus erfolgt. Er frage sich, wie Albertz selbst dies aufnehmen muß. Eine negative Entscheidung des Antrages hätte zu einem erheblichen Schaden und sicher zu einer großen Reaktion in der Westpresse geführt. Albertz sei zutiefst gekränkt, es sei nicht ausgeschlossen, daß er seinerseits noch Protest gegen diese Verfahrensweise einlegt. Es sei bis zum 10. April auch kein Grund für eine Absage genannt worden. Stier gab danach das verkürzte Besuchsprogramm für Albertz zur Kenntnis. [...] Das Gespräch dauerte etwa zwei Stunden. Es war sachlich und offen, allerdings gestaltete sich der Dialog zwischen Genossen Schwoerke und dem Landesbischof zu einigen Fragen etwas zugespitzt. Stier

wirkte zum Teil verärgert, an einigen Stellen auch fordernd und anmaßend, vor allem im Zusammenhang mit dem Albertz-Besuch.« RdB Schwerin, Information Schwoerke vom 22.4.1985 über Gespräch mit Landesbischof Stier am 19.4.1985, BA, Abt. Potsdam, O-4, 790; auch SAPMO-BA ZPA IV B2/14/69. Hauptabteilungsleiter Heinrich erklärte Ziegler, wo der Staat hier die Probleme liegen sah: Albertz »sei eingeladen worden, um mit Gruppen Gespräche zu führen, die die Friedensdekade vorbereiteten. Der Staat müsse fragen, welches Mandat Herr Albertz eigentlich habe. Solche Einladungen liefen auf eine ›Internationalisierung‹ der Friedensdekade hinaus. [...] Ziegler erwidert auf diese längeren Ausführungen [die auch Reisen von Studentenpfarrern zum Christlichen Studentenweltbund betrafen, den Heinrich als ›eine politische Gruppierung‹ bezeichnete] lediglich, daß für uns [die Kirche] der Begriff ›Internationalisierung‹ nicht zutreffend und brauchbar sei; daß unsere ökumenischen Verbindungen nicht aufgebbar seien und auch nicht eingeschränkt werden könnten, hätten wir bereits immer betont.« Vermerk Ziegler vom 25.4.1985 über ein Gespräch im Staatssekretariat für Kirchenfragen am 23.4.1985, 14.00-16.30 Uhr, EZA Berlin, 101/93/4. Einen Monat später stellte Heinrich die Frage, »welche Kompetenz ein Pfarrer i. R. eigentlich habe. Er weist darauf hin, daß der Brief von Albertz an den Staatssekretär diesen nicht ermutigt habe, jemals wieder sich für eine Einreise von Albertz einzusetzen, wie das beim letzten Mal der Fall gewesen sei.« Vermerk Ziegler vom 3.6.1985 über ein Gespräch im Staatssekretariat für Kirchenfragen am 31.5.1985, 14.00-16.15 Uhr, a.a.O. Mit einem reduzierten Programm konnte der Besuch dann stattfinden. Vgl. Protokoll Hempel-Ziegler-von Rabenau/Günther über die 98. Tagung der Konferenz der Evangelischen Kirchenleitungen in der DDR am 10./11.5.1985 in Berlin, EZA Berlin, 101/93/237. Weiter ging es in diesem Zusammenhang mit Präsident Domsch: »Er informierte davon, daß die Kirchenleitung die Absicht habe, Heinrich Albertz in nächster Zeit nach Zwickau einzuladen. Er habe sich in Schwerin über die Gründe informiert, die zur Ablehnung des Besuches von Heinrich Albertz geführt haben, und sei der Meinung, daß der gegenwärtige Zeitpunkt für einen solchen Besuch in Zwickau nicht günstig sei. Nunmehr habe die Kirchenleitung die Absicht, Albertz im Frühjahr 1986 einzuladen. Domsch bat darum, daß durch staatliche Organe zu geeigneter Zeit ein Signal gegeben wird, ob Heinrich Albertz die Einreise in die DDR gestattet wird.« Vermerk Heinrich vom 4.10.1985 über ein Gespräch mit dem Präsidenten des Landeskirchenamtes Dresden, Dr. Kurt Domsch, am 2.10.1985, BA, Abt. Potsdam, O-4, 1215.

854 Abt. II, Information vom 19.10.1984 zur Friedensdekade 1984. Genannt war hier auch Erhard Eppler, der aber von Berlin-Brandenburg keine Einladung erhalten hatte (vgl. oben). SAPMO-BA ZPA IV B2/14/96. Hans Wilke fragte, »warum die Kirche jetzt so viele Ausländer zu den Veranstaltungen der Friedensdekade einlade. Das erwecke den Eindruck, als wisse die evangelische Kirche in der DDR selbst nichts genügend zu sagen, sondern verstecke sich hinter ausländischen Referenten. Ziegler erläutert[e], daß mit den Einladungen nur der von Anfang an bestehende ökumenische Charakter der Friedensdekade unterstrichen werde.« Vermerk Ziegler vom 28.11.1984 über Gespräch im Staatssekretariat für Kirchenfragen am 31.10.1984, 13.00 bis ca. 14.45 Uhr, EZA Berlin, 101/93/4.

855 Vgl. Information zur Friedensdekade vom 1.11.1984, SAPMO-BA ZPA IV B2/14/96.

856 Vgl. auch Vermerk Ziegler vom 29.11.1984 über Gespräch im Staatssekretariat für Kirchenfragen am 28.11.1984, 8.00 bis 10.15 Uhr: »Heinrich bringt zum Ausdruck, daß die Friedensdekade bis auf wenige Zwischenfälle (Samaritergemeinde Berlin) ruhig und angemessen verlaufen sei.« EZA Berlin, 101/93/4.

857 Stolpe vertrat dort die gleichen Positionen wie auf der Friedensratstagung Ende August, der BEK-Synode und der EKD-Synode in Lübeck-Travemünde. Vgl. hierzu Abt. II, Vierte Information Gräfe vom 19.11.1984 zur Friedensdekade »Leben gegen den Tod« vom 11.-21.11.1984, SAPMO-BA ZPA IV B2/14/96.

858 Vgl. auch Abt. II, Vorlage Gräfe vom 19.12.1984 an die Dienstbesprechung am 14.12.1984 (entsprechend der Festlegung im Umlaufverfahren nachgereicht), Leitungs-

information 6/84, BA, Abt. Potsdam, O-4, 949. Vgl. auch das Schreiben von 15 Evangelischen Christen aus Karl-Marx-Stadt an die KKL vom 7.5.1985 mit der Aufforderung, Solidarität mit Nicaragua zu üben. EZA Berlin, 101/93/237. Zum Verlauf der Friedensdekade vgl. auch die Berichte in KiS 6/84, 7 f.; 46.

859 Dies schloß die Feststellung des BEK-Ausschusses Kirche und Gesellschaft allerdings nicht aus: »Die Gemeinderesonanz hat 1984 noch stärker zugenommen. Das Friedensgebet ist zum strukturierenden Mittelpunkt der ganzen Friedensdekade geworden.« Protokoll Lewek der Sitzung des Ausschusses Kirche und Gesellschaft am 30.11./ 1.12.1984 in Berlin, EZA Berlin, 101/93/52.

860 Vgl. auch Bericht zur kirchenpolitischen Situation in Berlin, Hauptstadt der DDR (entsprechend Rahmenplan der Dienststelle des Staatssekretärs für Kirchenfragen), Oktober/November 1984, BA, Abt. Potsdam, O-4, 1129.

861 Über kritische Äußerungen Großes vor einem Ephorenkonvent im Bezirk Suhl (14.-15.5.1984) informierte Bellmann Gerhard Stöckert von der SED-BL Gera am 8.6.1984. Bellmann stützte sich auf eine Information der Suhler Bezirksleitung: »Große hob hervor, daß es zwischen Kirche und Staat politische Grenzen gibt und die Kirche kein Bekenntnis zum sozialistischen Staat ablegen kann. Eine vereinigte evangelische Kirche der DDR sollte geschaffen werden, um geschlossen dem Staat entgegenzutreten. Ohne eine Vereinigung würde die Kirche in absehbarer Zeit durch den Staat ›aufgefressen‹. Leich, der als Vorsitzender mit hoher Wahrscheinlichkeit als Bischof in Frage kommen würde, sei untragbar, weil er sich ständig dem Staat ›anbiedere‹. Große wandte sich entschieden gegen Gespräche mit Vertretern des Staates und öffentliche Erklärungen seitens der Kirche in den Massenmedien. Es sollen nur Gespräche geführt werden, wenn es gelte, die Interessen der Kirche durchzusetzen. Er griff leitende kirchliche Amtsträger in scharfer, unsachlicher Form an, die progressive Stellungnahmen zu den Kommunalwahlen abgegeben haben, und fügte hinzu, daß solche Leute wie Superintendent Paulin – Pößneck, die sich in den Kreistag wählen ließen, für die Kirche untragbar seien. Zur Dokumentierung seiner feindlich-negativen Einschätzungen schilderte Große, wie er sich am Wahltag verhalten hat: Er habe alle Kandidaten gestrichen und eine schriftliche Erklärung abgegeben, in der er sich gegen die Wahlmethoden und gegen die Kandidaten aussprach. Ergänzend dazu erklärte er, daß er den Staat der DDR nicht bejahen könne, weil dies ein kommunistischer Staat sei. Er habe viele verlockende Angebote, unter anderem aus der BRD, erhalten, sehe jedoch seine Pflicht darin, in der DDR zu bleiben, um gegen den Staat wirken zu können.« SAPMO-BA ZPA IV B2/14/116.

862 Abt. II, Abschlußinformation vom 22.11.1984 über den Verlauf der Friedensdekade 1984, BA, Abt. Potsdam, O-4, 949, auch SAPMO-BA ZPA IV B2/14/96. Vgl. auch Abschlußinformation vom 10.12.1984 zum Verlauf der Friedensdekade 1984, SAPMO-BA ZPA IV B2/14/96. Vgl. auch Abt. II, Zweite Information vom 13.11.1984 zur Friedensdekade »Leben gegen den Tod« vom 11.-21.11.1984; Abt. II, Dritte Information Wilke vom 16.11.1984 zur Friedensdekade »Leben gegen den Tod« vom 11.-21.11.1984. Dort heißt es auch: »Über den BRD-Deutschlandfunk verbreitete der ehemalige Pfarrer aus Neuenhagen bei Berlin, D. Linke, einen antisozialistischen Kommentar zur Friedensdekade, in dem er die DDR-Kirchen dazu aufforderte, sich in den von ihm beschriebenen Sinne gegen den Staat zu organisieren: ›Wenn die DDR-Kirchen jetzt glaubwürdig bleiben wollen mit ihrem Friedensengagement, dann müssen sie wohl, wenn der DDR-Staat sich ihnen verweigert, wieder Schulterschluß suchen mit den Basisgruppen der unabhängigen Friedensgruppen‹«; Abt. II, Vierte Information Gräfe vom 19.11.1984 zur Friedensdekade »Leben gegen den Tod« vom 11.-21.11.1984, SAPMO-BA ZPA IV B2/14/96. Vgl. auch SED-BL Dresden, Abteilung Staat und Recht, Information Göpfert an Modrow vom 7.12.1984, PDS-Archiv Dresden, IV E-2.14-833. Vgl. aber auch Protokoll Hempel-Ziegler-R. Schulze über die 96. Tagung der Konferenz der Evangelischen Kirchenleitungen in der DDR am 11./12.1.1985 in Berlin: »Sachsen: [...] Zur Friedensdekade wurden zehn Beanstandungen ausgesprochen. Die Beobachtungen kämen von Staatsbürgern, die an Veranstaltungen der Friedensdekade teilgenommen haben.« EZA Berlin, 101/93/236.

863 Wegen der Einladung des Pfarrers zu einer kirchlichen Tagung nach Dänemark lud das Staatssekretariat für Kirchenfragen Stolpe, Pfarrer Heilmann und Oberkonsistorialrat Linn zu einem Gespräch ein. Stolpe führte aus: »Grundsätzlich unterstützt die Kirchenleitung die Teilnahme E. an der Tagung in Dänemark. [...] E. sei durch mancherlei Dinge zu einer Persönlichkeit geworden, die auch international von Interesse ist. Davon, so Stolpe, zeugen Einladungen ausländischer Gastgeber, die im Abstand von sechs bis acht Wochen im Konsistorium eingehen würden. Bis jetzt habe die Kirche aus eigenem Interesse und eigener Verantwortung heraus Genehmigungen diesbezüglich versagt. E. ist ein Kirchenmann, der mit seinem Urteil gefragt ist. Davon zeugen die Anfragen verschiedenster Veranstalter an seine Person. E. ist ein Mann, mit dem die Kirche leben müsse. Die Meinung des Konsistoriums ist nun getragen von der Überlegung, daß es angebracht ist, die positive Richtung in der Entwicklung des Pfarrers E. durchsetzen zu helfen. Diesem Anliegen wird die Genehmigung der Teilnahme des E. an der Tagung in Dänemark dienen helfen. ›Es ist unsere Ansicht, daß der Pfarrer E. nicht durch Administrieren zu disziplinieren ist, sondern wir ihn in die Arbeit integrieren‹, sagte Stolpe.« Außerdem würde Heilmann Eppelmann begleiten. »E. müßte eine Geste des Vertrauens durch die Kirchenleitung entgegengebracht werden. Es würde arg strapaziert, wenn die Kirchenleitung nicht dafür votierte. Oberkonsistorialrat Linn bekräftigte diese Auffassung Stolpes. Er stellte fest, daß Pfarrer E. bisher bei dienstlichen Auslandsreisen von der Kirchenleitung Absagen erhalten habe. Das baue die positive Entwicklung des E. nicht auf. Auf einer Privatreise in die BRD hat er gezeigt, daß er sich ordentlich bewegen kann.« Hingegen betonte Heilmann, »daß er diese Reise für ein Risiko halte und daher auch verstehen würde, wenn dem E. keine Genehmigung erteilt werden würde. Konsistorialpräsident Stolpe resümierte noch einmal, daß eine Ablehnung der Teilnahme des E. an der Tagung kein[en] ›Weltuntergang‹ bedeuten würde. Allerdings würde eine solche Entscheidung E. wieder zurückdrängen zu solchen Leuten, die nicht in unserem Sinne tätig sind. [...] Er unterstrich, daß er keine Garantie für einen reibungslosen Ablauf der Reise von E. geben kann. In seiner Antwort legte Genosse Heinrich eindeutig dar, daß einer Stärkung der Position E.s durch internationales Auftreten nicht zugestimmt wird. [...] Genosse Heinrich erklärte sich bereit, anstelle des Pfarrers E. die Reise eines Pfarrers zu befürworten.« Bericht Eckhard Stephan vom 25.4.1985 über Gespräch am gleichen Tag, BA, Abt. Potsdam, O-4, 1201.

864 Abt. II, Dritte Information Wilke vom 16.11.1984 zur Friedensdekade »Leben gegen den Tod« vom 11.-21.11.1984, SAPMO-BA ZPA IV B2/14/96. Zur Vorbereitung der Friedensdekade in Dresden vgl. Rat der Stadt Dresden, Stellv. des Oberbürgermeisters für Inneres, Aktenvermerk Jörke vom 30.10.1984 über das Gespräch mit den Superintendenten Bergmann, Scheibner und Ziemer am 29.10.1984, PDS-Archiv Dresden, IV E-2.14-672. Vgl. auch SED-BL Dresden, Abteilung Parteiorgane, Sektor Parteiinformation, Fernschreiben Galle, Leiter der Abt. Parteiorgane, an ZK der SED, Abteilung Parteiorgane, Sektor Parteiorganisation, vom 21.11.1984, Information über den Verlauf der Friedensdekade der evangelischen Kirchen 1984: »Die Friedensdekade verlief im wesentlichen ohne ernsthafte Vorkommnisse.« PDS-Archiv Dresden, IV E-2.14-667.

865 Vgl. Protokoll Hempel-Ziegler-Lewek vom 18.12.1984 über die 169. Sitzung des Vorstandes am 13.12.1984 in Berlin: »Vorstand erörtert [...] und bringt weitere Gesichtspunkte ein.« EZA Berlin, 101/93/244. Vgl. auch die Niederschrift über die 58. Sitzung des Rates der EKD am 14./15.12.1984 in Hannover, ABB Bonn. Es heißt dort u. a.: »Herr Lohse berichtet über die Ideen des Bundeskanzlers zur Gestaltung des Gedächtnisses an den 8. Mai 1945 im Jahre 1985. (Ökumen. Gottesdienst im Kölner Dom.) Die Angelegenheit ist im Plenum zu erörtern. Herr Hild ist ggf. bereit, am 8.5.1985 an Feiern des BEK in der DDR teilzunehmen.«

866 Vgl. Vermerk Ziegler vom 21.1.1985 über die 20. Konsultation zwischen dem Bund der Evangelischen Kirchen in der DDR und der Evangelische Kirche in Deutschland am 17.1.1985, 11.00-16.00 Uhr in Berlin, EZA Berlin, 4/92/16; auch a.a.O., 101/93/259.

867 Vgl. Hammers Vermerk unter dem 5. Entwurf vom 19.1.1985, ABB Bonn.

868 Protokoll Hempel-Ziegler-Lewek vom 25.2.1985 der 171. Sitzung des Vorstandes am 11.2.1985 in Berlin, EZA Berlin, 101/93/246.
869 Vgl. auch Hammers Vermerk unter dem 5. Entwurf vom 19.1.1985, ABB Bonn.
870 Vgl. Protokoll Hempel-Ziegler-Lewek vom 25.2.1985 der 171. Sitzung des Vorstandes am 11.2.1985 in Berlin, EZA Berlin, 101/93/246.
871 Vgl. Protokoll Hempel-Ziegler-Kupas/Dorgerloh über die 97. Tagung der Konferenz der Evangelischen Kirchenleitungen in der DDR vom 8. bis 10.3.1985 in Buckow, EZA Berlin, 101/93/237.
872 Hammer an die westlichen Mitglieder der Konsultationsgruppe vom 6.2.1985, EZA Berlin, 4/92/16.
873 »Die WELT« Nr. 20 vom 24.1.1985. Ein im Januar-Heft 1985 der Ev. Kommentare abgedrucktes Interview mit Erhard Eppler (Politik auf dem Prüfstand, in: Ev. Komm. 18 [1985], 29-32), in dem die Frage des Vertrauens der DDR-Kirchen zu den Gremien der EKD angesprochen wurde, war Thema bei der 59. Sitzung des Rates der EKD am 24./25.1.1985 in Mühlheim.
874 Schreiben Binder an Henkys vom 28.1.1985, ABB Bonn, Allg. Korrespondenz 1981-1989.
875 Es handelte sich um eine Klausurtagung des Rates der EKD. Vgl. Protokoll Hempel-Ziegler-Lewek vom 25.2.1985 der 171. Sitzung des Vorstandes am 11.2.1985 in Berlin, EZA Berlin, 101/93/246.
876 ACDP, VII-013, 3148.
877 Mit dem Gespräch, das in der Sendereihe »Deutsche« am 20.1.1985 im ARD-Fernsehen ausgestrahlt wurde, befaßte sich auch der BEK-Ausschuß »Kirche und Gesellschaft« am 8./9.2.1985 in Berlin. Vgl. Protokoll Lewek, EZA Berlin, 101/93/52. Staatssekretär Gysi lobte den Auftritt der Oberkirchenrätin über die Maßen: »Frau Lewek habe in ihrem Gespräch mit Gaus wesentliches geleistet, da es ihr gelungen sei, kirchenpolitische Einsichten in persönliche Art umzusetzen.« Vertraulicher Vermerk Ziegler vom 14.2.1985 über ein Gespräch zwischen Landesbischof Dr. Hempel und Staatssekretär für Kirchenfragen Gysi im Beisein von Oberkirchenrat Ziegler am 9.2.1985, 17.25-18.20 Uhr, in Berlin, Tieckstr. 17, EZA Berlin, 101/93/4. Das Gespräch von Lewek mit Gaus ist wiedergegeben in epd-Dok 5/85, 16-24.
878 ACDP, VII-013, 3148.
879 Bericht zur kirchenpolitischen Situation in Berlin, Hauptstadt der DDR (entsprechend Rahmenplan der Dienststelle des Staatssekretärs für Kirchenfragen), Dezember 1984/Januar 1985, BA, Abt. Potsdam, O-4, 1129. Vgl. auch Bericht zur kirchenpolitischen Situation in Berlin, Hauptstadt der DDR, Februar/März 1985: »Eindeutig wird die Zerschlagung des Hitlerfaschismus als Akt der Befreiung der Völker eingeordnet. Unterschiede existieren in der Begriffsdefinition, nicht aber im Anerkennen der Tatsache, daß der Völkermord von Deutschland ausging. Die Rolle des deutschen Volkes (und weniger der ökonomischen und politischen Grundlagen des Faschismus) sowie der Evangelischen Kirche zur Zeit des Faschismus wird als Schuldfrage gestellt.« A.a.O. Vgl. auch Bericht zur kirchenpolitischen Situation in Berlin, Hauptstadt der DDR, April/Mai 1985, mit ähnlichem Gesamturteil. Außerdem heißt es dort: »Einige kirchliche Amtsträger gehen in ihrer Wertung soweit, festzustellen, daß eine Lehre des 8.5.1945 darin bestehe, sich nicht durch ›Antikommunismus‹ die Augen verkleben zu lassen‹ und Möglichkeiten des Bündnisses mit Kommunisten zu suchen und zu gehen (z. B. Pf. Greulich und Dr. Althausen). Neben der positiven Grundhaltung von der überwiegenden Mehrheit der kirchlichen Vertreter gab es durch verschiedene kirchliche Vertreter auch folgende Positionen: die Befreiung vom Faschismus wäre nicht von innen, sondern von außen geschehen, insofern wäre es unlogisch, daß wir von einem *Sieg* über den Faschismus sprechen; das subjektive Erleben des Kriegsendes sei für viele verbunden gewesen mit Furcht, Not und menschlicher Tragik. Dies sollte man heute nicht zu verschleiern suchen. Die Bürger sind heute ›reif‹ genug, sich mit der ›ganzen‹ geschichtlichen Wahrheit auseinanderzusetzen; zur ›Versöhnung‹ der ehemaligen Feinde

habe gehört, auch die ›Greueltaten‹ zu vergessen, die an deutschen Soldaten und der deutschen Zivilbevölkerung begangen wurden.« A.a.O.
880 Zur Bilanz des Weges vom 6. März 1978 vom 31.1.1985 (SAPMO-BA ZPA IV B2/14/42) und vom 8.2.1985 (BA, Abt. Potsdam, O-4, 1437).
881 Vgl. Ministerialdirigent Hermann Freiherr von Richthofen an Binder vom 14.3.1985, ABB Bonn, Akte Konsultationsgruppe. Gegenüber der Ständigen Vertretung der DDR in Bonn erklärte Binder, »daß er in seiner Tätigkeit als Beauftragter des Rates der EKD immer wieder Erfahrungen und Gedanken aus seinen Gesprächen mit Kirchenvertretern der DDR an die Bundesregierung mit der Empfehlung entsprechender Berücksichtigung herantrage. Das schließe Fragen des friedlichen Zusammenlebens beider deutscher Staaten ein.« StV Bonn, Abt. IAP, Vermerk Botschaftsrat Klein vom 15.10.1985 über ein Gespräch mit Prälat Binder, Beauftragter des Rates der EKD bei der Regierung der BRD, am 14.10.1985, BA, Abt. Potsdam, O-4, 4894.
882 Um den Begriff »anzunehmen« gab es eine heftige Auseinandersetzung, da Binder »hinzunehmen« durchsetzen wollte, aber wegen des Fehlens Bischof von Kelers nicht genug Unterstützung hatte. Vgl. dazu auch die Darstellung Binders vor der »Enquete-Kommission des Deutschen Bundestages zur Aufarbeitung von Geschichte und Folgen der SED-Diktatur in Deutschland« am 21.1.1994. Hier führte der ehemalige EKD-Bevollmächtigte in Bonn aus: »Die Diskussionen in der Konsultationsgruppe verliefen oft sehr kontrovers, durchweg aber bei Wahrung des gegenseitigen Vertrauens [...] Es kam auch nicht nur einmal vor, daß Mitglieder der Gruppe in einer Streitfrage nachgaben, um das Ergebnis der Arbeit nicht insgesamt in Frage zu stellen. Wenn es z. B. im ›Wort zum Frieden‹ [...] heißt: ›Es wurde uns schwer, die Realität zweier deutscher Staaten anzunehmen. Aber wir haben erkannt: Die Erhaltung des Friedens hat den Vorrang vor allem andern.‹ – so war diese Formulierung nur nach größtem Widerstand westlicher Teilnehmer akzeptiert worden. Hingegen wurden alle Vorstöße einzelner, eine gemeinsame Aktion zur Änderung der Präambel des Grundgesetzes der Bundesrepublik zu unternehmen, von allen westlichen Mitgliedern der Gruppe kategorisch abgelehnt.«
883 Abgedruckt in KJ 1945-1948, 149.
884 Wort zum Frieden. Der Bund der Evangelischen Kirchen in der Deutschen Demokratischen Republik und die Evangelische Kirche in Deutschland zum 40. Jahrestag des Endes des Zweiten Weltkrieges, in: KJ 1985, 110-113.
885 Vgl. epd-ZA Nr. 55 vom 20.3.1985, 1.
886 Am 11.1.1985 war Johannes Rau mit Forck, Stolpe und Propst Winter zusammengetroffen. »Rau läßt Grüße an alle Mitglieder der Konferenz [der Kirchenleitungen] ausrichten, besonders an den Vorsitzenden, Landesbischof Dr. Hempel.« Protokoll Hempel-Ziegler-R. Schulze über die 96. Tagung der Konferenz der Evangelischen Kirchenleitungen in der DDR am 11./12.1.1985 in Berlin, EZA Berlin, 101/93/236. Über Raus DDR-Besuch Anfang Januar 1985 sprach auch Hauptabteilungsleiter Peter Heinrich mit Ziegler: »Heinrich erläutert, daß der Besuch von Ministerpräsident Rau in einer sehr guten Atmosphäre verlaufen sei. Es sei eine Erleichterung gewesen, daß Rau Berlin ohne Anstoß als Ort der Begegnung angenommen habe. Er fragt, wie die kirchlichen Begegnungen verlaufen seien. Ziegler erwidert, daß er nur von einer Begegnung mit Vertretern der Berlin-Brandenburger Kirchenleitung wisse, über den Inhalt aber nichts sagen könne.« Vermerk Ziegler vom 17.1.1985 über ein Gespräch in der Dienststelle des Staatssekretärs für Kirchenfragen am 14.1.1985, 11.00 Uhr-12.15 Uhr, EZA Berlin, 101/93/4.
887 Zit. nach KJ 1985, 13. Über diese Begegnung – die kirchliche Delegation wurde vom Ratsvorsitzenden Lohse geleitet – informierte Prälat Binder Ende März 1985 die Ständige Vertretung der DDR in Bonn. Das Gespräch habe auch dazu gedient, die SPD als Verbündete gegen die geplante Steuerreform zu gewinnen, von der die EKD »bedeutende Verluste finanzieller Einnahmen« befürchtete. StV Bonn, Abt. IAP, Vermerk Botschaftsrat Klein vom 27.3.1985 über ein Gespräch mit Prälat Binder, Bevollmächtigter der EKD bei der Regierung der BRD am 26.3.1985, BA, Abt. Potsdam, O-4, 4895.

888 Sofort-Information vom 19.4.1985 (Nach den Informationsberichten der Räte der Bezirke 2/85, Einzelinformationen sowie Dienstreiseberichten der Operativkader), BA, Abt. Potsdam, O-4, 950.
889 RdB Dresden, Stellvertreter des Vorsitzenden für Inneres, Protokoll Fuchs vom 18.3.1985 über ein Gespräch des Stellv. des Vors. für Inneres des RdB Dresden, Gen. Fuchs, mit dem Präsidenten des Landeskirchenamtes der Ev.-Luth. Landeskirche Sachsens, Herrn Domsch, im Gästehaus des RdB am 13.3.1985, PDS-Archiv Dresden, IV E-2.14-672.
890 Vermerk über die 21. Konsultation zwischen BEK und EKD am 13.5.1985 in Berlin, EZA Berlin, 101/93/259.
891 Ebd.
892 Ebd. Vgl. auch mit gleichem Ergebnis bei positiver Wertung Protokoll Lewek über die Sitzung des Ausschusses »Kirche und Gesellschaft« 22./23.3.1985 in Berlin: »Im allgemeinen sind die Menschen 1985 offener, sich den Fragen der Vergangenheit im Blick auf die Zukunft zu stellen. Auch kann ein neues Interesse der Jugend an der Geschichte konstatiert werden. Dabei ist jedoch festzuhalten, daß ein eigentlicher Aufarbeitungsprozeß bis heute nicht geschehen ist; auch das ›Wort zum Frieden‹ leistet ihn nicht.« EZA Berlin, 101/93/52.
893 RdB Dresden, Sektor Staatspolitik in Kirchenfragen, Dresden, den 24.3.1985, Tagesinformationen zur Frühjahrssynode 1985 der Ev.-Luth. Landeskirche Sachsens vom 23.-27.3.1985 in Dresden, 1. Verhandlungstag (23.3.1985), SHStA Dresden, BT/RdB Dresden (Zwibo), 44878. Im Kreis Dresden verwiesen bei einem Gespräch zum 8. Mai Pfarrer »auf Erlebnisse mit sowjetischen Soldaten 1945, die auch nach Meinung des Superintendenten [Bergmann] durch gezielte Einwirkungen verdrängt wurden und so bis heute nicht aufgearbeitet sind. Dies sei auch von unseren Massenmedien nicht eingeordnet und berücksichtigt worden.« Rat des Kreises Dresden (Bezirk Dresden) an RdB Dresden, Fuchs, vom 3.6.1985, Langhammer, Stellv. d. Vorsitzenden Inneres, Informationsbericht Mai 1985, SHStA Dresden, BT/RdB Dresden (Zwibo), 44869.
894 Der zuständige Superintendent Dr. Ulrich Woronowicz fügte dem hinzu: »Ich möchte ausdrücklich betonen, daß die Meinung des Gemeindekirchenrates, der fast vollzählig versammelt war, von mir in keiner Weise beeinflußt worden ist. Auch die Formulierung stammt nicht von mir. Es handelt sich um eine spontane Reaktion auf die vollständige Verlesung des Textes in der Sitzung.« Schreiben an das Ev. Konsistorium Berlin-Brandenburg vom 20.3.1985, EZA Berlin, 101/93/64.
895 Protokoll Hempel-Ziegler-von Rabenau/Günther über die 98. Tagung der Konferenz der Evangelischen Kirchenleitungen in der DDR am 10./11.5.1985 in Berlin, EZA Berlin, 101/93/237. Mit den Reaktionen auf das Wort zum 8. Mai befaßte sich zwei Wochen später auch der KKL-Vorstand. Vgl. Protokoll Hempel-Ziegler-Kupas vom 31.5.1985 der 174. Sitzung des Vorstandes am 23.5.1985 in Berlin, EZA Berlin, 101/93/245.
896 Vermerk Lingner über die Zusammenkunft der Beratergruppe am 19.6.1985, EZA Berlin, 4/92/16.
897 Vermerk Ziegler über die 22. Konsultation zwischen BEK und EKD vom 31.7. bis 3.8.1985 in München, EZA Berlin, 101/93/259. Die Münchener Konsultation kündigte Ziegler im April 1985 im Staatssekretariat an: »Es werde unter anderem um Aufarbeitung des Echos auf das ›Gemeinsame Wort‹ gehen. Heinrich nimmt diese Ankündigung zur Kenntnis und erhebt keine Einwände dagegen, daß die Reiseanträge gestellt werden.« Vermerk Ziegler vom 25.4.1985 über ein Gespräch im Staatssekretariat für Kirchenfragen am 23.4.1985, 14.00-16.30 Uhr, EZA Berlin, 101/93/4.
898 Welt am Sonntag vom 24.3.1985. Weitere Kritik: idea Nr. 25 vom 21.3.1985, 1 f.
899 Welt am Sonntag vom 31.3.1985. Vgl. dazu auch E. Lohse, Erneuern und Bewahren, 56.
900 StV Bonn, Abt. IAP, Vermerk Botschaftsrat Klein vom 27.3.1985 über ein Gespräch mit Prälat Binder, Bevollmächtigter der EKD bei der Regierung der BRD, am 26.3.1985, BA, Abt. Potsdam, O-4, 4895.
901 Vermerk vom 26.6.1985 an Bellmann über 1. Tagung der 7. Synode der Ev. Kirche in

Deutschland (EKD) 21.-24.5.1985, Johannesstift, Westberlin, SAPMO-BA ZPA IV B2/14/200. Vgl. auch den Bericht der EKD-Synode: Berlin-Spandau 1985, Bericht über die erste Tagung der siebten Synode der EKD vom 21.-24.5.1985, hg. vom Kirchenamt der EKD, Hannover 1985.
902 Aktenvermerk Abt. Kirchenfragen vom 22.5.1985, ACDP, VII-013, 3148.
903 Vgl. auch StV Bonn, Abt. IAP, Vermerk Botschaftsrat Klein vom 27.3.1985 über ein Gespräch mit Prälat Binder, Bevollmächtigter der EKD bei der Regierung der BRD, am 26.3.1985: »B. äußerte Verständnis für die Position der DDR, einschließlich der klaren Haltung in der DDR-Staatsbürgerschaftsfrage. Seines Erachtens könne es sich jedoch auf absehbare Zeit keine BRD-Regierung leisten, die DDR-Staatsbürgerschaft im völkerrechtlichen Sinne anzuerkennen. Nach Meinung von B. müßten ›Zwischenlösungen‹ gefunden werden, um die Regelung anderer Fragen nicht zu blockieren.« BA, Abt. Potsdam, O-4, 4895. Vgl. hierzu auch den befürwortenden Brief von Philipp Th. Bertheau, Frankfurt, an Schmude vom 21.5.1985: »*Entrüstung* schlägt Ihnen jetzt von nahezu allen Seiten entgegen. Dabei leisteten Sie, sehr geehrter Herr Doktor Schmude, mit Ihren Denkanstößen [...] den längst fälligen Beitrag zur Ent-Rüstung der Deutschlandpolitik. [...] Ich verstehe Ihre Äußerungen [vor dem Kuratorium Unteilbares Deutschland zur Wiedervereinigungsfrage] kurz vor der Sitzung der Synode auch als ein Programm für den Fall, daß die Synode Sie zum neuen Präses wählt«. Das Schreiben schickte Bertheau am gleichen Tag auch Christa Lewek, die daraufhin am 28.6.1985 im Sekretariat mit Bertheau ein persönliches Gespräch führte. Vgl. handschriftlicher Randvermerk Lewek vom 8.9.1985, EZA Berlin, 101/93/65.
904 Vermerk Lingner über die Zusammenkunft der Beratergruppe am 19.6.1985, EZA Berlin 4/92/16.
905 Ebd.
906 SED-BL Dresden, Abteilung Staat und Recht, Niederschrift Abteilungsleiter Göpfert vom 14.3.1985 über einen Erfahrungsaustausch zu Fragen der Kirchenpolitik der Partei am 11.3.1985 in der Abteilung Staat und Recht, PDS-Archiv Dresden, IV E-2.14-833.
907 27.6.1985.
908 Vermerk Ziegler vom 10.7.1985 über ein Gespräch im Staatssekretariat für Kirchenfragen am 8.7.1985, 13.00 bis 15.00 Uhr, EZA Berlin, 101/93/4.
909 In einer Begegnung mit Honecker hatte der Staatsratsvorsitzende gegenüber dem EKD-Präses das kirchliche Wort zum 8. Mai gewürdigt. Vgl. das Interview Schmudes mit idea-Spektrum vom Juli 1985, in: idea-Spektrum 27/1985, 2-4. Siehe auch J. Hacker, Deutsche Irrtümer, 209 ff.
910 Evangelische Kirche und freiheitliche Demokratie. Der Staat des Grundgesetzes als Angebot und Aufgabe 1985. Eine Denkschrift der Evangelischen Kirche in Deutschland, in: Die Denkschriften der Evangelischen Kirche in Deutschland, Bd. 2/4: Soziale Ordnung, Wirtschaft, Staat, 9-54. Vgl. Vermerk (Teil-Niederschrift Hammer) vom 9.8.1985 über die 22. Konsultation zwischen BEK und EKD vom 31.7. bis 3.8.1985 in München, EZA Berlin 101/93/259.
911 Die Erklärung wurde von der Mecklenburger Kirchenzeitung, von der NZ (1.8.1985), aber auch vom ND im vollen Wortlaut veröffentlicht. Vgl. auch KiS 5/85, 230.
912 Die KKL verabschiedete den Text bei einer Stimmenthaltung auf ihrer Julisitzung 1985 und beschloß, sie verbunden mit einem Gesprächsangebot der DDR-Regierung zugänglich zu machen. Vgl. Protokoll Stolpe-Ziegler-Radke über die 99. Tagung der Konferenz der Evangelischen Kirchenleitungen in der DDR am 5./6.7.1985 in Berlin, EZA Berlin, 101/93/237. Am 18.4.1985 hatte im Vorfeld der KSZE-Tagung in Ottawa zu Menschenrechten und Grundfreiheiten ein Sachgespräch beim Staatssekretär für Kirchenfragen stattgefunden. Teilnehmer von kirchlicher Seite waren Günter Krusche, Lewek, Stolpe, Zeddies und Peter Müller. Vom DDR-Außenministerium nahm Botschafter Steglich teil. Vgl. Protokoll Hempel-Ziegler-Kupas vom 25.3.1985 über die 172. Sitzung des Vorstandes am 20.3.1985 in Berlin, EZA Berlin, 101/93/245. »Konkrete Probleme im eigenen Lande wurden angesprochen wie z. B. Reisefragen, Beschwerde-

wesen, Glaubens- und Gewissensfreiheit. Nach der Tagung in Ottawa soll ein weiteres Gespräch mit dem Thema ›Toleranz‹ stattfinden.« Protokoll Hempel-Ziegler-Ziegler/Kupas vom 29.4.1985 der 173. Sitzung des Vorstandes am 25.4.1985 in Berlin, a.a.O. Vgl. auch Protokoll Hempel-Ziegler-von Rabenau/Günther über die 98. Tagung der Konferenz der Evangelischen Kirchenleitungen in der DDR am 10./11.5.1985 in Berlin: »Die Konferenz befürwortet eine Fortsetzung des Gespräches. Dabei sollte auch die Verwirklichung der angesprochenen Fragen nach Möglichkeit mit Vertretern der Organe, die in der DDR dafür zuständig sind, angesprochen werden.« EZA Berlin, 101/93/237. Ein weiteres Gespräch wurde für den 12.9.1985 vereinbart. Vgl. Protokoll Gienke-Ziegler-Kupas vom 21.8.1985 über die 176. Sitzung des Vorstandes am 8.8.1985 in Berlin, EZA Berlin, 101/93/245. Die CCIA berief Stolpe 1985 als Mitglied in ihre Beratergruppe für Menschenrechte. Vgl. Protokoll Hempel-Ziegler-Lewek vom 4.7.1985 der 175. Sitzung des Vorstandes am 20.6.1985 in Dresden, a.a.O.

913 Abt. II, Sofort-Information vom 26.8.1985 (Nach den Informationsberichten der Räte der Bezirke 4/85, Einzelinformationen und Dienstreiseberichten der Operativkader), BA, Abt. Potsdam, O-4, 951. Christa Lewek hatte im Februar 1985 im Staatssekretariat für Kirchenfragen um Expertengespräche zur KSZE-Frage sowie zur Menschenrechtsproblematik gebeten. Vgl. Abt. II, Information Wilke vom 26.2.1985 an den Genossen Staatssekretär, BA, Abt. Potsdam, O-4, 968; auch a.a.O., O-4, 1437.

914 Vgl. Vermerk (Teil-Niederschrift Hammer) vom 9.8.1985 über die 22. Konsultation zwischen BEK und EKD vom 31.7. bis 3.8.1985 in München, EZA Berlin, 101/93/259.

915 Zu Aktion Sühnezeichen in der DDR vgl. Abt. II, Information Handel vom 2.7.1984 zum politischen Profil und zu Aktivitäten der »Aktion Sühnezeichen«: »Die Aktion wird von einem ständigen fünfköpfigen Leitungskreis organisiert und repräsentiert, dessen Vorsitzender seit Dezember 1982 der ehemalige Landesjugendpfarrer der Görlitzer Kirche, Werner Liedtke, ist. Liedtke bemüht sich um sachliche Beziehungen zu den staatlichen Organen, steht politischen Problemen aber mit z. T. großen Vorbehalten bzw. Illusionen gegenüber. Das hat dazu beigetragen, daß ›Sühnezeichen‹ in seiner Orientierung noch einseitiger auf eine Versöhnungsideologie ausgerichtet wurde (starke Vorbehalte gegen den militärischen Schutz des Sozialismus, gegen ›Feindbilder‹ etc.). […] Seit 1975 liegt die Leitung der Organisation, die den Status eines Fachverbandes des Diakonischen Werkes – Innere Mission und Hilfswerk – hat, in der DDR in den Händen von politisch insgesamt loyalen Kräften. In deutlichem Gegensatz zum konstruktiven Friedensengagement der ›Aktion Sühnezeichen‹ in der BRD erfolgen durch die Leitungsgremien in der DDR offiziell keine Stellungnahmen zu aktuellen politischen Problemen.« BA, Abt. Potsdam, O-4, 968.

916 Vermerk Dohle an Staatssekretär vom 2.7.1984, a.a.O.

917 Ebd. Als Personalvorschläge nannte Dohle die beiden überlebenden Mitglieder der Roten Kapelle, den Vizepräsidenten der AdW, Prof. Dr. Scheel, und Hans Coppi, »weil beide Genossen im Herbst 1983 erfolgreiche Gespräche mit jungen Gemeinden in Berlin geführt haben«.

918 Ebd.

919 Vgl. dazu D. Linke, Theologiestudenten der Humboldt-Universität, 336 ff.

920 Vgl. für den sächsischen Bereich z. B. RdB Dresden, Stellvertreter des Vorsitzenden für Inneres, Aktennotiz vom 22.5.1985 über ein Gespräch mit Vertretern des Landeskirchenamtes und der Inneren Mission über Aktivitäten des Friedensarbeitskreises Radebeul am 22.5.1985: »Einziger Gesprächsgegenstand war die Vorbereitung eines Kinderfestes am 1.6.1985 durch den sog. Friedensarbeitskreis Radebeul. […] Das Kinderfest […] beinhaltet nach vorliegenden Informationen gegen den Staat gerichtete Aktivitäten wie Aufruf zum Umtausch militärischen Spielzeugs gegen gebrauchtes Spielzeug aus der BRD […] [OKR Auerbach] bezeichnete den Termin (01. Juni als intern. Kindertag), die illegale Einfuhr von Druckerzeugnissen aus der BRD und die Umtauschaktion gegen BRD-Spielzeug als ›Ungeschicklichkeit und Geschmacklosigkeit‹, wovon man sich distanzieren müsse.« Für ein Verbot konnten sich die Kirchenvertreter allerdings nicht erwärmen, je-

doch ständen sie für Programmänderungen zur Verfügung.»OLKR Schlichter informierte, daß Hönisch [der Hauptinitiator der Veranstalter] unterdessen Antrag auf Übersiedlung in die BRD gestellt habe und daß dieser nach seiner Auffassung zu den Unverbesserlichen gehöre, die schwer integrierbar seien. Er bat, dem Übersiedlungsersuchen stattzugeben.« Von einem weiteren Gespräch heißt es im gleichen Vermerk: »Superintendent Bergmann distanzierte sich, ohne den Versuch der Abschwächung, klar von dieser Veranstaltung.« PDS-Archiv Dresden, IV E-2.14-672. Zu den Gesprächen mit Bergmann am 22.5.1985 vgl. ausführlich Rat des Kreises Dresden, Stellv. des Vorsitzenden für Inneres, Langhammer, an RdB Dresden, Stellv. des Vorsitzenden für Inneres, vom 24.5.1985, betr.: Aktivitäten des »Friedensarbeitskreises« Radebeul zur Vorbereitung eines Kinderfestes mit feindlich-negativer Zielstellung am 1.6.1985 auf dem Gelände der Friedenskirche Radebeul, SHStA Dresden, BT/RdB Dresden (Zwibo), 45941. Vgl. auch Rat des Kreises Dresden (Bezirk Dresden) an RdB Dresden, Stellv. d. Vors. f. Inneres, vom 3.6.1985, Langhammer, an Stellv. d. Vorsitzenden Inneres, Informationsbericht Mai 1985, SHStA Dresden, BT/RdB Dresden (Zwibo), 44869. Abschließend hieß es: »Im Ergebnis mehrerer Aussprachen mit dem Superintendenten Bergmann wurde erreicht, daß die im Rahmen eines großangelegten Kinderfestes geplanten negativen Wirkungsfaktoren nicht zur Geltung kamen. [...] Insgesamt kann hierzu eingeschätzt werden, daß diese Auseinandersetzungen mit Unterstützung unserer diesbezüglichen Anliegen durch den Superintendenten Bergmann weiterhin dazu beigetragen haben, die negativen Kräfte an der Friedenskirche so zurückzudrängen, daß auch hier die realistisch denkenden Persönlichkeiten in zunehmendem Maße Oberhand gewinnen, insbesondere aus dem Kirchenvorstand.« Rat des Kreises Dresden (Bezirk Dresden) an RdB Dresden, Stellv. d. Vors. f. Inneres, vom 6.8.1985, Langhammer, an Stellv. d. Vorsitzenden Inneres, Informationsbericht Juni/Juli 1985, a.a.O.

921 Vgl. Vermerk Heinrich vom 19.3.1984, BA, Abt. Potsdam, O-4, 1220.
922 Über die Vorbereitung des Gesprächs, insbesondere die kirchlichen Themenvorschläge, informierte Horst Dohle am 5.12.1984 die sächsischen Sektorenleiter. Vgl. SED-BL Dresden, Abteilung Staat und Recht, Information Göpfert an Modrow vom 7.12.1984, PDS-Archiv Dresden, IV E-2.14-833. Vgl. auch Vermerk Ziegler vom 29.11.1984 über Gespräch im Staatssekretariat für Kirchenfragen am 28.11.1984, 8.00 bis 10.15 Uhr, EZA Berlin, 101/93/4.
923 Vermerk Ziegler vom 28.11.1984 über Gespräch im Staatssekretariat für Kirchenfragen am 31.10.1984, 13.00 bis ca. 14.45 Uhr, a.a.O.
924 Vgl. Information vom 18.12.1984 über das Gespräch des Staatssekretärs für Kirchenfragen mit dem Vorstand der Konferenz der Ev. Kirchenleitungen am 18.12.1984, BA, Abt. Potsdam, O-4, 968.
925 Vermerk Ziegler vom 27.12.1984 über Gespräch mit dem Staatssekretär für Kirchenfragen am 18.12.1984, 10.00 bis 14.00 Uhr, EZA Berlin, 101/93/4.
926 Zur Friedensdekade 1984 »Leben gegen den Tod« vgl. zusammenfassend H. Zander, Die Christen und die Friedensbewegungen in beiden deutschen Staaten, 281 f.
927 Am 2.5.1985 fand im Hotel Stadt Berlin ein Arbeitsgespräch zwischen Kirchenvertretern (Lewek, Große, Gensichen, W.-D. Graewe, Sup. H. Hartmann [Kirchenprovinz], Pilz und Dr. Berndt Seite) und Staatsfunktionären (Gräfe, Wilke, F. Hermann [Abt.-Leiter im Ministerium für Umweltschutz] und R. Kaspar [Leiter der Abt. Natur und Umwelt im Kulturbund]) statt. Vgl. Protokollentwurf Gensichen vom 4.5.1985, Schreiben Lewek an Große vom 15.5.1985, Protokoll Gensichen-Große vom 4.5./10.6.1985, EZA Berlin, 101/93/110.
928 Im kirchlichen Vermerk Ziegler vom 27.12.1984 über Gespräch mit dem Staatssekretär für Kirchenfragen am 18.12.1984, 10.00 bis 14.00 Uhr, heißt es: »Ein Vergleich mit der Bundesrepublik lasse erkennen, worauf es ankomme. In der Bundesrepublik würde der 8. Mai als der Tag der Kapitulation begangen. Schon mit dieser Formulierung zeige sich, daß der Faschismus voll in die deutsche Geschichte integriert würde. Die Schuldfrage würde völlig ausgeblendet. Die Verdrängungsmechanismen träten in einer unvorstellba-

ren Weise hervor. Bischof Dr. Krusche habe in Kiel geradezu seherische Fähigkeiten bewiesen. Diese Art und Weise müsse den Kirchen doch zutiefst widerstreben.« EZA Berlin, 101/93/4.
929 Werner Krusches Kieler Vortrag vom Juni 1984 wurde von SED-Seite außerordentlich positiv gewürdigt (vgl. SED-Papier »Zur Bilanz des Weges vom 6. März 1978 vom 31.1.1985«, SAPMO-BA ZPA IV B 2/14/42). Indirekt wurde diese Einschätzung während der 19. Konsultation zwischen dem Kirchenbund und der EKD vom 29.10.1984 bestätigt.
930 Information vom 18.12.1984 über das Gespräch des Staatssekretärs für Kirchenfragen mit dem Vorstand der Konferenz der Ev. Kirchenleitungen am 18.12.1984, BA, Abt. Potsdam, O-4, 968. Im kirchlichen Vermerk Ziegler vom 27.12.1984 über Gespräch mit dem Staatssekretär für Kirchenfragen am 18.12.1984, 10.00 bis 14.00 Uhr, heißt es hierzu: »Es wäre wünschenswert, wenn die kirchlichen und staatlichen Aktivitäten zum 40. Jahrestag des Kriegsendes in eine große Gesamtübereinstimmung gebracht werden könnten. Die Verständigung und Absprache darüber sei die Aufgabe in der Zusammenarbeit für das nächste Jahr.« EZA Berlin, 101/93/4. Der Gesprächstermin war von seiten Gysis angeboten worden. Der Vorstand bat Ziegler, »mit Nachdruck darauf zu dringen, daß zu den bereits wiederholt genannten Problemen konkrete Aussagen erwartet werden.« Protokoll Hempel-Ziegler-Doyé über die 95. Tagung der Konferenz der Evangelischen Kirchenleitungen in der DDR am 9./10.11.1984 in Berlin, EZA Berlin, 101/93/236. Daraufhin sagte Ziegler nach eigenen Aufzeichnungen zu Heinrich: »Es sei unbedingt nötig, konkrete Ergebnisse zu erzielen. Beschwichtigende und vertröstende Versicherungen könnten nicht mehr weiterführen. Auf der gewachsenen Vertrauensgrundlage, von der der Bericht der Konferenz gesprochen habe, müßten auch auf den schwierigen Gebieten greifbare Ergebnisse sichtbar werden. [...] Heinrich [...] versichert, die Wünsche des Vorstands verstanden zu haben.« Vermerk Ziegler vom 29.11.1984 über Gespräch im Staatssekretariat für Kirchenfragen am 28.11.1984, 8.00 bis 10.15 Uhr, EZA Berlin, 101/93/4. Auf der folgenden Sitzung bereitete der Vorstand das Gespräch vor. Vgl. Protokoll Hempel-Ziegler-Lewek vom 18.12.1984 über die 169. Sitzung des Vorstandes am 13.12.1984 in Berlin, EZA Berlin, 101/93/244.
931 Stolpe führte an, daß bei solchen Erleichterungen die Forderung »nach einem zivilen Ersatzdienst außerhalb der NVA« nicht mehr so häufig artikuliert würde. Christina Schultheiß berichtete, sie hätte am Rande des Staatsempfangs am 7.10.1984 mit Ministerin Honecker gesprochen, die sich »durchaus gesprächsbereit hinsichtlich der Schüler gezeigt [hätte], die nicht an der Schießausbildung teilnehmen.« Information vom 18.12.1984 über das Gespräch des Staatssekretärs für Kirchenfragen mit dem Vorstand der Konferenz der Ev. Kirchenleitungen am 18.12.1984, BA, Abt. Potsdam, O-4, 968. Im kirchlichen Vermerk Ziegler vom 27.12.1984 über Gespräch mit dem Staatssekretär für Kirchenfragen am 18.12.1984, 10.00 bis 14.00 Uhr, hieß es sogar: »Schultheiß betont, daß die Ministerin für Volksbildung ihr in einem Zweiergespräch angeboten habe, über all diese Fragen zu reden.« Darauf entgegnete Gysi: »Die Kirche habe mit der Bundessynode einen großen Schritt auf den Staat zu gemacht. Das solle nun auch anerkannt werden durch Richtlinien in der Schulpolitik. Das würde jedoch weitere Bemühungen erfordern. [...] Schultheiß betont, daß Frau Honecker ihr gesagt habe, gerade über diese Fragen der vormilitärischen Ausbildung könne man miteinander reden.« EZA Berlin, 101/93/4.
932 Vgl. hierzu auch grundlegend Abteilung V, Vorlage Behncke-Arlt-Arndt vom 20.2.1984 an die Dienstbesprechung am 27.2.1984, Leitungsinformation 1/84, BA, Abt. Potsdam, O-4, 948. Die am 6.1.1984 verkündete staatliche Entscheidung, hierfür pro Jahr lediglich fünf bis sechs Millionen DDR-Mark zur Verfügung zu stellen, nahm die KKL »betroffen zur Kenntnis.« Protokoll Hempel-Ziegler-Grengel über die 90. Tagung der Konferenz der Evangelischen Kirchenleitungen am 6./7.1.1984 in Berlin, EZA Berlin, 101/93/234. Vgl. auch Protokoll Hempel-Ziegler vom 16.1.1984 über die 159. Sitzung des Vorstandes am 10.1.1984 im Landeskirchenamt Dresden: »Stolpe informiert über

die Äußerungen aus dem Staatssekretariat für Kirchenfragen zum Problem der Baubilanzen in Mark/DDR. Danach ist zu befürchten, daß die Kirchen kaum nennenswerte zusätzliche Baubilanzen in Mark der DDR zu erwarten haben. Stolpe hält einen energischen Vorstoß des Vorstands für nötig. [...] Darüber hinaus wird Ziegler beauftragt, offiziell im Staatssekretariat für Kirchenfragen die Betroffenheit des Vorstands über die letzten Auskünfte der Baubilanzen in Mark/DDR und der Diakonissenaltersversorgung zum Ausdruck zu bringen. Ziegler soll darauf hinweisen, daß der Vorstand sich unter Umständen genötigt sieht, sich schriftlich an den Vorsitzenden des Ministerrats und an den Staatsratsvorsitzenden zu wenden, wenn keine befriedigenden Lösungen in absehbarer Zeit angeboten werden.« EZA Berlin, 101/93/244. Gegenüber Heinrich trug Ziegler dann »die Beschwerde des Vorstandes über die letzten Auskünfte hinsichtlich der Baubilanzen in Mark/DDR vor. Er bringt die Betroffenheit und die Enttäuschung des Vorstands und der Konferenz der Ev. Kirchenleitungen über dieses unbefriedigende Ergebnis der seit 1981 laufenden Verhandlungen vor. [...] Er kündigt die Absicht des Vorstands an, sich erneut an den Vorsitzenden des Ministerrates zu wenden, wenn nicht innerhalb kürzester Frist eine günstigere Entscheidung in Aussicht gestellt werden kann. Heinrich nimmt diese Beschwerde entgegen. [...] Er müsse jedoch schon jetzt darauf hinweisen, daß die Möglichkeiten des Staatssekretariats für Kirchenfragen in dieser Sache wahrscheinlich erschöpft seien, denn die Dienststelle des Staatssekretärs sei keine bilanzleitende Einrichtung. Unter Umständen müsse sich eben der Vorstand an den Vorsitzenden des Ministerrats wenden.« Vermerk Ziegler vom 8.2.1984 über ein Gespräch im Staatssekretariat für Kirchenfragen am 8.2.1984, 8.00 bis 9.25 Uhr, EZA Berlin, 101/93/4. Noch vor der KKL-Klausurtagung im März 1984 richtete der BEK in dieser Angelegenheit ein Schreiben an den Vorsitzenden des Ministerrats, Stoph. Vgl. Protokoll Hempel-Ziegler-Herrbruck/von Rabenau über die 91. Tagung der Konferenz der Evangelischen Kirchenleitungen vom 9. bis 11.3.1984 in Bad Saarow, EZA Berlin, 101/93/235. An der Gratulation zu Stophs 70. Geburtstag nahmen Stolpe und Lewek für den BEK, Natho für die AGCK und Petzold als Vertreter des Diakonischen Werkes teil und überreichten eine schriftliche Gratulation Hempels. Vgl. Protokoll Stolpe-Lewek-Kupas vom 23.7.1984 über die 164. Sitzung des Vorstandes am 20.7.1984 in Dresden, EZA Berlin, 101/93/244. Vgl. auch das Glückwunschschreiben des KKL-Vorsitzenden Hempel vom 4.7.1984: »Am 9. Juli werden auch viele christliche Bürger mit guten Wünschen an Sie denken. Denn wir sind Ihnen dankbar für Ihren Anteil, den Sie an der hilfreichen Kirchenpolitik des 6. März 1978 haben, die auf die Gleichberechtigung und Gleichachtung aller Bürger orientiert ist. Damit kann christlichen Bürgern mehr und mehr auf allen Ebenen und in allen Bereichen die volle Inspruchnahme ihrer Bürgerrechte ermöglicht und damit auch weiterer Ansporn zur Wahrnehmung ihrer Bürgerpflichten gegeben werden. Wir sehen darin zugleich einen wichtigen Beitrag für Frieden und Gerechtigkeit in unserem Lande und darüber hinaus. Wir wünschen Ihnen, daß es auch mit Ihrem politischen Bemühen in dieser gefährdeten Zeit gelingen möge, Dialoge weiterzuführen, Auswege zu finden und den Frieden sicherer zu machen. Der Gott, in dessen Hand wir uns als Christen sehen, schenke Ihrem Wirken zum Wohle der Menschen Erfolg!« EZA Berlin, 101/93/2.

933 Vgl. hierzu auch das Schreiben des im Staatsapparat tätigen P. D., Berlin, an Hempel vom März 1985, der um den Einsatz der Kirche auch für diesen Personenkreis hinsichtlich der Inanspruchnahme von Reisemöglichkeiten zu Verwandten – hier in den Westteil der Stadt – bat. EZA Berlin, 101/93/26.

934 Vgl. auch HA Presse, Information M. Carl vom 20.5.1985 über ein Gespräch des Leiters der HA Presse, Gen. Wolfgang Meyer, mit Vertretern des Bundes der Evangelischen Kirchen in der DDR am 17.5.1985. Dem Protokoll nach hob Meyer hervor, »bewährt hat sich in der Arbeit gegenüber ausländischen Journalisten die Praxis, wonach das Genehmigungsverfahren entsprechend der gültigen Rechtsordnung der DDR dem MfAA obliegt, die Kirche jedoch die inhaltliche Verantwortung für die Arbeit mit ausländischen Journalisten in ihrem Bereich trägt. [...] In allen Fällen, wo diese Zusammenarbeit rei-

bungslos funktioniert hat, wurde in der Berichterstattung der ausländischen Medien ein sachliches Bild der DDR und der Kirche sowie des Verhältnisses Staat-Kirche gezeichnet, was auch zum Vorteil für das ökumenische Wirken der Kirche ist. Damit seien wichtige Grundlagen für die weitere Zusammenarbeit geschaffen worden. [...] Die Vertreter des Bundes, insbesondere Oberkirchenrat Dr. Ziegler, teilten die von Gen. W. Meyer gegebene Einschätzung und bedankten sich ausdrücklich für diese Gesprächsmöglichkeit sowie die positive Beurteilung der Zusammenarbeit. OKR Dr. Ziegler unterstrich das Interesse der Kirche, allen Versuchen von Journalisten, einen Keil zwischen Kirche und Staat zu treiben, entgegenzuwirken.« BA, Abt. Potsdam, O-4, 1175.

935 Die abschließende Wertung lautete: »Das 5-stündige Treffen verlief in einer sehr vertrauensvollen, konstruktiven und entspannten Atmosphäre.« Information vom 18.12.1984 über das Gespräch des Staatssekretärs für Kirchenfragen mit dem Vorstand der Konferenz der Ev. Kirchenleitungen am 18.12.1984, BA, Abt. Potsdam, O-4, 968; kirchliches Protokoll: Vermerk Ziegler vom 27.12.1984 über Gespräch mit dem Staatssekretär für Kirchenfragen am 18.12.1984, 10.00 bis 14.00 Uhr, EZA Berlin, 101/93/4. Zur Planung der Bonhoeffer-Ehrung vgl. Protokoll Hempel-Ziegler-Kupas vom 19.6.1984 über die 163. Sitzung des Vorstandes am 4.6.1984 in Berlin, EZA Berlin, 101/93/244. Zur Bonhoeffer-Gedenkfeier vgl. auch Protokoll Hempel-Ziegler-Kupas vom 14.1.1985 über die 170. Sitzung des Vorstandes am 7.1.1985 in Berlin, EZA Berlin, 101/93/245. Der BEK informierte über die geplante Gedenkfeier auch die Ständige Vertretung Bonns und Klaus von Dohnanyi, Regierender Bürgermeister von Hamburg. Vgl. Protokoll Hempel-Ziegler-Lewek vom 25.2.1985 der 171. Sitzung des Vorstandes am 11.2.1985 in Berlin, EZA Berlin, 101/93/246. Die KKL sah Kramer, Mitzenheim und Natho als ihre offiziellen Vertreter an der Veranstaltung vor. Vgl. Protokoll Hempel-Ziegler-Kupas/Dorgerloh über die 97. Tagung der Konferenz der Evangelischen Kirchenleitungen in der DDR vom 8. bis 10.3.1985 in Buckow, EZA Berlin, 101/93/237. Vgl. auch Protokoll Hempel-Ziegler-Kupas vom 25.3.1985 über die 172. Sitzung des Vorstandes am 20.3.1985 in Berlin, EZA Berlin, 101/93/245.

936 Vermerk Ziegler vom 27.12.1984 über Gespräch mit dem Staatssekretär für Kirchenfragen am 18.12.1984, 10.00 bis 14.00 Uhr, EZA Berlin, 101/93/4. Am 20.12.1984 führten Heinrich und Ziegler ein Nachgespräch. Vgl. ebd. Der KKL-Vorstand wertete Anfang Januar 1984 das Gespräch aus. Vgl. Protokoll Hempel-Ziegler-Kupas vom 14.1.1985 über die 170. Sitzung des Vorstandes am 7.1.1985 in Berlin, EZA Berlin, 101/93/245. Die KKL beschloß: »Die Konferenz ist betroffen darüber, daß, obwohl in den Fragen von Baubilanzen und Altersversorgung der Diakonissen schnelle Entscheidungen herbeigeführt werden müssen, noch keine Lösungen in Sicht sind. Der Vorstand wird gebeten, darum dringend bemüht zu bleiben.« Protokoll Hempel-Ziegler-R. Schulze über die 96. Tagung der Konferenz der Evangelischen Kirchenleitungen in der DDR am 11./12.1.1985 in Berlin, EZA Berlin, 101/93/236.

937 SED-BL Dresden, Abteilung Staat und Recht, Information Göpfert an Modrow vom 7.12.1984, PDS-Archiv Dresden, IV E-2.14-833. Die Beratergruppe wurde hingegen erst im Februar 1985 informiert. Vgl. Vermerk Lingner über die Zusammenkunft der Beratergruppe am 20.2.1985, EZA Berlin, 4/92/16.

938 Auch Generalsuperintendent Bransch soll beim RdB Potsdam »die Rolle der UdSSR im Befreiungskampf gegen den Faschismus« gewürdigt haben. »Er sehe den 8.5.1945 als Tag der Befreiung und Chance für einen Neubeginn und verurteilte die revanchistischen Positionen in der BRD. Er unterstützte die Haltung der DDR zur Staatsbürgerschaftsfrage«. Sofort-Information vom 18.2.1985 (Nach den Informationsberichten der Räte der Bezirke 1/85, Einzelinformationen sowie den Dienstreiseberichten der Operativkader), BA, Abt. Potsdam, O-4, 950.

939 Wenige Monate später soll Gienke geäußert haben: »Die christlichen Bürger unseres Landes könnten sich froh und glücklich fühlen, in solch einem Land leben zu können.« Weiter äußerte der Bischof: »Er habe verspürt, daß der Begriff ›Funktionär‹ nicht von ›funktionieren‹ abzuleiten ist, sondern daß die Politik, die der Staatsratsvorsitzende

markiert hat, bis in den letzten Kreis mit Leben und Engagement umgesetzt wird.« RdB Rostock, Stellvertreter des Vorsitzenden für Inneres, Aktenvermerk Haß vom 29.5.1985 über das am 20.5.1985 stattgefundene Gespräch zwischen dem Stellvertreter des Vorsitzenden des RdB für Inneres, Gen. Haß, und Bischof Dr. Gienke, BA, Abt. Potsdam, O-4, 789.

940 Information über das am 31.1.1985 stattgefundene Gespräch zwischen dem Stellvertreter des Vorsitzenden des RdB Rostock für Inneres, Gen. Haß, und dem Bischof der Greifswalder Landeskirche, Dr. Gienke, SAPMO-BA ZPA IV B2/14/69. Weiter heißt es: »Die anderen Teilnehmer der Kirchenleitung [scil. Affeld, Plath und Harder], besonders Präses Affeld, unterstützten den Bischof mit ihren Argumenten.«

941 »Die kirchliche Bereitschaft, in der Kontinuität des 6. März 1978 ein Gespräch auf höchster Ebene zu führen, wird nicht zurückgenommen. Im Augenblick ergeht jedoch kirchlicherseits kein neuer Impuls.« Protokoll Hempel-Ziegler-Lewek vom 31.10.1984 über die 157. Sitzung des Vorstandes am 18.10.1984, 10.00 bis 17.00 Uhr, in Berlin, EZA Berlin, 101/93/244.

942 Vermerk Ziegler vom 27.12.1984 über Gespräch mit dem Staatssekretär für Kirchenfragen am 18.12.1984, 10.00 bis 14.00 Uhr, EZA Berlin, 101/93/4.

943 Gesprächsprotokoll liegt nicht vor.

944 Vgl. Protokoll Hempel-Ziegler-Kupas vom 14.1.1985 über die 170. Sitzung des Vorstandes am 7.1.1985 in Berlin, EZA Berlin, 101/93/245.

945 Vermerk Ziegler vom 16.1.1985 über Besprechung des Vorstands am 11.1.1985, 18.00-18.55 Uhr, a.a.O.

946 Zuvor soll Hempel schon resigniert geäußert haben: »›Der Herr Staatsratsvorsitzende geht mir aus dem Weg.‹« SED-BL Dresden, Abteilung Staat und Recht, Niederschrift Abteilungsleiter Göpfert vom 14.3.1985 über einen Erfahrungsaustausch zu Fragen der Kirchenpolitik der Partei am 11.3.1985 in der Abteilung Staat und Recht, PDS-Archiv Dresden, IV E-2.14-833.

947 Vermerk Ziegler vom 17.1.1985 über ein Gespräch in der Dienststelle des Staatssekretärs für Kirchenfragen am 14.1.1985, 11.00 Uhr-12.15 Uhr, EZA Berlin, 101/93/4.

948 Vgl. Vorschlag Ziegler vom 14.1.1985 für eine Begegnung des Vorsitzenden des Staatsrates der Deutschen Demokratischen Republik, Erich Honecker, mit dem Vorsitzenden der Konferenz der Evangelischen Kirchenleitungen in der Deutschen Demokratischen Republik, Landesbischof Dr. Johannes Hempel, mit Anlage Rentenregelung für Diakonissen, EZA Berlin, 101/93/4; auch BA, Abt. Potsdam, O-4, 968. Vgl. auch Entwurf Ziegler vom 7.1.1985, der den wohl von Lewek stammenden handschriftlichen Vermerk enthielt, es fehle der Hinweis auf Hempels hohes ökumenisches Amt, zu dem Honecker dem sächsischen Bischof gesondert gratuliert habe. EZA Berlin, 101/93/4. Zur Vorbereitung von Staat und Partei vgl. die Papiere »Zur Bilanz des Weges vom 6. März 1978« vom 31.1.1985 (SAPMO-BA ZPA IV B2/14/42) und vom 8.2.1985 (BA, Abt. Potsdam, O-4, 1437).

949 Vermerk Gysi vom 5.2.1985 über ein Gespräch des Staatssekretärs mit Konsistorialpräsident Stolpe am 17.1.1985, betr.: Vorschlag von OKR Ziegler zum Treffen zwischen dem Vorsitzenden des Staatsrates der DDR, Genossen Erich Honecker, und dem Vorsitzenden der Konferenz der Ev. Kirchenleitungen, Landesbischof Dr. Hempel, in Dresden, BA, Abt. Potsdam, O-4, 968.

950 Vermerk Heinrich vom 31.1.1985 zum Gespräch mit Landesbischof Hempel (Vorbereitung auf die Begegnung des Genossen Erich Honecker mit Landesbischof Hempel am 11.2.1985, 11.00 Uhr, im Staatsrat), BA, Abt. Potsdam, O-4, 968; ähnlich gehaltener Vermerk Heinrich mit gleichem Datum und Betreff, aber ohne Wunsch nach weiterem Gespräch mit dem gesamten KKL-Vorstand in SAPMO-BA ZPA IV B2/14/42.

951 Vertraulicher Vermerk Ziegler vom 14.2.1985 über ein Gespräch zwischen Landesbischof Dr. Hempel und Staatssekretär für Kirchenfragen Gysi im Beisein von Oberkirchenrat Ziegler am 9.2.1985, 17.25-18.20 Uhr, in Berlin, Tieckstr. 17, EZA Berlin, 101/93/4.

952 Ende Januar 1985 war auch das Politbüro über das Stattfinden des Treffens informiert

worden. Vgl. Protokoll der Sitzung des Politbüros vom 29.1.1985, TOP 18, SAPMO-BA ZPA J IV 2/2/2096.
953 Vgl. Zum Gespräch des Genossen Honecker mit Landesbischof Hempel, PDS-Archiv Dresden, IV E-2.14-672. Vgl. auch das Vorbereitungsmaterial Angaben zur Person der kirchlichen Gesprächsteilnehmer mit Biogrammen Hempels und Zieglers, SAPMO-BA ZPA IV B2/14/42. Vgl. auch insgesamt die Pressetexte zum Treffen Honecker-Hempel in epd-Dok 11/85.
954 Auch der katholische Weihbischof Hubrich soll gegenüber dem RdB Halle geäußert haben, »daß zwischen katholischen Gläubigen und dem sozialistischen Staat das gegenseitige Vertrauen – vor allem durch das gemeinsame praktische Leben – wachse.« Abt. II, Sofort-Information vom 26.8.1985 (Nach den Informationsberichten der Räte der Bezirke 4/85, Einzelinformationen und Dienstreiseberichten der Operativkader), BA, Abt. Potsdam, O-4, 951.
955 Anlage zur Schnellinformation des Sekretariats des Bundes der Evangelischen Kirchen in der DDR vom 11.2.1985, abgedruckt in epd-Dok 11/85, 3-5. Auch PDS-Archiv Dresden, IV E-2.14-672. Im KKL-Vorstandsprotokoll heißt es diesbezüglich: »Die Rede Dr. Hempel wird auf Anfrage auch an die Presse ausgegeben.« Protokoll Hempel-Ziegler-Lewek vom 25.2.1985 der 171. Sitzung des Vorstandes am 11.2.1985 in Berlin, EZA Berlin, 101/93/246.
956 Vgl. auch den Entwurf in SAPMO-BA ZPA IV B2/14/42.
957 Vgl. hierzu auch: Zum Gespräch des Vorsitzenden des Staatsrates, Genossen Erich Honecker, mit dem Vorsitzenden der Konferenz der Evangelischen Kirchenleitungen, Landesbischof Dr. Hempel, am 11.2.1985: »Das ist trotz aller vorhandenen Halbheiten und der Inkonsequenz in der kirchlichen Friedensarbeit ein sichtbarer Schritt nach vorn, der die auf der Bundessynode in Greifswald 1984 ausgesprochenen Positionen bekräftigt und die zu beobachtende Hinwendung zu mehr Realismus bestätigt.« SAPMO-BA ZPA IV B2/14/42. Diese Auffassung vertrat vor Ort auch Superintendent Kreß, Bautzen. Vgl. Rat des Kreises Bautzen an RdB Dresden, Fuchs, vom 25.3.1985, Kirchenpolitische Information Lawrenz, Stellv. d. Vors. f. Inneres, Berichterstattung März 1985, SHStA Dresden, BT/RdB Dresden (Zwibo), 44869.
958 Am Rand steht vermerkt: »klare Position«. Gleichzeitig zur anschließenden KKL-Vorstandssitzung am 11.2.1985 »verständigt[e] Gysi Dr. Hempel, daß der Staatsratsvorsitzende bereit ist, den von der Kirche vorbereiteten Text einer Pressemitteilung voll zu übernehmen. Hinzugefügt wird ein Zitat von Dr. Hempel zum 8. Mai aus dem Gesprächsverlauf, das Hempel fernmündlich autorisiert.« Der Vorstand beschloß daraufhin, auf eine eigene Pressemitteilung durch das Sekretariat zu verzichten. Protokoll Hempel-Ziegler-Lewek vom 25.2.1985 der 171. Sitzung des Vorstandes am 11.2.1985 in Berlin, EZA Berlin, 101/93/246. Allerdings bemängelte die SED, daß die der Presse übergebene Version von Hempels Ansprache keinerlei Aussagen zum 8. Mai enthielt: »Das zeigt, daß wir hier noch viel tun müssen.« Zum Gespräch des Vorsitzenden des Staatsrates, Genossen Erich Honecker, mit dem Vorsitzenden der Konferenz der Evangelischen Kirchenleitungen, Landesbischof Dr. Hempel, am 11.2.1985, SAPMO-BA ZPA IV B2/14/42.
959 Zum Gespräch des Genossen Honecker mit Landesbischof Hempel, PDS-Archiv Dresden, IV E-2.14-672.
960 Zum Gespräch des Vorsitzenden des Staatsrates, Genossen Erich Honecker, mit dem Vorsitzenden der Konferenz der Evangelischen Kirchenleitungen, Landesbischof Dr. Hempel, am 11.2.1985, SAPMO-BA ZPA IV B2/14/42. Am 11.2.1985 schickte Hempel Kardinal Meisner seinen Redetext zu und fügte dem hinzu: »Es lag uns bei der Begegnung daran, erneut sichtbar werden zu lassen, daß die seit dem 6. März 1978 verfolgte Kirchenpolitik auch in Zukunft weitergeführt wird. Es ging uns darum, die Möglichkeit zu bekommen, uns darauf in den laufend geführten Verhandlungen zur Regelung der ungelösten Probleme in den verschiedenen Bereichen, besonders auf dem Gebiet des Erziehungswesens und des Wehrdienstes, berufen zu können, um endlich zu handhab-

Anmerkung zu der Seite 120

baren Regelungen zu kommen, die unseren Gemeindegliedern in den Konflikten auf der örtlichen Ebene helfen. Da die konkreten Probleme in den Gesprächen mit dem Staatssekretär für Kirchenfragen stetig verhandelt werden und der Vorstand der Konferenz der Evangelischen Kirchenleitungen in absehbarer Zeit ein Sachgespräch über die ungelösten Fragen auf höchster Ebene anstrebt, wurden sie in meiner Ansprache nicht konkret dargelegt, sondern nur allgemein angedeutet. Ich bin erst am Sonnabend von der Sitzung des Exekutiv-Ausschusses des Ökumenischen Rates der Kirchen aus Genf zurückgekommen. Dadurch war es mir zu meinem Bedauern nicht möglich, Sie vorher von unserem Vorhaben zu verständigen.« EZA Berlin, 101/93/759.

961 Vgl. z. B. die Titelseite des Neuen Deutschland vom 12.2.1985.
962 Abt. II, Information Wilke vom 19.2.1985 über die Veranstaltungen am 12.2. und 13.2.1985 in Dresden, BA, Abt. Potsdam, O-4, 968. Die Aussage Hempels ist wiedergegeben in epd-Dok 11/85, 32.
963 Protokoll Hempel-Ziegler-Lewek vom 25.2.1985 der 171. Sitzung des Vorstandes am 11.2.1985 in Berlin, EZA Berlin, 101/93/246. Vgl. auch den gut einen Monat später gefaßten KKL-Beschluß: »Sie stellt fest, daß der Vorsitzende der Konferenz durch seinen Gesprächsbeitrag die Anliegen der Konferenz vertreten hat. Sie unterstreicht die Bedeutung des Gespräches für die öffentliche Bekräftigung der auf der Grundlage eines gewachsenen Vertrauens gesetzten Maßstäbe der Gleichberechtigung, Gleichachtung und Chancengleichheit aller Bürger unabhängig von ihrer Weltanschauung. Sie teilt den im Zusammenhang damit geäußerten Wunsch nach handhabbaren Richtlinien für die weitere Verwirklichung von Gleichberechtigung und Gleichachtung christlicher Bürger innerhalb des gesellschaftlichen Lebens und staatlicher Ordnung. Sie hebt die von ihrem Vorsitzenden erneut ausgesprochene Feststellung hervor, daß Vertrauen in dem Maße wachsen kann, wie es für die Menschen an der Basis erfahrbar wird. [...] Sie hofft, daß ihrer Bitte entsprechend zur Klärung von offenen und zur Zeit ungelösten Problemen im Verhältnis von Staat und Kirche in absehbarer Zeit ein weiteres Gespräch zwischen dem Vorsitzenden des Staatsrates und dem Vorstand der Konferenz zustande kommt.« Protokoll Hempel-Ziegler-Kupas/Dorgerloh über die 97. Tagung der Konferenz der Evangelischen Kirchenleitungen in der DDR vom 8. bis 10.3.1985 in Buckow, EZA Berlin, 101/93/237; auszugsweise abgedruckt in epd-Dok 43/85, 21.
964 Vgl. Sofort-Information vom 18.2.1985 (Nach den Informationsberichten der Räte der Bezirke 1/85, Einzelinformationen sowie den Dienstreiseberichten der Operativkader). Zugleich berichtet die Information für die Bezirke Dresden, Karl-Marx-Stadt und Magdeburg von »eine[r] wachsende[n] Bereitschaft der katholischen Geistlichkeit [...], sich auch zu politischen Fragen zu äußern.« BA, Abt. Potsdam, O-4, 950. Vgl. auch Sofort-Information vom 19.4.1985 (Nach den Informationsberichten der Räte der Bezirke 2/85, Einzelinformationen sowie Dienstreiseberichten der Operativkader), wo die Bezirke Karl-Marx-Stadt, Erfurt, Potsdam, z. T. auch Magdeburg genannt werden. A.a.O. Schaffrans Beteiligung an der Dresdener Veranstaltung stieß innerkirchlich auch auf Kritik. Vgl. Abt. II, Sofort-Information vom 20.6.1985 (nach den Informationsberichten der Räte der Bezirke 3/85, Einzelinformationen sowie Dienstreiseberichten der Operativkader), a.a.O.
965 Sie fand um 15.00 Uhr auf dem Theaterplatz statt. Vgl. RdB Dresden, Stellvertreter des Vorsitzenden für Inneres, Informationsbericht Dezember 1984/Januar 1985 vom 7.2.1985, SHStA Dresden, BT/RdB Dresden (Zwibo), 45071.
966 Genauso sah das auch der epd. Vgl. Zum Gespräch des Genossen Honecker mit Landesbischof Hempel, PDS-Archiv Dresden, IV E-2.14-672. Vgl. auch Reaktionen auf das Gespräch des Generalsekretärs des ZK der SED und Vorsitzenden des Staatsrates der DDR, Genossen Erich Honecker, mit Landesbischof Dr. Dr. h.c. Johannes Hempel, Vorsitzender der Konferenz Evangelischer Kirchenleitungen in der DDR, vom 11. Februar 1985, PDS-Archiv Dresden, IV E-2.14-667. Vgl. KiS 2/85, 82 f.
967 »Dr. Hempel äußerte dann noch Besorgnisse über eine mögliche Plazierung auf der Tribüne, vor allem angesichts einer Vielzahl anwesender Journalisten. Er habe z. B. per-

ANMERKUNG ZU DER SEITE 121

sönlich nichts gegen Armeegeneral Hoffmann, [...] aber wenn er neben dem Verteidigungsminister stehen würde, dann ergebe das ein Bild, das nicht wieder verwischt werden könnte.« RdB Dresden, Stellvertreter des Vorsitzenden für Inneres, Vermerk Fuchs vom 30.1.1985 zu Übergabe der Einladungen für den 13. Februar 1985 an Landesbischof Dr. Hempel und Präsident Domsch am 28.1.1985, SHStA Dresden, BT/RdB Dresden (Zwibo), 45076. Pfarrer Pilz erklärte vor der sächsischen Frühjahrssynode sein Erstaunen darüber, »daß führende Kirchenvertreter am 13.2.1985 auf der Ehrentribüne an der Großkundgebung teilgenommen haben. Wäre es nicht besser gewesen, sich vor einer solchen Entscheidung zu beraten, damit kein Präzedenzfall geschaffen wird?« Domsch entgegnete: »Der Zustimmung sei eine lange Gesprächsrunde im Landeskirchenamt und in der Kirchenleitung vorausgegangen.« RdB Dresden, Sektor Staatspolitik in Kirchenfragen, Dresden, den 24.3.1985, Tagesinformationen zur Frühjahrssynode 1985 der Ev.-Luth. Landeskirche Sachsens vom 23.-27.3.1985 in Dresden, 2. Verhandlungstag (24.3.1985), SHStA Dresden, BT/RdB Dresden (Zwibo), 44878.

968 RdB Dresden, Stellvertreter des Vorsitzenden für Inneres, Vermerk Fuchs vom 30.1.1985 zu Übergabe der Einladungen für den 13. Februar 1985 an Landesbischof Dr. Hempel und Präsident Domsch am 28.1.1985, SHStA Dresden, BT/RdB Dresden (Zwibo), 45076.

969 Weiter heißt es im Sitzungsvermerk: »Dr. Hempel bittet, Auskunft zu geben, in welcher Art und Weise bei solchen Anlässen von kirchlichen Vertretern geredet werden wird. Es ergibt sich auf diese Anfrage hin eine kurze Aussprache. [...] wenn der Rahmen akzeptabel sei, sollte man sich den Einladungen nicht verschließen. Es scheint so, daß eine gestiegene Aufnahmebereitschaft der Bevölkerung zu beobachten sei.« Aus Thüringen hieß es: »Einladungen zur Teilnahme an staatlichen Veranstaltungen wird man sich schwer versagen können.« Protokoll Hempel-Ziegler-R. Schulze über die 96. Tagung der Konferenz der Evangelischen Kirchenleitungen in der DDR am 11./12.1. 1985 in Berlin, EZA Berlin, 101/93/236.

970 »Bischof Schaffran war besonders beeindruckt, daß er für würdig befunden wurde, unter so hohen Gästen an exponierter Stelle teilnehmen zu dürfen. Er erklärte im Gespräch, daß er darüber auch im Ausland informieren werde.« RdB Dresden, Sektor Staatspolitik in Kirchenfragen, Information Lewerenz vom 13.2.1985 über die Veranstaltungen am Abend des 13.2.1985, SHStA Dresden, BT/RdB Dresden (Zwibo), 45076.

971 RdB Dresden, Stellvertreter des Vorsitzenden für Inneres, Vermerk Fuchs vom 30.1.1985 zu Übergabe der Einladungen für den 13. Februar 1985 an Landesbischof Dr. Hempel und Präsident Domsch am 28.1.1985, a.a.O.

972 Ein Jahr später kam es zwischen Schaffran und Modrow zu einer Begegnung, was Bellmann ausdrücklich begrüßt haben soll: »Es sei immerhin das erste Mal, daß ein Gespräch zwischen einem 1. Sekretär der BL der Partei mit einem katholischen Bischof stattfindet. [...] Intern ist bekannt, daß eine Reihe von Verhaltensweisen und Handlungen des Vorsitzenden der Berliner Bischofskonferenz, Kardinal Meisner, sich nicht auf dieser [mit Bengsch vereinbarten und auch von Schaffran stets respektierten] Geschäftsgrundlage bewegen. Auch aus diesem Grunde ist das Gespräch mit Bischof Schaffran von Gewicht, da er sich in der Zeit seiner Leitung als Vorsitzender stets konsequent daran hielt. So war er auch der bisher einzige leitende katholische Amtsträger, der ein Treffen mit dem Staatsratsvorsitzenden hatte.« SED-BL Dresden, Abteilung Staat und Recht, Niederschrift H. Richter vom 18.2.1986 über die am 17.2.1986 erfolgte Konsultation mit Genossen der Arbeitsgruppe Kirchenfragen im ZK zu Fragen der katholischen Kirche in der DDR, PDS-Archiv Dresden, IV E-2.14-667. Vgl. SED-BL Dresden, Sekretariat, Vermerk vom 3.3.1986 über eine Begegnung des 1. Sekretärs der Bezirksleitung der SED Dresden, Hans Modrow, mit Bischof Schaffran und Generalvikar Weisbender vom Bistum Dresden-Meißen am 27.2.1986, PDS-Archiv Dresden, IV E-2.14-672. Vgl. hierzu auch Ute Haese, Katholische Kirche in der DDR und MfS, in: DA 27 (1994), 130-140.

973 Vgl. RdB Leipzig, Sektor Kirchenfragen, Information Jakel vom 5.2.1985 über ein Ge-

spräch des Vorsitzenden des RdB Leipzig mit Landesbischof Hempel am 1.2.1985, SHStA Dresden, BT/RdB Dresden (Zwibo), 26614.
974 Vgl. auch K. Domsch, Der Weg unserer Kirche seit 1945. Die Staatsvertreter Fuchs und Lewerenz hatten von Domsch zuvor ein Bemühen um Objektivität gefordert: »Zu den vom Präsidenten besonders genannten ›heiklen‹ Fakten (1953-Junge Gemeinde und 1956-Jugendweihe) wurde der staatliche Standpunkt ausführlich dargelegt. Weiter wurde auf übergreifende Zusammenhänge aufmerksam gemacht und grundsätzliche staatliche Standpunkte herausgearbeitet. Daran schloß sich eine ausführliche Polemik an, in der OKR Rau sich unter Berufung auf Karl Barth teilweise gegen den Präsidenten wandte.« RdB Dresden, Stellvertreter des Vorsitzenden für Inneres, Protokoll Fuchs vom 18.3.1985 über ein Gespräch des Stellv. des Vors. für Inneres des RdB Dresden, Gen. Fuchs, mit dem Präsidenten des Landeskirchenamtes der Ev.-Luth. Landeskirche Sachsens, Herrn Domsch, im Gästehaus des RdB am 13.3.1985, PDS-Archiv Dresden, IV E-2.14-672. Der Synodale Albani sagte zu Domschs Referat: »Mit der […] zitierten ›Vorherrschaft der SED‹ als etwas rechtlich Fixiertem könne er sich nicht so einfach abfinden.« RdB Dresden, Sektor Staatspolitik in Kirchenfragen, Dresden, den 24.3.1985, Tagesinformationen zur Frühjahrssynode 1985 der Ev.-Luth. Landeskirche Sachsens vom 23.-27.3.1985 in Dresden, 1. Verhandlungstag (23.3.1985), SHStA Dresden, BT/RdB Dresden (Zwibo), 44878. Auch Superintendent Pilz »hinterfragt[e] die Formulierung ›Führung der SED‹ im Referat. Die Formulierung, die Machtfrage sei entschieden, könne er nicht akzeptieren. Die SED verkörpere nur ein Siebentel bis ein Sechstel der Bevölkerung, deshalb sei der größere Teil der Bevölkerung von der Macht ausgeschlossen, und es gehen viele Potenzen verloren.« Der Syn. Callwitz merkte kritisch an: »Er habe den Eindruck, daß sich die Kirche übernimmt. Es würde zuviel über alle Probleme gesprochen. Dadurch komme es gerade bei der Jugend zu einer zeitweiligen Enttäuschung. Die junge Generation sei des Wortes ›Frieden‹ überdrüssig geworden; es würde zuviel in den Kirchen darüber geredet, aber zuwenig getan.« RdB Dresden, Sektor Staatspolitik in Kirchenfragen, Dresden, den 24.3.1985, Tagesinformationen zur Frühjahrssynode 1985 der Ev.-Luth. Landeskirche Sachsens vom 23.-27.3.1985 in Dresden, 2. Verhandlungstag (24.3.1985), a.a.O. Dennoch fiel die staatliche Wertung zu Domschs Synodalvortrag nicht völlig positiv aus: »Trotz realistischer Aussagen und Einsichten blieb er hinter bereits von anderen Geistlichen für kirchliche Tagungen erkannten Positionen der Existenz einer Kirche im Sozialismus und klammerte die Würdigung des vertrauensvollen und konstruktiven Verhältnisses von Staat und Kirche aus.« Erste Information vom 27.3.1985 über Verlauf und Inhalt der 22. Landessynode der Ev.-Luth. Landeskirche Sachsens vom 23.-27.3.1985 in Dresden, a.a.O.
975 Sofort-Information vom 18.2.1985 (Nach den Informationsberichten der Räte der Bezirke 1/85, Einzelinformationen sowie den Dienstreiseberichten der Operativkader), BA, Abt. Potsdam, O-4, 950.
976 Abt. II, Information Wilke vom 19.2.1985 über die Veranstaltungen am 12.2. und 13.2.1985 in Dresden, BA, Abt. Potsdam, O-4, 968.
977 Dieser »vertrat intern die Meinung, daß die Kirche in der DDR vordergründig durch die Jugendlichen genutzt würde, da sie hier ein Feld der Entspannung und die Möglichkeiten zum Abreagieren sehe[n].« Einschätzung vom 14.2.1985, SHStA Dresden, BT/RdB Dresden (Zwibo), 45076.
978 Ebd.
979 RdB Dresden, Sektor Staatspolitik in Kirchenfragen, Information Lewerenz vom 13.2.1985 über die Veranstaltungen am Abend des 13.2.1985, a.a.O. Lewerenz vermerkte weiter: »Dabei legte er den für diese Woche vorgeschriebenen Predigttext [gemeint ist wohl der Wochenspruch Hebr 3,15] ›Seid nicht verstockt‹ konstruktiv aus und forderte indirekt mit großem psychologischen Einfühlungsvermögen die Christen in unserer Gesellschaft zur tätigen Mitwirkung und zur Solidarität mit dem Nächsten auf.« Ebd. Vgl. auch Reaktionen auf das Gespräch des Generalsekretärs des ZK der SED und Vorsitzenden des Staatsrates der DDR, Genossen Erich Honecker, mit Landesbischof Dr.

Dr. h. c. Johannes Hempel, Vorsitzender der Konferenz Evangelischer Kirchenleitungen in der DDR, vom 11. Februar 1985, PDS-Archiv Dresden, IV E-2.14-667; vgl. auch Abt. II, Information Wilke vom 19.2.1985 über die Veranstaltungen am 12.2. und 13.2.1985 in Dresden, BA, Abt. Potsdam, O-4, 968. Die Predigt Hempels vom 13.2.1985 ist abgedruckt in epd-Dok 11/85, 6-8.

980 RdB Dresden, Stellvertreter des Vorsitzenden für Inneres, Protokoll Fuchs vom 18.3.1985 über ein Gespräch des Stellv. des Vors. für Inneres des RdB Dresden, Gen. Fuchs, mit dem Präsidenten des Landeskirchenamtes der Ev.-Luth. Landeskirche Sachsens, Herrn Domsch, im Gästehaus des RdB am 13.3.1985, PDS-Archiv Dresden, IV E-2.14-672. 1986 fragte der Bezirk an, ob bei der staatlichen Veranstaltung zum 13.2. ein Vertreter der Landeskirche, z. B. einer der Dresdner Superintendenten, das Wort ergreifen wolle. Vgl. RdB Dresden, Stellvertreter des Vorsitzenden für Inneres, Vermerk Fuchs vom 6.1.1986 über Gespräch mit dem Präsidenten des Landeskirchenamtes Sachsen, Dr. Domsch, am 2.1.1986 im Gästehaus des Rates des Bezirkes, a.a.O. Zum Verlauf des 13.2.1986 vgl. Rat der Stadt Dresden, Bereich Inneres, Staatspolitik in Kirchenfragen, Aktenvermerk Schulze vom 24.2.1986 über kurzes Gespräch am 20.2.1986 mit Pf. Reimann. Aus dem Protokoll geht allerdings nicht hervor, ob ein Kirchenvertreter bei der Kundgebung wirklich mit einem Redebeitrag auftrat. SHStA Dresden, BT/RdB Dresden (Zwibo), 45935. In der Kreuzkirche fand am 13.2.1986 ein Konzert und um 22.00 Uhr ein ökumenischer Friedensgottesdienst statt. RdB Dresden, Stellvertreter des Vorsitzenden für Inneres, Informationsbericht vom 10.2.1986 für die Monate Dezember 1985/Januar 1986, SHStA Dresden, BT/RdB Dresden (Zwibo), 45940.

981 Vgl. Sofort-Information vom 18.2.1985 (Nach den Informationsberichten der Räte der Bezirke 1/85, Einzelinformationen sowie den Dienstreiseberichten der Operativkader), BA, Abt. Potsdam, O-4, 950; vgl. auch Protokoll Hempel-Ziegler-Kupas/Dorgerloh über die 97. Tagung der Konferenz der Evangelischen Kirchenleitungen in der DDR vom 8. bis 10.3.1985 in Buckow, EZA Berlin, 101/93/237.

982 Vgl. Sofort-Information vom 18.2.1985 (Nach den Informationsberichten der Räte der Bezirke 1/85, Einzelinformationen sowie den Dienstreiseberichten der Operativkader), BA, Abt. Potsdam, O-4, 950.

983 Sofort-Information vom 19.4.1985 (Nach den Informationsberichten der Räte der Bezirke 2/85, Einzelinformationen sowie Dienstreiseberichten der Operativkader), BA, Abt. Potsdam, O-4, 950.

984 Vgl. Abt. II, Information vom 17.5.1985 über Positionen und Aktivitäten von Kirchen und Religionsgemeinschaften in der DDR zum 40. Jahrestag der Befreiung des deutschen Volkes vom Hitlerfaschismus und Ergebnisse der operativen Arbeit, a.a.O.

985 Protokoll Hempel-Ziegler-Kupas/Dorgerloh über die 97. Tagung der Konferenz der Evangelischen Kirchenleitungen in der DDR vom 8. bis 10.3.1985 in Buckow, EZA Berlin, 101/93/237.

986 In einem Gespräch mit Dohle unterbreitete die Pressereferentin im Konsistorium Berlin-Brandenburg, Ingeburg Mayer, Horst Dohle den Vorschlag, »politisch progressiv engagierte[.] Kirchenjournalisten in der DDR in einer losen Arbeitsgruppe« unter dem Dach der Niederländisch Ökumenischen Gemeinde, der der größte Teil dieser Journalisten ohnehin angehörte, als »eine Art Gegengewicht gegen die etablierte Kirchenpresse in der DDR« zu sammeln. Leiter des Büros, Vermerk Dohle für den Hauptabteilungsleiter vom 30.5.1985, BA, Abt. Potsdam, O-4, 996.

987 Vermerk Lingner über die Zusammenkunft der Beratergruppe am 20.2.1985, EZA Berlin, 4/92/16. Prälat Binder soll berichtet haben, die EKD-Spitze habe das Treffen »mit Aufmerksamkeit zur Kenntnis genommen [...] Bischof Hempel habe sich bei seinem kürzlichen Besuch der EKD in Bielefeld positiv zum Gespräch geäußert, ohne jedoch auf Einzelheiten einzugehen. B. bezeichnete dieses Treffen als Ausdruck der Normalisierung des Verhältnisses von Staat und Kirche in der DDR.« StV Bonn, Abt. IAP, Vermerk Botschaftsrat Klein vom 27.3.1985 über ein Gespräch mit Prälat Binder, Bevollmächtigter der EKD bei der Regierung der BRD am 26.3.1985, BA, Abt. Potsdam, O-4, 4895.

988 Vgl. auch das Schreiben des Ost-CDU-Vorsitzenden Gerald Götting an Hempel vom 12.2.1985 – es erreichte das BEK-Sekretariat übrigens erst zwei Wochen später: »Mit Freude habe ich von dem freimütigen und vom Geist des Verstehens getragenen Gedankenaustausch Kenntnis genommen, der zwischen dem Vorsitzenden des Staatsrates der DDR, Erich Honecker, und Ihnen, sehr geehrter Herr Landesbischof, als Vorsitzenden der Konferenz der Evangelischen Kirchenleitungen in der DDR stattgefunden hat. Ich bin der Überzeugung, daß diese bedeutsame Begegnung der weiteren Ausprägung konstruktiver Beziehungen zwischen Staat und Kirche, wie sie im Gespräch am 6. März 1978 grundlegend bekräftigt worden sind, ebenso dienen wird, wie der gemeinsamen Verantwortung für die Bewahrung des Friedens und dem Miteinander von Menschen unterschiedlicher Weltanschauung und Glaubensüberzeugung in unserem Lande gemäß den Prinzipien der Gleichberechtigung und Chancengleichheit. Das sind zugleich Anliegen, denen sich die Christlich-Demokratische Union Deutschlands seit jeher verpflichtet weiß.« EZA Berlin, 101/93/4.

989 Das Staatssekretariat für Kirchenfragen sprach von einer Bestätigung »realistische[r] Positionen des BEK zu aktuellen politischen Fragen«. Sofort-Information vom 18.2.1985 (Nach den Informationsberichten der Räte der Bezirke 1/85, Einzelinformationen sowie den Dienstreiseberichten der Operativkader), BA, Abt. Potsdam, O-4, 950.

990 Vgl. auch »Zum Gespräch des Genossen Honecker mit Landesbischof Hempel«: »Landesbischof und Vorsitzender Hempel weiß, daß keine Kompromisse zwischen dem Kurs der Konferenz der Kirchenleitungen und oppositionellen Kräften möglich sind. Das fördert die Polarisierung.« PDS-Archiv Dresden, IV E-2.14-672.

991 In einem anderen Papier heißt es, die Westpresse sei zunächst »sprachlos« gewesen. Ebd.

992 Vgl. auch RdB Dresden, Stellvertreter des Vorsitzenden für Inneres, Protokoll Fuchs vom 18.3.1985 über ein Gespräch des Stellv. des Vors. für Inneres des RdB Dresden, Gen. Fuchs, mit dem Präsidenten des Landeskirchenamtes der Ev.-Luth. Landeskirche Sachsens, Herrn Domsch, im Gästehaus des RdB am 13.3.1985. Demgemäß sagte Domsch: »Wichtig sei es jetzt, an der Basis weiterzukommen und handhabbare Richtlinien zu formulieren. Damit sei der Bereich der Volksbildung und die Frage der Chancengleichheit angesprochen.« PDS-Archiv Dresden, IV E-2.14-672. Vgl. auch Dresden, Bereich Inneres, Staatspolitik in Kirchenfragen, Aktenvermerk Schulze vom 22.8.1985 über Gespräch am 21.8.1985 mit Pfarrer Reimann, SHStA Dresden, BT/RdB Dresden (Zwibo), 45935. »Einzelne Pfarrer betonen jedoch, daß das Verhältnis ›vor Ort‹ nicht so gut sei wie auf der ›oberen Ebene‹. So vertritt Sup. Berger (Meißen) die Auffassung, daß sich Gespräche dieser Art nicht bis nach unten auswirken, hier fehlen noch ›handhabbare Richtlinien‹. Auch Pfarrer Seidel (Staucha/Riesa) meinte, daß zwar in den letzten Jahren eine wesentliche Verbesserung des Staat-Kirche-Verhältnisses eingetreten, jedoch auf der unteren Ebene nicht viel zu spüren sei.« Erste Information vom 27.3.1985 über Verlauf und Inhalt der 22. Landessynode der Ev.-Luth. Landeskirche Sachsens vom 23.-27.3.1985 in Dresden, SHStA Dresden, BT/RdB Dresden (Zwibo), 44878.

993 Superintendent Maiwald (Weißwasser) äußerte in einem Gespräch beim Rat des Kreises, »die Diskriminierung von Christen in der DDR sei mit der Apartheidspolitik in Südafrika zu vergleichen.« Abteilung II, Vorlage Gräfe vom 22.10.1985 an die Dienstbesprechung am 28.10.1985, Leitungsinformation 5/85, BA, Abt. Potsdam, O-4, 951. Ähnlich äußerte sich auch Pfarrer Lochmann aus Sacka bei Großenhain anläßlich einer Reiseablehnung seiner Tochter Corina Lochmann zur Einschulung ihres Patenkindes in die Bundesrepublik: »Des weiteren sprach er an, daß die ausländischen Arbeitnehmer, speziell die Moçambiquaner, auch in die BRD reisen können. Mit welchem Recht dürfen diese Leute reisen, wohin sie wollen, und besitzen Geld in westlicher Währung. Er ist gegen die Apartheid, aber diese Ausnahmeregelungen bezeichnet er ebenfalls als Apartheid gegenüber den Bürgern, die in der DDR leben.« RdK Großenhain, Ref. Kirchenfragen, Aktennotiz Kuke, Mitarbeiter für Kirchenfragen, Persönliches Gespräch am 14.7.1987 aus Sacka bezüglich der durch das VPKA abgelehnten Besuchsreise der Toch-

ter Corina Loxchman, geb. am 27.7.1964, in die BRD, SHStA Dresden, BT/RdB Dresden (Zwibo), 44871.

994 Vgl. auch Zum Gespräch des Genossen Honecker mit Landesbischof Hempel: »Bei nicht wenigen Pfarrern und anderen wächst der Stolz auf ihren Bischof (warum nicht).« PDS-Archiv Dresden, IV E-2.14-672, sowie RdB Dresden, Stellvertreter des Vorsitzenden für Inneres, Vermerk Fuchs vom 20.2.1985 über Reaktionen auf das Gespräch des Generalsekretärs des ZK der SED und Vorsitzenden des Staatsrates der DDR, Genossen Erich Honecker, mit Landesbischof Dr. Dr. h.c. Johannes Hempel, Vorsitzender der Konferenz Evangelischer Kirchenleitungen in der DDR, vom 11. Februar 1985, SHStA Dresden, BT/RdB Dresden (Zwibo), 45071; auch a.a.O., 45076; verkürzt und auch in der Zusammenfassung leicht differierend auch in PDS-Archiv Dresden, IV E-2.14-667. Vgl. auch Sofort-Information vom 19.4.1985 (Nach den Informationsberichten der Räte der Bezirke 2/85, Einzelinformationen sowie Dienstreiseberichten der Operativkader), BA, Abt. Potsdam, O-4, 950.

995 Vgl. auch SED-BL Dresden, Abteilung Staat und Recht, Niederschrift Abteilungsleiter Göpfert vom 14.3.1985 über einen Erfahrungsaustausch zu Fragen der Kirchenpolitik der Partei am 11.3.1985 in der Abteilung Staat und Recht, PDS-Archiv Dresden, IV E-2.14-833.

996 Vgl. ebd.: »Es gelang, die Evangelische Kirche weitgehend für die Ziele der Partei und des Staates in bezug auf die Haltung zum Frieden und zum Inhalt und Charakter des 8. Mai als Tag des Sieges über den Hitlerfaschismus und der Befreiung zu gewinnen.« Vgl. auch Zum Gespräch des Genossen Honecker mit Landesbischof Hempel, PDS-Archiv Dresden, IV E-2.14-672.

997 Information über die Wirkungen des Gespräches des Vorsitzenden des Staatsrates, Genossen Erich Honecker, mit Landesbischof Dr. Johannes Hempel am 11.2.1985, SAPMO-BA ZPA IV B2/14/42.

998 SED-BL Dresden, Abteilung Staat und Recht, Niederschrift Abteilungsleiter Göpfert vom 14.3.1985 über einen Erfahrungsaustausch zu Fragen der Kirchenpolitik der Partei am 11.3.1985 in der Abteilung Staat und Recht, PDS-Archiv Dresden, IV E-2.14-833.

999 Hierzu gehörte auch eine Besprechung mit Gienke und Domsch. Vgl. Sofort-Information vom 19.4.1985 (Nach den Informationsberichten der Räte der Bezirke 2/85, Einzelinformationen sowie Dienstreiseberichten der Operativkader), BA, Abt. Potsdam, O-4, 950. Vgl. auch RdB Dresden, Stellvertreter des Vorsitzenden für Inneres, Protokoll Fuchs vom 18.3.1985 über ein Gespräch des Stellv. des Vors. für Inneres des RdB Dresden, Gen. Fuchs, mit dem Präsidenten des Landeskirchenamtes der Ev.-Luth. Landeskirche Sachsens, Herrn Domsch, im Gästehaus des RdB am 13.3.1985: »Der Bischof hätte dieses Gespräch im persönlichen Sinne sehr hoch gewürdigt.« PDS-Archiv Dresden, IV E-2.14-672.

1000 RdB Dresden, Stellvertreter des Vorsitzenden für Inneres, Vermerk Fuchs vom 20.2.1985 über Reaktionen auf das Gespräch des Generalsekretärs des ZK der SED und Vorsitzenden des Staatsrates der DDR, Genossen Erich Honecker, mit Landesbischof Dr. Dr. h. c. Johannes Hempel, Vorsitzender der Konferenz Evangelischer Kirchenleitungen in der DDR, vom 11. Februar 1985, SHStA Dresden, BT/RdB Dresden (Zwibo), 45071; auch a.a.O., 45076; verkürzt und auch in der Zusammenfassung leicht differierend auch in PDS-Archiv Dresden, IV E-2.14-667.

1001 Das Staatssekretariat für Kirchenfragen hatte für den 18.1.1985 zu einem Gesprächstermin über diese Thematik eingeladen. Vgl. Protokoll Hempel-Ziegler-R. Schulze über die 96. Tagung der Konferenz der Evangelischen Kirchenleitungen in der DDR am 11./12.1.1985 in Berlin, EZA Berlin, 101/93/236. Zu den Reaktionen auf die Regelung vgl. RdB Dresden, Sektor Staatspolitik in Kirchenfragen, Information Lewerenz vom 21.3.1985 über Meinungen kirchlicher Amtsträger zu aktuell-politischen Ereignissen, SHStA Dresden, BT/RdB Dresden (Zwibo), 45071. Vgl. auch RdB Dresden, Stellvertreter des Vorsitzenden für Inneres, Informationsbericht vom 12.4.1985 für Februar/März 1985, SHStA Dresden, BT/RdB Dresden (Zwibo), 45071.

Anmerkungen zu der Seite 123

1002 Vgl. auch Sofort-Information vom 19.4.1985 (Nach den Informationsberichten der Räte der Bezirke 2/85, Einzelinformationen sowie Dienstreiseberichten der Operativkader), BA, Abt. Potsdam, O-4, 950. Vgl. auch SED-BL Potsdam, Abt. Staats- und Rechtsfragen, Information vom 19.4.1985 zum Verlauf der Frühjahrssynode der Evangelischen Kirche Berlin-Brandenburg vom 12.-16.4.1985: »Das Gespräch [...] wird nicht auf Grund der dort sichtbar gewordenen prinzipiellen Übereinstimmung zwischen Staat und Kirche in den Fragen der Friedenssicherung, der richtigen Bewertung des 40. Jahrestages der Befreiung und der konstruktiven Staat-Kirche-Beziehungen gewürdigt, sondern nur genutzt, um die Forderung nach mehr Mitspracherecht in gesellschaftlichen Angelegenheiten mit dem Wunsch von Bischof Hempel nach handhabbaren Richtlinien für die Durchsetzung von Gleichberechtigung und Gleichachtung der Glaubens- und Gewissensfreiheit zu rechtfertigen. Diese Haltung ist im Zusammenhang mit der Attacke reaktionärer Kräfte in der BRD für eine Blockierung des Gesprächs vom 11.2.1985 und gegen das gemeinsame Wort der evangelischen Kirchen in der DDR und der BRD anläßlich des 40. Jahrestages der Befreiung zu sehen, in die sich die von Bischof Forck inszenierte Kampagne gegen die Sicherheitsorgane einfügt. Sie dient dem Ziel, loyale Kirchenvertreter zu verunsichern und das Vertrauen in unsere Politik zu untergraben.« PDS-Archiv Dresden, IV E-2.14-680. Vgl. auch Abt. II, Information vom 19.6.1985 zu den Frühjahrstagungen der Landessynoden und der Synode der VELK DDR 1985: »Ebenso reduziert dieser [Kirchenleitungs]bericht das Gespräch vom 11.2.1985 auf die von Landesbischof Dr. Hempel angesprochenen ›handhabbaren Regelungen‹.« BA, Abt. Potsdam, O-4, 950.

1003 Vgl. »Zum Gespräch des Genossen Honecker mit Landesbischof Hempel«, PDS-Archiv Dresden, IV E-2.14-672. Hauptabteilungsleiter Heinrich »erklärte, die Brandenburger Synode sei mit ihren Äußerungen und mit ihrem Kirchenleitungsbericht über [sic!] alles zurückgegangen, was schon von der Kirche geäußert worden sei.« Vermerk Ziegler vom 25.4.1985 über ein Gespräch im Staatssekretariat für Kirchenfragen am 23.4.1985, 14.00-16.30 Uhr, EZA Berlin, 101/93/4. Der Bericht der Kirchenleitung ist auszugsweise abgedruckt in epd-Dok 20/85, 1-14.

1004 Vgl. Abt. II, Information vom 17.5.1985 über Positionen und Aktivitäten von Kirchen und Religionsgemeinschaften in der DDR zum 40. Jahrestag der Befreiung des deutschen Volkes vom Hitlerfaschismus und Ergebnisse der operativen Arbeit, BA, Abt. Potsdam, O-4, 950; SED-BL Potsdam, Abt. Staats- und Rechtsfragen, Information vom 19.4.1985 zum Verlauf der Frühjahrssynode der Evangelischen Kirche Berlin/Brandenburg vom 12.-16.4.1985. Hier heißt es außerdem: »In diesem Wort an die Gemeinden wird an das Ende der ›Barbarei des Faschismus‹ und an Neuanfang für Volk und Kirche erinnert, aber auch besonders betont, daß dieser Tag mit ›schmerzlichen Erinnerungen belastet‹ sei. Die Schuldfrage wird hervorgehoben, ohne zu würdigen, daß wir in der DDR durch unsere Friedenspolitik die richtigen Schlußfolgerungen gezogen haben. Die undifferenzierte Klage, daß ›wir bis heute unter den Folgen dieses Krieges zu leiden haben‹, läßt auch solche Interpretationen zu, wie sie von westdeutscher revanchistischer Seite zu diesem Thema zu hören sind.« Dem Papier warf die SED einen »Mangel an Parteilichkeit« vor. PDS-Archiv Dresden, IV E-2.14-680. Der Text des Wortes an die Gemeinden ist abgedruckt in epd-Dok 20/85, 19 f.

1005 Vgl. Abt. II, Information vom 17.5.1985 über Positionen und Aktivitäten von Kirchen und Religionsgemeinschaften in der DDR zum 40. Jahrestag der Befreiung des deutschen Volkes vom Hitlerfaschismus und Ergebnisse der operativen Arbeit, BA, Abt. Potsdam, O-4, 950. Jedoch soll der Berliner Bischof drei Tage zuvor im Gottesdienst in der Berliner Marienkirche ›negativ‹ aufgetreten sein. Vgl. Bericht zur kirchenpolitischen Situation in Berlin, Hauptstadt der DDR, April/Mai 1985, BA, Abt. Potsdam, O-4, 1129.

1006 Vgl. Abt. II, Information vom 19.6.1985 zu den Frühjahrstagungen der Landessynoden und der Synode der VELK DDR 1985, BA, Abt. Potsdam, O-4, 950.

1007 Zum Gespräch des Genossen Honecker mit Landesbischof Hempel, PDS-Archiv Dresden, IV E-2.14-672.
1008 Vgl. hierzu RdB Schwerin, Stellv. d. Vorsitzenden für Inneres, Information Schwoerke vom 31.1.1985 über Gespräch mit Landesbischof Stier und Oberkirchenratspräsident Müller am 31.1.1985. Stier betonte, die Veranstaltung sei weder öffentlich ausgeschrieben worden noch sei ein Abschlußdokument geplant: »Er stellte fest, daß es seinerseits keine Veranlassung gibt, diese Veranstaltung zu verhindern oder sie in bezug auf ihren Inhalt und Ablauf zu verändern. Er bezeichnete die Veranstaltung als legitim für die Kirche, da sie biblischen Bezug habe. [...] Er wolle allerdings, daß die Themen so behandelt werden, wie er und die Kirchenleitung sich das vorstellen. Stier erklärte, er habe kein Mißtrauen gegenüber solchen Leuten, die vom Genossen Schwoerke namentlich genannt wurden und gegen die es staatlicherseits politisch erhebliche Bedenken gibt. Er möchte der Konfrontation keinen Vorschub leisten, im Gegenteil. Diese Leute und diese Gruppen sollten in die Kirche integriert und nicht aus der Kirche herausgelöst werden. Stier versicherte, daß er sich seiner Verantwortung voll bewußt sei, daß er sie wahrnehmen will, wenn auch eventuell anders als Landesbischof Leich in Thüringen. Mit ihm habe er diesbezüglich mehrfach gesprochen. [...] Nach längeren Auseinandersetzungen mit dem Landesbischof gab Genosse Schwoerke zu erkennen, daß die von Stier vorgetragene Auffassung nicht den staatlichen Erwartungen entspricht, da das Wirken und die Einflußmöglichkeiten negativer politischer Kräfte offensichtlich unterschätzt werden.« Die abschließende Wertung zu Stiers Auftreten lautete: »Er vertrat seine Haltung hartnäckig und zeigte sich uneinsichtig.« SAPMO-BA ZPA IV B2/14/69.
1009 Vgl. »Zum Gespräch des Genossen Honecker mit Landesbischof Hempel«, PDS-Archiv Dresden, IV E-2.14-672. Vgl. auch Sofort-Information vom 19.4.1985 (Nach den Informationsberichten der Räte der Bezirke 2/85, Einzelinformationen sowie Dienstreiseberichten der Operativkader): »Durch die zielgerichtete staatliche Einflußnahme und das Wirken realistischer kirchlicher Kräfte konnte verhindert werden, daß das Friedensseminar ›Konkret für den Frieden III‹ [...] mit negativen Konzeptionen öffentlich wirksam wurde.« BA, Abt. Potsdam, O-4, 950. Dennoch war der Staat mit Stiers Einsatz nicht ganz zufrieden: So habe er »politische[.] Provokationen durch bestimmte Kräfte (z. B. Lietz und Meckel)« nicht verhindert: »Genosse Schwoerke nannte vor allem die Behandlung des Güstrower Vorkommnisses [vgl. unten, Anm. 1010] auf dem Seminar und die dazu veröffentlichten Materialien in der Westpresse. Auch bezüglich der Beteiligung von ausländischen Journalisten und bezüglich der persönlichen Einladung der Teilnehmer zum Seminar wurde den staatlichen Erwartungen nicht entsprochen.« RdB Schwerin, Information Schwoerke vom 22.4.1985 über Gespräch mit Landesbischof Stier am 19.4.1985, BA, Abt. Potsdam, O-4, 790; auch SAPMO-BA ZPA IV B2/14/69. Zum Seminarverlauf vgl. Bericht Ordnung vom 4.3.1985: »Zusammenfassend ist zu sagen: Die Stimmung in der ganzen Konferenz war nicht aggressiv und auf Provokation gerichtet, wenn es auch viele politische Äußerungen gab, die nicht mit unserer Politik übereinstimmen und ein geradezu katastrophales Unverständnis für diese Politik zeigten. Die eigentlichen Friedensfragen wurden ausgeklammert. Es wurde (mit Ausnahme von dem, was CFK-Vertreter sagten) nicht vom Imperialismus geredet. [...] Die neue kirchliche Friedensposition ist nicht aufgenommen worden. Auch die anwesenden Vertreter kirchenleitender Gremien haben keinen Versuch in dieser Richtung unternommen. [...] Als CFK waren wir nicht gut genug vorbereitet auf die Konferenz. [...] Wenn wir im nächsten Jahr vor ähnliche Aufgaben gestellt sind, müßte die teilnehmende Gruppe sich gründlicher vorbereiten, um die Möglichkeiten, die eine solche Konferenz bietet, auszuschöpfen.« SAPMO-BA ZPA IV B2/14/96. Vgl. auch Protokoll Hempel-Ziegler-Kupas/Dorgerloh über die 97. Tagung der Konferenz der Evangelischen Kirchenleitungen in der DDR vom 8. bis 10.3.1985 in Buckow, EZA Berlin, 101/93/237.
1010 Oberkirchenratspräsident Müller fügte erläuternd hinzu, »daß in Güstrow kurz vor

Weihnachten durch Schußwaffengebrauch von seiten eines Vertreters des Ministeriums für Staatssicherheit zwei 30jährige Familienväter zu Tode gekommen seien und ein weiterer schwer verletzt im Krankenhaus liege. Lietz habe sich um die Angehörigen gekümmert und sei deshalb in Schwierigkeiten gekommen. Die Kirchenleitung stehe in dieser Sache voll hinter ihm. [...] Lietz deutete an, daß die beiden Eltern des jungen Mannes, der noch im Krankenhaus liege, Mitglieder der CDU seien.« Bericht Ordnung vom 4.3.1985, SAPMO-BA ZPA IV B2/14/96. Hierzu sagte Landesbischof Stier beim RdB Schwerin Ende Januar 1985,»daß ihn nach wie vor das Vorkommnis in Güstrow bewegt. Bisher sei noch keine Information dazu erfolgt. ›Die Sache gehe ihm noch sehr nach‹. Er könne auch den gegenüber Landessuperintendent Sagert von staatlicher Seite geäußerten Vorwurf der ›Einmischung‹ und der ›Belastung der Staat-Kirche-Beziehungen‹ nicht vertreten.« RdB Schwerin, Stellv. d. Vorsitzenden für Inneres, Information Schwoerke vom 31.1.1985 über Gespräch mit Landesbischof Stier und Oberkirchenratspräsident Müller am 31.1.1985, SAPMO-BA ZPA IV B2/14/69.

1011 Vgl. hierzu das Schreiben des Evangelischen Konsistoriums Greifswald an die Superintendenten unserer Landeskirche vom 24.11.1986, Betr.: Schweigepflicht:»Aus gegebener Veranlassung weisen wir darauf hin, daß alle kirchlichen Mitarbeiter verpflichtet sind, über alle Angelegenheiten ihres Dienstes Stillschweigen zu bewahren.« EZA Berlin, 101/93/253.

1012 Zu den Konflikten um die ökumenische Umweltgruppe in Suhl und Versuch der Einschüchterung von Mitgliedern vgl. Gedächtnisprotokoll von Pfr. Schwennicke über Gespräch mit dem Stellvertr. des Oberbürgermeisters für Inneres, Herrn Ruff, und zwei weiteren Vertretern der Stadt, deren Funktion nicht näher bekannt ist, unter Anwesenheit von Superintendent Koch/Suhl am 7.11.1985; Gedächtnisprotokoll Peter Höhn zur durchgeführten Aussprache am 11.11.1985 in der Zeit von 11.00-11.45 Uhr im EBK Suhl, Bereich Kaderleitung, Teilnehmer ein Mitarbeiter der Kaderleitung, eine unbekannte Person (Abschrift); Gedächtnisprotokoll Dr. Wolfgang Wurschi über die Aussprache mit MR H.[.], Beauftragter des Kreisarztes für das BGW am 12.11.1985 (Abschrift); Gedächtnisprotokoll Thomas Fiedler über das Gespräch betreffs des ökumenischen Arbeitskreises für Umweltfragen Suhl am 12.11.1985 (Abschrift); Zusammenfassendes Protokoll Pfarrer Winkelmann (Bischofsrod) vom 14.11.1985 von Gespräch beim Rat des Kreises Suhl-Land am 14.11.1985 in Zella-Mehlis (Abschrift); Vermerk H. Schultze über ein Gespräch beim RdB Suhl am 11.12.1985. Dort auch Aufzählung weiterer staatlicher Gespräche mit Mitgliedern des Umweltkreises. In einem Gespräch Leweks mit Wilke bestätigte dieser, »daß die Vorgänge in Suhl der Grundlinie des Gespräches in Berlin vom 2.5.1985 über Umweltfragen widersprechen. Er wolle sich einschalten.« Ebd.; Schreiben Ökumenischer Umweltkreis Suhl (Pfr. Schwennicke) an Sekretariat des BEK (Lewek) vom 3.12.1985, betr.: Erhebliche Behinderung der Arbeit des ökumenischen Umweltkreises Suhl durch staatliche Organe des Bezirkes Suhl; Bezug: Gespräch von Herrn Propst Dr. Falcke mit Frau OKR Lewek vor wenigen Tagen. Alle Dokumente in EZA Berlin, 101/93/110. Vgl. hierzu das Schreiben von Pfarrer Schwennicke, Suhl, an Hans Wilke vom 4.4.1986, in dem sich der Pfarrer zwar für Wilkes Vermittlungsdienste bedankte, aber auch darauf hinweisen mußte, daß die Eingabe des Umweltkreises bislang unbeantwortet geblieben war. EZA Berlin, 101/93/676.

1013 RdB Schwerin, Kirchenfragen, Information Franze, Leitender Mitarbeiter, vom 18.11.1985 über Gespräch am 1.11.1985. Abschließend urteilte das Papier, »Die Position des Landesbischofs zur Weltlage, zur Friedenssicherung und zum Friedensengagement der Kirche blieb hinter den Aussagen, die z. B. Landesbischof Dr. Hempel im Gespräch am 11. Febr. 1985 gegenüber dem Genossen Erich Honecker getroffen hat, sowie Formulierungen, die im ›Gemeinsamen Wort zum Frieden‹ aus Anlaß des 40. Jahrestages der Befreiung vom Hitlerfaschismus enthalten sind, zurück.« BA, Abt. Potsdam, O-4, 790.

1014 Vgl. Vermerk Ziegler vom 3.6.1985 über die 21. Konsultation zwischen dem Bund der

Evangelischen Kirchen in der DDR und der Evangelischen Kirche in Deutschland am 13.5.1985, 10.00 bis 14.30 Uhr, in Berlin, EZA Berlin, 101/93/259. Vgl. auch Protokoll Hempel-Ziegler-Kupas vom 25.3.1985 über die 172. Sitzung des Vorstandes am 20.3.1985 in Berlin mit Auftrag an das Sekretariat, bis zur Sitzung des Vorstandes im Mai 1985 eine problem- und zielorientierte Gesprächsthemenliste vorzulegen. EZA Berlin, 101/93/245. Zur Behandlung der Liste auf der Mai-Sitzung vgl. Protokoll Hempel-Ziegler-Kupas vom 31.5.1985 der 174. Sitzung des Vorstandes am 23.5.1985 in Berlin: »Der Vorstand empfiehlt, auf der Grundlage der Themenliste weiter zu arbeiten, vor allem ›kirchlichere‹ Formulierungen zu suchen, die Liste zu reduzieren und mit einer Präambel zu versehen, in der die eigenständige Mitverantwortung der Kirche für das Wohl der Gesellschaft zum Ausdruck kommt [...] Die Liste ist streng unter Verschluß zu halten.« A.a.O.

1015 Vgl. hingegen Schnellinformation des Sekretariats des Bundes der Evangelischen Kirchen in der DDR vom 11.2.1985: »Die Bitte um ein solches Gespräch über gegenwärtig anstehende Sachfragen wurde in der Begegnung ausdrücklich ausgesprochen. Der Vorsitzende des Staatsrates hat zugesagt, dieser Bitte zu entsprechen. Mit Rücksicht auf dieses in Aussicht genommene Sachgespräch wurde in der Ansprache des Vorsitzenden der Konferenz der Evangelischen Kirchenleitungen darauf verzichtet, einzelne konkrete Sachanliegen darzustellen.« Abgedruckt in epd-Dok 11/85, 4 f.

1016 SED-BL Dresden, Abteilung Staat und Recht, Niederschrift Abteilungsleiter Göpfert vom 14.3.1985 über einen Erfahrungsaustausch zu Fragen der Kirchenpolitik der Partei am 11.3.1985 in der Abteilung Staat und Recht, PDS-Archiv Dresden, IV E-2.14-833.

1017 Vermerk Ziegler vom 25.4.1985 über ein Gespräch im Staatssekretariat für Kirchenfragen am 23.4.1985, 14.00-16.30 Uhr, EZA Berlin, 101/93/4.

1018 Auch Peter Kraußer urteilte: »Im kirchlichen Raum ist eine Zunahme von Stimmen zu verzeichnen, die den 8. Mai 1945 als Tag der Befreiung vom Hitlerfaschismus durch die Sowjetunion und die Antihitlerkoalition begehen.« SED-BL Dresden, Abteilung Staat und Recht, Niederschrift Abteilungsleiter Göpfert vom 14.3.1985 über einen Erfahrungsaustausch zu Fragen der Kirchenpolitik der Partei am 11.3.1985 in der Abteilung Staat und Recht, PDS-Archiv Dresden, IV E-2.14-833. Kardinal Meisner hingegen sprach am 5.3.1985 in der Berliner Hedwigskathedrale vom 8. Mai als dem »40. Jahrestag des Kriegsendes in Deutschland‹«. Die Mehrheit der katholischen Pfarrer vor Ort soll allerdings auch den 8. Mai als Tag der Befreiung bezeichnet haben. Vgl. Sofort-Information vom 19.4.1985 (Nach den Informationsberichten der Räte der Bezirke 2/85, Einzelinformationen sowie Dienstreiseberichten der Operativkader), BA, Abt. Potsdam, O-4, 950; vgl. auch Abt. II, Information vom 17.5.1985 über Positionen und Aktivitäten von Kirchen und Religionsgemeinschaften in der DDR zum 40. Jahrestag der Befreiung des deutschen Volkes vom Hitlerfaschismus und Ergebnisse der operativen Arbeit, a.a.O. Zu Meisner stellte Peter Kraußer im Oktober 1985 fest, es »mehr[t]en sich die Anzeichen, daß der Kardinal die bewährte und durch Bengsch und Schaffran praktizierte Geschäftsgrundlage immer mehr verläßt. Das äußert sich in Plänen zur Durchführung eines großen Treffens der Katholiken 1987 in Dresden, von denen der Staat sehr viel später aus Rom erfuhr. Er nutzt verstärkt das Umfeld Westberlin durch Besuche und Gegenbesuche. Im Gegensatz zu seinen Vorgängern nimmt er die Pflichten und Rechte eines Mitglieds der Bischofskonferenz der BRD persönlich wahr. Er hat diese Bischofskonferenz nach Berlin eingeladen. Seit seinem Amtsantritt hat er sich nicht um einen Antrittsbesuch beim Vorsitzenden des Staatsrates der DDR bemüht.« SED-BL Dresden, Abteilung Staat und Recht, Vermerk Helmut Richter vom 19.11.1985 über Erfahrungsaustausch der für kirchenpolitische Arbeit zuständigen Genossen der Bezirksleitungen Magdeburg, Halle, Leipzig, Karl-Marx-Stadt und Dresden, Mitte Oktober in Leipzig, PDS-Archiv Dresden, IV E-2.14-833. Zum Katholikentreffen in Dresden und seiner Vorgeschichte vgl. D. Grande/B. Schäfer, Zur Kirchenpolitik der SED.

1019 Information zum »Wort zum Frieden« des BEK und des Rates der EKD vom 29.3.1985, BA, Abt. Potsdam, O-4, 968.

1020 Abgedruckt in epd-Dok 14/1985, 13-15.
1021 Vgl. auch Sofort-Information vom 19.4.1985 (Nach den Informationsberichten der Räte der Bezirke 2/85, Einzelinformationen sowie Dienstreiseberichten der Operativkader), BA, Abt. Potsdam, O-4, 950. Vgl. auch Protokoll Hempel-Ziegler-von Rabenau/Günther über die 98. Tagung der Konferenz der Evangelischen Kirchenleitungen in der DDR am 10./11.5.1985 in Berlin: »Das [...] Wort der Aktion Sühnezeichen ist von manchen Gemeindekreisen stärker aufgenommen worden. Leider habe es keine Vorinformation durch die Aktion Sühnezeichen an das Sekretariat gegeben.« EZA Berlin, 101/93/237. Zu Aktion Sühnezeichen in der Bundesrepublik vgl. auch Abt. IV, Vorlage Will-Braemer-Gessner vom 23.4.1987 zur Dienstbesprechung am Montag, dem 27.4.1987, Leitungsinformation 2/87, BA, Abt. Potsdam, O-4, 954.
1022 Information zum »Wort zum Frieden« des BEK und der Rates der EKD vom 29.3.1985, BA, Abt. Potsdam, O-4, 968.
1023 Ebd.
1024 LKA-Präsident Domsch soll während der sächsischen Frühjahrssynode geäußert haben, »daß ›im Leben der DDR etwas fehlen würde, wenn es die CDU nicht gäbe‹«. Abt. II, Information vom 19.6.1985 zu den Frühjahrstagungen der Landessynoden und der Synode der VELK DDR 1985, BA, Abt. Potsdam, O-4, 950. Vgl. auch Protokoll Hempel-Ziegler-Lewek vom 4.7.1985 der 175. Sitzung des Vorstandes am 20.6.1985 in Dresden: »Die Stellung zur CDU soll gelegentlich überprüft werden.« EZA Berlin, 101/93/245.
1025 Stichworte der Abt. Kirchenfragen zum Gespräch mit Forck und Stolpe vom 21.3.1985, ACDP, VII-013, 3148. Generalsuperintendent Richter soll während einer Bezirksdelegiertenkonferenz der CDU in Cottbus »einen bemerkenswerten Diskussionsbeitrag« gehalten haben, »in dem er mit der Formulierung politisch realistischer Einsichten deutlich über die Positionen der Kirchenleitung und der Frühjahrssynode der Evangelischen Kirche in Berlin-Brandenburg hinausging«. Abt. II, Sofort-Information vom 20.6.1985 (nach den Informationsberichten der Räte der Bezirke 3/85, Einzelinformationen sowie Dienstreiseberichten der Operativkader), BA, Abt. Potsdam, O-4, 950.
1026 Vermerk Ziegler vom 25.4.1985 über ein Gespräch im Staatssekretariat für Kirchenfragen am 23.4.1985, 14.00-16.30 Uhr, EZA Berlin, 101/93/4.
1027 Schreiben K. Gysi an H. Häber mit Anlage vom 10.5.1985, BA, Abt. Potsdam, O-4, 1000. Der Text lautet:
»Die beiliegende Botschaft wurde mir am 9.5.1985 durch Konsistorialpräsident Manfred Stolpe von der Berlin-Brandenburgischen Kirchenleitung übergeben. Gleichzeitig überbrachte er mir herzliche persönliche Grüße von Weizsäcker. Er teilte mir außerdem mit, daß Prälat Binder mich in der nächsten Zeit aufsuchen möchte. Dem habe ich zugestimmt. Binder wird in Kürze außer seiner Funktion als kirchlicher Bevollmächtigter bei der Bundesregierung noch die des Militärbischofs übernehmen. Zu den Notizen über Stobbes Absichten fügte Stolpe noch hinzu, daß Willy Brandt diesen früheren Oberbürgermeister von Berlin offensichtlich als Nachfolger von Vogel, also als Fraktionssprecher, lancieren möchte.
Anlage:
Der Bundestagsabgeordnete Dietrich Stobbe, SPD, ist an einem Gespräch mit einem Mitglied des Politbüros des ZK der SED interessiert. Er hat, obwohl für die USA zuständig, seine Aktivitäten in bezug auf die Staaten des Warschauer Vertrages verstärkt. So wird er vom 16. bis 20.5.1985 auf Einladung der ungarischen Regierung an einer Kuratoriumssitzung – Vorsitz: Berthold Beitz – des New Yorker Instituts für Ost-West-Sicherheitsstudien teilnehmen, an dem die sozialistischen Länder maßgeblichen Anteil haben (für die DDR regelmäßig Dr. Klaus Montag). Eine Begegnung mit führenden ungarischen Politikern ist vorgesehen. Auf Wunsch des SPD-Vorsitzenden Willy Brandt wird MdB Stobbe Mitglied einer Delegation, die auf Einladung des Generalsekretärs der KPdSU, M. Gorbatschow, in der Zeit vom 26. bis 29. Mai 1985 die

Sowjetunion besucht. Diese Delegation, die Gespräche auf höchster Ebene führen wird, besteht aus Willy Brandt, MdB Egon Bahr, Bürgermeister Hans Koschnik (außenpolitischer Sprecher des PV der SPD) und MdB Stobbe. Im Anschluß an diese Reise führt Stobbe, zusammen mit dem stellvertretenden SPD-Fraktionsvorsitzenden Prof. Ehmke, Konsultationen mit der US-Regierung, und zwar Richard Perle und Richard Burt, künftiger Botschafter in Bonn. Danach besteht Interesse an einem Gespräch mit einem Mitglied des Politbüros des ZK der SED, und zwar entweder Egon Krenz oder Prof. Herbert Häber. Als Termin würde sich Freitag, der 14.6.1985, anbieten, da MdB Stobbe vom 14. bis 17.6.1985 auf Einladung des stellvertretenden Vorsitzenden der Konferenz der Kirchenleitungen der evangelischen Kirchen in der DDR, Landesbischof Dr. Horst Gienke, einen Besuch in der DDR machen wird.

1028 Über die Feiern sprach auch der KKL-Vorstand im Januar 1985. Vgl. Protokoll Hempel-Ziegler-Kupas vom 14.1.1985 über die 170. Sitzung des Vorstandes am 7.1.1985 in Berlin, EZA Berlin, 101/93/245. In einer MfS-Information vom 28.10.1985 zum 300. Jahrestag des Ediktes von Potsdam heißt es über Schmudes Vortrag (»Toleranz als Kompromißfähigkeit und Gesprächsbereitschaft im Bemühen um Sicherheit und Zusammenarbeit in Europa«): »Die politisch positiven und sachlichen Ausführungen von Dr. Schmude (als BRD-Politiker und EKD-Synodaler) bieten Anknüpfungspunkte für weitere Gespräche durch staatliche Vertreter« (BStU, ZA MfS HA XX – ZMA Nr. 1950, Bd. 2, 210-216, Zitat: 216). Der Vortrag lag dem MfS (a.a.O., 217-222) ebenfalls vor. Er trug die Überschrift: »Der Gedanke der Toleranz im Bemühen um Sicherheit und Zusammenarbeit in Europa«. Darin lehnte Schmude das von den USA geplante weltraumgestützte Verteidigungssystem klar ab.

1029 Handschriftliches Schreiben Stolpe an Honecker vom 21.10.1985 mit Paraphe EH 21.10.1985, SAPMO-BA ZPA IV B2/14/57.

1030 Vermerk Lingner über die Zusammenkunft der Beratergruppe am 19.6.1985, EZA Berlin, 4/92/16. Die Rede Richard von Weizsäckers vom 8. Mai 1985, Der 8. Mai ist ein Tag der Befreiung, ist u. a. abgedruckt in: Richard von Weizsäcker, Von Deutschland aus. Reden des Bundespräsidenten, München 1987, 11-35.

1031 Vermerk Lingner über die Zusammenkunft der Beratergruppe am 19.6.1985, EZA Berlin, 4/92/16.

1032 Vgl. Sofort-Information vom 19.4.1985 (Nach den Informationsberichten der Räte der Bezirke 2/85, Einzelinformationen sowie Dienstreiseberichten der Operativkader), BA, Abt. Potsdam, O-4, 950. Vgl. auch Arbeitsgruppe Kirchenfragen, Berlin, den 13.5.1985, Zu den Frühjahrssynoden der evangelischen Landeskirchen und Schlußfolgerungen (1985): »Die offensive Gesprächsform mit kirchlichen Kreisen hat zu sichtbaren Fortschritten in der Entwicklung staatsbürgerlich loyaler Haltungen geführt. Gleichzeitig hat sich damit der Abstand zu den von den BRD-Kirchen vertretenen Positionen vergrößert.« SAPMO-BA ZPA IV B2/14/96. Vgl. auch Abt. II, Information vom 17.5.1985 über Positionen und Aktivitäten von Kirchen und Religionsgemeinschaften in der DDR zum 40. Jahrestag der Befreiung des deutschen Volkes vom Hitlerfaschismus und Ergebnisse der operativen Arbeit. Mecklenburg und Görlitz formulierten nach dieser Studie nicht ganz so eindeutig wie Sachsen, Thüringen und Anhalt. BA, Abt. Potsdam, O-4, 950.

1033 Weiter heißt es: »Auch aus dieser Haltung heraus nahmen die leitenden Vertreter der Landeskirche Sachsens wie die anderen in Dresden ansässigen Bischöfe und Präsidenten am 13. Februar 1985 auf der Tribüne an der Kundgebung aus Anlaß des 40. Jahrestages der Zerstörung Dresdens teil und stimmten der Willenserklärung zu.« Information über die gegenwärtige kirchenpolitische Lage im Bezirk Dresden, PDS-Archiv Dresden, IV E-2.14-667.

1034 Vgl. die Teilnehmerliste in BA, Abt. Potsdam, O-4, 1009.

1035 Vgl. Abt. II, Information vom 17.5.1985 über Positionen und Aktivitäten von Kirchen und Religionsgemeinschaften in der DDR zum 40. Jahrestag der Befreiung des deutschen Volkes vom Hitlerfaschismus und Ergebnisse der operativen Arbeit, BA, Abt.

Potsdam, O-4, 950. Der KKL-Vorstand legte am 8.3.1985 auf einer Sondersitzung in Buckow fest: »Der Vorstand hält eine Veranstaltung nach dem Muster des 30. Jahrestages in der gegenwärtigen Situation nicht für angemessen. Zum 30. Jahrestag des Kriegsendes war es die einzige Möglichkeit, eine eigenständige kirchliche Stellungnahme in der Öffentlichkeit abzugeben. In diesem Jahr haben wir lange vorbereitete eigene Veranstaltungen, auf denen wir eigenständig unsere Aussagen machen. Deshalb empfiehlt der Vorstand der KKL, von dieser Veranstaltung dringend abzuraten. Außerdem sind der Vorsitzende und seine beiden Vertreter am 16. April verhindert.« Vgl. Protokoll Ziegler vom 11.3.1985, EZA Berlin, 101/93/245. Die KKL faßte dann einen entsprechenden Beschluß, fügte aber hinzu, »daß keines ihrer Mitglieder *im Auftrage der Konferenz* [Hervorhebung durch den Vf.] daran teilnehmen wird«. Protokoll Hempel-Ziegler-Kupas/Dorgerloh über die 97. Tagung der Konferenz der Evangelischen Kirchenleitungen in der DDR vom 8. bis 10.3.1985 in Buckow, EZA Berlin, 101/93/237. Vgl. auch Vermerk Wilke vom 12.3.1985 über ein Gespräch des HAL Gen. Heinrich mit OKR Frau Lewek im Beisein des Gen. Dr. Wilke am 11.3.1985: »Bereits am Sonnabend (9.3.1985) hatte OKR Ziegler Gen. Dr. Wilke informiert, daß es seitens des Vorstandes und der KKL Bedenken gegen die Teilnahme am 16.4.1985 aus Anlaß des 40. Jahrestages der Befreiung gäbe. OKR Lewek sei beauftragt, am Montag das Gespräch mit uns zu führen. Frau OKR Lewek erklärte uns dann, daß die KKL abrät, eine solche Veranstaltung durchzuführen. Man hätte 1975 eine andere Situation als 1985 gehabt. Damals mußte der Staat oder die Gesellschaft die kirchlichen Kräfte aus diesem Anlaß ›zusammenführen‹, aber der BEK war bereits damals der ›Hauptpartner‹. Der Einspruch des BEK soll kein negatives Votum zum Verhältnis von Staat und Kirche sein. Im Gegenteil, in den letzten 10 Jahren habe sich viel Positives ergeben. Seit dem 6.3.1978 gibt es doch eine höhere Form des Verhältnisses. [...] Daher sehe es der BEK nicht als ›angemessen‹ an, wenn religiöse Kräfte nun wie 1975 in einem Forum zusammengeführt werden. Die eigenen Veranstaltungen des BEK zum Tag der Befreiung zeigen, daß sie schon ein Stück weiter sind. Sie sind sogar ›mehrere Stufen weiter‹. Sie ›haben so viel eigenes Profil‹, daß sie von der Gesellschaft nicht zusammengeführt werden müssen [...] Außerdem, aber das ist ein völlig sekundärer Grund, ist der 16.4.1985 terminlich für den BEK ungeeignet, weil viele kirchliche Termine anliegen. Gen. Heinrich und Gen. Dr. Wilke legten unsere Position noch einmal dar, brachten das Unverständnis zu dieser Position zum Ausdruck und baten Frau Lewek, die gesamte Frage noch einmal zu bedenken.« BA, Abt. Potsdam, O-4, 968. Daraufhin legte der KKL-Vorstand fest: »Eine personelle Beteiligung an der Veranstaltung sei nur denkbar, wenn eine grundlegende Veränderung der Struktur erfolge (Entreligiösierung) und kein Wortbeitrag erwartet werde.« Gleiches teilten Hempel und Lewek daraufhin dem Staatssekretariat mit. Vgl. Protokoll Hempel-Ziegler-Kupas vom 25.3.1985 über die 172. Sitzung des Vorstandes am 20.3.1985 in Berlin, EZA Berlin, 101/93/245. Letztendlich konnten Einzelpersönlichkeiten, »die nicht der KKL angehör[t]en, oder Vertreter der leitenden gliedkirchlichen Verwaltungsdienststellen die Einladungen persönlich wahrnehmen«. Niederschrift Kramer-Küntscher vom 3.4.1985 über die Chefbesprechung am 3.4.1985 in Berlin, EZA Berlin, 101/93/252.

1036 Vgl. SED-BL Dresden, Abteilung Staat und Recht, Vermerk Helmut Richter vom 19.11.1985 über Erfahrungsaustausch der für kirchenpolitische Arbeit zuständigen Genossen der Bezirksleitungen Magdeburg, Halle, Leipzig, Karl-Marx-Stadt und Dresden, Mitte Oktober in Leipzig, PDS-Archiv Dresden, IV E-2.14-833. Nach diesem Bericht erklärte Peter Kraußer: »Nach 1983 gab es nicht wenige kirchliche Anstrengungen hinsichtlich der Betonung ›kirchlicher Eigenständigkeit‹, ›Unabhängigkeit‹ bis hin zu Äußerungen der ›kritischen Distanz‹. Das äußerte sich u. a. auch in der Ablehnung, an den zentralen und bezirklichen Festveranstaltungen teilzunehmen und anläßlich des 40. Jahrestages der Befreiung mit der Bitte, man möge Verständnis haben, nicht im Präsidium Platz zu nehmen. Es ist von der Bilanz der Beziehungen ausgehend einzuschätzen, daß die evang. Kirche ein langfristiges Konzept verfolgt.« Ebd.

1037 Vgl. auch Protokoll Hempel-Ziegler-Lewek vom 25.2.1985 der 171. Sitzung des Vorstandes am 11.2.1985 in Berlin, EZA Berlin, 101/93/246; Protokoll Hempel-Ziegler-Kupas/Dorgerloh über die 97. Tagung der Konferenz der Evangelischen Kirchenleitungen in der DDR vom 8. bis 10.3.1985 in Buckow, EZA Berlin, 101/93/237. Vgl. auch Protokoll Hempel-Ziegler-Ziegler/Kupas vom 29.4.1985 der 173. Sitzung des Vorstandes am 25.4.1985 in Berlin, EZA Berlin, 101/93/245.

1038 Die Predigt des KKL-Vorsitzenden Hempel über 2. Korinther 5,19 f. ist abgedruckt in ders., Kirche wird auch in Zukunft sein, 153-156. An Hempels Predigt würdigte der Staat vor allem die Aussage, ein gemeinsames Leben mit Kommunisten »als Christen im Sozialismus« sei möglich. [Vgl. sinngemäß a.a.O., 154 f.] Abt. II, Information vom 17.5.1985 über Positionen und Aktivitäten von Kirchen und Religionsgemeinschaften in der DDR zum 40. Jahrestag der Befreiung des deutschen Volkes vom Hitlerfaschismus und Ergebnisse der operativen Arbeit, BA, Abt. Potsdam, O-4, 950. In einer allen sächsischen Pfarrern zugänglich gemachten Predigtmeditation soll Superintendent Kreß, Bautzen, geschrieben haben:»›Uneingeschränkt muß gesagt werden, daß der 8. Mai 1945 Befreiung von der Gewaltherrschaft des Nationalsozialismus war.‹ Und weiter: ›Daß Gott, der Herr der Geschichte, uns Deutsche und die Welt durch die Armeen der Alliierten und, unzweifelhaft, insbesondere durch die Rote Armee von dieser unmenschlichen Herrschaftsform befreit hat.‹« Rat des Kreises Bautzen an RdB Dresden, Fuchs, vom 23.5.1985, Kirchenpolitische Information Lawrenz, Stellv. d. Vors. f. Inneres, – Berichterstattung Mai 1985, SHStA Dresden, BT/RdB Dresden (Zwibo), 44869. Für einen Rundfunkkommentar am 8. Mai war Hempels Stellvertreter im KKL-Vorsitz Gienke vorgesehen. Vgl. Protokoll Hempel-Ziegler-Kupas vom 14.1.1985 über die 170. Sitzung des Vorstandes am 7.1.1985 in Berlin, EZA Berlin, 101/93/245.

1039 Hierzu waren westliche Journalisten nicht zugelassen. Vgl. Protokoll Hempel-Ziegler-Kupas vom 25.3.1985 über die 172. Sitzung des Vorstandes am 20.3.1985 in Berlin, a.a.O.

1040 Vgl. Ende des II. Weltkrieges; Abt. II, Information vom 17.5.1985 über Positionen und Aktivitäten von Kirchen und Religionsgemeinschaften in der DDR zum 40. Jahrestag der Befreiung des deutschen Volkes vom Hitlerfaschismus und Ergebnisse der operativen Arbeit, BA, Abt. Potsdam, O-4, 950. Vgl. auch Detlef Urban, Die Kirchen und der 8. Mai, in: DA 18 (1985), 565-567.

1041 Protokoll Hempel-Ziegler-von Rabenau/Günther über die 98. Tagung der Konferenz der Evangelischen Kirchenleitungen in der DDR am 10./11.5.1985 in Berlin, EZA Berlin, 101/93/237.

1042 Albrecht Schönherr, Zum Weg der evangelischen Kirchen in der DDR.

1043 Vgl. Schreiben Schönherr vom 7.11.1985:»Herr Dr. Trende, Persönlicher Referent von Gerald Götting, suchte mich am 5.11.1985 auf. Er schlug mir vor, ich möchte in dem neuen CDU-Gebäude am Platz der Akademie in dem Vortragssaal, der dort entstanden ist, einen Vortrag über den Weg der Kirche nach 1945 halten. Es soll der erste in einer Reihe sein, in der auch Präsident Rogge später über Müntzer reden soll. Der Vortrag soll nachher in einer Fortsetzungsreihe gedruckt werden, in der früher auch Vorträge von Hermann Matern und Paul Verner erschienen sind. Ich habe Herrn Trende gesagt, daß ich den Vorstand und Herrn Landesbischof D. Hempel persönlich fragen würde, ob Bedenken dagegen bestehen. Diese Frage möchte ich hiermit stellen und wäre dankbar für eine baldige Antwort.« EZA Berlin, 101/93/245.

1044 Protokoll Gienke-Ziegler-Kupas vom 29.11.1985 der 179. Sitzung des Vorstandes am 21.11.1985 in Berlin, a.a.O. Im Auftrag des Vorstands schrieb Ziegler am 29.11.1985 an Schönherr:»Der Vorstand dankt Ihnen sehr, daß Sie mit Ihrem Schreiben eine Verständigung über die Anfrage der CDU suchen. Der Vorstand erhebt gegen einen Vortrag über das angegebene Thema im Rahmen dieser Vortragsreihe der CDU keine Bedenken. Herr Landesbischof Dr. Hempel, der bei der Beratung des Vorstandes nicht anwesend sein konnte, wird die Entscheidung des Vorstandes mit vertreten. Er macht jedoch keinen Hehl daraus, daß er durch Ihr Auftreten in diesem Rahmen ›symbolische institutionelle Verklammerungen‹ befürchtet. Der Vorstand hat jedoch erhebliche Bedenken dagegen, daß Ihr Vortrag in der genannten Fortsetzungsreihe gedruckt wird. Damit würde der Eindruck erweckt, als sei die von Ihnen vorgetragene Darstellung des Weges der Kirchen nach 1945 die Kirchenpolitik der CDU gewesen. Vor solcher möglicher Vereinnahmung meint der Vorstand ernstlich warnen zu müssen. Er wäre deshalb dankbar, wenn Sie eine Veröffentlichung in dieser Fortsetzungsreihe von vornherein ablehnen würden.« A.a.O.

1045 Abt. II, Information vom 17.5.1985 über Positionen und Aktivitäten von Kirchen und Religionsgemeinschaften in der DDR zum 40. Jahrestag der Befreiung des deutschen Volkes vom Hitlerfaschismus und Ergebnisse der operativen Arbeit, BA, Abt. Potsdam, O-4, 950. Vgl. auch den von Heinrich am 11.9.1985 an Jarowinsky übersandten »Entwurf unseres Beitrages für die Staatsämtertagung in Ulan-Bator [18.-21.9.1985]. [...]: ›Die Kirchen beider deutscher Staaten haben nach langwierigen Verhandlungen ein gemeinsames Wort zum 40. Jahrestag der Befreiung verabschiedet. Realistische Kräfte aus den DDR-Kirchen haben sich in diesem Dokument in den wesentlichen Positionen voll durchgesetzt. Damit haben sich erstmalig leitende Vertreter der Kirchen der BRD auf diese Positionen der Kirchen in der DDR und der DDR überhaupt gestellt, den 8. Mai als Tag der Befreiung anzuerkennen. Wir schätzen das als einen wesentlichen Erfolg ein. Die Ausbildung des Profils des Bundes evangelischer Kirchen in der DDR als Kirche im Sozialismus unterstützt und fördert den Prozeß der politischen Differenzierung innerhalb der evangelischen Kirchen der BRD. Damit wird der Einfluß rechter Kräfte in der BRD zurückgedrängt. Es ist hervorzuheben, daß dieses Dokument einen Beitrag leistet, um in den Kirchen der DDR den Standpunkt zur Sowjetunion zu klären. Die Vertreter des Bundes der Evangelischen Kirchen in der DDR und der BRD-Kirchen sprechen unmißverständlich von der Mitschuld der deutschen Christen und Kirchen an den Verbrechen des Hitlerfaschismus am sowjetischen Volk. Damit wenden sie sich eindeutig gegen die Bestrebungen führender Kreise in der BRD, von der Schuldfrage des deutschen Imperialismus am 2. Weltkrieg abzulenken sowie Opfer und Aggressor auf eine Stufe zu stellen. Die Kirchen in der DDR begingen den 40. Jahrestag der Befreiung in enger Zusammenarbeit mit der Russisch-Orthodoxen Kirche.‹« SAPMO-BA ZPA IV B2/14/29. Zur Staatsämtertagung vgl. auch das Sitzungsprotokoll des Sekretariats der SED vom 30.8.1985, SAPMO-BA ZPA J IV 2/3-3863. Am 24.5.1985 erhielt IM »Sekretär« durch Oberstleutnant Roßberg ein Geburtstagspräsent im Wert von 576,– Mark. Vgl. Operativgeldabrechnung 1083/85, Rechercheergebnisse zum IM »Sekretär«, Stand 12.4.1994, 265.

1046 Vermerk Ziegler vom 3.6.1985 über ein Gespräch im Staatssekretariat für Kirchenfragen am 31.5.1985, 14.00-16.15 Uhr, EZA Berlin, 101/93/4.

1047 Vgl. Arbeitsgruppe Kirchenfragen, Erste Information vom 13.6.1985 über den Besuch des Vorsitzenden des Rates für religiöse Angelegenheiten beim Ministerrat der UdSSR, Genossen Chartschew, in der DDR [6.-15.6.1985], SAPMO-BA ZPA IV B2/14/29. Zur Vorbereitung vgl. Vermerk Ziegler vom 3.6.1985 über ein Gespräch im Staatssekretariat für Kirchenfragen am 31.5.1985, 14.00-16.15 Uhr: »Ziegler weist darauf hin, daß es nicht gut sei, von solchen Besuchen überrascht zu werden. Dann müsse es terminliche Schwierigkeiten geben. Heinrich stellt in Aussicht, schnellstens einen Terminvorschlag zu machen.« EZA Berlin, 101/93/4.

1048 Vgl. auch J. Hempel, Predigt über 2. Korinther 5,19 f. Ökumenischer Gottesdienst zum 40. Jahrestag der Beendigung des 2. Weltkrieges am 8. Mai 1985 in der Marienkirche zu Berlin, in: ders., Kirche wird auch in Zukunft sein, 153-156, hier: 154.

1049 Berlin, 19.6.1985, Information über die Begegnung von Minister Chartschew mit Landesbischof Dr. Hempel am 8.6.1985 in Dresden, SAPMO-BA ZPA IV B2/14/29.

1050 Arbeitsgruppe Kirchenfragen, Erste Information vom 13.6.1985 über den Besuch des Vorsitzenden des Rates für religiöse Angelegenheiten beim Ministerrat der UdSSR, Genossen Chartschew, in der DDR [6.-15.6.1985], a.a.O.

1051 Zu ersten Vorbereitungen vgl. Information Haß über die am 10.8.1983 stattgefundene

ANMERKUNG ZU DER SEITE 130

Begegnung zwischen dem Stellvertreter des Vorsitzenden für Inneres des Rates des Bezirkes, Gen. Haß, und Bischof Dr. Gienke, BA, Abt. Potsdam, O-4, 789; RdB Rostock, Stellvertreter des Vorsitzenden für Inneres, Information Haß vom 3.1.1984 über die am 29.12.1983 stattgefundene Begegnung des Stellvertreters des Vorsitzenden des Rates des Bezirkes für Inneres, Gen. Haß, mit dem Bischof der Greifswalder Landeskirche, Dr. Gienke, a.a.O.; RdB Rostock, Stellvertreter des Vorsitzenden für Inneres, Aktenvermerk Haß vom 8.3.1984 über ein Gespräch, das am 28.2.1984 der Staatssekretär für Kirchenfragen, Gen. Gysi, und der Stellvertreter des Vorsitzenden des Rates des Bezirkes Rostock für Inneres, Gen. Haß, mit Bischof Dr. Gienke führten, a.a.O.; auch SAPMO-BA ZPA IV B2/14/131; RdB Rostock, Stellvertreter des Vorsitzenden für Inneres, Information Haß vom 14.8.1984 über das am 10.8.1984 geführte Gespräch des Stellvertreters des Vorsitzenden des Rates des Bezirkes für Inneres, Gen. Haß, mit Bischof Dr. Gienke in Stralsund-Achtmannskammer, BA, Abt. Potsdam, O-4, 789. Die KKL beauftragte die Greifswalder Kirche, das Bugenhagen-Gedenken stellvertretend für den BEK auszurichten. Bereits zuvor war ein Bugenhagen-Komitee gegründet worden, dem auch Vertreter der drei gliedkirchlichen Zusammenschlüsse angehörten. Vgl. Protokoll Hempel-Ziegler-Herrbruck/von Rabenau über die 91. Tagung der Konferenz der Evangelischen Kirchenleitungen vom 9. bis 11.3.1984 in Bad Saarow, EZA Berlin, 101/93/235. In einem abschließenden Gespräch mit dem Stellvertreter für Inneres beim RdB Rostock »würdigte Bischof Dr. Gienke das konstruktive Zusammenwirken von Staat und Kirche als Grundlage dieser Ehrung.« Abteilung II, Vorlage Gräfe vom 22.10.1985 an die Dienstbesprechung am 28.10.1985, Leitungsinformation 5/85, BA, Abt. Potsdam, O-4, 951. Im staatlichen Gesprächsprotokoll heißt es zudem: »Im weiteren führte Dr. Gienke aus, daß es auch kritische Stimmen zu seinen getroffenen Aussagen während des Abschlußgottesdienstes gibt. In mehreren Briefen sei ihm Oberflächlichkeit vorgeworfen worden zu seiner Formulierung: ›Werden wir diese Stunde hier je wieder vergessen? Kirchentag auf dem Greifswalder Marktplatz. Ja, wir Christen haben unseren Platz in unserer Gesellschaft, gleichberechtigt, gleichgeachtet, chancengleich. Das sind keine leeren Worte, das wird Schritt für Schritt mit Leben erfüllt. Immer deutlicher wird es sichtbar. Was auf dem Marktplatz geschieht. Warum kann und soll es nicht überall Wirklichkeit sein? – In jeder Schulklasse und in jedem Elternaktiv, in jedem Altersheim und in jeder Krankenstube.‹ Die ›Aktuelle Kamera‹ des Fernsehens der DDR wäre nach Meinung des Bischofs besser beraten gewesen, die ganze Passage zu senden als nur den ersten Teil. Ausdrücklich bekräftigte der Bischof, daß er trotz kritischer Anfragen zu dieser Aussage steht.« RdB Rostock, Stellvertreter des Vorsitzenden für Inneres, Aktenvermerk Haß vom 27.8.1985 über das am 14.8.1985 stattgefundene Gespräch zwischen dem Stellvertreter des Vorsitzenden für Inneres des RdB Rostock und Bischof Dr. Gienke, BA, Abt. Potsdam, O-4, 789. Vgl. auch RdB Rostock, Stellvertreter des Vorsitzenden für Inneres, Aktenvermerk Haß vom 11.12.1985 über das am 6.12.1985 stattgefundene Gespräch zwischen dem Stellvertreter des Vorsitzenden des RdB, Gen. Jürgen Haß, und Bischof Dr. Gienke: »Bezug nehmend auf die Vorbereitung und Durchführung der Bugenhagen-Ehrung, sprach Dr. Gienke von einer neuen Qualität der Staat-Kirche-Beziehungen.« A.a.O.

1052   Zur Vorbereitung des Greifswalder Kirchentages vgl. Information über das am 31.1.1985 stattgefundene Gespräch zwischen dem Stellvertreter des Vorsitzenden des RdB Rostock für Inneres, Gen. Haß, und dem Bischof der Greifswalder Landeskirche, Dr. Gienke, SAPMO-BA ZPA IV B2/14/69. Vgl. auch RdB Rostock, Stellvertreter des Vorsitzenden für Inneres, Aktenvermerk Haß vom 29.5.1985 über das am 20.5.1985 stattgefundene Gespräch zwischen dem Stellvertreter des Vorsitzenden des RdB für Inneres, Gen. Haß, und Bischof Dr. Gienke, BA, Abt. Potsdam, O-4, 789. Die Wertung von Staat und Partei vom 25.6.1985 lautete: »Es wird eingeschätzt, daß auf diesem Kirchentag im Vergleich zu solchen Veranstaltungen in der letzten Zeit eine weitere sichtbare Annäherung an unsere Gesamtpolitik festzustellen war, wobei stärker die Rolle der Kirche als ›Kirche im Sozialismus‹ herausgestellt wurde. Charakteristisch dafür war das

Anmerkung zu der Seite 130

engagierte Auftreten Bischof Gienkes, Konsistorialpräsident Stolpes, Oberkonsistorialrat Plaths u. a., die in ihrem Eintreten zu den Grundfragen unserer Friedenspolitik, der Wirtschafts- und Sozialpolitik in ihren Aussagen noch weiter gingen als bisher. Am Kirchentag nahmen hochrangige internationale Gäste teil, darunter viele, die in der letzten Zeit besonders nachdrücklich mit ihrem Friedensengagement hervorgetreten sind. Dazu gehören der Generalsekretär des Lutherischen Weltbundes Mau, der Generalsekretär der Konferenz Europäischer Kirchen Williams, die Bischöfe Vikström (Finnland), Hart (Südafrika), Lindegoård (Schweden), Kruse (Westberlin) sowie der Präsident des BRD-Kirchentages Prof. Huber. Der ganze Verlauf des Kirchentages hat offensichtlich bei vielen ausländischen Gästen dazu beigetragen, ihr Bild von der DDR und ihrer Politik im positiven Sinne zu verändern. [...] Bei vereinzelten negativen Aussagen in den Arbeitsgruppen sind die Vertreter der Kirchenleitung konsequent entsprechend der Grundlinie unserer staatlichen Politik aufgetreten. Das traf selbst auf solche Fragen wie den Wehrdienst und die Volksbildung zu.« Information zum Kirchentag in Greifswald. Honecker gab das Papier nach Übermittlung durch Jarowinsky am 28.6.1985 in den Politbüroumlauf. SAPMO-BA ZPA IV B2/14/131. Zu den Ausführungen Stolpes auf dem Greifswalder Kirchentag vgl. Abt. II, Sofort-Information vom 26.8.1985 (Nach den Informationsberichten der Räte der Bezirke 4/85, Einzelinformationen und Dienstreiseberichten der Operativkader):»Er betonte, daß in der DDR bedeutende soziale und kulturelle Rechte verwirklicht seien, und nannte sie eine ›unschätzbare Errungenschaft‹, deren Wert er erst der zu spüren bekomme, der sie ›leichtfertig durch Auswanderung‹ verliere. In diesem Zusammenhang plädierte Stolpe dafür, daß noch vorhandene Defizite bei den individuellen Rechten und Möglichkeiten schrittweise abgebaut werden sollten.« BA, Abt. Potsdam, O-4, 951. Stolpe sprach zum Thema »Frieden wächst aus Gerechtigkeit. Zehn Jahre Schlußakte von Helsinki und Mitverantwortung unserer Kirchen« am 22.6.1985 im Forum C »Durch den Glauben reich sein – Hunger nach Recht und Frieden«. Auszugsweise abgedruckt in epd-Dok 34/85, 62-64. Vgl. auch SAPMO-BA ZPA IV B2/14/131. Vgl. auch Information vom 23.6.1985 zum Inhalt und Verlauf des Kirchentages vom 21.-23.6.1985 in Greifswald: »Die insgesamt positive Entwicklung der Staat-Kirche-Beziehungen und die wertvollen politischen Einsichten in den evangelischen Kirchen in Vorbereitung und Durchführung des 40. Jahrestages der Befreiung riefen in den letzten Wochen und Monaten verstärkt Gegenkräfte auf den Plan. Im Vorfeld des Kirchentages gab es in einigen evangelischen Landeskirchen eine Reihe von Bestrebungen negativer Kräfte im Zusammenspiel mit westlichen Kreisen, das im ganzen loyale und realistische Verhalten der evangelischen Kirche durch gezielte Aktionen zu stören und in Frage zu stellen. Es war klar, daß auch der Greifswalder Kirchentag für solche Ziele eingespannt werden konnte. Der Kirchentag verlief jedoch insgesamt ruhig und ohne Provokationen. Er bestätigte die in der Greifswalder Landeskirche seit Jahren günstige Entwicklung sowie die guten Beziehungen von Staat und Kirche im Territorium. [...] Während des Kirchentages wurde die grenzüberschreitende, brückenbauende Funktion der Kirchen in der heutigen Zeit besonders herausgestrichen. [...] Vorbereitung und Verlauf des Kirchentages zeigten, daß sich die realistischen Kräfte in der Greifswalder Landeskirche mit ihrem Konzept durchsetzen konnten. Sie haben ihre Position gefestigt. Vor allem Bischof Gienke konnte sich auch international weiter profilieren. Die starke Konzentration auf theologisch-kirchliche Fragen hat günstig gewirkt und den Spielraum für negative Absichten von vornherein begrenzt. Der Kirchentag war eine Demonstration des gewachsenen Selbstbewußtseins der Greifswalder Landeskirche.« SAPMO-BA ZPA IV B2/14/131. Abschließend schrieb Gienke einen Dankesbrief an Honecker: »Sehr geehrter Herr Staatsratsvorsitzender! Wo das Herz voll ist, da geht – auch einmal die Feder über. Wir haben einen so schönen Kirchentag und ein so festliches Reformationsjubiläum am 500. Geburtstag von D. Johannes Bugenhagen mit einer großen Gemeinde und mit vielen Gästen aus Europa und darüber hinaus in Greifswald gefeiert. Ich möchte Ihnen sehr persönlich und ganz spontan danken, daß hier Vertrauen zwischen unserem sozialistischen

Staat und unserer evangelischen Kirche auf so vielfältige Weise praktiziert und für viele unmittelbar erlebbar und sichtbar geworden ist. Ich bin unserer gemeinsamen Freude über gemeinsam Erreichtes gewiß. Das gibt einen Schwung für nächste gute Schritte auf dem Weg der gemeinsamen Verantwortung für den Frieden und das Wohl der Menschen in unserem Land und überall in der Welt. Mit vorzüglicher Hochachtung, H. Gienke.« Handschriftlicher Brief vom 29.6.1985, SAPMO-BA ZPA IV B2/14/57. Vgl. zum Greifswalder Kirchentag auch den Bericht in KiS 4/85, 183 f. sowie die Texte in epd-Dok 34/85, 62 ff.

1053 Information Gysi über Gespräche während der Bugenhagen-Ehrung in Greifswald vom 24.6.1985, BA, Abt. Potsdam, O-4, 968. Vgl. auch Abt. Intern. Beziehungen, Information vom 21.4.1976 über den Besuch des Generalsekretärs des Lutherischen Weltbundes (LWB), D. Mau, vom 20.-31.3.1976 in der DDR, BA, Abt. Potsdam, O-4, 405. Mau soll während des Dresdener Kirchentages 1983 gegenüber dem dortigen Ost-CDU-Bezirksvorsitzenden Krätzig seine »Hochachtung vor dem gesellschaftlichen und vor allem dem Friedensengagement der CDU in der DDR sowie seine Wertschätzung Gerald Göttings zum Ausdruck« gebracht haben. Christlich-Demokratische Union Deutschlands, SHV und BV Dresden, Abschließende Einschätzung vom 10.7.1983 des Gesamtverlaufs und der politisch-ideologischen Aussagen des Kongresses und Kirchentages Dresden, 7.-10.7.1983, PDS-Archiv Dresden, IV E-2.14-676.

1054 Zu Williams vgl. auch Aktenvermerk Pabst über eine Unterredung im Staatssekretariat für Kirchenfragen am 5.2.1971. Dabei hatte sich Williams über die Aktion »Jesus für die kommunistische Welt« beklagt, die die KEK der Kommunistenfreundlichkeit bezichtigte. EZA Berlin, 101/346.

1055 Vgl. auch Abt. IV, Vorlage Gessner vom 23.5.1986 an die Dienstbesprechung am 26.5.1986, Thema: Information über die Haltung der lutherischen Kirchen Nordeuropas zu politischen Grundfragen und die Entwicklung ihrer Beziehungen zum Bund der evangelischen Kirchen in der DDR, BA, Abt. Potsdam, O-4, 952. Vgl. auch SED-BL Dresden, Abt. Staat und Recht, Kurzinformation vom 30.5.1986 über den Verlauf des Empfangs des Staatssekretärs für Kirchenfragen (in Vertretung Gen. Peter Heinrich, Hauptabteilungsleiter) aus Anlaß des Nordisch-Deutschen Kirchenkonvents am 28.5.1986 in Herrnhut: »In der mit Aufmerksamkeit und Zustimmung aufgenommenen Rede würdigte Genosse P. Heinrich das Wirken des Kirchenkonvents, der sich nach 1945 durch seine Aktivitäten für die Entwicklung guter Beziehungen vor allem zu den nordischen Ländern, für die Anerkennung der DDR und für das Zustandekommen der Konferenz von Helsinki und der Verwirklichung der Schlußakte engagierte. […] Ausländische Teilnehmer, die bereits mehrfach Gast in der DDR waren, würdigten die sichtbaren Veränderungen in der DDR und insbesondere die selbstverständliche Art und Weise, in der die Vertreter des Staates und der Kirche aufeinander zugehen.« PDS-Archiv Dresden, IV E-2.14-672.

1056 Information Gysi über Gespräche während der Bugenhagen-Ehrung in Greifswald vom 24.6.1985, BA, Abt. Potsdam, O-4, 968. Zu Mau vgl. auch Abt. Intern. Beziehungen, Information vom 21.4.1976 über den Besuch des Generalsekretärs des Lutherischen Weltbundes (LWB), D. Mau, vom 20.-31.3.1976 in der DDR, BA, Abt. Potsdam, O-4, 405. Vgl. auch Äußerungen repräsentativer internationaler Gäste des Kirchentages, SAPMO-BA ZPA IV B2/14/131.

1057 Vgl. auch Information über die gegenwärtige kirchenpolitische Lage im Bezirk Dresden: »Ebenfalls wächst das internationale Ansehen der Kirchen der DDR und ihrer Repräsentanten und stellt einen durchaus beachtenswerten Faktor der internationalen Wirksamkeit unseres Landes dar.« PDS-Archiv Dresden, IV E-2.14-667.

1058 Vgl. auch Abt. IV, Vorlage Heyne vom 24.10.1985 an die Dienstbesprechung am 23.10.1985, Schriftliche Information über die Beziehungen des BEK zu den Kirchen in den USA: »Die Beziehungen der Kirchen in der DDR zu Kirchen in den USA ordnen sich ein in die erklärte Politik der DDR, ihren Beitrag im Kampf für die Wiedergesundung der internationalen Beziehungen, die Zurückdrängung der Kriegsgefahr und die

Anmerkung zu der Seite 131

Festigung der friedlichen Koexistenz zu leisten. [...] Die Motivation zur Aufnahme und Aufrechterhaltung bilateraler Beziehungen zwischen den Kirchen in der DDR und in den USA ist unterschiedlich – für die amerikanische Seite ergibt sich durch den Kontakt mit der größten protestantischen Kirche in einem sozialistischen Land die Möglichkeit, an deren spezifischen Erfahrungen teilzunehmen. Für den BEK ist es gerade hinsichtlich seines Engagements in den Friedensdiskussionen wichtig, den Kontakt mit den Kirchen der imperialistischen Hauptmacht zu pflegen. [...] Der Kontakt zu Kirchen der imperialistischen Hauptmacht ist für den BEK wie alle anderen ökumenischen Beziehungen ein wichtiges Mittel zur eigenen Standortfindung. [...] Einen wichtigen Impuls erhielten die Beziehungen durch den vom BEK initiierten Dialog zur Friedensproblematik. [...] Im Rahmen des ›Menschenrechtsprogramms der Kirchen zur Verwirklichung der Schlußakte von Helsinki‹, das von der KEK und den nationalen Kirchenräten der USA und Kanadas getragen wird, vollzieht sich ebenfalls eine enge Zusammenarbeit zwischen BEK und NCCC [National Council of Churches]. Dank des konstruktiven Auftretens der Vertreter des BEK gelang es, den engen Zusammenhang von individualistischen und sozialen Menschenrechten deutlich zu machen und die Auffassungen amerikanischer Kirchenvertreter dahingehend zu beeinflussen. [...] Beziehungen der EKU zu amerikanischen Partnerkirchen [...] Die amerikanische Kirche erhofft sich von ihren Partnerkirchen aus der DDR theologische Anstöße und Anfragen. Kritische Vertreter erhoffen sich insbesondere theologische Argumente gegen die in den USA weitverbreitete Ansicht einer ›Civil Religion‹. Für die DDR-Kirchen ist die von den USA-Partnern praktizierte enge Verbindung von Theologie und gesellschaftlichem Engagement interessant. Im Mittelpunkt der gemeinsamen Arbeit steht der spezifische Beitrag der Kirchen im Kampf um Frieden und Abrüstung. [Alle DDR-Kirchen betreffend] Die inhaltlicher Gestaltung des Dialogs [...], insbesondere seine Orientierung auf die Friedensproblematik, sind gekennzeichnet von einem zunehmenden Verständnis der Kirchen für die Friedenspolitik der sozialistischen Staatengemeinschaft. Das Grundprinzip der friedlichen Koexistenz als alternativlose Möglichkeit des Nebeneinanders unterschiedlicher Gesellschaftsordnungen, die Idee der gemeinsamen Sicherheit, Freeze, die Koalition der Vernunft sind zu Eckpfeilern des Dialoges geworden und prägen zunehmend die Haltung der Christen in der DDR und in den USA. Der zunehmende Konsens kirchlicher Vorstellungen mit Positionen der Außenpolitik der DDR und der anderen sozialistischen Staaten unterstützt objektiv die staatlichen Bemühungen, die bilateralen Beziehungen zu den USA konstruktiv zu gestalten. [...] Hinsichtlich der Dialektik und des untrennbaren Zusammenhangs sozialer und individueller Menschenrechte wurden Positionen erreicht, die von der Erkenntnis getragen sind, daß die Menschenrechtsproblematik ein untaugliches Mittel antikommunistischer Propaganda ist. Im Rahmen des Dialog-Prozesses zwischen den Kirchen in der DDR und in den USA ist es gelungen, realistische Positionen in den USA zu stärken, unter den Christen in den USA vermehrte sachliche Kenntnis über die Kirchen in der DDR im speziellen und über die gesellschaftlichen Verhältnisse im allgemeinen zu fördern sowie antikommunistische Vorurteile und Denkschemen abzubauen. Der Dialog unterstützt Bemühungen der amerikanischen Kirchenvertreter, die um Aktivierung der Gläubigen im Kampf um Frieden und Abrüstung bemüht sind und dient damit objektiv der weiteren politischen Differenzierung in den USA und in der Ökumene. Der Dialog trägt mit dazu bei, die Stellung des NCCC, dessen politisches Engagement in den USA umstritten ist, zu stärken, und bietet Möglichkeiten, auch über NCCC-Vertreter im ÖRK realistische und politisch progressive Positionen einzubringen. [...] In Auswertung bisheriger Erfahrungen (insbesondere auch der von Pfarrer Schottstädt) sollte geprüft werden, welche Möglichkeiten es gibt, den Erfahrungsaustausch progressiver Christen aus der DDR mit Christen aus den USA auch außerhalb und neben der offiziellen kirchlichen Zusammenarbeit weiter zu unterstützen (z. B. CFK, Kontakte der Sektionen Theologie, Studentenaustausch, post-graduales Studium, Gastvorlesungen etc.). Hierzu sollte eine abgestimmte Konzeption erarbeitet und dem Staatssekretär für Kirchenfragen vorgelegt werden.« BA, Abt. Potsdam, O-4, 951. Vgl. auch Protokoll Hempel-Ziegler-Küntscher über die 100. Tagung der Konferenz der Evangelischen Kirchenleitungen in der DDR am 30./31.8.1985 in Berlin: »Bericht über den Friedensdialog mit dem NCCC in den USA. [...] Kramer und Dr. Domke heben hervor, daß die gemeinsame Sorge über die politischen und militärischen Entwicklungen, insbesondere die Politik der Regierung der USA gegenüber Nicaragua, die Stationierung neuer Nuklearraketen in Mitteleuropa und die Pläne und Forschungsarbeiten, die in das Wettrüsten und die nukleare Konfrontation auch den Weltraum einbeziehen würden, ein gemeinsames Friedenszeugnis und den Kontakt zwischen unseren Kirchen heute dringender denn je machen.« EZA Berlin, 101/93/237.

1059 Das drückte auch der auf der Dresdener Bundessynode im September 1985 vorgetragene KKL-Bericht aus. Der staatliche Bericht formulierte hierzu wertend: »Anknüpfend an die im Zusammenhang mit dem 40. Jahrestag der Befreiung erfolgte Aufarbeitung antikommunistischer Vorbehalte in den Kirchen, wird auf eine Erweiterung der Beziehungen zu den Kirchen in den sozialistischen Ländern, insbesondere in der UdSSR, der ČSSR und der VR Polen orientiert.« Dresden, den 24.9.1985, Information über den Verlauf und den Inhalt der 5. Tagung der 4. Synode des Bundes der Evangelischen Kirchen in der DDR (BEK), BA, Abt. Potsdam, O-4, 558; auch PDS-Archiv Dresden, IV E-2.14-680.

1060 Abt. IV, Vorlage Will vom 18.2.1985 an die Dienstbesprechung am 25.2.1985, Schriftliche Information zu Grundsätzen in der Wahrung staatlicher Interessen bezüglich der internationalen Arbeit des BEK, BA, Abt. Potsdam, O-4, 950. Vgl. auch betr.: »Die Evangelischen Kirchen in der DDR – Partner in der Mission«. Gespräch in der Dienststelle des Staatssekretärs für Kirchenfragen am 10.7.1985 sowie Die Evangelischen Kirchen in der DDR – Partner in der Mission. Thesen vom 24.5.1985 zum Verständnis des Missionsauftrages der Kirche und ihrer Solidarität mit den Armen, LKA Hannover, D 15 XII, K 1/C 5002; vgl. auch Niederschrift zur Sitzung der Kirchenleitung der VELK in der DDR am 10.1.1986 in Berlin, LKA Hannover, D 15 XII, Hauptgruppe 1, K 11/C 1211-1/II.

1061 Auch in den Kontext des 8. Mai gehört ein Schreiben, das Altbischof Fränkel am 20.12.1985 an KKL-Vorstand und Rat der EKD richtete: »In den zehn Artikeln über Freiheit und Dienst der Kirche steht der schwerwiegende Satz: ›Wo es keine Barmherzigkeit gibt, ist auch keine Gerechtigkeit.‹ Kein Geringerer als Karl Barth hat sich zu diesem Satz als wesentlich für das Rechtszeugnis der Kirche bekannt. Davon sollten wir nicht weichen. Deshalb bitte ich Sie, sich bei den Verantwortlichen für die Freilassung von Rudolf Heß einzusetzen. Die Kirche hat gewiß nicht demonstrativ zu fordern, aber sie hat darum zu bitten, daß einst gesprochenes Recht nicht durch Verweigerung der Barmherzigkeit zum Unrecht wird. Das aber geschieht, wenn Rudolf Heß hinter Gefängnismauern sterben muß. Dazu dürfen wir nicht schweigen, weil sonst unser Einsatz für das Stuttgarter Schuldbekenntnis unglaubwürdig wird und wir unter das Urteil unseres Herrn fallen, die Gräber der Propheten zu schmücken. Seien Sie der Treue und Barmherzigkeit unseres Gottes befohlen.« EZA Berlin, 101/93/246. Vgl. auch Protokoll Hempel-Ziegler-Kupas vom 31.1.1986 der 181. Sitzung des Vorstandes am 23.1.1986 in Berlin, a.a.O. Nachdem Ziegler in dieser Angelegenheit recherchiert hatte, kam der Vorstand zu dem Schluß, »die Angelegenheit der Freilassung von Rudolf Heß zum gegenwärtigen Zeitpunkt nicht aufzugreifen«. Protokoll Leich-Ziegler-Lewek vom 4.4.1986 der 183. Sitzung des Vorstandes am 26.3.1986 in Leipzig, 10.00-16.00 Uhr, a.a.O.

1062 Die evangelischen Amtsträger sollen diesen Vorschlag »einhellig begrüßt« haben. Abt. II, Sofort-Information vom 26.8.1985 (Nach den Informationsberichten der Räte der Bezirke 4/85, Einzelinformationen und Dienstreiseberichten der Operativkader), BA, Abt. Potsdam, O-4, 951. Vgl. auch RdB Dresden, Stellvertreter des Vorsitzenden für Inneres, Informationsbericht vom 12.8.1985 für Juni/Juli 1985, SHStA Dresden,

ANMERKUNGEN ZU DER SEITE 132

BT/RdB Dresden (Zwibo), 45071. Vgl. auch die den Kirchenreferenten ausgegebene Argumentation zum »Rahmen für ein Abkommen zur Bildung einer von chemischen Waffen freien Zone in Europa«, SHStA Dresden, BT/RdB Dresden (Zwibo), 46612. Am 28.6.1985 fand zu der SED-SPD-Initiative nachmittags ein Informationsgespräch beim Staatssekretär für Kirchenfragen statt, an dem die Delegierten der CFK für die VI. Allchristliche Friedensversammlung in Prag, Lewek und Ziegler für den BEK, Gysi, Dr. Will und eine Frau Kleinig vom Staatssekretariat sowie als Berichterstatter Dr. Manfred Uschner, stellvertretender Abteilungsleiter im ZK, teilnahmen. Im Protokoll Zieglers heißt es: »Uschner hebt während der Einführung wiederholt und emphatisch die für ihn anscheinend neue Erfahrung hervor, daß mit der SPD vertrauensvoll zusammengearbeitet und Übereinstimmung in lebenswichtigen Sachfragen gefunden werden konnte. [...] Gerade in kirchlichen Kreisen würde mit großer Aufgeschlossenheit für diese Initiative zu rechnen sein [so die Auffassung der Verhandlungsdelegationen]. Darum erfolge auch diese besondere Information. [...] Man erwarte auch, daß die Kirchen diese Initiativen unterstützten, denn unter den Sozialdemokraten seien viele vom christlichen Glauben motiviert. Schon jetzt ist das internationale Echo beachtlich. [...] Die Initiative ist zu verstehen als ein Beitrag der Deutschen dafür, daß kein Krieg mehr von deutschem Boden ausgeht.« Ziegler vermerkte kritisch: »Da der Text noch nicht bekannt war, war eine inhaltliche Aussprache darüber nicht möglich.« Vermerk Ziegler vom 5.7.1985, EZA Berlin, 101/93/4. Lewek fügte in einem Nachtrag folgende Aussagen Uschners hinzu: »Die SPD hat gebeten, daß wir die Kirche informieren. [...] Die SPD hat auch mit anderen sozialistischen Ländern Projekte. Trotzdem haben deutsch-deutsche Beziehungen immer einen besonderen Sex-Appeal. Die SED wollte zunächst einen Appell machen. Wir haben uns aber von der SPD überzeugen lassen: ›Der Mangel Eurer Vorschläge liegt immer darin, daß sie zu wenig konkret sind!‹ [...] Gemeinsame Sicherheit ist auch unser Konzept. [...] Es war auch für meine Partei nicht so einfach. ›Mit denen?‹ wurde gefragt. Ja! Hätten wir 1933 ›mit denen‹ zusammen gehandelt, wäre manches Schlimme verhindert worden! Wir wollen die Regierung, die an der Macht ist, nicht umgehen, aber wir wollen sie beim Wort nehmen: Von deutschem Boden nie wieder Krieg, sondern Frieden. Wenn Honecker kommt, soll er nicht nur über Umweltschutz reden, sondern über Friedenssicherung. Die nationale Frage der Friedenssicherung muß durchdacht werden. D.h. nicht träumen von den Grenzen von 1937. Wenn die DDR zu träumen anfinge... Es gibt Dinge als Ergebnisse des 2. Weltkrieges, die uns auch nicht so gefallen.« Ebd. Im Februar 1995 wurde Manfred Uschner im Bezirksverband Berlin-Kreuzberg reguläres SPD-Mitglied. Vgl. »DER SPIEGEL« Nr. 7 vom 13.2.1995. Zu den Kontroversen um diese Parteiaufnahme in der Sozialdemokratie vgl. FR vom 1.3.1995. Auf die Anfrage von Hauptabteilungsleiter Heinrich nach einer positiven kirchlichen Stellungnahme reagierte Ziegler ausweichend, aber keineswegs gänzlich ablehnend. Vgl. Vermerk Ziegler vom 10.7.1985 über ein Gespräch im Staatssekretariat für Kirchenfragen am 8.7.1985, 13.00 bis 15.00 Uhr, EZA Berlin, 101/93/4.

1063 Information Gysi über Gespräche während der Bugenhagen-Ehrung in Greifswald vom 24.6.1985, BA, Abt. Potsdam, O-4, 968. Heinrich wies später darauf hin, daß man hinsichtlich der vielen ökumenischen Gäste – zumeist einschließlich Ehefrauen – sehr großzügig war, was sich zukünftig nicht fortsetzen lasse. Vgl. Vermerk Ziegler vom 10.7.1985 über ein Gespräch im Staatssekretariat für Kirchenfragen am 8.7.1985, 13.00 bis 15.00 Uhr, EZA Berlin, 101/93/4.

1064 Abt. II, Sofort-Information vom 26.8.1985 (Nach den Informationsberichten der Räte der Bezirke 4/85, Einzelinformationen und Dienstreiseberichten der Operativkader), BA, Abt. Potsdam, O-4, 951. Der Text »Leben und Bleiben in der DDR« ist erschienen als epd-Dok 41a/85.

1065 Erläuterungen von Oberkirchenrat Ziegler bei Übergabe des Vorschlages der Konferenz der Evangelischen Kirchenleitungen in der DDR für ein Gespräch mit Genossen Erich Honecker, BA, Abt. Potsdam, O-4, 968; auch SAPMO-BA ZPA IV B2/14/42.

ANMERKUNGEN ZU DER SEITE 132

1066 Vgl. auch Vermerk Ziegler vom 27.8.1985 über ein Gespräch im Staatssekretariat für Kirchenfragen am 22.8.1985, 8.30 bis 9.45 Uhr: »Veröffentlichungen des epd: Heinrich teilt mit, daß Herr Röder sich am 9.8.1985 wiederum bemüßigt gefühlt habe, sich über innenpolitische Angelegenheiten der DDR zu äußern. Er habe die Einschränkungen beim individuellen Reiseverkehr in die sozialistischen Länder Europas moniert. Wieso seien das Themen, die Herr Röder als Korrespondent des epd zu behandeln habe.« EZA Berlin, 101/93/4.

1067 Weiter führte Gysi aus, das Staat-Kirche-Verhältnis gestalte sich gegenwärtig bis hinunter zur Superintendenturebene ausgesprochen gut. »Aber einige Friedens- und Umweltkreise geben keine Ruhe. Es seien immer dieselben. Auch die Theologische Studienabteilung hebe sich in letzter Zeit wieder in dieser Weise hervor«. Vermerk Ziegler vom 27.8.1985 über ein Gespräch beim Staatssekretär für Kirchenfragen am 14.8.1985, 14.00-15.00 Uhr, a.a.O.

1068 Gleiches soll auch der katholische Bautzener Dompfarrer Dr. Kielank geäußert haben: Er vertrete den Standpunkt, »daß es überhaupt keinen Grund gebe, in die BRD zu gehen, zumal jeder Bürger bei uns soziale Sicherheit habe. Die Heimat eines sorbisch-katholischen Christen sei hier in der DDR.« Rat des Kreises Bautzen an RdB Dresden, Fuchs, vom 25.1.1985, Kirchenpolitische Information Lawrenz, Stellv. d. Vors. f. Inneres, Berichterstattung Januar 1985, SHStA Dresden, BT/RdB Dresden (Zwibo), 44869. Ein Jahr später soll Landesbischof Hempel geäußert haben: »Warum gehen die Wohlsituierten? Warum fällt es solchen Leuten so schwer, kapitalistische Auslandsillusionen abzubauen? Waren sie zu wenig im Ausland, um Lebenserfahrungen zu sammeln? Ich verurteile das Weggehen eines Oberarztes ebenso wie das Weggehen eines Pfarrers.« Nach gewissen kritischen Fragen fuhr der Landesbischof fort: »Als Kirchenmann wäre er, ebenso wie der Präsident [Domsch], in anderen Ländern gewesen. Eine wichtige persönliche Erfahrung bestehe darin, daß überall mit Wasser gekocht würde, und mit unserem Wasser stehen wir im ersten Drittel weit vorn. [...] Offensichtlich gehe es einigen dieser Leute zu gut, und sie verfügten noch nicht über die erforderliche Lebensreife. [...] Präsident Domsch ergänzte bzw. unterstützte diese Ausführungen und vertrat die Auffassung, daß die Kirche es ebenso gründlicher verstehen müsse, mit den Menschen zu reden und sie für das Bleiben in der DDR zu überzeugen.« Vermerk über das Treffen des 1. Sekretärs der Bezirksleitung Dresden der SED, Genossen Hans Modrow, mit dem Landesbischof der Sächsischen Landeskirche, Dr. Hempel, und dem Präsidenten für das Landeskirchenamt, Dr. Domsch, am 7.4.1986, PDS-Archiv Dresden, IV E-2.14-672. Ähnlich argumentierte eine im Bezirk Dresden weilende Delegation französischer Christen aus Strasbourg. Stellvertretend äußerte Pfarrer Kapp: »Man sei der Ansicht, daß sich viele DDR-Bürger in unverständlich großem Maße auf den Lebensstandard und die Verhältnisse in der BRD überhaupt fixieren. Selbst im Denken der Funktionäre spiele der politische und sonstige Vergleich mit der BRD eine große Rolle. Dieser deutsche Staat habe aber eine Ausnahmestellung innerhalb der westlichen Gesellschaftsordnung. Der DDR-Bürger mache sich aufgrund beschränkter Reisemöglichkeiten ein Intershop-Bild vom kapitalistischen Alltag. Nur so sei manche Frustration zu verstehen, die er immer wieder noch erlebt. Die sozialistischen Länder – darunter besonders die DDR – seien wie schlummernde Riesen, die von ihrer Kraft in der Zeitung lesen, aber sich dieser Kraft von innen heraus noch nicht bewußt sind.« RdB Dresden, Sektor Staatspolitik in Kirchenfragen, Information Harald Johne vom 30.5.1986 über den Aufenthalt einer französischen Christendelegation aus Strasbourg vom 5.-12.5.1986 im Bezirk Dresden, SHStA Dresden, BT/RdB Dresden (Zwibo), 47514. Zu einem anderen Anlaß soll Superintendent Stuckenschmidt aus dem niedersächsischen Wittingen unter Verweis auf die Arbeitslosigkeit gesagt haben, es sei wichtig »zu erkennen, daß wir nicht im goldenen Westen leben«. Auch sein Kollege Erdmann aus Bodenwerder erwähnte die hohe Arbeitslosenquote in seinem Kirchenkreis sowie »die Auswegslosigkeit der Jugend in der BRD«. Die sie begleitenden niedersächsischen Pfarrer äußerten, sie seien erstaunt über »die Ausreisewilligkeit einiger Leute, wir würden

Anmerkungen zu der Seite 132

jedem abraten«. Sie fragten, »wollen diese vielleicht ›unsere Freiheit‹, daß sich jeder der nächste ist, Arbeitslosigkeit, kein Kinderkrippenplatz usw.« und sprachen vom »Traum nach ›dem goldenen Westen‹. [...] Die Zusammenkunft fand in einer aufgeschlossenen Atmosphäre statt«, heißt es abschließend im staatlichen Vermerk. Rat des Kreises Zittau, Abt. Innere Angelegenheiten, Protokoll vom 6.10.1986 über das durchgeführte Gespräch mit Superintendenten und Pfarrern aus der BRD am 30.9.1986, SHStA Dresden, BT/RdB Dresden (Zwibo), 44873; vgl. auch RdB Dresden, Stellvertreter des Vorsitzenden für Inneres, Informationsbericht der Monate Oktober/November 1986 vom 8.12.1986, SHStA Dresden, BT/RdB Dresden (Zwibo), 45940.

1069 Zur Information über ein Gespräch mit Konsistorialpräsident Stolpe und dem Staatssekretär für Kirchenfragen, Gen. Klaus Gysi, am 28.8.1985, BA, Abt. Potsdam, O-4, 1200.

1070 Protokoll Hempel-Ziegler-Lewek/Kupas vom 2.10.1985 der 177. Sitzung des Vorstandes am 19.9.1985 in Berlin. Weiter heißt es im Protokoll: »Vorstand erinnert an die Gespräche mit Vertretern der ThSA und des Studienausschusses zur Frage der Außenvertretung des Bundes gegenüber Staat und Ökumene. Eine entsprechende Erinnerung der Theologischen Studienabteilung durch den Leiter des Sekretariats hat bereits stattgefunden.« EZA Berlin, 101/93/245. Punge plante bereits eine weitere Studie zum Thema »Alltagserfahrung und Weltanschauung – Vom Leben christlicher Bürger in der sozialistischen Gesellschaft der DDR«: »Bei der Unterscheidung von theoretischer und praktischer Weltanschauung geht es darum, daß die Auseinandersetzungen der Christen in der DDR vor allem im praktischen Bereich und sehr viel weniger auf der theoretischen Ebene stattfinden. Das Problem der Doppelbödigkeit des Lebens in der DDR führt zu neurotischen und pathologischen Erscheinungen. [...] Die Menschen in der DDR, Christen wie Nichtchristen, leiden unter der Doppelbödigkeit in ihrem Leben«, führte Punge aus. Protokoll Bodenstein-Garve-Neubert-R. Schulze der 4. Sitzung des III. Studienausschusses der Theologischen Studienabteilung vom 26.-28.11.1985 in Altenburg (Klausurtagung), EZA Berlin, 101/93/254. Im Sitzungsprotokoll heißt es außerdem: »Schulze [ThSA] weist auf Veröffentlichungen von Beiträgen aus der Theologischen Studienabteilung in der BRD hin, die zu Rückfragen durch das Staatssekretariat für Kirchenfragen bei OKR Ziegler hinsichtlich der Veröffentlichungspraxis der Theologischen Studienabteilung geführt haben. Es wird darauf hingewiesen, daß alle Erarbeitungen der Theologischen Studienabteilung nach einer Verteilerkartei verschickt wurden, auch an bestimmte kirchliche Partner außerhalb der DDR. Da diese Problematik von dauerhafter Aktualität ist, soll Schulze mit dem Leiter des Sekretariats darüber im Gespräch bleiben. Bei bestimmten Themen soll vor der Herausgabe der Texte OKR Ziegler informiert werden.« Ebd. Ein Jahr später beschloß der KKL-Vorstand, die Arbeit der Studienabteilung stärker zu kontrollieren: »Studien und sonstige Papiere der ThSA werden dem Leiter des Sekretariats vor der Herausgabe zugeleitet. Ihm werden 14 Tage zur Prüfung eingeräumt, in denen er eine aufschiebende Veranlassung treffen kann.« Protokoll Leich-Ziegler-Lewek vom 16.6.1986 der 185. Sitzung des Vorstandes am 4.6.1986 in Berlin, 14.00 Uhr, EZA Berlin, 101/93/247. Ziegler berichtete der KKL: »Das Gespräch [mit der Studienabteilung] hat zu einem notwendigen Klärungsprozeß der anstehenden Fragen geführt und soll fortgesetzt werden.« Protokoll Stolpe-Ziegler-Riese über die 106. Tagung der Konferenz der Evangelischen Kirchenleitungen in der DDR am 4./5.7.1986 in Berlin, EZA Berlin, 101/93/239. Zu Manfred Punge vgl. auch BStU Berlin, ZA AIM 1855/71, 3 Bde.

1071 Vgl. hierzu auch RdB Schwerin, Stellv. d. Vorsitzenden für Inneres, Information Schwoerke vom 3.3.1987 über Gespräch mit Bischof Stier am 2.3.1987. Der Bischof äußerte sich hier zu dem Ausreiseanliegen seines Sohnes: »Die Entscheidung seines Sohnes ist für ihn und seine Familie sehr schmerzlich. Er hat zu diesen Problemen eine andere Position als sein Sohn. Die Motive sind jedoch begründet.« BA, Abt. Potsdam, O-4, 712.

1072 Rat des Kreises Großenhain, Kirchenfragen, Aktennotiz Schnittkowski, Stellv. d. Vors.

f. Inneres, vom 9.10.1986 zum durchgeführten Grundsatzgespräch mit dem Superintendenten Krellner am 3.10.1986 um 10.00 Uhr beim Stellv. des Vorsitzenden für Inneres, Gen. Schnittkowski, SHStA Dresden, BT/RdB Dresden (Zwibo), 44871.

1073 Zu ersten Vorbereitungen vgl. Protokoll Hempel-Ziegler-Lewek vom 25.2.1985 der 171. Sitzung des Vorstandes am 11.2.1985 in Berlin, EZA Berlin, 101/93/246. Zu den Differenzen vgl. Protokoll Stolpe-Ziegler-Radke über die 99. Tagung der Konferenz der Evangelischen Kirchenleitungen in der DDR am 5./6.7.1985 in Berlin: »Dorgerloh informiert, daß der Rat der EKD kurzfristig Bedenken gegen Formulierungen des Fürbittgebetes anmeldete. [...] Nach Prüfung der Textfassungen [...] wird empfohlen, gewünschte Änderungen in geringem Umfange vorzunehmen, die EKD soll jedoch dringend gebeten werden, künftige Änderungswünsche nicht so kurzfristig vorzubringen; es wird angeregt, in Zukunft rechtzeitig in der Konsultationsgruppe über die Texte zu beraten.« EZA Berlin, 101/93/237.

1074 Vermerk (Teilniederschrift Ziegler) vom 27.8.1985 über die 22. Konsultation zwischen BEK und EKD vom 31.7. bis 3.8.1985 in München, EZA Berlin, 101/93/259.

1075 So Ziegler gegenüber Gysi bei der Übergabe des Gesprächsvorschlages am 16.8.1985. Außerdem sei mit dem Hinweis auf ein bevorstehendes Spitzengespräch die Ausgangsposition des KKL-Vorstandes auf der bevorstehenden BEK-Synode besser. »Ich sagte lediglich zu, daß ich den Vorschlag zumindest genau lesen werde«, bemerkte Gysi. Erläuterungen von Oberkirchenrat Ziegler bei Übergabe des Vorschlages der Konferenz der Evangelischen Kirchenleitungen in der DDR für ein Gespräch mit Genossen Erich Honecker, BA, Abt. Potsdam, O-4, 968; auch SAPMO-BA ZPA IV B2/14/42. Vermerk Ziegler vom 27.8.1985 über ein Gespräch beim Staatssekretär für Kirchenfragen am 14.8.1985, 14.00-15.00 Uhr: »Gysi sagt schnellste Bearbeitung des Vorschlages zu. Er werde möglichst vor der Bundessynode Nachricht über das Ergebnis der Prüfung geben.« EZA Berlin, 101/93/4.

1076 Vgl. Vorschlag des Vorstands der Konferenz der Kirchenleitungen in der Deutschen Demokratischen Republik für ein Gespräch mit dem Vorsitzenden des Staatsrates der Deutschen Demokratischen Republik, Erich Honecker, vom 14.8.1985 (eigentliche Autoren des Textes waren Stolpe und Ziegler, vgl. Erläuterungen von Oberkirchenrat Ziegler bei Übergabe des Vorschlages der Konferenz der Evangelischen Kirchenleitungen in der DDR für ein Gespräch mit Genossen Erich Honecker, BA, Abt. Potsdam, O-4, 968; auch SAPMO-BA ZPA IV B2/14/42): »Das Gespräch sollte mit der Legitimation und Vollmacht seiner Teilnehmer die Übereinstimmung beider Seiten über die grundlegende Bedeutung der Friedensfrage demonstrieren, gemeinsame Aufgaben der internationalen Solidarität herausstellen und zugleich für einige Probleme im Verhältnis von Staat und Kirche Lösungswege aufzeigen.« Zu lösende konkrete Fragen waren u. a.: »Unbürokratische Behandlung der Bürger«, »Verbesserung von Reisemöglichkeiten in dringenden Familienangelegenheiten« in die Bundesrepublik, »Gleichberechtigung und Gleichachtung aller Bürger unabhängig von Weltanschauung und Religion« im Bildungsbereich, Verständnis für Wehrdienstverweigerer aus Gewissensgründen, »Wiedereinführung des 2. Osterfeiertages als gesetzlicher Feiertag, Klärung offener Eigentumsfragen an Grundstücken, die von den Nazis beschlagnahmt wurden, Kioskverkauf von Kirchenzeitungen, Bereitstellung eines zentralen Bilanz-Fonds zur Sicherung denkmalswerter Kirchen in Höhe von 6 Millionen Mark jährlich.« BA, Abt. Potsdam, O-4, 968; auch SAPMO-BA ZPA IV B2/14/42. Auf die Aufnahme eines so kontroversen Themas wie des Sozialen Friedensdienstes in den Themenkatalog hatte der BEK bewußt verzichtet. Vgl. Erläuterungen von Oberkirchenrat Ziegler bei Übergabe des Vorschlages der Konferenz der Evangelischen Kirchenleitungen in der DDR für ein Gespräch mit Genossen Erich Honecker, a.a.O.; kirchlicher Vermerk Ziegler vom 27.8.1985 über ein Gespräch beim Staatssekretär für Kirchenfragen am 14.8.1985, 14.00-15.00 Uhr, EZA Berlin, 101/93/4. Vgl. auch Protokoll Hempel-Ziegler-Lewek vom 4.7.1985 der 175. Sitzung des Vorstandes am 20.6.1985 in Dresden: »Stolpe führt in die [...] entworfene Präambel und den Themenkatalog ein. Der Aufriß wird nur in zwei Exemplaren hergestellt.« EZA Berlin, 101/93/245.

1077 Vgl. auch die von Hauptabteilungsleiter Heinrich vorgebrachte Kritik. Vermerk Ziegler vom 27.8.1985 über ein Gespräch im Staatssekretariat für Kirchenfragen am 22.8.1985, 8.30 bis 9.45 Uhr, EZA Berlin, 101/93/4.

1078 Vermerk Arbeitsgruppe Kirchenfragen, Rudi Bellmann, vom 21.8.1985, betr. »Spitzengespräch«, SAPMO-BA ZPA IV B2/14/84; auch BA, Abt. Potsdam, O-4, 968.

1079 Vgl. hierzu Schreiben Natho an Gysi durch Kurier vom 30.8.1985, in dem der Kirchenpräsident sich für einen Kirchenmusiker einsetzte, der den Wehrdienst »aus wirklichen Glaubens- und Gewissensgründen« verweigerte. »Ich wende mich vertrauensvoll an Sie, sehr verehrter Herr Staatssekretär, und möchte Sie bitten, Ihren Einfluß geltend zu machen, um in diesem bisher einmaligen Vorgang innerhalb unserer Landeskirche dahingehend zu wirken«, daß eine Einberufung zum Wehrdienst unterbleibt. »Eine Inhaftierung wäre auch angesichts der familiären Situation eine schwer ertragbare Härte. Ich hoffe sehr, daß es Möglichkeiten gibt, hier einen Weg zu finden, der auch für die staatlichen Organe gangbar ist.« BA, Abt. Potsdam, O-4, 1232. Vgl. auch das Schreiben Forck an Gysi vom 24.10.1985, in dem sich der Bischof für vier Wehrdienstverweigerer einsetzte. A.a.O.

1080 Vgl. hierzu auch Abt. II, Vertraulicher Vermerk Wilke vom 20.9.1985 über ein Gespräch mit Gen. Generalmajor Patzer, Ministerium für Nationale Verteidigung der DDR, am 18.9.1985: »Die Genossen gehen weiter davon aus, daß die Weisung aus dem Jahre 1983 hinsichtlich der differenzierten Bearbeitung und Entscheidung bei Wehrdienstverweigerern Gültigkeit hat. [...] Bei Bausoldaten steht man [...] nach wie vor auf dem Standpunkt, daß außer religiösen Gründen keine weiteren ›ähnlichen‹ anerkannt werden.« Bei Zeugen Jehovas habe man ausdrücklich die Weisung erteilt, »diesen Personenkreis nicht einzuziehen«. A.a.O.

1081 Vermerk Arbeitsgruppe Kirchenfragen, Rudi Bellmann, vom 21.8.1985, betr. »Spitzengespräch«, SAPMO-BA ZPA IV B2/14/84; auch BA, Abt. Potsdam, O-4, 968. In der Staatsbürgerschaftsfrage nahm J. Schmude eine ganz andere Position ein als sein Vorgänger. Vgl. dazu G. Besier, Parteien, Kirche und Staatsangehörigkeitsfrage in Deutschland (im Druck).

1082 Zu einem für den 8.12.1985 geplanten Besuch des Ministerpräsidenten von Schleswig-Holstein, Uwe Barschel, bei der Greifswalder Landeskirche – vorgesehen waren ein Gottesdienst, ein Gespräch mit Gienke sowie ein Mittagessen mit Harder und Plath – vgl. Information H. Quabs, Politische Mitarbeiterin, vom 3.12.1985, BA, Abt. Potsdam, O-4, 1220.

1083 Vgl. z. B. den handschriftlichen Brief Stolpe (unter Verwendung seines offiziellen Briefkopfes) an Hauptabteilungsleiter Heinrich vom 6.12.1985: »Bischof Binder besucht mich am 10.12. Ich würde es begrüßen, wenn Sie einen Grenzhinweis organisieren könnten. [...] Im Gesamtzeitraum 13.00-21.00 Uhr wäre eine Stunde für Sie abzweigbar. Für Nachricht wäre ich dankbar.« BA, Abt. Potsdam, O-4, 1200. Auch von der am 10.12.1985 an die »Mitglieder der KL Westberlin« ergangenen Einladung zu einem weihnachtlichen Beisammensein am 20.12., 15.00 Uhr, im Hospiz Albrechtstraße informierte Stolpe Heinrich – wohl auch, um einen zügigen und bevorzugten Grenzübertritt zu erreichen. Vgl. a.a.O. Vgl. auch das handschriftlich verfaßte Schreiben Stolpes an Heinrich vom 18.5.1987: »Am 20. Mai reist Bischof Engelhardt mit Delegation ein. Könnten Sie den Grenzorganen einen freundlichen Hinweis geben? [...] BRD-Fahrgäste Dr. Klaus Engelhardt, Dr. Dr. Albert Stein, Klaus Baschang, Gerhard Bechtel und Dr. Christoph Epting, alle Karlsruhe/Baden. Es wäre schön, wenn Sie helfen könnten!« A.a.O.

1084 Arbeitsgruppe Kirchenfragen, Vermerk Bellmann vom 23.8.1985 für Genossen Jarowinsky, betr.: Kontaktieren und Koordinieren des Kirchenbundes in der DDR mit kirchlichen und politischen Kreisen in der BRD – besonders im Blick auf das angestrebte »Spitzengespräch«, SAPMO-BA ZPA IV B2/14/20.

1085 Vgl. auch Vermerk Igner (Kreissekretärin) über Gesprächsabend mit Präses Becker am 18.6.1985 anläßlich der Festwoche in der Galiläa-Gemeinde [Berlin], Thema: Kirche in der sozialistischen Großstadt, SAPMO-BA ZPA IV B2/14/96.
1086 Vertrauliche Dienstsache, Kirchenstudie 1985, Erarbeitet vom Kollektiv der Forschungsgruppe »Wissenschaftlicher Atheismus« an der Ingenieurhochschule für Seefahrt Warnemünde/Wustrow unter Leitung von O. Klohr und W. Kaul, Rostock-Warnemünde, Juli 1985, SAPMO-BA ZPA IV B2/14/46. Am 2.6.1986 führte Klohr über diese Studie ein Gespräch mit den an dem Thema interessierten politischen Mitarbeitern des Staatssekretariats für Kirchenfragen. Vgl. Leiter des Büros, Dohle, Protokoll vom 29.5.1986 der Dienstbesprechung vom 26.5.1986, BA, Abt. Potsdam, O-4, 952.
1087 Vgl. auch die Aussage des Synodalen Kinze auf der sächsischen Frühjahrssynode 1985: »Er habe lange gebraucht, um zum Wort ›Heimat‹, das durch die Nazis beschmutzt und abgenutzt wurde, wieder Kontakt zu finden. Seine Heimat sei hier. Das Verhältnis Staat/Kirche habe sich in den vergangenen Jahren von Konfrontation zur Kooperation entwickelt. Christen und Nichtgläubige würden als Staatsbürger zusammengehören. Denn wenn ich mich heimisch fühle, dann bin ich gewillt, auch etwas zu verändern, dann kann ich mitwirken.« RdB Dresden, Sektor Staatspolitik in Kirchenfragen, Dresden, den 24.3.1985, Tagesinformationen zur Frühjahrssynode 1985 der Ev.-Luth. Landeskirche Sachsens vom 23.-27.3.1985 in Dresden, 1. Verhandlungstag (23.3.1985), SHStA Dresden, BT/RdB Dresden (Zwibo), 44878.
1088 Abt. II, Vorlage vom 8.8.1985 zu Aufgaben im kirchenpolitischen Bereich in Vorbereitung auf den XI. Parteitag der SED mit Anlage, Grundkonzeption über die Aufgaben der Bereiche Inneres der örtlichen Räte 1986 bis 1990, Bereich: Staatspolitik in Kirchenfragen, BA, Abt. Potsdam, O-4, 951. Vgl. auch Ergebnisse, Erfahrungen und Schlußfolgerungen bei der Durchsetzung der Staatspolitik in Kirchenfragen seit dem X. Parteitag der SED – Bilanz und Ausblick vom 31.10.1985, SAPMO-BA ZPA IV B2/14/57.
1089 Berlin, 20.8.1985, Wie könnte auf den Vorschlag des Vorstandes der Konferenz der Evangelischen Kirchenleitung in der DDR reagiert werden?, BA, Abt. Potsdam, O-4, 968.
1090 Schreiben Jarowinsky an Honecker vom 20.8.1985, SAPMO-BA ZPA IV B2/14/126.
1091 Standpunkt zur vorliegenden Konzeption eines erneuten »Spitzengespräches« des Vorstandes der Konferenz der evangelischen Kirchenleitungen mit dem Vorsitzenden des Staatsrates, a.a.O.
1092 Vermerk Arbeitsgruppe Kirchenfragen, Rudi Bellmann, vom 21.8.1985, betr. »Spitzengespräch«, SAPMO-BA ZPA IV B2/14/84; auch BA, Abt. Potsdam, O-4, 968.
1093 Vgl. Berlin, 20.8.1985, Wie könnte auf den Vorschlag des Vorstandes der Konferenz der Evangelischen Kirchenleitung in der DDR reagiert werden?, BA, Abt. Potsdam, O-4, 968.
1094 Zur Einschätzung des Vorschlages der Konferenz der Evangelischen Kirchenleitungen in der DDR für ein Gespräch mit dem Genossen Erich Honecker, a.a.O. Mit gleichem Titel, aber etwas anderem Wortlaut auch in SAPMO-BA ZPA IV B2/14/84.
1095 Vgl. Protokoll Hempel-Ziegler-Lewek/Kupas vom 2.10.1985 der 177. Sitzung des Vorstandes am 19.9.1985 in Berlin: »Vorstand bittet Ziegler, die vorbereitenden Verhandlungen unmittelbar weiter auszutreiben. [...] Dr. Hempel unterstreicht nochmals, daß der Sinn eines Vorstandsgesprächs sich daran entscheide, ob es etwas ›Basiswirksames‹ einbringe.« EZA Berlin, 101/93/245.
1096 Vgl. SED-BL Dresden, Abteilung Staat und Recht, Vermerk Helmut Richter vom 19.11.1985 über Erfahrungsaustausch der für kirchenpolitische Arbeit zuständigen Genossen der Bezirksleitungen Magdeburg, Halle, Leipzig, Karl-Marx-Stadt und Dresden, Mitte Oktober in Leipzig, PDS-Archiv Dresden, IV E-2.14-833.
1097 Der Staat des Grundgesetzes als Angebot und Aufgabe.
1098 Vermerk Lingner über die Zusammenkunft der Beratergruppe am 18.9.1985, EZA Berlin, 4/92/16.

1099 Ebd.
1100 Vgl. K.R. Popper, Utopie und Gewalt, bes. 322.
1101 StV Bonn, Abt. IAP, Information Botschaftsrat Klein vom 21.10.1985 über eine Denkschrift und eine Podiumsdiskussion der »Evangelischen Kirche in Deutschland« (EKD) vom 17.10.1985, BA, Abt. Potsdam, O-4, 1204.
1102 In einer Diskussion Horst Dohles mit Leipziger Pfarrern soll Pfarrer Ebeling – später einer der Gründer der DSU und Mitglied im Kabinett de Maizière – geäußert haben: »Durch Gespräche mit marxistischen Staatsvertretern sei er zu der Erkenntnis gekommen, daß der Marxismus für ihn eine große Herausforderung sei. In der Theologie werde der Mensch allzuoft nur als klein, sündig und schuldhaft be- oder verurteilt. Die Marxisten dagegen geben dem Menschen und seinem Wohl sowohl in ihrer Theorie wie in der praktischen Politik einen ganz hohen Stellenwert. Das ist für die Theologen eine Herausforderung. Manchmal habe er allerdings im Alltag der Gemeindearbeit den Eindruck, daß die Menschen für die Größe des Anspruchs, den der Marxismus an sie stellt, noch gar nicht reif seien.« Leiter des Büros, Dienstreisebericht Dohle vom 2.12.1985, BA, Abt. Potsdam, O-4, 962. Der Bundessynodale Baier soll geäußert haben, »er halte den Marxismus auch als Christ für außerordentlich bedeutsam, weil er den Christen Einsicht in soziale Zusammenhänge und Aspekte gewähre, die zu erhellen bisher nur der Marxismus fähig gewesen sei. [...] Baier sagte, ihm fehle am Marxismus das Eingehen auf den Menschen, auf seine Psyche und die Wirkungsweisen des menschlichen Zusammenlebens. [...] Ich bin bei der Lektüre der Thesen Pfarrer Baiers jedoch zu der Annahme gelangt, daß er sich im Prozeß einer ständigen geistigen Auseinandersetzung mit dem Marxismus befindet und eine außerordentlich positive Grundhaltung dazu bezieht (freilich aus der Sicht eines Theologen und innerhalb dieser Grenzen).« Referent Kirchenfragen Görlitz, Aktennotiz Pawelke vom 14.8.1985 über ein Gespräch mit Pfarrer Baier am 14.8.1985 in Markersdorf, SHStA Dresden, BT/RdB Dresden (Zwibo), 46609. Außerdem äußerte Baier im gleichen Gespräch, »daß er Dr. Lewerenz sehr schätzt und glaube, die Verbesserung des Staat-Kirche-Verhältnisses im Territorium sei wesentlich ihm zu verdanken.« Ebd.
1103 Vgl. auch Information über die gegenwärtige kirchenpolitische Lage im Bezirk Dresden: »Die Diskussionen um den Platz der Christen in der sozialistischen Gesellschaft werden jetzt häufiger mit der Aufforderung an die Christen verbunden, ›Berührungsängste‹ abzubauen und das Gespräch mit Marxisten zu suchen. Es gibt in stärkerem Maße Bemühungen, kompetente marxistische Vertreter zu Gruppengesprächen, Veranstaltungen der Evangelischen Akademie u. a. einzuladen. Bisherige Erfahrungen zeigen, daß dort, wo kirchlichen Wünschen entsprochen wurde, die Veranstalter sich um große Sachlichkeit bemühten. Starke Beachtung finden unter diesem Aspekt Artikel in der Deutschen Zeitschrift für Philosophie, die sich mit Problemen der Zusammenarbeit von Kommunisten und Gläubigen befassen.« PDS-Archiv Dresden, IV E-2.14-667.
1104 RdB Leipzig, Sektor Kirchenfragen, Information Jakel vom 9.9.1985 über 50. Männerabend zur Leipziger Messe, BA, Abt. Potsdam, O-4, 791.
1105 Vgl. Vermerk Lingner über die Zusammenkunft der Beratergruppe am 18.9.1985, EZA Berlin, 4/92/16.
1106 Vgl. auch RdB Dresden, Stellvertreter des Vorsitzenden für Inneres, Aktenvermerk Fuchs vom 18.1.1985 über Gespräche im Konsistorium der Ev. Kirche des Görlitzer Kirchengebietes mit OKR Dr. Winde, OKR Völz und in der Wohnung mit Bischof Dr. Wollstadt (anwesend war auch Frau Wollstadt) am 17.1.1985: »Im Gespräch mit Bischof Dr. Wollstadt bedauerte dieser sein Ausscheiden aus dem Amt aufgrund seines Gesundheitszustandes. Er sieht aber selbst keine andere Möglichkeit, zumal ihm vom behandelnden Arzt dieser Schritt dringend nahegelegt wurde.« SHStA Dresden, BT/RdB Dresden (Zwibo), 47524.
1107 Die Görlitzer Kirche hatte zudem ein spezielles Gremium für die Beratung ihrer Zukunft eingesetzt, das erstmals am 14.1.1985 zusammentraf. Vgl. Protokoll Hempel-Ziegler-R. Schulze über die 96. Tagung der Konferenz der Evangelischen Kirchenlei-

tungen in der DDR am 11./12.1.1985 in Berlin: »Görlitz will die Zukunft seiner Kirche zunächst allein bedenken, aber mit Bund und EKU Kontakt halten.« EZA Berlin, 101/93/236. Der Ausschuß gelangte zu dem Ergebnis, die Eigenständigkeit der Görlitzer Kirche nicht aufzugeben. Vgl. Protokoll Ziegler vom 11.3.1985 der Sondersitzung des Vorstands am 8.3.1985 während der Konferenz der Ev. Kirchenleitungen in Bukkow, EZA Berlin, 101/93/245; vgl. auch Protokoll Hempel-Ziegler-Kupas/Dorgerloh über die 97. Tagung der Konferenz der Evangelischen Kirchenleitungen in der DDR vom 8. bis 10.3.1985 in Buckow, EZA Berlin, 101/93/237. Am 18.3.1985 trafen Hempel und Stolpe mit der Görlitzer Kirchenleitung in Bautzen zusammen, um über die weitere Entwicklung der Landeskirche zu beraten. Vgl. Protokoll Hempel-Ziegler-Kupas vom 25.3.1985 über die 172. Sitzung des Vorstandes am 20.3.1985 in Berlin, EZA Berlin, 101/93/245.

1108 Dies deuteten auch die OKR Winde und Völz an, ohne jedoch die Alternativen konkret zu benennen. Vgl. RdB Dresden, Stellvertreter des Vorsitzenden für Inneres, Aktenvermerk Fuchs vom 18.1.1985 über Gespräche im Konsistorium der Ev. Kirche des Görlitzer Kirchengebietes mit OKR Dr. Winde, OKR Völz und in der Wohnung mit Bischof Dr. Wollstadt (anwesend war auch Frau Wollstadt) am 17.1.1985, SHStA Dresden, BT/RdB Dresden (Zwibo), 47524. Dennoch waren die Pläne zwei Wochen später dem Rat des Bezirkes bekannt. Vgl. RdB Dresden, Stellvertreter des Vorsitzenden für Inneres, Informationsbericht Dezember 1984/Januar 1985 vom 7.2.1985, SHStA Dresden, BT/RdB Dresden (Zwibo), 45071.

1109 Sofort-Information vom 18.2.1985 (Nach den Informationsberichten der Räte der Bezirke 1/85, Einzelinformationen sowie den Dienstreiseberichten der Operativkader), BA, Abt. Potsdam, O-4, 950.

1110 Vgl. Referent Kirchenfragen Görlitz, Aktennotiz Pawelke vom 14.8.1985 über ein Gespräch mit Pfarrer Baier am 14.8.1985 in Markersdorf, SHStA Dresden, BT/RdB Dresden (Zwibo), 46609.

1111 Vgl. auch Protokoll Hempel-Ziegler-von Rabenau/Günther über die 98. Tagung der Konferenz der Evangelischen Kirchenleitungen in der DDR am 10./11.5.1985 in Berlin, EZA Berlin, 101/93/237.

1112 Vgl. RdB Dresden, Stellvertreter des Vorsitzenden für Inneres, Informationsbericht vom 13.6.1985 für April/Mai 1985, SHStA Dresden, BT/RdB Dresden (Zwibo), 45071.

1113 Vgl. Abt. II, Sofort-Information vom 20.6.1985 (nach den Informationsberichten der Räte der Bezirke 3/85, Einzelinformationen sowie Dienstreiseberichten der Operativkader), BA, Abt. Potsdam, O-4, 950.

1114 Vgl. RdB Dresden, Stellvertreter des Vorsitzenden für Inneres, Informationsbericht vom 13.6.1985 für April/Mai 1985, SHStA Dresden, BT/RdB Dresden (Zwibo), 45071.

1115 Hier ist fälschlicherweise Wittenberg angegeben, so daß auch an den dortigen Propst Treu zu denken wäre.

1116 Rat der Stadt Görlitz, Stadtrat, Stellv. d. OB für Inneres, Werner, an RdB Dresden, Stellv. des Vors. für Innere Angelegenheiten, Information vom 19.6.1985 zur Bischofswahl in der ev. Kirche des Görlitzer Kirchengebietes, SHStA Dresden, BT/RdB Dresden (Zwibo), 47524.

1117 Winter wurde am 4.12.1985 durch den Rat der EKU zum Nachfolger Rogges als Leiter der Kirchenkanzlei berufen. Vgl. Niederschrift Mitzenheim-Küntscher über die 14. Sitzung des 3. Rechtsausschusses der Konferenz der Evangelischen Kirchenleitungen in der DDR am 11.12.1985 in Berlin, EZA Berlin, 101/93/205.

1118 Vgl. Handschriftlicher Nachtrag zu Rat der Stadt Görlitz, Stadtrat, Stellv. d. OB für Inneres, Werner, an RdB Dresden, Stellv. des Vors. für Innere Angelegenheiten, Information vom 19.6.1985 zur Bischofswahl in der ev. Kirche des Görlitzer Kirchengebietes, SHStA Dresden, BT/RdB Dresden (Zwibo), 47524.

1119 Information des RdB Dresden, Sektor Staatspolitik in Kirchenfragen vom 9.7.1985 über die Bischofswahlsynode am 28./29.6.1985 in Görlitz, SHStA Dresden, BT/RdB Dresden (Zwibo), 47524.

1120 Ebd. »Der amtierende Superintendent von Niesky, Dr. Holzhey, zeigte sich von der Wahl erstaunt. Er versteht nicht, wie sich ein Mann von den Fähigkeiten eines Dr. Rogge um die Wahl als Bischof einer so kleinen Kirche bewerben kann. Dieses Erstaunen wurde auch in anderen Gesprächen wiederholt geäußert.« RdB Dresden, Stellvertreter des Vorsitzenden für Inneres, Informationsbericht vom 12.8.1985 für Juni/Juli 1985, SHStA Dresden, BT/RdB Dresden (Zwibo), 45071. Der Bundessynodale Baier äußerte: »Rogge sei sein Wunschkandidat gewesen, und er fühle sich geradezu glücklich über dessen Wahl. Rogge sei ein Mann der ›ersten Garnitur‹, der ein umfangreiches Wissen mit der Gabe der Menschenführung auf sich vereine. [...] es sei für Baier doch recht überraschend gekommen, daß nur ›Männer ersten Ranges‹ für seine Kirche kandidiert hätten.« Referent Kirchenfragen Görlitz, Aktennotiz Pawelke vom 14.8.1985 über ein Gespräch mit Pfarrer Baier am 14.8.1985 in Markersdorf, SHStA Dresden, BT/RdB Dresden (Zwibo), 46609. Der sächsische Synodale Dr. Neumann soll angedeutet haben, »daß er Dr. Rogge als Bischof nicht besonders schätze. Er sei ein guter Kirchenpolitiker und Diplomat. Als Bischof sei ihm jedoch ein diakonisch geprägter Mann wie Wollstadt wesentlich lieber. Die Görlitzer müßten jedoch im Grunde selbst wissen, was sie wollten.« Rat des Kreises Görlitz, Abteilung: Innere Angelegenheiten, an RdB Dresden, Abt. Innere Angelegenheiten, Fuchs, Vermerk Rückert, Stellv. des Vorsitzenden für Inneres, vom 18.9.1985 über Gespräch mit dem sächsischen Synodalen Dr. Neumann am 17.9.1985, SHStA Dresden, BT/RdB Dresden (Zwibo), 45934.

1121 Information über die gegenwärtige kirchenpolitische Lage im Bezirk Dresden, PDS-Archiv Dresden, IV E-2.14-667.

1122 Information Naumann vom 11.7.1989 an Wiegand, BStU Berlin, AIM 8865/90. Rogge bestreitet, das Service vom Ministerium des Innern erhalten zu haben; er habe auch niemals für die Stasi gearbeitet (vgl. idea-Dokumentation 25/94, 25).

1123 Ende 1985 verschob sich der Termin sogar auf April 1986. Vgl. Information über die gegenwärtige kirchenpolitische Lage im Bezirk Dresden, PDS-Archiv Dresden, IV E-2.14-667. Zu Rogges Amtseinführung vgl. auch BStU, ASt. Dresden, AIM 6830/90, II/11. Symptomatisch für die Privilegien eines Bischofs zumindest in der Spätphase der DDR dürfte die Äußerung des frischgekürten Rogge gegenüber dem Kirchenleitungsmitglied Erwin Walter, IM »Winter« (Reg. Nr. XII 1764/64), sein, »er habe z. Z. so viel Vergünstigungen«. Im gleichen Gespräch bat er Walter, am Tage der Bischofseinführung dem als Gast anwesenden EKD-Präses Schmude – »ein prächtiger Mann«, so der neue Bischof – seine besondere Aufmerksamkeit zu widmen. KD Görlitz, Bericht »Winter« vom 7.2.1986, a.a.O.

1124 Zur ersten Ansprache Rogges nach seiner Wahl zum Bischof vgl. Abt. II, Sofort-Information vom 26.8.1985 (Nach den Informationsberichten der Räte der Bezirke 4/85, Einzelinformationen und Dienstreiseberichten der Operativkader), BA, Abt. Potsdam, O-4, 951. Vgl. auch RdB Dresden, Sektor Staatspolitik in Kirchenfragen, Information vom 9.7.1985 über die Bischofswahlsynode am 28. und 29.6.1985 in Görlitz: »Seine ersten Äußerungen [...] sind als konstruktiv zu bezeichnen.« SHStA Dresden, BT/RdB Dresden (Zwibo), 47524. Vgl. auch Neue Zeit vom 1.7.1985. BStU Berlin, AP 21253/92, 2. Zehn Jahre zuvor heißt es in einem Auskunftsbericht über den damaligen Vizepräsidenten der EKU-Kanzlei (Ost): »Dr. Rogge tritt unserem Staat gegenüber loyal auf. Er paßt sich jedoch in Gesprächen und Diskussionen sehr schnell seinen Gesprächspartnern an, wenn es ihm nützlich erscheint« (a.a.O., 7).

1125 C. von Heyls Referat vor der »Beratergruppe« am 6.9.1984 stand ganz unter dem Thema »Einmischung«. Vgl. Vermerk Lingner über die Sitzung der Beratergruppe am 6.9.1984, EZA Berlin, 4/92/15.

1126 K.-H. Baum, Die Besserwisser aus dem Westen. Das Verhältnis der Kirchenführer in der DDR zu Bonn ist gespannt, FR vom 26.9.1985.

1127 Vgl. oben, 39.

1128 Vgl. oben, 83. In einem Gespräch mit einem Vertreter der SED-BL Dresden soll Krusche 1986 gesagt haben: »Er habe persönlich viel gelernt, habe Berührungsängste abgebaut, ebenso hätten wir das getan, und sagte, das sei auch die Voraussetzung für die Berechenbarkeit beider Seiten. Auf die Antwort, daß wir das schon immer waren, stimmte er sofort zu. Hinsichtlich seines Auftretens in Kiel (Herbst 1984) und seiner eindeutigen Haltung zur Abrechnung der in der Evang. Kirche vorhandenen und noch nicht restlos überwundenen Ausblendung der Schuld, die zugleich dem Antikommunismus und Antisowjetismus 1945 Tür und Tor öffnete, äußerte er, das sei er sich selbst und denjenigen schuldig, die die höchsten Opfer gegen die Nazibarbarei gebracht haben. Von sich aus warf er ein, einen größeren Beitrag hätte z. B. Dr. Hempel in Worms geleistet, wo er in Anwesenheit des Bundeskanzlers und der BRD-Prominenz eindeutig gegen die unsinnige militärische Rüstung sich aussprach [...] und die Friedenspolitik der DDR würdigte. Das habe ihm den Zorn dieser Leute und den Beifall der realistisch Denkenden eingebracht. Eindeutig wäre die Sympathie im kirchlichen Raum für Herrn Gorbatschow und in gleicher Weise die Ablehnung der Politik Reagans.« SED-BL Dresden, Abt. Staat und Recht, Kurzinformation vom 30.5.1986 über den Verlauf des Empfangs des Staatssekretärs für Kirchenfragen (in Vertretung Gen. Peter Heinrich, Hauptabteilungsleiter) aus Anlaß des Nordisch-Deutschen Kirchenkonvents am 28.5.1986 in Herrnhut, PDS-Archiv Dresden, IV E-2.14-672.

1129 Abgedruckt in: Lübeck-Travemünde 1984, 291-295. Am 15.11.1984 erhielt IM »Sekretär« ein Operativgeld in Höhe von 135,– M ausgezahlt. Vgl. Operativgeldabrechnung 2003/84, Rechercheergebnisse zum IM »Sekretär«, Stand 12.4.1994, 264. Vgl. auch Protokoll Hempel-Ziegler-Kupas vom 29.8.1984 über die 165. Sitzung des Vorstands am 17.8.1984 in Berlin, EZA Berlin, 101/93/244. Stolpe informierte anschließend die KKL über sein Auftreten. Vgl. Protokoll Hempel-Ziegler-Doyé über die 95. Tagung der Konferenz der Evangelischen Kirchenleitungen in der DDR am 9./10.11.1984 in Berlin, EZA Berlin, 101/93/236.

1130 Vgl. das Sitzungsprotokoll, EZA Berlin, 101/93/245.
1131 Hempel an Lohse vom 9.10.1985, EZA Berlin, 101/93/815.
1132 Vermerk für Prälat Binder, 4.10.1985, ABB Bonn, Akte Konsultationsgruppe.
1133 Schreiben Lohse an Hempel vom 16.10.1985, EZA Berlin, 101/93/815.
1134 Binder an Hempel vom 29.10.1985, EZA Berlin, 101/93/245.
1135 epd-ZA Nr. 206 vom 25.10.1985. Über diese Antworten informierte Ziegler den KKL-Vorstand. Vgl. Protokoll Gienke-Ziegler-Kupas/Lewek vom 21.11.1985 der Sondersitzung des Vorstandes am 8.11.1985, 14.00 Uhr, in Berlin, EZA Berlin, 101/93/245. Zum Ende seiner Amtstätigkeit als Ratsvorsitzender erhielt Lohse ein Dankschreiben vom KKL-Vorsitzenden Hempel. Vgl. Protokoll Hempel-Ziegler-Lewek vom 6.1.1986 der 180. Sitzung des Vorstandes am 13.12.1985 in Berlin, EZA Berlin, 101/93/246.

1136 Politik auf dem Prüfstand. Interview mit Erhard Eppler, in: Ev. Komm. 18 (1985), 29-32, Zitat: 29.

1137 Niederschrift über die 59. Sitzung des Rates der EKD am 24./25.1.1985 in Mühlheim, ABB Bonn, Akte Ratssitzungen.

1138 Lohse an Hempel vom 28.1.1985, ABB Bonn, Akte Konsultationsgruppe. Vgl. auch Protokoll Hempel-Ziegler-Lewek vom 25.2.1985 der 171. Sitzung des Vorstandes am 11.2.1985 in Berlin: »Dr. Hempel berichtet: Er hat zu dem Interview von Erhard Eppler, das dieser den Evangelischen Kommentaren am 27. November 1984 gegeben hat, dem Ratsvorsitzenden D. Lohse gegenüber Stellung genommen. Dabei hat er den Eindruck von Eppler, daß bei den Kirchen in der DDR ›nur begrenztes Vertrauen in die Evangelische Kirche in Deutschland‹ herrscht, widersprochen. Der Rat (D. Lohse, D. von Keler) habe dies dankbar aufgenommen. Dr. Hempel und Ziegler planen, zu einem Gespräch mit EKD-Rat und Ratskommission am 15./16.3.1985 nach Bielefeld zu fahren. Vorstand stimmt dem Vorhaben zu.« EZA Berlin, 101/93/246. Wie Hempel berichtete, verlief diese Begegnung in einer guten Atmosphäre. Vgl. Protokoll Hempel-Ziegler-Kupas vom 25.3.1985 über die 172. Sitzung des Vorstandes am 20.3.1985 in Berlin, EZA Berlin, 101/93/245.

1139 Vgl. E. Lohse, Erneuern und Bewahren, 37; 41; 48 f.; 64.
1140 A.a.O., 41. Gemeint ist hier der Thüringer Kirchenjurist Hartmut Mitzenheim.
1141 Ebd.
1142 A.a.O., 53 f.
1143 Vgl. Vermerk Lingner über die Zusammenkunft der Beratergruppe am 4.12.1985, EZA Berlin, 4/92/17.
1144 Vgl. die Beschlüsse der Synode in epd-Dok 43/85, 43 ff.
1145 Vgl. Dresden, den 24.9.1985, Information über den Verlauf und den Inhalt der 5. Tagung der 4. Synode des Bundes der Evangelischen Kirchen in der DDR (BEK), Erster Entwurf, SAPMO-BA ZPA IV B2/14/91; vgl. auch Erste Wertung des bisherigen Synodenverlaufs vom 23.9.1985. Hiernach soll Hempel wörtlich gesagt haben: »›Ich kann die Frage nicht anders sehen, als daß ausgegangen wird von der Existenz zweier souveräner deutscher Staaten, souverän einschließlich ihrer Grenzen. Wer das substantiell anders sagt, riskiert mindestens indirekt den Frieden.« PDS-Archiv Dresden, IV E-2.14-680. Vgl. die Ausführungen Hempels auf der Synode in epd-Dok 43/85, 40 f. Hier findet sich auch der zitierte Satz. Auch in »Dresden, den 24.9.1985, Information über den Verlauf und den Inhalt der 5. Tagung der 4. Synode des Bundes der Evangelischen Kirchen in der DDR (BEK)«. Das Papier wertete: »Damit wurde im unmittelbaren Vorfeld des XI. Parteitages der SED von der Synode deutlich auf Kontinuität gesetzt und die Dominanz der konstruktiven Elemente und Ansätze in den Staat-Kirche-Beziehungen herausgestellt.« BA, Abt. Potsdam, O-4, 558; auch PDS-Archiv Dresden, IV E-2.14-680. Vgl. auch die Beschlüsse der Synode in epd-Dok 43/85, 43-51.
1146 Ergebnisse, Erfahrungen und Schlußfolgerungen bei der Durchsetzung der Staatspolitik in Kirchenfragen seit dem X. Parteitag der SED – Bilanz und Ausblick vom 31.10.1985, SAPMO-BA ZPA IV B2/14/57. Im Vorfeld der Synodaltagung sollen Gienke und Hempel sich unter Verweis auf »eine allgemeine kirchenpolitische Unsicherheit« auf seiten des Staates, die damit zusammenhinge, »daß keiner so recht wisse, welche Linie Gorbatschow fahre, allgemein und auch in Richtung Kirchenpolitik«, für ein Leisetreten der Dresdener Synodaltagung ausgesprochen haben. Aktenvermerk Hauptmann Schultze, Kreisdienststelle Görlitz, vom 24.4.1985 über Treffteilnahme mit dem IMB »Winter«, Reg.-Nr. XII 1764/64, am 23.4.1985, BStU, ASt. Dresden, AIM 6830/90, I/2.
1147 Helmut Richter, Abteilung Staat und Recht der SED-BL Dresden, notierte: »Am 5. Oktober informierte ich den Vorsitzenden des Rates des Kreises Zittau, Gen. Kunze, mit der Bitte, noch in dieser Woche mit dem Synodalen Pilz ein zwingendes Gespräch zu führen und zu verhindern, daß er in gleicher provokatorischer Weise zur Landessynode auftritt. Er muß endlich begreifen, was auf dem Spiel steht.« SED-BL Dresden, Abt. Staat und Recht, Niederschrift Helmut Richter vom 8.10.1985 über eine Beratung beim Staatssekretariat für Kirchenfragen und der Abteilung Kirchenfragen beim ZK der SED am 4.10.1985, PDS-Archiv Dresden, IV E-2.14-833; SHStA Dresden, BT/RdB Dresden (Zwibo), 44977. Das Gespräch fand wenige Tage später statt: »Ihm wurde eindeutig klargelegt, daß er im Beisein von westlichen Fernseh-Vertretern als Synodaler und DDR-Bürger eine große Verantwortung trägt, sich nicht spontan äußern kann, er sich überlegen sollte, was er sagt und vor welchem Forum.« Rat des Kreises Zittau, Vorsitzender, Niederschrift Kunze vom 9.10.1985 über das Gespräch mit Pfarrer Pilz, Mittelherwigsdorf, Synodaler der Sächsischen Landeskirche am 8.10.1985, SHStA Dresden, BT/RdB Dresden (Zwibo), 45935. Auch die KKL stellte, ohne Namen zu nennen, fest: »Ein weiterer Diskussionsgegenstand ist die Wirkung der freien Meinungsäußerung unter Beobachtung der Öffentlichkeit. Dies setzt genaues präzises Reden voraus.« Weiter hieß es: »Den staatlichen Partnern muß deutlich gemacht werden, daß bestimmte Äußerungen einzelner durch das Herausheben in den Medien eine Bedeutung bekommen haben, die ihnen nicht zusteht.« Protokoll Gienke/Stolpe-Ziegler-Kürschner über die 101. Tagung der Konferenz der Evangeli-

schen Kirchenleitungen in der DDR am 8./9.11.1985 in Berlin, EZA Berlin, 101/93/238. Nach der Zurechtweisung durch den Staatsvertreter schrieb Pilz einen Brief an Lewerenz: »Im nachhinein habe ich von Freunden aus beiden deutschen Staaten davon Kenntnis erhalten, daß ihn [den Synodalbeitrag] das Westfernsehen verbreitet hat und dabei die positive Würdigung der Friedenspolitik unseres Staates unterschlagen und nur die oben benannte Problematik publiziert hat. Ich bedaure das [...] Allerdings habe ich auch von den alten Lateinern gelernt, daß der Mißbrauch einer Sache ihren rechten Gebrauch nicht aufhebt. Ich muß Ihnen aber entschieden widersprechen, wenn Sie anderen gegenüber die Mutmaßung geäußert haben, das sei ein abgekartetes Spiel mit dem Westfernsehen gewesen und vor der Öffentlichkeit unverantwortliches Reden. Ich habe mir diese Öffentlichkeit nicht herausgesucht. Sie ist mir vorgegeben, und ich bin nicht dafür verantwortlich, wer was wie von der Bundessynode berichtet. Es ist aber mein Mandat als Synodaler, zur Sprache zu bringen, was aus meinem Lebensbereich zu angesprochenen Problemen zu sagen ist. Dabei ist sicherlich in mein Ermessen gestellt, was mir so wichtig ist, daß ich es öffentlich aussprechen muß.« Vgl. Schreiben vom 17.10.1985, SHStA Dresden, BT/RdB Dresden (Zwibo), 45935. Abschließende beschwichtigende Bemerkungen ließen die SED-BL Dresden von einem Entschuldigungsschreiben reden. Vgl. Information Helmut Richter über dezentrale Beratung der Sektorenleiter Kirchenfragen der Bezirke Karl-Marx-Stadt, Leipzig und Dresden am 24.10.1985, PDS-Archiv Dresden, IV E-2.14-833. Vgl. auch die Tonbandnachschrift der Rede Pilz, die der Synodale mit Schreiben vom 17.10.1985 anforderte, da es sich um eine frei gehaltene Stegreifrede gehandelt hatte. Die inkriminierten Stellen handelten von zu Haftstrafen verurteilten Reservisten, die einen Antrag auf Ausübung des Reservedienstes bei den Bausoldaten gestellt hatten. Vgl. EZA Berlin, 101/93/215.

1148 Bretschneider griff die DDR-Jugendpolitik massiv an »und verdeutlichte die Zielstellung politisch negativer Kräfte, in der ›offenen Arbeit‹ Jugendliche zusammenzuführen, die Vorbehalte gegen die sozialistische Gesellschaft haben, und sie darin zu bestärken.« Dresden, den 24.9.1985, Information über den Verlauf und den Inhalt der 5. Tagung der 4. Synode des Bundes der Evangelischen Kirchen in der DDR (BEK), BA, Abt. Potsdam, O-4, 558; auch PDS-Archiv Dresden, IV E-2.14-680.

1149 Das Papier Erste Wertung des bisherigen Synodenverlaufs vom 23.9.1985 nennt noch den Synodalen Pfuhl. PDS-Archiv Dresden, IV E-2.14-680.

1150 Vgl. Dresden, den 24.9.1985, Information über den Verlauf und den Inhalt der 5. Tagung der 4. Synode des Bundes der Evangelischen Kirchen in der DDR (BEK), Erster Entwurf, SAPMO-BA ZPA IV B2/14/91.

1151 Vgl. Erste Wertung des bisherigen Synodenverlaufs vom 23.9.1985, PDS-Archiv Dresden, IV E-2.14-680. Hempel soll auch »sein ausdrückliches Einverständnis« erklärt haben, »daß seitens der Staatsorgane mit den Synodalen gesprochen wird, und empfindet das offensichtlich als Unterstützung zur Durchsetzung seiner Linie.« Information Helmut Richter über dezentrale Beratung der Sektorenleiter Kirchenfragen der Bezirke Karl-Marx-Stadt, Leipzig und Dresden am 24.10.1985, PDS-Archiv Dresden, IV E-2.14-833.

1152 RdB Dresden, Stellvertreter des Vorsitzenden für Inneres, Informationsbericht vom 11.10.1985 für die Monate August/September 1985, SHStA Dresden, BT/RdB Dresden (Zwibo), 45071. Vgl. auch Abteilung II, Vorlage Gräfe vom 22.10.1985 an die Dienstbesprechung am 28.10.1985, Leitungsinformation 5/85, BA, Abt. Potsdam, O-4, 951.

1153 Dies geschah trotz des kurz vor der Synode gefaßten KKL-Vorstandsbeschlusses »Der Leiter des Sekretariats möge in einem Rundschreiben die Mitglieder der Konferenz der Ev. Kirchenleitungen darum bitten, etwaige Interviews vor einer Zusage mit ihm abzustimmen.« Protokoll Hempel-Ziegler-Lewek/Kupas vom 2.10.1985 der 177. Sitzung des Vorstandes am 19.9.1985 in Berlin, EZA Berlin, 101/93/245.

1154 Die staatliche Information, die KKL hätte den Bericht einstimmig verabschiedet (vgl. Dresden, den 24.9.1985, Information über den Verlauf und den Inhalt der 5. Tagung der 4. Synode des Bundes der Evangelischen Kirchen in der DDR [BEK], BA, Abt. Potsdam, O-4, 558; auch PDS-Archiv Dresden, IV E-2.14-680), bezog sich lediglich auf einen KKL-Beschluß des Frühjahrs, erwies sich jedoch letztlich als unzutreffend. KKL-Mitglied Große hatte darauf bestanden, daß der Bericht diesmal im Unterschied zur Greifswalder Synode, bevor er zum Vortrag käme, von der KKL verabschiedet werden sollte. Vgl. Protokoll Hempel-Ziegler-Kupas/Dorgerloh über die 97. Tagung der Konferenz der Evangelischen Kirchenleitungen in der DDR vom 8. bis 10.3.1985 in Buckow, EZA Berlin, 101/93/237. Den Bericht trugen Hempel, Schultheiß und Große vor. Vgl. Erste Tagesinformation zur V. Tagung der IV. Synode des BEK vom 20.-24.9.1985 in Dresden, BA, Abt. Potsdam, O-4, 558. Zur ersten inhaltlichen Vorbereitung vgl. Protokoll Hempel-Ziegler-Ziegler/Kupas vom 29.4.1985 der 173. Sitzung des Vorstandes am 25.4.1985 in Berlin, EZA Berlin, 101/93/245. Auf der Julisitzung der KKL legten Peter Müller und Jaeger einen Gliederungsvorschlag sowie Teilentwürfe vor. Vgl. Protokoll Stolpe-Ziegler-Radke über die 99. Tagung der Konferenz der Evangelischen Kirchenleitungen in der DDR am 5./6.7.1985 in Berlin, EZA Berlin, 101/93/237. Den Berichtsentwurf besprach die KKL auf ihrer Augustsitzung und beauftragte Demke, Müller (Schwerin) und Günther mit der Endredaktion. Diese drei sowie Hempel und Ziegler sollten dann den endgültigen Text festlegen (sieben Ja-Stimmen, fünf Enthaltungen, zwei Nein-Stimmen). »Damit ist der Beschluß der Konferenz vom 10.3.1985 [...] überholt.« Protokoll Hempel-Ziegler-Küntscher über die 100. Tagung der Konferenz der Evangelischen Kirchenleitungen in der DDR am 30./31.8.1985 in Berlin, a.a.O. Vgl. den KKL-Bericht in epd-Dok 43/85, 1-23.

1155 Nach Einschätzung des Staates enthielt der Bericht auch einige kritische Passagen (Bürgerrechte, Reisefragen, Jugendpolitik) mit dem Ziel, mögliche Opponenten zufriedenzustellen und einzubinden (so auch SED-BL Halle, Hausmitteilung Mitarbeiter befr. Parteien, Gerngroß, an Achim Böhme vom 14.10.1985 zu Beratung mit Staatssekretariat für Kirchenfragen und AG Kirchenfragen beim ZK am 11.10.1985 in Berlin, LPA Halle, IV E-2/14/580). Dennoch konnte der Bericht festhalten: »Probleme, zu denen in der Vergangenheit politische Kontroversen geführt wurden, sind weitgehend ausgeklammert. Andererseits werden einzelne politisch realistische Aussagen der zurückliegenden Zeit weniger deutlich formuliert.« Auffallend war auch, daß der KKL-Bericht zur Apartheid-Politik Südafrikas überhaupt nicht Stellung bezog. Den aufmerksamen Genossen entging auch eine weitere Verschiebung nicht: »Im Unterschied zu den Berichten vergangener Jahre wird das in vier Teile untergliederte Papier erstmals nicht durch die Behandlung kirchlicher oder religiöser Anliegen eingeleitet, sondern behandelt bereits im ersten Teil politische Probleme der Gegenwart.« Dresden, den 24.9.1985, Information über den Verlauf und den Inhalt der 5. Tagung der 4. Synode des Bundes der Evangelischen Kirchen in der DDR (BEK), BA, Abt. Potsdam, O-4, 558; auch PDS-Archiv Dresden, IV E-2.14-680.

1156 »An der Synode nahm eine große Zahl von Vertretern der BRD-Medien teil. Ausgesprochene rechtsstehende Organe wie ›Die WELT‹ und ›idea‹ wurden nicht zugelassen. [...] Dr. Hempel forderte die westlichen Journalisten im Verlauf der Synode öffentlich zu einer realistischen Berichterstattung auf.« »Dresden, den 24.9.1985, Information über den Verlauf und den Inhalt der 5. Tagung der 4. Synode des Bundes der Evangelischen Kirchen in der DDR (BEK)«, BA, Abt. Potsdam, O-4, 558; auch PDS-Archiv Dresden, IV E-2.14-680. Hauptabteilungsleiter Heinrich wertete, »eindeutig sei es sichtbar gewesen, daß es u. a. Abstimmungen mit dem Fernsehen gab, z. B. Bretschneider u. a. Sie hatten Kenntnis über die provokatorischen Textstellen, da genau zu diesem Zeitpunkt die Apparaturen ein- und ausgeschaltet wurden.« SED-BL Dresden, Abt. Staat und Recht, Niederschrift Helmut Richter vom 8.10.1985 über eine Beratung beim Staatssekretariat für Kirchenfragen und der Abteilung Kirchenfragen beim ZK der SED am 4.10.1985, PDS-Archiv Dresden, IV E-2.14-833; SHStA Dresden, BT/RdB Dresden (Zwibo), 44977.

1157 Vgl. auch Erste Wertung des bisherigen Synodenverlaufs vom 23.9.1985: »[...] war es

27. Juni 1987: Evangelischer Kirchentag in Berlin (Ost). Carl Friedrich von Weizsäcker (M.) mit dem ständigen Vertreter der Bundesrepublik in Berlin (Ost), Hans Otto Bräutigam (l.), und dem Ost-Berliner Konsistorialpräsidenten Manfred Stolpe (r.) beim »Friedensforum« in der Marienkirche in Berlin (Ost). *(Foto: dpa)*

4. September 1987: Mit einem von Landesbischof Werner Leich im Krematorium des früheren Konzentrationslagers Sachsenhausen gehaltenen Friedensgebet ging der dreitägige Pilgerweg evangelischer Christen in der DDR im Rahmen des Olof-Palme-Friedensmarsches zu Ende. Der Vorsitzende des evangelischen Kirchenbundes hatte sich an der letzten Tagesetappe des Pilgerweges beteiligt, der am 2.9. von der KZ-Gedenkstätte Ravensbrück ausgegangen war. *(Foto: epd)*

18. September 1987: Nach dem offiziellen Ende des Olof-Palme-Friedensmarsches in Dresden demonstrierten Mitglieder der DDR-Friedensbewegung in den Straßen der Stadt. *(Foto: epd)*

18.-22. September 1987: In Görlitz trat die V. Synode des Bundes der Evangelischen Kirchen in der DDR zu ihrer 3. Tagung zusammen. Hier Propst Heino Falcke bei der Einbringung einer Vorlage zu »Absage an Praxis und Prinzip der Abgrenzung«. *(Foto: epd)*

25. November 1987: Auf einer Kirchenbank stehend spricht hier der Ost-Berliner Generalsuperintendent, Günter Krusche, zu rund 200 Menschen, die sich in der Ost-Berliner Zionskirche versammelt hatten. Sie protestierten damit gegen die Durchsuchung der unabhängigen »Umwelt-Bibliothek« in der Nacht zuvor, bei der Manuskripte und Druckmaschinen beschlagnahmt sowie fünf Personen festgenommen wurden. Die »Umwelt-Bibliothek« war seit 1986 in den Räumen der Zions-Gemeinde im Ost-Berliner Stadtbezirk Prenzlauer Berg untergebracht. *(Foto: epd)*

29. November 1987: Die Mahnwache, mit der Mitarbeiter und Freunde der Ost-Berliner »Umwelt-Bibliothek« seit dem 25.11. in der evangelischen Zionskirche wegen Festnahmen im Zusammenhang mit der Durchsuchungsaktion in den Räumen der Bibliothek protestiert hatten, wurde am 29.11. vorläufig ausgesetzt. *(Foto: epd)*

20. Oktober 1987: Festgottesdienst anläßlich des 85. Geburtstages von Alt-Bischof Dr. Kurt Scharf (21.10.1987) in Berlin (v. l.: Der Ost-Berliner Bischof Gottfried Forck, Kurt Scharf, Alt-Bischof Albrecht Schönherr und der West-Berliner Bischof Martin Kruse). *(Foto: Bernd Blohm)*

26. Januar 1988: Zu Andacht und Informationsaustausch trafen sich in Berlin (Ost) in verschiedenen Kirchen jeden Abend Mitglieder der Gruppen, die von den Ereignissen des 17. Januar 1988 betroffen waren. Hier berichtete Rechtsanwalt Schnur in der Samariterkirche (1. Reihe 3. v. l. Rainer Eppelmann). *(Foto: epd)*

3. Februar 1988: Der Liedermacher Stefan Krawczyk (M.) und seine Frau, die Theaterregisseurin Freya Klier (l.), verließen die DDR nicht freiwillig. In einer kurzen Pressekonferenz erklärten sie in Bielefeld-Bethel, bedroht von einer Haftstrafe zwischen zwei und zwölf Jahren, hätten sie in einer »extremen Zwangssituation« den Antrag auf Ausreise gestellt (r. der Leiter der von Bodelschwinghschen Anstalten, Johannes Busch). *(Foto: epd)*

13. Februar 1988: Am Rande einer Gedenkveranstaltung zur Zerstörung Dresdens am 13.2.1945 versammelten sich ca. 300 Menschen auf der Freitreppe des Verkehrsmuseums in Dresden, wo sie für Menschenrechte in ihrem Land demonstrierten. *(Foto: epd)*

8. Juni 1988: Die Görlitzer Landeskirche, die kleinste Landeskirche der DDR, hatte Anfang Juni unter dem Motto »Umkehr heißt Leben« zu ihrem sechsten Kirchentag eingeladen. Der Kirchentag war der erste von vier regionalen Kirchentagen, die an den Juniwochenenden 1988 stattfanden. 7000 Teilnehmer trafen sich zum Abschluß der dreitägigen Veranstaltung unter freiem Himmel. Das Bild zeigt Bischof Rogge während der Schlußveranstaltung im Görlitzer Stadtpark. *(Foto: epd)*

24. Juni 1988: Mit einem Gottesdienst wurde der Evangelische Kirchentag in Halle eröffnet. Unter den Gästen zur Eröffnungsveranstaltung in der halleschen Marktkirche war auch Erhard Eppler, Mitglied des Parteipräsidiums der SPD und des Präsidiums des Deutschen Evangelischen Kirchentages (2.v.l.) *(Foto: dpa)*

10. August 1988: Der neue DDR-Staatssekretär für Kirchenfragen, Kurt Löffler (l.), empfing den Vorsitzenden des Evangelischen Kirchenbundes der DDR, den thüringischen Landesbischof Werner Leich (r.), zu einem Gespräch im Ost-Berliner Staatssekretariat. Der 56jährige Löffler hatte Mitte Juli den bisherigen Staatssekretär Gysi abgelöst, der sich in neun Amtsjahren einen Ruf als Krisenmanager im Verhältnis Staat-Kirche erworben hatte. *(Foto: epd)*

10. August 1988: Erste Begegnung des neuen DDR-Staatssekretärs für Kirchenfragen, Kurt Löffler (r.) und des Vorsitzenden des Bundes der Evangelischen Kirchen in der DDR, Bischof Werner Leich (l.). *(Foto: Bernd Blohm)*

16. Oktober 1988: Zum Ost-Berliner Stadtjugendsonntag in der Sophienkirche trafen sich über 800 Jugendliche. Der Tag stand unter dem Thema »Kleine Schritte – Keine Tritte« und stellte dem »Problem der Gewalt« in Anspielen, Predigt und Infoständen die »Alternative der Verständigung« entgegen. *(Foto: epd)*

Oktober 1988: Vortrag von Erhard Eppler in der Potsdamer Nikolaikirche; Erhard Eppler im Gespräch mit dem Potsdamer Generalsuperintendenten Günter Bransch und Manfred Stolpe. *(Foto: Bernd Blohm)*

2. Februar 1989: Übereinstimmend hoben der schleswig-holsteinische Ministerpräsident Björn Engholm (2. v. l.) und Vertreter der Evangelischen Kirche in Berlin-Brandenburg die »große Bedeutung« der einseitigen Abrüstungsmaßnahmen der Staaten des Warschauer Paktes hervor. Bei dem Gespräch in der Ost-Berliner evangelischen Stephanus-Stiftung nahmen auf kirchlicher Seite auch Bischof Gottfried Forck (2. v. r.) und Pfarrer Werner Braune (l.), der Leiter der Stephanus-Stiftung, teil. Rechts der ehemalige Ständige Vertreter der Bundesregierung in Berlin (Ost) und damalige Engholm-Berater Günter Gaus. *(Foto: epd)*

11. Juni 1989: In Anwesenheit von DDR-Staats- und Parteichef Erich Honecker (1. Reihe 3. v. r.), der Kirchen bislang lediglich zu kurzen Begegnungen betreten, nicht aber an Gottesdiensten teilgenommen hatte, und Schleswig-Holsteins Ministerpräsident Björn Engholm wurde der Dom in Greifswald mit einem Festgottesdienst wieder eingeweiht. Der Festgottesdienst bildete den Abschluß einer umfassenden Renovierung des Doms St. Nikolai. Dietrich Affeld (2. v. r.), Präses der Synode der Evangelischen Kirche der Union (EKU), Kurt Löffler (1. v. r.), der Greifswalder Oberbürgermeister Udo Weller mit Amtskette (4. v. r) und Alt-Bundespräsident Karl Carstens (2. Reihe 3. v. r.).
(Foto: dpa)

11. Juni 1989: Während eines Empfangs im Anschluß an den festlichen Gottesdienst, mit dem der Dom St. Nikolai wieder seiner religiösen Bestimmung geweiht worden war, sprach der Bischof der Evangelischen Landeskirche Greifswald, Horst Gienke (l.), mit dem Vorsitzenden des Aufsichtsrates der Friedrich Krupp AG, Berthold Beitz (r.), und dem Ministerpräsidenten von Schleswig-Holstein, Björn Engholm (M.). *(Foto: dpa)*

9. Juli 1989: Mit einer Großveranstaltung auf der Leipziger Pferderennbahn ging der Kirchentag der Evangelisch-Lutherischen Landeskirche Sachsens zu Ende. Als ein Symbol des Friedens Gottes legte jeder Teilnehmer seinem Gegenüber ein farbiges Band um den Hals. Hier der Ost-Berliner Bischof Gottfried Forck (r.) mit dem Staatssekretär für Kirchenfragen, Kurt Löffler. *(Foto: epd)*

15.-19. September 1989: Die 5. Tagung der V. Synode des Bundes der Evangelischen Kirchen in der DDR fand in Eisenach statt (l. Superintendent Christof Ziemer, Dresden; r. Rudi Pahnke, Berlin).
(Foto: epd)

7. Oktober 1989: Mit dem massiven Einsatz und teilweise gewaltsamen Vorgehen von zivilen und uniformierten Sicherheitskräften wurde am Abend des 40. Jahrestages der DDR-Gründung in Berlin (Ost) eine mehrstündige Demonstration beendet, an der sich zwischen 5 000 und 10 000 zumeist junge Menschen beteiligt hatten. Der friedliche Zug, der sich auf der im Stadtzentrum gelegenen Prachtstraße Unter den Linden spontan formierte, forderte in Sprechchören demokratische Reformen, Pressefreiheit, die Freilassung der politischen Gefangenen sowie die Zulassung der DDR-weiten Reformbewegung »Neues Forum«. (Foto: epd)

1989: 23. Deutscher Evangelischer Kirchentag in Berlin (West). Bundespräsident Richard von Weizsäcker im Gespräch mit Propst Heino Falcke auf einem Empfang für die DDR-Kirchendelegation. *(Foto: Bernd Blohm)*

23.-25. Februar 1990: In der Ost-Berliner Stephanus-Stiftung fand die erste Tagung der sechsten Synode des Bundes der Evangelischen Kirchen in der DDR statt. Das Bild zeigt den badischen Landesbischof Klaus Engelhardt bei seinem Grußwort; l. auf dem Podium das neu gewählte Präsidium (2. v. l. Rosemarie Cynkiewicz). *(Foto: epd)*

28. April 1990: Zu einer Beratung kamen in der Hakaburg in Kleinmachnow die Präsidien der Kirchentage aus Ost und West zusammen. An der Zusammenkunft nahm auch Bundespräsident Richard von Weizsäcker (3. v. l.) teil, r.: Konsistorialpräsident Manfred Stolpe und l. oben: Pfarrer Joachim Gauck. *(Foto: dpa)*

30. Mai 1991: Einigkeit und Zuversicht zeigten die SPD-»Wahlkampfhelfer« des Hamburger Bürgermeisters Henning Voscherau (r.), Manfred Stolpe, Willy Brandt und Björn Engholm (v. l. n. r.) in Hamburg. Die SPD erreichte bei den Hamburger Bürgerschaftswahlen am 2.6. mit 48 Prozent der Stimmen die absolute Mehrheit der 121 Sitze im Senat. *(Foto: dpa)*

6. November 1991: Oberster Repräsentant der wiedervereinigten Evangelischen Kirche in Deutschland (EKD) für die nächsten sechs Jahre wurde der badische Landesbischof Klaus Engelhardt (l.). Zu seinem Stellvertreter wurde auf der EKD-Synodaltagung in Bad Wildungen der sächsische Landesbischof Johannes Hempel (r.) gewählt. Engelhardt trat die Nachfolge des Berliner Bischofs Martin Kruse an, der nicht mehr für den EKD-Ratsvorsitz kandidierte. *(Foto: dpa)*

3. Mai 1992: Manfred Stolpe stellte in Potsdam acht kirchliche Mitwisser seiner Stasi-Kontakte als ehem. Konsistorialpräsident der Ev. Kirche in Berlin-Brandenburg vor. Die acht versicherten wie Stolpe, die Kontakte zur Stasi nur als »ultima ratio« genutzt zu haben, wenn es keinen anderen Ausweg mehr gegeben habe. Dabei sei in der Regel die Initiative von ihnen selbst ausgegangen. Stolpe räumte zugleich ein, Fehler im Umgang mit der Stasi gemacht zu haben (v. l. M. Stolpe, Ingo Braecklein, ehem. Thüringischer Landesbischof, Martin Ziegler, Leiter des Kirchenbund-Sekretariats und danach Direktor der Hoffnungstaler Anstalten in Lobetal, und Martin Harder, Konsistorialpräsident der Greifswalder Kirche. *(Foto: dpa)*

jetzt das eindeutige Bemühen der kirchenleitenden Kräfte (hier kann die konsequente Haltung von Landesbischof Hempel herausgestellt werden), das Erreichte nicht zu gefährden, zu bewahren und fortzuführen.« PDS-Archiv Dresden, IV E-2.14-680.

1158 Vgl. auch Dresden, den 24.9.1985, Information über den Verlauf und den Inhalt der 5. Tagung der 4. Synode des Bundes der Evangelischen Kirchen in der DDR (BEK):»Die politisch positiven Positionen in diesem Bericht wurden unzureichend für eine konstruktive Weiterführung der Auseinandersetzungen im Plenum genutzt. Die Antworten von Mitgliedern der Konferenz der Kirchenleitungen auf Fragen der Synodalen waren zurückhaltend sachlich. Es fehlte jedoch die Entschiedenheit, wie sie beispielsweise auf der Greifswalder Synode 1984 von den Konferenzmitgliedern an den Tag gelegt wurde.« BA, Abt. Potsdam, O-4, 558; auch PDS-Archiv Dresden, IV E-2.14-680.

1159 Gienke begründete dies mit Verpflichtungen in seiner Landeskirche. Vgl. Erste Tagesinformation zur V. Tagung der IV. Synode des BEK vom 20.-24.9.1985 in Dresden, BA, Abt. Potsdam, O-4, 558.

1160 Diese wurden teilweise in den Beschluß der Synode zum KKL-Bericht aufgenommen: In dem vorgelegten Entwurf wurde nach staatlicher Einschätzung »die Linie des Versuchs erneuter Einmischung in staatliche Fragen, des Redens für alle Bürger erkennbar. Durch das Eingreifen des Thüringer Landesbischofs Leich wurde die vorgelegte Fassung dieser Passage entschärft und zurückhaltender formuliert.« Dresden, den 24.9.1985, Information über Verlauf und Inhalt der 5. Tagung der 4. Synode des Bundes der Evangelischen Kirchen in der DDR, BA, Abt. Potsdam, O-4, 558; auch PDS-Archiv Dresden, IV E-2.14-680. »Fast alle Bezirke informieren darüber, daß mit zunehmender Tendenz Fragen der Gleichachtung und Chancengleichheit im Bildungswesen angesprochen werden. Das geschieht sowohl seitens realistischer und loyaler als auch von politisch negativen Kräften.« Abteilung II, Vorlage Gräfe vom 22.10.1985 an die Dienstbesprechung am 28.10.1985, Leitungsinformation 5/85, BA, Abt. Potsdam, O-4, 951.

1161 »Das auf der Tagung bestehende Kräfteverhältnis ließ es nicht zu, politisch negative Aussagen zur Realisierung der individuellen Menschenrechte im Beschluß der Synode zu verhindern.« Dresden, den 24.9.1985, Information über den Verlauf und den Inhalt der 5. Tagung der 4. Synode des Bundes der Evangelischen Kirchen in der DDR (BEK), BA, Abt. Potsdam, O-4, 558; auch PDS-Archiv Dresden, IV E-2.14-680. Vgl. zu einzelnen Aussagen auch SED-BL Halle, Hausmitteilung Mitarbeiter beim Ersten, Gerngroß, an Achim Böhme vom 14.10.1985 zu Beratung mit Staatssekretariat für Kirchenfragen und AG Kirchenfragen beim ZK am 11.10.1985 in Berlin, LPA Halle, IV E-2/14/580. Peter Krauß er stellte für den Beschluß der Synode zum KKL-Bericht eine Zunahme der individuelle Menschenrechte betreffenden Forderungen fest. Vgl. SED-BL Dresden, Abteilung Staat und Recht, Vermerk Helmut Richter vom 19.11.1985 über Erfahrungsaustausch der für kirchenpolitische Arbeit zuständigen Genossen der Bezirksleitungen Magdeburg, Halle, Leipzig, Karl-Marx-Stadt und Dresden Mitte Oktober in Leipzig, PDS-Archiv Dresden, IV E-2.14-833. Vgl. den Beschluß der Synode zum KKL-Bericht in epd-Dok 43/85, 43-46.

1162 Es handelte sich um eine in einem Ausschuß erarbeitete Beschlußvorlage. Die KKJ hatte zuvor einen kritischen Bericht vorgelegt. Vgl. Dresden, den 24.9.1985, Information über den Verlauf und den Inhalt der 5. Tagung der 4. Synode des Bundes der Evangelischen Kirchen in der DDR (BEK), BA, Abt. Potsdam, O-4, 558; auch PDS-Archiv Dresden, IV E-2.14-680.

1163 Vgl. auch Dresden, den 24.9.1985, Information über den Verlauf und den Inhalt der 5. Tagung der 4. Synode des Bundes der Evangelischen Kirchen in der DDR (BEK):»Die von der Tagung schließlich beschlossene Stellungnahme zur kirchlichen Jugendarbeit ist politisch loyal und trägt dem religiösen Charakter dieses kirchlichen Arbeitsgebietes insgesamt Rechnung [...] Es wird gefordert, die kirchliche Jugendarbeit stärker in die Gemeindearbeit zu integrieren und ihre Belange bei der Ausbildung kirchlicher Mitarbeiter stärker zu berücksichtigen.« BA, Abt. Potsdam, O-4, 558; auch PDS-Ar-

chiv Dresden, IV E-2.14-680. Vgl. den Beschluß der Synode zur Jugendarbeit, in epd-Dok 43/85, 49 f.
1164 Information vom 27.9.1985 über die Tagung der Synode des Bundes der Evangelischen Kirchen in der DDR (BEK). Honecker leitete das Papier, das er von Jarowinsky erhalten hatte, noch am gleichen Tag an die Kandidaten und Mitglieder des Politbüros weiter. SAPMO-BA ZPA IV B2/14/131; auch Information vom 27.9.1985 über die Tagung der Synode des Bundes der Evangelischen Kirchen in der DDR, SAPMO-BA ZPA IV B2/14/91.
1165 Schreiben Bernd Brathuhn, Freimut Pippert und Manfred Krüger, alle Mihla, an BEK vom 10.8.1985. Die Verfasser ließen jeder BEK-Gliedkirche eine Abschrift des Briefes zukommen. EZA Berlin, 101/93/87. Hempel antwortete, Lewek hätte sich lediglich gegen die isolierte Verwendung des der BEK-Helsinkierklärung entstammenden Satzes »›Auch die Möglichkeiten der Begegnung der Menschen in den deutschen Staaten sollten nicht länger hinter international üblichen Regelungen zurückbleiben‹ [...] zur Anklage gegen die DDR [...] gewandt. Die von Ihnen besonders beanstandete Äußerung wurde provoziert durch eine Formulierung des Journalisten, die ich nur als Fangfrage bezeichnen kann. Solche Fragen sollte man wohl besser zurückweisen, statt sie zu beantworten. [...] Vor der Frage, wann wir zu reden oder wann wir besser zu schweigen hätten, stehen wir immer wieder einmal. So möchte ich nun auch Sie fragen, ob es angemessen und hilfreich war, Ihre Beschwerde über eine Mitarbeiterin des Sekretariats des Bundes der Evangelischen Kirchen in der DDR an alle Gliedkirchen zu versenden, ehe diese sich zu Ihrem Vorwurf einer ›totalen Anpassung‹ äußern konnte.« Schreiben Hempel an Manfred Krüger, Mihla, vom 9.10.1985, EZA Berlin, 101/93/87. Ein Jahr später riet der KKL-Vorstand der Oberkirchenrätin, eine Anfrage des NDR zu einem Interview im Dritten Programm zum Thema »Menschenrechte« abzusagen. Vgl. Protokoll Leich-Ziegler-Lewek vom 2.7.1986 der 18. Sitzung des Vorstandes am 23.6.1986 in Berlin, 10.00-16.00 Uhr, EZA Berlin, 101/93/247.
1166 Schreiben vom 6.9.1985, EZA Berlin, 101/93/214.
1167 Vgl. Erste Wertung des bisherigen Synodenverlaufs vom 23.9.1985, PDS-Archiv Dresden, IV E-2.14-680. Die Anfrage hierzu an den BEK hatte Brandt Mitte August über das Kanzleramt gehen lassen und als Gesprächsthemen die »Fortsetzung der Entspannungspolitik, humanitäre Fragen, Frieden und Gerechtigkeit, Entwicklungsfragen« genannt. Von seiten der SPD sollte außerdem Gaus teilnehmen. Der KKL-Vorstand nahm das Gesprächsangebot an und nominierte Hempel und Stolpe als kirchliche Teilnehmer. Das Gespräch sollte jedoch nicht in der Residenz in Niederschönhausen, wie der ursprüngliche Vorschlag lautete, sondern am 19.9. in der Auguststraße stattfinden. Protokoll Hempel-Ziegler-Lewek/Kupas vom 2.10.1985 der 177. Sitzung des Vorstandes am 19.9.1985 in Berlin, EZA Berlin, 101/93/245.
1168 Abteilung II, Vorlage Gräfe vom 22.10.1985 an die Dienstbesprechung am 28.10.1985, Leitungsinformation 5/85, BA, Abt. Potsdam, O-4, 951. Vgl. auch RdB Dresden, Stellvertreter des Vorsitzenden für Inneres, Informationsbericht vom 11.10.1985 für die Monate August/September 1985: »Der Hinweis des SPD-Vorsitzenden während seiner Pressekonferenz zu Fragen des Reiseverkehrs, ›daß es in der Tat die alleinige Entscheidung der DDR sei, wie sie diese Frage handhabt‹, hat offensichtlich in kirchlichen Kreisen zum Nachdenken angeregt.« SHStA Dresden, BT/RdB Dresden (Zwibo), 45071.
1169 SED-Hausmitteilung von Arbeitsgruppe Kirchenfragen, Rudi Bellmann, an Genossen Werner Jarowinsky vom 27.9.1985, SAPMO-BA ZPA IV B2/14/96. Auch gegenüber dem Vorstand der AGCK übte Gysi am 15.10.1985 scharfe Kritik an der BEK-Synode. Vgl. Protokoll Gienke/Stolpe-Ziegler-Kürschner über die 101. Tagung der Konferenz der Evangelischen Kirchenleitungen in der DDR am 8./9.11.1985 in Berlin, EZA Berlin, 101/93/238.
1170 Vermerk Heinrich vom 27.9.1985 über Gespräch mit Generalsuperintendent Krusche am 26.9.1985, BA, Abt. Potsdam, O-4, 1220; auch SAPMO-BA ZPA IV B2/14/42. Mit

einigen inhaltlich unwesentlichen formalen Abweichungen vgl. auch Peter Heinrich, Vermerk vom 27.9.1985 über ein Gespräch mit dem Berliner Generalsuperintendenten Dr. Krusche, SAPMO-BA ZPA IV B2/14/96.

1171 »Am 27.9.1985 führte ich ein Gespräch mit Präses Becker, zu dem er die Superintendentin Laudien mitbrachte. Entsprechend der Konzeption wurde von mir gefordert, daß sich die Kirche an die Gesetze halte, kirchliche Veranstaltungen politisch nicht mißbrauchen lasse und ihr persönlicher Einfluß geltend gemacht werde, um politische Provokationen zu verhindern. Beide wiesen darauf hin, daß es angeblich eine Gemeindeveranstaltung sei, zu der am 11.6.1985 50 persönliche Einladungen verschickt wurden. Im vergangenen Jahr habe es eine ähnliche Veranstaltung zum 40. Jahrestag der Befreiung gegeben. Sie seien der Meinung, daß die Veranstaltung, da sie keinen Öffentlichkeitscharakter habe, auch nicht anzumelden sei. Man wolle in der Gemeinde mit profilierten Leuten über die möglichen Schritte zur Sicherung des Friedens beraten. Auf meine erneuten Hinweise, daß diese Veranstaltung einen anderen Charakter habe und daß sie damit rechnen müßten, daß politische Provokationen beabsichtigt seien, gaben sie zu, daß einige Leute so etwas beabsichtigen könnten. Präses Becker versicherte dann, daß er seinen ganzen persönlichen Einsatz aufbieten würde, um das zu verhindern. Sie haben um 14.00 Uhr vor der Kirchenleitungssitzung eine interne Beratung mit Präsident Stolpe und Generalsuperintendent Dr. Krusche angesetzt, um festzulegen, wie verfahren werden soll. Sie erkannten schließlich auch an, daß es eine Verletzung der Veranstaltungsverordnung ist, wenn sie diese Veranstaltung nicht angemeldet haben. Präses Becker bot an, sich bei auftretenden Problemen mit mir in Verbindung zu setzen.« Vermerk Wilke vom 27.9.1985, SAPMO-BA ZPA IV B2/14/122.

1172 Vermerk Heinrich über telefonische Unterredung mit Günter Krusche am 27.9.1985, a.a.O.

1173 Vgl. Abteilung II, Vorlage Gräfe vom 22.10.1985 an die Dienstbesprechung am 28.10.1985, Leitungsinformation 5/85, BA, Abt. Potsdam, O-4, 951. Auch 1985 hatte zuvor wieder eine Friedenswerkstatt in Berlin (Ost) stattgefunden. Vgl. Information über eine »Friedenswerkstatt« am 30.6.1985 in der Berliner Erlöserkirche (Lichtenberg, Nöldnerstraße), 10.00-17.30 Uhr: »Die Veranstaltung wurde im Laufe des Tages von ca. 1 800 Teilnehmern besucht. Die Mehrzahl der Besucher war zwischen 20 und 30 Jahren. [...] Das Publikum bewegte sich diszipliniert. Es kam zu keinerlei Ordnung und Sicherheit beeinträchtigenden Aktivitäten. [...] Das Thema ›Ökologie‹ nahm in den Darstellungen der einzelnen Gruppen an den Ständen quantitativ den meisten Raum ein [...] Die Darstellungen waren ausschließlich negativ und auf Pessimismus orientiert. [...] Undifferenziert wurden Argumentationen westlicher Umweltbewegungen übernommen [...] Eine Vielzahl von Aktivitäten war dem Thema ›Frieden‹ gewidmet. Es kann eingeschätzt werden, daß sämtliche Beiträge von neutralistischen bzw. pazifistischen Positionen ausgingen, bis hin zu direkten Angriffen auf die Politik des sozialistischen Staates. [...] Es war festzustellen, daß durch kirchenleitende Vertreter (Generalsuperintendent Dr. Krusche, Stadtjugendpfarrer Hülsemann) vor und während des Verlaufs der Veranstaltung dahingehend Einfluß genommen wurde, besonders provokative Spitzen zu verhindern. Stadtjugendpfarrer Hülsemann unterband nach entsprechendem staatlichem Protest die Unterschriftensammlung für ein ›blockfreies Europa‹ und den Verkauf der Aufnäher ›Schwerter zu Pflugscharen‹ (durch den Friedenskreis Alt-Pankow). Weiteren staatlichen Hinweisen ging Hülsemann ebenfalls nach. (In der Abwesenheit von Hülsemann setzte allerdings der Friedenskreis Alt-Pankow den Verkauf der Aufnäher fort.) Insgesamt ist festzustellen, daß der Charakter der Veranstaltung von pazifistischen und pseudoökologischen Positionen geprägt war, verbunden mit der Propagierung alternativer Lebensformen. Dabei kam man jedoch im Vergleich zum Vorjahr kaum zu neuen Fragestellungen. Im Vergleich zum Vorjahr war nicht nur eine sinkende Teilnehmerzahl bemerkbar (Vorjahr ca. 3 000 Teilnehmer), sondern auch mangelnde Resonanz bei den diesjährigen Besuchern.« BA, Abt. Potsdam, O-4, 995. Vgl. auch die von der Ost-CDU stammende Information über die Friedenswerkstatt am 30.6.1985 in der Berliner Erlöserkirche, Nöldnerstraße. Diese Einschätzung sprach von ca. 2 000 Besuchern: »Die Aussagen aller Veranstaltungen trugen im hohen Maße neutralistische, pazifistische und ökologisch-utopistische Züge. [...] Hervorhebenswert waren die Solidaritätsaussagen zur ›3. Welt‹ durch CFK, Gossner Mission und ›Aktion Sühnezeichen‹, die durchgängig positiven politischen Charakter trugen.« SAPMO-BA ZPA IV B2/14/96. Gegenüber Stolpe und Krusche wiesen Hauptabteilungsleiter Heinrich und Stadtrat Hoffmann am 12.7.1985 auf den »Mißbrauch dieser und anderer in der Verantwortung der Kirche durchgeführten Veranstaltungen für staats- und gesellschaftsfeindliche Aktivitäten negativer Kräfte« hin. Stolpe entgegnete: »Die reale Mitverantwortung für den Frieden bedeutet auch, ›alle mitzunehmen, die sich in dieser Frage engagieren.‹ Darin liege die Gefahr des Mißbrauchs. Das sei bisher nicht richtig erfaßt worden.« Andererseits hob Stolpe hervor: »Kräfte, die mit der Absicht gekommen waren, Unruhe zu stiften und eine Konzeption ›staatsfeindlicher Friedensliebe‹ durchzusetzen, hatten keine Chance. ›Um es drastisch zu sagen, diese Werkstatt war ein seelischer Stuhlgang!‹ Die ›Friedenswerkstatt‹ und ähnliche Veranstaltungen würden durch westliche Massenmedien massiv mißbraucht. ›Das gehört nicht zu den Sonnenseiten von Helsinki‹, bemerkte Stolpe.« Krusche fügte hinzu: »Trotz der ›harten Einschätzung des Staates‹ sollte gesehen werden, daß es im Gegensatz zu den vergangenen Jahren ein Versuch war, ›Ruhe in die Szene zu bringen‹. Im Vorbereitungsausschuß und bei der Nacharbeit wurde die Frage diskutiert ›wie christlich war diese Friedenswerkstatt‹. Krusche bestätigte ausdrücklich die Einschätzung des Staates, daß im Verlauf von ›Friedenswerkstätten‹ und ähnlichen Veranstaltungen strafrechtlich relevante Aktivitäten (Verlesen von Texten u. ä.) vorhanden waren. ›Wenn es der Kirchenleitung Berlin-Brandenburg ernst ist mit den Bemühungen um ein gutes Verhältnis zum Staat, dann muß energisch gegen einen Mißbrauch o. g. Veranstaltungen für antistaatliche und -gesellschaftliche Zwecke vorgegangen werden.‹« Vermerk Heinrich vom 15.7.1985, BA, Abt. Potsdam, O-4, 1220. Wegen seiner Berichterstattung von der Friedenswerkstatt 1985 führte der DDR-Staat mit dem Fernsehkorrespondenten Peter Merseburger am 4.7.1985 ein Gespräch. Vgl. Journalistische Beziehungen, Vermerk Claus vom 4.7.1985, BA, Abt. Potsdam, O-4, 1175. Auch Ziegler äußerte sich in einem anderen Sachzusammenhang kritisch über den ARD-Journalisten: »Im übrigen sei ja nun allmählich bekannt, in welcher Weise Herr Merseburger Aussagen benutze und einen gegen den anderen ausspiele.« Vermerk Ziegler vom 27.8.1985 über ein Gespräch im Staatssekretariat für Kirchenfragen am 22.8.1985, 8.30 bis 9.45 Uhr, EZA Berlin, 101/93/4. Vgl. auch Vermerk Ziegler vom 15.1.1986 über ein Gespräch im Staatssekretariat für Kirchenfragen am 11.11.1985: »Heinrich erklärt, die Berichterstattung von Merseburger im Fernsehen über die Friedensdekade sei eine gezielte Provokation. Sie störe das Verhältnis von Kirche und Staat in der DDR. Die Berichterstattung erwecke den Anschein, als gäbe es für die Friedensdekade nur das Thema der Menschenrechte und der Wehrdienstverweigerer.« EZA Berlin, 101/93/5. Vgl. den Bericht zur Friedenswerkstatt in KiS 4/85, 184.

1174 SED-Hausmitteilung an Genossen Werner Jarowinsky von Abteilung AG Kirchenfragen, Rudi Bellmann, Datum 30.9.1985, SAPMO-BA ZPA IV B2/14/122.

1175 Vgl. aber Information über die gegenwärtige kirchenpolitische Lage im Bezirk Dresden: »In der Behandlung von Fragen des Umweltschutzes ist eine deutliche Beruhigung eingetreten. Hier wirken sich offensichtlich die verstärkte Öffentlichkeitsarbeit wie das Auftreten leitender Funktionäre und eine Reihe von Presseveröffentlichungen aus, die die Leistungen unseres Landes auf diesem Gebiet erläutern. Vor allem hat sich bewährt, daß im Rahmen der ›Gesellschaft für Natur und Umwelt‹ allen Bürgern Möglichkeiten geboten werden, aktiv am Umweltschutz mitzuarbeiten. Viele christliche Bürger, aber auch ›Öko-Gruppen‹ aus dem kirchlichen Raum, haben sich hier eingeordnet. Damit wurden auch Aktivitäten negativer Art entsprechend kanalisiert.« PDS-Archiv Dresden, IV E-2.14-667.

1176 Zu Tschiche bemerkte die Westberliner Stadtillustrierte »zitty«: »Auf vielfältige Weise versuchte man schon, Tschiche einzuschüchtern. Erst kürzlich durchsuchte man auf der Autobahn seinen Kofferraum und beschlagnahmte mehrere Bücher aus der Bundesrepublik. Leider bekommt Tschiche von den leitenden kirchlichen Stellen nicht jenen Rückhalt, den er brauchte, um gegen solche Übergriffe geschützt zu sein. Im Gegenteil. Es gibt sogar Bestrebungen, ihn als Leiter der Akademie abzulösen. Das wäre der erste Fall, wo man nicht nur an der Basis versucht, Randgruppen in ihrer innerkirchlichen Wirksamkeit zu beschneiden, sondern wo ein leitendes Kirchenmitglied dem staatlichen Druck preisgegeben wird.« Anmelden und Hinfahren. Harald Schultze vom Magdeburger Konsistorium schrieb Ziegler am 4.12.1985 über Kurier: »Der Artikel ist leider ziemlich kenntnisreich und nur an wenigen Stellen falsch. Die Bewertung der Rolle von Bruder Tschiche und der Rolle unserer Kirchenleitung macht die Sache natürlich fatal. Wir können unsererseits nur erklären, daß wir offensichtlich keine Möglichkeit haben, uns vor derartigen Informationen zu schützen.« EZA Berlin, 101/93/5. Vgl. auch Vermerk Ziegler vom 27.8.1985 über ein Gespräch im Staatssekretariat für Kirchenfragen am 22.8.1985, EZA Berlin, 101/93/4.

1177 Zur Information über ein Gespräch mit Konsistorialpräsident Stolpe und dem Staatssekretär für Kirchenfragen, Gen. Klaus Gysi, am 28.8.1985, BA, Abt. Potsdam, O-4, 1200. Vgl. auch Bericht zur kirchenpolitischen Situation in Berlin, Hauptstadt der DDR, Oktober/November 1985: »Seitens einiger Vertreter der offenen Jugendarbeit wird seit geraumer Zeit die Forderung nach einer ›offenen Kirchengemeinde‹ gestellt (Pfarrer eigener Wahl, keine Bindung an Beschlüsse der Kirchenleitung, Möglichkeit der Betätigung unterschiedlicher Gruppen etc.). Um diesen Forderungen Nachdruck zu verleihen, wurde durch diese Vertreter im Konsistorium auch ein ›Sit-in‹ (Sitzstreik) durchgeführt. Nach Auskunft von kirchenleitenden Vertretern seien ›die anstehenden Divergenzen zwar noch nicht gelöst, man befinde sich aber mit den Befürwortern dieser Gemeinde weiterhin im Gespräch‹.« BA, Abt. Potsdam, O-4, 1129.

1178 Die KKL teilte diese negative staatliche Wertung nicht: »Es war eine normale, konstruktive Synode.« Protokoll Gienke/Stolpe-Ziegler-Kürschner über die 101. Tagung der Konferenz der Evangelischen Kirchenleitungen in der DDR am 8./9.11.1985 in Berlin, EZA Berlin, 101/93/238.

1179 »Mit anderen Synodalen, z. B. Dr. Nollau, wird ebenfalls gesprochen, auch unter dem Gesichtspunkt, daß er auf der Synode zu den Angriffen geschwiegen hatte. Anzuerkennen war sein Antrag, sich zu Südafrika zu äußern«, notierte das Papier weiter. SED-BL Dresden, Abt. Staat und Recht, Niederschrift Helmut Richter vom 8.10.1985 über eine Beratung beim Staatssekretariat für Kirchenfragen und der Abteilung Kirchenfragen beim ZK der SED am 4.10.1985, PDS-Archiv Dresden, IV E-2.14-833; SHStA Dresden, BT/RdB Dresden (Zwibo), 44977.

1180 Auf der sächsischen Landessynode trat Bretschneider aus staatlicher Perspektive allerdings positiver auf. Vgl. Information Helmut Richter über dezentrale Beratung der Sektorenleiter Kirchenfragen der Bezirke Karl-Marx-Stadt, Leipzig und Dresden am 24.10.1985, PDS-Archiv Dresden, IV E-2.14-833.

1181 Vgl. Vermerk Heinrich vom 4.10.1985 über ein Gespräch mit dem Präsidenten des Landeskirchenamtes Dresden, Dr. Kurt Domsch, am 2.10.1983: »Ich habe Dr. Domsch erläutert, daß wir zur Zeit einzelne Aktionen von negativen Kräften innerhalb der Kirche nicht als Linie der Kirche betrachten, oder, so lautete meine Frage, sollen die staatlichen Organe davon ausgehen, daß Aktivitäten in der sächsischen Landeskirche wie etwa im sogenannten Friedensseminar Königswalde oder das Auftreten von Pfarrer Bretschneider in Budapest bei der Tagung des Lutherischen Weltbundes bzw. in Dresden bei der Synode des Bundes Evangelischer Kirchen die Haltung der sächsischen Landeskirche gegenüber Staat und Gesellschaft in der DDR widerspiegele! Domsch wies eine solche Lesart strikt zurück. [...] Domsch wurde aufgefordert, sich sachkundig zu machen, und er wurde gebeten, bei nächster Gelegenheit in einem persönlichen Gespräch nochmals auf diese Fragen zurückzukommen.« BA, Abt. Potsdam, O-4, 1215.

1182 Zu seinem 50. Geburtstag erhielt Dohle von BEK, EKU und VELK ein Gratulationsschreiben: »Seit Jahren haben wir Sie als einen in besonderem Maße hörfähigen und gesprächsbereiten Verhandlungspartner kennen und schätzen gelernt. In Ihrer Eigenschaft als persönlicher Referent des Herrn Staatssekretärs für Kirchenfragen waren und sind Sie immer wieder bemüht, von kirchlichen Voraussetzungen her mitzudenken und sich auf kirchliche Belange einzustellen. Dabei erinnern wir uns der wichtigen Verantwortung, die Ihnen im Lutherjahr 1983 zukam. Sie haben sich bei diesem festlichen Anlaß außerordentlich engagiert für unsere kirchlichen Vorhaben eingesetzt und in hilfreicher Weise Zusammenarbeit bei Wahrung der Eigenständigkeit praktiziert. Auch dafür möchten wir Ihnen heute nachträglich ausdrücklich danken.« Schreiben Ziegler-Rogge-Zeddies vom 2.10.1985. Zeddies gratulierte Dohle darüber hinaus persönlich. Vgl. handschriftlicher Randvermerk Pabst vom 30.9.1985, EZA Berlin, 101/93/4. Vgl. auch Schreiben Ziegler-Grengel-Zeddies an Dohle vom 23.5.1986: »In Würdigung Ihrer Arbeit wurden Sie zum diesjährigen Tag der Werktätigen und sicher auch aus Anlaß des besonderen Lebensjubiläums, das Sie im Vorjahr feiern konnten, mit dem Orden ›Banner der Arbeit‹ ausgezeichnet. Zu dieser Ihnen zuteil gewordenen Ehrung übermitteln wir Ihnen unsere Glückwünsche. [...] Es erfüllt uns mit Respekt, daß diese [Ihre] Arbeit durch die Verleihung einer hohen staatlichen Auszeichnung gewürdigt worden ist.« EZA Berlin, 101/93/5; auch LKA Hannover, D 15 XII, K 1/C 5002.

1183 SED-BL Dresden, Abt. Staat und Recht, Niederschrift Helmut Richter vom 8.10.1985 über eine Beratung beim Staatssekretariat für Kirchenfragen und der Abteilung Kirchenfragen beim ZK der SED am 4.10.1985, PDS-Archiv Dresden, IV E-2.14-833; SHStA Dresden, BT/RdB Dresden (Zwibo), 44977.

1184 Vgl. auch Vermerk (Teil-Niederschrift Hammer) vom Juli 1986 über die 25. Konsultation zwischen dem Bund der Evangelischen Kirchen in der DDR und der Evangelischen Kirche in Deutschland vom 28. bis 31.5.1986 in Friedewald: »Die wirtschaftliche Lage ist durch allgemein gestiegene Netto-Einkünfte und höhere Qualitätsansprüche gekennzeichnet (›Delikat‹- und ›Exquisit-Läden‹). Es besteht ein gewisser Kaufkraftüberhang. Leider ist diese Entwicklung an den kirchlichen Mitarbeitern vorübergegangen.« EZA Berlin, 101/93/841.

1185 Leiter des Büros, Dienstreisebericht Dohle vom 2.12.1985, BA, Abt. Potsdam, O-4, 962.

1186 Ziegler wertete: »Insgesamt erweckte dieses Gespräch den Eindruck, daß die skizzierte Darstellung der Situation auch im Blick auf das erbetene ›Spitzengespräch‹ so gegeben wurde, wobei Heinrich beiläufig erklärte, er habe keine Kompetenz, endgültige Entscheidungen darüber zu treffen oder darüber bekanntzugeben.« Vermerk Ziegler vom 18.10.1985 über ein Gespräch im Staatssekretariat für Kirchenfragen am 10.10.1985, 15.00 bis 17.20 Uhr, EZA Berlin, 101/93/5.

1187 Zuvor hatte ein Gespräch beim RdB Dresden stattgefunden, wobei Domsch geäußert haben soll: »Was die Landessynode betrifft, so werde man sich bemühen, problematische Dinge so zu behandeln, wie es dort üblich sei, nämlich sehr nüchtern. [...] Präsident Dr. Domsch bedankte sich für die gegebene Wertung der Bundessynode.« RdB Dresden, Sektor Staatspolitik in Kirchenfragen, Vermerk Lewerenz vom 13.10.1985 über Gespräch mit dem Präsidenten des Landeskirchenamtes der Ev.-Luth. Landeskirche Sachsens, Dr. Domsch, am 8.10.1985 im RdB Dresden, PDS-Archiv Dresden, IV E-2.14-672. Vgl. auch Information über die gegenwärtige kirchenpolitische Lage im Bezirk Dresden: »Durch intensive Gesprächsführung und verstärkte operative Arbeit gelang es jedoch, auf der nachfolgenden Herbstsynode der sächsischen Landeskirche einen politisch ruhigen Verlauf zu sichern. Das war für die künftige Gestaltung des Verhältnisses von Staat und Kirche von besonderer Bedeutung, auch deshalb, da die sächsische Landeskirche die zahlenmäßig größte evangelische Kirche in der DDR ist.« PDS-Archiv Dresden, IV E-2.14-667. Vgl. auch Information Dohle vom 9.10.1985 zu Vorbereitungen auf die sächsische Landessynode. SHStA Dresden, BT/RdB Dresden (Zwibo), 44877. Insgesamt vgl. RdB Dresden, Sektor Staatspolitik in Kirchenfragen, Vermerk Lewerenz vom 15.10.1985 über Gespräche mit Synodalen und anderen Amtsträgern in Auswertung der Bundes- und Vorbereitung der Landessynode, a.a.O. Vgl. Rat des Kreises Görlitz, Abteilung: Innere Angelegenheiten, an RdB Dresden, Abt. Innere Angelegenheiten, Fuchs, Vermerk Rückert, Stellv. des Vorsitzenden für Inneres, vom 18.9.1985 über Gespräch mit dem sächsischen Synodalen Dr. Neumann am 17.9.1985: »Von der bevorstehenden Synode seien keine spektakulären Neuigkeiten zu erwarten. Er vertrete zudem die Auffassung, daß es der Kirche nicht gut zu Gesicht stünde, sich zu weit von ihrem Auftrag als Christen zu entfernen und ›in Politik zu machen.‹ Dies sei nicht Aufgabe der Kirche.« SHStA Dresden, BT/RdB Dresden (Zwibo), 45934. Lewerenz hatte mit der Kirchlichen Bruderschaft Sachsens über Aktivitäten hinsichtlich der Landessynode beraten. Vgl. RdB Dresden, Sektor Staatspolitik in Kirchenfragen, Vermerk Lewerenz vom 8.10.1985 über Gespräch mit Vertretern des Leiterkreises der Kirchlichen Bruderschaft Sachsens am 5.10.1985, SHStA Dresden, BT/RdB Dresden (Zwibo), 44877.

1188 Vgl. RdB Dresden, Sektor Staatspolitik in Kirchenfragen, Einschätzung Lewerenz vom 16.10.1985 der Herbstsynode der Ev.-Luth. Landeskirche Sachsens vom 12.-16.10.1985 in Dresden: »Die Tagung nahm insgesamt einen politisch vernünftigen, streckenweise sogar positiven Verlauf. Die kirchenleitenden Kräfte setzten ihre Linie durch, die Tagung im wesentlichen auf kirchlich religiöse Themen einzugrenzen. [...] Es hat während der Synode keine politischen Provokationen gegeben. Wenn die Staat-Kirche-Beziehungen in der Synode durch Anfragen zur Debatte standen, haben die verantwortlichen Kräfte nachdrücklich die Güte dieser Beziehungen, ihre Offenheit und die staatliche Bereitschaft zu konstruktiven Entscheidungen hervorgehoben.« SHStA Dresden, BT/RdB Dresden (Zwibo), 44877. Vgl. auch Abt. II, Information vom 10.12.1985 über Verlauf und Ergebnisse der Herbstsynoden 1985, BA, Abt. Potsdam, O-4, 951. Den von der Synode verabschiedeten Brief an die Gemeinden – ein »Ergebnis von organisierten Eingaben an die Synode und durch Anregungen progressiver Synodaler während der Tagung zustandegekommen« (vgl. hierzu RdB Dresden, Sektor Staatspolitik in Kirchenfragen, Einschätzung Lewerenz vom 16.10.1985 der Herbstsynode der Ev.-Luth. Landeskirche Sachsens vom 12.-16.10.1985 in Dresden; RdB Dresden, Sektor Staatspolitik in Kirchenfragen, Dresden, den 13.10.1985, Tagesinformationen zur Herbstsynode 1985 der Ev.-Luth. Landeskirche Sachsens vom 12. bis 16.10.1985 in Dresden, 5. Verhandlungstag [16.10.1985], beide Texte in SHStA Dresden, BT/RdB Dresden [Zwibo], 44877) – hatte Anneliese Feurich (Kirchliche Bruderschaft Sachsens) dem Präses der EKD-Synode, Jürgen Schmude, mit Bitte um Behandlung auf der EKD-Synode zugeschickt. Beigelegt hatte sie außerdem Informationsmaterial der Bruderschaft. Daraufhin antwortete Schmude am 21.11.1985 von seiner Privatadresse aus, den offiziellen Geschäftsgang somit umgehend: »Es waren für mich die ersten Hinweise auf das Bestehen einer Kirchlichen Bruderschaft in Sachsen, die ich gern und mit Interesse zur Kenntnis genommen habe.« Den Brief habe er allerdings erst nach der Synodaltagung zu lesen bekommen: »Ich bedaure, daß das von Ihnen geplante Vorhaben auf diese Weise fehlgeschlagen ist.« Anneliese Feurich ließ eine Abschrift des Briefes dem Staatssekretariat für Kirchenfragen zukommen. BA, Abt. Potsdam, O-4, 1204. Vgl. den Bericht der sächsischen Synode an die Gemeinden in epd-Dok 52/85, 6.

1189 Vgl. Abt. II, Information vom 10.12.1985 über Verlauf und Ergebnisse der Herbstsynoden 1985, BA, Abt. Potsdam, O-4, 951. Gegenüber Hauptabteilungsleiter Heinrich beklagte sich Bischof Demke am 28.11.1985 über »die tendenziöse Berichterstattung westlicher Medien über sein Auftreten auf der Synode der Kirchenprovinz Sachsen.« Vermerk Heinrich vom 4.12.1985, BA, Abt. Potsdam, O-4, 1220; vgl. auch Gesprächsvermerk Heinrich vom 5.12.1985, SAPMO-BA ZPA IV B2/14/69. Vgl. den Kirchenleitungsbericht der Kirchenprovinz Sachsen, auszugsweise abgedruckt in epd-Dok 52/85, 7-14.

1190 Vgl. SED-BL Dresden, Abteilung Staat und Recht, Vermerk Helmut Richter vom 19.11.1985 über Erfahrungsaustausch der für kirchenpolitische Arbeit zuständigen Genossen der Bezirksleitungen Magdeburg, Halle, Leipzig, Karl-Marx-Stadt und Dresden Mitte Oktober in Leipzig, PDS-Archiv Dresden, IV E-2.14-833. Vgl. die Beschlüsse der Provinzsächsischen Synode, in epd-Dok 52/85, 14-20.

1191 In Berlin-Brandenburg fand keine Herbstsynodaltagung statt.

1192 Landesbischof Leich äußerte über die »Obrigkeit«: »›Wir müssen ihr zutrauen, daß sie in der Lage ist, den Frieden in der Welt mit den ihr gegebenen Möglichkeiten zu bewahren [...] Wir können den in Regierungsverantwortung genommenen Männern und Frauen zwar vieles kritisch vorhalten, aber solange wir für sie beten, können wir ihnen kein grundsätzliches Mißtrauen entgegenbringen.‹« RdB Erfurt, Stellvertreter des Vorsitzenden für Inneres, Information Hartmann vom 2.12.1985, SAPMO-BA ZPA IV B2/14/99.

1193 Vgl. jedoch RdB Schwerin, Stellv. des Vorsitzenden für Inneres, Information vom 17.11.1985 über die 8. Tagung der X. ordentlichen Landessynode der Evangelisch-Lutherischen Landeskirche Mecklenburgs: »Die Synode tagte vom 14. bis 17. November 1985 in Schwerin [...] In der Diskussion unternahmen einige bekannte politisch negative Synodale den Versuch, durch negative Aussagen ihre Positionen einzubringen. Das zeigte sich im Beitrag des Synodalen Pastor Henning Haack, der im Zusammenhang mit der Bundessynode von einer Reihe ›gesellschaftspolitisch brisanter Fragen‹ sprach, die berechtigterweise in Dresden angesprochen worden seien, da sie Erscheinungen und Meinungen an der kirchlichen Basis widerspiegelten. Der Synodale Dr. Berndt Seite unterstützte und konkretisierte die Aussage Haacks, indem er aus dem Beschluß der Dresdener Bundessynode ausgewählte Passagen mit negativem Inhalt zitierte, dabei die dort aufgelisteten Forderungen an den Staat wiederholte und der Bundessynode ausdrücklich dankte, ›daß sie das wieder aufgegriffen habe, was uns bewegt.‹ Dem Versuch der negativen Kräfte, diese Positionen auch durch die Landessynode bestätigen zu lassen, traten Präses Wahrmann, Landesbischof Stier und Prof. Dr. Kiesow entgegen und verhinderten eine weitere Behandlung dieser Thematik.« SAPMO-BA ZPA IV B2/14/112. Vgl. die Beschlüsse der mecklenburgischen Synode, in epd-Dok 52/85, 21-32.

1194 Abt. II, Information vom 10.12.1985 über Verlauf und Ergebnisse der Herbstsynoden 1985, BA, Abt. Potsdam, O-4, 951. Vgl. auch Abt. II, Information Braemer vom 4.12.1985 über Verlauf und Ergebnisse der Synode der Evangelisch-Lutherischen Landeskirche Thüringens vom 28.11.-1.12.1985: »Der Verlauf der Herbstsynode [...] bestätigte die unter Leitung von Landesbischof Dr. Leich durch realistische und loyale Kräfte bestimmte konstruktive Linie und setzte sie fort. Tagungen dieser Synode finden traditionell unter Ausschluß der Öffentlichkeit statt, so daß einem politischen Mißbrauch durch die Westmedien Grenzen gesetzt sind.« BA, Abt. Potsdam, O-4, 797. Vgl. auch Arbeitsgruppe Kirchenfragen, Erste Information vom 5.12.1985 über die Synode der Evangelisch-Lutherischen Kirche in Thüringen: »Vom 28.11. bis 1.12.1985 fand in Eisenach mit der Tagung der Thüringer Landessynode die letzte der diesjährigen Herbstsynoden statt. Wie schon in der Vergangenheit wahrte die Thüringer Kirche den internen innerkirchlichen Charakter ihrer Tagung, tagte unter ›Ausschluß‹ der Öffentlichkeit und ohne die Teilnahme von Medienvertretern. Im Vergleich zu anderen Landessynoden, die sich mit Ausnahme der Provinzsächsischen Kirche vorrangig mit innerkirchlichen Fragen befaßten, sind auf dieser Tagung zu politisch aktuellen Fragen konstruktive Aussagen getroffen oder teilweise akzeptable Positionen vertreten worden. Landesbischof Werner Leich machte auf dieser Synode bemerkenswerte Aussagen zur Rolle und Aufgabe der Thüringischen Landeskirche, in der die Dialektik von Anpassung und Distanz zur sozialistischen Gesellschaft deutlich angesprochen wurde. Die von der Dresdener Bundessynode vertretene, die Staat-Kirche-Beziehungen äußerst belastende Linie wurde von dieser Synode ignoriert und an die konstruktive und verfassungsgerechte Gesamtentwicklung in den Beziehungen von Staat und Kirche angeknüpft. Landesbischof Leich, der schon in Dresden korrigierend in eine gegen uns gerichtete Debatte eingegriffen hatte, war um ein sachliches, nach vorn orientiertes Auftreten bemüht, das zugleich großes Selbstbewußtsein ausstrahlte. Die Synode war insgesamt eine Bekräftigung des von der Evangelischen Kirchenleitung vertretenen realistischen kirchenpolitischen Kurses.« SAPMO-BA ZPA IV B2/14/99.

1195 Vgl. Protokoll Gienke-Ziegler-Kupas vom 29.11.1985 der 179. Sitzung des Vorstandes am 21.11.1985 in Berlin, EZA Berlin, 101/93/245.

1196 Vermerk Ziegler vom 15.1.1986 über ein Gespräch im Staatssekretariat für Kirchenfragen am 11.11.1985, EZA Berlin, 101/93/5.

1197 Protokoll Hempel-Ziegler-Lewek vom 6.1.1986 der 180. Sitzung des Vorstandes am 13.12.1985 in Berlin, EZA Berlin, 101/93/246. Anscheinend schrieb Honecker Hempel diesbezüglich einen Brief. Werner Jarowinsky vermerkte über eine Begegnung mit dem sächsischen Bischof während der Adventsmusik in Dresden: »Hempel bedankte sich ganz persönlich für die ›Geste‹ des Staatsratsvorsitzenden, was seinen persönlichen Brief angehe. Er habe das sehr gut verstanden und bat mich, dem Vorsitzenden des Staatsrates seinen Dank persönlich zu übermitteln.« W. Jarowinsky, Vermerk über eine Begegnung mit Landesbischof Hempel, Vorsitzender der Konferenz der Kirchenleitungen der DDR, SAPMO-BA ZPA J IV 2/2A/2846. Hempel soll auf der BEK-Synode Anfang 1986 ausgeführt haben: »Beide Seiten [Staat und Kirche] wissen aber, daß nicht nur der Zeitpunkt, sondern auch die inneren Bedingungen klar sein müssen. Was den Gemeinden nichts bringt, nützt uns nichts. Die Gemeinden müssen dieses Ergebnis verstehen. Das Ziel des Gespräches sei nicht abgesetzt, aber man brauche Zeit, um alle damit verbundenen Fragen zu klären.« Bundessynode, Frühj. 1986, SHStA Dresden, BT/RdB Dresden (Zwibo), 46614.

1198 Vgl. Trier 1985, 394 f.

1199 SED-BL Dresden, Abteilung Staat und Recht, Niederschrift Abteilungsleiter Göpfert vom 14.3.1985 über einen Erfahrungsaustausch zu Fragen der Kirchenpolitik der Partei am 11.3.1985 in der Abteilung Staat und Recht, PDS-Archiv Dresden, IV E-2.14-833.

1200 Im Oktober 1985 hatte Binder die Bonner Ständige Vertretung der DDR davon in Kenntnis gesetzt, daß Lohse nicht noch einmal für den Ratsvorsitz zur Verfügung stehe. Die größten Chancen für den Ratsvorsitz räumte der EKD-Vertreter Kurhessen-Waldecks Bischof Jung ein. »B. bot an, nach der Synode der EKD im November über Verlauf und Ergebnis der Ratswahl zu informieren.« StV Bonn, Abt. IAP, Vermerk Botschaftsrat Klein vom 15.10.1985 über ein Gespräch mit Prälat Binder, Beauftragter des Rates der EKD bei der Regierung der BRD, am 14.10.1985, BA, Abt. Potsdam, O-4, 4894. An der Tagung der EKD-Synode in Trier nahm als BEK-Vertreter Präses Wahrmann teil. Vgl. Protokoll Gienke/Stolpe-Ziegler-Kürschner über die 101. Tagung der Konferenz der Evangelischen Kirchenleitungen in der DDR am 8./9.11.1985 in Berlin, EZA Berlin, 101/93/238.

1201 Interview mit Martin Kruse vom 4.2.1985, abgedruckt in epd-Dok 14/85, 9-12.

1202 Abt. Internationale Beziehungen, Information Braemer zur Synode der EKD, 3.-7.11.1985, BA, Abt. Potsdam, O-4, 4871. Im Namen des BEK gratulierte Horst Gienke dem neuen EKD-Ratsvorsitzenden zu seiner Wahl. Vgl. Protokoll Gienke-Ziegler-Kupas/Lewek vom 21.11.1985 der Sondersitzung des Vorstandes am 8.11.1985, 14.00 Uhr, in Berlin, EZA Berlin, 101/93/245.

1203 Vgl. dazu oben, 91 f.

1204 Der letzte Absatz ist am Rand, wahrscheinlich von Gysi, mit einem Fragezeichen versehen. Der handschriftliche Kommentar zur Studie lautete: »Wichtigste Vorlage. Sehr interessant. Etwas zu intelligent (= intellektuell in bezug auf reale Bewegungen).« Abteilung IB, Vorlage Braemer vom 11.12.1985 an die Dienstbesprechung am 18.12.1985, Information zu den Beziehungen BEK-EKD, BA, Abt. Potsdam, O-4, 951. Vgl. auch die Auffassung des sächsischen Pfarrers und Synodalen Satlow, »daß die offiziellen Kontakte im Rahmen der Ökumene mit den Patenschafts-Pfarrgemeinden in der BRD aufhören werden, da die ursprünglichen Ursachen der materiellen Unterstützung nicht mehr gegeben sind. Die Kirchen in der BRD würden sich nunmehr den Kirchen in den Entwicklungsländern verstärkt zuwenden. Die Patenschaften zwischen BRD- und DDR-Kirchen würden aber in Form persönlicher Freundschaften individuell fortgesetzt werden.« Rat des Kreises Dresden (Bezirk Dresden), Stellvertreter des Vorsitzenden für Inneres, 1.8.1986, Informationsbericht Juni/Juli 1986 – Staatspolitik in Kirchenfragen, SHStA Dresden, BT/RdB Dresden (Zwibo), 44869.

1205 RdB Rostock, Stellvertreter des Vorsitzenden für Inneres, Aktenvermerk Haß vom 11.12.1985 über das am 6.12.1985 stattgefundene Gespräch zwischen dem Stellvertreter des Vorsitzenden des RdB, Gen. Jürgen Haß, und Bischof Dr. Gienke, BA, Abt. Potsdam, O-4, 789; auch in Notiz Haß über ein Gespräch des stellvertretenden Vorsitzenden des Rates des Bezirkes Rostock mit Bischof Gienke, die Erich Honecker vorgelegt wurde (Paraphe EH), SAPMO-BA ZPA IV B2/14/69. Politisch eher links stehende Franzosen, die in Begleitung einer Mitarbeiterin des DDR-Friedensrates Ende 1985 mit Lewek, Riese und Domke sprachen, stellten immerhin auch die Fragen: Gibt es »antichristliche Erziehung in staatlichen Schulen? Sind Sie 1985 als Kirche vollkommen frei gegenüber dem Staat? War die Trennung von der EKD eine Vorbedingung für die Gewährung staatlicher Hilfe? Möglichkeit der Wehrdienstverweigerung?« Notizen Lewek-Domke über die Begegnung einer Abordnung der Französischen Friedensbewegung »Appell der Hundert« mit Vertretern des Bundes der Evangelischen Kirchen, Berlin, 5.11.1985, EZA Berlin, 101/93/79.

1206 RdB Dresden, Sektor Staatspolitik in Kirchenfragen, Dresden, den 13.10.1985, Tagesinformationen zur Herbstsynode 1985 der Ev.-Luth. Landeskirche Sachsens vom 12. bis 16.10.1985 in Dresden, 1. Verhandlungstag (12.10.1985), SHStA Dresden, BT/RdB Dresden (Zwibo), 44877.

1207 Protokoll Hempel-Ziegler-Lewek vom 6.1.1986 der 180. Sitzung des Vorstandes am 13.12.1985 in Berlin, EZA Berlin, 101/93/246.

ANMERKUNGEN ZU KAPITEL 2: »Antikoalition gegen das Böse«

1 Die Vorbereitungsphase für die Friedensdekade 1985 unter dem Motto »Frieden wächst aus Gerechtigkeit« (10.-20.11.1985) verlief konfliktfrei. Vgl. Abteilung II, Vorlage Gräfe vom 22.10.1985 an die Dienstbesprechung am 28.10.1985, Leitungsinformation 5/85, BA, Abt. Potsdam, O-4, 951. Vgl. auch Protokoll Hempel-Ziegler-Lewek vom 25.2.1985 der 171. Sitzung des Vorstandes am 11.2.1985 in Berlin, EZA Berlin, 101/93/246 sowie Protokoll Stolpe-Ziegler-Radke über die 99. Tagung der Konferenz der Evangelischen Kirchenleitungen in der DDR am 5./6.7.1985 in Berlin, EZA Berlin, 101/93/237. Im Vorfeld hieß es: »Informationen und Einschätzungen (Genosse Dr. H. Dohle) besagen, daß es erstmals gelang, die Zielstellungen der Friedensdekade weitgehend in die konstruktive Friedenspolitik der DDR einzuordnen. Die uns jetzt bekannt gewordene Materialmappe wurde inhaltlich und im engsten Kreis sowohl zwischen Mitarbeitern des Bundes und Genossen des Staatssekretariates für Kirchenfragen abgestimmt. Es wird [...] als konstruktiv gewertet. Die Möglichkeit des Mißbrauches ist um vieles geringer geworden. Das erwähnte Zusammenwirken bildet zugleich die Voraussetzung der Erarbeitung von Materialien in den nächsten Jahren. [...] Der progressivste Autor ist hierbei der CDU-Politiker Carl Ordnung. Ein weiterer Autor ist ein Student, Christian Köhler, Mitglied des Zentralrates der FDJ.« Information Helmut Richter über dezentrale Beratung der Sektorenleiter Kirchenfragen der Bezirke Karl-Marx-Stadt, Leipzig und Dresden am 24.10.1985, PDS-Archiv Dresden, IV E-2.14-833.
Hans Wilke monierte allerdings gegenüber Lewek den Absatz aus dem Vorwort Fritz Dorgerlohs aus der Materialmappe, in dem es um »Frieden in der Gesellschaft« ging. Lewek erklärte, daß dieser Abschnitt »genau und in sehr zurückhaltender Weise Defizite mit innergesellschaftlichen Raum anspreche, die wir [die Kirche] bei einer Dekade mit dem Thema ›Gerechtigkeit‹ nicht unerwähnt lassen dürften, wenn wir nicht unglaubwürdig werden wollten. [...] Zur Sprache werde die innergesellschaftliche Situation innerhalb der Friedensdekade auf jeden Fall kommen, also sei es besser, der Veranstalter spräche sie im Material selbst an.« Vermerk Lewek vom 14.8.1985 über ein Gespräch in der Dienststelle des Staatssekretärs für Kirchenfragen am 23.7.1985, EZA Berlin, 101/93/4. Zu der vom BEK erstellten Materialmappe vgl. Schreiben Wolfgang Blümel an BEK, Vorbereitungsgruppe der Friedensdekade, vom 7.3.1986: »Wir bemerkten, daß in Ihrem Papier die Schuldhaftigkeit der westlichen Länder mit ihren großen Konzernen sehr ausführlich behandelt wurde. Die Situation des Staaten des RGW und ihr Beitrag zur Lage der ›Dritten Welt‹ kommen aber sehr gering zur Sprache.« EZA Berlin, 101/93/1200. Vgl. hierzu das Antwortschreiben Dorgerloh vom 4.4.1986, in dem der Kirchenbundreferent darauf hinwies, daß gerade zu diesem Punkt weitere kritische Stellungnahmen eingetroffen seien. A.a.O. Vgl. auch Vermerk Heinrich vom 30.10.1985 über Gespräch mit Ziegler und Lewek am 22.10.1985: »Wir haben den Vertretern der Kirche deutlich gemacht, daß wir mit gewisser Sorge verfolgen, in welcher Weise westliche Massenmedien versuchen, das Thema der Friedensdekade ›Frieden wächst aus Gerechtigkeit‹ zum Hochspielen sogenannter Menschenrechtsfragen und daraus resultierender Defizite zu mißbrauchen [...] wurde unsererseits betont, daß wir davon ausgehen, daß die Friedensdekade 1985 nicht durch Massenmedien aus dem Westen ›begleitet‹ werde. [...] Die Arbeit westlicher Medien betreffend erklärte OKR Ziegler, daß hier eine verbindliche Sprachregelung getroffen werden sollte, in welcher Weise der Bund und verantwortliche staatliche Stellen entsprechende Anträge westlicher Massenmedien zurückweisen. Es wurde folgende wörtliche Formulierung vereinbart: ›Der Bund der Evangelischen Kirchen in der DDR erklärte, daß er kein Interesse an einer Berichterstattung über Veranstaltungen der Friedensdekade hat. In Übereinstimmung mit dem BEK hat daher keine Zustimmung zur Korrespondententätigkeit zu erfolgen.‹« BA, Abt. Potsdam, O-4, 1220. Sprachlich leicht abgewandelt in Berlin, den 30.10.1985, Sprachregelung – zu: Friedensdekade der Evangelischen Kirchen in der DDR vom 10.-20.11.1985, BA, Abt. Potsdam, O-4, 1230; auch sprachlich leicht verän-

ANMERKUNG ZU DER SEITE 157

dert in Vermerk Ziegler vom 8.11.1985 über ein Gespräch in der Dienststelle des Staatssekretärs für Kirchenfragen am 22.10.1985, 13.00-14.50 Uhr, wo es zusätzlich heißt: »Die Entscheidungen über Ablehnungen von Anträgen westlicher Journalisten muß allerdings eindeutig als eine Entscheidung des Ministeriums für Auswärtige Angelegenheiten erkennbar bleiben.« EZA Berlin, 101/93/5. Vgl. auch Protokoll Gienke-Ziegler-Kupas/Lewek vom 21.11.1985 der Sondersitzung des Vorstandes am 8.11.1985, 14.00 Uhr, in Berlin: »Vorstand erhärtet nochmals die Absprache, daß über ökumenische Gäste der Gliedkirchen zur Friedensdekade in der Konferenz eine Absprache zu treffen ist.« EZA Berlin, 101/93/245. Kurt Scharf und Paul Oestreicher verweigerte der SED-Staat die Einreise zur Friedensdekade. Vgl. Protokoll Gienke-Ziegler-Kupas vom 29.11.1985 der 179. Sitzung des Vorstandes am 21.11.1985 in Berlin, a.a.O. »Ziegler erklärt[e], daß die Verweigerung der Einreisen von Scharf und Oestreicher eine Beeinträchtigung der ökumenischen Arbeit der Kirche sei.« Vermerk Ziegler vom 15.1.1986 über ein Gespräch im Statssekretariat für Kirchenfragen am 11.11.1985, EZA Berlin, 101/93/5. Schon im Juli 1985 hatte Heinrich betont, Einreisegenehmigungen für Referenten aus anderen Staaten zur Friedensdekade würden nicht mehr erteilt werden. Vgl. Vermerk Ziegler vom 10.7.1985 über ein Gespräch im Statssekretariat für Kirchenfragen am 8.7.1985, 13.00 bis 15.00 Uhr, EZA Berlin, 101/93/4; Vermerk Ziegler vom 8.11.1985 über ein Gespräch in der Dienststelle des Staatssekretärs für Kirchenfragen am 22.10.1985, 13.00-14.50 Uhr, EZA Berlin, 101/93/5. Zum Verlauf der Friedensdekade aus staatlicher Perspektive vgl. Abt. II, Information vom 25.11.1985 zum Verlauf der 6. Friedensdekade des BEK in der DDR (10.-20.11.1985): »Eine politisch realistische Linie bestimmte insgesamt Verlauf und Inhalt der Veranstaltungen. [...] Politisch progressive Kräfte (u. a. Mitglieder der CDU und von gesellschaftlichen Gremien) und Gruppen in den evangelischen Kirchen (z. B. CFK, kirchliche Bruderschaften) beteiligten sich intensiver als in den Vorjahren an den Veranstaltungen und brachten ihre realistischen Positionen in die Diskussionen ein. Sie bestimmten dadurch wesentlich Inhalt und Verlauf der Veranstaltungen mit. Die Friedenspolitik der sozialistischen Länder, vor allem die konkreten Bemühungen und Vorschläge der Sowjetunion zur Sicherung des Friedens, zur Schaffung realer Voraussetzungen zur Reduzierung der Kernwaffen und zur Verhinderung der Weltraumrüstung fanden breite Resonanz. Hierbei wurde die Einheit sozialistischer Friedenspolitik und Friedensverantwortung aus christlicher Motivation erneut sichtbar. [...] Im breiten Umfang waren die Veranstaltungen auch von den im Vorbereitungsmaterial vertretenen klaren antiimperialistischen Positionen geprägt. [...] Eine Ausnahme bildete hier das Kirchengebiet Berlin in der Ev. Kirche in Berlin-Brandenburg. Angesichts der dargestellten vernünftigen Haltung der überwiegenden Mehrheit der kirchlichen Leitungskräfte in den Bezirken konzentrierten die politisch negativen Kräfte ihre Aktivitäten auf die Hauptstadt Berlin, wobei sie in enger Abstimmung mit akkreditierten Vertretern westlicher Massenmedien standen. Hier traten die bekannten feindlichen Kräfte aggressiv auf und unternahmen massive politische Ausfälle gegen die sozialistische Gesellschaft in der DDR. Kirchlicherseits wurde meist erst nach erfolgtem und nachdrücklichem staatlichen Einspruch reagiert. Die wenig konsequente Unterbindung ihrer Aktivitäten durch die Kirchenleitung ermunterte die bekannten negativen Kräfte dazu, beinspruchte Veranstaltungen auch gegen den Willen kirchlicher Leitungskräfte inhaltlich nicht zu verändern. Propst Dr. Winter wandte sich entgegen der Festlegung im Sekretariat des BEK mit einem Fürbittbrief hinsichtlich der inhaftierten Wehrdienstverweigerer an die Superintendenten. Vertreter westlicher Massenmedien stimulierten und nutzten solche Aktivitäten, um ein politisch negatives Bild der Friedensdekade zu zeichnen und eine umfangreiche antisozialistische Hetze zu entfalten. Die breite Wiedergabe und Kommentierung dieser Positionen sollte den Eindruck erwecken, als stünden die Kirchen mit der Friedensdekade in Opposition zur Friedenspolitik der DDR. Dem Ziel ihrer Berichterstattung entsprechend, nahmen die westlichen Journalisten von der Masse der religiös geprägten, ruhigen und politisch konstruktiven Aktivitäten keine Notiz. Die Medienvertreter wurden auch ohne Genehmigung durch das MfAA aktiv bzw. setzten sich über erfolgte Ablehnungen ebenso hinweg wie über die Festlegung des Sekretariats des BEK, das ausdrücklich sein Desinteresse an einer Berichterstattung ausgedrückt hatte. Angesichts der politisch provokatorischen Veranstaltungen in Berlin wurden durch die Dienststelle des Staatssekretärs für Kirchenfragen und den Magistrat der Hauptstadt kirchenleitende Vertreter wiederholt nachdrücklich aufgefordert, die politisch negativen Kräfte zu disziplinieren.« BA, Abt. Potsdam, O-4, 951; auch SAPMO-BA ZPA IV B2/14/96.

Ein solches Gespräch fand am 13.11.1985, also noch während der Friedensdekade, mit Stolpe bei Hauptabteilungsleiter Heinrich statt. Weitere Gesprächsteilnehmer waren Wilke und Bertram Handel sowie Ingmar Pettelkau. Heinrich berichtete: »Genosse Heinrich führte aus: Im Zusammenhang mit der Friedensdekade werden die Staat-Kirche-Beziehungen grundsätzlich belastet. Die Situation ist ernst. Es gibt Bestrebungen politisch negativer Kräfte, den Charakter der Friedensdekade völlig zu verändern. Vertreter der Westmedien ignorieren Ablehnungen, Beispiel ARD-Mitschnitt in der Sophienkirche. Wir sind irritiert, warum die Kirchenleitung zuläßt, daß die Veranstaltung der Sophienkirche mit Pfarrer Passauer als Auftaktveranstaltung zur Friedensdekade dargestellt wird. Am Montag dieser Woche wurde der Berliner Generalsuperintendent Krusche beim Sektorenleiter Kirchenfragen im Magistrat über die ernste Sorge des Staates im Zusammenhang mit den Aktivitäten der Samaritergemeinde und von Pfarrer Eppelmann informiert. Hier geht es nicht um das Anliegen der Friedensdekade, die Unterstützung für die Entwicklungsländer und die antiimperialistische Solidarität, sondern das Thema wird verzerrt, und es werden sog. Menschenrechtsprobleme in der DDR behandelt. Einzelne Äußerungen von Pfarrer Tschiche und Eppelmann, die massiv die Politik der DDR angreifen, wurden Konsistorialpräsident Stolpe zitiert. Für den Staat ergibt sich die Frage, welche Kräfte in der Berlin-Brandenburgischen Kirche versuchen, eine konstruktive Linie der Mehrzahl der kirchenleitenden Kräfte zu unterlaufen. Wir gehen davon aus, daß die Kirche selbst diese Kräfte diszipliniert. Das gilt auch im Zusammenhang mit staatsfeindlichen Plakaten zu der sogen. Friedensausstellung in der Samariterkirche. Während in allen Landeskirchen die Friedensdekade im wesentlichen entsprechend der Absprache zwischen Staat und Kirche und politisch loyal verläuft, besteht in der Berlin-Brandenburgischen Kirche ein Schwerpunkt politisch negativer Aktivitäten. Wir sind nicht bereit und nicht in der Lage, weiter über das kirchliche Projekt eines Kirchentages 1987 in Berlin zu verhandeln, wenn die Realisierung der zwischen Staat und Kirche getroffenen Absprachen durch diese Landeskirche grundsätzlich nicht eingehalten wird. Es ist auch nicht möglich, die gewünschte Überprüfung einer Reihe von Reiseangelegenheiten in einem für die Kirche positiven Sinne zu entscheiden, wenn nicht klar ist, daß sich politisch loyale Positionen auch durchsetzen lassen. Es ist beeindruckend, mit welcher politischen Instinktlosigkeit einige Kräfte in der Berlin-Brandenburgischen Kirche wenige Tage vor Genf die Politik der DDR angreifen und sich damit in eine Linie mit den Westmedien setzen. Auch hier werden Beispiele angeführt (Dr. Forck in Marienkirche, Pfarrer Müller-Schlomka, Pastorin Misselwitz). Die Kirchenleitung muß den Ernst der Lage zur Kenntnis nehmen und dafür sorgen, daß keine weiteren Provokationen erfolgen. Die Grundordnung der Kirche gibt dafür wenig Möglichkeiten, sagt aber, daß eine Disziplinierung unumgänglich ist, wenn die Interessen der Gesamtkirche in Gefahr sind. Wir meinen, daß eine solche Situation gegenwärtig eingetreten ist.

Dr. Wilke: Es ist ganz offensichtlich, daß die politisch negativen Kräfte parallel zur offiziellen Eröffnungsveranstaltung der Friedensdekade in der Berlin-Brandenburgischen Kirche, die in Potsdam stattfand, ihre eigenen Veranstaltungen organisiert haben. Diese Kräfte stellen sich bewußt neben die realistischen Kräfte in der Kirchenleitung und handeln in enger Abstimmung mit Vertretern der Westmedien. Es ist ein ernster Verstoß gegen die mit dem BEK getroffene Sprachregelung zur Friedensdekade, nach der der Bund selbst an einer Berichterstattung nicht interessiert war, wenn z. B. Propst Winter erklärt, daß das ARD-Fernsehteam den Gemeindekirchenrat der Samariterkirche direkt um Erlaubnis für Dreharbeiten fragen soll. Es ist uns auch nicht verständlich, warum im Rahmen eines Fernsehberichtes von CBS London ausgerechnet Pastorin Misselwitz als ein Teilnehmer für ein Gespräch mit Pfarrern benannt wurde.

Anmerkung zu der Seite 157

Konsistorialpräsident Stolpe: Die Breite des Medienechos auf die Friedensdekade ist für ihn neu, obwohl er befürchtet habe, daß die Berichterstattung tendenziell negativ gestaltet wird. Es gäbe eine Reihe von Leuten bei den Westmedien, die kirchliche Veranstaltungen bewußt mißbrauchen. Er befürchte sogar eine weitere Etablierung der negativen Berichterstattung. Es sei im Endergebnis wohl gleich, ob Journalisten in kirchliche Veranstaltungen hineingelassen werden oder ob sie vor den Kirchentüren säuerliche Kommentare abgeben. Es sei ihm klar, daß hier eine gezielte Kampagne vor den Genfer Verhandlungen entfesselt worden ist. Es scheint offensichtlich üblich zu werden, daß sich West-Journalisten beim MfAA nicht mehr abmelden. Das ARD-Team hätte Pfarrer Passauer mitgeteilt, daß eine Genehmigung zur Berichterstattung vom MfAA vorgelegen habe. Wenn im Westen gemeldet wurde, daß die Veranstaltung in der Sophienkirche die offizielle Eröffnungsveranstaltung zur Friedensdekade in der Berlin-Brandenburgischen Kirche gewesen sei, so sei dies offensichtlich eine Falschmeldung. Die Kirchenleitung müsse angesichts dessen Reaktionen prüfen. Auch Landesbischof Hempel war in Sorge wegen der Inhaftierungen von Wehrdienstverweigerern im Vorfeld der Genfer Verhandlungen und der Friedensdekade, weil auch ihm klar gewesen sei, daß bestimmte Kräfte die Friedensdekade als Verstärker für Diskussionen hierzu nutzen werden. Die Kirche sei in einer Notsituation. ›Wir werden mißbraucht. Unsere Veranstaltungen sind öffentlich, man kann sie nicht nach Journalisten absuchen, es ist lediglich möglich, eine Teilnahme der elektronischen Medien über das Hausrecht zu verhindern.‹ Er habe den Wunsch, daß man zu Veränderungen in den Möglichkeiten zur Berichterstattung von Westjournalisten komme. In der Kirche finde man immer was, was mißbraucht werden könne. Das sei ein generelles Problem, was auch die Synoden tangiere. Zur Veranstaltung in der Sophienkirche sagte Stolpe: Merseburger hätte stundenlang Aufnahmen über die Jubiläumsveranstaltung des Evangelischen Kindergartens gemacht, denen der Gemeindekirchenrat zugestimmt hätte. Es seien dann aber nur 50 Sekunden mit Aussagen zum Wehrdienst zitiert worden. Das sei offensichtlich Mißbrauch der kirchlichen Veranstaltung. Propst Winter habe auf Anfrage den Beschluß der Kirchenleitung vom November 1983 zu Fernsehaufnahmen zitiert. Dieser Beschluß sieht vor, daß die Journalisten die Gemeindekirchenräte fragen müssen, diese einen Beschluß fassen, den mit den Superintendenten abstimmen und die Superintendenten sich bei den Medienbeauftragten der Kirchenleitung rückversichern. Die Journalisten probieren natürlich jetzt, wie weit sie gehen können, weil sie voraussetzen, daß die DDR im Vorfeld Genf niemanden rausetzt. Die zitierten Äußerungen einzelner Geistlicher der Berlin-Brandenburgischen Kirche liegen nicht auf der Linie der Kirchenleitung und ihrer Äußerungen zum Verhältnis von Staat und Kirche. Journalisten entstellen bewußt kirchliche Positionen. Er werde die Information über die Sorgen des Staates, die in diesem Gespräch ausgesprochen wurden, der Kirchenleitung vortragen. Die Kirchenleitung werde prüfen, welche Veranstaltung potentiell für einen Mißbrauch in Frage komme und entsprechend reagieren. Die Kirchenleitung werde sich nicht selbst die Ausstellung in der Samariterkirche ansehen und diese durch ihren Besuch aufwerten. Stolpe aber will mit Generalsuperintendent Krusche Rücksprache nehmen und dafür sorgen, daß evtl. staatsfeindliche Äußerungen entfernt werden. Solche Plakate liegen nicht auf der Linie der Kirchenleitung. Der Staat möge bitte berücksichtigen, daß die negativen Veranstaltungen Einzelbeispiele sind, die für die Gesamtkirche und die Masse der Veranstaltungen zur Friedensdekade nicht repräsentativ seien. Die Kirchenleitung werde mittelfristig klären, wie man solche Veranstaltungen beeinflussen kann.
Genosse Heinrich: Die Diskussion kann nicht auf die Aktivitäten der Westmedien reduziert werden. Die Journalisten brauchten niemanden zu interpretieren oder verzerrt darzustellen, sondern nur tatsächlich gemachte Äußerungen wiederzugeben. Es kann in diesem Gespräch nur darum gehen, wie die Kirchenleitung die negativen Kräfte disziplinieren will. Welche Zusicherungen kann die Kirchenleitung der Berlin-Brandenburgischen Kirche geben, wie kann sie garantieren, daß die Kontinuität loyaler Staat-Kirche-Beziehungen fortgesetzt wird. Die Kirche selbst müsse deutlich von ihrem Hausrecht gegenüber westlichen Journalisten Gebrauch machen. Von der Kirchenleitung ist bis jetzt

ANMERKUNG ZU DER SEITE 157

auch noch keine Gegendarstellung gekommen, so daß jeder annehmen muß, daß die von den Westmedien dargestellten Positionen tatsächlich die der Kirche in der DDR sind. Hier kann eine einzelne Gegendarstellung die Situation nicht ändern. Notwendig ist eine grundsätzliche Klärung zu Inhalt und Anliegen der Friedensdekade im Namen der Berlin-Brandenburgischen Kirche und des BEK. Wir würden für eine entsprechende Darstellung eine öffentlichkeitswirksame Verbreitung sichern.
Konsistorialpräsident Stolpe: Er wird die Idee einer korrekten Darstellung der kirchlichen Friedensaktivitäten im Sekretariat des BEK zur Diskussion stellen.« Vermerk Heinrich vom 13.11.1985 über ein Gespräch mit Konsistorialpräsident Manfred Stolpe beim Hauptabteilungsleiter, Genossen Heinrich, am 13.11.1985, BA, Abt. Potsdam, O-4, 770; auch a.a.O., O-4, 1200; SAPMO-BA ZPA IV B2/14/96. Einen Tag später erfolgte bereits eine Reaktion Stolpes, die den Staat beschwichtigen sollte: »Bezug nehmend auf das am 13. November 1985 beim Hauptabteilungsleiter der Dienststelle des Staatssekretärs für Kirchenfragen geführte Gespräch, teilte OKR Stolpe am 14.11.1985 folgenden Sachverhalt mit: Die Kirchenleitung der Ev. Kirche in Berlin-Brandenburg hat beraten, wie eine eindeutige Stellungnahme zu Inhalt und Anliegen der Friedensdekade erfolgen kann, welche sich gegen den politischen Mißbrauch von Veranstaltungen zur Dekade in Berlin wendet. OKR Stolpe tritt am 14.11.1985 planmäßig in einer Veranstaltung in der Ev. Kirche in Friedrichshagen auf. Im Namen der Kirchenleitung wird er dort eindeutig eine politisch konstruktive Einordnung der Friedensdekade in das kirchliche Friedensengagement vornehmen. Die Kirchenleitung hat ein ausdrückliches Interesse daran, daß ihre Haltung zur Friedensdekade öffentlich klargestellt wird. OKR Stolpe bietet an, mit einem Vertreter von ADN nach dem Gottesdienst den Text einer entsprechenden Meldung abzustimmen. Die Kirchenleitung der Berlin-Brandenburger Kirche ist sich darüber klar, daß die Veranstaltung mit Stolpe nur ein erster Schritt zur Schadensbegrenzung ist, dem weitere Aktivitäten der kirchlichen Seite folgen müssen. Das Sekretariat des BEK berät gegenwärtig Maßnahmen, um sich von Versuchen des politischen Mißbrauchs der Friedensdekade abzugrenzen. Es wird vorgeschlagen, daß ein Vertreter von ADN am Gottesdienst teilnimmt und nach Abschluß der Veranstaltung eine Meldung vorbereitet. Dabei wird er vom Abteilungsleiter in der Dienststelle des Staatssekretärs, Genossen Dr. Wilke, unterstützt. Mit der ADN-Meldung zur kirchlichen Klarstellung des konstruktiven Anliegens der Friedensdekade sollte nach erfolgter Abstimmung eine möglichst große Öffentlichkeitswirksamkeit angestrebt werden, um realistische Kräfte der Kirche zu stärken und den Einfluß politisch negativer Kräfte zurückzudrängen.« Vermerk vom 14.11.1985, BA, Abt. Potsdam, O-4, 1200; SAPMO-BA ZPA IV B2/14/96.
Rudi Bellmann zeigte sich mit Stolpes Plan nicht gänzlich einverstanden, wie er Jarowinsky am 14.11.1985 mitteilte: »Dem im letzten Abschnitt des Vermerkes enthaltenen Vorschlag kann meines Erachtens *nicht* zugestimmt werden. Die Genossen des Staatssekretariats und auch ADN sollten sich aus der Veranstaltung mit Stolpe in Friedrichshagen völlig heraushalten. Stolpe sollte anheimgestellt werden – wenn er das selber für nützlich hält, dem Staatssekretär über seine im Namen der Kirchenleitung gemachten Ausführungen Kenntnis zu geben. Dann wird festgelegt, wie weiter verfahren werden soll. Gegenwärtig geht es darum, daß er konkret mitteilt, welche Maßnahmen die Kirchenleitung ergreift, um eine Wiederholung derartiger Vorkommnisse zu verhindern und wie die gegnerischen Kräfte unter dem Dach der Kirche diszipliniert werden. Ich bitte um Dein Einverständnis.« SAPMO-BA ZPA IV B2/14/96. Vgl. auch die Gesamtwertung in Einschätzung der 6. Friedensdekade der Evangelischen Kirchen »Frieden wächst aus Gerechtigkeit« vom 10.-20.11.1985 in der Hauptstadt: »Einen inhaltlich positiven Verlauf nahm auch der Gemeindeabend mit Konsistorialpräsident M. Stolpe (14.11. [...] Friedrichshagen). Stolpe betonte das gute und konstruktive Verhältnis zwischen Staat und Kirche; er anerkannte die positive gesellschaftliche Entwicklung in unserem Land. [...] Zwar nicht in bezug auf die Anzahl der Veranstaltungen, jedoch eindeutig in bezug auf die Teilnahme dominierten auch bei der diesjährigen FD die Veranstaltungen mit politisch-negativem Charakter [...] Inhaltlich wurde versucht, der DDR einen Mangel an Gewährung

von Menschenrechten zu unterstellen und insbesondere Erweiterung von Reisemöglichkeiten zu verlangen.« Dementsprechend traten vor allem Eppelmann, Hirsch, Sengespeick, Ehepaar Misselwitz, Forck, Passauer, Pahnke und auch Tschiche auf. »Tschiche betonte u. a., in der DDR würde eine Minderheit herrschen, die ihre Macht mit allen Mitteln verteidige. Das System sei unfähig, die herangereiften Probleme [...] zu lösen. Nötig sind Strukturveränderungen. [...] Es ist wichtig, öffentlich zu bekennen, was bedrückt – z. B. Rechthaberei der Regierenden, Militarisierung des gesellschaftlichen Lebens, Konsumterror und rücksichtslose Ausbeutung der Natur.« SAPMO-BA ZPA IV B2/14/96. Vgl. auch Bezirksleitung Berlin der SED, Information vom 22.11.1985 über den Verlauf der »Friedensdekade 1985« in den evangelischen Kirchen der Hauptstadt der DDR, Berlin, a.a.O. Vgl. auch RdB Schwerin, Kirchenfragen, Information Franze, Leitender Mitarbeiter, vom 27.11.1985 über den Verlauf der Friedensdekade 1985 der evangelischen Kirchen im Bezirk Schwerin. Dem Bericht zufolge kam es nur in der Bezirksstadt Schwerin sowie auch in Güstrow »zu einer Reihe von politischen Aussagen, die sich gegen unsere gesellschaftliche und staatliche Ordnung richteten. [Machtmißbrauch, Soldaten als politische Brefehlsempfänger, Benachteiligung von Christen in Bildung und Beruf].« Zur Veranstaltung des Güstrower Friedensarbeitskreises am 13.11.1985 hieß es: »Es wurde von ›Machtanmaßung‹ und von einem ›ungerechten System‹ bei uns gesprochen. Andersdenkende würden verfolgt, es gebe Schikane[n] und Verhaftungen, Übergriffe des Staates auf Gläubige, Benachteiligungen christlicher Schüler in Bildungsfragen und auf dem Bildungsweg. Es wurde von der ›Pflicht‹ gesprochen, gegen das Unrecht zu kämpfen.« A.a.O. Zur Situation im Bezirk Dresden vgl. Information über die gegenwärtige kirchenpolitische Lage im Bezirk Dresden: »Sie nahm einen ruhigen Verlauf. Insgesamt ist das Interesse an dieser Dekade weiter zurückgegangen.« PDS-Archiv Dresden, IV E-2.14-667. Dies betraf die Landeskirchen Sachsen und Görlitz. Vgl. RdB Dresden, Stellvertreter des Vorsitzenden für Inneres, Informationsbericht vom 9.12.1985 für die Monate Oktober/November 1985, SHStA Dresden, BT/RdB Dresden (Zwibo), 45071.

2 Zugleich wurde auch über die Debatte um ein »Konzil des Friedens« gesprochen und festgehalten: »Es ist angebracht, daß die deutschen Kirchen nicht zu sehr als treibende Kraft hervortreten.« Vgl. Vermerk Ziegler über die 23. Konsultation zwischen dem Bund der Evangelischen Kirchen in der DDR und der Evangelischen Kirche in Deutschland am 4.12.1985, 11.00 bis 14.45 Uhr, in Berlin, ABB Bonn, Akte Konsultationsgruppe. Auf Vorschlag von Stolpe behandelte die KKL das Friedenskonzil, zu dem der Düsseldorfer Kirchentag aufgerufen hatte, auf ihrer Augustsitzung 1985. Vgl. Protokoll Stolpe-Ziegler-Radke über die 99. Tagung der Konferenz der Evangelischen Kirchenleitungen in der DDR am 5./6.7.1985 in Berlin, EZA Berlin, 101/93/237; vgl. auch Protokoll Gienke-Ziegler-Kupas vom 21.8.1985 über die 176. Sitzung des Vorstandes am 8.8.1985 in Berlin, EZA Berlin, 101/93/245. Die KKL votierte: »Erhalten werden muß die Universalität des Ansatzes.« Protokoll Hempel-Ziegler-Küntscher über die 100. Tagung der Konferenz der Evangelischen Kirchenleitungen in der DDR am 30./31.8.1985 in Berlin, EZA Berlin, 101/93/237. Vgl. auch Protokoll Lewek über die Klausurtagung des Ausschusses »Kirche und Gesellschaft« v. 13.-15.9.1985 im Seminar für kirchlichen Dienst Greifswald, EZA Berlin, 101/93/52. Vgl. auch das Schreiben der Jungen Gemeinde der St. Marien- und Nikolaikirchengemeinde, Berlin, an die Kirchenleitung der Ev. Kirche in Berlin-Brandenburg vom 26.6.1985, Bitte um Unterstützung des Aufrufs zu einem »Konzil des Friedens«, unterzeichnet von Frank D. Stolt, EZA Berlin, 101/93/83.

3 Ziegler berichtete dem KKL-Vorstand: »In der Konsultationsgruppe mit der EKD ist man der Meinung, daß zur Situation nach Genf etwas Gemeinsames gesagt werden solle. Thema: ›Versöhnung aktuell‹. (SDI etc.) Bis zum 15. Januar 1986 ist Erstellung eines Entwurfes geplant. Die Arbeit erfolgt streng vertraulich.« Protokoll Hempel-Ziegler-Lewek vom 6.1.1986 der 180. Sitzung des Vorstandes am 13.12.1985 in Berlin, EZA Berlin, 101/93/246.

4 Hanselmann wurde im Juli 1987 zum Präsidenten des LWB gewählt. Das Staatssekretariat

für Kirchenfragen wies darauf hin, daß er 1950 während eines Studienaufenthaltes 1950 in den USA-Staaten Ohio und Connecticut sich im Zusammenhang mit der McCarthy-Hexenjagd vor einem Gericht zu verantworten hatte und deshalb auch den Radikalenerlaß in der Bundesrepublik ablehnte. Andererseits habe er 1984 die Kündigung einer der DKP angehörenden Sozialpädagogin durch die bayerische Landeskirche unterstützt, da »die DKP auf dem Marxismus-Leninismus aufbaue und erklärter Feind der Kirche sei.« Abt. IV, Information Will vom 19.4.1989 zum Besuch des Präsidenten des Lutherischen Weltbundes (LWB), Landesbischof Dr. Johannes Hanselmann (BRD), vom 1.-5.5.1989 in der DDR, BA, Abt. Potsdam, O-4, 1038.

5 Vgl. Schmude an Lingner vom 7.1.1986, EZA Berlin, 101/93/841.

6 Außerdem behandelte die Konsultation die Ordnung für den Friedensbittgottesdienst im November 1986. Vgl. Vermerk Ziegler über die 24. Konsultation zwischen dem Bund der Evangelischen Kirchen in der DDR und der Evangelischen Kirche in Deutschland am 26.2.1986, 10.00-16.00 Uhr, in Berlin, a.a.O. Vgl. auch Protokoll Leich-Ziegler-Kupas vom 5.5.1986 der 184. Sitzung des Vorstandes am 23.4.1986 in Berlin, 10.00-16.30 Uhr, EZA Berlin, 101/93/246; Protokoll Leich-Ziegler-von Rabenau über die 105. Tagung der Konferenz der Evangelischen Kirchenleitungen in der DDR am 9./10.5.1986 im Rüstzeitenheim Schönburg b. Naumburg (Saale), Bundesbesuchstage, EZA Berlin, 101/93/239 sowie Vermerk (Teil-Niederschrift Hammer) vom Juli 1986 über die 25. Konsultation zwischen dem Bund der Evangelischen Kirchen in der DDR und der Evangelischen Kirche in Deutschland vom 28. bis 31.5.1986 in Friedewald. Die Sitzung beschloß, daß die Konsultation sich auch 1987 dieser Texterarbeitung annehmen werde. EZA Berlin, 101/93/841.

7 Bereits im Oktober 1985 hatte Prälat Binder gegenüber der Ständigen Vertretung der DDR in Bonn ausgeführt:»Er sei persönlich auch kein ›Spezialist‹, um Details in Abrüstungsvorschlägen bewerten zu können, aber das respektable, ansprechende Auftreten des ›ersten Mannes der Sowjetunion‹ habe seinen Vorschlägen bedeutenden Nachdruck und Seriosität verliehen. Darauf führe B. es auch zurück, daß diese Vorschläge der UdSSR von der Bundesregierung nicht von vornherein negativ beurteilt würden. In der EKD setze man große Hoffnungen auf die vorgesehene Begegnung M. Gorbatschows mit R. Reagan, die mit den jüngsten sowjetischen Vorschlägen noch mehr an Bedeutung gewonnen habe. Nach Meinung von B. sollte nicht unbeachtet bleiben, daß es in der BRD-Öffentlichkeit, vor allem in kirchlichen Kreisen, noch bedeutende Unkenntnis und demzufolge Vorbehalte zur Politik der friedlichen Koexistenz gebe.« StV Bonn, Abt. IAP, Vermerk Botschaftsrat Klein vom 15.10.1985 über ein Gespräch mit Prälat Binder, Beauftragter des Rates der EKD bei der Regierung der BRD, am 14.10.1985, BA, Abt. Potsdam, O-4, 4894. Zur Begegnung Reagan-Gorbatschow vgl. auch RdB Rostock, Stellvertreter des Vorsitzenden für Inneres, Aktenvermerk Haß vom 11.12.1985 über das am 6.12.1985 stattgefundene Gespräch zwischen dem Stellvertreter des Vorsitzenden des RdB, Gen. Jürgen Haß, und Bischof Dr. Gienke: »Eingehend auf das Gipfeltreffen sprach er [Gienke] von einer großen Erleichterung für die Menschheit, daß die beiden Repräsentanten der mächtigsten Staaten der Welt miteinander sprachen. Marxisten und Christen haben mit gleicher Spannung auf die Ergebnisse dieser Begegnung gewartet.« BA, Abt. Potsdam, O-4, 789. Sachsens LKA-Präsident Domsch soll geäußert haben, »daß er nur positive Meinungen zum Gipfeltreffen und zum Auftreten des Generalsekretärs der KPdSU gehört habe, und er teile auch persönlich diese Meinungen. Seitens der Kirche sei diese Begegnung mit Gebeten begleitet worden, diese Gebete hätten sich gelohnt. Es war erstmalig, daß in diesen Gebeten Namen von Politikern genannt wurden.« RdB Dresden, Stellvertreter des Vorsitzenden für Inneres, Vermerk Fuchs vom 6.1.1986 über Gespräch mit dem Präsidenten des Landeskirchenamtes Sachsen, Dr. Domsch, am 2.1.1986 im Gästehaus des Rates des Bezirkes, PDS-Archiv Dresden, IV E-2.14-672. Vgl. auch RdB Dresden, Stellvertreter des Vorsitzenden für Inneres, Vermerk Fuchs vom 24.1.1986 über Gespräch des Vorsitzenden des Rates, Gen. Günther Witteck, mit Landesbischof Dr. Hempel am 22.1.1986 im Gästehaus, a.a.O.; auch SAPMO-BA ZPA IV B2/14/69. In Berlin (Ost) wurden erste Vorboten der späteren Gorbatschow-Begeisterung bei Pfarrern notiert: »Durch eine Vielzahl von kirchlichen

Vertretern wird die Persönlichkeit des Generalsekretärs der KPdSU gewürdigt. So äußerten kirchliche Vertreter, daß Genosse Gorbatschow ›ein sowjetischer Politiker sei, mit dem man sich (erstmals) voll identifizieren könne‹; in den Erklärungen bzw. Pressekonferenzen von Gorbatschow sei die Ernsthaftigkeit zu verspüren gewesen, Lösungen der anstehenden Probleme zu finden‹.« Bericht zur kirchenpolitischen Situation in Berlin, Hauptstadt der DDR, Oktober/November 1985, BA, Abt. Potsdam, O-4, 1129. Vgl. auch RdB Dresden, Sektor Staatspolitik in Kirchenfragen, Information Lewerenz vom 21.3.1985 über Meinungen kirchlicher Amtsträger zu aktuell-politischen Ereignissen: »Überraschung gab es über die Wahl eines relativ jungen Mannes an die Spitze der Regierung der UdSSR; sie knüpfen große Hoffnung daran, daß Gen. Gorbatschow die Politik der Verhandlungs- und Abrüstungsbereitschaft fortsetzt und die Verhandlungen in Genf zu positiven Ergebnissen führt.« SHStA Dresden, BT/RdB Dresden (Zwibo), 45071. Vgl. auch die Äußerung von Superintendent Kreß, Bautzen: »Er schätzte ihn nach seinem Auftreten und Reden als intelligent[e] und prinzipienfeste Persönlichkeit [ein]. Zustimmung findet vor allem auch sein Alter.« Rat des Kreises Bautzen an RdB Dresden, Fuchs, vom 25.3.1985, Kirchenpolitische Information Lawerenz, Stellv. d. Vors. f. Inneres, Berichterstattung März 1985, SHStA Dresden, BT/RdB Dresden (Zwibo), 44869. Zu Kreß vgl. auch Rat des Kreises Bischofswerda, Stellvertreter des Vorsitzenden des Rates für Inneres, Frohberg, an RdB Dresden, Stellv. des Vorsitzenden des Rates für Inneres, vom 25.7.1985, Monatsbericht Staatspolitik in Kirchenfragen Monat Juli 1985, Kreis Bischofswerda: »Das Verhältnis zu den Superintendenten Kreß, Bautzen, und Schlage, Kamenz, in der Zusammenarbeit mit dem Rat des Kreises entwickelt sich sehr positiv.« A.a.O. Dieter Kahle soll das Auftreten Gorbatschows gelobt haben, »es hätte einen guten und nachhaltigen Eindruck gemacht, vor allem sein ›freies Sprechen‹ und die Deutlichkeit seiner Worte.« Dresden, Bereich Inneres, Staatspolitik in Kirchenfragen, Aktenvermerk Schulze vom 4.12.1985 über Gespräche am 25.11.1985 mit Herrn Kahle – Sekretär für Kongreß- und Kirchentagsarbeit beim Kirchentag der Ev.-Luth. Landeskirche Sachsens-Landesausschuß, SHStA Dresden, BT/RdB Dresden (Zwibo), 45934.
8   Ergänzungsvorschläge Gienke, EZA Berlin, 101/93/841.
9   Vgl. unten, 162 ff.
10 Zit. nach In besonderer Gemeinschaft, 20.
11 Vermerk Ziegler über die 24. Konsultation zwischen BEK und EKD am 26.2.1986, EZA Berlin, 101/93/841.
12 Zu Strategic Defense Initiative (SDI) vgl.: SDI-Fakten und Bewertungen, Fragen und Antworten, Dokumentation, hg. vom Bundesministerium für Verteidigung, Bonn 1986. Vgl. auch Vermerk Hammer vom 9.8.1985 über die 22. Konsultation zwischen BEK und EKD am 3.8.1985 in München (EZA Berlin, 101/93/259). Hier wurde auch durch die westlichen Teilnehmer SDI eindeutig abgelehnt. Vgl. auch Abt. II, Berlin, den 23.4.1986, Aktuelle politische Tendenzen in den Kirchen und Religionsgemeinschaften in der DDR, Leitungsinformation 2/86: »Das *SDI-Programm* und die jüngsten *Atomtests der USA* werden einhellig abgelehnt und verurteilt. Das Nichteingehen der USA auf die Abrüstungsvorschläge der UdSSR stößt auf wachsendes Unverständnis und Kritik.« BA, Abt. Potsdam, O-4, 952. Greifswalds Bischof Gienke soll im Dezember 1986 im RdB Rostock wörtlich gesagt haben: »›SDI ist für uns die gefährliche Träumerei eines Cowboys‹«. RdB Rostock, Stellvertreter des Vorsitzenden für Inneres, Aktenvermerk Haß vom 22.12.1986 über das Gespräch des Vorsitzenden des RdB Rostock, Gen. Eberhard Kühl, mit dem Bischof der Evangelischen Landeskirche Greifswald, Dr. Horst Gienke, am 9.12.1986, 14.00 Uhr, im Dienstraum des Vorsitzenden, BA, Abt. Potsdam, O-4, 1474; auch SAPMO-BA ZPA IV B2/14/69.
13 RdB Dresden, Stellvertreter des Vorsitzenden für Inneres, Vermerk Fuchs vom 24.1.1986 über Gespräch des Vorsitzenden des Rates, Gen. Günther Witteck, mit Landesbischof Dr. Hempel am 22.1.1986 im Gästehaus, PDS-Archiv Dresden, IV E-2.14-672; auch SAPMO-BA ZPA IV B2/14/69.
14 Im Sitzungsprotokoll heißt es: »In der Aussprache stellt die Konferenz fest, daß mit die-

sem gemeinsamen Wort der Synodenauftrag nicht erfüllt ist und gesondert zu verhandeln ist.« Die KKL stimmte bei 13 Ja-Stimmen, 8 Gegenstimmen und 2 Enthaltungen dem Wort »Hoffnung auf Frieden« unter der Bedingung zu, daß auch der Rat der EKD dieser Fassung sein Placet gebe. Weitere Verhandlungen solle es nicht geben. Vgl. Protokoll Leich-Ziegler-Herrbruck/Dorgerloh über die 104. Sitzung der Konferenz der Evangelischen Kirchenleitungen in der DDR vom 7. bis 9.3.1986 in Bad Saarow (Klausurtagung), EZA Berlin, 101/93/238.

15 Vgl. dazu Rundschreiben Ziegler vom 18.3.1986, EZA Berlin, 101/93/841.

16 Genscher an Kruse vom 27.3.1986, ABB Bonn, Akte Konsultationsgruppe.

17 Vgl. Protokoll Leich-Ziegler-von Rabenau über die 105. Tagung der Konferenz der Evangelischen Kirchenleitungen in der DDR am 9./10.5.1986 im Rüstzeitenheim Schönburg b. Naumburg (Saale), Bundesbesuchstage, EZA Berlin, 101/93/239.

18 Kruse hatte zuvor mit Leich ein zweistündiges Gespräch im BEK-Sekretariat geführt. Nach der Neuwahl des KKL-Vorstandes hatte Kruse von sich aus angeboten, dem BEK einen Antrittsbesuch abzustatten. Der KKL-Vorstand lud den Ratsvorsitzenden daraufhin zu seiner Sitzung am 23.4.1986 nach Berlin ein. Vgl. Protokoll Leich-Ziegler-Kupas vom 3.3.1986 der 182. Sitzung des Vorstandes am 19.2.1986 in Berlin, EZA Berlin, 101/93/246. Leich erstattete der KKL von Kruses Antrittsbesuch Bericht. Vgl. Protokoll Leich-Ziegler-von Rabenau über die 105. Tagung der Konferenz der Evangelischen Kirchenleitungen in der DDR am 9./10.5.1986 im Rüstzeitenheim Schönburg b. Naumburg (Saale), Bundesbesuchstage, EZA Berlin, 101/93/239.

19 Gegenüber Stolpe sagte der Staatssekretär, die öffentliche Ignorierung des Textes sei erfolgt, »um den Ruf unserer Kirche nicht zu ruinieren«. Information Gysi vom 12.5.1986 über ein Gespräch von Staatssekretär Gysi mit Oberkonsistorialpräsident [sic!] Manfred Stolpe am 5.5.1986, BA, Abt. Potsdam, O-4, 969.

20 Information Gysi vom 12.5.1986 über eine Begegnung mit dem Vorsitzenden der Konferenz der Evangelischen Kirchenleitungen in der DDR, Landesbischof Dr. Werner Leich, und dem Vorsitzenden des Rates der EKD und Bischof der Evangelischen Kirche in Berlin-Brandenburg (Berlin-West), Dr. Martin Kruse, am 6.5.1986 in der Dienststelle des Staatssekretärs: »Am Schluß äußerte Kruse den Wunsch, einen solchen Besuch mit Landesbischof Leich vielleicht alle zwei Monate bei mir machen zu können, um die aktuellen politischen Fragen zu erörtern. Landesbischof Leich hielt sich sehr zurück. Er begleitete sozusagen seinen Gast zu mir. Bei dieser letzten von Bischof Kruse geäußerten Bitte schaltete er sich sehr lebhaft ein und unterstützte dessen Wunsch nach weiteren Begegnungen. Ich sagte zu.« BA, Abt. Potsdam, O-4, 969; SAPMO-BA ZPA IV B2/14/42.

21 Gleiches sagte auch der Stellvertreter des Vorsitzenden für Inneres beim RdB Dresden, Fuchs, zu Domsch und OKR Rau: »Seitens der Kirche sei in der Vergangenheit wiederholt die Forderung gestellt worden, daß doch eine der Großmächte mit echten Abrüstungsschritten anfange; die Sowjetunion habe dies getan. Es sei jetzt zu erwarten, daß die Kirche dazu Positionen bezieht. In der Gemeinsamen Erklärung der EKD und des Kirchenbundes der DDR zum Osterfest sei dies nicht der Fall. Obwohl allgemein bekannt ist, daß die Sowjetunion seit Monaten einseitig eine Vielzahl von Schritten zur Friedenserhaltung unternommen habe und die USA dazu bisher keinen einzigen konstruktiven Gedanken geäußert haben, spricht die ›Gemeinsame Erklärung‹ von ›wechselseitigen Vorschlägen der Weltmächte‹. [...] In seiner Erwiderung betonte Präsident Domsch die Schwierigkeiten bei der Abfassung der ›Gemeinsamen Erklärung‹ und den Kompromißcharakter des Papiers. Der Bund werde sich zu diesen Fragen noch eindeutiger äußern. [...] Man soll auch nicht vergessen, daß die Kirche *nur* eine Stimme im Westen sei; sie wird zwar zur Kenntnis genommen, aber meist ändere sich nichts. Es sei außerdem Tatsache: je höher die Ebene der Verfasser, desto schwieriger ist es zu formulieren. Es folgte eine längere Polemik dazu, daß sich auch Eppelmann [...] in der ›Gemeinsamen Erklärung‹ wiederfindet.« RdB Dresden, Bereich Inneres, Sektor Staatspolitik in Kirchenfragen, Vermerk Lewerenz vom 9.4.1986 über ein Gespräch mit dem Präsidenten des Landeskirchenamtes der Evangelisch-Lutherischen Landeskirche Sachsens, Dr. Kurt Domsch, am 8.4.1986 im Gästehaus

des RdB Dresden, SAPMO-BA ZPA IV B2/14/69; PDS-Archiv Dresden, IV E-2.14-672. Vgl. auch RdB Dresden, Sektor Staatspolitik in Kirchenfragen, Information Lewerenz vom 16.4.1986 über ein Gespräch des Stellvertreters des Vorsitzenden des RdB für Inneres, Gen. Fuchs, mit den Superintendenten der Ev. Kirche des Görlitzer Kirchengebietes am 10.4.1986: »Einer Polemik des Sektorenleiters für Kirchenfragen gegen verschwommene, allgemeine und unzulängliche Aussagen im Osterbrief des Bundes und der EKD stimmte OKR Dr. Winde indirekt zu. Man habe ihn daher nur auf einfache Art und Weise zur Kenntnis genommen und an die Gemeinden weitergegeben.« PDS-Archiv Dresden, IV E-2.14-672.
22 SED-BL Dresden, Abt. Staat und Recht, Einige Informationen zu Vorgängen im kirchlichen Raum, a.a.O.
23 Formal war Kalb Gysis 1. Stellvertreter und Heinrich 2. Stellvertreter des Staatssekretärs. Gysi schrieb: »Innerbetrieblich sieht es so aus, daß Kollege Kalb ausschließlich die katholische Seite bearbeitet, während Genosse Heinrich für alle übrigen Gebiete zuständig ist. Diese etwas ungebräuchliche Arbeitsteilung wirkt sich auch in bezug auf meine direkte Stellvertretung so aus, daß Genosse Heinrich gegenüber allen Bereichen, außer dem katholischen, die unmittelbare Stellvertretung wahrnimmt. Die Erklärung liegt in der spezifischen politischen Zusammensetzung unserer Leitung begründet (das könnte ich Dir telefonisch oder persönlich erläutern).« Schreiben Gysi an Staatssekretär Kurt Kleinert, Leiter des Sekretariats des Ministerrates, vom 5.10.1987, BA, Abt. Potsdam, O-4, 712.
24 Vgl. mit ähnlicher Position auch das Schreiben Beate Gnauck, Thomas Klinger, Horst Rasche, Matthias Scheffler und Günther Schöttner aus dem Raum Dresden-Pirna an Leich vom 3.4.1986: »Warum schreiben Sie so einen gemeinsamen Brief? Wird hier nicht weiter die Fiktion einer deutschen Einheit genährt, wenigstens noch in der Kirche? Dann können sich alle, die sich mit der politischen Lage in Europa nach 1945, mit der Teilung Deutschlands und dem Kräftegleichgewicht nicht abfinden können, wieder einmal bestätigt fühlen. [...] Eine diplomatische Sprache, von der man den Eindruck hat, hier ist alles genau ausgeklügelt, hier darf nichts deutlich beim Namen genannt werden, vor allem nichts, was der EKD in der Bundesrepublik ›schaden‹ könnte. [...] Erschreckt es Sie nicht auch, daß Sie mit Ihrem Brief in einer Zeit, da man beginnt, uns mit Waffen aus dem Weltraum zu bedrohen, vom Außenminister einer Bundesregierung, die dieses Sternenkriegsprogramm ausdrücklich billigt, Beifall für die Erwähnung der Menschenrechte und Grundfreiheiten erhalten? Merken Sie nicht, daß ihm Ihr lapidarer Satz vom Zweifel an der Weltraumrüstung überhaupt nicht weh tut und damit nur noch kosmetische Funktion hat? Merken Sie immer noch nicht, daß es dann überhaupt nicht mehr um den für uns alle bedrohten Frieden geht, sondern Sie zusammen mit der EKD wieder einmal gut vor den antisozialistischen Karren zu spannen sind? Ist das der Preis eines gemeinsamen Wortes? Oder ist die Evangelische Kirche in der DDR so abhängig von der EKD, daß diese nach den Formulierungen für den Bittgottesdienst zur Friedensdekade 1985 nun auch diesem Brief ihren deutlichen Stempel aufdrücken kann?« EZA Berlin, 101/93/67.
25 Vermerk Ziegler vom 23.4.1986 über ein Gespräch in der Dienststelle des Staatssekretärs für Kirchenfragen am 21.4.1986, 15-17.30 Uhr, EZA Berlin, 101/93/5.
26 Die Kirchenpresse und auch das Mecklenburger CDU-Organ »Demokrat« veröffentlichten den Text im Wortlaut. Vgl. Protokoll Leich-Ziegler-Kupas vom 5.5.1986 der 184. Sitzung des Vorstandes am 23.4.1986 in Berlin, 10.00-16.30 Uhr, EZA Berlin, 101/93/246.
27 Persönlicher Vermerk Dohle für den Staatssekretär vom 27.5.1986, BA, Abt. Potsdam, O-4, 969. Zu Thüringen vgl. auch Protokoll Leich-Ziegler-von Rabenau über die 105. Tagung der Konferenz der Evangelischen Kirchenleitungen in der DDR am 9./10.5.1986 im Rüstzeitenheim Schönburg b. Naumburg (Saale), Bundesbesuchstage: »Das Wort ›Hoffnung auf Frieden‹ ist von dem Superintendentenkonvent und der Synode behandelt worden. Dabei wurde der Wunsch laut, ein entsprechendes Wort nicht nur als Information, sondern als Kanzelabkündigung zu erhalten.« EZA Berlin, 101/93/239.
28 Vermerk vom August 1986 über die 25. Konsultation zwischen dem Bund der Evangeli-

schen Kirchen in der DDR und der Evangelischen Kirche in Deutschland vom 28.-31.5.1986 in Friedewald (Teil-Niederschrift II/Ziegler), ABB Bonn, Akte Konsultationsgruppe.
29 Rat des Kreises Löbau (Bezirk Dresden), Referat Kirchenfragen, Niederschrift über das Gespräch mit Pfarrer Röthig, Kemnitz, am 10.4.1986, SHStA Dresden, BT/RdB Dresden (Zwibo), 45935.
30 Zu dieser Tendenz vgl. Bericht Dorgerloh vom 9.7.1986 über die Rundtischkonferenz »Hunger, Armut und Wettrüsten – zu einer neuen moralischen Ordnung innerhalb der Nationen und zwischen den Nationen«, Moskau 21.-23.5.1986: »Es war sicher wichtig, auch in dieser Rundtischkonferenz als Bund der Evangelischen Kirchen zu sein. [...] Es wurde immer wieder herausgestellt, daß [wir] in der Beurteilung der Friedensfrage und den Grundüberzeugungen übereinstimmen. Das rührt jedoch auch daher, daß die Rundtischkonferenz nicht bis zu den Fragen vordrang, bei denen die unterschiedlichen Ansätze und Erfahrungen zu Differenzen hätten führen können.« EZA Berlin, 101/93/45.
31 Vgl. hierzu auch Theologische Studienabteilung beim BEK, Referat Weltanschauungsfragen, Manfred Punge, 13.8.1986, Betr.: Programm zum christlich-marxistischen Dialog, EZA Berlin, 101/93/47. Am 21.1.1988 wollte die Theologische Kommission des BEK eine Konsultation über Fragen eines christlich-marxistischen Dialogs veranstalten. Vgl. Protokoll Leich-Ziegler-Lewek vom 8.12.1987 über die 204. Sitzung des Vorstandes am 20.11.1987 in Berlin, EZA Berlin, 101/93/750.
32 EZA Berlin, 101/93/46.
33 Vgl. auch Vermerk Martin Herrbruck über ein Gespräch im Staatssekretariat für Kirchenfragen am 12.3.1986, LKA Hannover, D 15 XII, K 1/C 5002.
34 Vgl. auch Abteilung IV, Vorlage Heyne vom 27.3.1987 an die Dienstbesprechung am Montag, dem 30.3.1987, Thema: Schriftliche Information über die Tätigkeit des BEK in internationalen kirchlichen Organisationen (ÖRK, LWB, RWB, KEK): »Die Ursachen für eine gegenwärtig sehr differenzierte Situation sind sowohl personeller, struktureller als auch theologischer und politischer Art. Mit dem (teilweisen) Ausscheiden von OKR Lewek aus bestimmten Arbeitsbereichen des BEK, deren Gegenstand die internationale Arbeit ist, werden Grundorientierungen dieser Arbeit angefragt. Mit dem Wechsel im Vorsitz und in der Geschäftsführung des Nationalkomitees des LWB in der DDR verbinden sich ähnliche Probleme, desgleichen mit dem Ausscheiden von Bischof em. Dr. Krusche und Bischof em. Härtel aus dem Präsidium bzw. dem Beratenden Ausschuß der KEK. [...] Das Auftreten von Kirchenvertretern aus der DDR vor Leitungs- und Arbeitsgremien internationaler Kirchenorganisationen ist im überwiegenden Maße konstruktiv und befindet sich weitestgehend in Übereinstimmung mit außenpolitischen und kirchenpolitischen staatlichen Interessen (z. B. Bischof Dr. Hempel und Dr. Graewe vor dem Zentralausschuß des ÖRK, OKR Lewek und OKR Schulze vor der KEK-Vollversammlung).« BA, Abt. Potsdam, O-4, 954.
35 Siehe zu Buenos Aires die Dokumente in epd-Dok 38-39/85, insbes. 38 f. Vgl. auch Abt. IV, Vorlage Braemer vom 20.8.1986 an die Dienstbesprechung am 25.6.1986, Thema: Information über Probleme der Einberufung eines »Konzils des Friedens«, BA, Abt. Potsdam, O-4, 953.
36 Vgl. Protokoll Leich-Ziegler-von Rabenau über die 105. Tagung der Konferenz der Evangelischen Kirchenleitungen in der DDR am 9./10.5.1986 im Rüstzeitenheim Schönburg b. Naumburg (Saale), Bundesbesuchstage, EZA Berlin, 101/93/239. Vgl. hierzu den mit Begleitschreiben Almuth Falcke an Lewek vom 10.3.1986 eingereichten Entwurf Heino Falckes zu einer Vorlage für die KKL, EZA Berlin, 101/93/83. Vgl. auch Beratungsvotum des Ausschusses »Kirche und Gesellschaft« zur Frage Konzil des Friedens/konziliarer Prozeß, a.a.O.
37 Vermerk vom August 1986 über die 25. Konsultation zwischen dem Bund der Evangelischen Kirchen in der DDR und der Evangelischen Kirche in Deutschland vom 28.-31.5.1986 in Friedewald (Teil-Niederschrift II/Ziegler), ABB Bonn, Akte Konsultationsgruppe. Hempel erklärte wenige Monate die katholische Zurückhaltung gegenüber der

geplanten Weltversammlung später mit der Furcht vor der »Entwicklung einer Einheitsauffassung, die sich die Aufarbeitung der theologischen Grundfragen erspart.« Vermerk Ziegler vom 3.10.1986 über die Zusammenkunft der Beratergruppe am 25.9.1986, EZA Berlin, 4/92/17. Vgl. die Berufung auf Bonhoeffer im Bericht der ÖRK-Programmeinheit II, in epd-Dok 39/85, 38-41, 39. Vgl. die Äußerungen Bonhoeffers zu einem großen ökumenischen Konzil in: Dietrich Bonhoeffer, Kirche und Völkerwelt. Rede auf der ökumenischen Tagung in Fanø, August 1934, in: Eberhard Bethge u. a. (Hgg.), Dietrich Bonhoeffers Werke, Bd. 13: London 1933-1935, München 1994, 298-301, insbes. 301.

38 Bischof Hempel sagte auf der BEK-Synode Anfang 1986, man müsse »an die Grenzen der eigenen Kraft denken. Eine Konferenz in Europa, etwa auf der Basis der KEK, sei nur sinnvoll, wenn sich die Katholische Kirche beteilige.« Bundessynode Frühj. 1986, SHStA Dresden, BT/RdB Dresden (Zwibo), 46614. Vor der sächsischen Frühjahrssynode äußerte Hempel während der Fragestunde: »Es könnte schon ein Gewinn sein, wenn Christen unterschiedlicher Profilierung ins Gespräch kommen und Spannungen ausgehalten werden.« RdB Dresden, Sektor Staatspolitik in Kirchenfragen, Dresden, den 17.3.1986, Tagesinformationen zur Frühjahrstagung der Landessynode der Ev.-Luth. Landeskirche Sachsens vom 15.-19.3.1986, SHStA Dresden, BT/RdB Dresden (Zwibo), 46615.

39 Der KKL-Vorstand beschloß, an Stelle von Wahrmann und Jaeger Gaebler und Gienke in die Beratergruppe zu berufen. Für die Konsultationsgruppe schlug der Vorstand Leich, Gienke, Ziegler, Domsch, Domke und Gaebler vor. Vgl. Protokoll Leich-Ziegler-Kupas vom 3.3.1986 der 182. Sitzung des Vorstandes im 19.2.1986 in Berlin, EZA Berlin, 101/93/246. Die KKL bestätigte bei fünf Enthaltungen den Konsultationsgruppenvorschlag, benannte jedoch für Leich Mecklenburgs Bischof Stier. Die Abstimmung über die Beratergruppe fiel erheblich knapper aus. Vgl. Protokoll Leich-Ziegler-Herrbruck/Dorgerloh über die 104. Sitzung der Konferenz der Evangelischen Kirchenleitungen in der DDR vom 7. bis 9.3.1986 in Bad Saarow (Klausurtagung), EZA Berlin, 101/93/238. Für den Vorsitz in der Konsultationsgruppe von DDR-Seite schlug der KKL-Vorstand Horst Gienke vor. Vgl. Protokoll Leich-Ziegler-Lewek vom 4.4.1986 der 183. Sitzung des Vorstandes am 26.3.1986 in Leipzig, 10.00-16.00 Uhr, EZA Berlin, 101/93/246.

40 Vgl. epd-Dok 9/86, 1-14, insbes. 12 ff.

41 Vgl. auch RdB Dresden, Stellvertreter des Vorsitzenden für Inneres, Informationsbericht vom 9.12.1985 für die Monate Oktober/November 1985: »Es wurde bekannt, daß Landesbischof Dr. Hempel den Vorsitz der KKL in der nächsten Legislaturperiode nicht wieder übernehmen möchte.« SHStA Dresden, BT/RdB Dresden (Zwibo), 45071.

42 Vgl. Vermerk Heinrich vom 4.12.1985 über Gespräch mit Demke am 28.11.1985, BA, Abt. Potsdam, O-4, 1220; vgl. auch Gesprächsvermerk Heinrich vom 5.12.1985, SAPMO-BA ZPA IV B2/14/69.

43 Jarowinsky berichtete über seine Teilnahme: »Hempel zeigte sich außerordentlich erfreut und hat das als persönliche Geste des Vorsitzenden des Staatsrates aufgenommen. Er bedankte sich und übermittelte sehr herzliche Grüße an den Vorsitzenden des Staatsrates. Mit Hochachtung und Anerkennung hob er die Friedensinitiative der DDR hervor, betonte das weiter gewachsene hohe Ansehen, das das Staatsoberhaupt der DDR auch in kirchlichen Kreisen genieße, was er auch international immer wieder feststellen könne.« W. Jarowinsky, Vermerk über eine Begegnung mit Landesbischof Hempel, Vorsitzender der Konferenz der Kirchenleitungen der DDR, SAPMO-BA ZPA J IV 2/2A/2846.

44 Mit Schreiben vom 1.7.1985 hatte Stolpe Heinrich für den 17.7.1985 gemeinsam mit seiner Frau »zu einer kirchlichen Informationsfahrt durch das Havelland« eingeladen: »Wir treffen uns um 15.00 Uhr in meiner Wohnung in Potsdam [...], besuchen um 16.30 Uhr das Dommuseum Brandenburg mit den ältesten Urkunden von Brandenburg (948) und Berlin (1237) und werden um 19.00 Uhr mit einer Yacht von Werder nach Potsdam zurückfahren. [...] Bitte geben Sie unter o. g. Telefonnummer Nachricht, ob Sie teilnehmen können.« BA, Abt. Potsdam, O-4, 1200.

45 Vgl. auch Leiter des Büros, Dienstreisebericht Dohle vom 2.12.1985. Demnach soll Pfarrer Ebeling von der Leipziger Thomaskirche geäußert haben: »Im übrigen vollziehe sich

in der Kirche augenblicklich eine große Diskussion, ob mit der in ihr praktizierten Form der Demokratie die Kirche überhaupt noch führbar sei. Es erfolge ein Verfall der Autorität und des Ansehens der Leitungsämter; der heute ein solches Amt habe, könne bei Laien nicht mehr von vornherein auf Autorität hoffen. Für ihn läge es nahe, vom Demokratieverständnis in der SED einiges in der Kirche hinzuzulernen.« BA, Abt. Potsdam, O-4, 962.

46 Dem KKL-Vorstand waren Jarowinskys Teilnahmeerwägungen bereits im September 1985 bekannt geworden. Nach der BEK-Synode sollte Stolpe den ZK-Sekretär um eine offizielle Bestätigung seiner Absichten bitten. Vgl. Protokoll Hempel-Ziegler-Lewek/Kupas vom 2.10.1985 der 177. Sitzung des Vorstandes am 19.9.1985 in Berlin, EZA Berlin, 101/93/245. In der gleichen Sitzung erfolgte ein Bericht über die von Stolpe, Lange, Zeddies und Petzold überbrachten Glückwünsche des KKL-Vorstandes an Volkskammerpräsident Sindermann zu dessen 70. Geburtstag am 5.9.1985. Mit dem SED-Politiker entwickelte sich ein 15minütiges Gespräch. Vgl. ebd.

47 Zur Entlassung von 40 Wehrdienstverweigerern aus der Haft vgl. den Kommentar von Reinhard Henkys in: epd-ZA vom 4.12.1985, 4. Vgl. auch RdB Rostock, Stellvertreter des Vorsitzenden für Inneres, Aktenvermerk Haß vom 11.12.1985 über das am 6.12.1985 stattgefundene Gespräch zwischen dem Stellvertreter des Vorsitzenden des RdB, Gen. Jürgen Haß, und Bischof Dr. Gienke: »In diesem Zusammenhang wurde die Haftentlassung von Wehrdienstverweigerern als deutliche Sprache der Respektierung der Gewissensentscheidung junger Christen als Ausdruck des gewachsenen Staat-Kirche-Verhältnisses in unserem Land gewertet.« BA, Abt. Potsdam, O-4, 789. Über die sich zuspitzende Situation bei Reservisten – darunter auch einer ersten Verurteilung zu einer Haftstrafe von vier Monaten – hatten Müller (Herrnhut), Demke und Domsch der KKL auf ihrer Augustsitzung Bericht erstattet. Vgl. Protokoll Hempel-Ziegler-Küntscher über die 100. Tagung der Konferenz der Evangelischen Kirchenleitungen in der DDR am 30./31.8.1985 in Berlin, EZA Berlin, 101/93/237. Vgl. auch Protokoll Gienke-Ziegler-Kupas/Lewek vom 21.11.1985 der Sondersitzung des Vorstandes am 8.11.1985, 14.00 Uhr, in Berlin: »Vorstand erörtert die aktuelle Lage von Verhaftungen von Wehrdienstverweigerern und berät Fürbitte zur Hilfe für die Betroffenen.« EZA Berlin, 101/93/245. Im November berichtete Forck der KKL über Verhaftungen von sogenannten Totalverweigerern. Stolpe informierte auf der gleichen Tagung »über die Verhaftung von Wehrpflichtigen, die jede Form des Wehrdienstes verweigern. Im wesentlichen handelt es sich um die Jahrgänge 1959/60. Die Konferenz erörtert Möglichkeiten der Hilfe für die Betroffenen und ihre Familien. Es wird darum gebeten, das Sekretariat über neue Fälle zu informieren.« Protokoll Gienke/Stolpe-Ziegler-Kürschner über die 101. Tagung der Konferenz der Evangelischen Kirchenleitungen in der DDR am 8./9.11.1985 in Berlin, EZA Berlin, 101/93/238. Aufgrund der daraufhin von den Gliedkirchen erhaltenen Angaben über Verhaftungen, deren Aufnahme in die Fürbittlisten beabsichtigt war, nahm das BEK-Sekretariat eine namentliche Aufstellung der Einzelfälle vor und übergab diese dem Staatssekretariat für Kirchenfragen. Vgl. Protokoll Gienke-Ziegler-Kupas vom 29.11.1985 der 179. Sitzung des Vorstandes am 21.11.1985 in Berlin, EZA Berlin, 101/93/245. Ziegler hatte Hauptabteilungsleiter Heinrich deutlich gemacht, »daß mögliche Prozesse der Wehrdienstverweigerer Folgen haben werden, die weder dem Staat noch der Kirche nützten. Deshalb bäten die Kirchen um sorgsame Überprüfung und sicherten vertrauliche Behandlung ihrerseits zu. Wenn Verurteilungen erfolgten, bestünde jedoch die Absicht, die Betroffenen auf die Fürbittlisten der Kirchen zu setzen.« Vermerk Ziegler vom 15.1.1986 über ein Gespräch im Staatssekretariat für Kirchenfragen am 11.11.1985, EZA Berlin, 101/93/5. Hinsichtlich der Zeugen Jehovas gelangte der KKL-Vorstand jedoch zu dem Ergebnis: »Es besteht zur Zeit keine Möglichkeit, für diese Wehrdienstverweigerer tätig zu werden.« Protokoll Hempel-Ziegler-Lewek vom 6.1.1986 der 180. Sitzung des Vorstandes am 13.12.1985 in Berlin, EZA Berlin, 101/93/246. 1986 traten aber bereits wieder neue Fälle von Reservistenverweigerungen auf. Vgl. Schreiben Evangelisches Konsistorium Berlin-Brandenburg, Stolpe, an Gysi

vom 3.6.1986, BA, Abt. Potsdam, O-4, 1232. Vgl. auch Protokoll Stolpe-Kupas-Sell vom 30.7.1986 über die 187. Sitzung des Vorstandes am 24.7.1986 in Berlin: »Lewek wird gebeten, das Problem ›Wehrdienstverweigerung als Menschenrecht‹ in die Arbeitsgruppe Menschenrechte einzubringen.« EZA Berlin, 101/93/247.

48 Im Sommer 1986 teilte das Staatssekretariat für Kirchenfragen mit, lediglich 25 % der von der Kirche projektierten Vorhaben seien mit DDR-Mark realisierbar. Vgl. ebd.

49 Ein Jahr später stellte Heinrich die Anfrage, »ob diese Bitte ernst gemeint sei. Er könne es zur Zeit nur als Ulk verstehen. Denn bei den jetzigen Machern der Kirchenzeitungen fehle jede Grundlage. Einige der Kirchenzeitungen hätten sogar die Voraussetzung[.] verlassen, die Grundlage für die Lizenzerteilung gewesen ist. Es sei keine Bereitschaft bei diesen Zeitungsmachern vorhanden, sich wirklich von den zuständigen Stellen informieren zu lassen, um sich für ihre Berichterstattung zu qualifizieren. [...] Die Kirchenzeitungen hätten die Lizenz erhalten, über Theologie, kirchliche Entwicklung, Gemeindeleben zu berichten. Es sei ihnen auch unbenommen, zu Lebensfragen der Menschen sich zu Wort zu melden. Aber sie hätten nicht die Aufgabe, Politik zu treiben und nach westlichem Muster sich als Kritiker des Staates und der Gesellschaft aufzuspielen.« Vermerk Ziegler vom 18.5.1987 über ein Gespräch in der Dienststelle des Staatssekretärs für Kirchenfragen am 15.5.1987, 8.00-9.50 Uhr, EZA Berlin, 101/93/6.

50 Vermerk Heinrich vom 17.12.1985, BA, Abt. Potsdam, O-4, 1220.

51 W. Jarowinsky, Vermerk über eine Begegnung mit Landesbischof Hempel, Vorsitzender der Konferenz der Kirchenleitungen der DDR, SAPMO-BA ZPA J IV 2/2A/2846.

52 Ebd.

53 Vgl. RdB Rostock, Stellvertreter des Vorsitzenden für Inneres, Aktenvermerk Haß vom 11.12.1985 über das am 6.12.1985 stattgefundene Gespräch zwischen dem Stellvertreter des Vorsitzenden des RdB, Gen. Jürgen Haß, und Bischof Dr. Gienke, BA, Abt. Potsdam, O-4, 789; vgl. auch Notiz Haß über ein Gespräch des stellvertretenden Vorsitzenden des RdB Rostock mit Bischof Gienke; mit Paraphe EH, SAPMO-BA ZPA IV B2/14/69; Vermerk über ein Gespräch des stellvertretenden Vorsitzenden des RdB Rostock mit Bischof Gienke, SAPMO-BA ZPA J IV 2/2A/2846.

54 Arbeitsgruppe Kirchenfragen, Vermerk Bellmann vom 15.1.1986, Betr.: Erste Information über das Ergebnis der KKL-Tagung am 10./11.1.1986, SAPMO-BA ZPA IV B2/14/20.

55 Vgl. auch die der Sitzung des Politbüros des ZK der SED am 7.1.1986 vorgelegte Information Jarowinsky zu aktuellen Fragen der Politik gegenüber den evangelischen Kirchen, Anlage Nr. 13 zum Protokoll Nr. 1 vom 7.1.1986, SAPMO-BA ZPA J IV 2/2/2148.

56 Vgl. auch Abt. II, Berlin, den 23.4.1986, Aktuelle politische Tendenzen in den Kirchen und Religionsgemeinschaften in der DDR, Leitungsinformation 2/86: »Wie aus den Bezirksberichten hervorgeht, hat sich die bereits in der Leitungsinformation 1/86 ausgewiesene Tendenz, daß die sozialistische *Friedenspolitik* durch die überwiegende Mehrheit der Geistlichen und Amtsträger in den Kirchenleitungen und an der kirchlichen Basis wachsende Unterstützung findet, weiter stabilisiert. Das 3-Stufen-Abrüstungsprogramm der UdSSR, die Verlängerung des einseitigen sowjetischen Atomteststoppmoratoriums haben dabei wie Verlauf und Ergebnisse des XXVII. Parteitages der KPdSU und der Persönlichkeit ihres Generalsekretärs, Michail Gorbatschow, nachhaltige Wirkung auf die kirchlichen Vertreter gehabt. Die Erkenntnis hat sich vertieft und an Breite gewonnen, daß die Friedenspolitik der UdSSR und der anderen sozialistischen Staaten von Ehrlichkeit und Ernsthaftigkeit geprägt ist.« BA, Abt. Potsdam, O-4, 952.

57 Vgl. das in Teilen allerdings differenziertere Protokoll RdB Dresden, Stellvertreter des Vorsitzenden für Inneres, Vermerk Fuchs vom 24.1.1986 über Gespräch des Vorsitzenden des Rates, Gen. Günther Witteck, mit Landesbischof Dr. Hempel am 22.1.1986 im Gästehaus. Dort heißt es außerdem: »Der Landesbischof sprach dann über seine Reiseeindrücke in der VR China. An den Anfang stellte er einen Vergleich zwischen China und Argentinien. Daran seien ihm die Vorzüge des Sozialismus besonders deutlich geworden. Während in Argentinien die Kluft zwischen Reichen und Armen, die nichts hätten, so-

fort ins Auge falle, sei das in China ganz anders. Hier hätten alle nicht viel, aber keiner hätte nichts. In China gebe es keine Slums wie in Argentinien. Aufgefallen seien ihm der Fleiß, die Freundlichkeit, die Disziplin, die Einfachheit und die Fröhlichkeit der Menschen. Beeindruckt sei er von der Intensität des kirchlichen Lebens und von der Haltung der Staatsvertreter zu Religion und Kirche.« PDS-Archiv Dresden, IV E-2.14-672; auch SAPMO-BA ZPA IV B2/14/69. Nach China war Hempel gemeinsam mit Präses Höppner und Frau Herrbruck vom BEK-Sekretariat gereist. Vgl. Protokoll Hempel-Ziegler-Doyé über die 102. Sitzung der Konferenz der Evangelischen Kirchenleitungen in der DDR am 10./11.1.1986 in Berlin, EZA Berlin, 101/93/238.

58 Vgl. auch Schwerin, den 15.6.1986, Information über Verlauf und Ergebnisse der 2. Tagung der IV. Generalsynode der VELK DDR vom 12.-15.6.1986 in Schwerin: »Durch […] Bischof Dr. Leich wurden sowohl 1984 wie 1985 hervorragende Aussagen zur Friedenspolitik der DDR, zum 40. Jahrestag der Befreiung vom Faschismus und zum konstruktiven Verhältnis zwischen Staat und Kirche gemacht.« SAPMO-BA ZPA IV B2/14/152.

59 Berlin, den 23.01.1986, Information über die Einflußnahme in Vorbereitung der Synode des BEK, BA, Abt. Potsdam, O-4, 786; auch SAPMO-BA ZPA IV B2/14/92. Ziegler stellte den Bericht vor der Synodaltagung auch dem KKL-Vorstand vor. Vgl. Protokoll Hempel-Ziegler-Kupas vom 31.1.1986 der 181. Sitzung des Vorstandes am 23.1.1986 in Berlin, EZA Berlin, 101/93/246. Vgl. den Synodalbericht epd-Dok 9/86, 1-10.

60 Vgl. Berlin, den 23.01.1986, Information über die Einflußnahme in Vorbereitung der Synode des BEK. In der Anlage befand sich eine Aufstellung politisch progressiv eingestellter Synodaler: Domke (Potsdam), Dipl.-Ing. Krause (Berlin), Kiesow, Nollau (Dresden), Schultheiß, Hertzsch, Dipl.-Ing. König, Rechtsanwalt Lothar de Maizière (Berlin), »CDU-Mitglied seit 58, HGL-Vorsitzender, Ehrennadel der Nat. Front, Aktivist«, Dipl.-Ing. Hafa (Berlin), Abteilungsleiter Hirsch (Stralsund), Pastorin Laudan (Rostock), Handelsökonomin Lättig (Aschersleben), Pfr. Lerchner (Dresden), Kraftfahrer Welz (Dresden), Planungsleiter Geier (Greiz). BA, Abt. Potsdam, O-4, 786; auch SAPMO-BA ZPA IV B2/14/92. Zu Karl-Heinz Welz vgl. auch das positive staatliche Urteil in Rat der Stadt Dresden, Bereich Inneres, Staatspolitik in Kirchenfragen, Aktenvermerk Schulze vom 24.2.1986 über Gespräch am 21.2.1986 mit dem Synodalen Karl-Heinz Welz, SHStA Dresden, BT/RdB Dresden (Zwibo), 45935. Allerdings profilierte sich Welz nach der Erfurter Bundessynode als ausgesprochener Opponent des Staates. Vgl. 6.1.1987, Aktuelle politische Tendenzen in den Kirchen und Religionsgemeinschaften in der DDR – Leitungsinformation 6/86, BA, Abt. Potsdam, O-4, 953. Vgl. auch RdB Dresden, Stellvertreter des Vorsitzenden für Inneres, Informationsbericht der Monate Oktober/November 1986 vom 8.12.1986. Demnach sagte Welz zu den Ausreiseanträgen: »Trotz unterschiedlicher Ursachen für die Antragstellung sieht er das Hauptproblem im Umgang der Staatsorgane mit den Bürgern. Dort müssen die vielseitigen Anliegen sorgsamer, einfühlsamer und höflicher behandelt werden. Davon würde das Klima und die Atmosphäre wesentlich bestimmt.« Auf der anderen Seite äußerte sich Welz sehr kritisch über die Westmedien: »Er habe jetzt den Eindruck, daß diese Leute nur für Geld arbeiten und es ihnen egal ist, was sie aufnehmen. Hauptsache, es kann ›verkauft‹ werden.« SHStA Dresden, BT/RdB Dresden (Zwibo), 45940. Die Synodalen König, M. Huhn, Kirchner, de Maizière und Amberg sowie das KKL-Mitglied Mitzenheim gehörten der Ost-CDU an. Vgl. 1. (konstituierende) Tagung der 5. Synode des Bundes der Evangelischen Kirchen in der DDR, 31.1. bis 2.2.1986, Berlin-Stephanusstiftung, SAPMO-BA ZPA IV B2/14/92.

61 Vermerk Ziegler vom 15.1.1986 über ein Gespräch im Staatssekretariat für Kirchenfragen am 13.1.1986, 13.30-14.45 Uhr, EZA Berlin, 101/93/5. Vgl. auch Vermerk Ziegler vom 31.1.1986 über ein Gespräch in der Dienststelle des Staatssekretärs für Kirchenfragen am 30.1.1986, 14.00-15.15 Uhr: »Heinrich brachte seine Besorgnis darüber zum Ausdruck, daß durch die westlichen Korrespondenten, die sich in großer Zahl für die konstituierende Tagung der Bundessynode interessierten, neue Belastungen durch verzerrte Berichterstattung heraufbeschworen würden. Besondere Sorge bereiteten die elektronischen Medien. […] Es läge auch im Interesse der Kirchen des Bundes, es zu keiner

verzerrenden Berichterstattung kommen zu lassen, die nur darauf abziele, von den entscheidenden Themen auf Nebengleise abzulenken. Deshalb sei es auch schwer zu verstehen, daß die konstituierende Tagung der Bundessynode in Berlin und öffentlich gehalten werde. Ziegler erklärt, daß es in der Hoheit der Synode liege, wann sie öffentlich und wann sie unter Ausschluß der Öffentlichkeit tagen wolle. Da es eine öffentliche Tagung sei, könne niemand Journalisten, die sich in Berlin aufhalten, daran hindern, im Tagungsraum zuzuhören. [...] Ziegler erklärt, daß die kirchlichen Stellen sich nicht dazu bereitfinden könnten, Kontrollfunktionen, die den staatlichen Stellen zustünden, zu übernehmen. [...] Ziegler weist darauf hin, daß der Skandal unvermeidbar würde, falls die kirchlichen Organe dazu gedrängt würden, von sich aus administrative Maßnahmen zu ergreifen, um die Einhaltung staatlicher Entscheidungen zu gewährleisten.« A.a.O.

62 Gleichzeitig bestätigte der neugewählte Vorstand – allerdings bei einer Enthaltung, die jedoch auch von Stolpe selbst kommen konnte – auf seiner ersten Sitzung den Auftrag Stolpes, »in besonderen humanitären Anliegen tätig zu werden.« Protokoll Leich-Ziegler-Kupas vom 3.3.1986 der 182. Sitzung des Vorstandes am 19.2.1986 in Berlin, EZA Berlin, 101/93/246. Zu Stolpes 50. Geburtstag schrieb Gysi am 16.5.1986: »Ich verbinde damit meinen aufrichtigen Dank für Ihren großen persönlichen Beitrag, den Sie bisher zur konstruktiven Gestaltung des Staat-Kirche-Verhältnisses in der DDR geleistet haben. Mit Realitätssinn, mit dem Blick für das Mögliche haben Sie sowohl in Ihrer gesamtkirchlichen Verantwortung wie in Ihrer landeskirchlichen Tätigkeit, in komplizierten Verhandlungen wie in öffentlichen Reden, in der DDR wie im ökumenischen Raum engagiert jenen Zustand mit herbeigeführt, den wir heute als ein von Offenheit, Vertrauen und Kontinuität gekennzeichnetes Staat-Kirche-Verhältnis beschreiben können. Der Weg einer ›Kirche im Sozialismus‹ ist so weitgehend für Sie ein Stück persönlicher Lebensweg geworden.« BA, Abt. Potsdam, O-4, 2715. Auch Ministerpräsident Stoph gratulierte Stolpe. Vgl. Schreiben Konsistorialpräsident Stolpe an Stoph vom 25.5.1986: »Zu meinem 50. Geburtstag am 16. Mai haben Sie so freundlich an mich gedacht, dafür möchte ich Ihnen herzlich danken. Ich sehe in Ihrem Schreiben den Ausdruck stabiler, sachlicher und konstruktiver Beziehungen zwischen Staat und Kirche in der Deutschen Demokratischen Republik. Dankbar für Ihr unermüdliches Wirken zum Wohle aller Bürger grüße ich mit ausgezeichneter Hochachtung, Stolpe.« An Gysi schrieb Stolpe von seiner Potsdamer Anschrift aus: »Zum 16. Mai haben Sie so freundlich an mich gedacht, mich erfreut und mich beschämt. Es ist wohl doch etwas Besonderes mit dem fünfzigsten Geburtstag. Jedenfalls meinte Tochter Katrin, nun sei ich endgültig ein alter Knakker. Albrecht Schönherr dagegen kündigte an, daß nun die schönste Zeit käme. Ich hoffe, es erfahren zu können, und wäre froh, Sie bei dieser Erkundung weiter zu treffen. [...] Herzlichen Dank vor allem auch für das großartige Buchgeschenk! Mit ausgezeichneter Hochachtung!« BA, Abt. Potsdam, O-4, 2715. Zu seinem 50. Geburtstag überreichte das MfS IM »Sekretär« ein Geschenk im Wert von 2985,– M. Vgl. Operativgeldabrechnung in: Rechercheergebnisse zum IM »Sekretär«, Stand 12.4.1994, 268.

63 Nach Auskunft der Gauck-Behörde wurde Gaebler – als erster Präses der BEK-Synode – nicht von der HA XX/4 als IM geführt.

64 Die Kandidaten mußte eine von der KKL bestimmte Nominierungsgruppe festlegen, bestehend aus Forck, Gienke, Peter Müller, Mitzenheim, Domke und Nollau. Nachdem der Ausschuß die späteren Vorstandsmitglieder als Kandidaten vorgestellt hatte, wurde aus den Reihen der KKL zusätzlich Natho ins Gespräch gebracht, da Anhalt noch nie im KKL-Vorstand vertreten gewesen sei. Natho lehnte jedoch ab. Bei der Wahl entfielen bei 24 Anwesenden auf Leich 21, Demke 20, Stolpe 22 und Salinger 16 Ja-Stimmen. Vgl. Protokoll Leich-Ziegler über die 103. Tagung der Konferenz der Evangelischen Kirchenleitungen (konstituierende) am 1.2.1986 in Berlin, Stephanus-Stiftung, 20.50 Uhr, EZA Berlin, 101/93/238. Der Synode wurden anscheinend nur die Wahlergebnisse, nicht aber die Abstimmungsverhältnisse bekanntgegeben. Vgl. Rat der Stadt Dresden, Bereich Inneres, Staatspolitik in Kirchenfragen, Aktenvermerk Schulze vom 24.2.1986 über Gespräch am

21.2.1986 mit dem Synodalen Karl-Heinz Welz, SHStA Dresden, BT/RdB Dresden (Zwibo), 45935.
65 Dresdens Superintendent Ziemer äußerte nach der Wahl, »daß damit ›für den Staat ja Kontinuität garantiert wäre‹.« Er vermutete, daß es auf der Synode auch ablehnende Stimmen gegenüber dem KKL-Vorsitzenden gegeben hätte. Vgl. Rat der Stadt Dresden, Stellvertreter des Oberbürgermeisters für Inneres, Aktenvermerk Jörke vom 10.2.1986 über das Gespräch mit Superintendent Ziemer am 5.2.1986, a.a.O.
66 Berlin, den 2.2.1986, Information über die konstituierende Tagung der Synode des Bundes der Evangelischen Kirchen in der DDR (BEK), SAPMO-BA ZPA IV B2/14/92.
67 Vgl. z. B. die Äußerungen des Leipziger Superintendenten Magirius während des Jahreseröffnungsgespräches am 14.1.1986: »Angesichts der guten Erfahrungen miteinander und der günstigen Entwicklung des Staat-Kirche-Verhältnisses in Leipzig sehe er zunehmend eine gemeinsame Aufgabe von Staat und Kirche darin, den Grad der Bewußtheit der Menschen und ihre Bereitschaft zu gesellschaftlicher Mitverantwortung zu erhöhen. Zu oft treffe er noch auf Menschen, denen nur der eigene materielle Lebensstandard das Maß des Lebens sei. Er sehe auch kirchliche Wirkungsmöglichkeiten unter den Teilen der Jugend, die zu ihnen kommen. Er billige eine Entwicklung nicht, in der Jugendliche nur die Errungenschaften des Sozialismus und die kirchlichen Freiräume zu ihrem eigenen Vorteil wahrnehmen.« Leiter des Büros, Dienstreisebericht Dohle vom 4.2.1986, BA, Abt. Potsdam, O-4, 962. Vgl. auch das kirchliche Protokoll: »Christen und Marxisten sind engagiert. Problem sind die vielen Leute, die nichts tun, sich bedienen lassen.« Ch. Kaufmann u. a. (Hgg.), Sorget nicht, was ihr reden werdet, 226.
68 So auch Hempel im Gespräch mit dem Dresdener SED-Bezirkschef Modrow: »Er unterstützte die Auffassung des Genossen Hans Modrow, Distanz zu üben bis zur deutlichen Ablehnung gegenüber sogenannten Friedensgruppen, die sich in Wahrheit als oppositionelle Gruppierungen gegen die einheitliche Friedensbewegung in der DDR äußern. Die Landeskirche Sachsens will nicht, daß solche Vorkommnisse wie um Eppelmann auf die sächsische Landeskirche überschwappen.« Vermerk über das Treffen des 1. Sekretärs der Bezirksleitung Dresden der SED, Genossen Hans Modrow, mit dem Landesbischof der Sächsischen Landeskirche, Dr. Hempel, und dem Präsidenten für das Landeskirchenamt, Dr. Domsch, am 7.4.1986, PDS-Archiv Dresden, IV E-2.14-672.
69 Vgl. hierzu z. B. Abt. II, Information Gräfe vom 18.4.1986 zum Verlauf der Konsultation des BEK-Ausschuß Kirche und Gesellschaft, 11.-13.4.1986 in Woltersdorf, 2. Tag, 12.4.1986: »Diese Konsultation war nach 1978 die zweite zentrale Veranstaltung des BEK zur Bewahrung der Schöpfung. Erstmalig waren auch staatliche Vertreter anwesend. Prof. Dr. Egon Seidel vom Zentrum für Umweltgestaltung beim Ministerium für Umweltschutz und Wasserwirtschaft war auf Vermittlung des Staatssekretärs für Kirchenfragen durch den BEK als einer der Hauptreferenten eingeladen worden. Er wurde von Gen. Gräfe, Dienststelle des Staatssekretärs für Kirchenfragen, begleitet. [...] Die Veranstaltung nahm einen insgesamt politisch konstruktiven Verlauf. Sie bekräftigte und unterstützte die realistischen Kräfte beim BEK, in den Kirchenleitungen und an der kirchlichen Basis, die im Bereich des Umwelt- und Naturschutzes dem konstruktiven Verhältnis von Staat und Kirche konkret Gestalt geben wollen.« Vgl. auch Programm und Teilnehmerliste in der Anlage, BA, Abt. Potsdam, O-4, 969. Zur Vorbereitung der Tagung vgl. Protokoll Lewek der Sitzung des Ausschusses Kirche und Gesellschaft am 21./22.2.1986, EZA Berlin, 101/93/52 sowie Vermerk Lewek vom 9.4.1986 über ein Gespräch in der Dienststelle des Staatssekretärs für Kirchenfragen zu der bevorstehenden Umweltkonsultation des Bundes, Woltersdorf, 13.-15.4.1986: »Seidel [...] unterstreicht besonders, daß es bei seinem Auftreten in Woltersdorf keine Tabufragen geben werde.« EZA Berlin, 101/93/676. Die von dem Ausschuß vorgenommene Auswertung der Tagung kam zu dem Ergebnis: »Der Vortrag und das Auftreten von Professor Seidel wurden verschieden beurteilt. Brachte er Neues? War er nicht zu patriarchalisch und zu selbstsicher: wir haben alles in der Hand! Zeichnete sich nicht ein Lehrer/Schülerverhältnis ab? Es gab kein Angebot echter Partizipation. Auch die Rolle der Information wurde von oben nach unten gesehen: Wir infor-

mieren erst, wenn wir die Lösungen für bestehende Probleme gefunden haben.« Der Ausschuß erwog, ob nicht bei ähnlichen Tagungen zukünftig stärker an die Gemeinden heranzutreten sei als an die als unbequem empfundenen Gruppen. Vgl. Niederschrift Lewek über die Klausurtagung des Ausschusses »Kirche und Gesellschaft« vom 6.6.-8.6.1986 in Wittenberg, Paul-Gerhard-Stift, EZA Berlin, 101/93/46. Vgl. auch Maria Jacobi, Dresden, den 14.4.1986, Meine Eindrücke zur Konsultation zu dem Thema »Christliche Verantwortung für die bedrohte Schöpfung« in Woltersdorf, eingeladen vom Bund der Evangelischen Kirchen in der DDR – Ausschuß Kirche und Gesellschaft: »Im nachhinein glaube ich, es war auf der ganzen Konsultation von christlicher Verantwortung überhaupt nicht die Rede. Es ging weder um das ›Christsein‹ in seiner für mich schweren Bedeutung noch um die daraus hervorgehende noch schwerere Verantwortung hier und heute.« Ebd.

70 Niederschrift über die Ausführungen des Genossen Gysi vor den Sektorenleitern der Räte der Bezirke am 27.2.1986, SAPMO-BA ZPA IV B2/14/68. Am 4.2.1986 erhielt IM »Sekretär« ein Operativgeld in Höhe von 283,77 M. Vgl. Operativgeldabrechnung 5186, in: Rechercheergebnisse zum IM »Sekretär«, Stand 12.4.1994, 267. Vgl. auch Dr. Dohle, Parteigruppe am 3.2.1986 (Überlegungen zur Information an das Politbüro vom 7.1.1986). In Gesprächen mit den Geistlichen sei »das Staat-Kirche-Verhältnis daran zu messen, inwieweit die übereinstimmenden Positionen in Grundfragen zugenommen haben. Wir sollten die Kirchenpolitik der Partei ihrem Wesen nach als einen historischen Prozeß, als einen Spezialfall von Bündnispolitik darstellen (nicht im Sinne eines Bündnisses von Staat und Kirche oder Marxismus und Christentum, sondern in dem Sinne, daß die Arbeiterklasse Bündnispolitik mit Klassen und Schichten treibt und sich in all diesen Klassen und Schichten auch Gläubige befinden). Stellt man diese Politik als historischen Prozeß dar, an dessen Anfang höchst ungünstige Voraussetzungen im Verhältnis von Arbeiterbewegung und Kirche standen, dann macht man dem Zuhörer die ganze Größe des in 40 Jahren zum Verhältnis von Staat und Kirche Erreichten deutlich und macht den Geistlichen dadurch bereit, dieses Erreichte nicht leichtfertig zu verspielen. [...] Wir sollten den Geistlichen deutlich machen, daß der Sozialismus, so wie er heute ist, in den vergangenen 40 Jahren auch durch ihre Gemeindeglieder mit aufgebaut worden ist. Diese Christen haben den Sozialismus mitgemacht, selbst wenn ihnen die Kirchen dazu nicht geraten, ja sogar abgeraten haben. Partei und Regierung ihrerseits haben in diesen 40 Jahren mit einem hohen Maß an Kontinuität das Konzept der Einbeziehung verfolgt. Wo immer möglich, sollte der Kontinuität an entscheidenden Stationen in dieser 40jährigen Entwicklung sichtbar gemacht werden. Das vermittelt den Geistlichen das Gefühl der Stabilität und Endgültigkeit unserer Kirchenpolitik, was besonders deshalb wichtig ist, weil diese Geistlichen in ihren Kreisen Teile unserer Bevölkerung erreichen, die von unserer Propaganda nicht erreicht wird. [...] Das Angebot von Wissen über innen- und außenpolitische Sachzusammenhänge ist immer so zu vermitteln, daß es Hilfe zur kirchlichen Entscheidungsfindung und Positionspräzisierung sein kann. Erfahrungen besagen, daß erstaunlich wenig an allgemeinem politischem und auch an kirchenpolitischem Wissen vorausgesetzt werden darf. Das Auftreten von Experten und auch von uns selbst vor solchen Kreisen sollte keine Gelegenheit auslassen, realistische kirchliche Aussagen der kirchlichen Zentrale, der Bundessynode usw. an der kirchlichen Basis anzubringen. Selbst dieses innerkirchliche Wissen kommt nur bruchstückhaft, verspätet und entstellt an der kirchlichen Gemeindebasis an. [...] Wir sollten in den Gesprächen eine Atmosphäre schaffen, in der die Geistlichen spüren, daß wir sie ernst nehmen und der Sozialismus alle braucht. [...] Wir sollten in unseren Gesprächen den Geistlichen das Gefühl geben, daß sie das gute und konstruktive Staat-Kirche-Verhältnis selbst mit geschaffen haben (selbst wenn es im konkreten Einzelfall gar nicht so ist). Ihnen also das Gefühl vermitteln, daß sie nicht nur Objekte sind, daß also nicht nur sie in den vergangenen 40 Jahren etwas gelernt haben, sondern die Kommunisten auch. Damit stärken wir zwar das Selbstbewußtsein dieser Geistlichen, beheimaten sie zugleich aber stärker im Sozialismus.« BA, Abt. Potsdam, O-4, 962.

71 Vgl. die undatierte, frühestens Ende September 1986 entstandene Konzeption zur weiteren Durchsetzung der Staatspolitik in Kirchenfragen gegenüber der Evangelisch-Luthe-

rischen Kirche in Thüringen in den Bezirken Erfurt, Gera und Suhl: »Die Entwicklung in der Evangelisch-Lutherischen Kirche in Thüringen vollzog sich in den letzten Jahren auf der Grundlage und unter Beachtung der Prämissen, die dem konstruktiven Staat-Kirche-Verhältnis innewohnen. Mitglieder des Landeskirchenrates sowie weitere verantwortungsvolle Geistliche, Amtsträger und Synodale haben mit ihren Aussagen und durch ihr Wirken bekräftigt, daß sie an der Fortsetzung des bewährten und beispielgebenden Staat-Kirche-Verhältnisses im Thüringer Raum interessiert sind. [...] Der Landeskirchenrat und seine Mitglieder befinden sich mit ihren Wertungen, Meinungen und Handlungen auf der Linie, die durch den ›Thüringer Weg‹ vorgegeben und mit dem Gespräch vom 6.3.1978 festgeschrieben wurde. Das trifft auch auf alle vier Visitatoren der Thüringer Landeskirche zu. [...] Durch die Ignorierung der Arbeit der CFK, Region Thüringen, durch den Landeskirchenrat, besonders LB Dr. Leich, und durch undifferenzierte Handlungsweisen gegenüber der breiten Pfarrerschaft konnte die Wirkung der ernsthaften Bemühungen [der CFK], größeren Einfluß auszuüben bzw. einen größeren Sympathisantenkreis anzusprechen, nicht erreicht werden. [...] Die traditionelle Arbeit in den Jungen Gemeinden geschieht in unauffälliger und von Konfrontation freier Art und Weise.« SAPMO-BA ZPA IV B2/14/68.
72 Arbeitsgruppe Kirchenfragen, Vermerk vom 10.12.1986 für Genossen Jarowinsky über Gespräch mit Wolfgang Heyl am 8.12.1986, SAPMO-BA ZPA IV B2/14/20.
73 Vermerk Ziegler vom 27.2.1986 über ein Gespräch in der Dienststelle des Staatssekretärs für Kirchenfragen am 25.2.1986, 15.30 bis 17.15 Uhr, EZA Berlin, 101/93/5.
74 Hierüber berichtete auch das DDR-Fernsehen mit einer Spitzenmeldung in der Nachrichtensendung »Aktuelle Kamera« sowie das »ND« vom 4.2.1986 auf seiner Titelseite. Vgl. auch Rat des Kreises Bautzen, Schreiben Lawrenz, Stellv. d. Vors. f. Inneres, an RdB Dresden, Sektor Kirchenfragen, Gen. Lewerenz, vom 26.2.1986, betr. Frühjahrssynode, SHStA Dresden, BT/RdB Dresden (Zwibo), 45934. Vgl. auch Niederschrift über das Gespräch mit Frau Kahle, Großhennersdorf, am 10.2.1986. Kahle drückte über dieses Glückwunschschreiben ihre Freude aus: »Es würde das gewachsene Vertrauen zwischen Staat und Kirche dokumentieren.« A.a.O. Außerdem erhielt Leich Besuch von Eberhard Diepgen (18.4.1986), Staatssekretär Bräutigam (24.4.1986) und Lothar Späth (13.5.1986). Vgl. Protokoll Leich-Ziegler-von Rabenau über die 105. Tagung der Konferenz der Evangelischen Kirchenleitungen in der DDR am 9./10.5.1986 im Rüstzeitenheim Schönburg b. Naumburg (Saale), Bundesbesuchstage, EZA Berlin, 101/93/239. Das Gespräch mit Späth kam durch Vermittlung von Staatssekretär Gysi zustande. Vgl. Vermerk Ziegler vom 23.4.1986 über ein Gespräch in der Dienststelle des Staatssekretärs für Kirchenfragen am 21.4.1986, 15-17.30 Uhr, EZA Berlin, 101/93/5.
75 Vermerk Heinrich vom 27.2.1986 über ein Gespräch des Hauptabteilungsleiters mit Oberkirchenrat Ziegler am 25.2.1986, BA, Abt. Potsdam, O-4, 1230. Vgl. auch Vermerk Ziegler vom 27.2.1986 über ein Gespräch in der Dienststelle des Staatssekretärs für Kirchenfragen am 25.2.1986, 15.30 bis 17.15 Uhr, EZA Berlin, 101/93/5. Vgl. auch Protokoll Leich-Ziegler-Kupas vom 3.3.1986 der 182. Sitzung des Vorstandes am 19.2.1986 in Berlin: »Es werden weiterhin angesprochen: technische und andere Hilfen für den Vorsitzenden, die sich aus der räumlichen Trennung zwischen Eisenach und Berlin ergeben.« EZA Berlin, 101/93/246.
76 Ebd.
77 Vgl. Protokoll Leich-Ziegler-Lewek vom 16.6.1986 der 185. Sitzung des Vorstandes am 4.6.1986 in Berlin, 14.00 Uhr, EZA Berlin, 101/93/247. Vgl. auch den Sitzungsvermerk in ABB Bonn, Akte Ratssitzungen.
78 Protokoll Leich-Ziegler-Lewek vom 29.9.1986 der 189. Sitzung des Vorstandes am 19.9.1986 in Erfurt (Beginn 10.00 Uhr, Ende 13.00 Uhr), a.a.O.
79 Gysi hatte eigentlich für die Zeit zwischen dem 10. und dem 14.3.1986 zu einem Mittagessen eingeladen. Dies war dem Vorstand allerdings zu früh, so daß es zu dem späteren Termin am Nachmittag kam. Im Sitzungsprotokoll heißt es weiter: »Der Vorstand hält die Annahme der Einladung vorbehaltlich der Zustimmung der Konferenz für denkbar

unter der Voraussetzung, daß bei dieser Gelegenheit das Arbeitsprogramm und die Erwartungen des Bundes für die künftige Arbeit vorgestellt werden können und die Veröffentlichung von Gesprächsergebnissen im Rahmen einer abgestimmten Presseerklärung erfolgt.« Protokoll Leich-Ziegler-Kupas vom 3.3.1986 der 182. Sitzung des Vorstandes am 19.2.1986 in Berlin, EZA Berlin, 101/93/246. Zur weiteren Vorbereitung vgl. Vermerk Ziegler vom 27.2.1986 über ein Gespräch in der Dienststelle des Staatssekretärs für Kirchenfragen am 25.2.1986, 15.30 bis 17.15 Uhr, EZA Berlin, 101/93/5. Vgl. auch Vermerk Ziegler vom 31.3.1986 über ein Gespräch in der Dienststelle des Staatssekretärs für Kirchenfragen am 3.3.1986, 13.00-13.30 Uhr, a.a.O. Zwei Tage vor dem Gespräch überreichte Ziegler Dohle einen ersten Entwurf der Hauptaussagen von Leichs geplantem Redebeitrag. Dohle informierte über die zu Gysis Ausführungen geplante Pressemitteilung. Vgl. Vermerk Ziegler vom 31.3.1986 über ein Gespräch in der Dienststelle des Staatssekretärs für Kirchenfragen am 19.3.1986, 10.00-12.30 Uhr, a.a.O.

80 Nach einem Gespräch mit der Kirchenleitung Anhalts vermerkte die staatliche Seite positiv: »Die kirchlichen Amtsträger unterließen jeden Versuch, die 1986 durch die Bundessynode aufgeworfenen Probleme eines angeblichen Defizits in der Realisierung der Menschenrechte in der DDR aufzugreifen bzw. anzusprechen.« RdB Halle, Stellv. des Vorsitzenden für Inneres, Information Pöhner vom 24.2.1987 zum Gespräch des Vorsitzenden des RdB Halle, Gen. Kolodniak, mit dem Kirchenpräsidenten der Ev. Landeskirche Anhalts, Eberhard Natho, am 23.2.1987 in Dessau, LPA Halle, IV F-2/14/368.

81 Vgl. hierzu auch das Schreiben von Martin Gutzeit und Markus Meckel an Klaus Gysi vom 10.8.1986, in dem sie sich über Einreiseverweigerungen gegenüber Bundesbürgern zur Teilnahme am 5. mobilen Friedensseminar in Mecklenburg (2.-10.8.1986) sowie das Röder erteilte Berichterstattungsverbot über dieses Seminar unter Berufung auf die Helsinki-Schlußakte beklagten. Vgl. EZA Berlin, 101/93/78.

82 Während des regionalen Kirchentages in Kamenz klagte Sachsens LKA-Präsident Domsch am 6.7.1986: »Mit der Volksbildung ist nicht ins Gespräch zu kommen. Wir sind der Meinung, daß wir wenigstens mal reden müßten, aber dazu gibt es keine Bereitschaft seitens der Volksbildung.« Rat des Kreises Kamenz, Stellv. d. Vors. f. Inneres, Barthel, an RdB Dresden, Sektor Kirchenfragen, Gen. Dr. Lewerenz, am 9.7.1986, Information über den Kirchenkongreß und Kirchentag im Kirchenbezirk Kamenz vom 4.-6.7.1986, SHStA Dresden, BT/RdB Dresden (Zwibo), 47587. Vgl. auch die Äußerung von Pfarrer Gröger, Stadtjugendpfarramt Leipzig, auf dem Jahreseröffnungsgespräch am 14.1.1986: »Die Kirchenpolitik der SED müsse sich erst noch bei den Lehrern, bei den FDJ-Kreisleitungen und bei den Schutz- und Sicherheitsorganen herumsprechen.« Leiter des Büros, Dienstreisebericht Dohle vom 4.2.1986, BA, Abt. Potsdam, O-4, 962; vgl. auch SED-BL Dresden, Hausmitteilung Abteilung Staat und Recht, Göpfert, an Genossen Hans Modrow vom 4.4.1986, Vorbereitung des Gespräches am 7.4.1986 mit Präsident Domsch, PDS-Archiv Dresden, IV E-2.14-672. Auch die provinzsächsische Herbstsynode 1986 unterstrich die »Dringlichkeit eines Gespräches über Volksbildungsfragen auf höchster Ebene«. Protokoll Leich-Ziegler-Karpinski über die 108. Tagung der Konferenz der Evangelischen Kirchenleitungen in der DDR am 7./8.11.1986 in Berlin, EZA Berlin, 101/93/240. Vgl. den Beschluß der Synode zum Bildungswesen, in epd-Dok 52/86, 53.

83 Information Gysi vom 1.4.1986: »Das Gespräch und das folgende Zusammensein verliefen in einer offenen, vertrauensvollen und sehr freundlichen Atmosphäre«, wertete der Staatssekretär. BA, Abt. Potsdam, O-4, 1457; auch SAPMO-BA ZPA IV B2/14/42. Vgl. auch Vertrauliche Information Ziegler vom 1.4.1986 für die Mitglieder der Konferenz der Evangelischen Kirchenleitungen über einen Empfang des Staatssekretärs für Kirchenfragen für den Vorstand der Konferenz und das Präsidium der Bundessynode am 21.3.1986, EZA Berlin, 101/93/5.

84 Vgl. auch Essen des Staatssekretärs für Kirchenfragen für den neuen Vorstand der KKL und das neue Präsidium der 5. Synode des BEK mit Sitz- und Menüplan, BA, Abt. Potsdam, O-4, 1457.

85 SED-BL Dresden, Abt. Staat und Recht, Abteilungsleiter Göpfert, Einige Informationen zu Vorgängen im kirchlichen Raum, PDS-Archiv Dresden, IV E-2.14-672.
86 Vgl. auch Schwerin, den 15.6.1986, Information über Verlauf und Ergebnisse der 2. Tagung der IV. Generalsynode der VELK DDR vom 12.-15.6.1986 in Schwerin, SAPMO-BA ZPA IV B2/14/152. Zur Vorbereitung vgl. auch Niederschrift zur Sitzung der Kirchenleitung der VELK in der DDR am 10.1.1986 in Berlin, LKA Hannover, D 15 XII, Hauptgruppe 1, K 11/C 1211-1/II.
87 Vgl. auch Generalsynode der VELK wählte Leitenden Bischof. Dokument gegen atomare Waffen und Krieg verabschiedet, in: ND vom 16.6.1986. Vgl. die Tendenzaussage der VELKD-Synode vom 14.6.1986, in: epd-Dok 33/86, 31.
88 Vermerk Heidingsfeld vom 10.7.1986 über die Zusammenkunft der Beratergruppe am 18.6.1986, EZA Berlin, 4/92/17. Der Leitende Bischof der VELKD, Karlheinz Stoll, schrieb den Mitgliedern der Kirchenleitung der VELK DDR am 29.8.1986: »Wir haben diesen Bericht [über den Verlauf der Generalsynode in Schwerin] mit großem Interesse und innerer Anteilnahme gehört, und wir sind davon überzeugt, daß die Ergebnisse Ihrer Verhandlungen Ihren Bemühungen entsprechen, auf größere Einheit und Gemeinschaft der Kirchen in der DDR hinzuwirken. Wir wissen auch, daß dies eine Aufgabe ist, die sich Ihre Kirche von Anfang an gestellt hat, und wir sind mit Ihnen der Überzeugung, daß es ein theologisch legitimes Anliegen ist, Einheit und Gemeinschaft der Kirchen anzustreben und dafür zu arbeiten. Als Ihr unmittelbarer Partner in der Bundesrepublik liegt uns sehr viel daran, diesen Ihren Weg intensiv und konstruktiv zu begleiten. Wir sind daher außerordentlich dankbar, daß auch Ihre Generalsynode zum Ausdruck gebracht hat, daß eine bleibende Aufgabe die ›Pflege der besonderen Gemeinschaft mit der VELKD sei‹ und daß Sie uns dazu auch weitere Gesprächsmöglichkeiten anbieten. Ich wurde von unserer Kirchenleitung ausdrücklich gebeten, Ihnen mitzuteilen, daß wir dieses Angebot sehr begrüßen und darin ein Zeichen unserer engen Verbindung und Gemeinschaft sehen.« LKA Hannover, D 15 XII, Hauptgruppe 1, K 11/C 1211-1/II.
89 Die Thüringer Synode hatte im übrigen den Auflösungsprozeß der VELK auch dadurch beschleunigt, daß sie 1985 ihre Bundessynodalen auch zu Mitgliedern der VELK-Generalsynode wählte. Vgl. Protokoll Hempel-Ziegler-von Rabenau/Günther über die 98. Tagung der Konferenz der Evangelischen Kirchenleitungen in der DDR am 10./11.5.1985 in Berlin, EZA Berlin, 101/93/237.
90 Vermerk Lingner über die Zusammenkunft der Beratergruppe am 19.6.1985, EZA Berlin, 4/92/16. Vgl. auch 1. Tagung der IV. Generalsynode der VELK DDR vom 13.-16.6.1985 in Leipzig, Drucksache 8: Bericht des Amtierenden Leitenden Bischofs. Die sächsische Frühjahrssynode 1985 hatte sich in einer Debatte über den weiteren Weg der VELK auf keine gemeinsame Position verständigen können. Vgl. RdB Dresden, Sektor Staatspolitik in Kirchenfragen, Dresden, den 24.3.1985, Tagesinformationen zur Frühjahrssynode 1985 der Ev.-Luth. Landeskirche Sachsens vom 23.-27.3.1985 in Dresden, 2. Verhandlungstag (24.3.1985), SHStA Dresden, BT/RdB Dresden (Zwibo), 44878. Im Protokoll der VELK Kirchenleitungssitzung am 11.1.1985 in Berlin heißt es, die gegenwärtige Situation lasse »weder eine Verlängerung des Status quo noch eine Auflösung der VELK zu[.], [lege] aber eine weitere Übertragung von Aufgaben und die Vereinfachung der Tätigkeit der Organe nahe[.].« LKA Hannover, D 15 XII, Hauptgruppe 1, K 2/C 1211-1/I. Vgl. auch die kontroverse Debatte auf der Kirchenleitungssitzung am 8.3.1985 in Berlin. Sitzungsprotokoll a.a.O.
91 Bei nur sechs Gegenstimmen beschlossen. Vgl. RdB Dresden, Sektor Staatspolitik in Kirchenfragen, Dresden, den 17.3.1986, Tagesinformationen zur Frühjahrstagung der Landessynode der Ev.-Luth. Landeskirche Sachsens vom 15.-19.3.1986, SHStA Dresden, BT/RdB Dresden (Zwibo), 46615. Vgl. auch Abt. II, Vorlage Braemer vom 16.6.1986 an die Dienstbesprechung am 30.6.1986, Thema: Information zu Verlauf und Ergebnissen der Frühjahrssynoden der evangelischen Landeskirchen sowie der Synoden der EKU und der VELK in der DDR. Braemer erklärte dies so: »Dabei verstärkten sich Überlegungen zum weiteren Weg der Kirchen angesichts ihres schwindenden Einflusses und zuneh-

mender innerkirchlicher Schwierigkeiten, traditionelle Strukturen aufrechtzuerhalten. Diese innerkirchliche krisenhafte Entwicklung ist deutlich mit Erscheinungen der Resignation verknüpft sowie mit daraus resultierenden Unsicherheiten über den Weg der Kirche in der Zukunft, über ihre inhaltlichen Bestimmungen und strukturellen Formen. [...] Bestehende Unsicherheiten, wieweit kirchliche Strukturen noch sinnvolle Funktionen erfüllen, zeigten sich in der Entscheidung der sächsischen Synode«. BA, Abt. Potsdam, O-4, 952.

92 Protokoll zur Sitzung der Kirchenleitung der VELK in der DDR am 9.4.1986 in Berlin, LKA Hannover, D 15 XII, Hauptgruppe 1, K 11/C 1211-1/II.

93 Niederschrift über die Sitzung der Kirchenleitung der VELK in der DDR am Freitag, den 5.9.1986, in Berlin, Auguststraße 80, a.a.O.

94 Protokoll Stolpe-Ziegler-Riese über die 106. Tagung der Konferenz der Evangelischen Kirchenleitungen in der DDR am 4./5.7.1986 in Berlin, EZA Berlin, 101/93/239.

95 Vgl. Vermerk Hammer vom 1.6.1987 über die 29. Konsultation (Klausurtagung) zwischen dem Bund der Ev. Kirchen in der DDR und der Ev. Kirche in Deutschland vom 24. bis zum 27.5.1987 in Fischbach (Bodensee), EZA Berlin, 101/93/815. Die Frühjahrssynoden Mecklenburgs und Sachsens 1987 hatten der Integrierung der Arbeit der VELK in den BEK zugestimmt. Vgl. Protokoll Leich-Ziegler-von Rabenau über die 111. Tagung der Konferenz der Evangelischen Kirchenleitungen in der DDR am 8./9.5.1987 in Dessau, EZA Berlin, 101/93/242.

96 Vermerk Heidingsfeld vom 23.6.1987 über die Zusammenkunft der Beratergruppe am 22.6.1987, EZA Berlin, 4/92/18. Vgl. auch Protokoll Leich/Stolpe-Ziegler-Riese über die 112. Tagung der Konferenz der Evangelischen Kirchenleitungen in der DDR am 3./4.7.1987 in Berlin: »Um verbleibende Aufgaben der VELK innerhalb des Bundes der Evangelischen Kirchen wahrzunehmen, wird eine Koordinierungsgruppe gebildet. Sie soll bekenntnisrelevante Fragen der lutherischen Kirchen prüfen, noch bestehende Rechtsfragen bearbeiten und die Beziehungen zur VELKD in der BRD wahrnehmen. Diese Koordinierungsgruppe soll aus den Bischöfen und weiteren Vertretern der drei lutherischen Gliedkirchen in der Konferenz der Ev. Kirchenleitungen sowie sechs Synodalen, die möglichst auch Mitglieder der Bundessynode sein sollen, gebildet werden.« EZA Berlin, 101/93/242. Vgl. auch Abt. II, Schriftliche Information vom 17.5.1988 zu einer verbindlicheren Gemeinschaft zwischen den evangelischen Landeskirchen in der DDR: »Mit dieser Koordinierungsgruppe haben sich die lutherischen Landeskirchen ein Gremium erhalten, das auf Grund seiner Zusammensetzung aus einflußreichen Vertretern auch weiterhin in gewissem Umfang zu kirchenleitender Tätigkeit in der Lage ist und so die Selbständigkeit der lutherischen Kirchen als besondere Größe wahren kann.« BA, Abt. Potsdam, O-4, 1460.

97 Niederschrift über die Sitzung der Kirchenleitung der VELK am Freitag, dem 4.9.1987, in Berlin (9.30-15.00 Uhr), LKA Hannover, D 15 XII, Hauptgruppe 1, K 11/C 1211-1/II.

98 Vgl. Protokoll Leich-Ziegler-Ritter über die 114. Tagung der Konferenz der Evangelischen Kirchenleitungen in der DDR am 6./7.11.1987 in Berlin, EZA Berlin, 101/93/242. Vgl. auch Niederschrift über die Sitzung der Kirchenleitung am Freitag, dem 6.11.1987, in Berlin (9.30 Uhr-15.00 Uhr), LKA Hannover, D 15 XII, Hauptgruppe 1, K 11/C 1211-1/II.

99 Vor dieser Sitzung hatte es bei Bischof Stier, der neu in der Konsultationsgruppe war, gewisse Irritationen gegeben, weil Gienke ihm versichert hatte, es sei nicht weiter tragisch, wenn er bereits zwei Tage vor Beendigung der Klausurtagung abreise. Als Stier dann jedoch das Programm in die Hände bekam, fühlte er sich durch seinen Kollegen getäuscht, da noch wichtige Punkte auf der Tagesordnung standen. Vgl. Schreiben Stier an Ziegler vom 7.4.1986, EZA Berlin, 101/93/841. Die Konsultation fand letztendlich doch nur bis zum 31.5., Stiers vorgesehenem Abreisetag, statt. Vgl. Vermerk (Teil-Niederschrift Hammer) vom Juli 1986 über die 25. Konsultation zwischen dem Bund der Evangelischen Kirchen in der DDR und der Evangelischen Kirche in Deutschland vom 28. bis 31.5.1986 in Friedewald, a.a.O. Vgl. auch Vermerk Ziegler vom 23.4.1986 über ein Gespräch in der Dienststelle des Staatssekretärs für Kirchenfragen am 21.4.1986, 15-17.30 Uhr. Ziegler

verwies darauf, die DDR-Vertreter würden keine Interviews geben. Die Presse sei von der Sitzung ausgeschlossen. EZA Berlin, 101/93/5.
100 Vermerk (Teil-Niederschrift Hammer) vom Juli 1986 über die 25. Konsultation zwischen dem Bund der Evangelischen Kirchen in der DDR und der Evangelischen Kirche in Deutschland vom 28. bis 31.5.1986 in Friedewald, EZA Berlin, 101/93/841.
101 Ebd.
102 Lt. Vermerk Hammer über die 28. Konsultation vom 10.4.1987 (EZA Berlin, 101/93/815) gehörte z. B. ein Bericht über die hessische Landtagswahl und »die gegenwärtige Situation der SPD (Rücktritt des Parteivorsitzenden und anderes)« zum Programm.
103 Vermerk Hammer vom 1.6.1987 über die 29. Konsultation zwischen BEK und EKD vom 24. bis 27.5.1987, EZA Berlin, 101/93/815.
104 Vgl. auch Protokoll Leich-Ziegler-Kupas vom 5.5.1986 der 184. Sitzung des Vorstandes am 23.4.1986 in Berlin, 10.00-16.30 Uhr: »Stolpe fragt die Gratulation des Bundes zum 80. Geburtstag von Herbert Wehner an. Der Vorstand verständigt sich zu einem Grußschreiben des Vorsitzenden (Entwurf Stolpe). Dr. Domsch, Stolpe und Ziegler werden gebeten zu überprüfen, ob eine persönliche Überbringung möglich ist.« EZA Berlin, 101/93/246. Zwei Monate später lag eine Einladung zur für den 11. Juli in Recklinghausen geplanten Geburtstagsfeier für zwei Personen aus dem BEK-Bereich auf dem Tisch. Der Vorstand entsandte Stolpe und fragte die sächsische Landeskirche an, ob sie bereit sei, einen Vertreter zu schicken. Vgl. Protokoll Leich-Ziegler-Lewek vom 2.7.1986 der 18. Sitzung des Vorstandes am 23.6.1986 in Berlin, 10.00-16.00 Uhr, EZA Berlin, 101/93/247. Das Schreiben Leich an Wehner ist abgedruckt in G. Besier, Der SED-Staat und die Kirche 1969-1990. Die Vision vom »Dritten Weg«, 297.
105 Vermerk Hammer vom 1.6.1987 über die 29. Konsultation zwischen BEK und EKD vom 24. bis 27.5.1987, EZA Berlin, 101/93/815.
106 Vgl. Rat des Kreises Bautzen an RdB Dresden, Fuchs, vom 24.1.1986, Kirchenpolitische Information Lawrenz, Stellv. d. Vors. f. Inneres, Berichterstattung Januar 1986: »Anerkennung fand insgesamt die Tatsache, daß Michail Gorbatschow ein hohes diplomatisches Können bei den Verhandlungen mit Ronald Reagan bewies.« SHStA Dresden, BT/RdB Dresden (Zwibo), 44869. Ähnlich RdB Dresden, Stellvertreter des Vorsitzenden für Inneres, Informationsbericht vom 10.2.1986 für die Monate Dezember 1985/Januar 1986, SHStA Dresden, BT/RdB Dresden (Zwibo), 45940.
107 Zu Kontakten zwischen DDR-Kirchenvertretern und Mitarbeitern der Bonner Vertretung in Berlin (Ost) vgl. z. B. Information Hans Wilke vom 4.7.1987, BA, Abt. Potsdam, O-4, 1078.
108 Vgl. dazu G. Löwenthal u. a. (Hgg.), Feindzentrale Hilferufe von drüben, Lippstadt ²1994, bes. 22 ff.; 89 ff.
109 RdB Magdeburg, Stellv. d. Vorsitzenden f. Inneres, Information Lubas vom 1.7.1986 zum Gespräch mit dem evangelischen Kirchenpräsidenten Spengler (Hessen-Nassau) und Bischof Dr. Demke am 3.6.1986 in der Zeit von 11.00 bis 13.00 Uhr: »Das Gespräch, für das sich Präsident Spengler beim Unterzeichner sehr betont bedankte, verlief in durchgehend sachlicher und aufgeschlossener Atmosphäre.« SAPMO-BA ZPA IV B2/14/69.
110 Abt. II, Information Wilke vom 3.7.1986 über ein Gespräch mit Mitgliedern der Leitung der Evangelischen Kirche in Westfalen am 20.6.1986 im Hospiz Albrechtstraße, BA, Abt. Potsdam, O-4, 995; auch a.a.O., O-4, 4869; vgl. auch Abt. IB, Aktennotiz Braemer vom 25.7.1986 über ein Gespräch mit Tilman Schmieder, Generalsekretär der Arbeitsgemeinschaft Evangelischer Jugend (AEJ) in der BRD, BA, Abt. Potsdam, O-4, 4869; Abt. Internationale Beziehungen, Aktennotiz Braemer vom 18.12.1986 über ein Gespräch mit dem Generalsekretär der AEJ, Tilman Schmieder, am 12.12.1986 in der Dienststelle, a.a.O.
111 Vgl. Dr. Dohle, Parteigruppe am 3.2.1986 (Überlegungen zur Information an das Politbüro vom 7.1.1986), BA, Abt. Potsdam, O-4, 962.
112 Vgl. Abt. II, Berlin, den 23.4.1986, Aktuelle politische Tendenzen in den Kirchen und

Religionsgemeinschaften in der DDR, Leitungsinformation 2/86, BA, Abt. Potsdam, O-4, 952. Vgl. auch Vermerk über das Treffen des 1. Sekretärs der Bezirksleitung Dresden der SED, Genossen Hans Modrow, mit dem Landesbischof der Sächsischen Landeskirche, Dr. Hempel, und dem Präsidenten für das Landeskirchenamt, Dr. Domsch, am 7.4.1986: »Der KPdSU-Parteitag [so Hempel] wäre im kirchlichen Raum mit Aufgeschlossenheit und unterschiedlicher Reaktion verfolgt worden. [...] In zunehmender Weise findet dabei das sichere und überzeugende Auftreten des Generalsekretärs Gorbatschow, seine Sprachweise, seine Konstruktivität in der Friedensfrage und die Art, wie er die inneren Probleme, vor allem die der ökonomischen Erfordernisse, in prinzipieller Weise anpackt, im kirchlichen Raum Zustimmung. Analog dazu habe sich die kritische Grundeinstellung zur Politik Reagans stark erhöht, die Unterschiede in der Konstruktivität der Friedensfrage sind eindeutig.« PDS-Archiv Dresden, IV E-2.14-672.
113 Vgl. aber RdB Dresden, Sektor Staatspolitik in Kirchenfragen, Information Lewerenz vom 16.4.1986 über ein Gespräch des Stellvertreters des Vorsitzenden des RdB für Inneres, Gen. Fuchs, mit den Superintendenten der Ev. Kirche des Görlitzer Kirchengebietes am 10.4.1986: »Sup. Gerlach stellte zu Beginn seines Beitrages die Frage, wie weit denn alle Mitbürger in den Fragen des Umdenkens und des wechselseitigen Vertrauens, wie es heute erforderlich sei, überhaupt mitgehen. Er habe in einer Elternversammlung den Leiter für Wehrunterricht nach der Gorbatschow-Rede auf dem XXVII. Parteitag der KPdSU gefragt. Dieser sei in große Verlegenheit gekommen. Er, Gerlach, habe festgestellt, daß der Wehrunterricht und vor allem das Wehrlager in erschreckender Weise ›hurrapatriotisch‹ ablaufe. Hier müsse man mehr Friedenserziehung praktizieren. Von vielen – auch von Schülern – werde gefragt, ob man nicht besser Grünanlagen pflegen sollte, statt zwei Stunden auf dem Schulhof zu exerzieren.« A.a.O.
114 Abt. II, Vorlage Gräfe vom 21.5.1986 an die Dienstbesprechung am 26.5.1986, Thema: Information zu den Reaktionen aus dem kirchlichen Raum zu den Ergebnissen des XI. Parteitages der SED, BA, Abt. Potsdam, O-4, 952. Die beim Hauptvorstand der CDU sowie beim Nationalrat der Nationalen Front vorgenommenen Einschätzungen fielen ähnlich aus. Vgl. Leiter des Büros, Dohle, Protokoll vom 29.5.1986 der Dienstbesprechung vom 26.5.1986, a.a.O. Vgl. auch Abt. II, Vorschlag vom 20.5.1986 zur Beratung mit den Sektorenleitern Staatspolitik in Kirchenfragen am 24. und 25.6.1986 in Auswertung des XI. Parteitages der SED und zu den Ergebnissen der Wahlen vom 8.6.1986, a.a.O. Den Plan bestätigte die Dienstbesprechung im Staatssekretariat für Kirchenfragen. Vgl. Leiter des Büros, Dohle, Protokoll vom 29.5.1986 der Dienstbesprechung vom 26.5.1986, a.a.O.
115 RdB Rostock, Stellvertreter des Vorsitzenden für Inneres, Information Haß vom 23.4.1986 über das Gespräch des Stellvertreters des Vorsitzenden für Inneres, Gen. Haß, mit Landesbischof Stier und Oberkirchenratspräsident Müller am 21.4.1986. Haß notierte abschließend:»Da die Aussagen und Erklärungen des Bischofs zu den staatlichen Bemühungen der DDR und der Sowjetunion in Friedensfragen relativ progressiv waren, wurde die Frage der Veröffentlichung seiner Darstellungen aufgeworfen. Bischof Stier lehnte dieses ab und bat um Verständnis, daß er das aus innerkirchlichen Gründen nicht für opportun hält. [...] Aus der Gesamtwertung des Gespräches wurde deutlich, daß die Bereitschaft Stiers zu Äußerungen über die Friedenspolitik der DDR sowie zur konstruktiven Ausgestaltung des Staat-Kirche-Verhältnisses gewachsen, seine politische Gesamthaltung jedoch nach wie vor schwer bestimmbar ist. Erklärungen zur Friedensfrage blieben im Prinzip verbal. Der Bischof distanzierte sich z. B. nicht von der USA-Aggression gegenüber Libyen oder der Unterstützung der BRD-Regierung zum SDI-Programm. Obwohl die gesamte Anlage der Begegnung von Offenheit geprägt war, ging Stier mehrfach bei einfachen Sachfragen zum Problematisieren über. [...] Bei der weiteren zielgerichteten Arbeit der staatlichen Organe mit dem Landesbischof ist die sensible Haltung Stiers in allen kirchenpolitischen Entscheidungen stärker zu berücksichtigen.« BA, Abt. Potsdam, O-4, 1475.
116 Vgl. Protokoll Leich-Ziegler-Kupas vom 5.5.1986 der 184. Sitzung des Vorstandes am 23.4.1986 in Berlin, 10.00-16.30 Uhr, EZA Berlin, 101/93/246.

117 Vgl. auch Protokoll Leich-Ziegler-Herrbruck/Dorgerloh über die 104. Sitzung der Konferenz der Evangelischen Kirchenleitungen in der DDR vom 7. bis 9.3.1986 in Bad Saarow (Klausurtagung), EZA Berlin, 101/93/238.
118 Vgl. auch Vermerk Ziegler vom 5.11.1986 über ein Gespräch in der Dienststelle des Staatssekretärs für Kirchenfragen am 28.10.1986, 14.00-16.15 Uhr: »Heinrich beanstandet den Antrag des Bundes für die Gäste zur Friedensdekade. Er behauptet, daß gegen die Absprachen verstoßen sei. [...] Das alles deutet darauf hin, daß der Bund eine Internationalisierung der Friedensdekade anstrebe. Dieses sei nicht zuzulassen. Solange der Bund keine neue Konzeption für die Friedensdekade mit dem Staat abspreche, würden solche Anträge nicht mehr bearbeitet. Ziegler erhebt entschieden Einspruch gegen diese Behauptungen.« Nach Zieglers »Erläuterungen erklärt Heinrich, daß die Liste dieses Jahr noch einmal bearbeitet würde.« EZA Berlin, 101/93/5.
119 Zur Vorbereitung der Friedensdekade 1986 vgl. auch Mitteilung Arbeitsgruppe Kirchenfragen, Peter Kraußer, an Jarowinsky vom 3.7.1986, SAPMO-BA ZPA IV B2/14/96. Das vorgelegte Material konnte das Staatssekretariat für Kirchenfragen wegen seiner pessimistischen Aussagen nicht akzeptieren. Außerdem blieb es nach staatlicher Auffassung »weit hinter den Gorbatschow-Vorschlägen zurück[.]«. SED-BL Dresden, Abteilung Staat und Recht, Informationen Abteilungsleiter Graff an Genossen Hans Modrow vom 11.9.1986, PDS-Archiv Dresden, IV E-2.14-667. Vgl. abschließend das Schreiben von Marion Meier-Kemper, Kirchenamt der EKD, an Dorgerloh, Sekretariat des BEK, vom 5.12.1986 und die von ihr in der Anlage beigelegten Eindrücke von der Friedensdekade in der DDR am Beispiel Friedensdekade in der Landeskirche Thüringen von Dienstag, den 11.11.1986, bis Montag, den 17.11.1986, EZA Berlin, 101/93/95.
120 Vgl. Vermerk (Teil-Niederschrift Hammer) vom Juli 1986 über die 25. Konsultation zwischen dem Bund der Evangelischen Kirchen in der DDR und der Evangelischen Kirche in Deutschland vom 28. bis 31.5.1986 in Friedewald, EZA Berlin, 101/93/841. Vgl. auch Protokoll Leich-Ziegler-Kupas vom 5.5.1986 der 184. Sitzung des Vorstandes am 23.4.1986 in Berlin, 10.00-16.30 Uhr. Dort war auch vorgesehen, 1989 ebenfalls »Anliegen und inhaltliche Aspekte der Französisch-Bürgerlichen Revolution mit zu bedenken.« EZA Berlin, 101/93/246. Vgl. außerdem Protokoll Leich-Ziegler-Lewek vom 29.9.1986 der 189. Sitzung des Vorstandes am 19.9.1986 in Erfurt (Beginn 10.00 Uhr, Ende 13.00 Uhr), EZA Berlin, 101/93/247. Im Januar 1988 beauftragte der KKL-Vorstand eine aus Ernst Koch, Gerhard Graf, Kurt Nowak und Kurt Meier bestehende Arbeitsgruppe mit der Anfertigung einer für interessierte Pfarrer und Laien bestimmten Orientierungshilfe. Außerdem sollten die Evangelischen Akademien 1989 dieses Thema in ihr Tagungsprogramm einplanen. Vgl. Protokoll Leich-Ziegler-Kupas vom 2.2.1988 über die 206. Sitzung des Vorstands am 22.1.1988 in Berlin, EZA Berlin, 101/93/750.
121 Vgl. Abt. II, Information Wilke vom 17.9.1987 über ein Gespräch mit OKR Ziegler am 10.9.1987, BA, Abt. Potsdam, O-4, 1232. In einer Randbemerkung empfahl Gysi, diesbezüglich Horst Dohle zu kontaktieren. Vgl. ebd. Vgl. auch Vermerk Ziegler vom 17.9.1987 über ein Gespräch in der Dienststelle des Staatssekretärs für Kirchenfragen am 10.9.1987, 13.30 bis 15.00 Uhr: »Ziegler fragt erneut, wie es mit den Vorbereitungen des Thomas-Müntzer-Gedenkens auf staatlicher Seite stehe. Dr. Zeddies sei bereit, Auskunft über die kirchlichen Vorstellungen und Vorbereitungen zu geben. Dr. Wilke sagt Klärung zu und verweist auf Prof. Dr. Dohle.« EZA Berlin, 101/93/6. Vgl. auch Protokoll Leich-Ziegler-Kupas vom 20.10.1987 der 203. Sitzung des Vorstandes am 15.10.1987 in Leipzig, TOP 1.13, Orientierungshilfe Thomas-Müntzer-Gedenken 1989, EZA Berlin, 101/93/249.
122 Vgl. Protokoll Leich-Ziegler-Kupas vom 28.9.1987 der 202. Sitzung des Vorstandes am 18. und 21.9.1987 in Görlitz, EZA Berlin, 101/93/249.
123 Vgl. Protokoll Leich-Ziegler-Ritter über die 114. Tagung der Konferenz der Evangelischen Kirchenleitungen in der DDR am 6./7.11.1987 in Berlin, EZA Berlin, 101/93/242.

124　Vgl. Protokoll Leich-Ziegler-Lewek vom 8.12.1987 über die 204. Sitzung des Vorstandes am 20.11.1987 in Berlin, EZA Berlin, 101/93/750.
125　Vgl. Protokoll Leich-Ziegler-Lewek vom 5.1.1988 über die 205. Sitzung des Vorstandes am 16.12.1987 in Eisenach, a.a.O. Ende Februar 1988 schlug der KKL-Vorstand vor, zur für den 11.3.1988 bevorstehenden konstituierenden Tagung des staatlichen Komitees zusätzlich Kramer oder Domsch zu entsenden. Sollte an die Kirchenvertreter das Angebot eines Redebeitrags herangetragen werden, sei es anzunehmen. Vgl. Protokoll Leich-Ziegler-Lewek vom 3.3.1988 über die 207. Sitzung des Vorstands am 24.2.1988 in Berlin, a.a.O. Nach einer von Staatssekretär Löffler am 2.3.1988 ausgesprochenen Einladung zur Erstsitzung des Komitees delegierte der KKL-Vorstand Bräuer, Zeddies und OKR Hans-Christoph Sens aus Magdeburg. Man bestand aber auf dem Gaststatus der BEK-Vertreter. Vgl. Protokoll Leich-Ziegler-Lewek vom 8.3.1988 der außerordentlichen Sitzung des Vorstandes am 3.3.1988, a.a.O. Vgl. auch Niederschrift über die Sitzung der Kirchenleitung der VELK in der DDR am Freitag, dem 11.3.1988, in Berlin, Auguststr. 80, 8.00-12.30 Uhr, LKA Hannover, D 15 XII, Hauptgruppe 1, K 11/C 1211-1/II. Zeddies berichtete der KKL: »Im Vordergrund steht die Müntzer-Rezeption seit Engels. Man versucht, das Verhältnis Luther-Müntzer positiv zu bestimmen. Luther als Begründer der Reformation, Müntzer als der Weiterführende, der aber gescheitert ist. Es wurde der Wunsch nach ›Dialog‹ mit Theologen und der Müntzer-Forschung im Ausland [...] ausgesprochen.« Protokoll Leich-Ziegler-Doyé/König vom 28.3.1988 über die 116. Tagung der Konferenz der Ev. Kirchenleitungen in der DDR vom 11. bis 13.3.1988 in Buckow (Klausurtagung), EZA Berlin, 101/93/741.
126　Vgl. Vermerk (Teil-Niederschrift Hammer) vom Juli 1986 über die 25. Konsultation zwischen dem Bund der Evangelischen Kirchen in der DDR und der Evangelischen Kirche in Deutschland vom 28. bis 31.5.1986 in Friedewald, EZA Berlin, 101/93/841. Über die Synodaltagung informierte Hans Wilke die Dienstbesprechung im Staatssekretariat für Kirchenfragen Ende Mai 1986. Vgl. Leiter des Büros, Dohle, Protokoll vom 29.5.1986 der Dienstbesprechung vom 26.5.1986, BA, Abt. Potsdam, O-4, 952. Zur EKU-Synode 1986 vgl. »Die Reich-Gottes-Erwartung und ihre Bedeutung für das Zeugnis der Kirche«. Materialien zur 4. Tagung der 6. Synode der EKU – Bereich DDR – vom 23. bis 25.5.1986 in Potsdam-Hermannswerder; KiS 4/86, 183.
127　Vermerk (Teil-Niederschrift Hammer) vom Juli 1986 über die 25. Konsultation zwischen dem Bund der Evangelischen Kirchen in der DDR und der Evangelischen Kirche in Deutschland vom 28. bis 31.5.1986 in Friedewald, EZA Berlin, 101/93/841. Vgl. auch Arbeitsgruppe Kirchenfragen, Information Rudi Bellmann vom 4.3.1986 über das sogenannte Friedensseminar der evangelischen Kirche »Konkret für den Frieden IV«, 28.2.-2.3.1986 in Stendal (Bezirk Magdeburg): »Zum Inhalt ist bemerkenswert, daß konkrete Themen zum Frieden und zur Umweltpolitik zurücktraten gegenüber Fragen der Wehrdienstverweigerung, des Bausoldatendienstes, des Bildungswesens (Wehrerziehung), der Forderung nach einem zivilen Wehrersatzdienst (SoFd), vor allem aber der Menschenrechte und der ›Dritten Welt‹. Die Positionen decken sich in vielem mit den politisch negativen Aussagen der letzten Landessynode der Kirchenprovinz Sachsen (Magdeburg) und der Herbstsynode des Kirchenbundes in Dresden. [...] Es wurde ein Schreiben an den Präsidenten der Volkskammer entworfen, in dem Protest wegen Reisebeschränkungen erhoben wurde. Die anwesenden Vertreter der Magdeburger Kirchenleitung nahmen dahingehend Einfluß, daß über diesen Brief nicht abgestimmt, für ihn keine Unterschriften gesammelt wurden und daß er an die Kirchenleitungen zur Weiterleitung an die KKL gegeben wird. Dort soll entschieden werden, was damit weiter geschieht. Es wird eingeschätzt, daß die Einflußnahme durch die Magdeburger Kirchenleitung, besonders durch Bischof Dr. Demke, intensiver als im vergangenen Jahr durch die Schweriner Kirchenleitung erfolgte. Bischof Demke und auch andere Mitglieder der Magdeburger Kirchenleitung haben sich sehr engagiert und auf die Initiatoren zur vorbeugenden Verhinderung öffentlicher Provokationen Einfluß genommen. Es ist jedoch nicht gelungen, die Inspiratoren der Veranstaltung, so z. B. Eppelmann, Tschiche,

Templin u. a. in ihrem Wirken gegen den sozialistischen Staat wirksam zu disziplinieren. [...] Als erste Schlußfolgerungen werden vorgeschlagen: 1.) Alle Einwirkungen der staatlichen Organe sind ab sofort darauf zu richten, daß eine Fortsetzung dieser Seminare unterbleibt. KKL und den Landeskirchen ist deutlich zu machen, daß der Staat eine Wiederholung derartiger Veranstaltungen unter dem Dach der Kirche nicht hinnehmen kann.« SAPMO-BA ZPA IV B2/14/96. Vgl. auch Abt. II, Information Wilke über Gespräch mit Präses Becker hinsichtlich seiner Mitarbeit an »Frieden konkret« IV in Stendal: »Sie wollen als Leitung, daß über gute Erfahrungen in der Friedensarbeit berichtet wird. Wenn Eppelmann und Tschiche kommen, erhalten sie keine tragende Funktion zugebilligt. [...] Präses Becker sagte zu, wenn es problematische Dinge gibt, sofort telefonische Verbindung zu mir herzustellen.« SAPMO-BA ZPA IV B2/14/69. Vgl. auch SED-BL Magdeburg, Abt. Staats- u. Rechtsfragen/RdB Magdeburg, Stellv. d. Vorsitzenden f. Inneres, Gemeinsame Konzeption W. Käppner/H. Lubas vom 10.1.1986 zur politisch-ideologischen Einflußnahme auf die Gestaltung des durch den »Fortsetzungsausschuß« geplanten sogenannten zentralen Friedensseminars »Konkret für den Frieden IV« vom 28.2. bis 2.3.1986 in Stendal: »Gleichzeitig ist darauf hinzuarbeiten, daß die leitenden Vertreter der evangelischen Kirche die kirchlichen ›Friedensgruppen‹ disziplinieren und dafür Sorge tragen, daß das Friedensseminar in Stendal der staatlichen Friedenspolitik der DDR Rechnung trägt.« A.a.O. Vgl. auch das Begleitschreiben SED-BL Magdeburg, Abteilung Staats- und Rechtsfragen, W. Käppner, an ZK der SED, AG Kirchenfragen, R. Bellmann, vom 23.1.1986, in dem der Absender kritisch anmerkte, ihm hätten Weisungen von höherer Stelle gefehlt. A.a.O. Zur Vorbereitung des Treffens vgl. RdB Magdeburg, Sektor Kirchenfragen, Information vom 17.1.1986 über das am 15.1.1986 von 10.00 Uhr bis 11.45 Uhr geführte Gespräch mit OKR Dr. Schultze im RdB Magdeburg: »Er räumte ein, daß die ›Friedensgruppen‹, die hier nach Stendal kommen werden, unberechenbar sind. [...] Aber die Kirche kann von vornherein als Gastgeber keine Personen als unerwünscht erklären. [...] Dr. Schultze betrachtete die Eingriffe des Ministeriums für Staatssicherheit als nicht positiv und verurteilte sie auch. Er meinte dabei die Methode des Ministeriums für Staatssicherheit hinsichtlich der Verhöre gegenüber Teilnehmern, die an diesem Seminar teilnehmen wollten.« Außerdem stellte sich Schultze hinter Tschiche, a.a.O.; RdB Magdeburg, Sektor Kirchenfragen, Information vom 17.1.1986 über das Gespräch mit Propst Dr. Schmidt in Stendal am 16.1.1986 um 8.30 Uhr: »Zum Problem Tschiche führte er wörtlich aus, daß er auch die Ansichten des Pf. Tschiche sowohl theologisch als auch politisch nicht teilen kann, und von daher wird er auch ein Gespräch mit Pfarrer Tschiche führen«; RdB Magdeburg, Stellv. d. Vorsitzenden für Inneres, Information Dr. Lubas vom 28.1.1986 über das Gespräch mit Bischof Dr. Demke am 24.1.1986 im RdB (16.30 bis 18.00 Uhr). Demke betonte, er könne aus kirchenrechtlichen Beweggründen die Schirmherrschaft über die Veranstaltung nicht übernehmen. A.a.O. Hauptabteilungsleiter Heinrich kritisierte, daß die Tagung Eppelmann und auch Tschiche in den Fortsetzungsausschuß gewählt habe: »Das zeige den Kurs an, den dieses Seminar fahre.« Vermerk Ziegler vom 31.3.1986 über ein Gespräch in der Dienststelle des Staatssekretärs für Kirchenfragen am 3.3.1986, 13.00-13.30 Uhr, EZA Berlin, 101/93/5. Zwei Wochen später erklärte Heinrich jedoch, »daß er voll zu würdigen wisse, was von Vertretern der Kirchenleitung der KPS und von den Veranstaltern getan wurde, um einen ruhigen, unprovokatorischen Verlauf des Seminars ›Konkret für den Frieden‹ zu erreichen.« Vermerk Ziegler vom 31.3.1986 über ein Gespräch in der Dienststelle des Staatssekretärs für Kirchenfragen am 19.3.1986, 10.00-12.30 Uhr, a.a.O. Vgl. auch KiS 2/86, 90.

128 Dies erfolgte auf Weisung von Werner Jarowinsky mit der Begründung, die vorgelegte »Meldung wäre von der Abfassung und vom Inhalt her so gut formuliert gewesen, daß sich das nach dem Parteitag vorgesehene Gespräch Erich Honeckers mit diesem Gremium erübrigt hätte.« SED-BL Dresden, Abt. Staat und Recht, Abteilungsleiter Göpfert, Einige Informationen zu Vorgängen im kirchlichen Raum, PDS-Archiv Dresden, IV E-2.14-672. Bereits am Ende des auf das Gespräch folgenden Essens im Johannishof hat-

ten die staatlichen Vertreter erklärt, die Pressemeldung – vormittags noch zwischen Dohle und Ziegler mühsam abgestimmt – könne am folgenden Tag, einem Samstag, aus Raumgründen nicht in den Zeitungen erscheinen. Dies werde aber am Montag nachgeholt werden. Am 24.3.1986 machten Heinrich und Wilke Leich klar, »daß der Staatssekretär es nicht für möglich halte, [die] die politische Lage sehr zuversichtlich beschreibende Presseerklärung zu veröffentlichen, da sich über das Wochenende die politische Situation stark verändert habe. Stattdessen legte Hauptabteilungsleiter Heinrich eine Kurzfassung vor, in der lediglich die Übereinstimmung der Gesprächsteilnehmer im Blick auf die bisherige Kirchenpolitik und die weltpolitische Situation erwähnt wurde. Der Vorsitzende erklärte, daß er dieser Fassung nicht zustimmen könne. Er werde sie am 26. März dem Vorstand der Konferenz vorlegen.« Vertrauliche Information Ziegler vom 1.4.1986 für die Mitglieder der Konferenz der Evangelischen Kirchenleitungen über einen Empfang des Staatssekretärs für Kirchenfragen für den Vorstand der Konferenz und das Präsidium der Bundessynode am 21.3.1986, EZA Berlin, 101/93/5. Vgl. dann Protokoll Leich-Ziegler-Lewek vom 4.4.1986 der 183. Sitzung des Vorstandes am 26.3.1986 in Leipzig, 10.00-16.00 Uhr: »Kirchlicherseits besteht kein ausgesprochenes Interesse [an einer Pressemeldung über den 21.3.].« EZA Berlin, 101/93/246.

129 Persönlicher Vermerk Dohle für den Staatssekretär vom 27.5.1986, BA, Abt. Potsdam, O-4. 969. Die kirchliche Begründung für den Verzicht auf eine Pressemitteilung lautete, inzwischen sei bereits eine Woche vergangen. »Wenn jedoch von staatlicher Seite auf eine Meldung besonders gedrungen würde, müßte die Kurzfassung auf jeden Fall etwas aussagen über die Gleichberechtigung und Gleichachtung aller Bürger unabhängig von ihrer Weltanschauung in allen Lebensbereichen und die Bitte auf [sic!] weitere Gespräche auf allen Ebenen, von der Gemeinde bis zur höchsten Ebene, erwähnen. Diese Entscheidung wurde Herrn Hauptabteilungsleiter Heinrich am 27.3.1986 um 8.30 Uhr telefonisch mitgeteilt. Herr Heinrich nahm die Mitteilung, daß der Vorstand es für das Beste halte, jetzt auf eine Veröffentlichung zu verzichten, ohne Einwände sogleich zustimmend zur Kenntnis.« Vertrauliche Information Ziegler vom 1.4.1986 für die Mitglieder der Konferenz der Evangelischen Kirchenleitungen über einen Empfang des Staatssekretärs für Kirchenfragen für den Vorstand der Konferenz und das Präsidium der Bundessynode am 21.3.1986, EZA Berlin, 101/93/5.

130 Bericht über den Besuch des Stellvertreters des Leiters des Rates für religiöse Angelegenheiten in der UdSSR, Gen. Jewgenij Milowanow [9.-14.6.1986]. Milowanow fragte kritisch: »Mit welcher Argumentation gab die DDR für das Katholikentreffen 1987 in Dresden ihre Zustimmung? Dieses Zugeständnis der DDR-Regierung an den katholischen Klerus könne man nicht ganz verstehen. Es wäre doch möglich, daß im Ergebnis dieses Treffens die Religiosität gefördert wird.« SAPMO-BA ZPA IV B2/14/29.

131 Vgl. auch Abteilung VI (Information), Vorlage vom 24.6.1986 zur Dienstbesprechung am 30.6.1986, Thema: Leitungsinformation 3/86, BA, Abt. Potsdam, O-4, 952. Zu den Beschlüssen der EKU-Synode Ost vgl. epd-Dok 33/86.

132 Rogge war am 20.4.1986 in der Lutherkirche (Görlitz) in das Bischofsamt durch Gottfried Forck eingeführt worden. Der neue Bischof betonte zu diesem Anlaß seine »ausdrückliche[.] Bereitschaft zu Gesprächen mit den Staatsorganen.« In einem persönlichen Gespräch mit Helmut Richter von der Abteilung Staat und Recht der SED Bezirksleitung Dresden dankte Rogge für die Grüße Modrows, dem er mehrfach in Berlin begegnet war, und hoffte auf ein Gespräch in Dresden. »In kirchenpolitischer Hinsicht ist dieser Tag von Nutzen für die weitere Arbeit einzuschätzen.« Abteilung Staat und Recht an Genossen Hans Modrow, Vermerk Helmut Richter vom 21.4.1986 über die Einführung des Bischofs Dr. Rogge am 20.4.1986 in Görlitz (Lutherkirche), PDS-Archiv Dresden, IV E-2.14-833. Vgl. auch RdB Dresden, Stellvertreter des Vorsitzenden für Inneres, Information Fuchs vom 17.6.1986 über ein Gespräch des Vorsitzenden des RdB Dresden, Gen. Witteck, mit Bischof Dr. Rogge am 13.6.1986: »Bischof Dr. Rogge hat bei dieser Begegnung deutlich signalisiert, daß er konstruktiv an der Qualität der bisherigen Beziehungen des Staates zur Görlitzer Kirche festhalten will und

daran interessiert ist, in vertrauensvoller Weise anstehende Probleme möglichst einvernehmlich zu klären.« PDS-Archiv Dresden, IV E-2.14-672. Zu Rogge vgl. auch Vermerk Ziegler vom 20.5.1986 über ein Gespräch in der Dienststelle des Staatssekretärs für Kirchenfragen am 14.5.1986, 10.00-11.15 Uhr: »Heinrich informiert darüber, daß Herr Roeder ein Interview mit Bischof Dr. Rogge beantragt habe. Günther habe erklärt, daß höchstes Interesse daran von kirchlicher Seite bestünde. Heinrich fragt an, ob das wirklich so sei; man wisse doch nach den letzten Erfahrungen, was Roeder daraus mache. Ziegler erläutert, daß das kirchliche Interesse an der Darstellung der Arbeit im Görlitzer Kirchengebiet mit einem Interview durch den neuen Bischof befördert würde. Er weist darauf hin, daß Roeder der akkreditierte Korrespondent des epd sei und deshalb kein Anlaß bestünde, ihm das Interview zu verwehren.« EZA Berlin, 101/93/5.

133 Vgl. Vorschläge der UdSSR von Synode begrüßt, in: ND vom 10.4.1986. Zum Synodenverlauf vgl. Berlin, 8.4.1986, Information über die 2. Tagung der 9. Synode der Evangelischen Kirche Berlin-Brandenburg in der Stephanus-Stiftung, Berlin-Weißensee, vom 4.-8.4.1986: »Bedeutendstes politisches Ergebnis der Synode ist ein Beschluß zur eindeutigen Unterstützung der sowjetischen Friedensvorschläge. [...] Ausgehend von der grundsätzlichen Orientierung des Staatssekretärs für Kirchenfragen, Genossen Gysi, wurden im Vorfeld der Tagung mit dem Bischof, dem Präses der Synode und weiteren Kirchenleitungsmitgliedern sowie einflußreichen Synodalen durch staatliche und gesellschaftliche Kräfte Gespräche geführt. In ihnen wurde deutlich gemacht, daß kirchliche Friedensverantwortung in der heutigen Zeit eine klare Unterstützung der Friedenspolitik der SU auf der Synode beinhalten muß. Es gelte, so wurde weiter erläutert, eine Bekräftigung des bewährten und konstruktiven Verhältnisses von Staat und Kirche im Sinne des 6. März 1978 vorzunehmen. Die Tagung, unmittelbar vor dem XI. Parteitag der SED, dürfe sich nicht für politische Provokationen gegen die sozialistische Gesellschaft mißbrauchen lassen. Präses Manfred Becker hob das konstruktive Verhältnis von Staat und Kirche auf der Grundlage der Verfassung der DDR in seiner Eröffnungsrede hervor und betonte seine persönliche Gewißheit, daß der XI. Parteitag der SED es konsequent fortführen werde. Diese Erkenntnis und politisch realistisches Verhalten bestimmte das Wirken der Mehrzahl der kirchenleitenden Kräfte im Verlauf der Synode.« SAPMO-BA ZPA IV B2/14/124. Bischof Forck hatte vor der Synodaltagung erklärt: »Er halte es nicht für wirksam, Erklärungen und Beschlüsse im ›ND‹ abgedruckt würden. Wirksamer sei ein Brief an die Partnergemeinden. [...] O. g. Erklärungen brächten die Gefahr mit sich, im Westen als das Ergebnis staatlicher Einflußnahme abgetan zu werden, als ›bestellte Arbeit‹. Sie seien wenig nützlich. [...] Die Kirche müsse auch Partei nehmen, sie sei dabei in Übereinstimmung mit den Vorschlägen Gorbatschows. Zu klären sei die Frage, wie man am wirksamsten Partei nehme – insbesondere durch Nutzung der ökumenischen Kontakte.« Information über ein Gespräch des Stellvertreters des Oberbürgermeisters für Inneres, Hoffmann, mit Bischof Dr. Forck und Oberkonsistorialrat Pettelkau am 2.4.1986, SAPMO-BA ZPA IV B2/14/125. Vgl. auch Konzeption für das Gespräch des Stellvertreters des Oberbürgermeisters für Inneres mit Bischof Dr. Forck am 2.4.1986, a.a.O.

134 Vgl. Mecklenburgische Synode ruft zum Atomteststopp auf, in: ND vom 20.3.1986.

135 Abt. II, Vorlage Braemer vom 16.6.1986 an die Dienstbesprechung am 30.6.1986, Thema: Information zu Verlauf und Ergebnissen der Frühjahrssynoden der evangelischen Landeskirchen sowie der Synoden der EKU und der VELK in der DDR, BA, Abt. Potsdam, O-4, 952. Gysi wertete: »Ordentlicher Bericht.« Ebd. Vgl. zu den Frühjahrssynoden 1986 epd-Dok 18/86.

136 Vier Tage zuvor führte der KKL-Vorstand »einen Gedankenaustausch zu den bevorstehenden Wahlen«, wie es im Sitzungsprotokoll lapidar heißt. Protokoll Leich-Ziegler-Lewek vom 16.6.1986 der 185. Sitzung des Vorstandes am 4.6.1986 in Berlin, 14.00 Uhr, EZA Berlin, 101/93/247. Ergebnis war eine Intervention Zieglers bei Heinrich, da »vor der Wahl mehrere Bischöfe aufgefordert worden seien, sich in den Medien zur Wahl zu äußern. Er erinnert daran, daß der Bischofskonvent vor etwa acht Jahren den Beschluß

gefaßt hat, dem Staatssekretär für Kirchenfragen mitzuteilen, daß die Bischöfe weder aktiv noch passiv in die Wahlvorbereitungen einbezogen zu werden wünschten. Dieser Wunsch sei damals akzeptiert worden. Der Bischofskonvent bittet dringend darum, das auch weiterhin zu respektieren.« Vermerk Ziegler vom 11.6.1986 über ein Gespräch in der Dienststelle des Staatssekretärs für Kirchenfragen am 10.6.1986, 15.45-16.30, EZA Berlin, 101/93/5. Am Abend nach der Sitzung traf sich IMB »Sekretär« mit Wiegand und Roßberg. Vgl. Belegliste »Wendenschloß« am 4.6.1986, Rechercheergebnisse zum IM »Sekretär«, Stand 12.4.1994, 237. Stolpes 50. Geburtstag am 16. Mai lag zum Zeitpunkt des Treffs etwa vierzehn Tage zurück.

137 Vgl. auch die Statistik in BA, Abt. Potsdam, O-4, 952. Siehe aber den Brief von Günter Pilz, Mittelherwigsdorf, an den Vorsitzenden der Kreiswahlkommission Zittau vom 28.5.1986, Betr.: Beschwerde gegen die Vorbereitung der Wahlen vom 8.6.1986. Pilz beklagte sich hier darüber, daß in seinem Ort keine Kandidatenvorstellung stattfand: »Da der Wahlakt am 8. Juni nach der Wahlpraxis in der DDR nur eine Stimmabgabe ist und nicht mehr eine Auswahl zwischen verschiedenen Möglichkeiten, beschränkt sich die demokratische Möglichkeit eines Wählers darauf, im Gespräch mit einem oder mehreren Kandidaten das vorzubringen, was ihn in Zustimmung oder Kritik bewegt. […] Das Ergebnis, wie oben beschrieben, ist niederschmetternd.« SHStA Dresden, BT/RdB Dresden (Zwibo), 44873. Vgl. auch Rat der Stadt Dresden, Bereich Inneres, Kirchenfragen, Aktenvermerk Schulze vom 15.8.1986 über Gespräch am 14.8.1986 mit Kirchenamtsrat Heitmann: »Unvermittelt sagte Heitmann, er hätte noch eine Frage zum Wahlergebnis vom 8.6.1986. Amtsträger der Kirche hätten an der Stimmenauszählung in den Wahllokalen teilgenommen, und die dabei gewonnenen Eindrücke müßten zu dem Schluß führen, daß das Wahlergebnis manipuliert worden ist. Würde man aus zwei Wahllokalen die Wahlbeteiligung bzw. die Wahl der Gegenstimmen berücksichtigen, so wäre dieses Ergebnis völlig entgegenstehend dem Resultat des gesamten Stadtbezirkes. Ich erwiderte Heitmann, daß für mich das amtliche Wahlergebnis verbindlich ist und ich nicht bereit bin, darüber zu diskutieren.« Abschließend wertete der Staatsfunktionär: »Ich bleibe bei meiner Meinung, daß Heitmann im Grunde genommen eine positive Einstellung zu unserer sozialistischen Gesellschaftsordnung hat.« SHStA Dresden, BT/RdB Dresden (Zwibo), 44870.

138 Schreiben Arbeitsgruppe Kirchenfragen, Rudi Bellmann, an Jarowinsky vom 9.6.1986, SAPMO-BA ZPA IV B2/14/20. Zur Wahlbeteiligung in Berlin-Brandenburg vgl. Information für den Staatssekretär zur Beratung der Stellvertreter für Inneres der Bezirke Cottbus, Frankfurt/O., Potsdam und dem Magistrat von Berlin am 11.6.1986, 10.00 Uhr: »Sowohl der Bischof als auch die vier Generalsuperintendenten machten von ihrem Wahlrecht Gebrauch, von den 15 Kirchenleitungsmitgliedern gingen 14 zur Wahl, von den 40 Superintendenten wählten 35, so daß ein Wahlergebnis von 82,3 % unter den Geistlichen erreicht wurde.« BA, Abt. Potsdam, O-4, 995. Vgl. auch Wahlbeteiligung der Studenten der Sektionen Theologie an den Volkswahlen am 8.6.1986. BA, Abt. Potsdam, O-4, 1394. Vgl. auch Schreiben Gysi an RdB Halle, Stellvertreter des Vorsitzenden für Inneres, Genossen Theo Pöhner, vom 2.9.1986: »Im Bereich der evangelischen Kirchen wurde[.] in der DDR mit rd. 82 % […] die *bisher höchste[.]* Wahlbeteiligung[.] erreicht. Im Bereich der katholischen Kirche ist die Beteiligung mit rd. 58 % im Vergleich zu vorhergehenden Wahlen praktisch unverändert. […] Die bisher zu beobachtende Erscheinung, daß die Beteiligung bei Kommunalwahlen stets über der bei Volkskammerwahlen lag, wurde in den Bereichen der evangelischen Kirchen und der Religionsgemeinschaften *erstmals* durchbrochen.« LPA Halle, IV E-2/14/580. Vgl. auch die positive Äußerung des Bautzener Superintendenten Kreß zur Volkskammerwahl. Rat des Kreises Bautzen an RdB Dresden, Fuchs, vom 30.7.1986, Kirchenpolitische Information Lawrenz, Stellv. d. Vors. f. Inneres, i. V. Schulze, Bericht Juli 1986, SHStA Dresden, BT/RdB Dresden (Zwibo), 44869. Eberhard Natho konstatierte vor der Wahl, »daß sie die Wahlbeteiligung ihrer Amtsträger zwar nicht kontrollieren, ihm aber keine Probleme dazu bekannt seien.« RdB Halle, Stellvertreter für Inneres, Infor-

mation Pöhner vom 7.4.1986 zum Gespräch des Vorsitzenden des RdB, Gen. Kolodniak, mit dem Kirchenpräsidenten der Ev. Landeskirche Anhalts, E. Natho, und weiteren leitenden Amtsträgern am 4.4.1986 in Halle, LPA Halle, IV E-2/14/580.

139 Vgl. Protokoll Leich-Ziegler-Lewek vom 2.7.1986 der 18. Sitzung des Vorstandes am 23.6.1986 in Berlin, 10.00-16.00 Uhr, EZA Berlin, 101/93/247. Vgl. ND vom 21./22.6.1986. Am 11.7.1986 erhielt IM »Sekretär« vom MfS ein Geschenk im Wert von 59,– M. Vgl. Operativgeldabrechnung vom gleichen Tag, in: Rechercheergebnisse zum IM »Sekretär«, Stand 12.4.1994, 269.

140 Belegliste »Wendenschloß« am 4.6.1986, Rechercheergebnisse zum IM »Sekretär«, Stand 12.4.1994, 237. Stolpes 50. Geburtstag am 16. Mai lag zum Zeitpunkt des Treffs etwa vierzehn Tage zurück.

141 Dienststelle Staatssekretär für Kirchenfragen, Hauptabteilungsleiter Heinrich, Vermerk vom 11.6.1986, BA, Abt. Potsdam, O-4, 969. Vgl. auch Vermerk Ziegler vom 11.6.1986 über ein Gespräch in der Dienststelle des Staatssekretärs für Kirchenfragen am 10.6.1986, 15.45-16.30, EZA Berlin, 101/93/5.

142 Vermerk Ziegler vom 11.6.1986 über ein Gespräch in der Dienststelle des Staatssekretärs für Kirchenfragen am 10.6.1986, 15.45-16.30, EZA Berlin, 101/93/5.

143 Der Bitte der Ost-CDU, auf einer Veranstaltung in Burgscheidungen am 25.2.1986 möge ein BEK-Vertreter einen Diskussionsbeitrag halten, entsprach der BEK nicht. Vgl. Protokoll Hempel-Ziegler-Kupas vom 31.1.1986 der 181. Sitzung des Vorstandes am 23.1.1986 in Berlin, EZA Berlin, 101/93/246. Vgl. auch Vermerk Lewek vom 10.1.1986 über ein Gespräch mit dem Leiter der Abteilung Kirchenfragen der CDU, Dr. Trende, am 10.1.1986, EZA Berlin, 101/93/15. Zur kirchlichen Stellung zur Ost-CDU 1986 vgl. auch Protokoll Leich-Ziegler-Lewek vom 16.6.1986 der 185. Sitzung des Vorstandes am 4.6.1986 in Berlin, 14.00 Uhr: »Dr. Rogge ist gebeten worden, im Rahmen einer Veranstaltungsreihe der CDU einen Vortrag über Thomas Müntzer zu halten. Er bittet um Beratung. Vorstand empfiehlt Zurückhaltung. Stolpe wurde in derselben Reihe um einen Vortrag über Menschenrechte gebeten. Er hat eine Absage gegeben.« EZA Berlin, 101/93/247. Vgl. hierzu Schreiben Rogge an Leich vom 15.5.1986: »Es wäre mir nun sehr willkommen, da ich nicht isoliert handeln möchte, wenn Sie den geschilderten Sachverhalt einmal im Bundesvorstand ansprechen und mich danach mit einem Bescheid versehen könnten. Es wäre natürlich sehr wünschenswert, wenn Bruder Stolpe als Mitbeteiligter an der Meinungsbildung im Vorstand teilnehmen könnte. Ich möchte selbstverständlich im Zusammenhang mit der Entscheidung von Konsistorialpräsident Stolpe handeln.« A.a.O. Ziegler antwortete am 23.6.1986: »Der Vorstand [...] rät dringend zur Zurückhaltung. Bruder Stolpe hat erklärt, daß er auf eine auch an ihn gerichtete Anfrage bereits eine Absage gegeben hat. Ich bin gebeten worden, Ihnen dies mitzuteilen.« A.a.O. Für den 23.9.1986 hatte die CDU Metropolit Filaret, Leiter des Außenamtes des Moskauer Patriarchates, zu einem Vortrag eingeladen. Vgl. Protokoll Leich-Ziegler-Lewek vom 2.7.1986 der 18. Sitzung des Vorstandes am 23.6.1986 in Berlin, 10.00-16.00 Uhr, a.a.O.

144 Vermerk Ziegler vom 2.12.1986 über ein Gespräch mit dem Staatssekretär für Kirchenfragen am 27.11.1986, 15.00-17.40 Uhr, Eisenach, Wartburg. *Vertrauliche Information für die Mitglieder der KKL!*, BA, Abt. Potsdam, O-4, 1437. Zur Frage des Engagements von Geistlichen in den Blockparteien vgl. den Fall des Altenburger Superintendenten Wenzel, der nach Querelen um seine Kandidatur für den Bezirkstag sein kirchliches Amt zur Verfügung stellen wollte. Die Abteilung Kirchenfragen der Ost-CDU notierte am 25.7.1986 in einem Aktenvermerk: »Unionsfreund Superintendent Wenzel, Altenburg, hat gestern schriftlich den Landeskirchenrat in Eisenach um Abberufung aus seiner Funktion gebeten. Zu diesem Entschluß führten folgende Vorgänge: Aufgrund einer Beschwerde eines parteilosen Pfarrers des Kirchenkreises Altenburg (der zudem noch Mitglied der Arbeitsgruppe Christliche Kreise beim Nationalrat ist) führte am 21.7. Landesbischof Leich ein Gespräch mit Unionsfreund Wenzel. Der Landesbischof teilt die Meinung des beschwerdeführenden Pfarrers, daß der Superintendent vor seiner Kandidatur zu den Wahlen zum Bezirkstag den Pfarrkonvent hätte um Zustimmung bitten

müssen. Superintendent Wenzel hatte von seiner Absicht zu kandidieren nur seinen dienstlichen Vorgesetzten, Oberkirchenrat Thurm, in Kenntnis gesetzt. Der Landesbischof vertritt zudem die Auffassung, daß ein ordinierter Pfarrer kein politisches Mandat wahrnehmen könne. Als Vertreter des ›Reiches zur Rechten‹ könne er nicht dem ›Reich zur Linken‹ dienen. In dem Gespräch kam es zu harten theologischen Kontroversen über Leichs konservative Auslegung der Lutherischen Zwei-Reiche-Lehre. Der Landesbischof hat Unionsfreund Wenzel gebeten, sein Bezirkstagsmandat zurückzugeben. Da Superintendent Wenzel das auf keinen Fall tun will und das Vertrauensverhältnis zu einigen Mitgliedern des Pfarrkonvents auf Dauer gestört sieht, bleibt nach Ansicht von Ufd. Wenzel nur der Ausweg über einen Wechsel des Dienstortes. Er warf in dem Gespräch dem Landesbischof Doppelzüngigkeit vor: Vor der Frühjahrssynode der Landeskirche und zur Wiederwahl Erich Honeckers zum Staatsratsvorsitzenden habe er den Eindruck erweckt, als befürworte er den Thüringer Weg, während er innerkirchlich mit großem Einsatz einen reaktionären Kurs fahre. Unionsfreund Wenzel beabsichtigt, die Thüringer Landeskirche zu verlassen, und bewirbt sich um die Pfarrstelle in Erkner (er hat von der Vakanz nicht durch mich Kenntnis erhalten). Versuche meinerseits, ihn von voreiligen Schritten abzubringen, sind offenbar erfolglos.« Vgl. auch Abteilung Kirchenfragen, vertraulicher Aktenvermerk vom 1.8.1986: »Ufrd. Superintendent Hartmut Wenzel (Altenburg) teilte am 31.7. und 1.8. telefonisch folgende Ergänzungen mit: [...] Nach telefonischer Rücksprache mit Ufrd. OKR Mitzenheim hat Ufrd. Sup. Wenzel im Einvernehmen mit dem Landeskirchenrat seinen Antrag auf Abberufung zurückgestellt, bis Landesbischof Dr. Leich aus dem Urlaub zurückgekehrt ist. [...] OKR Thurm deutete Wenzel gegenüber an, daß im Landeskirchenrat die Haltung des Bischofs als eine ungeschickte persönliche Reaktion (›Ausrutscher‹) gewertet wird.« Beide Dokumente in SAPMO-BA ZPA IV B2/14/76.

145 Zur Vorbereitung vgl. Protokoll Leich-Ziegler-Lewek vom 4.4.1986 der 183. Sitzung des Vorstandes am 26.3.1986 in Leipzig, 10.00-16.00 Uhr, EZA Berlin, 101/93/246 sowie Protokoll Stolpe-Kupas-Sell vom 30.7.1986 über die 187. Sitzung des Vorstandes am 24.7.1986 in Berlin, EZA Berlin, 101/93/247.

146 Vgl. hierzu z. B. die Ausarbeitung Günter Krusches »Der Prozeß des gegenseitigen Bundschließens für Gerechtigkeit, Frieden und die Bewahrung der Schöpfung – ein Schritt auf dem Weg zu einem ›Konzil des Friedens‹«, von Krusches Sekretärin Ehrenhard an Ziegler am 9.10.1986 übersandt. EZA Berlin, 101/93/83.

147 Hierzu äußerte Bischof Rogge auf der Görlitzer Frühjahrssynode 1987, es »sei nun wahrlich nicht so, daß am deutschen Wesen die Welt genesen soll.« Tagesbericht 28.3.1987, SHStA Dresden, BT/RdB Dresden (Zwibo), 47522.

148 Vermerk Ziegler vom 3.10.1986 über die Zusammenkunft der Beratergruppe am 25.9.1986, EZA Berlin, 4/92/17.

149 Ebd. Die Versammlung sollte nach einem Beschluß der sächsischen Frühjahrssynode 1988 stattfinden. Vgl. RdB Dresden, Sektor Staatspolitik in Kirchenfragen, Dresden, den 17.3.1986, Tagesinformationen zur Frühjahrstagung der Landessynode der Ev.-Luth. Landeskirche Sachsens vom 15.-19.3.1986, SHStA Dresden, BT/RdB Dresden (Zwibo), 46615. Den Synodenbeschluß hatte offenbar der ökumenische Arbeitskreis in Dresden angeregt. Vgl. Protokoll Leich-Ziegler-Herrbruck/Dorgerloh über die 104. Sitzung der Konferenz der Evangelischen Kirchenleitungen in der DDR vom 7. bis 9.3.1986 in Bad Saarow (Klausurtagung), EZA Berlin, 101/93/238. Sektorenleiter Lewerenz notierte: »Es sollte aber von Anfang an darauf geachtet werden, daß bei Einbeziehung kirchlicher Friedensgruppen in Vorbereitung und Durchführung des Vorhabens progressive Kräfte Inhalt und Richtung bestimmen.« RdB Dresden, Sektor Staatspolitik in Kirchenfragen, Einschätzung Lewerenz vom 24.3.1986 der Frühjahrstagung der Landessynode der Ev.-Luth. Landeskirche Sachsens vom 15.-19.3.1986 in Dresden, SHStA Dresden, BT/RdB Dresden (Zwibo), 46615. Vgl. auch Abt. IV, Vorlage Braemer vom 20.8.1986 an die Dienstbesprechung am 25.6.1986, Thema: Information über Probleme der Einberufung eines »Konzils des Friedens«. Dort hieß es weiter:

»Wenn es gelingt, in diesem Kontext [einer Weltversammlung] ein entscheidendes Wort der Weltchristenheit zu sprechen, das für alle verbindlich ist und nicht hinter bereits verabschiedeten Erklärungen des ÖRK zurückbleibt, wäre dies eine substantielle Stärkung der weltweiten Friedensbewegung. Mit klaren Intentionen gesprochen wäre dies auch im nationalen und europäischen Maßstab beachtenswert. [...] Die vom BEK vorgeschlagenen ökumenischen Veranstaltungen könnten dazu einen wichtigen Beitrag leisten und sollten zur gegebenen Zeit Unterstützung finden.« BA, Abt. Potsdam, O-4, 953.

150 Der KKL-Vorstand entschied, es sei unmöglich, die Katholische Kirche zu der Versammlung einzuladen, da sie von sich aus tätig werden müsse. So habe der Bischofskonferenz auch ein katholisches Mitglied des Dresdener Stadtökumenekreises das Versammlungsanliegen nahegebracht. Vgl. Protokoll Leich-Ziegler-Lewek vom 2.7.1986 der 18. Sitzung des Vorstandes am 23.6.1986 in Berlin, 10.00-16.00 Uhr, EZA Berlin, 101/93/247.

151 Vgl. Vermerk Ziegler vom 26.11.1986 über die 26. Konsultation zwischen dem Bund der Ev. Kirchen in der DDR und der Ev. Kirche in Deutschland am 20.10.1986, 10.00 Uhr in Berlin, EZA Berlin, 101/93/841.

152 Protokoll Leich-Ziegler-Lewek vom 2.7.1986 der 18. Sitzung des Vorstandes am 23.6.1986 in Berlin, 10.00-16.00 Uhr, EZA Berlin, 101/93/247; Protokollauszug in EZA Berlin, 101/93/83. Zur Veranstaltung des Kulturbundes vgl. auch den Bericht im Standpunkt 14 (1986), 209.

153 Vgl. Protokoll Leich-Ziegler-Lewek vom 29.9.1986 der 189. Sitzung des Vorstandes am 19.9.1986 in Erfurt (Beginn 10.00 Uhr, Ende 13.00 Uhr), EZA Berlin, 101/93/247.

154 Die Sitzung war für den 8.9.1986 angesetzt. Vgl. Protokoll Leich-Ziegler-Lewek/Kupas vom 3.9.1986 über die 188. Sitzung des Vorstandes am 28.8.1986 in Eisenach, Beginn 15.00 Uhr, Ende ca. 21.30 Uhr, a.a.O. Nach der Sitzung beauftragte die Bischofskonferenz Prälat Lange, Berlin, und Generalvikar Sterzynski, Erfurt, mit zwei BEK-Vertretern ein vertrauliches Gespräch über die Frage einer katholischen Beteiligung an der Ökumenischen Versammlung in der DDR zu führen. Vgl. Protokoll Leich-Ziegler-Lewek vom 29.9.1986 der 189. Sitzung des Vorstandes am 19.9.1986 in Erfurt (Beginn 10.00 Uhr, Ende 13.00 Uhr), a.a.O. Das Gespräch fand am 13.10.1986 statt. Protokoll Leich-Ziegler-Kupas vom 21.10.1986 über die 190. Sitzung des Vorstandes am 16.10.1986 in Berlin, a.a.O.

155 Vgl. auch das auf die Begegnung Leich-Meisner sowie Hempel-Schaffran im April des Jahres bezugnehmende Schreiben Ziegler an Sekretariat der Berliner Bischofskonferenz, Herrn Prälat Paul Dissemond, vom 1.7.1986: »Im Auftrage des Vorstands der Konferenz der Ev. Kirchenleitungen bitte ich hiermit darum, daß die Berliner Bischofskonferenz den Plan einer ökumenischen Versammlung der Christen und Kirchen in der DDR prüft und gegebenenfalls Vertreter benennt, mit denen Möglichkeiten und Voraussetzungen einer solchen Veranstaltung weiter beraten werden können.« EZA Berlin, 101/93/83.

156 Vgl. auch Niederschrift U. Semper über die Sitzung des Ausschusses Kirche und Gesellschaft am 18./19.10.1986 in Berlin: »Die Teilnahme der CFK als gesellschaftliche Organisation erscheint problematisch. Möglichkeit der Mitarbeit wird gesehen durch Vertreter als Glieder ihrer Kirchen.« EZA Berlin, 101/93/52. Vgl. aber Protokoll Leich-Ziegler-Lewek der Sondersitzung des Vorstands am 12.12.1986 in Eisenach: »Mit welchen gesellschaftlichen Kräften gehen wir ein Engagement ein? Dr. Demke weist darauf hin, daß dies nicht statisch zu betrachten und festzulegen ist. Auch gesellschaftliche Kräfte (CFK, CDU) wandeln sich. Die Frage der Zusammenarbeit ist unbefangen von Fall zu Fall zu prüfen.« EZA Berlin, 101/93/248. Am 19.12.1986 schrieb CFK-Regionalsekretär Carl Ordnung wegen des Verhältnisses zwischen CFK und BEK im Konziliaren Prozeß an Stolpe. Vgl. Protokoll Leich-Ziegler-Lewek vom 29.1.1987 der 193. Sitzung des Vorstands am 14.1.1987 in Berlin, a.a.O. Zur Behandlung des Konziliaren Prozesses auf einem gemeinsamen Seminar der CFK-Regionalausschüsse BRD und DDR vom 27.2. bis 2.3.1987

vgl. Abt. IV, Vorlage Will-Braemer-Gessner vom 23.4.1987 zur Dienstbesprechung am Montag, dem 27.4.1987, Leitungsinformation 2/87, BA, Abt. Potsdam, O-4, 954. Zur Situation der CFK in der Bundesrepublik schrieb Carl Ordnung im Juni 1987: »Der Zustand der CFK in der BRD ist nicht besser geworden [...] im Gespräch zeigten sich starke Spannungen.« Bericht vom 24.6.1987, BA, Abt. Potsdam, O-4, 712.

157 Protokoll Stolpe-Kupas-Sell vom 30.7.1986 über die 187. Sitzung des Vorstandes am 24.7.1986 in Berlin, EZA Berlin, 101/93/247.

158 Eine Delegierung der Arbeit des konziliaren Prozesses an die Friedensgruppen und -seminare wie »Frieden konkret« durch die sächsische Herbstsynode 1986 verhinderte Superintendent Kreß, Bautzen, mit einem eigenen Antrag. Vgl. RdB Dresden, Sektor Staatspolitik in Kirchenfragen, Einschätzung Lewerenz vom 16.10.1986 der Herbsttagung der Landessynode der Ev.-Luth. Landeskirche Sachsens vom 11.-15.10.1986 in Dresden, PDS-Archiv Dresden, IV E-2.14-680.

159 Vermerk Ziegler vom 26.11.1986 über die 26. Konsultation zwischen dem Bund der Ev. Kirchen in der DDR und der Ev. Kirche in Deutschland am 20.10.1986, 10.00 Uhr in Berlin, EZA Berlin, 101/93/841.

160 Protokoll Leich-Ziegler-Lewek vom 5.1.1987 der Sondersitzung des Vorstands am 12.12.1986 in Eisenach, EZA Berlin, 101/93/248; Protokollauszug in EZA Berlin, 101/93/84.

161 Vgl. Vermerk Ziegler vom 3.10.1986 über die Zusammenkunft der Beratergruppe am 25.9.1986, EZA Berlin, 4/92/17. Zur Erfurter BEK-Synode, die vom 19.-23.9.1986 tagte, siehe epd-Dok 42/86.

162 Vor der Synodaltagung hatte das Synodalpräsidium in Erwartung kritischer Anfragen bereits über ein geeignetes Procedere während der Synode beraten. Vgl. Protokoll Riese vom 13.9.1986 der Präsidiumssitzung am 5.9.1986 in Berlin, EZA Berlin, 101/93/207. Vgl. die Antwort Leichs an die Synode auf entsprechende Anfragen, in epd-Dok 42/86, 37. Siehe zur Beteiligung des BEK am »Weltfriedenstag« auch KiS 5/86, 195 f.; 230.

163 Vgl. hierzu auch Berlin, den 24.9.1986, Problemkomplexe nach der Synode des BEK vom 19.-23.9.1986 in Erfurt: »Rückgang der Zahl der Gläubigen und kirchlichen Veranstaltungen. Nervosität in Gemeinden und Leitungen über schwindenden Einfluß. Führt zu überhöhten Ängsten vor ›pol[itischer] Vereinnahmung‹.« BA, Abt. Potsdam, O-4, 786.

164 Vgl. Vermerk Ziegler vom 26.11.1986 über die 26. Konsultation zwischen dem Bund der Ev. Kirchen in der DDR und der Ev. Kirche in Deutschland am 20.10.1986, 10.00 Uhr in Berlin, EZA Berlin, 101/93/841. Vgl. zu der Problematik auch Abt. II, Berlin, den 23.4.1986, Aktuelle politische Tendenzen in den Kirchen und Religionsgemeinschaften in der DDR, Leitungsinformation 2/86: »Aus den Berichten geht gleichzeitig hervor, daß für eine ganze Reihe kirchlicher Vertreter das Problem immer stärkeres Gewicht gewinnt, wie kann man bei der großen Zustimmung zur Friedenspolitik der UdSSR und der DDR zugleich die Eigenständigkeit des kirchlichen Friedenszeugnisses deutlich machen. Nach wie vor gibt es die Furcht, politisch vereinnahmt zu werden. Es gelang so kaum, pressewirksame Erklärungen zu erhalten.« BA, Abt. Potsdam, O-4, 952.

165 Potsdam AIM IV, 879/68.

166 Zit. nach Stolpe, Schwieriger Aufbruch, 122; vgl. R.G. Reuth, IM Sekretär, 47.

167 Protokoll Stolpe-Kupas-Sell vom 30.7.1986 über die 187. Sitzung des Vorstandes am 24.7.1986 in Berlin, EZA Berlin, 101/93/247.

168 Vgl. Schreiben Gaebler an Präsidiumsmitglieder BEK-Synode vom 5.8.1986, EZA Berlin, 101/93/207.

169 Anruf Manfred Feist, ZK, am 11.8.1986, BA, Abt. Potsdam, O-4, 1457.

170 Im KKL-Vorstandsprotokoll hieß es zu dem von Günther, Stolpe und Ziegler erarbeiteten Text: »Stolpe berichtet von der etwas verworrenen Situation im Blick auf wechselnde Gesprächspartner und wechselnde Auskunft auf staatlicher bzw. gesellschaftlicher Seite. Zuletzt hatte sich der Staatssekretär für Kirchenfragen in die Redaktionsarbeit eingeschaltet.« Protokoll Leich-Ziegler-Lewek/Kupas vom 3.9.1986 über die 188. Sit-

zung des Vorstandes am 28.8.1986 in Eisenach, Beginn 15.00 Uhr, Ende ca. 21.30 Uhr, EZA Berlin, 101/93/247.
171 Vgl. Schreiben des KKL-Vorsitzenden Leich an Gysi vom 29.8.1986, BA, Abt. Potsdam, O-4, 1226.
172 Vermerk Ziegler vom 2.12.1986 über ein Gespräch mit dem Staatssekretär für Kirchenfragen am 27.11.1986, 15.00-17.40 Uhr, Eisenach, Wartburg. *Vertrauliche Information für die Mitglieder der KKL!*, BA, Abt. Potsdam, O-4, 1437.
173 H.-J. Röder vom epd sah das anders. Er schrieb in KiS 5/86, 196: »Dieser Beitrag trägt zwar die Überschrift ›Information zur Friedensarbeit des Bundes der Evangelischen Kirchen in der DDR‹, ist aber weder mit Quellenangabe versehen noch vom Schrifttyp her oder durch einen gesonderten Hinweis deutlich von den anderen Texten abgesetzt. Die Tatsache, daß der Beitrag lediglich etwas verkleinert wurde, ansonsten in die Reihe der anderen Beiträge eingegliedert ist, weist ihn jedenfalls nur dürftig als kircheneigenen Beitrag aus.« Der Beitrag des BEK zum Friedensreport, die Information zur Friedensarbeit des Bundes der evangelischen Kirchen in der DDR ist abgedruckt in KJ 1987, 217-220.
174 Allerdings wurden sie nicht, wie zuvor gefordert, von seiten der Veranstalter »als eigene Delegation« anerkannt. Vgl. Korrekturen Ziegler vom 20.10.1986 zum Protokoll der 102. Tagung der Konferenz der Ev. Kirchenleitungen in der DDR am 5./6.9.1986 in Berlin, EZA Berlin, 101/93/240.
175 Zur zweiten Zahlenangabe vgl. Protokoll Leich-Ziegler-Lewek vom 29.9.1986 der 189. Sitzung des Vorstandes am 19.9.1986 in Erfurt (Beginn 10.00 Uhr, Ende 13.00 Uhr). Gaebler hob hervor, daß für Einzelgespräche mit Honecker insgesamt nur eine Viertelstunde vorgesehen war, so daß der Kirchenbund mit einer recht hohen Zeitspanne bedacht worden sei. EZA Berlin, 101/93/247.
176 Vgl. Protokoll Leich-Ziegler-Ritter über die 107. Tagung der Konferenz der Evangelischen Kirchenleitungen in der DDR am 5./6.9.1986 in Berlin, EZA Berlin, 101/93/240.
177 Dies war nicht der einzige Fall 1986: Vgl. Vermerk Martin Herrbruck über ein Gespräch im Staatssekretariat für Kirchenfragen am 12.3.1986: »Im weiteren Verlauf des Gespräches berichtet Dr. Zeddies von einer Verärgerung des Generalsekretärs des LWB über die Praxis des DDR-Fernsehens im Zusammenhang mit einem Interview, das er kürzlich dem DDR-Fernsehkorrespondenten aus Paris gegeben hat. Es war zwischen dem DDR-Korrespondenten und dem Generalsekretär Staalsett vereinbart worden, daß das Interview in seiner vollen Länge ausgestrahlt wird. Das DDR-Fernsehen hat sich an diese Absprache nicht gehalten und eine starke Verkürzung des Interviews gesendet. Dr. Zeddies macht darauf aufmerksam, daß durch diese Praxis ein Vertrauensbruch zu den DDR-Medien beim LWB eingetreten ist. Dr. Heyne bemerkt, daß das Staatssekretariat vorher nicht von diesem Vorgang wußte. Er will sich bemühen, den entstandenen Schaden dadurch einzugrenzen, daß evtl. eine erneute Ausstrahlung des gesamten Interviews erfolgt. Das Staatssekretariat wäre daran interessiert, den in Genf entstandenen Eindruck nicht stehenzulassen.« LKA Hannover, D 15 XII, K 1/C 5002.
178 Protokoll Leich-Ziegler-Lewek vom 29.9.1986 der 189. Sitzung des Vorstandes am 19.9.1986 in Erfurt (Beginn 10.00 Uhr, Ende 13.00 Uhr), EZA Berlin, 101/93/247.
179 Protokoll Leich-Ziegler-Ritter über die 107. Tagung der Konferenz der Evangelischen Kirchenleitungen in der DDR am 5./6.9.1986 in Berlin, EZA Berlin, 101/93/240.
180 Schreiben an die Synode des Bundes der Ev. Kirchen in der DDR vom 4.9.1986, EZA Berlin, 101/93/217.
181 Schreiben vom 7.9.1986, a.a.O.
182 Eingabe vom 18.9.1986 (12 Unterschriften), a.a.O.
183 Nach Leweks Rückkehr führte die KKL nochmals eine überaus kontroverse Aussprache und verzichtete auf eine Beschlußfassung zu dieser Tagung. Vgl. Protokoll Leich-Ziegler-Karpinski über die 108. Tagung der Konferenz der Evangelischen Kirchenleitungen in der DDR am 7./8.11.1986 in Berlin, EZA Berlin, 101/93/240. Vgl. auch zu diesem Kongreß den Bericht in JK 47 (1986), 638 f.

184 Vgl. Protokoll Leich-Ziegler vom 22.9.1986 über die Sondersitzung der Konferenz der Ev. Kirchenleitungen während der Bundessynode am 22.9.1986 in Erfurt, a.a.O.
185 Niederschrift U. Semper über die Sitzung des Ausschusses Kirche und Gesellschaft am 18./19.10.1986 in Berlin, EZA Berlin, 101/93/52.
186 Vgl. zur Erfurter Bundessynode KiS 5/86, 193 f.; 231 f.; epd-Dok 42/86.
187 Vgl. hierzu auch Niederschrift U. Semper über die Sitzung des Ausschusses Kirche und Gesellschaft am 18./19.10.1986 in Berlin: »Es gibt Verschärfungen in bestimmten Bereichen, so daß sich Leute nicht trauen, einen Antrag zu stellen. Man muß beobachten und differenziert beurteilen. Es gibt Fruststeigerung und Verkrampfungen. [...] Die Dankbarkeit gegenüber dem Staat wird abgelehnt, denn die Reisemöglichkeiten werden als normal angesehen, die es endlich wieder geben muß. Das wäre so, als müsse man sich für jede freundliche Bedienung im Geschäft bedanken. Die Entwicklung zeigt eine Zunahme von Anträgen. Die Staatsbürger werden durch Nichterklärung von Gründen in die Unmündigkeit verwiesen.«
188 Vgl. auch Berlin, den 24.9.1986, Problemkomplexe nach der Synode des BEK vom 19.-23.9.1986 in Erfurt: »Bericht der KKL ist nicht schlechter, als andere vorher schon waren. Aber aus Furcht vor Differenzierung und Polarisierung: Herauslassen wesentlicher politisch erreichter Einsichten. Stärkere Theologisierung der Probleme. Nicht mehr problematische Fälle im Verhältnis Staat und Kirche sollen geklärt werden, sondern es geht um grundsätzliche Positionen (Volksbildung, Wehrdienst, Reisen). Aber auch pol. realistische Aussagen: Atomteststopp, Koalition der Vernunft.« BA, Abt. Potsdam, O-4, 786. Die KKL hatte im März 1986 Große, Nollau und Stolpe beauftragt, den Konferenzbericht zu erarbeiten. Günther stieß als Sekretariatsvertreter in die Arbeitsgruppe hinzu. Vgl. Protokoll Leich-Ziegler-Herrbruck/Dorgerloh über die 104. Sitzung der Konferenz der Evangelischen Kirchenleitungen in der DDR vom 7. bis 9.3.1986 in Bad Saarow (Klausurtagung), EZA Berlin, 101/93/238. Einen ersten Zwischenbericht gab Stolpe dem KKL-Vorstand im Juni 1986. Vgl. Protokoll Leich-Ziegler-Lewek vom 16.6.1986 der 185. Sitzung des Vorstandes am 4.6.1986 in Berlin, 14.00 Uhr, EZA Berlin, 101/93/247. Am Abend nach der Sitzung traf sich IMB »Sekretär« mit Wiegand und Roßberg. Vgl. Beleglliste »Wendenschloß« am 4.6.1986, Rechercheergebnisse zum IM »Sekretär«, Stand 12.4.1994, 237. Stolpes 50. Geburtstag am 16. Mai lag zum Zeitpunkt des Treffs etwa vierzehn Tage zurück. Zur Weiterarbeit vgl. Protokoll Stolpe-Ziegler-Riese über die 106. Tagung der Konferenz der Evangelischen Kirchenleitungen in der DDR am 4./5.7.1986 in Berlin, EZA Berlin, 101/93/239. Vgl. auch Protokoll Leich-Ziegler-Ritter über die 107. Tagung der Konferenz der Evangelischen Kirchenleitungen in der DDR am 5./6.9.1986 in Berlin, EZA Berlin, 101/93/240. Der KKL-Bericht ist abgedruckt in epd-Dok 42/86, 1-35.
189 Gegenüber Gienke sollte im nächsten staatlichen Gespräch bedauert werden, »daß er sich zurückzieht«. Randbemerkung Dohle zu Berlin, 14.10.1986, Aufgabenstellung für ein Gespräch mit Landesbischof Dr. Leich, BA, Abt. Potsdam, O-4, 969.
190 Hempel sollte im Gespräch unter Verweis auf sein ökumenisches Engagement seine weitere Unentbehrlichkeit vor Augen geführt werden. Vgl. Randbemerkung Dohle zu ebd.
191 Vgl. auch Protokoll Leich-Ziegler-Karpinski über die 108. Tagung der Konferenz der Evangelischen Kirchenleitungen in der DDR am 7./8.11.1986 in Berlin: »Antwort Dr. Leich an die Synode nach der Aussprache über den Konferenzbericht: Dr. Gaebler gibt zu bedenken, ob nicht die Antwort von Dr. Leich über den üblichen Charakter der Antworten der Konferenz hinausgegangen und zu programmatisch gewesen wäre. Dr. Leich erwidert, daß er es für legitim halte, bei dieser Gelegenheit auch etwas Grundsätzliches zu sagen.« EZA Berlin, 101/93/240. Die Antwort Leichs ist abgedruckt epd-Dok 42/86, 36-39.
192 Lewek gab über Ziegler dem KKL-Vorstand bekannt, sie werde Ende 1987 in den Ruhestand gehen, da sie im Januar 1987 ihren 60. Geburtstag begehe. Vgl. Protokoll Leich-Ziegler-Lewek vom 16.6.1986 der 185. Sitzung des Vorstandes am 4.6.1986 in Berlin,

14.00 Uhr, EZA Berlin, 101/93/247. Vgl. auch Vermerk Ziegler vom 6.1.1987 über ein Gespräch in der Dienststelle des Staatssekretärs für Kirchenfragen am 5.1.1987, 10.00 bis 11.30 Uhr, EZA Berlin, 101/93/6.
193 Vgl. sein Interview mit dem epd vom 15.9.1986, abgedruckt als epd-Dok 40a/86. Vgl. hierzu auch Vermerk Ziegler vom 31.3.1986 über ein Gespräch in der Dienststelle des Staatssekretärs für Kirchenfragen am 19.3.1986, 10.00-12.30 Uhr: »Heinrich fragt an, ob es günstig sei, jetzt dem epd ein Interview zu geben. Der epd habe in letzter Zeit in keiner guten Weise berichtet. Es käme ja vielleicht auch eine andere Zeitung für ein Interview infrage (etwa Dr. Odin [FAZ]). Im übrigen weise er darauf hin, daß für das idea-Interview keine Genehmigung vorgelegen habe.« EZA Berlin, 101/93/5.
194 Gegen eine Erweiterung der eingeschränkten Rechte der Jugenddelegierten hatte sich Lothar de Maizière im Präsidium der Bundessynode ausgesprochen. Vgl. Protokoll Riese vom 8.5.1986 der Präsidiumssitzung am 7.5.1986 in Berlin, EZA Berlin, 101/93/207. Das Präsidium beschloß im Juni 1986, den Jugenddelegierten entgegen ihrem geäußerten Wunsch das Antragsrecht nicht zu gewähren. »Das Präsidium bittet die Jugenddelegierten, die vorhandenen Möglichkeiten der Mitarbeit in der Synode aktiv und effektiv zu nutzen.« Entsprechend möge Riese dem Jugenddelegierten Udo Hanke (Berlin) schreiben. Vgl. Protokoll Riese vom 25.6.1986 der Präsidiumssitzung am 18.6.1986 in Berlin, EZA Berlin, 101/93/207.
195 So auch der Rostocker Propst Struck nach der Synode, der dieses Anliegen für »›reine[n] Utopismus‹« hielt. Pastorin Laudan, Rostock, »kritisierte […] die Verschärfung in den militärpolitisch relevanten Fragen. […] Die Bundessynodale der Landeskirche Sachsens, Rechtsanwältin Huhn, äußerte sich gegenüber dem Rat des Bezirkes Leipzig gegen die Verschärfung in Wehrdienstfragen durch die Bundessynode. Selbstkritisch äußerte sie, nicht kämpferisch genug aufgetreten zu sein.« Abt. II, Berlin, den 20.10.1986, Aktuelle politische Tendenzen in den Kirchen und Religionsgemeinschaften in der DDR, Leitungsinformation 5/86, BA, Abt. Potsdam, O-4, 953.
196 Information über die Tagung der Synode des evangelischen Kirchenbundes in der DDR (BEK), SAPMO-BA ZPA IV B2/14/92. Vgl. auch Information zur Vorbereitung und Durchführung von Synodentagungen der evangelischen Kirchen, streng vertraulich, PDS-Archiv Dresden, IV E-2.14-672.
197 Undatierte »Information«, BStU Berlin, MfS HA XX/4, 838, 3.
198 Vgl. Randbemerkung Dohle zu Berlin, 14.10.1986, Aufgabenstellung für ein Gespräch mit Landesbischof Dr. Leich, BA, Abt. Potsdam, O-4, 969.
199 19.12.1986, Zur Lage in der Evangelischen Landeskirche Greifswalds. Dort heißt es weiter, dem Einfluß der realistischen Vertreter Harder, Plath und Affeld »war es in letzter Zeit mehrfach zu danken, daß die Landeskirche sich zu Hauptfragen der Gegenwart politisch realistisch äußerte und daß negative Aktionen verhindert wurden. […] Die Zurückhaltung des Bischofs ermuntert aber die negativen Kräfte [z. B. Pfarrer Glöckner, Stralsund], so daß bei Einzelfragen immer wieder problematische Positionen eingenommen werden.« BA, Abt. Potsdam, O-4, 1474.
200 RdB Rostock, Stellvertreter des Vorsitzenden für Inneres, Aktenvermerk Haß vom 22.12.1986 über das Gespräch des Vorsitzenden des RdB Rostock, Gen. Eberhard Kühl, mit dem Bischof der Evangelischen Landeskirche Greifswald, Dr. Horst Gienke, am 9.12.1986, 14.00 Uhr, im Dienstraum des Vorsitzenden, BA, Abt. Potsdam, O-4, 1474; auch SAPMO-BA ZPA IV B2/14/69.
201 Arbeitsgruppe Kirchenfragen, Vermerk für Genossen Jarowinsky vom 4.3.1987, Betr.: Bericht des Hauptvorstandes der CDU über das internationale Forum für Friedensfragen (14.-16. Februar 1987 in Moskau), SAPMO-BA ZPA IV B2/14/76. In einem weiteren Gespräch wurde Gienke deutlich gemacht, »daß ein Bischof mit realistischem Blick unbedingt seine Position in diesen Gremien [KKL, BEK-Synode] vertreten muß.« RdB Rostock, Stellvertreter des Vorsitzenden für Inneres, Aktenvermerk Haß vom 2.3.1987 über das Gespräch des Stellvertreters des Vorsitzenden des Rates des Bezirkes für Inneres, Gen. Haß, mit Bischof Dr. Gienke am 23.2.1987, BA, Abt. Potsdam, O-4, 1474.

202 Abteilung Internationale Beziehungen, Bericht Dietmar Heyne vom 25.2.1987 über Dienstreise vom 18. bis 19.2.1987 nach Greifswald, BA, Abt. Potsdam, O-4, 714.
203 Hauptabteilungsleiter Heinrich kritisierte gegenüber Martin Ziegler das Auftreten des Kirchenjournalisten Thomas, dem »es um die bewußte ›Einmischung‹ der kirchlichen Blätter in gesellschaftliche Fragen [gehe]. Es sei zu fragen, wie der Bund und die Kirchen in der DDR dieses ›Einmischen‹ verstünden. Soviel stehe fest, daß Herr Thomas als neuer Chefredakteur der ›Kirche‹ nicht akzeptiert werde. [...] Herr Thomas belaste aufs Ganze das Verhältnis zwischen staatlichen Stellen und der kirchlichen Presse.« Vermerk Ziegler vom 20.5.1986 über ein Gespräch in der Dienststelle des Staatssekretärs für Kirchenfragen am 14.5.1986, 10.00-11.15 Uhr, EZA Berlin, 101/93/5. Vgl. auch Vermerk Ziegler vom 11.6.1986 über ein Gespräch in der Dienststelle des Staatssekretärs für Kirchenfragen am 10.6.1986, 15.45-16.30: »Die Äußerungen und Aktivitäten von Herrn Thomas führten nur dazu, den Spielraum, den die kirchliche Presse habe, einzuengen, da er unentwegt den Bogen überspanne«, so Heinrich. A.a.O.
204 Schreiben des KKL-Vorsitzenden Leich an Gysi vom 25.9.1986, a.a.O.; auch BA, Abt. Potsdam, O-4, 1226.
205 Berlin, den 24.9.1986, Problemkomplexe nach der Synode des BEK vom 19.-23.9.1986 in Erfurt, BA, Abt. Potsdam, O-4, 786.
206 Vgl. Protokoll Leich-Ziegler-Karpinski über die 108. Tagung der Konferenz der Evangelischen Kirchenleitungen in der DDR am 7./8.11.1986 in Berlin. Dort hieß es außerdem: »War es angebracht, daß Dr. Gaebler (wie sein Vorgänger) mit Wissen des Vorstandes allein mit Dr. Wilke gesprochen hat?« EZA Berlin, 101/93/240. Vgl. auch Protokoll Riese vom 26.11.1986 der Präsidiumssitzung am 14.11.1986 in Berlin, EZA Berlin, 101/93/207.
207 Vermerk Ziegler vom 5.11.1986 über ein Gespräch in der Dienststelle des Staatssekretärs für Kirchenfragen am 28.10.1986, 14.00-16.15 Uhr, EZA Berlin, 101/93/5.
208 Vermerk Heidingsfeld vom 15.12.1986 über die Zusammenkunft der Beratergruppe am 4.12.1986, EZA Berlin, 4/92/17. Zum fehlenden Basisbezug der Synodaltagung vgl. Schreiben Evangelisches Ministerium Erfurt, Senior Lauszat, an das Synodalpräsidium vom 17.11.1986: »Leider mußten wir feststellen, daß die Erfurter Gemeindeglieder kaum an den öffentlichen Sitzungen der Synode teilnehmen konnten, weil das Tagungsprogramm noch wenige Tage vor Eröffnung der Synode in Erfurt nicht bekannt war. Wir bekamen Anrufe von Gemeindegliedern, konnten aber keine Auskunft geben. Wir bedauern das sehr und fragen: Wie ernst nimmt sich die Synode in ihrem Öffentlichkeitsanspruch, wenn sie die Chance, sich in ihrer Arbeit vor der Öffentlichkeit darzustellen, nicht besser wahrnimmt? Wir wünschen, daß bei künftigen Tagungen der Synode auf diesen Aspekt stärkeres Gewicht gelegt wird.« EZA Berlin, 101/93/218. Riese vom BEK-Sekretariat schrieb am 10.12.1986 entschuldigend: »Auf Grund der besonderen Bedingungen im Jahre 1986, daß zwei Synodaltagungen waren und die zweite in Erfurt von einem neugewählten Präsidium vorbereitet werden mußte, war es leider nicht möglich, einen detaillierten Zeitplan eher zu erstellen. [...] Ihr Brief ist für mich und das Präsidium eine Anregung, sich in Zukunft verstärkt um die besondere Chance der Öffentlichkeit von Synodaltagungen zu bemühen.« EZA Berlin, 101/93/218.
209 Beide Schreiben vom 29.12.1986 in EZA Berlin, 101/93/232.
210 Protokoll Leich-Ziegler-Lewek vom 29.1.1987 der 193. Sitzung des Vorstands am 14.1.1987 in Berlin, EZA Berlin, 101/93/248.
211 Vgl. hierzu den Briefwechsel mit Rüdiger Banse, Vorsitzender des Gemeindekirchenrates der Erfurter Kiliani-Gemeinde und ein wenig in der CFK engagiert, der mit Schreiben vom 22.9.1986 an Präses Gaebler die Akkreditierung von Rundfunk und Fernsehen zur Synode anfragte: »Warum reichen nicht die Vertreter der kirchlichen Presse und [des kirchlichen] Nachrichtendienstes (DDR und BRD)? Ich meine, die Kirchen der DDR brauchen die Berichterstattung der BRD-Medien nicht. Sie schaden uns hier nur mehr. [...] Ich hoffe, daß die nächsten Synoden ohne BRD-Medien stattfinden.« Hierauf antwortete Riese vom BEK-Sekretariat am 27.11.1986: »Die Mitglieder des Präsidi-

ums teilen Ihre Betroffenheit bei einseitiger und verzerrender Berichterstattung von Synodaltagungen durch die Medien der BRD. In der Frage aber, ob zu zukünftigen Synodaltagungen Rundfunk- bzw. Fernsehanstalten der BRD [...] eingeladen werden sollen, teilt das Präsidium Ihre Meinung nicht. [...] Dabei geht das Präsidium vor allem davon aus, daß ein eventueller Ausschluß von Presse, Hörfunk und Fernsehen bei öffentlichen Sitzungen der Bundessynode in jedem Fall von Schaden ist. Die geringen, aber genutzten Möglichkeiten von authentischer Berichterstattung über das Leben von Christen und Kirchen in der DDR und auch von Synodaltagungen würden damit aufgegeben. Das Präsidium und die Pressestelle des Bundes bemühen sich um eine immer bessere Begleitung der zugelassenen Journalisten, um durch Aufhellung von Hintergründen und interpretierende Begleitung Extreme in der Berichterstattung zu begrenzen.« Allerdings werde man weiter über diese Problematik nachdenken, schloß Riese. Beide Schreiben in EZA Berlin, 101/93/207.

212 Vermerk Ziegler vom 26.11.1986 über die 26. Konsultation zwischen dem Bund der Ev. Kirchen in der DDR und der Ev. Kirche in Deutschland am 20.10.1986, 10.00 Uhr, in Berlin, EZA Berlin, 101/93/841. Über eine andere Presseberichterstattung informierte Heidingsfeld am 18.11.1986 von Rotenhan, Schmude, Binder und Walter Hammer: »In Heft 5/86 der ›Weißenseer Blätter‹ ist eine ziemlich ruppige Betrachtung zur Synode des Bundes der Evangelischen Kirchen in der DDR veröffentlicht worden. Sie geht Ihnen in Kopie zu.« EZA Berlin, 4/91/746. Vgl. Zurückgeblieben. Zur Synode des Bundes der Evangelischen Kirchen in der DDR in Erfurt vom 19.-23.9.1986, in: Weißenseer Blätter 5/86. Vgl. auch das Schreiben Weißenseer Blätter, p. A. Hanfried Müller, an Hauptabteilungsleiter Heinrich vom 10.5.1986: »Sehr geehrter Herr Heinrich, im Namen der ›Weißenseer Blätter‹ und aller ihrer Freunde möchte ich Ihnen sehr herzlich für die großzügige Überweisung von tausendundfünfhundert Mark danken, die vorgestern auf unserem Spendenkonto eingegangen sind. [...] Ich möchte diesen Brief nicht schließen, ohne Ihnen nicht auch noch einmal für all Ihre nichtmaterielle Unterstützung, Hilfe und Wohlwollen für die Weißenseer Blätter aufrichtig zu danken; sie sind nicht nur mir, sondern uns allen, die wir an den Weißenseer Blättern arbeiten, stets neu eine wertvolle Erfahrung vertrauensvoller Zusammenarbeit von Christen und Marxisten, Bürgern und Staatsapparat für die gemeinsame Sache.« BA, Abt. Potsdam, O-4, 1227. Der SED-Staat wertete: »Während der Einfluß des Weißenseer Arbeitskreises als Gruppe weiterhin gering ist, konnte der Arbeitskreis seine Wirksamkeit durch die Publikation der ›Weißenseer Blätter‹ deutlich erhöhen.« Konzeption zur weiteren Durchsetzung der Staatspolitik in Kirchenfragen gegenüber der Evangelischen Kirche Berlin-Brandenburg (1986), BA, Abt. Potsdam, O-4, 995; auch Information für den Staatssekretär zur Beratung der Stellvertreter für Inneres der Bezirke Cottbus, Frankfurt/O., Potsdam und dem Magistrat von Berlin am 11.6.1986, 10.00 Uhr, a.a.O. Horst Dohle hatte zu Beginn des Jahres 1986 kritisch angemerkt: »Wir sollten stärker auf die progressiven Gruppierungen in den Kirchen mit dem Ziel einwirken, daß sie zu stützenden und zu stabilisierenden Faktoren der realistischen Positionen ihrer jeweiligen Kirchenleitungen werden, statt sich als Alternative zur Kirchenleitung zu verstehen. Die Kirchenleitungen müssen von dort her Unterstützung erfahren, statt von links außen her in Frage gestellt zu werden.« Dr. Dohle, Parteigruppe am 3.2.1986 (Überlegungen zur Information an das Politbüro vom 7.1.1986), BA, Abt. Potsdam, O-4, 962.

213 Zu Merseburger äußerte BEK-Pressesprecher Rolf-Dieter Günther: »Ebenfalls schlechte Erfahrungen habe er mit dem ARD-Fernsehkorrespondenten Merseburger gemacht, der sich Zustimmungen von einzelnen kirchlichen Hausherren einhole und dies dann dem Bund mitteile. Hier sei er in einer hilflosen Lage, da Merseburger stets frage – oder wollen Sie uns dort wieder ausladen? und dabei andeute, daß er dies dann in seinem Bericht erwähnen werde. Im Gegensatz dazu habe er mit ZDF-Korrespondent Dr. Brüssau gute Erfahrungen gemacht. Brüssau sei bereit, Hinweisen zu folgen, und akzeptiere solche Argumente wie dies, daß sich Berichterstattung zu diesem oder jenem Thema in der Rückkopplung schädlich auswirken könne.« HA Presse, Information Carl

vom 31.3.1987 über ein Gespräch des Leiters der HA Presse, Gen. Wolfgang Meyer, mit Vertretern des Bundes der Evangelischen Kirchen in der DDR am 27.3.1987, BA, Abt. Potsdam, O-4, 1175.

214 Während der EKD-Synode in Bad Salzuflen im November 1986 führte Gaebler mit Journalisten ein Arbeitsgespräch zu Fragen der Berichterstattung über kirchliche Themenstellungen in der DDR. Vgl. Protokoll Riese vom 26.11.1986 der Präsidiumssitzung am 14.11.1986 in Berlin, EZA Berlin, 101/93/207. Im Vermerk Hammer vom 12.4.1987 über die 28. Konsultation vom 10.4.1987 (EZA Berlin, 101/93/817) wird für das nächste Zusammentreffen angemeldet: »Kontext politischer Äußerungen der Kirche (Stier/v. Keler) (Es geht um die wechselseitige Sensibilisierung für das unterschiedliche Verständnis politischer Aussagen im jeweiligen Kontext. Beispiel: Stolpe-Interview in der ›Welt‹ [Vgl. »Die WELT« vom 17.2.1987 sowie Übertragungsfehler im Stolpe-Interview, in: »Die WELT« vom 18.2.1987, und die Leserbriefe von Heinrich Lummer und Walter Rasch, in: »Die WELT« vom 27.2.1987])«.

215 Abt. II, Information Wilke vom 28.10.1986 über ein Gespräch mit Präses Dr. Gaebler am 22.10.1986, BA, Abt. Potsdam, O-4, 969.

216 Vgl. Vermerk Ziegler vom 26.11.1986 über die 26. Konsultation zwischen dem Bund der Ev. Kirchen in der DDR und der Ev. Kirche in Deutschland am 20.10.1986, 10.00 Uhr in Berlin, EZA Berlin, 101/93/841.

217 6.1.1987, Aktuelle politische Tendenzen in den Kirchen und Religionsgemeinschaften in der DDR, Leitungsinformation 6/86, BA, Abt. Potsdam, O-4, 953; vgl. auch Bericht zur kirchenpolitischen Situation in Berlin, Hauptstadt der DDR, Oktober/November 1986, BA, Abt. Potsdam, O-4, 1129. Vgl. z. B. Rat der Stadt Dresden, Bereich Inneres, Kirchenfragen, Aktenvermerk Schulze vom 21.10.1986 über heutiges Gespräch mit Kirchenamtsrat Heitmann: »Er [Heitmann] sagte, daß es zu den Vorschlägen Gorbatschows keine Alternative gibt. Dieser Mann würde durch sein Auftreten und die Klarheit seiner Worte immer sympathischer. So denken viele kirchliche Amtsträger, meinte Heitmann. Unter Hinweis auf vorangegangene Gespräche zwischen uns sagte der Kirchenamtsrat: Sie haben sicher recht, daß hinter dem Auftreten Reagans, besonders dem Festhalten am SDI-Programm, interessierte Kreise in den USA stehen, die davon ihren Nutzen und ihren Profit haben. Heitmann sprach von Hoffnung und Zuversicht, daß der Frieden als Existenzgrundlage für die Menschheit durch vereinte Anstrengungen erhalten bleibt und die USA gezwungen werden, von ihrer bedrohlichen Politik Abstand zu nehmen.« SHStA Dresden, BT/RdB Dresden (Zwibo), 44870. Vgl. auch RdB Dresden, Stellvertreter des Vorsitzenden für Inneres, Informationsbericht der Monate Oktober/November 1986 vom 8.12.1986, SHStA Dresden, BT/RdB Dresden (Zwibo), 45940. Zu weiteren Reaktionen auf Reykjavik vgl. Abt. II, Berlin, den 18.2.1987, Aktuelle politische Tendenzen in den Kirchen und Religionsgemeinschaften in der DDR – Leitungsinformation 1/87: »Die in der letzten Leitungsinformation festgestellte Tendenz eines deutlicheren Parteiergreifens der Geistlichen und Amtsträger für die sozialistische Friedenspolitik, besonders für die Vorschläge der UdSSR in Reykjavik und Aktivitäten der DDR, setzt sich fort. Der Kurs der Reagan-Administration und SDI-Programm werden einhellig und klar verurteilt. [...] Hervorzuheben ist aber, daß nach den Angaben aus den Bezirken die Zahl derjenigen kirchlichen Vertreter deutlich zunimmt, die beginnen, aus ihren realistischen Einschätzungen der internationalen Entwicklung realistische Schlußfolgerungen für ihr eigenes Handeln in der sozialistischen Gesellschaft zu ziehen. In der jetzigen Situation komme es darauf an, keine Resignation zuzulassen und sich verstärkt für ein Zusammengehen aller an Frieden und Abrüstung interessierten Kräfte auf nationaler wie internationaler Ebene zu engagieren. In diesem Sinne äußerten sich auch Landesbischof Dr. Leich, Bischof Dr. Demke, Landesbischof Dr. Hempel und Bischof Prof. Dr. Rogge«. BA, Abt. Potsdam, O-4, 954.

218 Vgl. allgemein auf die Pfarrer und kirchlichen Amtsträger im Bezirk Dresden bezogen auch RdB Dresden, Stellvertreter des Vorsitzenden für Inneres, Informationsbericht der Monate Oktober/November 1986 vom 8.12.1986, SHStA Dresden, BT/RdB Dresden

ANMERKUNG ZU DER SEITE 183

(Zwibo), 45940; RdB Dresden, Stellvertreter des Vorsitzenden für Inneres, Informationsbericht der Monate Dezember 1986 und Januar 1987 vom 9.2.1987, a.a.O.
219 epd-Dok 52/86, 26. Vgl. auch KiS 6/86, 272 f. Allerdings bezweifelten die Synodalen Adolph, Küttler u. a. den Nutzen eines solchen Briefes. Nach einer Aussprache in geschlossener Sitzung nahm die Synode den Brief bei immerhin 14 Gegenstimmen an. RdB Dresden, Sektor Staatspolitik in Kirchenfragen, Dresden, den 12.10.1986, Tagesinformationen zur Herbsttagung der Landessynode der Ev.-Luth. Landeskirche Sachsens vom 11.-15.10.1986 in Dresden, PDS-Archiv Dresden, IV E-2.14-680. Vgl. auch RdB Dresden, Sektor Staatspolitik in Kirchenfragen, Einschätzung Lewerenz vom 16.10.1986 der Herbsttagung der Landessynode der Ev.-Luth. Landeskirche Sachsens vom 11.-15.10.1986 in Dresden: »Inhaltlich wurden [...] recht deutliche Worte gefunden, so daß das Papier insgesamt positiv zu werten ist.« A.a.O. Staalsett besuchte im Frühjahr 1987 die DDR. Zur Vorbereitung vgl. z. B. Abteilung Internationale Beziehungen, Bericht Dietmar Heyne vom 25.2.1987 über Dienstreise vom 18. bis 19.2.1987 nach Greifswald, BA, Abt. Potsdam, O-4, 714. Über den Besuchsablauf urteilt Information Heyne vom 25.3.1987 zum Verlauf und zu den Ergebnissen des Aufenthaltes des LWB-Generalsekretärs, Gunnar Staalsett, vom 15. bis 24.3.1987 in der DDR: »Zu allen öffentlichen Gelegenheiten trat der LWB-Generalsekretär konstruktiv und politisch ausgewogen auf. [...] Staalsett stellte fest, daß sich seit seinem ersten Aufenthalt in der DDR (1955) sehr vieles positiv entwickelt hat. Das Ansehen der DDR in der internationalen Staatengemeinschaft sei sehr gewachsen. Die DDR sei heute eine wichtige Stimme im internationalen Dialog. Der Generalsekretär zeigte sich beeindruckt von den Arbeits- und Lebensbedingungen in der sozialistischen Gesellschaft. Die enge Verbindung von Wirtschafts- und Sozialpolitik, die Sorge um den Menschen fanden beachtende Worte seitens Staalsetts. [...] Der Aufenthalt des LWB-Generalsekretärs in der DDR war ein kirchenpolitischer Erfolg. In den Gesprächen mit staatlichen Vertretern (Sindermann, Kalb) präsentierte sich der Generalsekretär als verständnisvoller, politisch interessierter und profilierter Gesprächspartner. Wiederholt machte er deutlich, daß ihm an solchen offenen und verständnisvollen Sachgesprächen mit politischen Vertretern der DDR sehr gelegen sei. Das Auftreten Staalsetts in der Öffentlichkeit dokumentierte, daß es heute im Hinblick auf die Grundfragen der Menschheit mehr Gemeinsames als Trennendes zwischen Christen und Marxisten gibt [...] stellen die klaren politischen Aussagen Staalsetts eine Unterstützung maßgeblicher Positionen sozialistischer Friedenspolitik dar. [...] Nicht zuletzt diente das Auftreten des Generalsekretärs der Stärkung realistischer Kräfte in den DDR-Kirchen und trug mit zu einer weiteren konstruktiven Ausgestaltung des Staat-Kirche-Verhältnisses bei. [...] In verschiedenen Gesprächen mit dem Generalsekretär und seiner Genfer Begleitung wurde deutlich, daß seitens des Nationalkomitees des LWB und anderer kirchenleitender Kräfte offenbar starker Einfluß dahingehend ausgeübt wurde, ›daß Staalsett dem Staat nicht zu weit entgegenkomme‹. Es gibt eine Reihe Indizien dafür anzunehmen, daß Staalsett ohne diese ›Reglementierung‹ von sich aus zu weitergehenden Kontakten und Äußerungen bereit gewesen wäre. [...] Der erste offizielle Besuch des LWB-Generalsekretärs in der DDR bestätigte, daß von leitenden Amtsträgern internationaler Kirchengremien, insbesondere auch des LWB, zu grundlegenden politischen und kirchenpolitischen Fragen inzwischen oft progressivere Positionen eingenommen werden als von kirchenleitenden Kräften in den DDR-Kirchen. Besonderes Gewicht erlangt dieser Umstand dadurch, daß Staalsett aus dem NATO-Land Norwegen und einer konservativ-staatskirchlich geprägten Gesellschaft kommt. [...] Die politische Unterstützung Staalsetts in seiner Funktion als Generalsekretär des LWB bietet gute Möglichkeiten, über den LWB und seine Arbeitsorgane auf die Kirchen in der DDR im Sinne ihrer weiteren realistischen Profilierung einzuwirken.« BA, Abt. Potsdam, O-4, 4722. Zum Besuch Staalsetts vgl. auch Abt. IV, Vorlage Will-Braemer-Gessner vom 23.4.1987 zur Dienstbesprechung am Montag, dem 27.4.1987, Leitungsinformation 2/87, BA, Abt. Potsdam, O-4, 954. Vgl. auch Treffen mit dem Generalsekretär des Lutherischen Weltbundes. Horst Sindermann empfing Dr. Gunnar Staalsett in Berlin auf der

Titelseite des ND vom 18.3.1987. Vgl. auch NZ vom 14.3.1987. Zu Staalsetts Besuch vgl. auch SV Genf, Information Adling vom 27.3.1987 über ein Gespräch mit Dr. Gunnar Staalsett, Generalsekretär des Lutherischen Weltbundes (LWB), am 25.3.1987: »Er nutzte die Gelegenheit, um seine Dankbarkeit für die Gastfreundschaft während seines DDR-Besuches zum Ausdruck zu bringen. Er sei außerordentlich beeindruckt von den Gesprächen mit den offiziellen staatlichen Vertretern (Genossen Sindermann und Kalb). [...] Mit besonderer Hochachtung sprach Dr. Staalsett über das Gespräch mit Genossen Horst Sindermann. Es sei sehr offen und ehrlich gewesen. [...] Hinsichtlich seiner eigentlichen Partner, der lutherischen Landeskirchen, habe sich Staalsett weit kritischer, aber ebenfalls positiv geäußert. So sei er enttäuscht gewesen, daß ausgerechnet in der DDR leitende Kirchenvertreter zu kontroversen Positionen innerhalb des LWB ähnliche Positionen verträten, wie man sie von rechten BRD-Kirchenkreisen kenne. [...] So habe man Staalsett vorgeworfen, anläßlich eines gemeinsamen Gottesdienstes mit fortschrittlichen Kirchenvertretern aus Südafrika durch das Heben der geballten Faust ein für den LWB zu weit gehendes Zeichen der Solidarität gegeben zu haben. (Die Debatte zu einem entsprechenden Pressefoto war von rechten Kreisen in der BRD lanciert worden).« Ähnlich äußerte sich Staalsett zur Betonung der kirchlichen Eigenständigkeit in der Friedensarbeit. BA, Abt. Potsdam, O-4, 714. Vgl. auch Landessynode Sachsens 21.3. bis 25.3.1987: »Die [...] Fragen der Synodalen beantwortet der Generalsekretär theologisch und politisch überzeugend. Er erklärt z. B., daß man angesichts der wichtigsten Friedensfrage aufhören müsse, dauernd über die Verschiedenheit des Friedensengagements zu reden.« BA, Abt. Potsdam, O-4, 712. Nach dem Staalsett-Besuch gelangte das Staatssekretariat für Kirchenfragen zu folgender Einschätzung: »Konnte man in den 70er Jahren und Anfang der 80er Jahre davon ausgehen, daß die Kirchen der DDR selbst Wesentliches zur politischen Profilierung der internationalen Kirchengremien beigetragen haben, so ergibt sich gegenwärtig in dieser Frage ein weit differenzierteres Bild. Sowohl die in jüngster Zeit stattgefundenen internationalen Tagungen als auch die Besuche von Castro und Staalsett haben deutlich gemacht, daß in den Stäben der Weltbünde oft progressivere politische Auffassungen vertreten werden als bei einem erheblichen Teil leitender Amtsträger in den DDR-Kirchen. Fixiert auf die ›Eigenständigkeit‹ kirchlicher Positionen und kirchlichen Wirkens gegenüber dem Staat bzw. der ›besonderen Gemeinschaft‹ der Kirchen in den beiden deutschen Staaten geschuldet, äußern sich die Leitungsgremien der evangelischen Kirchen in der DDR und ein Teil ihrer Protagonisten weit zurückhaltender zu den politischen Grundfragen unserer Zeit.« Abteilung IV, Vorlage Heyne vom 27.3.1987 an die Dienstbesprechung am Montag, dem 30.3.1987, Thema: Schriftliche Information über die Tätigkeit des BEK in internationalen kirchlichen Organisationen (ÖRK, LWB, RWB, KEK), BA, Abt. Potsdam, O-4, 954.

220 »Zur Überraschung der Synodalen legte Bischof Dr. Rogge gegen Ende der Tagung ein Wort zur Friedensfrage vor, in dem es u. a. heißt, daß die Provinzialsynode die Besorgnis anderer Synoden um den weiterhin bedrohten Weltfrieden teilt und in der Durchsetzung eines neuen Denkens, das sich in jüngster Zeit in den Reden Michail Gorbatschows ausdrückt, ein Zeichen der Hoffnung für die ganze Menschheit sieht. Diese Aktivität war offensichtlich weder mit der Kirchenleitung, dem Präsidium der Synode noch mit dem Friedensausschuß abgesprochen und stieß deshalb auch aus Verfahrensgründen auf erheblichen Widerstand bei der Mehrheit der Synodalen. Nach einstündiger geschlossener Sitzung wurde jedoch in geheimer Abstimmung der Vorschlag des Bischofs mit 41 zu 11 Stimmen bei 9 Enthaltungen angenommen. [...] In der sichtbar verjüngten Synode hat vor allem das Selbstbewußtsein der Laiensynodalen spürbar zugenommen. Der letztlich geglückte Versuch des Bischofs, doch noch ein aktuelles Wort zur Friedensfrage beschließen zu lassen, weist auf die Gefahr hin, daß er das in dieser Hinsicht gewandelte Potential der Synode unterschätzt. Die Mehrzahl der Synodalen ist offensichtlich nicht gewillt, einen solchen legeren Leitungs- und Verfahrensstil hinzunehmen.« Arbeitsgruppe Synode Görlitz, Information über die 2. Tagung der 10. Provinzialsynode der Ev. Kirche des Görlitzer Kirchengebietes vom 1.-3.11.1986 in

Görlitz. Dort heißt es außerdem: »Die Amtsübernahme durch Bischof Dr. Rogge hat zwar zur Konsolidierung des Ordnungsprozesses in kirchenleitenden Organen beigetragen, aber noch keine grundsätzlich neue Orientierung erbracht.« SHStA Dresden, BT/RdB Dresden (Zwibo), 47522. Vgl. den Beschluß der Görlitzer Synode betr. »Neues Denken«, in epd-Dok 52/86, 60. Vgl. auch Schreiben Rat der Stadt Görlitz, Stellv. d. OB f. Inneres, an RdB Dresden, Stellv. d. Vors. f. Inneres, Gen. Fuchs, vom 25.11.1986: »In der geschlossenen Sitzung zeigte sich jedoch nach Aussage einiger Synodaler, daß überwiegend die Laiensynodalen an der Seite des Bischofs standen«. SHStA Dresden, BT/RdB Dresden (Zwibo), 44870.

221 Konsistorialpräsident Stolpe schickte dem aufstrebenden Funktionär zu dessen 50. Geburtstag ein Glückwunschschreiben (19.3.1987): »Zu Ihrem 50. Geburtstag gratuliere ich Ihnen herzlich und wünsche gute Gesundheit, fröhliche Schaffenskraft und bei allen Lasten Ihrer umfangreichen Verantwortung auch Zeit zur entlastenden Muße! Besonders danken darf ich Ihnen an diesem Tage für Ihre Anstöße zur Festigung unserer Rechtsordnung. Ich weiß aus meiner Tätigkeit, wie wichtig für das Heimatgefühl unserer Bürger ihr Vertrauen in die Rechtssicherheit und das Ernstnehmen ihrer Belange ist. Ich wünsche Ihnen von Herzen, daß Sie Ihr Wirken im Interesse der inneren Stabilität und des äußeren Ansehens unserer Republik weiter erfolgreich fortsetzen können.« Abschrift in EZA Berlin, 101/93/14. Vgl. auch Egon Krenz, Wenn Mauern fallen. Die friedliche Revolution: Vorgeschichte – Ablauf – Auswirkungen, Wien 1990.

222 Vgl. auch Protokoll Leich-Ziegler-Lewek/Kupas vom 3.9.1986 über die 188. Sitzung des Vorstandes am 28.8.1986 in Eisenach, Beginn 15.00 Uhr, Ende ca. 21.30 Uhr: »Dr. Demke berichtet und bittet um Beratung.: Die Evangelische Akademie Sachsen-Anhalt beabsichtigt, am 22. November 1986 eine Veranstaltung SPD/SED zur Frage der chemiewaffenfreien Zone durchzuführen. Von der SPD sind Karsten Voigt und Jürgen Schmude eingeschaltet, für die SED hat die Leitung der Akademie Hermann Axen eingeladen. Nach anfänglichem Schweigen hat Axen der Ev. Akademie Sachsen-Anhalt in einem sehr freundlichen Schreiben seine Mitarbeit bzw. die Mitarbeit anderer verantwortlicher Genossen zugesagt. Vorstand sieht Information an Schmude vor. Empfehlung: anderer Zeitpunkt, anderer Veranstalter.« EZA Berlin, 101/93/247.

223 Information Gysi vom 3.10.1986 über einen geplanten Besuch von Helmut Schmidt in der DDR, BA, Abt. Potsdam, O-4, 969.

224 Konsistorialpräsident Stolpe an Gysi vom 12.10.1986, a.a.O.

225 Vgl. Plan der Besuchsreise Dr. Helmut Schmidt und Frau Loki Schmidt (Stand vom 23.10.1986), BA, Abt. Potsdam, O-4, 4706. Zu den Anmeldungen für Schmidts Vortrag vgl. Vermerk H. Quabs vom 17.10.1986, a.a.O.

226 Vgl. DDR setzt ihre Politik des Dialogs konsequent fort. Treffen zwischen Werner Jarowinsky und Helmut Schmidt, in: ND vom 25./26.10.1986; Internationale Fragen erörtert. Werner Jarowinsky empfing Helmut Schmidt in Leipzig, in: Berliner Zeitung vom 25./26.10.1986; Chancen für eine Wende nutzen. Werner Jarowinsky empfing Helmut Schmidt, in: Neue Zeit vom 27.10.1986.

227 Vgl. Einladung und Einlaßkarte Bransch, BA, Abt. Potsdam, O-4, 4706. Der Vortrag ist u. a. abgedruckt in »DIE ZEIT« vom 31.10.1986; epd-Dok 52/86, 72-76. Vgl. auch die staatliche, unredigierte und unvollständige sowie in Teilen nicht korrekte Mitschrift: Potsdam, 25.10.1986, Veranstaltung am 25.10.1986 in der Nikolaikirche Potsdam mit dem ehemaligen Bundeskanzler Helmut Schmidt, SAPMO-BA ZPA IV B2/14/96, sowie ein handschriftlich abgefaßtes Gedächtnisprotokoll vom 27.10.1986, BA, Abt. Potsdam, O-4, 4706. Vgl. auch Hans-R. Karutz, Ein Deutscher unter Deutschen – Schmidts Besuch in Potsdam, in: »Die Welt« vom 27.10.1986; Helmut Schmidt in Potsdam, in: Berliner Zeitung vom 27.10.1986; Dialog und Toleranz notwendig. Helmut Schmidt sprach in Potsdamer Nikolaikirche, in: Neue Zeit vom 27.10.1986.

228 Vgl. Gedächtnisprotokoll vom 27.10.1986; Hintergrundinformationen, BA, Abt. Potsdam, O-4, 4706. Beim anschließenden Empfang brach Schmidt ein wenig frühzeitig

auf; vermutlich weil der Funktionär Jahn »etwas mehr als genug getrunken« hatte und »sehr laut und aufgesetzt [sprach]«, was Schmidt mißfiel.« Ebd.
229 Vgl. RdB Potsdam, Stellv. d. Vors. f. Inneres, Information M. Selinger vom 27.10.1986 über den Besuch des Bundeskanzlers der BRD a. D., Dr. Helmut Schmidt, in Potsdam, sein Auftreten in der Nikolaikirche und den anschließenden Empfang in der Hofbauer-Stiftung Potsdam-Hermannswerder, BA, Abt. Potsdam, O-4, 4895.
230 Berlin, 14.10.1986, Aufgabenstellung für ein Gespräch mit Landesbischof Dr. Leich, BA, Abt. Potsdam, O-4, 969.
231 Auf der sächsischen Herbstsynode stieß der Synodale Dr. Satlow in das gleiche Horn, »indem er fragte, ob es richtig sei, die Eigenständigkeit kirchl. Friedensbemühungen so stark zu betonen. Dies könne mißverstanden werden. Am Beispiel des ›brennenden Hauses‹ versuchte er zu verdeutlichen, daß es gleichgültig ist, wer das Feuer löscht. Hauptsache ist, es wird durch gemeinsame Anstrengung gelöscht. In der kirchl. Friedensbewegung würde man aber oft das Trennende und nicht das Verbindende zu anderen Friedenskräften betonen.« RdB Dresden, Sektor Staatspolitik in Kirchenfragen, Dresden, den 12.10.1986, Tagesinformationen zur Herbsttagung der Landessynode der Ev.-Luth. Landeskirche Sachsens vom 11.-15.10.1986 in Dresden, PDS-Archiv Dresden, IV E-2.14-680. Vgl. auch RdB Rostock, Stellvertreter des Vorsitzenden für Inneres, Aktenvermerk Haß vom 2.3.1987 über das Gespräch des Stellvertreters des Vorsitzenden des Rates des Bezirkes für Inneres, Gen. Haß, mit Bischof Dr. Gienke am 23.2.1987: »OKR Dr. Plath verwies […] auf die innerkirchliche Polemik des ›eigenständigen Beitrages der Kirche in der DDR‹ zur Friedensfrage. Der Bischof reagierte darauf mit einer eindeutigen Position […] Die Haltung der Kirchen und Christen könne von den Standpunkten, die von der politischen Ebene ausgestrahlt werden, nicht abweichen. Die Friedenspolitik der DDR und der Auftrag der Kirche in der Friedensfrage wären identisch.« BA, Abt. Potsdam, O-4, 1474.
232 Vgl. hierzu auch RdB Dresden, Bereich Inneres, Sektor Staatspolitik in Kirchenfragen, Vermerk Lewerenz vom 9.4.1986 über ein Gespräch mit dem Präsidenten des Landeskirchenamtes der Evangelisch-Lutherischen Landeskirche Sachsens, Dr. Kurt Domsch, am 8.4.1986 im Gästehaus des RdB Dresden, SAPMO-BA ZPA IV B2/14/69; PDS-Archiv Dresden, IV E-2.14-672. Die Südtiroler Kriegsdienstverweigerer protestierten mit Schreiben vom 19.12.1986 beim BEK-Sekretariat gegen die fehlende Unterstützung einer Teilnahme von DDR-Vertretern am internationalen Verweigerertreffen im Herbst 1986 in Wien: »Wir fordern Sie als Evangelische Kirche somit auf, das Recht der Gewissens- und Religionsfreiheit und damit die Konkretisierung desselben in der Kriegsdienstverweigerung voll anzuerkennen und Ihre Gläubigen darin zu stützen.« Ziegler entschied, den Brief unbeantwortet zu lassen. Vgl. seinen Randvermerk vom 30.12.1986, EZA Berlin, 101/93/78.
233 Auch der Landeskirchenrat Anhalts sprach in seinem Bericht für die Dessauer Frühjahrssynode »die durch die weitere Minorisierung entstehenden Fragen an[.]«. Protokoll Leich-Ziegler-von Rabenau über die 111. Tagung der Konferenz der Evangelischen Kirchenleitungen in der DDR am 8./9.5.1987 in Dessau, EZA Berlin, 101/93/242.
234 Vgl. auch Abt. II, Berlin, den 18.2.1987, Aktuelle politische Tendenzen in den Kirchen und Religionsgemeinschaften in der DDR – Leitungsinformation 1/87: »Bei der Behandlung dieser [Reise]-Fragen setzt sich offenbar bei Leitungskräften und auch bei Geistlichen und Amtsträgern an der kirchlichen Basis die Argumentationslinie des KKL-Vorsitzenden, Landesbischof Dr. Leich, zu dieser Problematik zunehmend durch. Man verweist auf die ›Mündigkeit des Bürgers‹ und die ›Wahrung seiner Würde‹, wenn immer wieder die Frage der Nichtbegründung von Reiseablehnungen durch die VP angesprochen wird.« BA, Abt. Potsdam, O-4, 954.
235 Vgl. hier z. B. die Eingabe von A. und B. Willner, Herzberg, an das Ministerium für Volksbildung, Berlin, vom 3.6.1986: Antrag zur Änderung des Schulunterrichtsfaches »Wehrkunde« in das Fach »Friedenskunde«, mit Begleitschreiben an die Mitglieder der KKL vom 6.6.1986: »Da allenthalben bezüglich einer weltweiten Friedensbewegung

von einer neuen Qualität des Denkens, Redens und Handelns gesprochen und geschrieben wird und wir von der evangelischen Kirche erwarten, daß sie aufgrund ihres Selbstverständnisses ein sehr offenes Ohr hat, um unsere Sorgen zu verstehen, bitten wir, Ihren Einfluß im Sinne unseres an das Ministerium für Volksbildung vorgetragenen Anliegens (s. Anlage) konstruktiv und energisch zu unterstützen, selbstverständlich in dem Ihnen möglichen Rahmen, wohl aber mit der Ihnen eigenen Verantwortung vor Gott und den Menschen angesichts der gegenwärtigen historischen Herausforderung.« EZA Berlin, 101/93/105. Vgl. die Unterstützung zusagende Antwort Götz Doyé vom 22.8.1986, a.a.O. Vgl. auch die Schreiben des Evangelisch-Lutherischen Landeskirchenamts Sachsens an den BEK vom 27.10.1986 und 10.2.1987, Betr.: Schießen im Sportunterricht in den Medizinischen Fachschulen, a.a.O.

236 Vermerk Ziegler vom 2.12.1986 über ein Gespräch mit dem Staatssekretär für Kirchenfragen am 27.11.1986, 15.00-17.40 Uhr, Eisenach, Wartburg. *Vertrauliche Information für die Mitglieder der KKL!*: »Dr. Leich hebt [abschließend] nochmals hervor, daß alles darauf ankomme, daß der Bürger im Umgang mit den Staatsorganen erfahre, daß er ernst genommen wird. Wenn die DDR sage, die erste Sorge sei der Mensch, müsse das im täglichen Umgang der Staatsorgane mit den Bürgern spürbar sein.« BA, Abt. Potsdam, O-4, 1437. Zu den Aussagen der Bundessynode über Gorbatschow und die Reisepolitik vgl. den Bericht in epd-Dok 42/86, 56-58.

237 Zu Sachsen vgl. auch Konzeption zur weiteren staatlichen Arbeit im Bereich der Landeskirche Sachsen: »Die SLK ist mit etwa 1 100 Pfarrstellen die größte der acht Landeskirchen in der DDR. Im Bewußtsein vieler ihrer Pfarrer versteht sie sich als eigentliches Kernland der Lutherischen Reformation, des Luthertums überhaupt. [...] In der SLK haben sich aus historischen, sozialökonomischen, gesellschaftlichen und kirchengeschichtlichen Gründen verschiedene, sich oft militant ausschließende theologische und Frömmigkeitsrichtungen ausgeprägt und bis heute erhalten, die die gesellschaftliche Haltung der Amtsträger mitprägen (von streng pietistischen oder orthodox-lutherischen Kreisen in der Landeskirchlichen Gemeinschaft, den Pfarrergebetsbruderschaften, dem Landesbruderrat der BK mit den entsprechenden apolitischen oder konservativen Haltungen bis zu theologisch an Karl Barth orientierten Kräften oder die CFK und die Kirchliche Bruderschaft). Die theologische Zerrissenheit und ihre zentrifugalen Wirkungen stellen die Kirchenleitung oft vor die Aufgabe, überhaupt die Einheit der SLK zu wahren. [...] Charakteristisch für die kirchenleitenden Kräfte und die Mehrheit ihrer Amtsträger ist das, sachliche und konstruktive Verhältnis zu den staatlichen Organen keinen Belastungen auszusetzen, sondern das Erreichte zu bewahren und weiter auszubauen. Das schließt das Auftreten einzelner negativer Kräfte in den Kirchen allerdings nicht aus. Jedoch verhält sich die Kirchenleitung in solchen Fällen zunehmend distanziert und wirkt nach entsprechendem staatlichen Hinweis disziplinierend. [...] Die politischen Positionen, die sich Dr. Hempel in den vergangenen Jahren sowohl in seiner ökumenischen wie gesamtkirchlichen Verantwortung in der DDR erarbeitet hat, haben ihm eine hohe Autorität in seiner eigenen Landeskirche gebracht, seine Position in ihr gefestigt und ihm damit auch größere Möglichkeiten eröffnet, auf Kirchenleitung und Synode prägend zu wirken. Seine integrative Gesprächsfähigkeit gegenüber progressiven Gruppierungen (CFK-Basisgruppe Königswartha, Kirchliche Bruderschaft) hat deren Wirkungsmöglichkeiten legitimiert und erhöht. Gegenüber problematischen Gruppen wirkt diese Fähigkeit Dr. Hempels dämpfend und korrigierend. (Königswalde, Anfragen an ihn zum Wehrdienst auf den Herbstsynoden 1982 und 1983, zur Friedenspolitik der DDR in der Kreuzkirche am 13.2.1982 und zu seinem Gespräch mit Erich Honecker am 12.2.1985 usw.).« SAPMO-BA ZPA IV B2/14/68; vgl. auch das Begleitschreiben Gysi an Krauß er sowie die Stellvertreter für Inneres der Räte der Bezirke Dresden-Leipzig-Karl-Marx-Stadt vom 30.9.1986, a.a.O. Vgl. insgesamt auch Thematische Parteigruppenversammlung (im Staatssekretariat für Kirchenfragen) am 9.6.1987: Erhöhung der Wirksamkeit progressiver Gruppierungen in den Kirchen. Hier wurde zum einen die

Frage gestellt, »ob der Begriff progressive Gruppierungen heute noch zutrifft, da er ja zu einer Zeit entstanden ist, in welcher ein anderes kirchenpolitisches Kräfteverhältnis vorhanden war. [...] Entscheidend für die Wirksamkeit der progressiven Gruppierungen und Gruppen war und ist eine klare Auffassung darüber, welche Rolle diese Kräfte innerhalb der Kirche spielen können. [...] Davon ausgehend, daß sich die Rolle dieser Kräfte innerhalb der Kirchen gewandelt hat, sollten wir unsere Arbeit darauf konzentrieren, sie mit Argumenten auszustatten, mit ihnen im Gespräch zu bleiben und sie dazu zu befähigen, eine Schrittmacherfunktion in den Kirchen einzunehmen. [...] Damit soll erreicht werden, das loyal-progressive Gegengewicht zu den rechten Kräften zu stärken. [...] Es muß verhindert werden, daß die Gruppierungen Weimarer Arbeitskreis, Weißenseer Arbeitskreis und Sächsische Bruderschaft politisch nicht übersteuert werden, was sich negativ auf ihre Wirksamkeit in den Kirchen auswirkt. [...] Die progressiven Gruppierungen müssen mehr als bisher Gesprächspartner der Kirchenleitungen sein. Ein positives Beispiel dafür ist die Situation in der sächsischen Landeskirche.« BA, Abt. Potsdam, O-4, 816.

238 Vgl. Abt. II, Berlin, den 20.10.1986, Aktuelle politische Tendenzen in den Kirchen und Religionsgemeinschaften in der DDR, Leitungsinformation 5/86, BA, Abt. Potsdam, O-4, 953.

239 Vgl. auch RdB Suhl, Stellv. d. Vorsitzenden für Inneres, Information Sommer vom 6.1.1987 über das Gespräch des Vorsitzenden des RdB mit Landesbischof Dr. Leich und Bischof Dr. Demke am 19.12.1986 in Oberhof: »Es sei kein Ausdruck von Beachtung der Mündigkeit, und die betreffenden Bürger seien verunsichert, wenn man ihre Ablehnungen nicht begründet oder formal die Auskunft erteilt, daß man dazu nicht verpflichtet sei.« BA, Abt. Potsdam, O-4, 1480.

240 RdB Dresden, Stellvertreter des Vorsitzenden für Inneres, Vermerk Fuchs vom 24.1.1986 über Gespräch des Vorsitzenden des Rates, Gen. Günther Witteck, mit Landesbischof Dr. Hempel am 22.1.1986 im Gästehaus:»In der Diskussion wurde die These des Bischofs von der ›Verdrossenheit‹ nicht akzeptiert. Es wurde zwar nicht in Abrede gestellt, daß es Gründe für Verärgerung bei Bürgern gibt, aber das dürfe nicht unzulässig verallgemeinert werden.« Außerdem gab Hempel zu bedenken, »daß die Reisemöglichkeiten für junge Menschen immer mehr eingeschränkt würden. Sie könnten faktisch nur noch in die ČSSR fahren. Ungarn sei zu teuer, Rumänien unzumutbar, Bulgarien zu weit und Polen nicht möglich. Das bringe Unruhe. Die Diskussion all dieser Fragen war sehr lebhaft und freimütig.« PDS-Archiv Dresden, IV E-2.14-672; auch SAPMO-BA ZPA IV B2/14/69. Die Angelegenheit mit Frau Hempel hatte noch Weiterungen. Bellmann unterbreitete Jarowinsky den Vorschlag, Wolfgang Herger von der Abteilung Sicherheitsfragen hiervon in Kenntnis zu setzen. Vgl. SED-Hausmitteilung an Genossen Jarowinsky von Abteilung Kirchenfragen, Rudi Bellmann, vom 29.1.1986, SAPMO-BA ZPA IV B2/14/69. Mit Jarowinskys Einverständnis schrieb Bellmann an Herger am 3.2.1986, das Gespräch mit Hempel hätte zum einen aufgrund des Politbürobeschlusses vom 7.1.1986 (vgl. SAPMO-BA ZPA J IV 2/2/2148) und zum anderen auch wegen der Frage, ob Hempel nochmals für den KKL-Vorsitz kandidiere, einen hohen Stellenwert besessen. Der Schilderung des Vorfalls fügte Bellmann hinzu: »Die negativen Auswirkungen bedürfen nicht der Erläuterung. Ich bitte um Auswertung.« SAPMO-BA ZPA IV B2/14/69.

241 Vgl. auch Vermerk Dorgerloh über Problemanzeigen, Anfragen und Denkanstöße aus dem Gespräch der Konferenz der Evangelischen Kirchenleitungen mit Vertretern der Kommission für Kirchliche Jugendarbeit auf der Klausurtagung der Konferenz am 8.3.1986: »Jugendliche erleben die DDR-Wirklichkeit häufig als zu beengt, als begrenzt und als vorgefertigt. [...] Wie ist die soziale Identität dieser Kirche im Sozialismus zu bestimmen, wenn Ausreisemöglichkeit und die Ausreisewelle per West-Fernsehen eine DDR-Identität immer wieder in Frage stellen? [...] Muß sich nicht Kirche auf allen Feldern auf ein Kommunikationsgeschehen einstellen, in dem der andere als Partner und als Subjekt wirklich ernstgenommen wird?« EZA Berlin, 101/93/238. Zur Frage der

fehlenden Partizipationsmöglichkeiten für Jugendliche in Kirche und Gesellschaft vgl. Vermerk Dorgerloh vom 18.6.1986 über eine Sitzung zur Vorbereitung von »Chorin II« am 12.6.1986 in der Generalsuperintendentur Berlin, EZA Berlin, 101/93/87.

242 1987 kritisierte der Staat, daß Ziemer im ökumenischen Gedenkgottesdienst zur Zerstörung Dresdens am 13.2.1945 für die Einrichtung eines Friedensdienstes als Alternative zum Wehrdienst und für die Inhaftierten in der DDR gebetet hatte: »Weiter sagte ich, daß z. B. Dompfarrer Grande [kathol.] und der Erzpriester der Russ.-Orth. Kirche mit dem Verlesen solcher Fürbitten wohl sicher in Verlegenheit gebracht wurden.« Dresden, Bereich Inneres, Kirchenfragen, Aktenvermerk Schulze vom 4.3.1987 über Gespräch mit Pfarrer Reimann von der Annenkirche zum 13.2.1987, SHStA Dresden, BT/RdB Dresden (Zwibo), 45935. Zum Gottesdienst am 13.2.1987 vgl. auch Dresden, Bereich Inneres, Kirchenfragen, Aktenvermerk Schulze vom 6.3.1987 über Gespräch am 5.3.1987 mit Superintendent Scheibner, a.a.O.

243 RdB Dresden, Sektor Staatspolitik in Kirchenfragen, Protokoll Lewerenz vom 26.3.1986 über ein Treffen des Stellvertreters des Vorsitzenden für Inneres des RdB, Gen. Fuchs, mit den Superintendenten des Bezirkes Dresden am 25.3.1986 im Salon des Interhotels »Lilienstein«, PDS-Archiv Dresden, IV E-2.14-672.

244 Rat der Stadt Dresden, Bereich Inneres, Kirchenfragen, Aktenvermerk Schulze vom 21.10.1986 über heutiges Gespräch mit Kirchenamtsrat Heitmann, SHStA Dresden, BT/RdB Dresden (Zwibo), 44870.

245 Zur Auseinandersetzung mit diesem und den anderen im folgenden genannten Texten vgl. G. Besier, In der Kirche neu anfangen (1987), wiederabgedruckt in ders., Die evangelische Kirche in den Umbrüchen des 20. Jahrhunderts, Bd. 1/Teil II, 42-56; vgl. auch M. Welker, Kirche ohne Kurs?; G. Ringshausen, Kirchliche Zeitgeschichte und Selbstprüfung der Gegenwart; Ch. Möller, Lehre vom Gemeindeaufbau, Bd. 1, 57-63. Im September 1986 hatte der EKD-Ratsvorsitzende Kruse erläuternd ausgeführt: »Christsein gestalten – das ist die missionarisch-diakonische Aufgabe der Kirche als Langzeitprogramm.« Protokoll Leich-Ziegler-Ritter über die 107. Tagung der Konferenz der Evangelischen Kirchenleitungen in der DDR am 5./6.9.1986 in Berlin, EZA Berlin, 101/93/240.

246 R. Schloz, Einführung in die Studie zum Weg der Kirche »Christsein gestalten« in der Sitzung der Beratergruppe am 4.12.1986, Berlin-Ost, EZA Berlin, 4/92/17.

247 Ebd.

248 G. Krusche, Lernprozeß mit Hindernissen, 12. Vgl. auch ders., Minderheitskirche in der Großstadt. Zur Lage der evangelischen Kirche in Ost-Berlin, in: KiS 2/87, 45-47.

249 G. Krusche, Lernprozeß mit Hindernissen, 7.

250 A.a.O., 9 f. Deren Lernprozeß stellte er übrigens dem des Staates im Blick auf die Kirche gegenüber.

251 A.a.O., 15.

252 A.a.O., 19.

253 Vermerk Heidingsfeld vom 15.12.1986 über die Zusammenkunft der Beratergruppe am 4.12.1986, EZA Berlin, 4/92/17.

254 Allerdings lautet die Anrede der Galater und der Thessalonicher anders.

255 Protokoll Leich-Ziegler-Lewek der Sondersitzung des Vorstands am 12.12.1986 in Eisenach, EZA Berlin, 101/93/248.

256 Vgl. Vermerk Heidingsfeld vom 15.12.1986 über die Zusammenkunft der Beratergruppe am 4.12.1986, EZA Berlin, 4/92/17.

257 Protokoll Leich-Ziegler-Lewek/Kupas vom 3.9.1986 über die 188. Sitzung des Vorstandes am 28.8.1986 in Eisenach, Beginn 15.00 Uhr, Ende ca. 21.30 Uhr, EZA Berlin, 101/93/247.

258 Vgl. Protokoll Leich-Ziegler-Ritter über die 107. Tagung der Konferenz der Evangelischen Kirchenleitungen in der DDR am 5./6.9.1986 in Berlin, EZA Berlin, 101/93/240.

259 Vgl. Bericht zur kirchenpolitischen Situation in Berlin, Hauptstadt der DDR, Dezember 1986/Januar 1987, BA, Abt. Potsdam, O-4, 1129.

260 Vgl. Protokoll Leich-Ziegler-Kupas vom 5.5.1986 der 184. Sitzung des Vorstandes am 23.4.1986 in Berlin, 10.00-16.30 Uhr, EZA Berlin, 101/93/246. Protokollauszug in EZA Berlin, 101/93/45.
261 Vgl. Protokoll Stolpe-Ziegler-Riese über die 106. Tagung der Konferenz der Evangelischen Kirchenleitungen in der DDR am 4./5.7.1986 in Berlin, EZA Berlin, 101/93/239.
262 Vermerk Ziegler vom 20.5.1986 über ein Gespräch in der Dienststelle des Staatssekretärs für Kirchenfragen am 14.5.1986, 10.00-11.15 Uhr, EZA Berlin, 101/93/5.
263 Bericht zur kirchenpolitischen Situation in Berlin, Hauptstadt der DDR, August/September 1986, BA, Abt. Potsdam, O-4, 1129.
264 Die Briefe wurden am 23.7.1987 veröffentlicht und sind abgedruckt in epd-Dok 33a/86, 1-6; vgl. KiS 4/86, 188.
265 Auch Kruse erwähnte auf der KKL-Sitzung den Briefwechsel und gab hierzu Erläuterungen aus seiner Perspektive. Vgl. Protokoll Leich-Ziegler-Ritter über die 107. Tagung der Konferenz der Evangelischen Kirchenleitungen in der DDR am 5./6.9.1986 in Berlin, EZA Berlin, 101/93/240.
266 RdB Dresden, Sektor Staatspolitik in Kirchenfragen, Dresden, den 17.3.1986, Tagesinformationen zur Frühjahrstagung der Landessynode der Ev.-Luth. Landeskirche Sachsens vom 15.-19.3.1986, SHStA Dresden, BT/RdB Dresden (Zwibo), 46615; vgl. auch RdB Dresden, Sektor Staatspolitik in Kirchenfragen, Einschätzung Lewerenz vom 24.3.1986 der Frühjahrstagung der Landessynode der Ev.-Luth. Landeskirche Sachsens vom 15.-19.3.1986 in Dresden, a.a.O. Dementgegen vermerkte der Staat kritisch, daß auf dem regionalen Kirchentag in Pirna Superintendent Magirius (Karl-Marx-Stadt) »vom ›geteilten Deutschland‹« sprach. Rat des Kreises Pirna, Abt. Innere Angelegenheiten-Kirchenfragen-, Einschätzung Henning vom 11.7.1986 zu Kirchenkongreß und -tag (vom 4.-6.7.1988), SHStA Dresden, BT/RdB Dresden (Zwibo), 47587. Zu den sieben regionalen sächsischen Kirchentagen des Jahres 1986 vgl. auch Protokoll Leich-Ziegler-Ritter über die 107. Tagung der Konferenz der Evangelischen Kirchenleitungen in der DDR am 5./6.9.1986 in Berlin, EZA Berlin, 101/93/240.
267 Wort der Landessynode der Evangelischen Kirche von Westfalen 1985 »Zur Aufgabe einer Versöhnung mit den Völkern der Sowjetunion«, abgedruckt in Brücken der Verständigung, 133 f.
268 Die rheinische Synode hatte im Januar 1986 den Wortlaut der westfälischen Erklärung übernommen. Abgedruckt in Verhandlungen der 34. ordentlichen rheinischen Landessynode. Tagung vom 5. bis 10. Januar 1986, 174 f.
269 Vermerk Heidingsfeld vom 10.7.1986 über die Zusammenkunft der Beratergruppe am 18.6.1986, EZA Berlin, 4/92/17.
270 Ebd.
271 Vermerk vom August 1986 über die 25. Konsultation zwischen dem Bund der Evangelischen Kirchen in der DDR und der Evangelischen Kirche in Deutschland vom 28.-31.5.1986 in Friedewald (Teil-Niederschrift II/Ziegler), ABB Bonn, Akte Konsultationsgruppe. Die Rede von Weizsäckers vom 8. Mai 1985 ist abgedruckt in Richard von Weizsäcker, Von Deutschland aus. Reden des Bundespräsidenten, München 1987, 11-35.
272 Auf der Maisitzung der KKL hatte Domke erklärt, »die Gefährdung für die Bevölkerung der DDR [sei] gering.« Protokoll Leich-Ziegler-von Rabenau über die 105. Tagung der Konferenz der Evangelischen Kirchenleitungen in der DDR am 9./10.5.1986 im Rüstzeitenheim Schönburg b. Naumburg (Saale), Bundesbesuchstage, EZA Berlin, 101/93/239.
273 Siehe KiS 3/86, 135 f. Zum Bischofsbericht Forcks (abgedruckt in epd-Dok 18/86, 35-42) vgl. auch Berlin, 8.4.1986, Information über die 2. Tagung der 9. Synode der Evangelischen Kirche Berlin-Brandenburg in der Stephanus-Stiftung, Berlin-Weißensee, vom 4.-8.4.1986: »Im Gegensatz dazu vertrat Bischof Dr. Forck im Vortrag ›Zum Weg unserer Kirche‹, der nur von ihm verantwortet und nicht mit der Kirchenleitung abgestimmt wurde, eindeutig negative, gegen diese konstruktive Linie gerichtete Positionen.

Er unterstellte eine grundsätzliche Hoffnungslosigkeit in der Kirche sowie unter den Christen [...]. Dabei wiederholte er die bekannten negativen Positionen aus dem Bereich des Wehrdienstes und der vormilitärischen Ausbildung, die Probleme der gleichen Bildungschancen des Reiseverkehrs und der Ökologie. [...] Die politisch negativen Ausführungen des Bischofs [...] wurden von den Synodalen in der Diskussion insgesamt nicht aufgenommen und besonders durch Generalsuperintendent Dr. Krusche (Berlin) theologisch begründet zurückgewiesen. Loyale und realistische kirchenleitende Kräfte unterstützten diese Linie auch dadurch, daß sie mehrfach die konstruktiven, auf Stabilität und Kontinuität orientierten Beziehungen zwischen Staat und Kirche hervorhoben.« SAPMO-BA ZPA IV B2/14/124. Vgl. auch Arbeitsgruppe Kirchenfragen, 14.4.1986, Zu einer ersten Wertung der Synode der evangelischen Kirche Berlin-Brandenburg vom 4. bis 8.4.1986 in Berlin: »Die Tagung der Synode [...] wich mit ihrem Verlauf und ihrem Ergebnis sichtbar von den bisher durchgeführten Frühjahrssynoden anderer Landeskirchen ab. Auf ihr erfuhren eine Reihe von Fragen eine Zuspitzung, wurden erneut Themen aufgegriffen, die das Verhältnis zum sozialistischen Staat belasten müssen. Die Synode handelte damit entgegen der Linie der Konferenz der evangelischen Kirchenleitungen, blieb hinter deren Positionen zurück und erhielt eine insgesamt provokatorische Ausrichtung. [...] Durch ein gut organisiertes Zusammenwirken und eine raffinierte Regie gelang es jedoch, die vor allem in der Diskussion vertretenen politisch positiven Positionen zu eliminieren, zu Recht geübte Kritik zu ignorieren und eine alles in allem politisch ungünstige Diktion durchzusetzen. [...] Es konnte jedoch nicht verhindert werden, daß die Politik des sozialistischen Staates in einer ganzen Reihe von Fragen (unter anderen Reisemöglichkeiten, Umweltpolitik, Wehrdienst, Militarisierung) in solcher Weise angegriffen wurde, wie das seit der Bundessynode in Dresden 1985 durch ein offizielles Kirchenorgan nicht mehr geschehen ist. Damit soll offenbar die neugewählte Leitung des Evangelischen Kirchenbundes unter Druck gesetzt und von ihrer auf Sachlichkeit und Realismus ausgestellten Linie gegenüber dem sozialistischen Staat abgedrängt werden. [...] Auch auf dieser Synode gab es, von westlichen Medienvertretern initiiert, Vorbehalte und Kritik gegenüber der Formel ›Kirche im Sozialismus‹. Sie sei in den letzten Jahren immer mehr problematisiert worden, ›fasse sich taub an‹, sei im Laufe der Zeit abgestumpft. Leitende Vertreter der Berlin-Brandenburgischen Kirche haben sich damit in die insgesamt verstärkte Kritik, wie sie insbesondere vom mecklenburgischen Bischof Stier geübt wurde, eingereiht. Da auch der neue Vorsitzende des Evangelischen Kirchenbundes, Landesbischof Leich, aus seiner Abneigung gegen diese Formel aus der Schönherr-Ära keinen Hehl macht, handelt es sich hier offenbar um einen Rückzug aus dieser Position.« A.a.O. Zu Forck vgl. auch Vermerk Ziegler vom 20.5.1986 über ein Gespräch in der Dienststelle des Staatssekretärs für Kirchenfragen am 14.5.1986, 10.00-11.15 Uhr: »Heinrich informiert, daß Herr Klein vom ARD-Fernsehen beantragt habe, ein Interview mit Dr. Forck zu führen. Angeblich habe Dr. Forck ihm bereits zugesagt. Auffällig seien die Fragen. Es gehe nicht nur um die Darstellung der Kirchen in der DDR, sondern auch um ›Die Stimmungslage in der DDR-Bevölkerung‹ oder ›Die Bedeutung des Westfernsehens für die Selbsteinordnung der Christen in der DDR‹. Heinrich fragt an, ob es wirklich im Interesse der Kirchen in der DDR liege, zu solchen Fragen Interviews zu geben.« EZA Berlin, 101/93/5.

274 Vermerk (Teil-Niederschrift Hammer) vom Juli 1986 über die 25. Konsultation zwischen dem Bund der Evangelischen Kirchen in der DDR und der Evangelischen Kirche in Deutschland vom 28. bis 31.5.1986 in Friedewald, EZA Berlin, 101/93/841. »Der Versuch negativer Synodaler auf der EKU-Tagung, die Havarie im Kernkraftwerk Tschernobyl für Angriffe gegen die Informations- und Energiepolitik der DDR zu nutzen, führte nicht zu einem entsprechenden Beschluß dieser Tagung.« Abt. II, Vorlage Braemer vom 16.6.1986 an die Dienstbesprechung am 30.6.1986, Thema: Information zu Verlauf und Ergebnissen der Frühjahrssynoden der evangelischen Landeskirchen sowie der Synoden der EKU und der VELK in der DDR, BA, Abt. Potsdam, O-4, 952. Zur Hal-

tung der EKU-Synode zu Tschernobyl vgl. auch Protokoll Leich-Ziegler-Lewek vom 16.6.1986 der 185. Sitzung des Vorstandes am 4.6.1986 in Berlin, 14.00 Uhr, EZA Berlin, 101/93/247. Vgl. die Beschlüsse der EKU-Synode zu Tschernobyl, in epd-Dok 33/86, 18 f.

275 Beschluß der Synode der Evangelischen Kirche des Görlitzer Kirchengebietes, BA, Abt. Potsdam, O-4, 952.

276 An diesem Mangel an Transparenz beteiligte sich auch die sächsische Landeskirche. Domsch berichtete der KKL, die Superintendenten hätten auf Veranlassung der Staatsstellen eine kursierende Eingabe mit dem Titel »Tschernobyl wirkt überall« zurückgefordert. Vgl. Protokoll Stolpe-Ziegler-Riese über die 106. Tagung der Konferenz der Evangelischen Kirchenleitungen in der DDR am 4./5.7.1986 in Berlin, EZA Berlin, 101/93/239.

277 Vermerk Heidingsfeld vom 10.7.1986 über die Zusammenkunft der Beratergruppe am 18.6.1986, EZA Berlin, 4/92/17.

278 Aus den Gemeinden war Kritik aufgekommen, daß die KKL nicht unmittelbar zu dem Unglück Stellung bezogen hatte. Vgl. Protokoll Leich-Ziegler-Lewek vom 16.6.1986 der 185. Sitzung des Vorstandes am 4.6.1986 in Berlin, 14.00 Uhr, EZA Berlin, 101/93/247. Auf Veranlassung der KKL befaßte sich der BEK-Ausschuß Kirche und Gesellschaft mit dem Reaktorunglück. Vgl. Niederschrift Lewek über die Klausurtagung des Ausschusses »Kirche und Gesellschaft« vom 6.6.-8.6.1986 in Wittenberg, Paul-Gerhard-Stift, EZA Berlin, 101/93/46. Vgl. auch Protokoll Leich-Ziegler-Lewek vom 2.7.1986 der 18. Sitzung des Vorstandes am 23.6.1986 in Berlin, 10.00-16.00 Uhr, EZA Berlin, 101/93/247. Den Antwortentwurf des Ausschusses beriet die KKL auf ihrer Juli-Sitzung. Vgl. Protokoll Stolpe-Ziegler-Riese über die 106. Tagung der Konferenz der Evangelischen Kirchenleitungen in der DDR am 4./5.7.1986 in Berlin, EZA Berlin, 101/93/239. Die Antwort der KKL auf die Tschernobyl-Anfragen ist abgedruckt in epd-Dok 33/86, 48.

279 Abt. II, Information vom 20.8.1986 zur Position der evangelischen Kirchen in der DDR zur Reaktorhavarie im KKW von Tschernobyl, BA, Abt. Potsdam, O-4, 1457.

280 Vgl. auch RdB Dresden, Sektor Staatspolitik in Kirchenfragen, Vermerk Lewerenz vom 28.8.1986 über Gespräch des Stellvertreters des Vorsitzenden für Inneres, Gen. Fuchs, mit Präsident Dr. Domsch und OKR Rau am 27.8.1986: »In diesem Zusammenhang informierte Dr. Domsch, daß das Reaktorunglück in Tschernobyl in den Gemeinden noch immer Gesprächsgegenstand sei. Die zahlreichen Meldungen der letzten Zeit über Störfälle in Kernkraftwerken anderer Länder hätten bewirkt, daß die Anwendung von Kernenergie überhaupt stark diskutiert würde.« PDS-Archiv Dresden, IV E-2.14-672. Auch die Gesamtarbeit der ESG hielt im Frühjahrssemester 1987 eine DDR-weite Konferenz zu Fragen der Atomenergie ab. Vgl. Abt. II, Information Röfke vom 26.2.1987 über ein Gespräch mit dem Leiter der Geschäftsstelle der ESG in der DDR, Pfarrer Ziebarth, am 17.2.1987 in der Dienststelle, BA, Abt. Potsdam, O-4, 1078.

281 Vgl. Protokoll Stolpe-Ziegler-Riese über die 106. Tagung der Konferenz der Evangelischen Kirchenleitungen in der DDR am 4./5.7.1986 in Berlin, EZA Berlin, 101/93/239.

282 Vgl. Protokoll Leich-Ziegler-Lewek/Kupas vom 3.9.1986 über die 188. Sitzung des Vorstandes am 28.8.1986 in Eisenach, Beginn 15.00 Uhr, Ende ca. 21.30 Uhr, EZA Berlin, 101/93/247. Vgl. auch Vermerk Ziegler vom 3.10.1986 über die Zusammenkunft der Beratergruppe am 25.9.1986, EZA Berlin, 4/92/17. Zum Gesprächsverlauf selbst vgl. Protokoll Garstecki vom 8.9.1986 des Gespräches über die verantwortliche Nutzung der Atomenergie nach der Havarie von Tschernobyl am 5.9.1986, 10.00-12.45 Uhr, im Hotel Johannishof, EZA Berlin, 101/93/67. Zur kritischen Wertung des Gesprächsverlaufes durch die KKL vgl. Protokoll Leich-Ziegler-Ritter über die 107. Tagung der Konferenz der Evangelischen Kirchenleitungen in der DDR am 5./6.9.1986 in Berlin, EZA Berlin, 101/93/240. Zur Tschernobyl-Problematik vgl. auch Vermerk H. Schultze über ein Gespräch des Ausschusses Weltverantwortung der Kirchenprovinz Sachsen mit staatli-

chen Vertretern und Wissenschaftlern am 12.9.1986 in Magdeburg (Großer Sitzungssaal des Konsistoriums), EZA Berlin, 101/93/67.
283 Vgl. hierzu auch Schreiben Evangelisches Konsistorium Greifswald, Oberkonsistorialrat Dr. Plath, an RdB Rostock, Abt. Inneres, z. Hd. Herrn Sektorenleiter Roland Macht, Betr.: Lärmbelästigungen, Schädigungen und Gefährdungen durch Düsenflugzeuge der NVA, vom 26.1.1987. Das Schreiben weist auf die Nähe zwischen KKW Lubmin und dem Flughafen Peenemünde hin. 1986 sei ein Flugzeug ca. zehn Kilometer vom KKW entfernt abgestürzt. EZA Berlin, 101/93/111.
284 Vgl. Vorlage Röfke vom 23.7.1987 an die Dienstbesprechung am 29.7.1987, Thema: Schriftliche Konzeption zur Vorbereitung auf die Herbstsynoden, BA, Abt. Potsdam, O-4, 954.
285 Arbeitsbericht, in: In besonderer Gemeinschaft. Gemeinsame Worte, 8-11.
286 H. Domke, Gesichtspunkte zur Frage der Versöhnung mit den Menschen in der Sowjetunion, EZA Berlin, 101/93/842.
287 Ebd.
288 Im Sommer 1985 hatte die Konsultationsgruppe festgelegt, auf gemeinsame Aktionen anläßlich des Jubiläums zu verzichten. Vgl. Vermerk (Teil-Niederschrift Hammer) vom 9.8.1985 über die 22. Konsultation zwischen BEK und EKD vom 31.7. bis 3.8.1985 in München, EZA Berlin 101/93/259.
289 Schmude, Überlegungen zum Thema »Versöhnung mit den Völkern der Sowjetunion«. Gesichtspunkte einer Gliederung, EZA Berlin, 101/93/841.
290 Vermerk Ziegler über die 26. Konsultation zwischen BEK und EKD am 20.10.1986 in Berlin, a.a.O.
291 Der KKL-Vorstand hatte bereits Ende 1984 über ein Geschenk des BEK zur Tausendjahrfeier beraten und war auf eine Glocke bzw. ein Glockenspiel gekommen. Die Kosten sollten sich auf 10 000,- DDR-Mark belaufen.»Das Geschenk sollte bei den bevorstehenden Sagorsk-Gesprächen bereits angekündigt werden.« Protokoll Hempel-Ziegler-Lewek vom 31.10.1984 über die 157. Sitzung des Vorstandes am 18.10.1984, 10.00 bis 17.00 Uhr, in Berlin, EZA Berlin, 101/93/244. Dies bestätigte die KKL bei zwei Enthaltungen. Vgl. Protokoll Hempel-Ziegler-Doyé über die 95. Tagung der Konferenz der Evangelischen Kirchenleitungen in der DDR am 9./10.11.1984 in Berlin, EZA Berlin, 101/93/236.
292 Vermerk Ziegler vom 4.3.1987 über die 27. Konsultation zwischen BEK und EKD am 28.1.1987, EZA Berlin, 101/93/817.
293 Abgedruckt in Bad Salzuflen 1986, 45-71, hier: 62.
294 Vermerk Hammer vom 12.4.1987 über die 28. Konsultation vom 10.4.1987, EZA Berlin, 101/93/817. Angeführt ist hier zwar Demke, jedoch wird es sich wohl um einen Übertragungsfehler handeln, da Diplom-Physiker Helmut Domke der Konsultationsgruppe angehörte und den erteilten Arbeitsauftrag auch während der Klausurtagung der Konsultationsgruppe vom 24. bis 27.5.1987 in Fischbach (Bodensee) einlöste. Vgl. Vermerk Ziegler (Teilniederschrift II) vom 18.6.1987, a.a.O.
295 Versöhnung und Frieden mit den Völkern der Sowjetunion, 4.
296 A.a.O., 11.
297 Zu Altbischof Krusche vgl. auch Abt. Intern. Beziehungen, Vermerk Braemer vom 12.9.1986, betr. Ernennung zum Ehrensenator der Universität Heidelberg von Bischof i. R. Dr. Werner Krusche, BA, Abt. Potsdam, O-4, 4869.
298 Versöhnung und Frieden mit den Völkern der Sowjetunion, 7.
299 A.a.O., 8.
300 Es handelte sich um eine Tagung mit dem Titel »Zwischen Vancouver und Budapest«, veranstaltet von der Arbeitsgruppe Menschenrechte beim BEK. Vgl. Protokoll Lewek über die Klausurtagung des Ausschusses Kirche und Gesellschaft vom 23.-25.3.1984 in Bärenfels/Erzgeb., EZA Berlin, 101/93/52. Der BEK-Ausschuß Kirche und Gesellschaft hatte zu dieser Tagung Kahle, Semper und Schnur delegiert. Vgl. Protokoll Lewek der Sitzung des Ausschusses Kirche und Gesellschaft am 27./28.1.1984 in Berlin, a.a.O. Vgl.

auch »Chorin 84«. Zwischen Vancouver und Budapest. Auswertungstagung Menschenrechte (13. bis 15. März 1984), zusammengestellt von der Arbeitsgruppe Menschenrechte beim BEK, Gesamtredaktion Christa Lewek, Mai 1984 (Ms.). Für den Oktober 1985 war eine Tagung »Chorin II-Menschenrechte und Partizipation« geplant. Vgl. Protokoll Hempel-Ziegler-Kupas vom 25.3.1985 über die 172. Sitzung des Vorstandes am 20.3.1985 in Berlin, EZA Berlin, 101/93/245.

301 Heidingsfeld war in Chorin von Lewek über seine Einschätzung zur Menschenrechtsorganisation Christian Solidarity International befragt worden, die sich laut eigener Auskunft für »die Durchsetzung der international garantierten Religions- und Gewissensfreiheit« einsetzte und mit Schreiben vom 24.1.1984 die anhaltische Kirche um ein Gespräch gebeten hatte. Natho sandte am 9.2.1984 eine Kopie des Schreibens an das BEK-Sekretariat weiter. Heidingsfeld soll Lewek folgende Auskunft gegeben haben: »Die EKD hat kein Vertrauen zur CSI. Sie haben keine guten Informationen, sie recherchieren nicht sorgfältig. Dies gilt vor allem für die internationale Strecke. Regional bewegen sich die CSI-Vereine sehr unterschiedlich. In Österreich z. B. leisten sie eine gute Arbeit. In der BRD haben sie außerordentliche organisatorische Schwierigkeiten. [...] Der Aussiedlerpfarrer der EKD, Pfarrer Springer, ist Präsident des Unternehmens geworden. Die EKD ist damit nicht ohne weiteres einverstanden. Der Generalsekretär [...] geht mit der EKD-Funktion des Präsidenten hausieren. Diesen Generalsekretär Jörg Wehr bezeichnete Heidingsfeld als ›chaotischen Charismatiker‹. Die EKD ist unter den gegebenen Umständen nicht willens, sich zu engagieren. Ein Gespräch seitens der Gliedkirchen des Bundes mit CSI hält Heidingsfeld unter den gegebenen Umständen nicht für sinnvoll; zumindest müßte man noch etwas Zeit abwarten, bis eine klarere Konzeption für das Wollen und die Ziele der CSI in der BRD deutlich werden.« Vermerk Lewek vom 24.4.1984. Vgl. auch Schreiben Lewek an Stolpe vom 26.4.1984 mit Bitte um Abgabe eines Votums zum weiteren Verfahren. Stolpe vermerkte am 30.4.1984 handschriftlich: »Wir sollten nicht reagieren.« Alle Vorgänge in EZA Berlin, 101/93/230.

302 Eigentlich war Gysi persönlich an einer solchen Begegnung interessiert gewesen, konnte dann aber wohl doch den Termin nicht wahrnehmen. Vgl. Vermerk Ziegler vom 8.2.1984 über ein Gespräch im Staatssekretariat für Kirchenfragen am 8.2.1984, 8.00 bis 9.25 Uhr, EZA Berlin, 101/93/4.

303 Vermerk Gräfe vom 19.3.1984 über Gespräch mit ökumenischen Teilnehmern des Konsultativtreffens zu Fragen der Menschenrechte (Kloster Chorin, 13. bis 15.3.1984) am 16.3.1984. Das Gespräch fand auf Einladung von Heinrich statt. BA, Abt. Potsdam, O-4, 1220. Für November 1987 war in Ferch eine Tagung Chorin III geplant. Vgl. Protokoll Leich-Ziegler-Lewek vom 2.6.1987 über die 198. Sitzung des Vorstands am 20.5.1987 in Berlin, EZA Berlin, 101/93/249. Die Referate der vom 2.-4.11.1987 gehenden Tagung lauteten »Menschenrechte – Recht des Nächsten« (G. Krusche), »Menschenrechte – die Aufgabe der Kirche« (Stolpe), »Menschenrechte – Partizipation der Betroffenen« (L. Esselbach). Zeddies leitete ein Gespräch zum Thema »Toleranz und christlicher Glaube«. Protokoll Leich-Ziegler-Ritter über die 114. Tagung der Konferenz der Evangelischen Kirchenleitungen in der DDR am 6./7.11.1987 in Berlin, EZA Berlin, 101/93/242.

304 Vermerk Ziegler vom 18.6.1987 über die Klausurtagung der Konsultationsgruppe vom 24. bis 27.5.1987 in Fischbach (Bodensee), EZA Berlin, 101/93/817.

305 Ebd.
306 Ebd.
307 Schmude, Wort zur Versöhnung, Entwurf vom 17.7.1987, a.a.O.
308 Ebd.
309 Ebd.
310 Vgl. Vermerk Ziegler vom 14.12.1987 über die Sitzung der Konsultationsgruppe am 10.12.1987 in Berlin, a.a.O.
311 Abstimmungsverhältnis zehn Ja-, acht Neinstimmen und zwei Enthaltungen. Vgl. Vertraulicher Vermerk Ziegler vom 14.12.1987 für die Mitglieder, Berater und ständigen Gäste der Konferenz der Evangelischen Kirchenleitungen, Betr.: Entwurf eines Gemein-

samen Wortes zur Verständigung mit der Sowjetunion – Aussprache bei der 112. Tagung der Konferenz am 6./7.11.1987 in Berlin, EZA Berlin, 101/93/242.
312 Ebd.
313 Vermerk Ziegler vom 14.12.1987 über die Sitzung der Konsultationsgruppe am 10.12.1987 in Berlin, EZA Berlin, 101/93/817.
314 So Protokoll Leich-Ziegler-Lewek vom 5.1.1988 über die 205. Sitzung des Vorstandes am 16.12.1987 in Eisenach, EZA Berlin, 101/93/750.
315 Versöhnung und Verständigung. Gemeinsames Wort der EKD und des BEK an die Gemeinden vom 22.1.1988, zit. nach In besonderer Gemeinschaft, a.a.O., 21.
316 Protokoll Leich-Ziegler-Küntscher vom 13.1.1988 über die 115. Tagung der Konferenz der Ev. Kirchenleitungen in der DDR am 8./9.1.1988 in Berlin, EZA Berlin, 101/93/242.
317 Vgl. Protokoll Leich-Ziegler-Kupas vom 2.2.1988 über die 206. Sitzung des Vorstands am 22.1.1988 in Berlin, EZA Berlin, 101/93/750.
318 Vermerk über die Zusammenkunft der Beratergruppe am 2.3.1988, EZA Berlin, 101/93/816. Binder bezog sich mit der letzten Äußerung auf die staatlichen Maßnahmen hinsichtlich der Umweltbibliothek und der Liebknecht-Luxemburg-Demonstration 1987/88.
319 Ebd.
320 Vermerk Ziegler vom 2.6.1988 über die 34. Sitzung der Konsultationsgruppe vom 1. bis 4.5.1988 in Kaub am Rhein (Klausurtagung) – Teil II, EZA Berlin, 101/93/817. Zu den Millenniumfeierlichkeiten der ROK vom 4.-17.6.1988 delegierte der BEK Leich, Wessel und Grengel. Dabei kam es nach einem Bericht Wessels auch zu einer »freimütige[n] Begegnung mit dem Vorsitzenden des Ministerrates der UdSSR, Gromyko.« Protokoll Demke/Stolpe-Ziegler-Riese über 118. Tagung der Konferenz der Evangelischen Kirchenleitungen in der DDR am 1./2.7.1988 in Berlin, EZA Berlin, 101/93/741.
321 Information vom 22.9.1987 zum Verlauf und Ergebnis der Synode des BEK (Bund der evangelischen Kirchen) in Görlitz 1987, BA, Abt. Potsdam, O-4, 787; auch PDS-Archiv Dresden, AR 14100.
322 Vgl. D. Goldschmidt (Hg.), Frieden mit der Sowjetunion – eine unerledigte Aufgabe.
323 Vgl. dazu G. Besier, Soll die Schuld im Erfolg vernarben?, bes. 507 f.
324 In Dresden soll es längere Zeit gedauert haben, bis der Kirchenvorstand der Kreuzkirche sowie Superintendent Ziemer einer Initiative zustimmten, an der Kreuzkirche zum 50. Jahrestag der Wiederkehr des Novemberpogroms eine Gedenktafel anzubringen. Vgl. Dresden, Bereich Inneres, Staatspolitik in Kirchenfragen, Aktenvermerk Schulze vom 8.4.1987 über Gespräch am 7.4.1987 mit Pfarrer Reimann (Annenkirche), SHStA Dresden, BT/RdB Dresden (Zwibo), 45935. Berlin-Brandenburg fragte Mitte Juli 1987 beim BEK an, ob zum 9.11.1988 eine zentrale Veranstaltung in Berlin stattfinden solle. Auf Bitten des Arbeitskreises »Kirche und Juden in der DDR« sah der KKL-Vorstand von einem solchen Vorhaben ab, um die Veranstaltungen auf örtlicher Ebene nicht zu gefährden. Als Arbeitsmaterial für die Gemeinden sah man die 10 Jahre zuvor in der KPS verwendete Dokumentation in einer Neubearbeitung vor. Vgl. Protokoll Stolpe-Kupas-Dorgerloh vom 28.7.1987 der 200. Sitzung des Vorstands am 23.7.1987 in Potsdam, EZA Berlin, 101/93/249. Zum Verlauf des 9.11.1988 vgl. Vorlage an die Dienstbesprechung, Leitungsinformation Gräfe-Stephan 6/88 vom 22.12.1988, Berichtszeitraum Oktober/November '88, Aktuelle politische Entwicklungen und Tendenzen in den Kirchen und Religionsgemeinschaften in der DDR, BA, Abt. Potsdam, O-4, 958.
325 Text: In besonderer Gemeinschaft, 23 f. Vgl. Vermerk Ziegler vom 4.3.1987 über die 27. Konsultation zwischen BEK und EKD am 28.1.1987; Vermerk Hammer vom 1.6.1987 über die 29. Konsultation zwischen BEK und EKD vom 24. bis 27.5.1987; Vermerk Ziegler vom 14.12.1987 über die Sitzung der Konsultationsgruppe am 10.12.1987; Vermerk über die 33. Sitzung der Konsultationsgruppe am 2.3.1988 in Berlin, EZA Berlin, 101/93/817. Vom 13.-17.9.1987 tagte der Internationale Rat der Christen und Juden in der DDR (Buckow). Vgl. Abteilung IV, Vorlage Braemer vom 19.10.1987 an die Dienstbesprechung am Montag, dem 26.10.1987, Leitungsinformation 5/87, BA, Abt. Pots-

dam, O-4, 955; Vermerk Hammer vom 5.3.1988 über die 33. Sitzung der Konsultationsgruppe am 2.3.1988 von 11.00-14.00 Uhr in Berlin, Auguststr. 80, EZA Berlin, 101/93/817; Vermerk Hammer vom 16.5.1988 über die 34. Sitzung der Konsultationsgruppe vom 1.-4.5.1988 in Kaub am Rhein (Klausurtagung), ABB Bonn, Akte Konsultationen.

326 Vgl. Vermerk Hammer vom 16.5.1988 über die 34. Sitzung der Konsultationsgruppe vom 1.-4.5.1988 in Kaub am Rhein (Klausurtagung), ABB Bonn, Akte Konsultationen.

327 »Neu zu erarbeiten wäre ein kommentierendes Vorwort, das die Praktizierung der besonderen Gemeinschaft hervorhebt; Unsere Geschichte holt uns ein: Zur Staatsbürgerschaft der Deutschen. Ein Gespräch zwischen Bund und EKD; 40 Jahre in der Bundesrepublik Deutschland – 40 Jahre Kirche in der Deutschen Demokratischen Republik. Zum Verhältnis von Staat und Kirche in beiden deutschen Staaten.« Vermerk Ziegler vom 21.6.1988 über die 35. Sitzung der Konsultationsgruppe am 9.6.1988 in Berlin, Auguststraße, 10.00 Uhr bis 13.45 Uhr, EZA Berlin, 101/93/817.

328 Vgl. in besonderer Gemeinschaft. Zum endgültigen Erscheinungsdatum vgl. Vermerk Hammer vom 15.5.1989 über die Klausurtagung der Konsultationsgruppe vom 9.-12.4.1989 auf Borkum (38. Sitzung), ABB Bonn, Akte Konsultationsgruppe.

329 Vermerk Ziegler vom 21.6.1988 über die 35. Sitzung der Konsultationsgruppe am 9.6.1988 in Berlin, Auguststraße, 10.00 Uhr bis 13.45 Uhr, EZA Berlin, 101/93/817.

330 Vgl. Vermerk Ziegler vom 4.3.1987 über die 27. Konsultation zwischen dem Bund der Ev. Kirchen in der DDR und der Ev. Kirche in Deutschland am 28.1.1987, 10.00 Uhr in Berlin, a.a.O.

331 Vgl. auch H. Falcke, »Neues Denken«. Interview mit Gerhard Rein, in: KiS 2/87, 61-63.

332 Vgl. hierzu auch RdB Dresden, Sektor Staatspolitik in Kirchenfragen, Information Lewerenz vom 14.4.1987 über das Friedensseminar in Meißen am 11. und 12.4.1987: »Ferner wurde ein Brief an den Generalsekretär unserer Partei verabschiedet, der von ca. 200 der anwesenden 350-400 Teilnehmer unterschrieben war. In dem Brief heißt es, die Teilnehmer des Seminars würden die Bemühungen des Genossen Honecker unterstützen, durch politischen Dialog zur Vertrauensbildung beizutragen. Gleichzeitig erfahre man jedoch, daß es in unserer Gesellschaft einen Mangel an der heute in der UdSSR praktizierten Offenheit gebe. Die Teilnehmer seien davon überzeugt, daß eine ständige öffentliche Volksaussprache im Geist der uneingeschränkten Wahrheitsfindung durch Kritik und Selbstkritik bei uns notwendig sei. Man sehe darin eine Grundbedingung für eine rechtzeitige Lösung der Widersprüche in der gesellschaftlichen Entwicklung sowie der Stärkung des Vertrauens in die Innen- und Außenpolitik von Partei und Staat. Die Teilnehmer bitten deshalb den Generalsekretär, sich ebenfalls für einen inneren Dialog im obigen Sinne wort- und tatkräftig einzusetzen.« SHStA Dresden, BT/RdB Dresden (Zwibo), 45941. Vgl. dazu die Meldung in KiS 3/87, 124.

333 Vgl. auch Bericht zur kirchenpolitischen Situation in Berlin, Hauptstadt der DDR, April/Mai 1987: »Nach wie vor werden durch kirchliche Vertreter Fragen nach einem ›neuen Denken‹ in die Diskussion eingebracht. In diesem Zusammenhang werden Fragen danach gestellt, ob nicht ein ›neues Denken‹ auch ein stärkeres ›Ernstnehmen‹ der Bürger verlange [...] In einzelnen Fällen ist man bemüht, Unterschiede zwischen der Sowjetunion und der DDR zu konstruieren und für die gesellschaftlichen Verhältnisse in der DDR eine mangelnde bzw. nur formal funktionierende Demokratie zu unterstellen.« BA, Abt. Potsdam, O-4, 1129.

334 Abt. II, Vorlage Gräfe vom 30.6.1987 an die Dienstbesprechung am 29.6.1987, Leitungsinformation 3/87, BA, Abt. Potsdam, O-4, 955.

335 Vermerk Ziegler vom 7.5.1987 über ein Gespräch in der Dienststelle des Staatssekretärs für Kirchenfragen am 24.4.1987, 14.30-16.00 Uhr, EZA Berlin, 101/93/6.

336 Information aus dem RdB Schwerin über ein Gespräch mit Vertretern der Evangelischen Kirche Berlin-Brandenburg am 27.8.1987. Das Papier reichte das Staatssekretariat für Kirchenfragen an Jarowinsky weiter. BA, Abt. Potsdam, O-4, 971; auch RdB

Schwerin, Stellv. des Vorsitzenden für Inneres, Information Schwoerke vom 31.8.1987, SAPMO-BA ZPA IV B2/14/69.
337 Vgl. Vermerk Ziegler vom 4.3.1987 über die 27. Konsultation zwischen dem Bund der Ev. Kirchen in der DDR und der Ev. Kirche in Deutschland am 28.1.1987, 10.00 Uhr in Berlin, EZA Berlin, 101/93/817. Als Termin war der 27.2.1987 vorgesehen. Verhandlungspunkte sollten sein »Konsequenzen aus dem Neuen Denken, [...] Erziehungsbereich: Pädagogisches Programm für Kindergärten, Wehrunterricht, [...] allgemeine Erziehung zur sozialistischen Persönlichkeit, [...] Wehrdienstfragen: Seelsorge in Kasernen, Anerkennung der Entscheidung von Reservisten (sog. Gesinnungswandel), Freistellung vom Wehrdienst während des Studiums auch für die kirchlichen Ausbildungsstätten [...], ziviler Ersatzdienst, [...] Behandlung der Bürger: [...] Partizipation, Ernstnehmen der Bürger«. Protokoll Leich-Ziegler-Lewek vom 29.1.1987 der 193. Sitzung des Vorstands am 14.1.1987 in Berlin, EZA Berlin, 101/93/248. Den Termin und auch die Gesprächspunkte hatte Ziegler zuvor mit Heinrich besprochen. »Als mögliches Grundsatzthema nennt Ziegler: Welche Konsequenzen hat das ›Neue Denken‹ für die eigenständige Arbeit der Kirchen in unserer Gesellschaft?« Vermerk Ziegler vom 6.1.1987 über ein Gespräch in der Dienststelle des Staatssekretärs für Kirchenfragen am 5.1.1987, 10.00 bis 11.30 Uhr, EZA Berlin, 101/93/6. Am 26.1.1987 führte Ziegler mit Heinrich ein vorbereitendes Gespräch. Vgl. Vermerk Ziegler vom 27.1.1987 über ein Gespräch in der Dienststelle des Staatssekretärs für Kirchenfragen am 26.1.1987, 14.00 bis 15.00 Uhr: »Ziegler übergibt und erläutert eine Themenliste des Vorstands. Heinrich akzeptiert sämtliche vorgeschlagenen Themen. [...] dem Staatssekretär gehe es darum, daß ein ergebnisorientiertes Gespräch geführt werde. [...] An der Themenliste kritisiert Heinrich lediglich die Beziehung des ›Neuen Denkens‹ auf innenpolitische Fragen. Bei Gorbatschow sei das neue Denken eindeutig auf die Außenpolitik bezogen, wenn es auch innenpolitische Voraussetzungen dafür gebe. Ziegler erinnert an die Ausführungen des Vorsitzenden am 21.3.1986, in denen er die unlösliche Verklammerung von Innen- und Außenpolitik besonders hervorgehoben habe.« A.a.O. Der KKL-Vorstand teilte am 5.2.1987 die einzelnen Gesprächsthemenbereiche auf seine Mitglieder auf. Vgl. Protokoll Leich-Ziegler-Lewek vom 24.2.1987 der 194. Sitzung des Vorstands am 5.2.1987 in Berlin, EZA Berlin, 101/93/248.
338 Vgl. Vermerk Hammer vom 12.4.1987 über die 28. Konsultation zwischen dem Bund der Ev. Kirchen in der DDR und der Ev. Kirche in Deutschland am 10.4.1987, 10.00 Uhr in Berlin, EZA Berlin, 101/93/817. Siehe auch die Notiz in KiS 2/87, 81.
339 Vgl. Vermerk Heidingsfeld über die Zusammenkunft der Beratergruppe am 10.4.1987, EZA Berlin, 4/92/17. Vgl. auch Presseinformation des BEK Nr. 15/16 vom 10.3.1987.
340 Anlage 1 zum Protokoll der 110. Tagung der KKL (6./8.3.1987 Buckow), Hauptthema: »Das Verhältnis des Bundes zu gesellschaftlichen Kräften und Gruppierungen«, EZA Berlin, 101/93/241. Vgl. auch die Gesprächsvorlage für die Sitzung, a.a.O.
341 Protokoll Leich-Ziegler/Grengel-Schulze über die 110. Tagung der Konferenz der Evangelischen Kirchenleitungen in der DDR am 6.-8.3.1987 in Buckow, a.a.O.
342 Protokoll Leich-Ziegler-Lewek vom 6.4.1987 der 196. Sitzung des Vorstands am 26.3.1987 in Berlin, EZA Berlin, 101/93/248.
343 Vgl. Protokoll Leich-Ziegler-Kupas vom 28.9.1987 der 202. Sitzung des Vorstandes am 18. und 21.9.1987 in Görlitz, EZA Berlin, 101/93/249.
344 Die Kirchenleitung der VELK hatte den BEK-Vorstand gebeten, öffentlich zu erklären, daß nur getaufte Christen am Abendmahl teilnehmen könnten. Der Vorstand hielt dies jedoch nicht für notwendig. Vgl. Protokoll Leich-Ziegler-Lewek vom 24.2.1987 der 194. Sitzung des Vorstands am 5.2.1987 in Berlin, EZA Berlin, 101/93/248. Mit dieser Entscheidung gab sich die Kirchenleitung der VELK nicht zufrieden. Vgl. Protokoll Leich-Ziegler/Grengel-Schulze über die 110. Tagung der Konferenz der Evangelischen Kirchenleitungen in der DDR am 6.-8.3.1987 in Buckow, EZA Berlin, 101/93/241. Der Vorstand lenkte daraufhin ein und beschloß eine Veröffentlichung des entsprechenden Votums der Theologischen Kommission des BEK, allerdings unter Einschluß der dazu

gehaltenen kontroversen Vorträge. Vgl. Protokoll Leich-Ziegler-Lewek vom 6.4.1987 der 196. Sitzung des Vorstands am 26.3.1987 in Berlin, EZA Berlin, 101/93/248. Vgl. auch Protokoll Stolpe-Kupas-Dorgerloh vom 28.7.1987 der 200. Sitzung des Vorstands am 23.7.1987 in Potsdam: »1.3. Einladungsformeln zum Abendmahl: [...] Außerdem müßte die Einladung an alle Getauften zum Abendmahl berücksichtigen, daß auch die Kirchengliedschaft für die Teilnahme am Abendmahl von Belang ist.« EZA Berlin, 101/93/249.

345 Vgl. die Notiz in KiS 2/87, 80. Bezüglich der Teilnahme reagierte der BEK zunächst reserviert. Das KKL-Vorstandsprotokoll hielt fest: »Der Vorstand stellt im Ergebnis eines längeren Gedankenaustausches fest, daß wegen fehlender Kenntnis über den Veranstalter, die Tagesordnung, die Teilnehmer und die Zielstellung der Veranstaltung der Konferenz eine positive Empfehlung über die Teilnahme nicht gegeben werden kann. Das Sekretariat wird gebeten, bei der EKD und gegebenenfalls auch bei anderen die Einladungsmodalitäten s. o. anzufragen.« Protokoll Leich-Ziegler-Kupas vom 14.1.1987 über die außerordentliche Vorstandssitzung am 9.1.1987 in Berlin (anläßlich der Tagung der Konferenz am 9./10.1.1987), EZA Berlin, 101/93/248. Da die russische-orthodoxe Kirche dem einladenden Gesellschaftlichen Initiativkomitee als gleichberechtigtes Mitglied angehörte, beschloß der Vorstand aufgrund der »ökumenische[n] Verpflichtung« gegenüber der ROK, Gienke oder bei dessen Verhinderung Demke oder Stolpe zu delegieren, und bat Lewek »um beratende Begleitung.« Protokoll Leich-Ziegler-Lewek vom 29.1.1987 der 193. Sitzung des Vorstands am 14.1.1987 in Berlin, a.a.O. Zum Forum vgl. auch RdB Rostock, Stellvertreter des Vorsitzenden für Inneres, Aktenvermerk Haß vom 2.3.1987 über das Gespräch des Stellvertreters des Vorsitzenden des Rates des Bezirkes für Inneres, Gen. Haß, mit Bischof Dr. Gienke am 23.2.1987: »Der Bischof wertete die getroffene Entscheidung des Bundes, ihn sowie Frau Lewek zu entsenden, als einen Ausdruck des gewachsenen Verständnisses für derartige bedeutsame Veranstaltungen. [...] Auf die Bedeutung der Rede des Gen. Gorbatschow eingehend, vertrat Gienke die Auffassung, daß die dargestellten Probleme eine ganze Philosophie des Friedens beinhalten [...] Insgesamt wertete Dr. Gienke die Ausführungen der letzten Zeit als ›staatsmännisch‹. Mit Hochachtung äußerte sich Dr. Gienke über die Ausstrahlungskraft, die vom Generalsekretär ausgeht. Seine Stärke liegt im Umgang mit den Menschen, konkret, aber nicht formelhaft, modern und sympathisch, aber souverän und überzeugend. [...] Die Tatsache, daß ein längeres Gespräch zwischen Gen. Gorbatschow und den anwesenden Vertretern des Luth. Weltbundes stattfand, wertete Gienke so, daß damit Gorbatschow die positive Rolle dieses Gremiums gewürdigt habe. [...] Im weiteren Verlauf der Begegnung bekräftigte Dr. Gienke, daß die umfassenden Friedensbemühungen der SU die festen Positionen der Kommunisten sind und diese in der kommunistischen Philosophie ihren Ursprung haben. Da auch im christlichen Glauben der Friedensgedanke eine feste Stellung einnimmt, ist eine Zusammenarbeit mit Kommunisten für die Christen keine Frage. [...] Nach seiner Rückkehr aus Moskau habe es keine kritischen Stimmen zu seiner Teilnahme am Friedensforum gegeben, sondern nur Interesse über den Verlauf und die getroffenen Aussagen, ganz im Gegensatz zu seinen früheren Erfahrungen. Diese Tatsache gebe ihm die Hoffnung, daß auch in den Kirchen in der DDR etwas in Bewegung gekommen ist.« BA, Abt. Potsdam, O-4, 1474.

346 Vgl. auch Gienkes Wiedergabe des Tagungsverlaufs vor der KKL und die anschließende Aussprache, soweit sie sich dem Protokoll entnehmen läßt. Gefordert wurde, demnächst auch Laien zu solchen Veranstaltungen zu senden. Protokoll Leich-Ziegler/Grengel-Schulze über die 110. Tagung der Konferenz der Evangelischen Kirchenleitungen in der DDR am 6.-8.3.1987 in Buckow, EZA Berlin, 101/93/241. Gienke beklagte im Mai, das Protokoll gebe seinen Bericht »stark verkürzt und entstellt« wieder. Vgl. Protokoll Leich-Ziegler-von Rabenau über die 111. Tagung der Konferenz der Evangelischen Kirchenleitungen in der DDR am 8./9.5.1987 in Dessau, EZA Berlin, 101/93/242. Ähnlich wie vor der Beratergruppe äußerte sich der Greifswalder Bischof gegenüber Staatsvertretern: »Bei einem Teil der Vertreter der Kirchen und Religionen

habe es bei allen positiven und konstruktiven Aussagen während des Forums eine gewisse Enttäuschung gegeben. Die Ursache dafür begründet Dr. Gienke damit, daß man erwartet habe, daß die UdSSR, wenn auch nur symbolhaft, das Moratorium nochmals für eine bestimmte, wenn auch kurze, Zeit verlängert. Ebenso hätten es die kirchlichen Vertreter als Würdigung empfunden, wenn in der weitsichtigen Rede des Gen. Gorbatschow die Rolle der Kirchen und Religionen im Ringen um die Erhaltung des Friedens genannt worden wäre.« RdB Rostock, Stellvertreter des Vorsitzenden für Inneres, Aktenvermerk Haß vom 2.3.1987 über das Gespräch des Stellvertreters des Vorsitzenden des Rates des Bezirkes für Inneres, Gen. Haß, mit Bischof Dr. Gienke am 23.2.1987, BA, Abt. Potsdam, O-4, 1474.

347 Vermerk Heidingsfeld über die Zusammenkunft der Beratergruppe am 10.4.1987, EZA Berlin, 4/92/17.

348 Zur Vorbereitung der Thüringer Frühjahrssynode von staatlicher Seite vgl. Bereich-HAL, Bericht E. Stephan vom 16.2.1987 zur Dienstreise am 11.2.1987 nach Erfurt, BA, Abt. Potsdam, O-4, 1220.

349 Vgl. Abt. II, Vorlage Braemer vom 15.5.1987 an die Dienstbesprechung am 25.5.1987, Thema: Information über Verlauf und Ergebnisse der Frühjahrssynoden der evangelischen Landeskirchen der DDR, BA, Abt. Potsdam, O-4, 954. Zur positiven Einschätzung der Gorbatschowschen Friedenspolitik durch kirchliche Amtsträger vgl. auch Abt. II, Vorlage Gräfe vom 30.6.1987 an die Dienstbesprechung am 29.6.1987, Leitungsinformation 3/87, BA, Abt. Potsdam, O-4, 955.

350 Vermerk über das Treffen des 1. Sekretärs der Bezirksleitung Dresden der SED, Genossen Hans Modrow, mit dem Landesbischof der Sächsischen Landeskirche, Dr. Hempel, und dem Präsidenten des Landeskirchenamtes, Dr. Domsch, am 1.4.1987, PDS-Archiv Dresden, AR 12010; a.a.O., AR 14089. Zur kirchlichen Reaktion auf die Friedenspolitik Gorbatschows vgl. auch RdK Bautzen, Stellvertreter d. Vorsitzenden f. Inneres, 25.3.1987, an RdB Dresden, Stellv. d. Vors. f. Inneres, Gen. Fuchs, Kirchenpolitische Information – Berichterstattung März 1987, SHStA Dresden, BT/RdB Dresden (Zwibo), 44869.

351 Vgl. Vorlage Röfke vom 23.7.1987 an die Dienstbesprechung am 29.7.1987, Thema: Schriftliche Konzeption zur Vorbereitung auf die Herbstsynoden, BA, Abt. Potsdam, O-4, 954.

352 Zu dessen 75. Geburtstag am 3.3.1987 sollte Leich dem Staatssekretär für den BEK gratulieren. Vgl. Protokoll Leich-Ziegler-Lewek vom 29.1.1987 der 193. Sitzung des Vorstands am 14.1.1987 in Berlin, EZA Berlin, 101/93/248. Wenige Wochen später legte der Vorstand als Mitglieder einer Delegation zum Geburtstag des Staatssekretärs Leich, Forck, Winter, Zeddies, Ziegler, Lange, Braune und Petzold fest. »Als Geschenk sind in Leder gebunden Stadt- und Dorfkirchen der einzelnen Gliedkirchen des Bundes vorgesehen.« Protokoll Leich-Ziegler-Kupas vom 4.3.1987 der 195. Sitzung des Vorstands am 26.2.1987 in Berlin, a.a.O. Vgl. auch Vermerk Ziegler vom 6.1.1987 über ein Gespräch in der Dienststelle des Staatssekretärs für Kirchenfragen am 5.1.1987, 10.00 bis 11.30 Uhr: »Heinrich teilt mit, daß der Staatssekretär Glückwünsche am 3.3.1987 in seiner Dienststelle entgegennehmen werde. Der Bund könnte gegen 11.00 Uhr kommen.« EZA Berlin, 101/93/6.

353 Vgl. Protokoll Leich-Ziegler-Kupas vom 4.3.1987 der 195. Sitzung des Vorstands am 26.2.1987 in Berlin: »Ziegler informiert darüber, daß wegen Krankheit des Staatssekretärs K. Gysi das für den 27.2.1987 geplante Gespräch abgesagt worden sei. Der Vorstand bittet Dr. Leich, einen Brief zu schreiben, in dem das Bedauern über das Verschieben des Gesprächs zum Ausdruck gebracht wird und die Hoffnung ausgedrückt wird, ein ergebnisorientiertes Gespräch bald führen zu können.« EZA Berlin, 101/93/248. Auch die danach vorgesehenen Gesprächstermine 1. und 6.4.1987 (vgl. jedoch Vermerk Ziegler vom 7.5.1987 über ein Gespräch in der Dienststelle des Staatssekretärs für Kirchenfragen am 9.3.1987, 10.00-11.30 Uhr, EZA Berlin, 101/93/6; hier war vom 30. bzw. 31.3.1987 die Rede) sagte die staatliche Seite mit der gleichen Begründung ab. Nun

schlug der BEK Ende April als neuen zeitlichen Rahmen vor. Vgl. Protokoll Leich-Ziegler-Lewek vom 6.4.1987 der 196. Sitzung des Vorstands am 26.3.1987 in Berlin, EZA Berlin, 101/93/248.

354 Vermerk Heidingsfeld über die Zusammenkunft der Beratergruppe am 10.4.1987, EZA Berlin, 4/92/17.

355 Ziegler hatte das Vorhaben Mitte März gegenüber Hauptabteilungsleiter Heinrich angekündigt: »Heinrich bemerkt, daß die Kirche in der jetzigen Situation manches flankieren könne, was beide deutsche Staaten beträfe. Zum Beispiel könnte in der Forderung des Raketenabbaus eine kirchliche Äußerung förderlich sein.« Vermerk Ziegler vom 7.5.1987 über ein Gespräch in der Dienststelle des Staatssekretärs für Kirchenfragen am 9.3.1987, 10.00-11.30 Uhr, EZA Berlin, 101/93/6.

356 Vgl. Vermerk Hammer vom 1.6.1987 über die 29. Konsultation (Klausurtagung) zwischen dem Bund der Ev. Kirchen in der DDR und der Ev. Kirche in Deutschland vom 24. bis zum 27.5.1987 in Fischbach (Bodensee), EZA Berlin, 101/93/815.

357 Bereits Heinrich hatte sich Ende Januar in dieser Frage nicht festlegen wollen. Ziegler notierte: »Im Blick auf eine eventuelle Veröffentlichung wird verabredet, sie vom Inhalt und Verlauf des Gesprächs abhängig zu machen. Das schließe nicht aus, daß von beiden Seiten Vorbereitungen getroffen würden.« Vermerk Ziegler vom 27.1.1987 über ein Gespräch in der Dienststelle des Staatssekretärs für Kirchenfragen am 26.1.1987, 14.00 bis 15.00 Uhr, EZA Berlin, 101/93/6. Am 15.5.1987 hatte Heinrich erklärt, »daß auf der Seite des Staatssekretärs die Frage einer Veröffentlichung über das Gespräch noch nicht entschieden sei. [...] Es dürften keine Hoffnungen erweckt werden, die in der augenblicklichen Situation nicht befriedigt werden können. [...] Ziegler erwidert, daß dem Vorstand an einer reinen Hofmeldung nicht liege.« Vermerk Ziegler vom 18.5.1987 über ein Gespräch in der Dienststelle des Staatssekretärs für Kirchenfragen am 15.5.1987, 8.00-9.50 Uhr, a.a.O.

358 Abt. II, Vermerk Wilke vom 20.5.1987, BA, Abt. Potsdam, O-4, 1457. Das Gespräch fand am 19.5.1987 statt. Dies geht aus dem Vermerk Ziegler vom 18.5.1987 über ein Gespräch in der Dienststelle des Staatssekretärs für Kirchenfragen am 15.5.1987, 8.00-9.50 Uhr, hervor. EZA Berlin, 101/93/6.

359 Den Terminvorschlag unterbreitete Heinrich Ende April 1987. Vgl. Vermerk Ziegler vom 7.5.1987 über ein Gespräch in der Dienststelle des Staatssekretärs für Kirchenfragen am 24.4.1987, 14.30-16.00 Uhr.

360 Honecker hatte Leich zuvor zu dessen 60. Geburtstag gratuliert und sich lobend über das kirchliche Eintreten für den Frieden sowie den Einsatz von Christen für die DDR geäußert. Abgedruckt in ND vom 1.2.1987. Zu Leichs Geburtstag vgl. auch Vermerk Ziegler vom 6.1.1987 über ein Gespräch in der Dienststelle des Staatssekretärs für Kirchenfragen am 5.1.1987, 10.00 bis 11.30 Uhr, EZA Berlin, 101/93/6. Das Problem bestand darin, daß Leich seinen Geburtstag am 31.1.1987 privat verbringen wollte, Honecker aber daran interessiert war, an diesem Tag durch Gysi und Bellmann sein Glückwunschschreiben überbringen zu lassen. Deshalb bat Heinrich Ziegler um Vermittlung. Vgl. Vermerk Ziegler vom 27.1.1987 über ein Gespräch in der Dienststelle des Staatssekretärs für Kirchenfragen am 26.1.1987, 14.00 bis 15.00 Uhr, a.a.O. Wahrscheinlich hatte Leich sich hierauf jedoch nicht eingelassen, da die Veröffentlichung des Glückwunsches Honeckers erst am 1.2. erfolgte.

361 Vgl. hierzu auch Auszug aus der Niederschrift über das Gespräch auf dem Rat des Bezirkes Cottbus am 6.10.1987: »Richter hatte sich mehrfach u. immer mit Erfolg für Personen eingesetzt, deren Reisen in die BRD zunächst abgelehnt wurden.« EZA Berlin, 101/93/26.

362 Die thüringische Frühjahrssynode 1987 forderte, in den Schulen die Glaubensüberzeugung der christlichen Elternhäuser zu achten. Vgl. Protokoll Leich-Ziegler-von Rabenau über die 111. Tagung der Konferenz der Evangelischen Kirchenleitungen in der DDR am 8./9.5.1987 in Dessau, EZA Berlin, 101/93/242.

363 »1. Entsendung kirchlicher Mitarbeiter in Länder der Dritten Welt. 2. Steuerfreier Jah-

resbetrag für Kirchliche Mitarbeiter. 3. Fragen der Erhaltung kirchlicher Gebäude und der dafür notwendigen Baukapazitäten. 4. Die Notwendigkeit eines klärenden Gesprächs zur Berichterstattung der Kirchenpresse. 5. Kioskverkauf kirchlicher Zeitungen. 6. Bitte um Erhöhung der Druckquoten für Bibeln auf 150 000 Bibeln (bisher: 90 000) [Gienke hatte vor der KKL moniert, ›Bitten um Bibelsendungen aus der BRD möchten in Zukunft unterbleiben‹, Protokoll Leich-Ziegler/Grengel-Schulze über die 110. Tagung der Konferenz der Evangelischen Kirchenleitungen in der DDR am 6.-8.3.1987 in Buckow, EZA Berlin, 101/93/241] und 500 000 Losungen (bisher 375 000) jährlich. 7. Bitte um Vereinfachung der Genehmigungspraxis bei nichtlizenzpflichtigen Druckerzeugnissen. 8. Man habe auf dem FDGB-Kongreß mitgeteilt, daß mittelfristig Arbeitszeitregelungen geplant seien. Die Kirchen des BEK erinnern an ihre Bitte, den 2. Osterfeiertag und Himmelfahrt als gesetzliche Feiertage wieder einzuführen. [...]« Berlin, den 25.5.1987, Information über das Gespräch des Staatssekretärs mit dem Vorstand der KKL am 21.5.1987 im Gästehaus Johannishof, BA, Abt. Potsdam, O-4, 1457; auch SAPMO-BA ZPA IV B2/14/42. Der Geschäftsführende Ausschuß der KKJ hatte den KKL-Vorstand gebeten, insbesondere folgende Fragen mit der DDR-Regierung zu besprechen: »1. Fragen der vormilitärischen Ausbildung im Sportunterricht; 2. Ermöglichung einer religiösen Beteiligung für Jugendliche in Jugendhaftanstalten und Jugendwerkhöfen; 3. Die Verbesserung der Möglichkeiten zu einer religiösen Betätigung der Bausoldaten; 4. Die Ermöglichung für Jugendliche in Lehrlingswohnheimen und Internaten, Angebote von Gemeinden wahrzunehmen.« Der KKL-Vorstand »stellt[e] fest, daß die genannten Punkte im weiteren Sinn in dem Konzept für das Gespräch mit dem Staatssekretär für Kirchenfragen am 21.5.1987 enthalten sind.« Protokoll Leich-Ziegler-Lewek vom 2.6.1987 der 198. Sitzung des Vorstands am 20.5.1987 in Berlin, EZA Berlin, 101/93/249.

364 In dem Vorgespräch mit Ziegler sagte Hauptabteilungsleiter Heinrich: »Die Priorität habe nach wie vor die Friedensfrage. Diese Übereinstimmung erlaube, die anderen Fragen in Ruhe anzugehen.« Vermerk Ziegler vom 18.5.1987 über ein Gespräch in der Dienststelle des Staatssekretärs für Kirchenfragen am 15.5.1987, 8.00-9.50 Uhr, EZA Berlin, 101/93/6.

365 Berlin, den 25.5.1987, Information über das Gespräch des Staatssekretärs mit dem Vorstand der KKL am 21.5.1987 im Gästehaus Johannishof, BA, Abt. Potsdam, O-4, 1457; auch SAPMO-BA ZPA IV B2/14/42. Am 23.6.1987 führte Ziegler mit Heinrich ein Auswertungsgespräch zu der Begegnung vom Mai. Vgl. Vermerk Ziegler vom 25.6.1987 über ein Gespräch in der Dienststelle des Staatssekretärs für Kirchenfragen am 23.6.1987, 13.00-15.30 Uhr, EZA Berlin, 101/93/6; auch Niederschrift Ziegler-Kramer-Küntscher vom 27.7.1987 über die Chefbesprechung am 2.7.1987 in Berlin, EZA Berlin, 101/93/774.

366 Vgl. Vermerk Ziegler vom 27.1.1987 über ein Gespräch in der Dienststelle des Staatssekretärs für Kirchenfragen am 26.1.1987, 14.00 bis 15.00 Uhr, EZA Berlin, 101/93/6.

367 Schreiben Landesbischof Leich an Gysi vom 22.5.1987, BA, Abt. Potsdam, O-4, 1078.

368 Vgl. Protokoll Leich-Ziegler-Lewek vom 3.7.1987 der 199. Sitzung des Vorstands am 26.6.1987 in Berlin, EZA Berlin, 101/93/249.

369 Protokoll Leich/Stolpe-Ziegler-Riese über die 112. Tagung der Konferenz der Evangelischen Kirchenleitungen in der DDR am 3./4.7.1987 in Berlin, EZA Berlin, 101/93/242.

370 epd-Dok 19/87, 38 f. Vgl. Abt. II, Vorlage Braemer vom 15.5.1987 an die Dienstbesprechung am 25.5.1987, Thema: Information über Verlauf und Ergebnisse der Frühjahrssynoden der evangelischen Landeskirchen der DDR, BA, Abt. Potsdam, O-4, 954.

371 Weiter hieß es: »Der Bischof konnte seine Positionen festigen und gewinnt zunehmend auch in der Synode Raum zur Verwirklichung seiner Vorstellungen. [...] Er wird von der Mehrheit angenommen, weil er dabei ist, sich auf die tatsächliche Lage und das ›Machbare‹ einzustellen und gleichzeitig realistische Perspektiven aufzeigt.« Arbeitsgruppe Synode Görlitz, Information über die 3. Tagung der 10. Provinzialsynode der Evangelischen Kirche des Görlitzer Kirchengebietes vom 27.-30.3.1987 in Görlitz,

715

SHStA Dresden, BT/RdB Dresden (Zwibo), 47522. In der Synodaldiskussion gab es allerdings einige Anmerkungen: »Pf. Werner betonte, daß er die vom Bischof angeführten einzelnen Fälle der Benachteiligung von jungen Christen bei der Berufswahl eigentlich noch immer als Normalfall erlebe. [...] Pf. Juergensohn bat den Bischof um die Interpretation der Feststellung ›Wir bejahen die Situation, in der wir leben‹ [...], damit Mißverständnissen vorgebeugt werden kann.« Tagesbericht 28.3.1987, a.a.O.

372 Vgl. auch Dresden, Bereich Inneres, Staatspolitik in Kirchenfragen, Aktenvermerk Schulze vom 24.8.1987 über Gespräch am 21.8.1987 mit Kirchenamtsrat Heitmann: »Ich fragte Herrn Heitmann nach seinem ehem. Mitarbeiter Wolfgang Thürmer, der von einer Besuchsreise in die BRD nicht zurückgekehrt ist. Er sagte, ›kein Mensch hätte an so etwas geglaubt‹, sprach von Betroffenheit und Enttäuschung. [...] Herr Heitmann verurteilte das Verhalten von Th. nachdrücklich. [...] Auch das LKA würde das Verhalten von Th. bestimmt verurteilen, und er würde seiner kirchlichen Altersversorgung verlustig gehen.« SHStA Dresden, BT/RdB Dresden (Zwibo), 44870. Vgl. auch Schreiben von Forck an Gysi vom 23.11.1987: »Im Mai 1986 hatte ich mich für die Auslandstätigkeit von Herrn Dr. Wolf-Peter Funk, Berlin, befürwortend eingesetzt. [...] Nun hat mir Dr. Funk mitgeteilt, daß er und seine Frau sich entschlossen haben, nicht wieder in die DDR zurückzukehren. Ich bin von dieser Nachricht sehr betroffen.« BA, Abt. Potsdam, O-4, 4899. Dresdens LKA-Präsident Domsch berichtete der September-KKL, zwei sächsische Pfarrer seien von privaten Besuchsreisen in die Bundesrepublik nicht zurückgekehrt. Auch Kirchner informierte über einen so gelagerten Fall aus Thüringen. Vgl. Protokoll Leich-Ziegler-Dorgerloh/Günther über die 113. Tagung der Konferenz der Evangelischen Kirchenleitungen in der DDR am 4./5.9.1987 in Berlin, EZA Berlin, 101/93/242.

373 Tagesbericht 28.3.1987, SHStA Dresden, BT/RdB Dresden (Zwibo), 47522.

374 Das LKA Sachsens bat die KKL, sich dieser Problematik in Gesprächen mit dem Staat anzunehmen. Vgl. Protokoll Leich-Ziegler-Lewek vom 3.7.1987 der 199. Sitzung des Vorstands am 26.6.1987 in Berlin, EZA Berlin, 101/93/249.

375 Vgl. SED-BL Dresden, Abteilung Staat und Recht, Vermerk vom 9.4.1987 über das Treffen des 1. Sekretärs der BL Dresden der SED, Genossen Hans Modrow, mit dem Bischof des Evangelischen Kirchengebietes, Prof. Dr. Dr. Rogge, und Oberkonsistorialrat Völz am 8.4.1987, PDS-Archiv Dresden, AR 12010. Vgl. auch den kürzeren Vermerk Abteilung Staat und Recht vom 9.4.1987 zum gleichen Betreff, PDS-Archiv Dresden, AR 14089.

376 Vgl. Vermerk Hammer vom 1.6.1987 über die 29. Konsultation (Klausurtagung) zwischen dem Bund der Ev. Kirchen in der DDR und der Ev. Kirche in Deutschland vom 24. bis zum 27.5.1987 in Fischbach (Bodensee), EZA Berlin, 101/93/815.

377 Vgl. Bericht zur kirchenpolitischen Situation in Berlin, Hauptstadt der DDR (entsprechend Rahmenplan der Dienststelle des Staatssekretärs für Kirchenfragen), Dezember 84/Januar 85, BA, Abt. Potsdam, O-4, 1129; vgl. auch Sofort-Information vom 18.2.1985 (Nach den Informationsberichten der Räte der Bezirke 1/85, Einzelinformationen sowie den Dienstreiseberichten der Operativkader), BA, Abt. Potsdam, O-4, 950.

378 So Monsignore Ordinariatsrat Walter am 18.1.1985. Vgl. Bericht zur kirchenpolitischen Situation in Berlin, Hauptstadt der DDR (entsprechend Rahmenplan der Dienststelle des Staatssekretärs für Kirchenfragen), Dezember 84/Januar 85, BA, Abt. Potsdam, O-4, 1129. Vgl. auch Sofort-Information vom 18.2.1985 (Nach den Informationsberichten der Räte der Bezirke 1/85, Einzelinformationen sowie den Dienstreiseberichten der Operativkader), BA, Abt. Potsdam, O-4, 950.

379 Vgl. Protokoll Hempel-Ziegler-Kupas vom 14.1.1985 über die 170. Sitzung des Vorstandes am 7.1.1985 in Berlin: »Der Vorstand nimmt die Position der Berlin-Brandenburger Kirche zur Kenntnis und sieht die Interessen des Bundes durch Berlin-Brandenburg gewahrt.« EZA Berlin, 101/93/245. Vgl. auch Protokoll Hempel-Ziegler-R. Schulze über die 96. Tagung der Konferenz der Evangelischen Kirchenleitungen in der DDR am 11./12.1.1985 in Berlin, EZA Berlin, 101/93/236.

380 Vermerk Heinrich vom 15.7.1985 über Gespräch am 12.7.1985, BA, Abt. Potsdam, O-4, 1220.
381 Vor Ort war der Plan den Genossen bereits Anfang 1985 bekannt, da Stolpe und Günter Krusche schon Sondierungsgespräche – darunter am 23.1.1985 – beim Stellvertreter des Oberbürgermeisters für Inneres geführt hatten. Vgl. Bericht zur kirchenpolitischen Situation in Berlin, Hauptstadt der DDR (entsprechend Rahmenplan der Dienststelle des Staatssekretärs für Kirchenfragen), Dezember 84/Januar 85, BA, Abt. Potsdam, O-4, 1129. Hauptabteilungsleiter Heinrich fragte gegenüber Ziegler im April 1985 »den Aufwand an, mit dem bereits jetzt der Kirchentag Berlin 1987 vorbereitet würde. Wer sei eigentlich zuständig? Sei es ein Berliner Kirchentag oder sei der Bund dafür zuständig?« Vermerk Ziegler vom 25.4.1985 über ein Gespräch im Staatssekretariat für Kirchenfragen am 23.4.1985, 14.00-16.30 Uhr, EZA Berlin, 101/93/4.
382 Zur Absicht der evangelischen Kirche, 1987 einen Kirchentag in der Hauptstadt zu veranstalten. Anlage an Schreiben Jarowinsky an Honecker vom 20.8.1985, SAPMO-BA ZPA IV B2/14/126.
383 Zur Information über ein Gespräch mit Konsistorialpräsident Stolpe und dem Staatssekretär für Kirchenfragen, Gen. Klaus Gysi, am 28.8.1985, BA, Abt. Potsdam, O-4, 1200.
384 Über den Stand der Verhandlungen und Vorbereitungen setzte Stolpe im März 1986 die KKL in Kenntnis. Vgl. Protokoll Leich-Ziegler-Herrbruck/Dorgerloh über die 104. Sitzung der Konferenz der Evangelischen Kirchenleitungen in der DDR vom 7. bis 9.3.1986 in Bad Saarow (Klausurtagung), EZA Berlin, 101/93/238.
385 Vgl. 750 Jahre Berlin: 1237-1987. Thesen des Komitees der DDR zum 750jährigen Bestehen von Berlin, Berlin 1986.
386 Abt. II, Berlin, den 23.4.1986, Aktuelle politische Tendenzen in den Kirchen und Religionsgemeinschaften in der DDR, Leitungsinformation 2/86, BA, Abt. Potsdam, O-4, 952.
387 Beratung in der Dienststelle des Staatssekretärs für Kirchenfragen am 2.4.1986 zur Problematik »Kirchentag 1987« in der Hauptstadt (Thema: »… und ich will bei euch wohnen«), SAPMO-BA ZPA IV B2/14/125.
388 Vgl. epd-Dok 18/86. Siehe auch Konzeption zur weiteren Durchsetzung der Staatspolitik in Kirchenfragen gegenüber der Evangelischen Kirche Berlin-Brandenburg (1986): »Die Kirchenleitung agiert insgesamt politisch und theologisch uneinheitlich und ist dadurch in ihrer Handlungsfähigkeit eingeschränkt. Die Autorität ihrer Beschlüsse für das kirchliche Leben ist durch die daraus resultierenden, oft wechselnden Mehrheiten stark herabgesetzt. Diese Situation führt dazu, daß den negativen Kräften mit ihren Aktivitäten nicht entschieden genug entgegengetreten wird und realistische Amtsträger mit ihren positiven Positionen […] nicht die erforderliche Unterstützung erhalten. […] Während Bischof Forck häufig negative politische Auffassungen vertritt, werden realistische und konstruktive Positionen in der Kirchenleitung insbesondere von Konsistorialpräsident Stolpe und den vier Generalsuperintendenten Bransch, Krusche, Richter, Esselbach sowie dem Vorsitzenden des reformierten Moderamens Frielinghaus vertreten. Trotz annähernd gleicher Grundpositionen wird das Wirken dieser realistischen Kirchenleitungskräfte von unterschiedlichen Ausgangspunkten und Zielrichtungen bestimmt. Konsistorialpräsident Stolpe, die Generalsuperintendenten Krusche und Bransch sind bemüht, auch über ihren Amtsbereich hinaus wirksam zu werden. Dagegen beschränkt sich das Agieren der Generalsuperintendenten Richter und Esselbach vor allem auf ihren jeweiligen Verantwortungsbereich. […] Insgesamt können sich die genannten realistischen Kräfte auf die Mehrheit der mittleren kirchlichen Leitungsebene stützen. Der überwiegende Teil der Superintendenten in allen vier Sprengeln vertritt zunehmend politisch loyale und realistische Positionen. […] Der Präses der Synode, Manfred Becker […], unterliegt starken politischen Schwankungen und bietet dadurch negativen Kräften Spielraum. […] Negative Kräfte treten im Gegensatz zu realistischen Amtsträgern innerhalb der Synode, zum Teil unterstützt durch die Ver-

handlungsführung des Präses, relativ geschlossen auf. Dadurch gelingt es ihnen, häufig politisch negative Positionen von der Synode beschließen zu lassen.« BA, Abt. Potsdam, O-4, 995.

389 Information Gysi vom 12.5.1986 über ein Gespräch von Staatssekretär Gysi mit Oberkonsistorialpräsident [sic!] Manfred Stolpe am 5.5.1986, BA, Abt. Potsdam, O-4, 969.

390 Anlage Nr. 14 zum Protokoll Nr. 10 vom 24.6.1986, Betr.: Zur beabsichtigten Durchführung eines Kirchentages der Berlin-Brandenburgischen Kirche in der Hauptstadt der DDR vom 24.-28.6.1987, mit Beschluß in SAPMO-BA ZPA J IV 2/2/2172. Erläuterung des Beschlusses a.a.O., J IV 2/2A/2904.

391 Vgl. auch Berlin, den 5.12.1986, Maßnahmen und Schwerpunkte zur differenzierten politischen Einflußnahme auf die Vorbereitung des Kirchentages 1987 in der Hauptstadt Berlin:»Generalsuperintendent Krusche ordnete den gesamten Kirchentag konstruktiv in den Gesamtrahmen der Veranstaltungen zum 750. Jubiläum der Hauptstadt ein.« SAPMO-BA ZPA IV B2/14/126.

392 Berlin, den 8.9.1986, Information über den Stand der Vorbereitung auf den für 1987 geplanten Kirchentag der Evangelischen Kirche in Berlin-Brandenburg, SAPMO-BA ZPA IV B2/14/125.

393 Aktennotiz über ein Telefonat mit Bischof Dr. Forck, BA, Abt. Potsdam, O-4, 1476.

394 Notiz über ein Gespräch des Stellvertreters des Oberbürgermeisters für Inneres, Genossen Hoffmann, mit Generalsuperintendent Dr. Krusche und Oberkonsistorialrat Giering am 24.6.1986, a.a.O.

395 Über den Verlauf dieser Veranstaltung hatte Forck die KKL informiert. Vgl. Protokoll Stolpe-Ziegler-Riese über die 106. Tagung der Konferenz der Evangelischen Kirchenleitungen in der DDR am 4./5.7.1986 in Berlin, EZA Berlin, 101/93/239. Vgl. auch die Notiz in KiS 4/86, 187.

396 Information über ein Gespräch des Stellvertreters des Oberbürgermeisters für Inneres, Genosse Hoffmann, mit Generalsuperintendent Dr. Krusche am 1.7.1986, BA, Abt. Potsdam, O-4, 969.

397 Das Gespräch fand am 11.7.1986 statt. Vgl. Berlin, den 8.9.1986, Information über den Stand der Vorbereitung auf den für 1987 geplanten Kirchentag der Evangelischen Kirche in Berlin-Brandenburg, SAPMO-BA ZPA IV B2/14/125.

398 Ein innerkirchlich verbreitetes Faltblatt, das Gysi scharfer Kritik unterzog, sprach von einem »›Berliner‹ Kirchentag«.»Nirgendwo ist die Formulierung Hauptstadt der DDR zu finden. Ebenso fehlt die Aussage, daß es sich um den Kirchentag der Evangelischen Kirche in Berlin-Brandenburg handelt.« Thesen zum Gespräch des Staatssekretärs für Kirchenfragen am 3.7.1986 mit dem »Vorbereitenden Ausschuß« des Kirchentages der Evangelischen Kirche in Berlin-Brandenburg in Berlin-Hauptstadt der DDR, a.a.O.

399 Information Gysi vom 21.7.1986 über ein Gespräch des Staatssekretärs mit Vertretern der Kirchenleitung Berlin-Brandenburg zum geplanten Kirchentag 1987 in der Hauptstadt Berlin, BA, Abt. Potsdam, O-4, 971. Vgl. auch Zur Gesprächskonzeption Gysi mit dem vorbereitenden Ausschuß Kirchentag der Berlin-Brandenburgischen Kirche, Juli 1986, SAPMO-BA ZPA IV B2/14/125; Thesen zum Gespräch des Staatssekretärs für Kirchenfragen am 3.7.1986 mit dem »Vorbereitenden Ausschuß« des Kirchentages der Evangelischen Kirche in Berlin-Brandenburg in Berlin-Hauptstadt der DDR, a.a.O.; Berlin, den 7.7.1986, Zum Gespräch des Staatssekretärs in Vorbereitung auf den Kirchentag, BA, Abt. Potsdam, O-4, 969.

400 Zitiert nach Dokumentation in KiS 6/86, 238-240, Zitat: 238. Siehe auch Arbeitsgruppe Kirchenfragen, Stellungnahme Rudi Bellmann vom 11.12.1986 zur Konzeption des Genossen Gysi »Maßnahmen und Schwerpunkte zur verstärkten differenzierten politischen Einflußnahme auf die Vorbereitung des Kirchentages 1987 in der Hauptstadt« vom 5.12.1986, SAPMO-BA ZPA IV B2/14/126.

401 Vgl. auch Abt. II, Information Wilke vom 18.9.1986 über ein inoffizielles Gespräch mit Generalsuperintendent Dr. Krusche am 18.9.1986, BA, Abt. Potsdam, O-4, 995.

402 Berlin, den 8.9.1986, Information über den Stand der Vorbereitung auf den für 1987

geplanten Kirchentag der Evangelischen Kirche in Berlin-Brandenburg, SAPMO-BA ZPA IV B2/14/125. Vgl. Berlin, den 12.9.1986, Zu Fragen der weiteren Vorbereitung eines evangelischen Kirchentages in Berlin, Hauptstadt der DDR, vom 24.-28.6.1987: »Im Ergebnis dessen beschloß die Kirchenleitung am 29.8.1986 für den Sonntag, den 29. [richtig: 28.] Juni 1987, eine ›Zentrale Abschlußveranstaltung unter freiem Himmel‹, die Möglichkeit der Teilnahme für Gläubige aus allen Landeskirchen und wich politisch klaren Orientierungen für die Tätigkeit in den Arbeitsgruppen aus. Eine Abgrenzung von der aus Westberlin gesteuerten Konzeption [Begegnung von Ost und West auf dem Kirchentag] erfolgte nicht.« SAPMO-BA ZPA IV B2/14/126

403 Berlin, den 12.9.1986, Zu Fragen der weiteren Vorbereitung eines evangelischen Kirchentages in Berlin, Hauptstadt der DDR, vom 24.-28.6.1987, SAPMO-BA ZPA IV B2/14/126.

404 Information vom 24.9.1986, BA, Abt. Potsdam, O-4, 995; vgl. auch den vom gleichen Tag stammenden Entwurf, a.a.O., sowie Gesprächskonzeption des Genossen Gysi für das Gespräch mit Bischof Forck am 24.9.1986, SAPMO-BA ZPA IV B2/14/125.

405 U.a. dokumentiert in KiS 6/86, 238 f.

406 Vgl. Berlin, den 5.12.1986, Maßnahmen und Schwerpunkte zur differenzierten politischen Einflußnahme auf die Vorbereitung des Kirchentages 1987 in der Hauptstadt Berlin, SAPMO-BA ZPA IV B2/14/126.

407 Vgl. Bericht zur kirchenpolitischen Situation in Berlin, Hauptstadt der DDR, August/September 1986, BA, Abt. Potsdam, O-4, 1129; vgl. auch Abt. II, Berlin, den 20.10.1986, Aktuelle politische Tendenzen in den Kirchen und Religionsgemeinschaften in der DDR, Leitungsinformation 5/86, BA, Abt. Potsdam, O-4, 953. Vgl. auch Bericht zur kirchenpolitischen Situation in Berlin, Hauptstadt der DDR, Oktober/November 1986: »In diesem Zusammenhang wird dem Staat ein ›mangelndes Vertrauen‹ der Kirche gegenüber unterstellt bzw. von ›Enttäuschung‹ gesprochen.« BA, Abt. Potsdam, O-4, 1129.

408 Eine Einladung der Ost-CDU zu einer Veranstaltung »Berlin. Stadt des Friedens – humanistisches Ziel, demokratische Tradition, sozialistische Realität« am 6.3.1987 sagte der KKL-Vorstand freundlich ab. Vgl. Protokoll Leich-Ziegler-Lewek vom 24.2.1987 der 194. Sitzung des Vorstands am 5.2.1987 in Berlin, EZA Berlin, 101/93/248. Auch eine Einladung zum 16. Parteitag der Ost-CDU Mitte Oktober in Dresden sagte der KKL-Vorstand wegen Terminschwierigkeiten ab. Vgl. Protokoll Leich-Ziegler-Kupas vom 28.9.1987 der 202. Sitzung des Vorstandes am 18. und 21.9.1987 in Görlitz, EZA Berlin, 101/93/249. Vgl. auch Schreiben Leich an den CDU-Vorsitzenden Götting vom 22.9.1987: »Ich muß mitteilen, daß ich Ihrer Einladung nicht Folge leisten kann. Auch der Vorstand der Konferenz der Ev. Kirchenleitungen in der DDR sah keine Möglichkeit, einen Vertreter zu entsenden. Ich wünsche Ihnen, Herr Vorsitzender, daß durch die Beratungen des Parteitages auch die Fragen einer Lösung näher gebracht werden, die die Menschen in unserem Land in ihrem Alltag bewegen. Mit Aufmerksamkeit und Achtung blicke ich auf den persönlichen Einsatz vieler Parteimitglieder der CDU. Aus zahlreichen Gesprächen weiß ich um die Glaubensbindung und den Dienst in der Kirchengemeinde, die hinter diesem Einsatz stehen.« EZA Berlin, 101/93/15.

409 Arbeitsgruppe Kirchenfragen, Vermerk Bellmann vom 31.7.1986 für Genossen Jarowinsky über ein Gespräch mit dem stellvertretenden Vorsitzenden der CDU, Kollegen Wolfgang Heyl, am 31.7.1986: »Die Bezirksverbände [der CDU] im Bereich der Berlin-Brandenburgischen Kirche (Berlin, Potsdam, Cottbus, Neubrandenburg, Frankfurt/Oder) seien darauf orientiert worden, daß sich möglichst viele Mitglieder der CDU rechtzeitig bei ihren Ortspfarrern zur Teilnahme am Kirchentagsgeschehen anmelden. Sie sollen sich aktiv einschalten, die Vorbereitung und Durchführung inhaltlich beeinflussen und den Parteivorstand informieren. Sie sind angehalten, über ihre Aktivitäten eine Zwischeninformation zu geben und auch über politische Inhalte zu berichten. Die am Kirchentag teilnehmenden CDU-Freunde werden sodann in geeigneter Weise auf ihre Aktivitäten vorbereitet. Alle Bezirksvorstände der CDU seien schriftlich so orien-

tiert worden, daß sie sich im Blick auf das Katholikentreffen 1987 in Dresden in der gleichen Weise verhalten sollen. Eine mündliche Einweisung erfolgt durch den Hauptvorstand der CDU in einer Dienstbesprechung mit den Bezirksvorsitzenden.« SAPMO-BA ZPA IV B2/14/76. Vgl. Göttings Referat auf der Konferenz des Präsidiums des Hauptvorstandes der CDU aus Anlaß des 750jährigen Bestehens von Berlin am 6.3.1987, in: Christliche Existenz im sozialistischen Staat, 37 f.

410 Über diesen Aspekt hatte auch das Präsidium des Ev. Kirchentages in der DDR mit dem KKL-Vorstand gesprochen. Dabei befürchtete Opitz ähnliche staatliche Einschränkungen für weitere Kirchentage, falls Berlin-Brandenburg hier nachgebe. Vgl. Protokoll Leich-Ziegler-Kupas vom 21.10.1986 über die 190. Sitzung des Vorstandes am 16.10.1986 in Berlin, EZA Berlin, 101/93/247.

411 Wortlautprotokoll H. Quabs, Politische Mitarbeiterin, vom 7.11.1986, Gespräch des Staatssekretärs für Kirchenfragen mit der Leitung der Evangelischen Kirche Berlin-Brandenburg – Evangelischer Kirchentag 1987 der Evangelischen Kirche Berlin-Brandenburg – am 6.11.1986, BA, Abt. Potsdam, O-4, 1220.

412 Berlin, den 5.12.1986, Maßnahmen und Schwerpunkte zur differenzierten politischen Einflußnahme auf die Vorbereitung des Kirchentages 1987 in der Hauptstadt Berlin. Der Text stammt aus dem Staatssekretariat für Kirchenfragen, was aus dem in der Akte unmittelbar folgenden Dokument hervorgeht. SAPMO-BA ZPA IV B2/14/126.

413 Arbeitsgruppe Kirchenfragen, Stellungnahme Rudi Bellmann vom 11.12.1986 zur Konzeption des Genossen Gysi »Maßnahmen und Schwerpunkte zur verstärkten differenzierten politischen Einflußnahme auf die Vorbereitung des Kirchentages 1987 in der Hauptstadt« vom 5.12.1986, a.a.O.

414 Vgl. auch Bericht zur kirchenpolitischen Situation in Berlin, Hauptstadt der DDR, Oktober/November 1986, BA, Abt. Potsdam, O-4, 1129. Zur Friedensdekade im Bezirk Dresden vgl. RdB Dresden, Sektor Staatspolitik in Kirchenfragen, Information Lewerenz vom 26.11.1986 über die Friedensdekade vom 9.-19.11.1986 im Bezirk Dresden, PDS-Archiv Dresden, IV E-2.14-680.

415 Vgl. auch Thesen zum Vortrag Genossen Gysi vor den Stellvertretern der Stadtbezirksbürgermeister für Inneres der Hauptstadt Berlin am 11.12.1986:»Negativkräfte, beeinflußt auch aus Berlin-West, haben hier bei Pfarrer Eppelmann ihren zentralen Punkt zu ständig neuen Provokationen.« BA, Abt. Potsdam, O-4, 995.

416 Vermerk Quabs vom 17.11.1986 über Gespräch zwischen Heinrich, Forck, Stolpe, Krusche und Peter am 13.11.1986: »Erstmals hat die Kirchenleitung (durch Bischof Dr. Forck) die politisch realistische Konzeption von Generalsuperintendent Krusche voll unterstützt.« BA, Abt. Potsdam, O-4, 1220.

417 Schreiben vom 18.11.1986, EZA Berlin, 4/91/771.

418 Vermerk Ziegler vom 2.12.1986 über ein Gespräch mit dem Staatssekretär für Kirchenfragen am 27.11.1986, 15.00-17.40 Uhr, Eisenach, Wartburg. *Vertrauliche Information für die Mitglieder der KKL!*, BA, Abt. Potsdam, O-4, 1437.

419 Vgl. Berlin, den 5.12.1986, Maßnahmen und Schwerpunkte zur differenzierten politischen Einflußnahme auf die Vorbereitung des Kirchentages 1987 in der Hauptstadt Berlin, SAPMO-BA ZPA IV B2/14/126.

420 Konflikte um das gleiche Thema gab es zur gleichen Zeit auch bereits für den für 1988 geplanten Kirchentag in Halle. Die provinzsächsische Kirchenleitung wollte den zugewiesenen Lok-Sportplatz nicht akzeptieren, da er dem nunmehr erreichten Stand des Staat-Kirche-Verhältnisses nicht mehr adäquat sei. Vgl. Abt. II, Berlin, den 18.2.1987, Aktuelle politische Tendenzen in den Kirchen und Religionsgemeinschaften in der DDR, Leitungsinformation 1/87, BA, Abt. Potsdam, O-4, 954.

421 Für die Predigt war Albrecht Schönherr vorgesehen. Teilnehmen sollten nur zuvor auch angemeldete Kirchentagsbesucher. Vgl. Abt. II, Vorlage vom 19.2.1987 an die Dienstbesprechung am 23.2.1987, Information Handel über den Stand der Vorbereitung des evangelischen Kirchentages (24.6.-28.6.1987) in Berlin, Hauptstadt der DDR, BA, Abt. Potsdam, O-4, 954; auch SAPMO-BA ZPA IV B2/14/125.

422 Vgl. Abt. II, Berlin, den 18.2.1987, Aktuelle politische Tendenzen in den Kirchen und Religionsgemeinschaften in der DDR, Leitungsinformation 1/87, BA, Abt. Potsdam, O-4, 954. Vgl. auch Bericht zur kirchenpolitischen Situation in Berlin, Hauptstadt der DDR, Dezember 1986/Januar 1987, BA, Abt. Potsdam, O-4, 1129.
423 Schreiben Honecker an Forck vom 8.1.1987, EZA Berlin, 101/93/902.
424 Vgl. Abt. II, Berlin, den 18.2.1987, Aktuelle politische Tendenzen in den Kirchen und Religionsgemeinschaften in der DDR, Leitungsinformation 1/87, BA, Abt. Potsdam, O-4, 954.
425 Vgl. hier auch 9.1.1987, Maßnahmen zur Vorbereitung des Kirchentages der Berlin-Brandenburgischen Kirche in der Hauptstadt vom 24.-28.6.1987: »In geeigneter Weise sind die politisch-realistischen Positionen von Krusche, Forck, Stolpe, Altbischof Schönherr und Pastorin Schönherr zu unterstützen und zu festigen. Gleichzeitig muß der Spielraum bekannter negativer Kräfte weiter eingeschränkt werden.« SAPMO-BA ZPA IV B2/14/126.
426 Information vom 16.1.1987 über ein Gespräch des Staatssekretärs mit der Leitungsgruppe des Kirchentagsausschusses der Evangelischen Kirche in Berlin-Brandenburg am 16.1.1987, SAPMO-BA ZPA IV B2/14/125. Vgl. auch die Gesprächskonzeption, a.a.O.
427 Die erste Sitzung war bereits für den 22.1.1987 angesetzt. Vgl. Information vom 16.1.1987 über ein Gespräch des Staatssekretärs mit der Leitungsgruppe des Kirchentagsausschusses der Evangelischen Kirche in Berlin-Brandenburg am 16.1.1987, a.a.O. Vgl. auch Beratung zur organisatorischen Absicherung des Kirchentages der Evangelischen Kirche Berlin-Brandenburg, 11.3.1987/Raum 113, a.a.O.
428 Vgl. Abt. II, Festlegungsprotokoll Handel vom 26.1.1987 zur Beratung über kirchliche Vorstellungen zur Teilnahme ökumenischer Gäste am Kirchentag der Evangelischen Kirche in Berlin-Brandenburg im Juni 1987 in der Hauptstadt, BA, Abt. Potsdam, O-4, 1199.
429 Vgl. Pahnkes Brief an die Kirchenleitung, KiS 6/86, 239 f.
430 Vgl. Abt. II, Berlin, den 18.2.1987, Aktuelle politische Tendenzen in den Kirchen und Religionsgemeinschaften in der DDR, Leitungsinformation 1/87, BA, Abt. Potsdam, O-4, 954.
431 Vgl. Bericht zur kirchenpolitischen Situation in Berlin, Hauptstadt der DDR, Dezember 1986/Januar 1987, BA, Abt. Potsdam, O-4, 1129. Über die gegen die Kirchenleitung erhobenen Vorwürfe berichtete Krusche in einem Gespräch am 23.12.1986. Vgl. ebd.
432 Vgl. epd-Dok 25/87, 48; H.-J. Röder, Rebellische Kirchenbasis, in: KiS 3/87, 87 f.
433 Abt. II, Vorlage Braemer vom 15.5.1987 an die Dienstbesprechung am 25.5.1987, Thema: Information über Verlauf und Ergebnisse der Frühjahrssynoden der evangelischen Landeskirchen der DDR, BA, Abt. Potsdam, O-4, 954.
434 Vgl. die umfangreiche MfS-Akte zum 1987er Kirchentag: BStU Berlin, MfS HA XX/4-244.
435 Abt. II, Information Wilke vom 17.3.1987 über die Beratung der AG Kirchentag beim Staatssekretär am 17.3.1987, BA, Abt. Potsdam, O-4, 1199; auch SAPMO-BA ZPA IV B2/14/125. Vgl. auch Abt. II, Berlin, den 12.3.1987, Offene Probleme zum Kirchentag in der Hauptstadt im Juni 1987, BA, Abt. Potsdam, O-4, 1199.
436 Zu neuen Auseinandersetzungen um Eppelmann vgl. das Schreiben Forck an Volkskammerpräsident Sindermann vom 30.3.1987: »Durch einen Auszug aus der Dokumentation über eine Delegationsreise der GRÜNEN im Bundestag in die DDR vom 1.-5.9.1986 erfuhr ich, daß Sie in einem Gespräch mit den GRÜNEN gesagt haben sollen: ›Der Eppelmann sei von seiner Einstellung her überhaupt kein richtiger Pfarrer, das sei ihm (Sindermann) auch von seinem Bischof bestätigt worden‹. Diese von den GRÜNEN so verstandene Äußerung Ihrerseits hat mich schon deshalb in Erstaunen gesetzt, weil ich ja bisher nie die Ehre und Freude hatte, mit Ihnen ein Gespräch zu führen. Zur Sache lassen Sie mich folgendes sagen: Pfarrer Rainer Eppelmann ist Pfarrer der Evangelischen Kirche in Berlin-Brandenburg und ist ernsthaft bemüht, das Evangelium zu

predigen. Gemäß der Theologischen Erklärung von Barmen 1934 ist es ihm wichtig, daß das Evangelium als Zuspruch und Anspruch Gottes unser ganzes Leben betrifft. So nimmt er in seiner Verkündigung auch zu politischen und gesellschaftlichen Fragen Stellung. Das Recht dazu kann ihm nicht bestritten werden, auch wenn seine kritischen Äußerungen zum Teil nicht mit dem übereinstimmen, was seitens unserer Regierung für opportun gehalten wird. [...] Aus den angegebenen Gründen wäre ich Ihnen, sehr geehrter Herr Präsident, dankbar, wenn Sie dafür eintreten würden, daß das offensichtlich entstandene Bild von Pfarrer Eppelmann als einem Feind unserer Republik durch eine sachlich richtigere Einschätzung im Sinne meines Schreibens ersetzt wird.« BA, Abt. Potsdam, O-4, 714.
437 Vgl. Die Kirche, Nr. 8/1987.
438 Über das Auftreten der beiden Künstler hatte bereits der Rechtsausschuß des BEK kurz gesprochen. Vgl. Niederschrift Stolpe-Küntscher vom 4.5.1987 über die 21. Sitzung des 3. Rechtsausschusses der Konferenz der Evangelischen Kirchenleitungen in der DDR am 2.4.1987 in Berlin, EZA Berlin, 101/93/707. Die Ev. Kirche in Berlin-Brandenburg führte mit Klier und Krawczyk am 22.4.1987 (vgl. hierzu Schreiben von Konsistorialpräsident Stolpe an Krawczyk, Klier und Rennert vom 5.3.1987, Abschrift in EZA Berlin, 101/93/47) »ein Grundsatzgespräch über ihre Beteiligung als nichtchristliche Künstler an Gemeindeveranstaltungen [...] Als wesentlich ist dabei herausgestellt worden, daß es nicht bei dem Beitrag der Künstler bleiben dürfe, sondern ein Gespräch mit ihnen während der Veranstaltung und eine Verarbeitung ihrer Ansichten durch die Gemeindeglieder vorgesehen werden müsse.« Protokoll Leich-Ziegler-von Rabenau über die 111. Tagung der Konferenz der Evangelischen Kirchenleitungen in der DDR am 8./9.5.1987 in Dessau, EZA Berlin, 101/93/242. Auf der gleichen KKL-Sitzung berichteten auch Gienke, Demke und Peter Müller (Schwerin) von Problemen mit staatlichen Stellen nach Auftritten Krawczyks in Gemeinden. Vgl. ebd. Die KKL selbst hatte zu verstehen gegeben, sie beabsichtige nicht, mit den beiden Künstlern ins Gespräch zu kommen. Zuständig sei Berlin-Brandenburg. Vgl. die Schreiben Ziegler an Jürgen Rennert, Berlin, vom 9.2.1987 und 27.2.1987, EZA Berlin, 101/93/47. Vgl. auch Rennerts resigniertes Antwortschreiben vom 18.2.1987, a.a.O. Aufgrund dieser Erfahrungen schlug er auch eine Einladung zum Kirchentag in Frankfurt am Main aus: »Dies ist eine schmerzliche Erfahrung, die – wie ich denken muß – etwas mit dem von der Basis abgehobenen Selbstverständnis einer demokratisch nicht bestimmbaren Kirchenleitung zu tun hat, die sich den mir wesentlich erscheinenden menschlichen und gesellschaftlichen Problemen nicht stellt, die ihr Etabliertsein als ›Kirche im Sozialismus‹ unter der Prämisse andauernder westlicher Kapitalhilfe eher genießt denn als fragwürdig empfindet. Lassen Sie mich des weiteren nur andeuten, daß das Problem des Antijudaismus innerhalb unserer vorherrschenden Theologenschaft und unserer kirchlichen Praxis – gelinde gesagt – bagatellisiert wird. Die kirchenleitenden Instanzen, mit denen ich in den letzten anderthalb Jahren zu tun hatte, antworteten mir mit verletzendem Schweigen oder mit Verboten. [...] Ich hätte – nach gegenwärtigem Stand der Dinge – nicht die Nervenkraft, in Frankfurt über diese Vorgänge, die nicht allein mich betreffen, nobel zu schweigen. [...] Ich bin Christ. Ich bin Bürger der DDR. Und ich leide momentan mehr unter dem Unverstand meiner Kirchenoberen als dem Unverstand staatlicher Obrigkeit.« Schreiben Jürgen Rennert an Christiane Dannemann, Arbeitsstelle '87 der EKHN für den Kirchentag in Frankfurt, vom 18.2.1987, a.a.O.
439 Vgl. Konzeption Handel zum Gespräch des Hauptabteilungsleiters, Genossen Peter Heinrich, mit Bischof Dr. Forck, Generalsuperintendent Dr. Krusche, Konsistorialpräsident Stolpe und Diakon Peter am 26.3.1987, BA, Abt. Potsdam, O-4, 1199.
440 Als Leiter der von 30 Ordnern des Fußballvereins Union Berlin unterstützten Truppe war Generalsuperintendent Bransch (Potsdam) vorgesehen. Vgl. Berlin, 16.6.1987, Information über die Vorbereitungen zum Kirchentag der Berlin-Brandenburgischen Kirche in der Hauptstadt sowie zum Katholikentreffen in Dresden, SAPMO-BA ZPA IV B2/14/126.

441 Protokoll Handel vom 2.4.1987 des Gesprächs des Hauptabteilungsleiters, Genossen Peter Heinrich, mit Bischof Dr. Forck und weiteren Vertretern der Kirchenleitung der Evangelischen Kirche in Berlin-Brandenburg zum Kirchentag am 26.3.1987 in der Dienststelle, BA, Abt. Potsdam, O-4, 1199; auch SAPMO-BA ZPA IV B2/14/125. Vgl. auch Information über ein Gespräch mit Vertretern der Kirchenleitung der evangelischen Landeskirche Berlin-Brandenburg im Staatssekretariat für Kirchenfragen am 26.3.1987, SAPMO-BA ZPA IV B2/14/125. Zur Vorbereitung des Gesprächs vgl. Konzeption Handel zum Gespräch des Hauptabteilungsleiters, Genossen Peter Heinrich, mit Bischof Dr. Forck, Generalsuperintendent Dr. Krusche, Konsistorialpräsident Stolpe und Diakon Peter am 26.3.1987, BA, Abt. Potsdam, O-4, 1199.

442 Vgl. Randbemerkungen Kraußer-Jarowinsky vom 30.3.1987 zu Information über ein Gespräch mit Vertretern der Kirchenleitung der evangelischen Landeskirche Berlin-Brandenburg im Staatssekretariat für Kirchenfragen am 26.3.1987, SAPMO-BA ZPA IV B2/14/125.

443 Festlegungsprotokoll E. Stephan vom 1.4.1987 einer Arbeitsberatung in der Dienststelle des Staatssekretärs für Kirchenfragen zum Kirchentag der Evangelischen Kirche Berlin-Brandenburg in der Hauptstadt, BA, Abt. Potsdam, O-4, 1199.

444 Vgl. Berlin, 22.6.1987, Information über den Stand der Vorbereitung des Kirchentages der Berlin-Brandenburgischen Kirche in der Hauptstadt. Jarowinsky übergab am gleichen Tag das Papier Honecker, der es in den Politbüroumlauf weiterleitete. SAPMO-BA ZPA IV B2/14/126.

445 Vgl. dazu Plan der operativen Verbindungen während des Kirchentages der Evangelischen Kirche in Berlin-Brandenburg in der Hauptstadt der DDR vom 24.6.-28.6.1987, dokumentiert in den Anlagen Teil A zum Bericht des Untersuchungsausschusses 1/3 vom 29.4.1994, Nr. 55. Am 7.4.1987 erhielten IM »Sekretär« und IM »Heiner« vom MfS Präsente im Wert von 94,– bzw. 89,– M. Vgl. Operativgeldabrechnung 733/87, Rechercheergebnisse zum IM »Sekretär«, Stand 12.4.1994, 270.

446 Zentrale Arbeitsgruppe Kirchentag, Berlin, den 6.4.1987, Aktuelle Ergebnisse und Aufgaben bei der differenzierten politischen Einflußnahme auf die Vorbereitung des Kirchentages der Evangelischen Kirche in Berlin-Brandenburg in der Hauptstadt der DDR, Berlin, vom 24.6.-28.6.1987, BA, Abt. Potsdam, O-4, 1199.

447 Vgl. Bereich HAL, Festlegungsprotokoll E. Stephan vom 20.4.1987 einer Arbeitsberatung in der Dienststelle des Staatssekretärs für Kirchenfragen zum Kirchentag der Evangelischen Kirche in Berlin-Brandenburg im Juni 1987 in der Hauptstadt am 20.4.1987, a.a.O.; auch SAPMO-BA ZPA IV B2/14/125.

448 Dies geht aus Abt. II, Aktenvermerk Handel vom 6.5.1987 über ein Telefongespräch mit Konsistorialpräsident Stolpe hervor, BA, Abt. Potsdam, O-4, 971. Das Gespräch hatte am 22.4.1987 stattgefunden. Vgl. ebd.

449 Vgl. hierzu die von Forck unterzeichnete Arbeitshilfe für Kirchliche Veranstaltungen und Veranstaltungen im Raum der Kirche vom 18.5.1987: »Grundsätzlich wird und kann die Kirche Jesu Christi um ihres Selbstverständnisses willen kein Gespräch abbrechen bzw. ablehnen, keine Begegnung und auch keine Kooperation mit Menschen unterbinden, die nach dem Leben, der Zukunft der Gesellschaft, dem Frieden, der Verantwortung fragen etc., selbst, wenn deren gegenwärtige Leidenschaft bedrängend oder beängstigend wird. [...] Eine Veranstaltung ist kirchlich nicht mehr zu verantworten, wenn [...] 3.2. – die Versöhnung zwischen Menschen nicht mehr das entscheidende Ziel ist, 3.3. – Probleme, welcher Art auch immer, nicht mehr zur Sprache gebracht werden können und bagatellisiert werden, [...] 3.5. – sie in ihrer inhaltlichen Gestaltung nicht mehr offen ist für die biblische Botschaft. [...] Veranstaltungen im Raum der Kirche und sämtliche kirchlichen Veranstaltungen sind vom Grundsatz aus für alle Menschen und alle Fragen und Themen des Menschen offen. [...] In kirchlichen Veranstaltungen und Veranstaltungen im Raum der Kirche wird – unter fundamentaler Berücksichtigung des Kreuzes Christi – menschliches Leid zur Sprache kommen, das verursacht ist wesentlich durch Menschen [...] In kirchlichen Veranstaltungen [...] wird

die biblische Sicht der Welt als Schöpfung Gottes und der Zukunft in der Perspektive der Herrschaft Gottes sich auswirken als Bereitschaft, über alle um des Menschen und des Lebens willen notwendigen Veränderungen nachzudenken, Vorläufiges und Fragmentarisches zu sprechen, Schritte vorzuschlagen und zu reflektieren.« BA, Abt. Potsdam, O-4, 767.

450 Berlin, 29. April 1987, Zu einer ersten Wertung der Synode der Evangelischen Kirche Berlin-Brandenburg, SAPMO-BA ZPA IV B2/14/124. Vgl. die Texte der Synode in epd-Dok 25/87, 1-40.

451 Abt. II, Aktenvermerk Handel vom 6.5.1987 über ein Telefongespräch mit Konsistorialpräsident Stolpe, BA, Abt. Potsdam, O-4, 971.

452 Vgl. R. Hermanns, Auf der Suche nach Freiräumen. Über die Initiative »Kirchentag von unten«, in: KiS 4/87, 144-146. Initiatoren des »Kirchentages von unten«: Selbstdarstellung, in: epd-Dok 36/87, 29-31.

453 Im Berliner Gemeindezentrum Am Fennpfuhl waren 50 kirchliche Mitarbeiter, darunter auch ehrenamtliche, zur Gründungsversammmlung erschienen. Vgl. Berlin, 16.6.1987, Information über die Vorbereitungen zum Kirchentag der Berlin-Brandenburgischen Kirche in der Hauptstadt sowie zum Katholikentreffen in Dresden, SAPMO-BA ZPA IV B2/14/126.

454 Abt. II, Aktenvermerk Handel vom 11.5.1987 über das Gespräch des Staatssekretärs mit Bischof Dr. Forck am 8.5.1987 in der Dienststelle, SAPMO-BA ZPA IV B2/14/125. Vgl. auch Bereich HAL, Festlegungsprotokoll E. Stephan vom 13.5.1987 einer Arbeitsberatung in der Dienststelle des Staatssekretärs für Kirchenfragen zum Kirchentag der Evangelischen Kirche in Berlin-Brandenburg: »Vertreter der Kirche haben angesichts der vom Staat beeinspruchten politisch problematischen Aktivitäten im Vorfeld des Kirchentags zugesichert, Ordnung zu schaffen.« A.a.O.

455 Vgl. auch Protokoll Leich-Ziegler/Grengel-Schulze über die 110. Tagung der Konferenz der Evangelischen Kirchenleitungen in der DDR am 6.-8.3.1987 in Buckow, EZA Berlin, 101/93/241. Vgl. KiS 2/87, 80 sowie die Berichterstattung in FAZ vom 24.2.1987 sowie in »Die WELT« vom 25.2.1987.

456 Schreiben vom Mai 1987. Eingegangen am 13.5.1987, BA, Abt. Potsdam, O-4, 714; auch a.a.O., O-4, 1011. Daraufhin trug Heinrich Sekretariatsleiter Ziegler eine offizielle Erklärung vor: »Herr Diepgen würde vorläufig keine Einreiseerlaubnis für die Einreise in die Hauptstadt der DDR erhalten, es sei denn, daß er offiziell von der Regierung der DDR eingeladen werde. Kirchliche Einladungen könnten nicht als offizielle Einladungen angesehen werden. Die Kirchen sollten es vermeiden, ihn unterhalb der Schwelle offizieller Anlässe einzuladen. Wenn sie das doch vorhätten, wäre eine Abstimmung mit den staatlichen Stellen unbedingt erforderlich, um Auseinandersetzungen zu vermeiden. Ziegler werde ausdrücklich gebeten, diese offizielle Erklärung weiterzugeben.« Vermerk Ziegler vom 18.5.1987 über ein Gespräch in der Dienststelle des Staatssekretärs für Kirchenfragen am 15.5.1987, 8.00-9.50 Uhr, EZA Berlin, 101/93/6. Vgl. auch Bereich HAL, Festlegungsprotokoll E. Stephan vom 16.6.1987 eines Arbeitsgesprächs in der Dienststelle des Staatssekretärs für Kirchenfragen zum Kirchentag der Evangelischen Kirche Berlin-Brandenburg: »In Übereinstimmung mit den Vertretern der Kirchenleitung stellt die staatliche Seite fest, daß Herr Diepgen weder als Privatmann noch als Gast auf dem Kirchentag erscheint.« BA, Abt. Potsdam, O-4, 1199; auch SAPMO-BA ZPA IV B2/14/125.

457 Vgl. Protokoll Leich-Ziegler-Ritter über die 114. Tagung der Konferenz der Evangelischen Kirchenleitungen in der DDR am 6./7.11.1987 in Berlin, EZA Berlin, 101/93/242. Vgl. dazu die Berichte in FR vom 23.10.1987 und in Berliner Sonntagsblatt vom 1.11.1987.

458 Information vom 5.1.1987, BStU Berlin, MfS HA XX/4-244.

459 Vgl. Information 20.5.1987, a.a.O.

460 Information vom 1.6.1987, a.a.O.

461 Hensel an Becker vom 12.5.1987, a.a.O.

462 HAL, Information E. Stephan vom 25.5.1987 über ein Gespräch mit Vertretern der Kirchenleitung der Evangelischen Kirche in Berlin-Brandenburg zum Kirchentag, BA, Abt. Potsdam, O-4, 1199; auch SAPMO-BA ZPA IV B2/14/125.
463 Ebd.
464 Abt. II, Information Wilke vom 27.5.1987 über die erste op. wöchentliche Beratung zum Kirchentag beim HAL Genossen Heinrich, SAPMO-BA ZPA IV B2/14/125.
465 Vgl. Abt. II, Information Handel vom 4.6.1987 über die turnusmäßige wöchentliche Beratung zum Kirchentag beim Hauptabteilungsleiter, Genossen Heinrich, am 2.6.1987, a.a.O. Zur folgenden Besprechung vgl. Abt. II, Information Handel vom 10.6.1987 über die turnusmäßige wöchentliche Beratung zum Kirchentag in der Dienststelle des Staatssekretärs für Kirchenfragen am 9.6.1987, a.a.O.
466 Die Arbeitsgruppe Kirchenfragen bezeichnete die Abschlußveranstaltung als »ordnungsgemäß vorbereitet«. Berlin, 22.6.1987, Information über den Stand der Vorbereitung des Kirchentages der Berlin-Brandenburgischen Kirche in der Hauptstadt, SAPMO-BA ZPA IV B2/14/126.
467 Bereich HAL, Festlegungsprotokoll E. Stephan vom 16.6.1987 eines Arbeitsgesprächs in der Dienststelle des Staatssekretärs für Kirchenfragen zum Kirchentag der Evangelischen Kirche Berlin-Brandenburg, BA, Abt. Potsdam, O-4, 1199; auch SAPMO-BA ZPA IV B2/14/125.
468 Zu Bomberg vgl. auch Vermerk Ziegler vom 19.10.1987 über ein Gespräch in der Dienststelle des Staatssekretärs für Kirchenfragen am 16.10.1987, 13.30-15.00 Uhr, EZA Berlin, 101/93/6. Hier ging es um einen von Berlin-Brandenburg befürworteten Reiseantrag nach Hessen. Das Staatssekretariat bemängelte, Bomberg sei kein Kirchenmitglied und weigerte sich, die Reise zu befürworten. Vgl. ebd.
469 Berlin, 17.6.1987, Information über die Vorbereitungen zum Kirchentag der Berlin-Brandenburgischen Kirche in der Hauptstadt, SAPMO-BA ZPA IV B2/14/126.
470 Vgl. Arbeitsgruppe Kirchenfragen, Gesprächskonzept vom 18.6.1987, SAPMO-BA ZPA IV B2/14/126; vgl. auch Berlin, 17.6.1987, Information über die Vorbereitungen zum Kirchentag der Berlin-Brandenburgischen Kirche in der Hauptstadt, a.a.O. Allerdings waren nach Auskunft Stolpes und Krusches hiervon bislang nur wenige Musterexemplare in die DDR eingeführt worden. Vgl. Staatssekretär für Kirchenfragen, Information Gysi vom 22.6.1987 zu dem Gespräch des Staatssekretärs für Kirchenfragen, Genossen Gysi, mit Bischof Dr. Forck und Vertretern der Vorbereitungsgruppe des Kirchentags am 19.6.1987, SAPMO-BA ZPA IV B2/14/125.
471 Berlin, 22.6.1987, Information über den Stand der Vorbereitung des Kirchentages der Berlin-Brandenburgischen Kirche in der Hauptstadt. Jarowinsky übergab am gleichen Tag das Papier Honecker, der es in den Politbüroumlauf weiterleitete. SAPMO-BA ZPA IV B2/14/126.
472 Staatssekretär für Kirchenfragen, Information Gysi vom 22.6.1987 zu dem Gespräch des Staatssekretärs für Kirchenfragen, Genossen Gysi, mit Bischof Dr. Forck und Vertretern der Vorbereitungsgruppe des Kirchentags am 19.6.1987, SAPMO-BA ZPA IV B2/14/125.
473 Vgl. Rat der Stadt Dresden, Stellv. d. Oberbürgermeisters für Inneres, Aktenvermerk Jörke vom 9.11.1987 über Gespräch am 2.11.1987 mit den Superintendenten Bergmann, Scheibner und Ziemer, SHStA Dresden, BT/RdB Dresden (Zwibo), 44870. Vgl. auch Niederschrift Ziegler-Kramer-Küntscher vom 27.7.1987 über die Chefbesprechung am 2.7.1987 in Berlin: »Es werden drei Fälle (1 KPS, 1 Mecklenburg) mitgeteilt, in denen Gemeindeglieder/kirchliche Mitarbeiter aufgefordert worden sind, in der Zeit vom 24.-28.6.1987 aus Sicherheitsgründen nicht nach Berlin zu fahren.« EZA Berlin, 101/93/774. Vgl. auch Protokoll Leich-Ziegler-Lewek vom 3.7.1987 der 199. Sitzung des Vorstands am 26.6.1987 in Berlin: »Der Vorstand erörtert nach Bericht von Dr. Demke Fälle von Reiseverboten für Teilnehmer am Berliner Kirchentag sowie die Verweigerung von Ausreisevisa für zwei Delegierte am Kirchentag in Frankfurt (Main).« EZA Berlin, 101/93/249. Vgl. auch das Schreiben Demke an Justitiar Malte Kupas vom

13.7.1987 mit dem Vermerk Kirchlicher Dienstweg: »Für die Vorbereitung eines Gespräches über Rechtsfragen mit zuständigen staatlichen Stellen möchte ich [...] noch den Wunsch wiederholen, daß auch die Frage des zeitweiligen Ausschlusses vom visafreien Reiseverkehr in die ČSSR besprochen wird. [...] Ich beobachte immer wieder in Jungen Gemeinden, daß einzelnen Mitgliedern die Reiseanlage für Reisen nach Bulgarien oder Ungarn verweigert wird, ohne daß Gründe angegeben werden bzw. daß sie plötzlich eine Zurückweisung an der Grenze der ČSSR erfahren. Da dies durchweg im Vorfeld der Urlaubszeit geschieht und lang gehegte Pläne dadurch unmöglich werden, ist das Maß der Verärgerung emotional entsprechend tief. Auch die völlig unterschiedliche Praxis bei der Genehmigung von Reisen in die Volksrepublik Polen (in Berlin wird dies allem Anschein nach gegenwärtig ganz großzügig gehandhabt) kann so nicht hingenommen werden und verlangt mehr Durchsichtigkeit. Meines Erachtens sollte auch die vorsorgliche Warnung von einigen Gemeindegliedern, während der Kirchentagszeit nach Berlin zu fahren, die unter Berufung auf das Volkspolizeigesetz ausgesprochen wurde, hinsichtlich ihrer rechtlichen Grundlage angefragt werden. [...] Nach unserem Eindruck wird hier das Volkspolizeigesetz in einer Weise extensiv ausgelegt, die so nicht hingenommen werden kann.« EZA Berlin, 101/93/26.

474 Berlin, 22.6.1987, Information über die Vorbereitung zum Kirchentag der Berlin-Brandenburgischen Kirche in der Hauptstadt, SAPMO-BA ZPA IV B2/14/126.

475 Vgl. Bereich HAL, Festlegungsprotokoll E. Stephan vom 23.6.1987 eines Arbeitsgespräches in der Dienststelle des Staatssekretärs für Kirchenfragen vom Kirchentag der Evangelischen Kirche in Berlin-Brandenburg, BA, Abt. Potsdam, O-4, 1199; auch SAPMO-BA ZPA IV B2/14/125. Vgl. auch Ch. Diekmann, Gott in Berlin und die Folgen, in: KiS 4/87, 138-143, insbes. 140 f., Anm. 15.

476 Vgl. Vermerk Heidingsfeld vom 23.6.1987 über die Zusammenkunft der Beratergruppe am 22.6.1987, EZA Berlin, 4/92/18.

477 Vgl. insgesamt auch Abteilung IV, Vorlage Braemer vom 23.7.1987 an die Dienstbesprechung am Montag, dem 27.7.1987, Schriftliche Information über die Beziehungen der Evangelischen Kirche Berlin-Brandenburg zu Mitgliedskirchen der EKD. Die Verfasserin stellt in dem Papier nicht nur eine Pflege der bereits bestehenden Beziehungen, sondern einen Ausbau und auch Neuknüpfungen der Kontakte fest. »Die Wertung der Zusammenarbeit mit Kirchengremien innerhalb der EKD taucht bis heute auch in den Berichten der Kirchenleitung an die Synode nicht nur unter dem Punkt ›Ökumenearbeit‹, sondern eigenständig bzw. integriert in dem Punkt ›Treffen mit anderen Kirchenleitungen‹ auf. [...] Einen geringen Raum [in den Beziehungen] nehmen solche Fragen ein wie Friedensverantwortung der Kirche, Schritte im konziliaren Prozeß, Umweltproblematik. Den deutlichen Vorrang genießen Fragen kirchlicher Existenz in der sozialistischen Gesellschaft. [...] Von der gemeinsamen Verantwortung von Christen beider deutscher Staaten für die Erhaltung des Weltfriedens wird auf den Synoden sowohl der Evangelischen Kirche in Berlin-Brandenburg als auch ihrer Partnerkirchen kontinuierlich gesprochen und oftmals akzeptable, realistische Positionen und Forderungen formuliert. In den bilateralen Beziehungen stehen jedoch vorrangig die besondere Gemeinschaft in der praktischen innerkirchlichen Zusammenarbeit und gegenseitigen Hilfe und die Pflege des Erfahrungsaustausches zu einer Vielzahl innerkirchlicher Fragen im Mittelpunkt. Problemstellungen von politischer und gesellschaftlicher Relevanz beziehen sich vorrangig auf ›Kirche im Sozialismus‹ und das Staat-Kirche-Verhältnis in der DDR. Das vornehmliche Interesse der EKD-Partnerkirchen gilt den Wirkungsmöglichkeiten der Kirchen in der DDR im gesellschaftlichen Kontext. Als kritisch ist die ungenügende Beachtung des politischen Inhalts der Begegnungen im Sinne der bewußten Unterstützung des Ringens um Frieden, Entspannung und Abrüstung zu bewerten. Es ist davon auszugehen, daß die Mehrzahl der Reisekader der Evangelischen Kirche in Berlin-Brandenburg wenig (bis gar kein) Interesse zeigen, im bilateralen Meinungsaustausch Standpunkte zu diesen relevanten Fragen des weltweiten Friedenskampfes mit den Partnerkirchen zu bestimmen bzw. auszutauschen. Führende Vertreter der Kirche müssen verstärkt

darauf aufmerksam gemacht werden, daß ihre Kontakte zu Landeskirchen in der BRD intensiver für diese Fragestellung genutzt werden. Unsererseits ist darauf Einfluß zu nehmen. Erst unter dem Gesichtspunkt, daß die Friedensfrage zum Hauptinhalt der Beziehungen wird, rechtfertigen Inhalt, Umfang und Durchführung der weitreichenden Reisetätigkeit, eine positive Grundeinschätzung der Partnerschaftsbeziehungen zu treffen.« BA, Abt. Potsdam, O-4, 954; auch a.a.O., O-4, 4871.

478 Vgl. Abt. II, Information Handel vom 4.6.1987 über die turnusmäßige wöchentliche Beratung zum Kirchentag beim Hauptabteilungsleiter, Genossen Heinrich, am 2.6.1987, SAPMO-BA ZPA IV B2/14/125. Vgl. auch das handschriftliche Schreiben des SPD-Politikers Gert Weisskirchen an Lewek vom 21.5.1987: »Sie wiesen darauf hin, daß, wer zum Kirchentag am 28. Juni 1987 gehen wolle, eingeladen werden müsse. Darf ich darum bitten, zum Kirchentag eingeladen zu werden?« EZA Berlin, 101/93/84.

479 Vgl. Information vom 26.6.1987, BStU Berlin, MfS HA XX/4-244.

480 epd-Dok 35-36/86.

481 Auf der Frühjahrssynode Anhalt soll Eberhard Natho kritisiert haben, die Gruppen wollten die Kirche als Ganze vertreten. Vgl. Abt. II, Vorlage Braemer vom 15.5.1987 an die Dienstbesprechung am 25.5.1987, Thema: Information über Verlauf und Ergebnisse der Frühjahrssynoden der evangelischen Landeskirchen der DDR, BA, Abt. Potsdam, O-4, 954.

482 Vermerk Heidingsfeld vom 23.6.1987 über die Zusammenkunft der Beratergruppe am 22.6.1987, EZA Berlin, 4/92/18.

483 Abt. II, Information Dr. Röfke vom 20.5.1987 über ausgewählte Gruppen von Jugendlichen mit auffälligem Sozialverhalten und Erscheinungsbild, BA, Abt. Potsdam, O-4, 1146. Zu den einzelnen Gruppen vermerkt die Studie: »Die ›Punks‹ sind die Gruppe, die bisher am intensivsten in die ›sozialdiakonische‹ Jugendarbeit einbezogen ist. Aufgrund rowdyhaften und unkontrollierten Verhaltens dieser Jugendlichen erweist sich diese Einbeziehung jedoch als außerordentlich kompliziert und stößt deshalb innerkirchlich auch teilweise auf Ablehnung.« Zu den auch in der DDR rechtsradikalen Skinheads hieß es: »Auf Grund der betont ausländerfeindlichen und neonazistischen Positionen gibt es keine Verbindung zur kirchlichen Arbeit.« Auch die anderen Gruppen waren nicht Ziel der kirchlichen Jugendarbeit. Ebd.

484 Vgl. epd-Dok 19/87, 9-31. Siehe auch Landessynode Sachsen 21.-25.3.1987: »In der Diskussion […] erklären mehrere realistische Synodale, daß ihnen die Aufwertung der sogenannten Gruppen in der Kirche zu stark sei, diese Gruppen seien nicht an theologischen Fragen interessiert, Kirche sei noch immer die Masse der Kirchengemeinden und nicht nur ein paar kleine Gruppen. […] Grundtendenz der Diskussion ist, sich gegen einen zu hohen Stellenwert dieser Gruppen zu wenden, der ihnen nicht zukomme.« BA, Abt. Potsdam, O-4, 712. Zur sächsischen Frühjahrssynode 1987 insgesamt vgl. RdB Dresden, Sektor Staatspolitik in Kirchenfragen, Einschätzung vom 26.3.1987 der Frühjahrstagung der Landessynode der Evangelisch-Lutherischen Landeskirche Sachsens vom 23.3.-25.3.1987 in Dresden, SHStA Dresden, BT/RdB Dresden (Zwibo), 46615.

485 Präsident Domsch äußerte intern: »Diese Gruppen werden nie zu Zentren in den Gemeinden werden, aber sie haben ihre Existenzberechtigung. Es sind dort viele junge Leute vertreten, die sich Gedanken um die Probleme machen, die in ihrem Leben anstehen.« Protokoll Fuchs vom 19.3.1987 über ein Gespräch des Stellvertreters des Vorsitzenden für Inneres des RdB Dresden, Genossen Fuchs, mit dem Präsidenten des Landeskirchenamtes der Ev.-Luth. Landeskirche Sachsens, Dr. Domsch, am 16.3.1987, 8.00-10.45 Uhr im Gästehaus des RdB Dresden, PDS-Archiv Dresden, AR 12010; auch BA, Abt. Potsdam, O-4, 1478.

486 Vgl. Vorlage Röfke vom 23.7.1987 an die Dienstbesprechung am 29.7.1987, Thema: Schriftliche Konzeption zur Vorbereitung auf die Herbstsynoden, BA, Abt. Potsdam, O-4, 954.

487 Vgl. ebd.

488 Vgl. Berlin, 25.6.1987, Information zum Beginn des Kirchentages der Evangelischen Kir-

che Berlin-Brandenburg in der Hauptstadt am 24.6.1987: »Am gestrigen Abend wurde der Kirchentag [...] mit Gottesdiensten in sechs Kirchen eröffnet. Nachdem die vorliegenden Predigttextentwürfe mit ihrer pessimistischen, den Realitäten nicht entsprechenden Grundlinie noch einmal Gegenstand von Gesprächen und Hinweisen an die leitenden Kirchenvertreter waren, wurden durch sie bemerkenswerte Änderungen und Ergänzungen vorgenommen. [...] Vor allem die Generalsuperintendenten Krusche (Berlin), Bransch (Potsdam) und Richter (Cottbus) stellten den religiösen Charakter dieses Kirchentreffens heraus und entwickelten konstruktive Bezüge zum gesellschaftlichen Umfeld und unseren friedenspolitischen Zielen. Generalsuperintendent Dr. Krusche kennzeichnete Aussteigertum und Rückzug aus der gesellschaftlichen Verantwortung als Haltungen, die sich nicht auf Christus berufen können. [...] Das Auftreten ökumenischer Gäste war positiv. Oberkirchenrat Linn vom Ökumenischen Rat der Kirchen rief die realistischen Aktivitäten und Positionen der evangelischen Kirchen in der DDR in der Friedensfrage in Erinnerung und forderte dazu auf, diesen Weg als eine Kirche in der sozialistischen Gesellschaft weiterzugehen. Lediglich der Berlin-Brandenburgische Bischof Forck brachte sich mit seiner nichtssagenden, von Resignation und Pessimismus getragenen Predigt ein weiteres Mal ins Abseits. Insgesamt fanden die politisch vernünftigen Aussagen die Zustimmung der rund 5 000 Gottesdienstbesucher. Bei ihnen fanden Versuche, den ›Kirchentag von unten‹ stärker ins Gespräch zu bringen, keinen Widerhall. [...] für uns günstig verlaufen.« SAPMO-BA ZPA B2/14/126. Vgl. die Eröffnungspredigt Forcks in epd-Dok 36/87, 3 f. sowie die weiteren Beiträge zum Kirchentag, a.a.O.

489 Gegenüber Oberkirchenrat Ziegler hatte sich Hauptabteilungsleiter Heinrich besorgt geäußert, die Auftritte Krawczyks könnten das Staat-Kirche-Verhältnis belasten: »Heinrich erläutert eingehend, daß sich die Berliner Probleme auf das Gesamtverhältnis von Staat und Kirche in der DDR auswirkten. Eine besondere Belastung gebe es zur Zeit durch die Aktivitäten von Herrn Krawczyk. Die Berlin-Brandenburger Kirchenleitung habe mit ihren Vermittlungsversuchen offensichtlich keinen bleibenden Erfolg gehabt, da sich Herr Krawczyk jetzt dem Gespräch entziehe. Der Staat steht nun vor der Frage, ob die Veranstaltungsverordnung modifiziert werden müsse. Im Blick auf Herrn Krawczyk stehen Ermittlungen an, ob er mit seinen Äußerungen und Auftritten nicht die Gesetzlichkeit der DDR verletze. Das würde sich dann auswirken auch auf die, die seinen Veranstaltungen Freiraum gewährten. Der Staat wünsche keine destabilisierte Kirche. Aber solche Aktivitäten müßten dazu führen. Es liege dem Staat weiter daran, ein gutes Verhältnis von Staat und Kirche vorzuleben, besonders weil zunehmend Fragen von staatlichen Partnern aus der Dritten Welt nach dem Verhältnis von Staat und Kirche in der DDR gestellt würden.« Vermerk Ziegler vom 25.6.1987 über ein Gespräch in der Dienststelle des Staatssekretärs für Kirchenfragen am 23.6.1987, 13.00-15.30 Uhr, EZA Berlin, 101/93/6.

490 Vermerk der Protokollbeauftragten Kleinig an Staatssekretär Gysi vom 26.6.1987, BA, Abt. Potsdam, O-4, 714; auch SAPMO-BA ZPA IV B2/14/125.

491 Vgl. Information zum Verlauf des Kirchentages der Berlin-Brandenburgischen Kirche am 25.6.1987: »Insgesamt wurde auch am zweiten Tag die von uns beabsichtigte und erwartete Linie der Weiterführung des Kirchentages wirksam. [...] Als erfolgreich und voll der Linie unserer Friedenspolitik entsprechend gestaltete sich der Vortrag von Erhard Eppler vor 1 000 Teilnehmern in der Marienkirche zum Thema ›Chancen für den Frieden in Europa‹. Nachdrücklich unterstützte er die von Michail Gorbatschow, von den sozialistischen Staaten unterbreiteten Friedensvorschläge. Scharf kritisierte er die von den USA und der BRD betriebene Verzögerungstaktik auf die Abrüstungsvorschläge der Sowjetunion. Seiner Auffassung nach ist in unserer Zeit nur das Konzept gemeinsamer Sicherheit brauchbar. [...] Durch eine intensive Einflußnahme der kirchlichen Verantwortlichen und entsprechenden nachdrücklichen staatlichen Einfluß konnte erreicht werden, daß der sogenannte Liedermacher Stephan Krawczyk nicht wie angekündigt in der Immanuelkirche auftrat. Jedoch hielt er sich etwa zwei Stunden mit

einem Schild, welches die Aufschrift trug ›Mein Konzert ›Wi(e)dersteht‹ findet am 27. Juni 1987, 20.00 Uhr, in der Samariterkirche statt‹, auf dem Gelände dieser Kirche auf. [...] Nach stundenlangen Diskussionen und wiederholten Bemühungen von Krusche und Stolpe hat die Leitung des Kirchentages bezüglich des Verhaltens gegenüber dem ›Kirchentag von unten‹ als Kompromiß den Beschluß gefaßt, um einer nach ihrer Meinung nicht mehr auszuschließenden Kirchenbesetzung zuvorzukommen, dieser Gruppe die Pfingstkirche (Friedrichshain) für ihre Diskussionen zur Verfügung zu stellen. Damit sollen diese Kräfte ›eingebunden‹ bzw. ›kanalisiert‹ werden. Vor allem dem Umfeld dieser Gruppierung muß besondere Aufmerksamkeit geschenkt werden, entsprechende Sicherungsmaßnahmen sind einzuleiten, zumal von außen gesteuert der Versuch noch nicht aufgegeben wurde, weitergehende Störungen zu inszenieren.« SAPMO-BA ZPA IV B2/14/126.

492 Berlin, 27.6.1987, Information zum Verlauf des Kirchentages der Berlin-Brandenburgischen Kirche am 26.6.1987. Von Jarowinsky an Honecker weitergeleitet. A.a.O.

493 Vermerk Ziegler vom 27.10.1987 über die Zusammenkunft der Beratergruppe am 24.9.1987, 14.00 bis 22.00 Uhr, Berlin, Auguststraße 80, EZA Berlin, 4/92/18. Vgl. die Beiträge zur Abschlußveranstaltung in epd-Dok 36/87, 25-28.

494 Bericht über die kirchenpolitische Situation in Berlin, Hauptstadt der DDR, Juni/Juli 1987, BA, Abt. Potsdam, O-4, 1129.

495 Vorlage Röfke vom 23.7.1987 an die Dienstbesprechung am 29.7.1987, Thema: Schriftliche Konzeption zur Vorbereitung auf die Herbstsynoden, BA, Abt. Potsdam, O-4, 954.

496 Vgl. ebd.

497 Bericht über die kirchenpolitische Situation in Berlin, Hauptstadt der DDR, Juni/Juli 1987, BA, Abt. Potsdam, O-4, 1129.

498 Berlin, 1.7.1987, Erste Schlußfolgerungen, die sich aus dem Kirchentag der Berlin-Brandenburgischen Kirche ergeben, PDS-Archiv Dresden, AR 14096.

499 Vgl. Bericht zur kirchenpolitischen Situation in Berlin, Hauptstadt der DDR, für die Monate August und September 1987, BA, Abt. Potsdam, O-4, 1129.

500 Die Vollversammlung fand vom 6.-8.10.1987 in Leipzig statt. Vgl. Schreiben Arbeitskreis Solidarische Kirche, Uwe Lehmann, an Gaebler vom 9.11.1987, EZA Berlin, 101/93/208.

501 Vgl. Leiter des Büros, Dienstreisebericht H. Dohle vom 13.10.1987, BA, Abt. Potsdam, O-4, 963.

502 Abt. II, Information Handel vom 8.7.1987 über ein »Expertengespräch« mit Repräsentanten des BEK zum Wiener KSZE-Folgetreffen am 6.7.1987 im Gästehaus Johannishof, BA, Abt. Potsdam, O-4, 714. Vgl. auch Protokoll Leich/Stolpe-Ziegler-Riese über die 112. Tagung der Konferenz der Evangelischen Kirchenleitungen in der DDR am 3./4.7.1987 in Berlin: »Bericht zum gegenwärtigen Stand des 3. Folgetreffens der KSZE in Wien: [...] In diesen Gesprächen wird eine deutlich transparentere Situation als bisher und eine erhebliche Öffnung der sowjetischen Delegation beobachtet. [...] Nach Beurteilung der Beobachter werden der Verabschiedung eines konsensfähigen Schlußdokumentes große Chancen eingeräumt, störend wirkt bisher die starre Haltung der Vereinigten Staaten von Amerika. Die Konferenz Europäischer Kirchen hat in einem Auswertungstreffen zu Menschenrechtsprogrammen vor allem die Vorschläge zur Religionsfreiheit beraten.« EZA Berlin, 101/93/242.

503 Über das Vorgehen zum 60. Geburtstag Jarowinskys am 25.4.1987 hatte der KKL-Vorstand rechtzeitig beraten und Stolpe um den Entwurf für einen Gratulationsbrief gebeten. Vgl. Protokoll Leich-Ziegler-Kupas vom 16.4.1987 der 197. Sitzung des Vorstands am 9.4.1987 in Jena, EZA Berlin, 101/93/248.

504 SED-Hausmitteilung an Jarowinsky von Abteilung Arbeitsgruppe Kirchenfragen, Kraußer, vom 23.6.1987, SAPMO-BA ZPA IV B2/14/126. Vgl. auch Schreiben an Honecker vom 24.6.1987 (Vf. wahrscheinlich Jarowinsky): »Darüber hinaus schlage ich für das am Sonnabend vorgesehene Forum in der Marienkirche, in dem u. a. Carl-Friedrich von Weizsäcker, der Präsident der Christlichen Friedenskonferenz, der ungarische Bi-

schof Tóth, teilnehmen, vor, von unserer Seite die Genossin Prof. Dr. Oeser, die in solchen Fragen wiederholt auch international sehr wirkungsvoll aufgetreten ist, als Gesprächspartner zur Verfügung zu stellen. Sie wäre dazu auch bereit. Um die positiven Elemente in dieser wichtigen Veranstaltung weiter zu stärken, habe ich den Auftrag gegeben, unbedingt zu erreichen, daß Bischof Albrecht Schönherr ebenfalls für dieses Forum als Gesprächspartner gewonnen wird. Das ist auch deshalb so wichtig, weil in diesem Forum auch zwei Gesprächspartner sitzen, die mitunter problematische Positionen vertreten. Für das ebenfalls sehr wichtige KSZE-Forum, das am Sonntag in einer Karlshorster Kirche stattfindet, an dem als Gesprächspartner u. a. Eppler und Gaus teilnehmen, schlage ich auch zur Unterstützung von Christa Lewek vor, unseren KSZE-Experten, Genossen Krabatsch, mit auftreten zu lassen. Außerdem versuchen wir, daß von kirchlicher Seite der uns als positiv bekannte Oberkirchenrat Zeddies noch zusätzlich gewonnen wird.« A.a.O.

505 Vgl. Berlin, 24.6.1987, Vermerk über Festlegungen zum Kirchentag in der Beratung am 23.6.1987: »Es ist zu veranlassen, daß zur Gewährleistung einer verstärkten Einflußnahme unsererseits geeignete Experten – die Genossen Ernst Krabatsch (MfAA) und Prof. Bertzsch (IPW) – am Forum teilnehmen.« A.a.O.

506 Deutscher Evangelischer Kirchentag, Frankfurt/M. 1987.

507 Vermerk Heidingsfeld vom 23.6.1987 über die Zusammenkunft der Beratergruppe am 22.6.1987, EZA Berlin, 4/92/18.

508 Vgl. Ausführungen Rotenhan auf Eröffnungspressekonferenz, in: Deutscher Evangelischer Kirchentag Frankfurt/M. 1987, 11-13, insbes. 13.

509 Seine Thesen sind abgedruckt in Deutsche Dialoge, 31-56. Vgl. auch M. Hartmann, Anstöße zum Neuen Denken. Beiträge auf dem Evangelischen Kirchentag in Frankfurt, in: KiS 4/87, 147-151.

510 Vgl. Standpunkt, 15 (1987), 266-269.

511 Abteilung IV, Vorlage Braemer vom 24.6.1987 für die Dienstbesprechung am Montag, dem 29.6.1987, Thema: Leitungsinformation 3/87. Erste Information zum 22. Deutschen Evangelischen Kirchentag (DEKT) vom 17.-21.6.1987 in Frankfurt/Main, BA, Abt. Potsdam, O-4, 955. Vgl. auch Bericht Carl Ordnung vom 24.6.1987: »Im allgemeinen sind die Besucher in einem höheren Maße politisiert als die Leute, die sich in der DDR am kirchlichen Leben beteiligen.« Zur Veranstaltung mit Otto Reinhold schrieb Ordnung: »Er kam bei den mehreren tausend Zuhörern ausgezeichnet an, als er die Friedenspolitik der DDR erläuterte und auch auf Fragen aus dem Publikum antwortete. Dabei war es interessant, daß sich die meisten Fragen, die an ihn gerichtet wurden, auf drei Problemkreise bezogen: 1. Erweiterung der Reisemöglichkeiten für DDR-Bürger; 2. Wehrdienst und möglicher Ersatzdienst in der NVA; 3. Durchlässigkeit der Mauer in Berlin. (Die Fragen mußten schriftlich gestellt werden und wurden durch einen Vertreter des Publikums im Saal artikuliert.)« BA, Abt. Potsdam, O-4, 712. Zum Auftreten Falckes auf dem Kirchentag vgl.: Deutscher Evangelischer Kirchentag, Frankfurt/M. 1987, 829-839; zum Auftreten Opitz' vgl. a.a.O., 931 f.; zum Auftreten Garsteckis vgl. epd-Dok 31/87, 68 ff.

512 Vgl. Vermerk Hammer vom 1.6.1987 über die 29. Konsultation (Klausurtagung) zwischen dem Bund der Ev. Kirchen in der DDR und der Ev. Kirche in Deutschland vom 24. bis zum 27.5.1987 in Fischbach (Bodensee), EZA Berlin, 101/93/815. Vgl. auch Protokoll Leich-Ziegler-Lewek vom 6.4.1987 der 196. Sitzung des Vorstands am 26.3.1987 in Berlin: »Der Friedensrat beabsichtigt, eine Koordinierungsgruppe einzusetzen und den Bund der Ev. Kirchen um Mitarbeit zu bitten. Dabei ist u. U. auch an verantwortliche Übernahme eines Streckenabschnittes (z. B. Stralsund, unter Bezugnahme auf die Begegnung Ev. Kirche/Olof Palme in der Marienkirche Stralsund) zu denken. Vorstand erteilt Auftrag zur weiteren Sondierung beim Friedensrat an das Sekretariat im Blick auf Modalitäten einer Beteiligung an Koordinierung und Durchführung.« EZA Berlin, 101/93/248.

513 Zum 65. Geburtstag des Friedensratsvorsitzenden Drefahl beauftragte der KKL-Vorstand Lewek mit der Abfassung eines Briefes, den die Oberkirchenrätin gemeinsam mit

Ziegler überbringen sollte. Vgl. Protokoll Leich-Ziegler-Kupas vom 16.4.1987 der 197. Sitzung des Vorstands am 9.4.1987 in Jena, a.a.O.

514 Schreiben Leich vom 20.4.1987, BA, Abt. Potsdam, O-4, 781. Dort auch eine Rede Leweks auf einer Sitzung des Vorbereitungskomitees am 30.6.1987; auch EZA Berlin, 101/93/19.

515 Vgl. Protokoll Leich-Ziegler-Kupas vom 16.4.1987 der 197. Sitzung des Vorstands am 9.4.1987 in Jena, EZA Berlin, 101/93/248.

516 Passauer legte Ende Juli 1987 dem KKL-Vorstand einen Entwurf »für das Fürbittengebet für einen atomwaffenfreien Korridor« vor. Vgl. Protokoll Stolpe-Kupas-Dorgerloh vom 28.7.1987 der 200. Sitzung des Vorstands am 23.7.1987 in Potsdam, EZA Berlin, 101/93/249.

517 Zu diesen drei Punkten (Motto Gebet-Weg-Dialog) vgl. auch Protokoll Leich-Ziegler-Lewek vom 3.7.1987 der 199. Sitzung des Vorstands am 26.6.1987 in Berlin. Die Dresdener Veranstaltung sollte der BEK-Ausschuß Kirche und Gesellschaft vorbereiten. EZA Berlin, 101/93/249. Weiter heißt es im Protokoll: »Der Vorstand [...] unterstreicht, daß allen Versuchen eines präventiven Ausschlusses von der Teilnahme sowie einer Beschränkung der Beteiligung von Christen auf die in Verantwortung des Bundes durchgeführten Veranstaltungen widerstanden werden muß.« Ebd. Zum Dresdener Forum vgl. die dort getätigten Äußerungen Passauers, Vera Wollenbergers und Friedrich Schorlemmers in G. Rein, Die protestantische Revolution, 19-23. Vgl. auch Dresden, Bereich Inneres, Staatspolitik in Kirchenfragen, Aktenvermerk Schulze vom 4.9.1987 über Gespräch am 3.9.1987 mit Sup. Scheibner, SHStA Dresden, BT/RdB Dresden (Zwibo), 44870. Zur Nachbereitung der nicht ohne Zwischenfälle verlaufenen Veranstaltung vgl. Rat der Stadt Dresden, Stellv. d. Oberbürgermeisters für Inneres, Aktenvermerk Jörke vom 9.11.1987 über Gespräch am 2.11.1987 mit den Superintendenten Bergmann, Scheibner und Ziemer, a.a.O.

518 Diskussionsbeitrag Passauer beim Nationalen Komitee der DDR zur Vorbereitung des Olof-Palme-Friedensmarsches für einen atomwaffenfreien Korridor in Mitteleuropa am 13.8.1987, BA, Abt. Potsdam, O-4, 781. Vgl. auch Bund der Evangelischen Kirchen in der DDR, Informationen zum Olof-Palme-Friedensmarsch für einen atomwaffenfreien Korridor September 1987, BA, Abt. Potsdam, O-4, 781.

519 Vgl. Protokoll Leich/Stolpe-Ziegler-Riese über die 112. Tagung der Konferenz der Evangelischen Kirchenleitungen in der DDR am 3./4.7.1987 in Berlin, EZA Berlin, 101/93/242.

520 Vgl. Protokoll Leich-Ziegler-Lewek vom 4.9.1987 der 201. Sitzung des Vorstandes am 26.8.1987 in Berlin, EZA Berlin, 101/93/249. Insgesamt schien das Verhältnis Sachsens zum BEK nicht mehr ganz konfliktfrei zu sein. Der KKL-Vorstand stellte auf seiner September-Sitzung fest: »Aus einzelnen Gesprächsbeiträgen von Vertretern der sächsischen Landeskirche, den weiteren Weg in der Gemeinschaft des Bundes, insbesondere Fragen der strukturellen Einbindung betreffend, sind Probleme und Spannungen deutlich geworden.« Protokoll Leich-Ziegler-Kupas vom 28.9.1987 der 202. Sitzung des Vorstandes am 18. und 21.9.1987 in Görlitz, a.a.O. Im November 1987 plante der KKL-Vorstand ein Gespräch mit der sächsischen Kirchenleitung im kleinen Rahmen. Vgl. Protokoll Leich-Ziegler-Lewek vom 8.12.1987 über die 204. Sitzung des Vorstandes am 20.11.1987 in Berlin, EZA Berlin, 101/93/750. Das Gespräch sollte während der KKL-Vorstandssitzung am 17.3.1988 stattfinden. Vgl. Protokoll Leich-Ziegler-Lewek vom 5.1.1988 über die 205. Sitzung des Vorstandes am 16.12.1987 in Eisenach, a.a.O. Im Februar 1988 kündigte die sächsische Kirchenleitung ein Erscheinen mit acht Personen an – allerdings ohne den verhinderten Landesbischof Hempel. Als Gesprächsthemen waren vorgesehen: »›Begrenztes politisches Mandat der Kirche‹, ›institutionelle Verflechtung von Staat und Kirche bzw. Kirche und Gesellschaft‹«. Protokoll Leich-Ziegler-Lewek vom 3.3.1988 über 207. Sitzung des Vorstands am 24.2.1988 in Berlin, a.a.O. Zum Gespräch selbst vgl. Protokoll Leich-Ziegler-Kupas vom 22.3.1988 über die 208. Sitzung des Vorstands am 17.3.1988 in Leipzig, a.a.O. Im mit OLKR Schlichter (Dres-

den) abgestimmten Vermerk Ziegler über Gespräch zwischen Vorstand der KKL und Vertretung der Kirchenleitung der Ev.-Lutherischen Landeskirche Sachsens am 17.3.1988, 10.00 bis 12.00 Uhr in Leipzig (Anlage zum Protokoll über die Sitzung des Vorstands am 17.3.1988 in Leipzig) heißt es: »Von seiten der sächsischen Landeskirche wird angefragt, ob der Bund genügend den Unterschied der Mandate von Staat und Kirche im Auge habe. Das politische Mandat der Kirche beziehe sich nur auf Grundsatzfragen, nicht auf Fragen der Tagespolitik. So habe keine Synode die Aufgabe, Absagen zu erteilen oder bekenntnisartige Aussagen in politischen Fragen zu verabschieden. Auch die Beteiligung an Aktionen sei vielleicht Sache einzelner Christen, aber nicht der Kirche (Beispiel Olof-Palme-Friedensmarsch 1987). Unsere Gesellschaft sei gekennzeichnet durch eine doppelte Wirklichkeit, die dargestellte Fassade und die graue Realität. Durch Beteiligung der Kirche an gesellschaftlichen Aktivitäten baue mit an der Fassade. Sie ist auch in Teilbereichen kein Bündnispartner. Es sei deshalb Distanz geboten. Sonst werde die Kirche nur außenpolitisch vermarktet, wie z. B. bei den jährlichen Reden zum 1. September. Oder aber sie wecke falsche Erwartungen bei den Menschen wie durch den Olof-Palme-Friedensmarsch. [...] Die Grenzen des politischen Mandates der Kirche seien klar zu markieren: a) Die Kirche darf nur von der Basis eines breiten Konsensus her zu politischen Dingen reden, nicht aber durch Verlautbarungen, die in der KKL mit knapper Mehrheit beschlossen wurden. b) Die Kirche hat als Mittel lediglich das Wort. Sie habe nicht zu wirken durch Beteiligung an demonstrativen Handlungen.« Die Vorstandsvertreter warnten in ihrer Entgegnung vor Berührungsängsten. Man möge doch darauf vertrauen, »daß auch dieses System Veränderungsmöglichkeiten in sich birgt. Der Glaube schließe die Hoffnung auf Veränderung ein«. a.a.O.

521 Vgl. Protokoll Stolpe-Kupas-Dorgerloh vom 28.7.1987 der 200. Sitzung des Vorstands am 23.7.1987 in Potsdam, EZA Berlin, 101/93/249.

522 Vgl. Protokoll Leich-Ziegler-Lewek vom 4.9.1987 der 201. Sitzung des Vorstandes am 26.8.1987 in Berlin, a.a.O.

523 Information Gysi vom 2.9.1987 über ein Gespräch mit Frau Oberkirchenrätin Christa Lewek und Pfarrer Passauer am 1.9.1987 in der Dienststelle, BA, Abt. Potsdam, O-4, 781; Entwurf a.a.O., O-4, 971.

524 Der BEK hatte zugesagt, sich sowohl an der Eröffnungs- wie auch der Schlußkundgebung mit einem »repräsentative[n] kirchlichen Wortbeitrag zur Interpretation der eigenständigen Teilnahme von Christen und Gemeinden« zu beteiligen. Vgl. Protokoll Leich-Ziegler-Lewek vom 3.7.1987 der 199. Sitzung des Vorstands am 26.6.1987 in Berlin, EZA Berlin, 101/93/249.

525 Staatssekretär für Kirchenfragen, Information Klaus Gysi vom 17.9.1987 über Gespräche des Staatssekretärs mit Frau Oberkirchenrätin Christa Lewek am 10. und 14.9.1987. Gysi bemerkte abschließend: »Die Gespräche mit Frau Oberkirchenrätin Lewek zeigten – wie immer – volle Übereinstimmung.« BA, Abt. Potsdam, O-4, 1437.

526 Auch in Dresden kritisierte der Rat der Stadt am 18.9. mitgeführte Transparente mit den Losungen »Frieden minus Freiheit = 0«, »Wir haben erst den Korridor, wann werden wir auch Türen bekommen«. Diese hätten, wie im übrigen auch Plakate zur Schwangerschaftsunterbrechung (vgl. zu diesem 1987 kirchlich wieder intensiver diskutierten Thema Protokoll Leich-Ziegler-Lewek vom 6.4.1987 der 196. Sitzung des Vorstands am 26.3.1987 in Berlin, EZA Berlin, 101/93/248; nach gewissen Ergebnissen der neuerdings angewandten verbesserten pränatalen Diagnostik wurde häufig zu einer umgehenden Abtreibung geraten, wie Petzold der KKL berichtete, vgl. Protokoll Leich-Ziegler-von Rabenau über die 111. Tagung der Konferenz der Evangelischen Kirchenleitungen in der DDR am 8./9.5.1987 in Dessau, EZA Berlin, 101/93/242; die sächsische Herbstsynode 1987 wies diesbezüglich »auf die Würde und den Wert werdenden Lebens hin[.]«, vgl. Protokoll Leich-Ziegler-Ritter über die 114. Tagung der Konferenz der Evangelischen Kirchenleitungen in der DDR am 6./7.11.1987 in Berlin, EZA Berlin, 101/93/242; hiermit befaßte sich auch die Greifswalder Herbstsynode, vgl. Protokoll Lewek der konstituierenden Sitzung des 4. Ausschusses ›Kirche und Gesellschaft‹ am

Freitag, 20./Sonnabend, 21.11.1987 in Berlin, EZA Berlin, 101/93/48; vgl. auch Zur »Stellungnahme zu ethischen Fragen im Bereich werdenden menschlichen Lebens«. Beschluß der Konferenz der Evangelischen Kirchenleitungen in der DDR vom 1./2.7.1988, abgedruckt in Zwischen Anpassung und Verweigerung, 346-348), mit dem Grundanliegen des Marsches nichts zu tun. »Superintendent Scheibner antwortete, daß es sich um eigenständige Losungen handelt, die Ausdruck christlichen Glaubens und daraus resultierender Auffassungen sind. Das Anliegen des ›Olof-Palme-Gedenkmarsches‹ dürfte ›nicht so eng‹ gesehen werden. Im übrigen wäre ja das Mitführen eigenständiger Losungen durch die Christen von Anfang an genehmigt worden.« Rat der Stadt Dresden, Stellv. d. Oberbürgermeisters für Inneres, Aktenvermerk Jörke vom 9.11.1987 über Gespräch am 2.11.1987 mit den Superintendenten Bergmann, Scheibner und Ziemer, SHStA Dresden, BT/RdB Dresden (Zwibo), 44870.

527 Information über ein Gespräch des Stellvertreters des Oberbürgermeisters für Inneres, Genossen Hoffmann, mit Stadtjugendpfarrer Hülsemann und Pfarrer M. Passauer am 29.9.1987, BA, Abt. Potsdam, O-4, 781.

528 Abt. II, Information Gräfe vom 28.10.1987, Aktuelle politische Tendenzen in den Kirchen und Religionsgemeinschaften in der DDR, Leitungsinformation 5/87, BA, Abt. Potsdam, O-4, 955. Vgl. auch Bericht zur kirchenpolitischen Situation in Berlin, Hauptstadt der DDR, für die Monate August und September 1987: »Besonders hervorgehoben wurde der Umstand, daß ein ›eigenständiger‹ kirchlicher Beitrag im Rahmen dieses Marsches ›möglich‹ war. [...] Kirchliche Vertreter betonten, daß dies ›vor Jahren noch nicht möglich gewesen wäre; dies mache Mut‹.« BA, Abt. Potsdam, O-4, 1129.

529 Protokoll Leich-Ziegler-Dorgerloh/Günther über die 113. Tagung der Konferenz der Evangelischen Kirchenleitungen in der DDR am 4./5.9.1987 in Berlin, EZA Berlin, 101/93/242.

530 So Passauer vor der KKL. Vgl. ebd.

531 Vgl. Abt. II, Information Gräfe vom 28.10.1987, Aktuelle politische Tendenzen in den Kirchen und Religionsgemeinschaften in der DDR, Leitungsinformation 5/87, BA, Abt. Potsdam, O-4, 955.

532 Bericht als Anlage zum Schreiben Führer an Lewek vom 15.9.1987, EZA Berlin, 101/93/75.

533 Aktenvermerk vom 6.11.1987 zum Gespräch mit dem Bundessynodalen Schorlemmer am 5.11.1987, LPA Halle, IV F-2/14/370.

534 Protokoll Leich-Ziegler-Ritter über die 114. Tagung der Konferenz der Evangelischen Kirchenleitungen in der DDR am 6./7.11.1987 in Berlin, EZA Berlin, 101/93/242.

535 Vermerk Ziegler vom 27.10.1987 über die Zusammenkunft der Beratergruppe am 24.9.1987, 14.00 bis 22.00 Uhr, Berlin, Auguststraße 80, EZA Berlin, 4/92/18.

536 Rat der Stadt Dresden, Stellv. d. Oberbürgermeisters für Inneres, Aktenvermerk Jörke vom 9.11.1987 über Gespräch am 2.11.1987 mit den Superintendenten Bergmann, Scheibner und Ziemer, SHStA Dresden, BT/RdB Dresden (Zwibo), 44870.

537 Vermerk Heidingsfeld über die Zusammenkunft der Beratergruppe am 10.12.1987, EZA Berlin, 4/92/19. Vgl. hierzu auch Rat der Stadt Dresden, Bereich Inneres, Staatspolitik in Kirchenfragen, Aktenvermerk Schulze vom 4.12.1987 über heutiges Gespräch mit Superintendent Bergmann: »Hinweise meinerseits, daß das Mitwirken des Bundes und davon ausgehende Aktivitäten im Rahmen des ›Olof-Palme-Friedensmarsches‹ nicht auf weitergehende Veranstaltungen übertragen werden können, akzeptierte Superintendent Bergmann nicht. Er vertritt die Auffassung, was zum ›Olof-Palme-Friedensmarsch‹ möglich war, muß auch weiterhin gestattet sein. Er will sich an den Bund wenden, um seine Meinung deutlich zu machen.« SHStA Dresden, BT/RdB Dresden (Zwibo), 44870.

538 Vorlage Röfke vom 23.7.1987 an die Dienstbesprechung am 29.7.1987, Thema: Schriftliche Konzeption zur Vorbereitung auf die Herbstsynoden, BA, Abt. Potsdam, O-4, 954. Zum Ablauf des Olof-Palme-Friedensmarsches vgl. auch: M. Herrmann, Ein Stück »Glasnost« – um des Friedens willen, in: KiS 5/87, 181-184.

539 Vgl. Abt. II, Information Gräfe vom 28.10.1987, Aktuelle politische Tendenzen in den Kirchen und Religionsgemeinschaften in der DDR, Leitungsinformation 5/87, BA, Abt. Potsdam, O-4, 955.

540 Vgl. hierzu und zum folgenden Ch. Ziemer, Der konziliare Prozeß in den Farben der DDR.

541 Die Vorbereitungsgruppe des BEK sollte aus dem KKL-Vorstand, Hempel, Forck, Natho, einem Vertreter des Stadtökumenekreises Dresden, einem Vertreter der Friedensgruppen sowie Lewek bestehen. Vgl. Protokoll Leich-Ziegler-Lewek vom 29.1.1987 der 193. Sitzung des Vorstands am 14.1.1987 in Berlin, EZA Berlin, 101/93/248. Die AGCK in der DDR schlug dann vor, der BEK möge acht Vertreterinnen und Vertreter in eine Vorbereitungsgruppe delegieren, worin die Friedensgruppen angemessen vertreten sein sollten, so daß eine andere Zusammensetzung notwendig wurde. Die Vorbereitungsgruppe sollte Landesbischof Hempel einberufen. Vgl. Protokoll Leich-Ziegler/Grengel-Schulze über die 110. Tagung der Konferenz der Evangelischen Kirchenleitungen in der DDR am 6.-8.3.1987 in Buckow, EZA Berlin, 101/93/241. Vgl. die Mitgliederaufstellung in EZA Berlin, 101/93/71.

542 Vgl. Vermerk Heidingsfeld vom 23.6.1987 über die Zusammenkunft der Beratergruppe am 22.6.1987, EZA Berlin, 4/92/18. Vgl. auch Schreiben des Sekretariats der Berliner Bischofskonferenz, Dissemond, an Sekretariat des BEK, Ziegler, vom 22.4.1987 betr. »Einladung zur Mitarbeit«: »In diesem ökumenischen Sachzusammenhang wissen wir uns in besonderer Weise als Teil der Gesamtkirche und sehen uns daher derzeitig nicht in der Lage, vor einer Entscheidung des Heiligen Vaters über eine Teilnahme der Katholischen Kirche an der Weltversammlung des Ökumenischen Rates der Kirchen im Jahre 1990 für den Bereich der Berliner Bischofskonferenz Ihrer Einladung zu folgen. Wir bitten um Ihr Verständnis für diese Entscheidung.« EZA Berlin, 101/93/84.

543 Protokoll Leich-Ziegler-Lewek vom 6.4.1987 der 196. Sitzung des Vorstands am 26.3.1987 in Berlin, EZA Berlin, 101/93/248.

544 Vgl. Schreiben Sekretariat an Demke-Guthke-Hempel-Misselwitz-Weigel-Ziemer vom 1.4.1987, EZA Berlin, 101/93/71. Die Nominierung hatte auf einer Sitzung der von der KKL eingesetzten Arbeitsgruppe »Ökumenische Versammlung« am 31.3.1987 stattgefunden. Außer Fink nominierte die Gruppe Falcke, Ziemer, Karin Wolf (Halle), Pastorin Misselwitz, Natho, Superintendent Siebert und Oberkirchenratspräsident Müller. Lewek sollte die Geschäftsführung übernehmen. Vgl. Protokoll Leich-Ziegler-Kupas vom 16.4.1987 der 197. Sitzung des Vorstands am 9.4.1987 in Jena, EZA Berlin, 101/93/248.

545 Schreiben Hempel an Ziegler und Lewek vom 8.4.1987, EZA Berlin, 101/93/71.

546 Telegramm Fink an Reagan vom 4.2.1987, BStU Berlin, MfS HA XX/4.

547 Vgl. Schreiben Hempel an Ziegler und Lewek vom 8.4.1987, EZA Berlin, 101/93/71.

548 Schreiben Ziemer an Lewek, a.a.O. Außerdem war noch ein Einspruch von Dr. Reinhard Guthke, Jena, eingegangen. Vgl. Vermerk Ziegler vom 4.5.1987 über das 2. Gespräch der Vorbereitungsgruppe des Bundes zur »Ökumenischen Versammlung in der DDR für Frieden, Gerechtigkeit und Bewahrung der Schöpfung« am 30.4.1987, 10.00-13.00 Uhr in Berlin, EZA Berlin, 101/93/68.

549 Weitere Mitglieder waren Erika Drees (Stendal), Helmut Domke (Potsdam), Heino Falcke, Uwe Koch (Rudolstadt), Annemarie Müller (Dresden), Peter Müller (Schwerin) und Christof Ziemer. Vgl. ebd.

550 Protokoll Lewek der konstituierenden Sitzung der Vorbereitungsgruppe für eine Ökumenische Versammlung in der DDR für »Gerechtigkeit, Frieden und Bewahrung der Schöpfung« am 24.6.1987 in Berlin, EZA Berlin, 101/93/81.

551 Hierüber sollte eine außerordentliche Sitzung der katholischen Bischöfe in der DDR nach dem ad limina-Besuch der katholischen DDR-Bischöfe in Rom am 1.12.1987 entscheiden, berichteten die katholischen Beobachter in der Vorbereitungsgruppe. Vgl. Protokoll Lewek der Sitzung der Vorbereitungsgruppe für eine »Ökumenische Versammlung in der DDR für Gerechtigkeit, Frieden und Bewahrung der Schöpfung« am 19.11.1987 in Berlin, EZA Berlin, 101/93/84.

552 Vgl. Vermerk Heidingsfeld über die Zusammenkunft der Beratergruppe am 10.12.1987, EZA Berlin, 4/92/19.
553 RdB Dresden, Sektor Staatspolitik in Kirchenfragen, Einschätzung vom 26.3.1987 der Frühjahrstagung der Landessynode der Evangelisch-Lutherischen Landeskirche Sachsens vom 23.3.-25.3.1987 in Dresden, SHStA Dresden, BT/RdB Dresden (Zwibo), 46615.
554 Vgl. Rat der Stadt Dresden, Bezirk Dresden, Stellv. des Oberbürgermeisters für Inneres, an RdB Dresden, Stellv. des Vorsitzenden für Inneres, Informationsbericht Staatspolitik in Kirchenfragen vom 30.11.1987, SHStA Dresden, BT/RdB Dresden (Zwibo), 44870.
555 Schreiben an die Vorbereitungsgruppe der Ökum. Versammlung vom 18.8.1987, EZA Berlin, 101/93/84. Vgl. auch Schreiben Jochen Graupner, Marienberg, vom 24.7.1987: »Was macht mich betroffen? [...] Daß unser Erzgebirgswald tot ist; daß ich ungesunde Luft atmen muß; daß mein Wasser unabgekocht nicht trinkbar ist«. A.a.O.
556 Abgedruckt bei Rein, Protestantische Revolution, 24-26. Letzterer Punkt entsprach auch nach Auffassung der Kirchenleitung Berlin-Brandenburg (DDR) Artikel 4 (7) der dort gültigen Grundordnung. Vgl. Abteilung IV, Vorlage Braemer vom 23.7.1987 an die Dienstbesprechung am Montag, dem 27.7.1987, Schriftliche Information über die Beziehungen der Evangelischen Kirche Berlin-Brandenburg zu Mitgliedskirchen der EKD, BA, Abt. Potsdam, O-4, 954; auch a.a.O., O-4, 4871. Vgl. hierzu auch Protokoll Leich-Ziegler-Kupas vom 4.3.1987 der 195. Sitzung des Vorstands am 26.2.1987 in Berlin, TOP 1.8. Eingabe Karin Bogan, EZA Berlin, 101/93/248. Die Berlinerin hatte am 17.2.1987 der KKL sowie allen Landeskirchenleitungen in der DDR bezüglich der durch die Volkspolizei an die Kirchen gerichteten Anfragen, für Privatreisen kirchlicher Mitarbeiter in den Westen eine Befürwortung auszusprechen, geschrieben: »Problematisch und fragwürdig ist mir einerseits die unterschiedliche Behandlung kirchlicher Mitarbeiter; weitaus unverständlicher sind mir aber die Modalitäten dieser Verfahrensweise überhaupt.« Die Kirchen sollten für alle Mitarbeiter generell erklären: »Die Urlaubsdauer der kirchlichen Mitarbeiter ist durch die jeweiligen Arbeitsverträge geregelt. Kirchliche Mitarbeiter benötigen keine betriebliche Befürwortung für den Anlaß und das Ziel ihrer Reise. Sie entscheiden selbst darüber, wo sie ihre freien Tage, die Wochenenden und ihren Urlaub verbringen.« EZA Berlin, 101/93/26.
557 Vgl. oben, 188.
558 Vgl. Schreiben Reinhard Lampe an Gaebler vom 24.6.1987. Der Theologe teilte mit, der Aufruf, sich mit Eingaben an die BEK-Synode solidarisch mit dem Abgrenzungspapier zu zeigen, sei auch als Test gedacht, wieviele Menschen tatsächlich wünschten, daß die Kirche sich dieser Frage annehmen solle. Außerdem schrieb Lampe: »Wir glauben nicht, daß die Abgrenzung in allen ihren Spielarten ein alleiniges DDR-Thema ist. Wenn sich die Synode des Bundes auf eine Absage an Praxis und Prinzip der Abgrenzung einlassen könnte, setzte dies auch ein Zeichen in Richtung Westen.« EZA Berlin, 101/93/208. Vgl. auch Protokoll Riese vom 9.7.1987 der Präsidiumstagung am 2.7.1987 in Berlin, a.a.O.
559 Vgl. Information vom 22.9.1987 zum Verlauf und Ergebnis der Synode des BEK (Bund der evangelischen Kirchen) in Görlitz 1987, BA, Abt. Potsdam, O-4, 787; auch PDS-Archiv Dresden, AR 14100.
560 Vgl. Schreiben an Gaebler vom 1.8.1987: »Die Bundessynode würde ihre Integrität untergraben, indem sie eine oberflächlich reflektierte Parole verhandelt«. EZA Berlin, 101/93/847.
561 Vgl. Schreiben an das Synodalpräsidium vom 10.8.1987: »Es war bisher nicht meine Gewohnheit, mich an Sie zu wenden, doch meine ich, diesem Aufruf wegen seiner Gefährlichkeit widersprechen zu müssen.« A.a.O.
562 Vgl. Schreiben an Gaebler vom 20.8.1987: »Die Kirche sollte Menschen, die Regierungsverantwortung tragen, nicht in den Rücken fallen, sondern ihnen ihre schwere Aufgabe erleichtern, wenn sie zum Wohl des Ganzen unpopuläre Entscheidungen tref-

fen müssen und keinen opportunistischen Rücksichten erliegen dürfen. [...] Kirche [müsse] Kirche und Welt Welt bleiben.« A.a.O.

563 Vgl. Schreiben Evangelisches Gemeindezentrum »Thomas Müntzer«, Kapellendorf, an das Präsidium vom 21.8.1987, a.a.O.

564 Vgl. Schreiben an das Synodalpräsidium vom 24.8.1987, a.a.O.

565 Vgl. Schreiben an Gaebler vom 28.8.1987: »Die Synode sollte wissen: Bei einer Beschlußfassung im Sinne Dr. Fischbecks würde sie sich auf die Seite der heute gefährlichsten Entspannungsgegner stellen.« A.a.O.

566 Vgl. Schreiben an Gaebler mit Eingangsstempel vom 8.9.1987. Hier bezeichnete er den Vorwurf der Abgrenzung als eine »völlig ungerechtfertigte Unterstellung«. A.a.O.

567 Vgl. Schreiben an Präsidium vom 11.9.1987: »Mit Sorge sehen wir, daß zunehmend Gruppen und Grüppchen, die prinzipiell die Politik der DDR ablehnen, den Raum der Kirche zu Propagandazwecken nutzen.« A.a.O.

568 epd-Dok 25/87, 30-32. Vgl. Abt. II, Information Braehme vom 16.3.1987 zur aktuellen Einflußnahme auf die Synoden der evangelischen Landeskirchen im Frühjahr 1987, SAPMO-BA ZPA IV B2/14/93. Zu den Frühjahrssynoden in der DDR vgl. Abt. II, Vorlage Braemer vom 15.5.1987 an die Dienstbesprechung am 25.5.1987, Thema: Information über Verlauf und Ergebnisse der Frühjahrssynoden der evangelischen Landeskirchen der DDR: »Die Synoden haben gezeigt, daß in den Kirchen die Frage der Erhaltung des Friedens als Hauptfrage der Gegenwart gesehen wird. Die Tagungen orientierten auf den Erhalt und die Weiterentwicklung der konstruktiven Staat-Kirche-Beziehungen. [...] Nur in der Synode der Kirche in Berlin-Brandenburg konnten sich die negativen Kräfte durch die Zurückhaltung der Kirchenleitung und die Tatsache, daß progressive Synodale erst im Verlauf der Tagung koordiniert auftraten, stärker durchsetzen. [...] Kirchenleitende Kräfte traten in den Diskussionen offensiv auf und bestärkten die konstruktiven Linien ihrer Leitungsberichte. Gleichzeitig wandten sie sich gegen die Angriffe negativer Synodaler und wiesen diese z. T. in deutlicher Form zurück. So wirkten die Präsides Höppner (Kirchenprovinz), Wahrmann (Mecklenburg) und Kootz (Anhalt), indem sie politisch realistische Positionen unterstützten und die ihrem Amt gegebenen Möglichkeiten nutzten, um politisch negative und problematische Entwicklungen zu verhindern. [...] In der Synode von Berlin-Brandenburg griffen die negativen Synodalen auf vorbereitete offen negative und provokative Papiere zurück. Dabei kam es zu Angriffen vor allem im Zusammenhang mit den Paß- und Visagesetzen der DDR (Reisemöglichkeiten) und der Energiepolitik. [...] Während des Verlaufs der Synode gelang es, realistische Kräfte zusammenzuführen, die diesen Versuchen ein deutliches Votum zum Frieden im Sinne der jüngsten Abrüstungsvorschläge der UdSSR entgegensetzten und die schärfsten Angriffe zurückwiesen.« BA, Abt. Potsdam, O-4, 954. Zur Synode in der Kirchenprovinz Sachsen vgl. auch Vorlage Röfke vom 23.7.1987 an die Dienstbesprechung am 29.7.1987, Thema: Schriftliche Konzeption zur Vorbereitung auf die Herbstsynoden: »Vor allem durch die geschickte Führung durch Präses Höppner gelang es, die negativen Angriffe zu neutralisieren und Belastungen im Verhältnis von Staat und Kirche zu vermeiden. An die positiven Ergebnisse der Arbeit mit dem Präses ist anzuknüpfen.« BA, Abt. Potsdam, O-4, 954.

569 Vgl. 2. Information über den Verlauf der 3. Ordentlichen Tagung der 9. Synode der Evangelischen Kirche in Berlin-Brandenburg am 25.4.1987: »Der Synodale Dr. Fischbeck brachte die DS 28 (Antrag des Gemeindekirchenrates der Bartholomäuskirchgemeinde zur Absage an die Praxis und Prinzip der Abgrenzung) ein. Das Thema dieser Drucksache sei eine Herausforderung an den Gemeindekirchenrat gewesen, dem [sic!] er sich gestellt habe. [...] In den Gesprächen im Gemeindekreis kam man zu der Ansicht, daß das die tatsächlichen Probleme unserer Bürger seien. Es habe auch bei der Kirche eine lange Periode der Abgrenzung gegenüber der Gesellschaft gegeben. Deswegen sind sie dagegen und fühlen sich auch für die Gesellschaft verantwortlich und erteilen eine Absage an Praxis und Prinzip der Abgrenzung. [...] Die Resignationskrankheiten seien heilbar. Reisefreiheit ist dazu ein erster Schritt. [...] Prof. Müller erklärte

in der Diskussion, daß die Kirche die Abgrenzung von der Gesellschaft noch nicht überwunden hat. Beispiel dafür sei die eigenständige Friedensarbeit der Kirche. Für ihn bestehe eine Differenz zwischen dem Antrag und der Einbringung. Die im Antrag formulierten Forderungen nach Reisen erinnern ihn an die verstärkten Reisen während der Zeit des Faschismus (›Kraft durch Freude‹). Empörung und Mißfallensäußerungen im Plenum.« SAPMO-BA ZPA IV B2/14/124.

570 Schreiben vom 2.9.1987, EZA Berlin, 4/91/746.
571 Vgl. auch RdB Dresden, Stellvertreter des Vorsitzenden für Inneres, Informationsbericht der Monate Dezember 1986 und Januar 1987 vom 9.2.1987: »Die Verleumdungen Kohls gegenüber der DDR wurden von allen Gesprächspartnern abgelehnt. Das Spektrum der Charakterisierung von Kohls Äußerungen reicht von ›politisch unklug‹ bis ›beleidigend, erschwerend für die Beziehungen der DDR und der BRD‹ und ›unverschämt‹. Kirchenamtsrat Heitmann äußerte in einem Gespräch mit dem Mitarbeiter Kirchenfragen beim Rat der Stadt Dresden seine Verwunderung darüber, wie gelassen und mit welcher Ruhe Herr Honecker darauf reagiert habe. Die Reaktion unserer Medien dagegen bezeichnete er als zu ausführlich und nicht notwendig.« SHStA Dresden, BT/RdB Dresden (Zwibo), 45940.
572 Abt. II, Berlin, den 18.2.1987, Aktuelle politische Tendenzen in den Kirchen und Religionsgemeinschaften in der DDR, Leitungsinformation 1/87, BA, Abt. Potsdam, O-4, 954.
573 StV Bonn, Abt. IAP, Vermerk Botschaftsrat Klein vom 25.5.1987 über ein Gespräch mit dem Bevollmächtigten des Rates der EKD bei der BRD-Bundesregierung am 21.5.1987, BA, Abt. Potsdam, O-4, 4895.
574 Vgl. Vorlage Röfke vom 23.7.1987 an die Dienstbesprechung am 29.7.1987, Thema: Schriftliche Konzeption zur Vorbereitung auf die Herbstsynoden, BA, Abt. Potsdam, O-4, 954.
575 In einem Gespräch mit Hempel würdigte Hans Modrow »die von hoher Verantwortung und Engagement getragene Arbeit des Landesbischofs, der als ein maßgeblicher Mann der Ökumene viel zur Achtung der Politik der DDR im Ausland getan und maßgeblich Anteil hat, daß die Ergebnisse der Gespräche mit dem Vorsitzenden des Staatsrates der DDR vom 6. März 1978 und vom 11. Februar 1985 im Bezirk Dresden einen fruchtbaren Niederschlag gefunden haben.« Vermerk über das Treffen des 1. Sekretärs der Bezirksleitung Dresden der SED, Genossen Hans Modrow, mit dem Landesbischof der Sächsischen Landeskirche, Dr. Hempel, und dem Präsidenten des Landeskirchenamtes, Dr. Domsch, am 1.4.1987, PDS-Archiv Dresden, AR 12010; a.a.O., AR 14089.
576 Peter Kraußer, Berlin, 11.9.1987, Festlegungen aus der Beratung mit Genossen Jarowinsky vom 8.9.1987, Teilnehmer Gysi, Wilke, Baron, Kraußer, SAPMO-BA ZPA IV B2/14/9.
577 Protokoll Wiegand vom 26.8.1987 über Gespräch mit Jarowinsky am 25.8.1987, BStU Berlin, MfS HA XX/4, 838.
578 Vgl. Berlin, 18.9.1987, Zur heute beginnenden Tagung der zentralen Synode des Bundes der Evangelischen Kirchen in Görlitz, SAPMO-BA ZPA IV B2/14/93.
579 Vgl. Bericht über die kirchenpolitische Situation in Berlin, Hauptstadt der DDR, Juni/Juli 1987, BA, Abt. Potsdam, O-4, 1129.
580 Schreiben an das Synodalpräsidium vom 20.8.1987, EZA Berlin, 101/93/219.
581 Vgl. Protokoll Riese vom 14.9.1987 der Präsidiumssitzung am 4.9.1987 in Berlin, EZA Berlin, 101/93/208.
582 Die KKL entschied bei drei Enthaltungen, das Abgrenzungsthema in Verbindung mit dem TOP Eingaben zu behandeln. Vgl. Protokoll Leich-Ziegler-Dorgerloh/Günther über die 113. Tagung der Konferenz der Evangelischen Kirchenleitungen in der DDR am 4./5.9.1987 in Berlin, EZA Berlin, 101/93/242.
583 Berlin, 18.9.1987, Zur heute beginnenden Tagung der zentralen Synode des Bundes der Evangelischen Kirchen in Görlitz, SAPMO-BA ZPA IV B2/14/93.
584 Ende Juli hatte der KKL-Vorstand entschieden, der KKL den Vorschlag zu unterbreiten,

737

Ziegler bis zu seiner Pensionierung weiterhin mit der Leitung des BEK-Sekretariats zu betrauen. »In dem Gespräch werden die Verdienste und Fähigkeiten von Oberkirchenrat Ziegler dankbar angesprochen. Es wird auch die veränderte und besonders beschwerliche Situation im Bund gegenüber der Dienstzeit der Vorgänger eingegangen.« Protokoll Stolpe-Kupas-Dorgerloh vom 28.7.1987 der 200. Sitzung des Vorstands am 23.7.1987 in Potsdam, EZA Berlin, 101/93/249.

585 Zu diesem Punkt, der auch die Kirchenzeitungen bewegte, vgl. auch Vermerk Ziegler vom 18.5.1987 über ein Gespräch in der Dienststelle des Staatssekretärs für Kirchenfragen am 15.5.1987, 8.00-9.50 Uhr: Hier wies Heinrich darauf hin, »daß der Staat das Monopol für außenpolitische Entscheidungen habe. Die Veröffentlichungen in den kirchlichen Blättern ließen den Eindruck entstehen, als solle der Staat hier unter Druck gesetzt werden. [...] Ehe aber ein uneingeschränkter Reiseverkehr zwischen der DDR und der Volksrepublik Polen wieder eingeführt werden könne, müßten Bedingungen geschaffen werden, die für die DDR tragbar seien. Es seien vorwiegend Bedingungen ökonomischer Art.« EZA Berlin, 101/93/6.

586 Abt. II, Information Wilke vom 17.9.1987 über ein Gespräch mit OKR Ziegler am 10.9.1987, BA, Abt. Potsdam, O-4, 1232. Im eigenen Aktenvermerk verschwig Ziegler diese Auskunftsfreudigkeit: »Dr. Wilke fragt, ob brisante Themen zu erwarten seien. Ziegler verweist auf das der Dienststelle des Staatssekretärs bekannte Programm.« Vermerk Ziegler vom 17.9.1987 über ein Gespräch in der Dienststelle des Staatssekretärs für Kirchenfragen am 10.9.1987, 13.30 bis 15.00 Uhr, EZA Berlin, 101/93/6.

587 Hempel hielt sich zur ÖRK-Exekutivtagung in den USA auf. Vgl. Protokoll Riese vom 9.7.1987 der Präsidiumstagung am 2.7.1987 in Berlin, 101/93/208. Hempel berichtete der KKL über seinen USA-Besuch: »Freiheit hat ihren Preis. Freiheit hat hier eine Prämisse: Geld. Ohne Geld ändere sich hier alles entscheidend. Die vorherrschende Armut scheint unlösbar zu sein. Das gilt aber wohl für viele Länder und Kulturen, denn die Probleme sind überall sehr ähnlich.« Protokoll Leich-Ziegler-Ritter über die 114. Tagung der Konferenz der Evangelischen Kirchenleitungen in der DDR am 6./7.11.1987 in Berlin, EZA Berlin, 101/93/242.

588 Vgl. Berlin, 18.9.1987, Zur heute beginnenden Tagung der zentralen Synode des Bundes der Evangelischen Kirchen in Görlitz, SAPMO-BA ZPA IV B2/14/93.

589 Vgl. Schreiben Jarowinsky an Honecker vom 29.9.1987, a.a.O. Bei Forck war jedoch schon im Juli klar, daß er erst einen Tag später, nämlich am 19.9.1987, in Görlitz eintreffen könne, da er am 18.9.1987 die in Buckow tagende Europakonferenz der Männerarbeit zu begrüßen hatte. Vgl. Protokoll Leich-Ziegler-Lewek vom 3.7.1987 der 199. Sitzung des Vorstands am 26.6.1987 in Berlin, EZA Berlin, 101/93/249. Vgl. auch Protokoll Leich/Stolpe-Ziegler-Riese über die 112. Tagung der Konferenz der Evangelischen Kirchenleitungen in der DDR am 3./4.7.1987 in Berlin, EZA Berlin, 101/93/242.

590 Zur organisatorischen Arbeit und Zusammensetzung der staatlichen AG (u. a. Wilke, Handel, Gräfe, Lewerenz) während der BEK-Synode vgl. Bundsynode 18.-22.9. in Görlitz, SHStA Dresden, BT/RdB Dresden (Zwibo), 46615.

591 Berlin, 18.9.1987, Zur heute beginnenden Tagung der zentralen Synode des Bundes der Evangelischen Kirchen in Görlitz, SAPMO-BA ZPA IV B2/14/93.

592 Zur endgültigen Festlegung des Synodenablaufs vgl. Vermerk Riese vom 18.9.1987 über die Sitzung des Präsidiums der Synode des Bundes vom 17.9.1987 in Görlitz, EZA Berlin, 101/93/208.

593 epd-Dok 44/87, 1-14. Vgl. hierzu bereits Protokoll Leich-Ziegler-von Rabenau über die 111. Tagung der Konferenz der Evangelischen Kirchenleitungen in der DDR am 8./9.5.1987 in Dessau, TOP 16: Entwurf einer Gliederung des Konferenzberichtes für die Bundessynode in Görlitz 1987, EZA Berlin, 101/93/242. Zur Weiterarbeit vgl. Protokoll Leich/Stolpe-Ziegler-Riese über die 112. Tagung der Konferenz der Evangelischen Kirchenleitungen in der DDR am 3./4.7.1987 in Berlin, a.a.O.

594 Vgl. Information vom 13.10.1987 über die Synode des Bundes der Evangelischen Kirchen in der DDR (BEK) in Görlitz 1987, BA, Abt. Potsdam, O-4, 787. Zum formalen

Ablauf dieses Teils der Synodaldebatte vgl. 3. Tagung der 5. Synode des Bundes der Ev. Kirchen in der DDR, 18.-22.9.1987 in Görlitz, Niederschrift Gaebler-Dietrich-Hirsch über die Plenarsitzung am 18.9.1987, EZA Berlin, 101/93/221. Der Vermerk enthält nur die Namen der Redner, gestellte Anträge und die Abstimmungsverhältnisse. Ausführliche kirchliche Protokolle der BEK-Synodaltagungen existieren nicht; allerdings gibt es Tonbandmitschnitte.

595 Falckes Vortrag abgedruckt in Zwischen Anpassung und Verweigerung, 368-373.
596 Information vom 22.9.1987 zum Verlauf und Ergebnis der Synode des BEK (Bund der evangelischen Kirchen) in Görlitz 1987, BA, Abt. Potsdam, O-4, 787; auch PDS-Archiv Dresden, AR 14100.
597 Vgl. Görlitz, den 19.9.1987, Erste Tagesinformation über die 3. Tagung der 5. Synode des BEK, 18.-22.9.1987, in Görlitz, SAPMO-BA ZPA IV B2/14/93. Vgl. auch ebd.: »Frau Dehne, Pastorin Höppner und Pastor Taetow waren bestrebt, das Synodenklima durch provokatorische Auftritte anzuheizen.« BA, Abt. Potsdam, O-4, 787; auch PDS-Archiv Dresden, AR 14100.
598 Information des MfS für das ZK, BStU Berlin, MfS HA XX/4-838.
599 epd-Dok 44/87, 14-16. Vgl. Görlitz, den 19.9.1987, Erste Tagesinformation über die 3. Tagung der 5. Synode des BEK, 18.-22.9.1987, in Görlitz, SAPMO-BA ZPA IV B2/14/93.
600 Vgl. W. Jarowinsky an Erich Honecker, 21.9.1987, Zum bisherigen Verlauf der Synode des Bundes der Evangelischen Kirchen der DDR in Görlitz. Der SED-Generalsekretär leitete den Bericht am 22.9.1987 an die Mitglieder und Kandidaten des Politbüros weiter. SAPMO-BA ZPA IV B2/14/93; auch a.a.O., J IV 2/2 A/3060. Während einer Veranstaltung in Potsdam-Babelsberg anläßlich der Friedensdekade wandte sich Stolpe eindeutig gegen einen juristischen Anspruch auf Ausreisefreiheit. Vgl. Abt. II, Dritte Information vom 12.11.1987 zum Verlauf der Friedensdekade vom 8.-18.11.1987, SAPMO-BA ZPA IV B2/14/96.
601 Um ihre Rückkehr nach Görlitz mußten beide wohl nochmals durch den Staat gebeten werden. Vgl. Schreiben Jarowinsky an Honecker vom 29.9.1987, SAPMO-BA ZPA IV B2/14/93. Vgl. auch W. Jarowinsky an Erich Honecker, 21.9.1987, Zum bisherigen Verlauf der Synode des Bundes der Evangelischen Kirchen der DDR in Görlitz, SAPMO-BA ZPA IV B2/14/93; auch a.a.O., J IV 2/2 A/3060.
602 Hertzsch setzte sich für eine Sicherheit der Grenzen im Rahmen der Entspannungspolitik ein. »›Man darf nicht gegen Grenzen sein, wenn der Prozeß der Verständigung weitergeführt wird.‹« Information vom 13.10.1987 über die Synode des Bundes der Evangelischen Kirchen in der DDR (BEK) in Görlitz 1987, BA, Abt. Potsdam, O-4, 787.
603 Vgl. auch Information vom 22.9.1987 zum Verlauf und Ergebnis der Synode des BEK (Bund der evangelischen Kirchen) in Görlitz 1987: »Selbst solche als problematisch bekannte Synodale wie Sup. Große (Saalfeld) sowie Schorlemmer (Wittenberg) konnten nicht umhin, öffentlich gegen die von Propst Falcke eingebrachte provokatorische Eingabe Stellung zu nehmen.« A.a.O.; auch PDS-Archiv Dresden, AR 14100. Große wandte sich gegen eine Gleichsetzung der »Lebensfragen der Menschheit« mit innenpolitischen Fragen in der DDR. »Energisch sprach sich Große gegen einseitige Schuldzuweisungen an die ›östliche Seite‹ aus. Das ›andere Deutschland‹ habe das Seine zum ›Entstehen der Mauer‹ beigetragen. ›Man müsse doch auch erwähnen, wie viele Aktivitäten es in unserem Lande gegeben hat, um den 13. August zu verhindern.‹« Information vom 13.10.1987 über die Synode des Bundes der Evangelischen Kirchen in der DDR (BEK) in Görlitz 1987, BA, Abt. Potsdam, O-4, 787. Große kandidierte auf der Thüringer Herbstsynode 1987 für die Nachfolge von Zilz im Landeskirchenrat mit Zuständigkeit für Ausbildung, Weiterbildung und Katechetik. Vgl. Protokoll Leich-Ziegler-Ritter über die 114. Tagung der Konferenz der Evangelischen Kirchenleitungen in der DDR am 6./7.11.1987 in Berlin, EZA Berlin, 101/93/242.
604 König äußerte sein Entsetzen »über die Gleichsetzung von Abschreckung und Abgrenzung […] Mit solchen Positionen werde der begonnene Prozeß des Dialogs und der

Entspannung unterlaufen. Einigen Leuten gehe es um eine Veränderung der politischen Grundordnung in der DDR.« Information vom 13.10.1987 über die Synode des Bundes der Evangelischen Kirchen in der DDR (BEK) in Görlitz 1987, BA, Abt. Potsdam, O-4, 787. Vgl. auch Schreiben König an Böttger vom 24.8.1987, EZA Berlin, 101/93/208.

605 Vgl. W. Jarowinsky an Erich Honecker, 21.9.1987, Zum bisherigen Verlauf der Synode des Bundes der Evangelischen Kirchen der DDR in Görlitz. Der SED-Generalsekretär leitete den Bericht am 22.9.1987 an die Mitglieder und Kandidaten des Politbüros weiter. SAPMO-BA ZPA IV B2/14/93; auch a.a.O., J IV 2/2 A/3060. Vgl. auch Information vom 22.9.1987 zum Verlauf und Ergebnis der Synode des BEK (Bund der evangelischen Kirchen) in Görlitz 1987, BA, Abt. Potsdam, O-4, 787; auch PDS-Archiv Dresden, AR 14100.

606 Bei Heike Böhling handelte es sich um eine junge Synodale (Jahrgang 1962). Vgl. Protokoll Riese vom 14.9.1987 der Präsidiumssitzung am 4.9.1987 in Berlin, EZA Berlin, 101/93/208.

607 Vgl. Information vom 22.9.1987 zum Verlauf und Ergebnis der Synode des BEK (Bund der evangelischen Kirchen) in Görlitz 1987, BA, Abt. Potsdam, O-4, 787; auch PDS-Archiv Dresden, AR 14100.

608 Erstmals hatte Leich während der September-Sitzung der KKL diesen Begriff geprägt. Im Sitzungsprotokoll heißt es über Leichs Eindrücke während des Olof-Palme-Marsches: »Beim Pilgerweg zwischen Ravensbrück und Sachsenhausen kam es zu einem sehr intensiven Lernprozeß zwischen Staat und Kirche, besonders im Blick auf die mitgeführten Transparente. Es gab viele Gespräche in diesen Tagen über Inhalte. Dabei müßten allerdings die kirchlichen Vertreter auch lernen, wo die Grenze der Zumutbarkeit läge für den staatlichen Partner.« Protokoll Leich-Ziegler-Dorgerloh/Günther über die 113. Tagung der Konferenz der Evangelischen Kirchenleitungen in der DDR am 4./5.9.1987 in Berlin, EZA Berlin, 101/93/242. Bereits in einem Gespräch mit Ziegler im Mai 1987 hatte Hauptabteilungsleiter Heinrich im Blick auf die Begegnung zwischen Gysi und dem KKL-Vorstand gesagt: »Für das Gespräch sei zu wünschen, daß sich die Gesprächspartner nicht gegenseitig mit unbilligen Forderungen begegneten. Auch der Staatssekretär und seine Mitarbeiter überlegten ständig, was sie der Kirche zumuten können und was nicht. Dieselben Überlegungen sollte man auch von den Vertretern der Kirche erwarten. Die wechselseitigen Interessen müßten bedacht werden, dann könne man zu realistischen und weiterführenden Verabredungen kommen.« Vermerk Ziegler vom 18.5.1987 über ein Gespräch in der Dienststelle des Staatssekretärs für Kirchenfragen am 15.5.1987, 8.00-9.50 Uhr, EZA Berlin, 101/93/6.

609 Abgedruckt in G. Rein, Die protestantische Revolution, 31.

610 Vgl. Görlitz, den 19.9.1987, Zweite Tagesinformation über die 3. Tagung der 5. Synode des BEK, 18. bis 22.9.1987, Sonnabend, 19.9.1987, SAPMO-BA ZPA IV B2/14/93.

611 Das Gespräch hatte am 2.9.1987 stattgefunden. Vgl. Vermerk Günther vom 1.10.1987 über das Sachgespräch zur Nutzung und Kontrolle der Atomenergie in der DDR am 2.9.1987 im Staatlichen Amt für Atomsicherheit und Strahlenschutz mit Professor Dr. h. c. Georg Sitzlack, Beginn: 15.00 Uhr, Abschluß: 17.45 Uhr, EZA Berlin, 101/93/68; vgl. auch Protokoll Riese vom 14.9.1987 der Präsidiumssitzung am 4.9.1987 in Berlin, EZA Berlin, 101/93/208. Vgl. auch das Schreiben von Bernd Böttcher, Leitzkau, an den BEK vom 27.9.1987, in dem er eine breite Information der Öffentlichkeit über das Gespräch forderte: »Sie unterstützen und befähigen damit die Gemeindegruppen zu Mitsprache und Kritik und wirken fördernd auf die Schaffung eines Vertrauensverhältnisses zwischen Kirchenleitung und Basis.« Ziegler wandte sich strikt gegen dieses Anliegen. Vgl. handschriftlicher Randvermerk Günther vom 2.10.1987. Immerhin schrieb er aber eine Woche später: »Zu Rückfragen von seiten der kirchlichen Teilnehmer kam es nur in knapp 30 Minuten. Die Bundessynode hat diese Begegnung ausgewertet und fand diese Begegnung unbefriedigend. [...] Es tut mir leid, daß ich Ihnen keine andere Auskunft geben kann. Aber im Interesse der Sachgespräche müssen wir

auf die verabredeten Spielregeln achten.« Schreiben vom 9.10.1987, EZA Berlin, 101/93/111. Böttcher entgegnete am 4.11.1987: »Spielregeln diktiert der Stärkere. Das ›Spiel‹ an sich stärkt aber nicht den Schwächeren, zumal eine der Abmachungen besagt: Die anderen bleiben draußen. Damit stellen Sie staats- und kirchenpolitische Strukturen auf eine Stufe und verhindern ein Mündigwerden der Vielen, fördern Zweifel und Mißtrauen Betroffener. Bitte überdenken Sie, ob es bei künftigen ›Sachgesprächen‹ nicht oberstes Gebot sein müßte, den Gelähmten (Lahmgemachten) in diesem Land Aufrichtigkeit und Wahrhaftigkeit entgegenzubringen, auch weil Sie nur von ihnen entscheidende Stärkung erfahren könnten. Das nötigenfalls auf den Verzicht eines Zustandekommens solcherart ›Spiele‹.« A.a.O. Vgl. auch den Brief von Dr. med. Erika Drees, Stendal, an das BEK-Sekretariat mit der Forderung nach mehr »Glasnost« im kirchlichen Bereich, a.a.O. Ziegler antwortete, ebenfalls auf den unbefriedigenden Verlauf des Gespräches hinweisend: »Ich wäre Ihnen dankbar, wenn Sie etwas Verständnis dafür aufbringen könnten, daß die Leitungsgremien des Bundes im Interesse weiterführender Verhandlungen im Blick auf Veröffentlichungen größere Rücksicht walten lassen müssen, als sie selber es oft wünschen. Zu Ihrer persönlichen Information füge ich eine Ablichtung des Vermerkes bei. Ich bitte Sie aber, dafür Sorge zu tragen, daß daraus nicht in irgendwelchen – besonders westlichen – Medien zitiert wird.« A.a.O.
612 Vgl. Protokoll Leich-Ziegler-Dorgerloh/Günther über die 113. Tagung der Konferenz der Evangelischen Kirchenleitungen in der DDR am 4./5.9.1987 in Berlin, EZA Berlin, 101/93/242. EKU-Kirchenkanzleipräsident Friedrich Winter hielt zwar Informationsgespräche für eine sinnvolle Form, fügte aber hinzu, »der primäre Monolog von Staatssekretär Prof. Sitzlack ha[be] Verwirrung gestiftet, denn auch gutwillige Zuhörer fühlten sich nicht wohl.« Es müsse zumindest um ein gemeinsames Bedenken der Probleme gehen, wenn der Staat schon keine Verhandlungen wolle. Vgl. Staatssekretär für Kirchenfragen, Abt. II, Information Wilke vom 15.3.1988 über ein Gespräch mit dem Präsidenten der EKU Dr. Winter durch Genossen Wilke am 10.3.1988, BA, Abt. Potsdam, O-4, 970; auch SAPMO-BA ZPA IV B2/14/43.
613 Vgl. oben, 200 f.
614 Vgl. Abt. II, Information Wilke vom 17.9.1987 über ein Gespräch mit OKR Ziegler am 10.9.1987, BA, Abt. Potsdam, O-4, 1232; Vermerk Ziegler vom 17.9.1987 über ein Gespräch in der Dienststelle des Staatssekretärs für Kirchenfragen am 10.9.1987, 13.30 bis 15.00 Uhr, EZA Berlin, 101/93/6.
615 Vgl. epd-ZA vom 6.9.1987. Es handelte sich um ein Gespräch am 5.9.1987. Hans Wilke hatte Ziegler bereits Ende August angekündigt, Gysi »beabsichtig[e], noch vor der Bundessynode konkrete Vorschläge für die Fachgespräche zu machen.« Vermerk Ziegler vom 20.8.1987 über ein Gespräch in der Dienststelle des Staatssekretärs für Kirchenfragen am 18.8.1987, 14.30-16.00 Uhr, EZA Berlin, 101/93/6. Am 3.9.1987 teilte Gysi dem KKL-Vorsitzenden mit, er wünsche ihn dringend zu sprechen. Man vereinbarte, am 5.9.1987, einem Samstag, frühmorgens vor Beginn der KKL-Sitzung im Gästehaus Johannishof miteinander zu frühstücken. Zum Gesprächsverlauf vgl. Abschrift von Aktennotiz Leich vom 7.9.1987, a.a.O. Daß der BEK hiervon eine Abschrift erhielt, erklärt im übrigen das Fehlen von Protokollen einiger Gespräche zwischen Leich und Gysi bzw. dem Staatsratsvorsitzenden in den Beständen des EZA. Leich wird hierzu in Eisenach eine Hauptakte geführt haben.
Nach dem Gespräch berichtete der Bischof umgehend der KKL, Gysi habe zugesagt, daß die Medien zukünftig Religionsausübung »als Normalfall behandelt[en].« Man werde Totalverweigerer nicht einberufen. Außerdem bot der Staatssekretär Informationsgespräche zu besagten Themen an. Die verbale Verschiebung von »Sach«- zu »Informationsgespräch« war der KKL nicht entgangen. Sekretariat und Vorstand sollten sich bei deren Vorbereitung vor allem auf das Gespräch zu Wehrdienstfragen konzentrieren, entschied das Gremium. Vgl. Protokoll Leich-Ziegler-Dorgerloh/Günther über die 113. Tagung der Konferenz der Evangelischen Kirchenleitungen in der DDR am 4./5.9.1987 in Berlin, EZA Berlin, 101/93/242.

616 Vgl. Information vom 21.9.1987 über Gespräche mit Synodalen am 21.9.1987, SAPMO-BA ZPA IV B2/14 /93.
617 Vgl. ebd.
618 G. Rein, Die protestantische Revolution, 34 f.
619 Das Amt des Reichsbischofs war in der NS-Zeit eingeführt und durch den Hitler bedingungslos ergebenen Deutschen Christen Ludwig Müller besetzt worden.
620 Nachschrift in EZA Berlin, 101/93/179.
621 Schreiben vom 5.10.1987, a.a.O.
622 Schreiben vom 23.10.1987, a.a.O.
623 In der Diskussion der anschließenden KKL-Sitzung wurde bemerkt: »Dr. Leichs Einsatz war vorbildlich.« Protokoll Leich-Ziegler-Ritter über die 114. Tagung der Konferenz der Evangelischen Kirchenleitungen in der DDR am 6./7.11.1987 in Berlin, EZA Berlin, 101/93/242.
624 Berlin, 21.9.1987, Zum bisherigen Verlauf der Synode des Bundes der Evangelischen Kirchen in der DDR (Görlitz), SAPMO-BA ZPA IV B2/14/93.
625 Information über die Synode des Bundes der Evangelischen Kirchen in der DDR (BEK), a.a.O.
626 Information vom 13.10.1987 über die Synode des Bundes der Evangelischen Kirchen in der DDR (BEK) in Görlitz 1987, BA, Abt. Potsdam, O-4, 787.
627 Vgl. auch Information vom 22.9.1987 zum Verlauf und Ergebnis der Synode des BEK (Bund der evangelischen Kirchen) in Görlitz 1987, BA, Abt. Potsdam, O-4, 787; auch PDS-Archiv Dresden, AR 14100. Der Plan dieser Tagung wurde vom Synodalpräsidium verfolgt. Von jeder Eingebergruppe sollte ein Vertreter kommen dürfen. Außerdem sollten 20 Synodale sowie jeweils fünf Vertreter von Sekretariat und KKL teilnehmen. Die Tagung sollte außerhalb Berlins stattfinden. Vgl. Protokoll Riese vom 2.11.1987 der Präsidiumssitzung am 8.10.1987 in Berlin, EZA Berlin, 101/93/208; vgl. auch Protokoll Leich-Ziegler-Kupas vom 20.10.1987 der 203. Sitzung des Vorstandes am 15.10.1987 in Leipzig, EZA Berlin, 101/93/249. Mitte November 1987 standen als Termin der 16.1.1988 und als Ort die Evangelische Kirche in Oranienburg fest. Das Seminar sollte unter Ausschluß der Öffentlichkeit stattfinden. Der KKL-Vorstand beschloß, die Teilnahme von KKL-Mitgliedern »nicht dem Zufall [zu] überlassen«. Protokoll Leich-Ziegler-Lewek vom 8.12.1987 über die 204. Sitzung des Vorstandes am 20.11.1987 in Berlin, EZA Berlin, 101/93/750. Vgl. auch Kurzprotokoll Stolpe vom 4.12.1987 über eine gemeinsame Beratung der leitenden Geistlichen und der Leiter der Verwaltungsdienststellen der Gliedkirchen des Bundes der Evangelischen Kirchen in der DDR am 3.12.1987 in der Dienststelle des Bundes: »Das Sekretariat wird Konferenzmitgliedern, die unbedingt am Abgrenzungsseminar teilnehmen sollten, ein gesondertes Schreiben zusenden.« EZA Berlin, 101/93/774. Der Brief ist abgedruckt in Zwischen Anpassung und Verweigerung, 375-377.
628 Vgl. Schreiben Jarowinsky an Honecker vom 29.9.1987, SAPMO-BA ZPA IV B2/14/93.
629 Arbeitskreis Solidarische Kirche, 3. Vollversammlung, Leipzig, 6.-8.10.1987, Stellungnahme zu den Ergebnissen der Bundessynode zum »Antrag auf Absage an Praxis und Prinzip der Abgrenzung« mit Begleitschreiben Arbeitskreis Solidarische Kirche, Uwe Lehmann, an Gaebler vom 9.11.1987, EZA Berlin, 101/93/208.
630 Vgl. W. Jarowinsky an Erich Honecker, 21.9.1987, Zum bisherigen Verlauf der Synode des Bundes der Evangelischen Kirchen der DDR in Görlitz: »Der Vertreter des Staatssekretariats für Kirchenfragen, der als Beobachter an den öffentlichen Tagungen der Synode teilnimmt, berichtet über eine Reihe ungewöhnlicher Aktivitäten ausländischer Diplomaten und Journalisten während der Beratungen der Synode.« Der SED-Generalsekretär leitete den Bericht am 22.9.1987 an die Mitglieder und Kandidaten des Politbüros weiter. SAPMO-BA ZPA IV B2/14/93; auch a.a.O., J IV 2/2 A/3060. Anscheinend tat Schorlemmer diese Äußerung nach einem eindringlichen Gespräch mit einem der anwesenden Journalisten bzw. Diplomaten und revidierte damit indirekt seine zuvor geäußer-

te Ablehnung des Abgrenzungsantrages. Vgl. Information vom 13.10.1987 über die Synode des Bundes der Evangelischen Kirchen in der DDR (BEK) in Görlitz 1987, BA, Abt. Potsdam, O-4, 787. Vgl. auch Information vom 22.9.1987 zum Verlauf und Ergebnis der Synode des BEK (Bund der evangelischen Kirchen) in Görlitz 1987: »Die verstärkte offensive Einflußnahme von Mitarbeitern der Ständigen Vertretung der BRD (drei Personen) sowie weiteren Diplomaten (USA zwei Personen; Großbritannien eine Person) und von westlichen Medienvertretern (hier hat sich besonders epd-Korrespondent Röder hervorgetan) nahm ein bislang nicht gekanntes Ausmaß an und wurde demonstrativ und offen praktiziert.« BA, Abt. Potsdam, O-4, 787; auch PDS-Archiv Dresden, AR 14100. Schorlemmer bestritt später eine Einflußnahme von Mitarbeitern der Ständigen Vertretung, obwohl es während des Mittagessens auch Kontakte gegeben habe. Vgl. Aktenvermerk vom 6.11.1987 zum Gespräch mit dem Bundessynodalen Schorlemmer am 5.11.1987, LPA Halle, IV F-2/14/370.
631 F. Schorlemmer, Träume und Alpträume, 40 f. Görlitz, den 19.9.1987, Zweite Tagesinformation über die 3. Tagung der 5. Synode des BEK, 18. bis 22.9.1987, Sonnabend, 19.9.1987, SAPMO-BA ZPA IV B2/14/93. Außerdem kritisierte Schorlemmer gesellschaftliche Mißstände wie den Zerfall der Städte, das Versagen von Ökonomie und Ökologiepolitik. Vgl. Information vom 22.9.1987 zum Verlauf und Ergebnis der Synode des BEK (Bund der evangelischen Kirchen) in Görlitz 1987, BA, Abt. Potsdam, O-4, 787; auch PDS-Archiv Dresden, AR 14100. Zur Ökologieproblematik monierte der Staat im Sommer 1987 eine Ausstellung »Wasser – unser Leben« in der Dresdener Kreuzkirche, da sie Mißtrauen gegen die DDR-Umweltpolitik wecke. Superintendent Ziemer wurde aufgefordert, umgehend die Ausstellung abbauen zu lassen. Vgl. Stellv. d. Oberbürgermeisters für Inneres, Dresden, Aktenvermerk Jörke vom 3.8.1987 über das Gespräch am heutigen Vormittag mit dem Superintendenten Ziemer, SHStA Dresden, BT/RdB Dresden (Zwibo), 46621. Nach Rücksprache mit Präsident Domsch entschied sich Ziemer für die Beibehaltung der Ausstellung. Gegenüber dem RdB betonten sowohl Domsch als auch OLKR Fritz, sie hielten die Ausstellung für gut, gestanden aber zu, sie stelle die Dinge einseitig dar. Fritz sagte jedoch, die Kirche »müsse[.] laut schreien, damit sich etwas verändert«. Man kam überein, die Ausstellung vorübergehend zu schließen und währenddessen Korrekturen an einzelnen Exponaten vorzunehmen. Lewerenz vermerkte abschließend: »Das Gespräch, das zeitweise erhebliche Spannungen erkennen ließ, dauerte 2 Stunden und 15 Minuten.« RdB Dresden, Sektor Staatspolitik in Kirchenfragen, Vermerk Lewerenz vom 7.8.1987 über Gespräch des Stellvertreters des Vorsitzenden für Inneres, Gen. Fuchs, mit dem Präsidenten des Landeskirchenamtes, Dr. Domsch, am 4.8.1987 zu einer Umweltausstellung in der Kreuzkirche Dresden, a.a.O. Präsident Domsch berichtete der KKL: »Eine Ausstellung zum Thema ›Wasser und Wasserverbrauch‹ in der Kreuzkirche in Dresden wurde staatlicherseits beanstandet. Durch Verhandlungen konnte die Angelegenheit positiv geklärt werden.« Protokoll Leich-Ziegler-Dorgerloh/Günther über die 113. Tagung der Konferenz der Evangelischen Kirchenleitungen in der DDR am 4./5.9.1987 in Berlin, EZA Berlin, 101/93/242. Zur Arbeit des unter der Leitung Ziemers stehenden und ca. 20 Mitglieder umfassenden Ökologiekreises vgl. auch Rat der Stadt Dresden, Bezirk Dresden, Stellv. des Oberbürgermeisters für Inneres, an RdB Dresden, Stellv. des Vorsitzenden für Inneres, Informationsbericht Staatspolitik in Kirchenfragen vom 30.11.1987, SHStA Dresden, BT/RdB Dresden (Zwibo), 44870; RdB Dresden, Stellvertreter des Vorsitzenden für Inneres, Informationsbericht vom 14.12.1987 für die Monate Oktober/November 1987, SHStA Dresden, BT/RdB Dresden (Zwibo), 45940.
632 Information vom 13.10.1987 über die Synode des Bundes der Evangelischen Kirchen in der DDR (BEK) in Görlitz 1987, BA, Abt. Potsdam, O-4, 787.
633 Vgl. Information vom 22.9.1987 zum Verlauf und Ergebnis der Synode des BEK (Bund der evangelischen Kirchen) in Görlitz 1987, a.a.O.; auch PDS-Archiv Dresden, AR 14100.
634 Zur unmittelbaren Vorbereitung vgl. Protokoll Riese vom 9.7.1987 der Präsidiumsta-

gung am 2.7.1987 in Berlin, 101/93/208. Die Beschlußvorlage selbst war den Mitgliedern des Vorstandes wie auch der KKL vor der Synodaltagung nicht bekannt gewesen, wie das Sekretariat kritisch anmerkte. Vgl. Protokoll Riese vom 2.11.1987 der Präsidiumssitzung am 8.10.1987 in Berlin, a.a.O. Vgl. den Beschluß der Synode betr. »Bekennen in der Friedensfrage«, in epd-Dok 44/87, 33-35.

635 Berlin, 21.9.1987, Zum bisherigen Verlauf der Synode des Bundes der Evangelischen Kirchen in der DDR (Görlitz), SAPMO-BA ZPA IV B2/14/93.

636 Vgl. Information vom 21.9.1987 über Gespräche mit Synodalen am 21.9.1987, a.a.O. Vgl. auch Gienkes Bericht über die Stimmung in Greifswald vor der KKL: »Zum Bekennen in der Friedensfrage (Bundessynode Görlitz) konnte die Kirchenleitung kein klares Ja sagen, hat sich aber auch nicht deutlich von ihm abgesagt. Auf eine differenzierte Auslegung wird Wert gelegt.« Protokoll Leich-Ziegler-Ritter über die 114. Tagung der Konferenz der Evangelischen Kirchenleitungen in der DDR am 6./7.11.1987 in Berlin, EZA Berlin, 101/93/242. Auch in der Herrnhuter Brüdergemeine wurden »Wehrersatzdienst bzw. Wehrdienstverweigerung befürwortend diskutiert«. Ebd.

637 Vor allem kritisierte man den Abschnitt zu Wehrdienstfragen. Vgl. ebd. Hingegen machte sich die Herbstsynode der Kirchenprovinz Sachsen das Anliegen des BEK-Synodalbeschlusses »ausdrücklich zu eigen« und empfahl den Gemeinden, sich damit zu befassen. Vgl. ebd.

638 Anhalts Kirchenpräsident Natho äußerte auf der Herbstsynode Anhalts, »er persönlich befürworte keine Wehrdienstverweigerung«. SED-BL Halle, Schreiben Mitarbeiter für Kirchenfragen an Achim Böhme vom 26.10.1987, LPA Halle, IV F-2/14/370.

639 Information über die Synode des Bundes der Evangelischen Kirchen in der DDR (BEK), SAPMO-BA ZPA IV B2/14/93. Vgl. auch Information vom 13.10.1987 über die Synode des Bundes der Evangelischen Kirchen in der DDR (BEK) in Görlitz 1987, BA, Abt. Potsdam, O-4, 787. Das Papier nennt Oberkirchenrat Schulze (Dessau), Pfarrer Adolph und Superintendent Große, die sich gegen eine Diffamierung derjenigen wandten, die Wehrdienst leisteten. Vgl. ebd. Vgl. auch Dresden, Bereich Inneres, Staatspolitik in Kirchenfragen, Aktenvermerk Schulze vom 8.4.1987 über Gespräch am 7.4.1987 mit Pfarrer Reimann (Annenkirche): »Aus dem weiteren Verlauf des Gespräches war die Bemerkung des Pfarrers interessant, daß unter seinen Amtsbrüdern zunehmend Stimmen laut werden, die sich ablehnend dazu äußern, die Frage des Wehrdienstes zu einer Bekenntnisfrage zu machen.« SHStA Dresden, BT/RdB Dresden (Zwibo), 45935.

640 An dem Beschlußentwurf für das Sekretariat des ZK arbeitete auch das MfS: Vgl. BStU Berlin, MfS HA XX/4-838, 32 ff.

641 Am 24.9.1987 fertigte der Sektor Kirchenfragen im RdB Erfurt eine Beurteilung des Propstes der Propstei Erfurt der Evangelischen Kirche der Kirchenprovinz Sachsen, Dr. Heino Falcke, an: »Im kirchlichen Raum werden sein fundiertes theologisches Wissen, die Fähigkeit des rhetorisch versierten Vortrages sowie die Überzeugungskraft und Eindringlichkeit der von ihm vermittelten Thesen und Argumente hervorgehoben. Die im Jahre 1972 durch ihn artikulierten Thesen vom ›verbesserlichen Sozialismus‹ im Rahmen einer Synode des Bundes der Ev. Kirchen in der DDR stellten eine Herausforderung der sozialistischen Gesellschaft, eine grobe Entstellung der Gesellschaftstheorie des Sozialismus und eine ernstzunehmende Belastung des Staat-Kirche-Verhältnisses dar. Dr. Falcke hat es in den darauffolgenden Jahren trotz zeitweiliger Zurückhaltung nicht an Versuchen fehlen lassen, im Sinne eines ›kritischen Korrektivs‹ Entwicklungsprozesse der sozialistischen Gesellschaft, vor allem den Volksbildungsbereich, die sozialistische Wehrerziehung und Umweltpolitik, einer zum Teil auch öffentlichkeitswirksamen, verzerrten Beurteilung auszusetzen. [...] Durch seine betont kontroversen Ausfälle gegenüber der sozialistischen Gesellschaft wurde er besonders für destruktive Kräfte im kirchlichen Raum, die eine spezifisch organisatorische Plattform ihres Wirkens, aber auch profilierte Theologen als Leitbilder benötigten, unentbehrlich. Das zeigt sich in seinem Wirken innerhalb der Friedensdekade, im Rahmen der offenen Jugendarbeit in Erfurt wie auch bei der Förderung der separaten Friedensbewegung ›Konkret

für den Frieden‹. [...] zeigt sich, daß es Falcke langfristig darauf angelegt hat, dem Staat ›Defizite‹ auf den verschiedensten Gebieten gesellschaftlicher Politik und Praxis nachzuweisen und ihm eine ›Öffnung für Ideen‹ im Sinne einer pluralistischen Gesellschaft zu empfehlen. Falcke hat Anfang der 80er Jahre keinen Hehl daraus gemacht, daß er mit den destabilisierenden Aktivitäten und Zielsetzungen der polnischen Gewerkschaftsbewegung ›Solidarność‹ sympathisiert und sich mit deren politischen Praktiken zur Unterwanderung der sozialistischen Gesellschaft identifiziert. Seit Mitte der 80er Jahre beruft sich Falcke gelegentlich in seinen kontroversen Auslassungen auf die ›von ihm geschätzte und geachtete Person und Politik‹ des Genossen M. Gorbatschow mit der Absicht, die DDR-Führung aufzufordern, nachhaltig Praktiken des sowjetischen Weges der gesellschaftlichen Erneuerung zu übernehmen. In dieser Intention bewegen sich seine destruktiven Ausfälle gegen die Dialog-, Friedens- und Sicherheitspolitik der DDR in den Synoden des Bundes der ev. Kirchen in der DDR 1986 und 1987, die in ihrer Tendenz einer Verzerrung der gesellschaftlichen Tatbestände in der DDR gleichkommen. Damit machte er sich zum Sprecher einer Minderheit, die bestrebt ist, den Kurs einer vertrauensvollen Zusammenarbeit mit dem Staat und gesellschaftlichen Kräften zu stören. [...] An Gesprächen und Zusammenkünften im gesellschaftlichen Raum, zu denen Repräsentanten des Staates eingeladen hatten, hat Propst Dr. Falcke teilgenommen und dem jeweiligen Anlaß angemessene Positionen eingenommen«, stellte das Papier abschließend versöhnlich fest. BA, Abt. Potsdam, O-4, 1482; mit einer geringen, nur formalen Abweichung auch SAPMO-BA ZPA IV B2/14/69.

642 Auszug aus dem Sitzungsprotokoll Nr. 38/87 vom 22.9.1987, Punkt 16, SAPMO-BA ZPA J IV 2/2/2240.
643 Vgl. auch Information vom 22.9.1987 zum Verlauf und Ergebnis der Synode des BEK (Bund der evangelischen Kirchen) in Görlitz 1987: »Der Bericht der Konferenz der Evangelischen Kirchenleitungen bot wenig Ansatzpunkte für einen durchgängig konstruktiven Diskussionsverlauf.« BA, Abt. Potsdam, O-4, 787; auch PDS-Archiv Dresden, AR 14100. Vgl. auch Information vom 13.10.1987 über die Synode des Bundes der Evangelischen Kirchen in der DDR (BEK) in Görlitz 1987: »Der Bericht der Kirchenleitung ist im Vergleich zu früheren kürzer gefaßt, relativ zurückhaltend formuliert, nennt erzielte Fortschritte und ist auf Ausgleich und Verständigung gerichtet. Gewürdigt wird die Friedenspolitik der DDR. [...] zum wiederholten Male werden die bekannten abweichenden Standpunkte zu Fragen der Volksbildung, einem sogenannten Wehrersatzdienst, zu Reisegenehmigungen vertreten. Der Bericht zeigt das Bemühen, Zuspitzungen zu vermeiden. Hervorgehoben wird, daß die Kirche ständig nur darum ringe, ihren Platz in der sozialistischen Gesellschaft in konstruktiver Weise zu bestimmen. Das ist bedeutsam, weil im Vorfeld der Synode durch bestimmte Kräfte massiv Druck ausgeübt worden war, den Bericht zu einer ›Generalabrechnung‹ aller kritischen und kontroversen Punkte der letzten drei Synoden zu machen.« BA, Abt. Potsdam, O-4, 787.
644 Berlin, 21.9.1987, Zum bisherigen Verlauf der Synode des Bundes der Evangelischen Kirchen in der DDR (Görlitz), SAPMO-BA ZPA IV B2/14/93.
645 Information vom 13.10.1987 über die Synode des Bundes der Evangelischen Kirchen in der DDR (BEK) in Görlitz 1987, BA, Abt. Potsdam, O-4, 787.
646 W. Jarowinsky an Erich Honecker, 21.9.1987, Zum bisherigen Verlauf der Synode des Bundes der Evangelischen Kirchen in der DDR in Görlitz. Der SED-Generalsekretär leitete den Bericht am 22.9.1987 an die Mitglieder und Kandidaten des Politbüros weiter. SAPMO-BA ZPA IV B2/14/93; auch a.a.O., J IV 2/2 A/3060.
647 Information vom 22.9.1987 zum Verlauf und Ergebnis der Synode des BEK (Bund der evangelischen Kirchen) in Görlitz 1987, BA, Abt. Potsdam, O-4, 787; auch PDS-Archiv Dresden, AR 14100. Vgl. auch Schreiben Jarowinsky an Honecker vom 29.9.1987: »Trotzdem kann das Verhalten einer Reihe verantwortlicher Kirchenvertreter nicht befriedigen, da sie sich den Herausforderungen nicht gestellt haben oder auf Nebenfragen ausgewichen sind.« SAPMO-BA ZPA IV B2/14/93.

648 Information vom 13.10.1987 über die Synode des Bundes der Evangelischen Kirchen in der DDR (BEK) in Görlitz 1987, BA, Abt. Potsdam, O-4, 787.
649 Ebd.
650 Schreiben Jarowinsky an Honecker vom 29.9.1987, SAPMO-BA ZPA IV B2/14/93.
651 Information über die Synode des Bundes der Evangelischen Kirchen in der DDR (BEK) in Görlitz 1987. Zur weiteren Arbeit mit den evangelischen Kirchen in der DDR, Protokollauszug der Sekretariatssitzung Nr. 112/87 vom 14.10.1987, TOP 2, Anlage 1 SAPMO-BA ZPA J IV 2/3/4171; auch BA, Abt. Potsdam, O-4, 971.
652 Zu Gaebler vgl. W. Jarowinsky an Erich Honecker, 21.9.1987. Zum bisherigen Verlauf der Synode des Bundes der Evangelischen Kirchen der DDR in Görlitz: »Eine negative Rolle spielte wiederum der Leiter der Synode, Präses Gaebler, der in einem Forschungsinstitut des Ministeriums für Kohle und Energie tätig ist. Durch die Art der Leitung der Synode begünstigte er die reaktionären Kräfte.« Der SED-Generalsekretär leitete den Bericht am 22.9.1987 an die Mitglieder und Kandidaten des Politbüros weiter. SAPMO-BA ZPA IV B2/14/93; auch a.a.O., J IV 2/2 A/3060. Vgl. auch Information vom 22.9.1987 zum Verlauf und Ergebnis der Synode des BEK (Bund der evangelischen Kirchen) in Görlitz 1987: »Präses Dr. Gaebler unterstützte durch seine Verhandlungsführung sichtbar die Positionen politisch-negativer Kräfte in der Synode. So wandte er sich z. B. gegen Beifallskundgebungen für realistische Stellungnahmen und räumte rechten Kräften auch dann noch die Möglichkeit von Stellungnahmen ein, wenn Diskussionen zum Thema schon beendet waren.« BA, Abt. Potsdam, O-4, 787; auch PDS-Archiv Dresden, AR 14100.
653 Vor der KKL äußerte Gaebler: »Innere Mitte der Görlitzer Synodaltagung war die Beschlußfassung zum Bekennen in der Friedensfrage. Hier ist ein geistliches Zusammenwachsen der Gliedkirchen zu beobachten.« Protokoll Leich-Ziegler-Ritter über die 114. Tagung der Konferenz der Evangelischen Kirchenleitungen in der DDR am 6./7.11.1987 in Berlin, EZA Berlin, 101/93/242.
654 Vgl. Vermerk Ziegler vom 27.10.1987 über die Zusammenkunft der Beratergruppe am 24.9.1987, 14.00 bis 22.00 Uhr, Berlin, Auguststraße 80, EZA Berlin, 4/92/18.
655 So auch Protokoll Riese vom 2.11.1987 der Präsidiumssitzung am 8.10.1987 in Berlin, EZA Berlin, 101/93/208. Vgl. auch Protokoll Leich-Ziegler-Ritter über die 114. Tagung der Konferenz der Evangelischen Kirchenleitungen in der DDR am 6./7.11.1987 in Berlin, EZA Berlin, 101/93/242.
656 Protokoll Leich-Ziegler-Kupas vom 20.10.1987 der 203. Sitzung des Vorstandes am 15.10.1987 in Leipzig, EZA Berlin, 101/93/249. So auch die Diskussion der KKL auf ihrer Novembertagung 1987, a.a.O.
657 Vgl. Protokoll Leich-Ziegler-Ritter über die 114. Tagung der Konferenz der Evangelischen Kirchenleitungen in der DDR am 6./7.11.1987 in Berlin, EZA Berlin, 101/93/242.
658 Vgl. Protokoll Riese vom 2.11.1987 der Präsidiumssitzung am 8.10.1987 in Berlin, EZA Berlin, 101/93/208.
659 Vorlage Röfke-Behnke vom 25.9.1987 an die Dienstbesprechung am 28.9.1987, Thema: Information zum Inhalt der »Weißenseer Blätter«, BA, Abt. Potsdam, O-4, 955.
660 Vgl. Schreiben Gysi an Stoph vom 16.10.1987, BA, Abt. Potsdam, O-4, 1000.
661 Vgl. Abt. II, Information Gräfe vom 28.10.1987, Aktuelle politische Tendenzen in den Kirchen und Religionsgemeinschaften in der DDR, Leitungsinformation 5/87, BA, Abt. Potsdam, O-4, 955. Vgl. auch Abt. II, Information Gysi vom 10.11.1987 zur aktuellen Gesprächsführung in den evangelischen Kirchen, SAPMO-BA ZPA IV B2/14/42.
662 Vgl. Abt. II, Information Gysi vom 10.11.1987 zur aktuellen Gesprächsführung in den evangelischen Kirchen, SAPMO-BA ZPA IV B2/14/42.
663 Bischof Forck forderte Ende Oktober beim RdB Cottbus ein Gespräch mit dem Ministerium für Volksbildung: »Es gehe ihm darum, daß christliche Schüler durchgängig gleichgeachtet werden, was gegenwärtig noch nicht der Fall sei. Es müsse Praxis werden, daß christliche Schüler die entsprechende Toleranz finden, auch wenn sie eine andere Weltanschauung als den Marxismus-Leninismus vertreten.« RdB Cottbus, Stell-

vertreter des Vorsitzenden für Inneres, Information Bartusch vom 4.11.1987 zum Gespräch der Ratsvorsitzenden Irma Uschkamp mit dem Bischof der Evangelischen Kirche in Berlin-Brandenburg, Dr. Gottfried Forck, am 30.10.1987, BA, Abt. Potsdam, O-4, 1476.
664 Vgl. Abt. II, Berlin, den 21.12.1987, Aktuelle politische Tendenzen in den Kirchen und Religionsgemeinschaften in der DDR – Leitungsinformation 6/87, BA, Abt. Potsdam, O-4, 956.
665 W. Leich, Bedeutung und Wirkung des Darmstädter Wortes, in: Umkehr zu Gott und Hinkehr zum Nächsten, 10-20.
666 J. Hempel, Voraus-Setzungen des Evangeliums für das politische Zeugnis der Christen. Vortrag auf der Herbstsynode am 10.10.1987, in: ders., Kirche wird auch in Zukunft sein, 177-183.
667 Abt. II, Information Gräfe vom 28.10.1987, Aktuelle politische Tendenzen in den Kirchen und Religionsgemeinschaften in der DDR, Leitungsinformation 5/87, BA, Abt. Potsdam, O-4, 955.
668 J. Hempel, Voraus-Setzungen des Evangeliums für das politische Zeugnis der Christen. Vortrag auf der Herbstsynode am 10.10.1987, in: ders., Kirche wird auch in Zukunft sein, 177-183. Vgl. auch RdB Dresden, Sektor Staatspolitik in Kirchenfragen, Einschätzung Lewerenz vom 15.10.1987 der Herbsttagung der Landessynode der Evangelisch-Lutherischen Landeskirche Sachsens vom 10. bis 14.10.1987 in Dresden, PDS-Archiv Dresden, AR 14100. Vgl. auch Abt. II, 19.10.1987, Information zur Herbstsynode 1987 der Evangelisch-Lutherischen Landeskirche Sachsens: »Schwerpunkt der Tagung bildeten die grundsätzlichen konstruktiven Aussagen der Kirchenleitung und besonders des Landesbischofs Dr. Hempel zum Wirken und Auftrag der Kirche in der Gesellschaft unter dem Stichwort des ›begrenzten politischen Mandates‹ der Kirche. Er konnte seine deutlicher werdenden Bemühungen um eine realistische und vorwärtsweisende Bestimmung des Staat-Kirche-Verhältnisses in seiner Landeskirche, unterstützt von den realistischen Kräften und zunehmend von der Mehrheit der Synodalen, weiter durchsetzen. Die von Dr. Hempel geprägte Formel eines ›begrenzten politischen Mandats‹ der Kirche stellt einen wichtigen politischen Beitrag zur Positionsbestimmung der evangelischen Kirchen in der DDR-Gesellschaft dar, dessen Bedeutung weit über die sächsische Landeskirche hinausgeht. Ausgehend von der Überlegung, daß das kirchliche Wirken auf Grund seines öffentlichen Charakters auch gesellschaftliche und politische Konsequenzen habe, wird ein politisches Mandat der Kirche als grundsätzlich unvermeidbar angesehen. Es wird aber dadurch begrenzt, daß die Kirche primär ihrem religiösen Auftrag verpflichtet ist und keinen Anspruch auf politische Macht hat. Kirchliches Wirken mit gesellschaftlichen und politischen Konsequenzen hat sich in die Priorität des eigentlichen religiösen Auftrages einzuordnen. Der Bischof ordnet die gesellschaftliche und politische Relevanz kirchlichen Wirkens nachdrücklich ihrem religiösen Auftrag unter und grenzt es von einer vordergründigen Politisierung ab. Kirchliches Wirken in der Gesellschaft soll geprägt sein durch Realismus, Lern- und Dialogbereitschaft, Selbstbesinnung, Sachlichkeit und Bescheidenheit. So richtet sich der Auftrag des kirchlichen Wächteramtes primär gegen politisch negative Kräfte, die die Kirche für ihre Zwecke mißbrauchen wollen.« SAPMO-BA ZPA IV B2/14/103. Vgl. den sächsischen Kirchenleitungsbericht in epd-Dok 52/87, 1-8. Diese Position unterstützte Superintendent Daehne (Dippoldiswalde) öffentlich während der Friedensdekade 1987. Vgl. Abt. II, Siebente Information Wilke vom 19.11.1987 zum Verlauf der Friedensdekade vom 8. bis 18.11.1987, SAPMO-BA ZPA IV B2/14/96. Auch in der Stadt Dresden war die Reaktion auf die Hempelsche Formel in vielen Fällen positiv. Vgl. Rat der Stadt Dresden, Bezirk Dresden, Stellv. des Oberbürgermeisters für Inneres, an RdB Dresden, Stellv. des Vorsitzenden für Inneres, Informationsbericht Staatspolitik in Kirchenfragen vom 30.11.1987, SHStA Dresden, BT/RdB Dresden (Zwibo), 44870.
669 Der Staatssekretär fuhr fort: »Bischof Dr. Hempel ordnete die gesellschaftliche und politische Wirkung kirchlicher Aktivitäten nachdrücklich ihrem religiösen Auftrag unter

und wandte sich gegen einen politischen Mißbrauch der Kirche. Realismus, Lern- und Dialogbereitschaft, Selbstbesinnung, Sachlichkeit und Bescheidenheit müssen das kirchliche Wirken bestimmen.« Abt. II, Information Gysi vom 10.11.1987 zur aktuellen Gesprächsführung in den evangelischen Kirchen, SAPMO-BA ZPA IV B2/14/42.

670 Abt. II, Information Gräfe vom 28.10.1987, Aktuelle politische Tendenzen in den Kirchen und Religionsgemeinschaften in der DDR, Leitungsinformation 5/87, BA, Abt. Potsdam, O-4, 955.

671 Vgl. Abt. II, Information Gysi vom 10.11.1987 zur aktuellen Gesprächsführung in den evangelischen Kirchen, SAPMO-BA ZPA IV B2/14/42.

672 Vgl. RdB Magdeburg, Stellvertreter des Vorsitzenden für Inneres, Information Lubas vom 30.9.1987 über das Gespräch mit dem Bischof der Evangelischen Kirche der Kirchenprovinz Sachsen, Dr. Demke, am 29.9.1987 im Konsistorium. Demke äußerte sich demnach erleichtert, daß der Abgrenzungsantrag keine Mehrheit fand. Immerhin hätten ihn doch mehr Synodale abgelehnt, als er erwartet hätte, darunter auch Schorlemmer, führte der Bischof aus. BA, Abt. Potsdam, O-4, 1192. Vgl. zur Wertung auch Abt. II, Information Gysi vom 10.11.1987 zur aktuellen Gesprächsführung in den evangelischen Kirchen, SAPMO-BA ZPA IV B2/14/42.

673 Vgl. Abt. II, Information Gräfe vom 28.10.1987, Aktuelle politische Tendenzen in den Kirchen und Religionsgemeinschaften in der DDR, Leitungsinformation 5/87, BA, Abt. Potsdam, O-4, 955.

674 Vgl. hierzu Abt. II, Information Gysi vom 10.11.1987 zur aktuellen Gesprächsführung in den evangelischen Kirchen: »Falcke wurde nachgewiesen, daß er sich in grober Weise in staatliche Belange eingemischt hat und dabei mit beispielloser Demagogie westlichen Medien Material für ihre Verleumdungskampagne gegen die DDR geliefert hat.« SAPMO-BA ZPA IV B2/14/42. Zum Gesprächsverlauf vgl. RdB Erfurt, Der Vorsitzende, Information Swatek vom 3.10.1987: Der Ratsvorsitzende Arthur Swatek wies auf die Trennung zwischen Staat und Kirche hin, die »vor inkompetenten Einsprüchen und Einmischungen in die Zuständigkeit der jeweils anderen Seite [bewahre].« »Es gibt für ein kirchliches Wächteramt im Sinne eines kritischen Korrektivs weder eine Notwendigkeit noch eine Voraussetzung.« Falcke verteidigte sein Vorgehen in Görlitz, gab aber auch zu verstehen, er sei an einer Destabilisierung der DDR nicht interessiert. BA, Abt. Potsdam, O-4, 1078.

675 Vgl. Abt. II, Information Gräfe vom 28.10.1987, Aktuelle politische Tendenzen in den Kirchen und Religionsgemeinschaften in der DDR, Leitungsinformation 5/87, BA, Abt. Potsdam, O-4, 955; vgl. auch Abt. II, Information Gysi vom 10.11.1987 zur aktuellen Gesprächsführung in den evangelischen Kirchen, SAPMO-BA ZPA IV B2/14/42.

676 Vgl. Abt. II, Vierte Information Wilke vom 13.11.1987 zum Verlauf der Friedensdekade vom 8. bis 18.11.1987, SAPMO-BA ZPA IV B2/14/96; zu einem weiteren Auftritt Falckes, diesmal in Arnstadt, mit ähnlichen positiven Aussagen vgl. Abt. II, Siebente Information Wilke vom 19.11.1987 zum Verlauf der Friedensdekade vom 8.-18.11.1987, a.a.O.

677 Vgl. Arbeitsgruppe Kirchenfragen, Information vom 24.11.1987 über die Friedensdekade in den evangelischen Kirchen vom 8.-18.11.1987, a.a.O.

678 Aus der Information des Genossen Müller [über ein Gespräch] mit Landesbischof Leich, Erfurt, den 18.4.1988. Müller meinte jedoch, auch künftig gegenüber Falcke wachsam sein zu müssen. BA, Abt. Potsdam, O-4, 1206.

679 Zu Schorlemmer soll Sachsens OLKR Fritz geäußert haben: »Er trete mal positiv, mal negativ auf.« RdB Dresden, Sektor Staatspolitik in Kirchenfragen, Vermerk Lewerenz vom 9.10.1987 über Gespräch mit Oberlandeskirchenrat Schlichter und Oberlandeskirchenrat Fritz am 8.10.1987, BA, Abt. Potsdam, O-4, 1478.

680 Aktenvermerk vom 6.11.1987 zum Gespräch mit dem Bundessynodalen Schorlemmer am 5.11.1987, LPA Halle, IV F-2/14/370.

681 Schreiben Jarowinsky an Honecker vom 13.11.1987, SAPMO-BA ZPA IV B2/14/93. Vgl. auch Abteilung II, Information Gysi-Wilke vom 9.11.1987 über ein Gespräch des

ANMERKUNGEN ZU DER SEITE 240

Staatssekretärs, Genossen Gysi, mit Landesbischof Leich am 6.11.1987 in der Dienststelle, BA, Abt. Potsdam, O-4, 1480; auch SAPMO-BA ZPA IV B2/14/42.
682 Gleiches hatten am 19.10.1987 Heinrich und Wilke Ziegler signalisiert, der eigentlich über die bevorstehenden Informationsgespräche Verabredungen hatte treffen wollen. Im Blick auf die Äußerung von Cynkiewicz fragten die Funktionäre, »ob die Prämissen im Verhältnis von Staat und Kirche noch stimmen. Bei den Ministerkollegen herrsche Irritation und Mißtrauen. Erst sollte hierüber eine Klärung stattfinden, dann könnten erneut Verhandlungen über Zeit und Inhalt der Informationsgespräche geführt werden. Die Gespräche sind zunächst verschoben.« Protokoll Leich-Ziegler-Ritter über die 114. Tagung der Konferenz der Evangelischen Kirchenleitungen in der DDR am 6./7.11.1987 in Berlin, EZA Berlin, 101/93/242. Nach dem von Ziegler angefertigten Gesprächsvermerk würdigten die staatlichen Vertreter zwar den KKL-Bericht, sagten aber zugleich, die Betonung der Themenbereiche Abgrenzung und Wehrdienstverweigerung hätte die von der KKL verfolgte konstruktive Linie in Frage gestellt. Informationsgespräche könne man erst nach einem nunmehr dringend notwendig gewordenen Gespräch zwischen Gysi und der KKL angehen. Diese Gespräche dürfe die kirchliche Seite im übrigen nicht als Verhandlungen ansehen. »Heinrich ergänzt: Mit diesen Äußerungen sollten nicht die Anstrengungen derer gering geschätzt werden, die sich um konstruktive und verfassungsgerechte Beziehungen zwischen Staat und Kirche bemühen.« Die dort getätigten kritischen Aussagen bewerteten die staatlichen Stellen unterschiedlich. Staatssekretär Gysi würdige die offen zutage getretene Polarisierung auf der Synode. Dies würden andere Stellen nicht erkennen, da für sie die kritische Seite der Synode im Vordergrund stehe. Ziegler bat darum, zusätzlich auch ein Gespräch über Baufragen zu führen. Vermerk Ziegler vom 22.10.1987 über ein Gespräch in der Dienststelle des Staatssekretärs für Kirchenfragen am 19.10.1987, 15.00 bis 16.45 Uhr, EZA Berlin, 101/93/6.
683 Der KKL-Vorstand hatte noch auf seiner Oktobersitzung die Unterredungen weiter vorbereitet und für jedes der vorgesehenen Gespräche auch schon kirchliche Vertreter vorgesehen. Vgl. Protokoll Leich-Ziegler-Kupas vom 20.10.1987 der 203. Sitzung des Vorstandes am 15.10.1987 in Leipzig, EZA Berlin, 101/93/249.
684 Werner Jarowinsky hatte Ende August 1987 auf den Jahrestag aufmerksam gemacht und vom Staatssekretariat für Kirchenfragen die Erarbeitung einer Dokumentation der kirchenpolitischen Entwicklung sowie einer Konzeption für die Erinnerung an das Spitzengespräch gebeten. Vgl. auch Peter Krauß er, Berlin, 31.8.1987, Festlegungen aus der Beratung mit Genossen Jarowinsky vom 27.8.1987, Teilnehmer [Gysi, Wilke, Baron, Baumgarten, Kraußer], SAPMO-BA ZPA IV B2/14/9. Vgl. auf kirchlicher Seite hierzu bereits Protokoll Leich-Ziegler-Lewek vom 2.6.1987 der 198. Sitzung des Vorstands am 20.5.1987 in Berlin: »Vorstand bittet das Sekretariat um Vorüberlegungen zur inhaltlichen Gestaltung des 6.3.1988.« EZA Berlin, 101/93/249. Die AGCK widersprach jedoch dem Plan, des Treffens mit einer offiziellen Veranstaltung zu gedenken. Vgl. Protokoll Leich-Ziegler-Lewek vom 4.9.1987 der 201. Sitzung des Vorstandes am 26.8.1987 in Berlin, a.a.O. Im Oktober 1987 beschloß der KKL-Vorstand, in Presseartikeln sowie einer zusammenhängenden Darstellung der seitdem eingetretenen kirchenpolitischen Entwicklung auf den Jahrestag einzugehen. Für das letztere Vorhaben müsse man noch »eine geeignete Persönlichkeit« finden, vermerkt die Sitzungsniederschrift. Vgl. Protokoll Leich-Ziegler-Kupas vom 20.10.1987 der 203. Sitzung des Vorstandes am 15.10.1987 in Leipzig, a.a.O.
685 Vgl. Protokoll Leich-Ziegler-Ritter über die 114. Tagung der Konferenz der Evangelischen Kirchenleitungen in der DDR am 6./7.11.1987 in Berlin, EZA Berlin, 101/93/242.
686 Vgl. Abteilung II, Information Gysi-Wilke vom 9.11.1987 über ein Gespräch des Staatssekretärs, Genossen Gysi, mit Landesbischof Leich am 6.11.1987 in der Dienststelle, BA, Abt. Potsdam, O-4, 1480; auch SAPMO-BA ZPA IV B2/14/42. Vgl. auch RdB Suhl Stellv. d. Vorsitzenden für Inneres, Information Sommer vom 23.10.1987 über die Begegnung des Ratsvorsitzenden, Arnold Zimmermann, mit Landesbischof Dr. Leich

749

am 21.10.1987: »Hätte er bei seinem Zusammentreffen mit dem Staatsratsvorsitzenden anläßlich der Veranstaltung zum 7. Oktober gewußt, daß gegenwärtig solche Informationsgespräche von seiten des Staates nicht geführt werden, wäre diese Problematik mit Sicherheit von ihm angesprochen worden.« BA, Abt. Potsdam, O-4, 971; auch SAPMO-BA ZPA IV B2/14/69.

687 Protokoll Leich-Ziegler-Ritter über die 114. Tagung der Konferenz der Evangelischen Kirchenleitungen in der DDR am 6./7.11.1987 in Berlin, EZA Berlin, 101/93/242.

688 Abteilung II, Information Gysi-Wilke vom 9.11.1987 über ein Gespräch des Staatssekretärs, Genossen Gysi, mit Landesbischof Leich am 6.11.1987 in der Dienststelle, BA, Abt. Potsdam, O-4, 1480; auch SAPMO-BA ZPA IV B2/14/42. »Die Aufschiebung der Gespräche und ihre Begründung lassen sich den Gemeinden nicht erklären. Es entstehe der Eindruck der Hinhaltetaktik zur Beeinflussung der Bundessynode und Verunsicherung darüber, daß ein propagierter Spalt zwischen Kirchenleitung und Kirchengemeinden nicht zu vermeiden sei, ließe sich der Vorstand auf die Verschiebung der Gespräche ein. [...] Im Entscheidungsfall stehe ich bei der Kirchengemeinde zu Lasten bisher praktizierter Kirchenpolitik«, gab der Bischof Thüringens vor der KKL seine diesbezüglichen Ausführungen wieder. Vgl. Protokoll Leich-Ziegler-Ritter über die 114. Tagung der Konferenz der Evangelischen Kirchenleitungen in der DDR am 6./7.11.1987 in Berlin, EZA Berlin, 101/93/242.

689 Vgl. ebd.

690 Vgl. Abt. II, Information Gysi vom 10.11.1987 zur aktuellen Gesprächsführung in den evangelischen Kirchen, SAPMO-BA ZPA IV B2/14/42. Auch unter den kirchlichen Amtsträgern im Bezirk Dresden löste die staatliche Gesprächsverweigerung starke Betroffenheit aus. Vgl. Rat der Stadt Dresden, Bezirk Dresden, Stellv. des Oberbürgermeisters für Inneres, an RdB Dresden, Stellv. des Vorsitzenden für Inneres, Informationsbericht Staatspolitik in Kirchenfragen vom 30.11.1987, SHStA Dresden, BT/RdB Dresden (Zwibo), 44870.

691 Mitte Dezember 1987 fand noch ein als Erfahrungsaustausch bzw. Beratung deklariertes Gespräch zur Veranstaltungsverordnung statt, an dem auch Vertreter des DDR-Innenministeriums beteiligt waren. Vgl. Vermerk Kupas vom 7.1.1988 über ein Gespräch in der Dienststelle des Staatssekretärs für Kirchenfragen am 14.12.1987 zu Fragen der Veranstaltungsverordnung, EZA Berlin, 101/93/7. Vgl. auch Vermerk Sell vom 14.1.1988 über ein Gespräch in der Dienststelle des Staatssekretärs für Kirchenfragen am 17.12.1987, a.a.O.

692 Protokoll Leich-Ziegler-Ritter über die 114. Tagung der Konferenz der Evangelischen Kirchenleitungen in der DDR am 6./7.11.1987 in Berlin, EZA Berlin, 101/93/242.

693 Vgl. hierzu Protokoll Leich-Ziegler-Kupas vom 28.9.1987 der 202. Sitzung des Vorstandes am 18. und 21.9.1987 in Görlitz, EZA Berlin, 101/93/249.

694 Vgl. auch Protokoll Riese vom 2.11.1987 der Präsidiumssitzung am 8.10.1987 in Berlin: »Es wird bedauert, daß vom DDR-Fernsehen nur die Eröffnung der Synodaltagung in Görlitz mitgeschnitten wurde.« EZA Berlin, 101/93/208.

695 Vgl. auch Protokoll Leich-Ziegler-Ritter über die 114. Tagung der Konferenz der Evangelischen Kirchenleitungen in der DDR am 6./7.11.1987 in Berlin: »Die Abhängigkeit leitender Männer der Regierung von den Westmedien löse Verwunderung aus.« EZA Berlin, 101/93/242.

696 Schreiben Jarowinsky an Honecker vom 13.11.1987, SAPMO-BA ZPA IV B2/14/93. Vgl. auch Abteilung II, Information Gysi-Wilke vom 9.11.1987 über ein Gespräch des Staatssekretärs, Genossen Gysi, mit Landesbischof Leich am 6.11.1987 in der Dienststelle, BA, Abt. Potsdam, O-4, 1480; auch SAPMO-BA ZPA IV B2/14/42.

697 Vgl. Aktenvermerk vom 6.11.1987 zum Gespräch mit dem Bundessynodalen Schorlemmer am 5.11.1987, LPA Halle, IV F-2/14/370.

698 Vgl. hierzu auch Vermerk Ziegler vom 26.10.1987 über ein Gespräch mit Hauptabteilungsleiter Heinrich am 23.10.1987, 10.30 bis 12.00 Uhr, im Sekretariat des Bundes, Auguststraße 80: »Heinrich [...] bringt zum wiederholten Male zum Ausdruck, daß es

bedauerlich sei, daß es im Unterschied zur Katholischen Kirche in der Ev. Kirche keine Zentralgewalt gebe. Ziegler erwidert, daß er doch wohl nicht wünschen könne, daß die Ev. Kirche so werde wie die Katholische Kirche, besonders im Blick auf ihr gesellschaftliches Engagement und ihre Bereitschaft zu öffentlicher Verantwortung. Dem stimmt Heinrich zu.« EZA Berlin, 101/93/6.

699 HA Presse, Information Carl vom 31.3.1987 über ein Gespräch des Leiters der HA Presse, Gen. Wolfgang Meyer, mit Vertretern des Bundes der Evangelischen Kirchen in der DDR am 27.3.1987, BA, Abt. Potsdam, O-4, 1175. Ende April 1987 erklärte Hauptabteilungsleiter Peter Heinrich, »daß die Dienststelle des Staatssekretärs mit Befriedigung zur Kenntnis genommen habe, daß in den Presseinformationen des Sekretariats darauf hingewiesen worden sei, daß ausländische Journalisten die Erlaubnis des Ministeriums für auswärtige Angelegenheiten einzuholen hätten. Es sei zwar eine Selbstverständlichkeit. Aber es sei gut, daß die Journalisten auch von kirchlicher Seite darauf hingewiesen würden.« Vermerk Ziegler vom 18.5.1987 über ein Gespräch in der Dienststelle des Staatssekretärs für Kirchenfragen am 15.5.1987, 8.00-9.50 Uhr, EZA Berlin, 101/93/6.

700 Abgedruckt in »DER SPIEGEL«, 21/87. Vgl. insgesamt Schreiben des Spiegel-Büros Berlin (Ost) an das DDR-Außenministerium vom 3.2.1987 mit Randvermerken, BA, Abt. Potsdam, O-4, 714. Vgl. auch Protokoll Leich-Ziegler-von Rabenau über die 111. Tagung der Konferenz der Evangelischen Kirchenleitungen in der DDR am 8./9.5.1987 in Dessau. Forck informierte hier außerdem darüber, daß er neben dem »SPIEGEL« auch dem Magazin »Standpunkt« (vgl. Standpunkt, 15 (1987), 113-116) ein Interview gewährt habe. EZA Berlin, 101/93/242.

701 Vgl. Schreiben Leich an Heinrich vom 25.11.1987. Der Termin wurde auf den 16.12.1987 festgelegt. BA, Abt. Potsdam, O-4, 714. Vgl. auch bereits Vermerk Ziegler vom 22.10.1987 über ein Gespräch in der Dienststelle des Staatssekretärs für Kirchenfragen am 19.10.1987, 15.00 bis 16.45 Uhr, EZA Berlin, 101/93/6.

702 Diese Unterredung kam alsbald auch zustande. Vgl. Vermerk Kupas vom 7.1.1988 über ein Vorgespräch in der Dienststelle des Staatssekretärs für Kirchenfragen am 1.12.1987 in Sachen Wehrdienstinformationsgespräch. Die Kirchen erwarteten eine Beteiligung des Verteidigungsministeriums an diesem Gespräch. Als Themen wünschten sie sich den sozialen Friedensdienst, Rechtssicherheit für Wehrdienstverweigerer sowie die Respektierung christlicher Wehrpflichtiger im Kasernenalltag. EZA Berlin, 101/93/7. Im Januar 1988 beschloß der KKL-Vorstand, den für den 28.1.1988 vorgesehenen Gesprächstermin nur dann wahrzunehmen, wenn auch Vertreter des Verteidigungsministeriums beteiligt seien. Vgl. Protokoll Leich-Ziegler-Kupas vom 2.2.1988 über die 206. Sitzung des Vorstands am 22.1.1988 in Berlin, EZA Berlin, 101/93/750. Vgl. auch Protokoll Leich-Ziegler-Kupas vom 20.4.1988 über die 209. Sitzung des Vorstands am 13.4.1988 in Berlin: »Im Ergebnis einer kurzen Aussprache hält der Vorstand an seinem ursprünglich gefaßten Beschluß fest und sieht keine Veranlassung, lediglich um ein militärpolitisches Gespräch zu bitten.« A.a.O.

703 Vgl. Abt. II, Information Wilke vom 16.11.1987 über ein Gespräch mit OKR Ziegler am 13.11.1987, BA, Abt. Potsdam, O-4, 971; auch SAPMO-BA ZPA IV B2/14/42.

704 Vgl. Abt. II, Berlin, den 21.12.1987, Aktuelle politische Tendenzen in den Kirchen und Religionsgemeinschaften in der DDR – Leitungsinformation 6/87, BA, Abt. Potsdam, O-4, 956. Vgl. auch Abt. II, Information Gysi vom 10.11.1987 zur aktuellen Gesprächsführung in den evangelischen Kirchen: »Auf den Landessynoden erfolgte in keinem Fall eine Wiederholung der Angriffe von Görlitz. Sie verhielten sich loyal, setzten sich konstruktiv für die weitere Entwicklung in ihren Landeskirchen ein und grenzten sich zum Teil offen von den Positionen Falckes ab.« SAPMO-BA ZPA IV B2/14/42.

705 RdB Dresden, Sektor Staatspolitik in Kirchenfragen, Vermerk Lewerenz vom 9.10.1987 über Gespräch mit Oberlandeskirchenrat Schlichter und Oberlandeskirchenrat Fritz am 8.10.1987, BA, Abt. Potsdam, O-4, 1478. Zum Synodenverlauf vgl. RdB Dresden, Sektor Staatspolitik in Kirchenfragen, Einschätzung Lewerenz vom 15.10.1987 der Herbst-

ANMERKUNGEN ZU DER SEITE 242

tagung der Landessynode der Evangelisch-Lutherischen Landeskirche Sachsens vom 10. bis 14.10.1987 in Dresden: »Im Unterschied zur Frühjahrstagung der Synode 1987 [...] wurden Verlauf und Ergebnis der Herbsttagung deutlich von Anliegen bestimmt, die das kirchliche Leben selbst betreffen. [...] Progressive Synodale (wie Dr. Nollau, Dr. Kinze, Dr. Satlow, Kreß) und Mitglieder der Kirchenleitung (Dr. Hempel, Ihmels, Schlichter, Fritz) bestimmten die Diskussion. [...] Zusammenfassend kann eingeschätzt werden, daß die Herbsttagung der Evang.-Lutherischen Landeskirche Sachsens nicht nur keine Belastungen für das Verhältnis von Staat und Kirche brachte, sondern eine Reihe positiver Akzente setzte. Der wichtigste ist die fundierte Orientierung auf das ›begrenzte politische Mandat der Kirche‹.« PDS-Archiv Dresden, AR 14100. Vgl. auch Abt. II, Information vom 19.10.1987 zur Herbstsynode 1987 der Evangelisch-Lutherischen Landeskirche Sachsens, SAPMO-BA ZPA IV B2/14/103. Vgl. auch RdB Dresden, Sektor Staatspolitik in Kirchenfragen, Lewerenz, 19.8.1988, Zur politischen Arbeit in Vorbereitung der Synoden des Bundes der Evangelischen Kirchen in der DDR und der Ev.-Luth. Landeskirche Sachsens, der 2. Ökumenischen Versammlung und der Friedensdekade: »So hob sich die Herbsttagung der Landessynode 1987 durch Realismus und politische Zurückhaltung [...] deutlich vom Verlauf der Bundessynode ab. Von den 23 Synodalen aus dem Bezirk Dresden können neun positiven Einfluß auf den Synodenverlauf nehmen: Dr. Nollau, Pfarrer Lerchner, Herr Welz, Frau Herold, Dr. Satlow, Dr. Neumann, Dr. Kinze, Sup. Kreß, OKR Merchel.« PDS-Archiv Dresden, AR 14100.

706 Protokoll Lewek der konstituierenden Sitzung des 4. Ausschusses ›Kirche und Gesellschaft‹ am Freitag, 20./Sonnabend, 21.11.1987 in Berlin, EZA Berlin, 101/93/48.

707 Zur Vorbereitung vgl. Protokoll Leich-Ziegler-Kupas vom 4.3.1987 der 195. Sitzung des Vorstands am 26.2.1987 in Berlin, EZA Berlin, 101/93/248.

708 Zu innerkirchlichen Auseinandersetzungen um Krawczyk-Auftritte vgl. Abt. II, Information Gräfe vom 28.10.1987, Aktuelle politische Tendenzen in den Kirchen und Religionsgemeinschaften in der DDR, Leitungsinformation 5/87. Kirchenpräsident Natho forderte, der Staat möge trotz rechtlicher Widersprüche der Betroffenen, bei den über Gemeindepfarrern, die Krawczyk ihre Kirche zur Verfügung gestellt hatten, verhängten Ordnungsstrafen bleiben, da die Kirchenleitung andernfalls unglaubwürdig werde. BA, Abt. Potsdam, O-4, 955. Gemeinsam mit Freya Klier war Krawczyk um die Jahreswende 1986/87 vor allem in Ostberliner Kirchen (Samariterkirche, Gethsemanekirche, Sophienkirche, Kirche Baumschulenweg) aufgetreten. Die Veranstaltung in der Samariterkirche hatte sogar die dort zuständige Superintendentin Laudien eingeleitet. Vgl. Bericht zur kirchenpolitischen Situation in Berlin, Hauptstadt der DDR, Dezember 1986/Januar 1987, BA, Abt. Potsdam, O-4, 1129.

709 Vgl. Abt. II, Erste Information Wilke vom 10.11.1987 zur Eröffnung der Friedensdekade vom 8.-18.11.1987, SAPMO-BA ZPA IV B2/14/96.

710 Vgl. Zweite Information Wilke vom 11.11.1987 zum Verlauf der Friedensdekade vom 8.-18.11.1987, a.a.O.

711 Abt. II, Fünfte Information Wilke vom 16.11.1987 zum Verlauf der Friedensdekade vom 8.-18.11.1987, a.a.O. Auch in Friedersdorf (Bez. Cottbus) machte sich der zuständige Pfarrer Lange gegen Richters Willen für einen Auftritt des Liedermachers stark, indem er der Veranstaltung einen begrenzten kirchlichen Rahmen gab. Vgl. Abt. II, Sechste Information Wilke vom 18.11.1987 zum Verlauf der Friedensdekade vom 8.-18.11.1987, a.a.O.

712 Allerdings war Krawczyk im Frühjahr 1987 in der ESG Dresden aufgetreten. Der Staat kritisierte: »Es sei höchst merkwürdig, wenn die Kirche dem Krawczyk nicht nur eine Plattform für sein politisch negatives Auftreten gegen den Staat biete, sondern ihm auch noch die Kollekte persönlich aushändige.« Protokoll Fuchs vom 19.3.1987 über ein Gespräch des Stellvertreters des Vorsitzenden für Inneres des RdB Dresden, Genossen Fuchs, mit dem Präsidenten des Landeskirchenamtes der Ev.-Luth. Landeskirche Sachsens, Dr. Domsch, am 16.3.1987, 8.00-10.45 Uhr im Gästehaus des RdB Dresden, PDS-

Archiv Dresden, AR 12010; auch BA, Abt. Potsdam, O-4, 1478. Angesichts eines weiteren Auftritts des Liedermachers im November forderte Lewerenz die OLKR Schlichter und Fritz auf, eine solche Veranstaltung zu verhindern. »Sie sagten eine Prüfung zu.« RdB Dresden, Sektor Staatspolitik in Kirchenfragen, Vermerk Lewerenz vom 9.10.1987 über Gespräch mit Oberlandeskirchenrat Schlichter und Oberlandeskirchenrat Fritz am 8.10.1987, BA, Abt. Potsdam, O-4, 1478. Vgl. auch Rat der Stadt Dresden, Stellv. d. Oberbürgermeisters für Inneres, Aktenvermerk Jörke vom 9.11.1987 über Gespräch am 2.11.1987 mit den Superintendenten Bergmann, Scheibner und Ziemer, SHStA Dresden, BT/RdB Dresden (Zwibo), 44870. Der Auftritt war in der Kirchgemeinde Leubnitz-Neuostra geplant. Ziemer bezeichnete Krawczyk gegenüber dem Stadtvertreter Schulze, der anbot, an der entscheidenden Kirchenvorstandssitzung in der Gemeinde teilzunehmen, als kritisch, aber nicht gefährlich. Vgl. Rat der Stadt Dresden, Bereich Inneres, Staatsp. in Kirchenfragen, Aktenvermerk Schulze vom 10.11.1987 über heutiges Gespräch mit Superintendent Ziemer, a.a.O.

713 Auch Eberhard Natho wandte sich öffentlich vor seiner Landessynode gegen weitere Auftritte des Liedermachers, bei dem es sich um einen »Erben von Biermann« handle. Vgl. SED-BL Halle, Schreiben Mitarbeiter für Kirchenfragen an Achim Böhme vom 26.10.1987, LPA Halle, IV F-2/14/370.

714 Richter fand hierbei die aktive Unterstützung von Ost-CDU-Mitgliedern. Vgl. Abt. Kirchenfragen, Abschlußeinschätzung der Friedensdekade 1987 vom 19.11.1987, SAPMO-BA ZPA IV B2/14/96.

715 Vgl. Abt. II, Vierte Information Wilke vom 13.11.1987 zum Verlauf der Friedensdekade vom 8.-18.11.1987, a.a.O.

716 Vgl. Abt. II, Information Wilke vom 17.9.1987 über ein Gespräch mit OKR Ziegler am 10.9.1987, BA, Abt. Potsdam, O-4, 1232; vgl. auch Vermerk Ziegler vom 17.9.1987 über ein Gespräch in der Dienststelle des Staatssekretärs für Kirchenfragen am 10.9.1987, 13.30 bis 15.00 Uhr. Hier heißt es allerdings auch, Domsch hätte Ziegler geantwortet, Wilke sei einer Falschinformation aufgesessen. EZA Berlin, 101/93/6.

717 Vgl. Niederschrift Ziegler-Kramer-Küntscher vom 27.7.1987 über die Chefbesprechung am 2.7.1987 in Berlin, EZA Berlin, 101/93/774. Vgl. auch Protokoll Leich/Stolpe-Ziegler-Riese über die 112. Tagung der Konferenz der Evangelischen Kirchenleitungen in der DDR am 3./4.7.1987 in Berlin, EZA Berlin, 101/93/242.

718 Vermerk Ziegler vom 26.10.1987 über ein Gespräch mit Hauptabteilungsleiter Heinrich am 23.10.1987, 10.30 bis 12.00 Uhr, im Sekretariat des Bundes, Auguststraße 80, EZA Berlin, 101/93/6.

719 Vgl. Abt. II, Sechste Information Wilke vom 18.11.1987 zum Verlauf der Friedensdekade vom 8. bis 18.11.1987, SAPMO-BA ZPA IV B2/14/96.

720 Berlin, 14.11.1987, Ergänzung zur 4. Information der Friedensdekade, a.a.O.

721 Vgl. Abt. II, Siebente Information Wilke vom 19.11.1987 zum Verlauf der Friedensdekade vom 8.-18.11.1987, a.a.O.

722 RdB Cottbus, Stellvertreter des Vorsitzenden für Inneres, Information Bartusch vom 4.11.1987 zum Gespräch der Ratsvorsitzenden Irma Uschkamp mit dem Bischof der Evangelischen Kirche in Berlin-Brandenburg, Dr. Gottfried Forck, am 30.10.1987, BA, Abt. Potsdam, O-4, 1476.

723 Staatssekretär für Kirchenfragen, Information K. Gysi vom 6.11.1987 über das Gespräch von Staatssekretär Gysi mit Bischof Dr. Forck und Konsistorialpräsident Stolpe am 6.11.1987 in der Dienststelle, BA, Abt. Potsdam, O-4, 971; auch Abteilung II, Information Wilke vom 9.11.1987 über das Gespräch von Staatssekretär Gysi und dem Stellvertreter des Oberbürgermeisters für Inneres, G. Hoffmann, mit Bischof Dr. G. Forck und Konsistorialpräsident M. Stolpe am 6.11.1987 in der Dienststelle, a.a.O.; auch SAPMO-BA ZPA IV B2/14/42.

724 Vgl. Abt. II, Information Wilke vom 16.11.1987 über ein Gespräch mit OKR Ziegler am 13.11.1987, a.a.O.

725 Abt. II, Siebente Information Wilke vom 19.11.1987 zum Verlauf der Friedensdekade vom 8. bis 18.11.1987, SAPMO-BA ZPA IV B2/14/96.
726 So Passauer vor der KKL. Vgl. Protokoll Leich-Ziegler-Ritter über die 114. Tagung der Konferenz der Evangelischen Kirchenleitungen in der DDR am 6./7.11.1987 in Berlin, EZA Berlin, 101/93/242. Staatliche Stellen belehrten Krawczyk, »daß er mit nichtgenehmigten Programmen auftrete und damit gegen die Gesetzlichkeit der DDR verstoße. Er wisse jetzt, woran er sei, und jeder, der ihn weiter auftreten ließe, müßte das auch wissen.« So teilte es Hauptabteilungsleiter Heinrich Oberkirchenrat Ziegler mit: »Ziegler nimmt diese Erklärung zur Kenntnis und sagt ihre Weitergabe zu.« Vermerk Ziegler vom 19.11.1987 über ein Gespräch in der Dienststelle des Staatssekretärs für Kirchenfragen am 19.11.1987, 11.30-13.00 Uhr, EZA Berlin, 101/93/6. Die Belehrung hatte am 3.11.1987 im Ministerium für Kultur stattgefunden: »Herr K. wurde dringend aufgefordert, die öffentlichen Aufführungen dieses oder anderer derartiger Programme einzustellen. Im übrigen wurde darauf verwiesen, daß er keine Unterstützung seitens des Ministeriums für Kultur erwarten kann, falls sich im Zusammenhang mit den Aufführungen dieses oder anderer derartiger Programme für ihn Konsequenzen ergeben sollten.« Ministerium für Kultur, Abteilung Unterhaltungskunst, Vertraulich, Material zur Entwicklung des Liedermachers und Sängers Stephan Krawczyk (Stand: 5.12.1987), BA, Abt. Potsdam, O-4, 767. Krawczyk wandte sich nach diesem Gespräch an die westlichen Medien und schrieb am 10.11.1987 gemeinsam mit Freya Klier einen offenen Brief an Kurt Hager. Vgl. ebd. Vgl. auch Vermerk Sell vom 14.1.1988 über ein Gespräch in der Dienststelle des Staatssekretärs für Kirchenfragen am 17.12.1987: »Kupas fragt an, ob die Ziegler am 19.11. übermittelte Belehrung Krawczyks durch eine weitere Belehrung ergänzt worden sei. Danach sagt Behncke aus, daß Krawczyk in den letzten drei Monaten vom Generalstaatsanwalt vorgeladen worden sei und daß Krawczyk mitgeteilt wurde, seine Auftritte verstoßen gegen die sozialistische Gesetzlichkeit. Er müsse im Wiederholungsfall mit Maßnahmen rechnen. [...] Ein generelles Auftrittsverbot für Krawczyk gäbe es nicht. Er könne sich als Gitarrist betätigen.« EZA Berlin, 101/93/7.
727 Arbeitsgruppe Kirchenfragen, Information vom 24.11.1987 über die Friedensdekade in den evangelischen Kirchen vom 8.-18.11.1987, SAPMO-BA ZPA IV B2/14/96.
728 Vgl. Abt. II, Dritte Information vom 12.11.1987 zum Verlauf der Friedensdekade vom 8.-18.11.1987, a.a.O.
729 Vgl. Abt. Kirchenfragen, Abschlußeinschätzung der Friedensdekade 1987 vom 19.11.1987, a.a.O.
730 Ebd.
731 Krusche schrieb am 27.10.1987 an Gysi: »Da die Gelegenheit günstig ist, erlaube ich mir, noch einmal zu betonen, wie dankbar ich Ihnen für vielfältige Hilfe und Unterstützung in diesem bewegten Jahr bin. Ich erkenne darin nicht nur einen objektiven Ausdruck des gewachsenen Vertrauens zwischen Staat und Kirche, sondern auch die persönliche Sympathie eines verständnisvollen Gesprächspartners.« BA, Abt. Potsdam, O-4, 995.
732 Arbeitsgruppe Kirchenfragen, Information vom 24.11.1987 über die Friedensdekade in den evangelischen Kirchen vom 8.-18.11.1987, SAPMO-BA ZPA IV B2/14/96.
733 Protokoll Leich-Ziegler-Ritter über die 114. Tagung der Konferenz der Evangelischen Kirchenleitungen in der DDR am 6./7.11.1987 in Berlin, EZA Berlin, 101/93/242.
734 Vgl. hierzu auch Information zum Gesprächsabend »Ziviler Ersatzdienst« in der Umwelt-Bibliothek am 17.9.1987, BA, Abt. Potsdam, O-4, 806; Schreiben Volkskammer der Deutschen Demokratischen Republik, Sekretariat, Abteilung Ausschüsse-Eingaben, Abteilungsleiter Lehmann, an Gysi vom 23.9.1987 mit Anlage Eingabe der Umweltbibliothek der Zionsgemeinde an die Volkskammer der DDR zu »Problemen in Berlin«, a.a.O.
735 Zur am 11./12.9.1987 in der Sophiengemeinde tagenden »Werkstatt der offenen Arbeit« vgl. Information über ein Gespräch des Stellvertreters des Oberbürgermeisters

für Inneres, Genossen Hoffmann, mit Stadtjugendpfarrer Hülsemann und Pfarrer M. Passauer am 29.9.1987: »Entgegen den Versicherungen in den Vorgesprächen war wiederum ein Teil der Veranstaltungsteilnehmer alkoholisiert. Es wurde auf dem Gelände Bier ausgeschenkt. Durch eine im Hof spielende Punk-Band sei ein solcher Krach gemacht worden, daß Mieter aus Nachbarhäusern sich beschwerdeführend an staatliche Organe gewandt haben. [...] Durch den im Rahmen der ›Werkstatt‹ auftretenden ›Liedermacher‹ St. Krawczyk sind in besonders militanter Weise Angriffe auf die sozialistische Staats- und Gesellschaftsordnung erfolgt. [...] Genosse Hoffmann stellte den kirchlichen Vertretern die Frage, ob sie nicht auch die Gefahr sehen, daß der Ruf der Evangelischen Kirche nach solchen Veranstaltungen in der Öffentlichkeit erhebliches Schaden nehmen könnte. Über den Ruf der Kirche müßten sie selber nachdenken. Nicht gleichgültig kann es dem Staat jedoch sein, wenn die Sophienkirche in Berlin zum Sammelpunkt von Leuten wird, die ein gestörtes Verhältnis zum Staat, zur Gesellschaft und zu den gesellschaftlichen Normen haben. Eine solche Veranstaltung wie die ›Werkstatt‹ dürfe sich jedenfalls nicht wiederholen.« BA, Abt. Potsdam, O-4, 781. Vgl. auch KiS 5/87, 171; 218.

736 Abt. II, Information Gräfe vom 28.10.1987, Aktuelle politische Tendenzen in den Kirchen und Religionsgemeinschaften in der DDR, Leitungsinformation 5/87, BA, Abt. Potsdam, O-4, 955. Am 17.10.1987 drangen während eines Punk-Musikkonzertes rechtsradikale Skinheads gewaltsam in die Zionskirche ein. Der Rat des Stadtbezirks Berlin-Mitte machte dem zuständigen Pfarrer Simon klar, ein solches Konzert hätte erst gar nicht stattfinden dürfen. Simon entgegnete, der Gemeindekirchenrat werde für die Zukunft entsprechend entscheiden. Er hoffe, daß man die Kirche wegen ihres schlechten baulichen Zustandes für Veranstaltungen überhaupt sperren könne. »Im Verlauf des Gespräches äußerte er nachdrücklich, daß die Probleme, die für Gemeinden mit Veranstaltungen der ›offenen Arbeit‹ entstehen, auf Dauer nicht zu bewältigen sind.« Information zu einem Gespräch mit Pfarrer Simon zu den Vorkommnissen vom 17.10.1987 in und vor der Zionskirche am 20.10.1987, BA, Abt. Potsdam, O-4, 767. Vgl. auch G. Rein, Die protestantische Revolution, 38; 48. Dennoch genehmigte der Gemeindekirchenrat eine Veranstaltung der »Kirche von unten« für den 31.10.1987, allerdings im Gemeindehaus statt in der Kirche. Konzerten wolle man jedoch nicht mehr zustimmen. Vgl. Information über ein Gespräch mit dem Gemeindekirchenrat der Evangelischen Zionsgemeinde am 29.10.1987, BA, Abt. Potsdam, O-4, 767. Auch Hauptabteilungsleiter Heinrich sprach mit Ziegler über diese Vorfälle: »Dieses Beispiel zeige, daß die kirchlichen Veranstalter nicht mehr Herr der Lage in ihren eigenen Häusern seien. Die Polizei habe bewußt nicht eingegriffen, aber man beobachte diese Entwicklung mit großer Sorge. Es sei eine Frage der Zeit, wie lange dies noch so weiter gehen könne.« SED-BL Halle, Schreiben Mitarbeiter für Kirchenfragen an Achim Böhme vom 26.10.1987, LPA Halle, IV F-2/14/370.

737 Vermerk Ziegler vom 19.11.1987 über ein Gespräch in der Dienststelle des Staatssekretärs für Kirchenfragen am 19.11.1987, 11.30-13.00 Uhr, EZA Berlin, 101/93/6.

738 Vgl. die Operativen Informationen der BV für Staatssicherheit Berlin, Abt. XX, vom 27.11. bis 1.12.1987, 4., 5., 7., 9. und 13.12.1987. FZ Stalinismus Dresden, Ordner BV Berlin. Siehe auch Dokumentation. DDR-Gutachten über das Oppositionsblatt »Grenzfall«, in: DA 26 (1993), 624-632: Das von der DDR-Generalstaatsanwaltschaft in Auftrag gegebene Gutachten der Professoren Horst Luther, Anni Seidl und Günter Söder vom 15.1.1988 über das Informationsblatt »Grenzfall«: Die Analyse ergab, es gehe dem Blatt um die Veränderung gesellschaftlicher Strukturen. Hier stünden »weder religiöse noch theologische, weder seelsorgerische noch diakonische Fragen zur Debatte. [...] Es geht gezielt um die Verbreitung feindseliger Verleumdungen über die DDR. Sie tragen gehässigen und aggressiven Charakter, sie sind darauf gerichtet, Bürger der DDR politisch-ideologisch zu beeinflussen, zu orientieren, zu formieren und zu aktivieren gegen die politische – vor allem staatliche und rechtliche – Ordnung unseres Landes. [...] Das Informationsblatt ›Grenzfall‹ hat weder seiner Zielsetzung noch seinem Inhalt nach et-

was mit christlicher Religion, der Ausübung religiöser Handlungen und der Kirche zu tun. [...] Da es sich bei ›Grenzfall‹ um Propagierung von antisozialistischer Politik handelt, die sich gegen die Verfassung der DDR und gegen andere Gesetze unseres Staates richtet, da die Kirchenleitungen wiederholt auf diesen Sachverhalt aufmerksam gemacht und vor Folgen gewarnt wurden, kommen die Gutachter nicht umhin festzustellen, daß das erreichte gute Verhältnis von Staat und Kirche in der DDR durch ›Grenzfall‹ einer ernsten Belastung ausgesetzt ist.« Vgl. auch BA, Abt. Potsdam, O-4, 767; auch a.a.O., 1207.

739 Staatsanwalt Gläsner bestätigte gegenüber der Kirchenleitung, während der Durchsuchung seien in der Zionskirche lediglich die nicht beanstandeten »Umweltblätter« gedruckt worden. Vgl. Berlin, 3.12.1987, Protokoll über ein Gespräch des Staatssekretärs, Genossen Dr. Gysi, mit Vertretern der Kirchenleitung der Evangelischen Kirche in Berlin-Brandenburg und der Zionskirchgemeinde in Berlin am 2.12.1987, BA, Abt. Potsdam, O-4, 767; auch a.a.O., O-4,971; auch SAPMO-BA ZPA IV B2/14/42.

740 Zu dieser Problematik vgl. Abt. V, Vorlage Arndt-Behncken vom 18.2.1987 an die Dienstbesprechung am 23.2.1987, Information über die Ein- und Ausfuhrtätigkeit der Kirchen und Religionsgemeinschaften im Jahre 1986, BA, Abt. Potsdam, O-4, 954.

741 Vgl. G. Rein, Die protestantische Revolution, 37.

742 Vgl. ebd.

743 Vgl. a.a.O., 47; vgl. auch ADN-Information vom 26.11.1987, Nur zur Information. Interne Dienstmeldung: ZDF (26.11.1987): Schmude zu den Vorgängen in der Umweltbibliothek (Aus der Sendung »Heute-Journal«): »Die evangelischen Christen in der Bundesrepublik und auch die kirchlichen Gremien verfolgen mit besonderer Anteilnahme die Ereignisse in Berlin. Aber eine kirchliche Stellungnahme von hier ist nicht angezeigt. Die Kirchen dort können für sich selbst sprechen. Kompetente und vertrauenswürdige Persönlichkeiten in den Kirchenleitungen tun das bereits und verhandeln, wie es scheint, nicht ohne Erfolg. Von daher ist eine unerbetene Vormundschaft vom Westen aus nicht am Platze. Kronzucker: Im Angesicht aber von Razzia und Festnahme.« BA, Abt. Potsdam, O-4, 767.

744 Vgl. G. Rein, Die protestantische Revolution, 47.

745 Zu dem Besuch hatte ÖRK-Generalsekretär Castro am 4.12.1986 Gysi schriftlich eingeladen. Vgl. Protokoll Leich-Ziegler-Lewek vom 24.2.1987 der 194. Sitzung des Vorstands am 5.2.1987 in Berlin, EZA Berlin, 101/93/248. Ob Gysi allerdings die Reise auch antreten würde, war dem BEK noch lange unklar. Vgl. Vermerk Ziegler vom 20.8.1987 über ein Gespräch in der Dienststelle des Staatssekretärs für Kirchenfragen am 18.8.1987, 14.30-16.00 Uhr, EZA Berlin, 101/93/6. Vgl. auch Vermerk Ziegler vom 17.9.1987 über ein Gespräch in der Dienststelle des Staatssekretärs für Kirchenfragen am 10.9.1987, 13.30 bis 15.00 Uhr: »Ziegler fragt zum wiederholten Male an, ob der Staatssekretär der Einladung des Generalsekretärs Dr. Castro folgen werde. Er stelle diese Frage besonders in Anbetracht der ihm bekanntgewordenen Reise von Dr. Will und Dr. Handel nach Genf. Dr. Wilke erklärt, daß die Vertreter der Dienststelle des Staatssekretärs erst am kommenden Sonntag zurückkommen würden. Es sei bisher noch nicht geklärt, ob Dr. Gysi wirklich fahre. (In einem Gespräch am 16.9.1987 ließ Dr. Will durchblicken, daß Dr. Gysi Ende November, um den 28.11.1987 herum, Genf besuchen werde.)« A.a.O. Gysi sagte letztendlich zu, ohne den BEK hiervon jedoch offiziell in Kenntnis gesetzt zu haben, was den KKL-Vorstand zu der Feststellung veranlaßte: »Der Vorstand stellt mit Verwunderung fest, daß wohl nunmehr erfolgte Absprache ohne entsprechende Information des Bundes erfolgt ist«. Protokoll Leich-Ziegler-Kupas vom 28.9.1987 der 202. Sitzung des Vorstandes am 18. und 21.9.1987 in Görlitz, EZA Berlin, 101/93/249.

746 Castro hatte seiner Einladung an Gysi hinzugefügt, daß an seiner Seite auch zwei BEK-Vertreter den Staatssekretär begrüßen würden. Vgl. Protokoll Leich-Ziegler-Lewek vom 24.2.1987 der 194. Sitzung des Vorstands am 5.2.1987 in Berlin, EZA Berlin, 101/93/248. Zur Delegierung Zieglers als BEK-Vertreter vgl. Protokoll Leich-Ziegler-

Kupas vom 20.10.1987 der 203. Sitzung des Vorstandes am 15.10.1987 in Leipzig, EZA Berlin, 101/93/249.
747 Vermerk vom 25.11.1987 über ein Gespräch des Stellvertreters des Staatssekretärs, Hermann Kalb, mit Vertretern der Evangelischen Kirche Berlin-Brandenburg sowie des Bundes der Evangelischen Kirchen in der DDR am 25.11.1987, 10.30 Uhr, BA, Abt. Potsdam, O-4, 1293.
748 Vgl. Vermerk vom 26.11.1987 über ein Gespräch des Stellvertreters des Staatssekretärs, Hermann Kalb, mit dem Bischof von Berlin-Brandenburg, Dr. Forck, am 26.11.1987, BA, Abt. Potsdam, O-4, 995; auch a.a.O., O-4, 1293; auch SAPMO-BA ZPA IV B2/14/42; Vermerk Kupas vom 16.12.1987 über ein Gespräch in der Dienststelle des Staatssekretärs für Kirchenfragen am 26.11.1987, EZA Berlin, 101/93/6.
749 Vgl. hierzu ADN-Information vom 26.11.1987, Nur zur Information. Interne Dienstmeldung, BA, Abt. Potsdam, O-4, 767.
750 Vermerk vom 26.11.1987 über ein Gespräch des Stellvertreters des Staatssekretärs, Hermann Kalb, mit dem Bischof von Berlin-Brandenburg, Dr. Forck, am 26.11.1987, BA, Abt. Potsdam, O-4, 995; auch a.a.O., O-4, 1293; auch SAPMO-BA ZPA IV B2/14/42. Kalb sprach von einer »Zusammenrottung«. Niemandem sei es erlaubt, »staatliche Politik zu unterminieren. [...] Forck ergänzte nochmals, daß es auch zu einer Leibesvisitation gekommen sei (Stadtjugendpfarrer) und diese entwürdigend sei und dem Gesetz widerspräche. [...] Es sei ja doch keine militante Versammlung gewesen, sondern die Leute hätten Kerzen in der Hand gehabt.« Vermerk Kupas vom 16.12.1987 über ein Gespräch in der Dienststelle des Staatssekretärs für Kirchenfragen am 26.11.1987, EZA Berlin, 101/93/6.
751 Vermerk vom 26.11.1987 über ein Gespräch des Stellvertreters des Staatssekretärs, Hermann Kalb, mit dem Bischof von Berlin-Brandenburg, Dr. Forck, am 26.11.1987, BA, Abt. Potsdam, O-4, 995; auch a.a.O., O-4, 1293; auch SAPMO-BA ZPA IV B2/14/42.
752 Vermerk Kupas vom 16.12.1987 über ein Gespräch in der Dienststelle des Staatssekretärs für Kirchenfragen am 26.11.1987, EZA Berlin, 101/93/6.
753 Vgl. auch ebd.: »Es stehe den Staatsvertretern zu, abrechenbare Kriterien abzufragen. Was ist eine religiöse Veranstaltung? Die Frage des Inhalts müsse geklärt werden, auch für uns die Frage [nach dem] [...] die Aktivität mancher Gruppen, die unter der Kirche ihre Arbeit täten. [...] Problematisch sei es, wo Texte produziert würden, die mit dem Inhalt kirchlicher Verkündigung nichts zu tun hätten. Es sei kirchliches Interesse, daß so etwas nicht gemacht werde.« Hingegen äußerte Bischof Forck: »Das Evangelium umfasse alle Bereiche des gesellschaftlichen Lebens, deshalb werde es Grenzfälle immer wieder geben. Er erinnert in diesem Zusammenhang an die 2. Barmer These.«
754 Vermerk vom 26.11.1987 über ein Gespräch des Stellvertreters des Staatssekretärs, Hermann Kalb, mit dem Bischof von Berlin-Brandenburg, Dr. Forck, am 26.11.1987, BA, Abt. Potsdam, O-4, 995; auch a.a.O., O-4, 1293; auch SAPMO-BA ZPA IV B2/14/42; vgl. auch Vermerk Kupas vom 16.12.1987 über ein Gespräch in der Dienststelle des Staatssekretärs für Kirchenfragen am 26.11.1987, EZA Berlin, 101/93/6.
755 Vgl. Persönlicher Bericht (Zionskirche 26.11.1987, 15.00-18.00 Uhr), BA, Abt. Potsdam, O-4, 1293. Allerdings hing am Morgen des 27.11.1987 kurzzeitig ein Protesttransparent am Kirchturm. Vgl. Umweltblätter, 15.12.1987, abgedruckt in W. Rüddenklau, Störenfried, 151-157, hier: 153.
756 Vgl. Vermerk vom 27.11.1987 über ein Gespräch mit Bischof Dr. Forck und OKR Pettelkau am 27.11.1987, BA, Abt. Potsdam, O-4, 767.
757 Persönlicher Bericht (Zionskirche 26.11.1987, 15.00-18.00 Uhr), BA, Abt. Potsdam, O-4, 1293.
758 Jean Fischer, Edmont Perret, Emilio Castro und Paul Wee bezeichneten auch mehr als ein Vierteljahr später die Begegnungen mit dem Staatssekretär als konstruktiv. Vgl. SV Genf, Vermerk Adling vom 20.4.1988 über Gespräche mit Vertretern internationaler Kirchenverbände anläßlich der Übergabe von Einladungsschreiben für das Internationale Treffen für kernwaffenfreie Zonen, BA, Abt. Potsdam, O-4, 1011.

759 Vgl. auch Schreiben Jarowinsky an Honecker vom 13.11.1987, SAPMO-BA ZPA IV B2/14/93. Vgl. die Berichterstattung in Berliner Sonntagsblatt vom 22.11.1987, FR vom 10.11.1987 und »Die WELT« vom 11.11.1987.
760 Kurzbericht Dr. Gerd Will vom 29.11.1987 über die Dienstreise des Staatssekretärs für Kirchenfragen, Genossen Dr. Klaus Gysi, vom 21.11.1987 bis 26.11.1987 nach Genf, BA, Abt. Potsdam, O-4, 714.
761 Vermerk über ein Gespräch mit Bischof Forck und Oberkonsistorialrat Pettelkau am 27.11.1987. Den Text reichte Jarowinsky an Honecker weiter, SAPMO-BA ZPA IV B2/14/42; vgl. auch Vermerk vom 27.11.1987 über ein Gespräch mit Bischof Dr. Forck und OKR Pettelkau am 27.11.1987, BA, Abt. Potsdam, O-4, 767.
762 Abgedruckt bei G. Rein, Die protestantische Revolution, 42 f.
763 Abt. II, Information Wilke vom 30.11.1987 über die Gratulation beim Vorsitzenden der Jüdischen Gemeinde von Berlin (West), Dr. Heinz Galinski, am 29.11.1987, BA, Abt. Potsdam, O-4, 714. Gegenüber Honecker verlor Diepgen am 11.2.1988 zu den Gewaltmaßnahmen des SED-Staates kein kritisches Wort. Vgl. H. Potthoff, Die »Koalition der Vernunft«, 34; 697 ff.
764 Vgl. ADN-Information. Nur zur Information. Interne Dienstmeldung vom 29.11.1987, BA, Abt. Potsdam, O-4, 767.
765 Vgl. Schreiben an Jarowinsky vom 4.12.1987, SAPMO-BA ZPA IV B2/14/41.
766 Vgl. hierzu bereits die Vorankündigung Kramers vor der KKL. Protokoll Leich-Ziegler-Dorgerloh/Günther über die 113. Tagung der Konferenz der Evangelischen Kirchenleitungen in der DDR am 4./5.9.1987 in Berlin, EZA Berlin, 101/93/242. Der KKL-Vorstand entsandte offiziell Leich, Ziegler und Lewek. Vgl. Protokoll Leich-Ziegler-Kupas vom 20.10.1987 der 203. Sitzung des Vorstandes am 15.10.1987 in Leipzig, EZA Berlin, 101/93/249.
767 Vgl. hierzu auch Abt. II, Vermerk Gräfe vom 12.6.1987 zum Gespräch mit Dr. Gensichen, Leiter des Kirchlichen Forschungsheimes in Wittenberg (KFH), am 28.5.1987, 15.00 bis 17.00 Uhr, im Kirchlichen Forschungsheim, BA, Abt. Potsdam, O-43, 1078. Vgl. auch Berlin, den 3.6.1987, Anlage zur Information zum Gespräch mit Dr. Gensichen am 28.5.1987, a.a.O.
768 Notiz vom 1.12.1987 über die Gratulationscour bei Altbischof Krusche, SAPMO-BA ZPA IV B2/14/42. Vgl. auch G. Rein, Die protestantische Revolution, 38.
769 Vgl. ebd.
770 Abt. V, Vorlage Bein vom 21.12.1987, Thema: Prüfung des Inhalts der Kirchenordnungen der Gliedkirchen des BEK in der DDR in bezug auf das Vorhandensein und den Inhalt kirchlicher Notstandsregelungen und Möglichkeiten der disziplinarischen Einflußnahme der Kirchenleitungen, BA, Abt. Potsdam, O-4, 956.
771 Berlin, 3.12.1987, Protokoll über ein Gespräch des Staatssekretärs, Genossen Dr. Gysi, mit Vertretern der Kirchenleitung der Evangelischen Kirche in Berlin-Brandenburg und der Zionskirchgemeinde in Berlin am 2.12.1987, BA, Abt. Potsdam, O-4, 767; auch a.a.O., O-4, 971; auch SAPMO-BA ZPA IV B2/14/42.
772 Kurzprotokoll Stolpe vom 4.12.1987 über eine gemeinsame Beratung der leitenden Geistlichen und der Leiter der Verwaltungsdienststellen der Gliedkirchen des Bundes der Evangelischen Kirchen in der DDR am 3.12.1987 in der Dienststelle des Bundes, EZA Berlin, 101/93/774. Die Schnellinformation vom 4.12.1987 ist abgedruckt in epd-Dok 9/88, 1-4.
773 Unter anderem von Reinhard Lampe unterzeichnetes Schreiben vom 27.11.1987, EZA Berlin, 101/93/844. Vgl. auch das an das Präsidium der BEK-Synode, zu Händen von Günter Krusche, und den Generalstaatsanwalt der DDR gerichtete Schreiben von Gemeindegliedern aus Karl-Marx-Stadt vom 28.11.1987, das allerdings keinen öffentlichen Protest der Kirche forderte, mit Begleitschreiben Krusche an BEK-Sekretariat vom 30.11.1987, a.a.O.
774 Vgl. Schreiben an Jarowinsky vom 4.12.1987, SAPMO-BA ZPA IV B2/14/41. Vgl. auch

den MfS-»Hinweis« über eine Sitzung der Kirchenleitung der Ev. Kirche in Berlin-Brandenburg am 4.12.1987, BStU Berlin, ZAIG 5592, 2 f.

775 Schnur hatte 1987 den BEK nochmals gebeten, ihm ein besonderes Mandat »zur Beratung bzw. Verteidigung von Wehrpflichtigen und Bausoldaten bzw. Wehrdienstverweigerern« zu verleihen. Der Vorstand dankte Schnur zwar für seine bislang geleistete Arbeit, hielt aber die Erteilung eines besonderen kirchlichen Auftrags an den Rechtsanwalt nicht für besonders hilfreich. Vgl. Protokoll Leich-Ziegler-Lewek vom 2.6.1987 der 198. Sitzung des Vorstands am 20.5.1987 in Berlin, EZA Berlin, 101/93/249. Vgl. auch Protokoll Leich/Stolpe-Ziegler-Riese über die 112. Tagung der Konferenz der Evangelischen Kirchenleitungen in der DDR am 3./4.7.1987 in Berlin, EZA Berlin, 101/93/242.

776 Vgl. Aktenvermerk Handel vom 30.12.1987 über ein Gespräch des Hauptabteilungsleiters, Genossen P. Heinrich, mit Generalsuperintendent Dr. Krusche und weiteren Amtsträgern am 30.12.1987, BA, Abt. Potsdam, O-4, 767; auch a.a.O., O-4, 1220.

777 Schreiben an Jarowinsky vom 4.12.1988, SAPMO-BA ZPA IV B2/14/41.

778 Vgl. Abt. II, Information Wilke vom 5.12.1987 über die Veranstaltung in der Zionskirche am 4.12.1987, BA, Abt. Potsdam, O-4, 767; auch a.a.O., O-4, 971.

779 Vgl. hierzu das diesbezüglich beschwichtigende Schreiben des Leiters des Kirchlichen Forschungsheimes Wittenberg, Gensichen, an die Freunde in den Umweltgruppen der Kirche vom 7.12.1987, der zwar einerseits »nach der Christlichkeit unseres Tuns« fragte, andererseits aber auch »eine große innenpolitische Öffnung unserer Gesellschaft« forderte. Nur so könne der Konflikt zwischen Kirche und autonomen Oppositionsgruppen gelöst werden. EZA Berlin, 101/93/111.

780 Vgl. hierzu auch RdB Dresden, Stellvertreter des Vorsitzenden für Inneres, Informationsbericht vom 14.12.1987 für die Monate Oktober/November 1987, SHStA Dresden, BT/RdB Dresden (Zwibo), 45940.

781 Vgl. auch ebd. Vgl. auch Rat der Stadt Dresden, Bereich Inneres, Staatspolitik in Kirchenfragen, Aktenvermerk Schulze vom 4.12.1987 über heutiges Gespräch mit Superintendent Bergmann. Hier war von Solidarisierungsaktionen der Gruppe »Wolfspelz« die Rede. Bergmann äußerte seine Skepsis gegenüber diesen Gruppen. In bezug auf »Wolfspelz« sprach er »von Anarchisten, daß diese Leute zentral von Berlin angeleitet werden und sich zu keiner Gemeinde zugehörig fühlen. Er wird, so versicherte er, seine Pfarrer darauf aufmerksam machen, daß dieser Gruppe keinerlei Unterstützung gewährt wird.« SHStA Dresden, BT/RdB Dresden (Zwibo), 44870. Hingegen verteidigte Superintendent Ziemer diese Gruppe als im Raum der Kirche stehend. »Er bezeichnete die ständige Kontrolle und Beaufsichtigung dieser Leute durch die Staatssicherheit als belastend und erschwerend.« Rat der Stadt Dresden, Stellv. d. Oberbürgermeisters für Inneres, Aktenvermerk Jörke vom 5.12.1987 über Gespräch am 4.12.1987 mit Superintendent Ziemer, a.a.O.

782 Abt. II, Berlin, den 21.12.1987, Aktuelle politische Tendenzen in den Kirchen und Religionsgemeinschaften in der DDR – Leitungsinformation 6/87, BA, Abt. Potsdam, O-4, 956. Um einen Artikel des Thüringer Kirchenrates in »Glaube und Heimat« vom 6.12.1987 kam es zu einer Kontroverse mit Pfarrer Hans Simon von der Zionskirche. Simon kritisierte besonders die Aussage Müllers: »Die Massenmedien haben – einschließlich der Nachrichtenagentur ADN – aktuell darüber berichtet.« Simon schrieb: »Lieber Herr Dr. Müller! Ich glaube, daß Sie über die Vorgänge in Berlin schlecht informiert waren. Ich denke, daß man auf Grund solchen Informationsdefizits lieber keinen Artikel um die Vorgänge um die Zionskirche schreiben sollte. [...] Ein paar Bemerkungen zu Ihren *theologischen Implikationen*: Sie zitieren Landesbischof Dr. Leich, ›daß die Kirche Kirche bleiben müsse‹. Nun, ich halte solche Äußerungen für unkonkret und blaß. *Wer* und *was* ist eigentlich gemeint mit dieser ›Kirche‹?! Welches ekklesiologische Selbstverständnis soll hier zum Ausdruck kommen? Sollten Sie und Herr Landesbischof Dr. Leich sich etwa auf CA VII berufen ...?! Wenn ja, dann muß ich allerdings daran erinnern, daß wir Heutigen in der Kirche *kräftig* danach fragen müssen, *was*

denn das ›evangelium pure docetur‹ konkret in unserem gesellschaftlichen Umfeld meint. Ich denke, wir haben doch wohl alle (?) gelernt, daß Theologie nur im Kontext der Gegenwart existiert und handelt, ohne einer billigen Anpassung an Zeitströmungen zu unterliegen.« Offener Brief vom 18.12.1987, EZA Berlin, 101/93/741. Müller bot ein Gespräch an und antwortete: »Ich begrüße es sehr, daß Sie an die kirchliche und staatliche Publizistik hohe Anforderungen stellen, was Sprachgebrauch, zuverlässige Recherche, Solidität der Nachrichtengebung und eine gerecht urteilende Kommentierung angeht. Ich frage mich allerdings, welche Maßstäbe im Vergleich dazu bei den Umweltblättern gelten, die Sie letzten Endes zu verantworten haben.« A.a.O.
783 Schreiben an den BEK vom 30.11.1987, EZA Berlin, 101/93/844.
784 Auch der KKL-Vorstand befaßte sich Mitte Dezember 1987 mit den Ereignissen. Vgl. Protokoll Leich-Ziegler-Lewek vom 5.1.1988 über die 205. Sitzung des Vorstandes am 16.12.1987 in Eisenach, EZA Berlin, 101/93/750.
785 Auch der SPD-Politiker Erhard Eppler sprach sich am 27.11.1987 in einem Interview mit dem Deutschlandfunk gegen eine Unterbrechung des Dialogs seiner Partei mit der SED aus. Vgl. die Aufzeichnung des Staatlichen Komitees f. Rundfunk, Redaktion Monitor, vom 2.12.1987, BA, Abt. Potsdam, O-4, 767.
786 Der zur Landessynode im Herbst 1987 vorgelegte Bericht der sächsischen Kirchenleitung legte als Bedingung für die Aufnahme von Gruppen in die Gemeinden fest, sie dürften »in Form und Inhalt dem Evangelium nicht widersprechen und [müßten] ein Mindestmaß an Konstruktivität nachweisen.« Zudem müßten sie toleranzfähig sein. Der Kirchengemeinde gestand man das Recht zu, als Hausherr jederzeit Zutritt zu den Gruppenveranstaltungen zu haben und gegebenenfalls auch eingreifen zu können. RdB Dresden, Sektor Staatspolitik in Kirchenfragen, Einschätzung Lewerenz vom 15.10.1987 der Herbsttagung der Landessynode der Evangelisch-Lutherischen Landeskirche Sachsens vom 10. bis 14.10.1987 in Dresden, PDS-Archiv Dresden, AR 14100. Vgl. auch Abt. II, 19.10.1987, Information zur Herbstsynode 1987 der Evangelisch-Lutherischen Landeskirche Sachsens: »Hinsichtlich des Wirkens kirchlicher Gruppen wird zwar ihre Bedeutung und Unverzichtbarkeit für das kirchliche Leben betont, jedoch zugleich Bedingungen für ihre Tätigkeit genannt, die politischem Mißbrauch entgegenwirken können. Eine pessimistische und defizitäre Wirklichkeitsbetrachtung durch Gruppen, die unter dem Dach der Kirche wirken wollen, wird nachdrücklich abgelehnt.« SAPMO-BA ZPA IV B2/14/103. Vgl. auch Schreiben Ökumenisches Basisseminar Königswartha in Zusammenarbeit mit der CFK in der DDR an Synode Sachsen vom 4.10.1987: »Kirchliche Friedensgruppen usw. müssen am Evangelium orientiert bleiben.« Abschrift durch BV der CDU Dresden vom 12.10.1987, SHStA Dresden, BT/RdB Dresden (Zwibo), 45931. Vgl. auch Dresden, Bereich Inneres, Staatspolitik in Kirchenfragen, Aktenvermerk Schulze vom 8.4.1987 über Gespräch am 7.4.1987 mit Pfarrer Reimann (Annenkirche): »Er sagte weiter, daß er und auch andere Pfarrer die Tätigkeit der ›Friedensgruppen‹ in den Gemeinden oftmals als störend empfinden, weil sie sehr oft etwas ›Besonderes‹ sein wollen, statt sich in das Gemeindeleben einzuordnen.« SHStA Dresden, BT/RdB Dresden (Zwibo), 45935.
787 Vermerk Heidingsfeld über die Zusammenkunft der Beratergruppe am 10.12.1987, EZA Berlin, 4/92/19.
788 Ebd.
789 Abt. II, Berlin, den 21.12.1987, Aktuelle politische Tendenzen in den Kirchen und Religionsgemeinschaften in der DDR – Leitungsinformation 6/87, BA, Abt. Potsdam, O-4, 956.
790 Vgl. Information über einen Gottesdienst »Einstieg zum Ausstieg« aus Anlaß der Vertragsunterzeichnung zwischen der UdSSR und den USA am 8.12.1987, BA, Abt. Potsdam, O-4, 995. Vgl. KiS 1/88, 36.
791 Vgl. hierzu Information über ein Gespräch des Stellvertreters des Oberbürgermeisters für Inneres, Genossen Hoffmann, mit Konsistorialpräsident Stolpe und Oberkonsistorialrat Pettelkau am 8.12.1987. Stolpe soll geäußert haben, es gehe bei dieser Veranstal-

tung »um eine psychologisch weiche Landung nach den Vorfällen in und um Zion««. Der Konsistorialpräsident, der sich mit Schnur an der Veranstaltung aktiv beteiligen wollte, ging von 400 Besuchern aus, darunter auch Kirchenferne und Ausreiseantragsteller. Hoffmann erwiderte: »Mit der Veranstaltung gehen die Verantwortlichen erneut ein großes Risiko ein. Erneut werden Personengruppen angesprochen (Kirche von unten, Initiative für Frieden und Menschenrechte usw.), die ein sehr gestörtes Verhältnis zur sozialistischen Staats- und Gesellschaftsordnung haben.« A.a.O.

792 Berlin, 9.12.1987, Gesprächskonzeption für Staatssekretär Klaus Gysi mit Konsistorialpräsident Stolpe, BA, Abt. Potsdam, O-4, 767; auch a.a.O., O-4, 971; auch SAPMO-BA ZPA IV B2/14/42.
793 Information über ein Gespräch des Stellvertreters des Oberbürgermeisters für Inneres, Genossen Hoffmann, mit Konsistorialpräsident Stolpe und Oberkonsistorialrat Pettelkau am 8.12.1987, BA, Abt. Potsdam, O-4, 995.
794 Information Gysi vom 10.12.1987, BA, Abt. Potsdam, O-4, 767; auch a.a.O., O-4, 971; auch SAPMO-BA ZPA IV B2/14/42.
795 Ebd.
796 Vgl. Vermerk Heinrich vom 10.12.1981, BA, Abt. Potsdam, O-4, 971.
797 Vgl. hierzu G. Rein, Die protestantische Revolution, 38; 54.
798 Vgl. epd-Dok 9/88, 15-17.
799 RdB Erfurt, Stellvertreter des Vorsitzenden für Inneres, Information Hartmann vom 8.12.1987 über Gespräch zwischen dem Vorsitzenden des RdB Erfurt, Arthur Swatek, und Bischof Demke am 7.12.1987, BA, Abt. Potsdam, O-4, 1480.
800 Vgl. Abt. II, Berlin, den 21.12.1987, Aktuelle politische Tendenzen in den Kirchen und Religionsgemeinschaften in der DDR, Leitungsinformation 6/87, BA, Abt. Potsdam, O-4, 956.
801 Vermerk Ziegler vom 27.10.1987 über Zusammenkunft der Beratergruppe am 24.9.1987, EZA Berlin, 4/92/18. Stolpes Tübinger Referat ist abgedruckt in ders., Den Menschen Hoffnung geben, 131-142.
802 Zit. nach KiS, 1987, 136 f.
803 M. Stolpe in einem Interview mit dem DAS Nr. 18 vom 3.5.1987, 16. Wieder abgedruckt bei Stolpe, Den Menschen Hoffnung geben, 116-130, Zitat: 117 f.
804 Treffbericht E.-E. Meckel-Roßberg vom 3.3.1977, BStU Berlin, MfS AIM 3165/79 (IM »Prinz«), II,1. Zuvor soll Schmude gesagt haben: »[...] eine Regierungsübernahme durch die CDU ist vorläufig nicht zu erwarten. Diese Partei ist in sich verstritten, leidet an Konzeptionslosigkeit, hat keine überzeugend wirkenden Führer u. ist mit Strauß schwer belastet. [...] die Stagnation der Wirtschaft wird langsam aber sicher überwunden. Eine Wiederholung der Krisenerscheinungen der letzten Jahre wird es nicht geben.«
805 Zit. nach J. Hacker, Deutsche Irrtümer, 209 f.
806 So H.-P. Schwarz im RhM Nr. 5 vom 4.2.1994, 3.
807 So Chr. von Ditfurth, Angst vor den Akten. Archive enthüllen den Umgang von SPD- mit SED-Politikern, in: »DER SPIEGEL« Nr. 35 vom 24.8.1992, 50-63.
808 Vgl. auch Die Woche Nr. 7 vom 10.2.1994, 5. Auch schon in den 70er Jahren pflegten CDU-Politiker wie Walther Leisler Kiep Kontakte zur SED (FOCUS Nr. 10 vom 7.3.1994, 64-66).
809 Vgl. Kostproben der nichtssagenden Telefonate Schmidt-Honecker (»DER SPIEGEL« Nr. 36 vom 5.9.1994, 97) mit denen zwischen Kohl und Honecker (»DER SPIEGEL« Nr. 38 vom 19.9.1994, 20). Siehe auch M. Deutz-Schroeder/J. Standt (Hgg.), Teurer Genosse, 51 f.; 64-66; 100-103.
810 Das SED/SPD-Papier: Der Streit der Ideologien und die gemeinsame Sicherheit, Freiburg/Br. 1988, 15.
811 Zur Bundestagswahl 1987 vgl. RdB Dresden, Stellvertreter des Vorsitzenden für Inneres, Informationsbericht der Monate Dezember 1986 und Januar 1987 vom 9.2.1987: »Der Ausgang der Bundestagswahlen war so von der übergroßen Mehrheit der Ge-

sprächspartner erwartet worden, wobei von vielen Unverständnis darüber geäußert wurde, daß trotz der hohen Arbeitslosigkeit, Kurzarbeit in vielen Betrieben, der daraus erwachsenden sozialen Probleme usw. die Stimmenverluste der Regierungskoalition nicht noch größer werden. Vereinzelt wurde direkt Bedauern geäußert, daß die SPD diese Wahlen nicht gewonnen hat.« SHStA Dresden, BT/RdB Dresden (Zwibo), 45940.
812 Vgl. dazu T.G. Ash, Im Namen Europas, 487.
813 Zit. nach RhM Nr. 5 vom 4.4.1994. Jürgen Engert erinnert in derselben Ausgabe daran, daß bei einer Debatte über diesen Vorgang im nordrhein-westfälischen Landtag am 13.11.1991 Rau Absprachen mit der SED-Führung leugnete. Im ARD-Magazin »Kontraste« am 28.1.1991 wiederholte er sein »Nein«.
814 Vgl. Mitteilung Arbeitsgruppe Kirchenfragen, Bellmann, an Genossen Werner Jarowinsky vom 28.10.1987, Besuch des Ministerpräsidenten Johannes Rau vom 24. bis 26.10.1987 in der DDR. Die Informationen stammen aus einem Gespräch Bellmanns mit Wiegands Stellvertreter. SAPMO-BA ZPA IV B2/14/21. Am 22.10.1987 hatte IM »Sekretär« durch das MfS ein Geschenk im Wert von 45,– M erhalten. Vgl. Operativgeldabrechnung 1992/87, Rechercheergebnisse zum IM »Sekretär«, Stand 12.4.1994, 271.
815 Chr. v. Ditfurth, Angst vor den Akten, a.a.O. (Anm. 807), 53.
816 Vgl. hierzu und zum folgenden WamS vom 6.2.1994, 2; WamS vom 17.7.1994, 5.
817 Friedrich Schorlemmer äußerte auf der Dessauer Bundessynode im September 1988, »daß man statt der Diskussion um die Festlegung der Elbgrenze endlich Maßnahmen zur Reinhaltung der Elbe einleiten solle.« Mitarbeiter für Kirchenfragen, Halle, den 19.9.1988, Information zum bisherigen Tag der bisherigen Tagung der Synode des Bundes der Evangelischen Kirchen der DDR vom 16.-20.9.1988 in Dessau mit Stand vom 18.9.1988, 22.00 Uhr, LPA Halle, IV F-2/14/373.
818 Chr. v. Ditfurth, Angst vor den Akten, a.a.O. (Anm. 807), 53.
819 A.a.O., 57.
820 Vgl. Abt. II, Information Wilke vom 30.11.1987 über die Gratulation beim Vorsitzenden der Jüdischen Gemeinde von Berlin (West), Dr. Heinz Galinski, am 29.11.1987, BA, Abt. Potsdam, O-4, 714.
821 So Scharping laut FAZ vom 7.2.1994, 4.
822 Vgl. a.a.O.; FAZ vom 5.2.1994, 4. »Rau weist Vorwurf der Kumpanei zurück«.
823 Vgl. Schreiben Schmude an Henkys vom 27.5.1992 mit Vollmacht (SPIEGEL-Archiv).
824 Schmude an Inge Pardon vom 27.5.1992, a.a.O.
825 Vgl. »Die WELT« vom 1.8.1992; WELT am SONNTAG vom 16.8.1992 und 15.11.1992; »DER SPIEGEL« Nr. 45 vom 2.11.1992, 33-37.
826 Vgl. aber auch das Schreiben Schmude mit MdB-Briefkopf an Ziegler vom 24.9.1987, in dem er Interesse zeigte, gemeinsam mit den SPD-Bundestagsabgeordneten Gert Weisskirchen und Horst Sielaff »ein Informationsgespräch mit Vertretern von Friedensgruppen zu führen, die ihre Arbeit innerhalb oder am Rande der evangelischen Kirchen in der DDR leisten.« Als Gesprächspartner denke man vor allem an Garstecki und Eppelmann. Die SPD-Fraktionsführung wisse von diesem Vorhaben. EZA Berlin, 101/93/815.
827 So charakterisiert Löffler das Treffen mit Schmude am 8.3.1989 in seinem Protokoll vom darauffolgenden Tag (BA, Potsdam, O-4, 999).
828 So organisierte Schmude beispielsweise auch ein Informationsgespräch zwischen SPD-Bundestagsabgeordneten und Vertretern der Friedensgruppen mit Ziegler, anstatt dies einem anderen in seiner Fraktion zu überlassen. Vgl. Brief Schmude an Ziegler vom 24.9.1987, EZA Berlin, 101/93/815.
829 »Das Gespräch verlief in einer offenen und sachlichen Weise.« Staatssekretär für Kirchenfragen, Information Kurt Löffler vom 15.12.1988 über ein Gespräch mit dem Präses der Synode der EKD, Herrn Dr. Jürgen Schmude, am 14.12.1988. Einen Durchschlag erhielten Krenz, Jarowinsky und Wiegand. BA, Abt. Potsdam, O-4, 999. Wenige Wochen später schrieb Schmude unter Verwendung des MdB-Briefkopfes, jedoch von seinem Heimatort Moers aus, an Löffler: »Sehr geehrter Herr Löffler, den Verlauf unseres

Gespräches habe ich als sehr befriedigend empfunden und dabei eine Vielzahl interessanter Anregungen für meine politische und kirchliche Arbeit erhalten. So denke ich gern an unsere Begegnung zurück und danke Ihnen herzlich dafür, daß Sie nach so kurzfristiger vorheriger Anfrage einen Termin bereitgestellt und sich dann auch Zeit für mich genommen haben. Ich würde mich sehr freuen, wenn wir diesen Kontakt bei geeigneter Gelegenheit fortsetzen könnten. Wir haben dazu in unserem Gespräch eine Möglichkeit in Betracht gezogen, um die ich mich zur Zeit bemühe und zu der ich mich bei Ihnen wieder melden werde.« Schreiben vom 4.1.1989, BA, Abt. Potsdam, O-4, 998.

830 Buch-Magazin 7, Herbst/Winter 1987, 27.
831 Zu Honeckers Bonn-Visite vgl. E. Honecker, Moabiter Notizen. Letztes schriftliches Zeugnis und Gesprächsprotokolle vom BRD-Besuch 1987 aus dem persönlichen Besitz Erich Honeckers, Berlin 1994.
832 Weiter heißt es: »Stolpe und Bransch ließen in diesen Fragen politischen Realismus erkennen und verbanden ihre Darstellungen und Meinungsäußerungen nicht mit illusionären Vorstellungen und Forderungen.« Information aus dem RdB Schwerin über ein Gespräch mit Vertretern der Evangelischen Kirche Berlin-Brandenburg am 27.8.1987. Das Papier reichte das Staatssekretariat für Kirchenfragen an Jarowinsky weiter. BA, Abt. Potsdam, O-4, 971; auch RdB Schwerin, Stellv. des Vorsitzenden für Inneres, Information Schwoerke vom 31.8.1987, SAPMO-BA ZPA IV B2/14/69. Dort heißt es abschließend zusätzlich: »Das Gespräch dauerte etwa zwei Stunden. Es verlief in einer freundlichen, vertrauensvollen und konstruktiven Atmosphäre.« Ebd.
833 Kurz zuvor, am 25.8.1987, hatten anläßlich Honeckers 75. Geburtstag die Kirchen sich an der offiziellen Gratulation beteiligt. Angemeldet waren für den BEK Leich, Gaebler, Stolpe, Salinger, Ziegler, Petzold und Werner Braune. Den Katholizismus vertraten Bischof Bernhard Huhn, Prälat Josef Michelfeit und Prälat Gerhard Lange. Vgl. SED-Hausmitteilung, Arbeitsgruppe Kirchenfragen, Rudi Bellmann, an die Protokollabteilung vom 13.8.1987, BA, Abt. Potsdam, O-4, 1009. Ziegler hatte bereits Ende Juni wegen des Termins bei Heinrich vorgefühlt. Vgl. Vermerk Ziegler vom 25.6.1987 über ein Gespräch in der Dienststelle des Staatssekretärs für Kirchenfragen am 23.6.1987, 13.00-15.30 Uhr, EZA Berlin, 101/93/6. Vgl. auch Peter Kraußer, Berlin, 31.8.1987, Festlegungen aus der Beratung mit Genossen Jarowinsky vom 27.8.1987, Teilnehmer [Gysi, Wilke, Baron, Baumgarten, Kraußer]: »1. Die während der Gratulation zum 75. Geburtstag des Vorsitzenden des Staatsrates und Generalsekretärs getroffenen Aussagen der kirchlichen Amtsträger und der Genossen Honecker selbst sind in der differenzierten Arbeit wirksam zu nutzen.« SAPMO-BA ZPA IV B2/14/9. Honecker selbst äußerte sich gegenüber den Kirchen positiv zum Berliner Kirchentag und bekräftigte den kirchenpolitischen Kurs des 6. März. Vgl. ND vom 26.8.1987. Zur kirchlichen Vorbereitung vgl. Protokoll Leich/Stolpe-Ziegler-Riese über die 112. Tagung der Konferenz der Evangelischen Kirchenleitungen in der DDR am 3./4.7.1987 in Berlin: »Eine Glückwunschdelegation soll unter Beachtung der bisherigen Praxis (65./70. Geburtstag) zusammengestellt werden. Das Sekretariat ist beauftragt, Erkundigungen zum Protokoll zu diesem Anlaß einzuholen.« EZA Berlin, 101/93/242. Vgl. hierzu auch Vermerk Ziegler vom 20.8.1987 über ein Gespräch in der Dienststelle des Staatssekretärs für Kirchenfragen am 18.8.1987, 14.30-16.00 Uhr: »Ziegler informiert auf Rückfrage über die Zusammensetzung der Gruppe der Evangelischen Kirchen. Wilke bestätigt, daß es bei dem 25.8.1987, 12.25 Uhr, im Gebäude des Zentralkomitees bleibt.« EZA Berlin, 101/93/6.
834 Präses Höppner, Kirchenprovinz Sachsen, hatte sich bereits im Juni 1987 für innergesellschaftliche »›Dialogveranstaltungen‹« ausgesprochen. Vgl. Abt. II, Vorlage Gräfe vom 30.6.1987 an die Dienstbesprechung am 29.6.1987, Leitungsinformation 3/87, BA, Abt. Potsdam, O-4, 955.
835 Synodeninformation Nr. 7 vom 20.9.1987.
836 Es heißt weiter: »Radatz sprach ausdrücklich seinen persönlichen und den Dank und die Anerkennung der EKD für den Besuch Erich Honeckers aus.« Information vom

22.9.1987 zum Verlauf und Ergebnis der Synode des BEK (Bund der evangelischen Kirchen) in Görlitz 1987, BA, Abt. Potsdam, O-4, 787; auch PDS-Archiv Dresden, AR 14100. Vgl. auch Görlitz, den 20.9.1987, 3. Tagesinformation über die dritte Tagung der 5. Synode des BEK, 18.-22.9.1987 in Görlitz, Sonntag, den 20.9.1987, SAPMO-BA ZPA IV B2/14/93.
837 RdB Erfurt, Stellvertreter des Vorsitzenden für Inneres, Information Hartmann vom 15.1.1987, BA, Abt. Potsdam, O-4, 1480.
838 Reisebericht Kurt Nowak zur Studienreise nach Westberlin in das Evangelische Zentralarchiv, Jebensstraße 3, im September 1987 vom 9.10.1987, BA, Abt. Potsdam, O-4, 4851.
839 RdB Magdeburg, Stellvertreter des Vorsitzenden für Inneres, Information Lubas vom 30.9.1987 über das Gespräch mit dem Bischof der Evangelischen Kirche der Kirchenprovinz Sachsen, Dr. Demke, am 29.9.1987 im Konsistorium, BA, Abt. Potsdam, O-4, 1192.
840 Vgl. hierzu z. B. auch RdK Sebnitz, Stellv. d. Vors. f. Inneres, Keßler, an RdB Dresden, Stellv. d. Vors. f. Inneres, Fuchs, vom 25.9.1987, Informationsbericht zu Kirchenfragen im Kreis Sebnitz für die Monate August und September: »Besonders positiv begrüßt wurde die Berichterstattung in unseren Medien, zumal man auch für uns ›unbequeme‹ Aussagen veröffentlichte. Die Sicherung des Friedens als eigentlich erstrangige Frage spielte eine untergeordnete Rolle. Im Vordergrund stand die Frage zur eventuellen weiteren Verbesserung des Besuchs- und Reiseverkehrs.« SHStA Dresden, BT/RdB Dresden (Zwibo), 44873.
841 Zu Weihnachten 1987 erhielt der IM »Sekretär« vom MfS ein Geschenk im Wert von 84,– M überreicht. Vgl. Operativgeldabrechnung 2356/87, Rechercheergebnisse zum IM »Sekretär«, Stand 12.4.1994, 272.
842 Bischof Leich kritisierte: »Es ist auch ein unguter Zustand, wenn die DDR ungewollt in eine Situation (Zwei-Klassen-Gesellschaft) geraten würde, in der ein Teil der Bürger solche Reisen unternehmen könne und einem anderen Teil wegen fehlender Verwandtschaft dieses versagt wäre.« RdB Erfurt, Stellvertreter des Vorsitzenden für Inneres, Information Hartmann vom 25.11.1987 über Gespräch des Vorsitzenden des RdB Erfurt, Arthur Swatek, mit Landesbischof Leich am 24.11.1987, BA, Abt. Potsdam, O-4, 1480.
843 Vgl. jedoch RdB Halle, Stellv. des Vorsitzenden für Inneres, Information Pöhner vom 24.2.1987 zum Gespräch des Vorsitzenden des RdB Halle, Gen. Kolodniak, mit dem Kirchenpräsidenten der Ev. Landeskirche Anhalts, Eberhard Natho, am 23.2.1987 in Dessau: »Im weiteren Gesprächsverlauf teilte Natho mit, daß die Oberbürgermeister der Städte Ludwigshafen, Kaiserslautern und Detmold um seine Vermittlung zum Abschluß von Städtepartnerschaften gebeten hätten. Er habe dieses Anliegen klar abgelehnt, da so etwas nur auf Regierungsebene behandelt und entschieden werden könne. Seine Haltung habe allerdings das Unverständnis der BRD-Politiker hervorgerufen.« LPA Halle, IV F-2/14/368. Pfarrer Eppelmann hingegen propagierte gemeinsam mit dem Theologen Stephan Bickhardt im Spätsommer 1987 in Briefen u. a. an die Volkskammerfraktionen und die BEK-Synode die Gründung einer Freundschaftsgesellschaft DDR-BRD. Vgl. EZA Berlin, 101/93/208. Vgl. auch Protokoll Leich-Ziegler-Kupas vom 20.10.1987 der 203. Sitzung des Vorstandes am 15.10.1987 in Leipzig, EZA Berlin, 101/93/249. Vgl. auch Protokoll Riese vom 2.11.1987 der Präsidiumssitzung am 8.10.1987 in Berlin und Antwortschreiben Riese vom 29.1.1988: »Aus den Sitzungen des Präsidiums und des Vorstandes der Konferenz der Ev. Kirchenleitungen fällt es nicht in die Kompetenz der Synode des Bundes, sich dieses Anliegen und Ihren Vorschlag zu eigen zu machen und den von Ihnen genannten staatlichen Institutionen vorzutragen.« EZA Berlin, 101/93/208.
844 Vgl. idea-spektrum 30/1987, 5. Vgl. auch HA Presse, Information Carl vom 31.3.1987 über ein Gespräch des Leiters der HA Presse, Gen. Wolfgang Meyer, mit Vertretern des Bundes der Evangelischen Kirchen in der DDR am 27.3.1987. Demnach äußerte BEK-Pressesprecher Günther: »Andere BRD-Journalisten, z. B. von Idea, machten Telefoninterviews mit DDR-Partnern ohne vorherige Absprachen. Solche Journalisten seien für sie keine seriösen Partner«. BA, Abt. Potsdam, O-4, 1175.

845 Abt. II, Information Gräfe vom 28.10.1987, Aktuelle politische Tendenzen in den Kirchen und Religionsgemeinschaften in der DDR, Leitungsinformation 5/87, BA, Abt. Potsdam, O-4, 955.
846 Vgl. jedoch Pfarrer Adolph, Neustadt/Sachsen: »›Bundeskanzler Kohl hat genau das gesagt, was die Menschen berührt. Ich bin der Überzeugung, daß es zu einer Wiedervereinigung kommen wird, auch wenn ich das vielleicht nicht mehr erleben werde.‹« RdK Sebnitz, Stellv. d. Vors. f. Inneres, Keßler, an RdB Dresden, Stellv. d. Vors. f. Inneres, Fuchs vom 25.9.1987, Informationsbericht zu Kirchenfragen im Kreis Sebnitz für die Monate August und September, SHStA Dresden, BT/RdB Dresden (Zwibo), 44873.
847 Bericht zur kirchenpolitischen Situation in Berlin, Hauptstadt der DDR, für die Monate August und September 1987, BA, Abt. Potsdam, O-4, 1129.
848 W. Brinkel/J. Rodejohann (Hgg.), Das SPD-SED-Papier.
849 Information vom 13.10.1987 über die Synode des Bundes der Evangelischen Kirchen in der DDR (BEK) in Görlitz 1987, BA, Abt. Potsdam, O-4, 787. Vgl. jetzt auch: H. Neubert, Zum gemeinsamen Ideologie-Papier von SED und SPD aus dem Jahr 1987.
850 Abt. II, Information Gräfe vom 28.10.1987, Aktuelle politische Tendenzen in den Kirchen und Religionsgemeinschaften in der DDR, Leitungsinformation 5/87, BA, Abt. Potsdam, O-4, 955. Vgl. auch Bericht zur kirchenpolitischen Situation in Berlin, Hauptstadt der DDR, für die Monate August und September 1987:»Große Resonanz hatte und hat das gemeinsame Dokument von SED und SPD ›Der Streit der Ideologien und die gemeinsame Sicherheit‹ im kirchlichen Raum. Durch eine Vielzahl kirchlicher Vertreter wird konstatiert, daß sich in dem Dokument ›ein hohes Verantwortungsbewußtsein beider Parteien in bezug auf die Friedensfrage ausdrücke‹ – ein ›neues Denken‹ angesichts der nur gemeinsam zu lösenden globalen Weltprobleme (z. B. Dr. Punge, Präses Becker). Einzelne kirchliche Vertreter stellen bei der Betrachtung des Dokuments allerdings auch in den Mittelpunkt, daß Forderungen erhoben wurden, für die ›die Kirche und die Christen schon lange eingetreten sind, die jedoch vom Staat abgelehnt und als staatsfeindlich verunglimpft wurden‹ – wie z. B. Forderungen nach Abbau von ›Feindbildern‹, Friedens- und Reformfähigkeit auch des anderen Systems u. a. (z. B. Pfarrer Mangliers). In solchen Gesprächen wird auch die Frage danach gestellt, ›welche Wirkung ein solches Dokument denn in Kreisen von Genossen habe und ob es denn von allen verstanden und akzeptiert werde.‹« BA, Abt. Potsdam, O-4, 1129.
851 Abt. II, Information Gräfe vom 28.10.1987, Aktuelle politische Tendenzen in den Kirchen und Religionsgemeinschaften in der DDR, Leitungsinformation 5/87, BA, Abt. Potsdam, O-4, 955.
852 Vgl. Abt. II, Berlin, den 21.12.1987, Aktuelle politische Tendenzen in den Kirchen und Religionsgemeinschaften in der DDR, Leitungsinformation 6/87, BA, Abt. Potsdam, O-4, 956.
853 Vermerk über die Zusammenkunft der Beratergruppe am 10.12.1987, EZA Berlin, 92/19.
854 Zum SED-SPD-Papier vgl. aus DDR-Kirchenperspektive auch G. Müller, Der Dialog über den Dialog, in: Glaube und Heimat, Nr. 38/87 vom 20.9.1987.
855 Im Protokoll Stolpe-Kupas-Dorgerloh vom 28.7.1987 der 200. Sitzung des Vorstands am 23.7.1987 in Potsdam heißt es unter »3.17. 75. Geburtstag Kurt Hager: Da Kurt Hager kein offizieller Ansprechpartner der Kirchen ist, ist kein Anlaß gegeben zu einer besonderen Gratulation zu seinem 75. Geburtstag am 24. Juli.« EZA Berlin, 101/93/249. Protokollauszug in EZA Berlin, 101/93/14.
856 Vgl. den Beschluß betr. »Bericht der KKL – Teil I«, Görlitz, 18.-22.9.1987. Dort heißt es u. a.: »Es [das Papier] könnte eine handhabbare Methode für andere Bereiche bieten: gemeinsame Überzeugungen feststellen, Unterschiede benennen und nach Richtungen suchen, in denen eine Zusammenarbeit möglich wird. Die Synode bittet die Konferenz, im Gespräch mit dem Rat der EKD zu prüfen: Wie können die Kirchen beider deutscher Staaten mit ihren Möglichkeiten dazu beitragen, daß nach der Öffnung zum Gespräch der Ideologien, nach ersten Schritten zur Abrüstung und im veränderten politischen

765

Klima nach dem Besuch des Staatsratsvorsitzenden in der Bundesrepublik Deutschland auch andere bestehende Abgrenzungen schrittweise überwunden werden?« Abgedruckt in epd-Dok 44/87, 19-21, hier: 19.

857 Eine adäquate Tagung plante die Evangelische Akademie Berlin-Brandenburg mit Vertretern von BEK, EKD, SED und SPD als geschlossene Tagung mit einem speziell eingeladenen Teilnehmerkreis: »Ein Sondierungskontakt des Sekretariates zum Kirchenamt der EKD ergab ein gewisses Interesse, das durch signifikante Auswahl von Personen zur Geltung gebracht werden könnte. Präzedenzfälle auf dem Boden Evangelischer Akademien in der Bundesrepublik sind vorhanden.« Protokoll Leich-Ziegler-Lewek vom 8.12.1987 über die 204. Sitzung des Vorstandes am 20.11.1987 in Berlin, EZA Berlin, 101/93/750. Anfang 1989 unterbreitete Dohle Staatssekretär Löffler den Vorschlag, anstelle des Berliner Magistrats möge zukünftig das Staatssekretariat für Kirchenfragen die politische Arbeit mit der Ostberliner Ev. Akademie übernehmen. Vgl. handschriftlicher Vorschlag Dohle an den Staatssekretär vom 30.1.1989. Konkret schlug Dohle vor: »Jährlich *vor* der Beschlußfassung des Kuratoriums über den Themenplan des Folgejahres finden Gespräche zwischen der Dienststelle und den einflußreichen Kuratoriums-Mitgliedern (A. Schönherr, Lewek, Bindemann, Graupner, Schützgen) mit dem Ziel der Einflußnahme auf den Plan statt. Weiteres Ziel ist, die Zusammensetzung der Teilnehmer von Tagungen schrittweise zu verbessern, d. h. den Versand von Einladungen auf eingegangene Anmeldungen so zu beeinflussen, daß oppositionelle Kräfte zurückgedrängt werden (meist militant auftretende ehem. Genossen, Antragsteller, AG Frieden und Menschenrechte usw.). Stärker dagegen sollen theologische Hochschullerrer, Freunde aus der CDU, polit. engagierte u. in der Ökumene erfahrene Kirchenvertreter berücksichtigt werden. [...] Anzustreben ist die allmähliche Profilierung der Akademie zu einer Stätte des kultivierten, anspruchsvollen Dialogs von Marxisten und Christen über die grundsätzlichen Themen unserer Zeit, über gemeinsame Wertvorstellungen u. Aufgaben.« BA, Abt. Potsdam, O-4, 1031.

858 Vermerk über die Zusammenkunft der Beratergruppe am 10.12.1987, EZA Berlin, 4/92/19. Während der Konsultationsgruppe Ende September 1988 informierte Ziegler über den Plan des Vorstandes der Konferenz, für Herbst oder Frühjahr 1989 eine Akademietagung zum Thema »Streit der Ideologien und die gemeinsame Sicherheit« vorzubereiten, »zu der die Vertreter der SED, der SPD und der EKD eingeladen werden sollten. Die Vertreter der EKD in der Konsultationsgruppe erklärten, daß bei einer langfristigen und sorgsamen Vorbereitung nichts dagegen einzuwenden ist, wenn auch EKD-Vertreter als Teilnehmer eingeladen werden. Die EKD könne aber nicht als Mitveranstalter auftreten«. Vermerk Ziegler vom 17.11.1988 über die Klausurtagung der Konsultationsgruppe vom 25. bis 28.9.1988 in Meißen, EZA Berlin, 101/93/817.

859 Vgl. H. Schmidt, Die Deutschen und ihre Nachbarn, 57. Vgl. auch Gedächtnisprotokoll vom 27.10.1986, Empfang der Kirche Berlin-Brandenburg (Bransch) in Hermannswerder. Dort sagte Schmidts Referent Jens Fischer, die SPD sei nach Schmidts Auffassung ein »Saustall, in dem schon vor Jahren vieles unter den Teppich geschoben wurde – für H. Schmidt nicht mehr zu ertragen. [...] Schmidt ist enttäuscht von der und traurig über die SPD.« Große Chancen für die anstehende Bundestagswahl gab der Altkanzler seiner Partei kaum. BA, Abt. Potsdam, O-4, 4706.

860 »DIE ZEIT« vom 27.11.1987, 3.

861 Schreiben Heidingsfeld an Hammer und Binder vom 6.6.1993, mit Anlage, ABB, Bonn, a.a.O.

862 Zit. nach a.a.O.

863 J. Hacker, Deutsche Irrtümer, 211. Vgl. jetzt auch das Nachwort zur 2. Auflage (1994), 624.

864 Flugblatt zur EKD-Synode in Halle (6.-11.11.1994) der Kirche von unten – Arbeitsgruppe ehemaliger politischer DDR-Häftlinge – c/o A.W. Bauersfeld, Dorfstraße 15, 31275 Lehrte. Vgl. auch idea Nr. 127/94 vom 7.11.1994, 5.

865 Ebd.

Anmerkungen zu Kapitel 3: Abschied wider Willen

1 A. Schönherr, Nach zehn Jahren. Zum Staat-Kirche-Gespräch am 6. März 1978, in: KiS 1/88, 5-8, Zitat: 8.
2 Weitere Vorschläge betrafen Gespräche Gysis mit der Inneren Mission, den Altbischöfen Schönherr, Krusche und Braecklein, Unterredungen mit den Kirchenleitungen auf Bezirksebene und eine Tagung der Nationalen Front. Auch eine Beteiligung der Sektion Theologie der Humboldt-Universität Berlin war angestrebt. Vgl. Abt. II, Berlin, den 28.12.1987, Maßnahmen zur Würdigung des 10. Jahrestages des Gesprächs des Vorsitzenden des Staatsrates der DDR, Genossen Erich Honecker, mit dem Vorstand der Konferenz der Evangelischen Kirchenleitungen in der DDR am 6.3.1978, BA, Abt. Potsdam, O-4, 971; auch SAPMO-BA ZPA IV B2/14/42.
3 Auch der Staat sprach von einer »alternativlosen finanziellen Abhängigkeit von der EKD«. Abt. II, Schriftliche Information vom 17.5.1988 zu einer verbindlicheren Gemeinschaft zwischen den evangelischen Landeskirchen in der DDR, BA, Abt. Potsdam, O-4, 1460. Der BEK schätzte für einige Landeskirchen die Westfinanzierung ihrer Haushalte auf nahezu 50 % des Volumens. Vgl. Randbemerkung auf Durchschrift von Schreiben Kramer an Gerhard Thomas vom 20.11.1989, EZA Berlin, 101/93/121.
4 Kurzprotokoll Stolpe vom 4.12.1987 über eine gemeinsame Beratung der leitenden Geistlichen und der Leiter der Verwaltungsdienststellen der Gliedkirchen des Bundes der Evangelischen Kirchen in der DDR am 3.12.1987 in der Dienststelle des Bundes, EZA Berlin, 101/93/774. Ein Jahr später postulierte der gleiche Kreis: »Eine ekklesiologische Grundentscheidung ist nötig, ehe eine Finanzstrategie entwickelt werden kann. Wenn wir auf eine Freiwilligkeitskirche zugehen, kann der Ansatzpunkt nur bei der Steigerung der Spendenfreudigkeit der Gemeindeglieder genommen werden. Die Vorstellung, durch Einklagen von Rechtsansprüchen die Einnahmen zu steigern, geht von alten europäischen Vorstellungen von der Kirche aus. [...] Deshalb steht auch eine Entscheidung darüber an, was eine kleiner werdende Kirche leisten kann und was auch an Notwendigem u. U. aufgegeben werden muß.« Vertraulicher Vermerk Ziegler über das Gespräch zwischen den Leitenden Geistlichen und den Leitern der Zentralen kirchlichen Verwaltungsdienststellen am 1.12.1988, 9.00-13.00 Uhr in Berlin, Augustsstr. 80, EZA Berlin, 101/93/776. Vgl. auch die Ausführungen Stolpes vor der KKL im März 1989. Protokoll Leich-Ziegler-Grengel/Küntscher vom 22.3.1989 über die 2. Tagung der Konferenz der Evangelischen Kirchenleitungen in der DDR vom 10.-12.3.1989 in Buckow (Klausurtagung), EZA Berlin, 101/93/743. Wenige Monate später wurde während einer Leitungssitzung geäußert, »die Zuschüsse, die wir von der EKD in Anspruch nehmen, verführen zu einer unwirtschaftlichen Planung unserer Arbeit.« Vertraulicher Vermerk Ziegler vom 29.8.1989 über das Gespräch zwischen den leitenden Geistlichen und den Leitern der zentralen kirchlichen Verwaltungsdienststellen am 31.5.1989, 12.30 Uhr in Berlin, Augustraße 80, EZA Berlin, 101/93/776.
5 Abt. II, Konzeptionelle Hinweise Wilke vom 18.1.1988 zum Gespräch des Staatssekretärs mit dem Vorsitzenden des BEK, Bischof Leich, BA, Abt. Potsdam, O-4, 971.
6 Ebd.
7 Dies taten jedoch der Bautzener Superintendent Volker Kreß und die Pfarrer Laue, Rose und Philipp: Das Blatt diene »nicht einem vertrauensvollen und konstruktiven Staat-Kirche-Verhältnis[.] [...] Sup. Kreß und Dr. Laue unterstrichen in diesem Zusammenhang, hier müßten die Verantwortlichen der Kirchenleitung ihrer Verantwortung mehr nachkommen.« RdK Bautzen an RdB Dresden, Fuchs, vom 21.1.1988, Kirchenpolitische Information Stellv. d. Vors. f. Inneres, – Berichterstattung Januar 1988, SHStA Dresden, BT/RdB Dresden (Zwibo), 45367.
8 Aktenvermerk Handel vom 30.12.1987 über ein Gespräch des Hauptabteilungsleiters, Genossen P. Heinrich, mit Generalsuperintendent Dr. Krusche und weiteren Amtsträgern am 30.12.1987, BA, Abt. Potsdam, O-4, 767; auch a.a.O., O-4, 1220.

767

9 Vgl. auch Schreiben Dietrich Sattler, Deutsches Allgemeines Sonntagsblatt, an Rolf-Dieter Günther vom 21.3.1988: »Und ich kann mir vorstellen, [...] daß viele Pastoren und kirchliche Mitarbeiter mit ganz anderen Fragen beschäftigt sind als mit innenpolitischen Divergenzen und der damit verbundenen Unruhe. [...] Ich möchte Stoff sammeln für ein paar Reportagen, die sich nicht nur mit der grundsätzlichen oder aktuellen Großwetterlage zwischen Staat und Kirche in der DDR beschäftigen.« EZA Berlin, 101/93/124. Günther antwortete am 12.4.1988, Sattler müsse zunächst beim Außenministerium um eine Genehmigung nachsuchen: »Ich freue mich, daß Sie sich der Mühe einer solchen Reise unterziehen wollen. Auch wir haben den Eindruck, daß Eindrücke vom kirchlichen Alltag nur selten vermittelt werden. Darum würden wir Ihr Vorhaben gerne unterstützen.« A.a.O. Sattler entgegnete am 27.4.1988, er würde gerne den Süden der DDR besuchen: »Wenn es sich ergibt bzw. sich von Ihnen aus einrichten läßt, wäre ich während einer solchen Reise auch an Begegnungen mit staatlichen Vertretern interessiert. [...] Der Klarheit halber möchte ich ausdrücklich feststellen, daß ich mit dieser Reise nicht beabsichtige, von Ereignissen, Veranstaltungen oder Konferenzen während der Reisezeit aktuell zu berichten. Mir geht es um – wie wir hier gelegentlich sagen – ›teilnehmende Beobachtung‹ des kirchlichen Lebens im Alltag.« A.a.O.
10 Abt. II, Information Wilke vom 7.1.1988 über ein Gespräch mit kirchlichen Vertretern am 7.1.1988 beim Hauptabteilungsleiter Genossen Heinrich, BA, Abt. Potsdam, O-4, 767.
11 Information vom 1.2.1988 über ein Gespräch Wilke mit Generalsuperintendent Dr. Krusche, SAPMO-BA ZPA IV B2/14/43.
12 Vgl. auch Vermerk Ziegler vom 6.1.1988 über ein Gespräch in der Dienststelle des Staatssekretärs für Kirchenfragen am 6.1.1988, 8.00 bis 9.30 Uhr: »Heinrich teilt mit, daß der in Aussicht genommene Termin [für das Gespräch über Militärdoktrin] noch nicht bestätigt werden könne. Ziegler wendet ein, daß dies eine sehr enttäuschende Mitteilung sei. Sie würde am Wochenende auch von der KKL nur mit Enttäuschung aufgenommen werden können.« EZA Berlin, 101/93/7.
13 Abt. II, Information Wilke vom 7.1.1988 über ein Gespräch mit kirchlichen Vertretern am 7.1.1988 beim Hauptabteilungsleiter Genossen Heinrich, BA, Abt. Potsdam, O-4, 767; vgl. auch HAL, Information vom 13.1.1988 über ein Gespräch mit Vertreter der Kirchenleitung, BA, Abt. Potsdam, O-4, 1220; auch SAPMO-BA ZPA IV B2/14/7.
14 Vgl. Vermerk Ziegler vom 6.1.1988 über ein Gespräch in der Dienststelle des Staatssekretärs für Kirchenfragen am 6.1.1988, 8.00 bis 9.30 Uhr, EZA Berlin, 101/93/7. 1988 erschien auch eine Publikation »Kontext«. Vgl. hierzu Vermerk Kupas vom 4.5.1988 über ein Gespräch in der Dienststelle des Staatssekretärs für Kirchenfragen am 3.5.1988, a.a.O.
15 Vgl. Protokoll Leich-Ziegler-Küntscher vom 13.1.1988 über die 115. Tagung der Konferenz der Ev. Kirchenleitungen in der DDR am 8./9.1.1988 in Berlin, EZA Berlin, 101/93/242.
16 Ministerium für Staatssicherheit, Information Nr. 37/88 vom 21.1.1988 über die 115. Tagung der Konferenz der Evangelischen Kirchenleitungen (KKL) in der DDR vom 8./9.1.1988 in Berlin, BStU Berlin, ZAIG, Z 3633.
17 »Zusammenhang von Frieden und Menschenrechten; ausdrücklichere Gespräche über die politische Situation vor allem in den Kirchenleitungen; Umgang mit Unrecht- und Leiderfahrungen; Umgang mit westlichen Medien; Bedeutung staatlicher Autorität; kritische Assistenz; Analyse der Diskussionen, die zwischen den Gruppen stattfinden.« Weiter heißt es in dem Vermerk: »Dr. Zeddies geht auf die Überlegungen der Arbeitsgruppe Menschenrechte in zwei Richtungen ein: Geltendmachung des Rechts auf Meinungs- und Informationsfreiheit, Verhältnis von Kirche und Gruppen insbesondere unter den Gesichtspunkten: Identität der Kirche, die am Bekenntnis zu Jesus Christus hängt; Sozialgestalt der Kirche unter Hinweis auf Barmen III; Verantwortung für Frieden, Gerechtigkeit und Bewahrung der Schöpfung.« Protokoll Leich-Ziegler-Küntscher vom 13.1.1988 über die 115. Tagung der Konferenz der Ev. Kirchenleitungen in der DDR

am 8./9.1.1988 in Berlin, EZA Berlin, 101/93/242. Vgl. auch Protokoll Leich-Ziegler-Kupas vom 2.2.1988 über die 206. Sitzung des Vorstands am 22.1.1988 in Berlin, TOP 1.1. »Zum Dialog mit Andersdenkenden«. EZA Berlin, 101/93/750.

18 Ziegler hatte wenige Tage zuvor gegenüber Hauptabteilungsleiter Heinrich versichert, es handele sich um eine geschlossene Tagung. Die Teilnehmer habe man zuvor gezielt eingeladen. Vgl. Vermerk Ziegler vom 6.1.1988 über ein Gespräch in der Dienststelle des Staatssekretärs für Kirchenfragen am 6.1.1988, 8.00 bis 9.30 Uhr, EZA Berlin, 101/93/7. Vgl. auch Protokoll Leich-Ziegler-Küntscher vom 13.1.1988 über die 115. Tagung der Konferenz der Ev. Kirchenleitungen in der DDR am 8./9.1.1988 in Berlin, EZA Berlin, 101/93/242. Vgl. KiS 1/88, 37.

19 Vgl. Information zum Seminar des Präsidiums der Synode des Bundes der Ev. Kirchen in der DDR am 16.1.1988 in Oranienburg zu »Absage an Praxis und Prinzip der Abgrenzung«, BA, Abt. Potsdam, O-4, 1003.

20 Vgl. CDU-Hauptvorstand, Abt. Kirchenfragen, Aktenvermerk vom 19.1.1988, a.a.O.

21 Vgl. ebd.

22 Im Vorfeld der Tagung hatte Noack sein geplantes Referat dem Synodalpräsidium bereits vorgetragen. Vgl. Protokoll Riese vom 25.1.1988 der 13. Sitzung des Präsidiums der Bundessynode am 8.1.1988, EZA Berlin, 101/93/844.

23 Vgl. W. Ullmann, Absage – theologisch, kirchengeschichtlich, politisch. Drei Antworten auf drei Fragen, in: St. Bickhardt (Hg.), Recht ströme wie Wasser, 28-32, insbes. 28-30.

24 Vgl. R. Rosenthal, Zugedeckte Widersprüche. Der X. Schriftstellerkongreß der DDR, in: KiS 6/87, 223 f.

25 Vgl. Information zum Seminar des Präsidiums der Synode des Bundes der Ev. Kirchen in der DDR am 16.1.1988 in Oranienburg zu »Absage an Praxis und Prinzip der Abgrenzung«, BA, Abt. Potsdam, O-4, 1003.

26 Vgl. CDU-Hauptvorstand, Abt. Kirchenfragen, Aktenvermerk vom 19.1.1988, BA, Abt. Potsdam, O-4, 1003. Die Solidarische Kirche hatte gefordert, »daß die Gespräche während des Seminars [...] so ernst genommen und konstruktiv geführt werden, daß auf der nächsten Tagung der Bundessynode diese Absage vollzogen werden kann.« Protokoll Riese vom 25.1.1988 der 13. Sitzung des Präsidiums der Bundessynode am 8.1.1988, EZA Berlin, 101/93/844. Weiter heißt es im Protokoll hierzu: »Nach Rücksprache mit Dr. Gaebler hat Riese den Eingebern mitgeteilt, daß das Seminar vor allem die Möglichkeit bieten soll, im Gespräch zwischen Synodalen und Eingebern die Stellungnahme der Synode zu erläutern. Die Eingeber sollen die Möglichkeit erhalten, Hintergründe für ihre Eingaben und ihre Interessen vorzutragen. Das Seminar kann das während der Synode begonnene Sachgespräch zur Abgrenzungsproblematik fortsetzen.« Ebd.

27 Vgl. G. Rein, Die protestantische Revolution, 39; ders., Über Karl und Rosa, aber auch über Vera und Stephan. Zu den Ereignissen am Rande der Gedenkdemonstration, in: KiS 1/88, 9-12. Vgl. insgesamt auch die Darstellung von F. Klier, Aktion »Störenfried«, in: H.J. Schädlich (Hg.), Aktenkundig, 91-153.

28 Ministerium für Kultur, Abteilung Unterhaltungskunst, Vertraulich, Material zur Entwicklung des Liedermachers und Sängers Stephan Krawczyk (Stand: 5.12.1987), BA, Abt. Potsdam, O-4, 767; am 2.2.1988 durch Staatssekretär Friedhelm Grabe an Klaus Gysi übersandt, a.a.O. Der Gemeindekirchenrat in Berlin-Friedrichsfelde lehnte einen für den 11.1.1988 geplanten Auftritt Krawczyks ab. Vgl. Abt. II, Information Wilke vom 7.1.1988 über ein Gespräch mit kirchlichen Vertretern am 7.1.1988 beim Hauptabteilungsleiter Genossen Heinrich, a.a.O.

29 Dies geht aus Abt. Kirchenfragen beim Hauptvorstand der CDU, Vertrauliche Schnellinformation vom 21.1.1988 über die Veranstaltung am 20.1.1988 in der Eliasgemeinde zu den Ereignissen am 17.1.1988 hervor, BA, Abt. Potsdam, O-4, 1293; auch SAPMO-BA ZPA IV B2/14/41.

30 Zu dieser Beschuldigung vgl. auch das Schreiben von Andreas Pech, Dresden, an Präses Gaebler vom 2.2.1988: »Ich finde es äußerst bedenklich, daß man Menschen, nur weil

deren Ansichten nicht genehm sind, als Landesverräter, Krawallmacher und Provokateure bezeichnet.« EZA Berlin, 101/93/223.
31 Berlin, den 18.1.1988, Information zu einem Gespräch des Stellvertreters des Staatssekretärs für Kirchenfragen, Hermann Kalb, am 18.1.1988 mit Konsistorialpräsident Stolpe, Oberkirchenrat Ziegler, Propst Dr. Furian, Stadtjugendpfarrer Hülsemann und Superintendent Görig, BA, Abt. Potsdam, O-4, 1293; auch SAPMO-BA ZPA IV B2/14/43. Vgl. auch Information Ziegler vom 18.1.1988 zu Vorgängen in Berlin-Friedrichsfelde am 17.1.1988: »Die Vertreter der Kirche [...] brachten Verständnis dafür zum Ausdruck, daß sich Partei und Staat durch die Störung gerade dieser traditionellen Demonstration besonders verletzt fühlten.« EZA Berlin, 101/93/7.
32 Abt. II, Ergänzung Gräfe vom 20.1.1988 zur Information über das Gespräch am 18.1.1988 mit dem Stellvertreter des Staatssekretärs für Kirchenfragen, Kollegen Kalb, über die Aussagen der kirchlichen Vertreter, BA, Abt. Potsdam, O-4, 1293.
33 Vgl. hierzu auch die Haltung von Dresdens LKA-Präsident Domsch: »Ausführlich ging er dann auf die Problematik der Antragsteller ein. Dabei fragte er besonders nach den Ursachen. Warum werde so wenig Spielraum für Kritik gelassen, die verändern will? Es müsse mehr Spielraum geben.« Vgl. RdB Dresden, Sektor Staatspolitik in Kirchenfragen, Vermerk Lewerenz vom 4.2.1988 über Gespräch mit Präsident Dr. Domsch am 3.2.1988, PDS-Archiv Dresden, AR 14089.
34 Vgl. Abt. II, Ergänzung Gräfe vom 20.1.1988 zur Information über das Gespräch am 18.1.1988 mit dem Stellvertreter des Staatssekretärs für Kirchenfragen, Kollegen Kalb, über die Aussagen der kirchlichen Vertreter, BA, Abt. Potsdam, O-4, 1293.
35 Vgl. auch die Äußerung Stolpes nach Abt. II, Ergänzung Gräfe vom 20.1.1988 zur Information über das Gespräch am 18.1.1988 mit dem Stellvertreter des Staatssekretärs für Kirchenfragen, Kollegen Kalb, über die Aussagen der kirchlichen Vertreter: »Es sei doch aber so, daß das Auftreten von neuen ›Typen‹ nur auf neue Trends in der Gesellschaft aufmerksam macht.« A.a.O.
36 Vgl. Berlin, den 18.1.1988, Information zu einem Gespräch des Stellvertreters des Staatssekretärs für Kirchenfragen, Hermann Kalb, am 18.1.1988 mit Konsistorialpräsident Stolpe, Oberkirchenrat Ziegler, Propst Dr. Furian, Stadtjugendpfarrer Hülsemann und Superintendent Görig, a.a.O.
37 Abt. II, Ergänzung Gräfe vom 20.1.1988 zur Information über das Gespräch am 18.1.1988 mit dem Stellvertreter des Staatssekretärs für Kirchenfragen, Kollegen Kalb, über die Aussagen der kirchlichen Vertreter, a.a.O. Vgl. auch RdB Dresden, Stellvertreter des Vorsitzenden für Inneres, Informationsbericht für die Monate Dezember 1987 und Januar 1988 vom 16.2.1988: »Kirchenamtsrat Heitmann, Dresden, erklärte, ihm komme das Vorgehen der Staatsorgane ›nicht ganz abgestimmt‹ vor. Bei aller Verurteilung solcher Handlungsweisen könne sich seine Kirche solchen am Rande der Gesellschaft stehenden Personen und Gruppen nicht einfach verschließen. Sie dürften nicht von der Gesellschaft ›ausgestoßen‹ werden, man müßte sich ihnen viel stärker zuwenden, sich alle Mühe geben, sie in das gesellschaftliche Leben einzubeziehen.« SHStA Dresden, BT/RdB Dresden (Zwibo), 45940.
38 Vgl. Berlin, den 18.1.1988, Information zu einem Gespräch des Stellvertreters des Staatssekretärs für Kirchenfragen, Hermann Kalb, am 18.1.1988 mit Konsistorialpräsident Stolpe, Oberkirchenrat Ziegler, Propst Dr. Furian, Stadtjugendpfarrer Hülsemann und Superintendent Görig, BA, Abt. Potsdam, O-4, 1293; auch SAPMO-BA ZPA IV B2/14/43.
39 Vgl. Abt. II, Ergänzung Gräfe vom 20.1.1988 zur Information über das Gespräch am 18.1.1988 mit dem Stellvertreter des Staatssekretärs für Kirchenfragen, Kollegen Kalb, über die Aussagen der kirchlichen Vertreter. Nach dem gleichen Vermerk sagte Stolpe abschließend: »Die staatliche Seite habe sicher eine Zielstellung für dieses heutige Gespräch gehabt. Aus den Erfahrungen früherer Gespräche mag nach kirchlicher Meinung diese so lauten: Wir haben der Kirche die Lage erläutert. Sie, die Kirche, hat sich bereit erklärt, beruhigend wirksam zu werden. Heute sei folgendes Fazit richtiger: Die Kirche

hat die Ausführungen und Erläuterungen zur Kenntnis genommen. Sie will keine Eskalation. Vor allem aber bittet sie um ein behutsames Herangehen.« A.a.O.

40 Berlin, den 18.1.1988, Information zu einem Gespräch des Stellvertreters des Staatssekretärs für Kirchenfragen, Hermann Kalb, am 18.1.1988 mit Konsistorialpräsident Stolpe, Oberkirchenrat Ziegler, Propst Dr. Furian, Stadtjugendpfarrer Hülsemann und Superintendent Görig, a.a.O.

41 Hierzu soll Präsident Domsch geäußert haben: »Er könne verstehen, daß der versuchte Mißbrauch der Demonstration die Parteiführung beleidigt habe. Andererseits empfinde er es als beschwerlich, wenn Prof. Kamnitzer in einem Artikel im ND vom 28.1.1988 einer Vergleich zur Gotteslästerung herstelle.« Vgl. RdB Dresden, Sektor Staatspolitik in Kirchenfragen, Vermerk Lewerenz vom 4.2.1988 über Gespräch mit Präsident Dr. Domsch am 3.2.1988, PDS-Archiv Dresden, AR 14089.

42 Vgl. G. Rein, Die protestantische Revolution, 40.

43 Das Datum geht aus dem Vermerk Berlin, 21.1.1988, Information über Gespräche des Hauptabteilungsleiters beim Staatssekretär für Kirchenfragen, Genossen Heinrich, mit Konsistorialpräsident Stolpe sowie dem Leiter des Sekretariats des Evangelischen Kirchenbundes, Oberkirchenrat Ziegler, hervor. BA, Abt. Potsdam, O-4, 1220.

44 Ebd.

45 Ziegler berichtete, Krusche habe der Kirchenleitung angekündigt, er werde sich zukünftig deutlicher der Seelsorge und innerkirchlichen Fragen widmen. Mit den politischen Problemen möge sich das Konsistorium befassen: »Krusche selbst habe sich, das sei eine allgemein verbreitete Meinung, mit seinem engagierten Eintreten für Recht und Gesetz im Zusammenhang mit den Ereignissen um die Berliner Zionskirchgemeinde um seine guten Aussichten bei der Bischofswahl im April auf der Synode gebracht.« Ebd.

46 Vgl. auch ebd: »Stolpe betonte eingangs, daß er die vorgetragenen Bedenken und Befürchtungen verstehe und teile und er gerade jetzt auf einen stabilen, vertraulichen Gesprächskontakt mit den Staatsvertretern Wert lege.« BA, Abt. Potsdam, O-4, 1220.

47 Während der Januar-Sitzung der KKL soll OKR Völz, Görlitz, mitgeteilt haben, »daß ein Auftritt von Krawczyk im Bereich der Evangelischen Kirche des Görlitzer Kirchengebietes Ende 1987 im Ergebnis der Einflußnahme durch die Kirchenleitung verhindert wurde. Die Görlitzer Kirchenleitung vertrete einheitlich die Auffassung, auch zukünftig im Görlitzer Kirchengebiet keine Auftritte von Krawczyk und Klier zuzulassen.« Ministerium für Staatssicherheit, Information Nr. 37/88 vom 21.1.1988 über die 115. Tagung der Konferenz der Evangelischen Kirchenleitungen (KKL) in der DDR vom 8./9.1.1988 in Berlin, BStU Berlin, ZAIG, Z 3633.

48 Nach dem Vermerk Berlin, 21.1.1988, Information über Gespräche des Hauptabteilungsleiters beim Staatssekretär für Kirchenfragen, Genossen Heinrich, mit Konsistorialpräsident Stolpe sowie dem Leiter des Sekretariats des Evangelischen Kirchenbundes, Oberkirchenrat Ziegler, sagte Stolpe hier zusätzlich: »Deshalb sitze er jetzt abends auch in der Kirche und rauche die Nächte durch mit ›Karo‹.« BA, Abt. Potsdam, O-4, 1220.

49 Die Bundesministerin führte im Sommer 1988 ein Gespräch im LKA Dresden. Vgl. Protokoll Leich-Ziegler-Günther vom 6.9.1988 über die 119. Sitzung der Konferenz der Ev. Kirchenleitungen in der DDR am 2./3.9.1988 in Berlin, EZA Berlin, 101/93/742. Im Herbst 1988 besuchten weitere Mitglieder der Bundesregierung die Berlin-Brandenburger Kirche. Vgl. Protokoll Leich-Ziegler-Karpinski vom 22.11.1988 über die 120. Sitzung der Konferenz der Ev. Kirchenleitungen in der DDR am 11./12.11.1988 in Berlin, a.a.O.

50 21.1.1988, Information über ein weiteres Gespräch mit Konsistorialpräsident Stolpe, SAPMO-BA ZPA IV B2/14/43.

51 Berlin, 21.1.1988, Information über Gespräche des Hauptabteilungsleiters beim Staatssekretär für Kirchenfragen, Genossen Heinrich, mit Konsistorialpräsident Stolpe sowie dem Leiter des Sekretariats des Evangelischen Kirchenbundes, Oberkirchenrat Ziegler, BA, Abt. Potsdam, O-4, 1220.

52 So fanden in Dresden Fürbittgottesdienste in der Herz-Jesu-Kirche, der Markuskirche

(5.2.1988) und in der Gemeinde Leubnitz-Neuostra (6.2.1988) statt. Außerdem gab es auch Kollektensammlungen für Stephan Krawczyk. Vgl. RdB Dresden, Sektor Staatspolitik in Kirchenfragen, Vermerk Lewerenz vom 4.2.1988 über Gespräch mit Präsident Dr. Domsch am 3.2.1988, PDS-Archiv Dresden, AR 14089.

53 Vgl. RdB Leipzig, Kirchenfragen, Informationsbericht vom 8.2.1988: »Die Ereignisse im Zusammenhang mit der Provokation am 17.1.1988 anläßlich der Gedenkdemonstration zu Ehren Luxemburg/Liebknecht in Berlin nahmen auch einige Kirchen in der Stadt Leipzig zum Anlaß, sich mit den inhaftierten Personen zu solidarisieren. Dieser Prozeß dauert gegenwärtig noch an.« BA, Abt. Potsdam, O-4, 1117. Am 25.1.1988 nahmen ca. 200 Menschen, darunter auch Superintendent Magirius, an einem Friedensgebet zum Thema »Für die Freilassung der in Berlin Verhafteten« teil: »Anwesende, besonders ESG-Mitglieder, führten Angriffe gegen die sächsische Kirchenleitung, da diese sich nicht mit den Festgenommenen solidarisiere. Sup. Magirius und Führer, Pf. der Nikolaikirche, bezogen eine positive Haltung.« In den Räumen der ESG Leipzig fanden tägliche Friedensgebete statt. Studentenpfarrer Bartels bekundete in einem Gespräch mit Staatsvertretern seine Solidarität mit Krawczyk. Ebd. Zu der Veranstaltung am 25.1.1988 vgl. auch die SED-Information vom 26.1.1988, abgedruckt in: Ch. Dietrich/U. Schwabe (Hgg.), Freunde und Feinde, 108 f. Dort auch weitere Dokumente zu diesen Ereignissen. Hingegen stellte sich der Karl-Marx-Städter Superintendent Magirius hinter einen in seiner Stadt am 31.1.1988 abgehaltenen Fürbittgottesdienst. Die Veranstaltung sei die beste seit Jahren gewesen. Im übrigen hielte die Kirche »seit 2000 Jahren Fürbittgottesdienste für Inhaftierte.« Oberbürgermeister Langer merkte kritisch an, »daß er [Magirius] nach wie vor keine Bereitschaft zeigt, die bekannten Personen aus der kirchlichen Szene in die Schranken zu verweisen, und daß er sich nicht von den Vorgängen in Berlin distanziert.« Rat der Stadt Karl-Marx-Stadt, Oberbürgermeister, Niederschrift Dr. Langer über Gespräch mit Superintendent Magirius am 11.3.1988, SAPMO-BA ZPA IV B2/14/69.

54 Abt. Kirchenfragen beim Hauptvorstand der CDU, Vertrauliche Schnellinformation vom 21.1.1988 über die Veranstaltung am 20.1.1988 in der Eliasgemeinde zu den Ereignissen am 17.1.1988, BA, Abt. Potsdam, O-4, 1293; auch SAPMO-BA ZPA IV B2/14/41.

55 Vgl. ebd.

56 Vgl. Erklärung des Bischofs der Evangelischen Kirche in Berlin-Brandenburg vom 21.1.1988. Trotz des Titels enthält der Text aber Beschlüsse und Vorhaben der Landeskirche. BA, Abt. Potsdam, O-4, 1220; vgl. auch G. Rein, Die protestantische Revolution, 40. Vgl. KiS 1/88, 37. Die Erklärung Forcks vom 21.1.1988 ist abgedruckt in epd-Dok 9/88, 53.

57 Vgl. Abt. Kirchenfragen beim Hauptvorstand der CDU, Vertrauliche Schnellinformation vom 21.1.1988 über die Veranstaltung am 20.1.1988 in der Eliasgemeinde zu den Ereignissen am 17.1.1988, BA, Abt. Potsdam, O-4, 1293; auch SAPMO-BA ZPA IV B2/14/41.

58 Vgl. handschriftlicher Vermerk Heinrich vom 23.1.1988, BA, Abt. Potsdam, O-4, 1078.

59 Vgl. Information vom 22.1.1988 über ein Gespräch des Genossen Heinrich mit dem Vorsitzenden des Kirchenbundes, Landesbischof Leich, 22.1.1988, BA, Abt. Potsdam, O-4, 1220; auch SAPMO-BA ZPA IV B2/14/43.

60 Vgl. handschriftlicher Vermerk Heinrich vom 23.1.1988, BA, Abt. Potsdam, O-4, 1078.

61 Hiermit war gemeint, daß ähnliches nicht auch in weiteren Landeskirchen passieren dürfe. Dann sei der BEK gefordert. Vgl. ebd..

62 Vgl. auch ebd.: »Dr. Leich äußerte sein Verständnis für das prinzipielle Herangehen staatlicher Organe an diese Fragen.« Ebd.

63 Information vom 22.1.1988 über ein Gespräch des Genossen Heinrich mit dem Vorsitzenden des Kirchenbundes, Landesbischof Leich, 22.1.1988, BA, Abt. Potsdam, O-4, 1220; auch SAPMO-BA ZPA IV B2/14/43; vgl. auch handschriftlicher Vermerk Heinrich vom 23.1.1988, BA, Abt. Potsdam, O-4, 1078. Vgl. auch den 18. Rundbrief Leich an alle Pfarrer und Pastorinnen, Mitarbeiter und Mitarbeiterinnen im Verkündigungsdienst vom 1.2.1988: »Es ist zu verstehen, wenn Bürger unseres eigenen Landes fragen, wo es in unserer Gesellschaft Erneuerung geben muß. Diese Fragestellung ist das Recht jedes Bür-

gers. [...] Ich will die Erwartung nicht aufgeben, daß dies doch endlich von den Verantwortlichen in Staat und Gesellschaft erkannt und in neue Dialogfähigkeit und differenzierte, auch die Schwachstellen des eigenen Systems aufdeckende Informationspolitik umgesetzt wird. In den Jahren 1982 bis 1984 haben wir besonders schwierige Situationen in Jena erlebt. [...] Diesmal konzentrieren sich die Belastungen auf die Brüder und Schwestern in Kirchenleitung und Mitarbeiterschaft in Berlin. Sie müssen wissen, daß wir an ihrer Seite stehen und sie nicht allein lassen. Auch werden wir uns nicht in Distanz zu den Friedens- und Umweltgruppen unserer Gemeinden bringen lassen. Die Kirchenleitung von Berlin-Brandenburg hat am 30. Januar 1988 erklärt, daß sie die ›Aktivitäten am Rande der Demonstration zu Ehren von Karl Liebknecht und Rosa Luxemburg nicht gutheißen kann‹. Dies bedeutet, daß wir diese Vorgänge mit ihren Folgen nicht so behandeln können, als gäbe es zwischen Staat und Kirche keine anderen Gesprächspunkte und als hinge unsere Gesprächsbereitschaft einzig und allein von der Lösung dieser einen Frage ab. Dies bedeutet auch, daß wir uns vor unberechtigten Vergleichen zwischen dem sogenannten Dritten Reich und unserer Situation schützen müssen. [...] Die Aktivitäten im Zusammenhang mit dem 17. Januar wurden von Antragstellern auf Entlassung aus der Staatsbürgerschaft zur Beschleunigung ihres Übersiedlungsvorganges genutzt. Hier sehe ich eine klare Grenze für kirchliche Unterstützung. [...] Schon während der schwierigen Situation in Jena habe ich mich in aller Eindeutigkeit dagegen gewehrt, daß Bürger, die einen Übersiedlungsantrag gestellt haben, in unserem Land gesellschaftspolitische Anstöße geben wollen. Wer dies vor hat, muß hier bleiben und bereit sein, die Folgen mit anderen gemeinsam zu tragen.« BA, Abt. Potsdam, O-4, 1480. Das Staatssekretariat für Kirchenfragen wertete diesen Brief als eine offensive Reaktion des Bischofs auf an ihn gerichtete Anfragen: »Die Argumentationsführung ist insgesamt geeignet, zur Beruhigung der Lage beizutragen. Im Unterschied zur entsprechenden Stellungnahme des Bischofs der Evangelischen Kirche in Berlin-Brandenburg, Dr. Forck, vertritt der Landesbischof eine realistische, konzeptionell begründete Linienführung. In konstruktiver Weise orientiert er ausgehend von seinem Verständnis des kirchlichen Auftrages auf Besonnenheit und Versachlichung bei der Einordnung der Ereignisse im Zusammenhang mit dem 17.1.1988. [...] Denjenigen, welche die DDR verlassen wollten, spricht der Landesbischof das Recht auf Gesellschaftskritik ab«, formuliert die Einschätzung abschließend. Abt. II, Information vom 8.2.1988 zu dem 18. Rundbrief des Landesbischofs der Ev.-Lutherischen Kirche in Thüringen, Dr. Leich, an alle Pfarrer und Mitarbeiter seiner Landeskirche im Verkündigungsdienst, a.a.O.

64 Vgl. Protokoll Leich-Ziegler-Kupas vom 2.2.1988 über die 206. Sitzung des Vorstands am 22.1.1988 in Berlin, EZA Berlin, 101/93/750.

65 Vgl. Ja, es ist Krieg: Erklärung zu den Verhaftungen in der DDR, 26.1.1988, unterzeichnet unter anderem von Wolf Biermann, Sarah Kirsch, Reiner Kunze, Erich Loest und Jürgen Fuchs. Abgedruckt bei G. Rein, Die protestantische Revolution, 60.

66 25.1.1988, Information über ein Gespräch des Genossen Heinrich mit Konsistorialpräsident Stolpe, BA, Abt. Potsdam, O-4, 1220.

67 Persönliches und vertrauliches Schreiben Konsistorialpräsident Stolpe an Schnur vom 25.1.1988, a.a.O.

68 Aktenvermerk über ein Gespräch des Leiters der Sektion Kirchenfragen des Magistrats, Genossen Dr. Mußler, mit Stadtjugendpfarrer Hülsemann und dem geschäftsführenden Pfarrer der Erlösergemeinde (Berlin-Lichtenberg), Triebler, am 27.1.1988, SAPMO-BA ZPA IV B2/14/43.

69 Vgl. G. Rein, Die protestantische Revolution, 40. Rein datiert das Urteil auf den 25.1.1988, jedoch spricht gegen dieses Datum Stellvertreter Inneres, Aktenvermerk vom 27.1.1988 über die Veranstaltung in der Galiläakirche am 27.1.1988 von 20.05-21.20 Uhr. Schnur kündigte hier an, die Urteilsverkündung werde am folgenden Tag sein. BA, Abt. Potsdam, O-4, 1293. Vgl. auch KiS 1/88, 38. Zur Veranstaltung in der Galiläakirche vgl. auch die Texte in epd-Dok 9/88, 54 f.

70 Vgl. Stellvertreter Inneres, Aktenvermerk vom 27.1.1988 über die Veranstaltung in der Galiläakirche am 27.1.1988 von 20.05-21.20 Uhr, BA, Abt. Potsdam, O-4, 1293.
71 Abgedruckt bei G. Rein, Die protestantische Revolution, 63-65.
72 Schreiben Forck an Honecker vom 1.2.1988, SAPMO-BA ZPA IV B2/14/57.
73 Gegenüber Horst Dohle sollen die Superintendenten Magirius und Richter während des Jahreseröffnungsgespräches am 12.1.1988 geäußert haben: »Was sich in Berlin mit den Gruppen abspielt, ist für sie unverständlich. Die Rolle der West-Presse sei furchtbar. Die Initiatoren dieser Aktion wollen eine andere Gesellschaft, die Kirche sei mit den Gruppen ständig überfordert und wäre froh, wenn es in der Gesellschaft für solche Leute mehr informelle Gruppen und Möglichkeiten gäbe.« Leiter des Büros, Dienstreisebericht Dohle vom 4.2.1988, BA, Abt. Potsdam, O-4, 963. Im kirchlichen Protokoll Richter vom 15.1.1988 heißt es: »Magirius [...] Man müsse junge Menschen auch ein Stück eigene Wege und Erfahrungen machen lassen. Die 800 Exemplare des ›Grenzfall‹ sind nicht so aufregend. Aufregend ist hingegen, daß Hintergrundleute da sind, die die Jugend lenken und die propagandistische Ausschlachtung der Ereignisse betreiben. [...] Sup. Richter: Sog. Randgruppen sind eine neue Generation! Für sie ist das, was wir erlebt haben, nicht existent, höchstens unkonkrete Geschichte. [...] Der Umgang mit den Menschen muß von der Voraussetzung ausgehen, daß wir es mit dem mündigen Bürger zu tun haben.« Abgedruckt in Ch. Kaufmann u. a. (Hgg.), Sorget nicht, was ihr reden werdet, 234-238, hier: 236 f. Auf einen Abgleich der von ihnen dokumentierten kirchlichen Gesprächsprotokolle mit der leicht zugänglichen staatlichen Überlieferung haben die Autoren verzichtet. Vgl. a.a.O., 32 f. Siehe zu Magirius, der als IM »Einsiedel« geführt wurde, auch »FOCUS« Nr. 1 vom 2.1.1995.
74 Vgl. auch Information vom 1.2.1988 über ein Gespräch Wilke mit Generalsuperintendent Dr. Krusche: »Krusche zeigte sich von den jüngsten Ereignissen außerordentlich betroffen und ließ erkennen, daß er mit der von außen gesteuerten Einflußnahme prinzipiell nicht einverstanden sei und vor allem das Verhalten von Bischof Forck und des neuen Propstes Furian nicht billigen könne. Er teile die Sorgen des Staates, daß hier versucht werden soll, grundsätzlich die Politik der DDR anzugreifen. [...] Wenn Bischof Forck in die Enge gedrückt wird [...], verlegt er sich sofort auf den Protest, den man beim Staat anbringen müsse [...] Der neue Berliner Propst Furian geht offensiv alle politisch-realistischen Positionen an, versucht besonders auch die von Bischof Schönherr entwickelten Gedanken über eine Kirche im Sozialismus in Zweifel zu ziehen und vertritt nachdrücklich negative Positionen.« In seiner eigenen Position fände er bei den drei anderen Generalsuperintendenten Unterstützung, fügte Krusche hinzu. SAPMO-BA ZPA IV B2/14/43.
75 Berlin, den 1.2.1988, Vermerk über ein Telefonat Gen. Dr. Wilke mit Generalsuperintendent Dr. Günter Krusche am 31.1.1988, a.a.O. Wenige Tage später gab Krusche zu verstehen, er fühle »sich durch die Aktivitäten Stolpes und auch von Bischof Dr. Forck ein bißchen an den Rand gedrängt.« Vermerk vom 4.2.1988 über Gespräch mit Krusche am gleichen Tag, BA, Abt. Potsdam, O-4, 995.
76 Vgl. Beschluß des Politbüros vom 26.1.1988, Punkt 9, SAPMO-BA ZPA J IV 2/2/2257.
77 Berlin, 2.2.1988, Argumente und Positionen kirchenleitender Vertreter und Gremien zu den Aufgaben und dem Auftrag der evangelischen Kirchen in der sozialistischen Gesellschaft, BA, Abt. Potsdam, O-4, 970.
78 FR vom 5., 6. und 7.12.1987. Vgl. epd-Dok 9/88; KiS 1/88, 12-14.
79 Vermerk Kalb vom 29.1.1988, BA, Abt. Potsdam, O-4, 1293.
80 Abgedruckt bei G. Rein, Die protestantische Revolution, 65.
81 Vgl. a.a.O., 41.
82 BStU Berlin, AIM 8875/91 (Reg.-Nr. XV/1295/74).
83 Rat des Stadtbezirkes Berlin-Lichtenberg, Stellv. des SBBm für Inneres, Aktenvermerk vom 2.2.1988 zur Veranstaltung am 2.2.1988 in der ev. Kirche Friedrichsfelde, BA, Abt. Potsdam, O-4, 1192.
84 Auch Forck soll vor der KKL erklärt haben, »Krawczyk und Klier hätten ihre Ausbürge-

rung ohne Druck beantragt. Ihre Begründung sei gewesen, daß sie in der DDR keine Chance mehr für eine Auftrittserlaubnis sehen.« Ministerium für Staatssicherheit, Information Nr. 118/88 vom 5.3.1988 über die außerordentliche Tagung der Konferenz der Evangelischen Kirchenleitungen (KKL) in der DDR am 3.3.1988 in der Hauptstadt der DDR, Berlin, BStU Berlin, ZAIG, Z 3633.

85 4.2.1988, Information über ein Gespräch des Genossen Gysi mit Konsistorialpräsident Stolpe am 3.2.1988, BA, Abt. Potsdam, O-4, 995; auch SAPMO-BA ZPA IV B2/14/43.

86 Trotz hinreichender fachlicher Qualifikation hatte die von Berlin-Brandenburg eingesetzte Prüfungskommission für Gemeindepädagogen Regina Templin für ungeeignet erklärt: »"Die von ihr nachgewiesenen theologischen Einsichten sind auf das sozialethische Engagement der Kirche konzentriert, werden aber nicht von einer umfassenden biblisch-systematischen Begründung getragen oder korrigiert"«, hieß es in dem Gutachten. Ein von Berlin-Brandenburg dann zugestandener weiterer Probedienst kam wegen einer Schwangerschaft von Regina Templin dann nicht zustande. Schreiben Riese an den Arbeitskreis Frauen für den Frieden beim Ev. Kirchenkreis Halle, EZA Berlin, 101/93/220. Vgl. auch das von Heidi Bohley unterzeichnete Antwortschreiben der Gruppe an Riese vom 27.5.1988: »Befindet die Kommission darüber, ob der/die Prüfling/in den rechten Glauben hat? Wie macht sie das? [...] Und warum hat die Prüfungsordnung kein Einspruchs- und Beschwerderecht?« A.a.O.

87 Günter Krusche soll geäußert haben, bei Bohley und Hirsch handele es sich um »hartnäckige Leute [...], die ihrerseits sicher auf einen Verbleib in der DDR setzen, um hier ihre Aktivitäten weiter betreiben zu können.« HAL, Vermerk vom 4.2.1988 über Gespräch mit Krusche am gleichen Tag, BA, Abt. Potsdam, O-4, 995.

88 Vgl. G. Rein, Die protestantische Revolution, 41.

89 Ebd.

90 Am gleichen Tag erstattete Stolpe den leitenden Juristen der BEK-Gliedkirchen einen Bericht über die Berliner Ereignisse, woran sich eine intensive Debatte anschloß. Vgl. Niederschrift Domsch-Küntscher vom 6.4.1988 über die Chefbesprechung am 10.2.1988 in Berlin, EZA Berlin, 101/93/775. Ein Jahr später verlängerte der KKL-Vorstand das seit langem bestehende Mandat Stolpes zur Wahrnehmung humanitärer Aufgaben. Vgl. Protokoll Demke/Stolpe-Ziegler-Kupas vom 26.1.1989 über die 218. Sitzung des Vorstands am 19.1.1989 in Berlin, EZA Berlin, 101/93/752.

91 Schreiben Konsistorialpräsident Stolpe an Staatssekretär Gysi vom 10.2.1988, BA, Abt. Potsdam, O-4, 971. Vgl. hierzu Politbürobeschluß »Zu feindlich gesteuerten konterrevolutionären Aktionen gegen die DDR«. Auszug aus dem Protokoll der Sitzung vom 16.2.1988, Punkt 2.6.: »Antragsteller auf Entlassung aus der Staatsbürgerschaft der DDR sind vor den zuständigen Organen sofort darüber zu informieren, ob der Antrag berechtigt ist.« SAPMO-BA ZPA J IV 2/2/2260. Bischof Demke soll geäußert haben: »Es ist seine Überzeugung, daß man auf diesem Gebiet auf Dauer nicht ohne feste Regelungen auskommen wird.« RdB Magdeburg, Information Grünwald-Lubas vom 2.3.1988 über das am 29.2.1988 durchgeführte Gespräch des Vorsitzenden des RdB Magdeburg, Genossen Grünwald, mit dem Bischof der Evangelischen Kirche der Kirchenprovinz Sachsen, Dr. Demke, im Gästehaus des RdB, BA, Abt. Potsdam, O-4, 1192. Hingegen soll der sächsische Superintendent Pilz (Flöha) geäußert haben, »daß es besser wäre, wenn den Gesuchstellern, die nicht unter das Gesetz zur Familienzusammenführung fallen würden, eindeutiger und sofort gesagt würde, daß ihr Weg in der DDR weitergehen muß und keine Hoffnung auf eine Genehmigung besteht. Mit den Zusicherungen einer Prüfung der Ersuchen würden nur Hoffnungen geweckt.« Leber, Vorsitzender des RdK Flöha, Bericht an RdB Karl-Marx-Stadt, Vorsitzender Gen. Lothar Fichtner über das Scheckgespräch mit dem Superintendenten Pilz am 3.3.1988, SAPMO-BA ZPA IV B2/14/69.

92 Protokoll Leich-Ziegler-Lewek vom 3.3.1988 über die 207. Sitzung des Vorstands am 24.2.1988 in Berlin, EZA Berlin, 101/93/750.

93 Weiter heißt es im Vermerk: »Auf alle aufgeworfenen Fragen erhielt Rechtsanwalt

775

Schnur eine sachliche Antwort. Im weiteren Gespräch äußerte sich Schnur zu einigen kirchenpolitischen Fragen. Er erklärte, daß er sich als Synodaler der mecklenburgischen Landeskirche zur Wahl als Präses stelle, wenn ihm das Amt angetragen wird. Er ist sich jedoch darüber im klaren, daß der Landesbischof sowie der Oberkirchenrat ihn als unbequemen Partner kennen. Deshalb erwarte Schnur von diesen kirchlichen Vertretern keine Unterstützung. Der Leitungsstil des OKR würde das synodale Element der Kirche nicht fördern, nach wie vor wäre das Amtskirchenverständnis vorherrschend. Die Ursachen dafür liegen jedoch nicht nur in der historischen Entwicklung dieser Landeskirche begründet, sondern im Nichterkennenwollen des Weges, den die Kirche in unserer Zeit zu gehen hat. Dies könne aber nicht als eine Besonderheit der mecklenburgischen Landeskirche gesehen werden, sondern beträfe mehr oder weniger alle Kirchen der DDR. Diese Situation sei ihm während der Berliner Ereignisse besonders deutlich geworden, da die leitenden Vertreter der Berlin-Brandenburgischen Kirche Tatsachen nicht begreifen wollten, obwohl Gemeindeglieder ganz andere Auffassungen vertreten. Bei einer Wahl als Präses würde er für die Stärkung des synodalen Elementes sowie für mehr Mündigkeit der Gemeindeglieder eintreten. Ebenso hielt Rechtsanwalt Schnur es für erforderlich, daß die Gespräche zwischen den kirchlichen Vertretern und den Repräsentanten des Staates offener und freimütiger geführt werden. Eine derartige Praxis könnte dazu führen, daß auch durch die staatlichen Organe für bestimmte Vorgänge in der Kirche mehr Verständnis aufgebracht werden könnte. Diese Erfahrung der mangelnden Gesprächsbereitschaft und nicht Offenlegung der innerkirchlichen Probleme habe Schnur in Berlin sammeln müssen.

Im weiteren informierte Rechtsanwalt Schnur über seine komplizierten Familienverhältnisse, u. a. daß er während des Krieges seine Mutter verlor und vor wenigen Jahren erst in der BRD wiederfand, daß sie Halbjüdin ist, Vater von den Nazis umgebracht wurde. Diese Entwicklung formte ihn zum Pazifisten. Über das staatliche Entgegenkommen zur Lösung seiner schwierigen Wohnungsprobleme bedankte sich Schnur und versicherte, daß er auch künftig an Gesprächen mit staatlichen Vertretern zu jeder Zeit interessiert sei.« RdB Rostock, Stellvertreter des Vorsitzenden für Inneres, Aktenvermerk Haß vom 17.3.1988 über ein Gespräch des Stellvertreters des Vorsitzenden des Rates des Bezirkes für Inneres, Gen. Haß, mit Rechtsanwalt Wolfgang Schnur am 15.3.1988, SAPMO-BA ZPA IV B2/14/113.

94 Vgl. Offener Brief an Bischof Dr. Gottfried Forck vom 7.2.1988. Abgedruckt bei G. Rein, Die protestantische Revolution, 68-71. Vgl. auch RdB Karl-Marx-Stadt, Sektor Kirchenfragen, Aktenvermerk Sektorenleiter G. Müller vom 9.3.1988 über ein Gespräch mit Pfarrer Körner, Mittweida, am 4.3.1988. Christoph Körner, zugleich Vorsitzender der Kirchlichen Bruderschaft Sachsens, soll »sich entschieden von der ›zwielichtigen Haltung‹ der Berlin-Brandenburgischen Kirche und einiger Pfarrer während der provokatorischen Vorkommnisse und gegenüber den Antragstellern auf Übersiedlung [distanziert haben]. ›Ich kann deren Haltung nicht verstehen und schon gar nicht billigen‹, nach seiner Auffassung habe das nichts mit dem Anliegen der Kirche zu tun.« SAPMO-BA ZPA IV B2/14/69.

95 Offener Brief vom 30.1.1988, Betr.: Vorgänge um Einzelpersonen in der »Zionsgemeinde« in Berlin, Störaktionen derselben bei einer staatlichen Gedenkfeier sowie die Duldung [von] deren Tätigkeiten in kirchlichen Räumen, insbesondere die Abhaltung einer hier so bezeichneten »Protestversammlung« am 29.1.1988 in der »Erlöserkirche«, BA, Abt. Potsdam, O-4, 1207.

96 Abt. II, Information Wilke vom 27.4.1988 über meinen Aufenthalt in Duisburg/BRD vom 19.-22.4.1988, SAPMO-BA ZPA IV B2/14/41.

97 Ein ihm von Wilke für den 8.1.1988 angebotenes Gespräch hatte Gaebler wegen Terminschwierigkeiten ausgeschlagen. Vgl. Protokoll Riese vom 25.1.1988 der 13. Sitzung des Präsidiums der Bundessynode am 8.1.1988, EZA Berlin, 101/93/844.

98 Staatssekretär für Kirchenfragen, Maßnahmeplan zur Unterstützung politisch realistischer Kräfte und Positionen in den Kirchen des BEK und zur Zurückdrängung des politi-

schen Mißbrauchs von kirchlichen Räumen und Veranstaltungen in der Evangelischen Kirche in Berlin-Brandenburg (Hauptstadt Berlin), BA, Abt. Potsdam, O-4, 995.
99 Rat der Stadt Dresden, Bereich Inneres, Staatspolitik in Kirchenfragen, Aktenvermerk Schulze vom 4.12.1987 über heutiges Gespräch mit Superintendent Bergmann, SHStA Dresden, BT/RdB Dresden (Zwibo), 44870.
100 Vgl. hierzu und zum folgenden J. Garstecki, Selbstorganisationspotentiale der DDR-Gesellschaft. Der konziliare Prozeß für Gerechtigkeit, Frieden und Bewahrung der Schöpfung, in: G. Kaiser/E. Frie (Hgg.), Arbeitskreis Christen, Staat und Gesellschaft in der DDR, 49-57; M. Hartmann, Ökumenische Versammlung, in: KiS 1/88, 27 f.
101 Vgl. auch Leiter des Büros, Dienstreisebericht Dohle vom 4.2.1988:»Beim RdB Leipzig hat Konsistorialpräsident Kramer konstruktive Absichtserklärungen zu dieser Veranstaltung geäußert. Ihm gehe es darum, mit dem konziliaren Prozeß die Friedenspolitik Erich Honeckers zu begleiten und zu unterstützen.« BA, Abt. Potsdam, O-4, 963.
102 RdB Dresden, Sektor Staatspolitik in Kirchenfragen, Vermerk Lewerenz vom 15.1.1988, Gespräch des Vorsitzenden des Rates des Bezirkes mit Landesbischof Dr. Hempel am 14.1.1988, PDS-Archiv Dresden, AR 14089.
103 RdB Dresden, Sektor Staatspolitik in Kirchenfragen, Vermerk Lewerenz vom 4.2.1988 über Gespräch mit Präsident Dr. Domsch am 3.2.1988, a.a.O.
104 Vgl. FAZ vom 5.2.1988 und epd-Dok 9/88, 64.
105 SED-Hausmitteilung von Abteilung Kirchenfragen, Peter Kraußer, an Werner Jarowinsky vom 2.2.1988, SAPMO-BA ZPA IV B2/14/172.
106 Vgl. z. B. RdB Karl-Marx-Stadt, Sektor Kirchenfragen, Aktenvermerk Sektorenleiter G. Müller vom 9.3.1988 über ein Gespräch mit Pfarrer Körner, Mittweida, am 4.3.1988, SAPMO-BA ZPA IV B2/14/69.
107 Schulze gab nach der Versammlung vor seiner Landessynode einen kritischen Bericht ab, der dem Staat überaus gut gefiel:»Die ›Zeugnisse der Betroffenheit‹ kennzeichnete er dabei eindeutig als Verzerrungen des wichtigen Anliegens des ›Konziliaren Prozesses‹.« Abt. II, Information vom 20.6.1988 zu den Ergebnissen der Frühjahrssynoden der evangelischen Landeskirchen, BA, Abt. Potsdam, O-4, 957.
108 Ziemer erhielt eine »Vorladung« in das Staatssekretariat für Kirchenfragen. Vgl. Vermerk über das Treffen des 1. Sekretärs der Bezirksleitung der SED Dresden, Genossen Hans Modrow, mit dem Landesbischof der Sächsischen Landeskirche, Dr. Hempel, und dem Präsidenten des Landeskirchenamtes, Dr. Domsch, am 8.2.1988, PDS-Archiv Dresden, AR 14089. Siehe auch Ziemers Expertise für die Enquete-Kommission des Deutschen Bundestages: Der konziliare Prozeß in den Farben der DDR.
109 RdB Dresden, Sektor Staatspolitik in Kirchenfragen, Vermerk Lewerenz vom 4.2.1988 über Gespräch mit Präsident Dr. Domsch am 3.2.1988, PDS-Archiv Dresden, AR 14089. Vor der KKL soll der LKA-Präsident beklagt haben,»die kirchlichen Mitarbeiter hätten nicht gelernt, ihr Hausrecht wahrzunehmen und sich gegen solche Leute, die die Kirche mißbrauchen, zu wehren bzw. sie einfach aus der Kirche zu entfernen.« Ministerium für Staatssicherheit, Information Nr. 118/88 vom 5.3.1988 über die außerordentliche Tagung der Konferenz der Evangelischen Kirchenleitungen (KKL) in der DDR am 3.3.1988 in der Hauptstadt der DDR, Berlin, BStU Berlin, ZAIG, Z 3633.
110 Hierzu soll Hempel geäußert haben:»Diese Veranstaltung ist nicht Teil des offiziellen Programms der Kirche. Sie ist gedacht als Auffangveranstaltung für Glieder von Gruppen, die die offizielle Veranstaltung für politische Aktivitäten mißbrauchen wollen. Für die Veranstaltung in der Versöhnungskirche ist eine kleine Gruppe kirchlicher Beauftragter ausgewählt, die gegebenenfalls aktiv werden können. Dazu zählen: Oberkirchenrat Rau, Präsident Domsch und der ehemalige Präses der Landessynode Cieslak.« Vermerk Arlt vom 10.2.1988 über Gespräch Gysi-Hempel am 9.2.1988, BA, Abt. Potsdam, O-4, 971. Vgl. auch RdB Dresden, Sektor Staatspolitik in Kirchenfragen, Vermerk Lewerenz vom 4.2.1988 über Gespräch mit Präsident Dr. Domsch am 3.2.1988, PDS-Archiv Dresden, AR 14089.
111 Vgl. Abt. II, Wilke, 11.2.1988, Weitere Maßnahmen zur Vorbereitung und Absicherung

der »1. Ökumenischen Vollversammlung für Gerechtigkeit, Frieden und Bewahrung der Schöpfung«, 12.-15.2.1988 in Dresden, BA, Abt. Potsdam, O-4, 971. Vgl. RdB Dresden, Sektor Staatspolitik in Kirchenfragen, Vermerk Lewerenz vom 4.2.1988 über Gespräch mit Präsident Dr. Domsch am 3.2.1988: »Zum 13. Februar wurde [darauf] aufmerksam gemacht, daß die Kundgebung in der Verantwortung staatlicher Organe und gesellschaftlicher Kräfte liegt, an der die Bürger unserer Stadt teilnehmen. Eine Mitwirkung der Kirche, in welcher Form auch immer, ist nicht vorgesehen. Das ist zu respektieren.« PDS-Archiv Dresden, AR 14089. Vgl. auch Vermerk über das Treffen des 1. Sekretärs der Bezirksleitung der SED Dresden, Genossen Hans Modrow, mit dem Landesbischof der sächsischen Landeskirche, Dr. Hempel, und dem Präsidenten des Landeskirchenamtes, Dr. Domsch, am 8.2.1988. Hier soll Hempel gesagt haben: »Die Großkundgebung sei eine Kundgebung des Staates, und dem werde Rechnung getragen. Sie tue das ihrige in den Kirchen.« A.a.O.

112 Vgl. Vermerk Arlt vom 10.2.1988 über Gespräch Gysi-Hempel am 9.2.1988, BA, Abt. Potsdam, O-4, 971.

113 Vgl. Vermerk über das Treffen des 1. Sekretärs der Bezirksleitung der SED Dresden, Genossen Hans Modrow, mit dem Landesbischof der sächsischen Landeskirche, Dr. Hempel, und dem Präsidenten des Landeskirchenamtes, Dr. Domsch, am 8.2.1988, PDS-Archiv Dresden, AR 14089.

114 Vermerk Arlt vom 10.2.1988 über Gespräch Gysi-Hempel am 9.2.1988, BA, Abt. Potsdam, O-4, 971.

115 Vgl. auch Vermerk über das Treffen des 1. Sekretärs der Bezirksleitung der SED Dresden, Genossen Hans Modrow, mit dem Landesbischof der sächsischen Landeskirche, Dr. Hempel, und dem Präsidenten des Landeskirchenamtes, Dr. Domsch, am 8.2.1988, PDS-Archiv Dresden, AR 14089.

116 Anschließend brachte Hempel den Wunsch seines Sohnes Martin, Medizinstudent, vor, von Leipzig nach Berlin zu wechseln, und bat den Staatssekretär um Unterstützung. Vermerk Arlt vom 10.2.1988 über Gespräch Gysi-Hempel am 9.2.1988, BA, Abt. Potsdam, O-4, 971.

117 Am 10.1.1988 lagen bereits 1 600 Eingaben vor. Vgl. Vertrauliches Protokoll Rogge über die Bischofskonventsrüste im Evangelischen Erholungsheim Kloster Drübeck bei Wernigerode am Harz vom 11.1.1988/16.30 bis 14.1.1988/8.30 Uhr, EZA Berlin, 101/93/773.

118 Zum zuletzt genannten Punkt vgl. auch RdB Dresden, Stellvertreter des Vorsitzenden für Inneres, Information Fuchs vom 15.6.1988 über ein Gespräch des Vorsitzenden des RdB Dresden, Genossen Günter Witteck, mit dem Apostolischen Administrator von Görlitz, Bischof Bernhard Huhn, am 14.6.1988: »Kritik übte Bischof Huhn an der Medienpolitik, die schönfärbe, Probleme nicht benenne und dem Leser kein eigenes Urteil zumute.« PDS-Archiv Dresden, AR 14089.

119 Vermerk über das Treffen des 1. Sekretärs der Bezirksleitung der SED Dresden, Genossen Hans Modrow, mit dem Landesbischof der sächsischen Landeskirche, Dr. Hempel, und dem Präsidenten des Landeskirchenamtes, Dr. Domsch, am 8.2.1988, a.a.O. Vgl. auch AG Kirchenfragen, Telefonat mit Gen. Andreas Graff, BL Dresden, am 10.2.1988: »Gen. Modrow führte am 8.2. ein Gespräch mit Bischof Hempel und Domsch. [...] Beide kirchlichen Gesprächspartner betonten ihre unverändert positive und konstruktive Haltung zum Gespräch mit dem Staatsratsvorsitzenden am 6.3.1978. [...] Sie gingen davon aus, daß die Großkundgebung am 13.2. eine Veranstaltung unserer sozialistischen DDR sei, an der alle Bürger ohne Unterschied der Glaubensrichtungen teilnehmen. Sie würden als Kirche keine ›Berührungspunkte‹ schaffen, an denen jemand Anstoß nehmen könnte, sondern jeder Provokation gegen unseren Staat entgegenwirken. Sie meinten, daß die Lage gegenwärtig nicht einfach sei und daß der 17.1. für bestimmte Gruppen eine ›Locksymbolik‹ darstelle (Domsch). Aber beide Kirchenvertreter hoben hervor, daß dies keine Probleme der Kirche seien, sondern solche von Gruppen von Ausreiseantragstellern, mit denen sie sich nicht identifizierten. Sie würden um die An-

strengungen von Partei und Regierung wissen, besonders um die Aktivitäten des Gen. Honecker, der mit seinem Beitrag für den Frieden in die Geschichte eingehen werde. Sie werden auch den Absichten entgegenwirken, Plakate zu zeigen. Sie werden sich davon distanzieren, wenn auch gewaltlos. Es wurde den Kirchenvertretern der Hinweis gegeben, daß die katholische Kirche gezeigt habe, wie man das macht (Hinweis auf das Katholikentreffen).« SAPMO-BA ZPA IV B2/14/172. Vgl. dazu D. Grande/B. Schäfer, Zur Kirchen-Politik der SED.

120 Zum Ökumenischen Forum Königstein »Gerechtigkeit, Frieden, Bewahrung der Schöpfung« vom 13.-16.4.1988 in Königstein/Taunus vgl. die zahlreichen Texte in epd-Dok 19-20/88.
121 Vermerk Lewek vom 16.2.1988, Betr.: Gespräch mit Staatssekretär Gysi und Hauptabteilungsleiter Heinrich am Donnerstag, 11.2.1988, EZA Berlin, 101/93/7.
122 Vgl. RdB Dresden, Stellvertreter des Vors. für Inneres, Niederschrift Fuchs vom 14.2.1988 über ein Gespräch mit dem Präsidenten des Landeskirchenamtes Dr. Domsch und Superintendent Ziemer am 13./14.2.1988: »Am 13.2.1988, 23.55 h, meldete sich telefonisch Dr. Domsch mit der Bitte, ob er gemeinsam mit Herrn Ziemer kurzfristig ein Gespräch mit mir führen könne. Dieses Gespräch fand gemeinsam mit dem Stellv. OB für Inneres, Gen. Jörke, von 0.05-0.20 Uhr statt. Inhalt:
– Beide Kirchenvertreter bedauerten die entstandene kritische Situation am Verkehrsmuseum,
– sie selbst hätten sich vor Ort von der entstandenen Lage informiert und versucht, beruhigend zu wirken, sie hätten aufgefordert, daß wenigstens die Frauen nach Hause gehen sollten.
– Das habe nichts mit der Kirche zu tun.
– Sie distanzieren sich davon.
– Die 5-6 Wortführer seien primitive Leute, und was sie rufen, würde nie von Kirchenleuten geäußert.
Auf meine Feststellung ›Das sind Provokateure!‹ antwortete Dr. Domsch ›Ja sicher‹. Er formulierte die Bitte ›Lassen Sie diese Leute nach Hause gehen, haben Sie Geduld, das löst sich von alleine auf, schließlich wird es ja kälter.‹ Darauf entgegnete ich, daß die Sicherheitsorgane schon Geduld gezeigt hätten, aber die Angelegenheit bereinigt werden muß. Daraufhin boten die Kirchenvertreter an, mit den Wortführern zu sprechen und sie gegebenenfalls zu bitten, in die Kreuzkirche zu einer Aussprache zu kommen. Sie wurden informiert, daß die VP mit Hilfe eines Lautsprechers die friedliche Auflösung beabsichtigt. Nach telefonischer Abstimmung (im Nebenraum) mit dem Sicherheitsorganen wurde die angebotene Unterstützung zur Führung der Gespräche durch Vertreter der Kirche akzeptiert. Sie bedankten sich für die gezeigte Geduld und Besonnenheit der staatlichen Organe für den bisherigen Tagesverlauf. Sup. Ziemer bemerkte, daß, wenn die Sicherheitsorgane Verhaftungen vornehmen (es handelt sich ja offensichtlich um Antragsteller) und anschließend nach dem Berliner Beispiel Übersiedlungen durchführen, zu befürchten sei, daß es in Dresden mit diesen Leuten einen Skandal geben könnte. Beide Kirchenvertreter begaben sich vor Ort, versprachen, sich erneut zu melden und bedankten sich für das Gespräch. 1.15 Uhr meldete sich Präsident Dr. Domsch telefonisch.
Inhalt:
– Große Enttäuschung, daß vor seinem Eintreffen bereits ›Verhaftungen‹ vorgenommen waren.
– Er habe den verantwortlichen OSL [Oberstleutnant] gebeten, die im Kulturpalast festgehaltenen Bürger frei zu lassen. Er würde sich gemeinsam mit zwei Superintendenten und dem Stadtjugendpfarrer dafür einsetzen, daß sich die vor dem Kulturpalast Versammelten auflösen. Der OSL reagierte darauf nicht und veranlaßte die Räumung. [...]
– Er fordere eine Information, die er am 14.2.1988 in der Ökumenischen Versammlung

darlegen kann. Konkret will er wissen, wieviel Personen verhaftet wurden und was mit ihnen geschieht. Es seien doch Menschen. Ich bedankte mich für die Bereitschaft, zur Beruhigung der Lage beizutragen. Ich sicherte ihm zu, mich sachkundig zu machen, und vereinbarte für 9.30 Uhr eine telefonische Verständigung.« SAPMO-BA ZPA IV B2/14/172. Vgl. zu diesen Vorgängen auch die Berichterstattung in FR und FAZ vom 15.2.1988.

123 Vgl. auch Zur Durchsetzung der Aufgabenstellung, die sich aus der aktuellen Lage ergibt: »Die Kirche gewährt und bietet bestimmten Leuten totale Öffentlichkeit. Die Konzeption des Herrn Fischbeck zur ›Abgrenzung‹ ist von der Berliner Synode zurückgewiesen worden, von der Bundessynode in Görlitz ebenfalls, hat nun aber mit Wissen und Duldung kirchenleitender Organe Eingang in den Konziliaren Prozeß gefunden.« BA, Abt. Potsdam, O-4, 971.

124 Natho erklärte später, da er ohne Einflußmöglichkeiten gewesen sei, sei er erst gar nicht nach Dresden gefahren. Vgl. Berlin, 28.3.1988, Notiz über Gespräche mit Landesbischof Leich, Kirchenpräsident Natho, Bischof Forck und Generalsuperintendent Krusche, SAPMO-BA ZPA IV B2/14/43. Natho berichtete der KKL, Gysi habe ihm gegenüber die Ökumenische Versammlung äußerst negativ bewertet und der Kirche vorgeworfen, »während der Veranstaltung nichts gegen politisch negative Tendenzen unternommen und den Staat getäuscht zu haben.« Ministerium für Staatssicherheit, Information Nr. 146/88 vom 21.3.1988 über die 116. Tagung der Konferenz der Evangelischen Kirchenleitungen (KKL) in der DDR vom 11.-13.3.1988 in Buckow, Berlin, BStU Berlin, ZAIG, Z 3633.

125 Vgl. hier die Einfügung der unbetitelten und undatierten, von diesem Papier aber wichtige Passagen übernehmenden Einschätzung im PDS-Archiv Dresden, AR 14096; auch a.a.O., AR 14100: »So erwies sich die von ihnen von Anfang an vertretene Linie in der vom Tagungsort, der Christuskirche in Dresden-Strehlen, weit abgelegenen Versöhnungskirche solche Personen und Gruppenvertreter, die ohne Mandat für die Ökumenische Versammlung angereist sind und auftreten wollten, zu versammeln und mit ihnen dort zu sprechen, als richtig. Die in der Versöhnungskirche durchgeführten Veranstaltungen, die von den drei Dresdener Superintendenten verantwortet wurden, konnten mit Erfolg vom eigentlichen Konferenzgeschehen abgetrennt werden.«

126 Arbeitsstab Ökumenische Versammlung für Gerechtigkeit, Frieden und Bewahrung der Schöpfung in Dresden vom 12.-15.2.1988, 1. Information vom 15.2.1988 zur Ökumenischen Versammlung vom 12.-15. Februar 1988 in Dresden, SAPMO-BA ZPA IV B2/14/172. Vgl. die Texte der Ökumenischen Versammlung Dresden in epd-Dok 21/88, insbes. die »Zeugnisse der Betroffenheit« von Hans-Jürgen Fischbeck, Stephan Schach, Michael Beleites, Dorothea Kutter, a.a.O., 4-20.

127 Unbetitelte und undatierte, von diesem Papier aber wichtige Passagen übernehmende Einschätzung im PDS-Archiv Dresden, AR 14096; auch a.a.O., AR 14100.

128 Fernschreiben vom 18.2.1988; LPA Halle, IV F-2/3/159; BStU Berlin, MfS HA XX/4-838. Mit Abweichungen auch abgedruckt bei G. Rein, Die protestantische Revolution, 87 f. Dabei dürfte der oben wiedergegebenen Fassung der Vorzug zu geben sein, weil sie laut Aktenlage in dieser Form und dazu mit der Originalunterschrift Honeckers den Adressaten erreichte.

129 Vgl. Berlin, den 18.2.1988, Maßnahmen Beratung mit Genossen Jarowinsky, BA, Abt. Potsdam, O-4, 970.

130 Dies geht aus dem Text der Information vom 19.2.1988 über das Gespräch des Genossen Werner Jarowinsky mit dem Vorsitzenden der Konferenz der Evangelischen Kirchenleitungen, Bischof Werner Leich, am 19.2.1988 hervor: »Wie von Genossen Erich Honecker angeregt«. SAPMO-BA ZPA IV B2/14/7, auch a.a.O., IV B2/14/43; auch BA, Abt. Potsdam, O-4, 970.

131 Vgl. Information vom 19.2.1988 über das Gespräch des Genossen Werner Jarowinsky mit dem Vorsitzenden der Konferenz der Evangelischen Kirchenleitungen, Bischof

Werner Leich, am 19.2.1988, SAPMO-BA ZPA IV B2/14/7, auch a.a.O., IV B2/14/43; auch BA, Abt. Potsdam, O-4, 970; auch BStU Berlin, MfS HA XX/4-838.

132 Vermerk Ziegler vom 19.2.1988 über ein Gespräch in der Dienststelle des Staatssekretärs für Kirchenfragen am 19.2.1988, 13.40 bis 14.50 Uhr, EZA Berlin, 101/93/7.

133 Die von Jarowinsky vorgelesene Erklärung sollte auf Beschluß des SED-Politbüros von Jarowinsky, Gysi und Bellmann ausgearbeitet werden und war vor der Begegnung mit Leich Honecker zur Genehmigung vorzulegen. Zugleich beschloß das Gremium, dieses Papier auch den 1. Sekretären der SED-Bezirks- und Kreisleitungen sowie den Vorsitzenden der RdB und RdK zukommen zu lassen. Vgl. Politbürobeschluß »Zu feindlich gesteuerten konterrevolutionären Aktionen gegen die DDR«. Auszug aus dem Protokoll der Sitzung vom 16.2.1988, Punkt 2, SAPMO-BA ZPA J IV 2/2/2260. Auf seiner Sitzung am 23.2.1988 bestätigte das Politbüro den Text. Vgl. SAPMO-BA ZPA J IV 2/2/2261.

134 epd-Dok 43/1988, 60-68, Zitat: 64. Auszugsweise abgedruckt bei G. Rein, Die protestantische Revolution, 88-90.

135 Information vom 19.2.1988 über das Gespräch des Genossen Werner Jarowinsky mit dem Vorsitzenden der Konferenz der Evangelischen Kirchenleitungen, Bischof Werner Leich, am 19.2.1988, SAPMO-BA ZPA IV B2/14/7, auch a.a.O., IV B2/14/43; auch BA, Abt. Potsdam, O-4, 970.

136 Vermerk Ziegler vom 19.2.1988 über ein Gespräch in der Dienststelle des Staatssekretärs für Kirchenfragen am 19.2.1988, 13.40 bis 14.50 Uhr, EZA Berlin, 101/93/7.

137 Zur Durchsetzung der Aufgabenstellung, die sich aus der aktuellen Lage ergibt, BA, Abt. Potsdam, O-4, 971.

138 Vgl. z. B. RdB Dresden, Stellvertreter des Vorsitzenden für Inneres, Informationsbericht Nr. I, Fuchs, vom 3.3.1988 zur Gesprächsführung mit kirchlichen Amtsträgern auf der Grundlage des Fernschreibens des Generalsekretärs an die 1. Sekretäre der Bezirks- und Kreisleitungen der SED, SHStA Dresden, BT/RdB Dresden (Zwibo), 45940; RdB Dresden, Stellvertreter des Vorsitzenden für Inneres, Informationsbericht Nr. 2, Fuchs, vom 10.3.1988 zur Gesprächsführung mit kirchlichen Amtsträgern auf der Grundlage des Fernschreibens des Generalsekretärs an die 1. Sekretäre der Bezirks- und Kreisleitungen der SED, a.a.O. Vgl. auch die Information Nr. 1 des Stellv. d. Vors. f. Inneres beim RdB Leipzig, Reitmann, vom 26.2.1988, abgedruckt in Ch. Dietrich/U. Schwabe (Hgg.), Freunde und Feinde, 125-129. In Altentreptow (Greifswalder Kirche) wurde die Erklärung am 19.2.1988 sogar einem gesamten Pfarrkonvent vorgetragen. Vgl. Protokoll Leich-Ziegler-Doyé/König vom 28.3.1988 über die 116. Tagung der Konferenz der Ev. Kirchenleitungen in der DDR vom 11.-13.3.1988 in Buckow (Klausurtagung), EZA Berlin, 101/93/741.

139 BStU Berlin, MfS HA XX/4-838, 91-98.

140 Vgl. Beschluß des Politbüros vom 23.2.1988, Punkt 3, SAPMO-BA ZPA J IV 2/2/2261.

141 Zu dieser Fragestellung war eine gemeinsame Arbeitsgruppe des BEK mit der katholischen Kirche geplant. Vgl. Protokoll Leich-Ziegler-Kupas vom 20.4.1988 über die 209. Sitzung des Vorstands am 13.4.1988 in Berlin, EZA Berlin, 101/93/750. Im November 1988 entschied der KKL-Vorstand, zunächst die abschließende Ökumenische Versammlung abzuwarten und dann die Frage nochmals aufzugreifen. Vgl. Protokoll Leich-Ziegler-Doyé vom 2.12.1988 über die 216. Sitzung des Vorstands der Konferenz der Ev. Kirchenleitungen am 30.11.1988 in Berlin, EZA Berlin, 101/93/751.

142 Information über ein Gespräch des Stellvertreters des Oberbürgermeisters für Inneres, Genossen Hoffmann, mit dem Bischof der Evangelischen Kirche Berlin-Brandenburg, Dr. Forck, und Superintendentin Laudien (amtierender Generalsuperintendent) am 22.2.1988, BA, Abt. Potsdam, O-4, 995; auch a.a.O., O-4, 1130.

143 Dienststelle des Staatssekretärs für Kirchenfragen, Hauptabteilungsleiter, Vermerk Heinrich vom 5.4.1988 über Gespräch mit Stolpe am 4.4.1988, BA, Abt. Potsdam, O-4, 798; auch a.a.O., O-4, 995; O-4, 1220.

144 Die Sonderagung der KKL hatte der KKL-Vorstand einberufen. Als Begründung führ-

te man die Notwendigkeit an, die bevorstehende KKL-Klausurtagung »von aktuellen Informationsfragen und Auswertungsvorgängen zu entlasten.« Protokoll Leich-Ziegler-Lewek vom 3.3.1988 über die 207. Sitzung des Vorstands am 24.2.1988 in Berlin, EZA Berlin, 101/93/750.

145 RdB Dresden, Sektor Staatspolitik in Kirchenfragen, Vermerk Lewerenz vom 25.2.1988 über Gespräch des Stellvertreters des Vorsitzenden des RdB für Inneres, Genossen Walter Fuchs, mit dem Präsidenten des Landeskirchenamtes, Dr. Kurt Domsch, am 24.2.1988, PDS-Archiv Dresden, AR 14089.

146 Staatssekretär für Kirchenfragen, Information vom 24.2.1988 über ein Gespräch von Staatssekretär Dr. Klaus Gysi mit Landesbischof Dr. Leich am 24.2.1988 in der Dienststelle, BA, Abt. Potsdam, O-4, 970; auch SAPMO-BA ZPA IV B2/14/43. Zur letzten Information vgl. Schreiben Gysi an Honecker vom 29.2.1988, BA, Abt. Potsdam, O-4, 970.

147 Zit. nach ena Nr. 2 vom 14.1.1988. Im Februar schrieb Schönherr: »Sollte ein neuer ›6. März‹ angestrebt werden? Als nicht mehr im aktiven Dienst Stehender wage ich das nicht zu beantworten. Es gibt gewiß noch immer und immer wieder Probleme, die im Gespräch, vielleicht auch auf höchster Ebene, angegangen werden müssen. Als Grundsatzgespräch scheint mir der 6. März 1978 aber noch lange nicht voll ausgeschöpft zu sein« (KiS 1/88, 8).

148 Vgl. Protokoll Leich-Ziegler-Kupas vom 2.2.1988 über die 206. Sitzung des Vorstands am 22.1.1988 in Berlin, EZA Berlin, 101/93/750.

149 Vgl. auch Vermerk Heinrich vom 22.2.1988 über einen Anruf von Landesbischof Dr. Leich aus Eisenach am gleichen Tag: »Er informierte darüber, daß alle Superintendenten des Aufsichtsbezirkes West der thüringischen Landeskirche, der im wesentlichen auf dem Territorium des Bezirkes Erfurt liegt, zu den jeweiligen Räten der Bezirke bestellt worden seien. Landesbischof Dr. Leich betonte, daß entgegen den üblichen Gepflogenheiten im Umgang mit der Kirchenleitung in Eisenach damit die staatlichen Organe ohne Information an die Kirchenleitung und damit an dieser vorbei die Superintendenten ›vorgeladen‹ haben. Einigen Superintendenten sei übermittelt worden, ›sie haben sich zur Entgegennahme einer Erklärung des Ministerrates beim Rat des Kreises einzufinden.‹ Landesbischof Dr. Leich erinnerte an sein Zusammentreffen mit dem Sekretär des Zentralkomitees, Dr. Jarowinsky, am 19.2.1988 und an die dort vereinbarte Vertraulichkeit dieses Vorganges. Er betrachtet die o. g. Angelegenheit als ›schwerwiegenden Vorfall, persönliche Diskriminierung und bewußtes Ausschalten des Landeskirchenrates.‹ Er habe, soweit ihm ähnliche Vorgänge bekannt geworden seien, die Superintendenten angewiesen, den entsprechenden Einladungen nicht zu folgen.« BA, Abt. Potsdam, O-4, 1220. Diese Entscheidung gab OKR Martin Kirchner am gleichen Tag telefonisch an die für Thüringen zuständigen Räte der Bezirke weiter. Vgl. Arbeitsgruppe Kirchenfragen, Information Bellmann vom 23.2.1988, a.a.O. Gleichzeitig wurde festgehalten, sollte sich ein solch »undifferenziertes Herangehen« häufen, sei dies durch Staat und Partei sofort zu korrigieren. Im Fernschreiben Honeckers werde ausdrücklich darauf hingewiesen, daß bei den Gesprächen die spezifische regionale Situation zu berücksichtigen sei. »Genosse Gysi nimmt auf Grund der geführten Telefonate mit Landesbischof Leich Verbindung auf, korrigiert die falsche Interpretation des Inhalts und der Absichten des Gespräches, macht deutlich, daß das Gespräch ein Beweis des Vertrauens in den Landesbischof ist und nichts ferner liegt als persönliche Diskriminierung oder eine Ausschaltung des Landeskirchenrates. Die Einflußnahme sollte dahingehend geführt werden, daß die vom Landeskirchenrat getroffenen Festlegungen korrigiert werden.« Aufgabenstellung an die Bezirke und Kreise auf Grund des Gespräches mit Landesbischof Leich am 19.2.1988, BA, Abt. Potsdam, O-4, 1220.

150 Vgl. auch Protokoll Leich-Ziegler-Lewek vom 3.3.1988 über die 207. Sitzung des Vorstands am 24.2.1988 in Berlin: »Im weiteren Gedankenaustausch des Vorstands werden besonders drei Erscheinungen nach dem 17.1.1988 festgestellt: 1. Bitten um kirchliche Unterstützung von Übersiedlungsanträgen steigen. 2. Es bilden sich Gruppen von Antragstellern, die um Überlassung kirchlicher Räume bitten. 3. Friedens-Fürbittgottes-

151 dienste, die zum Teil schon jahrelange örtliche Tradition haben, überfüllen sich mit Antragstellern.« EZA Berlin, 101/93/750.
151 Vgl. z. B. Aktenvermerk Beste, Betr.: Mecklenburgische Kirchenzeitung, Ausgabe zum 27.3.1988, Nr. 13, EZA Berlin, 101/93/7; vgl. auch Vermerk Ziegler für Herrn Günther vom 18.4.1988, Betr.: Kirchenzeitungen, EZA Berlin, 101/93/121.
152 Vgl. jedoch das kritische Schreiben des KKL-Vorsitzenden Leich an Ministerpräsident Stoph vom 28.4.1988: »Derartiges ist seit fast zwei Jahrzehnten nicht mehr geschehen. Die Maßnahmen erwecken bei den Beziehern der Kirchenzeitungen und in den Gemeinden Befremden und Beunruhigung und sind darüber hinaus der Öffentlichkeit bekanntgeworden. [...] Die geschilderten Vorgänge belasten das in den letzten Jahren entwickelte positive Verhältnis von Staat und Kirche schwer. [...] Wir fragen an, was den Leiter des Presseamtes dazu befugt, derartig einschneidende kirchenpolitische Maßnahmen zu treffen. [...] Die kirchliche Presse muß die Möglichkeit haben, über kirchliche Vorgänge wie Synodalverhandlungen und ihre Themen und über kirchliche Veranstaltungen wie die Ökumenische Versammlung vollständig und uneingeschränkt zu berichten.« A.a.O.
153 Staatssekretär für Kirchenfragen, Information vom 24.2.1988 über ein Gespräch von Staatssekretär Dr. Klaus Gysi mit Landesbischof Dr. Leich am 24.2.1988 in der Dienststelle, BA, Abt. Potsdam, O-4, 970; auch SAPMO-BA ZPA IV B2/14/43.
154 Vgl. »Die WELT« vom 26.2.1988.
155 Schreiben Gysi an Honecker vom 29.2.1988, BA, Abt. Potsdam, O-4, 970.
156 Abgedruckt in: Zwischen Anpassung und Verweigerung, 227-232, folgendes Zitat: 228. Honecker war der Text im großen und ganzen schon bekannt, da ihn das MfS über die Grundlinien der Erklärung Leichs informiert hatte. Vgl. Information Nr. 113/88 des MfS, abgedruckt in Besier/Wolf, »Pfarrer, Christen und Katholiken«, 544-550, hier: 547 f.
157 Für eine Veränderung des Wehrersatzdienstes setzten sich auch die Greifswalder Kirchenleitungsmitglieder Plath und Gottschalk ein. Vgl. RdB Rostock, Stellvertreter des Vorsitzenden für Inneres, Information Haß über ein Gespräch mit der Kirchenleitung der Greifswalder Landeskirche am 25.5.1988, BA, Abt. Potsdam, O-4, 1474.
158 Niederschrift über das Gespräch des Generalsekretärs des Zentralkomitees der SED und Vorsitzenden des Staatsrates der DDR, Erich Honecker, mit dem Vorsitzenden der Konferenz der Evangelischen Kirchenleitungen in der DDR, Landesbischof Dr. Werner Leich, am 3.3.1988 (Anlage Nr. 1 zum Protokoll der Politbürositzung vom 8.3.1988), SAPMO-BA ZPA J IV 2/2/2263; auch BA, Abt. Potsdam, O-4, 1206. Das Politbüro nahm das Protokoll zur Kenntnis. Vgl. Auszug aus dem Protokoll der Sitzung vom 8.3.1988, Punkt 2, SAPMO-BA ZPA J IV 2/2/2263.
159 Vgl. Ministerium für Staatssicherheit, Information Nr. 118/88 vom 5.3.1988 über die außerordentliche Tagung der Konferenz der Evangelischen Kirchenleitungen (KKL) in der DDR am 3.3.1988 in der Hauptstadt der DDR, Berlin, BStU Berlin, ZAIG, Z 3833.
160 So gab er der ARD ein Interview. Vgl. Auszug aus dem Protokoll der Sitzung des Politbüros des ZK der SED vom 8.3.1988, Punkt 2.5, SAPMO-BA ZPA J IV 2/2/2263.
161 Vgl. Aus der Information des Genossen Müller mit Landesbischof Leich, Erfurt, den 18.4.1988, BA, Abt. Potsdam, O-4, 1206.
162 Auszug aus dem Protokoll der Sitzung des Politbüros des ZK der SED vom 8.3.1988, Punkt 2.6., SAPMO-BA ZPA J IV 2/2/2263.
163 Ministerium für Staatssicherheit, Information Nr. 118/88 vom 5.3.1988 über die außerordentliche Tagung der Konferenz der Evangelischen Kirchenleitungen (KKL) in der DDR am 3.3.1988 in der Hauptstadt der DDR, Berlin, BStU Berlin, ZAIG, Z 3833.
164 Vgl. Protokoll Küntscher vom 8.3.1988 über die Sondersitzung der Konferenz der Evangelischen Kirchenleitungen in der DDR am 3.3.1988 in Berlin, 15.00-18.00 Uhr, EZA Berlin, 101/93/7.
165 Vgl. Ministerium für Staatssicherheit, Information Nr. 118/88 vom 5.3.1988 über die

783

außerordentliche Tagung der Konferenz der Evangelischen Kirchenleitungen (KKL) in der DDR am 3.3.1988 in der Hauptstadt der DDR, Berlin, BStU Berlin, ZAIG, Z 3633.
166 Vgl. Protokoll Küntscher vom 8.3.1988 über die Sondersitzung der Konferenz der Evangelischen Kirchenleitungen in der DDR am 3.3.1988 in Berlin, 15.00-18.00 Uhr, EZA Berlin, 101/93/7; auch als Protokoll Leich-Ziegler-Küntscher a.a.O., 101/93/741. Kramer soll geäußert haben, »er habe den Eindruck, daß es keine einheitliche Linie in der Staatsführung bei zu treffenden Entscheidungen gebe.« Große »erklärte, die ›Widersprüche‹ der Ereignisse und Darstellungen der Situationen der letzten Zeit seien sehr schwer zu begreifen.« Ministerium für Staatssicherheit, Information Nr. 118/88 vom 5.3.1988 über die außerordentliche Tagung der Konferenz der Evangelischen Kirchenleitungen (KKL) in der DDR am 3.3.1988 in der Hauptstadt der DDR, Berlin, BStU Berlin, ZAIG, Z 3633.
167 Ministerium für Staatssicherheit, Information Nr. 118/88 vom 5.3.1988 über die außerordentliche Tagung der Konferenz der Evangelischen Kirchenleitungen (KKL) in der DDR am 3.3.1988 in der Hauptstadt der DDR, Berlin, BStU Berlin, ZAIG, Z 3633.
168 Protokoll Küntscher vom 8.3.1988 über die Sondersitzung der Konferenz der Evangelischen Kirchenleitungen in der DDR am 3.3.1988 in Berlin, 15.00-18.00 Uhr, EZA Berlin, 101/93/7; auch als Protokoll Leich-Ziegler-Küntscher a.a.O., 101/93/741.
169 Vgl. Ministerium für Staatssicherheit, Information Nr. 146/88 vom 21.3.1988 über die 116. Tagung der Konferenz der Evangelischen Kirchenleitungen (KKL) in der DDR vom 11.-13.3.1988 in Buckow, Berlin, BStU Berlin, ZAIG, Z 3633.
170 Anlage 1 zu Teil A Protokoll Leich-Ziegler-Doyé/König vom 28.3.1988 über die 116. Tagung der Konferenz der Ev. Kirchenleitungen in der DDR vom 11.-13.3.1988 in Buckow (Klausurtagung), EZA Berlin, 101/93/741.
171 Ministerium für Staatssicherheit, Information Nr. 146/88 vom 21.3.1988 über die 116. Tagung der Konferenz der Evangelischen Kirchenleitungen (KKL) in der DDR vom 11.-13.3.1988 in Buckow, Berlin, BStU Berlin, ZAIG, Z 3633.
172 Anlage 1 zu Teil A Protokoll Leich-Ziegler-Doyé/König vom 28.3.1988 über die 116. Tagung der Konferenz der Ev. Kirchenleitungen in der DDR vom 11.-13.3.1988 in Buckow (Klausurtagung), EZA Berlin, 101/93/741.
173 Berlin, 28.3.1988, Notiz über Gespräche mit Landesbischof Leich, Kirchenpräsident Natho, Bischof Forck und Generalsuperintendent Krusche, SAPMO-BA ZPA IV B2/14/43.
174 Abgedruckt in KJ 1963, 182. Vgl. hierzu G. Besier, Der SED-Staat und die Kirche. Der Weg in die Anpassung, 540 ff.
175 Abgedruckt in KJ 1963, 195. Vgl. auch G. Besier, Der SED-Staat und die Kirche. Der Weg in die Anpassung, 540 ff.
176 KJ 1968, 181 f.
177 Protokoll Leich-Ziegler-Lewek vom 3.3.1988 über die 207. Sitzung des Vorstands am 24.2.1988 in Berlin, EZA Berlin, 101/93/750.
178 Auch an einem regelmäßigen Dialog von seiten der Nationalen Front und der Bürgermeister mit Laienmitgliedern von Gemeindekirchenräten war gedacht. Vgl. RdB Cottbus, Stellvertreter der Vorsitzenden für Inneres, Information Bartusch vom 5.5.1988 über ein Gespräch mit Generalsuperintendent Richter und Superintendent Delbrück durch den Stellvertreter der Vorsitzenden für Inneres am 23.4.1988, BA, Abt. Potsdam, O-4, 1476.
179 Vgl. auch RdB Leipzig, Kirchenfragen, Information Jakel vom 7.4.1988 zur gegenwärtigen Lage auf dem Gebiet Staatspolitik in Kirchenfragen im Bezirk Leipzig, BA, Abt. Potsdam, O-4, 1117. Als Einzelbeispiele vgl. z. B. Leber, Vorsitzender des RdK Flöha, Bericht an RdB Karl-Marx-Stadt, Vorsitzender Gen. Lothar Fichtner über das Scheckgespräch mit dem Superintendenten Pilz am 3.3.1988: »Der Superintendent distanzierte sich von der Schaffung einer Opposition und besonders zum Auftreten und Wirken von Krawczyk und stellte gleichzeitig fest, daß man aber nicht jedes andere Denken verurteilen sollte. Die freie Meinungsäußerung, die offene Kritik gegenüber Problemen sollte uns, dem Staat, doch helfen, richtige Entscheidungen zu treffen.« SAPMO-BA

ZPA IV B2/14/69; vgl. auch RdK Brand-Erbisdorf, Stellvertreter des Vorsitzenden für Inneres, Gesprächsbericht vom 7.3.1988 über Gespräch mit dem Superintendenten Dähne, Ephorie Dippoldiswalde, am 4.3.1988, a.a.O.

180 Zur Reaktion auf das Gespräch vgl. auch Christlich-Demokratische Union, Sekretariat des Hauptvorstandes, Erste Information vom 4.3.1988 über die Meinungsbildung zum Treffen zwischen Erich Honecker und Landesbischof Dr. Werner Leich: »Große Beachtung findet die Tatsache, daß es ein thematisch außerordentlich breiter Gedankenaustausch war«. Honecker gab den Bericht am 5.3.1988 in den Politbüroumlauf. SAPMO-BA ZPA J IV 2/2 A/3101. Vgl. auch Schreiben Götting an Honecker vom 4.3.1988, a.a.O.

181 Abt. II, Berlin, den 19.4.1988, Aktuelle politische Tendenzen in den Kirchen und Religionsgemeinschaften in der DDR, Leitungsinformation 2/88, BA, Abt. Potsdam, O-4, 957. Zur Lesart von ADN vgl. ND vom 4.3.1988.

182 Aus der Information des Genossen Müller mit Landesbischof Leich, Erfurt, den 18.4.1988, BA, Abt. Potsdam, O-4, 1206.

183 Vermerk Heidingsfeld über die Zusammenkunft der Beratergruppe am 2.3.1988, EZA Berlin, 4/92/19.

184 Zum Jahreswechsel hatte dem LWB-Generalsekretär auch der Ost-CDU-Vorsitzende Götting gute Wünsche übermittelt. Vgl. Schreiben Staalsett an Götting vom 12.1.1988, LKA Hannover, D 15 XII, Hauptgruppe 5, K 1/C 5010-2. Im Auftrag des BEK gratulierten am 9.6.1988 Gienke und Stolpe dem Ost-CDU-Vorsitzenden persönlich zu seinem 65. Geburtstag. Vgl. Vermerk Ziegler vom 3.6.1988 über das Gespräch zwischen den leitenden Geistlichen und den Leitern der zentralen gliedkirchlichen Verwaltungsdienststellen am 1.6.1988, 13.00 bis 16.45 Uhr, in Berlin, Auguststr. 80, EZA Berlin, 101/93/775. Vgl. auch Schreiben Ziegler-Winter-Zeddies an Götting vom 7.6.1988: »Wir nehmen diese Gelegenheit gern wahr, um Ihnen für Verständnis und Anteilnahme zu danken, die Sie im Rahmen der Ihnen gegebenen Möglichkeiten seit Jahrzehnten der Arbeit unserer Kirchen entgegenbringen. Aus Ihren zahlreichen mündlichen und schriftlichen Verlautbarungen wird das Bestreben deutlich, unserem Dienst Anerkennung und Hilfe zuteil werden zu lassen. [...] Gott schenke Ihnen für Ihre verantwortungsvolle Arbeit auch weiterhin Kraft und Weisheit.« LKA Hannover, D 15 XII, Hauptgruppe 5, K 51/C 5010-2.

185 Weiter soll Staalsett erläutert haben: »Für die inhaltliche Arbeit im Weltbund sei auch weiterhin der eigenständige Beitrag der Mitgliedkirchen in der DDR als Kirche im Sozialismus, ausgehend von den Erfahrungen im Blick auf zukunftsorientierende konzeptionelle Überlegungen, außerordentlich wichtig.« Berlin, 13.5.1988, Information über die Internationale Tagung der Kommission für Kommunikation des Lutherischen Weltbundes vom 4.-12.5.1988 in Friedrichroda, von Jarowinsky am 13.5.1988 an die Mitglieder und Kandidaten des Politbüro sowie Honecker weitergeleitet. SAPMO-BA ZPA IV B2/14/19. Vgl. auch Abt. IV, Vermerk Gabriele Braemer vom 30.5.1988 über Gespräch des Stellvertreters des Staatssekretärs für Kirchenfragen, Hermann Kalb, mit dem LWB-Generalsekretär Gunnar Staalsett am 6.5.1988 in Eisenach (Wartburghotel), BA, Abt. Potsdam, O-4, 1038; auch a.a.O., O-4, 4722. Die Tagung berief Provinzialpfarrer Jürgen Kapiske, beim MfS als IMB »Walter« geführt, zum Chefredakteur des Informationsdienstes für lutherische Minderheitskirchen in Europa mit Dienstsitz in Wien. Das Staatssekretariat für Kirchenfragen schlug vor, der Entscheidung zuzustimmen. Vgl. AL IV, Information vom 17.8.1988 zur Übernahme der Tätigkeit als Chefredakteur des »Informationsdienstes für lutherische Minderheitskirchen in Europa« durch einen Pfarrer aus der DDR, BA, Abt. Potsdam, O-4, 996. Auch Jarowinsky erklärte sein Einverständnis. Vgl. handschriftlicher Vermerk Jarowinsky auf Schreiben Löffler vom 19.8.1988, a.a.O.

186 Weiter soll Wee gesagt haben: »Gerade in den Abrüstungsfragen stimme der LWB praktisch vollständig mit der Linie der sozialistischen Staaten, insbesondere der Dialogpolitik der DDR-Führung, überein.« SV Genf, Vermerk Adling vom 20.4.1988 über Ge-

spräche mit Vertretern internationaler Kirchenverbände anläßlich der Übergabe von Einladungsschreiben für das Internationale Treffen für kernwaffenfreie Zonen, BA, Abt. Potsdam, O-4, 1011.
187 Abt. IV, Vermerk Gabriele Braemer vom 30.5.1988 über Gespräch des Stellvertreters des Staatssekretärs für Kirchenfragen, Hermann Kalb, mit dem LWB-Generalsekretär Gunnar Staalsett am 6.5.1988 in Eisenach (Wartburghotel), BA, Abt. Potsdam, O-4, 1038; auch a.a.O., O-4, 4722. Der Staalsett begleitende Bischof Eliewaha Mshana (Tansania) soll geäußert haben: »Auch die Kirche in Tansania gehe davon aus, daß man mit dem Staat vertrauensvoll zusammenarbeiten muß und daß sich Kirche auf ihre Themen zu beschränken habe.« Ebd.
188 Hingegen soll Superintendent Kreß, Bautzen, hervorgehoben haben, daß er zwei Antragstellern »den Beistand zur Unterstützung ihres Anliegens auf Wohnsitzveränderung versagte und darauf verwiesen hat, daß diese Fragen Angelegenheit des Staates und nicht der Kirche seien.« RdK Bautzen an RdB Dresden, Fuchs, vom 3.5.1988, Kirchenpolitische Information Stellv. d. Vors. f. Inneres, Malinski, vom 3.5.1988 – Monat April 1988, SHStA Dresden, BT/RdB Dresden (Zwibo), 45937.
189 Information über ein Gespräch des Stellvertreters des Oberbürgermeisters für Inneres, Genossen Hoffmann, mit dem Bischof der Evangelischen Kirche Berlin-Brandenburg, Dr. Forck, und Superintendentin Laudien (amtierender Generalsuperintendent) am 22.2.1988, BA, Abt. Potsdam, O-4, 995; auch a.a.O., O-4, 1130.
190 Vgl. Ministerium für Staatssicherheit, Information Nr. 118/88 vom 5.3.1988 über die außerordentliche Tagung der Konferenz der Evangelischen Kirchenleitungen (KKL) in der DDR am 3.3.1988 in der Hauptstadt der DDR, Berlin, BStU Berlin, ZAIG, Z 3633. Bischof Demke soll während des Hallenser Kirchentages die Gründung eines solchen Büros im Bereich seiner Landeskirche mit dem Argument abgelehnt haben, es fördere nur »den Aufbau einer Oppositionspartei [...], und die Übersiedlungsproblematik sei nicht Aufgabe der Kirche.« Ministerium für Staatssicherheit, Information Nr. 352/88 vom 14.7.1988 über die 118. Tagung der Konferenz der Evangelischen Kirchenleitungen (KKL) in der DDR am 1./2.7.1988 in der Hauptstadt der DDR, Berlin, a.a.O. Vgl. KiS 2/88, 75.
191 Vgl. epd-Dok 12/88, 41. Vgl. auch die Berichterstattung in FAZ vom 7.3.1988, Süddeutsche Zeitung vom 8.3.1988 und »Die WELT« vom 7.3.1988.
192 Vgl. Schreiben Oberkonsistorialrat Harder, Evangelisches Konsistorium Greifswald, an Sekretariat des BEK vom 26.4.1988, EZA Berlin, 101/93/741.
193 Vgl. Abt. II, Berlin, den 19.4.1988, Aktuelle politische Tendenzen in den Kirchen und Religionsgemeinschaften in der DDR, -Leitungsinformation 2/88, BA, Abt. Potsdam, O-4, 957. Vgl. auch Bericht Stier vor der KKL: »In Schwerin kam es zu einem rechtswidrigen Einsatz der VP am letzten Sonntag, als sich Ausreisewillige zum Gottesdienstbesuch verabredet hatten. Nach dem Gottesdienst wurden alle Besucher fotografiert. Es erfolgte ein schriftlicher Einspruch dagegen. [...] Dr. Demke nennt ähnliche Erscheinungen, z. B. Ausweiskontrollen (Augustinerkloster Erfurt) und Verhaftungen in Halle, Bitterfeld, Magdeburg. [...] Dr. Domsch nennt Leipzig als den derzeitigen Schwerpunkt der Unruhe. In der Nikolaikirche finden montags Andachten mit großer Beteiligung statt. [...] Kirchner berichtet von sogenannten ›Wanderungen‹ in Jena. Am 27.2. wurden rund 50 Personen vorübergehend festgenommen, gegen etwa 12 Personen erging Haftbefehl.« Protokoll Leich-Ziegler-Doyé/König vom 28.3.1988 über die 116. Tagung der Konferenz der Ev. Kirchenleitungen in der DDR vom 11.-13.3.1988 in Buckow (Klausurtagung), EZA Berlin, 101/93/741.
194 Vgl. oben, 283.
195 Information über ein Gespräch des Stellvertreters des Oberbürgermeisters für Inneres, Genossen Günter Hoffmann, mit Konsistorialpräsident M. Stolpe am 8. März 1988, BA, Abt. Potsdam, O-4, 1130; auch a.a.O., O-4, 1192; auch SAPMO-BA ZPA IV B2/14/7.
196 Information über ein Gespräch des Stellvertreters des Oberbürgermeisters für Inneres,

Genossen Günter Hoffmann, mit dem Konsistorialpräsidenten Manfred Stolpe, Pfarrer Passauer, Pfarrer Hildebrandt (beide Sophiengemeinde) am 11.3.1988, BA, Abt. Potsdam, O-4, 1130. Auf der KKL-Klausurtagung in Buckow mußten sich die Vertreter Berlin-Brandenburgs kritische Anfragen gefallen lassen, als Forck von einem Abendgottesdienst am 7.3.1988 in der Ostberliner Gethsemanekirche berichtete: »Es erhebt sich erneut die Frage, ob Fürbitte für Verhaftete gehalten werden muß, ob die Inhaftierten besucht werden sollen.« Protokoll Leich-Ziegler-Doyé/König vom 28.3.1988 über die 116. Tagung der Konferenz der Ev. Kirchenleitungen in der DDR vom 11.-13.3.1988 in Buckow (Klausurtagung), EZA Berlin, 101/93/741. Vgl. auch Ministerium für Staatssicherheit, Information Nr. 146/88 vom 21.3.1988 über die 116. Tagung der Konferenz der Evangelischen Kirchenleitungen (KKL) in der DDR vom 11.-13.3.1988 in Buckow, Berlin, BStU Berlin, ZAIG, Z 3633.

197 Zit. nach Anlagen A zum Bericht des Untersuchungsausschusses 1/3 des Brandenburgischen Landtags vom 29.4.1994, 190 f.

198 Schreiben Forck an Magistrat von Berlin, Stellvertreter des Oberbürgermeisters für Inneres, Herrn Stadtrat Hoffmann, vom 31.3.1988, SAPMO-BA ZPA IV B2/14/41.

199 Protokoll Leich-Ziegler-Doyé/König vom 28.3.1988 über die 116. Tagung der Konferenz der Ev. Kirchenleitungen in der DDR vom 11.-13.3.1988 in Buckow (Klausurtagung), EZA Berlin, 101/93/741. Die einzeln aufgeführten Argumente sind vermerkt in Anlage 1 zu Teil A, a.a.O.

200 Während der Klausurtagung der KKL in Buckow soll Domsch in einem Pausengespräch befürchtet haben, »daß in Leipzig mit den Übersiedlungsersuchenden eine geradezu ›explosive Situation‹ heranreife, mit der die Kirche nicht mehr fertig werde. Er äußerte die Absicht, mit dem Ministerpräsidenten von Nordrhein-Westfalen, Johannes Rau, während dessen Aufenthaltes in der DDR anläßlich der Leipziger Frühjahrsmesse darüber zu sprechen.« Ministerium für Staatssicherheit, Information Nr. 146/88 vom 21.3.1988 über die 116. Tagung der Konferenz der Evangelischen Kirchenleitungen (KKL) in der DDR vom 11.-13.3.1988 in Buckow, Berlin, BStU Berlin, ZAIG, Z 3633. Die Begegnung fand am Abend des 13.3.1988 im Leipziger Hotel »Merkur« statt. Näheres konnte das MfS nicht in Erfahrung bringen. Vgl. ebd.

201 Vgl. Abt. II, Berlin, den 19.4.1988, Aktuelle politische Tendenzen in den Kirchen und Religionsgemeinschaften in der DDR, Leitungsinformation 2/88, BA, Abt. Potsdam, O-4, 957.

202 Vgl. Vermerk Heinrich vom 15.3.1988, BA, Abt. Potsdam, O-4, 1192. Vgl. auch RdB Leipzig, Kirchenfragen, Information Jakel vom 7.4.1988 zur gegenwärtigen Lage auf dem Gebiet Staatspolitik in Kirchenfragen im Bezirk Leipzig: »Für den Bezirk Leipzig kann insgesamt eingeschätzt werden, daß die Mehrzahl der Amtsträger und Geistlichen bemüht waren und sind, Belastungen des Staat-Kirche-Verhältnisses nicht zuzulassen und das Problem der Antragsteller nicht zum Thema kirchlichen Wirkens werden zu lassen. Es blieb jedoch nicht aus, daß sich einige wenige Pfarrer, vor allem in der Stadt Leipzig, am Thema der Übersiedlungsersuchenden zu profilieren versuchten und ihre kirchlichen Räume dafür zur Verfügung stellten.« Während es im Zusammenhang mit den Januarereignissen gelungen sei, die Superintendenten zu einer klaren Position zu führen, die sie auch öffentlich vertreten, sowie Hempel und das LKA dahin zu bringen, die Pfarrer Lösche, Bartels, Wonneberger, Führer und Kaden zu disziplinieren, zeigte sich nach staatlicher Einschätzung nunmehr, »daß die Widerstandskraft- und fähigkeit einzelner Pfarrer, wie z. B. bei Pfarrer Führer (Nikolaikirche), gegenüber dem staatlichen und innerkirchlichen Einfluß bzw. Disziplinierungsversuchen nicht zu unterschätzen ist. [...] Die neue Qualität dieser Friedensgebete besteht darin, daß sie für Hunderte ÜSE [Übersiedlungsersuchende] die Möglichkeit bieten, Kontakte untereinander auszubauen und durch die massierten Zusammenkünfte Druck auf den Staat auszuüben.« BA, Abt. Potsdam, O-4, 1117. Vgl. auch die Information des Stellvertreters des OBM für Inneres des Rates der Stadt Leipzig zur Staatspolitik in Kirchenfragen im Berichtszeitraum Februar/März 1988 vom 29.3.1988, abgedruckt in: Ch. Dietrich/U.

Schwabe, Freunde und Feinde, 148-154; Information Nr. 143/88 des Ministers für Staatssicherheit über das Friedensgebet am 14.3.1988 in Leipzig vom 15.3.1988, in: a.a.O., 136-142.

203 RdB Dresden, Sektor Staatspolitik in Kirchenfragen, Vermerk Lewerenz vom 11.5.1988 über Gespräch des Stellvertreters des RdB für Inneres, Genossen Walter Fuchs, mit dem amtierenden Präsidenten des Landeskirchenamtes der Ev.-Luth. Landeskirche Sachsens, Oberlandeskirchenrat Schlichter, am 5.5.1988, PDS-Archiv Dresden, AR 14089.

204 Ebd.

205 In Großenhain soll der sächsische Bischof während eines Gottesdienstes geäußert haben, »daß ›derartige Zwischenfälle mit Ausreisewilligen wie in Berlin und teilweise in Dresden in den Kreisen der sächsischen Landeskirche nicht vorkommen ... 20 % der Antragsteller haben Gründe, die wir akzeptieren müssen. 40-60 % nennen Gründe, die wir ablehnen müssen. 20 % der Antragsteller halte ich schlichtweg für verrückt‹.« RdB Dresden, Stellvertreter des Vorsitzenden für Inneres, Informationsbericht Fuchs vom 14.6.1988 für die Monate April/Mai 1988, SHStA Dresden, BT/RdB Dresden (Zwibo), 45940.

206 RdB Dresden, Stellvertreter des Vorsitzenden für Inneres, Niederschrift Fuchs vom 10.6.1988 über ein Gespräch durch den Stellvertreter des Vorsitzenden für Inneres des RdB mit dem Landesbischof, Dr. Hempel, und dem amtierenden Präsidenten des Landeskirchenamtes, Schlichter, am 10.6.1988, PDS-Archiv Dresden, AR 14089.

207 Vgl. auch Schreiben Arbeitskreis »Gottesdienste für Gerechtigkeit und Frieden«, Bekenntniskirche Berlin-Treptow, an Präsidium der Synode des Bundes der Evangelischen Kirchen in der DDR, Betr.: Eingabe zu Ausreiseproblem und innerem Frieden in der DDR vom 11.9.1988, EZA Berlin, 101/93/223.

208 Vgl. unten, 311.

209 Aktenvermerk über ein Gespräch des Stellvertreters des Oberbürgermeisters für Inneres, Genossen Hoffmann, mit Generalsuperintendent Dr. Krusche am 20.5.1988, BA, Abt. Potsdam, O-4, 995.

210 RdB Cottbus, Stellvertreter des Vorsitzenden für Inneres, Information Bartusch vom 6.6.1988 zum Gespräch des Stellvertreters der Vorsitzenden für Inneres mit Generalsuperintendent Richter und Superintendent Delbrück am 30.5.1988 beim RdB Cottbus, BA, Abt. Potsdam, O-4, 1476.

211 RdB Cottbus, Stellvertreter der Vorsitzenden für Inneres, Bartusch, Fallinformation vom 7.9.1988, betr. Nichtrückkehr der Tochter von Generalsuperintendent Richter, Cottbus, von einer Reise in die BRD, SAPMO-BA IV B2/14/70.

212 Abteilung II, Vorlage Röfke-Handel vom 23.6.1988 an die Dienstbesprechung am 27.6.1988, Thema: Leitungsinformation 3/88, BA, Abt. Potsdam, O-4, 957.

213 Vgl. Besier/Wolf, »Pfarrer, Christen und Katholiken«, 59. Vgl. auch Ministerium für Staatssicherheit, Information Nr. 264/88 vom 27.5.1988 über die 117. Tagung der Konferenz der Evangelischen Kirchenleitungen (KKL) in der DDR vom 13.-15.5.1988 im Klosterstift zu Heiligengrabe/Kreis Wittstock: »Dabei erklärte er [Forck] u. a., man gerate immer wieder, ohne es zu wollen, in die Westpresse. Auf diese Bemerkung reagierten die Tagungsteilnehmer mit lautem Gelächter. (Streng internen Hinweisen zufolge hatten alle Bischöfe auf dem im April 1988 stattgefundenen Bischofskonvent das Verhalten von Bischof Forck im Zusammenhang mit den Westmedien kritisiert. Bischof Forck zeigte sich jedoch uneinsichtig. Während der KKL-Tagung wurden keine weiteren Auseinandersetzungen mit Bischof Forck geführt.)« BStU Berlin, ZAIG, Z 3693.

214 Auch Gerhard Bassarak kritisierte – aus anderer Perspektive – seinen Bischof wegen häufiger Äußerungen in den Westmedien. Zuerst möge sich Forck doch an die eigene Regierung mit seinen Forderungen wenden. Vgl. Schreiben vom 26.2.1988, BA, Abt. Potsdam, O-4, 995.

215 Vermerk Ziegler über die 34. Sitzung der Konsultationsgruppe vom 1.-4.5.1988 in Kaub am Rhein (Klausurtagung) – Teil II, EZA Berlin, 101/93/817. Vgl. auch Vermerk

Hammer vom 16.5.1988 über die 34. Sitzung der Konsultationsgruppe vom 1.-4.5.1988 in Kaub am Rhein (Klausurtagung), ABB Bonn, Akte Konsultationen.
216 Vgl. Chr. v. Ditfurth, Angst vor Akten. Archive enthüllen den Umgang von SPD mit SED-Politikern, in: »DER SPIEGEL« Nr. 35 vom 24.8.1992, 50-63. Vgl. auch SED-Hausmitteilung Günter Rettner an Erich Honecker vom 6.6.1988, zit. nach J. Staadt, Versuche der Einflußnahme der SED, a.a.O., Dokument 21. Danach soll Rita Süssmuth u. a. gesagt haben: »In ihrem Verantwortungsbereich [...] gebe es eine Reihe von Möglichkeiten, der gezielten Abwerbung z. B. von DDR-Ärzten entgegenzuwirken.«
217 Kurzprotokoll Stolpe vom 4.12.1987 über eine gemeinsame Beratung der leitenden Geistlichen und der Leiter der Verwaltungsdienststellen der Gliedkirchen des Bundes der Evangelischen Kirchen in der DDR am 3.12.1987 in der Dienststelle des Bundes, EZA Berlin, 101/93/774.
218 Vgl. Ministerium für Staatssicherheit, Information Nr. 352/88 vom 14.7.1988 über die 118. Tagung der Konferenz der Evangelischen Kirchenleitungen (KKL) in der DDR am 1./2.7.1988 in der Hauptstadt der DDR, Berlin, BStU Berlin, ZAIG, Z 3633.
219 epd-Dok, 21/88, 73. Vgl. Information über die Synodentagung der Berlin-Brandenburgischen Kirche, SAPMO-BA ZPA IV B2/14/124.
220 Vgl. Verwunderung in Bonn über Forcks Vorwürfe, in: »Die WELT« vom 16.4.1988.
221 Information über die Synodentagung der Berlin-Brandenburgischen Kirche, SAPMO-BA ZPA IV B2/14/124.
222 Vermerk Ziegler vom 2.6.1988 über Vermerk über die Sitzung der Konsultationsgruppe vom 1.-4.5.1988, EZA Berlin, 101/93/817.
223 Ebd.
224 Vgl. auch Vermerk Ziegler vom 3.6.1988 über das Gespräch zwischen den leitenden Geistlichen und den Leitern der zentralen gliedkirchlichen Verwaltungsdienststellen am 1.6.1988, 13.00 bis 16.45 Uhr, in Berlin, Auguststr. 80. Dort benannte Demke einen »weitere[n] Verfall staatlicher Autorität – Zunahme anarchischer Ideen, besonders unter kirchlichen Mitarbeitern, mit dem ethischen Impuls, diese zu propagieren.« In der Aussprache wurde festgehalten: »In der jetzigen Situation der Identitätsunsicherheit des Staates sollte die Kirche nicht große öffentliche Aufrufe erlassen. Im direkten Gespräch mit Staatsvertretern aber sollte weiterhin die Forderung nach Entscheidungen mit Signalwirkungen erhoben werden. Für den Bürger sollten gesicherte Rechtspositionen geschaffen werden, damit er aus der Bittstellersituation herauskommt.« EZA Berlin, 101/93/775.
225 Vermerk Ziegler vom 2.6.1988 über Vermerk über die Sitzung der Konsultationsgruppe vom 1.-4.5.1988, EZA Berlin, 101/93/817.
226 Vgl. epd-Dok 21/88, 73.
227 Der KKL-Vorstand hatte auf seiner Maisitzung beschlossen, ein Vertreter Berlin-Brandenburgs möge der Konsultationsgruppe den Synodenbeschluß, den Bund zu bitten, »die EKD an ihre direkte Mitverantwortung zu erinnern«, erläutern. Protokoll Leich-Ziegler-Lewek vom 2.6.1988 über die 210. Sitzung des Vorstands am 25.5.1988 in Berlin, EZA Berlin, 101/93/750.
228 Vermerk Ziegler vom 17.6.1988 über die Zusammenkunft der Beratergruppe am 6.6.1988, EZA Berlin, 4/92/19.
229 Ebd.
230 Vermerk Ziegler vom 21.6.1988 über die 35. Sitzung der Konsultationsgruppe am 9.6.1988 in Berlin, Auguststraße, 10.00 Uhr bis 13.45 Uhr, EZA Berlin, 101/93/817.
231 Ebd. Vgl. auch Protokoll Leich-Ziegler-Lewek vom 21.6.1988 über die 211. Sitzung des Vorstands am 15.6.1988 in Berlin: »Ein formaler Beschluß zur Aufnahme von Gesprächen mit der EKD betr. Ausreiseproblematik erscheint nicht sachgemäß. Nach der gegenwärtigen Lage der Dinge kann es sich nur um eine Feststellung handeln, daß durch den Berlin-Brandenburger Synodalbeschluß Gespräche in Gang gekommen sind, die in den zuständigen Gremien (z. B. Konsultationsgruppe) weiter behandelt werden sollten. Dabei ist es notwendig, daß das Bewußtsein der Grundprobleme im Verhältnis der bei-

den deutschen Staaten zueinander verstärkt wird.« EZA Berlin, 101/93/750. Der KKL berichtete Demke, viele Gesprächspartner im Bereich der EKD hätten »die Rede von der indirekten Mitverantwortung [...] als Mitschuld verstanden [...] Auch die *organisierte* Erstarbeitsplatzbeschaffung ist nach Auskunft der Gesprächspartner mißverständlich, wenn nicht falsch.« Die KKL war sich »einig, daß es nicht sachgemäß ist, in einem formalen Beschluß die Evangelische Kirche in Deutschland um Gespräche in dieser Angelegenheit zu bitten. [...] Die Konferenz konnte feststellen, daß in Begegnungen mit Vertretern der EKD und den einzelnen Partnerkirchen in der Bundesrepublik diese Frage bereits vielfältig besprochen wird. Die Konferenz ist dankbar dafür, daß dabei erneut die Übereinstimmung in dem Willen deutlich geworden ist, zu einem Verhältnis zwischen den beiden deutschen Staaten beizutragen, das auch der Entspannung im internationalen Rahmen dient.« Die BEK-Vertreter in der Konsultationsgruppe sollten anfragen:»Wie können EKD und BEK gemeinsam dem entgegenwirken, daß politische Erklärungen und Maßnahmen das einlinig wirkende Druck-Sog-Gefälle nicht verstärken? [...] Die Konferenz sieht, daß einfache Lösungen in diesem Fragebereich nicht bereitliegen. Gerade deshalb hält sie es für geboten, daß Christen und Kirchen in beiden deutschen Staaten ihre vielfältigen Partnerbeziehungen nutzen, um gemeinsam zu Lebensverhältnissen beizutragen, die Menschen das Bleiben in unserem Land erleichtern. Die Konferenz bittet Mitarbeiter und Gemeinden, Ausbürgerungswillige aus dem Gemeindeleben nicht auszugrenzen und jeder Form von Diskriminierung dieses Personenkreises in der Gemeinde und in der Öffentlichkeit entgegenzuwirken.« Protokoll Demke/Stolpe-Ziegler-Riese über 118. Tagung der Konferenz der Evangelischen Kirchenleitungen in der DDR am 1./2.7.1988 in Berlin, EZA Berlin, 101/93/741.

232   Vgl. Vermerk Ziegler vom 21.6.1988 über die 35. Sitzung der Konsultationsgruppe am 9.6.1988 in Berlin, Auguststraße, 10.00 Uhr bis 13.45 Uhr. Die Themen lauteten:»Stellung zur Nation« (Stier, Schmude, Binder), »Leben in verschiedenen Systemen und der Beitrag der Christen« (Domke, Ziegler, Binder, Hammer), »Kirche und ihre Gruppierungen« (Domke, Hirschler), »Kirche in der Ökumene« (Gienke, Linnemann). EZA Berlin, 101/93/817.

233   Anfang 1987 soll Bischof Gienke, Greifswald, geäußert haben, es »würde [...] in der weiteren Arbeit mit Landesbischof Stier durch die staatlichen Organe noch viel Geduld erforderlich sein.« RdB Rostock, Stellvertreter des Vorsitzenden für Inneres, Aktenvermerk Haß vom 2.3.1987 über das Gespräch des Stellvertreters des Vorsitzenden des Rates des Bezirkes für Inneres, Gen. Haß, mit Bischof Dr. Gienke am 23.2.1987, BA, Abt. Potsdam, O-4, 1474.

234   Vermerk Ziegler vom 17.11.1988 über die Klausurtagung der Konsultationsgruppe vom 25.-28.9.1988 in Meißen, EZA Berlin, 101/93/817.

235   Ebd.

236   Vgl. Abt. II, Information Wilke vom 17.9.1987 über ein Gespräch mit OKR Ziegler am 10.9.1987, BA, Abt. Potsdam, O-4, 1232; vgl. auch Vermerk Ziegler vom 17.9.1987 über ein Gespräch in der Dienststelle des Staatssekretärs für Kirchenfragen am 10.9.1987, 13.30 Uhr bis 15.00 Uhr, EZA Berlin, 101/93/6. Vgl. auch Vermerk Ziegler vom 22.10.1987 über ein Gespräch in der Dienststelle des Staatssekretärs für Kirchenfragen am 19.10.1987, 15.00 bis 16.45 Uhr:»Ziegler gibt die Absicht zur Kenntnis, im Jahr 1988 zwei Klausuren der Konsultationsgruppe zu halten, im Mai in der Bundesrepublik, im September in Meißen. Heinrich erklärt, er sehe keine Probleme, wenn weiterhin daran festgehalten werde, daß dies ganz interne Verhandlungen seien ohne jede Öffentlichkeit.« A.a.O. Vgl. weiter Vermerk Ziegler vom 17.8.1988 über ein Gespräch in der Dienststelle des Staatssekretärs für Kirchenfragen am 16.8.1988, 15.00 Uhr bis 16.45 Uhr, EZA Berlin, 101/93/7.

237   RdB Cottbus, Stellvertreter des Vorsitzenden für Inneres, Abschlußbericht Bartusch vom 29.2.1988 zu der vom 26.-28.2.1988 in Cottbus stattgefundenen Veranstaltung »Frieden konkret VI«. Weiter hieß es: »Der persönliche Einsatz von Rechtsanwalt Schnur ließ erkennen, daß es auch Kräften in der Kirchenleitung Berlin-Brandenburg

um die Verhinderung von politisch extrem negativen Positionen geht.« BA, Abt. Potsdam, O-4, 777. Vgl. KiS 2/88, 76.
238 RdB Cottbus, Stellvertreter des Vorsitzenden für Inneres, Abschlußbericht Bartusch vom 29.2.1988 zu der vom 26.-28.2.1988 in Cottbus stattgefundenen Veranstaltung »Frieden konkret VI«, BA, Abt. Potsdam, O-4, 777.
239 Hierzu rechnete das Papier auch die folgenden Forderungen: »Recht auf freie Meinungsäußerung, das Recht auf Begründung amtlicher Entscheidungen, die Transparenz gesellschaftlicher Zusammenhänge, eine offene Informations- und Medienpolitik, die Entbürokratisierung des gesellschaftlichen Lebens, die Handhabung des Eingaberechts, die volle Gleichberechtigung im Bildungswesen, das Recht, sein Land zu verlassen und dahin zurückzukehren.« Vorlage der Arbeitsgruppe Menschenrechte für die 207. Sitzung des Vorstands der Konferenz am 24.2.1988, BA, Abt. Potsdam, O-4, 1226.
240 Vorlage der Arbeitsgruppe Menschenrechte für die 207. Sitzung des Vorstands der Konferenz am 24.2.1988, EZA Berlin, 101/93/48; auch BA, Abt. Potsdam, O-4, 1226. Hauptabteilungsleiter Heinrich mit Begleitschreiben vom 2.6.1988 überreicht durch Generalsuperintendent Günter Krusche, a.a.O. Jetzt auch abgedruckt in: Zwischen Anpassung und Verweigerung, 88-92. Die KKL hatte beschlossen: »Das Diskussionspapier ›Zum Verhältnis zwischen Kirche und Gruppen‹ ist als Arbeitsmaterial für die Kirchenleitungen freigegeben, d. h. noch ›Nicht zur Veröffentlichung‹ und ›Nicht zur Weitergabe‹.« Protokoll Leich-Ziegler-Doyé/König vom 28.3.1988 über die 116. Tagung der Konferenz der Ev. Kirchenleitungen in der DDR vom 11.-13.3.1988 in Buckow (Klausurtagung), EZA Berlin, 101/93/741.
241 Ebd.
242 Auszugsweise abgedruckt in: KiS 2/1988, 43.
243 Vgl. auch Schreiben Ziegler an die Leitenden Verwaltungsdienststellen der Gliedkirchen in der DDR vom 11.4.1988, EZA Berlin, 101/93/48. Das Schreiben geht auf einen Beschluß des KKL-Vorstands zurück, das Thema nochmals im Juli oder September 1988 zu behandeln. Zuvor sollten die Gliedkirchen um Meinungsäußerung gebeten werden. Vgl. Protokoll Leich-Ziegler-Kupas vom 22.3.1988 über die 208. Sitzung des Vorstands am 17.3.1988 in Leipzig, EZA Berlin, 101/93/750. Vgl. auch 118. Tagung der Konferenz der Ev. Kirchenleitungen in der DDR, 1./2.7.1988 in Berlin, Vorlage Nr. 13: Zusammenfassung der Antworten der Gliedkirchen auf die Anfrage des Sekretariats vom 11.4.1988, betr. »Kirche und Gruppen«, EZA Berlin, 101/93/48. Gegen Jahresende 1988 befaßte sich dann eine Sondersitzung der KKL mit der Thematik, ohne jedoch zu genauen Ergebnissen zu gelangen. Vgl. Protokoll Leich-Ziegler-Ritter über die Sondertagung der Konferenz der Evangelischen Kirchenleitungen in der DDR am 3.12.1988 in Berlin, 10.00-15.30 Uhr, EZA Berlin, 101/93/742 und Ministerium für Staatssicherheit, Von Honecker abgezeichnete Information Mielke Nr. 546/88 vom 19.12.1988 über eine Sondersitzung der Konferenz der Evangelischen Kirchenleitungen in der DDR (KKL) am 3.12.1988 in der Hauptstadt der DDR, Berlin, BStU Berlin, ZAIG, Z 3633. Vgl. auch Protokoll Leich-Ziegler-Küntscher vom 17.1.1989 über die 121. Tagung der Konferenz der Evangelischen Kirchenleitungen in der DDR am 13./14.1.1989 in Berlin, EZA Berlin, 101/93/743. Vgl. auch Vermerke Riese über die Sitzungen der ad-hoc-Arbeitsgruppe zum Thema »Kirche und Gruppen« am 8.2.1989 in Berlin und am 22.3.1989 in Berlin, EZA Berlin, 101/93/49. Vgl. hierzu auch Schreiben Angelika Schön, Weimar, an BEK-Sekretariat vom 22.2.1989: »Ich finde es zwar gut, daß kirchliche Mitarbeiter sich ein besseres Miteinander mit den Gruppen wünschen. Aber daraus einen ›Rezeptekatalog‹ zu machen, halte ich für nicht angemessen. Denn die Situation ist so unterschiedlich und veränderlich, daß heute ausgedachte Konzepte morgen schon wieder hinderlich sein können.« A.a.O. Das Arbeitsergebnis dieser Gruppe fand nicht die Akzeptanz des KKL-Vorstandes. Vgl. Protokoll Leich/Stolpe-Ziegler-Doyé vom 2.5.1989 der 221. Sitzung des Vorstands am 27.4.1989 in Berlin, EZA Berlin, 101/93/752. Auf der Mai-Sitzung der KKL 1989 kam es zu einer lebhaften Aussprache. Besonders kritisch äußerten sich Detlef Hammer, Harder und Kirchner. Vgl. Protokoll Leich-Ziegler-Jacob vom

8.5.1989 über die 123. Tagung der Konferenz der Evangelischen Kirchenleitungen in der DDR vom 5./6.5.1989 in Görlitz, EZA Berlin, 101/93/743.
244 Vgl. Vermerk Heinrich vom 14.3.1988 über Gespräch mit Ziegler am gleichen Tag, BA, Abt. Potsdam, O-4, 1220; auch SAPMO-BA ZPA IV B2/14/41.
245 Berlin, 28.3.1988, Notiz über Gespräche mit Landesbischof Leich, Kirchenpräsident Natho, Bischof Forck und Generalsuperintendent Krusche, SAPMO-BA ZPA IV B2/14/43.
246 Vgl. ebd.
247 Falcke hatte nach einer Einschätzung des MfS, wohl aus Verärgerung über fehlende Unterstützung in Görlitz, seinen Vorsitz im BEK-Ausschuß »Kirche und Gesellschaft« niedergelegt. »Sein Mißfallen beziehe sich insbesondere darauf, daß die KKL und das Präsidium der Bundessynode z. T. direkt Ablehnung gegenüber den von ihm aufgezeigten Thesen bzw. seinem Auftreten gezeigt hätten. Falcke habe sich in einem sehr vertraulichen Gespräch ferner geäußert, er hätte nach seinem Auftreten in Görlitz nicht mit einer solchen Reaktion des Staatsapparates (u. a. Gespräch des Vorsitzenden des Rates des Bezirkes Erfurt mit ihm persönlich) gerechnet; auf die von ihm erhoffte Unterstützung seitens seiner eigenen Landeskirche hatte er vergeblich gewartet.« Ministerium für Staatssicherheit, Information Nr. 37/88 vom 21.1.1988 über die 115. Tagung der Konferenz der Evangelischen Kirchenleitungen (KKL) in der DDR vom 8./9.1.1988 in Berlin, BStU Berlin, ZAIG, Z 3633.
248 In diesem Zusammenhang kam es Mitte Mai 1988 zu einem Gespräch im RdB Erfurt. Dort wurde Demke klar gemacht, Falcke, Wild und Senior Lauszat, der auch in der Öffentlichkeit angeprangert wurde, hätten sich wiederholt »nicht an bestimmte Grundsätze, die das Trennungsprinzip von Staat und Kirche beinhaltet, gehalten [...] Im Gespräch am 2.10.1987 wurde gegenüber Propst Dr. Falcke deutlich gemacht, daß auf eine öffentliche Polemik nicht verzichtet werden kann, wenn er weiterhin in kirchlicher Öffentlichkeit gesellschaftliche Tatbestände verzerrt darstellet. Bischof Dr. Demke wurde auf der Grundlage authentischer Aussagen von Propst Dr. Falcke darüber in Kenntnis gesetzt, daß sich dieser immer stärker zum Sprecher von Gruppierungen und Einzelpersonen macht, die mit bestimmten Entwicklungsprozessen in der DDR nicht einverstanden sind und aus ihrer destruktiven Haltung keinen Hehl machen. [...] Gemäß unserer politischen Verantwortung und der Pflicht, auf berechtigte Empörung in der Bevölkerung zu reagieren, haben wir in Einwohnerforen sachgemäße Informationen vermittelt und uns gegen das provozierende Auftreten der genannten Amtsträger verwahrt.« In seiner Entgegnung weigerte sich Demke, diese Ausführungen zu akzeptieren. RdB Erfurt, Der Vorsitzende, Information Swatek vom 24.5.1988, BA, Abt. Potsdam, O-4, 1482. Vgl. auch Protokoll Leich-Ziegler-v. Rabenau vom 26.5.1988 über die 117. Tagung der Konferenz der Ev. Kirchenleitungen in der DDR vom 13./14.5.1988 in Heiligengrabe (Bundesbesuchstage), EZA Berlin, 101/93/741.
249 Staatssekretariat für Kirchenfragen, Information Gysi vom 4.4.1988 über das Gespräch von Staatssekretär Gysi mit Bischof Dr. Demke in der Dienststelle des Staatssekretärs am 31.3.1988, BA, Abt. Potsdam, O-4, 1482; auch SAPMO-BA ZPA IV B2/14/43.
250 Vgl. den Bericht Forcks, in epd-Dok 21/88, 53-61. Vgl. auch KiS 3/88, 81-83; Abt. II, Information vom 20.6.1988 zu den Ergebnissen der Frühjahrssynoden der evangelischen Landeskirchen, BA, Abt. Potsdam, O-4, 957. Die Pastorin Horsta Krum berichtete dem ZK, die Westberliner Kirchenleitung sei daran interessiert, daß Forck sich nicht mit Vollendung des 65. Lebensjahres 1988 zur Ruhe setze, sondern noch ein wenig weiter amtiere: »Frau Krum informierte uns über diese Vorgänge aus der Sorge, daß bestimmte reaktionäre Kräfte in die DDR hineinwirken und die in Gang gekommene Dialogpolitik stärken wollen. Sie fragte, wie sie sich den Absichten dieser Kräfte entgegenstellen und bremsend einwirken soll.« Arbeitsgruppe Kirchenfragen, Aktennotiz M. Hanschke vom 19.2.1988 über ein Gespräch mit der Pastorin Horsta Krum, Westberlin, am 18.2.1988 im Gästehaus des ZK, BA, Abt. Potsdam, O-4, 1001. Im Vorfeld der Frühjahrssynode Berlin-Brandenburg fiel dann die Entscheidung, daß Forck noch drei weitere Jahre amtieren solle bzw. könne. Vgl. Protokoll Leich-Ziegler-Doyé/König vom

28.3.1988 über die 116. Tagung der Konferenz der Ev. Kirchenleitungen in der DDR vom 11.-13.3.1988 in Buckow (Klausurtagung), EZA Berlin, 101/93/741; vgl. auch Information über die 4. Tagung der 9. Synode der Evang. Kirche Berlin-Brandenburg in der Stephanusstiftung Berlin-Weißensee vom 8.-12.4.1988, BA, Abt. Potsdam, O-4, 799. Die gleiche Information gab auch Berlin-Brandenburgs Synodalpräses Manfred Becker auf der Kirchenleitungssitzung der VELK. Vgl. Niederschrift über die Sitzung der Kirchenleitung der VELK in der DDR am Freitag, dem 11.3.1988, in Berlin, Auguststr. 80, 8.00-12.30 Uhr, LKA Hannover, D 15 XII, Hauptgruppe 1, K 11/C 1211-1/II.

251 Vgl. auch Schreiben des Arbeitskreises Solidarische Kirche Thüringen, Peter Oberthür, Dorndorf, Beate Scriba, Apfelstädt, an Leich vom 4.7.1988 mit der Bitte, allen Pfarrämtern eine Liste der aus politischen Gründen Inhaftierten zukommen zu lassen, damit sie in das Fürbittengebet aufgenommen werden könnten. Leich entgegnete nach Rücksprache mit dem Landeskirchenrat am 30.8.1988 – der Brief war erst am 24.8.1988 eingegangen: »Die persönliche Fürbitte im Gottesdienst richtet sich auch immer auf den in Bedrängnis und Not geratenen Menschen.« Deshalb solle sie nur in den Gemeinden gehalten werden, »aus denen die Gemeindeglieder stammen, für die gebetet werden soll. Eine Fürbittliste mit der Bitte um fürbittendes Gebet für die gesamte Landeskirche, die besonders aus politischen Gründen Inhaftierte zum Inhalt hat, würde die Tatsache verwischen, daß wir bereit sind, für jeden Menschen zu beten, und die Grenze zwischen Gebet und politischer Demonstration aufheben.« Deshalb wolle der Landeskirchenrat keine Fürbittliste anfertigen. Ziegler antwortete am 25.10.1988: »Die Regelung für Fürbitten ist Angelegenheit der Gliedkirchen. [...] Im übrigen können auch nur dort die Umstände richtig beurteilt werden. Diese sind vor einem zentralen Aufruf zur Fürbitte ernsthaft zu prüfen. Daß sich auch der Arbeitskreis Solidarische Kirche, wie im übrigen auch andere, um Verhaftete ernsthaft kümmert, können wir nur dankbar begrüßen.« EZA Berlin, 101/93/751.

252 Berlin, 28.3.1988, Notiz über Gespräche mit Landesbischof Leich, Kirchenpräsident Natho, Bischof Forck und Generalsuperintendent Krusche, SAPMO-BA ZPA IV B2/14/43.

253 Vgl. Staatssekretär für Kirchenfragen, Abteilung II, Information Wilke vom 2.5.1988 zur Synode der Evangelischen Kirche der Union – Bereich DDR – (EKU) vom 6.-8.5.1988 in Berlin, SAPMO-BA ZPA IV B2/14/151.

254 Staatssekretär für Kirchenfragen, Abt. II, Information Wilke vom 15.3.1988 über ein Gespräch mit dem Präsidenten der EKU Dr. Winter durch Genossen Wilke am 10.3.1988, BA, Abt. Potsdam, O-4, 970; auch SAPMO-BA ZPA IV B2/14/43.

255 Materialien zur 1. Tagung der 7. Synode der Evangelischen Kirche der Union – Bereich DDR – vom 6.-8.5.1988, 18 f. Gienke legte auch ein Bekenntnis zur »Kirche im Sozialismus« (a.a.O., 12) ab, beschwor den 6. März 1978 als »das vertrauensvolle Ja zueinander« (a.a.O., 15) und berief sich auf das Gespräch Honecker-Leich.

256 Staatssekretär für Kirchenfragen, Abteilung II, Information Wilke vom 2.5.1988 zur Synode der Evangelischen Kirche der Union – Bereich DDR – (EKU) vom 6.-8.5.1988 in Berlin, SAPMO-BA ZPA IV B2/14/151.

257 Vgl. Politbürobeschluß »Zu feindlich gesteuerten konterrevolutionären Aktionen gegen die DDR«. Auszug aus dem Protokoll der Sitzung vom 16.2.1988, Punkt 2.5.: »Zu Veranstaltungen der Kirchen werden zukünftig keine Pressevertreter aus der BRD zugelassen.« SAPMO-BA ZPA J IV 2/2/2260. Vgl. auch Betreff: Zur Vorbereitung der Frühjahrstagungen der Synoden der evangelischen Landeskirchen in der DDR und Information zum Stand der Vorbereitung auf die Frühjahrstagungen der Synoden der evangelischen Landeskirchen in der DDR, Anlage Nr. 7 zum Protokoll der Sitzung des Sekretariats des ZK der SED vom 16.3.1988, SAPMO-BA ZPA J IV 2/3/4232.

258 Vgl. hierzu Arbeitsgruppe Kirchenfragen/Staatssekretär für Kirchenfragen, Zwischeninformation Heinrich vom 21.3.1988 zu den bisherigen Ergebnissen und inhaltlichen Schwerpunkten der Frühjahrssynoden der evangelischen Landeskirchen in der DDR, SAPMO-BA ZPA IV B2/14/97. Vgl. auch Fernschreiben Gysi an RdB Dresden, Stellv. des Vorsitzenden für Inneres, Gen. Fuchs, vom 17.3.1988, 15.00 Uhr: »Ich bitte Sie zu

veranlassen, daß der Präses der Synode der Landeskirche in Ihrem Territorium ebenfalls informiert wird. Wir erwarten, daß auch die Kirche diese staatliche Maßnahme unterstützt und damit für die Entwicklung der Staat-Kirche-Beziehungen einen positiven Beitrag leistet.« SHStA Dresden, BT/RdB Dresden (Zwibo), 46616.

259 Vgl. HAL, Vermerk Arndt vom 17.3.1988 [sic!] über Anruf von der Pressestelle des Bundes, Frau Scheffner, im Auftrag von Herrn Oberkirchenrat Ziegler am 18.3.1988, BA, Abt. Potsdam, O-4, 1175. Vgl. auch Protokoll Leich-Ziegler-Kupas vom 22.3.1988 über die 208. Sitzung des Vorstands am 17.3.1988 in Leipzig, EZA Berlin, 101/93/750. Ähnliches war auch für die regionalen Kirchentage geplant. Vgl. SED-Kreisleitung Görlitz, Abt. Agitation und Propaganda, Vermerk Abteilungsleiter Köhler vom 9.3.1988 über Beratung im ZK – Abt. Kirchenpolitik – (Gen. Peter Kraußer) zur Vorbereitung der Kirchentage in der DDR am 2.3.1988: »Es ist veranlaßt, daß zu den Kirchentagen keine westlichen Journalisten zugelassen sind. Aber die Kirchenfunktionäre müssen selber die Position vertreten ›Unser Kirchentag ist intern‹ und gegenüber der Presse und Öffentlichkeit auf Anfragen hin erklären: ›Es wurde geredet über alle Fragen, die das Leben der Christen in unserer Gesellschaft betreffen‹.« PDS-Archiv Dresden, AR 14096.

260 HAL, Vermerk Arndt vom 17.3.1988 [sic!] über Anruf von der Pressestelle des Bundes, Frau Scheffner, im Auftrag von Herrn Oberkirchenrat Ziegler am 18.3.1988. Weiter heißt es: »Wir bringen unsere Befürchtung zum Ausdruck, daß durch Verbot der Berichterstattung auch durch akkreditierte Journalisten gerade eine nicht gewünschte unsachgemäße ›Sonntagsberichterstattung‹ hervorgerufen wird.« BA, Abt. Potsdam, O-4, 1175. Vgl. auch ADN-Information, Nur zur Information, Interne Dienstmeldung vom 20.3.1988, DDR-Staatssekretariat für Kirchenfragen entscheidet bei Interviews: »Erst vor wenigen Tagen hatte das DDR-Außenministerium westlichen Korrespondenten erklärt, daß eine Teilnahme an den an diesem Wochenende stattfindenden Landessynoden nicht möglich sei.« BA, Abt. Potsdam, O-4, 713.

261 Aktenvermerk über ein Gespräch des Leiters des Sektors Kirchenfragen, Genossen Dr. Mußler, mit dem Präses der Synode der Evangelischen Kirche Berlin-Brandenburg, M. Becker, am 24.3.1988, BA, Abt. Potsdam, O-4, 1418.

262 Dienststelle des Staatssekretärs für Kirchenfragen, Hauptabteilungsleiter, Vermerk Heinrich vom 5.4.1988 über Gespräch mit Stolpe am 4.4.1988, BA, Abt. Potsdam, O-4, 798; auch a.a.O., O-4, 995; O-4, 1220. Vgl. auch 7.4.1988, Zum Stand der Vorbereitung der Synode in Berlin-Brandenburg, SAPMO-BA ZPA IV B2/14/124; auch BA, Abt. Potsdam, O-4, 798.

263 Vgl. auch 7.4.1988, Zum Stand der Vorbereitung der Synode in Berlin-Brandenburg: »Inzwischen wurde bekannt, daß Bischof Forck trotz des Widerstandes von Kirchenleitungsmitgliedern in einer öffentlichen Veranstaltung in der Friedrichstadtkirche am Platz der Akademie einen von ihm selbst verantworteten Bericht geben will. Offensichtlich wird damit die Absicht verfolgt, seinen Standpunkt durchzusetzen und die Synode darauf festzulegen.« SAPMO-BA ZPA IV B2/14/124; auch BA, Abt. Potsdam, O-4, 798.

264 Vgl. auch ebd.: »Aus den bisher vorliegenden Berichten geht hervor, daß diese Gespräche zwar fast durchweg aufgeschlossen waren und die Kirchenvertreter sich unseren Argumenten gegenüber zugänglich zeigten sowie nicht selten ihre eigene Besorgnis zum Ausdruck brachten. Es gab jedoch nicht im gleichen Maße die Bereitschaft, entsprechend nachdrücklich in der Öffentlichkeit aufzutreten.« A.a.O.

265 Zu Plänen einer staatlichen Einflußnahme auf die Synode vgl. auch SED-BL Berlin, Abteilung Staats- und Rechtsfragen-Magistrat von Berlin, Stellvertreter des Oberbürgermeisters für Inneres, Plan der Maßnahmen zur Vorbereitung der Synode der Evangelischen Kirche in Berlin-Brandenburg vom 8.-12.4.1988. Hier heißt es u. a.: »Die politische Arbeit mit progressiven kirchlichen Kräften (z. B.: Gossner Mission, ›Weißenseer Arbeitskreis‹, Kirchgemeinde Marzahn u. a. – einschließlich progressiver Theologen der Sektion Theologie der Humboldt-Universität) ist darauf gerichtet, positive

Anträge und Eingaben an die Synode zu initiieren. Die Bezirksorganisation der CDU nutzt diesbezüglich ihren Einfluß in Gemeindekirchenräten.« BA, Abt. Potsdam, O-4, 798; auch SAPMO-BA ZPA IV B2/14/124. Anliegend auch Übersicht Gespräche mit Synodalen in Vorbereitung der Synode und Verzeichnis der Mitglieder der 9. Synode Berlin-Brandenburg, Stand: 24.3.1988, a.a.O.
266 Arbeitsgruppe Kirchenfragen, Berlin, 5.4.1988, Zur Vorbereitung der Berlin-Brandenburgischen Synode, SAPMO-BA ZPA IV B2/14/124.
267 Vgl.»Die WELT« vom 7.4.1988.
268 7.4.1988, Zum Stand der Vorbereitung der Synode in Berlin-Brandenburg, SAPMO-BA ZPA IV B2/14/124; auch BA, Abt. Potsdam, O-4, 798. Vgl. auch Information über die 4. Tagung der 9. Synode der Evang. Kirche Berlin-Brandenburg in der Stephanusstiftung Berlin-Weißensee vom 8.-12.4.1988, BA, Abt. Potsdam, O-4, 799.
269 7.4.1988, Zum Stand der Vorbereitung der Synode in Berlin-Brandenburg, SAPMO-BA ZPA IV B2/14/124; auch BA, Abt. Potsdam, O-4, 798.
270 Vgl. Bericht des Bischofs, Unser Auftrag als Kirche und die aktuellen Herausforderungen der Gegenwart, 9. Synode Berlin-Brandenburg, vierte ordentliche Tagung 8.-12.4.1988, Drucksache 4, BA, Abt. Potsdam, O-4, 798.
271 Im Original Krusche heißt es »Abgrenzung«. 9. Synode Berlin-Brandenburg 8.-12.4.1988, Information 4, vierte ordentliche Tagung, Diskussionsbeitrag des Synodalen Dr. Krusche in der Aussprache über den Bischofsbericht, a.a.O.
272 Information über die Synodentagung der Berlin-Brandenburgischen Kirche, SAPMO-BA ZPA IV B2/14/124. Originaler Wortlaut in: 9. Synode Berlin-Brandenburg 8.-12.4.1988, Information 4, vierte ordentliche Tagung, Diskussionsbeitrag des Synodalen Dr. Krusche in der Aussprache über den Bischofsbericht, BA, Abt. Potsdam, O-4, 798. Danach auch die in eckigen Klammern eingefügten Korrekturen.
273 Information über den Verlauf der Synode am 10.4.1988, SAPMO-BA ZPA IV B2/14/124.
274 Vgl. Information über die Synodentagung der Berlin-Brandenburgischen Kirche, a.a.O.
275 Information über den Verlauf der Synode am 10.4.1988, a.a.O.
276 Ebd..
277 Information über den Verlauf der Synode am 10.4.1988, SAPMO-BA ZPA IV B2/14/124.
278 Vgl. auch Information über die Synodentagung der Berlin-Brandenburgischen Kirche, a.a.O.
279 Vgl. z. B. Stolpes Erklärung zu den Vorgängen an der Sophienkirche, in: 9. Synode Berlin-Brandenburg 8.-12.4.1988, Information 3, vierte ordentliche Tagung, BA, Abt. Potsdam, O-4, 798.
280 Auch Richter und Esselbach kamen Krusche kaum zur Hilfe. Vgl. Information über die Synodentagung der Berlin-Brandenburgischen Kirche, SAPMO-BA ZPA IV B2/14/124.
281 Information über den bisherigen Verlauf der Synode der Berlin-Brandenburgischen Kirche, a.a.O., mit durch fehlerhaftes Abschreiben bedingten Abweichungen auch BA, Abt. Potsdam, O-4, 798.
282 Vgl. Information über die Synodentagung der Berlin-Brandenburgischen Kirche, BA, Abt. Potsdam, O-4, 798.
283 Vgl. auch Staatssekretär für Kirchenfragen, Abteilung II, Information Wilke vom 2.5.1988 zur Synode der Evangelischen Kirche der Union – Bereich DDR – (EKU) vom 6.-8.5.1988 in Berlin: »In mehreren Gesprächen mit dem Präsidenten der EKU-Kanzlei, Dr. Winter, und mit Präses Karpinski wurde deutlich gemacht, daß es im Interesse der Kirche liegt, wenn diese Synodaltagung ohne politische Provokationen verläuft und den konstruktiven Weg einer Kirche in der sozialistischen Gesellschaft bestätigt. Beide Geistliche stimmten dem zu und brachten ihre Überzeugung zum Ausdruck, daß das auch im Interesse des Ratsvorsitzenden, Bischof Dr. Gienke, und der weiteren Mitglieder des Präsidiums der Synode, Dr. König, Affeld, liegt, daß dieser konstruktive Weg

weiter beschritten wird. Auch Bischof Dr. Rogge und Bischof Dr. Demke hätten sich in diesem Sinne ausgesprochen.« SAPMO-BA ZPA IV B2/14/151.

284 Die Ost-CDU hielt dem mecklenburgischen Bischof auch diffamierende Äußerungen während des Oranienburger Seminars vor. Vgl. CDU-Hauptvorstand, Abt. Kirchenfragen, Aktenvermerk vom 19.1.1988, BA, Abt. Potsdam, O-4, 1003. In einem Vortrag während der Leipziger Messe in der dortigen Nikolaikirche verteidigte Stier die Notwendigkeit der Seelsorge an Ausreisewilligen. Er verwies darauf, die Kirche trage an der entstandenen Situation keine Schuld, man könne und werde niemanden wegschicken. Vgl. RdB Leipzig, Kirchenfragen, Information Jakel vom 7.4.1988 zur gegenwärtigen Lage auf dem Gebiet Staatspolitik in Kirchenfragen im Bezirk Leipzig, BA, Abt. Potsdam, O-4, 1117. Vgl. den SynodalvortragStiers in epd-Dok 17/88, 13-21.

285 Vgl. auch Abt. II, Information vom 20.6.1988 zu den Ergebnissen der Frühjahrssynoden der evangelischen Landeskirchen: »Die Behandlung dieser Themen [Ausreiseproblematik, evangelische Presse] erfolgte insgesamt in abgewogener und nichtkonfrontativer Weise und war in erster Linie darauf ausgerichtet, weitere Zuspitzungen zu vermeiden und zu sachlichen Klärungen zu gelangen.« BA, Abt. Potsdam, O-4, 957.

286 Vgl. auch RdB Cottbus, Stellvertreter des Vorsitzenden für Inneres, Information Bartusch vom 6.6.1988 zum Gespräch des Stellvertreters der Vorsitzenden für Inneres mit Generalsuperintendent Richter und Superintendent Delbrück am 30.5.1988 beim RdB Cottbus: »Generalsuperintendent Richter [...] bedauerte, daß noch nicht alle Menschen unsere Friedenspolitik verstehen und nicht bereit sind, bestehende Probleme richtig einzuordnen bzw. die Priorität der Friedensfrage mit allen Konsequenzen anzuerkennen.« BA, Abt. Potsdam, O-4, 1476.

287 Schnur wurde entgegen der staatlichen Erwartung – vielleicht wegen dieser positiven Aussagen – nicht zum Synodalpräses in Mecklenburg gewählt. Vgl. Lutherische Landeskirche Mecklenburg, SAPMO-BA ZPA IV B2/14/113, Bl. 6. Neuer Präses wurde Dr. Bartsch. Vgl. Protokoll Leich-Ziegler-v. Rabenau vom 26.5.1988 über die 117. Tagung der Konferenz der Ev. Kirchenleitungen in der DDR vom 13./14.5.1988 in Heiligengrabe (Bundesbesuchstage), EZA Berlin, 101/93/741.

288 Vgl. auch Arbeitsgruppe Synode Görlitz, Information über die 4. Tagung der 10. Provinzialsynode der Evangelischen Kirche des Görlitzer Kirchengebietes vom 18.-22.3.1988 in Görlitz: »Es hat keine Versuche gegeben, sich mit den Berliner Ereignissen zu solidarisieren, eine Front aufzumachen oder die Politik eines vernünftigen, sachgerechten und konstruktiven Verhältnisses zwischen Staat und Kirche in Frage zu stellen.« SHStA Dresden, BT/RdB Dresden (Zwibo), 47522. Dort auch Tagesberichte. Vgl. hier insbesondere Tagesbericht vom 18.3.1988: »Pfarrer Havenstein, Kirchenkreis Weißwasser, zeigte sich äußerst unzufrieden mit Pkt. 6 im Bischofsbericht (Verhältnis Staat-Kirche). Der Bischof hätte viel deutlicher Stellung nehmen müssen.« Rogge entgegnete: »Natürlich muß man mit dem Staat über Probleme, die die Menschen berühren, auch immer wieder sprechen; aber nicht im Sinne des Wächteramtes. Wer Frieden nach außen und nach innen will, muß daran auch selbst mitbauen. Es geht nicht an, auf der Synode das Feuer billiger Kritik zu eröffnen, sondern man muß mit denen direkt sprechen, die es angeht. Er habe im Gespräch mit den Staatsvertretern alle Fragen offen angesprochen und sei auch verstanden worden. Die DDR von 1988 sei nicht mehr die von 1953; es habe sich seither viel verändert. Man sollte sich gegenseitig alles sagen, aber nicht über den Umweg der Westpresse.« Superintendent Holzhey sprach das Jarowinsky-Papier an. Es enthalte Töne, »die an 1953 erinnern. Auch darüber hätte der Bischof reden müssen. [...] Pfarrer Havenstein wiederholte nochmals seinen Standpunkt und ergänzte, daß zu ihm viele Menschen kommen, die es in der DDR nicht mehr aushalten. Es sei erdrückend zu sehen, wie z. B. die Häuser in Görlitz verfallen. Im Hotelzimmer falle ihm der Putz auf den Kopf.« Rogge sagte nochmals: »Es habe keinen Sinn, in der Synode große Resolutionen zu verfassen [...] Man könne nicht unablässig in die Situation von Menschen hineinreden und Büros für Ausreisewillige aufmachen. Wie in Berlin. Für eine schnelle Übersiedlung sei die Kirche nicht zuständig. Man müsse sich im Gegenteil mehr um die kümmern, die in

der DDR bleiben wollen. Es gehe bei allem Kümmern und Reden stets um die Angemessenheit des Tones und um Einhaltung der Ebenen.« A.a.O. Zur Görlitzer Synode vgl. auch SED-BL Dresden, Abteilung Parteiorgane, Sektor Parteiinformation, Fernschreiben Abteilungsleiter Galle vom 23.3.1988 an das ZK der SED, Abteilung Parteiorgane, Sektor Parteiinformation, Information über die 4. Tagung der 10. Provinzialsynode der Evangelischen Kirche des Görlitzer Kirchengebietes vom 18.-21.3.1988 in Görlitz, PDS-Archiv Dresden, AR 14089. Vgl. den Bericht Rogges vor der Synode in epd-Dok 17/88, 43-55.

289 Vgl. auch Abt. II, Information vom 20.6.1988 zu den Ergebnissen der Frühjahrssynoden der evangelischen Landeskirchen:»Der Verlauf und die Ergebnisse der Tagung der sächsischen Synode zeigten generell ein deutliches Interesse der Kirchenleitung, des Präsidiums und der übergroßen Mehrheit der Synodalen an einer sachlichen Behandlung politisch sensibler Probleme. Gesellschaftspolitisch relevante Diskussionen und Beschlüsse wurden vor allem zu den Themen Ausreise, ziviler Wehrersatzdienst, Informationspolitik und Nichtzulassung der Westmedien zu den Frühjahrssynoden geführt. Dabei wurden auch kritische Anfragen an den Staat gerichtet und Erwartungen nach Veränderung der staatlichen Haltung in diesen Fragen formuliert. Das geschah jedoch zurückhaltend, in der Form von Bitten und unter Bezugnahme auf frühere Beschlüsse. Realistische Akzente wurden vor allem durch eine grundsätzliche Befürwortung der Linie des 6.3. gesetzt.« BA, Abt. Potsdam, O-4, 957. Vgl. auch SED-BL Dresden, Abteilung Parteiorgane, Sektor Parteiinformation, Fernschreiben Galle, Leiter der Abteilung Parteiorgane, an ZK der SED, Abteilung Parteiorgane, Sektor Parteiinformation, vom 25.3.1988, Information über die Frühjahrstagung der Ev.-Luth. Landessynode Sachsens vom 19.-23.3.1988: »Generell kann eingeschätzt werden, daß sich die Vertreter der Kirchenleitung, das Präsidium der Synode und die Synodalen selbst um Ruhe, Besonnenheit und Sachlichkeit bemühten. Die auf der Herbsttagung 1987 der Synode formulierten Positionen vom ›begrenzten politischen Mandat der Kirche‹ zeigten hier offensichtlich ihre Wirksamkeit. Die Frühjahrstagung der Synode führte zu keinen weiteren Belastungen des Verhältnisses von Staat und Kirche.« PDS-Archiv Dresden, AR 14100. Vgl. auch RdB Dresden, Sektor Staatspolitik in Kirchenfragen, Dresden, den 22.3.1988, Einschätzung Lewerenz vom 24.3.1988 des Verlaufs und der Ergebnisse der Frühjahrstagung der Ev.-Luth. Landeskirche Sachsens vom 19.-23.3.1988 in Dresden, SHStA Dresden, BT/RdB Dresden (Zwibo), 46616; Tagesinformationen zur Frühjahrstagung der Landessynode der Ev.-Luth. Landeskirche Sachsens vom 19.-23.3.1988 in Dresden, a.a.O.; CDU Bezirksverband Dresden, den 29.3.1988, Einschätzung der Frühjahrssynode der Sächsisch-Lutherischen Landeskirche vom 19.-23.3.1988, a.a.O. Vgl. die Synodenberichte in epd-Dok 17/88, 30-42.

290 »Zum Staat-Kirche-Verhältnis äußerte er, daß die in der DDR gegebene Trennung von Staat und Kirche eine wichtige Voraussetzung für ein ›freimütiges und offenes Miteinander‹ darstelle. Außerdem wies er negative Forderungen nach bürgerlich-pluralistisch orientierten gesellschaftlichen Veränderungen mit dem Hinweis auf die seit 1971 in der DDR laufenden Reformprozesse zurück.« Abt. II, Information vom 20.6.1988 zu den Ergebnissen der Frühjahrssynoden der evangelischen Landeskirchen, BA, Abt. Potsdam, O-4, 957. Vgl. den Bericht Demkes vor der Synode in epd-Dok 17/88, 4-9.

291 Vgl. auch RdB Dresden, Sektor Staatspolitik in Kirchenfragen, Vermerk Lewerenz vom 10.3.1988 über Gespräch des Stellvertreters des Vorsitzenden des RdB für Inneres, Genossen Walter Fuchs, mit dem Bischof der Evangelischen Kirche des Görlitzer Kirchengebietes, Prof. Dr. Joachim Rogge, am 9.3.1988. Rogge und Völz sollen sich hier von der Haltung Berlin-Brandenburgs zu den Berliner Ereignissen im Dezember 1987 und Januar 1988 distanziert haben: »Die Görlitzer Kirchenleitung wird alles unternehmen, damit in ihrem Verantwortungsbereich solche oder ähnliche Ereignisse nicht auftreten.« BA, Abt. Potsdam, O-4, 1192; auch PDS-Archiv Dresden, AR 12010.

292 Vgl. auch Abt. II, Information vom 20.6.1988 zu den Ergebnissen der Frühjahrssynoden der evangelischen Landeskirchen: »Obwohl es Versuche gab, die Synode auf die destruktive Erörterung politischer Probleme (Ausreisefrage, ›Ökumenische Versammlung‹, kirchliche Presse) zu lenken, gelang es realistischen Kräften unter Führung des

Bischofs, eine insgesamt konstruktive Linienführung durchzusetzen.« BA, Abt. Potsdam, O-4, 957. Vgl. auch Rogges Äußerung zur Ausreisefrage während eines Gottesdienstes in der Görlitzer Peterskirche am 10.7.1988. Vgl. KD Görlitz, Bericht »Winter« vom 11.7.1988, BStU, ASt. Dresden, AIM 6830/90, II/11.

293 Arbeitsgruppe Kirchenfragen/Staatssekretär für Kirchenfragen, Zwischeninformation Heinrich vom 21.3.1988 zu den bisherigen Ergebnissen und inhaltlichen Schwerpunkten der Frühjahrssynoden der evangelischen Landeskirchen in der DDR, SAPMO-BA ZPA IV B2/14/97. Vgl. auch RdB Schwerin, Stellv. des Vorsitzenden für Inneres, Information Schwoerke vom 20.3.1988: »Vom 17.-20. März 1988 fand die 1. Tagung der XI. Landessynode der Evangelisch-Lutherischen Landeskirche Mecklenburgs in Schwerin, Apothekerstraße 48, Wichernsaal, statt. [...] Im zweiten Teil seines Berichtes [...] formuliert Landesbischof Stier eine Reihe von Vorwürfen, Unterstellungen und Aufforderungen an die Innenpolitik der DDR. [...] Die Ereignisse vom 17.1.1988 in Berlin hätten grundsätzliche Fragen erneut aufgebrochen, sie stünden in engem Zusammenhang mit gesellschaftlichen Entwicklungen in der DDR und darüber hinaus mit weltweiten Veränderungsprozessen. Zu lange seien Probleme verdrängt und nicht wirklich gelöst worden. [...] Landesbischof Stier warf dem Staat vor, daß dieser Besonnenheit und Durchsichtigkeit in den Handlungen habe vermissen lassen. Im Rückblick sei auch zu fragen, ob jede kirchliche Äußerung angemessen gewesen sei. Aber manche Äußerungen hätten beinahe unvermeidlich Mißverständnissen ausgesetzt sein müssen. Der Kirchenleitung Berlin-Brandenburg gebühre Achtung und Respekt.
Die Kirche Jesu Christi stehe zu allen Menschen, die verletzt oder diskriminiert werden, die in Not geraten sind.
Dem Staat habe die Kirche die Probleme und Defizite benannt, die der Veränderung bedürften. Zuletzt habe dies Landesbischof Dr. Leich am 3.3.1988 getan. In aller Öffentlichkeit müsse endlich der Dialog über Vorzüge und Nachteile dieser Gesellschaft geführt werden. Eine faire und offene Auseinandersetzung würde mithelfen, gerechtere und menschlichere Verhältnisse zu schaffen.
Landesbischof Stier äußerte sich in seinem Bericht weder zu aktuellen internationalen Fragen noch zur Politik des 6. März 1978«. SAPMO-BA ZPA IV B2/14/113. Zu den Frühjahrssynoden 1988 vgl. die Texte in epd-Dok 17/88.

294 Vgl. auch Schreiben Löffler an Jarowinsky vom 19.9.1988, in dem der Staatssekretär darauf hinweist, Forck sei »– wie bekannt – mit Bischof Stier eng liiert [...] und [vertrete] die gleiche Linie«. BA, Abt. Potsdam, O-4, 995.

295 »Der Inhalt der Beratung der anhaltischen Synode wurde wie in den vergangenen Jahren deutlich durch die politisch-realistische Position des Kirchenpräsidenten geprägt.« Abt. II, Information vom 20.6.1988 zu den Ergebnissen der Frühjahrssynoden der evangelischen Landeskirchen, BA, Abt. Potsdam, O-4, 957.

296 »Dr. Leich gab eine Reihe realistischer Orientierungen, äußerte jedoch auch kritische Anfragen an Staat und Gesellschaft, wobei er sich thematisch und von der Zielsetzung her im wesentlichen in dem gleichen Rahmen bewegte, der auch seine Position vom 3.3.1988 bestimmte. Landesbischof Dr. Leich betonte grundsätzlich die Notwendigkeit eines Gleichgewichtes zwischen der religiösen und der politischen Dimension kirchlichen Wirkens, bekräftigte die Formel ›Kirche im Sozialismus‹, orientierte auf einen konstruktiven Beitrag von Kirche und Gläubigen in der Gesellschaft und wies den Anspruch von Gruppen zurück, die Kirche vertreten zu wollen. Er bekannte sich nachdrücklich zur Linie des 6.3., zum Primat der Friedensfrage und setzte sich dafür ein, die Arbeit mit Antragstellern auf individuelle Seelsorge zu begrenzen. Dr. Leich wandte sich gegen den Mißbrauch von Fürbitten zu Demonstrativhandlungen sowie gegen undifferenzierte kirchliche Aufrufe zur Wehrdienstverweigerung. Deutliche Kritik übte der Landesbischof demgegenüber an staatlichen Maßnahmen zur Unterbindung des politischen Mißbrauchs der evangelischen Kirchenpresse. Nachdrücklich wiederholte er ebenfalls die Forderung nach der Weiterführung der Informationsgespräche zu den Bereichen Volksbildung und NVA.« Abt. II, Information vom 20.6.1988 zu den Ergebnis-

sen der Frühjahrssynoden der evangelischen Landeskirchen, BA, Abt. Potsdam, O-4, 957. Vgl. auch Aus der Information des Genossen Müller mit Landesbischof Leich, Erfurt, den 18.4.1988: »Aus einer ersten Information, die ich heute erhalten habe, geht hervor, daß im Bericht von Landesbischof Leich eine besonnene und abgewogene Darstellung der Entwicklung der Beziehungen von Staat und Kirche in der DDR gegeben worden ist und er sich für die Weiterführung konstruktiver Beziehungen zwischen Staat und Kirche und die sachliche Klärung anstehender Probleme ausgesprochen hat.« BA, Abt. Potsdam, O-4, 1206. Vgl. auch Abt. Parteiorgane des ZK, Berlin, den 19.4.1988, Information über die Synodaltagung der Evangelisch-Lutherischen Kirche in Thüringen: »Die Synodaltagung der Evangelisch-Lutherischen Kirche in Thüringen, die vom 14.-17. April 1988 in Eisenach durchgeführt wurde, verlief nach Einschätzung der Bezirksleitung Erfurt der SED ohne besondere Vorkommnisse als interne kirchliche Veranstaltung. Im Vorfeld der Tagung fanden [...] Gespräche zwischen den staatlichen Organen und allen Oberkirchenräten sowie Laiensynodalen des Bezirkes statt. Die staatlichen Organe verwiesen darauf, daß die Evangelisch-Lutherische Kirche Thüringens das historisch gewachsene gute Verhältnis zwischen Staat und Kirche im Bezirk Erfurt im Rahmen des Bundes der Evangelischen Kirchen in der DDR noch besser zum Tragen bringen müßte. [...] Bei einer Wertung seines Gesprächs mit Erich Honecker hob Dr. Leich dessen engagiertes Eintreten für die Sicherung des Friedens hervor. Er bekannte sich zur Kirche im Sozialismus. Kirche wolle keine Oppositionspartei sein; er sähe das Mandat der Kirche darin, die Entwicklung in der Gesellschaft zu verfolgen und sich dazu zu artikulieren. Im Zusammenhang mit Ersuchen auf Übersiedlung wandte sich Bischof Leich an die Gläubigen, die DDR nicht zu verlassen. Er sagte, daß es dafür in der Thüringer Kirche keine Kontaktstelle geben werde. Weiterhin würden keine Gruppen für Wehrdienstverweigerer gebildet und Fürbittandachten nicht zu politischen Demonstrationen genutzt.« SAPMO-BA ZPA IV B2/14/99.

297 Im selben Papier heißt es an anderer Stelle: »Bischof Dr. Demke [...] kritisierte die Umwandlung der Seelsorge für Antragsteller in eine Art Interessenvertretung dieser Kräfte gegenüber dem Staat und machte deutlich, daß diese lediglich als Einzelseelsorge mit dem Mandat der Kirche vereinbar ist.« Abt. II, Information vom 20.6.1988 zu den Ergebnissen der Frühjahrssynoden der evangelischen Landeskirchen, BA, Abt. Potsdam, O-4, 957.
298 Ebd.
299 Pfarrer aus Freiberg klagten gegenüber Horst Dohle, es sei nun schon so weit gekommen, daß sie sich das neu erschienene Buch von Gorbatschow aus der Bundesrepublik schenken lassen müßten. Vgl. Leiter des Büros, Dienstreisebericht Dohle vom 4.2.1988, BA, Abt. Potsdam, O-4, 963.
300 Vgl. auch RdB Dresden, Sektor Staatspolitik in Kirchenfragen, Lewerenz, 19.8.1988, Zur politischen Arbeit in Vorbereitung der Synoden des Bundes der Evangelischen Kirchen in der DDR und der Ev.-Luth. Landeskirche Sachsens, der 2. Ökumenischen Versammlung und der Friedensdekade, PDS-Archiv Dresden, AR 14100.
301 Abteilung II, Vorlage Röfke-Handel vom 23.6.1988 an die Dienstbesprechung am 27.6.1988, Thema: Leitungsinformation 3/88, BA, Abt. Potsdam, O-4, 957.
302 Vgl. Vermerk Ziegler vom 17.6.1988 über die Zusammenkunft der Beratergruppe am 6.6.1988, EZA Berlin, 4/92/19. Zur Vorbereitung der Synodaltagung vgl. Niederschrift über die Sitzung der Kirchenleitung der VELK in der DDR am Freitag, dem 8.1.1988, in Berlin, Auguststr. 80, 9.30-15.00 Uhr, LKA Hannover, D 15 XII, Hauptgruppe 1, K 11/C 1211-1/II. Zur VELK Generalsynode und zur Selbstauflösung der VELK vgl. die Dokumente in epd-Dok 32/88.
303 Dienststelle Staatssekretär für Kirchenfragen, Abteilung II, Information Wilke vom 5.6.1988 über den Verlauf der 4. Tagung der IV. Generalsynode der Vereinigten Evangelisch-Lutherischen Kirche in der DDR (VELK) vom 2.-5.6.1988 in Dresden, SAPMO-BA ZPA IV B2/14/152; auch SHStA Dresden, BT/RdB Dresden (Zwibo), 46761.
304 Vgl. Anlage 1 zum Kirchenleitungsprotokoll vom 11.3.1988, Nicht zur Veröffentli-

chung, Gemeinsamer Entwurf vom 10.3.1988, Vereinbarung zur Gestaltung der Beziehungen zwischen den evangelisch-lutherischen Landeskirchen in der DDR und der Vereinigten Evangelisch-Lutherischen Kirche Deutschlands, LKA Hannover, D 15 XII, Hauptgruppe 1, K 11/C 1211-1/II. Der Text wurde durch die Kirchenleitung der VELK DDR einstimmig angenommen. Vgl. hierzu Niederschrift über die Sitzung der Kirchenleitung der VELK in der DDR am Freitag, dem 11.3.1988, in Berlin, Auguststr. 80, 8.00-12.30 Uhr, a.a.O. Zur Vorbereitung vgl. Niederschrift über die Sitzung der Kirchenleitung der VELK in der DDR am Freitag, dem 8.1.1988, in Berlin, Auguststr. 80, 9.30-15.00 Uhr, a.a.O.

305 Vgl. Niederschrift über die Sitzung der Kirchenleitung der VELK in der DDR am Freitag, dem 11.3.1988, in Berlin, Auguststr. 80, 8.00-12.30 Uhr, a.a.O.

306 Vgl. Niederschrift über die gemeinsame Sitzung der VELK in der DDR und der Koordinierungsgruppe am 2.9.1988 in Berlin, Auguststr., LKA Hannover, D 15 XII, Hauptgruppe 1, K 18/C 1211-1/III. Vgl. auch die Information Stiers vor der KKL. Protokoll Leich-Ziegler-Günther vom 6.9.1988 über die 119. Sitzung der Konferenz der Ev. Kirchenleitungen in der DDR am 2./3.9.1988 in Berlin, EZA Berlin, 101/93/742. Der KKL-Vorstand fragte 1989 an, ob Zeddies eigentlich noch ein Platz »als ständige[r] Gast in der KKL« zustehe, da die VELK DDR doch nicht mehr existiere. Vgl. Protokoll Leich-Ziegler-Doyé vom 1.3.1989 der 219. Sitzung des Vorstands am 23.2.1989 in Berlin, EZA Berlin, 101/93/752. Gegen dieses Ansinnen des Vorstands protestierte die lutherische Koordinierungsgruppe mit Schreiben vom 4.12.1989. Der Vorstand blieb bei seinem negativen Standpunkt. Vgl. Protokoll Leich-Ziegler-Kupas vom 18.12.1989 über die 229. Sitzung des Vorstands am 14.12.1989 in Eisenach, EZA Berlin, 101/93/753.

307 Vgl. Staatssekretär für Kirchenfragen, Abt. II, Information Wilke vom 15.3.1988 über ein Gespräch mit dem Präsidenten der EKU Dr. Winter durch Genossen Wilke am 10.3.1988, BA, Abt. Potsdam, O-4, 970; auch SAPMO-BA ZPA IV B2/14/453. Vgl. auch die Aussprache der Kirchenleitung der VELK mit Präses Manfred Becker, Niederschrift über die Sitzung der Kirchenleitung der VELK in der DDR am Freitag, dem 11.3.1988, in Berlin, Auguststr. 80, 8.00-12.30 Uhr, LKA Hannover, D 15 XII, Hauptgruppe 1, K 11/C 1211-1/II.

308 Zur Planung des Hallenser Kirchentages vgl. Dienststelle des Staatssekretärs für Kirchenfragen-Hauptabteilungsleiter, Vermerk Bezirksbeauftragter Gräfe vom 7.4.1988 zu dem Gespräch des Vorsitzenden des Rates des Bezirkes Halle, Gen. Kolodniak, mit Bischof Dr. Demke in Vorbereitung des Kirchentages der Ev. Kirche der Kirchenprovinz Sachsen vom 23.6.1988-26.6.1988 in Halle: »Ausgehend von den Festlegungen der Parteiführung und den entsprechenden Schlußfolgerungen der Bezirksleitung Halle, unterbreitete und erläuterte der Vorsitzende des Rates des Bezirkes Halle, Genosse Kolodniak, den kirchlichen Vertretern noch einmal die staatlichen Erwartungen hinsichtlich des Ablaufes des Kirchentages in Halle. Er betonte, daß staatlicherseits einem Kirchentag, der als ein Fest des Glaubens und der Gläubigen begangen wird, jede Hilfe gegeben werde. Jetzt gehe es im Gespräch darum, sich gegenseitig sicher zu machen, daß der Kirchentag nicht von politisch negativen Kräften mißbraucht werden kann. [...] In den Ausführungen von Bischof Dr. Demke, aber auch der anderen kirchlichen Vertreter wurde deutlich, daß die Evangelische Kirche der Kirchenprovinz Sachsen sehr daran interessiert ist, im Staat-Kirche-Verhältnis wieder Ruhe einziehen zu lassen und man auch bereit ist, in einigen Fragen einzulenken. So nahm Bischof Dr. Demke für sich und seine Kirchenleitung nunmehr die Verantwortung für den Kirchentag in Halle voll an, nachdem diese, wie bisher traditionell üblich und kirchlich verfaßt, stets an den Landeskirchentagsausschuß delegiert worden war und so gegenüber dem Staat argumentiert wurde.« BA, Abt. Potsdam, O-4, 1220; auch SAPMO-BA ZPA IV B2/14/118.

309 Berlin, den 18.2.1988, Maßnahmen Beratung mit Genossen Jarowinsky, BA, Abt. Potsdam, O-4, 970. Vgl. auch Vermerk Heinrich vom 7.4.1988 über Gespräch mit Ziegler am gleichen Tag, BA, Abt. Potsdam, O-4, 1220. Vgl. auch Beschluß zur Vorbereitung

der regionalen Kirchentage im Jahr 1988, Anlage Nr. 8 zum Protokoll der Sitzung des Sekretariats des ZK der SED vom 16.3.1988, Punkt 10, mit anliegender Information Jarowinsky, SAPMO-BA ZPA J IV 2/3/4232. Zu den Kirchentagen 1988 vgl. epd-Dok 39a/88.

310 Ludwig Große beklagte vor der KKL: »Eine Beteiligung marxistischer Gesprächspartner in den Arbeitsgruppen und Foren des Kirchentages war leider nicht ermöglicht worden.« Protokoll Demke/Stolpe-Ziegler-Riese über 118. Tagung der Konferenz der Evangelischen Kirchenleitungen in der DDR am 1./2.7.1988 in Berlin, EZA Berlin, 101/93/741. Einzige Ausnahme war Rostock. Stier berichtete: »Im Unterschied zu den anderen Kirchentagen ist in Rostock der Dialog mit marxistischen Gesprächspartnern in Foren und Arbeitsgruppen fortgesetzt worden.« Ebd.

311 Die Kirchenleitung Berlin-Brandenburg hatte eine Einladung des SPD-Politikers Willy Brandt zur Teilnahme an einer Tagung der Evangelischen Akademie Berlin (Ost) zur Nord-Süd-Problematik zurückgezogen. »Hauptbeweggrund sind organisatorische Probleme für den Fall des vorherigen Bekanntwerdens seines Besuches. Das können wir zum gegenwärtigen Zeitpunkt in Berlin nicht zuverlässig beherrschen«, schrieb Stolpe am 15.2.1988 an Axen. BA, Abt. Potsdam, O-4, 995. Für Ende März 1988 plante die Akademie in Buckow eine Tagung zum SED/SPD-Papier, die allerdings letztendlich kurzfristig abgesagt wurde. Vgl. Protokoll Leich-Ziegler-Kupas vom 2.2.1988 über die 206. Sitzung des Vorstands am 22.1.1988 in Berlin, EZA Berlin, 101/93/750 und Protokoll Leich-Ziegler-Lewek vom 3.3.1988 über die 207. Sitzung des Vorstands am 24.2.1988 in Berlin, a.a.O. Hierbei hatte es sich um den Plan einer Begegnung zwischen SED, SPD, BEK und EKD gehandelt. Der KKL-Vorstand beauftragte das BEK-Sekretariat, den Plan weiter zu verfolgen und in Konsultation mit der Evangelischen Akademie Berlin eine entsprechende Akademietagung vorzubereiten. Vgl. Protokoll Stolpe-Kupas-Ritter vom 1.8.1988 über die 212. Sitzung des Vorstandes am 28.7.1988 in Berlin, a.a.O. 1989 hielt auf einer Tagung der gleichen Akademie zum Thema »Zwei deutsche Staaten, welcher Zukunft zugewandt?« Günter Gaus das Hauptreferat. Vgl. Schreiben Löffler an Jarowinsky vom 4.1.1989. Der Staatssekretär kritisierte, daß man ihn nicht über diese Tagungsabsicht informiert habe, räumte aber ein, der Akademieleiter Walter Bindemann werde »als ein politisch progressiver und realistischer Partner eingeschätzt«. BA, Abt. Potsdam, O-4, 1022.

312 Vgl. SED-Kreisleitung Görlitz, Abt. Agitation und Propaganda, Vermerk Abteilungsleiter Köhler vom 9.3.1988 über Beratung im ZK – Abt. Kirchenpolitik – (Gen. Peter Kraußer) zur Vorbereitung der Kirchentage in der DDR am 2.3.1988, PDS-Archiv Dresden, AR 14096.

313 Vgl. auch Abt. II, Berlin, den 30.1.1989, Politische Differenzierungen in den evangelischen Landeskirchen: »In der mecklenburgischen Landeskirche wird das Klima stark von politisch schwankenden und negativen Positionen des Bischofs bestimmt. [...] die Haltung des Bischofs, das Wirken zwar weniger, aber gut organisierter Negativgruppen prägen deutlich die Haltung der Kirchenleitung und anderer kirchlicher Gremien.« BA, Abt. Potsdam, O-4, 959.

314 Staatssekretär für Kirchenfragen, Abteilung II, Kurze Information vom 27.4.1988 zum gegenwärtigen Stand der Vorbereitung der regionalen Kirchentage 1988, SAPMO-BA ZPA IV B2/14/97.

315 Vgl. auch Berlin, 20.6.1988, Information zum Evangelischen Kirchentag in Rostock vom 16.-19.6.1988: »Eigenartig war die Tatsache, daß Bischof Gienke, der zweite Mitveranstalter, wegen einer Auslandsreise am Kirchentag nicht teilnahm. Gienke hatte sich im Vorfeld des Kirchentages eindeutig und wiederholt gegen eine Einladung und Teilnahme von Helmut Schmidt ausgesprochen.« SAPMO-BA ZPA IV B2/14/133. Vgl. auch RdB Rostock, Stellvertreter des Vorsitzenden für Inneres, Information Haß über ein Gespräch mit der Kirchenleitung der Greifswalder Landeskirche am 25.5.1988: »Der Bischof begrüßte die Position der Kirchentagsausschüsse zur Einreise Schmidt, die damit den staatlich dargestellten Standpunkt respektieren. Er erklärte, daß auch die ›Kameraderie‹ unter den Bischöfen Grenzen habe. Landesbischof Stier würde in dieser An-

gelegenheit seine Fäden bis Berlin weiterspinnen. Sie als Greifswalder Landeskirche empfinden eine derartige Situation für [sic!] peinlich. Er sei jedoch nicht in der Lage, Bischof Stier zur Zurückhaltung in dieser Frage zu beeinflussen. Der Rat des Bezirkes sollte wissen, daß die Greifswalder Landeskirche sich von einem derartigen Stil distanziert, dies nicht nur wegen des Kirchentages, sondern sie möchte ein offenes Verhältnis zu den staatlichen Organen und keinen Verdächtigungen ausgesetzt sein, erklärte der Bischof.« BA, Abt. Potsdam, O-4, 1474.
316 Berlin, 18.5.1988, Zum Stand der Vorbereitung der regionalen Kirchentage, SAPMO-BA ZPA IV B2/14/97.
317 Vgl. Dienststelle des Staatssekretärs für Kirchenfragen, Hauptabteilungsleiter, Vermerk Heinrich vom 1.6.1988 über Gespräch mit Stolpe am 31.5.1988, BA, Abt. Potsdam, O-4, 1220. Auch Stolpe war in Rostock mit von der Partie. Sein Verhalten bezeichnete der SED-Staat als widersprüchlich, da er einerseits von einer »vorsichtige[n] Reformpolitik« der DDR seit 1971« sprach, andererseits jedoch einen »qualitative[n] Sprung« forderte, wobei er auf die Veränderungen in der Sowjetunion anspielte. Vgl. Information zum Evangelischen Kirchentag in Rostock vom 16.-19.6.1988, SAPMO-BA ZPA IV B2/14/7; auch a.a.O., IV B2/14/133.
318 Vgl. auch Protokoll Leich-Ziegler-Kupas vom 1.6.1989 der 222. Sitzung des Vorstands am 24.5.1989 in Berlin: »Unter diesem Tagesordnungspunkt informiert Dr. Leich über einen Anruf von Bundesaußenminister Genscher mit der Bitte um eine Gesprächsmöglichkeit am 3.6.1989 in Eisenach. Er habe diesen Termin aus dienstlichen Gründen absagen müssen. Der Vorstand bittet Alternativmöglichkeiten zu erwägen. Das Sekretariat wird gebeten, diesbezüglich Vorklärungen durchzuführen.« EZA Berlin, 101/93/752.
319 Vgl. Dienststelle des Staatssekretärs für Kirchenfragen, Hauptabteilungsleiter, Vermerk Heinrich vom 1.6.1988 über Gespräch mit Stolpe am 31.5.1988, BA, Abt. Potsdam, O-4, 1220.
320 Zur Planung des Görlitzer Kirchentages vgl. auch RdB Dresden, Stellvertreter des Vorsitzenden für Inneres, Information Fuchs vom 21.4.1988 für das Sekretariat der Bezirksleitung, Betreff: Information über Ergebnisse, Erfahrungen sowie Schlußfolgerungen aus den Gesprächen mit kirchlichen Amtsträgern und den Synoden der Landeskirche Sachsen und der Landeskirche Görlitz und den Stand der Vorbereitung des Kirchentages in Görlitz. Diese Information ist abgestimmt mit der Abteilung Staat und Recht der Bezirksleitung Dresden der SED, SHStA Dresden, BT/RdB Dresden (Zwibo), 46610.
321 Berlin, 18.5.1988, Zum Stand der Vorbereitung der regionalen Kirchentage, SAPMO-BA ZPA IV B2/14/97.
322 Vgl. Abt. II, Information Behnke vom 24.5.1988 an den Staatssekretär zu einer Beratung mit den Bezirksbeauftragten der Dienststelle für die Bezirke Rostock, Dresden, Halle, Erfurt am 20.5.1988 zum Stand der Vorbereitung der Kirchentage 1988, a.a.O. Zum Görlitzer Kirchentag vgl. auch BStU, ASt. Dresden, AIM 6830/90, II/11, 180-186.
323 Dies war während des Berliner Kirchentages 1987 noch nicht möglich gewesen. Vgl. Abt. II, Information Handel vom 10.6.1987 über die turnusmäßige wöchentliche Beratung zum Kirchentag in der Dienststelle des Staatssekretärs für Kirchenfragen am 9.6.1987, SAPMO-BA ZPA IV B2/14/125.
324 Abt. II, Information Behnke vom 24.5.1988 an den Staatssekretär zu einer Beratung mit den Bezirksbeauftragten der Dienststelle für die Bezirke Rostock, Dresden, Halle, Erfurt am 20.5.1988 zum Stand der Vorbereitung der Kirchentage 1988, SAPMO-BA ZPA IV B2/14/97. In diesem Zusammenhang stand wahrscheinlich auch der Vorschlag der Parteileitung im Staatssekretariat für Kirchenfragen an Gysi vom 3.6.1988 »Zum Aufgabengebiet und zur Funktionsweise einer ›Operativen Gruppe beim Staatssekretär für Kirchenfragen‹«. Ihre Aufgabe solle darin bestehen, »als direktes Leitungsinstrument des Staatssekretärs die kontinuierliche und operative Verbindung zwischen dem Staatssekretär sowie seiner Dienststelle und den Bezirken bei der Durchsetzung der Staatspolitik in Kirchenfragen sicherzustellen«. BA, Abt. Potsdam, O-4, 713.

325 Aus der Information des Genossen Müller mit Landesbischof Leich, Erfurt, den 18.4.1988, BA, Abt. Potsdam, O-4, 1206.
326 Vgl. Vermerk Ziegler vom 17.6.1988 über die Zusammenkunft der Beratergruppe am 6.6.1988, EZA Berlin, 4/92/19.
327 Protokoll Demke/Stolpe-Ziegler-Riese über 118. Tagung der Konferenz der Evangelischen Kirchenleitungen in der DDR am 1./2.7.1988 in Berlin, EZA Berlin, 101/93/741. Vergleicht man die Aussagen beider Niederschriften zum Görlitzer Kirchentag, ergibt sich das Phänomen, daß nunmehr die KKL-Protokolle des BEK informativer waren als die von westlicher Seite verfaßten Niederschriften der Beratergruppensitzungen.
328 RdB Dresden, Stellvertreter des Vorsitzenden für Inneres, Information Fuchs vom 13.6.1988 für das Sekretariat der Bezirksleitung, Betreff: Information zum 6. evangelischen Kongreß und Kirchentag in Görlitz (3.-5.6.1988). Diese Information ist abgestimmt mit der Abteilung Staat und Recht der Bezirksleitung Dresden der SED, SHStA Dresden, BT/RdB Dresden (Zwibo), 46610.
329 Berlin, 7.6.1988, Information zum regionalen Kirchentag in Görlitz vom 3.-5.6.1988, SAPMO-BA ZPA IV B2/14/137.
330 Vgl. auch Berlin, 20.6.1988, Information zum Evangelischen Kirchentag in Rostock vom 16.-19.6.1988: »Wiederum, wie schon mehrfach in der letzten Zeit, äußerte sich der Schweriner Bischof Stier widersprüchlich, er vermied jedoch offene Provokationen.« SAPMO-BA ZPA IV B2/14/133.
331 SED-BL Rostock, Information Lange, 2. Sekretär, vom 19.6.1988 zum Evangelischen Kirchentag in Rostock vom 16.-19.6.1988, a.a.O.
332 Das MfS führte Siegfried Plath als IMS »Hiller«, BStU Rostock, AIM 243/91 (Reg.-Nr. 299/56).
333 Vgl. auch Arbeitsgruppe Kirchenfragen, Vermerk Bellmann vom 8.6.1988, Regionaler Kirchentag in Erfurt: »In einem Gespräch wies Genosse Wiegand (MfS) auf folgende Schwerpunkte bzw. Veranstaltungen während des Kirchentages in Erfurt hin, die ein politisches Risiko darstellen: 1. Zu den Risikofaktoren gehört vor allem die absolute Ungewißheit über mögliche Aktionen der Ausreiseantragsteller. Im Gegensatz zu früheren Veranstaltungen gibt es dazu nur mangelhaft neue Erkenntnisse. Es muß nach Ansicht der Genossen des MfS auch weiterhin versucht werden, bei auftretenden Aktivitäten dieser Antragsteller die Vertreter der Kirchen auf unsere Seite zu bekommen und darauf hinzuwirken, daß die Verantwortlichen der Kirche ihre Möglichkeiten nutzen, um Klärungen herbeizuführen. 2. Die Anwesenheit von Korrespondenten westlicher Medien hat, gemessen an früheren ähnlichen Veranstaltungen, eine größere Bedeutung. Es ist vorauszusehen, daß sie in der Berichterstattung und Kommentierung lediglich auf sensationelle Ereignisse aus sind. Berichterstattung über den Kirchentag ist ihnen nebensächlich. Es besteht zwischen den Westmedien und ihren Hintermännern und den Inspiratoren destruktiver Kräfte in den sogenannten Gruppen eine nachweisbare Verbindung, die aber aus sicherheitspolitischen Gründen gegenwärtig nicht öffentlich gemacht werden können. 3. Problematisch wäre auch die Anreise von Friedens-, Öko- und Menschenrechtsgruppen aus anderen Bezirken, die sich in das Kirchentagsgeschehen einmischen und ihre Absichten unabhängig vom Kirchentagsprogramm verwirklichen (Beispiel des Bürgers Lampe in Görlitz). Negativ wirkt sich aus, daß die kirchlichen Vertreter nicht oder nur halbherzig bereit sind, sich gegen die Teilnahme dieser Leute zu wenden und ihre Aktivitäten zu verhindern. Das trifft auf alle bekannten Gruppen einschließlich der ›Kirche von unten‹ zu. Es ist deshalb besonders erforderlich, daß gesellschaftliche Kräfte zu den Veranstaltungen delegiert werden, die fähig und bereit sind, in solchen Situationen dagegenzuhalten. 4. Einen Risikofaktor stellt auch der ›Markt der Möglichkeiten‹ dar. [...] 5. Was die ökumenischen Gäste betrifft, so ist weniger ihre Anwesenheit, sondern mehr der Mißbrauch ihrer Anwesenheit durch destruktive Kräfte aus der DDR ein Risikofaktor.« SAPMO-BA ZPA IV B2/14/99.
334 Vgl. aber Protokoll Demke/Stolpe-Ziegler-Riese über 118. Tagung der Konferenz der

Evangelischen Kirchenleitungen in der DDR am 1./2.7.1988 in Berlin: »In den Foren mit den zahlreich eingeladenen Gesprächspartnern aus der Bundesrepublik war die Überfüllung dieser Veranstaltungen beschwerlich.« EZA Berlin, 101/93/741.

335 Vgl. auch Information zum regionalen Kirchentag in Erfurt vom 10.-12.6.1988, Berlin, 13.6.1988: »Bemerkenswert in dem Zusammenhang ist sein Interview mit dem DDR-Fernsehen, in dem er betonte, das ganze Wiedervereinigungsgerede sei Quatsch. Die BRD-Vertreter wichen einigen provozierend gestellten Fragen zum Verhältnis von Staat und Kirche in der DDR aus.« SAPMO-BA ZPA IV B2/14/7.

336 Erfurt, den 12.6.1988, Information zum regionalen Kirchentag in Erfurt vom 10.-12.6.1988, SAPMO-BA ZPA IV B2/14/99. Kirchner wurde vom MfS als IME »Francke«, IMB »Hesselbarth« und IME »Körner« geführt. Vgl. W. Schilling u. a. (Hgg.), So besteht nun in der Einheit, I-II.

337 Abgedruckt bei G. Rein, Die protestantische Revolution, 93-98.

338 Vgl. auch Arbeitsgruppe »Kirchentag«, Information vom 25.6.1988, 6.00 Uhr, über den weiteren Verlauf des Kirchentages: »Lediglich die Diskussionen in der Arbeitsgruppe 4 (Umkehr führt weiter – wo gesellschaftliche Erneuerung notwendig wird), die unter Leitung des Pfarrers Schorlemmer in der Johannes-Gemeinde unter Teilnahme von ca. 250 Personen tagte, trug vorwiegend feindlich-negativen Inhalt. Als Diskussionsgrundlage dienten mehrere Pamphlete, in denen in demagogischer Weise und unter Berufung auf die Reform-Politik in der Sowjetunion gesellschaftspolitische Veränderungen in der DDR gefordert wurden.
Mit den durch Pfarrer Schorlemmer verfaßten ›Thesen zum Kirchentag in Halle 1988‹ wurde das Ziel verfolgt, im Ergebnis der Kongreßarbeit ein durch alle Gruppen getragenes offizielles Abschlußdokument des Kirchentages mit politischer Aussage zu verabschieden. Durch Einflußnahme einzelner Mitglieder des Kirchentagsvorbereitungsausschusses sowie kirchenleitender Amtsträger wurde das Vorhaben verhindert. [...] Im inoffiziellen Kreis hat sich bereits am 23.6.1988 Dr. Eppler, BRD, in einer Zusammenkunft mit Pfarrer Schorlemmer und 19 Vertretern der Gruppierung ›Frieden 83‹ dahingehend geäußert, daß in der Parteiführung der DDR Machtkämpfe ausgetragen werden sowie eine innere Zerstrittenheit vorhanden sei. Gleichzeitig werde von notwendigen wirtschaftlichen Veränderungen in der DDR von leitenden politischen Funktionären gesprochen. Er legte dar, daß ›die DDR auch im Interesse des Westens ein stabiles Land bleiben soll‹. Eine instabile DDR würde den Frieden in Europa gefährden.« SAPMO-BA ZPA IV B2/14/118.

339 Berlin, 28.6.1988, Zum Kirchentag in Halle, a.a.O. Vgl. auch Halle, 26.6.1988, Information über den regionalen Kirchentag der Evangelischen Kirche der Kirchenprovinz Sachsen in Halle vom 23.-26.6.1988. Anlage zu SED-BL Halle, 1. Sekretär, Information Achim Böhme für das Sekretariat der Bezirksleitung in LPA Halle, IV F-2/3/091; mit gleichem Titel, aber etwas abweichendem Text auch in SAPMO-BA ZPA IV B2/14/118.

340 Zu den Kirchentagen vgl. auch den vom Vorsitzenden der Konferenz der Landesausschüsse Kirchentag in der DDR, Bernhard Opitz, am 29.7.1988 an Ziegler übermittelten Bericht »Kirchentage 1988«, EZA Berlin, 101/93/742.

341 Vgl. Vermerk Ziegler vom 27.6.1988 über ein Gespräch in der Dienststelle des Staatssekretärs für Kirchenfragen am 24.6.1988, 15.00 bis ca. 16.00 Uhr, EZA Berlin, 101/93/7.

342 Vor der anhaltischen Frühjahrssynode hatte Kirchenpräsident Natho über staatliche Einschränkungen im Bereich der Kirchenpresse informiert: »Er äußerte jedoch Verständnis für die staatlichen Schritte und verwies auf eine Tendenz dieser Medien, sich unkritisch auf westliche Informationen zu beziehen.« Abt. II, Information vom 20.6.1988 zu den Ergebnissen der Frühjahrssynoden der evangelischen Landeskirchen, BA, Abt. Potsdam, O-4, 957. Vgl. die Chronologie der Zensurmaßnahmen in KiS 6/88, 218. Zur Ökumenischen Versammlung in Magdeburg, a.a.O., 222-224.

343 Vermerk Ziegler vom 17.11.1988 über die Klausurtagung der Konsultationsgruppe vom 25.-28.9.1988 in Meißen (36. Sitzung), EZA Berlin, 101/93/817.

344 Abt. II, Information vom 20.6.1988 zu den Ergebnissen der Frühjahrssynoden der

evangelischen Landeskirchen, BA, Abt. Potsdam, O-4, 957. Vgl. auch Staatssekretär für Kirchenfragen, Abt. II, Information Röfke vom 5.7.1988 in Vorbereitung auf die Wahl des Landeskirchenrates und des Kirchenpräsidenten auf der konstituierenden Tagung der Synode der Evangelischen Landeskirche Anhalts (3.-5.11.1988): »Im Vorfeld der Herbsttagung der Synode der Evangelischen Landeskirche Anhalts zeichnet sich gegenwärtig eine Entwicklung ab, die dazu führen könnte, daß der jetzige Kirchenpräsident Natho nicht wieder in sein Amt gewählt wird. Diese Entwicklung wird von der Dienststelle des Staatssekretärs im Zusammenwirken mit dem Rat des Bezirkes Halle laufend verfolgt. Notwendige Maßnahmen wurden beraten und sind zum Teil bereits eingeleitet worden. In Vorbereitung auf die Herbsttagung der anhaltischen Synode fand am 29.5.1988 eine geschlossene Klausurtagung der Synode statt, der am 24.9. eine weitere folgen soll. Am 29.5.1988 wurde von der Leitung der Landeskirche vorgeschlagen, den Landeskirchenrat um eine Planstelle von bisher vier auf fünf zu erweitern. Dieser Vorschlag wurde von der Synode nicht akzeptiert, was dazu führte, daß zur im Herbst anstehenden Wahl des Landeskirchenrates fünf Kandidaten für vier Stellen aufgestellt wurden, somit ein Kandidat nicht gewählt werden kann. Nach Einschätzung der Genossen der öffentlichen Organe besteht damit die reale Gefahr, daß Kirchenpräsident Natho sein Mandat als Mitglied des Landeskirchenrates verliert, wodurch seine Wiederwahl als Kirchenpräsident ebenfalls ausgeschlossen ist. Nathos Position ist in erster Linie auf Grund von ihm begangener innerkirchlicher Formfehler geschwächt. Die Ablehnung eines Teils der Synodalen bezieht sich nicht auf seine realistische und loyale Linie gegenüber Staat und Gesellschaft. Gegenwärtig sind ebenfalls zunehmende Angriffe des in die BRD übergesiedelten ehemaligen anhaltischen Pfarrers Baumgart zu verzeichnen, der bemüht ist, Kräfte in der EKD für eine Kampagne gegen die Wiederwahl Nathos zu gewinnen. Im Vorfeld der für den 24.9.1988 geplanten zweiten Klausurtagung der anhaltischen Synode zeichnet sich zur Zeit eine gewisse Entspannung ab. So sind der Landeskirchenrat und der Ältestenrat übereinstimmend entschlossen, fünf Stellen im Landeskirchenrat einzurichten, womit auf jeden Fall die Wiederwahl Nathos in den Landeskirchenrat gesichert wäre. Unsicher bleibt allerdings, ob die Synode diesen Vorschlag mitträgt. Sollte Natho in den Landeskirchenrat wiedergewählt werden, so ist mit einer sehr knappen Entscheidung für ihn zu rechnen. Gegenwärtig sind die Kreisoberpfarrer (und in Anhalt damit auch die Synodalen) der Kirchenkreise Dessau und Köthen für, die der Kreise Zerbst und Bernburg gegen eine Wiederwahl von Natho, während sich die Synodalen von Ballenstedt schwankend verhalten. [...] Im Interesse einer solchen Entwicklung wird vorgeschlagen, die Ehrenpromotion Nathos vom ursprünglichen Termin im Herbst dieses Jahres auf das Frühjahr nächsten Jahres zu verschieben, um eventuellen Vorwürfen staatlicher Vereinnahmung entgegenzuwirken. [...] In Gesprächen mit einflußreichen Synodalen (insbesondere Kreisoberpfarrer und Präses Dr. Braun) ist ebenfalls deutlich zu machen, daß der Staat an einer Weiterführung der bisherigen bewährten Linie von Natho interessiert ist.« SAPMO-BA ZPA IV B2/14/43.

345 Abt. II, Berlin, den 30.1.1989, Politische Differenzierungen in den evangelischen Landeskirchen, BA, Abt. Potsdam, O-4, 959.

346 RdB Halle, Arbeitsbereich Kirchenfragen, Halle, den 3.1.1989, Zusammenfassende Information über politische Tendenzen in den Kirchen und Religionsgemeinschaften im Bezirk Halle 1988, LPA Halle, IV F-2/14/368. Vgl. auch RdB Halle, AB Kirchenfragen, 17.10.1989, Lage in der Ev. Landeskirche Anhalts, a.a.O.

347 Die Gültigkeit des Visums endete am 6.8.1988. Beide hatten fest vor, in die DDR zurückzukehren. Vgl. Protokoll Demke/Stolpe-Ziegler-Riese über 118. Tagung der Konferenz der Evangelischen Kirchenleitungen in der DDR am 1./2.7.1988 in Berlin, EZA Berlin, 101/93/741.

348 Vgl. auch Ministerium für Staatssicherheit, Information Nr. 352/88 vom 14.7.1988 über die 118. Tagung der Konferenz der Evangelischen Kirchenleitungen (KKL) in der DDR am 1./2.7.1988 in der Hauptstadt der DDR, Berlin: »Bischof Forck teilte der KKL

Anmerkung zu der Seite 323

mit, er habe sich bezüglich der Wiedereinreise von Bohley/Fischer schriftlich an den Staat gewandt. Seiner Auffassung nach werde die Regierung der DDR ihr gegebenes Wort halten und der Wiedereinreise nichts in den Weg legen. Es seien lediglich noch Modalitäten der Einreise zu klären.« BStU Berlin, ZAIG, Z 3633.

349 Vgl. hierzu das Dankschreiben von Pastor Konrad Lübbert, Wedel, Teilnehmer an der Tagung, an Honecker vom 6.7.1988. Zugleich schrieb Lübbert:»Als Pastor der evangelischen Kirche möchte ich Ihnen in diesem Zusammenhang gleichzeitig den Dank dafür ausdrücken, wie Sie seit langem und auch jetzt trotz mancher Ihnen begegnender Irritationen mit Gelassenheit das verbindende Gespräch mit der Kirche führen und dabei die miteinander zu bewältigenden Arbeiten in der Gesellschaft in den Vordergrund stellen. Es ist die gemeinsame Aufgabe, den aus der Vergangenheit überkommenen Antikommunismus in der Kirche abzubauen, und auch bei dieser Aufgabe hoffe ich, daß Ihre Arbeit erfolgreiche Auswirkungen haben wird.« Honecker reichte das Schreiben am 30.7.1988 an Staatssekretär Löffler weiter, BA, Abt. Potsdam, O-4, 998. Am 11.2. hatte Gysi vorgeschlagen, von kirchlicher Seite möchten Hempel, Natho, Minor, Sult und Schönherr an der Begegnung teilnehmen. Der KKL-Vorstand beschloß, der KKL die »Mitarbeit im Nationalen Vorbereitungskomitee [zu empfehlen], wenn eine Einladung ergeht. Ein besonderer Status, der Eigenständigkeit gewährleistet, ist auszuhandeln.« Protokoll Leich-Ziegler-Lewek vom 3.3.1988 über die 207. Sitzung des Vorstands am 24.2.1988 in Berlin, EZA Berlin, 101/93/750. Vgl. auch Schreiben Johannes Kühnert, Leubnitz, an Lewek:»Im ND vom 19. Februar finde ich den Aufruf zum ›Internationalen Treffen für kernwaffenfreie Zonen‹ und die Konstituierung des Komitees der DDR. Die CFK ist in diesem Komitee durch Prof. Fink vertreten, doch die CFK ist nicht die evangelische Kirche. Will der Bund bei diesem Treffen nicht dabei sein? Ist er gar nicht eingeladen worden? Wurde er auf Grund der Berliner Ereignisse gar ausgeladen? Auf diese Fragen hätte ich gern eine Antwort.« EZA Berlin, 101/93/82. Für den Friedenskreis der Samaritergemeinde Berlin wandte sich Rainer Eppelmann am 8.3.1988 an Honecker und fragte nach Mitwirkungsmöglichkeiten bei der Vorbereitung der Tagung. Vgl. a.a.O. Die KKL stimmte bei drei Gegenstimmen und vier Enthaltungen einer Mitarbeit zu. Vgl. Protokoll Leich-Ziegler-Doyé/König vom 28.3.1988 über die 116. Tagung der Konferenz der Ev. Kirchenleitungen in der DDR vom 11.-13.3.1988 in Buckow (Klausurtagung), EZA Berlin, 101/93/741. Vgl. auch Protokoll Leich-Ziegler-Kupas vom 22.3.1988 über die 208. Sitzung des Vorstands am 17.3.1988 in Leipzig, EZA Berlin, 101/93/750 und Protokoll Leich-Ziegler-Kupas vom 20.4.1988 über die 209. Sitzung des Vorstands am 13.4.1988 in Berlin: »Da eine Einladung zur Veranstaltung bisher nicht vorliegt, hält der Vorstand eine Nominierungsentscheidung zum gegenwärtigen Zeitpunkt nicht für erforderlich.« A.a.O. Am 4.5.1988 rief Gysi in Eisenach an und bat Leich um die Entsendung einer repräsentativen Vertretung des BEK für diese Tagung. Dies sei ein »›Erster Schritt zur Wiederannäherung‹«. Aktennotiz, Eisenach, den 5.5.1988, EZA Berlin, 101/93/7. Einen Tag später teilte Gysi BEK-Sekretariatsleiter Ziegler mit, die drei ökumenischen Zusammenschlüsse aus Genf hätten ihre Teilnahme fest zugesagt.»Befürchtungen, daß die kirchlichen Vertreter vereinnahmt würden, seien nicht angebracht wegen der internationalen Besetzung. Jeder könne sprechen, voraussichtlich werde es auch kein Abschlußdokument geben.« Vermerk Ziegler vom 5.5.1988 über ein Gespräch in der Dienststelle des Staatssekretärs für Kirchenfragen am 5.5.1988, 15.00 bis 16.30 Uhr, a.a.O.; vgl. auch Schreiben Ziegler an Gysi vom 9.5.1988:»Herr Landesbischof Dr. Leich [.] bedauert, daß er wegen seiner dienstlichen Verpflichtungen beim Lutherischen Weltbund die Einladungen selbst nicht wahrnehmen kann.« A.a.O. An der 2. Sitzung des Nationalen Vorbereitungskomitees der DDR am 12.5.1988 nahmen Natho, Peter Müller und Lewek teil. Zum Treffen selbst delegierte der KKL-Vorstand außerdem Demke, Romberg und den Leiter von Aktion Sühnezeichen, Liedtke. Vgl. Protokoll Leich-Ziegler-Lewek vom 2.6.1988 über die 210. Sitzung des Vorstands am 25.5.1988 in Berlin, EZA Berlin, 101/93/750. Hinzu kam noch Falcke als Vertreter des ÖRK. Nach der Tagung bedauerte Demke vor der KKL, »daß es

aufgrund der hohen Teilnehmerzahlen auch in den Kommissionen nicht zu den gewünschten und erwarteten Dialogen gekommen ist, sondern nur Statements abgegeben wurden. [...] P. Müller ergänzt, daß es nicht unsicher ist, ob und wann ein zusammenfassender Bericht über dieses Internationale Treffen in Berlin veröffentlicht wird.« Protokoll Demke/Stolpe-Ziegler-Riese über 118. Tagung der Konferenz der Evangelischen Kirchenleitungen in der DDR am 1./2.7.1988 in Berlin, EZA Berlin, 101/93/741. Vgl. jedoch auch Ministerium für Staatssicherheit, Information Nr. 352/88 vom 14.7.1988 über die 118. Tagung der Konferenz der Evangelischen Kirchenleitungen (KKL) in der DDR am 1./2.7.1988 in der Hauptstadt der DDR, Berlin, BStU Berlin, ZAIG, Z 3633. Staatssekretär Löffler dankte abschließend Leich »für die aktive Mitwirkung des BEK am Gelingen des Internationalen Treffens für kernwaffenfreie Zonen im Juni 1988 in unserer Hauptstadt«. Staatssekretär für Kirchenfragen, Information Kurt Löffler vom 11.8.1988 über ein Gespräch mit dem Vorsitzenden der Konferenz der Evangelischen Kirchenleitungen (KKL) in der DDR, Landesbischof Dr. Werner Leich, am 10.8.1988, BA, Abt. Potsdam, O-4, 970. Vgl. die Rede Demkes beim Treffen für Kernwaffenfreie Zonen, in epd-Dok 39a/88, 25-27.

350 Zentralkomitee, Hausmitteilung, Mitglied des Politbüros Egon Krenz an Genossen Erich Honecker vom 1.7.1988. Mit Einverstanden, EH, 1.7.1988 handschriftlich gekennzeichnet. Krenz gab das Schreiben am 4.7.1988 in den Politbüroumlauf. SAPMO-BA ZPA IV B2/14/19. Das Schreiben Forck befindet sich in der Anlage, a.a.O. Am 31.8.1988 nahmen die Mitarbeiter im Staatssekretariat für Kirchenfragen, Dohle und Wieland, auf der Autobahn zwischen Leipzig und Berlin einen Anhalter, Jurist und Schriftsteller, mit, der in Berlin unter anderem Bärbel Bohley besuchen wollte. Dohle fertigte hierüber am 13.9.1988 eine ausführliche Information an. Vgl. BA, Abt. Potsdam, O-4, 964.

351 Berlin, 6.7.1988, Information über ein Gespräch des Hauptabteilungsleiters beim Staatssekretär für Kirchenfragen, Genossen Heinrich, mit Konsistorialpräsident Stolpe am 5.7.1988, SAPMO-BA ZPA IV B2/14/43. Vgl. auch Protokoll Leich-Ziegler-Günther vom 6.9.1988 über die 119. Sitzung der Konferenz der Ev. Kirchenleitungen in der DDR am 2./3.9.1988 in Berlin: »Stolpe berichtet von der Rückkehr von Bohley und Fischer mit Assistenz der Berlin-Brandenburger Kirche«. EZA Berlin, 101/93/742.

352 Vgl. den Beschluß des Sekretariats des ZK vom 29.6.1988, Punkt 9, SAPMO-BA ZPA J IV 2/3/4274. Vgl. KiS 4/88, 166.

353 In der Retrospektive versuchte Dohle nach der Vereinigung der beiden deutschen Staaten die Versetzung als absolute Degradierung darzustellen. Vgl. das Biogramm in Besier/Wolf, »Pfarrer, Christen und Katholiken«, 888 f., das auf eine fernmündliche Auskunft Dohles zurückgeht.

354 Daß dieser Wechsel zumindest ungefähr zeitgleich mit Gysis Ablösung vorgenommen wurde, läßt sich aus dem Schreiben Löffler an Jarowinsky vom 16.8.1988 erschließen, BA, Abt. Potsdam, O-4, 996.

355 Vgl. auch Schreiben Ziegler-Winter-Zeddies vom 1.8.1988 an Gysis Privatadresse: »Die Nachricht, daß Sie aus dem Amt des Staatssekretärs für Kirchenfragen ausgeschieden sind, haben wir mit Bewegung zur Kenntnis nehmen müssen. [...] Wir wünschen Ihnen, daß Sie diese Wochen des Übergangs in den Ruhestand gesund und gelassen bestehen möchten! Dieser Gruß soll nicht Anlaß sein, Ihre Arbeit für die sich entwickelnden Beziehungen zwischen Kirche und Staat während Ihrer Amtszeit zu würdigen. Aber wir dürfen Ihnen sagen, daß wir gern die Gelegenheit nehmen würden, Sie noch einmal im frühen Herbst aufzusuchen.« LKA Hannover, D 15 XII, K 1/C 5002.

356 Vgl. auch Schreiben Ziegler-Winter-Zeddies vom 1.8.1988: »Sie können in Ihrer Aufgabe an Begegnungen anknüpfen, die Sie seit der Vorbereitung des Lutherjahres mit Repräsentanten unserer Kirchen und ihrer Zusammenschlüsse immer wieder gehabt haben. Wir haben Sie dadurch als einen verständnisvollen Gesprächspartner kennen und schätzen gelernt, der sich im Respekt vor anderen Überzeugungen engagiert um einen gemeinsamen Weg bemüht und für beiderseits akzeptable Lösungen einsetzt. Wir sind

davon überzeugt, daß dies auch für Ihre Arbeit zur Gestaltung des Verhältnisses von Staat und Kirche, wie es durch das Gespräch vom 6. März 1978 vorgezeichnet ist, bestimmend sein wird.« A.a.O. Vgl. auch das Antwortschreiben Löffler an Zeddies vom 23.8.1988, a.a.O.

357 Vgl. Protokoll Stolpe-Kupas-Ritter vom 1.8.1988 über die 212. Sitzung des Vorstandes am 28.7.1988 in Berlin, EZA Berlin, 101/93/750. Vgl. auch Schreiben des LWB-Generalsekretärs Staalsett an Gysi vom 25.7.1988 mit einem »Wort des Dankes für die von Ihnen geleisteten bedeutenden Dienste [...] Während Ihrer Amtszeit haben sich die Beziehungen zwischen Einrichtungen von Staat und Kirche sowohl im Inneren als auch international ständig gebessert. Zwar hat es auch Zeiten der Spannungen gegeben, doch die sehen wir als Teil eines Prozesses, der zu größerer Verständigung und gegenseitiger Achtung führt. Wir hoffen und sind sehr zuversichtlich, daß Ihr Nachfolger, Kurt Löffler, auf den geschaffenen soliden Grundlagen weiter aufbauen wird. Wir haben die vielen Gespräche, die wir mit Ihnen geführt haben, sehr zu schätzen gewußt, insbesondere den Meinungsaustausch anläßlich Ihres letzten Besuches in Genf. Für Ihren Ruhestand wünschen wir Ihnen Gesundheit und alles Gute.« Mit gleicher Post übermittelte Staalsett Löffler die »besten Glück- und Segenswünsche« und sagte dem neuen Staatssekretär die Unterstützung des LWB zu: »Wir freuen uns auf eine Fortsetzung der guten Beziehungen und den Geist offener Diskussion, die mit Ihrem Vorgänger bestanden haben.« Beide Schreiben a.a.O.

358 Schreiben Kupas vom 15.7.1988, EZA Berlin, 101/93/7; auch LKA Hannover, D 15 XII, K 1/C 5002.

359 Mit 42 der Synodalen fanden sogar über das ganze Jahr verteilt regelmäßige Gespräche statt. Vgl. Information über die Gespräche mit Bundessynodalen, SAPMO-BA ZPA IV B2/14/94. Weiter heißt es dort: »Besonders die Gespräche im Dresdner Raum zeigen einen Zuwachs an staatsbürgerlichem Bewußtsein im Blick auf die Friedens- und Dialogpolitik unseres Staates.« Ebd.

360 Staatssekretär für Kirchenfragen, Information Löffler vom 26.8.1988 zum Stand der politischen Einflußnahme auf die Vorbereitung der 4. Tagung der V. Synode des Bundes der Evangelischen Kirchen in der DDR (BEK) vom 16.-20.9.1988 in Dessau, SAPMO-BA ZPA IV B2/14/94.

361 Vgl. epd-Dok 44/87.

362 Information Löffler vom 29.8.1988, BA, Abt. Potsdam, O-4, 970.

363 LM 27 (1988), 363-367.

364 Vgl. Information Löffler vom 29.8.1988, BA, Abt. Potsdam, O-4, 970; vgl. auch Staatssekretär für Kirchenfragen, Information Kurt Löffler vom 1.9.1988 über eine Bitte von Landesbischof Dr. Werner Leich in Vorbereitung der Bundessynode der evangelischen Kirchen in der DDR, BA, Abt. Potsdam, O-4, 996.

365 Hier soll Leich sogar – in Kooperation mit den staatlichen Organen – selbst mitgewirkt haben. Es betraf die Weimarer Herderkirche. Vgl. ebd.; auch Staatssekretär für Kirchenfragen, Information vom 1.9.1988 über eine Bitte von Landesbischof Dr. Werner Leich in Vorbereitung der Bundessynode der evangelischen Kirchen in der DDR, SAPMO-BA ZPA IV B2/14/7; auch a.a.O., IV B2/14/43; auch BA, Abt. Potsdam, O-4, 970. Das KKL-Protokoll vermerkte: »Dr. Leich informiert über die wachsende Aggressivität von Ausreisekandidaten, die zu mehreren Kirchenbesetzungen in Thüringen und zu Hungerstreiks führte.« Protokoll Leich-Ziegler-Günther vom 6.9.1988 über die 119. Sitzung der Konferenz der Ev. Kirchenleitungen in der DDR am 2./3.9.1988 in Berlin, EZA Berlin, 101/93/742. Vgl. auch Arbeitsgruppe Kirchenfragen, Vermerk Bellmann vom 23.8.1988 für Genossen Jarowinsky, Betr.: Kirchenbesetzung in Weimar: »Soeben informierte mich Genosse Wiegand (MfS) von einer Kirchenbesetzung in Weimar durch drei Bürger. Es handelt sich um Werktätige aus der volkseigenen Wirtschaft im Alter von etwa 50 Jahren. Sie sind kirchlich gebunden. Die Vertreter der betroffenen Kirchengemeinde haben sich bisher politisch vernünftig verhalten und versucht, auf der Grundlage einer von den zuständigen Staatsorganen übermittelten Orientierung Ein-

fluß auf die drei Besetzer zu erhalten. Inzwischen hat sich auch Landesbischof Leich mit der Sache befaßt und von sich aus angewiesen, den drei Leuten Bedenkzeit zu geben. Sie ist heute abgelaufen. Genosse Wiegand teilte weiter mit, daß Landesbischof Leich heute zum Rat des Bezirkes gebeten wird, wo ihm folgender prinzipieller Standpunkt mitgeteilt wird: Die kirchlichen Vertreter sollen alles unternehmen, um die drei Besetzer zu überzeugen, daß sie aus dem Kirchengebäude herauskommen und ihre Angelegenheit mit den dafür zuständigen staatlichen Organen klären. Das wurde von ihnen bisher abgelehnt. Sie haben sich dahingehend geäußert, daß, falls ihren Forderungen nicht nachgekommen werde, diese Angelegenheit in den westlichen Medien noch in dieser Woche publiziert werde. Die Genossen der Sicherheitsorgane halten es für politisch bedenklich, die Kirchenvertreter aufzufordern, die Besetzer durch Druckmittel vor die Tür zu setzen, um sie dann von der VP festnehmen zu lassen. Solche Gedanken sind von den örtlichen Organen erwogen worden.« SAPMO-BA ZPA IV B2/14/21. Vgl. außerdem Telegramm des Vorsitzenden des RdB Suhl, Zimmermann, an Ministerpräsident Stoph vom 7.9.1988: »Am 7.9.1988 wurde durch den Oberkirchenrat Kirchner vom Landeskirchenrat Eisenach bekannt, daß sich in der Stadtkirche in Eisfeld, Kreis Hildburghausen, seit den Nachmittagsstunden des 6.9.1988 18 Ersuchende auf Übersiedlung aus der Kreisstadt Sonneberg, Bezirk Suhl, befanden und ihre Übersiedlung in die BRD fordern. Durch geführte Gespräche des genannten Oberkirchenrates und des zuständigen Superintendenten wurde bisher erreicht, daß zwei Familien (vier Personen) die Kirche verlassen haben. Entsprechende Maßnahmen in Abstimmung mit den zuständigen Organen wurden veranlaßt.« BA, Abt. Potsdam, O-4, 1009.

366 Vgl. Information Löffler vom 29.8.1988, BA, Abt. Potsdam, O-4, 970. Vgl. zum letzten Punkt auch Staatssekretär für Kirchenfragen, Information vom 1.9.1988 über eine Bitte von Landesbischof Dr. Werner Leich in Vorbereitung der Bundessynode der evangelischen Kirchen in der DDR, SAPMO-BA ZPA IV B2/14/7; auch a.a.O., IV B2/14/43; auch BA, Abt. Potsdam, O-4, 970.
367 Vgl. ebd.
368 Staatssekretär für Kirchenfragen, Information Kurt Löffler vom 11.8.1988 über ein Gespräch mit dem Vorsitzenden der Konferenz der Evangelischen Kirchenleitungen (KKL) in der DDR, Landesbischof Dr. Werner Leich, am 10.8.1988, BA, Abt. Potsdam, O-4, 970.
369 Schreiben Löffler an Krenz vom 10.8.1988, a.a.O.; auch a.a.O., O-4, 1000.
370 Protokoll Leich-Ziegler-Günther vom 6.9.1988 über die 119. Sitzung der Konferenz der Ev. Kirchenleitungen in der DDR am 2./3.9.1988 in Berlin, EZA Berlin, 101/93/742.
371 Vgl. Protokoll Küntscher vom 26.8.1988 über die 213. Sitzung des Vorstandes am 25.8.1988 in Berlin, EZA Berlin, 101/93/751.
372 Das geht aus dem Vermerk über ein Gespräch des Leiters des Presseamtes, Genossen Dr. Blecha, mit dem Leiter des Sekretariats des Bundes der Evangelischen Kirchen in der DDR, Oberkirchenrat (OKR) Ziegler, am 16.8. im Presseamt, BA, Abt. Potsdam, O-4, 970 sowie aus Staatssekretär für Kirchenfragen, Information Kurt Löffler vom 1.9.1988 über eine Bitte von Landesbischof Dr. Werner Leich in Vorbereitung der Bundessynode der evangelischen Kirchen in der DDR, BA, Abt. Potsdam, O-4, 996 hervor. Der KKL-Vorstand hatte zuvor festgelegt, den staatlichen Vertretern müsse deutlich gemacht werden, »daß über kirchliche Veranstaltungen uneingeschränkt berichtet werden muß. Angesprochen werden sollte auch die Amtsblattproblematik. Ein Amtsblatt ist nicht mit einer kirchlichen Wochenzeitung zu vergleichen.« Protokoll Stolpe-Kupas-Ritter vom 1.8.1988 über die 212. Sitzung des Vorstandes am 28.7.1988 in Berlin, EZA Berlin, 101/93/750.
373 Vgl. auch Staatssekretär für Kirchenfragen, Information vom 1.9.1988 über eine Bitte von Landesbischof Dr. Werner Leich in Vorbereitung der Bundessynode der evangelischen Kirchen in der DDR: »Nach dem Gespräch vom 10.8.1988 notwendig gewordene Einsprüche gegen Texte in Kirchenzeitungen wurden akzeptiert und diese Texte verändert – so im Mitteilungsblatt der thüringischen Landeskirche und einer Berlin-Bran-

denburgischen Kirchenzeitung.« SAPMO-BA ZPA IV B2/14/7; auch a.a.O., IV B2/14/19; auch BA, Abt. Potsdam, O-4, 970.
374 Vgl. hierzu z. B. Schreiben Siegert, Schwerin, an den Leiter des Presseamts beim Ministerrat der DDR, Blecha, vom 5.9.1988, EZA Berlin, 101/93/121.
375 Vgl. auch Protokoll Küntscher vom 26.8.1988 über die 213. Sitzung des Vorstandes am 25.8.1988 in Berlin: Der Vorstand »beauftragt Ziegler, erneut zu verhandeln wegen der Auslieferung des Mitteilungsblattes (äußerster Kompromiß wäre Weitergabe über die Kirchen).« EZA Berlin, 101/93/751.
376 Vermerk über ein Gespräch des Leiters des Presseamtes, Genossen Dr. Blecha, mit dem Leiter des Sekretariats des Bundes der Evangelischen Kirchen in der DDR, Oberkirchenrat (OKR) Ziegler, am 16.8.1988 im Presseamt, BA, Abt. Potsdam, O-4, 970; vgl. auch Vermerk Ziegler vom 17.8.1988 über ein Gespräch in der Dienststelle des Staatssekretärs für Kirchenfragen am 16.8.1988, 15.00 Uhr bis 16.45 Uhr, EZA Berlin, 101/93/7.
377 Vgl. Hauptabteilungsleiter, Auszug aus Vermerk Heinrich vom 17.8.1988, BA, Abt. Potsdam, O-4, 970.
378 Protokoll Leich-Ziegler-Günther vom 6.9.1988 über die 119. Sitzung der Konferenz der Ev. Kirchenleitungen in der DDR am 2./3.9.1988 in Berlin, EZA Berlin, 101/93/742. Bei einer Enthaltung traf die KKL die folgende Feststellung:»Die Konferenz [...] dankt den kirchlichen Teilnehmern für die Gesprächsführung am 10. August und unterstreicht die zentrale Aussage, daß die kirchliche Presse über alles berichten muß, was in den Kirchen geschieht, und daß die Verkündigung des Wortes Gottes in alle Lebenszusammenhänge der Menschen hineinreicht. Sie hofft, daß im Ergebnis dieses Gespräches die Kirchenzeitungen künftig die Möglichkeit haben, vollständig und uneingeschränkt über kirchliche Vorgänge sowie Veranstaltungen und über alles zu informieren, was im Verhältnis von Kirche und Gesellschaft für die Gemeinden wichtig ist, um zu eigener Urteilsbildung zu helfen. Im Blick auf die Einsprüche des Presseamtes gegenüber einigen kirchlichen Amtsblättern und dem Mitteilungsblatt des Bundes erwartet die Konferenz befriedigende Lösungen.« Ebd.
379 Vgl. Staatssekretär für Kirchenfragen, Information Kurt Löffler vom 1.9.1988 über eine Bitte von Landesbischof Dr. Werner Leich in Vorbereitung der Bundessynode der evangelischen Kirchen in der DDR, BA, Abt. Potsdam, O-4, 996.
380 Vgl. Information Löffler vom 29.8.1988, BA, Abt. Potsdam, O-4, 970; vgl. auch Staatssekretär für Kirchenfragen, Information vom 1.9.1988 über eine Bitte von Landesbischof Dr. Werner Leich in Vorbereitung der Bundessynode der evangelischen Kirchen in der DDR, SAPMO-BA ZPA IV B2/14/7; auch a.a.O., IV B2/14/19; auch BA, Abt. Potsdam, O-4, 970.
381 Vgl. das Schreiben in SAPMO-BA ZPA IV B2/14/19; auch BA, Abt. Potsdam, O-4, 970.
382 Vgl. Schreiben an Jarowinsky vom 5.9.1988, BA, Abt. Potsdam, O-4, 996.
383 Vgl. Dessau, den 20.9.1988, Information zur Synode des Bundes der ev. Kirchen in Dessau, SAPMO-BA ZPA IV B2/14/94; auch LPA Halle, IV F-2/14/373. Vgl. insgesamt auch Bereich HAL, Information vom 16.1.1989 (das auf dem Papier verzeichnete Datum 1988 dürfte versehentlich eingetragen worden sein, da der Text Vorgänge des Jahres 1988 behandelt): »Für den Berichtszeitraum Januar bis Ende Dezember 1988 kann allgemein eingeschätzt werden, daß ein weiteres Anwachsen der Antragstellung von Auslandsjournalisten zur Berichterstattung über die Kirchen in der DDR zu verzeichnen ist. [...] Der 10. Jahrestag des Gespräches vom 6. März 1978 zwischen dem Vorsitzenden des Staatsrates der DDR und dem Vorsitzenden der Konferenz der Evangelischen Kirchen in der DDR wurde der Anlaß einer gegen die DDR gerichteten Verleumdungskampagne ohne Beispiel in der jüngsten Vergangenheit. [...] Diese hektischen Aktivitäten im Vorjahr des Jubiläums des 40. Jahrestages der Gründung der DDR zielten darauf, die Ausstrahlungskraft der BRD [zu erhöhen] und des Sozialismus an sich zu untergraben. [...] Die Plazierung von Kommentaren, Interviews und Doku-

mentationen zum Thema Kirchenfragen erfolgte zumeist als Spitzenmeldung.« BA, Abt. Potsdam, O-4, 1220.
384 Protokoll Leich-Ziegler-Doyé vom 18.9.1988 über die 214. Sitzung des Vorstands der Konferenz der Ev. Kirchenleitungen am 16.9.1988 in Dessau, EZA Berlin, 101/93/751.
385 Vgl. Protokoll Leich-Ziegler-Kupas vom 5.9.1988 über die Sondersitzung des Vorstands am Abend des 2.9.1988 (KKL), EZA Berlin, 101/93/751.
386 Vgl. Protokoll Riese vom 12.12.1988 der 19. Sitzung des Präsidiums der Bundessynode am 29.9.1988 in Berlin, EZA Berlin, 101/93/713.
387 Weiter hieß es in der Synodeneinschätzung: »Ansonsten erfolgte durch die Westmedien eine zugespitzte Berichterstattung, wodurch ein verzerrtes Bild entstand.« Protokoll Leich-Ziegler-Karpinski vom 22.11.1988 über die 120. Sitzung der Konferenz der Ev. Kirchenleitungen in der DDR am 11./12.11.1988 in Berlin, EZA Berlin, 101/93/742.
388 Vgl. Staatssekretär für Kirchenfragen, Vermerk vom 9.9.1988 über ein Gespräch des Staatssekretärs für Kirchenfragen, Genossen Kurt Löffler, mit dem Leiter des Sekretariats des BEK, OKR Martin Ziegler, am 7.9.1988, BA, Abt. Potsdam, O-4, 788.
389 Abt. IV, Information Will vom 2.9.1988 über ein Gespräch des Staatssekretärs für Kirchenfragen mit Dr. Hans-Otto Bräutigam, Leiter der Ständigen Vertretung der BRD in der DDR, am 26.8.1988, BA, Abt. Potsdam, O-4, 4895. Bräutigams Nachfolger Bertele stattete am 1.6.1989 dem KKL-Vorsitzenden einen Besuch in Eisenach ab. Vgl. Aktennotiz Leich vom 6.6.1989, Abschrift in EZA Berlin, 101/93/752. Im Sommer 1988 hatte Bräutigam in Eisenach Leich zu einem Abschiedsbesuch aufgesucht. Vgl. Protokoll Leich-Ziegler-Günther vom 6.9.1988 über die 119. Sitzung der Konferenz der Ev. Kirchenleitungen in der DDR am 2./3.9.1988 in Berlin, EZA Berlin, 101/93/742.
390 Vgl. auch Staatssekretär für Kirchenfragen, Information Kurt Löffler vom 5.9.1988 über die Grundsteinlegung zur Wiedererrichtung des Turmes der Pasewalker Marienkirche am 2.9.1988 [vgl. hierzu auch Protokoll Leich-Ziegler-Günther vom 6.9.1988 über die 119. Sitzung der Konferenz der Ev. Kirchenleitungen in der DDR am 2./3.9.1988 in Berlin, EZA Berlin, 101/93/742] und über ein anschließendes Gespräch mit dem Bischof der Evangelischen Landeskirche Greifswald, Dr. Gienke: »Im Anschluß fand in einer offenen und herzlichen Atmosphäre ein persönliches Gespräch mit Bischof Dr. Gienke zur weiteren Vorbereitung der 4. Tagung der V. Synode des Bundes der Evangelischen Kirchen in der DDR vom 16.-20.9.1988 in Dessau statt. Übereinstimmend wurde dabei festgestellt, daß im Interesse der Begegnung des Generalsekretärs des ZK der SED und Vorsitzenden des Staatsrates der DDR, Genossen Erich Honecker, mit dem Vorsitzenden der Konferenz der Evangelischen Kirchenleitungen in der DDR, Landesbischof Dr. Werner Leich, im März 1988 die Verantwortung der Kirchenleitungen so wahrzunehmen ist, daß keine Wiederholung der Angriffe gegen die verfassungsmäßige Trennung von Staat und Kirche und gegen die Staatsordnung der DDR zugelassen werde, wie das auf der Bundessynode 1987 erfolgt ist. Bischof Dr. Gienke betonte, daß er seinen Einfluß in diesem Sinne auf die Synodalen der Greifswalder Landeskirche ausüben und durch seine persönliche Anwesenheit auf der Bundessynode auf den Verlauf einwirken werde. In diesem Zusammenhang teilte er mit, daß die evangelischen Bischöfe der DDR die im August dieses Jahres in den Begegnungen mit Vertretern des Staates sichtbar gewordene aufgeschlossene und vertrauensvolle Atmosphäre als ein aufrichtiges Zeichen für offenes und hilfreiches Zusammenwirken ansehen. Sie hätten sich – ganz im Sinne des Interviews von Landesbischof Dr. Leich in den ›Lutherischen Monatsheften‹ Nr. 8/88 – verständigt, die Bundessynode und die folgenden Ereignisse im Raum der evangelischen Kirchen in der DDR für die weitere Ausgestaltung der im März 1978 vereinbarten Prinzipien des Verhältnisses von Staat und Kirchen zu nutzen, obwohl das Auftreten zu den gesellschaftlichen Verhältnissen in unserer Republik negativ eingestellter Synodaler nicht völlig ausgeschlossen werden könne. Er selbst werde mit seinem Auftreten hervorheben, daß für ihn ›die DDR die Heimat der Christen dieses Landes sei und sie hier ihr Leben in Gerechtigkeit und so-

zialer Sicherheit selbst mitzugestalten‹ hätten.« SAPMO-BA ZPA IV B2/14/41; auch a.a.O., IV B2/14/43.

391 Für eine Intensivierung der Freundschaft zwischen der UdSSR und der DDR hatte sich Pfarrer Eppelmann eingesetzt, war damit jedoch auf staatliches Mißtrauen gestoßen. Vgl. Gesellschaft für Deutsch-Sowjetische Freundschaft, Bezirksvorstand Berlin, 1. Sekretär, Information Hartmut Moreike vom 5.4.1988 über Gespräch mit Pfarrer Eppelmann am gleichen Tag, BA, Abt. Potsdam, O-4, 995.

392 Information vom 16.9.1988 zur Vorbereitung der Bundessynode in Dessau, von Jarowinsky an Honecker weitergeleitet, SAPMO-BA ZPA J IV 2/2A/3159; auch SAPMO-BA ZPA IV B2/14/94.

393 Vgl. hierzu das Schreiben der im Landeskirchenrat Dessau beschäftigten Antragsteller – die Bitten um Ausreise waren seit mehr als vier bzw. drei Jahren noch nicht bearbeitet worden – Lutz Herzog und Herbert Alex an die V. Synode des Bundes der Evangelischen Kirchen in der DDR vom 18.9.1988, EZA Berlin, 101/93/223.

394 Das Thema hatte eine aus den Synodalen Springborn, Dehne, Nollau, Semper und Böhling bestehende Arbeitsgruppe vorbereitet. Die KKJ vertraten der Synodale Pfuhl und der Referent des Ökumenischen Jugenddienstes, Hickel. Vgl. Protokoll Riese vom 25.1.1988 der 13. Sitzung des Präsidiums der Bundessynode am 8.1.1988, EZA Berlin, 101/93/844.

395 Vgl. Information über die Gespräche mit Bundessynodalen, SAPMO-BA ZPA IV B2/14/94.

396 Vgl. epd-Dok 43/88, 1-48.

397 Mitarbeiter für Kirchenfragen, Halle, den 19.9.1988, Information zum bisherigen Verlauf der 4. Tagung der Synode des Bundes der Evangelischen Kirchen der DDR vom 16.-20.9.1988 in Dessau mit Stand vom 18.9.1988, 22.00 Uhr, LPA Halle, IV F-2/14/373.

398 Der von Rogge, Harder – anstelle des erkrankten Domsch – und Passauer sowie Günther als Sekretariatsvertreter ausgearbeitete (vgl. Protokoll Leich-Ziegler-Doyé-König vom 28.3.1988 über die 116. Tagung der Konferenz der Ev. Kirchenleitungen in der DDR vom 11.-13.3.1988 in Buckow [Klausurtagung], EZA Berlin, 101/93/741; Protokoll Leich-Ziegler-v. Rabenau vom 26.5.1988 über die 117. Tagung der Konferenz der Ev. Kirchenleitungen in der DDR vom 13./14.5.1988 in Heiligengrabe [Bundesbesuchstage]), a.a.O.; Protokoll Leich-Ziegler-Günther vom 6.9.1988 über die 119. Sitzung der Konferenz der Ev. Kirchenleitungen in der DDR vom 2./3.9.1988 in Berlin, EZA Berlin, 101/93/742). Der KKL-Bericht ist abgedruckt in epd-Dok 43/88, 1-20. Die KKL beklagte, der Bericht sei »zu abgerundet ‹›rundgelutscht‹›« gewesen. Protokoll Leich-Ziegler-Karpinski vom 22.11.1988 über die 120. Sitzung der Konferenz der Ev. Kirchenleitungen in der DDR am 11./12.11.1988 in Berlin, EZA Berlin, 101/93/742. Im Juli 1988 hatten Forck und Adolph eine schärfere Tonart des Berichtes gefordert, was bei Harder auf entschiedenen Widerspruch stieß. Vgl. Ministerium für Staatssicherheit, Information Nr. 352/88 vom 14.7.1988 über die 118. Tagung der Konferenz der Evangelischen Kirchenleitungen (KKL) in der DDR am 1./2.7.1988 in der Hauptstadt der DDR, Berlin, BStU Berlin, ZAIG, Z 3633.

399 Mitarbeiter für Kirchenfragen, Halle, den 19.9.1988, Information zum bisherigen Verlauf der 4. Tagung der Synode des Bundes der Evangelischen Kirchen der DDR vom 16.-20.9.1988 in Dessau mit Stand vom 18.9.1988, 22.00 Uhr, LPA Halle, IV F-2/14/373. Vgl. aber Protokoll Küntscher vom 26.8.1988 über die 213. Sitzung des Vorstandes am 25.8.1988 in Berlin: »2.8. Rumänien: Die September-Konferenz soll über die vorliegenden Informationen unterrichtet werden, ebenso ist ein Erfahrungsaustausch vorzusehen. Der Vorstand schlägt der Konferenz vor, noch vor der Bundessynode eine Fürbitteempfehlung an die Gemeinden herauszugeben.« EZA Berlin, 101/93/751. Vgl. auch Schreiben Michael Frenzel, Dresden, an Präsidium BEK-Synode, Betr.: Situation in Rumänien vom 28.8.1988: »Zunehmend mehr Gemeindeglieder [...] äußern ihre große Besorgnis zur Lage der Menschen in Rumänien angesichts einer drohenden

Eskalation von Repressionen, Angst und Hoffnungslosigkeit unter einem sich ›sozialistisch‹ nennenden diktatorischen Regime und der anhaltend schweren Wirtschaftskrise dieses Landes. [...] Wer, wie es Bischof Dr. Leich am 5. März 1988 formulierte, von den Möglichkeiten des Sozialismus für die Gestaltung einer besseren, gerechteren Gesellschaft spricht, muß auch ausdrücken, welche Art von Praktiken er mit diesem Wort nicht in Einklang sieht.« EZA Berlin, 101/93/223. Nach einer Auskunft von Superintendent Vollbach soll auch Hempel auf der Herbstsynode seiner Landeskirche 1988 erreicht haben, daß die Synode das Thema Rumänien nicht behandelte. Vgl. RdB Leipzig, Stellvertreter des Vorsitzenden des Rates für Inneres Leipzig, den 8.12.1988, Informationsberichterstattung Okt./Nov. 1988, BA, Abt. Potsdam, O-4, 1117. Während der Synodalfragestunde erklärte Präsident Böttcher, Hilfe für Rumänien sei momentan nur auf privater Basis möglich. OLKR Ihmels äußerte: »Die Situation dort sei völlig anders als bei uns. Es würde niemandem helfen, wenn hier lautstarke Aktionen durchgeführt würden.« RdB Dresden, Sektor Staatspolitik in Kirchenfragen, Dresden, den 24.10.1988, Tagesinformationen zur Herbsttagung der Landessynode der Ev.-Luth. Landeskirche Sachsens vom 21.-25.10.1988 in Dresden, SHStA Dresden, BT/RdB Dresden (Zwibo), 46616.

400 Vgl. auch Dessau, den 20.9.1988, Information zur Synode des Bundes der ev. Kirchen in Dessau: »Landesbischof Dr. Hempel nahm die ihm während der Synode zur Kenntnis gegebene Entscheidung über die Nichtauslieferung der sächsischen Kirchenzeitung ›Der Sonntag‹ zum Anlaß, spontan und emotional gegen diese staatlichen Maßnahmen zu reagieren. Das offensichtlich von langer Hand vorbereitete und von außen gesteuerte massive Auftreten der negativen Kräfte fiel mit Hempels Reaktion zusammen, die zum einseitigen Verlauf der nachfolgenden Diskussionen im Plenum beitrug.« SAPMO-BA ZPA IV B2/14/94; auch LPA Halle, IV F-2/14/373.

401 Vgl. Antrag Udo Hanke (Jugenddelegierter) an das Präsidium der Synode des Bundes der Ev. Kirchen in der DDR vom 23.8.1988: »Die Synode wolle beschließen, einen Ausschuß zu beauftragen, über die Probleme des innergesellschaftlichen Dialogs bzw. innergesellschaftlicher Abgrenzungen zu arbeiten. Das Ziel dieser Arbeit könnte eine Stellungnahme der Synode sein, die sie in aktuellem Bekennen äußert. [...] Innergesellschaftliche Erscheinungen wie Dialogverweigerung, Partizipationsbehinderung, Verantwortungsentzug usw. sind ebenso Abgrenzungsphänomene wie Kontaktsperren und Reisebeschränkungen und verweisen wie diese auf eine Kluft in der Gesellschaft. [...] Jesus Christus tritt ein für die Armen und für Menschen, die in der Gesellschaft auf Ablehnung stoßen bzw. isoliert sind.« Der Antrag enthielt außerdem die Namen der Jugenddelegierten Kerstin Over, Birgit Homuth, Uwe Kaettniß, Johannes Lewek und Klaus-Peter Pahnke. EZA Berlin, 101/93/223. Ohne die Namen der Unterzeichner auch abgedruckt in: Zwischen Anpassung und Verweigerung, 377-379; die Angabe des Fundortes fehlt hier. Über den Eingang dieses Antrages informierte Gaebler die KKL. Vgl. Protokoll Leich-Ziegler-Günther vom 6.9.1988 über die 119. Sitzung der Konferenz der Ev. Kirchenleitungen in der DDR am 2./3.9.1988 in Berlin, EZA Berlin, 101/93/742.

402 Vgl. auch die Information in SAPMO-BA ZPA IV B2/14/94: »Der Jugenddelegierte Hanke (Berlin) bringt die Vorlage 10 ein. Antrag der Jugenddelegierten des innergesell. Dialogs. Er referiert dazu eine umfangreiche schriftliche Argumentation, die den Synodalen nicht vorliegt. Man müsse den Begriff der Abgrenzung neu füllen. Die Absage an die Abgrenzung sei wichtig. Eine Qualifizierung der Diskussion müsse erreicht werden, von der Aufstellung eines Forderungskataloges hin zu Fragestellungen an andere und an die Kirche selbst. Dieser Prozeß müsse vorangebracht werden. Die Synode solle dafür Zeichen setzen. Im folgenden greift er alle Aspekte und Argumentationen zur Abgrenzungsproblematik auf, wie sie auf der BEK-Synode 1987 in Görlitz und in der ev. Kirche in Berlin-Brandenburg diskutiert wurden, und zwar in der Weise, daß er sie zugleich als Fragen an die Kirche und Christen formuliert. Dabei macht er zugleich deutlich, daß die Christen und die Kirchen bereit seien, die angesprochenen Problem-

punkte zu lösen, aber das wirkliche Defizit in diesem Bereich liege bei der soz. Gesellschaft. Christen und Kirchen müssen und wollen sich ändern, im Grunde könnten sie das aber nur, wenn die soz. Gesellschaft sich ändert. [...] Die Synode sollte sich in den Prozeß einbringen. Eine Analyse der soz. Gesellschaft sei vorzulegen, neben die die Einzelaussagen der Betroffenheit gelegt werden müßten. Er schließt mit der Bemerkung ab, daß er, um keinen Vorwurf zu erhalten, betonen müßte, ihr Ziel sei nicht die westliche Konsumgesellschaft. [...] Prof. Dr. Kiesow (Rostock) widerspricht [...] Überall gäbe es Dialog, er habe ihn, dazu brauche man keinen Druck auszuüben. Sicherlich haben ihn andere nicht. In Rostock, an der Theologischen Sektion, habe man sich E. Aurich eingeladen, und man habe ein außerordentlich interessantes, beiderseitig fruchtbares Gespräch geführt.« Vgl. den Beschluß der Synode zu Fragen des innergesellschaftlichen Dialogs, in epd-Dok 43/88, 41-43. Da sich das von 200 bis 300 Personen besuchte Friedensseminar Meißen unter führender Mitarbeit von Stephan Bickhardt, Berlin, mit dem Abgrenzungsthema befaßte, ging das LKA Dresden zu der Veranstaltung auf Distanz. Vgl. Hausmitteilung Arbeitsgruppe Kirchenfragen, Bellmann, an Jarowinsky vom 26.4.1988, Betr.: Friedensseminar Meißen, SAPMO-BA ZPA IV B2/14/97. Dennoch schickte die Kirchenbehörde die Oberlandeskirchenräte Ihmels und Zweynert nach Meißen. Vgl. Fernschreiben Fuchs, Stellv. d. Vors. für Inneres beim RdB Dresden, an ZK der SED, AG Kirchenfragen, Genossen Bellmann, vom 26.4.1988, a.a.O. Vgl. KiS 3/88, 124.

403 In der Aussprache während der November-Sitzung der KKL wurde kritisiert: »Die namens der Konferenz vorgetragenen Antworten auf Fragen aus der Aussprache im Plenum waren nicht alle durch die KKL gedeckt. Diese erfreuten sich jedoch besonderer Aufmerksamkeit, führten aber zu Mißverständnissen bei den staatlichen Organen.« Wie der SED-Staat stellte man fest: »Es müßte auch der Frage nachgegangen werden, wie man schweigende Synodale motivieren könnte zu reden.« Protokoll Leich-Ziegler-Karpinski vom 22.11.1988 über die 120. Sitzung der Konferenz der Ev. Kirchenleitungen in der DDR am 11./12.11.1988 in Berlin, EZA Berlin, 101/93/742.

404 Mitarbeiter für Kirchenfragen, Halle, den 19.9.1988, Information zum bisherigen Verlauf der 4. Tagung der Synode des Bundes der Evangelischen Kirchen der DDR vom 16.-20.9.1988 in Dessau mit Stand vom 18.9.1988, 22.00 Uhr, LPA Halle, IV F-2/14/373.

405 Vgl. auch Protokoll Leich-Ziegler-Karpinski vom 22.11.1988 über die 120. Sitzung der Konferenz der Ev. Kirchenleitungen in der DDR am 11./12.11.1988 in Berlin: »Die taktische Linie des KKL-Berichtes [das Verbindende zu betonen, um wieder konstruktive Gespräche zwischen Staat und Kirche zu ermöglichen] ließ sich in der Synode nicht durchhalten, weil es gegensätzliche Beurteilungen der Situationen gibt.« EZA Berlin, 101/93/742.

406 Horst Dohle berichtete 1989, Ingrid Albani (Frauenstein) und auch ihr Ehemann lehnten Gespräche mit Staatsvertretern prinzipiell ab: »Selbst die intensive politische Arbeit mit jedem einzelnen Kirchvorsteher dieser Gemeinde hat keine Veränderung der sozialismusfeindlichen Haltung der Eheleute Albani herbeiführen können.« Leiter wiss. Arbeitsgruppe, Dienstreisebericht Dohle vom 19.9.1989, BA, Abt. Potsdam, O-4, 964; auch a.a.O., O-4, 1139.

407 Stolpe hatte während der Juli-Sitzung der KKL bemerkt, »die Kirche müsse berücksichtigen, daß der Generalsekretär des ZK der KPdSU, Gorbatschow, mit seinem Programm durchgekommen sei und Veränderungen auch in der DDR notwendig wären. Die Kirche wolle den Staat nicht stürzen, sondern mithelfen, ihn zu reformieren.« Ministerium für Staatssicherheit, Information Nr. 352/88 vom 14.7.1988 über die 118. Tagung der Konferenz der Evangelischen Kirchenleitungen (KKL) in der DDR am 1./2.7.1988 in der Hauptstadt der DDR, Berlin, BStU Berlin, ZAIG, Z 3703.

408 Mit einer Analyse von seit 1980 erschienenen Schulbüchern in den Unterrichtsfächern Heimatkunde, Geschichte, Staatsbürgerkunde und Deutsch befaßte sich die BEK-Kommission für Kirchliche Arbeit mit Kindern und Konfirmanden. Vgl. Protokoll Leich-

Ziegler-Günther vom 6.9.1988 über die 119. Sitzung der Konferenz der Ev. Kirchenleitungen in der DDR am 2./3.9.1988 in Berlin, EZA Berlin, 101/93/742.

409 Dessau, den 20.9.1988, Information zur Synode des Bundes der ev. Kirchen in Dessau, SAPMO-BA ZPA IV B2/14/94; auch LPA Halle, IV F-2/14/373.

410 Vgl. hierzu auch Protokoll Leich-Ziegler-Karpinski vom 22.11.1988 über die 120. Sitzung der Konferenz der Ev. Kirchenleitungen in der DDR am 11./12.11.1988 in Berlin: »Themen wie ›Als Gemeinde leben‹ sollten nicht von der Bundessynode, sondern von den gliedkirchlichen Synoden behandelt werden. Zudem könne die Arbeitsmethode nicht als gut gewählt angesehen werden. Die Thematik hätte besser an zwei Tagen verhandelt werden sollen. [...] Da wir Kommissionen zu inhaltlichen Themen haben, müssen ihre Anliegen auf der Bundessynode verhandelt werden.« EZA Berlin, 101/93/742.

411 Berlin, 21.9.1988, Information zur Synode des Bundes der Evangelischen Kirchen in Dessau, SAPMO-BA ZPA IV B2/14/94.

412 Information zum bisherigen Verlauf der Bundessynode der evangelischen Kirchen in Dessau, von Honecker am 22.9.1988 in den Politbüroumlauf gegeben, a.a.O. Zu der zitierten Äußerung Leichs vgl. epd-Dok 43/88, 22.

413 26.9.1988, Zur Synode des evangelischen Kirchenbundes in Dessau, a.a.O. Ähnlich äußerte sich Leich nochmals am 16.11.1988 im ZDF. Vgl. Vorlage an die Dienstbesprechung, Leitungsinformation Gräfe-Stephan 6/88 vom 22.12.1988, Berichtszeitraum Oktober/November '88, Aktuelle politische Entwicklungen und Tendenzen in den Kirchen und Religionsgemeinschaften in der DDR, BA, Abt. Potsdam, O-4, 958.

414 Am 23.9.1988 hatte Gaebler gemeinsam mit Cynkiewicz mit Wilke und Höfge im Staatssekretariat für Kirchenfragen ein Gespräch geführt. Die KKL fragte danach »grundsätzlich an[.], ob der Präses bzw. das Präsidium der Synode direkte Gespräche mit dem Staatssekretariat für Kirchenfragen führen sollten. In der Debatte werden unterschiedliche Positionen vertreten über den Sinn und die Legitimität solcher Gespräche vor einer Tagung. Es wird verabredet, daß die Frage, wer die Außenvertretung des Bundes wahrzunehmen hat, im Vorstand noch einmal geprüft und dann erneut auf die Tagesordnung der Konferenz gesetzt wird. Dabei wird festgestellt, daß die Aussprache nicht als Mißtrauen für die kirchlichen Gesprächspartner zu werten ist, sondern grundsätzlichen Charakter trägt.« Protokoll Leich-Ziegler-Günther vom 6.9.1988 über die 119. Sitzung der Konferenz der Ev. Kirchenleitungen in der DDR am 2./3.9.1988 in Berlin, EZA Berlin, 101/93/742. Vgl. jedoch Protokoll Leich-Ziegler-Doyé vom 18.9.1988 über die 214. Sitzung des Vorstands der Konferenz der Ev. Kirchenleitungen am 16.9.1988 in Dessau: »Es bleibt bei der bisherigen Praxis, daß das Präsidium der Bundessynode Synodalangelegenheiten selbst mit staatlichen Stellen verhandeln kann. Das schließt in speziellen Fällen vorherige Verständigung mit dem Vorstand oder dem Sekretariat nicht aus.« EZA Berlin, 101/93/751.

415 Vgl. auch Protokoll Riese vom 12.12.1988 der 19. Sitzung des Präsidiums der Bundessynode am 29.9.1988 in Berlin: Gaebler wertete:»Im nachhinein haben sich staatliche Ängste und auch eigene Befürchtungen im Blick auf Aktionen von Ausbürgerungswilligen während der Tagung in Dessau als unbegründet erwiesen. Trotz der erhöhten inhaltlichen Anforderungen [...] ist die Tagung insgesamt zeitlich und organisatorisch gut verlaufen.« EZA Berlin, 101/93/713.

416 Vermerk Heidingsfeld über die Zusammenkunft der Beratergruppe am 12.10.1988, EZA Berlin, 4/92/20. Vgl. auch die positive Wertung Gaeblers vor dem KKL-Vorstand, Protokoll Leich-Ziegler-Doyé vom 18.10.1988 über die 215. Sitzung des Vorstandes der Konferenz der Ev. Kirchenleitungen am 13.10.1988 in Berlin, EZA Berlin, 101/93/751.

417 Protokoll Leich-Ziegler-Karpinski vom 22.11.1988 über die 120. Sitzung der Konferenz der Ev. Kirchenleitungen in der DDR am 11./12.11.1988 in Berlin, EZA Berlin, 101/93/742.

418 Die Gastvorlesung vom 21.9.1988 ist abgedruckt bei M. Stolpe, Den Menschen Hoffnung geben, 161-175; unter dem Titel »Christen und Kirche im Dialog ...« auch unge-

kürzt in epd-Dok 43/88, 69-80. Eingeladen hatte die Sektion Theologie, vor der Stolpe den Vortrag auch hielt. Vgl. Staatssekretär für Kirchenfragen, Information Löffler vom 10.10.1988 zum Vortrag von Manfred Stolpe an der Greifswalder Ernst-Moritz-Arndt-Universität am 21.9.1988, BA, Abt. Potsdam, O-4, 1025. Im November 1988 legte Zeddies dem KKL-Vorstand die Planung für eine »Zweite Konsultation zum christlich-marxistischen Dialog« vor. Als Hauptthema war die Fragestellung »Was besagt die marxistische These vom humanistischen Gehalt des Christentums? (Gemeinsamkeiten und Unterschiede)« vorgesehen. Der Vorschlag fand die Zustimmung des KKL-Vorstands. Vgl. Protokoll Leich-Ziegler-Doyé vom 2.12.1988 über die 216. Sitzung des Vorstands der Konferenz der Ev. Kirchenleitungen am 30.11.1988 in Berlin, EZA Berlin, 101/93/751. Bei zwei Enthaltungen stimmte die KKL dem Vorhaben zu. Vgl. Protokoll Leich-Ziegler-Küntscher vom 17.1.1989 über die 121. Tagung der Konferenz der Evangelischen Kirchenleitungen in der DDR am 13./14.1.1989 in Berlin, EZA Berlin, 101/93/743. Vgl. auch Protokoll Demke-Ziegler-Zeddies/Doyé vom 20.6.1989 der 223. Sitzung des Vorstandes am 15.6.1989 in Berlin: »Der Ausschuß ›Kirche und Gesellschaft‹ plant vom 26.-28.1.1990 eine Weiterführung bisheriger Gespräche zwischen Christen und Marxisten (Zingst II). [...] Der Vorstand *stimmt zu*«. EZA Berlin, 101/93/752.

419 Schreiben Löffler an Prof. Gerhard Engel, Stellvertreter des Ministers für Hoch- und Fachschulwesen, vom 5.10.1988, BA, Abt. Potsdam, O-4, 1025.

420 Ebd.

421 M. Stolpe, Den Menschen Hoffnung geben, 174.

422 epd-Dok 43/88, 71.

423 Vgl. M. Stolpe, Den Menschen Hoffnung geben, 162.

424 Im Frühjahr 1988 verstarb Bellmanns Vorgänger Willi Barth. Ziegler schrieb am 9.5.1988 an Bellmann: »Der Entschlafene hatte während der langen Jahrzehnte seiner verantwortungsvollen Stellen häufige Arbeitsverbindungen zu unseren Kirchenleitungen und zu einzelnen kirchlichen Mitarbeitern. Dabei schätzten wir an ihm sein Verständnis für unsere Anliegen, seine offenherzige freimütige Art der Verhandlungen und seine unbürokratische Hilfe in manchen Notständen. In alledem erkannten wir sein Bemühen, zur Erreichung konstruktiver Beziehungen zwischen Staat und Kirche in der Deutschen Demokratischen Republik beizutragen. Es liegt uns daran, Ihnen dies in den Tagen des Abschieds von ihm zu bezeugen.« EZA Berlin, 101/93/14.

425 Staatssekretär für Kirchenfragen, Information Löffler vom 10.10.1988 zum Vortrag von Manfred Stolpe an der Greifswalder Ernst-Moritz-Arndt-Universität am 21.9.1988, BA, Abt. Potsdam, O-4, 1025.

426 Vgl. Protokoll Leich-Ziegler-Karpinski vom 22.11.1988 über die 120. Sitzung der Konferenz der Ev. Kirchenleitungen in der DDR am 11./12.11.1988 in Berlin, EZA Berlin, 101/93/742; Protokoll Riese vom 12.12.1988 der 19. Sitzung des Präsidiums der Bundessynode am 29.9.1988 in Berlin, EZA Berlin, 101/93/713.

427 Abteilung V, Vermerk Bein vom 18.8.1988 über ein Gespräch des Hauptabteilungsleiters, Genossen Heinrich, mit dem Leiter des Sekretariats des BEK in der DDR, OKR Ziegler, am 16.8.1988, BA, Abt. Potsdam, O-4, 970. Vgl. auch Vermerk Ziegler vom 17.8.1988 über ein Gespräch in der Dienststelle des Staatssekretärs für Kirchenfragen am 16.8.1988, 15.00 Uhr bis 16.45 Uhr. Demnach sagte Heinrich: »Die internationalen Repräsentanten seien Gäste in der DDR und werden von staatlicher Seite geschützt werden. Alle Störungsversuche werden unnachsichtig und konsequent unterbunden werden.« EZA Berlin, 101/93/7.

428 Vgl. auch Aktenvermerk über ein Gespräch mit Generalsuperintendent Dr. Krusche am 2.9.1989 im Sektor Kirchenfragen, BA, Abt. Potsdam, O-4, 1192.

429 Vgl. Vermerk über ein Gespräch des Leiters des Sektors Kirchenfragen, Genossen Dr. Mußler, mit Stadtjugendpfarrer W. Hülsemann und Stadtjugendwart M. Birthler am 16.9.1988: »Hülsemann informierte über eine Beratung, die am 16.9.1988 unter Leitung des Bischofs im Konsistorium stattfand. Teilnehmer dieser Beratung waren Mit-

glieder der Gemeinden, die Stationen des Pilgerweges sein sollten, das Stadtjugendpfarramt und Vertreter der vorbereitenden Gruppen. Im Ergebnis dieser Beratungen wurde entschieden, den Pilgerweg nicht durchzuführen. Geplant sei jetzt ein Gottesdienst in der Sophienkirche. Diese Entscheidung werde von allen an der Vorbereitung Beteiligten bedauert.« BA, Abt. Potsdam, O-4, 1192. Vgl. auch Aktenvermerk über ein Gespräch des Leiters des Sektors Kirchenfragen, Genossen Dr. Mußler, mit Pfarrer G. Gartenschläger am 15.9.1988, BA, Abt. Potsdam, O-4, 767. Vgl. KiS 5/88, 210.

430 Arbeitsgruppe Kirchenfragen, Vermerk Bellmann vom 21.9.1988 für Genossen Jarowinsky, SAPMO-BA ZPA IV B2/14/21. Vgl. hierzu auch W. Rüddenklau, Störenfried, 190: »Die Berlin-Brandenburgische Kirche ordnete sich dem Verbot des Pilgermarsches unter. [...] Nicht einmal ein von der Weltwirtschaftsgruppe gestalteter Gottesdienst war schließlich möglich. In den ersatzweise von mehreren Pfarrern durchgeführten Gottesdiensten konnte man erstaunliche Töne hören, etwa, daß die Regierungen der 3. Welt selbst an der Schuldenkrise schuld seien.«

431 Vermerk Heidingsfeld über die Zusammenkunft der Beratergruppe am 12.10.1988, EZA Berlin, 4/92/20. Vgl. dazu auch U. v. Hehl/W. Tischner, Die katholische Kirche in der SBZ/DDR 1945-1989 (Expertise Enquete-Kommission).

432 Vermerk Heidingsfeld über die Zusammenkunft der Beratergruppe am 12.10.1988, EZA Berlin, 4/92/20. Vgl. auch Heidingsfeld an Hammer vom 17.10.1988: »Die ausführliche Beschäftigung mit den Vorgängen vom 10.10. [...] in der Beratergruppe hat auch – wieder einmal – deutlich gemacht, welche Sorgen die Brüder vom Kirchenbund gelegentlich der Fernsehberichterstattung bei uns über kirchliche Vorgänge in der DDR haben. Ich habe Bruder Kruse vorgeschlagen (und er hat dem zugestimmt), die Intendanten von ARD und ZDF mit zwei/drei leitenden KKL-Mitgliedern an einen Tisch zu bringen. Es könnte (denke ich) nützlich sein, wenn die Intendanten einmal mit Betroffenen aus der DDR über Wahrnehmung und Auswirkungen der kirchenbezogenen DDR-Berichterstattung ihrer Sender sprechen.« A.a.O.

433 Vgl. hierzu bereits Abt. II, Information Röfke vom 4.7.1988 über ein Gespräch des Stellv. Leiters des Presseamtes, Genossen Müller, mit Propst Furian am 29.6.1988 im Presseamt: »Propst Furian nahm den Standpunkt des Presseamtes zur Kenntnis. Es gab keine Erörterung der beeinspruchten Passagen. Propst Furian wies lediglich darauf hin, daß der Vorwurf des Presseamtes, die ›Kirche‹ mische sich in Angelegenheiten des Staates ein, die Notwendigkeit der Klärung nach dem aus kirchlicher Sicht unverzichtbaren Gesellschaftsbezug der ›Frohen Botschaft‹ deutlich mache.« BA, Abt. Potsdam, O-4, 996; vgl. auch Vermerk über ein Gespräch des Stellvertreters des Oberbürgermeisters für Inneres, Genossen Stadtrat Hoffmann, mit dem Chefredakteur der Zeitung »Die Kirche«, Herrn Pfarrer Thomas, am 26.8.1988, a.a.O.; Schreiben RdB Potsdam, Stellv. d. Vors. f. Inneres, M. Selinger, an Staatssekretär Löffler vom 15.9.1988, BA, Abt. Potsdam, a.a.O. Ende September 1988 hielt das Staatssekretariat für Kirchenfragen fest, die für die Kirchenzeitungen 1962 ausgestellten Lizenzurkunden sähen einen religiösen, innerkirchlichen Charakter für diese Presseorgane vor. Daran hätten sich die Blätter auch jahrzehntelang gehalten: »Die Behandlung und Darstellung von Themen zu Fragen des Glaubens, der Theologie, der Arbeit der Kirchengemeinden, kirchlicher Gremien sowie kirchlicher Einrichtungen war der ausschließliche Inhalt dieser Organe.« Einen Anspruch auf politische Einflußnahme habe es nicht gegeben. Dies habe sich seit dem Herbst 1987 geändert. Im Gespräch mit Leich am 10.8.1988 habe Löffler auf diese Abweichungen von den Grundlagen aufmerksam gemacht, was dazu führte, daß »Glaube und Heimat«, die »Potsdamer Kirche« und auch »Der Sonntag« ihre Berichterstattung dem Geforderten anpaßten. Dies gelte für die »Mecklenburgische Kirchenzeitung«, »Die Kirche« sowie »ena« nicht. Deshalb sollte eine weitere Aussprache mit Leich stattfinden. Vgl. Berlin, 26.9.1988, Zur Situation der kirchlichen Presse und Begleitschreiben Löffler an Jarowinsky vom gleichen Tag, a.a.O. Vgl. auch das Protestschreiben von Bischof Rogge an Löffler vom 10.10.1988, der sich im Auftrag der Kirchenleitung Görlitz – die hatte allerdings bereits am 21.9.1988 einen entsprechenden Beschluß gefaßt –

über das bereits fünfte Verbot des Erscheinens der Wochenzeitung »Die Kirche« im Jahr 1988 beklagte: »Da die 4. Seite einer jeden Ausgabe der genannten Wochenzeitung in unserem Kirchengebiet Görlitzer Beiträge enthält, sind nicht ausgelieferte Nummern für viele Gemeindeglieder besonders spürbar. [...] Wir bitten Sie, sehr verehrter Herr Staatssekretär, darauf hinzuwirken, daß künftig eine ungehinderte Berichterstattung der Kirchenzeitungen über Lebensfragen in unserer Gesellschaft möglich wird und die kirchliche Presse ihrer Pflicht nachkommen kann, die Gemeinden über alle wichtigen Ereignisse im Leben der Kirche zu informieren. [...] Wir würden uns freuen, wenn auch in der Medienpolitik der am 6. März 1978 begonnene und inzwischen bewährte Weg fortgesetzt werden könnte.« A.a.O. Reglementierende Gespräche mit dem Chefredakteur der »Mecklenburgischen Kirchenzeitung«, Beste, dokumentieren RdB Schwerin, Kirchenfragen, Aktenvermerk Franze, ltd. Mitarbeiter, vom 15.9.1988, über Gespräch mit Chefredakteur Pastor Beste im Auftrag des Presseamtes vom 14.9.1988 (der staatliche Einspruch erfolgte ohne Begründung; »Beste erwiderte darauf, eine generelle Zusage über die Vermeidung bestimmter politisch brisanter Darstellungen in der »Mecklenburgischen Kirchenzeitung« könne er nicht geben, ebenso wolle er nicht eine Absprache mit den staatlichen Organen treffen, über bestimmte Dinge nicht zu schreiben«) sowie RdB Schwerin, Stellv. des Vorsitzenden für Inneres, Information Schwoerke vom 10.10.1988 zum Gespräch mit dem Chefredakteur der »Mecklenburgischen Kirchenzeitung«, Pastor Beste, am 10.10.1988: »In diesem Zusammenhang äußerte Beste, wie wohl damit die Forderung der Verfassung zur Freiheit der Presse in Übereinstimmung zu bringen ist.« A.a.O. Im Dezember 1988 bemerkte das Staatssekretariat für Kirchenfragen, weiterhin bereiteten die Chefredakteure Thomas (»Die Kirche«) und Beste (»Mecklenburger Kirchenzeitung«) Probleme, indem sie auf einen Konfrontationskurs setzten. Hingegen berichteten die anderen Zeitungen, auch »Der Sonntag«, nunmehr ausgewogen. Der Ost-CDU-Mann Gottfried Müller (»Glaube und Heimat«) bemühe sich sogar »in seinen Kommentaren verstärkt um die Verbreitung realistischer Positionen«. Vorlage an die Dienstbesprechung, Leitungsinformation Gräfe-Stephan 6/88 vom 22.12.1988, Berichtszeitraum Oktober/November '88, Aktuelle politische Entwicklungen und Tendenzen in den Kirchen und Religionsgemeinschaften in der DDR, BA, Abt. Potsdam, O-4, 958. Zur Zensur der Kirchenpresse in der DDR vgl. auch die Berichterstattung im Westen, z. B. FAZ vom 9./10.8.1988, 19.9.1988 und »Die WELT« vom 11.8.1988 u. ö.

434 Wegen der Zensur der Kirchenpresse hatte es bereits Protestschreiben von Gemeindegliedern gegeben. Vgl. z. B. Eingabe Thomas Kibat, Brandenburg, an Honecker vom 28.9.1988, Betr.: Zensierung der evangelischen Wochenzeitschrift »Die Kirche«: »Es darf doch nicht sein, daß eine Zeitung nur deshalb verboten wird, weil in ihr Artikel von Synoden oder Kirchentagen der evangelischen Kirche in der DDR stehen, auf denen sich Christen mit real existierenden Problemen in der DDR befassen. Schwierigkeiten wie das Ausreiseproblem oder Umweltschutzprobleme können nur dann bewältigt werden, wenn man offen und ehrlich darüber reden kann. Diese Probleme werden nicht dadurch beseitigt, daß man Kirchenzeitungen verbietet. Sie, Herr Generalsekretär, haben uns Christen immer wieder das Recht auf Meinungs- und Religionsfreiheit zugesichert. Diese Rechte sind uns auch in der Verfassung garantiert. Trotzdem verletzen staatliche Behörden diese Rechte, wenn sie Zeitungen der evangelischen Kirche verbieten. Immer wieder kann ich in Zeitungen wie z. B. dem ›Neuen Deutschland‹ lesen, wie empört unsere Regierung ist, wenn in Südafrika oder Chile progressive Zeitungen verboten werden. Solche Artikel sollten solange nicht genehmigt werden, solange auch in der DDR Zeitungen verboten werden.« BA, Abt. Potsdam, O-4, 996.

435 Vermerk Heidingsfeld über die Zusammenkunft der Beratergruppe am 12.10.1988, EZA Berlin, 4/92/20.

436 Vermerk Moormann, Sekretariat Staatssekretär, Anruf von Konsistorialpräsident Stolpe am 12.10., 8.00 Uhr. Der Vermerk wurde zur Kenntnisnahme an Jarowinsky weitergeleitet. BA, Abt. Potsdam, O-4, 999. Vgl. auch Protokoll Leich-Ziegler-Doyé vom

18.10.1988 über die 215. Sitzung des Vorstandes der Konferenz der Ev. Kirchenleitungen am 13.10.1988 in Berlin: »Dabei begrüßt er [Stolpe], daß es zu keinen Haftbefehlen gekommen ist, und verweist auf die besondere Rolle von kirchlichen Mitarbeitern und auf die Rolle der Journalisten.« EZA Berlin, 101/93/751.

437 Vgl. Konzeption vom 28.9.1988 für das Gespräch der Genossen Staatssekretäre, Kurt Löffler, Dr. Kurt Kleinert, und des Leiters des Presseamtes, Dr. Kurt Blecha, mit dem Vorsitzenden der Konferenz der Evangelischen Kirchenleitungen in der DDR, Landesbischof Dr. Werner Leich, BA, Abt. Potsdam, O-4, 996.

438 Das Politbüro hatte Stoph und Jarowinsky mit einer Überprüfung der Lizenzen für die Kirchenpresse beauftragt. Nach Beendigung dieser Aufgabe sollte Löffler ein Gespräch mit dem BEK führen. Vgl. Politbürobeschluß vom 20.9.1988, Punkt 18, SAPMO-BA ZPA J IV 2/2/2295.

439 Information Kurt Löffler-Kurt Blecha vom 13.10.1988 über ein Gespräch des Staatssekretärs für Kirchenfragen, Genossen Kurt Löffler, und des Leiters des Presseamtes, Genossen Dr. Kurt Blecha, am 13.10.1988 mit dem Vorsitzenden der Konferenz der Evangelischen Kirchenleitungen in der DDR, Landesbischof Dr. Werner Leich, über Fragen der kirchlichen Pressearbeit, BA, Abt. Potsdam, O-4, 996; Jarowinsky reichte den Text Honecker weiter, der ihn am 14.10.1985 in den Politbüroumlauf gab. SAPMO-BA ZPA J IV 2/2A/3165.

440 Schnellinformation des Sekretariats des Bundes der Evangelischen Kirchen in der DDR vom 13.10.1988 mit Begleitschreiben Ziegler an Löffler vom 14.10.1988, BA, Abt. Potsdam, O-4, 996. Vgl. auch Protokoll Leich-Ziegler-Karpinski vom 22.11.1988 über die 120. Sitzung der Konferenz der Ev. Kirchenleitungen in der DDR am 11./12.11.1988 in Berlin: »Das Gespräch am 13.10.1988 brachte keine Annäherung der Standpunkte.« EZA Berlin, 101/93/742.

441 Vgl. Auszug aus dem Protokoll der Sitzung des Politbüros des ZK der SED vom 18.10.1988, Punkt 15, SAPMO-BA ZPA J IV 2/2/2299. Dieser Entschluß mag auch auf die Äußerungen von Chefredakteur Beste (Mecklenburgische Kirchenzeitung) zurückzuführen sein, er nehme notfalls in Kauf, wöchentlich zum Rapport zu erscheinen. Vgl. RdB Schwerin, Kirchenfragen, Aktenvermerk Franze, ltd. Mitarbeiter, vom 15.9.1988, über Gespräch mit Chefredakteur Pastor Beste im Auftrag des Presseamtes vom 14.9.1988, BA, Abt. Potsdam, O-4, 996; auch Aktenvermerk Beste vom 15.9.1988 Betr.: MKZ Nr. 38 zum 18.9.1988, EZA Berlin, 101/93/121; Schreiben Oberkirchenrat Schwerin an Stoph vom 16.9.1988, a.a.O. sowie RdB Schwerin, Stellv. des Vorsitzenden für Inneres, Information Schwoerke vom 10.10.1988 zum Gespräch mit dem Chefredakteur der Mecklenburgischen Kirchenzeitung, Pastor Beste, am 10.10.1988, BA, Abt. Potsdam, O-4, 996.

442 Staatssekretär für Kirchenfragen, Information Kurt Löffler vom 19.10.1988 über ein Gespräch mit Konsistorialpräsident Manfred Stolpe am 19.10.1988 in der Dienststelle des Staatssekretärs, BA, Abt. Potsdam, O-4, 995.

443 Es handelte sich wohl nochmals um Proteste wegen der Kirchenzeitungen. Vgl. Aktenvermerk über ein Gespräch des Leiters des Sektors Kirchenfragen, Genossen Dr. Mußler, mit Generalsuperintendent Dr. Krusche am 19.10.1988, BA, Abt. Potsdam, O-4, 995; auch SAPMO-BA ZPA IV B2/14/3.

444 Staatssekretär für Kirchenfragen, Information Löffler vom 19.10.1988, BA, Abt. Potsdam, O-4, 995.

445 Dem Berliner Bischof hatte mit Schreiben vom 6.10.1988 Staatssekretär Löffler zu seinem 65. Geburtstag gratuliert: »In Ihrem verantwortungsvollen Amt [...] haben Sie an der Gestaltung offener, verfassungsgerechter, von gegenseitiger Achtung und Verständnis geprägter Beziehungen zwischen Staat und Kirche in der Deutschen Demokratischen Republik mitgewirkt. [...] Ich bin gewiß, daß Sie sich auch weiterhin für die besonnene Fortführung des Weges des 6. März 1978 einsetzen werden«. BA, Abt. Potsdam, O-4, 2712. Zu Forcks Geburtstag vgl. auch Protokoll Leich-Ziegler-Kupas vom 5.9.1988 über die Sondersitzung des Vorstands am Abend des 2.9.1988 (KKL), EZA

Berlin, 101/93/751. Auch Ministerpräsident Stoph gratulierte dem Bischof. Vgl. Forcks Antwortschreiben vom 21.10.1988: »Es war mir eine Ehre und Freude, daß Sie mir zu meinem 65. Geburtstag gratuliert haben. Eine sachliche Gestaltung der Beziehungen zwischen Staat und Kirche in meinem Verantwortungsbereich ist mir in der Tat sehr wichtig. Ich hoffe sehr darauf, daß auch künftig manche wichtige Fragen in Gesprächen mit Vertretern des Staates sich klären lassen.« BA, Abt. Potsdam, O-4, 2712. Vgl. auch das Dankesschreiben Hempel an Stoph vom 20.4.1989 für dessen Glückwünsche zum 60. Geburtstag des sächsischen Bischofs: »Es hat mich bewegt, daß Sie an ein so vergängliches Ereignis gedacht und mir eine gewisse Charakterisierung meiner Bemühungen übersandt haben.« BA, Abt. Potsdam, O-4, 2713.

446 Vgl. Vermerk Heidingsfeld über die Zusammenkunft der Beratergruppe am 12.10.1988, EZA Berlin, 4/92/20. Vgl. auch Protokoll Leich-Ziegler-Karpinski vom 22.11.1988 über die 120. Sitzung der Konferenz der Ev. Kirchenleitungen in der DDR am 11./12.11.1988 in Berlin, EZA Berlin, 101/93/742. Vgl. die Texte der Ökumenischen Versammlung Magdeburg in epd-Dok 52/88.

447 Vgl. U. Haese, Überlegungen zur Haltung der katholischen Kirche in der DDR gegenüber der Wehrdienstfrage, in: KZG 7 (1994), 236-263.

448 Vgl. Vermerk Heidingsfeld vom 6.12.1988 über die Zusammenkunft der Beratergruppe am 1.12.1988, EZA Berlin, 4/92/20.

449 Vgl. Abt. II, Wilke, Umlauf vom 20.7.1988 für die Bezirksbeauftragten, BA, Abt. Potsdam, O-4, 970.

450 Information Löffler vom 18.8.1988, a.a.O.

451 Vermerk Krauß er über Beratung bei Genossen Jarowinsky am 28.9.1988, SAPMO-BA ZPA IV B2/14/9.

452 Vgl. auch Auszüge aus dem wichtigen Beschluß der Arbeitsgruppe 1 »Theologische Grundlegung«, »der wesentlich von Propst Falcke verfaßt ist und die ganze Strategie und offen feindliche Plattform deutlich werden läßt«. SAPMO-BA ZPA IV B2/14/172.

453 Vgl. auch Magdeburg, Okt. 1988, Zusammenfassung der gesellschaftspolitisch relevanten Gesichtspunkte in den Vorlagen der 13 Arbeitsgruppen, SAPMO-BA ZPA IV B2/14/172. Vgl. auch die Textentwürfe der Arbeitsgruppen in epd-Dok 52/88; 6/89 und zusammenfassend in epd-Dok 6a/89.

454 Diesen Sachverhalt deutete Peter Kraußer folgendermaßen: »Hierbei ist vor allem auffällig, daß ›Stellvertreter‹ für solche Positionen vorgeschickt werden und sich die Bischöfe und Kirchenleitungen im Hintergrund halten, um Handlungsspielraum zu haben.« SED-BL Halle, Schreiben Mitarbeiter für Kirchenfragen an Achim Böhme vom 28.2.1989, LPA Halle, IV F-2/14/367.

455 Berlin, 13.10.1988, Information zur »Ökumenischen Versammlung für Gerechtigkeit, Frieden und Bewahrung der Schöpfung« in Magdeburg, SAPMO-BA ZPA IV B2/14/172.

456 Es handelte sich um das Material der Arbeitsgruppe 3. Vgl. Arbeitsstab 2, Ökumenische Versammlung für Gerechtigkeit, Frieden und Bewahrung der Schöpfung, 4. Tagesinformation vom 10.10.1988, a.a.O.

457 Ebd.

458 Vermerk Kraußer über Beratung bei Genossen Jarowinsky am 13.10.1988, SAPMO-BA IV B2/14/9.

459 Kirche – Mit den Menschen und für die Menschen, Hirtenbriefe der katholischen Berliner Bischofskonferenz vom 14.9.1988, in epd-Dok 52/88, 73-78.

460 Vermerk Kraußer über Beratung bei Genossen Jarowinsky am 19.10.1988, SAPMO-BA ZPA IV B2/14/9.

461 Die Tagung war für den 12.-20.11.1988 in Buckow vorgesehen und trug das Thema »Die Axt ist dem Baum an die Wurzel gelegt – Wie begegnen wir der Herausforderung, ein friedensfähiges und Frieden schaffendes Europa zu bauen?«. Vgl. Staatssekretär für Kirchenfragen, Information Löffler vom 14.11.1988, BA, Abt. Potsdam, O-4, 970.

462 Vgl. Vermerk Kraußer über Beratung bei Genossen Jarowinsky am 26.10.1988, SAPMO-BA ZPA IV B2/14/9.

463 Vgl. Staatssekretär für Kirchenfragen, Information Löffler vom 14.11.1988, BA, Abt. Potsdam, O-4, 970. Dort auch Schilderung der Vorgeschichte der Tagung. Auch Leich führte mit Löffler diesbezüglich ein Gespräch. Der KKL-Vorstand bat seinen Vorsitzenden, zusätzlich noch ein Protestschreiben an den Staatssekretär zu richten. Die ESG hatte beklagt, nunmehr seien 12 000 DDR-Mark Leerbettengeld zu zahlen. Vgl. Protokoll Leich-Ziegler-Kupas vom 15.11.1988 der Sondersitzung des Vorstands am Abend der Konferenz am 11.11.1988, EZA Berlin, 101/93/751. Vgl. auch Gedächtnisprotokoll Ziebarth über ein Gespräch in der Dienststelle des Staatssekretariats für Kirchenfragen am 13.12.1988, 10.00-12.30 Uhr: »Ziebarth gibt zunächst seiner tiefen Enttäuschung über die Absage der Konferenz Ausdruck. [...] Die Absage sei völlig unerwartet gekommen und stelle in der Kurzfristigkeit einen grob unfreundlichen Akt dar. [...] Insbesondere sei diese Absage eine schwere Belastung für weitere Gespräche mit dem Staatssekretariat, da man nicht mehr genau wisse, ob man sich in Zukunft auf Zusagen der staatlichen Seite auch verlassen könnte. Das gestörte Vertrauen empfände er als besonders schwerwiegend.« EZA Berlin, 101/93/8. Vgl. Süddeutsche Zeitung vom 14.11.1988, Tagesspiegel vom 15.11.1988 und »Die WELT« vom 14.11.1988.

464 Vgl. auch Protokoll Leich-Ziegler-Karpinski vom 22.11.1988 über die 120. Sitzung der Konferenz der Ev. Kirchenleitungen in der DDR am 11./12.11.1988 in Berlin, EZA Berlin, 101/93/742. Vgl. hierzu auch Vermerk Kupas vom 11.4.1988 über ein Gespräch in der Dienststelle des Staatssekretärs für Kirchenfragen am 6.4.1988, EZA Berlin, 101/93/7. Vgl. auch Protokoll Leich-Ziegler-Kupas vom 20.4.1988 über die 209. Sitzung des Vorstands am 13.4.1988 in Berlin: »Der Vorstand bittet [...] den Leiter des Sekretariats, an den Staatssekretär für Kirchenfragen heranzutreten mit der Bitte, die Informationsgespräche nunmehr unverzüglich in Gang zu bringen.« EZA Berlin, 101/93/750. Vgl. auch Vermerk Ziegler vom 15.5.1988 über ein Gespräch in der Dienststelle des Staatssekretärs für Kirchenfragen am 12.5.1988, 10.20 Uhr bis 11.05 Uhr: »Ziegler trägt erneut die Bitte vor, die Informationsgespräche jetzt unverzüglich in Gang zu setzen.« EZA Berlin, 101/93/7.

465 Vgl. M. Stolpe, »Die DDR ist kein weißer Fleck auf der Landkarte Gottes«, in: FR vom 26.10.1988.

466 Information Kurt Löffler vom 27.10.1988 über ein Gespräch mit dem Leiter des Sekretariats des Bundes der Evangelischen Kirchen in der DDR, Oberkirchenrat Martin Ziegler, am 26.10.1988, BA, Abt. Potsdam, O-4, 970; auch SAPMO-BA ZPA IV B2/14/143.

467 Vgl. Vorlage an die Dienstbesprechung, Leitungsinformation Gräfe-Stephan 6/88 vom 22.12.1988, Berichtszeitraum Oktober/November '88, Aktuelle politische Entwicklungen und Tendenzen in den Kirchen und Religionsgemeinschaften in der DDR: »Die folgenden Tagungen der Synoden der Evangelischen Landeskirche Anhalts, der Evangelisch-Lutherischen Landeskirche Sachsens, der Evangelisch-Lutherischen Kirche in Thüringen und der Evangelisch-Lutherischen Landeskirche Mecklenburgs wurden jedoch vom Bemühen der kirchenleitenden Kräfte bestimmt, zur Beruhigung und Versachlichung der Staat-Kirche-Beziehungen beizutragen und den festen Willen zur Weiterführung des Weges vom 6. März 1978 zu bekunden. Erneut bildet die Synode der Evangelischen Kirche der Kirchenprovinz Sachsen eine Ausnahme, bei der sich die dort dominierenden politisch negativen Kräfte in inkompetenter und politisch verantwortungsloser Weise zur gesellschaftlichen Entwicklung äußerten. Auch auf der Synode der Evangelischen Landeskirche Greifswald kam es zu politisch problematischen Positionen zum politischen Dienst der Kirche. [...] Nach den Angaben des Rates des Bezirkes Halle stehen die Pröpste Abel (Halle), Treu (Wittenberg) und Schewe (Naumburg) in der Bewertung gesellschaftlicher Entwicklungen und im Verständnis des kirchlichen Auftrages deutlich auf der politisch negativen Linie von Propst Dr. Falcke und Pfarrer Schorlemmer. Damit sehen sich Bischof Dr. Demke und alle realistischen, auf Beruhigung der Situation orientierten Kräfte in der Evangelischen Kirche der Kirchenprovinz Sachsen einer starken Gruppierung gegenüber, die in der Lage ist, in kirchlichen Lei-

tungsgremien politisch negative Positionen durchzusetzen. [...] Dem Versuch von negativen Kräften im Bereich der Evangelischen Landeskirche Greifswald, Positionen der Magdeburger Tagung zu verbreiten, wurde von realistischen Vertretern Widerstand entgegengesetzt.« BA, Abt. Potsdam, O-4, 958. Vgl. auch RdB Dresden, Sektor Staatspolitik in Kirchenfragen, Lewerenz, Einschätzung vom 2.11.1988 der Herbsttagung der 22. Landessynode der Ev.-Luth. Landeskirche Sachsens (21.10.-25.10.1988 in Dresden): »Die Tagung hob sich deutlich positiv von der Bundessynode in Dessau und von der 2. Tagung der Ökumenischen Versammlung in Magdeburg ab. Das Bemühen um Beruhigung der Situation war spürbar. [...] Landesbischof Dr. Hempel [äußerte] [...] Man sollte beachten, ob das, was man sagt und wie man es sagt, vom Anderen auch verkraftet werden kann. Das würde im kirchlichen und im gesellschaftlichen Bereich gelten. [...] Bei den insgesamt sachlich verlaufenden Diskussionen traten die Synodalen Präsident Böttcher, Superintendent Kreß, Dr. Satlow und Dr. Nollau sowie OLKR Ihmels, OLKR Schlichter und OKR Rau besonders hervor.« PDS-Archiv Dresden, AR 14100. Vgl. auch RdB Dresden, Sektor Staatspolitik in Kirchenfragen, Dresden, den 24.10.1988, Tagesinformationen zur Herbsttagung der Landessynode der Ev.-Luth. Landeskirche Sachsens vom 21.-25.10.1988 in Dresden, SHStA Dresden, BT/RdB Dresden (Zwibo), 46616. Vgl. auch J. Hempel, Bewährungsfelder unseres Glaubens. Vortrag auf der Herbstsynode am 22.10.1988, in: ders., Kirche wird auch in Zukunft sein, 193-201, insbes. 198 ff.

468 Vgl. auch Vorlage an die Dienstbesprechung, Leitungsinformation Gräfe-Stephan 6/88 vom 22.12.1988, Berichtszeitraum Oktober/November '88, Aktuelle politische Entwicklungen und Tendenzen in den Kirchen und Religionsgemeinschaften in der DDR: »Trotz der Fehlorientierung durch das Vorbereitungsmaterial auf falsche politische Positionen und einzelner massiver Störversuche wurde erreicht, daß die Mehrzahl der Veranstaltungen in der Friedensdekade der evangelischen Kirchen politisch ruhig verlief«. BA, Abt. Potsdam, O-4, 958. Vgl. auch Protokoll Stauss der 5. Sitzung des 4. Ausschusses »Kirche und Gesellschaft« vom 2./3.12.1988 in Berlin: »Aus mehreren großen Städten wurde berichtet, daß die zentralen Abende schlecht besucht waren, daß das Spannende aber eher auf Gemeindeebene passierte. Die Vorbereitung sei in manchen Orten mühsam gewesen, vor allem dann, wenn sie schon im Frühjahr begonnen hat und dann eine Durststrecke durchlief. Ein starkes Informationsbedürfnis sei zur Zeit nicht festzustellen, eher der Wunsch nach Engagement, wodurch sich auch die zum Teil sehr guten Abende erklären lassen, die von Gruppen vorbereitet waren.« EZA Berlin, 101/93/52. Zur kirchlichen Vorbereitung der Friedensdekade vgl. Protokoll Leich-Ziegler-Lewek vom 3.3.1988 über die 207. Sitzung des Vorstands am 24.2.1988 in Berlin, EZA Berlin, 101/93/750; Protokoll Leich-Ziegler-Doyé/König vom 28.3.1988 über die 116. Tagung der Konferenz der Ev. Kirchenleitungen in der DDR vom 11.-13.3.1988 in Buckow (Klausurtagung), EZA Berlin, 101/93/741; Protokoll Leich-Ziegler-Kupas vom 20.4.1988 über die 209. Sitzung des Vorstands am 13.4.1988 in Berlin, EZA Berlin, 101/93/750; Protokoll Leich-Ziegler-v. Rabenau vom 26.5.1988 über die 117. Tagung der Konferenz der Ev. Kirchenleitungen in der DDR vom 13./14.5.1988 in Heiligengrabe (Bundesbesuchstage), EZA Berlin, 101/93/741; Protokoll Stolpe-Kupas-Ritter vom 1.8.1988 über die 212. Sitzung des Vorstandes am 28.7.1988 in Berlin, EZA Berlin, 101/93/750. Zum Vorbereitungsmaterial der Friedensdekade vgl. das kritische Schreiben von Levy, Vorsitzender der Synagogengemeinde Magdeburg, vom 28.12.1988, der eine Reihe von Antijudaismen bzw. antiisraelitischen Positionen in dem Text entdeckte. Vgl. EZA Berlin, 101/93/1200.

469 Vgl. SED-BL Dresden, Abteilung Staat und Recht, Information Abteilungsleiter Graff vom 19.12.1988 über kirchenpolitische Orientierungen, die Genosse Peter Kraußer, Arbeitsgruppe Kirchenfragen im ZK der SED, in einer Beratung mit den Mitarbeitern der Bezirksleitungen am 16.12.1988 in Berlin gegeben hat (Aufzeichnungen des Genossen Karich), PDS-Archiv Dresden, AR 14086.

470 Bellmann wurde zum 40. Jahrestag der DDR im Oktober 1989 der Stern der Völker-

freundschaft in Gold verliehen. Zu dieser Auszeichnung und zu seinem bevorstehenden 70. Geburtstag gratulierte dem SED-Haudegen Sekretariatsleiter Ziegler mit Schreiben vom 2.11.1989, EZA Berlin, 101/93/14.

471 Vgl. auch Niederschrift Völz-Küntscher vom 13.2.1989 über die Sitzung der Leiter der zentralen gliedkirchlichen Verwaltungsdienststellen des Bundes der Ev. Kirchen in der DDR am 25.1.1989 in Berlin, EZA Berlin, 101/93/776.

472 Vgl. auch Vorlage an die Dienstbesprechung, Leitungsinformation Gräfe-Stephan 6/88 vom 22.12.1988, Berichtszeitraum Oktober/November '88, Aktuelle politische Entwicklungen und Tendenzen in den Kirchen und Religionsgemeinschaften in der DDR: »Gleichzeitig hielten im Berichtszeitraum die gezielten Störversuche gegenüber der DDR und den anderen sozialistischen Staaten an.« BA, Abt. Potsdam, O-4, 958.

473 Vgl. auch ebd.

474 SED-BL Dresden, Abteilung Staat und Recht, Information Abteilungsleiter Graff vom 19.12.1988 über kirchenpolitische Orientierungen, die Genosse Peter Kraußer, Arbeitsgruppe Kirchenfragen im ZK der SED, in einer Beratung mit den Mitarbeitern der Bezirksleitungen am 16.12.1988 in Berlin gegeben hat (Aufzeichnungen des Genossen Karich), PDS-Archiv Dresden, AR 14086.

475 Mündlicher Bericht an das Sekretariat der Bezirksleitung der SED am 11.11.1988, PDS-Archiv Dresden, AR 14087.

476 Vgl. auch Abt. II, Berlin, den 30.1.1989, Politische Differenzierungen in den evangelischen Landeskirchen: »Die Görlitzer Kirche ist unter ihrem Bischof, der Kirchenleitung, der Synodenleitung und der Mehrzahl der mittleren und niederen Geistlichen von realistischen politischen Positionen geprägt. Die negative Gruppe um Pfarrer Havenstein hat erheblich an Einfluß verloren.« BA, Abt. Potsdam, O-4, 959.

477 Vgl. auch ebd.: »In der Greifswalder Landeskirche gehen die Mitglieder der Kirchenleitung, die Mehrheit der Geistlichen und ihre Gemeindeglieder den konstruktiven Weg des 6. März 1978 weiter und haben das auch in ihrer Synode bestätigen lassen.«

478 Die Greifswalder Kirche plante auch, Ministerpräsident Engholm, Finanzminister Stoltenberg und den Industriellen Berthold Beitz einzuladen. Vgl. RdB Rostock, Stellvertreter des Vorsitzenden für Inneres, Information Haß über ein Gespräch mit der Kirchenleitung der Greifswalder Landeskirche am 25.5.1988. Bereits hier hieß es: »Gleichzeitig bat der Bischof, daß der Staatssekretär für Kirchenfragen und der Rat des Bezirkes die Einladung annehmen möchten. Ohne deutlicher zu werden, waren in den Formulierungen des Bischofs ›Untertöne‹ enthalten, die darauf schließen lassen, daß es ihm angenehm wäre, wenn weitere Vertreter der Regierung eingeladen werden könnten.« BA, Abt. Potsdam, O-4, 1474.

479 Protokoll Leich-Ziegler-Karpinski vom 22.11.1988 über die 120. Sitzung der Konferenz der Ev. Kirchenleitungen in der DDR am 11./12.11.1988 in Berlin, EZA Berlin, 101/93/742. Vgl. auch Fernschreiben des RdB Erfurt an Löffler vom 12.10.1988, BA, Abt. Potsdam, Alt-reg; ohne Signatur.

480 Vgl. Vorlage an die Dienstbesprechung, Leitungsinformation Gräfe-Stephan 6/88 vom 22.12.1988, Berichtszeitraum Oktober/November '88, Aktuelle politische Entwicklungen und Tendenzen in den Kirchen und Religionsgemeinschaften in der DDR, BA, Abt. Potsdam, O-4, 958.

481 Vgl. auch Abt. II, Berlin, den 30.1.1989, Politische Differenzierungen in den evangelischen Landeskirchen: »In der Landeskirche Sachsen gibt es durch die Person des Bischofs und sein theologisches Profil, Mitglieder der Kirchenleitung, aber auch durch progressive Synodale, Vertreter der CFK sowie die Wirksamkeit der ›Sächsischen Bruderschaft‹ breite politisch realistische Entwicklungen, vor allem auch unter den mittleren kirchlichen Amtsträgern. In dieser Kirche sind die inneren theologischen Auseinandersetzungen sehr stark, so daß der Bischof und die Kirchenleitung viel Kraft darauf verwenden müssen, Abspaltungen zu verhindern. Die politischen Gegner nutzen diese Situation, vor allem aber auch, daß Dresden als Kunst- und Touristenstadt und Leipzig

als Messezentrum für gegen den Sozialismus gerichtete Aktionen ausgewählt wurden.« BA, Abt. Potsdam, O-4, 959.

482 Vgl. auch ebd.: »In der Kirchenprovinz Sachsen gibt es in der Kirchenleitung und unter den Pröpsten profilierte Spitzenvertreter der feindlichen Positionen, die Unterstützung auch bei aktiven Laien und in der mittleren kirchlichen Leitungsebene finden. Die vorsichtigen und zurückhaltenden Aussagen des Bischofs wurden von negativen Gruppen und Personen genutzt, haben ihn unter Druck gesetzt und zugelassen, daß in dieser Landeskirche, die in sieben Bezirken wirksam ist, sich hier ideologisch negative Zentren bilden können.«

483 Vgl. RdB Leipzig, Stellvertreter des Vorsitzenden des Rates für Inneres Leipzig, den 8.12.1988, Informationsberichterstattung Okt./Nov. 1988: »Zunehmend ist es die Nikolaikirche Leipzig, die sich zu einem Ort für organisiertes Zusammentreffen sogenannter Basisgruppen, [von] Provokateuren und Übersiedlungsersuchenden entwickelt hat. [...] Der Verlauf der Friedensgebete im Berichtszeitraum zeigt, daß es beiden Leipziger Superintendenten noch nicht ausreichend gelungen ist, auf den Verlauf und die inhaltliche Gestaltung dieser Veranstaltungen Einfluß zu nehmen. [...] In einer Aussprache am 21.10.1988 erklärte Sup. Magirius [das staatliche Gesprächsprotokoll A. Müller ist abgedruckt bei Ch. Dietrich/U. Schwabe (Hgg.), Freunde und Feinde, 225 f.; in Ch. Kaufmann u. a. (Hgg.), Sorget nicht, was ihr reden werdet fehlt jeglicher Verweis auf diese Unterredung] gegenüber dem Stellvertreter des OBM für Inneres, daß er bei seiner Haltung zu Inhalt und Form der Friedensgebete bleiben wird, auch wenn er innerkirchlich dadurch vielen Anfeindungen ausgesetzt ist. Vor diesen Leuten habe er keine Angst und könnte nur immer deutlicher die ausschließlich politisch negative Profilierung einiger Gruppen erkennen. Er habe immer die Erfahrung machen müssen, daß mit den Vertretern solcher Gruppen nicht zu reden ist, sie sich nicht disziplinieren lassen. Er vertrete den Standpunkt, daß man diese Leute staatlicherseits zur Verantwortung ziehen solle.« BA, Abt. Potsdam, O-4, 1117. Vgl. auch RdB Leipzig, Stellvertreter des Vorsitzenden für Inneres, Information Reitmann vom 3.11.1988 zum Gespräch des Stellv. d. Vors. d. Rates für Inneres mit dem Vorsitzenden des Landesausschusses Kongreß und Kirchentag in der Ev.-Luth. Landeskirche Sachsen, Herrn Cieslak, am 2.11.1988 in Vorbereitung des Kirchentagskongresses und Kirchentages der Ev.-Luth. Landeskirche Sachsens 1989 in Leipzig, SHStA Dresden, BT/RdB Dresden (Zwibo), 46617. Der Text ist abgedruckt in Ch. Dietrich/U. Schwabe (Hgg.), Freunde und Feinde, 226-228.

484 Zu den Aktivitäten des Zwickauer Pfarrers Käbisch, der u. a. im Dom St. Marien Sonntagsabendgottesdienste hielt, an denen auch zahlreiche Ausreisewillige teilnahmen und auch ihre Meinung äußern konnten, vgl. Schreiben des Vorsitzenden des RdB Karl-Marx-Stadt an Staatssekretär Gysi vom Juli 1988, BA, Abt. Potsdam, O-4, 1215. In dieser Angelegenheit führte der Staat ein Gespräch mit dem amtierenden LKA-Präsidenten Zweynert, der mit der Begründung, politisch motivierte Gottesdienste seien nicht tolerabel, zusagte, auf den Pfarrer Einfluß zu nehmen. Eine Versetzung von Käbisch lehnte er jedoch ab. Vgl. ebd. In der Versöhnungskirchengemeinde, Zwickau-Planitz, existierte eine »Friedensbibliothek«, deren Tätigkeit der Staat beanstandete. Vgl. RdB Karl-Marx-Stadt, Sektor Kirchenfragen, Aktenvermerk Sektorenleiter Müller vom 13.10.1988 über ein Gespräch des Stellvertreters des Vorsitzenden des RdB für Inneres am 13.10.1988 mit dem amtierenden Präsidenten des Evangelisch-Lutherischen Landeskirchenamtes Sachsens, Oberlandeskirchenrat Schlichter, und dem Gebietsdezernenten, Oberkirchenrat Rau, am gleichen Tag, Abschrift in BA, Abt. Potsdam, O-4, 989; auch SAPMO-BA ZPA IV B2/14/69. Vgl. auch RdB Karl-Marx-Stadt, Stellvertreter des Vorsitzenden für Inneres, S. Hoyer, an Löffler vom 7.12.1988, Einschätzung der kirchenpolitischen Situation im Bezirk für die Monate Oktober/November 1988, BA, Abt. Potsdam, O-4, 1139. Zur weiteren Entwicklung der Friedensbibliothek Zwickau vgl. auch Die kirchenpolitische Situation und Tendenzen in den Aktivitäten kirchlicher Amtsträger im Bezirk Karl-Marx-Stadt seit dem 1.10.1989, a.a.O.

485 Vorlage an die Dienstbesprechung, Leitungsinformation Gräfe-Stephan 6/88 vom 22.12.1988, Berichtszeitraum Oktober/November '88, Aktuelle politische Entwicklungen und Tendenzen in den Kirchen und Religionsgemeinschaften in der DDR, BA, Abt. Potsdam, O-4, 958. Auch im thüringischen Saalfeld gab es Verhaftungen im Zusammenhang mit einem Friedensgebet. Vgl. Protokoll Leich-Ziegler-Karpinski vom 22.11.1988 über die 120. Sitzung der Konferenz der Ev. Kirchenleitungen in der DDR am 11./12.11.1988 in Berlin, EZA Berlin, 101/93/742.

486 RdB Karl-Marx-Stadt, Stellvertreter des Vorsitzenden für Inneres, S. Hoyer, an Löffler vom 7.12.1988, Einschätzung der kirchenpolitischen Situation im Bezirk für die Monate Oktober/November 1988, BA, Abt. Potsdam, O-4, 1139.

487 Vorlage an die Dienstbesprechung, Leitungsinformation Gräfe-Stephan 6/88 vom 22.12.1988, Berichtszeitraum Oktober/November '88, Aktuelle politische Entwicklungen und Tendenzen in den Kirchen und Religionsgemeinschaften in der DDR, BA, Abt. Potsdam, O-4, 958. Zu Berlin-Brandenburg schreibt Abt. II, Berlin, den 30.1.1989, Politische Differenzierungen in den evangelischen Landeskirchen: »Die Kirche in Berlin-Brandenburg ist als Zentrum der negativen und feindlichen Aktivitäten zu charakterisieren. Hier beziehen der Bischof, leitende Vertreter des Konsistoriums und Teile der Kirchenleitung offen politisch feindliche Positionen, die Synode beschloß und verbreitete sie, und der Konsistorialpräsident versucht durch politischen Poker Einfluß zu gewinnen, der letztlich nicht der Klärung von politischen Grundfragen und der konstruktiven Entwicklung von Staat und Kirche dient. Der Berliner Generalsuperintendent steht am stärksten unter dem negativen Druck.« BA, Abt. Potsdam, O-4, 959.

488 Vgl. hierzu KiS 6/1988, 213 f. Vgl. auch G. Rein, Die protestantische Revolution, 115-118; W. Rüddenklau, Störenfried, 191-194.

489 Umweltblätter vom 16.10.1988, Teilreproduktion in W. Rüddenklau, Störenfried, 193. Bereits im Januar 1988 hatte Heinrich gegenüber Ziegler beklagt, die »Umweltblätter« unterschieden sich vom Blatt »Grenzfall« überhaupt nicht mehr: »Wenn sich dies so weiterentwickelt, sei eine Eskalation unvermeidlich.« Vermerk Ziegler vom 6.1.1988 über ein Gespräch in der Dienststelle des Staatssekretärs für Kirchenfragen am 6.1.1988, 8.00 bis 9.30 Uhr, EZA Berlin, 101/93/7.

490 Aktenvermerk über ein Gespräch des Leiters des Sektors Kirchenfragen mit Pfarrer Simon (Zionsgemeinde) am 19.10.1988, BA, Abt. Potsdam, O-4, 995.

491 Aktenvermerk über ein Gespräch des Leiters des Sektors Kirchenfragen, Genossen Dr. Mußler, mit Generalsuperintendent Dr. Krusche am 19.10.1988, a.a.O.; auch SAPMO-BA ZPA IV B2/14/43.

492 Evangelische Kirche in Berlin-Brandenburg, Der Konsistorialpräsident, Berlin, den 20.10.1988, Abschrift in BA, Abt. Potsdam, O-4, 995.

493 Information Kurt Löffler vom 28.10.1988 über ein Gespräch mit Generalsuperintendent Dr. Günter Krusche am 27.10.1988, a.a.O.; auch SAPMO-BA ZPA IV B2/14/143.

494 Information über ein Gespräch des Stellvertreters des Oberbürgermeisters für Inneres mit Propst Dr. Furian am 1.11.1988, BA, Abt. Potsdam, O-4, 995. Vgl. KiS 6/88, 252.

495 Information Löffler vom 2.11.1988 über ein Gespräch mit dem Bischof der Evangelischen Kirche in Berlin-Brandenburg, Dr. Gottfried Forck, am 1.11.1988, a.a.O.

496 Vgl. Aktenvermerk über ein Gespräch des Stellvertreters des Oberbürgermeisters für Inneres mit Generalsuperintendent Dr. Krusche am 2.11.1988, a.a.O.

497 Gemeint ist der 28.10.1988. Vgl. oben, 345 f.

498 Information Bertram Handel, Leiter des Büros des Staatssekretärs, vom 4.11.1988 über ein Gespräch des Staatssekretärs, Genossen Kurt Löffler, mit Konsistorialpräsident Manfred Stolpe am 4.11.1988; BA, Abt. Potsdam, O-4, 974; auch a.a.O., O-4, 995; auch SAPMO-BA ZPA IV B2/14/43.

499 Schreiben vom 17.11.1988, BA, Abt. Potsdam, O-4, 995.

500 »Ich verwahre mich entschieden gegen Versuche außenstehender Kreise, die Angelegenheit der Relegierung meines Stiefenkels zu einer Kampagne gegen unsern Staat

auszunutzen. Das kann einer positiven Lösung dieser Angelegenheit nur abträglich sein.« Schreiben vom 18.11.1988, a.a.O.

501 Vgl. Schreiben Günter Krusche vom 23.11.1988 an die Superintendenten bzw. ihre Stellvertreter in Berlin, SAPMO-BA ZPA IV B2/14/43. Vgl. auch Staatssekretär für Kirchenfragen, Information Kurt Löffler vom 21.11.1988 zur Veranstaltung in der Erlöserkirche Berlin-Lichtenberg am 20.11.1988, BA, Abt. Potsdam, O-4, 995; auch SAPMO-BA ZPA IV B2/14/41.

502 Staatssekretär für Kirchenfragen, Information Kurt Löffler vom 21.11.1988 zur Veranstaltung in der Erlöserkirche Berlin-Lichtenberg am 20.11.1988, BA, Abt. Potsdam, O-4, 995; auch SAPMO-BA ZPA IV B2/14/41. Die Information des Staatssekretärs beruht auf einer Einschätzung des Magistrats Berlin, Information über eine Veranstaltung am 20.11.1988 in der Erlöserkirche (Berlin-Lichtenberg), BA, Abt. Potsdam, O-4, 995. Vgl. KiS 6/88, 254.

503 Staatssekretär für Kirchenfragen, Information Kurt Löffler vom 21.11.1988 zur Veranstaltung in der Erlöserkirche Berlin-Lichtenberg am 20.11.1988, BA, Abt. Potsdam, O-4, 995; auch SAPMO-BA ZPA IV B2/14/41.

504 Aktenvermerk über ein Gespräch des Stellvertreters des Oberbürgermeisters für Inneres, Genossen Hoffmann, mit Generalsuperintendent Dr. Krusche am 23.11.1988, BA, Abt. Potsdam, O-4, 995. In dem Schreiben Krusches an die Superintendenten hieß es weiter, weitere spektakuläre Aktionen lägen nicht im Interesse der betroffenen Schüler: »Bei dieser Sachlage empfiehlt es sich, den Pfarrern bzw. Pastorinnen und Gemeindekirchenräten nahezulegen, am kommenden Sonntag derartige Veranstaltungen in Kirchen und Gemeindehäusern nicht zuzulassen. Es muß klar sein, daß alle derartigen Protestveranstaltungen, wenn sie durchgeführt werden, von der Ev. Kirche in Berlin-Brandenburg nicht verantwortet werden.« Schreiben Günter Krusche vom 23.11.1988 an die Superintendenten bzw. ihre Stellvertreter in Berlin, SAPMO-BA ZPA IV B2/14/43.

505 Staatssekretär für Kirchenfragen, Information Löffler vom 25.11.1988 über ein Gespräch mit Konsistorialpräsident Manfred Stolpe am 25.11.1988, BA, Abt. Potsdam, O-4, 995; auch SAPMO-BA ZPA IV B2/14/43.

506 Vgl. Ergänzung zu Staatssekretär für Kirchenfragen, Information Löffler vom 25.11.1988 über ein Gespräch mit Konsistorialpräsident Manfred Stolpe am 25.11.1988, BA, Abt. Potsdam, O-4, 995.

507 Vgl. Information über eine Aktivität in der evangelischen Bekenntniskirche Treptow am 27.11.1988, BA, Abt. Potsdam, O-4, 1130.

508 Vgl. RdB Dresden, Sektor Staatspolitik in Kirchenfragen, Vermerk Lewerenz vom 12.10.1988 über Gespräch des Stellvertreters des Vorsitzenden für Inneres, Genossen Fuchs, mit dem amtierenden Präsidenten des Landeskirchenamtes, Herrn Schlichter, am 12.10.1988, PDS-Archiv Dresden, AR 14089.

509 RdB Dresden, Sektor Staatspolitik in Kirchenfragen, Vermerk Lewerenz vom 25.11.1988 über Gespräch des Stellvertreters des Vorsitzenden des RdB für Inneres, Gen. Walter Fuchs, mit dem amtierenden Präsidenten des Landeskirchenamtes, OLKR Schlichter, am 25.11.1988, a.a.O.; auch BA, Abt. Potsdam, O-4, 995. Vgl. auch Ministerium für Staatssicherheit, Information Nr. 518/88 vom 28.11.1988 über die 120. Tagung der Konferenz der Evangelischen Kirchenleitungen (KKL) vom 11.-12.11.1988 im Gebäude des Sekretariats des Bundes der Evangelischen Kirchen in der DDR (BEK) in der Hauptstadt der DDR, Berlin: »Streng internen Hinweisen zufolge wurde am Rande der Beratungen der KKL insbesondere durch Vertreter aus den Bereichen der Evangelischen Landeskirchen Greifswald, Anhalts und der Kirchenprovinz Sachsen zum Ausdruck gebracht, daß man nicht gewillt sei, sich ständig mit den Berliner Querelen auseinanderzusetzen und diese zum Tagesordnungspunkt von KKL-Tagungen zu machen.« BStU Berlin, ZAIG, Z 3633.

510 Vgl. SED-BL Dresden, Hausmitteilung Abteilung Staat und Recht, Abteilungsleiter

Graff, an Modrow vom 28.11.1988, Betr.: Information (Nach einer Mitteilung von Genossen Dr. Lewerenz, RdB, Sektor Kirchenfragen), PDS-Archiv Dresden, AR 14087.
511 RdB Dresden, Sektor Staatspolitik in Kirchenfragen, Vermerk Lewerenz vom 29.11.1988, Zusätzliche Maßnahmen zur Verhinderung der Informations- und Fürbittveranstaltung in der Christuskirche Dresden-Strehlen am 27.11.1988, PDS-Archiv Dresden, AR 14089; auch BA, Abt. Potsdam, O-4, 995.
512 RdB Dresden, Sektor Staatspolitik in Kirchenfragen, Vermerk Lewerenz vom 6.12.1988 über Gespräch des Stellvertreters des Vorsitzenden für Inneres, Gen. Fuchs, mit Landesbischof Dr. Hempel am 5.12.1988, PDS-Archiv Dresden, AR 14089.
513 Vgl. auch Ministerium für Staatssicherheit, Information Nr. 518/88 vom 28.11.1988 über die 120. Tagung der Konferenz der Evangelischen Kirchenleitungen (KKL) vom 11.-12.11.1988 im Gebäude des Sekretariats des Bundes der Evangelischen Kirchen in der DDR (BEK) in der Hauptstadt der DDR, Berlin: »Aus persönlichen Gesprächen bei Begegnungen mit Vertretern von Partei und Staat habe er [Stolpe] den Eindruck gewonnen, diese Auffassung [die Kirche sei das trojanische Pferd des Klassenfeindes] werde mehrheitlich vertreten.« BStU Berlin, ZAIG, Z 3635.
514 Protokoll Leich-Ziegler-Karpinski vom 22.11.1988 über die 120. Sitzung der Konferenz der Ev. Kirchenleitungen in der DDR am 11./12.11.1988 in Berlin, EZA Berlin, 101/93/742. Zum Abschluß der Sitzung verlas Stolpe den 90. Psalm: »Herr, du bist unsere Zuflucht für und für. [...] Herr, kehre dich doch endlich wieder zu uns und sei deinen Knechten gnädig! [...] Erfreue uns nun wieder, nachdem du uns so lange plagest, nachdem wir so lange Unglück leiden.« Vgl. ebd.
515 Schreiben Konsistorialpräsident Stolpe an Löffler vom 22.11.1988, BA, Abt. Potsdam, O-4, 995. Fast ein halbes Jahr später ließ Hauptabteilungsleiter Heinrich eine Einladung Stolpes zur Teilnahme an einem Empfang anläßlich eines Besuches einer kirchlichen Delegation aus Baden unter Führung von Landesbischof Klaus Engelhardt absagen. Er notierte für eine Mitarbeiterin im Staatssekretariat, sie möge »bitte ›wegen Urlaub‹ absagen.« Randvermerk Heinrich vom 17.5.1989 unter Schreiben Stolpe vom 9.5.1989, BA, Abt. Potsdam, O-4, 1200.
516 Das Gespräch fand am 28.11.1988 statt. Vgl. Protokoll Leich-Ziegler-Doyé vom 2.12.1988 über die 216. Sitzung des Vorstands der Konferenz der Ev. Kirchenleitungen am 30.11.1988 in Berlin, EZA Berlin, 101/93/751. Vgl. auch Vertraulicher Vermerk Ziegler über das Gespräch zwischen den Leitenden Geistlichen und den Leitern der Zentralen kirchlichen Verwaltungsdienststellen am 1.12.1988, 9.00-13.00 Uhr, in Berlin, Augustsstr. 80, EZA Berlin, 101/93/776. Nach Protokoll Leich-Ziegler-Ritter über die Sondertagung der Konferenz der Evangelischen Kirchenleitungen in der DDR am 3.12.1988 in Berlin, 10.00-15.30 Uhr, EZA Berlin, 101/93/742 fand das Gespräch am 29.11.1988 statt.
517 Vgl. ebd.
518 Vertraulicher Vermerk Ziegler über das Gespräch zwischen den Leitenden Geistlichen und den Leitern der Zentralen kirchlichen Verwaltungsdienststellen am 1.12.1988, 9.00-13.00 Uhr in Berlin, Augustsstr. 80, EZA Berlin, 101/93/776.
519 Protokoll Leich-Ziegler-Ritter über die Sondertagung der Konferenz der Evangelischen Kirchenleitungen in der DDR am 3.12.1988 in Berlin, 10.00-15.30 Uhr, EZA Berlin, 101/93/742. In der Aussprache wurde konstatiert: »Das Selbstverständnis von Kirche ist offensiver geworden. Das zeigt sich z. B. im konziliaren Prozeß mit seiner Forderung nach Frieden, Gerechtigkeit und Bewahrung der Schöpfung und der daraus resultierenden Mitverantwortung für gesellschaftliche Anliegen. Dem Staat der DDR erscheint das als eine Bedrohung. [...] Es besteht eine Neigung zum Aktionismus. Es ist zu konstatieren, daß die DDR Verlierer der Öffnungspolitik von Gorbatschow ist. Hier ändert sich nichts [...] Vielmehr ist festzustellen, daß wir es mit einem retardierenden Gegenüber zu tun haben mit Reaktionen wie in den letzten 20 Jahren nicht mehr. Eingeübte Mechanismen greifen nicht mehr, jedes Anliegen ist je neu zu bedenken und zu verhandeln.« Ebd. Nach einem Vermerk des MfS stammten diese Äußerungen von Stolpe.

Vgl. Ministerium für Staatssicherheit, Von Honecker abgezeichnete Information Mielke Nr. 546/88 vom 19.12.1988 über eine Sondersitzung der Konferenz der Evangelischen Kirchenleitungen in der DDR (KKL) am 3.12.1988 in der Hauptstadt der DDR, Berlin, BStU Berlin, ZAIG, Z 3633.

520 Zur Entstehung dieses Zusammenschlusses von Umweltgruppen vgl. Vermerk Ziegler vom 15.6.1988 über ein Gespräch in der Dienststelle des Staatssekretärs für Kirchenfragen am 10.6.1988, 15.00 Uhr bis 17.20 Uhr, EZA Berlin, 101/93/7.

521 Aktenvermerk über ein Gespräch des Stellvertreters des Oberbürgermeisters für Inneres mit Konsistorialpräsident M. Stolpe am 8.12.1988, BA, Abt. Potsdam, O-4, 995. Hoffmann übersandte das Protokoll weiter an Staatssekretär Löffler. Vgl. a.a.O.

522 Ende April 1988 gestand Krusche zu, es sei für die Kirchenleitung schwer, »gegen Beschlüsse von Gemeindekirchenräten aufzutreten. Der GKR Treptow stehe beispielsweise hinter den Aktivitäten von Pfarrer Hilse. Hier sei mit Administration wenig zu machen. Darüber hinaus sei es gegenwärtig kompliziert, für Verbote in der Kirchenleitung Mehrheiten zu finden.« Information über ein Gespräch des Stellvertreters des Oberbürgermeisters für Inneres, Genossen Hoffmann, mit Generalsuperintendent Dr. Krusche und Oberkonsistorialrat Pettelkau am 27.4.1989, BA, Abt. Potsdam, O-4, 974.

523 Stolpe verwies als Beleg auf Krusches Beitrag in den »Lutherischen Monatsheften« (LM 27 [1988], 494-497) und auf seine Rede zum 15jährigen Bestehen des Sonderbauprogramms. Unter der Überschrift »Eine Wiedervereinigung wird nicht stattfinden« abgedruckt bei G. Rein, Die protestantische Revolution, 122 f. Der Konsistorialpräsident sagte zu diesem Stichwort: »Niemand weiß heute, was aus Europa wird und in welchen künftigen europäischen Verbänden sich die deutschen Staaten in fünfzig Jahren befinden werden. Doch eindeutig bleibt für jedes sorgfältige Nachdenken, daß es eine Neuauflage des Bismarckreiches nicht geben wird. Die evangelischen Kirchen sollten mithelfen, das Grundgesetz der Bundesrepublik realpolitisch neu zu interpretieren.« A.a.O., 123.

524 Information über ein Gespräch des Stellvertreters des Oberbürgermeisters für Inneres, Genossen Hoffmann, mit Konsistorialpräsident M. Stolpe und Generalsuperintendent Dr. Krusche am 19.12.1988, BA, Abt. Potsdam, O-4, 1130; auch SAPMO-BA ZPA IV B2/14/43.

525 Handschriftlicher Brief vom 30.12.1988. Löffler ließ Jarowinsky am 4.1.1989 eine Abschrift zukommen. BA, Abt. Potsdam, O-4, 995.

526 Vorlage an die Dienstbesprechung, Leitungsinformation Gräfe-Stephan 6/88 vom 22.12.1988, Berichtszeitraum Oktober/November '88, Aktuelle politische Entwicklungen und Tendenzen in den Kirchen und Religionsgemeinschaften in der DDR, BA, Abt. Potsdam, O-4, 958.

527 Hauptabteilungsleiter/OLZ, Vorlage Gräfe-Stephan vom 2.2.1989 an die Dienstbesprechung am 6.2.1989, Politische Tendenzen und Entwicklungen in den Kirchen und Religionsgemeinschaften in der DDR im Jahre 1988, BA, Abt. Potsdam, O-4, 959; auch a.a.O., O-4, 1220. Vgl. auch RdB Leipzig, Stellvertreter des Vorsitzenden für Inneres, Vermerk Reitmann vom 18.1.1989 zur kirchenpolitischen Arbeit 1988, BA, Abt. Potsdam, O-4, 1117; RdB Dresden, Stellvertreter des Vorsitzenden für Inneres, Fuchs, 23.1.1989, Jahres-Analyse 1988, PDS-Archiv Dresden, AR 14087.

528 Konzeption für die Informationsgespräche mit Vertretern der Stäbe des ÖRK, des LWB, der KEK am 30.11.1988 und 1.12.1988 in Genf, BA, Abt. Potsdam, O-4, 729.

529 Hauptabteilungsleiter/OLZ, Vorlage Gräfe-Stephan vom 2.2.1989 an die Dienstbesprechung am 6.2.1989, Politische Tendenzen und Entwicklungen in den Kirchen und Religionsgemeinschaften in der DDR im Jahre 1988, BA, Abt. Potsdam, O-4, 959; auch a.a.O., O-4, 1220.

530 Vgl. auch Vermerk Ziegler vom 11.1.1989 über ein Gespräch mit dem Staatssekretär für Kirchenfragen am 6.1.1989, 13.00-13.20 Uhr: »Auf Nachfrage von Ziegler bestätigt Löffler [...] Die Sachgespräche könnten zur Zeit nicht stattfinden.« EZA Berlin, 101/93/8.

531 Vermerk Heidingsfeld über die Zusammenkunft der Beratergruppe am 1.12.1988, EZA Berlin, 4/92/20.
532 Vgl. auch Vermerk Heidingsfeld vom 7.2.1989 über die Zusammenkunft der Beratergruppe am 2.2.1989: »Das Staat-Kirche-Verhältnis: Es ist nach wie vor kompliziert (keine Sach- und Informationsgespräche; aber auf Bezirksebene ist manches möglich).« EZA Berlin, 4/92/21. Vgl. auch Hauptabteilungsleiter/OLZ, Vorlage Heinrich vom 27.3.1989 an die Dienstberatung im Umlaufverfahren, Leitungsinformation Gräfe-Stephan 2/89, Aktuelle politische Tendenzen und Entwicklungen in den Kirchen und Religionsgemeinschaften in der DDR: »Verlauf und Ergebnis der Begegnungen der Vorsitzenden der Räte der Bezirke Magdeburg und Halle mit Bischof Dr. Demke, Ev. Kirche der Kirchenprovinz Sachsen, (am 27.2.1989) bzw. Kirchenpräsident Dr. Natho, Ev. Landeskirche Anhalts, (am 14.3.1989) bringen die Bereitschaft dieser kirchlichen Leitungskräfte zum Ausdruck, dem bewährten kooperativen und konstruktiven Verhältnis zum sozialistischen Staat neue Impulse zu geben. Die Bischöfe bekräftigen die Prinzipien des 6.3.1978 und machen deutlich, daß die Übereinstimmung zwischen Staat und Kirche in der Friedensfrage ein wichtiger Ausgangspunkt für die konkrete Gestaltung ihrer Beziehungen sind. Sie heben hervor, daß die Sorge und der Einsatz für das Wohl aller unlösbar zu der gesellschaftlichen Verantwortung aus christlichem Glauben gehört. In vergleichbarer Weise positionierte sich Bischof Dr. Gienke, Ev. Landeskirche Greifswald, im Zusammenhang mit den Vorbereitungen zur Einweihung des Greifswalder Domes im Juni d. J.« BA, Abt. Potsdam, O-4, 959.
533 Vermerk Heidingsfeld vom 6.12.1988 über die Zusammenkunft der Beratergruppe am 1.12.1988, EZA Berlin, 4/92/20.
534 Vgl. ebd.
535 Vermutlich handelt es sich um Heidingsfeld: Versuch einer Einschätzung der derzeitigen Situation in der DDR, EZA Berlin, 4/91/771.
536 Vgl. Ökumenische Versammlung für Gerechtigkeit, Frieden und Bewahrung der Schöpfung, Dresden – Magdeburg – Dresden. Vgl. auch Lothar Coenen (Hg.), Unterwegs in Sachen Zukunft.
537 Vgl. Die Gemeinde braucht die Theologie – Zur Kritik der »Theologieverdrossenheit«. Stellungnahme der Theologischen Kommission des Bundes der Evangelischen Kirchen in der DDR vom Juni 1988, EZA Berlin, 101/93/816. Jetzt auch abgedruckt in: Zwischen Anpassung und Verweigerung, 76-80.
538 Vgl. Verantwortung der Christen und der Kirche in der besonderen Gemeinschaft der Deutschen – Gegliederte und ergänzte Zusammenfassung der Diskussionspunkte vom 26.9.1988, EZA Berlin, 101/93/818.
539 Vgl. Konzeption für die Informationsgespräche mit Vertretern der Stäbe des ÖRK, des LWB, der KEK am 30.11.1988 und 1.12.1988 in Genf: »Der entstellenden Berichterstattung westlicher Medien werden in der Arbeit gegenüber den Genfer Stäben kaum authentische Informationen aus der DDR entgegengesetzt.« BA, Abt. Potsdam, O-4, 729.
540 Abt. Internationale Beziehungen, Bericht Will-Handel vom 12.12.1988 über Informationsgespräche von Mitarbeitern des Staatssekretärs für Kirchenfragen mit Repräsentanten internationaler kirchlicher Organisationen vom 5.12.-7.12.1988 in Genf, BA, Abt. Potsdam, O-4, 1037.
541 Protokoll Leich-Ziegler-Kupas vom 15.11.1988 der Sondersitzung des Vorstands am Abend der Konferenz am 11.11.1988, EZA Berlin, 101/93/751.
542 Abt. Internationale Beziehungen, Bericht Will-Handel vom 12.12.1988 über Informationsgespräche von Mitarbeitern des Staatssekretärs für Kirchenfragen mit Repräsentanten internationaler kirchlicher Organisationen vom 5.12.-7.12.1988 in Genf, BA, Abt. Potsdam, O-4, 1037.
543 Vgl. auch RdB Dresden, Stellvertreter des Vorsitzenden für Inneres, Fuchs, 23.1.1989, Jahres-Analyse 1988: »Einige Amtsträger treten ausgesprochen negativ in Erscheinung. Superintendent Ziemer (Dresden), Pfarrer Gahrt (Kittlitz), Jugenddiakon Näther (Riesa), Kirchenamtsrat Heitmann (Dresden) u. a. vertreten den Standpunkt, daß eine Op-

position notwendig sei, Kirche fehlende Rechte einklagen müsse.« PDS-Archiv Dresden, AR 14087.

544 Dienstsache 1/89, Konzeption der weiteren Arbeit mit den evangelischen Kirchen in der DDR in Vorbereitung der Volkswahlen und des 40. Jahrestages der Deutschen Demokratischen Republik, BA, Abt. Potsdam, O-4, 1078; auch a.a.O., O-4, 1220. Die Vorlage, mit gewissen Abweichungen und nicht als Dienstsache 1/89 gekennzeichnet, aber mit Anlage »Maßnahmen, die durch den Staatssekretär für Kirchenfragen zu realisieren sind«, a.a.O. Vgl. auch Maßnahmeplan zu aktuellen Fragen der Anwendung, Präzisierung und Durchsetzung des sozialistischen Rechts gegenüber den Kirchen und Religionsgemeinschaften, a.a.O. Zur Intensivierung der Arbeit des Staatssekretariats vgl. auch Hauptabteilungsleiter/Operativ- und Lagezentrum, Vorschlag vom 9.1.1989 zur weiteren operativen Arbeit der Dienststelle des Staatssekretärs für Kirchenfragen gegenüber den Fachbereichen der Räte der Bezirke im Jahre 1989, BA, Abt. Potsdam, O-4, 1220.

545 Der sächsische LKA-Präsident lag Ende 1988/Anfang 1989 in Hannover im Friederikenstift (vgl. hierzu auch Protokoll Leich-Ziegler-Karpinski vom 22.11.1988 über die 120. Sitzung der Konferenz der Ev. Kirchenleitungen in der DDR am 11./12.11.1988 in Berlin, EZA Berlin, 101/93/742), wo ihn Mitte Januar die Staatsfunktionäre Stein und Lewerenz besuchten. Über die Kontrolle bei der Einreise in die Bundesrepublik durch den Bundesgrenzschutz während der Bahnfahrt zwischen Wolfsburg und Hannover berichteten sie: »Aus unseren Dienstpässen notierte sich der Beamte *alle* Angaben. Auf die Frage nach Herkunftsbetrieb und Reiseziel antwortete Dr. Lewerenz, daß wir vom Rat des Bezirkes Dresden kämen und zum Landeskirchenamt Hannover wollten. Diese Antwort überraschte ihn sichtlich.« In Hannover hatten die Funktionäre auf dessen Wunsch hin auch mit dem dortigen LKA-Präsidenten Eckhart von Vietinghoff eine zwanglose Begegnung bei einem gemeinsamen Essen im Ratskeller. Der niedersächsische Kirchenmann vertrat nach Einschätzung der Dresdener Kirchenpolitiker »eine sehr sachliche und realistische Haltung. Er würdigte diesen Besuch sehr hoch und zeigte sich beeindruckt von einem solchen Verhältnis zwischen Vertretern des Staates und der Kirche.« Bericht Stein-Lewerenz vom 17.1.1989 zur Reise von Dr. Lewerenz und Dr. Stein (Rat des Bezirkes Dresden, Sektor Staatspolitik in Kirchenfragen) nach Hannover, PDS-Archiv Dresden, AR 14089.

546 Handschriftlich wurden hier u. a. die Namen Braecklein, Caffier, Haustein, Körner, Feurich, Frielinghaus und Tolkmitt angefügt. Vgl. Abt. II, Vorschlag vom 10.1.1989 zur Gesprächsführung mit kirchlichen Vertretern, die am Wege einer »Kirche im Sozialismus« progressiv mitgewirkt haben, BA, Abt. Potsdam, O-4, 997; auch SAPMO-BA ZPA IV B2/14/44.

547 Ebd.

548 Operativ- und Lagezentrum (OLZ), Vorschlag vom 18.1.1989 zur Aufgabenstellung und Arbeitsweise des Operativ- und Lagezentrums (OLZ), BA, Abt. Potsdam, O-4, 959; auch a.a.O., O-4, 1078; O-4, 1220.

549 Vgl. Hauptabteilungsleiter/OLZ, Vorlage Heinrich vom 27.3.1989 an die Dienstberatung im Umlaufverfahren, Leitungsinformation Gräfe-Stephan 2/89, Aktuelle politische Tendenzen und Entwicklungen in den Kirchen und Religionsgemeinschaften in der DDR, BA, Abt. Potsdam, O-4, 959. Vgl. die Verordnung über Reisen von Bürgern der DDR nach dem Ausland vom 30.11.1988, in ND vom 14.12.1988.

550 Vgl. auch ebd.: »So wird die neue Reiseverordnung zwar als Schritt zu mehr Rechtssicherheit begrüßt, zugleich aber beklagt, daß damit nun aber auch eine Einengung der Reisemöglichkeiten gegeben sei.«

551 Vgl. Vermerk Heidingsfeld vom 7.2.1989 über die Zusammenkunft der Beratergruppe am 2.2.1989, EZA Berlin, 4/92/21.

552 Vgl. »Die WELT« vom 10.1.1989.

553 »Herr Stolpe und der Idealfall«, 11.1.1989. Stolpe hatte gesagt: »Die Reiseverordnung ist noch nicht der Idealfall, aber sie ist das heute mögliche«. »Die WELT« vom 10.1.1989. Die

Texte sind auch abgedruckt in epd-Dok 6/89. Der Ostberliner Stadtrat Hoffmann sagte zwei Monate später: »Vertrauensvolles Gespräch bedeute aber auch, das Gespräch nicht über Dritte führen zu wollen, z. B. solche, die nach wie vor Anführungszeichen benutzen, wenn sie von unserem Staat sprechen.« Information über den Verlauf des 19. Berliner Symposiums mit kirchlichen Amtsträgern und Theologen am 13.3.1989, BA, Abt. Potsdam, O-4, 1476. Erheblich schärfer als der Berliner Konsistorialpräsident äußerte sich Landesbischof Stier vor der Mecklenburger Frühjahrssynode, indem er von einer »›enttäuschend[en]‹« Verordnung sprach. Vgl. Abt. II, Berlin, 21.8.1989, Information zur Auswertung der Frühjahrssynoden und zur Vorbereitung auf die Herbsttagungen der Synoden evangelischer Landeskirchen in der DDR, BA, Abt. Potsdam, O-4, 960.

554 Stolpe hatte Löffler den Wortlaut seiner Äußerungen im während »eines dienstlichen Aufenthaltes in Bonn« am 23.12.1988 zustandegekommen Interview bereits vor deren Veröffentlichung zukommen lassen. »Ich vermute allerdings, daß die ›Welt‹ wegen des Inhalts auf einen Abdruck verzichten wird«, schrieb der Konsistorialpräsident beschwichtigend. Schreiben Stolpe vom 4.1.1988 mit Anlage Antworten Stolpe, BA, Abt. Potsdam, O-4, 997; Abschrift auch in EZA Berlin, 101/93/8.

555 So Ziegler vor der KKL am 13./14.1.1989. Vgl. den MfS-Bericht über die entsprechende Sitzung in Besier/Wolf, »Pfarrer, Christen und Katholiken«, 784; vgl. auch a.a.O., 63 f.

556 Podium mit Vertretern der Kirchenleitungen am 9.7.1989, 10.30 in der Messehalle 7, SHStA Dresden, BT/RdB Dresden (Zwibo), 46617.

557 Staatssekretär für Kirchenfragen, Information vom 17.1.1989 über ein Gespräch mit Konsistorialpräsident Manfred Stolpe, BA, Abt. Potsdam, O-4, 974.

558 Der Kirchenpolitiker Fuchs, Dresden, wertete: »Der Stolpe-Artikel hat uns mehr geschadet als geholfen. Politisch realistische Kräfte, wie z. B. in der Sächsischen Bruderschaft, verstehen uns nicht oder nur sehr schwer. Kirchliche Amtsträger stellen die Frage, was soll die öffentliche Auseinandersetzung mit Stolpe, mit dem einzigen noch im Amt befindlichen Teilnehmer des Grundsatzgespräches mit Erich Honecker vom 6.3.1978. Dieser Artikel hat eine solidarisierende Wirkung zu Stolpe in der Kirche ausgelöst.« RdB Dresden, Stellvertreter des Vorsitzenden für Inneres, Niederschrift Fuchs vom 2.2.1989 über eine Dienstberatung beim Staatssekretär für Kirchenfragen, Genossen Löffler, am 26.1.1989, SHStA Dresden, BT/RdB Dresden (Zwibo), 46612.

559 Vgl. hierfür z. B. Schreiben Landessuperintendent Timm, Malchin, an RdB Neubrandenburg, Stellvertr. des Vorsitzenden für Inneres, Geisler, vom 16.1.1989: »Wenn dieses wieder der Jargon ist oder wird, mit der Kirche zu reden bzw. über führende Vertreter der Kirche zu reden, dann kann ich mich davon nur distanzieren bzw. meinen Protest anmelden [...] Solche Artikel kenne ich aus den letzten Jahren nicht, und die Staatsvertreter täten gut daran, sich davon zu distanzieren, auch öffentlich. Ich fühle mich in die Zeit des ›Kalten Krieges‹ zurückversetzt. Solche Artikel fördern nicht gerade das vielzitierte Vertrauen zwischen Staat und Kirche.« BA, Abt. Potsdam, O-4, 1475. Vgl. auch Schreiben Pastor Dr. Gottfried Timm, Röbel, an Geisler: »Diese Anzeige [gemeint ist der Artikel] [...] stimmt mich traurig. Denn sie zeigt, wie unehrenhaft Ihre Partei – oder wer sonst den Text zu verantworten hat – kirchenleitende Persönlichkeiten sieht und behandelt. Dieser informationsleere, ganz und gar stillose Text«. BA, Abt. Potsdam, O-4, 1475. Vgl. auch RdB Dresden, Sektor Staatspolitik in Kirchenfragen, Vermerk Lewerenz vom 19.1.1989 über Gespräch des Stellvertreters des Vorsitzenden des RdB für Inneres, Genossen Fuchs, mit dem amtierenden Präsidenten des Landeskirchenamtes, OLKR Schlichter, am 16.1.1989: »OKR Rau ging auch auf den Artikel gegen Konsistorialpräsident Stolpe ein, der in allen Kirchen sehr negativ aufgenommen wurde, was OKR Schlichter noch erhärtete.« PDS-Archiv Dresden, AR 14089.

560 Vgl. auch Bericht zur kirchenpolitischen Situation in Berlin, Hauptstadt der DDR, für die Monate Januar und Februar 1987: »Der ADN-Kommentar ›Herr Stolpe und der Idealfall‹ führte zu breiten Solidaritätsbekundungen mit Konsistorialpräsident Stolpe.« BA, Abt. Potsdam, O-4, 1130. Stolpe berichtete, er habe viele solidarische Briefe erhalten. Niemand habe ihm gegenüber in das Horn des Artikels gestoßen. Vgl. Podium mit

831

Vertretern der Kirchenleitungen am 9.7.1989, 10.30 in der Messehalle 7, SHStA Dresden, BT/RdB Dresden (Zwibo), 46617.
561 Vgl. Schreiben Ziegler an Löffler vom 16.1.1988: »Die Konferenz hat mich beauftragt, das Befremden der Konferenz über diese Veröffentlichung in der Aktuellen Kamera und in den Tageszeitungen der DDR zum Ausdruck zu bringen. Ich tue das Ihnen gegenüber und bitte Sie, dem Auftrag der Konferenz entsprechend, das anliegende Schreiben dem ADN zu übermitteln.« EZA Berlin, 101/93/8.
562 Vgl. Protokoll Leich-Ziegler-Küntscher vom 17.1.1989 über die 121. Tagung der Konferenz der Evangelischen Kirchenleitungen in der DDR am 13./14.1.1989 in Berlin, EZA Berlin, 101/93/743.
563 Vgl. Hauptabteilungsleiter/OLZ, Vorlage Heinrich vom 27.3.1989 an die Dienstberatung im Umlaufverfahren, Leitungsinformation Gräfe-Stephan 2/89, Aktuelle politische Tendenzen und Entwicklungen in den Kirchen und Religionsgemeinschaften in der DDR, BA, Abt. Potsdam, O-4, 959.
564 Abt. II, Vermerk Wilke vom 31.1.1989 über ein Gespräch mit OKR Ziegler am 27.1.1989, BA, Abt. Potsdam, O-4, 970. Vgl. auch Vermerk Ziegler vom 2.2.1989 über ein Gespräch in der Dienststelle des Staatssekretärs für Kirchenfragen am 31.1.1989, 14.00-15.30 Uhr. Hiernach sagte Ziegler: »Nach Veröffentlichungen wie der ADN-Meldung über ›Herr Stolpe und der Idealfall‹ dürfe man sich auch nicht wundern, daß einzelne Vertreter der Kirchen es vermieden, schnell und spontan in eigener Verantwortung sich öffentlich zu äußern.« EZA Berlin, 101/93/8. Demke erklärte gegenüber Hauptabteilungsleiter Heinrich, er habe mit dem Artikel »gar nichts anfangen können.« HAL, Vermerk Heinrich vom 24.2.1989 über Gespräch mit Demke am 23.2.1989, BA, Abt. Potsdam, O-4, 1220.
565 Vgl. Vermerk Heidingsfeld vom 7.2.1989 über die Zusammenkunft der Beratergruppe am 2.2.1989, EZA Berlin, 4/92/21.
566 So in einem Gespräch am 14.12.1988. Vgl. RdK Görlitz, Stellv. d. Vors. f. Inneres, Schreiben an RdB Dresden, Stellv. d. Vors. f. Inneres, Gen. Fuchs, vom 24.2.1989, SHStA Dresden, BT/RdB Dresden (Zwibo), 45937. Dort heißt es weiter: »Bischof Dr. Rogge äußerte sich sehr positiv über das Verhältnis Staat-Kirche in seinem Kirchengebiet«. Ebd. Am 5.6.1989 schrieb Rogge an Löffler, ein Mitglied des Chores der Kirchenmusikschule Görlitz habe sich während eines Auftritts in Düsseldorf von der Gruppe abgesetzt und sei im Westen geblieben. Nachdem der Aussteiger »sich bei seinen Eltern am 23.5. aus dem Lager Gießen gemeldet hatte, entsandten wir – mit Unterstützung der staatlichen Behörden – am 26.5. abends Herrn Konsistorialrat Ernst nach Gießen«, was jedoch erfolglos blieb. »Wir alle können das Wegbleiben eines Dienstreisenden nur verurteilen«, beteuerte der Bischof. EZA Berlin, 101/93/8. Vgl. auch Vermerk Ernst über Besuch im Aufnahmelager Gießen, a.a.O. Beide Vorgänge mit Schreiben vom 13.6.1989 vom Konsistorium Görlitz, Ernst, an BEK-Sekretariat übersandt. A.a.O.
567 Niederschrift Ziegler-Küntscher vom 30.3.1989 über die Besprechung der Leiter der zentralen gliedkirchlichen Verwaltungsdienststellen am 29.3.1989 in Berlin, EZA Berlin, 101/93/776.
568 Das Vorbereitungskomitee zur Bildung des Verbandes der Freidenker war am 13.1.1989 zu seiner ersten Sitzung zusammengetreten. Vgl. Hauptabteilungsleiter/OLZ, Vorlage Heinrich vom 27.3.1989 an die Dienstberatung im Umlaufverfahren, Leitungsinformation Gräfe-Stephan 2/89, Aktuelle politische Tendenzen und Entwicklungen in den Kirchen und Religionsgemeinschaften in der DDR, BA, Abt. Potsdam, O-4, 959. Zur Gründung des Freidenkerverbandes vgl. KiS 1/89, 4-6 sowie ND vom 25.1.1989. Vgl. auch KiS 2/89, 45-51.
569 Vgl. Vermerk Heidingsfeld vom 7.2.1989 über die Zusammenkunft der Beratergruppe am 2.2.1989, EZA Berlin, 4/92/21. Vgl. auch Hauptabteilungsleiter/OLZ, Vorlage Heinrich vom 27.3.1989 an die Dienstberatung im Umlaufverfahren, Leitungsinformation Gräfe-Stephan 2/89, Aktuelle politische Tendenzen und Entwicklungen in den Kirchen und Religionsgemeinschaften in der DDR: »Zusammenhänge zum Staat-Kirche-Ver-

hältnis sehen einige Geistliche und kirchliche Amtsträger ebenfalls in der vorgesehenen Bildung eines ›Verbandes der Freidenker (VdF)‹. Darin wird ein ›Konkurrenzunternehmen‹ zur Kirche gesehen und damit Spannungen erwartet. Trotz vielfältiger Hinweise staatlicher Medien und konstruktiver Kommentierung in Kirchenzeitungen zum Anliegen des VdF bestehen bei zahlreichen kirchlichen Vertretern Unklarheiten über die Spezifik der Stellung und der Aufgabe des Verbandes im System der gesellschaftlichen Organisationen in der DDR. Überwiegend wird eine abwartende Haltung eingenommen, wobei man kirchlicherseits optimistisch ist, der Herausforderung des Verbandes auf dem Gebiet von ethischen und Sinnfragen gewachsen zu sein.« BA, Abt. Potsdam, O-4, 959. Die Verbandsgründung wurde mancherorts auch als Zeichen für ein Abkühlen des Staat-Kirche-Verhältnisses gewertet, da die Ziele dieser Vereinigung als antikirchlich und antireligiös zu bewerten seien. Vgl. Kommunalwahl, HAL/OLZ, Berlin, den 21.4.1989, Aktuelle politische Tendenzen und Entwicklungen in den Kirchen und Religionsgemeinschaften in der DDR in Vorbereitung auf die Kommunalwahlen am 7.5.1989, BA, Abt. Potsdam, O-4, 1220.

570 Vgl. Politbürobeschluß vom 6.12.1988, Punkt 17 und Anlage 10, SAPMO-BA ZPA J IV 2/2/2306; Beschlußvorschlag in SAPMO-BA ZPA J IV 2/2A/3180.

571 Abt. II, Vermerk Wilke vom 31.1.1989 über ein Gespräch mit OKR Ziegler am 27.1.1989, BA, Abt. Potsdam, O-4, 970. Zugleich unterbreitete der BEK-Sekretariatsleiter den Vorschlag, ob er sich nicht mit Wilke und einem weiteren Mitarbeiter des Staatssekretariats außerhalb des offiziellen Protokolls zu regelmäßigen politischen Diskussionen treffen könne, zu denen er noch Zeddies hinzuziehen wollte. Wilke protokollierte: »Wir verabredeten, daß wir uns unabhängig von Gesprächen zu direkten Arbeitsaufgaben wieder regelmäßiger zum Gedankenaustausch treffen werden.« Ebd.

572 Aktenvermerk Wirth vom 14.2.1989 mit Begleitschreiben Evangelische Monatsschrift Standpunkt an Löffler vom 17.2.1989, BA, Abt. Potsdam, O-4, 997.

573 Schönherr hatte im Gesprächskreis STANDPUNKT, Rogge in einem vom Ministerium des Hoch- und Fachschulwesens für den akademisch-theologischen Nachwuchs ausgerichteten Seminar referiert. Vgl. ebd. Das Referat Rogges ist abgedruckt in Standpunkt 16 (1988), 144-148. Horst Dohle berichtete über die am 20.1.1988 stattgefundene Tagung: »Am Vormittag des 20.1.1988 referierte Bischof Dr. Rogge über den Weg der evangelischen Kirchen in der DDR seit 1945 [...] Am Nachmittag hatte ich zu einem ähnlichen Thema zu referieren. Es ergab sich eine ganz erstaunliche Übereinstimmung in der Bewertung dieses Entwicklungsweges zwischen Rogge und mir, was bei den Hörern mit größter Aufmerksamkeit zur Kenntnis genommen wurde. [...] An anderen Tagen dieser Qualifizierung sind mit einer ähnlich konstruktiven Orientierung Propst Dr. Winter und Prof. Dr. Amberg aufgetreten.« Leiter des Büros, Dienstreisebericht Dohle vom 4.2.1988, BA, Abt. Potsdam, O-4, 963.

574 Wirth merkte hier an: »Nicht nur ich, sondern auch andere, zumal aus der CDU, haben zu Beginn der achtziger Jahre K. Gysi auf die Notwendigkeit der Dialektik von Bischofsgesprächen und massenpolitischer Arbeit hingewiesen; das blieb aber ohne Echo. Ich habe daher oft von der ›Kabinettspolitik‹ Gysis gesprochen.« Aktenvermerk Wirth vom 14.2.1989 mit Begleitschreiben Evangelische Monatsschrift Standpunkt an Löffler vom 17.2.1989, BA, Abt. Potsdam, O-4, 997.

575 Der AFA (Allgemeiner Fortsetzungsausschuß) der CFK hatte vom 17.-22.10.1988 in Görlitz getagt: »Positiv ist das Engagement der Görlitzer Kirche bei der Vorbereitung und Durchführung der Tagung des AFA der CFK im Oktober 1988 zu werten.« RdB Dresden, Stellvertreter des Vorsitzenden für Inneres, Fuchs, 23.1.1989, Jahres-Analyse 1988, PDS-Archiv Dresden, AR 14087. Vgl. auch Abschlußinformation Fuchs für Sekretariat BL, SHStA Dresden, BT/RdB Dresden (Zwibo), 45931. Dort auch Teilnehmerliste. Die Görlitzer Kirche beteiligte sich nach einer Information Rogges an den die Tagung umrahmenden Andachten. Vgl. Protokoll Leich-Ziegler-Günther vom 6.9.1988 über die 119. Sitzung der Konferenz der Ev. Kirchenleitungen in der DDR am 2./3.9.1988 in Berlin, EZA Berlin, 101/93/742.

576 Vgl. Aktenvermerk Wirth vom 14.2.1989 mit Begleitschreiben Evangelische Monatsschrift Standpunkt an Löffler vom 17.2.1989, BA, Abt. Potsdam, O-4, 997.
577 Vgl. Hauptabteilungsleiter/OLZ, Vorlage Heinrich vom 27.3.1989 an die Dienstberatung im Umlaufverfahren, Leitungsinformation Gräfe-Stephan 2/89, Aktuelle politische Tendenzen und Entwicklungen in den Kirchen und Religionsgemeinschaften in der DDR, BA, Abt. Potsdam, O-4, 959. Vgl. auch das von den Pfarrern Peter Weiß und Gottfried Schleinitz unterzeichnete (Fern-)schreiben von Kirchenvorstehern und Gemeindegliedern der 1982 korporativ der CFK beigetretenen Gnadenkirchengemeinde Leipzig-Wahren an Honecker vom 10.4.1989, BA, Abt. Potsdam, O-4, 999. Am 12.9.1988 hatten bereits Kirchenvorsteher und weitere Glieder und Mitarbeiter dieser Gemeinde die BEK-Synode darum gebeten, »ihr Möglichstes zu tun, um zu verhindern, daß in den gegenwärtigen innenpolitischen Verunsicherungen die Kirche [...] weder zu einer Art Plattform noch zu einer Art Sammelbecken für egozentrisch-oppositionelle Kräfte entartet.« EZA Berlin, 101/93/223; auch Schreiben Kirchenvorstand der Gnadengemeinde Leipzig-Wahren an Riese, BEK, vom 27.12.1988, a.a.O.
578 Protokoll Stauss der 5. Sitzung des 4. Ausschusses »Kirche und Gesellschaft« vom 2./3.12.1988 in Berlin: »4.4. Ost-West-Workshop Holma, Finnland: Dr. Misselwitz berichtet über ihre Teilnahme an diesem Workshop. Sie war überrascht, zwei Mitarbeiter der Gossner-Mission aus der DDR dort zu treffen, die sich ihr gegenüber problematisch und eher abgrenzend verhielten.« EZA Berlin, 101/93/52.
579 Greifswald, den 26.2.1989, Information über den Verlauf des Seminars »Konkret für den Frieden VII« in Greifswald vom 24.-26.2.1989, BA, Abt. Potsdam, O-4, 777. Vgl. KiS 2/89, 79.
580 Hauptabteilungsleiter/OLZ, Vorlage Heinrich vom 27.3.1989 an die Dienstberatung im Umlaufverfahren, Leitungsinformation Gräfe-Stephan 2/89, Aktuelle politische Tendenzen und Entwicklungen in den Kirchen und Religionsgemeinschaften in der DDR, BA, Abt. Potsdam, O-4, 959.
581 Greifswald, den 26.2.1989, Information über den Verlauf des Seminars »Konkret für den Frieden VII« in Greifswald vom 24.-26.2.1989, BA, Abt. Potsdam, O-4, 777. Weiterhin protestierte die Versammlung – allerdings mit 54 Ja-Stimmen bei 74 Enthaltungen und 22 Gegenstimmen – gegen die Verhaftung des tschechischen Regimekritikers Václav Havel. Vgl. ebd. Vgl. auch die MfS-Information in A. Mitter/St. Wolle (Hgg.), Ich liebe euch doch alle!, 21-28.
582 Vgl. hierzu auch RdB Dresden, Sektor Staatspolitik in Kirchenfragen, Vermerk Lewerenz vom 19.1.1989 über Gespräch des Stellvertreters des Vorsitzenden des RdB für Inneres, Genossen Fuchs, mit dem amtierenden Präsidenten des Landeskirchenamtes, OLKR Schlichter, am 16.1.1989: »Anschließend leitete Gen. Fuchs zum Hauptthema, dem Verhältnis zu den kirchlichen Gruppen, über. Durch die Aktivitäten etlicher der in der Vergangenheit entstandenen verschiedenartigsten Gruppen sei es wiederholt zu Belastungen im Verhältnis Staat-Kirche gekommen. Die jüngsten Ereignisse in Leipzig hätten dies noch einmal sehr deutlich gemacht. Nach einer Information über bisher vorgefallene Dinge wies Gen. Fuchs mit Nachdruck darauf hin, daß das Landeskirchenamt seinen gesamten Einfluß geltend machen solle, um solche Aktionen zu unterbinden. Gleichzeitig machte er auch darauf aufmerksam, daß Solidarisierungshandlungen und Mahnwachen im gesamten Raum der Landeskirche die Situation weiter verschärfen würden. In diesem Zusammenhang brachte Gen. Fuchs auch den Dank der staatlichen Vertreter gegenüber dem Landeskirchenamt zum Ausdruck, da dessen Wirken bisher schon oft zur Minderung von Problemen geführt habe. Das wäre sicher auch für das Landeskirchenamt nicht immer einfach gewesen. [...] OKR Rau [...] äußerte die Bitte, daß der Staat mit solchen Leuten milder umgehen solle, da Verhaftungen schnell zu Solidarisierungshandlungen führen würden. [...] Die Gruppen, so OLKR Schlichter, seien nicht von der Kirche gegründet worden. Einzelne wollten konkret etwas tun, zum Teil aber auch nach westlichem Muster (Grüne). Die Absicht sei zunächst nicht negativ gewesen bis zu der Situation, wo Scharfmacher die Gruppen ausnutzen wollten. Hier

wäre kirchliche Begleitung mit dem Aufruf zur Besonnenheit und Dialog notwendig. [...] Mehr Dialoge – und dafür gäbe es im Bezirk Dresden viele positive Beispiele – würden zu mehr Milderung führen.« PDS-Archiv Dresden, AR 14089. Vgl. auch RdB Leipzig, Kirchenfragen, Information A. Müller vom 31.1.1989 zum Gespräch des Stellv. des Vorsitzenden des Rates für Inneres mit OKR Auerbach vom LKA und den Superintendenten Richter und Magirius am 30.1.1989: »Einleitend dankte der Stellvertreter für Inneres den kirchlichen Vertretern über [sic!] die Art und Weise, wie sie im Umfeld der Ereignisse versachlichend und beruhigend gewirkt haben. Dies sei ein Ausdruck der kontinuierlichen Linie, die schon über eine lange Zeit zwischen der Evangel.-Luther. Landeskirche Sachsens und dem Rat des Bezirkes bzw. Rat der Stadt Leipzig Praxis ist. [...] Durch Sup. Magirius wurde klargestellt, daß man alles tun will, um die Friedensgebete wieder in die richtigen Bahnen zu leiten. [...] Gelingt dies nicht, wird man die Friedensgebete bis auf weiteres absetzen.« BA, Abt. Potsdam, O-4, 1117. Auch abgedruckt in Ch. Dietrich/U. Schwabe (Hgg.), Freunde und Feinde, 276-280. Dort auf S. 266 ff. auch weitere Texte zum Leipziger 15. Januar.

583 So löste 1988 der Saalfelder Superintendent Große OKR Zilz als Ausbildungsdezernent im Landeskirchenrat ab. Zur Veränderung der Besetzungsstrategie kirchenleitender Ämter in Thüringen vgl. auch RdB Leipzig, Stellvertreter des Vorsitzenden des Rates für Inneres, Leipzig, den 8.12.1988, Informationsberichterstattung Okt./Nov. 1988, BA, Abt. Potsdam, O-4, 1117.

584 Vgl. hierzu auch Hauptabteilungsleiter/OLZ, Vorlage Heinrich vom 27.3.1989 an die Dienstberatung im Umlaufverfahren, Leitungsinformation Gräfe-Stephan 2/89, Aktuelle politische Tendenzen und Entwicklungen in den Kirchen und Religionsgemeinschaften in der DDR:»Zugleich hielt der Versuch des Gegners mit Unterstützung politisch negativer und feindlicher Kräfte innerhalb und außerhalb der Kirchen unvermindert an, die Kirchen in der DDR in seine ›Menschenrechtsoffensive‹ gegen den Sozialismus und den gezielten Angriff auf das politische und wirtschaftliche System der DDR einzubeziehen. Das Verhältnis zwischen Staat und Kirche in der DDR soll zu einer Quelle fortgesetzter Konfrontationen und Instabilität gemacht werden.« BA, Abt. Potsdam, O-4, 959.

585 SED-BL Halle, Schreiben Mitarbeiter für Kirchenfragen an Achim Böhme vom 28.2.1989, LPA Halle, IV F-2/14/367.

586 Vgl. Kommunalwahl, HAL/OLZ, Berlin, den 21.4.1989, Aktuelle politische Tendenzen und Entwicklungen in den Kirchen und Religionsgemeinschaften in der DDR in Vorbereitung auf die Kommunalwahlen am 7.5.1989, BA, Abt. Potsdam, O-4, 1220.

587 RdB Dresden, Stellvertreter des Vorsitzenden für Inneres, Niederschrift Fuchs vom 2.2.1989 über eine Dienstberatung beim Staatssekretär für Kirchenfragen, Genossen Löffler, am 26.1.1989, SHStA Dresden, BT/RdB Dresden (Zwibo), 46612. Fuchs protokollierte: »Zu den aufgeworfenen kritischen Bemerkungen in der Diskussion gab es keine prinzipielle Reaktion.« Ebd.

588 Vgl. Protokoll Leich-Ziegler-Grengel/Küntscher vom 22.3.1989 über die 122. Tagung der Konferenz der Evangelischen Kirchenleitungen in der DDR vom 10.-12.3.1989 in Buckow (Klausurtagung), EZA Berlin, 101/93/743. Diese Gesprächsreihe begann Löffler am 31.3.1989 mit einem Besuch in Schönebeck/Elbe. Vgl. Niederschrift Ziegler-Küntscher vom 30.3.1989 über die Besprechung der Leiter der zentralen gliedkirchlichen Verwaltungsdienststellen am 29.3.1989 in Berlin, EZA Berlin, 101/93/776. Auch der Herrnhuter Brüdergemeine stattete Löffler einen Besuch ab. Vgl. Protokoll Leich-Ziegler-Jacob vom 8.5.1989 über die 123. Tagung der Konferenz der Evangelischen Kirchenleitungen in der DDR vom 5./6.5.1989 in Görlitz, EZA Berlin, 101/93/743. In Magdeburg gab Löffler dem Präsidium der Kaiserswerther Generalkonferenz einen Empfang. Vgl. Protokoll Leich/Stolpe-Ziegler-Koenig vom 6.6.1989 über die 124. Tagung der Konferenz der Evangelischen Kirchenleitungen in der DDR vom 2./3.6.1989 in Berlin, a.a.O.

589 Vgl. jedoch die Bemerkung Detlef Hammers vor der KKL über Gespräche der Kirchen-

provinz Sachsen »mit den Räten der Bezirke. Die Auswertung in der Presse hat davon ein falsches Bild vermittelt. Der inhaltliche Ertrag war minimal.« Protokoll Leich-Ziegler-Jacob vom 8.5.1989 über die 123. Tagung der Konferenz der Evangelischen Kirchenleitungen in der DDR vom 5./6.5.1989 in Görlitz, a.a.O.

590 RdB Suhl, Stellv. d. Vorsitzenden für Inneres, Information Sommer vom 7.6.1989 über ein Gespräch des Stellvertreters des Vorsitzenden für Inneres des Rates des Bezirkes Suhl, Genossen Sommer, mit dem Stellvertreter des Landesbischofs der Evangelisch-Lutherischen Kirche Thüringens, Oberkirchenrat Kirchner, unter Teilnahme des Mitarbeiters für Kirchenfragen beim Rat des Kreises Suhl-Land, Genossen Ehrlich, am 6.6.1989 im Landeskirchenamt in Eisenach, BA, Abt. Potsdam, O-4, 989; auch SAPMO-BA ZPA IV B2/14/69.

591 Vgl. auch RdB Dresden, Stellvertreter des Vorsitzenden für Inneres, Niederschrift Fuchs vom 2.2.1989 über eine Dienstberatung beim Staatssekretär für Kirchenfragen, Genossen Löffler, am 26.1.1989, SHStA Dresden, BT/RdB Dresden (Zwibo), 46612. Vgl. auch Protokoll Leich-Ziegler-Doyé vom 1.3.1989 der 219. Sitzung des Vorstands am 23.2.1989 in Berlin: »1.12. Beendigung der Sprachlosigkeit: Stolpe fragt an, ob neue Impulse zur Wiederbelebung der Gesprächssituation mit staatlichen Stellen gesetzt werden sollten. Der Vorstand diskutiert Möglichkeiten, wobei er das Interesse an einer Wiederbelebung von Gesprächen unterstreicht. Der Vorstand *stimmt zu*, daß der Leiter des Sekretariates sondiert, ob noch vor der Bundessynode ein Grundsatzgespräch sinnvoll und möglich wäre.« EZA Berlin, 101/93/752.

592 Über Stier wurde Ende März 1989 vermerkt, der Bischof weiche »gegenwärtig Begegnungen mit staatlichen Vertretern auf bezirklicher Ebene aus«. Hauptabteilungsleiter/OLZ, Vorlage Heinrich vom 27.3.1989 an die Dienstberatung im Umlaufverfahren, Leitungsinformation Gräfe-Stephan 2/89, Aktuelle politische Tendenzen und Entwicklungen in den Kirchen und Religionsgemeinschaften in der DDR. Dort heißt es außerdem, die kirchlichen Amtsträger schätzten »das Staat-Kirche-Verhältnis auf örtlicher Ebene positiv ein[.]. Im Gegensatz dazu wird von den kirchlichen Vertretern das Verhältnis auf zentraler Ebene überwiegend mit Besorgnis betrachtet und als belastet bewertet.« BA, Abt. Potsdam, O-4, 959. Vgl. auch Einsatzbereich I, Bezirke Rostock, Schwerin, Neubrandenburg, Dienstreisebericht Will vom 23.8.1989: »Das letzte Gespräch mit dem Bischof und Vertretern des Rates des Bezirkes Schwerin fand im September 1988 (!) statt. Seither ergingen an ihn vier konkrete Gesprächsangebote von seiten des Rates des Bezirkes, die bis heute nicht realisiert wurden. Bischof Stier hielt es bisher nicht für notwendig, auf die Angebote zum Gespräch überhaupt zu reagieren, und entzog sich somit allen Bemühungen der staatlichen Stellen zur Verbesserung der gegenwärtig festgefahrenen Situation. [...] Von den Anwesenden wurde eingeschätzt, daß Bischof Stier, abgesehen von verbalen Unverbindlichkeiten, in der kirchenpolitischen Praxis gegenwärtig nicht den 6.3. mitträgt.« BA, Abt. Potsdam, O-4, 964.

593 Vgl. Staatssekretär für Kirchenfragen, Information Kurt Löffler vom 15.12.1988 über ein Gespräch mit dem Präses der Synode der EKD, Herrn Dr. Jürgen Schmude, am 14.12.1988, BA Potsdam, O-4, 999. Über das Gespräch unterhielt sich auch der Vorstand der KKL. Vgl. Protokoll Leich-Ziegler-Kupas vom 27.12.1988 über die 217. Sitzung des Vorstands am 15.12.1988 in Eisenach, EZA Berlin, 101/93/751.

594 Rechercheergebnisse zum IM »Sekretär«, Stand 11.9.1992, 15; vgl. Anlage II, 186 ff.

595 Vgl. Schreiben Löffler an Nier vom 2.3.1989, BA, Abt. Potsdam, O-4, 1011.

596 Vgl. Schreiben Nier an Schmude vom 6.3.1988. Der Brief erreichte laut Posteingangsstempel das Staatssekretariat für Kirchenfragen am 8.3.1989, BA, Abt. Potsdam, O-4, 1011.

597 Schmude, Entwurf vom 6.3.1989 eines Besuchsprogramms für den Staatssekretär für Kirchenfragen, Herrn Kurt Löffler, BA, Abt. Potsdam, O-4, 998.

598 Vgl. Staatssekretär für Kirchenfragen, Information Kurt Löffler vom 9.3.1989 über ein

Gespräch mit Jürgen Schmude (SPD). Eine Abschrift des Textes erhielten Jarowinsky, Kraußer und Wiegand. BA, Abt. Potsdam, O-4, 999.
599 Vgl. Schreiben Dr. Herta Däubler-Gmelin an Löffler vom 30.6.1989, BA, Abt. Potsdam, O-4, 1000.
600 Ende Mai 1989 traf Landesbischof Leich mit dem SPD-Vorsitzenden zusammen. In Leipzig berichtete der Bischof gegenüber Staatsvertretern:»1982 habe er Vogel zum ersten Mal erlebt. Seit dieser Zeit habe Vogel echt an Profil gewonnen. ›Er ist ein echter Arbeiter, der immer vorbereitet kommt, sei voll souverän, handle dabei eher sehr gewissenhaft. [...] So könne er sich durchaus eine BRD-Regierung vorstellen, die von der SPD geführt wird.« RdB Leipzig, Kirchenfragen, Information Jakel vom 29.5.1989 über Gespräch des Vorsitzenden des RdB Leipzig, Rolf Opitz, mit Leich am 26.5.1989, BA, Abt. Potsdam, O-4, 989. Vgl. auch Protokoll Leich-Ziegler-Doyé vom 1.3.1989 der 219. Sitzung des Vorstands am 23.2.1989 in Berlin:»Stolpe informiert darüber, daß die SPD-Vorsitzende Vogel im Mai die DDR besuchen wird und an einem Gespräch mit der Leitung des Bundes interessiert ist. Vorbehaltlich des genaueren Termins wird der Vorsitzende zum Gespräch bereit sein. Ziegler wird gebeten, weiteres zu klären.« EZA Berlin, 101/93/752. Vgl. auch Protokoll Leich-Ziegler-Zeddies vom 28.3.1989 der 220. Sitzung des Vorstandes am 22.3.1989 in Berlin:»Zu der von Dr. Vogel im Rahmen seines DDR-Besuches gewünschten Begegnung sind am 25.5.1989 um 17.00 Uhr Dr. Leich, Salinger und Stolpe bereit.« A.a.O. Einen Tag vor dem Vogel-Gespräch legte der KKL-Vorstand fest:»Ziegler [...] bittet darum, daß für das Sekretariat des Bundes wegen seiner persönlichen Verhinderung und auch Verhinderung der weiteren Stellvertreter Herr von der Heydt an diesem Gespräch teilnehmen kann. Dies sei auch wegen der zu erstellenden Pressemitteilung sinnvoll. Der Vorstand sieht dies so vor. Es werden weiterhin organisatorische und inhaltliche Fragen vorbesprochen.« Protokoll Leich-Ziegler-Kupas vom 1.6.1989 der 222. Sitzung des Vorstands am 24.5.1989 in Berlin, a.a.O. Vgl. KiS 4/89, 173.
601 Vgl. Schreiben Löffler an Krenz vom 17.7.1989, BA, Abt. Potsdam, O-4, 1000.
602 Staatssekretär für Kirchenfragen, Information Löffler vom 17.7.1989 über eine Einladung des SPD-Parteivorstandes, BA, Abt. Potsdam, O-4, 1000; auch SAPMO-BA ZPA IV B2/14/41.
603 Vgl. handschriftlicher Randvermerk Krenz vom 17.7.1989 an Schreiben Löffler an Krenz vom gleichen Tag, BA, Abt. Potsdam, O-4, 1000.
604 Vgl. Schreiben Löffler an Honecker vom 9.8.1989 und schriftlichen Randvermerk, BA, Abt. Potsdam, O-4, 989; ohne Randbemerkung a.a.O., O-4, 1000.
605 Schreiben Löffler an Jarowinsky vom 11.8.1989, BA, Abt. Potsdam, O-4, 999.
606 Vgl. Protokoll Leich-Ziegler-Grengel/Küntscher vom 22.3.1989 über die 122. Tagung der Konferenz der Evangelischen Kirchenleitungen in der DDR vom 10.-12.3.1989 in Buckow (Klausurtagung), Anlage 2, EZA Berlin, 101/93/743.
607 Vgl. G. Rein, Die protestantische Revolution, 124 f. Die Verhafteten wurden Anfang Januar zu Haftstrafen verurteilt, die in einem Fall sogar eine Zeit von drei Jahren überschritt. Vgl. von Kirchner unterzeichnetes Schreiben des Landeskirchenrats der Evangelisch-Lutherischen Kirche in Thüringen an alle Pfarrämter der Evangelisch-Lutherischen Kirche in Thüringen vom 11.1.1989, Abschrift in BA, Abt. Potsdam, O-4, 1480. Vgl. auch Protokoll Leich-Ziegler-Küntscher vom 17.1.1989 über die 121. Tagung der Konferenz der Evangelischen Kirchenleitungen in der DDR am 13./14.1.1989 in Berlin: »Kirchner geht auf die Vorgänge in Weimar (Kirchenbesetzungen) ein – die anderen Kirchen haben das einschlägige Material erhalten.« EZA Berlin, 101/93/743. Vgl. KiS 1/89, 35 f.
608 Über die »vorzeitige Versetzung von Superintendent Reder in den Ruhestand« informierte OKR Kirchner die KKL. Vgl. Protokoll Leich-Ziegler-Grengel/Küntscher vom 22.3.1989 über die 122. Tagung der Konferenz der Evangelischen Kirchenleitungen in der DDR vom 10.-12.3.1989 in Buckow (Klausurtagung), EZA Berlin, 101/93/743; vgl. auch Niederschrift Ziegler-Küntscher vom 30.3.1989 über die Besprechung der Leiter

der zentralen gliedkirchlichen Verwaltungsdienststellen am 29.3.1989 in Berlin, EZA Berlin, 101/93/776. Gegenüber einem Vertreter der SED-BL Dresden hatte sich Reder während des Nordisch-Deutschen Kirchenkonvents 1986 »sehr positiv über Genossen R. Bellmann und seine Art, mit Kirchenleuten zu reden[, geäußert]. Er brachte seine Sympathie zum Ausdruck, daß sich das hier im Bezirk durch die Teilnahme eines Vertreters der BL fortsetzen würde. Er wolle das zu gegebener Zeit zu Hause ansprechen, ›da er nicht wisse, ob es in der BL Erfurt eine solche Funktion gäbe‹. Er sprach über das große Erstaunen in seinem Bezirk, daß er bei ›seinem‹ 1. Kreissekretär der SED gewesen wäre, und erklärte, er halte das für völlig normal. Man könne nicht nur über, sondern müsse miteinander reden.« SED-BL Dresden, Abt. Staat und Recht, Kurzinformation vom 30.5.1986 über den Verlauf des Empfangs des Staatssekretärs für Kirchenfragen (in Vertretung Gen. Peter Heinrich, Hauptabteilungsleiter) aus Anlaß des Nordisch-Deutschen Kirchenkonvents am 28.5.1986 in Herrnhut, PDS-Archiv Dresden, IV E-2.14-672. Vgl. KiS 2/89, 80.

609 Den von der Presse aufmerksam registrierten Vortrag hatte Leich am 5.3.1989 gehalten. Vgl. KiS 2/89, 79. Vgl. auch Protokoll Leich-Ziegler-Jacob vom 8.5.1989 über die 123. Tagung der Konferenz der Evangelischen Kirchenleitungen in der DDR vom 5./6.5.1989 in Görlitz, EZA Berlin, 101/93/743.

610 Gegenüber dem RdB Erfurt führte Leich aus, es handle sich bei diesem Begriff um eine »eindeutige[.] und klare[.] Definition[.]«. RdB Erfurt, Der Vorsitzende, Information Swatek vom 1.5.1989 über ein Gespräch mit Leich und Kirchner am 28.4.1989, BA, Abt. Potsdam, O-4, 1480.

611 Hauptabteilungsleiter/OLZ, Vorlage Heinrich vom 27.3.1989 an die Dienstberatung im Umlaufverfahren, Leitungsinformation Gräfe-Stephan 2/89, Aktuelle politische Tendenzen und Entwicklungen in den Kirchen und Religionsgemeinschaften in der DDR, BA, Abt. Potsdam, O-4, 959. Über Leichs Jenaer Referat unterhielt sich auch der KKL-Vorstand während seiner Märzsitzung 1989. Vgl. Protokoll Leich-Ziegler-Zeddies vom 28.3.1989 der 220. Sitzung des Vorstandes am 22.3.1989 in Berlin, EZA Berlin, 101/93/752.

612 Vgl. auch Ministerium für Staatssicherheit, von Honecker abgezeichnete Information Mielke Nr. 546/88 vom 19.12.1988 über eine Sondersitzung der Konferenz der Evangelischen Kirchenleitungen in der DDR (KKL) am 3.12.1988 in der Hauptstadt der DDR, Berlin: »Streng internen Hinweisen zufolge soll Propst Furian/Berlin – der in Vertretung von Bischof Forck an der Sitzung teilnahm – in einem kleinen Gesprächskreis während einer Beratungspause geäußert haben, er verstehe nicht, warum man hier in der Konferenz nicht deutlich sagen könne, daß diese Gesellschaftsordnung Sozialismus abzulösen ist. Der eigentliche kirchliche Auftrag bestehe darin, den Sozialismus abzuschaffen.« BStU Berlin, ZAIG, Z 3633.

613 Vgl. Berlin, den 12.5.1989, Zu Lage und Tendenzen in den evangelischen Kirchen in der DDR, BA, Abt. Potsdam, O-4, 713.

614 Vgl. R. Schröder, Was kann »Kirche im Sozialismus« sinnvoll heißen, in KiS 4/88, 135-137; G. Planer-Friedrich, Kirche im Sozialismus? Eine Kompromiß-Metapher hat ausgedient, in: Ev. Komm. 21 (1988), 503-505. Zu den Veröffentlichungen der Theologischen Studienabteilung vgl. das Vorwort von M. Punge, Zum Gebrauch des Begriffes »Kirche im Sozialismus«, in KiS 5/88, 182-185.

615 Protokoll Stauss der 4. Sitzung (Klausurtagung) des 4. Ausschusses »Kirche und Gesellschaft« vom 9.-11.9.1988 in Dresden, EZA Berlin, 101/93/52. Vgl. auch Schreiben Dr. Hohmann, Sekretär Kirche und Gesellschaft, an die Mitglieder des Unterausschusses »Kirche im Sozialismus«, Diskussionsvorlage für Klausurtagung Greifswald, EZA Berlin, 101/93/49.

616 Protokoll Stauss der 5. Sitzung des 4. Ausschusses »Kirche und Gesellschaft« vom 2./3.12.1988 in Berlin, EZA Berlin, 101/93/52.

617 Protokoll Leich-Ziegler-Grengel/Küntscher vom 22.3.1989 über die 122. Tagung der

Konferenz der Evangelischen Kirchenleitungen in der DDR vom 10.-12.3.1989 in Bukkow (Klausurtagung), EZA Berlin, 101/93/743.
618 Protokoll Leich-Ziegler-Jacob vom 8.5.1989 über die 123. Tagung der Konferenz der Evangelischen Kirchenleitungen in der DDR vom 5./6.5.1989 in Görlitz, a.a.O.
619 Protokoll Demke-Kupas-Riese vom 3.7.1989 über die 125. Tagung der Konferenz der Evangelischen Kirchenleitungen in der DDR am 30.6./1.7.1989 in Berlin, a.a.O. Vgl. auch das von Demke verantwortete Papier Kirche im Sozialismus, KKL 2./3.6.1989. Der Magdeburger Bischof hielt fest, die Formel »leistet in der Kommunikation nicht mehr, was sie leisten sollte und auch einmal geleistet hat. [...] Die Hauptsache sehe ich darin, daß bis zum Auftreten von Gorbatschow die Führungen der sozialistischen Staaten nicht in der Lage waren, die globalen Probleme, die einer Bewältigung bedürfen (Kluft zwischen arm und reich, Umweltkrise, Klimakatastrophe), wahrzunehmen und konstruktiv zu bearbeiten. In der jüngeren Generation entwickelte sich ein neues Gefühl der Verbundenheit über Staatsgrenzen und Systeme hinweg angesichts der gemeinsamen Bedrohtheit. Das Wahrnehmungsdefizit auf seiten der sozialistischen Staaten (erst seit ca. zwei Jahren wird von Waldschäden gesprochen) und erst recht das Lösungsdefizit führen erneut dazu, daß Problemsicht und Problemanalyse nicht in dieser Gesellschaft entwickelt werden, sondern als Import erscheinen. Die mit der Redewendung bezeichnete Aufgabe besteht also fort, aber die Redewendung selbst kann dazu nicht mehr ermutigen.« Ebd. Zu einem Endergebnis sollte es nicht mehr kommen.
620 Im Herbst 1989 schrieb Hohmann den Mitgliedern des Ausschusses: »Unsere Arbeit an einem wegweisenden Strategiepapier für die Verkündigung unserer Kirche in den 90er Jahren ist durch die politischen Ereignisse nach dem 18. Oktober 1989 in ungewohnter und erfreulicher Art und Weise unterbrochen worden. In Zukunft wird wohl keine Auseinandersetzung um die Formel ›Kirche im Sozialismus‹ in bisheriger Form mehr stattfinden. Vermutlich ist die Formel kalt zu begraben.« EZA Berlin, 101/93/50.
621 Vgl. Hauptabteilungsleiter/OLZ, Vorlage Heinrich vom 27.3.1989 an die Dienstberatung im Umlaufverfahren, Leitungsinformation Gräfe-Stephan 2/89, Aktuelle politische Tendenzen und Entwicklungen in den Kirchen und Religionsgemeinschaften in der DDR, BA, Abt. Potsdam, O-4, 959.
622 Vgl. Kommunalwahl, HAL/OLZ, Berlin, den 21.4.1989, Aktuelle politische Tendenzen und Entwicklungen in den Kirchen und Religionsgemeinschaften in der DDR in Vorbereitung auf die Kommunalwahlen am 7.5.1989, BA, Abt. Potsdam, O-4, 1220.
623 Hauptabteilungsleiter/OLZ, Vorlage Heinrich vom 27.3.1989 an die Dienstberatung im Umlaufverfahren, Leitungsinformation Gräfe-Stephan 2/89, Aktuelle politische Tendenzen und Entwicklungen in den Kirchen und Religionsgemeinschaften in der DDR, BA, Abt. Potsdam, O-4, 959.
624 Berlin, den 12.5.1989, Zu Lage und Tendenzen in den evangelischen Kirchen in der DDR, BA, Abt. Potsdam, O-4, 713.
625 Vgl. auch Niederschrift Ziegler-Küntscher vom 30.3.1989 über die Besprechung der Leiter der zentralen gliedkirchlichen Verwaltungsdienststellen am 29.3.1989 in Berlin, EZA Berlin, 101/93/776. Zur Mecklenburger Frühjahrssynode 1989 vgl. die Berichte in epd-Dok 17/89.
626 Vgl. auch Vermerk Ziegler vom 29.3.1989 über ein Gespräch beim Staatssekretär für Kirchenfragen am 29.3.1989, 8.00-8.50 Uhr, EZA Berlin, 101/93/8. Vgl. jedoch die von Leich unterzeichnete, im Landeskirchenrat Eisenach am 14.4.1989 ausgestellte Kirchenbehördliche Bescheinigung: »Herr Superintendent i. R. Hans Reder, Herderplatz 8, Weimar – 5300/DDR, wurde durch Beschluß des Landeskirchenrates der Evangelisch-Lutherischen Kirche in Thüringen vom 20.2.1989 mit Wirkung vom 1. März 1989 auf seinen Antrag hin aus gesundheitlichen Gründen in den Ruhestand versetzt. Damit ist Herr Superintendent i. R. Hans Reder nach wie vor Pfarrer der Evangelisch-Lutherischen Kirche in Thüringen und steht unter dem Schutz der Kirche und ihrer Organe. Der Landeskirchenrat wird sich stets mit allen ihm zu Gebote stehenden Mitteln und Möglichkeiten für das Wohl seiner Amtsträger und Mitarbeiter gegenüber jedermann

einsetzen. Der Landeskirchenrat stellt in diesem Zusammenhang fest, daß Herr Superintendent i. R. Hans Reder zu keinem Zeitpunkt und in keiner Form durch den Landeskirchenrat oder ein anderes zuständiges landeskirchliches Organ in Zusammenhang mit seinem Vorgehen am 4.12.1988 in der Stadtkirche St. Peter und Paul (›Herderkirche‹) in Weimar disziplinarisch oder dienstrechtlich belangt oder auch nur beschuldigt worden ist. Der Landeskirchenrat stellt weiterhin fest, daß weder eine Verletzung kirchlichen noch irgendwelchen staatlichen Rechtes durch Herrn Superintendenten i. R. Hans Reder vorliegt. Der Landeskirchenrat hat in obigem Zusammenhang lediglich die Tatsache der einsamen Entscheidung ohne vorherige Verständigung mit dem Landeskirchenrat kritisiert. Der Landeskirchenrat hält jedes strafrechtliche Vorgehen gegen Herrn Superintendent i. R. Hans Reder durch bundesdeutsche Organe für unsachgemäß und rechtlich unhaltbar. Der Landeskirchenrat würde dies gegebenenfalls auch öffentlich vertreten und sich in geeigneter Weise und mit dem gebotenen Nachdruck in diesem Sinne an kirchliche und staatliche Organe der Bundesrepublik Deutschland wenden.« SAPMO-BA ZPA IV B2/14/99.

627 Vor der Synode Berlin-Brandenburg und in der Zeitung »Die Kirche« (9.4.1989) stimmte der Konsistorialpräsident den nunmehr vorhandenen Reiseregelungen uneingeschränkt zu. Daraufhin schrieb die in Gussow bei Berlin tagende Arbeitstagung der Landesjugendkonvente der Gliedkirchen des BEK am 25.6.1989 an die Bundessynode, die Anwesenden hätten diese Äußerungen mit großer Betroffenheit zur Kenntnis genommen. Dem Verweis Stolpes auf die historische Schuld der Deutschen setzten die Verfasser entgegen, »daß die (zum Reisen in aller Regel nicht berechtigten) Jugendlichen an dieser ›deutschen Schuld‹ keinen Anteil haben.« Die Synode möge sich für uneingeschränkte Reisemöglichkeiten einsetzen, forderte der Konvent. EZA Berlin, 101/93/718.

628 Staatssekretär für Kirchenfragen, Information Kurt Löffler vom 31.3.1989 über ein Gespräch des Staatssekretärs für Kirchenfragen, Genossen Kurt Löffler, mit Mitgliedern der Konferenz der Evangelischen Kirchenleitungen in der DDR sowie der Kirchenleitung der Evangelischen Kirche in Berlin-Brandenburg am 29.3.1989, SAPMO-BA ZPA IV B2/14/44. Vgl. auch Niederschrift Ziegler-Küntscher vom 30.3.1989 über die Besprechung der Leiter der zentralen gliedkirchlichen Verwaltungsdienststellen am 29.3.1989 in Berlin, EZA Berlin, 101/93/776.

629 Vgl. Hauptabteilungsleiter/OLZ, Vorlage Heinrich vom 27.3.1989 an die Dienstberatung im Umlaufverfahren, Leitungsinformation Gräfe-Stephan 2/89, Aktuelle politische Tendenzen und Entwicklungen in den Kirchen und Religionsgemeinschaften in der DDR, BA, Abt. Potsdam, O-4, 959. Vgl. hierzu auch RdB Leipzig, Kirchenfragen, Information A. Müller vom 7.3.1989 zum Gespräch des Stellvertreters des Vorsitzenden des Rates für Inneres mit dem amt. Präsidenten des Landeskirchenamtes der Ev.-Luth. Landeskirche Sachsens, OLKR Schlichter, am 3.3.1989. Es ging um das Friedensgebet am 27.2.1989: »Ausgehend von Form und Inhalt, stellte das Friedensgebet einen massiven Angriff gegen Staat und Gesellschaft dar. […] Pfarrer Führer hat sich hier als Demagoge versucht zu profilieren.« Die Kirchenleitung habe ihre Zusagen nicht eingehalten. »Durch den Stellvertreter des Vorsitzenden des Rates für Inneres wurden die kirchlichen Vertreter [Schlichter, Auerbach und Hänisch] abschließend mit Nachdruck darauf hingewiesen, daß die Landeskirche Sachsens bei der Position des Bundes der Evangelischen Kirchen bleiben sollte, d. h. die Antragsteller ausschließlich seelsorgerisch zu betreuen.« BA, Abt. Potsdam, O-4, 1117. Auch abgedruckt (allerdings ohne Angabe über das Gesprächsdatum) bei Ch. Dietrich/U. Schwabe, Freunde und Feinde, 287-293.

630 Vgl. R. Eppelmann, Fremd im eigenen Haus, 309 ff.
631 »DER SPIEGEL«, 1/1989, 16 f.
632 Vgl. auch Bericht zur kirchenpolitischen Situation in Berlin, Hauptstadt der DDR, für die Monate Januar und Februar 1989, BA, Abt. Potsdam, O-4, 1130.
633 Aktenvermerk B. Handel vom 2.2.1989 über ein Gespräch des Stellvertreters des Staatssekretärs, Hermann Kalb, mit Konsistorialpräsident Manfred Stolpe am gleichen

Tag, BA, Abt. Potsdam, O-4, 974; auch a.a.O., O-4, 1268; auch SAPMO-BA ZPA IV B2/14/44.
634 Mitteilung der Kirchenleitung, Berlin, den 10.2.1989, Propst Dr. Furian. Am 13.2.1989 gab Furian das Papier Hauptabteilungsleiter Heinrich zur Kenntnis. BA, Abt. Potsdam, O-4, 1200.
635 Vgl. auch Protokoll Leich-Ziegler-Grengel/Küntscher vom 22.3.1989 über die 122. Tagung der Konferenz der Evangelischen Kirchenleitungen in der DDR vom 10.-12.3.1989 in Buckow (Klausurtagung), EZA Berlin, 101/93/743. Vgl. auch Protokoll Leich-Ziegler-Doyé vom 1.3.1989 der 219. Sitzung des Vorstands am 23.2.1989 in Berlin: »1.12: Abhöraffäre bei Pfarrer Eppelmann: Stolpe verteilt die Kopie eines Vermerkes der Ev. Kirche Berlin-Brandenburg.« EZA Berlin, 101/93/752.
636 Berlin, 15.2.1989, Information über das abschließende Gespräch mit Konsistorialpräsident Stolpe zur Anzeige der Evangelischen Kirche in Berlin-Brandenburg vom 20.12.1988, BA, Abt. Potsdam, O-4, 974; auch a.a.O., O-4, 1268.
637 Information über den Verlauf der fünften Ordentlichen Tagung der 9. Synode der Evangelischen Kirche in Berlin-Brandenburg (31.3.-4.4.1989, Stephanus-Stiftung Berlin), SAPMO-BA ZPA IV B2/14/124.
638 SED-BL Dresden, Abteilung Staat und Recht, Notiz vom 31.3.1989 über ein Treffen des 1. Sekretärs der Bezirksleitung Dresden der SED, Genossen Hans Modrow, mit dem Landesbischof der Evangelisch-Lutherischen Landeskirche Sachsens, Dr. Hempel, und dem amtierenden Präsidenten des Landeskirchenamtes, Oberlandeskirchenrat Schlichter, am 29.3.1989, PDS-Archiv Dresden, AR 14089. Dort heißt es abschließend: »Bischof Dr. Hempel bedankte sich dafür, daß seine Darlegungen Gehör fanden, und stimmte dem Vorschlag zu, daß man sich zu gegebener Zeit wieder treffen sollte. Das Gespräch verlief in einer offenen Atmosphäre gegenseitiger Achtung.« Ebd.
639 Hauptabteilungsleiter Heinrich genehmigte diese Sitzung wie auch die Tagung im September 1989 auf Hiddensee, wenn es dabei bliebe, daß die Kirchen auf abschließende Presseverlautbarungen verzichteten. Vgl. Vermerk Ziegler über ein Gespräch in der Dienststelle des Staatssekretärs für Kirchenfragen am 20.12.1988, 14.00-15.30 Uhr, EZA Berlin, 101/93/8. Vgl. auch Vermerk Ziegler vom 18.5.1989 über ein Gespräch in der Dienststelle des Staatssekretärs für Kirchenfragen am 28.4.1989, 9.00-10.00 Uhr, a.a.O.
640 Der KKL-Vorstand hatte im Januar 1989 empfohlen, »ein Gemeinsames Wort zu diesem Anlaß nicht vorzusehen«. Protokoll Demke/Stolpe-Ziegler-Kupas vom 26.1.1989 über die 218. Sitzung des Vorstands am 19.1.1989 in Berlin, EZA Berlin, 101/93/752. Die März-Sitzung des KKL beschloß, »auf einen zentralen Gottesdienst in Berlin zuzugehen. Das Sekretariat wird beauftragt, zu sondieren, ob dieser Gottesdienst unter Beteiligung der EKD und AGCK durchgeführt werden kann; die AGCK ist anzufragen. Das Sekretariat wird gebeten, auch die etwaige Beteiligung der Evangelischen Kirche in Österreich zu sondieren.« Ferner beauftragte die KKL das Sekretariat, »die Initiative zu einem gemeinsamen Wort mit der EKD zum 1.9.1989 zu ergreifen; die AGCK soll gefragt werden, ob sie sich beteiligt. (13 Ja-Stimmen/3 Gegenstimmen/4 Enthaltungen) Eine etwaige Beteiligung der Evangelischen Kirche in Österreich ist zu sondieren. (2 Gegenstimmen/5 Enthaltungen)«. Von einem allgemeinen Glockenläuten zum Zeitpunkt des Kriegsbeginns um 5.45 Uhr wollte man jedoch absehen. Protokoll Leich-Ziegler-Grengel/Küntscher vom 22.3.1989 über die 122. Tagung der Konferenz der Evangelischen Kirchenleitungen in der DDR vom 10.-12.3.1989 in Buckow (Klausurtagung), EZA Berlin, 101/93/743.
641 Vgl. hierzu E. Fascher, Modernisierter Rechtsextremismus?, insbes. 111-117.
642 Vgl. Schreiben Hammer an die Teilnehmer der Konsultation vom 7.2.1989, EZA Berlin, 101/93/1818.
643 Vgl. Protokoll Leich-Ziegler-Doyé vom 1.3.1989 der 219. Sitzung des Vorstands am 23.2.1989 in Berlin, EZA Berlin, 101/93/752.
644 Vgl. Vermerk Hammer vom 15.5.1989 über die Klausurtagung der Konsultationsgrup-

pe vom 9.-12.4.1989 auf Borkum (38. Sitzung), ABB Bonn, Akte Konsultationen; Vermerk Ziegler vom 24.4.1989 über die Klausurtagung der Konsultationsgruppe vom 9.-12.4.1989 auf Borkum (38. Sitzung), a.a.O.

645 Vgl. Protokoll Leich/Stolpe-Ziegler-Doyé vom 2.5.1989 der 221. Sitzung des Vorstands am 27.4.1989 in Berlin: »Aus Anlaß des 1. September 1989 wird es kein Gemeinsames Wort geben. Die Konsultationsgruppe hat sich dafür ausgesprochen, daß die beiden Vorsitzenden einen gemeinsamen Brief unterzeichnen, in dem die Gemeinden zu Gottesdiensten aufgefordert werden. Die Gliedkirchen können nach eigenem Ermessen diesem Schreiben Bausteine für Gottesdienste hinzufügen. Der Rat der EKD hat dem Vorgehen zugestimmt. Der Vorstand *stimmt* ebenfalls zu. [...] Ziegler informiert, daß die beiden Bischofskonferenzen der katholischen Kirche ein Gemeinsames Wort zum 1.9.1989 verabschieden werden, jedoch nicht im Zusammenwirken mit der evangelischen Kirche. An dem gemeinsamen Gottesdienst am 1.9.1989 in der Marienkirche, wie ihn die AGCK vorbereitet, wird sich auch die EKD mit Vertretern beteiligen; die Art der Beteiligung der katholischen Kirche ist unklar.« EZA Berlin, 101/93/752. Bei einer Gegenstimme nahm die KKL diesen Beschluß zustimmend zur Kenntnis. Vgl. Protokoll Leich-Ziegler-Jacob vom 8.5.1989 über die 123. Tagung der Konferenz der Evangelischen Kirchenleitungen in der DDR vom 5./6.5.1989 in Görlitz, EZA Berlin, 101/93/743. Im Juni 1989 erklärte die Römisch-Katholische Kirche ihre Bereitschaft, am Gottesdienst in der Marienkirche gestalterisch mitzuwirken. Vgl. Protokoll Demke-Ziegler-Zeddies/Doyé vom 20.6.1989 der 223. Sitzung des Vorstandes am 15.6.1989 in Berlin, EZA Berlin, 101/93/752. Letztendlich einigten sich die beiden Vorsitzenden von BEK und EKD auf einen gemeinsamen Text, der am 3.7.1989 veröffentlicht werden sollte. Vgl. Vermerk Ziegler vom 10.8.1989 über die 39. Sitzung der Konsultationsgruppe am 22.6.1989 in Berlin, ABB Bonn, Akte Konsultationen. Vgl. auch Vermerk Heidingsfeld über die Zusammenkunft der Beratergruppe am 22.6.1989, EZA Berlin, 4/92/21. Vgl. auch Protokoll Demke-Kupas-Riese vom 3.7.1989 über die 125. Tagung der Konferenz der Evangelischen Kirchenleitungen in der DDR am 30.6./1.7.1989 in Berlin, EZA Berlin, 101/93/743. Der von Kruse und Leich unterzeichnete Brief an die Gemeinden ist abgedruckt in: Zwischen Anpassung und Verweigerung, 118 f. Zu letzten Vorbereitungen des Gottesdienstes durch den BEK vgl. Protokoll Leich-Ziegler-Kupas vom 29.8.1989 über die 225. Sitzung des Vorstands am 24.8.1989 in Potsdam (Oberlinhaus), EZA Berlin, 101/93/752. Der Gottesdienst konnte jedoch nicht, wie durch den BEK gewünscht, im DDR-Fernsehen übertragen werden. Vgl. Protokoll Leich-Ziegler-Kupas vom 21.9.1989 über die 226. Sitzung des Vorstands am 15.9.1989 in Eisenach, Haus Hainstein, EZA Berlin, 101/93/753.

646 Ende Juni 1989 nahmen von Keler und Hammer ihren Abschied von der Berater- und Konsultationsgruppe. Keler äußerte: »Die besondere Gemeinschaft [...] habe er in all den Jahren nie als besondere Mühe, wohl aber als ein besonderes Geschenk empfunden.« Vermerk Heidingsfeld über die Zusammenkunft der Beratergruppe am 22.6.1989, EZA Berlin, 4/92/21. An Hammers Verabschiedung am 8.9.1989 sollten im Auftrag des BEK Ziegler und Leich teilnehmen. Als Geschenk war eine Mappe mit Grafiken zur Auguststraße vorgesehen. Vgl. Protokoll Leich/Demke-Doyé vom 31.7.1989 der 224. Sitzung des Vorstands am 27.7.1989 in Berlin, EZA Berlin, 101/93/752. Am gleichen Tag sollte auch die Einführung von Hammers Nachfolger Otto von Campenhausen stattfinden. Leich erwog, ein Gastgeschenk mit Bezug zum Gründungsort der EKD, Eisenach, mitzubringen. Vgl. Protokoll Leich-Ziegler-Kupas vom 29.8.1989 über die 225. Sitzung des Vorstands am 24.8.1989 in Potsdam (Oberlinhaus), a.a.O.

647 H. v. Keler, »Seelsorge tut not – Seelsorge an der Nation«, EZA Berlin, 101/93/818.

648 Vermerk Ziegler vom 24.4.1989 über die Klausurtagung der Konsultationsgruppe vom 9.-12.4.1989 auf Borkum (38. Sitzung), ABB Bonn, Akte Konsultationen.

649 Geplant war eine Sondersitzung der KKL am 2./3.6.1989 mit einem Gottesdienst am 2.6.1989, bei dem Leich die Predigt halten wollte. Vgl. Protokoll Leich-Ziegler-Kupas vom 27.12.1988 über die 217. Sitzung des Vorstands am 15.12.1988 in Eisenach, EZA

Berlin, 101/93/751; Protokoll Leich-Ziegler-Doyé vom 1.3.1989 der 219. Sitzung des Vorstands am 23.2.1989 in Berlin, EZA Berlin, 101/93/752; auch Protokoll Leich-Ziegler-Zeddies vom 28.3.1989 der 220. Sitzung des Vorstandes am 22.3.1989 in Berlin, a.a.O. Als Liturg war Pfarrer Hildebrandt, Sophienkirche Berlin, vorgesehen. Vgl. Protokoll Leich/Stolpe-Ziegler-Doyé vom 2.5.1989 der 221. Sitzung des Vorstands am 27.4.1989 in Berlin, a.a.O. Vgl. auch Schreiben Leich an Löffler vom 17.5.1989 betr. die Dokumentation zum 20jährigen Bestehen des BEK (vgl. Protokoll Demke/Stolpe-Ziegler-Kupas vom 26.1.1989 über die 218. Sitzung des Vorstands am 19.1.1989 in Berlin, a.a.O.; Protokoll Leich-Ziegler-Doyé vom 1.3.1989 der 219. Sitzung des Vorstands am 23.2.1989 in Berlin: »Der Vorstand spricht sich dafür aus, direkt mit dem Staatssekretariat für Kirchenfragen zu verhandeln.« A.a.O.; Protokoll Leich/Stolpe-Ziegler-Doyé vom 2.5.1989 der 221. Sitzung des Vorstands am 27.4.1989. in Berlin: »Der Vorstand *bittet den Vorsitzenden*, in einem Brief an den Staatssekretär diesen nochmals dringend zu ersuchen, das Erscheinen des Buches zu befördern.« A.a.O.). Hier hatte der Staat wegen der geplanten Aufnahme einer Studie des Ausschusses Kirche und Gesellschaft zum Thema »Die Kirchen und die Friedensgruppen« Schwierigkeiten bereitet. Auch Staatssekretär Löffler hielt diesen Text für höchst problematisch. Der KKL-Vorsitzende schrieb: »Es ist schwerlich denkbar, daß ein Thema, das alle Leitungsgremien des Bundes der Evangelischen Kirchen in der DDR in den letzten zwanzig Jahren ständig beschäftigt hat, in einem Dokumentenband über das vergangene Jahrzehnt nicht vorkommt und mit einem Dokument belegt wird. Ich wäre Ihnen für eine baldige Nachricht dankbar.« Die Sache ging bis ins ZK-Gebäude. Peter Kraußer erklärte sich – »aus übergreifenden Gesichtspunkten« (vgl. Schreiben Löffler an den stellvertretenden Kulturminister Klaus Höpcke vom 8.6.1989, BA, Abt. Potsdam, O-4, 1031) – mit der Publikation des Textes einverstanden, worüber Löffler den KKL-Vorsitzenden am 31.5.1989 mündlich informierte. Vgl. den handschriftlichen Randvermerk Löffler am Schreiben von Leich, BA, Abt. Potsdam, O-4, 1031; Schreiben Leich auch in EZA Berlin, 101/93/8; vgl. auch Vertraulicher Vermerk Ziegler vom 29.8.1989 über das Gespräch zwischen den leitenden Geistlichen und den Leitern der zentralen kirchlichen Verwaltungsdienststellen am 31.5.1989, 12.30 Uhr in Berlin, Auguststraße 80, EZA Berlin, 101/93/776. Allerdings leitete Löffler diese Entscheidung erst am 8.6.1989 an den Stellvertretenden Kulturminister, Klaus Höpcke, mit der Bemerkung »Auch ich habe gegen den Text erhebliche Bedenken« weiter. Vgl. den handschriftlichen Randvermerk Löffler am Schreiben von Leich. BA, Abt. Potsdam, O-4, 1031. Zum Jubiläum des BEK fertigte Altbischof Krusche die Analyse »6. März 1978-1988 – ein Lernweg« an. Abgedruckt in: Zwischen Anpassung und Verweigerung, 33-60.

650   Vgl. auch Protokoll Leich-Ziegler-Doyé vom 1.3.1989 der 219. Sitzung des Vorstands am 23.2.1989 in Berlin: »Die den Kirchen angebotenen Plätze sind in der Regel nicht ausgenutzt worden.« Der Vorstand entschied sich für ein offenes Angebot an die Gliedkirchen, die Ev. Akademien und Weiterbildungsstätten. Notfalls sollte noch in den Kirchenzeitungen geworben werden. EZA Berlin, 101/93/752. Tatsächlich mußte dann auch auf die zuletzt in Erwägung gezogene Möglichkeit zurückgegriffen werden – wohl nicht ohne Erfolg, wie Zeddies der KKL mitteilte. Vgl. Protokoll Demke-Kupas-Riese vom 3.7.1989 über die 125. Tagung der Konferenz der Evangelischen Kirchenleitungen in der DDR am 30.6./1.7.1989 in Berlin, EZA Berlin, 101/93/743. Zeddies berichtete abschließend: »Multiplikatorentagungen waren wenig befriedigend. Das Interesse der Pfarrer war gering. Historische Fragestellungen werden als ›abgestanden‹ registriert. Die Theologieverdrossenheit ist sehr deutlich gewesen. Gut war die Teilnahme marxistischer Referenten. [...] Der Kongreß in Mühlhausen hat ein großes Interesse gefunden. Engagierte und kundige Teilnehmer kamen aus allen Bereichen. Dieser Kongreß kann als Modellfall angesehen werden.« Protokoll Leich-Ziegler-Ritter vom 12.10.1989 der 127. Tagung der Konferenz der Evangelischen Kirchenleitungen in der DDR am 6./7.10.1989 in Berlin, EZA Berlin, 101/93/744.

651   Vermerk Hammer vom 15.5.1989 über die Klausurtagung der Konsultationsgruppe vom 9.-12.4.1989 auf Borkum (38. Sitzung), ABB Bonn, Akte Konsultationen.

652 Vgl. die vom KKL-Vorstand bestätigte und von Zeddies vorgelegte Konzeption der Arbeitsgruppe »Thomas-Müntzer-Gedenken 1989«, Anlage 1 zu Protokoll Leich-Ziegler-Lewek vom 21.6.1988 über die 211. Sitzung des Vorstands am 15.6.1988 in Berlin, EZA Berlin, 101/93/750.
653 Mitteilung Arbeitsgruppe Kirchenfragen an W. Jarowinsky vom 4.4.1989, Zur Einladung Landesbischofs Leich an das Thomas-Müntzer-Komitee der DDR. Jarowinsky gab das Schreiben Egon Krenz zur Kenntnis. SAPMO-BA ZPA IV B2/14/62. Zur Teilnahme an der 2. Sitzung des staatlichen Komitees hatte der KKL-Vorstand nochmals Bräuer, Sens und Zeddies nominiert, aber auf dem Gaststatus bestanden. Jedoch sollte Bräuer mit einem Gesprächsbeitrag präsent sein (Thomas Müntzer – ein sperriges Erbgut der Kirche. Informationen zum Müntzer-Gedenken des Bundes der Evangelischen Kirchen in der DDR. Beitrag bei der zweiten Sitzung des Müntzer-Komitees der DDR am 19.1.1989 von Dr. Siegfried Bräuer, in: Zwischen Anpassung und Verweigerung, 116-118), legte das Gremium fest. Vgl. Protokoll Leich-Ziegler-Doyé vom 2.12.1988 über die 216. Sitzung des Vorstands der Konferenz der Ev. Kirchenleitungen am 30.11.1988 in Berlin, EZA Berlin, 101/93/751. Die Einladung zur Teilnahme an einer internationalen Pressekonferenz des staatlichen Komitees für den 7.3.1989 schlug der BEK aus, »da der Gaststatus damit überzogen wäre.« Protokoll Leich-Ziegler-Doyé vom 1.3.1989 der 219. Sitzung des Vorstands am 23.2.1989 in Berlin, EZA Berlin, 101/93/752. Allerdings kam es am 13.4.1989 zu einem Gespräch mit dem Müntzer-Komitee, worüber Zeddies der KKL Bericht erstattete. Vgl. Protokoll Leich-Ziegler-Jacob vom 8.5.1989 über die 123. Tagung der Konferenz der Evangelischen Kirchenleitungen in der DDR vom 5./6.5.1989 in Görlitz, EZA Berlin, 101/93/743. Für den 20.12.1989 war ein abschließender staatlicher Festakt geplant, zu dem der BEK Bräuer, Sens, Zeddies und zwei weitere kirchenleitende Vertreter entsenden wollte. Eine Einladung lag im Oktober 1989 noch nicht vor. Vgl. Protokoll Leich-Ziegler-Zeddies vom 24.10.1989 der 227. Sitzung des Vorstands am 18.10.1989 in Berlin, EZA Berlin, 101/93/753. Der KKL-Vorstand delegierte dann zusätzlich Kramer und Ziegler zum Staatsakt. Vgl. Protokoll Leich-Ziegler-Doyé vom 20.11.1989 über die 228. Sitzung des Vorstands am 16.11.1989 in Berlin, a.a.O. Ziegler konnte den Termin im Apollosaal der Berliner Staatsoper jedoch nicht wahrnehmen. Vgl. Protokoll Leich-Ziegler-Kupas vom 18.12.1989 über die 229. Sitzung des Vorstands am 14.12.1989 in Eisenach, a.a.O. Vgl. KiS 1/90, 41. In einem Gespräch mit Kulturminister Keller wurde noch um die Wende 1989/90 erwogen, auch bei künftigen Jubiläen zu kooperieren. Gedacht war an das Herderjubiläum 1992, das Melanchthonjubiläum 1994 sowie die Feiern der Städte Potsdam und Wittenberg. Vgl. Protokoll Leich-Ziegler-Kupas vom 23.1.1990 über die 230. Sitzung des Vorstands am 18.1.1990 in Berlin, EZA Berlin, 101/93/754. Zum kirchlichen Thomas-Müntzer-Kongreß in Mühlhausen vom 8.-10.6.1989 vgl. die Texte epd-Dok 35/89.
654 Vgl. Vermerk Heidingsfeld über die Zusammenkunft der Beratergruppe am 22.6.1989, EZA Berlin, 4/92/21. Brendler trat auch gemeinsam mit Hansjürgen Schulz, Wittenberg, in Herrnhut auf einer Veranstaltung des Kulturbundes zu Müntzer auf. Vgl. Protokoll Demke-Kupas-Riese vom 3.7.1989 über die 125. Tagung der Konferenz der Evangelischen Kirchenleitungen in der DDR am 30.6./1.7.1989 in Berlin, EZA Berlin, 101/93/743.
655 Vgl. dazu BStU Berlin, AIM 1855/71, 3 Bde.
656 Vgl. diesbezüglich auch Schreiben Bindemann an Löffler vom 17.11.1988, BA, Abt. Potsdam, O-4, 1022.
657 Information über den Verlauf des 19. Berliner Symposiums mit kirchlichen Amtsträgern und Theologen am 13.3.1989, BA, Abt. Potsdam, O-4, 1476. Vgl. auch Bericht zur kirchenpolitischen Situation in Berlin, Hauptstadt der DDR, für die Monate Januar und Februar 1989, BA, Abt. Potsdam, O-4, 1130. Vgl. auch die Notiz in Standpunkt 19 (1989), 116.
658 Zitiert nach Kommunalwahl, HAL/OLZ, Berlin, den 21.4.1989, Aktuelle politische Tendenzen und Entwicklungen in den Kirchen und Religionsgemeinschaften in der DDR

in Vorbereitung auf die Kommunalwahlen am 7.5.1989, BA, Abt. Potsdam, O-4, 1220. Vgl. auch Abt. II, Berlin, 21.8.1989, Information zur Auswertung der Frühjahrssynoden und zur Vorbereitung auf die Herbsttagungen der Synoden evangelischer Landeskirchen in der DDR: »[Leich] nutzte den bevorstehenden 40. Jahrestag der DDR, um die sozialen und politischen Errungenschaften unserer Republik zu würdigen, wobei er ihren großen Anteil an der Erhaltung des Friedens und bei der Auseinandersetzung mit dem Faschismus hervorhob. [...] Er würdigte in seinem Bericht die historische Rolle der DDR mit einer klaren politischen Option für ihre humanistische Grundkonzeption. In deutlicher Zurückweisung westlicher Verleumdungen vertrat der Landesbischof die historische Wahrheit über die Geschichte der DDR«. BA, Abt. Potsdam, O-4, 960.

659 Zit. nach Kommunalwahl, HAL/OLZ, Berlin, den 21.4.1989, Aktuelle politische Tendenzen und Entwicklungen in den Kirchen und Religionsgemeinschaften in der DDR in Vorbereitung auf die Kommunalwahlen am 7.5.1989, BA, Abt. Potsdam, O-4, 1220.

660 Vgl. Berlin, den 12.5.1989, Zu Lage und Tendenzen in den evangelischen Kirchen in der DDR, BA, Abt. Potsdam, O-4, 713.

661 Gegen diesen Plan hatte der Bezirk Dresden »entschieden[en] Protest eingelegt.« RdB Dresden, Sektor Staatspolitik in Kirchenfragen, Vermerk Lewerenz vom 25.2.1988 über Gespräch des Stellvertreters des Vorsitzenden des RdB für Inneres, Genossen Walter Fuchs, mit dem Präsidenten des Landeskirchenamtes, Dr. Kurt Domsch, am 24.2.1988, PDS-Archiv Dresden, AR 14089.

662 Vgl. Ökumenische Versammlung für Gerechtigkeit, Frieden und Schöpfung, Dresden – Magdeburg – Dresden sowie die Texte in epd-Dok 21/89.

663 Zu Ziemer vgl. Schreiben RdB Dresden, Stellvertreter des Vorsitzenden für Inneres, Fuchs, an Staatssekretär Löffler vom 10.3.1989:»Nachstehend möchte ich Sie über Aktivitäten und Charakteristiken des Sup. Christof Ziemer informieren, dessen Handlungsspielraum immer größer wird. [...] Er ist nicht bereit, konstruktiv bei der Lösung von Problemen mitzuwirken.« Interessant ist auch die folgende Bemerkung:»Christof Ziemer lebt in betont einfachen Verhältnissen und legt auf äußerliche Erscheinungen keinen Wert. Im Gegensatz zu anderen Pfarrern hat er Staatsvertreter noch nie um Unterstützung in persönlichen Belangen gebeten.« PDS-Archiv Dresden, AR 14087.

664 Speziell über dieses Papier hatte Löffler im Vorfeld des Treffens noch mit Hempel gesprochen und es als »Plattform für eine >Reform der gesellschaftlichen Verhältnisse in der DDR< und eine Oppositionspartei« bezeichnet. Eine Verabschiedung werde sich unweigerlich negativ auf die weitere Entwicklung des Staat-Kirche-Verhältnisses auswirken, drohte der Staatssekretär. Hempel entgegnete ernst, er müsse »darauf hinweisen, daß alles, was in den Papieren aufgelistet sei, seit Jahren bekannt ist und von den Kirchenleitungen an die Regierung herangetragen worden wäre. Seit zwei Jahren lehne die Regierung dazu aber alle Gespräche ab. Dies sei ihm unverständlich.« Fast die Hälfte der Bevölkerung sei hochgradig mißgestimmt, weil der Staat ihre Probleme nicht aufgreife:»Ernsthaft müsse er sagen, daß er nicht weiß, wie die Regierung aus dieser Situation herauskommt. Sie habe nach seiner Auffassung nur zwei Möglichkeiten: >Reden oder Gewaltanwenden<. [...] >Es brodelt wie in einem Kessel< [...] Er als Bischof hätte die vorliegenden Dokumente sicher anders formuliert, ohne dabei die Probleme der Menschen anders zu sehen.« Aktennotiz Jörke über das Gespräch des Staatssekretärs für Kirchenfragen und des Stellvertreters des Oberbürgermeisters für Inneres der Stadt Dresden mit Landesbischof Hempel und Oberlandeskirchenrat Fritz am 30.4.1989, PDS-Archiv Dresden, AR 14089. Das Dokument ist abgedruckt in: Ökumenische Versammlung für Gerechtigkeit, Frieden und Schöpfung, Dresden – Magdeburg – Dresden, 72-86. Das Papier »Umkehr zu Gerechtigkeit« findet sich a.a.O., 20-51.

665 Vgl. auch Eingabe Torsten Linß, Nordhausen, an die Bundessynode vom 13.4.1989 mit der Unterschrift von 60 weiteren Bausoldaten, EZA Berlin, 101/93/718.

666 Die Delegierten aus der Greifswalder Kirche verweigerten während der Versammlung politisch kritischen Aussagen ihre Zustimmung. Vgl. Berlin, den 12.5.1989, Zu Lage und Tendenzen in den evangelischen Kirchen in der DDR, BA, Abt. Potsdam, O-4, 713.

667 Information zur Ökumenischen Versammlung in Dresden, SAPMO-BA ZPA IV B2/14/172. Die zu Beginn der Versammlung vorliegenden 12 Texte sind erschienen als epd-Dok 6a/89.
668 Mitglieder des KKL-Vorstandes führten mit dem SED-Funktionär im Frühjahr 1989 ein Gespräch, das Ziegler »als ›Zeichen für Kontinuität und Wandel‹« hinstellte. Protokoll Leich-Ziegler-Jacob vom 8.5.1989 über die 123. Tagung der Konferenz der Evangelischen Kirchenleitungen in der DDR vom 5./6.5.1989 in Görlitz, EZA Berlin, 101/93/743.
669 SED-BL Dresden, Abteilung Staat und Recht, Information vom 26.5.1989 über eine Beratung des Genossen Peter Kraußer, Leiter der Arbeitsgruppe Kirchenfragen des ZK der SED, mit den Mitarbeitern der Bezirksleitungen Erfurt, Halle, Leipzig, Magdeburg, Suhl, Gera, Karl-Marx-Stadt und Dresden am 23.5.1989 in der Bezirksleitung Leipzig, PDS-Archiv Dresden, AR 14086.
670 Vgl. Protokoll Leich-Ziegler-Jacob vom 8.5.1989 über die 123. Tagung der Konferenz der Evangelischen Kirchenleitungen in der DDR vom 5./6.5.1989 in Görlitz, EZA Berlin, 101/93/743; Vermerk Hammer vom 15.5.1989 über die Klausurtagung der Konsultationsgruppe vom 9.-12.4.1989 auf Borkum (38. Sitzung), ABB Bonn, Akte Konsultationen. Vgl. auch Protokoll Leich-Ziegler-Kupas vom 1.6.1989 der 222. Sitzung des Vorstands am 24.5.1989 in Berlin, TOP 1.4., Weiterarbeit am Konziliaren Prozeß, EZA Berlin, 101/93/752; Protokoll Demke-Kupas-Riese vom 3.7.1989 über die 125. Tagung der Konferenz der Evangelischen Kirchenleitungen in der DDR am 30.6./1.7.1989 in Berlin, EZA Berlin, 101/93/743.
671 Vgl. Vermerk Hammer vom 15.5.1989 über die Klausurtagung der Konsultationsgruppe vom 9.-12.4.1989 auf Borkum (38. Sitzung), ABB Bonn, Akte Konsultationen. Vgl. auch SED-BL Dresden, Abteilung Staat und Recht, Genossen Modrow – zur Information, Information Graff vom 16.3.1989 über den »Sachsentreff« vom 10.3.1989: »Gestützt auf ›Verbündete‹ in der katholischen Kirche und den Religionsgemeinschaften ist gegenüber den Kirchenleitungen darauf zu drängen, daß die Arbeit der ökumenischen Versammlung nach Dresden beendet wird.« PDS-Archiv Dresden, AR 14086.
672 Vgl. Vermerk Heidingsfeld über die Zusammenkunft der Beratergruppe am 22.6.1989, EZA Berlin, 4/92/21.
673 Vgl. ebd.
674 Vgl. Frieden in Gerechtigkeit.
675 Vgl. Vermerk Hammer vom 15.5.1989 über die Klausurtagung der Konsultationsgruppe vom 9.-12.4.1989 auf Borkum (38. Sitzung), ABB Bonn, Akte Konsultationen. Vgl. auch Hauptabteilungsleiter/OLZ, Vorlage Heinrich vom 27.3.1989 an die Dienstberatung im Umlaufverfahren, Leitungsinformation Gräfe-Stephan 2/89, Aktuelle politische Tendenzen und Entwicklungen in den Kirchen und Religionsgemeinschaften in der DDR: »Ebenso stellt die Zustimmung zur Entsendung einer repräsentativen Delegation zur Europäischen Ökumenischen Versammlung nach Genf ein Zeichen des guten Willens dar. Gegenüber den kirchlichen Vertretern wurde dazu die Erwartung ausgesprochen, ihre Verantwortung wahrzunehmen, um bei diesen Vorhaben kirchlichen Raum und die Kirchen in der DDR nicht politisch mißbrauchen zu lassen.« BA, Abt. Potsdam, O-4, 959.
676 Vgl. SED-BL Dresden, Abteilung Staat und Recht, Information vom 26.5.1989 über eine Beratung des Genossen Peter Kraußer, Leiter der Arbeitsgruppe Kirchenfragen des ZK der SED, mit den Mitarbeitern der Bezirksleitungen Erfurt, Halle, Leipzig, Magdeburg, Suhl, Gera, Karl-Marx-Stadt und Dresden am 23.5.1989 in der Bezirksleitung Leipzig, PDS-Archiv Dresden, AR 14086.
677 Der BEK durfte 14 Personen nach Basel entsenden, wofür der KKL-Vorstand einen Schlüssel festlegte. Vgl. Protokoll Leich-Ziegler-Lewek vom 21.6.1988 über die 211. Sitzung des Vorstands am 15.6.1988 in Berlin, EZA Berlin, 101/93/750. Der KKL-Vorstand nominierte für die drei dem BEK direkt zustehenden Plätze Christof Ziemer, Hempel und Domke. Vgl. Protokoll Leich-Ziegler-Kupas vom 5.9.1988 über die Sonder-

sitzung des Vorstands am Abend des 2.9.1988 (KKL), EZA Berlin, 101/93/751. Anstelle des verhinderten Hempel nominierte die KKL dann Kramer. Vgl. Protokoll Leich-Ziegler-Günther vom 6.9.1988 über die 119. Sitzung der Konferenz der Ev. Kirchenleitungen in der DDR am 2./3.9.1988 in Berlin, EZA Berlin, 101/93/742. Der Bitte der AGCK, Ziemer, der mit dieser Entscheidung einverstanden gewesen wäre, durch Falcke zu ersetzen, stieß bei der KKL auf Ablehnung (7 Ja-, 9 Nein-Stimmen, 5 Enthaltungen). Vgl. Protokoll Leich-Ziegler-Karpinski vom 22.11.1988 über die 120. Sitzung der Konferenz der Ev. Kirchenleitungen in der DDR am 11./12.11.1988 in Berlin, a.a.O. Somit war Falcke in Basel nicht stimmberechtigt. Vgl. Ministerium für Staatssicherheit, Information Nr. 518/88 vom 28.11.1988 über die 120. Tagung der Konferenz der Evangelischen Kirchenleitungen (KKL) vom 11.-12.11.1988 im Gebäude des Sekretariats des Bundes der Evangelischen Kirchen in der DDR (BEK) in der Hauptstadt der DDR, Berlin, BStU Berlin, ZAIG, Z 3633.

678 HAL/OLZ, Berlin, den 20.7.1989, Aktuelle politische Tendenzen und Entwicklungen in den Kirchen und Religionsgemeinschaften in der DDR, Leitungsinformation 4/89, BA, Abt. Potsdam, O-4, 960. Zur kirchlichen Wertung von Basel vgl. Protokoll Leich/Stolpe-Ziegler-Koenig vom 6.6.1989 über die 124. Tagung der Konferenz der Evangelischen Kirchenleitungen in der DDR vom 2./3.6.1989 in Berlin, EZA Berlin, 101/93/743; Bericht Hohmann vom 29.5.1989 vom 5. Dialogtreffen zwischen Delegationen des »Bundes der Ev. Kirchen«, der »Arbeitsgemeinschaft Christlicher Kirchen« in der DDR und dem »Nationalrat der Kirchen Christi in den USA« vom 22.-25.5.1989 im Augustinerkloster zu Erfurt, EZA Berlin, 101/93/49. Text des Schlußdokuments: Frieden in Gerechtigkeit, 43 ff.

679 Vgl. auch Karl Hennig, Berlin, den 2.6.1989, Bericht über die Europäische Ökumenische Versammlung in Basel vom 15.-21.5.1989, SAPMO-BA ZPA IV B2/14/198. Insgesamt nahmen in Basel über 100 Vertreter aus der DDR teil. Vgl. HAL/OLZ, Berlin, den 20.7.1989, Aktuelle politische Tendenzen und Entwicklungen in den Kirchen und Religionsgemeinschaften in der DDR, Leitungsinformation 4/89, BA, Abt. Potsdam, O-4, 960.

680 Vgl. auch Vermerk Stauss über ein Gespräch mit Herrn Dr. Will, Staatssekretariat für Kirchenfragen, am 12.12.1988. Hier ging es um eine bevorstehende Konsultation des BEK mit dem Raad van Kerken der Niederlande. Will fragte kritisch nach, ob sich auch der IKV an der Konsultation beteiligte, was Stauss verneinte. EZA Berlin, 101/93/69.

681 SED-BL Dresden, Abteilung Staat und Recht, Information vom 26.5.1989 über eine Beratung des Genossen Peter Kraußer, Leiter der Arbeitsgruppe Kirchenfragen des ZK der SED, mit den Mitarbeitern der Bezirksleitungen Erfurt, Halle, Leipzig, Magdeburg, Suhl, Gera, Karl-Marx-Stadt und Dresden am 23.5.1989 in der Bezirksleitung Leipzig, PDS-Archiv Dresden, AR 14086. Vgl. auch SED-BL Halle, Mitarbeiter für Kirchenfragen, Bericht an Achim Böhme vom 24.5.1989, LPA Halle, IV F-2/14/367. Zu Basel vgl. auch Leiter des Büros, Einladung Handel vom 2.6.1989 zur Dienstberatung des Staatssekretärs am 5.6.1989, 9.30 Uhr im Saal, BA, Abt. Potsdam, O-4, 1031.

682 Vgl. Vorlage an die Dienstbesprechung, Leitungsinformation Gräfe-Stephan 6/88 vom 22.12.1988, Berichtszeitraum Oktober/November '88, Aktuelle politische Entwicklungen und Tendenzen in den Kirchen und Religionsgemeinschaften in der DDR, BA, Abt. Potsdam, O-4, 958. Vgl. auch Protokoll Leich-Ziegler-Karpinski vom 22.11.1988 über die 120. Sitzung der Konferenz der Ev. Kirchenleitungen in der DDR am 11./12.11.1988 in Berlin: »Kramer berichtet [...] von der Herbstsynode [der Kirchenprovinz Sachsen], die u. a. auf die Geheimhaltung bei Wahlen in der DDR entsprechend der Verfassung der DDR hingewiesen hat.« EZA Berlin, 101/93/742. Vgl. dazu den Synodalbeschluß in epd-Dok 52/88, 63.

683 Vgl. Dienststelle des Staatssekretärs für Kirchenfragen/OLZ, Berlin, den 19.1.1989, Zu den aus den Bezirken anzufordernden Angaben in Vorbereitung und Auswertung der Kommunalwahlen am 7.5.1989, BA, Abt. Potsdam, O-4, 1220. Zur staatlichen Vorbereitung vgl. auch OLZ, Berlin, den 15.2.1989, Hinweise zur Argumentation gegenüber

kirchlichen Vertretern in Vorbereitung der Kommunalwahlen am 7.5.1989 und des 40. Jahrestages der DDR, a.a.O.
684 Vgl. Hauptabteilungsleiter/OLZ, Vorlage Heinrich vom 27.3.1989 an die Dienstberatung im Umlaufverfahren, Leitungsinformation Gräfe-Stephan 2/89, Aktuelle politische Tendenzen und Entwicklungen in den Kirchen und Religionsgemeinschaften in der DDR, BA, Abt. Potsdam, O-4, 959.
685 Schreiben von Rudolf Albrecht, Harald Bretschneider, Hans Christoph Schumann, Johannes Rechenberg. Klaus Rebs, Hans-Richard Mosemann, Angelika Biskupski, Dietmar Selunka, Wolfgang Opitz, Andreas Horn, Andreas Jentsch, Matthias Weismann, Rainer Petzold und Fried Fleischhack an Egon Krenz vom 10.2.1989, PDS-Archiv Dresden, AR 14093. Vgl. das nichtssagende Antwortschreiben des Sekretärs der Wahlkommission der Republik, Dr. Semler, an Pfarrer Albrecht vom 17.3.1989, das die Wahlfreiheit in der DDR behauptet. A.a.O. Die KKL beschäftigte sich auf ihrer März-Sitzung 1989 mit dem »Wahlverhalten der leitenden Geistlichen«. Protokoll Leich-Ziegler-Grengel/Küntscher vom 22.3.1989 über die 122. Tagung der Konferenz der Evangelischen Kirchenleitungen in der DDR vom 10.-12.3.1989 in Buckow (Klausurtagung), EZA Berlin, 101/93/743.
686 Vgl. Rostock, BA, Abt. Potsdam, O-4, 999.
687 Aufforderung zur Wahl 1989, a.a.O. Vgl. auch Bericht zur kirchenpolitischen Situation in Berlin, Hauptstadt der DDR, für die Monate Januar und Februar 1989. Hier engagierten sich vor allem die Gruppen »Initiative an Absage und Prinzip der Abgrenzung«, Friedenskreis Bartholomäus, »Arche«, Friedenskreis der Erlösergemeinde, Friedenskreis Alt-Pankow, Friedensgebetskreis Golgatha u. a. BA, Abt. Potsdam, O-4, 1130.
688 Zur Frühjahrssynode in Berlin-Brandenburg vgl. Staatssekretär für Kirchenfragen, Information vom 3.4.1989 zum bisherigen Verlauf der fünften ordentlichen Tagung der 9. Synode der Evangelischen Kirche in Berlin-Brandenburg (31.3.-4.4.1989, Berlin-Weißensee): »Der bisherige Verlauf der Tagung ist dadurch bestimmt, daß politisch-negative Kräfte in der Synode eindeutig dominieren und das Klima der Beratungen bestimmen. [...] Es zeigt sich, daß die große Zahl von Gesprächen im Vorfeld der Synode, in denen Vertreter der Kirchenleitung und Synodale zu Besonnenheit und Realismus gemahnt und die politischen Prioritäten der Gegenwart sowie die erfolgreiche 40jährige Entwicklung der DDR erläutert wurden, nicht bewirken konnten, daß die bei der Mehrzahl der Synodalen vorhandenen verfestigten kleinbürgerlichen Haltungen und politisch falschen oder sogar gegen den Sozialismus gerichteten Auffassungen korrigiert werden konnten. Politisch realistische Synodale wie Prof. Fink oder Dr. Frielinghaus haben sich energisch gegen Versuche gewandt, die Friedensfrage, insbesondere die Abrüstungsinitiativen der UdSSR, der DDR und der anderen Staaten des Warschauer Vertrages, mit Schweigen zu übergehen. Sie haben sich klar gegen die fortgesetzte Hochrüstung insbesondere der USA und der BRD gewandt und die Synode davor gewarnt, daß sie bei fortgesetzter Beschäftigung mit politisch kleinkarierten und unrealistischen Forderungen vor der Geschichte als Gremium dastehen wird, das an einem wichtigen Moment des Ringens um Abrüstung und Entspannung geschwiegen und stattdessen den Antikommunismus unterstützt hat. Ein konstruktiver Beschlußentwurf zur Friedensfrage wurde eingebracht.
Politische Angriffe wurden auf der Synodaltagung bisher zu folgenden Problemen vorgetragen:
– Forderung nach ›völliger unreglementierter Reisefreiheit‹;
– Behauptung, daß Christen in der Gesellschaft diskriminiert würden und der Einzelne nur eingeschränkt an der Gestaltung der sozialistischen Gesellschaft mitwirken könne;
– Forderung, die Politik der Hauptaufgabe in ihrer Einheit von Wirtschafts- und Sozialpolitik durch ›eine effektive Umweltpolitik zu ergänzen‹;
– Forderung nach ›gesellschaftlichen Veränderungen in der DDR‹;
– Unterstellungen zur Umweltpolitik, Aktivierung der Aktion ›eine Mark für Espen-

hain‹, Forderung nach Besichtigung und Überprüfung von Mülldeponien durch Mitglieder kirchlicher Umweltgruppen;
- Anmaßende ›Vorschläge‹ zur ›Veränderung der Volksbildung‹ in der Republik, mit denen man vorgibt, sich an der Vorbereitung des 9. Pädagogischen Kongresses zu beteiligen;
- Man votiert gegen den Schwangerschaftsabbruch, indem dieser in ungeheuerlicher Arroganz und Dummheit mit den faschistischen Judenpogromen (!) und dem 2. Weltkrieg verglichen wird [...]
Insgesamt wird deutlich, daß die Synode ein Konzept der Kirche als ›Anwalt‹ für die Bevölkerung oder zumindest großer Teile von ihr zu begründen versucht. Man sieht die Kirche in der Rolle eines Wächters gegenüber Staat und Gesellschaft, der zu allem und jedem ›Lösungsvorschläge‹ parat hat und diese in die Öffentlichkeit trägt, ohne sich um Anstand, politische Vernunft und Sachkompetenz zu bemühen.« SAPMO-BA ZPA IV B2/14/124. Gegen die von Fink erhobene Forderung nach »›Besonnenheit im gesamten politischen Handeln der Christen im eigenen Land‹« erhob Pfarrer Hülsemann Protest:»Besonnenheit könne man nur erreichen, wenn man die ›ureigensten‹ Zusammenhänge sieht. Wenn Menschen täglich erfahren, daß ihre Partizipation und Anteilnahme am täglichen Leben nicht gefragt sind, mache sie dies viel mehr betroffen.« Tagesinformation vom 2.4.1989, a.a.O. Unterstützung fand Finks Antrag auch bei Stolpe und Günter Krusche. Vgl. Information über den Verlauf der fünften Ordentlichen Tagung der 9. Synode der Evangelischen Kirche in Berlin-Brandenburg (31.3.-4.4.1989, Stephanus-Stiftung Berlin), SAPMO-BA ZPA IV B2/14/124. Zu den Beschlüssen der Frühjahrssynoden Brandenburg, Mecklenburg und Sachsen vgl. epd-Dok 17/89.
689 Vgl. Kommunalwahl, HAL/OLZ, Berlin, den 21.4.1989, Aktuelle politische Tendenzen und Entwicklungen in den Kirchen und Religionsgemeinschaften in der DDR in Vorbereitung auf die Kommunalwahlen am 7.5.1989, BA, Abt. Potsdam, O-4, 1220.
690 Vgl. Berlin, den 12.5.1989, Zu Lage und Tendenzen in den evangelischen Kirchen in der DDR, BA, Abt. Potsdam, O-4, 713. Außerdem verabschiedete die sächsische Synode Beschlüsse zu Reisefragen und zum IX. Pädagogischen Kongreß. Der Rat des Bezirkes wertete, daß diese Entscheidungen einschließlich der Äußerung zu den Kommunalwahlen »unterschiedlich graduiert eine Einmischung in staatliche Angelegenheiten darstellen und teilweise als Angriff auf staatliche Positionen zu politischen und ökonomischen Fragen gewertet werden müssen. Dem Bischof, realistischen Kräften in der Kirchenleitung, dem Präsidium der Synode und dem Landeskirchenamt ist es nicht gelungen, ihre auf Mäßigung und Zumutbarkeit orientierte Haltung des begrenzten politischen Mandats durchzusetzen.« RdB Dresden, Sektor Staatspolitik in Kirchenfragen, Einschätzung Johne vom 6.4.1989 zum Verlauf der Frühjahrstagung der Synode der Ev.-Luth. Landeskirche Sachsens 1989, SAPMO-BA ZPA IV B2/14/103. Vgl. auch RdB Dresden, Sektor Staatspolitik in Kirchenfragen, Information vom 3.4.1989 über den Verlauf der Frühjahrstagung der Synode der Ev.-Luth. Landeskirche Sachsens 1989, SHStA Dresden, BT/RdB Dresden (Zwibo), 46616.
691 Abt. II, Berlin, 21.8.1989, Information zur Auswertung der Frühjahrssynoden und zur Vorbereitung auf die Herbsttagungen der Synoden evangelischer Landeskirchen in der DDR, BA, Abt. Potsdam, O-4, 960.
692 RdB Dresden, Stellvertreter des Vorsitzenden für Inneres, Informationsbericht für die Monate Januar/Februar 1989 vom 14.3.1989, SAPMO-BA ZPA IV B2/14/70.
693 SED-BL Dresden, Abteilung Staat und Recht, Genossen Modrow – zur Information, Information Graff vom 16.3.1989 über den »Sachsentreff« vom 10.3.1989, PDS-Archiv Dresden, AR 14086.
694 Staatssekretär für Kirchenfragen, Information Kurt Löffler vom 10.4.1989 über ein Gespräch des Staatssekretärs, Gen. Kurt Löffler, mit Landesbischof Dr. Johannes Hempel am 7. April 1989, SAPMO-BA ZPA IV B2/14/44.
695 Berlin, 11.4.1989, Information über ein Gespräch des Staatssekretärs für Kirchenfragen,

Genossen Kurt Löffler, mit Landesbischof Dr. Johannes Hempel am 7. April 1989, a.a.O. Zu den Beschlüssen der sächsischen Frühjahrssynode vgl. epd-Dok 17/89. Das Gespräch zwischen Hempel und Löffler zog weite Kreise. So berichtete das MfS über die Sitzung des Görlitzer Ökologiearbeitskreises am 5.5.1989: »[...] dann kam das Gespräch noch mal auf den Staatssekretär Löffler, der den Hempel irgendwie belagert hat in Dresden, es ist sogar um die Verhinderung der Bildung einer Oppositionspartei gegangen und auch die Papiere haben dem Herrn Löffler nicht gefallen.« KD Görlitz, Tonbandabschrift Bericht »Winter« vom 2.6.1989, BStU, ASt. Dresden, AIM 6830/90, II/11.

696 Schreiben an Jarowinsky vom 4.4.1989, SAPMO-BA ZPA IV B2/14/124.

697 Zur Görlitzer Synode vgl. Arbeitsgruppe Synode Görlitz, Information Johne über die 5. Tagung der 10. Provinzialsynode der Evangelischen Kirche des Görlitzer Kirchengebietes 14.-17.4.1989: »Der Vortrag des Bischofs war moderat gehalten, Forderungen an den Staat wurden nicht plakativ aufgemacht, statt dessen hatte er die Erwartung, daß alle aufgeworfenen Fragen im Dialog von Staat und Kirche geklärt werden. [...] Offene Angriffe gegen den Staat unterblieben, wenn man von der Äußerung Havensteins absieht, daß es in der DDR auch Jahre des Schreckens und der Repression gegeben habe. Diese Darstellung wurde von Rogge sofort zurückgewiesen. Zuweilen wurde von den Synodalen an Rogge Kritik geübt, wegen seiner aggressiven, bissigen und lauten Vortragsweise. [...] Obwohl es in der Plenardebatte Anregungen zur Beschlußfassung hinsichtlich der Kommunalwahlen, des Pädagogischen Kongresses, von Reisefragen und anderer politisch relevanter Themen gegeben hatte, wurden dazu weder Beschlüsse eingebracht noch gefaßt. Das ist offenkundig auf eine harte Auseinandersetzung in den Ausschüssen zurückzuführen. Insgesamt ist einzuschätzen, daß die Synode den erwarteten ruhigen und insgesamt gesehen sachlichen Verlauf nahm.« Dennoch sei »festzustellen, daß seit der vergangenen Synode 1988 die Politisierung innerhalb der Görlitzer Kirche stark zugenommen hat. Dieser Prozeß wird sich fortsetzen. In dieser Beziehung hat die Görlitzer Kirche den Anschluß an andere Landeskirchen vollzogen. Zur weiteren Politisierung der Görlitzer Kirche trägt künftig verstärkt bei, daß die Synode und der Bischof den Gruppen im Gegensatz zu früher ein breiteres Betätigungsfeld innerhalb der verschiedenen kirchlichen Strukturen einräumen.« PDS-Archiv Dresden, AR 14099.

698 Vgl. aber dagegen Berlin, den 12.5.1989, Zu Lage und Tendenzen in den evangelischen Kirchen in der DDR: »Von den Synoden der Ev.-Luth. Landeskirche Mecklenburgs und der Ev. Landeskirche Anhalts wurde das Thema nicht berührt.« BA, Abt. Potsdam, O-4, 713.

699 Abt. II, Berlin, 21.8.1989, Information zur Auswertung der Frühjahrssynoden und zur Vorbereitung auf die Herbsttagungen der Synoden evangelischer Landeskirchen in der DDR, BA, Abt. Potsdam, O-4, 960.

700 Kommunalwahl, HAL/OLZ, Berlin, den 21.4.1989, Aktuelle politische Tendenzen und Entwicklungen in den Kirchen und Religionsgemeinschaften in der DDR in Vorbereitung auf die Kommunalwahlen am 7.5.1989, BA, Abt. Potsdam, O-4, 1220. Vgl. auch Staatssekretär für Kirchenfragen, Information Löffler vom 3.4.1989 über eine Begegnung mit Bischof Dr. Gienke am 1.4.1989: »In einem Meinungsaustausch über die Verantwortung in der Vorbereitung der Wahlen erklärte Dr. Gienke, daß es im Bereich seiner Kirche selbstverständlich sei, daß die kirchlichen Amtsträger ihre staatsbürgerliche Pflicht erfüllen. Mit Freude habe er auch zur Kenntnis genommen, daß mehrere Gemeindepfarrer als Bürger in ihren Gemeinden für die Volksvertretung kandidieren.« SAPMO-BA ZPA IV B2/14/44.

701 Vgl. Berlin, den 12.5.1989, Zu Lage und Tendenzen in evangelischen Kirchen in der DDR, BA, Abt. Potsdam, O-4, 713. Harder und Plath vom Konsistorium unterstützten den Bischof auch in dieser Angelegenheit. Vgl. HAL/OLZ, Berlin, den 26.5.1989, Abschlußinformation zur Beteiligung ausgewählter Geistlicher und Amtsträger der Kirchen und Religionsgemeinschaften in der DDR an den Kommunalwahlen vom 7.5.1989, Anlage 1, BA, Abt. Potsdam, O-4, 959; auch a.a.O., O-4, 1220.

702 Kommunalwahl, HAL/OLZ, Berlin, den 21.4.1989, Aktuelle politische Tendenzen und

Entwicklungen in den Kirchen und Religionsgemeinschaften in der DDR in Vorbereitung auf die Kommunalwahlen am 7.5.1989, BA, Abt. Potsdam, O-4, 1220. Vgl. auch Berlin, den 12.5.1989, Zu Lage und Tendenzen in den evangelischen Kirchen in der DDR, BA, Abt. Potsdam, O-4, 713. Vgl. auch Abt. II, Berlin, 21.8.1989, Information zur Auswertung der Frühjahrssynoden und zur Vorbereitung auf die Herbsttagungen der Synoden evangelischer Landeskirchen in der DDR:»Realistische Orientierungen und Bewertungen trug Landesbischof Dr. Leich [...] zu den Kommunalwahlen vor und grenzte sich damit von Angriffen kirchlicher Gremien auf die sozialistische Demokratie ab.« BA, Abt. Potsdam, O-4, 960.

703 Vgl. Berlin, den 12.5.1989, Zu Lage und Tendenzen in den evangelischen Kirchen in der DDR, BA, Abt. Potsdam, O-4, 713. Vgl. auch RdB Erfurt, Der Vorsitzende, Information Swatek vom 1.5.1989 über ein Gespräch mit Leich und Kirchner am 28.4.1989:»Bezug nehmend auf die bevorstehenden Kommunalwahlen, bemerkte der Landesbischof, daß er bereit sei, die damit verbundenen guten Absichten mitzuvollziehen, vor allem jene, die auf eine noch stärkere Bürgernähe gerichtet sind.« BA, Abt. Potsdam, O-4, 1480.

704 Berlin, den 12.5.1989, Zu Lage und Tendenzen in den evangelischen Kirchen in der DDR, BA, Abt. Potsdam, O-4, 713. Dort auch Aufzählung der aktivsten Gruppierungen. Weiter heißt es:»Diese Aktivitäten wurden durch eine Reihe von Veranstaltungen ergänzt, die sich vor allem auf den Berliner Raum und die Stadt Leipzig konzentrierten und in denen die Abstimmung mit politischen Kräften aus der BRD und den Westmedien besonders deutlich wurde. An ihnen waren führend beteiligt: Chefredakteur Thomas, Berlin, Pfarrer Eppelmann, Jugendmitarbeiter Schatta, Berlin, Pfarrer Grützner, Leipzig, Pfarrer Turek, Leipzig, Studentenpfarrer Lemke, Jena, Provinzialpfarrer Schorlemmer, Wittenberg. Als negative Schwerpunktveranstaltungen im Vorfeld der Wahlen sind besonders zu nennen: 17.4.1989, Samaritergemeinde Berlin, Pfarrer Eppelmann, 19.4.1989, Samaritergemeinde Berlin, Veranstaltung zum Thema ›Der Streit der Ideologien‹ mit Pf. Eppelmann, Pf. Schorlemmer, Frau Bohley, Thomas Meyer (SPD-Grundwertekommission), 21.4.1989 Gemeindezentrum ›Heinrich Grüber‹ Berlin, Jugendmitarbeiter Schatta, 23.4.1989 Bekenntniskirche Berlin-Treptow, Pf. Ziebarth.« Ebd. Vgl. KiS 3/89, 126 ff. und die Berichte in FR vom 20.4.1989 und »Die WELT« vom 19.4.1989.

705 Information Löffler vom 28.4.1989 über ein Gespräch mit Konsistorialpräsident Manfred Stolpe unter vier Augen am 27.4.1989, BA, Abt. Potsdam, O-4, 974.

706 Vgl. auch HAL/OLZ, Berlin, den 26.5.1989, Abschlußinformation zur Beteiligung ausgewählter Geistlicher und Amtsträger der Kirchen und Religionsgemeinschaften in der DDR an den Kommunalwahlen vom 7.5.1989. Dort ist von einem »z. T. erhebliche[n] Rückgang gegenüber den vorhergehenden Kommunalwahlen« die Rede. BA, Abt. Potsdam, O-4, 959; auch a.a.O., O-4, 1220. Der unter der Leitung von Gräfe erarbeitete Text wurde in der Dienstberatung des Staatssekretärs am 29.5.1989, 9.30 Uhr im Saal, besprochen. Vgl. die entsprechende Einladung Handel vom 26.5.1989, BA, Abt. Potsdam, O-4, 1031.

707 Vgl. HAL/OLZ, Berlin, den 26.5.1989, Abschlußinformation zur Beteiligung ausgewählter Geistlicher und Amtsträger der Kirchen und Religionsgemeinschaften in der DDR an den Kommunalwahlen vom 7.5.1989, BA, Abt. Potsdam, O-4, 959; auch a.a.O., O-4, 1220.

708 Zur Situation in Thüringen im Vorfeld der Wahlen vgl. Bericht Sommer zur Vorbereitung der Kommunalwahlen auf dem Gebiet der Staatspolitik in Kirchenfragen im Bezirk Suhl, SAPMO-BA ZPA IV B2/14/69.

709 Vgl. auch HAL/OLZ, Berlin, den 26.5.1989, Abschlußinformation zur Beteiligung ausgewählter Geistlicher und Amtsträger der Kirchen und Religionsgemeinschaften in der DDR an den Kommunalwahlen vom 7.5.1989, Anlage 1:»Bis auf neun Pfarrer haben alle Geistlichen und kirchlichen Amtsträger gewählt. [...] Darin spiegelt sich die Haltung des Kirchenpräsidenten Dr. Natho wider, der in den letzten Monaten immer deutlicher seiner konstruktiven Haltung gegenüber Staat und Gesellschaft Ausdruck verliehen und es verstanden hat, diese auch in seiner Landeskirche durchzusetzen. Bei der Bewertung des

Zuwachses ist zugleich zu berücksichtigen, daß einige politisch negative Pfarrer, die sich nie an Wahlen beteiligten, mittlerweile die Landeskirche verlassen haben, was sich bei einer zahlenmäßig kleinen Landeskirche stärker im Ergebnis niederschlägt.« BA, Abt. Potsdam, O-4, 959; auch a.a.O., O-4, 1220. Vgl. auch Dresden, den 10.5.1989, Informationsbericht für die Monate März/April 1989: »Ein Schwerpunkt [im Rückgang der Wahlbeteiligung] liegt in der sächs. Landeskirche im Bereich der kirchlichen Leitungskräfte, während es bei der Görlitzer Kirche gerade in diesem Bereich den größten Zuwachs gibt.« SAPMO-BA ZPA IV B2/14/70. Vgl. auch RdB Dresden, Stellv. des Vorsitzenden für Inneres, Informationsbericht Fuchs vom 10.7.1989 für die Monate Mai/Juni 1989: »Die Situation im Bereich der Görlitzer Kirche unterscheidet sich positiv von der in der sächs. Landeskirche [...] Bischof Dr. Rogge, OKR Völz und weitere leitende Vertreter der Synode und des Konsistoriums verfügen über stabile Positionen in ihrer Landeskirche, die langjährige konstruktive Grundhaltung beizubehalten. [...] Der Bischof geht offenkundig davon aus, angesichts der gegenwärtig sehr angespannten Situation seine Kirche als zwar kleinen, aber verläßlichen und berechenbaren Partner zu empfehlen, womit er die Staat-Kirche-Beziehungen bewußt in sein Konzept vom Profilierungsschub der Görlitzer Kirche einpaßt.« PDS-Archiv Dresden, AR 14087.

710 Vgl. auch HAL/OLZ, Berlin, den 26.5.1989, Abschlußinformation zur Beteiligung ausgewählter Geistlicher und Amtsträger der Kirchen und Religionsgemeinschaften in der DDR an den Kommunalwahlen vom 7.5.1989, Anlage 1: »Das illustriert seine Schwierigkeiten, selbst Signale für die Verbesserung seines Verhältnisses zu den staatlichen Organen zu setzen. Zugleich wird die Notwendigkeit unterstrichen, neue Wege in der politischen Arbeit im Bezirk mit ihm zu finden, um diese politisch unbefriedigende Situation zu verändern.« BA, Abt. Potsdam, O-4, 959; auch a.a.O., O-4, 1220. Vgl. auch Abt. II, Berlin, 21.8.1989, Information zur Auswertung der Frühjahrssynoden und zur Vorbereitung auf die Herbsttagungen der Synoden evangelischer Landeskirchen in der DDR: »Landesbischof Stier wich in seinem Bericht einer positiven Bewertung aus. Er unterstützte und legitimierte das Wirken gegen die Politik von Partei und Staat gerichteter Gruppen im kirchlichen Raum.« BA, Abt. Potsdam, O-4, 960. Im Rahmen eines Gemeindeabends in der Görlitzer Dreifaltigkeitskirche am 6.5.1989 berichtete Pfarrer Friedrich-Wilhelm Ritter vom BEK-Sekretariat, Löffler habe »einem Bischof ›empfohlen‹, zur Wahl zu gehen, wenn er seinen Posten weiter behalten will.« KD Görlitz, Bericht Hauptmann Blaschke vom 11.5.1989, BStU, ASt. Dresden, AIM 6830/90, II/11.

711 Vgl. Berlin, den 12.5.1989, Zu Lage und Tendenzen in den evangelischen Kirchen in der DDR, BA, Abt. Potsdam, O-4, 713.

712 Vgl. HAL/OLZ, Berlin, den 26.5.1989, Abschlußinformation zur Beteiligung ausgewählter Geistlicher und Amtsträger der Kirchen und Religionsgemeinschaften in der DDR an den Kommunalwahlen vom 7.5.1989, BA, Abt. Potsdam, O-4, 959; auch a.a.O., O-4, 1220.

713 Vgl. auch Protokoll Demke-Ziegler-Zeddies/Doyé vom 20.6.1989 der 223. Sitzung des Vorstandes am 15.6.1989 in Berlin: »Dr. Zeddies weist darauf hin, daß die angekündigte Gründung des Freidenkerverbandes inzwischen erfolgt ist. Damit stelle sich erneut die Frage, ob kirchlicherseits in angemessener Weise darauf reagiert werden solle.« EZA Berlin, 101/93/752. Die KKL beschloß, »auf eine eigene Stellungnahme zu verzichten.« Leich wurde gebeten, in seinem Bericht an die Eisenacher BEK-Synode auf die Gründung des Freidenkerverbandes einzugehen. Protokoll Demke-Kupas-Riese vom 3.7.1989 über die 125. Tagung der Konferenz der Evangelischen Kirchenleitungen in der DDR am 30.6./1.7.1989 in Berlin, EZA Berlin, 101/93/743.

714 Dies galt vor allem für den katholischen Bereich, der nach staatlicher Einschätzung immer »weltanschaulich sehr sensibel« reagierte. HAL/OLZ, Berlin, den 26.5.1989, Abschlußinformation zur Beteiligung ausgewählter Geistlicher und Amtsträger der Kirchen und Religionsgemeinschaften in der DDR an den Kommunalwahlen vom 7.5.1989, BA, Abt. Potsdam, O-4, 959; auch a.a.O., O-4, 1220.

715 Vgl. HAL/OLZ, Berlin, den 20.7.1989, Aktuelle politische Tendenzen und Entwicklun-

gen in den Kirchen und Religionsgemeinschaften in der DDR, Leitungsinformation 4/89, BA, Abt. Potsdam, O-4, 960.
716 Vgl. auch Leiter des Büros, Einladung Bertram Handel vom 19.5.1989 zur Dienstberatung des Staatssekretärs am 22.5.1989, 9.30 Uhr im Saal: »2. Information über Aktivitäten kirchlicher Kreise zur Diffamierung des Wahlergebnisses vom 7.5.1989.« BA, Abt. Potsdam, O-4, 959; auch a.a.O., O-4, 1031.
717 Berlin, den 12.5.1989, Zu Lage und Tendenzen in den evangelischen Kirchen in der DDR, BA, Abt. Potsdam, O-4, 713. Vgl. KiS 3/89, 128 und den Kommentar von H.-J. Röder, Signale der Einschüchterung, a.a.O., 83 f. Zu den Leipziger Ereignissen vgl. Ch. Dietrich/U. Schwabe (Hgg.), Freunde und Feinde, 312 ff.
718 Diese Wendung auch in SED-BL Halle, Mitarbeiter für Kirchenfragen, Bericht an Achim Böhme vom 24.5.1989, LPA Halle, IV/F-2/14/367.
719 SED-BL Dresden, Abteilung Staat und Recht, Information vom 26.5.1989 über eine Beratung des Genossen Peter Kraußer, Leiter der Arbeitsgruppe Kirchenfragen des ZK der SED, mit den Mitarbeitern der Bezirksleitungen Erfurt, Halle, Leipzig, Magdeburg, Suhl, Gera, Karl-Marx-Stadt und Dresden am 23.5.1989 in der Bezirksleitung Leipzig, PDS-Archiv Dresden, AR 14086.
720 Abt. II, Berlin, 21.8.1989, Information zur Auswertung der Frühjahrssynoden und zur Vorbereitung auf die Herbsttagungen der Synoden evangelischer Landeskirchen in der DDR, BA, Abt. Potsdam, O-4, 960.
721 Berlin, den 12.5.1989, Zu Lage und Tendenzen in den evangelischen Kirchen in der DDR, BA, Abt. Potsdam, O-4, 713. Ähnlich auch HAL/OLZ, Berlin, den 26.5.1989, Abschlußinformation zur Beteiligung ausgewählter Geistlicher und Amtsträger der Kirchen und Religionsgemeinschaften in der DDR an den Kommunalwahlen vom 7.5.1989, BA, Abt. Potsdam, O-4, 959; auch a.a.O., O-4, 1220.
722 Vgl. Berlin, den 12.5.1989, Zu Lage und Tendenzen in den evangelischen Kirchen in der DDR, BA, Abt. Potsdam, O-4, 713.
723 Vgl. auch Humanistische Erziehung in Liebe zu den Kindern, in: »Neue Zeit« vom 15.4.1989.
724 Vgl. Berlin, den 12.5.1989, Zu Lage und Tendenzen in den evangelischen Kirchen in der DDR, BA, Abt. Potsdam, O-4, 713; vgl. auch HAL/OLZ, Berlin, den 26.5.1989, Abschlußinformation zur Beteiligung ausgewählter Geistlicher und Amtsträger der Kirchen und Religionsgemeinschaften in der DDR an den Kommunalwahlen vom 7.5.1989, BA, Abt. Potsdam, O-4, 959; auch a.a.O., O-4, 1220. Vgl. auch Protokoll Leich-Ziegler-Jacob vom 8.5.1989 über die 123. Tagung der Konferenz der Evangelischen Kirchenleitungen in der DDR vom 5./6.5.1989 in Görlitz: »Ziegler berichtet über [...] bemerkenswerte Aktivitäten der CDU (schulpolitische Beratung mit Minister Margot Honecker; Gespräch mit Minister für Nationale Verteidigung).« EZA Berlin, 101/93/743.
725 Wegen seiner Verantwortung für die Herausgabe einer nur für den innerkirchlichen Dienstgebrauch bestimmten Zeitschrift »Wir Ahnungslosen« leitete der Staat gegen Ziemer ein Ordnungsstrafverfahren ein. Die OLKR Schlichter und Zweynert »hielten ein Ordnungsstrafverfahren gegen einen Superintendenten für sehr schwierig. Immerhin wäre Superintendent Ziemer Vorsitzender des Präsidiums der Ökumenischen Versammlung und käme gerade aus Basel zurück. Sie müßten befürchten, daß dieses Verfahren über die Grenzen der DDR hinausgeht. [...] Mit dem Ordnungsstrafverfahren würde die Ebene des Dialogs verlassen.« Die Staatsfunktionäre verwiesen auf Superintendent Dietrich Mendt. Dieser habe »wesentlich anders reagiert, als das Auftauchen einer alternativen Zeitung in seinem Kirchenbezirk bekannt wurde. Er sorgte selbst mit für den Einzug dieser Druckerzeugnisse.« RdB Dresden, Sektor Staatspolitik in Kirchenfragen, Aktennotiz Stein vom 23.5.1989 zu einem Gespräch mit dem amtierenden Präsidenten des Landeskirchenamtes, OLKR Schlichter, und OLKR Zweynert am 22.5.1989, PDS-Archiv Dresden, AR 14089. Über Ziemer wurde eine Geldbuße von 300 Mark verhängt. Vgl. undatierte (Eingangsstempel 1.6.1989) Aktennotiz Seltmann, Stadtrat für Kultur, über Ordnungsstrafverfahren gegen Superintendent Ziemer am

12.5.1989, SHStA Dresden, BT/RdB Dresden (Zwibo), 46621. Gegen die Strafe protestierte das Ev.-Luth. Bezirkskirchenamt Dresden Mitte, Nord, West in einem von Pfarrer Schumann, den Superintendenten Bergmann und Scheibner und Kirchenamtsrat Heitmann unterzeichneten Schreiben an Berghofer vom 7.6.1989: »Wir müssen gegen ein solches Vorgehen entschieden protestieren und sehen in ihm eine schwere Belastung des Verhältnisses zwischen Staat und Kirche in unserer Stadt. Mit ihm ist das gewachsene partnerschaftliche Nebeneinander von Staat und Kirche auf Stadtebene erheblich˙gestört [...] Im übrigen können wir nicht umhin, auf die Delikatesse hinzuweisen, die es bedeutet, Superintendent Ziemer zum Gehör im Rahmen des Ordnungsstrafverfahrens zu einem Zeitpunkt zu bestellen, den er nur unmittelbar nach seiner Rückkehr von der Europäischen Ökumenischen Versammlung aus Basel, vom Bahnhof kommend, erreichen konnte.« A.a.O.

726 Schreiben Hempel an Modrow vom 11.5.1989, PDS-Archiv Dresden, AR 14093. Berghofer führte Mitte Juni 1989 mit dem Superintendenten ein Gespräch, in dem er ihn warnte, »die Rolle als Oppositionsführer zu beanspruchen.« Ziemer entgegnete: »›Bei der Wahl geht es im Kern um Glaubwürdigkeitsfragen [...] Sie stellen Staatsräson vor die Wahrheit. Ich will Sie warnen, weil Sie sich eines Tages dafür verantworten werden müssen. Die vorliegenden Fakten lassen sich nicht widerlegen [...] Ich lebe im Sozialismus – ich will nicht im Westen leben, deshalb müssen hier Fragen der Demokratie verbessert werden.‹« Zum Abschluß des Gespräches bat der Oberbürgermeister den Kirchenmann um die Übergabe »eine[s] schriftlichen Katalog[s] von Dialogwünschen und Vorschlägen aus kirchlichen Interessengruppen [...], um eine sachliche politische Prüfung zu ermöglichen.« Oberbürgermeister, Streng vertrauliche Information Wolfgang Berghofer vom 20.6.1989 über das am 19.6.1989 geführte Gespräch mit dem Superintendenten Christof Ziemer, PDS-Archiv Dresden, AR 14089.

727 Dies geschah auf der Sitzung am 12.5.1989. Vgl. Information über ein Gespräch des Stellvertreters des Oberbürgermeisters für Inneres, Genossen Hoffmann, mit Generalsuperintendent Dr. Krusche am 19.5.1989, BA, Abt. Potsdam, O-4, 974; auch SAPMO-BA ZPA IV B2/14/44.

728 Vgl. Kirche im Sozialismus – Eine überholte Formel?, in KiS, 5/88, 180 sowie G. Müller, Mitverantwortung, a.a.O., 181; G. Planer-Friedrich, Kirche im Sozialismus, a.a.O., 181-182; M. Punge, Zum Gebrauch des Begriffes »Kirche im Sozialismus«, a.a.O., 182-185.

729 Information über ein Gespräch des Stellvertreters des Oberbürgermeisters für Inneres, Genossen Hoffmann, mit Generalsuperintendent Dr. Krusche am 19.5.1989, BA, Abt. Potsdam, O-4, 974; auch SAPMO-BA ZPA IV B2/14/44.

730 RdB Cottbus, Stellvertreter des Vorsitzenden für Inneres, Information Bartusch vom 1.6.1989 über ein Gespräch des Stellvertreters des Vorsitzenden für Inneres, Genossen Bartusch, mit Generalsuperintendent Richter am 1.6.1989, SAPMO-BA ZPA IV B2/14/69.

731 Protokoll Leich-Ziegler-Kupas vom 1.6.1989 der 222. Sitzung des Vorstands am 24.5.1989 in Berlin, EZA Berlin, 101/93/752. Vgl. auch den Vertraulichen Vermerk Ziegler vom 29.8.1989 über das Gespräch zwischen den leitenden Geistlichen und den Leitern der zentralen kirchlichen Verwaltungsdienststellen am 31.5.1989, 12.30 Uhr in Berlin, Augustraße 80. Dort heißt es über einen Bericht Leichs, in den Eindrücke aus einer unmittelbar zurückliegenden Begegnung mit Löffler eingingen, und die sich anschließende Aussprache: »Aus allen Gliedkirchen wird berichtet, daß es Beobachtungen bei der Kommunalwahl und deren Ergebnissen gegeben hat; auch im Vorfeld der Wahl hat es kritische Gespräche mit den Wahlkommissionen gegeben. Viele Eingaben wurden an die staatlichen Stellen gerichtet, Durchschriften gingen an Kirchenleitungen. Die Reaktionen auf die Eingaben sind unterschiedlich. Sie werden teils als Unverschämtheit angesehen, auf die keine inhaltliche Antwort erfolgen werde. An anderen Stellen wird differenziert verfahren. Antworten sollen an Eingeber erfolgen, die sachliche Anfragen stellten. Es solle aber genau untersucht werden, welche Absichten die Eingeber verfolgt hätten. An anderen Stellen wird einfach behauptet, es sei alles kor-

rekt verlaufen und die Wahlen seien abgeschlossen. Diese Reaktionen von staatlicher Seite provozieren neue Aktionen. So haben Berliner Jugendmitarbeiter zu einem Schweigemarsch am 7.6.1989 aufgefordert. Als Ergebnis der Aussprache wird festgehalten: Wir müssen eintreten für den Schutz derer, die versucht haben, das Wahlgeschehen zu beobachten und zu überprüfen – in weiteren Schritten ist vor allen Dingen auf Konsequenzen für die nächste Wahl zu drängen –, von den mündlichen Mitteilungen des Staatssekretärs für Kirchenfragen sollte kein weiterer Gebrauch gemacht werden.« EZA Berlin, 101/93/776.

732 Zur Vorbereitung vgl. ebd.: »Die KKL müßte sich äußern. Herr Stolpe wird gebeten, einen Rohentwurf zu machen, der bei der KKL-Tagung am 2.6.1989 zur Beratung vorgelegt wird.« Diesem Auftrag kam Stolpe noch während der Sitzung nach, denn das Protokoll vermerkt abschließend: »Ein inzwischen von Herrn Stolpe vorgelegter Entwurf wird kurz besprochen. Er soll der KKL vorgelegt werden und von Herrn Stolpe interpretiert werden.« A.a.O. Vgl. abschließend Protokoll Leich/Stolpe-Ziegler-Koenig vom 6.6.1989 über die 124. Tagung der Konferenz der Evangelischen Kirchenleitungen in der DDR vom 2./3.6.1989 in Berlin, EZA Berlin, 101/93/743.

733 Der Text der Erklärung vom 3.6.1989 ist abgedruckt bei G. Rein, Die protestantische Revolution, 141 f. Die Veröffentlichung des Textes hatte Jarowinsky mit Hilfe eines Gespräches zwischen Löffler und Stolpe noch in letzter Minute verhindern wollen. Vgl. Vermerk über Beratung bei Genossen Jarowinsky am 5.6.1989, SAPMO-BA ZPA IV B2/14/9.

734 Vgl. G. Rein, Die protestantische Revolution, 142-144. Auch die Kommission für kirchliche Jugendarbeit beanstandete die Wendung der »übertriebenen Aktionen«. Der KKL-Vorstand beauftragte das Sekretariat, mit den Kritikern ein Gespräch zu führen. Vgl. Protokoll Leich/Demke-Doyé vom 31.7.1989 der 224. Sitzung des Vorstands am 27.7.1989 in Berlin, EZA Berlin, 101/93/752.

735 HAL/OLZ, Berlin, den 20.7.1989, Aktuelle politische Tendenzen und Entwicklungen in den Kirchen und Religionsgemeinschaften in der DDR, Leitungsinformation 4/89, BA, Abt. Potsdam, O-4, 960.

736 In Freiberg sagten die Pfarrer gegenüber Horst Dohle sogar: »Die sächsische Landeskirche bitte seit nunmehr 40 Jahren um ein Gespräch zu Volksbildungsfragen, das sei kein guter Jahrestag.« Leiter des Büros, Dienstreisebericht Dohle vom 4.2.1988, BA, Abt. Potsdam, O-4, 963.

737 Information über ein Gespräch des Stellvertreters des Oberbürgermeisters für Inneres, Genossen Hoffmann, mit Konsistorialpräsident M. Stolpe und Generalsuperintendent Dr. Krusche am 1.6.1989, BA, Abt. Potsdam, O-4, 974.

738 Ebd.

739 Staatssekretär für Kirchenfragen, Information Kurt Löffler vom 7.6.1989 über ein Gespräch mit Manfred Stolpe am 5.6.1989, a.a.O.

740 Staatssekretär für Kirchenfragen, Vermerk Hauptabteilungsleiter Heinrich vom 7.6.1989, a.a.O.

741 Vgl. die von Präses Manfred Becker unterzeichnete Mitteilung der Berlin-Brandenburgischen Kirchenleitung über Vorgänge in Berlin am 7.6.1989. Abgedruckt in G. Rein, Die protestantische Revolution, 145 f. W. Rüddenklau, Störenfried, 292 f.; 333-335. Vgl. KiS 4/89, 174.

742 Information über ein Gespräch des Stellvertreters des Oberbürgermeisters für Inneres, Genossen Hoffmann, mit Konsistorialpräsident Manfred Stolpe am 28.6.1989, BA, Abt. Potsdam, O-4, 1130.

743 Parallel fand der Leipziger Kirchentag statt.

744 Staatssekretär für Kirchenfragen vom 4.7.1989 über Gespräch mit Forck und Pettelkau am gleichen Tag, SAPMO-BA ZPA IV B2/14/44.

745 Vgl. Information über ein Gespräch des Stellvertreters des Oberbürgermeisters für Inneres, Genossen Hoffmann, mit Konsistorialpräsident M. Stolpe am 6.7.1989, BA, Abt. Potsdam, O-4, 974. Vgl. auch Rat des Stadtbezirks Berlin-Pankow, Stellv. des Oberbür-

germeisters für Inneres, Vermerk vom 7.8.1989 zu Veranstaltung der ev. Hoffnungskirche, 1100 Berlin, Elsa-Brändström-Str., am 7.8.1989, 20.00 Uhr, Thema: Andacht zum Gedenken an den 7.5.1989, Vorbereitung, Verlauf, Ergebnisse der Kommunalwahlen, BA, Abt. Potsdam, O-4, 1130. Nach den Aktionen leitete der SED-Staat ca. 150 Ordnungsstrafverfahren ein. Vgl. Protokoll Leich-Ziegler-Kupas vom 29.8.1989 über die 225. Sitzung des Vorstands am 24.8.1989 in Potsdam (Oberlinhaus), EZA Berlin, 101/93/752. Bis September 1989 wurden dann auch über 100 Ordnungsstrafen ausgesprochen. Vgl. Protokoll Leich-Ziegler-Pahnke vom 13.9.1989 der 126. Tagung der Konferenz der Evangelischen Kirchenleitungen in der DDR am 1./2.9.1989, EZA Berlin, 101/93/744. Vgl. auch W. Rüddenklau, Störenfried, 292 f.; 348-350.

746 Vgl. Vermerk Heidingsfeld über die Zusammenkunft der Beratergruppe am 22.6.1989, EZA Berlin, 4/92/21. Der Synodalbeschluß bat den BEK, »dem Chinesischen Christenrat die Betroffenheit und Verbundenheit der Christen in der DDR zu diesen Ereignissen zum Ausdruck zu bringen.« So Demke vor der KKL. Protokoll Demke-Kupas-Riese vom 3.7.1989 über die 125. Tagung der Konferenz der Evangelischen Kirchenleitungen in der DDR am 30.6./1.7.1989 in Berlin, EZA Berlin, 101/93/743. Vgl. auch Abt. II, Berlin, 21.8.1989, Information zur Auswertung der Frühjahrssynoden und zur Vorbereitung auf die Herbsttagungen der Synoden evangelischer Landeskirchen in der DDR: »Obwohl Bischof Dr. Demke politisch realistische Akzente setzte, gelang es den negativen Kräften der Synode der Evangelischen Kirche der Kirchenprovinz Sachsen, ebenfalls durchzusetzen, daß im Mittelpunkt der Diskussion gesellschaftspolitisch relevanter Fragen die Kritik vermeintlicher und verabsolutierter Probleme der gesellschaftlichen Entwicklung der DDR stand. [...] Die konstruktive Linienführung des Bischofs stieß auf entschiedene Ablehnung negativer Kräfte um Propst Dr. Falcke und konnte sich im weiteren Verlauf der Tagung nicht durchsetzen. [...] Gegen den erfolglosen Widerstand des Bischofs gelang es den negativen Kräften um Falcke, ihre Positionen zu den Vorgängen in Leipzig, [...] den Ereignissen in China und zu den Kommunalwahlen durchzusetzen.« BA, Abt. Potsdam, O-4, 960. Entsprechend beschloß denn auch die KKL. Zudem hielt das Protokoll fest: »In der *Aussprache* kam die Bestürzung über die Gewalt, die durch den Militäreinsatz ausgelöst wurde und mit Todesurteilen und Hinrichtungen noch fortdauert, zum Ausdruck. Kritisch wurde die Behandlung dieser Vorgänge in unseren Medien besprochen. Die Konferenz sieht vor, dies auch gegenüber zuständigen staatlichen Stellen zur Sprache zu bringen.« Protokoll Demke-Kupas-Riese vom 3.7.1989 über die 125. Tagung der Konferenz der Evangelischen Kirchenleitungen in der DDR am 30.6./1.7.1989 in Berlin, EZA Berlin, 101/93/743.

747 Eine spätere Einschätzung sprach von einem »verfassungsfeindlichen Aufruhr[.]«. Abt. II, Berlin, 21.8.1989, Information zur Auswertung der Frühjahrssynoden und zur Vorbereitung auf die Herbsttagungen der Synoden evangelischer Landeskirchen in der DDR, BA, Abt. Potsdam, O-4, 960.

748 Vgl. z. B. Information über eine Veranstaltung am 28.6.1989 in der Samariterkirche (Berlin-Friedrichshain), BA, Abt. Potsdam, O-4, 1130.

749 Vgl. auch Bericht zur kirchenpolitischen Situation in Berlin für die Monate Mai und Juni 1989: »Die Ereignisse in der VR China vom Juni 1989 wurden in kirchlichen Kreisen mit Beunruhigung aufgenommen.« BA, Abt. Potsdam, O-4, 1130. Vgl. auch Protokoll Demke-Kupas-Riese vom 3.7.1989 über die 125. Tagung der Konferenz der Evangelischen Kirchenleitungen in der DDR am 30.6./1.7.1989 in Berlin: »Er [Forck] informiert über die Veranstaltungen in Berlin – Klagegottesdienst und Fasten-Trommeln in den Kirchen der Stadt. Er berichtet über zunehmende Schwierigkeiten bei Absprachen mit den in der Sache Engagierten für das Maß des Möglichen und Machbaren.« EZA Berlin, 101/93/743. Vgl. auch W. Rüddenklau, Störenfried, 292.

750 Vgl. Protokoll Demke-Kupas-Riese vom 3.7.1989 über die 125. Tagung der Konferenz der Evangelischen Kirchenleitungen in der DDR am 30.6./1.7.1989 in Berlin: »Er [Stier] informiert über Vorkommnisse im Vorfeld einer Fürbittandacht zu den Ereignissen in China in der Ev. Studentengemeinde in Rostock.« EZA Berlin, 101/93/743.

751 HAL/OLZ, Berlin, den 20.7.1989, Aktuelle politische Tendenzen und Entwicklungen in den Kirchen und Religionsgemeinschaften in der DDR, Leitungsinformation 4/89, BA, Abt. Potsdam, O-4, 960. Vgl. auch Protokoll Leich-Ziegler-Pahnke vom 13.9.1989 der 126. Tagung der Konferenz der Evangelischen Kirchenleitungen in der DDR am 1./2.9.1989: »Am Schlußtag des Kirchentages hätten junge Leute ein Trommeln für China vor der Kreuzkirchentür [Dresden] veranstaltet. Die Polizei war auf dem Platz. Die Trommler waren dann in der Kirche. Die jungen Leute sind nicht vorgewarnt worden. Sie wurden auf dem Platz von der Polizei festgenommen. Im Schnellverfahren sind die jungen Leute zu insgesamt 12 800,– M Ordnungsstrafe verurteilt worden.« EZA Berlin, 101/93/744. Löffler plante, am 29.9.1989 an der von Staat- und Parteistellen der DDR ausgerichteten Festveranstaltung zum 40. Jahrestag der Gründung der Volksrepublik China in der Berliner Staatsoper Unter den Linden teilzunehmen. Vgl. Schreiben Löffler an Jarowinsky vom 18.9.1989, BA, Abt. Potsdam, O-4, 999.

752 Bericht zur kirchenpolitischen Situation in Berlin für die Monate Mai und Juni 1989, BA, Abt. Potsdam, O-4, 1130.

753 Vgl. HAL/OLZ, Berlin, den 20.7.1989, Aktuelle politische Tendenzen und Entwicklungen in den Kirchen und Religionsgemeinschaften in der DDR, Leitungsinformation 4/89, BA, Abt. Potsdam, O-4, 960. Vgl. hierzu RdB Dresden, Sektor Staatspolitik in Kirchenfragen, Vermerk Lewerenz (i. V. Johne) über Gespräch des Stellv. des Vors. für Inneres, Gen. Fuchs, mit dem amtierenden Präsidenten des Landeskirchenamtes, OLKR Schlichter, am 9.3.1989, PDS-Archiv Dresden, AR 14089. Bischof Hempel bat Hans Modrow, von einer Verwirklichung der Planungsvorhaben abzusehen: »Heute sei nicht mehr die Zeit, wo die Menschen ihre Ängste verschweigen, und er befürchte, daß es bis zum Einsatz der Sicherheitsorgane kommen könnte.« Modrow entgegnete, man werde an dem gefaßten Plan festhalten. SED-BL Dresden, Abteilung Staat und Recht, Notiz vom 31.3.1989 über ein Treffen des 1. Sekretärs der Bezirksleitung Dresden der SED, Genossen Hans Modrow, mit dem Landesbischof der Evangelisch-Lutherischen Landeskirche Sachsens, Dr. Hempel, und dem amtierenden Präsidenten des Landeskirchenamtes, Oberlandeskirchenrat Schlichter, am 29.3.1989, a.a.O. Hempel äußerte vor der Synode, die Entscheidung für den Bau des Werkes sei nach seinem Eindruck in Berlin gefallen, so daß der Bezirk machtlos sei. Modrow hätte gesagt, »daß jeder Bezirk sein Päckchen zu tragen habe. Die Beschwerden der Dresdner würden korrekt nach Berlin gegeben.« RdB Dresden, Sektor Staatspolitik in Kirchenfragen, Information vom 3.4.1989 über den Verlauf der Frühjahrstagung der Synode der Ev.-Luth. Landeskirche Sachsens 1989, SHStA Dresden, BT/RdB Dresden (Zwibo), 46616. Da die Frühjahrssynode Sachsen einen kritischen Beschluß zu dem vorgesehenen Werk gefaßt hatte, übermittelte Karich, SED-BL Dresden, OLKR Schlichter die Betroffenheit Modrows über die synodalen Äußerungen und bat dringend, einen für den 16.4.1989 in der Dresdener Kreuzkirche vorgesehenen Fürbittgottesdienst nicht durchzuführen. Der OLKR antwortete, es sei dem LKA nicht möglich, in das Leben der Gemeinden einzugreifen: »Herr Schlichter gab zu bedenken, was passieren würde, wenn viele Menschen vor einer verschlossenen Kirche stehen.« SED-BL Dresden, Abteilung Staat und Recht, Notiz D. Karich vom 13.4.1989 über ein Gespräch mit dem amtierenden Präsidenten des Landeskirchenamtes der ELLKS, Oberlandeskirchenrat Schlichter, am 12.4.1989, PDS-Archiv Dresden, AR 14089. Vgl. auch RdB Dresden, Sektor Staatspolitik in Kirchenfragen, Vermerk Johne, amt. Sektorenleiter, vom 13.4.1989 über Gesprächssituation, SHStA Dresden, BT/RdB Dresden (Zwibo), 46620. Auch Dresdens Oberbürgermeister Berghofer sprach mit den drei Superintendenten der Stadt und drückte seine Verwunderung darüber aus, daß das Thema vor die Synode gebracht wurde: »Die von kirchlichen Amtsträgern eingereichten Eingaben wurden in persönlichen Gesprächen beantwortet. Dafür wurde viel Zeit aufgewandt.« Den geplanten Fürbittgottesdienst in der Kreuzkirche sollten sie absagen. Scheibner verwies auf die dichte Besiedelung des Gebietes. Es sei unverantwortlich, gerade dort den Standort für das Werk gewählt zu haben. Der Gottesdienst werde stattfinden, erklärten die kirchlichen Gesprächspartner. Vgl. Rat der Stadt Dresden, Oberbürgermeister, Aktenver-

merk Berghofer vom 11.4.1989 über heutiges Gespräch mit den drei Superintendenten der Ev.-Luth. Kirchenbezirke der Stadt Dresden, a.a.O. Vgl. auch Rat der Stadt Dresden, Bereich Inneres, Sektor Staatspolitik in Kirchenfragen, Information Schulze vom 16.4.1989 über den »Fürbittgottesdienst« am 16.4.1989 in der Kreuzkirche, a.a.O. Die KKL bat im Mai 1989 die sächsische Landeskirche, ihr im Juni 1989 »über die Besorgnisse hinsichtlich des Reinstsiliziumwerkes Gittersee zu berichten und gegebenenfalls Vorschläge zu unterbreiten.« Protokoll Leich-Ziegler-Jacob vom 8.5.1989 über die 123. Tagung der Konferenz der Evangelischen Kirchenleitungen in der DDR vom 5./6.5.1989 in Görlitz, EZA Berlin, 101/93/743. Anfang Juli fand in Gittersee ein Fürbittgottesdienst – seit Juni 1989 wurden wöchentlich Andachten abgehalten (vgl. RdB Dresden, Stellv. des Vorsitzenden für Inneres, Informationsbericht Fuchs vom 10.7.1989 für die Monate Mai/Juni 1989, PDS-Archiv Dresden, AR 14087 – vgl. dagegen jedoch W. Rüddenklau, Störenfried, 278) – statt, dem auch der ARD-Fernsehkorrespondent Börner beiwohnte. Vgl. RdB Dresden, Stellv. d. Vors. f. Inneres, Information Fuchs vom 5.7.1989 zu einem Gespräch zwischen dem Stellvertreter des Vorsitzenden für Inneres des RdB, Genossen Walter Fuchs, mit dem Stellvertreter des amt. Präsidenten des LKA, OLKR Zweynert, am 5.7.1989: »Genosse Fuchs brachte unmißverständlich die staatliche Erwartungshaltung zum Ausdruck, daß man im Interesse der Fortsetzung der konstruktiven und sachlichen Beziehungen zwischen Staat und Kirche im Bezirk Dresden die zunehmenden öffentlichkeitswirksamen Aktionen bestimmter Gruppierungen nicht zulassen kann. [...] Es wurde die Erwartungshaltung ausgesprochen, daß diese Andachten nicht mehr durchgeführt werden.« PDS-Archiv Dresden, AR 14089. Mitte August 1989 sagte das LKA zu, ab Anfang September die Fürbittgottesdienste in Gittersee zu beenden. Vgl. RdB Dresden, Stellvertreter des Vorsitzenden für Inneres, Informationsbericht Fuchs vom 12.9.1989 zur Staatspolitik in Kirchenfragen für die Monate Juli/August 1989, PDS-Archiv Dresden, AR 14087. Vgl. auch Protokoll Leich-Ziegler-Pahnke vom 13.9.1989 der 126. Tagung der Konferenz der Evangelischen Kirchenleitungen in der DDR am 1./2.9.1989: »In Dresden-Gittersee gibt es regelmäßige Fürbittandachten. Man will nicht demonstrieren, aber beim letzten Gottesdienst sind ca. 200 Personen zum Tor des Gitterseewerkes gezogen. Die Leute wurden gegriffen, Ordnungsstrafen bis zu 1 000,– M wurden ausgesprochen und auch bis zu 2 000,– M. Der nächste Gottesdienst sei morgen. Von staatlichen Stellen sei mitgeteilt worden, daß man sich hinsichtlich der polizeilichen Maßnahmen um Zurückhaltung bemühe.« EZA Berlin, 101/93/744. Vgl. auch G. Rein, Die protestantische Revolution, 191. Vgl. abschließend Information über eine Aussprache mit dem Landesbischof der Evangelisch-Lutherischen Kirche Sachsens, Herrn Dr. Hempel, zu einer gemeinschaftlichen Eingabe der Ev.-Luth. Superintendenten Dresden-Mitte, Nord und West zum Standort des Reinstsiliziumwerkes Dresden-Gittersee an den Generalsekretär des ZK der SED und Vorsitzenden des Staatsrates der DDR, SHStA Dresden, BT/RdB Dresden (Zwibo), 46620; auch RdB Dresden, Stellvertreter des Vorsitzenden für Inneres, Niederschrift Fuchs vom 11.9.1989 anläßlich einer Aussprache mit dem Landesbischof der Ev.-Luth. Kirche Sachsens, Herrn Dr. Hempel, zu einer gemeinschaftlichen Eingabe der Superintendenten Dresden-Mitte, Nord und West zum Standort des Reinstsiliziumwerkes Dresden-Gittersee an den Generalsekretär des ZK der SED und Vorsitzenden des Staatsrates der DDR vom 5.6.1989, a.a.O. Vgl. insgesamt auch W. Rüddenklau, Störenfried, 278.

754 Vgl. HAL/OLZ, Berlin, den 20.7.1989, Aktuelle politische Tendenzen und Entwicklungen in den Kirchen und Religionsgemeinschaften in der DDR, Leitungsinformation 4/89, BA, Abt. Potsdam, O-4, 960. Zu Reinelt vgl. auch RdB Dresden, Stellv. des Vorsitzenden für Inneres, Informationsbericht Fuchs vom 10.7.1989 für die Monate Mai/Juni 1989, PDS-Archiv Dresden, AR 14087.

755 Vgl. den auch realisierten Telegramm-Entwurf Löffler an Falcke vom 12.5.1989: »Zu Ihrem 60. Geburtstag gratuliere ich Ihnen herzlich. Gern erinnere ich mich an unsere intensive und fruchtbringende Zusammenarbeit bei der Restaurierung des Augustinerklosters vor allem im Jahr der Lutherehrungen 1983. Die guten Erfahrungen im ge-

meinsamen Wirken von Menschen unterschiedlicher Weltanschauung, von Repräsentanten des Staates und der Kirchen bei der Bewahrung, Pflege und Erschließung des geschichtlichen Erbes und der Gestaltung der Gegenwart in der DDR, die wir 1983 durch unsere Arbeit bereichern konnten, wurden seitdem vielfach bestätigt und weiter vertieft. Ich bin gewiß, daß Sie das gemeinsam Geschaffene schätzen und in Ihren kirchlichen Ämtern in unserem Land und in internationalen Gremien die Ausgestaltung konstruktiver Beziehungen zwischen Staat und Kirche unterstützen und damit zum weiteren Gedeihen unserer Heimat beitragen.« BA, Abt. Potsdam, O-4, 2712.

756 Berlin, den 12.5.1989, Zu Lage und Tendenzen in den evangelischen Kirchen in der DDR, BA, Abt. Potsdam, O-4, 713.

757 »Insgesamt ist einzuschätzen, daß offensichtlich die Bemühungen unsererseits, bei den Vertretern des Diakonischen Werkes das Verständnis für die Gefährlichkeit der genannten Ereignisse zu entwickeln, auf fruchtbaren Boden gefallen […] [sind].« Dienststelle des Staatssekretärs für Kirchenfragen, Hauptabteilungsleiter, Vermerk Heinrich vom 30.6.1989, BA, Abt. Potsdam, O-4, 1220. Zu diesem Gespräch vgl. auch Protokoll Demke-Kupas-Riese vom 3.7.1989 über die 125. Tagung der Konferenz der Evangelischen Kirchenleitungen in der DDR am 30.6./1.7.1989 in Berlin, EZA Berlin, 101/93/743. Vgl. auch Protokoll Demke-Ziegler-Zeddies/Doyé vom 20.6.1989 der 223. Sitzung des Vorstandes am 15.6.1989 in Berlin: »Ziegler erläutert den Entwurf eines Briefes an die Mitarbeiter der Diakonie zur Ausreiseproblematik. Der Text ist vom Hauptausschuß beschlossen worden, der dazu eine Reaktion des Vorstands erbittet. Er würde es begrüßen, wenn die Konferenz an die Mitarbeiter der Kirche ein vergleichbares Wort richten würde. […] Eine parallele Aktivität der Konferenz hält der Vorstand nicht für angebracht. Er vermag seinerseits die Situation der Diakonie nicht voll einzuschätzen, äußert jedoch die Frage, ob der Text in der vorliegenden Fassung für ihre Mitarbeiter hilfreich ist«. EZA Berlin, 101/93/752. Vgl. auch Protokoll Demke-Kupas-Riese vom 3.7.1989 über die 125. Tagung der Konferenz der Evangelischen Kirchenleitungen in der DDR am 30.6./1.7.1989 in Berlin, EZA Berlin, 101/93/743.

758 Vgl. jedoch auch Abt. II, Berlin, 21.8.1989, Information zur Auswertung der Frühjahrssynoden und zur Vorbereitung auf die Herbsttagungen der Synoden evangelischer Landeskirchen in der DDR: Auf der Görlitzer Frühjahrssynode 1989 »fand die Orientierung des Bischofs Prof. Dr. Rogge auf das ›politische Mandat‹ der Kirche und seine damit verbundene Auflistung angeblicher Defizite der DDR-Gesellschaft breite Zustimmung unter den Synodalen. In diesem Zusammenhang gab der Bischof seine bisherige distanzierte Haltung den Gruppen gegenüber auf und trat in Übereinstimmung mit der Synode dafür ein, diesen ein breiteres Betätigungsfeld auch in der Görlitzer Synode einzuräumen.« BA, Abt. Potsdam, O-4, 960.

759 Allerdings setzte sich der Görlitzer Bischof am 7.6.1989 gegenüber dem RdK Reichenbach unter Verweis auf die Situation in China und Rumänien für eine Überarbeitung des Terminus »Sozialismus« ein. Vgl. RdK Görlitz, Stellv. d. Vors. f. Inneres, Schreiben Rückert an RdB Dresden, Stellv. d. Vors. f. Inneres, Fuchs, vom 14.6.1989, SHStA Dresden, BT/RdB Dresden (Zwibo), 45937.

760 Vgl. auch SED-BL Halle, Mitarbeiter für Kirchenfragen, Bericht an Achim Böhme vom 24.5.1989. Dort heißt es außerdem, der hier – gemeint ist wohl vor allem Stolpe – aufrechterhaltene Anspruch auf politische Mitwirkung in der Gesellschaft müsse natürlich zurückgewiesen werden. LPA Halle, IV F-2/14/367. Vgl. auch Leiter des Büros, Einladung Handel vom 23.6.1989 zur Dienstbesprechung am 26.6.1989, 9.30 Uhr, Saal: »4. Analyse der aktuellen Diskussion einer ›Kirche im Sozialismus‹ innerhalb des BEK«, BA, Abt. Potsdam, O-4, 1031.

761 Vgl. auch SED-BL Halle, Mitarbeiter für Kirchenfragen, Bericht an Achim Böhme vom 24.5.1989, LPA Halle, IV F-2/14/367. Auch der vor der Aprilsynode 1989 vorgelegte Bericht der Kirchenleitung Berlin-Brandenburg ging nach Einschätzung von Staat und Partei »hinter bisherige Standortbestimmungen einer Kirche im Sozialismus zurück.« Information über den Verlauf der fünften Ordentlichen Tagung der 9. Synode der

Evangelischen Kirche in Berlin-Brandenburg (31.3.-4.4.1989, Stephanus-Stiftung Berlin), SAPMO-BA ZPA IV B2/14/124.

762 Vgl. SED-BL Halle, Mitarbeiter für Kirchenfragen, Bericht an Achim Böhme vom 24.5.1989, LPA Halle, IV F-2/14/367.

763 Vgl. SED-BL Dresden, Abteilung Staat und Recht, Information vom 26.5.1989 über eine Beratung des Genossen Peter Kraußer, Leiter der Arbeitsgruppe Kirchenfragen des ZK der SED, mit den Mitarbeitern der Bezirksleitungen Erfurt, Halle, Leipzig, Magdeburg, Suhl, Gera, Karl-Marx-Stadt und Dresden am 23.5.1989 in der Bezirksleitung Leipzig, PDS-Archiv Dresden, AR 14086.

764 Staatssekretär für Kirchenfragen, Information Löffler vom 3.4.1989 über eine Begegnung mit Bischof Dr. Gienke am 1.4.1989, SAPMO-BA ZPA IV B2/14/44. Über das Gespräch berichtete Harder der KKL. Vgl. Protokoll Leich-Ziegler-Jacob vom 8.5.1989 über die 123. Tagung der Konferenz der Evangelischen Kirchenleitungen in der DDR vom 5./6.5.1989 in Görlitz, EZA Berlin, 101/93/743. Vgl. auch Protokoll Leich-Ziegler-Doyé vom 1.3.1989 der 219. Sitzung des Vorstands am 23.2.1989 in Berlin: »Am 11. Juni 1989 wird die Kirche St. Nikolai in Greifswald eingeweiht. Das Sekretariat ist um entsprechende Vertretung gebeten.« EZA Berlin, 101/93/752.

765 Ergänzende Information Löffler vom 3.4.1989, SAPMO-BA ZPA IV B2/14/44.

766 Notiz Bellmann vom 15.7.1988, SAPMO-BA ZPA IV B2/14/23.

767 Vgl. Vermerk Dohle für den Leiter des Amtes vom 22.12.1989, BA, Abt. Potsdam, O-4, 1288.

768 Arbeitsgruppe Kirchenfragen, Aktennotiz M. Hanschke vom 19.2.1988 über ein Gespräch mit der Pastorin Horsta Krum, Westberlin, am 18.2.1988 im Gästehaus des ZK, BA, Abt. Potsdam, O-4, 1001.

769 Vgl. Information Heinrich an Löffler vom 2.12.1988, BA, Abt. Potsdam, O-4, 1220. Dem Kirchentagspräsidenten hatte man Mitte Dezember 1987 die Einreise nach Berlin (Ost) verweigert. Simon vermutete, daß dies mit seinem Besuch in der Zionskirche zwei Wochen zuvor zusammenhing, obwohl er dort nicht aktiv aufgetreten sei. Kirchentagsgeneralsekretär Krause informierte daraufhin Berthold Beitz, der versprach, sich bei Gysi für Simon einzusetzen. Bedingung hierfür sei allerdings, daß die Presse von der zeitweiligen Aussperrung nichts erfahre, mahnte der Industrielle. Vgl. Protokollbeauftragte, Information vom 4.3.1988 über ein Gespräch zwischen Beitz (BRD)-Prof. Hans Süssmuth (BRD)-Kleinig während eines Abendessens, 3.3.1988, 19.00 Uhr, BA, Abt. Potsdam, O-4, 4738.

770 Vgl. Abt. Internationale Beziehungen, Information Will vom 12.1.1989 über ein Gespräch mit Pastorin Schönherr, stellv. Vorsitzende der Konferenz der Landesausschüsse der Kirchentagsarbeit in der DDR, und Diakon Peter, Beauftragter der Konferenz, am 14.12.1988, BA, Abt. Potsdam, O-4, 1044. Vgl. auch Vermerk Ziegler über ein Gespräch in der Dienststelle des Staatssekretärs für Kirchenfragen am 20.12.1988, 14.00-15.30 Uhr. Dort äußerte Heinrich: »Der Kirchentag in Westberlin würde nicht anders behandelt werden als andere Kirchentage.« EZA Berlin, 101/93/8. Die Einladung des DEKT an den BEK, eine Delegation zu entsenden, hatte dem KKL-Vorstand bereits im Juni 1988 vorgelegen. Vgl. Protokoll Leich-Ziegler-Lewek vom 21.6.1988 über die 211. Sitzung des Vorstands am 15.6.1988 in Berlin, EZA Berlin, 101/93/750.

771 Abteilung IV, Information vom 7.3.1989 zum bevorstehenden 23. Deutschen Evangelischen Kirchentag (DEKT) vom 7.-11.6.1989 in Westberlin, BA, Abt. Potsdam, O-4, 1044.

772 Dies war jedoch keine spezifisch westliche Erscheinung. Den KKL-Vorstand informierte Leich Ende Mai 1989 »über die Ausbreitung neofaschistischer Tendenzen in Weimar und fragt[e] an, ob in den Kirchen des Bundes nicht Beobachtungen diesbezüglich erfolgen sollen. [...] Pahnke wird gebeten, in einer der nächsten Vorstandssitzungen (möglichst noch vor September) einen Bericht zu geben.« Protokoll Leich-Ziegler-Kupas vom 1.6.1989 der 222. Sitzung des Vorstands am 24.5.1989 in Berlin, EZA Berlin, 101/93/752. Die Ausarbeitung Pahnkes lag dem KKL-Vorstand im August 1989 vor. Vgl. Protokoll Leich-Ziegler-Kupas vom 29.8.1989 über die 225. Sitzung des Vorstands

am 24.8.1989 in Potsdam (Oberlinhaus), a.a.O. Vgl. auch Protokoll Leich-Ziegler-Kupas vom 4.9.1989 über die Sondersitzung des Vorstands am 1.9.1989 – abends, EZA Berlin, 101/93/753; Protokoll Leich-Ziegler-Kupas vom 21.9.1989 über die 226. Sitzung des Vorstands am 15.9.1989 in Eisenach, Haus Hainstein, a.a.O. Pahnke berichtete der KKL: »Statistiken liegen nicht vor, zu rechnen ist mit mehreren Tausend bei ansteigender Tendenz. Abschreckend ist die Beobachtung, daß die Strafanstalten sich zu neofaschistischen ›Akademien‹ entwickeln.« Protokoll Leich-Ziegler-Ritter vom 12.10.1989 der 127. Tagung der Konferenz der Evangelischen Kirchenleitungen in der DDR am 6./7.10.1989 in Berlin, EZA Berlin, 101/93/744. Vgl. auch K. Weiß, Rechtsradikale Tendenzen in der DDR. Abgedruckt in G. Rein, Die protestantische Revolution, 152-156.

773 Staatssekretär für Kirchenfragen, Information Kurt Löffler vom 27.4.1989 über ein Gespräch des Staatssekretärs für Kirchenfragen mit Vertretern des Deutschen Evangelischen Kirchentages in der BRD am 26.4.1989, BA, Abt. Potsdam, O-4, 1044.

774 Zu Kruses 60. Geburtstag am 21.4.1989 gratulierten Leich und Ziegler im Auftrag des BEK. Vgl. Protokoll Leich-Ziegler-Doyé vom 1.3.1989 der 219. Sitzung des Vorstands am 23.2.1989 in Berlin, EZA Berlin, 101/93/752.

775 Diese Zahl entsprach auch der bislang üblichen Größe von BEK-Delegationen auf westdeutschen Kirchentagen. Vgl. hierzu Abteilung IV, Information vom 7.3.1989 zum bevorstehenden 23. Deutschen Evangelischen Kirchentag (DEKT) vom 7.-11.6.1989 in Westberlin, BA, Abt. Potsdam, O-4, 1044. Der KKL-Vorstand hatte beschlossen, eine Delegation von 65 Personen zu entsenden und zusätzlich eine aus 100 Personen bestehende Abordnung der Ev. Kirche in Berlin-Brandenburg zu genehmigen. Leich sollte den BEK, Stolpe den Vorstand und Kupas das BEK-Sekretariat vertreten. Vgl. Protokoll Demke/Stolpe-Ziegler-Kupas vom 26.1.1989 über die 218. Sitzung des Vorstands am 19.1.1989 in Berlin, EZA Berlin, 101/93/752. Wegen einer Terminüberschneidung – zur gleichen Zeit tagte der Müntzer-Kongreß – entsandte der BEK anstelle von Leich Gaebler. Vgl. Protokoll Leich-Ziegler-Doyé vom 1.3.1989 der 219. Sitzung des Vorstands am 23.2.1989 in Berlin, a.a.O. Für den gesundheitlich angeschlagenen Gaebler nominierte der KKL-Vorstand Ende April Salinger. Vgl. Protokoll Leich/Stolpe-Ziegler-Doyé vom 2.5.1989 der 221. Sitzung des Vorstands am 27.4.1989 in Berlin, a.a.O.

776 Vgl. Schreiben Kruse an Löffler vom 31.3.1989. Der Berliner Bischof dankte hier nochmals herzlich »für den Gedankenaustausch und die vorzügliche Gastfreundschaft anläßlich unserer Begegnung im Johannneshof [sic!] am 14. März«. BA, Abt. Potsdam, O-4, 1044.

777 Vgl. Schreiben Kruse an Löffler vom 7.4.1989 mit Anlage, a.a.O.

778 Vgl. HAL/OLZ, Berlin, den 20.7.1989, Aktuelle politische Tendenzen und Entwicklungen in den Kirchen und Religionsgemeinschaften in der DDR, Leitungsinformation 4/89, BA, Abt. Potsdam, O-4, 960. Der KKL-Vorstand kritisierte diesen Alleingang des Altbischofs:»Der Vorstand *nimmt* dies zur *Kenntnis und* bedauert, daß vorher keine Information an die Leitungsvertreter des Bundes gegeben wurde. Er sieht darin eine Belastung des Verhältnisses der Kirchen innerhalb des Bundes und auch hinsichtlich des Verhältnisses zur Gesellschaft.« Protokoll Leich-Ziegler-Kupas vom 1.6.1989 der 222. Sitzung des Vorstands am 24.5.1989 in Berlin, EZA Berlin, 101/93/752.

779 Vgl. HAL/OLZ, Berlin, den 20.7.1989, Aktuelle politische Tendenzen und Entwicklungen in den Kirchen und Religionsgemeinschaften in der DDR, Leitungsinformation 4/89, BA, Abt. Potsdam, O-4, 960.

780 Vermerk Heidingsfeld über die Zusammenkunft der Beratergruppe am 22.6.1989, EZA Berlin, 4/92/21.

781 Schreiben Krause an Löffler vom 11.7.1989, BA, Abt. Potsdam, O-4, 1044.

782 Vgl. Schreiben vom 20.7.1989, a.a.O.

783 HAL/OLZ, Berlin, den 20.7.1989, Aktuelle politische Tendenzen und Entwicklungen in den Kirchen und Religionsgemeinschaften in der DDR, Leitungsinformation 4/89, BA, Abt. Potsdam, O-4, 960. Vgl. auch Deutscher Evangelischer Kirchentag, Berlin 1989, Dokumente.

784 Vgl. M. Hartmann, Auflösungserscheinungen, in: KiS 4/89, 131 f.; Zur Dokumentation, in: KiS 4/89, 133 f. Vgl. auch Politbürobeschluß vom 6.6.1989, Punkt 4. Dort wurde Honeckers Teilnahme am Festgottesdienst, ein Gespräch zwischen Honecker und Gienke, die Begleitung des Staatsratsvorsitzenden durch Löffler und die Live-Übertragung der Veranstaltung durch das DDR-Fernsehen beschlossen. SAPMO-BA ZPA J IV 2/2/2331.

785 Zum Empfangsverlauf vgl. Vermerk Harder vom 11.6.1989, 16 Uhr, Betr.: Begegnung mit Erich Honecker am 11.6.1989. Dabei sagte der Staatsratsvorsitzende auch: »Im soeben zu Ende gegangenen Gottesdienst habe er sich wohlgefühlt. Es sei der erste Gottesdienst, den er in seinem Leben miterlebte.« Außerdem bekundete er die staatliche Gesprächsbereitschaft. EZA Berlin, 101/93/918. Stolpe hatte Löffler noch vier Tage vor dem Greifswalder Ereignis versprochen, er werde alles »tun, damit ›der Sonntag‹ ein voller Erfolg wird«. Staatssekretär für Kirchenfragen, Vermerk Hauptabteilungsleiter Heinrich vom 7.6.1989 über Telefonat zwischen Löffler und Stolpe am gleichen Tag, BA, Abt. Potsdam, O-4, 974.

786 Vgl. G. Forck, Deutsche Wege, in: G. Rein, Die protestantische Revolution, 150-152.

787 Vermerk Heidingsfeld über die Zusammenkunft der Beratergruppe am 22.6.1989, EZA Berlin, 4/92/21.

788 Ebd.

789 Das Politbüromitglied hatte im Mai 1989 Löffler beauftragt, schon mal einen Entwurf eines Briefes an Honecker vorzubereiten, in dem er den Vorschlag unterbreiten sollte, der Staatsratsvorsitzende möge sich durch CDU-Chef Götting vertreten lassen. Vgl. Vermerk Kraußer über Beratung bei Genossen Jarowinsky am 9.5.1989, SAPMO-BA ZPA IV B2/14/9. Vier Tage vorher hatte Jarowinsky skeptisch angefragt, ob es sich hier um »das richtige Signal zur richtigen Zeit« handle. Vgl. Vermerk Kraußer über Beratung bei Genossen Jarowinsky am 5.5.1989, a.a.O.

790 Vgl. Vermerk Kraußer über Beratung bei Genossen Jarowinsky am 8.6.1989, a.a.O.

791 Protokoll Demke-Kupas-Riese vom 3.7.1989 über die 125. Tagung der Konferenz der Evangelischen Kirchenleitungen in der DDR am 30.6./1.7.1989 in Berlin, EZA Berlin, 101/93/743. Vgl. jedoch Schreiben Ziegler an Gienke vom 16.6.1989: »In diese Auswertung [während der nächsten KKL-Sitzung] ist auch die Entscheidung des Leiters des Sekretariats einzubeziehen, an der Begegnung im Rathaus teilzunehmen, obwohl er wußte, daß Bischof Dr. Forck nicht eingeladen war.« EZA Berlin, 101/93/752. Vgl. Schreiben Ziegler an Löffler vom 22.6.1989, in dem sich der Sekretariatsleiter beim Staatssekretär für die Zusendung von Photos zur Domeinweihung bedankte: »In der Einschätzung dieses Tages stimme ich mit Ihnen überein. Es wird allerdings viel darauf ankommen, daß es uns gelingt, das an diesem Tag gesetzte Zeichen allen zu verdeutlichen und weiterführende Schlußfolgerungen daraus zu ziehen.« EZA Berlin, 101/93/8.

792 So Forck in seinem Schreiben an Honecker vom 13.6.1989, BA, Abt. Potsdam, O-4, 974.

793 Schreiben in a.a.O.

794 Schreiben Forck an Honecker vom 13.6.1989 mit Randvermerk Honecker vom 18.6.1989, a.a.O.

795 Vgl. auch Protokoll Leich-Ziegler-Kupas vom 29.8.1989 über die 225. Sitzung des Vorstands am 24.8.1989 in Potsdam (Oberlinhaus): »Zur Problematik der Volkswahlen wird festgestellt, daß Briefe von Dr. Forck an Honecker und Stolpe an den Rechtsausschuß der Volkskammer bisher nicht beantwortet worden sind. Seitens der Berlin-Brandenburgischen Kirchenleitung ist vorgesehen, Anfang Dezember diesbezüglich nachzufragen. Da auch übermittelte Beschlüsse der Konferenz der Ev. Kirchenleitungen bisher zu keiner Reaktion seitens zuständiger staatlicher Organe geführt haben, wird Ziegler beauftragt, insbesondere auch vor dem Hintergrund der anstehenden Konferenztagung und der Bundessynode, in der Dienststelle des Staatssekretärs für Kirchenfragen dringend eine Antwort anzufragen.« EZA Berlin, 101/93/752.

796 Vertraulicher Vermerk Ziegler vom 29.8.1989 über das Gespräch zwischen den leitenden Geistlichen und den Leitern der zentralen kirchlichen Verwaltungsdienststellen am 31.5.1989, 12.30 Uhr in Berlin, Auguststraße 80, EZA Berlin, 101/93/776.

797 Hiermit war wohl die Mai-Sitzung der KKL gemeint, deren Protokoll sich jedoch über diese Konkretion ausschweigt. Vgl. Protokoll Leich-Ziegler-Jacob vom 8.5.1989 über die 123. Tagung der Konferenz der Evangelischen Kirchenleitungen in der DDR vom 5./6.5.1989 in Berlin, EZA Berlin, 101/93/743.
798 Aktennotiz Leich vom 25.5.1989, EZA Berlin, 101/93/918.
799 Protokoll Leich/Stolpe-Ziegler-Koenig vom 6.6.1989 über die 124. Tagung der Konferenz der Evangelischen Kirchenleitungen in der DDR vom 2./3.6.1989 in Berlin, EZA Berlin, 101/93/743. Vgl. auch die kritischen Überlegungen des BEK-Ausschusses Kirche und Gesellschaft, Anlage zu A 5200 – 2149/89 (2), EZA Berlin, 101/93/918.
800 Vermerk Kraußer über Beratung bei Genossen Jarowinsky am 12.6.1989, SAPMO-BA ZPA IV B2/14/9. Vgl. den Bericht der Domeinweihung in Standpunkt 17 (1989), 173-175.
801 Vgl. Schreiben Evangelische Monatsschrift Standpunkt, Günter Wirth-Karl Hennig, an Löffler vom 29.6.1989, BA, Abt. Potsdam, O-4, 996.
802 Auch die OKR Plath und Ehricht behaupteten, »daß in den Kirchgemeinden, der eigentlichen Basis der Kirche, über dieses kirchliche Ereignis nur Zustimmung und Freude zum Ausdruck gebracht wird. [...] Nach Meinung von OKR Dr. Plath können diese Auffassung als repräsentativ betrachtet werden. [...] Die Argumente, die sich gegen den Bischof und die Kirchenleitung richteten, würden vorwiegend aus anderen Landeskirchen und dem Bund der Ev. Kirchen kommen.« RdB Rostock, Aktenvermerk Jürgen Haß über ein Gespräch mit OKR Dr. Plath und OKR Dr. Ehricht am 28.6.1989, BA, Abt. Potsdam, O-4, 1192.
803 Abgedruckt in ND vom 19.7.1989, Reproduktion bei G. Rein, Die protestantische Revolution, 189. Original in BA, Abt. Potsdam, O-4, 1031.
804 Vgl. BA, Abt. Potsdam, O-4, 1031. Endgültiger Entwurf in BA, Abt. Potsdam, O-4, 1000.
805 Löffler hatte den überarbeiteten Entwurf am 12.7.1989 an Krenz übersandt. Vgl. a.a.O. Wichtige Änderungen waren: »Das Erlebnis des Gottesdienstes am 11. Juni, den ich auf Einladung des Domkirchenvorstandes miterleben konnte, bewegt mich noch nachhaltig« in »Ich erinnere mich gern an meinen Besuch in Greifswald«; »Wir leben in einer Welt positiver Veränderungen, für die wir miteinander und jeder an seinem Platz tätig sind« in »Heute leben wir in einer Welt erster positiver Signale für eine Wende zum Besseren in den internationalen Beziehungen« unter Beibehaltung des relativischen Anschlusses. Zur DDR-Geschichte wurde die Wendung »Auf diesem Weg wurden marxistische und wohl auch christliche Wertvorstellungen verwirklicht« verändert in »Auf diesem Weg wurden Wertvorstellungen verwirklicht«. Ebenso wurde der Rekurs auf die Erklärung des ZK der KPD vom 11.6.1945 und der damit verbundene Hinweis auf eine Einheitsfront von Christen und Marxisten wie auch der Terminus des »Miteinander von Marxisten und Christen« gestrichen. Außerdem fehlt in der Endfassung ein Hinweis auf Gienkes Kritiker. Vgl. a.a.O. und G. Rein, Die protestantische Revolution, 189.
806 Reproduktion bei G. Rein, Die protestantische Revolution, 189. Vgl. auch Schreiben Honecker an Dompfarrer Joachim Puttkammer, Vorsitzender des Gemeindekirchenrates Dom St. Nikolai Greifswald, vom 31.7.1989, BA, Abt. Potsdam, O-4, 1206. Vgl. auch Schreiben Konsistorium Greifswald, Winkel, an die Mitglieder der Kirchenleitung sowie an die Superintendenten und Landespfarrer vom 19.7.1989: »Wegen des wichtigen grundsätzlichen Charakters des Antwortbriefes stimmte Bischof Dr. Gienke einer Veröffentlichung zu.« Leich und Stolpe seien zuvor informiert worden. EZA Berlin, 101/93/918.
807 Dies geht aus dem Schreiben des Staatssekretärs an Egon Krenz vom 12.7.1989 hervor, BA, Abt. Potsdam, O-4, 1000.
808 Protokoll Leich-Ziegler-Pahnke vom 13.9.1989 der 126. Tagung der Konferenz der Evangelischen Kirchenleitungen in der DDR am 1./2.9.1989, EZA Berlin, 101/93/744.
809 Vgl. Schreiben Martin Kramer an Gienke vom 23.7.1989, EZA Berlin, 101/93/918. Vgl. NZ vom 20., 21. und 22.7.1989.

810 Vgl. G. Rein, Die protestantische Revolution, 190 f.
811 HAL/OLZ, Berlin, den 20.7.1989, Aktuelle politische Tendenzen und Entwicklungen in den Kirchen und Religionsgemeinschaften in der DDR, Leitungsinformation 4/89, BA, Abt. Potsdam, O-4, 960.
812 Schreiben Löffler an Stoph vom 23.6.1989, BA, Abt. Potsdam, O-4, 1009.
813 Schreiben vom 6.7.1989, BA, Abt. Potsdam, O-4, 1009; auch EZA Berlin, 101/93/2. Der KKL-Vorstand hatte eine Abfassung des Schreiben einstimmig beschlossen und bei einer Gegenstimme vorgesehen, daß Stolpe und Kupas den Brief persönlich übergeben sollten. Vgl. Protokoll Demke-Ziegler-Zeddies/Doyé vom 20.6.1989 der 223. Sitzung des Vorstandes am 15.6.1989 in Berlin, EZA Berlin, 101/93/752. Walter Pabst – obwohl längst das Ruhestandsalter überschritten, immer noch in der Augustraße beschäftigt – hatte einen Entwurf verfaßt. Er kommentierte: »Zu einer erneuten Erwähnung des 6. März 1978 konnte ich mich nicht entschließen, aber das ist ja kein päpstlicher, sondern nur ein päbstlicher Vorschlag. [...] Ein solcher Glückwunschbrief ist wohl nicht der Ort, um dem Wunsche Ausdruck zu geben, daß die Entspannung nach außen von einer Entspannung nach innen begleitet werden möchte.« Vermerk Pabst an Ziegler und Kupas vom 21.6.1989, EZA Berlin, 101/93/2; dort auch der Text des Entwurfs; hier fehlt noch der Verweis auf Rechtsstaatlichkeit und Rechtssicherheit, für die Stoph gesorgt haben soll. Vgl. auch den Entwurf Löffler für das auf den 11.7.1989 datierte Antwortschreiben des Ministerpräsidenten: »Aufmerksam habe ich zur Kenntnis genommen, daß die Christen und Kirchen in der DDR in spezifischer und eigener Weise ihre Fähigkeiten und Möglichkeiten in die alltägliche Gestaltung unserer sozialistischen Gesellschaft einbringen. Seien Sie versichert, daß der Beitrag von Christen und Kirchen zu den Aufgaben der Friedenssicherung, der Abrüstung und Entspannung und bei der Lösung unserer vielfältigen Aufgaben in unserer Gesellschaft auch künftig stets hochgeachtet sein wird.« BA, Abt. Potsdam, O-4, 1009. Im endgültigen Antwortschreiben Stophs vom 17.7.1989 war der erste Satz völlig gestrichen. Statt »in unserer Gesellschaft« hieß es im folgenden Satz nun »in unserer sozialistischen Gesellschaft«. BA, Abt. Potsdam, O-4, 1009.
814 Vgl. auch Protokoll Demke-Kupas-Riese vom 3.7.1989 über die 125. Tagung der Konferenz der Evangelischen Kirchenleitungen in der DDR am 30.6./1.7.1989 in Berlin: »Die 4 500 Anmeldungen zum Kirchentagskongreß liegen niedriger als erwartet.« EZA Berlin, 101/93/743. Die unter den Erwartungen gebliebene Teilnehmerzahl erwähnt auch RdB Dresden, Stellvertreter des Vorsitzenden für Inneres, Informationsbericht Fuchs vom 12.9.1989 zur Staatspolitik in Kirchenfragen für die Monate Juli/August 1989, PDS-Archiv Dresden, AR 14087. Vor der KKL hatte Hempel im Mai 1989 »auf den zähen Verlauf der Vorbereitungen für den Leipziger Kirchentag« hingewiesen. Protokoll Leich-Ziegler-Jacob vom 8.5.1989 über die 123. Tagung der Konferenz der Evangelischen Kirchenleitungen in der DDR vom 5./6.5.1989 in Görlitz, EZA Berlin, 101/93/743.
815 Vermerk Heidingsfeld über die Zusammenkunft der Beratergruppe am 22.6.1989, EZA Berlin, 4/92/21.
816 Im November 1988 hatte der Staat mitgeteilt, eine positive Entscheidung zum Kirchentag hinge von einer wirksamen Disziplinierung der Gruppen durch die Kirchenleitung ab. Vgl. RdB Leipzig, Stellvertreter des Vorsitzenden für Inneres, Information Reitmann vom 3.11.1988 zum Gespräch des Stellv. d. Vors. d. Rates für Inneres mit dem Vorsitzenden des Landesausschusses Kongreß und Kirchentag in der Ev.-Luth. Landeskirche Sachsen, Herrn Cieslak, am 2.11.1988 in Vorbereitung des Kirchentagskongresses und Kirchentages der Ev.-Luth. Landeskirche Sachsens 1989 in Leipzig, SHStA Dresden, BT/RdB Dresden (Zwibo), 46617. Der Text ist abgedruckt in Ch. Dietrich/U. Schwabe (Hgg.), Freunde und Feinde, 226-228.
817 Hauptabteilungsleiter/OLZ, Vorlage Heinrich vom 27.3.1989 an die Dienstberatung im Umlaufverfahren, Leitungsinformation Gräfe-Stephan 2/89, Aktuelle politische Tendenzen und Entwicklungen in den Kirchen und Religionsgemeinschaften in der DDR, BA, Abt. Potsdam, O-4, 959. Vgl. auch HAL/OLZ, Berlin, den 20.7.1989, Aktuelle poli-

tische Tendenzen und Entwicklungen in den Kirchen und Religionsgemeinschaften in der DDR, Leitungsinformation 4/89, wonach die Genehmigung »trotz anhaltender Belastungen und Provokationen politisch negativer Kräfte besonders in Leipzig« erfolgt sei. BA, Abt. Potsdam, O-4, 960.
818 Vgl. RdB Dresden, Stellvertreter des Vorsitzenden für Inneres, Niederschrift Fuchs vom 2.2.1989 über eine Dienstberatung beim Staatssekretär für Kirchenfragen, Genossen Löffler, am 26.1.1989, SHStA Dresden, BT/RdB Dresden (Zwibo), 46612. Fuchs kommentierte, dieser Vorschlag habe ihn »schockiert[.] [...] da [er] sie [diese Orientierung] nicht kannte und [sie] auch nicht mit dem Bezirk vorher abgestimmt war«. Ebd.
819 Vgl. Schreiben Hempel an Löffler vom 26.1.1989, SAPMO-BA ZPA IV B2/14/104; vgl. auch Information vom 2.3.1989 zu Plänen der Evangelisch-Lutherischen Landeskirche Sachsens, im Juli dieses Jahres einen Kirchentag in Leipzig durchzuführen, a.a.O.
820 Vgl. auch RdB Dresden, Stellv. des Vorsitzenden für Inneres, Informationsbericht Fuchs vom 10.7.1989 für die Monate Mai/Juni 1989: »Am 4.7.1989 wurde der Präsident des Landeskirchenamtes, Dr. Kurt Domsch, in den Ruhestand verabschiedet. Die Kaderauswahl für einen neuen Präsidenten ist noch nicht abgeschlossen. In der engeren Wahl ist OLKR Zweynert.« PDS-Archiv Dresden, AR 14087. Zur Verabschiedung Domschs entsandte der BEK Demke bzw. bei Verhinderung Stolpe und Ziegler. Vgl. Protokoll Demke-Ziegler-Zeddies/Doyé vom 20.6.1989 der 223. Sitzung des Vorstandes am 15.6.1989 in Berlin, EZA Berlin, 101/93/752.
821 RdB Dresden, Sektor Staatspolitik in Kirchenfragen, 30.5.1989, Zur Situation im Landeskirchenamt, PDS-Archiv Dresden, AR 14087.
822 Vgl. Schreiben Hempel an den Vorsitzenden des RdB Leipzig, Opitz, vom 31.5.1989, BA, Abt. Potsdam, O-4, 1478. Abschließend heißt es dort: »Wir bedauern, sehr geehrter Herr Vorsitzender, daß die Situation zwischen Staat und Kirche in Leipzig gegenwärtig kompliziert geworden ist. Im Rahmen des von unserer Überzeugung und unserer Kirchenverfassung her Möglichen werden wir tun, was wir können, eine Eskalation zu vermeiden. Ich erbitte von Ihnen das Analoge.« Ebd. Abgedruckt bei Ch. Dietrich/U. Schwabe (Hgg.), Freunde und Feinde, 352 f. Vgl. auch RdB Leipzig, Kirchenfragen, Information A. Müller vom 4.6.1988 zum Gespräch des Stellvertreters des Vorsitzenden des RdB für Inneres mit dem Vorsitzenden des Landesausschusses Kongreß und Kirchentag, Herrn Cieslak, in Vorbereitung des KTK/KT der Ev.-Luth. Landeskirche Sachsens in Leipzig (6.7.-9.7.1989): »Der Bischof habe deutlich gemacht, daß die Friedensgebete in der Nikolaikirche diesem Anspruch nicht gerecht werden. Es sind vielmehr ›Aggressionsgebete‹. Er habe zur Pflicht gemacht, daß die Gebete der Gruppen durch verantwortliche Pfarrer zu begleiten sind.« SHStA Dresden, BT/RdB Dresden (Zwibo), 46617.
823 Berlin, den 16.6.1989, Zum Stand der Vorbereitung des Kirchentages in Leipzig, SAPMO-BA ZPA IV B2/14/104. Zum Leipziger Straßenmusikfestival vgl. W. Rüddenklau, Störenfried, 293-295.
824 Protokoll Hempel vom 21.6.1989 über ein Gespräch mit Herrn Staatssekretär Löffler am Dienstag, dem 20.6.1989, im LKA auf Wunsch des Staatssekretärs, EZA Berlin, 101/93/8.
825 Protokoll Demke-Kupas-Riese vom 3.7.1989 über die 125. Tagung der Konferenz der Evangelischen Kirchenleitungen in der DDR am 30.6./1.7.1989 in Berlin, EZA Berlin, 101/93/743.
826 Der LVZ-Artikel vom 24.6.1989 war betitelt: »Was trieb Frau A. K. ins Stadtzentrum?« Vgl. dazu auch Ch. Dietrich/U. Schwabe (Hgg.), Freunde und Feinde, 368-370. Siehe auch KiS, 4/89, 168.
827 Berlin-Brandenburg hatte für den Oktober 1988 Eppler als Referenten zu einer Gedenkveranstaltung zum Potsdamer Edikt in die Nikolaikirche eingeladen. Thematisch sollte der Politiker über »die Möglichkeiten der Europäischen Kirchen sprechen, zur Entwicklung von Dialog und Toleranz in Europa beizutragen.« Schreiben Generalsuperintendent Bransch an Staatssekretär Löffler vom 16.9.1988, BA, Abt. Potsdam, O-4, 995.

828 Vgl. Vermerk Kraußer über Beratung bei Genossen Jarowinsky am 27.6.1989, SAPMO-BA ZPA IV B2/14/9.
829 Leiter WAG, Dohle, Berlin, 4.8.1989, Zum Kirchentag in Leipzig 1989, BA, Abt. Potsdam, O-4, 960.
830 Vgl. auch RdB Leipzig, Informationsgruppe Kirchentag, Tagesinformation vom 9.7.1989 über den Verlauf des Kirchentagskongresses und Kirchentages am 8.7.1989: »Die Veranstaltung ›Glauben heute‹ wurde zu dem erwarteten Zentrum der Darstellung kirchlicher Gruppen. [...] Im wesentlichen wurde sich an die Absprache gehalten, die Exponate durch den Landesausschuß vorher prüfen zu lassen. Bei diesen Prüfungen hatte der Landesausschuß auch Texte zurückgewiesen.« SAPMO-BA ZPA IV B2/14/104. Vgl. auch Leiter WAG, Dohle, Berlin, 4.8.1989, Zum Kirchentag in Leipzig 1989: »Gruppen und Werke, die sich an der Kirchentagsausstellung ›Glauben heute‹ beteiligen wollten, wurden schon bei der Anmeldung auf ein biblisches Motto für die Gestaltung ihres Ausstellungsteils verpflichtet. Es war nur der Vertrieb solcher Druckerzeugnisse an diesen Ständen möglich, die entweder eine staatliche Druckgenehmigung oder einen Prüfungsvermerk des Landesausschusses trugen. Versuche des Vertriebs aller anderen Druck- und Vervielfältigungserzeugnisse wurden durch ein kirchliches Kontrollsystem verhindert.« BA, Abt. Potsdam, O-4, 960.
831 Information Kraußer-Löffler vom 10.7.1989 zum Kirchentag in Leipzig. Jarowinsky übergab die Information Krenz, der sie noch am gleichen Tag den Mitgliedern und Kandidaten des Politbüros zukommen ließ. SAPMO-BA ZPA IV B2/14/21. Vgl. den Bericht von M. Hartmann, Kirchentage in Ost und West, in KiS 4/89, 151-154.
832 Vgl. RdB Leipzig, Informationsgruppe Kirchentag, Tagesinformation vom 8.7.1989 über den Verlauf des Kirchentagskongresses und Kirchentages am 7.7.1989, SAPMO-BA ZPA IV B2/14/104.
833 Dohle hatte wenige Wochen zuvor seine Promotion B abgeschlossen. Vgl. das Glückwunschschreiben Ziegler-Winter vom 5.5.1989: »Wir freuen uns, in Ihnen einen kompetenten Gesprächspartner zu haben, der auch die Anliegen der evangelischen Kirche mit großem Verständnis sieht.« EZA Berlin, 101/93/8.
834 Vgl. Leiter WAG, Dohle, Berlin, 4.8.1989, Zum Kirchentag in Leipzig 1989, BA, Abt. Potsdam, O-4, 960.
835 10.7.1989, Information zum Kirchentag der Ev.-Luth. Landeskirche Sachsens vom 6.-9. Juli 1989, SAPMO-BA ZPA IV B2/14/104.
836 Vgl. SED-BL Dresden, Notiz über ein Treffen des 1. Sekretärs der Bezirksleitung der SED Dresden, Genossen Hans Modrow, mit dem Bischof des Evangelischen Kirchengebietes Görlitz, Prof. Dr. Rogge, und dem Oberkonsistorialrat Völz am 24.5.1989: »Natürlich gäbe es Leute, auch Christen, die denken, jetzt wäre die Stunde, wo der Sozialismus fällt, wo man diejenigen, die Probleme haben, nur noch treten braucht, wo nur noch eine anständige Beerdigung notwendig ist. Er könne sich damit in keiner Weise identifizieren. [...] Die Papiere der Ökumenischen Versammlung betrachte man [...] als Arbeitspapiere, die eine gute Erläuterung brauchen. Mit einer Annahme der Papiere in ihrer Vollständigkeit durch die Synoden sei nicht zu rechnen. Auch die Bischöfe haben die von Superintendent Ziemer gewollte regelrechte Übernahme abgelehnt. Die Staatsorgane sollten also nicht denken: ›So redet die Kirche.‹ Hier sind harte Auseinandersetzungen im Gange, da Gruppen und Schreihälse für die Kirche reden wollen. In der Görlitzer Kirche habe man die Gruppen ›im Griff‹, man unternehme viel, damit die Kirche berechenbar bleibt, und ›es wird nicht sein, daß die Gruppen die Synode wegschieben‹. [...] Das Gespräch verlief in einer vertrauensvollen Atmosphäre und war geprägt von grundsätzlicher Übereinstimmung in den behandelten Fragen.« PDS-Archiv Dresden, AR 14089. Vgl. auch RdB Dresden, Sektor Kirchenfragen, Information vom 23.6.1989 zum Gespräch zwischen dem Vorsitzenden des RdB Dresden, Gen. Günther Witteck, und dem Bischof der ev. Kirche des Görlitzer Gebietes, Prof. Dr. Rogge, am 20.6.1989: »Bischof Rogge betonte aber auch, daß sie niemandem einen guten Dienst tun würden, wenn sie Probleme gegenüber dem Staat verschwiegen, die Fragen, die von

christlichen und anderen Bürgern gestellt würden (Wahlen, Ausreise, Umgang mit Bürgern) könnten sie nicht ohnehin verhindern und müßten auf sie eingehen. Bei der Bewertung etlicher dieser Fragen könne man aber oft gemeinsame Positionen mit staatlichen Stellen feststellen. So würden viele Bürger mit Ausreiseanliegen sehr oft überzogene Vorstellungen äußern. Für das Gespräch vom 6.3.1978, so Bischof Rogge, gebe es nach wie vor keine Alternative. Auf die aktuelle Situation eingehend, meine er, daß Versuche, Grenzen verändern und Systeme aushöhlen zu wollen, nicht vertrauensfördernd seien. [...] Genosse Fuchs fügte abschließend hinzu, daß viele Dinge in Bewegung geraten seien. Es komme darauf an, jenen Kräften keinen Spielraum zu lassen, die eine politische Opposition erzeugen wollten. Dem stimmten Bischof Rogge und OKR Völz zu. Genosse Witteck dankte den Vertretern der Görlitzer Kirche für die Offenheit und Konstruktivität des Gesprächs.« A.a.O. Rogge klagte gegenüber der KKL:»Es sei zunächst ein qualifiziertes Kommuniqué erarbeitet worden, das dann durch das ND erheblich gekürzt worden sei. Dadurch sei der Inhalt entstellt.« Protokoll Leich-Ziegler-Pahnke vom 13.9.1989 der 126. Tagung der Konferenz der Evangelischen Kirchenleitungen in der DDR am 1./2.9.1989, EZA Berlin, 101/93/744. Vgl. ND vom 21.6.1989.

837 Vgl. HAL/OLZ, Berlin, den 20.7.1989, Aktuelle politische Tendenzen und Entwicklungen in den Kirchen und Religionsgemeinschaften in der DDR, Leitungsinformation 4/89, BA, Abt. Potsdam, O-4, 960.

838 Leiter WAG, Dohle, Berlin, 4.8.1989, Zum Kirchentag in Leipzig 1989, BA, Abt. Potsdam, O-4, 960.

839 Vgl. auch Information Zeddies für die KKL vom 9.8.1989 zum Kolloquium »Gesellschaft, Kirche, Gruppen«: »Unter den Gruppen gibt es offensichtlich einen Prozeß fortschreitender Differenzierung. Für einen nicht unwesentlichen Teil ist die Tendenz zur politischen Oppositionsbewegung unverkennbar. [...] Unterschiedliche Auffassungen bestehen darüber, ob der Sozialismus noch eine geeignete Grundlage für gesellschaftliche Erneuerung ist. Der Protest bestimmter Gruppen richtet sich nicht nur gegen staatliche Entmündigung, sondern nicht weniger gegen die von ihnen empfundene kirchliche Bevormundung. [...] Die Kirchen sollten dies nicht länger übersehen und daraus ihrerseits Schlußfolgerungen ziehen. Dies scheint auch angesichts der nach wie vor vorhandenen Bestrebungen angebracht, die Gruppen als solche generell als Vorkämpfer gesellschaftlicher und kirchlicher Erneuerung zu subsumieren. Für die Kirchen wird ein differenziertes Verhalten gegenüber den Gruppen erforderlich sein, das sich eindeutig als bisher an ihrem Auftrag orientiert.« EZA Berlin, 101/93/744.

840 Protokoll Demke-Kupas-Riese vom 3.7.1989 über die 125. Tagung der Konferenz der Evangelischen Kirchenleitungen in der DDR am 30.6./1.7.1989 in Berlin, EZA Berlin, 101/93/743.

841 Vgl. HAL/OLZ, Berlin, den 20.7.1989, Aktuelle politische Tendenzen und Entwicklungen in den Kirchen und Religionsgemeinschaften in der DDR, Leitungsinformation 4/89, BA, Abt. Potsdam, O-4, 960. Vgl. auch Abt. II, Berlin, 21.8.1989, Information zur Auswertung der Frühjahrssynoden und zur Vorbereitung auf die Herbsttagungen der Synoden evangelischer Landeskirchen in der DDR: »Infolge des profiliert realistischen Auftretens von Bischof Gienke ist sowohl auf der Greifswalder Synode als auch auf anderen Tagungen mit massiven negativen Angriffen zu rechnen.« BA, Abt. Potsdam, O-4, 960. Vgl. auch Einsatzbereich I, Bezirke Rostock, Schwerin, Neubrandenburg, Dienstreisebericht Will vom 23.8.1989: »Im Zusammenhang mit Angriffen auf Bischof Gienke werden Forderungen laut, auf der Synode den Paragraph 13 des ›Kirchengesetzes über die Wahl des Bischofs vom 4. November 1979‹ in Anwendung zu bringen. In Absatz drei dieses Paragraphen heißt es: ›Tritt die einfache Mehrheit der Mitglieder des Bischofswahlkollegiums nach § 2 für einen Rücktritt des Bischofs ein und folgt dieser der Stellungnahme nicht, so können die Kirchenleitung und der Bischof die Entscheidung der Landessynode anrufen. ...‹ Von den Genossen Sektorenleitern wurde die Meinung vertreten, gegenwärtig alles zu unterlassen, was zu einer weiteren Erhöhung der Spannungen in der Greifswalder Landeskirche führen könnte.« BA, Abt. Potsdam, O-4, 964.

842 Vgl. HAL/OLZ, 22.9.1989, Aktuelle politische Tendenzen und Entwicklungen in den Kirchen und Religionsgemeinschaften in der DDR, Leitungsinformation 5/89, BA, Abt. Potsdam, O-4, 960.
843 Vgl. ebd.
844 Löffler forderte daraufhin Leich am 27.7.1989 auf, der BEK möge sich von dem Artikel distanzieren, was der KKL-Vorsitzende jedoch ablehnte. Vgl. Protokoll Leich-Ziegler-Pahnke vom 13.9.1989 der 126. Tagung der Konferenz der Evangelischen Kirchenleitungen in der DDR am 1./2.9.1989, EZA Berlin, 101/93/744. Vgl. H. Beste, Harmonie in Greifswald, in: Mecklenburgische Kirchenzeitung vom 25.6.1989.
845 Vgl. auch Vermerk Eckhard Stephan vom 2.6.1989 über Begegnung mit Kirchner am 1.6.1989 in Berlin: »OKR Kirchner anerkannte die in den vergangenen 40 Jahren seit der Gründung der DDR erreichten Leistungen zur Hebung des Lebensniveaus aller Bürger des Landes. Zugleich fragte er massiv und z. T. sehr emotional eine Vielzahl von Erscheinungen und Entwicklungen insbesondere der gegenwärtigen Situation in der DDR an (Kommunalwahlen, Wirtschaftspolitik, führende Rolle der SED, die weitere Entwicklung der demokratischen Mitbestimmung der Werktätigen u. a.). Kirchner bejahte die Fortsetzung der Entwicklung der sozialistischen Gesellschaft in unserem Land. Dafür sei es aber seiner Ansicht nach notwendig, hinderliche Erscheinungen in der Ökonomie mit der Konsequenz der weiteren Nutzung von vielgestaltigen Initiativen privater Produzenten zu überwinden und in unserer Gesellschaft eine Atmosphäre der Vielfalt der Meinungen zu entwickeln. Erscheinungen, die seiner Meinung nach eine ›Wahlfälschung‹ darstellten, könnten nicht zu akzeptieren sein.« BA, Abt. Potsdam, O-4, 1220. Vgl. auch RdB Suhl, Stellv. d. Vorsitzenden für Inneres, Information Sommer vom 7.6.1989 über ein Gespräch des Stellvertreters des Vorsitzenden für Inneres des Rates des Bezirkes Suhl, Genossen Sommer, mit dem Stellvertreter des Landesbischofs der Evangelisch-Lutherischen Kirche Thüringens, Oberkirchenrat Kirchner, unter Teilnahme des Mitarbeiters für Kirchenfragen beim Rat des Kreises Suhl-Land, Genossen Ehrlich, am 6.6.1989 im Landeskirchenamt in Eisenach, BA, Abt. Potsdam, O-4, 989; auch SAPMO-BA ZPA IV B2/14/69.
846 Vgl. auch RdB Rostock, Aktenvermerk Jürgen Haß über ein Gespräch mit OKR Dr. Plath und OKR Dr. Ehricht am 28.6.1989: »Zur Klärung dieser Fragen in der KKL habe OKR Harder die Aufnahme eines gesonderten Tagungsordnungspunktes während der Sitzung der KKL vom 30.6.-1.7.1989 gefordert. Der Bischof sowie OKR Harder würden an dieser Sitzung mit einer abgestimmten Auffassung teilnehmen. Den Mitgliedern der KKL soll deutlich gemacht werden, daß mit der Einladung des Staatsratsvorsitzenden Voraussetzungen geschaffen werden sollten, die festgefahrene Politik des Bundes gegenüber dem Staat konstruktiv im Geiste des 6.3.1978 weiterführen zu können. Der Staat habe dies erkannt, die Teilnahme des Staatsoberhauptes der DDR sowie anderer hochrangiger Persönlichkeiten sei als ein Zeichen der Regierung zu werten, daß sie an einem konstruktiven Verhältnis interessiert sei.« BA, Abt. Potsdam, O-4, 1192. Das KKL-Vorstandsprotokoll spricht jedoch eine andere Sprache: »Der Vorstand äußert Unverständnis über die Ausladung von Dr. Forck von dem Gespräch mit dem Staatsratsvorsitzenden. Er hält ausreichend Zeit für eine offene Information für erforderlich und sieht deshalb die Auswertung der Domeinweihung als gesonderten Punkt für die 125. Tagung der Konferenz vor. Im Auftrag des Vorstandes wird Ziegler der Greifswalder Kirchenleitung die Bitte übermitteln, bei der KKL darüber zu informieren, wie auf die Ausladung von Dr. Forck reagiert wurde. Der Vorstand wird im Bericht zur kirchlichen Lage darüber informieren, daß er sein Unverständnis darüber zum Ausdruck gebracht hat, welche Fragen offen geblieben sind und was ihn veranlaßt hat, die Angelegenheit auf die Tagesordnung zu setzen.« Protokoll Demke-Ziegler-Zeddies/Doyé vom 20.6.1989 der 223. Sitzung des Vorstandes am 15.6.1989 in Berlin, EZA Berlin, 101/93/752. Vgl. auch Schreiben Ziegler an Gienke vom 16.6.1989: »Der Vorstand hat sein Unverständnis über die Entscheidung zum Ausdruck gebracht, zu akzeptieren, daß Bischof Dr. Forck nicht zu der Begegnung im Rathaus eingeladen wurde. Er bittet, der

Konferenz mitzuteilen, welche Reaktionen von seiten der Kirchenleitung daraufhin erfolgten. Der Vorstand hat beschlossen, die Auswertung der Domeinweihung in Greifswald als gesonderten Tagesordnungspunkt für die Sitzung der Konferenz am 30.6./1.7.1989 vorzusehen.« A.a.O.
847 Vgl. auch Einsatzbereich I, Bezirke Rostock, Schwerin, Neubrandenburg, Dienstreisebericht Will vom 23.8.1989: »Dieser Begriff, von der Kirche selbst geprägt, kursiert inoffiziell im innerkirchlichen Gebrauch.« BA, Abt. Potsdam, O-4, 964.
848 HAL/OLZ, Berlin, den 20.7.1989, Aktuelle politische Tendenzen und Entwicklungen in den Kirchen und Religionsgemeinschaften in der DDR, Leitungsinformation 4/89, BA, Abt. Potsdam, O-4, 960.
849 Protokoll Demke-Kupas-Riese vom 3.7.1989 über die 125. Tagung der Konferenz der Evangelischen Kirchenleitungen in der DDR am 30.6./1.7.1989 in Berlin, EZA Berlin, 101/93/743.
850 Vgl. HAL/OLZ, Berlin, den 20.7.1989, Aktuelle politische Tendenzen und Entwicklungen in den Kirchen und Religionsgemeinschaften in der DDR, Leitungsinformation 4/89, BA, Abt. Potsdam, O-4, 960. Vgl. auch Protokoll Demke-Kupas-Riese vom 3.7.1989 über die 125. Tagung der Konferenz der Evangelischen Kirchenleitungen in der DDR am 30.6./1.7.1989 in Berlin, EZA Berlin, 101/93/743.
851 Vgl. ebd.
852 Vgl. HAL/OLZ, Berlin, den 20.7.1989, Aktuelle politische Tendenzen und Entwicklungen in den Kirchen und Religionsgemeinschaften in der DDR, Leitungsinformation 4/89, BA, Abt. Potsdam, O-4, 960.
853 Leich hatte die Nachricht jedoch einen Tag vor dem Erscheinen des Briefwechsels im »ND« erhalten. Vgl. Protokoll Leich-Ziegler-Pahnke vom 13.9.1989 der 126. Tagung der Konferenz der Evangelischen Kirchenleitungen in der DDR am 1./2.9.1989, EZA Berlin, 101/93/744. Allerdings informierten am Tag vor deren Publikation in der Presse bereits Rundfunk und Fernsehen über den Wortlaut der Texte.
854 Protokoll Leich/Demke-Doyé vom 31.7.1989 der 224. Sitzung des Vorstands am 27.7.1989 in Berlin, EZA Berlin, 101/93/752. Ähnlich sahen auch die Hauptgedanken des Briefes aus, den Leich am 20.7.1989 an Gienke gerichtet hatte. Dort hieß es zudem: »In der Folge sei besonders problematisch, wenn nun in Zukunft Staatsvertreter darauf hinweisen, daß die Situation im Land und in der Bevölkerung durch einen Bischof genauso beurteilt wird wie durch sie.« Ebd.
855 Protokoll Leich/Demke-Doyé vom 31.7.1989 der 224. Sitzung des Vorstands am 27.7.1989 in Berlin, EZA Berlin, 101/93/752.
856 Nachdenken über den pommerschen Weg, 15.7.1989, EZA Berlin, 101/93/714; auch a.a.O., 101/93/918.
857 Schreiben vom 23.7.1989, von Kramer an Ziegler übersandte Durchschrift in EZA Berlin, 101/93/918. Vgl. auch Schreiben Pfarrer Helmut Opitz, Potsdam, vom 24.7.1989, a.a.O.
858 Schreiben vom 29.7.1989, unterzeichnet von Dr. Ulrich Müller, Lia Müller, Dr. Berndt Seite, Dr. Annemarie Seite, a.a.O.
859 Schreiben vom 25.7.1989, a.a.O. Der Sammelantwortbrief Gienkes vom 7.8.1989 befindet sich a.a.O.
860 Schreiben vom 30.7.1989, BA, Abt. Potsdam, O-4, 1031. An Gienke schrieb er zwei Tage später: »Es tut mir einfach leid, es bedrückt mich, und ich schäme mich, wie unsere kirchliche Presse mit Ihnen umgeht. Sowohl menschlich als auch politisch bin ich entsetzt. [...] Am 11. Juni, [das] fand ich sofort und finde ich jetzt noch stärker, haben Sie etwas Nötiges und Gutes auf gute Weise unternommen und in dem nachfolgenden Briefwechsel fortgesetzt.« A.a.O. Vgl. auch den handschriftlichen Vermerk Dohle, a.a.O.
861 Schreiben Löffler an Krenz vom 3.8.1989, BA, Abt. Potsdam, O-4, 999. Vgl. auch Schreiben Löffler an Jarowinsky vom 4.8.1989, a.a.O.
862 RdB Dresden, Stellv. d. Vors. f. Inneres, Niederschrift Fuchs vom 28.9.1989 über eine

Dienstberatung beim Staatssekretär für Kirchenfragen und dem Leiter der Hauptabteilung Innere Angelegenheiten des MdI, Genossen Generalmajor Hubrich, am 27.9.1989, PDS-Archiv Dresden, AR 14086.
863 BStU Berlin, AIM 440/90, II/2, 81.
864 Vgl. das Waigel-Interview im »SPIEGEL« 26/1989, 21-24, sowie »DER SPIEGEL« 28/1989, 21. Siehe auch »DER SPIEGEL« 29/1989, 18 ff.
865 Staatssekretär für Kirchenfragen, Information Kurt Löffler über eine Mitteilung von Konsistorialpräsident Manfred Stolpe am 20.7.1989, BA, Abt. Potsdam, O-4, 974.
866 Vgl. Schreiben Löffler an Krenz vom 21.7.1989 mit Anlage, a.a.O.
867 Berlin, den 15.8.1989, Staatssekretär für Kirchenfragen, Information Heinrich, a.a.O.; auch a.a.O., O-4, 1220.
868 Dies geht aus dem Schreiben Heinrich an Jarowinsky vom 23.8.1989 hervor, BA, Abt. Potsdam, O-4, 1188.
869 Das Gespräch fand am 23.8.1989 statt. Vgl. ebd.
870 Vgl. auch Protokoll Demke-Kupas-Riese vom 3.7.1989 über die 125. Tagung der Konferenz der Evangelischen Kirchenleitungen in der DDR am 30.6./1.7.1989 in Berlin: »Die Konferenz will den in Greifswald erneut deutlich gewordenen Willen zum Gespräch bewußt aufnehmen«, hieß es dort einleitend. EZA Berlin, 101/93/743. Einen ähnlichen Vorschlag hatte Ziegler bereits Ende Januar 1989 mit der Begründung unterbreitet, die Bischöfe würden ihr Gesicht verlieren, wenn sie nur zur Abrüstung sprächen und die Frage der Menschenrechte verschwiegen. Vgl. Abt. II, Vermerk Wilke vom 31.1.1989 über ein Gespräch mit OKR Ziegler am 27.1.1989, BA, Abt. Potsdam, O-4, 970. Löffler hatte zuvor angekündigt, sofort nach Beendigung der Wiener Verhandlungen könne der BEK um ein diesbezügliches Sachgespräch nachsuchen. Vgl. Vermerk Ziegler vom 11.1.1989 über ein Gespräch mit dem Staatssekretär für Kirchenfragen am 6.1.1989, 13.00-13.20 Uhr, EZA Berlin, 101/93/8. Vgl. auch bereits Protokoll Leich-Ziegler-Lewek vom 2.6.1988 über die 210. Sitzung des Vorstands am 25.5.1988 in Berlin, EZA Berlin, 101/93/750. Vgl. auch Zum KSZE-Prozeß. Beschluß der Konferenz der Evangelischen Kirchenleitungen in der DDR vom 12.3.1989, in: Zwischen Anpassung und Verweigerung, 270 f.
871 Vgl. auch Vermerk Ziegler vom 17.8.1989 über ein Gespräch in der Dienststelle des Staatssekretärs für Kirchenfragen am 4.8.1989, 13.30-14.30 Uhr, EZA Berlin, 101/93/8. Anläßlich des Paul-Schneider-Gedenkens am 18.7.1989 hatte der Staatssekretär gegenüber dem KKL-Vorsitzenden eine Aufnahme der Sachgespräche noch vor der BEK-Synode angekündigt. Er bestätigte, daß es hierbei um die »Frage der Mündigkeit der Bürger (KSZE-Ergebnisse), Wehrdienstfragen, Bildungsfragen« gehen werde. Vgl. Protokoll Leich-Ziegler-Pahnke vom 13.9.1989 der 126. Tagung der Konferenz der Evangelischen Kirchenleitungen in der DDR am 1./2.9.1989, EZA Berlin, 101/93/744.
872 Mit Schreiben vom 29.8.1989 bat ÖRK-Generalsekretär Emilio Castro den Staatssekretär für Kirchenfragen, sich für die Begnadigung eines 1984 wegen angeblicher Spionage zu 15 Jahren Haft verurteilten Sachsen einzusetzen, der privat gesellschaftskritische Notizen angefertigt hatte: »Angesichts der zunehmend anerkannten internationalen Mitarbeit der DDR bei Bemühungen um Verwirklichung der Menschenrechte möchte man wohl erwarten, daß auch innerhalb der DDR die gleichen Maßstäbe angewandt werden. Deshalb hoffe ich auf Ihr Verständnis für meine Bitte um Überprüfung der Verurteilung«. BA, Abt. Potsdam, O-4, 1037. Löffler bezeichnete diesen Brief als »eine eklatante Einmischung in die inneren Angelegenheiten der DDR«. Schreiben an Generalstaatsanwalt Günter Wendland, a.a.O.
873 Abt. II, Berlin, 25.7.1989, Zuarbeit für Konzeption zur Weiterführung der Arbeit, BA, Abt. Potsdam, O-4, 960.
874 Vgl. J. Lohmann, Machtbastion Volksbildung, in: KiS 4/1989, 145 f. In Berlin (Ost) fanden im zeitlichen Umfeld des Kongresses zahlreiche kirchliche Veranstaltungen statt. Vgl. Bericht zur kirchenpolitischen Situation in Berlin für die Monate Mai und Juni 1989, BA, Abt. Potsdam, O-4, 1130. Vgl. auch Protokoll Demke-Kupas-Riese vom

3.7.1989 über die 125. Tagung der Konferenz der Evangelischen Kirchenleitungen in der DDR am 30.6./1.7.1989 in Berlin: »Doyé informiert über ein Gespräch am Rande des 9. Pädagogischen Kongresses, bei dem ihm signalisiert worden ist, daß die kirchlichen Eingaben (vgl. z. B. Zur Vorbereitung des IX. Pädagogischen Kongresses in der DDR vom 13.-15.6.1989. Beitrag der Kommission für Kirchliche Arbeit mit Kindern und Konfirmanden des Bundes der Evangelischen Kirchen in der DDR [30.1.1989], in: Zwischen Anpassung und Verweigerung, 364-367) zu diesem Kongreß angekommen sind und aufgenommen wurden. Ebenfalls signalisiert wurde ihm die Gesprächsbereitschaft der pädagogischen Akademie in Reaktion auf das vom Bund übersandte Votum. Die Konferenz ihrerseits ist daran interessiert, daß dieses Gespräch möglichst noch vor der Tagung der Bundessynode zustandekommt.« EZA Berlin, 101/93/743. Harder berichtete des KKL: »Es sei bekanntgeworden, daß die Kreisschulräte den Brief des Bundes an die Akademie der pädagogischen Wissenschaften positiv aufgenommen haben.« Protokoll Leich-Ziegler-Pahnke vom 13.9.1989 der 126. Tagung der Konferenz der Evangelischen Kirchenleitungen in der DDR am 1./2.9.1989, EZA Berlin, 101/93/744.

875 Vgl. auch Protokoll Leich-Ziegler-Kupas vom 29.8.1989 über die 225. Sitzung des Vorstands am 24.8.1989 in Potsdam (Oberlinhaus): »Es wird verabredet, daß der Vorsitzende ein Handschreiben zum Geburtstag von Erich Honecker übermittelt, in dem die Bereitschaftserklärung zur Führung von Gesprächen zu den seit langer Zeit annoncierten Themen erklärt wird. Dabei könne es sich auch um Gespräche handeln außerhalb festgelegter protokollarischer Rahmen.« EZA Berlin, 101/93/752.

876 Schreiben Löffler an Jarowinsky vom 11.8.1989, BA, Abt. Potsdam, O-4, 999; vgl. auch Konzeption zur Durchführung des Informationsgespräches. Als Referenten war nach Abstimmung mit Außenminister Oskar Fischer an seinen Stellvertreter Ernst Krabatsch und Botschafter Peter Steglich gedacht. »Ziel: Weiterführung der Politik des 6. März 1978, die mit dem 11. Juni einen weiteren Höhepunkt erreichte. Damit ist das zum gegenwärtigen Zeitpunkt bedeutsame Engagement des Bischofs der Greifswalder Landeskirche, Dr. Horst Gienke, zu unterstützen und damit progressiven Entwicklungen im Bund der Evangelischen Kirchen in der DDR ein neuer Schub zu verleihen.« BA, Abt. Potsdam, O-4, 1031. Das Gespräch kam am 31.1.1990 unter Leitung von de Maizière und Beteiligung von Krabatsch zustande. Vgl. Berlin, 3.7.1990, Tätigkeitsbericht des Amtes für Kirchenfragen für den Zeitraum bis zum 30.6.1990, BA, Abt. Potsdam, O-4, 1377.

877 »OKR Ziegler machte emotional bewegt, wie auch durch Mimik und Gestik deutlich, daß er persönlich und auch andere loyale und der sozialistischen Entwicklung in der DDR gegenüber aufgeschlossene leitende Amtsträger große Hoffnungen in entsprechende staatliche Reaktionen setzen. Nur damit könne möglichen Fehlentwicklungen in der Beziehung zwischen Staat und Kirche in der DDR wirksam begegnet werden.« Staatssekretär für Kirchenfragen, Hauptabteilungsleiter, Vermerk Heinrich vom 29.8.1989 über Gespräch mit Ziegler am 28.8.1989, BA, Abt. Potsdam, O-4, 1220.

878 Vgl. RdB Dresden, Stellv. d. Vors. f. Inneres, Niederschrift Fuchs vom 28.9.1989 über eine Dienstberatung beim Staatssekretär für Kirchenfragen und dem Leiter der Hauptabteilung Innere Angelegenheiten des MdI, Genossen Generalmajor Hubrich, am 27.9.1989, PDS-Archiv Dresden, AR 14086.

879 Abt. II, Berlin, 25.7.1989, Zuarbeit für Konzeption zur Weiterführung der Arbeit, BA, Abt. Potsdam, O-4, 960. So auch Information und Maßnahmeplan in Vorbereitung der 5. Tagung der 5. Synode des Bundes der Evangelischen Kirchen in der DDR in der Zeit vom 15.-19.9.1989 in Eisenach, SAPMO-BA ZPA IV B2/14/95. Mit der Synodenvorbereitung sollte sich auch die erste Dienstbesprechung des Staatssekretariats für Kirchenfragen im Monat August befassen. Vgl. Leiter des Büros, Einladung Handel vom 4.8.1989 zur Dienstberatung am 7.8.1989, 13.00 Uhr im Saal, BA, Abt. Potsdam, O-4, 1031.

880 Undatiertes Schreiben Klaus Geyer an Staatssekretär Löffler; im Staatssekretariat für Kirchenfragen eingegangen am 19.8.1989, BA, Abt. Potsdam, O-4, 997; auch a.a.O., O-4, 1207.

881 Schreiben Kalb an Geyer vom 17.8.1989, BA, Abt. Potsdam, O-4, 997; auch a.a.O., O-4, 1207.
882 Staatl. Komitee für Rundfunk, Redaktion Monitor, DLF, 6.10 Uhr vom 15.8.1989, 5. Beitrag, Karin Beindorf, Superintendent Günter Krusche zum DDR-Ausreiseproblem, BA, Abt. Potsdam, O-4, 1226.
883 Volker Kreß wechselte zum 1.9.1989 in das LKA Dresden, wo er als Nachfolger des in den Ruhestand tretenden Rau für das Staat-Kirche-Verhältnis zuständig sein sollte. Vgl. RdB Dresden, Stellvertreter des Vorsitzenden für Inneres, Informationsbericht Fuchs vom 12.9.1989 zur Staatspolitik in Kirchenfragen für die Monate Juli/August 1989, PDS-Archiv Dresden, AR 14087.
884 Ebd.
885 Mit ähnlicher Wertung auch Information vom 5.9.1989 zur Gesprächsführung mit Vertretern der evangelischen Kirche, SAPMO-BA ZPA IV B2/14/44; vgl. auch SED-BL Dresden, Abteilung Staat und Recht, Notiz Graff vom 7.9.1989 über eine Beratung von Gen. Prof. Horst Dohle, Staatssekretariat für Kirchenfragen, mit den Sektorenleitern für Kirchenfragen der Räte der Bezirke Dresden, Karl-Marx-Stadt und Leipzig am 5.9.1989 (»Sachsentreff«): »Bemerkenswert ist, daß sich Stolpe und Krusche in den Westmedien zu Ruhe und Sachlichkeit bekannt haben.« PDS-Archiv Dresden, AR 14086.
886 Berlin, 24.8.1989, Zu aktuellen Aufgaben auf kirchenpolitischem Gebiet. Weiter heißt es in dem Dokument: »Der Staatssekretär für Kirchenfragen wurde beauftragt, gemeinsam mit den entsprechenden staatlichen Organen eine Beratung mit den Stellvertretern Inneres der Räte der Bezirke durchzuführen, in der über die aktuelle Lage informiert wird und Orientierungen, insbesondere auch in der weiteren Vorbereitung auf die Bundessynode, gegeben werden. Kernpunkt ist dabei die Gesprächsführung mit allen Bundessynodalen und den Mitgliedern der Konferenz der Evangelischen Kirchenleitungen.« SAPMO-BA ZPA IV B2/14/44.
887 Vgl. Berlin, 24.8.1989, Zu aktuellen Aufgaben auf kirchenpolitischem Gebiet, a.a.O.
888 Vgl. Staatssekretär für Kirchenfragen, Hauptabteilungsleiter, Vermerk Heinrich vom 29.8.1989 über Gespräch mit Ziegler am 28.8.1989, BA, Abt. Potsdam, O-4, 1220.
889 Vgl. Information vom 5.9.1989 zur Gesprächsführung mit Vertretern der evangelischen Kirche, SAPMO-BA ZPA IV B2/14/44. Vgl. auch Protokoll Leich-Ziegler-Kupas vom 29.8.1989 über die 225. Sitzung des Vorstands am 24.8.1989 in Potsdam (Oberlinhaus): »Ziegler informiert, daß nach Absprache mit der Dienststelle des Staatssekretärs der Termin für das KSZE-Gespräch auf den 12.9.1989 festgelegt sei. [...] Im Gespräch soll darauf geachtet werden, daß nicht nur über die KSZE-Folgekonferenzen Wien, Bukarest und Paris informiert wird, sondern auch die Auswirkungen auf die innenpolitische Situation in der DDR zur Sprache gebracht werden.« EZA Berlin, 101/93/752.
890 Diese Entscheidung war bereits am oder auch vor dem 1.9.1989 getroffen worden. Vgl. Staatssekretär für Kirchenfragen, Information Löffler vom 4.9.1989 über ein Gespräch mit Bischof Dr. H. Gienke am 1.9.1989, SAPMO-BA ZPA IV B2/14/44. Vgl. KiS 5/89, 218.
891 Vgl. SED-BL Dresden, Abteilung Staat und Recht, Notiz Graff vom 7.9.1989 über eine Beratung von Gen. Prof. Horst Dohle, Staatssekretariat für Kirchenfragen, mit den Sektorenleitern für Kirchenfragen der Räte der Bezirke Dresden, Karl-Marx-Stadt und Leipzig am 5.9.1989 (»Sachsentreff«), PDS-Archiv Dresden, AR 14086. Vgl. aber auch HAL/OLZ, 22.9.1989, Aktuelle politische Tendenzen und Entwicklungen in den Kirchen und Religionsgemeinschaften in der DDR, Leitungsinformation 5/89: »Im Bereich der Evangelisch-Lutherischen Kirche in Thüringen sind interne Orientierungen bekannt geworden, die die Amtsträger anhalten, an Veranstaltungen zum 40. Jahrestag nur teilzunehmen, wenn es dem kirchlichen Vertreter ermöglicht wird, mit einem eigenen Beitrag vor die Öffentlichkeit zu treten, in dem die von den evangelischen Kirchen angesprochenen Probleme dargestellt werden sollen.« BA, Abt. Potsdam, O-4, 960.
892 Vgl. Information vom 7.10.1989, SAPMO-BA ZPA IV B2/14/71.

893 Vgl. Die kirchenpolitische Situation und Tendenzen in den Aktivitäten kirchlicher Amtsträger im Bezirk Karl-Marx-Stadt seit dem 1.10.1989, BA, Abt. Potsdam, O-4, 1139.
894 Vgl. SED-BL Dresden, Abteilung Staat und Recht, Notiz Graff vom 7.9.1989 über eine Beratung von Gen. Prof. Horst Dohle, Staatssekretariat für Kirchenfragen, mit den Sektorenleitern für Kirchenfragen der Räte der Bezirke Dresden, Karl-Marx-Stadt und Leipzig am 5.9.1989 (»Sachsentreff«), PDS-Archiv Dresden, AR 14086.
895 Vgl. Protokoll Leich/Demke-Doyé vom 31.7.1989 der 224. Sitzung des Vorstands am 27.7.1989 in Berlin: »Der Vorstand [...] rät, von einem Empfang abzusehen. Mehrheitlich ist der Vorstand jedoch der Meinung, daß die Tatsache einer Begegnung des Staatssekretärs mit der Bundessynode positiv sein könnte. Es käme dabei auf klare Vorabsprachen an.« EZA Berlin, 101/93/752. Vgl. auch Vermerk Ziegler vom 17.8.1989 über ein Gespräch in der Dienststelle des Staatssekretärs für Kirchenfragen am 4.8.1989, 13.30-14.30 Uhr. Ziegler verwies hier darauf, daß die Entscheidung über die Wahrnehmung dieses Angebotes beim Synodalpräsidium liege. EZA Berlin, 101/93/8. Vgl. auch Protokoll Leich-Ziegler-Kupas vom 29.8.1989 über die 225. Sitzung des Vorstands am 24.8.1989 in Potsdam (Oberlinhaus): »Dr. Gaebler [...] teilt mit, daß nach Meinung des Präsidiums eine Begegnung mit dem Staatssekretär als positiv angesehen werde, aber auf einen Empfang verzichtet werden solle. Er macht insbesondere auf das Zeitproblem aufmerksam und bittet um Beratung. Der Vorstand votiert für Begegnung mit den ökumenischen Gästen der Bundessynode unter Beteiligung von Synodalvertretern mit der Maßgabe, über diese Begegnung eine Pressemitteilung herauszugeben.« EZA Berlin, 101/93/752.
896 Vgl. Information vom 5.9.1989 zur Gesprächsführung mit Vertretern der evangelischen Kirche, SAPMO-BA ZPA IV B2/14/44.
897 Schreiben Löffler an Jarowinsky vom 4.9.1989, a.a.O.; auch a.a.O., IV B2/14/104.
898 Vgl. KiS 4/89, 133.
899 Vgl. auch Protokoll Leich-Ziegler-Pahnke vom 13.9.1989 der 126. Tagung der Konferenz der Evangelischen Kirchenleitungen in der DDR am 1./2.9.1989: »Auf Hinweis von Dr. Gaebler, daß das Präsidium der Bundessynode es nicht für günstig halte, gegenwärtig auf eine Begegnung mit dem Staatssekretär während der Bundessynode zuzugehen, erklärte der Staatssekretär, daß er von einem Empfang Abstand nehmen werde.« EZA Berlin, 101/93/744.
900 Auf ihrer Juli-Tagung wollte Cynkiewicz im Auftrag des Synodalpräsidiums die KKL-Mitglieder dahingehend instruieren, »vor und während der Synodaltagung möglichst keine Interviews als Stellungnahme zu einzelnen Diskussionsbeiträgen zu geben, um den Beschlüssen der Synode nicht vorzugreifen.« Diesen Vorstoß beklagten mehrere der Anwesenden als Behinderung der Freiheit der Meinungsäußerung, so daß das Präsidium sich hier nicht durchsetzen konnte. Protokoll Demke-Kupas-Riese vom 3.7.1989 über die 125. Tagung der Konferenz der Evangelischen Kirchenleitungen in der DDR am 30.6./1.7.1989 in Berlin, EZA Berlin, 101/93/743.
901 Staatssekretär für Kirchenfragen, Information Kurt Löffler vom 4.9.1989 über ein Gespräch mit dem Präses der Synode des Bundes der Evangelischen Kirchen in der DDR, Dr. Rainer Gaebler, und OKR Martin Ziegler in Vorbereitung auf die Bundessynode vom 15.-19.9.1989 in Eisenach, SAPMO-BA ZPA IV B2/14/44. Vgl. auch den Bericht Gaeblers vor der KKL. Protokoll Leich-Ziegler-Pahnke vom 13.9.1989 der 126. Tagung der Konferenz der Evangelischen Kirchenleitungen in der DDR am 1./2.9.1989, EZA Berlin, 101/93/744. Cynkiewicz hatte Gaeblers Absicht, mit Löffler vor der Synodaltagung das Gespräch zu suchen, dem KKL-Vorstand mitgeteilt. Als Termin wurde der 1.9.1989 anvisiert. Vgl. Protokoll Leich/Demke-Doyé vom 31.7.1989 der 224. Sitzung des Vorstands am 27.7.1989 in Berlin, EZA Berlin, 101/93/752.
902 Staatssekretär für Kirchenfragen, Information vom 4.9.1989 über eine Begegnung mit Landesbischof Dr. Werner Leich am 1.9.1989, SAPMO-BA ZPA IV B2/14/44.

903 Vgl. Staatssekretär für Kirchenfragen, Information Löffler vom 4.9.1989 über ein Gespräch mit Bischof Dr. H. Gienke am 1.9.1989, a.a.O.
904 Ebd.
905 Vgl. Leiter wiss. Arbeitsgruppe, Dienstreisebericht Dohle vom 19.9.1989, BA, Abt. Potsdam, O-4, 964; auch a.a.O., O-4, 1139.
906 Protokoll Leich-Ziegler-Pahnke vom 13.9.1989 der 126. Tagung der Konferenz der Evangelischen Kirchenleitungen in der DDR am 1./2.9.1989, EZA Berlin, 101/93/744.
907 Abgedruckt in: Zwischen Anpassung und Verweigerung, 388-390. Vgl. auch Protokoll Leich-Ziegler-Kupas vom 4.9.1989 über die Sondersitzung des Vorstands am 1.9.1989 – abends: »Auf Grund der aktuellen Situation stellt sich für den Vorstand die Frage, ob der Konferenz zu empfehlen ist, zur Ausreiseproblematik eine Stellungnahme abzugeben. Nach eingehender Erörterung votiert der Vorstand dafür, der Konferenz ein solches Wort zu empfehlen. Kupas wird gebeten, eine Endfassung des von Ziegler erarbeiteten und von Dr. Hohmann und Günther überarbeiteten Entwurfs für die Konferenztagung herzustellen. Für den Fall, daß die Konferenz dieses aufgreift, empfiehlt der Vorstand, nach Diskussion in der Konferenz durch eine Redaktionsgruppe, bestehend aus Große und Kupas, die Endfassung herstellen zu lassen.« EZA Berlin, 101/93/753.
908 Vgl. auch Berlin, 6.9.1989, Zu Gesprächen mit Vertretern der evangelischen Kirche, SAPMO-BA ZPA IV B2/14/44.
909 Protokoll Leich-Ziegler-Pahnke vom 13.9.1989 der 126. Tagung der Konferenz der Evangelischen Kirchenleitungen in der DDR am 1./2.9.1989, EZA Berlin, 101/93/744.
910 SED-BL Dresden, Abteilung Staat und Recht, Notiz Graff vom 7.9.1989 über eine Beratung von Gen. Prof. Horst Dohle, Staatssekretariat für Kirchenfragen, mit den Sektorenleitern für Kirchenfragen der Räte der Bezirke Dresden, Karl-Marx-Stadt und Leipzig am 5.9.1989 (»Sachsentreff«), PDS-Archiv Dresden, AR 14086.
911 Berlin, 6.9.1989, Zu Gesprächen mit Vertretern der evangelischen Kirche, SAPMO-BA ZPA IV B2/14/44.
912 Vgl. RdB Dresden, Stellv. d. Vors. f. Inneres, Niederschrift Fuchs vom 28.9.1989 über eine Dienstberatung beim Staatssekretär für Kirchenfragen und dem Leiter der Hauptabteilung Innere Angelegenheiten des MdI, Genossen Generalmajor Hubrich, am 27.9.1989, PDS-Archiv Dresden, AR 14086. Die KKL hatte eigentlich den 9.9.1989 als Sperrfrist festgelegt gehabt. Vgl. Protokoll Leich-Ziegler-Pahnke vom 13.9.1989 der 126. Tagung der Konferenz der Evangelischen Kirchenleitungen in der DDR am 1./2.9.1989, EZA Berlin, 101/93/744.
913 Vgl. Berlin, 6.9.1989, Zu Gesprächen mit Vertretern der evangelischen Kirche, SAPMO-BA ZPA IV B2/14/44.
914 Vgl. HAL/OLZ, 22.9.1989, Aktuelle politische Tendenzen und Entwicklungen in den Kirchen und Religionsgemeinschaften in der DDR, Leitungsinformation 5/89, BA, Abt. Potsdam, O-4, 960.
915 Dies wußte auch Stolpe der September-KKL zu berichten, da sich bei einem Menschenrechtsseminar in der Ostberliner Golgatha-Gemeinde eine entsprechende Initiativgruppe vorgestellt hatte. Der Konsistorialpräsident fügte hinzu:»Die SPD der BRD hat erklärt, daß sie diese Initiative im Moment nicht für sinnvoll hält. Ein Problem sei, wenn in dieser Sache ausschließlich Kirchenleute tätig werden.« Kramer berichtete, zu dieser Initiativgruppe gehöre auch Markus Meckel.»Dr. Demke ergänzt, er hat mit Markus Meckel gesprochen. Markus Meckel ist zur Aussprache bei staatlichen Stellen geholt worden. Es ist ihm gesagt worden, daß er sein Amt nicht zu unerlaubten Personenzusammenschlüssen mißbrauchen dürfe. Dr. Demke hat die Unterscheidung zwischen Pfarrer und Bürger verdeutlicht. Der Kirche ist jedoch unterstellt worden, daß sie hiermit einen Trick benutzt. Es seien in dieser Sache und an anderen Stellen Tendenzen erkennbar, in den Gruppen ein vernünftiges politisches Programm zu entwickeln«, urteilte der Magdeburger Bischof. Protokoll Leich-Ziegler-Pahnke vom 13.9.1989 der 126. Tagung der Konferenz der Evangelischen Kirchenleitungen in der DDR am 1./2.9.1989,

EZA Berlin, 101/93/744. Vgl. zur Gründung der sozialdemokratischen Partei in der DDR W. Herzberg/P. von zur Mühlen, Auf den Anfang kommt es an, und M. Mekkel/M. Gutzeit u. a., Aufruf zur Bildung einer Initiativgruppe, mit dem Ziel eine sozialdemokratische Partei in der DDR ins Leben zu rufen, vom 24.7.1989, in: Opposition in der DDR, 84-88.

916 Von einer jungen Mitarbeiterin der Universität Rostock erhielt Dohle Ende September 1989 einen Brief, in dem es hieß: »Bezüglich unserer Opposition: diskutieren ist besser als kriminalisieren. Wenn wir nicht aufpassen, enden wir bei einem polnischen Runden Tisch. Und unsere Blockparteien werden nun wohl auch munter. Die Synode scheint doch nicht so dramatisch gewesen zu sein, wie Du vermutetest – oder irre ich mich? (JW- und ND-Kommentar gingen natürlich völlig daneben, Kirche ist eben nicht nur zum Beten da.)« Schreiben Sybille X. vom 27.9.1989, BA, Abt. Potsdam, O-4, 1378.

917 Vgl. SED-BL Dresden, Abteilung Staat und Recht, Notiz Graff vom 7.9.1989 über eine Beratung von Gen. Prof. Horst Dohle, Staatssekretariat für Kirchenfragen, mit den Sektorenleitern für Kirchenfragen der Räte der Bezirke Dresden, Karl-Marx-Stadt und Leipzig am 5.9.1989 (»Sachsentreff«), PDS-Archiv Dresden, AR 14086.

918 Leiter wiss. Arbeitsgruppe, Dienstreisebericht Dohle vom 19.9.1989, BA, Abt. Potsdam, O-4, 964; auch a.a.O., O-4, 1139.

919 SED-BL Dresden, Abteilung Staat und Recht, Notiz Graff vom 7.9.1989 über eine Beratung von Gen. Prof. Horst Dohle, Staatssekretariat für Kirchenfragen, mit den Sektorenleitern für Kirchenfragen der Räte der Bezirke Dresden, Karl-Marx-Stadt und Leipzig am 5.9.1989 (»Sachsentreff«), PDS-Archiv Dresden, AR 14086.

920 Protokoll Leich-Ziegler-Pahnke vom 13.9.1989 der 126. Tagung der Konferenz der Evangelischen Kirchenleitungen in der DDR am 1./2.9.1989, EZA Berlin, 101/93/744.

921 Vgl. ebd.

922 Der Text wurde zwar kontrovers diskutiert, ging in der Abstimmung aber bei einer Gegenstimme und drei Enthaltungen recht glatt durch. Knapp war hingegen die zuerst getroffene Entscheidung, ob Bedarf für einen solchen Brief bestehe. Hier gab es elf Ja-Stimmen, vier Nein-Stimmen und vier Enthaltungen. Vgl. ebd.

923 Der KKL-Beschluß lautete jedoch: »1. Die KKL empfiehlt, auf die Formel ›Kirche im Sozialismus‹ im Bericht des Vorsitzenden nicht einzugehen und keine Auslegung zu geben. 2. Es sollte gegenwärtig kein Formelwechsel versucht werden.« Mit acht Ja-Stimmen gegen sieben Nein-Stimmen und bei einer Enthaltung angenommen. Vgl. ebd.

924 Staatssekretär für Kirchenfragen, Abteilung II, Information Wilke vom 6.9.1989 über ein Gespräch mit Kirchenpräsident Dr. Natho am 6.9.1989, SAPMO-BA ZPA IV B2/14/44.

925 Schreiben Löffler an Jarowinsky vom 6.9.1989, BA, Abt. Potsdam, O-4, 974.

926 Für den 17.12.1989 sagte sich der Bundespräsident als Zuhörer beim traditionellen Weihnachtssingen in der Potsdamer Nikolaikirche an, wozu Stolpe auch den KKL-Vorstand einlud. Vgl. Protokoll Leich-Ziegler-Kupas vom 18.12.1989 über die 229. Sitzung des Vorstands am 14.12.1989 in Eisenach, EZA Berlin, 101/93/753.

927 Vermerk Heinrich vom 6.9.1989, BA, Abt. Potsdam, O-4, 974.

928 Leiter des Büros, Festlegungsprotokoll Handel vom 12.9.1989 zur Dienstberatung am 11.9.1989. Dort hieß es weiter, Kalb informiere »über das korrekte und zuvorkommende Verhalten der katholischen Kirche anläßlich des neuen Bischofs von Berlin, Sterzinsky [...] Beim Empfang für die staatlichen Vertreter [...] kam es zu aufgeschlossenen Gesprächen mit kirchlichen Repräsentanten.« BA, Abt. Potsdam, O-4, 960. Vgl. auch Leiter des Büros, Einladung Handel vom 8.9.1989 zur Dienstberatung des Staatssekretärs am 11.9.1989, 9.30 Uhr, Saal, BA, Abt. Potsdam, O-4, 1031. Vgl. auch HAL/OLZ, 22.9.1989, Aktuelle politische Tendenzen und Entwicklungen in den Kirchen und Religionsgemeinschaften in der DDR, Leitungsinformation 5/89: »Bischof Sterzinsky erklärte in seinem Antwortschreiben an den Staatsratsvorsitzenden seinerseits die Bereit-

schaft der katholischen Kirche in der DDR zu einer ›konstruktiven Ausgestaltung der Beziehungen‹.« BA, Abt. Potsdam, O-4, 960.
929 Vgl. Protokoll Leich/Stolpe-Ziegler-Koenig vom 6.6.1989 über die 124. Tagung der Konferenz der Evangelischen Kirchenleitungen in der DDR vom 2./3.6.1989 in Berlin, EZA Berlin, 101/93/743. Der KKL-Bericht ist abgedruckt in epd-Dok 43/89, 1 ff.
930 Einschätzung vom 18.9.1988 zum bisherigen Verlauf der Synode in Eisenach. Der Text wurde von Jarowinsky an Honeckers Stellvertreter Mittag weitergeleitet, der ihn dann in den Politbüroumlauf gab. SAPMO-BA ZPA IV B2/14/95. Das Grußwort Schmudes ist abgedruckt in epd-Dok 43/89. Kopie des Originalmanuskripts BStU, ZMA, HA XX 2197, 57-64.
931 Tagesinformation 2, Eisenach, den 16.9.1989, 2. Tagesinformation Samstag, den 16.9.1989, Staatliche Arbeitsgruppe zur 5. Tagung der V. Synode des BEK 15.-19.9.1989 in Eisenach, SAPMO-BA ZPA IV B2/14/95. Zu den MfS-Kontakten de Maizières während der Synodaltagung vgl. Besier/Wolf, »Pfarrer, Christen und Katholiken«, 67, Anm. 308. Stolpe und Forck unterstützten de Maizières Nominierung für eine weitere Legislaturperiode der BEK-Synode durch Berlin-Brandenburg. Vgl. Tagesinformation vom 3.4.1989, SAPMO-BA ZPA IV B2/14/124.
932 Tagesinformation 3, Eisenach, den 17.9.1989, 3. Tagesinformation Sonntag, den 17.9.1989, Staatliche Arbeitsgruppe zur 5. Tagung der V. Synode des BEK 15.-19.9.1989 in Eisenach, SAPMO-BA ZPA IV B2/14/95.
933 Der KKL-Vorstand hatte Ende August 1989 bereits festgelegt: »Da zum Festakt aus Anlaß des 40. Jahrestages voraussichtlich wiederum Einladungen an kirchliche Vertreter ergehen werden, sieht der Vorstand die Beteiligung im bisherigen Rahmen vor. [...] Denkbar wäre die Teilnahme an einem geselligen Abend. Die Beteiligung aller Bischöfe wird nicht für sinnvoll erachtet. Wenn Einladungen in einer solchen Form ergehen werden, hält der Vorstand eine nochmalige vorherige Beratung und Entscheidung für sinnvoll.« Protokoll Leich-Ziegler-Kupas vom 29.8.1989 über die 225. Sitzung des Vorstands am 24.8.1989 in Potsdam (Oberlinhaus), EZA Berlin, 101/93/752.
934 Ende 1987 teilten staatliche Stellen mit, beim Palme-Marsch mitgeführte Transparente dürften nicht mehr in der Öffentlichkeit verwendet werden. Hierüber informierten Domsch und Kramer die KKL. Vgl. Protokoll Leich-Ziegler-Küntscher vom 13.1.1988 über die 115. Tagung der Konferenz der Ev. Kirchenleitungen in der DDR am 8./9.1.1988 in Berlin, EZA Berlin, 101/93/242. Zu einer kirchlichen Veranstaltung am 4.9.1988 in Grüneberg mit der Aufgabe, ein Jahr nach dem Marsch Bilanz zu ziehen, erschienen trotz vorheriger Zusage keine Staatsvertreter. Auch der Friedensrat beteiligte sich nicht. Vgl. Protokoll Stauss der 4. Sitzung (Klausurtagung) des 4. Ausschusses »Kirche und Gesellschaft« vom 9.-11.9.1988 in Dresden, EZA Berlin, 101/93/52.
935 Tagesinformation 5, Eisenach, den 19.9.1989, 5. Tagesinformation, Dienstag, den 19.9.1989, Staatliche Arbeitsgruppe zur 5. Tagung der V. Synode des BEK 15.-19.9.1989 in Eisenach, SAPMO-BA ZPA IV B2/14/95.
936 Vgl. 22.9.1989, Zum Verlauf und zu den Ergebnissen der Synode des Evangelischen Kirchenbundes der DDR in Eisenach. Jarowinsky reichte das Papier an Mittag weiter, a.a.O.
937 Zur Ausreiseproblematik und anderen gesellschaftlichen Problemen. Beschluß der 5. Tagung der V. Synode des BEK in Eisenach zum Bericht des Vorsitzenden der KKL und dem Arbeitsbericht des Sekretariates des Bundes vom 19.9.1989, abgedruckt in: Zwischen Anpassung und Verweigerung, 391-395.
938 22.9.1989, Zum Verlauf und zu den Ergebnissen der Synode des Evangelischen Kirchenbundes der DDR in Eisenach, SAPMO-BA ZPA IV B2/14/95. Mit der Erarbeitung des Textes hatte das Sekretariat des ZK der SED auf seiner Sitzung am 20.9.1989 Löffler und Jarowinsky beauftragt. Vgl. Protokollauszug, Punkt 2, SAPMO-BA ZPA J IV 2/3A/4875. Die Eisenacher Bundessynode und die sich aus ihrem Verlauf für die weitere kirchenpolitische Arbeit ergebenden Schlußfolgerungen standen auf der Tagesordnung der Dienstberatung des Staatssekretärs für Kirchenfragen am 25.9.1989, 9.30 Uhr

im Saal. Vgl. die Einladung Handel vom 22.9.1989, BA, Abt. Potsdam, O-4, 1256. Zur Bundessynode in Eisenach vgl. auch die Texte und Beschlüsse in epd-Dok 43/89.
939 Politbürobeschluß vom 19.9.1989, Punkt 2, SAPMO-BA ZPA J IV 2/2A/4875. Vgl. dazu H.-D. Schütt, Trojanisches Steckenpferd. Ein Kommentar zur Bundessynode, in Junge Welt vom 21.9.1989.
940 Darauf plante Harder (Greifswald), unter Verweis auf die Domeinweihung dem Chefredakteur des ND einen persönlichen Brief zu schreiben. Vgl. Niederschrift Kirchner-Küntscher über die Besprechung der Leiter der zentralen gliedkirchlichen Verwaltungsdienststellen am 21.9.1989 in Berlin, EZA Berlin, 101/93/776. Vgl. auch Schreiben Superintendent Bergmann, Dresden, an Redaktion »Neues Deutschland« vom 25.9.1989, EZA Berlin, 101/93/714. Bergmann sprach von einem Verlassen der Grundlagen des 6. März durch das »ND«. Vgl. ebd.
941 Protokoll Leich-Ziegler-Ritter vom 12.10.1989 der 127. Tagung der Konferenz der Evangelischen Kirchenleitungen in der DDR am 6./7.10.1989 in Berlin, EZA Berlin, 101/93/744.
942 Vgl. Central Committee of the World Council of Churches, Minutes of the Fortieth Meeting, Moscow, USSR, 16-27 July 1989, Genf 1990.
943 Vgl. auch Protokoll Leich-Ziegler-Günther vom 6.9.1988 über die 119. Sitzung der Konferenz der Ev. Kirchenleitungen in der DDR am 2./3.9.1988 in Berlin: »In der Aussprache wird auf die entsprechende Debatte im Zentralausschuß in Hannover hingewiesen, bei der es zu Einsprüchen rumänischer Kirchenvertreter kam gegen Initiativen, die als Einmischung zu werten wären.« EZA Berlin, 101/93/742. Vgl. auch Protokoll Leich-Ziegler-Karpinski vom 22.11.1988 über die 120. Sitzung der Konferenz der Ev. Kirchenleitungen in der DDR am 11./12.11.1988 in Berlin: »Dr. Hempel berichtet: »[...] Die Probleme in Rumänien sind infolge des Protestes von Erzbischof Antoni nicht ins Plenum gekommen.« Weiter heißt es im Protokoll: »In der Aussprache informieren Petzold und Große über Besuche von Delegationen in Rumänien. Es wird nach wie vor von katastrophalen Versorgungs- und Lebensverhältnissen berichtet. Thüringen wird gebeten, Informationen über die Lage in Rumänien zusammenzustellen und allen zu übermitteln.« A.a.O. Vgl. die Empfehlung zu Rumänien auf der ÖRK-ZA Sitzung Hannover 1988, in epd-Dok 38/88, 13 sowie die Berichte a.a.O., 1-3; 14.
944 HAL/OLZ, 22.9.1989, Aktuelle politische Tendenzen und Entwicklungen in den Kirchen und Religionsgemeinschaften in der DDR, Leitungsinformation 5/89, BA, Abt. Potsdam, O-4, 960. Vgl. auch I. Tökés, Nationalismus und Konfessionalismus.
945 Vgl. Report of the General Secretary, in: the ecumenical review 41 (1989), 611-619, insbes. 612 f. Vgl. HAL/OLZ, 22.9.1989, Aktuelle politische Tendenzen und Entwicklungen in den Kirchen und Religionsgemeinschaften in der DDR, Leitungsinformation 5/89: Er »bezeichnete den Sozialismus als eine Gesellschaft, die das Problem der Solidarität unter den Menschen strukturell gelöst hat und Christen in dieser Gesellschaft spezifische Aufgaben auf verschiedenen Ebenen und in unterschiedlichen Bereichen erfüllen können.« BA, Abt. Potsdam, O-4, 960.
946 Vgl. hierzu und zum folgenden O. Wassiljewa/M. Wehner, Als Stalin einen orthodoxen Gegenvatikan schaffen wollte. Dokumente aus dem ehemaligen Parteiarchiv in Moskau enthüllen weitreichende Pläne, in: FAZ Nr. 97 vom 27.4.1994.
947 Ebd.
948 Über die anglikanisch-orthodoxen Verhandlungen im Blick auf diese Thematik berichten die kirchengeschichtlichen Werke aus dem Raum der Church of England nichts. Vgl. J.R.H. Moorman, A History of the Church of England, 455; Bei W. Purcell, Fisher of Lambeth, 132), heißt es: »In 1946 [sic!] when the first delegation from the Russian Church came over to visit us and stayed with us at Lambeth, this was where they joined the Archbishop at prayer. It was led by Metropolitan Nicolai Vinutitsky who became a great personal friend of the Archbishop and kept in touch with him under great difficulties until he disappeared from the Russian ecclesiastical scene«. Zum Verhältnis der Church of England zur Römisch-Katholischen Kirche in dieser Zeit vgl. A.

Hastings, A History of English Christianity 1920-1990, 473 ff. Über das Verhältnis zur russisch-orthodoxen Kirche schreibt Hastings nichts.
949 Vgl. G. Besier, Zum Beginn des theologischen Gesprächs zwischen der EKD und der Russischen Orthodoxen Kirche nach dem Zweiten Weltkrieg, in: ders., Die evangelische Kirche in den Umbrüchen des 20. Jahrhunderts, 73-90.
950 Vgl. G. Besier, Der SED-Staat und die Kirchen, Der Weg in die Anpassung, 441 ff.
951 Vgl. a.a.O., 554 ff.
952 Vgl. dazu M. Beintker, Die Idee des Friedens als Waffe im Kalten Krieg.
953 Vgl. W. Müller-Römheld (Hg.), Bericht aus Vancouver 1983, 187.
954 Vgl. epd-ZA 140 vom 24.7.1989, 4 f.
955 Vgl. die Dokumentation eines Runden-Tisch-Gesprächs leitender russisch-orthodoxer Geistlicher nach dem Zusammenbruch des Staatsstreiches im August 1991: »Wohin schreitest Du, Heilige Kirche?«. Vgl. auch Reader's Digest (New York) vom Februar 1993.
956 Vgl. H. Schmoll, Die ökumenische Arbeit der Kirchen in der DDR unter politischen Gesichtspunkten. Vortrag vor der Enquete-Kommission am 14.12.1993; siehe auch den auf ihrem Vortrag basierenden Artikel »Die DDR nutzte die Kirche zur internationalen Anerkennung. Bereitwillige Unterstützung – Kontakte über den Ökumenischen Rat der Kirchen«, in: FAZ vom 15.12.1993.
957 epd-ZA 248 vom 23.12.1993, 2 f.
958 G. Grohs, Das Engagement des Ökumenischen Rates der Kirchen (ÖRK) und der Evangelischen Kirche in Deutschland (EKD) für die Dritte Welt, in: G. Baadte/A. Rauscher (Hgg.), Dritte Welt und Entwicklung, 29-44, Zitat: 41. Das »Kairos«-Dokument ist in deutscher Übersetzung erschienen im Materialdienst des Ev. Missionswerkes im Bereich Bundesrepublik Deutschland als EMW-Informationen 64, Hamburg 1985.
959 Vgl. The Central Committee of the World Council of Churches, Minutes of the Forty-Fifth Meeting, Johannesburg, South Africa, 20-28 January 1994, Genf 1994.
960 Zit. nach DAS vom 4.2.1994, 20.
961 Mit Rundschreiben vom 29.8.1994 übersandte Hermann Goltz, unterstützt von seinen Münsteraner katholischen Kollegen Heinz-Günther Stobbe und Thomas Bremer, einen Appell, der sich gegen den Ausschluß der Serbischen Orthodoxen Kirche aus dem ÖRK richtete, mit der Bitte um Unterzeichnung sowie Weitergabe an potentielle Unterstützer. Das Schreiben befindet sich im Privatarchiv Besier.
962 Zur offiziellen Haltung der EKD vgl. zusammenfassend idea-spektrum 49 vom 7.12.1994, 7.
963 HAL/OLZ, 22.9.1989, Aktuelle politische Tendenzen und Entwicklungen in den Kirchen und Religionsgemeinschaften in der DDR, Leitungsinformation 5/89, BA, Abt. Potsdam, O-4, 960.
964 Auf der Sitzung des Internationalen Sekretariats der CFK in Prag vom 28.8.-1.9.1989 sollen die westlichen Vertreter eindeutig gefordert haben, »alles der CFK Mögliche zu tun, um gegen restaurative Bestrebungen in sozialistischen Ländern, zurück zum Kapitalismus, aufzutreten.« Ebd.
965 Der Stiftung gehörte auch Günter Wirth an. Während einer Begegnung mit Bischof Forck im Juli 1988 würdigte Niemöllers Witwe, »daß das Lebenswerk Martin Niemöllers in der DDR hohe Wertschätzung erfährt; dagegen werde es in der BRD weitgehend totgeschwiegen.« Bericht Günter Wirth-Karl Hennig vom 28.7.1988 über den Besuch von Sibylle A. Niemöller-v. Sell, BA, Abt. Potsdam, O-4, 4877.
966 Leiter wiss. Arbeitsgruppe, Information Dohle vom 19.9.1989 für den Staatssekretär, BA, Abt. Potsdam, O-4, 1031.
967 BA, Abt. Potsdam, O-4, 974. Staatssekretär Löffler sandte die Erklärung am 29.9.1989 an Abteilungsleiter Heinz Gengel, ZK der SED, Abt. Agitation, BA, Abt. Potsdam, O-4, 974.
968 HAL/OLZ, 22.9.1989, Aktuelle politische Tendenzen und Entwicklungen in den Kirchen und Religionsgemeinschaften in der DDR, Leitungsinformation 5/89, BA, Abt. Potsdam, O-4, 960.

969 Vermerk Ziegler über die Klausurtagung der Konsultationsgruppe vom 24.-27.9.1989 auf Hiddensee, EZA Berlin, 101/93/1818.
970 Noch im Mai 1989 hatte sich Annemarie Schönherr, Frau des Berliner Altbischofs, dezidiert gegen den Gedanken an eine Wiedervereinigung ausgesprochen: »Auf der Pressekonferenz am 19. Mai wurde Pastorin Schönherr von Journalisten intensiv nach ihrer Meinung zu solchen Stichworten wie ›Freiheit‹, ›Mauer‹ und ›deutsche Wiedervereinigung‹ befragt. Konsequent vertrat sie ihre Grundauffassung, daß nichts getan werden dürfe, um die Situation in Europa zu destabilisieren. Sie wies darauf hin, daß es genügend Kräfte gäbe, die eine Destabilisierung des Sozialismus wollen; Christen und Kirchen dürften sich nicht zu Handlangern machen lassen. Eine deutsche Wiedervereinigung halte sie für eine Illusion.« Karl Hennig, Berlin, den 2.6.1989, Bericht über die Europäische Ökumenische Versammlung in Basel vom 15.-21.5.1989, SAPMO-BA ZPA IV B2/14/198.
971 Vgl. auch RdB Dresden, Stellv. d. Vors. f. Inneres, Niederschrift Fuchs vom 28.9.1989 über eine Dienstberatung beim Staatssekretär für Kirchenfragen und dem Leiter der Hauptabteilung Innere Angelegenheiten des MdI, Genossen Generalmajor Hubrich, am 27.9.1989: »SPD will direkt mit den Gruppen arbeiten, um größere Breite zu erreichen.« PDS-Archiv Dresden, AR 14086. Bereits im November 1988 hatte sich der saarländische Umweltminister Jo Leinen auf eigenen Wunsch aufgrund einer Vermittlung Heidingsfelds in der Berliner Auguststraße mit den Umweltgruppenvertretern Reinhard Dalchow, Hans Becker, Peter Model, Jürgen Grunwald, Christiane Schult, Sebastian Pflugbeil und Michael Beleites getroffen. Vgl. Vermerk Stauss vom 24.11.1988 über ein Gespräch mit Vertretern von kirchlichen Umweltgruppen mit dem Minister für Umwelt im Saarland, Jo Leinen, am 21.11.1988, EZA Berlin, 101/93/111.
972 Vgl. auch bereits Schreiben AG Kirchenfragen, Kraußer, an Jarowinsky vom 27.1.1989 wegen einer Einladung der Friedrich-Ebert-Stiftung an Eppelmann. Nach Rücksprache mit Wiegand schlug Kraußer vor, das Ansinnen Eppelmanns abzulehnen: »Sollte es von der SPD-Seite diesbezüglich weitere Aktivitäten geben, müßten wir die Frage stellen, mit wem eigentlich das Gespräch, der Meinungsstreit geführt werden soll, auf wen hier eigentlich Wert gelegt wird, auf Genossen Reinhold als Repräsentanten unserer Partei oder auf Personen, die aus ihrer gegen die DDR gerichteten Position und Haltung keinen Hehl machen.« SAPMO-BA ZPA IV B2/14/34.
973 Vermerk Ziegler vom 7.11.1989 über die Klausurtagung der Konsultationsgruppe vom 24.-27.9.1989 auf Hiddensee (40. Sitzung), ABB Bonn, Akte Konsultationen.
974 So Schreiben Ziegler vom 6.11.1989 an Domke, Domsch, Gaebler, Gienke und Stier, a.a.O. Überschrieben war das Papier: Verantwortung der Christen und der Kirche in der besonderen Gemeinschaft der Deutschen. – Gegliederte und ergänzte Zusammenfassung der Diskussionspunkte vom 26.9.1989, a.a.O.
975 Vgl. Willy Brandt, Erinnerungen, 501 ff.
976 Vgl. dagegen Schreiben Helmut Opitz, Potsdam, an Ziegler vom 29.8.1989: »Aber als Seelsorger und Mensch kann ich auch jeden verstehen, der es satt hat, 40 Jahre lang gegängelt, bevormundet, über wichtige Dinge (wirtschaftliche Lage, Umwelt) im Ungewissen gehalten und bespitzelt zu werden. Ebenso kann ich jeden verstehen, der im Hinblick auf die Zukunft seiner Kinder und seiner Umwelt resigniert. Viele *haben* an ihrem Platz getan, was sie konnten – ohne irgend ein Ergebnis.« EZA Berlin, 101/93/759.
977 Vgl. auch Information über ein »Theologengespräch« mit Berliner Pfarrern am 2.10.1989 im Turmzimmer des Berliner Rathauses, SAPMO-BA ZPA IV B2/14/71.
978 Vgl. auch bereits RdK Bautzen an RdB Dresden, Fuchs, Kirchenpolitische Information Stellv. d. Vors. f. Inneres, Malinski, vom 21.7.1988 – Monat Juli 1988: »Nach Aussagen evangelischer und katholischer Amtsträger wird in kirchlichen Kreisen zunehmend Kritik an bestimmten Versorgungsfragen laut. Das betrifft sowohl bestimmte Sortimente im Lebensmittelbereich einschl. Obst und Gemüse als auch 1000 kleine Dinge. Hingewiesen wird insbesondere auch im Dienstleistungsbereich vor allem bei Ersatzteilen und [auf] lange Wartezeiten, wobei als Schwerpunkt Autoreparaturstätten eine

besondere Rolle spielen. Kein Verständnis gibt es für das Fehlen kosmetischer Artikel.« SHStA Dresden, BT/RdB Dresden (Zwibo), 45937.
979 RdB Potsdam, Stellv. d. Vors. f. Inneres, Aktennotiz Selinger vom 25.9.1989 zum Gespräch mit Generalsuperintendent Bransch am 19.9.1989, SAPMO-BA ZPA IV B2/14/69. Vgl. auch die Äußerungen des Leipziger Superintendenten Friedrich Magirius: »Ein Stück Grundvertrauen in der Bevölkerung ist verlorengegangen. Er hat den Eindruck, die Führung wisse nicht, was im Lande geschieht. [...] Er wolle keine andere DDR, sondern diese wieder in Fahrt bringen.« RdB Leipzig, Stellvertreter des Vorsitzenden des Rates für Inneres, Informationsbericht Juli-August vom 5.9.1989, BA, Abt. Potsdam, O-4, 1117. Auch abgedruckt bei Ch. Dietrich/U. Schwabe (Hgg.), Freunde und Feinde, 382.
980 Vgl. hierzu G. Rein, Die protestantische Revolution, 228-231.
981 Vermerk Heidingsfeld vom 5.10.1989 über die Zusammenkunft der Beratergruppe am 4.10.1989, EZA Berlin, 4/92/22. Vgl. auch Ch. Demke, Ein offener Brief zur Lage (3.9.1989), in: G. Rein, Die protestantische Revolution, 193-199.
982 Protokoll Leich-Ziegler-Kupas vom 29.8.1989 über die 225. Sitzung des Vorstands am 24.8.1989 in Potsdam (Oberlinhaus), EZA Berlin, 101/93/752. Weiter heißt es im Protokoll: »Der Vorstand hält die Durchführung eines solchen Lehrgangs für sinnvoll, wobei die Dauer drei Tage nicht überschreiten sollte.« Ebd.
983 Vermerk Heidingsfeld vom 5.10.1989 über die Zusammenkunft der Beratergruppe am 4.10.1989, EZA Berlin, 4/92/22. Das LKA Dresden hingegen lehnte es ab, dem Neuen Forum kirchliche Räume zur Verfügung zu stellen, »da dies keine Sache der Kirche sei.« Information vom 7.10.1989, SAPMO-BA ZPA IV B2/14/71. Dennoch kam es z. B. in der Johanniskirche Karl-Marx-Stadt am 3.10.1989 zu einer entsprechenden Versammlung. Vgl. Die kirchenpolitische Situation und Tendenzen in den Aktivitäten kirchlicher Amtsträger im Bezirk Karl-Marx-Stadt seit dem 1.10.1989, BA, Abt. Potsdam, O-4, 1139. Auch Superintendent Christoph Magirius (Karl-Marx-Stadt) öffnete am 17.10.1989 zwei Kirchen für das Neue Forum. Vgl. RdB Karl-Marx-Stadt, Stellvertreter des Vorsitzenden für Inneres, Flach, an Staatssekretär Löffler vom 14.11.1989, a.a.O.
984 Vgl. Vermerk Heidingsfeld über die Zusammenkunft der Beratergruppe am 1.12.1988, EZA Berlin, 4/92/20.
985 Natho hatte sich in den relativ stabilen Phasen der DDR eindeutig zum Sozialismus bekannt und die Christen aufgefordert, am Aufbau der neuen Gesellschaftsordnung mitzuarbeiten. Vgl. Besier/Wolf, »Pfarrer, Christen und Katholiken«, 27 f.
986 Vermerk Heidingsfeld vom 5.10.1989 über die Zusammenkunft der Beratergruppe am 4.10.1989, EZA Berlin, 4/92/22.
987 Vgl. Besier/Wolf, »Pfarrer, Christen und Katholiken«, 68, Anm. 311.
988 Vermerk Heidingsfeld vom 5.10.1989 über die Zusammenkunft der Beratergruppe am 4.10.1989, EZA Berlin, 4/92/22.
989 Vgl. ebd.
990 Anlage 14 zu ebd.
991 Vgl. HAL/OLZ, 22.9.1989, Aktuelle politische Tendenzen und Entwicklungen in den Kirchen und Religionsgemeinschaften in der DDR, Leitungsinformation 5/89, BA, Abt. Potsdam, O-4, 960. Vgl. aber auch schon Bericht zur kirchenpolitischen Situation in Berlin, Hauptstadt der DDR, für die Monate Januar und Februar 1989: »Das am 18.2.1989 durch die ›Kirche von Unten‹ durchgeführte ›Benefizkonzert‹ war durch Alkoholmißbrauch, Störungen der öffentlichen Ruhe und Ordnung, Belästigung der umliegenden Wohngegend und Tätlichkeiten der Teilnehmer untereinander gekennzeichnet. Eine Reihe diesbezüglicher Beschwerden wurden durch Bewohner der umliegenden Häuser an staatliche und kirchliche Instanzen gerichtet.« BA, Abt. Potsdam, O-4, 1130. Vgl. dann Information über ein Gespräch des Stellvertreters des Oberbürgermeisters für Inneres, Genossen Hoffmann, mit Konsistorialpräsidenten M. Stolpe am 6.7.1989: »Durch Genossen Hoffmann wurden weiterhin die fortgesetzten Provokationen der ›Kirche von Unten‹ angesprochen. Er stellte fest, daß durch einen Perso-

nenkreis, der sich ›Kirche von Unten‹ tituliert, fortgesetzt provokative Aktivitäten unternommen werden. Diese stellen eindeutige Verletzungen der sozialistischen Gesetzlichkeit dar. Genosse Hoffmann stellte fest, daß der Staat dies nicht länger dulden könne. Wir müssen von der Kirchenleitung erwarten, daß sie dem ungesetzlichen Treiben in der ›Kirche von Unten‹ ein Ende bereite. Die Kirche müsse für diese Gruppierung ›gesperrt‹ werden. Dies beziehe sich sowohl auf das ›Protesttrommeln gegen das brutale Vorgehen in China!‹ (täglich von 15.00 bis 18.00 Uhr) und in besonderer Weise auf das ›Abschlußkonzert‹ (Sonnabend, 18.00 Uhr). Es könne nicht angehen, daß Bürger durch unzumutbaren Krach länger belastet würden, [...] daß letztendlich unter dem Schirm der Kirche für die Konterrevolution und gegen die sozialistische Staatsmacht in der Volksrepublik China ›getrommelt‹ werde.« Stolpe hatte zugesagt, daß die Trommelaktionen sich in die kirchlichen Räume zurückziehen und auch keine Plakate mehr hierfür werben würden. Andererseits sprach er sich gegen eine Kündigung der Räume aus, da man mit den Kritikern im Gespräch bleiben müsse. BA, Abt. Potsdam, O-4, 974.

992 HAL/OLZ, 22.9.1989, Aktuelle politische Tendenzen und Entwicklungen in den Kirchen und Religionsgemeinschaften in der DDR, Leitungsinformation 5/89, BA, Abt. Potsdam, O-4, 960.

993 RdB Dresden, Stellv. d. Vors. f. Inneres, Niederschrift Fuchs vom 28.9.1989 über eine Dienstberatung beim Staatssekretär für Kirchenfragen und dem Leiter der Hauptabteilung Innere Angelegenheiten des MdI, Genossen Generalmajor Hubrich, am 27.9.1989, PDS-Archiv Dresden, AR 14086.

994 M. Agethen, Unruhepotentiale und Reformbestrebungen an der Basis der Ost-CDU im Vorfeld der Wende, 89-114; M. Richter, Zur Entwicklung der Ost-CDU im Herbst 1989.

995 RdB Dresden, Stellv. d. Vors. f. Inneres, Niederschrift Fuchs vom 28.9.1989 über eine Dienstberatung beim Staatssekretär für Kirchenfragen und dem Leiter der Hauptabteilung Innere Angelegenheiten des MdI, Genossen Generalmajor Hubrich, am 27.9.1989, PDS-Archiv Dresden, AR 14086.

996 Vgl. »DER SPIEGEL« vom 25.9.1989, 21 und FAZ vom 19. und 20.9.1989.

997 Vgl. auch RdB Leipzig, Kirchenfragen, Information Jakel vom 29.5.1989 über Gespräch des Vorsitzenden des RdB Leipzig, Rolf Opitz, mit Leich am 26.5.1989. Nach einer Kritik an den Kommunalwahlen soll Leich bekräftigt haben: »›Ich bin zutiefst davon überzeugt, daß die Existenz zweier deutscher Staaten in Europa eine stabilisierende Funktion hat.‹« BA, Abt. Potsdam, O-4, 989.

998 SED-BL Dresden, Abteilung Staat und Recht, Information Graff vom 3.10.1989 über eine Beratung des Leiters der Arbeitsgruppe für Kirchenfragen im ZK der SED, Genossen Peter Kraußer, mit den Mitarbeitern der Bezirksleitungen Berlin, Dresden, Magdeburg und Potsdam am 2.10.1989, PDS-Archiv Dresden, AR 14086.

999 Das Gespräch fand am 30.9.1989 statt. Vgl. ebd.

1000 Staatssekretär, Information Löffler vom 2.10.1989 über Anruf von Genossen Schwoerke, Stellvertreter f. Inneres des RdB Schwerin, SAPMO-BA ZPA IV B2/14/71.

1001 »Pastor Dr. Rathke wirkte während des gesamten Gespräches, das etwa 50 Minuten dauerte, sehr erregt und zum Teil aggressiv. Auf Grund seines Verhaltens war ein sachliches und konstruktives Gespräch nicht möglich.« RdB Schwerin, Kirchenfragen, Information Franze, Leitender Mitarbeiter, vom 3.10.1989 über Gespräch mit Rathke am gleichen Tag, BA, Abt. Potsdam, O-4, 1475.

1002 Schreiben vom 4.10.1989, Abschrift in BA, Abt. Potsdam, O-4, 974.

1003 Schreiben Wirth an Löffler vom 11.10.1989, a.a.O. Die Zeitschrift »Standpunkt« hatte zuletzt jährlich mit einem Defizit von 200 000 Mark abgeschlossen. Kirchenminister de Maizière schlug Ende 1989 vor, das defizitäre Blatt durch eine kirchliche Jugendzeitschrift zu ersetzen, was der KKL-Vorstand zunächst jedoch für problematisch hielt. Vgl. Protokoll Leich-Ziegler-Kupas vom 18.12.1989 über die 229. Sitzung des Vorstands am 14.12.1989 in Eisenach, EZA Berlin, 101/93/753.

1004 Vgl. RdB Dresden, Stellv. d. Vors. f. Inneres, Niederschrift Fuchs vom 28.9.1989 über eine Dienstberatung beim Staatssekretär für Kirchenfragen und dem Leiter der Hauptabteilung Innere Angelegenheiten des MdI, Genossen Generalmajor Hubrich, am 27.9.1989, PDS-Archiv Dresden, AR 14086.
1005 Vgl. auch Protokoll Leich-Ziegler-Kupas vom 29.8.1989 über die 225. Sitzung des Vorstands am 24.8.1989 in Potsdam (Oberlinhaus): »Der Vorstand sieht vor, die Konferenztagung am 6./7. Oktober, wie in Aussicht genommen, durchzuführen.« EZA Berlin, 101/93/752. Einen Monat später stand fest, »daß es sich um eine Konferenztagung in vollem Umfang« handeln werde. Protokoll Leich-Ziegler-Kupas vom 21.9.1989 über die 226. Sitzung des Vorstands am 15.9.1989 in Eisenach, Haus Hainstein, EZA Berlin, 101/93/753. Eigentlich fanden KKL-Sitzungen nur im Zwei-Monats-Rhythmus statt.
1006 Vgl. SED-BL Dresden, Abteilung Staat und Recht, Information Graff vom 3.10.1989 über eine Beratung des Leiters der Arbeitsgruppe für Kirchenfragen im ZK der SED, Genossen Peter Kraußer, mit den Mitarbeitern der Bezirksleitungen Berlin, Dresden, Magdeburg und Potsdam am 2.10.1989, PDS-Archiv Dresden, AR 14086.
1007 Vgl. auch Protokoll Leich-Ziegler-Ritter vom 12.10.1989 der 127. Tagung der Konferenz der Evangelischen Kirchenleitungen in der DDR am 6./7.10.1989 in Berlin: »Am Festakt und Empfang zum 40. Jahrestag in Magdeburg hat Kramer teilgenommen.« EZA Berlin, 101/93/744.
1008 Die Thüringer Frühjahrssynode 1988 hatte Hoffmann zum Visitator für den Kirchenbezirk Meiningen gewählt. Vgl. Protokoll Leich-Ziegler-v. Rabenau vom 26.5.1988 über die 117. Tagung der Konferenz der Ev. Kirchenleitungen in der DDR vom 13./14.5.1988 in Heiligengrabe (Bundesbesuchstage), EZA Berlin, 101/93/741.
1009 Berlin, den 6.10.1989, Zur Situation und Vorschläge zur Weiterführung der politischen Arbeit gegenüber den evangelischen Kirchen nach dem 40. Jahrestag der DDR, BA, Abt. Potsdam, O-4, 960; auch SAPMO-BA ZPA IV B2/14/14. Kirchner soll wenige Tage später geäußert haben: »Mit dem ›Neuen Forum‹ habe er nichts im Sinn, [er] wendet sich aber gegen eine jegliche Schematisierung, wie sie zur Zeit in den Medien der DDR anzutreffen ist. Es sind nicht alles Randalierer oder Rowdys, die auf die Straße gehen.« Weiter führte das Ost-CDU-Mitglied aus: »Er persönlich habe zu Vertretern der CDU in der BRD und Westberlin ein ziemlich gutes Verhältnis. Er bemerkte, daß bei denen, die er im Gespräch kennengelernt hat, eine realistischere Haltung deutlich wurde und man deshalb mit diesen Leuten weiter in Kontakt bleiben muß. Rühe (Generalsekretär der CDU in der BRD) und Seiters (Kanzleramtsminister) sind nach der Meinung von Kirchner ›Betonköpfe‹, die es aber auch in seiner Partei gibt.« RdB Leipzig, Kirchenfragen, Information Müller vom 10.10.1989 zu einer Begegnung des Stellv. d. Vorsitzenden des Rates für Inneres mit OKR Kirchner, stellvertretender Vorsitzender des Landeskirchenamtes und juristischer Dezernent der thüringischen Landeskirche, am 10.10.1989 beim RdK Altenburg, BA, Abt. Potsdam, O-4, 1117.
1010 Berlin, den 6.10.1989, Zur Situation und Vorschläge zur Weiterführung der politischen Arbeit gegenüber den evangelischen Kirchen nach dem 40. Jahrestag der DDR, BA, Abt. Potsdam, O-4, 960; auch SAPMO-BA ZPA IV B2/14/14.
1011 Schreiben vom 2.10.1989, PDS-Archiv Dresden, AR 14089.
1012 Schreiben Rogge an Witteck, PDS-Archiv Dresden, AR 14090. Noch Ende Oktober 1989 schrieb Staatssekretär Löffler an Prof. Hass, Rektor der Humboldt-Universität, er stimme »aus kirchenpolitischer Sicht einer Ehrenpromotion von Bischof Prof. Dr. Rogge zu[.]. Neben seinen wissenschaftlichen Verdiensten ist vor allem auf sein langjähriges erfolgreiches Bemühen zu verweisen, das Verhältnis von Staat und Kirche in der DDR konstruktiv und vertrauensvoll mitzugestalten. Sowohl in seiner jetzigen Funktion wie in seiner frühen gesamtkirchlichen Verantwortung hat er sich stets, im Inland wie in ökumenischer Arbeit, klar zur DDR bekannt und zu einer verfassungs-

gerechten Gestaltung der Staat-Kirche-Beziehungen in der DDR ermutigt und persönlich dazu beigetragen.« Schreiben vom 24.10.1989, BA, Abt. Potsdam, O-4, 1023.
1013 Bei einer Gegenstimme und einer Enthaltung angenommen. Protokoll Leich-Ziegler-Zeddies vom 6.10.1989 über die Sondersitzung des Vorstands am 6.10.1989 in Berlin, EZA Berlin, 101/93/753.
1014 Vgl. Protokoll Leich-Ziegler-Ritter vom 12.10.1989 der 127. Tagung der Konferenz der Evangelischen Kirchenleitungen in der DDR am 6./7.10.1989 in Berlin, EZA Berlin, 101/93/744.
1015 Ebd. Der KKL-Vorstand hatte sich morgens kurz nach sieben Uhr nochmals zusammengefunden. Vor allem Stolpe und Demke sahen den KKL-»Beschluß, sich jeglicher Teilnahme an dem Empfang am 7. Oktober zu enthalten, als beschwerlich bzw. nicht ausführbar an[.] [...] Hauptargument ist, daß der Staat diese Haltung nicht verstehen werde und als Affront ansehen müsse. Einen totalen Abbruch der Beziehungen habe es seit Bestehen des Bundes in dieser Form nicht gegeben.« Der Beschluß, Stolpe und Ziegler zu entsenden, fand vier Ja-Stimmen und eine Gegenstimme. Vgl. Protokoll Leich-Ziegler-Kupas vom 12.10.1989 über die Sondersitzung des Vorstands am 7.10.1989 in Berlin, EZA Berlin, 101/93/753.
1016 Dieser Beschluß wurde mit neun Ja-Stimmen, sechs Gegenstimmen und fünf Enthaltungen gefaßt. Vgl. Protokoll Leich-Ziegler-Ritter vom 12.10.1989 der 127. Tagung der Konferenz der Evangelischen Kirchenleitungen in der DDR am 6./7.10.1989 in Berlin, EZA Berlin, 101/93/744.
1017 Vgl. Protokoll Leich-Ziegler-Zeddies vom 24.10.1989 der 227. Sitzung des Vorstands am 18.10.1989 in Berlin, EZA Berlin, 101/93/753.
1018 Vgl. RdB Leipzig, Stellvertreter des Vorsitzenden des Rates für Inneres, Informationsbericht Juli-August vom 5.9.1989, BA, Abt. Potsdam, O-4, 1117; auch in Ch. Dietrich/U. Schwabe (Hgg.), Freunde und Feinde, 382-384; vgl. dort auch die Information der ZAIG des MfS vom 4.9.1989, 384 f. Vgl. auch Protokoll Leich-Ziegler-Pahnke vom 13.9.1989 der 126. Tagung der Konferenz der Evangelischen Kirchenleitungen in der DDR am 1./2.9.1989:»Die regelmäßigen Andachten (Friedensandachten) in der Nikolaikirche finden wieder statt.« EZA Berlin, 101/93/744.
1019 Leipzigs Superintendent Magirius soll im September 1989 eindeutig erklärt haben: »Mit dem, was auf der Straße ablaufen werde, könne man sich nicht identifizieren. Hier warte man auf ein Zeichen vom Staat. Innerhalb der Kirche nehme man die volle Verantwortung wahr.« RdB Leipzig, Stellvertreter des Vorsitzenden des Rates für Inneres, Informationsbericht Juli-August vom 5.9.1989, BA, Abt. Potsdam, O-4, 1117; auch in Ch. Dietrich/U. Schwabe (Hgg.), Freunde und Feinde, 382-384. Vgl. auch Diensthabender des ZK der SED, Vermerk Brückner vom 12.9.1989 über Information des Leiters der Abt. f. Sicherheitsfragen der BL Leipzig, Gen. Reinhard, am 11.9.1989, um 19.25 Uhr: »Am Montagsgebet am 11.9.1989, um 17.45 Uhr, haben in der Nikolaikirche in Leipzig ca. 1 000 Personen teilgenommen. Während des Gebets wurde die VP tätig, um schaulustige Gruppen aufzulösen. Nach 17.45 Uhr verblieben ca. 600 Personen auf dem Kirchhof. Nach mehrfacher Aufforderung, den Platz zu räumen, handelten Kräfte der Schutz- und Sicherheitsorgane durch Auflösungen, Räumketten, einschließlich Versperrung festgelegter Straßen. Durch besonnenes Verhalten der Einsatzkräfte reduzierte sich die Anzahl auf ca. 50 Personen. Erneuten Aufforderungen, den Platz zu räumen, wurde nicht Folge geleistet. Danach erfolgte die Räumung des Hofes. Es wurden Zuführungen notwendig. Demonstrative Transparente traten nicht in Erscheinung. Restliche Gruppen in der Ritterstraße wurden aufgelöst. Zum Schutz der Sicherheitskräfte wurden Hundeführer eingesetzt. In einem FS an das ZK werden weitere Informationen gegeben.« SAPMO-BA ZPA IV B2/14/21; vgl. auch Ch. Dietrich/U. Schwabe (Hgg.), Freunde und Feinde, 385-395. Zwei Wochen später hieß es: »Am 25.9.1989 fand in der Zeit von 17.00 bis 17.55 Uhr in Leipzig das sogenannte Montagsgebet in der Nikolaikirche Leipzig mit etwa 2 000 Teilnehmern in der Kirche und 1 000 Personen auf dem Kirchenvorplatz statt. In der Kirche sollen u. a. Maßre-

geln erteilt worden sein, wie sich die Teilnehmer im Falle einer Zuführung durch die Sicherheitskräfte zu verhalten haben. Nach Beendigung des Gebetes haben sich die insgesamt etwa 3 000 Personen versammelt und in Sprechchören nach Freiheit, Gleichheit, Brüderlichkeit und nach anderen Losungen gerufen. Anschließend setzte sich das Teilnehmerfeld in Richtung Karl-Marx-Platz und Hauptbahnhof in Bewegung. Etwa 300-500 Personen werden als aktiv handelnder Teil geschätzt. Die hohe Anzahl der Beteiligten soll die Einhaltung der Sicherungsmaßnahmen erschwert haben. [...] Ergänzung: DH des Ministerrates, Gen. Göbel, informierte um 23.20 Uhr in gleicher Angelegenheit mit der Ergänzung, daß etwa 1 000 Personen in die Westhalle des Hauptbahnhofes eingedrungen sind, Verkehrsstörungen entstanden und durch die Volkspolizei sechs Zuführungen vorgenommen wurden.« Diensthabender des ZK der SED, Vermerk Tunger vom 26.9.1989 über Information des DH der BL Leipzig, Gen. Reinhard, vom 25.9.1989, 19.10 Uhr, SAPMO-BA ZPA IV B2/14/21. Auch abgedruckt bei Ch. Dietrich/U. Schwabe (Hgg.), Freunde und Feinde, 422 f.; vgl. auch a.a.O., 423 f. Am 28.9.1989 kam es zu einem Vier-Augen-Gespräch zwischen Löffler und Hempel. Vgl. Protokoll Leich-Ziegler-Ritter vom 12.10.1989 der 127. Tagung der Konferenz der Evangelischen Kirchenleitungen in der DDR am 6./7.10.1989 in Berlin, EZA Berlin, 101/93/744. Zum Gesprächsverlauf vgl. MfS-Information vom 2.10.1989, in: Ch. Dietrich/U. Schwabe (Hgg.), Freunde und Feinde, 432 f.

1020 Vgl. G. Rein, Die protestantische Revolution, 205 f. Vgl. auch Fernschreiben H. Hakkenberg, 2. Sekretär der SED-BL Leipzig, an Honecker vom 3.10.1989, in: Ch. Dietrich/U. Schwabe (Hgg.), Freunde und Feinde, 437-440; vgl. auch den dort abgedruckten Polizeibericht vom 2.10.1989, a.a.O., 442 f.

1021 Vgl. Protokoll Leich-Ziegler-Ritter vom 12.10.1989 der 127. Tagung der Konferenz der Evangelischen Kirchenleitungen in der DDR am 6./7.10.1989 in Berlin, EZA Berlin, 101/93/744.

1022 Vgl. G. Rein, Die protestantische Revolution, 205 f. Vgl. KiS 5/89, 220.

1023 Vgl. Diensthabender des ZK der SED, Information Rettig vom 4.10.1989 über Anruf Manfred Hoffmann am 3.10.1989, SAPMO-BA ZPA IV B2/14/21.

1024 Vgl. Diensthabender des ZK der SED, Information Gatzemann vom 5.10.1989 über einen erneuten Anruf des Gen. Hoffmann um 19.07 Uhr, a.a.O.

1025 Diensthabender des ZK der SED, Bericht Brückner vom 6.10.1989 über einen telefonischen Anruf des Gen. Hoffmann vom Prenzlauer Berg am 5.10.1989, 19.45 Uhr, a.a.O.

1026 Vgl. Protokoll Leich-Ziegler-Ritter vom 12.10.1989 der 127. Tagung der Konferenz der Evangelischen Kirchenleitungen in der DDR am 6./7.10.1989 in Berlin, EZA Berlin, 101/93/744.

1027 Verabschiedet wurde die Erklärung am 4.10.1989 in Leipzig. Vgl. Rat des Stadtbezirkes Berlin-Lichtenberg, Inneres, Information Pletl vom 6.10.1989 über die Zukunftswerkstatt zum Thema: Wie weiter nun DDR?, in der Erlösergemeinde Nöldnerstr. am 6.10.1989, BA, Abt. Potsdam, O-4, 1130.

1028 Vgl. ebd. Die Resolution der Zukunftswerkstadt ist abgedruckt in KiS 5/89, 194.

1029 Protokoll Leich-Ziegler-Ritter vom 12.10.1989 der 127. Tagung der Konferenz der Evangelischen Kirchenleitungen in der DDR am 6./7.10.1989 in Berlin, EZA Berlin, 101/93/744.

1030 Vgl. epd-Dok 47/89.

1031 Schreiben Berger an Löffler vom 9.10.1989, BA, Abt. Potsdam, O-4, 1010.

1032 Schreiben vom 12.10.1989, a.a.O.

1033 Information vom 9.10.1989, SAPMO-BA ZPA IV B2/14//71. Vgl. hierzu auch das Interview mit Christof Ziemer, in: G. Rein, Die protestantische Revolution, 229-237, insbes. 232 ff.

1034 Vgl. Information vom 9.10.1989, SAPMO-BA ZPA IV B2/14//71.

1035 Vgl. RdB Leipzig, Kirchenfragen, Information Müller über ein Gespräch des Stellvertreters des Vorsitzenden des RdB für Inneres mit Landesbischof Dr. Hempel und

OLKR Auerbach am 9.10.1989, BA, Abt. Potsdam, O-4, 1117. Auch abgedruckt bei Ch. Dietrich/U. Schwabe (Hgg.), Freunde und Feinde, 453-455.

1036 Vgl. SED-BL Dresden, Abteilung Staat und Recht, Information Abteilungsleiter Graff an Modrow vom 9.10.1989, PDS-Archiv Dresden, AR 14087.

1037 Vgl. ebd.

1038 Vgl. Vermerk Löffler vom 10.10.1989 über Gespräch mit dem Stellvertreter des Vorsitzenden für Inneres beim RdB Dresden, Fuchs, am 9.10.1989 gegen 22.30 Uhr, SAPMO-BA ZPA IV B2/14/40; auch a.a.O., IV B2/14/71.

1039 Information vom 10.10.1989, SAPMO-BA ZPA IV B2/14/71. Vgl. auch Protokoll Leich-Ziegler-Küntscher vom 2.11.1989 der Sondersitzung (127a) der Konferenz der Evangelischen Kirchenleitungen in der DDR am 1.11.1989: Die Gruppe der 20 »ist vom Oberbürgermeister der Stadt anerkannt worden und verfügt jetzt über ein eigenes Büro; ihre Mitglieder werden für ihre Tätigkeit von der Arbeit freigestellt«. EZA Berlin, 101/93/744.

1040 Information über ein Gespräch des Stellvertreters des Oberbürgermeisters für Inneres, Gen. Hoffmann, mit Konsistorialpräsident M. Stolpe und Generalsuperintendent Dr. G. Krusche am 9.10.1989, BA, Abt. Potsdam, O-4, 974; auch SAPMO-BA ZPA IV B2/14/44.

1041 Erklärung vom 9.10.1989, Anlage zu ebd.

1042 Vermerk Jakel vom 6.10.1989 über das Gespräch des Vorsitzenden des RdB Leipzig, Genossen Rolf Opitz, mit dem Landesbischof der Ev.-Lutherischen Landeskirche Sachsens, Dr. Hempel, am 5.10.1989, BA, Abt. Potsdam, O-4, 1117. Abgedruckt in: Ch. Dietrich/U. Schwabe (Hgg.), Freunde und Feinde, 447-449. Kirchliches Protokoll J. Richter in: Ch. Kaufmann u. a. (Hgg.), Sorget nicht, was ihr reden werdet, 281-286.

1043 RdB Leipzig, Kirchenfragen, Information Müller über ein Gespräch des Stellvertreters des Vorsitzenden des RdB für Inneres mit Landesbischof Dr. Hempel und OLKR Auerbach am 9.10.1989, BA, Abt. Potsdam, O-4, 1117.

1044 Vgl. G. Rein, Die protestantische Revolution, 207.

1045 Das Friedensgebet fand jedoch nur in vier Kirchen statt. Vgl. G. Rein, a.a.O., und RdB Leipzig, Stellvertreter des Vorsitzenden für Inneres, Reitmann, 2-Monatsbericht des Bereiches Staatspolitik in Kirchenfragen September/Oktober 1989 vom 7.11.1989, BA, Abt. Potsdam, O-4, 1117. Vgl. auch Ch. Dietrich/U. Schwabe (Hgg.), Freunde und Feinde, 460 f.

1046 Nach einem Bericht Buschmanns, Sekretär der SED-Stadtleitung Leipzig, »forderte [Hempel] alle auf, nicht hastig, aber zügig nach Hause zu gehen.« Ch. Dietrich/U. Schwabe (Hgg.), Freunde und Feinde, 458-460, hier: 459. Vgl. hingegen den Wortlaut der Ansprache, der diesen Satz nicht wiedergibt, in: G. Hanisch u. a. (Hgg.), Dona nobis pacem, 51 f.

1047 Staatssekretär für Kirchenfragen, Vermerk Löffler vom 10.10.1989 über Telefonat mit dem Vorsitzenden des RdB Leipzig, Rolf Opitz, SAPMO-BA ZPA IV B2/14/71. Auch in: Ch. Dietrich/U. Schwabe (Hgg.), Freunde und Feinde, 461 f., hier: 462.

1048 Vgl. auch Vermerk Moormann, Sekretariat Staatssekretär über Anruf von Konsistorialpräsident Stolpe am 12.10.1989, 8.00 Uhr: »Möchte offiziell mitteilen und um Weiterleitung bitten: ›Wir bedauern, daß es am Montag nicht möglich war, zu vermeiden, daß diese Aktion auf der Strasse passiert ist. Wir danken für die Haltung der Staatsorgane, und zwar 1. dafür, daß man in der Gesamtstrategie sehr zurückhaltend vorgegangen ist, und 2. wir beurteilen den Einsatz der Sicherungskräfte nicht negativ, sondern die übereinstimmenden Berichte der Pfarrer, die dabei gewesen sind, sagen, daß Zurückhaltung und Absprachen möglich waren, um die Dinge nicht eskalieren zu lassen. Die Hektik ist durch die Medien entstanden. Das ist die Einschätzung hier, die in allen innerkirchlichen Gremien vertreten wird. Auf dieser Grundlage arbeiten sie jetzt weiter.« BA, Abt. Potsdam, O-4, 974.

1049 Aktenvermerk über ein Telefongespräch Mußler mit Generalsuperintendent Dr. Krusche am 10.10.1989, 15.30 Uhr, SAPMO-BA ZPA IV B2/14/44.

1050 Information über politisch relevante kirchliche Veranstaltungen am 10.10.1989 in der Hauptstadt, a.a.O.
1051 Schreiben Krack an Schabowski vom 11.10.1989, BA, Abt. Potsdam, O-4, 974.
1052 In Leipzig fand am 13.10.1989 ein Gespräch mit Pfarrern und Basisgruppenvertretern im Neuen Rathaus statt. Vgl. RdB Leipzig, Kirchenfragen, Niederschrift A. Müller vom 14.10.1989 zum Gespräch des Stellvertreters des Vorsitzenden des Rates für Inneres mit Vertretern von kirchlichen Gruppen der Stadt Leipzig am 13.10.1989, BA, Abt. Potsdam, O-4, 1117; Kirchliche Niederschrift Auerbach in: Ch. Kaufmann u. a. (Hgg.), Sorget nicht, was ihr reden werdet, 290-293. Da zu viel Gruppenmitglieder erschienen waren, nahmen Magirius und Auerbach eine Sortierung vor. Somit konnte auch ein Vertreter der CFK an der Unterredung teilnehmen. Vor Beginn der Veranstaltung hatte Magirius ein an die Nikolaikirche geheftetes Plakat entfernt, das zum Boykott des Dialogs aufrief. Abschließend wertete der Staat: »Insgesamt verlief das Gespräch in den erwarteten Bahnen. Meinungen und Standpunkte wurden zum Teil sachlich, aber auch konfrontativ vorgetragen. Es bestand ein Konsens darüber, daß es im Dialog letztendlich um die Weiterentwicklung und Vervollkommnung der sozialistischen Gesellschaft geht.« Ebd. Vgl. auch RdB Leipzig, Kirchenfragen, Niederschrift vom 27.10.1989 zum Gespräch des Vorsitzenden des RdB Leipzig mit einem ausgewählten Kreis von kirchlichen Amtsträgern, Pfarrern, Theologen und Synodalen des Bezirkes am 26.10.1989, BA, Abt. Potsdam, O-4, 1117; Kirchliche Niederschrift J. Richter in: Ch. Kaufmann u. a. (Hgg.), Sorget nicht, was ihr reden werdet, 297-303.
1053 Information über ein Gespräch des Stellvertreters des Oberbürgermeisters für Inneres, Genossen Günter Hoffmann, mit dem Generalsuperintendenten, Dr. Günter Krusche, am 16.10.1989, BA, Abt. Potsdam, O-4, 974.
1054 Vgl. auch Schreiben Stolpe vom 1.11.1989 an Präsidium der Volkspolizei Berlin, Der Präsident, Betr.: Aufhebung von Ordnungsstrafverfügungen, BA, Abt. Potsdam, O-4, 1200.
1055 Vgl. Schreiben Krusche an Stadtrat Günter Hoffmann, Stellvertreter des Oberbürgermeisters für Innere Angelegenheiten, vom 17.10.1989, BA, Abt. Potsdam, O-4, 974.
1056 Information Meubrink-Röfke vom 16.10.1989 zum Gemeindeseminar anläßlich des 40jährigen Bestehens der Niederländisch Ökumenischen Gemeinde in der DDR (NÖG) vom 14.-15.10.1989 in der Französischen Friedrichstadtkirche, a.a.O.
1057 Vgl. E. Krenz, Wenn Mauern fallen, 209 f.
1058 Vgl. Politbürobeschluß vom 10./11.10.1989, Punkt 8: »Einer internen Zusammenkunft des Generalsekretärs des ZK der SED und Vorsitzenden des Staatsrates der DDR, Genossen Erich Honecker, mit Bischof Dr. Leich in Hubertusstock wird zugestimmt. Die Genossen W. Jarowinsky und K. Löffler werden beauftragt, eine Gesprächskonzeption vorzubereiten.« SAPMO-BA ZPA J IV 2/2/2351. Nach dem Sturz Honeckers wurde der Termin beibehalten. Vgl. Politbürobeschluß vom 18.10.1989, Punkt 2.4., SAPMO-BA ZPA J IV 2/2/2353. Vgl. auch Protokoll Leich-Ziegler-Zeddies vom 24.10.1989 der 227. Sitzung des Vorstands am 18.10.1989 in Berlin: »Dr. Leich informiert, daß der Vorsitzende des Staatsrates die Anregung, durch ein vertrauliches Gespräch im kleinen Kreis den Dialog zwischen Staat und Kirche wieder zu beleben, aufgegriffen hat. Das Gespräch sei für den 19. Oktober vorgesehen. Der Vorstand berät eingehend, ob angesichts der veränderten Situation dies zum gegenwärtigen Zeitpunkt sinnvoll ist, zumal die Vertraulichkeit schon vorab nicht mehr gewährleistet erscheint.« Der politische Wechsel änderte jedoch die Diskussionslage: »In seiner Sitzung wird der Vorstand vom Wechsel im Amt des SED-Generalsekretärs unterrichtet. Ihm wird zugleich der Wunsch von Krenz übermittelt, daß das Gespräch zu dem vorhergesehenen Termin zustandekommen möchte. Der Vorstand *beschließt* daraufhin, daß das von dem neuen Generalsekretär und Stellvertreter des Staatsratsvorsitzenden angebotene Gespräch durch Dr. Leich, Dr. Demke, Stolpe und Ziegler wahrgenommen wird. Die inhaltliche Vorbereitung erfolgt am 18.10. abends. [...] Es besteht Einver-

nehmen, daß die [polizeilichen] Übergriffe auch bei dem Gespräch mit Krenz zur Sprache gebracht werden müssen.« EZA Berlin, 101/93/753.

1059 Anfang November stellte die KKL fest, Demonstrationen würden nun auch »teilweise von Randalierern gestört«. Protokoll Leich-Ziegler-Küntscher vom 2.11.1989 der Sondersitzung (127a) der Konferenz der Evangelischen Kirchenleitungen in der DDR am 1.11.1989, EZA Berlin, 101/93/744.

1060 Niederschrift Frank-Joachim Herrmann über das Gespräch des Generalsekretärs des ZK der SED, Egon Krenz, Stellvertreter des Vorsitzenden des Staatsrates der DDR, mit dem Vorsitzenden der Konferenz der Evangelischen Kirchenleitungen in der DDR, Landesbischof Dr. Werner Leich, am 19. Oktober 1989 in Hubertusstock, SAPMO-BA ZPA IV B2/14/44; auch LPA Halle, IV F-2/14/370.

1061 Vgl. Schreiben Ziegler an Löffler vom 20.10.1989, BA, Abt. Potsdam, O-4, 972. Die Schnellinformation ist abgedruckt in epd-Dok 47a/89, 1ff.

1062 Vgl. G. Schabowski, Der Absturz, 274 ff.

1063 Niederschrift über ein Gespräch des Genossen Günter Schabowski mit Konsistorialpräsident Stolpe und Oberkonsistorialrat Pettelkau am 25.10.1989, BA, Abt. Potsdam, O-4, 1130; auch SAPMO-BA ZPA IV B2/14/71.

1064 Bericht zur kirchenpolitischen Situation in Berlin, Hauptstadt der DDR, für die Monate September und Oktober 1989, BA, Abt. Potsdam, O-4, 1130. Vgl. auch RdB Leipzig, Stellvertreter des Vorsitzenden für Inneres, Reitmann, Zwei-Monatsbericht des Bereiches Staatspolitik in Kirchenfragen September/Oktober 1989 vom 7.11.1989: »Bei den Pfarrern und Amtsträgern ist ein deutlich gewachsenes Selbstwertgefühl zu erkennen. Der neuen Politik der Wende stehen sie nicht mit Euphorie, sondern mit kritischer Hoffnung gegenüber. Auch die Wahl Egon Krenz' zum Staatsratsvorsitzenden, vor allem die Tatsache, daß er alle drei Funktionen übernommen hat, wird von den meisten Pfarrern nicht begrüßt.« BA, Abt. Potsdam, O-4, 1117.

1065 Information zum Inhalt der Herbsttagung der 22. Synode der Ev.-Luth. Landeskirche Sachsens an den ersten Verhandlungstagen (20.-22.10.1989), PDS-Archiv Dresden, AR 14100.

1066 Berlin, den 26.10.1989, Konzeption der weiteren Arbeit mit den evangelischen Kirchen in der DDR in den 90er Jahren, BA, Abt. Potsdam, O-4, 1220.

1067 Gen. Kraußer persönlich am 27.10.1989 an Abt. Sicherheitsfragen weitergeleitet, Zuarbeit vom 27.10.1989 für den Bericht an die 10. Tagung des Zentralkomitees, SAPMO-BA ZPA IV B2/14/5.

1068 Vermerk Stephan vom 4.11.1989 über das Informationsgespräch von Mitgliedern des Präsidiums der Synode der Evangelisch-Lutherischen Kirche in Thüringen mit staatlichen Vertretern am 4.11.1989 in Eisenach, Haus Hainstein, Teilnehmer: Oberkirchenrat Martin Kirchner, Kirchenrat Müller, Superintendent Zunckel, Synodaler Jagusch, Genosse Jordan, Genosse Stephan, BA, Abt. Potsdam, O-4, 1220; auch a.a.O., O-4, 1480; SAPMO-BA ZPA IV B2/14/99.

1069 Schreiben Stier an Ziegler vom 14.11.1989, Betr.: Gespräch mit dem RdB Rostock am 9.11.1989, EZA Berlin, 101/93/26.

1070 Zum Abschluß der KKL-Vorstandssitzung im Juni 1988 dankte Stolpe der Oberkirchenrätin »für ihre 30jährige engagierte Mitarbeit in EKD und Bund«. Vgl. Protokoll Leich-Ziegler-Lewek vom 21.6.1988 über die 211. Sitzung des Vorstands am 15.6.1988 in Berlin, EZA Berlin, 101/93/750. Zum Ausscheiden aus dem aktiven Dienst schenkte ihr der BEK eine Kühltruhe. Vgl. Vermerk Ziegler vom 3.6.1988 über das Gespräch zwischen den leitenden Geistlichen und den Leitern der zentralen gliedkirchlichen Verwaltungsdienststellen am 1.6.1988, 13.00 bis 16.45 Uhr, in Berlin, Auguststr. 80, EZA Berlin, 101/93/775.

1071 Staatssekretär für Kirchenfragen, 1.11.1989, Schlußfolgerungen Kurt Löffler vom 1.12.1989 für Maßnahmen zur Realisierung der Vorschläge aus der Begegnung des Generalsekretärs des ZK der SED mit dem Vorsitzenden der Konferenz der Evangeli-

887

schen Kirchenleitungen in der DDR in Hubertusstock am 19.10.1989, SAPMO-BA ZPA IV B2/14/44.
1072 Schreiben Ziegler an Löffler vom 23.10.1989, BA, Abt. Potsdam, O-4, 972.
1073 SED-Hausmitteilung, Arbeitsgruppe Kirchenfragen, Peter Kraußer, an Wolfgang Herger vom 10.11.1989, SAPMO-BA ZPA IV B2/14/37.
1074 Vgl. Randvermerk zu SED-Hausmitteilung, Arbeitsgruppe Kirchenfragen, Peter Kraußer, an Wolfgang Herger vom 10.11.1989, a.a.O. Vgl. »Hoffnung, Dialog, Konsens«, Interview mit M. Stolpe, in: ND vom 11.11.1989.
1075 Protokoll Leich-Ziegler-Küntscher vom 2.11.1989 der Sondersitzung (127a) der Konferenz der Evangelischen Kirchenleitungen in der DDR am 1.11.1989, EZA Berlin, 101/93/744.
1076 Ebd.
1077 Abgedruckt in epd-Dok 48/89, 1 f.
1078 Vgl. Bad Krozingen 1989. Bericht über die 6. Tagung der 7. Synode der EKD, Hannover 1989.
1079 Protokoll Leich-Ziegler-Hohmann vom 21.11.1989 der 128. Tagung der Konferenz der Evangelischen Kirchenleitungen in der DDR am 10./11.11.1989 in Berlin, EZA Berlin, 101/93/744.
1080 Abgedruckt in: Zwischen Anpassung und Verweigerung, 395 f.
1081 Vgl. auch Schreiben Ziegler an den Ministerrat der DDR vom 17.11.1989 betr. Reisegesetz, EZA Berlin, 101/93/2. Auch in: Zwischen Anpassung und Verweigerung, 396 f. Die KKL forderte auf der gleichen Sitzung, daß nunmehr auch Einreisen in die DDR erleichtert werden sollten. Vgl. Protokoll Leich-Ziegler-Hohmann vom 21.11.1989 der 128. Tagung der Konferenz der Evangelischen Kirchenleitungen in der DDR am 10./11.11.1989 in Berlin, EZA Berlin, 101/93/744. Vgl. auch Schreiben Ziegler an Ministerrat vom 17.11.1989 betr. Regelung von Einreisen in die Deutsche Demokratische Republik, EZA Berlin, 101/93/2; auch in: Zwischen Anpassung und Verweigerung, 397 f.
1082 Protokoll Leich-Ziegler-Hohmann vom 21.11.1989 der 128. Tagung der Konferenz der Ev. Kirchenleitungen in der DDR am 10./11.11.1989 in Berlin, EZA Berlin, 101/93/744.
1083 Vgl. RdB Rostock, Stellvertreter des Vorsitzenden für Inneres, Aktenvermerk Haß vom 2.3.1987 über das Gespräch des Stellvertreters des Vorsitzenden des Rates des Bezirkes für Inneres, Gen. Haß, mit Bischof Dr. Gienke am 23.2.1987, BA, Abt. Potsdam, O-4, 1474.
1084 Vgl. Schreiben Präses Affeld an die Kirchengemeinden, Werke, Ausbildungsstätten und Einrichtungen unserer Landeskirche vom 6.11.1989. Affeld teilte weiter mit, Gienke habe seinen Urlaub eingereicht. EZA Berlin, 101/93/917. Vgl. auch Schreiben Gienke an BEK vom 20.11.1989: »Zugleich im Namen der Kirchenleitung möchte ich Ihnen mitteilen, daß ich der Kirchenleitung am 13. November 1989 meinen Rücktritt vom Amt des Bischofs der Evangelischen Landeskirche Greifswald erklärt habe.« Vgl. ebenso Schreiben Gienke im November 1989 an die Gemeindeglieder und Mitarbeiter der Evangelischen Landeskirche Greifswald. Hier fragte der Altbischof: »Wie gehen wir in der Gemeinde Jesu miteinander um, wenn wir verschiedene Ansichten haben? Läßt sich in der Nachfolge Jesu Vertrauen einseitig entziehen, ohne neue Gemeinschaft zu suchen? Erliegen wir wieder der Gefahr, aktuelles politisches Verhalten spontan für die Kirche zu übernehmen? Wie bezeugen und predigen wir die Versöhnung, wenn sie unter uns nicht gelebt wird?« Ebd. Vgl. KiS 6/89, 275.
1085 Vgl. Protokoll Leich-Ziegler-Hohmann vom 21.11.1989 der 128. Tagung der Konferenz der Evangelischen Kirchenleitungen in der DDR am 10./11.11.1989 in Berlin, EZA Berlin, 101/93/744.
1086 Evangelische Landeskirche Greifswald, 6. Tagung der VIII. Landessynode vom 2.-5. November 1989 in Züssow, Bericht der Kirchenleitung, SAPMO-BA ZPA IV B2/14/132. Der KKL-Vorstand hatte die Teilnahme eines KKL-Mitgliedes an der Synodaltagung für wünschenswert gehalten. Vgl. Protokoll Leich-Ziegler-Kupas vom

21.9.1989 über die 226. Sitzung des Vorstands am 15.9.1989 in Eisenach, Haus Hainstein, EZA Berlin, 101/93/753.
1087 Vgl. Protokoll Leich-Ziegler-Ritter vom 12.10.1989 der 127. Tagung der Konferenz der Evangelischen Kirchenleitungen in der DDR am 6./7.10.1989 in Berlin, EZA Berlin, 101/93/744.
1088 Vgl. Protokoll Leich-Ziegler-Hohmann vom 13.12.1989 der 129. Sitzung der Konferenz der Evangelischen Kirchenleitungen in der DDR am 8.12.1989 in Berlin, EZA Berlin, 101/93/744. Die Greifswalder Kirchenleitung beschloß auf ihrer Sitzung am 24.11.1989, unverzüglich die Neuwahl des Bischofs anzugehen. In das Bischofswahlkollegium, das am 20.1.1990 erstmals tagte, delegierte der KKL-Vorstand Bischof Forck. Vgl. Protokoll Leich-Ziegler-Kupas vom 18.12.1989 über die 229. Sitzung des Vorstands am 14.12.1989 in Eisenach, EZA Berlin, 101/93/753.
1089 Siehe zu Harder und Plath Krone/Schult, T. Krone/R. Schult (Hgg.), Seid untertan der Obrigkeit, 8-17; 53-74. Vgl. auch die von Hohmann unterzeichnete Tischvorlage des Ausschusses »Kirche und Gesellschaft« an die Sondersitzung der KKL am 8.12.1989: »Systemkritik darf nicht durch das Präsentieren von ›Sündenböcken‹ verhindert werden.« EZA Berlin, 101/93/744. Der DDR-Bischofskonvent lud Gienke nochmals zu einer Sitzung ein, um den Kollegen zu verabschieden. Dieser Einladung kam der Altbischof denn auch nach. Vgl. Protokoll Leich-Ziegler-Brinkel vom 29.1.1990 der 130. Tagung der Konferenz der Evangelischen Kirchenleitungen in der DDR am 12./13.1.1990 in Berlin, EZA Berlin, 101/93/745. Vgl. auch Protokoll Leich-Ziegler-Doyé vom 26.2.1990 über die 231. Sitzung des Vorstands am 21.2.1990 in Berlin: »1.12. Verabschiedung von Dr. Gienke am 6. März 1990: Ziegler informiert, daß eine Verabschiedung bei dem Treffen der Leiter der EKU am 6. März erfolgen soll. Es ist vorzusehen, daß bei dieser Gelegenheit auch ein Vertreter des Bundes das Wort nehmen kann. Dies sollte ein Mitglied des neuen Vorstandes sein.« EZA Berlin, 101/93/754.
1090 Schreiben Leich an Modrow vom 14.11.1989, BA, Abt. Potsdam, O-4, 1083.
1091 Vgl. HAL/OLZ, Berlin, den 15.11.1989, Überlegungen zur Präzisierung des Informationssystems, BA, Abt. Potsdam, O-4, 1220.
1092 Für den kirchenpolitischen Teil erfuhr der Ministerpräsident Zuarbeit aus dem Staatssekretariat für Kirchenfragen. Vgl. BA, Abt. Potsdam, O-4, 1096; vgl. auch Zur Rede in der Volkskammer, 15.11.1989 an Genossen Herger, SAPMO-BA ZPA IV B2/14/159.
1093 Vgl. H. Müller (Hg.), Wider die Resignation der Linken.
1094 Maßnahmen, die sich aus dem Aktionsprogramm auf kirchenpolitischem Gebiet ergeben, SAPMO-BA ZPA IV B2/14/57. Die Datierung des Papiers ergibt sich daraus, daß es auf die »Regierungserklärung des Vorsitzenden des Ministerrates der DDR« Bezug nimmt.
1095 Schreiben Löffler an Stolpe vom 15.11.1989, BA, Abt. Potsdam, O-4, 2715. Zu Stolpes Ehrenpromotion in Greifswald vgl. G. Besier, Der SED-Staat und die Kirche 1969-1990. Die Vision vom »Dritten Weg«, 579-581.
1096 Protokoll Leich-Ziegler-Doyé vom 20.11.1989 über die 228. Sitzung des Vorstands am 16.11.1989 in Berlin, EZA Berlin, 101/93/753.
1097 Schreiben Ziegler an de Maizière vom 20.11.1989, BA, Abt. Potsdam, O-4, 1083.
1098 Vgl. auch Protokoll Riese vom 25.1.1990 der 27. Sitzung des Präsidiums der Synode des Bundes der Ev. Kirchen am 8.12.1989 in Berlin: »In seiner Mitarbeit im Ministerrat gewinnt er [de Maizière] zunehmend den Eindruck, daß die Regierung zum Organ des Krisenmanagements wird, daß ihre Arbeit deutlich beeinträchtigt ist von der Krise in der SED, der Tätigkeit von Schalck-Golodkowski, von Korruption und Amtsmißbrauch der vorherigen Regierungsvertreter. Er informiert über Schwierigkeiten, für 1990 einen Haushaltsplan zu erstellen. Er teilt seine Eindrücke und Beobachtungen vom Runden Tisch mit und unterstreicht dabei die besonders wichtige Funktion der Kirchen als Moderatoren an diesem Tisch.« EZA Berlin, 101/93/714.
1099 Vgl. auch ebd.: »Im Blick auf das von ihm übernommene Regierungsamt informiert

er [de Maizière] über die notwendigen Veränderungen im Amt für Kirchenfragen, das deutlich reduziert werden muß, um vom kirchlichen Dirigismus abzurücken. Er informiert über mögliche Strukturen und Aufgaben dieses Amtes und personelle Konsequenzen, die aus seiner Sicht notwendig sind.«

1100 Am 31.10.1989 hatte der damalige stellvertretende CDU-Vorsitzende Wolfgang Heyl in einem Schreiben an Leich dem BEK verstärkte Kooperation angeboten. Vgl. EZA Berlin, 101/93/759.

1101 Vgl. auch Protokoll Riese vom 25.1.1990 der 27. Sitzung des Präsidiums der Synode des Bundes der Ev. Kirchen am 8.12.1989 in Berlin: »Aus seiner [de Maizières] Sicht ist es zweifelhaft, ob man in dieser Situation mit Aussicht auf Erfolg Gutes tun kann. Dabei geht er vor allem auf den Zustand der CDU als Kaderpartei ein, vor allem [auf] die vorhandene große Kluft zwischen Parteibasis und Parteileitung.« EZA Berlin, 101/93/714. Er kündigte an, im Januar 1990 sein Amt im Synodalpräsidium niederzulegen. Cynkiewicz bat den CDU-Vorsitzenden um Prüfung, ob er, sollte er in der Regierung bleiben, auch weiterhin der Synode angehören wolle. Vgl. ebd.

1102 Protokoll Leich-Ziegler-Hohmann vom 13.12.1989 der 129. Sitzung der Konferenz der Evangelischen Kirchenleitungen in der DDR am 8.12.1989 in Berlin, EZA Berlin, 101/93/744.

1103 SED-Hausmitteilung, Arbeitsgruppe Kirchenfragen, Kraußer, an Herger vom 27.11.1989, SAPMO-BA ZPA IV B2/14/23.

1104 Für unser Land, Berlin, den 26.11.1989, zit. nach ND vom 29.11.1989.

1105 Ebd.

1106 Vgl. auch die von Hohmann unterzeichnete Tischvorlage des Ausschusses »Kirche und Gesellschaft« an die Sondersitzung der KKL am 8.12.1989, EZA Berlin, 101/93/744.

1107 An Stolpe waren in diesen Tagen mehrere Anfragen gerichtet worden, ob er bereit sei, ein Regierungsamt zu übernehmen. Vgl. Niederschrift Kramer-Küntscher vom 7.12.1989 über die Sitzung der Leiter der zentralen gliedkirchlichen Verwaltungsdienststellen des Bundes am 30.11.1989 in Berlin, EZA Berlin, 101/93/776.

1108 Vgl. auch Abt. II, Information Wilke vom 6.11.1989 zur Tagung der Evangelischen Landessynode der Evangelischen Landeskirche Anhalts vom 3.-5.11.1989 in Dessau: »Zum weiteren Weg der Kirche betonte Natho, daß die Trennung von Staat und Kirche aufrechtzuerhalten sei. Für die Kirche bedeute das Kontinuität. Sie habe keine Wende nötig. Er sei dagegen, daß alte politisch Verantwortliche aus ihrer Verantwortung entlassen werden. Man sollte sie moralisch, nicht juristisch zur Verantwortung ziehen. Er sehe die Gefahr des Chaos. – Vorsitzender des Ausschusses ›Kirche und Gesellschaft‹, Kreisoberpfarrer Franke: Man solle die DDR nicht aus den Angeln heben. Der Sozialismus solle reformiert, nicht abgeschafft werden. Man solle dabei nicht zu schnell vorgehen und aus Fehlern in der Sowjetunion, Polen und Ungarn lernen.« SAPMO-BA ZPA IV B2/14/129. Franke war 1989 zum Nachfolger des verstorbenen OKR Bitzmann im Landeskirchenrat bestimmt worden. Vgl. Niederschrift Ziegler-Küntscher vom 30.3.1989 über die Besprechung der Leiter der zentralen gliedkirchlichen Verwaltungsdienststellen am 29.3.1989 in Berlin, EZA Berlin, 101/93/776. Vgl. auch Protokoll Leich-Ziegler-Grengel/Küntscher vom 22.3.1989 über die 122. Tagung der Konferenz der Evangelischen Kirchenleitungen in der DDR vom 10.-12.3.1989 in Buckow (Klausurtagung), EZA Berlin, 101/93/743.

1109 Vgl. auch Protokoll Leich-Ziegler-Kupas vom 7.12.1989 über die Sondersitzung des Vorstands am 7.12.1989, 9.45 Uhr, in Berlin: »Ziegler informiert über eine Anfrage aus dem Bereich der Sicherheitsorgane der DDR, zu einem Gespräch über die derzeitige Lage zur Verfügung zu stehen. Gewünscht sei das Gespräch mit dem Vorsitzenden der Konferenz. Der Vorstand bittet in Anbetracht der Situation und aus Kompetenzgründen Ziegler und Kupas, für dieses Gespräch zur Verfügung zu stehen.« EZA Berlin, 101/93/753.

1110 Der sächsische LKA-Präsident befand sich seit dem 4.7.1989 im Ruhestand. Vgl.

HAL/OLZ, Berlin, den 20.7.1989, Aktuelle politische Tendenzen und Entwicklungen in den Kirchen und Religionsgemeinschaften in der DDR, Leitungsinformation 4/89, BA, Abt. Potsdam, O-4, 960. Als Nachfolger Domschs waren OLKR Hofmann, Dresden, und Diplomingenieur Michael Kinze im Gespräch. Vgl. Protokoll Leich-Ziegler-Ritter vom 12.10.1989 der 127. Tagung der Konferenz der Evangelischen Kirchenleitungen in der DDR am 6./7.10.1989 in Berlin, EZA Berlin, 101/93/744. Gewählt wurde dann Hofmann, der am 4.1.1990 in sein Amt eingeführt werden sollte. Vgl. Protokoll Leich-Ziegler-Doyé vom 20.11.1989 über die 228. Sitzung des Vorstands am 16.11.1989 in Berlin, EZA Berlin, 101/93/753.

1111 Allerdings stellte er auch die Frage, warum es den westlichen Staaten nicht gelinge, »die Ökologieprobleme und die Dritte-Welt-Fragen zufriedenstellend zu lösen.« Vermerk Heidingsfeld vom 11.12.1989 über die Zusammenkunft der Beratergruppe am 7.12.1989, EZA Berlin, 4/92/22.

1112 Vgl. Demkes Gemeindebrief von Ende August 1989, in: G. Rein, Die protestantische Revolution, 193-199; Rechenschaftsbericht der Kirchenleitung an die 2. Tagung der XI. Synode der Kirchenprovinz Sachsen vom 2.-5.11.1989 in Erfurt; DAS vom 15.12.1989; Der Neue Weg/Die Union (Halle) vom 27.1.1990.

1113 Vermerk Heidingsfeld vom 11.12.1989 über die Zusammenkunft der Beratergruppe am 7.12.1989, EZA Berlin, 4/92/22.

1114 Vgl. auch Protokoll Leich-Ziegler-Küntscher vom 2.11.1989 der Sondersitzung (127a) der Konferenz der Evangelischen Kirchenleitungen in der DDR am 1.11.1989: »Ziegler teilt folgende Angebote des Staatssekretärs für Kirchenfragen mit: 6.11.1989: Gespräch mit dem Diakonischen Werk über Fragen des Gesundheitswesens und der Diakonie (u. a. auch Einsatz von Bausoldaten in Einrichtungen des Gesundheits- und Sozialwesens, um den Mitarbeitermangel nach Möglichkeit auszugleichen); 15.11.1989: Gespräch zum Thema der Volksbildung; 24.11.1989: Gespräch zur kirchlichen Studie Energie und Umwelt. Ferner sollen Sachgespräche stattfinden zu Baufragen, KSZE-Nachfolgekonferenzen Wien und Paris, allgemeine Umweltfragen.« EZA Berlin, 101/93/744. Vgl. auch Protokoll Leich-Ziegler-Hohmann vom 21.11.1989 der 128. Tagung der Konferenz der Evangelischen Kirchenleitungen in der DDR am 10./11.11.1989 in Berlin, a.a.O. Zum Gespräch zur Volksbildung vgl. Protokoll Leich-Ziegler-Doyé vom 20.11.1989 über die 228. Sitzung des Vorstands am 16.11.1989 in Berlin, EZA Berlin, 101/93/753.

1115 Vgl. auch das Einladungsschreiben des BEK-Sekretariats, in: Zwischen Anpassung und Verweigerung, 398 f.; vgl. auch Niederschrift Kramer-Küntscher vom 7.12.1989 über die Sitzung der Leiter der zentralen gliedkirchlichen Verwaltungsdienststellen des Bundes am 30.11.1989 in Berlin: »Ziegler weist auf die Sondersitzung der KKL und das bevorstehende Rundtischgespräch auf DDR-Ebene am 7.12.1989 im Bonhoeffer-Haus Berlin hin (die Kirche sollte nach Auffassung der Anwesenden eine Vermittlerrolle einnehmen; [...])«. EZA Berlin, 101/93/776. Der KKL-Vorstand stellte fest: »Der Vorstand *nimmt zunächst Kenntnis*, daß kirchlicherseits OKR Ziegler, Pastor Lange und Monsignore Ducke an dem Gespräch teilnehmen werden. Für den Fall, daß die Moderation den Kirchen übertragen wird, steht Ziegler zur Verfügung. Sollte auf ausdrückliche Bitte aller am Rundtischgespräch Beteiligten der Wunsch danach bestehen, daß Bischof Dr. Forck die Moderation übernehmen solle, erhebt der Vorstand hiergegen keine Einwände. Grundsätzlich votiert der Vorstand dahingehend, daß die Moderation für die ersten Gespräche in einer Hand bleiben solle.« Protokoll Leich-Ziegler-Kupas vom 7.12.1989 über die Sondersitzung des Vorstands am 7.12.1989, 9.45 Uhr, in Berlin, EZA Berlin, 101/93/753. Die KKL beschloß, die Moderation der Gespräche durch die Kirchen beizubehalten. Vgl. Protokoll Leich-Ziegler-Hohmann vom 13.12.1989 der 129. Sitzung der Konferenz der Evangelischen Kirchenleitungen in der DDR am 8.12.1989 in Berlin, EZA Berlin, 101/93/744.

1116 Vgl. Vermerk Heidingsfeld vom 11.12.1989 über die Zusammenkunft der Beratergruppe am 7.12.1989, EZA Berlin, 4/92/22.

1117 Ebd.
1118 Vgl. hierzu bereits Schreiben Hammer an Akademiedirektor Hans May, Loccum, vom 22.2.1989, Kopie in EZA Berlin, 4/91/774. Zunächst war die Sitzung für Mitte Dezember 1989 als Klausurtagung der Akademie Loccum geplant gewesen, »in der die ›besondere Gemeinschaft‹ unter den Auswirkungen des 2. Weltkrieges bedacht« werden sollte. Der KKL-Vorstand stimmte einer Beteiligung von BEK-Vertretern an dem Vorhaben zu. Vgl. Protokoll Leich-Ziegler-Doyé vom 1.3.1989 der 219. Sitzung des Vorstands am 23.2.1989 in Berlin, EZA Berlin, 101/93/752. Einen Monat später legte der KKL-Vorstand fest: »Sofern sich [in Gesprächen mit der EKD] ergibt, daß eine Tagung über den Rahmen einer Akademieveranstaltung hinaus sinnvoll erscheint und eine entsprechende repräsentative Beteiligung wünschenswert ist, wären angesichts zu erwartender Terminschwierigkeiten Ort und Zeitpunkt der Veranstaltung ggf. neu zu überlegen.« Protokoll Leich-Ziegler-Zeddies vom 28.3.1989 der 220. Sitzung des Vorstandes am 22.3.1989 in Berlin, a.a.O. Der Termin 15.-17.1.1990 wurde ebenso wie das Thema »Die ›besondere Gemeinschaft‹ in den letzten 40 Jahren – und wie soll es weitergehen?« im April 1989 festgelegt. Es ging darum, »Träger langjähriger Erfahrung und neue sowie potentiell künftige Verantwortungsträger auf diesem Gebiet zusammenzubringen.« Denkbar waren als Teilnehmer Leich und Kruse als Leiter, Ziegler und Otto von Campenhausen für die Organisation, die 12 Mitglieder der Konsultationsgruppe sowie Hempel, Werner Krusche, Demke, Schönherr, Stolpe, Natho, Kramer, Zeddies, Hohmann, von Keler, von Heyl, Kraske, Radatz oder Groscurth, Hammer und Heidingsfeld. Vermerk Hammer vom 15.5.1989 über die Klausurtagung der Konsultationsgruppe vom 9.-12.4.1989 auf Borkum (38. Sitzung), ABB Bonn, Akte Konsultationen. Vgl. auch Protokoll Leich/Stolpe-Ziegler-Doyé vom 2.5.1989 der 221. Sitzung des Vorstands am 27.4.1989 in Berlin: »Die Konsultation vom 15.-17.1.1990 in Loccum wird stattfinden. Als Thema ist verabredet: ›Die besondere Gemeinschaft nach 40 Jahren in den zwei deutschen Staaten‹. Das Sekretariat wird beauftragt, für den Vorstand im Juni einen Nominierungsvorschlag zu unterbreiten.« EZA Berlin, 101/93/752. Im September 1989 legte man sich auf einen Kreis von maximal 25 bis 30 Teilnehmern fest. Reinhard Henkys, Schönherr, von Keler wurden als Referenten anvisiert. Das Thema hieß nun »Die besondere Gemeinschaft – Rückblick auf 40 Jahre und die Zukunftsperspektiven«. Außerdem sollten auch Vertreter aus der Diakonie teilnehmen. Vgl. Vermerk Ziegler vom 7.11.1989 über die Klausurtagung der Konsultationsgruppe vom 24.-27.9.1989 auf Hiddensee (40. Sitzung), ABB Bonn, Akte Konsultationen. Zu ersten Vorüberlegungen zum Teilnehmerkreis auf DDR-Seite vgl. Protokoll Leich-Ziegler-Kupas vom 29.8.1989 über die 225. Sitzung des Vorstands am 24.8.1989 in Potsdam (Oberlinhaus), EZA Berlin, 101/93/752; Protokoll Leich-Ziegler-Kupas vom 21.9.1989 über die 226. Sitzung des Vorstands am 15.9.1989 in Eisenach, Haus Hainstein, EZA Berlin, 101/93/753. Im Oktober 1989 bestätigte der KKL-Vorstand den von Ziegler auf Hiddensee eingebrachten Personalvorschlag und benannte Natho und Zeddies als Ersatzkandidaten. Vgl. Protokoll Leich-Ziegler-Zeddies vom 24.10.1989 der 227. Sitzung des Vorstands am 18.10.1989 in Berlin, a.a.O.
1119 Vermerk von Campenhausen-Ziegler vom 24.1.1990 über die 41. Sitzung der Konsultationsgruppe am 7.12.1989 in Berlin 1040, Augustraße 80, ABB Bonn, Akte Konsultationen; auch Protokollnotiz von Campenhausen zur Sitzung der Konsultationsgruppe vom 7.12.1989, EZA Berlin, 101/93/819.
1120 Protokollnotiz Campenhausen zur Sitzung der Konsultationsgruppe vom 7.12.1989, EZA Berlin, 101/93/819.
1121 Vermerk von Campenhausen-Ziegler vom 24.1.1990 über die 41. Sitzung der Konsultationsgruppe am 7.12.1989 in Berlin 1040, Augustraße 80, ABB Bonn, Akte Konsultationen. Zu den zuletzt genannten kirchlichen Befürchtungen vgl. auch G. Besier, Der SED-Staat und die Kirche 1969-1990. Die Vision vom »Dritten Weg«, 545 ff. Vgl. auch Protokoll Leich-Ziegler-Kupas vom 18.12.1989 über die 229. Sitzung des Vorstands am 14.12.1989 in Eisenach: »Der Vorstand *verabredet* für den Fall, daß Fragen

in Sachen humanitäre Anliegen an die Kirche herangetragen werden, daß Ziegler gebeten wird, entsprechende Auskünfte zu erteilen. Der Vorstand *verabredet darüber hinaus* für den Fall, daß es Anfragen bezüglich der Wirtschaftsverbindungen zu Intrac, Limex sowie dem Außenhandel gibt, daß Auskünfte vom Leiter des Sekretariats bzw. dem Justitiar erteilt werden.« EZA Berlin, 101/93/753.

1122 Vermerk Heidingsfeld vom 11.12.1989 über die Zusammenkunft der Beratergruppe am 7.12.1989, EZA Berlin, 4/92/22.
1123 Abgedruckt in: Zwischen Anpassung und Verweigerung, 399 f.
1124 Abgedruckt in: Zwischen Anpassung und Verweigerung, 120 f. Vgl. auch bereits Protokoll Leich-Ziegler-Ritter vom 12.10.1989 der 127. Tagung der Konferenz der Evangelischen Kirchenleitungen in der DDR am 6./7.10.1989 in Berlin: »Die Konferenz […] erfährt von Übergriffen auf polnische Bürger, insgesamt herrscht eine gespannte Situation.« EZA Berlin, 101/93/744; Protokoll Leich-Ziegler-Hohmann vom 21.11.1989 der 128. Tagung der Konferenz der Evangelischen Kirchenleitungen in der DDR am 10./11.11.1989 in Berlin: »Die Abneigung der deutschen Bevölkerung gegen Polen und Tschechen im Blick auf deren Masseneinkäufe in Görlitz wächst.« A.a.O.
1125 Protokoll Leich-Ziegler-Hohmann vom 13.12.1989 der 129. Sitzung der Konferenz der Evangelischen Kirchenleitungen in der DDR am 8.12.1989 in Berlin, a.a.O.
1126 Vgl. auch Schreiben Ziegler-Winter an de Maizière im Advent 1989, EZA Berlin, 101/93/2.
1127 Vgl. auch Schreiben Leich an Modrow vom 22.11.1989 zu dessen Bestätigung durch die Volkskammer: »Sie wissen wie ich, daß die Bürger unseres Landes die Volkskammer nicht als ein demokratisch gewähltes Organ ansehen können und darauf warten, daß es freie, geheime, gleiche und jederzeit kontrollierbare, dem Führungsanspruch der SED entnommene Wahlen bald geben wird. Diese Erwartung vermindert für mich in keiner Weise die Größe der Aufgabe und Verantwortung, die Sie als Regierungschef übernommen haben. Sie werden in mir selbst und ganz gewiß auch im Bund der Evangelischen Kirchen in der DDR Unterstützung finden. […] Ich will das Meine dafür tun, daß für das Bleiben in der DDR, für persönliche Verantwortung am Arbeitsplatz geworben und vor dem Mißbrauch des Umtauschs der Währung der DDR zu unannehmbaren Kursen gewarnt wird. Wir hoffen, daß wir durch schwere Zeit hindurch doch das gute Ziel erreichen, das sich die große Mehrheit unserer Bevölkerung gesetzt hat. Dazu brauchen wir Ihre politische Weitsicht, Ihre Besonnenheit und Ihren ganzen Einsatz.« A.a.O. Modrow antwortete am 13.12.1989: »Ihr Schreiben ist mir Ermutigung bei dem Bemühen, im Rahmen der Verantwortung der Koalitionsregierung und gemeinsam mit allen Menschen, denen das weitere Schicksal der DDR als sozialistischer deutscher Staat am Herzen liegt, die große Zahl von Fragen anzupacken und einer Lösung zuzuführen, die sich in unserem Land über Jahre aufgetürmt haben.« A.a.O.
1128 Protokoll Leich-Ziegler-Kupas vom 18.12.1989 über die 229. Sitzung des Vorstands am 14.12.1989 in Eisenach. Weiter heißt es dort: »Ziegler informiert über den kleinen Parteitag der CDU [West], bei dem Schnur und Eppelmann eine neue Übergangsregierung, repräsentativ zusammengesetzt aus den Vertretern des Runden Tisches, gefordert hätten. Dies sei auch in einem vom Fernsehen übertragenen Gespräch zwischen Herrn Eppelmann und dem Außenminister der Bundesrepublik Deutschland, Herrn Genscher, deutlich geworden. Der Vorstand *hält übereinstimmend* dieses Ansinnen nicht für stabilitätsfördernd und bringt zum Ausdruck, daß die derzeitige Regierung als Übergangsregierung anzuerkennen sei und alles getan werden müsse, damit diese Übergangsregierung ihre Aufgaben erfüllen kann, um weiteren Destabilisierungsversuchen zu wehren. Ziegler wird gebeten, dieses Votum am 18. Dezember bei der 2. Tagung des ›Runden Tisches‹ einzubringen. Der Ausgleich der fehlenden rechtlichen Legitimität der derzeitig amtierenden Volkskammer sei durch die moralische Legitimität des ›Runden Tisches‹ und die Verkopplung beider Instrumentarien als gegeben anzusehen.« EZA Berlin, 101/93/753.

1129 Vgl. ebd.
1130 Vgl. ebd.
1131 Vertraulicher Vermerk Ziegler vom 8.1.1990 über das Gespräch zwischen den Leitenden Geistlichen und den Leitern der zentralen kirchlichen Verwaltungsdienststellen am 13.12.1989, 10.00-12.00 Uhr, EZA Berlin, 101/93/777. Mit Schreiben vom 14.11.1989 hatte Midge Béguin Austin, Direktorin des Office for Income, Coordination and Development beim ÖRK, den BEK um eine Beitragserhöhung oder zumindest eine finanzielle Sonderunterstützung gebeten, EZA Berlin, 101/93/2059. Weiter schrieb Austin: »Sie alle sind besonders in unseren Gebeten während dieser bewegenden und historisch bedeutsamen Zeit. Die Ereignisse erwecken viel Hoffnung und Erregung – mögen Ihnen Kraft und Weisheit in den kommenden Tagen zur Seite stehen.« Ebd.
1132 Vgl. auch Protokoll Demke-Zeddies-Küntscher vom 16.5.1991 der 141. Tagung der Konferenz der Evangelischen Kirchenleitungen am 10./11.5.1991 in Berlin: »Weispfennig legt das Interesse der Thüringer Kirche sowohl an einer wirkungsvollen Ausgestaltung der Konfirmation als auch daran dar, daß nicht kirchlich gebundene Jugendliche durch die Jugendweihe nicht in eine bestimmte weltanschauliche Richtung gelenkt werden (gesellschaftliches Interesse). Die Konferenz bittet die Erziehungsdezernenten, im Blick auf die Fragen Jugendweihe/Konfirmation zu klären, ob seitens der Kirchen gegenüber den Landesvereinigungen Initiativen zu ergreifen sind und dabei auch die Rolle der Schulen anzusprechen ist.« EZA Berlin, 101/93/749.
1133 Vgl. auch noch Protokoll Demke-Ziegler-Jacob vom 14.1.1991 der 139. Tagung der Konferenz der Evangelischen Kirchenleitungen gemeinsam mit dem Rat der Ev. Kirche in Deutschland vom 11./12.1.1991 in Hannover, Kirchenamt der EKD: »Nach seiner [Demkes] Einschätzung gehen die Veränderungen im Schulwesen nur zögerlich vonstatten. Das Interesse an Ersatzschulen ist deshalb offensichtlich groß, und es ist zu fragen, ob Überlegungen zu Schulen in kirchlicher Trägerschaft nicht verstärkt werden müßten.« EZA Berlin, 101/93/748.
1134 Vgl. auch Vermerk Heidingsfeld vom 19.2.1990 über die Zusammenkunft der Beratergruppe am 14.2.1990: Dort berichtete Ziegler über »die Unterbringung von Erich Honecker in Lobetal; das breite Echo darauf ist erschreckend: in der DDR ist so wenig christliche Substanz noch vorhanden, daß nicht mehr begriffen wird, wieso ein Pfarrer zu einer solchen Handlung kommt (›es ist erbarmungsloser Haß‹, der sich da artikuliert).« EZA Berlin, 4/92/23. Vgl. KiS 1/90, 44 sowie die offizielle Mitteilung des Ost-Berliner Konsistoriums, a.a.O., 14 f.
1135 Vgl. auch Protokoll Demke-Ziegler vom 1.6.1990 der 134. Tagung der Konferenz der Evangelischen Kirchenleitungen in der DDR vom 11./12.5.1990 in Berlin, EZA Berlin, 101/93/746. Dies geschah denn auch. Zuvor war der Ökumenische Rat in Polen konsultiert worden, der wegen fehlender territorialer Bezüge zustimmte. Vgl. Protokoll Demke-Ziegler-Riese vom 3.7.1990 der 135. Tagung der Konferenz der Ev. Kirchenleitungen in der DDR vom 29./30.6.1990 in Berlin, a.a.O. Auch Görlitz erwog eine Namensänderung. Vgl. ebd.
1136 Vgl. Protokoll Leich-Ziegler-Brinkel vom 29.1.1990 der 130. Tagung der Konferenz der Evangelischen Kirchenleitungen in der DDR am 12./13.1.1990 in Berlin, EZA Berlin, 101/93/745.
1137 So Schmude an R. Henkys vom 29.9.1989, ABB Bonn, Akte Konsultationen.
1138 Abgedruckt in: Zwischen Anpassung und Verweigerung, 121-123. Im Dezember 1989 hatte die Konsultationsgruppe noch verabredet, nach der Loccumer Tagung auf die Anfertigung eines Kommuniqués oder gar eines für die Öffentlichkeit bestimmten Berichts zu verzichten. Vgl. Vermerk von Campenhausen-Ziegler vom 24.1.1990 über die 41. Sitzung der Konsultationsgruppe am 7.12.1989 in Berlin 1040, Augustraße 80, ABB Bonn, Akte Konsultationen.
1139 Daneben gab es noch Kurzreferate von Schönherr, H. v. Keler und Neukamm.
1140 Schmude an R. Henkys vom 29.9.1989, ABB Bonn, Akte Konsultationen.

1141 Vgl. Schreiben Meyer an Heinrich vom 18.2.1987, BA, Abt. Potsdam, O-4, 1175.
1142 Weiter hieß es hierzu: »Dies manifestiert sich sowohl in Versuchen, das Staat-Kirche-Verhältnis, das sich herausbildete, zu unterminieren (Nr. 4/1985), als auch darin, die Tätigkeit staatlicher (z. B. der Sicherheits-)Organe herabzuwürdigen (4/85), die Entfaltung der Persönlichkeit in der sozialistischen Gesellschaftsordnung in der DDR zu leugnen (3/86 [...]) bzw. hinsichtlich der Rechtsordnung in der DDR fragwürdige Vergleiche mit dem faschistischen ›Dritten Reich‹ anzustellen (2/85 [...]).« Abteilung VI (Information), Kurzeinschätzung Abteilungsleiter Malina vom 6.3.1987, a.a.O.
1143 Schreiben Abteilungsleiter Behncke vom 7.3.1989 an Zollverwaltung der DDR, Hauptverwaltung, Abteilung Zollrecht, Genossen Inspekteur Niehoff, BA, Abt. Potsdam, O-4, 903. Zum Sonntagsblatt vgl. auch Schreiben Horst Dohle, Ministerrat der DDR, Amt für Kirchenfragen, an Leiterin des Büros des Ministerpräsidenten, Frau Sylvia Schultz, vom 27.4.1990: »Die seriöse Wochenzeitung, die von denkenden und politikfähigen Leuten gelesen wird«. BA, Abt. Potsdam, O-4, 1377.
1144 »Kirchenaustritte, die ständige Nörgelei über eine links politisierte Kirche, das ist ein Erbe der Ostdenkschrift, der Preis dafür, daß mit ihr die gesellschaftliche Macht der Vertriebenenverbände mit ihrem Dogma des ostpolitischen Immobilismus gebrochen worden war.« R. Henkys, Verantwortungsgemeinschaft. Anmerkungen zur »besonderen Gemeinschaft« der Kirchen, in: KiS 1/90, 22-27, bes. 26.
1145 A.a.O., 27.
1146 Protokoll Leich-Ziegler-Kupas vom 23.1.1990 über die 230. Sitzung des Vorstands am 18.1.1990 in Berlin, EZA Berlin, 101/93/754.
1147 Konrad Raiser war schon seit längerer Zeit von seiten des DDR-Staates positiv eingeschätzt worden. So hieß es am 12.9.1974, »Raiser junior« habe »während der Tagung des Exekutivkomitees des Ökumenischen Rates der Kirchen im Frühjahr in Bad Saarow eine positive Haltung zu den Fragen des Antirassismusprogramms und der Zusammenarbeit mit den Kirchen der sozialistischen Länder eingenommen«. Aktenvermerk Internationale Beziehungen, Weise, vom 12.9.1974 betr. 1. bevorstehende Tagung der Synode des Bundes der Evangelischen Kirchen vom 27.9.-1.10.1974 in Potsdam, SAPMO-BA ZPA IV B2/14/85. Werner Krusche erzählte Seigewasser von einem ihm bekannten Landwirt aus dem Kreis Mansfeld, der meinte, »daß man den Teilnehmern des Exekutivausschusses des ÖRK bei ihrer Tagung in Bad Saarow einmal von den Verhältnissen in den Gemeinden der DDR direkten Bericht geben müsse, denn es sei der Eindruck entstanden, daß die leitenden Männer der Kirche zwar offizielle Gespräche führten, daß aber diese beschwerlichen Dinge nicht genügend zur Kenntnis kämen.« Vermerk Schultze über ein Gespräch beim Rat des Bezirkes Magdeburg zwischen Staatssekretär Seigewasser und Bischof Dr. Krusche am 10.4.1974, EZA Berlin, 101/1460, Bd. I. Krusche selbst drückte es in seinem Vermerk noch plastischer aus: »Ich hatte dieser Tage einen Brief von einem LPG-Bauern aus dem Kreise Hettstedt bekommen, der mir schrieb, er habe von der Sitzung des Exekutivausschusses des ÖRK in Bad Saarow gehört und wäre gern hingefahren, um den Herren dort einmal etwas über die Verhältnisse in seiner Gegend zu sagen, etwa die Belästigung von Christenlehrekindern oder auch die öffentlichen Morddrohungen in Form von Plakaten an Pfarrhäusern [...] Der Brief habe geschlossen: ›All diese Schwierigkeiten würden indessen mit schönen Reden und mit Sekt hinweggespült.‹« Aktenvermerk Krusche vom 10.4.1974 über das Gespräch mit Staatssekretär Seigewasser und dem stellvertr. Vorsitzenden des Rates des Bezirkes Magdeburg, Steinbach, vom heutigen Tage; Durchschrift in EZA Berlin, 101/257. Diese Aussage Krusches ist im staatlichen Gedächtnisprotokoll Arlt nicht enthalten, BA, Abt. Potsdam, O-4, 413.
1148 Abgedruckt in epd-Dok 12/90, 17-21. Vgl. auch die Erklärung von Christen aus der DDR und Westberlin. Der Text entstand auf einer Tagung der Evangelischen Akademie Berlin (West) vom 16.-18.2.1990, an der unter anderem die Niederländische Ökumenische Gemeinde in der DDR beteiligt war, und kritisierte die »Anpassung an die bestehenden westlichen wirtschaftlichen und rechtlichen Verhältnisse [...] ›Deutsch‹

oder ›gesamtdeutsch‹ zu sein, ist kein Merkmal der evangelischen Kirchen in Deutschland.« BA, Abt. Potsdam, O-4, 1378.
1149 Vgl. auch Schreiben Ziegler an Modrow zu dessen 62. Geburtstag am 27.1.1990 vom 24.1.1990: »Ich wünsche Ihnen weiterhin die körperliche und seelische Kraft, die Sie täglich brauchen, um Ihre ebenso umfangreichen wie komplizierten Aufgaben wahrnehmen zu können. Mein Bestreben ist es, daß die Gesprächsleitung des ›Runden Tisches‹, um die ich [...] gebeten wurde, ein wenig dazu dient, Ihre Regierungsarbeit zu unterstützen. Sie dürfen gewiß sein, daß wir mit allen uns gegebenen Möglichkeiten dazu beitragen wollen, die öffentliche Ordnung und Regierbarkeit unseres Landes aufrechtzuerhalten und zu stärken.« EZA Berlin, 101/93/2.
1150 Die Absicht de Maizières, nach Genf zu reisen, wollte der KKL-Vorstand nicht unterstützen, solange die freien Wahlen nicht stattgefunden hatten. Vgl. Protokoll Leich-Ziegler-Kupas vom 23.1.1990 über die 230. Sitzung des Vorstands am 18.1.1990 in Berlin, EZA Berlin, 101/93/754.
1151 Vgl. ebd.
1152 Zit. nach P. Maser, Kirchen und Religionsgemeinschaften in der DDR 1949-1989, 207.
1153 Protokoll Leich-Ziegler-Kupas vom 23.1.1990 über die 230. Sitzung des Vorstands am 18.1.1990 in Berlin, EZA Berlin, 101/93/754. Das Interview Krusches ist abgedruckt in Ev. Komm. 23 (1990), 28-32.
1154 Vermerk Ziegler vom 17.4.1990 über die 42. Sitzung der Konsultationsgruppe am 14.2.1990, EZA Berlin, 101/93/819.
1155 Vgl. ebd. Der KKL-Vorstand schlug der KKL vor, für das neue Gremium Cynkiewicz, Kramer, Kreß, Noack, Hempel, Leich oder auch Natho, Stolpe und Ziegler zu nominieren. Vgl. Protokoll Demke-Ziegler-Kupas vom 30.3.1990 der außerplanmäßigen Vorstandssitzung am 9.3.1990 anläßlich der Klausurtagung der Konferenz der Ev. Kirchenleitungen in Buckow, EZA Berlin, 101/93/754. Die KKL benannte dann Cynkiewicz, Hempel, Kramer, Leich, Noack, Nollau, Stolpe, Völz und Ziegler. Vgl. Protokoll Demke-Ziegler-Kupas vom 10.3.1990 der 132. Tagung der Konferenz der Evangelischen Kirchenleitungen in der DDR vom 9.-11.3.1990 in Buckow (Klausurtagung), EZA Berlin, 101/93/745. Der Rat der EKD benannte als westliche Mitglieder Jung, Hofmann, von Keler, Kruse, Schmude, Binder und Otto von Campenhausen. Vgl. Protokoll Demke-Ziegler-Riese vom 3.7.1990 der 135. Tagung der Konferenz der Ev. Kirchenleitungen in der DDR vom 29./30.6.1990 in Berlin, EZA Berlin, 101/93/746. Vgl. auch Protokoll Demke-Ziegler-Zeddies vom 27.3.1990 über die 233. Sitzung des Vorstands am 21.3.1990 in Berlin: »Der Vorstand bestätigt, daß mit der Gemeinsamen Kommission die bisherige Konsultationsgruppe entbehrlich wird.« EZA Berlin, 101/93/754.
1156 Vermerk Heidingsfeld vom 19.2.1990 über die Zusammenkunft der Beratergruppe am 14.2.1990, EZA Berlin, 4/92/23.
1157 Ebd.
1158 Ebd.
1159 Ebd.
1160 Protokoll Leich-Ziegler-Doyé vom 26.2.1990 über die 231. Sitzung des Vorstands am 21.2.1990 in Berlin, EZA Berlin, 101/93/754.
1161 Zur Vorbereitung vgl. Protokoll Leich-Ziegler-Zeddies vom 24.10.1989 der 227. Sitzung des Vorstands am 18.10.1989 in Berlin, EZA Berlin, 101/93/753; Protokoll Leich-Ziegler-Doyé vom 26.2.1990 über die 231. Sitzung des Vorstands am 21.2.1990 in Berlin, EZA Berlin, 101/93/754.
1162 Bericht abgedruckt in epd-Dok 12/90, 27-28. Vgl. auch Notizen Heidingsfeld vom 26.2.1990 anläßlich der 1. Tagung der VI. Synode des Bundes der Evangelischen Kirchen in der DDR, 23.-25. Februar 1990, Berlin-Weißensee, EZA Berlin, 4/91/748.
1163 Zit. nach ebd.
1164 Der Erfurter Propst hielt an seinem Konzept vom verbesserlichen Sozialismus fest: »Aus der Vereinigung der beiden deutschen Staaten darf nicht die Vereinnahmung

der DDR werden. Es ist überaus gefährlich, die Identität eines Sechsmillionenvolkes [sic!] zu zerstören.« Zitiert nach Ergänzung Heidingsfeld vom 7.3.1990 zu den »Notizen anläßlich der 1. Tagung der VI. Synode des Bundes der Evangelischen Kirchen in der DDR, 21.-25. Februar 1990, Berlin-Weißensee«, a.a.O. Vgl. auch 11 Sätze zum Weg unserer Kirche jetzt von Propst Dr. Heino Falcke für die Beratung in der Kirchenleitung der Ev. Kirchenprovinz Sachsen (Januar 1990), EZA Berlin, 101/93/720. Kramer soll geäußert haben: »Wir sind hoffentlich auf dem Weg in ein neues Land in Deutschland und nicht auf dem Weg ins andere Deutschland.« Ludwig Große kritisierte, im Unterschied zu Loccum seien die gemeinsamen Äußerungen zwischen EKD und BEK stets gut vorbereitet gewesen. Diesen Grundsatz habe das Januar-Wort verlassen. Zitiert nach Ergänzung Heidingsfeld vom 7.3.1990 zu den »Notizen anläßlich der 1. Tagung der VI. Synode des Bundes der Evangelischen Kirchen in der DDR, 21.-25. Februar 1990, Berlin-Weißensee«, EZA Berlin, 4/91/748.

1165 Vgl. Notizen Heidingsfeld vom 26.2.1990 anläßlich der 1. Tagung der VI. Synode des Bundes der Evangelischen Kirchen in der DDR, 23.-25. Februar 1990, Berlin-Weißensee, a.a.O.

1166 Ergänzung Heidingsfeld vom 7.3.1990 zu den »Notizen anläßlich der 1. Tagung der VI. Synode des Bundes der Evangelischen Kirchen in der DDR, 21.-25. Februar 1990, Berlin-Weißensee«, a.a.O.

1167 Vgl. Notizen Heidingsfeld vom 26.2.1990 anläßlich der 1. Tagung der VI. Synode des Bundes der Evangelischen Kirchen in der DDR, 23.-25. Februar 1990, Berlin-Weißensee, a.a.O. Vgl. Zum weiteren Weg unserer Kirchen. Beschluß der 1. Tagung der VI. Synode des Bundes der Evangelischen Kirchen in der DDR in Berlin vom 25.2.1990, abgedruckt in: Zwischen Anpassung und Verweigerung, 123-126.

1168 Vgl. auch die Äußerung von Klaus-Peter Hertzsch: »Es geht jetzt nicht aus der unvollkommeneren DDR-Gesellschaft in die sehr viel vollkommenere der BRD; das ist nicht der Weg, der vor uns liegt; vielmehr geht es von einer unvollkommenen Gesellschaft in eine andere, die freilich mit härteren Bandagen kämpft.« Ergänzung Heidingsfeld vom 7.3.1990 zu den »Notizen anläßlich der 1. Tagung der VI. Synode des Bundes der Evangelischen Kirchen in der DDR, 21.-25. Februar 1990, Berlin-Weißensee«, a.a.O.

1169 Notizen Heidingsfeld vom 26.2.1990 anläßlich der 1. Tagung der VI. Synode des Bundes der Evangelischen Kirchen in der DDR, 23.-25. Februar 1990, Berlin-Weißensee, a.a.O.

1170 Zitiert nach Ergänzung Heidingsfeld vom 7.3.1990 zu den »Notizen anläßlich der 1. Tagung der VI. Synode des Bundes der Evangelischen Kirchen in der DDR, 21.-25. Februar 1990, Berlin-Weißensee«, a.a.O.

1171 Zitiert nach ebd.

1172 Ebd. In einem weiteren Redebeitrag sagte Kandler: »Bei den Beiträgen, die gestern und heute kamen, war fast durchweg Pessimismus zu spüren. Der Dank zu Gott fehlt. Es sind kaum Zeichen der Hoffnung gesetzt worden. Der Weg zueinander in den beiden deutschen Staaten ist doch etwas Schönes.« Zitiert nach ebd.

1173 Vgl. Notizen Heidingsfeld vom 26.2.1990 anläßlich der 1. Tagung der VI. Synode des Bundes der Evangelischen Kirchen in der DDR, 23.-25. Februar 1990, Berlin-Weißensee, a.a.O.

1174 Die Wahl erfolgte bei zwei Stimmenthaltungen und keiner Gegenstimme. Vgl. Protokoll Demke-Ziegler vom 5.3.1990 über die 131. (konstituierende) Tagung der Konferenz der Evangelischen Kirchenleitungen am 24.2.1990, 19.30 Uhr in Berlin-Weißensee, Stephanusstiftung, EZA Berlin, 101/93/745. Pastorin Salinger schied aus dem KKL-Vorstand wie auch aus der Bundessynode aus: »Ich habe die Erfahrung gemacht, daß meine Erfahrungen nicht gebraucht wurden«, schrieb sie resigniert auf. 5. Tagung der V. Synode, zu: Arbeitsbericht, I. Aus der Arbeit der Konferenz der Evangelischen Kirchenleitungen in der DDR, im BEK-Sekretariat eingegangen am 19.12.1989, EZA Berlin, 101/93/719. Heidingsfeld wertete: »Mit Bruder Demke [...] ist jemand an die

Spitze der KKL getreten, der sich positionell, nicht fundamental von Bruder Leich unterscheidet, der aber doch anders akzentuieren wird. Das gilt auch und besonders für die Bereiche deutsche und kirchliche Einheit sowie für die Fragen Kirchensteuer samt Einzugssystem und Religionsunterricht: Behutsamkeit, Nachdenklichkeiten, Bedenklichkeiten sind angesagt. Bruder Demke ist ein differenziert denkender Theologe; er ist dabei gemeindenah und pastoral begabt [...] er ist ökumenisch aufgeschlossen und steht an der Spitze einer ausgesprochen bundesfreundlichen Landeskirche, aus der auch immer wieder EKU-kritische Töne zu hören sind; Bruder Demke hat in den zurückliegenden Jahren – ohne viel Aufhebens – mit den staatlichen Vertretern hart in der Sache, aber freundlich im Ton verhandelt. Das Kirchenbundsekretariat kennt er gut, war er doch der Vorgänger von Bruder Ziegler. Der dürfte über die Wahl erfreut sein, da Bruder Demke stets sein Favorit für den KKL-Vorsitz gewesen ist. [...] Der Vorstand ist interessant und nicht spannungsfrei zusammengesetzt«. Notizen Heidingsfeld vom 26.2.1990 anläßlich der 1. Tagung der VI. Synode des Bundes der Evangelischen Kirchen in der DDR, 23.-25. Februar 1990, Berlin-Weißensee, EZA Berlin, 4/91/748.

1175 Vgl. Protokoll Demke-Ziegler vom 5.3.1990 über die 131. (konstituierende) Tagung der Konferenz der Evangelischen Kirchenleitungen am 24.2.1990, 19.30 Uhr in Berlin-Weißensee, Stephanusstiftung, EZA Berlin, 101/93/745.

1176 Vgl. Vermerk Eckhard Stephan vom 2.6.1989 über Begegnung mit Kirchner am 1.6.1989 in Berlin. Weiter heißt es in dem Vermerk: »Auf meine Bitte hin informierte mich OKR Kirchner über verschiedene Strukturen des Bundes der Evangelischen Kirchen in der DDR wie Synode, Bischofskonvent, KKL und skizzierte mir deren Arbeits- und Verantwortungsbereiche.« BA, Abt. Potsdam, O-4, 1220.

1177 Cynkiewicz löste Gaebler vor allem aus dem Grund ab, weil mit Hempel bereits ein Sachse im Vorstand vertreten sein sollte. Darüber hinaus hatte sich die Konsistorialrätin nicht in dem Maße für die Loccumer Erklärung stark gemacht, wie das Gaebler tat. Da Cynkiewicz aus Berlin-Brandenburg kam, mußte Stolpe aus dem Vorstand ausscheiden: »Aber er wäre möglicherweise auch bei anderer Konstellation nicht mehr in den Vorstand gekommen, weil der Unmut über seine Alleingänge und seine interpretationsbedürftigen wie -fähigen Aussagen stark gewachsen ist.« Notizen Heidingsfeld vom 26.2.1990 anläßlich der 1. Tagung der VI. Synode des Bundes der Evangelischen Kirchen in der DDR, 23.-25. Februar 1990, Berlin-Weißensee, EZA Berlin, 4/91/748.

1178 Mit 19 von 23 möglichen Stimmen erzielte Harder das schlechteste Ergebnis. Vgl. Protokoll Demke-Ziegler vom 5.3.1990 über die 131. (konstituierende) Tagung der Konferenz der Evangelischen Kirchenleitungen am 24.2.1990, 19.30 Uhr in Berlin-Weißensee, Stephanusstiftung, EZA Berlin, 101/93/745. Als synodale Mitglieder der KKL wählte die Tagung außerdem Dipl. Biol. Heike Böhling (Kirchenprovinz Sachsen), Rolf Hirte (Berlin-Brandenburg), Dozent Jens Langer (Mecklenburg), Pfarrer Axel Noack (Wolfen) und die Ärztin Elisabeth Rosenberg (Berlin-Brandenburg). Heidingsfeld notierte zum Wahlgang süffisant: »Nun ergibt es sich, daß zwei Kandidaten gleiche Stimmenzahl haben, so daß das Los entscheiden muß; als neutraler Loszieher wird Bruder Engelhardt bestimmt – so mischt sich der Rat der EKD in die Zusammensetzung der KKL ein!« Notizen Heidingsfeld vom 26.2.1990 anläßlich der 1. Tagung der VI. Synode des Bundes der Evangelischen Kirchen in der DDR, 23.-25. Februar 1990, Berlin-Weißensee, EZA Berlin, 4/91/748. Vgl. auch Elemente für ein Grußwort (Bischof Dr. Engelhardt): »Vielleicht haben sich die Christen in der DDR gelegentlich kritischer über das gesellschaftspolitische und über das wirtschaftspolitische System in der Bundesrepublik geäußert, als umgekehrt von uns der Sozialismus, vor allem in seiner real existierenden Gestalt, befragt worden ist.« A.a.O.

1179 Notizen Heidingsfeld vom 26.2.1990 anläßlich der 1. Tagung der VI. Synode des Bundes der Evangelischen Kirchen in der DDR, 23.-25. Februar 1990, Berlin-Weißensee, EZA Berlin, 4/91/748.

1180 So Siegfried Schulze gegenüber der KKL. Vgl. Protokoll Demke-Ziegler-Kupas vom 10.3.1990 der 132. Tagung der Konferenz der Evangelischen Kirchenleitungen in der DDR vom 9.-11.3.1990 in Buckow (Klausurtagung), EZA Berlin, 101/93/745.
1181 Vgl. ebd.
1182 Vgl. Schreiben Dr. Erich Milleker, Bundespräsidialamt, an den Ratsvorsitzenden Kruse vom 5.2.1990, EZA Berlin, 101/93/754; Schreiben Demke an von Weizsäcker vom 15.3.1990 mit Dank für seine »freundlichen Grüße und Segenswünsche«, a.a.O. Vgl. auch Protokoll Demke-Ziegler-Kupas vom 30.3.1990 der außerplanmäßigen Vorstandssitzung am 9.3.1990 anläßlich der Klausurtagung der Konferenz der Ev. Kirchenleitungen in Buckow, EZA Berlin, 101/93/754; auch Protokoll Leich-Ziegler-Doyé vom 26.2.1990 über die 231. Sitzung des Vorstands am 21.2.1990 in Berlin, a.a.O. Inhaltlich ging es bei der Begegnung vor allem um die »Frage der deutschen Identität.« Vgl. Protokoll Demke-Ziegler-Jacob vom 8.4.1990 der 133. Tagung der Konferenz der Evangelischen Kirchenleitungen in der DDR vom 6./7.4.1990 in Berlin, EZA Berlin, 101/93/745, auch a.a.O., 4/91/774.
1183 »Der Vorstand sieht keine Veranlassung zur Teilnahme und votiert für eine Absage an die Einlader.« Protokoll Demke-Ziegler-Kupas vom 30.3.1990 der außerplanmäßigen Vorstandssitzung am 9.3.1990 anläßlich der Klausurtagung der Konferenz der Ev. Kirchenleitungen in Buckow, EZA Berlin, 101/93/754. Vgl. auch Schreiben Hohmann an Heidingsfeld betr. Tagung der Adenauer-Stiftung, 21.-22.11.1990 vom 17.8.1990: »Im Auftrag des Vorstandes möchte ich Ihnen mitteilen: Der Vorstand sieht keinen Handlungsbedarf im Blick auf eine Teilnahme des BEK-DDR am internationalen Kongreß der Adenauer-Stiftung vom 21./22.11.1990 in Schwäbisch-Gmünd zum Thema: Kirche im Aufbruch? Neues Miteinander in Ost und West. Dies zu Ihrer Information.« EZA Berlin, 101/93/27.
1184 Protokoll Demke-Ziegler-Zeddies vom 27.3.1990 über die 233. Sitzung des Vorstands am 21.3.1990 in Berlin, EZA Berlin, 101/93/754.
1185 Schreiben vom 30.3.1990, EZA Berlin, 101/93/27. Vgl. auch das deutlich freundlicher gehaltene Schreiben Demkes an Bundespräsident von Weizsäcker vom 10.4.1990 zum 70. Geburtstag: »Ihr Jubiläumsgeburtstag ist mir willkommener Anlaß, Ihnen zu bezeugen, wie dankbar wir Ihnen für den Dienst sind, den Sie im leitenden staatlichen Amt im Westen unseres Vaterlandes tun. Immer wieder spüren wir Ihren Äußerungen ab, mit welchem Verständnis und welcher Anteilnahme Sie den Weg unserer Kirchen und Gemeinden begleiten. Durch Ihre Amtsführung als Bundespräsident ist Ihnen auch weit über die kirchlichen Grenzen hinaus viel Vertrauen bei den Bürgern unseres Landes zugewachsen. Ihre befreienden Worte in komplizierten Situationen empfinden wir immer wieder […] als dringend nötige Entkrampfung tagespolitischer Streitfragen und als ermutigende Orientierung. In diesen Monaten, die für die Zukunft unseres bisher getrennten Volkes von entscheidender Bedeutung sind, ist dies ein besonderes Geschenk. Der Herr unseres Lebens erhalte Ihnen, sehr verehrter, lieber Bruder von Weizsäcker, auch weiterhin die Kraft und Weisheit zur Wahrnehmung Ihrer verantwortungsvollen Aufgaben. In unsere Fürbitte schließen wir auch Ihre Familie ein.« A.a.O. Vgl. auch Schreiben Hempel an Weizsäcker vom 30.5.1984: »Sehr geehrter Herr Bundespräsident! Zu Ihrer Wahl zum Bundespräsidenten der Bundesrepublik Deutschland möchte ich Ihnen namens des ›Bundes Evangelischer Kirchen in der DDR‹ und in meinem eigenen Namen herzlich gratulieren. Wir verbinden damit unsere aufrichtigen Segenswünsche für Ihr schweres, wichtiges, aber (wie ich meine) auch schönes Amt! Gott bewahre Sie vor übergroßen Lasten und geleite Sie zwischen den Klippen hindurch! Wir erhoffen von Ihrem Dienst als Bundespräsident zuversichtlich, daß Sie – im Rahmen Ihrer Überzeugungen und Möglichkeiten – Brücken über Gräben und Abgründe hinweg zu schlagen und Vertrauen zwischen Besorgten und Argwöhnischen ein wenig zu mehren bemüht sein werden. Und wir möchten – in respektvoller Einfalt – hinzufügen, daß nach Meinung vieler Christen bei uns gerade dazu Ihnen von Gott besondere Gaben verliehen worden sind. An unsere gelegentli-

chen Begegnungen denke ich dankbar. Sollten Sie wieder einmal einen Kontakt für sinnvoll [halten], bin ich dazu bereit. Meine Frau läßt Ihre Frau herzlich und warm grüßen! Auch ich bitte Sie, Ihre Frau Gemahlin herzlich zu grüßen.« A.a.O. Vgl. ebenso Schreiben Leich an Wehner vom 10.7.1986: »Sehr geehrter Herr Wehner! Am 11. Juli vollenden Sie Ihr 80. Lebensjahr. Im Namen des Bundes der Evangelischen Kirchen in der DDR gratuliere ich Ihnen herzlich zu diesem Tage. In Dankbarkeit erinnern wir uns an Ihr vielseitiges Wirken für die Menschen im geteilten Deutschland. Sie haben den Dialog zwischen den Politikern in Ost und West in Gang gesetzt und immer darauf geachtet, daß politische Bemühungen in menschliche Verbindungen und Erleichterungen für mich erlebbar wurden. In Ihrem Wirken für den Frieden und die Menschen wissen wir uns Ihnen in besonderer Weise verbunden. Deshalb haben wir auch mit großer Aufmerksamkeit Ihre anregenden Gedanken zur Bergpredigt, zum Christentum und Sozialismus zur Kenntnis genommen und hoffen hier noch weitere Denkanstöße von Ihnen zu erfahren. Wir danken unserem Herrgott, daß er der gefährdeten Welt und den deutschen Menschen einen Mann mit Ihrer Weisheit, Tatkraft und Menschlichkeit geschenkt hat, dessen Wirken noch lange deutlich sein wird. Gott behüte Sie!« A.a.O., 101/93/247.

1186 Vgl. auch das Protokoll: »Müller (Schwerin) wundert sich über die Diskussion und darüber, daß man etwas anderes wollen kann, als daß die acht Gliedkirchen des Bundes wieder Gliedkirchen der EKD werden (bei Wahrung ihrer besonderen Gemeinsamkeiten).« Protokoll Demke-Ziegler-Jacob vom 8.4.1990 der 133. Tagung der Konferenz der Evangelischen Kirchenleitungen in der DDR vom 6./7.4.1990 in Berlin, EZA Berlin, 101/93/745, Protokollauszug auch a.a.O., 4/91/774.

1187 In Greifswald hatte man die Amtszeit des Konsistorialpräsidenten nochmals um zehn Jahre prolongiert und außerdem eine Kompetenzerweiterung ausgesprochen: »Er wird in Zukunft auch anstelle des Bischofs die Sitzungen des Konsistoriums leiten.« Altbischof Gienke war in die Nähe von Lübeck gezogen. Eine offizielle Verabschiedung durch die Landeskirche blieb ihm endgültig verwehrt. Wahrscheinlich werde es auf der Mai-Synode bereits zur Wahl eines neuen Bischofs kommen können, berichtete Haberecht der KKL. Protokoll Demke-Ziegler-Jacob vom 8.4.1990 der 133. Tagung der Konferenz der Evangelischen Kirchenleitungen in der DDR vom 6./7.4.1990 in Berlin, EZA Berlin, 101/93/745. Dieser Termin mußte jedoch verschoben werden. Vgl. Protokoll Demke-Ziegler vom 1.6.1990 der 134. Tagung der Konferenz der Evangelischen Kirchenleitungen in der DDR vom 11./12.5.1990 in Berlin, EZA Berlin, 101/93/746. Der Wahltermin war dann für den 29.9.1990 vorgesehen. Die Mai-Synode legte zugleich ein Schuldbekenntnis ab: »Durch Zugeständnisse gegenüber den Staats- und Parteifunktionären wurde manches Mal der schmale Weg zwischen Anpassung und gebotener Verweigerung verlassen in der Absicht, Freiräume für die Kirche und die Menschen unseres Landes zu bewahren. So haben wir die Menschen, die unter dem System gelitten haben, im Stich gelassen und Schuld auf uns geladen.« Zitiert nach Protokoll Demke-Ziegler-Riese vom 3.7.1990 der 135. Tagung der Konferenz der Ev. Kirchenleitungen in der DDR vom 29./30.6.1990 in Berlin, EZA Berlin, a.a.O. Zum neuen Bischof wurde Eduard Berger gewählt.

1188 Die Kirchenprovinz Sachsen hatte Hammer im Frühjahr 1989 zum Konsistorialpräsidenten berufen. Dienstantritt sollte der 1.5.1989 sein. Vgl. Protokoll Leich-Ziegler-Jacob vom 8.5.1989 über die 123. Tagung der Konferenz der Evangelischen Kirchenleitungen in der DDR vom 5./6.5.1989 in Görlitz, EZA Berlin, 101/93/743; vgl. auch Protokoll Demke-Ziegler vom 1.6.1990 der 134. Tagung der Konferenz der Evangelischen Kirchenleitungen in der DDR vom 11./12.5.1990 in Berlin, EZA Berlin, 101/93/746.

1189 Vgl. auch den Gesprächseinstieg Zeddies für die Konferenz der Ev. Kirchenleitungen am 10. März 1990 (Buckow) »Minorisierung als Herausforderung. Welche Forderungen sind aus der Entwicklung zur Minderheitskirche zu ziehen?«, EZA Berlin, 101/93/745.

1190 Protokoll Demke-Ziegler-Jacob vom 8.4.1990 der 133. Tagung der Konferenz der Evangelischen Kirchenleitungen in der DDR vom 6./7.4.1990 in Berlin, a.a.O., auch Protokollauszug zu Punkt 4 in EZA Berlin, 4/91/774.
1191 Ebd. Vgl. die Texte der Gemeinsamen Synode der Evang. Kirche in Berlin Brandenburg, in epd-Dok 19/90, 32-57.
1192 Vgl. Protokoll Demke-Ziegler-Kupas vom 30.3.1990 der außerplanmäßigen Vorstandssitzung am 9.3.1990 anläßlich der Klausurtagung der Konferenz der Ev. Kirchenleitungen in Buckow, EZA Berlin, 101/93/754.
1193 »Das unterstreicht noch einmal, daß durch ein Offenlegen der Akten kein ausreichendes Maß an Gerechtigkeit geschaffen werden kann«, notierte der Bischof abschließend. Vermerk Demke vom 27.3.1990 über ein Gespräch des amtierenden Ministerpräsidenten Hans Modrow am 26.3.1990 in Berlin, EZA Berlin, 101/93/2.
1194 Zit. nach Abweichender Bericht der Berichterstatterin der Gruppe Bündnis 90/Die Grünen im 1. Untersuchungsausschuß, Ingrid Köppe, MdB, Bonn 1994, 26.
1195 Schreiben Demke an de Maizière vom 12.4.1990, EZA Berlin, 101/93/2; auch BA, Abt. Potsdam, O-4, 1083. Der Ministerpräsident antwortete dem KKL-Vorsitzenden am 11.5.1990 und schloß den Brief mit dem Wunsch: »Ich rechne auch zukünftig mit Ihrem Rat und Ihrer Ermutigung.« EZA Berlin, 101/93/2. Horst Dohle, Amt für Kirchenfragen beim Ministerrat der DDR, schrieb Frau Sylvia Schultz, Leiterin des Büros des Ministerpräsidenten, am 27.4.1990: »Grüßen Sie ihn, ich ahne seine ungeheure Belastung (wenn ich ein Christ wäre, würde ich für ihn beten).« Dohle war von de Maizière zum Pressesprecher des Amtes für Kirchenfragen ernannt worden. BA, Abt. Potsdam, O-4, 1377.
1196 Vgl. Protokoll Demke-Ziegler-Doyé vom 23.4.1990 über die 234. Sitzung des Vorstands am 19.4.1990 in Berlin, EZA Berlin, 101/93/754. Vgl. auch Protokoll Demke-Ziegler vom 1.6.1990 der 134. Tagung der Konferenz der Evangelischen Kirchenleitungen in der DDR vom 11./12.5.1990 in Berlin, EZA Berlin, 101/93/746. Am Tag der Vorstandssitzung schrieb Demke scharf an de Maizière: »Gestatten Sie, daß ich Ihnen für die zukünftige Zusammenarbeit zwischen der Regierung der Deutschen Demokratischen Republik und dem Bund der Evangelischen Kirchen folgende Anregung der Konferenz der Evangelischen Kirchenleitungen übermittle, die sie bereits im November 1989 der damaligen Regierung unterbreitete. Grundsätzlich sollte es den Kirchen möglich sein, für sie wichtige Sachfragen direkt den jeweils zuständigen Staatsorganen zu unterbreiten. Darüber hinaus halten wir die Ernennung eines Beauftragten oder die Einrichtung einer Verbindungsstelle beim Vorsitzenden des Ministerrates für angemessen. Diese Verbindungsstelle könnte fakultativ sowohl von den Kirchen als auch von Regierungsstellen zur Koordinierung oder Vermittlung in Sachfragen eingeschaltet werden. Die Vollmacht zur Verhandlungsführung für den Bund der Evangelischen Kirchen in der DDR gegenüber der Regierung liegt beim Leiter des Sekretariats, Herrn Oberkirchenrat Martin Ziegler. Wir wären Ihnen dankbar, wenn Sie im Interesse eines sachlichen Verhältnisses von Staat und Kirche unser Anliegen aufnehmen würden.« EZA Berlin, 101/93/2.
1197 Dies teilte Kirchenamtspräsident von Campenhausen der KKL mit. Vgl. Protokoll Demke-Ziegler-Jacob vom 8.4.1990 der 133. Tagung der Konferenz der Evangelischen Kirchenleitungen in der DDR vom 6./7.4.1990 in Berlin, EZA Berlin, 101/93/745.
1198 Vgl. ebd.
1199 Protokoll Demke-Ziegler-Zeddies der Sondersitzung des Vorstands am 11.5.1990 in Berlin, EZA Berlin, 101/93/754.
1200 Protokoll Demke-Ziegler vom 1.6.1990 der 134. Tagung der Konferenz der Evangelischen Kirchenleitungen in der DDR vom 11./12.5.1990 in Berlin, EZA Berlin, 101/93/746. Vgl. auch Protokoll Demke-Ziegler-Kupas vom 6.6.1990 über die 235. Sitzung des Vorstands am 31.5.1990 in Berlin: »Ziegler informiert über ein Gespräch, das Herr Dr. Winter mit Herrn Kalb geführt hat und in dem das Verhältnis der Kirche zur Regierung als noch klärungswürdig beschrieben wird.« EZA Berlin, 101/93/755.

1201 Vgl. Protokoll Demke-Ziegler-Zeddies der Sondersitzung des Vorstands am 11.5.1990 in Berlin, EZA Berlin, 101/93/754.
1202 Vgl. Protokoll Demke-Ziegler-Kupas vom 6.6.1990 über die 235. Sitzung des Vorstands am 31.5.1990 in Berlin, EZA Berlin, 101/93/755.
1203 Protokoll Demke-Ziegler-Doyé vom 2.7.1990 über die 236. Sitzung des Vorstands am 28.6.1990 in Berlin, a.a.O.; vgl. auch Protokoll Demke-Ziegler-Riese vom 3.7.1990 der 135. Tagung der Konferenz der Ev. Kirchenleitungen in der DDR vom 29./30.6.1990 in Berlin. Ziegler wertete zusätzlich: »Die Entwicklungen überstürzen sich, innerhalb der Regierung wechseln häufig die Zuständigkeiten [...] Als belastend für alle Gespräche erweist sich, alle grundsätzlichen Fragen werden zuerst in Bonn verhandelt.« EZA Berlin, 101/93/746.
1204 Der KKL-Vorstand legte im Mai 1990 fest: »Zur Frage der Rechtssicherheit des Eigentums soll die Volkskammer ermutigt werden, bestehende Regelungen festzuschreiben, sofern diese nicht durch Rechtsbruch zustandegekommen sind.« Protokoll Demke-Ziegler-Zeddies der Sondersitzung des Vorstands am 11.5.1990 in Berlin, EZA Berlin, 101/93/754. Forck berichtete der KKL: »In der Begegnung mit Gemeinden und Mitarbeitern ist er sensibel geworden für die ungeklärten Rechtsfragen bei Eigentumsverhältnissen, die zu großen Verunsicherungen führen.« Protokoll Demke-Ziegler vom 1.6.1990 der 134. Tagung der Konferenz der Evangelischen Kirchenleitungen in der DDR vom 11./12.5.1990 in Berlin, EZA Berlin, 101/93/746. EKD und Kirchenbund planten, eine gemeinsame Erklärung zur Eigentumsproblematik abzugeben. Vgl. Vermerk Ziegler über ein Gespräch im Büro des Ministerpräsidenten am 8.8.1990 Betr.: Eigentumsproblematik mit Prof. Dr. Penig, Berater des Ministerpräsidenten, EZA Berlin, 101/93/755. Vgl. auch Protokoll Demke-Ziegler-Riese vom 3.7.1990 der 135. Tagung der Konferenz der Ev. Kirchenleitungen in der DDR vom 29./30.6.1990 in Berlin, EZA Berlin, 101/93/746; undatiertes Protokoll Demke-Zeddies-Jacob der 237. Sitzung des Vorstands im Juli 1990, EZA Berlin, 101/93/755; Protokoll Demke-Ziegler-Doyé vom 27.8.1990 der 238. Sitzung des Vorstandes am 22.8.1990 in Berlin, a.a.O.; Protokoll Demke-Ziegler-Grengel vom 9.10.1990 der 137. Tagung der Konferenz der Ev. Kirchenleitungen gemeinsam mit dem Rat der Ev. Kirche in Deutschland vom 5.-6.10.1990 in Berlin-Weißensee, Stephanus-Stiftung, EZA Berlin, 101/93/747.
1205 Vgl. auch Protokoll Demke-Ziegler-Zeddies der Sondersitzung des Vorstands am 11.5.1990 in Berlin, TOP 4. Soziale Fragen des Staatsvertrages, EZA Berlin, 101/93/754.
1206 Einen Monat später stellte der Schweriner Bischof fest: »Die dringend notwendige Bewältigung von 40 Jahren Geschichte in der DDR tritt unter den aktuellen Aufgaben deutlich in den Hintergrund.« Protokoll Demke-Ziegler vom 1.6.1990 der 134. Tagung der Konferenz der Evangelischen Kirchenleitungen in der DDR vom 11./12.5.1990 in Berlin, EZA Berlin, 101/93/746.
1207 Protokoll Demke-Ziegler-Jacob vom 8.4.1990 der 133. Tagung der Konferenz der Evangelischen Kirchenleitungen in der DDR vom 6./7.4.1990 in Berlin, EZA Berlin, 101/93/745.
1208 Protokoll Demke-Ziegler-Zeddies der Sondersitzung des Vorstands am 11.5.1990 in Berlin, EZA Berlin, 101/93/754. Vgl. auch Protokoll Demke-Ziegler-Kupas vom 6.6.1990 über die 235. Sitzung des Vorstands am 31.5.1990 in Berlin: »2.10. Mitgliedschaft von Herrn Schnur im Ausschuß ›Kirche und Gesellschaft‹: Es muß weiter als möglich angesehen werden, daß Herr Rechtsanwalt Schnur im Ausschuß weiter mitwirken will, da er noch nicht seinen Rücktritt erklärt habe. Es wird verabredet, daß der Vorsitzende des Ausschusses, Pfarrer Kramer, mit Rechtsanwalt Schnur spricht, um ihn zu seinem Austritt zu bewegen.« EZA Berlin, 101/93/755. Oberkonsistorialrat Ulrich Schröter wurde Mitglied der Beratergruppe des Innenministers Diestel zur Fortsetzung der Auflösung des MfS. Konsistorialpräsident Stolpe stimmte dem zu unter der Voraussetzung, »daß die Mitarbeit in der Beratergruppe eine ehrenamtliche Tätigkeit ist, die sich auf einige Wochenstunden erstreckt und keine ernste Beeinträchtigung der kirchlichen Dienstpflichten von Herrn Schröter bedeutet. Darf ich bei der

Gelegenheit namens der Evangelischen Kirche in Berlin-Brandenburg die dringliche Hoffnung und dringliche Bitte ausdrücken, daß in dieser belastenden Materie bald klare Entscheidungen vollzogen werden können«, mahnte Stolpe abschließend. Schreiben Stolpe an Diestel vom 10.5.1990, Abschrift in EZA Berlin, 101/93/2.

1209 Protokoll Demke-Ziegler vom 1.6.1990 der 134. Tagung der Konferenz der Evangelischen Kirchenleitungen in der DDR vom 11./12.5.1990 in Berlin, EZA Berlin, 101/93/746.

1210 Außerdem war es in Genf wieder zu einer kontroversen Rumänien-Debatte gekommen. Vgl. Protokoll Demke-Ziegler vom 1.6.1990 der 134. Tagung der Konferenz der Evangelischen Kirchenleitungen in der DDR vom 11./12.5.1990 in Berlin, EZA Berlin, 101/93/746. Vgl. die Erklärungen und Beschlüsse der ZA-Sitzung in epd-Dok 27/90, insbes. 47.

1211 Empfehlungen und Beschlüsse der Gemeinsamen Kommission Bund/EKD 27.-30.5.1990, Iserlohn. Mit Vermerk: Vorläufige vertrauliche Information nur für Mitglieder der Konferenz. Nicht zur Veröffentlichung! Nur zur mündlichen Information in kirchl. Gremien!, Protokollant: Ziegler, Datum: 30.5.1990, a.a.O.

1212 Vgl. Protokoll Demke-Ziegler vom 1.6.1990 der 134. Tagung der Konferenz der Evangelischen Kirchenleitungen in der DDR vom 11./12.5.1990 in Berlin, a.a.O.

1213 Von Campenhausen hatte bereits zuvor die KKL beruhigt: »Man kann aus der Kirche keinen auf die Straße setzen. Er hat keinen Zweifel, daß für jeden Mitarbeiter eine geeignete Tätigkeit gefunden werden kann.« Protokoll Demke-Ziegler-Jacob vom 8.4.1990 der 133. Tagung der Konferenz der Evangelischen Kirchenleitungen in der DDR vom 6./7.4.1990 in Berlin, EZA Berlin, 101/93/745. Dennoch mußten einige Mitarbeiter des BEK-Sekretariats entlassen werden. Vgl. Protokoll Demke-Ziegler-Rückert/Günther vom 12.3.1991 der 140. Tagung der Konferenz der Evangelischen Kirchenleitungen (Klausurtagung) vom 8./9.3.1991 in Buckow: »2. Sozialplan für Mitarbeiter des Sekretariats.« EZA Berlin, 101/93/749.

1214 Die Görlitzer Frühjahrssynode 1990 bejahte als erste BEK-Gliedsynode die Wiedereinführung des Religionsunterrichts als ordentliches Lehrfach an den Schulen, wofür sie auf der Juni-Tagung der KKL heftige Kritik erntete. Vgl. Protokoll Demke-Ziegler-Riese vom 3.7.1990 der 135. Tagung der Konferenz der Ev. Kirchenleitungen in der DDR vom 29./30.6.1990 in Berlin, EZA Berlin, 101/93/746.

1215 Vgl. auch ebd. »Die Konferenz beauftragt Vorstand und Sekretariat, weiterhin bei der Regierung dafür einzutreten, daß alle rechtlichen Möglichkeiten für die Kirchen in bezug auf ihren Körperschaftsstatus, die Kirchensteuererhebung und den Religionsunterricht in den Schulen offen gehalten werden, ohne daß eine Nötigung besteht, davon sofort oder später Gebrauch zu machen.«

1216 Vgl. auch Zur Diskussion um die rechtliche Regelung des Schwangerschaftsabbruchs. Erklärung des Rates der Evangelischen Kirche in Deutschland und der Konferenz der Evangelischen Kirchenleitungen des Bundes der Evangelischen Kirchen vom 20.6.1991, abgedruckt in: Zwischen Anpassung und Verweigerung, 350-357.

1217 Vgl. auch Niederschrift Heidingsfeld vom 22.6.1990 über die Sitzung der Beratergruppe am 20.6.1990, 14.00 Uhr bis 18.30 Uhr: »Übereinstimmung zeichnet sich darin ab, daß die Erarbeitung einer vollständigen neuen Ordnung bzw. Verfassung als nicht wünschenswert angesehen wird, da dann die Gliedkirchen über lange Jahre hinweg mit Organisations- und Strukturfragen beschäftigt sein werden (wobei der Ausgang noch durchaus offen ist). Hauptsächlich wird es darauf ankommen, unterhalb der Paktierungs-Grenze Veränderungen (Wie muß das zukünftige Leitungsgremium aussehen? So wie der Rat, so wie die Konferenz der Kirchenleitungen?) vorzunehmen, so daß ein zweimaliger Durchgang durch die Synoden der 24 Landeskirchen nicht stattfinden muß.« EZA Berlin, 4/92/24.

1218 Niederschrift über die Sitzung der Leitenden Kirchenjuristen aus den Gliedkirchen der EKD am 6.6.1990, EZA Berlin, 101/93/777.

1219 Protokoll Demke-Ziegler-Kupas vom 6.6.1990 über die 235. Sitzung des Vorstands am 31.5.1990 in Berlin, EZA Berlin, 101/93/755.
1220 Protokoll Demke-Ziegler-Riese vom 3.7.1990 der 135. Tagung der Konferenz der Ev. Kirchenleitungen in der DDR vom 29./30.6.1990 in Berlin, EZA Berlin, 101/93/746. Zu der Frage einer Änderung der EKD-Grundordnung vgl. auch Protokoll Kandler-Kreß der 2. Sitzung des Rechtsausschusses der 6. Synode des Bundes der Ev. Kirchen in der DDR am 30.7.1990 in Berlin, EZA Berlin, 101/93/730.
1221 Undatiertes Protokoll Demke-Zeddies-Jacob der 237. Sitzung des Vorstands im Juli 1990, EZA Berlin, 101/93/755.
1222 Ebd.; auch Protokoll Demke-Ziegler-Grengel vom 5.9.1990 der 136. Tagung der Konferenz der Ev. Kirchenleitungen in der DDR vom 31.8./1.9.1990 in Berlin, EZA Berlin, 101/93/746.
1223 Undatiertes Protokoll Demke-Zeddies-Jacob der 237. Sitzung des Vorstands im Juli 1990, EZA Berlin, 101/93/755.
1224 Ebd.
1225 Er wurde dabei von Langer unterstützt. Vgl. Protokoll Demke-Ziegler-Grengel vom 5.9.1990 der 136. Tagung der Konferenz der Ev. Kirchenleitungen in der DDR vom 31.8./1.9.1990 in Berlin, EZA Berlin, 101/93/746.
1226 Geführt als IM »Hesselbarth«, vgl. Besier/Wolf, »Pfarrer, Christen und Katholiken«, 913. Vgl. auch Vertrauliches Protokoll Rogge über den Bischofskonvent in Berlin, Auguststr. 80, am 19.9.1990, Beginn: 10.05 Uhr, Ende: 14.15 Uhr: »Leich teilt mit, daß Kirchner mit dem 31.12.1989 aus dem Dienst der Thüringer Kirche ausgeschieden ist. Es bestehen seither keinerlei dienstliche Beziehungen mehr.« EZA Berlin, 101/93/773.
1227 Protokoll Demke-Ziegler-Grengel vom 5.9.1990 der 136. Tagung der Konferenz der Ev. Kirchenleitungen in der DDR vom 31.8./1.9.1990 in Berlin, EZA Berlin, 101/93/746.
1228 Vertrauliches Protokoll Rogge über den Bischofskonvent in Berlin, Auguststr. 80, am 19.9.1990, Beginn: 10.05 Uhr, Ende: 14.15 Uhr, EZA Berlin, 101/93/773.
1229 Dieses Wort ist in dem dem Vf. vorliegenden Exemplar des Briefes unterstrichen.
1230 Schreiben Stolpe vom 23.7.1990, EZA Berlin, 101/93/746. Vgl. auch Schreiben Konsistorium Berlin-Brandenburg, Pettelkau, an Sekretariat des BEK vom 31.10.1990, das über Stolpes Eintritt in den Wartestand informierte. EZA Berlin, 101/93/904.
1231 Protokoll Demke-Ziegler-Doyé vom 27.8.1990 der 238. Sitzung des Vorstandes am 22.8.1990 in Berlin, EZA Berlin, 101/93/755.
1232 Protokoll Demke-Ziegler-Grengel vom 5.9.1990 der 136. Tagung der Konferenz der Ev. Kirchenleitungen in der DDR vom 31.8./1.9.1990 in Berlin, EZA Berlin, 101/93/746. Vgl. auch Anlage 1 zum Protokoll, Beschluß der Konferenz betreffend »Zusammenführung der Gliedkirchen des Bundes und der Gliedkirchen der EKD«. A.a.O.
1233 Vgl. dazu M. Heckel, Die Vereinigung der evangelischen Kirchen in Deutschland.
1234 Niederschrift Dahrmann über die Sitzung des ständigen Rechtsausschusses der Synode der EKD am 14./15.9.1990 in Hannover, EZA Berlin, 101/93/730.
1235 Vermerk Heidingsfeld vom 22.6.1990 über die Sitzung der Beratergruppe am 20.6.1990, EZA Berlin, 4/92/24. Mit Schreiben vom 21.11.1990 an die Teilnehmer der »Beratergruppe« beendete der Ratsvorsitzende Kruse deren Tätigkeit, EZA Berlin, 4/92/24. Vgl. auch Schreiben Demke an die Mitglieder der Beratergruppe vom 5.12.1990, EZA Berlin, 101/93/816; Schreiben H. v. Keler an O. v. Campenhausen und Zeddies vom 2.4.1991, a.a.O.
1236 Protokoll Heine über die gemeinsame Sitzung der Präsidien der Synode der EKD und des BEK am 7./8.9.1990 in Berlin, EZA Berlin, 101/93/715. Vgl. auch Schreiben Wild an Heidingsfeld vom 31.8.1990 und Schreiben Löwe an die Leitungen der Gliedkirchen der EKD vom 3.9.1990, EZA Berlin, 101/93/1205. Vgl. auch Protokoll Demke-Doyé-Ziegler vom 3.9.1990 über die Sondersitzung des Vorstands am 31.8.1990 in

Berlin, EZA Berlin, 101/93/755; Protokoll Demke-Ziegler-Grengel vom 5.9.1990 der 136. Tagung der Konferenz der Ev. Kirchenleitungen in der DDR vom 31.8./1.9.1990 in Berlin. Heidingsfeld erklärte dort: »Wenn sich die Konferenz zurückziehe, bringt sie die EKD in eine schwierige Lage. Es bestünde ein hoher Druck, sich zu artikulieren. Deshalb gehe die dringende Bitte an die Konferenz, sich den Vorschlägen anzuschließen. Dr. Hempel und Dr. Demke betonen, daß es nicht gut sei, unter solchem Druck entscheiden zu müssen.« Abschließend beschloß die KKL bei zwölf Ja-Stimmen, sechs Nein-Stimmen und zwei Enthaltungen: »Wird ein Gottesdienst für den 2.10.1990 vorgesehen, legt die KKL Wert darauf, daß die Gesichtspunkte des Danks, der Umkehr, der Besinnung und der Hoffnung thematisiert werden. Unter diesen Voraussetzungen ist die Konferenz bereit, einen von der AGCK verantworteten Gottesdienst mitzutragen.« EZA Berlin, 101/93/746. Vgl. auch Vertrauliches Protokoll Rogge über den Bischofskonvent in Berlin, Auguststr. 80, am 19.9.1990, Beginn: 10.05 Uhr, Ende: 14.15 Uhr, EZA Berlin, 101/93/773.

1237 Vgl. Protokoll Demke-Ziegler-Grengel vom 9.10.1990 der 137. Tagung der Konferenz der Ev. Kirchenleitungen gemeinsam mit dem Rat der Ev. Kirche in Deutschland vom 5.-6.10.1990 in Berlin-Weißensee, Stephanus-Stiftung, EZA Berlin, 101/93/747.

1238 Protokoll Heine über die gemeinsame Sitzung der Präsidien der Synode der EKD und des BEK am 7./8.9.1990 in Berlin, EZA Berlin, 101/93/715.

1239 Protokoll Demke-Doyé-Ziegler vom 3.9.1990 über die Sondersitzung des Vorstands am 31.8.1990 in Berlin, EZA Berlin, 101/93/755.

1240 Vgl. Protokoll Demke-Ziegler-Grengel vom 5.9.1990 der 136. Tagung der Konferenz der Ev. Kirchenleitungen in der DDR vom 31.8./1.9.1990 in Berlin, EZA Berlin, 101/93/746.

1241 Information für Herrn Oberregierungsrat Hansgeorg Leibbrandt, Bundesministerium des Innern, Referat VtK II 2, Bonn, vom 27.9.1990, BA, Abt. Potsdam, O-4, 1377.

1242 Im Auftrag kleinerer Religionsgemeinschaften hatte sich Rechtsanwalt Jürgen Warnke aus Frankfurt am Main am 13.6.1990 an Otto von Campenhausen gewandt und angefragt, wie die EKD zu einer möglichen Einsetzung »eines staatlichen Beauftragten für Kirchen und Religionsgemeinschaften« durch die Bundesregierung stehe. Der Kirchenamtspräsident schrieb am 2.7.1990 zurück, eine solche Frage sei bislang noch »nicht geprüft worden. Angesichts der bisherigen Erfahrungen mit einem derartigen Beauftragten in der DDR hatte man gemeint, daß ein neues staatliches Aufsichtsorgan für Kirchen und Religionsgemeinschaften wohl nicht tunlich sei. Ich bin jedoch gern bereit, mit Ihnen diese Angelegenheit zu erörtern. Vorher würde ich mich allerdings noch einmal gerne mit dem Sekretariat des Bundes Evangelischer Kirchen in der DDR abstimmen, um bei diesem Gespräch über ein umfassenderes Meinungsbild zu verfügen.« Kopie in EZA Berlin, 101/93/755. Ziegler schrieb am 22.8.1990 an von Campenhausen: »Der Vorstand sieht seinerseits keinen Handlungsbedarf. Es ist Ihnen sicher bekannt, daß wir uns sofort nach der Wende an die Regierung der DDR gewandt haben mit der Bitte, direkte Zugangsmöglichkeiten zu den einzelnen Ministerien zu bekommen, ohne die ständig kontrollierende Schleuse einer Dienststelle des Staatssekretärs für Kirchenfragen passieren zu müssen. Anders sehen es die kleinen Kirchen und Religionsgemeinschaften. Für sie war die Dienststelle des Staatssekretärs für Kirchenfragen das Instrument, ihre Gleichberechtigung zu praktizieren. Solche kleinen Gemeinschaften, wie z. B. die sogenannte ›Johannische Kirche‹, haben das auch weidlich ausgenutzt und waren besonders in den letzten schwierigen Zeiten das Beispiel, das in der Presse und in der Öffentlichkeit den größeren Kirchen als das gute Vorbild für Staatstreue demonstriert wurde. Aus derartigen Erfahrungen heraus bleiben wir bei unserem Standpunkt. Wir brauchen lediglich einen untergeordneten Mitarbeiter im Büro der Regierungsspitze, der den Auftrag hat, notwendige Kontakte zu vermitteln und zu koordinieren.« A.a.O.

1243 Noch eingehender sprach die kommende KKL-Sitzung im November 1990 unter Anwesenheit von Binder und Pfarrer Hermann Schäfer, Nordhorn, über die Problematik.

Vgl. Protokoll Demke-Ziegler-Brinkel vom 15.11.1990 der 138. Tagung der Konferenz der Evangelischen Kirchenleitungen vom 9.-10.11.1990 in Berlin, Auguststr. 80. Abschließend räumte Binder »ein, daß im Blick auf das Zusammenwachsen von Bund und EKD die Regelung der Militärseelsorge im Augenblick nicht zu den wichtigsten Fragen gehört. Vor einer angemessenen Entscheidung sollte den Kirchen in der bisherigen DDR Zeit zum Kennenlernen der Militärseelsorge in der bisherigen Bundesrepublik und im Ausland eingeräumt werden. [...] Als Zwischenergebnis stellt die Konferenz fest, daß der Wille zur Seelsorge an Soldaten unbestritten ist.« EZA Berlin, 101/93/747. Vgl. auch Protokoll Demke-Ziegler-Jacob vom 14.1.1991 der 139. Tagung der Konferenz der Evangelischen Kirchenleitungen gemeinsam mit dem Rat der Ev. Kirche in Deutschland vom 11./12.1.1991 in Hannover, Kirchenamt der EKD: »Die Auswertung der gliedkirchlichen Stellungnahmen ergibt, daß alle Gliedkirchen die Seelsorge an Soldaten als eine Aufgabe ansehen. Die Ablehnung des Militärseelsorgevertrages ist nicht durchgehend eindeutig.« EZA Berlin, 101/93/748. Über den nach langen Kämpfen 1994 mühsam ausgehandelten »Militärseelsorgekompromiß« vgl. zusammenfassend idea-spektrum 46 vom 17.11.1994.

1244 Protokoll Demke-Ziegler-Grengel vom 9.10.1990 der 137. Tagung der Konferenz der Ev. Kirchenleitungen gemeinsam mit dem Rat der Ev. Kirche in Deutschland vom 5.-6.10.1990 in Berlin-Weißensee, Stephanus-Stiftung, EZA Berlin, 101/93/747.

1245 Vgl. auch Schreiben Hans Schäfer, Weimar, an seine Freunde vom 22.5.1991, in dem er über einen von der Gauck-Behörde ausgesprochenen Entlastungsbescheid berichtet. EZA Berlin, 101/93/954.

1246 Protokoll Demke-Ziegler-Brinkel vom 15.11.1990 der 138. Tagung der Konferenz der Evangelischen Kirchenleitungen vom 9.-10.11.1990 in Berlin, Auguststr. 80, EZA Berlin, 101/93/747.

1247 Protokoll Demke-Ziegler-Rückert/Günther vom 12.3.1991 der 140. Tagung der Konferenz der Evangelischen Kirchenleitungen (Klausurtagung) vom 8./9.3.1991 in Bukkow, EZA Berlin, 101/93/749.

1248 Protokoll Demke-Zeddies-Küntscher vom 16.5.1991 der 141. Tagung der Konferenz der Evangelischen Kirchenleitungen am 10./11.5.1991 in Berlin, EZA Berlin, 101/93/749. Vgl. auch Schreiben Ziegler an die Kirchenleitung der Evangelischen Kirche der Kirchenprovinz Sachsen vom 9.4.1991: »Wir sind tief bewegt von der Nachricht, daß unser Bruder *Konsistorialpräsident Dr. Detlef Hammer* vor wenigen Tagen unmittelbar nach Vollendung seines 41. Lebensjahres unerwartet in die Ewigkeit abgerufen wurde. Ihrer Kirche gilt unsere herzliche Anteilnahme angesichts dieses schweren Verlustes. Der verantwortungsvolle Dienst des Konsistorialpräsidenten einer unserer größten Gliedkirchen wurde dem Heimgegangenen in ungewöhnlich jungen Jahren anvertraut. Daraus spricht das große Vertrauen, das ihm entgegengebracht wurde. [...] Bereits seit Februar 1990 hatten wir Dr. Detlef Hammer als Mitglied der Konferenz der Evangelischen Kirchenleitungen unter uns. In seiner menschlichen und freundlichen Art haben wir ihn von Anfang an geschätzt. Von ihm hatten wir noch viel erhofft. [...] Möchte der Herr der Kirche dazu helfen, daß die Fragen zur Ruhe kommen und die Lücke geschlossen werden kann, die dieser jähe und frühe Tod gerissen hat.« EZA Berlin, 101/93/944. Vgl. auch die Todesmitteilung der Ev. Kirche der Kirchenprovinz Sachsen: »Wir haben Detlef Hammer viel zu verdanken. Er vermochte in beglückender Weise fachliche Kompetenz in vielen Bereichen mit großzügigem und kompromißbereitem Denken zu verbinden. Es ging ihm auch im Umgang mit Rechtsproblemen und Verwaltungsaufgaben immer zuerst um die Menschen, denen die Ordnungen zu dienen haben.
Seine ansteckende Fröhlichkeit und seine entwaffnende Unvoreingenommenheit entsprachen sicher seiner Veranlagung. Sie hatten aber zugleich ihre Wurzel in der Gewißheit, selber trotz aller Schuld von Gott angenommen zu sein.« A.a.O. Am 17.2.1991 hatte Hammer ein Entlassungsgesuch an seine Kirche gerichtet. Das Schrei-

ben enthält fundierte Kritik an den binnenkirchlichen Verhältnissen, abgedruckt bei H. Schultze/W. Zachhuber (Hgg.), Spionage gegen eine Kirchenleitung. 199-201.
1249 Vgl. Protokoll Demke-Zeddies-Riese vom 10.6.1991 der 142. Tagung der Konferenz der Evangelischen Kirchenleitungen am 7.6.1991 in Berlin, EZA Berlin, 101/93/749.
1250 Abgedruckt in KiS 1/87, 14 f. Vgl. auch Hüffmeier, Grabinschrift oder Fanal? Die »Gemeinsame Erklärung« der evang. Kirchen in der DDR, a.a.O., 9-14.
1251 Vgl. Protokoll Demke-Ziegler-Brinkel vom 15.11.1990 der 138. Tagung der Konferenz der Evangelischen Kirchenleitungen vom 9.-10.11.1990 in Berlin, Auguststr. 80, EZA Berlin, 101/93/747. Vgl. zum weiteren gemeinsamen Weg von Bund und EKD. Beschluß der 2. Tagung der VI. Synode des Bundes der Evangelischen Kirche in Leipzig vom 25.9.1990, in: Zwischen Anpassung und Verweigerung, 134-137.
1252 Vgl. Cynkiewicz an Schmude vom 12.12.1990, EZA Berlin, 101/93/715.
1253 Gehlsen an Synode der EKD vom 8.2.1991, EZA Berlin, 101/93/730.
1254 So hatte die 4. Sitzung der Gemeinsamen Kommission EKD-BEK entschieden. Vgl. Protokoll Demke-Ziegler-Jacob vom 14.1.1991 der 139. Tagung der Konferenz der Evangelischen Kirchenleitungen gemeinsam mit dem Rat der Ev. Kirche in Deutschland vom 11./12.1.1991 in Hannover, Kirchenamt der EKD, EZA Berlin, 101/93/748.
1255 Protokoll Demke-Ziegler vom 28.2.1991 der Sondersitzung der Konferenz der Evangelischen Kirchenleitungen während der Tagung der Bundessynode am 23.2.1991, Berlin, Stephanus-Stiftung, 13.10 Uhr bis 14.00 Uhr, EZA Berlin, 101/93/749.
1256 Zeddies hatte mit Schreiben vom 7.6.1991 eine von Hans Modrow unterzeichnete Einladung des Parteivorstandes der PDS erhalten, an der Fortsetzung des 2. Parteitages der SED-Nachfolgepartei als Gast teilzunehmen. Zeddies dankte am 19.6.1991 für die Unterrichtung über die Fortsetzung des Parteitages, ohne seine Teilnahme zuzusagen: »Wenn die Beratungen des Parteitages zu Beschlüssen führen, die sich an die Öffentlichkeit wenden, so wären wir durchaus daran interessiert, davon Kenntnis zu bekommen. Ich wäre Ihnen dankbar, wenn Sie das gegebenenfalls veranlassen könnten.« Beide Schreiben in EZA Berlin, 101/93/14.
1257 Protokoll Demke-Ziegler-Rückert/Günther vom 12.3.1991 der 140. Tagung der Konferenz der Evangelischen Kirchenleitungen (Klausurtagung) vom 8./9.3.1991 in Bukkow, EZA Berlin, 101/93/749.
1258 Abgedruckt in: Zwischen Anpassung und Verweigerung, 167-169.
1259 Vgl. Protokoll Demke-Zeddies-Riese vom 10.6.1991 der 142. Tagung der Konferenz der Evangelischen Kirchenleitungen am 7.6.1991 in Berlin, EZA Berlin, 101/93/749.
1260 Ebd.
1261 Vgl. auch Dankschreiben Demke an die Mitglieder der Beratergruppe vom 5.12.1990: »Manchmal hat die Unregelmäßigkeit der Teilnahme an der Beratergruppe – da müssen wir aus den Gliedkirchen des Bundes besonders an unsere Brust schlagen – angesichts der weiten Wege, Reisezeiten und Grenzübergänge, wie sie die Mitglieder aus Westdeutschland auf sich genommen haben, manchmal hat die mangelnde Entscheidungsbefugnis Ärgernis erzeugt: Die Beratergruppe hat aber nicht nur manche wichtige Information weiter ins Land gebracht, sie hat nach meiner Beobachtung zuerst auch das kritische Fragen untereinander riskiert, wenn auch noch viel zu selten, wie sich heute zeigt. [...] Jetzt haben sich die Begegnungsmöglichkeiten ausgeweitet. Jetzt werden sie normal. Hoffentlich werden die Verbindungen, die unter ›normalen‹ Umständen wahrscheinlich nie gewachsen wären, dadurch nicht geschmälert.« EZA Berlin, 101/93/816. Von Keler klagte in einem Schreiben an von Campenhausen und Zeddies vom 2.4.1991: »Meinem starken Eindruck nach haben wir angesichts vieler anderer gemeinsamer Termine unsere Beratergruppe etwas abrupt abgestellt. [...] Manches wäre unter uns zwar nicht leichter, aber jedenfalls klarer, wenn wir uns im gewohnten Kreis oft über das Für und Wider hätten austauschen können. Das ist meine Erfahrung in zwanzig Jahren, und sie wird durch den Eindruck der letzten anderthalb Jahre nur bestätigt. [...] Wer, wie ich, zwei Jahrzehnte lang das Flair dieser Begegnungen eingeatmet hat, bedauert zutiefst, daß nun in lauter kirchenamtlichen Institutionen die herrlich-

unverbindliche, offene Aussprache zwischen den Gliedkirchen fehlen soll, die mit der Beratergruppe gegeben war. Liebe Brüder, bedenket die Folgen, nicht nur finanziell, auch atmosphärisch.« Der Altbischof bat, anläßlich der letzten KKL-Sitzung nochmals eine Begegnung der Beratergruppe mit verkleinerter Westbeteiligung durchzuführen. A.a.O. Von daher dürfte dann die Anwesenheit Kelers bei der Juni-KKL-Sitzung herrühren.

1262 Gleichzeitig dankte Hempel dem scheidenden KKL-Vorsitzenden Demke für die von ihm geleistete Arbeit sowie »für die faire Behandlung der Konferenz, für die Balance zwischen eigenem Impuls und geduldigem Zuhören, für sein unbeirrtes Eintreten für die Realität des Bundes, für seine unauffällige und konzentrierte Arbeitsweise und seine Zurücknahme der eigenen Person. Er erinnert daran, daß es sicher nie angenehm war, Vorsitzender der Konferenz zu sein, aber in dieser Situation eine besonders schwierige Aufgabe. Mit diesem Dank der Konferenz verbindet er den Wunsch für Gesundheit und Kraft für alle neuen Aufgaben, die vor Bischof Dr. Demke stehen.« Protokoll Demke-Zeddies-Riese vom 10.6.1991 der 142. Tagung der Konferenz der Evangelischen Kirchenleitungen am 7.6.1991 in Berlin, EZA Berlin, 101/93/749.

1263 Schreiben Zeddies-Irene Koenig an Castro vom 28.6.1991, EZA Berlin, 101/93/2061. Der Synodalvortrag Krusche vor der BEK-Synode im Februar 1991 ist abgedruckt in epd-Dok 14/91,1-38.

Abkürzungen

ABB	Archiv des Bevollmächtigten der EKD bei der Bundesregierung in Bonn
Abt., Abtlg.	Abteilung
ACDP	Archiv für Christlich-Demokratische Politik
ACK	Arbeitsgemeinschaft Christlicher Kirchen
AGCK	Arbeitsgemeinschaft Christlicher Kirchen (DDR)
AE	Arbeitseinheit
aej	Arbeitsgemeinschaft Evangelischer Jugend
AFA	Allgemeiner Fortsetzungsausschuß der CFK
AfNS	Amt für Nationale Sicherheit
AG	Arbeitsgruppe
AHB	Außenhandelsbetrieb
AK	Arbeitskreis
AKl	Arbeiterklasse
AKZG, B	Arbeiten zur Kirchlichen Zeitgeschichte, Reihe B. Darstellungen
Anh.	Anhalt
APU	Evangelische Kirche der Altpreußischen Union
APrTh	Arbeiten zur Praktischen Theologie
AS, ASF	Aktion Sühnezeichen/Friedensdienste
ASt.	Außenstelle
BA	Bundesarchiv
BA, Abt. Potsdam	Bundesarchiv, Abteilungen Potsdam
BdPB	Büro des Politbüros
BDJ	Bund Deutscher Jugend
BEK	Bund evangelischer Kirchen in der DDR
Best.	Bestand
BF	Bildung und Forschung
BfV	Bundesamt für Verfassungsschutz
BGL	Betriebsgewerkschaftsleitung
BiLi	Bibel und Liturgie
BK	Bekennende Kirche
BL	Bezirksleitung
BMin	Bundesministerium
BStU	Behörde des Bundesbeauftragten für die Unterlagen des Staatssicherheitsdienstes der ehemaligen DDR
BThZ	Berliner Theologische Zeitschrift
BTSEKD	Berichte über die Tagungen der Synode der Evangelischen Kirche in Deutschland
BV	Bezirksverwaltung
BVfS	Bezirksverwaltung für Staatssicherheit
CCIA	Commission of the Churches on International Affairs
CFK	Christliche Friedenskonferenz
ComSoc	Communication socialis. Zeitschrift für Publizistik in Kirche und Welt
ČSR	Tschechoslowakische Republik
ČSSR	Tschechoslowakische Sozialistische Republik
DA	Deutschlandarchiv. Zeitschrift für die Fragen der DDR und der Deutschlandpolitik
Daed.	Daedalus. Journal of American Academy of Arts and Science

DAS	Deutsches Allgemeines Sonntagsblatt
DBW	Dietrich Bonhoeffer Werke
DC	Deutsche Christen
DDP	Deutsche Demokratische Partei
DDRV	DDR-Verfassung
DEK	Deutsche Evangelische Kirche
DEKT	Deutscher Evangelischer Kirchentag
DFD	Demokratischer Frauenbund Deutschlands
Diak.	Internationale Zeitschrift für Praktische Theologie
Diakonie	Diakonie. Impulse, Erfahrungen, Theorien
DNVP	Deutsch-Nationale Volkspartei
Dok.	Dokument
DSB	Deutscher Sportbund
DtPfrBl	Deutsches Pfarrerblatt
DVdI	Deutsche Verwaltung des Inneren
DVP	Deutsche Volkspolizei
DVV	Deutsche Verwaltung für Volksbildung
DWK	Deutsche Wirtschaftskommission
DZPh	Deutsche Zeitschrift für Philosophie
EGO	Entwurf einer Grundordnung für die EKD
Ev. Komm.	Evangelische Kommentare
EKiBB	Evangelische Kirche in Berlin-Brandenburg
EKHN	Evangelische Kirche in Hessen und Nassau
EKU	Evangelische Kirche der Union
ELKT	Evangelisch-Lutherische Kirche Thüringens
ELLKM	Evangelisch-Lutherische Landeskirche Mecklenburg
ena	Evangelischer Nachrichtendienst in der DDR
eno	Evangelischer Nachrichtendienst Ost
EOK	Evangelischer Oberkirchenrat
epd	Evangelischer Pressedienst
epd-Dok	Evangelischer Pressedienst-Dokumentation
epd ZA	Evangelischer Pressedienst-Zentralausgabe
ESG	Evangelische Studentengemeinde
EStL	Evangelisches Staatslexikon
ev., evgl., evang.	evangelisch
EVG	Europäische Verteidigungsgemeinschaft
EvTh	Evangelische Theologie
Ex.	Exemplar
EYCE	Ecumenical Youth Committee in Europe
EZA	Evangelisches Zentralarchiv (Berlin)
FAZ	Frankfurter Allgemeine Zeitung
FdR(dA)	Für die Richtigkeit (der Abschrift)
FESG	Texte und Materialien der Forschungsstätte der Evangelischen Studentengemeinschaft
FIM	Führungs-IM
FNL	Fünf neue Länder
FR	Frankfurter Rundschau
FS	Festschrift
FU	Freie Universität (Berlin)
GAW	Gustav-Adolf-Werk
GeGe	Geschichte und Gesellschaft

gem.	gemäß
Generalsup.	
Gen. Sup. (Int.)	Generalsuperintendent
GI	Geheimer Informator
GlLern	Glauben und Lernen
GM	Geheimer Mitarbeiter
GMH	Gewerkschaftliche Monatshefte
GMS	Gesellschaftlicher Mitarbeiter Sicherheit
GO	Grundordnung
Greifsw.	Greifswald
GuG	Geschichte und Gesellschaft
GVG	Gemeinsame Vorbereitungsgruppe
GVP	Gesamtdeutsche Volkspartei
GWU	Geschichte in Wissenschaft und Unterricht
H.	Heft
HA	Hauptabteilung
HA I/MfNV	Hauptabteilung I/Ministerium für Nationale Verteidigung
HAL	Hauptabteilungsleiter
He.	Herr(n)
Hgg.	Herausgeber (Plural)
HICOG	High Commissioner for Germany
HIM	Hauptamtlicher Inoffizieller Mitarbeiter
HVA	Hauptverwaltung Aufklärung
IfGA ZPA	Institut für die Geschichte der Arbeiterbewegung, Zentrales Parteiarchiv der SED
IM	Inoffizieller Mitarbeiter
IMB	Inoffizieller Mitarbeiter zur Bearbeitung im Verdacht der Feindtätigkeit stehender Personen
IMF	Inoffizieller Mitarbeiter mit Feindverbindung
IMS	Inoffizieller Mitarbeiter zur Sicherung des Verantwortungsbereiches
IMV	Inoffizieller Mitarbeiter zur Vorgangsbearbeitung
IMVorl.	Inoffizieller Mitarbeiter Vorlauf
insbes.	insbesondere
JBBKG	Jahrbuch für Berlin-Brandenburgische Kirchengeschichte
JCV	Jahrbuch des Caritasverbandes
JG	Junge Gemeinde
Jhrs.	Jahres
JK	Junge Kirche
JP	Junge Pioniere
JusEcc	Jus ecclesiasticum. Beiträge zum evangelischen Kirchenrecht und zum Staatskirchentum
KA	Kirchliches Außenamt
KBS	Kirchliche Bruderschaft Sachsen
KD	Kreisdienststelle
KD	Die Kirchliche Dogmatik Karl Barths
KEK	Konferenz Europäischer Kirchen
KidZ	Kirche in der Zeit
KiHe	Kirche Heute
kirchenpol.	kirchenpolitisch
KiS	Kirche im Sozialismus

KJ	Kirchliches Jahrbuch
KKiA	Kommission der Kirchen für internationale Angelegenheiten
K(d)KL	Konferenz der Kirchenleitungen
KL	Kirchenleitung
KMU	Karl-Marx-Universität, Leipzig
KNA	Katholische Nachrichtenagentur
KO	Konspiratives Objekt
KoGe	Konfession und Gesellschaft
KoKo	Kommerzielle Koordinierung
Kons.	Konsistorium
Kons.Ass.	Konsistorialassessor
KP	Kirchenpolitik
KP	Kontaktperson
KPČ	Kommunistische Partei der Tschechoslowakei
KPdSU(B)	Kommunistische Partei der Sowjetunion (Bolschewiken)
KPI	Kommunistische Partei Italiens
KPS	Kirchenprovinz Sachsen
KR	Konsistorialrat/Kirchenrat
KSG	Katholische Studentengemeinde
KuD	Kerygma und Dogma
KV	Kirchenvorstand
KVP	Kasernierte Volkspolizei
KZG	Kirchliche Zeitgeschichte
KZSS	Kölner Zeitschrift für Soziologie und Sozialpsychologie
LaBi	Landesbischof
LKA	Landeskirchenamt
LKA Hannover	Landeskirchliches Archiv Hannover
LKS	Landeskirche Sachsen
LKW	Lutherische Kirche in der Welt. Jahrbuch des Martin Luther Bundes
LPA	Landesparteiarchiv
Ltr.	Leiter
LuMo	Lutherische Monatshefte
LuThK	Lutherische Theologie und Kirche
LWB	Lutherischer Weltbund
LWB.R	Lutherischer Weltbund Report (LWB-Report)
MAI	Ministerium für Außenhandel und innerdeutschen Handel
MdI	Ministerium des Inneren
MdJ	Ministerium der Justiz
MDN	Mark der Deutschen Notenbank
MfAA	Ministerium für Auswärtige Angelegenheiten
MfIA	Ministerium für Innere Angelegenheiten
MfNV	Ministerium für Nationale Verteidigung
MfS/M.f.St.	Ministerium für Staatssicherheit
MGM	Militärgeschichtliche Mitteilungen
MHF	Ministerium für Hoch- und Fachschulwesen
Min.	Ministerium
M.-L.	Marxismus-Leninismus
MLF	Multilateral Force
MLG	Marxismus-Leninismus-Grundlagenstudium
MLU	Martin-Luther-Universität, Halle-Wittenberg
MR	Ministerrat
MR-Problematik	Menschenrechtsproblematik

ND	Neues Deutschland
NDPD	National-Demokratische Partei Deutschlands
NKFD	Nationalkomitee Freies Deutschland
NL	Nachlaß
NOrd	Die Neue Ordnung in Kirche, Staat, Gesellschaft, Kultur
NStim	Neue Stimme. Evangelische Monatsschrift zu Fragen in Kirche, Gesellschaft und Politik
NSW	Nicht-sozialistisches Wirtschaftsgebiet
NVR	Nationaler Verteidigungsrat
NZ	Neue Zeit
NZSTh	Neue Zeitschrift für Systematische Theologie und Religionsphilosophie
Oberkons.Rat	Oberkonsistorialrat
ÖEH	Ökumenische Existenz Heute
ÖR	Ökumenische Rundschau
ÖR.B	Beiheft zur Ökumenischen Rundschau
ÖRK	Ökumenischer Rat der Kirchen
OFD	Oberfinanzdirektion
OiBE	Offizier im besonderen Einsatz
OKR	Oberkirchenrat
OLKR	Oberlandeskirchenrat
op.	operativ
OPK	Operative Personenkontrolle
OPREE	Occasional Papers on Religion in Eastern Europe
Org.	Organisation
OV	Operativer Vorgang
PAB	Privatarchiv Besier
PCFK	Prager Christliche Friedenskonferenz
Pf(r).	Pfarrer
Pg.	Parteigenosse
POLZG	Aus Politik und Zeitgeschichte
ppp	parlamentarisch-politischer pressedienst
Protest.	Protestantesimo
PTh	Pastoraltheologie. Wissenschaft und Praxis
PUT	Politische Untergrundtätigkeit
PVAP	Polnische vereinigte Arbeiterpartei
PVS	Politische Vierteljahresschrift
RA	Regionalausschuß
RdB	Rat des Bezirkes
Ref.	Referat
ReHe	Religion Heute
RGG	Die Religion in Geschichte und Gegenwart
RGW	Rat für gegenseitige Wirtschaftshilfe
RhM	Rheinischer Merkur. Christ und Welt
Rj.	Rechnungsjahr
RKZ	Reformierte Kirchenzeitung
RL(Rl)	Richtlinie
ROK	russisch-orthodoxe Kirche
russ.-orth.	russisch-orthodox
S.	Saale

S.	Seite
S./s.	siehe
Sa.-Anh.	Sachsen-Anhalt
SAPMO-BA	Stiftung Archiv der Parteien und Massenorganisationen der DDR im Bundesarchiv
SBZ	Sowjetische Besatzungszone
Schl.	Schlesien
SD	Sicherheitsdienst
SED(-KL)	Sozialistische Einheitspartei Deutschlands (Kreisleitung)
SFB	Sender Freies Berlin
SfS	Staatssekretariat für Staatssicherheit
SKK	Sowjetische Kontrollkommission
SMA(D)	Sowjetische Militäradministration
SoFd	Sozialer Friedensdienst
soz.	sozialistisch
SSD	Staatssicherheitsdienst
St.S	Staatssekretariat
StZ	Stimme der Zeit. (Katholische) Monatsschrift für das Geistesleben der Gegenwart
Sup(erint).	Superintendent
SZ	Süddeutsche Zeitung
s. Zt.	seinerzeit
taz	Tageszeitung
ThBeitr	Theologische Beiträge
ThExh	Theologische Existenz heute
ThLZ	Theologische Literaturzeitung
ThRv	Theologische Revue
ThSA	Theologische Studienabteilung
Thür.	Thüringen
ThZ	Theologische Zeitschrift der Theologischen Fakultät Basel
TM	Transfermark
TRE	Theologische Realenzyklopädie
UP	United Press
UVR	Ungarische Volksrepublik
VD-Sache	Vertrauliche Dienstsache
VdgB	Vereinigung der gegenseitigen Bauernhilfe
VEK	Vereinigte Evangelische Kirche
VELK(D)	Vereinigte Evangelisch-Lutherische Kirche (Deutschlands)
Verf.	Verfassung
Verw.	Verwaltung
VF	Verkündigung und Forschung. Theologischer Jahresbericht
VKL	Vorläufige Kirchenleitung
VM	Valutamark
VRB	Volksrepublik Bulgarien
VRP	Volksrepublik Polen
VVO	Veranstaltungsverordnung
VVS	Vertrauliche Verschlußsache
VZG	Vierteljahreshefte für Zeitgeschichte
WAK	Weißenseer Arbeitskreis
WamS	Welt am Sonntag

WB	Berlin (West)
WCC	World Council of Churches
WD	Kurzform für Bundesrepublik Deutschland (Westdeutschland)
WJ	Wichmann-Jahrbuch für Kirchengeschichte im Bistum Berlin
WRV	Weimarer Reichsverfassung
WU	Wehrunterricht
WZ(B).G	Wissenschaftliche Zeitschrift der Humboldt-Universität zu Berlin, Gesellschaftswissenschaftliche Reihe
WZ(L).G	Wissenschaftliche Zeitschrift der Karl-Marx-Universität Leipzig, Gesellschaftswissenschaftliche Reihe
YLBI	Year Book. Leo Baeck Institution of Jews from Germany
ZA	Zentralausgabe
ZA	Zentralausschuß
ZdZ	Die Zeichen der Zeit
ZEE	Zeitschrift für Evangelische Ethik
ZEKHN	Zentralarchiv der Evangelischen Kirche in Hessen und Nassau
ZEvKR	Zeitschrift für Evangelisches Kirchenrecht
ZfG	Zeitschrift für Geschichtswissenschaft
ZfS	Zeitschrift für Soziologie
ZKG	Zentrale Koordinierungsgruppe
ZMiss	Zeitschrift für Mission
ZThK	Zeitschrift für Theologie und Kirche
Zw	Zeitwende. Die Furche

QUELLEN- UND LITERATURVERZEICHNIS

A. UNVERÖFFENTLICHTE QUELLEN UND STUDIEN

1. *Archiv des Bevollmächtigten der EKD bei der Bundesregierung (ABB) in Bonn*

Akten: Allg. Korrespondenz 1981-1989; Konsultationen; Ratssitzungen.

2. *Archiv für Christlich-Demokratische Politik (ACDP), St. Augustin*

Bestand: VII-010, 3252.
VII-013, 0529; 1754; 2113; 2121; 2130; 2138; 2145; 2156; 2164; 2514; 2553; 3007; 3036; 3050; 3053; 3062; 3148; 3260; 3283; 3385; 3927.

3. *Behörde des Bundesbeauftragten für die Unterlagen des Staatssicherheitsdienstes der ehemaligen DDR (BStU)*

3.1 Personenbezogene Bestände

Althausen, Wolfgang (IMS »Wolfgang«), Zentralarchiv Berlin (ZA), MfS AIM 16306/81.
Angermann, Werner (IMV »Werner« bzw. »Rene«), ZA, MfS AIM 23489/80, 3 Bde.
Bambowsky, Gerd (GI »Kornelius Hammer« alias »Gerd«), ZA, AIM 324/75, 5 Bde.
Barth, Willi, ZA, MfS XX/4-580; 583.
Bassarak, Gerhard (IM »Buss«), ZA, Reg.-Nr. MfS 1005/69.
Beckmann, Paul (IM »Roland«), ZA, AIM 4841/59.
Bernhard, Karl-Heinz (IM »Jäger« alias »Förster«), ZA, AIM 7218/91, 4 Bde.
Bosinski, Gerhard (IMV »Specht«), ZA, MfS AIM 15716/79, I,1; II,1.
Braecklein, Ingo (IM »Ingo«), Reg.-Nr. Berlin MfS XX/4 1387/59 bzw. ZA, 10679/60 (gelöscht); AP 4448/92.
Brink, Wilhelm (GI »Dr. Brücke«), ZA, MfS AIM 12712/69, 3 Bde.
Brück, Ulrich von (IM »Zwinger«), ASt. Dresden, MfS AIM 4066/86.
Brüggemann, Ernst (FIM »Erich«), ASt. Potsdam, AIM 443/66.
Dohle, Horst (IME »Horst«), Reg.-Nr. XII/745/73; ASt. Dresden, A 35/89.
Dressler, Helmut (IM »Harry«), ZA, AIM 186/85, 4 Bde.
Ellmer, Ingrid (IM »Christine«), ZA, MfS AIM 18060/64, 3 Bde.
Fascher, Erich (GI »Fred«), ZA, MfS AIM 2849/59, 2 Bde. AP 21991/92, 1 Bd.
Fessen, Friederun (GI »Irene«), ZA, MfS AIM 2023/60, T I,1; T II/1-3.
Forck, Gottfried (OV), ZA, MfS OPK 603/88, Bd. 1.
Frielinghaus, Dieter (IM »Dieter«), ASt. Dresden, AIM 1509/76.
Fritzsche, Hans-Georg (IM »Fritz«), ZA, MfS A 112/85.
Fritzsche, Helmut (IMS »Helmut«), ASt. Rostock, AIM 2672/77, T I,1; T II,1-2.
Gartenschläger, Gottfried (IMB »Barth«), ZA, AIM 8875/91.
Giebeler, Eckart (IMB »Roland«), Reg.-Nr. Potsdam 3471/60; ASt. Potsdam 5/91.
Gienke, Horst (IM »Orion«), Reg.-Nr. Rostock 1066/72; MfS AP 20438/92.
Götting, Gerald, ZA, AOP 1194/57, 3 Bde.
Grüber, Heinrich, ZA, MfS AP 21932/92.
Grundmann, Siegfried (IM »Berg«), ZA, AIM 2455/69.
Günther, Ingeborg (und Herbert) (IMS »Theater«), ZA, AIM 4987/73, I,1; A, 1 und 2.
Günther, Rolf-Dieter (IMB »Wilhelm«), Reg.-Nr. Potsdam IV, 879/68; ASt. Potsdam, AIM XX 30/91.
Gutsch, Wolf-Dietrich (IMF »Dietrich«), ZA, AIM 11870/85, I,1; II, 1-3.

Gysi, Gregor (IMVorl. »Notar«), ZA, AIM 9564/86.
Gysi, Klaus (IM »Kurt«), ZA, MfS AIM 3803/65.
Hamann, Bruno (IM »Bruno«), ZA, MfS 6036/79, I,1; II,1.
Hammer, Detlef (IM »Detlef«, dann IME »Günther«, ab 1.12.1977 OibE), ASt. Halle, MfS AIM 1143/78, T I, 1-2; T II, 1-5.
Harder, Hans-Martin (IME »Dr. Winzer«), ASt. Rostock, I 1588/88.
Haustein, Manfred (GI »Cornelius«), ASt. Chemnitz, AIM 571/86, I,1.
Heilmann, Ulrich (IMF/IMB »Eigenhorst«), ASt. Potsdam, AIMVorl. 5144/61; AIM 140/89; MfS XX AP, 12833/92.
Heinrich, Peter, ZA, MfS 3570/87; Arbeitsakte OibE HA XX/4.
Hien, Johann (GM »Wilhelm Fröhlich«), ZA, MfS AIM 11488/69, 6 Bde.
Holtz, Traugott (IMS »Prof. Baum«), ASt. Halle, MfS AIM 3452/89.
Ihmels, Folkert (IMSVorl. »Moritz«), ASt. Dresden, AIM 1660/81.
Janott, Jürgen (IMV »Student«), ZA, MfS AIM 8939/91, 4 Bde.
Kalb, Hermann (GI »Hugo«, »Hermann«, »Schütz«), ZA, MfS AIM 12983/63.
Kapiske, Jürgen (IMB »Walter«), ASt Frankfurt/O., AIM V 603/73; 1446/88, 11 Bde.
Kehnscherper, Günther, ASt. Rostock, AIM 1217/81. AP 20064/92, 1 Bd.
Klages, Eberhard (IM »Ehrlich«), ZA, MfS 3541/92. AP-471/79, T I,1; T II, 5 Bde.
Koltzenburg, Wilfried (IM »Krone«), Reg.-Nr. XV-4029/65; ZA, T 491/85, 2 Bde. (Rest gelöscht am 11.12.1989).
Krügel, Siegfried (IM »Lorac«), Reg.-Nr. Leipzig XIII 1396/62, ASt. Leipzig, MfS AIM 5/92, 5 Bde.
Krum, Horsta (IM »Helena«), ASt. Potsdam, MfS AIM 1552/84.
Krummacher, Friedrich Wilhelm (»Martin«), ZA, MfS Berlin, AP 10653/92; 10667/92; 10668/92; 10688/92; 11422/92; 11318; 11319/92; 11320; 11321/92; 11322/92; 11365/92; ASt. Rostock, AKK 2507/76, 1 Bd.
Kunst, Hermann, ZA, AP 20280/92, 1 Bd.
Leder, Hans-Günter (IMS »Hans-Günter«), ASt. Rostock, AIM 2987/79, Bd. II,1.
Leich, Werner, ZA, AP 11252/92, 1 Bd.
Leisner, Willi (GM »Schönborn«), ZA, MfS AIM 153/58, 11 Bde.
Löffler, Helmut (IM »Hans Gabel«), ASt. Dresden, AIM 2640/91, 5 Bde.
Lotz, Gerhard (IM »Karl«), ZA, AIM 3043/86, T I 2 Bde., T II, 6 Bde.
Ludolphy, Ingetraut (OV »Nonne«), ASt. Leipzig, XIII 550/63.
Manz, Joachim (IM »Hans«), ASt. Potsdam, MfS AIM 1034/88, I,1 u.3; II,1-3.
Meckel, Ernst-Eugen (IMF »Prinz«), ZA, MfS AIM 3165/79, I,1; II,1.
Meier, Kurt (IMS »Werner«), ASt. Leipzig, 1361/60, I,1-2; II,1-5.
Meitz, Günter (IM »Horst«), ZA, MfS AIM 8020/91; A11/80, I,2; II,2; A,I.
Miethling, Reinhard (IM »Marcel Philipp«), Reg.-Nr. VII 576/81; ASt. Magdeburg, AIM 193/91, 4 Bde. (gelöscht).
Mitzenheim, Hartmut (IMV »Hans Klinger«), ASt. Erfurt, MfS AIM 12940/89; MfS AP 11363/92.
Mochalski, Herbert (IM-Vorlauf »Diener«), ZA, AIMVorl. 327/65.
Moritz, Hans (IM »Martin«), ASt. Leipzig, XIII 1097/60, 3 Bde.
Müller, Hanfried (IM »Hans Meier«), ZA, MfS 14186/60; T MfS A 387/85.
Müller, Konrad (GM »Konrad«), ASt. Rostock, MfS A 1822/64 und MfS AIM 3043/86, I,1-2; II,1-5.
Natho, Eberhard, ZA, AP 20457/92, 1 Bd.
Pabst, Walter, ZA, AP 20940/92, 2 Bde.
Pätsch, geb. Kettler, Gertrud (IM »Gertrud«), ZA, MfS AIM 13943/72, 2 Bde.
Pagel, Karl (IM »Karl«), ASt. Frankfurt/O., 679/87, 5 Bde.
Petzold, Ernst (IMB/IMS »Direktor«), Reg.-Nr. XV 4086/79; ASt. Leipzig, AOP 293/61 I,1; II,1-2 (gelöscht, 8.12.89).
Plath, Siegfried (IMS »Hiller«), ASt. Rostock, AIM 243/91.
Potschka, Manfred (IM »Stern«), ASt. Leipzig, MfS AIM 10843/87, II, 1-7.

Punge, Manfred (IM »Manfred« alias »Goldmann«), ZA, AIM 1855/71, 3 Bde.
Quast, Gerhard (GI »Otto«), ZA, MfS AIM 3010/68.
Rabenau, Konrad von (IM »Adel«), ZA, MfS AIM 1944/89 I,1; II,1.
Rathke, Heinrich, ZA, AOPK 664/87, 4 Bde.
Reckzeh, Johann-Wolfgang (GI »Wolf«), ASt. Halle, 2007/63, 7 Bde.
Rogge, Joachim, ZA, AP 21253/92, 1 Bd.
Rohde, Joachim, ZA, MfS AP 16091/84.
Rossmann, Siegfried (IMS »Jurist«), ZA Berlin, MfS AIM 9262/78, 2 Bde.
Saft, Walter (IM »Salzmann«), ASt. Suhl, AIM 915/88.
Scharnbeck, Wieland (GM »Amadeus«), ZA, MfS AIM 2389/60, I,1; II,1-6.
Schenke, Hans-Martin, ZA, MfS AOP, 5082/69.
Schmauch, Werner, ASt. Rostock, MfS AP 553/67.
Schnur, Wolfgang (IM »Torsten«), BStU Berlin, AIM 3275/90, Bd. I, XII.
Schreiner, Stefan, ASt. Halle, IMVorl. AIM 47/87; AOPK Halle 286/75.
Schunk, Klaus-Dietrich (IMS »Lehmann«), ASt. Rostock, AIM 4272/90, I,1; II,2.
Seidowsky, Hans-Joachim (IM »Jochen« bzw. »Gerhard«), ZA, MfS AIM 3654/71, 17 Bde.
Spaeth, Karin (GM »Karin«), ZA, MfS AIM 12429/69, 4 Bde.
Stachat, Kurt Friedrich, ZA, MfS AIM 7611/65.
Steinmetzger, Anita (IM »Birke«), ZA, AIM 2834/88, T I,1-4; T II, 1-5.
Stolpe, Manfred (IM »Sekretär«), ZA, Rerchercheergebnisse zum IM »Sekretär«, I-III (Stand: 31.3.1992; 11.9.1992 und 12.4.1994); Sonderakte Stolpe; AP 247/92.
Trebs, Herbert (IM »Anton«), ZA, MfS AIM 10990/68, 9 Bde.
Vogel, Wolfgang (GM »Eva« bzw. GM »Georg«), ZA, MfS AIM 4148/53.
Volk, Waltraud (GMV »Waltraud«), ZA, MfS AIM 4862/65, I,1; II,1-5.
Wahrmann, Siegfried (IME »Lorenz«), ASt. Rostock, AIM 0272/91, 3 Bde.
Walter, Erwin (IMF »Winter«), ASt. Dresden, AIM 6830/90, 11 Bde.
Weber, Hans-Joachim (IM »Bastler«), ZA, MfS AIM 1377/62, 2 Bde. Personal-, 18 Bde. Berichtsakten.
Wendelborn, Gert (IM »Heinz Graf«), ASt. Rostock, AIM 0240/91, I,1; II,7; III,1.
Werner, Jürgen (IME »Michael«), ZA, AIM 8865/90.
Wilke, Hans (GMS »Horst«), ZA, MfS 2968/70, T I,1-2; II,1-6.
Wirth, Günter, ZA, MfS AP 878/54.

3.2 Sachbezogene Bestände
Zentrale Auswertungs- und Informationsgruppe (ZAIG)
Z 105; Z 712; Z 738; Z 1023; Z 1026; 1085; Z 1120; Z 1166; Z 1188; Z 1224; 1293; Z 1295; Z 1342; Z 1365; Z 1466; Z 1549; Z 1550; Z 1567; Z 1573; Z 1620; Z 1624; 1671; Z 2035; Z 2561; Z 2590; 2790; 2800; 3143; 3197; Z 3254; Z 3296; 3392; 3572; Z 3628; Z 3633; 3636; 3659; 3673; 3697; 3708; 3735; 4526; 4585; 4883; 5592; 5597.
MfS HA XX, Zentrale Materialablage (ZMA)
1950 (3 Bde.); 1959 (4 Bde.); 1961; 1967; 2000; 2197 (5 Bde.); 2198; 40227.
Ministerium für Staatssicherheit (MfS)
HA XX/4, 4-7; 29; 31; 76; 98; 108; 110; 114; 158-160; 244; 303; 312; 344; 349; 360; 362; 364; 420-421; 425; 438; 449; 463; 498; 528; 580; 583; 595; 600; 637; 655; 678; 703; 711; 736; 768-769; 777; 809; 837-838; 847; 984; 1005; 1064; 1439; 1449; 1517; 1855; 5570; 6098; AKG 124.
Allgemeine Sachablage (AS)
2491/67 (Junge Gemeinde)
Vorgangsheft G. Bartnizek
Vorgangsheft Heinritz
Vorgangsheft Hans Ludwig
Vorgangsheft Klaus Roßberg (2061), MfS AS 2341/92.
Vorgangsheft Franz Sgraja
Vorgangsheft Joachim Wiegand

MfS ASt. Halle, Abt. XX, Sachakten: 116; 119; 125; 138; 142; 227; 229; 235; 256; 270; 349-350; 352; 354; 357-358; 375; 381; 393-394; 1543.

4. Bundesarchiv (BA) Abteilungen Potsdam

Bestand O-4: 405; 410-411; 413-416; 418; 427-428; 432; 434; 436-437; 439-442; 447; 451-457; 473; 477-478; 480-481; 484; 490; 494-495; 531; 534; 538; 558; 560; 580; 587; 591; 594; 598; 601; 606-609; 622; 627-628; 631-632; 652-655; 704; 711-714; 729; 741; 751; 757; 762; 766-767; 769-771; 773-778; 781; 783; 785-793; 797-811; 813-814; 816-818; 821; 899; 903; 948-960; 962-980; 982-986; 988-989; 995-1005; 1007; 1009-1011; 1013-1020; 1022-1028; 1030-1032; 1035-1039; 1041-1046; 1052-1056; 1059-1060; 1062-1063; 1067-1068; 1075; 1078; 1080-1090; 1092-1093; 1095-1100; 1104; 1113; 1115-1126; 1129-1135; 1138-1140; 1142; 1146; 1165-1169; 1175; 1184-1189; 1192; 1198-1202; 1204-1208; 1215; 1218; 1220; 1224-1233; 1235; 1239-1245; 1248; 1250-1252; 1255-1256; 1258-1259; 1261; 1265-1266; 1268; 1270-1273; 1280-1282; 1285; 1288; 1290-1291; 1293; 1361-1364; 1375; 1377-1381; 1385-1386; 1391; 1393-1394; 1396; 1398-1407; 1417-1427; 1429-1430; 1432-1437; 1439; 1443-1444; 1448-1455; 1457-1460; 1465; 1468-1469; 1472-1476; 1478; 1480-1484; 1491-1495; 1497-1502; 1504-1506; 1510; 1543-1545; 1939; 1943; 2656; 2710; 2712-2713; 2715; 4706; 4722; 4729; 4738; 4851; 4869; 4871; 4877; 4894-4895; 4899; 6254; 6280; Altr. PV Nr. 322/1984.

5. Evangelisches Zentralarchiv (EZA) in Berlin

Bestand 101: 113; 121; 257; 346; 349; 351; 360; 1190, Bd. II.
Bestand 4/91: 698; 746; 748; 771; 774.
Bestand 4/92: 14-24; 699.
Bestand 101/93: 2-8; 14-15; 19-20; 26-27; 42-50; 52; 63-69; 71; 75; 77-79; 81-87; 95-96; 105; 107; 110-111; 121; 124; 179; 201; 205-208; 214-215; 218-221; 223; 229-230; 232-250; 254; 257-259; 308; 676; 707; 713-715; 718-720; 730; 741-755; 759; 771; 773-777; 815-819; 833; 841-844; 847; 902-904; 917-918; 943-944; 954; 1200; 1203; 1205; 1818; 2059; 2061.

6. Hoover Institution Archives Stanford/Cal.

6.1 German Subject Collection

boxes 6; 27-29; Jürgen Perduss; Gerhard Ritter.

6.2 Russian State Archival Service and Hoover Institution (record groups: the State Archives of the Russian Federation [GARF], the Russian Center for the Preservation and Study of Documents of Most Recent History [RTsKhIDNI], the Center for Preservation of Contemporary Documentation [TsKhSD]

– Party Congresses and Conferences.
– Central Committee Plenums.
– Politburo.
– Secretariat of the Central Committee.
– Apparat of the Central Committee.
– Committee for Party Control of the Central Committee.

6.3 South African Subject Collection

boxes 1-3; 12; 19 (ANC and WCC).

6.4 Soviet Union Subject Collection

– Center for the Survival of Western Democracies, 76 boxes.

- Committee for the Free World, 89 boxes.
- Committee on the present Danger, 494 boxes.
- Council against Communist Aggression, 386 boxes.

7. Landeskirchliches Archiv (LKA) Hannover

Bestand D15 XII: C 5030; Hauptgruppe 1, K 2/C 1211-1/I; Hauptgruppe 1, K 11/C 1211-1/II; Hauptgruppe 1, K 18/C 1211-1/III; Hauptgruppe 5, C 5001-2; Hauptgruppe 5, K1/C 5010-2; K 1/C 5002; K 36/224/X; K 67/343/VII-VIII; K 73/412/II.IV; K 82/485/IV; K 102/5910/II.

8. Landesverband Sachsen-Anhalt der PDS, Landesparteiarchiv (LPA) Halle
[Bestände jetzt im Staatsarchiv Merseburg]

Bestand IV E-2/14: 578-580.
Bestand IV F-2/14: 091; 159; 367-368; 370; 373.

9. PDS-Archiv Dresden *[Bestände jetzt im Hauptstaatsarchiv Dresden]*

Bestand IV E-2.14: 666-667; 669; 671-676; 679-680; 833.
Bestand AR: 12010; 14086-14087; 14089-14090; 14093; 14096; 14099-14100.

10. Sächsisches Hauptstaatsarchiv Dresden (SHStA)

BT/RdB Dresden (Zwibo): 4593; 26614; 44869-44871; 44873; 44877-44879; 44977; 45071; 45076; 45873; 45931-45932; 45934-45935; 45937; 45940-45941; 46609-46610; 46612; 46614-46617; 46621; 47514; 47522; 47524; 47587.

11. Stiftung Archiv der Parteien und Massenorganisationen der DDR im Bundesarchiv
[ehem. Institut für die Geschichte der Arbeiterbewegung, Zentrales Parteiarchiv der SED] (SAPMO-BA ZPA)

Bestand IV B2/14: 1-201.
Bestand J IV J/99.
Bestand J IV 2/2A: 2581; 2846; 2904; 3060; 3101; 3159; 3165; 3180.
Bestand J IV 2/2: 1971; 1991; 2011; 2026; 2096; 2148; 2172; 2240; 2257; 2260-2261; 2263; 2295; 2299; 2306; 2331; 2351; 2353.
Bestand J IV 2/3: 3427; 3482; 3816; 3863; 4171; 4232; 4274.
Bestand J IV 2/3A: 4875.
Bestand NL 281/117.

B. Gedruckte Quellen und Darstellungen

Abschlußbericht des 1. Untersuchungsausschusses (Schalck-Golodkowski-Bericht) des 12. Deutschen Bundestages vom 27.5.1994, Drucksache 12/7600.
Abweichender Bericht der Berichterstatterin der Gruppe Bündnis 90/Die Grünen im 1. Untersuchungsausschuß, Ingrid Köppe, MdB, Bonn 1994.
Adriányi, G., Geschichte der Kirche Osteuropas im 20. Jahrhundert, Paderborn-München-Wien-Zürich 1992.

Agethen, M., Unruhepotentiale und Reformbestrebungen an der Basis der Ost-CDU im Vorfeld der Wende. Der »Brief aus Weimar« und der »Brief aus Neuenhagen«, in: Historisch-Politische Mitteilungen, Archiv für christlich-demokratische Politik 1 (1994), 89-114.
Albertz, H., Blumen für Stuckenbrock. Biographisches, Stuttgart 1981.
Albinus, W./Heilsberg, P.-J./Bendel, A., Die Entwicklung der Evangelisch-Lutherischen Kirche Sachsens und ihre Stellung im kirchenpolitischen Bereich sowie politisch-operative Schlußfolgerungen für die schwerpunktmäßige Bearbeitung, Potsdam 1985 (Ms.).
Aleksandrowicz, D., The Road of Emptiness: The Dynamics of Polish Marxism, in: Studies in Soviet Thought 43 (1992), 101-115.
Alsmeier, B., Wegbereiter der Wende. Die Rolle der Evangelischen Kirche in der Ausgangsphase der DDR, Pfaffenweiler 1994.
Alt, H., Die Stellung des Zentralkomitees der SED im politischen System der DDR, Köln 1987.
Althausen, J., Kirchliche Beziehungen aus der DDR nach Afrika dargestellt an den Verbindungen der Berliner Mission zum südlichen Afrika, in: U. v. d. Heyden/I. und H.-G. Schleicher (Hgg.), Die DDR und Afrika. Zwischen Klassenkampf und neuem Denken, Münster-Hamburg 1993, 63-78.
Ders., The Churches in the GDR between Accommodation and Resistance, in: OPREE XIII (1993), 21-35.
Altvater, E./Neusüss, C., Bürokratische Herrschaft und gesellschaftliche Emanzipation, in: Neue Kritik 51/52 (1969), 19-51.
Ammer, Th./Memmler, H.-J. (Hgg.), Staatssicherheit in Rostock. Zielgruppen, Methoden, Auflösung, Köln 1991 (Edition Deutschland Archiv).
Amtsblatt der EKD 1987, Statistische Beilage Nr. 80, Heft 10.
Amtsblatt der EKD 1988, Statistische Beilage Nr. 83, Heft 11.
Amtsblatt der EKD 1989, Statistische Beilage Nr. 84, Heft 2.
Amtsblatt der Evangelischen Kirche der Kirchenprovinz Sachsen, Heft 10 vom 15.10.1984.
Arbeitsberichte über die Auflösung der Rostocker Bezirksverwaltung des Ministeriums für Staatssicherheit. Hg. vom Unabhängigen Untersuchungsausschuß Rostock, Rostock 1990.
Archiv der Gegenwart, 1986 ff.
Arnold, H.-L./Meyer-Gosan, F., Die Abwicklung der DDR, Göttingen 1992.
Ash, T.G., Im Namen Europas. Deutschland und der geteilte Kontinent, München-Wien 1993.
Aycoberry, P., De quelques marxistes et novateurs de l'historiographie est-allemande, in: Vingtième siècle 34 (1992), 25-31.
Azaryahn, M., Von Wilhelmsplatz zu Thälmannplatz. Politische Symbole im öffentlichen Leben der DDR, Gerlingen 1992 (Schriftenreihe des Instituts für Deutsche Geschichte Universität Tel Aviv).
Baadte, G./Rauscher, A. (Hgg.), Dritte Welt und die Entwicklung, Graz-Wien-Köln 1992 (KiHe, 6).
Bad Salzuflen 1986. Bericht über die dritte Tagung der siebten Synode der Evangelischen Kirche in Deutschland vom 2. bis 7. November 1986. Im Auftrag der Synode hg. vom Kirchenamt der Evangelischen Kirche in Deutschland, Hannover 1987 (BTSEKD, 40).
Bad Wildungen 1988. Bericht über die fünfte Tagung der siebten Synode der Evangelischen Kirche in Deutschland vom 6. bis 10. November 1988. Im Auftrag der Synode hg. vom Kirchenamt der Evangelischen Kirche in Deutschland, Hannover 1989 (BTSEKD, 42).
Bad Wildungen 1991. Bericht über die zweite Tagung der achten Synode der Evangelischen Kirche in Deutschland vom 3. bis 8. November 1991. Im Auftrag der Synode hg. vom Kirchenamt der Evangelischen Kirche in Deutschland, Hannover 1991 (BTSEKD, 47).
Badstübner, R., DDR. Gescheiterte Epochenalternative, Aufbruch in die Sackgasse oder was sonst? Versuch einer Annäherung, Berlin 1994 (hefte zur ddr-geschichte, 19).
Bahr, E., Sieben Tage im Oktober. Aufbruch in Dresden, Leipzig 1990.
Bahrmann, H./Links, Chr., Wir sind das Volk. Die DDR zwischen 7. Oktober und 17. Dezember 1989. Eine Chronik, Berlin (Ost)-Weimar-Wuppertal 1990.

Bahro, R., Die Alternative. Zur Kritik des real existierenden Sozialismus, Köln 1979.
Barron, J., KGB. Arbeit und Organisation des sowjetischen Geheimdienstes in Ost und West. Mit einer ausführlichen Dokumentation und mit einem Bericht von Alexander Solschenizyn, Bern-München 1974.
Barth, K., Die kirchliche Dogmatik Bd. III. Die Lehre von der Schöpfung, Teil 4, Zürich 1951.
Bartnizek, G./Grimm, W., Lösungswege zur offensiven Bekämpfung und vorbeugenden Verhinderung von subversiven Aktionen klerikaler Organisationen kapitalistischer Länder, insbesondere sog. christlicher Ostmissionen, welche die Transitwege und die erleichterten Einreisebedingungen in die DDR sowie andere sozialistische Länder mißbrauchen, Potsdam 1982 (Ms.).
Becker, J.M., Ein Land geht in den Westen, Bonn 1991.
Beckmann, A./Kusch, R., Gott in Bautzen. Gefangenenseelsorge in der DDR, Berlin 1994.
Bedeutung und Funktion des Antifaschismus. Hg. vom Bundesminister des Inneren, Bonn 1990.
Begegnungen. Zur Konfessionslosigkeit in (Ost-) Deutschland. Ein Werkstattbericht, in: Begegnungen 1994/4 und 5.
Begreifen wie es gewesen ist. Zur Diskussion um den Umgang mit der DDR-Vergangenheit. Hg. von der Katholischen Akademie in Berlin, Leipzig 1992.
Behnke, K./Fuchs, J. (Hgg.), Zersetzung der Seele. Psychologie und Psychiatrie im Dienste der Stasi, Hamburg 1995.
Beintker, M., Der gesellschaftliche Neuaufbau in den östlichen Bundesländern. Herausforderungen an die Theologie, in: ThLZ 116 (1991), 242-254.
Ders., Die Idee des Friedens als Waffe im Kalten Krieg, in: KZG 4 (1991), 249-259.
Ders., Die Schuldfrage im Erfahrungsfeld des gesellschaftlichen Umbruchs im östlichen Deutschland. Annäherungen, in: KZG 4 (1991), 445-461.
Ders., Ostdeutsche Befindlichkeiten im Vereinigungsprozeß, in: DtPfrBl 93 (1993), 55-59.
Beiträge zur Geschichte der Kirchenpolitik der SED. Auszüge aus Materialien eines wissenschaftlichen Kolloquiums des Instituts für Geschichte der deutschen Arbeiterbewegung der Akademie für Gesellschaftswissenschaften beim ZK der SED am 4. Juli 1986. Hg. von der Akademie für Gesellschaftswissenschaften beim ZK der SED, Berlin (Ost) 1987.
Beiträge zur Geschichte der Theologischen Fakultät Berlins. Zum 175. Jahrestag der Gründung der Berliner Universität, in: WZ(B).G 34 (1985), H. 7.
Beleites, M., Untergrund. Ein Konflikt mit der Stasi in der Uran-Provinz, Berlin 1991.
Belikat, W., Die politisch-operative Lageeinschätzung zum »Friedensseminar Meißen« und Erfordernisse der politisch-operativen Bearbeitung seiner Organisatoren zur vorbeugenden Verhinderung und Zurückdrängung ihres feindl.-negativen Wirksamwerdens, Potsdam 1985 (Ms.).
Bender, P., Neue Ostpolitik. Vom Mauerbau bis zum Moskauer Vertrag, München ²1989.
Ders., Unsere Erbschaft. Was war die DDR – was bleibt von ihr?, Hamburg 1992.
Bent, A.J. v. d., Christian Response in a World of Crisis. A brief history of WCC's Commission of the Churches on International Affairs, Geneva 1986.
Ders., Der Dialog zwischen Christen und Marxisten. Eine kommentierte Bibliographie 1959-1969, Geneva 1969.
Berbig, R. u. a. (Hgg.), In Sachen Biermann. Protokolle, Berichte und Briefe zu den Folgen einer Ausbürgerung, Berlin 1994.
Berg-Schlosser, D./Schissler, J./Rytlewski, R. (Hgg.), Soziale Kultur als politische Kultur: die DDR, in: Politische Kultur in Deutschland: Bilanz und Perspektiven der Forschung, Opladen 1987, 238-246.
Berger, Chr., Vom ökumenisch-missionarischen Zentrum/BMG zum Berliner Missionswerk, in: ZMiss 19 (1993), 148-156.
Bergmann, P., Subversive Bestrebungen im kirchlichen Gruppentourismus aus nichtsoz. Staaten und WB und Methoden ihrer Aufdeckung, Potsdam 1984 (Ms.).
Bericht der Enquete-Kommission »Aufarbeitung von Geschichte und Folgen der SED-Dikta-

tur in Deutschland« (Drucksache des Deutschen Bundestages, 12. Wahlperiode, Drucksache 12/7820 vom 31.5.1994).
Bericht des Brandenburgischen Landtages vom 29.4.1994, Drucksache 1/3009, Bd. 1, 145 f.
Bericht des Parlamentarischen Untersuchungsausschusses 1/3 des Brandenburgischen Landtages »Aufklärung der früheren Kontakte des Ministerpräsidenten Dr. Manfred Stolpe zu Organisationen des Staatsapparates der DDR, der SED sowie zum Staatssicherheitsdienst und der in diesem Zusammenhang erhobenen Vorwürfe« vom 29.4.1994, Berichtsband, Anlagenband A und B sowie Wortprotokoll der Debatte zum Bericht am 16.6.1994.
Berlin-Spandau 1982. Bericht über die fünfte Tagung der sechsten Synode der Evangelischen Kirche in Deutschland vom 7. November bis 12. November 1982. Im Auftrag der Synode hg. vom Kirchenamt der Evangelischen Kirche in Deutschland, Hannover 1983 (BTSEKD, 35).
Berlin-Spandau 1987. Bericht über die vierte Tagung der siebten Synode der Evangelischen Kirche in Deutschland vom 1. bis 6. November 1987. Im Auftrag der Synode hg. vom Kirchenamt der Evangelischen Kirche in Deutschland, Hannover 1988 (BTSEKD, 41).
Berlin-Spandau 1991. Bericht über die achte Tagung der siebten Synode der Evangelischen Kirche in Deutschland vom 22. bis 24. Februar 1991. Im Auftrag der Synode hg. vom Kirchenamt der Evangelischen Kirche in Deutschland, Hannover 1991 (BTSEKD, 45).
Besier, G., »Denn Gott soll man trauen allein.« Eine Erwiderung auf Richard Schröder: Die Kirchen in der DDR, in: ThRv 89 (1993), 265-274.
Ders., Der SED-Staat und die Kirche. Der Weg in die Anpassung, München 1993.
Ders., Der SED-Staat und die Kirche 1969-1990. Die Vision vom »Dritten Weg«, Frankfurt/M.-Berlin 1995.
Ders., Der SED-Staat und die Kirchen, in: Bonner Theologische Gespräche 1989-1992. Hg. vom Evangelischen Arbeitskreis der CDU/CSU, Bonn 1993, 109-135.
Ders., Die evangelische Kirche in den Umbrüchen des 20. Jahrhunderts. Gesammelte Aufsätze, Bd. 1, Kirche am Übergang vom Wilhelminismus zur Weimarer Republik. Von der Weimarer Republik ins »Dritte Reich« – der »Kirchenkampf«, Neukirchen-Vluyn 1994 (Historisch-Theologische Studien zum 19. und 20. Jahrhundert, 5,1).
Ders., Die evangelische Kirche in den Umbrüchen des 20. Jahrhunderts. Gesammelte Aufsätze, Bd. 2, Von der ersten Diktatur in die zweite Demokratie – Kirchlicher Neubeginn in der Nachkriegszeit. Kirchen, Parteien und Ideologien im Zeichen des Ost-West Konflikts, Neukirchen-Vluyn 1994 (Historisch-Theologische Studien zum 19. und 20. Jahrhundert, 5,2).
Ders., Die Evangelischen Landeskirchen, in: Deutschland in Gegenwart und Zukunft. Der demokratische und soziale Rechtsstaat Bundesrepublik Deutschland. Hg. vom Bundesministerium für innerdeutsche Beziehungen, Bonn 1990, 146-158.
Ders., Evangelische Kirche in der DDR. Der Fall Hans-Joachim Weber. Ein eifriger Partner der Staatssicherheit, in: SZ Nr. 272 vom 25.11.1993, 10.
Ders., Kirche unter zwei Diktaturen: Widerstand im NS- und im SED-Regime. Mit Beispielen versehene Anmerkungen zu einem komplexen Thema, in: KZG 6 (1993), 250-256.
Ders., Psychophysiologie und Oral History als Faktoren der Sozietät. Anmerkungen zur Akkuratesse von Erinnerungen, in: KZG 7 (1994), 102-116.
Ders., Soll die Schuld im Erfolg vernarben? Über den Schmerz alter und neuer historischer Wunden, in: KZG 4 (1991), 493-511.
Ders. (Hg.), Staatssicherheit in Kirche und Theologie, in: KZG 4 (1991), 293-312.
Ders./Sauter, G., Wie Christen ihre Schuld bekennen. Die Stuttgarter Erklärung 1945, Göttingen 1985.
Ders./Wolf, St. (Hgg.), »Pfarrer, Christen und Katholiken«. Das Ministerium für Staatssicherheit der ehemaligen DDR und die Kirchen, Neukirchen-Vluyn ²1992.
Best, Th.F. (Hg.), Von Vancouver nach Canberra 1983-1990. Offizieller Bericht des Zentralausschusses an die Siebte Vollversammlung des ÖRK, Genf 1990.
Bethge, E., Dietrich Bonhoeffer. Theologe – Christ – Zeitgenosse, München 1967.

Beyer, F.-H., Theologiestudium und Gemeinde. Zum Praxisbezug der theologischen Ausbildung im Kontext der DDR, Göttingen 1994.

Bickhardt, Ch., »Wir sind das Volk« – »Wir sind das Volk Gottes«, in: BiLi 66 (1993), 97-103.

Bickhardt, St. (Hg.), Recht ströme wie Wasser. Christen in der DDR für Absage an Praxis und Prinzip der Abgrenzung. Ein Arbeitsbuch, Berlin (West) 1988.

Ders., Stellvertretung für die abwesende Gesellschaft. Zum unreflektierten Verhältnis von Kirche und Gesellschaft in der DDR, in: Zwie-Gespräche 17 (1993), 7-14.

Blaschke, K.H., Geschichtswissenschaft im SED-Staat. Erfahrungen eines »bürgerlichen« Historikers in der DDR, in: POLZG B 17-18 (1992), 14-27.

Ders. (Hg.), Warten in Geduld. Momentaufnahmen, Hannover 1991.

Blask, F./Scholze, Th., Halt! Grenzgebiet! Leben im Schatten der Mauer, Berlin 1992.

Bleibender Auftrag unter neuen Herausforderungen. Überlegungen zum Weg unserer Kirche in das vereinigte Deutschland. Hg. vom Sekretariat des BEK, Berlin (Ost) 1990.

Blühm, R., Die staatliche Bildungspolitik und die evangelische Kirche in der DDR, in: Die Christenlehre 46 (1993), 238-256.

Bluhm, H./Brie, A./Brie, M. u. a., Texte zu Politik, Staat, Recht, Berlin (Ost) 1990.

Bock, H., Partei – Staat – bürokratische Kaste. Zu einigen strukturanalytischen Aspekten des staatsmonopolistischen Sozialismus in der DDR, in: ZfG 41 (1993), 5-23.

Böhme, W., Widerstand, Schuld und Vergebung. Über die Bewältigung der deutschen Vergangenheit, in: ZW 63 (1992), 72-77.

Börger, B./Kröselberg, M., Die Kraft wuchs im Verborgenen. Katholische Jugend zwischen Elbe und Oder 1945-1990, Düsseldorf 1993.

Boese, Th., Die Entwicklung des Staatskirchenrechts in der DDR von 1945 bis 1989. Unter besonderer Berücksichtigung des Verhältnisses von Staat, Schule und Kirche, Baden-Baden 1994.

Böttcher, H.R. (Bearb.), Vergangenheitsklärung an der Friedrich-Schiller-Universität Jena. Beiträge zur Tagung »Unrecht und Aufarbeitung« am 19. und 20.6.1992, Leipzig 1994.

Bohley, B. u. a., 40 Jahre DDR … und die Bürger melden sich zu Wort, Frankfurt/M. 1989.

Bonhoeffer, D., Kirche und Völkerwelt. Rede auf der Ökumenischen Tagung in Fanø August 1934, in: ders., London 1933-1935. Hg. von H. Goedeking, M. Heimbucher, H.M. Schleicher, Gütersloh 1994 (DBW, 13), 298-301.

Borkowski, D., Für jeden kommt der Tag … Stationen einer Jugend in der DDR, Berlin (Ost) 1990.

Boyens, A., »Den Gegner irgendwo festhalten« – »Transfergeschäfte« der Evangelischen Kirche in Deutschland mit der DDR-Regierung 1957-1990, in: KZG 6 (1993), 379-426.

Brakelmann, G., Das Darmstädter Wort von 1947 und die Tradition des neuzeitlichen Protestantismus, in: Flugblätter zur Versammlung europäischer Christen, Nr. 9/10, Darmstadt, 7. bis 9. Oktober 1977, hg. von der Theologischen Kommission der ESG, Stuttgart 1977.

Brandt, H.-J./Dinges, M., Kaderpolitik und Kaderarbeit in den »bürgerlichen« Parteien und den Massenorganisationen der DDR, Berlin (West) 1984.

Brandt, W., Erinnerungen. Mit einem aktuellen Vorwort, Frankfurt/M.-Berlin ³1992.

Bransch, G., Kirche auf dem Wege. Perspektiven der evangelischen Kirche in der sozialistischen Gesellschaft. Versuch einer Einschätzung, Berlin (Ost) 1987.

Bräuer, S., Martin Luther in marxistischer Sicht von 1945 bis zum Beginn der achtziger Jahre, Berlin (Ost) ²1983.

Braun, J., Volk und Kirche in der Dämmerung. Ein Einblick in die vier Jahrzehnte des Sozialismus in der DDR, Leipzig 1992.

Breaking down the walls. World Council of Churches' Statements and Actions on Racism 1948-1985, Geneva 1986.

Brecht, M., Weder leichtfertige Überheblichkeit noch Verzweiflung. Luthers Umgang mit der Schuld. Beobachtungen zu einem aktuellen Thema, in: KZG 4 (1991), 462-475.

Brinkel, W./Rodejohann, J. (Hgg.), Das SPD-SED-Papier. Der Streit der Ideologien und die gemeinsame Sicherheit, Freiburg 1988.

Brinks, J. H., Die DDR-Geschichtswissenschaft auf dem Weg zur deutschen Einheit. Luther,

Friedrich II. und Bismarck als Paradigmen politischen Wandels, Frankfurt/M. 1992 (Campus Forschungen, 685).
Brinkschulte, W./Gerlach, H.J./Heise, Th., Freikaufgewinnler. Die Mitverdiener im Westen, Frankfurt/M.-Berlin 1993.
Brunner, G., Einführung in das Recht der DDR, München ²1979.
Ders. (Hg.), Menschenrechte in der DDR, Baden-Baden 1989.
Buch, G., Namen und Daten wichtiger Personen der DDR, Berlin (Ost) ⁴1987.
Buch-Magazin 7 (Herbst/Winter 1987).
Buck, H.F./Reuter, U., Das Scheitern des SED-Wohnungsbauprogramms und die infrastrukturellen und ökologischen Erblasten für die Wohnumwelt in den neuen Bundesländern. Vom Mißbrauch der Statistik unter dem SED-Regime. Analysen und Berichte des Gesamtdeutschen Instituts Bonn, Bonn 1991.
Budapest 1984. Offizieller Bericht der 7. Vollversammlung des LWB, Stuttgart 1985 (LWB.R, 19/20).
Bündnispolitik im Sozialismus. Hg. von H. Hümmler, Berlin (Ost) 1981.
Büscher, W. (Hg.), Friedensbewegung in der DDR, Hattingen 1982.
Ders./Wensierski, P., Null Bock auf DDR. Aussteigerjugend im anderen Deutschland, Reinbek 1984.
Bull, C., Mit wehendem Talar dem Zeitgeist entgegen, in: die andere 27/91 vom 3.7.1991, 8 f.
Burgsmüller, A., (Hg.), Kirche als »Gemeinde von Brüdern«. (Barmen III). Vorträge aus dem Theologischen Ausschuß der Evangelischen Kirche der Union, Gütersloh 1980.
Ders. (Hg.), Zum politischen Auftrag der christlichen Gemeinde (Barmen II). Votum des Theologischen Ausschusses der Evangelischen Kirche der Union, Gütersloh 1974.
Busch, E., Karl Barths Lebenslauf. Nach seinen Briefen und autobiographischen Texten, München ³1978.
Carstens, K., Erinnerungen und Erfahrungen. Hg. von K. v. Jena und R. Schmoeckel, Boppard am Rhein 1993.
Cerny, J. (Hg.), Wer war wer – DDR. Ein biographisches Lexikon, Berlin 1992.
Chaix, G., Pavane pour une histoire défente dans l'ancienne Allemagne de l'Est, in: Vingtième Siècle 31 (1991), 75-84.
Childs, D., The GDR. Moscow's German Ally, London 1983.
Christliche Existenz im sozialistischen Staat. Zeugnisse zu Weg und Wirken von Christen in der DDR. Hg. vom Sekretariat des Hauptvorstandes der CDU (Ost), Berlin (Ost) 1987 (Hefte aus Burgscheidungen, 243).
»Christsein gestalten.« Eine Studie zum Weg der Kirche. Hg. vom Kirchenamt i. A. des Rates der Evangelischen Kirche in Deutschland, Gütersloh 1986.
Chronik der Ereignisse in der DDR, Köln 1989.
Coburg 1991. Bericht über die erste Tagung der achten Synode der Evangelischen Kirche in Deutschland vom 28. bis 30. Juni 1991. Hg. im Auftrag der Synode der EKD vom Kirchenamt der EKD, Hannover 1991 (BTSEKD, 46).
Coenen, L. (Hg.), Unterwegs in Sachen Zukunft. Das Taschenbuch zum konziliaren Prozeß, Stuttgart 1990.
Conway, J.S., How to serve God in a Post-Marxist Land? East German Protestantism's Contribution to a Peaceful Revolution, in: Journal of Religious History 16/2 (1990), 126-139.
Ders., Kirche im Sozialismus. East German Protestantism's Political and Theological Witness, 1945-1990, in: OPREE XIII (1993/4), 1-21.
Cordell, K., The Role of the Evangelical Church in the GDR, in: Government and Opposition, 25/1 (1990).
Cornelsen, D., Die Industrie der DDR, in: Der X. Parteitag der SED: 35 Jahre SED-Politik. Versuch einer Bilanz. 14. Tagung zum Stand der DDR-Forschung in der BRD, Köln 1981, 46-62.
Dähn, H., Das politische System der DDR, Berlin (West) 1985.
Ders., DDR-Protestantismus und Kriegsdienstverweigerung. Interpretation eines bisher nicht veröffentlichten Dokuments, in: Berliner Dialog-Hefte, Sonderheft 1993, 24-31.

Ders., Die Kirchen im Spannungsfeld von Loyalität und Opposition in der DDR, in: Deutsche Studien, Heft 88 (1984), 321 ff.
Ders. (Hg.), Die Rolle der Kirchen in der DDR. Eine erste Bilanz, München 1993 (Geschichte und Staat, 291).
Ders., Konfrontation oder Kooperation? Das Verhältnis von Staat und Kirche in der SBZ/DDR 1945-1980. Mit einem Vorwort von R. Henkys, Wiesbaden 1982.
Daiber, K.-F., Kirche und religiöse Gemeinschaften in der DDR, in: Kaufmann, F.-X./Schäfers, B. (Hgg.), Religion, Kirche und Gesellschaft in Deutschland, Opladen 1988 (Gegenwartskunde, Sonderheft 5), 75-88.
Damus, M., Malerei der DDR. Funktionen der bildenden Kunst im Realen Sozialismus, Hamburg 1991.
Danyel, J., Vom schwierigen Umgang mit der Schuld. Die Deutschen in der DDR und im Nationalsozialismus, in: ZfG 40 (1992), 915-928.
Darnton, R., Der letzte Tanz auf der Mauer. Berliner Journal 1989-1990. Aus dem Amerikanischen von Hans Günter Holl, München 1991.
Das Bekenntnis zu Jesus Christus und die Friedensverantwortung der Kirche. Eine Erklärung des Moderamens des Reformierten Bundes. Hg. von H.-J. Kraus, Gütersloh ²1983.
Das SPD-SED-Papier: Der Streit der Ideologien und die gemeinsame Sicherheit. Hg. von der Aktion Sühnezeichen/Friedensdienste e. V. W. Brinkel u. a., Freiburg 1988.
Degen, R., In der Gemeinde leben lernen. Gemeindeaufbau als gemeindepädagogische Aufgabe (Beiträge A 7. Hg. von der Theologischen Studienabteilung beim Bund der Evangelischen Kirchen in der DDR), Berlin (Ost) 1989.
Demke, Chr./Falkenau, M./Zeddies, H. (Hgg.), Zwischen Anpassung und Verweigerung. Dokumente aus der Arbeit des Bundes der Evangelischen Kirchen in der DDR. Im Auftrag des Rates der Evangelischen Kirche in Deutschland, Leipzig 1994.
Denzler, G./Fabricius, V., Christen und Nationalsozialisten. Darstellung und Dokumente. Mit einem Exkurs: Kirche im Sozialismus, Frankfurt/M. 1993.
»Der Stern«, Hamburg passim.
DER SPIEGEL, Hamburg passim.
Desel, J., Das Leben und Sterben des Oskar Brüsewitz. Ein Pfarrerschicksal in der DDR, Berlin (West) 1984.
Deuerlein, E./Schmollinger, H., Deutschland 1963-1970, Hannover 1972.
Deutscher Evangelischer Kirchentag, Berlin 1989, Dokumente. Hg. im Auftrag des DEKT von K. v. Bonin, Stuttgart 1989.
Deutscher Evangelischer Kirchentag, Düsseldorf 1985, Dokumente. Hg. im Auftrag des DEKT von K. v. Bonin, Stuttgart 1985.
Deutscher Evangelischer Kirchentag, Frankfurt 1987, Dokumente. Hg. im Auftrag des DEKT von K. v. Bonin, Stuttgart 1987.
Deutscher Evangelischer Kirchentag, Hannover 1983, Dokumente. Hg. im Auftrag des Präsidium des DEKT von H.-J. Luhmann und G. Neveling-Wagner, Stuttgart 1984.
Deutscher Evangelischer Kirchentag, Ruhrgebiet 1991, Dokumente. Hg. im Auftrag des DEKT von K. v. Bonin, München 1991.
Deutsches Allgemeines Sonntagsblatt, Hamburg 1983 ff.
Deutschland-Archiv. Zeitschrift für Fragen der DDR und der Deutschlandpolitik, Köln 1967 ff.
Deutz-Schroeder, M./Staadt, J. (Hgg.), Teurer Genosse! Briefe an Erich Honecker, Berlin 1994.
Die Barmer Theologische Erklärung von 1934 und unser Christusbekenntnis von 1984. Tagungsbericht. Hg. von der Kirchlichen Bruderschaft Sachsens, Dresden 1984.
Die DDR im Entspannungsprozeß 1980. Lebensweise im realen Sozialismus, 13. Tagung zum Stand der DDR-Forschung in der BRD, Köln 1980.
Die DDR-Verfassungen. Bearb. von H. Roggemann, Berlin (West) ³1980.
Die Denkschriften der Evangelischen Kirche in Deutschland. Hg. vom Kirchenamt der EKD, 1/2: Frieden, Menschenrechte, Weltverantwortung, Gütersloh ³1991.

Die Denkschriften der Evangelischen Kirche in Deutschland. Hg. vom Kirchenamt der EKD, 2/2: Soziale Ordnung, Wirtschaft, Staat, Gütersloh 1992.

Die Denkschriften der Evangelischen Kirche in Deutschland. Hg. vom Kirchenamt der EKD, 2/4: Soziale Ordnung, Wirtschaft, Staat, Gütersloh 1992.

Die Deutsche Demokratische Republik im Lichte der Grundrechte und der Rechtsstaatsidee. Deutsche Sektion der Internationalen Juristen-Kommission. Arbeitstagung vom 16./17. Oktober 1987 in Göttingen, Heidelberg 1989.

Die Geschichte der CDU. Programm und Politik der Christlich-Demokratischen Union Deutschlands seit 1945, Bonn 1980.

Die gesellschaftlichen Organisationen in der DDR. Stellung, Wirkungsrichtungen und Zusammenarbeit mit dem sozialistischen Staat. Hg. von der Akademie für Staats- und Rechtswissenschaft der DDR, Berlin (Ost) 1980.

Die Nationale Front der DDR. Hg. von der Parteihochschule »Karl Marx« beim ZK der SED/Lehrstuhl Geschichte der SED, Berlin (Ost) 1984.

Die neue Verfassung der DDR. Mit einem einleitenden Kommentar von D. Müller-Römer, Köln 1974.

Die WELT, Hamburg passim.

DIE ZEIT, Hamburg passim.

Dietrich, Chr./Schwabe, U. (Hgg.), Freunde und Feinde. Dokumente zu den Friedensgebeten in Leipzig zwischen 1981 und dem 9. Oktober 1989, Leipzig 1994.

Dietzfelbinger, H., Veränderung und Beständigkeit. Erinnerungen, München 1984.

Ditfurth, Chr. v., Blockflöten. Wie die CDU ihre realsozialistische Vergangenheit verdrängt, Köln 1991.

Dittrich, B., Priesterlicher Dienst unter den Bedingungen der säkularisierten, materialistischen Gesellschaft der DDR, in: *Ernst, W. u. a.* (Hgg.), Denkender Glaube in der Geschichte und Gegenwart, Leipzig 1992 (EThSt, 63), 149-162.

Dohle, H., Grundzüge der Kirchenpolitik der SED zwischen 1968 und 1978, Diss. phil. B, Berlin (Ost), Akademie für Gesellschaftswissenschaften beim ZK der SED, 1988 (Ms.).

Ders., Wissenschaftlicher Atheismus und praktische Kirchenpolitik, in: Wissenschaftlicher Atheismus: Forschungsbericht 41. Hg. von der Ingenieurhochschule für Seefahrt Warnemünde/Wustrow 1987, 27-41.

Ders., Zum Verhältnis von Staat und Kirche in der DDR zwischen 1968 und 1971, in: Berliner Dialog-Hefte 2 (1992), 23 ff.

Ders., Zur Grundstruktur einer Geschichte des Verhältnisses von Staat und Kirche in der DDR, in: Beiträge zur Theorie und Geschichte der Religion und des Atheismus 5 (1989), 9-23.

Ders., Zur Kirchenpolitik der SED in den 70er Jahren, in: Berliner Dialog-Hefte 4 (1993/1), 11-21.

Ders. u. a. (Hgg.), Beiträge zur Theorie und Geschichte der Religion und des Atheismus, Berlin (Ost), H. 1 (1988) bis H. 6 (1989).

Dokumente der Sozialistischen Einheitspartei Deutschlands, Bd. 1 ff., Berlin (Ost) 1948 ff.

Domsch, K., Der Weg unserer Kirche seit 1945. Erfahrungen und Auftrag. Vortrag auf der Frühjahrssynode der Ev.-Luth. Landeskirche Sachsens März 1985 (Ms.).

Donat, H., Abschlußbericht der Arbeitsstelle für pastorale Medien in Erfurt. Medienarbeit im Osten Deutschlands von 1954 bis 1991, in: ComSoc 26 (1993), 378 ff.

Dorgerloh, F., Das Stichwort »Freiraum«, in: Die Christenlehre 38 (1985), 230-232.

Drescher, H., Fehlschlüsse im Kalten Krieg. Das Fiasko klerikal-antikommunistischer Anfeindungen der DDR in drei Jahrzehnten ihres Bestehens, Berlin (Ost) 1979.

Dreyfus, F.-G., Les élections de 1990 dans les nouveaux Länder de l'Est, in: Revue d'Allemagne 23 (1991), 161-172.

Duchhardt, H., (Wieder-)Vereinigungen, in: GWU 44 (1993), 135-145.

Dust, W., Erfahrungen bei der Gewährleistung der operativen Kontrolle sog. mobiler Friedensseminare der Evangelisch-Lutherischen Landeskirche Mecklenburgs im Bezirk Neubrandenburg, Potsdam 1987 (Ms.).

Ebel, M. u. a. (Hgg.), Zur Entwicklung des sozialistischen Dorfes, Berlin (Ost) 1984.
Ebeling, G., Heiliger Geist und Zeitgeist. Identität und Wandel in der Kirchengeschichte, in: ZThK 87 (1990), 185-205.
Ebert, A./Haberer, J./Kraft, F. (Hgg.), Räumt die Steine hinweg. DDR Herbst 1989. Geistliche Reden im politischen Aufbruch, München ²1990.
Ebert, Th., Soziale Bewegungen in der etablierten Demokratie, in: Gewaltfreie Aktion 3, 4/12 (1980), 1-8.
Eckert, R., Entwicklungschancen und -barrieren für den geschichtswissenschaftlichen Nachwuchs in der DDR, in: POLZG B 17-18 (1992), 28-34.
Eggenburger, O., Die Kirchen, Sondergruppen und religiösen Vereinigungen. Ein Handbuch, Zürich ⁴1986.
Ehring, K./Dallwitz, M. (Hgg.), Schwerter zu Pflugscharen. Friedensbewegung in der DDR, Reinbek 1982.
Eifler, G./Saame, O. (Hgg.), Gegenwart und Vergangenheit deutscher Einheit, Wien 1992.
Eisenfeld, B., Kriegsdienstverweigerung in der DDR – ein Friedensdienst? Genesis, Befragung, Analyse, Dokumente, Frankfurt/M. 1978.
Ders., Stabilisierung oder Destabilisierung – das ist hier die Frage! Ein drittes Bild über Manfred Stolpe (Ms.).
Eisenmann, P./Hirscher, G. (Hgg.), Dem Zeitgeist geopfert. Die DDR in Wissenschaft, Publizistik und politischer Bildung, Mainz-München 1992.
Elitz, E. (Hg.), Sie waren dabei. Ostdeutsche Politik von Bärbel Bohley zu Lothar de Maizière, Stuttgart 1991.
ena (Evangelischer Nachrichtendienst in der DDR), Berlin (Ost) 1982 ff.
Engler, W., Die zivilisatorische Lücke. Versuche über den Staatssozialismus, Frankfurt/M. 1992.
epd (Evangelischer Pressedienst. Zentralausgabe), Frankfurt/M. 1982 ff.
epd-Dokumentation. Ein Informationsdienst, Frankfurt/M. 1982 ff.
epd Landesdienst Berlin, 1982 ff.
Eppelmann, R., Fremd im eigenen Haus. Mein Leben im anderen Deutschland, Köln 1993.
Ders., Wendewege. Briefe an die Familie. Hg. von D. Herbst, Bonn 1992.
Ders. u. a. (Hgg.), Die Diktatur der SED – Geschichte und Folgen, Bonn-St. Augustin 1994 (Aktuelle Fragen der Politik, 18).
Erfahrungsaustausch mit Organisationen, die sich ebenfalls mit der Aufarbeitung der SED-Diktatur befassen. Enquete Kommission »Aufarbeitung von Geschichte und Folgen der SED-Diktatur in Deutschland« am 30. September 1992. Hg. vom Deutschen Bundestag, Referat Öffentlichkeitsarbeit, Bonn 1993.
Erk, W. (Hg.), Kurt Scharf. Für ein politisches Gewissen der Kirche. Aus Reden und Schriften 1932-1972, Stuttgart 1972.
Erler, D., Erfahrungen und Vorgehensweisen bei der Einbeziehung von Inoffiziellen Mitarbeitern und gesellschaftlichen Kräften in der politisch-operativen Arbeit zur vorbeugenden Verhinderung des Mißbrauchs der Kirche für politische Untergrundtätigkeit, Potsdam 1988 (Ms.).
Eschwege, H., The Churches and the Jews in the German Democratic Republic, in: YLBI 37 (1992), 497-513.
Ester, H./Häring, H./Poettgens, E./Sonnberger, K. (Hgg.), Dies ist nicht unser Haus. Die Rolle der katholischen Kirche in den politischen Entwicklungen der DDR, Amsterdam/Atlanta 1992 (German Monitor, 28).
Evangelische Kirche in der DDR. Personen, Daten, Perspektiven. Informationen des Evangelischen Arbeitskreises der CDU/CSU. Hg. vom Evangelischen Arbeitskreis der CDU/CSU, Bonn 1990.
Evangelische Kirche in Deutschland, Kirchenamt/Planungsgruppe, Strukturbedingungen der Kirche auf längere Sicht, Hannover 1985.
Evangelische Kirche und freiheitliche Demokratie. Der Staat des Grundgesetzes als Angebot

und Aufgabe. Eine Denkschrift der EKD. Hg. vom Kirchenamt der Evangelischen Kirche i. A. des Rates der Evangelischen Kirche in Deutschland, Gütersloh 1985.

Evangelische Kommentare, 1982 ff.

Exner, Charakteristik wesentlicher kirchlicher bzw. religiöser Organisationen und Einrichtungen, die subversive Handlungen gemäß StGB gegen die DDR durchführen, Potsdam 1981 (Ms.).

Falcke, H., Die unvollendete Befreiung. Die Kirchen, die Umwälzung in der DDR und die Vereinigung Deutschlands, München 1991.

Ders., 11 Sätze zum Weg unserer Kirche jetzt, in: Informationen und Texte 2. Hg. von der Theologischen Studienabteilung beim Bund der Evangelischen Kirchen in der DDR, Berlin (Ost) 1990.

Ders., Mit Gott Schritt halten. Reden und Aufsätze eines Theologen in der DDR aus zwanzig Jahren, Berlin (West) 1986.

Ders., Umkehr führt weiter. Zur Grundorientierung des gegenwärtigen Weges der Kirchen in der DDR, in: »Daß unsere Augen aufgetan werden ...«: FS für Hermann Dembrowski. Hg. von J.-E. Gutheil und S. Zoske, Frankfurt/M. 1989, 184-208.

Ders., Zum Weg der Kirche in Staat und Gesellschaft der DDR. Rückblick und Bestandsaufnahme. Unveröffentlichtes Manuskript 1971.

Falkenau, M., Kirchliche Sozialstation. Fragen zur Sozialgestalt der Gemeinde in der gesellschaftlichen Wirklichkeit der DDR, in: außer der Reihe 1974/1984. Hg. von der Theologischen Studienabteilung beim Bund der Evangelischen Kirchen in der DDR, Berlin (Ost) 1984, 1-7.

Fascher, E., Modernisierter Rechtsextremismus? Ein Vergleich der Parteigründungsprozesse der NPD und der Republikaner in den sechziger und den achtziger Jahren, Berlin 1994.

Fehr, H., Politisches System und Interessenpolitik im »real existierenden« Sozialismus. Zum Verhältnis von Staat und evangelischen Kirchen in der DDR, in: POLZG B 27 (1986), 35-45.

Feiereis, K., Kirche und Marxismus vor Ort – eine Aufgabe für die christliche Philosophie, in: Muck, O. (Hg.), Sinngestalten. Metaphysik in der Vielfalt menschlichen Fragens. FS für E. Coreth, Innsbruck u. a. 1989, 174-191.

Feige, A., Gesellschaftliche Reflexionsprozesse und Massenkommunikation am Beispiel der DDR. Zur Funktion öffentlicher Kommunikation und besonders der Massenmedien vor und während der Massendemonstrationen im Herbst 1989, in: Publizistik 35 (1990), 387-397.

Feil, E. (Hg.), Glauben lernen in einer Kirche für andere. Der Beitrag Dietrich Bonhoeffers zum Christsein in der Deutschen Demokratischen Republik. Mit Beiträgen von A. Schönherr, F.G. Friemel, K. Gysi, H. Dohle, M. Onnasch, J. Henkys, E. Feil, C. Strohm, Gütersloh 1993.

Feist, M., Die rechtliche Situation der Evangelischen Studentengemeinden, 2 Bde., Frankfurt/M.-Bern 1982.

Feldmann, J., Geschichte der Diakonie in der sowjetischen Besatzungszone und der ehemaligen DDR. Ein Forschungsprojekt, in: Diakonie 1993, 341-344; ebenfalls in: Diakonie-Jahrbuch '93. Hg. von K.H. Neukamm, Reutlingen 1993, 125-128.

Fencik, J., Probleme der Suche, Auswahl und Gewinnung von jugendlichen Inoffiziellen Mitarbeitern zur politisch-operativen Durchdringung der »Jungen Gemeinde« der evangelischen Kirche sowie Vorbereitung und Einsatz zur inoffiziellen Arbeit unter den Bausoldaten der NVA in Zusammenarbeit mit der HA I, Potsdam 1989 (Ms.).

Fest, J., Der zerstörte Traum. Vom Ende des utopischen Zeitalters, Berlin 1992.

Feurich, W., Lebensbericht eines Dresdner Gemeindepfarrers, Berlin (Ost) 1982.

Fiedler, J., Erfahrungen beim Zusammenwirken mit staatlichen und gesellschaftlichen Kräften zur Realisierung wirksamer Zurückdrängungs- und Zersetzungsmaßnahmen gegen feindliche bzw. negative Personenkreise aus dem kirchlichen Bereich am Beispiel sog. Friedenskreise, Potsdam 1986 (Ms.).

Findeis, H./Pollack, D./Schilling, M., Die Entzauberung des Politischen. Was ist aus den politisch alternativen Gruppen der DDR geworden? Interviews mit ehemals führenden Vertretern, Berlin-Leipzig 1994.

Fink, H./Kaltenborn, C.-J./Kraft, D. (Hgg.), Dietrich Bonhoeffer – Gefährdetes Erbe in bedrohter Welt. Beiträge zur Auseinandersetzung um sein Werk, Berlin (Ost) 1987.

Fischer, A., Das Bildungssystem der DDR. Entwicklung, Umbruch und Neugestaltung seit 1989, Darmstadt 1992.

Ders./Heydemann, G. (Hgg.), Geschichtswissenschaft in der DDR, Bd. 2, Berlin (West) 1990.

Fischer, G., Die CDU der DDR und die Kirchenpolitik der sechziger Jahre, in: Berliner Dialog-Hefte 2 (1992), 35 ff., Sonderheft 1993, 41-44.

Fischer, P., Kirche und Christen in der DDR, Berlin (West) 1978.

Fischer Weltalmanach 1990. Sonderband DDR, Frankfurt/M. 1990.

Flammer, H. (Hg.), Kirche und Sozialismus, Gütersloh 1981.

Fleischer, F., Analyse des gegnerischen Vorgehens zur Inspirierung und Organisierung politischer Untergrundtätigkeit am Beispiel des Bezirkes Neubrandenburg insbesondere unter Nutzung der Friedenskreise, Potsdam 1989 (Ms.).

Flor, G., Rückschau und Einsichten, Stuttgart 1992.

Förster, P./Roski, G., DDR zwischen Wende und Wahl. Meinungsforscher analysieren den Umbruch, Berlin 1991.

Forck, G., Karl Barth und der Weg der Kirche in der DDR, in: H. Köckert/W. Krötke (Hgg.), Theologie als Christologie. Zum Werk und Leben Karl Barths. Ein Symposium, Berlin (Ost) 1988, 147-158.

Frankfurter Allgemeine Zeitung, Frankfurt/M. passim.

Frankfurter Rundschau, Frankfurt/M. passim.

Freiburg, A./Marad, Chr., FDJ. Der sozialistische Jugendverband der DDR, Opladen 1982.

Fricke, K.W., Die DDR-Staatssicherheit. Entwicklung, Strukturen, Aktionsfelder, Köln ³1989.

Ders., MfS intern. Macht, Strukturen, Auflösung der DDR-Staatssicherheit. Analyse und Dokumentation, Köln 1991.

Ders., Opposition und Widerstand in der DDR. Ein politischer Report, Köln 1984.

Ders., »Schild und Schwert der Partei«. Das Ministerium für Staatssicherheit – Herrschaftsinstrument der SED, POLZG B 21 (1992), 3-10.

Frieden in Gerechtigkeit. Dokumente der Europäischen Ökumenischen Versammlung. Hg. i. A. der Konferenz Europäischer Kirchen und des Rates der Europäischen Bischofskonferenzen, Basel-Zürich 1989.

Friedensnobelpreis für 140 000 Ärzte. Dokumente aus der medizinischen Friedensbewegung. Zusammengestellt von T. Bastian, Reinbek 1985.

Friedrich, W.-U. (Hg.), Special Issue: Totalitäre Herrschaft – totalitäres Erbe, Aricona 1994 (German Studies Review, Fall 1994).

Fuchs, J., »... Und wann kommt der Hammer?« Psychologie, Opposition und Staatssicherheit, Berlin 1991.

Ders., Unter Nutzung der Angst. Die »leise Form« des Terrors – Zersetzungsmaßnahmen des MfS, Berlin 1994 (BF informiert 2/94).

Ders., Vernehmungsprotokolle, Reinbek 1978.

Führer, W., Der internationale Friede. Theologisch-ethische Studien zum Problem der politischen Friedenssicherung, Frankfurt/M. etc. 1993.

Fulbrook, M., The Divided Nation. A History of Germany 1918-1990, New York-Oxford 1992.

Funk, U., DDR-Kirchenpolitik zwischen ideologischem Anspruch und politischer Wirklichkeit, Heidelberg 1992 (TFESG, B, 16, 1992).

Ders., Die achtziger Jahre – der Anfang vom Ende oder das Ende eines Anfangs. Allgemeines und Besonderes in der Politik von Staat und SED gegenüber den evangelischen Kirchen nach 1978, in: Berliner Dialog-Hefte, Sonderheft 1993, 71-83.

Gabrielli, B., Predicazione e impegno politico negli ultimi anni della DDR, in: Protest. 48 (1993), 300-315.

Gatow, H.H., Vertuschte SED-Verbrechen. Ein Spur von Blut und Tränen, Berg am See ⁶1991.
Gauck, J., Die Stasi-Akten. Das unheimliche Erbe der DDR, Reinbek 1991.
Gaus, G., Deutschland im Juni, Köln 1988.
Ders., Die Welt der Westdeutschen. Kritische Betrachtungen, Köln 1986.
Ders., Porträts in Frage und Antwort, Berlin 1991.
Ders., Wo Deutschland liegt. Eine Ortsbestimmung, Hamburg 1983.
Gedmin, J., The Hidden Hand. Gorbachov and the Collapse of East Germany, Washington, D.C. 1992.
Geiger, M., Christsein in der DDR, München 1975.
Geiss, I., Der Hysterikerstreit. Ein unpolemischer Essay, Bonn-Berlin 1992.
Ders., Die deutsche Frage 1806-1990, Mannheim-Leipzig-Wien-Zürich 1992.
Geißel, L., Unterhändler der Menschlichkeit. Erinnerungen, Stuttgart 1991.
Geißler, R., Die Sozialstruktur Deutschlands. Ein Studienbuch zur Entwicklung im geteilten und vereinten Deutschland, Opladen 1992.
Gemeinsam unterwegs. Dokumente aus der Arbeit des Bundes der Evangelischen Kirchen in der DDR 1980-1987. Hg. vom Bund der Evangelischen Kirchen in der DDR, Berlin (Ost) 1989.
Genthe, H.J., Die evangelische Kirche in Erfurt 1945-1990, in: U. Weiß (Hg.), Erfurt 742-1992. Stadtgeschichte – Universitätsgeschichte, Weimar 1992, 613-634.
Gerstenberger, P., Das Friedensengagement der CFK 1978 bis 1985 unter den Bedingungen der Konfrontations- und Hochrüstungspolitik der aggressivsten Kreise des Imperialismus – politische Programmatik und weltanschaulicher Gehalt, Diss. phil. Berlin (Ost) 1986.
Geschichte der Deutschen Demokratischen Republik, von einem Autorenkollektiv unter Leitung von R. Badstübner. Hg. vom Wissenschaftlichen Beirat für Geschichtswissenschaft beim Ministerium für Hoch- und Fachhochschulwesen unter Leitung von M. Kossok, Berlin (Ost) 1984.
Geschichte der Deutschen Volkspolizei, Bd. 2: 1961-1985. Hg. vom Ministerium des Innern, Kommission zur Erforschung und Ausarbeitung der Geschichte der Deutschen Volkspolizei, Berlin (Ost) ²1987.
Geschichte der Freien Deutschen Jugend. Hg. vom Zentralrat der FDJ, Berlin (Ost) 1982.
Geschichte des Freien Deutschen Gewerkschaftsbundes. Hg. vom Bundesvorstand des FDGB, Berlin (Ost) 1982.
Gesetzblatt der DDR, Berlin (Ost) 1949 ff.
Getty, J.A./Kozlov, V.P. (ed.), The State Archival Service of the Russian Federation. Russian Center for Preservation and Study of Documents of Contemporary History formerly the Central Party Archive. A Research Guide, Moscow 1993.
Giebeler, E., Hinter verschlossenen Türen. Vierzig Jahre als Gefängnisseelsorger in der DDR, Wuppertal-Zürich 1992 (ABC-Team, 4).
Gieseke, J., Die Hauptamtlichen 1962. Zur Personalstruktur des Ministeriums für Staatssicherheit, Berlin 1994 (BF informiert 1/94).
Gill, D./Schröter, U., Das Ministerium für Staatssicherheit. Anatomie des Mielke-Imperiums, Berlin 1991.
Ginsburg, J., Wem droht sein Schwert, wen schützt sein Schild heute? Die Methoden des sowjetischen Geheimdienstes werden feiner, in: Das Parlament 41 (1991) vom 19./26.7.1991.
Glaeßner, G.-J., Der schwierige Weg zur Demokratie. Vom Ende der DDR zur deutschen Einheit, 2., durchg. Aufl., Opladen 1992.
Ders., Die andere deutsche Republik. Gesellschaft und Politik in der DDR, Wiesbaden 1989.
Ders. (Hg.), Eine deutsche Revolution. Der Umbruch in der DDR, seine Ursachen und Folgen, Frankfurt/M. 1991 (Berliner Schriften zur Politik und Gesellschaft im Sozialismus und Kommunismus, 4).

Ders., Reformierbarkeit sozialistischer Systeme, in: Pipers Wörterbuch zur Politik. Hg. von K. Ziemer. Bd. 4, Zürich 1986, 336-372.

Ders., Vom »realen Sozialismus« zur Selbstbestimmung, in: POLZG B 1-2 (1990), 3-20.

Goebel, H.-Th., »Kirche im Sozialismus«. Als die DDR noch die DDR war, in: RKZ 133 (1992), 153-155.

Goeckel, R.F., The Catholic Church in East Germany, in: Christianity under Stress, Vol. 2 of 2. Press, 1991.

Ders., The GDR Legacy and the German Protestant Church, in: German Politics and Society, Issue 31 (1994), 84-108.

Ders., The Lutheran Church and the East German State. Political Conflict and Change under Ulbricht and Honecker, Ithaca-London 1990.

Goldschmidt, D. (Hg.), Frieden mit der Sowjetunion – eine unerledigte Aufgabe, Gütersloh 1989.

Gorholt, M./Kunz, N.W. (Hgg.), Deutsche Einheit – Deutsche Linke. Reflexionen der politischen und gesellschaftlichen Entwicklung, Köln 1991.

Grabner, W.-J./Heinze, Ch./Pollack, D. (Hgg.), Leipzig im Oktober. Kirchen und alternative Gruppen im Umbruch der DDR. Analysen zur Wende, Berlin (West) 1990.

Gräf, D., Handbuch der Rechtspraxis in der DDR, Düsseldorf 1988.

Graf, F.W., Antikapitalismus oder Illiberalismus? Zur Debatte über die Traditionsbewahrung in der sozialistischen Provinz, in: ZEE 37 (1993), 231-234.

Ders., Traditionsbewahrung in der sozialistischen Provinz. Zur Kontinuität antikapitalistischer Leitvorstellungen im neueren deutschen Protestantismus, in: ZEE 36 (1992), 175-191.

Grande, D./Schäfer, B., Zur Kirchenpolitik der SED. Auseinandersetzungen um das Katholikentreffen 1983-1987, Leipzig 1994.

Gransow, V., Konzeptionelle Wandlungen der Kommunismus-Forschung. Vom Totalitarismus zur Immanenz, Frankfurt/M.-New York 1980.

Ders./Jarausch, K. H. (Hgg.), Die deutsche Vereinigung. Dokumente zu Bürgerbewegung. Annäherung und Beitritt, Köln 1991 (Bibliothek Wisenschaft und Politik, 47).

Greschat, M. (Hg.), Im Zeichen der Schuld. 40 Jahre Stuttgarter Schuldbekenntnis. Eine Dokumentation. Mit einem Geleitwort von W. Huber, Neukirchen 1985.

Ders./Kaiser, J.-Chr. (Hgg.), Christentum und Demokratie im 20. Jahrhundert, Stuttgart 1992 (KoGe, 4).

Gries, S./Voigt, D., Manfred Stolpe in Selbstzeugnissen. Eine kritische Untersuchung von Veröffentlichungen, Schriften und Reden aus den Jahren 1972 bis 1990, Frankfurt/M.-Berlin 1993.

Grmic, V., Christentum und Sozialismus. Beiträge zu einer weltverantwortlichen Theologie unter besonderer Berücksichtigung der Situation in Slowenien, Klagenfurt 1988.

Grohs, G., Das Engagement des Ökumenischen Rates der Kirchen (ÖRK) und der Evangelischen Kirche in Deutschland (EKD) für die Dritte Welt, in: Baadte, G./Rauscher, A. (Hgg.), Dritte Welt und Entwicklung Kirche heute, 6, Graz-Wien-Köln 1992, 29-44.

Grote, M./Kienbaum, B., East German Youth Policy, in: East European Quarterly 24 (1990), 457-473.

Grünzinger, G., Die evangelischen Kirchen und der SED-Staat – Ein Thema Kirchlicher Zeitgeschichte, in: Mitteilungen der Ev. Arbeitsgemeinschaft für Kirchliche Zeitgeschichte 13 (1993), 116-123.

Günther, H., Wie Spione gemacht wurden, Berlin 1992.

Günther, K.-H., Das Bildungswesen der DDR, Berlin (West) 1983.

Guillaume, G., Die Aussage. Wie es wirklich war, München 1990.

Gysi, G./Heuer, U.-J./Schurmann, M. (Hgg.), Zweigeteilt. Über den Umgang mit der SED-Vergangenheit, Hamburg 1992.

Gysi, K., Gedanken für weitere Forschungen zur Kirchenpolitik der SED, in: Beiträge zur Theorie und Geschichte der Religion und des Atheismus, Heft 5 (1989), 37-41.

Ders., Telegraph Dokument Sonderausgabe, Berlin 1992.

Haase, N./Oleschinski, B. (Hgg.), Das Torgau-Tabu. Wehrmachtsstrafsystem, NKWD-Speziallager, DDR-Strafvollzug, Leipzig 1993.
Habermas, J., Die nachholende Revolution, Frankfurt/M. 1990.
Hacke, Chr., Die deutschlandpolitische Konzeption von CDU und CSU in der Oppositionszeit (1969-82), in: Historisch-Politische Mitteilungen. Archiv für christlich-demokratische Politik 1 (1994), 33-48.
Hacker, J., Der Ostblock. Entstehung, Entwicklung und Struktur 1939-1980, Baden-Baden 1983.
Ders., Deutsche Irrtümer. Schönfärber und Helfershelfer der SED-Diktatur im Westen, Berlin-Frankfurt/M. ²1994.
Ders., Vom »deutschen Volk« zum »Volk der DDR«, in: Bundeszentrale für politische Bildung (Hg.), Deutsche Verfassungsgeschichte 1849-1919-1949, Bonn o. J.
Haese, U., Katholische Kirche in der DDR zwischen Staat und Gesellschaft, in: StZ 211/4 (1993), 241-254.
Häuser, I./Schenkel M./Thaa, W., Legitimitäts- und Machtverfall des DDR-Sozialismus. Zum plötzlichen Ende einer einheitsverkörpernden Öffentlichkeit, in: Meyer, G./Riege, G./Strützel, D. (Hgg.), Lebensweise und gesellschaftlicher Umbruch in Ostdeutschland, Erlangen-Jena 1992, 59-101.
Hahn, U., Bemerkungen zur Formel »Kirche im Sozialismus«, in: ZW 63 (1992), 51-61.
Hallberg, B., Die Jugendweihe. Zur deutschen Jugendweihetradition, Göttingen ²1979.
Hamacher, H.P., DDR-Forschung und Politikberatung 1949-1990. Ein Wissenschaftszweig zwischen Selbstbehauptung und Anpassungszwang, Köln 1991.
Hamel, J., Christ in der DDR, Berlin (West) 1957.
Hamta, Die politisch-operative Arbeit der KD Quedlinburg zum rechtzeitigen Erkennen und wirksamen Unterbinden von Ursachen des subversiven Mißbrauchs des rechtlich gesicherten Handlungsraumes diakonischer und caritativer Einrichtungen und Ausbildungstätten, dargestellt am Beispiel der Neinstedter Anstalten und der Neinstedter Lindenhofsbrüderschaft, Potsdam 1985 (Ms.).
Hanisch, G./Hänisch, G./Magirius, Fr./Richter, J. (Hgg.), Dona nobis pacem. Friedens- und Fürbittegebete Herbst '89 in Leipzig, Berlin (Ost) 1990.
Hanselmann, J. (Hg.), »Was wird aus der Kirche?« Ergebnisse der EKD-Umfrage über Kirchenmitgliedschaft, Gütersloh 1984.
Hartmann, M., Der Spielraum für die Kirche ist klein geworden, in: DDR Report 21 (1988), 641-644.
Hartweg, F., Vom Fürstenknecht zum Wegbereiter und Mitbeweger unserer Geschichte. Das marxistische Lutherbild und das Lutherjubiläum in der DDR, in: Revue d'Allemagne XV (1983), 348-386.
Hastings, A., A History of English Christianity 1920-1990, London 1991.
Hattenhauer, H., Martin Luther in der DDR, in: Geschichte und nationale Identität. Schriftenreihe Gegenwartsfragen der Landeszentrale für Politische Bildung Schleswig-Holstein, 53/1986, 45-48.
Hauschild, W.-D./Kretschmar, G./Nicolaisen, C. (Hgg.), Die lutherischen Kirchen und die Bekenntnissynode von Barmen. Referate des Internationalen Symposiums auf der Reisensburg 1984, Göttingen 1984.
Heber, M./Lehmann, J. (Hgg.), Keine Gewalt! Der friedliche Weg zur Demokratie. Eine Chronik in Bildern, Berlin (Ost) 1990.
Heckel, M., Die Vereinigung der evangelischen Kirchen in Deutschland, Tübingen 1990 (Jus Ecc, 40).
Heimann, Th. (Bearb.), Forschungsprojekte zur DDR-Geschichte. Ergebnis einer Umfrage des Arbeitsbereiches DDR-Geschichte im Mannheimer Zentrum für Europäische Sozialforschung (MZES) der Universität Mannheim. Hg. von der Enquete-Kommission des Deutschen Bundestages zu »Aufarbeitung von Geschichte und Folgen der SED-Diktatur in Deutschland«, Mannheim 1994.

Heimbach, W., Geschichte des Görlitzer Kirchengebietes seit 1945. Materialsammlung und Manuskript, Görlitz o. J.

Hein, C., Diskussionsgrundlage für den X. Schriftstellerkongreß der DDR, in: Schriftstellerkongreß der DDR: Arbeitsgruppen, Berlin-Weimar 1988, 224-247.

Heinemann, G.W., Glaubensfreiheit-Bürgerfreiheit. Reden und Aufsätze. Kirche-Staat-Gesellschaft 1945-1975. Hg. von D. Koch, München 1990.

Heinemann-Grüder, C.-J., Pfarrer in Ost und West. Kirche zwischen Herausforderung und Anpassung. Textband mit Anlagen, Frankfurt/M. 1988.

Heinrich, B., Die Kenntnis über die Evangelischen Studentengemeinden der Evangelischen Kirche der Kirchenprovinz Sachsen im Verantwortungsbereich der BV Halle – Voraussetzung für eine wirksame politisch-operative Arbeit, Potsdam 1985 (Ms.).

Heise, J., Das Gespräch vom 6. März 1978 und seine Perspektiven, in: Beiträge zur Theorie und Geschichte der Religion und des Atheismus, Heft 5 (1989), 71-75.

Ders., Gedanken zur Geschichte der Kirchenpolitik der SED. Ein Diskussionsbeitrag, Juni 1990 (Ms.).

Helwig, G., Zu einigen Fragen jüdischer Identität in der DDR, in: Lux, R. (Hg.), »... und Friede auf Erden«. FS Christoph Hinz, Berlin (West) 1988, 35-50.

Dies./Urban, D. (Hgg.), Kirchen und Gesellschaft in beiden deutschen Staaten, Köln 1987 (Edition Deutschland Archiv).

Hemmer, H.O./Hegger, St., Es gibt unterschiedliche Wahrheiten. Streitgespräch zwischen Bärbel Bohley und Regine Hildebrandt über Zukunftsperspektiven in Ost und West, über Vergangenheitsbewältigung und die Rolle der Kirchen in der DDR, in: GMH 44 (1993), 1-17.

Hempel, J., Kirche wird auch in Zukunft sein. Vorträge und Predigten. Zum 65. Geburtstag hg. vom Ev.-Luth. Landeskirchenamt Sachsens, Leipzig 1994.

Ders., Über Kirche, über uns. Fragen und Antworten eines Bischofs, Berlin 1992.

Hengel, M., Christus und die Macht. Die Macht Christi und die Ohnmacht der Christen. Zur Problematik einer »Politischen Theologie« in der Geschichte der Kirche, Stuttgart 1974.

Henke, K.-D., Zu Nutzung und Auswertung der Unterlagen des Staatssicherheitsdienstes der ehemaligen DDR, in: VZG 40 (1993), 575-587.

Henkys, R. (Hg.), Die evangelischen Kirchen in der DDR. Beiträge zu einer Bestandsaufnahme, München 1982.

Ders., Gottes Volk im Sozialismus. Wie Christen in der DDR leben, Berlin (West) 1983.

Ders. (Hg.), Und niemandem untertan. Heinrich Albertz zum 70. Geburtstag, Reinbeck 1985 (rororo aktuell).

Hennig, F., Die Vorgehensweise westlicher Journalisten zur Diffamierung der Politik der SED in Kirchenfragen und bei der Inspirierung und Organisierung politischer Untergrundtätigkeit in der DDR, Potsdam 1989 (Ms.).

Hennig, W./Friedrich, W. (Hgg.), Jugend in der DDR. Daten und Ergebnisse der Jugendforschung vor der Wende, Weinheim 1991.

Henrich, R., Der vormundschaftliche Staat. Vom Versagen des real existierenden Sozialismus. Mit einem Gespräch zwischen K. Masur und R. Henrich, Leipzig-Weimar 1990.

Herausforderungen. Die Dritte Welt und die Christen Europas. Heiligung und politische Ethik – Ein kritischer Blick auf einige Grundlagen der Befreiungstheologie im Protestantismus, Regensburg 1980.

Herbst, U., Untersuchungen zur Entwicklung und Gestaltung der kirchlichen Jugendarbeit des Bundes der evangelischen Kirchen in der DDR, Potsdam 1983 (Ms.).

Herder-Korrespondenz, Orbis catholicus, Freiburg/Br. 1968 ff.

Hermann, A., Die Kenntnis der Evangelisch-Luth. Kirche in Thüringen, Voraussetzung für eine wirksame politisch-operative Arbeit, Potsdam 1983 (Ms.).

Herms, E., Schuld in der Geschichte. Zum »Historikerstreit«, in: ZThK 85 (1988), 349-370.

Herzberg, G./Meier, K., Karrieremuster. 15 Wissenschaftlerportraits, Berlin 1992.

Herzberg, W./Mühlen, P. v. z. (Hgg.), Auf den Anfang kommt es an. Sozialdemokratischer Neubeginn in der DDR 1989. Interviews und Analysen, Bonn 1993.

Heß, W., Der wesentliche Beitrag der Arbeitskreise »Friedensdienst« bei den Jungmännerwerken des Bundes der Ev. Kirchen in der DDR zur geistigen und ideologischen Vorbereitung eines »sozialen Friedensdienstes«, Potsdam 1982 (Ms.).

Ders., Möglichkeiten und Versuche zum Mißbrauch der »Jungen Gemeinde« sowie anderer Strukturen und Arbeitsformen kirchlicher Jugendarbeit für antisozialistische Aktivitäten dargestellt an Erfahrungen der politisch-operativen Abwehrarbeit im Bereich der Evangelisch-Lutherischen Kirche in Thüringen, Potsdam 1985 (Ms.).

Heydemann, G./Kettenacker, L. (Hgg.), Kirchen in der Diktatur. Drittes Reich und SED-Staat, Göttingen 1993.

Hickel, H., Sammlung und Sendung. Die Brüdergemeine gestern und heute. Hg. auf Veranlassung der Direktion der Evangelischen Brüder-Unität in Herrnhut, Berlin (Ost) 1978.

Hildebrand, K., Das vergangene Reich. Deutsche Außenpolitk von Bismarck bis Hitler 1871-1945, Stuttgart 1995.

Hildebrandt, J./Thomas, G. (Hgg.), Unser Glaube mischt sich ein ...: Evangelische Kirche in der DDR 1989. Berichte, Fragen, Verdeutlichungen, Berlin (Ost) 1990.

Hildebrandt, R., Die Evangelische Kirche im DDR-Sozialismus, in: Neue Gesellschaft/Frankfurter Hefte 40 (1993).

Hilferufe von drüben. Arbeitsgemeinschaft ehemaliger politischer Häftlinge in Deutschland, 1977 ff.

Hillgruber, A., Deutsche Geschichte 1945-1972. Die »deutsche Frage« in der Weltpolitik, Frankfurt/M.-Berlin (West)-Wien 1974.

Hirsch, R./Kopelew, L., Grenzfall – Vollständiger Nachdruck aller in der DDR 1986-1987 erschienenen Ausgaben, Berlin (West) 1989.

Hochstrate, W., 21 Thesen und Erfahrungen zum Thema: »Stasi und Kirche«, in: Zwie-Gespräch 1993/14, 26-29.

Ders., 49 bittere Anmerkungen zum Thema »Stasi und Kirche«, in: Zwie-Gespräch 1993/19, 17-24.

Höhn, B., Analyse bestehender Partnerschaftsbeziehungen der evangelischen Kirche im Verantwortungsbereich der Kreisdienststelle Hildburghausen und politisch-operative Schlußfolgerungen zu deren operativer Kontrolle und Bearbeitung, Potsdam 1988 (Ms.).

Hömig, H., Von der deutschen Frage zu der Einheit Europas. Studien zur Geschichte des 19. und 20. Jahrhunderts, Bochum 1991 (Dortmunder Historische Studien, 1).

Hoenen, R., Jugend und Religion in der DDR. Beobachtungen aus der Sicht kirchlichen Gemeindeaufbaus, in: Nembach, U. (Hg.), Jugend und Religion in Europa, Frankfurt/M. 1987, 69-82.

Hoff, P., Continuity and Change. Television in the GDR from Autumn 1989 to Summer 1990, in: German History 9 (1991), 184-196.

Hoffmann, Chr., Aufklärung und Ahndung totalitären Unrechts. Die Zentralen Stellen in Ludwigsburg und Salzgitter; in: POLZG B 4/93 vom 22.1.1993, 35-45.

Holger, H., Der Mißbrauch der 1. Ökumenischen Vollversammlung durch feindlich-negative Kräfte für subversive Angriffe gegen die sozialistische Staats- und Gesellschaftsordnung, Potsdam 1988 (Ms.).

Honecker, E., Aus meinem Leben, Berlin (Ost) 1980.

Ders., Moabiter Notizen. Letztes schriftliches Zeugnis und Gesprächsprotokolle vom BRD-Besuch 1987 aus dem persönlichen Besitz Erich Honeckers, Berlin 1994.

Hoth, R., Der Berliner Dom – Geschichte und Gegenwart, München 1991.

Huber, W., Kirche und Öffentlichkeit, Stuttgart 1973.

Hübner, P., Balance des Ungleichgewichts. Zum Verhältnis von Arbeiterinteresse und SED-Herrschaft, in: GeGe 19 (1993), 15-28.

Hüffmeier, W., Das eine Wort Gottes – Botschaft für alle. Barmen I und VI, Bd. 1. Vorträge aus dem Theologischen Ausschuß der Evangelischen Kirche der Union, Gütersloh 1994.

Ders., Kirche als deutsch-deutsche Lerngemeinschaft. Die evangelische Kirche in Deutschland nach ihrer Wiedervereinigung – unerledigte Fragen, in: BThZ 8 (1991), 162-182.

Hungerland, H., Erkenntnisse zu Angriffsrichtungen, Plänen, Absichten und Maßnahmen

kirchlicher Zentren, Einrichtungen und Kräfte aus dem nichtsozialistischen Ausland, insbesondere der BRD, mittels sog. Gesamtdeutscher Aktivitäten politischer Untergrundtätigkeit im Bereich der Evangelisch-Lutherischen Landeskirche Mecklenburg zu inspirieren und organisieren sowie sich daraus ergebende politisch-operative Aufgabenstellungen, Potsdam 1986 (Ms.).
idea (Informationsdienst der Evangelischen Allianz), Wetzlar.
idea-Dokumentation, Wetzlar passim.
idea-spektrum, Wetzlar passim.
Iggers, G.G., Ein anderer historischer Blick. Beispiele ostdeutscher Sozialgeschichte, Frankfurt/M. 1991.
Ders., L'histoire sociale et l'historiographie est-allemande des années 1980, in: Vingtième siècle 34 (1992), 5-24.
In besonderer Gemeinschaft. Gemeinsame Worte des Bundes der Evangelischen Kirchen in der DDR und der EKD. Hg. vom Kirchenamt der EKD, Hannover 1989 (EKD Texte, 26).
Informations- und Dokumentationsstelle der EKD, Recht und Versöhnung II. Texte aus den Kirchen zum Stand der Aufarbeitung der Vergangenheit. Staatssicherheitsproblematik, Berlin 1992 (Informationen und Texte, 6).
Israel, J. (Hg.), Zur Freiheit berufen. Die Kirche in der DDR als Schutzraum der Opposition 1981-1989, Berlin 1991.
Jakob, G., Gericht und Gnade. Zum Weg der christlichen Gemeinden in unserem Jahrhundert, Berlin (Ost) 1986.
Jänisch, D., Das operative Zusammenwirken ausgewählter Kräfte und Mittel des MfS zur Kontrolle und Verhinderung des politischen Mißbrauchs kirchlicher Partnerschaftsarbeit, Potsdam 1988 (Ms.).
Jahn, G. (Hg.), Herbert Wehner. Beiträge zu einer Biographie, Köln 1976.
Jahrbuch für Historische Kommunismusforschung 1993.
Janson, C.-H., Totengräber der DDR. Wie Günter Mittag den SED-Staat ruinierte, Düsseldorf-Wien-New York 1991.
Jarausch, K.H., The Rush to German Unity, New York-Oxford 1994.
Jarmatz, K. (Hg.), Ravensbrücker Ballade oder Faschismusbewältigung in der DDR. Mit einem Essay von H. Zinner, Berlin 1992.
Jaschke, P./*Höhne*, A., Die Kenntnis über die Evangelische Kirche in Berlin-Brandenburg, eine Voraussetzung für die wirksame politisch-operative Arbeit, Potsdam 1988 (Ms.).
Jesse, E./*Mitter*, A. (Hgg.), Die Gestaltung der deutschen Einheit. Geschichte-Politik-Gesellschaft, Bonn 1992.
Jetzt oder nie-Demokratie. Leipziger Herbst '89. Hg. vom Neuen Forum Leipzig, Leipzig 1990.
Joas, H./*Kohli*, M. (Hgg.), Der Zusammenbruch der DDR. Soziologische Analysen, Frankfurt/M. 1993.
Jonak, Die Kenntnis der Evangelischen Kirche der Kirchenprovinz Sachsen – Voraussetzung für eine wirksame politisch-operative Arbeit, Potsdam 1983 (Ms.).
Junge Kirche, Dortmund 1968 ff.
Kabus, A., Auftrag WINDROSE. Der militärische Geheimdienst der DDR, Berlin (Ost) 1993.
Kaelble, H./*Kocka*, J./*Zwahr*, H. (Hgg.), Sozialgeschichte der DDR, Stuttgart 1994.
Kafurke, W., Zur Rolle und zu den Möglichkeiten einer KD im Kampf gegen den Mißbrauch der Kirche durch gegnerische Kräfte sowie zur komplexen Beeinflussung der kirchenpolitischen Lage im Verantwortungsbereich, Potsdam 1986 (Ms.).
Kaiser, G. (Hg.), Bibliographie zum Arbeitskreis Christen, Staat und Gesellschaft in der DDR. Berichtszeitraum 1993. Zusammengestellt und kommentiert von E. Frie, Düsseldorf o. J.
Ders. (Hg.), Bibliographie zum Arbeitskreis Christen, Staat und Gesellschaft in der DDR. Zusammengestellt von U. Kuhnke, Düsseldorf 1994.
Ders./*Frie*, E. (Hgg.), Christen, Staat und Gesellschaft in der DDR. Vorträge und Diskussionen 1993/94, Düsseldorf 1994.

Kaiser, K.-D., »Kirche für andere«? Die Kirche in der DDR zwischen Konspiration und Recht, in: Evangelische Aspekte 4/1992, 32 f.
Kalkbrenner, J., Urteil ohne Prozeß. Margot Honecker gegen Ossietzky-Schüler, Berlin 1990.
Kalugin, O., The First Directorate. My 32 Years in Intelligence and Espionage against the West, New York 1994.
Kandler, K.-H., Die Kirchen und das Ende des Sozialismus. Betrachtungen eines Betroffenen, Asendorf 1991.
Ders., Gottes Wort im revolutionären Umbruch 1989, in: KuD 39 (1993), 314-334.
Ders., Gottes Wort in konkreter Situation. Wie ist im Herbst 1989 in der DDR gepredigt worden?, in: LuThK 18 (1994), 20-39.
Ders., Utopie und Sozialismus in theologischer Sicht, in: KuD 38 (1992), 82-104.
Kaufmann, Chr./Mundus, D./Nowak, K. (Hgg.), Sorget nicht, was ihr reden werdet. Kirche und Staat in Leipzig im Spiegel kirchlicher Gesprächsprotokolle (1977-1989). Dokumentation, Leipzig 1993.
Kaul, W., Kirchen und Religionsgemeinschaften in der DDR. Hg. von der Hochschule für Seefahrt Warnemünde/Wustrow, Rostock-Warnemünde 1990.
Keesing's Archiv der Gegenwart, 1948 ff. [fortgesetzt als: Archiv der Gegenwart].
»Keine Überraschung zulassen«. Berichte und Praktiken der Staatssicherheit in Halle bis Ende November 1989. Hg. von der Redaktion Das Andere Blatt, Halle/S. ²1991.
Keler, H. v., »Später Sieg der Stasi«? Orientierungen in einem Labyrinth, in: ZW 63 (1992), 65-71.
Keller, D. u. a. (Hgg.), Ansichten zur Geschichte der DDR, 4 Bde., Bonn-Berlin 1994.
Kemper, C., Art. Konferenz Europ. Kirchen (KEK), in: EStL³ 1 (1987), 1831-1843.
Keworkow, W., Der geheime Kanal. Moskau, der KGB und die Bonner Ostpolitik. Mit einem Nachwort von Egon Bahr, Berlin 1995.
Kirche als Lerngemeinschaft. Dokumente aus der Arbeit des Bundes der Evangelischen Kirchen in der DDR. Hg. vom Sekretariat des Bundes der Evangelischen Kirchen in der DDR, Berlin (Ost) 1981.
Kirche im Sozialismus. Zeitschrift zu Entwicklungen in der DDR, Berlin (West) 1 (1974)-16 (1990).
Kirchen und Christen in der DDR, Berlin (Ost) 1978.
Kirchhoff, W., Im Bündnis mit allen Kräften des Volkes, in: Einheit 41 (1986), 531-536.
Kirchliches Jahrbuch, Gütersloh 1949 ff.
Kirchner, H., Charismatische Erneuerung und Kirche, Berlin (Ost) 1983.
Ders. (Hg.), Freikirchen und konfessionelle Minderheitskirchen. Ein Handbuch. Im Auftrag der Theologischen Studienabteilung beim Bund der Evangelischen Kirchen in der DDR, Berlin (Ost) 1987.
Kistenbrügge, A., Wahrnehmungsfelder der Situation von Kirche und Theologie in den neuen Ländern der Bundesrepublik Deutschland anhand der Evangelischen Kommentare, der Lutherischen Monatshefte und der Dokumentationen des Evangelischen Pressedienstes. Nachlese und Versuch eines Überblicks, in: VF 38/2 (1993), 29-58.
Ders./Sauter, G., Die »Theologischen Versuche« als Spiegel der Theologie in der DDR, in: VF 38/2 (1993), 15-29.
Klappert, B., Bekennende Kirche in ökumenischer Verantwortung. Die gesellschaftliche und ökumenische Bedeutung des Darmstädter Wortes, München 1988 (ÖEH, 4).
Ders., Die ökumenische Bedeutung des Darmstädter Wortes, in: ders. (Hg.), Richte unsere Füße auf den Weg des Friedens. FS H. Gollwitzer, München 1979, 629-656.
Kleine, R./Seyfarth, P./Stark, G./Thiemig, G./Ehrhardt, F./Grimm, W./Paulitz, G./Jäger, D./Wagner, B., Die politisch-operative Bearbeitung von feindlich-negativen Personenzusammenschlüssen, die im Sinne politischer Untergrundtätigkeit wirken, in Operativen Vorgängen, Potsdam 1989 (Ms.).
Klemm, V., Korruption und Amtsmißbrauch in der DDR, Stuttgart 1991.
Kleßmann, Ch. (Hg.), Kinder der Opposition. Berichte aus Pfarrhäusern in der DDR, Gütersloh 1993.

Ders., Opposition und Dissidenz in der Geschichte der DDR, in: POLZG 5 (1991), 52-62.
Ders., Zur Sozialgeschichte des protestantischen Milieus in der DDR, in: GeGe 19 (1993), 29-53.
Ders./Wagner, G. (Hgg.), Das gespaltene Land. Leben in Deutschland 1945-1990. Texte und Dokumente zur Sozialgeschichte, München 1993.
Kliem, W., Gemeinsamkeiten von Marxisten und Christen im Ringen um Frieden und eine gerechte Welt, in: Beiträge zur Theorie und Geschichte der Religion und des Atheismus 4 (1989), 2-12.
Ders., Kommunisten und Christen gemeinsam im Kampf um den Frieden, in: DZPh 32 (1984), 767-775.
Klier, F., Abreiß-Kalender. Versuch eines Tagebuchs, München 1988.
Klingebeil, B., Spezifische Anforderungen und Erfahrungen bei der Gewinnung von Inoffiziellen Mitarbeitern aus Kreisen der katholischen Würdenträger, Potsdam 1984 (Ms.).
Klingenberg, K.-H., Der Berliner Dom. Bauten, Ideen und Projekte vom 15. Jahrhundert bis zur Gegenwart, Berlin (Ost) 1987.
Klohr, O., Anmerkungen zur Rolle der Religion in der sozialistischen Gesellschaft, in: Forschungsberichte und Beiträge des Forschungskollektivs »Wissenschaftlicher Atheismus«. Hg. von der Pädagogischen Hochschule »Liselotte Herrmann« Güstrow 1980/23, 37-51.
Ders., Antwort auf die Leserfrage »Atheistischer Staat?«, in: DZPh 36 (1988), 383 f.
Ders., Nicht Taktik, sondern objektive Notwendigkeit. Anmerkungen zum Dialog von Marxisten und Christen, in: Begegnung 27 (1987/5), 3-5.
Ders., Prognose 2000. Kirchenstudie 1989, in: Religionswissenschaft. Forschungsbericht 50. Hg. von der Hochschule für Seefahrt Warnemünde-Wustrow, Institut für Philosophie und Zeitgeschichte, Rostock-Warnemünde 1989.
Ders., Zu politischen und weltanschaulichen Problemen der Zusammenarbeit von Marxisten und Christen, in: Wissenschaftlicher Atheismus. Forschungsbericht 30 (1984), 5-17.
Knabe, H. (Hg.), Aufbruch in eine andere DDR. Reformer und Oppositionelle zur Zukunft ihres Landes, Reinbek 1989.
Ders., Bewegung im Osten, in: Forschungsjournal Neue Soziale Bewegungen 3 (1990/2), 21-32.
Ders., Neue soziale Bewegungen im Sozialismus. Zur Genesis alternativer politischer Orientierung in der DDR, in: KZSS 40 (1988), 551-569.
Ders., Opposition in einem halben Land, in: Forschungsjournal Neue Soziale Bewegungen 5 (1992), 9-15.
Ders., Politische Opposition in der DDR. Ursprünge, Programmatik, Perspektiven, in: POLZG B 1-2 (1990), 21-32.
Ders., Politischer Umbruch und soziale Bewegungen in der DDR, in: Forschungsjournal Neue Soziale Bewegungen 3 (1990/2), 71-78.
Knopp, G./Kuhn, E., Die deutsche Einheit. Traum und Wirklichkeit, Erlangen-Bonn-Wien 1990.
Knütter, H.-H., Die Faschismus-Keule. Das letzte Aufgebot der deutschen Linken, Frankfurt/M.-Berlin 1993.
Koch, D., Heinemann und die Deutschlandfrage, München 1972.
Koch, E.R., »Das geheime Kartell«, Hamburg 1992.
Kocka, J., Revolution und Nation 1989. Zur historischen Einordnung der gegenwärtigen Ereignisse, in: Tel Aviver Jahrbuch für deutsche Geschichte 19 (1990), 479-500.
Köckert, H./Krötke, W. (Hgg.), Theologie als Christologie. Zum Werk und Leben Karl Barths. Ein Symposium, Berlin (Ost) 1988.
Köckert, M. (Hg.), Der Wahrheit Gottes verpflichtet. Theologische Beiträge aus dem Sprachenkonvikt Berlin für Rudolf Mau, Berlin 1993.
Koenig, P., Les élections du 2 decembre: mode d'emploi, in: Revue d'Allemagne 23 (1991), 131-144.
Könnecke, H.-D., Politisch-operative Lageeinschätzungen zum Schwerpunktbereich – offene Jugendarbeit – innerhalb der Jungen Gemeinden der Evangelischen Landeskirche Anhalts

im Verantwortungsbereich der KD Roßlau – perspektivische Erfordernisse der rechtzeitigen Aufdeckung, Bekämpfung und vorbeugenden Verhinderung feindlich-negativer Aktivitäten durch den Einsatz von Inoffiziellen Mitarbeitern, Potsdam 1986 (Ms.).

Körner, Chr., Die Bedeutung des 8. Mai 1945, des Tages der Befreiung vom Faschismus für uns heute, in: Kirchliche Bruderschaft Sachsens, Dresden 1985, 30-52.

Ders., 40 Jahre Ringen um Befreiung, in: NStim 4 (1985), 13-18.

Körner, T., Spezifische Anforderungen an die Auswahl und den Einsatz von Inoffiziellen Mitarbeitern, die in feindlich-negative, pseudopazifistische Personenzusammenschlüsse eingeschleust werden sollen, Potsdam 1988 (Ms.).

Koltzenburg, W., Vereinbarungen zwischen Staat und Kirche in der ehemaligen DDR zur diakonischen Arbeit, in: ZEvKR 38 (1993), 429-452.

Kotschemassow, W., Meine letzte Mission. Fakten, Erinnerungen, Überlegungen. Aus dem Russischen von K.J. Herrmann, Berlin 1994.

Kowalski, N., Kommunisten und Christen im Nuklearzeitalter, in: Probleme des Friedens und des Sozialismus 30 (1987), 1374-1378.

Krause, B., Geschichte der Goßner-Mission in der ehemaligen DDR, in: ZMiss 19 (1993), 157-161.

Krebs, B., Nationale Identität und kirchliche Selbstbehauptung. Julius Bursche und die Auseinandersetzung um Auftrag und Weg des Protestantismus in Polen 1917-1939, Neukirchen-Vluyn 1994 (Historisch-Theologische Studien zum 19. und 20. Jahrhundert, 6).

Kremser, H., Der Rechtsstatus der evangelischen Kirchen in der DDR und die neue Einheit der EKD, Tübingen 1993 (JusEcc, 46).

Krenz, E., Wenn Mauern fallen. Die friedliche Revolution: Vorgeschichte – Ablauf – Auswirkungen, Wien 1990.

Kretzschmar, G., Die Unterschiedlichkeit der Gemeindesituation in den Kirchen der DDR, in: WZ(L).G 37 (1988/1), 82-91.

Krötke, W., Die Kirche im Umbruch der Gesellschaft. Theologische Orientierungen im Übergang vom »real existierenden Sozialismus« zur demokratischen, pluralistischen Gesellschaft. E. Jüngel zum 60. Geburtstag am 5. Dezember 1994, Tübingen 1994.

Ders., Die Kirche und die »friedliche Revolution« in der DDR, in: ZThK 87 (1990), 521-544.

Ders., Dietrich Bonhoeffer als »Theologe der DDR«. Ein kritischer Rückblick, in: ZEE 37 (1993), 94-105.

Ders., Karl Barths und Dietrich Bonhoeffers Bedeutung für die Theologie in der DDR, in: KZG 7, 1994, 279-299.

Kroh, F. (Hg.), »Freiheit ist immer Freiheit …«. Die Andersdenkenden in der DDR, Frankfurt/M.-Berlin (West) 1989.

Krone, T./Kukutz, I./Leide, H., Wenn wir unsere Akten lesen. Handbuch zum Umgang mit den Stasi-Akten, Berlin 1992.

Krone, T./Schult, R. (Hgg.), Seid untertan der Obrigkeit. Originaldokumente der Stasi-Kirchenabteilung XX/4, Berlin 1992.

Krüger, H.P., Moderne Gesellschaft und »Marxismus-Leninismus« schließen einander aus, in: Initial 1990, 149-154.

Ders., Zur Differenz zwischen kapitalistischer und moderner Gesellschaft, in: DZPh 38 (1990), 202-217.

Krusche, G., Bekenntnis und Weltverantwortung. Die Ekklesiologiestudie des Lutherischen Weltbundes. Ein Beitrag zur ökumenischen Sozialethik, Berlin (Ost) 1986.

Ders., Die evangelische Kirche nach der »Wende«, in: ÖR 42 (1991), 165-168.

Ders., Die Kirche und die Gruppen. Ein kritischer Rückblick, in: Berliner Dialog-Hefte 4 (1993/4), 40-45.

Ders., Lernprozeß mit Hindernissen. Zur Lage der evangelischen Kirche in Berlin, in: Berlin-Brandenburger Informationen, Sonderausgabe Juni 1986, 1-20.

Ders., Sektiererische Gesinnung der Zerstreuten, in: Berliner Sonntagsblatt vom 24.8.1986, 4.

Krusche, W., Verheißung und Verantwortung. Orientierung auf dem Weg der Kirche, Berlin (Ost) 1990.
Kühn, U. (Hg.), Kirche als Kulturfaktor. Festgabe der Theologischen Fakultät Leipzig für Landesbischof Johannes Hempel zum 65. Geburtstag, Hannover 1994 (zur Sache, 34).
Kühnrich, H., »Verordnet« – und nichts weiter? Nachdenken über Antifaschismus in der DDR, in: ZfG 40 (1992), 819-833.
Küttler, W., Neubeginn in der ostdeutschen Geschichtswissenschaft, in: POLZG B 17-18 (1992), 3-13.
Kuhrt, E., Wider die Militarisierung der Gesellschaft: Friedensbewegung und Kirche in der DDR, Melle 1984.
Ders./Löwis, H. v., Griff nach der deutschen Geschichte. Erbeaneignung und Traditionspflege in der DDR, Paderborn-München-Wien-Zürich 1988.
Kukutz, I./Havemann, K., »Geschützte Quelle«. Gespräch mit Monika H. alias Karin Lenz, Berlin 1990.
Kullik, H., Zur Anwendung von Maßnahmen der Zersetzung in der operativen Vorgangsarbeit zur Einschränkung und Verhinderung feindlicher Aktivitäten in den Kirchen der DDR, Potsdam 1978 (Ms.).
Kultur des Streites. Die Gemeinsame Erklärung von SPD und SED. Stellungnahmen und Dokumente, Köln 1988.
Kunze, R., Deckname »Lyrik«. Eine Dokumentation, Frankfurt/M. 1990.
Kuppe, J., Die Beziehung der DDR zu Polen und der ČSSR, in: DDR Report 10 (1980), 645-648.
Kusch, G./Montag, R./Specht, G./Wetzker, K., Schlußbilanz – DDR. Fazit einer verfehlten Wirtschafts- und Sozialpolitik, Berlin 1991.
Land, R. (Hg.), Das Umbaupapier (DDR). Argumente gegen die Wiedervereinigung, Berlin (Ost) 1990.
Lang, J. v., Erich Mielke. Eine deutsche Karriere, Berlin 1991.
Lange, G./Pruß, U./Schrader, F./Seifert, S. (Hgg.), Katholische Kirche. Sozialistischer Staat DDR. Dokumente und öffentliche Äußerungen 1945-1990, 2. durchg. und erw. Aufl., Leipzig 1992.
Lange, W./Peine, G., Moral – Marxismus – Religion, Warnemünde-Wustrow 1981.
Langer, J., Leben – Glauben – Gemeinde. Positionen im Gemeindeaufbau, in: Die Christenlehre 38 (1985), 7-17.
Ders., Übergang zwischen Christlichem und Weltlichem. Zu Fragen von kirchlicher Sozialgestalt und Ekklesiologie unter den Bedingungen der Säkularität, in: BThZ 3 (1986), 293-306.
Langmaack, G., Evangelischer Kirchenbau im 19. und 20. Jahrhundert. Geschichte – Dokumentation – Synopse, Kassel 1971.
Lapp, P.J., Die »befreundeten Parteien« der SED. DDR-Blockparteien heute, Köln 1988.
Ders., Wahlen in der DDR. Wählt die Kandidaten der Nationalen Front!, Berlin (West) 1982.
Laßt uns Zeichen setzen! Die ersten vierzig Jahre des Ökumenischen Rates der Kirchen, Genf 1988.
Latk, K.-R., Stasi-Kirche, Uhldingen 1992.
Lau, K. (Hg.), Deutschland auf dem Weg zur Einheit. Dokumente zur Wiedervereinigung Deutschlands, Braunschweig 1990.
Le Grand, S., Les églises protestantes entre le soupçon et la difficile unité, in: Allemagne d'aujourd'hui 124 (1993), 261-276.
Leben und Bleiben in der DDR. Gedanken zu einem neuen/alten Thema. Hg. von der Aktion Sühnezeichen/Friedensdienste e. V., Theologische Studienabteilung, Berlin (West) 1985.
Lehmann, H.G., Chronik der DDR 1945/49 bis heute, München 1989.
Lehrbuch Strafrecht. Besonderer Teil, 2 Bde., Potsdam 1985 (Ms.).
Leich, W., Der geistliche Auftrag der Kirche Jesu Christi und seine politischen Auswirkungen. Gedanken über die friedliche Revolution in der DDR, in: ThBeitr 21 (1990), 301-306.

Ders., Wechselnde Horizonte. Mein Leben in vier politischen Systemen, Wuppertal-Zürich 1992.
Leiden von Christen in der Welt. Empfehlungen zur Fürbitte. Hg. vom Kirchenamt der EKD. Neuausgabe, Hannover 1988.
Leif, Th., Die Friedensbewegung zu Beginn der achtziger Jahre. Themen und Strategien, in: POLZG B 26/89, 28-40.
Lemke, C., Die Ursachen des Umbruchs 1989. Politische Sozialisation in der ehemaligen DDR, Opladen 1991.
Lenin, W.I., Sozialismus und Religion, in: Lenin Werke, Bd. 10, Berlin (Ost) 1967, 70-75.
Ders., Über das Verhältnis der Arbeiterpartei zur Religion, Berlin (Ost) 1958.
Lenski, K./Schön, A./Schilling, W. u. a. (Hgg.), So besteht nun in der Freiheit, zu der uns Christus befreit hat. Die »andere« Geschichte. Kirche und MfS in Thüringen, Erfurt 1993.
Leonhard, W., Das kurze Leben der DDR. Berichte und Kommentare aus vier Jahrzehnten, Stuttgart 1990.
Lesematerial Grundorientierungen: Sektion Politisch-operative Spezialdisziplin. Hg. vom Lehrstuhl VI, Potsdam 1983 (Ms.).
Lethio, P., Religionsunterricht ohne Schule. Die Entwicklung der Lage und des Inhalts der evangelischen Christenlehre in der DDR, Münster 1983.
Leugners-Scherzberg, A.H. (Hg.), Herbert Wehner. Selbstbesinnung und Selbstkritik. Gedanken und Erfahrungen eines Deutschen. Mit einem Geleitwort von Greta Wehner, Köln 1994.
Lewek, Chr., Gespräch mit Klaus Gysi, in: KZG 3 (1990), 440-468.
Dies./Stolpe, M./Garstecki, J. (Hgg.), Menschenrechte in christlicher Verantwortung, Berlin (Ost) ²1981.
Lewerenz, G., Das Selbstverständnis evangelischer Landeskirchen in der DDR von »Kirche im Sozialismus«, vor allem untersucht und dargestellt am Bund der Evangelischen Kirchen in der DDR und an der Evangelisch-Lutherischen Landeskirche Sachsens – eine kritische Analyse, Diss. phil. A, Güstrow, Philosophische Fakultät des Wissenschaftlichen Rates der Pädagogischen Hochschule »Liselotte Herrmann«, 1983 (Ms.).
Liebsch, H., Dresdener Stundenbuch. Protokoll einer Beteiligten im Herbst 1989, Wuppertal 1991.
Liebusch, G., Politisch-operative Aufgabenstellung zur effektiven Bearbeitung und Kontrolle der kirchlichen Partnerschaftsbeziehungen zwischen der Evangelischen »Martin-Luther-King«-Gemeinde Hoyerswerda-Neustadt (DDR) und der Ev. Johannesgemeinde Bad Kreuznach (BRD), Potsdam 1988 (Ms.).
Lindner, B. (Hg.), Für ein offenes Land mit freien Menschen. Herbst '89 fünf Jahre danach, Leipzig 1994.
Linke, D., Niemand kann zwei Herren dienen. Als Pfarrer in der DDR, Hamburg 1988.
Ders., »Streicheln, bis der Maulkorb fertig ist«. Die DDR-Kirche zwischen Kanzel und Konspiration. Mit einem Vorwort von J. Fuchs, Berlin 1992.
Ders., Theologiestudenten der Humboldt-Universität. Zwischen Hörsaal und Anklagebank, Neukirchen-Vluyn 1994 (Historisch-Theologische Studien zum 19. und 20. Jahrhundert, Quellen, 3).
Linkert, J., Erfahrungen und Probleme bei der langfristigen Entwicklung und des Einsatzes von Inoffiziellen Mitarbeitern unter reaktionären Kirchenkreisen, Potsdam 1988 (Ms.).
Linn, G., Ökumene. Hoffnung für eine gespaltene Menschheit?, Leipzig 1992.
Lippmann, H., Honecker. Porträt eines Nachfolgers, Köln 1971.
Lochen, H.-H./Meyer-Seitz, Chr. (Hgg.), Die geheimen Anweisungen zur Diskriminierung Ausreisewilliger. Dokumente der Stasi und des DDR-Ministeriums des Innern, Bonn 1992.
Lösche, P./Walter, F., Die SPD. Klassenpartei-Volkspartei-Quotenpartei, Darmstadt 1992.
Loeser, F., Zu erkenntnistheoretischen Problemen des Glaubens, in: DZPh 30 (1982), 114-120.

Loest, E., Die Stasi war mein Eckermann, oder: Mein Leben mit der Wanze, Göttingen 1991.
Ders., Durch die Erde ein Riß. Ein Lebenslauf, München ²1991.
Löser, F., Die unglaubwürdige Gesellschaft. Quo vadis, DDR?, Köln 1984.
Löw, K., ... bis zum Verrat der Freiheit. Die Gesellschaft der Bundesrepublik und die »DDR«, München 1993.
Ders., Die Grundrechte. Verständnis und Wirklichkeit in beiden Teilen Deutschlands, München 1977 (Uni-Taschenbücher, 735).
Löwenthal, G./Camphausen, H./Clausen, C.P. (Hgg.), Feindzentrale Hilferufe von drüben, Lippstadt ²1994.
Lohmann, U., Gerichtsverfassung und Rechtsschutz in der DDR, Opladen 1986.
Lohse, E., Erneuern und Bewahren. Evangelische Kirche 1970-1990, Göttingen 1993.
Loth, W., Ost-West-Konflikt und deutsche Frage. Historische Ortsbestimmungen, München 1989.
Luchterhandt, O., Der verstaatlichte Mensch. Die Grundpflichten des Bürgers in der DDR, Köln 1985.
Ders., Die Gegenwartslage der evangelischen Kirche in der DDR. Eine Einführung, Tübingen 1982 (JusEcc, 28).
Lübeck-Travemünde 1984. Bericht über die siebte Tagung der sechsten Synode der Evangelischen Kirche in Deutschland vom 4. bis 8. November 1984. Im Auftrag der Synode hg. vom Kirchenamt der Evangelischen Kirche in Deutschland, Hannover 1985 (BTSEKD, 37).
Lüdde, M.-E., Die Rezeption, Interpretation und Transformation biblischer Motive und Mythen in der DDR-Literatur und ihre Bedeutung für die Theologie, Berlin-New York 1993 (APrTh, 4).
Luft, Chr., Zwischen Wende und Ende. Eindrücke, Erlebnisse, Erfahrungen eines Mitglieds der Modrow-Regierung, Berlin 1991.
Lutherische Monatshefte, Hannover 1982 ff.
Lutter, H., Atheismus, Religion und Kirche in der sozialistischen Gesellschaft, in: Wissenschaftliche Zeitschrift: Philosophische Fakultät. Hg. von der Pädagogischen Hochschule »Liselotte Herrmann« Güstrow 22 (1984/1), 5-63.
Ders., Der christlich-marxistische Dialog. Vergangenheit – Gegenwart – Zukunft, in: Berliner Dialog-Hefte 4 (1993/3), 12-18.
Ders., Die Hinwendung der Christen zum Sozialismus – eine Gesetzmäßigkeit des historischen Fortschritts, in: Forschungsberichte und Beiträge des Forschungskollektives »Wissenschaftlicher Atheismus«. Hg. von der Pädagogischen Hochschule »Liselotte Herrmann« Güstrow 1980/23, 7-36.
Ders., Evangelische Christen und Kirche in der sozialistischen Gesellschaft der DDR, in: DZPh 37 (1989), 385-393.
Ders., Religiosität im Sozialismus, in: Forschungsberichte und Beiträge des Forschungskollektives »Wissenschaftlicher Atheismus«. Hg. von der Pädagogischen Hochschule »Liselotte Herrman« Güstrow 1987/51, 1-23.
Ders., Überlegungen zum Dialog zwischen Marxisten und Christen, in: Wissenschaftlicher Atheismus: Forschungsbericht 41. Hg. von der Ingenieurhochschule für Seefahrt Warnemünde-Wustrow 1987, 16-21.
Ders., Zu einigen Problemen der wissenschaftlich-atheistischen Propaganda und Agitation, in: Wissenschaftliche Zeitschrift der Pädagogischen Hochschule »Liselotte Herrmann« Güstrow. Aus der Gesellschafts- und Sprachwissenschaftlichen Fakultät 2 (1976).
Ders./Klohr, O., Aktuelle Probleme der Zusammenarbeit von Kommunisten und Gläubigen, in: DZPh 33 (1985), 875-883.
Ders./Winter, G., Evangelische Theologie in der DDR zur Zukunft von Religion und Kirche in der sozialistischen Gesellschaft. Eine kritische Analyse, in: Forschungsberichte und Beiträge des Forschungskollektivs »Wissenschaftlicher Atheismus« der Pädagogischen Hochschule »Liselotte Herrmann« Güstrow 1988/54, 199-224.
Maaz, H.-J., Das gestürzte Volk. Die unglückliche Einheit, Berlin 1991.

Ders., Der Gefühlsstau. Ein Psychogramm der DDR, Berlin (West) 1990.
Ders., Evangelische Kirchen und das Problem des Autoritarismus in der DDR, in: KZG 7 (1994), 117-128.
Mackenbach, W. (Hg.), Das KOR und der »polnische Sommer«. Analysen, Dokumente, Artikel und Interviews 1976-1981, Hamburg 1982.
Mäder, H., Ausgewählte Orientierungen zur op. Sicherung des konzentrierten Einsatzes von Bausoldaten auf der Grundlage einer Sicherungskonzeption, Potsdam 1984 (Ms.).
Mäding, K.-D., Die klerikalen politisch-negativen Kräfte in der Evangelischen Landeskirche Greifswald im System der gegnerischen Angriffe gegen die sozialistische Staats- und Gesellschaftsordnung, Potsdam 1986 (Ms.).
Maizière, L. de, Zwischen Anpassung und Verweigerung. Konsequenzen aus dem Leben in einem totalitären Staat, in: KZG 4 (1991), 412-422.
Maleck, B., Heinrich Fink. »Sich der Verantwortung stellen«, Berlin-Bonn 1992.
Mampel, S., Die sozialistischen Verfassungen der Deutschen Demokratischen Republik. Text und Kommentar, Berlin (West) ^{2}1982.
Mand, R. (Hg.), Handbuch gesellschaftlicher Organisationen in der DDR. Hg. von der Akademie für Staats- und Rechtswissenschaft der DDR, Berlin (Ost) 1985.
Markert-Wizisla, Chr., Feministische Theologie aus der ehemaligen DDR – Tradition und Perspektive, in: Jahrbuch der Europäischen Gesellschaft für die Theologische Forschung von Frauen, Kampen-Mainz 1 (1993), 140 ff.
Martin-Luther-Ehrung 1983. Bewahrung und Pflege des progressiven Erbes in der Deutschen Demokratischen Republik. Arbeitstag am 29.10.1982. Hg. vom Organisationskomitee des Martin-Luther-Komitees der DDR, Berlin-Weimar 1982.
Martin Luther und unsere Zeit. Konstituierung des Martin-Luther-Komitees der DDR am 13. Juni 1980 in Berlin, Berlin (Ost) 1980.
Marxistische Veröffentlichungen in der DDR zum Atheismus und zur marxistischen Religionskritik von 1945 bis 1973, in: Wissenschaftlicher Atheismus, Reihe 2, Heft 1 und 2. Ingenieurhochschule für Seefahrt Warnemünde-Wustrow, 8 (1974) und 9 (1974).
Maser, P., Glauben im Sozialismus. Kirchen und Religionsgemeinschaften in der DDR, Berlin (West) 1989.
Ders., Kirchen und Religionsgemeinschaften in der DDR 1949-1989. Ein Rückblick auf vierzig Jahre in Daten, Fakten und Meinungen, Konstanz 1992.
Materialien zur 1. Tagung der 7. Synode der Evangelischen Kirche der Union – Bereich DDR – vom 6.-8.5.1988, o. O. o. J.
Mau, R., Das »Sprachenkonvikt«. Theologische Ausbildungsstätte der Evangelischen Kirche in Berlin-Brandenburg (Kirchliche Hochschule Berlin-Brandenburg) 1950-1991, in: BThZ 9 (1992), 107-118.
Ders., Eingebunden in den Realsozialismus? Die Evangelische Kirche als Problem der SED, Göttingen 1994 (Sammlung Vandenhoeck).
Mayer, H., Ein Deutscher auf Widerruf. Erinnerungen, Bd. 2, Frankfurt/M. 1984.
Mechtenberg, Th., Das Modell einer Steuerung verdrängter Bewußtseinsinhalte am Beispiel der Evangelischen Kirchen in der DDR, in: deutsche studien 1988/104, 391-396.
Ders., Die Lage der Kirchen in der DDR, München 1985.
Meckel, M./Gutzeit, M., Opposition in der DDR. Zehn Jahre kirchliche Friedensarbeit – kommentierte Quellentexte, Köln 1994.
Medwedjew, W.T., Tschelowek sa spinoj, Moskau 1994.
Mehlhausen, J., Die Evangelische Arbeitsgemeinschaft für kirchliche Zeitgeschichte und die Erforschung der Kirchengeschichte der DDR, in: Mitteilungen der Ev. Arbeitsgemeinschaft für Kirchliche Zeitgeschichte 13 (1993), 1-6.
Mehner, R., Einschätzung der politisch-operativen Lage in den Baueinheiten der HA I/MfNV zur Herausarbeitung von Sicherheitserfordernissen und Aufgabenstellungen für die weitere Qualifizierung der vorbeugenden Verhinderung, Aufdeckung und Bekämpfung der PUT in den Baueinheiten, Potsdam 1986 (Ms.).

Meier, A., Abschied von der sozialistischen Ständegesellschaft, in: POLZG B 16-17 (1990), 3-14.
Meier, H., Europas Kirchen nach dem Fall der Mauer, in: 137. Zusammenkunft des Bremer Tabak-Collegiums am 1.6.1994 im Residenzschloß zu Fulda, Mainz 1994, 18-29.
Meier, K., Der Evangelische Kirchenkampf, Bd. 3: Im Zeichen des zweiten Weltkrieges, Göttingen 1984.
Ders., Kreuz und Hakenkreuz. Die evangelische Kirche im Dritten Reich, München 1992.
Meinel, R./Wernicke, Th. (Hgg.), Mit tschekistischem Gruß. Berichte der Bezirksverwaltung für Staatssicherheit Potsdam 1989, Potsdam 1990.
Menge, M., »Ohne uns läuft nichts mehr«. Die Revolution in der DDR, Stuttgart 1990.
Meuschel, S., Legitimation und Parteiherrschaft. Zum Paradox von Stabilität und Revolution in der DDR 1945-1989, Frankfurt/M. 1992.
Dies., Überlegungen zu einer Herrschafts- und Gesellschaftsgeschichte der DDR, in: GeGe 19 (1993), 5-14.
Dies., Wandel durch Auflehnung. Thesen zum Verfall bürokratischer Herrschaft in der DDR, in: Berliner Journal für Soziologie. Sonderheft 1991, 15-27.
Meyer, G., Die DDR-Machtelite in der Ära Honecker, Tübingen 1991.
Ders., Sozialistische Systeme. Theorie- und Strukturanalysen. Ein Studienbuch, Opladen 1979.
Ders./Schröder, J. (Hgg.), DDR heute. Wandlungstendenzen und Widersprüche einer sozialistischen Industriegesellschaft, Tübingen 1988.
Meyer, H., Innovation oder Stagnation. Bedingungen der Wirtschaftsreform in den sozialistischen Ländern, Köln 1987.
Meyer, M., Freikauf – Menschenhandel in Deutschland, Wien-Hamburg 1978.
Mittag, G., Um jeden Preis. Im Spannungsfeld zweier Systeme, Berlin-Weimar 1991.
Mitteilungsblatt des Bundes der Evangelischen Kirchen in der DDR, Berlin (Ost) passim.
Mitter, A./Wolle, St., Untergang auf Raten. Unbekannte Kapitel der DDR-Geschichte, München 1993.
Dies. (Hgg.), Ich liebe euch doch alle ...! Befehle und Lageberichte des MfS Januar-November 1989, Berlin (Ost) 1990.
Moderow, H.M./Sens, M. (Hgg.), Orientierung Ökumene. Ein Handbuch, Berlin (Ost) ²1987.
Modrow, H., Aufbruch und Ende, Hamburg 1991.
Möller, Chr., Lehre vom Gemeindeaufbau, Bd. 1: Konzepte-Programme-Wege, Göttingen 1987.
Mommsen, W.J., Die Geschichtswissenschaft in der DDR. Kritische Reflexionen, in: POLZG B 17-18 (1992), 35-43.
Momper, W., Grenzfall. Berlin im Blickpunkt deutscher Geschichte, München 1991.
Moorman, J.R.H., A History of the Church of England, London ³1973.
Moritz, H., Religion und Gesellschaft in der DDR, in: ThLZ 110 (1985), 573-588.
Ders., Religionssoziologie als theologische Disziplin, in: ThLZ 95 (1970), 881-892.
Moseleit, K., Die »zweite« Phase der Entspannungspolitik der SPD 1983-1989. Eine Analyse ihrer Entstehungsgeschichte, Entwicklung und der konzeptionellen Ansätze mit einem Vorwort von Willy Brandt, Frankfurt/M. 1991 (Europäische Hochschulschriften, Reihe XXXI, Politikwissenschaften, 180).
Moses, J., The Church's Role in the Collapse of Communism in East Germany 1989-90, in: Colloquium 23 (1991), 122-134.
»Moskau 82«, I: Dokumente, II: Apparate, III: Berichte der BEK-Delegation. Hg. vom Sekretariat des BEK, Berlin (Ost) 1982 (Ms.).
Motschmann, J., Die Pharisäer. Die evangelische Kirche, der Sozialismus und das SED-Regime, Frankfurt/M.-Berlin 1993.
Müller, E., Widerstand und Verständigung. Fünfzig Jahre Erfahrungen in der Kirche und Gesellschaft 1933-1983, Stuttgart 1987.
Müller, H., Evangelische Dogmatik im Überblick. 2 Teile, Berlin (Ost) 1978.
Ders. (Hg.), Wider die Resignation der Linken. Stimmen gegen Antikommunismus, Konter-

revolution und Annexion. Kirchen- und Zeitgeschichte im Spiegel der Weißenseer Blätter. Nachdrucke aus den Jahren 1982-1992, Hamburg 1994.
Müller, Hei., Krieg ohne Schlacht. Leben in zwei Diktaturen, Köln 1992.
Müller, H.-G., Versuche des Mißbrauchs der ev. Kirche der DDR zur Schaffung einer oppositionellen Bewegung, Potsdam 1985 (Ms.).
Müller, K., Staatsgrenzen und evangelische Kirchengrenzen. Gesamtdeutsche Staatseinheit und evangelische Kircheneinheit nach deutschem Recht, Tübingen 1988.
Müller, M., Protestanten. Begegnung mit Zeitgenossen, Halle-Leipzig 1990.
Müller, R., Die Akte Wehner, Berlin 1993.
Müller-Enbergs, H./Schulz, M./Wielgohs, J. (Hgg.), Von der Illegalität ins Parlament. Werdegang und Konzepte der neuen Bürgerbewegung, Berlin 1991.
Müller-Kent, J., Militärseelsorge im Spannungsfeld zwischen kirchlichem Auftrag und militärischer Einbindung. Analyse und Bewertung von Strukturen und Aktivitäten der ev. Militärseelsorge unter Berücksichtigung sich wandelnder gesellschaftlicher Rahmenbedingungen, Hamburg 1990 (Hamburger theologische Studien, 1).
Müller-Römheld, W. (Hg.), Bericht aus Vancouver 1983. Offizieller Bericht der sechsten Vollversammlung des Ökumenischen Rates der Kirchen vom 24.7.-10.8.1983 in Vancouver/Kanada, Frankfurt/M. 1983.
Münch, I. v. (Hg.), Dokumente der Wiedervereinigung Deutschlands. Quellentexte zum Prozeß der Wiedervereinigung von der Ausreisewelle aus der DDR über Ungarn, die ČSSR und Polen im Spätsommer 1989 bis zum Beitritt der DDR zum Geltungsbereich des Grundgesetzes der Bundesrepublik Deutschland im Oktober 1990. Unter Mitarbeit und mit einer Einführung von G. Hoog, Stuttgart 1991 (Kröner Taschenausgabe, 393).
Muhrmann-Kahl, M., Ein Prophet des wahren Sozialismus? Zur Rezeption Karl Barths in der ehemaligen DDR, in: Zeitschrift für Neuere Theologiegeschichte, Berlin 1 (1994), 139 ff.
Musiolek, B./Wuttke, C. (Hgg.), Parteien und politische Bewegungen im letzten Jahr der DDR (Oktober 1989 bis April 1990), Berlin 1991.
Neubert, E., Abschlußbericht des Stolpe-Untersuchungsausschusses, lesbar gemacht, Köln 1994.
Ders., Das MfS und die Kirchen. Enquete-Kommission 14.12.1993. Vervielfältigt.
Ders., Die postkommunistische Jugendweihe. Herausforderungen für kirchliches Handeln, in: Begegnungen, Berlin 4/5 (1994), 34-86.
Ders., Eine protestantische Revolution, Berlin (Ost) 1991.
Ders., Untersuchung zu den Vorwürfen gegen den Ministerpräsidenten des Landes Brandenburg, Dr. Manfred Stolpe. Hg. von der Fraktion BÜNDNIS im Landtag Brandenburg, Potsdam 1993.
Ders., Vergebung oder Weißwäscherei? Zur Aufarbeitung des Stasiproblems in den Kirchen, Freiburg/Br. 1993.
Neubert, H., Zum gemeinsamen Ideologie-Papier von SED und SPD aus dem Jahr 1987, Berlin 1994 (Hefte zur ddr-geschichte, 18).
Neue Zeit, Berlin (Ost) 1982-1994.
Neues Deutschland, Berliner Ausgabe, Berlin (Ost) 1982-1989.
Neugebauer, G., Partei und Staatsapparat in der DDR. Aspekte der Instrumentalisierung des Staatsapparates durch die SED, Opladen 1978.
Neumann, Th., Die Maßnahme. Eine Herrschaftsgeschichte der SED, Reinbek 1991.
1945-1985. Befreite Kirche auf Um- und Abwegen. Hg. von der Kirchlichen Bruderschaft Sachsens, Dresden 1985.
Neusüss, A. (Hg.), Utopie. Begriff und Phänomen des Utopischen Zeitalters, Berlin 1992.
Niethammer, L./Plato, A. v./Wierling, D. (Hgg.), Die volkseigene Erfahrung. Eine Archäologie des Lebens in der Industrieprovinz der DDR. 30 biographische Eröffnungen, Berlin 1991.
Nitsche, H., Zwischen Kreuz und Sowjetstern. Zeugnisse des Kirchenkampfes in der DDR (1945-1981), Aschaffenburg 1983.

Nixdorf, W., Prinzip Durchschaubarkeit. Rückblick auf die kirchliche Öffentlichkeitsarbeit in der DDR, in: Medium 3 (1992), 45-49.

N.N., Keine billige Gnade! Staatssicherheitsstrukturen in der Thüringer Kirche, in: telegraph (Berlin) vom 25.7.1991, 9-15.

Noack, A., Die evangelischen Studentengemeinden in der DDR. Ihr Weg in Kirche und Gesellschaft 1945-1985, Merseburg 1984 (Ms.).

Ders., Die Rolle der evangelischen Kirche im gesellschaftlichen und politischen Umbruch in der DDR, in: KZG 6 (1993), 138-147.

Nollau, V., Unterwegs zu einer Kirche derer, die »Etwas müssen« nicht mehr wollen?, in: Amtsblatt der Evangelisch-Lutherischen Landeskirche Sachsens 1986/21, B 81-83.

Nopirakowski, R., Mittel und Methoden zum Erkennen von operativ bedeutsamen Kontakten aus kirchlichen Partnerschaftsbeziehungen und Vorschläge für ihre differenzierte und vorbeugend wirksame operative Bearbeitung im Rahmen der Bekämpfung politischer Untergrundtätigkeit, Potsdam 1986 (Ms.).

Nowak, K., Die evangelische Kirche im politischen Umbruch der DDR 1989/90. Ein Beitrag zum Problem protestantischer Identität, in: ThZ 47 (1991), 171-182.

Ders., Jenseits des mehrheitlichen Schweigens. Texte von Juni bis Dezember des Jahres 1989, Berlin (Ost) 1990.

Ders., Protestantismus und Nationalstaat im 20. Jahrhundert. Weimarer Republik-Drittes Reich-DDR/Bundesrepublik Deutschland, in: PTh 80 (1991), 446-458.

Ders., Zum Widerstreit um die »Kirche im Sozialismus«, in: ZEE 37 (1993), 235-238.

Ökumenische Versammlung für Gerechtigkeit, Frieden und Bewahrung der Schöpfung: Dresden – Magdeburg – Dresden. Eine Dokumentation. Hg. von der Aktion Sühnezeichen/Friedensdienste e. V., Berlin (West) 1990.

Oestreicher, P., »Aufs Kreuz gelegt.« Erfahrungen eines kämpferischen Pazifisten, Berlin 1993.

Offizieller Bericht über die Fünfte Vollversammlung des ÖRK Nairobi 23.11.-10.12.1975, Genf 1976.

Okunowski, R., Zur Spezifik der Arbeit mit dem evangelischen Pfarrer für ein engagiertes Handeln für Frieden und Fortschritt, in: Forschungsberichte und Beiträge des Forschungskollektivs »Wissenschaftlicher Atheismus«. Hg. von der Pädagogischen Hochschule »Liselotte Herrmann« Güstrow 1988/58, 482.

Olbert, R., Analyse konkreter Erscheinungsformen der politischen Untergrundtätigkeit im Rahmen der »offenen« und sozialdiakonischen Jugendarbeit der Evangelisch-Lutherischen Landeskirche Mecklenburgs sowie Mittel und Methoden der vorbeugenden Verhinderung und Bekämpfung derartiger relevanter Erscheinungen im Verantwortungsbereich der Linie XX/4 im Bezirk Schwerin, Potsdam 1987 (Ms.).

Onnasch, M., »Wir bitten um Frieden«. Lothar Kreyssigs Versöhnungsarbeit und die Aktion Sühnezeichen in der DDR, in: GlLern 8 (1993), 59-68.

Opp, K.-D., DDR '89. Zu den Ursachen einer spontanen Revolution, in: KZSS 43 (1991), 302-321.

Ders., Wie erklärt man die Revolution in der DDR?, in: Forschungsjournal Neue Soziale Bewegungen 5 (1992), 16-24.

Ders./Voß, P./Gern, Chr., Die volkseigene Revolution, Stuttgart 1993.

Ordnung, C., Verantwortung für Frieden und Wohlfahrt der Völker. Die Aktualität des Darmstädter Wortes von 1947, Berlin (Ost) 1987.

Osterloh, T., Die Anwendung des Differenzierungsprinzips bei der politisch-operativen Bearbeitung eines »Friedenskreises« im Verantwortungsbereich der BVfS Neubrandenburg, Potsdam 1989 (Ms.).

Ottensmeier, H., Faschistisches Bildungssystem in Deutschland zwischen 1933 und 1989. Kontinuität zwischen Drittem Reich und DDR, Hamburg 1992.

Ottlyk, E., Der Weg einer evangelischen Kirche im Sozialismus. Die Entwicklung des ungarischen Luthertums seit 1945, Berlin (Ost) 1982.

Pahnke, R., Überlegungen und Einsichten nach einer ersten Auswertung von Akten des FDJ-Zentralarchivs, in: Die Christenlehre 45 (1992), 113-120.

Pangritz, A., Dietrich Bonhoeffers Forderung einer Arkandisziplin. Eine unerledigte Anfrage an Kirche und Theologie, Köln 1988.

Pannen, St., Die Weiterleiter. Funktion und Selbstverständnis ostdeutscher Journalisten, Köln 1992 (Edition Deutschland Archiv).

Pannenberg, W., Heiligung und politische Ethik – ein kritischer Blick auf einige Grundlagen der Befreiungstheologie im Protestantismus, in: Herausforderungen. Die Dritte Welt und die Christen Europas, Regensburg 1980, 79-110.

Peace and Disarmament. Documents of the World Council of Churches and the Roman Catholic Church, Geneva-Roma 1982.

Pfannschmidt, Die Analyse und marxistisch-leninistische Wertung der durch den Leiter des »Evangelischen Einkehrhauses« Bischofsrod erarbeiteten feindlich-negativen theoretischen Konzeption und die Ableitung politisch-operativer Konsequenzen für die weitere operative Bearbeitung, Potsdam 1989 (Ms.).

Pilvousek, J. (Bearb.), Kirchliches Leben im totalitären Staat. Seelsorge in der SBZ/DDR 1945-1976. Quellentexte aus den Ordinariaten und Bischöflichen Ämtern, Leipzig 1994.

Pirson, D., Art. Öffentlichkeitsanspruch der Kirche, in: EStL^3, 2, 2278-2284.

Planer-Friedrich, G., Luthererinnerungen und Gemeindeerneuerung. Sozialethische Aspekte und Wirkungen des Lutherjubiläums in der DDR, in: ZEE 29 (1985), 371-409.

Plato, A. v., Eine zweite »Entnazifizierung«? Zur Verarbeitung politischer Umwälzungen in Deutschland 1945 und 1989, in: GMH 7 (1991), 415-428.

Pollack, D., Das Ende einer Organisationsgesellschaft. Systemtheoretische Überlegungen zum Umbruch in der DDR, in: ZfS 19 (1990), 292-307.

Ders., Der Staatssicherheitsdienst und die evangelischen Kirchen in der DDR, in: Mitteilungen der evangelischen Arbeitsgemeinschaft für kirchliche Zeitgeschichte 13 (1993), 62-94.

Ders., Der Staatssicherheitsdienst und die evangelischen Kirchen in der DDR, in: RKZ 134 (1993), 243-249.

Ders., Die Legitimität der Freiheit. Politisch alternative Gruppen in der DDR unter dem Dach der Kirche, Frankfurt/M. 1990.

Ders., Integration vor Entscheidung. Zur Entwicklung von Religiosität und Kirchlichkeit in der ehemaligen DDR, in: GlLern 6 (1991), 144-156.

Ders., Kirche in der Organisationsgesellschaft. Zum Wandel der gesellschaftlichen Lage der evangelischen Kirchen in der DDR, Stuttgart 1994.

Ders., Religion und Kirche in der DDR, in: WZ(L).G 37 (1988/1), 92-104.

Ders., Sozialismus-Affinität im deutschen Protestantismus. Sozialistische Leitvorstellungen des Kirchenbundes in der DDR. Bemerkungen zu einem Interpretationsvorschlag von Friedrich Wilhelm Graf, in: ZEE 37 (1993), 226-230.

Ders., Überblick über den Stand der Forschung zum Thema Kirche und Religion in der DDR, in: ZEE 35 (1991), 306-317.

Ders., Zum Stand der DDR-Forschung, in: PVS 34 (1993), 119-139.

Poppe, J., Einige Aspekte gegenwärtiger Mensch-Natur-Interpretation durch die protestantische Theologie – die Fundamentaltheologie und Theologie der Natur, in: Forschungsberichte und Beiträge des Forschungskollektivs »Wissenschaftlicher Atheismus«. Hg. von der Pädagogischen Hochschule »Liselotte Herrmann« Güstrow 1987/55, 312-320.

Potthoff, H., Die »Koalition der Vernunft«. Deutschlandpolitik in den 80er Jahren, München 1995

Prauß, H., Reflexionen zur Problematik von Stasi-Verstrickungen katholischer Amtsträger, in: Ost-West-Informationsdienst des katholischen Arbeitskreises für zeitgeschichtliche Fragen 179 (1993), 12-18.

Presseinformation. Arbeitsergebnis der Kommission für Zeugnis und Gestalt der Gemeinde des Bundes der Evangelischen Kirchen Nr. 17/89 vom 31. Mai 1989, Berlin (Ost).

Probst, L., Bürgerbewegung im Prozeß der Vereinigung. Eine regionalgeschichtliche Untersuchung des Neuen Forum Rostock, in: Forschungsjournal Neue Soziale Bewegungen 5 (1992).

Ders., Bürgerbewegungen, politische Kultur und Zivilgesellschaft, in: POLZG B 19 (1991), 30-35.
Programm und Statut der SED vom 22. Mai 1976, Köln 1976.
Prolingheuer, H., Kirchenwende oder Wendekirche? Die EKD nach dem 3. November 1989 und ihre Vergangenheit, Bonn 1991.
Protokoll der Parteitage und Parteikonferenzen von KPD, SPD und SED seit 1945, Berlin (Ost) 1946 ff.
Przybylski, P., Tatort Politbüro. Die Akte Honecker, Berlin 1991.
Ders., Tatort Politbüro, Bd. 2: Honecker, Mittag, Schalck-Golodkowski, Berlin 1992.
Püttmann, A., Mißliebige Zwischentöne im Blockflötenkonzert. Neues zur Geschichte der Ost-CDU, in: NOrd 47 (1993), 46 ff.
Purcell, W., Fisher of Lambeth. A Portrait from Life, London 1969.
Puschmann, H., Möglichkeiten und Grenzen der Caritasarbeit in der ehemaligen DDR, in: Ost-West-Informationsdienst für zeitgeschichtliche Fragen 177 (1993), 3-10.
Rabe, K.K., Umkehr in die Zukunft. Die Arbeit der Aktion Sühnezeichen/Friedensdienste, Bernheim-Merten 1983.
Radio im Umbruch. Oktober 1989 bis Oktober 1990 im Rundfunk der DDR. Darstellungen, Chronik, Dokumentation, Presseresonanz. Hg. vom Funkhaus Berlin, Berlin 1991.
Raiser, E./Lenhard, H./Hohmeyer, B. (Hgg.), Brücken der Verständigung. Für ein neues Verhältnis zur Sowjetunion. Im Auftrag der Arbeitsgemeinschaft Solidarische Kirche in Westfalen und Lippe, Gütersloh 1986.
Raiser, K., Ökumenische Impressionen, Vancouver 1983, Frankfurt/M. 1983.
Ramet, S., Protestantism in East Germany, 1949-1989: A Summing up, in: Religion in Communist Lands 19, nos. 3-4 (Winter 1991), 161-195.
Dies., Social Currents in Eastern Europe, Durham 1991.
Ratzmann, W., Gemeinde für andere – Gemeinde mit den anderen, in: Die Christenlehre 39 (1986), 275-283.
Rausch, H./Stamm, Th. (Hgg.), DDR: das politische, wirtschaftliche und soziale System, München ⁴1978.
Rauschenbach, B. (Hg.), Erinnern, Wiederholen, Durcharbeiten. Zur Psycho-Analyse deutscher Wenden, Berlin 1992.
Readers Digest (New York) Februar 1993.
Rehlinger, L.A., Freikauf. Die Geschäfte der DDR mit politisch Verfolgten 1963-1989, Berlin-Frankfurt/M. 1991.
Reichenbach, A., Chef der Spione. Die Markus-Wolf-Story, Stuttgart 1992.
Reiher, D. (Hg.), Kirchlicher Unterricht in der DDR von 1949-1990. Dokumentation eines Weges, Göttingen 1992.
Rein, G. (Hg.), Deutsche Dialoge. Anstöße zu einem neuen Denken. Biblische und politische Einsichten von Deutschen aus Ost und West beim Evangelischen Kirchentag in Frankfurt am Main, Berlin (West) 1987.
Ders. (Hg.), Deutsches Gespräch. Dialoge und Reden vom Kirchentag in Düsseldorf, Berlin (West) 1985.
Ders. (Hg.), Die Opposition in der DDR. Entwürfe für einen anderen Sozialismus. Texte, Programme, Statuten von Neues Forum, Demokratischer Aufbruch, Demokratie Jetzt, SPD, Böhlener Plattform und Grüne Partei in der DDR, Berlin (West) 1990.
Ders., Die protestantische Revolution 1987-1990. Ein deutsches Lesebuch, Berlin (West) 1990.
Reitinger, H., Die Rolle der Kirche im politischen Prozeß der DDR 1970-1990, München 1991.
Reitz, R., Christen und Sozialdemokratie. Konsequenzen aus einem Erbe, Stuttgart 1983.
Ders. (Hg.), Herbert Wehner. Christentum und Demokratischer Sozialismus. Beiträge zu einer unbequemen Partnerschaft, Freiburg/Br. 1985.
Rendtorff, T. (Hg.), Protestantische Revolution? Kirche und Theologie in der DDR: Ekklesiologische Voraussetzungen, politischer Kontext, theologische und historische Kriterien.

Vorträge und Diskussionen eines Kolloquiums in München, 26.-28.3.1992, Göttingen 1993 (AKZG, B, 20).

Ders., Unkirchlichkeit? Historisch-theologische Überlegungen zu einem unklaren Begriff aus Anlaß des Endes der DDR, in: Hardtwig, W./Brandt, H.-H. (Hgg.), Deutschlands Weg in die Moderne. Politik, Gesellschaft und Kultur im 19. Jahrhundert, München 1993.

Repgen, K., Kirchliche Führung im Sozialismus, in: Die politische Meinung 237/37 (1992), 19-21.

Reuth, R.G., IM »Sekretär«. Die »Gauck«-Recherche und die Dokumente zum »Fall Stolpe«, Berlin 1992.

Ders./Bönte, A., Das Komplott. Wie es wirklich zur Deutschen Einheit kam, München 1993.

Richter, E., Christentum und Demokratie in Deutschland. Beiträge zur geistigen Vorbereitung der Wende in der DDR, Leipzig-Weimar 1991.

Richter, M., Zur Entwicklung der Ost-CDU im Herbst 1989, in: Historisch-Politische Mitteilungen. Archiv für christlich-demokratische Politik 1 (1994), 115-133.

Ders./Zylla, E., Mit Pflugscharen gegen Schwerter. Erfahrungen in der Evangelischen Kirche in der DDR 1949-1990, Bremen 1992.

Richter, P./Rösler, K., Wolfs West-Spione. Ein Insider-Report, Berlin 1992.

Riecker, A./Schwarz, A./Schneider, D. (Hgg.), Stasi intim. Gespräche mit ehemaligen MfS-Angehörigen, Leipzig 1990.

Ringshausen, G., Kirchliche Zeitgeschichte und Selbstprüfung der Gegenwart, in: KZG 2 (1989), 494-499.

Rink, D., Bürgerbewegung im Übergang. Entwicklungslinien der Leipziger Bürgerbewegungen, in: Forschungsjournal Neue Soziale Bewegungen 5 (1992), 61-70.

Ders., Soziale Bewegungen in der DDR. Die Entwicklungen bis Mai 1990, in: Roth, R./Rucht, D. (Hgg.), Neue soziale Bewegungen in der Bundesrepublik Deutschland, Bonn 1991, 54-70.

Rißmann, M., Zur Rolle der Ost-CDU im politischen System der DDR, in: Historisch-Politische Mitteilungen. Archiv für christlich-demokratische Politik 1 (1994), 69-88.

Röhl, K.R., Linke Lebenslügen. Eine überfällige Abrechnung, Frankfurt/M.-Berlin 1994.

Rösler, J., Der Handlungsspielraum der DDR-Führung gegenüber der UdSSR. Zu einem Schlüsselproblem des Verständnisses der DDR-Geschichte, in: ZfG 41 (1993), 293-304.

Ders., The Rise and Fall of the Planned Economy in the German Democratic Republic, 1945-1989, in: German History 9 (1991), 46-61.

Rogge, J., Luther heute, Duisburg 1983.

Ders./Zeddies, H. (Hgg.), Kirchengemeinschaft und politische Ethik. Ergebnis eines theologischen Gespräches zum Verhältnis von Zwei-Reiche-Lehre und Lehre von der Königsherrschaft Christi, Berlin (Ost) 1980.

Roggemann, H. (Bearb.), Die DDR-Verfassungen, Berlin (West) ²1976.

Rommel, K.W., Religion und Kirche im sozialistischen Staat DDR, Kiel 1975.

Ronge, V., Die soziale Integration von DDR-Übersiedlern in der Bundesrepublik Deutschland, in: POLZG B 1-2 (1990), 39-47.

Roos, P. (Hg.), Exil. Die Ausbürgerung Wolf Biermanns aus der DDR. Eine Dokumentation. Mit einem Vorwort von G. Wallraff, Köln 1977.

Rottke, P., Die Arbeit einer Kreisdienststelle des MfS mit den Partnern des politisch-operativen Zusammenwirkens zur vorbeugenden Verhinderung, Aufklärung, Bekämpfung der Versuche des Feindes zum Mißbrauch der katholischen Kirche im Eichsfeld für politische Untergrundtätigkeit, Potsdam 1986 (Ms.).

Rudorf, R., Die Vierte Gewalt. Das linke Medienkartell, Frankfurt/M.-Berlin 1994.

Rüddenklau, W. (Hg.), Störenfried. DDR-Opposition 1986-1990. Mit Texten aus den »Umweltblättern«, Berlin 1992 (Edition ID-Archiv/Basis-Druck-Dokument, 7).

Rychlik, R., Ärzte in der DDR. Ausbildung, Beruf und gesellschaftliche Stellung, Stuttgart 1983.

Rytlewski, R., Ein neues Deutschland? Merkmale, Differenzierungen und Wandlungen in der politischen Kultur der DDR, in: Der Bürger im Staat 39 (1989), 151-156.

Ders. (Hg.), Politik und Gesellschaft in sozialistischen Ländern, Opladen 1990.
Sauer, H./Plumeyer, H.-O., Der Salzgitter Report. Die Zentrale Erfassungstelle berichtet über Verbrechen im SED-Staat, Esslingen 1991.
Sauter, G., Bekannte Schuld, in: EvTh 50 (1990), 498-511.
Ders., Verhängnis der Theologie? Schuldwahrnehmung und Geschichtsanschauungen im deutschen Protestantismus unseres Jahrhunderts, in: KZG 4 (1991), 475-492.
Saß, V. v./Suchodoletz, H., »feindlich-negativ«. Zur politischen Arbeit einer Stasi-Zentrale, Berlin (Ost) 1990.
Schabowski, G., Das Politbüro. Ende eines Mythos. Eine Befragung. Hg. von F. Sieren und L. Koehne, Reinbeck 1990.
Ders., Der Absturz, Berlin 1991.
Ders., Die Abstoßung der Utopie. In der DDR erlitt der Marxismus sein deutsches Fiasko, in: GWU 43 (1992), 459-476.
Schädlich, H.-J. (Hg.), Aktenkundig. Mit Beiträgen von W. Biermann, J. Fuchs, J. Gauck, L. Rathenow, V. Wollenberger u. a., Berlin 1992.
Schäfer, A., Erfahrungen bei der Gestaltung des Zusammenwirkens mit gesellschaftlichen Kräften zur vorbeugenden Verhinderung des Mißbrauchs kirchlicher Einrichtungen durch feindlich-negative Kräfte für subversive Zielstellungen gegen die DDR, Potsdam 1988 (Ms.).
Schäfer, B., Grenzen von Staat und Kirche. Zur Diplomatie zwischen DDR und Vatikan von 1972 bis 1979, in: StZ 119 (1994), 121-129.
Ders., »Inoffizielle Mitarbeiter« und »Mitarbeiter«. Zur Differenzierung von Kategorien des Ministeriums für Staatssicherheit im Bereich der katholischen Kirche, in: KZG 6 (1993), 447-466.
Schäfer, H., Öffentliche Anhörung. Zur Rolle der Kirchen in der ehemaligen DDR, in: RKZ 135 (1994), 43-48.
Schäuble, W., Der Vertrag. Wie ich über die deutsche Einheit verhandelte. Hg. und mit einem Vorwort versehen von D. Koch und K. Wirtgen, Stuttgart 1991.
Scharbau, F.-O. (Hg.), Konkordie Reformatorischer Kirchen in Europa, Frankfurt/M. 1993.
Scharf, K., Widerstehen und Versöhnen. Rückblicke und Ausblicke, Stuttgart 1987.
Schell, M./Kalinka, W., Stasi und kein Ende. Die Personen und Fakten, Frankfurt/M.-Berlin 1991.
Schelske, W., Zum Verhältnis von evangelischen Kirchen und Randgruppen, in: Forschungsberichte und Beiträge des Forschungskollektivs »Wissenschaftlicher Atheismus« der Pädagogischen Hochschule »Liselotte Herrmann« Güstrow 1988/58, 484 f.
Schenke, U., Beobachtungen zur feministischen Theologie in der früheren DDR, in: Materialdienst der Evangelischen Zentralstelle für Weltanschauungsfragen 55 (1992), 220 f.
Scherzer, L., Der Erste. Protokoll einer Begegnung, Rudolstadt 1988.
Scheuer, Erfahrungen der KD Weimar bei Suche, Auswahl und Gewinnung von Inoffiziellen Mitarbeitern in der politisch-operativen Bearbeitung von Versuchen feindlich-negativer Kräfte zur Organisierung politischer Untergrundtätigkeit unter Mißbrauch kirchlicher Handlungsräume, Potsdam 1985 (Ms.).
Schille, G., Die führungslose Revolution. Leipzig 1989, in: DtPfrBl 93 (1993), 120-122.
Schilling, F./Stengel, F., Die theologischen Sektionen im »real-existierenden« Sozialismus der DDR, in: KZG 5 (1992), 100-112.
Schimnick, R., Die Hauptaufgaben des Einsatzes inoffizieller Mitarbeiter bei der Aufspürung und Bekämpfung unter dem Deckmantel des Pazifismus vorgetragener subversiver Angriffe, dargestellt am Beispiel der ESG Rostock, Potsdam 1983 (Ms.).
Schlegel, J., Evangelische Mission in und nach 40 Jahren DDR, in: ZMiss 19 (1993), 140-147.
Schlippes/Weißleder, W., Kirche und Politik in der BRD – analytische Dokumentation zur Fundierung der politisch-operativen Arbeit des MfS, Potsdam 1983 (Ms.).
Schlomann, F.W., Die Maulwürfe. Die Stasi-Helfer im Westen sind immer noch unter uns, Frankfurt/M.-Berlin 1993.
Schmidt, E., Kirche zwischen Anpassung und Verweigerung. Versuch einer Urteilsfindung

für den Weg der evangelischen Kirche in der Zeit des Sozialismus, in: DtPfrBl 93 (1993), 371-376.

Schmidt, H., Geistige Gemeinsamkeiten und Unterschiede zwischen Kommunisten und Protestanten im Verständnis von Verantwortung und ihre Potenzen für die weitere bewußte Ausgestaltung der Zusammenarbeit von Kommunisten und Christen in der DDR. Dissertation Güstrow 1987.

Schmidt, H., Die Deutschen und ihre Nachbarn. Menschen und Mächte II, Berlin 1990.

Ders., Menschen und Mächte, Berlin (West) 1987.

Schmidt, J., »Anreise reibungslos ... Große Freude.« Noch einmal. Ein reformierter »Fall«. Anmerkungen zu möglichen Stasi-Kontakten von H. Krum, in: RKZ 135 (1994), 140 f.

Schmidt, T., Die Nutzung von Inoffiziellen Mitarbeitern zur zielgerichteten Bearbeitung und Zersetzung von Formierungsbestrebungen feindlich-negativer Personengruppen, die unter Ausnutzung von Handlungsräumen der evangelischen Kirche im Verantwortungsbereich der KD Eisenach politisch-operativ in Erscheinung treten, Potsdam 1989 (Ms.).

Schmidt, W., Geschichte zwischen Professionalität und Politik. Zu zentralen Leitungsstrukturen und -mechanismen in der Geschichtswissenschaft der DDR, in: ZfG 40 (1992), 1013-1030.

Schmidthammer, J., Rechtsanwalt Wolfgang Vogel. Mittler zwischen Ost und West, Hamburg 1987.

Schmitt, K., Kirche im Weltanschauungsstaat. Zur Situation in der DDR, in: D. Oberndörfer/K. Schmitt (Hgg.), Kirche und Demokratie, Paderborn 1983, 123-152.

Schmitz, E., Deutsche Vinzenz-Konferenzen unter sozialistischer Herrschaft, in: JCV '93 (1992), 332-337.

Schnauze! Gedächtnisprotokolle 7. und 8. Oktober 1989: Berlin, Leipzig, Dresden, Berlin (Ost) 1990.

Schneider, E., Die SED der 80er Jahre. Das neue Programm und Statut der Partei, Köln 1977.

Schneider, G., Die private Stasi-Akte in meinem Schrank (Teil I und II), in: Ost-West-Informationsdienst des katholischen Arbeitskreises für zeitgeschichtliche Fragen 178 (1993), 18-27; 179 (1993), 24-30.

Schneider, G., Wirtschaftswunder DDR – Anspruch und Realität, Köln ²1990.

Schneider, W. (Hg.), Leipziger Demontagebuch: Demo, Montage, Tagebuch, Demontage, Leipzig-Weimar 1990.

Schnitzer, E., Die Entwicklung von Inoffiziellen Mitarbeitern unter der studentischen Jugend für den Einsatz in der Evangelischen Studentengemeinde Greifswald und die Gewährleistung ihres gesellschaftlich effektiven Einsatzes zur wirksamen Aufklärung und Bekämpfung von Erscheinungsformen der politischen Untergrundtätigkeit, Potsdam 1988 (Ms.).

Schober, Th. (Hg.), Das Recht im Dienst einer diakonischen Kirche. Freiheit und Bindung. Wolfgang Güldenpfennig zum 75. Geburtstag, Stuttgart o. J.

Schönbohm, J., Zwei Armeen und ein Vaterland. Das Ende der Nationalen Volksarmee, Berlin 1992.

Schönherr, A., Abenteuer der Nachfolge. Reden und Aufsätze 1978-1988, Berlin (West) 1988.

Ders., ... aber die Zeit war nicht verloren. Erinnerungen eines Altbischofs, Berlin 1993.

Ders., Gratwanderung. Gedanken über den Weg des Bundes der Evangelischen Kirchen in der Deutschen Demokratischen Republik, Leipzig 1992.

Ders., 1945-1985. Befreite Kirche auf Um- und Abwegen (Vortrag vor der Kirchlichen Bruderschaft Sachsens am 21.4.1985 in Freiberg/S.), in: Kirchliche Bruderschaft Sachsens, Dresden 1985.

Ders., Zum Weg der evangelischen Kirchen in der DDR, Berlin (Ost) 1986.

Scholder, K., Die Kirchen und das Dritte Reich, Bd. 1: Vorgeschichte und Zeit der Illusionen, Frankfurt/M.-Berlin (West) 1986.

Scholz, G., Herbert Wehner, Düsseldorf-Wien 1986.

Schorlemmer, F., Träume und Alpträume. Einmischungen 1982-90, Berlin 1990 und München 1993.

Ders., »Versöhnung heißt nicht Schwamm drüber!«, in: Dönhoff, M. Gräfin (Hg.), Weil das Land Versöhnung braucht. Ein Manifest II, Reinbeck 1993, 50-64.

Ders., Versöhnung in der Wahrheit. Nachschläge und Vorschläge eines Ostdeutschen, München 1992.

Ders., Worte öffnen Fäuste. Die Rückkehr in ein schwieriges Vaterland, München 1992.

Schrader, F., Erfahrungen mit der Herausgabe einer wissenschaftlichen Festschrift zum 1000jährigen Jubiläum der Gründung des Erzbistums Magdeburg. Ein Beitrag zur Zeitgeschichte, in: WJ 32/33 (1992/93), 147-155.

Schritte auf dem Weg des Friedens. Orientierungspunkte für Friedensethik und Friedenspolitik. Ein Beitrag des Rates der EKD. Hg. vom Kirchenamt der EKD, Hannover 1994 (EKD Texte, 48).

Schritte in der Nachfolge Jesu. Gegenwärtige Aufgaben von Christen und Gemeinden. Hg. von der Kommission für Zeugnis und Gestalt der Gemeinde beim Bund der Evangelischen Kirchen in der DDR, Berlin (Ost) 1988.

Schroeder, K. (Hg.), Geschichte und Transformation des SED-Staates. Beiträge und Analysen, Berlin 1994.

Schröder, R., Antwort auf Besiers Kritik, in: ThRv 89 (1993), 273-276.

Ders., Denken im Zwielicht. Vorträge und Aufsätze aus der Alten DDR, Tübingen 1990.

Ders., Die Kirchen in der DDR, in: ThRv 89 (1993), 3-10.

Ders., The Role of the Protestant Church in German Unification, in: Daed. 123/1 (1994).

Schröter, U., Gescheiterte Kontaktaufnahme – ein aufschlußreiches Dokument, in: Zwie-Gespräch 1993/18, 1-9.

Ders., Unverzichtbar beim Nachdenken über die Vergangenheit. Der gelernte DDR-Bürger, in: Zwie-Gespräch 1993/19, 1-10.

Ders., Versöhnung und unsere Stasi-Vergangenheit, in: Die Christenlehre 45 (1992), 169-212.

Schubert, K. v. (Hg.), Heidelberger Friedensmemorandum. Aus der Evangelischen Studiengemeinschaft, Reinbek 1983.

Schübel, Th., Vom Ufer der Saale. Geschichten aus der Zwischenzeit. Ein Journal vom 10. November 1989 bis zum 3. Oktober 1990, Berlin 1992.

Schüddekopf, Ch. (Hg.), »Wir sind das Volk!« Flugschriften, Aufrufe und Texte einer deutschen Revolution, Reinbek 1990.

Schütt, P., Marionetten an roten Fäden. Die bundesdeutschen Linksintellektuellen: Jahrzehntelang ließen sie sich als Handlanger der kommunistischen Aggression mißbrauchen, in: RhM Nr. 48 vom 2.12.1994, 15.

Schultze, G./Schmelhaus, F., Schlußfolgerungen und Konsequenzen für die erfolgreiche Entwicklung von IM-Vorläufen auf der Linie XX/4 aus der Ursachenanalyse eingestellter IM-Vorläufe, Potsdam 1986 (Ms.).

Schultze, H./Zachhuber, W. (Hgg.), Spionage gegen eine Kirchenleitung. Detlef Hammer – Stasi-Offizier im Konsistorium Magdeburg, Magdeburg 1995.

Schulze, H.-P., Die zielgerichtete Entwicklung und Qualifizierung eines IM bei der Heranführung an den Leiter einer kirchlichen Gruppe mit der Vorbereitung des perspektivischen Einsatzes als hauptamtlicher Mitarbeiter der Kirche zur Verhinderung ihres Mißbrauchs durch den Gegner, Potsdam 1986 (Ms.).

Schulze, R. (Hg.), Nach der Wende. Wandlungen in Kirche und Gesellschaft. Texte aus der Theologischen Studienabteilung beim Bund der Evangelischen Kirchen in der DDR, Berlin (West) 1990.

Schumann, F., 100 Tage, die die DDR erschütterten, Berlin (Ost) 1990.

Schuster, D., Die deutschen Gewerkschaften seit 1945, Stuttgart 1973.

Schuster, R. (Hg.), Deutsche Verfassungen, München [17]1985.

SDI – Fakten und Bewertungen, Fragen und Antworten, Dokumentationen, hg. vom Bundesministerium für Verteidigung, Bonn 1986.

Seidel, J.J., Christen in der DDR. Zur Lage der evangelischen Kirche, Bern o. J. [1986].

Seiffert, W./Treutwein, N., Die Schalck-Papiere. DDR-Mafia zwischen Ost und West. Die Beweise, München 1991.

Seils, M., Zweireichelehre in der Wende. Erfahrungen und Gedanken aus der ehemaligen DDR, in: NZSTh 35 (1993), 85-106.

Seiterich-Kreuzkamp, Th. (Hg.), Helden oder Schurken? »Richtig« im »Falschen« gelebt? Kirchen in der DDR: Das Ringen um die Wahrheit. Was aus dem Streit um die »Kirche im Sozialismus« zu lernen ist. Analysen, Positionen, Gespräche, Zukunftsperspektiven? Mit Beiträgen von J. Garstecki, A. Schönherr, G. Besier u. a., Frankfurt/M. 1992.

Sektion politisch-operative Spezialdisziplin, Lehrstuhl VI, Dokumentation zu einigen wichtigen antikommunistisch-klerikalen Institutionen imperialistischer Staaten Europas, insbesondere der BRD, Potsdam 1983 (Ms.).

Sélitrenny, R./Weichert, Th., Das unheimliche Erbe. Die Spionageabteilung der Stasi, Leipzig 1991.

750 Jahre Berlin: 1237-1987. Thesen des Komitees der DDR zum 750jährigen Bestehen von Berlin, Berlin (Ost) 1986.

Siegele-Wenschkewitz, L. (Hg.), Die evangelische Kirche und der SED-Staat – ein Thema kirchlicher Zeitgeschichte, Frankfurt/M. 1993 (Arnoldshainer Texte, 77).

Siegler, B., Auferstanden aus Ruinen ... Rechtsextremismus in der DDR, Berlin 1991.

Sievernich, M. SJ., Die neue Schuldfrage. Reflexionen anläßlich des Umbruchs in der DDR, in: StZ 115 (1990), 676-686.

Sievers, H.-J., Vom Stundenbuch einer deutschen Revolution. Die Leipziger Kirchen im Oktober 1989, Zollikon-Göttingen ²1991.

Sikkema, R., »De ware schuldigen zitten niet in de archieven«. KGB en Stasi op Genèvés Heilige Berg, in: Kerk 3/2 (1992), 4-9.

Soell, H., Der junge Wehner. Zwischen revolutionärem Mythos und praktischer Vernunft, Stuttgart 1991.

Sommer, M., Die Gemeinde und ihre Kirchensteuer, in: Amtsblatt der Kirchenprovinz Sachsen 1984, 3 ff.

Sommer, N., Der Traum aber bleibt. Sozialismus und christliche Hoffnung. Eine Zwischenbilanz, Berlin 1992.

Sontheimer, M./Bleek, W., Die DDR – Politik, Gesellschaft, Wirtschaft, Hamburg 1975.

Sorg, R., Marxismus und Protestantismus in Deutschland, Köln 1974.

Sowjetunion 1986/87. Ereignisse, Probleme, Perspektiven. Hg. vom Bundesinstitut für ostwissenschaftliche und internationale Studien, München-Wien 1987.

Spanger, H.-J., Die SED und der Sozialdemokratismus. Ideologische Abgrenzung in der DDR, Köln 1982 (Bibliothek Wissenschaft und Politik, 28).

Spieker, M. (Hg.), Vom Sozialismus zum demokratischen Rechtsstaat. Der Beitrag der katholischen Soziallehre zu den Transformationsprozessen in Polen und in der ehemaligen DDR, Paderborn 1992 (Politik- und Kommunikationswissenschaftliche Veröffentlichungen der Görres-Gesellschaft, 11).

Spittmann, I. (Hg.), Die SED in Geschichte und Gegenwart, Köln 1987.

Dies. (Hgg.), Die DDR auf dem Weg zur deutschen Einheit. Probleme, Perspektiven. 23. Tagung zum Stand der DDR-Forschung in der Bundesrepublik Deutschland, Köln 1990.

Dies. (Hgg.), Lebensbedingungen in der DDR. 17. Tagung zum Stand der DDR-Forschung in der Bundesrepublik Deutschland, Köln 1984.

Dies. (Hgg.), Veränderungen in Gesellschaft und politischem System der DDR. Ursachen, Inhalte, Grenzen. 21. Tagung zum Stand der DDR-Forschung in der Bundesrepublik Deutschland, Köln 1988.

Dies./Helwig, G. (Hgg.), Die DDR im vierzigsten Jahr. Geschichte – Situation – Perspektiven. 22. Tagung zum Stand der DDR-Forschung in der Bundesrepublik Deutschland 16. bis 19. Mai 1989, Köln 1989 (Edition Deutschland Archiv).

Spotts, F., Kirchen und Politik in Deutschland, Stuttgart 1976.

St. Hedwigsblatt. Katholisches Kirchenblatt im Bistum Berlin. Sonntagsblatt für die katholische Bevölkerung des Bistums Berlin, Leipzig passim.

Staadt, J., Die geheime Westpolitik der SED 1960-1970, Berlin 1993.

Staatliche Kirchenpolitik im »real existierenden Sozialismus« in der DDR. Hg. vom Evangelischen Bildungswerk Berlin. Wissenschaftliches Kolloquium im Adam-Trott-Haus vom 1. bis 3. Oktober 1992, Berlin 1993.

Staatslexikon der Görres-Gesellschaft, 5 Bde., Freiburg/Br.-Basel-Wien ⁷1985-1989.

Standpunkt. Evangelische Monatsschrift, Berlin (Ost) 1973-1990.

Stappenbeck, Chr., Kirche als Partei, Kirche auf der Siegerseite? Gedanken im Rückblick, in: Berliner Dialog Hefte 1993/1, 41-45.

Staritz, D. (Hg.), Abweichler, Verräter, Staatsfeinde. Opposition in der DDR 1945-1990, München 1991.

Ders., Geschichte der DDR 1949-1985, Frankfurt/M. 1985 (Neue Historische Bibliothek).

Stasi intern. Macht und Banalität. Hg. vom Leipziger Bürgerkomitee zur Auflösung des MfS/AfNS, Leipzig 1991.

Statistisches Jahrbuch der DDR, Berlin (Ost) 1969 ff.

Steiniger, Zu einigen Grundfragen und Erfordernissen der Durchsetzung des sozialistischen Rechts bei der Aufdeckung, vorbeugenden Verhinderung und Bekämpfung des Mißbrauchs der Kirchen in der DDR (Staatliche Archivverwaltung Berlin, Zwischenarchiv Normannenstraße, MfS, VVS-Nr. 106/84).

Steinlein, R., Die gottlosen Jahre, Berlin 1993.

Stephan, G.-R. (Hg.), »Vorwärts immer, rückwärts nimmer!«. Interne Dokumente zum Zerfall von SED und DDR 1988/89, Berlin 1994.

Stern-Magazin, Hamburg passim.

Stiehler, G., Emanzipative Chancen in repressiven Strukturen. Eine Fallstudie zum Untergang der DDR, in: ZfG 40 (1992), 629-636.

Stieler, H.-G., Theoretisch-methodologische Bemerkungen zum Religionsbegriff, in: Beiträge zur Theorie und Geschichte der Religion und des Atheismus 1989/6, 49-65.

Stolpe, M., Demokratie wagen – Aufbruch in Brandenburg. Reden, Beiträge, Interviews 1990-1993. Mit einem Beitrag von I. Fetscher, Berlin 1993.

Ders., Den Menschen Hoffnung geben. Reden, Aufsätze, Interviews aus zwölf Jahren, Berlin 1991.

Ders., »Kirche im Sozialismus« – Anmerkungen zu Zeugnis und Dienst Evangelischer Kirche in der Deutschen Demokratischen Republik, in: Kirche im Übergang. FS für Nikolaus Becker zum sechzigsten Geburtstag. Hg. im Auftrag der Leitung der Evangelischen Kirche im Rheinland von Oberkirchenrat E. Krause, Düsseldorf, und Landeskirchenrat D. Dehnen, Duisburg, Neuwied-Frankfurt/M. 1989, 115-125.

Ders., Kirche »1985« und »2000« – Sammlung, Öffnung, Sendung. Ein Gespräch mit Günter Wirth zum 80. Geburtstag von D. G. Jacob, Berlin (Ost) 1986.

Ders., Schwieriger Aufbruch, Berlin 1992.

Stoltenberg, K., Stasi-Unterlagen-Gesetz. Kommentar, Baden-Baden 1992.

Stoppe, B., Theoretische Anmerkungen zum Dialog zwischen Marxisten und Christen in unserer Zeit, in: WZ(L).G 37 (1988/2), 166-107.

Storck, M., Akteneinsicht – oder: Die Entartung der Zukunft. Aus dem Bericht eines Freigekauften, in: ReHe 1993, 138 ff.

Ders., Karierte Wolken. Lebensbeschreibungen eines Freigekauften, Moers 1993.

Strafgesetzbuch der Deutschen Demokratischen Republik – StGB – und angrenzende Gesetze und Bestimmungen. Textausgabe mit Anmerkungen und Sachregister. Hg. vom Ministerium der Justiz, Berlin (Ost) 1969.

Strafrecht der Deutschen Demokratischen Republik. Kommentar zum Strafgesetzbuch. Hg. vom Ministerium der Justiz, Akademie für Staats- und Rechtswissenschaft der DDR, Berlin (Ost) ⁴1984.

Strauß, F.J., Die Erinnerungen, Berlin (West) 1989.

Strützel, A., Der Fortschrittsgedanke in der protestantischen Theologie unter den Bedingungen der wissenschaftlich-technischen Revolution im Sozialismus, in: Wissenschaftlich-technischer Fortschritt – Humanismus – Religion 1988, 42-47.

Studienmaterial zur Geschichte des Ministeriums für Staatssicherheit Teil I bis VII. Hg. von der Juristischen Hochschule Potsdam, Potsdam 1980.

Süß, W., Ende und Aufbruch – Von der DDR zur neuen Bundesrepublik Deutschland, Frankfurt/M. 1992.
Süssmuth, H. (Hg.), Das Luther-Erbe in Deutschland. Vermittlung zwischen Wissenschaft und Öffentlichkeit, Düsseldorf 1985.
Suhl 1992. Bericht über die dritte Tagung der achten Synode der Evangelischen Kirche in Deutschland vom 1. bis 6. November 1992. Im Auftrag der Synode hg. vom Kirchenamt der Evangelischen Kirche in Deutschland, Hannover 1993 (BTSEKD, 48).
Swoboda, J. (Hg.), Die Revolution der Kerzen – Christen in den Umwälzungen der DDR, Wuppertal 1990.
tageszeitung (taz) passim.
taz DDR-Journal. Zur Novemberrevolution. August bis Dezember 1989, vom Ausreisen bis zum Einreißen der Mauer. Hg. von der tageszeitung, Berlin (West)-Frankfurt/M. 1989.
taz DDR-Journal Nr. 2: Die Wende der Wende. Januar bis März 1990, von der Öffnung des Brandenburger Tores bis zur Öffnung der Wahlurnen. Hg. von der tageszeitung, Berlin (West)-Frankfurt/M. 1990.
Teichert, W., (Hg.), Müssen Christen Sozialisten sein? Zwischen Glaube und Politik, Hamburg 1976.
Tetzner, R., Leipziger Ring. Aufzeichnungen eines Montagsdemonstranten, Oktober 1989 bis 1. Mai 1990, Frankfurt/M. 1990.
Thaa, W./Häuser, I./Schenel, M./Meyer, G., Gesellschaftliche Differenzierungen und Legitimitätsverfall des DDR-Sozialismus. Das Ende des anderen Wegs in die Moderne, Tübingen 1992 (Tübinger Mittel- und Osteuropastudien – Politik, Gesellschaft, Kultur, 4).
Thadden, R. v., Luther und die DDR, in: G. Besier u. a. (Hgg.), Martin Luther. Theologisch-Pädagogische Entwürfe, Göttingen 1984, 86-93.
The identity Church and it's service to the whole human being. Final Volume I Reports on 35 self study projects in 46 churches. Lutheran World Federation Department of Studies, Genf 1977.
Thomas, R., Aspekte der DDR-Forschung: Konzepte – Probleme – Perspektiven, in: Politik, Gesellschaft und Wirtschaft in der DDR. Politische Bildung 2/1972 (Neubearbeitung 1982), 3-13.
Ders., Modell DDR. Die kalkulierte Emanzipation, München 1982.
Ders., Von der DDR-Forschung zur kooperativen Deutschland-Forschung. Bilanz und Perspektive eines umstrittenen Wissenschaftsfeldes, in: Zeitschrift für Parlamentsfragen 1990, 126-136.
Timmermann, H., Sozialstruktur und sozialer Wandel in der DDR, Saarbrücken 1988.
Tischner, W., Quellenveröffentlichungen zur katholischen Kirche in der DDR, in: ThRv 89 (1993), 9-12.
Tökés, I., Nationalismus und Konfessionalismus. Zur Entwicklung in Rumänien, in: KZG 6 (1993), 114-119.
Torpey, J., Two Movements. Not a Revolution: Exodus and Opposition in the East German Transformation, 1988-1990, in: German Politics and Society 26 (1992), 21-42.
Tóth, K., 25 Jahre CFK, Prag 1983.
Trier 1985. Berichte über die zweite Tagung der siebten Synode der Evangelischen Kirche in Deutschland vom 3. bis 8. November 1985. Im Auftrag der Synode der Evangelischen Kirche in Deutschland hg. vom Kirchenamt der Evangelischen Kirche in Deutschland, Hannover 1986 (BTSEKD, 39).
Tronicke / Weißleder / Roßberg / Steiniger / Stirzel / Ehrhardt / Härtel / Hermann / Jonak / Groch / Schlippes, Grundorientierungen für die politisch-operative Arbeit des MfS zur Aufdeckung, vorbeugenden Verhinderung und Bekämpfung der Versuche des Feindes zum Mißbrauch der Kirchen für die Inspirierung und Organisierung politischer Untergrundtätigkeit und die Schaffung einer antisozialistischen »inneren Opposition« in der DDR, Potsdam 1983 (Ms.).
Tschiche, H.J., Das Trauma der Bedrohung. Einsichten und Erfahrungen eines Christen der DDR auf der Suche nach einer sinnvollen Friedensordnung, in: Literatur (L 80), 23-30.

Tschoerner, H., Volkskirche oder Bekenntniskirche – Erfahrungen und Perspektiven der Christen in der früheren DDR, in: LKW 40 (1993), 53 ff.

Übergänge, Berlin (West) 1990, früher: Kirche im Sozialismus: Zeitschrift zum Weg der Kirchen in der DDR, Berlin (West).

Ullrich, L., Diaspora konkret. Theologische Aspekte im Blick auf die heutige Situation der Kirche in der DDR, in: Universität Passau. Nachrichten und Berichte. Sonderheft Nr. 8 (1991), 53-72.

Umkehr zu Gott und Hinkehr zum Nächsten. Bedeutung und Wirkung des Darmstädter Wortes des Bruderrates (1947) in den evangelischen Kirchen heute. Gemeinsames Kolloquium der Sektionen Theologie in der DDR am 8. und 9. Oktober 1987 an der Friedrich-Schiller-Universität Jena, Jena 1988.

Umweltprobleme und Umweltbewußtsein in der DDR. Hg. von der Redaktion Deutschland Archiv, Köln 1985.

Unser Staat. DDR-Zeittafel 1949-1983. Hg. von der Akademie für Staats- und Rechtswissenschaft der DDR, Berlin (Ost) 1989.

Urban, D./Weinzen, H.W., Jugend ohne Bekenntnis? 30 Jahre Konfirmation und Jugendweihe im anderen Deutschland 1954-1984, Berlin (West) 1984.

Uschner, M., Die Macht der Ohnmächtigen, Berlin 1992.

Ders., Die Ostpolitik der SPD. Sieg und Niederlage einer Strategie, Berlin 1991.

Vaksberg, A., Hotel Lux. Les partis frères au service de l' Internationale communiste, Paris 1993.

Vater, E., Spurensicherung – Gemeindearbeit in der DDR im Zeichen ökumenischer Offenheit, in: ÖR 42 (1993), 369-378.

Veranstaltungen der Evangelischen Akademie in Sachsen Anhalt, in: zitty Nr. 16/1985.

Verfassung der DDR 1969: Dokumente, Kommentare. Hg. von K. Sorgenicht, 2 Bde., Berlin (Ost) 1969.

Vergleich von Bildung und Erziehung in der Bundesrepublik Deutschland und in der Deutschen Demokratischen Republik. Hg. vom Bundesministerium für innerdeutsche Beziehungen, Köln 1990.

Verhandlungen der 1. Tagung der 7. Synode der EKU (Bereich Bundesrepublik Deutschland und Berlin-West) vom 28. bis 31.5.1988, Berlin (West) 1988.

Verhandlungen der 2. Tagung der 7. Synode der EKU (Bereich Bundesrepublik Deutschland und Berlin-West) vom 9. bis 12.6.1990, Berlin 1990.

Verhandlungen der 3. (gemeinsamen) Tagung der 7. Synoden der EKU vom 19. bis 21.4.1991, Berlin 1992.

Verhandlungen der 34. ordentlichen rheinischen Landessynode. Tagung vom 5. bis 10. Januar 1986, Düsseldorf 1986.

Versöhnung und Frieden mit den Völkern der Sowjetunion. Herausforderungen zur Umkehr. Eine Thesenreihe. Hg. v. Arbeitsgemeinschaft Solidarische Kirche Westfalen und Lippe. Red. H. Lenhard, Gütersloh 1987.

40. Jahrestag. Ansprachen aus der zentralen Veranstaltung des BEK in Zusammenarbeit mit der AGCK Berlin-Sachsenhausen-Halbe-Seelow 8.-10. Mai 1985. Hg. v. Sekretariat des BEK, Berlin (Ost) 1985 (hektographiert).

Villain, J., Die Revolution verstößt ihre Väter. Aussagen und Gespräche zum Untergang der DDR, Bern 1990.

Völker, M., Praktische Erfahrungen und Erkenntnisse der Vermittlung eines realen und aufgabenbezogenen Feindbildes an Inoffizielle Mitarbeiter. Untersucht und dargestellt an einem Inoffiziellen Mitarbeiter der Linie XX/4, Potsdam 1989 (Ms.).

Vogel, G., Als Pfarrer in der DDR. Erlebnisse zwischen 1948 und 1990, Berlin 1992.

Vogler, W. (Hg. in Verbindung mit *H. Seidel/U. Kühn*), Vier Jahrzehnte kirchlich-theologische Ausbildung in Leipzig. Das Theologische Seminar. Die Kirchliche Hochschule, Leipzig 1993.

Voigt, D. (Hg.), Die Gesellschaft der DDR: Untersuchungen zu ausgewählten Bereichen, Berlin (West) 1984.

Ders./Voß, W./Meck, S., Sozialstruktur der DDR. Eine Einführung, Darmstadt 1987.
Volland, H., Evangelische Theologie zur Mensch-Natur-Dialektik, in: Forschungsberichte und Beiträge des Forschungskollektivs »Wissenschaftlicher Atheismus«. Hg. von der Pädagogischen Hochschule »Liselotte Herrmann« Güstrow 1988/58, 490.
Vollnhals, C., Die Hauptabteilung XX/4 des Ministeriums für Staatssicherheit, Berlin 1995 (Ms.).
Von der DDR zu den FNL. Soziale Bewegungen vor und nach der Wende, in: Forschungsjournal Neue Soziale Bewegungen 1/92, Marburg-Berlin 1992.
Wagner, H., Zeugenschaft. Glaubenserfahrungen in meinem Leben, Leipzig 1992.
Walde, M., Die Wende – Hoffnung für die katholische Lausitz, in: Letopis 40 (1993/2), 38-48.
Walther, J./Prittwitz, G. v., Staatssicherheit und Schriftsteller. Bericht zum Forschungsprojekt, Berlin 1993 (BF informiert 2/1993).
Waterkamp, D., Handbuch zum Bildungswesen der DDR, Berlin (West) 1987.
Wawrzyn, L., Der Blaue. Das Spitzelsystem der DDR, Berlin 1990.
Weber, H., Aufbau und Fall einer Diktatur. Kritische Beiträge zur Geschichte der DDR, Köln 1991.
Ders., Die DDR 1945-1986, München 1988.
Ders., Die Geschichte der DDR. Versuch einer vorläufigen Bilanz, in: ZfG 41 (1993), 195-203.
Ders., Geschichte der DDR, München ²1986.
Ders. (Hg.), Dokumente zur Geschichte der DDR 1945-1985, München 1986.
Weberling, J., Stasi-Unterlagengesetz. Kommentar, Köln-Berlin-Bonn-München 1993.
Wedel, R. v., Als Kirchenanwalt durch die Mauer. Erinnerungen eines Zeitzeugen, Berlin 1994.
Wehner, H., Christentum und demokratischer Sozialismus. Beiträge zu einer unbequemen Partnerschaft. Hg. von R. Reitz, Freiburg/Br. 1985.
Ders., Selbstbestimmung und Selbstkritik. Gedanken und Erfahrungen eines Deutschen. Hg. von A.H. Leugers-Scherzberg. Mit einem Geleitwort von Greta Wehner, Köln 1994.
Weidenfeld, W./Korte, K.-R. (Hgg.), Handwörterbuch zur deutschen Einheit, Frankfurt/M.- New York 1992.
Ders./Zimmermann, H. (Hgg.), Deutschland Handbuch: eine doppelte Bilanz 1949-1989, Bonn 1989.
Weißenseer Blätter. Hg. im Auftrag des Weißenseer Arbeitskreises, Berlin (Ost) passim.
Weißmann, K., Rückruf in die Geschichte. Die deutsche Herausforderung: Alte Gefahren – Neue Chancen, Berlin-Frankfurt/M. ²1993.
Weizsäcker, R. v., Von Deutschland aus. Reden des Bundespräsidenten, München 1987.
Welker, M., Kirche ohne Kurs? Aus Anlaß der EKD-Studie »Christsein gestalten«, Neukirchen 1987.
Welsch, F., Christliche Positionen zum Zusammenhang von Frieden und Gerechtigkeit, in: DZPh 36 (1988), 619-628.
Wendelborn, G., Kompendium für Neuere und Neueste Kirchengeschichte 1958-1969, Rostock-Berlin (Ost) 1988.
Wengst, U. (Hg.), Historiker betrachten Deutschland. Beiträge zum Vereinigungsprozeß und zur Hauptstadtdiskussion, Bonn 1992.
Wensierski, P., Friedensbewegung in der DDR, in: POLZG B 17 (1983), 3-15.
Ders., Von oben nach unten wächst gar nichts. Umweltzerstörung und Protest in der DDR, Frankfurt/M. 1986.
Ders./Büscher, W. (Hgg.), Beton ist Beton. Zivilisationskritik in der DDR, Hattingen 1981.
Werdin, J. (Hg.), Unter uns: Die Stasi. Berichte des Bürgerkomitees zur Auflösung der Staatssicherheit im Bezirk Frankfurt/O., Berlin (Ost) 1990.
Weyhrauch, G., Die Kenntnis des Kirchlichen Forschungsheimes Wittenberg (KFHW) – Voraussetzung für eine wirksame und effektive Koordinierung der politisch-operativen Arbeit zum rechtzeitigen Erkennen und Unterbinden von Versuchen feindlich-negativer Kräfte zur Schaffung einer »Inneren Opposition« bzw. der Organisierung der Politischen Untergrundtätigkeit, Potsdam 1986 (Ms.).

Wickert, U. (Hg.), Angst vor Deutschland, Hamburg 1990.
Wider die Resignation der Linken. Stimmen gegen Antikommunismus, Konterrevolution und Annexion. Geleitwort von H. Kamnitzer. Hg. im Auftrag des Weißenseer Arbeitskreises, Köln 1994.
Wielgohs, J./Schulz, M., Reformbewegung und Volksbewegung: politische und soziale Aspekte im Umbruch der DDR-Gesellschaft, in: POLZG B 16-17 (1990), 15-24.
Dies., Von der illegalen Opposition in die legale Marginalität. Zur Entwicklung der Binnenstruktur der ostdeutschen Bürgerbewegung, in: Berliner Journal für Soziologie 1 (1991), 383-392; 2 (1992), 119-128.
Wilhelmi, B. (Hg.), Umkehr zu Gott und Hinkehr zum Nächsten. Bedeutung und Wirkung des Darmstädter Wortes des Bruderrates (1947) in den evangelischen Kirchen heute, Jena 1988.
Wilke, M. u. a. (Hgg.), SED-Politbüro und polnische Krise 1980-82. Aus den Protokollen des Politbüros des ZK der SED zu Polen, den innerdeutschen Beziehungen und der Wirtschaftskrise der DDR, Berlin 1993 (Arbeitspapiere des Forschungsverbundes SED-Staat, 3/1993).
Wilkening, Ch., Staat im Staate. Auskünfte ehemaliger Stasi-Mitarbeiter, Berlin-Weimar 1990.
Wilkens, E., Bekenntnis und Ordnung. Ein Leben zwischen Kirche und Politik, Hannover 1993.
Ders., Die zehn Artikel über Freiheit und Dienst der Kirche. Theologisch-politischer Kommentar, Stuttgart-Berlin (West) 1964.
Winkler, E., Die neue ländliche Diaspora als Frage an die Praktische Theologie, in: ThLZ 112 (1987), 162-169.
Winter, F., Die Evangelische Kirche in Berlin-Brandenburg im Spiegel staatlicher Akten der DDR. Hg. vom Konsistorium der Evangelischen Kirche in Berlin-Brandenburg, Berlin 1994.
Ders., Öffentlich Schuld bekennen. Schuld und Vergebung vor und nach der »Wende« im Bund der Evangelischen Kirchen in der DDR, in: KZG 4 (1991), 422-445.
Winter, G., Perspektiven und Perspektivlosigkeit der Religion. Ein Beitrag zur marxistisch-leninistischen Theorie von der Überwindung der Religion, in: Forschungsberichte und Beiträge des Forschungskollektivs »Wissenschaftlicher Atheismus«. Hg. von der Pädagogischen Hochschule »Liselotte Herrmann« Güstrow 1987/52, 59-127.
Wirth, G. (Hg.), Auf dem Wege der sozialistischen Menschengemeinschaft. Eine Sammlung von Dokumenten zur Bündnispolitik und Kirchenpolitik 1967-1970, Berlin (Ost) 1971.
Wischnath, R. (Hg.), Frieden als Bekenntnisfrage. Zur Auseinandersetzung um die Erklärung des Moderamens des Reformierten Bundes »Das Bekenntnis zu Jesus Christus und die Friedensverantwortung der Kirche«, Gütersloh 1984.
Wischnewski, H.-J., Mit Leidenschaft und Augenmaß. In Mogadischu und anderswo. Politische Memoiren, München 1989.
Witney, C., Advocatus diaboli. Wolfgang Vogel – Anwalt zwischen Ost und West, Berlin 1993.
Wittich, D., Der Marxismus-Leninismus als theoretische und praktizierte Weltanschauung, in: DZPh 27 (1979), 1169-1183.
Wöllner, L., Die Arbeit der SED mit evangelischen Gläubigen. Ein Beitrag zur marxistisch-leninistischen Theorie von der Überwindung der Religion. Forschungsberichte und Beiträge des Forschungskollektivs »Wissenschaftlicher Atheismus«. Hg. von der Pädagogischen Hochschule »Liselotte Herrmann« Güstrow 1987/52.
Wössner, J. (Hg.), Religion im Umbruch. Soziologische Beiträge zur Situation von Religion und Kirche in der gegenwärtigen Gesellschaft, Stuttgart 1972.
»Wohin schreitest Du, Heilige Kirche?«, in: KZG 5 (1992), 306-313.
Wolf, Chr., Störfall. Nachrichten eines Tages, Berlin-Weimar 1987.
Wolf, H., Hatte die DDR je eine Chance? Der ehemalige Wirtschaftszar Günter Mittag »enthüllt« die ökonomischen Probleme der Vergangenheit, Hamburg 1991.

Wolf, S., Einblicke. Geschichte und Verflechtung des MfS in der ehemaligen DDR, Berlin 1990.
Wolle, St., Die Akten der DDR-Archive. Giftmülldeponie oder Fundgrube für den Historiker?, in: GMH 7 (1991), 428-435.
Wollenberger, V., The Role of the Lutheran Church in the Democratic Movement in the GDR, in: Religion in Communist Lands, 3-4 (1991), 207-210.
Worst, A., Das Ende eines Geheimdienstes. Oder: Wie lebendig ist die Stasi?, Berlin 1991.
Wortprotokoll der Plenarsitzung vom 16.6.1994, Potsdam 1994 (Schriften des Landtages Brandenburg, 2).
Wrona, V., Sozialismus – Humanismus – Toleranz, in: DZPh 32 (1984), 756-766.
Wünschmann, W., Gemeinsames stärker als Trennendes. Erfahrungen der CDU zur Zusammenarbeit von Christen und Marxisten in der DDR, Berlin (Ost) 1986.
Wulf, C.-D., Die klerikalen politisch-negativen Kräfte in der Ev.-Luth. Landeskirche Mecklenburg im System der gegnerischen Angriffe gegen die sozialistische Staats- und Gesellschaftsordnung der DDR, Potsdam 1983 (Ms.).
Wurl, E. (Hg.), Politikwissenschaftliche Aspekte von Krise, Revolution und Transformation der DDR. Materialien des Kolloquiums vom 27. September 1990, masch. vervielf., Leipzig, Karl-Marx-Universität.
Wuttke, C./Musiolek, B. (Hgg.), Parteien und politische Bewegungen im letzten Jahr der DDR, Berlin 1991.
Zander, H., Die Christen und die Friedensbewegung in beiden deutschen Staaten. Beiträge zu einem Vergleich für die Jahre 1978 bis 1987, Berlin (West) 1989 (Beiträge zur Politischen Wissenschaft, 54).
Ders., Zum Vergleich christlicher Friedensarbeit in der Bundesrepublik und in der DDR (1978-1987), Berlin (West) 1989.
Zapf, W. (Hg.), Die Modernisierung moderner Gesellschaften. Verhandlungen des 25. Deutschen Soziologentages 1990 in Frankfurt am Main, Frankfurt/M.-New York 1991.
Ders., Modernisierung und Modernisierungstheorien. Papers hg. vom Wissenschaftszentrum Berlin für Sozialforschung, Berlin (West) 1990.
Zeddies, H., Das Jahr nach der Wende. Die Rolle der Kirche im gesellschaftlichen Umbruch der DDR, in: Becker, Josef (Hg. unter Mitarbeit von G. Kronenbitter), Wiedervereinigung in Mitteleuropa. Außen- und Innenansichten zur staatlichen Einheit Deutschlands, München 1992, 201-217.
Zeichen der Zeit, 1982 ff.
Zeitansage. 40 Jahre Deutscher Evangelischer Kirchentag. Hg. von R. Runge u. a. im Auftrag des Deutschen Evangelischen Kirchentages, Stuttgart 1989.
Zimmer, M., Nationales Interesse und Staatsräson. Zur Deutschlandpolitik der Regierung Kohl 1982-1989, Paderborn-München-Wien-Zürich 1992.
Zimmermann, B./Schütt, H.-D. (Hgg.), Ohnmacht. DDR-Funktionäre sagen aus, Berlin 1992.
Zimmermann, W.-D., Kurt Scharf, Göttingen 1992.
Zitelmann, R., Wohin treibt unsere Republik?, Frankfurt/M.-Berlin 1994.
Zöllner, N., Funktionen der Religion im Sozialismus, in: Forschungsberichte und Beiträge des Forschungskollektivs »Wissenschaftlicher Atheismus«. Hg. von der Pädagogischen Hochschule »Liselotte Herrmann« Güstrow 1988/58, 494.
Zwahr, H., Ende einer Selbstzerstörung. Leipzig und die Revolution in der DDR, Göttingen 1991.
Zwie Gespräch. Beiträge zum Umgang mit der Staatssicherheit-Vergangenheit, Hefte 1-25, Berlin 1991-1994.

C. Expertisen und Anhörungen der Enquete-Kommission des Deutschen Bundestages »Aufarbeitung von Geschichte und Folgen der SED-Diktatur in Deutschland« (1992-1994)

Beintker, M., Die Schuldfrage und das Verhältnis zum gespaltenen Deutschland (Anhörung am 14./15.12.1993).
Besier, G., Die Rolle des MfS bei der Durchsetzung der Kirchenpolitik der SED und die Durchdringung der Kirchen mit geheimdienstlichen Mitteln (Expertise zu Themenfeld 5).
Binder, H.-G., Die Bedeutung der finanziellen Transfers und der humanitären Hilfe zwischen den Kirchen im geteilten Deutschland (Expertise zu Themenfeld 5).
Ders., Die Beziehungen der EKD zum BEK und ihre Bedeutung für das Zusammengehörigkeitsgefühl der Deutschen (Anhörung am 21.1.1994).
Bleek, W., Die Deutschlandpolitik der SPD/FDP-Koalition 1969-1982 (Expertise zu Themenfeld 4).
Chaker, I., Die Arbeit der Hauptverwaltung Aufklärung (HV A) im »Operationsgebiet« und ihre Auswirkungen auf oppositionelle Bestrebungen in der DDR (Expertise zu Themenfeld 1).
Feiereis, K., Weltanschauliche Strukturen in der DDR und die Folgen für die Existenz der katholischen Christen (Expertise zu Themenfeld 5).
Fischer, H.-F., Kirchen und Christen im Alltag der DDR (2. Anhörung am 8./9.2.1994).
Goerner. M.G./Kubina, M., Die Phasen der Kirchenpolitik der SED und die sich darauf beziehenden Grundlagenbeschlüsse der Partei- und Staatsführung in der Zeit von 1945/46 bis 1971/72 (Expertise Themenfeld 5).
Görtz, J./Tautz, L., Arbeitskreis »Solidarische Kirche« (2. Anhörung am 8./9.2.1994).
Hacker, J., Die Deutschlandpolitik der SPD/FDP-Koalition 1969-1982 (Expertise zu Themenfeld 4).
Ders., Evangelische Christenheit unter der marxistisch-leninistischen Diktatur 1945-1989. Bewährung und Versagen (Anhörung am 14./15.12.1993).
Hammer, W., Die Rolle der Kirchen im geteilten Deutschland am Beispiel der finanziellen Unterstützung, ihre Zweckbestimmung und Formen (Anhörung am 21.1.1994).
Heitmann, St., Die Sonderausbildung der Kirchenjuristen (Expertise).
Hehl, U. v./Tischner, W., Die katholische Kirche in der SBZ/DDR 1945-1989 (Expertise zu Themenfeld 5).
Homeyer, J., Die katholische Kirche im geteilten Deutschland und ihre Bedeutung für das Zusammengehörigkeitsgefühl der Deutschen (Anhörung am 21.1.1994).
Jäger, W., Die Deutschlandpolitik der Bundesregierungen der CDU/CSU/FDP-Koalition sowie die diesbezügliche Diskussion in den Parteien und in der Öffentlichkeit (Expertise Themenfeld 4).
Jüngel, E., Wege und Aporien der evangelischen Kirchen in der DDR (Anhörung am 14./15.12.1993).
Kirchner, H., Die Freikirchen und Religionsgemeinschaften in der DDR in ihrer Zusammenarbeit in der AGCK und in ihrem Verhältnis zum SED-Staat (Expertise zu Themenfeld 5).
Krötke, W., Christlicher Glaube und marxistische Weltanschauung im Alltag der DDR (2. Anhörung am 8./9.2.1994).
Leich, W., Erfahrungen mit der Formel »Kirche im Sozialismus« (Anhörung am 14./15.12.1993).
Lohse, E., Der Bund der Evangelischen Kirchen in der DDR (BEK) und die Evangelische Kirche in Deutschland (EKD) in ihrem Verhältnis zueinander und zu den beiden deutschen Staaten (Expertise zu Themenfeld 5).
Loth, W., Internationale Rahmenbedingungen der Deutschlandpolitik 1962-1989 (Expertise zu Themenfeld 4).
Maser, P./Wilke, M., Die Gründung des Bundes der Evangelischen Kirchen in der DDR. Ma-

terialien aus dem Zentralen Parteiarchiv der SED und dem Archiv der Ost-CDU, Berlin Januar 1994 (Anhörung am 21.1.1994).

Neubert, E., Die Rolle des MfS bei der Durchsetzung der Kirchenpolitik der SED und die Durchdringung der Kirchen mit geheimdienstlichen Mitteln (Expertise zu Themenfeld 5).

Noack, A., Die Phasen der Kirchenpolitik der SED und die sich darauf beziehenden Grundlagenbeschlüsse der Partei- und Staatsführung in der Zeit von 1972 bis 1989 (Expertise zu Themenfeld 5).

Pahnke, R., Die Kirchen des Bundes der Evangelischen Kirche in der DDR und ihr Verhältnis zu den Friedens-, Umwelt- und Menschenrechtsgruppen (Anhörung am 14./15.12.1993).

Pilvousek, J., »Innenansichten«. Von der »Flüchtlingskirche« zur »katholischen Kirche in der DDR« (Expertise zu Themenfeld 5).

Planer-Friedrich, G., Die ökumenische Arbeit des Kirchenbundes aus politischer Perspektive (Anhörung am 14./15.12.1993).

Potthoff, H., Die Deutschlandpolitik der Bundesregierungen der CDU/CSU/FDP-Koalition sowie die diesbezügliche Diskussion in den Parteien und in der Öffentlichkeit (Expertise zu Themenfeld 4).

Puschmann, H., Die Rolle der Katholischen Kirche im geteilten Deutschland am Beispiel der finanziellen Unterstützung. Ihre Zweckbestimmung und Formen (Anhörung am 21.1.1994).

Rathke, H., Die Beziehungen des BEK zur EKD und ihre Bedeutung für das Zusammengehörigkeitsgefühl der Deutschen (Anhörung am 21.1.1994).

Schmidt, K.-H., Die Deutschlandpolitik der SED (Expertise zu Themenfeld 4).

Schmoll, H., Die ökumenische Arbeit der Kirchen in der DDR unter politischen Aspekten [FAZ vom 15.12.1993] (Anhörung am 14./15.12.1993).

Schröder, R., Der Versuch einer eigenständigen Standortbestimmung der Evangelischen Kirchen in der DDR am Beispiel der »Kirche im Sozialismus«, (Expertise zu Themenfeld 5).

Staadt, J., Versuche der Einflußnahme der SED auf die politischen Parteien der Bundesrepublik nach dem Mauerbau (Expertise Themenfeld 4).

Volze, A., Interzonen, Innerdeutscher Handel, Zahlungsverkehr (Transferleistungen) (Expertise zu Themenfeld 4).

Wanke, J., Die Beziehungen zwischen den Kirchen im geteilten Deutschland und die deutsche Frage (Anhörung am 21.1.1994).

Ziemer, Chr., Der konziliare Prozeß in den Farben der DDR – Ökumenische Versammlung der Christen und Kirchen in der DDR für Gerechtigkeit, Frieden und Bewahrung der Schöpfung 1988/89, ihre politische Einordnung und Bedeutung (Expertise zu Themenfeld 5).

Personenregister

Abel, Karl 547, 821
Adler, Elisabeth 24, 227, 339
Adling 698, 785
Adolph, Roland 178 f., 232, 297, 588, 696, 744, 765, 812
Affeld, Dietrich 365, 384, 407, 409, 438, 525, 612, 693, 795, 888
Albani, Bernd 616, 814
Albani, Ingrid 330, 332, 814
Albertz, Heinrich 26, 51, 106, 150, 211, 496, 599 f.
Albrecht, Ernst 52
Albrecht, Rudolf 20, 495, 848
Alex, Herbert 812
Alisch, Lothar 414
Althausen, Johannes 29, 509, 603
Aly, Götz 261
Amberg, Ernst-Heinz 671, 833
Andriese, Andries 9
Andropow, Jurij Wladimirowitsch 27, 527
Antoni 877
Arbatow 168
Arlt, Charlotte 777 f.
Arndt, Adolf 794
Auerbach, Dieter 59, 303, 404, 607, 840, 886
Aurich, Eberhard 814
Austin, Midge Béguin 894
Axen, Hermann 4, 257 f., 698, 801

Badenhop, Hartmut 546
Bahr, Egon 75, 214, 257 f., 318-321, 625, 804
Bahro, Rudolf 471
Bäumer, Friedrich-Wilhelm 545
Baier, Wilfried 98, 640, 642
Baker, James 462
Banse, Rüdiger 694
Baron, Gerd 338, 340, 402, 405, 749, 763
Barschel, Uwe 638
Bartels, Michael 772, 787
Barth, Karl XIX, 139, 238, 616, 633, 701
Barth, Willi 553, 816
Bartsch, Hans-Joachim 438, 796
Bartusch 747, 788, 790, 796
Baschang, Klaus 638
Bassarak, Gerhard 174, 361, 413, 788
Bastian, Gert 50, 277, 536
Baum, Karl-Heinz 142
Baumgart, Jürgen 805
Baumgarten, Harry 749, 763

Bechtel, Gerhard 638
Becker, Hans 879
Becker, Manfred 29-32, 149, 206, 214, 220, 274, 277 f., 284, 286, 311, 313, 315, 510, 551, 589, 649, 683, 685, 717, 765, 793, 855
Beckmann, Lukas 50, 536
Beel, Christian 566
Begemann, Helmut 71
Behncke 754
Beitz, Berthold 624, 823, 860
Beleites, Michael 288, 879
Bell, George 877
Bellmann, Rudi 4, 10, 33, 41, 45, 52, 63, 65, 70, 104, 116, 133, 135, 137, 149, 159, 162 f., 172, 175, 208, 334, 338, 340, 342, 368, 398, 482, 522, 536, 569, 598, 601, 615, 661, 670, 683, 686, 702, 714, 719, 762 f., 781 f., 803, 808 f., 816, 823, 838
Bengsch, Alfred 615, 623
Berger, Christfried 232, 441
Berger, Eduard 293, 414, 618, 900
Berghofer, Wolfgang 69 f., 389, 442, 854, 857, 885
Bergmann, Jürgen 285, 605, 608, 733, 753, 759, 780, 854, 857, 877
Bernhardt, Karl-Heinz 114, 127
Bertele 811
Bertheau, Harald 314, 606
Bertzsch, Herbert 730
Beste, Hermann 337, 408, 818 f.
Beste, Niklot 483
Bethke, Eckart 233, 241
Beyer, Christiane 523
Bickhardt 20
Bickhardt, Hans-Helmut 540
Bickhardt, Stephan 230, 764, 814
Biedenkopf, Kurt 256
Biermann, Wolf 753, 773
Bindemann, Walther 377, 766, 801
Binder, Heinz-Georg 23, 39, 57, 62, 83, 90, 94, 102 f., 108 f., 111, 133 f., 142 f., 182, 196, 229, 255, 264, 307 f., 411, 422, 433, 460, 476 f., 480, 570 f., 575, 604, 606, 617, 624, 638, 655, 663, 695, 790, 896, 905 f.
Birthler, Marianne 262, 440, 816 f.
Biskupski, Angelika 848
Bitzmann, Egon 890
Blank, Helmut 284
Blankenburg, Hans-Joachim 86
Blaschke, Karl-Heinz 406

Blauert, Heinz 557
Blecha, Kurt 335 f.
Blümel, Wolfgang 657
Böhling, Heike 232, 331, 740, 812, 898
Böhme, Achim 753, 755
Bölling, Klaus 37, 184
Börner, Hans-Jürgen 858
Börner, Holger 168
Böttcher, Bernd 740
Böttcher, Rolf 219, 286, 383, 555, 563, 813, 822
Böttcher, Till 282
Bogan, Karin 735
Bohley, Bärbel 63, 149 f., 274, 276, 282, 323 f., 523, 537, 554, 556, 775, 805-807, 851
Bohley, Heidi 775
Bomberg 217, 725
Bonhoeffer, Dietrich XXIII, 7, 127, 162, 238, 668
Borsdorf, Frank 539
Braecklein, Ingo 284, 365, 453, 767, 830
Braemer 677, 685, 688, 705, 726, 730, 736, 786
Bräuer, Siegfried X, 65, 171, 557, 682, 844
Bräutigam, Hans-Otto 31, 37, 91, 274, 328, 675, 811
Brakelmann, Günter 24
Brandt, Karl-Wolfgang 284
Brandt, Willy 110, 145, 147 f., 214, 257, 433, 514, 624 f., 648, 801
Branig, Horst 314
Bransch, Günter XII f., 29, 32, 37, 53, 183, 198, 242, 245, 260, 284, 313, 316, 319, 433 f., 438, 556, 611, 686, 717, 722, 728, 763
Brathuhn, Bernd 648
Braun, Siegfried 805
Braune, Werner 396 f., 556 f., 713, 763
Breit, Ernst 258
Bremer, Thomas 878
Brendler, Gerhard 376, 844
Breschnew, Leonid 15, 37, 487
Bretschneider, Harald 88, 145, 151, 156, 501, 580 f., 645, 651, 848
Bronisch, Günter 21
Brüsewitz, Oskar 58, 293, 545
Brüssau, Werner 695
Bruyn, Günther de 63
Buchenau, Günter 11, 316
Büchler, Hans 306
Bugenhagen, D. Johannes 630
Burkhardt, Frieder 532
Burt, Richard 625

Buschmann, Jörgen 885
Butros-Ghali, Butros 431

Caffier, Wolfgang 830
Callwitz 616
Campenhausen, Axel von 23
Campenhausen, Otto von 473, 480, 842, 892, 896, 902 f., 904 f., 907
Carstens, Karl 4, 38
Castro, Emilio 88 f., 154, 208, 248, 360, 428 f., 481, 698, 756 f., 870, 877
Ceaușescu, Nicolae 428 f.
Chartschew 129 f.
Chruschtschow, Nikita S. 200
Cieslak, Johannes 49, 284, 405-407, 532, 777, 865
Conring, Warner 229
Coppi, Hans 607
Cynkiewicz, Rosemarie 232, 236, 469, 479 f., 749, 815, 873, 890, 896, 898

Dähne, Wolf 747
Däubler-Gmelin, Herta 368
Dahlgren, Sam 581 f.,
Dalchow, Reinhard 879
Dannemann, Christiane 722
Dehne, Jürgen 331, 812
Dehne, Margot 181, 231, 739
Deile, Volkmar 24
Delbrück, Walter 796
Demke, Christoph 2 f., 7 f., 10, 20 f., 25, 33-35, 40-42, 49, 52, 64 f., 67, 97, 105, 129, 137, 150, 161-163, 171, 173, 196, 201, 224, 231 f., 234, 255, 261, 270, 284, 303, 310-311, 316, 319, 321 f., 328, 330, 332, 339 f., 347, 354 f., 359, 394, 396, 409, 425, 427, 432, 434, 438-441, 447-449, 454, 459 f., 462 f., 468-472, 474, 478-480, 482, 488, 491, 498-500, 527, 529, 534, 540, 545, 547, 556, 559, 563, 566, 571, 575 f., 578, 583, 587, 596 f., 646, 669, 672, 679, 682 f., 689, 696, 699, 712, 722, 725, 748, 775, 786, 789 f., 792, 796, 799 f., 806 f., 821 f., 824, 829, 832, 839, 856, 865, 874, 883, 886, 891 f., 894, 897-901, 905, 907 f.
Deysing 509
Diepgen, Eberhard 79, 133, 213, 248, 675, 724, 758
Diestel, Peter-Michael 474, 902
Dissemond, Paul 127, 689
Ditfurth, Christian von 69
Döbler, Jürgen XXIV, 20, 59, 60, 531, 546
Dölling 509

Dörp 232
Dohle, Horst X, 2, 19, 22, 33, 46, 48, 52 f., 62 f., 113-115, 151, 160, 166, 170 f., 180, 191, 325, 376 f., 382, 398, 406 f., 415, 419-421, 432, 503, 507, 581, 593, 617, 640, 652, 657, 666, 676, 681, 684, 692, 695, 766, 774, 777, 799, 807, 814, 833, 855, 866, 872, 875, 895, 901
Dohnanyi, Klaus von 257, 611
Doka, Zoltan 582
Domke, Helmut 92, 190 f., 194, 196, 232, 328, 433, 584, 633, 656, 668, 671 f., 704, 707, 734, 790, 846
Domsch, Kurt 2, 11, 49, 57, 70, 77, 88-90, 94 f., 98, 104 f., 110, 116, 120 f., 139, 151, 156, 162 f., 176, 185, 192 f., 242, 267, 285-287, 289, 293, 297, 299, 303, 316, 353, 361, 382, 404, 453, 460, 502, 522, 528, 532, 554, 557 f., 560, 568 f., 576, 579, 581, 595, 600, 615 f., 618 f., 624, 635, 651 f., 663, 665, 668 f., 673, 676, 679 f., 682, 706, 716, 727, 737, 743, 753, 770 f., 777 f., 786 f., 794, 812, 830, 865, 876, 890 f.
Dorgerloh, Fritz 156, 499, 563, 637, 657, 667, 702
Dorsch, Michael 588
Doyé, Götz 701, 871
Drees, Erika 227, 734, 741
Drefahl, Günther 20, 177
Duchrow, Ulrich 465, 516, 534
Ducke, Karl-Heinz 174, 891
Dünnebier 501

Ebeling, Hans-Wilhelm 640, 668
Egert, Jürgen 214
Ehmke, Horst 625
Ehricht, Christoph 365, 384, 587, 863
Ehrler, Hansmartin 568
Eichhorn, Karlheinz 540
Elmer, Konrad 13
Engelhardt, Klaus 638, 827, 898
Engels, Friedrich 682
Engert, Jürgen 762
Engholm, Björn 258, 373, 823
Eppelmann, Rainer 9, 12, 17, 19, 32, 52, 62 f., 83, 107, 148-150, 209, 211, 243, 274, 372-374, 436, 440, 446, 495, 509, 512, 535, 551, 596, 602, 659, 662, 665, 673, 682 f., 720-722, 762, 764, 806, 812, 841, 851, 879, 893,
Eppler, Erhard 9 f., 24, 52, 104-106, 143, 211, 219, 260, 318-322, 405-407, 598, 600, 603, 643, 728, 730, 760, 804, 865

Epting, Christoph 638
Erdmann, Dietrich 635
Ernst 546
Ernst, Norbert 832
Esselbach, Leopold 32, 53, 245, 284, 313, 512, 686, 708, 717, 795

Faber, Mient-Jan 64, 556
Fabricius, Brunhilde 473
Facius, Gernot 108
Falcke, Heino 2, 24-26, 35 f., 39, 45, 66 f., 121, 141, 170, 179, 222, 227, 230 f., 233-236, 239, 288, 310, 312, 319, 328, 338, 340, 378, 390 f., 396, 406, 426, 465, 468, 506, 516 f., 548, 558 f., 734, 739, 744 f., 748, 751, 792, 806, 820 f., 847, 856, 858 f., 896 f.
Falin, Valentin 168
Feist, Manfred 4, 20, 175, 506
Feurich, Annemarie 101, 353, 432, 593, 653, 830
Fichtner, Horst 504
Fichtner, Lothar 775, 784
Filaret 686
Fink, Heinrich 29, 63, 174, 219, 226, 270, 304, 314, 377, 509, 723, 734, 806, 848 f.
Fink, Ilsegret 20
Fischbeck, Hans-Jürgen 29, 288, 314 f., 390, 436, 446, 736, 780
Fischer, Jean 431, 757
Fischer, Jens 766
Fischer, Oskar 213, 871
Fischer, Werner 282, 323 f., 440, 805-807
Fleck, Rudi 124, 498
Fleischhack, Fried 848
Forck, Gottfried 9, 11, 16, 25, 29-32, 37, 42, 44, 48-53, 61, 77, 82, 93, 95 f., 98, 100, 107, 123, 172, 188-190, 198, 204-209, 211-215, 217-219, 221, 231, 239, 241, 243, 246-249, 251 f., 262, 274-276, 278, 282, 289, 292, 297, 299-302, 305 f., 309, 311-316, 323 f., 329 f., 332, 337-340, 343 f., 346, 348 f., 352 f., 357, 373, 378, 392, 394, 399-401, 406, 408 f., 411, 434 f., 437, 443-446, 450, 470-472, 493 f., 497, 499, 510-512, 533 f., 536, 571, 659, 662, 669, 672, 684 f., 704 f., 713, 716-718, 720 f., 723, 725, 728, 734, 738, 746 f., 751, 757, 773 f., 780, 787-789, 792, 794, 798, 805 f., 812, 816 f., 819 f., 825, 838, 856, 862, 868 f., 876, 878, 889, 891, 902
Fränkel, Hans Joachim 633
Franke, Dietrich 588, 890
Franke, Ernst 322

Franz, Peter 229
Franz, Sigrid 229
Franze 437, 662, 818, 881
Freitag 270
Frenzel, Michael 181, 236, 487, 812 f.
Freywald, Konstanze 539
Frielinghaus, Dieter 315, 410, 717, 830, 848, 869
Fritz, Reinhold 12, 59, 141, 186, 239, 242, 404, 425, 442, 494, 502, 546, 576, 743, 748, 752 f.
Fritzsche, Helmut 411
Vogel von Frommannshausen-Schubart, Dietrich 496
Frommhold, Christine 288
Fruth 258
Fuchs, Emil 410
Fuchs, Jürgen 773
Fuchs, Klaus 191
Fuchs, Otto Hartmut 9, 174
Fuchs, Otto Hermann 127
Fuchs, Walter 120, 293, 353, 552, 616, 663, 665, 670, 680, 684, 699, 702 f., 706, 727, 743, 765, 767, 778 f., 786-788, 793, 797, 831, 834 f., 845, 858, 865, 867
Führer, Christian 225, 772, 787, 840
Funk, Wolf-Peter 716
Funk (Ehefrau von Wolf-Peter) 716
Furian, Hans-Otto 271, 274, 278, 284, 337, 343, 345 f., 348, 370, 394, 443 f., 774, 817, 838

Gaebler, Rainer 164, 175-182, 190, 201, 229, 231, 237, 284, 333, 415 f., 427, 460, 465 f., 668, 672, 691 f., 694, 696, 735, 746, 769, 776, 813, 815, 861, 873, 898
Gaertner, Joachim 23, 435
Gahrt 829 f.
Galinski, Heinz 248, 748
Galle 797
Garstecki, Joachim 3, 25, 63, 132, 179, 222, 487, 507, 552, 762
Gartenschläger, Gottfried 280
Gaus, Günter 65, 69, 108, 144, 214 f., 406 f., 603, 648, 730, 801
Gehlsen, Hansjürgen 479
Gehrt, Eberhard 20, 495
Geier, Hartmut 671
Geisler 831
Genscher, Hans-Dietrich 110, 158, 319, 598, 665 f., 802, 893
Gensichen, Peter 513, 589, 608, 759
Gerlach, Friedemann 680
German (Erzbischof) 196

Geyer, Klaus 413
Gienke, Horst XXI, 2, 6-8, 11, 19, 21, 28 f., 33, 42, 52-57, 74, 83, 88, 95, 97, 101, 107, 114 f., 118, 122, 133, 137, 146, 155-157, 163, 179-181, 196, 199, 231, 284, 298, 312, 319, 328, 332, 342, 365 f., 384 f., 396-403, 407-413, 415, 418, 420 f., 426 f., 431, 438, 455-457, 488, 490, 498, 500 f., 520, 524, 647, 656, 663 f., 668 f., 672, 678, 692 f., 700, 712 f., 715, 722, 744, 785, 790, 793, 795, 801 f., 811 f., 823, 829, 850, 860-863, 867-869, 871, 888 f., 899 f.
Giering, Achim 205 f., 250, 252, 254
Gilbert, Helga 516
Gläsner 248, 373 f., 756
Glöckner, Reinhard 180, 693
Gnaewe 288
Gnauck, Beate 666
Göbel 884
Görig, Klaus 246, 269, 271, 345
Götting, Gerald 45, 150, 528, 618, 627, 631, 719, 785, 862
Gollwitzer, Brigitte 24, 101, 593
Gollwitzer, Helmut 24, 83, 101, 150, 593
Goltz, Hermann 380, 878
Gorbatschow, Michail Sergejewitsch XIII, 160, 164, 168, 170-172, 182 f., 185, 190, 197, 200 f., 222, 236, 239, 255, 281, 309, 356, 384, 406, 440, 444, 624, 643, 663 f., 670, 679-681, 685, 696, 698, 701, 711-713, 728, 745, 799, 814, 827, 839
Gottschalk, Ralf 783
Gräfe 555, 608, 673, 680, 738, 748, 763, 770, 851
Graewe, Wolf-Dieter 35 f., 608, 667
Graf, Gerhard 681
Graff, Andreas 681, 778, 846
Grande, Dieter 174, 289, 339, 703
Graupner, Jochen 735, 766
Greim 90
Grengel, Christa 709
Greulich, Horst 603
Gröger, Wolfgang 676
Grohs, Gerhard 430
Gromyko, Andrej 709
Groscurth, Reinhard 892
Große, Ludwig 3, 24, 32, 38-40, 68, 96, 100, 107, 164, 179, 231, 330, 425, 427, 515, 552, 563, 591, 595, 601, 608, 646, 692, 739, 744, 784, 801, 835, 874, 877, 897
Großmann, Friedrich 101, 593
Groth, Siegfried 430
Grüber, Hartmut 29, 53

Grünbaum, Hartmut 13, 494
Gruender, Christa 177
Grützner 851
Grunwald, Jürgen 879
Gühne, Albrecht 414
Günther, Ernst 414
Günther, Hilmar 495
Günther, Rolf-Dieter 29, 53, 175, 241, 327, 339, 495, 562, 568, 576, 579 f., 585, 646, 685, 690, 695, 764, 768, 812, 874
Gürtler, Christoph 588
Guthke, Reinhard 734
Gutzeit, Martin 676
Gysi, Gregor 350, 466
Gysi, Klaus X, 4, 7 f., 16, 19 f., 22, 25 f., 32, 37, 42, 45, 48 f., 53-55, 65 f., 72, 74, 79, 89 f., 94 f., 105 f., 114-118, 126, 130-132, 136 f., 144, 148 f., 158 f., 162, 165 f., 171, 173, 175, 178, 181, 183-185, 191, 197 f., 200 f., 204, 206-210, 213-215, 217 f., 221, 224 f., 231 f., 238-241, 243, 246-254, 258, 267 f., 271, 280-282, 284, 286 f., 290 f., 293 f., 296, 299, 310, 313 f., 322, 324 f., 488, 490 f., 498, 503-508, 510, 524, 530, 534, 546, 549, 558 f., 563 f., 569, 572, 575, 578-580, 585, 588, 596, 598-600, 608 f., 613, 624, 635, 637, 655, 665 f., 672 f., 675 f., 681, 684-686, 690, 694, 699, 713 f., 716, 718, 725, 732, 740 f., 747-749, 751, 754, 756, 761, 763, 767, 775, 777, 780-782, 792 f., 802, 806-808, 833, 860

Haak, Dieter 485
Haack, Henning 654
Haberecht, Hans-Georg 900
Hacker, Jens 265, 766
Häber, Herbert 26, 625
Hänisch, Gottfried 840
Härtel, Armin 127, 500, 567, 667
Hafa, Hans-Georg 671
Hager, Kurt 7 f., 262, 347, 754, 765
Hallgren 130
Hammer, Detlef XXIII, 39, 52, 58, 71, 86, 90, 107, 142, 470, 472, 478, 544, 560, 575, 791, 835 f., 900, 906
Hammer, Walter 26, 157, 167, 189, 195, 197, 225, 264, 679, 695 f., 790, 817, 842, 892
Handel, Bertram 201, 210, 325, 346, 360, 383, 658, 788, 756, 788, 852
Hanke, Udo 329 f., 332, 425, 693, 813 f.
Hanschke, M. 792
Hanselmann, Johannes 86 f., 157, 662
Hansen, Knuth 379

Harder, Günter 791
Harder, Hans-Martin 225, 407, 409, 438, 456 f., 469 f., 474, 480, 612, 638, 693, 812, 850, 860, 868, 871, 877, 889, 898 f.
Hart 630
Hartmann, Heinz 90, 367
Hartmann, Helmut 63, 547, 608, 764
Hass 882
Haß, Jürgen 115, 180, 367, 586, 669, 680, 693, 700, 712 f., 801 f., 823, 868
Hassemer, Volker 219
Haustein, Manfred 22, 504, 830
Havel, Václav 834
Havemann, Katja 537
Havenstein, Hennerjürgen 202, 493, 796, 823, 850
Heckel, Martin 476
Heckel, Theodor 112
Heidingsfeld, Uwe-Peter 87, 162, 193, 209, 229, 264, 359, 434, 454, 460, 468 f., 474, 695, 708, 713, 785, 817, 829, 879, 892, 897-899, 904
Heilmann, Ulrich 29, 53, 314 f., 554, 602
Heinrich, Günter 38
Heinrich, Peter 20 f., 38, 40, 42 f., 50, 54 f., 72, 80, 94, 112, 114, 116-118, 124, 126, 128, 149-153, 159, 162, 165, 171, 173, 181, 189, 191, 193, 198, 201, 203, 205, 209-213, 216, 242, 245 f., 268 f., 272-276, 310, 312-314, 316, 324, 327, 334, 362, 396 f., 411 f., 414, 422-424, 453, 457, 464, 496, 500, 516, 521, 528, 535, 543, 550, 555 f., 563, 570, 576 f., 585, 594, 599-602, 604 f., 609 f., 626, 628, 631, 646, 650, 658-660, 666, 668-671, 681, 683-685, 687, 693-696, 705, 708, 711, 713, 715, 717, 724, 728, 738, 740, 749-751, 754 f., 763, 768 f., 771, 781 f., 790 f., 794, 798, 816, 825, 827, 832, 841, 859 f., 871
Heinrich, Ruth 668
Heitmann, Steffen 186, 595, 686, 696, 703, 716, 737, 770, 829 f., 854
Held, Heinz Joachim 34-36
Hempel, Johannes XX f., 3, 11, 22 f., 26 f., 32, 34-36, 38-43, 46, 49, 53 f., 66, 70-77, 95, 97-101, 111, 114-123, 125, 127, 129, 136 f., 142-146, 150, 156, 159, 162-164, 167, 179, 181 f., 184 f., 189, 196, 200, 226 f., 229, 231, 238, 243, 252, 284-287, 289, 291, 293 f., 297, 303, 316, 328 f., 332, 342, 353 f., 359, 375, 378, 382-384, 389, 404-407, 413, 419 f., 428, 438, 442, 444 f., 450, 468 f., 473 f., 480, 483, 496, 500, 503 f., 508, 513, 515, 517, 519-522, 526,

533, 546, 553, 558, 563-565, 567, 569, 582, 585 f., 588-591, 592, 597, 604, 610, 612-620, 622, 626 f., 635, 639, 643, 647 f., 655, 660, 667 f., 671, 673, 680, 689, 692, 696, 701 f., 731, 734, 737 f., 747, 752, 777 f., 787 f., 806, 813, 820, 822 f., 841, 845-847, 849, 857, 864 f., 877, 884 f., 892, 896, 898-900, 905, 907 f.
Hempel (Ehefrau von Johannes) 186, 702, 900
Hempel, Martin 778
Henkys, Jürgen 561 f.
Henkys, Reinhard XVI, 58, 71, 108, 258 f., 464 f., 561 f., 892, 895
Hennig, Karl 364
Henrich, Ralf 440
Hensel, Karitas 214
Herger, Wolfgang 4, 701
Hermann, F. 608
Hermlin, Stephan 344
Herold 752
Herold, Michael 251
Herrbruck, Maria 516, 671
Herrmann, Frank-Joachim 293
Herrmann, Günter 233
Herrmann, Joachim 65, 364
Hertzsch, Klaus-Peter 63, 231, 361, 453, 671, 739, 897
Herzog, Lutz 812
Heß, Rudolf 633
Heydt, Volker von der 837
Heyl, Cornelius von 27, 38 f., 56, 79, 89, 91-93, 155, 200, 467, 892
Heyl, Wolfgang 165, 719, 890
Heym, Stefan 63, 554
Heyne 691, 696
Hickel, Giselher 812
Hild, Helmut 65, 94, 489, 534, 571, 602
Hildebrandt, Johannes 301, 787, 843
Hilse, Werner 352 f., 355 f., 828
Hinz, Christoph 45
Hirsch, Ralf 19, 213, 282, 662, 775
Hirsch, Siegfried 671
Hirschler, Horst 467, 790
Hirte, Rolf 898
Höfge 815
Höllen, Martin 580
Höner, Hans-Joachim 229
Hönisch, Helmut 60, 608
Höpcke, Klaus 843
Höppner, Reinhard 45, 181, 284, 330, 332, 671, 736, 763
Höppner, Renate 739
Hoffmann 45

Hoffmann, Günter 62, 102, 203, 206, 210, 225, 253, 300 f., 304, 345 f., 351, 355 f., 367, 389, 394, 442 f., 446, 449, 512, 535, 554, 596, 650, 685, 733, 755, 760 f., 786 f., 828, 831, 880 f.
Hoffmann, Heinz 85, 579, 615
Hoffmann, Manfred 440
Hoffmann, Roland 438, 882
Hofmann, Hans-Dieter 474, 890
Hofmann, Werner 480, 896
Hohmann, Martin 356, 839, 874, 889, 892, 899
Holzhey, Andreas 642, 796
Homuth, Birgit 813
Honecker, Erich XXI, 2, 7, 16 f., 26, 33, 40, 42, 44, 51, 55, 65, 79 f., 83, 91 f., 97, 116-118, 120-125, 130, 135 f., 145, 148, 165, 168, 170, 172 f., 175 f., 178 f., 183, 185 f., 199, 201, 203, 209, 217, 222, 226, 234-237, 255-258, 260-262, 264, 267 f., 277 f., 285, 289-298, 310, 312, 317, 321-324, 326 f., 332, 335, 342, 354, 369, 380, 397-403, 408-413, 415-421, 423 f., 426, 431, 438 f., 447, 455 f., 463, 485, 487, 489, 507 f., 515, 518, 525 f., 528, 534, 536 f., 554, 566 f., 576, 592 f., 606, 612 f., 618, 622, 630, 634, 648, 655 f., 683, 688, 691, 701, 710, 714, 717, 721, 725, 729, 737, 739 f., 742, 745, 750, 758, 763, 766 f., 774, 777-783, 785, 791, 799, 806 f., 810-812, 815, 818 f., 828, 831, 834, 862 f., 868, 871, 876, 886, 894
Honecker, Margot 2, 483, 609, 853
Horacek, Milan 536
Horn, Andreas 848
Huber, Wolfgang XXII, 24, 130, 196, 223, 573, 630
Hubrich, Theodor 63 f., 555, 613
Hubrich (Generalmajor) 435 f.
Hülsemann, Wolfram 225, 246, 253 f., 262, 268, 271, 274, 277 f., 314 f., 337, 349, 392, 443 f., 599, 649, 733, 755, 757, 779, 816 f., 849
Huhn, Bernhard 763, 778
Huhn, Martina 328, 671, 693
Huth 288

Ihle, Katja 349
Ihle, Wolf 349
Ihle (Ehefrau von Wolf) 349
Ihmels, Folkert 141, 382, 404, 494, 752, 813 f., 822

Jacob, Günter 83, 573

967

Jacobi, Maria   674
Jaeger, Joachim   57, 78, 517, 646, 668
Jäggi   320
Jagusch, Karl-Heinz   595
Jahn, Günther   700
Jahn, Roland   18
Jahr, Konrad   512
Jakel, Walter   787
Jarowinsky, Werner   63, 74 f., 104 f., 130, 136, 148 f., 162 f., 170, 184, 203, 221, 229-231, 235 f., 249, 251, 275, 285, 290-293, 296 f., 309, 318, 327, 332, 334, 338, 340, 368 f., 376, 399 f., 402, 405, 412, 415 f., 418, 447, 449, 452 f., 553, 567, 630, 648, 655, 661, 668 f., 683, 686, 693, 699, 702, 710, 717, 719, 725, 729, 739, 742, 745, 749 f., 763, 777, 780-782, 785, 796, 801, 808 f., 812, 818 f., 828, 837, 844, 855, 862, 866, 876, 879, 886
Jenssen, Hans-Hinrich   229
Jentsch, Andreas   848
Jörke   733, 753, 759, 779
Johne   849 f.
Johns-Boehme, Gratia   370
Johns-Boehme, Steven   370
Jordan, Hans   416
Jubelt, Michael   410
Juergensohn   716
Jung, Hans-Gernot   67, 480, 583, 655, 896
Junghans, Helmar   557
Jungk, Robert   150
Juwenali   429

Kaden, Klaus   787
Käbisch, Edmund   824
Käßmann, Margot   339
Kaettniß, Uwe   330, 813
Kahl, Brigitte   413
Kahl, Hanna   96, 568, 585
Kahle, Anneliese   675, 707
Kahle, Dieter   494, 664
Kalb, Hermann   21, 54, 162, 201, 246 f., 249, 271 f., 284, 297, 299, 325, 361, 373 f., 413, 597, 666, 697 f., 770, 786, 875, 901
Kalbrock   250
Kaldy, Zoltan   86, 88, 581 f.
Kalk, Andreas   282
Kamnitzer, Heinz   771
Kandler, Karl-Hermann   468, 897
Kapiske, Jürgen   785
Kapp   635
Karich, D.   857
Karpinski, Herbert   29, 312, 509, 795
Karpow   428

Karstens, Reinhard   584
Kaspar, R.   608
Katharina die Große   200
Kehnscherper, Günther   361
Keler, Hans von   14, 34, 38, 83, 133, 157, 162, 197, 222, 375 f., 480 f., 496, 508, 575, 604, 643, 696, 842, 892, 894, 896, 907
Keller, Dietmar   844
Kelly, Petra   50, 150, 277, 536
Keßler, Heinz   337, 389, 853
Kibat, Thomas   818
Kielank   635
Kienberg, Paul   485
Kiep, Walter Leisler   761
Kiesinger, Kurt-Georg   256
Kiesow, Ernst-Rüdiger   98, 179, 654, 671, 814
Kim Il Sung   186
Kinze, Michael   639, 752, 890
Kirchner, Martin   321, 367, 408, 438, 453, 469, 474, 552, 671, 716, 782, 786, 791, 804, 809, 837 f., 851, 868, 882, 898, 904
Kirsch   485
Kirsch, Sarah   773
Kirsten   220
Klapproth, Helmut   368, 540
Klein, Helmut   387, 737
Klein (ARD)   705
Kleinert, Kurt   326, 666
Kleinig   634
Klier, Freya   211, 215-218, 242-244, 273 f., 276, 280, 722, 752, 754, 771, 775
Klingbeil, Barbara   469
Klinger, Thomas   666
Klohr, Olof   134, 135, 639
Klückmann, Siegfried   283
Knall, Dieter   508
Koch, Ernst   681
Koch, Uwe   734
Köckert, Heidelore   425
Köhler, Christian   657, 794
König, Friedrich   581
König, Wolfgang   231, 328, 739, 795
Koenig, Irene   340
Körner, Christoph   776, 830
Körner, Irmela   581
Koge, Siegfried   558
Kohl, Helmut   XX, 26, 38, 50, 91, 168, 183, 256 f., 259, 262, 411 f., 423 f., 433, 467, 469-471, 480, 515, 518, 571, 573, 588, 598, 602, 642, 737, 765
Kohtz, Jürgen   547
Kollmorgen, Karsten   546
Kolodniak, Alfred   676, 764, 800

Kootz, Gerhard Rudolf   539, 736
Koppe, Rolf   209
Koppehl, Joachim   220
Koschnik, Hans   65, 110, 625
Krabatsch, Ernst   221, 730, 871
Krack, Erhard   30, 206, 213 f., 445 f., 511
Krätschell, Werner   262
Krätzig   631
Kraft, Constanze   229
Kraft, Dieter   229
Kramer, Martin   2, 52, 64, 92, 95 f., 145, 285, 339 f., 370 f., 396, 409, 425, 434, 438, 488, 566, 570, 576, 584, 591, 596, 611, 633, 682, 767, 777, 784, 844, 847, 869, 874, 876, 882, 892, 896 f., 902
Kraske, Peter   79, 90, 892
Krause, Christian   398 f., 860
Krause, Gerd   545
Krause, Joachim   513
Krause, Ludwig   232, 328, 671
Krause, Marina   529
Kraußer, Peter   10, 48, 74, 96-98, 100 f., 104, 112, 118, 123 f., 138, 191, 193, 210, 221, 285, 318, 338, 340, 342, 366, 379, 384, 388, 397, 400, 402 f., 405, 436 f., 442, 452, 454, 459, 623, 626, 647, 749, 763, 777, 794, 820, 837, 843, 879
Krawczyk, Stephan   211, 215-219, 242-244, 271, 273, 276, 280, 282 f., 293, 722, 728 f., 752-755, 771 f., 775, 784
Krellner, Friedrich   132
Krenz, Egon   183, 323 f., 326, 368 f., 403, 410 f., 424, 427, 445, 447-449, 452, 457, 625, 807, 844, 848, 863, 866, 886 f.
Kreß, Volker   IX, XX, 414, 478, 598, 613, 627, 663, 686, 690, 752, 767, 786, 822, 872, 896
Krohn, Alexander   344
Krone, Gerd-Eckard   475
Kronzucker, Dieter   756
Krüger, Manfred   648
Krum, Horsta   398, 792
Krum (Ehemann von Horsta)   398
Krusche, Günter   X, XIX, 13, 24, 29, 31 f., 48, 52 f., 61 f., 68, 84, 140, 148 f. 187 f., 203-213, 215-218, 220 f., 245-247, 252, 254, 268 f., 273, 278 f., 284, 297, 304, 310 f., 313-315, 343-353, 356 f., 371, 373, 377, 389, 391 f., 406, 413 f., 416, 442-446, 458 f., 466, 494, 505, 507, 511 f., 530, 535, 540, 550 f., 554, 556-578, 582, 596, 606, 649, 659 f., 686, 705, 708, 717 f., 720 f., 725, 728 f., 754, 758, 767, 771, 774 f., 795, 825 f., 828, 849, 872, 896

Krusche, Werner   2 f., 28 f., 37, 39, 48, 58, 75, 83, 93 f., 101, 103, 114 f., 142, 193, 230, 249, 264, 284, 291, 298, 361, 365, 406, 432, 453, 481, 487 f., 498, 514, 527, 531, 534, 545, 567, 575, 581, 584, 608, 643, 667, 707, 892, 895
Kruse, Martin   80, 112, 153 f., 158 f., 166, 171, 189, 191, 215 f., 248, 392, 399, 458, 460, 467, 480, 530, 630, 665, 703 f., 817, 842, 861, 892, 896, 904
Kühl, Eberhard   180, 453, 693
Kühnert, Johannes   806
Küttler, Thomas   XIII, XX, 98, 176, 382-384, 697
Kuhn, Günter   315
Kunze, Reiner   644, 773
Kupas, Malte   201, 241, 246, 275, 725 f., 326, 340, 471, 473 f., 568, 754, 757, 861, 864, 874, 890, 893
Kutter, Dorothea   288
Kyrill   431

Lättig, Gabriele   232, 328, 671
Lafontaine, Oskar   257
Lahr, Horst   584
Lambsdorff, Otto Graf   424
Lampe, Reinhard   188, 229 f., 758, 803
Lang (Friedersdorf)   752
Lang   468
Lange, Gerhard   78, 127, 689, 763
Lange, Martin   669, 713, 891
Langer   772
Langer, Jens   472, 573, 898
Latk, Klaus-Rainer   58, 545
Laube, Adolf   65
Laudan, Inge   671, 693
Laudien, Ingrid   149, 300, 374, 649, 752
Laue, Rüdiger   767
Lauszat, Hellmuth   694, 792
Lawrenz   679
Leber, Georg   775, 784
Leich, Werner   5, 11, 13 f., 16 f., 28, 33, 40-42, 47, 57, 63, 65, 68, 71 f., 78, 85 f., 90, 122, 133, 137, 146, 150, 157 f., 160, 163-166, 171-175, 178 f., 181 f., 184 f., 198, 200 f., 209, 212, 223, 231-234, 238-241, 243, 246 f., 250, 255, 261, 267 f., 275 f., 278, 284 f., 290 f., 293-299, 309, 312, 316 f., 319-322, 325-330, 332-336, 354, 359 f., 365 f., 369 f., 376-378, 385 f., 401-403, 409, 411 f., 415-421, 424-426, 436 f., 439, 447-449, 452-455, 457, 460-462, 466-470, 474, 497 f., 507 f., 513, 520, 523, 528, 551 f., 554, 556, 564, 567 f., 582, 590,

601, 647, 654, 665, 668, 671 f., 675, 684, 687-689, 692, 694, 696, 700 f., 709, 713 f., 719, 740 f., 748-750, 759 f., 764, 772 f., 780-783, 785, 793, 798 f., 802, 806-808, 811, 813, 815, 817, 821, 837-840, 842 f., 845, 851 f., 854, 860 f., 863, 868-871, 881, 886, 890, 892 f., 896, 898, 900, 903
Leinen, Jo   576
Leonhardt, Günter   547
Lerchner, Martin   671, 752
Lessig, Christine   581
Leue, Reinhard   545
Levy   822
Lewek, Christa   2, 10, 25, 37, 44, 49, 64, 84, 93 f., 108, 113, 125, 146 f., 164, 175, 177-182, 190, 193, 199, 201, 221, 223 f., 227, 235, 287, 453, 482, 506, 517, 522, 536, 555 f., 567, 570, 576, 603, 606-608, 610, 612, 622, 626, 634, 648, 657 f., 667, 670, 673, 691 f., 707 f., 712, 727, 730, 732, 734, 752, 766, 806, 887
Lewek, Johannes   813
Lewerenz, Gerhard   120 f., 232, 242, 353, 551, 593, 616, 640, 645, 676, 680, 688, 697, 703, 706, 710, 738, 743, 748, 751-753, 777 f., 788, 797, 830
Liebknecht, Karl   271, 276-278, 298, 709, 772 f.
Liedtke, Werner   113, 224, 607, 806
Lietz, Heiko   123 f., 338, 622
Lindegoard, Sven   630
Lindner, Benjamin   344
Lingner, Olaf   1, 23, 34, 55, 58, 71, 90, 92, 142, 162, 677
Linke, Dietmar   331, 535, 537, 601
Linn, Gerhard   360, 517, 602, 728
Linnemann, Hans-Martin   169, 790
Lintner, Eduard   518
Linß, Torsten   845
Lipp   339
Lochmann, Corina   618
Lochmann, Ernst   618
Löffler, Helmut   59, 546
Löffler, Kurt   4, 258-260, 322, 324-328, 333-338, 340 f., 344-354, 357, 359-362, 364, 367-369, 371 f., 374, 382-386, 392-394, 397-403, 405 f., 410-413, 415-419, 421 f., 425, 435-438, 441 f., 445, 449, 452 f., 458, 682, 762, 766, 801, 806-809, 811 f., 817-818, 821, 823, 828, 831 f., 835, 843, 845, 850, 854 f., 857-864, 868, 870, 872 f., 876, 882-884, 886
Löffler (Ehefrau von Kurt)   354
Lösche, Martin   787

Loest, Erich   773
Lohmann, Sybrand   156
Lohse, Eduard   XX, 34 f., 65, 67, 94, 103, 107, 111, 140, 142-144, 155, 189, 515 f., 518, 546, 575, 583, 602, 604, 643, 655
Lorenz, Maria   113
Lorenz, Walter   4
Lubas (RdB Magdeburg)   67, 168, 559, 596, 679, 683, 748
Ludwig, Hartmut   432, 573
Lübbert, Konrad   806
Lück, Helmut   516 f.
Lummer, Heinrich   696
Luther, Horst   755
Luther, Martin   6, 39, 170 f., 181, 203, 205, 490, 682
Lutter, Hans   387
Luxemburg, Rosa   271 f., 276-278, 298, 709, 772 f.

Macht, Roland   707
Magerstädt, Hans-Jürgen   517
Magirius, Christoph   62, 673, 880
Magirius, Friedrich   20, 22, 435, 444, 583 f., 704, 772, 774, 824, 835, 880, 883, 886
Mahlburg, Fred   413
Maiwald, Ulrich   493, 618
Maizière, Lothar de   232, 271, 274 f., 328, 425, 458 f., 462, 471 f., 474, 671, 693, 871, 876, 881, 889 f., 896, 901
Malina   464
Mangliers, Gisbert   304, 765
Martin, Albrecht   508
Matern, Hermann   627
Mau, Carl   130, 508, 582, 630 f.
Mau, Rudolf   X f., XV, 490
May, Hans   507
Mayer, Ingeborg   617
Meckel, Ernst-Eugen   256, 761
Meckel, Markus   56, 338, 437, 621, 676, 874
Meckel, Ursula   321
Mehlhorn, Ludwig   270
Meier, Kurt   361, 681
Meinel, Johannes   68
Meisner, Joachim   174, 203, 286, 340, 613, 615, 623, 689
Melchisedek   9, 22
Melzer   500
Mendt, Christian   343
Mendt, Dietrich   97 f., 141, 588, 853
Merchel, Friedhelm   752
Merkel, Friedrich-Wilhelm   568
Merseburger, Peter   182, 650, 660, 695

Metz, Olav   409
Meyer, Thomas   851
Meyer, Werner   568
Meyer, Wolfgang   241, 464, 561, 579, 610, 764
Michelfeit, Josef   763
Mielke, Erich   279, 791
Milowanow, Jewgenij   684
Minor, Rüdiger   286, 339, 806
Misselwitz, Ruth   63, 83, 338, 348, 380, 390, 659, 662, 734, 834
Misselwitz (Ehemann von Ruth)   662
Mißlitz, Herbert   348
Mittag   485
Mittag, Günter   876
Mitterand, François   462
Mitzenheim, Hartmut   23, 44, 90, 150, 505, 508, 554, 566, 579, 587, 611, 644, 671 f., 688
Mitzenheim, Moritz   410
Model, Peter   879
Modrow, Hans   5, 22, 48, 70, 77, 120, 142, 200, 203, 287, 375, 389, 442, 457, 461 f., 466, 470 f., 483, 502, 521, 565, 569, 592, 615, 673, 680 f., 684, 737, 778, 841, 846, 857, 866, 889, 893, 896, 907
Moke   442
Moldt, Ewald   65, 168, 489
Moltmann-Wendel, Elisabeth   211
Momper, Walter   214
Montag, Klaus   624
Moritz, Hans   XVIII, 361
Mosemann, Hans-Richard   848
Mschana, Eliewaha   786
Mücksch, Christoph   98
Müller   493
Müller (stellv. Leiter des DDR-Presseamtes)   817
Müller, Annemarie   228, 734
Müller, Christian   669
Müller, Gerhard   298, 748, 776, 799
Müller, Gottfried   251, 343, 759 f., 818
Müller, Hanfried   29, 82, 229, 301, 361, 695, 736
Müller, Lia   869
Müller, Ludwig   233, 348, 742
Müller, Peter (Landesjugendwart)   51
Müller, Peter (OKR)   52, 84, 239, 285, 396, 470, 555, 579, 606, 621, 646, 672, 680, 722, 734, 806 f., 899
Müller, Ulrich   869
Mueller   339
Müller-Schlomka, Jürgen   509, 659
Müller-Streisand, Rosemarie   229, 361

Münchow, Christoph   113
Müntzer, Thomas   170 f., 376, 681 f., 687, 843 f., 861
Mußler   102, 206, 343 f., 523, 535, 816 f.

Näke, Christian   414
Näther   829 f.
Natho, Eberhard   2, 11, 18, 49, 80, 82, 91, 97, 100, 121, 127, 172, 179, 219, 231, 261, 284, 289, 296 f., 310, 316, 322 f., 328, 332, 339, 342, 354 f., 359, 363, 370, 378, 384, 421, 427, 434, 467, 482, 489, 516 f., 520, 533 f., 539, 564, 571 f., 574, 588, 610 f., 638, 672, 676, 686, 708, 727, 734, 744, 752 f., 764, 780, 804-806, 829, 851, 880, 890, 892, 896
Naumann   142
Neher, Siegfried   547
Neubert, Ehrhart   219, 446
Neugebauer, Georg   547
Neukamm, Karl Heinz   86, 435, 469, 894
Neumann (Dresden)   642, 752
Nicolai Vinutitsky   877
Niehoff   561
Niemöller, Jan   432
Niemöller, Martin   67, 168, 238, 432, 559, 878
Niemöller-v. Sell, Sibylle A.   878
Nier, Kurt   368
Nierth, Wolfram   21
Nikolaj   428
Nischwitz, Joachim   219
Nixdorf, Wolfgang   410
Noack, Arndt   408
Noack, Axel   268, 270, 330, 332, 468, 896, 898
Noelte   580
Nollau, Volker   101, 487, 588, 593, 651, 671 f., 692, 752, 812, 822, 896
Nowak, Kurt   261, 681, 764

Oberthür, Peter   793
Odin, Karl Alfred   579, 693
Oeser   730
Oestreicher, Paul   321, 658
Ohse, Traugott   555
Opitz   487
Opitz, Bernhard   720, 804
Opitz, Helmut   869, 879
Opitz, Rolf   444, 865, 881
Opitz, Wolfgang   223, 848
Ordnung, Carl   31, 64, 84, 270, 288, 432, 515, 657, 689 f., 730
Orphal, Helmut   20, 203

Ossietzky, Carl von   7
Over, Kerstin   813

Pabst, Walter   553, 864
Pätzold, Kurt   432
Pagel, Karl   494
Pahnke, Klaus-Peter   330
Pahnke, Rudi   63, 338, 425, 468, 662, 813, 860 f.
Palme, Olof   101, 566, 592, 730
Pardon, Inge   258, 762
Passauer, Martin-Michael   12, 29, 31, 51, 63, 83 f., 98, 145, 223 f., 232, 245, 300-302, 499, 510 f., 659 f., 662, 731, 733, 755, 787, 812
Paulin, Eberhard   601
Pavle   431
Pech, Andreas   769
Pech, Cyrill   279, 314
Peker   588
Perle, Richard   625
Perret, Edmont   757
Peter, Hans-Detlef   205, 208, 210 f., 213, 215
Peter der Große   200
Pettelkau, Ingemar   206, 246, 252, 254 f., 394, 474 f., 659, 685, 760 f.
Petzold, Ernst   2, 97, 127, 231, 296 f., 325, 486, 543, 610, 669, 713, 732, 763, 877
Petzold, Rainer   848
Pflugbeil, Sebastian   879
Pfuhl, Erich   328, 645, 812
Philipp, Joachim   767
Philipp, Paul   495
Pietsch, Karl   414
Pilz, Günter   85, 145, 179, 330, 332, 494, 588, 608, 615 f., 644, 686, 775, 784
Pippert, Freimut   648
Pitrim   429
Planer-Friedrich, Götz   360, 370, 570, 589
Plath, Siegfried   20, 97, 110, 286, 319 f., 342, 365, 407, 409, 438, 456 f., 477, 501, 506, 579, 583, 612, 630, 638, 693, 700, 707, 783, 803, 850, 863, 868, 889
Pöhner   482, 538, 676, 686, 764
Poppe, Gerd   440, 537
Poppe, Ulrike   63, 149, 554, 556
Posselt   142
Potter, Philip   34 f., 46, 88 f., 208, 582
Potthast, Gaby   536
Prater, Manfred   414
Punge, Manfred   132, 377, 587, 636, 765

Radatz, Werner   260, 315, 763, 892

Raiser, Konrad   89, 429-431, 465, 534, 582, 895
Rasch, Walter   696
Rasche, Horst   666
Rathenow, Lutz   63, 554
Rathke, Heinrich   11, 38, 47, 68, 437, 483, 507, 530, 555, 572, 577, 582, 881
Rau, Johannes (OKR)   285, 293, 382, 420, 557 f., 560, 581, 616, 665, 706, 777, 822, 831, 834, 872
Rau, Johannes   46, 257, 604, 762, 787
Rauer, Hans-Joachim   59, 546
Reagan, Ronald   15, 27, 36, 102, 105, 153, 168, 182 f., 227, 255, 546, 588, 663, 679 f., 696
Rebs, Klaus   848
Rechenberg, Johannes   848
Reder, Hans   91, 369, 372, 551, 837-840
Reimann, Siegfried   744, 760
Rein, Gerhard   232, 559, 579, 773
Reinhold, Otto   222, 262, 730, 879
Reinelt, Joachim   395
Reitmann, Hartmut   445, 835, 840
Rendtorff, Trutz   65, 575
Rennert, Jürgen   722
Rettig   156
Rettner, Gunter   104
Richter, Edelbert   437
Richter, Friedericke   304, 788
Richter, Helmut   70, 101, 593, 684
Richter, Johannes   444, 774, 824, 835
Richter, Reinhardt   29, 32, 53, 141, 242, 245, 284, 304 f., 313, 390, 492 f., 501, 509 f., 584, 624, 686, 714, 717, 728, 752 f., 788, 795 f.
Richter (Schwester von Reinhardt)   304 f.
Riege, Gerhard   23
Riese, Volker   656, 693-695, 750, 764, 769, 775
Rißmann, Joachim   392
Rochau, Lothar   33
Röder, Hans-Jürgen   27, 464, 496, 561, 635, 676, 685, 691, 743
Roepke, Claus-Jürgen   522
Röthig, Gerd   160
Rogge, Joachim   65, 79 f., 141 f., 163 f., 171-173, 183, 200, 202, 245, 251, 284, 316, 319 f., 328, 332, 342, 363 f., 370, 396, 407, 427, 438 f., 470, 474 f., 477, 490, 508, 557, 585, 627, 641 f., 684, 687 f., 696, 698 f., 715, 796 f., 812, 817 f., 823, 832 f., 850, 852, 859, 866 f., 882 f.
Romberg, Walter   24, 288, 339, 472, 806
Rose, Bernd   767

Rosenberg, Elisabeth 898
Roßberg, Klaus 56, 173, 210, 302, 367, 686, 692
Rothenhan, Eleonore von 143, 508, 695
Rotzsch, Hans-Joachim 365
Rüddenklau, Wolfgang 248, 268, 345, 348
Rühe, Volker 882
Rümpel, Werner 223
Rugenstein, Björn 229

Sabev, Todor 360
Saft, Walter 90, 343, 361
Sagert, Friedrich-Karl 622
Salinger, Renate 164, 200, 232, 465, 672, 763, 837, 861, 897
Satlow, Bernt 450, 656, 700, 752, 822
Sattler, Dietrich 768
Schabowski, Günter 446, 449 f.
Schack, Stephan 288
Schäfer, Hans 557, 905 f.
Schäfer, Hermann 905
Schäuble, Wolfgang 256, 423, 471
Schaffran, Gerhard 120 f., 129 f., 615, 623, 689
Schalck-Golodkowski, Alexander 461, 471, 889
Scharf, Kurt 83, 106, 114, 150, 210, 573, 658
Scharping, Rudolf 257
Schatta 394, 851
Scheel, Heinrich 607
Scheffler, Matthias 666
Scheffler (Eherau von Matthias) 794
Scheibner, Wolfgang 186, 554, 733, 753, 780, 854, 857
Scheidig, Annelotte 232
Scherwinski 485
Schewe, Waldemar 821
Schierbaum, Dietrich 121
Schiffner, Helmut 506
Schill 69 f.
Schilling, Walter 15
Schlaak (Oberst Volkspolizei Dresden) 442
Schlage, Gerhard 186, 664
Schlegel, Bert 248, 280
Schleiermacher, Friedrich Daniel Ernst 238
Schleinitz, Gottfried 834
Schlichter, Eberhard 59, 70, 239, 303, 353, 382, 442, 454, 532, 608, 731, 748, 752 f., 788, 822, 831, 834 f., 840 f., 853, 857
Schloz, Rüdiger 7, 187 f.
Schmidt, Christian 158

Schmidt, Eberhard 58, 683
Schmidt, Hannelore (Loki) 699
Schmidt, Hanno 414
Schmidt, Helmut 27, 37 f., 65, 183 f., 257, 264, 318-320, 423, 518, 699 f., 766, 801
Schmoll, Heike 429
Schmude, Jürgen 56, 65, 112 f., 138 f., 144, 157, 168, 191 f., 194 f., 197, 219, 229, 237, 246, 256, 258-260, 262, 264-266, 367-369, 425, 432 f., 460 f., 464, 479, 606, 638, 653, 695, 699, 707, 756, 761 f., 790, 876, 896
Schneider, Paul 870
Schnitzler, Karl-Eduard von 454
Schnur, Wolfgang 84, 251, 275-277, 280, 283, 316, 365, 526, 578 f., 707, 759, 761, 773, 790, 796, 893, 902
Schnur (Mutter von Wolfgang) 776
Schnur (Vater von Wolfgang) 776
Schnur (Tochter von Wolfgang) 283
Schnurr 468
Schön, Angelika 791
Schönherr, Albrecht 23, 28, 33, 37, 49, 53, 65, 68, 73, 81, 83, 127 f., 150, 174, 179, 208, 222, 229, 267, 279, 284, 291, 293, 361, 365, 399, 406, 410, 437 f., 453, 458, 497, 499, 504, 562, 564, 585, 627, 672, 705, 720 f., 730, 766 f., 774, 782, 806, 810, 833, 861, 879, 892, 894
Schönherr, Annemarie 286, 398, 406, 721, 879
Schöttner, Günther 666
Schötzig, Reinhard 493
Scholz 504
Schorlemmer, Friedrich 3, 21, 45, 98, 145, 170, 179, 181, 225, 231, 235 f., 239, 241, 321 f., 329 f., 332, 338, 378, 396, 437, 459, 487, 527, 589, 731, 739, 742 f., 748, 762, 804, 821, 851
Schormann, Walter 504
Schottstädt, Bruno 377, 502
Schramm, Werner 467
Schreier, Peter 365
Schreiner, Stefan 113
Schröder, Richard 370
Schröter, Ulrich XVII, 210, 902
Schüzgen, Eckhard 765
Schult, Christiane 879
Schult, Reinhard 390
Schultheiß, Christina 2, 284, 361, 563, 595, 609, 646, 671
Schultz, Sylvia 895, 901
Schultze, Harald 45, 60, 63, 141, 488, 527, 538, 557, 683

973

Schulz, Hansjürgen 844
Schulze, Siegfried 68, 173, 286, 339, 539, 564, 574, 636, 667, 686, 696, 703, 733, 744, 899
Schumann 535
Schumann, Hans Christoph 848, 854
Schuppan, Erich 48, 68, 512
Schwennicke, Hans-Joachim 622
Schwerin, Eckart 1
Schwintek, Martin 494
Schwoerke 525, 599, 621, 798, 818
Scriba, Beate 793
Seidel, Dietmar 618
Seidel, Egon 673
Seidl, Anni 755
Seifert, Wolfgang 233
Seigewasser, Hans 895
Seite, Annemarie 869
Seite, Berndt 410, 575, 587, 608, 654, 869
Seiters, Rudolf 424, 882
Selinger 183
Sell, Thomas 754
Selunka, Dietmar 848
Semjonow, Wladimir 94
Semler (Sekretär der DDR-Wahlkommission) 848
Semper, Udo 40, 98, 145, 182, 231, 328, 331, 587 f., 689, 692, 707, 812
Sengespeick, Christa 12, 63, 107, 662
Sens, Hans-Christoph 682, 844
Siebert, Udo 568, 734
Sielaff, Horst 762
Simon, Hans 246 f., 251, 268, 275, 343-345, 348, 755, 759
Simon, Helmut 24, 320, 392, 398, 860
Sindermann, Horst 79, 508, 669, 682, 697 f., 721
Sitzlack, Georg 232, 741
Siyachitem, Jonathan 430
Söder, Günter 755
Sommer 702, 749
Späth, Lothar 675
Spengler, Helmut 168 f., 679
Spengler, Peter 508
Springborn, Roland 330-332, 812
Springer, Axel 111
Springer, Siegfried 708
Staalsett, Gunnar 183, 299, 360, 691, 697 f., 785 f., 808
Staar, Winfried 219
Stalin, Josef Wissarionowitsch 186, 196, 428
Stauss, Curt 45, 847
Steglich, Peter 606, 871

Stein, Albert 638
Stein, Peter 830, 853
Stephan, Eckhard 397, 724, 868, 898
Sterzynski, Georg 33, 457, 462, 689, 875 f.
Stier, Christoph XIII, 3, 44, 98, 123 f., 166 f., 170, 172-174, 194 f., 239, 284, 300, 307, 316 f., 319 f., 337, 371 f., 387, 400 f., 408, 433, 438, 453, 461, 470, 472, 474, 477, 486 f., 498, 525 f., 568, 599, 621 f., 636, 654, 678, 680, 696, 705, 786, 790, 796, 798, 800-803, 831, 836, 852, 856, 902
Stobbe, Dietrich 624 f.
Stobbe, Heinz-Günther 878
Stöhr, Martin 65
Stoll, Karlheinz 55, 877
Stolpe, Katrin 672
Stolpe, Manfred XV, XXII-XXIV, 3, 9, 19, 26 f., 29, 32, 34, 38 f., 42, 49-56, 61, 63, 68, 71, 75 f., 79, 81, 84, 92-97, 102, 106 f., 109, 112, 114, 116-118, 125-129, 132 f., 142 f., 145 f., 148 f., 162-164, 170, 173-175, 179 f., 183 f., 188, 195, 201, 203 f., 207 f., 210-213, 215-220, 226, 231, 233 f., 240, 243, 245 f., 249-256, 260, 262, 270-277, 280-283, 291-293, 297, 300-302, 304 f., 307, 311, 313-315, 319, 322, 324, 329 f., 332-335, 337, 341, 343 f., 346, 357, 361-363, 365, 367 f., 370-375, 385 f., 389, 391-394, 396, 403, 406-408, 411 f., 414, 416, 419, 421-424, 439, 442-447, 449 f., 454 f., 458-460, 462, 465-468, 470, 475, 485, 491 f., 500, 511 f., 535 f., 549-554, 562-564, 567, 573, 576-579, 584 f., 592 f., 595 f., 599 f., 602, 604, 606 f., 609 f., 624, 629, 637 f., 648, 650, 659-662, 665, 669, 672, 674, 679, 686 f., 689 f., 692, 696, 699, 708, 712, 717, 721, 723, 725, 729, 739, 760-764, 770 f., 773-775, 781, 785-787, 794, 801 f., 807, 814-816, 819, 825, 827 f., 830-832, 836 f., 840 f., 849, 855, 859, 861-865, 872, 874-876, 880 f., 883, 885-887, 889 f., 892, 896, 898, 902
Stoltenberg, Gerhard 38, 133, 823
Stoph, Willi 173, 325, 403, 610, 672, 783, 809, 819 f., 864
Strauß, Franz Josef 37, 50, 761
Struck, Udo 693
Stuckenschmidt, Dieter 635
Studnitz von 331
Süssmuth, Rita 256, 789
Sult, Manfred 806
Svennungson 556
Swatek, Arthur 748, 764, 792, 851

Taetow, Jürgen 739
Tautz 113
Teichmann, Lothar 487
Templin, Regina 282, 775
Templin, Wolfgang 276, 282, 683
Thadden, Rudolf von 65
Thälmann, Ernst 7
Thode 484
Thomas, Gerhard 581, 694, 767, 818, 851
Thomas, Roger 581
Thoms 576
Thürmer, Wolfgang 716
Thurm, Christoph 552, 688
Timm, Gottfried 831
Timm, Rüdiger 831
Tisch, Harry 258
Tödt, Heinz Eduard 196
Töpfer, Ulrich 567
Tolkmitt, Hans-Martin 830
Tóth, Károly 730
Trautmann 534
Trende, Wulf 627
Treu, Hans 45, 141, 331, 641, 821
Troeltsch, Ernst 187
Tschiche, Hans-Jochen 31, 33, 63 f., 107, 150, 308, 319, 366, 406, 511, 537, 651, 659, 662, 682 f.
Turek, Rolf Michael 851

Uhlig 495
Uhlig, Harald 506
Ullmann, Gottfried 12, 49, 528, 551
Ullmann, Wolfgang 557
Uschkamp, Irma 243, 747
Uschner, Manfred 258, 634

Verner, Paul 4, 26, 28, 63, 508, 553 f., 569, 627
Vetter 495
Vietinghoff, Eckhart von 830
Vikström 630
Völz, Eberhard 141, 320, 407, 579, 641, 771, 797, 852, 866 f., 896
Vogel, Bernhard 90, 168, 424, 559
Vogel, Hans-Jochen 537
Vogel, Hans-Jochen (SPD) 65, 133, 168, 368, 624, 837
Vogel, Wolfgang 37, 144, 257, 266, 274 f., 282
Vogel von Frommannshausen-Schubart, Dietrich 496
Vogt, Roland 536
Voigt, Karsten 168, 258, 699
Vollbach, Ekkehard 813

Waffenschmidt, Horst 571
Wagner, Karl-Heinz 258
Wahrmann, Siegfried 2, 57, 83, 94, 110, 144, 146, 284, 361, 438, 483-486, 563, 579, 588, 590, 654, 668, 736, 694
Waigel, Theo 411
Walter 174, 716
Walter, Axel 562
Wanke, Joachim 11
Warnke, Jürgen (Verkehrsminister) 306
Warnke, Jürgen (Rechtsanwalt Frankfurt/M.) 904 f.
Weber, Helmut 343
Wee, Paul A. 299, 757, 785
Wehner, Herbert 134, 679, 900
Wehr, Jörg 708
Weinberger, Caspar 168
Weingärtner 193
Weisbender 22, 145
Weismann, Matthias 848
Weispfennig, Walter 894
Weiß, Peter 834
Weisskirchen, Gert 727, 762
Weizsäcker, Carl-Friedrich von 214, 223, 320 f., 729
Weizsäcker, Richard von 49, 79, 126 f., 134, 190, 411, 423, 469, 508, 534, 624 f., 875, 899 f.
Welz, Karl-Heinz 232, 472, 671, 752
Wendelborn, Gert 9, 92, 229
Wendland, Günter 758, 870
Wenzel, Hartmut 687 f.
Werkström 556, 592
Werner 716
Wessel 709
Wetzel, Christoph 3, 12, 487, 495
Wiberg 130
Wiebering, Joachim 44, 408, 507
Wiegand, Joachim 49, 114, 133, 142, 163, 173, 210-212, 302, 334, 483, 485 f., 518, 686, 692, 762, 803, 808 f., 837, 879
Wieland (Mitarbeiter im Staatssekretariat für Kirchenfragen) 807
Wiens, Shenja-Paul 344
Wild, Artur 310, 792
Wildner, Horstdieter 467
Wilhelm, Wolfgang 441
Wilhelm (Ehefrau von Wolfgang) 441
Wilhelm (Sohn) 441
Wilke, Hans 2, 4, 13 f., 16, 21, 34, 38, 42, 85, 113 f., 149, 164, 169, 181 f., 191, 200, 205, 210 f., 230, 232, 241-243, 248, 258, 268 f., 275, 278, 284, 308, 311 f., 338, 363 f., 416, 421, 424, 469, 482, 494, 500,

975

547, 563, 578, 599 f., 608, 622, 626, 655-657, 659, 661, 679, 681-684, 694, 696, 738, 741, 749, 754, 756, 758, 763, 768, 774, 776, 795, 815, 833
Wilkening, Gerhard   108
Will, Gerd   210, 360, 634, 756, 847
Williams, Glenn Garfield   130, 339, 630 f.
Willner, A.   700
Willner, B.   700
Wilms, Dorothee   274, 306, 424
Winde, Hermann   641, 666
Winderlich, Dieter   441
Winkel, Burghard   863
Winter, Friedrich   29, 61, 68, 92 f., 141, 149, 188, 311 f., 325, 387, 510, 550, 604, 641, 658-660, 713, 741, 795, 807 f., 833, 866, 901
Winters, Peter-Jochen   579
Winzer, B.   554
Wirth, Günter   86, 174, 364 f., 402, 432, 438, 833, 878
Wischnewski, Hans-Jürgen   65
Witteck, Günther   285, 438 f., 670, 684, 702, 778, 866 f.
Wolf, Carola   398
Wolf, Christa   63
Wolf, Karin   734
Wolf, Monika   288
Wollenberger, Albert   350, 825 f.
Wollenberger, Vera   271, 277 f., 282, 344, 350, 731
Wollstadt, Hans-Joachim   11, 52, 68, 80, 141, 540, 559, 571, 640-642
Wonneberger, Christoph   XXIV, 12 f., 20, 48, 51, 75, 308, 495, 787
Woronowicz, Ulrich   605
Wutzke, Oswald   98 f., 145, 151, 519

Zeddies, Helmut   4, 23, 54, 167, 170 f., 182, 318, 325, 466, 470, 474, 479 f., 508, 518, 542, 585, 606, 652, 669, 681 f., 691, 708, 713, 730, 768, 800, 807 f., 816, 833, 843 f., 852, 867, 892, 900, 907
Zeitz, Christoph   147
Ziebarth, Dieter   539, 821, 851
Zieger, Gottfried   23
Ziegler, Martin   3, 29, 34, 38, 40, 42 f., 53, 55, 57 f., 66, 78, 83 f., 89 f., 93-95, 103, 108, 114, 116-118, 122, 124, 128, 132, 136-138, 145, 151 f., 159, 162, 164 f., 170, 173-175, 181 f., 185, 189, 194 f., 197 f., 200 f., 223, 230, 232, 241-246, 250, 252, 254, 269, 271 f., 274 f., 290 f., 296, 303, 308, 310, 313, 326-328, 330, 332, 334, 336, 340-342, 362-364, 368, 371, 400, 410, 412-414, 416, 439, 453 f., 458 f., 466 f., 470-472, 475, 477, 479 f., 496, 521, 523, 528, 535, 541, 543 f., 553, 555, 558, 561, 563, 568, 570, 576 f., 579 f., 585, 590, 599 f., 604 f., 609, 610-612, 626-628, 634-637, 643, 646, 652, 657 f., 662, 666-669, 671 f., 675 f., 678, 681, 684 f., 687, 689, 692-695, 700 f., 704, 708-711, 713-715, 717, 724, 728, 731, 734, 738, 740 f., 748, 751, 753-756, 762 f., 766-771, 781, 788-790, 793 f., 804, 806-808, 810, 816, 821, 823, 825, 828, 831-833, 836 f., 842, 844, 853, 859-862, 865 f., 868-874, 879, 883, 886, 889-894, 896, 898, 901, 905 f.
Ziemer, Christof   24, 186, 226 f., 251, 286, 353, 378, 380, 382, 389, 406, 414, 419, 442, 505, 554, 673, 703, 709, 733 f., 743, 753, 759, 779 f., 829 f., 845-847, 853 f., 857, 866
Zilz, Friedrich   739, 835
Zimmermann, Arnold   749
Zimmermann   809
Zink, Jörg   211
Zollmann, Gottfried   113 f.
Zuber, Dieter   382
Zweynert, Peter   382, 566, 814, 824, 853, 858, 865

Bitte beachten Sie folgende Seiten

Gerhard Besier

DER SED-STAAT UND DIE KIRCHE 1969-1990

Die Vision vom »Dritten Weg«

949 Seiten, 32 Seiten Abbildungen, gebunden

Gerhard Besier zeigt die Verstrickungen zwischen SED-Staat und Kirche. Politiker und Kirchenführer in Ost und West fürchten sich vor diesen Enthüllungen. Der Autor hat Akten, von denen kaum jemand etwas ahnte, aufgespürt, überprüft und verarbeitet und allen Schikanen und Behinderungen zum Trotz die wichtigen Dokumente ausgewertet. Sein Buch wird die Öffentlichkeit auf Jahre beschäftigen.

Propyläen

Hans-Joachim Bauer

Richard Wagner

624 Seiten, gebunden

Die erste Biographie, die aus der intimen Kenntnis der ca. 15 000 Wagner-Briefe entstanden ist! Ein Buch für alle Wagner-Kenner und -Liebhaber, für alle, die fasziniert und neugierig seiner Musik lauschen, sich von ihrer Dramatik fesseln lassen und dabei den Menschen hinter dieser Musik erkennen und verstehen wollen. Ein Buch aber auch für all die zahlreichen Wagner-Kritiker und Anti-Wagnerianer, die ihren Stoff der Auseinandersetzung finden werden.

Die Propyläen-Biographie

Lothar Gall

Bismarck

Der weiße Revolutionär

816 Seiten, 32 Seiten Abbildungen, gebunden

»Galls ›Bismarck‹ ist ein großer Wurf. Eine politisch-literarische Arbeit, die ihrem großen Gegenstand entspricht, vornehm im Urteil und in der Argumentation, selbst da, wo das Ergebnis nach seiner Ansicht nicht positiv ist. Ein Kenner mit Distanz, ein deutscher Professor mit Brillanz, eine seltene Erscheinung in der politischen Arena.«

DPA-LITERATURDIENST

Die Propyläen-Biographie

Joachim C. Fest

Hitler

1190 Seiten, 213 Abbildungen, gebunden

»Es ist ein großes, ein ebenso lesbares wie lesenswertes Buch, eine Summe der Hitlerforschung und zugleich der Deutung des Nationalsozialismus. Es ist ein bedeutender Beitrag nicht nur zur Geschichte unseres Jahrhunderts und zur Frage nach der Rolle der ›großen‹ Personen, sondern auch zur aktuellen Diskussion über das Politik- und Demokratieverständnis, das zumal in Deutschland ohne die tiefgreifende Erfahrung des Phänomens Hitler und seiner Konsequenzen nicht denkbar ist.«
KARL DIETRICH BRACHER, DIE ZEIT

Die Propyläen-Biographie